Lugano-Übereinkommen (LugÜ)
zum internationalen Zivilverfahrensrecht

Kommentar

Anton K. Schnyder (Hrsg.)

Lugano-Übereinkommen (LugÜ) zum internationalen Zivilverfahrensrecht

Kommentar

Autorinnen und Autoren

Domenico Acocella
Eva Bachofner
Tanja Domej
Pascal Grolimund
Laurent Killias
Manuel Liatowitsch
Andrea Meier
Paul Oberhammer
Mathias Plutschow
Anton K. Schnyder
Kurt Siehr

DIKE

Zitiervorschlag:
Schnyder, LugÜ-Grolimund/Bachofner, Art. 24 N 8

Bibliografische Information der ‹Deutschen Bibliothek›.
Die Deutsche Bibliothek verzeichnet diese Publikation in der Deutschen Nationalbibliografie; detaillierte bibliografische Daten sind im Internet über ‹http://dnb.ddb.de› abrufbar.

ISBN 978-3-03751-312-5

www.dike.ch

Vorwort

Das Lugano-Übereinkommen ist in seiner revidierten Fassung für die Schweiz am 1. Januar 2011 – gleichzeitig mit der Schweizerischen Zivilprozessordnung – in Kraft getreten. Damit ergeben sich für den bisher schon äusserst bedeutsamen Staatsvertrag zahlreiche wichtige Neuerungen.

Den Autorinnen und Autoren des vorliegenden Kommentars war und ist es ein zentrales Anliegen, nicht nur die einzelnen Konventionsbestimmungen darzustellen, sondern vor allem auch deren Bedeutung und Auswirkungen für die Schweiz und die hiesige Praxis herauszuarbeiten. Zu diesem Zweck war sodann besonders auf Gemeinsamkeiten und Unterschiede gegenüber IPR-Gesetz und ZPO einzugehen.

Wir danken sehr herzlich den Herren Werner Stocker und Bénon Eugster vom Dike Verlag sowie ihrem Team für die hervorragende und nachsichtige Unterstützung. Unser Dank geht im Weiteren an alle Mitwirkenden, die den Autorinnen und Autoren in vielfältiger Weise zur Seite gestanden sind.

Zürich, im September 2011 Anton K. Schnyder

Inhaltsübersicht

Verzeichnis der Autorinnen und Autoren

Acocella Domenico
Dr. iur., Rechtsanwalt in Schwyz und Zürich, Urkundsperson in Schwyz
Art. 1–4, Vorbem. zu Art. 2, 5 Nr. 1–3, 18–21, 31, 57–58, 62

Bachofner Eva
MLaw, Advokatin in Basel
Art. 24, Protokoll 2

Domej Tanja
Prof. Dr. iur., Lehrstuhl für Zivilprozessrecht, Schuldbetreibungs- und Konkursrecht, Privatrecht, Internationales Privatrecht und Rechtsvergleichung, Universität Zürich
Vorbem. zu Art. 32–37, Art. 32–37

Grolimund Pascal
PD Dr. iur., LL.M., Advokat in Basel, Privatdozent an der Universität Zürich
Allg. Einleitung, Art. 23–24, Protokoll 2

Killias Laurent
Dr. iur., LL.M., Rechtsanwalt in Zürich
Art. 22 Nr. 1–5, Vorbem. zu Art. 53–56, 53–56, Protokoll 1/I–II

Liatowitsch Manuel
Dr. iur., Rechtsanwalt in Zürich, Lehrbeauftragter an der Universität Zürich
Art. 25–30, Vorbem. zu Art. 27–30, 59–60

Meier Andrea
Dr. iur., LL.M., Rechtsanwältin in Zürich
Art. 25–30, Vorbem. zu Art. 27–30, 59–60

Oberhammer Paul
Prof. Dr. iur., Rechtsanwalt, Universität Wien
Vorbem. zu Art. 32–37, Art. 32–37

Plutschow Mathias
Dr. iur., Rechtsanwalt
Art. 8–14, 38–52

Schnyder Anton K.
Prof. Dr. iur., LL.M., Lehrstuhl für Privat- und Wirtschaftsrecht, Internationales Privat- und Zivilverfahrensrecht und Rechtsvergleichung, Universität Zürich
Art. 8–17, Protokoll 1/IV

Siehr Kurt
Prof. em. Dr. iur. Dr. h.c., M.C.L., em. Ordinarius für Privatrecht, Internationales Privatrecht und Rechtsvergleichung, Universität Zürich, freier Mitarbeiter des Max-Planck-Instituts für ausländisches und internationales Privatrecht, Hamburg
Art. 5 Nr. 4–7, 6–7, 61, 63–79, Protokoll 1/III

Abkürzungsverzeichnis

a	alte Fassung der betreffenden Vorschrift
Aufl.	Auflage
a.A.	am Anfang; anderer Ansicht
a.a.O.	am angeführten Ort
ABl.	Amtsblatt der Europäischen Gemeinschaften; ab 2003: Amtsblatt der Europäischen Union
AbR	Amtsbericht über die Rechtspflege
Abs.	Absatz
aBV	alte Bundesverfassung der Schweizerischen Eidgenossenschaft vom 29. Mai 1874 (vgl. BV)
A.C.	The Law Reports. House of Lords and Judicial Committee of the Privy Council and Peerage Cases
a.E.	am Ende
AEUV	Vertrag über die Arbeitsweise der Europäischen Union (am 1. Dezember 2009 in Kraft getreten)
a.F.	alte Fassung
AG	Aktiengesellschaft; Amtsgericht (Deutschland); Kanton Aargau
AGB	Allgemeine Geschäftsbedingungen
AGVE	Aargauische Gerichts- und Verwaltungsentscheide
AI	Kanton Appenzell Innerrhoden
AJP	Aktuelle Juristische Praxis
aLugÜ	(Lugano)Übereinkommen über die gerichtliche Zuständigkeit und die Vollstreckung gerichtlicher Entscheidungen in Zivil- und Handelssachen vom 16. September 1988 (SR 0.275.11)
a.M.	anderer Meinung
Anh.	Anhang
Anm.	Anmerkung
AnwBl	Anwaltsblatt (Deutschland)
AppG/AppGer	Appellationsgericht
AR	Kanton Appenzell Ausserrhoden
ArbG	Arbeitsgericht
ArbR	Mitteilungen des Instituts für Schweizerisches Arbeitsrecht
ARGVP	Ausserrhodische Gerichts- und Verwaltungspraxis
Art.	Artikel (im Singular oder Plural)
AS	Amtliche Sammlung des Bundesrechts; Sammlung der Eidgenössischen Gesetze und Verordnungen

AT	Allgemeiner Teil
AVAG	Anerkennungs- und Vollstreckungsausführungsgesetz (Deutschland)
BAJ	Bundesamt für Justiz
BankG	BG über die Banken und Sparkassen vom 8. November 1934 (Bankengesetz) (SR 952.0; mit seitherigen Änderungen)
BayObLG	Bayerisches Oberstes Landesgericht
BB	Bundesbeschluss
BBl	Bundesblatt der Schweizerischen Eidgenossenschaft
Bd.	Band
Bde.	Bände
BE	Kanton Bern
betr.	betreffend
Bez.Ger.	Bezirksgericht
BG	Bundesgesetz
BGB	Bürgerliches Gesetzbuch (Deutschland)
BGBl	Bundesgesetzblatt
BGE	Amtliche Sammlung der Entscheidungen des schweizerischen Bundesgerichts
BGer	Bundesgericht
BGG	Bundesgesetz über das Bundesgericht vom 17. Juni 2005 (Bundesgerichtsgesetz) (SR 173.110; mit seitherigen Änderungen)
BGH	(deutscher) Bundesgerichtshof
BGHZ	Entscheidungen des Bundesgerichtshofes in Zivilsachen
BJM	Basler Juristische Mitteilungen
BK	Berner Kommentar; Kommentar zum schweizerischen Privatrecht
BL	Kanton Basel-Landschaft
BlSchK	Blätter für Schuldbetreibung und Konkurs
BN	Der Bernische Notar
BR	Bundesrat
Brüssel I-Verordnung	Verordnung (EG) Nr. 44/2001 des Rates vom 22. Dezember 2000 über die gerichtliche Zuständigkeit und die Anerkennung und Vollstreckung von Entscheidungen in Zivil- und Handelssachen, ABl. L 12 vom 16. Januar 2001, S. 1 ff.
BS	Kanton Basel-Stadt
BSGE	Entscheidungen des Bundessozialgerichts
BSK	Basler Kommentar zum Schweizerischen Privatrecht
Bsp.	Beispiel(e)

bspw.	beispielsweise
Bst.	Buchstabe(n)
BT	Besonderer Teil
Bull.	Bulletin
Bull ASA	Bulletin de l'Association Suisse de l'Arbitrage
BV	Bundesverfassung der Schweizerischen Eidgenossenschaft vom 18. April 1999 (SR 101; mit seitherigen Änderungen)
bzw.	beziehungsweise
ca.	circa
C.A.	Court of Appeal
Cass.	Cour de Cassation; Corte di Cassazione
Ch.D.	Chancery Division, High Court of Justice
CHF	Schweizer Franken
CISG	Übereinkommen der Vereinten Nationen vom 11. April 1980 über Verträge über den internationalen Warenkauf (SR 0.221.211.1)
CJCE	Cour de Justice des Communautés Européennes
CMR	Übereinkommen vom 19. Mai 1956 über den Beförderungsvertrag im internationalen Strassengüterverkehr (SR 0.741.611; mit seitherigen Änderungen)
Comm.	Tribunal de Commerce
Cour sup.	Cour supérieure de justice (Luxemburg)
C.proc.civ.	Code de procédure civile; Codice di procedura civile
d	deutsch(e)
ders.	derselbe
DesG	Bundesgesetz über den Schutz von Design vom 5. Oktober 2001 (Designgesetz) (SR 232.12; mit seitherigen Änderungen)
dgl.	dergleichen
d.h.	das heisst
dies.	dieselbe(n)
Diss.	Dissertation
DNotZ	Deutsche Notar-Zeitschrift
Drucks.	Drucksache
E	Entwurf; auch Erwägung
E.	Erwägung
EBDI	European Business Development Institute
ECJ	European Court of Justice
ecolex	Fachzeitschrift für Wirtschaftsrecht
EFTA	Europäische Freihandelsassoziation

EG	Einführungsgesetz; Europäische Gemeinschaft(en)
EGMR	Europäischer Gerichtshof für Menschenrechte
EGV	Vertrag zur Gründung der Europäischen Gemeinschaft
EGVSZ	Entscheidungen der Gerichts- und Verwaltungsbehörden des Kantons Schwyz
EheGVVO	Verordnung (EG) Nr. 2201/2003 des Rates vom 27. November 2003 über die Zuständigkeit und die Anerkennung und Vollstreckung von Entscheidungen in Ehesachen und in Verfahren betreffend die elterliche Verantwortung und zur Aufhebung der Verordnung (EG) Nr. 1347/2000, ABl. L 338 vom 23. Dezember 2003, S. 1 ff.
eidg.	eidgenössisch
Einl.	Einleitung
EJLR	European Journal of Law Reform
EJPD	Eidgenössisches Justiz- und Polizeidepartement
ELR	European Law Review
EMRK	(Europäische) Konvention vom 4. November 1950 zum Schutze der Menschenrechte und Grundfreiheiten (EMRK) (SR 0.101; mit seitherigen Änderungen)
EO	österreichische Exekutionsordnung
EPA	Europäisches Patentamt
EPÜ	Europäisches Übereinkommen über die Erteilung Europäischer Patente vom 5. Oktober 1973 (aSR 0.232.142.2); per 13. Dezember 2007 aufgehoben durch Europäisches Patentübereinkommen, revidiert in München am 29. November 2000 (EPÜ 2000)
ER	Einzelrichter
et al.	et alii (und weitere)
etc.	et cetera
EU	Europäische Union
EuGH	Gerichtshof der Europäischen Gemeinschaften
EuGVÜ	Übereinkommen über die gerichtliche Zuständigkeit und die Vollstreckung gerichtlicher Entscheidungen in Zivil- und Handelssachen vom 27. September 1968, ABl. L 299 vom 31. Dezember 1972, S. 32 ff. («Brüsseler Übereinkommen»)
EuGVVO	Verordnung (EG) Nr. 44/2001 des Rates vom 22. Dezember 2001 über die gerichtliche Zuständigkeit und die Anerkennung und Vollstreckung von Entscheidungen in Zivil- und Handelssachen, ABl. L 12 vom 16. Januar 2001, S. 1 ff.
EuInsVO	Verordnung (EG) Nr. 1346/2000 des Rates vom 29. Mai 2000 über Insolvenzverfahren, ABl. L 160 vom 30. Juni 2000, S. 1 ff.

EuLF	European Legal Forum
EuUnthVO	Verordnung (EG) Nr. 4/2009 des Rates vom 18. Dezember 2008 über die Zuständigkeit, das anwendbare Recht, die Anerkennung und Vollstreckung von Entscheidungen und die Zusammenarbeit in Unterhaltssachen, ABl. L 7 vom 10. Januar 2009, S. 1 ff.
EUV	Vertrag über die Europäische Union
EuZ	Zeitschrift für Europarecht
EuZPR	Europäisches Zivilprozessrecht
EuZVO	Verordnung (EG) Nr. 1348/2000 des Rates vom 29. Mai 2000 über die Zustellung gerichtlicher und aussergerichtlicher Schriftstücke in Zivil- und Handelssachen in den Mitgliedstaaten, ABl. L 160 vom 30. Juni 2000, S. 37 ff.
EuZVR	Europäisches Zivilverfahrensrecht
EuZW	Europäische Zeitschrift für Wirtschaftsrecht
EVÜ	80/934/EWG: Übereinkommen über das auf vertragliche Schuldverhältnisse anzuwendende Recht, aufgelegt zur Unterzeichnung am 19. Juni 1980 in Rom, ABl. L 266 vom 9. Oktober 1980, S. 1 ff. («Rom-Übereinkommen»)
EWG	Europäische Wirtschaftsgemeinschaft
EWiR	Entscheidungen zum Wirtschaftsrecht
EWS	Europäisches Wirtschafts- und Steuerrecht
E-ZPO	Entwurf einer Schweizerischen Zivilprozessordnung gemäss Botschaft vom 28. Juni 2006, BBl. 2006 I, 7413 ff.
f.	und folgende(r)
FamPra.ch	Die Praxis des Familienrechts
FamRZ	Zeitschrift für das gesamte Familienrecht
ff.	und folgende
FG	Festgabe
FINMAG	Bundesgesetz vom 22. Juni 2007 über die Eidgenössische Finanzmarktaufsicht (SR 956.1; mit seitherigen Änderungen)
Fn.	Fussnote
FR	Frankreich
frz.	französisch
FS	Festschrift, Mélanges
G	Gesetz
GA	Generalanwalt
Gaz.	Gazette
Gaz.Pal.	La Gazette du Palais
GE	Kanton Genf

GebV SchKG	Gebührenverordnung vom 23. September 1996 zum Bundesgesetz über Schuldbetreibung und Konkurs (GebV SchKG) (SR 281.35)
GerGebV	Verordnung des Obergerichts [des Kantons Zürich] über die Gerichtsgebühren vom 4. April 2007 (Nr. 211.11)
GestG	Bundesgesetz vom 24. März 2000 über den Gerichtsstand in Zivilsachen (SR 272; mit seitherigen Änderungen)
ggf.	gegebenenfalls
GGMVO	Verordnung (EG) Nr. 6/2002 des Rates vom 12. Dezember 2001 über das Gemeinschaftsgeschmackmuster, ABl. L 3 vom 5.1.2002, S. 1 ff.
GLJ	German Law Journal
gl.M.	gleicher Meinung
GmbH	Gesellschaft mit beschränkter Haftung
GMVO	Verordnung (EG) Nr. 40/94 des Rates vom 20. Dezember 1993 über die Gemeinschaftsmarke, ABl. L 11 vom 14.1.1994, S. 1 ff.
GPR	Zeitschrift für Gemeinschaftsprivatrecht
GR	Kanton Graubünden
GRUR	Zeitschrift für gewerblichen Rechtsschutz und Urheberrecht
GRUR Int.	Zeitschrift für gewerblichen Rechtsschutz und Urheberrecht, (Auslands- und) Internationaler Teil
GS	Gedächtnisschrift
GSSchVO	Verordnung (EG) Nr. 2100/94 des Rates vom 27. Juli 1994 über den gemeinschaftlichen Sortenschutz, ABl. L 227 vom 1.9.1994, S. 1 ff.
GVP	St. Gallische Gerichts- und Verwaltungspraxis (BSK-Kommentar)
HAVE	Haftung und Versicherung
Hdb.	Handbuch
Hrsg.	Herausgeber
HGer	Handelsgericht
h.L.	herrschende Lehre
H.L.	House of Lords
h.M.	herrschende Meinung
HMA	Haager Abkommen vom 28 November 1960 über die internationale Hinterlegung gewerblicher Muster und Modelle (SR 0.232.121.2)
H.R.	Hoge Raad (Niederlande)

HZÜ	Haager Übereinkommen vom 15. November 1965 über die Zustellung gerichtlicher und aussergerichtlicher Schriftstücke im Ausland in Zivil- oder Handelssachen (SR 0.274.131)
i.c.	in casu
ICLQ	The International and Comparative Law Quarterly
i.d.F	in der Fassung
i.d.R.	in der Regel
i.e.	id est (das ist, das heisst)
i.e.S	im engeren Sinne
IHR	Internationales Handelsrecht
inkl.	inklusive
insb.	insbesondere
int.	international
int.Leg.mat.	International Legal Materials
IPR	Internationales Privatrecht
IPRax	Praxis des internationalen Privat- und Verfahrensrechts
IPRG	Bundesgesetz vom 18. Dezember 1987 über das Internationale Privatrecht (SR 291; mit seitherigen Änderungen)
IPRspr.	Die deutsche Rechtsprechung auf dem Gebiete des internationalen Privatrechts
i.S.	im Sinne (des, der)
i.S.v.	im Sinne von
ital.	italienisch
i.Ü.	im Übrigen
i.V.m.	in Verbindung mit
IZPR	Internationales Zivilprozessrecht
IZVR	Internationales Zivilverfahrensrecht
JBl	Juristische Blätter
JdT	Journal des Tribunaux
JIntArb	Journal of International Arbitration
JN	Jurisdiktionsnorm
JR	Juristische Rundschau
JU	Kanton Jura
JZ	Juristenzeitung
Kap.	Kapitel
KassG	Kassationsgericht
KGer	Kantonsgericht
KOM	Dokument der Europäischen Kommission

Komm.	Kommentar
krit.	kritisch
Kt.	Kanton
KVG	Bundesgesetz vom 18. März 1994 über die Krankenversicherung (SR 832.10; mit seitherigen Änderungen)
LA	Liber amicorum
LG	Landgericht (Deutschland)
LGVE	Luzerner Gerichts- und Verwaltungsentscheide
LGZ	Landesgericht für Zivilsachen Österreich
lit.	litera
LMCLQ	Lloyd's Maritime and Commercial Law Quarterly
LU	Kanton Luzern
LugÜ	(Lugano)Übereinkommen über die gerichtliche Zuständigkeit und die Anerkennung und Vollstreckung von Entscheidungen in Zivil- und Handelssachen vom 30. Oktober 2007, BBl. 2009, 1841 ff., SR 0.275.12
L.Q.Rev.	Law Quarterly Review
MDR	Monatsschrift für Deutsches Recht
m.E.	meines Erachtens
m.H.	mit Hinweis(en)
Mitt.	Mitteilung(en)
MIZV	Mitteilungen aus dem Institut für zivilgerichtliches Verfahren
MMA	Madrider Abkommen über die internationale Registrierung von Marken vom 14. Juli 1967 (SR 0.232.112.3)
MMP	Protokoll vom 27. Juni 1989 zum Madrider Abkommen über die internationale Registrierung von Marken (SR 0.232.112.4)
MSchG	Bundesgesetz vom 28. August 1992 über den Schutz von Marken und Herkunftsangaben (Markenschutzgesetz, MSchG) (SR 232.11; mit seitherigen Änderungen)
MünchKomm	Münchener Kommentar zum Bürgerlichen Gesetzbuch
m.w.H.	mit weiteren Hinweisen
m.w.N.	mit weiteren Nachweisen
N./N	Note(n)
n.F.	neue Fassung
NJOZ	Neue Juristische Online Zeitschrift
NJW	Neue Juristische Wochenschrift
NJW-RR	NJW-Rechtsprechungs-Report, Zivilrecht
Nr.	Nummer
Nrn.	Nummern

NW	Kanton Nidwalden
Nw.	Nachweis(e)
NYÜ	New Yorker Übereinkommen über die Anerkennung und Vollstreckung ausländischer Schiedssprüche (SR 0.277.12)
NZA	Neue Zeitschrift für Arbeitsrecht
OGer	Obergericht
OGH	Oberster Gerichtshof
OHG	Offene Handelsgesellschaft
ÖJZ	Österreichische Juristen-Zeitung
OLG	Oberlandesgericht
OR	Bundesgesetz vom 30. März 1911 betreffend die Ergänzung des Schweizerischen Zivilgesetzbuches (Fünfter Teil: Obligationenrecht) (SR 220; mit seitherigen Änderungen)
OW	Kanton Obwalden
PatG	Bundesgesetz vom 25. Juni 1954 über die Erfindungspatente (Patentgesetz) (SR 232.14; mit seitherigen Änderungen)
PKG	Die Praxis des Kantonsgerichtes von Graubünden
Pra	Die Praxis
Q.B.	Queen's Bench Division, High Court of Justice
RabelsZ	Rabels Zeitschrift für ausländisches und internationales Privatrecht (begründet von Erst Rabel)
Rb.	Rechtbank; Arrondissementsrechtbank
RBOG	Rechenschaftsbericht des Obergerichts des Kantons Thurgau
recht	recht: Zeitschrift für juristische Ausbildung und Praxis
Rev.	Revue
rev	revidiert
Rev.crit.	Revue critique de droit international privé
Riv.Dir.Eur.	Rivista di diritto europeo
Riv.dir.int. priv.proc.	Rivista di diritto internazionale privato e processuale
Riv.dir.proc.	Rivista di diritto processuale
RIW	Recht der Internationalen Wirtschaft
Rom I-VO	Verordnung (EG) Nr. 593/2008 des Europäischen Parlaments und des Rates vom 17. Juni 2008 über das auf vertragliche Schuldverhältnisse anzuwendende Recht, ABl. L 177 vom 4. Juli 2008, S. 6 ff., ABl. L 309 vom 24. November 2009, S. 87
Rom II-VO	Verordnung (EG) Nr. 864/2007 des Europäischen Parlaments und des Rates vom 11. Juli 2007 über das auf ausservertragliche Schuldverhältnisse anzuwendende Recht, ABl. L 199 vom 31. Juli 2007, S. 40 ff.

Rs.	Rechtssache
RVJ	Revue valaisanne de jurisprudence (=ZWR)
Rz.	Randziffer
S.	Seite
s.	siehe
SA	Société Anonyme
SAV	Schweizerischer Anwaltsverband
SchiedsVZ	Zeitschrift für Schiedsverfahren
SchKG	Bundesgesetz vom 11. April 1889 über Schuldbetreibung und Konkurs (SchKG) (SR 281.1; mit seitherigen Änderungen)
SemJud	Semaine judiciaire (=SJ)
SG	Kanton St. Gallen
SGGVP	St. Gallische Gerichts- und Verwaltungspraxis
sic!	Zeitschrift für Immaterialgüter-, Informations- und Wettbewerbsrecht
SJ	Semaine judiciaire (=SemJud)
SJK	Schweizerische Juristische Kartothek
SJZ	Schweizerische Juristen-Zeitung
Slg.	Amtliche Sammlung der Rechtsprechung des Europäischen Gerichtshofs
SO	Kanton Solothurn
SOG	Solothurnische Gerichtspraxis
sog.	so genannt(e)
Sortenschutzgesetz	Bundesgesetz vom 20. März 1975 über den Schutz von Pflanzenzüchtungen (SR 232.16; mit seitherigen Änderungen)
SPR	Schweizerisches Privatrecht
SR	Systematische Sammlung des Bundesrechts; Systematische Rechtssammlung
Srl.	Società a responsabilità limitata
SSAV	Schriftenreihe des schweizerischen Anwaltsverbandes
ST	Der Schweizer Treuhänder
StGB	Schweizerisches Strafgesetzbuch vom 21. Dezember 1937 (SR 311.0; mit seitherigen Änderungen)
SVG	Strassenverkehrsgesetz vom 19. Dezember 1958 (SVG) (SR 741.01; mit seitherigen Änderungen)
syst.	systematisch
SZ	Kanton Schwyz; Sammlung der Rechtsprechung des österreichischen Obersten Gerichtshofes in Zivilsachen
SZIER	Schweizerische Zeitschrift für internationales und europäisches

	Recht
SZW	Schweizerische Zeitschrift für Wirtschaftsrecht
SZZP	Schweizerische Zeitschrift für Zivilprozessrecht
TG	Kanton Thurgau
TI	Kanton Tessin
ToG	Bundesgesetz vom 9. Oktober über den Schutz von Topographien von Halbleitererzeugnissen (Topographiengesetz) (SR 231.2; mit seitherigen Änderungen)
Trib.	Tribunale
TS	Teilsatz
u.a.	und andere(s); unter anderem (anderen)
udgl.	und dergleichen
u.E.	unseres Erachtens
unveröff.	unveröffentlicht
URG	Bundesgesetz vom 9. Oktober 1992 über das Urheberrecht und verwandte Schutzrechte (Urheberrechtsgesetz, URG) (SR 231.1; mit seitherigen Änderungen)
usw.	und so weiter
u.U.	unter Umständen
UWG	Bundesgesetz vom 19. Dezember 1986 gegen den unlauteren Wettbewerb (UWG) (SR 241; mit seitherigen Änderungen)
v.	von; vide; versus
VD	Kanton Waadt
VE	Vorentwurf
VersR	Versicherungsrecht
vgl.	vergleiche
VO	Verordnung
Vorbem.	Vorbemerkung(en)
VPB	Verwaltungspraxis der Bundesbehörden
VS	Kanton Wallis
VVG	Bundesgesetz vom 2. April 1908 über den Versicherungsvertrag (Versicherungsvertragsgesetz) (SR 221.229.1; mit seitherigen Änderungen)
WM	Wertpapier-Mitteilungen
z.B.	zum Beispiel
ZBGR	Schweizerische Zeitschrift für Beurkundungs- und Grundbuchrecht
ZBJV	Zeitschrift des bernischen Juristenvereins
ZEuP	Zeitschrift für Europäisches Privatrecht

ZfRV	Zeitschrift für Rechtsvergleichung, IPR und Europarecht
ZG	Kanton Zug
ZGB	Schweizerisches Zivilgesetzbuch vom 10. Dezember 1907 (SR 210; mit seitherigen Änderungen)
ZGGVP	Gerichts- und Verwaltungspraxis des Kantons Zug
ZH	Kanton Zürich
Ziff.	Ziffer
ZIP	Zeitschrift für Wirtschaftsrecht
zit.	zitiert
ZK	Zürcher Kommentar
ZPO	Schweizerische Zivilprozessordnung vom 19. Dezember 2008 (Zivilprozessordnung) (SR 272; mit seitherigen Änderungen)
ZR	Blätter für Zürcherische Rechtsprechung
ZSR	Zeitschrift für Schweizerisches Recht, Neue Folge
z.T.	zum Teil
ZVglRWiss	Zeitschrift für Vergleichende Rechtswissenschaft
ZWR	Zeitschrift für Walliser Rechtsprechung (=RVJ)
ZZP	Zeitschrift für Zivilprozess
ZZPInt	Zeitschrift für Zivilprozess International
ZZZ	Schweizerische Zeitschrift für Zivilprozess- und Zwangsvollstreckungsrecht

Allgemeines Literaturverzeichnis

AMONN KURT/WALTHER FRIDOLIN, Grundriss des Schuldbetreibungs- und Konkursrechts, 8. Aufl., Bern 2008

BAJONS ENA-MARLIS/MAYR PETER G./ZEILER GEROLD (Hrsg.), Die Übereinkommen von Brüssel und Lugano, Wien 1997

BONOMI ANDREA/CASHIN RITAINE ELEANOR/ROMANO GIAN PAOLO (Hrsg.), La Convention de Lugano. Passé, présent et devenir, Genf u.a. 2007

BUCHER ANDREAS/BONOMI ANDREA, Droit international privé, 2. Aufl., Basel u.a. 2004

COMETTA FLAVIO/BERNASCONI GIORGIO A./GUIDICELLI LUCA (Hrsg.), La Convenzione di Lugano nella pratica forense e nel suo divenire, Basel u.a. 2004

CZERNICH DIETMAR/TIEFENTHALER STEFAN/KODEK GEORG E./HEISS HELMUT, Kurzkommentar Europäisches Gerichtsstands- und Vollstreckungsrecht, 3. Aufl., Wien 2009 (zit. CZERNICH/TIEFENTHALER/KODEK-BEARBEITER)

DASSER FELIX/OBERHAMMER PAUL (Hrsg.), Kommentar zum Lugano-Übereinkommen (LugÜ), Bern 2008 (zit.: DASSER/OBERHAMMER-BEARBEITER)

DONZALLAZ YVES, La Convention de Lugano du 16 septembre 1988 concernant la compétence judiciaire et l'exécution des décisions en matière civile et commerciale, Bern 1996–1998

DUTOIT BERNARD, Droit international privé suisse, 4. Aufl., Basel u.a. 2005 (zit. DUTOIT)

DERS., Guide pratique de la compétence des tribunaux et de l'exécution des jugements en Europe, Genf u.a. 2007 (zit. DUTOIT, Guide pratique)

FURRER ANDREAS/GIRSBERGER DANIEL/GUILLAUME FLORENCE/SCHRAMM DOROTHEE, Internationales Privatrecht I, 2. Aufl., Zürich u.a. 2008 (3. Aufl. 2011)

FURRER ANDREAS/GIRSBERGER DANIEL/SIEHR KURT, Internationales Privatrecht, Allgemeine Lehren, Schweizerisches Privatrecht, Band XI/1, Basel 2008

GAUDEMET-TALLON HÉLÈNE, Compétence et exécution des jugements en Europe, 3. Aufl., Paris 2002 (4. Aufl. 2010)

GEIMER REINHOLD, Internationales Zivilprozessrecht, 6. Aufl., Köln 2009 (zit. GEIMER, IZPR)

GEIMER REINHOLD/SCHÜTZE ROLF A., Europäisches Zivilverfahrensrecht, 3. Aufl., München 2010 (zit. GEIMER/SCHÜTZE)

GEIMER REINHOLD/SCHÜTZE ROLF A. (Hrsg.), Internationaler Rechtsverkehr in Zivil- und Handelssachen, Loseblattsammlung (zit. GEIMER/SCHÜTZE, Int. Rechtsverkehr-BEARBEITER)

GIRSBERGER DANIEL/HEINI ANTON/KELLER MAX/KREN KOSTKIEWICZ JOLANTA/SIEHR KURT/VISCHER FRANK/VOLKEN PAUL (Hrsg.), Zürcher Kommentar zum IPRG, 2. Aufl., Zürich u.a. 2004 (zit. ZK IPRG-BERABEITER)

HESS BURKHARD, Europäisches Zivilprozessrecht, Heidelberg u.a. 2010

HONSELL HEINRICH/VOGT NEDIM PETER/SCHNYDER ANTON K./BERTI STEPHEN V. (Hrsg.), Basler Kommentar – Internationales Privatrecht, 2. Aufl., Basel 2007 (zit. BSK IPRG-BEARBEITER)

HONSELL HEINRICH (Hrsg.), Berliner Kommentar zum Versicherungsvertragsgesetz, Berlin u.a. 1999

KOFMEL EHRENZELLER SABINE, Der vorläufige Rechtsschutz im internationalen Verhältnis, Tübingen 2005

KROPHOLLER JAN, Europäisches Zivilprozessrecht, 8. Aufl., Frankfurt a.M. 2005 (9. Aufl. mit J. v. HEIN 2011)

LEUCH GEORG/MARBACH OMAR/KELLERHALS FRANZ/STERCHI MARTIN, Die Zivilprozessordnung für den Kanton Bern, 5. Aufl., Bern 2000

LINKE HARTMUT, Internationales Zivilprozessrecht, 4. Aufl., Köln 2006 (5. Aufl. 2011)

MAGNUS ULRICH/MANKOWSKI PETER (Hrsg.), Brussels I Regulation, München 2007 (zit. MAGNUS/MANKOWSKI-BEARBEITER)

MEIER ISAAK, Internationales Zivilprozessrecht und Zwangsvollstreckungsrecht, 2. Aufl., Zürich u.a. 2005

MUSIELAK HANS-JOACHIM (Hrsg.), Kommentar zur Zivilprozessordnung, 7. Aufl., München 2009 (zit. MUSIELAK-BEARBEITER) (8. Aufl. 2011)

NAGEL HEINRICH/GOTTWALD PETER, Internationales Zivilprozessrecht, 6. Aufl., Köln 2007

NIGGLI ALEXANDER MARCEL/UEBERSAX PETER/WIPRÄCHTIGER HANS (Hrsg.), Bundesgerichtsgesetz, Basel 2008 (zit.: BSK BGG-BEARBEITER)

PATOCCHI PAOLO MICHELE/GEISINGER ELLIOTT, Internationales Privatrecht, Zürich 2000

RAUSCHER THOMAS (Hrsg.), Europäisches Zivilprozess- und Kollisionsrecht, München 2010 (zit. RAUSCHER EuZPR/EuIPR-BEARBEITER)

RAUSCHER THOMAS (Hrsg.), Europäisches Zivilprozessrecht, 2. Aufl., München 2006 (zit. RAUSCHER-BEARBEITER)

REITHMANN CHRISTOPH/MARTINY DIETER (Hrsg.), Internationales Vertragsrecht, 7. Aufl., Köln 2010 (zit. REITHMANN/MARTINY-BEARBEITER)

SCHACK HAIMO, Internationales Zivilverfahrensrecht, 5. Aufl., München 2010

SCHLOSSER PETER, EU-Zivilprozessrecht, 3. Aufl., München 2009

SCHNYDER ANTON K./LIATOWITSCH MANUEL, Internationales Privat- und Zivilverfahrensrecht, 2. Aufl., Zürich u.a. 2006 (3. Aufl. 2011)

SCHWANDER IVO, Einführung in das internationale Privatrecht. Erster Band: Allgemeiner Teil, 3. Aufl., St. Gallen u.a. 2000 (zit.: SCHWANDER, IPR AT)

SCHWANDER IVO (Hrsg.), Das Lugano-Übereinkommen, St. Gallen 1990 (zit.: AUTOR, in: SCHWANDER, LugÜ)

SEILER HANSJÖRG/VON WERDT NICOLAS/GÜNGERICH ANDREAS (Hrsg.), Bundesgerichtsgesetz (BGG), Bern 2007

SIEHR KURT, Das Internationale Privatrecht der Schweiz, Zürich u.a. 2002

SPÜHLER KARL/DOLGE ANNETTE/VOCK DOMINIK, Kurzkommentar zum Bundesgerichtsgesetz (BGG), Zürich/St. Gallen 2006

SPÜHLER KARL/MEYER CLAUDIA, Einführung ins internationale Zivilprozessrecht, Zürich 2001

SPÜHLER KARL/TENCHIO LUCA/INFANGER DOMINIK (Hrsg.), Bundesgesetz über den Gerichtsstand in Zivilsachen (GestG), Basel u.a. 2001 (zit. SPÜHLER/TENCHIO/INFANGER-BEARBEITER)

STAEHELIN ADRIAN/STAEHELIN DANIEL/GROLIMUND PASCAL, Zivilprozessrecht, Zürich u.a. 2008

STAEHELIN ADRIAN/BAUER THOMAS/STAEHELIN DANIEL, Kommentar zum Bundesgesetz über Schuldbetreibung und Konkurs, Basel u.a. 1998, Ergänzungsband 2005 (2. Aufl. 2010)

STEIN FRIEDRICH/JONAS MARTIN, Kommentar zur Zivilprozessordnung, 22. Aufl., Tübingen 2002-2006 (zit. STEIN/JONAS-BEARBEITER)

THOMAS HEINZ/PUTZO HANS, Kommentar zur Zivilprozessordnung, 31. Aufl., München 2010 (zit. THOMAS/PUTZO-BEARBEITER) (32. Aufl. 2011)

VOGEL OSCAR/SPÜHLER KARL, Grundriss des Zivilprozessrechts und des internationalen Zivilprozessrechts der Schweiz, 8. Aufl., Bern 2006 (9. Aufl. 2010)

WALTER GERHARD, Internationales Zivilprozessrecht der Schweiz, 4. Aufl., Bern u.a. 2007

WIECZOREK BERNHARD/SCHÜTZE ROLF A. (Hrsg.), Zivilprozessordnung, 3. Aufl., Berlin 1994–2010 (zit. WIECZOREK/SCHÜTZE-BEARBEITER)

ZÖLLER RICHARD (Hrsg.), Zivilprozessordnung, 28. Aufl., Köln 2010 (zit. ZÖLLER-BEARBEITER)

Gesetzes- und sonstige Rechtssammlungen

BUCHER ANDREAS, Internationales Privatrecht, 7. Aufl., Basel 2009 (8. Aufl. 2011)

JAYME ERIK/HAUSMANN RAINER, Internationales Privat- und Verfahrensrecht, 15. Aufl., München 2010

KREN KOSTKIEWICZ JOLANTA, IPRG/LugÜ, Internationales Privat- und Verfahrensrecht, Zürich 2009

WALTER GERHARD/JAMETTI GREINER MONIQUE/SCHWANDER IVO, Internationales Privat- und Verfahrensrecht, Loseblattsammlung (zit. WALTER/JAMETTI GREINER/SCHWANDER-BEARBEITER)

Materialien

Bericht vom 28. Mai/8. Juli 1993 der Expertengruppe für die Prüfung der Anpassungsbedürftigkeit der Revisionsvorlage SchKG an das Lugano-Übereinkommen vom 16. September 1988 über die gerichtliche Zuständigkeit und die Vollstreckung gerichtlicher Entscheidungen in Zivil- und Handelssachen (zit. Bericht Expertengruppe SchKG)

Botschaft zum Bundesbeschluss über die Genehmigung und die Umsetzung des revidierten Übereinkommens von Lugano über die gerichtliche Zuständigkeit, die Anerkennung und die Vollstreckung gerichtlicher Entscheidungen in Zivil- und Handelssachen vom 18. Februar 2009, BBl 2009, S. 1777 ff. (zit. Botschaft revLugÜ)

Botschaft zur Schweizerischen Zivilprozessordnung (ZPO) vom 28. Juni 2006, BBl 2006 I, S. 7221 ff. (zit. Botschaft ZPO)

Botschaft zum Bundesgesetz über den Gerichtsstand in Zivilsachen (Gerichtsstandsgesetz, GestG) vom 18. November 1998, BBl 1999 III, S. 2829 ff. (zit. Botschaft GestG)

Botschaft betreffend das Lugano-Übereinkommen über die gerichtliche Zuständigkeit und die Vollstreckung gerichtlicher Entscheidungen in Zivil- und Handelssachen vom 21. Februar 1990, BBl 1990 II, S. 265 ff. (zit. Botschaft LugÜ)

Botschaft zum Bundesgesetz über das internationale Privatrecht (IPR-Gesetz) vom 10. November 1982, BBl 1983 I, S. 263 ff. (zit. Botschaft IPRG)

Bundesbeschluss über die Genehmigung und die Umsetzung des revidierten Übereinkommens von Lugano über die gerichtliche Zuständigkeit, die Anerkennung und die Vollstreckung gerichtlicher Entscheidungen in Zivil- und Handelssachen – Erläuternder Begleitbericht zum Vernehmlassungsverfahren vom 30.5.2008

de Almeida Cruz Martinho/Real Manuel Desantes/Jenard Paul, Bericht zu dem Übereinkommen über den Beitritt des Königreichs Spanien und der Portugiesischen Republik zum Übereinkommen über die gerichtliche Zuständigkeit und die Vollstreckung gerichtlicher Entscheidungen in Zivil- und Handelssachen sowie zum Protokoll betreffend die Auslegung dieses Übereinkommens durch den Gerichtshof in der Fassung des Übereinkommens über den Beitritt des Königreichs Dänemark, Irlands und des Vereinigten Königreichs Grossbritannien und Nordirland und des Übereinkommens über den Beitritt der Republik Griechenland, ABl. EG 1990 Nr. C 189/35 (zit. Bericht Almeida-Cruz)

HESS BURKHARD/PFEIFFER THOMAS/SCHLOSSER PETER, Report on the Application of Regulation Brussels I in the Member States, Study JLS/C4/2005/03, Final Version September 2007, abrufbar unter <http://ec.europa.eu/civiljustice/news/docs/study_application_brussels_1_en.pdf> (zit. Bericht HESS/PFEIFFER/SCHLOSSER)

JENARD PAUL/MÖLLER GUSTAF, Bericht zu dem Übereinkommen über die gerichtliche Zuständigkeit und die Vollstreckung gerichtlicher Entscheidungen in Zivil- und Handelssachen, geschlossen in Lugano am 16. September 1988, ABl. EG 1990 Nr. C 189/57 (zit. Bericht JENARD/MÖLLER)

JENARD PAUL, Bericht zu dem Übereinkommen über die gerichtliche Zuständigkeit und die Vollstreckung gerichtlicher Entscheidungen in Zivil- und Handelssachen, ABl. EG 1979 Nr. C 59/1 (zit. Bericht JENARD)

Lugano-Übereinkommen über die gerichtliche Zuständigkeit und die Vollstreckung gerichtlicher Entscheidungen in Zivil- und Handelssachen vom 16. September 1988. Erläuterungen des Bundesamtes für Justiz zur Geldvollstreckung im Hinblick auf das Inkrafttreten am 1. Januar 1992, BBl 1991 Bd. IV, S. 313 ff. (zit. Erläuterungen BAJ)

POCAR FAUSTO, Erläuternder Bericht zu dem am 30. Oktober 2007 in Lugano unterzeichneten Übereinkommen über die gerichtliche Zuständigkeit und die Anerkennung und Vollstreckung gerichtlicher Entscheidungen in Zivil- und Handelssachen, ABl. EU 2009 Nr. C 319/1 (zit. Bericht POCAR)

SCHLOSSER PETER, Bericht zu dem Übereinkommen über den Beitritt des Königreichs Dänemark, Irlands und des Vereinigten Königreichs Grossbritannien und Nordirland zum Übereinkommen über die gerichtliche Zuständigkeit und die Vollstreckung gerichtlicher Entscheidungen in Zivil- und Handelssachen sowie zum Protokoll betreffend die Auslegung dieses Übereinkommens durch den Gerichtshof, ABl. EG 1979 Nr. C 59/71 (zit. Bericht SCHLOSSER)

Allgemeine Einleitung

Literatur: BASEDOW, The Communitarization of the Conflict of Laws under the Treaty of Amsterdam, CMLR 2000, 687; BERNASCONI/GERBER, Der räumlich-persönliche Anwendungsbereich des LugÜ, SZIER 1993, 39; COESTER-WALTJEN, Die Bedeutung des EuGVÜ und des Luganer Abkommens für Drittstaaten, FS Nakamura, Tokyo 1996, 91; GEIMER, Menschenrechte im internationalen Zivilverfahrensrecht, in: Berichte der Deutschen Gesellschaft für Völkerrecht, 1994, 213 (zit. GEIMER, Menschenrechte); DERS., Verfassungsrechtliche Vorgaben bei der Normierung der internationalen Zuständigkeit, FS Schwind, Wien 1993, 17 (zit. GEIMER, Verfassungsrechtliche Vorgaben); GROLIMUND, Die Bedeutung des EG-Binnenmarktes für das Internationale Zivilverfahrens- und Privatrecht, FS Schnyder, Zürich 2002, 93 (zit. GROLIMUND, Binnenmarkt); DERS., Drittstaatenproblematik des europäischen Zivilverfahrensrechts, Eine Never-Ending-Story?, in: Fucik/Konecny/Lovrek/Oberhammer, (Hrsg.), Zivilverfahrensrecht, Jahrbuch 2010, Wien 2010 (zit. GROLIMUND, Never-Ending-Story); DERS., Drittstaatenproblematik des europäischen Zivilverfahrensrechts, Tübingen 2000 (zit. GROLIMUND, Drittstaatenproblematik); HESS, Neue Rechtsakte und Rechtssetzungsmethoden im Europäischen Justizraum, ZSR 2005 II, 183 (zit. HESS, Neue Rechtsakte); DERS., EMRK, Grundrechte-Charta und europäisches Zivilverfahrensrecht, FS Jayme, 2004, 339 (zit. HESS, Grundrechte); DERS., Die «Europäisierung» des internationalen Zivilprozessrechts durch den Amsterdamer Vertrag – Chancen und Gefahren, NJW 2000, 23 (zit. HESS, Europäisierung); DERS., Der Binnenmarktprozess, JZ 1998, 1021 (zit. HESS, Binnenmarktprozess); HESS/PFEIFFER/SCHLOSSER, The Brussels I Regulation 44/2001, Application and Enforcement in the EU, München 2008; ISRAËL, Conflict of Law and the EC after Amsterdam – A Change to the Worse?, MJ 2000, 81; JAMETTI GREINER, Neues Lugano-Übereinkommen: Stand der Arbeiten, Internationales Zivil- und Verfahrensrecht 2, Zürich 2003, 113 (zit. JAMETTI GREINER, Neues LugÜ); DIES., Die Revision des Brüsseler und des Lugano-Übereinkommens, AJP 1999, 1135 (zit. JAMETTI GREINER, Revision); JAYME, Das Europäische Gerichtsstands- und Vollstreckungsübereinkommen und die Drittländer – Das Beispiel Österreich, in: Europarecht, IPR, Rechtsvergleichung, Veröffentlichungen der Kommission für Europarecht, 1988, 97; KERAMEUS, Erweiterung des EuGVÜ-Systems und Verhältnis zu Drittstaaten, in: Gottwald (Hrsg.), Revision des EuGVÜ, Bielefeld 2000, 75; KREUZER, Zu Stand und Perspektiven des Europäischen Internationalen Privatrechts – Wie europäisch soll das Europäische Internationale Privatrecht sein?, RabelsZ 2006, 1; KROPHOLLER, Problematische Schranken der europäischen Zuständigkeitsordnung gegenüber Drittstaaten, FS Ferid, Frankfurt a.M. 1988, 239; MARKUS, Neue Entwicklungen im internationalen Zuständigkeitsrecht (insb. LugÜ), Zum Gerichtsstand in Zivilsachen, Zürich 2002, 129 (zit. MARKUS, Entwicklungen); DERS., Revidierte Übereinkommen von Brüssel und Lugano: Zu den Hauptpunkten, SZW 1999, 205 (zit. MARKUS, Revidierte Übereinkommen); MATSCHER, Die indirekte Wirkung des Art. 6 EMRK bei der Anerkennung und Vollstreckung ausländischer Entscheidungen, FS Kollhosser, 2004, Bd. II, 427; RODRIGUEZ, Kommentierte Konkordanztabelle zum revidierten Übereinkommen von Lugano vom 30. Oktober 2007 und zum geltenden Lugano-Übereinkommen, SZIER 2007, 531; TRÜTEN, Internationales Zivilverfahrensrecht/Internationales Privatrecht, in: Kellerhals (Hrsg.), Wirtschaftsrecht Schweiz-EU, Überblick und Kommentar 2009/2010, Zürich 2010, 293; VOLKEN, Das Lugano-Übereinkommen – Entstehungsgeschichte und Regelungsbereich, in: Schwander (Hrsg.): Das Lugano-Übereinkommen, St. Gallen 1990, 37 (zit. VOLKEN, Entstehungsgeschichte); DERS., Von Brüssel nach Lugano und zurück, in: Cottier et al. (Hrsg.), Beitritt der Schweiz zur Europäischen Union, Zürich 1998, 1177 (zit. VOLKEN, Von und zurück); WALTHER, Die Schweiz und das europäische Zivilprozessrecht – quo vadis?, ZSR 2005 II, 301.

Übersicht *Seite*

I. Übersicht über Regelungsgegenstand und Anwendungsbereich des Lugano-Übereinkommens

1 Das Lugano-Übereinkommen (Übereinkommen über die gerichtliche Zuständigkeit und die Anerkennung und die Vollstreckung von Entscheidungen in Zivil- und Handelssachen, LugÜ, SR 0.275.12) regelt die **direkte Zuständigkeit der Gerichte** (Art. 2 ff.) und die **Anerkennung und Vollstreckung von Entscheidungen** (Art. 32 ff.) und öffentlichen Urkunden (Art. 57) im europäischen Rechtsverkehr. Weiter enthält es Vorschriften über die Rechtshängigkeit und verbundene Streitsachen (Art. 27 ff.) sowie über die Prüfung der Zuständigkeit und der Zulässigkeit des Verfahrens (Art. 25 f.).

2 Das Übereinkommen ist sachlich anwendbar auf **Zivil- und Handelssachen,** wie sie in Art. 1 LugÜ näher umschrieben werden. Es umfasst grundsätzlich das gesamte Privatrecht, unter Ausschluss der in Art. 1 Abs. 2 LugÜ aufgeführten Rechtsgebiete (insbesondere klassische Gebiete des Personen-, Familien- [mit der Ausnahme des Unterhaltsrechts] und Erbrechts, Konkurs- und Nachlassverfahren, das Sozialversicherungsrecht sowie die Schiedsgerichtsbarkeit). Räumlich-persönlich gilt das Lugano-

Übereinkommen, soweit es die direkte Zuständigkeit betrifft, im Wesentlichen bei Streitigkeiten, in denen der Beklagte in einem gebundenen Staat Wohnsitz hat (Art. 2 Abs. 1 LugÜ). Die Regeln über die Anerkennung und Vollstreckung sowie die Rechtshängigkeit und verbundene Streitsachen gelten im Verhältnis zwischen den gebundenen Staaten (Art. 27 ff., Art. 32 LugÜ). Der zeitliche Anwendungsbereich des Lugano-Übereinkommens ist in Art. 63 LugÜ festgelegt.

II. Entstehungsgeschichte

1. aLugÜ von 1988

Die heute geltende Fassung des Lugano-Übereinkommens geht zurück auf ein von den Mitgliedstaaten der EU und der EFTA am 16. September 1988 in Lugano abgeschlossenes Übereinkommen **(aLugÜ)**[1]. Das aLugÜ hat seinen geistigen Ursprung in dem am 27. September 1968 von den Mitgliedstaaten der Europäischen Wirtschaftsgemeinschaft (EWG) in Brüssel unterzeichneten Europäischen Gerichtsstands- und Vollstreckungsübereinkommen (Brüsseler Übereinkommen, EuGVÜ)[2]. Letzteres gewährleistete innerhalb der Europäischen Wirtschaftsgemeinschaft die Anerkennung und Vollstreckung von Entscheidungen. Man spricht in diesem Zusammenhang auch von der **Titelfreizügigkeit** in Europa[3]. Diese brachte erhebliche wirtschaftliche Vorteile für die im gemeinsamen Markt der EWG tätigen Unternehmen mit sich. 3

Das EuGVÜ war als «geschlossenes» Übereinkommen konzipiert. Nichtmitgliedstaaten der EWG konnten dem Übereinkommen nicht beitreten[4]. Daraus ergaben sich wirtschaftliche Nachteile für die in Drittstaaten ansässigen Unternehmen. Dies konnte insbesondere aus Sicht der damaligen EFTA-Staaten, d.h. namentlich auch der Schweiz, nicht befriedigen. Die wichtigsten Handelspartner von Schweizer Unternehmen befanden und befinden sich im europäischen Markt. Die Schweiz hatte daher ein vitales Interesse, Schweizer Unternehmen ebenfalls an der durch das EuG- 4

---

1 Abgedruckt z.B. in BUCHER, Internationales Privatrecht, 7. Aufl., Basel 2009.

2 Abgedruckt z.B. in BORIĆ, Internationales Privatrecht und Zivilverfahrensrecht, 2. Aufl., Wien 2000.

3 Bericht JENARD 42; ausführlich GROLIMUND, Drittstaatenproblematik Rz. 227 ff.

4 GEIMER/SCHÜTZE, EZVR, Einl. Rz. 31.

VÜ geschaffenen Titelfreizügigkeit teilhaben zu lassen[5]. Als Lösung bot sich der Abschluss eines **Parallelübereinkommens** an. Damit gemeint ist eine staatsvertragliche Regelung zwischen den EWG-Mitgliedstaaten und den damaligen EFTA-Staaten, welche sich inhaltlich (weitgehend) an die Vorschriften des Brüsseler Übereinkommens anlehnt[6]. Auf Initiative Schwedens und später der Schweiz hin wurde 1985 ein Sachverständigenausschuss zur Erarbeitung eines solchen Parallelübereinkommens eingesetzt. Gestützt auf dessen Arbeiten konnte anlässlich der diplomatischen Konferenz im September 1988 in Lugano der endgültige Text des Übereinkommens einschliesslich dreier Protokolle und weiterer Erklärungen verabschiedet werden[7].

2. Das LugÜ im Kontext der Entwicklung des Europäischen Zivilprozessrechts

a) Entstehung und Erweiterung des EuGVÜ

5 Das zuvor erwähnte Brüsseler Übereinkommen hat seine geschichtliche Wurzel in **Art. 220** des Vertrages zur Gründung der Europäischen Wirtschaftsgemeinschaft (**EWGV,** nach dem Vertrag von Amsterdam Art. 293 EGV, aufgehoben durch den Vertrag von Lissabon). Demnach wurden die Mitgliedstaaten angehalten, die wechselseitige Anerkennung und Vollstreckung von Zivilurteilen sicherzustellen. In Erfüllung dieser Aufgabe unterzeichneten die Gründerstaaten der EWG am 27. September 1968 in Brüssel das Europäische Gerichtsstands- und Vollstreckungsübereinkommen[8]. Dieses trat in seiner ersten Fassung am 1. Februar 1973 in Kraft.

6 Mit jeder Erweiterung der EWG musste in der Folge auch der räumliche Geltungsbereich des Brüsseler Übereinkommens ausgedehnt werden. Dies folgte aus Art. 63 Abs. 1 EuGVÜ, demzufolge jeder Staat, welcher der Gemeinschaft beitreten wollte, das Brüsseler Übereinkommen zu zeichnen hatte. Entsprechend wurde am 9. Oktober 1978 das erste (Beitritt des Vereinigten Königreichs, Irlands und Dänemarks)[9], am 25. Oktober 1982 das

[5] Weitergehend zu den Motiven für den Abschluss des aLugÜ Bericht JENARD/MÖLLER 61 ff.

[6] Zu den Abweichungen vgl. VOLKEN, Von und zurück 1184.

[7] Vgl. weiterführend zur Entstehungsgeschichte des aLugÜ, Botschaft zum aLugÜ, Separatdruck, 90.017.

[8] Vgl. den Bericht JENARD 1 ff.

[9] Dazu der Bericht SCHLOSSER 71 ff.

zweite (Beitritt Griechenlands)[10], am 26. Mai 1989 das dritte (Beitritt Portugals und Spaniens)[11] und am 29. November 1996 das vierte (Beitritt Finnlands, Österreichs und Schwedens) **Beitrittsübereinkommen zum EuGVÜ** unterzeichnet. Die jeweiligen Beitrittsübereinkommen haben teilweise nur redaktionelle, in gewissen Fällen aber auch massgebliche inhaltliche Änderungen mit sich gebracht. Letzteres gilt namentlich für das Beitrittsübereinkommen von 1989, das eine inhaltliche Angleichung des EuGVÜ an das inzwischen unterzeichnete Lugano-Übereinkommen vorsah[12]. Das EuGVÜ galt zwischen den gebundenen Staaten zeitweise in unterschiedlichen Fassungen. Grund hierfür war, dass das EuGVÜ als Staatsvertrag von den einzelnen Mitgliedstaaten der EWG jeweils ratifiziert und in Kraft gesetzt werden musste. Dies beanspruchte Zeit und liess die Fortentwicklung des Brüssler Übereinkommens als schwerfällig erscheinen.

b) Überführung des EuGVÜ in Unionsrecht – Entstehung der EuGVVO[13]

Art. 220 EWGV begründete keine Kompetenz der Union zur Regelung 7
des internationalen Zivilprozessrechts. Die Harmonisierung sollte vielmehr über den Abschluss von Staatsverträgen erfolgen. Dieses Konzept wurde bis zum **Vertrag von Maastricht** im Jahr 1992 beibehalten. In letzterem Vertrag erfolgte jedoch eine erste Annäherung des IZPR an das Unionsrecht. Der Vertrag von Maastricht begründete die **3-Säulen-Struktur der EU,** wie sie bis zum Vertrag von Lissabon (2009) Geltung hatte: Die erste Säule umfasste die Europäische Gemeinschaft (EG), die Europäische Gemeinschaft für Kohle und Stahl (EGKS) und die Europäische Atomgemeinschaft (Euratom). Die zweite Säule enthielt Regeln über die gemeinsame Aussen- und Sicherheitspolitik. Die dritte Säule schliesslich sah Vorschriften über die Zusammenarbeit in den Bereichen Justiz und Inneres vor. Zusammen standen die drei Säulen unter dem Dach der Europäischen Union, geregelt im Vertrag über die Europäische Union (EUV). Über Rechtsetzungskompetenzen verfügte die EU grundsätzlich nur in der ersten Säule (EG). Die Zusammenarbeit in der 2. und in der 3. Säule erfolgte

---

10 Dazu der Bericht EVERIGENIS/KERAMEUS 1 ff.

11 Dazu der Bericht ALMEIDA CRUZ/DESANTES REAL/JENARD 35 ff.

12 Vgl. VOLKEN, Entstehungsgeschichte 42.

13 Vgl. dazu etwa BASEDOW 687 ff.; GROLIMUND, Binnenmarkt 95 ff.; HESS, Binnenmarktprozess 1021 ff.; DERS., Europäisierung 23 ff.; ISRAËL 81 ff.

im Wesentlichen durch Kooperation, d.h. namentlich durch den Abschluss von Staatsverträgen. Indes hatten die Organe der EG auch in der 2. und in der 3. Säule gewisse Kompetenzen, so bestand in gewissen Fällen etwa ein Vorschlagsrecht der EG-Kommission für Rechtsangleichungen.

8 In den Politikbereichen der **dritten Säule** nahm der EUV (Art. K.1(6.)) ausdrücklich auch Bezug auf die justizielle Zusammenarbeit in Zivilsachen. Auf dieser Grundlage erarbeiteten die Kommission und der Rat verschiedene **Vorschläge für Übereinkommen im Bereich des IZPR**[14]. Dies umfasste auch einen Vorschlag für die Revision des Brüsseler Übereinkommens, der weiterreichende Änderungen im EuGVÜ vorgesehen hätte[15]. Nahezu zeitgleich hatte der Rat 1997 gemäss dem in den Übereinkommen vorgesehenen Revisionsverfahren den Auftrag für eine Revision des Brüsseler und des Lugano-Übereinkommens erteilt. Die Expertengruppe veröffentlichte ihren **Revisionsentwurf im April 1999**[16]. Dieser war stark an das damals geltende Recht angelehnt bzw. sah nur einige massvolle Neuerungen vor[17].

9 Mit dem Inkrafttreten des **Vertrages von Amsterdam** im Mai 1999 gerieten die Revisionsbemühungen der erwähnten Expertengruppe alsdann aber ins Stocken. Der Vertrag von Amsterdam sah den Übergang von wesentlichen Politikbereichen der **dritten Säule in die erste Säule** der Europäischen Union vor. In den EG-Vertrag Eingang fanden so namentlich das Asyl- und Immigrationswesen und mit ihnen die Vorschriften über die justizielle Zusammenarbeit in Zivilsachen. Mit Art. 61c und Art. 65 EGV verfügte die **EG erstmals über eine ausdrückliche Kompetenz zur Regelung des Internationalen Zivilverfahrensrechts.** Entsprechend richtete die EG ihr Augenmerk fortan auf die Vereinheitlichung des IZPR auf Gemeinschaftsstufe. Dies umfasste das Bestreben, das Brüsseler Übereinkommen in eine EG-Verordnung umzugiessen[18]. Aus diesen Bemühungen resultierte schliesslich die Verordnung (EG) Nr. 44/2001 des Rates vom 22. Dezember 2000 über die gerichtliche Zuständigkeit und die Anerkennung und Vollstreckung in Zivil- und Handelssachen **(EuGVVO).** Sie trat am 1. März 2002 in Kraft. Die EuGVVO lehnte sich inhaltlich sehr eng an

14 Vgl. die Liste in Grolimund, Binnenmarkt 100.
15 ABl. EG 1998 C 33, 20 ff.
16 Ratsdokument 7700/99 LIMITE JUSTCIV 60, 30.04.1999.
17 Vgl. Jametti Greiner, Revision 1135 ff.
18 Grolimund, Binnenmarkt 100 ff.

den Revisionsentwurf der Expertengruppe für eine Revision des Brüsseler und des Lugano-Übereinkommens vom April 1999 an[19]. Damit stand nun, so dachte man, auch der Weg für eine Revision des Lugano-Übereinkommens offen[20].

Mit Inkrafttreten des **Vertrages von Lissabon** am 1. Dezember 2009 hat 10
sich die Struktur der EU (erneut) wesentlich verändert. Das 3-Säulen-Modell musste dem Bild eines **Planeten mit einem Satelliten** weichen[21]: Neu besteht der Kern der Union im Vertrag über die Europäische Union (EUV). Darum gehüllt sind der Vertrag über die Arbeitsweise der Europäischen Union (AEUV) und die Charta der Grundrechte der Europäischen Union (Grundrechtscharta). Um den so formierten Planeten kreist als Satellit die Europäische Atomgemeinschaft (Euroatom). Mit dem Vertrag von Lissabon hat die EU Rechtspersönlichkeit erlangt. Die vormals 2. und 3. Säule sind in den AEUV eingeflossen. Das IZPR wird neu in **Art. 81 AEUV** geregelt. Im Vergleich zur Rechtslage unter Art. 65 EGV ergeben sich freilich nur wenige Änderungen[22]. So wurde klargestellt, dass es sich bei Art. 81 AEUV um eine geteilte Kompetenz der EU[23] handelt (Art. 4 Abs. 2 lit. j AEUV), was freilich schon zuvor unbestritten war. Weggefallen ist sodann die in Art. 68 EGV statuierte Beschränkung des Zugangs zum EuGH. Unter altem Recht durften und mussten nur die letztinstanzlichen Gerichte dem EuGH Fragen zur Auslegung der EuGVVO zur Vorabentscheidung vorlegen. Neu findet wieder die allgemeine Regelung von Art. 267 AEUV (ex Art. 234 EGV) Anwendung, wonach auch alle anderen Gerichte der EU-Mitgliedstaaten zur Vorlage berechtigt sind.

3. Revision des LugÜ

Mit Blick auf die Revision des LugÜ traten aufgrund der beschriebenen 11
Entwicklungen in Europa neue Probleme auf. Nach allgemeinen Grundsätzen des EU-Rechts hatte das Inkrafttreten der EuGVVO allenfalls eine Kompetenzattraktion der EU im Bereich des Staatsvertragsrechts zur Folge. Alsdann kam es zu Differenzen zwischen der EU und den Mitgliedstaaten

19 Vgl. Botschaft LugÜ 1784.
20 Ausführlich zur Geschichte der Revision des LugÜ Bericht Pocar 2 ff.
21 Dazu Tobler/Beglinger, Essential EU Law in Charts, 2nd, Lisbon edition, 2010, 60.
22 Weiterführend Trüten 295 ff.
23 Bei einer geteilten Kompetenz bleiben die Mitgliedstaaten solange kompetent, bis die EU die Kompetenz ausschöpft, d.h. ihrerseits Vorschriften erlässt.

hinsichtlich der Abschlusskompetenz für das neue LugÜ. Diese mündeten in eine Vorlage an den EuGH zur Feststellung des Umfangs der **EU-Aussenkompetenz im Bereich des Internationalen Zivilprozessrechts.** Mit Gutachten vom 7. Februar 2006 hielt der EuGH fest **(Gutachten 1/03)**[24], dass ausschliesslich die EU (damals noch EG) kompetent sei, das LugÜ zu zeichnen. Damit war die letzte grosse Hürde auf dem Weg zur Revision des LugÜ genommen. Nach Klärung einiger abschliessender Detailfragen konnte anlässlich der diplomatischen Konferenz vom 9.–12. Oktober 2006 eine Einigung gefunden werden. Der definitive Text des revidierten LugÜ steht seit März 2007 fest. Er wurde am **30. Oktober 2007** von den Parteien – EG (EU), Schweiz, Norwegen, Island und Dänemark (vgl. Art. 69 Abs. 1 LugÜ) – unterzeichnet[25]. Das **neue LugÜ** ist in der Schweiz am **1. Januar 2011** in Kraft getreten. Seine Vorschriften bilden Grundlage der vorliegenden Kommentierung.

12 Die **Revision des LugÜ** bringt diverse **Anpassungen und Änderungen im Schweizer Recht** mit sich. So hat sich der Gesetzgeber insbesondere der seit langem umstrittenen Frage, wie das in Art. 41 LugÜ vorgesehene einseitige Verfahren auf Vollstreckbarerklärung in der Schweiz umzusetzen sei, angenommen und in Art. 271 Abs. 1 Ziff. 6 SchKG den definitiven Rechtsöffnungstitel als **neuen Arrestgrund** eingefügt[26]. Damit kann ein Gläubiger mit einem vollstreckbaren Urteil aus einem LugÜ-Staat zwecks Durchsetzung seiner Ansprüche Arrest auf das in der Schweiz belegene Vermögen des Schuldners legen lassen, ohne dass der Schuldner in diesem ersten Verfahrensstadium angehört würde. Weiter wurden Korrekturen am IPRG und an der Schweizerischen Zivilprozessordnung vorgenommen[27]. Zwecks Harmonisierung des nationalen und des internationalen Zuständigkeitsrechts sieht das IPRG neu in Art. 8a die Gerichtsstände der passiven Streitgenossenschaft und der objektiven Klagenhäufung vor. Weiter wird in Art. 8b IPRG der Gerichtsstand der Streitverkündungsklage eingeführt. Daneben sieht das IPRG neu ausdrücklich den Adhäsionsgerichtsstand (Art. 8c), eine alternative Zuständigkeit am Ort der Belegenheit bei dingli-

[24] Gutachten 1/03 des Gerichtshofs vom 07.02.2006, Zuständigkeit der Gemeinschaft für den Abschluss des neuen Übereinkommens von Lugano über die gerichtliche Zuständigkeit und die Anerkennung und Vollstreckung von Entscheidungen in Zivil- und Handelssachen, Slg. 2006 I-01145.

[25] Botschaft LugÜ 1785.

[26] Botschaft LugÜ 1820 ff.

[27] Botschaft LugÜ 1826 ff.

chen Ansprüchen über bewegliche Sachen (Art. 98 IPRG) sowie eine alternative Zuständigkeit am vertraglichen Erfüllungsort vor (Art. 113 IPRG), wobei hinsichtlich des letzteren Gerichtsstands an den Erfüllungsort der vertragscharakteristischen Leistung angeknüpft wird. Für die Details sei auf die jeweilige Spezialliteratur verwiesen.

III. Übersicht über die Neuerungen im LugÜ

Das **revidierte Lugano-Übereinkommen** hält am bestehenden Konzept 13
weitgehend fest. Es enthält nur **punktuelle Änderungen,** welche sich stichwortartig (und nicht abschliessend) wie folgt darstellen lassen[28]:

1. Inhaltliche Neuerungen

- **Gerichtsstand am vertraglichen Erfüllungsort:** Art. 5 Nr. 1 LugÜ 14
knüpft in einer Vielzahl von Fällen nur noch an den Erfüllungsort der vertragscharakteristischen Leistung an (Warenlieferung, Dienstleistung);
- **Streitigkeiten aus Versicherungssachen:** Dem Gerichtsstand am Wohnsitz des Versicherungsnehmers wird eine Zuständigkeit am Wohnsitz des Versicherten und Begünstigten zur Seite gestellt (Art. 9 Abs. 1 lit. b LugÜ). Bei Grossrisiken sind Gerichtsstandsvereinbarungen neu insgesamt zulässig (Art. 14 Nr. 5 LugÜ);
- **Streitigkeiten aus Konsumentenverträgen:** Das LugÜ wurde namentlich an die Bedürfnisse des elektronischen Geschäftsverkehrs angepasst (Art. 15 Abs. 1 lit. c LugÜ);
- **Streitigkeiten aus Arbeitsverträgen:** Das LugÜ sieht in Art. 18 ff. eine Neuregelung vor, die sich im Wesentlichen am Vorbild der versicherungs- und konsumentenrechtlichen Sonderbestimmungen orientiert;
- **Gerichtsstandsvereinbarung:** Art. 23 Abs. 2 LugÜ stellt hinsichtlich der Form von Gerichtsstandsvereinbarungen elektronische Übermittlungen unter gewissen Voraussetzungen der Schriftform gleich;

[28] Botschaft LugÜ 1785, 1787 ff.; vgl. auch RODRIGUEZ 1 ff.; JAMETTI GREINER, Neues LugÜ 113 ff.; MARKUS, Revidierte Übereinkommen 205 ff.; DERS., Entwicklungen 129 ff.

- **Rechtshängigkeit:** Das LugÜ definiert neu autonom den Zeitpunkt des Eintritts der Rechtshängigkeit (Art. 30 LugÜ);
- **Verweigerungsgründe bei der Anerkennung:** Art. 34 LugÜ sieht moderate Änderungen bei den Verweigerungsgründen vor (offensichtliche Verletzung des ordre public, Verlagerung der Rüge von Zustellungsfehlern weitestgehend auf das Erkenntnisverfahren [vgl. aber den Schweizer Vorbehalt in Art. III Protokoll 1], Prioritätenregel bei sich widersprechenden Urteilen);
- **Vollstreckungsverfahren:** Der (erstinstanzliche) Vollstreckungsrichter darf die Anerkennungsvoraussetzungen nicht mehr prüfen (Art. 41 LugÜ). Allfällige Verweigerungsgründe bilden Gegenstand des Rechtsmittelverfahrens;
- **Sitz von Gesellschaften:** Mit Ausnahme von Art. 22 Nr. 2 LugÜ wird der Sitz von Gesellschaften neu autonom geregelt (Art. 60 LugÜ).

2. Formelle und strukturelle Neuerungen

15 – **Neunummerierung:** Die Artikel des LugÜ sind neu nummeriert. Eine Konkordanztabelle findet sich bei Walter, IZPR, 626 ff.;
- **Die EU als Vertragspartei:** Die Tatsache, dass neu die EU Vertragspartei des LugÜ ist, hat nicht nur die automatische Ausdehnung des räumlich-persönlichen Anwendungsbereichs des LugÜ bei jeder künftigen Erweiterung der EU zur Konsequenz. Das LugÜ gilt darüber hinaus neu auch als Unionsrecht. Als solches unterliegt es der Rechtsprechungskompetenz des EuGH. Die Gerichte der EU-Mitgliedstaaten können bzw. müssen somit Streitfragen zum LugÜ dem EuGH zur Vorabentscheidung vorlegen.

IV. Auslegung

1. Autonome Auslegung

16 Das Lugano-Übereinkommen ist weitestgehend **autonom** auszulegen[29]. Demnach dürfen die Vorschriften des LugÜ nicht vor dem Hintergrund von einzelstaatlich geprägten Begriffsdefinitionen verstanden (z.B. Was ist

[29] Vgl. Kommentierung zu Protokoll Nr. 2, Rz. 8 ff.; sodann Dasser/Oberhammer-Domej, Präambel Protokoll Nr. 2, Rz. 11 ff.

ein Vertrag? Was ist ein Delikt?), sondern es muss auf ihre konventionsimmanente Bedeutung abgestellt werden. Nur ausnahmsweise gilt noch die Auslegung nach einzelstaatlichem Recht (z.B. Erfüllungsort nach Art. 5 Nr. 1 lit. a, Konsens gemäss Art. 23, Gesellschaftssitz nach Art. 22 Nr. 2), wobei die Auslegung alsdann dem Recht am Gerichtsort *(lex fori)* oder dem in der Sache anwendbaren Recht *(lex causae)* folgen kann.

Die Vorschriften des LugÜ sind nach den weithin **bekannten Methoden** 17
auszulegen. Dies gilt sowohl für die Feststellung, ob ein Begriff autonom auszulegen ist oder nicht, als auch für die Ermittlung des Inhalts der autonomen Begriffsgestaltung. Massgeblich sind der Wortlaut, die Systematik, die Entstehungsgeschichte und die Zielsetzung des Übereinkommens. Daneben können rechtsvergleichende Argumente in die Auslegung einfliessen[30].

Bezüglich der Auslegung nach dem **Wortlaut** ist zu beachten, dass das 18
LugÜ gemäss Art. 79 i.V.m. Anhang VIII derzeit in **25 gleichermassen verbindlichen Sprachen** abgefasst ist. Entsprechend kann nicht einfach auf den Wortlaut der für das jeweilige Gericht massgeblichen Amtssprache abgestellt werden, sondern müssen gegebenenfalls auch die anderen Sprachfassungen herangezogen werden.

Bei der **systematischen Auslegung** ist sodann die Verbindung zwischen 19
LugÜ und EuGVVO sowie den weiteren Erlassen des Europäischen Zivilprozessrechts bzw. des Europarechts insgesamt zu berücksichtigen[31]. Dieser Gesamtzusammenhang kann weite Kreise ziehen, so dass je nach Vorschrift z.B. auch das sekundäre Richtlinienrecht der EU Bedeutung erlangen kann (vgl. z.B. den Begriff des «Grossrisikos» in Art. 14 Nr. 5 LugÜ, für dessen Auslegung auf die entsprechende Definition in den massgeblichen EU-Richtlinien in ihrer Fassung zum Zeitpunkt des Abschlusses des LugÜ abzustellen sei)[32]. Weiter gilt es, die Rechtsprechung der Gerichte der anderen gebundenen Staaten sowie des EuGH zu beachten (vgl. nachfolgend Rz. 22 f.).

---

[30] Vgl. Kommentierung zu Protokoll Nr. 2, Rz. 8 ff.; Dasser/Oberhammer-Domej, Präambel Protokoll Nr. 2, Rz. 16 ff.

[31] Vgl. Kommentierung zu Protokoll Nr. 2, Rz. 12 f.; Dasser/Oberhammer-Domej, Präambel Protokoll Nr. 2, Rz. 20 ff.

[32] Vgl. den erläuternden Begleitbericht zur Vernehmlassungsvorlage, 13; der Bericht findet sich unter http://www.ejpd.admin.ch/etc/medialib/ data/wirtschaft/gesetzgebung/lugano_ueber-einkommen.Par.0004.File.tmp/vn-ber-d.pdf.

20 Für die **historische Auslegung** sind namentlich die erläuternden Berichte zum EuGVÜ[33] und zum aLugÜ[34] sowie die Botschaft zum aLugÜ[35] heranzuziehen. Weiter ist in der Schweiz auf den erläuternden Begleitbericht zur Vernehmlassungsvorlage vom 30. Mai 2008[36] sowie auf die Botschaft zur Revision des LugÜ[37] hinzuweisen. Zum neuen LugÜ gibt es sodann einen von Professor FAUSTO POCAR verfassten Bericht[38]. Ebenfalls herangezogen werden können die Erwägungsgründe zur EuGVVO.

21 Was die **teleologische Auslegung** angeht, sind schliesslich konventionsimmanente Grundsätze wie z.B. die Rechtssicherheit, der Schutz des Beklagten und die Vereinfachung der Anerkennung und Vollstreckung zu beachten, wie sie namentlich vom EuGH in seiner langjährigen Rechtsprechung zum EuGVÜ entwickelt worden sind.

2. Einheitliche Auslegung

22 Mit der Frage der autonomen Auslegung eng verknüpft, von dieser jedoch klar zu unterscheiden, ist das Streben nach einer **einheitlichen Auslegung** des Lugano-Übereinkommens. Die mit dem Übereinkommen bezweckte Rechtsvereinheitlichung lässt sich nur dann erreichen, wenn seine Vorschriften von den Gerichten der gebundenen Staaten inhaltlich übereinstimmend ausgelegt werden. Die autonome Begriffsbildung bildet die eine und erste Voraussetzung für eine einheitliche Auslegung. Erst das Wegkommen von einzelstaatlichen Begriffsdefinitionen ermöglicht eine einheitliche Auslegung. Weiter erforderlich ist aber, dass die vom nationalen Verständnis losgelöste autonome Interpretation von allen Gerichten der gebundenen Staaten einheitlich praktiziert wird. Erst daraus resultiert Rechtseinheit. Die erwähnte Einheitlichkeit soll im Rahmen des LugÜ durch folgende **Auslegungsrichtlinien** sichergestellt werden[39]:

---

33 Vgl. die Hinweise in der Kommentierung zu Protokoll Nr. 2, Rz. 16 ff.

34 Bericht JENARD/MÖLLER 57 ff.

35 Botschaft aLugÜ 265 ff.

36 Fn. 32.

37 Botschaft LugÜ 1777 ff.

38 Vgl. den Bericht POCAR unter http://www.ejpd.admin.ch/etc/medialib/data/wirtschaft/ipr.Par.0029.File.tmp/ber-pocar-e.pdf.

39 Vgl. Protokoll Nr. 2 über die einheitliche Auslegung des Übereinkommens und den Ständigen Ausschuss; dazu Kommentierung zu Protokoll Nr. 2, Rz. 26 ff.; vgl. sodann den Bericht POCAR 142 ff.

- die Gerichte eines gebundenen Staates haben bei der Auslegung die **Rechtsprechung** der Gerichte der **anderen gebundenen Staaten** zu berücksichtigen;
- die Gerichte der gebundenen Staaten, die nicht der EU angehören, haben sich gleichwohl an der **Rechtsprechung des EuGH** zu orientieren.

Weiter gilt das ursprüngliche Ziel des aLugÜ – Schaffung von **Parallelität** – unvermindert fort. Im Vordergrund steht heute freilich nicht mehr die Parallelität zum EuGVÜ, sondern jene zur EuGVVO und zu den weiteren Erlassen des Europäischen Zivilprozessrechts. Daraus folgt, dass die Gerichte der LugÜ-Staaten auch 23

- die **Rechtsprechung** der Gerichte der EU-Mitgliedstaaten und des EuGH **zur EuGVVO** in die Auslegung mit einzubeziehen haben.

Für die Einzelheiten sei auf die Kommentierung des Protokolls Nr. 2 über die einheitliche Auslegung des Übereinkommens und den Ständigen Ausschuss verwiesen. 24

V. Vertragsparteien und territorialer Geltungsbereich

Vertragsparteien des Lugano-Übereinkommens sind die EU, die Schweiz, Norwegen, Island und Dänemark. Letzterer Staat hatte aufgrund seiner Sonderstellung im Titel V des AEUV[40] – vollständiges Opting out insbesondere hinsichtlich aller gestützt auf Art. 81 AEUV von der EU erlassenen Rechtsakte – trotz Zugehörigkeit zur EU das LugÜ selbst zu unterzeichnen (im Gegensatz zum Vereinigten Königreich, das zwar ebenfalls über ein Opting out zu Titel V des AEUV verfügt, sich aber zugleich ein regelungsspezifisches, gleichsam à la carte gewähltes Opting in vorbehalten hat). 25

Das LugÜ gelangt folgerichtig, dem Grundsatz nach, auf dem Gebiet der Vertragsparteien zur Anwendung. Daraus ergibt sich zunächst, dass jede **künftige Erweiterung der EU** gleichbedeutend mit einer **Ausdehnung des Geltungsbereichs des LugÜ** sein wird. Eine Zustimmung der anderen Vertragsparteien, d.h. z.B. der Schweiz, ist weder erforderlich noch vorbehalten[41]. 26

---

[40] Kropholler, EZPR, Einl. Rz. 21.

[41] Dasser/Oberhammer-Domej, Art. 60–63 Rz. 2.

27 Mehr Schwierigkeiten bereitet die Bestimmung des exakten **territorialen Geltungsbereiches** des neues Lugano-Übereinkommens. Dies rührt insbesondere daher, dass zahlreiche Mitgliedstaaten der EU auch heute noch über aussereuropäische Gebiete verfügen und/oder aussenpolitische Kompetenzen für bestimmte Gebiete wahrnehmen. Der territoriale Geltungsbereich des neuen LugÜ ist danach – m.E. – nach folgenden Grundsätzen zu ermitteln:

– «Gebundener Staat» des neuen LugÜ ist, wie bereits erwähnt, neben der Schweiz, Island, Norwegen und Dänemark die Europäische Union. Das LugÜ ist dort Teil des ***acquis communautaire.*** Dessen räumlicher Geltungsbereich wiederum leitet sich aus Art. 52 EUV und Art. 349 bzw. Art. 355 AEUV ab. Folglich erstreckt sich der räumliche Geltungsbereich des LugÜ, im Übrigen in Übereinstimmung mit jenem der EuGVVO (vgl. Art. 68 EuGVVO und den dazu gehörenden Erwägungsgrund 23)[42], jedenfalls auf die in **Art. 349 bzw. Art. 355 AEUV** genannten Gebiete.
– Unter altem Recht – d.h. bei Geltung noch des EuGVÜ und des alten LugÜ – war der räumliche Geltungsbereich der Übereinkommen anhand der jeweiligen **Erklärungen der gebundenen Staaten** festzulegen[43]. Die betreffenden Erklärungen fanden sich im Wesentlichen in den Begleitberichten zum EuGVÜ und zum LugÜ. Diese Erklärungen sind m.E. auch heute noch von Bedeutung. Soweit sich aus ihnen ein weiterer räumlicher Geltungsbereich ergibt, als sich aus Art. 349 bzw. Art. 355 AEUV ableiten lässt, bleiben sie auch unter neuem Recht wirksam. Es sind jedenfalls keine Hinweise zu finden, wonach mit dem Abschluss des neuen LugÜ gewisse Gebiete aus dem Geltungsbereich des Übereinkommens entlassen werden sollten.
– Nach **Art. 69 Abs. 7** in Verbindung mit **Art. 70 Abs. 1 lit. b LugÜ** steht es den Mitgliedstaaten der EU sodann offen, jene Sachverhalte zu ihren aussereuropäischen Gebieten, die bis anhin dem EuGVÜ unterstellt waren, neu dem Geltungsbereich des LugÜ zuzuweisen[44].

---

[42] Dazu GEIMER/SCHÜTZE, EZVR, Einl. Rz. 202; KROPHOLLER, EZPR, Einl. Rz. 20.
[43] Vgl. GEIMER/SCHÜTZE, EZVR, Einl. Rz. 207 ff.; ausführlich auch GROLIMUND, Drittstaatenproblematik Rz. 43, mit zahlreichen weiteren Nachweisen.
[44] Bericht POCAR Rz. 186 f.

Gestützt auf die vorstehenden Ausführungen ergibt sich für den territorialen Geltungsbereich des LugÜ was folgt[45]: 28

- **Vatikan:** Keine Geltung des LugÜ (ist kein EU-Mitgliedstaat, untersteht weder Art. 349 bzw. Art. 355 AEUV noch wird er von Erklärungen zum EuGVÜ bzw. aLugÜ erfasst);
- **San Marino:** Keine Geltung des LugÜ (vergleiche die Begründung für den Vatikan);
- **Monaco:** Keine Geltung des LugÜ (vergleiche die Begründung für den Vatikan);
- **Andorra:** Keine Geltung des LugÜ (vergleiche die Begründung für den Vatikan);
- **Kanal-Inseln** (Guernsey, Jersey, Aldemey und Sark) und **Isle of Man:** Keine Geltung des LugÜ (vergleiche Art. 355 Abs. 5 lit. c AEUV; vgl. sodann die Begründung für den Vatikan; obwohl es dem Vereinigten Königsreich unter dem EuGVÜ offen gestanden hat, den Geltungsbereich des Übereinkommens auf die Inseln zu erstrecken, ist dies nie geschehen);
- **Gibraltar:** Geltung des LugÜ gestützt auf Art. 355 Abs. 3 AEUV;
- **Britische Hoheitszone auf Zypern** (Akrotiri und Dhekelia): Keine Geltung des LugÜ (vgl. insbesondere Art. 355 Abs. 5 lit. b AEUV);
- **Grönland:** Keine Geltung des LugÜ (es ist davon auszugehen, dass der Vorbehalt Dänemarks unter altem Recht auch weiterhin Bestand hat);
- **Färöer-Inseln:** Keine Geltung des LugÜ (auch hier fehlt es an einer entsprechenden Erklärung Dänemarks);
- **Ålandinseln:** Anwendung des LugÜ gestützt auf Art. 355 Abs. 4 AEUV;
- **Überseegebiete Frankreichs:** Das LugÜ hat im Wesentlichen Geltung (entsprechend den früheren Erklärungen Frankreichs unter dem EuGVÜ sowie gestützt auf Art. 355 Abs. 1 AEUV);
- **Überseeische Gebiete der Niederlande:** Grundsätzlich keine Geltung des LugÜ (vergleiche Art. 355 Abs. 2 AEUV; die Niederlande hatten jedoch unter dem EuGVÜ die Anwendung auf Aruba erklärt, entsprechend dürfte das LugÜ für Aruba gelten);

[45] Vgl. entsprechend für die EuGVVO Geimer/Schütze, EZVR, Einl. Rz. 212 ff.; Kropholler, EZPR, Einl. Rz. 22 ff.

– **Aussereuropäische Gebiete des Vereinigten Königreichs:** Keine Geltung des LugÜ (vergleiche Art. 355 Abs. 2 AEUV; das Vereinigte Königreich hat unter dem EuGVÜ nie eine Erklärung abgegeben, wonach der Geltungsbereich des Übereinkommens auf diese Gebiete erstreckt werden soll).

VI. Das Verhältnis zu Drittstaaten im Besonderen (Drittstaatenproblematik)

29 Das LugÜ sieht keine *Erga-Omnes*-Regelung (loi uniforme) vor[46]. Gleichwohl gilt es nicht nur im Verhältnis zwischen den gebundenen Staaten. Vielmehr werden auch Sachverhalte mit Bezugspunkten zu Drittstaaten erfasst. Die Abgrenzung des Anwendungsbereichs des LugÜ im Hinblick auf solche Sachverhalte hat eine reichhaltige Rechtsprechung und Lehre hervorgebracht[47] unter dem Titel «Drittstaatenproblematik». Dabei werden im Wesentlichen zwei Themenkomplexe behandelt[48]:

30 – Inwieweit findet das LugÜ auf Sachverhalte Anwendung, die einen Bezug zu Drittstaaten aufweisen (wo genau verläuft die Grenzlinie zwischen dem nationalen Recht der gebundenen Staaten und dem LugÜ);

31 – Insoweit Personen mit Wohnsitz in einem Drittstaat teilweise weiterhin dem nationalen Recht der gebundenen Staaten unterstehen und sich daraus für diese prozessuale Nachteile ergeben, werden solche ebenfalls unter dem Begriff der Drittstaatenproblematik abgehandelt.

---

[46] Vgl. aber eingehend zu den diesbezüglichen Bestrebungen im Rahmen der EuGVVO: GROLIMUND, Never-Ending-Story 92 ff.

[47] Vgl. etwa EuGH 01.03.2005, Rs. C-281/02, *Andrew Owusu,* Slg. 2005 I 1383, Rz. 28; Gutachten 1/03 des Europäischen Gerichtshofes vom 07.02.2006, Rz. 146; sodann HGer ZH 09.01.1996, SZIER 1997, 373; Arbeitsger. ZH 11.03.1996, ZR 97, Nr. 84; BGE 119 II 393; 125 III 108 und 134 III 467; vgl. sodann etwa OGH 29.01.2002, 1 Ob 4/02y, ZfRV-LS 2002/48; weiter BERNASCONI/GERBER 39 ff.; JAYME 97 ff.; COESTER-WALTJEN 91 ff.; KERAMEUS 75 ff.; SCHACK Rz. 102 ff.; GROLIMUND, Drittstaatenproblematik Rz. 52 ff.; sodann AULL, Der Geltungsanspruch des EuGVÜ: «Binnensachverhalte» und Internationales Zivilverfahrensrecht in der Europäischen Union – Zur Auslegung von Art. 17 Abs. 1 S. 1 EuGVÜ, Frankfurt a.M. 1996; BENECKE, Die teleologische Reduktion des räumlich-persönlichen Anwendungsbereichs von Art. 2 ff. und Art. 17 EuGVÜ, Bielefeld 1993.

[48] GROLIMUND, Drittstaatenproblematik Rz. 90 ff.

Hinsichtlich der zuvor an erster Stelle genannten Fragestellung hat der EuGH inzwischen weitgehend für Klarheit gesorgt. In Anschluss an das Gutachten 1/03 und das **Urteil Owusu**[49] ist heute kaum mehr bestritten, dass das Übereinkommen auch in Sachverhalten zur Anwendung gelangen kann, die lediglich Bezugspunkte **zu einem gebundenen und einem Drittstaat aufweisen, d.h. dass mithin der Sachverhalt nicht Bezugspunkte zu mehreren gebundenen Staaten aufweisen muss**[50]. Dies hat auch das Bundesgericht unlängst in BGE 134 III 467 bestätigt. Entsprechend ist das LugÜ etwa einschlägig, wenn der Kläger seinen Wohnsitz in einem Drittstaat und der Beklagte seinen Wohnsitz in der Schweiz hat (Art. 2 Abs. 1 LugÜ), auch wenn kein Berührungspunkt zum Gebiet eines anderen gebundenen Staates vorliegt. Ebenso findet Art. 23 Abs. 1 LugÜ (Gerichtsstandsvereinbarung) Anwendung, wenn eine Person mit Wohnsitz in einem Drittstaat und eine Person mit Wohnsitz in der Schweiz die Schweizer Gerichte für zuständig erklären, unabhängig davon, ob der Sachverhalt Bezüge zum Gebiet eines anderen gebundenen Staates aufweist. 32

Noch nicht restlos geklärt erscheint demgegenüber die Frage, ob einzelne Bestimmungen des Übereinkommens über den Wortlaut hinaus einen **erweiterten räumlich-persönlichen Anwendungsbereich** aufweisen[51]. Dies gilt etwa für Art. 6 Nr. 1 hinsichtlich Streitgenossen, die ihren Wohnsitz in einem Drittstaat haben und für Art. 6 Nr. 3 LugÜ, wenn der Widerbeklagte in einem Drittstaat wohnt. Unklar ist weiter, inwiefern die ausschliessliche Zuständigkeit nach Art. 22 LugÜ greift, wenn der anknüpfungsrelevante Sachverhalt (etwa die Immobilie) in einem Drittstaat belegen ist. Dies ist namentlich dann von Bedeutung, wenn zugleich die Anwendung der allgemeinen Zuständigkeitsordnung von Art. 2 ff. LugÜ in Frage steht. Soll etwa der Gerichtsstand im Wohnsitzstaat des Beklagten nach Art. 2 Abs. 1 LugÜ eröffnet sein, wenn Streitgegenstand eine Immobilie mit Lageort in einem Drittstaat bildet? Vergleichbare Fragen ergeben sich bei der Gerichtsstandsvereinbarung nach Art. 23 LugÜ. Nach welchen Vorschriften soll sich die Derogation der im Übereinkommen vorgesehenen Gerichtsstände (Art. 2 ff. LugÜ) richten, wenn die Parteien die Zuständigkeit eines Drittstaats vereinbaren? Kann und soll das nationale Recht 33

[49] EuGH 01.03.2005, Rs. C-281/02, *Andrew Owusu,* Slg. 2005 I 1383, Rz. 28; Gutachten 1/03 des Europäischen Gerichtshofes vom 07.02.2006, Rz. 146.

[50] Vgl. etwa Hess, Neue Rechtsakte, 205 Fn. 147.

[51] Vgl. etwa Kropholler, EZPR, Art. 6 Rz. 7, Art. 22 Rz. 7, Art. 23 Rz. 14.

über die Derogation etwa der Wohnsitzzuständigkeit nach Art. 2 Abs. 1 LugÜ befinden können (Beispiel: Parteien mit Wohnsitz je im Gebiet eines gebundenen Staates die Zuständigkeit der Gerichte eines Drittstaats)? Diesbezüglich hat der EuGH inzwischen entschieden, dass das nationale Recht massgeblich sei[52].

34 Der in Rz. 29 erwähnte zweite Punkt – die **Ungleichbehandlung von Personen mit Wohnsitz in einem Drittstaat** – bezieht sich im Kern auf das Zusammenspiel zwischen Art. 4 Abs. 1 LugÜ und Art. 32 ff. LugÜ[53]. Danach bestimmt sich die Zuständigkeit der Gerichte der gebundenen Staaten für Beklagte mit Wohnsitz in Drittstaaten weiterhin nach dem nationalen Recht des jeweiligen gebundenen Staates. Zur Anwendung gelangen damit namentlich die **exorbitanten Gerichtsstände** des nationalen Rechts (z.B. Staatsangehörigkeitszuständigkeit, Zuständigkeit auf Grund blosser Anwesenheit des Beklagten im Inland, Vermögensgerichtsstände) wie sie in Anhang 1 zum LugÜ einzeln aufgelistet werden. Diese Anwendung exorbitanten Gerichtsstandsrechts gegenüber Drittstaatern erscheint namentlich aus zwei Gründen als problematisch: Zum einen, weil die Drittstaater ihrerseits der Zuständigkeitsordnung des Übereinkommens unterstehen, wenn sie Ansprüche gegen Personen mit Wohnsitz in gebundenen Staaten geltend machen (Art. 2 Abs. 1 LugÜ). Zum anderen, und vor allem deshalb, weil Art. 32 ff. LugÜ über die Anerkennung und Vollstreckung für sämtliche Urteile aus den anderen gebundenen Staaten gilt, d.h. mithin auch für jene, die gegenüber einem Drittstaater auf der Grundlage einer exorbitanten Gerichtszuständigkeit ergangen sind. Gleiches gilt für das Verbot der Überprüfung der indirekten Zuständigkeit. Art. 35 Abs. 3 LugÜ – «Die Zuständigkeit der Gerichte des Ursprungsstaates darf [...] nicht nachgeprüft werden. Die Vorschriften über die Zuständigkeit gehören nicht zur öffentlichen Ordnung (ordre public) […].» – gilt auch für diese Urteile. Damit werden, im Ergebnis, die exorbitanten Zuständigkeiten des nationalen Rechts **«europäisiert»**. Waren entsprechende Urteile früher aller Wahrscheinlichkeit nach nur im Inland vollstreckbar, garantiert das Übereinkommen nunmehr deren Vollstreckung in grossen Teilen Europas. Dies ist durchaus eine scharfe (politische) Waffe gegenüber Drittstaate(r)n. Der Vorbehalt abweichender bilateraler Abkommen

[52] EuGH 09.11.2000, Rs. C-387/98, *Coreck Maritime GmbH gegen Handelsveem BV u. a.*, Slg. 2000 I 9337; vgl. auch BGer 01.02.2002, 4 C 189/2001.

[53] Ausführlich Grolimund, Drittstaatenproblematik Rz. 601 ff.

mit Drittstaaten nach Art. 68 LugÜ vermag, mangels Existenz solcher Abkommen, daran nichts zu ändern.

Bestrebungen in der Lehre, der erwähnten Ungleichbehandlung von Drittstaatern über die Garantien von **Art. 6 Abs. 1 EMRK** Grenzen zu setzen, sind (bislang) erfolglos geblieben[54]. Inwieweit eine exorbitante Zuständigkeit bzw. deren Anerkennung durch Art. 32 ff. LugÜ eine Verletzung des Anspruchs auf effektiven Gerichtszugang darstellt, konnte bis heute nicht beantwortet werden. Die Diskussion hat aber immerhin bewirkt, dass jüngst wieder verstärkt überlegt wird, die EuGVVO (das LugÜ) in eine *Erga-Omnes*-Regelung umzugestalten, unter Verzicht auf die exorbitanten Gerichtsstände des nationalen Rechts, jedoch mit Aufnahme einzelner klägerfreundlicher Gerichtsstände in die Verordnung (bzw. das Übereinkommen), die spezifisch auf Klagen gegenüber Drittstaatern Anwendung finden sollen[55]. 35

VII. Zeitlicher Geltungs- und Anwendungsbereich

Nach **Art. 69 Abs. 4 tritt das LugÜ** am ersten Tag des sechsten Monats **in Kraft,** der auf den Tag folgt, an dem die EU und ein Mitglied der EFTA ihre Ratifikationsurkunden hinterlegt haben. Für alle weiteren Vertragsparteien tritt das Übereinkommen am ersten Tag des dritten Monats in Kraft, der auf die Hinterlegung ihrer Ratifikationsurkunde folgt (Art. 69 Abs. 5 LugÜ). 36

Alsdann findet das neue **LugÜ** nach **Art. 63 Abs. 1 zeitlich Anwendung:** 37
- auf Erkenntnisverfahren, wenn es bei Anhebung der Klage im Erkenntnisstaat in Kraft getreten ist und
- bei der Anerkennung der Vollstreckung, wenn es bei Anhebung der Klage sowohl im Erkenntnisstaat als auch im Vollstreckungsstaat in Kraft getreten ist.

---

54 Matscher, Art. 6 EMRK, 427 ff.; Geimer, Verfassungsrechtliche Vorgaben 17 ff.; Ders., Menschenrechte 213 ff.; Hess, Grundrechte 339 ff.; Walter 329 ff.; vgl. auch EuGH 28.03.2000, Rs. C-7/98, *Krombach/Bamberski,* Slg. 2000 I 1935; BGH 06.10.2005, IX ZB 27/02.

55 Hess/Pfeiffer/Schlosser 45 ff.; Grolimund, Never-Ending-Story 92 ff.

38 Abweichungen hiervon ergeben sich in Art. 63 Abs. 2 LugÜ. Für die Einzelheiten sei auf die Kommentierung von Art. 63 LugÜ verwiesen.

VIII. Verhältnis zum nationalen Recht und zu anderen internationalen Instrumenten

39 Soweit das Lugano-Übereinkommen eine Regelung trifft, verdrängt es die Vorschriften des nationalen Rechts. Zu einem **Zusammenspiel zwischen LugÜ und nationalem Recht** kommt es folgerichtig namentlich dort, wo

- die Vorschriften des LugÜ eine Frage nicht abschliessend regeln (z.B. Art. 2 Abs. 1 LugÜ, der einzig die internationale, nicht aber die örtliche Zuständigkeit regelt);
- das LugÜ nicht autonom auszulegen ist (z.B. Art. 5 Nr. 1 lit. a LugÜ, soweit bei Streitigkeiten aus Verträgen der Erfüllungsort im Sinne einer Auffangregel weiterhin nach der *lex causae* zu bestimmen ist; Art. 59 Abs. 1 LugÜ, der für den Wohnsitz ausdrücklich auf das jeweilige nationale Recht verweist);
- das LugÜ überhaupt keine Regelung trifft und entsprechend in das Prozessrecht des angerufenen Gerichts zu integrieren ist (die Regelung des LugÜ ist nur punktuell, im Übrigen gilt das Prozessrecht der *lex fori*).

40 Das **Verhältnis** zwischen **LugÜ und EuGVVO** sowie zwischen **LugÜ und anderen Staatsverträgen** wird in **Art. 64 ff. LugÜ** geregelt. Die Gerichtsstände der Verordnung gelten im Wesentlichen dann, wenn die Klage in einem EU-Mitgliedstaat angehoben wird und der Beklagte in einem EU-Mitgliedstaat wohnt. Weiter bestimmt die Verordnung die Anerkennung und Vollstreckung von Urteilen zwischen den EU-Mitgliedstaaten. Die (vielfach sehr alten) bilateralen Staatsverträge, welche einzelne LugÜ-Staaten untereinander geschlossen haben, werden vom LugÜ in dessen Anwendungsbereich verdrängt (Art. 65 LugÜ i.V.m. Anhang 4 zum LugÜ). Die (oftmals multilateralen) Staatsverträge für besondere Rechtsgebiete (z.B. die CMR) gehen demgegenüber dem Lugano-Übereinkommen vor (Art. 67 LugÜ). Für die Einzelheiten sei auf die Kommentierung der aufgeführten Vorschriften verwiesen.

Übereinkommen über die gerichtliche Zuständigkeit und die Anerkennung und Vollstreckung von Entscheidungen in Zivil- und Handelssachen

(Lugano-Übereinkommen, LugÜ)

Abgeschlossen in Lugano am 30. Oktober 2007
Von der Bundesversammlung genehmigt am 11. Dezember 2009
Schweizerische Ratifikationsurkunde hinterlegt am 20. Oktober 2010
In Kraft getreten für die Schweiz am 1. Januar 2011

Präambel

Die Hohen Vertragsparteien dieses Übereinkommens,

entschlossen, in ihren Hoheitsgebieten den Rechtsschutz der dort ansässigen Personen zu verstärken,

in der Erwägung, dass es zu diesem Zweck geboten ist, die internationale Zuständigkeit ihrer Gerichte festzulegen, die Anerkennung von Entscheidungen zu erleichtern und ein beschleunigtes Verfahren einzuführen, um die Vollstreckung von Entscheidungen, öffentlichen Urkunden und gerichtlichen Vergleichen sicherzustellen,

im Bewusstsein der zwischen ihnen bestehenden Bindungen, die im wirtschaftlichen Bereich durch die Freihandelsabkommen zwischen der Europäischen Gemeinschaft und bestimmten Mitgliedstaaten der Europäischen Freihandelsassoziation bestätigt worden sind,

unter Berücksichtigung:

- des Brüsseler Übereinkommens vom 27. September 1968 über die gerichtliche Zuständigkeit und die Vollstreckung gerichtlicher Entscheidungen in Zivil- und Handelssachen in der Fassung der infolge der verschiedenen Erweiterungen der Europäischen Union geschlossenen Beitrittsübereinkommen;
- des Luganer Übereinkommens vom 16. September 1988 über die gerichtliche Zuständigkeit und die Vollstreckung gerichtlicher Entschei-

dungen in Zivil- und Handelssachen, das die Anwendung der Bestimmungen des Brüsseler Übereinkommens von 1968 auf bestimmte Mitgliedstaaten der Europäischen Freihandelsassoziation erstreckt;

- der Verordnung (EG) Nr. 44/2001 des Rates vom 22. Dezember 2000 über die gerichtliche Zuständigkeit und die Anerkennung und Vollstreckung von Entscheidungen in Zivil- und Handelssachen;
- des Abkommens zwischen der Europäischen Gemeinschaft und dem Königreich Dänemark über die gerichtliche Zuständigkeit und die Anerkennung und Vollstreckung von Entscheidungen in Zivil- und Handelssachen, das am 19. Oktober 2005 in Brüssel unterzeichnet worden ist;

in der Überzeugung, dass die Ausdehnung der Grundsätze der Verordnung (EG) Nr. 44/2001 auf die Vertragsparteien des vorliegenden Übereinkommens die rechtliche und wirtschaftliche Zusammenarbeit verstärken wird,

in dem Wunsch, eine möglichst einheitliche Auslegung des Übereinkommens sicherzustellen,

haben in diesem Sinne beschlossen, dieses Übereinkommen zu schliessen, und

sind wie folgt übereingekommen:

Titel I: Anwendungsbereich

Art. 1

1. Dieses Übereinkommen ist in Zivil- und Handelssachen anzuwenden, ohne dass es auf die Art der Gerichtsbarkeit ankommt. Es erfasst insbesondere nicht Steuer- und Zollsachen sowie verwaltungsrechtliche Angelegenheiten.

2. Dieses Übereinkommen ist nicht anzuwenden auf:
a) den Personenstand, die Rechts- und Handlungsfähigkeit sowie die gesetzliche Vertretung von natürlichen Personen, die ehelichen Güterstände, das Gebiet des Erbrechts einschliesslich des Testamentsrechts;
b) Konkurse, Vergleiche und ähnliche Verfahren;
c) die soziale Sicherheit;
d) die Schiedsgerichtsbarkeit.

3. In diesem Übereinkommen bezeichnet der Ausdruck «durch dieses Übereinkommen gebundener Staat» jeden Staat, der Vertragspartei dieses Übereinkommens oder ein Mitgliedstaat der Europäischen Gemeinschaft ist. Er kann auch die Europäische Gemeinschaft bezeichnen.

Art. 1

1. La présente Convention s'applique en matière civile et commerciale et quelle que soit la nature de la juridiction. Elle ne recouvre notamment pas les matières fiscales, douanières ou administratives.

2. Sont exclus de son application:
a) l'état et la capacité des personnes physiques, les régimes matrimoniaux, les testaments et les successions;
b) les faillites, concordats et autres procédures analogues;
c) la sécurité sociale;
d) l'arbitrage.

3. Dans la présente Convention, on entend par «État lié par la présente Convention» tout État qui est partie contractante à la présente Convention ou tout État membre de la Communauté européenne. Ce terme peut également désigner la Communauté européenne.

Art. 1

1. La presente convenzione si applica in materia civile e commerciale, indipendentemente dalla natura dell'organo giurisdizionale. Non concerne, in particolare, la materia fiscale, doganale e amministrativa.

2. Sono esclusi dal campo di applicazione della presente convenzione:
a) lo stato e la capacità delle persone fisiche, il regime patrimoniale fra coniugi, i testamenti e le successioni;
b) i fallimenti, i concordati e le procedure affini;
c) la sicurezza sociale;
d) l'arbitrato.

3. Ai fini della presente convenzione, con «Stato vincolato dalla presente convenzione» si intende lo Stato che è parte contraente della presente convenzione, ovvero uno Stato membro della Comunità europea. L'espressione può altresì indicare la Comunità europea.

Art. 1

1. This Convention shall apply in civil and commercial matters whatever the nature of the court or tribunal. It shall not extend, in particular, to revenue, customs or administrative matters.

2. The Convention shall not apply to:

a) the status or legal capacity of natural persons, rights in property arising out of a matrimonial relationship, wills and succession;

b) bankruptcy, proceedings relating to the winding-up of insolvent companies or other legal persons, judicial arrangements, compositions and analogous proceedings;

c) social security;

d) arbitration.

3. In this Convention, the term «State bound by this Convention» shall mean any State that is a Contracting Party to this Convention or a Member State of the European Community. It may also mean the European Community.

Literatur: Zu Abs. 1: ACOCELLA, Internationale Zuständigkeit sowie Anerkennung und Vollstreckung ausländischer Entscheidungen in Zivilsachen im schweizerisch-italienischen Rechtsverkehr, St. Gallen 1989 (zit. ACOCELLA, Internationale Zuständigkeit); DERS., IPRG, LugÜ und die kantonalen Prozessordnungen, MIZV, Nr. 17, Zürich 1993, 1 (zit. ACOCELLA, LugÜ); DERS., Buchbesprechung von «Mankowski/Magnus (Hrsg.), Brussels I Regulation, München 2007», AJP 2010, 1063 (zit. ACOCELLA, Buchbesprechung Mankowski/Magnus); DERS., Die Qualifikation des Zahlungsbefehls, der provisorischen Rechtsöffnung, der Aberkennungsklage und der Feststellungsklage gemäss Art. 85a SchKG nach dem LugÜ – Bemerkungen aus Anlass von BGE 136 III 566 und der seit dem 1.1.2011 neu eingeführten Gerichtsdefinition nach Art. 62 LugÜ, FS Schwander, (in Erscheinung begriffen) (zit. ACOCELLA, Die Qualifikation); AULL, Der Geltungsanspruch des EuGVÜ: «Binnensachverhalte» und Internationales Zivilverfahrensrecht in der Europäischen Union, Frankfurt a.M./Bern 1996; BALLARINO, I limiti territoriali della Convenzione di Bruxelles secondo la sentenza Owusu, Liber memorialis Petar Šarčević, München 2006, 3; BASEDOW, Qualifikation, Vorfrage und Anpassung im internationalen Zivilverfahrensrecht, in: Schlosser (Hrsg.), Materielles Recht und Prozessrecht und die Auswirkungen der Unterscheidung im Recht der Internationalen Zwangsvollstreckung, Bielefeld 1992, 131; BENECKE, Die teleologische Reduktion des räumlich-persönlichen Anwendungsbereiches von Art. 2 ff. und 17 EuGVÜ, Bielefeld 1993; BERNASCONI/GERBER, Der räumlich-persönliche Anwendungsbereich des Lugano-Übereinkommens, SZIER 1993, 39; BROGGINI, Problèmes particuliers concernant les règles de competénce de la Convention de Lugano, in: Gillard Nicolas (Hrsg.), L'espace judiciare européen, Lausanne 1992, 31; DERS., La Convenzione di Lugano: Introduzione e interpretazione; la competenza giurisdizionale, Rep. 1992, 3; BUHR, Europäischer Justizraum und revidiertes Lugano-Übereinkommen, Bern 2010; BURGSTALLER/NEUMAYR, Beobachtungen zu Grenzfragen der internationalen Zuständigkeit; Von *forum non conveniens* bis Notzuständigkeit, FS Schlosser, Tübingen 2005, 119; DASSER, Anwendungsbereich des Lugano-Übereinkommens – Bundesgericht übernimmt Owusu-Rechtsprechung des EuGH, Jusletter 18. Mai 2009; DASSER/FREY, Übergangsrechtliche Stolpersteine des revidierten Lugano-Übereinkommens, Jusletter 11. April 2011; DOMEJ, «Der Lugano-Zahlungsbefehl» – Titellose Schuldbetreibung in der Schweiz nach der LugÜ-Revision, ZZPInt 2008, 167; DUTTA,

Anmerkung zu EuGH 15.2.2007, Rs. C-292/05, Lechouritou, ZZPInt 2006, 208; FREITAG, Anwendung von EuGVÜ, EuGVO und LugÜ auf öffentlich-rechtliche Forderungen?, IPRax 2004, 305; GÄRTNER VERONIKA, The Brussels Convention and Reparations – Remarks on the Judgement of the European Court of Justice in Lechouritou and others v. the State of the Federal Republic of Germany, GLJ 2007, 417; GEBAUER, Drittstaaten- und Gemeinschaftsbezug im europäischen Recht der internationalen Zuständigkeit, ZEuP 2000, 943; GEIMER, Los Desastres de la Guerra und das Brüssel I-System, IPRax 2008, 225; DERS., Ungeschriebene Anwendungsgrenzen des EuGVÜ: Müssen Berührungspunkte zu mehreren Vertragsstaaten bestehen?, IPRax 1991, 31 (zit. GEIMER, Berührungspunkte); DERS., Anerkennung und Vollstreckbarerklärung von ex parte-Unterhaltsentscheidungen aus EuGVÜ-Vertragsstaaten, IPRax 1992, 5 (zit. GEIMER, Anerkennung); DERS., Öffentlich-rechtliche Streitgegenstände. Zur Beschränkung des Anwendungsbereichs der EuGVVO bzw. des EuGVÜ/LugÜ auf Zivil- und Handelssachen, IPRax 2003, 512; GOLACZYNSKI, Anerkennung und Bestätigung der Vollstreckbarkeit nach der Verordnung 44/2001 über die gerichtliche Zuständigkeit und die Anerkennung und Vollstreckung von gerichtlichen Entscheidungen in Zivil- und Handelssachen, «http://www.wroclaw.so.gov.pl/grant2007/data/BrusselsI-Poland-DE.doc»; GROLIMUND, Drittstaatenproblematik des europäischen Zivilverfahrensrechts, Tübingen 2000; HÄFELIN/MÜLLER/UHLMANN, Allgemeines Verwaltungsrecht, 6. Aufl., Zürich 2010; HEINZE/DUTTA, Ungeschriebene Grenzen für europäische Zuständigkeiten bei Streitigkeiten mit Drittstaatenbezug, IPRax 2005, 224; HESS, Amtshaftung als «Zivilsache» im Sinne von Art. 1 Abs. 1 EuGVÜ, IPRax 1994, 10; HÖCHLI, Das Anwaltshonorar, Zürich 1991; JAYME, Grundfragen zum Anwendungsbereich des EuGVÜ – Zwei Vorlagen an den EuGH, IPRax 2002, 357; KAUFMANN-KOHLER, Commandement de payer, mainlevée provisoire, action en libération de dette et Convention de Lugano. Réflexions à l'occasion d'un arrêt du Tribunal Fédéral, SJ 1995, 537; KOHLER, Adhäsionsverfahren und Brüsseler Übereinkommen 1968, in: Will Michael R. (Hrsg.), Schadenersatz im Strafverfahren, 1990, 74; KONDRING, Die Bestimmung des sachlichen Anwendungsbereich des EuGVÜ im Urteils- und Vollstreckungsverfahren, EWS 1995, 217; KREN KOSTKIEWICZ/RODRIGUEZ, Der unwidersprochene Zahlungsbefehl im revidierten Lugano-Übereinkommen, Jusletter 26. April 2010; KROPHOLLER, Problematische Schranken der europäischen Zuständigkeitsordnung gegenüber Drittstaaten, FS Ferid, Frankfurt a.M. 1988, 239; KUBIS, Internationale Zuständigkeit bei Persönlichkeits- und Immaterialgüterrechtsverletzungen, 1999; LINDACHER, AGB-Verbandsklage im Reiseveranstaltergeschäft mit auslandsbelegenen Ferienhäusern und -wohnungen, IPRax 1993, 228; MARKUS, Lugano-Übereinkommen und SchKG-Zuständigkeiten: Provisorische Rechtsöffnung, Aberkennungsklage und Zahlungsbefehl, Basel 1996 (zit. MARKUS, Lugano-Übereinkommen); DERS., Bemerkungen zu BGE 130 III 285, AJP 2006, 366 (zit. MARKUS, Bemerkungen); DERS., Zahlungsbefehl als Mahntitel nach dem revidierten Lugano-Übereinkommen, in: Kren Kostkiewicz/Rodriguez (Hrsg.), Internationaler Zivilprozess 2011, Bern 2010 (zit. MARKUS, Zahlungsbefehl); MARTINY, Unterhaltsrückgriff durch öffentliche Träger im europäischen internationalen Privat- und Verfahrensrecht, IPRax 2004, 195; MEIER-DIETERLE, Arrestpraxis ab 1. Januar 2011, AJP 2010, 1211; POCAR, La Convention italo-suisse du 3 janvier 1933 dans la perspective de la coopération judiciare européenne, in: Stoffel/Volken (Hrsg.), Conflits et harmonisation, Mélanges en l'honneur d'Alfred E. von Overbeck, Freiburg 1990, 407; PIERUCCI, Sull'espressione «materia civile e commerciale» nella convenzione di Bruxelles del settembre 1968, Riv.Dir.Eur. 1978, 3; REICH, Rechtsprobleme grenzüberschreitender irreführender Werbung im Binnenmarkt, RabelsZ 1992, 444; REISER, Überblick über die Arrestrevision 2009, SJZ 2010, 333; REINMÜLLER, Zur Vollstreckbarkeit französischer Anwaltsgebühren in der Bundesrepublik Deutschland (Art. 31 ff. EuGVÜ), IPRax 1992, 73; RODRIGUEZ, Sicherung und Vollstreckung nach revidiertem Lugano Übereinkommen, AJP 2009, 1550 (zit. RODRIGUEZ, Sicherung); DERS., Kommentierte Konkordanztabelle zum revidierten Übereinkommen von Lugano vom 30. Oktober 2007 und zum geltenden Lugano-Übereinkommen, SZIER 2007, 531 (zit. RODRIGUEZ, Kommentierte Konkordanztabelle); DERS., Die

Revision des Brüsseler und Lugano-Übereinkommens im Kontext der Europäisierung von IPR und IZPR, Jusletter 4. Februar 2002 (zit. RODRIGUEZ, Die Revision); SCHAARSCHMIDT, Die Reichweite des völkerrechtlichen Immunitätsschutzes – Deutschland v. Italien vor dem IGH, in: Tietje Christian (Hrsg.), Beiträge zum Europa- und Völkerrecht, Heft 5, Februar 2010; SCHLOSSER, Zum Begriff «Zivil- und Handelssachen» in Art. 1 Abs. 1 EuGVÜ, IPRax 1981, 154; SCHMIDT, Die internationale Durchsetzung von Rechtsanwaltshonoraren nach EuGVÜ, Lugano-Übereinkommen und anderen Verträgen, Heidelberg 1991; SCHNYDER/GROLIMUND, Fragen und Probleme der Abgrenzung von Gerichtsstandsgesetz, IPR-Gesetz und Lugano-Übereinkommen, in: Gauch/Thürer (Hrsg.), Zum Gerichtsstand in Zivilsachen, Zürich 2002, 1; SCHÜRMANN, Europäischer Gerichtshof für Menschenrechte – Chronik der Rechtsprechung (IV) (1.7.-31.12.1994) (Teil 2), AJP 1995, 662; SCHWANDER, Probleme der grenzüberschreitenden Vollstreckung von Entscheidungen: Begriff der Zivil- und Handelssachen, Vollstreckung aus öffentlichen Urkunden und Nicht-Geldurteilen sowie Aspekte der Vertragsgestaltung, in: Spühler (Hrsg.), Internationales Zivilprozess- und Verfahrensrecht II, Zürich 2003, 93; DERS., Besprechung neuerer Gerichtsentscheidungen zum internationalen Zivilprozessrecht, in: Spühler (Hrsg.), Internationales Zivilprozess- und Verfahrensrecht V, Zürich 2005, 109 (zit. SCHWANDER, Besprechung); DERS., Gerichtszuständigkeiten im Lugano-Übereinkommen, in: SCHWANDER, LugÜ, 61 (zit. SCHWANDER, in: SCHWANDER, LugÜ); SOLTÉSZ, Der Begriff der Zivilsache im Europäischen Zivilprozessrecht, Frankfurt am Main 1998; STÜRNER, Staatenimmunität und Brüssel I-Verordnung – Die zivilprozessuale Behandlung von Entschädigungsklagen wegen Kriegsverbrechen im Europäischen Justizraum, IPRax 2008, 197; DERS., Keine Staatenimmunität bei Schadenersatzklagen wegen Kriegsverbrechen?, Anmerkung zu Corte di Cassazione (sez. un.) v. 29.5.2008, n. 14199 bis 14212, GPR 2008, 179; DERS., Unanwendbarkeit des EuGVÜ auf acta iure imperii, Anmerkung zu EuGH v. 15.2.2007 – Rs. C-292/05 (Lechouritou), GPR 2007, 300; TRENK-HINTERBERGER, Der Unterhaltsregress im Europäischen Zivilprozessrecht, The European Legal Forum, 2003, 87; VOLKEN A., Die örtliche Zuständigkeit gemäss Lugano-Übereinkommen, ZWR 1992, 121; WAGNER/JANZEN, Das Lugano-Übereinkommen vom 30.10.2007, IPRax 2010, 298; WALTER, Zahlungsbefehl gleich Mahnbescheid, IPRax 2001, 547 (zit. WALTER, Zahlungsbefehl); WALTHER, Urteilsanmerkung: Zur vollen Honorierung des amtlichen Anwalts durch den Staat im Falle des Obsiegens: BGE 121 I 113, ZBJV 1996, 158 (zit. WALTHER, Urteilsanmerkung).

Zu Abs. 2 lit. a: ACOCELLA, Forma e validità dei testamenti in Svizzera e all'estero con particolare riguardo al trasferimento di fondi in seguito a successioni di proprietari domiciliati all'estero, Temi scelti di diritto ereditario, Lugano 2002, 197 (zit. ACOCELLA, Forma e validità); DERS., Buchbesprechung von «Giurisdizione e legge applicabile ai contratti nella CEE a cura di Jayme e Picchio Forlati, Padova 1990», RabelsZ 1993, 703 (zit. Buchbesprechung Jayme/Picchio Forlati); BROGGINI, Le successioni nei rapporti italo-svizzeri: competenza di autorità svizzere e italiane per la pubblicazione di testamenti e per emanare provvedimenti conservativi, Temi scelti di diritto ereditario, Lugano 2002, 143; BUCHER A., Bemerkungen zum Urteil des Bundesgerichts 5A_220/2008 vom 12. Juni 2008 (BGE 134 III 661 ff.), AJP 2009, 117; GEIMER, Anerkennung und Vollstreckung polnischer Vaterschaftsurteile mit Annexentscheidung über den Unterhalt etc., IPRax 2004, 419 (zit. GEIMER, Anerkennung und Vollstreckung); HAUSMANN, EG-Gerichtsstand- und Vollstreckungsübereinkommen und Familienrecht, FamRZ 1980, 418; DERS., Zur Anerkennung von Annex-Unterhaltsentscheidungen nach dem EG-Gerichtsstands- und Vollstreckungsübereinkommen, IPRax 1981, 5; JAMETTI GREINER, Vorsorgeleistungen in internationalen Scheidungen, FS Siehr, The Hague/Zürich 2000, 263; MARTINY, Unterhaltsrückgriff durch öffentliche Träger im europäischen internationalen Privat- und Verfahrensrecht, IPRax 2004, 195; MÜLLER REMO, Konto und Erbgang – Informationsfluss zwischen Bank/Post und den Erben des verstorbenen Kontoinhabers/wirtschaftlich Berechtigten, Jusletter 29. März 2010; SCHWANDER, Unterhaltsbeiträge – Zuständigkeit und anwendbares Recht, Referat anlässlich der Tagung «Internationales Ehe- und Kindesrecht» des Europa Instituts Zürich vom 25.11.1999; SIEBERICHS, Qualifikation der deutschen Lebenspartnerschaft als Ehe in Belgien, IPRax 2008, 277; STOLZ, Zur Anwendbarkeit des EuGVÜ auf familienrechtliche Ansprüche, Konstanz 1995; TRACHSEL, Der Versorgungsausgleich im internationalen Verhältnis, FamPra.ch 2010, 241; TRENK-HINTERBERGER, Der Unterhaltsregress im Europäischen Zivilprozessrecht, EuLF 2003, 87; WELLER, Zur Abgrenzung von ehelichem Güterrecht und Unterhaltsrecht im EuGVÜ, IPRax 1999, 14.

Zu Abs. 2 lit. b: BOMMER, Die Zuständigkeit für Widerspruchs- und Anfechtungsklagen im internationalen Verhältnis, Zürich 2001; BRACONI, La collocation des créances en droit international suisse de la faillite, Zürich 2005; BRINKMANN, Der Aussonderungsstreit im internationalen Insolvenzrecht – Zur Abgrenzung zwischen EuGVVO und EuInsVO, IPRax 2010, 324; CHENAUX, Un survol de l'action révocatoire en droit international privé suisse, SJZ 1996, 232; DOLGE, Internationale Zuständigkeit für zwangsvollstreckungsrechtliche Klagen nach dem revidierten Lugano-Übereinkommen, Zürich 2009; EIDENMÜLLER, Europäische Verordnung über Insolvenzverfahren und zukünftiges deutsches internationales Insolvenzrecht, IPRax 2001, 2; FLESSNER/SCHULZ, Zusammenhänge zwischen Konkurs, Arrest und internationaler Zuständigkeit, IPRax 1991, 162; GRUBER, Sind französische Urteile über die Haftung von Gesellschaftsorganen im Konkurs nach dem EuGVÜ anerkennungsfähig?, EWS 1994, 190; HAUBOLD, Europäisches Zivilverfahrensrecht und Ansprüche im Zusammenhang mit Insolvenzverfahren – Zur Abgrenzung zwischen Europäischer Insolvenzverordnung und EuGVO, EuGVÜ und LugÜ, IPRax 2002, 157; JUCKER, Der internationale Gerichtsstand der schweizerischen paulianischen Anfechtungsklage, Zürich 2007; KAUFMANN-KOHLER, Commandement de payer, mainlevée provisoire, action en libération de dette et Convention de Lugano. Réflexions à l'occasion d'un arrêt du Tribunal Fédéral, SJ 1995, 537; LÜTTRINGHAUS/WEBER, Aussonderungsklagen an der Schnittstelle von EuGVVO und EuInsVO, RIW 2010, 45; LORANDI, Bemerkungen zu BGE 130 III 769 ff., AJP 2008, 484; MARKUS, Lugano-Übereinkommen und SchKG-Zuständigkeiten: Provisorische Rechtsöffnung, Aberkennungsklage und Zahlungsbefehl, Basel 1996 (zit. MARKUS, Lugano-Übereinkommen); MÖRSDORF-SCHULTE, Internationaler Gerichtsstand für Insolvenzanfechtungsklagen im Spannungsfeld von EuInsVO, EuGVÜ/O und autonomem Recht und seine Überprüfbarkeit durch den BGH, IPRax 2004, 31; OBERHAMMER, Im Holz sind Wege: EuGH SCT ./. Alpenblume und der Insolvenztatbestand des Art. 1 Abs. 2 lit. b EuGVVO, IPRax 2010, 317; DERS., Klägergerichtsstand für die Aberkennungsklage nach Art. 83 SchKG und Art. 2 LugÜ: Schweizerische Praxis und europäisches Zivilprozessrecht im Konflikt?, ZZPInt 2004, 219; SCHÜTZE, Anerkennungsfähigkeit französischer Urteile über die Haftung von Gesellschaftsorganen im Konkurs, RIW 1978, 765; SCHWANDER, Rechtsprechung zum internationalen Sachen-, Schuld-, Gesellschafts- und Zwangsvollstreckungsrecht, SZIER 2009, 407 (zit. SCHWANDER, Rechtsprechung); SPÜHLER/INFANGER, Anwendung des LugÜ, insbesondere von Art. 16 Ziff. 5 LugÜ, auf SchKG-Klagen, in: Spühler (Hrsg.), Aktuelle Probleme des nationalen und internationalen Zivilprozessrechts, Zürich 2000, 113; STAEHELIN D., Pauliana und LugÜ, Jusletter 23. Mai 2005; DERS., Die internationale Zuständigkeit der Schweiz im Schuldbetreibungs- und Konkursrecht, AJP 1995, 259; STOFFEL, Ausschliessliche Gerichtsstände des Lugano-Übereinkommens und SchKG-Verfahren, insbesondere Rechtsöffnung, Widerspruchsklagen und Arrest, FS Vogel, Freiburg 1991, 357; THOLE, Die internationale Zuständigkeit für insolvenzrechtliche Anfechtungsklagen, ZIP 2006, 1683; WALTHER, Paulianische Anfechtungsansprüche im internationalen Verhältnis – ausgewählte Probleme, in: Spühler (Hrsg.), Internationales Zivilprozess- und Verfahrensrecht V, Zürich 2005, 79 (zit. WALTHER, Paulianische Anfechtungsansprüche); WEIBEL, Aberkennungsgerichtsstand am schweizerischen Betreibungsort im euro-internationalen Verhältnis, BJM 2004, 169.

Zu Abs. 2 lit. c: BRULHART, La compétence internationale en matière d'assurances dans l'espace judiciare européen, St. Gallen 1997; MARTINY, Unterhaltsrückgriff durch öffentliche Träger im europäischen internationalen Privat- und Verfahrensrecht, IPRax 2004, 195.

Zu Abs. 2 lit. d: BÄLZ/MARIENFELD, Missachtung einer Schiedsklausel als Anerkennungshindernis i.S.v. Art. 34-35 EuGVVO und § 328 ZPO?, RIW 2003, 51; BERAUDO, The Arbitration Exception oft the Brussels and Lugano Convention: Jurisdiction, Recognition and Enforcement of Judgements, JIntArb 2001, 13; BERTI, Zum Ausschluss der Schiedsgerichtsbarkeit aus dem sachlichen Anwendungsbereich des Luganer Übereinkommens, FS Vogel, Freiburg 1991, 337; BESSON, Le sort et les effets au sein de l'Espace judiciare européen d'un jugement écartant une exception d'arbitrage et statuant sur le fond, Études de procédure et d'arbitrage en l'honneur de Jean-François Poudret, Lausanne 1999, 359; BORGES, Doppelexequatur von Schiedssprüchen in der EuGVVO, IHR 2006, 206; DUTTA/HEINZE, Anti-suit injunctions zum Schutze von Schiedsvereinbarungen, RIW 2007, 411; GOMEZ, Internationale Schiedsgerichtsbarkeit und Binnenmarkt, IPRax 2005, 84; HAAS, Der Ausschluss der Schiedsgerichtsbarkeit vom Anwendungsbereich des EuGVÜ, IPRax 1992, 292; HASCHER, Recognition and Enforcement of Judgements on the Existence and Validity of an Arbitration Clause under the Brussels Convention, Arbitration International 1997, 33; HESS/PFEIFFER/SCHLOSSER, Report on the Application of Regulation Brussels I in the Member States (Study JLS/C4/2005/03), 2008 (zit. HESS/PFEIFFER/SCHLOSSER, Regulation Brussels I); ILLMER, La vie après Gasser, Turner et West Tankers – Die Anerkennung drittstaatlicher anti-suit injunctions in Frankreich, IPRax 2010, 456; DERS., Anti-suit injunctions zur Durchsetzung von Schiedsvereinbarungen in Europa – Die letzte Vorhand ist gefallen, IPRax 2005, 312; JENARD, L'Arbitrage et les Conventions C.E.E. en Matière de Droit International Privé, in: Böckstiegel/Glossner (Hrsg.), FS Bülow, Köln 1981, 79; KAYE, The Judgements Convention and Arbitration: Mutual Spheres of Influence, Arbitration International 1991, 289; KILLIAS, The Lugano Convention and its Relevance for Arbitration, EJLR 2002, 119; LIATOWITSCH, Schweizer Schiedsgerichte und Parallelverfahren vor Staatsgerichten im In- und Ausland, Basel 2002; LIATOWITSCH/BERNET, Probleme bei parallelen Verfahren vor staatlichen Gerichten und vor Schiedsgerichten, in: Spühler (Hrsg.), Internationales Zivilprozess- und Verfahrensrecht IV, Zürich 2005, 139; MARKUS, Internationale Schiedsgerichtsbarkeit der Schweiz: Vom *forum running* zum *judgement running*?, in: FS Koller, Basel 2006, 441; MARKUS/GIROUD, A Swiss Perspective on *West Tankers* and Its Aftermath, Bull ASA 2010, 230; MOURRE, Faut-il un statut communautaire de l'arbitrage?, Bull ASA 2005, 408; POLIVKA, Die gerichtliche Zuständigkeit in arbeitsrechtlichen Streitigkeiten nach revidiertem Lugano-Übereinkommen, Zürich 2001; POUDRET, Conflits entre jurisdiction étatique en matière d'arbitrage international ou les lacunes des Conventions de Bruxelles et Lugano, FS Sandrock, Heidelberg 2000, 761; SCHLOSSER, Brussels I und Schiedsgerichtsbarkeit, SchiedsVZ 2009, 129; DERS., Die Erstreckung von Brüssel I auf die Schiedsgerichtsbarkeit?, in: Wagner/Schlosser et al. (Hrsg.), Die Vollstreckung von Schiedssprüchen, Köln 2007, 145; SCHÖLL, Brussels I/Lugano and Arbitration: Problems and Perspectives, in: Müller/Rigozzi (Hrsg.), New Developments in International Commercial Arbitration, Zürich 2009, 43; SCHULZ, Auf dem Weg zu einem einheitlichen Vollstreckungstitel für Schiedssprüche – Erfahrungen aus anderen Rechtsbereichen, in: Wagner/Schlosser et al. (Hrsg.), Die Vollstreckung von Schiedssprüchen, Köln 2007, 167; THOMAS, The Arbitration Exclusion in the Brussels Convention 1968, JIntArb 1990, 43; VAGENHEIM, Should Arbitration be Included in EC Regulation 44/2001?, Bull ASA 2009, 588; VALLONI, Der Gerichtsstand des Erfüllungsortes nach Lugano- und Brüsseler-Übereinkommen, Zürich 1998; VAN HAERSOLTE-VAN HOF, The Arbitration Exception in the Brussels Convention: Further Comment, JIntArb 2001, 27; VAN HOUTTE, May Court Judgements that Disregard Arbitration Clauses and Awards be Enforced under the Brussels and Lugano Convention?, Arbitration International 1997, 85; DERS., Why Not Include Arbitration in the Brussels Jurisdiction Regulation?, Arbitration International 2005, 509; VEEDER, Another Look at the Arbitration Exceptions in the Brussels Regulation and the Lugano Convention, Bull ASA 2006, 803; WEIGAND, Die internationale Schiedsgerichtsbarkeit und das EuGVÜ, EuZW 1992, 529; WICKI, Lugano-Übereinkommen und Schiedsgerichtsbarkeit. Ausgewählte Fragen, in: Monti/Trezzini/Wicki (Hrsg.), Three Essays on International Commercial Arbitration, Lugano 2003, 249; WIEGAND, «Brussels» and Arbitration – Approximation of Judiciary Law within the EU and Potential Impact on International Arbitration, JIntArb 1995, 5; ZOBEL, Schiedsgerichtsbarkeit und Gemeinschaftsrecht, Tübingen 2005.

Übersicht *Seite*

I. Inhalt und Zweck der Regelung

Art. 1 Abs. 1 und 2, die den **sachlichen** Anwendungsbereich des LugÜ regeln, sind inhaltlich unverändert aus dem aLugÜ übernommen worden. Sie entsprechen den Bestimmungen des EuGVÜ bzw. der EuGVVO. Lehre 1 und Rechtsprechung zu diesen Bestimmungen gelten auch für die Auslegung von Art. 1[1]. Das LugÜ ist grundsätzlich auf alle *Zivil- und Handelssachen* anzuwenden. Die öffentlich-rechtlichen Streitigkeiten fallen nicht unter das LugÜ, was sich ausdrücklich aus Art. 1 Abs. 1 Satz 2 ergibt. Art. 1 Abs. 2 schliesst sodann gewisse Rechtsmaterien unabhängig davon, ob sie zivil- oder öffentlich-rechtlicher Natur sind, vom Anwendungsbereich aus.

Abs. 3 ist neu eingefügt worden und definiert den im LugÜ an Stelle der Bezeichnung «Vertragsstaat» im aLugÜ durchgehend verwendeten Ausdruck *«durch dieses Übereinkommen gebundener Staat»*.

2 Das LugÜ regelt nicht nur die *Anerkennung und Vollstreckbarerklärung ausländischer Entscheidungen* in Zivil- und Handelssachen, sondern auch die *gerichtliche internationale Zuständigkeit* für Klagen auf dem Gebiet des Zivil- und Handelsrechts (*sog.* ***convention double***). Gegenstand des LugÜ bildet im Übrigen die *internationale Rechtshängigkeit*, die enge Berührungspunkte mit der internationalen Zuständigkeit sowie der Anerkennung und Vollstreckung aufweist.

3 Der Hauptgrund für die *Nichtanwendbarkeit* des LugÜ auf die **öffentlich-rechtlichen Angelegenheiten** ist im Wesentlichen darin zu sehen, dass hier das Souveränitätsverhältnis zwischen einem Staat und seinen Bürgern berührt ist[2]. Es gilt nach wie vor der Grundsatz, dass das öffentliche Recht extraterritorial nicht durchsetzbar ist[3]. Zudem wird das Verwaltungshandeln vorwiegend durch Verwaltungsorgane vollzogen. Die Gerichte kommen erst in der nachgeordneten Verwaltungsgerichtsbarkeit zum Zuge.

4 Dem Ausschluss der Fragen des **Personen-, Familien- und Erbrechts** liegt der Gedanke zugrunde, dass auf diesem Gebiet die Unterschiede im materiellen Recht und im Kollisionsrecht der LugÜ-Staaten zu gross sind. Die übrigen Rechtsgebiete sind deswegen ausgeklammert worden, weil sie Gegenstand von Spezialübereinkommen sind, welche die LugÜ-Staaten geschlossen haben[4] oder zu schliessen beabsichtigen.

---

[1] BGE 124 III 382 E. 6c ff.

[2] Kritisch dazu Schlosser, Art. 1 Rz. 3; Geimer/Schütze, Art. 1 Rz. 1.

[3] Rauscher-Mankowski, Art. 1 Rz. 2a.

[4] Z.B. Übereinkommen über die Anerkennung und Vollstreckung ausländischer Schiedssprüche vom 10. Juni 1958, SR 0.277.12. Im EU-Raum gilt die VO Nr. 1346/2000 des Rates der EG vom 29.05.2000 über Insolvenzverfahren.

Der **räumlich-persönliche** und **zeitliche** Anwendungsbereich des LugÜ ist trotz des allgemein gehaltenen Titels I «Anwendungsbereich» nicht in Art. 1 geregelt, sondern ergibt sich aus verschiedenen anderen Bestimmungen des LugÜ (s. Rz. 141). 5

II. Sachlicher Anwendungsbereich

1. Zivil- und Handelssache

a) Allgemeines

Das LugÜ ist gemäss Art. 1 Abs. 1 auf **Zivil- und Handelssachen** anwendbar. Öffentlich-rechtliche Angelegenheiten fallen nicht in den Anwendungsbereich des LugÜ, soweit sie nicht nur als Vorfragen einer zivilrechtlichen Streitigkeit zu beurteilen sind. Die Unterscheidung in Zivil- und Handelssachen hat keine eigenständige Bedeutung. Handelssachen gehören nämlich zum Bereich der Zivilsachen. Das gilt in Staaten, wie der Schweiz, in denen das System des *Code unique*[5] herrscht, aber auch in Staaten, in denen das Handelsrecht als Sonderprivatrecht geregelt ist. 6

Was unter einer Zivil- und Handelssache im Einzelnen zu verstehen ist, wird im Übereinkommen nicht **ausdrücklich** definiert. Auch ist nicht bestimmt, *nach welchem Recht* zu beurteilen ist, wann eine Zivil- und Handelssache vorliegt. In Art. 1 Abs. 1 wird immerhin darauf hingewiesen, dass es auf die *Art der Gerichtsbarkeit* nicht ankommen soll. Die weitere in Art. 1 Abs. 1 enthaltene, nicht abschliessende Präzisierung, dass Steuer- und Zollsachen sowie verwaltungsrechtliche Angelegenheiten vom Übereinkommen nicht erfasst sind, ist auf die Staaten des Common Law gemünzt. In diesen werden die genannten Rechtsgebiete im Gegensatz zur Konzeption des kontinentaleuropäischen Rechts prinzipiell dem Zivilrecht zugeordnet[6]. 7

---

[5] GUHL/MERZ/KOLLER 7.

[6] Bericht SCHLOSSER Rz. 24.

b) Qualifikation

8 Nach der Rechtsprechung des EuGH gilt ein **staatsvertragsautonomer** Begriff der Zivil- und Handelssache[7]. Für die Beurteilung, ob eine Zivil- und Handelssache vorliegt, ist demnach nicht etwa das Recht irgendeines der beteiligten Staaten massgebend, vielmehr müssen die Zielsetzungen und die Systematik des LugÜ sowie die allgemeinen Rechtsgrundsätze, die sich aus der Gesamtheit der innerstaatlichen Rechtsordnungen ergeben, herangezogen werden. Insofern unterscheidet sich die Rechtslage von jener der bilateralen Vollstreckungsabkommen, bei denen der Begriff der Zivilsache regelmässig nach dem jeweiligen nationalen Recht der Vertragsstaaten qualifiziert wird[8].

9 Der EuGH begründet die autonome Qualifikation damit, dass Art. 1 EuGVÜ, dem Art. 1 EuGVVO bzw. Art. 1 LugÜ entsprechen, den Anwendungsbereich bezeichnen und sicherstellen soll, dass sich aus dem Übereinkommen für die Vertragsstaaten und die betroffenen Personen soweit wie möglich **gleiche und einheitliche Rechte und Pflichten** ergeben. Deshalb könnten die in Art. 1 EuGVÜ verwendeten Ausdrücke nicht als blosse Verweisung auf das innerstaatliche Recht des einen oder anderen Vertragsstaates verstanden werden[9]. Anders entscheiden würde bedeuten, dass die Vertragsstaaten es in der Hand hätten, einseitig den Anwendungsbereich des EuGVÜ (und heute der EuGVVO bzw. des LugÜ) zu erweitern oder einzuengen[10].

10 Die Vorgehensweise bei der autonomen Qualifikation bereitet Schwierigkeiten. Den Zielsetzungen und der Systematik des LugÜ lassen sich keine konkreten Anhaltspunkte für die Abgrenzung zwischen zivilrechtlichen und öffentlich-rechtlichen Angelegenheiten entnehmen. Um internationale Rechtsschutzlücken möglichst auf ein Minimum zu reduzieren, sollte der

---

[7] EuGH 14.10.1976, Rs. 29/76, *LTU/Eurocontrol*, Slg. 1976, 1541 Rz. 3; EuGH 22.02.1979, Rs. 133/78, *Gourdain/Nadler*, Slg. 1979, 733 Rz. 3; EuGH 16.12.1980, Rs. 814/79, *Niederlande/Rüffer*, Slg. 1980, 3807 Rz. 7; im gleichen Sinne BGE 124 III 382, 394 E. 6d ff.

[8] Acocella, Internationale Zuständigkeit 183 mit weiteren Hinweisen; Pocar 407; Vgl. aber die neuere Tendenz zur vertragsautonomen Auslegung in der bundesgerichtlichen Rechtsprechung aufgrund der für die Schweiz am 6. Juni 1990 in Kraft getretenen Wiener Konvention zum Vertragsrecht vom 23. Mai 1969 (SR 0.111) (BGE 117 V 268).

[9] EuGH 15.05.2003, Rs. C-266/01, *Préservatrice foncière TIARD/Staat der Niederlanden*, Slg. 2003 I 4867 Rz. 20.

[10] Geimer/Schütze, Art. 1 Rz. 5.

Bereich des öffentlichen Rechts eher eng, und der Begriff der Zivil- und Handelssache entsprechend **weit** ausgelegt werden[11]. Mit Hilfe der *Rechtsvergleichung* wird untersucht, wo in den einzelnen Mitgliedstaaten die Grenzen zwischen öffentlichem Recht und Privatrecht verlaufen[12].

Der EuGH ist aufgrund dieser Qualifikationsmethode zum Schluss gekommen, dass sowohl die **Natur der Rechtsbeziehungen zwischen den Parteien** wie auch der **Gegenstand des Rechtsstreites** den Ausschlag über den sachlichen Anwendungsbereich des LugÜ geben können. So können Entscheidungen in Verfahren, in denen sich eine Behörde und eine Privatperson gegenüberstehen, durchaus unter das LugÜ fallen. Anders verhält es sich, wenn die Behörde einen Rechtsstreit im Zusammenhang *mit der Ausübung hoheitlicher Befugnisse* führt. Um festzustellen, ob die Behörde hoheitliche Befugnisse ausübt, müssen nach dem EuGH die zwischen den Parteien bestehenden Rechtsbeziehungen ermittelt sowie die Grundlage der erhobenen Klage und die Modalitäten ihrer Erhebung bestimmt werden[13]. 11

c) Abgrenzung zu den öffentlich-rechtlichen Materien

(1) Allgemeines

Wie bereits ausgeführt, ist nach der Rechtsprechung des EuGH für die Abgrenzung der zivilrechtlichen von den öffentlich-rechtlichen Streitigkeiten massgebend, dass die Behörde einen Rechtsstreit im Zusammenhang mit der **Ausübung hoheitlicher Befugnisse** führt[14]. Dieser Zusammenhang ist schon dann gegeben, wenn der vom Staat geltend gemachte Anspruch *seinen Ursprung* in einer hoheitlichen Tätigkeit hat[15]. Anlass zu dieser Präzisierung war ein Streit im Zusammenhang mit der Beseitigung eines Schiffswracks aus einer Wasserstrasse, für welche die Behörde kraft Verwaltungshoheit zuständig war. Dass in casu nicht über die Beseitigung des Wracks, sondern über den Ersatz der durch die Beseitigung dem Staat ent- 12

[11] BGE 124 III 382 E. 6e; 124 III 436 E. 3a; Schlosser, Art 1 Rz. 10; kritisch Dasser/Oberhammer-Dasser, Art. 1 Rz. 29.

[12] Kropholler, Art. 1 Rz. 4; Geimer/Schütze, Art. 1 Rz. 7.

[13] EuGH 15.05.2003, Rs. C-266/01, *Préservatrice foncière TIARD/Staat der Niederlanden*, Slg. 2003 I 4867 Rz 23; EuGH 14.11.2002, Rs. C-271/00, *Gemeente Steenbergen/Baten*, Slg. 2002 I 10489.

[14] EuGH 14.10.1976, Rs. 29/76, *LTU/Eurocontrol*, Slg. 1976, 1541.

[15] EuGH 16.12.1980, Rs. 814/79, *Niederlande/Rüffer*, Slg. 1980, 3807.

standenen Kosten zu entscheiden war, änderte nichts an der Qualifikation: es war keine Zivil- und Handelssache.

13 Eine wichtige Klarstellung hat sodann der Entscheid des EuGH in der Rechtssache *Sonntag/Waidmann*[16] gebracht. Es ging um eine Schadenersatzklage gegen den Lehrer einer öffentlichen Schule in Deutschland, der auf einem Schulausflug in Italien in *Verletzung seiner Aufsichtspflichten* einen Schüler geschädigt hatte. Der EuGH kam zum Schluss, dass es nicht entscheidend sei, ob der Lehrer Beamter sei und als solcher handle. Selbst wenn ein Beamter für den Staat handle, übe er nämlich nicht **immer** hoheitliche Befugnisse aus.

14 In den Rechtsordnungen der meisten Mitgliedstaaten stelle das Verhalten eines Lehrers an einer öffentlichen Schule im Rahmen der ihm übertragenen Betreuung der Schüler auf einem Schulausflug **keine Wahrnehmung hoheitlicher Befugnisse** dar. Dieser nehme nämlich insoweit keine Befugnisse wahr, die von den im Verhältnis zwischen Privatpersonen geltenden Regeln abwichen. Seine Aufsichtspflicht unterscheide sich nicht von jener, die ein Lehrer einer *Privatschule* wahrnehme. Der Umstand, dass das deutsche Recht die Aufsicht dieses Lehrers als hoheitliche Tätigkeit einstuft, und das Bestehen eines öffentlich-rechtlichen Sozialversicherungsschutzes sind für die Qualifikation nicht massgebend.

15 Für die Ausübung hoheitlicher Befugnisse ist gemäss EuGH also entscheidend, dass ***die Befugnisse von den im Verhältnis zwischen Privatpersonen geltenden Regeln*** abweichen. Handlungen von Behörden und Beamten sind dann vom Anwendungsbereich des LugÜ ausgeschlossen, wenn sie *ihrer Art nach* nicht von einem Privaten vorgenommen werden können und diesbezüglich *Sonderrechte des Staates* bestehen[17]. Umgekehrt liegt eine Zivilsache vor, wenn die Behörde an einem Rechtsverhältnis beteiligt ist, das auch zwischen Privatpersonen bestehen könnte[18]. Der EuGH hat mit seiner Entscheidung in der Rechtssache *Sonntag/Waidmann* nicht nur eine praktisch wichtige Klarstellung erreicht, sondern auch eine begrüssenswerte weite Auslegung des Begriffes der Zivil- und Handelssachen ermöglicht.

---

[16] EuGH 21.04.1993, Rs. C-172/91, *Sonntag/Waidmann*, Slg. 1993 I 1963.

[17] CZERNICH/TIEFENTHALER/KODEK-CZERNICH, Art. 1 Rz. 9; BGE 136 II 508 E. 1.1.

[18] BGE 124 III 134, 139; 124 III 436, 440.

Stellen sich öffentlich-rechtliche Fragen nur **vorfrageweise**, so steht dies der Anwendung des LugÜ nicht entgegen[19]. Es verhält sich ähnlich wie bei den in Art. 1 Abs. 2 ausgeschlossenen Rechtsgebieten, wo der Ausschluss nur soweit gilt, als eine diesbezügliche Frage im Streitverfahren Hauptfrage bildet. Bei *mehreren Ansprüchen* ist die Anwendbarkeit des LugÜ für jeden einzelnen Anspruch getrennt zu prüfen. Das LugÜ ist auf eine öffentlich-rechtliche Streitigkeit nicht etwa kraft Sachzusammenhangs anwendbar, weil konkurrierende privatrechtliche Ansprüche geltend gemacht wurden. 16

(2) Einzelheiten

Ob der Zusammenhang mit hoheitlichen Befugnissen bejaht werden kann, ist nicht immer leicht zu beantworten. Er liegt regelmässig vor, wenn das Gemeinwesen seine Verwaltungstätigkeit **einseitig** durch Erlass von Verfügungen ausübt. Das Gemeinwesen tritt aber in beschränktem Rahmen auch als *Privatrechtssubjekt* auf und schliesst rein privatrechtliche Geschäfte ab. 17

Privatrechtliches Handeln der Behörden kommt vor allem im Bereich der **Bedarfsverwaltung** und bei der **Verwaltung des Finanzvermögens** vor. Streitigkeiten im Zusammenhang mit dem Kauf von Büromaterial, mit der Miete von Büroräumlichkeiten, mit dem Abschluss von Werkverträgen für die Errichtung öffentlicher Bauten, mit der Vermietung von Liegenschaften usw. fallen in den Anwendungsbereich des LugÜ. 18

Auch Teile der **Leistungsverwaltung** werden privatrechtlich abgewickelt. Zudem tritt der Staat mit öffentlich-rechtlichen Anstalten oder *staatseigenen Wirtschaftsunternehmen* sowie durch *Mehrheitsbeteiligung* an privatrechtlichen Unternehmungen am Markt auf. 19

Bei der Benutzung öffentlicher Anstalten sowie bei Lieferung von Energie und Wasser kommt es für die Einordnung als Zivilsache auf die konkrete **Benützungsordnung** an. Dabei sind folgende Gesichtspunkte zu berücksichtigen: unmittelbare Verfolgung öffentlicher Zwecke, einseitige, unabänderliche Anstaltsbenützung durch Gesetz oder Verwaltungsordnung[20]. Eher als privatrechtlich zu qualifizieren sind Verträge, mit denen ähnliche 20

[19] EuGH 15.05.2003, Rs. C-266/01, *Préservatrice foncière TIARD/Staat der Niederlanden*, Slg. 2003 I 4867; Donzallaz Rz. 872.

[20] BGE 105 II 234: Elektrizitätswerk; Häfelin/Müller/Uhlmann Rz. 1328.

Leistungen erbracht werden wie *von privaten Unternehmungen*, z.B. von der Zürcher Kantonalbank im Vergleich zu den privaten Banken[21].

21 Der Transport von Personen sowie von deren Gepäck durch konzessionierte Transportunternehmen wird durch **privatrechtlichen** Transportvertrag geregelt (Art. 19 und 24 i.V.m. Art. 56 Abs. 1 PBG)[22]. Privatrechtlicher Natur sind auch die Verträge über den Transport von Gütern (Art. 10 i.V.m. Art. 12 GütG) [23].Verträge über die Beförderung von Waren auf der Strasse gelten als Zivil- und Handelssachen[24]. Auch die Beziehungen zwischen der Post und den Personen, welche deren Dienste in Anspruch nehmen, unterstehen dem Privatrecht und sind hauptsächlich in den durch die Post aufgestellten AGB geregelt (Art. 11 und 17 PG)[25].

22 Bei der Vergabe von öffentlichen Arbeiten geht das Bundesgericht – in Übereinstimmung mit der Rechtslage in Deutschland[26] – von einem privatrechtlichen Vertrag aus[27]. In Frankreich hingegen wird ein verwaltungsrechtlicher Vertrag abgeschlossen[28]. Die Ausgestaltung des Rechtsschutzes im Sinne der sog. Zweistufentheorie, d.h. der Unterscheidung zwischen dem Zuschlag als Verfügung und dem nachfolgenden Abschluss des privatrechtlichen Vertrages, ändert nichts an der **zivilrechtlichen** Qualifikation der *im Zusammenhang mit dem Vertragsabschluss* stehenden Streitigkeiten. Das Bundesgericht hielt sogar den Zuschlag für eine nicht auf staatlicher Befehlsgewalt beruhende autoritative Anordnung, sondern für eine auf den Abschluss eines privatrechtlichen Vertrages ausgerichtete Erklärung[29], bis mit Inkrafttreten internationaler Übereinkommen und der Anpassungsgesetzgebung auf dem Gebiet des Beschaffungswesens der Zuschlag in Form einer Verfügung vorgeschrieben wurde.

23 Das Bundesgericht stellt bei der Abgrenzung zivilrechtlicher Streitigkeiten von öffentlich-rechtlichen auf verschiedene Kriterien ab, die im Einzelfall

[21] Häfelin/Müller/Uhlmann Rz. 1333.

[22] SR 745.1; Häfelin/Müller/Uhlmann Rz. 286, 1057; BGE 136 II 457 E. 6.2 f; 136 II 489 E. 2.4 f.

[23] SR 742.41; Häfelin/Müller/Uhlmann Rz. 1336.

[24] EuGH 04.05.2010, Rs. C-533/08, *TNT Express Nederland BV/AXA Versicherung AG* Rz. 34 f.

[25] SR 783.0; BGE 129 III 35; Häfelin/Müller/Uhlmann Rz. 1335.

[26] Kropholler, Art. 1 Rz. 9.

[27] BGE 103 Ib 154.

[28] Kropholler, Art. 1 Rz. 9.

[29] BGE 103 Ib 154.

herangezogen werden, soweit sie sich am besten zur Lösung der konkreten Fragestellung eignen. In Betracht fällt vor allem die **Subordinationstheorie**, die auch bei der Rechtsprechung des EuGH im Vordergrund steht. Daneben wird aber auch auf die Interessen- und Funktionstheorie zurückgegriffen, die danach unterscheiden, ob private oder öffentliche Interessen verfolgt bzw. öffentliche Aufgaben erfüllt werden[30].

Bei der **Abgrenzung zwischen verwaltungsrechtlichem und privatrechtlichem Vertrag** stellt die schweizerische Lehre teilweise nicht auf das Subordinationsverhältnis ab, sondern auf den Zweck, dem der Vertrag dient. Es kommt darauf an, dass der Vertragsschluss *unmittelbar der Erfüllung öffentlicher Aufgaben* dient[31]. Das kann zu unterschiedlichen Qualifikationen im internen Recht und nach dem LugÜ führen, denn nach der Rechtsprechung des EuGH liegt eine Zivilsache vor, soweit keine hoheitlichen Befugnisse und Sonderrechte gegeben sind, obwohl der Private durch öffentlich-rechtlichen Vertrag mit der Erfüllung einer öffentlichen Aufgabe betraut wurde[32]. Die Rechtsprechung des Bundesgerichts zum Begriff der Zivilsache bzw. *der zivilrechtlichen Streitigkeit nach Art. 72 Abs. 1 BGG* kann nicht unbesehen herangezogen werden[33]. Die Prüfung hat stets nach autonomen Kriterien zu erfolgen. 24

Der Begriff des **zivilrechtlichen Anspruchs gemäss EMRK** geht weiter als der Begriff der Zivilsache nach dem LugÜ. So sind von der EMRK auch Enteignungssachen[34], beamtenrechtliche Streitigkeiten und Baubewilligungsverfahren[35] sowie Baueinsprachen[36] erfasst. 25

Ärztliches Handeln in öffentlichen Spitälern qualifiziert das Bundesgericht als hoheitliche Tätigkeit[37]. Diese Einstufung ist für das LugÜ grundsätzlich *nicht* zu übernehmen. Die autonome Qualifikation stellt darauf ab, ob die Handlung typischerweise nicht durch Private vorgenommen werden kann. 26

---

30 BGE 126 III 431, 436.

31 Häfelin/Müller/Uhlmann Rz. 1336.

32 Rauscher-Mankowski, Art. 1 Rz. 4a; BGE 128 III 250, 253 ff.; Zudem kann die Abgrenzung zwischen Übertragung einer eigentlichen öffentlichen Aufgabe und derjenigen einer blossen Hilfstätigkeit, z.B. im Bereich der Abfallentsorgung, fliessend sein, s. BGE 134 II 297, 302.

33 Hierzu s. BSK BGG-Klett/Escher, Art. 72 Rz. 4.

34 Schürmann 671.

35 Schürmann 646.

36 Schürmann 670.

37 BGE 122 III 101 E. 2a/aa; 115 Ib 175 E. 2.

Für die Einordnung als hoheitliche Tätigkeit beruft sich das Bundesgericht hingegen auf den Umstand, dass die Behandlung von Patienten in einem öffentlichen Spital als Erfüllung einer öffentlichen *Aufgabe* gelte.

27 Zudem wird die nationale Qualifikation von der **Kompetenzaufteilung zwischen Bund und Kantonen** beeinflusst. Das Gesundheitswesen fällt in die Kompetenz der Kantone und kann von diesen mehr oder weniger umfassend mit öffentlich-rechtlichen Vorschriften geregelt werden. Das *Anstellungsverhältnis* zwischen einem öffentlich-rechtlichen Spital und seinem Chefarzt unterliegt nach allgemeinen Regeln dem öffentlichen Recht[38]. Hinsichtlich der *Staatshaftung* hingegen enthält Art. 61 Abs. 1 OR einen Vorbehalt zugunsten des kantonalen öffentlichen Rechts. Die Kantone sind danach befugt, aber nicht verpflichtet, die öffentlich-rechtlich angestellten Ärzte der kantonalrechtlichen Haftungsregelung zu unterstellen. Die Abgrenzung zwischen Privatrecht und öffentlichem Recht wird daher insoweit gar nicht nach den üblichen Abgrenzungskriterien vorgenommen, sondern allein vom kantonalen Recht bestimmt[39].

28 Verantwortlichkeitsansprüche aus **kantonalen Haftungsgesetzen**, selbst wenn sie vor Verwaltungsgerichten geltend zu machen sind, können daher eine Zivilsache im Sinne von Art. 1 Abs. 1 sein. Wie bereits ausgeführt, hat der EuGH die in einem italienischen Straf- und Adhäsionsverfahrens erhobene Schadenersatzforderung gegen einen deutschen Lehrer an einer öffentlichen Schule, der auf einem Schulausflug durch rechtswidrige und schuldhafte Verletzung seiner Aufsichtspflichten einen Schüler geschädigt hatte, als eine Zivilsache qualifiziert[40]. Nach Meinung des EuGH ändert sich nichts daran, wenn das anwendbare Recht die persönliche Haftung zugunsten der Staatshaftung ausschliesse, wie es auch die kantonalen Staatshaftungsgesetze tun. Die Klage gegen den Staat wird deswegen nicht öffentlich-rechtlicher Natur, denn auch in diesem Fall würde der Rechtsstreit nicht die Ausübung hoheitlicher Befugnisse betreffen[41].

29 Handelt es sich um **spezifisch hoheitliches Handeln,** sind Staatshaftungsansprüche vom Anwendungsbereich des LugÜ ausgeschlossen. So gilt *mi-*

---

[38] Vgl. BGE 118 II 213; das Bundesgericht lässt aber dem kantonalen Recht Spielraum.

[39] BGE 122 II 101 E. 2a/bb und cc.

[40] EuGH 21.04.1993, Rs. C-172/91, *Sonntag/Waidmann*, Slg. 1993 I 1963; s. auch BGE 133 III 462 E. 2.1.

[41] Kropholler, Art. 1 Rz. 8.

litärisches Handeln der Streitkräfte als hoheitliche Tätigkeit. Der EuGH hat daher eine in Griechenland erhobene Klage von diversen griechischen Klägern gegen die Bundesrepublik Deutschland auf Ersatz des materiellen und immateriellen Schadens als nicht in den Anwendungsbereich des Brüsseler Übereinkommens fallend angesehen. Es ging um Verbrechen Angehöriger der deutschen Streitkräfte, denen die Eltern der Kläger während der Besetzung Griechenlands im Zweiten Weltkrieg zum Opfer fielen. Der EuGH hält Operationen von Streitkräften für *typischen Ausdruck staatlicher Souveränität*, da sie von den zuständigen staatlichen Stellen einseitig und zwingend beschlossen werden und sich als mit der Aussen- und Verteidigungspolitik von Staaten untrennbar verknüpft zeigen[42].

Die Handlungen der Streitkräfte sind daher als Ergebnis der Ausübung von Hoheitsgewalt durch den betreffenden Staat zum Zeitpunkt ihrer Begehung zu verstehen **und zwar unabhängig davon**, ob die hoheitlichen Handlungen *rechtmässig* sind oder nicht. Dies betreffe – so der EuGH – die Natur dieser Handlungen, nicht aber den Bereich, zu dem sie gehören. Falle dieser Bereich als solcher nicht in den Anwendungsbereich des Brüsseler Übereinkommens, so könne die Rechtswidrigkeit derartiger Handlungen keine andere Auslegung rechtfertigen. Zudem würde eine solche Auslegung materielle Vorfragen aufwerfen, noch bevor der Anwendungsbereich des Brüsseler Übereinkommens bestimmt werden könnte. Derartige Schwierigkeiten wären mit dem System und Zweck des Übereinkommens und der daraus folgenden Rechtssicherheit nicht zu vereinbaren[43]. 30

Die Frage der **Immunität**, auf die sich die Bundesrepublik Deutschland berufen hatte, wurde vom EuGH nicht geprüft. Die staatliche Immunität wird vom LugÜ nicht geregelt; sie richtet sich nach den einschlägigen Regeln des Völkerrechts[44]. 31

---

[42] EuGH 15.02.2007, Rs. C-292/05, *Lechouritou u.a/Bundesrepublik Deutschland*, Slg. 2007 I 1519.

[43] EuGH 15.02.2007, Rs. C-292/05, *Lechouritou u.a/Bundesrepublik Deutschland*, Slg. 2007, I 1519; Die Anwendbarkeit des EuGVÜ bzw. der EuGVVO verneinend auch BGH 26.6.2003, BGHZ 155, 279 = NJW 2003, 3488 und Cass. 29.5.2008, IPRax 2008, Heft 4 S. XII. Unterschiedlicher Ansicht sind die beiden Gerichte in Bezug auf den Immunitätseinwand, s. dazu Fn. 44.

[44] Rauscher-Mankowski, Art. 1 Rz. 3e; Donzallaz Rz. 774 ff.; vgl. BGH 26.06.2003, BGHZ 155, 279 = NJW 2003, 3488. In Bezug auf Schadenersatzklagen gegen den Staat wegen begangener Kriegsverbrechen besteht eine Kontroverse darüber, wie weit der Immunitätsschutz geht. Die italienische Corte di Cassazione hat den Immunitätseinwand abgelehnt

32 Eine Klage, mit welcher der Staat von einer Privatperson die Erfüllung **eines privatrechtlichen Bürgschaftsvertrages** verlangt, der zur *Sicherung* der Zahlung von Zoll- oder Steuerforderungen seitens des Hauptschuldners geschlossen wurde, ist grundsätzlich eine Zivilsache, denn ein solcher Vertrag begründet für den Bürgen eine *neue* Verpflichtung, die zwar akzessorisch (zu einer öffentlich-rechtlichen Forderung) ist, *deren rechtliche Regelung aber nicht mit jener für die Hauptverpflichtung geltenden identisch* sein muss[45]. Die Rechtsbeziehung zwischen dem Staat und der Privatperson als Bürgen basiert in der Regel auf *Freiwilligkeit*, weshalb sie nicht durch die Wahrnehmung hoheitlicher Befugnisse durch den Gläubigerstaat geprägt ist, die von den im Verhältnis zwischen Privatpersonen geltenden Regeln abweichen[46]. Allfällige Einwendungen des Bürgen hinsichtlich der Begründetheit der gesicherten öffentlich-rechtlichen Forderung ändern nichts an der zivilrechtlichen Natur der Streitigkeit, denn für die Bestimmung des Anwendungsbereichs sind solche Vorfragen irrelevant[47].

33 Ebenso wenig liegt eine öffentlich-rechtliche Streitigkeit vor, wenn der Bürge **nach erfolgter Zahlung** aus der auf ihn durch *Abtretung oder Legalzession* übergegangenen öffentlich-rechtlichen Forderung gegen den ursprünglichen Schuldner klagt. An einem solchen Rechtsstreit sind – wie der EuGH zu Recht betont – zwei Personen des Privatrechts beteiligt. Der Kläger macht damit von einem Rechtsbehelf Gebrauch, der ihm durch Legalzession nach einer Bestimmung des Zivilrechts ermöglicht wird. Mit der Klage würden – so der EuGH – keine Befugnisse ausgeübt, die von den im Verhältnis zwischen Privatpersonen geltenden Regeln abweichen[48]. Nicht überzeugend ist der Einwand, es müsse auf die Natur des geltend gemachten Klageanspruchs und nicht auf die Parteien des konkreten Pro-

---

(Cass. 29.5.2008, IPRax 2008, Heft 4 S. XII), währenddem der BGH ihn zugelassen hat (BGH 26.6.2003, BGHZ 155, 279 = NJW 2003, 3488). Die Kontroverse hat zur einer Klage der Bundesrepublik Deutschland gegen Italien vor dem IGH wegen Verletzung der Immunität durch die italienischen Gerichte geführt, s. dazu SCHAARSCHMIDT, passim.

45 EuGH 15.05.2003, Rs. C-266/01, *Préservatrice foncière TIARD/Staat der Niederlanden*, Slg. 2003 I 4867 Rz. 28 f.

46 EuGH 15.05.2003, Rs. C-266/01, *Préservatrice foncière TIARD/Staat der Niederlanden*, Slg. 2003 I 4867 Rz. 30 f.

47 EuGH 15.05.2003, Rs. C-266/01, *Préservatrice foncière TIARD/Staat der Niederlanden*, Slg. 2003 I 4867 Rz. 42.

48 EuGH 05.02.2004, Rs. C-265/02, *Frahuil/Assitalia*, Slg. 2004 I 1543 Rz. 21; vgl. auch BGE 136 II 525.

zessverhältnisses abgestellt werden[49], denn massgebend ist die Frage, ob *in der konkreten Streitigkeit hoheitlich gehandelt wird oder nicht.* Wenn eine Partei keine hoheitlichen Sonderrechte besitzt und wie jeder andere Private ihre Ansprüche geltend machen muss, dann rechtfertigt sich nicht, die Streitigkeit vom Anwendungsbereich des LugÜ auszunehmen.

Rückgriffsklagen öffentlicher Einrichtungen für geleistete Sozialhilfe oder Unterhaltsbeiträge sind Zivilsachen, soweit für die Grundlage dieser Klagen und für die Modalitäten ihrer Erhebung *die allgemeinen Unterhaltsbestimmungen des Zivilrechts* gelten[50]. Insoweit lässt sich die Rechtsstellung der öffentlichen Stelle gegenüber einem Unterhaltsverpflichteten mit jener einer Privatperson vergleichen, die in die Stellung des ursprünglichen Gläubigers eintritt, nachdem sie die Schuld eines anderen beglichen hat. Keine Zivilsache liegt hingegen vor, wenn die Rückgriffsklage auf Bestimmungen gestützt wird, mit denen der Gesetzgeber der öffentlichen Stelle **eine eigene, besondere Befugnis** verliehen hat[51]. Insoweit stehen der öffentlichen Stelle hoheitliche Sonderbefugnisse zur Durchsetzung der Rückgriffsforderung zu[52]. 34

Gebühren für die *Inanspruchnahme von Diensten und Einrichtungen* einer öffentlichen – staatlichen oder internationalen – Stelle sind öffentlich-rechtlicher Natur, insbesondere dann, wenn diese Inanspruchnahme ***zwingend und ausschliesslich** ist und die Gebühren gegenüber den Benutzern* ***einseitig** festgesetzt* werden. Das wurde z.B. vom EuGH für den Anspruch von *Eurocontrol* gegen einen Luftfahrzeughalter auf Zahlung von Gebühren für Flugsicherungsdienste entschieden[53]. Eine öffentlich-rechtliche Streitigkeit lag auch im Falle einer Gebührenerhebung seitens einer niederländischen Gemeinde für Parkraumbenutzung vor[54]. 35

Kostenerstattungsansprüche aufgrund einer behördlichen **Ersatzvornahme**, z.B. bei der Bergung eines Schiffswracks durch die für die Verwaltung 36

[49] In diesem Sinne RAUSCHER-MANKOWSKI, Art. 1 Rz. 4e.

[50] BGE 133 III 507.

[51] EuGH 14.11.2002, Rs. C-271/00, *Gemeente Steenbergen/Baten*, Slg. 2002 I 10489; EuGH 15.01.2004, Rs. C-433/01, *Freistaat Bayern/Blijdenstein,* Slg. 2004 I 981.

[52] Was unter hoheitliche Sonderbefugnisse zu verstehen ist, ist nicht ganz klar, s. RAUSCHER-MANKOWSKI, Art. 1 Rz. 4 f, 4 h.

[53] EuGH 14.10.1976, Rs. 29/76, *LTU/Eurocontrol*, Slg. 1976, 1541.

[54] AG Münster 23.11.1994, DAR 1995, 165.

der betreffenden Wasserstrasse zuständige Behörde, fallen nicht in den Anwendungsbereich des LugÜ[55].

37 Die Pflicht zur Bezahlung von **Gerichtskosten** durch die unterlegene Partei ist als öffentlich-rechtlich zu qualifizieren und daher vom LugÜ nicht erfasst[56].

38 **Parteientschädigungen** an die Gegenpartei hingegen fallen in den Anwendungsbereich des LugÜ, soweit der Streitgegenstand des Verfahrens, in welchem die Entschädigung zugesprochen wurde, eine Zivilsache ist[57]. Ist das LugÜ nur auf einen Teil der Entscheidung anwendbar, enthält diese aber eine einheitliche Kostenentscheidung, ergeben sich Probleme[58].

39 **Honoraransprüche** aus einem Anwaltsvertrag oder aus Gerichtsbeschlüssen, welche die Vergütung des eigenen Anwaltes festsetzen, gelten als Zivilsache[59]. Der Honoraranspruch des *amtlichen Verteidigers* ist hingegen öffentlich-rechtlicher Natur; ebenso jener des *unentgeltlichen Rechtsvertreters*[60].

40 Gebührenforderungen der **Notare** fallen nicht in den Anwendungsbereich des LugÜ, soweit die *hoheitliche* Kompetenz sich auch auf die Gebührenerhebung erstreckt. Haben freiberufliche Notare und Urkundspersonen hinsichtlich der Gebührenerhebung keinerlei Hoheitsgewalt und müssen sie ihre Gebührenforderungen *mit gewöhnlicher Zivilklage* durchsetzen, so liegt eine Zivilsache vor[61].

41 Streitigkeiten betreffend das *Einsichtsrecht ins Grundbuch* sind öffentlich-rechtliche Streitigkeiten und fallen nicht unter das LugÜ[62]. Für andere Streitigkeiten im Zusammenhang mit öffentlichen Registern ist zu differenzieren: *Streitigkeiten über die Eintragungen* sind öffentlich-rechtlicher

---

[55] EuGH 16.12.1980, Rs. 814/79, *Niederlande/Rüffer*, Slg. 1980, 3807.

[56] Geimer, IPRax 1992, 8; Donzallaz Rz. 2240.

[57] Donzallaz Rz. 2300.

[58] Vgl. hierzu Geimer, IPRax 1992, 9.

[59] Kropholler, Art. 32 Rz. 9; Donzallaz Rz. 2307; LG Karlsruhe, Beschluss 07.12.1990, RIW 1991, 156; BGH 31.01.1991, JZ 1991, 3; vgl. im Übrigen eingehend Schmidt 46 ff.; Reinmüller 73 f.

[60] Höchli 22; EKMR 06.04.1995, VPB 1995, Nr. 59.1504; KassG ZH, ZR 1995, 121 f. (offen gelassen); Walther, Urteilsanmerkung 158 ff.; anders LG Paderborn, EWS 1995, 248 = IPRspr. 1994 Nr. 183.

[61] Kropholler, Art. 1 Rz. 7; Donzallaz Rz. 2373.

[62] EKMR 25.10.1987, *Clavel c/ Suisse*, ZBGR 1991, 63.

Natur, soweit deren Gültigkeit aufgrund registerrechtlicher Vorschriften (die auch eine beschränkte materiellrechtliche Prüfung vorschreiben können[63]) zu beurteilen ist. Unabhängig davon schreibt aber Art. 22 die ausschliessliche Zuständigkeit der Gerichte des Registerstaates vor[64]. Nicht davon erfasst sind aber Streitigkeiten über *die materiellrechtlichen Wirkungen von Eintragungen*. Die Zuständigkeit für solche Klagen beurteilt sich – soweit eine Zivilsache betroffen ist – nach den übrigen Zuständigkeitsbestimmungen des LugÜ.

Das LugÜ ist auf **Verbandsklagen** eines Verbraucherschutzvereins anwendbar, soweit diese der *Durchsetzung privatrechtlicher Ansprüche* dienen[65]. Als Beispiel kann die Verbandsklage nach Art. 10 UWG erwähnt werden. Der EuGH hat dies in der Rechtssache *Verein für Konsumenteninformationen/Henkel*[66] so festgelegt. Er berief sich darauf, dass der Verbraucherschutzverein eine Einrichtung des Privatrechts sei, und zudem stehe der Rechtsstreit nicht mit der Ausübung öffentlicher Gewalt in Zusammenhang, da er nicht die Wahrnehmung von Befugnissen betreffe, die von den im Verhältnis zwischen Privatpersonen geltenden allgemeinen Rechtsvorschriften abwichen. Der Rechtsstreit betreffe vielmehr die Untersagung der Verwendung missbräuchlicher Klauseln in Verbraucherverträgen; er ziele damit darauf ab, *Rechtsverhältnisse des Privatrechts einer gerichtlichen Kontrolle* zu unterwerfen[67]. Diese Qualifikation entspricht auch der schweizerischen Auffassung. 42

Das UWG gehört seiner Natur nach dem Zivilrecht an. Eine Zivilsache ist auch gegeben, wenn der unlautere Wettbewerb von einer **staatlichen Stelle** ausgeht[68], etwa bei irreführender Werbung durch staatliche Behörden[69] oder bei *Persönlichkeitsverletzungen* durch Sendungen von *staatlichen* Radio- und Fernsehanstalten[70]. 43

[63] Betreffend Handelsregistereintragungen s. BGE 114 II 68.

[64] Art. 22 betrifft auch öffentlich-rechtliche Materien.

[65] Kropholler, Art. 1 Rz. 15; BGH 12.10.1989, IPRax 1999, 318; BGH 09.07.1992, NJW 1992, 3158; Lindacher 229.

[66] EuGH 01.10.2002, Rs. C-167/00, *Verein für Konsumenteninformation/Henkel*, Slg. 2002 I 8111.

[67] EuGH 01.10.2002, Rs. C-167/00, *Verein für Konsumenteninformation/Henkel*, Slg. 2002 I 8111.

[68] Geimer/Schütze, Art. 1 Rz. 18.

[69] Kropholler, Art. 1 Rz. 7.

[70] Geimer/Schütze, Art. 1 Rz. 18; Rauscher-Mankowski, Art. 1 Rz. 4a; Kubis 23 f.

44 Nicht nur die Verbandsklage eines privaten Verbandes (s. dazu Rz. 42), sondern auch das Agieren einer Behörde ist als zivilrechtlich zu qualifizieren – selbst wenn sie öffentliche Interessen verfolgt –, wenn es an einem Unterordnungsverhältnis fehlt und die Behörde ihre Ansprüche nötigenfalls nicht mit Verwaltungszwang durchsetzen kann[71]. Dies gilt z.B. für das britische Office of Fair Trading, das keine hoheitlichen Sonderrechte besitzt, sondern sich wie jeder Private auch der Gerichte zur Durchsetzung seiner Ansprüche bedienen muss[72].

45 Die Einziehung gefälschter Markenartikel auf *Antrag* einer Behörde wird als Zivilsache betrachtet, da die Behörde *keine Pflicht* zum Handeln habe und das Verfahren **dem zivilrechtlichen Schutz des Markenrechts** dient[73]. Die Behörde besitzt auch keine hoheitlichen Sonderrechte[74].

46 Als Grundeigentümer haftet der Staat nach der privatrechtlichen Vorschrift von Art. 679 ZGB. Die **Werkeigentümerhaftung** des Staates, die besonders bei Strassen praktisch relevant ist, richtet sich nach Art. 58 OR und ist ebenfalls zivilrechtlicher Natur. Kein hoheitliches Handeln des Staates liegt auch dann vor, wenn der Staat als Eigentümer *wegen Verletzung seines Eigentums* klagt[75].

47 **Arbeitsstreitigkeiten** fallen unter das LugÜ, was sich schon aus der ausdrücklichen Regelung der Zuständigkeit für individuelle Arbeitsverträge in den Art. 18 bis 21 ergibt[76]. Gemeint sind in erster Linie Streitigkeiten aufgrund des *Individualarbeitsrechts*. Das *öffentliche Arbeitsrecht* ist vom LugÜ nicht erfasst (dazu Art. 18 Rz. 13).

---

71 Rauscher-Mankowski, Art. 1 Rz. 4; Die Empfehlung einer Behörde im Privatrechtsbereich nach Art. 29 DSG betrifft eine öffentlich-rechtliche Angelegenheit. Wenn private Personen unter Androhung einer Busse verpflichtet sind bei den Abklärungen mitzuwirken, stehen sich nicht als einander gleichgestellte Rechtssubjekte gegenüber (BGE 136 II 508 E. 1.1).

72 Rauscher-Mankowski, Art. 1 Rz. 4.

73 *R. v. Crown Court at Harrow*, ex parte UNIC, [2000] 2 All E.R. 449 (Q.B.).

74 Rauscher-Mankowski, Art. 1 Rz. 4.

75 Rauscher-Mankowski, Art. 1 Rz. 3c.

76 EuGH 13.11.1979, Rs. 25/79, *Sanicentral/Collin*, Slg. 1979, 3423; EuGH 15.02.1989, Rs. 32/88, *Six Constructions/Humbert*, Slg. 1989, 341; vgl. Komm. zu Art. 18; Es spielen hier in der Praxis auch Fragen der Immunität eine Rolle, die der Beanspruchung einer Zuständigkeit entgegenstehen können, BGE 120 II 408; Kropholler, vor Art. 33 Rz. 5.

Das **Kartellrecht** enthält ebenfalls einen zivilrechtlichen und öffentlich-rechtlichen Teil. Nur *zivilrechtliche* Kartellstreitigkeiten sind vom LugÜ erfasst[77]. 48

d) Art der Gerichtsbarkeit

(1) Zweige der Gerichtsbarkeit

Art. 1 Abs. 1 sieht ausdrücklich vor, dass es für die Annahme einer Zivil- und Handelssache nicht auf die **Zugehörigkeit** zur eigentlichen Zivilgerichtsbarkeit ankommt. Massgebend ist insoweit nur *die Natur der zwischen den Parteien bestehenden Rechtsbeziehungen* oder der *Gegenstand des Rechtsstreites*. Unter das LugÜ fallen daher Verfahren vor Handels- und Arbeitsgerichten[78]; ebenso Verfahren vor Verwaltungsgerichten, soweit der Streitgegenstand privatrechtlicher Natur ist. 49

Das LugÜ ist auch anzuwenden auf privatrechtliche Ansprüche, die **adhäsionsweise** vor Strafgerichten geltend gemacht werden[79]. Umgekehrt liegt keine Zivilsache vor, wenn ein **Privatstrafverfahren** in den Formen des Zivilprozesses durchgeführt wird[80]. Entscheidend ist, ob die *Durchsetzung eines staatlichen Strafanspruchs* vorliegt, nicht aber, wer das Strafverfahren einleitet und in welcher Form dieses durchgeführt wird[81]. 50

Strafsanktionen von Zivilgerichten, wie etwa Ordnungsstrafen, *contempt of court,* sind keine Zivilsachen[82]. *Kein staatlicher Strafanspruch* liegt hingegen vor bei privatrechtlichen Instrumenten wie etwa Konventionalstrafen oder Geldstrafen nach privatrechtlichen Vorschriften[83]. Das gilt auch für privatrechtlich oder verbandsrechtlich ausgestaltete *Aufsichtsvorschriften*. Allerdings handelt es sich hier meistens um nichtstaatliche Verfahren oder um Schiedsgerichtsbarkeit, die vom LugÜ nicht erfasst werden[84]. Wä- 51

---

77 KROPHOLLER, Art. 1 Rz. 15.

78 Art. 6, Art. 68 Abs. 2 lit. dZPO.

79 EuGH 21.04.1993, Rs. C-172/91, *Sonntag/Waidmann*, Slg. 1993 I 1963; BGer 15.5.2009, 5A_162/2009 E. 3.3.

80 Privatstrafklageverfahren kennt die StPO nicht mehr. Zum Übergangsrecht s. Art. 456 StPO.

81 KROPHOLLER, Art. 1 Rz. 13.

82 SCHACK Rz. 906; REICH 466; die Problematik des contempt of court kann sich aber im Rahmen der Prüfung des ordre public nach Art. 34 Nr. 1 stellen, s. EuGH 02.04.2009, Rs. C-394/07, *Gambazzi/DaimlerChrysler Canada Inc. und CIBC Mellon Trust Company*, Rz. 33 ff.

83 Z.B. Art. 336a OR; BK-REHBINDER, Art. 336a OR Rz. 1.

84 BK-RIEMER, Art. 70 ZGB Rz. 234 ff.

ren hingegen nach diesen Regeln verhängte Vertragsstrafen zivilrechtlich durchzusetzen, würde eine Zivilsache nach dem LugÜ vorliegen[85].

52 Im Vergleich zur Selbstregulierung, also privatrechtlich organisierter Aufsicht, spielt die öffentlich-rechtliche Aufsicht eine bedeutsamere Rolle. Sie wird in der Regel *hoheitlich durch Erlass von Verfügungen* ausgeübt; als Beispiel kann die Finanzmarktaufsicht erwähnt werden[86]. Es ist jedoch nicht ausgeschlossen, dass auch Klagen von Behörden gegen Private Zivilsachen sein können. Es kommt darauf an, ob das Verfahren verwaltungsrechtlich ausgestaltet ist oder Verstösse eher durch privatrechtliche Mittel, insbesondere durch Zivilklage, geahndet werden[87].

53 Die «***punitive damages***» sind keine Strafsachen[88]. Sie fallen unter das LugÜ.

54 Abgrenzungsschwierigkeiten ergeben sich bezüglich der Androhung von **Ordnungsbussen** und **Zwangsgeld** für den Fall der Nichterfüllung von Urteilen. Das EuGVÜ sah in Art. 43 (heute in Art. 49 EuGVVO) die Vollstreckbarerklärung von Zwangsgeld vor. Gedacht war hier in erster Linie an die französische *astreinte.* Die Bezahlung des Zwangsgeldes kommt *dem Gläubiger* zugute. Das ist im schweizerischen Recht wie auch im deutschen Recht nicht der Fall, sondern hier kommen Ordnungsbussen und Zwangsgeld *dem Staat* zu. Die Anwendung von Art. 49 EuGVVO bzw. Art. 49 LugÜ lässt sich hier aufgrund *einer funktionalen Betrachtung* rechtfertigen[89]. Bei der Anordnung von Zwangsgeld handelt es sich allerdings auch um eine Vollstreckungsmassnahme, die eigentlich keine anerkennungsfähige Entscheidung im Sinne von Art. 32 ist. Es liegt aber eine ausdrückliche Ausnahme vom Grundsatz der Nichtanerkennung von Vollstreckungsakten vor[90].

55 In den Anwendungsbereich des LugÜ fallen auch ***Verfahren der freiwilligen Gerichtsbarkeit***, soweit sie nicht eine ausgeschlossene Materie

[85] Reich 459.
[86] Art. 1 FINMAG (SR 956.1).
[87] S. Rz. 44; bezüglich der Kontrolle der Werbung s. Reich 457 ff.
[88] Schack Rz. 907.
[89] Kropholler, Art. 49 Rz. 1; Geimer/Schütze, Art. 49 Rz. 2; Reich 464 f.; Es liegt ein entsprechendes Vorabentscheidungsersuchen des Hoge Raad der Nederlanden vom 21.10.2009 vor (Rs. C-406/09, *Realchemie Nederland/Bayer CropScience,* ABl. C 312 vom 19.12.2009, 25 f.).
[90] Schack Rz. 1080.

betreffen. Das LugÜ erfasst sowohl Verfahren *des endgültigen als auch solche des einstweiligen Rechtsschutzes*[91]. Unter das LugÜ fällt auch das summarische Verfahren (wie z.B. dasjenige für den Rechtsschutz in klaren Fällen[92]).

(2) Qualifikation als gerichtliches Verfahren und als gerichtliche Entscheidung

Die Wendung «Gerichtsbarkeit» gemäss Art. 1 Abs. 1 sowie die im Titel und in der Präambel des LugÜ verwendeten Begriffe der gerichtlichen Zuständigkeit und der gerichtlichen Entscheidungen weisen auf **Verfahren vor Gerichten** hin. Gerichtsbarkeit bedeutet jedoch nicht unbedingt ein Verfahren vor einem eigentlichen Gericht. Es genügt, dass es sich um ein vor einem Rechtsprechungsorgan *unter Wahrung des rechtlichen Gehörs durchgeführtes, justizförmiges Verfahren* handelt[93]. Ein Gerichtsverfahren liegt daher auch vor, wenn ein Urkundsbeamter oder Rechtspfleger in Ausübung seiner ihm verliehenen richterlichen Befugnisse tätig wird. Von einem Gericht kann nicht mehr gesprochen werden, wenn der «Gerichtsbedienstete»[94] einen *Akt der Justizverwaltung* vollzieht[95]. Es muss sich um ein ***staatliches*** Gericht handeln[96]. 56

Das LugÜ ist auf die **gerichtliche** Zuständigkeit und die Anerkennung und Vollstreckung **gerichtlicher** Entscheidungen anwendbar. Nicht erfasst werden vom LugÜ daher *Alternative Dispute Resolution*(ADR)-Verfahren. Es handelt sich um *aussergerichtliche* Streitschlichtungs- und Mediationsverfahren, die in diversen Erscheinungsformen durchgeführt werden. Sie münden nicht in ein rechtskräftiges oder vollstreckbares Urteil; allenfalls kommt eine vertragliche Einigung der Parteien zustande[97]. Diese wird auch nicht von Art. 58 erfasst, können doch nach dieser Bestimmung nur gerichtliche Vergleiche für vollstreckbar erklärt werden (Art. 58 Rz. 20). Eine 57

---

[91] EuGH 27.03.1979, Rs. 143/78, *de Cavel/de Cavel I*, Slg. 1979, 1055; EuGH 06.03.1980, Rs. 120/79, *de Cavel/de Cavel II*, Slg. 1980, 731; s. im Übrigen Art. 31 Rz. 12 ff.

[92] Es handelt sich um das frühere Befehlsverfahren zur schnellen Handhabung klaren Rechts bei nicht streitigen oder sofort beweisbaren tatsächlichen Verhältnissen, vgl. GASSER/RIKLI, Art. 257 ZPO Rz. 1.

[93] KROPHOLLER, Art. 32 Rz. 9; RAUSCHER-LEIBLE, Art. 32 Rz. 18.

[94] So der Wortlaut von Art. 32.

[95] KROPHOLLER, Art. 32 Rz. 9.

[96] KROPHOLLER, Art. 32 Rz. 12.

[97] BSK IPRG-HOCHSTRASSER/BLESSING, Rz. 307 Einl. 12. Kap.

Vollstreckbarerklärung nach dem LugÜ ist aber möglich, wenn über die Einigung eine vollstreckbare öffentliche Urkunde errichtet wird (Art. 58 Rz. 21).

58 Das Bundesgericht hat sich zum Verfahren vor den Schlichtungsbehörden in Streitigkeiten *aus Miete und Pacht von Wohn- und Geschäftsräumen* dahingehend geäussert, dass es kein gerichtliches Verfahren sei. Es handle sich um ein Verfahren, das einem eigentlichen gerichtlichen Verfahren vorgelagert sei[98]. Diese nationale Einordnung ist allerdings für die Auslegung des LugÜ nicht ausschlaggebend. Die allein massgebende vertragsautonome Qualifikation führt m.E. dazu, dass das Vorliegen eines gerichtlichen Verfahrens bejaht werden muss, ***soweit die Schlichtungsbehörde richterliche Funktionen*** ausübt. Die Zuständigkeit und die Anerkennung von Entscheidungen (soweit die Schlichtungsbehörde Entscheidungskompetenz hat) richten sich nach dem LugÜ.

59 Gleiches gilt für Verfahren vor Schlichtungsbehörden (Friedensrichter, Vermittler usw.) in allen **anderen** Streitigkeiten, soweit ihnen wiederum *richterliche Befugnisse* verliehen sind (vgl. Art. 210 f., 212 ZPO). Zu berücksichtigen ist, dass nach Art. 62 der Begriff «Gericht» auch *Verwaltungsbehörden* erfasst (dazu siehe Art. 62 Rz. 1). Deshalb steht der Anwendung des LugÜ nicht (mehr) entgegen, dass eine nach dem massgebenden kantonalen Organisationsrecht[99] eingesetzte Schlichtungsbehörde (Vermittleramt, Mietamt usw.) keine gerichtliche Behörde ist[100].

60 In der Botschaft zum LugÜ wird ausgeführt, dass das Schlichtungsgesuch das verfahrenseinleitende Schriftstück im Sinne von Art. 30 Nr. 1 zu betrachten sei. In allen Fällen, in denen das Schlichtungsverfahren eine prozessuale obligatorische Vorstufe bildet, löse das Schlichtungsbegehren die Rechtshängigkeit nach Art. 30 Nr. 1 aus[101]. Dies ist insofern bemerkenswert, als das LugÜ auf Verfahren vor Schlichtungsbehörden **ohne richterliche Funktionen** grundsätzlich nicht anzuwenden ist (s. Rz. 58 f.). In

[98] Hierzu BGE 117 II 504; 117 II 421; 133 III 652; vgl. aber BGE 136 III 431 E.4.2, in welcher das Bundesgericht das Schlichtungsverfahren als «partie de la procédure judiciaire» bezeichnet.

[99] GASSER/RIKLI, Art. 197 ZPO Rz. 3.

[100] DASSER/OBERHAMMER-WALTHER, Art. 25 Rz. 18 und DASSER/OBERHAMMER-NAEGELI, Art. 51 Rz. 24 f. haben bereits unter dem aLugÜ angenommen, dass es sich bei den Mietämtern und Schlichtungsbehörden um Gerichte bzw. um richterliche Behörden im weiteren Sinne handle.

[101] Botschaft LugÜ 1803.

jenen Fällen, in denen die Schlichtungsbehörde keine Entscheidkompetenz hat, wäre daher das verfahrenseinleitende Schriftstück nicht beim «Gericht» eingereicht. Das Schlichtungs- und das Gerichtsverfahren sind aber derart eng verbunden, dass es sich rechtfertigt, das ganze Verfahren für die Begründung der Rechtshängigkeit *einheitlich als gerichtliches Verfahren* zu betrachten. Der Gesuchsteller muss nämlich eventuell notwendige Schritte zur Fortsetzung des Verfahrens innert Frist vornehmen, damit die Rechtshängigkeit aufrechterhalten bleibt[102].

In Unterhaltssachen erweiterte Art. Va Abs. 1 des Protokolls Nr. 1 zum aLugÜ dessen Anwendungsbereich für Dänemark, Island und Norwegen über die eigentliche Gerichtsbarkeit auf Verfahren vor Verwaltungsbehörden. Im Bereich der Zivil- und Handelssachen war in aArt. Va Abs. 2 des Protokolls Nr. 1 festgelegt, dass auch das finnische «ulosotonhaltija/överexekutor» vom Gerichtsbegriff erfasst werde[103]. Neu sieht Art. 62 allgemein vor, dass die Bezeichnung «Gericht» jede Behörde umfasst, die von einem LugÜ-Staat als für die in den Anwendungsbereich des LugÜ fallenden Rechtsgebiete zuständig bezeichnet worden ist. Nebst den in aArt. Va des Protokolls Nr. 1 erwähnten Verwaltungsbehörden sind somit neu **alle Verfahren vor Verwaltungsbehörden und Rechtspflegeorganen, soweit diesen richterliche Befugnisse** verliehen sind[104], *in allen vom LugÜ erfassten Materien* eingeschlossen, nicht nur jene bezüglich Unterhaltssachen (s. dazu Art. 62 Rz. 1 ff.). 61

In der Schweiz ist insbesondere die stark umstrittene Frage, ob der **Zahlungsbefehl** vom LugÜ erfasst wird, im Lichte dieser Neuregelung zu beurteilen. Bis anhin wurde die Unterstellung des Zahlungsbefehls unter das LugÜ von Lehre und Rechtsprechung mit dem Hinweis darauf abgelehnt, dass *der Zahlungsbefehl von einer Verwaltungsbehörde ausgestellt* werde. In BGE 130 III 285 wurde bezweifelt, ob der Zahlungsbefehl in den Anwendungsbereich des aLugÜ falle, da er nicht als Akt der Gerichtsbarkeit betrachtet werden könne. Gestützt auf Art. 62 kann das Betreibungsamt als Gericht i.S. des LugÜ betrachtet werden, soweit es richterliche Befugnis- 62

[102] Vgl. BGer 06.07.2007, 4A_143/2007 E. 3.5, worin das Bundesgericht ankündigt, Art. 30 in diesem Sinne auslegen zu wollen; a.A. ArbG Mannheim 06.06.2007, 5 Ca 90/7, IPRax 2008, 37 f.

[103] In der Parallelvorschrift der EuGVVO nicht ausdrücklich erwähnt, aber stillschweigend miterfasst, s. Art. 62 Rz. 2.

[104] Geimer/Schütze, Art. 62 Rz. 1.

se ausübt, was bei der Ausstellung eines untitulierten Zahlungsbefehls der Fall ist (s. sogleich Rz. 66 ff.).

63 Eine Besonderheit des schweizerischen Rechts besteht darin, dass das Zahlungsbefehlsverfahren sowohl für eine gerichtlich als auch für eine gerichtlich noch nicht beurteilte Forderung eingeleitet werden kann[105]. Soweit eine gerichtliche Entscheidung, ein gerichtlicher Vergleich oder eine vollstreckbare öffentliche Urkunde vorliegt, bildet die Ausstellung des Zahlungsbefehls eine *Zwangsvollstreckungsmassnahme*[106]. Besitzt der Gläubiger hingegen **keinen Vollstreckungstitel,** muss er nach Erhebung des Rechtsvorschlages die Anerkennungsklage erheben. Legt der Gläubiger eine Schuldanerkennung vor, kann er bei Rechtsvorschlag des Schuldners die provisorische Rechtsöffnung verlangen. Wird diese erteilt, kann der Schuldner wiederum die Aberkennungsklage einreichen.

64 Es liegt somit eine Vermengung von Vollstreckungs- und Erkenntnisverfahren vor. Die EuGVVO und das LugÜ gehen von der üblichen Zweiteilung des Zivilprozesses aus: Erkenntnis- und Vollstreckungsverfahren. Das ist der Hintergrund von Art. 22 Nr. 5, der von «Verfahren, welche die Zwangsvollstreckung aus Entscheidungen zum Gegenstand haben» spricht[107].

65 Die erwähnte Vermengung zwingt zur Qualifikation **der einzelnen Rechtsbehelfe und Klagen** im Rahmen eines schweizerischen Betreibungsverfahrens. Es ist zu fragen, ob das betreffende Verfahren, das einem justizförmigen Verfahren entsprechen muss, ein Erkenntnis- oder ein Zwangsvollstreckungsverfahren darstellt.

66 Hat der Gläubiger die Betreibung *ohne Vollstreckungstitel* eingeleitet und wird kein Rechtsvorschlag erhoben, kann die Vollstreckung fortgesetzt werden. Der Zahlungsbefehl dient nicht nur der Einleitung der Zwangsvollstreckung einer gerichtlichen *Entscheidung* im Sinne von Art. 22 Nr. 5, sondern **wirkt selbst als Vollstreckungstitel.** Es liegt daher ein Erkenntnisverfahren zur Erlangung eines solchen vor. Ein derartiges titelschaffendes Verfahren kann aus Gründen des *Beklagtenschutzes* nur an einem

[105] BSK SchKG I-Acocella, Art. 38 Rz. 6.
[106] Stoffel 372; Acocella, Die Qualifikation (in Erscheinung begriffen).
[107] Walter 247; Acocella, Die Qualifikation (in Erscheinung begriffen).

LugÜ-Erkenntnis- und nicht am Vollstreckungsgerichtsstand nach Art. 22 Nr. 5 durchgeführt werden[108].

Der *funktionale Vergleich mit dem deutschen und italienischen Mahnverfahren* ergibt m.E. ebenfalls, dass hier nicht ein Zwangsvollstreckungsverfahren vorliegt. Nach Zustellung eines Mahnbescheides können die erwähnten Mahnverfahren durch Widerspruch des Schuldners in ein kontradiktorisches Erkenntnisverfahren übergeleitet werden. Der EuGH hat den italienischen und deutschen Mahnbescheid nach EuGVÜ als Entscheidungen qualifiziert[109]. Für die Frage, ob ein Erkenntnisverfahren vorliegt, hat er dem Umstand, dass *zunächst* keine oder nur eine beschränkte Anspruchsprüfung vorgenommen wird, – diese aber nach Widerspruch des Schuldners bzw. Beklagten in einem Gerichtsverfahren noch hätte erfolgen können – keine Bedeutung beigemessen. Entscheidend ist vielmehr, dass die Mahnbescheide **bei Widerspruch des Schuldners Gegenstand eines kontradiktorischen Verfahrens im Urteilsstaat hätte sein können**[110]. Im 67

---

[108] SCHWANDER, in: Schwander, LugÜ 93; Meier, in: Schwander, LugÜ 208; ACOCELLA, Die Qualifikation (in Erscheinung begriffen); MARKUS, Zahlungsbefehl 73 f.; DASSER/OBERHAMMER-DOMEJ, Art. Va Protokoll Nr. 1 Rz. 6; DOMEJ 172 ff.; a.A. KREN KOSTKIEWICZ/RODRIGUEZ Rz. 73 ff.; REISER 337; BSK SchKG II-REISER, Art. 275 Rz. 85; MEIER-DIETERLE 1224 Rz. 91 f.; BSK-SchKG I-STAEHELIN MATTHIAS, Art. 30 Rz. 15; offen gelassen in BGE 124 III 505 E. 2 und BGE 130 III 285 E. 5.1; Die Eigenart des schweizerischen Verfahrens in den Vordergrund stellend und einer formalen Betrachtungsweise folgend kommt das Bundesgericht neuerdings in BGE 136 III 566 E. 3.3 sogar zum Schluss, dass selbst das Verfahren der provisorischen Rechtsöffnung als Zwangsvollstreckungsverfahren zu betrachten sei. Damit wurde m.E. der autonomen Qualifikation des LugÜ, der dem LugÜ zugrundeliegende Zweiteilung des Zivilprozesses in Erkenntnis- und Vollstreckungsverfahren, dem Charakter des titelschaffenden Erkenntnisverfahrens der provisorischen Rechtsöffnung und schliesslich dem Umstand, dass das provisorische Rechtsöffnungsverfahren bereits ein kontradiktorisches Verfahren bildet, zu wenig Rechnung getragen (dazu DASSER/OBERHAMMER-MARKUS, Art. 16 Rz. 20 ff.; ACOCELLA, Die Qualifikation (in Erscheinung begriffen).

[109] In EuGH 16.6.1981, Rs. 166/80, *Klomps/Michel,* Slg. 1981, 1593 bzw. in EuGH 13.7.1995, Rs. C-474/93 *Hengst Import/Campese,* Slg. 1995, I 2113 wurde festgehalten, dass der im deutschen Mahnverfahren ausgestellte Vollstreckungsbescheid bzw. der im italienischen Mahnverfahren *(procedimento d'ingiunzione)* ausgestellte *decreto ingiuntivo* nach EuGVÜ grenzüberschreitend vollstreckbar sind; ebenso BGE 135 III 623 E. 2.1; BGer 24.12.2009, 5A_672/2009; BGE 123 III 374 E. 3b; AppGer TI 17.5.1995, SZIER 1996, 106. Indirekt wurden auch die Zuständigkeiten des EuGVÜ als akzessorische Zuständigkeiten für den Erlass des Mahnbescheides bzw. des *decreto ingiuntivo* für anwendbar erklärt. Entsprechend gelten die LugÜ-Gerichtsstände für den untitulierten Zahlungsbefehl. Zur Zuständigkeit für die auf den Zahlungsbefehl folgenden weiteren SchKG-Verfahren (Verfahren der provisorischen Rechtsöffnung, Aberkennungsklage und Feststellungsklage gemäss Art. 85a SchKG) vgl. näher ACOCELLA, Die Qualifikation (in Erscheinung begriffen).

[110] EuGH 13.7.1995, Rs. C-474/93 *Hengst Import/Campese,* Slg. 1995 I 2113 Rz. 14.

Verbund mit diesem hat der EuGH das Mahnverfahren als justizförmiges Erkenntnisverfahren betrachtet, wobei beide (Mahnverfahren und potentiell sich anschliessendes Verfahren) zu einem zusammenhängenden Verfahren verbunden werden. Entsprechend kann daher auch das schweizerische Zahlungsbefehlsverfahren – obwohl darin keine Anspruchsprüfung erfolgt – als Erkenntnisverfahren betrachtet werden[111].

68 Es kommt daher auf die Möglichkeit der Überleitung des Zahlungsbefehlsverfahrens in das daran potentiell anschliessende Gerichtsverfahren (Verfahren der provisorischen Rechtsöffnung/Anerkennungsklageverfahren) an[112]. Dabei kann es in *funktioneller Hinsicht* nicht darauf ankommen, dass nach schweizerischem Recht das anschliessende Verfahren durch **eine verselbständigte Klage** neu einzuleiten ist und sich nicht nur als antragsgemässe Überleitung des Mahnverfahrens in einen ordentlichen Zivilprozess darstellt[113]. Vor dem Hintergrund des LugÜ-Systems kann der unwidersprochene Zahlungsbefehl wie der deutsche Vollstreckungsentscheid oder der italienische *decreto ingiuntivo* in einem anderen LugÜ-Staat für vollstreckbar erklärt werden[114]. Eine territoriale Beschränkung der Vollstreckbarkeit des Zahlungsbefehls auf das schweizerische Staatgebiet ergibt sich nirgends, auch nicht daraus, dass dieser formell Bestandteil des Zwangsvollstreckungsverfahrens ist. Der internationalen Vollstreckbarkeit steht nicht entgegen, dass der Zahlungsbefehl keine materielle Rechtskraft besitzt. Nach dem LugÜ wird nämlich für die grenzüberschreitende Vollstreckbar-

---

[111] Dasser/Oberhammer-Markus, Art. 16 Rz. 18; Markus, Zahlungsbefehl 63 f.; Acocella, Die Qualifikation (in Erscheinung begriffen). Es sei noch darauf hingewiesen, dass auch das österreichische einstufige Mahnverfahren vom LugÜ erfasst ist. Auf den Mahnbescheid folgt nicht wie im deutschen Recht der Vollstreckungsbescheid. Der österreichische Zahlungsbefehl ist zum einen verfahrenseinleitendes Schriftstück i.S.v. Art. 34 Nr. 2 als auch Sachentscheidung bzw. Vollstreckungstitel, wenn nicht fristgerecht Einspruch eingelegt wird (Geimer/Schütze, Art. 32 Rz. 30). Letzteres entspricht ziemlich genau dem schweizerischen Zahlungsbefehl.

[112] Dasser/Oberhammer-Markus, Art. 16 Rz. 18; Markus, Zahlungsbefehl 63 f.; Acocella, Die Qualifikation (in Erscheinung begriffen); a.A. Kren Kostkiewicz/Rodriguez Rz. 61 ff., die den Zahlungsbefehl isoliert betrachten.

[113] Walter, Zahlungsbefehl 549; Acocella, Die Qualifikation (in Erscheinung begriffen).

[114] Dasser/Oberhammer-Domej, Art. Va Protokoll Nr. 1 Rz. 7; Domej 194 ff.; Markus, Zahlungsbefehl 73; Walter, Zahlungsbefehl 549; Acocella, Die Qualifikation (in Erscheinung begriffen); a.A. Donzallaz Rz. 2408; Meier-Dieterle 1224, Rz. 92; Meier, in: Schwander, LugÜ 209 f. hält die internationale Vollstreckbarkeit des Zahlungsbefehls nach dem LugÜ für mindestens möglich.

erklärung einer Entscheidung nicht vorausgesetzt, dass diese rechtskräftig ist[115].

Die Qualifikation des Zahlungsbefehlsverfahrens als Erkenntnisverfahren wird im Übrigen durch Art. 62 der EuGVVO gestützt (zu dieser Bestimmung s. Art. 62 Rz. 2). Dieser Artikel erweitert wie Art. 62 für das LugÜ den Anwendungsbereich der EuGVVO auf Erkenntnisverfahren vor Verwaltungsbehörden bezüglich der summarischen Verfahren «betalningföreläggande» (Mahnverfahren) und «handräckning» (Beistandsverfahren) in Schweden. Dabei fällt nach der erwähnten Bestimmung auch die schwedische «kronofogdemyndighet» (Amt für Beitreibung) ausdrücklich unter den Gerichtsbegriff. Das schwedische Verfahren gleicht dem Zahlungsbefehlsverfahren nicht nur in *verfahrensrechtlicher,* sondern ebenfalls in **behördenorganisationsrechtlicher** Hinsicht[116]. Im Gegensatz zur Vorgängerbestimmung des aLugÜ sieht im Übrigen Art. 32 die Bezeichnung der unter das LugÜ fallenden Entscheidung als Zahlungsbefehl ausdrücklich vor. 69

In der Schweiz überlassen ZGB und OR die Behördenorganisation weitgehend dem kantonalen Recht. Es kommt daher vor, dass gestützt *auf die kantonalen Einführungsgesetze zum ZGB und OR* in einzelnen Kantonen über Zivilsachen Verwaltungsbehörden entscheiden. Zwar sind aufgrund der Rechtsprechung[117] und nunmehr in Folge der Justizreform (Rechtsweggarantie)[118] letztinstanzliche Entscheide von Verwaltungsbehörden nicht mehr möglich. Wenn kein Rechtsmittel an das letztinstanzliche Gericht eingelegt wird, ist es dennoch möglich, dass eine Verwaltungsbehörde als nicht letztinstanzliche Behörde über eine Zivilsache rechtskräftig entscheidet. Meistens handelt es sich zwar um Fälle aus dem Bereich des Familien- und Vormundschaftsrechts, die ohnehin nicht in den Anwendungsbereich des LugÜ fallen (s. Rz. 76 ff.). Soweit hingegen eine vom LugÜ erfasste Materie betroffen ist, sind solche Entscheide von Verwaltungsbehörden gestützt auf Art. 62 vom Anwendungsbereich des LugÜ erfasst. Die internationale Zuständigkeit dieser Verwaltungsbehörden richtet sich ebenfalls nach dem LugÜ. 70

---

115 Dasser/Oberhammer-Markus, Art. 16 Rz. 28; Kropholler, Art. 32 Rz. 21, Schlosser, Art. 32 Rz. 3.

116 Golaczynski 2 bezeichnet das Amt für Betreibung als «Schwedischer Vollstreckungsdienst»; Markus, Lugano-Übereinkommen, 174 als «Enforcement Service».

117 BGE 118 Ia 473.

118 Art. 29a BV; Häfelin/Müller/Uhlmann Rz. 1718d.

2. Ausgeschlossene Materien

a) Allgemeines

71 Das LugÜ erfasst nicht alle Zivil- und Handelssachen. Art. 1 Abs. 2 nimmt gewisse Rechtsgebiete ausdrücklich von dessen Anwendungsbereich aus. Es ist *nicht anzuwenden* auf den Personenstand, die Rechts- und Handlungsfähigkeit sowie die gesetzliche Vertretung von natürlichen Personen, die ehelichen Güterstände, das Gebiet des Erbrechts einschliesslich des Testamentsrechts (lit. a), auf Konkurse, Vergleiche und ähnliche Verfahren (lit. b), auf die soziale Sicherheit (lit. c) und auf die Schiedsgerichtsbarkeit (lit. d). Der Umfang der ausgeschlossenen Rechtsgebiete ist als Frage der Bestimmung des Anwendungsbereichs nach den allgemeinen Grundsätzen **autonom** zu bestimmen[119]. Spezielle Qualifikationsschwierigkeiten ergeben sich hier, indem die ausgeschlossenen zivilrechtlichen Rechtsmaterien auch gegenüber den erfassten Zivilsachen abzugrenzen sind.

72 Allgemein ist Folgendes zu beachten: der Ausschluss der in Art. 1 Abs. 2 genannten Rechtsgebiete gilt nur, soweit eine aus diesen Rechtsgebieten aufgeworfene Frage im Streitverfahren **Hauptfrage** bildet. Ist hingegen darüber nur *vorfrageweise* zu entscheiden, so ist das LugÜ anwendbar[120].

73 Bei **Anspruchskonkurrenz** sind die einzelnen Ansprüche im Hinblick auf die Anwendbarkeit des LugÜ getrennt zu betrachten[121].

74 Ist eine **akzessorische Frage** umstritten, so muss geprüft werden, ob diese Frage als solche in den Anwendungsbereich des LugÜ oder in einen Ausnahmebereich gemäss Art. 1 Abs. 2 fällt. *Haupt- und Nebenanträge* sind daher nicht einheitlich zu behandeln[122]. Das ist praktisch relevant für die Beurteilung von *Unterhaltsansprüchen* in Ehetrennungs- und Ehescheidungsverfahren. Die Unterhaltsansprüche fallen unter das LugÜ, obwohl dieses im Trennungs- bzw. Scheidungspunkt nicht anwendbar ist[123].

---

[119] EuGH 22.02.1979, Rs. 133/78, *Gourdain/Nadler*, Slg. 1979, 733.

[120] EuGH 25.07.1991, Rs. C-190/89, *Marc Rich/Società Italiana Impianti*, Slg. 1991 I 3855; EuGH 15.05.2003, Rs. C-266/01, *Préservatrice foncière TIARD/Staat der Niederlanden*, Slg. 2003 I 4867; Donzallaz Rz. 872.

[121] Rauscher-Mankowski, Art. 1 Rz. 6; Donzallaz Rz. 885 f.; Kropholler, Art. 1 Rz. 19 plädiert für eine möglichst einheitliche Qualifikation.

[122] EuGH 06.03.1980, Rs. 120/79, *de Cavel/de Cavel II*, Slg. 1980, 731; Kropholler, Art. 1 Rz. 18; Donzallaz Rz. 880.

[123] EuGH 06.03.1980, Rs. 120/79, *de Cavel/de Cavel II*, Slg. 1980, 731.

75 Bei **alternativen Ansprüchen**, von denen nicht alle vom LugÜ erfasst werden, hängt dessen Anwendbarkeit davon ab, auf welche Anspruchsgrundlage das Gericht seinen Entscheid stützt[124].

b) Personenstand, Rechts- und Handlungsfähigkeit sowie gesetzliche Vertretung von natürlichen Personen, eheliche Güterstände, Erb- und Testamentsrecht

76 Nach Art. 1 Abs. 2 lit. a ist das LugÜ nicht auf den Personenstand, die Rechts- und Handlungsfähigkeit sowie die gesetzliche Vertretung von natürlichen Personen, die ehelichen Güterstände sowie das Gebiet des Erbrechts einschliesslich des Testamentsrechts anwendbar. Diese Ausnahmebestimmung ist insofern weit auszulegen, als sie *das ganze Ehe- und Kindesrecht – allerdings ohne das Unterhaltsrecht* – erfasst[125]. In erster Linie geht es um ***Statusfragen*** und um **Vormundschafts- und Nachlasssachen,** die vor allem im Bereich der freiwilligen Gerichtsbarkeit anzutreffen sind. Unter den Ausnahmetatbestand fallen insbesondere folgende Fragen: Rechts- und Handlungsfähigkeit, Staatsangehörigkeit und Wohnsitz, Verschollenerklärung, Nichtigkeit und Anfechtung einer Ehe, Ehescheidung und Ehetrennung, eingetragene Partnerschaft, Feststellung und Anfechtung eines Kindesverhältnisses, Anfechtung, Adoption, elterliche Gewalt[126] usw.

77 Art. 1 Abs. 2 lit. a spricht ausdrücklich nur von natürlichen Personen. Streitigkeiten betreffend Bestand und Gültigkeit **juristischer Personen** sowie Streitigkeiten über die Befugnisse ihrer Organe fallen daher – wie sich aus der ausdrücklichen Normierung der ausschliesslichen Zuständigkeit in Art. 22 Nr. 2 ergibt – unter das LugÜ. Der **Persönlichkeits- und Namensschutz** beschlägt nicht Fragen des Personenstandes. Die Verletzung von Persönlichkeitsrechten ist eine Erscheinungsform deliktischen Verhaltens, die unter das LugÜ fällt[127].

78 Unterhaltssachen sind nicht vom Ausschlusstatbestand erfasst[128]. Art. 1 Abs. 2 lit. a erwähnt die Unterhaltssachen nicht. Dass die **Unterhaltsstreitigkeiten** vom Anwendungsbereich des LugÜ erfasst sind, ergibt sich im

[124] RAUSCHER-MANKOWSKI, Art. 1 Rz. 7; KROPHOLLER, Art. 1 Rz. 20.
[125] BGer 03.06.2008, 5A_161/2008 E. 2.1; BGE 119 II 167, 172 f.
[126] BGE 124 III 176 E. 4.
[127] SCHWANDER, in: SCHWANDER, LugÜ 73 f.; FRANK/STRÄULI/MESSMER, vor § 196 ZPO Rz. 2.
[128] BGer 03.06.2008, 5A_161/2008 E. 2.1; BGE 119 II 167, 172 ff., E. 4b; BK-HAUSHEER/REUSSER/GEISER, vor Art. 159 ff. ZGB Rz. 41b.

Übrigen positiv aus Art. 5 Nr. 2. Die Anwendbarkeit des LugÜ entfällt auch dann nicht, wenn die Unterhaltsansprüche *im Rahmen eines Eheschutz-, Trennungs- und Scheidungsverfahrens* oder eines *Verfahrens betreffend Feststellung eines Kindesverhältnisses* geltend gemacht werden. Der EuGH hat dies in seinem Entscheid in der Rechtssache *de Cavel II* damit begründet, dass hinsichtlich der Anwendbarkeit des LugÜ Haupt- und Nebenanträge nicht unbedingt einheitlich zu behandeln, sondern *getrennt* zu prüfen seien. Dies ergebe sich aus anderen Bestimmungen des EuGVÜ, wie Art. 42 (heute Art. 48 EuGVVO; Art. 42 LugÜ) und Art. 24 (heute Art. 31 EuGVVO; Art. 31 LugÜ) und Art. 5 Nr. 4. Wie bereits ausgeführt, ist ausschlaggebend, ob die akzessorischen Anträge selbst in den Anwendungsbereich des LugÜ fallen oder nicht[129].

79 Der EuGH hatte vor dieser Entscheidung in seinem zwischen denselben Parteien ergangenen Urteil in der Rechtssache *de Cavel I* entschieden, dass ein im Rahmen eines Ehescheidungsverfahrens gestellter Antrag auf **vorsorgliche Massnahmen**, nämlich auf Siegelung (mesures conservatoires) der ehelichen Wohnung und Pfändung von Bankguthaben der Eheleute, nicht in den Anwendungsbereich des EuGVÜ fällt. Vorsorgliche Massnahmen – wie Siegelung und Pfändung von Vermögensgegenständen – seien geeignet, die verschiedenartigsten Ansprüche zu sichern. Daher bestimme sich ihre Zugehörigkeit zum Übereinkommen nicht nach ihrer eigenen Natur, sondern *nach derjenigen der durch sie gesicherten Ansprüche* (s. Art. 31 Rz. 8). Das Übereinkommen war nicht anwendbar, da die Massnahmen in casu die vom Anwendungsbereich des EuGVÜ ausgeschlossenen ehelichen Güterstände betrafen[130].

80 Massgebend ist, worauf sich der Rechtsstreit bezieht. **Vorfragen** oder **Teilfragen** sind diesbezüglich irrelevant. Das LugÜ ist sowohl auf die im Rahmen eines Scheidungsverfahrens erlassene *einstweilige Unterhaltsanordnung* als auch auf die im Zusammenhang mit einem Scheidungsurteil getroffene Regelung *des nachehelichen Unterhalts* anwendbar. Dies ergibt sich auch aus der in Art. 5 Nr. 2 lit. b vorgesehenen Annexzuständigkeit. Wird *ein umfassendes Eheschutzbegehren* gestellt, so geht es um die Regelung des Getrenntlebens mit allen Aspekten. Dass dabei auch Unterhaltsforderungen erhoben werden, führt nicht dazu, dass das angerufene Gericht

129 EuGH 06.03.1980, Rs. 120/79, *de Cavel/de Cavel II*, Slg. 1980, 731.

130 EuGH 27.03.1979, Rs. 143/78, *de Cavel/de Cavel I*, Slg. 1979, 1055 Rz. 8 ff.

gestützt auf eine Zuständigkeit nach LugÜ (z.B. Einlassung nach Art. 24) für den gesamten Rechtsstreit zuständig wird[131]. Das Unterhaltsbegehren als solches fällt aber unter das LugÜ[132].

Die im **Annexverfahren** beurteilten Status- und Unterhaltssachen sind sowohl zuständigkeitsrechtlich als auch anerkennungsrechtlich hinsichtlich der Anwendbarkeit des LugÜ *gesondert* zu betrachten[133]. Es stellt sich allerdings die Frage, ob die Anerkennung des Unterhaltsentscheides *die Anerkennung des Statusurteils* voraussetzt. Dies ist grundsätzlich nicht der Fall[134]. Die Vollstreckung eines deutschen Unterhaltsurteils in Frankreich ist nicht von der vorherigen Anerkennung des gleichzeitig ergangenen Vaterschaftsurteils abhängig[135]. Nur die Anerkennung der Unterhaltsentscheidung richtet sich nach dem LugÜ, während die Anerkennung des Statusurteils sich nach übrigem Staatsvertragsrecht oder nach nationalem Recht beurteilt[136]. Es kommt zu einer Teilanerkennung[137]. 81

Die Anerkennung eines ausländisches Urteils, das zur Leistung von Ehegattenunterhalt aufgrund bestehender Ehe verpflichtet, kann allerdings daran scheitern, dass das Unterhaltsurteil mit einem im Anerkennungsstaat ergangenen Scheidungsurteil gemäss Art. 34 Nr. 3 **unvereinbar** ist. Eine Unvereinbarkeit kann sich auch dann ergeben, wenn es um die Anerkennung eines ausländischen Unterhaltsurteils wegen Ehescheidung oder Vaterschaft geht und die Scheidung oder die Vaterschaftsfeststellung im Inland nicht anerkannt worden ist[138]. Nach der Rechtsprechung des EuGH muss eine ausländische Entscheidung, die im Erststaat zwar vollstreckbar bleibt, im Zweitstaat nicht weiter vollstreckt werden, wenn die Vollstreckung *nach dessen Recht aus Gründen ausserhalb des Anwendungsbereichs des EuGVÜ* nicht mehr möglich ist. Das EuGVÜ (heute die EuGVVO bzw. das LugÜ) hindere das Gericht des Vollstreckungsstaates – so der EuGH – nicht daran, im Rahmen der Vollstreckung einer ausländischen 82

131 BGE 119 II 167.

132 Unklar BGE 119 II 167, 172 ff.; s. auch BGer 03.06.2008, 5A_161/2008 E. 2.1.

133 Rauscher-Mankowski, Art. 1 Rz. 10.

134 Rauscher-Mankowski, Art. 1 Rz. 10 Fn. 113; Kropholler, Art. 1 Rz. 23; ; kritisch Geimer, Anerkennung und Vollstreckung 420 f.; Schack Rz. 1127.

135 Kropholler, Art. 1 Rz. 23; Rauscher-Mankowski, Art. 1 Rz. 10.

136 Kropholler, vor Art. 33 Rz. 10.

137 EuGH 27.02.1997, Rs. C-220/95, *van den Boogaard/Laumen*, Slg. 1997 I 1147 Rz. 22.

138 Kropholler, Art. 34 Rz. 50; Rauscher-Leible, Art. 34 Rz. 46; EuGH 04.02.1988, Rs. 145/86, *Hoffmann/Krieg*, Slg. 1988, 645.

Unterhaltsentscheidung die Konsequenzen aus einem inländischen Scheidungsurteil zu ziehen[139].

83 Hatte ein ausländisches Gericht bei einem Rechtsstreit über eine nach Art. 27 Nr. 4 aLugÜ relevante **Vorfrage**, wie das Bestehen einer Ehe oder eines Kindesverhältnisses, nach einem anderen Recht beantwortet, als es der Anerkennungsstaat nach seinem IPR für diese Vorfragen getan hätte, und war es deshalb zu einem Ergebnis gelangt, das bei Zugrundelegung des IPR des Anerkennungsstaates nicht erzielt worden wäre, so war die Entscheidung nicht anzuerkennen. Dadurch wurde die Anerkennung von Unterhaltsentscheidungen unabhängig von der Beurteilung der statusrechtlichen Vorfrage verhindert. Dieser *nicht sachgerechte und anerkennungsfeindliche Versagungsgrund* wurde nicht in Art. 34 überführt, sondern ersatzlos *gestrichen*[140].

84 Der EuGH tendiert **zu einer weiten Auslegung des Unterhaltsbegriffes**. So hat er die *«prestations compensatoires»* des französischen Rechts als Unterhaltssachen qualifiziert. Der EuGH hat dies damit begründet, dass die in Artikel 270 ff. *code civil* geregelten Ausgleichszahlungen finanzielle Verpflichtungen zwischen den früheren Ehegatten nach der Scheidung betreffen, welche sich *nach den beiderseitigen Mitteln und Bedürfnissen* bestimmen, weshalb sie ebenfalls den Charakter von Unterhaltsleistungen haben. Sie fallen daher nicht unter den Ausnahmetatbestand von Art. 1 Abs. 1 lit. a[141].

85 Abzugrenzen ist der Unterhalt **vom ehelichen Güterrecht,** denn dieses ist vom Anwendungsbereich des LugÜ ausgeschlossen. Gemäss der Rechtsprechung des EuGH sind vom Begriff der ehelichen Güterstände nicht nur die in den Rechtsordnungen ausdrücklich vorgesehenen Güterstände erfasst, sondern «ebenso alle vermögensrechtlichen Beziehungen, die sich unmittelbar aus der Ehe oder ihrer Auflösung ergeben»[142]. Gerichtliche Entscheidungen über einstweilige sichernde Massnahmen während eines Ehescheidungsverfahrens, wie die Siegelung oder Pfändung von Vermögensgegenständen der Ehegatten, fallen nicht in den Anwendungsbereich

---

[139] EuGH 04.02.1988, Rs. 145/86, *Hoffmann/Krieg*, Slg. 1988, 645.

[140] Kropholler, Art. 34 Rz. 2; ZK IPRG-Siehr, Art. 84 Rz. 19, 25.

[141] EuGH 06.03.1980, Rs. 120/79, *de Cavel/de Cavel II*, Slg. 1980, 731. Kritisch dazu Hausmann 7; s. näher Rz. 86.

[142] EuGH 27.03.1979, Rs. 143/78, *de Cavel/de Cavel I*, Slg. 1979, 1055; EuGH 31.03.1982, Rs. 25/81, *W./H.*, Slg. 1982, 1189.

des LugÜ, wenn diese Massnahmen Fragen des Personenstands der in das Ehescheidungsverfahren verwickelten Personen oder *vermögensrechtliche Beziehungen* betreffen, die *sich unmittelbar aus der Ehe oder deren Auflösung* ergeben, oder die in *engem Zusammenhang mit solchen Fragen oder Beziehungen* stehen[143].

Die Abgrenzung zwischen Unterhalts- und Güterrechtssachen richtet sich **nach dem Zweck** der erlassenen Entscheidung, welcher sich aus ihrer Begründung ergibt. Geht daraus hervor, dass eine zugesprochene Leistung dazu bestimmt ist, den Unterhalt eines bedürftigen Ehegatten zu sichern, oder sind die Bedürfnisse und die Mittel beider Ehegatten bei der Leistungsfestsetzung berücksichtigt worden, so handelt es sich um eine Unterhaltssache. Bezwecke – so der EuGH – die Leistung hingegen nur die Aufteilung der Güter zwischen den Ehegatten, so betreffe die Entscheidung die ehelichen Güterstände. 86

Eine Entscheidung, die beidem zugleich diene, könne nach Art. 42 EuGVÜ (heute Art. 48 EuGVVO; Art. 48 LugÜ) **teilweise vollstreckt** werden, wenn klar aus ihr hervorgehe, welchem der beiden Zwecke die verschiedenen Teile der angeordneten Leistung jeweils zugeordnet seien[144]. Dabei könne es nicht auf die Art der Zahlung ankommen, denn es sei auch möglich, die Erfüllung der Unterhaltspflicht in Form eines Pauschalbetrages und der Übertragung des Eigentums an gewissen Gegenständen von einem ehemaligen Ehegatten auf den anderen vorzusehen[145]. 87

Da alle vermögensrechtlichen Beziehungen (ausser Unterhaltssachen), die sich **unmittelbar** aus der Ehe oder ihrer Auflösung ergeben, vom Ausnahmetatbestand erfasst sind, ist das LugÜ bspw. nicht auf *die Wohnungs- und Hausratszuweisung*[146] oder die Übertragung von Anteilen am Gemeinschaftsgut seitens eines Ehegatten an den anderen anwendbar; ebenso wenig auf die *Verwaltung des Vermögens* eines Ehegatten durch den anderen, wenn die Verwaltung in einem engen Zusammenhang mit den vermögensrechtlichen Beziehungen steht, die sich unmittelbar aus der Ehe ergeben[147]. Kein solcher Zusammenhang ist gegeben, wenn die Vermögensverwaltung 88

---

143 EuGH 27.03.1979, Rs. 143/78, *de Cavel/de Cavel I*, Slg.1979, 1055, Rz. 10.

144 EuGH 27.02.1997, Rs. C-220/95, *van den Boogaard/Laumen*, Slg. 1997 I 1147, Rz. 22; BSK ZGB I-Gloor/Spycher, Art. 126 Rz. 13a; BGer 03.06.2008, 5A_161/2008 E. 2.1.

145 EuGH 27.02.1997, Rs. C-220/95, *van den Boogaard/Laumen*, Slg. 1997 I 1147 Rz. 23–27.

146 Geimer, IPRax 1992, 6.

147 EuGH 31.03.1982, Rs. 25/81, *W./H.*, Slg. 1982, 1189.

auf einem eigenständigen Auftrag beruht und keine Bezüge zum Güterrecht aufweist[148]. Als Unterhaltssache im Sinne des LugÜ ist auch der *Prozesskostenvorschuss* anzusehen[149]. Dies deckt sich mit der Qualifikation im schweizerischen Recht[150].

89 Wieweit ein **Auskunftsanspruch** unter das LugÜ fällt, hängt von der materiell-rechtlichen Forderung ab, deren Durchsetzung der Auskunftsanspruch dient[151]. Wird beim Richter Auskunft über die Einkommens- und Vermögensverhältnisse des Beklagten anbegehrt, *um Bestand und Höhe von Unterhaltsbeiträgen* zu begründen, so fällt der Auskunftsanspruch unter das LugÜ[152]. Soll hingegen das Auskunftsbegehren lediglich zur Durchsetzung *güterrechtlicher Ansprüche* dienen, so ist das LugÜ nicht anwendbar. Anzufügen ist allerdings, dass diese Unterscheidung in der Praxis nicht immer leicht ist. *Erbrechtliche* Auskunftsansprüche unterstehen nicht dem LugÜ. Anders ist es, wenn sich der Auskunftsanspruch *bereits* im Vermögen des Erblassers befand und nur die Rechtsträgerschaft durch das Erbstatut bestimmt wird[153].

90 Der **Vorsorgeausgleich** wird in der Schweiz weder dem Unterhalts- noch dem Güterrecht zugeordnet, sondern als eigenständiger ehevermögensrechtlicher Anspruch qualifiziert[154]. Auch unter Zugrundelegung autonomer Qualifikationsgrundsätze ist der Vorsorgeausgleich *nicht als Unterhaltssache* zu betrachten, denn er hängt nicht von den wirtschaftlichen Verhältnissen der Ehegatten nach der Scheidung ab und ist daher ähnlich dem deutschen Versorgungsausgleich als unmittelbare vermögensrechtli-

---

148 RAUSCHER-MANKOWSKI, Art. 1 Rz. 13; GEIMER/SCHÜTZE, Art. 1 Rz. 107.

149 GEIMER, Anerkennung 6; HAUSMANN 7; a.A. SCHLOSSER, Art. 5 Rz. 12; JAYME/KOHLER 346.

150 BK-HAUSHEER/REUSSER/GEISER, Art. 159 ZGB Rz. 38.

151 GEIMER, Anerkennung 6; BSK IPRG-COURVOISIER, Art. 51 Rz. 5; SCHWANDER, IPR BT, Rz. 208.

152 Auch wenn sich die Auskunftsklage gegen einen Dritten und nicht gegen den Unterhaltspflichtigen richtet (a.A. BGer 22.01.2004, 5C.157/2003).

153 BGE 136 III 461 E. 4; 135 III 185 E. 3.4; BGer 15.09.2009, 4A_15/2009; BGer 29.7.2009, 4A_249/2009, E. 2.1; HGer ZH, 30.06.2009, ZR 2010, 143; BSK IPRG-SCHNYDER/LIATOWITSCH, Art. 92 Rz. 5; MÜLLER Rz. 128. Anders wenn der Informationsanspruch unter den Erben strittig ist, BGer 24.05.2005, 5C.235/2004; kritisch dazu SCHWANDER, Besprechung 111 f.

154 Famkomm Scheidung/BAUMANN/LAUTERBURG, Vorbem. zu Art. 122–124 ZGB Rz. 8 ff.; BSK IPRG-BOPP, Art. 63 Rz. 27; TRACHSEL 241; BGer 19.08.2008, 5A_49/2008; BGE 133 III 401; 131 III 289.

che Folge der Ehe zu sehen[155]. Der Anspruch aus Vorsorgeausgleich fällt demnach unter den Ausnahmetatbestand von Art. 1 Abs. 2 lit. a.

Vom LugÜ erfasst sind die vermögensrechtlichen Beziehungen zwischen den Ehegatten, die sich **nicht** unmittelbar aus der Ehe oder deren Auflösung ergeben. Dabei entstehen Ansprüche *aus der Anwendung des allgemeinen Obligationsrechts, Deliktsrechts oder Eigentumsrechts*. Wenn einzelne Bestimmungen speziell für den Fall vorgesehen sind, dass solche Rechtsbeziehungen unter Ehegatten bestehen, so ändert dies nichts am obligationenrechtlichen oder deliktischen Entstehungsgrund der Rechtsverhältnisse und an deren Unterstellung unter das LugÜ[156]. Das LugÜ ist also bei *Schenkungen*[157], *Arbeits- und Gesellschaftsverträgen*[158] auch dann anwendbar, wenn die Vertragspartner miteinander verheiratet waren oder sind. Gleiches gilt für *den selbständigen Vermögensverwaltungsvertrag* zwischen Ehegatten (Rz. 88). 91

Das LugÜ ist anwendbar auf vermögensrechtliche Ansprüche zwischen Partnern einer **nichtehelichen** Lebensgemeinschaft. Es handelt sich um ein schuldrechtliches bzw. gesellschaftsrechtliches Verhältnis. Eine analoge Anwendung von Art. 1 Abs. 2 lit. a scheidet aus. Nach *autonomer Auslegung* besteht kein erweiterter Ehebegriff. Es liegen keine ehelichen Güterstände vor[159]. Es ist auch kein formeller Status vorhanden, weshalb die Anwendbarkeit des LugÜ auch hinsichtlich Begründung und Auflösung der Lebensgemeinschaft nicht ausgeschlossen ist. 92

---

[155] Kropholler, Art. 1 Rz. 27; Rauscher-Mankowski, Art. 1 Rz. 12; Trachsel 246; Anders ist zu entscheiden, wenn der schweizerische Vorsorgeausgleich im Rahmen der Gewährung einer Kapitalleistung als Unterhaltsleistung z.B. in der Form der *prestation compensatoire* berücksichtigt wird (s. Bucher A. 120, der darauf hinweist, dass in BGE 134 III 661 E. 4 das LugÜ und nicht das IPRG anzuwenden gewesen wäre). Nach der Rechtsprechung des Bundesgerichts ist die Kapitalabfindung nach Art. 124 ZGB in Berücksichtigung der wirtschaftlichen Verhältnisse festzusetzen (BGE 129 III 481 E. 3.4.1). In der Praxis dürfte dieses Kriterium allerdings von untergeordneter Bedeutung sein (Famkomm Scheidung/Baumann/Lauterburg, Art. 124 ZGB Rz. 62j). Der Unterhaltscharakter solcher Abfindungen dürfte daher in der Regel zu verneinen sein (weitergehend BSK ZGB I-Gloor/Spycher, Art. 126 Rz. 13a; Schwander, Zuständigkeit und anwendbares Recht 3 f.).

[156] Bericht Schlosser Rz. 47.

[157] Rauscher-Mankowski, Art. 1 Rz. 13.

[158] Kropholler, Art. 1 Rz. 27; Rauscher-Mankowski, Art. 1 Rz. 13; Basedow, Hdb. IZVR I Kap. II Rz. 104.

[159] Geimer/Schütze, Art. 1 Rz. 114 f.

93 Anders ist es **bei registrierten Partnerschaften** oder **gleichgeschlechtlichen Ehen,** die statusrechtliche Verhältnisse darstellen. Streitigkeiten über statusrechtliche Fragen, aber auch über Fragen der vermögensrechtlichen Beziehungen und der güterrechtlichen Auseinandersetzung sind gemäss Art. 1 Abs. 2 lit. a von dessen Anwendungsbereich ausgeschlossen. Hingegen ist das LugÜ auch hier auf die Unterhaltsansprüche anwendbar[160].

94 Das LugÜ ist auf dem Gebiet des **Erbrechts** einschliesslich des Testamentsrechts nicht anwendbar. Seine Nichtanwendbarkeit gilt allerdings nur, wenn eine erbrechtliche Frage im Verfahren die Hauptfrage bildet. Das LugÜ ist anwendbar, soweit über eine erbrechtliche Frage nur *vorfrageweise* zu entscheiden ist. So stellt sich im Rahmen einer Klage der Erben auf Herausgabe eines Gegenstandes, der sich ehemals im Eigentum des Erblassers befand, oder im Rahmen einer Klage auf Vertragserfüllung oder im Zusammenhang mit *Informationsansprüchen* aus einer vorbestehenden Bankkundenbeziehung des Erblassers die Frage der Erbberechtigung nur vorfrageweise[161]. Die Hauptverfahren, nämlich die Eigentums-, Vertrags- und Auskunftsklage sind daher vom LugÜ erfasst. Unter Art. 1 Abs. 2 lit. a fallen alle Ansprüche der Erben auf und gegen den Nachlass[162].

95 Zu den **ausgeschlossenen** *erbrechtlichen Klagen* gehören die Erbschaftsklage, die Ungültigkeits- und Herabsetzungsklage sowie die Erbteilungsklage. Zum Erbrecht gehören auch Ansprüche aus Erbverträgen, ausserdem Erbteilungsverträge, die Willensvollstreckung und die Nachlassverwaltung. Die Testamentseröffnung und die Ausstellung der Erbbescheinigung sind ebenfalls erbrechtlich[163].

96 Vom Anwendungsbereich des LugÜ sind auch Streitigkeiten über die Errichtung, Auslegung und Verwaltung erbrechtlich begründeter **Treuhandverhältnisse** ausgeschlossen. Das gilt insbesondere für den Trust. Hingegen werden Streitfälle, welche Handlungen des Treuhänders gegenüber Personen betreffen, in deren Interesse die Treuhand nicht errichtet wurde,

---

160 A.A. Rauscher-Mankowski, Art. 1 Rz. 14a.

161 BGE 136 III 461 E. 4; 135 III 185 E. 3.4; BGer 29.07.2009, 4A_249/2009, E. 2.1; BSK IPRG-Schnyder/Liatowitsch, Art. 92 Rz. 5; Anders, wenn der Informationsanspruch unter den Erben strittig ist, BGer 24.05.2005, 5C.235/2004; kritisch dazu Schwander, Besprechung 111 f.

162 Bericht Schlosser Rz. 52.

163 Müller Rz. 130; Zur Zuständigkeit für die Ausstellung von Erbbescheinigungen nach nationalem Recht s. Broggini 158 ff., 177 ff.; Acocella, Forma e validità 219.

d.h. *die Aussenbeziehung der Treuhand,* vom LugÜ erfasst[164]. Schenkungen von Todes wegen sind erbrechtlich zu qualifizieren, nicht hingegen solche unter Lebenden. Letztere fallen unter das LugÜ[165].

Da auch die güterrechtlichen Ansprüche zu den ausgeschlossen Materien gehören, erübrigt sich die Abgrenzung zwischen erbrechtlichen und güterrechtlichen Fragen, die sich etwa *bei einer güterrechtlichen Auseinandersetzung* im Falle des Todes eines Ehegatten stellen könnten[166]. Hingegen ist die Abgrenzung zu Ansprüchen, die sich ***auf das allgemeine Obligationen- und Sachenrecht*** abstützen, von Bedeutung, da diese in den Anwendungsbereich des LugÜ fallen. Streitigkeiten der Erben gegen Dritte aus Rechtsgeschäften des Erblassers sind nicht erbrechtlich[167]. Der *Auskunftsanspruch* ist erbrechtlich, soweit er sich auf Erbrecht stützt. Machen die Erben als Rechtsnachfolger des Erblassers Informationsansprüche gegen Beauftragte oder Banken geltend, die sich aus dem entsprechenden Vertragsverhältnis ergeben, so liegt, wie bereits ausgeführt, eine unter das LugÜ fallende Vertragsstreitigkeit vor[168]. 97

Der Unterhaltsanspruch der Erben, die mit dem Erblasser zur Zeit des Todes **im gemeinsamen Haushalt** lebten, ist m.E. eine Unterhaltssache und als solche vom LugÜ erfasst. Der Unterhaltscharakter des Anspruchs geht nicht verloren, nur weil der Anspruch auf einer *Erbrechtsvorschrift* beruht[169]. 98

c) Konkurse, Vergleiche und ähnliche Verfahren

(1) Allgemeines

Gemäss Art. 1 Abs. 2 lit. b sind vom Anwendungsbereich des LugÜ **Konkurse, Vergleiche und ähnliche Verfahren** ausgeschlossen. Mit dem Ausdruck Vergleich ist *nicht* etwa *der freiwillig eingegangene Vergleich*, mit welchem die Parteien aussergerichlich oder in einem gerichtlichen Verfah- 99

---

164 Bericht SCHLOSSER Rz. 52.

165 KROPHOLLER, Art. 1 Rz. 30.

166 BSK IPRG-SCHNYDER/LIATOWITSCH, Art. 86 Rz. 23; GEIMER/SCHÜTZE, Art. 1 Rz. 120.

167 RAUSCHER-MANKOWSKI, Art. 1 Rz. 17.

168 BGE 136 III 461 E.4; 135 III 185 E. 3.4; BGer 15.09.2009, 4A_15/2009; BGer 29.07.2009, 4A_249/2009 E. 2.1; BSK IPRG-SCHNYDER/LIATOWITSCH, Art. 92 Rz. 5; MÜLLER Rz. 128; anders wenn der Informationsanspruch unter den Erben strittig ist, BGer 24.05.2005, 5C.235/2004; kritisch dazu SCHWANDER, Besprechung 111 f.

169 A.A. RAUSCHER-MANKOWSKI, Art. 1 Rz. 17.

ren ihren Streit beilegen oder die Ungewissheit über ein Rechtsverhältnis beseitigen, gemeint. Die Anwendbarkeit des LugÜ auf solche Vergleiche ergibt sich ausdrücklich aus Art. 58. Aufgrund der Entstehungsgeschichte und der Formulierung fallen unter den Ausschlusstatbestand von Art. 1 Abs. 2 lit. b vielmehr die gerichtlichen Vergleichsverfahren und Zwangsvergleiche der deutschen konkursrechtlichen Terminologie, die als besondere Art der Zwangsvollstreckung gelten[170].

100 Grund für den Ausschluss der Konkurssachen war die Ausarbeitung besonderer europäischer Übereinkommen, die den Eigenarten dieses Rechtsgebiets Rechnung tragen sollten[171]. Heute gilt im **EU-Raum** die EuInsVO, die als Ergänzung zur EuGVVO konzipiert ist. Die Zuständigkeit für konkursrechtliche Annexverfahren ist darin nicht ausdrücklich geregelt. Diese Lücke hat der EuGH durch eine analoge Anwendung von Art. 3 EuInsVO gefüllt[172]. Das Verhältnis zwischen der EuGVVO und der EuInsVO wie auch die EuInsVO überhaupt ist allerdings für das LugÜ grundsätzlich nicht von Bedeutung, denn von der Regel, dass die Rechtsprechung des EuGH zum EuGVÜ bzw. zur EuGVVO bei der Auslegung des LugÜ zu berücksichtigen ist, macht das Bundesgericht eine Ausnahme, wenn die Rechtsprechung des EuGH durch *die Anwendung des EGV (heute AEUV) oder anderer EU-rechtlicher Bestimmungen* beeinflusst ist[173].

101 Die Begriffe Konkurse, Vergleiche und ähnliche Verfahren sind **autonom** zu bestimmen, um die einheitliche Anwendung des LugÜ in den LugÜ-Staaten zu gewährleisten. Für deren Auslegung sind die Ziele und der Aufbau des LugÜ sowie die sich aus der Gesamtheit der nationalen Rechtssysteme ergebenden allgemeinen Grundsätze heranzuziehen. Der EuGH hat nach dieser Methode entschieden, dass der Ausschlusstatbestand von Art. 1 Abs. 1 lit. b alle Verfahren betrifft, die nach den verschiedenen Rechtsordnungen der LugÜ-Staaten *auf der Zahlungseinstellung, der Zahlungsunfähigkeit oder der Erschütterung des Kredits des Schuldners* beruhen und ein Eingreifen der Gerichte beinhalten, das *in eine zwangsweise*

---

170 KROPHOLLER, Art. 1 Rz. 34; SPÜHLER/INFANGER 116.

171 EuGH 02.07.2009, Rs. C-111/08, *SCT Industri AB./Alpenblume AB*, Rz. 20; EuGH 22.02.1979, Rs. 133/78, *Gourdain/Nadler*, Slg. 1979, 733.

172 EuGH 12.02.2009, Rs. C-339/07, *Seagon/Deko Marty Belgium NV*, Rz. 21.

173 BGE 131 III 227 E. 3.1, 4.3; WALTHER, Paulianische Anfechtungsansprüche 105 f.; ACOCELLA, Buchbesprechung MANKOWSKI/MAGNUS 1063; Zur Problematik dieser «gespaltenen» Interpretation des LugÜ s. HESS, § 5 Rz. 32 ff.

kollektive Liquidation der Vermögenswerte des Schuldners oder zumindest in eine Kontrolle durch die Gerichte mündet[174].

Damit sind zunächst die **Gesamtverfahren** oder **Verfahren der Generalexekution** gemeint. Für sie gilt das LugÜ nicht. Die gerichtliche Entscheidung über die Konkurseröffnung fällt daher nicht darunter. Diese Verfahren lassen sich im Gegensatz zu den nachstehend noch zu erörternden *Einzelverfahren*, die sich auf ein Insolvenzverfahren beziehen, sowie zu den konkursrechtlichen Klagen relativ leicht bestimmen. Nicht vom Ausnahmetatbestand des Art. 1 Abs. 2 lit. b sind die *Verfahren der Spezialexekution* erfasst[175]. 102

Der Ausschluss vom Anwendungsbereich des LugÜ gilt, wie bereits ausgeführt, nur wenn die erwähnten Verfahren selbst Gegenstand des Rechtsstreites bilden. Das LugÜ ist daher anwendbar, wenn über die ausgeklammerten Materien nur **vorfrageweise** zu entscheiden ist. Die Klage auf Auflösung einer Gesellschaft infolge des Konkurses eines Gesellschafters ist nicht konkursrechtlicher, sondern gesellschaftsrechtlicher Natur und fällt als solche unter das LugÜ[176]. 103

Soweit die Ausschlussklausel von Art. 1 Abs. 2 lit. b reicht, ist auch **der einstweilige Rechtsschutz** von dessen Anwendungsbereich ausgeklammert[177]. 104

(2) Einzelheiten

In der Schweiz sind vom LugÜ **nicht** erfasst: das *Konkursverfahren* nach Art. 221 ff. SchKG, der *ordentliche Nachlassvertrag* gemäss Art. 293 ff. SchKG, der *Nachlassvertrag mit Vermögensabtretung* nach Art. 317 ff. SchKG und die Liquidations- und Konkursverfahren gemäss *Spezialgesetzgebung*[178]. 105

Abgrenzungsprobleme ergeben sich, wenn – wie auch im SchKG vorgesehen – über Streitigkeiten zu entscheiden ist, die **im Verlaufe der erwähn-** 106

[174] EuGH 22.02.1979, Rs. 133/78, *Gourdain/Nadler*, Slg. 1979, 733; Bericht Jenard zu Art. 1 EuGVÜ unter IV B.
[175] Dasser/Oberhammer-Dasser, Art. 1 Rz. 76.
[176] Kropholler, Art. 1 Rz. 17.
[177] Rauscher-Mankowski, Art. 1 Rz. 18a; s. Art. 31 Rz. 7.
[178] Z.B. Massnahmen, Liquidationsverfahren und Konkurs gegenüber Banken nach Art. 25 ff. BankG.

ten Verfahren entstehen oder wenn es um **Einzelverfahren geht, die sich auf ein Konkursverfahren** beziehen. Es stellt sich dann die Frage, ob die diversen konkursrechtlichen Klagen als Konkurssachen zu qualifizieren sind, und ob und wieweit die schweizerische Differenzierung zwischen *materiellrechtlichen* und *betreibungsrechtlichen* Klagen mit und ohne *Reflexwirkung auf das materielle Recht* von Bedeutung ist.

107 Davon zu unterscheiden sind die SchKG-Klagen, die in keinen Zusammenhang mit dem Konkursverfahren stehen, sondern **im Verlauf eines Einzelvollstreckungsverfahrens** erhoben werden. Da es sich nicht um Konkurssachen handelt, fallen diese Klagen in den Anwendungsbereich des LugÜ. Es stellt sich dann die Frage, ob sie als *vollstreckungsrechtliche Klagen* von Art. 22 Nr. 5 erfasst werden, der für diese Klagen die ausschliessliche Zuständigkeit des Vollstreckungsstaates vorschreibt (s. Komm. zu Art. 22).

108 Der EuGH hat entschieden, dass Einzelverfahren, die sich auf ein Konkursverfahren beziehen, nur dann von der Anwendung des Übereinkommens ausgeschlossen sind, wenn sie **unmittelbar aus diesem Verfahren** hervorgehen und sich **eng innerhalb des Rahmens eines Konkurs- und Vergleichsverfahrens** halten[179]. Aus dem Umstand, dass der Begriff der Zivil- und Handelssache weit auszulegen ist, ergibt sich folgerichtig, dass die Ausnahmen vom Anwendungsbereich des LugÜ entsprechend restriktiv ausgelegt werden müssen[180]. Insolvenzrechtlicher Natur sind alle Verfahren, die *unmittelbar der Verwirklichung des Insolvenzverfahrenszwekkes* dienen und die ohne Eröffnung eines Insolvenzverfahrens nicht geführt worden wären[181]. Auf die Wahrscheinlichkeit, dass ein Verfahren ohne eine Insolvenz nicht eingeleitet würde, soll es allerdings nicht ankommen[182] .

109 Das LugÜ ist auf die **Anfechtungsklage** im Konkurs nicht anwendbar, denn sie hat ihre Grundlage im Schuldbetreibungs- und Konkursrecht. Sie dient nämlich *der Vergrösserung der Konkursmasse* und wird ohne ein solches Konkursverfahren nicht eingeleitet. Ohne die Gefahr eines Verlustes

[179] EuGH 10.09.2009, Rs. C-292/08, *German Graphics Graphische Maschinen GmbH/Alice van der Shee*, Rz. 26; EuGH 22.02.1979, Rs. 133/78, *Gourdain/Nadler*, Slg. 1979, 733.

[180] EuGH 10.09.2009, Rs. C-292/08, *German Graphics Graphische Maschinen GmbH/Alice van der Shee*, Rz. 23, 30.

[181] Walther, Paulianische Anfechtungsansprüche, 104; Kropholler, Art. 1 Rz. 35; BGE 129 III 683 E. 3.2; 125 III 108, 111; BGer 06.03.2008, 4A_231/2007, E. 4.2.

[182] Rauscher-Mankowski, Art. 1 Rz. 19; a.A. BGE 129 III 683 E. 3.2, 125 III 108, 111; BGer 06.03.2008, 4A_231/2007, E. 4.2.

in der Zwangsvollstreckung bzw. im Konkurs besteht keine Veranlassung und auch keine Möglichkeit, gegen paulianische Rechtshandlungen eines Schuldners vorzugehen[183].

Keine Anwendung findet das LugÜ auch auf die **Kollokationsklage** gemäss Art. 250 SchKG[184]. Gegenstand des Kollokationsurteils ist nur die Feststellung, inwieweit die streitigen Gläubigeransprüche *bei der Liquidationsmasse* zu berücksichtigen sind. Überdies führt bei einer vor Konkurseröffnung erhobenen Klage der betreffende Prozess zu einem Kollokationsurteil, dessen Wirkungen nicht über das Konkursverfahren hinausgehen[185]. Damit ist nach vertragsautonomer Auslegung der enge Zusammenhang mit dem Konkursverfahren gegeben. 110

Problematisch ist die Einordnung der **Aussonderungs- und Admassierungsklage** nach Art. 242 SchKG. Hier liegt m.E. kein derart enger Zusammenhang mit dem Konkursverfahren im Sinne der EuGH-Rechtsprechung vor. Diese Klagen haben ihren Rechtsgrund nicht im Konkursrecht und sind keine unmittelbare Folge des Konkursverfahrens, sondern beruhen *auf Rechten, die ausserhalb des Konkurses* entstanden sind[186]. 111

Die auf den **Eigentumsvorbehalt** gestützte Klage des Verkäufers gegen den in Konkurs geratenen Käufer stellt eine eigenständige Klage dar, die ihre Grundlage nicht im Insolvenzrecht hat und weder die Eröffnung eines 112

183 EuGH 12.02.2009, Rs. C-339/07, *Seagon/Deko Marty Belgium NV,* Rz. 19; BGE 131 III 227 E. 3.3, 4; 129 III 683 E. 3.2; anders ist es bei der Anfechtungsklage ausserhalb des Konkurses. Die Gläubigeranfechtungsklage, die dem LugÜ untersteht, wird im Gefolge der Entscheidung des EuGH in der Rechtssache *Reichert/Dresdner Bank II* (EuGH 26.03.1992, Rs. C-261/90, Slg. 1992 I 2149) trotz der engen Bezüge zum Zwangsvollstreckungsrecht als gewöhnliche zivilrechtliche Klage betrachtet. Eine Uminterpretation aufgrund der EuInsVO kommt für das LugÜ nicht in Frage, s. Rz. 100.

184 Stoffel 370; Meier 180.

185 BGE 133 III 386 E. 4.3.3; Spühler/Infanger 116; s. auch BGE 135 III 127. Es gilt auch nicht Art. 22 Nr. 5, s. BGE 133 III 386 E. 4.3.3 (offen gelassen). Kritisch zur Rechtsprechung des Bundesgerichts gemäss BGE 133 III 386, BGE 135 III 127 sowie BGE 130 III 769 in Bezug auf die (vorfragliche) Anerkennung von ausländischen Urteilen über den Bestand der Forderung im inländischen Kollokationsverfahren Schwander, Rechtsprechung 425 ff.; Lorandi 484 ff.

186 EuGH 10.09.02009, Rs. C-292/08, *German Graphics Graphische Maschinen GmbH/Alice van der Shee*, Rz. 29 ff.; Rauscher-Mankowski, Art. 1 Rz. 21; Meier, 179 Fn. 481; dagegen Spühler/Infanger 115; Stoffel 370; Walter 177.

Insolvenzverfahrens noch die Bestellung eines Insolvenzverwalters voraussetzt[187].

113 **Streitigkeiten aus Geschäften oder Handlungen**, die der Gemeinschuldner *vor* der Konkurseröffnung abgeschlossen bzw. vorgenommen hat, gelten nicht als Konkurssachen[188]. **Zivilprozesse**, in denen der Gemeinschuldner Kläger ist und die aufgrund der Konkurseröffnung vorerst *eingestellt* und später weitergeführt werden, sind nicht konkursrechtlicher Natur[189].

114 Nicht in den Anwendungsbereich des LugÜ fallen hingegen **Streitigkeiten aus neuen Verträgen**, welche erst die Konkursverwaltung abgeschlossen hat. Der EuGH weist darauf hin, dass hier regelmässig *Bestimmungen des Konkursrechts* anwendbar sind, die von den allgemeinen Regeln des Zivilrechts oder des Sachenrechts abweichen. Der Schuldner verliere – so der EuGH – im Konkursfall das Recht, frei über sein Vermögen zu verfügen, und es sei Sache des Konkursverwalters, das die Konkursmasse bildende Vermögen für Rechnung der Gläubiger zu verwalten bzw. zu übertragen. Die Übertragung sei *eine unmittelbare und untrennbare Folge* dessen, dass der Konkursverwalter, also ein Rechtssubjekt, das erst nach Einleitung eines Konkursverfahrens tätig wird, ein Vorrecht ausgeübt habe, das er eigens Bestimmungen des nationalen Rechts entnähme, die für diese Art von Verfahren gälten[190]. Es stellt sich die Frage, ob der enge Zusammenhang auch dann gegeben ist, wenn Streitigkeiten des Konkursverwalters *nach den allgemeinen zivilrechtlichen Regeln* zu lösen sind. Die Lehre geht m.E. zu Recht davon aus, dass solche Streitigkeiten nicht insolvenzrechtlich zu qualifizieren sind[191].

115 Auch **Verantwortlichkeitsklagen** gegen den *Konkursverwalter* fallen in den Anwendungsbereich des LugÜ[192].

116 Probleme bereitet auch die Abgrenzung zwischen konkursrechtlichen und **gesellschaftsrechtlichen** Klagen. Die Verantwortlichkeitsklage *im Konkurs der Gesellschaft* im Sinne von Art. 757 OR ist nach der Rechtspre-

[187] EuGH 10.09.2009, Rs. C-292/08, *German Graphics Graphische Maschinen GmbH/Alice van der Shee,* Rz. 33.

[188] Kropholler, Art. 1 Rz. 37.

[189] Rauscher-Mankowski, Art. 1 Rz. 20.

[190] EuGH 02.07.2009, Rs. C-111/08, *SCT Industri AB./Alpenblume AB*, Rz. 27 f.

[191] Spühler/Infanger 116; Kropholler, Art. 1 Rz. 37; Rauscher-Mankowski, Art. 1 Rz. 20a; Oberhammer 317 ff.

[192] Kropholler, Art. 1 Rz. 37; Schack Rz. 1186; a.A. Rauscher-Mankowski, Art. 1 Rz. 19b.

chung des Bundesgerichts als ein einheitlicher Anspruch der Gläubigergesamtheit aufzufassen[193], weshalb m.E. die Klage als Konkurssache zu qualifizieren ist. Nicht dem LugÜ unterstehen hingegen Verantwortlichkeitsklagen *ausserhalb* laufender Konkursverfahren[194]. Als Konkurssache wurde auch die *Ausfallhaftungsklage* des französischen Rechts gegen den Geschäftsführer eines in Konkurs gefallenen Unternehmens betrachtet, da sie ihren Rechtsgrund allein im Konkursrecht hat[195].

Anerkennungs- und Aberkennungsklagen werden dem Einleitungsver- 117
fahren des SchKG zugerechnet und sind keine Konkurssachen, denn die Konkurseröffnung erfolgt erst nach dessen Abschluss[196].

d) Soziale Sicherheit

Angelegenheiten der sozialen Sicherheit werden in den LugÜ-Staaten 118
unterschiedlich, teils als öffentlich-rechtlich, teils als privatrechtlich eingestuft. In der Schweiz steht die **öffentlich-rechtliche** Qualifikation im Vordergrund. Gewisse Versicherungsarten, so die berufliche Vorsorge, sind teilweise privatrechtlich organisiert[197]. Um hier Qualifikationsschwierigkeiten zu vermeiden, hatte man sich schon beim EuGVÜ entschlossen, die soziale Sicherheit ausdrücklich vom Anwendungsbereich auszuschliessen. Für die soziale Sicherheit sollten zudem die Regelungen in bestehenden und zu schliessenden Abkommen vorbehalten werden. Das gilt auch für das LugÜ.

Bei der Bestimmung und Konkretisierung des Begriffs der sozialen Sicher- 119
heit der EuGVVO stellt der EuGH auf eine EG-Verordnung ab (Verordnung Nr. 1408/71 des Rates über die Anwendung der Systeme der sozialen Sicherheit auf Arbeitnehmer und Selbstständige sowie deren Familienangehörige, die innerhalb der Gemeinschaft zu- und abwandern). Der Begriff der sozialen Sicherheit entspricht dem sachlichen Anwendungsbereich dieser Verordnung, wie er in deren Art. 4 definiert und durch die Rechtsprechung des Gerichtshofes präzisiert wurde[198].

---

193 BGer 27.08.1991, SZW 1992, 74 ff.

194 Schnyder 132.

195 EuGH 22.02.1979, Rs. 133/78, *Gourdain/Nadler*, Slg. 1979, 733 Rz. 5 f.

196 Walter 177; Markus, Lugano-Übereinkommen 64.

197 Locher, § 1 Rz. 37; Maurer 14; Kieser, ATSG-Kommentar, Art. 1 Rz. 3; BGE 134 I 166 E. 2.1.

198 EuGH 14.11.2002, Rs. C-271/00, *Gemeente Steenbergen/Baten*, Slg. 2002 I 10489 Rz. 43 ff.

120 Das Bundesgericht trägt den Urteilen des EuGH zum EuGVÜ bzw. zur EuGVVO grundsätzlich gebührend Rechnung, um eine *einheitliche Auslegung* der beiden Regelungen anzustreben[199]. Eine *Ausnahme* macht das Bundesgericht aber, wenn die Rechtsprechung des EuGH durch die Anwendung des EGV (heute AEUV) oder anderer EU-rechtlicher Bestimmungen beeinflusst worden ist[200]. Im hier interessierenden Bereich hat allerdings die Schweiz im **Abkommen zwischen der Schweizerischen Eidgenossenschaft einerseits und der Europäischen Gemeinschaft und ihren Mitgliedstaaten andererseits über die Freizügigkeit vom 21. Juni 1999 (FZA)** ausdrücklich auf diese Verordnung Bezug genommen, weshalb die Ausnahme hier nicht greift[201].

121 Zum Bereich der sozialen Sicherheit gehören in der Schweiz insbesondere die Alters- und Hinterlassenenversicherung (AHV), die Invalidenversicherung (IV), die Erwerbsersatzordnung und Mutterschaftsversicherung (EO/Mutterschaft), die Arbeitslosenversicherung (AlV), die Unfallversicherung (UV), die Krankenversicherung (KV), die Militärversicherung (MV), die Ergänzungsleistungen (EL) und die Familienzulagen.

122 Die in der Krankenversicherung über die Grundversicherung hinausgehenden **Zusatzversicherungen** nach VVG betreffen wie andere private Versicherungen die soziale Sicherheit nicht und sind vom LugÜ erfasst[202]. Auch die vom Arbeitgeber für seine Arbeitnehmer als Ersatz für die Lohnfortzahlungspflicht abgeschlossene *Taggeldversicherung nach VVG* zählt im Gegensatz zur in der Praxis kaum vorkommenden Taggeldversicherung nach KVG nicht zu den ausgeschlossenen Materien[203].

123 Zur sozialen Sicherheit gehören auch Streitigkeiten darüber, wer *innerhalb der Familie* bestimmte Sozialversicherungsleistungen, z.B. Kinderzulagen

---

199 BGE 134 III 27 E. 5.3; 133 III 282 E. 3.1; 132 III 579 E. 3.3; 131 III 227 E. 3.1.

200 BGE 131 III 227 E. 3.1; Acocella, Buchbesprechung Mankowski/Magnus, 1063; Zur Problematik dieser «gespaltenen» Interpretation des LugÜ s. Hess, § 5 Rz. 32 ff.

201 Walter 178, der auf die Veröffentlichung der Verordnung in der AS und auf deren analoge Anwendung auf den interkantonalen Bereich durch das Bundesgericht hinweist. Allerdings ist zu beachten, dass die Rechtsprechung des EuGH zur Verordnung Nr. 1408/71 unbesehen nur bis zur Unterzeichnung des FZA zu beachten ist. Art. 16 FZA sieht vor, dass die Schweiz über die nachträgliche Rechtsprechung unterrichtet wird und der Gemischte Ausschuss zur Sicherstellung des ordnungsgemässen Funktionierens des Abkommens die Auswirkungen dieser Rechtsprechung feststellt.

202 Locher, § 32 Rz. 1.

203 Locher, § 44 Rz. 2.

oder Kinderrenten, beanspruchen kann[204]. Eine Zivilsache liegt aber dann vor, wenn *die allgemeine zivilrechtliche Bezugsberechtigung* zwischen Privatpersonen beurteilt wird[205]. Nicht vom LugÜ ausgenommen sind ebenfalls **Rückgriffsklagen gegenüber Haftpflichtigen** aufgrund *des allgemeinen Rechts*, denn hier bildet die soziale Sicherheit nicht mehr den eigentlichen Gegenstand des Rechtsstreites[206]. Soweit hinsichtlich des Rückgriffs der öffentlichen Stelle nicht das allgemeine Zivilrecht gilt, sondern dieser *besondere Befugnisse* verliehen sind, liegt allerdings eine öffentlichrechtliche Angelegenheit vor, die vom LugÜ nicht erfasst ist (s. Rz. 34).

Die Ausnahmeklausel von Art. 1 Abs. 2 lit. c erfasst nur Streitigkeiten, 124
welche die soziale Sicherheit **unmittelbar** betreffen. Die Klage eines Arbeitnehmers *auf Zahlung von Sozialversicherungsbeiträgen an den Sozialversicherungsträger* hat noch einen unmittelbaren Bezug zur sozialen Sicherheit. Auch *Klagen betreffend Rückforderung von zu Unrecht gewährten Leistungen* betreffen unmittelbar die Beziehung der Sozialversicherungsträger zu den Versicherten und sind daher vom Anwendungsbereich des LugÜ ausgenommen[207]. Es besteht daher keine Möglichkeit, Rückerstattungsentscheide *grenzüberschreitend* nach dem LugÜ zu vollstrecken[208]. Hingegen liegt eine vom LugÜ erfasste Arbeitsstreitigkeit vor, wenn der Arbeitgeber auf Lohnfortzahlung oder auf Schadenersatz verklagt wird, weil er entgegen seiner arbeitsvertraglichen Pflicht keine oder *eine ungenügende Taggeldversicherung* abgeschlossen hat[209]. Zum Zivil- und nicht zum Sozialrecht gehören auch die Haftungsansprüche des Arbeitnehmers gegen den Arbeitgeber oder gegen einen anderen Arbeitnehmer aus *Arbeitsunfällen*[210].

---

[204] Basedow, Hdb IZVR I Kap. I Rz. 114.

[205] Basedow, Hdb IZVR I Kap. I Rz. 114.

[206] Kropholler, Art. 1 Rz. 40; Donzallaz Rz. 981.

[207] OLG Köln 24.09.1990, EuZW 1991 64; BSGE 54, 250 = IPRspr. 1983, Nr. 130, 349 ff.

[208] Kropholler, Art. 1 Rz. 40.

[209] Dabei ist vorausgesetzt, dass eine Taggeldversicherung nach KVG in Frage steht, andernfalls, d.h. bei einer Taggeldversicherung nach VVG das LugÜ ohnehin anwendbar wäre, s. Rz. 122.

[210] Rauscher-Mankowski, Art. 1 Rz. 25.

e) Schiedsgerichtsbarkeit

125 Die **Schiedsgerichtsbarkeit** war vom Anwendungsbereich des EuGVÜ bzw. des aLugÜ ausgeschlossen. Sie bildet Gegenstand zahlreicher Übereinkommen, insbesondere des NYÜ. Deshalb wurde darauf verzichtet, die Schiedsgerichtsbarkeit auch noch im EuGVÜ bzw. im aLugÜ zu regeln. Die Spezialübereinkommen über die Schiedsgerichtsbarkeit, insb. das NYÜ, haben sich grundsätzlich bewährt. Das Verhältnis der Schiedsgerichtsbarkeit zum EuGVÜ bzw. zum aLugÜ war aufgrund *der allgemeinen Formulierung* von Art. 1 Abs. 2 Nr. 4 aber teilweise unklar und es haben sich auch einige Anwendungsprobleme ergeben. Es wäre daher angebracht gewesen, an Stelle des generellen Ausschlusses der Schiedsgerichtsbarkeit eine *spezifische* Regelung vorzusehen, welche die Koordination zwischen dem EuGVÜ bzw. dem aLugÜ und den Schiedsverfahren besser gewährleistet. Sowohl die EuGVVO als auch das LugÜ übernehmen jedoch die Regelung des EuGVÜ/aLugÜ und klammern die Schiedsgerichtsbarkeit von ihrem Anwendungsbereich nach wie vor in genereller Weise aus (Art. 1 Abs. 2 lit. d EuGVVO/Art. 1 Abs. 2 lit. d LugÜ)[211].

126 Da das LugÜ die Schiedsgerichtsbarkeit nicht erfasst, tangiert es die **Freiheit** der Parteien nicht, ihre Streitigkeiten einem Schiedsgericht zu unterbreiten. Dies gilt auch für Verfahren, für welche eine *ausschliessliche* Zuständigkeit gemäss Art. 22 oder eine *zwingende* Zuständigkeit in Versicherungs-, Verbraucher-, und Arbeitssachen gilt[212]. Die Zulässigkeit von Schiedsvereinbarungen richtet sich allein *nach dem nationalen Recht* oder nach *anderen Staatsverträgen*. Das nationale Recht kann Schiedsverträge für unwirksam erklären, die sich auf Streitigkeiten beziehen, für welche gemäss LugÜ ausschliessliche Zuständigkeiten bestehen[213]. Das LugÜ re-

---

[211] Vgl. nunmehr den Vorschlag der Heidelberger Arbeitsgruppe, in: HESS/PFEIFFER/SCHLOSSER, Regulation Brussels I Rz. 133 ff.; s. auch GEIMER/SCHÜTZE, Art. 1 Rz. 167; HESS, § 6 Rz. 27; Green Paper on the Review of Council Regulation (EC) No. 44/2001 on Jurisdiction and the Recognition and Enforcement of Judgements in Civil and Commercial Matters, Brussels, 21 April 2009, COM (2009) 175; Report from the Commission to the European Parliament, The Council and the European Economic and Social Committee on the Application of the Council Regulation (EC) No. 44/2001 on Jurisdiction and the Recognition and Enforcement of Judgements in Civil and Commercial Matters, Brussels, 21 April 2009, COM (2009) 174.

[212] Bericht SCHLOSSER Rz. 63, KROPHOLLER, Art. 1 Rz. 42; GEIMER/SCHÜTZE, Art. 1 Rz. 147; DONZALLAZ Rz. 988; VALLONI 54; POLIVKA 61.

[213] Bericht SCHLOSSER Rz. 63; KROPHOLLER, Art. 1 Rz. 42; DASSER/OBERHAMMER-DASSER, Art. 1 Rz. 93; GEIMER/SCHÜTZE, Art. 1 Rz. 148; DONZALLAZ Rz. 989; POLIVKA 61 f.

gelt weder die *Zuständigkeit* von Schiedsgerichten noch *die Anerkennung und Vollstreckung* von Schiedssprüchen[214]. Es regelt nur die *gerichtliche* Zuständigkeit sowie die Anerkennung und Vollstreckbarerklärung von *gerichtlichen* Entscheidungen. Für nichtstaatliche Gerichte sind die Vorschriften des LugÜ nicht konzipiert.

Abgrenzungsfragen ergeben sich daraus, dass bei der Einleitung eines Schiedsgerichtsverfahrens oder während dessen Ablaufs bestimmte Fragen (z.B. Bestimmung des Sitzes des Schiedsgerichts, Ernennung von Schiedsrichtern, usw.) zum **Gegenstand staatlicher Gerichtsverfahren** gemacht werden können. Ob solche Hilfsverfahren (vor dem *juge d'appui*) ebenfalls der Schiedsgerichtsbarkeit zuzuordnen sind, hängt davon ab, ob man den Ausschluss der Schiedsgerichtsbarkeit weit oder eng auffasst. Der Begriff der Schiedsgerichtsbarkeit ist *autonom* auszulegen, um eine einheitliche Anwendung des LugÜ sicherzustellen (s. Rz. 9). In den Berichten SCHLOSSER[215] und EVRIGENIS/KERAMEUS[216] finden sich deutliche Hinweise darauf, dass solche schiedsverfahrensunterstützenden Gerichtsverfahren ebenfalls der Schiedsgerichtsbarkeit zuzuordnen und daher vom Anwendungsbereich des EuGVÜ ausgeschlossen sind. 127

In der Rechtssache *Marc Rich/Società Italiana Impianti*[217] entschied der EuGH, dass *schiedsunterstützende Verfahren* vor staatlichen Gerichten nicht unter das EuGVÜ fallen würden. Er berief sich darauf, dass die Schiedsgerichtsbarkeit vom Anwendungsbereich des EuGVÜ im Hinblick auf bestehende Übereinkommen ausgeschlossen worden sei und diese Übereinkommen, insb. das NYÜ, Bestimmungen enthielten, die auch von den Gerichten zu beachten seien. Daraus folge, dass die Schiedsgerichtsbarkeit als **Gesamtbereich**, einschliesslich der bei den staatlichen Gerichten eingeleiteten Verfahren, ausgeschlossen sei. Beim Verfahren betreffend die Benennung eines Schiedsrichters durch ein staatliches Gericht handle es sich um eine Massnahme, die dem *Schiedsverfahren diene*[218]. Zudem werde diese Auslegung durch die Berichte SCHLOSSER und KERAMEUS be- 128

[214] Bericht JENARD 13 unter D; Bericht SCHLOSSER Rz. 65; DONZALLAZ Rz. 996; BERTI 346.

[215] Bericht SCHLOSSER Rz. 64.

[216] Bericht EVRIGENIS/KERAMEUS Rz. 35.

[217] EuGH 25.07.1991, Rs. C-190/89, *Marc Rich/Società Italiana Impianti*, Slg. 1991 I 3855.

[218] EuGH 25.07.1991, Rs. C-190/89, *Marc Rich/Società Italiana Impianti*, Slg. 1991 I 3855 Rz. 18 f.; DASSER/OBERHAMMER-DASSER, Art. 1 Rz. 95; RAUSCHER-MANKOWSKI, Art. 1 Rz. 28; KROPHOLLER, Art. 1 Rz. 44; DONZALLAZ Rz. 985; BERTI 347.

stätigt[219]. Der Einwand, wonach der Ausschluss sich nicht auf staatliche Verfahren erstrecke, wenn sich die **Vorfrage** nach dem Bestehen oder der Gültigkeit einer Schiedsvereinbarung stellt, liess der EuGH nicht gelten, denn für die Bestimmung des Anwendungsbereichs des Brüsseler Übereinkommens komme es allein auf die Natur des den Rechtsstreit ausmachenden Gegenstandes und nicht auf die Existenz einer Vorfrage – welchen Inhalts auch immer – an[220].

129 Nicht unter das LugÜ fallen auch Verfahren zur **Aufhebung, Änderung, Nichtigerklärung, Bestätigung** oder **Vollstreckbarerklärung** von Schiedssprüchen[221]. Zur Nicht-Anwendbarkeit des LugÜ auf die Anerkennung und Vollstreckbarerklärung solcher Entscheidungen in einem anderen LugÜ-Staat s. Rz. 135.

130 Soweit das Verfahren vor staatlichen Gerichten nicht der Durchführung des Schiedsverfahrens dient, gilt der Ausschluss gemäss Art. 1 Abs. 2 lit. d nicht. Wird eine einstweilige Massnahme zur Sicherung **eines materiellrechtlichen Anspruchs** beantragt, der in den Anwendungsbereich des LugÜ fällt, dann ist Art. 1 Abs. 2 lit. d nicht anwendbar. Gegenstand der vorsorglichen Massnahme ist – wie der EuGH in der Rechtssache *van Uden* ausgeführt hat – nicht die Schiedsgerichtsbarkeit als Rechtsgebiet, sondern die Sicherung verschiedenartigster Ansprüche. Daher bestimme sich ihre Zugehörigkeit zum Anwendungsbereich des Übereinkommens nicht nach ihrer Rechtsnatur, sondern nach derjenigen der durch sie gesicherten Ansprüche. Soweit der Gegenstand der vorsorglichen Massnahme eine unter das Übereinkommen fallende Frage betreffe, sei die Eilzuständigkeit auch dann begründet, wenn ein Hauptsacheverfahren bereits eingeleitet worden sei oder eingeleitet werden könne, selbst dann, wenn dieses Verfahren vor einem Schiedsgericht stattfinden müsste[222].

131 Wird eine *anti-suit injunction* zur Durchsetzung einer **Schiedsklausel** erlassen, fällt das Verfahren, in welchem sie erlassen wurde, nach einem Ent-

[219] EuGH 25.07.1991, Rs. C-190/89, *Marc Rich/Società Italiana Impianti*, Slg. 1991 I 3855 Rz. 21.

[220] EuGH 25.07.1991, Rs. C-190/89, *Marc Rich/Società Italiana Impianti*, Slg. 1991 I 3855 Rz. 26 ff.; zu diesem Grundsatz s. näher Rz. 72.

[221] RAUSCHER-MANKOWSKI, Art. 1 Rz. 30; GEIMER/SCHÜTZE, Art. 1 Rz. 159.

[222] EuGH 17.11.1998, Rs. C-391/95, *Van Uden/Deco-Line*, Slg. 1998 I 7091 Rz. 33 f.

scheid des EuGH in der Rechtssache *Allianz SpA/West Tankers*[223] gemäss Art. 1 Abs. 2 lit. d EuGVVO (und Art. 1 Abs. 2 lit. d LugÜ) nicht in den Anwendungsbereich der EuGVVO bzw. des LugÜ. Für die Anwendbarkeit der EuGVVO bzw. des LugÜ kommt es – wie bereits erwähnt – auf den *Gegenstand des Verfahrens* und auf *die Rechtsnatur der im Verfahren gesicherten Ansprüche* an[224]. Da das Verfahren der *anti-suit injunction* der Durchsetzung des Schiedsklausel, also dem Schiedsverfahren und nicht der Sicherung materiellrechtlicher Ansprüche dient, stellte der EuGH zunächst die Nichtanwendbarkeit der EuGVVO auf die vorliegende *anti-suit injunction* fest.

Er kam aber zu Recht dennoch zum Schluss, dass eine solche *anti-suit in-* 132
junction ***unzulässig*** sei, denn sie beeinträchtige *die praktische Wirksamkeit* der EuGVVO. Sie stehe den Zielen einer Vereinheitlichung der Zuständigkeitsvorschriften und der Freizügigkeit der Entscheidungen entgegen, insbesondere dann, wenn das Gericht eines anderen Mitgliedstaates an der **Ausübung jener Befugnisse** gehindert werde, die ihm die EuGVVO einräume (dazu näher vor Art. 2 Rz. 36). Zur Unzulässigkeit von sog. ***anti-anti-suit injunctions*** s. vor Art. 2 Rz. 39.

Die **Erhebung der Schiedseinrede** beim angerufenen staatlichen Gericht 133
bedeutet nicht automatisch, dass das Verfahren aus dem Anwendungsbereich des LugÜ fällt. Vielmehr stelle sich die Anwendbarkeit und Gültigkeit einer Schiedsvereinbarung – so der EuGH – als *Vorfrage* und es sei ausschliesslich Sache des angerufenen Gerichts, gemäss Art. 1 Abs. 2 lit. d über die Einrede der Schiedsvereinbarung und über seine eigene Zuständigkeit zu entscheiden[225].

Zielt die Klage hingegen auf **Feststellung der Wirksamkeit oder Un-** 134
wirksamkeit einer Schiedsvereinbarung, so ist die Schiedsabrede nicht nur Vorfrage, sondern *Streitgegenstand*, weshalb das LugÜ nicht anwendbar ist[226].

---

[223] EuGH 10.02.2009, Rs. C-185/07, *Allianz SpA und Generali Assicurazione Generali SpA/West Tankers Inc.*, Slg. 2009 I 663.

[224] EuGH 17.11.1998, Rs. C-391/95, *Van Uden/Deco-Line*, Slg. 1998 I 7091 Rz. 33.

[225] EuGH 10.02.2009, Rs. C-185/07, *Allianz SpA und Generali Assicurazione Generali SpA/West Tankers Inc.*, Slg. 2009 I 663, Rz. 27; s. auch Bericht EVRIGENIS/KERAMEUS Rz. 35; RAUSCHER-MANKOWSKI, Art. 1 Rz. 31; DONZALLAZ Rz. 986; a.A.a. MARKUS/GIROUD 238 f.

[226] RAUSCHER-MANKOWSKI, Art. 1 Rz. 29b.

135 Das LugÜ ist auch nicht auf die Anerkennung und Vollstreckbarerklärung von Schiedssprüchen, die nach der sog. *doctrine of merger* in staatliche Entscheidungen **inkorporiert** werden, anwendbar[227]. Ebenso wenig können **einen Schiedsspruch bestätigende Entscheidungen** oder Entscheidungen, die einen Schiedsspruch für **vollstreckbar** erklären, nach dem LugÜ anerkannt und für vollstreckbar erklärt werden. In all diesen Fällen handelt es sich nur formell um eine staatliche Entscheidung, materiell geht es jedoch um die Anerkennung und Vollstreckbarerklärung von Schiedssprüchen[228].

136 Entscheidungen, die das Erstgericht in **Missachtung der Schiedsabrede** fällt, sind hingegen in den anderen LugÜ-Staaten anzuerkennen und für vollstreckbar zu erklären. Der Anerkennung und Vollstreckbarerklärung kann nicht entgegengehalten werden, es gehe um einen Fall von Schiedsgerichtsbarkeit. Vielmehr liegt eine Entscheidung in einer Zivilsache vor, denn die *Vorfrage* der Wirksamkeit der Schiedsabrede ist für die Anwendbarkeit des LugÜ nach der Rechtsprechung des EuGH nicht massgebend[229]. Die *abschliessende* Regelung von Art. 34 f. sieht auch keinen Versagungsgrund der Missachtung der Schiedsabrede vor. Als Zuständigkeitsfrage darf die Missachtung der Schiedsabrede auch nicht als Verstoss gegen den ordre public betrachtet werden[230]. Ob ein allfälliger *Konventionskonflikt*, der sich bspw. daraus ergeben könnte, dass nach Art. II Abs. 3 NYÜ der Vollstreckungsstaat verpflichtet ist, eine Schiedsvereinbarung zu beachten, eine Ausnahme von der Anerkennungspflicht zu begründen vermag, erscheint fraglich[231].

137 Entscheidungen in einer dem LugÜ unterstehenden **Zivilstreitigkeit**, bei denen für eine Vorfrage ein Schiedsspruch berücksichtigt worden ist, erfasst Art. 1 Abs. 2 lit. d nicht[232]. Ebenso wenig sind *Honorarklagen* der

---

227 Bericht Schlosser Rz. 65; Rauscher-Mankowski, Art. 1 Rz. 30; Donzallaz Rz. 996; Berti 346.

228 Rauscher-Mankowski, Art. 1 Rz. 30.

229 EuGH 10.02.2009, Rs. C-185/07, *Allianz SpA und Generali Assicurazione Generali SpA/West Tankers Inc.*, Slg. 2009 I 663; BGE 127 III 186 E. 2.

230 Geimer/Schütze, Art. 35 Rz. 37; Rauscher-Mankowski, Art. 1 Rz. 31a; a.A. Berti 354 f.; offen gelassen in BGE 127 III 186 E. 2.

231 A.A. Rauscher-Mankowski, Art. 1 Rz. 31c; Dasser/Oberhammer-Dasser, Art. 1 Rz. 97; Markus/Giroud 249; Liatowitsch 88 ff.; ebenfalls kritisch hingegen Hess, § 6 Rz. 25 Fn. 118.

232 Dasser/Oberhammer-Dasser, Art. 1 Rz. 96; Schlosser, Art. 1 Rz. 24; Rauscher-Mankowski, Art. 1 Rz. 28a.

Schiedsrichter gegen die Parteien aufgrund des Schiedsrichtervertrages vom Anwendungsbereich des LugÜ ausgeschlossen, da diese nicht auf der Schiedsabrede, sondern auf dem davon getrennten Schiedsrichtervertrag beruhen[233].

Aufgrund des Ausschlusstatbestandes von Art. 1 Abs. 2 lit. d ist die **Rechtshängigkeitsregelung** nach Art. 27 ff. *auf Schiedsverfahren* nicht anwendbar[234]. Art. 27 spricht ebenfalls nur von Klagen, die bei Gerichten verschiedener LugÜ-Staaten anhängig gemacht werden. Aufgrund des LugÜ ist die zeitlich frühere Rechtshängigkeit weder vom staatlichen Gericht noch vom Schiedsgericht zu beachten. Die Frage der Beachtung der früheren Rechtshängigkeit beurteilt sich allein nach dem *nationalen* Recht des Gerichtsstaates[235]. 138

Ein Schiedsspruch ist **keine Entscheidung** im Sinne von Art. 32 und fällt daher nicht direkt unter Art. 34[236]. Der Vorrang jeder innerstaatlichen Entscheidung gemäss Art. 34 Nr. 3 ist fragwürdig und widerspricht dem *Grundsatz der Gleichwertigkeit der Urteile im LugÜ-Raum*[237], weshalb die Bestimmung von Art. 34 Nr. 3 nicht analog auf inländische Schiedssprüche anzuwenden ist[238]. Anders ist es bei Art. 34 Nr. 4. Hier wird der ausländischen Entscheidung aufgrund des *Prioritätsgrundsatz*es nur Vorrang gewährt, wenn sie früher erlassen wurde. Daher lässt sich die analoge Anwendung dieser Vorschrift auf *in- und ausländische* Schiedssprüche vertreten. Dies bedeutet, dass der früher ergangene (inländische oder ausländische, im Anerkennungsstaat anerkennbare) Schiedsspruch der späteren Entscheidung eines ausländischen staatlichen Gerichts vorgeht[239]. 139

233 Dasser/Oberhammer-Dasser, Art. 1 Rz. 96; Rauscher-Mankowski, Art. 1 Rz. 28a; s. auch BGE 136 III 597 E. 5.2; a.A. Geimer/Schütze, Art. 1 Rz. 158.

234 Dasser/Oberhammer-Dasser, Art. 21 Rz. 27; Geimer/Schütze, Art. 27 Rz. 21; Liatowitsch/Bernet 159, 164; a.A. Berti 349.

235 Dasser/Oberhammer-Dasser, Art. 21 Rz. 28; Geimer/Schütze, Art. 27 Rz. 21; Liatowitsch 139.

236 Donzallaz Rz. 3028.

237 Hess, § 6 Rz. 212.

238 Rauscher-Leible, Art. 34 Rz. 44; a.A. Dasser/Oberhammer-Dasser, Art. 1 Rz. 98; Geimer/Schütze, Art. 34 Rz. 160; Schlosser, Art. 34–36 Rz. 22; Berti 349.

239 Kropholler, Art. 34 Rz. 60.

3. Die Bedeutung des Ausdrucks «durch dieses Übereinkommen gebundener Staat»

140 Art. 1 aLugÜ ist durch einen neuen Absatz 3 ergänzt worden. Art. 1 Abs. 3 definiert den im LugÜ an Stelle der Bezeichnung «Vertragsstaat» des aLugÜ durchgehend verwendeten Ausdruck «durch dieses Übereinkommen gebundener Staat». Ein durch das LugÜ gebundener Staat ist jeder Staat, der *Vertragspartei* des LugÜ oder ein *Mitgliedstaat* der Europäischen Gemeinschaft (heute: Europäische Union) ist. Diese Definition wurde notwendig, weil **die Europäische Gemeinschaft** (heute: Europäische Union) und nicht ihre Mitgliedstaaten *Vertragspartei* des LugÜ ist[240]. Die beabsichtigte Verpflichtung der Gerichte der Mitgliedstaaten zur Beachtung des LugÜ ist durch die erwähnte Definition bewerkstelligt. Der zweite Satz von Art. 1 Abs. 3 berücksichtigt den Umstand, dass in Zukunft EU-Gerichte Aufgaben *staatlicher* Gerichte übernehmen könnten. Durch diese Vorschrift ist das LugÜ dann auch für diese EU-Gerichte unmittelbar verbindlich[241].

III. Hinweise auf den räumlich-persönlichen und zeitlichen Anwendungsbereich sowie auf den territorialen und zeitlichen Geltungsbereich

1. Allgemeines

141 Art. 1 ist die einzige Bestimmung unter dem Titel I des LugÜ. Dieser trägt die allgemeine und zu weite Bezeichnung «Anwendungsbereich», denn Art. 1 regelt nur den **sachlichen** Anwendungsbereich. Der *territoriale* Geltungsbereich ist Grundlage für die Festlegung des räumlich-persönlichen Anwendungsbereichs. Nach Letzterem bestimmt sich aber, wann das LugÜ *in einem konkreten Fall* anwendbar ist[242]. Der territoriale Geltungsbereich gibt die Antwort darauf, wo das LugÜ überhaupt gilt. Er erstreckt sich auf die das LugÜ ratifizierenden Staaten[243]. Das entsprechende Gebiet der LugÜ-Staaten bestimmt sich nach Massgabe des jeweiligen Verfassungsrechts sowie des Völkerrechts[244]. Der räumlich-persönliche Anwen-

[240] Rodriguez, Kommentierte Konkordanztabelle 534.
[241] Rodriguez, Kommentierte Konkordanztabelle 534.
[242] Dasser/Oberhammer-Dasser, Art. 1 Rz. 8.
[243] Dasser/Oberhammer-Dasser, Art. 1 Rz. 4.
[244] Rauscher-Staudinger, Einl. Rz. 13.

dungsbereich ist anhand *der jeweils in Frage kommenden* Bestimmung des LugÜ näher zu definieren. Der *zeitliche* Anwendungsbereich ergibt sich aus Art. 63. Der zeitliche Geltungsbereich hingegen ist in Art. 69 Abs. 4 geregelt.

2. Der territoriale Geltungsbereich

Das LugÜ gilt seit dem 1.1.2010 zwischen der EU, Norwegen, Dänemark, 142
und seit dem 1.1.2011 auch im Verhältnis zur Schweiz. Für Island ist es am 1.5.2011 in Kraft getreten[245]. Wie bereits ausgeführt, bestimmt aber erst die Festlegung des räumlich-persönlichen Anwendungsbereichs, ob das LugÜ in einem konkreten Fall anwendbar ist[246].

3. Der räumlich-persönliche Anwendungsbereich

a) Allgemeines

Wie bereits erwähnt, ist der räumlich-persönliche Anwendungsbereich 143
anhand der *jeweils* in Frage kommenden Vorschrift des LugÜ näher zu bestimmen.

b) Zuständigkeitsbestimmungen

In Bezug auf die Zuständigkeitsbestimmungen richtet sich der räumlich- 144
persönliche Anwendungsbereich grundsätzlich nach dem Wohnsitz bzw. Sitz des Beklagten. Das LugÜ ist grundsätzlich anwendbar, wenn **der Wohnsitz bzw. Sitz des Beklagten** in einem LugÜ-Staat belegen ist. Auf den Wohnsitz *des Klägers* kommt es grundsätzlich nicht an[247]. Ausnahmsweise ist die Anwendbarkeit einer Zuständigkeitsbestimmung davon abhängig, dass auch der Kläger Wohnsitz in einem LugÜ-Staat hat (vgl. Art. 5 Nr. 2, Art. 9 Abs. 1 lit. b, Art. 16 Abs. 1). Es ist gleichgültig, ob der Beklagte oder Kläger *in- oder ausländischer Staatsangehöriger,* oder Angehöriger eines LugÜ-Staates bzw. eines Nicht-LugÜ-Staates ist.

145

[245] SR 0.275.12, Geltungsbereich; Dänemark gehört zur EU, hat aber aufgrund eines Vorbehaltes gegen Titel IV des EGV (heute AEUV) das LugÜ neben der EU unterzeichnet und ratifiziert (vgl. Rodriguez, Sicherung 1551).

[246] Dasser/Oberhammer-Dasser, Art. 1 Rz. 8.

[247] BGE 129 III 738 E. 3.2; BGer 15.06.2004, 4C.98/2003, E. 2.1.

In Versicherungs-, Verbraucher- und Arbeitssachen genügt als Anknüpfungspunkt **an Stelle des Wohnsitzes** des Beklagten (Versicherer, Vertragspartner des Verbrauchers oder Arbeitgeber) auch dessen Zweigniederlassung, Agentur oder sonstige Niederlassung (Art. 9 Abs. 2, Art. 15 Abs. 2 und Art. 18 Abs. 2). Eine besondere Regelung gilt für die ausschliesslichen Zuständigkeiten gemäss Art. 22 sowie für die Gerichtsstandsvereinbarung nach Art. 23 und die Einlassung nach Art. 24. Die Anwendung dieser Vorschriften ist nicht davon abhängig, dass der *Beklagte* in einem LugÜ-Staat Wohnsitz hat. Für die Anwendung von Art. 22 ist allein das Vorliegen der in Nr. 1–5 erwähnten *Anknüpfungspunkte* in einem LugÜ-Staat massgebend. Art. 23 f. sind anwendbar, wenn *eine der Parteien* in einem LugÜ-Staat wohnt.

c) Anerkennung und Vollstreckung

146 Die Vorschriften über die Anerkennung und Vollstreckung stellen nicht auf die Parteien des Rechtsstreites, sondern allein auf die **Herkunft** der Entscheidung ab. Das LugÜ ist nur auf Entscheidungen, die in einem LugÜ-Staat ergangen sind, anwendbar[248].

d) Internationaler Sachverhalt

147 Das LugÜ regelt die **internationale** Zuständigkeit der Gerichte der LugÜ-Staaten. Das IPRG hält ausdrücklich fest, dass die Zuständigkeiten des IPRG im *internationalen Verhältnis* gelten (Art. 1 Abs. 1 IPRG). Auch in der Präambel des LugÜ wird ausdrücklich von der Festlegung der internationalen Zuständigkeit der Gerichte gesprochen. Eine *minimale Auslandsberührung* muss in beiden Fällen gegeben sein. Diese kann und muss für jede Zuständigkeitsbestimmung näher konkretisiert werden. Ein vollständiger Verzicht auf das Element des internationalen Verhältnisses rechtfertigt sich nicht[249]. Reine Inlandsfälle – auch wenn im Einzelfall schwierig zu eruieren – fallen nicht unter das LugÜ.

---

[248] EuGH 20.1.1994, Rs. C-129/92, *Owens Bank/Fulvio Bracco,* Slg. 1994 I 117, Rz. 17.

[249] Acocella, LugÜ 3; Ders., Buchbesprechung Jayme/Picchio Forlati 708; Schwander, in: Schwander, LugÜ 61 f.; Bericht Schlosser Rz. 21; Bericht Jenard Kap. 3 I; Schack Rz. 270; EuGH 01.03.2005, Rs. C-281/02, *Owusu/Jackson*, Slg. 2005 I 1383; BGE 135 III 185 E.3.3; anders Geimer/Schütze, Art. 2 Rz. 103. Das Bundesgericht geht davon aus, dass ein internationales Verhältnis im Sinne von Art. 1 IPRG immer vorliegt, wenn eine Partei ihren Wohnsitz oder Sitz im Ausland hat, vgl. BGE 135 III 185 E. 3.3; 131 III 76 E. 2.3. Vgl. auch das Vorabentscheidungsersuchen des Obresní soud v Chebu (Tschechische Republik) vom 5.7.2010 (Rs. C-327/10, *Hypoteční banka/Udo Mike Lindner,* ABl. C 246 vom 11.09.2010, 29),

e) Berührungspunkte zu mehreren LugÜ-Staaten

Die Zuständigkeitsordnung des LugÜ kommt, wie bereits ausgeführt, zur Anwendung, wenn eine minimale, je nach den einzelnen Zuständigkeitsbestimmungen näher konkretisierte Auslandsberührung vorliegt (s. Rz. 147). Darüber hinaus muss der Rechtsstreit **nicht** allgemein *Berührungspunkte zu mehreren LugÜ-Staaten* haben[250]. Aus Art. 5 ergibt sich zwar, dass der Wohnsitz des Beklagten und das angerufene Gericht in verschiedenen LugÜ-Staaten liegen müssen[251]. Dort wo gemäss Wortlaut kein Bezug zu mehreren LugÜ-Staaten verlangt wird, ist aufgrund eines Umkehrschlusses davon auszugehen, dass der Rechtsstreit keine Berührungspunkte zu mehreren LugÜ-Staaten aufweisen muss[252]. 148

Insbesondere Art. 2 kommt deshalb auch dann zur Anwendung, wenn die Auslandsberührung **nur zu einem Nicht-LugÜ-Staat** besteht. Der EuGH hatte bereits in der Rechtssache *Group Josi* festgehalten, dass das EuGVÜ grundsätzlich einer Anwendung seiner Zuständigkeitsvorschriften auf einen Rechtsstreit zwischen einem Beklagten in einem Vertragsstaat und einem in einem Drittland ansässigen Kläger nicht entgegen stehe[253]. Da der Sachverhalt noch einen Bezug zu einem weiteren Vertragsstaat aufwies, wurde die Entscheidung noch nicht als definitive Klarstellung der Streitfrage aufgefasst. 149

Diese **Klarstellung** ist dann in der Entscheidung in der Rechtssache *Owusu* erfolgt[254]. Darin wurde festgehalten, dass die Anwendung der Zuständigkeitsregeln des EuGVÜ einen *Auslandsbezug* verlangt. Dieser müsse sich allerdings, damit Art. 2 des EuGVÜ angewendet werden kann, nicht unbedingt daraus ergeben, dass durch den Grund der Streitigkeit oder den jeweiligen Wohnsitz der Parteien mehrere Vertragsstaaten mit einbezogen sind. Der Wortlaut von Art. 2 EuGVÜ enthalte keinen Anhaltspunkt für das Vorliegen einer solchen zusätzlichen Anwendungsvoraussetzung und der 150

in welchem die Frage gestellt wird, ob der internationale Bezug aufgrund der Staatsangehörigkeit eines der Beteiligten am Gerichtsverfahren begründet werden kann.

250 Kropholler, vor Art. 2 Rz. 8; Geimer, Berührungspunkte 31; a.A. Schack, Rz. 271; BGH 12.10.1989, BGHZ 109, 107.

251 Kropholler, vor Art. 2 Rz. 8.

252 Kropholler, vor Art. 2 Rz. 8; Rauscher-Mankowski, vor Art. 2 Rz. 11; Geimer, Berührungspunkte 31; kritisch Schack Rz. 271.

253 EuGH 13.07.2000, Rs. C-412/98, *Group Josi/UGIC*, Slg. 2000 I 5925 Rz. 33 ff.

254 EuGH 01.03.2005, Rs. C-281/02, *Owusu/Jackson*, Slg. 2005 I 1383 Rz. 24 ff.

Zweck der Vereinheitlichung der Zuständigkeitsregeln beziehe sich auch auf die Fälle des Bezugs zu einem Drittstaat[255]. Dieser Rechtsprechung des EuGH hat sich das *Bundesgericht* in Bezug auf das aLugÜ angeschlossen[256]. Sie gilt auch für das LugÜ.

151 Für die Anwendung von Art. 2 genügt es, dass der Beklagte in einem LugÜ-Staat Wohnsitz hat und die **Auslandsberührung nur zu einem Drittstaat** besteht, indem entweder der Kläger seinen Wohnsitz bzw. Sitz in einem Drittstaat hat oder bei Wohnsitz von Kläger und Beklagtem im selben LugÜ-Staat der Ort des streitigen Geschehens in einem Drittstaat belegen ist[257].

152 Es stellt sich die weitere Frage, ob das LugÜ – über seinen Wortlaut hinaus – auch dann anwendbar ist, wenn sich *der massgebliche Anknüpfungspunkt in einem Drittstaat* befindet.

153 Bezüglich **Gerichtsstandsvereinbarungen**, welche die Zuständigkeit der Gerichte eines Drittstaates vorsehen, hat der EuGH die Anwendbarkeit von Art. 17 EuGVÜ (heute 23 EuGVVO und entsprechend Art. 23 LugÜ) verneint[258]. Indessen ist eine *Ausnahme* zu machen, soweit damit die Derogation der Zuständigkeiten eines LugÜ-Staates nach Art. 13, 17 oder 21 verbunden ist; dies führte sonst zum unerwünschten Ergebnis, dass es *in Versicherungs-, Verbraucher- und Arbeitssachen* leichter wäre, zu Gunsten eines Gerichtsstandes in einem Drittstaat statt in einem anderen LugÜ-Staat von den zwingenden Zuständigkeiten des LugÜ abzuweichen[259]. Der Zweck der Schutzbestimmungen von Art. 13, 17 und 21 würde damit unterlaufen. Diese *Schutzvorschriften* differenzieren auch nicht danach, ob die Zuständigkeit eines Drittstaates oder eines anderen LugÜ-Staates vereinbart wurde[260]. Eine ähnliche Problematik besteht bei Art. 6 und Art. 22[261].

---

[255] Nr. 8 der Erwägungsgründe der EuGVVO setzt für die Anwendbarkeit derselben einen Anknüpfungspunkt nur zu einem Mitgliedstaat voraus.

[256] BGE 135 III 185 E. 3.3.

[257] EuGH 13.07.2000, Rs. C-412/98, *Group Josi/UGIC*, Slg. 2000 I 5925 Rz. 33 ff.; EuGH 01.03.2005, Rs. C-281/02, *Owusu/Jackson*, Slg. 2005 I 1383 Rz. 26; Kropholler, vor Art. 2 Rz. 8.

[258] EuGH 09.11.2000, Rs. C-387/98, *Coreck Maritime/Handelsveem*, Slg. 2000 I 9337, Rz. 19.

[259] Rauscher-Mankowski, Art. 23 Rz. 3b.

[260] Rauscher-Mankowski, Art. 23 Rz. 3b.

[261] S. dazu Komm. zu Art. 6 und 22.

4. Zeitlicher Geltungs- und Anwendungsbereich

Der **zeitliche Geltungsbereich** bestimmt sich nach Art. 69 Abs. 4. Danach tritt das LugÜ erstmals am ersten Tag des sechsten Monats in Kraft, der auf den Tag folgt, an dem die Europäische Gemeinschaft (heute Europäische Union) und ein Mitglied der Europäischen Freihandelsassoziation ihre Ratifikationsurkunden hinterlegt haben. Für jede andere Vertragspartei tritt das LugÜ am ersten Tag des dritten Monats in Kraft, der auf die Hinterlegung ihrer Ratifikationsurkunde folgt (Art. 69 Abs. 5). Das LugÜ gilt seit dem 1.1.2010 für das Gebiet der EU, von Dänemark und Norwegen und seit dem 1.1.2011 für die Schweiz. Seit dem 1.5.2011 ist es auch für Island in Kraft getreten[262]. 154

Auf das so bestimmte Inkrafttreten nimmt Art. 63 Bezug, um den **zeitlichen Anwendungsbereich** zu bestimmen. Danach ist das LugÜ auf jene Klagen und öffentliche Urkunden anzuwenden, die erhoben oder aufgenommen worden sind, nachdem das LugÜ im Ursprungsstaat und, sofern die Anerkennung und Vollstreckung einer Entscheidung oder einer öffentlichen Urkunde geltend gemacht wird, im Vollstreckungsstaat in Kraft getreten ist. Zur Ausnahme nach Art. 63 Abs. 2 s. die Komm. zu Art. 63. 155

IV. Anerkennung und Vollstreckung

Der Entscheid des Erstrichters über die Anwendbarkeit des LugÜ ist für den Anerkennungsrichter nicht bindend. Vielmehr hat dieser **selbständig** zu prüfen, ob die anzuerkennende Entscheidung in dessen Anwendungsbereich fällt[263]. Dem steht die stark eingeschränkte Überprüfungsbefugnis des Anerkennungsrichters, namentlich hinsichtlich der internationalen Zuständigkeit in Art. 35 Abs. 3, nicht entgegen. Das Gesagte gilt eben nur, wenn die anzuerkennende Entscheidung wirklich unter das LugÜ fällt. Die anzuerkennende Entscheidung muss nicht unbedingt einen internationalen Sachverhalt betreffen. Der Auslandsbezug im Sinne des Anerkennungs- 156

[262] SR 0.275.12, Geltungsbereich; Dänemark gehört zur EU, hat aber aufgrund eines Vorbehaltes gegen Titel IV des EGV (heute AEUV) das LugÜ neben der EU unterzeichnet und ratifiziert (vgl. RODRIGUEZ, Sicherung 1551).

[263] KROPHOLLER, Art. 32 Rz. 3; MARTINY, Hdb. IZVR III, 2 Kap. II Rz. 28; GEIMER/SCHÜTZE, Art. 32 Rz. 9 ff.; EuGH 14.10.1976, Rs. 29/76.

rechts ist bereits gegeben, wenn eine Entscheidung *ohne jeden Auslandsbezug* später in einem anderen LugÜ-Staat vollstreckt werden soll[264].

[264] KROPHOLLER, Art. 32 Rz. 4.

Titel II. Zuständigkeit

Abschnitt 1: Allgemeine Vorschriften

Vorbemerkungen zu Art. 2

Literatur: ACOCELLA, Internationale Zuständigkeit sowie Anerkennung und Vollstreckung ausländischer Entscheidungen in Zivilsachen im schweizerisch-italienischen Rechtsverkehr, St. Gallen 1989 (zit. ACOCELLA, Internationale Zuständigkeit); DERS., IPRG, LugÜ und die kantonalen Prozessordnungen, MIZV, Nr. 17, Zürich 1993, 1 (zit. ACOCELLA, LugÜ); DERS., Die Qualifikation des Zahlungsbefehls, der provisorischen Rechtsöffnung, der Aberkennungsklage und der Feststellungsklage gemäss Art. 85a SchKG nach dem LugÜ – Bemerkungen aus Anlass von BGE 136 III 566 und der seit dem 1.1.2011 neu eingeführten Gerichtsdefinition nach Art. 62 LugÜ, FS Schwander, (in Erscheinung begriffen) (zit. ACOCELLA, Die Qualifikation); ALTHAMMER/LÖHNIG, Zwischen Realität und Utopie: Der Vertrauensgrundsatz in der Rechtsprechung des EuGH zum europäischen Zivilprozessrecht, ZZPInt 2004, 23; AULL, Der Geltungsanspruch des EuGVÜ: «Binnensachverhalte» und Internationales Zivilverfahrensrecht in der Europäischen Union, Frankfurt a.M./Bern 1996; BALLARINO, I limiti territoriali della Convenzione di Bruxelles secondo la sentenza Owusu, Liber memorialis Petar Šarčević, München 2006, 3; BALTHASAR/RICHERS, Europäisches Verfahrensrecht und das Ende der anti-suit injunction, RIW 2009, 351; BĚLOHLÁVEK, West Tankers as a Trojan Horse with Respect to the Autonomy of Arbitration Proceedings and the New York Convention 1958, Bull ASA 2009, 646; BENECKE, Die teleologische Reduktion des räumlich-persönlichen Anwendungsbereiches von Art. 2 ff. und 17 EuGVÜ, Bielefeld 1993; BERNASCONI/GERBER, Der räumlich-persönliche Anwendungsbereich des Lugano-Übereinkommens, SZIER 1993, 39; DIES., La théorie du forum non conveniens – un regard Suisse, IPRax 1994, 3; BERTI, Englische Anti-suit injunctions im europäischen Zivilprozessrecht, Siehr, Den Haag 2000, 93; DERS., Are Anti-Suit Injunctions in support of Arbitration compatible with EC Regulation 44/2001?, Mélanges en l'honneur de Pierre Tercier, Zürich 2008, 739; BRIGGS, The Impact of Recent Judgments of the European Court on English Procedural Law and Practice, ZSR 2005 II, 231; BROGGINI, Problèmes particuliers concernant les règles de compétence de la Convention de Lugano, in: Gillard Nicolas (Hrsg.), L'espace judiciare européen, Lausanne 1992, 31; DERS., La Convenzione di Lugano: Introduzione e interpretazione; la competenza giurisdizionale, Rep. 1992, 3; BRUNS, Zur Reichweite der Zuständigkeitsordnung von EuGVÜ und EuGVVO bei Drittstaatenberührung, JZ 2005, 887; BUCHER ANDREAS, L'examen de la compétence internationale par le juge suisse, SJ 2007 II 153; BUHR, Europäischer Justizraum und revidiertes Lugano-Übereinkommen, Bern 2010; BURGER, Le point sur la théorie des faits de double pertinence («doppelrelevante Tatsachen») en arbitrage international – commentaire de l'ATF 4A_160/2009, Bull ASA 2010, 308; BURGSTALLER/NEUMAYR, Beobachtungen zu Grenzfragen der internationalen Zuständigkeit: Von *forum non conveniens* bis Notzuständigkeit, FS Schlosser, Tübingen 2005, 119; DASSER, Anwendungsbereich des Lugano-Übereinkommens – Bundesgericht übernimmt Owusu-Rechtsprechung des EuGH, Jusletter 18. Mai 2009; DERS, Feststellungsinteresse in internationalen Verhältnissen, Jusletter 29. August 2003; DERS., Anwendbarkeit des Lugano Übereinkommens – Einlassung unter Art. 18 LugÜ, Jusletter 9. Dezember 2002; DUTTA/HEINZE, Anti-suit injunctions zum Schutz von Schiedsvereinbarungen, RIW 2007, 411; GAUDEMET-TALLON, Le «forum non conveniens», une menace pour la Convention de Bruxelles?, Rev. crit. 1991, 491; GEBAUER, Internationale Zuständigkeit und Prozessaufrechnung, IPRax 1998, 79; DERS., Drittstaaten- und Gemeinschaftsbezug im europäischen Recht der internationalen Zuständigkeit, ZEuP 2000, 943; GEIMER, Zur internationalkompetenzrechtlichen Perspektive der Prozessaufrechnung: Die internationale Zuständigkeit Deutschlands für die Aufrechnungsforderung als Voraussetzung für die Beachtung der Aufrechnung im deutschen Prozess, IPRax 1994, 82 (zit. GEIMER, Prozessaufrechnung); DERS., EuGVÜ und Aufrechnung: Keine Erweiterung der internationalen Entscheidungszuständigkeit – Aufrechnungsverbot bei Abweisung der Klage wegen internationaler Unzuständigkeit, IPRax 1986, 208 (zit. GEIMER, Aufrechnung); DERS., Ungeschriebene Anwendungsgrenzen des EuGVÜ: Müssen Berührungspunkte zu mehreren Vertragsstaaten bestehen?, IPRax 1991, 31(zit. GEIMER, Berührungspunkte); GROLIMUND, Drittstaatenproblematik des europäischen Zivilverfahrensrechts, Tübingen 2000; DERS., Human Rights and Jurisdiction: General Observations and Impact on the Doctrines of Forum Non Conveniens and Forum Conveniens, EJLR 2002, 87; HAU, Durchsetzung von Zuständigkeits- und Schiedsvereinbarungen mittels Prozessführungsverboten im EuGVÜ: Neuere Rechtsprechung des Court of Appeal zu obligation-based antisuit injunctions, IPRax 1996, 44; HEINZE/DUTTA, Ungeschriebene Grenzen für europäische Zuständigkeiten bei Streitigkeiten mit Drittstaatenbezug, IPRax 2005, 224; HOFFMANN-NOWOTNY, Doppelrelevante Tatsachen in Zivilprozess und Schiedsverfahren, Zürich/St. Gallen 2010; JAYME/KOHLER, Das Internationale Privat- und Verfahrensrecht der EG 1991 – Harmonisierungsmodell oder Mehrspurigkeit des Kollisionsrechts, IPRax 1991, 361; HUBER, Die englische forum-non-conveniens-Doktrin und ihre Anwendung im Rahmen des Europäischen Gerichtsstands- und Vollstreckungsübereinkommens, Berlin 1994; HUBER/STIEBER, Anmerkung zu EuGH, 1.3.2005, Rs. C-281/02, ZZPInt 2005, 277; ILLMER, La vie après Gasser, Turner et West Tankers – Die Anerkennung drittstaatlicher anti-suit injunctions in Frankreich, IPRax 2010, 456; DERS., Antisuit injunctions zur Durchsetzung von Schiedsvereinbarungen in Europa – der letzte Vorhang ist gefallen, IPRax 2009, 312; KÄHR, Der Kampf um den Gerichtsstand – Forum Shopping im internationalen Verfahrensrecht der Schweiz, Zürich 2010; KOLLER/MAUERHOFER, Die mietrechtliche Rechtsprechung des Bundesgerichts im Jahr 2008, ZBJV 2010, 57; KNOEPFLER, Réflexions sur la théorie des faits doublement pertinents, AJP 1998, 787; KREN KOSTKIEWICZ/RODRIGUEZ, Der unwidersprochene Zahlungsbefehl im revidierten Lugano-Übereinkommen, Jusletter 26. April 2010; KROPHOLLER, Problematische Schranken der europäischen Zuständigkeitsordnung gegenüber Drittstaaten, FS Ferid, Frankfurt a.M. 1988, 239; KRUGER, Civil Jurisdiction Rules of the EU and their Impact on Third States, New York 2008; LEVANTE, Wohnsitz und gewöhnlicher Aufenthalt im schweizerischen IPR und IZPR, St. Gallen 1998; LIATOWITSCH/BERNET, Probleme bei parallelen Verfahren vor staatlichen Gerichten und vor Schiedsgerichten, in: Spühler (Hrsg.), Internationales Zivilprozess- und Verfahrensrecht IV, Zürich 2005, 139; MANKOWSKI, Die Lehre von den «doppelrelevanten Tatsachen» auf dem Prüfstand der internationalen Zuständigkeit, IPRax 2006, 454; MARKUS/GIROUD, A Swiss Perspective on *West Tankers* and Its Aftermath, Bull ASA 2010, 230; MCELEAVY/CUNIBERTI, Forum non conveniens and the Brussels Convention, ICLQ 2005, 973; MEYER, Die tückischen Folgen der «Owusu»-Rechtsprechung für die Anwendung des Lugano-Übereinkommens im Verhältnis zu Drittstaaten, ZZZ 2010, 169; NORTH, The Brussels Convention and Forum Non Conveniens, IPRax 1992, 183; NUYTS, L'exception de forum non conveniens, Brüssel 2002; OST, Doppelrelevante Tatsachen im internationalen Zivilverfahrensrecht, Frankfurt a.M. 2002; POUDRET, Les règles de competénce de la Convention de Lugano confrontées à celles du droit Suisse, en particulier à l'article 59 de la Constitution, in: Gillard Nicolas (Hrsg.), L'espace judiciare européen, Lausanne 1992, 57; RAUSCHER/FEHRE, Das Ende des forum non conveniens unter dem EuGVÜ und der Brüssel I-VO?, ZEuP 2006, 459; RODRIGUEZ, Beklagtenwohnsitz und Erfüllungsort im europäischen IZPR, Zürich 2005; ROMANO, Principe de sécurité juridique, système de Bruxelles I/Lugano et quelques arrêts récents de la CJCE, in: Bonomi/Cashin Ritaine/Romano (Hrsg.), La Convention de Lugano. Passé, présent et devenir, Genf/Zürich/Basel 2007, 165; SCHACK, Die Versagung der deutschen internationalen Zuständigkeit wegen forum non conveniens und lis alibi pendens, RabelZ 1994, 40; SCHLOSSER, Unzulässige Diskriminierung nach Bestehen oder Fehlen eines EG-Wohnsitzes im europäischen Zivilprozessrecht, FS Heldrich, München 2005, 1007; SCHMID, Die Verrechnung vor staatlichen Gerichten, Jusletter 15. September 2008; SCHUMANN, Internationale Zuständigkeit: Besonderheiten, Wahlfeststellung, doppelrelevante Tatsachen, FS

Heinrich Nagel, Münster 1987, 402; SCHWANDER, Gerichtszuständigkeiten im Lugano-Übereinkommen, in: SCHWANDER, LugÜ, 61 (zit. SCHWANDER, in: SCHWANDER, LugÜ); DERS., Besprechung neuerer Gerichtsentscheidungen zum internationalen Zivilprozessrecht, in: Spühler, Internationales Zivilprozess- und Verfahrensrecht V, Zürich 2005, 109 (zit. SCHWANDER, Besprechung); VOLKEN A., Die örtliche Zuständigkeit gemäss Lugano-Übereinkommen, ZWR 1992, 121; ZIMMERLI, Die Verrechnung im Zivilprozess und in der Schiedsgerichtsbarkeit, Basel 2003.

Übersicht *Seite*

I. Die Zuständigkeitsordnung des LugÜ im Allgemeinen

Das LugÜ regelt in seinem zweiten Titel die **internationale** Zuständigkeit der Gerichte. Es handelt sich um die *direkte* internationale Zuständigkeit, also um die Entscheidungszuständigkeit der inländischen Gerichte insgesamt im Verhältnis zur Zuständigkeit der Gerichte des Auslands[1]. Reine Inlandsfälle erfasst das LugÜ nicht. Die Anwendung des LugÜ setzt einen wesentlichen Auslandsbezug voraus (s. Art. 1 Rz. 147). 1

Nicht erfasst vom LugÜ ist hingegen die **Gerichtsbarkeit**. Immunitätsfragen sind nach dem Völkerrecht bzw. nach autonomem Recht zu beurteilen[2]. 2

Die Zuständigkeitsordnung des LugÜ ist als **abschliessend** zu verstehen. Zuständigkeiten des autonomen Rechts eines LugÜ-Staates werden im Rahmen des Anwendungsbereichs des LugÜ verdrängt[3]. Allerdings gilt für 3

1 ACOCELLA, Internationale Zuständigkeit 57.

2 KROPHOLLER, vor Art. 2 Rz. 4; WALTER 182; Schlussantrag Generalanwalt zu EuGH 15.02.2007, Rs. C-292/05, *Lechouritou u.a/Bundesrepublik Deutschland*, Slg. 2007 I 1519 Rz. 22 ff.

3 BGE 129 III 738 E. 3.2; 124 III 134 E. 2b/aa/aaa; KROPHOLLER, vor Art. 2 Rz. 18; ACOCELLA, LugÜ 4.

die Bestimmung der *örtlichen* Zuständigkeit nationales Recht, soweit diese nicht durch das LugÜ *mitgeregelt* ist (s. dazu Art. 2 Rz. 7). Die Zuständigkeitsordnung ist in sich geschlossen. Es können keine zusätzlichen Zuständigkeiten auf dem Wege der Lückenfüllung beansprucht werden.

4 In besonders gelagerten Fällen, z.B. bei drohender Rechtsschutzverweigerung, ist gestützt auf Art. 6 EMRK eine **Notzuständigkeit** zu eröffnen. Dieser Fall könnte dann eintreten, wenn ein Urteil aus einem LugÜ-Staat in einem anderen LugÜ-Staat wegen Verstoss gegen den ordre public nicht anerkannt werden kann, Rechtsschutz aber gerade in diesem LugÜ-Staat benötigt wird, weil hier Vermögen liegt, in das vollstreckt werden kann[4].

5 Die in Art. 2 geregelte Zuständigkeit im Wohnsitzstaat des Beklagten ist die allgemeine, ordentliche Zuständigkeit[5]. Sie **konkurriert** mit den besonderen, im zweiten Abschnitt des zweiten Titels des LugÜ festgelegten Zuständigkeiten (für bestimmte Klagen). Der 3., 4. und 5. Abschnitt enthalten besondere Zuständigkeiten für Versicherungs-, Verbraucher- und Arbeitssachen. Diese zum Schutze *der schwächeren Partei* vorgesehenen Zuständigkeitsregelungen sind jeweils als abschliessend zu betrachten, es sei denn, sie lassen andere Normen (Art. 4 und 5 Nr. 5) zu[6]. Zudem ist die Zulässigkeit der Gerichtsstandsvereinbarung eingeschränkt (Art. 13, 17 und 21)[7]. Der 6. Abschnitt legt die *ausschliesslichen* Zuständigkeiten fest und der 7. Abschnitt behandelt die im internationalen Rechtsverkehr wichtigen Zuständigkeitsvereinbarungen, nähmlich die *Gerichtsstandsvereinbarung* und die *vorbehaltlose Einlassung* auf das Verfahren.

6 Die Zuständigkeitsordnung des LugÜ knüpft grundsätzlich **an den Wohnsitz des Beklagten** an. Die meisten Zuständigkeitsbestimmungen setzen voraus, dass der Beklagte Wohnsitz bzw. Sitz in einem LugÜ-Staat hat[8]. In *Versicherungs-, Verbraucher- und Arbeitssachen* genügen eine Zweigniederlassung, Agentur oder sonstige Niederlassung des Versicherers, des Vertragspartners des Verbrauchers oder des Arbeitgebers (Art. 9 Abs. 2, Art. 15 Abs. 2 und Art. 18 Abs. 2). Die *ausschliesslichen* Zuständigkeiten gemäss Art. 22 kommen *unabhängig* davon zur Anwendung, ob die

---

[4] Geimer/Schütze, Art. 34 Rz. 197 f.

[5] Schwander, in: Schwander, LugÜ 64.

[6] Rauscher-Mankowski, Vorbem. Art. 2 Rz. 4; s. auch Art. 18 Rz. 4.

[7] Nicht jedoch die rügelose Einlassung nach Art. 24 LugÜ, Kropholler, Art. 24 Rz. 16; s. eingehend Art. 21 Rz. 21 f.

[8] Schwander, in: Schwander, LugÜ 62.

Parteien Wohnsitz in einem LugÜ-Staat haben. Es genügt, wenn die in Art. 22 jeweils vorausgesetzte Beziehung zum LugÜ-Staat vorliegt (Lageort der unbeweglichen Sache, Sitz der Gesellschaft, Registerort, Ort der Zwangsvollstreckung). Bei der Gerichtsstandsvereinbarung gemäss Art. 23 schliesslich wird nicht vorausgesetzt, dass gerade der *Beklagte* seinen Wohnsitz in einem LugÜ-Staat hat, sondern es genügt, wenn eine der Parteien in einem LugÜ-Staat wohnt.

Liegt der Wohnsitz des Beklagten im **Gerichtsstaat**, so ist die Zuständig- 7
keit dieses LugÜ-Staates gegeben. Liegt der Wohnsitz des Beklagten hingegen in einem anderen LugÜ-Staat so sind die Gerichte des Forumstaates nur nach den Vorschriften der Art. 5-24 zuständig (Art. 3 Abs. 1). Vorbehalten bleibt die Zuständigkeit gestützt auf einen Staatsvertrag gemäss Art. 67 (s. Art. 3 Rz. 5). Falls der Beklagte **keinen** Wohnsitz in einem LugÜ-Staat hat, gelten nach Art. 4 Abs. 1, vorbehältlich der Art. 22 und 23, die Zuständigkeiten gemäss *nationalem* Recht.

Unter dem mit «Zuständigkeit» benannten Titel II werden noch drei *mit* 8
der Zuständigkeit eng verbundene Fragenkomplexe geregelt: nämlich die Prüfung der Zuständigkeit im Prozess (s. Komm. zu Art. 25 und 26), die internationale Rechtshängigkeit (s. Komm. zu Art. 27-30) und die Zuständigkeit zum Erlass einstweiliger Massnahmen (s. Komm. zu Art. 31).

II. Internationale und innerstaatliche Zuständigkeit

Das LugÜ regelt grundsätzlich die internationale Zuständigkeit. Davon zu 9
unterscheiden ist die **innerstaatliche** Zuständigkeit, welche man in sachliche, örtliche und funktionelle Zuständigkeit zu unterteilen pflegt[9]. Die *sachliche* und *funktionelle* Zuständigkeit bilden grundsätzlich nicht Gegenstand des LugÜ[10]; die *örtliche* hingegen ist im LugÜ häufig zugleich mit der internationalen Zuständigkeit geregelt (z.B. Art. 5).

[9] ACOCELLA, Internationale Zuständigkeit 57 f.

[10] Ausnahmen: Art. 2 Abs. 2, Art. 6 Nr. 3, Art. 39 Abs. 1.

III. Konkurrierende und ausschliessliche Zuständigkeit

10 Die **besonderen** Zuständigkeiten der Art. 5 bis 7 *konkurrieren* mit der allgemeinen Zuständigkeit im Wohnsitzstaat des Beklagten gemäss Art. 2. Der Kläger kann wählen, in welchem LugÜ-Staat er klagen will, und so auf das Kollisionsrecht und das anwendbare Sachrecht Einfluss nehmen. Insofern ist das *forum shopping* zulässig und legitim[11]. Der EuGH spricht mehrmals von einem Regel-Ausnahme-Prinzip[12]. Der Gerichtsstand des Wohnsitzsstaates nach Art. 2 und die besonderen Zuständigkeiten gemäss Art. 5 bis 7 stehen indessen gleichberechtigt konkurrierend nebeneinander. Das Regel-Ausnahme-Prinzip sollte einer *normzweckorientierten* Auslegung weichen[13]. Der EuGH hat sich im Ergebnis nicht selten dieser Auslegung bedient[14].

11 Das LugÜ kennt auch **ausschliessliche** Zuständigkeiten[15]. Diese sind in Art. 22 geregelt und verdrängen sowohl die allgemeine Zuständigkeit im Wohnsitzstaat des Beklagten als auch die besonderen Zuständigkeiten nach Art. 5 ff., samt jener in Versicherungs-, Verbraucher- und Arbeitssachen[16]. Gerichtsstandsvereinbarung und Einlassung sind unzulässig. Die Gerichtsstandsvereinbarung nach Art. 23 begründet ebenfalls grundsätzlich eine ausschliessliche Zuständigkeit, die aber wie bereits erwähnt, gegenüber Art. 22 nachrangig ist[17]. Die Ausschliesslichkeit von Art. 23 ist im Fall der rügelosen Einlassung nach Art. 24 unbeachtlich[18].

12 Die Ausschliesslichkeit nach Art. 22 gilt *nicht* gegenüber den über Art. 31 verwiesenen **Eilgerichtsständen** des nationalen Rechts[19].

---

11 Schack Rz. 252; Rauscher-Mankowski, Vorbem. Art. 2 Rz. 3.

12 EuGH 27.08.1988, Rs. 189/87, *Kalfelis/Schröder*, Slg. 1988, 5565; EuGH 11.01.1990, Rs. 220/88, *Dumez. France/Hessische Landesbank*, Slg. 1990 I 49.

13 Kropholler, vor Art. 5 Rz. 3.

14 Zur weiten Auslegung von Art. 5 s. Art. 5 Rz. 45 ff.

15 Zur Begriffsbestimmung aus der Optik des nationalen IPRG-Gesetzgebers s. Acocella, Internationale Zuständigkeit 62 ff.

16 Rauscher-Mankowski, Art. 22 Rz. 18a; zum Teil abweichenden Begriff der Ausschliesslichkeit in Arbeitssachen s. Art. 18 Rz. 5.

17 Rauscher-Mankowski, Vorbem. Art. 2 Rz. 2.

18 EuGH 20.05.2010, Rs. C-111/09, *Česká/Bilas*, Rz. 25; EuGH 24.06.1981, Rs. 150/80, *Elefanten Schuh/Jacqmain*, Slg. 1981 1671 Rz. 10; EuGH 07.03.1985, Rs. 48/84, *Spitzley/Sommer*, Slg. 1985 787 Rz. 24 ff.; Kropholler, Art. 24 Rz. 17.

19 Rauscher-Mankowski, Art. 22 Rz. 1.

IV. Keine Berührungspunkte zu mehreren LugÜ-Staaten

Wie bereits ausgeführt kommt die Zuständigkeitsordnung des LugÜ zur Anwendung, wenn eine minimale, je nach den einzelnen Zuständigkeitsvorschriften näher zu bestimmende **Auslandsberührung** vorliegt (s. dazu Art. 1 Rz. 147). Aus Art. 5 ergibt sich, dass der Wohnsitz des Beklagten und das angerufene Gericht in verschiedenen LugÜ-Staaten liegen müssen[20]. Dort wo der Wortlaut einen Bezug zu mehreren LugÜ-Staaten nicht vorsieht, ist inzwischen klargestellt, dass es keine zusätzliche allgemeine Anwendungsvoraussetzung gibt, wonach der Rechtsstreit Berührungspunkte zu *mehreren* LugÜ-Staaten aufweisen müsse[21]. 13

Es steht nunmehr aufgrund der Rechtsprechung des EuGH fest, dass es für die Anwendung von **Art. 2** genügt, wenn der Beklagte in einem LugÜ-Staat Wohnsitz hat und *die Auslandsberührung nur zu einem Drittstaat* besteht. Diese besteht dann, wenn entweder der Kläger seinen Wohnsitz bzw. Sitz in einem Drittstaat hat oder bei Wohnsitz des Klägers und Beklagten im selben LugÜ-Staat der Ort des streitigen Geschehens sich in einem Drittstaat befindet[22]. 14

Bezüglich der **ausschliesslichen** Zuständigkeiten gemäss Art. 22 genügt es für dessen Anwendung, dass einer der dort erwähnten zuständigkeitsrelevanten Anknüpfungspunkte in *einem* LugÜ-Staat liegt. Einen Bezugspunkt zu einem anderen LugÜ-Staat wird nicht gefordert[23]. Für die Gerichtsstandsvereinbarung nach Art. 23 ist gemäss Wortlaut nur vorausgesetzt, dass **mindestens** eine der Parteien in einem LugÜ-Staat wohnt. Auch hier sind keine Berührungspunkte zu mehreren LugÜ-Staaten erforderlich[24]. 15

---

[20] KROPHOLLER, vor Art. 2 Rz. 8.

[21] EuGH 13.07.2000, Rs. C-412/98, *Group Josi/UGIC*, Slg. 2000 I 5925 Rz. 33 ff.; EuGH 01.03.2005, Rs. C-281/02, *Owusu/Jackson*, Slg. 2005 I 1383 Rz. 24 ff.; BGE 135 III 185 E. 3.3; KROPHOLLER, vor Art. 2 Rz. 8; GEIMER, Berührungspunkte 31; kritisch SCHACK Rz. 271.

[22] EuGH 13.07.2000, Rs. C-412/98, *Group Josi/UGIC*, Slg. 2000 I 5925 Rz. 33 ff.; EuGH 01.03.2005, Rs. C-281/02, *Owusu/Jackson*, Slg. 2005 I 1383 Rz. 26; KROPHOLLER, vor Art. 2 Rz. 8.

[23] EuGH 01.03.2005, Rs. C-281/02, *Owusu/Jackson*, Slg. 2005 I 1383 Rz. 28; KROPHOLLER, vor Art. 2 Rz. 8; BSK IPRG-SCHNYDER/GROLIMUND, Art. 1 Rz. 44; RAUSCHER-MANKOWSKI, Art. 22 Rz. 2a.

[24] EuGH 01.03.2005, Rs. C-281/02, *Owusu/Jackson*, Slg. 2005 I 1383 Rz. 28; KROPHOLLER, vor Art. 2 Rz. 8; BSK IPRG-SCHNYDER/GROLIMUND, Art. 1 Rz. 45; RAUSCHER/MANKOWSKI, Art. 23 Rz. 5.

16 Zum Fall, dass der massgebende Anknüpfungspunkt sich in einem *Drittstaat* befindet s. Art. 1 Rz. 152 f.

V. Forum non conveniens und das LugÜ

17 Die Zuständigkeitsordnung des LugÜ ist, wie bereits angeführt, als abschliessend zu betrachten. Es können grundsätzlich keine zusätzlichen Zuständigkeiten auf dem Wege der Lückenfüllung beansprucht werden[25]. Umgekehrt besteht auch nicht die Möglichkeit, die im LugÜ vorgesehenen Zuständigkeiten unter Berufung auf die ***forum non conveniens*-Doktrin** auszuschalten[26]. Das Vereinigte Königreich und Irland, in denen die Gerichte sich nach autonomem Recht auf die Lehre des *forum non conveniens* stützen können, haben dies anerkannt[27].

18 Nur wenn sich der Wohnsitz des Beklagten in einem **Drittstaat** befindet und daher gemäss Art. 4 autonomes Zuständigkeitsrecht gilt, kann sich ein Gericht in England oder Irland als *forum non conveniens* erklären und zwar auch dann, wenn eine konkurrierende Zuständigkeit in einem anderen LugÜ-Staat nach dessen autonomem Recht besteht[28]. Hingegen ist entsprechend dem Vorbehalt in Art. 4 die Einrede des *forum non conveniens* auch bei Wohnsitz des Beklagten in einem Drittstaat unzulässig, wenn die Zuständigkeit eines LugÜ-Staates *aufgrund von Art. 22 oder 23* gegeben ist[29].

19 Die englische Rechtsprechung war zunächst der Auffassung, dass bei Wohnsitz des Beklagten in England **im Verhältnis zu Drittstaaten** – wenn keine Berührungspunkte zu anderen LugÜ-Staaten gegeben waren – Art. 2 EuGVÜ die englischen Gerichte *nicht* daran hindere, sich zugunsten eines ausländischen Gerichts als *forum non conveniens* zu betrachten[30]. Diese Frage, bei der auch die Problematik der Berührungspunkte zu mehreren LugÜ-Staaten tangiert ist[31], wurde nunmehr mit der Entscheidung in der Rechtssache *Owusu*[32] wie folgt geklärt: auch wenn *keine Zuständigkeit* ei-

[25] Zur Notzuständigkeit s. Rz. 4.
[26] Kropholler, vor Art. 2 Rz. 20; Donzallaz Rz. 4370; vgl. auch BGE 133 III 282 E. 4.6.
[27] Bericht Schlosser Rz. 78.
[28] Kropholler, vor Art. 2 Rz. 20; Rauscher-Mankowski, Vorbem. Art. 2 Rz. 16.
[29] Rauscher-Mankowski, Vorbem. Art. 2 Rz. 15d.
[30] Ablehnend Jayme/Kohler 363.
[31] Jayme/Kohler 365.
[32] EuGH 01.03.2005, Rs. C-281/02, *Owusu/Jackson*, Slg. 2005 I 1383.

nes Gerichts eines anderen LugÜ-Staats in Betracht kommt oder das Verfahren *keinen Anknüpfungspunkt* zu einem anderen LugÜ-Staat aufweist, ist das LugÜ anzuwenden und die Einrede des *forum non conveniens* mit dem EuGVÜ nicht vereinbar[33].

Gemäss EuGH sei Art. 2 EuGVÜ **zwingend** und seinem Wortlaut nach dürfe von der dort aufgestellten Regel nur in den im Übereinkommen ausdrücklich vorgesehenen Fällen abgewichen werden. Die Einrede des *forum non conveniens* sei von den Verfassern des Übereinkommens nicht vorgesehen worden. Diese sei im Zusammenhang mit dem Beitritt Irlands und des Vereinigten Königreichs auch erörtert worden. Zudem beeinträchtige die Anwendung der Doktrin des *forum non conveniens,* welche dem mit einer Rechtssache befassten Gericht ein weites Ermessen bei der Frage einräume, ob ein ausländischer Richter für die Entscheidung des Rechtsstreits in der Sache geeigneter sei, die *Voraussehbarkeit* der Zuständigkeitsregeln des Brüsseler Übereinkommens, insbesondere des Art. 2, und damit *das Prinzip der Rechtssicherheit*, das Grundlage des Übereinkommens sei. 20

Ferner würde auch der **Rechtsschutz** der in der Gemeinschaft ansässigen Personen beeinträchtigt. Denn zum einen wäre der Beklagte, der sich vor den Gerichten seines Wohnsitzes im Allgemeinen besser verteidigen kann, nicht in der Lage, ohne weiteres vorauszusehen, vor welchem anderen Gericht er verklagt werden könne. Zum anderen hätte der Kläger im Falle der Einrede des *forum non conveniens* nachzuweisen, dass er vor dem betreffenden ausländischen Gericht nicht zu seinem Recht kommen kann, oder er müsste, wenn das mit dem Rechtsstreit befasste Gericht beschliesst, der Einrede stattzugeben, dartun, dass das ausländische Gericht für die Entscheidung des Rechtsstreites nicht zuständig sei bzw. dass er dort in Wirklichkeit keinen tatsächlichen Rechtsschutz erlangen könne. 21

Schliesslich könne die Zulassung der Einrede des *forum non conveniens* **die einheitliche Anwendung der Zuständigkeitsregeln** des Brüsseler Übereinkommens gefährden, da diese Einrede nur in einigen wenigen Vertragsstaaten anerkannt ist[34]. Diese Rechtsprechung überzeugt. Allein *feste* Regeln gewährleisten die im Zuständigkeitsrecht wichtige *Rechtssicher-* 22

33 Die Frage wurde bereits im Rahmen eines vom House of Lords eingeleiteten Vorlageverfahren durch den EuGH aufgeworfen. Ein Entscheid blieb infolge Vergleichs der Parteien aus (Kropholler, vor Art. 2 Rz. 20).

34 EuGH 01.03.2005, Rs. C-281/02, *Owusu/Jackson*, Slg. 2005 I 1383 Rz. 41 ff.

heit. Für die Ablehnung der Zuständigkeit nach *forum non conveniens*-Grundsätzen spricht auch *die europäische Gerichtsstandsgarantie* für den Kläger. Der Kläger soll das volle Wahlrecht unter den durch das LugÜ eröffneten Gerichtsständen haben. Des Weiteren ist die Gefahr negativer Kompetenzkonflikte zu vermeiden[35].

23 Diese Argumente gelten gleichermassen auch bei einem **Drittstaatenbezug**. Der Gedanke einer *Differenzierung* zwischen Fällen unter den LugÜ-Staaten und Fällen mit nur einem Drittstaatenbezug liegt der Zuständigkeitsordnung des LugÜ nicht zugrunde (dazu Rz. 13). Deshalb gilt die Doktrin vom *forum non conveniens* auch dann, wenn der Kläger in einem Drittstaat, der Beklagte aber in einem LugÜ-Staat wohnt[36]. Allerdings ist nicht immer klar, wann das LugÜ in Fällen mit Drittstaatenbezug bzw. mit relevantem Anknüpfungspunkt in einem Drittstaat anwendbar ist und ob diesfalls die Berufung auf das *forum non conveniens* statthaft ist. Dem EuGH wurden bereits diverse Fragen in diesem Zusammenhang vorgelegt, die er mangels Relevanz im konkreten Fall nicht zu beantworten hatte.

24 Im Fall *Owusu* hatte das Vorlagegericht nämlich die Frage der Vereinbarkeit des *forum non conveniens* mit dem EuGVÜ auch für den Fall der *Rechtshängigkeit* oder eines *Sachzusammenhangs* mit einem vor einem Gericht eines *Nichtvertragsstaates* anhängigen Verfahren, einer *Zuständigkeitsvereinbarung* zugunsten eines solchen Gerichts oder eines Anknüpfungspunktes nach Art. 16 EuGVÜ (heute Art. 22 EuGVVO bzw. Art. 22 LugÜ) in einem *Nicht-LugÜ-Staat* gestellt[37]. In diesen Fällen sollte die Einrede des *forum non conveniens nicht* zugelassen werden.

25 Soweit ein Anknüpfungspunkt i.S.v. Art. 22 in einem *Drittstaat* liegt, bedeutet dies nicht, dass ein LugÜ-Staat *verpflichtet* ist, die ausschliessliche Zuständigkeit anzuerkennen. Eine **Reflexwirkung** von Art. 22 ist aus entstehungsgeschichtlichen und systematischen Gründen abzulehnen. Nach Art. 25 hat sich ein Gericht eines LugÜ-Staates nur dann von Amtes wegen für unzuständig zu erklären, wenn die Gerichte *eines anderen LugÜ-Staates* aufgrund von Art. 22 ausschliesslich zuständig sind. Der Beklagtenwohnsitz oder die besonderen Zuständigkeiten des LugÜ sind zuständig-

---

35 KROPHOLLER, vor Art. 2 Rz. 20; RAUSCHER-MANKOWSKI, Vorbem. Art. 2 Rz. 15.

36 RAUSCHER-MANKOWSKI, Vorbem. Art. 2 Rz. 15d; GEIMER/SCHÜTZE, Art. 2 Rz. 68; a.A. SCHLOSSER, Vorbem. Art. 2 Rz. 6.

37 EuGH 01.03.2005, Rs. C-281/02, *Owusu/Jackson*, Slg. 2005 I 1383 Rz. 47 f.

keitsrechtlich ein genügender Anknüpfungspunkt und die LugÜ-Staaten können sich nicht ohne Verletzung des *Justizgewährungsanspruches* und der *Gerichtsstandsgarantie* für den Kläger auf das *forum non conveniens* berufen[38].

Im Falle der Vereinbarung einer drittstaatlichen Zuständigkeit ist die Berufung auf das *forum non conveniens* grundsätzlich zulässig, da die **Derogation** der Zuständigkeiten des LugÜ *nach nationalem Recht* der LugÜ-Staaten beurteilt wird[39]. Eine *Ausnahme* ist bei den zwingenden Zuständigkeiten *in Versicherungs-, Verbraucher- und Arbeitssachen* zu machen. Hier ist die analoge Anwendung von Art. 23 vorzuziehen, denn es wäre zweckwidrig, wenn in Missachtung des nach Art. 13, 17 und 21 geltenden grundsätzlichen Verbots von Gerichtsstandsvereinbarungen von den Zuständigkeiten des LugÜ leichter zu Gunsten drittstaatlicher als zu Gunsten der Gerichte eines anderen LugÜ-Staates abgewichen werden könnte[40]. 26

Ist eines der Verfahren in einem **Drittstaat** eingeleitet worden, so gelten die Art. 27–30 über die Rechtshängigkeit *nicht*[41]. Die Beachtung der Rechtshängigkeit richtet sich nach dem im Verhältnis zum Drittstaat geltenden *Staatsvertragsrecht* oder *nach autonomem Recht*, aber nur insoweit, als *feste* Rechtshängigkeitsregeln bestehen, ansonsten die Pflicht zur Justizgewährung gemäss LugÜ vorgeht[42]. 27

Das LugÜ enthält auch insofern **feste Gerichtsstandsregeln,** als ein nach diesem zuständiges Gericht sich nicht unter Berufung auf die *comity*, die *völkerrechtliche Freundlichkeit*, als unzuständig erklären kann[43]. 28

---

38 Rauscher-Mankowski, Vorbem. Art. 2 Rz. 15f; Geimer/Schütze, Art. 22 Rz. 12 ff.; a.A. Donzallaz Rz. 4372.

39 EuGH 09.11.2000 Rs. C-387/98, *Coreck Maritime/Handelsveem*, Slg. 2000 I 9337 Rz. 19; Kropholler, Art. 23 Rz. 14; a.A. Schack Rz. 531; Geimer/Schütze, Art. 23 Rz. 41 ff.

40 Rauscher-Mankowski, Vorbem. Art. 23 Rz. 3b; Kropholler, Art. 23 Rz. 14; Polivka 58; vgl. eingehend hinten Art. 21 Rz. 8.

41 Kropholler, vor Art. 27 Rz. 2; Rauscher-Leible, 27 Rz. 3.

42 Magnus/Mankowski-Fentiman, Introduction to 27–30 Rz. 60; Rauscher-Mankowski, Vorbem. Art. 2 Rz. 15 f.; Geimer/Schütze, Einl. Rz. 252; Bruns 892.

43 Rauscher-Mankowski, Vorbem. Art. 2 Rz. 16a.

VI. Unzulässigkeit von Klageverboten, insbesondere der anti-suit injunction

29 *Anti-suit injunctions* sind Prozessführungsverbote, mit denen das Gericht einer Partei eines bei ihm anhängigen Verfahrens untersagt, eine Klage vor einem anderen (ausländischen) Gericht zu erheben oder ein dortiges Verfahren weiterzubetreiben. Solche *anti-suit injunctions* verwendet die *englische* Rechtsprechung insbesondere, um **Gerichtsstands- und Schiedsklauseln** zu Gunsten der Londoner Gerichte gegenüber den Gerichten anderer Staaten durchzusetzen.

30 Der EuGH hat in seiner Entscheidung in der Rechtssache *Turner/Grovit* die Zulässigkeit der ***anti-suit injunctions*** verneint[44], selbst für den Fall, dass die Partei in dem ausländischen Vertragsstaat *wider Treu und Glauben* zu dem Zweck handelt, das in England bereits anhängige Verfahren zu behindern. Der EuGH berief sich dabei auf den Grundsatz des gegenseitigen Vertrauens, der dem EuGVÜ (und entsprechend auch der EuGVVO bzw. dem LugÜ) zugrunde liegt und der es ermöglicht hat, ein verbindliches Zuständigkeitssystem und ein vereinfachtes Anerkennungs- und Vollstreckungsverfahren zu schaffen.

31 Er führte aus, dass im Anwendungsbereich des Übereinkommens dieses von jedem der Gerichte der Vertragsstaaten *mit gleicher Sachkenntnis* ausgelegt und angewandt werden könne und, abgesehen von begrenzten Ausnahmen, *die Prüfung der Zuständigkeit eines Gerichts* durch das Gericht eines anderen Vertragsstaates nicht gestatte. Die Zulassung von *anti-suit injunctions* bewirke für ein ausländisches Gericht eine Beeinträchtigung seiner Entscheidungszuständigkeit. Wenn dem Kläger die Erhebung einer solchen Klage untersagt werde, liege **ein Eingriff in die Zuständigkeit** *des ausländischen Gerichts* vor, der als solcher mit der Systematik des Übereinkommens unvereinbar sei. An dieser Beurteilung ändere nichts, dass es sich bloss um einen mittelbaren Eingriff handle und nur darauf abziele, ein *missbräuchliches Verhalten* im inländischen Verfahren zu verhindern, denn gestützt auf den *Grundsatz des gegenseitigen Vertrauens* dürfe keine Prüfung der Zuständigkeit des ausländischen Gerichts durch den inländischen Richter erfolgen, wie sie das Prozessführungsverbot impliziere.

[44] EuGH 27.04.2004, Rs. C-159/02, *Turner/Grovit*, Slg. 2004 I 3565.

Da das Zuständigkeits- und Anerkennungssystem als solches tangiert sei, könne das Prozessführungsverbot auch nicht *als nationale Verfahrensregel* Geltung haben, denn eine solche dürfe **die praktische Wirksamkeit** des Übereinkommens nicht beeinträchtigen. Prozessführungsverbote nähmen zudem den im Übereinkommen bei Rechtshängigkeit und Konnexität vorgesehenen Mechanismen ihre praktische Wirksamkeit und könnten zu *Kollisionslagen* führen, für die das Übereinkommen keine Regelung bereithält. Denn es könne nicht ausgeschlossen werden, dass trotz eines in einem Vertragsstaat verhängten Prozessführungsverbotes das Gericht eines anderen Vertragsstaates eine Entscheidung erlässt oder die Gerichte zweier Vertragsstaaten, deren beider Recht Prozessführungsverbote kennt, entgegengesetzte Verbote verhängen[45], 32

Aufgrund der Argumentation des EuGH ergibt sich, *dass anti-suit injunctions* grundsätzlich unzulässig sind. Sie sind weder zur **Durchsetzung der Priorität der Rechtshängigkeit** noch **der Gerichtsstands- und Schiedsklauseln** *(obligation-based anti-suit injunctions)* zulässig. In all diesen Fällen ergibt sich eine Unvereinbarkeit mit der Systematik des LugÜ, wonach das angerufene Gericht eines LugÜ-Staates *die Kompetenz-Kompetenz* haben soll, über seine eigene Zuständigkeit zu entscheiden[46]. Gerichtsstandsvereinbarungen können nicht mittels *anti-suit injunctions* durchgesetzt werden. Das Zweitgericht muss sogar eine dem Art. 23 zuwiderlaufende Entscheidung des Erstgerichts anerkennen[47]. Die Unzulässigkeit einer *anti-suit injunction* ergibt sich unabhängig davon, ob eine *missbräuchliche* Klageerhebung vorliegt[48]. 33

Unzulässig sind sowohl **reaktive** wie **präventive** Prozessführungsverbote. Zwar betraf die Entscheidung *Turner/Grovit* eine reaktive *anti-suit injunction,* doch wird der EuGH wohl auch ein präventives Prozessführungsverbot für unzulässig halten, denn auch dieses beeinträchtigt die Zuständigkeit des ausländischen Gerichts. Die Formulierung des EuGH («Verbot, eine Klage bei einem ausländischen Gericht zu *erheben* oder ein dortiges Verfahren weiterzutreiben»), lässt keine Zweifel offen[49]. 34

---

[45] EuGH 27.04.2004, Rs. C-159/02, *Turner/Grovit*, Slg. 2004 I 3565 Rz. 24 ff.

[46] Rauscher-Mankowski, Vorbem. Art. 2 Rz. 20c; Kropholler, Art. 27 Rz. 20.

[47] Kropholler, Art. 27 Rz. 20.

[48] EuGH 27.04.2004, Rs. C-159/02, *Turner/Grovit*, Slg. 2004 I 3565 Rz. 31.

[49] EuGH 27.04.2004, Rs. C-159/02, *Turner/Grovit*, Slg. 2004 I 3565 Rz. 27; Rauscher-Leible, Art. 27 Rz. 17a.

35 Der EuGH hat die Unzulässigkeit der *anti-suit injunctions* für den Fall der Durchsetzung einer **Schiedsklausel** in seinem Entscheid in der Rechtssache *Allianz SpA/West Tankers* ausdrücklich bestätigt[50]. Hier war zusätzlich der Einwand zu prüfen, dass Schiedsvereinbarungen gemäss Art. 1 Abs. 2 lit. d EuGVVO (bzw. Art. 1 Abs. 2 lit. d LugÜ) gar nicht in den Anwendungsbereich der EuGVVO fallen. Der EuGH berücksichtigte den Grundsatz, dass es für die Beurteilung der Anwendbarkeit der EuGVVO nur auf den *Gegenstand des Verfahrens* und auf *die Rechtsnatur der im Verfahren gesicherten Ansprüche* ankomme[51], und stellte zunächst die Nichtanwendbarkeit der EuGVVO auf die vorliegende *anti-suit injunction* fest.

36 Er wies aber zu Recht darauf hin, dass – wie er es bereits in der Rechtssache *Turner/Grovit* getan hatte – ein solches Verfahren gleichwohl Folgen haben könne; die praktische Wirksamkeit der EuGVVO werde durch die *anti-suit injunction* beeinträchtigt. Sie stehe den Zielen einer Vereinheitlichung der Zuständigkeitsvorschriften und der Freizügigkeit der Entscheidungen entgegen, insbesondere dann, wenn das Gericht eines anderen Mitgliedstaates an der **Ausübung jener Befugnisse** gehindert werde, die ihm die EuGVVO einräume[52].

37 Das war hier der Fall. Gemäss EuGH falle das durch die *anti-suit injunction* verbotene Verfahren in Italien unter die EuGVVO, da sich die Anwendbarkeit und Gültigkeit einer Schiedsvereinbarung als Vorfrage stelle und es ausschliesslich Sache dieses Gerichts sei, gemäss Art. 1 Abs. 2 lit. d und Art. 5 Nr. 3 EuGVVO über die Einrede der Schiedsvereinbarung und über seine eigene Zuständigkeit zu entscheiden[53]. Dem stehe die *anti-suit injunction* entgegen, da sie die *Regel* verletze, wonach jedes angerufene Gericht nach dem für dieses Gericht geltenden Recht bestimmt, ob es für die Entscheidung über den bei ihm anhängig gemachten Rechtsstreit zuständig ist[54]. Die *anti-suit injunction* widerspreche ebenfalls dem *Vertrauen*, das

---

[50] EuGH 10.02.2009, Rs. C-185/07, *Allianz SpA und Generali Assicurazione Generali SpA/West Tankers Inc.*, Slg. 2009 I 663.

[51] EuGH 17.11.1998, Rs. C-391/95, *Van Uden/Deco-Line*, Slg. 1998 I 7091 Rz. 33.

[52] EuGH 10.02.2009, Rs. C-185/07, *Allianz SpA und Generali Assicurazione Generali SpA/West Tankers Inc.*, Slg. 2009 I 663 Rz. 23 f.

[53] EuGH 10.02.2009, Rs. C-185/07, *Allianz SpA und Generali Assicurazione Generali SpA/West Tankers Inc.*, Slg. 2009 I 663 Rz. 27.

[54] EuGH 10.02.2009, Rs. C-185/07, *Allianz SpA und Generali Assicurazione Generali SpA/West Tankers Inc.*, Slg. 2009 I 663 Rz. 29; EuGH 09.12.2003, Rs. C-116/02, *Gasser/MISAT*, Slg. 2003 I 14693 Rz. 48 f.

die Mitgliedstaaten gegenseitig ihren Rechtssystemen und Rechtspflegeorganen entgegenbringen müssten und auf dem das Zuständigkeitssystem der EuGVVO beruhe[55].

Schliesslich weist der EuGH darauf hin, dass – wenn das Gericht mittels *anti-suit injunction* daran gehindert wird, als *Vorfrage* die Gültigkeit und Anwendbarkeit der Schiedsvereinbarung zu prüfen – eine Partei sich dem Verfahren einfach dadurch entziehen könnte, dass sie sich auf die Schiedsvereinbarung beruft, und der Kläger, der diese Vereinbarung für hinfällig, unwirksam oder nicht erfüllbar hält, sähe sich dadurch vom Zugang zu dem gemäss EuGVVO zuständigen staatlichen Gericht ausgeschlossen und wäre somit einer Form des gerichtlichen Rechtsschutzes beraubt, auf die er Anspruch hat[56]. Der EuGH begründet das Ergebnis auch mit *Art. II Abs. 3 NYÜ*, der staatliche Gerichte verpflichtet, sich bei einer gültigen Schiedsvereinbarung zugunsten des Schiedsgerichts für unzuständig zu erklären[57]. 38

Unzulässig sind nach dem LugÜ auch sog. ***anti-anti-suit injunctions,*** d.h. gerichtliche Verbote, eine *anti-suit injunction* in einem anderen LugÜ-Staat zu erwirken[58]. 39

Wenn der Beklagte seinen Wohnsitz in einem **Drittstaat** hat, sind *anti-suit injunctions* zulässig, denn in diesem Fall gilt gemäss Art. 4 vorbehältlich der Art. 22 und 23 *das nationale Recht* der LugÜ-Staaten[59]. 40

Das gilt auch für *anti-suit injunctions,* welche d**ie Durchführung eines Schiedsverfahrens** verbieten, denn hier wird *die Zuständigkeit eines Gerichts eines anderen LugÜ-Staates* gar *nicht* beeinträchtigt[60]. Ebenso wenig liegt ein Konflikt mit der Rechtshängigkeitsregelung nach Art. 27 ff. vor, denn diese kommt *im Verhältnis zu Schiedsverfahren* nicht zur Anwendung (s. Art. 1 Rz. 138). 41

[55] EuGH 10.02.2009, Rs. C-185/07, *Allianz SpA und Generali Assicurazione Generali SpA/West Tankers Inc.*, Slg. 2009 I 663 Rz. 30; EuGH 27.04.2004, Rs. C-159/02, *Turner/Grovit*, Slg. 2004 I 3565, Rz. 24.

[56] EuGH 10.02.2009, Rs. C-185/07, *Allianz SpA und Generali Assicurazione Generali SpA/West Tankers Inc.*, Slg. 2009 I 663 Rz. 31.

[57] EuGH 10.02.2009, Rs. C-185/07, *Allianz SpA und Generali Assicurazione Generali SpA/West Tankers Inc.*, Slg. 2009 I 663 Rz. 33.

[58] Rauscher-Mankowski, Vorbem. Art. 2 Rz. 20f.

[59] Rauscher-Mankowski, Vorbem. Art. 2 Rz. 16.

[60] Rauscher-Mankowski, Vorbem. Art. 2 Rz. 20c.

VII. Die Zuständigkeitsordnung des LugÜ und die Verrechnung

42 Wird in einem hängigen Prozess auf dem Wege der **Verrechnung** eine *Gegenforderung* geltend gemacht, stellt sich die Frage, ob das *mit der Klageforderung* befasste Gericht auch für die *Verrechnungsforderung* zuständig sein muss. Dies ist nach *internationalprozessrechtlichen* Gesichtspunkten zu beurteilen. Entscheidend ist, ob das Interesse des Beklagten, sich mit allen zur Verfügung stehenden Verteidigungsmitteln und Einwendungen gegen die Klage zur Wehr setzen zu können, das Interesse des Klägers an der Begrenzung des Streitgegenstands überwiegt, zumal über den erweiterten Prozessstoff rechtskräftig entschieden wird. Ebenso stellt sich die Frage, ob die Grenzen der Gerichtspflichtigkeit des Klägers weiter zu ziehen sind als jene des Beklagten[61]. Eine *Abkehr* vom Zuständigkeitsdenken zugunsten einer ausschliesslich *materiellrechtlichen* Betrachtungsweise ist daher abzulehnen[62].

43 Im Vergleich zu anderen Vorfragen, für welche das Gericht der Hauptsache grundsätzlich unbeschränkt zuständig ist[63], sind bei der Verrechnung folgende **Besonderheiten** zu berücksichtigen: *rechtskräftige* Beurteilung der Verrechnung, *materiellrechtliche Wirkungen* der Verrechnung und Untergang der Gegenforderung[64].

44 Wenn die *Gegenforderung* bereits **rechtskräftig** festgestellt oder **unstreitig** ist, dann liegt eine *vorfrageweise* Anerkennung des rechtskräftigen Urteils über die Gegenforderung vor. Da der Schuldner die Verrechnungserklärung *überall* abgeben kann, ist das angerufene Gericht unabhängig von der *Konnexität* der Gegenforderung stets zuständig[65].

---

61 Geimer, Aufrechnung 211 f.

62 So BSK IPRG-Dasser, Art. 148 Rz. 24; zur ähnlichen Problemstellung betreffend die Streitverkündung vgl. Acocella, Internationale Zuständigkeit 164; offen gelassen KGer SG 16.07.2008, BZ 2007.56.

63 Geimer/Schütze, Art. 6 Rz. 78.

64 Zur Problematik der Vorfragenzuständigkeit vgl. Acocella, Internationale Zuständigkeit 174; zur ähnlichen Schwierigkeit betreffend Einordnung der Einrede der Patentnichtigkeit in einem Verletzungsverfahren und Bedeutung der rechtskräftigen Beurteilung der Einrede, vgl. Rauscher-Mankowski, Art. 22 Rz. 47b und EuGH 13.07.2006, Rs. C-4/03, *GAT/LuK*, Slg. 2006 I 6509.

65 Schack Rz. 403; Kropholler, Art. 6 Rz. 42.

Für *konnexe* Gegenforderungen, die mit einer Widerklage geltend gemacht werden könnten, ist davon auszugehen, dass das mit der Klageforderung befasste Gericht gestützt auf einen «erst-recht-Schluss» aus Art. 6 Nr. 3 auch für die Beurteilung der zur Verrechnung gestellten Gegenforderung zuständig ist[66]. 45

Umstritten ist hingegen, wie es sich bei einer Verrechnung mit einer **streitigen** und **inkonnexen** Gegenforderung verhält. Der EuGH entschied in der Rechtssache *Danvaern* die Frage der Zuständigkeit eines Gerichts für die Verrechnungsforderung einer Beklagten anhand der ihm vorgelegten Frage, ob Art. 6 Nr. 3 EuGVÜ auf die Verrechungsforderungen anwendbar sei; die Verrechnung bezeichnete der EuGH als in prozessualer Hinsicht *reines Verteidigungsmittel* des Beklagten, welcher eben gerade *nicht selbständig* Klage erhebe, so wie es bei der Widerklage der Fall sei, und lehnte eine Anwendung von Art. 6 Nr. 3 EuGVÜ ab[67]. Die Verteidigungsmittel, die geltend gemacht werden können, und die Voraussetzungen, unter denen dies geschehen kann, bestimmen sich nach den Vorschriften des nationalen Rechts[68]. Ob mit einer inkonnexen Forderung verrechnet werden kann, beurteilt sich also nach nationalem Recht. 46

Diese Rechtsprechung ist im Ergebnis zu billigen. Zwar besteht die Gefahr, dass die Gegenforderung *auf dem Wege der Verrechnung* **der Zuständigkeitsordnung des LugÜ entzogen** wird[69]. Ebenso legt die *funktionale* Vergleichbarkeit der Widerklage eine analoge Anwendung von Art. 6 Nr. 3 nahe[70]. Gewichtige Gründe sprechen indessen *gegen* die Analogie. Die Verweisung des Beklagten mit seiner Gegenforderung *auf einen selbständigen Prozess im Ausland* ist wegen der materiellrechtlichen Besonderheiten der Verrechnung mit *erheblichen* Nachteilen verbunden. Insbesondere steht nicht fest, wie die im Erstprozess nicht berücksichtigte Verrechnung *in einem Zweitprozess im Ausland* beurteilt würde, wenn die Gegenseite sich auf die materiellrechtliche Wirkung (Untergang der Forde- 47

66 Walter 222; Kropholler, Art. 6 Rz. 42.

67 EuGH 13.07.1995, Rs. C-341/93, *Danvaern/Schuhfabriken Otterbeck*, Slg. 1995 I 2053 Rz. 12 f.

68 EuGH 13.07.1995, Rs. C-341/93, *Danvaern/Schuhfabriken Otterbeck*, Slg. 1995 I 2053 Rz. 13.

69 Schack Rz. 404.

70 Kropholler, Art. 6 Rz. 44.

rung) berufen würde[71]. Zur Vermeidung *negativer Kompetenzkonflikte* und *widersprechender Entscheidungen*, aber auch aus *prozessökonomischen* Gründen ist daher die Verrechnung zuzulassen, selbst dann wenn das angerufene Gericht für die Verrechnungsforderung allein nicht zuständig wäre. Die Zuständigkeit der Hauptsache ist ein genügender Anknüpfungspunkt, da dem Kläger zuzumuten ist, sich am Gericht *seiner eigenen Klage* gegen die Verrechnung zu verteidigen[72].

48 Zu klären ist noch der Verweis des EuGH auf das nationale Recht. Das nationale Prozessrecht entscheidet darüber, ob eine Gegenforderung (nur) widerklageweise oder auf dem Wege der Verrechnung eingeführt werden kann und wann und wie dies zu geschehen hat. Das materielle Recht, d.h. *die lex causae*, befindet über die Voraussetzungen und Wirkungen der Verrechnung[73]. Unzulässig ist es aber, eine Zuständigkeit für die Verrechnungsforderung nach nationalem Recht zu verlangen, denn die internationale Zuständigkeit wird vom LugÜ **abschliessend** geregelt[74].

49 Als Verteidigungsmittel begründet die Verrechnung **keine eigene Rechtshängigkeit**. Bei der Frage, ob gemäss Art. 27 zwei Klagen, die zwischen denselben Parteien bei Gerichten verschiedener LugÜ-Staaten rechtshängig sind und denselben Gegenstand haben, werden nur die *Klageansprüche* des jeweiligen Klägers und nicht auch die vom Beklagten erhobenen *Einwendungen* berücksichtigt[75]. Es ist deshalb möglich, eine Forderung, die bereits in einem anderen hängigen Verfahren verrechnungsweise geltend gemacht worden ist, anderswo einzuklagen[76].

Zum Verhältnis von Gerichtsstandsvereinbarung und Verrechnung s. Komm. zu Art. 23.

VIII. Verhältnis des LugÜ zum IPRG

50 Die Zuständigkeitsordnung des LugÜ ist – wie bereits erwähnt – eine **abschliessende**. Im Rahmen des Anwendungsbereichs des LugÜ schliessen

[71] Gebauer 83.
[72] Kropholler, Art. 6 Rz. 44.
[73] Walter 223.
[74] Rauscher-Leible, Art. 6 Rz. 32; Rauscher-Mankowski, Vorbem. Art. 2 Rz. 21.
[75] EuGH 08.05.2003, Rs. C-111/01, *Gantner/Basch*, Slg. 2003 I 4207 Rz. 26 ff.
[76] Dasser/Oberhammer-Dasser, Art. 21 Rz. 26.

die Zuständigkeitsbestimmungen von Art. 2 ff. die nationalen Normen über die internationale Zuständigkeit der LugÜ-Staaten aus. Das wird in Art. 3 Abs. 1 im Grundsatz festgelegt und in Abs. 2 werden ausdrücklich noch exorbitante Zuständigkeiten des autonomen Rechts ausgeschlossen. Für die Schweiz wird der *Arrestgerichtsstand* gemäss Art. 4 IPRG ausgeschaltet.

Das IPRG bleibt gemäss Art. 4 Abs. 1 LugÜ anwendbar, wenn der Beklagte **keinen Wohnsitz in einem LugÜ-Staat** hat, vorbehältlich der Art. 22, 23 und 24[77]. Im Weiteren bestimmt das IPRG *die örtliche Zuständigkeit*, wenn die anwendbare Zuständigkeitsvorschrift des LugÜ nur die internationale Zuständigkeit regelt[78]. Die ZPO regelt die örtliche Zuständigkeit nur in Inlandsfällen (s. Art. 2 Rz. 6). 51

IX. Beweislast für die zuständigkeitsbegründenden Tatsachen

Wer die **Beweislast** für die zuständigkeitsbegründenden Tatsachen trägt, richtet sich *nach nationalem Recht*[79]. Nach schweizerischem Recht trägt *der Kläger* die Beweislast für die Zuständigkeitstatsachen[80]. 52

Es gibt **sog. doppelrelevante Tatsachen**, deren Vorliegen bzw. Nichtvorliegen sowohl für die Zuständigkeitsbegründung als auch für die Begründetheit der Klage relevant ist. In diesen Fällen wird nach der Rechtsprechung des Bundesgerichts *primär* auf den vom Kläger *eingeklagten Anspruch* und *dessen Begründung* abgestellt[81]. Die diesbezüglichen Einwände der Gegenpartei sind grundsätzlich nicht zu prüfen. 53

Immerhin hat der Kläger die zuständigkeitsbegründenden Tatsachen **schlüssig**[82] zu behaupten, welche dann in der Begründetheitsprüfung näher 54

77 Schwander, in: Schwander, LugÜ 71.

78 BGE 134 III 475 E. 4.2.1; Koller/Mauerhofer 74 ff.; Schwander, in: Schwander, LugÜ 71.

79 EuGH 07.03.1995, Rs. C-68/93, *Shevill/Presse Alliance*, Slg. 1995 I 415 Rz. 35 ff.

80 BGE 125 III 103, 108; HGer SG 16.08.2005, HG.2004.53 E. 4; Meier 79.

81 BGE 137 III 32 E. 2.2 f.; 135 V 373 E. 3.2; 134 III 27, 34; BGer 29.7.2009, 4A_249/2009, E. 2.3; BGE 133 III 295 E. 6.2.; zur Behandlung doppelrelevanter Tatsachen bei einer negativen Feststellungsklage s. BGE 133 III 282 E. 3.2.

82 Weitergehend das Bundesgericht, das in einigen Entscheiden von «einer gewissen Wahrscheinlichkeit» *(«avec une certaine vraisemblance»)* spricht (BGE 131 III 153 E. 5.1). In BGE 136 III 486, E. 4 wurde die Rechtsprechung jedoch präzisiert und das Erfordernis einer gewissen Wahrscheinlichkeit des Tatsachenvortrages auf Ausnahmefälle (rechtsmissbräuch-

untersucht werden. Dadurch wird die beklagte Partei geschützt und es soll ihr ermöglicht werden, einer zweiten identischen Klage *die Einrede der abgeurteilten Sache* entgegenzuhalten, wenn sie sich ohnehin gegen die Richtigkeit einer bestimmten doppelrelevanten Sachbehauptung zur Wehr setzen muss[83]. Gewisse untergeordnete Nachteile[84] sind in Kauf zu nehmen, zumal die Lehre der doppelrelevanten Tatsachen die Zuständigkeitsprüfung von einer weitgehenden Sachprüfung entlastet[85].

55 Erhebt die beklagte Partei hingegen die Einrede der Unzuständigkeit gestützt auf eine Behauptung, die *allein* mit Bezug auf **die Frage der Zuständigkeit** relevant ist, und stellt die Klagepartei diese Sachbehauptung *in Abrede*, muss darüber im Rahmen der Zuständigkeitsprüfung Beweis geführt und entschieden werden[86].

56 Doppelrelevante Tatsachen stellen etwa das Vorliegen **eines Vertragsschlusses** (s. Art. 5 Rz. 39 f.) oder *einer unerlaubten Handlung am Deliktsort* dar (s. Art. 5 Rz. 221). Als solche gilt auch *der Anspruch, auf welchen sich eine Gerichtsstandsvereinbarung* bezieht[87], nicht hingegen die *Vereinbarung eines Erfüllungsortes*[88] oder der Ort der gewöhnlichen Arbeitsverrichtung[89]. Beruft sich eine nicht an ihrem ordentlichen Gerichtsstand belangte Partei auf Umstände, aus denen sich die Unbegründetheit der Klage *gegen einen einfachen Streitgenossen* ergibt, kann es sich dabei um eine in Bezug auf sie selbst nicht doppelrelevante Tatsache handeln[90]. Die Theorie der doppelrelevanten Tatsachen kommt auch nicht zur An-

---

liche Zuständigkeitsbegründung) beschränkt. In BGE 137 III 32 E. 2.4.2 wird der Begriff der Plausibilität verwendet. Ist der Tatsachenvortrag fadenscheinig und inkohärent und wird er von der Klageantwort unmittelbar und eindeutig widerlegt, so kann das Gericht seine Zuständigkeit ablehnen (BGE 136 III 486 E. 4; BGer 21.11.2006, 5C.124/2006 E. 2).

83 BGE 135 V 373 E. 3.2; 134 III 27 E. 6.2.1.

84 Rauscher-Mankowski, Vorbem. Art. 2 Rz. 9.

85 Kropholler, Art. 25 Rz. 5; Schack Rz. 446; ablehnend Knoepfler 787 ff., kritisch auch Schwander, Besprechung 122.

86 BGE 137 III 32 E. 2.3; 135 V 373 E. 3.2; 134 III 34.

87 BGE 119 II 66 E. 2; Kropholler, Art. 23 Rz. 69.

88 BGE 122 III 249; HGer ZH 12.07.2002, ZR 2003, 214 f.; zu einer speziellen Ausnahmekonstellation HGer ZH 22.02.2000, ZR 2000, 244 ff.; s. auch Art. 5 Rz. 81.

89 BGE 136 III 32 E. 2.3.

90 BGE 134 III 27, 35.

wendung bei bestrittener *Zuständigkeit eines Schiedsgerichts*[91] oder *beim Immunitätseinwand*[92].

X. Anerkennung und Vollstreckung

Die Zuständigkeitsordnung des LugÜ ist massgebend für die Beurteilung 57
der internationalen Zuständigkeit des Erstgerichts. Im Anerkennungsstadium findet keine Nachprüfung der Zuständigkeit statt, es sei denn es stehe eine Zuständigkeit gemäss der Abschnitte 3 und 4 in Versicherungs- und Verbrauchersachen oder eine ausschliessliche Zuständigkeit nach Art. 22 in Frage[93]. Liegt kein solcher Fall vor, entfällt eine Nachprüfung selbst bei *krasser Verletzung* der Zuständigkeitsbestimmungen des LugÜ[94].

[91] BGE 121 III 495, 503; 128 III 50, 56.
[92] BGE 124 III 382, 387.
[93] Art. 35 Abs. 1.
[94] BGer 05.10.2009, 4A_305/2009 E. 3.

Art. 2

1. Vorbehaltlich der Vorschriften dieses Übereinkommens sind Personen, die ihren Wohnsitz im Hoheitsgebiet eines durch dieses Übereinkommen gebundenen Staates haben, ohne Rücksicht auf ihre Staatsangehörigkeit vor den Gerichten dieses Staates zu verklagen.

2. Auf Personen, die nicht dem durch dieses Übereinkommen gebundenen Staat angehören, in dem sie ihren Wohnsitz haben, sind die für Inländer massgebenden Zuständigkeitsvorschriften anzuwenden.

Art. 2

1. Sous réserve des dispositions de la présente Convention, les personnes domiciliées sur le territoire d'un État lié par la présente Convention sont attraites, quelle que soit leur nationalité, devant les juridictions de cet État.

2. Les personnes qui ne possèdent pas la nationalité de l'État lié par la présente Convention dans lequel elles sont domiciliées y sont soumises aux règles de compétence applicables aux nationaux.

Art. 2

1. Salve le disposizioni della presente convenzione, le persone domiciliate nel territorio di uno Stato vincolato dalla presente convenzione sono convenute, a prescindere dalla cittadinanza, davanti ai giudici di quello Stato.

2. Alle persone che non sono cittadini dello Stato vincolato dalla presente convenzione nel quale sono domiciliate si applicano le norme sulla competenza vigenti per i cittadini.

Art. 2

1. Subject to the provisions of this Convention, persons domiciled in a State bound by this Convention shall, whatever their nationality, be sued in the courts of that State.

2. Persons who are not nationals of the State bound by this Convention in which they are domiciled shall be governed by the rules of jurisdiction applicable to nationals of that State.

Literatur: s. Hinweise bei Vorbem. zu Art. 2.

Übersicht *Seite*

I. Normzweck

Die **allgemeine,** für jede Art von Klagen geltende Zuständigkeit befindet 1
sich nach Art. 2 im Wohnsitzstaat des Beklagten, bzw. bei Gesellschaften und juristischen Personen im Sitzstaat. Der Regelung liegt der Grundsatz *actor sequitur forum rei* zugrunde. Die Zuständigkeit am eigenen Wohnsitz erleichtert dem Beklagten die Verteidigung[1]. Art. 2 dient daher dem *Beklagtenschutz.* Auf die Staatsangehörigkeit des Beklagten kommt es nicht an. Daher wird der Beklagtengerichtsstand allen Personen, die einen Wohnsitz in einem LugÜ-Staat haben, garantiert.

Der Schutz des Beklagten ist nicht **absolut,** denn er kann auch an den vom 2
LugÜ vorgesehenen besonderen Gerichtsständen verklagt werden. Immerhin kann sich der in einem LugÜ-Staat wohnhafte Beklagte darauf verlassen, dass ihm gegenüber nur diese besonderen Gerichtsstände gelten. Es handelt sich um einen sachgerechten *Ausgleich der Kläger- und Beklagteninteressen,* die der Grundsatz *actor sequitur forum rei* allein nicht zu gewährleisten vermag[2]. Entsprechend ist die sich daraus ergebende Wahl-

[1] EuGH 13.07.2000, Rs. C-412/98 *Group Josi/UGIC*, Slg. 2000 I 5925 Rz. 35.
[2] GEIMER/SCHÜTZE, Art. 3 Rz. 2 ff.

möglichkeit des Klägers, also das *forum shopping,* insoweit zulässig und legitim[3].

3 Das schweizerische IPRG geht ebenfalls vom **Wohnsitzprinzip** aus und verwirklicht vor dem Hintergrund von Art. 59 aBV bzw. Art. 30 Abs. 2 BV eine Garantie des Wohnsitzgerichtsstandes aus der Optik des nationalen IPRG-Gesetzgebers[4].

II. Anwendungsbereich

1. Sachlicher Anwendungsbereich

a) Allgemeine Zuständigkeit im Wohnsitzstaat des Beklagten

4 Der Gerichtsstand im Wohnsitzstaat des Beklagten gilt als **allgemeine** Zuständigkeit, d.h. er kommt für jede Art von Klagen über eine vom Anwendungsbereich des LugÜ erfasste Materie zur Anwendung, *vorbehältlich der ausschliesslichen* Zuständigkeiten. Dies steht im Gegensatz zu den besonderen Gerichtsständen gemäss Art. 5 ff., die nur für bestimmte Klagen beansprucht werden können (s. Vormerkungen zu Art. 2 Rz. 5).

5 Die allgemeine Zuständigkeit im Wohnsitzstaat des Beklagten **konkurriert** mit den besonderen Gerichtsständen gemäss Art. 5, 6 und 6a. Sie wird *verdrängt* durch die ausschliesslichen Zuständigkeiten nach Art. 22, ebenso durch eine zulässige und gültige Gerichtsstandsvereinbarung nach Art. 23 bzw. durch eine Einlassung nach Art. 24.

6 In Versicherungs-, Verbraucher- und Arbeitssachen ist der Beklagtengerichtsstand, der Art. 2 entspricht, in die jeweilige **Sonderregelung** integriert.

b) Regelung der internationalen, nicht auch der örtlichen Zuständigkeit

7 Das LugÜ regelt grundsätzlich nur die **internationale** Zuständigkeit. Teilweise legt es aber auch die *örtliche* Zuständigkeit fest. Bezüglich der Zuständigkeit des Wohnsitzsitzstaates des Beklagten bleibt es beim Grundsatz. Art. 2 bestimmt daher – im Gegensatz zu Art. 2 IPRG – nur

---

[3] RAUSCHER-MANKOWSKI, vor Art. 2 Rz. 3.

[4] ACOCELLA, Internationale Zuständigkeit 69.

die internationale Zuständigkeit[5]. Die örtliche richtet sich nach autonomem Recht. Für die Schweiz gilt das IPRG und nicht die ZPO, da im internationalen Verhältnis das IPRG mit der internationalen auch die örtliche Zuständigkeit regelt[6]. Durch Art. 2 ist nicht *garantiert*, dass die örtliche Zuständigkeit im Wohnsitzstaat sich notwendigerweise am Wohnsitz des Beklagten befindet[7].

2. Räumlich-persönlicher Anwendungsbereich

Art. 2 ist auf Binnensachverhalte nicht anwendbar. Die Zuständigkeitsord- 8
nung des LugÜ kommt zur Anwendung, wenn eine minimale, durch die einzelnen Zuständigkeitsvorschriften näher zu bestimmende **Auslandsberührung** vorliegt (s. Vorbemerkungen zu Art. 2 Rz. 13). Selbst wenn Art. 2 auch für reine Inlandsfälle gelten würde, änderte sich an der Bezeichnung des örtlich zuständigen Gerichts nichts, da Art. 2 diesbezüglich ohnehin auf nationales Recht verweist. Die örtliche Zuständigkeit wäre mangels internationalen Sachverhalts nicht nach dem IPRG, sondern nach der ZPO zu bestimmen.

Für die Anwendung von Art. 2 genügt es, wenn der Beklagte in einem Lu- 9
gÜ-Staat Wohnsitz hat und die Auslandsberührung **nur** zu einem Drittstaat besteht[8]. Es reicht also aus, dass entweder der Kläger seinen Wohnsitz bzw. Sitz in einem Drittstaat hat oder dass bei Wohnsitz von Kläger und Beklagtem im selben LugÜ-Staat der Ort des streitigen Geschehens in einem Drittstaat belegen ist[9]. Für die Klage einer Person mit Wohnsitz in einem Drittstaat gegen eine in einem LugÜ-Staat wohnhafte Person ist somit der Beklagtengerichtsstand dem LugÜ zu entnehmen.

---

[5] Kropholler, Art. 2 Rz. 1; Schwander, in: Schwander, LugÜ 67.

[6] Schwander in: Schwander, LugÜ 67, 86 und 94; Acocella, Internationale Zuständigkeit 58 ff.; Ders., LugÜ 6; Meier 90.

[7] Rauscher-Mankowski, Art. 2 Rz. 7.

[8] EuGH 01.03.2005, Rs. C-281/02, *Owusu/Jackson*, Slg. 2005 I 1383 Rz. 24 ff.

[9] EuGH 13.07.2000, Rs. C-412/98 *Group Josi/UGIC*, Slg. 2000 I 5925 Rz. 33 ff.; EuGH 01.03.2005, Rs. C-281/02, *Owusu/Jackson*, Slg. 2005 I 1383 Rz. 26; BGE 135 III 185 E. 3.3; Kropholler, vor Art. 2 Rz. 8.

III. Zuständigkeit im Wohnsitzstaat des Beklagten

1. Allgemeines

10 Als allgemeine Zuständigkeit sieht das LugÜ, wie bereits ausgeführt, die Zuständigkeit im **Wohnsitzstaat des Beklagten** vor. Auf die Staatsangehörigkeit des Beklagten oder des Klägers kommt es nach ausdrücklicher Normierung in Art. 2 nicht an. Gleichgültig ist auch, ob der Beklagte oder Kläger Angehörige eines Vertragsstaates oder eines Nicht-LugÜ-Staates sind[10]. Der Wohnsitz des Klägers ist ebenfalls nicht massgebend, sei dieser in einem anderen LugÜ-Staat oder in einem Nicht-LugÜ-Staat[11]. Zu den Ausnahmen vgl. Art. 5 Nr. 2, Art. 9 Abs. 1 lit. b und Art. 16 Abs. 1. Für Gesellschaften und juristische Personen gilt als Wohnsitz deren Sitz im Sinne von Art. 60.

2. Formelle Parteistellung

11 Wenn auf den Wohnsitz der beklagten Partei abgestellt wird, dann ist damit allein die **formelle Parteistellung im Prozess** gemeint[12]. Dies ist vor allem bei einer *negativen Feststellungsklage* von Bedeutung. Erhebt der Anspruchsgegner eine negative Feststellungsklage, so kommt es auf den Wohnsitz des Prätendenten und nicht auf denjenigen des Anspruchsgegners an, der bei Erhebung der Leistungsklage Beklagter wäre. Mit anderen Worten: Der Beklagtengerichtsstand gilt sowohl für die Leistungsklage als auch für die negative Feststellungsklage[13].

12 Soweit gegen Personen, die kraft gesetzlicher Befugnis an Stelle der **materiell Verpflichteten** treten, zu klagen ist, kommt es auf deren Wohnsitz und nicht auf denjenigen des materiell Verpflichteten an[14]. Wenn z.B. gegen den

[10] Schwander, in: Schwander, LugÜ 64.

[11] BGE 129 III 738 E. 3.2; BGer 15.06.2004, 4C.98/2003, E 2.1.

[12] BGE 132 III 778 E. 2.1; Kropholler, Art. 2 Rz. 1; Schwander, in: Schwander, LugÜ 64 Fn. 14; BGH 11.12.1996, VIII ZR 154/95 E. II.1a; Zur speziellen Fallkonstellation der mit dem Betreibungsverfahren verbundenen Aberkennungsklage, welche auf die besondere Regelung des schweizerischen Rechts zurückzuführen ist s. BGE 130 III 285; Acocella, Die Qualifikation (in Erscheinung begriffen); kritisch dazu aber Dasser/Oberhammer-Dasser, Art. 2 Rz. 9.

[13] Dasser/Oberhammer-Dasser, Art. 2 Rz 9; Zum Feststellungsinteresse vgl. BGE 136 III 523 E. 6.

[14] Kropholler, Art. 2 Rz. 1.

Willensvollstrecker geklagt wird, so ist die Zuständigkeit gemäss Art. 2 in seinem Wohnsitzstaat begründet.

3. Der Wohnsitzbegriff

Das LugÜ verzichtet auf einen einheitlichen materiellrechtlichen Wohnsitzbegriff. Nach der **Kollisionsregel** von Art. 59 Abs. 1 beurteilt sich die Frage, ob eine Partei Wohnsitz im Hoheitsgebiet des Vertragsstaates hat, dessen Gerichte angerufen sind, *nach dem Recht des Forums.* In der Schweiz bestimmt sich der Wohnsitz nach Art. 20 IPRG. Dieser sieht für Fälle mit Auslandsberührung einen speziellen materiellrechtlichen Wohnsitzbegriff vor, der demjenigen nach Art. 23 ff. ZGB vorgeht[15]. Wo kein spezieller (prozessrechtlicher) Wohnsitzbegriff gilt, ist jener *des internen Privatrechts* massgebend[16]. 13

Ein **Wahldomizil,** das in verschiedenen nationalen Rechten vorgesehen ist, ist kein Wohnsitz im Sinne des LugÜ[17]. Gleich verhält es sich z.B. auch mit dem *Zustellungsdomizil* nach Art. 140 ZPO. 14

Hat eine Partei im **Forumstaat** keinen Wohnsitz und ist zu entscheiden, ob die Partei einen Wohnsitz *in einem anderen LugÜ-Staat* hat, so ist hierfür nach Art. 59 Abs. 2 das Recht dieses Staates – des behaupteten Wohnsitzstaates – massgebend[18]. Auch hier gilt der Wohnsitzbegriff des internen Privatrechts oder ein spezieller Wohnsitzbegriff für internationale Fälle, nicht jedoch das IPR allgemein[19]. 15

Diese Wohnsitzbestimmung ist insbesondere im Rahmen der Anwendung von **Art. 5** bedeutsam: damit das Gericht am Erfüllungsort seine Zuständigkeit auf Art. 5 stützen kann, kommt es darauf an, dass der Beklagte seinen Wohnsitz *in einem anderen LugÜ-Staat* hat, denn sonst kommt das LugÜ unter Vorbehalt von Art. 9 Abs. 2, Art. 13 Nr. 4, Art. 15 Abs. 2 sowie Art. 22 und Art. 23 gar nicht zur Anwendung. Im Weiteren kann nur der Beklagte mit Wohnsitz in einem LugÜ-Staat, der in einem anderen LugÜ-Staat eingeklagt wird, sich auf die mangelnde Zuständigkeit gemäss LugÜ berufen. 16

---

15 ACOCELLA, Internationale Zuständigkeit 71 f.; DONZALLAZ Rz. 1074.

16 SCHWANDER, in: SCHWANDER, LugÜ 66; KROPHOLLER, Art. 59 Rz. 1.

17 KROPHOLLER, Art. 59 Rz. 1; RAUSCHER-STAUDINGER, Art. 59 Rz. 2; GEIMER/SCHÜTZE, Art. 2 Rz. 135; Bericht JENARD Kap. IV A 3 (4).

18 Bez.Ger. (Präsident) Arlesheim 31.05.1994, BJM 1994, 319.

19 KROPHOLLER, Art. 52 Rz. 8.

17 Der **abhängige** Wohnsitz wird ebenfalls nach dem Wohnsitzrecht beurteilt[20]. Art. 52 Abs. 3 EuGVÜ, das in seinen früheren Fassungen hierfür das materielle Heimatrecht für anwendbar erklärte, ist im aLugÜ nicht übernommen worden und wurde im EuGVÜ i.d.F. von 1989 gestrichen bzw. ist auch in der EuGVVO nicht enthalten. In der Schweiz gilt allein das *IPRG*, das keinen abhängigen Wohnsitz kennt und dem ZGB vorgeht (Art. 20 Abs. 2 Satz 3 IPRG). Für die Frage, ob Minderjährigkeit bzw. Urteilsunfähigkeit besteht, welcher einer selbständigen Wohnsitzbegründung entgegenstehen kann, ist das vom IPR des Gerichtsortes berufene Recht massgebend[21].

18 Die Frage, ob eine Person in einem **Nicht-LugÜ-Staat** Wohnsitz hat, wird vom LugÜ nicht geregelt. Insoweit sind *die nationalen Kollisionsregeln* massgebend, wobei in der Schweiz wiederum der materiellrechtliche Wohnsitzbegriff des Art. 20 IPRG anwendbar ist[22]. Auf das Vorliegen eines Wohnsitzes in einem Drittstaat kommt es nicht an. Für die Anwendung von Art. 4 genügt die (negative) Feststellung, dass der Beklagte weder im Gerichtsstaat noch in einem anderen LugÜ-Staat Wohnsitz hat[23].

19 Art. 59 stellt zwar eine einheitliche Kollisionsregel auf. Diese kann allerdings nicht verhindern, dass wegen materiellrechtlicher Unterschiede *mehrere Staaten* sich als *Wohnsitzstaaten* betrachten; ein allfälliger Konflikt zweier paralleler Verfahren wird über das Institut der Rechtshängigkeit (Art. 27) gelöst[24]. Umgekehrt kann auch der **negative Kompetenzkonflikt** vorkommen, wenn jeder von zwei in Frage kommenden LugÜ-Staaten annimmt, der Wohnsitz befinde sich im jeweils anderen Staat. In der Regel wird in diesem Fall der gewöhnliche Aufenthalt in einem oder in beiden der beteiligten LugÜ-Staaten gegeben sein. In der Lehre zur EuGVVO wird unter Hinweis auf Sinn und Zweck des vereinheitlichten Zuständigkeitsrechts die Auffassung vertreten, dass im Falle des gewöhnlichen Aufenthaltes in einem der Mitgliedstaaten die Zuständigkeitsordnung der EuGVVO zur Anwendung gelangen soll[25]. Obwohl *der gewöhnliche Auf-*

---

[20] Schwander, in: Schwander, LugÜ 66.

[21] Kropholler, Art. 59 Rz. 11; Rauscher-Staudinger, Art. 59 Rz. 5.

[22] Bez.Ger. (Präsident) Arlesheim 31.05.1994, BJM 1994, 319; Schwander, in: Schwander, LugÜ 67 f.; Kropholler, Art. 59 Rz. 5.

[23] Geimer/Schütze, Int. Rechtsverkehr-Auer, Art. 4 Rz. 3.

[24] Kropholler, Art. 59 Rz. 6.

[25] Kropholler, Art. 59 Rz. 9; Rauscher-Staudinger, Art. 59 Rz. 8.

enthalt als allgemeiner Anknüpfungspunkt abgelehnt wird rechtfertigt sich m.E. methodisch in dieser Spezialkonstellation eine Ausnahme.

Von den Fällen des positiven und negativen Kompetenzkonflikts ist der Fall zu unterscheiden, dass ein Wohnsitz sowohl im Gerichtsstaat (nach Art. 59 Abs. 1) als auch in einem anderen LugÜ-Staat (nach Art. 59 Abs. 2) zu bejahen ist. In diesem Fall geht bereits nach dem Wortlaut von Art. 59 Abs. 2 («Hat eine Partei keinen Wohnsitz in dem durch dieses Übereinkommen gebundenen Staat, dessen Gerichte angerufen sind...») der Wohnsitz **im Gerichtsstaat** vor[26]. 20

Stellt sich heraus, dass eine Person **nirgends** einen Wohnsitz, sondern nur gewöhnlichen Aufenthalt hat, so vor allem bei einer minderjährigen Person, fragt es sich, ob hier über die Kollisionsregel von Art. 59 nach Art. 20 Abs. 2 Satz 2 IPRG an die Stelle eines fehlenden Wohnsitzes der gewöhnliche Aufenthalt tritt. Die Frage ist zu verneinen[27]. Für das LugÜ, wie für das EuGVÜ bzw. die EuGVVO, wurde der gewöhnliche Aufenthalt als Anknüpfungspunkt bewusst abgelehnt[28]. Es ist daher nicht angebracht, diesen über die Kollisionsregel wieder einzuführen. In diesem Fall ist das LugÜ *nicht anwendbar*[29]. Die Zuständigkeit richtet sich nach autonomem Recht. 21

Ist der **Wohnsitz** einer Person **unbekannt** gilt die allgemeine Beweislastregel der lex fori. In der Schweiz hat derjenige, der sich auf das LugÜ beruft – unbeschadet der Prüfung der Zuständigkeit von Amtes wegen (Art. 60 ZPO) – zu beweisen, dass der vorausgesetzte Wohnsitz des Beklagten sich in einem LugÜ-Staat befindet[30]. Kann er diesen Beweis nicht erbringen, kommt das LugÜ nicht zur Anwendung. Die Zuständigkeit richtet sich nach dem autonomen Recht. 22

4. Der Sitzbegriff

a) Allgemeines

Der Sitz einer Gesellschaft oder einer juristischen Person bestimmt sich anders als beim Wohnsitz von natürlichen Personen und auch im Unter- 23

[26] KROPHOLLER, Art. 2 Rz. 2.
[27] SCHWANDER, in: SCHWANDER, LugÜ 66.
[28] KROPHOLLER, Art. 59 Rz. 2.
[29] KREN KOSTKIEWICZ/RODRIGUEZ Rz. 29.
[30] GEIMER/SCHÜTZE, Art. 2 Rz. 148.

schied zu Art. 53 Abs. 1 Satz 2 aLugÜ weder nach der lex fori noch nach dem am Forum geltenden Internationalen Privatrecht. Mit der Revision des LugÜ ist **eine autonome Begriffsbestimmung** eingeführt worden, deren Zweck es ist, negative oder positive Zuständigkeitskonflikte zu vermeiden[31]. Diese ergaben sich daraus, dass Art. 53 Abs. 1 Satz 2 aLugÜ auf das IPR der einzelnen LugÜ-Staaten verwies. Von diesen knüpfen einige, wie z.B. Deutschland, an den tatsächlichen Sitz an (Sitztheorie), in anderen, wie in der Schweiz, ist der satzungsmässige Sitz massgebend (Inkorporationstheorie).

24 Durch die neue Bestimmung mit den **alternativen** Sitzdefinitionen werden nur negative Zuständigkeitskonflikte vermieden. Die drei alternativen Zuständigkeitsanknüpfungen nach Art. 60 Abs. 1 (satzungsgemässer Sitz, Hauptverwaltung oder Hauptniederlassung) ermöglichen das *forum shopping*. Daraus resultierende positive Zuständigkeitskonflikte sind mit den Vorschriften über die Rechtshängigkeit (Art. 27 ff.) zu lösen[32].

b) Gesellschaften und juristische Personen

25 Von Art. 60 nicht geregelt ist die Frage, welche Gesellschaften und juristischen Personen vom LugÜ erfasst werden. Ebenso wenig enthält das LugÜ Regeln über **die Vorfrage ihrer Anerkennung**. Diese Fragen richten sich daher nach dem nationalem Recht (inkl. IPR) der LugÜ-Staaten[33]. Soweit das autonome Recht des jeweiligen LugÜ-Staates die Gesellschaft oder die juristische Person *allgemein oder auch nur hinsichtlich der Partei- und Prozessfähigkeit* anerkennt, kann sie gemäss Art. 2 verklagt werden.

26 Der Zweck von Art. 60 ist es, alle an einem Verfahren beteiligten Prozesssubjekte zu erfassen, auf die nicht schon als natürliche Personen die Zuständigkeitsvorschriften des LugÜ anwendbar sind[34]. Die Wendung «Gesellschaften und juristischen Personen» ist aus diesem Grunde weit auszulegen, auch über ihren Wortlaut hinaus, weil jede Vereinigung und jede Vermögensmasse, die **nach autonomem Recht selbständig verklagt** werden kann, unter das LugÜ fällt und einen allgemeinen Gerichtsstand

[31] Begründung des Kommissionsentwurfs, KOM 1999, 27.
[32] Kropholler, Art. 60 Rz. 2.
[33] Kropholler, Art. 60 Rz. 1.
[34] Kropholler, Art. 60 Rz. 1.

haben muss[35]. Im schweizerischen Internationalen Privatrecht gilt ebenfalls ein sehr weiter Gesellschaftsbegriff. Nach Art. 150 Abs. 1 IPRG gelten als Gesellschaften organisierte Personenzusammenschlüsse und organisierte Vermögenseinheiten. Abs. 2 stellt klar, dass auch organisierte Personenzusammenschlüsse *ohne Rechtspersönlichkeit* als Gesellschaften gelten können. Die allgemeine Zuständigkeit nach Art. 2 kommt für sie allerdings – ähnlich wie beim Trust – mangels eigener Rechtspersönlichkeit nicht in Betracht.

Trotz der Einführung des autonomen Sitzbegriffes im LugÜ sind daher die unterschiedlichen Regelungen hinsichtlich des **Gesellschaftsstatuts,** nach welchem sich in der Regel die Anerkennung der Partei- und Prozessfähigkeit richtet, zu beachten. Innerhalb der EU gilt allerdings aufgrund der Rechtsprechung des EuGH die sich aus der Niederlassungsfreiheit ergebende Pflicht der Mitgliedstaaten, die Rechts- und Parteifähigkeit zu beachten, die eine Gesellschaft *nach dem Recht ihres Gründungsstaates* besitzt[36]. 27

c) Der autonome Sitzbegriff

Art. 60 Abs. 1 definiert den Sitz autonom. Für die Sitzbestimmung wird **alternativ** an den satzungsmässigen Sitz, an die Hauptverwaltung oder an die Hauptniederlassung der Gesellschaft respektive der juristischen Person angeknüpft. Der *satzungsgemässe Sitz* ergibt sich aus dem jeweiligen Gesellschaftsvertrag bzw. den Statuten. Der *Ort der Hauptverwaltung* befindet sich dort, wo die unternehmerischen Entscheidungen getroffen werden, also am Ort der Leitung der Gesellschaft oder der juristischen Person. Dieser Ort ist in der Regel am Sitz der Organe zu lokalisieren. Die *Hauptniederlassung* entspricht dem tatsächlichen Sitz. Massgebend ist der Ort des Geschäftsschwerpunktes. Darunter ist bspw. der zentrale Produktionsstandort zu verstehen oder der Ort, an dem sich die hauptsächlichen Personal- und Sachmittel befinden. 28

Für das Vereinigte Königreich und Irland gilt eine **Sonderregelung,** da diesen Ländern der Sitzbegriff der kontinentaleuropäischen Rechtsordnungen fremd ist (Art. 60 Abs. 2). 29

[35] KROPHOLLER, Art. 60 Rz. 1.

[36] RAUSCHER-STAUDINGER, Art. 60 Rz. 4; GEIMER/SCHÜTZE, Art. 60 Rz. 11.

Eine besondere Regelung gilt nach Art. 60 Abs. 3 auch **für trust-rechtliche** Klagen. Der Trust hat *keine eigene Rechtspersönlichkeit.* Eine Anknüpfung an den Sitz des Trusts für die Begründung der allgemeinen Zuständigkeit nach Art. 2 kommt nicht in Frage, denn es geht nicht um Streitigkeiten für oder gegen den Trust[37]. Die Sonderregelung von Art. 60 Abs. 3 dient der Anwendung von Art. 5 Nr. 6 und nicht von Art. 2[38].

5. Massgeblicher Zeitpunkt für die Bestimmung des Wohnsitzes

30 Der für die Bestimmung des Wohnsitzes in einem LugÜ-Staat massgebliche Zeitpunkt wird vom LugÜ nicht **ausdrücklich** geregelt. Eine Verweisung auf autonomes Recht findet sich ebenfalls nicht. Art. 59 f. erfassen diese Frage nicht. Es ist von einer Lücke auszugehen, die im Interesse einer einheitlichen Anwendung der Zuständigkeitsordnung des LugÜ im Wege der Rechtsvergleichung auch einheitlich auszufüllen ist[39].

31 Grundsätzlich ist **der Zeitpunkt der Rechtshängigkeit der Klage** massgebend[40]. Dabei ist strittig, ob diesbezüglich die Einreichung der Klage beim Gericht oder die Zustellung der Klage massgebend sein soll. Damit der Kläger bereits im Zeitpunkt der Klageeinreichung beurteilen kann, ob die zuständigkeitsbegründenden Tatsachen vorliegen, ist auf diesen Zeitpunkt abzustellen[41]. Zudem entspricht diese Lösung der Regelung von Art. 30[42].

32 Bei Verlegung des Wohnsitzes des Beklagten von einem Nicht-LugÜ-Staat in einen LugÜ-Staat nach dem Eintritt der Rechtshängigkeit wird allgemein vertreten, die Zuständigkeit sei nach den Regeln des LugÜ zu beurteilen. War demnach diese in der Schweiz **vor Wohnsitzverlegung nicht gegeben,** wird sie durch die Wohnsitzverlegung gemäss LugÜ hergestellt, denn es wäre nicht *prozessökonomisch,* eine Klage als unzulässig abzuweisen, die sofort wieder erhoben werden könnte[43].

---

[37] MüKoZPO-Gottwald, Art. 60 Rz. 14.
[38] Geimer/Schütze, Art. 60 Rz. 12.
[39] Kropholler, Art. 2 Rz. 12; Schwander, in: Schwander, LugÜ 68.
[40] Kropholler, vor Art. 2 Rz. 15.
[41] Dasser/Oberhammer-Dasser, Art. 2 Rz. 15; Kropholler, vor Art. 2 Rz. 15.
[42] Rauscher-Mankowski, Art. 2 Rz. 3.
[43] Kropholler, vor Art. 2 Rz. 13; Schwander, in: Schwander, LugÜ 68.

Es existiert hingegen ein Meinungsstreit darüber, ob eine **zunächst nach autonomem Recht begründete Zuständigkeit** durch die Wohnsitzverlegung von einem Nicht-LugÜ-Staat in einen LugÜ-Staat entfällt. Der exorbitante Arrestgerichtsstand der Schweiz wäre etwa nunmehr nach LugÜ nicht mehr begründet. Es stehen sich einerseits der Beklagtenschutz in dem Sinne, dass die Klage neu am Wohnsitz des Beklagten zu erheben wäre, und andererseits der Grundsatz der perpetuatio fori entgegen. M.E. rechtfertigt sich Letzterem den Vorrang einzuräumen[44]. Dadurch lassen sich *doppelte Prozesse* vermeiden, gerade wenn der Prozess am ursprünglichen Gerichtsstand weit fortgeschritten ist. Dagegen vermag das Argument, wonach die Entscheidung nachher in den übrigen LugÜ-Staaten erleichtert anerkannt und für vollstreckbar erklärt werden kann, nicht aufzukommen. 33

Für den Fall der Wohnsitzverlegung des Beklagten **in einen Nicht-LugÜ-Staat** wird zu Recht die Fortdauer einer vorgängig auf das LugÜ gegründeten Zuständigkeit angenommen[45]. 34

IV. Verbot der unterschiedlichen Behandlung von In- und Ausländern

Die internationale Zuständigkeit bestimmt sich ohne Rücksicht auf die *Staatsangehörigkeit* der Parteien. Dies wird für die internationale Zuständigkeit im Wohnsitzstaat des Beklagten in Art. 2 Abs. 1 ausdrücklich erwähnt. Der Ausländer, der in einem LugÜ-Staat Wohnsitz hat, kann sich wie ein Inländer darauf berufen, dass er vor den Gerichten seines Wohnsitzstaates verklagt werden muss. Darüber hinaus sieht Art. 2 Abs. 2 vor, dass für Ausländer auch die für Inländer geltenden Vorschriften über **die örtliche Zuständigkeit** massgebend sind[46]. Die Vorschrift gilt auch zugunsten von Ausländern, die nicht Angehörige eines LugÜ-Staates sind[47]. 35

Aufgrund seiner systematischen Stellung besagt Art. 2 Abs. 2, dass ein Ausländer in erster Linie als **Beklagter** den gleichen Zuständigkeitsvorschriften wie ein Inländer untersteht. Das Diskriminierungsverbot gilt aber 36

[44] Kropholler, vor Art. 2 Rz. 14; Dasser/Oberhammer-Dasser, Art. 2 Rz. 17; a.A. Schwander, in: Schwander, LugÜ 68; Geimer/Schütze, Art. 2 Rz. 144 ff.

[45] Kropholler, vor Art. 2 Rz. 14.

[46] Kropholler, Art. 2 Rz. 3.

[47] Rauscher-Mankowski, Art. 2 Rz. 8.

als allgemeiner Grundsatz, weshalb sich auch ein ausländischer Kläger darauf berufen kann[48]. Einen ähnlichen Schutz für ausländische Kläger sieht Art. 4 Abs. 2 vor. Art. 2 Abs. 2 erfasst ausnahmsweise auch die *sachliche* Zuständigkeit, die vom LugÜ grundsätzlich nicht geregelt wird[49]. Das schweizerische IPRG unterscheidet in den vom LugÜ erfassten Materien hinsichtlich der Zuständigkeitsbestimmungen *nicht* zwischen Schweizern und Ausländern, weshalb Art. 2 Abs. 2 für die Schweiz bedeutungslos ist.

V. Anerkennung und Vollstreckung

37 Dem Exequaturrichter ist gemäss Art. 35 Abs. 3 in der Regel die Nachprüfung der Zuständigkeit des Erstgerichts verwehrt. Sofern ausnahmsweise nach Art. 35 Abs. 1 die internationale Zuständigkeit nachgeprüft wird, ist der Exequaturrichter nur an die *tatsächlichen Feststellungen* des Erstgerichts gebunden[50]. Deshalb würde keine Bindung bezüglich der rechtlichen Würdigung der Zuständigkeitstatsachen, die zur Bejahung des Wohnsitzes im Gerichtsstaat geführt haben, bestehen. Im Interesse der *Entscheidungsharmonie* sollte der Exequaturrichter zur Bestimmung des Wohnsitzes im Erststaat nicht sein Recht, sondern jenes **des Erststaates** heranziehen[51].

48 DASSER/OBERHAMMER-DASSER, Art. 2 Rz. 21.

49 KROPHOLLER, Art. 2 Rz. 3; zu den weiteren Ausnahmen von Art. 6 Nr. 3 und Art. 39 Abs. 1 vgl. KROPHOLLER, vor Art. 2 Rz. 4 Fn. 5; GEIMER/SCHÜTZE, Art. 2 Rz. 42.

50 RAUSCHER-LEIBLE, Art. 35 Rz. 15.

51 GEIMER/SCHÜTZE, Art. 59 Rz. 41; a.A. RAUSCHER-STAUDINGER, Art. 59 Rz. 4.

Art. 3

1. Personen, die ihren Wohnsitz im Hoheitsgebiet eines durch dieses Übereinkommen gebundenen Staates haben, können vor den Gerichten eines anderen durch dieses Übereinkommen gebundenen Staates nur gemäss den Vorschriften der Abschnitte 2–7 dieses Titels verklagt werden.

2. Gegen diese Personen können insbesondere nicht die in Anhang I aufgeführten innerstaatlichen Zuständigkeitsvorschriften geltend gemacht werden.

Art. 3

1. Les personnes domiciliées sur le territoire d'un État lié par la présente Convention ne peuvent être attraites devant les tribunaux d'un autre État lié par la présente Convention qu'en vertu des règles énoncées aux sections 2 à 7 du présent titre.

2. Ne peuvent être invoquées contre elles notamment les règles de compétence nationales figurant à l'annexe I.

Art. 3

1. Le persone domiciliate nel territorio di uno Stato vincolato dalla presente convenzione possono essere convenute davanti ai giudici di un altro Stato vincolato dalla presente convenzione solo in base alle norme enunciate nelle sezioni da 2 a 7 del presente titolo.

2. Nei loro confronti non possono essere addotte le norme nazionali sulla competenza riportate nell'allegato I.

Art. 3

1. Persons domiciled in a State bound by this Convention may be sued in the courts of another State bound by this Convention only by virtue of the rules set out in Sections 2 to 7 of this Title.

2. In particular the rules of national jurisdiction set out in Annex I shall not be applicable as against them.

Literatur: s. Hinweise bei Vorbem. zu Art. 2.

Übersicht *Seite*

I. Normzweck

1 Der Beklagtenschutz gilt nicht absolut; vielmehr kann der Beklagte auch an den vom LugÜ vorgesehenen besonderen Gerichtsständen verklagt werden. Art. 3 **garantiert** nun, dass der Beklagte, der seinen Wohnsitz in einem LugÜ-Staat hat, sich darauf verlassen kann, dass er ausserhalb seines Wohnsitzstaates in einem andern LugÜ-Staat nur an einem dieser besonderen Gerichtsstände verklagt werden kann. Insofern erscheint Art. 3 als das Pendant zu Art. 2 Abs. 1[1].

2 Es wird zum einen ein *numerus clausus* der Gerichtsstände zu Gunsten des Beklagten mit Wohnsitz in einem LugÜ-Staat statuiert. Zum anderen bewirkt die **ausschliessliche** Anerkennung dieser Gerichtsstände, dass die *exorbitanten Zuständigkeiten* des nationalen Rechts ausgeschaltet werden, worauf in Art. 3 Abs. 2 noch besonders hingewiesen wird. Die besonderen Gerichtsstände werden im Wesentlichen durch die Zuständigkeitsinteressen des Klägers und der *Sach- und Beweisnähe* zum Gerichtsort gerechtfertigt. Im Anhang I werden beispielhaft ein oder zwei nationale Zuständigkeitsbestimmungen aufgeführt, die besonders krass gegen das Zuständigkeitssystem des LugÜ verstossen[2].

II. Abschliessender Katalog besonderer Zuständigkeiten

3 Liegt der Wohnsitz des Beklagten im Gerichtsstaat, so ist die internationale Zuständigkeit dieses Staates gestützt auf Art. 2 begründet. Befindet sich hingegen der Wohnsitz des Beklagten in einem anderen LugÜ-Staat als im Gerichtsstaat, so sind die Gerichte dieses Staates *nur* dann zuständig, wenn sich dies aus *den Vorschriften der Art. 5–24* ergibt. Das ist der Gehalt von Art. 3 Abs. 1. Diese Garantie haben lediglich Beklagte **mit Wohnsitz in einem LugÜ-Staat** (Art. 4).

4 Aufgrund der in den Art. 5–24 vorgesehenen Zuständigkeiten kann sich der Beklagte nicht darauf verlassen, dass ihm gegenüber ein Gerichtsstand nur in seinem Wohnsitzstaat besteht. Er kann aber darauf vertrauen, vor

---

[1] DASSER/OBERHAMMER-DASSER, Art. 3 Rz. 1.

[2] WALTER 186.

keinem anderen Gericht als demjenigen verklagt zu werden, welches das LugÜ (bzw. dessen **abschliessende** Zuständigkeitsordnung) als zuständig bezeichnet[3]. Auf das autonome Zuständigkeitsrecht darf auf keinen Fall abgestellt werden. Die Zuständigkeitsregeln des LugÜ sind keiner Auslegung zugänglich, die über die in dem Übereinkommen ausdrücklich vorgesehenen Fälle hinausginge. Die internationale Zuständigkeit darf also weder *aus dem nationalen Zuständigkeitsrecht* hergeleitet werden noch *auf dem Wege der Lückenfüllung* begründet werden[4].

Vorbehalten sind einerseits die staatsvertraglichen Zuständigkeitsregeln 5 gemäss **Art. 67** und andererseits die Zuständigkeiten für Verfahren **des einstweiligen Rechtsschutzes**. Mit einem Gesuch auf Erlass vorsorglicher Massnahmen kann sich der Kläger nach Art. 31 wahlweise an das nach dem LugÜ in der Hauptsache zuständige Gericht oder an dasjenige, das nach nationalem Recht zuständig ist, wenden. Somit können über diese Verweisung auf das nationale Zuständigkeitsrecht für den Erlass vorsorglicher Massnahmen auch *die exorbitanten Gerichtsstände* beansprucht werden, allerdings nach der Rechtsprechung des EuGH nur unter der Bedingung *einer realen Verknüpfung* der beantragten Massnahme mit der gebietsbezogenen Zuständigkeit des LugÜ-Staates des angerufenen Gerichts (s. dazu Art. 31 Rz. 59 ff.).

Vorbehalten sind auch Fälle, in denen sonst eine Rechtsverweigerung drohen 6 würde. Das ist z.B. dann anzunehmen, wenn ein Urteil aus einem LugÜ-Staat in einem anderen nicht anerkannt und vollstreckt werden kann. In diesem Fall muss im Vollstreckungsstaat eine **Notzuständigkeit** zwecks Wiederholung des Prozesses eröffnet werden[5]. Ähnlich verhält es sich, wenn im Wohnsitz-LugÜ-Staat das Gerichtssystem wegen ausserordentlicher Lagen (kriegerische Ereignisse, offensichtliche Korruption usw.) überhaupt nicht funktioniert und auch kein anderer Gerichtsstand nach Art. 5 ff. besteht[6]. Keines Rückgriffs auf einen eigentlichen Notgerichtsstand bedarf es für den Fall, dass jeder der beteiligten LugÜ-Staaten den Wohnsitz nach der Kollisionsregel von Art. 59 im jeweils anderen LugÜ-Staat als gegeben erachtet

---

3 SCHWANDER, in: SCHWANDER, LugÜ 65.

4 KROPHOLLER, Art. 3 Rz. 1; EuGH 13.07.2000, Rs. C-412/98 *Group Josi/UGIC*, Slg. 2000 I 5925.

5 GEIMER/SCHÜTZE, Art. 3 Rz. 8.

6 DASSER/OBERHAMMER-DASSER, Art. 3 Rz. 5.

und hierfür nach zutreffender Auffassung die *Ersatzanknüpfung* an den gewöhnlichen Aufenthalt zugelassen wird (s. Art. 2 Rz. 19).

7 Durch die Kollisionsnorm von Art. 59 wird nicht ausgeschlossen, dass das angerufene Gericht **einen mehrfachen Wohnsitz** bejahen muss. Befindet sich der Wohnsitz in zwei anderen LugÜ-Staaten oder in einem Vertrags- und in einem Drittstaat, so hat das Gericht nur festzustellen, ob der Beklagte seinen Wohnsitz in *irgend einem anderen LugÜ-Staat* hat, und es hat daraus zur Feststellung seiner eigenen Zuständigkeit die in Art. 3 und 5 ff. vorgesehenen Schlussfolgerungen zu ziehen[7].

III. Ausschluss exorbitanter Zuständigkeiten

8 Die internationale Zuständigkeit darf auf keinen Fall aus dem nationalen Recht hergeleitetet werden. Art. 3 Abs. 2 schliesst ausdrücklich **die exorbitanten Zuständigkeiten** des nationalen Rechts der LugÜ-Staaten aus. In der Schweiz kann im Verhältnis zu den anderen LugÜ-Staaten *der Arrestgerichtsstand gemäss Art. 4 IPRG* nicht beansprucht werden. Ausgeschlossen sind aber nicht nur die exorbitanten, sondern *alle* Zuständigkeiten des nationalen Rechts. Diese können nur dann zur Anwendung kommen, wenn der Beklagte keinen Wohnsitz in einem LugÜ-Staat hat. Dies wird in Art. 4 Abs. 1 ausdrücklich festgehalten, wobei die ausschliesslichen Zuständigkeiten gemäss Art. 22 und die Gerichtsstandsvereinbarung nach Art. 23 vorbehalten werden. Die Anwendung des nationalen Rechts bringt gemäss Art. 4 Abs. 1 auch die Anwendung der exorbitanten Zuständigkeiten mit sich. Deren Bedeutung wird sogar *gesteigert*, weil alle Urteile aus einem LugÜ-Staat in den anderen LugÜ-Staaten anzuerkennen sind, also auch Urteile, die sich auf die nationalen Zuständigkeiten (samt der exorbitanten) stützen[8].

9 Die exorbitanten Zuständigkeiten werden im LugÜ nicht mehr in Art. 3 selbst, sondern in einem **Anhang I** aufgeführt. Damit wurde einerseits die Lesbarkeit und Übersichtlichkeit des Übereinkommens verbessert, andererseits die Möglichkeit geschaffen, die Liste der exorbitanten Gerichtsstände im vereinfachten Verfahren nach Art. 77 *ohne formelle Revision* des

---

[7] Bericht JENARD, Kap. IV A 3 (4); KROPHOLLER, Art. 3 Rz. 2.

[8] KROPHOLLER, Art. 3 Rz. 5. Zur Kritik von Drittstaaten vgl. KROPHOLLER, Art. 3 Rz. 5 Fn. 6 und Rz. 7; s. auch Art. 4 Rz. 5.

Übereinkommens anzupassen. Für die Schweiz wird in der Liste nach wie vor der Arrestgerichtsstand gemäss Art. 4 IPRG aufgeführt.

Art. 3 Abs. 2 ist eigentlich *deklaratorisch*, denn der Ausschluss der exorbi- 10
tanten Zuständigkeiten wie auch aller übrigen Zuständigkeiten des nationalen Rechts ergibt sich bereits aus Art. 3 Abs. 1. **Eigenständige** Bedeutung haben Art. 3 Abs. 2 bzw. der entsprechende Anhang I hingegen insoweit, als Art. 68 auf die darin aufgeführten exorbitanten Gerichtsstände Bezug nimmt. Dieser Artikel behält nämlich Übereinkommen von LugÜ-Staaten mit Drittstaaten vor, die sie vor Inkrafttreten des LugÜ abgeschlossen haben und mit denen die *Anerkennung von Urteilen* aus anderen LugÜ-Staaten, die an den exorbitanten Gerichtsständen gemäss Art. 3 Abs. 2 ergangen sind, ausgeschlossen wurde[9].

Der Ausschluss der exorbitanten Gerichtsstände bezieht sich in erster Li- 11
nie auf die **internationale** Zuständigkeit. Soweit der örtliche Gerichtsstand sich nach dem nationalen Recht richtet, wie z.B. bei Art. 2, kann dieser auch ein exorbitanter sein[10]. Regelt das LugÜ – wie in den Art. 5 ff. – mit der internationalen *auch* die örtliche Zuständigkeit, besteht für die Anwendung der exorbitanten Zuständigkeiten des nationalen Rechts auch mit Bezug auf die örtliche Zuständigkeit kein Raum.

IV. Anerkennung und Vollstreckung

Art. 3 betrifft nur die direkte Zuständigkeit[11]. Für die Anerkennung und 12
Vollstreckung ist er **ohne Bedeutung.** Insbesondere kann die Anerkennung einer Entscheidung nicht mit der Begründung verweigert werden, dass das Erstgericht unter Verstoss gegen Art. 3 Abs. 2 seine Zuständigkeit *nur auf einen exorbitanten Gerichtsstand des nationalen Rechts* gestützt habe. In Art. 35 Abs. 1 ist abschliessend geregelt, wann die Zuständigkeit des Erstgerichts nachgeprüft werden kann. Art. 3 Abs. 2 ist dort im Gegensatz zu Art. 68 nicht vorbehalten (s. Rz. 10).

---

9 Die Schweiz hat keine derartigen Übereinkommen abgeschlossen, könnte aber solche noch gestützt auf Art. 68 Abs. 1 Satz 2 abschliessen.

10 Rauscher-Mankowski, Art. 3 Rz. 4; a.A. Schack Rz. 375.

11 Rauscher-Mankowski, Art. 3 Rz. 5.

Art. 4

1. Hat der Beklagte keinen Wohnsitz im Hoheitsgebiet eines durch dieses Übereinkommen gebundenen Staates, so bestimmt sich vorbehaltlich der Artikel 22 und 23 die Zuständigkeit der Gerichte eines jeden durch dieses Übereinkommen gebundenen Staates nach dessen eigenen Gesetzen.

2. Gegenüber einem Beklagten, der keinen Wohnsitz im Hoheitsgebiet eines durch dieses Übereinkommen gebundenen Staates hat, kann sich jede Person, die ihren Wohnsitz im Hoheitsgebiet eines durch dieses Übereinkommen gebundenen Staates hat, in diesem Staat auf die dort geltenden Zuständigkeitsvorschriften, insbesondere auf die in Anhang I aufgeführten Vorschriften, wie ein Inländer berufen, ohne dass es auf ihre Staatsangehörigkeit ankommt.

Art. 4

1. Si le défendeur n'est pas domicilié dans un État lié par la présente Convention, la compétence est, dans chaque État lié par la présente Convention, réglée par la loi de cet État, sous réserve de l'application des dispositions des art. 22 et 23.

2. Toute personne, quelle que soit sa nationalité, domiciliée sur le territoire d'un État lié par la présente Convention, peut, comme les nationaux, y invoquer contre ce défendeur les règles de compétence qui y sont en vigueur et notamment celles prévues à l'annexe I.

Art. 4

1. Se il convenuto non è domiciliato nel territorio di uno Stato vincolato dalla presente convenzione, la competenza è disciplinata, in ciascuno Stato vincolato dalla presente convenzione, dalla legge di quello Stato, salva l'applicazione degli articoli 22 e 23.

2. Chiunque sia domiciliato nel territorio di uno Stato vincolato dalla presente convenzione può, indipendentemente dalla cittadinanza ed al pari dei cittadini di questo Stato, addurre nei confronti di tale convenuto le norme sulla competenza in vigore nello Stato medesimo, in particolare quelle indicate nell'allegato I.

Art. 4

1. If the defendant is not domiciled in a State bound by this Convention, the jurisdiction of the courts of each State bound by this Convention shall, subject to the provisions of Articles 22 and 23, be determined by the law of that State.

2. As against such a defendant, any person domiciled in a State bound by this Convention may, whatever his nationality, avail himself in that State of the rules of jurisdiction there in force, and in particular those specified in Annex I, in the same way as the nationals of that State.

Literatur: s. Hinweise zu Vorbem. Art. 2.

Übersicht *Seite*

I. Anwendung des nationalen Zuständigkeitsrechts gegenüber Personen ohne Wohnsitz in einem LugÜ-Staat

1 Art. 4 Abs. 1 bestimmt ausdrücklich, dass bei Personen mit **keinem** Wohnsitz in einem LugÜ-Staat die Zuständigkeit vorbehältlich der Art. 22 und 23 sich nach nationalem Recht des Gerichtsstaates richtet. Aufgrund des Wortlautes von Art. 4 Abs. 1 («keinen Wohnsitz im Hoheitsgebiet eines durch dieses Übereinkommen gebundenen Staates») ist das nationale Zuständigkeitsrecht schon dann anwendbar, wenn der Beklagte zwar innerhalb des LugÜ-Raums lebt, aber nach dem gemäss Art. 59 massgebenden Recht *in keinem LugÜ-Staat* einen Wohnsitz begründet hat[1]. Die Begründung eines solchen in einem *Drittstaat* ist dagegen nicht erforderlich[2].

2 Führt die Kollisionsregel von Art. 59 zu **mehrfachem** Wohnsitz, so kommt Art. 4 Abs. 1 und damit das nationale Zuständigkeitsrecht nur zur Anwendung, wenn *keiner* der Wohnsitze in einem LugÜ-Staat liegt[3].

3 In Art. 4 Abs. 1 werden ausdrücklich die Bestimmungen von Art. 22 und 23 **vorbehalten.** Das ist folgerichtig, da ausschliessliche Zuständigkeiten gemäss Art. 22 unabhängig davon bestehen, ob der Beklagte Wohnsitz in einem Vertragsstaat hat. Ebenso knüpft Art. 23 im Gegensatz zu Art. 2 ff. nicht an den Wohnsitz des Beklagten, sondern an den Wohnsitz einer der Parteien in einem LugÜ-Staat an. Die vereinbarte Zuständigkeit war in der Vorgängerbestimmung von Art. 4 Abs. 1 aLugÜ nicht ausdrücklich erwähnt. Es handelt sich nicht um eine inhaltliche, sondern lediglich um eine *formelle* Änderung.

4 Art. 4 Abs. 1 behält immer noch **nicht** alle Ausnahmen *ausdrücklich* vor. Eine davon ist die Zuständigkeit der rügelosen Einlassung gemäss Art. 24,

---

1 KROPHOLLER, Art. 4 Rz. 1.
2 KROPHOLLER, Art. 4 Rz. 1.
3 KROPHOLLER, Art. 4 Rz. 1; RAUSCHER-MANKOWSKI, Art. 4 Rz. 2; s. auch Art. 2 Rz. 18.

welche analog zur Gerichtsstandsvereinbarung ebenfalls nicht auf den Wohnsitz des Beklagten, sondern auf den Wohnsitz einer der Parteien abstellt[4]. Weitere Ausnahmen sind: Art. 9 Abs. 2, Art. 15 Abs. 2 und Art. 18 Abs. 2[5].

5 Ist Art. 4 Abs. 1 anwendbar, dann bestimmt sich die **Zuständigkeit gegenüber Drittstaatern** nach nationalem Recht[6]. Das LugÜ und dessen Zuständigkeitsregelung kommen Drittstaatern nicht zugute[7]. Insbesondere kommen gegenüber Drittstaatern auch die exorbitanten Zuständigkeiten nach Art. 3 Abs. 2 zum Zuge[8]. Hinzu kommt, dass die Entscheidungen, die an solchen Gerichtsständen ergehen, in jedem anderen LugÜ-Staat anzuerkennen sind. Diese *Benachteilung* von Drittstaatern wird im LugÜ in Kauf genommen. Eine weitergehende Vereinheitlichung der Zuständigkeitsvorschriften auch zugunsten von Beklagten mit Wohnsitz ausserhalb eines LugÜ-Staates ist nämlich nicht Regelungsgegenstand des LugÜ[9].

6 Art. 4 Abs. 1 macht eine Ausnahme nur hinsichtlich der Zuständigkeitsnormen des LugÜ, was sich sowohl aus dem Wortlaut wie auch aus der Systematik der Bestimmung ergibt[10]. Daher gelten die Vorschriften des LugÜ über die **Rechtshängigkeit** auch für Verfahren, für welche die Zuständigkeit *auf nationales Recht* gestützt wird. Ebenso sind die Regeln über *die Anerkennung und Vollstreckung* des LugÜ auf alle Entscheidungen aus den LugÜ-Staaten anwendbar, auch wenn sie von einem nach nationalem Recht zuständigen Gericht erlassen wurden.

---

4 Dasser/Oberhammer-Killias, Art. 18 Rz. 5.

5 Rauscher-Mankowski, Art. 4 Rz. 3a.

6 Bez.Ger. (Präsident) Arlesheim, BJM 1994, 321 ff.

7 BGE 129 III 626 E. 5.3.3.

8 BGE 134 III 294 E. 1.2.

9 Kropholler, vor Art. 2 Rz. 9, Art. 4 Rz. 4; Dasser/Oberhammer-Dasser, Art. 4 Rz. 3; zum Fall, dass die bestehende Rechtslage sich auch zugunsten von Drittstaatern auswirken kann, vgl. Dasser/Oberhammer-Dasser, Art. 4 Rz. 3 unter Hinweis auf BGE 129 III 626; zur Abmilderung der Diskriminierung durch den Abschluss eines Abkommens zwischen einem LugÜ- und Drittstaat nach Art. 68 s. Art. 3 Rz. 10.

10 Rauscher-Mankowski, Art. 4 Rz. 4.

II. Aufwertung der exorbitanten Gerichtsstände

Nach Art. 4 Abs. 2 kann sich jede Person, die ihren Wohnsitz in einem LugÜ-Staat hat, gegenüber einem Beklagten mit Wohnsitz ausserhalb des LugÜ-Raums in diesem Staat auf die gleichen Zuständigkeitsvorschriften, insbesondere auf die exorbitanten Gerichtsstände, wie ein Inländer berufen, ohne Rücksicht auf die Staatsangehörigkeit. Art. 4 Abs. 2 bestätigt das bereits in Art. 2 Abs. 2 zum Ausdruck gebrachte allgemeine zuständigkeitsrechtliche **Diskriminierungsverbot** für den Fall einer Klage gegen einen Beklagten, der *keinen Wohnsitz in einem LugÜ-Staat* hat. Auf die nach nationalem Recht *nur den eigenen Staatsangehörigen als Klägern* zur Verfügung stehenden Zuständigkeiten, einschliesslich der exorbitanten Gerichtsstände, kann sich auch *ein Ausländer* berufen. 7

Dies führt zu einer Ausweitung des Anwendungsbereichs der nationalen Zuständigkeitsvorschriften und insbesondere der exorbitanten Gerichtsstände gegenüber **Drittstaatern.** Die an diesen Gerichtsständen ergangenen Urteile sind in jedem anderen LugÜ-Staat nach der liberalen Regelung gemäss LugÜ anzuerkennen. Es handelt sich um Auswirkungen des bereits erwähnten Umstandes, dass eine weitergehende Vereinheitlichung der Zuständigkeitsvorschriften auch zugunsten von Beklagten mit Wohnsitz ausserhalb eines LugÜ-Staates nicht Regelungsgegenstand des LugÜ ist (s. Rz. 5). 8

Nach dem Wortlaut von Art. 4 Abs. 2 («in diesem Staat») können sich darauf nur ausländische Kläger mit Wohnsitz im **Gerichtsstaat** berufen[11]. Nicht notwendig ist hingegen, dass der Ausländer die Staatsangehörigkeit eines anderen LugÜ-Staates haben muss. Ebenso wenig ist erforderlich, dass der in einem Drittstaat wohnende Beklagte nicht die Staatsangehörigkeit eines LugÜ-Staates besitzt. 9

Art. 4 Abs. 2 ist nur in jenen Staaten von Bedeutung, in denen die Zuständigkeitsvorschriften überhaupt zwischen in- und ausländischen Klägern **unterscheiden.** In der Schweiz gibt es im Anwendungsbereich des LugÜ keine Gerichtsstände, die nur hier wohnhaften Schweizerbürgern zur Verfügung stehen würden, weshalb Art. 4 Abs. 2 in der *Schweiz* bedeutungslos ist. Nicht so hingegen z.B. in *Frankreich*, wo Art. 14 *Code civil* französi- 10

[11] KROPHOLLER, Art. 4 Rz. 4.

schen Staatsangehörigen eine Klage für bestimmte Ansprüche gegenüber ausländischen Staatsangehörigen mit oder ohne Wohnsitz in Frankreich gewährt. Diese Staatsangehörigkeitszuständigkeit kann auch der in Frankreich wohnhafte ausländische Kläger in Anspruch nehmen[12].

III. Anerkennung und Vollstreckung

11 Nach dem LugÜ werden auch Entscheidungen der LugÜ-Staaten anerkannt, die von einem nach nationalem Recht zuständigen Gericht erlassen wurden. Insbesondere ist – wie bereits ausgeführt – auch ein in einem LugÜ-Staat an einem **exorbitanten** Gerichtsstand ergangenes Urteil *in allen anderen LugÜ-Staaten* anzuerkennen (s. Rz. 5).

[12] Eine weitere Bestimmung, auf die sich auch ausländische Kläger berufen konnten, war Art. 4 Ziff. 4 *Codice di procedura civile.* Diese Reziprozitätszuständigkeit (vgl. dazu Acocella, Internationale Zuständigkeit 129) wurde mit der Reform des internationalen Privat- und Verfahrensrechts Italiens mit Gesetz Nr. 218 vom 31.05.1995 (in Kraft seit dem 01.05.1995/31.12.1996) abgeschafft.

Abschnitt 2: Besondere Zuständigkeiten

Art. 5

Eine Person, die ihren Wohnsitz im Hoheitsgebiet eines durch dieses Übereinkommen gebundenen Staates hat, kann in einem anderen durch dieses Übereinkommen gebundenen Staat verklagt werden:

1. a) wenn ein Vertrag oder Ansprüche aus einem Vertrag den Gegenstand des Verfahrens bilden, vor dem Gericht des Ortes, an dem die Verpflichtung erfüllt worden ist oder zu erfüllen wäre,

b) im Sinne dieser Vorschrift – und sofern nichts anderes vereinbart worden ist – ist der Erfüllungsort der Verpflichtung:
– für den Verkauf beweglicher Sachen der Ort in einem durch dieses Übereinkommen gebundenen Staat, an dem sie nach dem Vertrag geliefert worden sind oder hätten geliefert werden müssen
– für die Erbringung von Dienstleistungen der Ort in einem durch dieses Übereinkommen gebundenen Staat, an dem sie nach dem Vertrag erbracht worden sind oder hätten erbracht werden müssen

c) ist Buchstabe b nicht anwendbar, so gilt Buchstabe a;

2. wenn es sich um eine Unterhaltssache handelt:

a) vor dem Gericht des Ortes, an dem der Unterhaltsberechtigte seinen Wohnsitz oder seinen gewöhnlichen Aufenthalt hat, oder

b) im Falle einer Unterhaltssache, über die im Zusammenhang mit einem Verfahren in Bezug auf den Personenstand zu entscheiden ist, vor dem nach seinem Recht für dieses Verfahren zuständigen Gericht, es sei denn, diese Zuständigkeit beruht lediglich auf der Staatsangehörigkeit einer der Parteien, oder

c) im Falle einer Unterhaltssache, über die im Zusammenhang mit einem Verfahren in Bezug auf die elterliche Verantwortung zu entscheiden ist, vor dem nach seinem Recht für dieses Verfahren zuständigen Gericht, es sei denn, diese Zuständigkeit beruht lediglich auf der Staatsangehörigkeit einer der Parteien;

3. wenn eine unerlaubte Handlung oder eine Handlung, die einer unerlaubten Handlung gleichgestellt ist, oder wenn Ansprüche aus einer solchen Handlung den Gegenstand des Verfahrens bilden, vor dem Gericht des Ortes, an dem das schädigende Ereignis eingetreten ist oder einzutreten droht.

Art. 5

Une personne domiciliée sur le territoire d'un État lié par la présente Convention peut être attraite, dans un autre État lié par la présente Convention:

1. a) en matière contractuelle, devant le tribunal du lieu où l'obligation qui sert de base à la demande a été ou doit être exécutée,

b) aux fins de l'application de la présente disposition, et sauf Convention contraire, le lieu d'exécution de l'obligation qui sert de base à la demande est:
– pour la vente de marchandises, le lieu d'un État lié par la présente Convention où, en vertu du contrat, les marchandises ont été ou auraient dû être livrées,

– pour la fourniture de services, le lieu d'un État lié par la présente Convention où, en vertu du contrat, les services ont été ou auraient dû être fournis:

c) le point a) s'applique si le point b) ne s'applique pas;

2. en matière d'obligation alimentaire

a) devant le tribunal du lieu où le créancier d'aliments a son domicile ou sa résidence habituelle, ou

b) devant le tribunal compétent selon la loi du for pour connaître d'une demande accessoire à une action relative à l'état des personnes, sauf si cette compétence est uniquement fondée sur la nationalité d'une des parties, ou

c) devant le tribunal compétent selon la loi du for pour connaître d'une demande accessoire à une action relative à la responsabilité parentale, sauf si cette compétence est uniquement fondée sur la nationalité d'une des parties;

3. en matière délictuelle ou quasi délictuelle, devant le tribunal du lieu où le fait dommageable s'est produit ou risque de se produire.

Art. 5

La persona domiciliata nel territorio di uno Stato vincolato dalla presente convenzione può essere convenuta in un altro Stato vincolato dalla presente convenzione:

1. a) in materia contrattuale, davanti al giudice del luogo in cui l'obbligazione dedotta in giudizio è stata o deve essere eseguita.

b) Ai fini dell'applicazione della presente disposizione e salvo diversa convenzione, il luogo di esecuzione dell'obbligazione dedotta in giudizio è:

– nel caso della compravendita di beni, il luogo, situato in uno Stato vincolato dalla presente convenzione, in cui i beni sono stati o avrebbero dovuto essere consegnati in base al contratto,

– nel caso della prestazione di servizi, il luogo, situato in uno Stato vincolato dalla presente convenzione, in cui i servizi sono stati o avrebbero dovuto essere prestati in base al contratto.

c) Se non si applica la lettera b) si applica quanto previsto alla lettera a);

2. in materia di obbligazioni alimentari:

a) davanti al giudice del luogo in cui il creditore di alimenti ha il domicilio o la residenza abituale, o

b) qualora si tratti di una domanda accessoria ad un'azione relativa allo stato delle persone, davanti al giudice competente a conoscere quest'ultima secondo la legge nazionale, salvo che tale competenza si fondi unicamente sulla cittadinanza di una delle parti, o

c) qualora si tratti di una domanda accessoria ad un'azione relativa alla responsabilità genitoriale, davanti al giudice competente a conoscere quest'ultima secondo la legge nazionale, salvo che tale competenza si fondi unicamente sulla cittadinanza di una delle parti;

3. in materia di illeciti civili dolosi o colposi, davanti al giudice del luogo in cui l'evento dannoso è avvenuto o può avvenire.

Art. 5

A person domiciled in a State bound by this Convention may, in another State bound by this Convention, be sued:

1. (a) in matters relating to a contract, in the courts for the place of performance of the obligation in question;
(b) for the purpose of this provision and unless otherwise agreed, the place of performance of the obligation in question shall be:
– in the case of the sale of goods, the place in a State bound by this Convention where, under the contract, the goods were delivered or should have been delivered;
– in the case of the provision of services, the place in a State bound by this Convention where, under the contract, the services were provided or should have been provided.
(c) If (b) does not apply then subparagraph (a) applies;

2. in matters relating to maintenance,
(a) in the courts for the place where the maintenance creditor is domiciled or habitually resident; or
(b) in the court which, according to its own law, has jurisdiction to entertain proceedings concerning the status of a person if the matter relating to maintenance is ancillary to those proceedings, unless that jurisdiction is based solely on the nationality of one of the parties; or
(c) in the court which, according to its own law, has jurisdiction to entertain proceedings concerning parental responsibility, if the matter relating to maintenance is ancillary to those proceedings, unless that jurisdiction is based solely on the nationality of one of the parties;

3. in matters relating to tort, delict or quasi-delict, in the courts for the place where the harmful event occurred or may occur.

Literatur zu Nr. 1: Acocella, Internationale Zuständigkeit sowie Anerkennung und Vollstreckung ausländischer Entscheidungen in Zivilsachen im schweizerisch-italienischen Rechtsverkehr, St. Gallen 1989 (zit. Acocella, Internationale Zuständigkeit); Ders., Die internationale Produkte- und Umwelthaftung und das Lugano-Übereinkommen, Referat an der 2. Schweizer Fachtagung des EBDI, Zürich 1996, «www.akws-law.ch» (zit. Acocella, Die internationale Produkte- und Umwelthaftung); Ders., Nichtigkeitsbegriff und Konzept einer einheitlichen vertragsrechtlichen Rückabwicklung gescheiterter Verträge, SJZ 2003, 494 (zit. Acocella, Nichtigkeitsbegriff); Arter, Gerichtsstand und anwendbares Recht bei elektronischen Rechtsgeschäften und unerlaubten Handlungen im Internet, in: Arter/Jörg (Hrsg.), Internet-Recht und Electronic Commerce Law, 1. Tagungsband, Lachen/St. Gallen 2001, 157; Bachmann, Internationale Zuständigkeit bei Konzernsachverhalten, IPRax 2009, 140; Ders., Die internationale Zuständigkeit für Klagen wegen fehlerhafter Kapitalmarktinformationen, IPRax 2007, 77; Bajons, Der Gerichtsstand des Erfüllungsortes: Rück- und Ausblick auf eine umstrittene Norm, FS Geimer, München 2002, 15; Bonomi, Il sistema della competenza giurisdizionale nel Regolamento «Bruxelles I», in: Bonomi (Hrsg.), Diritto internazionale privato e cooperazione giudiziaria in materia civile, Turin 2009, 55; Brandenberg Brandl, Direkte Zuständigkeit der Schweiz im internationalen Schuldrecht, St. Gallen 1991; Brinkmann, Der Vertragsgerichtsstand bei Klagen aus Lizenzverträgen unter der EuGVVO, IPRax 2009, 487; Broggini, Zuständigkeit am Ort der Vertragserfüllung, in: Schwander, LugÜ, 111; Brönnimann, Die Behauptungs- und Substanzierungslast im schweizerischen Zivilprozessrecht, Bern 1989; Bruhns, Das Verfahrensrecht der internationalen Konzernhaftung – Durchsetzung von Konzernhaftungsansprüchen bei grenzüberschreitenden Unternehmungsverbindungen im Rahmen der EuGVVO unter besonderer Berücksichtigung des deutschen und französischen Rechts, Berlin 2006; Dallafior/Götz Staehelin, Überblick über die wichtigsten Änderungen des Lugano-Übereinkommens, SJZ 2008, 105;

DASSER, Gerichtsstand und anwendbares Recht bei Haftung aus Internetdelikten, in: Arter/Jörg (Hrsg.), Internet-Recht und Electronic Commerce Law, 3. Tagungsband, Bern 2003, 127; ELTZSCHIG, Art. 5 Nr. 1 b EuGVO: Ende oder Fortführung von forum actoris und Erfüllungsortbestimmung lege causae?, IPRax 2002, 491; FENGE, Zur europäischen internationalen Zuständigkeit in Fällen der Haftung für eine Schädigung in Vertragsnähe, FS Yessiou-Faltsi, Athen 2007, 79; FERRARI, Zur autonomen Auslegung der EuGVVO, insbesondere des Begriffs des «Erfüllungsortes der Verpflichtung» nach Art. 5 Nr. 1 lit. b, IPRax 2007, 61; DERS., Verkäufergerichtsstand auch nach Art. 5 Nr. 1 lit. b EuGVVO ?, ecolex 2007, 303; FURRER/SCHRAMM, Zuständigkeitsprobleme im europäischen Vertragsrecht, SJZ 2003, 105, 137; GAUCH/SCHLUEP/SCHMID/EMMENEGGER, Schweizerisches Obligationenrecht, Allgemeiner Teil, 2 Bde., 9. Aufl., Zürich 2008; GAUDEMET-TALLON, Quelques réflexions à propos de trois arrêts récents de la Cour de Cassation française sur l'Art. 5-1 et de l'avis 1/03 de la Cour de justice des Communautés sur les compétences externes de la Communauté, in: Bonomi/Cashin Ritaine/Romano (Hrsg.), La Convention de Lugano. Passé, présent et devenir, Genf/Zürich/Basel 2007, 97; DIES., Le for contractuel en droit européen: les étapes d'un développement controversé, in: Cometta et al. (Hrsg.), La Convenzione di Lugano nella pratica forense e nel suo divenire, Basel 2004, 191; GEHRI, Neuerungen bei den internationalen Vertragsgerichtsständen, in: Spühler (Hrsg.), Internationales Zivil- und Verfahrensrecht II, Zürich 2003, 5; GROLIMUND, Fallstricke und Stilblüten bei der Zuständigkeit in Zivilsachen, AJP 2009, 961; GSELL, Autonom bestimmter Gerichtsstand am Erfüllungsort nach der Brüssel I-Verordnung, IPRax 2002, 484; HAGER/BENTELE, Der Lieferort als Gerichtsstand – zur Auslegung des Art. 5 Nr. 1 lit. b EuGVVO, IPRax 2004, 73; HAU, Der Vertragsgerichtsstand zwischen judizieller Konsolidierung und legislativer Neukonzeption, IPRax 2000, 354 (zit. HAU, IPRax 2000); DERS., Die Kaufpreisklage des Verkäufers im reformierten europäischen Vertragsgerichtsstand – ein Heimspiel?, JZ 2008, 974; DERS., Gerichtsstandsvertrag und Vertragsgerichtsstand beim europäischen Versendungskauf, IPRax 2009, 44; HENK, Die Haftung für culpa in contrahendo im IPR und IZVR, Berlin 2007; HESS, Vertragspflichten ohne Erfüllungsort?, IPRax 2002, 376; HUBER-MUMELTER/MUMELTER, Mehrere Erfüllungsorte beim forum solutionis: Plädoyer für eine subsidiäre Zuständigkeit am Sitz des vertragcharakteristischen Leistenden, JBl 2008, 561; IGNATOVA, Art. 5 Nr. 1 EuGVO – Chancen und Perspektiven der Reform des Gerichtsstands am Erfüllungsort, Frankfurt a.M. 2005; JAMETTI GREINER, Die Rechtsprechung des Bundesgerichts zum Zivilprozessrecht 1999 und 2000, 2. Teil; Internationales Zivilprozessrecht, ZBJV 2001, 871; JAQUES, Plaidoyer contre l'application rétroactive de la Convention de Lugano à la reconnaissance et à l'exécution en Suisse des jugements étrangers rendus au for de l'article 5 point 1 avant le 1er janvier 2000, SZIER 2004, 187; JEGHER, Luganer Gerichtsstand am Erfüllungsort – Quo vadis?, FS Schnyder, Zürich 2002, 117; JORDANS, Zur rechtlichen Einordnung von Gewinnzusagen, IPRax 2006, 582; KIENLE, Eine ökonomische Momentaufnahme zu Art. 5 Nr. 1 lit. b) EuGVVO, IPRax 2005, 113; KLEMM, Erfüllungsortsvereinbarungen im Europäischen Zivilverfahrensrecht, Jena 2005; KLETT, Die bundesgerichtliche Rechtsprechung zum Lugano-Übereinkommen, in: La Convenzione di Lugano nella pratica forense e nel suo divenire, Basel 2004, 159; KNOEPFLER, La Convention de Lugano au soir du 31 décembre 1999, FS Aubert, Basel/Frankfurt a.M. 1996, 531; KOHLER, Die Revision des Brüsseler und des Lugano-Übereinkommens über die gerichtliche Zuständigkeit und die Vollstreckung gerichtlicher Entscheidungen in Zivil- und Handelssachen, in: Gottwald (Hrsg.) Revision des EuGVÜ – Neues Schiedsverfahrensrecht, Bielefeld 2000, 1; DERS., Vom EuGVÜ zur EuGVVO: Grenzen und Konsequenzen der Vergemeinschaftung, FS Geimer, München 2002, 477; KREN KOSTKIEWICZ, Vorbehalt von Art. 1a des Protokolls Nr. 1 zum Lugano-Übereinkommen – quo vadis?, SJZ 1999, 237; KROPHOLLER/VON HINDEN, Die Reform des europäischen Gerichtsstands am Erfüllungsort (Art. 5 Nr. 1 EuGVÜ), GS Lüderitz, München 2000, 431; LARENZ, Lehrbuch des Schuldrechts, Bd. I: Allgemeiner Teil, 14. Aufl., München 1987; LEHMANN,

Anmerkung zu EuGH 03.05.2007, Rs. C-386/05, Color Drack, ZZPInt 2007, 206; LEHMANN/DUCZEK, Zuständigkeit nach Art. 5 Nr. 1 lit. b EuGVVO – besondere Herausforderungen bei Dienstleistungsverträgen, IPRax 2011, 41; LEIBLE, Internationale Zuständigkeit bei Vertrag über Fertigung und Lieferung von Airbag-Komponenten, EuZW 2010, 301; LEIBLE, Luxemburg locuta – Gewinnmitteilung finita?, NJW 2005, 796; LEIBLE/REINER, Gerichtsstand bei Verkauf beweglicher Sachen mit mehreren Lieferorten in einem Mitgliedstaat, EuZW 2007, 370; LEIBLE/SOMMER, Tücken bei der Bestimmung der internationalen Zuständigkeit nach EuGVVO: Rügelose Einlassung, Gerichtsstands- und Erfüllungsortvereinbarungen, Vertragsgerichtsstand, IPRax 2006, 568; LEIN, La compétence en matière contractuelle: un regard critique sur l'article 5 § 1er de la nouvelle Convention de Lugano, in: Bonomi/Cashin Ritaine/Romano (Hrsg.), La Convention de Lugano. Passé, présent et devenir, Genf/Zürich/Basel 2007, 41; LORENZ/UNBERATH, Internationale Zuständigkeit und Gläubigerwechsel, FS Schlosser, Tübingen 2005, 513; LOOSCHELDERS, Internationale Zuständigkeit für Ansprüche aus Darlehen nach dem EuGVÜ, IPRax 2006, 14; LUPOI, The «new» forum for contractual disputes in Regulation (EU) 44/2001, FS Kerameus, Athen 2009, 733; LYNKER, Der besondere Gerichtsstand am Erfüllungsort in der Brüssel I-Verordnung (Art. 5 Nr. 1 EuGVVO), Frankfurt a.M. 2006; MANKOWSKI, Der europäische Erfüllungsortsgerichtsstand bei grenzüberschreitenden Anwaltsverträgen, AnwBl 2006, 806 (zit. MANKOWSKI, Der europäische Erfüllungsortsgerichtsstand); DERS., Der europäische Erfüllungsortsgerichtsstand des Art. 5 Nr. 1 lit. b EuGVVO und Transportverträge, TransP 2008, 67 (zit. MANKOWSKI, Transportverträge); DERS., Mehrere Lieferorte beim Erfüllungsortgerichtsstand unter Art. 5 Nr. 1 lit. b EuGVVO, IPRax 2007, 404 (zit. MANKOWSKI, Mehrere Lieferorte); DERS., Die Qualifikation der culpa in contrahendo – Nagelprobe für den Vertragsbegriff des europäischen IZPR und IPR, IPRax 2003, 127 (zit. MANKOWSKI, Die Qualifikation); DERS., Die Lehre von den «doppelrelevanten Tatsachen» auf dem Prüfstand der internationalen Zuständigkeit, IPRax 2006, 454 (zit. MANKOWSKI, Die Lehre); DERS., Der Erfüllungsortsbegriff unter Art. 5 Nr. 1 lit. b EuGVVO – ein immer grösser werdendes Rätsel, IHR 2009, 46 (zit. MANKOWSKI, Der Erfüllungsortsbegriff); MARKUS, Vertragsgerichtsstände nach Art. 5 Ziff. 1 rev.LugÜ/EuGVVO – ein EuGH zwischen Klarheit und grosser Komplexität, AJP 2010, 971 (zit. MARKUS, Vertragsgerichtsstände); DERS., Tendenzen beim materiellrechtlichen Vertragserfüllungsort im internationalen Zivilverfahrensrecht, Basel 2009 (zit. MARKUS, Tendenzen); DERS., Der Vertragsgerichtsstand gemäss Verordnung «Brüssel I» und revidiertem LugÜ nach der EuGH-Entscheidung Color Drack, ZSR 2007 I, 319 (zit. MARKUS, Vertragsgerichtsstand); DERS., Neue Entwicklungen im internationalen Zuständigkeitsrecht (insb. LugÜ), in: Gauch/Thürer (Hrsg.), Zum Gerichtsstand in Zivilsachen, Zürich 2002, 127 (zit. MARKUS, Neue Entwicklungen); DERS., Revidierte Übereinkommen von Brüssel und Lugano: Zu den Hauptpunkten, SZW 1999, 205 (zit. MARKUS, Revidiertes Übereinkommen); DERS., Der schweizerische Vorbehalt nach Protokoll Nr. 1 Lugano-Übereinkommen: Vollstreckungsaufschub oder Vollstreckungshindernis?, ZBJV 1999, 57 (zit. MARKUS, Der schweizerische Vorbehalt); DERS., La compétence en matière contractuelle selon le réglement 44/2001 «Bruxelles I» et la Convention de Lugano revisée à la suite de l'arrêt CJCE Color Drack, in: Bonomi/Cashin Ritaine/Romano (Hrsg.), La Convention de Lugano. Passé, présent et devenir, Genf/Zürich/Basel 2007, 23 (zit. MARKUS, La compétence); MARTINY, Internationale Zuständigkeit für «vertragliche Streitigkeiten», FS Geimer, München 2002, 641; METZGER, Zum Erfüllungsortgerichtsstand bei Kauf- und Dienstleistungsverträgen gemäss EuGVVO, IPRax 2010, 420; MICKLITZ/ROTT, Vergemeinschaftung des EuGVÜ in der Verordnung (EG) Nr. 44/2001, EuZW 2001, 325; MÖRSDORF-SCHULTE, Autonome Qualifikation der isolierten Gewinnzusage, JZ 2005, 770; DERS., Revisibler internationaler Verbrauchergerichtsstand für den blossen Gewinner – eine Auslegungsfrage europäischen Rechts, ZZPInt 2004, 407; MONDANIS, Zur Revision des Lugano-Übereinkommens im Bereich der direkten Zuständigkeit, SZZP 2007, 309; MUMELTER, Der Gerichtsstand des Erfüllungsortes im europäischen Zivilprozessrecht, Wien/Graz 2007; NORDMEIER, Internationale Zuständigkeit portugiesischer Gerichte für die Kaufpreisklage gegen deutsche Käufer: Die Bedeutung der Incoterms für die Bestimmung des Lieferortes nach Art. 5 Nr. 1 lit. b EuGVVO, IPRax 2008, 275; OBERHAMMER/SLONINA, Grenzüberschreitende Gewinnzusagen im europäischen Prozess- und Kollisionsrecht: Gabriel, Engel und die Folgen, FS Yessiou-Faltsi, Athen 2007, 419; OMODEI-SALÉ, Italienische Rechtsprechung zum Gemeinschaftsprivatrecht: Die autonome Auslegung des Begriffs des «Lieferorts der Ware» nach Art. 5 Nr. 1 lit. b der EG-Verordnung Nr. 44/2001 (EuGVVO), GPR 2007, 112; PALANDT, Bürgerliches Gesetzbuch, 69. Aufl., München 2010 (zit. PALANDT-BEARBEITER); PILTZ, Internationale Zuständigkeit bei Vertrag über Fertigung und Lieferung von Waren – Erfüllungsort beim Versendungskauf, NJW 2010, 1059 (zit. PILTZ, Internationale Zuständigkeit); DERS., Gerichtsstand des Erfüllungsortes in UN-Kaufverträgen, IHR 2006, 53 (zit. PILTZ, Gerichtsstand); POUDRET, Les règles de compétence de la Convention de Lugano confrontées à celles du droit suisse, en particulier à l'article 59 de la Constitution, in: Gillard Nicolas (Hrsg.), L'espace judiciaire européen, Lausanne 1992, 57; RAUSCHER, Verpflichtung und Erfüllungsort in Art. 5 Nr. 1 EuGVÜ unter besonderer Berücksichtigung des Vertragshändlervertrages, München 1984 (zit. RAUSCHER, Verpflichtung); DERS., Prorogation und Vertragsgerichtsstand gegen Rechtsscheinhaftende, IPRax 1992, 143 (zit. RAUSCHER, Prorogation); DERS., Der Arbeitgebergerichtsstand im EuGVÜ, IPRax 1990, 152 (zit. RAUSCHER, Arbeitsgerichtsstand); DERS., Internationaler Gerichtsstand des Erfüllungsorts – Abschied von Tessili und de Bloos, NJW 2010, 2251 (zit. RAUSCHER, Internationaler Gerichtsstand); DERS., Zuständigkeitsfragen zwischen CISG und Brüssel I, FS Heldrich, München 2005, 933 (zit. RAUSCHER, Zuständigkeitsfragen); RÉTORNAZ, Entscheidungsanmerkungen zu BGE 132 III 778, SZZP 2007, 130; ROCHAIX, Probleme der gerichtlichen Zuständigkeitsregel für vertragliche Ansprüche im europäischen Zivilprozessrecht, FS Siehr, Zürich 2001, 187; RODRIGUEZ, Beklagtenwohnsitz und Erfüllungsort im europäischen IZPR, Zürich 2005; DERS., Kommentierte Konkordanztabelle zum revidierten Übereinkommen von Lugano vom 30. Oktober 2007 und zum geltenden Lugano-Übereinkommen, SZIER 2007, 531 (zit. RODRIGUEZ, Kommentierte Konkordanztabelle); DERS., Die Revision des Brüsseler und Lugano-Übereinkommens im Kontext der Europäisierung von IPR und IZPR, Jusletter 4. Februar 2002 (zit. RODRIGUEZ, Die Revision); RÜFNER, Inkrafttreten der EuGVVO, Zuständigkeitsvereinbarung und Zuständigkeit am Erfüllungsort, ZEuP 2008, 165; RUSSMANN, Der Gerichtsstand des Erfüllungsortes nach Art. 5 Nr. 1 EuGVÜ bei einer tonnage-to-be-nominated-charter, IPRax 1993, 38; SCHACK, Der Erfüllungsort im deutschen, ausländischen und internationalen Privat- und Zivilprozessrecht, Frankfurt a.M. 1985; DERS., Abstrakte Erfüllungsortvereinbarung: form- oder sinnlos?, IPRax 1996, 247; SCHLOSSER, Europäisch-autonome Interpretation des Begriffs «Vertrag oder Ansprüche aus einem Vertrag» i.S. v. Art. 5 Nr. 1 EuGVÜ?, IPRax 1984, 65; SCHNYDER, Auswirkungen des Lugano-Übereinkommens auf bestehende Vollstreckungsabkommen und das autonome Vollstreckungsrecht der Schweiz, in: Jayme (Hrsg.), Ein internationales Zivilverfahrensrecht für Gesamteuropa, Heidelberg 1992, 283 (zit. SCHNYDER, Auswirkungen); DERS., Produkthaftung international – kollisions- und verfahrensrechtliche Aspekte, FS Hans Ulrich Walder, Zürich 1994, 385 (zit. SCHNYDER, Produkthaftung); SIEHR, Entwicklungen im schweizerischen internationalen Privatrecht, SJZ 2000, 84; STADLER, Vertraglicher und deliktischer Gerichtsstand im europäischen Zivilprozessrecht, FS Musielak, München 2004, 569; STAUDINGER, Streitfragen zum Erfüllungsortsgerichtsstand im Luftverkehr, IPRax 2010, 140; DERS., Gemeinschaftsrechtlicher Erfüllungsortsgerichtsstand bei grenzüberschreitender Luftbeförderung, IPRax 2008, 493; STOFFEL, Place of Performance Jurisdiction and Plantiff's Interests in Comtemporary Societies, EJLR 2002, 185; STÜRNER M., Die internationale Zuständigkeit bei Schadenersatzklagen wegen Nichtabgabe einer Willenserklärung, IPRax 2006, 450; TAKAHASHI, Jurisdiction in matters relating to contract: Article 5 (1) of the Brussels Convention and Regulation, ELR 2002, 530; VALLONI, Der Gerichtsstand des Erfüllungsortes nach Lugano- und Brüsseler-Übereinkommen, Zürich 1998; VOLKEN A., Die örtliche Zuständigkeit gemäss Lugano-Übereinkommen, ZWR 1992, 121; WAGNER, Die Entscheidungen des EuGH zum Gerichtsstand des Erfüllungsortes nach der EuGVVO – unter besonderer Berücksichtigung der Rechtssache Rehder, IPRax 2010, 143; WAGNER/GESS, Der Gerichtsstand der unerlaubten Handlung nach der EuGVVO bei Kapitalanlagedelikten, NJW 2009, 3481; WIPPING, Der europäische Gerichtsstand des Erfüllungsortes – Art. 5 Nr. 1 EuGVVO, Berlin 2008; WOLF C. U., Feststellungsklage und Anspruchsgrundlagenkonkurrenz im Rahmen von Art. 5 Nr. 1 und Nr. 3 LugÜ, IPRax 1999, 82; WOLF F., Das Willensmoment beim Gerichtsstand des Erfüllungsortes, FS Lindacher, Köln 2007, 201; WURMNEST, UN-Kaufrecht und Gerichtsstand des Erfüllungsorts bei Nichterfüllung einer Alleinvertriebsvereinbarung, IHR 2005, 107; WYSS, Der Gerichtsstand der unerlaubten Handlung im schweizerischen und internationalen Zivilprozessrecht, St. Gallen 1997.

Zu Nr. 2: ACOCELLA, Buchbesprechung von «Giurisdizione e legge applicabile ai contratti nella CEE, a cura di Jayme e Picchio Forlati, Padova 1990», RabelsZ 1993, 703 (zit. Buchbesprechung Jayme/Picchio Forlati); BRÜCKNER, Unterhaltsregress im internationalen Privat- und Verfahrensrecht, Tübingen 1994; CANDRIAN, Scheidung und Trennung im internationalen Privatrecht der Schweiz, St. Gallen 1994; GEIMER, Anerkennung und Vollstreckung polnischer Vaterschaftsurteile mit Annexentscheidung über den Unterhalt etc., IPRax 2004, 419; JAYME/KOHLER, Das Internationale Privat- und Verfahrensrecht der EG – Stand 1989, IPRax 1989, 337; HAUSMANN, Zur Anerkennung von Annex-Unterhaltsentscheidungen nach dem EG-Gerichtsstands- und Vollstreckungsübereinkommen, IPRax 1981, 5; JAYME, Le competenze speciali previste dalla Convenzione di Bruxelles: novità, problemi insoluti, in: Giurisdizione e legge applicabile ai contratti nella CEE. A cura di Jayme e Picchio Forlati, Padova 1990, 15; DERS., Betrachtungen zur internationalen Verbundszuständigkeit, FS Keller, Zürich 1989, 451; LOOSCHELDERS/BOOS, Das grenzüberschreitende Unterhaltsrecht in der internationalen und europäischen Entwicklung, FamRZ 2006, 374; MARTINY, Unterhaltsrückgriff durch öffentliche Träger im europäischen internationalen Privat- und Verfahrensrecht, IPRax 2004, 195; DERS., Grenzüberschreitende Unterhaltsdurchsetzung nach europäischem und internationalem Recht, FamRZ 2008, 1681; POUDRET, Les règles de competénce de la Convention de Lugano confrontées à celles du droit Suisse, en particulier à l'article 59 de la Constitution, in: Gillard Nicolas (Hrsg.), L'espace judiciare européen, Lausanne 1992, 57; KEGEL, Was ist gewöhnlicher Aufenthalt, FS Rehbinder, München/Bern 2002, 699; RIEGNER, Probleme der internationalen Zuständigkeit und des anwendbaren Rechts bei Abänderung deutscher Unterhaltstitel nach dem Wegzug des Unterhaltsberechtigten ins EU-Ausland, FamRZ 2005, 1799.

Zu Nr. 3: BACHMANN, Internationale Zuständigkeit bei Konzernsachverhalten, IPRax 2009, 140; DERS., Die internationale Zuständigkeit für Klagen wegen fehlerhafter Kapitalmarktinformationen, IPRax 2007, 77; BERGER, Die internationale Zuständigkeit bei Urheberrechtsverletzungen in Internet-Websites aufgrund des Gerichtsstandes der unerlaubten Handlung nach Art. 5 Nr. 3 EuGVO, GRUR Int 2005, 465; BULST, Internationale Zuständigkeit, anwendbares Recht und Schadensberechnung im Kartelldeliktsrecht, EWS 2004, 403; DASSER, Gerichtsstand und anwendbares Recht bei der Haftung aus Internetdelikten, in: von der Crone/Jörg (Hrsg.), Internet-Recht und Electronic Commerce Law, 3. Tagungsband 2003, Bern 2003, 127; DOMEJ, Negative Feststellungsklagen im Deliktsgerichtsstand, IPRax 2008, 550; DUTTA, Kapitalersatzrechtliche Ansprüche im internationalen Zuständigkeitsrecht, IPRax 2007, 195; EICHENBERGER, Warum Odenbreit nicht in die Schweiz kommt – Gedanken zum revidierten LugÜ und dem Wohnsitzgerichtsstand des Verkehrsopfers, Jusletter 20. Dezember 2010; FENGE, Zur europäischen internationalen Zuständigkeit in Fällen der Haftung für eine Schädigung in Vertragsnähe, FS Yessiou-Faltsi, Athen 2007, 79; GIRSBERGER, Erfolg mit dem Erfolgsort bei Vermögensdelikten, FS Siehr, The Hague/ Zürich 2000, 219; HAGER/HARTMANN, Internationale Zuständigkeit für vorbeugende Immissionsschutzklagen, IPRax 2005, 266; HEISS, Das Direktklagerecht des Geschädigten: Welche Folgen hat die Entscheidung des EuGH vom 13.12.2007 Rs C-463/06 FBTO Schadeverzekeringen?,

HAVE 2009, 72; KUBIS, Internationale Zuständigkeit bei Persönlichkeits- und Immaterialgüterrechtsverletzungen, Bielefeld 1999; LEIPOLD, Neues zum Gerichtsstand der unerlaubten Handlung nach europäischem Zivilprozessrecht, FS Németh, Budapest 2003, 631; LUCKEY, Internationale Urheber- und Persönlichkeitsverletzungen im Internet, Bonn 2002; PUHR, Internationale Zuständigkeit deutscher Gerichte bei unlauterem Wettbewerb im Internet, Baden-Baden 2005; REICHARDT, Internationale Zuständigkeit deutscher Gerichte bei immaterialgüterrechtlichen Klagen, IPRax 2008, 330; RODRIGUEZ, Direktklage gegen den Haftpflichtversicherer unter dem revidierten Lugano-Übereinkommen: «Odenbreit» vor der Einbürgerung und die Folgen, HAVE 2011, 12 (zit. Rodriguez, Direktklage); ROTH, Die internationale Zuständigkeit deutscher Gerichte bei Persönlichkeitsverletzungen im Internet, Frankfurt a.M. 2007; ROTT/VON DER ROPP, Zum Stand der grenzüberschreitenden Unterlassungsklage in Europa, ZZPInt 2004, 3; SCHACK, Abwehr grenzüberschreitender Immissionen im dinglichen Gerichtsstand?, IPRax 2005, 262; SCHAUWECKER, Zur internationalen Zuständigkeit bei Patentverletzungsklagen, GRUR Int 2008, 96; SCHNYDER, Wirtschaftskollisionsrecht, Zürich 1990 (zit. SCHNYDER, Wirtschaftskollisionsrecht); SCHWANDER, Besprechung neuerer Gerichtsentscheidungen zum internationalen Zivilprozessrecht, in: Spühler (Hrsg.), Internationales Zivil- und Verfahrensrecht V, Zürich 2005, 109 (zit. SCHWANDER, Besprechung); SCHWARZ, Der Gerichtsstand der unerlaubten Handlung nach deutschem und europäischem Zivilprozessrecht, Frankfurt a.M. 1991; SLONINA, Örtliche und internationale Zuständigkeit für Patentverletzungsklagen, SZZP 2005, 313; SPRENGER, Internationale Expertenhaftung – Die Dritthaftung von Experten im Internationalen Privat- und Zivilverfahrensrecht, Tübingen 2008; STADLER, Vertraglicher und deliktischer Gerichtsstand im europäischen Zivilprozessrecht, FS Musielak, München 2004, 569; TIEFENTHALER/HANUSCH, Internationale Zuständigkeit für vorbeugende Immissionsabwehrklagen, ecolex 2004, 330; UHL, Internationale Zuständigkeit gemäss Art. 5 Nr. 3 des Brüsseler und Lugano-Übereinkommens, ausgeführt am Beispiel der Produktehaftung unter Berücksichtigung des deutschen, englischen, schweizerischen und US-amerikanischen Rechts, Frankfurt a.M. 2000; VON HEIN, Internationale Zuständigkeit und anwendbares Recht bei grenzüberschreitendem Kapitalanlagebetrug, IPRax 2006, 460; DERS., Die Produkthaftung des Zulieferers im Europäischen Internationalen Zivilprozessrecht, IPRax 2010, 330; WALDNER, Die internationale Zuständigkeit schweizerischer Gerichte zur Beurteilung von Deliktsklagen aus Nuklearunfällen, SZIER 2011, 5; WYSS, Der Gerichtsstand der unerlaubten Handlung im schweizerischen und internationalen Zivilprozessrecht, St. Gallen 1997.

Übersicht *Seite*

A. Allgemeines

1 Art. 5 legt die Zuständigkeiten fest, die ein Kläger gegenüber einem Beklagten mit Wohnsitz in einem LugÜ-Staat in *einem anderen LugÜ-Staat* beanspruchen kann. Es handelt sich um besondere Zuständigkeiten, welche nur für bestimmte Klagen eröffnet sind. Sie konkurrieren mit der allgemeinen Zuständigkeit am Wohnsitz des Beklagten gemäss Art. 2. Der **Kläger** kann also den Beklagten sowohl in dessen Wohnsitzstaat als auch vor den nach Art. 5 bestimmten Gerichten verklagen. Art. 5 regelt mit Ausnahme von Nr. 6 mit der internationalen Zuständigkeit zugleich auch die *örtliche* Zuständigkeit[1]. Das IPRG wird, anders als bei Art. 2 und bei Art. 5 Nr. 6, auch insofern verdrängt.

I. Besondere Gerichtsstände

2 Die besonderen Zuständigkeiten gemäss Art. 5 werden durch die *ausschliesslichen* Zuständigkeiten des Art. 22 verdrängt. Auch eine *Gerichtsstandsvereinbarung* nach Art. 23 schliesst die Gerichtsstände von Art. 5 aus, es sei denn, die Vereinbarung lege den Gerichtsstand ausdrücklich als lediglich konkurrierend fest[2].

[1] DASSER/OBERHAMMER-OBERHAMMER, Art. 5 Rz. 6.
[2] DASSER/OBERHAMMER-OBERHAMMER, Art. 5 Rz. 2.

Die besonderen Zuständigkeiten gelten nach dem klaren Wortlaut des Ingresses von Art. 5 auch nicht, wenn der Beklagte seinen **Wohnsitz oder Sitz im Gerichtsstaat** hat. Die internationale Zuständigkeit beruht dann auf Art. 2. Der Art. 5 will in einem solchen Fall *nicht* etwa die örtliche Zuständigkeit, nunmehr abweichend vom nationalen Recht, festlegen[3]. Vielmehr richtet sich die örtliche Zuständigkeit allein nach nationalem Recht. Wenn also Wohnsitz und Erfüllungsort im Gerichtsstaat liegen, ergibt sich die internationale Zuständigkeit aus Art. 2, die örtliche bestimmt sich nach dem nationalen Recht. Die Berufung auf die örtliche Zuständigkeit am Erfüllungsort ist daher unzulässig. 3

Die Gerichtsstände des Art. 5 kommen schliesslich mit Ausnahme von Nr. 5 auch *nicht* in Versicherungs- und Verbrauchersachen sowie für individuelle Arbeitsverträge zur Anwendung, auf welche die Sonderregeln des 3., 4. und 5. Abschnitts anwendbar sind[4]. Die Zuständigkeit für individuelle Arbeitsverträge wurde in Anlehnung an die EuGVVO ganz aus Art. 5 Nr. 1 herausgenommen und in den Art. 18-21 (5. Abschnitt) selbständig geregelt. 4

II. Normzweck

Die Einführung der besonderen Zuständigkeiten nach Art. 5 gestattet es dem Kläger, unter bestimmten Umständen den Beklagten auch ausserhalb *von dessen Wohnsitzstaat* zu verklagen. Die Berücksichtigung der **Klägerinteressen** oder der **besonderen Sachnähe** rechtfertigt die Gewährung alternativer Gerichtsstände und somit die Durchbrechung des Grundsatzes *actor sequitur forum rei.* Damit verbunden ist auch das Wahlrecht des Klägers, unter den verschiedenen *alternativen* Gerichtsständen denjenigen für seine Klage auszuwählen, der ihn in die beste rechtliche Lage versetzt (sog. *forum shopping*). 5

III. Auslegung

Der EuGH spricht in seinen Urteilen mehrmals von einem *Regel-Ausnahme-Prinzip* und weist darauf hin, dass die besonderen Zuständigkeiten entsprechend einschränkend auszulegen seien[5]. Indessen stehen der Ge- 6

[3] BGE 131 III 76 E. 3.4; Kropholler, vor Art. 5 Rz. 4; Dasser/Oberhammer-Oberhammer, Art. 5 Rz. 7.

[4] Art. 8 ff., 15 ff. und 18 ff.

[5] EuGH 27.08.1988, Rs. 189/87 *Kalfelis/Schröder*, Slg. 1988, 5565.

richtsstand am Wohnsitz des Beklagten nach Art. 2 und die besonderen Zuständigkeiten gemäss Art. 5 gleichberechtigt konkurrierend nebeneinander. Die entsprechenden Bestimmungen sollten daher **normzweckorientiert** ausgelegt werden[6]. Der EuGH hat denn auch schon einzelne besondere Zuständigkeiten in bestimmten Situationen weit ausgelegt[7].

7 Die Rechtsprechung des EuGH zu Art. 5 EuGVÜ und Art. 5 EuGVVO ist bei der Auslegung von Art. 5 heranzuziehen.

IV. Räumlich-persönlicher Anwendungsbereich

8 Die Zuständigkeiten des Art. 5 setzen einerseits voraus, dass der Beklagte seinen Wohnsitz in einem LugÜ-Staat hat, und andererseits, dass die Klage in einem anderen LugÜ-Staat erhoben wird. Art. 5 gilt nicht für Binnensachverhalte. Überdies stellt sich die allgemeine Frage *nicht,* ob die Anwendung dieses Artikels Berührungspunkte zu mehreren LugÜ-Staaten voraussetzt (allgemein zu dieser Frage s. Vorbemerkungen zu Art. 2 Rz. 13 ff.). Denn aus dem Wortlaut der Bestimmung ergibt sich klar, dass für deren Anwendung ein Bezug zu **mehreren** Staaten vorhanden sein muss. Wenn der Beklagte Wohnsitz im Gerichtsstaat hat, richtet sich die internationale Zuständigkeit – wie bereits ausgeführt – nach Art. 2, die örtliche hingegen nach nationalem Recht[8].

B. Gerichtsstand des Erfüllungsortes

I. Allgemeines

1. Normzweck

9 Der Gerichtsstand am Erfüllungsort von vertraglichen Ansprüchen ist die praktisch wichtigste besondere Zuständigkeit. Die offene Formulierung von Art. 5 Nr. 1 aLugÜ bzw. EuGVÜ mit den schwer zu qualifizierenden Rechtsbegriffen hatte zu zahlreichen Auslegungsproblemen geführt. Durch die Einführung des Gerichtsstandes am Erfüllungsort im europäischen Zivilprozessrecht wurde an sich nicht ein völlig unbekannter Gerichtsstand vorgesehen. Die Vertragsstaaten des EuGVÜ kannten diesbezüglich *un-*

---

6 Kropholler, vor Art. 5 Rz. 3; Dasser/Oberhammer-Oberhammer, Art. 5 Rz. 9.

7 Kropholler, vor Art. 5 Rz. 3.

8 BGE 131 III 76 E. 3.4; Kropholler, vor Art. 5 Rz. 4.

terschiedliche Lösungen, welche vom Verzicht auf einen besonderen Gerichtsstand für Vertragsklagen bis zur Anknüpfung an den Erfüllungsort und sogar an den Entstehungsort der Verpflichtung reichten. Auch in der Schweiz war der Gerichtsstand am Erfüllungsort schon vor Inkrafttreten des IPRG und der ZPO in diversen kantonalen Zivilprozessordnungen vorgesehen. Das IPRG regelt die Zuständigkeit am Erfüllungsort in Art. 113, die ZPO in Art. 31.

Für den Erfüllungsort als Zuständigkeitskriterium sprechen nach dem EuGH Gründe der geordneten Rechtspflege und der sachgerechten Prozessführung; das Zuständigkeitskriterium sei durch eine unmittelbare Verknüpfung zwischen dem Rechtsstreit und dem zu seiner Entscheidung berufenen Gericht gerechtfertigt[9]. Das Gericht am Ort des Erfüllungsortes sei besonders wegen der **Nähe zum Streitgegenstand** und der leichteren Beweisaufnahme in der Regel am besten in der Lage, über den Rechtsstreit zu entscheiden. Dadurch wird ein gerechter Ausgleich der Kläger- und Beklagteninteressen erreicht. 10

Mit dem Argument der Sach- und Beweisnähe lässt sich der Gerichtsstand am Erfüllungsort nicht nur für Fragen über die Vertragsdurchführung – wie betreffend Art und Weise der Lieferung, Mängelfeststellung und -rüge – rechtfertigen[10], sondern er bietet sich auch für Klagen über den Bestand oder Inhalt eines Vertrages oder für Streitigkeiten über Geldforderungen (da bei Zahlungsklagen häufig ebenfalls die behauptete Mangelhaftigkeit der Ware eine Rolle spielt)[11] an. 11

2. Rechtslage und Fortentwicklung von Art. 5 Nr. 1 aLugÜ

Die Bestimmung des Gerichtsstandes des Erfüllungsortes hängt im Wesentlichen davon ab, wo der *Erfüllungsort* der *massgeblichen Verpflichtung* zu lokalisieren ist. Der EuGH hatte kurz nach Inkrafttreten des EuGVÜ in der 12

[9] EuGH 06.10.1976, Rs. 12/76, *Tessili/Dunlop,* Slg. 1976, 1473 Rz. 13; EuGH 15.01.1987, Rs. 266/85, *Shenavai/Kreischer,* Slg. 1987, 239 Rz. 6; EuGH 17.01.1980, Rs. 56/79, *Zelger/Salinitri I*, Slg. 1980, 89 Rz. 3. Vgl. auch EuGH 11.03.2010, Rs. C-19/09, *Wood Floor Solutions Andreas Domberger GmbH/Silva Trade SA,* Rz. 22; EuGH 25.02.2010, Rs. C-381/08, *Car Trim GmbH/KeySafety System Srl.,* Rz. 48; EuGH 03.05.2007, Rs. C-386/05, *Color Drack GmbH/Lexx International Vertriebs GmbH*, Slg. 2007 I 3699 Rz. 22; EuGH 09.07.2009, Rs. C-204/08, *Rehder/Air Baltic Corporation*, Slg. 2009 I 6073 Rz. 32.

[10] Rauscher-Leible, Art. 5 Rz. 8.

[11] Kropholler, Art. 5 Rz. 46.

Rechtssache *de Bloos/Bouyer* zu Art. 5 Nr. 1 EuGVÜ festgehalten[12], dass es für die Begründung der Zuständigkeit am Vertragserfüllungsort auf die Verpflichtung ankomme, die **Gegenstand der Klage** bildet. Unerheblich ist daher das Abstellen auf *irgendeine* vertragliche Verpflichtung oder auf die sog. charakteristische Leistung innerhalb eines Vertragsverhältnisses.

13 Auf die *charakteristische Leistung* war nach der Rechtsprechung des EuGH zum EuGVÜ nur (aber immerhin) bei *Arbeitsverträgen* abzustellen. Dies wurde mit dem Schutz der schwächeren Partei gerechtfertigt. Es wurde somit an den gewöhnlichen Arbeitsort angeknüpft. Dieser Ort sei auch massgebend für die Anwendung von Vorschriften zwingenden Rechts und von Gesamtarbeitsverträgen[13]. Die Besonderheiten des Arbeitsvertrages liegen jedoch nach Auffassung des EuGH bei anderen Verträgen nicht vor, was für den Architektenvertrag ausdrücklich entschieden worden ist[14].

14 Im aLugÜ und im 3. Beitrittsübereinkommen zum EuGVÜ ist mit Blick auf die Rechtsprechung des EuGH eine **Sonderregelung** für *Arbeitsverträge* eingeführt worden[15].

15 Für die **Bestimmung des Erfüllungsortes** der streitigen Verpflichtung hatte sich die Frage gestellt, ob und inwieweit – wie in anderen Fällen – der Erfüllungsort *vertragsautonom* zu konkretisieren sei. Angesichts der vielfältigen und unterschiedlichen Bestimmungen des Erfüllungsortes in den Rechtsordnungen Europas verneinte der EuGH die Frage und entschied stattdessen, dass dafür die sogenannte *lex-causae*-Methode zu beachten sei: Danach ist der Erfüllungsort nach jenem Recht zu bestimmen, das gemäss dem Kollisionsrecht (IPR) des angerufenen Richters massgeblich ist (*Vertragsstatut, lex causae*)[16]. Der angerufene Richter hat demzufolge zuerst die auf das fragliche Vertragsverhältnis anwendbare Rechtsordnung – nach seinem IPR – zu ermitteln und alsdann nach diesem Recht den Erfüllungsort der streitigen Verpflichtung zu bestimmen. Bei Anwendbarkeit des schweizerischen materiellen Rechts wäre z.B. Art. 74 OR beizuziehen.

[12] EuGH 06.10.1976, Rs. 14/76, *de Bloos/Bouyer*, Slg. 1976, 1497.

[13] EuGH 26.05.1982, Rs. 133/81, *Ivenel/Schwab*, Slg. 1982, 1891; EuGH 15.02.1989, Rs. 32/88, *Six Constructions/Humbert*, Slg. 1989, 341.

[14] EuGH 15.01.1987, Rs. 266/85, *Shenavai/Kreischer,* Slg. 1987, 239.

[15] Die Sonderregelung im aLugÜ und EuGVÜ waren freilich nicht ganz identisch; s. dazu näher Art. 18 Rz. 2.

[16] EuGH 06.10.1976, Rs. 12/76, *Tessili/Dunlop,* Slg. 1976, 1473.

Dieser Rechtsprechung ist Kritik erwachsen. Der EuGH hatte die Ablehnung der Massgeblichkeit *irgendeiner* Verpflichtung damit begründet, dass andernfalls die Gefahr einer willkürlichen Abstützung auf individuelle Verpflichtungen bestehen könnte. Dies hätte wiederum zur Herleitung *mehrerer* Zuständigkeiten aus demselben Vertrag führen können. So wäre etwa denkbar, dass bei einer Klage auf Lieferung von Ware ein Erfüllungsort (auch) am Ort der geschuldeten Kaufpreiszahlung resultierte; diese mag aber unstreitig sein. 16

Auch bei Massgeblichkeit der jeweils **streitigen Verpflichtung** kann indessen die Anknüpfung an den Erfüllungsort zu einer zuständigkeitsrechtlichen Zersplitterung von Streitigkeiten aus einem einheitlichen Vertragsverhältnis führen[17]. Denn wenn beispielsweise zwei verschiedene Verpflichtungen streitig sind (Lieferung von Ware, Zahlung des Kaufpreises), könnten daraus unterschiedliche Erfüllungsorte in den jeweils betroffenen Staaten resultieren. 17

Die vorgenannte mögliche Zersplitterung von Zuständigkeiten kann dann vermieden werden, wenn der Erfüllungsort mit Bezug auf den *gesamten Vertrag* spezifiziert wird. Diesbezüglich steht – wie im internationalen Vertragsrecht – die *Anknüpfung an die vertragscharakteristische Leistung* zur Verfügung[18]. Beispiel: Bei einem grenzüberschreitenden Beratungsvertrag kann die Leistung des Beraters als vertragscharakteristische Leistung bezeichnet werden; entsprechend ist die Zuständigkeit am Erfüllungsort der Beratungsverpflichtung (für das gesamte Vertragsverhältnis) gegeben. 18

Gegen eine Anknüpfung an die charakteristische Leistung wird eingewendet, dass das Zuständigkeitsgleichgewicht zwischen dem Sach- und Geldschuldner gestört sei. Grundsätzlich soll zwischen gewöhnlichen Parteien im Vergleich zu den Konstellationen, in denen eine schwächere Partei involviert ist, Waffengleichheit herrschen. Die Zuständigkeitsvereinheitlichung soll mit einer autonomen Bestimmung des Erfüllungsortes erreicht werden[19]. Problematisch kann sich auch die Bestimmung der charakteristischen Leistung bei gemischten und komplexen Verträgen erweisen[20]. 19

17 Kropholler, Art. 5 Rz. 23.
18 Rauscher, Verpflichtung 224.
19 Schack Rz. 295, 303.
20 Markus, Vertragsgerichtsstände 975.

20 Die Rechtsprechung des EuGH, wonach die Qualifikation des Erfüllungsortes nach der *lex causae* zu erfolgen hat, soll nach der sie befürwortenden Lehre sicherstellen, dass das zuständige Gericht zugleich das Gericht des Ortes sei, an dem die betreffende (streitige) Verpflichtung gemäss dem auf sie anwendbaren Recht zu erfüllen ist[21]. Die Zuständigkeit am Erfüllungsort habe eine dem materiellen Recht dienende Funktion. Der Zusammenhang zwischen Erfüllungsort und Gerichtsstand sei so evident, dass es sich verbiete, ihn dadurch zu zerreissen, dass man einen *eigenen* Begriff des *prozessualen Erfüllungsortes* postuliert[22].

21 Die Qualifikation nach der *lex causae* ist *mehrheitlich verworfen* worden. Die indirekte Anknüpfung über das Vertragsstatut kann zu unvorhergesehenen Ergebnissen führen – je nachdem, welches Sachrecht anwendbar und welcher Art die IPR-Verweisung ist. Da in diversen nationalen Rechten Geldschulden als Bringschulden ausgestaltet sind, führt eine Anknüpfung über die *lex causae* häufig zu einer übermässigen Privilegierung des Gläubigers der Geldforderung[23]: dieser klagt auf Erfüllung der Zahlungspflicht; die Zahlung ihrerseits ist nach dem Vertragsstatut am Wohnsitz des Verkäufers zu erbringen, sodass daselbst der Erfüllungsort zu lokalisieren ist. Der Gerichtsstand am Erfüllungsort wurde daher mehrheitlich vom Verkäufer in Anspruch genommen, denn er konnte die Zahlungsklage an seinem Wohnsitz erheben. Auch bei Anwendung von Art. 57 CISG resultierte ein Klägergerichtsstand[24].

22 Die Verweisung auf das Vertragsstatut führte auch dazu, dass die Zuständigkeitsregel von Art. 5 Nr. 1 aLugÜ bzw. EuGVÜ nicht immer einheitlich angewandt wurde. Je nachdem, wo geklagt wurde, kam ein anderes Kollisionsrecht zur Anwendung. Dies widersprach an sich dem Zweck des aLugÜ bzw. EuGVÜ, eine Rechtsvereinheitlichung der Gerichtsstände herbeizuführen. Zwar ist mit der Ratifikation des EVÜ (heute Rom I-VO) innerhalb der EU eine einheitliche Kollisionsrechtsordnung geschaffen worden. Es blieb aber immer noch die möglicherweise unterschiedliche Ermittlung des Erfüllungsortes nach dem jeweiligen nationalen Recht.

---

[21] Geimer/Schütze, Art. 5 Rz. 77.

[22] Geimer/Schütze, Art. 5 Rz. 77.

[23] Kropholler, Art. 5 Rz. 23.

[24] Kropholler, Art. 5 Rz. 24.

Ein weiterer Kritikpunkt ging dahin, dass die Qualifikation *lege causae* die Zuständigkeitsprüfung unangemessen stark belaste. Die Zuständigkeitsfrage hing von der vorgängigen, vielfach komplizierten Feststellung des Vertragsstatuts ab. Der EuGH hat auch diesbezüglich an seiner Rechtsprechung trotz der heftigen Kritik festgehalten. Er betonte stets die Unterschiede zwischen den einzelnen nationalen Rechten hinsichtlich des materiellen Vertragsrechts, sodass eine autonome Bestimmung des Erfüllungsortes unmöglich sei. Den Klägergerichtsstand des Verkäufers hat der EuGH mit der Begründung in Kauf genommen, dass sonst die Voraussehbarkeit des Gerichtsstandes beeinträchtigt sei und dies den Zielsetzungen des Übereinkommens zuwiderlaufen würde[25]. Der EuGH hatte das Festhalten an seiner Rechtsprechung auch mit dem Hinweis auf die Revisionsarbeiten am EuGVÜ unterstrichen; den zahlreichen Vorschlägen zur Reform von Art. 5 Nr. 1 EuGVÜ bzw. LugÜ wollte der EuGH nicht vorgreifen. 23

Für die *Schweiz* kam dem Klägergerichtsstand bis zum 31.12.1999 keine massgebende Bedeutung zu. Es galt nämlich, den Vorbehalt gemäss Art. Ia des Protokolls Nr. 1 zu beachten. Gegenüber einem in der Schweiz wohnhaften Käufer konnte sich der Verkäufer für seine Kaufpreisklage zwar auf den Erfüllungsort an seinem Wohnsitz im Ausland berufen. Eine Anerkennung in der Schweiz scheiterte jedoch am Anerkennungsvorbehalt. Allerdings ist der Vorbehalt gemäss Protokoll Nr. 1 am 31. Dezember 1999 abgelaufen (dazu Rz. 162 f.). Danach kam der Klägergerichtsstand auch gegenüber der Schweiz voll zum Tragen. Schon vorher war der Klägergerichtsstand voll wirksam, falls der Käufer Vermögen im Lande des Erfüllungsortes oder in einem anderen LugÜ-Staat hatte, in das die Vollstrekkung betrieben werden konnte. 24

3. Rechtslage nach dem revidierten Art. 5 Nr. 1

Die Kritik am Gerichtsstand des Erfüllungsortes betrifft mehrheitlich nicht den Gerichtsstand als solchen, sondern dessen *rechtliche Ausgestaltung*. Es kommt also massgeblich darauf an, wie der Gerichtsstand konkret geregelt wird[26]. Das Ziel der Vereinheitlichung der Gerichtsstandsregeln und 25

[25] EuGH 29.06.1994 Rs. C-288/92, *Custom Made Commercial/Stawa Metallbau*, Slg. 1994 I 2913.

[26] EuGH 25.02.2010, Rs. C-381/08, *Car Trim GmbH/KeySafety System Srl.*, Rz. 49; EuGH 03.05.2007, Rs. C-386/05, *Color Drack GmbH/Lexx International Vertriebs GmbH*, Slg. 2007 I 3699 Rz. 24; EuGH 09.07.2009, Rs. C-204/08, *Rehder/Air Baltic Corporation*, Slg.

die Mängel der bisherigen Regelung können am ehesten durch eine **vertragsautonome Bestimmung** des Erfüllungsortes erreicht werden[27]. Im revidierten LugÜ ist – wie im Übrigen auch in der EuGVVO – der Kritik an der bisherigen Rechtslage teilweise Rechnung getragen und Art. 5 Nr. 1 aLugÜ bzw. EuGVÜ einer weitreichenden Revision unterzogen worden. Im neuen Art. 5 Nr. 1 lit. b (wie auch in Art. 5 Nr. 1 b EuGVVO) werden für die praktisch wichtigsten Verträge, nämlich für die *Warenkauf- und die Dienstleistungsverträge*, sowohl die massgebliche vertragliche Verpflichtung als auch der Erfüllungsort derselben *direkt* vom LugÜ bestimmt.

26 Für Warenkaufverträge wird als Erfüllungsort der Verpflichtung der Lieferort der Ware und bei den Dienstleistungsverträgen der Ort der Erbringung der Dienstleistung festgelegt. Es wird mit anderen Worten einerseits an die **vertragscharakteristische Leistung** angeknüpft[28] und andererseits der Erfüllungsort international-prozessrechtlich autonom bestimmt[29]. Der Interessenausgleich zwischen Gläubiger und Schuldner von vertraglichen Ansprüchen lässt sich im Vergleich zur bisherigen Rechtslage, die auf den materiellrechtlichen Erfüllungsort abstellte, besser verwirklichen, da die Bestimmungen des materiellen Rechts über den Erfüllungsort ohne Rücksicht auf die *internationalprozessrechtliche* Interessenlage der Parteien ausgestaltet sind[30].

2009 I 6073 Rz. 33; Schack Rz. 303. Weitergehend ist der Vorschlag der Abschaffung des Gerichtsstandes des Erfüllungsortes (Broggini, in: Schwander, LugÜ 131). Allerdings ist der Gerichtsstand des Erfüllungsortes in die EuGVVO bzw. in das LugÜ übernommen worden, sodass an eine Abschaffung nicht zu denken ist. In den Verhandlungen zur Revision von EuGVÜ und aLugÜ fand sich keine Mehrheit für eine Abschaffung des Gerichtsstandes des Erfüllungsortes (Markus, Vertragsgerichtsstände 972).

[27] EuGH 25.02.2010, Rs. C-381/08, *Car Trim GmbH/KeySafety System Srl.,* Rz. 49; EuGH 03.05.2007, Rs. C-386/05, *Color Drack GmbH/Lexx International Vertriebs GmbH*, Slg. 2007 I 3699 Rz. 24; EuGH 09.07.2009, Rs. C-204/08, *Rehder/Air Baltic Corporation*, Slg. 2009 I 6073 Rz. 33; Schack Rz. 303.

[28] EuGH 25.02.2010, Rs. C-381/08, *Car Trim GmbH/KeySafety System Srl.,* Rz. 31; EuGH 23.04.2009, Rs. C-533/07, *Falco Privatstiftung und Thomas Rabitsch/Gisela Weller-Lindhorst,* Slg. 2009 I 3327 Rz. 54.

[29] EuGH 25.02.2010, Rs. C-381/08, *Car Trim GmbH/KeySafety System Srl.,* Rz. 49; EuGH 03.05.2007, Rs. C-386/05, *Color Drack GmbH/Lexx International Vertriebs GmbH*, Slg. 2007 I 3699 Rz. 24; EuGH 09.07.2009, Rs. C-204/08, *Rehder/Air Baltic Corporation*, Slg. 2009 I 6073 Rz. 33.

[30] Dasser/Oberhammer-Oberhammer, Art. 5 Rz. 12; kritisch Grolimund 967.

4. Parteien

Der Gerichtsstand des Erfüllungsortes steht **unabhängig** von der Person des Klägers oder des Beklagten zur Verfügung. Art. 5 Nr. 1 ist auch anwendbar, wenn die Klage nicht vom ursprünglichen Vertragspartner, sondern von dessen Rechtsnachfolger erhoben wird[31]. Umgekehrt kann am Vertragsgerichtsstand auch gegen den *falsus procurator* bzw. jede Person, die aufgrund des von ihr zurechenbar begründeten *Rechtsscheins* vertragsrechtlich oder vertragsrechtsähnlich haftet, geklagt werden (dazu Rz. 55). Unter Art. 5 Nr. 1 fallen ebenfalls sowohl die Haftung eines Kommanditärs gegenüber Gläubigern der Kommanditgesellschaft als auch Fälle der gesellschaftsrechtlichen Durchgriffshaftung. Die Haftung basiert in diesen Fällen auf der freiwillig eingegangenen Beteiligung bzw. Mitgliedschaft des Gesellschafters[32]. 27

II. Sachlicher Anwendungsbereich

1. Qualifikation

Die Zuständigkeit am Erfüllungsort steht nur für Klagen offen, deren Ge- 28
genstand *ein Vertrag oder Ansprüche aus einem Vertrag* bilden. Es stellt sich daher die Frage, was unter einem Vertrag bzw. unter vertraglichen Ansprüchen zu verstehen ist. Der EuGH hat sich für eine **autonome Qualifikation** entschieden[33]. Eine Qualifikation nach der *lex fori* bzw. nach der *lex causae* kommt nach der Rechtsprechung des EuGH nicht in Frage. Nur eine autonome Qualifikation – so der EuGH – könne *die einheitliche Anwendung des LugÜ* sicherstellen. Die Auslegung habe sich an der Systematik und den Zielsetzungen des Übereinkommens auszurichten[34]. Zu den Zielen der Zuständigkeitsregelung gehöre es, die Regeln für die Zuständigkeit zu vereinheitlichen. Der Kläger soll *ohne Schwierigkeiten* feststellen

---

[31] Geimer/Schütze, Art. 5 Rz. 73; Rauscher-Leible, Art. 5 Rz. 9a.

[32] Dasser/Oberhammer-Oberhammer, Art. 5 Rz. 22; Hess, § 6 Rz. 48; Geimer/Schütze, Art. 5 Rz. 73; a.A. Rauscher-Leible, Art. 5 Rz. 9a; Kropholler, Art. 5 Rz. 19.

[33] EuGH 22.03.1983, Rs. 34/82, *Peters/Zuid Nederlandse Aannemers Vereining*, Slg. 1983, 987; EuGH 8.03.1988, Rs. 9/87, *Arcado/Haviland*, Slg. 1988, 1539; BGE 133 III 282 E. 3.1; BGH 22.04.2009 E. 1a.; HGer ZH 12.07.2002, ZR 2003, 214 f.

[34] EuGH 20.01.2005, Rs. C-27/02, *Engler/Janus Versand GmbH*, Slg. 2005 I 481.

können, welches Gericht er anrufen kann, und dem Beklagten soll erkennbar sein, vor welchem Gericht er verklagt werden kann[35].

29 Die mit der Ablehnung einer Qualifikation nach dem auf den Vertrag selbst anwendbaren Recht verbundene **Spaltung des Vertragsbegriffes** – in einen zuständigkeitsrechtlich und einen materiellrechtlich relevanten – sei in Kauf zu nehmen. Es kann also vorkommen, dass ein Gericht zuständigkeitsrechtlich zum Schluss kommt, dass eine Vertragsklage vorliegt, in der Sache dann aber feststellt, dass nach dem anwendbaren Recht doch kein Vertragsverhältnis gegeben ist. Gegen eine Qualifikation nach dem Vertragsstatut spricht auch die *Vermeidung von Kompetenzkonflikten,* denn es könnte sein, dass sowohl bei der Bestimmung als auch bei der Anwendung der *lex causae* unterschiedliche Ergebnisse resultierten. Eine autonome Qualifikation hat auch den Vorteil, dass das Gericht über seine Zuständigkeit entscheiden kann, ohne auf komplexe IPR-Probleme eingehen zu müssen.

2. Begriff des Vertrages

30 Nach der Rechtsprechung des EuGH liegt ein Vertrag vor, wenn eine Partei gegenüber einer anderen **freiwillig Verpflichtungen** eingegangen ist[36]. Der Vertragsgerichtsstand kommt nur zur Anwendung, wenn die Parteien die Rechtssverhältnisse nach eigenem Willen und privatautonom gestaltet haben. Dabei genügt es, dass beim Empfänger der Willenserklärung vernünftigerweise der Eindruck erweckt wurde, der Erklärende sei eine Verpflichtung eingegangen. Der Umstand allein, dass dieser *nicht* die Absicht hatte, sich rechtsgeschäftlich zu binden, ist unerheblich[37].

31 Art. 5 Nr. 1 erfasst auch **einseitige Rechtsgeschäfte**[38]. Zwar kann diesbezüglich nicht von gegenseitigen Willenserklärungen in der Form eines Vertrages gesprochen werden. Dennoch liegt eine *rechtsgeschäftliche Willenserklärung* und nicht eine gesetzliche Verpflichtung vor, weshalb es sich rechtfertigt, Art. 5 Nr. 1 weit auszulegen und die Bestimmung auch auf

---

[35] EuGH 22.03.1983, Rs. 34/82, *Peters/Zuid Nederlandse Aannemers Vereining*, Slg. 1983, 987; EuGH 08.03.1988, Rs. 9/87, *Arcado/Haviland*, Slg. 1988, 1539.

[36] EuGH 27.10.1998, Rs. C-51/97, *Réunion européenne/Spliethoff's Bevrachtingskantoor*, Slg. 1998 I 6511; EuGH 17.09.2002 Rs. C-334/00, *Tacconi/Wagner*, Slg. 2002 I 7357; BGE 133 III 282 E. 3.1; BGH 22.04.2009 E. 1a.

[37] EuGH 20.01.2005, Rs. C-27/02, *Engler/Janus Versand GmbH*, Slg. 2005 I 481 Rz. 54 und 59.

[38] Kropholler, Art. 5 Rz. 10; Rauscher-Leible, Art. 5 Rz. 28; Donzallaz Rz. 4441.

einseitige Rechtsgeschäfte anzuwenden. Der EuGH stellt darauf ab, ob die andere Seite die Verpflichtung angenommen hat, wobei *keine eigentliche Annahmeerklärung vorausgesetzt* wird, vielmehr genügt es, dass die andere Seite die Leistung tatsächlich einfordert[39].

Die vorgenannte Auslegung, wonach es ausreicht, dass die Gegenpartei eine Leistung einfordert, hat der EuGH bei der Beurteilung **irreführender Gewinnzusagen** von Versandhausunternehmen vorgenommen. Der EuGH hatte unter der Geltung des EuGVÜ entschieden, dass eine Klage aus einer mit einer Warenbestellung *verknüpften* Gewinnzusage wegen der untrennbaren Verbindung mit dem *geschlossenen* Kaufvertrag am Verbrauchergerichtsstand von Art. 13 Abs. 1 Nr. 3 EuGVÜ angebracht werden könne[40]. 32

Hingegen hat der EuGH den Verbrauchergerichtsstand für einen Fall verneint, in dem der Verbraucher den zugesagten Gewinn eingefordert hatte, der aber nicht von einer Warenbestellung abhing, die er auch gar nicht getätigt hatte. Der EuGH begründete dies damit, dass der Versand eines Schreibens mit einer irreführenden Gewinnzusage in casu ***nicht zu einem Vertragsschluss*** zwischen dem Verbraucher und der Versandhandelsgesellschaft geführt habe. Die Anwendung von Art. 13 Abs. 1 Nr. 3 des EuGVÜ hänge von verschiedenen Voraussetzungen ab, zu denen gerade der Abschluss eines entsprechenden *synallagmatischen* Vertrages durch den Verbraucher gehöre[41]. Der EuGH hatte indessen in diesem Fall den Vertragsgerichtsstand von Art. 5 EuGVÜ für anwendbar betrachtet, da eine *freiwillig eingegangene Verpflichtung* der Versandhandelsgesellschaft vorgelegen habe[42]. 33

Im neueren Entscheid in der Rechtssache *Ilsinger/Dreschers* hat der EuGH nunmehr seine Rechtsprechung **zur isolierten Gewinnzusage** unter Anwendung der neuen Fassung von Art. 15 Abs. 1 lit. c EuGVVO, der dem Art. 15 Abs. 1 lit. c LugÜ entspricht, verdeutlicht[43]. Aufgrund der *allgemeineren und weiteren Fassung* von Art. 15 Abs. 1 lit. c EuGVVO gegenüber der Vorgängerbestimmung von Art. 13 Abs. 1 Nr. 3 EuGVÜ hat der EuGH entschieden, dass der Anwendungsbereich des Verbrauchergerichtsstandes 34

[39] EuGH 20.01.2005, Rs. C-27/02, *Engler/Janus Versand GmbH*, Slg. 2005 I 481 Rz. 55 f.

[40] EuGH 11.07.2002, Rs. 96/00, Gabriel, Slg. 2002 I 6367 Rz. 54 ff.

[41] EuGH 20.01.2005, Rs. C-27/02, *Engler/Janus Versand GmbH*, Slg. 2005 I 481 Rz. 36–38, 40; BGE 134 III 218 E. 3.5.

[42] EuGH 20.01.2005, Rs. C-27/02, *Engler/Janus Versand GmbH*, Slg. 2005 I 481 Rz. 53 ff.

[43] EuGH 14.05.2009, Rs. C-180/06, *Ilsinger/Dreschers*, Slg. 2009 I 3961 Rz. 54.

nicht mehr auf Fallgestaltungen begrenzt ist, in denen die Parteien *synallagmatische Pflichten* vereinbart haben.

35 Dennoch hält der EuGH **an einem unterschiedlichen Vertragsbegriff** von Art. 15 Abs. 1 lit. c und Art. 5 lit. a EuGVVO fest[44]. Es sei zwar denkbar, dass eine der Parteien nur ihre Annahme zum Ausdruck bringt, ohne selbst eine wie auch immer geartete rechtliche Verpflichtung gegenüber der anderen Vertragspartei einzugehen. Damit ein Vertrag im Sinne von Art. 15 Abs. 1 lit. c EuGVVO vorliege, sei allerdings unerlässlich, dass die letztgenannte Partei (Anbieterin) eine *solche rechtliche Verpflichtung* eingehe, indem sie ein verbindliches Angebot mache, das hinsichtlich seines Gegenstandes und seines Umfanges so klar und präzise sei, dass eine Vertragsbeziehung, wie sie Art. 15 Abs. 1 lit. c EuGVVO voraussetzt, entstehen könne[45]. Diese Voraussetzung könne nur dann als erfüllt angesehen werden, wenn die Versandhandelsgesellschaft im Rahmen einer Gewinnzusage *klar ihren Willen* zum Ausdruck gebracht habe, im Falle der Annahme durch die andere Partei *an ihre Verbindlichkeit gebunden zu sein*, indem sie sich *bedingungslos* bereit erklärt habe, den fraglichen Preis an Verbraucher auszuzahlen, die darum ersuchen[46]. Sollte dies nicht der Fall sein, so könne eine solche Situation höchstens als *vorvertraglich* oder *quasivertraglich* qualifiziert werden und somit nur – gegebenenfalls – Art. 5 Nr. 1 EuGVVO unterliegen, einer Vorschrift, der aufgrund ihres Wortlautes und ihrer Stellung im System der EuGVVO ein **weiterer** Anwendungsbereich beizumessen ist als deren Art. 15[47].

36 Art. 5 Nr. 1 betrifft Klagen, deren Gegenstand «ein Vertrag» ist. Für die Anwendbarkeit von Art. 5 Nr. 1 ist die **Feststellung einer Verpflichtung** unerlässlich, da sich die Zuständigkeit nach dem Ort bestimmt, an dem die Verpflichtung zu erfüllen ist oder zu erfüllen wäre.

37 Der Abschluss eines Vertrages wird von Art. 5 Nr. 1 hingegen nicht verlangt[48]. Nach der Rechtsprechung des EuGH steht der Vertragsgerichtsstand bereits dann zur Verfügung, wenn das **Zustandekommen des Vertrages**

---

[44] Kritisch RAUSCHER-STAUDINGER, Art. 15 Rz. 9.

[45] EuGH 14.05.2009, Rs. C-180/06, *Ilsinger/Dreschers*, Slg. 2009 I 3961 Rz. 54.

[46] EuGH 14.05.2009, Rs. C-180/06, *Ilsinger/Dreschers*, Slg. 2009 I 3961 Rz. 55.

[47] EuGH 14.05.2009, Rs. C-180/06, *Ilsinger/Dreschers*, Slg. 2009 I 3961 Rz. 57.

[48] EuGH 17.09.2002, Rs. C-334/00, *Tacconi/Wagner*, Slg. 2002 I 7357.

zwischen den Parteien *streitig* ist[49]. Andernfalls hätte es der Beklagte in der Hand, durch die Behauptung des Nichtbestehens des Vertrages die Anwendung des Vertragsgerichtsstandes auszuschliessen. Steht hingegen von Anfang an fest, dass *kein* Vertragsverhältnis zwischen den Parteien besteht, so ist Art. 5 Nr. 1 nicht anwendbar.

Am Gerichtsstand des Erfüllungsortes gemäss Art. 5 Nr. 1 kann insbeson- 38
dere auch **die negative Feststellungsklage,** mit welcher das Fortbestehen oder Nichtbestehen des gesamten Vertragsverhältnisses geltend gemacht wird, angebracht werden[50].

Da das Vorliegen bzw. Nichtvorliegen eines Vertrages sowohl für die Zu- 39
ständigkeitsbegründung als auch für die Begründetheit der Klage relevant ist (sog. **doppelrelevante Tatsache**), stellen Lehre und Rechtsprechung in all diesen Fällen primär auf den vom Kläger eingeklagten Anspruch und dessen Begründung ab (dazu Vorbemerkungen zu Art. 2 Rz. 53 ff.). Die diesbezüglichen Einwände der Gegenpartei sind grundsätzlich nicht zu prüfen.

Immerhin hat der Kläger die zuständigkeitsbegründenden Tatsachen 40
schlüssig[51] zu behaupten, welche dann in der Begründetheitsprüfung näher untersucht werden. Die einfache Behauptung des Klägers, es habe ein Vertragsschluss stattgefunden, kann daher allenfalls ausreichend sein, wenn der Beklagte das Vorliegen eines Vertrages nicht bestritten hat[52]. Hat er den Vertragsabschluss hingegen *bestritten*, so hat der Kläger zwecks Wiederherstellung der Schlüssigkeit detaillierte Behauptungen zu diesem aufzustellen[53]. Ob ein Vertrag *tatsächlich* zustande gekommen ist, stellt allerdings *eine Frage der Begründetheit* der Klage dar. Auch nach der Rechtsprechung des EuGH hat das Gericht die wesentlichen Voraussetzungen

---

49 EuGH 04.03.1982, Rs. 38/81, *Effer/Kantner*, Slg. 1982, 825; BGE 126 III 334 E. 3b; 122 III 298 E. 3a; Kropholler, Art. 5 Rz. 8; Donzallaz Rz. 4497.

50 EuGH 08.12.1987, Rs. 144/86, *Gubisch/Palumbo*, Slg. 1987, 4861 Rz. 16; BGE 133 III 282, 286 E. 3.2; Kropholler, Art. 5 Rz. 8; Donzallaz Rz. 4488.

51 Weitergehend das Bundesgericht, das in einigen Entscheiden von «einer gewissen Wahrscheinlichkeit» *(«avec une certaine vraisemblance»),* spricht (BGE 131 III 153 E. 5.1). In BGE 136 III 486 E. 4 wurde die Rechtsprechung jedoch präzisiert und das Erfordernis einer gewissen Wahrscheinlichkeit des Tatsachenvortrages auf Ausnahmefälle (rechtsmissbräuchliche Zuständigkeitsbegründung) beschränkt. In BGE 137 III 32 E. 2.4.2 wird der Begriff der Plausibilität verwendet.

52 Rauscher-Leible, Art. 5 Rz. 22.

53 HGer ZH 12.07.2002, ZR 2003, 214 f.; Brönnimann 149 f.; Geimer/Schütze, Art. 5 Rz. 74.

seiner Zuständigkeit – von Amtes wegen – anhand von schlüssigen und erheblichen Tatsachen, die eine Partei vorträgt und aus denen sich das Bestehen oder Nichtbestehen des Vertrages ergibt, zu prüfen[54].

41 Art. 5 Nr. 1 erfasst nur **verpflichtende** Verträge. Auf solche, mit denen *Rechte übertragen, geändert, belastet oder aufgehoben* werden, ist der Gerichtsstand am Erfüllungsort hingegen nicht anwendbar. Nicht massgeblich ist im Weiteren, ob es sich um vermögensrechtliche oder nichtvermögensrechtliche Pflichten handelt. Sodann ist unerheblich, ob die streitgegenständliche Verpflichtung in einem *Tun, Dulden oder Unterlassen* besteht. Auch die Klageart bzw. das Rechtsschutzbegehren spielt keine Rolle. Am Gerichtsstand des Erfüllungsortes können Leistungs-, Gestaltungs- und Feststellungsklagen erhoben werden.

42 Die Zuständigkeit nach Art. 5 Nr. 1 ist eröffnet, wenn «ein Vertrag oder Ansprüche aus einem Vertrag» den Gegenstand der Klage bilden. Zu den Letzteren gehören nicht nur die unmittelbaren vertraglichen Ansprüche, wie etwa Leistungs-, Zahlungs- oder Unterlassungsansprüche sowie Nebenansprüche, sondern sämtliche **Sekundäransprüche** wie *Schadenersatzansprüche wegen Vertragsverletzung und Rückabwicklungsansprüche*[55]. Sie folgen in der Regel aus dem Gesetz und nicht aus dem Vertrag selbst, haben aber ihren Grund *in der Nichteinhaltung einer Vertragspflicht* bzw. in deren Verletzung[56].

43 Der EuGH hat im Weiteren erkannt, dass der Schadenersatzanspruch aus missbräuchlicher Auflösung eines Handelsvertretervertrages vertraglicher Natur sei, weil ein solcher Anspruch seinen Grund **in der Nichteinhaltung einer Vertragspflicht** habe[57]. Zusätzlich verweist der EuGH in diesem Entscheid auf Art. 10 EVÜ (heute Art. 12 Rom I-VO), der die Folgen der Nichterfüllung dem auf den Vertrag anzuwendenden Recht zuordnet[58]. Ebenso hat der EuGH den Schadenersatzanspruch des Alleinvertriebshändlers als vertraglichen Anspruch qualifiziert[59].

---

[54] EuGH 04.03.1982, Rs. 38/81, *Effer/Kantner*, Slg. 1982, 825; BGH 22.04.2009 E. 1a.

[55] BGer 26.06.2009, 4A_131/2009 E. 4.2.

[56] EuGH 08.03.1988, Rs. 9/87, *Arcado/Haviland*, Slg. 1988, 1539 Rz. 13; Rauscher-Leible, Art. 5 Rz. 30; Geimer/Schütze, Art. 5 Rz. 26.

[57] EuGH 08.03.1988, Rs. 9/87, *Arcado/Haviland*, Slg. 1988, 1539.

[58] EuGH 08.03.1988, Rs. 9/87, *Arcado/Haviland*, Slg. 1988, 1539.

[59] EuGH 06.10.1976, Rs. 14/76, *de Bloos/Bouyer*, Slg. 1976, 1497.

Den Gegensatz zu den vertraglichen Ansprüchen bilden die **gesetzlichen Schuldverhältnisse.** Der gesetzliche *Rückgriffsanspruch* des *Bürgen* fällt nicht unter Art. 5 Nr. 1[60]. Weiter gilt dieser nicht für Klagen aus Geschäftsführung ohne Auftrag oder aus ungerechtfertigter Bereicherung, die *in keinem Zusammenhang* mit einem Vertragsverhältnis stehen[61]. Für Ansprüche aus diesem Bereich, die aber in einer engen Beziehung zu einem Akt privatautonomer Selbstbindung stehen, ist nicht ausgeschlossen, dass sie unter Art. 5 Nr. 1 fallen[62]. Dies gilt namentlich für Ansprüche aus ungerechtfertigter Bereicherung im Zusammenhang mit der Rückabwicklung eines Vertrages. 44

Ansprüche **aus der Rückabwicklung von Verträgen** infolge *Rücktritts* werden in Deutschland [63] und nach neuerer Lehre[64] und Rechtsprechung[65] auch in der Schweiz als vertragliche Ansprüche betrachtet. Aber auch sonst dürfte sich eine vertragliche Qualifikation wegen des *engen* Zusammenhangs mit dem Vertrag rechtfertigen. Diese Überlegung führt m.E. dazu, die Rückabwicklungsansprüche, die nach den nationalen Rechten als Bereicherungsansprüche qualifiziert werden, als Vertragsansprüche im Sinne des LugÜ zu betrachten[66]. Für die Schweiz würde dies ebenfalls für die Rückerstattungsansprüche bei *Vertragsnichtigkeit und -anfechtung* der Fall sein. 45

In Bezug auf **dingliche Rückgabeansprüche** infolge des in der Schweiz geltenden Kausalitätsprinzips muss die Rückgabeklage daher nicht nach Art. 22 ausschliesslich im Staat, in dem die unbewegliche Sache gelegen ist, sondern kann ähnlich wie beim Bereicherungsanspruch am Vertragserfüllungsort erhoben werden[67]. Eine weite Auslegung von Art. 5 Nr. 1 entspricht den Zielen des Übereinkommens und der Rechtssicherheit, da die Parteien einen von ihnen geschlossenen anfechtbaren oder nichtigen Vertrag zunächst *für wirksam gehalten* und daher *in Erfüllungsabsicht* Leistungen erbracht haben[68]. Die Situation ist vergleichbar mit dem Fall, bei 46

60 EuGH 05.02.2004, Rs. C-265/02, *Frahuil/Assitalia*, Slg. 2004 I 1543 Rz. 25.
61 EuGH 14.05.2009, Rs. C-180/06, *Ilsinger/Dreschers*, Slg. 2009 I 3961 Rz. 57.
62 Schlosser 66.
63 Larenz 403 ff.; Palandt-Grüneberg, vor § 346 BGB Rz. 6.
64 Gauch/Schluep/Schmid Rz. 1567 ff.; Acocella, Nichtigkeitsbegriff 494 ff.
65 BGE 114 II 152 ff.
66 Ebenso Schack Rz. 293.
67 Gl.M. Schack Rz. 293.
68 Kropholler, Art. 5 Rz. 15; Acocella, Nichtigkeitsbegriff 494.

dem das Zustandekommen des Vertrages zwischen den Parteien umstritten ist und für eine solche Streitigkeit der Vertragsgerichtsstand zur Verfügung steht. Falls das an diesem Gerichtsstand zuständige Gericht feststellt, dass kein Vertrag vorliegt, entfällt seine Zuständigkeit nicht, sondern das Gericht fällt ein Sachurteil.

47 Hinzuweisen ist auch darauf, dass die Rückabwicklungsansprüche im Zusammenhang mit einer durch die Parteien **freiwillig** eingegangenen Verpflichtung stehen, die allerdings im Nachhinein aus welchen Gründen auch immer als nichtig erklärt werden muss[69]. Gerade das *äussere Kriterium*, ob eine freiwillig eingegangene Verpflichtung vorliegt, dient dem EuGH als Grundlage für die autonome Abgrenzung der vertraglichen von den deliktischen bzw. gesetzlichen Ansprüchen[70]. Ob der Rückabwicklungsanspruch nach nationalem Recht vertraglicher Natur oder bereicherungs- oder vindikationsrechtlich zu qualifizieren ist, spielt keine Rolle.

48 Auf der Linie einer weiten Auslegung des Vertragsbegriffes steht auch der Entscheid des EuGH in der Rechtssache *Peters*. Der EuGH hat entschieden, dass Zahlungsansprüche aus dem **Mitgliedschaftsverhältnis** zwischen einem Verein und seinen Mitgliedern als Vertragsansprüche zu betrachten seien, weil der Beitritt zu einem Verein faktisch *enge* Bindungen *gleicher Art* schaffe, wie sie zwischen Vertragsparteien bestehen[71]. Die Anwendung von Art. 5 Nr. 1 EuGVÜ (heute EuGVVO bzw. LugÜ) führt zu einer Konzentration der Zuständigkeit am Vereinssitz, an welchem sich in der Regel auch der Erfüllungsort befindet[72]. Das dort zuständige Gericht könne die Vereinsstatuten und die Vereinsbeschlüsse – so der EuGH – am besten beurteilen[73].

49 Darauf, ob die Ansprüche sich unmittelbar aus dem Beitritt oder aus dem Beitritt in Verbindung mit Beschlüssen der Vereinsorgane ergeben, komme es nicht an. Aus Gründen der Rechtssicherheit und des wirksamen Rechts-

[69] Valloni 193.

[70] S. zum schweizerischen Recht Acocella, Nichtigkeitsbegriff 494 ff. und BGE 129 III 328: Abstützung eines vertraglichen Rückabwicklungsverhältnisses beim anfechtbaren und nichtigen Vertrag auf den formalen Vertragsschluss.

[71] EuGH 22.03.1983, Rs. 34/82, *Peters/Zuid Nederlandse Aannemers Vereining*, Slg. 1983, 987 Rz. 13.

[72] Rauscher-Leible, Art. 5 Rz. 25.

[73] EuGH 22.03.1983, Rs. 34/82, *Peters/Zuid Nederlandse Aannemers Vereining*, Slg. 1983, 987 Rz. 14.

schutzes sei eine unterschiedliche Zuständigkeitsregelung für gleichartige Rechtsstreitigkeiten zu vermeiden. Das Gericht könne auch über die Zuständigkeit entscheiden, ohne auf die Prüfung der Modalitäten der Anspruchsbegründung eintreten zu müssen[74]. Ein typisches Vertragsverhältnis ist nicht Voraussetzung für die Anwendung von Art. 5 Nr. 1[75].

Schwierig erweist sich die Unterscheidung zwischen vertraglichen und deliktischen Ansprüchen und somit die Abgrenzung des Anwendungsbereichs von Art. 5 Nr. 1 und Nr. 3. Das gilt insbesondere in Bezug auf die **Produktehaftung** und die **Haftung aus *culpa in contrahendo.*** Wie der Vertragsbegriff ist nach der Rechtsprechung des EuGH auch der Begriff der unerlaubten Handlung autonom zu bestimmen[76]. Folglich ist auch die Abgrenzung zwischen Vertrags- und Deliktsansprüchen *vertragsautonom* vorzunehmen. 50

Dagegen wird eingewendet, dass es Fälle gebe, in denen die Zuständigkeitsfrage nicht losgelöst vom anwendbaren Recht zu entscheiden sei. Eine vertragsautonome Auslegung sei lediglich dort vertretbar und sinnvoll, wo bei Anwendung der *lex causae nicht eine eindeutige Zuordnung zu Verträgen bzw. Delikten erfolge*[77]. Das heisst etwa für die *culpa in contrahendo:* wenn deren Qualifikation nach einer Rechtsordnung umstritten ist (wie bspw. in der Schweiz), könnte sich eine autonome, auf Art. 5 abgestützte Auslegung als sinnvoll erweisen. Hingegen müsste nach dieser Lehrmeinung einer eindeutigen landesrechtlichen Zuordnung gefolgt werden, ohne dass diese noch weiter im Lichte von Art. 5 zu interpretieren wäre (Beispiel dazu: ursprüngliche Qualifikation der Produktehaftung als Vertrag im französischen Recht[78]). Diese Lehrmeinung ist indessen abzulehnen. Da es in allen Fällen um den Anwendungsbereich **vereinheitlichter** Zuständigkeitsregeln geht[79], sollte eine Abgrenzung vertraglicher und deliktischer Ansprüche nicht der jeweiligen *lex causae* überantwortet werden. 51

Nimmt man als Ausgangspunkt den weiten Vertragsbegriff[80], so sind m.E. 52

---

[74] EuGH 22.03.1983, Rs. 34/82, *Peters/Zuid Nederlandse Aannemers Vereining*, Slg. 1983, 987 Rz. 17 f.

[75] EuGH 22.03.1983, Rs. 34/82, *Peters/Zuid Nederlandse Aannemers Vereining*, Slg. 1983, 987.

[76] EuGH 27.08.1988, Rs. 189/87, *Kalfelis/Schröder*, Slg. 1988, 5565.

[77] Schlosser 65 ff.; Geimer/Schütze, Art. 5 Rz. 16; Schwander, in: Schwander, LugÜ 74 f.

[78] EuGH 17.06.1992, Rs. C-26/91, *Handte/TMCS*, Slg. 1992 I 3967.

[79] Schack Rz. 291; Kropholler, Art. 5 Rz. 5.

[80] EuGH 14.05.2009, Rs. C-180/06, *Ilsinger/Dreschers*, Slg. 2009 I 3961 Rz. 57.

Ansprüche aus *culpa in contrahendo* wegen ihrer Nähe zum Vertrag bzw. zum Vertragsschluss als **vertraglich** zu qualifizieren[81]. Der EuGH kommt in seiner Entscheidung in der Rechtssache *Tacconi/Wagner* allerdings zum *gegenteiligen* Schluss. Er stellt ganz *auf das äussere Kriterium* ab, ob *eine freiwillig eingegangene Verpflichtung* vorliege oder nicht[82]. Nach dieser Betrachtungsweise wäre immerhin eine vertragliche Qualifikation möglich, wenn *bereits* ein Vertrag geschlossen worden wäre. Die auf Aufhebung eines Vertrages zielende Klage wegen einer Verletzung vorvertraglicher Aufklärungspflichten kann am Vertragsgerichtsstand erhoben werden. Ebenso ist Art. 5 Nr. 1 anwendbar, wenn in einer *vorvertraglichen Vereinbarung* Verhandlungspflichten übernommen wurden. Für die Verletzung von *Schutzpflichten* gilt Art. 5 Nr. 1 auf jeden Fall nicht; hierfür steht der Deliktsgerichtsstand zur Verfügung.

53 Die Rechtsprechung des EuGH ist m.E. *nicht sachgerecht*. Über das äussere Kriterium der freiwilligen Verpflichtung hinaus hätte der EuGH mehr Gewicht dem Umstand beimessen sollen, dass mit der freiwilligen Aufnahme von Vertragsverhandlungen die Parteien sich gegenseitig verpflichten, diese nach Treu und Glauben zu führen: Jener, der mit einem anderen geschäftliche Beziehungen aufnimmt, erwartet regelmässig, es mit einem redlich denkenden, sich loyal verhaltenden Partner zu tun zu haben[83]. Es entsteht eine **Sonderverbindung,** die sich von der deliktsrechtlichen Konstellation «markant» unterscheidet[84]. Der EuGH hat in seinem Entscheid vom 22.03.1983 in der Rechtssache *Peters* bei der vertraglichen Qualifikation der Zahlungsansprüche eines Vereins gegen ein Vereinsmitglied selbst darauf abgestellt, dass faktisch *enge* Bindungen *gleicher Art* festzustellen seien, wie sie zwischen Vertragsparteien bestehen.

54 Nicht gegen eine vertragliche Qualifikation spricht, dass die Schadenersatzpflicht sich nur aus einem Verstoss gegen **gesetzliche** Vorschriften ergeben kann, namentlich aus denjenigen, wonach die Parteien bei Vertragsverhandlungen nach Treu und Glauben handeln müssen. Die unstreitig als

---

[81] Schack Rz. 293; Poudret 67; Donzallaz Rz. 4534; ebenso HGer ZH 22.02.2000, ZR 2000, 244 ff. für die Haftung aus culpa in contrahendo und in Bezug auf die Haftung aus verletztem Konzernvertrauen; a.A. Dasser/Oberhammer-Oberhammer, Art. 5 Rz. 21.

[82] EuGH 17.09.2002, Rs. C-334/00, *Tacconi/Wagner*, Slg. 2002 I 7357 Rz. 25.

[83] BK-Kramer, Allgemeine Einleitung OR, Rz. 134.

[84] BK-Kramer, Allgemeine Einleitung OR, Rz. 141.

vertraglich zu qualifizierenden Schadenersatzansprüche *aus Nichterfüllung oder Schlechterfüllung* ergeben sich ebenfalls direkt aus dem Gesetz[85].

Art. 5 Nr. 1 ist auch auf andere Fälle der *Vertrauenshaftung* anzuwenden. 55
Die **Rechtsscheinshaftung** etwa ist vertraglich zu qualifizieren. Dies wurde im Zusammenhang mit einer Haftung des bei Vertragsschluss für eine beschränkt haftende juristische Person Handelnden aufgrund zurechenbar gesetzten Rechtsscheins befürwortet[86]. Es wurde darauf hingewiesen, dass ein weiter Vertragsbegriff angenommen werden sollte[87]. Die Haftung ergibt sich aufgrund *einer (vertraglichen) Sonderbeziehung*[88].

Anders zu beurteilen ist die **Produktehaftung.** Aufgrund der Ausgestal- 56
tung der Produktehaftung in der *EU-Produktehaftungsrichtlinie* und auch in Berücksichtigung des schweizerischen, an die Richtlinie angelehnten *Produktehaftpflichtgesetzes* gelangt man mangels eines Vertragsverhältnisses zwischen dem Hersteller und dem Geschädigten zu einer europaweiten *deliktsrechtlichen* Qualifikation[89].

An der Tatsache, dass der Käufer nur mit seinem Vormann in eigentliche 57
Vertragsbeziehungen tritt und nicht mit jedem Glied der Kaufvertragskette, vermag auch nichts zu ändern, dass der Käufer sich auf eine mitlaufende vertragliche Garantie berufen kann[90]. Ausschlaggebend ist – wie der EuGH in seinem Entscheid vom 17.06.2002[91] ausgeführt hat (und auch vom Bundesgericht bestätigt worden ist[92]) –, dass zwischen einem späteren Erwerber und dem Hersteller *keine vertragliche Beziehung* besteht.

Gestützt auf das Kriterium der freiwillig eingegangenen Verpflichtung hat 58
der EuGH auch entschieden, dass die Klage auf Ersatz von Transportschäden, die nicht gegen den Aussteller des Konnossements, sondern gegen den *tatsächlichen* Verfrachter eingereicht wurde, nicht als Vertragsklage qualifiziert werden kann. Sie fällt nicht unter Art. 5 Nr. 1, sondern als deliktsrechtliche Klage unter Art. 5 Nr. 3, da dem **Konnossement** keine freiwillig

---

85 MAGNUS/MANKOWSKI-MANKOWSKI, Art. 5 Rz. 57.

86 RAUSCHER, Prorogation 143 ff.; OLG Saarbrücken 02.10.1991, IPRax 1992, 165.

87 EuGH 14.05.2009, Rs. C-180/06, *Ilsinger/Dreschers*, Slg. 2009 I 3961 Rz. 57.

88 RAUSCHER, Prorogation 146.

89 BGE 134 III 80 E. 7.2; SCHWANDER, in: SCHWANDER, LugÜ 74; SCHNYDER, Produkthaftung 392 f.; ACOCELLA, Die internationale Produkt- und Umwelthaftung 4.

90 SCHACK Rz. 293.

91 EuGH 17.06.1992, Rs. C-26/91, *Handte/TMCS*, Slg. 1992 I 3967.

92 BGE 134 III 218 E. 3.6.

eingegangene vertragliche Verpflichtung des Verfrachters entnommen werden könne[93].

3. Keine Anwendung auf Verbraucher-, Versicherungs- und Arbeitsverträge

59 Art. 5 Nr. 1 findet auf **Verbraucher-, Versicherungs- und Arbeitsverträge** keine Anwendung, da das LugÜ insoweit Sonderregelungen vorsieht (Art. 8 ff., 15 ff. und 18 ff.).

III. Zuständigkeitsanknüpfung

1. Allgemeines

60 Art. 5 Nr. 1 ist gegenüber der entsprechenden Vorschrift des aLugÜ in wesentlichen Punkten geändert worden. Art. 5 Nr. 1 lit. a übernimmt wörtlich die Regelung von Art. 5 Nr. 1 1. TS aLugÜ. In der neu eingefügten lit. b wird für die praktisch wichtigsten Verträge, die **Warenkauf- und Dienstleistungsverträge,** der Erfüllungsort im LugÜ selbst als der Ort der Lieferung bzw. derjenige der Erbringung der Dienstleistung festgelegt. Die ebenfalls neu eingefügte lit. c verweist für den Fall, dass lit. b nicht anwendbar ist, auf lit. a.

61 Wie bereits ausgeführt, wurde im Gefolge der Kritik an der bisherigen Rechtslage Art. 5 Nr. 1 aLugÜ bzw. EuGVÜ neu geregelt. Die Reform wurde bereits in der EuGVVO umgesetzt und ist nun auch im LugÜ übernommen worden. Für *Warenkauf- und Dienstleistungsverträge* wird ausdrücklich von der **Tessili- und De Bloos-Rechtsprechung** des EuGH abgewichen (s. Rz. 25 f.).

62 Für die **übrigen Verträge** sowie dann, wenn lit. b nicht anwendbar ist, gilt lit. a, für welche die *bisherige* Rechtsprechung des EuGH weitergilt (s. Rz. 66). Die unterschiedliche Zuständigkeitsanknüpfung in lit. a und lit. b lässt sich sachlich nicht begründen. Zudem wird die Differenzierung von Art. 5 Nr. 1 nach Vertragstypen neue schwierige Abgrenzungsprobleme schaffen. Schliesslich werden die bei der Anwendung von Art. 5 Nr. 1 aLugÜ aufgetretenen Probleme auch gemäss Art. 5 Nr. 1 lit. a LugÜ weiterbestehen[94].

---

[93] EuGH 27.10.1998, Rs. C-51/97, *Réunion européenne/Spliethoff's Bevrachtingskantoor,* Slg. 1998 I 6511.

[94] MARKUS, Vertragsgerichtsstände 975.

63 Geregelt wird sowohl die **internationale** als auch die **örtliche** Zuständigkeit[95].

2. Die Bestimmung von Art. 5 Nr. 1 lit. a

a) Allgemeines

64 Art. 5 Nr. 1 lit. a LugÜ übernimmt wörtlich die Regelung von Art. 5 Nr. 1 aLugÜ. Es handelt sich um die *allgemeine* Anknüpfung an den Erfüllungsort. Sie bildet im Verhältnis zu lit. b die Grundregel[96]. Lit. b bestimmt den Erfüllungsort für die beiden wichtigsten Vertragstypen – Warenkaufverträge und Dienstleistungsverträge – **speziell.** Nach lit. c ist auf die allgemeine Anknüpfung nach lit. a zurückzugreifen, wenn lit b. nicht anwendbar ist.

65 In Art. 5 Nr. 1 lit. a ist der Erfüllungsort nicht näher definiert. Es ist davon auszugehen, dass die bisherige Rechtsprechung zu Art. 5 Nr. 1 aLugÜ und EuGVÜ weiterhin im Rahmen von Art. 5 Nr. 1 lit. a und lit. c gilt. Dafür sprechen die **wortgetreue** Überführung von Art. 5 Nr. 1 aLugÜ in Art. 5 Nr. 1 lit. a und auch die Entstehungsgeschichte. In der Begründung der Kommission zum Verordnungsvorschlag ist von der Aufgabe der Tessili-Rechtsprechung *nur* bezüglich der in Art. 5 Nr. 1 lit. b EuGVVO geregelten Verträge die Rede und es wird für lit. a und c ausdrücklich gesagt, dass es in diesen Fällen bei der bisherigen Regelung bleiben solle.

66 In seiner Entscheidung *Color Drack*[97] ist der EuGH unter Bezugnahme auf die Entstehungsgeschichte der hiervor erwähnten Auffassung der Kommission mit Bezug auf lit. b gefolgt. Bei dieser starken Betonung der Entstehungsgeschichte war danach nicht zu erwarten, dass der EuGH die halbherzige legislative Reform auf dem Wege der Rechtsfortbildung **vollenden** und lit. a einer Neuinterpretation zuführen würde. In der Entscheidung in der Rechtssache *Falco Privatstiftung* hat der EuGH – aus seiner Sicht: folgerichtig – ausdrücklich festgehalten, dass Art. 5 Nr. 1 lit. a EuGVVO gleich auszulegen sei wie die Vorgängerbestimmung des EuGVÜ[98]. Damit bleibt eine unterschiedliche Bestimmung des Erfüllungsortes

---

[95] KROPHOLLER, vor Art. 5 Rz. 5.

[96] KROPHOLLER, Art. 5 Rz. 28.

[97] EuGH 03.05.2007, Rs. C-386/05, *Color Drack GmbH/Lexx International Vertriebs GmbH*, Slg. 2007 I 3699 Rz. 18.

[98] EuGH 23.04.2009, Rs. C-533/07, *Falco Privatstiftung und Thomas Rabitsch/Gisela Weller-Lindhorst,* Slg. 2009 I 3327 Rz. 48 ff.; BGH 22.04.2009, E. 2a.dd.

gestützt auf lit. a und lit. b bestehen. Die Differenzierung zwischen den in lit. b erwähnten Vertragstypen und den übrigen Verträgen bleibt allerdings wertungsmässig kaum begründbar und lässt sich allein aus dem *Kompromisscharakter* der Norm erklären.

b) Massgebliche vertragliche Verpflichtung

(1) Anknüpfung an die konkret streitige Verpflichtung

67 Die Rechtsprechung des EuGH zu Art. 5 Nr. 1 EuGVÜ hatte, wie bereits ausgeführt, klargestellt, dass für die Bestimmung des Vertragsgerichtsstandes nicht der Erfüllungsort jeder beliebigen vertraglichen Verpflichtung, sondern vielmehr jener der **konkret streitigen** Verpflichtung massgeblich sei. Es müsse verhindert werden, dass aus demselben Vertrag mehrere Zuständigkeiten hergeleitet werden könnten. Dies entspreche den Zielen des Übereinkommens, die Anerkennung zu erleichtern und die Vollstreckung in den Vertragsstaaten sicherzustellen[99]. Art. 5 Nr. 1 aLugÜ und Art. 5 Nr. 1 lit. a LugÜ sprechen in der deutschen Fassung ausdrücklich von «dem Gericht des Ortes, an dem die Verpflichtung erfüllt worden ist oder zu erfüllen wäre»[100]. Der Wortlaut in anderen Sprachen weist noch klarer auf die Verpflichtung hin, die Gegenstand der Klage bildet[101]. Ausgeschlossen ist das Abstellen auf *irgendeine* Verpflichtung; aber auch die Heranziehung der *charakteristischen Leistung* des Vertragsverhältnisses ist damit unzulässig[102].

(2) Anknüpfung an die primäre Hauptleistungspflicht

68 Nach der Rechtsprechung des EuGH ist der Erfüllungsort derjenigen Verpflichtung massgebend, auf die der Kläger seine Klage stützt[103]. Dabei wird nicht an die *eingeklagte streitgegenständliche* Verpflichtung angeknüpft, sondern ausschlaggebend ist **die vertragliche Verpflichtung,** die dem streitgegenständlichen Anspruch zu Grunde liegt. Beispiel: Klage auf Schadenersatz wegen Schlechterfüllung im Rahmen eines Werkvertrages. Zwar

---

[99] EuGH 06.10.1976, Rs. 14/76, *de Bloos/Bouyer*, Slg. 1976, 1497 Rz. 9/12.

[100] Rauscher-Leible, Art. 5 Rz. 36.

[101] Z.B. «obbligazione *dedotta in giudizio*», s. EuGH 06.10.1976, Rs. 14/76, *de Bloos/Bouyer*, Slg. 1976, 1497 Rz. 9/12; Broggini, in: Schwander, LugÜ 125.

[102] Die bisherige Ausnahme für Arbeitsverträge hat Eingang in die Sonderregelung in Arbeitssachen nach Art. 18 ff. gefunden, vgl. dazu Art. 18 Rz. 4.

[103] EuGH 06.10.1976, Rs. 14/76, *de Bloos/Bouyer*, Slg. 1976, 1497.

verlangt der Besteller eine Geldzahlung in Folge vorhandener Werkmängel; Bei der Bestimmung des Erfüllungsortes ist nicht darauf abzustellen, wo die Zahlung zu erfolgen hat, sondern auf die primäre Leistungspflicht des Herstellers: die mängelfreie Erstellung und Ablieferung des Werkes (etwa am Sitz des Bestellers). Bei der Geltendmachung von *Sekundäransprüchen*, also z.B. von Schadenersatzanprüchen infolge Vertragsverletzung, ist daher der Erfüllungsort der verletzten Primärpflicht und nicht derjenige der Schadenersatzpflicht massgebend[104]. Dadurch wird eine Vervielfältigung der Gerichtsstände vermieden, was im Interesse der Rechtssicherheit und der Erleichterung der Anerkennung und Vollstreckung ist. Ob es sich um einen Primär- oder Sekundäranspruch handelt, bestimmt sich nach der *lex causae*[105].

Nicht jede Nebenpflicht vermag die Zuständigkeit am Erfüllungsort zu begründen. Auch dies würde zu einer unerwünschten Gerichtsstandszersplitterung führen. Lehre und Rechtsprechung vertreten daher zu Recht die Ansicht, es sei lediglich auf die vertraglichen **Hauptleistungspflichten** abzustellen[106]. 69

(3) Mehrzahl von Hauptleistungspflichten

Die Anknüpfung an eine Vielzahl von Verpflichtungen führt zu einer unerwünschten Gerichtsstandszersplitterung. Für den Fall, dass der Kläger die Klage **auf mehrere Verpflichtungen** stützt, hat der EuGH in seiner Rechtsprechung ausgeführt, dass das angerufene Gericht sich an dem bereits erwähnten Grundgedanken zu orientieren habe, wonach Nebensächliches der Hauptsache folge. Wie bereits ausgeführt, bleibt für die Zuständigkeitsbegründung die Hauptleistungspflicht massgebend (Rz. 69). 70

Der *Grundsatz, dass die Nebenpflicht der Hauptpflicht folgt*, ist allerdings dann nicht anwendbar, wenn die Erfüllung mehrerer gleichrangiger Verpflichtungen eingeklagt wird. Ein Gerichtsstand kraft Sachzusammen- 71

---

[104] Schack Rz. 296; BGH 11.12.1996, VIII ZR 154/96; EuGH 15.01.1987, Rs. 266/85, *Shenavai/Kreischer,* Slg. 1987, 239 Rz. 9; BGer 26.06.2009, 4A_131/2009 E. 4.2; BGer 21.10.2009, 4A_386/2009, E. 2.2; BGE 135 III 556 E. 3.1 = BGer 11. Juni 2009, 4A_115/2009, E. 3.1; BGE 133 III 282 E. 3.1; 124 III 188 E. 4a; BGer 20.08.2009, 4A_273/2009, E. 2.2; HGer ZH 12.07.2002, ZR 2003, 216.

[105] EuGH 06.10.1976, Rs. 14/76, *de Bloos/Bouyer,* Slg. 1976, 1497 Rz. 9/12 u. 15/17; kritisch Schack Rz. 297.

[106] EuGH 15.01.1987, Rs. 266/85, *Shenavai/Kreischer,* Slg. 1987, 239; BGE 124 III 188 E. 4a; Kropholler, Art. 5 Rz. 32.

hangs zwischen den Verpflichtungen besteht nicht. In diesem Falle ist für jede dieser Pflichten das Gericht des Ortes als zuständig anzusehen, an dem die betreffende Verpflichtung zu erfüllen wäre[107]. Diese Zuständigkeitszersplitterung ist hinzunehmen. Der Kläger kann die Nachteile, die sich aus der Zuständigkeit unterschiedlicher Gerichte für ein und denselben Rechtsstreit ergeben, dadurch vermeiden, dass er seine Ansprüche insgesamt am allgemeinen Beklagtengerichtsstand geltend macht[108].

72 Bei einer Klage über das Schicksal **des ganzen Vertragsverhältnisses** vertreten gewisse Autoren die Ansicht, es sei in diesem Fall auf den Erfüllungsort der charakteristischen Leistung abzustellen[109]. Nach anderer Meinung, die den Vorzug verdient, ist *jede vertragliche Hauptpflicht* massgeblich[110]. Hängt aber der Streit über das Schicksal des Vertrages von der Nicht- oder Schlechterfüllung einer *bestimmten* vertraglichen Verpflichtung ab, so ist an diese anzuknüpfen[111].

73 Handelt es sich bei der streitigen Verpflichtung um **eine geographisch unbegrenzt geltende Unterlassungspflicht**, ist nach Auffassung des EuGH der Vertragsgerichtsstand nicht anwendbar, denn weder lässt er sich lokalisieren noch lässt sich das Gericht ermitteln, das die engste Verknüpfung mit dem Streitgegenstand aufweist. Dem Kläger steht der allgemeine Beklagtengerichtsstand zur Verfügung[112].

c) Bestimmung des Erfüllungsortes

74 Hinsichtlich der Bestimmung des Erfüllungsortes der streitigen Verpflich-

---

107 EuGH 05.10.1999, Rs. C-420/97, *Leathertex/Bodetex,* Slg. 1999 I 6747 Rz. 40 f.; BGer 20.08.2009, 4A_273/2009, E. 2.2.

108 EuGH 05.10.1999, Rs. C-420/97, *Leathertex/Bodetex,* Slg. 1999 I 6747 Rz. 41.

109 MüKoZPO-Gottwald, Art. 5 Rz. 32.

110 Geimer/Schütze, Art. 5 Rz. 110; a.A. Schlosser, Art. 5 Rz. 9; BGH 27.04.2010 IX ZR 108/09 E. 2c, IPRax 2010, Heft 4, XI: keine Zuständigkeit am Erfüllungsort bei mehreren Hauptpflichten.

111 Schlosser, Art. 5 Rz. 9; In BGE 135 III 556 E. 3.3f., geht das Bundesgericht davon aus, dass die Anknüpfung an jede vertragliche Hauptpflicht zumindest für jene Fälle abzulehnen ist, in denen die Ungültigkeit des Vertrages daraus abgeleitet wird, dass nach klägerischer Darstellung über eine ganz bestimmte Hauptleistung kein Konsens zustande gekommen ist. Vgl. auch BGer 4A_273/2009 E. 2.2. Für eine Anknüpfung an die vertragliche Hauptleistungspflicht des jeweiligen Beklagten, Dasser/Oberhammer-Oberhammer, Art. 5 Rz. 29. Die Problematik entfällt bei Art. 5 Nr. 1 lit. b (s. Rz. 105 ff.).

112 EuGH 19.02.2002, Rs. C-256/00, *Besix/WABAG*, Slg. 2002 I 1699 Rz. 48 ff.; Schack Rz. 309 postuliert eine autonome Lokalisierung am Sitz des Schuldners.

tung gilt nach der Rechtsprechung des EuGH nicht – wie sonst für die übrigen Tatbestandsmerkmale von Art. 5 Nr. 1 üblich – die vertragsautonome Qualifikation. Der Erfüllungsort ist vielmehr nach dem **Kollisionsrecht** des angerufenen Richters zu bestimmen[113]. Der angerufene Richter hat demzufolge zuerst die auf das fragliche Vertragsverhältnis anwendbare Rechtsordnung – *nach seinem IPR* – zu ermitteln und alsdann nach diesem Recht den Erfüllungsort der streitigen Verpflichtung zu bestimmen (vgl. auch Rz. 15)[114].

d) Tatsächlicher und rechtlicher Erfüllungsort

Art. 5 Nr. 1 lit. a. hält fest, dass die Zuständigkeit des Gerichts am Orte gegeben ist, an dem die Verpflichtung erfüllt worden ist oder **zu erfüllen wäre**. Der Wortlaut der Bestimmung legt nahe, dem Kläger die Wahl zwischen der Zuständigkeit am tatsächlichen oder rechtlichen Erfüllungsort zu geben[115]. Diverse Autoren verneinen ein Wahlrecht. Diese einschränkende Auslegung ist sachgerecht. Sie führt eine *zeitliche Flexibilität* ein und vermeidet eine unnötige Zuständigkeitsvermehrung. Solange noch nicht erfüllt worden ist, gilt der Ort, an dem die Verpflichtung zu erfüllen wäre. Nach der Erfüllung ist nur noch der vom rechtlichen Erfüllungsort abweichende *tatsächliche* Erfüllungsort massgebend, soweit der Gläubiger an diesem Ort die Leistung als *vertragsgemäss angenommen* hat[116]. Auf diese Weise kann veränderten Verhältnissen Rechnung getragen werden, z.B. bei einem Wohnsitzwechsel des Schuldners. Durch die Voraussetzung der Annahme des Gläubigers soll dieser vor einseitiger Beeinflussung der Zuständigkeit durch den Schuldner geschützt werden[117]. 75

e) Vereinbarung des Erfüllungsortes

Nach der Rechtsprechung des EuGH zum EuGVÜ konnte der nach Art. 5 Nr. 1 zuständigkeitsbegründende Erfüllungsort auch von den Parteien **vereinbart** werden, wenn die *lex causae* dies zuliess[118]. Wie bereits erwähnt, 76

[113] EuGH 06.10.1976, Rs. 12/76, *Tessili/Dunlop*, Slg. 1976, 1473; BGer. 26.06.2009, 4A_131/2009, E. 4.3; BGE 124 III 188 E. 4a; 122 III 43 E. 3b, 298 E. 3a; BGH 11.12.1996, VIII ZR 154/95.

[114] EuGH 06.10.1976, Rs. 12/76, *Tessili/Dunlop,* Slg. 1976, 1473; BGH 11.12.1996, VIII ZR 154/95; HGer ZH 12.07.2002, ZR 2003, 217.

[115] Geimer/Schütze, Art. 5 Rz. 143; Broggini, in: Schwander, LugÜ 127.

[116] Kropholler, Art. 5 Rz. 34; Donzallaz Rz. 4675.

[117] Kropholler, Art. 5 Rz. 34.

[118] EuGH 17.01.1980, Rs. 56/79, *Zelger/Salinitri I,* Slg. 1980, 89.

gilt diese Rechtsprechung weiterhin (vgl. Rz. 66 und 82). Die Wirksamkeit einer solchen Vereinbarung hängt *nicht* etwa von der Einhaltung der Formvorschriften für die Gerichtsstandsvereinbarung nach Art. 17 EuGVÜ (heute Art. 23 EuGVVO bzw. Art. 23 LugÜ) ab[119]. Massgebend sind allein die Gültigkeits- und Wirksamkeitserfordernisse des für die Bestimmung des Erfüllungsortes anwendbaren Rechts. Zur Begründung hat der EuGH darauf hingewiesen, dass Art. 5 Nr. 1 EuGVÜ, der in dem mit «Besondere Zuständigkeiten» überschriebenen 2. Abschnitt des Titel II des Übereinkommens enthalten ist, eine von der allgemeinen Zuständigkeitsregel des Art. 2 des Übereinkommens abweichende Zuständigkeit begründe. Art. 5 stelle damit ein Zuständigkeitskriterium auf, dessen Anwendung der Kläger nach seiner Wahl bestimmen könne und das durch *die unmittelbare Verknüpfung* zwischen dem Rechtsstreit und dem zu seiner Entscheidung berufenen Gericht gerechtfertigt ist.

77 Art. 17 EuGVÜ (heute Art. 23 EuGVVO bzw. Art. 23 LugÜ), der in dem mit «Vereinbarung über die Zuständigkeit» überschriebenen 6. Abschnitt des Titels II des Übereinkommens enthalten sei, sehe hingegen die ausschliessliche Zuständigkeit des von den Parteien in der vorgeschriebenen Form vereinbarten Gerichts vor und verzichte *auf jeden objektiven Zusammenhang* zwischen dem streitigen Rechtsverhältnis und dem vereinbarten Gericht. Aus diesen **unterschiedlichen Konzeptionen** zieht der EuGH den Schluss, dass nur die Gerichtsstandsvereinbarung den Formvorschriften von Art. 17 EuGVÜ (heute Art. 23 EuGVVO bzw. Art. 23 LugÜ) zu genügen habe[120]. Die Parteien könnten daher den Erfüllungsort nach dem auf den Vertrag anwendbaren Recht auch *formlos* vereinbaren, sofern dieses eine solche formlose Vereinbarung zulasse[121].

78 Ist die Erfüllungsortsklausel in **AGB** enthalten, so bestimmt sich die Einbeziehungs- und Inhaltskontrolle ebenfalls nach der *lex causae*. Es besteht auch die Möglichkeit, dass die Parteien die Vereinbarung des Erfüllungsortes einem anderen Recht als dem des Hauptvertrages unterstellen.

79 Der Umstand, dass die Vereinbarung des Erfüllungsortes in ihren Wirkungen einer Gerichtsstandsvereinbarung nahe kommt und dennoch nicht die Formvorschriften von Art. 17 EuGVÜ bzw. aLugÜ gelten sollen, sondern

[119] EuGH 17.01.1980, Rs. 56/79, *Zelger/Salinitri I,* Slg. 1980, 89.
[120] EuGH 17.01.1980, Rs. 56/79, *Zelger/Salinitri I,* Slg. 1980, 89.
[121] EuGH 17.01.1980, Rs. 56/79, *Zelger/Salinitri I,* Slg. 1980, 89.

auch eine formlose Vereinbarung möglich ist – solange nur die *lex causae* keine besondere Form verlangt – kann zu einer **Umgehung** des durch Art. 17 EuGVÜ bzw. aLugÜ gewährten Schutzes vor überraschenden, unerwarteten oder einseitigen Gerichtsständen führen.

Der EuGH hat ausgehend von der Anknüpfung an den Erfüllungsort entschieden, dass – auch wenn es den Vertragsparteien freistehe, einen anderen Erfüllungsort zu vereinbaren, ohne dass sie hierfür eine besondere Form einhalten müssten – sie doch nicht mit dem alleinigen Ziel, den Gerichtsstand festzulegen, einen Erfüllungsort festlegen dürften, der **keinen Zusammenhang mit der Vertragswirklichkeit** aufweise und an dem die vertraglichen Verpflichtungen nach dem Vertrag nicht erfüllt werden könnten. Das ergebe sich zunächst aus dem Wortlaut von Art. 5 Nr. 1 EuGVÜ (heute Art. 5 Nr. 1 lit. a EuGVVO bzw. Art. 5 Nr. 1 lit. a LugÜ). Zudem sei die Festlegung des Erfüllungsortes, der keinen Zusammenhang mit dem wirklichen Vertragsgegenstand aufweise, fiktiv[122]. 80

Die **Beweislast** für das Vorliegen einer Vereinbarung des Erfüllungsortes und insbesondere für den Umstand, dass es sich *tatsächlich* um die Vereinbarung eines Erfüllungsortes handelt, die nicht nur prozessual wirken soll, trägt der Kläger[123]. Es handelt sich hier nicht wie beim streitigen Vertragsabschluss um *eine doppelrelevante Tatsache*[124]. 81

Diese Grundsätze gelten **unverändert** auch für Art. 5 Nr. 1 lit. a. Zwar ist die Vereinbarung des Erfüllungsortes ausdrücklich nur in Art. 5 Nr. 1 lit. b, der die Warenkauf- und Dienstleistungsverträge betrifft, vorgesehen. Daraus lässt sich aber nicht der Schluss ziehen, dass für *die übrigen Verträge* die Vereinbarung des Erfüllungsortes nicht möglich sei. Weder die Entstehungsgeschichte noch Sinn und Zweck der Bestimmung rechtfertigen es, die Vereinbarung des Erfüllungsortes nur für Kauf- und Dienstleistungsverträge zuzulassen. Es gibt keine Hinweise, wonach die Rechtsprechung des EuGH für die übrigen Verträge nicht mehr gelten sollte. Es sind auch 82

---

[122] EuGH 20.02.1997, Rs. C-106/95, *MSG/Les Gravières Rhénanes,* Slg. 1997 I 911 Rz. 31 ff.; BGE 122 III 249, 251; Kropholler, Art. 5 Rz. 36; Schack Rz. 312; Rauscher-Leible, Art. 5 Rz. 44a; Donzallaz Rz. 4715.

[123] Kropholler, Art. 5 Rz. 36; BGE 122 III 249, 251 f. Schlosser, Art. 5 Rz. 11; a.A. Geimer/Schütze, Art. 5 Rz. 127.

[124] BGE 122 III 249, 253; HGer ZH 12.07.2002, ZR 2003, 214 f; zu einer speziellen Ausnahmekonstellation HGer ZH 22.02.2000, ZR 2000, 244 ff.

keine Gründe ersichtlich, weshalb der Parteiautonomie nur für die Kauf- und Dienstleistungsverträge Rechnung getragen werden sollte[125].

3. Der Erfüllungsort bei Warenkauf- und Dienstleistungsverträgen (Art. 5 Nr. 1 lit. b)

a) Allgemeines

83 Mit der **Revision** des LugÜ ist Art. 5 Nr. 1 lit. b neu geschaffen worden. Darin wird für die praktisch wichtigsten Verträge, nämlich die *Warenkauf- und Dienstleistungsverträge*, sowohl die massgebliche Verpflichtung als auch der Erfüllungsort derselben direkt und autonom bestimmt. Für Warenkaufverträge wird als Erfüllungsort der *Lieferort* und für die Dienstleistungsverträge der Ort der *Erbringung der Dienstleistung* festgelegt. Es wird einerseits an die vertragscharakteristische Leistung angeknüpft[126] und andererseits der Erfüllungsort international-prozessrechtlich autonom bestimmt[127].

84 Aufgrund der unterschiedlichen Zuständigkeitsanknüpfung in Art. 5 Nr. 1 lit. a und lit. b müssen die Warenkauf- und Dienstleistungsverträge von den übrigen Vertragstypen **abgegrenzt** werden, denn für Letztere gilt im Wesentlichen die bisherige Rechtsprechung des EuGH. Danach ist, wie bereits erwähnt, auf die konkret streitige Verpflichtung abzustellen und der Erfüllungsort nach der *lex causae* zu bestimmen (s. Rz. 67 ff., 74 ff.). Gestützt auf Art. 5 Nr. 1 lit. c, wonach lit. a gilt, sofern lit. b nicht anwendbar ist, finden diese Grundsätze in bestimmten Fällen auch bei Warenkauf- und Dienstleistungsverträgen Anwendung (s. dazu Rz. 155 ff.).

---

[125] Kropholler, Art. 5 Rz. 35; Magnus/Mankowski-Mankowski, Art. 5 Rz. 145; BGH 22.04.2009, E. 2b. Nach Bonomi 74 sollte die Zulässigkeit der Vereinbarung des Erfüllungsortes auch bei Art. 5 Nr. 1 lit. a direkt aus dem LugÜ abgeleitet werden.

[126] EuGH 25.02.2010, Rs. C-381/08, *Car Trim GmbH/KeySafety System Srl.*, Rz. 31; EuGH 23.04.2009, Rs. C-533/07, *Falco Privatstiftung und Thomas Rabitsch/Gisela Weller-Lindhorst,* Slg. 2009 I 3327 Rz. 54.

[127] EuGH 25.02.2010, Rs. C-381/08, *Car Trim GmbH/KeySafety System Srl.*, Rz. 49; EuGH 03.05.2007, Rs. C-386/05, *Color Drack GmbH/Lexx International Vertriebs GmbH,* Slg. 2007 I 3699 Rz. 24; EuGH 09.07.2009, Rs. C-204/08, *Rehder/Air Baltic Corporation,* Slg. 2009 I 6073 Rz. 33.

b) Erfasste Verträge

(1) Warenkaufverträge

Der Begriff des Warenkaufvertrages oder des Kaufvertrages über bewegliche Sachen ist nicht näher definiert[128]. Er ist wie der allgemeine Vertragsbegriff **autonom** auszulegen. Dabei kann aufgrund des praktisch gleichen Anwendungsbereiches auf das *CISG* zurückgegriffen werden[129]. Der EuGH hat im Entscheid *Car Trim* im Zusammenhang mit der Qualifikation eines Vertrags über die Lieferung herzustellender oder zu erzeugender Waren, wenn der Käufer bestimmte Vorgaben zur Beschaffung, Verarbeitung und Lieferung von Gegenständen macht, nebst dem erwähnten CISG auf folgende Rechtsquellen verwiesen: das Übereinkommen der Vereinten Nationen vom 14. Juni 1974 über die Verjährung beim internationalen Warenkauf, die Verbrauchsgüterkauf-Richtlinie und die Richtlinie 2004/18/EG vom 31. März 2004. Da es sich bei den Richtlinien um europarechtliche Rechtsquellen handelt, sind sie allerdings *für die Auslegung des LugÜ* nicht unbedingt relevant[130]. 85

Kaufverträge sind Austauschverträge, bei denen sich der Verkäufer *zur Lieferung und Übergabe einer Sache* und der Käufer *zur Zahlung des vereinbarten Preises* verpflichten. Analog dem CISG sind alle Arten von Kaufverträgen, wie Sukzessivlieferungsverträge, Spezifikationskäufe, Kauf nach Muster oder auf Probe, erfasst. Teilzahlungsverträge und Kaufverträge auf Kredit unterstehen in der Regel als Verbraucherverträge der Sonderregelung des 4. Abschnitts, weshalb auf sie Art. 5 Nr. 1 lit. b nicht anwendbar ist (s. Art. 15 Rz. 7 ff.). Schenkungsverträge und Tauschverträge fallen nicht unter Art. 5 Nr. 1 lit. b. 86

Bei **Leasing- und Mietkaufverträgen** steht die Nutzungsmöglichkeit und nicht die Eigentumsverschaffung im Vordergrund, selbst wenn eine Kaufoption eingeräumt wird. Sie fallen daher nicht unter Art. 5 Nr. 1 lit. b (s. auch Art. 15 Rz. 11). 87

Die Begriffsbestimmung bei **Werklieferungsverträgen** hängt in Anlehnung an das CISG davon ab, ob der Dienstleistungsanteil überwiegt. Wird 88

[128] EuGH 25.02.2010, Rs. C-381/08, *Car Trim GmbH/KeySafety System Srl.*, Rz. 30.

[129] EuGH 25.02.2010, Rs. C-381/08, *Car Trim GmbH/KeySafety System Srl.*, Rz. 35 u. 36.

[130] EuGH 25.02.2010, Rs. C-381/08, *Car Trim GmbH/KeySafety System Srl.*, Rz. 38 u. 39. Zur Nichtberücksichtigung europarechtlicher Auslegung der EuGVVO s. Art. 1 Rz. 100.

der Stoff vom *Verkäufer* geliefert, überwiegt die Lieferpflicht, weshalb es sich um einen Kaufvertrag handelt. Wird hingegen der Stoff überwiegend vom *Käufer* bereitgestellt, so steht das Dienstleistungselement im Vordergrund und es liegt ein Dienstleistungsvertrag vor. Haben die Parteien in einem Kaufvertrag auch eine *Montage- oder Wartungspflicht* des Verkäufers vereinbart, so kommt es für die Qualifikation als Kaufvertrag ebenfalls darauf an, ob der Lieferanteil im Verhältnis zum Dienstleistungsanteil überwiegt.

89 Bei **gemischten Verträgen** ist unter Zugrundlegung des gesamten Vertragsverhältnisses darauf abzustellen, welche Leistung im Vordergrund steht. Eine Unterstellung unter Art. 5 Nr. 1 lit. b als Kaufvertrag kommt in Betracht, wenn die Elemente eines Kaufvertrages im Verhältnis zu den Elementen eines Dienstleistungsvertrages *überwiegen*.

90 Der EuGH hat für den Fall, dass der Käufer bestimmte **Vorgaben** zur *Beschaffung, Verarbeitung und Lieferung von Gegenständen* macht, *ohne den Stoff selbst zur Verfügung zu stellen*, bei der Abgrenzung von Warenkauf- und Dienstleistungsverträgen entsprechend der Zuständigkeitsanknüpfung auf *die charakteristische Verpflichtung* abgestellt[131].

91 Das CISG, die Verbrauchsgüterkauf-Richtlinie, das Übereinkommen der Vereinten Nationen vom 14. Juni 1974 über die Verjährung beim internationalen Warenkauf und die Richtlinie 2004/18/EG vom 31. März 2004 deuten alle darauf hin, dass die Tatsache, wonach die zu liefernde Ware **zuvor hergestellt oder erzeugt** werden muss, nichts an der Einstufung des fraglichen Vertrags als Kaufvertrag ändert[132]. Daneben wird darauf abgestellt, ob **die zu verarbeitenden Stoffe** vom *Käufer* zur Verfügung gestellt werden oder nicht. Hat der Käufer alle oder die Mehrzahl der Stoffe, aus denen die Ware hergestellt wird, zur Verfügung gestellt, kann dieser Umstand einen Anhaltspunkt für die Einstufung des Vertrages als Dienstleistungsvertrag darstellen[133]. Schliesslich ist für die Bestimmung der charakteristischen Leistung noch die **Haftung des Lieferanten** von Bedeutung. Haftet der *Verkäufer* für die Qualität und Vertragsmässigkeit der Ware, die das Ergebnis seiner Tätigkeit ist, wird diese Haftung den Ausschlag für eine Einstufung als Warenkaufvertrag geben. Haftet er hingegen nur für die

---

[131] EuGH 25.02.2010, Rs. C-381/08, *Car Trim GmbH/KeySafety System Srl.*, Rz. 31 f.

[132] EuGH 25.02.2010, Rs. C-381/08, *Car Trim GmbH/KeySafety System Srl.*, Rz. 35 ff.

[133] EuGH 25.02.2010, Rs. C-381/08, *Car Trim GmbH/KeySafety System Srl.*, Rz. 40.

korrekte Ausführung nach Anweisungen des Käufers, spricht dieser Umstand für eine Einstufung als Dienstleistungsvertrag[134].

Stellt sich die Frage, ob der gemischte Vertrag **überhaupt** unter Art. 5 Nr. 1 lit. b fällt, so ist zu prüfen, ob die Elemente eines Kaufvertrages und eines Dienstleistungsvertrages im Verhältnis zu den Elementen eines nicht von lit. b erfassten Vertrages überwiegen[135]. 92

Art. 5 Nr. 1 lit. b erfasst auch in **untrennbarem** Zusammenhang mit einem Kaufvertrag stehende Nebenabreden, wie etwa ein Vorkaufsrecht oder Vorverträge zu einem Kaufvertrag[136]. 93

Unter Art. 5 Nr. 1 lit. b fallen nur Kaufverträge über **bewegliche** Sachen. Die Abgrenzung zu den unbeweglichen Sachen hat *autonom* zu erfolgen. 94

Als Sachen werden **körperliche** Gegenstände angesehen. Der Kauf von *Rechten*, wie etwa von Forderungen, Immaterialgüterrechten, Gesellschaftsanteilen und Wertpapieren, fällt daher in Anlehnung an die Rechtsprechung zum CISG nicht unter Art. 5 Nr. 1 lit. b. Aufgrund einer funktionalen Betrachtungsweise sollten jedoch *Wertpapiere* als bewegliche Sachen qualifiziert werden. Demzufolge ist Art. 5 Nr. 1 lit. b auf den Kauf einer Inhaberaktie anwendbar[137]. Aus ähnlichen Überlegungen sind von dieser Bestimmung auch Kaufverträge über Gegenstände (namentlich Computersoftware) erfasst, die in *materialisierter* Form übertragen werden[138]. 95

(2) Dienstleistungsverträge

Der Begriff des Dienstleistungsvertrages ist im LugÜ ebenfalls nicht definiert[139]. Er ist **autonom** zu qualifizieren. Der Dienstleistungsbegriff war bereits in Art. 13 Abs. 1 Nr. 3 aLugÜ enthalten und wurde weit ausgelegt. Diese weite Auslegung gilt grundsätzlich weiterhin[140]. Allerdings muss dem Umstand Rechnung getragen werden, dass Art. 5 Nr. 1 im Verhältnis 96

[134] EuGH 25.02.2010, Rs. C-381/08, *Car Trim GmbH/KeySafety System Srl.*, Rz. 42.

[135] Rodriguez Rz. 673.

[136] Rauscher-Leible, Art. 5 Rz. 46.

[137] Rodriguez Rz. 666.

[138] Rodriguez Rz. 666.

[139] EuGH 23.04.2009, Rs. C-533/07, *Falco Privatstiftung und Thomas Rabitsch/Gisela Weller-Lindhorst*, Slg. 2009 I 3327 Rz. 19; EuGH 25.02.2010, Rs. C-381/08, *Car Trim GmbH/KeySafety System Srl.*, Rz. 30.

[140] Kropholler, Art. 5 Rz. 44.

zu Art. 2 eine besondere Zuständigkeit statuiert und daher einschränkend, besser: normzweckorientiert, auszulegen ist[141].

97 Als Ausgangspunkt für die Qualifikation des Dienstleistungsbegriffs wird hinsichtlich der EuGVVO in der Lehre vielfach derjenige des (früheren) Art. 50 EGV (heute Art. 57 AEUV) betrachtet. Dies kann für das LugÜ nicht unbesehen gelten. Zwar ist aufgrund der Parallelität von EuGVVO und LugÜ **eine einheitliche Auslegung** anzustreben und es ist die Rechtsprechung zur EuGVVO zu beachten[142]. Wird jedoch die Rechtsprechung zur EuGVVO oder deren Auslegung durch die Anwendung des *EGV oder anderer EU-rechtlicher Bestimmungen* beeinflusst, dann ist eine eigenständige Interpretation geboten[143]. Da indessen auch nach der Rechtsprechung des EuGH der in Art. 50 EGV verwendete Dienstleistungsbegriff nicht unbesehen auf Art. 5 Nr. lit b übertragen wird und dieser *internationalprozessrechtlich* interpretiert wird, dürfte es grundsätzlich zu keiner divergierenden Auslegung zwischen EuGVVO und LugÜ kommen[144].

98 Als Dienstleistungen gelten **tätigkeitsbezogene** Leistungen[145]. Es kann sich um eine gewerbliche, kaufmännische, handwerkliche oder freiberufliche Tätigkeit handeln.

99 Zu den Dienstleistungsverträgen gehören somit **Werk- und Werklieferungsverträge,** soweit sie *nicht* als Kaufverträge zu qualifizieren sind (s. Rz. 88 ff.). Dazu zählen *auch Beförderungs-, Fracht-*[146], *Unterrichts-, Treuhand-, Reiseveranstaltungs-, ärztliche Behandlungs- und Kommissionsverträge.* Ebenfalls als Dienstleistungsverträge gelten *Verträge über die Vermittlertätigkeit* für Waren, Kredite und Kapitalanlagen[147]. Zu den Dienstleistungen gehören auch die *Beratungstätigkeit* und die *Vermö-*

141 Dies wurde in EuGH 23.04.2009, Rs. C-533/07, *Falco Privatstiftung und Thomas Rabitsch/ Gisela Weller-Lindhorst,* Slg. 2009 I 3327 Rz. 37, im Zusammenhang mit der Abgrenzung zum Dienstleistungsbegriff des Art. 50 EG-Vertrages (heute Art. 57 AEUV) betont; s. zur Auslegung von Art. 5 allgemein Rz. 6.

142 BGE 134 III 27 E. 5.3; 133 III 282 E. 3.1; 132 III 579 E. 3.3; 131 III 227 E.3.1.

143 BGE 131 III 235.

144 EuGH 23.04.2009, Rs. C-533/07, *Falco Privatstiftung und Thomas Rabitsch/Gisela Weller-Lindhorst,* Slg. 2009 I 3327 Rz. 33 ff.; Hau, IPRax 2000, 359 Fn. 76; Rauscher-Leible, Art. 5 Rz. 49.

145 EuGH 23.04.2009, Rs. C-533/07, *Falco Privatstiftung und Thomas Rabitsch/Gisela Weller-Lindhorst,* Slg. 2009 I 3327 Rz. 29.

146 Mankowski, Transportverträge 68 f.

147 Kropholler, Art. 5 Rz. 44.

gensverwaltung der Banken. Beherbergungsverträge, die über die blosse Raummiete hinausgehen, gelten ebenfalls als Dienstleistungsverträge[148]. Erfasst sind auch *Franchise- und Vertriebsverträge*, soweit die Dienstleistung nicht von untergeordneter Bedeutung ist[149]. Unter den Begriff der Dienstleistungsverträge fallen auch Verträge mit *Freiberuflern*, wie Rechtsanwälten, Architekten und Unternehmensberatern.

Hingegen ist ein **Lizenzvertrag,** mit dem der Inhaber eines Rechts des geistigen Eigentums seinem Vertragspartner dessen Nutzung gegen Entgelt einräumt, kein Dienstleistungsvertrag im Sinne von Art. 5 Nr. 1 lit. b[150]. Es fehlt an einer *tätigkeitsbezogenen* Leistung. Der Lizenzgeber als Inhaber des zur Nutzung überlassenen Rechts verpflichtet sich nur, der Nutzung dieses Rechts durch den Lizenznehmer nicht zu widersprechen[151]. Auch ist unerheblich, ob der Vertragspartner des Lizenzgebers verpflichtet ist, das Recht effektiv zu nutzen[152]. 100

Im Weiteren führte der EuGH aus, dass Art. 5 Nr. 1 lit. b EuGVVO nicht deswegen weit auszulegen sei, damit der Anwendungsbereich von Art. 5 Nr. 1 lit. a EuGVVO möglichst zurückgedrängt werde. In systematischer und entstehungsgeschichtlicher Hinsicht seien die Zuständigkeitsvorschriften für Warenkauf- und Dienstleistungsverträge einerseits und für andere Verträge andererseits klar **unterschiedlich geregelt** worden. Eine Erweiterung von Art. 5 Nr. 1 lit. b EuGVVO (und LugÜ) würde die *praktische Wirksamkeit* von Art. 5 Nr. 1 lit. a und lit. c EuGVVO (und LugÜ) beeinträchtigen[153]. 101

Kreditverträge wurden im Rahmen von Art. 13 Abs. 1 Nr. 3 EuGVÜ und Art. 13 Abs. 1 Nr. 3 aLugÜ nicht als Dienstleistungsverträge angesehen. Zwar wurde der Anwendungsbereich des entsprechenden Art. 15 Abs. 1 lit. c EuGVVO bzw. Art. 15 Abs. 1 lit. c LugÜ erweitert, wo es nun generell 102

148 OGH 18.11.2003, ÖJZ 2004, 388.

149 EuGH 11.03.2010, Rs. C-19/09, *Wood Floor Solutions Andreas Domberger GmbH/Silva Trade SA,* Rz. 34 f.; Rauscher-Leible, Art. 5 Rz. 50.

150 EuGH 23.04.2009, Rs. C-533/07, *Falco Privatstiftung und Thomas Rabitsch/Gisela Weller-Lindhorst,* Slg. 2009 I 3327 Rz. 44.

151 EuGH 23.04.2009, Rs. C-533/07, *Falco Privatstiftung und Thomas Rabitsch/Gisela Weller-Lindhorst,* Slg. 2009 I 3327 Rz. 31.

152 EuGH 23.04.2009, Rs. C-533/07, *Falco Privatstiftung und Thomas Rabitsch/Gisela Weller-Lindhorst,* Slg. 2009 I 3327 Rz. 32.

153 EuGH 23.04.2009, Rs. C-533/07, *Falco Privatstiftung und Thomas Rabitsch/Gisela Weller-Lindhorst,* Slg. 2009 I 3327 Rz. 41 ff.

heisst, dass «in allen anderen Fällen» eine besondere Zuständigkeit nach dem 4. Abschnitt resultieren kann. Hiervor können nunmehr auch Kreditverträge erfasst werden[154] Diese Zuständigkeitserweiterung in Art. 15 rechtfertigt es aber nicht, Kreditverträge (auch) unter Art. 5 Nr. 1 lit. b zu subsumieren, zumal in Art. 5 der in Art. 15 vorgesehene Auffangtatbestand keine Rolle spielt. Es liegt hier auch *keine* tätigkeitsbezogene Leistung vor[155].

103 Bei **gemischten Verträgen** ist wie bei der Qualifikation der Warenkaufverträge nach lit. b unter Zugrundlegung des gesamten Vertragsverhältnisses darauf abzustellen, welche Leistung im Vordergrund steht. Eine Unterstellung unter Art. 5 Nr. 1 lit. b als Dienstleistungsvertrag kommt in Betracht, wenn die Elemente des Dienstleistungsvertrages im Vordergrund stehen, wie dies bei bestimmten *Werklieferungsverträgen* der Fall ist. Stellt sich die Frage, ob der Vertrag überhaupt von Art. 5 Nr. 1 lit. b erfasst ist, muss – wie bereits erwähnt – geprüft werden, ob die Elemente eines Kaufvertrages und eines Dienstleistungsvertrages im Verhältnis zu den Elementen eines nicht von lit. b erfassten Vertrages überwiegen (s. Rz. 92).

104 Für *Versicherungs-, Verbraucher- und Arbeitssachen* gelten jeweils die abschliessenden Zuständigkeitsordnungen der Art. 8 ff., 15 ff. und 18 ff. Ein Dienstleistungvertrag ist in Abgrenzung zu einem Arbeitsverhältnis dann anzunehmen, wenn **keine abhängige, weisungsgebunde Tätigkeit** des Dienstleistenden gegeben ist.

c) Autonome Bestimmung des Erfüllungsortes

(1) Anknüpfung an die vertragscharakteristische Leistung

105 Art. 5 Nr. 1 lit. b legt den zuständigkeitsbegründenden Erfüllungsort der Verpflichtung (im Sinne von lit. a) **vertragsautonom** fest, indem für Warenkauf- und Dienstleistungsverträge der *Lieferort* bzw. der *Dienstleistungsort* als Erfüllungsort bestimmt werden. Dem Wortlaut der Bestimmung ist allerdings nicht eindeutig zu entnehmen, dass der autonom bestimmte Erfüllungsort einen *einheitlichen* Vertragsgerichtsstand für sämtliche Klagen aus einem Kauf- oder Dienstleistungsvertrag begründet, wie dies in der Lehre mit Berufung auf die Entstehungsgeschichte vertre-

---

[154] Kropholler, Art. 15 Rz. 20.

[155] Hau, IPRax 2000, 359; a.A. Magnus/Mankowski-Mankowski, Art. 5 Rz. 94; Rauscher-Leible, Art. 5 Rz. 50.

ten wird[156]. Der EuGH hat aber inzwischen mehrmals entschieden, dass die Zuständigkeit gestützt auf lit. b auf *sämtliche* Klagen aus ein und demselben Warenkaufvertrag und nicht nur auf diejenige aus der Lieferverpflichtung an sich anwendbar ist. Der EuGH hat ebenfalls auf die Entstehungsgeschichte hingewiesen. Man habe sich von der früheren Lösung distanzieren wollen. Durch die autonome Festlegung des Erfüllungsortes am Ort, an dem nach dem Vertrag die charakteristische Leistung zu erbringen ist, habe man die gerichtliche Zuständigkeit für Rechtsstreitigkeiten über sämtliche Vertragspflichten am Erfüllungsort konzentrieren und eine **einheitliche gerichtliche Zuständigkeit** für *alle Klagen* aus dem Vertrag begründen wollen[157]. Dies bedeutet namentlich, dass eine etwaige Zahlungsklage am Lieferort – und nicht am Ort, wo die Zahlung zu erfolgen hat – zu erheben ist.

Wo sich der Lieferort bzw. der Dienstleistungsort befindet, ist bei objekti- 106
ver Bestimmung mit Hilfe der charakteristischen Leistung zu ermitteln (s. dazu Rz. 26).

Die einheitliche Anknüpfung an die **vertragscharakteristische** Leistung[158] 107
ist in der Lehre nicht unumstritten (s. Rz. 19). M.E. ist die Rechtsprechung des EuGH aber richtig. Sie lässt sich nicht nur entstehungsgeschichtlich und systematisch begründen. Auch der Sinn und Zweck der Zuständigkeitsbestimmung von Art. 5 Nr. 1 lit. b verlangt eine solche Auslegung. Das Interesse an der *Konzentration* des Gerichtsstandes am Erfüllungsort der vertragscharakteristischen Leistung und an dessen *Voraussehbarkeit* überwiegt das Interesse an einem «Zuständigkeitsgleichgewicht»[159]. Der vom EuGH sodann hervorgehobene Gesichtspunkt der *Sach- und Beweisnähe* spricht ebenfalls für eine Anknüpfung an den Erfüllungsort der vertragscharakteristischen Leistung und zwar auch für Streitigkeiten über Geldforderungen. Bei Zahlungsklagen ist vielfach die charakteristische Leistung

[156] Markus, Vertragsgerichtsstände 975.

[157] EuGH 25.02.2010, Rs. C-381/08, *Car Trim GmbH/KeySafety System Srl.*, Rz. 50; EuGH 03.05.2007, Rs. C-386/05, *Color Drack GmbH/Lexx International Vertriebs GmbH,* Slg. 2007 I 3699 Rz. 26; EuGH 09.07.2009, Rs. C-204/08, *Rehder/Air Baltic Corporation,* Slg. 2009 I 6073 Rz. 33; EuGH 11.03.2010, Rs. C-19/09, *Wood Floor Solutions Andreas Domberger GmbH/Silva Trade SA,* Rz. 23; BGH 22.11.2009, E. 2a.

[158] EuGH 25.02.2010, Rs. C-381/08, *Car Trim GmbH/KeySafety System Srl.*, Rz. 31; EuGH 23.04.2009, Rs. C-533/07, *Falco Privatstiftung und Thomas Rabitsch/Gisela Weller-Lindhorst,* Slg. 2009 I 3327 Rz. 54.

[159] A.A. Schack Rz. 306.

umstritten, wenn etwa der Beklagte einwendet, die Sache sei mit Mängeln geliefert bzw. die Dienstleistung fehlerhaft erbracht worden[160].

108 Der autonom bestimmte Erfüllungsort begründet daher einen Gerichtsstand für sämtliche Vertragsstreitigkeiten aus ein und demselben Kauf- oder Dienstleistungsvertrag[161]. An diesem Gerichtsstand ist, wie bereits ausgeführt, insbesondere auch die **Zahlungsklage des Verkäufers** zu erheben – und ebenso die entsprechende negative Feststellungsklage des Käufers[162]. Auch *Nebenleistungspflichten* sind an diesem Gerichtsstand einzuklagen. Am einheitlichen Gerichtsstand können auch mehrere, *gleichrangige* Ansprüche aus einem Vertrag geltend gemacht werden[163].

109 Der Vertragsgerichtsstand am Ort der vertragscharakteristischen Leistung gilt **unabhängig** davon, ob der Erfüllungsort mit dem *Wohnsitz einer der Parteien* übereinstimmt[164].

(2) Erfüllungsort der charakteristischen Leistung

aa) Allgemeines

110 Art. 5 Nr. 1 lit. b legt, wie bereits erwähnt, den zuständigkeitsbegründenden Erfüllungsort der Verpflichtung im Sinne von lit. a vertragsautonom fest, indem für Warenkaufverträge und Dienstleistungsverträge der Liefer- bzw. der Dienstleistungsort als Erfüllungsort bezeichnet werden. Diese vertragsautonome Bestimmung des Erfüllungsortes bedeutet eine **Abkehr** von der Rechtsprechung des EuGH zum EuGVÜ und aLugÜ, wonach der Erfüllungsort nach der *lex causae* zu bestimmen war. Diese Rechtsprechung gilt fortan nur im Rahmen von lit. a weiter (s. Rz. 66). Der EuGH hat zu Art. 5 Nr. 1 lit. b EuGVVO ausdrücklich bestätigt, dass der Erfüllungsort in lit. b autonom zu bestimmen sei. Er hält diese Auslegung für geboten, um *das Hauptziel der Vereinheitlichung der Gerichtsstandsregeln im Bestreben der Vorhersehbarkeit* zu stärken[165]. Dabei hat der EuGH auch auf die

---

160 Kropholler, Art. 5 Rz. 46.

161 Zur Problematik der Bestimmung der charakteristischen Leistung bei gemischten und komplexen Verträgen s. Markus, Vertragsgerichtsstände 975.

162 BGH 23.06.2010, VIII ZR 135/08 E. 1b/cc(1). Die Problematik, die sich bei Art. 5 Nr. 1 lit. a LugÜ stellt, entfällt (s. Rz. 72).

163 Kropholler, Art. 5 Rz. 45.

164 Kropholler, Art. 5 Rz. 46.

165 EuGH 25.02.2010, Rs. C-381/08, *Car Trim GmbH/KeySafety System Srl.,* Rz. 49; EuGH 03.05.2007, Rs. C-386/05, *Color Drack GmbH/Lexx International Vertriebs GmbH,* Slg.

Entstehungsgeschichte abgestellt. Bei der Schaffung von lit. b sei es darum gegangen, die Nachteile durch den Rückgriff auf die Regeln des IPR des angerufenen Gerichts zu vermeiden.

Die vertragsautonome Qualifikation des Erfüllungsortes bedeutet aber 111
nicht, dass die ausdrücklich vorbehaltene **Vereinbarung des Erfüllungsortes** ebenfalls ohne Rückgriff auf die *lex causae* zu beurteilen ist. Die Abkehr von der Qualifikation nach dem Vertragsstatut bezieht sich auf den objektiven und nicht auf den vereinbarten Erfüllungsort. Für diese ist nach wie vor in vielerlei Hinsicht das auf den Vertrag anwendbare Recht massgebend (s. Rz. 152).

Wurde keine *Vereinbarung über den Erfüllungsort* getroffen, so ist nach 112
Art. 5 Nr. 1 lit. b entscheidend, wo nach dem Vertrag in einem LugÜ-Staat geliefert wurde oder hätte geliefert werden müssen, bzw. wo die Dienstleistung erbracht worden ist oder hätte erbracht werden müssen. Diese autonome Qualifikation überlässt die Bestimmung des Erfüllungsortes nicht mehr *dem auf den Vertrag anzuwendenden nationalen Recht*, sondern er soll aus dem LugÜ bzw. Vertrag selbst ermittelt werden. Die schwierige materiellrechtliche Unterscheidung zwischen *Hol-, Bring- und Versendungsschulden*[166] soll die Zuständigkeitsprüfung nicht mehr belasten. Es soll deshalb eine «pragmatische Bestimmung des Erfüllungsortes, die auf einem rein faktischen Kriterium beruht», massgebend sein[167]. Damit ist jedoch nicht ein gänzlicher Verzicht *auf rechtliche Begriffe und normative Wertungen* gemeint, nur sollen diese nicht mehr dem nach dem IPR anwendbaren materiellen Recht entnommen werden (s. Rz. 116 ff.).

bb) Autonome Bestimmung des Lieferortes beim Warenkaufvertrag

Die Begriffe «Lieferung» und «Lieferort» sind in der EuGVVO und ent- 113
sprechend auch im LugÜ nicht definiert[168]. Die Konkretisierung des autonom bestimmten Lieferortes hat vom Wortlaut von Art. 5 Nr. 1 lit. b auszugehen. Dabei ist zunächst klarzustellen, dass die Parteien von der Regelung in lit. b durch eine **Vereinbarung des Erfüllungsortes** abweichen können.

2007 I 3699 Rz. 24; EuGH 09.07.2009, Rs. C-204/08, *Rehder/Air Baltic Corporation,* Slg. 2009 I 6073 Rz. 33; EuGH 11.03.2010, Rs. C-19/09, *Wood Floor Solutions Andreas Domberger GmbH/Silva Trade SA,* Rz. 23; BGH 22.04.2009, E. 2a.

166 S. dazu Markus, Vertragsgerichtsstände 975 f.

167 Begründung des Kommissionsentwurfs, KOM 1999, 15.

168 EuGH 25.02.2010, Rs. C-381/08, *Car Trim GmbH/KeySafety System Srl.,* Rz. 51.

Dies wird in lit. b Ingress mit der Wendung «und sofern nichts anderes vereinbart worden ist» zum Ausdruck gebracht[169].

114 Soweit keine solche Vereinbarung des Erfüllungsortes vorliegt, befindet er sich dort, an dem gemäss Vertrag geliefert worden ist oder hätte geliefert werden müssen. Dabei kann der vertragsgemässe Lieferort sich wiederum aus einer mehr oder weniger **ausdrücklichen vertraglichen Vereinbarung des Lieferortes** ergeben[170].

115 Bei nicht ausdrücklicher Vereinbarung ist der Lieferort auf dem Wege der Vertragsauslegung zu ermitteln. Als **Auslegungsmassstab** dienen dabei *die Entstehungsgeschichte, der Zweck und die Systematik* von Art. 5 Nr. 1 lit b[171]. Der EuGH hat die enge Verknüpfung zwischen Vertrag und zuständigem Gericht und die Vorhersehbarkeit des Gerichtsstandes als massgebliche Kriterien hervorgehoben[172]. Der Lieferort ist daher nicht mehr *materiellrechtlich* unter Rückgriff auf die *lex causae,* sondern **internationalprozessrechtlich autonom** zu bestimmen[173].

116 Im Bestreben, einen vorhersehbaren Gerichtsstand zur Verfügung zu stellen, ist die Zuständigkeit *nach einfachen und klaren Kriterien* zu bestimmen. Entstehungsgeschichtlich wird im Zusammenhang mit der Abkehr von der Qualifikation nach der *lex causae* – wie bereits ausgeführt – von *einer pragmatischen Bestimmung des Erfüllungsortes* gesprochen, die auf einem *rein faktischen Kriterium* beruht[174]. Darauf hat auch der EuGH im Entscheid *Car Trim* verwiesen[175]. Zudem orientierte sich der revidierte

[169] EuGH 25.02.2010, Rs. C-381/08, *Car Trim GmbH/KeySafety System Srl.,* Rz. 45 f.; zur Vereinbarung des Erfüllungsortes s. Rz. 151 ff.

[170] EuGH 25.02.2010, Rs. C-381/08, *Car Trim GmbH/KeySafety System Srl.,* Rz. 46. Zwischen Erfüllungsort- und Lieferortvereinbarung muss grundsätzlich unterschieden werden. Aus der Wendung des EuGH, wonach zu prüfen ist, ob der Lieferort «aus den Vertragsbestimmungen hervorgeht» (EuGH 25.02.2010, Rs. C-381/08, *Car Trim GmbH/KeySafety System Srl.,* Rz. 54) ist m.E. nicht abzuleiten, dass der dem Parteiwillen eingeräumte Bereich sehr eingeschränkt und dessen Vorrangstellung in Frage gestellt wird. Diese Befürchtung äussert Markus, Vertragsgerichtsstände 981.

[171] EuGH 25.02.2010, Rs. C-381/08, *Car Trim GmbH/KeySafety System Srl.,* Rz. 51; EuGH 03.05.2007, Rs. C-386/05, *Color Drack GmbH/Lexx International Vertriebs GmbH,* Slg. 2007 I 3699 Rz. 18; EuGH 23.04.2009, Rs. C-533/07, *Falco Privatstiftung und Thomas Rabitsch/Gisela Weller-Lindhorst,* Slg. 2009 I 3327 Rz. 20.

[172] EuGH 25.02.2010, Rs. C-381/08, *Car Trim GmbH/KeySafety System Srl.,* Rz. 48.

[173] EuGH 25.02.2010, Rs. C-381/08, *Car Trim GmbH/KeySafety System Srl.,* Rz. 53.

[174] Begründung des Kommissionsentwurfs, KOM 1999, 15.

[175] EuGH 25.02.2010, Rs. C-381/08, *Car Trim GmbH/KeySafety System Srl.,* Rz. 52.

Art. 5 Nr. 1 lit. b EuGVVO (und entsprechend das LugÜ) an *Art. 46 C. proc. civ.*, der die Zuständigkeit am tatsächlichen Lieferort vorsieht[176].

Das Zuständigkeitskriterium des Lieferortes stellt ähnlich wie der Zuständigkeitsgrund des gewöhnlichen Arbeitsortes oder des gewöhnlichen Aufenthaltes ein *faktisch geprägtes Kriterium* dar[177]. Das bis anhin normativ bestimmte Zuständigkeitskriterium des Erfüllungsortes wird bewusst als faktisch geprägtes Kriterium aufgefasst. Dies bedeutet aber *nicht*, dass die **autonome Begriffsbildung** nicht normativ sei und nicht rechtlicher Wertungen bedürfte[178]. Wie bereits ausgeführt, sprechen internationalprozessrechtlich die *Beweis- und Sachnähe* sowie die *Vorhersehbarkeit* dafür, als Lieferort den Ort anzusehen, an dem der Käufer *die Ware entgegennimmt und die tatsächliche Verfügungsgewalt über die Ware* erlangt[179]. Die Lieferung bezieht sich unmittelbar auf die Ware und es ist für die Lieferung charakteristisch, dass die Ware am Lieferort in den Verantwortungsbereich, d.h. in die Sphäre des Käufers hinüberwechselt[180]. 117

Der Lieferort ist daher nicht aufgrund der nach der lex causae massgebenden *materiellrechlichen* Differenzierungen zwischen Leistungshandlung und Leistungserfolg bzw. zwischen Hol-, Bring- und Versendungsschulden[181] oder aufgrund der Art und Weise der Eigentumsübertragung, sondern **anhand tatsächlicher Kriterien** zu ermitteln[182]. Die Bestimmungen der *lex causae* über den Erfüllungsort beim *Versendungskauf* gelangen nicht zur Anwendung[183]. 118

Wird die Leistung *vertragsgemäss* angenommen (s. Rz. 75), ist der **Ort der tatsächlichen Leistungserbringung** der Lieferort[184] – auch dann, 119

[176] KROPHOLLER, Art. 5 Rz. 27.

[177] SCHLOSSER, Art. 5 Rz. 14; RAUSCHER-MANKOWSKI, Art. 2 Rz. 2, Art. 19 Rz. 11.

[178] MARKUS, Tendenzen 177: Insofern stösst m.E. der Einwand des unlogischen Konzepts einer «faktischen Bestimmung» des Lieferortes – wie sie hier vertreten wird – ins Leere (zu diesem Einwand s. MARKUS, Vertragsgerichtsstände 978).

[179] EuGH 25.02.2010, Rs. C-381/08, *Car Trim GmbH/KeySafety System Srl.*, Rz. 62; KROPHOLLER, Art. 5 Rz. 49; RAUSCHER-LEIBLE, Art. 5 Rz. 51; MAGNUS/MANKOWSKI-MANKOWSKI, Art. 5 Rz. 108; MARKUS, Tendenzen 189, 194 ff.

[180] MANKOWSKI, Mehrere Lieferorte 408.

[181] Vgl. dazu MARKUS, Tendenzen 196; DERS., Vertragsgerichtsstände 975 f.

[182] EuGH 25.02.2010, Rs. C-381/08, *Car Trim GmbH/KeySafety System Srl.*, Rz. 52 f.

[183] EuGH 25.02.2010, Rs. C-381/08, *Car Trim GmbH/KeySafety System Srl.*, Rz. 53.

[184] BGH 22.04.2009, VIII ZR 156/07, E. 2a; RAUSCHER-LEIBLE, Art. 5 Rz. 51; GEIMER/SCHÜTZE, Art. 5 Rz. 86; BONOMI 70; Selbst die Bestimmung des tatsächlichen Lieferortes beruht auf normativer Grundlage, nämlich auf dem allgemeinen Begriff des Lieferortes, wobei nicht

wenn der Verkäufer, entgegen seinen Verpflichtungen im Vertrag, die Ware am Wohnsitz des Käufers liefert[185].

120 Falls die Lieferung noch *nicht* erfolgt ist oder der Käufer die *Abnahme der Ware berechtigterweise verweigern* kann (Rz 119), ist auf den Ort abzustellen, an dem nach dem Vertrag hätte geliefert werden müssen[186]. Dabei darf entgegen einem Teil der Lehre nicht auf die *lex causae* zurückgegriffen werden, sondern es ist *anhand des autonom bestimmten Begriffes des Lieferortes* auf den **hypothetischen Lieferort** abzustellen. Da nach Art. 5 Nr. 1 lit. b der Ort massgebend ist, an dem die Sachen nach dem Vertrag (geliefert worden sind oder) hätten geliefert werden müssen, ist die vertragliche Vereinbarung zu berücksichtigen und gegebenenfalls *mittels Auslegung* zu ermitteln, wo sich im konkreten Fall der Lieferort befindet[187].

121 Es ist also anhand des Vertrages festzustellen, wo der Käufer **hypothetisch** die Ware entgegenzunehmen hätte. So gilt es z.B., die verschiedenen *Lieferklauseln der Incoterms* darauf hin zu prüfen, ob sie im konkreten Vertragskontext Hinweise für die Bestimmung des Lieferortes geben[188]. Ist bspw. aufgrund einer *FOB-Klausel* geliefert worden, so wird angenommen, dass der Lieferort der Verschiffungshafen ist. Hier hat der Käufer die Ware zu übernehmen[189]. Ebenso ist zu prüfen, ob sich Hinweise auf einen vertraglichen Lieferort aus *den vereinbarten Pflichten* ergeben[190]. Eine derartige Konkretisierung des Lieferortes kann ohne *normative Wertung* nicht auskommen: es geht im Wesentlichen um Vertragsauslegung[191]. Dabei darf aber – wie bereits ausgeführt – nicht auf die *lex causae* zurückgegriffen

ausgeschlossen ist, dass der tatsächliche Lieferort auch nur in Berücksichtigung des Vertrages ermittelt werden kann; vgl. die Fälle des Versendungskaufs bzw. der Lieferung aufgrund einer FOB-Klausel (BGH 22.04.2009, VIII ZR 156/07, E. 2a; BGH 23.06.2010, VIII ZR 135/08, E. 1b/cc(2); vgl. auch Bonomi 71); zur Berücksichtigung des Vertrages s. Rz. 120 f.

185 Magnus/Mankowski-Mankowski, Art. 5 Rz. 110.

186 EuGH 25.02.2010, Rs. C-381/08, *Car Trim GmbH/KeySafety System Srl.*, Rz. 60.

187 EuGH 25.02.2010, Rs. C-381/08, *Car Trim GmbH/KeySafety System Srl.*, Rz. 54 f.; EuGH 11.03.2010, Rs. C-19/09, *Wood Floor Solutions Andreas Domberger GmbH/Silva Trade SA*, Rz. 38; Rauscher-Leible, Art. 5 Rz. 52; Landgericht Neubrandenburg 03.08.2005, 10 O 74/04. Dass die Parteiautonomie in diesem Bereich durch den EuGH eingeschränkt wäre, ergibt sich m.E. nicht aus seiner Rechtsprechung (s. Rz. 114 Fn. 170).

188 KGer 11.12.2003, ZGGVP 2003, 212; Landgericht Neubrandenburg 03.08.2005, 10 O 74/04; Magnus/Mankowski-Mankowski, Art. 5 Rz. 102 f.; BGH 22.04.2009, VIII ZR 156/07, E. 2a; BGH 23.06.2010, VIII ZR 135/08, E. 1b.; a.A. Markus, Tendenzen 196, 217.

189 BGH 22.04.2009, VIII ZR 156/07, E. 2a.

190 Rauscher-Leible, Art. 5 Rz. 53; Magnus/Mankowski-Mankowski, Art. 5 Rz. 111.

191 Rauscher-Leible, Art. 5 Rz. 52; Magnus/Mankowski-Mankowski, Art. 5 Rz. 111.

werden. Vielmehr erfolgt die diesbezügliche Vertragsauslegung **unabhängig** von dem auf den Vertrag anwendbaren materiellen Recht, vermehrt anhand der Entstehungsgeschichte, des Zweckes und der Systematik der Zuständigkeitsbestimmung von Art. 5 Nr. 1 lit b[192]. In diesem Fall ist der Rückgriff auf das anwendbare materielle Vertragsrecht weder notwendig noch erwünscht[193].

Sinn und Zweck von Art. 5 Nr. 1 lit. b ist es, den Lieferort **ohne Befragung der *lex causae*** zu bestimmen und die Nachteile bei deren Massgeblichkeit zu vermeiden. Nach wie vor nach dem auf den Vertrag anwendbaren materiellem Recht beurteilen sich m.E. hingegen die *übrigen* Fragen im Zusammenhang mit der vertraglichen Vereinbarung, wie etwa *das wirksame Zustandekommen* der Vertrages, *das Fehlen von Willensmängeln, die Geschäftsfähigkeit* und *die wirksame Stellvertretung*[194]. Es ist insofern zwischen der Auslegung des Vertragsinhalts und Fragen der vertraglichen Einigung zu unterscheiden[195]. Es verhält sich ähnlich wie bei der Vereinbarung des Erfüllungsortes (Rz. 151) und bei der Gerichtsstandsvereinbarung gemäss Art. 23[196], bei denen – abgesehen von den vom LugÜ selbst geregelten Teilaspekten – das Zustandekommen usw. nach der gemäss IPR des Forums anwendbaren Rechtsordnung zu beurteilen sind[197]. 122

Eine konsequente Verfolgung der Ziele von Art. 5 Nr. 1 lit. b sollte die Massgeblichkeit der *lex causae* selbst in jenen seltenen Fällen ausschliessen, in denen der Vertrag für die autonome Bestimmung des Lieferortes **keinerlei Anhaltspunkte** bietet[198]. Hier befindet sich mangels anderer An- 123

---

[192] Kohler 33; Kropholler, Art. 5 Rz. 48; BGH 22.04.2009, VIII ZR 156/07, E. 2a; a.A. Rauscher-Leible, Art. 5 Rz. 53: Massgeblichkeit materiellrechtlicher Kriterien.

[193] Rauscher-Leible, Art. 5 Rz. 52; Magnus/Mankowski-Mankowski, Art. 5 Rz. 112; a.A. Geimer/Schütze, Art. 5 Rz. 87; Markus, Tendenzen 191 ff., der ausgehend von einem unbeweglichen Lieferortskonzept für eine reduzierte Anwendung der *lex causae* plädiert.

[194] Kropholler, Art. 5 Rz. 48, 51.

[195] Dieser Unterscheidung steht die Rechtsprechung des EuGH (EuGH 25.02.2010, Rs. C-381/08, *Car Trim GmbH/KeySafety System Srl.*, Rz. 54; EuGH 11.03.2010, Rs. C-19/09, *Wood Floor Solutions Andreas Domberger GmbH/Silva Trade SA,* Rz. 38) nicht entgegen; restriktiver Markus, Vertragsgerichtsstände 982.

[196] Kropholler, Art. 23 Rz. 28.

[197] Landgericht Neubrandenburg 03.08.2005, 10 O 74/04.

[198] EuGH 25.02.2010, Rs. C-381/08, *Car Trim GmbH/KeySafety System Srl.*, Rz. 57; Rauscher-Leible, Art. 5 Rz. 52; a.A. Kropholler, Art. 5 Rz. 49; Schlosser, Art. 5 Rz. 10b; Markus, Vertragsgerichtsstände 977, 983; Bonomi 73; Landgericht Neubrandenburg 03.08.2005, 10 O 74/04.

haltspunkte der Lieferort am Ort, an dem *die Ware dem Käufer* ***endgültig*** *körperlich übergeben wurde oder hätte übergeben werden müssen*[199].

124 Der EuGH hat entschieden, dass dieser Ort der Entstehungsgeschichte, den Zielen und der Systematik des LugÜ am besten entspreche[200]. Zudem sei er voraussehbar und diene auch dem Ziel der räumlichen Nähe. Die Waren müssten sich nach der Erfüllung des Vertrages grundsätzlich an diesem Ort befinden. Die Übertragung vom Verkäufer an den Käufer als grundlegendes Ziel des Warenverkaufs sei erst bei der Ankunft der beweglichen Sachen *an ihrem endgültigen Bestimmungsort* vollständig abgeschlossen[201]. Lasse sich der Lieferort *ohne Bezugnahme* auf das auf den Vertrag anwendbare materielle Recht nicht bestimmen, sei dieser Ort daher derjenige *der körperlichen Übergabe* der Waren, durch die der Käufer am endgültigen Bestimmungsort des Verkaufsvorgangs *die tatsächliche Verfügungsgewalt über diese Waren* erlangt habe oder hätte erlangen sollen[202]. Beim ***Versendungskauf*** gilt als Lieferort daher nicht der *Absendeort (Ort der Übergabe an den ersten Beförderer)*, sondern mangels anderer Anhaltspunkte im Vertrag *der Ort der endgültigen Übergabe der Ware an den Käufer* – meist der (Wohn-)Sitz des Käufers[203].

125 *Zusammenfassend* kann für die autonome Bestimmung des Lieferortes Folgendes festgehalten werden: Unter Zugrundelegung des autonomen Begriffes des Lieferortes (Ort des Erlangens der tatsächlichen Verfügungsgewalt über die Ware durch den Käufer) und nach Art einer Stufenleiter ist (1.) zunächst zu prüfen, ob an einem bestimmten Ort tatsächlich bereits erfüllt worden ist. Ist dies der Fall, so befindet sich an diesem Ort der Lieferort. (2.) ist noch nicht tatsächlich geliefert worden, so muss anhand des konkreten Vertrages bestimmt werden, wo der hypothetische Lieferort zu

---

[199] Magnus/Mankowski-Mankowski, Art. 5 Rz. 108; EuGH 25.02.2010, Rs. C-381/08, *Car Trim GmbH/KeySafety System Srl.*, Rz. 60; a.A. Kropholler, Art. 5 Rz. 49; Landgericht Neubrandenburg 03.08.2005, 10 O 74/04; Rauscher-Leible, Art. 5 Rz. 54.

[200] EuGH 25.02.2010, Rs. C-381/08, *Car Trim GmbH/KeySafety System Srl.*, Rz. 60.

[201] EuGH 25.02.2010, Rs. C-381/08, *Car Trim GmbH/KeySafety System Srl.*, Rz. 61.

[202] EuGH 25.02.2010, Rs. C-381/08, *Car Trim GmbH/KeySafety System Srl.*, Rz. 62.

[203] BGH 23.06.2010, VIII ZR 135/08, E. 1b/bb(2); OHG 14.12.2004, EuLF 2005, II-81; Markus, Vertragsgerichtsstände 979 f.; a.A. *Corte Suprema di Cassazione* 27.09.2006, ZEuP 2008, 173 f.; Geimer/Schütze, Art. 5 Rz. 86; Schlosser, Art. 5 Rz. 10b; Dasser/Oberhammer-Oberhammer, Art. 5 Rz. 52 (für die Klage gegen den Verkäufer); Anders ist es bei einer Lieferung aufgrund einer FOB-Klausel s. Rz. 121; Zu den Konsequenzen der Rechtsprechung des EuGH für die Praxis s. Piltz, Internationale Zuständigkeit 1062.

lokalisieren ist. (3.) kann gestützt auf eine solche Auslegung kein hypothetischer Lieferort ermittelt werden, so ist – wohl gestützt auf eine durch den EuGH formulierte Subsidiärklausel – auf den endgültigen Bestimmungsort des Verkaufsvorgangs, mithin in der Regel auf den (Wohn-)Sitz des Käufers abzustellen[204].

cc) Autonome Bestimmung des Dienstleistungsortes beim Dienstleistungsvertrag

Wie der Lieferort ist auch der Ort der Dienstleistung autonom zu bestimmen. Ebenso können die Parteien von der Regelung von Art. 5 Nr. 1 lit. b durch eine **Vereinbarung des Erfüllungsortes** abweichen (s. dazu Rz. 151 ff.). Soweit eine solche nicht vorliegt, befindet sich der Erfüllungsort dort, wo nach dem Vertrag die Dienstleistung erbracht worden ist oder hätte erbracht werden müssen. Dabei kann der vertragsgemässe Dienstleistungsort sich wiederum aus der *ausdrücklichen vertraglichen Vereinbarung* des Dienstleistungsortes ergeben[205]. 126

Bei nicht ausdrücklicher Vereinbarung ist der Dienstleistungsort auf dem Wege der Vertragsauslegung zu ermitteln. Dabei ist **Auslegungsmassstab** wie beim Lieferort nicht die *lex causae,* sondern die Entstehungsgeschichte, der Zweck und die Systematik der Zuständigkeitsbestimmung von Art. 5 Nr. 1 lit b. Der Dienstleistungsort ist daher *losgelöst* von den rechtlichen Kategorien des auf den Vertrag anwendbaren materiellen Rechts zu bestimmen. Der Ort der Dienstleistung ist ähnlich wie der Lieferort – wenn nicht noch mehr – ein *faktisch geprägtes Kriterium.* Auf den Ort, an dem die Dienstleistung Erfolge zeitigen soll, kommt es nicht an[206]. Anders als bei der Lieferung von Waren ist beim Erbringen von Dienstleistungen nicht 127

[204] Zu einem ähnlichen Prüfungsschema s. Markus, Vertragsgerichtsstände 983; Das dortige Schema unterscheidet sich von dem hier vertretenen in der Reihenfolge der 1. und 2. Stufe. M.E. hat sich der EuGH zu diesem Aspekt nicht abschliessend geäussert. Jedenfalls sollte die EuGH-Rechtsprechung nicht in dem Sinne interpretiert werden, dass der ursprüngliche Parteiwille auch dem Ort der tatsächlichen Leistungserbringung entgegen stehen würde, selbst wenn der Gläubiger die Leistung als vertragsgemäss angenommen hat (s. auch EuGH 11.03.2010, Rs. C-19/09, *Wood Floor Solutions Andreas Domberger GmbH/Silva Trade SA,* Rz. 40).

[205] EuGH 11.03.2010, Rs. C-19/09, *Wood Floor Solutions Andreas Domberger GmbH/Silva Trade SA,* Rz. 38.

[206] Rauscher-Leible, Art. 5 Rz. 51.

vorauszusetzen, dass die Dienstleistung die Sphäre des Auftraggebers berührt und extern ausgerichtet sein müsste[207].

128 Als Dienstleistungsort ist der Ort anzusehen, an dem der Beauftragte sie **tatsächlich** erbracht und der Auftraggeber sie *vertragsgemäss angenommen* hat[208].

129 Falls die Dienstleistung noch *nicht* erbracht wurde oder der Auftraggeber sie berechtigterweise *verweigern* kann, ist auf den Ort abzustellen, an dem nach dem Vertrag die Dienstleistung hätte erbracht werden müssen, wobei anhand der autonomen Auslegung auf den **hypothetischen** Ort abzustellen ist, d.h. es ist anhand des Vertrages festzustellen, wo der Beauftragte hypothetisch die Dienstleistung hätte erbringen müssen. Auch wenn in diesen Fällen – wie bei der Bestimmung des Lieferortes – *nicht* auf das anwendbare materielle Vertragsrecht zurückgegriffen wird, lassen sich die massgeblichen Fragen nicht ohne rechtliche Erwägungen lösen, die sich aber an der Entstehungsgeschichte, am Zweck und an der Systematik von Art. 5 Nr. 1 lit. b orientieren[209].

130 Die Massgeblichkeit der *lex causae* ist selbst in jenen seltenen Fällen ausgeschlossen, in denen für die autonome Bestimmung des Dienstleistungsortes der Vertrag keinerlei Anhaltspunkte bietet. Hier gilt als Dienstleistungsort der Ort, an dem der *Dienstleistungserbringer* seinen **Wohnsitz** bzw. sein **berufliches Arbeitszentrum** hat[210].

(3) Mehrheit von Erfüllungsorten

aa) Allgemeines

131 Mehrere Erfüllungsorte liegen vor, wenn die Lieferung oder die Dienstleistung nach dem Vertrag *in mehreren LugÜ-Staaten* oder *an mehreren Orten* in einem einzigen LugÜ-Staat zu erfolgen hat. Die Frage nach dem Gerichtsstand am Liefer- oder Dienstleistungsort wirft dann spezielle Probleme auf. Besteht überhaupt eine Zuständigkeit am Erfüllungsort – wenn ja, an welchem Ort? Kann an jedem Ort geklagt und dort jeweils die gesamte

---

207 Mankowski, Mehrere Lieferorte 409; betreffend den Dienstleistungsort bei Transportverträgen, vgl. Mankowski, Transportverträge 69 ff.

208 Rauscher-Leible, Art. 5 Rz. 51.

209 Kohler 33; s. auch Rz. 121.

210 Schlosser, Art. 5 Rz. 10b; vgl. auch EuGH 11.03.2010, Rs. C-19/09, *Wood Floor Solutions Andreas Domberger GmbH/Silva Trade SA,* Rz. 41 f.

Leistung eingeklagt werden? Vorab ist zu klären, ob es sich um einen **einheitlichen** Vertrag oder um *eigenständige Teilverträge* handelt. Im letzteren Fall ist der Liefer- oder Dienstleistungsort jeweils für den in Frage stehenden Teilvertrag selbständig zu ermitteln[211].

bb) Warenkaufverträge

Art. 5 Nr. 1 lit. b enthält keine ausdrückliche Regelung für den Fall, dass nach dem Vertrag die Leistung in mehreren LugÜ-Staaten zu erbringen ist. Die Frage stellt sich auch, wenn die Ware in einem **einzigen** LugÜ-Staat, aber dort *an verschiedenen Orten* zu liefern ist. Letzteres ist relevant, da Art. 5 Nr. 1 lit. b nebst der internationalen auch die örtliche Zuständigkeit regelt. 132

Gerade darum ging es in der Entscheidung des EuGH vom 03.05.2007 in der Rechtssache *Color Drack*[212]. Es wurde unter Berufung auf die Kriterien *der Voraussehbarkeit des Gerichtsstandes* und *der vorauszusetzenden Sachnähe* des Vertragsgerichtsstandes entschieden, dass Art. 5 Nr. 1 lit. b EuGVVO (das Gleiche muss für das LugÜ gelten) auch bei einer Mehrzahl von Lieferorten anwendbar und unter dem Erfüllungsort im Sinne der fraglichen Bestimmung grundsätzlich der Ort zu verstehen sei, an dem die engste Verknüpfung zwischen dem Vertrag und dem zuständigen Gericht besteht. Die engste Verknüpfung bestehe im Allgemeinen am **Ort der Hauptlieferung**, die *nach wirtschaftlichen Kriterien* zu bestimmen sei[213]. 133

Wie der EuGH in seinem späteren Entscheid in der Rechtssache *Wood* entschieden hat, erfolgt die Ermittlung der hauptsächlichen Lieferung in erster Linie **anhand des Vertrages**[214]. Ist der Ort der Hauptlieferung nicht feststellbar, so könne der Kläger den Beklagten vor dem Gericht des Lieferortes seiner **Wahl** verklagen. Dabei wurde explizit erklärt, dass die erwähnte Auslegung sich nur auf den Fall mehrerer Lieferorte *in einem Mitgliedstaat* 134

211 Dasser/Oberhammer-Oberhammer, Art. 5 Rz. 63 f.; Mankowski, Mehrere Lieferorte 405.

212 EuGH 03.05.2007, Rs. C-386/05, *Color Drack GmbH/Lexx International Vertriebs GmbH*, Slg. 2007 I 3699.

213 EuGH 03.05.2007, Rs. C-386/05, *Color Drack GmbH/Lexx International Vertriebs GmbH*, Slg. 2007 I 3699 Rz. 40; EuGH 11.03.2010, Rs. C-19/09, *Wood Floor Solutions Andreas Domberger GmbH/Silva Trade SA*, Rz. 33. Zu diesem letzteren Entscheid s. Rz. 146 ff.

214 EuGH 11.03.2010, Rs. C-19/09, *Wood Floor Solutions Andreas Domberger GmbH/Silva Trade SA*, Rz. 38.

und nicht auch auf den Fall mehrerer Lieferorte in verschiedenen Mitgliedstaaten beziehe.

135 Die vom EuGH gewählte Lösung ist sachgerecht, was die Anknüpfung an den Ort der hauptsächlichen Lieferung angeht. Die mit der Feststellung des **Hauptlieferortes** verbundenen Unsicherheiten sind in Kauf zu nehmen. Ein völliger *Wegfall* des Gerichtsstandes des Erfüllungsortes würde den Kläger einseitig belasten und sollte nur als ultima ratio in Erwägung gezogen werden. Nach dem EuGH entfällt der Vertragsgerichtsstand etwa *für geographisch unbegrenzte Unterlassungspflichten*[215]. Handlungspflichten, wie die Lieferpflicht, lassen sich aber in der Regel geographisch lokalisieren. Auch der *Rückfall* über lit. c auf lit. a sollte nicht favorisiert werden, denn sonst würden die Vorteile der Anwendung von lit. b (einheitlicher Gerichtsstand und kein Rückgriff auf das in der Sache anwendbare materielle Recht) verloren gehen[216]. Auch das *Mosaikprinzip,* das der EuGH beim Deliktsgerichtsstand vertritt (s. Rz. 254), sollte nicht in Betracht kommen, denn wenn an jedem der Lieferorte für die jeweils dort getätigte Lieferung geklagt werden müsste, so hätte der Kläger parallele Verfahren über ein und dasselbe Vertragsverhältnis zu führen, und es drohte die Gefahr widersprechender Entscheidungen[217]. Ein anderer Weg bestünde in *der Anknüpfung an die vertragsbetreuende Niederlassung* des Verkäufers mit subsidiärem Ausweichen auf Art. 5 lit. a[218]. Dieser Ansatz erleichtert bei Dienstleistungsverträgen die Bestimmung der Hauptleistung, bei Warenkaufverträgen führt er vielfach zum unerwünschten Rückfall auf lit. a[219].

136 Bei der Bestimmung der Hauptleistung sind **quantitative** und **qualitative** Kriterien zu berücksichtigen[220].

137 Das vom EuGH dem Kläger gewährte subsidiäre **Wahlrecht** ist *problematisch.* Einen gerechten Interessenausgleich zwischen Kläger und Beklagtem vermag auch die *bloss subsidiäre* Wahlmöglichkeit nicht zu gewährleisten[221]. Die Gefahr der Vermehrung und Vervielfältigung der Gerichtsstände und des übermässigen *forum shopping* besteht gleichermassen.

---

215 EuGH 19.02.2002, Rs. C-256/00, *Besix/WABAG,* Slg. 2002 I 1699 Rz. 48 ff.
216 Lehmann/Duczek 47.
217 Rauscher-Leible, Art. 5 Rz. 55; Markus, Vertragsgerichtsstand 332.
218 Mankowski, Mehrere Lieferorte 408 ff.; Leible/Reinert 374; Wagner 148.
219 Mankowski, Mehrere Lieferorte 408 f.
220 Mankowski, Mehrere Lieferorte 409 f.
221 Mankowski, Mehrere Lieferorte 411.

Die Übertragbarkeit der vom EuGH gefundenen Lösung auf den Fall mehrerer Lieferorte *in verschiedenen Mitgliedstaaten* ist vom EuGH in der erwähnten Entscheidung vom 3.5.2007 in der Rechtssache *Color Drack* offen gelassen worden. Wie der EuGH in den Rechtssachen *Rehder* und *Wood* festgehalten hat, gilt die ***Color-Drack*-Rechtsprechung** auch für *Dienstleistungsverträge*, denn die in der EuGVVO für Warenkaufverträge und für Dienstleistungsverträge vorgesehenen besonderen Zuständigkeitsregeln hätten dieselbe Entstehungsgeschichte. Sie verfolgten dasselbe Ziel und nähmen denselben Platz in dem mit der EuGVVO errichteten System ein[222]. Aus Gründen der räumlichen Nähe und der Voraussehbarkeit, die mit der Konzentration der gerichtlichen Zuständigkeit an dem Ort, an dem nach dem entsprechenden Vertrag die Dienstleistungen zu erbringen sind, und mit der Festlegung einer einheitlichen gerichtlichen Zuständigkeit für alle auf diesen Vertrag gestützten Forderungen verfolgt werden, könne auch für den Fall *mehrerer Dienstleistungsorte in verschiedenen Mitgliedstaaten* keine andere Betrachtungsweise gelten. 138

Eine diesbezügliche Differenzierung fände nämlich keine Grundlage in der EuGVVO und stünde sogar in Widerspruch zu dem für ihren Erlass massgebenden Ziel. Demnach trägt die EuGVVO durch die Vereinheitlichung der Zuständigkeitsvorschriften gemäss Erwägungsgründen 1 und 2 zur Entwicklung eines Raums der Freiheit, der Sicherheit und des Rechts und zum reibungslosen Funktionieren des Binnenmarktes innerhalb der Gemeinschaft bei[223]. Beim LugÜ kann naturgemäss nicht auf den Aspekt des Funktionierens des Binnenmarktes Bezug genommen werden, doch lässt sich die Argumentation des EuGH *auf das LugÜ* übertragen, denn in dessen Präambel steht ebenfalls, dass durch die Ausdehnung der Grundsätze der EuGVVO auf die Vertragsparteien des LugÜ die rechtliche und wirtschaftliche Zusammenarbeit verstärkt werden soll. Aufgrund der Gleichbehandlung der Warenkauf- und Dienstleistungsverträge – in Bezug auf eine Mehrheit von Liefer-, bzw. Dienstleistungsorten – seitens des EuGH ist davon auszugehen, dass die **Anknüpfung an den Ort der** 139

[222] EuGH 09.07.2009, Rs. C-204/08, *Rehder/Air Baltic Corporation,* Slg. 2009 I 6073 Rz. 36; EuGH 11.03.2010, Rs. C-19/09, *Wood Floor Solutions Andreas Domberger GmbH/Silva Trade SA,* Rz. 26.

[223] EuGH 09.07.2009, Rs. C-204/08, *Rehder/Air Baltic Corporation,* Slg. 2009 I 6073 Rz. 37; EuGH 11.03.2010, Rs. C-19/09, *Wood Floor Solutions Andreas Domberger GmbH/Silva Trade SA,* Rz. 28.

Hauptlieferung auch im Falle mehrerer Lieferorte in *verschiedenen* LugÜ-Staaten massgebend ist.

140 Eine *subsidiäre* Wahlmöglichkeit des Klägers ist dagegen abzulehnen. Eine solche ist wie bereits ausgeführt, schon dann problematisch, wenn die Lieferorte sich in einem einzigen LugÜ-Staat befinden. In diesem Fall bewegt man sich noch innerhalb eines einzelnen Staates. Sprache, Verfahren, Gerichtssystem und anwendbares Recht bleiben gleich, unabhängig davon, welches von mehreren in Betracht kommenden Gerichten angerufen wird[224]. Auf *internationaler Ebene* ist das Wahlrecht des Klägers mit den massgebenden Zuständigkeitskriterien der Sachnähe, der Voraussehbarkeit des Gerichtsstandes und der Rechtssicherheit m.E. nicht mehr zu vereinbaren, insbesondere dann nicht, wenn im Gegensatz zum Entscheid in der Rechtssache *Rehder*[225] (s. Rz. 143 ff.) die Wahlmöglichkeit sich auf mehr als zwei Zuständigkeitsorte erstreckt. Diese Lösung führt zu einem *forum shopping* und begünstigt den Kläger übermässig[226].

cc) Dienstleistungsverträge

141 Die Rechtsprechung des EuGH zu den Warenkaufverträgen mit mehreren Lieferorten in einem LugÜ-Staat lässt sich auf die Dienstleistungsverträge übertragen. Darüber hinaus ist nach der Rechtsprechung des EuGH in den Rechtssachen *Rehder* und *Wood* die Regelung der Zuständigkeit am Hauptleistungsort bei mehreren im selben LugÜ-Staat belegenen Lieferorten auch dann anzuwenden, wenn sich mehrere Dienstleistungsorte in *verschiedenen* LugÜ-Staaten befinden (Rz. 138 f.). Daher ist auch im Falle der Erbringung von Dienstleistungen an verschiedenen Orten unter dem Erfüllungsort grundsätzlich der Ort zu verstehen, an dem die engste Verknüpfung zwischen dem Vertrag und dem zuständigen Gericht besteht, wobei dies im Allgemeinen der **Ort der hauptsächlichen Leistungserbringung** sein wird[227].

---

224 Mankowski, Mehrere Lieferorte 411.

225 EuGH 09.07.2009, Rs. C-204/08, *Rehder/Air Baltic Corporation,* Slg. 2009 I 6073 Rz. 45.

226 Selbst der EuGH hat das Wahlrecht in Frage gestellt, wie der Entscheid in der Rechtssache Wood zeigt; dazu Näheres bei Rz. 148.

227 EuGH 09.07.2009, Rs. C-204/08, *Rehder/Air Baltic Corporation,* Slg. 2009 I 6073 Rz. 38; EuGH 03.05.2007, Rs. C-386/05, *Color Drack GmbH/Lexx International Vertriebs GmbH,* Slg. 2007 I 3699 Rz. 40; EuGH 11.03.2010, Rs. C-19/09, *Wood Floor Solutions Andreas Domberger GmbH/Silva Trade SA,* Rz. 33, 36; für eine Anknüpfung an den Ort der Erbringung der streitigen Dienstleistungen Lehmann/Duczek 48.

In erster Linie ist dieser Ort nach den Bestimmungen des Vertrages zu ermitteln[228]. Die Feststellung des Ortes der hauptsächlichen Leistungserbringung **anhand des Vertrages** entspreche – so der EuGH – dem Ziel der räumlichen Nähe, da dieser Ort dem Wesen nach eine Verknüpfung zum Gegenstand des Rechtsstreites aufweise[229]. Entsprechend der Formulierung von Art. 5 Nr. 1 lit. b ist bei bereits erbrachter Dienstleistung der Ort heranzuziehen, an dem die Erfüllung des Vertrages *tatsächlich* überwiegend vorgenommen worden ist, ausser dies *widerspreche* dem Parteiwillen, wie er sich aus den Vertragsbestimmungen ergibt[230]. 142

Dienstleistungen in Erfüllung eines **Vertrages über die Beförderung von Personen im Luftverkehr** werden anders als Lieferungen beweglicher Sachen an verschiedenen Orten, die getrennte Vorgänge darstellen und sich zum Zwecke der Bestimmung der Hauptlieferung nach wirtschaftlichen Kriterien quantifizieren lassen, bereits ihrer Natur nach untrennbar und einheitlich vom Ort des Abflugs bis zum Ort der Ankunft des Flugzeugs erbracht. In solchen Fällen ist es daher nicht möglich, anhand wirtschaftlicher Kriterien *einen gesonderten Teil der Leistung* auszumachen, der die an einem bestimmten Ort erbrachte Hauptleistung darstellt[231]. Unter diesen Umständen sind sowohl *der Ort des Abflugs* als auch der *Ort der Ankunft* des Flugzeugs gleichermassen als die Orte anzusehen, an denen die Dienstleistungen hauptsächlich erbracht werden, sodass jeder dieser beiden Orte eine hinreichende Nähe zum Sachverhalt des Rechtsstreites aufweist und der Kläger seine Klage auf Ausgleichszahlung *nach seiner Wahl* vor dem Gericht eines dieser nach Vertrag vereinbarten Orte anbringen kann[232]. 143

Zur Würdigung und zur Kritik der EuGH-Rechtsprechung hinsichtlich des Wahlrechts s. Rz. 140. 144

[228] EuGH 09.07.2009, Rs. C-204/08, *Rehder/Air Baltic Corporation,* Slg. 2009 I 6073 Rz. 41, 47; EuGH 11.03.2010, Rs. C-19/09, *Wood Floor Solutions Andreas Domberger GmbH/Silva Trade SA,* Rz. 38.

[229] EuGH 11.03.2010, Rs. C-19/09, *Wood Floor Solutions Andreas Domberger GmbH/Silva Trade SA,* Rz. 39.

[230] EuGH 11.03.2010, Rs. C-19/09, *Wood Floor Solutions Andreas Domberger GmbH/Silva Trade SA,* Rz. 40.

[231] EuGH 09.07.2009, Rs. C-204/08, *Rehder/Air Baltic Corporation,* Slg. 2009 I 6073 Rz. 42.

[232] EuGH 09.07.2009, Rs. C-204/08, *Rehder/Air Baltic Corporation,* Slg. 2009 I 6073 Rz. 43 f., 47.

145 ***Nicht als Dienstleistungsorte***, die eine hinreichende Verbindung zum Kern der sich aus dem Vertrag ergebenden Dienstleistungen aufweisen, gelten nach dem EuGH der Ort des Sitzes und der Hauptniederlassung der Fluggesellschaft oder derjenige, an dem der Beförderungsvertrag abgeschlossen wurde, auch nicht der Ort der Aushändigung des Flugscheins. Hier werden nur *Vorbereitungshandlungen* für die Durchführung des Beförderungsvertrages ausgeführt[233]. Die eigentlichen Dienstleistungen sind die Abfertigung und das Anbordbringen der Fluggäste sowie deren Empfang an Bord des Flugzeuges am vereinbarten Abflugort, die Beförderung der Fluggäste vom Abflugort zum Zielort und schliesslich das sichere Verlassen des Flugzeuges durch die Passagiere am Ort der Landung nach Vertrag. Unter diesem Aspekt weisen auch die Orte, an denen die Maschine zwischenlandet, keine hinreichende Verbindung zum Vertrag auf[234].

146 Im Entscheid *Wood* hatte der EuGH die Frage zu beantworten, wie der Ort der hauptsächlichen Leistungserbringung bei einem **Handelsvertretervertrag** zu ermitteln sei, wenn er weder anhand der Bestimmungen des Vertrages selbst noch aufgrund der tatsächlichen Erfüllung bestimmt werden kann. Gemäss EuGH sei der Ort der hauptsächlichen Leistungserbringung in diesem Falle *auf eine andere Weise* zu ermitteln, die den beiden vom Gesetzgeber der EuGVVO verfolgten Zielen der Voraussehbarkeit und der räumlichen Nähe Rechnung trage[235]. Bei einem Handelsvertreter wird dieser an seinem *Wohnsitz* lokalisiert. Dieser Ort könne nämlich – so der EuGH – immer mit Sicherheit ermittelt werden und sei demnach vorhersehbar. Darüber hinaus weise er eine räumliche Nähe zum Rechtsstreit auf, da der Vertreter dort aller Wahrscheinlichkeit nach einen nicht unerheblichen Teil seiner Dienstleistungen erbringen werde[236]. Es handelt sich um eine Vermutung im Sinne einer Wahrscheinlichkeitsfolgerung.

147 Diese Lösung ist sachgerecht und steht auch im Einklang mit der Lehre, die bei Vertriebsverträgen den **Tätigkeitsschwerpunkt** am *Ort der Haupt-*

---

[233] EuGH 09.07.2009, Rs. C-204/08, *Rehder/Air Baltic Corporation,* Slg. 2009 I 6073 Rz. 39.

[234] EuGH 09.07.2009, Rs. C-204/08, *Rehder/Air Baltic Corporation,* Slg. 2009 I 6073 Rz. 40.

[235] EuGH 11.03.2010, Rs. C-19/09, *Wood Floor Solutions Andreas Domberger GmbH/Silva Trade SA,* Rz. 41.

[236] EuGH 11.03.2010, Rs. C-19/09, *Wood Floor Solutions Andreas Domberger GmbH/Silva Trade SA,* Rz. 42.

niederlassung des (Zwischen-)Abnehmers, des Handelsvertreters oder des Vertragshändlers lokalisiert[237].

Der EuGH hat sodann eine subsidiäre Wahlmöglichkeit des Klägers nicht in Betrachtung gezogen, sondern zu Recht eine Zuständigkeitsanknüpfung gewählt, die die *internationalprozessrechtlichen Nachteile* vermeidet, die sich aus einem solchen Wahlrecht ergeben könnten. Die Zuständigkeit der Gerichte in jedem LugÜ-Staat, in dem ein Teil der Dienstleistungen erbracht wird, widerspricht dem Ziel der Voraussehbarkeit, da sie viele Gerichtsstände ermöglichen würde[238]. Ebenso führte diese Lösung zum *forum shopping* und zu einer übermässigen Privilegierung des Klägers. Ein gerechter Interessenausgleich zwischen dem Kläger und dem Beklagten wäre nicht mehr gewährleistet[239]. 148

Bei einem **Rechtsanwalt** ist regelmässig vom Schwerpunkt seiner Tätigkeit am Ort seiner Kanzlei auszugehen[240]. 149

Der EuGH hat für die Ermittlung des **Tätigkeitsschwerpunkts** bei der *tatsächlichen* Erfüllung auf quantitative und qualitative Kriterien abgestellt. M.E. kann auch im Rahmen der Ermittlung des hauptsächlichen Erbringungsortes *anhand des Vertrages* auf die jeweils einzusetzende Zeit und auf die Bedeutung der jeweiligen Tätigkeit abgestellt werden[241]. 150

(d) Vereinbarung des Erfüllungsortes

Art. 5 Nr. 1 lit. b sieht die Möglichkeit, den Erfüllungsort zu vereinbaren, ausdrücklich vor[242]. Wie bereits ausgeführt, sind **Vereinbarungen des Erfüllungsortes** auch im Rahmen von lit. a zulässig (Rz. 82). Gemäss lit. b 151

---

237 Rauscher-Leible, Art. 5 Rz. 55.

238 Schlussanträge Generalanwältin zu EuGH 11.03.2010, Rs. C-19/09, *Wood Floor Solutions Andreas Domberger GmbH/Silva Trade SA,* Rz. 84 und weitere Hinweise.

239 Schlussanträge Generalanwältin zu EuGH 11.03.2010, Rs. C-19/09, *Wood Floor Solutions Andreas Domberger GmbH/Silva Trade SA,* Rz. 84 und weitere Hinweise; Mankowski, Mehrere Lieferorte 412; s. Rz. 140.

240 BGH 02.03.2006, NJW 2006, 1807; Mankowski, Der europäische Erfüllungsortsgerichtsstand 806 ff.

241 Mankowski, Mehrere Lieferorte 410; s. auch Rz. 129.

242 Rauscher-Leible, Art. 5 Rz. 57; EuGH 25.02.2010, Rs. C-381/08, *Car Trim GmbH/KeySafety System Srl.,* Rz. 46 f.; Wagner 148. Es handelt sich um eine direkt aus dem LugÜ ableitbare Zulässigkeit der Vereinbarung des Erfüllungsortes, s. Bonomi 71.

sollen die Parteien es in der Hand haben, den Erfüllungsort *abweichend* von dem in lit. b vorgesehenen zu vereinbaren[243].

152 **Form und Zustandekommen** der Vereinbarung des Erfüllungsortes richten sich wie bei Art. 5 Nr. 1 lit. a ebenfalls nach der *lex causae*[244]. Die *nicht einheitliche* Anwendung von lit. b, z.B. aufgrund unterschiedlicher AGB-Gesetzgebung in den nationalen Rechten, ist hinzunehmen. Zwar soll Art. 5 Nr. 1 lit. b die «Nachteile durch den Rückgriff auf Regeln des internationalen Privatrechts des Staates des angerufenen Gerichts» vermeiden[245], doch betrifft dies nur den *gesetzlichen* Erfüllungsort[246]. Der erwähnte Artikel enthält – im Gegensatz zu Art. 23 – auch keine Hinweise auf eine materielle Wirksamkeitsprüfung, weshalb es bei der Anwendung des Vertragsstatuts bleibt[247].

153 Bei grundsätzlicher Zulässigkeit von Vereinbarungen des Erfüllungsortes stellt sich im Rahmen von Art. 5 Nr. 1 lit. b die Frage, ob die Parteien für die unterschiedlichen Verpflichtungen *verschiedene* Erfüllungsorte vereinbaren können. M.E. ist diesbezüglich die **Parteiautonomie** vollständig zu respektieren. Daher ist die Auffassung abzulehnen, die mittels teleologischer Reduktion eine Vereinbarung des Erfüllungsortes nur dann gelten lassen will, wenn sie den Erfüllungsort für alle vertraglichen Verpflichtungen *einheitlich* bestimmt[248]. Die Parteien können deshalb eine abweichende Vereinbarung des Erfüllungsortes *lediglich* in Bezug auf die *Geldleistung* treffen, so dass damit der durch lit. b im Ergebnis ausgeschlossene Verkäufergerichtsstand gewählt und die Konzentrationswirkung von lit. b – nämlich ein einheitlicher Gerichtsstand – aufgehoben werden kann (Rz. 105)[249].

---

243 Magnus/Mankowski-Mankowski, Art. 5 Rz. 145; Rauscher-Leible, Art. 5 Rz. 57; anders BGH 01.06.2005, VIII ZR 256/04, E. II.3, IPRax 2006, 594 ff., wonach lit. b nur eingreift, wenn nicht ein anderer Ort wirksam als Erfüllungsort vereinbart worden ist, und bei einer Vereinbarung des Erfüllungsortes zur Bestimmung des Erfüllungsortes auf lit. a zurückgegriffen werden kann.

244 Landgericht Neubrandenburg 03.08.2005, 10 O 74/04; Geimer/Schütze, Art. 5 Rz. 86; Bonomi 72.

245 Begründung des Kommissionsentwurfs, KOM 1999, 15.

246 Rauscher-Leible, Art. 5 Rz. 57.

247 Rauscher-Leible, Art. 5 Rz. 57.

248 Auch aus EuGH 25.02.2010, Rs. C-381/08, *Car Trim GmbH/KeySafety System Srl.*, Rz. 46 ergibt sich keine solche Einschränkung.

249 Kropholler, Art. 5 Rz. 51; Lehmann/Duczek 49; a.A. Rauscher-Leible, Art. 5 Rz. 57; Markus, Vertragsgerichtsstände 980.

Auch bei Art. 5 Nr. 1 lit. b sind Vereinbarungen des Erfüllungsortes unbeachtlich, wenn sie *keinen* **Zusammenhang mit der Vertragswirklichkeit** haben (s. Rz. 80). Da für die Sach- und Dienstleistung lit. b bereits auf die Vertragswirklichkeit abstellt, werden Vereinbarungen des Erfüllungsortes der charakteristischen Leistung in der Praxis jedoch kaum zum Tragen kommen[250]. 154

4. Die Auffangregel des Art. 5 Nr. 1 lit. c

Art. 5 Nr. 1 lit. a sieht die aus Art. 5 Nr. 1 aLugÜ übernommene allgemeine Grundanknüpfung an den Erfüllungsort vor. Die neu eingefügte lit. b regelt die Zuständigkeit für die Warenkauf- und Dienstleistungsverträge speziell im Sinne einer autonomen Bestimmung des Erfüllungsortes als Zuständigkeitskriterium. Lit. b kann daher als **lex specialis** zur Grundregel von lit. a bezeichnet werden[251]. Die ebenfalls neu eingefügte lit. c verweist für den Fall, dass lit. b nicht anwendbar ist, wiederum auf lit. a. Art. 5 Nr. 1 lit. b gilt nur für Warenkauf- und Dienstleistungsverträge, währenddem alle anderen Verträge Art. 5 Nr. lit. a unterstehen. In dieser Optik erweist sich lit. c als deklaratorisch. Diese Auslegung ergibt sich, wie der EuGH klargestellt hat, bereits aus der Systematik und der Entstehungsgeschichte von Art. 5 Nr. 1, wonach man unterschiedliche Zuständigkeitsvorschriften für Warenkaufverträge und Dienstleistungsverträge einerseits und für alle anderen Arten von Verträgen andererseits erlassen wollte[252]. 155

Art. 5 Nr. 1 lit. a büsst seine Bedeutung als Grundregel praktisch bereits dadurch ein, dass Art. 5 Nr. 1 lit. b die zwei wichtigsten Vertragstypen regelt. Berücksichtigt man weiter, dass lit. c insofern eine **eigenständige** Bedeutung hat, als sie auf lit. a auch *bei Vorliegen eines Warenkauf- oder Dienstleistungsvertrages* verweist, falls ein weiteres in Art. 5 Nr. 1 lit. b *erwähntes Tatbestandsmerkmal* nicht erfüllt ist, dann folgt daraus, dass Art. 5 Nr. 1 lit. a nicht mehr eine Grund-, sondern eine *Auffangregel* darstellt[253]. Ein weiteres in lit. b genanntes Tatbestandsmerkmal ist namentlich dann nicht erfüllt, wenn der Erfüllungsort nicht in einem LugÜ-Staat zu lokali- 156

[250] Kropholler, Art. 5 Rz. 51; kritisch zur Zulässigkeit einer Vereinbarung des Erfüllungsortes im Rahmen von Art. 5 Nr. 1 lit. b auch Dasser/Oberhammer-Oberhammer, Art. 5 Rz. 63 f.

[251] Kropholler, Art. 5 Rz. 52; Jegher 122; Markus, Vertragsgerichtsstände 973.

[252] EuGH 23.04.2009, Rs. C-533/07, *Falco Privatstiftung und Thomas Rabitsch/Gisela Weller-Lindhorst,* Slg. 2009 I 3327 Rz. 42.

[253] Kropholler, Art. 5 Rz. 28, 53; a.A. Botschaft LugÜ 13.

sieren ist. In der Kommissionsbegründung[254] und im Bericht POCAR[255] wird darauf hingewiesen, dass *lit. a* und nicht lit. b anwendbar sei, falls die Zuständigkeit eines Drittstaates begründet werde. Diese Betrachtungsweise hat zur Folge, dass dem Kläger zumindest der Gerichtsstand nach lit. a (wenn nicht schon nach lit. b) gewährt wird. Die Erweiterung des räumlich-persönlichen Anwendungsbereichs von Art. 5 Nr. 1 lit. a auf Fälle, in denen der nach lit. b bestimmte Liefer- oder Dienstleistungsort *in einem Drittstaat* liegt, entspricht der Entstehungsgeschichte[256].

157 Auch aufgrund des weiten Wortlautes ist anzunehmen, dass lit. c eine *eigenständige* Bedeutung hat und nicht rein deklaratorisch zu verstehen ist[257]. In der Lehre wird daher zu Recht der Standpunkt vertreten, dass über lit. c lit. a auch anzuwenden sei, wenn der Lieferort nach lit. b **nicht ermittelt** werden kann[258]. Der EuGH scheint dem «Rückfallsmechanismus» von Art. 5 Nr. 1 lit. c ebenfalls eine gewisse Bedeutung beizumessen, wenn er die praktische Wirksamkeit von Art. 5 Nr. 1 lit. c und a hervorhebt[259]. Aufgrund der im Rahmen von lit. b zu favorisierenden autonomen Bestimmung des Erfüllungsortes (s. Rz. 105 ff.) sollte aber ein Rückgriff auf lit. a nur als *ultima ratio* in jenen Fällen in Frage kommen, in denen eine autonome Bestimmung des Erfüllungsortes überhaupt nicht möglich ist[260].

IV. Einzelfragen

1. Der schweizerische Vorbehalt zu Art. 5 Nr. 1 aLugÜ

158 Im Rahmen des EuGVÜ hatte man Luxemburg bezüglich des Gerichtsstandes des Erfüllungsortes einen *Vorbehalt* gewährt. Der in **Luxemburg** wohnhafte Beklagte, der vor dem Gericht am Erfüllungsort in einem anderen Vertragsstaat verklagt wurde, konnte die Unzuständigkeit dieses Gerichts geltend machen und – falls er sich nicht auf das Verfahren ein-

[254] KOM 1999, 15.

[255] Bericht POCAR, Nr. 51.

[256] BONOMI 75; a.A. MARKUS, Vertragsgerichtsstände 985; kritisch auch KROPHOLLER, Art. 5 Rz. 53, RAUSCHER-LEIBLE, Art. 5 Rz. 58.

[257] A.A. Botschaft LugÜ 1790.

[258] KROPHOLLER, Art. 5 Rz. 52; MANKOWSKI, Mehrere Lieferorte 408. A.A. EuGH 11.03.2010, Rs. C-19/09, *Wood Floor Solutions Andreas Domberger GmbH/Silva Trade SA,* Rz. 86.

[259] EuGH 23.04.2009, Rs. C-533/07, *Falco Privatstiftung und Thomas Rabitsch/Gisela Weller-Lindhorst,* Slg. 2009 I 3327 Rz. 43.

[260] MANKOWSKI, Mehrere Lieferorte 408; vgl. auch EuGH 25.02.2010, Rs. C-381/08, *Car Trim GmbH/KeySafety System Srl.,* Rz. 56 f.

gelassen hatte, – das Gericht hatte sich von Amtes wegen für *unzuständig* zu erklären. Der Vorbehalt wurde mit den besonderen Wirtschaftsbeziehungen zwischen Luxemburg und Belgien, «die sich darin zeigen, dass die Verpflichtungen aus Verträgen zwischen Personen, die ihren Aufenthalt in einem dieser beiden Ländern haben, meist in Belgien erfüllt oder zu erfüllen sind», begründet[261]. Dieser Vorbehalt wurde unverändert im aLugÜ übernommen[262] und galt auch nach der EuGVVO, allerdings – da er zeitlich befristet wurde – nur bis zum *1. März 2008.*

159 Die Schweiz wollte mit Rücksicht auf die Wahrung der verfassungsmässigen Wohnsitzgarantie gemäss Art. 59 aBV bei der Aushandlung des aLugÜ ebenfalls einen solchen Vorbehalt einbringen. Die EU-Mitgliedstaaten haben sich einem solchen entgegengesetzt. Die Schweiz konnte nur – aber immerhin – einen im **Anerkennungsstadium** wirkenden Vorbehalt erreichen[263]. Art. Ia des Protokolls Nr. 1 zum aLugÜ legte fest, dass die Schweizerische Eidgenossenschaft sich das Recht vorbehält, bei der Hinterlegung der Ratifikationsurkunde zu erklären, dass eine in einem anderen LugÜ-Staat ergangene Entscheidung in der Schweiz nicht anerkannt und vollstreckt wird, wenn bestimmte im erwähnten Artikel aufgezählte Voraussetzungen erfüllt sind. Eine solche Erklärung hat die Schweiz tatsächlich abgegeben[264].

160 Im Unterschied zum Luxemburger Vorbehalt betrifft der schweizerische Vorbehalt nur die **indirekte Zuständigkeit.** Jedes Gericht der Vertragsstaaten konnte seine Zuständigkeit auf Art. 5 Nr. 1 aLugÜ abstützen und ein Urteil gegen einen Beklagten in der Schweiz fällen, das dann auch in allen anderen Vertragsstaaten (ausser in der Schweiz) anerkannt und für vollstreckbar erklärt werden durfte. Der Beklagte mit Wohnsitz in der Schweiz – unabhängig von seiner Staatsangehörigkeit – konnte sich somit nur einer *Anerkennung* in der Schweiz widersetzen. Auch umgekehrt konnte ein schweizerisches Gericht am Erfüllungsort gegen einen Beklagten *mit Wohnsitz in einem LugÜ-Staat* ein Urteil fällen, auch wenn aufgrund einer

[261] Bericht JENARD Kap. 11.
[262] Botschaft aLugÜ 292.
[263] Botschaft aLugÜ 292 f.
[264] S. Art. 1 Abs. 3 des BB v. 14. Dezember 1990, AS 1991, 2478.

allfälligen Reziprozitätsklausel[265] das Urteil in einem anderen LugÜ-Staat nicht anerkannt wurde[266].

161 Der Anerkennungsvorbehalt galt lediglich dann, wenn die Zuständigkeit des Gerichts, das die Entscheidung erlassen hatte, sich nur **auf Art. 5 Nr. 1 aLugÜ** stützte. Der Anerkennungsvorbehalt bezog sich nicht auf die Zuständigkeit für *deliktische* Ansprüche. Hier konnten sich naturgemäss *Auslegungs- und Abgrenzungsschwierigkeiten* ergeben[267].

Der Anerkennungsvorbehalt konnte nur von einem Beklagten beansprucht werden, der zum Zeitpunkt der Einleitung *des ausländischen Erkenntnisverfahrens* seinen Wohnsitz in der Schweiz hatte (Art. Ia Abs. 1 lit. b Protokoll Nr. 1)[268]. Der Anerkennungsvorbehalt war vom schweizerischen Anerkennungsrichter nicht *von Amtes wegen* zu beachten. Er galt nur, wenn der Beklagte gegen die Anerkennung oder die Vollstreckung des Urteils in der Schweiz *Einspruch* erhob und nicht auf den Schutz *verzichtet* hatte (Art. Ia Abs. 1 lit. c Protokoll Nr. 1). Entsprechend der internrechtlichen Rechtslage bei Art. 59 aBV konnte der Beklagte auch *im Voraus* auf den Anerkennungsvorbehalt verzichten.

162 Der Anerkennungsvorbehalt war **zeitlich** befristet. Art. Ia Abs. 3 Protokoll Nr. 1 sah nämlich vor, dass der Vorbehalt spätestens am 31. Dezember 1999 unwirksam werde. Man ging davon aus, dass der diesem zugrundeliegende Gedanke der Rücksichtnahme auf Art. 59 aBV mit dessen Änderung bis zum vorgesehenen Datum entfallen würde. In Art. Ia Abs. 2 Protokoll Nr. 1 war in diesem Sinne vorgesehen, dass der Vorbehalt nicht mehr anzuwenden sei, wenn im Zeitpunkt, in dem die Anerkennung oder Vollstreckung beantragt wird, eine entsprechende Änderung von Art. 59 aBV stattgefunden hatte. Der Vorbehalt hätte aber auch sonst von der Schweiz zurückgezogen werden können (Art. Ia Abs. 3 a.E. Protokolls Nr. 1). Während der Geltung des Vorbehaltes wurden weder die BV revidiert[269] noch dieser

---

265 Botschaft aLugÜ 294.

266 BRANDENBERG BRANDL 216 f.

267 S. SCHNYDER, Auswirkungen 291; ACOCELLA, Die internationale Produkt- und Umwelthaftung 5.

268 Zur ähnlichen Rechtslage in Bezug auf jene Bestimmungen des IPRG, welche die ausländische Zuständigkeit nicht anerkennen, wenn der Beklagte seinen Wohnsitz in der Schweiz hat, s. ACOCELLA, Internationale Zuständigkeit 205.

269 Die BV-Revision wurde unmittelbar nach Ablauf der Geltungsdauer des Vorbehaltes in Kraft gesetzt.

zurückgezogen, weshalb der Vorbehalt entsprechend nach Ablauf seiner Geltungsdauer am *31. Dezember 1999* ausser Kraft trat.

Es entstand allerdings eine **Kontroverse** darüber, ob der Vorbehalt lediglich einen zeitlich beschränkten *Vollstreckungsaufschub* oder auch ein nach dem 31. Dezember 1999 fortwirkendes *Vollstreckungshindernis* darstelle[270]. Das Bundesgericht hielt in BGE 126 III 540 dafür, dass sich die eingetretene Unwirksamkeit des Vorbehaltes unterschiedslos auf vor und nach dem 31. Dezember 1999 ergangene Urteile eines Vertragsstaates beziehe. Die vom Bundesgericht gewählte Lösung erscheint fragwürdig[271]. Aufgrund der höchstrichterlichen Rechtsprechung wird man aber davon ausgehen müssen, dass der Vorbehalt seine Bedeutung eingebüsst hat und nach dem 31. Dezember 1999 nicht mehr zu beachten ist. 163

2. Anspruchskonkurrenz

Es stellt sich die Frage, ob im Falle von **Anspruchskonkurrenz** sowohl die vertraglichen als auch die deliktischen Ansprüche am Gerichtsstand des Erfüllungsortes geltend gemacht werden können. Nach dem Entscheid des EuGH vom 27.09.1988 in der Rechtssache *Kalfelis/Schröder* dürfen am Gerichtsstand des Deliktsortes nur deliktische Ansprüche geltend gemacht und beurteilt werden. Vertragliche Ansprüche sind am Gerichtsstand des Erfüllungsortes einzuklagen. Falls der Kläger seine Klage *sowohl* auf deliktischer *als auch* auf vertraglicher Anspruchsgrundlage beurteilen lassen will, hat er sie *am Gerichtsstand des Beklagtenwohnsitzes* zu erheben[272]. 164

Ob am *Gerichtsstand des Vertragserfüllungsortes* nur vertragliche und nicht auch **die konkurrierenden deliktischen Ansprüche** geltend gemacht und beurteilt werden können und der Kläger im Falle gemeinsamer Geltendmachung somit auf den Beklagtengerichtsstand zu verweisen ist, wurde bis anhin nicht geklärt. Die Argumentation des EuGH, wonach die besonderen Zuständigkeiten als Ausnahmen vom Grundsatz der Wohnsitzzuständigkeit einschränkend auszulegen seien, trifft grundsätzlich auch im letzteren Fall zu. Indessen ist das Prinzip der restriktiven Auslegung 165

[270] Für Vollstreckungsaufschub: KNOEPFLER 537 ff.; KREN KOSTKIEWICZ 243 f.; SIEHR 84; DASSER/OBERHAMMER-DOMEJ, Art. Ia Protokoll Nr. 1, Rz. 4; für Vollstreckungshindernis: MARKUS, Der Schweizerische Vorbehalt 63 ff.; JAMETTI GREINER 878 f.; JAQUES 187.

[271] Kritisch auch GEIMER/SCHÜTZE, Art. 35 Rz. 83.

[272] EuGH 27.08.1988, Rs. 189/87, *Kalfelis/Schröder,* Slg. 1988, 5565; a.A. GEIMER/SCHÜTZE, Art. 5 Rz. 222.

der besonderen Zuständigkeiten fragwürdig. Besser ist es, auf einen von Sinn und Zweck der besonderen Zuständigkeiten geleiteten Interessenausgleich zwischen Kläger und Beklagten abzustellen. M.E. sollte eine Annexzuständigkeit für deliktische Ansprüche zugelassen werden. In den hier interessierenden Fällen ist *das Vertragsverhältnis prägend. Gründe der Prozessökonomie* und *des effektiven Rechtsschutzes* lassen eine gemeinsame Behandlung aller Ansprüche am Gerichtsstand des Erfüllungsortes als praktisch und sachgerecht erscheinen[273]. Keiner besonderen Annexzuständigkeit bedarf es für eine gemeinsame Behandlung aller Ansprüche, falls das Gericht sowohl aufgrund von Art. 5 Nr. 1 als auch Nr. 3 zuständig ist[274].

3. Gerichtsstand des Erfüllungsortes gemäss IPRG

166 Nach der *revidierten Fassung* des Art. 113 IPRG kann eine Vertragsklage (auch die Zahlungsklage) beim schweizerischen Gericht am Erfüllungsort **der charakteristischen Leistung** erhoben werden. Der Gerichtsstand am Erfüllungsort besteht im internen Verhältnis (als örtliche Zuständigkeit) neu nicht mehr nur subsidiär, sondern *alternativ* zum Gerichtsstand am Wohnsitz des Beklagten gemäss Art. 112 IPRG[275]. Dies entspricht der Regelung der örtlichen Zuständigkeit in Inlandsfällen nach Art. 31 ZPO, wo der Gerichtsstand des Erfüllungsortes ebenfalls alternativ zum Gerichtsstand am Wohnsitz des Beklagten zur Verfügung steht. Die Anknüpfung an den Erfüllungsort der charakteristischen Leistung gilt nach Art. 113 IPRG bzw. 31 ZPO im Gegensatz zum LugÜ *für alle Verträge* und nicht nur für die Warenkauf- und Dienstleistungsverträge[276].

---

[273] KROPHOLLER, Art. 5 Rz. 79; GEIMER/SCHÜTZE, Art. 5 Rz. 50; SCHNYDER, Produkthaftung 393; ACOCELLA, Die internationale Produkt- und Umwelthaftung 4.

[274] KROPHOLLER, Art. 5 Rz. 79.

[275] Dazu ACOCELLA, Internationale Zuständigkeit 58 f.

[276] Botschaft LugÜ 1830; zu den Anwendungsproblemen einer solchen Regelung s. GROLIMUND 967 f.

C. Zuständigkeit für Unterhaltsklagen

I. Normzweck

Art. 5 Nr. 2, der die besonderen Zuständigkeiten für Unterhaltsklagen neben der allgemeinen Zuständigkeit am Wohnsitz des Beklagten gemäss Art. 2 vorsieht, ist neu in drei Literas unterteilt. Lit. a und b übernehmen die Regelung von Art. 5 Nr. 2 aLugÜ. Lit. c ist neu. Lit. a sieht wie bis anhin die Zuständigkeit des Gerichts des Ortes vor, an dem der Unterhaltsberechtigte **seinen Wohnsitz** oder **seinen gewöhnlichen Aufenthalt** hat. Die bisherige Zuständigkeit für Unterhaltssachen, über die im Zusammenhang mit einem **Verfahren in Bezug auf den Personenstand** zu entscheiden ist, wird in lit. b geregelt. Ist danach über den Unterhaltsanspruch im Zusammenhang mit einem Verfahren betreffend den Personenstand (z.B. Ehescheidung oder Vaterschaft) zu entscheiden, so ist das mit der Statussache befasste Gericht auch zuständig, über den Unterhaltsanspruch zu entscheiden, falls die *lex fori* den *Verfahrensverbund* vorsieht und die Zuständigkeit nicht *ausschliesslich* auf der Staatsangehörigkeit einer der Parteien beruht. 167

In Art. 5 Nr. 2 lit. c wird neu auch die Annexzuständigkeit für Unterhaltssachen geschaffen, über die im Zusammenhang mit einem **Verfahren in Bezug auf die elterliche Verantwortung** zu entscheiden ist. Das mit der Regelung der Verantwortung befasste Gericht ist auch zuständig, über den Unterhaltsanspruch zu entscheiden, falls wiederum die *lex fori* den *Verfahrensverbund* vorsieht und die Zuständigkeit nicht *ausschliesslich* auf der Staatsangehörigkeit einer der Parteien beruht. 168

Dem Unterhaltsberechtigten werden somit ein **Klägergerichtsstand** (am eigenen Wohnsitz oder am eigenen gewöhnlichen Aufenthalt) und eine **Annexzuständigkeit** *konkurrierend* zum allgemeinen Gerichtsstand am Wohnsitz des Beklagten gewährt. Dies wird damit begründet, dass der Unterhaltsberechtigte in der Regel die schwächere Partei ist[277]. Art. 5 Nr. 2 bezweckt die *Erleichterung* der Durchsetzung von Unterhaltsansprüchen im internationalen Rechtsverkehr zwischen den LugÜ-Staaten. 169

Ein weiterer Rechtfertigungsgrund für die besondere unterhaltsrechtliche Zuständigkeitsanknüpfung besteht darin, dass das Gericht am Wohnsitz 170

[277] EuGH 20.03.1997, Rs. C-295/95, *Farrell/Long,* Slg. 1997 I 1683 Rz. 19; EuGH 15.01.2004, Rs. C-433/01, *Freistaat Bayern/Blijdenstein,* Slg. 2004 I 981 Rz. 29; Rauscher-Leible, Art. 5 Rz. 61.

bzw. am gewöhnlichen Aufenthalt des Unterhaltsberechtigten eher in der Lage ist, die **Unterhaltsbedürfnisse** des Berechtigten abzuklären[278]. Im Übrigen ergänzt Art. 5 Nr. 2 auf internationaler Ebene das *Haager Übereinkommen über die Anerkennung und Vollstreckung* von Unterhaltsentscheidungen vom 2. Oktober 1973[279], das für die Zwecke der Anerkennung und Vollstreckung ausländischer Unterhaltsentscheidungen ebenfalls von der Zuständigkeit der Gerichte des Aufenthaltsstaates des Unterhaltsberechtigten ausgeht (Art. 7 Nr. 1). Art. 5 Nr. 2 verwirklicht weiter den Gleichlauf mit dem *Haager Übereinkommen über das auf Unterhaltspflichten anzuwendende Recht* vom 2. Oktober 1973[280], denn dieses Übereinkommen knüpft für die Bestimmung des anwendbaren Rechts ebenfalls an den gewöhnlichen Aufenthalt des Unterhaltsberechtigten (Art. 4)[281].

171 Die ratio der nach Art. 5 Nr. 2 lit. b und c eröffneten **Annexzuständigkeiten** des Gerichts der Statussache bzw. desjenigen, das über die elterliche Verantwortung entscheidet, liegt in der *Konzentration* zusammenhängender Verfahren[282].

172 Am 18.06.2011 ist die **EuUnthVO** im EU-Raum in Kraft getreten. Die Zuständigkeiten dieser VO stimmen nicht in allen Punkten mit dem LugÜ überein. Daraus können sich *positive und negative Kompetenzkonflikte* ergeben. Es ist daher vorgesehen, ein *Zusatzprotokoll* über das Verhältnis zwischen dem LugÜ und der EuUnthVO in Kraft zu setzen[283].

---

278 Kropholler, Art. 5 Rz. 54.

279 SR 0.211.213.02; Neuerdings ergänzt Art. 5 Nr. 2 auch das Haager Kindesschutzübereinkommen von 1996 (SR 0.211.231.01). Damit wird die gleichzeitige Anerkennung von Unterhalts- und Sorgerechtsentscheidungen gewährleistet.

280 SR 0.211.213.01.

281 Kropholler, Art. 5 Rz. 54; Rauscher-Leible, Art. 5 Rz. 61.

282 Kropholler, Art. 5 Rz. 54; Geimer-Schütze, Art. 5 Rz. 157; Rauscher-Leible, Art. 5, Rz. 61.

283 Botschaft LugÜ 1797 f.; Art. 2 Bundesbeschluss über die Genehmigung und Umsetzung des LugÜ vom 11.12.2009.

II. Anwendungsbereich

1. Sachlicher Anwendungsbereich

a) Allgemeines

Familienrechtliche Streitigkeiten sind vom Anwendungsbereich des LugÜ ausgeschlossen (s. Art. 1 Rz. 76 ff.). Eine **Ausnahme** besteht für Unterhaltssachen. 173

b) Unterhaltssache

Der Begriff der Unterhaltssache ist wie jener des Vertrages **vertragsautonom** zu bestimmen[284]. Die Unterhaltsansprüche sind insbesondere von *den ehegüterrechtlichen* abzugrenzen, die ausdrücklich vom Anwendungsbereich des LugÜ ausgeschlossen sind. Ehegüterrechtlich ist nicht nur, was in der nationalen Rechtsordnung ausdrücklich dem Normenkomplex der Güterstände zugeordnet werden kann. Einbezogen sind auch *die übrigen vermögensrechtlichen Verhältnisse, die sich unmittelbar aus der Ehe und deren Auflösung* ergeben[285]. 174

Für die Qualifikation als Unterhaltsansprüche massgebend ist nach dem EuGH der Umstand, dass die finanziellen Verpflichtungen – wie z.B. bei den *«prestations compensatoires»* des französischen Rechts – sich **nach den Bedürfnissen und Mitteln beider Parteien** bestimmen[286]. Bezwecken die Leistungen dagegen nur die *Aufteilung der Güter* zwischen den Ehegatten, so fliessen sie aus dem Ehegüterrecht, das vom Anwendungsbereich der LugÜ ausgeschlossen ist. Nach diesen Abgrenzungskriterien sind *Ansprüche aus Art. 125, 163, 164 und 276 ff. ZGB* als Unterhaltssachen zu betrachten[287]. 175

Fraglich ist die Einordnung **der Ansprüche gemäss Art. 165 ZGB.** Hier steht an sich die Entschädigungsfunktion im Vordergrund. Indessen ist auch hier ein *enger* Bezug zum Unterhalt in dem Sinne gegeben, dass mit 176

---

284 KROPHOLLER, Art. 5 Rz. 56.

285 EuGH 27.03.1979, Rs. 143/78, *de Cavel/de Cavel I,* Slg. 1979, 1055; EuGH 31.03.1982, Rs. 25/81, *W./H.,* Slg. 1982, 1189.

286 EuGH 06.03.1980, Rs. 120/79, *de Cavel/de Cavel II,* Slg. 1980, 731; kritisch dazu HAUSMANN 7.

287 BGer 03.06.2008, 5A_161/2008; SCHWANDER, in: SCHWANDER, LugÜ 72; zur Qualifikation der Entschädigungs- und Genugtuungsrente nach dem inzwischen aufgehobenen Art. 151 aZGB vgl. wiederum SCHWANDER, in: SCHWANDER, LugÜ 72.

Art. 165 ZGB unterschiedlich hohe Beitragsleistungen an den Familienunterhalt ausgeglichen werden, sodass den Ansprüchen nach Art. 165 ZGB in der Lehre zu Recht Unterhaltscharakter zugesprochen wird[288].

177 Als Unterhaltssache im Sinne des LugÜ ist auch der **Prozesskostenvorschuss** anzusehen[289]. Die **Schuldneranweisung** (Art. 177, 132 Abs. 1 und Art. 291 ZGB) ist eine zivilrechtliche Massnahme und keine Zwangsvollstreckungsmassnahme[290].

178 Der in einem Vertrag festgesetzte Unterhalt untersteht dem Art. 5 Nr. 2, – entsprechend der Rechtslage beim Haager Übereinkommen über das auf Unterhaltspflichten anzuwendende Recht vom 2. Oktober 1973[291] – soweit darin ein dem Grunde nach durch einen familienrechtlichen Status schon begründeter Anspruch nur näher *konkretisiert* wird. Wenn hingegen eine *gesetzlich nicht vorgesehene* Unterhaltspflicht *vertraglich begründet* wird, so ist die Vertragszuständigkeit gemäss Art. 5 Nr. 1 anwendbar[292].

179 Im Weiteren erfasst Art. 5 Nr. 2 Unterhaltsansprüche, **unabhängig** davon, ob die Unterhaltspflicht durch *periodische Zahlungen* oder durch *eine Kapitalleistung* zu erfüllen ist[293].

c) Anwendung auf Verfahren vor Verwaltungsbehörden

180 In Unterhaltssachen erweiterte Art. Va Abs. 1 des Protokolls Nr. 1 zum aLugÜ dessen Anwendungsbereich für Dänemark, Island und Norwegen über die eigentliche Gerichtsbarkeit auf Verfahren vor Verwaltungsbehörden. Neu sieht Art. 62 vor, dass die Bezeichnung «Gericht» jede Behörde umfasst, die von einem LugÜ-Staat als für die in den Anwendungsbereich des LugÜ fallenden Rechtsgebiete zuständig bezeichnet worden ist. Die Zuständigkeitsregelung von Art. 5 Nr. 2 gilt daher auch für **Verwaltungsbehörden**, die Entscheidungen über Unterhaltsansprüche treffen.

---

288 SCHWANDER, in: SCHWANDER, LugÜ 72 f.; DONZALLAZ Rz. 929.
289 A.A. JAYME/KOHLER 346.
290 OGer ZH 21.05.2010, ZR 2010, 70; ebenso bezüglich der Rechtsnatur nach schweizerischem Recht BK-HAUSHEER/REUSSER/GEISER, Art. 177 ZGB Rz. 19; a.A. BGE 134 III 667 E. 1.1.
291 SR 0.211.213.01.
292 KROPHOLLER, Art. 5 Rz. 56; SCHWANDER, in: SCHWANDER, LugÜ 73.
293 KROPHOLLER, Art. 5 Rz. 56.

2. Persönlicher Anwendungsbereich

181 Art. 5 Nr. 2 unterscheidet nach seinem Wortlaut nicht danach, wer gegen wen klagt. Es stellt sich daher die Frage, ob die besonderen Zuständigkeiten gemäss Art. 5 Nr. 2 auch dem **Unterhaltsschuldner** für Klagen gegen den *Unterhaltsberechtigten* zur Verfügung stehen. Da Art. 5 Nr. 2 bezweckt, dem Unterhaltsberechtigten die Verfolgung seiner Ansprüche zu erleichtern, können die besonderen Zuständigkeiten gemäss Art. 5 Nr. 2 nur vom Unterhaltsberechtigten beansprucht werden[294]. Das ist insbesondere dann bedeutsam, wenn der Unterhaltsschuldner *auf Herabsetzung von Unterhaltsbeiträgen* klagt. Der Unterhaltsschuldner kann nur am Wohnsitz (Art. 2) und nicht auch am gewöhnlichen Aufenthalt des Unterhaltsgläubigers bzw. bei dem für den Statusprozess zuständigen Gericht klagen. Zur Abänderungsklage s. Rz. 198.

III. Zuständigkeitsanknüpfung

1. Allgemeines

182 Art. 5 Nr. 2 lit. a sieht die Zuständigkeit des Gerichts des Ortes vor, an dem der Unterhaltsberechtigte *seinen Wohnsitz* oder ***seinen gewöhnlichen Aufenthalt*** hat. Im Weiteren regeln Art. 5 Nr. 2 lit. b und c den **Annexgerichtsstand** für Unterhaltssachen, über die im Zusammenhang mit einem Verfahren in Bezug auf den Personenstand bzw. auf die elterliche Verantwortung zu entscheiden ist. Diese Zuständigkeiten kommen *neben* dem allgemeinen Gerichtsstand am Wohnsitz des Beklagten zur Anwendung. Art. 5 Nr. 2 eröffnet sowohl die *internationale* als auch die *örtliche* Zuständigkeit für Unterhaltssachen.

183 Möglich ist es, die Zuständigkeit durch **Gerichtsstandsvereinbarung** und *Einlassung* zu begründen[295]. Zulässig ist auch eine *Schiedsklausel*.

2. Wohnsitz und gewöhnlicher Aufenthalt des Unterhaltsberechtigten

184 Die Unterhaltsklage kann vor dem Gericht *am Ort des Wohnsitzes* des Unterhaltsberechtigten erhoben werden. Der Begriff des Wohnsitzes richtet

---

[294] Kropholler, Art. 5 Rz. 64; Dasser/Oberhammer-Oberhammer, Art. 5 Rz. 109; a.A. MüKoZPO-Gottwald, Art. 5 Rz. 49.

[295] BSK IPRG-Courvoisier, Art. 46 Rz. 31; Dasser/Oberhammer-Oberhammer, Art. 5 Rz. 111.

sich nach Art. 59. Ferner sieht Art. 5 Nr. 2 **den Gerichtsstand am gewöhnlichen Aufenthalt** des Unterhaltsberechtigten vor. Damit wird die Parallelität mit den erwähnten Haager Unterhaltsübereinkommen hergestellt[296].

185 Das LugÜ definiert den Begriff des gewöhnlichen Aufenthaltes nicht näher. Eine gemeinsame Kollisionsregel wie Art. 59 ist ebenfalls nicht vorgesehen. Da die Angleichung an *die Haager Unterhaltsübereinkommen* bezweckt wird, liegt die Übernahme der Auslegung des gewöhnlichen Aufenthaltes gemäss diesen Übereinkommen nahe[297]. Als gewöhnlicher Aufenthalt gilt daher der Ort, an dem sich **der tatsächliche Mittelpunkt der Lebensführung** befindet[298]. Als Beurteilungskriterien sind zu nennen: familiäre und berufliche Bindung, Sprachkenntnisse und die Existenz einer Wohnung am Aufenthaltsort[299]. Als ungeeignete Kriterien werden die polizeiliche Anmeldung, die Staatsangehörigkeit oder der schliche Aufenthalt im Aufenthaltsstaat angesehen[300]. Bei längerem Verbleib an einem Ort (über 6 Monate) ist der gewöhnliche Aufenthalt in der Regel nur zu verneinen, wenn sehr deutliche Kriterien dagegen sprechen, dass sich der temporäre Lebensmittelpunkt der betroffenen Person an diesem Ort befindet[301].

186 Zu beachten ist, dass die Qualifikation **nach dem IPRG** von jener nach dem LugÜ bzw. nach den Haager Unterhaltsübereinkommen[302] abweicht und insofern nicht zu beachten ist[303]. Anders ist es, wenn man *eine einheitliche Auslegung* postuliert und auch bei der Auslegung von Art. 20 Abs. 1 lit. b IPRG vermehrt auf das qualitative Kriterium des Daseinsmittelpunktes abstellt[304].

3. Annexzuständigkeit

187 Mit dem 2. Beitrittsübereinkommen zum EuGVÜ wurde für die Unterhaltsklage eine **Annexzuständigkeit** eingeführt, die in einzelnen nationa-

---

[296] Bericht JENARD zu Art. 5 Nr. 2; KROPHOLLER, Art. 5 Rz. 59; s. auch Rz. 170.

[297] SCHWANDER, in: SCHWANDER, LugÜ 72; KROPHOLLER, Art. 5 Rz. 59.

[298] BGer 23.12.2009, 5A_432/2009, E. 5.3; BGE 110 II 122.

[299] DASSER/OBERHAMMER-OBERHAMMER, Art. 5 Rz. 117.

[300] DASSER/OBERHAMMER-OBERHAMMER, Art. 5 Rz. 117.

[301] DASSER/OBERHAMMER-OBERHAMMER, Art. 5 Rz. 118.

[302] Haager Übereinkommen über das auf Unterhaltspflichten anzuwendende Recht vom 2. Oktober 1973 (SR 0.211.213.01); Haager Übereinkommen über die Anerkennung und Vollstreckung von Unterhaltsentscheidungen vom 2. Oktober 1973 (SR 0.211.213.02).

[303] ACOCELLA, Internationale Zuständigkeit 74; SCHWANDER, IPR AT Rz. 210.

[304] DASSER/OBERHAMMER-OBERHAMMER, Art. 5 Rz. 114.

len Rechtsordnungen bereits bekannt war. Sie ist auch in das LugÜ übernommen worden. Eine Person, die ihren Wohnsitz in einem LugÜ-Staat hat, kann nach Art. 5 Nr. 2 lit b und c in einem anderen LugÜ-Staat verklagt werden, wenn es sich um eine Unterhaltssache handelt, die *im Zusammenhang* mit einem Verfahren in Bezug auf den Personenstand (lit. a; Ehescheidung, Vaterschaft) oder in Bezug auf die elterliche Verantwortung (lit. c) zu entscheiden ist, vor dem *nach seinem Recht* für dieses Verfahren zuständigen Gericht, es sei denn, diese Zuständigkeit beruhe *lediglich* auf der Staatsangehörigkeit einer der Parteien.

Die internationale Zuständigkeit für das Verfahren über den Personenstand bzw. über die elterliche Verantwortung und die Möglichkeit bzw. Notwendigkeit der Entscheidung über den Unterhalt in diesen Verfahren richten sich **nach nationalem Recht** – unter dem *Vorbehalt*, dass die Zuständigkeit nicht lediglich auf der Staatsangehörigkeit einer der Parteien beruht. Der Vorbehalt bezweckt, die *exorbitanten* Zuständigkeiten nach Art. 3, welche weiterhin zur Anwendung kommen, da die Verfahren über Statussachen und über die elterliche Verantwortung vom Anwendungsbereich des LugÜ ausgeklammert sind (Art. 1 Abs. 2 lit. a), auch im Falle des *Verfahrensverbundes* auszuschliessen. 188

In der Schweiz gründet die internationale Zuständigkeit und die Möglichkeit bzw. die Notwendigkeit des Verfahrensverbundes in Scheidungssachen *auf Art. 63 i.V.m. Art. 59 und 60 IPRG*. Wegen des ausdrücklichen Vorbehalts im LugÜ stellt sich die Frage, ob eine Annexzuständigkeit **am subsidiären Heimatgerichtsstand gemäss Art. 60 IPRG** beansprucht werden kann. Sind beide Ehegatten Schweizerbürger, so beruht die Heimatzuständigkeit nicht nur auf dem Schweizer Bürgerrecht *der einen Partei*, sondern sie kann aus demjenigen beider Parteien hergeleitet werden, weshalb die Unterhaltsansprüche am Heimatgerichtsstand schon aus diesem Grunde geltend gemacht werden können[305]. Eine Annexzuständigkeit ist aber auch dann gegeben, wenn die Heimatzuständigkeit auf der schweizerischen Staatsangehörigkeit nur einer der Parteien beruht, denn selbst in diesem Falle hängt die Zuständigkeit *von der Unmöglichkeit bzw. Unzumutbarkeit* der Klageerhebung am ausländischen Wohnsitz eines der Ehegatten ab. Somit hängt die Zuständigkeit von der Verwirklichung *mehrerer* tatbestand- 189

[305] Gl.M. FamKomm Scheidung/Jametti Greiner, Anh. IPR Rz. 80; MüKoZPO-Gottwald, Art. 5 Rz. 46.

licher Voraussetzungen ab, von denen nur eine die inländische Nationalität einer der beiden Ehegatten ist[306]. Entsprechend besteht im Kindsrecht eine Annexzuständigkeit zu Art. 67 IPRG[307].

190 Desgleichen kann eine Annexzuständigkeit auf **den Klägergerichtsstand gemäss Art. 59 lit. b IPRG** abgestützt werden. Auch hier wird die schweizerische Staatsangehörigkeit des Klägers *und* dessen *Wohnsitz* in der Schweiz vorausgesetzt. Allerdings kommt es dann nicht auf die Annexzuständigkeit an, da für die Beurteilung der Unterhaltsansprüche bereits der Wohnsitz des Klägers zuständigkeitsbegründend ist.

191 Als Beispiele für die Nichtanwendbarkeit der Annexzuständigkeit in **anderen** LugÜ-Staaten sind zu erwähnen: *Art. 15 belgischer Code civil*, *Art. 14 und 15 französischer* und luxemburgischer *Code civil*. Diese vom LugÜ nicht ausgeschlossenen und aufgrund des Statusprozesses eröffneten Zuständigkeiten würden ohne Vorbehalt des Art. 5 Nr. 2 lit. b a.E. ebenfalls für die mit der Statussache verbundene Unterhaltsklage gelten.

192 Soweit der Vorbehalt eingreift, darf das Scheidungsgericht nicht auch über die im Scheidungsverfahren geltend gemachten Unterhaltsansprüche entscheiden, weil es *bei Beklagtenwohnsitz* in einem LugÜ-Staat dafür international **nicht** zuständig ist[308]. Der *Verfahrensverbund* wird *aufgehoben* und der Unterhaltsprozess kann nur vor einem nach dem LugÜ zuständigen Gericht durchgeführt werden[309].

193 Durch die **Auflösung des Verfahrensverbundes** wird allerdings die Annexzuständigkeit ihrer praktischen Bedeutung beraubt und die Heimatzuständigkeit entwertet, wenn sie bei gemischt-nationalen Ehen auf die Staatsangehörigkeit einer der Parteien gestützt wird[310]. Zudem ergeben sich *Nachteile* für den *Unterhaltsgläubiger*, da die Anerkennung eines isolierten Unterhaltsurteils in Konflikt mit einem im Anerkennungsstaat ergangenen oder anerkannten bzw. nicht anerkannten Scheidungsurteils geraten kann[311]. Ferner muss er *nachteilige zeitliche Verzögerungen* in

---

[306] Kropholler, Art. 5 Rz. 61; Candrian 37; a.A. Dasser/Oberhammer-Oberhammer, Art. 5 Rz. 120; Walter 200; FamKomm Scheidung/Jametti Greiner, Anh. IPR Rz. 81.

[307] A.A. Dasser/Oberhammer-Oberhammer, Art. 5 Rz. 120.

[308] Dasser/Oberhammer-Oberhammer, Art. 5 Rz. 121.

[309] Kropholler, Art. 5 Rz. 63; a.A. Poudret 71.

[310] Walter 200.

[311] S. Rz. 82; kritisch auch Jayme 17 ff.; Acocella, Buchbesprechung Jayme/Picchio Forlati 705.

Kauf nehmen, wenn das Recht des Vollstreckungsstaates eine formelle Anerkennung des Scheidungsurteils voraussetzt. Immerhin sind die nationalen Scheidungsgerichte nach Art. 31 weiterhin für den Erlass *vorläufiger Unterhaltsentscheidungen* zuständig, sodass wenigstens für die Dauer des Scheidungsverfahrens die diesbezügliche Zuständigkeit des Scheidungsrichters gegeben ist[312].

4. Zuständigkeit für die Regressklage, insbesondere des Gemeinwesens

194 Die meisten Rechtsordnungen der LugÜ-Staaten sehen die *Bevorschussung von Unterhaltsbeiträgen* für nicht oder nicht rechtzeitig bezahlte Unterhaltsbeiträge durch das Gemeinwesen vor. Das vorleistende Gemeinwesen erhält dann einen **Rückgriffsanspruch** gegen den säumigen Unterhaltsschuldner. Der Erstattungsanspruch ist in den verschiedenen Rechtsordnungen unterschiedlich geregelt. Er kann – wie in der Schweiz (Art. 289 Abs. 2 ZGB) und in Deutschland «vielfach üblich»[313] – durch *Legalzession* entstehen oder er kann – wie im Vereinigten Königreich – *ein selbständiger Rückerstattungsanspruch* sein[314].

195 Nach dem Bericht Schlosser zum EuGVÜ soll der Rückerstattungsanspruch des Gemeinwesens in beiden Fällen unter das Übereinkommen fallen, auch dann, wenn der selbständige Anspruch auf *Verwaltungsrecht* oder auf *Vorschriften der sozialen Sicherheit* beruht[315]. Von einer Zivilsache kann lediglich dann gesprochen werden, wenn der Rückgriffsanspruch **zivilrechtlich** geregelt ist.

196 Der Zweck der Zuständigkeitsbestimmung von Art. 5 Nr. 2 besteht darin, dem Unterhaltsberechtigten die Verfolgung seiner Ansprüche zu erleichtern. Dieser Zweck passt auf **die Rückforderungsklage des Gemeinwesens** nicht[316]. Deshalb begründet Art. 5 Nr. 2 für Regressforderungen *keine* Zuständigkeit der Gerichte *am Wohnsitz des Unterhaltsberechtigten* oder gar *am Sitz der Behörde*. Der EuGH hat in seiner Entscheidung in der Rechtssache *Freistaat Bayern/Blijdenstein* ausgeführt, dass die öffentliche

312 Walter 200 f.; MüKoZPO-Gottwald, Art. 5 EuGVÜ Rz. 46.
313 MüKo-Siehr, Art. 18 Anh. I Rz. 184.
314 Kropholler, Art. 5 Rz. 65.
315 Bericht Schlosser Rz. 97.
316 Kropholler, Art. 5 Rz. 65; Geimer/Schütze, Art. 5 Rz. 194; a.A. Brückner 154 f.

Einrichtung, die gegen einen Unterhaltsverpflichteten eine Regressklage erhebt, sich diesem gegenüber nicht *in einer unterlegenen Position* befinde[317]. Der *Unterhaltsberechtigte* befinde sich auch nicht mehr *in einer schwierigen finanziellen Situation*, da sein Bedarf durch die Leistung der öffentlichen Einrichtung gedeckt worden sei.

197 Die Argumentation des EuGH gilt auch **für andere Regressberechtigte**, wie unterstützungspflichtige Verwandte, da diese nicht in gleicher Weise schutzbedürftig sind wie der Unterhaltsberechtigte. Zum einen ist dieser durch Leistung von Unterhaltszahlungen bereits befriedigt und zum anderen setzt die Pflicht zur Leistung von Unterhalt in der Regel die Leistungsfähigkeit des Verpflichteten voraus[318].

5. Abänderungsklagen

198 Das Gericht, das zuerst den Unterhaltsbetrag festgesetzt hat, ist aufgrund des LugÜ nicht ohne weiteres zuständig, über dessen Änderung zu befinden. Eine **Abänderungszuständigkeit**, ähnlich derjenigen nach Art. 64 Abs. 1 IPRG, kennt das LugÜ nicht. Eine Abänderungsklage in Unterhaltssachen ist daher vor dem Gericht anzubringen, das *nach den allgemeinen Zuständigkeitsbestimmungen*, also nach Art. 2 und Art. 5 Nr. 2 zuständig ist[319]. Dementsprechend kann der Unterhaltsberechtigte eine Abänderungsklage am Wohnsitz des Schuldners oder am eigenen Wohnsitz bzw. gewöhnlichen Aufenthalt erheben; der Unterhaltsschuldner hingegen kann nur den Gerichtsstand am Wohnsitz des Unterhaltsberechtigten gemäss Art. 2 beanspruchen. Soweit es sich um eine Abänderung im Rahmen *eines gewöhnlichen Rechtsmittelverfahrens* handelt, sind die Gerichte des Erststaates zuständig[320]. Wird hingegen die Abänderungsklage nach dem nationalen Recht zwar als Rechtsbehelfsverfahren angesehen, ist sie je-

[317] EuGH 15.01.2004, Rs. C-433/01, *Freistaat Bayern/Blijdenstein,* Slg. 2004 I 981; vgl. auch EuGH 17.09.2009, Rs. C-347/08, *Vorarlberger Gebietskrankenkasse/WGV-Schwäbische Allgemeine Versicherungs AG,* Slg. 2009 I 8661, Rz. 41 ff.

[318] Kropholler, Art. 5 Rz. 65; Rauscher-Leible, Art. 5 Rz. 67; Differenzierend Geimer/Schütze, Art. 5 Rz. 162: Art. 5 Nr. 2 EuGVVO einschränkend nur auf nicht schutzbedürftige Zessionare anwendbar; a.A. Dasser/Oberhammer-Oberhammer, Art. 5 Rz. 108.

[319] Geimer/Schütze, Art. 5 Rz. 195; Kropholler, Art. 5 Rz. 66.

[320] Rauscher-Leible, Art. 5 Rz. 69.

doch vom alten Verfahren *abgetrennt*, so muss die Zuständigkeit anhand von Art. 2 bzw. Art. 5 Nr. 2 neu beurteilt werden[321].

IV. Anerkennung und Vollstreckung

Ein am Gerichtsstand für Unterhaltsklagen gefälltes Urteil wird **ohne Nachprüfung** der internationalen Zuständigkeit des Erststaates in allen LugÜ-Staaten anerkannt. Obwohl die ratio von Art. 5 Nr. 2 teilweise ebenfalls auf dem Schutz *der schwächeren Partei* beruht, darf in Unterhaltssachen anders als in Versicherungs- und Verbrauchersachen die Zuständigkeit des Entscheidungsgerichts nach Art. 35 Abs. 3 nicht überprüft werden. 199

Dem Richter ist es im Anerkennungsstadium verwehrt, darüber zu entscheiden, ob der zugesprochene Unterhaltsbetrag noch **angemessen** ist[322]. Verlangt der Unterhaltsverpflichtete etwa die *Herabsetzung der Unterhaltsbeiträge*, so hat er dies nach Massgabe der Zuständigkeitsvorschriften des LugÜ am Wohnsitz des Unterhaltsberechtigten mittels der Abänderungsklage anzubegehren[323]. 200

Da im Exequaturverfahren **das Verbot der sachlichen Nachprüfung** der ausländischen Entscheidung gilt, kann auch keine Abänderung durch eine *Widerklage* oder *Vollstreckungsabwehrklage* verlangt werden[324]. 201

Der Anerkennung einer **Abänderungsentscheidung** in einem anderen LugÜ-Staat kann nicht die Unvereinbarkeit mit einer in diesem Staat ergangenen Erstentscheidung gemäss Art. 34 Nr. 3 entgegengehalten werden. Diese dient ja als *Ausgangsentscheidung* für die Abänderung, sodass die Abänderungsentscheidung als Ergänzung der Erstentscheidung anzusehen ist[325]. 202

Soweit eine Entscheidung Leistungen zum Gegenstand hat, die *sowohl unterhalts- als auch ehegüterrechtliche Elemente* enthalten, kann sie **teilweise** vollstreckt werden, wenn aus der Entscheidung *klar* hervorgeht, welchem der beiden Elemente die verschiedenen Teile der angeordneten Leistung jeweils zugeordnet sind[326]. 203

---

321 GEIMER/SCHÜTZE, Art. 5 Rz. 196; KROPHOLLER, Art. 5 Rz. 66; OGH 09.04.2002, ZfRV, 111, 114.
322 Bericht SCHLOSSER Rz. 105.
323 KROPHOLLER, Art. 5 Rz. 70.
324 KROPHOLLER, Art. 5 Rz. 70.
325 KROPHOLLER, Art. 5 Rz. 71.
326 EuGH 27.02.1997, Rs. C-220/95, *van den Boogaard/Laumen,* Slg. 1997 I 1147.

D. Zuständigkeit für Klagen aus unerlaubter Handlung

I. Normzweck

204 Klagen aus unerlaubter Handlung können nach Art. 5 Nr. 3 – wie in den meisten LugÜ-Staaten – «vor dem Gericht des Ortes, an dem das schädigende Ereignis eingetreten ist oder einzutreten droht», erhoben werden. Diese besondere Zuständigkeit gründet – wie die Zuständigkeit am Erfüllungsort – auf **einer besonderen Nähe** der Streitigkeit zu dem zur Entscheidung berufenen Gericht. Die besonders enge Beziehung zwischen der Streitigkeit und dem Gericht des Ortes, an dem das schädigende Ereignis eingetreten ist, rechtfertigt – so der EuGH – aus Gründen einer geordneten Rechtspflege und einer sachgerechten Gestaltung des Prozesses eine Zuständigkeit dieser Gerichte. Das Gericht des Ortes, an dem das schädigende Ereignis eingetreten ist, sei nämlich besonders wegen *der Nähe zum Streitgegenstand* und *der leichteren Beweisaufnahme* in der Regel am besten in der Lage, den Rechtsstreit zu entscheiden.

205 Nebst der Beweisnähe geht es wie beim Gerichtsstand des Erfüllungsortes auch bei demjenigen des Deliktsortes letzten Endes um **einen gerechten Ausgleich** zwischen den *Zuständigkeitsinteressen* des Klägers und des Beklagten. Der Wohnsitz des Schädigers ist für den Geschädigten nicht voraussehbar, weshalb es für ihn nicht zumutbar ist, an dessen Wohnsitz zu klagen. Andererseits wird mit der Klagemöglichkeit des Geschädigten am Ort des schädigenden Ereignisses auch kein Klägergerichtsstand statuiert, weshalb auch der Beklagte nicht an einem für ihn unzumutbaren Ort gerichtspflichtig wird.

II. Anwendungsbereich

1. Sachlicher Anwendungsbereich

a) Qualifikation

206 Als Deliktsklagen, für welche eine besondere Zuständigkeit im Sinne von Art. 5 Nr. 3 gegeben ist, gelten Klagen, die «eine unerlaubte Handlung» oder «eine Handlung, die einer unerlaubten Handlung gleichgestellt ist», bzw. «Ansprüche aus einer solchen Handlung» zum Gegenstand haben. Der weite Wortlaut der Bestimmung weist darauf hin, dass nicht einfach

auf den *Begriff der unerlaubten Handlung* der *lex fori* abzustellen ist. Er ist – wie der entsprechende Vertragsbegriff in Art. 5 Nr. 1 – **vertragsautonom** zu bestimmen. Gemäss EuGH müsse sichergestellt werden, dass sich aus dem Übereinkommen für die Vertragsstaaten und die betroffenen Personen soweit wie möglich *gleiche und einheitliche Rechte und Pflichten* ergeben; die Auslegung habe in erster Linie die Systematik und die Zielsetzung des Übereinkommens zu berücksichtigen[327].

Dagegen kann nicht eingewendet werden, dass es problematisch sei, die Zuständigkeitsfrage **losgelöst vom anwendbaren Recht** zu entscheiden. Eine vertragsautonome Auslegung sei nur dort vertretbar und sinnvoll, wo im Rahmen der *lex causae keine klare Abgrenzung* vorliege. Das sei etwa der Fall bei der *culpa in contrahendo,* deren Rechtsnatur in den LugÜ-Staaten umstritten sei[328]. Indessen rechtfertigt sich nicht, die Abgrenzung der *lex causae* zu überantworten, geht es doch immer um den Anwendungsbereich der *vereinheitlichen* Zuständigkeitsregeln[329]. 207

Nach der Rechtsprechung des EuGH ist ein Gericht gemäss Art. 5 Nr. 3 EuGVÜ (heute EuGVVO bzw. LugÜ) für alle Klagen zuständig, mit denen eine **Schadenshaftung** des Beklagten geltend gemacht wird und *die nicht an einen Vertrag* im Sinne von Art. 5 Nr. 1 anknüpfen[330]. Massgebendes Abgrenzungskriterium ist daher für den EuGH, ob *eine freiwillig eingegangene* Verpflichtung vorliegt (s. dazu Rz. 30). Zudem wird nach der Rechtsprechung des EuGH für eine Haftung aus unerlaubter Handlung *ein ursächlicher Zusammenhang* zwischen dem Schaden und dem zugrunde liegenden Ereignis vorausgesetzt[331]. 208

b) Unerlaubte Handlung

Bereits der Wortlaut von Art. 5 Nr. 3 weist **auf einen weiten Deliktsbegriff** hin. Neben den unerlaubten Handlungen hebt Art. 5 Nr. 3 ausdrücklich auch die Handlungen hervor, die ihnen *gleichgestellt* sind. Zudem findet nach dem EuGH, wie erwähnt, Art. 5 Nr. 3 EuGVÜ bzw. EuGVVO und entsprechend auch Art. 5 Nr. 3 LugÜ *auf jegliche ausservertragliche* Schadenshaftung Anwendung. Vom Begriff der unerlaubten Handlungen 209

[327] EuGH 27.08.1988, Rs. 189/87, *Kalfelis/Schröder,* Slg. 1988, 5565 Rz. 15.
[328] Schlosser 65 ff.; Geimer/Schütze, Art. 5 Rz. 16; Schwander, in: Schwander, LugÜ 74 f.
[329] Schack Rz. 291; Kropholler, Art. 5 Rz. 5.
[330] EuGH 27.08.1988, Rs. 189/87, *Kalfelis/Schröder,* Slg. 1988, 5565.
[331] EuGH 30.11.1976, Rs. 21/76, *Bier/Mines de Potasse d'Alsace,* Slg. 1976, 1735 Rz. 15/19.

werden daher nicht nur die klassischen Delikte des allgemeinen Schuldrechts erfasst, sondern auch *die Kausal- und Gefährdungshaftungen* der Spezialgesetze. Auf das Verschulden kommt es also nicht an. Überhaupt sind alle ausservertraglichen Schädigungen, wie Strassenverkehrsunfälle, Kapitalanlagedelikte, unlautere Wettbewerbshandlungen, Kartellverstösse, Umweltbeeinträchtigungen, Verletzungen von Immaterialgüterrechten, Persönlichkeitsverletzungen (inkl. Gegendarstellungsanspruch) und Schäden aus Arbeitskämpfen von Art. 5 Nr. 3 erfasst[332].

210 Unter Art. 5 Nr. 3 fallen auch Verstösse gegen Schutznormen und Klagen, mit denen **reine Vermögensschäden** geltend gemacht werden.

211 Der Deliktsgerichtsstand steht auch bei mittels **Internet** begangenen Delikten zur Verfügung, wobei hier deren Eigenheiten bei der Bestimmung der Zuständigkeit besondere Probleme aufwerfen (s. Rz. 243, 257 ff.).

212 Art. 5 Nr. 3 ist auch auf Beseitigungs- und Unterlassungsklagen aus **Eigentumsüberschreitung** anwendbar. Es handelt sich um deliktische Klagen. Der ausschliessliche Gerichtsstand gemäss Art. 22 ist nicht einschlägig. Bei der Beurteilung von Ansprüchen aus Immissionen geht es nämlich *nicht* um die Regelung dinglicher Rechte, vielmehr hat die dingliche Natur des Rechts an einer unbeweglichen Sache in diesem Zusammenhang nur insoweit eine Bedeutung, als sich die Ansprüche aus Besitz und Eigentum ableiten[333]. Der EuGH hat in der Rechtssache *Land Oberösterreich*[334] in diesem Sinne entschieden und eine *Immissionsabwehrklage* nicht als Klage im Sinne von Art. 16 Nr. 1 lit. a EuGVÜ (heute Art. 22 EuGVVO bzw. Art. 22 LugÜ) betrachtet.

213 Art. 5 Nr. 3 erfasst auch **Nebenansprüche**, wie z.B. den Auskunftsanspruch, sowie Ausgleichs- und Rückgriffsansprüche bei einer Mehrzahl Haftpflichtiger.

214 Ausgehend von einem weiten Vertragsbegriff sind Ansprüche aus ***culpa in contrahendo*** – wie bereits ausgeführt – wegen ihrer Nähe zum Vertrag bzw. zum Vertragsschluss als vertraglich zu qualifizieren (Rz. 52 f.). Der EuGH stellt hingegen ganz auf *das äusserliche Kriterium* ab, ob eine

[332] Rauscher-Leible, Art. 5 Rz. 79.

[333] BSK IPRG-Fisch, Art. 97 Rz. 6; BSK IPRG-Dasser, Art. 138 Rz. 27; Rauscher-Leible, Art. 5 Rz. 80; vgl. auch Rauscher-Mankowski, Art. 22 Rz. 12b.

[334] EuGH vom 18.05.2006, Rs. C-343/04, *Land Oberösterreich/ČEZ,* Slg. 2006 I 4557.

freiwillig eingegangene Verpflichtung vorliege, und wendet auf einen Anspruch auf Schadenersatz wegen des ungerechtfertigten Abbruchs von Vertragsverhandlungen Art. 5 Nr. 3 an, sofern nicht bereits ein Vertrag geschlossen worden ist oder in einer vorvertraglichen Vereinbarung Verhandlungspflichten übernommen wurden[335]. Aufgrund dieser Rechtsprechung ist davon auszugehen, dass für die Verletzung von *Schutzpflichten* ebenfalls Art. 5 Nr. 3 zur Anwendung kommt, was m.E. nicht sachgerecht ist.

Vertragsähnliche Verhältnisse werden nicht von Art. 5 Nr. 3 erfasst (s. Rz. 52 ff.). So fallen Ansprüche aus der **Rechtsscheinshaftung** etwa nicht unter Art. 5 Nr. 3, sondern unter Art. 5 Nr. 1 (Rz. 55). 215

Die **Produktehaftung** ist *deliktsrechtlich* zu qualifizieren (dazu Rz. 56). Die verschuldensunabhängige Produktehaftung gemäss EU-Produktehaftungsrichtlinie fällt unter den Begriff einer Handlung, die nach Art. 5 Nr. 3 einer unerlaubten Handlung gleichgestellt ist. 216

Wegen dieses Hinweises sind alle **Gefährdungshaftungen** unter den Deliktsbegriff zu subsumieren[336]. 217

Der EuGH hat im Weiteren in seinem Entscheid in der Rechtssache *Reichert II* festgehalten, dass die **Gläubigeranfechtungsklage** des französischen Rechts nicht als Deliktsklage betrachtet werden kann. Sie ist nicht auf Schadensausgleich gerichtet, sondern zielt darauf ab, die Wirkungen der Verfügungshandlung gegenüber dem Gläubiger zu beseitigen[337]. 218

Bereicherungsansprüche fallen nicht unter Art. 5 Nr. 3[338]. Soweit sie im Rahmen der *Rückabwicklung von Verträgen* entstehen, werden sie von Art. 5 Nr. 1 erfasst (Rz. 45 f.). Der Gerichtsstand gemäss Art. 5 Nr. 3 steht selbst dann nicht zur Verfügung, wenn Ansprüche aus *Eingriffskondiktion* geltend gemacht werden, denn hier steht die Rückgängigmachung der Bereicherung und nicht der Schadenersatz im Vordergrund[339]. 219

Beruht die Vergütungspflicht auf Gesetz (z.B. Art. 20 Abs. 2 URG für die Vervielfältigung von Werkexemplaren in Betrieben) und ist sie nicht die *Folge* einer unerlaubten Handlung, so geht es nicht um Schadenshaftung. 220

[335] EuGH 17.09.2002 Rs. C-334/00, *Tacconi/Wagner,* Slg. 2002 I 7357 Rz. 25.
[336] KROPHOLLER, Art. 5 Rz. 74; DONZALLAZ Rz. 5083.
[337] EuGH 26.03.1992, Rs. C-261/90, *Reichert/Dresdner Bank II,* Slg. 1992 I 2149 Rz. 19.
[338] DONZALLAZ Rz. 5085.
[339] KROPHOLLER, Art. 5 Rz. 75.

Das Fundament der Klage ist die Durchsetzung des **gesetzlichen** Anspruchs auf Leistung der Vergütung und nicht die unerlaubte Handlung[340]. Art. 5 Nr. 3 ist zwar auf jede *ausservertragliche Schadenshaftung*, nicht aber auf *sämtliche* ausservertraglichen Ausgleichsansprüche anwendbar[341].

221 Das Vorliegen einer unerlaubten Handlung am Handlungs- und Erfolgsort stellt **eine doppelrelevante Tatsache** dar. Das angerufene Gericht hat also nur zu prüfen, ob sich aus dem klägerischen Sachvortrag *schlüssig*[342] ergibt, dass die behauptete Handlung als unerlaubte Handlung zu qualifizieren ist und *der Deliktsort im Gerichtsbezirk* liegt[343]. Der Kläger hat auch einen vom Handlungsort abweichenden Erfolgsort schlüssig darzutun, andernfalls nur auf den Handlungsort abgestellt wird[344].

c) Klageart

222 Als Deliktsklagen kommen nicht nur Schadenersatzklagen, sondern ebenfalls **Beseitigungs- und Unterlassungsklagen** in Betracht. Wie beim Gerichtsstand des Vertragserfüllungsortes ist auch am Gerichtsstand des Deliktsortes **eine negative Feststellungsklage** des Schädigers möglich[345]. Auch ihm steht wie dem Geschädigten ein *Wahlrecht* zwischen Handlungs- und Erfolgsort zu, zumindest wenn eine besondere Beweis- und Sachnähe des angerufenen Gerichts besteht[346]. Dies gilt grundsätzlich auch für die

---

340 BGE 134 III 214, 216 ff.; 124 III 370, 373.

341 BGE 133 III 282, 289; 125 III 346, 348. EuGH 20.01.2005, Rs. C-27/02, *Engler/Janus Versand GmbH,* Slg. 2005 I 481 Rz. 29; Kubis 110.

342 Weitergehend das Bundesgericht, der in einigen Entscheiden von «einer gewissen Wahrscheinlichkeit» *(«avec une certaine vraisemblance»)* spricht (BGE 131 III 153 E. 5.1); In BGE 136 III 486 E. 4 wurde die Rechtsprechung jedoch präzisiert und das Erfordernis einer gewissen Wahrscheinlichkeit des Tatsachenvortrages auf Ausnahmefälle (rechtsmissbräuchliche Zuständigkeitsbegründung) beschränkt. In BGE 137 III 32 E. 2.4.2 wird der Begriff der Plausibilität verwendet. Erscheint das Vorliegen eines Deliktes als ausgeschlossen, kann das Gericht seine Zuständigkeit ablehnen (BGE 136 III 486 E. 4; BGer 21.11.2006, 5C.124/2006 E. 2).

343 BGE 131 III 153 E. 5.1; 125 III 346 E. 4c/aa; HGer SG 16.08.2005, HG 2004.53 E. 4; HGer ZH 11.7. 1994, SZIER 1996, 74; Kropholler, Art. 5 Rz. 94; Rauscher-Leible, Art. 5 Rz. 77; BSK IPRG-Umbricht/Zeller, Art. 129 Rz. 34.

344 BGE 125 III 103, 107 f.

345 EuGH 06.12.1994, Rs. C-406/92, *Tatry/Maciej Rataj,* Slg. 1994 I 5439 Rz. 37 ff.; BGer 24.04.2007, 4C.40/2007 E. 7.4.2; BGE 133 III 282 E. 4 f.; 125 III 346 E. 4b; Donzallaz Rz. 5121.

346 Rauscher-Leible, Art. 5 Rz. 82; Kropholler, Art. 5 Rz. 93; BGE 133 III 282 E. 4; 125 III 346 E. 4b; Kritisch zum Erfordernis der konkreten Sach- und Beweisnähe im Falle der negativen Feststellungsklage Dasser/Oberhammer-Oberhammer, Art. 5 Rz. 124.

Feststellungsklage in Patentsachen, wo die Gefahr einer missbräuchlichen Berufung auf die Rechtshängigkeitssperre nach Art. 27 in besonderer Weise droht[347].

d) Präventivklage

Bei Art. 5 Nr. 3 aLugÜ war angesichts seines Wortlautes («des Ortes, an dem das schädigende Ereignis *eingetreten ist»)* umstritten, ob auch der Ort, an dem das schädigende Ereignis *einzutreten droht*, zuständigkeitsbegründend war[348]. Diese Frage ist im LugÜ wie in der EuGVVO mit der Ergänzung, «oder einzutreten droht» *ausdrücklich* geregelt worden. Schon vor Inkrafttreten der EuGVVO hatte der EuGH **die vorbeugende Unterlassungsklage** zugelassen. Er berief sich u.a. auf die Neuregelung in der EuGVVO und wies darauf hin, dass auch das Gericht des Ortes, an dem das schädigende Ereignis einzutreten drohe, wegen der *Sach- und Beweisnähe* am besten in der Lage sei, den Rechtsstreit zu entscheiden[349]. Die Deliktszuständigkeit für vorbeugende Unterlassungsklagen setzt aber voraus, dass genügend *konkrete Anhaltspunkte* für den drohenden Schadenseintritt vorliegen. Die unbestimmte Möglichkeit des Schadenseintritts genügt nicht. 223

Das **Einstellen** deliktischen Handelns lässt die einmal begründete Zuständigkeit nicht entfallen[350]. 224

Vorbeugender Rechtsschutz kann dazu dienen, die Veröffentlichung eines beleidigenden Druckwerkes zu verhindern oder den Handel mit Waren zu verbieten, die unter Verletzung von Vorschriften *des unlauteren Wettbewerbs* oder des Immaterialgüterrechts hergestellt oder angeboten werden. In diesem Bereich spielt auch der **einstweilige Rechtsschutz** eine grosse Rolle. Dieser richtet sich nach Art. 31, wonach nebst der übereinkommensrechtlichen Zuständigkeitsordnung auch das nationale Recht anwendbar ist und dieses in der Regel die vorbeugende Unterlassungsklage zulässt. Der Gerichtsstand gemäss Art. 5 Nr. 3 ist daher praktisch bedeutsam, wenn es um ein *Hauptverfahren* geht[351]. 225

---

[347] KROPHOLLER, Art. 5 Rz. 78, Art. 27 Rz. 11.

[348] KROPHOLLER, Art. 5 Rz. 76.

[349] EuGH 01.10.2002, Rs. C-167/00, *Verein für Konsumenteninformation/Henkel,* Slg. 2002 I 8111 Rz. 48; EuGH 05.02.2004, Rs. C-18/02, *DFDS Torline/SEKO,* Slg. 2004 I 1417 Rz. 33.

[350] EuGH 05.02.2004, Rs. C-18/02, *DFDS Torline/SEKO,* Slg. 2004 I 1417 Rz. 37.

[351] GEIMER/SCHÜTZE, Art. 5 Rz. 230.

226 Am Gerichtsstand des Deliktsortes können auch vorbeugende Unterlassungsklagen von **Verbraucherschutzverbänden** auf Untersagung der *Verwendung missbräuchlicher Klauseln* durch einen Gewerbetreibenden in Verträgen mit Privatpersonen erhoben werden. Es geht um eine ausservertragliche Haftung, da der Verbraucherschutzverband *nicht Partei* des Vertrages ist bzw. – bei vorbeugender Klage – eines künftigen Vertrages wird[352]. Der Begriff des schädigenden Ereignisses ist im Übrigen weit zu verstehen und erfasst im Bereich des Verbraucherschutzes nicht nur individuelle Schäden einzelner, sondern auch Angriffe auf die Rechtsordnung durch die Verwendung missbräuchlicher Klauseln, was zu verhindern gerade die Aufgabe der Verbraucherschutzorganisationen ist[353].

2. Der räumlich-persönliche Anwendungsbereich

227 Wie beim Gerichtsstand des Erfüllungsortes setzt die Anwendbarkeit von Art. 5 Nr. 3 voraus, dass der *Beklagte* seinen Wohnsitz in einem **anderen** LugÜ-Staat hat. Nicht anwendbar ist der Gerichtsstand des Deliktsortes, wenn sich sowohl der Wohnsitz des Beklagten als auch der Deliktsort im *gleichen* LugÜ-Staat befinden oder wenn einer dieser Anknüpfungspunkte in einem *Nicht-LugÜ-Staat* liegt.

3. Parteien

228 Der Gerichtsstand des Deliktsortes steht unabhängig von der Person des Klägers oder des Beklagten zur Verfügung. Art. 5 Nr. 3 ist auch anwendbar, wenn die Klage nicht vom Verletzten, sondern vom *Rechtsnachfolger* oder vom *Rückgriffsberechtigten* erhoben wird. Umgekehrt ist auch nicht relevant, ob sich die Klage gegen den Haupttäter, einen *Mittäter*, *Anstifter* oder *Gehilfen*, oder deren Rechtsnachfolger richtet[354]. Die Deliktszuständigkeit gilt für alle Personen, die *nach materiellen Recht* für andere haften, wie z.B. für den Geschäftsherrn.

229 Auch die **Direktklage** des Geschädigten gegen den *Haftpflichtversicherer*, sofern sie zulässig ist, kann am Ort der unerlaubten Handlung erhoben wer-

[352] EuGH 01.10.2002, Rs. C-167/00, *Verein für Konsumenteninformation/Henkel,* Slg. 2002 I 8111 Rz. 48.

[353] EuGH 01.10.2002, Rs. C-167/00, *Verein für Konsumenteninformation/Henkel,* Slg. 2002 I 8111 Rz. 48.

[354] GEIMER/SCHÜTZE, Art. 5 Rz. 236; BGE 133 III 282 E. 5.2.

den. Die Zuständigkeit beruht in diesem Fall auf Art. 10 (Art. 11 Abs. 2). Sie kommt neben denjenigen von Art. 8 und 9 *alternativ* zur Anwendung. Insbesondere kann der Geschädigte die Direktklage auch an seinem Wohnsitz erheben (Art. 11 Abs. 2 i.V.m. Art. 9 Abs. 1 lit. b)[355].

III. Zuständigkeitsanknüpfung

1. Autonome Bestimmung des Deliktsortes

Nach Art. 5 Nr. 3 ist das Gericht am Ort zuständig, an dem das schädi- 230
gende Ereignis eingetreten ist oder einzutreten droht. Der EuGH hat zum entsprechenden Begriff im EuGVÜ entschieden, dass mit dem Ort, an dem das schädigende Ereignis eingetreten ist, sowohl **der Ort des Schadenseintritts** als auch **der Ort des ursächlichen Geschehens** gemeint ist[356]. Damit ist klargestellt, dass eine Deliktsklage auch am Gerichtsstand des *Handlungsortes* erhoben werden kann. Nichts anderes gilt für die EuGVVO bzw. für das LugÜ. Geregelt wird sowohl die *internationale* als auch die *örtliche* Zuständigkeit[357].

Der Deliktsort wird grundsätzlich **autonom** bestimmt. Dennoch kommt 231
das angerufene Gericht nicht umhin, auch die *lex causae* zu berücksichtigen, denn Handlungs- und Erfolgsort des in Frage kommenden Delikts hängen von der in Frage kommenden Tathandlung ab[358]. Nicht mehr zur Zuständigkeitsprüfung gehört die Frage, unter welchen *Voraussetzungen* das ursächliche Ereignis gegenüber dem Betroffenen als schädigend angesehen werden kann, bzw. welche *Beweise* der Kläger dem angerufenen Gericht vorlegen muss, damit dieses über die Begründetheit der Klage entscheiden kann. Diese Fragen sind allein nach dem vom Kollisionsrecht des Gerichtsstaates berufenen Recht zu beurteilen, soweit dessen Anwendung die praktische Wirksamkeit des LugÜ nicht beeinträchtigt[359].

---

[355] EuGH 13.12.2007, Rs. C-463/06, *FBTO Schadeverzekeringen/Odenbreit,* Slg. 2007 I, 11321, Rz. 26 ff.; Rauscher-Staudinger, Art. 11 Rz. 6; Heiss 75; Eichenberger Rz. 21 f.; Rodriguez, Direktklage 16.

[356] EuGH 30.11.1976, Rs. 21/76, *Bier/Mines de Potasse d'Alsace,* Slg. 1976, 1735, Rz. 24 f.; EuGH 16.07.2009, Rs. C-189/08, *Zuid-Chemie/Philippo's Mineralenfabriek,* Slg. 2009 I, 6917, Rz. 23.

[357] BGE 125 III 346 E. 4b; BGer 24.4.2007, 4C.40/2007 E. 7.1; Rauscher-Leible, Ar. 5 Rz. 75.

[358] Schack Rz. 339; BSK IPRG-Umbricht/Zeller, Art. 129 IPRG Rz. 4; BGer 21.11.2006, 5C.124/2006 E. 2.3.

[359] EuGH 07.03.1995, Rs. C-68/93, *Shevill/Presse Alliance,* Slg. 1995 I 415 Rz. 39.

232 Fallen Handlungs- und Erfolgsort auseinander, wendet der EuGH das **Ubiquitätsprinzip** an, wonach dem Kläger ein Wahlrecht zusteht. Der EuGH sieht die Begründung darin, dass die besondere Deliktszuständigkeit auf einer engen Verbindung des Rechtsstreites mit dem angerufenen Gericht beruhe und dass je nach Sachlage sowohl der Ort des Schadenseintritts als auch der Ort des ursächlichen Geschehens eine solche Verbindung begründen würden. Es sei nicht angebracht, sich nur für einen der erwähnten Anknüpfungspunkte zu entscheiden und den anderen auszuschliessen. Jeder von beiden könne je nach Lage des Falles für *die Beweiserhebung* und für *die Gestaltung des Prozesses* in eine besonders sachgerechte Richtung weisen. Die Anknüpfung allein an den Ort der Verwirklichung des Schadenserfolges würde einen besonders nahen Gerichtsstand ausschliessen und umgekehrt würde die alleinige Massgeblichkeit des Ortes des ursächlichen Geschehens das sach- und beweisnahe Gericht von der Zuständigkeit ausschliessen und zusätzlich in einer beträchtlichen Anzahl von Fällen dazu führen, dass die in Art. 2 und 5 Nr. 3 EuGVÜ (heute EuGVVO bzw. LugÜ) vorgesehenen Gerichtsstände zusammenfielen, womit die letztere Bestimmung insoweit ihre praktische Wirksamkeit verlieren würde.

233 Der EuGH hat sich schliesslich auch des *rechtsvergleichenden* Argumentes bedient, wonach die nationale Gesetzgebung und Rechtsprechung der Vertragsstaaten beiden Anknüpfungsmerkmalen nebeneinander Raum gäben[360]. Die Nachteile eines möglichen *forum shopping* wertet der EuGH nicht als so gravierend, dass man genötigt sei, sich entweder für den einen oder für den anderen Ort zu entscheiden.

2. Handlungsort

234 Handlungsort i.S.v. von Art. 5 Nr. 3 ist der Ort, an dem eine unerlaubte Handlung ganz oder teilweise **ausgeführt** wird[361]. Nach der Rechtsprechung des EuGH ist Handlungsort der Ort des ursächlichen Geschehens, bzw. der Ort, an dem das schadensbegründende Geschehen seinen Ausgang nahm[362].

---

[360] EuGH 30.11.1976, Rs. 21/76, *Bier/Mines de Potasse d'Alsace,* Slg. 1976, 1735 Rz. 20/23; BGE 133 III 282 E. 4.1.

[361] Geimer/Schütze, Art. 5 Rz. 248.

[362] EuGH 07.03.1995, Rs. C-68/93, *Shevill/Presse Alliance,* Slg. 1995 I 415 Rz. 24; EuGH 05.02.2004, Rs. C-18/02, *DFDS Torline/SEKO,* Slg. 2004 I 1417 Rz. 41.

Blosse **Vorbereitungshandlungen** sind nicht zuständigkeitsbegründend[363]. Die Abgrenzung zum Handlungsort lässt sich nur im Einzelfall vornehmen. Richtschnur bildet die Frage, ob die Handlung *den Anfang einer unerlaubten Handlung* bildet oder eher unbedeutend ist und der Gerichtsstand am Ort dieser Handlung gegenüber anderswo vorgenommenen bedeutenden Handlungen als rein zufällig erscheint[364]. 235

Bei **teilweiser** Ausführung kann am Ort einer *jeden* Teilhandlung geklagt werden, es sei denn einer Teilhandlung komme ausschlaggebende Bedeutung zu[365]. Im Gegensatz zur Rechtslage bei der Klageerhebung an mehreren Erfolgsorten (s. Rz. 254 ff.) kann an jedem Handlungsort auf Ersatz des *Gesamtschadens* und nicht nur auf Ersatz des dort erlittenen Schadens geklagt werden[366]. 236

Die Beteiligung **mehrerer** Personen an einer unerlaubten Handlung begründet die Zuständigkeit auch am Handlungsort *aller* Personen, für deren Handlungen der Beklagte deliktisch verantwortlich gemacht wird (z.B. Haftung für Mittäter/Anstifter oder Haftung für Hilfspersonen). Es gibt keine Beschränkung der Gerichtspflichtigkeit dieser Personen nur auf den Ort ihres eigenen Tatbeitrages[367]. 237

Handlungsort ist bei **Unterlassungen** der Ort, an dem die unterlassene Handlung hätte ausgeführt werden sollen. 238

Bei **Unterlassungsansprüchen** liegt der zuständigkeitsbegründende Ort dort, wo eine Handlung droht oder bereits gehandelt wurde[368]. 239

Die Konkretisierung des Handlungsortes hat in Berücksichtigung der Eigenheiten des spezifischen Deliktes zu erfolgen. Bei **Ehrverletzungen**, die in mehreren Mitgliedstaaten durch die Medien, wie z.B. in Presseerzeugnissen, Fernseh- oder Radiosendungen, verbreitet werden, gilt der *Ort der Niederlassung des Herausgebers* bzw. *der Fernseh- oder Radioanstalt* als 240

---

363 BGE 133 III 282 E. 5.2; 131 III 153 E. 6.2; 125 III 346 E. 4c/aa; BGer. 15.06.2004, 4C.98/2003, E. 2.2; Geimer/Schütze, Art. 5 Rz. 250.

364 BSK IPRG-Umbricht/Zeller, Art. 129 Rz. 22.

365 BGE 125 III 346 E. 4c/aa; Dasser/Oberhammer-Oberhammer, Art. 5 Rz. 142; Rauscher-Leible, Art. 5 Rz. 88c.

366 Dasser/Oberhammer-Oberhammer, Art. 5 Rz. 142.

367 Dasser/Oberhammer-Oberhammer, Art. 5 Rz. 142; Geimer/Schütze, Art. 5 Rz. 250; a.A. Rauscher-Leible, Art. 5 Rz. 88c.

368 EuGH 05.02.2004, Rs. C-18/02, *DFDS Torline/SEKO,* Slg. 2004 I 1417 Rz. 41.

Handlungsort. Der EuGH hat dies in seinem Entscheid in der Rechtssache *Shevill* für eine in mehreren Vertragsstaaten verbreitete Presseveröffentlichung bestätigt und als Handlungsort nur den Ort der Niederlassung des Herausgebers angesehen, da hier das schädigende Ereignis *seinen Ausgang nahm* und von ihm aus die ehrverletzende Äusserung gemacht und in Umlauf gesetzt wurde[369]. Nicht Handlungs-, sondern allenfalls Erfolgsort ist der Ort, an dem das Presseerzeugnis z.B. durch Kioske verkauft wird.

241 Bei **Produktehaftungsklagen** aufgrund mehrerer ursächlicher Handlungen ist zu prüfen, ob der *Herstellungsort* oder der Ort des Inverkehrbringens durch den Hersteller als Handlungsort zu gelten hat. Massgeblich sollte Ersterer sein, da dort das schädigende Ereignis seinen Ausgang nahm. Zwar spricht für den Ort des Inverkehrbringens der Umstand, dass hier die entscheidende Ursache für eine spätere Schädigung gesetzt wurde, nicht aber die Sachnähe[370]. Allenfalls kann sich je nach Produktefehler eine *differenzierte* Betrachtungsweise aufdrängen[371]. Auf jeden Fall soll die Zahl der Gerichtsstände nicht unnötig erhöht werden, ohne dass dem eine besondere Beweisnähe als Vorteil gegenüberstünde[372].

242 Auf dem Gebiet des **Kartellprivatrechts** und des **unlauteren Wettbewerbs** ist ein Teil der Lehre der Auffassung, dass der Deliktsort (Handlungs- und Erfolgsort) als Erfolgsort i.S. des Auswirkungsprinzips zu verstehen ist[373]. Diese Einschränkung ist nicht sachgerecht und somit mit Art. 5 Nr. 3 unvereinbar[374]. Klagen, mit welchen kartellzivilrechtliche Ansprüche, z.B. aus unzulässiger Preisabsprache, geltend gemacht werden, können am Sitz des kartellrechtswidrig handelnden Unternehmens als dem Handlungsort eingereicht werden; nicht jedoch am oft zufälligen Ort der konkreten Preisabsprache oder am Ort, an dem vom Abnehmer der überhöhte Preis verlangt wurde[375]. Beim Letzteren ist zu untersuchen, ob er als Erfolgsort im Sinne des Auswirkungsprinzips gelten kann (s. Rz. 253).

---

369 EuGH 07.03.1995, Rs. C-68/93, *Shevill/Presse Alliance,* Slg. 1995 I 415 Rz. 24.

370 Schack Rz. 341; a.A. Rauscher-Leible, Art. 5 Rz. 88; Je nach Produktefehler kann sich allenfalls eine differenzierte Betrachtungsweise aufdrängen, Schwander, Besprechung 124.

371 Schwander, Besprechung 124.

372 Schack Rz. 341.

373 Schnyder, Wirtschaftskollisionsrecht Rz. 106; Schack Rz. 340.

374 BSK IPRG-Dasser, Art. 136 Rz. 26, Art. 137 Rz. 30; BGer 05.05.2006, 4C.329/2005 E. 2.1.

375 Rauscher-Leible, Art. 5 Rz. 88a; BSK IPRG-Dasser, Art. 137 Rz. 30.

Bei mittels **Internet** begangenen Delikten ist der Handlungsort dort zu lokalisieren, wo die eine Rechtsgutverletzung bewirkenden Daten in das Internet *eingespeist* werden. Unmassgeblich ist der Ort, an dem eine ehrverletzende oder wettbewerbswidrige Website *entwickelt* wird, da dies nur eine *Vorbereitungshandlung* darstellt. Ebenso wenig kommt es auf den Serverstandort, auf dem die Daten gespeichert werden, an, da der Internetanbieter, auf dessen Handlung es ankommen soll, diesen meistens gar nicht kennt und er aus seiner Sicht vielfach *zufällig* erscheint[376]. 243

3. Erfolgsort

Nebst dem Handlungsort ist auch der **Erfolgsort** zuständigkeitsbegründend. Dieser ist in den Worten des EuGH der Ort, «an dem die schädigenden Auswirkungen des haftungsauslösenden Ereignisses zu Lasten des Betroffenen eintreten»[377]. Gemeint ist damit der Ort, an dem das geschützte Rechtsgut verletzt wurde[378]. Der Ort, an dem es in der Folge zu *weiteren Schäden* kommt oder an dem *der Schaden festgestellt* wird, ist nicht zuständigkeitsbegründend. Die Erweiterung der Zuständigkeit auf diese Orte wird vom Sinn und Zweck von Art. 5 Nr. 3 nicht mehr gedeckt, denn dort fehlt es an der Sach- und Rechtsnähe. Zudem würde der Deliktsgerichtsstand einem Klägergerichtsstand angenähert, da die weiteren Schäden häufig am Wohnsitz des Geschädigten und Klägers auftreten[379]. Ein gerechter Ausgleich zwischen den Zuständigkeitsinteressen des Klägers und des Beklagten wäre nicht mehr gewährleistet und der Wohnsitzgerichtsstand übermässig eingeschränkt[380]. Andererseits ist der Erfolgsort nicht mit dem Ort zu verwechseln, an dem sich das Ereignis verwirklicht, das zu einem Schaden an einem Erzeugnis *selbst* geführt hat. Hierbei handelt es sich um den Handlungsort. *Erfolgsort* ist hingegen der Ort, an dem das auslösende Ereignis seine schädigende Wirkung entfaltet, d.h. sich der durch das fehlerhafte Erzeugnis verursachte Schaden konkret zeigt; der Ort also, an dem 244

[376] RAUSCHER-LEIBLE, Art. 5 Rz. 88b.

[377] EuGH 07.03.1995, Rs. C-68/93, *Shevill/Presse Alliance,* Slg. 1995 I 415 Rz. 24.

[378] BGer 15.06.2004, 4C.98/2003, E. 2.2; BGer 24.04.2007, 4C.40/2007 E. 7.4.1.

[379] EuGH 11.01.1990, Rs. 220/88, *Dumez France/Hessische Landesbank,* Slg. 1990 I 49 Rz. 19; EuGH 19.09.1995, Rs. C-364/93, *Marinari/Lloyd's Bank,* Slg. 1995 I 2719 Rz. 21; EuGH 10.06.2004, Rs. C-168/02, *Kronhofer/Maier,* Slg. 2004 I 6009 Rz. 20.

[380] KROPHOLLER, Art. 5 Rz. 87.

«der ursprüngliche Schaden beim gewöhnlichen Gebrauch des Erzeugnisses für seinen bestimmungsgemässen Zweck» eintritt[381].

245 Bei einem Strassenverkehrsunfall in einem LugÜ-Staat bildet die dort erlittene **Körperverletzung** die Rechtsgutverletzung. Das Entstehen der Behandlungskosten aufgrund dieser Körperverletzung in einem anderen LugÜ-Staat begründet keine Zuständigkeit dieses Staates, vielmehr sind die Behandlungskosten am Unfallort geltend zu machen[382]. Desgleichen begründet der Tod einer Person, der auf einen Verkehrsunfall in einem LugÜ-Staat zurückgeht, an ihrem Sterbeort in einem anderen LugÜ-Staat keinen neuen Erfolgsort[383].

246 Als **Folgeschaden** wurde vom EuGH der vom einem Geschädigten geltend gemachte Schaden angesehen, der ihm in Italien durch die Auflösung mehrerer Verträge und die Schädigung seines Rufes entstanden war und den der Geschädigte auf den in England – aufgrund einer dort erfolgten rechtswidrigen Beschlagnahme von Eigenwechseln – erlittenen *Erstschaden* zurückführte[384].

247 Der weitere Schadensort ist auch dann nicht massgebend, wenn die *lex causae* Schadenersatz *unabhängig* von der konkreten Rechtsgutverletzung gewährt, wie etwa das französische und italienische Recht. Deshalb kann der Geschädigte nicht wählen zwischen dem Ort des ursächlichen Geschehens und dem Ort, an dem der ihm entstandene Vermögensschaden eingetreten ist. Die Zuständigkeitsvorschriften hängen nicht vom in der Sache anwendbaren Recht ab und die Anknüpfung an dieses Recht widerspräche dem Ziel, *sichere* und *voraussehbare* Zuständigkeitszuweisungen festzulegen, denn dann würde die Bestimmung des zuständigen Gerichts von ungewissen Umständen wie dem Ort, an dem der Geschädigte eventuelle

---

[381] EuGH 16.07.2009, Rs. C-189/08, *Zuid-Chemie/Philippo's Mineralenfabriek,* Slg. 2009 I, 6917, Rz. 27, 32. Der EuGH liess die Frage mangels Relevanz offen, ob für die Anwendung von Art. 5 Nr. 3 vorausgesetzt sei, dass der ursprüngliche Schaden in körperlichen Personen- und Sachschäden bestehen müsse oder es sich auch (zunächst) um einen reinen Vermögensschaden handeln könne (EuGH 16.07.2009, Rs. C-189/08, *Zuid-Chemie/Philippo's Mineralenfabriek,* Slg. 2009 I, 6917, Rz. 35 f.).

[382] Kropholler, Art. 5 Rz. 81.

[383] Schlosser, Art. 5 Rz. 19; Schack Rz. 342; Rauscher-Leible, Art. 5 Rz. 86 Fn. 423. Ebenso können die mittelbar Geschädigten nur am Unfallort klagen (Schack Rz. 342); s. auch Rz. 262.

[384] EuGH 19.09.1995, Rs. C-364/93, *Marinari/Lloyd's Bank,* Slg. 1995 I 2719 Rz. 21.

Folgeschäden an seinem Vermögen erlitten hat, und von dem anwendbaren System der zivilrechtlichen Haftung abhängen[385].

Bei **reinen Vermögensschäden** bereitet die Bestimmung des *Erfolgsortes* Schwierigkeiten. Es stellt sich insbesondere die Frage, ob der Erfolgsort am Ort, an dem sich das geschädigte Vermögen befindet, oder am Wohnsitz des Geschädigten als am Ort des *Mittelpunktes seines Vermögens* zu lokalisieren ist. Der EuGH hat sich in seiner Entscheidung in der Rechtssache *Kronhofer* für erstere Lösung entschieden[386]. Es ging um eine in Österreich eingereichte Schadenersatzklage gegen diverse Beklagte in Deutschland. Sie stützte sich darauf, dass die Beklagten den Käufer dazu verleitet hätten, Call-Options-Geschäfte abzuschliessen, ohne ihn über die Risiken eines solchen Geschäfts aufzuklären. Er hatte das Geld auf ein Anlegerkonto in Deutschland überwiesen und anschliessend durch die riskanten Geschäfte der Beklagten verloren. Der EuGH hielt fest, dass der Deliktsgerichtsstand nur in dem Vertragsstaat gegeben sei, in dem das ursächliche Geschehen stattgefunden habe und der Schaden eingetreten sei, d.h. sämtliche Tatbestandsmerkmale der Haftung sich verwirklicht hätten. Für eine Deliktszuständigkeit *am Wohnsitz des Anlegers* bestehe unter dem Gesichtspunkt der Beweiserhebung und der Prozessgestaltung kein Bedürfnis. Eine solche Zuständigkeit würde von ungewissen Umständen wie dem Ort des Mittelpunkts des Vermögens des Geschädigten abhängig gemacht und liefe folglich einem der Ziele des Übereinkommens zuwider, nämlich den Rechtsschutz der in der Gemeinschaft ansässigen Personen dadurch zu stärken, dass ein Kläger ohne Schwierigkeiten festzustellen vermag, welches Gericht er anrufen kann, und dass einem verständigen Beklagten erkennbar wird, vor welchem Gericht er verklagt werden kann. 248

Die Massgeblichkeit der Belegenheit des konkret verletzten Vermögens im Zeitpunkt der unerlaubten Handlung kann nicht immer überzeugen[387]. Zum einen lassen sich die konkret verletzten Vermögenswerte nicht immer *vom übrigen Vermögen* abgrenzen und hinreichend lokalisieren, was vom Bundesgericht für die Begründung des Erfolgsortes am Sitz der verletzten Vermögenswerte als Voraussetzung angesehen wird[388]. Zum anderen er- 249

[385] EuGH 19.09.1995, Rs. C-364/93, *Marinari/Lloyd's Bank,* Slg. 1995 I 2719 Rz. 19.

[386] EuGH 10.06.2004, Rs. C-168/02, *Kronhofer/Maier,* Slg. 2004 I 6009 Rz. 18.

[387] Rauscher-Leible, Art. 5 Rz. 86b.

[388] BGer 05.06.2008, 4A_8/2008 E. 2.2; BGE 133 III 323 E. 2.3; BGer 07.06.2004, 5P.414/2003, E. 3.2.2; BGE 125 III 103 E. 2b/bb, 3a.

öffnet die Anknüpfung an die Teilvermögensbelegenheit die Möglichkeit weitreichender Manipulationen durch den Schädiger.

250 Es rechtfertigt sich daher eine differenzierte Betrachtungsweise. Für **Betrugsfälle** sollte als Erfolgsort der Ort gelten, an welchem der Geschädigte über sein Vermögen verfügt hat[389]. Hier kann bereits die *Geldüberweisung* als Erfolgs- bzw. als Erstschadensort und nicht als Ort, an dem bloss Folgenschäden eintreten, angesehen werden. Er befindet sich als der Ort des Mittelpunktes seines Vermögens in der Regel am Wohnsitz des Geschädigten. Zutreffend wird darauf hingewiesen, dass eine auf diese Weise erfolgte Bestimmung des Erfolgsortes mit der Entscheidung des EuGH in der Rechtssache *Kronhofer* vereinbar ist. Der EuGH führt nämlich aus, dass sich die Wendung «Ort, an dem das schädigende Ereignis eingetreten ist» *nicht schon deshalb* auf den Ort des Klägerwohnsitzes, als Ort des Mittelpunkts seines Vermögens, beziehe, weil dem Kläger nach seinem Vorbringen durch Verlust von Vermögensbestandteilen in einem anderen Vertragsstaat ein finanzieller Schaden entstanden sei[390]. Falls daher *zusätzliche* Elemente für eine Anknüpfung an den Ort der Vermögenszentrale sprechen, sind diese zu berücksichtigen[391].

251 Nach einem Teil der Lehre soll allgemein oder in Fällen, in denen sich ein konkret verletzter Vermögenswert *nicht* feststellen lässt, **allein** auf den Handlungsort abgestellt werden[392]. Diese weitgehende Ausschaltung des Erfolgsortes geht, wie sich bereits am Beispiel der Betrugsfälle zeigt, m.E. zu weit. Grundsätzlich soll ein Klägergerichtsstand möglichst zurückgedrängt werden. Es gibt aber Fälle, in denen der Erfolgsort am Wohnsitz des Geschädigten zu lokalisieren ist, und es ist nicht einzusehen, weshalb in diesem Fall die Deliktszuständigkeit nicht bestehen soll[393]. Der Kläger hat in *schlüssiger* Weise einen vom Handlungsort abweichenden Erfolgsort darzutun[394].

---

389 BGer 05.06.2008, 4A_8/2008 E. 2.2; BGE 133 III 323 E. 2.3; BGer 07.06.2004, 5P.414/2003, E. 3.2.2; BGE 125 III 103 E. 2b/bb, 3a.

390 EuGH 10.06.2004, Rs. C-168/02, *Kronhofer/Maier,* Slg. 2004 I 6009 Rz. 21.

391 Rauscher-Leible, Art. 5 Rz. 86b.

392 Schack Rz. 345; Grolimund 968.

393 BGer 05.06.2008, 4A_8/2008 E. 2.2; BGH 06.11.2007, VI ZR 34/07 E. II.3b.

394 BGE 125 III 107 f.

Wie der Ort des weiteren Schadenseintrittes ist auch derjenige **der blossen Schadensfeststellung** nicht zuständigkeitsbegründend[395]. Bei einem kombinierten See-Landtransport ist der Ort, an dem der *tatsächliche Verfrachter* die Waren dem Empfänger auszuliefern hat, massgebend, denn nur dieser Ort genügt den vom LugÜ aufgestellten Erfordernissen der *Voraussehbarkeit* und *Gewissheit* und weist eine besonders *enge Beziehung* zum Rechtsstreit auf. Da sich bei einem solchen internationalen Transport der Ort des ursächlichen Geschehens nur schwer feststellen lässt, stellt der EuGH weder auf den Ort der abschliessenden Auslieferung, der während des Transportes vom Empfänger noch einseitig geändert werden kann, noch auf denjenigen der Schadensfeststellung ab[396]. 252

Kartellrechtswidrige Preisabsprachen können aufgrund des *Marktauswirkungsprinzips* am Erfolgsort eingeklagt werden[397]. 253

Die Verbreitung von Druckerzeugnissen und von Radio- und Fernsendungen erfolgen vielfach in mehreren LugÜ-Staaten. Bei Verletzungshandlungen, wie z. B. bei **Ehrverletzungen,** kann der Erfolgsort entsprechend in *mehreren* LugÜ-Staaten liegen, da hier das Ansehen des Betroffenen beeinträchtigt wird. Weil das Argument der besonderen Sachnähe für die Gerichte aller Erfolgsorte gilt, kann nach dem EuGH auch an jedem dieser Orte geklagt werden. Dem Kläger steht hiermit eine Vielzahl von Gerichtsständen zur Verfügung. Um dennoch *ein Gleichgewicht der Kläger- und Beklagteninteressen* herbeizuführen und *ein forum shopping* zu verhindern, ist der EuGH vom Grundsatz, wonach am Deliktsort der gesamte Schaden geltend gemacht werden kann, abgewichen und hat entschieden, dass das Gericht am Erfolgsort nur für die Entscheidung über den Ersatz des Teils des Gesamtschadens zuständig ist, der in dem Staat des angerufenen Gerichts verursacht worden ist. Dem Nachteil, dass derselbe Rechtsstreit durch mehrere Gerichte beurteilt wird und widersprüchliche Entscheidungen drohen, begegnet der EuGH damit, dass der Kläger stets die Möglichkeit habe, den gesamten Schaden am Handlungsort oder am Wohnsitz des Beklagten geltend zu machen[398]. 254

---

[395] Kropholler, Art. 5 Rz. 89.

[396] EuGH 27.10.1998, Rs. C-51/97, *Réunion européenne/Spliethoff's Bevrachtingskantoor,* Slg. 1998 I 6511 Rz. 33 ff.

[397] Rauscher-Leible, Art. 5 Rz. 88a; BSK IPRG-Dasser, Art. 137 Rz. 30.

[398] EuGH 07.03.1995, Rs. C-68/93, *Shevill/Presse Alliance,* Slg. 1995 I 415 Rz 24 ff.; Kropholler, Art. 5 Rz. 84.

255 Dieses sog. **Mosaikprinzip** gilt nicht nur bei Schadenersatzansprüchen, sondern auch für *Unterlassungs- und Beseitigungsansprüche* sowie für *Anträge auf einstweiligen Rechtsschutz*[399]. Es ist allerdings fraglich, ob mit dem Mosaikprinzip wirklich ein sachgerechter Interessenausgleich zwischen Kläger und Beklagtem verwirklicht wird. Der Deliktsgerichtsstand wird durch die eingeschränkte Wahlmöglichkeit seiner *praktischen* Bedeutung beraubt. Die *Zersplitterung des Gerichtsstandes* ist auch dem Beklagten nicht zuzumuten, da er unter Umständen mit einer Vielzahl von Prozessen konfrontiert wird. Wenn die besondere Sachnähe des entscheidenden Gerichts hervorgehoben wird, dann ist dem entgegen zu halten, dass die Sachnähe hinsichtlich des Gesamtschadens am Handlungsort ebenfalls nicht weiterreicht als bei den jeweiligen Erfolgsorten. Zudem kann die *Schätzung* des national begrenzten Anteils am Gesamtschaden unter Umständen sehr schwierig sein[400].

256 Die Argumente der besonderen Sachnähe und der Vermeidung des *forum shopping* gelten auch für andere **Streudelikte**, wie z.B. für Urheberrechts- oder Wettbewerbsverletzungen. Daher ist anzunehmen, dass der EuGH das für Persönlichkeitsverletzungen entwickelte Mosaikprinzip auch auf andere Streudelikte übertragen wird[401].

257 Bei den mittels **Internet** begangenen Delikten handelt es sich ebenfalls um Streudelikte, für welche das *Mosaikprinzip* gilt. Zudem sind die Eigenheiten des Mediums zu berücksichtigen. Es stellt sich nämlich die Frage, ob der Erfolgsort an allen Orten angenommen werden kann, an denen die Webseite *abrufbar* ist. Dies würde zu einer *weltweiten* Gerichtspflichtigkeit führen, was dem Ziel des LugÜ widerspricht, sichere und voraussehbare Zuständigkeiten zu statuieren. Ferner sollen die Interessen des Beklagten berücksichtigt werden, was nur durch eine sinnvolle Begrenzung der Wahlmöglichkeiten des Klägers erreicht werden kann. Interessengerecht erscheint daher, den Erfolgsort dort zu lokalisieren, wo sich der Internetauftritt bestimmungsgemäss auswirken soll[402].

---

399 Schlosser, Art. 5 Rz. 20; Rauscher-Leible, Art. 5 Rz. 92.

400 Ebenfalls kritisch Dasser/Oberhammer-Oberhammer, Art. 5 Rz. 140.

401 Cass. 16.07.1997, Forum Int. R., 86; a.A. OGer. ZH 26.03.2004, sic! 2004, 793 ff.

402 Rauscher-Leible, Art. 5 Rz. 86e; vgl. auch BGer 06.03.2007, 4C.341/2005 E. 4; S. auch die Vorabentscheidungsersuchen des BGH vom 09.12.2009, Rs. C-509/09, *eDateAdvertising GmbH/X* (ABl. C 134 vom 22.05.2010, 14 f.), des *Tribunal de grande instance de Paris* vom 06.04.2010, Rs. C-161/10, *Martinez, Martinez/MGN* (ABl. C 148 vom 05.06.2010, 21 f.) und

Als Anhaltspunkte für die Konkretisierung dienen z.B. die verwendete Sprache, die Preisangabe in bestimmter Währung, Angaben über den Empfängerkreis, an den sich der Internet-Auftritt richtet, usw. Eine Beschränkung des Verbreitungsgebietes durch *Disclaimer*, mit dem der Internetanbieter ankündigt, Personen in einem bestimmten Land nicht zu beliefern, muss ausdrücklich und klar erfolgen. Zudem hat sich der Internetanbieter tatsächlich daran zu halten[403]. Eine Einschränkung der Deliktszuständigkeit auf das Verbreitungsgebiet, in dem der ***Geschädigte*** seinen Wohnsitz hat, ist abzulehnen[404]. 258

Bei *Kennzeichenverletzungen* und *Wettbewerbsverstössen* im Internet wird aufgrund des **Auswirkungsprinzip** der Erfolgsort dort zu lokalisieren sein, wo überhaupt eine Wettbewerbssituation besteht, also dort, wo die wettbewerbsrechtlichen Interessen der Mitbewerber aufeinander stossen[405]. 259

Für Klagen aus Verletzung von Immaterialgüterrechten gilt aufgrund des **Territorialitätsprinzips**, dass Handlungs- und Erfolgsort zusammenfallen und im *Schutzstaat* liegen. Eine ausserhalb des Schutzlandes vorgenommene Handlung kann ein inländisches Schutzrecht nicht verletzen, weil eben die Wirkungen des Immaterialgüterrechts auf den Schutzstaat beschränkt sind[406]. 260

Bei **mittelbarer Schädigung** liegt gemäss EuGH der zuständigkeitsbegründende Ort des Schadenseintritts nicht am Wohnsitz des mittelbar Geschädigten, sondern allein am Wohnsitz *des unmittelbar Geschädigten*[407]. Es ging in casu um die Schadenersatzklage einer Muttergesellschaft mit Sitz in Frankreich. Diese war dadurch geschädigt worden, dass eine deutsche Bank die in Deutschland domizilierte Tochtergesellschaft geschädigt hatte und dieser Schaden *mittelbar* bei der Muttergesellschaft zu Buche schlug. Die Deliktszuständigkeit für eine Klage der *Muttergesellschaft* be- 261

---

des Landgerichts Regensburg vom 11.06.2010, Rs. C-292/10 (ABl. C 346 vom 18.12.2010, 23 f.), mit denen dem EuGH verschiedene Fragen im Zusammenhang mit der Bestimmung des Deliktsortes bei Internetpressedelikten vorgelegt wurden.

403 Rauscher-Leible, Art. 5 Rz. 86e.

404 Kropholler, Art. 5 Rz. 86; Schack Rz. 343; a.M. Kubis 250.

405 Rauscher-Leible, Art. 5 Rz. 86d.

406 BGE 132 III 778 E. 3; Rauscher-Leible, Art. 5 Rz. 85a. Zur Anwendbarkeit von Art. 5 Nr. 3 auf Verletzungsklagen im Bereich Immaterialgüterrechte s. BGer 24.04.2007, 4C.40/2007, E. 7.3.

407 EuGH 11.01.1990, Rs. 220/88, *Dumez France/Hessische Landesbank,* Slg. 1990 I 49; HGer ZH 22.02.2000, ZR 2000, 244 ff.

findet sich nicht etwa an ihrem Sitz in Frankreich, sondern am Sitz der Tochtergesellschaft in Deutschland[408]. Gemäss EuGH weise der Sitz mittelbar Geschädigter keinen Bezug zu den Haftungsvoraussetzungen auf, so dass es an der Sachnähe fehle. Die Wohnsitzzuständigkeit dürfe nicht grundlos eingeschränkt werden. Zudem gelte es, die Vermehrung der zuständigen Gerichte zu verhindern.

262 Aus den gleichen Gründen können die geschädigten Verwandten eines **Unfallopfers** den Versorgerschaden oder die Genugtuung *nicht* an ihrem Wohnsitz, sondern nur am *Unfallort* oder am Wohnsitz des Beklagten geltend machen[409].

IV. Einzelfragen

1. Anspruchskonkurrenz

263 Nach der Rechtsprechung des EuGH können am Gerichtsstand des Deliktsortes nur deliktische Ansprüche geltend gemacht und beurteilt werden[410]. Die Deliktszuständigkeit ist im Falle der **Anspruchskonkurrenz** daher empfindlich eingeschränkt. Vertragliche Ansprüche sind am Gerichtsstand des Erfüllungsortes geltend zu machen. Zur Begründung hat der EuGH angeführt, dass die besonderen Zuständigkeiten als Ausnahmen vom Grundsatz des *actor sequitur forum rei restriktiv* auszulegen seien. Es sei nachteilig, wenn über die einzelnen Aspekte eines Rechtsstreites von verschiedenen Gerichten entschieden wird, doch habe es der Kläger in der Hand, seine Klage unter *sämtlichen* Gesichtspunkten vor das Gericht des Wohnsitzes des Beklagten zu bringen. Widersprechende Entscheidungen können unter Umständen über Art. 28 vermieden werden.

264 Die Argumentation des EuGH für die Ablehnung einer Zuständigkeit zur Beurteilung von deliktischen und **vertraglichen** Ansprüchen am Deliktsgerichtsstand, wonach die besonderen Zuständigkeiten als Ausnahmen vom Grundsatz der Wohnsitzzuständigkeit einschränkend auszulegen seien, wurde bereits bei der umgekehrten Frage, ob der Richter am Vertragsgerichtsstand auch deliktische Ansprüche beurteilen kann, als ungenügend bewertet (Rz. 165). Die massgebende Interessenlage ist hier indessen eine

[408] KROPHOLLER, Art. 5 Rz. 91.
[409] KROPHOLLER, Art. 5 Rz. 91; SCHLOSSER, Art. 5 Rz. 19; SCHACK Rz. 342; s. auch Rz. 245.
[410] EuGH 27.08.1988, Rs. 189/87, *Kalfelis/Schröder,* Slg. 1988, 5565.

andere. Der Interessenausgleich zwischen Kläger und Beklagtem erfordert *keine gemeinsame Behandlung* aller Ansprüche am Gerichtsstand des Deliktsortes, da die Deliktshandlung im Verhältnis zum Vertrag *untergeordnet* erscheint.

Keine Stütze für eine umfassende Zuständigkeit bieten Art. 6 Nr. 1 und 265
Art. 28. Aus Art. 6 lässt sich kein *allgemeiner* Gerichtsstand des Sachzusammenhangs ableiten. Die Bestimmung ist nur anwendbar, wenn deren Tatbestandsvoraussetzungen gegeben sind. Eine Zuständigkeit des Sachzusammenhangs lässt sich auch nicht aus Art. 28 herleiten[411]. Zudem kommt Art. 28 erst zur Anwendung, wenn im Zusammenhang stehende Klagen bereits bei Gerichten zweier oder mehrerer LugÜ-Staaten erhoben worden sind. Eine Annexzuständigkeit für vertragliche Ansprüche ist daher **abzulehnen**[412].

Von der Frage der Beurteilung konkurrierender vertraglicher Ansprüche ist 266
der Fall zu unterscheiden, in welchem eine deliktische Verletzungshandlung gestützt auf eine vertragliche Vereinbarung rechtmässig ist[413]. Das ist vor allem im Immaterialgüterrecht von Bedeutung. Am Deliktsgerichtsstand kann die Vorfrage geprüft werden, ob die Verwendung eines fremden Patentes oder Markenrechts *vertraglich gestattet* war und daher nicht wie sonst widerrechtlich ist[414]. Die Prüfung dieser **Vorfrage** bedeutet keine *Zuständigkeitserweiterung* auf konkurrierende vertragliche Ansprüche. Eine Erstreckung des Gerichtsstandes auf vertragliche Ansprüche liegt auch dann nicht vor, wenn – wie bereits beim Vertragsgerichtsstand ausgeführt – die gemeinsame Behandlung aller Ansprüche auf dem *Zusammenfallen* der beiden Gerichtsstände von Art. 5 Nr. 1 und 3 beruht.

Eine besondere Problematik stellen Verletzungsklagen aus gewerblichen 267
Schutzrechten dar[415]. Insbesondere bei Klagen infolge **Patentverletzung** wird regelmässig die *Ungültigkeit* des Patentes *vorfrageweise* geltend gemacht. Der EuGH hat entschieden, dass die *ausschliessliche* Zuständigkeit gemäss Art. 16 Nr. 4 EuGVÜ alle Arten von Rechtsstreitigkeiten über die Eintragung oder die Gültigkeit eines Patentes betreffe, unabhängig davon,

[411] KROPHOLLER, Art. 28 Rz. 2.
[412] KROPHOLLER, Art. 5 Rz. 79; a.A. GEIMER/SCHÜTZE, Art. 5 Rz. 222.
[413] KROPHOLLER, Art. 5 Rz. 80.
[414] KROPHOLLER, Art. 5 Rz. 80.
[415] KROPHOLLER, Art. 22 Rz. 50.

ob die Frage *klageweise* oder *einredeweise* aufgeworfen werde[416]. Der Verletzungsprozess kann damit am Gerichtsstand von Art. 5 Nr. 3 nur durchgeführt werden, wenn die Gültigkeit des Patentes nicht in Frage gestellt wird[417]. Diese Rechtsprechung des EuGH hat Eingang in Art. 22 Nr. 4 gefunden[418].

2. Anerkennung und Vollstreckung

268 Der nach *Art. Ia Protokoll zum aLugÜ* bis zum 31. Dezember 1999 gegenüber der Zuständigkeit am Vertragserfüllungsort zulässige **Anerkennungsvorbehalt** galt in Bezug auf die Deliktszuständigkeit von Anfang an nicht, obwohl diese ebenfalls dem Art. 59 aBV widersprach. Der Schweiz erschien ein solcher Vorbehalt auch gegenüber der Deliktszuständigkeit deshalb nicht angezeigt, weil die schweizerische Gesetzgebung in Bezug auf die Zuständigkeit für Deliktsklagen sehr viele Ausnahmen von Art. 59 aBV kannte[419].

[416] EuGH 13.07.2006, Rs. C-4/03, *GAT/LuK,* Slg. 2006 I 6509 Rz. 25 ff.; BGE 132 III 778 E. 2.2.
[417] Dasser/Oberhammer-Blumer, Art. 16 Nr. 4 Rz. 34; s. auch BGE 129 III 295 E. 2.1.
[418] S. Komm. zu Art. 22 Nr. 4 LugÜ.
[419] Botschaft aLugÜ 294.

Art. 5 – Nr. 4

Eine Person, die ihren Wohnsitz im Hoheitsgebiet eines durch dieses Übereinkommen gebundenen Staates hat, kann in einem anderen durch dieses Übereinkommen gebundenen Staat verklagt werden:

4. wenn es sich um eine Klage auf Schadenersatz oder auf Wiederherstellung des früheren Zustands handelt, die auf eine mit Strafe bedrohte Handlung gestützt wird, vor dem Strafgericht, bei dem die öffentliche Klage erhoben ist, soweit dieses Gericht nach seinem Recht über zivilrechtliche Ansprüche erkennen kann.

Art. 5

Une personne domiciliée sur le territoire d'un État lié par la présente Convention peut être attraite, dans un autre État lié par la présente Convention:

4. s'il s'agit d'une action en réparation de dommage ou d'une action en restitution fondées sur une infraction, devant le tribunal saisi de l'action publique, dans la mesure où, selon sa loi, ce tribunal peut connaître de l'action civile.

Art. 5

La persona domiciliata nel territorio di uno Stato vincolante dalla presente convenzione può essere convenuta in un altro Stato vincolato dalla presente convenzione:

4. qualora si tratti di un'azione di risarcimento di danni o di restituzione, nascente da reato, davanti al giudice presso il quale è esercitata l'azione penale, sempre che secondo la propria legge tale giudice possa conoscere dell'azione civile.

Art. 5

A person domiciled in a State bound by this Convention may, in another State bound by this Convention, be sued:

4. as regards a civil claim for damages or restitution which is based on an act giving rise to criminal proceedings, in the court seized of those proceedings, to the extent that that court has jurisdiction under its own law to entertain civil proceedings.

Literatur: BROKAMP, Das Adhäsionsverfahren – Geschichte und Reform, München 1990; KÖKKERBAUER, Das Adhäsionsverfahren nach der Neuregelung durch das Opferschutzgesetz 1987 und seine rechtliche Problematik, Frankfurt a.M. 1993; KOHLER, Adhäsionsverfahren und Brüsseler Übereinkommen 1968, in: Will (Hrsg.), Schadenersatz im Strafverfahren, Kehl/Strasbourg 1990, 74 ff.; SCHOIBL, Adhäsionsverfahren und Europäisches Zivilverfahrensrecht, FS Rainer Sprung, Wien 2001, 321 ff.

Übersicht *Seite*

I. Bedeutung des Art. 5 Nr. 4

1 Art. 5 Nr. 4 begründet die **Zuständigkeit von Strafgerichten**, die gebeten werden, in einem Adhäsionsverfahren über zivilrechtliche Ansprüche aus Straftaten zu entscheiden. Dieser Gerichtsstand am Ort der Eröffnung eines Strafverfahrens ist eingeführt worden, damit die LugÜ-Staaten mit häufig praktiziertem Adhäsionsverfahren (z.B. Frankreich[1], Griechenland[2] und Italien[3]) diesen Gerichtsstand beibehalten können[4]. Um dieses Ziel zu erreichen, war Art. 5 Nr. 4 nicht etwa deswegen notwendig, weil diese Vorschrift sich auf die Zuständigkeit von Strafgerichten bezieht; denn nach Art. 1 Abs. 1 gilt das Übereinkommen für Zivil- und Handelssachen, ohne dass es auf die Art der Gerichtsbarkeit ankommt. Zwei Besonderheiten sind vielmehr für Art. 5 Nr. 4 kennzeichnend und unterscheiden ihn von anderen Zuständigkeitsregeln. Zum einen begründet Art. 5 Nr. 4 eine Zuständigkeit am Ort der öffentlichen Klage vor einem Strafgericht, also am Ort, an dem vor einem Strafgericht die *Strafklage* erhoben worden ist. *Nicht* massgebend ist demnach (im Gegensatz zu Art. 5 Nr. 3) der Ort, an

[1] HANEL, Das Adhäsionsverfahren in Frankreich, bei: WILL 40–45 (Vorrang der Strafgerichtsbarkeit).

[2] GOUTZAMANIS, Das Adhäsionsverfahren in Griechenland, bei: WILL 52 f. (Adhäsion die Regel für Schmerzensgeldansprüche).

[3] BIRMES, Das Adhäsionsverfahren in Italien, bei: WILL 46–51 (Vorrang der strafgerichtlichen Schuldfeststellung).

[4] Vgl. hierzu KOHLER, Adhäsionsverfahren und Brüsseler Übereinkommen 1968, bei: WILL 74–78.

dem das schädigende Ereignis eingetreten ist. Zum andern begründet Art. 5 Nr. 4 keine unmittelbare Zuständigkeit unabhängig vom nationalen Recht des Verfahrensstaates. Lediglich dann, wenn Strafgerichte nach ihrer nationalen lex fori über zivilrechtliche Ansprüche entscheiden dürfen, sollen sie diese Zuständigkeit auch im Rahmen des LugÜ in Anspruch nehmen können.

II. Gegenstand der Klage

Art. 5 Nr. 4 betrifft nur Klagen auf **Schadenersatz** oder auf **Wiederherstellung des früheren Zustandes** (z.B. Rückgabe des gestohlenen Gegenstandes oder Annullierung eines betrügerisch eingegangenen Rechtsgeschäfts), wenn diese Klagen auf eine strafbare Handlung gestützt werden. Die Klage auf Schadenersatz kann mit Delikt, Vertrag (Missbrauch eines Behandlungsvertrags)[5] oder beidem begründet werden. Ausgeschlossen scheinen also Bereicherungsklagen gegen den Straftäter, der sich aus fremdem Gut bereichert hat. Das erscheint jedoch zu eng. Wenn ein solcher Anspruch besteht und vor dem Strafgericht geltend gemacht werden kann, sollte auch hierfür eine Zuständigkeit nach Art. 5 Nr. 4 bestehen. Auch hier erfolgt in weiterem Sinne eine Entschädigung. 2

Bei der Klage auf Schadenersatz oder auf Wiederherstellung muss es sich – gemäss Art. 1 Abs. 1 – um eine **Zivil- oder Handelssache** handeln. Ob das der Fall ist, ergibt eine konventionsautonome Auslegung des Begriffs «Zivil- und Handelssache». Eine solche ist selbst dann gegeben, wenn ein Beamter (z.B. Lehrer) nicht hoheitliche Funktionen ausübt, also Funktionen, die auch in einem Verhältnis zwischen Privatpersonen ausgeübt werden können, wie etwa die Aufsicht über Schüler während einer Klassenfahrt[6]. 3

Die Adhäsionsklage wird vom **Opfer einer Straftat** oder von **Angehörigen des Opfers** erhoben (Art. 122 Abs. 1 und 2 StPO). Art. 5 Nr. 4 begründet dagegen keine Zuständigkeit für Klagen von Personen (z.B. Ar- 4

[5] Vgl. hierzu BGer 12.01.1998, BGE 124 IV 13, 20 bei E. 3b. Ebenso Dasser/Oberhammer-Oberhammer, Art. 5 Rz. 145; Donzallaz Rz. 5209; a.A. Geimer/Schütze-Auer, Art. 5 Rz. 122.

[6] EuGH 21.04.1993, Rs. 172/91, *Sonntag/Waidmann*, Slg. 1993 I 1963 = IPRax 1994, 37. Dieser Spruch wurde in Deutschland anerkannt. Nach deutschem internen Recht übernahm es jedoch das Land Baden-Württemberg, seinen Lehrer als einen seiner Beamten von der Haftung freizustellen: BGH 16.09.1993, BGHZ 123, 268, 272 ff.

beitgeber des Straftäters), die selber nicht Opfer der Straftat sind, sondern lediglich aus anderen Beziehungen zu dem Opfer mittelbare Ansprüche (z.B. Ansprüche wegen Vertragsverletzung) herleiten. Ebenfalls nicht erfasst werden öffentlich-rechtliche Ansprüche entweder auf Wiedergutmachung des Schadens oder auf Abschöpfung einer Bereicherung.

5 Art. 5 Nr. 4 sagt nicht, **wer** vor Strafgerichten für Haftungsansprüche **gerichtspflichtig** ist. Die Vorschrift sollte als Ausnahme eng ausgelegt werden und auf Zivilklagen gegen den *Straftäter* beschränkt werden[7]. Keine Zuständigkeit besteht dagegen für Klagen gegen nicht angeklagte Dritte, die z.B. als Halter eines Kraftfahrzeugs oder als Arbeitgeber für den vom Straftäter angerichteten Schaden einstehen müssen.

III. Gerichtsstand der Klage

1. Rahmen des LugÜ

6 Das LugÜ fixiert den Gerichtsstand am **Ort des Strafgerichts**, bei dem die öffentliche Klage erhoben ist. Art. 5 Nr. 4 bestimmt also die internationale *und* die örtliche Zuständigkeit. Diese Anordnung war notwendig; denn ein Strafprozess mit Adhäsionsverfahren über privatrechtliche Ansprüche findet nicht notwendigerweise am Ort der unerlaubten Handlung statt. Stets ist jedoch Voraussetzung, dass der Beklagte seinen Wohnsitz in einem LugÜ-Staat hat (vgl. Ingress Art. 5).

2. Kompetenz nach nationalem Recht

7 **Ob ein Strafgericht** die von Art. 5 Nr. 4 bereitgestellte Zuständigkeit in Anspruch nehmen kann oder will, beurteilt sich nach dem Recht am Ort dieses Gerichts.

8 In der **Schweiz** besagen die Art. 122–126 StPO über die Zivilklage, ob und unter welchen Voraussetzungen ein Strafgericht über privatrechtliche Ansprüche aus strafbarer Handlung entscheiden kann. Es gibt also kein staatsvertragliches Recht auf den Gerichtsstand am Ort der Strafklage. Das

[7] Ebenso Geimer/Schütze, EuZVR Art. 5 Rz. 216.

Recht der jeweiligen *lex fori* entscheidet, ob die Strafgerichte die Entscheidung über Zivilklagen ablehnen dürfen oder ob sie hierüber entscheiden müssen.

3. Verhältnis zu anderen Gerichtsständen

Die Zuständigkeit des Art. 5 Nr. 4 ist gegenüber Art. 2 Abs. 1 und Art. 5 Nr. 3 **nicht etwa subsidiär** in dem Sinne, dass Art. 5 Nr. 4 voraussetzt, dass der Beklagte im Staat, in dem das Strafverfahren stattfindet, keinen Wohnsitz hat oder keine strafbare Handlung begangen hat. Art. 5 Nr. 4 gibt vielmehr – trotz vielfältiger Beschränkungen (s. vorne Rz. 2 ff.) – einen *zusätzlichen* örtlichen Gerichtsstand am Ort des Strafverfahrens. Wenn man sich auf den Wohnsitzgerichtsstand (Art. 2 Abs. 1) stützen kann, entfallen diese Beschränkungen, denen eine Klage nach Art. 5 Nr. 4 unterliegt. Auch am *locus delicti commissi* (Art. 5 Nr. 3) können mehr Personen haftbar gemacht werden als bei Art. 5 Nr. 4 (s. vorne Rz. 2 ff.). Insofern ist es häufig vorteilhafter für den Kläger, die Zuständigkeit auf Art. 2 Abs. 1 oder Art. 5 Nr. 3 zu stützen. Ist ein im Adhäsionsverfahren ergangenes Urteil im Ausland anzuerkennen, so gilt das Günstigkeitsprinzip (s. hinten Rz. 14). 9

IV. Verfahren

1. Verteidigung

Gemäss Art. II Abs. 1 des **Protokolls Nr. 1** zu aLugÜ über bestimmte Zuständigkeits-, Verfahrens- und Vollstreckungsfragen wurde gewissen Tätern einer fahrlässig begangenen Straftat die **Verteidigung** durch hierzu befugte Personen garantiert. Wurden nämlich Personen mit Wohnsitz in einem LugÜ-Staat in einem anderen gebundenen LugÜ-Staat, dessen Staatsangehörigkeit sie nicht besitzen, wegen einer fahrlässig begangenen Straftat verfolgt, konnten sie «sich von hierzu befugten Personen verteidigen lassen, selbst wenn sie persönlich nicht erscheinen». Günstigere Vorschriften des innerstaatlichen Rechts am Gerichtsort bleiben vorbehalten. Dieser Vorbehalt ist heute als generelle Einschränkung in Art. 61 Satz 1 enthalten. 10

2. Persönliches Erscheinen

11 Das Gericht konnte unter dem aLugÜ stets das **persönliche Erscheinen** anordnen. Wurde diese Anordnung nicht befolgt und konnte der Angeklagte sich nicht verteidigen, so brauchte die Entscheidung über den privatrechtlichen Anspruch weder anerkannt noch vollstreckt zu werden (Art. II Abs. 2 Protokoll Nr. 1 zum LugÜ). Dieser Vorbehalt gilt heute als allgemeine Einschränkung nach Art. 61 Satz 2 weiter.

V. Anerkennung und Vollstreckung

1. Grundlagen

12 Wer am Ort des Strafverfahrens zu zivilrechtlichem Schadenersatz oder zivilrechtlicher Wiedergutmachung verurteilt wird, kann im **Vollstreckungsverfahren** weder den Mangel einer Zivil- oder Handelssache geltend machen[8] noch die fehlende Zuständigkeit, selbst dann nicht, wenn das Strafgericht seine Zuständigkeit verkannt, also z.B. eine nicht angeklagte Person privatrechtlich haftbar gemacht hat. Denn nach Art. 34 und Art. 35 Abs. 3 ist die Verletzung einer Zuständigkeit kein Anerkennungshindernis.

2. Einschränkung nach Art. 61 Satz 2

13 Ist ein Adhäsionsverfahren wegen einer **fahrlässig begangenen Straftat** in einem gebundenen Staat gegen eine Person anhängig, die kein Bürger dieses Staates ist (z.B. gegen einen Schweizer Bürger ist in Österreich ein Verfahren wegen fahrlässiger Tötung anhängig) und hat das Gericht das persönliche Erscheinen angeordnet und wird diese Anordnung nicht befolgt, so braucht ein Urteil über zivilrechtliche Ansprüche dann nicht anerkannt und vollstreckt zu werden, wenn der Angeklagte sich nicht verteidigen konnte. Dieses zusätzliche Anerkennungshindernis sollte dazu führen, dass bei fahrlässig begangenen Straftaten, bei denen eine Anordnung des persönlichen Erscheinens des Angeklagten ergeht, aber nicht befolgt wird oder befolgt werden kann, von einem Adhäsionsverfahren abgesehen wird.

[8] S. EuGH 21.04.1993, *Sonntag/Waidmann*, Fn. 6.

3. Günstigkeitsprinzip

Hat ein Strafgericht ein Zivilurteil in einem Adhäsionsverfahren gefällt, so ist es nach dem **Günstigkeitsprinzip** immer dann anzuerkennen, wenn es die Voraussetzungen einer Vorschrift mit den geringsten Anerkennungsvoraussetzungen erfüllt. So kann die Anerkennung eines Adhäsionsurteils nicht verweigert werden, wenn der Beklagte im Urteilsstaat wohnte; denn dann war eine Zuständigkeit nach Art. 2 Abs. 1 gegeben, und zwar ohne den genannten Verweigerungsgrund. Hatte der Verurteilte – wie meistens – die unerlaubte und strafbare Handlung im Staat begangen, in dem das Adhäsionsverfahren stattfand, so lag ausserdem die Zuständigkeit des Art. 5 Nr. 3 nur vor, wenn die unerlaubte Handlung im Gerichtsbezirk des Strafgerichts begangen wurde. Liegen diese zusätzlichen Zuständigkeitsvoraussetzungen allerdings nicht vor, bleibt es bei Art. 5 Nr. 4. 14

Art. 5 – Nr. 5

Eine Person, die ihren Wohnsitz im Hoheitsgebiet eines durch dieses Übereinkommen gebundenen Staates hat, kann in einem anderen durch dieses Übereinkommen gebundenen Staat verklagt werden,

5. wenn es sich um Streitigkeiten aus dem Betrieb einer Zweigniederlassung, einer Agentur oder einer sonstigen Niederlassung handelt, vor dem Gericht des Ortes, an dem sich diese befindet.

Art. 5 – No. 5
Une personne domiciliée sur le territoire d'un État lié par la présente Convention peut être attraite dans un autre État lié par la présente Convention:
5. s'il s'agit d'une contestation relative à l'exploitation d'une succursale, d'une agence ou de tout autre établissement, devant le tribunal du lieu de leur situation.

Art. 5 – No. 5
La persona domiciliata nel territorio in un Stato vincolato dalla presente convenzione può essere convenuta in un alto Stato vincolato dalla presente convenzione:
5. qualora si tratti di una controversia concernente l'esercizio di una succursale, di un'agenzia o di qualsiasi altra sede d'attività, davanti al giudice del luogo in cui essa è situata.

Art. 5 – No. 5
A person domiciled in a State bound by this Convention may, in another State bound by this Convention, be sued:
5. as regards a dispute arising out of the operations of a branch, agency or other establishment, in the courts for the place in which the branch, agency or other establishment is situated.

Literatur: Fawcett, Methods of Carrying on Business and Article 5 (5) of the Brussels Convention, Eur.L.Rev. 1984, 326 ff.; Geimer, Die inländische Niederlassung als Anknüpfungspunkt für die internationale Zuständigkeit, WM 1976, 146 ff.; Hunnings, Agency and Jurisdiction in the EEC, J.Bus.L. 1982, 244 ff.; Jayme, Subunternehmensvertrag und Europäisches Gerichtsstands- und Vollstreckungsübereinkommen (EuGVÜ), FS Klemens Pleyer, Köln 1986, 371 ff.; Kronke, Der Gerichtsstand nach Art. 5 Nr. 5 GVÜ – Ansätze einer Zuständigkeitsordnung für grenzüberschreitende Unternehmensverbindungen, IPRax 1989, 81 ff.; Linke, Der «kleineuropäische» Niederlassungsgerichtsstand (Art. 5 Nrt. 5 GVÜ), IPRax 1982, 46 ff.; Mankowski, Zu einigen internationalprivat- und internationalprozessrechtlichen Aspekten bei Börsentermingeschäften, RIW 1996, 1001 ff.; Ders., Die österreichischen Gerichtsstände der Streitgenossenschaft, des Vermögens und der inländischen Vertretung mit Blick auf das Lugano-Übereinkommen, IPRax 1998, 122 ff.; Otto, Der prozessuale Durchgriff, München 1993.

Übersicht

I. Bedeutung des Art. 5 Nr. 5

Art. 5 Nr. 5 LugÜ begründet den **Gerichtsstand am Ort gewisser Niederlassungen** für Streitigkeiten aus dem Betrieb solcher Niederlassungen. Gäbe es diese Vorschrift nicht, müsste – abgesehen von Spezialgerichtsständen – jede dieser Streitigkeiten im Staat des Sitzes oder Wohnsitzes des Beklagten anhängig gemacht werden (Art. 2 Abs. 1, Art. 60). Um dies zu vermeiden, enthebt Art. 5 Nr. 5 zwar nicht vom Erfordernis, dass der Beklagte in einem LugÜ-Staat seinen Sitz bzw. Wohnsitz haben muss (vgl. Ingress von Art. 5), erlaubt es jedoch dem Kläger, am Ort derjenigen Niederlassung oder Agentur zu klagen, aus deren Betrieb die Streitigkeit entstanden ist. 1

Nach dem Wortlaut des Art. 5 Nr. 5 könnte auch der **Geschäftsherr der Niederlassung** oder Agentur an deren Ort gegen den Partner aus Geschäften dieser Stellen klagen, z.B. auf Zahlung aus einem solchen Geschäft; denn Art. 5 Nr. 5 gewährt den speziellen Gerichtsstand generell für Klagen aus Streitigkeiten aus dem Betrieb dieser Stellen und nicht nur für bestimmte Klagen von oder gegen bestimmte Personen. Trotzdem muss 2

Art. 5 Nr. 5 auf Klagen ***gegen*** den Geschäftsherrn solcher Niederlassungen oder Agenturen beschränkt werden[1]. Täte man das nämlich nicht, begründete man einen Klägergerichtsstand am Ort der Niederlassung oder Agentur. Der Geschäftsherr kann an diesen Orten eventuell gemäss Art. 6 klagen.

II. Anknüpfungsbegriffe

1. Auslegungskriterien

3 Das LugÜ definiert nicht, **was eine Zweigniederlassung**, Agentur oder sonstige Niederlassung ist, und überlässt die Begriffsbestimmung auch nicht ausdrücklich dem IPR des jeweiligen Forumstaates (so Art. 60 nur für den Sitz einer Gesellschaft oder eines Trust). Das LugÜ benutzt diese Begriffe nicht nur in Art. 5 Nr. 5, sondern ebenfalls – freilich in anderem Zusammenhang – in Art. 9 Abs. 2 (Versicherungssachen), in Art. 15 Abs. 2 (Verbrauchersachen) und in Art. 18 Abs. 2 (Arbeitsverträge). Die genannten Begriffe sind vertragsautonom nach dem Sinn und Zweck des LugÜ auszulegen, nicht etwa nach dem nationalen Recht jedes Vertragsstaates. Deshalb ist es unerheblich, ob die Zweigniederlassungen oder andere Aussenstellen die Voraussetzungen nationaler Vorschriften erfüllen, z.B. im Handelsregister eingetragen sind. Der Sinn und Zweck besteht bei Art. 5 Nr. 5 darin, dass dem Beklagten nur dann die Gerichtsstände dieser Vorschrift zugemutet werden können, wenn die dort genannten Stellen von ihm kontrolliert werden und mit dessen Einverständnis in seinem Namen tätig sind.

2. Zweigniederlassung, Agentur oder sonstige Niederlassung

4 Art. 5 Nr. 5 **knüpft an den Ort einer Zweigniederlassung**, Agentur oder sonstigen Niederlassung an, die ein Beklagter mit Wohnsitz/Sitz in einem LugÜ-Staat (Ingress zu Art. 5) in einem anderen LugÜ-Staat unterhält[2].

[1] Ebenso DASSER/OBERHAMMER-OBERHAMMER, Art. 5 Rz. 148; DONZALLAZ III 449 (no. 5354); GEIMER/SCHÜTZE, Art. 5 Rz. 298; MüKo ZPO GOTTWALD, EuGVO Art. 5 Rz. 61; KROPHOLLER/VON HEIN, Art. 5 Rz. 101; MAGNUS/MANKOWSKI-MANKOWSKI, Art. 5 Rz. 271; RAUSCHER-LEIBLE, Art. 5 Rz. 101; SCHLOSSER, Art. 5 Rz. 24.

[2] Zu Einzelfällen vgl. SIMOTTA, in: FASCHING/KONECNY, Art. 5 EuGVVO Rz. 390–393.

Um diesen Ort zu bestimmen, muss die tätig gewordene Aussenstelle des Beklagten nicht als Zweigniederlassung, Agentur oder sonstige Niederlassung fein säuberlich gekennzeichnet werden. Es kann offen bleiben, wie sie sich nennen, wenn sie nur die Anforderungen erfüllen, die alle diese Typen von Aussenstellen gemeinsam haben.

a) Begriff

Der **EuGH** hat schon früh den **Begriff der Zweigniederlassung**, der Agentur oder sonstigen Niederlassung i.S. des Art. 5 Nr. 5 GVÜ (identisch mit Art. 5 Nr. 5 LugÜ) definiert[3]. Hierunter ist gemeint «ein Mittelpunkt geschäftlicher Tätigkeit…, der auf Dauer als Aussenstelle eines Stammhauses hervortritt, eine Geschäftsführung hat und sachlich so ausgestattet ist, dass er in der Weise Geschäfte mit Dritten betreiben kann, dass diese, obgleich sie wissen, dass möglicherweise ein Rechtsverhältnis mit dem im Ausland ansässigen Stammhaus begründet wird, sich nicht unmittelbar an dieses zu wenden brauchen, sondern Geschäfte an dem Mittelpunkt geschäftlicher Tätigkeit abschliessen können, der dessen Aussenstelle ist.» 5

b) Lokalisierung als Aussenstelle

Art. 5 Nr. 5 gilt **nur für Zweigstellen**, Agenturen oder sonstige Niederlassungen in einem LugÜ-Staat, in dem der Beklagte weder Sitz noch Wohnsitz hat, jedoch in einem anderen LugÜ-Staat. Dies ergibt sich aus dem Ingress des Art. 5 und aus Nr. 5. Wer also aus dem Betrieb einer deutschen Zweigniederlassung eines deutschen Unternehmens am Ort der Zweigniederlassung klagen will, kann sich nicht mit Erfolg auf Art. 5 Nr. 5 berufen. Die deutsche Zuständigkeit ergibt sich aus Art. 2 Abs. 1, und ob die Gerichte am Ort der Zweigniederlassung örtlich zuständig sind, bestimmt das deutsche Zivilprozessrecht. § 21 dt. ZPO bejaht die Frage ebenso wie Art. 12 ZPO. 6

c) Dauer und geschäftliche Selbständigkeit

Eine Zweigniederlassung, Agentur oder sonstige Niederlassung muss als **Aussenstelle** des Beklagten auf Dauer angelegt sein (also nicht etwa nur ein Stand auf einer Messe) und muss eine gewisse geschäftliche Selbständigkeit besitzen, muss also mehr sein als ein blosser Vermittlungs- 7

[3] EuGH 22.11.1978, Rs. 33/78, *Somafer/Saar-Ferngas*, Slg. 1978, 2183, 2195= RIW 1979, 56.

vertreter, der keine eigenen Entscheidungen trifft, sondern nur Aufträge weitergibt.

d) Abhängigkeit vom Beklagten

8 Die Aussenstellen des Beklagten müssen trotz aller geschäftlichen Selbständigkeit vom Beklagten rechtlich abhängig und weisungsgebunden sein und nicht wie selbständige Vertriebshändler oder Handelsvertreter handeln[4]. Das bedeutet freilich nicht, dass selbständige Tochtergesellschaften eines Unternehmens niemals als Niederlassung i.S. des Art. 5 Nr. 5 figurieren können[5]. Tochtergesellschaften handeln vielmehr dann als Aussenstelle des Beklagten, wenn sie im Namen der beklagten Muttergesellschaft gehandelt haben. Denn wer sich als Repräsentant des Beklagten ausgibt und wenn dieses Verhalten dem Beklagten zurechenbar ist, gilt als Aussenstelle des Beklagten[6]. Auf gesellschaftsrechtliche Verhältnisse kommt es nicht an, sofern der zurechenbare Eindruck besteht, jemand handle als Aussenstelle für einen anderen. Handelt dagegen die Tochtergesellschaft im eigenen Namen, kann sie nur nach Art. 2 Abs. 1 und Art. 60 an ihrem Sitz verklagt werden. Art. 5 Nr. 5 ist dann unanwendbar.

e) Handeln für den Beklagten

9 Die Aussenstelle des Beklagten muss in aller Regel **für diesen** gehandelt haben, und zwar entweder rechtsgeschäftlich in dessen Namen oder im ausservertraglichen Bereich als dessen Verrichtungsgehilfe; denn nur dann wird der Beklagte durch das Handeln seiner Aussenstellen rechtlich verpflichtet. Dieses Handeln für den Beklagten setzt allerdings voraus, dass die Aussenstelle mit Willen oder kraft Duldung des Beklagten für diesen tätig geworden ist.

---

[4] Deshalb fallen sie nicht unter Art. 5 Nr. 5: EuGH 06.10.1976, Rs. 14/76, *De Bloos/Bouyer*, Slg. 1976, 1497 (Vertriebshändler); EuGH 18.03.1981, Rs. 139/80, *Blanckaert und Willems/Trost*, Slg. 1981, 819 (Handelsvertreter). Ebenso Dasser/Oberhammer-Oberhammer, Art. 5 Rz. 150.

[5] MüKo ZPO Gottwald, Art. 5 Rz. 78 f.; Kropholler/von Hein, Art. 5 Rz. 107; Rauscher-Leible, Art. 5 Rz. 107.

[6] EuGH 09.12.1987, Rs. 218/86, *SAR Schotte/Parfums Rothschild*, Slg. 1987, 4905: deutsche Muttergesellschaft als Niederlassung der französischen Tochtergesellschaft. Ebenso Dasser/Oberhammer-Oberhammer, Art. 5 Rz. 152.

f) Rechtsschein und Zurechenbarkeit

Zurechenbar ist dem Beklagten nicht nur das Handeln seiner geplanten und wissentlich betriebenen Aussenstellen, sondern auch das Agieren von solchen Aussenstellen, die sich als solche des Beklagten ausgeben, wenn dieser **Rechtsschein** vom Beklagten veranlasst, geduldet oder ihm sonst zugerechnet wird. Der Kläger kann die Organisation des Beklagten nur schwer durchschauen und darf sich auf den *Rechtsschein* unter der Bedingung verlassen, dass dieser dem Beklagten *zugerechnet* werden kann. Das ist z.B. dann nicht der Fall, wenn sich eine Niederlassung in betrügerischer Weise als Aussenstelle eines solventen und honorigen Beklagten ausgibt und in dessen Namen ein Darlehen aufnimmt, obwohl der Beklagte von diesem Handeln nichts weiss und es auch nicht als zurechenbar geduldet hat. 10

3. Anknüpfungszeitpunkt

Art. 5 Nr. 5 stellt keine besonderen Probleme bezüglich des **Zeitpunkts**, in dem eine Aussenstelle des Beklagten gegeben sein muss, damit er dort verklagt werden kann. Deshalb bleibt es beim Grundsatz, dass bei Klageerhebung der Beklagte seine Aussenstelle im Forumstaat haben muss, nicht auch noch in der letzen mündlichen Verhandlung[7]. Für das Vertrauen in das zurechenbare Handeln der Aussenstelle jedoch kommt es auf den Zeitpunkt des Vertragsschlusses an[8]. 11

III. Streitigkeiten aus dem Betrieb

1. Betriebsinhaber

a) Inhaber als Beklagter

Wie bereits vorne bei I (Rz. 2) hervorgehoben, muss Art. 5 Nr. 5 mit seinem **zu weit gefassten Wortlaut** *einschränkend* ausgelegt und auf die Situationen reduziert werden, welche die Konvention im Auge hatte. Nur der Gegner des Betriebsinhabers kann an dessen Aussenstelle klagen, nicht etwa der Inhaber selber[9]. Art. 5 Nr. 5 wollte keinen Klägergerichtsstand 12

---

[7] OLG Saarbrücken 03.04.1979, RIW 1980, 796.
[8] EuGH 09.12.1987, vorne Fn. 6, 4905.
[9] Ebenso KROPHOLLER/VON HEIN, Art. 5 Rz. 101.

schaffen, sondern dem Gegner des Betriebsinhabers ermöglichen, dort zu klagen, wo der Betriebsinhaber tätig wird. Nur insofern hat Art. 5 Nr. 5 gewisse Ähnlichkeiten mit dem amerikanischen Gerichtsstand des «doing business» im Forumstaat.

b) Sitz oder Wohnsitz in gebundenem Staat nebst Ausnahmen

13 **Normalerweise** muss der beklagte Betriebsinhaber seinen Sitz oder Wohnsitz in einem anderen gebundenen Staat haben. Das ergibt sich aus dem Ingress des Art. 5. Es bestehen jedoch drei Ausnahmen. Haben Versicherer, Vertragspartner von Verbrauchern oder Arbeitgeber keinen Sitz oder Wohnsitz in einem LugÜ-Staat, besitzen sie jedoch in einem solchen Staat eine Zweigniederlassung, Agentur oder sonstige Niederlassung, so werden sie nach Art. 9 Abs. 2, Art. 15 Abs. 2 und Art. 18 Abs. 2 so behandelt, wie wenn sie Sitz oder Wohnsitz im Hoheitsgebiet des Niederlassungsstaats hätten und können nach dem Vorbehalt der Art. 8, 15 Abs. 1 und Art. 18 Abs. 1 im Staat der Niederlassung verklagt werden.

2. Art der Streitigkeiten

a) Art der Tätigkeiten

14 Die von Art. 5 Nr. 5 erfassten Handlungen umfassen **alle Tätigkeiten einer Aussenstelle**, also nicht nur rechtsgeschäftliches Handeln von Kaufleuten, sondern auch Handeln von Nichtkaufleuten (etwa ausländischen Anwälten bei Prozessvertretung durch ihre Niederlassung im Forumstaat) und ausservertragliches Handeln bei der Verletzung von Wettbewerbsvorschriften oder Urheberrechten durch Aussenstellen. Art. 5 Nr. 5 schafft also eine *betriebsbezogene* Zuständigkeit und nicht – wie bei der amerikanischen Zuständigkeit des «doing business» – eine *allgemeine* Gerichtsunterworfenheit für Klagen, die nichts mit der Niederlassung zu tun zu haben brauchen[10].

b) Anspruchsgrundlagen

15 **Jeder Anspruch** aus einer Zivil- und Handelssache kann – sobald er beim Betrieb einer Aussenstelle entstanden ist – am Gerichtsstand des Art. 5 Nr. 5 geltend gemacht werden. Das brauchen nicht etwa nur vertragliche An-

[10] Ebenso KROPHOLLER/VON HEIN, Art. 5 Rz. 110.

sprüche zu sein, sondern auch Ansprüche ausservertraglicher Art (z.B. aus Delikt, *culpa in contrahendo*, Sachenrecht, Wettbewerbsrecht, Immaterialgüterrecht) können Gegenstand einer Klage am Ort der Aussenstelle sein.

c) Betriebsbezogenheit der Klage

Der Gerichtsstand des Art. 5 Nr. 5 gilt ausdrücklich **nur für Streitigkeiten «aus dem Betrieb»** einer Aussenstelle. Was das bedeutet, lässt sich auf Grund des EuGH-Entscheids *Somafer/Saar-Ferngas*[11] kurz. zusammenfassen: 16

- Rechtsstreitigkeiten, die mit der Führung der Aussenstelle zusammenhängen (Anstellung von Personal, Kauf von Sachmitteln, Büromiete usw.);
- Verbindlichkeiten, welche die Aussenstelle im Namen des Beklagten eingegangen ist, wobei es m.E. keine Rolle spielt, wo der Vertrag geschlossen wurde und wo die Leistung zu erbringen oder die Schuld zu erfüllen ist;[12] wer also bei der Zürcher Niederlassung eines deutschen Unternehmens mit Sitz in Hamburg die Lieferung von Möbeln in Chalets im Schwarzwald (Deutschland), Engadin oder Oberitalien bestellt, kann aus diesen Verträgen in Zürich klagen und muss nicht in Hamburg prozessieren;
- ausservertragliche Verbindlichkeiten der Aussenstelle, die dem Beklagten zuzurechnen sind, wie etwa Verletzung von Warenzeichen Dritter im Staat der Aussenstelle.

IV. Anerkennung und Vollstreckung

Wer an seiner Aussenstelle verklagt wird, sollte sich nicht der stillen Hoffnung hingeben, dass ein dort gefälltes Urteil in seinem Wohnsitz- oder Sitzstaat nicht **anerkannt werden** wird. Lediglich wenn Versicherer, Vertragspartner eines Verbrauchers oder Arbeitgeber *keinen* Sitz oder Wohnsitz in einem LugÜ-Staat haben (vgl. Art. 9 Abs. 2, Art. 15 Abs. 2 und Art. 18 Abs. 2), kann dort die Anerkennung und Vollstreckung nicht auf das LugÜ gestützt werden, weil das LugÜ in dessen Sitz- oder Wohnsitz- 17

[11] EuGH 22.11.1978, Fn. 3.

[12] So offenbar auch EuGH 06.04.1995, Rs. C-439/93, *Lloyd's Register of Shipping/Campenon Bernard,* Slg. 1995 I 961 bei Fn. 16.

staat nicht gilt. In allen anderen Fällen darf die Zuständigkeit der Gerichte des Ursprungsstaates vom Anerkennungsstaat nicht nachgeprüft werden (Art. 35 Abs. 3). Das gilt auch dann, wenn der Versicherer, Vertragspartner des Verbrauchers oder der Arbeitgeber ihren Sitz oder Wohnsitz in einem anderen gebundenen Staat haben; denn Art. 5 Nr. 5 gilt kraft der Vorbehalte in den Art. 8, Art. 15 Abs. 1 und Art. 18 Abs. 1 auch für Versicherungs-, Verbraucher- und Arbeitssachen, so dass diese Zuständigkeit selbst dann nicht unter Art. 35 Abs. 1 fällt, wenn man diesen Verweigerungsgrund auch dem Versicherer, Vertragspartner des Verbrauchers oder Arbeitgeber zugestehen will.

Art. 5 – Nr. 6

Eine Person, die ihren Wohnsitz im Hoheitsgebiet eines durch dieses Übereinkommen gebundenen Staates hat, kann in einem anderen durch dieses Übereinkommen gebundenen Staat verklagt werden:

6. wenn sie in ihrer Eigenschaft als Begründer, *«trustee»* oder Begünstigter eines *«trust»* in Anspruch genommen wird, der aufgrund eines Gesetzes oder durch schriftlich vorgenommenes oder schriftlich bestätigtes Rechtsgeschäft errichtet worden ist, vor den Gerichten des durch diese Übereinkommen gebundenen Staates, in dessen Hoheitsgebiet der «trust» seinen Sitz hat.

Art. 5 No. 6

Une personne domiciliée sur le territoire d'un État lié par la présente Convention peut être attraite dans un autre État lié par la présente Convention:

6. en sa qualité de fondateur, de trustee ou de bénéficiaire d'un trust constitué soit en application de la loi, soit par écrit ou par une Convention verbale, confirmée par écrit, devant les tribunaux de l'Etat lié par la présente Convention sur le territoire duquel le trust a son domicile.

Art. 5 No. 6

Una persona domiciliata nel territorio di uno Stato vincolato dalla presente convenzione può essere convenuta in un altro Stato vincolato dalla presente convenzione:

6. nella sua qualità di fondatore, trustee o beneficiario di un trust costituito in applicazione di una legge o per iscritto o con clausola orale confermata per iscritto, davanti ai giudici dello Stato vincolato dalla presente convenzione nel cui territorio il trust ha domicilio.

Art. 5 No. 6

A person domiciled in a State bound by this Convention may, in another State bound by this Convention, be sued:

6. as settlor, trustee or beneficiary of a trust created by the operation of a statute, or by a written instrument or created orally and evidenced in writing, in the courts of the State bound by this Convention in which the trust is domiciled.

Literatur: Berti, Der Trust, das Lugano-Übereinkommen und das schweizerische IPR, in: Walder (Hrsg.), Aspekte des Wirtschaftsrechts, Festgabe zum Schweizerischen Juristentag 1994, Zürich 1994, 223 ff.; Ders., Trusts and Lugano Convention – Does it Matter? In: Vogt (Hrsg.), Disputes Involving Trusts, Basel 1999, 9 ff.; Conrad, Qualifikationsfragen des Trust im Europäischen Zivilprozessrecht, Frankfurt a.M. 2001; Frigessi di Rattalma, La competenza giurisdizionale in materia del trust nel regolamento comunitario n. 44/2001, Riv.dir.int.priv.proc. 2003, 783 ff.; Graupner, Der englische Trust im deutschen Zivilprozess, ZVglRWiss 88 1989, 149 ff.; Harris, The Trust in Private International Law, in: Fawcett (Hrsg.), Reform and Development of Private International Law. Essays in Honour of Sir Peter North, Oxford 2002, 187 ff.; Hartley, Civil Jurisdiction and Judgments, London 1984; Stieger, Was bringt das Lugano-Übereinkommen für Trusts mit Berührung zur Schweiz, ST 1992, 202 ff.

Übersicht *Seite*

I. Bedeutung des Art. 5 Nr. 6

1 Der Gerichtsstand im Staat, in dessen Hoheitsgebiet ein Trust seinen Sitz hat, ist auf Anregung des Vereinigten Königreichs und Irlands in das GVÜ, die EuGVVO und das LugÜ eingefügt worden. Vor allem drei Überlegungen waren für die Übernahme dieser Anregung massgebend: (1) Ein Trust braucht keine juristische Person zu sein, die man stets an ihrem Sitz verklagen könnte (Art. 2 Abs. 2, Art. 60). (2) Der Trust entsteht meistens durch einseitige Willenserklärung des Begründers, es ist also kein Vertrag erforderlich, bei dem nach Art. 5 Nr. 1 am Erfüllungsort geklagt werden könnte. (3) Ein Trust ist lokalisiert, wo er seinen Sitz hat, und dort und nicht nur an dem zufälligen Wohnsitz des trustee sollte geklagt werden können.

2 Art. 5 Nr. 6 GVÜ/EuGVVO/LugÜ scheint sich – trotz oder gerade ausweislich geringer bekannt gewordenen Praxis zu dieser Vorschrift – bewährt zu haben.

II. Gegenstand der Klage

1. Klage aus dem Innenverhältnis eines Trust

Art. 5 Nr. 6 LugÜ gibt einen Gerichtsstand im Trust-Staat für Klagen aus dem **Innenverhältnis** eines Trusts[1]. Nur wenn es um die internen Beziehungen der unmittelbaren Trust-Beteiligten (Begründer, Trustee, Begünstigte) geht, soll im Trust-Staat an dem von ihm vorgesehenen Sitz des Trusts geklagt werden dürfen. Sobald jedoch *Dritte* klagen oder verklagt werden, stehen die allgemeinen und besonderen Gerichtsstände zur Verfügung, nicht aber Art. 5 Nr. 6 LugÜ. 3

2. Rechtsgeschäftlicher Trust

Ein Trust wird normalerweise durch **einseitiges Rechtsgeschäft** (written instrument or orally confirmed) des Begründers ins Leben gerufen, und zwar ein *trust inter vivos*; denn ein *testamentary trust* wird durch Art. 1 Abs. 2 lit. a als erbrechtliches Institut ausgeschlossen. As «express trust» steht er im Gegensatz zum «trust by operation of law», dem fiktiven Trust kraft Richterrechts (s. Rz. 8). Da es sich beim Trust um ein Rechtsinstitut der Billigkeitsrechtsprechung (equity) handelt, ist nach englischem Recht eine bestimmte Form nicht erforderlich, soweit heute ein Gesetz nichts anderes vorsieht, wie z.B. Section 53 (1) (b) des englischen Law of Property Act 1925 für Trusts an Grundstücken. Bei der normalerweise formlosen Trusterrichtung müssen nur die «three certainties» vorliegen: Wille, einen Trust zu errichten; Gegenstand des Trusts; Begünstigte des Trusts[2]. 4

a) Schriftlicher Trust

Art. 5 Nr. 6 LugÜ verlangt ein **schriftliches oder schriftlich bestätigtes Rechtsgeschäft**. Diese Schriftform soll auch für Gerichte, die mit dem Trust nicht vertraut sind, sicherstellen, dass ein Trust errichtet worden ist. Die Schriftform hat also keine materiellrechtliche Bedeutung (Schutz vor Übereilung), sondern verfolgt lediglich Beweiszwecke. 5

---

1 Vgl. Bericht SCHLOSSER Rz. 111.

2 Lord Langdale, MR. In: *Knight v. Knight,* (1840) 3 Beav. 148, 172 f. = 49 E.R. 58, 68. Vgl. auch Lewin on Trusts, 17. Aufl., London 2000, Rz. 4-02 (S. 69 f.).

b) Schriftlich bestätigter Trust

6 Dass ein **schriftlich bestätigtes Rechtsverhältnis** genügt, zeigt, dass die Schriftform Beweisfunktionen hat. Von wem die Bestätigung stammen muss, sagt Art. 5 Nr. 6 LugÜ nicht. Da es nur um den Nachweis eines Trusts geht, genügt deshalb auch eine Bestätigung des Trustee, dass er als solcher für einen Trust eingesetzt worden ist. Eine schriftliche Bestätigung des Begründers selbst ist nicht erforderlich.

3. Trust auf Grund eines Gesetzes

7 Bei einem «**trust by the operation of a statute**» handelt es sich um Trusts, die ein Gesetz anordnet. Z.B. sagt Section 33 des englischen Administration of Estates Act 1925, dass ein «personal representative» des Erblassers (Erbschaftsverwaltung, Willensvollstrecker) den Nachlass «upon trust» zur Veräusserung oder Umwandlung hält. Dieser «statutory» Trust fällt jedoch unter das Erbrecht und ist deshalb vom Anwendungsbereich des LugÜ nach dessen Art. 1 Abs. 2 Nr. 1 ausgeschlossen. Ähnliche Vorschriften gibt es noch im englischen Law of Property Act 1925. Wenn Grundstücke auf mehrere Personen übertragen werden, erfolgt die Übertragung an einige von ihnen, «upon statutory trust» für die restlichen Empfänger[3].

4. Trust kraft Richterrechts

8 Dieser «trust by operation of law» betrifft Trusts, die – hinsichtlich ihrer Wirkungen – von den **englischen Gerichten** auf Grund von Vermutungen oder Fiktionen wie rechtsgeschäftlich errichtete Trusts (express trusts) behandelt worden sind. Es geht hierbei um «resulting trusts», «implied trusts» und «constructive trusts». Stehen solche Trusts in engem Zusammenhang mit rechtsgeschäftlichen Trusts, fallen sie nach vertragsautonomer Auslegung unter Art. 5 Nr. 6. Ist das dagegen nicht der Fall, werden sie von Art. 5 Nr. 6 nicht erfasst. Denn was Ansprüche sind, die aus einem rechtsgeschäftlichen Trust entstehen, bestimmt nicht das anwendbare nationale Trust-Statut, sondern ist kraft vertragsautonomer Auslegung des LugÜ zu ermitteln.

---

[3] Vgl. Law of Property Act 1925 (c.20) Section 19 (2) für Minderjährige; Section 34 (3) für Miteigentümer. Section 35 desselben Gesetzes definiert den «statutory trust» für Zwecke dieses Gesetzes.

a) Resulting Trusts

Es gibt im Wesentlichen zwei Typen eines «resulting trust» (zurückfallender Trust)[4]. 9

(1) Zum einen entsteht ein solcher, wenn bei einem **rechtsgeschäftlichen Trust** von Anfang an offen bleibt, oder wenn sich später herausstellt, dass für Teile oder den Rest des Trustvermögens kein Begünstigter benannt ist. Dann entsteht ein «resulting trust» zugunsten des Begründers oder der Begründer[5]. Diese «resulting trusts» fallen unter Art. 5 Nr. 6, weil es um die Lückenfüllung bei einem rechtsgeschäftlichen Trust geht.

(2) Bei dem anderen Typ geht es dagegen eher um **Bereicherungssituationen**, die nicht unter Art. 5 Nr. 6 fallen. Zwar haben die Gerichte es abgelehnt, bei der Zahlung einer Nichtschuld einen «resulting trust» zugunsten des Zahlenden anzunehmen,[6] jedoch wurde ein solcher Trust immer dann fingiert, wenn jemand zum Erwerb fremden Vermögens beigetragen hatte und die Vermutung, er habe keine Schenkung machen wollen, nicht widerlegt wird[7]. Hier wird ein Trust *fingiert,* so dass diese Form eines «resulting trust» nicht unter Art. 5 Nr. 6 fällt. 10

b) Implied Trusts

Der «**implied trust**» (stillschweigend vermuteter Trust) wird zwar häufig neben dem «resulting trust» und dem «constructive trust» gleichberechtigt genannt,[8] aber meistens mit dem «resulting trust» gleichgesetzt. Auch hier soll nicht anders als bei diesen Trusts verfahren werden. 11

---

[4] So Lord Browne-Wilkinson in: *Westdeutsche Landesbank Girozentrale v. Islington L.B.C.,* [1996] A.C. 669, 708 (H.L.).

[5] Im Fall *Re Gillingham Bus Disaster Fund,* [1958] 1 All E.R. 37 (Ch.D.), war ein Trust-fund für die Opfer eines Verkehrunfalls errichtet worden. Nach Entschädigung der Opfer blieb noch Geld übrig, und die Frage war zu entscheiden, was mit dem restlichen Geld geschehen solle. Das Gericht entschied, Geld gebühre den Spendern (Begründern) als ein «resulting trust».

[6] So das House of Lords im Fall *Westdeutsche Landesbank,* vorne Fn. 4.

[7] Im Fall *Bull v. Bull,* [1955] 1 Q.B. 234 (C.A.), hatte die Mutter zum Erwerb eines Grundstücks, das auf den Namen ihres Sohnes erworben wurde, beigetragen. Da sie keine Schenkung machen wollte, wurde angenommen, sie sei auf Grund eines «resulting trust» an dem Grundstück anteilsmässig beteiligt.

[8] Vgl. z.B. Section 53 (2) Law of Property Act 1925 und Section 68 (17) Trustee Act 1925. In Lehrbüchern wird der «implied trust» häufig zusammen mit dem «resulting trust» behandelt. So: Keeton/Sheridan, The Law of Trusts, 10 Aufl., London 1974, Chapter XIII (173 ff.); Hudson, Equity & Trust, 4. Aufl., London 2005, 377 ff.

c) Constructive Trusts

12 Der «**constructive trust**» («konstruierter» oder fingierter, indirekter Trust) ist wohl die bedeutendste Form eines «trust by operation of law». Ein solcher «constructive trust» wird immer dann erwogen, wenn ein formaler Rechtsinhaber (Inhaber eines «legal title») ein Recht innehat, das nach Billigkeitsgesichtspunkten (equity) einem anderen zusteht und dem deshalb ein «equitable or beneficial interest» oder das «beneficial ownership» an dem Recht zugestanden werden sollte. Wo kontinentaleuropäische Rechtsordnungen durch obligationenrechtliche Ansprüche einen Ausgleich dieser Interessen herbeiführen, versucht das angloamerikanische Recht sachenrechtlich über einen fingierten Trust zu helfen.

13 Auch beim «constructive trust» sind verschiedene Typen zu unterscheiden[9].

(1) Bei einem «**institutional constructive trust**» besteht bereits eine Vertrauensbeziehung (fiduciary relationship), und zwar in Form der Institution eines rechtsgeschäftlichen Trust (express trust) oder einer Beziehung zu einem solchen.

14 (a) Missbraucht ein Trustee seine Stellung als Treuhänder und erliegt er der Versuchung, eigene Vorteile zu erreichen, so wird er als «**trustee *de son tort***» und sein so erlangter Vorteil wird Gegenstand eines «constructive trust» zugunsten des Begünstigten des bereits bestehenden rechtsgeschäftlichen Trusts[10]. Ein solcher Fall eines Missbrauchs der Trustee-Stellung zulasten des Begünstigten fällt bei vertragsautonomer Auslegung des LugÜ unter dessen Art. 5 Nr. 6; denn es geht hier um einen rechtsgeschäftlichen Trust und die Verfehlung eines Trust-Beteiligten zulasten eines anderen Trust-Beteiligten.

15 (b) Erlangen Dritte vom Trustee wissentlich etwas aus dem Trustvermögen zur Begleichung eigener **persönlicher Schulden** des Trustee, so werden die Dritten «constructive trustee» zugunsten der Begünstigten des Trusts[11].

---

[9] Gefolgt wird hierbei der Typenbildung bei Lewin on Trusts, vorne Fn. 2, Rz. 7-08 ff. (186 ff.).

[10] So der heute noch führende Fall *Keech v. Sandford,* (1726) Sel.Cas.T.King 61 = 25 E.R. 223.

[11] Vgl. *Pannell v. Hurley,* (1845) 2 Coll. 241 = 63 E.R. 716 (Ch.): Der Trustee hatte Schecks auf das Trustvermögen zur Tilgung eigener Verbindlichkeiten gezogen. Die Bank wusste das und wurde «constructive trustee» zugunsten der Begünstigten des Trusts.

Ein solcher Fall mit einem am Trust nicht beteiligten Dritten fällt dagegen nicht unter Art. 5 Nr. 6 LugÜ.

(2) Bei einem sog. «**remedial constructive trust**» geht es weniger um eine bereits bestehende Institution eines Trusts als um Rechtsbehelfe (remedies) und zwar recht unterschiedlicher Art. 16

(a) Ein «**proprietary remedial constructive trust**» entsteht im Grundstücksverkehrsrecht. Hat der Erwerber ein Grundstück gekauft und hat er einen Anspruch auf Übertragung des Grundstücks (specific performance), so wird der Veräusserer unter Umständen hinsichtlich des noch nicht übereigneten Grundstücks «constructive trustee» zugunsten des Erwerbers. Dieser erhält also bereits vor Erwerb des «legal title» ein «beneficial ownership» an der Liegenschaft. Unsicher ist, ob dies schon vor der Kaufpreiszahlung erfolgt oder erst später und ob noch andere Voraussetzungen (z.B. Nachweis, dass der Veräusserer Eigentümer ist und überhaupt zur Übereignung fähig ist) erfüllt sein müssen[12]. Auch diese Fälle sind keine trusts im Sinne des Art. 5 Nr. 6 LugÜ. 17

(b) Ein «**compensatory remedial constructive trust**» ist gegeben, wenn eine Bereicherungssituation besteht und ihr abgeholfen werden soll. Solange man nicht bereit ist, die modernen Rechtsbehelfe der ungerechtfertigten Bereicherung (unjust enrichment oder restitution) einzusetzen[13], haben Gerichte angenommen, der Empfänger von nicht geschuldeten Leistungen werde «constructive trustee» zugunsten des Leistenden[14]. Auch in solchen Situationen ist kein internes Verhältnis der Beteiligten an einem Trust betroffen, so dass hier ebenfalls Art. 5 Nr. 6 nicht zur Anwendung kommt. Allenfalls im Aussenverhältnis eines Trusts kann diese Situation bestehen, aber diese Fälle sind nicht von Art. 5 Nr. 6 gedeckt (s. vorne Rz. 3 ff.). 18

(3) Schliesslich gibt es noch einige **restliche Fälle** eines «constructive trust», die sich einer gemeinsamen Typenbeschreibung entziehen, es sei denn der Gedanke, dass unhaltbaren Vermögensverschiebungen so früh 19

[12] Hierzu vgl. Keeton/Sheridan, *The Law of Trusts,* vorne Fn. 8, 194 ff.

[13] Vgl. hierzu Birks, *Restitution and Resulting Trusts,* in: Goldstein (Hrsg.), *Equity and Contemporary Legal Developments,* Jerusalem 1992, 335–373, ebenfalls bei: Birks/Rose (Hrsg.), Restitution and Equity vol. I: *Resulting Trusts and Equitable Compensation,* London 2000, 265–283; Birks, *An Introduction to the Law of Restitution,* Oxford 1985, 49 ff.; Ders., Unjust Enrichment, Oxford 2003, 262 ff.

[14] So z.B. Lord Browne-Wilkinson obiter in *Westdeutsche Landesbank,* vorne Fn. 4, 716.

wie möglich durch einen «constructive trust» zugunsten der wahren Berechtigten Einhalt geboten werden muss. So ist der Empfänger eines durch Diebstahl oder Betrug erlangten Vermögensgegenstandes «constructive trustee» zugunsten des Opfers. Der Mörder, der durch seine Untat Erbe seines Opfers wird, ist insoweit «constructive trustee» zugunsten der übrigen Erben. Wer etwas auf Grund eines unwirksamen Vertrages verspricht (eine Wohnung) und dafür etwas erhält, was nicht zurückgegeben werden kann (z.B. Bauleistungen), ist an sein Versprechen gebunden und hält das Versprochene als «constructive trustee» für den Versprechensempfänger[15]. Auch für diese Fälle gilt Art. 5 Nr. 6 nicht.

d) Zwischenergebnis

20 Die meisten **Trusts kraft Richterrecht** (trusts by operation of law) fallen nicht unter Art. 5 Nr. 6, weil sie nichts mit einem rechtsgeschäftlichen oder gesetzlichen Trust zu tun haben. Sie werden jedoch nach der vertragsautonomen Auslegung des LugÜ dann von Art. 5 Nr. 6 erfasst, wenn sie sich auf ein bestehendes Trust-Verhältnis beziehen und durch einen «resulting trust» den Begünstigten bestimmen (s. Rz. 9) oder durch einen «institutional remedial constructive trust» auf eine Verfehlung des Trustee reagieren (s. Rz. 14).

5. Trust Company

21 Eine Trust Company ist eine Gesellschaft, die dem Gesellschaftsstatut unterliegt und an ihrem Sitz nach Art. 2 Abs. 1 und Art. 60 verklagt werden kann.

III. Beteiligte

1. Begründer

22 Der **Begründer (settlor)** ist diejenige Person, welche den Trust begründet. Er kann eine natürliche oder juristische Person sein. Er kann einen Trust unter Lebenden (trust *inter vivos*) oder einen Trust von Todes wegen (testamentary trust) errichten. Der Trust von Todes wegen fällt wegen des

[15] Zu diesen Fällen vgl. Lewin on Trusts, vorne Fn. 2, Rz. 7–24 ff. (192 ff.).

Ausschlusses des Erb- und Testamentsrechts (Art. 1 Abs. 2 Nr. 1) nicht unter das LugÜ.

2. Trustee

Der Trustee ist der **Treuhänder**, der den Willen des Begründers auszuführen hat. Trustee kann eine natürliche oder juristische Person sein. Er ist Inhaber des Vollrechts (legal title) am Trustvermögen und hat dieses gemäss den Bestimmungen des Trusts zu verwalten, zu verteilen und nach Beendigung zurückzugeben. Ist die Verteilung strikt vorgeschrieben (z.B. jedes Kind bekommt jeden Monat £ 500), handelt es sich um einen «fixed trust» im Gegensatz zum «discretionary trust», bei dem der Trustee nach seinem Ermessen das Trustvermögen verteilen darf (z.B. jedes Kind erhält nach seiner Bedürftigkeit, die der Trustee nach seinem Ermessen [discretion] zu beurteilen hat, genügend für seinen Lebensbedarf). 23

3. Begünstigte

Der Begünstigte oder die **Begünstigten (beneficiaries)** kommen in den Genuss des Trusts. Sind es Privatpersonen, spricht man von einem «private trust». Wird dagegen die Allgemeinheit begünstigt (die Armen von London, die Hinterbliebenen von Opfern eines Unglücks, die Kranken von Manchester), handelt es sich um einen «public or charitable trust». Auch er fällt unter Art. 5 Nr. 6; denn auch er ist ein Institut des Privatrechts, der lediglich gewisse Privilegien, insbesondere steuerrechtlicher Art, geniesst. 24

Die Begünstigten haben das «**beneficial interest**» am Trustvermögen, sind also materiell, **aber nicht formell** dessen Inhaber. Begünstigter kann jeder sein, selbst der Begründer und der Trustee. 25

4. Andere Personen oder Funktionen

Wenn jemand in seiner Eigenschaft als «**appointer**» oder «**protector**» verklagt wird, fällt eine solche Klage nicht mehr unter Art. 5 Nr. 6. Dieser ist eng auszulegen[16]. 26

[16] *Gomez v. Gomez-Monche Vives,* [2009] 1 All E.R. 127 (C.A.).

IV. Gerichtsstände

1. Sitz des Trusts

27 Art. 5 Nr. 6 begründet den Gerichtsstand in dem Staat, in dessen «Hoheitsgebiet der Trust seinen **Sitz** hat». Diese Vorschrift bezeichnet also – anders als in den anderen Fällen des Art. 5 – nicht unmittelbar das zuständige Gericht, sondern nur den international zuständigen Staat, der seinerseits die örtlich zuständige Instanz festzulegen hat. In der Schweiz legt Art. 149b IPRG die inländische örtliche Zuständigkeit fest.

28 **Wo der Trust seinen Sitz hat**, muss jedes befasste Gericht nach seinem IPR bestimmen (Art. 60 Abs. 3). In der Schweiz ist deshalb Art. 21 Abs. 1 und 3 IPRG anzuwenden. Danach gilt – ganz ähnlich wie bei einer Gesellschaft (Art. 21 Abs. 1 und 2 IPRG) – als Sitz eines Trusts «der in den Bestimmungen des Trusts schriftlich oder in anderer Form durch Text nachweisbar bezeichnete Ort seiner Verwaltung. Fehlt eine solche Bezeichnung, so gilt als Sitz der tatsächliche Ort seiner Verwaltung.» Wenn sich – wie so häufig – die Trustbestimmungen zum Sitz des Trusts nicht äussern, verweist Art. 21 Abs. 3 Satz 2 IPRG auf den «Ort der Verwaltung». Verwiesen wird also auf den Wohnsitz des Trustee als den des Verwalters und nicht auf den Ort, an dem sich das Trustvermögen befindet[17].

29 Hat ein Trust seinen satzungsmässigen Sitz auf der **Kanalinsel Jersey**, wo das LugÜ nicht gilt, kommt Art. 149b IPRG zur Anwendung. Befindet sich dort dagegen nur das Trustvermögen und kein satzungsmässiger Sitz, so gilt das LugÜ und dessen Art. 5 Abs. 6 dann, wenn der Trustee in England wohnt und von dort aus das Trustvermögen verwaltet. Die Begünstigten können ihn also in England verklagen. Das englische Recht bestimmt dann, wo in England vor dem örtlich zuständigen Gericht der Trustee verklagt werden kann.

2. Wohnsitz des Beklagten

30 Art. 5 Nr. 6 ist ein **zusätzlicher** Gerichtsstand, der nicht ausschliesst, dass am allgemeinen Gerichtsstand des Wohnsitzes des Beklagten (Art. 2 Abs. 1) gegen diesen vorgegangen wird.

17 *Gomez v. Gomez-Monche Vives,* vorne Fn. 16.

3. Andere Gerichtsstände

Art. 5 Nr. 6 hindert einen Kläger nicht, sich **anderer besonderer Gerichtsstände** zu bedienen. Z.B. könnte ein Begünstigter den Trustee am ausländischen Ort der unerlaubten Handlung (Art. 5 Nr. 3) verklagen, wenn er das im Ausland gelegene Trustvermögen dort veruntreut hat. 31

4. Ausschliesslicher Gerichtsstand

Haben die Begünstigten eines englischen Trusts ein **lebenslanges Wohnrecht** am Landsitz des Begründers in der **Toskana/Italien**, so sind für Klagen der Begünstigten gegen den Trustee, der wegen ausbleibender Reparaturen seine Pflichten als Vermögensverwalter verletzt, die italienischen Gerichte nach Art. 22 Nr. 1 Satz 1 LugÜ ausschliesslich zuständig. Eine Klage in England am Wohnsitz des Trustees muss wegen Unzuständigkeit abgewiesen werden. 32

V. Anerkennung und Vollstreckung

Ein am Gerichtsstand nach Art. 5 Nr. 6 gefälltes Urteil wird ohne Nachprüfung der Zuständigkeit des Entscheidungsinstanz in allen gebundenen Staaten **anerkannt und vollstreckt**. Ein gegen den Trustee als Trustee ergangenes Urteil kann in das Trustvermögen vollstreckt werden; denn er ist formaler Inhaber des Trustvermögens und insofern ist dieses «sein» Vermögen. 33

Art. 5 – Nr. 7

Eine Person, die ihren Wohnsitz im Hoheitsgebiet eines durch dieses Übereinkommen gebundenen Staates hat, kann in einem anderen durch dieses Übereinkommen gebundenen Staat verklagt werden:

7. wenn es sich um eine Streitigkeit wegen der Zahlung von Berge- und Hilfslohn handelt, der für Bergungs- oder Hilfeleistungsarbeiten gefordert wird, die zugunsten einer Ladung oder einer Frachtforderung erbracht worden sind, vor dem Gericht, in dessen Zuständigkeitsbereich diese Ladung oder die entsprechende Frachtforderung:

a) mit Arrest belegt worden ist, um die Zahlung zu gewährleisten, oder

b) mit Arrest hätte belegt werden können, jedoch dafür eine Bürgschaft oder eine andere Sicherheit geleistet worden ist;

diese Vorschrift ist nur anzuwenden, wenn behauptet wird, dass der Beklagte Rechte an der Ladung oder an der Frachtforderung hat oder zur Zeit der Bergungs- oder Hilfeleistungsarbeiten hatte.

Art. 5 – No. 7

Une personne domiciliée sur le territoire d'un État lié par la présente Convention peut être attraite, dans un autre État lié par la présente Convention:

7. s'il s'agit d'une contestation relative au paiement de la rémunération réclamé en raison de l'assistance ou du sauvetage dont a bénéficié une cargaison ou un fret, devant le tribunal dans le ressort duquel cette cargaison ou le fret s'y rapportant:

a) a été saisi pour garantir ce paiement, ou

b) aurait pu être saisi à cet effet, mais une caution ou une autre sûreté a été donnée,

cette disposition ne s'applique que s'il est prétendu que le défendeur a un droit sur la cargaison ou sur le fret ou qu'il avait un tel droit au moment de cette assistance ou de ce sauvetage.

Art. 5 – No. 7

Una persona domiciliata nel territorio di uno Stato vincolato dalla presente convenzione può essere convenuta in un altro Stato vincolato dalla presente convenzione:

7. qualora si tratti di una controversia concernente il pagamento del corrispettivo per l'assistenza o il salvataggio di un carico o un nolo, davanti al giudice nell'ambito della cui competenza il carico o il nolo ad esso relativo:

a) è stato sequestrato a garanzia del pagamento, o

b) avrebbe potuto essere sequestrato a tal fine ma è stata fornita una cauzione o altra garanzia;

questa disposizione si applica solo qualora si eccepisca che il convenuto è titolare di un diritto sul carico o sul nolo o aveva un tale diritto al momento dell'assistenza o del salvataggio.

Art. 5 – No. 7

A person domiciled in a State bound by this Convention may, in another State bound by this Convention, be sued:

7. as regards a dispute concerning the payment of remuneration claimed in respect of the salvage of a cargo or freight, in the court under the authority of which the cargo or freight in question:
a) has been arrested to secure payment; or
b) could have been so arrested, but bail or other security has been given;
provided that this provision shall apply only if it is claimed that the defendant has an interest in the cargo of freight or had such an interest at the time of salvage.

Literatur: PELLIS, Forum arresti, Zwolle 1993; POCAR, La giurisdizione sulle controversie marittime nello sviluppo della Convenzione di Bruxelles del 1968, Dir. marit. 1999, 183 ff.

Übersicht *Seite*

I. Bedeutung des Art. 5 Nr. 7

Art. 5 Nr. 7 LugÜ ist insofern **ungewöhnlich**, als er – anders als nach Art. 31 – eine Zuständigkeit in der Hauptsache am tatsächlichen oder hypothetischen Arrestort vorsieht. Dadurch soll der Retter begünstigt werden, und zwar unter **folgenden Voraussetzungen**: 1

1. der Kläger oder dessen Rechtsvorgänger hat **Bergungs- oder Hilfeleistungsarbeiten** erbracht; ob er dafür ein Haftungsvorrecht hat (wie z.B. nach Art. 4 Abs. 1 (v) i.V.m. Art. 5 des Brüsseler Internationalen Übereinkommens vom 27.05.1967 zur Vereinheitlichung gewisser Regeln über

Schiffsgläubigerrechte und Schiffshypotheken[1]), ist nach dem Wortlaut des Art. 5 Nr. 7 nicht entscheidend;[2]

2. die Arbeiten müssen **zugunsten einer Ladung oder einer Frachtforderung** erbracht worden sein, nicht etwa deshalb, um eine internationale Wasserstrasse für den übrigen Seeverkehr freizumachen;

3. die Klage muss sich nach dem zweiten Halbsatz am Schluss des Art. 5 Nr. 7 gegen einen **Beklagten** richten, der **selbst oder dessen Rechtsvorgänger Rechte** an der Ladung oder der Frachtforderung hat oder zur Zeit der Rettung hatte; durch diese Voraussetzung soll sichergestellt werden, dass nur echte Berge- oder Hilfslohnforderungen von Art. 5 Nr. 7 erfasst werden und nicht etwa auch Ansprüche aus Geschäftsführung gegen Dritte (z.B. Eigentümer eines vercharterten Schiffes, die keine Rechte an der Ladung oder den Frachtforderungen haben);

4. der Beklagte muss seinen **Sitz oder Wohnsitz in einem gebundenen Staat** haben (Ingress von Art. 5).

2 Diese Vorschrift ist auf **englischen Wunsch** in das GVÜ von 1978 aufgenommen worden, um es dem Retter eines Seeschiffes zu ersparen, dem Beklagten hinterherlaufen und ihn an seinem Sitz oder Wohnsitz verklagen zu müssen. Das nach Art. 65 vorbehaltene Brüsseler Schiffsarrest-Übereinkommen von 1952[3] genügte nicht; denn dieses Übereinkommen gilt nicht in allen Vertragsstaaten des LugÜ, und Art. 5 Nr. 7 begründet auch für diese Nichtvertragsstaaten des Schiffsarrest-Übereinkommens einen Gerichtsstand. So kann nach Art. 5 Nr. 7 die Frachtforderung gegen einen ungarischen Frachtschuldner in Zürich mit Arrest belegt werden, obwohl Ungarn das Schiffsarrest-Übereinkommen nicht ratifiziert hat.

---

[1] 439 U.N.T.S. 195; ebenso nach Art. 4 (1) (c) des Genfer Internationalen Übereinkommens vom 06.05.1993 über Schiffgläubigerrechte und Schiffshypotheken, Int.Leg.Mat. 33 (1994) 353.

[2] A.A. Geimer/Schütze, Art. 5 Rz. 274 f.

[3] Übereinkommen vom 10.05.1952 zur einheitlichen Feststellung einzelner Regeln über die vorsorgliche Beschlagnahme von Seeschiffen, SR 0.747.323.1. In Deutschland wird dieser Vertrag anders genannt, nämlich Internationales Übereinkommen zur Vereinheitlichung von Regeln über den Arrest in Seeschiffe, BGBl 1972 II 655.

II. Gegenstand der Klage

1. Zahlung von Berge- und Hilfslohn

a) Seeschifffahrt

Nach dem Recht vieler Vertragsstaaten des LugÜ hat derjenige, der einem in **Seenot** geratenen **Seeschiff** zu Hilfe kommt, einen gesetzlichen Anspruch auf Berge- oder Hilfslohn gegen die Ladungsbeteiligten und Gläubiger von Frachtforderungen. Dieser Anspruch ist häufig sogar durch ein Schiffsgläubigerrecht an dem Seeschiff gesichert[4]. Dass eine solche Sicherung besteht, wird in Art. 5 Nr. 7 nicht vorausgesetzt. Allerdings muss sich der Anspruch gegen die in Art. 5 Nr. 7 genannten Personen richten, so dass eine vertraglich zwischen Retter und Schiffseigner vereinbarte Hilfeleistung nicht unter die durch Art. 5 Nr. 7 privilegierten Ansprüche fällt; denn dann richten sich die Ansprüche auf Hilfslohn gegen den Schiffseigner, der nicht Gläubiger der Frachtforderungen zu sein braucht. Selbst wenn er selber Verfrachter sein sollte, kann er durch seinen Vertrag Ansprüche gegen Ladungsbeteiligte ohne deren Zustimmung nicht begründen oder abändern. Die Berge- oder Hilfslohnansprüche müssen also kraft Gesetzes bestehen. 3

Nicht in den Bereich des Art. 5 Nr. 7 fallen Ansprüche aus Hilfeleistung für **Meeresplattformen**. Denn hier geht es nicht um Hilfeleistung «zugunsten einer Ladung oder einer Frachtforderung», sondern um Hilfeleistung zugunsten eines Unternehmens, das auf Hoher See oder in Küstengewässern seinem Gewerbe nachgeht. Für diese Plattformen gelten die allgemeinen Regeln des IPR und nationalen Rechts[5]. 4

b) Lufttransport

Muss ein **Luftfahrzeug** aus Not auf See wassern und Hilfe beanspruchen, entsteht die Frage, ob dann die Seeschifffahrtsregeln über Bergung und Hilfeleistung entsprechend anwendbar sind. Wird diese Frage bejaht, kann Art. 5 Nr. 7 mit seinem weit gefassten und nicht auf Seeschiffe beschränk- 5

[4] Vgl. etwa Schiffsgläubigerrechte-Übereinkommen von 1993, bei Fn. 1.

[5] Selbst das neue Internationale Übereinkommen vom 28.04.1989 über Bergung, SR 0.747.363.4, gilt nach seinem Art. 3 nicht für «feste oder schwimmende Plattformen oder der Küste vorgelagerte bewegliche Bohreinrichtungen».

ten Wortlaut auf die Berge- und Hilfeleistungsansprüche der Retter eines aus Not gewasserten Luftfahrzeugs angewandt werden.

c) Landtransport

6 Im Recht des **Landtransportes**, sei es auf der Strasse oder Schiene, gibt es keine gesetzlichen Ansprüche auf Belohnung für Bergung oder Hilfeleistung. Selbst Ansprüche aus Geschäftsführung ohne Auftrag enthalten keine Belohnung, sondern sollen Aufwendungen ersetzen. Diese Ansprüche fallen nicht unter Art. 5 Nr. 7; denn diese Vorschrift will nur typische Ansprüche des Seerechts erfassen und sollte als Ausnahmevorschrift (s. vorne I) nicht auf ähnliche Ansprüche aus Geschäftsführung ohne Auftrag ausgedehnt werden. Täte man dies, entstünde sofort die berechtigte Frage, wieso nur die Hilfeleistung für Sachen privilegiert wird und nicht auch diejenige zugunsten von anderen Personen (z.B. in Bergnot oder bei Rettung Ertrinkender in Binnengewässern).

2. Andere Streitigkeiten wegen dieser Zahlung

7 Art. 5 Nr. 7 privilegiert **nur die dort genannten Ansprüche** auf Berge- oder Hilfslohn und nicht die darüber hinausgehenden Ansprüche des Retters. Ansprüche der Beklagten (z.B. wegen vermeidbarer Beschädigung fremden Eigentums) können nur im Wege der Widerklage gemäss Art. 6 Nr. 3 am Gerichtsstand des Art. 5 Nr. 7 geltend gemacht werden.

III. Parteien

1. Kläger

8 Obwohl Art. 5 Nr. 7 mit seinem weit gefassten Wortlaut alle Streitigkeiten wegen Zahlung von Berge- oder Hilfslohn erfasst und deshalb auch der Zahlungsschuldner als Kläger auftreten könnte, muss diese Vorschrift ihrem Sinn und Zweck gemäss auf **Klagen des Retters** beschränkt werden. Nur er soll begünstigt werden (s. vorne I) und folglich soll nur er die Möglichkeit haben, an einem privilegierten Gerichtsstand klagen zu dürfen. Diese Ausnahme von Art. 31 ist deshalb gerechtfertigt, weil der Kläger sich für fremdes Eigentum eingesetzt hat und danach nicht auch noch dem

Schuldner hinterherlaufen muss[6]. Dieser Gerichtsstand ist, falls er vom richtigen Kläger in Anspruch genommen wird, jedoch für negative Feststellungsklagen des Schuldners sowie für Widerklagen des Prozessgegners zuständig (Art. 6 Nr. 3)[7].

2. Beklagter

Der Nachsatz des Art. 5 Nr. 7 soll sicherstellen, dass nur Klagen **gegen solche Personen** privilegiert werden, die nach dem Klägervortrag Rechte an der Ladung oder an der Frachtforderung haben oder zur Zeit der Rettung hatten. Ausgeschlossen sind also Klagen gegen andere Personen wie z.B. gegen Schiffseigner ohne Verfrachtereigenschaft oder gegen staatliche Behörden, die aus Gründen der Verkehrssicherheit um Bergung gebeten hatten. 9

IV. Gerichtsstand

1. Tatsächlicher Arrestort

Angeknüpft wird die Zuständigkeit primär an denjenigen **Ort, an dem die Ladung** oder die entsprechende Frachtforderung mit Arrest belegt worden ist. Die Ladung wird meistens im nächsten Hafen arretiert und die entsprechende Frachtforderung am Wohnsitz/Sitz des Frachtschuldners. In beiden Fällen bestimmt Art. 5 Nr. 7 sowohl die internationale Zuständigkeit des Staates, in dem der Arrest vollzogen wird, als auch die örtliche Zuständigkeit des Gerichts, in dessen Zuständigkeitsbereich dieser Vollzug erfolgt. 10

2. Hypothetischer Arrestort

Wird – wie so häufig – ein Arrest durch **Sicherheitsleistung** (z.B. Bankgarantie) abgewendet, so tritt nach Art. 5 Nr. 7 lit. b der hypothetische Arrestort an die Stelle des Ortes, an dem ohne Sicherheitsleistung ein Arrest hätte vollzogen werden können. Der Schuldner soll durch Sicherheitsleistung den Retter nicht um einen privilegierten Gerichtsstand bringen können. 11

---

6 Kropholler/von Hein, Art. 5 Rz. 124.

7 Kropholler/von Hein, Art. 5 Rz. 126.

V. Anerkennung und Vollstreckung

12 Die richtige Anwendung der Zuständigkeit gemäss Art. 5 Nr. 7 ist im Fall der **Anerkennung und Vollstreckung** keine Anerkennungsvoraussetzung (Art. 34 und Art. 35 Abs. 3). Wer sich gegen diese Zuständigkeit wendet, muss das also vor der angerufenen Entscheidungsinstanz tun.

Art. 6

Eine Person, die ihren Wohnsitz im Hoheitsgebiet eines durch dieses Übereinkommen gebundenen Staates hat, kann auch verklagt werden:

1. wenn mehrere Personen zusammen verklagt werden, vor dem Gericht des Ortes, an dem einer der Beklagten seinen Wohnsitz hat, sofern zwischen den Klagen eine so enge Beziehung gegeben ist, dass eine gemeinsame Verhandlung und Entscheidung geboten erscheint, um zu vermeiden, dass in getrennten Verfahren widersprechende Entscheidungen ergehen könnten;

2. wenn es sich um eine Klage auf Gewährleistung oder um eine Interventionsklage handelt, vor dem Gericht des Hauptprozesses, es sei denn, dass die Klage nur erhoben worden ist, um diese Person dem für sie zuständigen Gericht zu entziehen;

3. wenn es sich um eine Widerklage handelt, die auf denselben Vertrag oder Sachverhalt wie die Klage selbst gestützt wird, vor dem Gericht, bei dem die Klage selbst anhängig ist;

4. wenn ein Vertrag oder Ansprüche aus einem Vertrag den Gegenstand des Verfahrens bilden und die Klage mit einer Klage wegen dinglicher Rechte an unbeweglichen Sachen gegen denselben Beklagten verbunden werden kann, vor dem Gericht des durch dieses Übereinkommen gebundenen Staates, in dessen Hoheitsgebiet die unbewegliche Sache belegen ist.

Art. 6

Cette même personne peut aussi être attraite:

1. s'il y a plusieurs défendeurs, devant le tribunal du domicile de l'un d'eux, à condition que les demandes soient liées entre elles par un rapport si étroit qu'il y a intérêt à les instruire et à les juger en même temps afin d'éviter des solutions qui pourraient être inconciliables si les causes étaient jugées séparément;

2. s'il s'agit d'une demande en garantie ou d'une demande en intervention, devant le tribunal saisi de la demande originaire, à moins qu'elle n'ait été formée que pour traduire hors de son tribunal celui qui a été appelé;

3. s'il s'agit d'une demande reConventionnelle qui dérive du contrat ou du fait sur lequel est fondée la demande originaire, devant le tribunal saisi de celle-ci;

4. en matière contractuelle, si l'action peut être jointe à une action en matière de droits réels immobiliers dirigée contre le même défendeur, devant le tribunal de l'État lié par la présente Convention où l'immeuble est situé.

Art. 6

La persona di cui all'articolo precedente può inoltre essere convenuta:

1. in caso di pluralità di convenuti, davanti al giudice del luogo in cui uno qualsiasi di essi è domiciliato, sempre che tra le domande esista un nesso così stretto da rendere opportuna una trattazione unica ed una decisione unica onde evitare il rischio, sussistente in caso di trattazione separata, di giungere a decisioni incompatibili;

2. qualora si tratti di chiamata in garanzia o altra chiamata di terzo, davanti al giudice presso il quale è stata proposta la domanda principale, sempre che quest'ultima non sia stata proposta solo per distogliere colui che è stato chiamato in causa dal suo giudice naturale;

3. qualora si tratti di una domanda riconvenzionale nascente dal contratto o dal fatto in cui si fonda la domanda principale, davanti al giudice presso il quale è stata proposta la domanda principale;

4. in materia contrattuale, qualora l'azione possa essere riunita con un'azione in materia di diritti reali immobiliari proposta contro il medesimo convenuto, davanti al giudice dello Stato vincolato dalla presente convenzione in cui l'immobile è situato.

Art. 6

A person domiciled in a State bound by this Convention may also be sued:

1. where he is one of a number of defendants, in the courts for the place where any one of them is domiciled, provided the claims are so closely connected that it is expedient to hear and determine them together to avoid the risk of irreconcilable judgments resulting from separate proceedings,

2. as a third party in an action on a warranty or guarantee, or in any other third party proceedings, in the court seised of the original proceedings, unless these were instituted solely with the object of removing him from the jurisdiction of the court which would be competent in his case;

3. on a counterclaim arising from the same contract or facts on which the original claim was based, in the court in which the original claim is pending;

4. in matters relating to a contract, if the action may be combined with an action against the same defendant in matters relating to rights in rem in immovable property, in the court of the State bound by this Convention in which the property is situated.

Literatur: Althammer, Die Anforderungen an die «Ankerkläger» am forum connexitatis (Art. 6 Abs. 1 EuGVO), IPRax 2006, 558 ff.; Ders., Arglistiges Klägerverhalten im Europäischen Zuständigkeitsrecht (EuGVVO) – Bedarf für ein allgemeines Missbrauchsverbot?, Gedächtnisschrift für Halûk Konuralp, Ankara 2009, Bd. 1, 103 ff.; Auer, Die internationale Zuständigkeit des Sachzusammenhangs im erweiterten EuGVÜ-System nach Artikel 6 EuGVÜ, Diss. Regensburg 1996; Banniza von Bazan, Der Gerichtsstand des Sachzusammenhangs im EuGVÜ, dem Lugano-Übereinkommen und im deutschen Recht, Frankfurt a.M. 1995; Brandes, Der gemeinsame Gerichtsstand. Die Zuständigkeit im europäischen Mehrparteienprozess nach Art. 6 Nr. 1 EuGVÜ/LÜ, Frankfurt a.M. 1998; Chizzini, Gerichtspflichtigkeit von Dritten – Interventionsklage und Streitverkündung (Italien), in: Bajons/Mayr/Zeiler (Hrsg.), Die Übereinkommen von Brüssel und Lugano, Wien 1997, 163 ff.; Buhr, Europäischer Justizraum und revidiertes Lugano Übereinkommen, Bern 2010; Coester-Waltjen, Die Aufrechnung im internationalen Zivilprozessrecht, FS Gerhard Lüke, München 1997, 35 ff.; Dies., Die Bedeutung des Art. 6 Nr. 2 EuGVÜ, IPRax 1992, 290 ff.; Dies., Konnexität und Rechtsmissbrauch – zu Art. 6 Nr. 1 EuGVVO, FS Jan Kropholler, Tübingen 2008, 747 ff.; Dageförde, Aufrechnung und Internationale Zuständigkeit, RIW 1990, 873 ff.; Dätwyler, Gewährleistungs- und Interventionsklage nach französischem Recht und Streitverkündung nach schweizerischem und deutschem Recht im internationalen Verhältnis nach IPRG und Lugano-Übereinkommen unter Berücksichtigung des Vorentwurfs zu einer schweizerischen Zivilprozessordnung, Lachen/St. Gallen 2005; Eickhoff, Inländische Gerichtsbarkeit und internationale Zuständigkeit für

Aufrechnung und Widerklage unter besonderer Berücksichtigung des Europäischen Gerichtsstands- und Vollstreckungsübereinkommens, Berlin 1985; FAWCETT, Multi-party Litigation in Private International Law, Int.Comp.L.Q 44 (1995) 744 ff.; GEIER, Die Streitgenossenschaft im internationalen Verhältnis, Bern 2005; GEIMER, Fora connexitatis – Der Sachzusammenhang als Grundlage der internationalen Zuständigkeit, Bemerkungen zu Art. 6 des EWG-Übereinkommens vom 27. September 1968, WM 1979, 350 ff.; DERS., EuGVÜ und Aufrechnung: keine Erweiterung der Internationalen Entscheidungszuständigkeit – Aufrechnungsverbot bei Abweisung der Klage wegen internationaler Unzuständigkeit, IPRax 1986, 208 ff.; DERS., Härtetest für deutsche Dienstleister im Ausland, IPRax 1998, 175 ff.; GÖTZE, Vouching In and Third-Party Practice. Formen unfreiwilliger Drittbeteiligung im amerikanischen Zivilprozess und ihre Anerkennung in Deutschland, Berlin 1993; GOTTWALD, Europäische Gerichtspflichtigkeit kraft Sachzusammenhangs, IPRax 1989, 272 ff.; GROLIMUND, Drittstaatenproblematik des europäischen Zivilverfahrensrechts, Tübingen 2000; VON HOFFMANN/HAU, Probleme der abredewidrigen Streitverkündung im europäischen Zivilrechtsverkehr, RIW 1997, 89 ff., HOLZEN, Die Streitgenossenschaft im schweizerischen Zivilprozess, Basel 2006; KANNENGIESSER, Die Aufrechnung im internationalen Privat- und Verfahrensrecht, Tübingen 1998; KNÖFEL, Gerichtsstand der prozessübergreifenden Streitgenossenschaft gemäss Art. 6 Nr. 1 EuGVVO?, IPRax 2006, 503 ff.; KRAFT, Grenzüberschreitende Streitverkündung und Third Party Notice, Berlin 1997; LÜKE, Die Beteiligung Dritter im Zivilprozess, Tübingen 1993; MÄSCH, Vitamine für Kartellopfer – Forum shopping im europäischen Kartelldeliktsrecht, IPRax 2005, 509 ff.; MANKOWSKI, Die österreichischen Gerichtsstände der Streitgenossenschaft, des Vermögens und der inländischen Vertretung mit Blick auf das Lugano-Übereinkommen, IPRax 1998, 122 ff.; MANSEL, Streitverkündung und Interventionsklage im Europäischen internationalen Zivilprozessrecht (EuGVÜ/Lugano-Übereinkommen), in: Hommelhoff/Jayme/Mangold (Hrsg.), Europäischer Binnenmarkt: IPR und Rechtsangleichung, Heidelberg 1995, 161 ff.; DERS., Gerichtspflichtigkeit von Dritten: Streitverkündung und Interventionsklage (Deutschland), in: Bajons/Mayr/Zeiler (Hrsg.), Die Übereinkommen von Brüssel und Lugano, Wien 1997, 177 ff.; MARI, Il diritto processuale civile della Convenzione de Bruxelles, I: Il sistema della competenza, Padova 1999, 461 ff.; MERLIN, Riconvenzione e compensazione al vaglio della Corte di Giustizia, Riv. dir. proc. 54 (1999) 48 ff.; MICHINEL ÁLVAREZ, Sobre la interpretación del articulo 6.3° del Convenio de Bruselas de 27 de septiembre de 1968, Rev. esp. der. int. 49 II (1997) 47 ff.; MOISSINAC MASSÉNAT, Les conflits de procédures et de décisions en droit international privé, Paris 2004; NUYTS, L'exception de forum non conveniens, Brüssel 2003; OTTE, Umfassende Streitentscheidung durch Beachtung von Sachzusammenhängen, Tübingen 1998; ROHNER, Die örtliche und internationale Zuständigkeit kraft Sachzusammenhangs, Diss. Bonn 1991; ROTH, Gerichtsstand kraft Sachzusammenhangs in dem Vollstreckbarerklärungsverfahren des deutschen Zivilprozessrechts, RIW 1987, 814 ff.; DERS., Aufrechnung und internationale Zuständigkeit nach deutschem und europäischem Prozessrecht, RIW 1999, 819 ff.; DERS., Das Konnexitätserfordernis im Mehrparteiengerichtsstand des Art. 6 Nr. 1 EuGVO, FS Jan Kropholler, Tübingen 2008, 885 ff.; RÜSSMANN, Die internationale Zuständigkeit für Widerklage und Prozessaufrechnung, FS Akira Ishikawa, Berlin 2001, 455 ff.; SCHURIG, Der Konnexitätsgerichtsstand nach Art. 6 Nr. 1 EuGVVO und die Verschleifung von örtlicher und internationaler Zuständigkeit im europäischen Zivilverfahrensrecht, FS Musielak, München 2004, 493 ff.; SPELLENBERG, Örtliche Zuständigkeit kraft Sachzusammenhangs, ZVglRWiss. 79 (1980) 89 ff.; STÜRNER, Die erzwungene Intervention Dritter im europäischen Zivilprozess, FS Geimer, München 2002, 1307 ff.; DERS., Zur Reichweite des Gerichtsstandes der Widerklage nach Art. 6 Nr. 3 EuGVVO, IPRax 2007, 21 ff.; TANG HENG, Multiple Defendants in the European Jurisdiktion Regulation, ELR (2009), 80 ff.; THOLE, Missbrauchskontrolle im Europäischen Zivilverfahrensrecht, ZZP (2009), 423 ff.; TRUNK, Die Erweiterung des EuGVÜ-Systems am Vorabend des Europäischen Binnenmarktes, das Lugano-Übereinkommen und das

EuGVÜ-Beitrittsübereinkommen von San Sebastian, München 1991; VOSSLER, Die Bedeutung des Mehrparteiengerichtsstands nach Art. 6 Nr. 1 EuGVVO bei der Zuständigkeitsbestimmung gemäss § 36 Abs. 1 Nr. 3 ZPO, IPRax 2007, 281 ff.; WAGNER, Die Aufrechnung im Europäischen Zivilprozessrecht, IPRax 1999, 65 ff.; WINTER, Ineinandergreifen von EuGVVO und nationalem Zivilverfahrensrecht am Beispiel des Gerichtsstands des Sachzusammenhangs, Art. 6 EuGVVO, Berlin 2007.

Übersicht *Seite*

A. Sinn, Anwendungsbereich und Auslegung der Norm

I. Sinn und Funktion

1 Art. 6 wurde nicht etwa deswegen in das EuGVÜ, die EuGVVO und das LugÜ aufgenommen, weil die in dieser Vorschrift genannten vier Fälle einer konzentrierten Zuständigkeit zum gemeinsamen Kern des Zivilprozessrechts in Europa gehören. Die Vorschrift geht vielmehr auf eine **Tradition gewisser «romanischer» Staaten** (u.a. Belgien, Frankreich, Italien, Luxemburg, Niederlande) zurück[1]. Diese mangelnde Einheitlichkeit zeigen die Vorbehalte bestimmter «germanischer» Staaten gemäss Art. II Abs. 1 des Protokolls Nr. 1 sehr deutlich. Selbst der Zweck der Konzentrierung ist bei den in Nr. 1 – 4 aufgezählten Fallgruppen recht verschieden. Gemeinsam ist ihnen nur die Absicht, gewisse zusammenhängende Streitigkeiten von ein und demselben Forum entscheiden zu lassen, damit widersprüchliche Entscheidungen verschiedener Gerichte vermieden werden. Dieser Gedanke ist gut, jedoch schwer zu verwirklichen, um einen Missbrauch zu unterbinden.

2 Art. 6 beschränkt sich – wie überhaupt der Titel II des LugÜ – auf die Bestimmung von **Gerichtszuständigkeiten**. Ob im Übrigen eine passive Streitgenossenschaft, Interventionsklage oder Widerklage *prozessual* zulässig ist, sagt das autonome Prozessrecht des jeweiligen Forumstaates[2].

1 Bericht Jenard 53.
2 Für die Schweiz vgl. Art. 78 ff. ZPO und von Holzen, Die Streitgenossenschaft im schweizerischen Zivilprozess, Basel 2006.

II. Anwendungsbereich

1. Grenzen

Art. 6 regelt nur die **Verfahrenskonzentration** für Zivil- und Handelssachen i.S. des Art. 1 Abs. 1, und zwar grundsätzlich nur zwischen Parteien, die ihren Wohnsitz im Hoheitsgebiet eines LugÜ-Staates haben (vgl. Ingress zu Art. 6). Ausserdem gilt Art. 6 grundsätzlich nicht für Versicherungs-[3], Verbraucher- und Arbeitssachen,[4] soweit der Art. 6 dem Zweck der Art. 8–21 widerspricht, sowie nicht für Klagen mit ausschliesslichen Gerichtsständen kraft Konventionsnorm (Art. 22)[5] oder kraft Parteivereinbarung (Art. 23)[6]. 3

2. Erweiterungen

a) Wohnsitz/Sitz der Beklagten

Bei allen vier Fallgruppen des Art. 6 ist zu fragen, ob eine Verfahrenskonzentration nur stattfinden darf zwischen **Personen, die ihren Wohnsitz im Hoheitsgebiet** eines gebundenen Staates haben, wie es im Ingress zu Art. 6 zum Ausdruck kommt. Diese Frage ist zu bejahen, und eine Begünstigung von Parteien mit Wohnsitz ausserhalb von LugÜ-Staaten ist in Kauf zu nehmen (s. Rz. 18 ff.). 4

b) Weitere Fallgruppen

Eine **Erweiterung** des Art. 6 ist ausserdem **nicht** möglich hinsichtlich von Materien, die das LugÜ nicht regelt (z.B. keine statusrechtliche Widerklage auf Anfechtung der Ehelichkeit in einem Unterhaltsprozess des Kindes gegen den Vater), und der Katalog der Konzentrationsfälle darf nicht um weitere Fallgruppen ergänzt werden. Die Aufzählung in Art. 6 ist also *abschliessend.* 5

c) Mehrere Kläger

Ob mehrere Kläger als aktive **Streitgenossen** an einem Ort klagen können, sagt Art. 6 nicht. Das LugÜ nimmt hierzu nur dann Stellung, wenn es 6

[3] OGH 25.11.2008, The European Legal Forum 2009, II-98 und I – 206
[4] EuGH 22.05.2008, Rs. C-462/06, *Glaxosmithkline/Rouard*, RIW 2006, 559.
[5] Comm. Bruxelles 08.12.2009, Journal des tribunaux 2010, 145.
[6] Cass. fr, 20.06.2006, *Deforche v. Tomacrau*, [2007] I.L.Pr. 367.

Klägergerichtsstände zur Verfügung stellt. Mangels besonderer Vorschrift ist lediglich dann eine gemeinsame Klage an einem Ort zulässig, wenn für jeden Kläger der Gerichtsstand an demselben Forum gegeben ist, wenn also mehrere Unterhaltsberechtigte mit gleichem Wohnsitz auf Unterhalt gegen dieselbe Person klagen (Art. 5 Nr. 2).

III. Auslegung

7 Art. 6 ist mit seinen Voraussetzungen und Grenzen **autonom** auszulegen. Das LugÜ begründet also – abgesehen von Vorbehalten (s. Rz. 38) – internationale Zuständigkeiten für Mehrparteienprozesse. Lediglich die Durchführung dieser Prozesse richtet sich nach nationalem Verfahrensrecht.

B. Mehrparteienprozesse (Art. 6 Nr. 1)

I. Problematik des Art. 6 Nr. 1

1. Gefährdung des Beklagtengerichtsstandes

8 Die **ursprüngliche Fassung** von Art. 6 Nr. 1 LugÜ 1988 war zu weit. Sie kam nämlich ohne den neu hinzugefügten Konditionalsatz «... sofern zwischen den Klagen ...» aus. Dieser Mangel gefährdete die Position so mancher beklagten Partei. Sie konnte sich nicht mehr auf ihren **eigenen** natürlichen Richter gemäss Art. 2 Abs. 1 verlassen, musste sich vielmehr nach Wahl des Klägers vor dem natürlichen Richter eines Mitbeklagten verantworten. Deshalb wurde Art. 6 Nr. 1 LugÜ 1988 als Ausnahme von den Art. 2 und 5 eng ausgelegt, und zwar nach dem Sinn und Zweck des Art. 6 Nr. 1. Durch diese Norm soll nämlich verhindert werden, dass bei Klagen, zwischen denen «enge Beziehungen» bestehen, «in getrennten Verfahren widersprechende Entscheidungen ergehen»[7].

9 Abgesehen davon, dass offen bleibt, **wann eine solche «enge Beziehung»** besteht, genügt allein dieser Zweck, widersprechende Entscheidungen zu vermeiden, jedoch nicht für eine sinnvolle Einschränkung des Art. 6 Nr. 1, und zwar aus zumindest zwei Gründen. Zum einen verlangt der Geist des LugÜ selbst, dass die Interessen des Beklagten nicht auf dem Altar eines

[7] EuGH 27.09.1988, Rs. 189/87, *Kalfelis/Bankhaus Schröder*, Slg. 1988, 5565 = NJW 1988, 3088 = IPRax 1989, 545 = Rev. crit. 1989, 112.

recht vagen justizpolitischen Wunsches geopfert werden; denn das ganze System des LugÜ für die Zuständigkeiten beruht auf fünf Prinzipien: (1) *actor sequitur forum rei* (Art. 2 Abs. 1); (2) minimale Kontakte des Beklagten mit dem Forumstaat bei besonderen Zuständigkeiten (Art. 5); (3) Schutz des Schwächeren (Art. 8 – 21); (4) Vorrang gewisser Streitgegenstände (Art. 22); (5) Parteiautonomie (Art. 23, 24). In all diesen Fällen ist sichergestellt, dass exorbitante Gerichtsstände (vgl. das zivilprozessuale «Sündenregister» der europäischen Staaten in Art. 3 Abs. 2 und Anhang I) vermieden werden und dass der Beklagte durch eigenes Tun eine Beziehung zum Forumstaat hergestellt hat. Zum andern gebietet das Völkerrecht, insbesondere die EMRK mit ihrem Art. 6 Abs. 1 über ein faires Verfahren, dass dem Beklagten vor einem zumindest voraussehbaren Forum der Prozess gemacht wird.

Deshalb hat man bei der **Revision** des EuGVÜ und des LugÜ 1988 durch die EuGVVO und das neue LugÜ den Art. 6 Nr. 1 im Anschluss an die Praxis zum alten Recht eingeschränkt und verlangt nun «eine so enge Beziehung» zwischen den Klagen, dass zur Vermeidung widersprechender Entscheidungen ein gemeinsames Verfahren durchgeführt werden muss[8]. Diese Bedingung der «engen Beziehung» stammt aus Art. 22 Abs. 3 LugÜ 1988 über die Rechtshängigkeit mehrerer Klagen und die Aussetzung eines oder mehrerer dieser Verfahren zur Vermeidung widersprüchlicher Entscheidungen. Wie diese Konnexität zu bestimmen ist, ist das Hauptproblem des Art. 6 Nr. 1. 10

2. Leitfaden

Mehrere Personen können nach Art. 6 Nr. 1 zusammen – d.h. auch nachträglich durch subjektive Klagenhäufung im Wege der Klagerweiterung[9] – in einem gebundenen Staat verklagt werden, wenn 11

a) ein **Beklagter seinen Wohnsitz** oder Sitz in diesem Staat hat (s. Rz. 12) und
b) die **anderen Parteien** ebenfalls in einem gebundenen Staat ihren Sitz oder Wohnsitz haben (s. Rz. 16 ff.) und

[8] Bericht Pocar Rz. 70.
[9] BGH 30.11.2009, Der Betrieb 2010, 557. Ebenso Geimer/Schütze, Art. 6 Rz. 24; Kropholler/von Hein, Art. 6 Rz. 14; Schlosser, Art. 6 Rz. 2.

c) alle Beklagten aus einer **Zivil- oder Handelssache** (mit Ausnahme von Versicherungs-, Verbraucher-, Arbeits- und Art. 22-Sachen) in Anspruch genommen werden (s. Rz. 22) und
d) die Klagen zueinander in einer so **engen Beziehung** stehen, «dass eine gemeinsame Verhandlung und Entscheidung geboten erscheint, um zu verneiden, dass in getrennten Verfahren widersprechende Entscheidungen ergehen könnten» (s. Rz. 29 ff.).

II. Klage am Wohnsitz eines Beklagten

1. Natürlicher Gerichtsstand eines Beklagten

12 Art. 6 Nr. 1 mit seiner speziellen Zuständigkeit für eine passive Streitgenossenschaft gilt nur, wenn in einem gebundenen Staat geklagt wird, in dem **ein Beklagter** seinen Wohnsitz (z.B. in Zürich) hat, und diese Zuständigkeit nicht durch ausschliessliche Gerichtsstände verdrängt wird. Für diesen Fall bestimmt Art. 6 Nr. 1 – anders als Art. 2 Abs. 1 – auch die örtliche Zuständigkeit, nämlich den Wohnort eines Beklagten, und zwar im Zeitpunkt der abschliessenden Beurteilung in der letzten mündlichen Tatsachenverhandlung[10]. Die Klage gegen weitere Beklagte muss also am natürlichen Gerichtsstand eines anderen Beklagten erhoben werden. Wird die Klage gegen diesen Erstbeklagten (*anchor defendant*) später zurückgenommen oder entfällt sie aus einem anderen Grunde, so ist das für die anhängig gemachte Klage gegen andere Beklagte unerheblich. Eine einmal gegebene Zuständigkeit bleibt nach dem Grundsatz der *perpetuatio fori* erhalten[11].

13 Ob ein Wohnsitz in einem **gebundenen Staat** besteht, bestimmt sich für natürliche Personen gemäss Art. 59 nach dem Recht des befassten Forums, und für juristische Personen gemäss Art. 60 nach den dort vorgesehenen Merkmalen.

---

[10] Siehe genauer hierzu Kropholler/von Hein, vor Art. 2 Rz. 13; a.A. *Petrotrade Inc. v. Smith*, [1999] 1 W.L.R. 457 (Q.B..): Zeitpunkt der Klagezustellung. Hatte der erste Beklagte («anchor defendant») damals keinen Gerichtsstand im Inland, kann gegen die anderen Beklagten nach inländischem Verfahrensrecht vorgegangen werden: *Petrotrade Inc. v. Smith*, [2000] 1 Lloyd's L.Rep. 486 (Q.B., Com.Ct.). Dieses Verfahren zeigt sehr schön, wie man durch enge Auslegung des Art. 6 Nr. 1 den Einfluss nationalen Prozessrechts erhöhen kann.

[11] Kropholler/von Hein, vor Art. 2 Rz. 14; Winter 22 f.

2. Keine anderen Gerichtsstände, insbesondere kein vereinbarter Gerichtsstand

Wird an einem anderen Gerichtsstand als dem Wohnort eines Beklagten, also an einem **speziellen Gerichtsstand,** geklagt, können andere Beklagte an diesem speziellen Gerichtsstand nur dann ebenfalls verklagt werden, wenn auch für sie der spezielle Gerichtsstand gegeben ist. An einem gewählten Gerichtsstand, der nicht mit dem natürlichen Gerichtsstand eines Beklagten zusammenfällt, können also nur dann alle Beklagten verklagt werden, wenn sie alle die Zuständigkeit des vereinbarten Gerichtsstands gewählt haben. Auch am Deliktsort (Art. 5 Nr. 3) können mehrere Verantwortliche nur zusammen verklagt werden, sofern für jeden von ihnen die Voraussetzungen des Art. 5 Nr. 3 gegeben sind. 14

Hat der Beklagte, an dessen Wohnsitz/Sitz in einem LugÜ-Staat geklagt wird, durch eine **Gerichtsstandsvereinbarung** seinen natürlichen Gerichtsstand zugunsten des gewählten Forums aufgegeben, entfällt also ein Mehrparteiengerichtsstand gemäss Art. 6 Nr. 1[12]. 15

III. Wohnsitz/Sitz der anderen Beklagten

1. Beklagte in verschiedenen gebundenen Staaten

Art. 6 Nr. 1 setzt in seiner häufigsten Konstellation voraus, dass **zumindest zwei verschiedene gebundenen Staaten** berührt sind, nämlich der Forumstaat als der Staat am Wohnsitz zumindest eines Beklagten und ein anderer gebundener Staat, in dem ein oder mehrere andere Beklagte wohnen. Die Klage braucht nicht von Anfang an gegen mehrere Beklagte erhoben zu werden. Es kann auch eine nachträgliche Parteierweiterung stattfinden[13]. Der Wohnsitz der Beklagten muss, so darf man in vertragsautonomer Ergänzung des LugÜ sagen, zur Zeit der Beurteilung gegen den jeweiligen Beklagten in einem LugÜ-Staat liegen. Eine Wohnsitzverlegung nach der Klageerhebung ist nach Sinn und Zweck des LugÜ für die Zuständigkeit unerheblich. Es gilt eine staatsvertragliche *perpetuatio fori*[14]. Hat ein Beklagter, an dessen Wohnsitz/Sitz nicht geklagt wird, mit dem Kläger ein Gericht in einem anderen Staat als dem des angerufenen Gerichts als zu- 16

[12] Cass. 20.06.2006, *Deforche c. Tomacrau*, [2007] I.L.Rr. 25.

[13] Winter 20 ff.

[14] Kropholler/von Hein, vor Art. 2 Rz. 14; Winter 22 f.

ständig vereinbart, ist der Kläger an diese Vereinbarung gebunden und kann den Partner der Vereinbarung nicht am natürlichen Gerichtsstand eines anderen Beklagten verklagen. Eine Einlassung vor diesem Gericht beseitigt jedoch dieses Hindernis (Art. 24).

2. Alle Beklagten nur in einem gebundenen Staat

17 Wohnen **alle Beklagten** in demselben gebundenen Staat (Erstbeklagter in Zürich, Zweitbeklagter in Lugano oder Basel), so ist Art. 6 Nr. 1 nicht anwendbar[15], und die Klage gegen den Zweitbeklagten richtet sich nach autonomem Recht[16]. Ist dieses hinsichtlich der Zuständigkeit weniger grosszügig als das LugÜ, mag der LugÜ-Staat sein Recht ändern und dem Art. 6 Nr. 1 anpassen.

3. Beklagte ausserhalb eines gebundenen Staates

18 Der Wortlaut des Art. 6 Nr. 1 ist eindeutig: **Nur Beklagte mit Wohnsitz** oder Sitz **in einem gebundenen Staat** sind an einem Mehrparteiengerichtsstand des Art. 6 Nr. 1 gerichtspflichtig[17]. Wer ausserhalb des Hoheitsgebietes eines LugÜ-Staates wohnt, kann nur nach *nationalen* Zuständigkeitsvorschriften an einem Mehrparteiengerichtsstand verklagt werden. Das kann dazu führen, dass ein schottischer Solidarbürge aus Glasgow vor dem Gericht in Lublin/Polen am Wohnsitz des Hauptschuldners verklagt werden kann, dagegen nicht ein Solidarbürge aus L'viv, der nahe gelegenen Stadt in der Ukraine.

19 Diese **Privilegierung** von Beklagten aus Drittstaaten und die dadurch verursachte Diskriminierung von Inländern sollte man nicht durch eine entsprechende Anwendung des Art. 6 Nr. 1 beseitigen, und zwar aus vier Gründen:

---

[15] Zu dieser umstrittenen Frage ebenso KROPHOLLER/VON HEIN, Art. 6 Rz. 2. A.A. HGer. Zürich 04.02.2003, ZR 102 (2003) Nr. 35; RAUSCHER-LEIBLE, Art. 6 Rz. 4a, für den Fall einer Klage gegen einen Beklagten aus Deutschland am Wohnsitz eines weiteren Beklagten in Zürich und dort eine zusätzliche Klage gegen einen dritten Beklagten aus Genf; ebenso DASSER/OBERHAMMER-MÜLLER, Art. 6 Rz. 23.

[16] Für die Schweiz nunmehr Art. 15 Abs. 1 ZPO.

[17] Ebenso, d.h. gegen eine analoge Anwendung des Art. 6 Nr. 1 auf Drittstaaten, WINTER 30 ff.; anders GEIMER WM 1970, 350–357; GEIMER/SCHÜTZE, Internationale Urteilsanerkennung 209.

(1) Art. 6 Nr. 1 ist eine zu weit geratene **Ausnahmevorschrift** und sollte deshalb – auch innerhalb ihrer Begrenzungen (s. vorne Rz. 3) – nicht über ihren Anwendungsbereich hinaus ausgedehnt werden.

(2) Wer **zu Hause streng** regiert, sollte dasselbe Regiment nicht auch Aussenstehenden aufzwingen können. Art. 4 Abs. 2 mit seiner Ausdehnung exorbitanter Gerichtsstände gegenüber Beklagten in Drittstaaten sollte zu keinen weiteren Torturen anregen.

(3) Ein Urteil des **Mehrparteiengerichts** gegen Beklagte aus Drittstaaten ist im Drittstaat schwer durchsetzbar, weil dieser Staat an das LugÜ nicht gebunden ist, und in den gebundenen Staaten könnte es nur durch Vollstreckung in das hier belegene Vermögen verwirklicht werden.

(4) Wenn einem gebundenen Staat diese Privilegierung von Beklagten aus Drittstaaten **untragbar** erscheint, möge er sein Prozessrecht ändern; denn für eine Klage gegen Beklagte aus Drittstaaten gilt grundsätzlich autonomes Recht (Art. 4 Abs. 1), und das Staatsvertragsrecht ist nicht dazu da, Partikularinteressen von gebundenen Staaten durch extensive und notwendigerweise übernational orientierte Interpretation von Vertragsnormen zu befriedigen.

Bis zu einer solchen **Reform des nationalen Rechts** können Beklagte 20
aus Drittstatten also nur dann am Gerichtsstand des Wohnsitzes/Sitzes eines Beklagten in einem gebundenen Staat verklagt werden, wenn sie sich durch Vereinbarung oder Einlassung diesem Gerichtsstand unterworfen haben oder sonst das jeweilige nationale Recht die Klage zulässt.

IV. Zeitpunkt der Wohnsitzbegründung

Für alle Beklagten kann zusammenfassend festgestellt werden, dass der 21
Wohnsitz im **Zeitpunkt der Zuständigkeitsbeurteilung** in einem LugÜ-Staat gegeben sein muss. Fällt er später weg, ist dies unerheblich. Wird er erst nach Klageerhebung begründet, genügt es, wenn er im Zeitpunkt der Beurteilung der Zuständigkeit bestand. Ein Beklagter, der also erst nach der Klageerhebung, aber vor der Beurteilung der Zuständigkeit in einem Vertragsstaat Wohnsitz nahm, kann also nach Art. 6 Nr. 1 verklagt werden. Die Klage braucht also nicht abgewiesen zu werden, damit sie sofort wieder erhoben wird, weil dann im Zeitpunkt der späteren Klageerhebung die Voraussetzungen des Art. 6 Nr. 1 gegeben waren. Es gilt der Grundsatz: Es genügt, wenn der Beklagte zu Beginn des Verfahrens im Inland wohnte; es

reicht jedoch, wenn er vor Abschluss der Verfahrens im Inland Wohnsitz nimmt.

V. Sachlicher Anwendungsbereich

1. Zivil- und Handelssachen

22 Art. 6 Nr. 1 gilt nur für Klagen, die in den Anwendungsbereich des LugÜ fallen, also für **Zivil- oder Handelssachen i.S. des Art. 1**. Bei einem Schadenersatzprozess wegen eines Flugzeugabsturzes in Grossbritannien könnte also die hoheitlich tätige französische Behörde für die technische Überwachung von Luftfahrzeugen nicht am Sitz der deutschen Fluggesellschaft auf Schadenersatz verklagt werden; denn der Amtshaftungsanspruch gegen die hoheitlich tätige Behörde ist keine Zivil- oder Handelssache[18]. Im Übrigen spielt es keine Rolle, ob die eine Partei aus Vertrag und die andere Partei aus einer anderen Zivil- oder Handelssache, z.B. aus Delikt verklagt werden[19].

2. Ausgeschlossene Materien

a) Versicherungssachen

23 Art. 6 Nr. 1 gilt nicht für **Versicherungssachen** (vgl. Art. 8). Art. 9 Abs. 1 lit. c sieht lediglich einen Mehrparteiengerichtsstand gegen Mitversicherer vor. Klagt dagegen der Versicherer gegen seine Vertragspartner in verschiedenen gebundenen Staaten, muss er getrennte Prozesse führen[20]. Im Fall einer notwendigen Streitgenossenschaft in Versicherungssachen ist jedoch Art. 6 Nr. 1 mit seinen Einschränkungen (s. vorne Rz. 19) entsprechend anzuwenden[21]. Ein Geschädigter kann an seinem Wohnsitz den Versicherer seines Schädigers verklagen, wenn eine solche Direktklage zulässig ist[22], kann aber dort den Schädiger nicht mitverklagen.

---

[18] EuGH 14.10.1976, Rs. 29/76, *LTU/Eurocontrol*, Slg. 1976, 1541; EuGH 16.12.1980, Rs. 814/79, *Niederlande/Rüffer*, Slg. 1980, 3807.

[19] EuGH 11.10.2007, Rs. C-98/06, *Freeport/Arnoldsson*, Slg. 2007 I 8319; NJW 2007, 3702 mit Anm. Nauta Sujecki; RIW 2008, 67; EWS 2007, 572; [2008] 2 W.L.R. 853 (ECJ); Ned. Jur. 2008, Nr. 80; The European Law Forum 2007, I-173.

[20] OGH 25.11.2008, The European Legal Forum 2009, II-98 und I 206.

[21] Geimer/Schütze, Art. 6 Rz. 8.

[22] EuGH 13.12.2007, Rs. C-463/06, *FBTO/Jack Odenbreit*, NJW 2008, 819.

b) Verbrauchersachen

Die Zuständigkeit für **Verbrauchersachen** ist, unbeschadet der Art. 4 und 5 Nr. 5, in den Art. 15–17 abschliessend geregelt. Dort gibt es keinen Mehrparteiengerichtsstand. Ein Verbraucher, der einen privilegierten Vertrag gemäss Art. 15 Abs. 1 lit. a–c abgeschlossen hat, könnte also nicht am Wohnsitz seines Vertragspartners auch den Produzenten verklagen, der eine fehlerhafte Sache dem Vertragspartner geliefert hat. Auch hilft der Klägergerichtsstand (Art. 16 Abs. 1) nicht, wenn zu einem Beklagten kein Vertragsverhältnis besteht. 24

Wäre der Vertrag dagegen **nicht privilegiert** und unterstünde er deshalb nicht dem Art. 15 Abs. 1, könnte der Käufer von Art. 6 Nr. 1 Gebrauch machen und beide Beklagten, deren Pflichten durch Lieferung fehlerhafter Ware an einen Käufer in Zusammenhang stehen, am Wohnsitz eines Beklagten verklagen. Dasselbe muss aber auch für einen Konsumenten i.S. des Art. 15 gelten; denn die Art. 15–17 wollen den Verbraucher bevorzugen und nicht irgendwelcher Vorteile aus Art. 6 berauben. Art. 6 Nr. 1 ist deshalb zugunsten klagender Verbraucher entsprechend anzuwenden[23]. 25

c) Arbeitssachen

Auch die in Art. 18–21 genannten **Arbeitsstreitigkeiten** werden, unbeschadet der Art. 4 und 5 Nr. 5, nur durch diese Vorschriften geregelt. Selbst der Arbeitnehmer kann nicht auf Grund von Art. 6 Nr. 1 mehrere Beklagte in verschiedenen Vertragsstaaten verklagen[24]. 26

d) Ausschliessliche Zuständigkeit nach Art. 22

Soweit Art. 22 für gewisse Klagen eine **ausschliessliche Zuständigkeit** vorsieht, kann nur dieser ausschliessliche Gerichtsstand angerufen werden und nicht etwa ein Mehrparteiengerichtsstand gemäss Art. 6 Nr. 1. Wer also in Rom eine Wohnung für mehr als ein halbes Jahr vermietet, kann nur in Italien verklagt werden und nicht etwa am französischen Wohnsitz des Wohnungsmaklers, der aus falscher Beratung in Frankreich zur Rechenschaft gezogen wird. 27

[23] Geimer/Schütze, Art. 6 Rz. 9.

[24] EuGH 22.05.2008, Rs. C-462/06, *Glaxosmithkline/Rouard*, Slg. 2008 I 3965; RIW 2008, 559; NIPR 2008, Nr. 191.

e) Gewählter Gerichtsstand

28 Hat die klagende Partei mit dem Dritten eine **Gerichtsstandsvereinbarung** getroffen, so geht diese vor und der Dritte kann ohne deren Zustimmung vor keinem anderen Gericht verklagt werden[25].

VI. Konnexität der Klagen

1. Zusammenhang der Klagen

29 Um den Art. 6 Nr. 1 einzugrenzen und den Beklagten vor unfairen Überraschungen zu schützen, haben die gebundenen Staaten den Mehrparteiengerichtsstand des Art. 6 Nr. 1 durch den einschränkenden Konditionalsatz auf **konnexe Klagen** beschränkt, also auf Klagen, zwischen denen «eine enge Beziehung» in dem dort bestimmten Sinne besteht.

30 Nach **Art. 28 LugÜ** können Klagen, die in verschiedenen Staaten anhängig sind und «die im Zusammenhang stehen» (Abs. 1), miteinander verbunden werden. Nach Art. 28 Abs. 3 stehen Klagen «im **Zusammenhang»,** «wenn zwischen ihnen eine so enge Beziehung gegeben ist, dass eine gemeinsame Verhandlung und Entscheidung geboten erscheint, um zu vermeiden, dass in getrennten Verfahren widersprechende Entscheidungen ergehen können.» Unter Bezugnahme auf diese Vorschrift hat der EuGH im Entscheid *Kalfelis*[26] den Art. 6 Nr. 1 mit den Worten eingeschränkt: «Zur Anwendung von Artikel 6 Nr. 1 des Übereinkommens muss zwischen den verschiedenen Klagen eines Klägers gegen verschiedene Beklagte ein Zusammenhang bestehen, der eine gemeinsame Entscheidung geboten erscheinen lässt, um zu vermeiden, dass in getrennten Verfahren widersprechende Entscheidungen ergehen können.» Ob dieser Zusammenhang im vorgelegten Fall bestand, hatte der EuGH nicht zu entscheiden. Diese Einschränkung ist nun in Art. 6 Nr. 1 Gesetz geworden.

31 Zu betonen ist, dass es keinen *unteilbaren* Prozess gibt derart, dass mehrere Prozesse zusammen beurteilt werden müssten[27]. Es muss vielmehr ein enger Zusammenhang bestehen, der eine gemeinsame Entscheidung geboten erscheinen lässt.

---

[25] Cass. 20.06.2006, *Deforche/Tomacrau*, [2007] I.L.Pr. 25.

[26] EuGH 27.09.1988, Rs. 189/87, Slg. 1988, 5565; NJW 1988, 3088; IPRax 1989, 288.

[27] EuGH 27.10.1998, Rs. C-51/97, *Réunion européenne/Spliethoff*, Slg. 1998 I 0651; Rev. crit. 88 (1999) 322 mit Anm. Gaudemet-Tallon.

2. Affinität zwischen Forum und Beklagtem

Die **Parallele** zwischen Art. 6 Nr. 1 und Art. 28 ist einleuchtend, passt jedoch nicht vollkommen; denn in Art. 28 kann ein nach den allgemeinen oder besonderen Zuständigkeiten angerufenes Gericht sein Verfahren aussetzen (Abs. 1) oder sich auf Antrag für unzuständig erklären (Abs. 2). Bei Art. 6 Nr. 1 dagegen wählt der Kläger das Forum für alle Beklagten, die sich dann vor einem für sie unpassenden Richter ihrer Haut wehren müssen. Wehren sie sich nicht, so können sie die fehlende Zuständigkeit im Vollstreckungsverfahren nicht geltend machen (vgl. Art. 35 Abs. 3). Deshalb sollte bei Art. 6 Nr. 1 der Gesichtspunkt des Zusammenhangs um einen anderen ergänzt werden, der die Voraussehbarkeit des Gerichtsstandes stärker betont als nur die Vermeidung sich widersprechender Urteile. Ein Zusammenhang zwischen Klagen gegen mehrere Beklagte sollte nur dann bejaht werden, wenn ein Beklagter, an dessen natürlichem Gerichtsstand *nicht* geklagt wird, zum angerufenen Forum eine gewisse Affinität besitzt. Eine solche Affinität besteht, wenn der Beklagte auf Grund seines Verhältnisses zu den im Forumstaat ansässigen Beklagten diese dort verklagen müsste, um zu seinem Recht zu kommen. Werden z.B. die beiden Gesamtschuldner S1 und S2 am gegenwärtigen Wohnsitz des S1 in Neapel verklagt, so ist dieser Gerichtsstand für S2 in Zürich zwar beschwerlich, aber nicht unzumutbar; denn auch S2 müsste den S1 in Neapel verklagen, wenn S2 die Schuld bezahlt und von S1 Ersatz verlangt. Ebenfalls ein Solidarbürge aus Bern kann sich nicht beklagen, wenn er am Wohnsitz des Schuldners in Alicante (Spanien) verklagt wird, denn der Bürge müsste ebenfalls in Alicante auf den Schuldner Rückgriff nehmen. Darf jedoch der in Zürich ansässige Schuldner auch am gegenwärtigen Wohnsitz des Bürgen in Athen verklagt werden, obwohl alle Parteien ursprünglich in Zürich ansässig waren und der Bürge sowie der Gläubiger später nach Athen übersiedelten? Der Schuldner hat keine Ansprüche mehr gegen den Bürgen, den er in Athen einklagen müsste. Ihm fehlt die Affinität zum gerichtlichen Forum, darum muss eine gemeinsame Klage gegen Bürge und Schuldner in Zürich erhoben werden. Ein mittelbarer Besitzer (Verleiher einer fremden Sache) kann am Wohnsitz des unmittelbaren Besitzers (Entleihers) zusammen mit diesem vom Eigentümer auf Herausgabe der ausgeliehenen Sache verklagt werden, denn der Verleiher müsste auch am Wohnsitz des Entleihers auf Rückgabe der Sache nach Beendigung der Leihe klagen. 32

3. Verbot des Rechtsmissbrauchs

33 In Art. 6 Nr. 1 wird das **Verbot des Rechtsmissbrauchs** nicht erwähnt, jedoch in Art. 6 Nr. 2. Der EuGH hat die entsprechende Anwendung dieser Vorschrift bei Art. 6 Nr. 1 abgelehnt[28]. Das ist unbefriedigend, könnte doch im Fall des Art. 6 Nr. 1 der Kläger gegen eine Person eine **unzulässige** oder **offenbar unbegründete** Klage erheben, um auch die anderen Beklagten dort verklagen zu können und sie ihres Wohnsitzgerichtsstands zu berauben. Deshalb sollte man diesen Fällen eine Konnexität genau prüfen und feststellen, dass *keine enge Beziehung* zwischen der «faulen» Hauptklage und den übrigen Klagen besteht, deshalb kein Widerspruch zwischen ihnen zu befürchten ist[29].

4. Beispiele

a) Enge Beziehung:

34
- Klage aus einem Versprechen des A, dass B dem Kläger ein Erfolgshonorar zahlen wird, am Wohnsitz der B auch gegen A[30].
- Klage des F gegen H aus einem Aktienkauf mit Freistellungsgarantie und Klage des F gegen die Aktiengesellschaft D auf Zahlung der garantierten Zahlungen[31].
- Eine enge Beziehung zwischen den Klagen gegen den Schuldner S in Staat A und den Garanten der Schuld G in Staat B entfällt nicht dadurch, dass der Schuldner S – was der Kläger nicht wusste – in Staat A die Insolvenz angemeldet hat und deswegen nicht gegen ihn geklagt werden kann[32].

---

[28] EuGH 11.10.2007, Rs. C-98/06, *Freeport/Arnoldsson*, vorne Fn. 19.

[29] Thole 440 ff.; Althammer, Klägerverhalten 119 ff.

[30] EuGH 11.10.2007, Rs. C-98/06, *Freeport/Arnoldsson,* vorne Fn. 19.

[31] *FKI Engineering Ltd. v. De Wind Holdings Ltd,* [2009] 1 All E.R. 118 (Comm.); [2007] EWHC 72 (Comm.) = [2007] I. L. Pr. 17 (Q.B.).

[32] EuGH 13.07.2006, Rs. C-103/05, *Reisch/Kiesel,* Slg. 2006 I 6827; EuZW 2006, 667; EuZW 2007, 687, 688/89; IPRax 2006, 589 mit Bespr. Althammer 558 ff.; Rev. crit. 96 (2007) 175 mit Anm. Pataut; Ned. Jur, 2008, 708; Bespr. Dietze/Schnichels, EuZW 2006, 687, 688 f.; OGH 11.08.2006, European Legal Forum 2006, II-117 (in derselben Sache wird Rechtsmissbrauch verneint).

- Klage eines Verfrachters gegen den Beklagten T im Inland und den Beklagten F im Ausland auf Erstattung von Kosten für Auslagen, die durch Transit entstanden sind[33].
- Zwischen den Parteien eines Zusammenarbeitsvertrags zwischen Parteien in verschiedenen Vertragsstaaten besteht ein enger Zusammenhang[34].
- Klage gegen mehrere Beteiligte an einem internationalen Kartell. [35]
- Klage gegen mehrere Beklagte, die alle dem Kläger gewisse Rechte an denselben Ölfeldern im Jemen einräumen[36].
- Negative Feststellungsklage gegen einen Beklagten und Leistungsklage gegen Zweitbeklagten für den Fall, dass Feststellungsklage erfolglos bleibt[37].
- Negative Feststellungsklage eines Verfrachters, dass er den beiden Absendern nicht für Diebstahl auf dem Transport haftet[38].
- Klage gegen zwei Rückversicherer, die in verschiedenen Vertragsstaaten ihren Sitz haben, auf Grund identischer Verträge[39].
- Klage gegen den Täter einer Untreue und gegen dessen Gehilfen in der Schweiz[40].
- Haftung mehrerer Vorstandsmitglieder verschiedener Gesellschaften in verschiedenen Mitgliedstaaten wegen falscher Beratung des insolventen Klägers[41].

b) Keine enge Beziehung:

- Klagen gegen Gesellschaften desselben Konzerns, die ein europäisches Patent nach gemeinsamer Geschäftspolitik verletzen[42]. 35

[33] Svea hovrätt 08.11.2004, Nytt Juridiskt Arkiv 2005 I 652, mit Anm. Pålsson in Svensk juristtidning 2006, 853, 857 f.
[34] Rb. Arnhem 15.02.2006, NIPR 2006, 460.
[35] *Provimi v. Trouw,* [2003] EWHC 961 (Comm.), und Aufsatz hierzu Bulst, EBoR 4 (2003) 623–650; Ashton/Vollrath, ZWeR 2006, 1-27 (5, 9 f.).
[36] *Masri v. Consolidated Contractors,* [2006] 1 All E.R. 465 (Comm.). Hierzu kritisch Knöfel, Gerichtsstand 503 ff.
[37] *FKI Engineering v. De Wind,* [2009] 1 All E.R. (Comm) 118 (C.A.).
[38] Hof Amsterdam 11.10.2007, NIPR 2008 Nr. 198.
[39] *Gard Marine Engineering Ltd. v. Tunnicliffe,* [2009] EWHC 2388 (Comm.).
[40] BGH 30.11.2009, Der Betrieb 2010, 557; NZG 2010, 391.
[41] Rb. Amsterdam 11.04.2007, NIPR 2007, 415.
[42] EuGH 13.07.2006, Rs. C-539/03, *Roche Nederland/Primus und Goldenberg,* Slg. 2006 I 6535; GRUR 2007, 47; EuZW 2006, 573; Bespr. Dietze/Schnichels, EuZW 2007, 687, 688 ;

- Klage gegen den Verkäufer eines defekten Produkts und Klage gegen den italienischen Hersteller[43].
- Klage von Transportversicherern gegen mehrere Transportfirmen, die verschiedene Transportabschnitte für dieselbe Ware durchzuführen haben[44].
- Klage gegen den Frachtversicherer und gegen die Verfrachter[45].
- Klage gegen den inländischen Subunternehmer und Klage gegen belgischen Hauptunternehmer[46].
- Klage der Versicherung gegen den vertraglich haftenden Frachtführer und deliktisch haftenden Unterfrachtführer[47].
- Klage deutscher Investoren wegen eines Schneeballsystems gegen die Berufshaftpflichtversicherung in Zürich und zugleich gegen den Geschäftsführer der Gesellschaft, die das Schneeballsystem betrieb, mit Wohnsitz im Lugano[48].
- Klage in der Schweiz gegen den Beklagten mit Wohnsitz in Frankreich und andere Beklagte in Deutschland, Italien und Griechenland. Die Klage gegen den Beklagten in Frankreich ist unzulässig (auch Gerichtsstände nach Art. 5 ff. fehlen) und deswegen ist ein widersprechendes Urteil nicht zu befürchten[49].
- Klage gegen den Beklagten, gegen den offensichtlich kein Anspruch besteht, und gegen andere Beklagte aus anderen Staaten. Auch hier ist eine widersprechende Entscheidung nicht zu befürchten[50].

EWS 2006, 379; JZ 2007, **3ss3??** mit Anm. SCHLOSSER; RIW 2006, 685; Tijdschrift voor Belgisch handelsrecht 2007, 493 mit Anm. SZYCHOWSKA; Journal des tribunaux (Bruxelles) 2006, 722 mit Anm. THIRAN; The European Legal Forum 2006, I 105.

43 Cass. 04.07.2006, *Epoux Vie c. Société Carrelage,* Gaz. Pal. 2007, Jur., 2798 = Rev. crit. 96 (2007) 622 mit Anm. ANCEL 627 f. = [2007] I.L.Pr. Nr. 26. Hierzu vgl. COURBE/JAULT-SESEKE, Recueil Dalloz 2007, 1751, 1756. Jedoch ist eine Garantieklage gegen den italienischen Hersteller nach Art. 6 Nr. 2 nicht ausgeschlossen.

44 EuGH 27.10.1998, Rs. C-51/97, *Réunion européenne/Spliethoff,* vorne N. 27.

45 Cass. 04.10.2005, *Assico c. Société Centrale,* Rev. crit. 96 (2007), 620 mit Anm. ANCEL 626.

46 Rb. Dordrecht 12.09.2007, NIPR 2007, Nr. 316.

47 Hof ´s-Gravenhage 26.06.2008, NIPR 2008, Nr. 206.

48 BGer. 09.10.2007, BGE 134 III 27 mit Anm. FRIDOLIN WALTHER, ZBJV 146, 220 ff.

49 THOLE 440 ff.; ALTHAMMER, Klägerverhalten 119 ff.

50 THOLE 440 ff.; ALTHAMMER, Klägerverhalten 119 ff.

VII. Reformvorschläge

Die Anwendung des Art. 6 Nr. 1 **bleibt unbefriedigend**. Zu leicht wird angenommen, dass eine Zweitklage nur zusammen mit einer Erstklage entschieden werden müsse, damit nicht in getrennten Verfahren widersprechende Entscheidungen gefällt werden. Man sollte die gemeinsame Klage gegen mehrere Beklagte auf diejenigen Fälle beschränken, in denen entweder mehrere Beklagte für denselben Schaden in Anspruch genommen werden oder in denen eine Partei am Wohnsitz desjenigen Beklagten verklagt wird, gegen den sie einen Rückgriffsanspruch hat. 36

C. Gewährleistungs- und Interventionsklage, Streitverkündigung (Art. 6 Nr. 2)

I. Problematik des Art. 6 Nr. 2

1. Hauptprozess und Klage gegen Dritte

Art. 6 Nr. 2 mit seiner Zuständigkeit für eine Klage gegen Dritte auf **«Gewährleistung»** (garantie, garanzia, action on a warranty or guarantee) oder für eine **Interventionsklage** gegen Dritte hat das französisch-belgische Prozessrecht zum Vorbild. In Frankreich z.B. kann in einem Hauptprozess ein Dritter mit dem Antrag verklagt werden, den Interventionskläger im Falle seines Unterliegens im Hauptprozess schadlos zu halten[51]. Der Dritte erhält durch eine solche Interventionsklage die Stellung einer selbständigen Prozesspartei, und die Interventionsklage kann zur Verurteilung des Dritten führen. 37

2. Vorbehalt

Eine solche Beteiligung Dritter als selbständige Prozesspartei ist dem Verfahrensrecht **einiger Vertragsstaaten fremd**. Zwar kennen alle Vertragsstaaten privatrechtliche Rückgriffsansprüche gegen Dritte, jedoch können sie nicht am Forum des Hauptprozesses selbständig geltend gemacht werden. Dies wollten Deutschland, Österreich, die Schweiz und Ungarn nicht ändern und sie haben deshalb den Vorbehalt nach Art. II des Protokolls Nr. 1 zum LugÜ gemacht und lassen statt einer Klage nur die Streitverkün- 38

[51] Art. 325 ff. fRz. NCPC; Art. 811 ff. belg. Code judiciaire; Mansel, Streitverkündung 176 ff.

dung zu. Man erhält in diesen Vorbehaltsstaaten also keinen vollstreckbaren Titel gegen die streitberufene Partei, sondern nur ein Urteil gegen die streitverkündende Partei, das für die streitberufene Partei bindend ist.

3. Gefährdung des Beklagtengerichtsstandes

39 Auch bei Art. 6 Nr. 2 können – ebenso wie bei Art. 6 Nr. 1 (Rz. 8) – die **Interessen des Beklagten** auf der Strecke bleiben. Dies ergibt sich aus dem im Text erwähnten Missbrauchsverbot, das immer dann greift, wenn keine genügend enge Beziehung zwischen der Hauptklage und der Klage gegen Dritte vorliegt[52].

40 Ausserdem ergibt sich diese **Einschränkung** auch aus dem Vorbehalt gemäss Art. II Abs. 1 des Protokolls Nr. 1 zum LugÜ. Die Schweiz hat diesen Vorbehalt gemacht, so dass in der Schweiz unter der neuen bundeseinheitlichen ZPO eine Gewährleistungsklage im Sinne des Art. 6 Nr. 2 nur unter den Voraussetzungen der Art. 70 ff. ZPO zulässig ist.

4. Pflicht, die Klage gegen Dritte zuzulassen?

41 Nach der **Rechtsprechung des EuGH** zu Art. 6 Nr. 2 EuGVÜ ist ein Gericht nicht verpflichtet, eine Gewährleistungsklage gegen Dritte zuzulassen, wenn dafür prozessrechtliche Gründe (z.B. Verfahrensbeschleunigung) sprechen und nicht etwa eine irrige Annahme, der in einem anderen Vertragsstaat wohnende Dritte könne nicht vor dem Gericht des Hauptprozesses verklagt werden. [53]

II. Hauptprozess und Rückgriffsklagen

1. Verfahren im Inland

42 In der **Schweiz** kann ein hier anhängiger Hauptprozess nur dann mit einer Rückgriffsklage (Klage auf Gewährleistung) verbunden werden, wenn gegen den Beklagten der Rückgriffsklage auch am Ort des Hauptprozesses eine Zuständigkeit nach anderen Vorschriften als nach Art. 6 Nr. 2 gegeben ist. Klagt z.B. ein bestohlener Eigentümer aus Italien gegen den Besitzer der gestohlenen Sache auf Herausgabe am Wohnsitz des Beklagten in Zü-

---

52 Cass. 19.06.2007, *ATBM c. SITMB,* Bull. Cass. civ. 2007, I., Nr. 240, s. 207.

53 EuGH 15.05.1990, Rs. 365/88, *Hagen/Zeehaghe,* Slg. 1990, 1845 = NJW 1991, 2621 = IPRax 1992, 310 = Rev. crit. 79 (1990) 564.

rich (Art. 2 Abs. 1 LugÜ, Art. 98 Abs. 1 IPRG), so könnte der Beklagte seinen ebenfalls in Zürich ansässigen Verkäufer auf Gewährleistung wegen Rechtsmängel den Streit verkünden (Art. 78 Abs. 1, 81 Abs. 1 ZPO). Wohnt dagegen der Verkäufer in Genf, könnte auch ihm nach denselben Vorschriften der Streit verkündet werden. Ein in einem anderen Vertragsstaat wohnhafter Rückgriffsschuldner kann jedoch nur dann in Zürich verklagt werden, wenn die Zürcher Zuständigkeit nach Art. 81 Abs. 1 ZPO gegeben ist oder nach Art. 5 Nr. 1, Nr. 5, Art. 16 Abs. 1 oder Art. 23, 24 LugÜ. Bei Beklagten mit Wohnsitz/Sitz in einem Nichtvertragsstaat wird die inländische Zuständigkeit nach dem IPRG bestimmt.

2. Verfahren in anderen gebundenen Staaten

Ist eine in der Schweiz ansässige Person in einem anderen gebundenen 43
Staat ohne Vorbehalt nach Art. II Abs. 1 Protokoll Nr. 1 verklagt worden, so muss das dort gegen diese Person ergangene Urteil in der Schweiz anerkannt werden. Dies ergibt sich aus Art. II Abs. 3 Protokoll Nr. 1. Der Einwand aus Art. 30 Abs. 2 BV ist nicht gestattet.

III. Hauptprozess und Streitverkündung

1. Verfahren im Inland

Kraft des **Vorbehalts** in Art. II Abs. 1 des Protokolls Nr. 1 zum LugÜ kann 44
in der Schweiz einer dritten Person mit Wohnsitz/Sitz in einem anderen gebundenen Staat der Streit verkündet und sie vor das inländische Gericht des Hauptprozesses geladen werden. Diese Streitverkündung erfolgt in der Schweiz nach den Vorschriften von Art. 78 ff. ZPO[54].

2. Hauptprozess im Inland gemäss Art. 2 oder 5

Ist ein Hauptprozess in den **allgemeinen Gerichtsständen** der Art. 2 oder 45
5 anhängig, so fragt sich, ob auch Parteien mit privilegierten oder ausschliesslichen Gerichtsständen als Streithelfer geladen werden können. Der Wortlaut des Art. 6 Nr. 2 spricht dafür. Wie steht es jedoch mit dem Sinn von Privilegierungen oder ausschliesslichen Gerichtsständen?

[54] Zu diesem Vorbehalt vgl. MANSEL, Streitverkündung 188 ff. und 192 ff.

3. Verbrauchersachen

a) Rückgriff gegen Verbraucher

46 Ein deutscher **Verbraucher** z.B. hat einem auch in Deutschland tätigen Händler aus der Schweiz ein Gemälde verkauft, das – was der Verbraucher nicht wusste – dem Eigentümer in Italien gestohlen worden war. Der Händler wird in der Schweiz vom italienischen Eigentümer auf Herausgabe verklagt und er will dem deutschen Verbraucher im schweizerischen Prozess den Streit verkünden; denn er möchte, wenn er das Gemälde dem Italiener herausgeben muss, wenigstens den von ihm gezahlten Kaufpreis zurückerhalten. Bei dem Verkauf durch den Verbraucher handelt es sich um einen nach Art. 15 Abs. 1 lit. c LugÜ privilegierten Verbrauchervertrag, bei dem einem privilegierten Verbraucher der Gerichtsstand an seinem gewöhnlichen Aufenthalt nach Art. 16 Abs. 2 garantiert wird. Eine Streitverkündungsklage nach Art. 81 ZPO am Gerichtsstand des Unternehmers ist also nicht möglich. Das ist auch der Sinne der Einschränkung in Art. 15 Abs. 1 («unbeschadet des Artikels 4 und des Artikels 5 Nummer 5»).

47 Gefragt werden muss jedoch, ob **eine einfache Streitverkündung** mit der Bindungswirkung der Art. 80 und 77 ZPO zulässig ist. Dies ist zu bejahen. Die einfache Streitverkündung ist keine Klage, und es wäre wenig vorteilhaft für alle, wenn im Rückgriffsprozess geltend gemacht werden könnte, der Hauptprozess sei schlecht geführt worden. Eine streitberufene Partei ist nicht Prozesspartei, sie braucht sich keinen Rechtsanwalt zu nehmen, nicht persönlich bei Gericht zu erscheinen und kann durch Information verhindern, dass der Hauptprozess verloren wird. Ein Gerichtsstand an ihrem Wohnsitz wird der streitberufenen Partei nicht genommen.

b) Rückgriff des Verbrauchers

48 Art. 6 gilt **nicht für Verbrauchersachen** (Art. 15 Abs. 1). Trotzdem sollte es dem Verbraucher gestattet sein, in einer Verbraucherstreitigkeit (Händler als Käufer einer Antiquität klagt am Wohnsitz des Verbrauchers auf Rückzahlung des Kaufpreises wegen Rechtsmängel) einem Dritten den Streit zu verkünden (im gewählten Beispiel verkündet der Verbraucher seinem Lieferanten den Streit). Soweit am Wohnsitz des Verbrauchers geklagt wird, kann sich der Dritte nicht beklagen, denn dort müsste er den Verbraucher aus seinem Vertrag mit ihm verklagen. Anders könnte es dann stehen, wenn der Verbraucher aus Mailand am Wohnsitz des Käufers in Zürich

auf Zahlung klagt, dieser die Zahlung wegen bestehender Rechtsmängel ablehnt und nun der Verkäufer seinem Lieferanten (Dritter) aus Wien den Streit verkündet. In Wien hatte der Dritte mit dem Verbraucher aus Mailand einen Vertrag geschlossen und musste kaum damit rechnen, aus seinem Vertrag an einem Ort gerichtspflichtig zu sein, der weder sein noch des Vertragspartners Wohnsitz ist. Hier sollte zum Schutz des Dritten dasselbe gelten, wie bei Art. 6 Nr. 1: **keine Streitverkündungsklage** in einem Forum, zu dem die streitberufene Partei keine Affinität besitzt (s. Rz. 32).

4. Versicherungssachen

a) Rückgriff gegen Versicherte

Ein **Haftpflichtversicherer** kann nach Art. 11 Abs. 1 vor das Gericht, bei 49
dem die Klage des Geschädigten gegen den Versicherten anhängig ist, geladen werden, sofern dies nach der lex fori zulässig ist. In der Schweiz ist lediglich eine Streitverkündungsklage nach Art. 81 Abs. 1 ZPO zulässig. Jedoch kann auch ein Haftpflichtversicherer Rückgriffsansprüche haben, wenn er trotz fehlender Verpflichtung gegenüber dem Versicherungsnehmer den Geschädigten entschädigen musste. In einem solchen Fall gestattet Art. 11 Abs. 3 die Streitverkündung, wenn das Statut der Direktklage dies zulässt. In der Schweiz gilt für die Direktklage der Art. 141 IPRG. Ist schweizerisches Recht anwendbar, so ist eine Streitverkündungsklage nach Art. 81 Abs. 1 ZPO zulässig. Wird dagegen im Ausland eine Klage gegen einen Versicherung oder gegen einen Versicherten oder Versicherungsnehmer erhoben, so sind diese Urteile im Inland anzuerkennen. Ansonsten ist eine Gewährleistungsklage verboten (Art. 8), jedoch eine einfache Streitverkündung aus den genannten Gründen (II 2 am Ende) möglich.

Wenn am Wohnsitz des **Geschädigten** geklagt wird (Art. 11 Abs. 2, Art. 9 50
Abs. 1 lit. b),[55] muss gefragt werden, ob auch der Schädiger am Wohnsitz des Geschädigten verklagt werden darf. Ihm kann in der Schweiz nur der Streit durch den Versicherer verkündet werden. Eine Klage des Geschädigten gegen den Schädiger am Wohnsitz des Geschädigten ist ausgeschlossen,[56] auch in Verbindung mit einer Klage gegen den Versicherer.

[55] EuGH 13.12.2007, Rs. C-463/06, *FBTO/Jack Odenbreit,* NJW 2009, 819.

[56] EuGH 11.01.1990, Rs. 220/88, *Dumez France/Hessische Landesbank,* Slg. 1990 I 49.

b) Rückgriff des Versicherten

51 Art. 11 Abs. 1 betrifft keinen Prozess in einer **Versicherungssache**. Diese Vorschrift stünde besser bei Art. 6. Anders ist dies bei Art. 11 Abs. 3. Hier geht es um einen Prozess gegen den Haftpflichtversicherer und eine Streitverkündung gegen den Versicherungsnehmer oder Versicherte (s. vorne Rz. 23)[57].

52 Ein Rechtsstreit **zwischen Versicherern** untersteht nicht den Vorschriften der Art. 8 ff., LugÜ, weshalb auch der Prozess gegen mehrere Versicherer und deren Klage auf anteilige Bezahlung durch einen in einem anderen Mitgliedstaat ansässigen Versicherer unter Art. 6 Nr. 2 LugÜ fällt[58].

5. Arbeitsvertragssachen

a) Rückgriff gegen Arbeitnehmer

53 Wird ein **Arbeitgeber** wegen eines Schadens, den der Arbeitnehmer angerichtet hat, verklagt, so hat er vielleicht nach dem Arbeitsvertragsstatut (Art. 121 IPRG) einen Rückgriffsanspruch gegen diesen Arbeitnehmer. Ihm wird jedoch in Art. 20 Abs. 1 der Gerichtsstand an seinem Wohnsitz garantiert. Das darf weder durch eine Interventionsklage noch durch eine Streitverkündungsklage geändert werden. Die einfache Streitverkündung bleibt jedoch möglich.

b) Rückgriff des Arbeitnehmers

54 Hätte der Lehrer Volker Sonntag, der vom **Tribunale Bolzano** zu Schadensersatz an die Eltern des Schülers Thomas Waidmann, der bei einer Klassenfahrt nach Südtirol ums Leben kam, seinem Arbeitgeber, dem Land Baden-Württemberg, in Bozen den Streit verkünden können? Ja, denn das würde Volker Sonntag für seinen Rückgriffsprozess entlasten, weil das

---

[57] Vgl. hierzu Mansel, Streitverkündung 200 ff.

[58] EuGH 26.05.2005, Rs. C-77/04, *GIE Réunion européenne/Zurich España,* Slg. 2005, I 4509; IPRax 2005, 535 mit Bespr. Thomas Rüfner; VersR 2005, 1001, mit Anm. Heiss; [2006] 1 All E.R. 488 (Comm.); SZIER 16 (2006) 684 *(Killias),* Revista española de derecho internacional 57 (2005) 954 mit Anm. Iván Heredia Cervantes; Cass. 10.05.2006, *GIE Réunion européenne c. Zurich Seguros,* Rev.crit. 95 (2006) 899 mit Anm. Sinay-Cytermann; [2007] I.L.Pr. 301; Bespr. Courbe/Jault-Seseke, Recueil Dalloz 2007, 1751, 1756.

Land nicht mehr geltend machen kann, der Haftpflichtprozess sei falsch geführt worden[59].

6. Ausschliessliche Gerichtsstände

a) Rückgriff gegen Dritte mit ausschliesslichem Gerichtsstand (Art. 22)

Ebenso wie ein **Vermieter eines Grundstücks** bei langfristiger Miete nur 55
am Lageort des Grundstückes verklagt werden kann (Art. 22 Nr. 1), kann ihm auch nur dort der Streit verkündet werden.

b) Ausschliesslicher Gerichtsstand (Art. 22)

Art. 6 gilt **nicht für Art. 22** und sollte auch nicht auf Dritte ausgedehnt 56
werden. Diese sollten also nur dann am ausschliesslichen Gerichtsstand gerichtspflichtig sein, wenn dieser Gerichtsstand auch für Ansprüche gegen den Dritten gilt, weil und soweit der Lageort der Sache identisch ist mit einem Gerichtsstand am Wohnsitz des Verkäufers (Art. 2), am Sitz des Versicherers (Art. 9 Abs. 1 lit. a) oder am Ort des Mietobjektes eines Hauptvermieters (Art. 22 Nr. 1).

7. Gerichtsstandsklausel

a) Rückgriff gegen Dritte mit Gerichtsstandsklausel (Art. 23)

Sind die streitverkündende Partei und der Dritte durch eine **Gerichts-** 57
standsvereinbarung gebunden, so darf aus einem Verhältnis, das durch die Gerichtsstandsvereinbarung gedeckt ist, nicht an einem anderen Ort geklagt oder der Streit verkündet werden[60].

b) Gewählter Gerichtsstand (Art. 23)

An einem **gewählten** Gerichtsstand sind Dritte, die an der Gerichtsver- 58
einbarung nicht beteiligt sind, nur dann gerichtspflichtig, wenn auch ohne Gerichtsstandsvereinbarung am Ort des gewählten Forums geklagt und der Streit verkündet werden dürfte.

---

[59] EuGH 21.04.1993, Rz. 172/91, *Sonntag/Waidmann,* Slg. 1993 I 1963; und Rückgriffsklage BGH 16.09.1993, BGHZ 123, 268.

[60] *Hough v. P & O Containers,* [1998] 2 All E.R. 978 (Q.B. Div.).

8. Beispiele

a) Zulässige Klage gegen Dritte

59 – Klage gegen Auftraggeber des beklagten Beauftragten[61].
– Klage der Versicherer einer Sache gegen einen anderen Versicherer aus Mehrfachversicherung[62].
– Klage eines beklagten Hauptfrachtführers gegen einen Unterfrachtführer, der in einem Drittstaat (Kanada) ansässig ist[63].
– Klage eines beklagten Lieferanten gegen dessen Zulieferer und Hersteller in Dänemark[64].
– Klage eines niederländischen Lieferers schlechter Ware aus Frankreich, der von einem Abnehmer dieser Ware in den Niederlanden verklagt wird, gegen den französischen Lieferanten auf Zahlung direkt an den Abnehmer[65].

b) Unzulässige Klage gegen Dritte

60 – Unfall von Franzosen in Italien. Hauptklage des französischen Beifahrers gegen den französischen Führer des Kraftfahrzeugs und Klage auf eigenen Schadensersatz (nicht die Rückgriffsklage wegen Entschädigung des Beifahrers gegen den italienischen Verursacher) gegen den italienischen Verursacher des Unfalls[66].

IV. Missbrauch des Mehrparteiengerichtsstandes

61 Nur bei Art. 6 Nr. 2 ist ein Vorbehalt des **Rechtsmissbrauchs** vorgesehen. Nach dem Wortlaut dieser Vorschrift darf die Gewährleistungs- oder Interventionsklage nicht nur aus dem Grunde erhoben werden, «um diese [dritte] Person dem für sie zuständigen Gericht zu entziehen». Dieses Missbrauchsverbot, das nur im Fall des Art. 6 Nr. 2 und nicht im Fall des Art. 6 Nr. 1 gilt,[67] findet z.B. dann Anwendung, wenn der Hauptbeklagte sich nur deshalb auf einen Prozess im Wohnsitzstaat des Klägers einlässt,

[61] EuGH 15.05.1990, Rs. 365/88, *Hagen/Zeehaghe,* N. 53.
[62] EuGH 26.05.2005, Rs. C-77/04, *GIE Réunion européenne/Zurich España,* Fn. 58.
[63] Cass. ital. 12.03.2009, n. 5965, The European Legal Forum 2009, II 89 and I 203.
[64] Cass. ital. 02.04.2009, n. 7991, The European Legal Forum 2009, II 91 und I 203.
[65] H.R. 20.09.2002, Ned. Jur. 2005 Nr. 40 = [2005] I.L.Pr. 66.
[66] Cass. fRz. 24.03.1987. Rev. crit. 76 (1987) 577 mit Anm. Gaudemet-Tallon.
[67] EuGH 11.10.2007, Rs. C-98/06. *Freeport/Arnoldsson,* Fn. 19.

um seinen Lieferanten in England am Gerichtsstand des Klägers auf Gewährleistung verklagen zu können[68].

V. Anerkennung ausländischer Entscheidungen und Urteilswirkungen

1. Entscheidungen

Ausländische Entscheidungen, die an einem Gerichtsstand der Gewährleistungsklage ergangen sind, müssen in anderen gebundenen Staaten anerkannt werden, sofern die Anerkennungsvoraussetzungen der Art. 33-35 gegeben sind. Die internationale Zuständigkeit des ausländischen Gerichts kann nach Art. 35 Abs. 1 nur dann geltend gemacht werden, wenn gegen die Vorschriften der Abschnitte 3 (Verbrauchersachen), 4 (Versicherungssachen) und 6 (ausschliessliche Zuständigkeiten) von Titel II verstossen worden ist, wenn also ein Urteil gegen eine der geschützten Personen (Verbraucher oder Versicherungsnehmer) oder in einer in Art. 22 genannten Streitigkeit nicht am garantierten oder ausschliesslichen Gerichtsstand ergangen ist. Dies gilt auch für die Schweiz, die einen Vorbehalt nach Art. II des Protokolls I angebracht hat (Art. II Abs. 3 Satz 1 Protokoll I). Hat sich eine geschützte Person dagegen auf das ausländische Verfahren eingelassen oder hat sie nach der Entstehung der Streitigkeit eine Gerichtsstandsklausel vereinbart, so sind die Abschnitte 3 und 4 des Titels II nicht verletzt. 62

Es fällt auf, dass in **Arbeitsvertragssachen** (Titel II Abschnitt 5) dem Arbeitnehmer der Gerichtsstand nach Art. 19 indirekt nicht garantiert wird. Er kann eine fehlende indirekte Zuständigkeit des ausländischen Gerichts nicht geltend machen. 63

2. Urteilswirkungen

Hat ein Beklagter in einem ausländischen Verfahren den Streit verkündet, so erstreckt sich die Wirkung eines Urteils auch auf eine im Inland oder in einem Drittstaat wohnhafte streitberufene Person (Protokoll I Art. II Abs. 3 Satz 2). 64

---

[68] Vgl. Trib. Reggio Emilia 03.07.2000, Riv.dir.int.priv.proc. 37 (2001) 970.

D. Widerklage (Art. 6 Nr. 3)

I. Problematik des Art. 6 Nr. 3

65 Der unverändert gebliebene **Gerichtsstand der Widerklage** ist den meisten nationalen Zivilprozessordnungen bekannt. Er gehört somit zum gemeinsamen Erbe des europäischen Zivilprozessrechts (vgl. z.B. Art. 14 ZPO, § 33 dt. ZPO, Art. 51 franz. C.p.c., Art. 36 ital. C.p.c., § 96 österr. JN). Keine grossen Schwierigkeiten bereitet Art. 6 Nr. 3, wenn die Widerklage auf denselben *Vertrag* gestützt wird. Die Sache wird jedoch schwierig, wenn dies nicht der Fall ist, vielmehr die Widerklage auf einen «*titulo*» gestützt wird, «su cui si fonda la domanda principale», oder – in der deutschen Fassung von Art. 6 Nr. 3 – auf denselben «*Sachverhalt*» wie die Klage[69].

II. Anwendungsbereich

1. Widerklage aus Vertrag

66 Wird die Widerklage auf **denselben Vertrag** gestützt wie die Klage, so ist am Gerichtsstand der Klage auch ein Gerichtsstand der Widerklage gegeben. Dies ist der Normalfall und bereitet wenig Schwierigkeiten. Art. 6 Nr. 3 kommt jedoch bei einer Verteidigung, die – wie bei der Aufrechnung – zu keinem gesonderten Urteil führt, nicht zur Anwendung. Diese Verteidigung unterliegt ausschliesslich nationalem Recht[70].

2. Widerklage aus demselben Sachverhalt

67 Vor dem Gericht, bei dem die Klage anhängig ist, kann aus **demselben Sachverhalt** wie die Klage selbst (fait sur lequel est fondée la demande originaire; titolo su cui si fonda la domanda principale; facts on which the original claim was based) Widerklage erhoben werden. Ein solcher Sachverhalt liegt nur dann vor, wenn die beiden Vereinbarungen (wie bei einem Rahmenvertrag über Finanzierung und einer Garantie, die in Erfüllung dieses Vertrages gegeben wird[71]) von einander abhängig sind, so dass sich eine einheitliche Entscheidung durch dasselbe Gericht aufdrängt[72]. Das ist

---

[69] BGer 28.05.2004, BGE 130 III 607, Pra 2005, 156, SJ 2004, 525.
[70] EuGH 13.07.1995, Rs. C-341/93, *Danvaern/Otterbeck,* Slg. 1995 I 02053.
[71] BGer 28.05.2004, Fn. 69, E. 5.2.
[72] BGer 28.05.2004, Fn. 69, E. 5.

dagegen nicht der Fall, wenn der Beklagte aus einem anderen Vertrag Widerklage erhebt und wegen rechtsmissbräuchlicher Kündigung des Hauptvertrages klagen will[73].

III. Widerklage in Spezialfällen

1. Widerklage in Versicherungs-, Verbraucher- und Arbeitssachen

Nach den gleichlautenden Art. 12 Abs. 2 (**Versicherungssachen**), Art. 16 Abs. 3 (**Verbrauchersachen**) und Art. 20 Abs. 2 (**Arbeitssachen**) kann eine Widerklage bei dem Gericht erhoben werden, bei dem die Klage nach den Bestimmungen des jeweiligen Abschnitts (Versicherungs-, Verbraucher- und Arbeitssachen) anhängig ist. Die Frage bleibt, welche Ansprüche mit einer Widerklage verfolgt werden dürfen. 68

a) Derselbe Vertrag

Sicher ist, dass eine Widerklage aus **demselben Vertrag** zulässig ist, auf den sich auch die Hauptklage stützt. 69

b) Anderer Vertrag

Stützt sich dagegen eine Widerklage auf einen **anderen Vertrag**, ist Vorsicht geboten. Hat der Verbraucher mehrere voneinander unabhängige Verträge mit einem Anbieter geschlossen und klagt er nun gegen den Anbieter an dessen Gerichtsstand aus dem Vertrag Nr. 1, so fragt sich, ob dieser an diesem Gerichtsstand aus Vertrag Nr. 2 Widerklage erheben darf. Dies ist zu verneinen; denn im Sinne des Schutzes des Schwächeren (Art. 8 – 21) ist eine Widerklage gegen den Schwächeren aus einem anderen Vertrag am Gerichtsstand der Hauptklage am Wohnsitz/Sitz des Anbieters unzulässig. 70

2. Ausschliessliche Gerichtsstände

Art. 22 formuliert gewisse **ausschliessliche Gerichtsstände**. Bestimmte Prozesse sind danach zwingend vor den dort bezeichneten Gerichten zu führen. Die Frage stellt sich, ob dort auch eine Widerklage zulässig ist oder 71

[73] EuGH 13.07.1995, N. 70; Rs. C-341/93, Cass. ital. 13.12.2005, n. 27403, *Fila Holding c. Kaneko,* Riv.dir.int.priv.proc. 42 (2006) 1059.

ob sich der Widerkläger an das normalerweise zuständige Gericht wenden muss. In vielen Fällen wird diese Frage nicht aufkommen, weil die Ausschliesslichkeit für den gesamten Vertrag vorgesehen ist (z.B. in Art. 22 Nr. 1). Dies ist anders, wo nur für einzelne Ansprüche oder Klagen eine Ausschliesslichkeit des Gerichtsstandes besteht (wie z.B. in Art. 22 Nr. 2–4). Dann stellt sich die Frage, ob in einem am Sitz einer Gesellschaft entstandenen Streit über deren Níchtigkeit auch Widerklage erhoben werden kann und darf, dass der Kläger der Hauptklage dem Kläger der Widerklage schadenersatzpflichtig ist, oder ob dieser Streit am Wohnsitz des Widerbeklagten geführt werden muss. Diese Frage sollte im Sinne der Prozessökonomie so entschieden werden, dass eine Widerklage am ausschliesslichen Gerichtsstand erhoben werden darf, aber nicht dort erhoben werden muss.

3. Vereinbarte Gerichtsbarkeit

72 Nach Art. 23 gilt eine **Gerichtsstandsvereinbarung** in aller Regel für ein Rechtsverhältnis, also für einen ganzen Vertrag, einerlei ob aus ihm geklagt oder aus ihm eine Widerklage angestrengt wird. Wird dagegen aus einem Rechtsverhältnis Widerklage erhoben, für das keine Gerichtsstandsvereinbarung besteht, so ist für diese Widerklage der prorogierte Gerichtsstand nicht gegeben, und es muss die Widerklage woanders erhoben werden.

IV. Anerkennung ausländischer Entscheidungen und Urteilswirkungen

73 Die Anerkennung **ausländischer Entscheidungen** erfolgt, auch wenn das ausländische Gericht nach Meinung des anerkennenden Gerichts unzuständig war. Lediglich in Versicherungs- und Verbrauchersachen sowie in Fällen einer ausschliesslichen Zuständigkeit (Art. 22) kann die Zuständigkeit nachgeprüft werden (Art. 35 Abs. 1). Ansonsten ist die Zuständigkeit der erkennenden Instanz keine Anerkennungsvoraussetzung (Art. 35 Abs. 3). Auch in Fällen des Art. 6 also muss sich der Widerbeklagte im Urteilsstaat gegen die Widerklage wehren. Im Anerkennungs- und Vollstreckungsverfahren ist es zu spät.

E. Verbindung mit Klage aus Immobiliarsachenrecht (Art. 6 Nr. 4)

I. Problematik des Art. 6 Nr. 4

Nach Art. 22 Nr. 1 gibt es einen ausschliesslichen **Gerichtsstand des Vermögens**. An diesem Gerichtsstand müssen auch Klagen wegen dinglicher Rechte an unbeweglichen Gegenständen erhoben werden. Wenn eine solche Klage anhängig gemacht wird, können auch vertragliche Ansprüche gegen dieselbe Person mit der Klage wegen dinglicher Rechte verbunden werden, wenn – je nach dem Prozessrecht des Vertragsstaates (vgl. z.B. § 25 dt. ZPO) – zwischen den Ansprüchen eine Konnexität besteht, die eine gemeinsame Erledigung rechtfertigt. Das dürfte z.B. dann der Fall sein, wenn aus einer Hypothek auf Duldung der Zwangsvollstreckung geklagt wird (zuständig ist nach Art. 22 Nr. 1 das Gericht des Staates, in dem das Grundstück gelegen ist) und der Kläger zugleich auf Rückzahlung des Darlehens klagen möchte, das durch die Hypothek gesichert ist (Klageverbindung nach Art. 6 Nr. 4 möglich). 74

II. Anwendungsvoraussetzungen

1. Dingliche Klage

Es muss eine **dingliche Klage** wegen dinglicher Rechte an unbeweglichen Sachen erhoben sein, damit eine Vertragsklage mit ihr verbunden werden kann. Welche Klagen das sind, sagt Art. 22 Nr. 1. Es gibt also keinen *isolierten* Gerichtsstand für vertragliche Klagen vor den Gerichten des Staates, in dem das Grundstück gelegen ist. 75

2. Vertragliche Ansprüche

Was **vertragliche Ansprüche** (Vertrag oder Ansprüche aus Vertrag) sind, sagt Art. 5 Nr. 1. Dieselbe Qualifikation trifft auch für Art. 6 Nr. 4 zu. 76

3. Beklagter dieselbe Person

Art. 6 Nr. 4 sagt ausdrücklich, dass die vertragliche Klage «gegen **denselben Beklagten**» gerichtet sein muss wie die dingliche Klage. Selbstverständlich ist, dass auch der Kläger beider Klagen identisch sein muss[74]. 77

[74] Bericht JENARD/MÖLLER Rz. 47.

4. Verbindung der Klagen

78 Die dingliche und die vertragsrechtliche Klage *können* miteinander verbunden werden. Dafür ist ein enger Bezug zwischen den Klagen vorausgesetzt. Das ist dann der Fall, wenn – wie im Eingangsfall der Hypothek und der durch sie gesicherten Darlehnsforderung – feststeht, dass ein enger Zusammenhang zwischen beiden Forderungen besteht, die zusammen und einheitlich beurteilt werden sollten. Im Übrigen bestimmt das nationale Verfahrensrecht, wann eine solche Verbindung stattfinden kann.

III. Zuständigkeit

79 Zuständig ist der dingliche Gerichtsstand nach Art. 22 Nr. 1. An diesem Gerichtsstand kann der Kläger auch die Vertragsklage anhängig machen, braucht dies aber nicht zu tun. Er kann auch am natürlichen Gerichtsstand des Beklagten (Art. 2 Abs. 1) oder am Erfüllungsort (Art. 5 Nr. 1) klagen.

IV. Ergebnis

80 Art. 6 Nr. 4 hat bisher **keine Schwierigkeiten** bereitet. Rechtsprechung des EuGH und nationaler Instanzen ist keine vorhanden.

Art. 7

Ist ein Gericht eines durch dieses Übereinkommen gebundenen Staates nach diesem Übereinkommen zur Entscheidung in Verfahren wegen einer Haftpflicht aufgrund der Verwendung oder des Betriebs eines Schiffes zuständig, so entscheidet dieses oder ein anderes an seiner Stelle durch das Recht dieses Staates bestimmtes Gericht auch über Klagen auf Beschränkung dieser Haftung.

Art. 7

Lorsque, en vertu de la présente Convention, un tribunal d'un État lié par la présente Convention est compétent pour connaître des actions en responsabilité du fait de l'utilisation ou de l'exploitation d'un navire, ce tribunal ou tout autre que lui substitue la loi interne de cet État connaît aussi des demandes relatives à la limitation de cette responsabilité.

Art. 7

Qualora ai sensi della presente convenzione un giudice di uno Stato vincolato dalla presente convenzione abbia competenza per le azioni relative alla responsabilità nell'impiego o nell'esercizio di una nave, tale giudice, o qualsiasi altro giudice competente secondo la legge nazionale, è anche competente per le domande relative alla limitazione di tale responsabilità.

Art. 7

Where by virtue of this Convention a court of a State bound by this Convention has jurisdiction in actions relating to liability from the use or operation of a ship, that court, or any other court substituted for this purpose by the national law of that State, shall also have jurisdiction over claims for limitation of such liability.

Übersicht *Seite*

I. Sinn der Vorschrift

Eigentümer eines Seeschiffes, die aufgrund der **Verwendung oder des Betriebs** eines Schiffes haften, können ihre Haftung beschränken. Dies geschieht aufgrund des Übereinkommens vom 19.11.1976 über die Beschränkung der Haftung für Seeforderungen (Convention on Limitation of 1

Liability for Maritime Claims)[1] bzw. desselben Übereinkommens in der Fassung des Protokolls vom 02.05.1996[2]. Diese Übereinkommen sind vor den Gerichten aller Vertragsstaaten anwendbar, es sei denn, ein Vertragsstaat schlösse die Anwendung auf Parteien ohne Hauptniederlassung in einem Vertragsstaat oder auf Schiffe, die nicht die Flagge eines Vertragsstaates führen, aus (Art. 15 Abs. 1). Diese Übereinkommen enthalten keine Vorschriften über Gerichtsstände.

2 Es ist klar, dass der Schiffseigentümer im **Haftungsprozess** geltend machen kann, dass er nur für die in den Übereinkommen genannten Höchstbeträge hafte, und beantragen kann, einen entsprechenden Haftungsfonds nach Art. 11 zu errichten. Diese Frage regelt Art. 7 nicht. Vielmehr erweitert er die möglichen Gerichtsstände für eine unabhängig von einem Haftungsprozess erhobene Klage des Schiffseigentümers auf Beschränkung der Haftung. Diese Klage kann nach Art. 7 auch vor den Gerichten erhoben werden, die nach den Art. 2–6 LugÜ für einen Haftungsprozess zuständig sind. Der Schiffseigentümer kann also an seinem allgemeinen Gerichtsstand nach Art. 2 Abs. 1 LugÜ auf Feststellung der Haftungsbeschränkung klagen, da gegen ihn an demselben Ort auch die Haftungsklage erhoben werden kann.

3 Ein **Beispiel** für das Interesse an einem solchen Verfahren zur Haftungsbeschränkung bildet der vom EuGH entschiedene Fall *Mærsk*[3]. Ein in den Niederlanden registrierter Fischdampfer hatte eine Unterwasserleitung beschädigt, welche die dänische Firma Mærsk verlegt hatte. Mærsk bezifferte sehr bald nach dem Unfall ihre Ansprüche auf über ca. 2 Millionen $, erhob jedoch noch keine Klage. Fast zwei Jahre nach dem Unfall erwirkte die Beklagte in den Niederlanden eine Beschränkung der Haftung und die Errichtung eines Haftungsfonds in Höhe von ca. 50 000 niederländischen Gulden. Mit dieser Entscheidung wollte die Beklagte ihre Haftung auf den Fonds beschränken und den Fischdampfer vor Beschlagnahme schützen (Art. 13 Übereinkommen 1976)[4]. Diese niederländische Entscheidung stand der später in Dänemark erhobenen Haftungsklage nicht entgegen. Sie begründete keine Rechtshängigkeit derselben Sache.

---

1 SR 0.747.331.53.

2 BGBl 2000 II 791.

3 EuGH 14.10.2004, Rs. 39/02, *Mærsk/de Haan*, Rev.crit. 84 (2005) 118 mit Anm. Pataut.

4 Hierzu Herber, Seehandelsrecht, Berlin 1998, 217 ff.; Puttfarken, Seehandelsrecht, Heidelberg 1997, 356 ff.

II. Zuständigkeitserweiterung

Haftungsansprüche aus der Verwendung oder dem Betrieb eines Seeschiffs können in **aller Regel** entweder am natürlichen Gerichtsstand des Schuldners (Art. 2), am Ort der unerlaubten Handlung (Art. 5 Nr. 3) oder am vereinbarten Gerichtsstand (Art. 23) erhoben werden. 4

1. Klage am Sitz des Schuldners

Schuldner ist der **Schiffseigentümer**, d.h. der Eigentümer, Charterer, Reeder und Ausrüster eines Seeschiffs. In den meisten Fällen moderner Seeschifffahrt ist das Schiff selbst im Zweifel eine selbständige Gesellschaft, die am Ort der Registrierung ihren Sitz hat. Dort kann also nach Art. 2 Abs.1 i.V.m. Art. 60 auf Feststellung der Haftungsbeschränkung geklagt werden. Ist dies zugleich der Hafen, den das Schiff nach dem schadenstiftenden Ereignis zuerst angelaufen hat, so *muss* nach Art. 13 Abs. 2 Satz 2 lit. a Übereinkommen 1976 das in fremdem Hafen beschlagnahmte Schiff freigegeben werden. Die Freigabe steht also nicht wie nach Art. 13 Abs. 2 Satz 1 Übereinkommen 1976 im Ermessen des Gerichts. 5

2. Klage am Erfüllungsort

Seeforderungen können auch aus Frachtverträgen entstehen. Wenn der **Erfüllungsort** nicht benannt wird und keine Gerichtsstandsvereinbarung vorliegt, kann der Schiffseigentümer auch am Erfüllungsort nach Art. 5 Nr. 1 lit. b klagen. 6

3. Klage am Ort der unerlaubten Handlung

Auch am **Ort der unerlaubten Handlung** (Art. 5 Nr. 3) kann geklagt werden. Bei Schiffszusammenstössen auf Hoher See geht das Londoner Internationale Übereinkommen vom 10.05.1952 zur einheitlichen Feststellung einzelner Regeln über die zivilrechtliche Zuständigkeit bei Schiffszusammenstössen dem LugÜ nach dessen Art. 67 Abs. 1 vor[5]. Nach Art. 1 Abs. 1 des Londoner Übereinkommens werden die zuständigen Gerichte bestimmt: Geschäftsniederlassung des Beklagten oder Ort der Beschlagnahme des schuldigen Schiffes bzw. Ort der Hinterlegung einer Kaution. Im 7

[5] SR 0.747.313.24.

Mærsk-Fall des EuGH[6] hatte ein in den Niederlanden registriertes Schiff eine Unterwasserleitung beschädigt. Bei diesem Unfall, der kein Schiffszusammenstoss ist, lässt sich argumentieren, dass die Schädigung vom Schiff ausgegangen ist, und deshalb der Registerort des Schiffes der Ort ist, in dessen Bezirk gehandelt wurde. Wo jedoch keine solche Situation vorliegt und der Unfall auf Hoher See passiert ist, gibt es keine Zuständigkeit am Ort der unerlaubten Handlung, weil in hoheitsfreiem Gebiet agiert wurde[7].

4. Klage am vereinbarten Gerichtsstand

8 Sind die Parteien durch eine Gerichtsstandsvereinbarung (z.B. als Charterer und Ladungsbeteiligte) gebunden, so muss die Haftungsbeschränkung des Eigentümers des Schiffes (z.B. der Charterer) am vereinbarten Gerichtsstand verklagt werden.

III. Anerkennung der Haftungsbeschränkung

1. Übereinkommen 1976/1996

9 Ist ein **Haftungsfonds** schon nach dem Übereinkommen 1976/1996 errichtet worden, so bestimmt bereits dessen Art. 13, dass die Parteien dieses Übereinkommens an die haftungsbeschränkende Funktion des Haftungsfonds gebunden sind und eine Beschlagnahme des Schiffes aufheben können bzw. müssen. Von dieser Tatbestandswirkung ist die Anerkennung einer Entscheidung nach LugÜ zu unterscheiden.

2. Anerkennung nach LugÜ

10 Eine Entscheidung über die Haftungsbeschränkung ist in allen Mitgliedstaaten des LugÜ nach dessen Art. 32 ff **anzuerkennen.** Diese Anerkennung deckt sich mit den Tatbestandswirkungen nach dem Übereinkommen 1976 (oben Rz. 9).

---

6 S. oben N. 3.

7 So offenbar auch GEIMER/SCHÜTZE-AUER, Art. 5 Rz. 94: Art. 5 Nr. 3 setzt voraus, dass der Deliktsort innerhalb eines Vertragsstaates liegt. Andernfalls kann nur nach Art. 2 Abs. 1 geklagt werden.

Abschnitt 3: Zuständigkeit für Versicherungssachen

Art. 8

Für Klagen in Versicherungssachen bestimmt sich die Zuständigkeit unbeschadet des Artikels 4 und des Artikels 5 Nummer 5 nach diesem Abschnitt.

Art. 8

En matière d'assurances, la compétence est déterminée par la présente section, sans préjudice des dispositions de l'art. 4 et de l'art. 5, par. 5.

Art. 8

In materia di assicurazioni, la competenza è disciplinata dalla presente sezione, salva l'applicazione dell'articolo 4 e dell'articolo 5, paragrafo 5.

Art. 8

In matters relating to insurance, jurisdiction shall be determined by this Section, without prejudice to Articles 4 and 5 (5).

Literatur zum gesamten Abschnitt Art. 8–14: Brulhart, Le choix de la loi applicable – questions choisies, Bern 2004; Fricke, Internationale Zuständigkeit und Anerkennungszuständigkeit in Versicherungssachen nach europäischem und deutschem Recht, VersR 1997, 399; Geimer, Die Sonderrolle der Versicherungssachen im Brüssel I-System, FS Heldrich, München 2005, 627 (zit. Geimer, Sonderrolle); Heiss, Gerichtsstandsfragen in Versicherungssachen nach europäischem Recht, in: Reichert-Facilides/Schnyder (Hrsg.), Versicherungsrecht in Europa – Kernperspektiven am Ende des 20. Jahrhunderts, Basel u.a. 2000, 105; Heiss/Schnyder, Versicherungsverträge, in: Kronke/Melis/Schnyder (Hrsg.), Handbuch Internationales Wirtschaftsrecht, Köln 2005, 142; Hub, Internationale Zuständigkeit in Versicherungssachen nach der VO 44/01/EG (EuGVVO), Berlin 2005; Müller Helmut, Versicherungsbinnenmarkt, München 1995; Schnyder, Internationale Versicherungsaufsicht zwischen Kollisionsrecht und Wirtschaftsrecht, Tübingen 1989; Ders., Internationale Versicherungsverträge auf der Grundlage des neuen schweizerischen IPR-Gesetzes, Schweiz. Versicherungs-Zeitschrift 1990, 4; Ders., Parteiautonomie im europäischen Versicherungskollisionsrecht, in: Reichert-Facilides (Hrsg.), Aspekte des internationalen Versicherungsvertragsrechts im Europäischen Wirtschaftsraum, Tübingen 1994, 49; Ders., Europäisches Banken- und Versicherungsrecht, Heidelberg 2005; Schnyder/Pfleiderer, Die aufsichtsrechtliche Praxis der Eidgenössischen Rekurskommission für die Aufsicht über die Privatversicherung, FS Walter, Bern 2005, 431; Weber/Umbach, Versicherungsaufsichtsrecht, Bern 2006.

Übersicht *Seite*

I. Versicherungssachen

1. Allgemeines

1 Der 3. Abschnitt des Titels II enthält *besondere Zuständigkeitsvorschriften* für Versicherungssachen. Der Abschnitt *bezweckt* – wie der 4. Abschnitt für Verbrauchersachen – einen **qualifizierten Schutz** verhandlungs*schwächerer* Personen. Wie im Einzelnen auszuführen sein wird, gelten die Art. 8 ff. nicht nur für Versicherungsnehmer, die im Sinne von «Konsumenten» als natürliche Personen auftreten. Von Besonderheiten abgesehen, gilt der Abschnitt für sämtliche Versicherungsverträge – unter *Einschluss* von Verträgen, die Risiken von kleinen und mittleren Unternehmen decken oder sich gar auf Industrierisiken beziehen.

2 Entscheidender Anknüpfungspunkt für die Anwendbarkeit der Art. 8 ff. ist das Vorliegen einer **Versicherungssache.** Der Begriff ist *vertragsautonom* auszulegen[1], so dass insoweit die *lex fori* sowie die verweisungsrechtlich bestimmte *lex causae* grundsätzlich nicht massgebend sind. Allerdings werden sich, zumal im europäischen Rahmen, die prinzipiellen Verständnisse in Bezug auf eine Versicherungssache mehr oder weniger decken[2]. Als «Versicherungssache» gelten demnach Rechtsfragen und Streitsachen,

---

[1] KROPHOLLER, vor Art. 8 Rz. 6; GEIMER, Sonderrolle 634; EuGH Rs. C-412/98, *Group Josi/ Reinsurance*, Slg. 2000 I 5925 Rz. 62 ff.

[2] Dies hängt namentlich mit der europarechtlichen Harmonisierung des Versicherungs-(aufsichts)rechts zusammen; vgl. SCHNYDER, Europäisches Banken- und Versicherungsrecht.

die sich im Zusammenhang mit einem privatrechtlichen Versicherungsvertrag oder einer damit verbundenen Fragestellung ergeben[3].

Vom 3. Abschnitt erfasst werden ausschliesslich *privatrechtliche Versicherungsverhältnisse*. Dazu gehören namentlich Verträge über Haftpflicht-, Unfall-, Feuer- und andere Sachversicherungen sowie Kranken- und Lebensversicherungen. Ausschlaggebendes Kriterium ist, ob «die Leistungsabwicklung auf der Grundlage eines Gleichordnungsverhältnisses erfolgt»[4]. Damit können auch *Exportrisikoversicherungen* in den Anwendungsbereich der Sondervorschriften fallen, wenn – wie erwähnt – die Versicherung nicht im Rahmen einer hoheitlichen Tätigkeit des Staates abgeschlossen wird[5]. Gleiches gilt für *Kreditversicherungen*, wenn das anbietende Unternehmen nicht hoheitlich tätig ist. Ohne Bedeutung ist des Weiteren, ob ein Vertrag auf freiwilliger Basis geschlossen wird oder ob es sich um eine *Pflichtversicherung* handelt[6]. Auch Verträge mit öffentlich-rechtlich organisierten *Trägern* gehören in den Anwendungsbereich der Art. 8 ff., *wenn* und insoweit die betreffenden Verträge **unter die Versicherungsvertragsgesetze fallen** und nicht durch öffentliches Sonderrecht geprägt sind. Zu denken ist in diesem Zusammenhang beispielsweise an 3

[3] HUB 56 ff. Ein *Versicherungsvertragsverhältnis* liegt vor, «wenn sich jemand als Versicherer gegen Entgelt verpflichtet, einem anderen (Versicherungsnehmer) eine vermögenswerte Leistung für den Fall eines ungewissen Ereignisses zu erbringen, wenn ausserdem das damit übernommene wirtschaftliche Risiko auf eine Mehrzahl von der gleichen Gefahr bedrohter Personen verteilt wird und der Risikoübernahme eine auf dem Gesetz der grossen Zahl beruhende Kalkulation zugrunde liegt.»; WEYERS/WANDT, Versicherungsvertragsrecht, 4. Aufl., Köln, u.a. 2009, Rz. 23 (mit Hinweis auf die Rechtsprechung des BGH); zum Begriff der Versicherung und des Versicherungsvertrags vgl. auchFUHRER, Schweizerisches Privatversicherungsrecht, Zürich u.a. 2011, Rz. 2.1 ff.; SCHAER, Modernes Versicherungsrecht, Bern 2007, 85 ff. und 94 Rz. 31: zu den fünf typischen Merkmalen der Versicherung; SCHNYDER/PFLEIDERER 432 f.; WEBER/UMBACH 54 ff.

[4] KROPHOLLER, vor Art. 8 Rz. 6; vgl. auch FRICKE 401 f.

[5] Vgl. insbesondere BGE 124 III 436, 440 E. 3.a: «Nach der Rechtsprechung des EuGH ist der Begriff der ‹Zivil- und Handelssache› [...] weit auszulegen: So ist eine Klage nur dann vom Anwendungsbereich des Übereinkommens ausgeschlossen, wenn eine Rechtsbeziehung zu einem Hoheitsträger zu beurteilen ist, welcher in Ausübung hoheitlicher Befugnisse gehandelt hat; demgegenüber ist selbst dann von einer Zivil- und Handelssache auszugehen, wenn Befugnisse zwar von einem Hoheitsträger wahrgenommen werden, diese aber nicht von den im Verhältnis zwischen Privatpersonen geltenden Regeln abweichen [mit Entscheidungsnachweisen].»

[6] EuGH Rs. C-412/98, *Group Josi/Reinsurance,* Slg. 2000 I 5925 Rz. 62.

Versicherungsverträge, die mit öffentlichen Gebäudeversicherungsunternehmen abgeschlossen werden[7].

4 Nicht als Versicherungssachen i.S. des LugÜ gelten *öffentlich-rechtliche Versicherungsverhältnisse*. Das trifft ausdrücklich zu für den gesamten Bereich der **Sozialversicherung,** wird doch durch Art. 1 Abs. 2 Nr. 3 «die soziale Sicherheit» ausgeschlossen[8]. Allerdings unterstehen wiederum den Art. 8 ff. Versicherungssachen, die zwar eine soziale Komponente aufzuweisen vermögen, aber vom Privatrecht beherrscht sind. In der Schweiz ist in diesem Zusammenhang insbesondere die **Krankenversicherung** zu erwähnen. Während die Grundversicherung eine Sozialversicherung darstellt und daher nicht dem LugÜ untersteht, sind «Versicherungssachen» *privatrechtliche Zusatzverträge* zu der Grunddeckung, wie sie seit der Revision des Krankenversicherungsrechts bekannt sind[9]. Die Zusatzverträge werden durch das VVG erfasst[10] und sind entsprechend im Rahmen des LugÜ als Versicherungssache zu qualifizieren.

5 *Transportversicherungen* sind «Versicherungssachen» im Sinne des LugÜ. Im Unterschied zu Art. 15 Abs. 3 (Verbrauchersachen) werden Beförderungsverträge im Abschnitt über Versicherungssachen vom Anwendungsbereich *nicht* ausgenommen[11].

6 Zu *Regressstreitigkeiten* vgl. hiernach Rz. 12.

2. Rückversicherung

7 Rückversicherungsverträge fallen *nicht* in den Anwendungsbereich der Art. 8 ff.[12] Dies ist damit zu begründen, dass Rückversicherungsverträge nicht – wie die Erst- oder Direktversicherung – Personen involvieren, die

---

[7] Beispiel: Kantonale Gebäudeversicherungen.

[8] Kropholler, vor Art. 8 Rz. 6. Zu Art. 1 vgl. Art. 1 Rz. 85.

[9] Vgl. Art. 12 Abs. 2 und. 3 KVG:
«[2] Es steht den Krankenkassen frei, neben der sozialen Krankenversicherung nach diesem Gesetz Zusatzversicherungen anzubieten; ebenso können sie im Rahmen der vom Bundesrat festgesetzten Bedingungen und Höchstgrenzen weitere Versicherungsarten betreiben.
[3] Die Versicherungen nach Absatz 2 unterliegen dem Versicherungsvertragsgesetz vom 2. April 1908 (VVG).»

[10] Vgl. Fn. 9 sowie Praxis der Eidgenössischen Rekurskommission für die Aufsicht über die Privatversicherung; dazu Schnyder/Pfleiderer 436 f.

[11] Kropholler, vor Art. 8 Rz. 6; Geimer/Schütze, Art. 8 Rz. 23.

[12] EuGH Rs. C-412/98, *Group Josi/Reinsurance*, Slg. 2000 I 5925 Rz. 62 ff.; dazu Hub 66 f.

gegebenenfalls schutzwürdig und häufig branchenunkundig sind. Es gelten für die Verträge zwischen den Direktversicherern und den Rückversicherern die **allgemeinen Bestimmungen** des LugÜ.

3. Vergleich zum schweizerischen IPRG

Im *Unterschied* zum LugÜ enthält das IPRG **keinen besonderen Abschnitt** zu den Versicherungsverträgen und damit auch keine Sondervorschriften für diesbezügliche Zuständigkeiten. Selbst im Rahmen der Verweisungsnorm von Art. 117 IPRG fehlt es an einer Bestimmung, die im Hinblick auf die anknüpfungsrelevante «charakteristische Leistung» die Leistung des Versicherers als (gewöhnlich) vertragsbestimmend ausweisen würde (Abs. 3 von Art. 117 IPRG)[13]. Immerhin können im Einzelfall Versicherungsverträge als «Verträge mit Konsumenten» qualifiziert werden, wenn die gesetzlichen Merkmale nach Art. 120 Abs. 1 IPRG für einen **Konsumentenvertrag** erfüllt sind. Ist dies der Fall, so ist die Zuständigkeit in Versicherungssachen nach Art. 114 IPRG zu bestimmen, d.h. nach der Vorschrift, welche für Verträge mit Konsumierenden generell gilt (vgl. dazu auch hiernach die Kommentierung zu Art. 15 ff.). Als Konsumentenverträge im Sinne des IPRG können insbesondere persönliche Haftpflicht- und Hausratversicherungen in Frage kommen. Umstritten ist, ob auch («kleinere») Lebensversicherungsverträge als Verbraucherverträge im Sinne des IPRG zu qualifizieren sind. 8

II. Verfahrensbeteiligte

In persönlicher Hinsicht gilt der besondere Abschnitt für Versicherungssachen in erster Linie gegenüber den *Versicherern* (Versicherungsunternehmen). Gemeint sind damit «**Versicherungsunternehmen** aller zugelassenen Rechtsformen, seien es inländische oder (rechtsfähige) ausländische, private oder öffentlich-rechtlich organisierte Unternehmen»[14]. Dem Konzept des besonderen Abschnitts entsprechend – Schutz vor allem der Versicherungsnehmer – wird es sich bei einem (inländischen) Gerichtsstand häufig um ein Verfahren gegen einen ausländischen Versicherer handeln, 9

13 Eine weitgehend in sich geschlossene Darstellung des schweizerischen Internationalen Versicherungsvertragsrechts findet sich bei BSKVVG-Nebel, Vorbemerkungen zu Art. 101 a–c.

14 Kropholler, vor Art. 8 Rz. 7.

der im Inland ins Recht gefasst werden soll. Lässt das ausländische Versicherungsaufsichtsrecht eine erweiterte Palette an zulässigen Rechtsformen für ein Versicherungsunternehmen zu, so spielt dieser Aspekt im Hinblick auf die Passivlegitimation des Unternehmens keine Rolle. Ebenfalls nicht ausschlaggebend ist die Frage, ob ein Versicherer – namentlich in grenzüberschreitender Hinsicht – in *zulässiger Weise* Versicherungsverträge abschliesst beziehungsweise ob er zur betreffenden Geschäftstätigkeit hoheitlich zugelassen ist oder nicht. Selbst Unternehmen, die **über keine einschlägige Bewilligung** verfügen, müssen als Versicherer gelten, wenn sie eine Tätigkeit ausüben, die als Versicherung zu qualifizieren ist. Namentlich aus schweizerischer Sicht kann es für die Anwendung von Abschnitt 3 nicht darauf ankommen, ob ein Versicherungsvertrag in erlaubter Weise im Rahmen des Dienstleistungsverkehrs abgeschlossen worden ist[15]. Würde es für die Anwendbarkeit der Art. 8 ff. auf die (aufsichtsrechtliche) Zulässigkeit einer Versicherungstätigkeit ankommen, könnte das Schutzsystem des LugÜ insoweit unterminiert werden.

10 *Verfahrensgegner* von Versicherungsunternehmen können grundsätzlich alle Personen sein, **die aus einem Versicherungsvertrag Rechte ableiten** oder für welche Pflichten begründet werden[16]. Damit sind in erster Linie Versicherungsnehmer, Versicherte oder Begünstigte gemeint. Nach der neueren Rechtsprechung des EuGH können auch geschädigte Personen in diesen Kreis fallen (vgl. Art. 11 Rz. 13).

11 Die Art. 8 ff. gelten ebenfalls für *Rechtsnachfolger* der genannten Personen[17]. Eine Einschränkung gilt gemäss Rechtsprechung des EuGH für einen Zessionar, der nicht in gleicher Weise schutzwürdig ist wie der Versicherungsnehmer, an welchen bei Art. 8 ff. insbesondere gedacht ist[18]. Die

---

[15] Im europäischen Raum besteht zwischen der Schweiz und ausländischen Staaten grundsätzlich *nur* im Verhältnis zum Fürstentum Liechtenstein Dienstleistungsfreiheit in Versicherungssachen; vgl. Abkommen zwischen den beiden Staaten vom 19. Dezember 1996, ergänzt durch das Abkommen vom 20. Juni 2007 (betreffend Versicherungsvermittlung), BBl 2007 3767.

[16] Kropholler, vor Art. 8 Rz. 7.

[17] Geimer, Sonderrolle 634; Kropholler, vor Art. 8 Rz. 7.

[18] Kropholler, so in Art. 8 Rz. 7; wohl a.A. Geimer, Sonderrolle 634; vgl. auch Hub 62 f. So kann sich ein Sozialversicherungsträger als Legalzessionar der Ansprüche eines Verkehrsunfallopfers gegen den Versicherer des Unfallverursachers nicht auf die Zuständigkeit nach Art. 11 Abs. 2 i.V.m. Art. 9 Abs. 1 lit. b berufen; EuGH Rs. C-347/08, *Vorarlberger Gebietskrankenkasse/WGV-Schwäbische Allgemeine Versicherungs AG,* Rz. 40 ff.

Grundsatzregelung in Bezug auf die Rechtsnachfolge gilt nicht für den Fall, dass ein Versicherer Rechtsnachfolger des Nichtversicherers wird[19].

Nicht unter die Art. 8 ff. fallen Streitigkeiten im Rahmen eines *Rückgriffs* des Versicherers gegen die schädigende Person[20]. Gleiches gilt *a fortiori* für einen Rückgriff des Versicherers auf den Versicherer des Schädigers[21]. 12

III. Vorbehaltene Zuständigkeitsbestimmungen

1. Artikel 4 LugÜ

Art. 8 behält Art. 4 LugÜ vor. Damit stellt das Übereinkommen klar, dass 13
die besonderen Zuständigkeitsbestimmungen der Art. 8 ff. nur zum Tragen kommen, wenn der **Beklagte seinen Wohnsitz** *in einem LugÜ-Staat* hat[22]. Hat das beklagte Versicherungsunternehmen seinen Sitz ausserhalb des Geltungsbereichs des LugÜ, so ist die internationale Zuständigkeit grundsätzlich durch das IPRG zu bestimmen. Gleiches gilt gegenüber Versicherungsnehmern, die ihren Wohnsitz nicht in einem LugÜ-Staat haben. Eine Ausnahme ergibt sich mit Bezug auf Versicherungsunternehmen gestützt auf Art. 9 Abs. 2 (vgl. dazu Art. 9 Rz. 23). Zu Art. 4 vgl. vorne Art. 4 Rz. 1 ff.

2. Artikel 5 Nr. 5 LugÜ

Vorbehalten wird ebenfalls der Gerichtsstand am Ort einer Zweignieder- 14
lassung, Agentur oder sonstigen *Niederlassung*. Allerdings bedeutet das nicht, dass dadurch in irgendeiner Weise die **Klägergerichtsstände nach**

---

19 Kropholler, a.a.O. (Fn. 18).

20 Nagel/Gottwald, 111 Rz. 104; Geimer/Schütze, Art. 8 Rz. 15.

21 Das ergibt sich namentlich aus der Entscheidung EuGH Rs. C-77/04, *GIE Réunion européenne/Zurich España*, Slg. 2005 I 4509, wonach die Art. 8 ff. im Verhältnis zwischen Versicherern im Rahmen einer *Klage auf Gewährleistung* (Regressklage) nicht gelten. Der EuGH wörtlich (Rz. 22): «Die Verfasser des Übereinkommens sind von der Prämisse ausgegangen, dass die Bestimmungen des 3. Abschnitts von Titel II nur auf Beziehungen anwendbar sein sollen, die durch ein Ungleichgewicht zwischen den Beteiligten gekennzeichnet sind, und haben deshalb ein System besonderer Zuständigkeiten zugunsten der Partei geschaffen, die als die wirtschaftlich schwächere und rechtlich weniger erfahrene angesehen wird. Im Übrigen hat Art. [13] Nr. 5 des Übereinkommens diejenigen Versicherungsverträge von diesem Schutzsystem ausgenommen, bei denen der Versicherte über erhebliche wirtschaftliche Macht verfügt». Vgl. dazu Entscheidanmerkung von Heiss, VersR 2005, 1003.

22 Nachweise bei Kropholler, Art. 8 Rz. 2; Hub 35.

Art. 9 relativiert würden; vielmehr kann es sein, dass sich im Zusammenhang mit der Tätigkeit einer Niederlassung ein Forum an diesem Ort ergibt (vgl. Art. 9 Rz. 19 ff.).

IV. Früheres LugÜ

15 Auch die alte Fassung des LugÜ enthielt einen **besonderen Abschnitt** für Versicherungssachen (Art. 7 ff.). Gegenüber dem aLugÜ ergeben sich einzelne wenige Abweichungen.

V. Nachprüfung der Zuständigkeit im Anerkennungs- und Vollstreckungsstadium

16 Im Anerkennungs- und Vollstreckungsverfahren darf die internationale Zuständigkeit eines ausländischen Gerichts grundsätzlich nicht überprüft werden (vgl. Kommentierung zu Art. 35 und Art. 45). Eine *Ausnahme* besteht mit Bezug auf **Versicherungssachen** gestützt auf **Art. 35 Abs. 1** (vgl. dort).

Art. 9

1. Ein Versicherer, der seinen Wohnsitz im Hoheitsgebiet eines durch dieses Übereinkommen gebundenen Staates hat, kann verklagt werden:

a) vor den Gerichten des Staates, in dem er seinen Wohnsitz hat;

b) in einem anderen durch dieses Übereinkommen gebundenen Staat bei Klagen des Versicherungsnehmers, des Versicherten oder des Begünstigten vor dem Gericht des Ortes, an dem der Kläger seinen Wohnsitz hat; oder

c) falls es sich um einen Mitversicherer handelt, vor dem Gericht eines durch dieses Übereinkommen gebundenen Staates, bei dem der federführende Versicherer verklagt wird.

2. Hat der Versicherer im Hoheitsgebiet eines durch dieses Übereinkommen gebundenen Staates keinen Wohnsitz, besitzt er aber in einem durch dieses Übereinkommen gebundenen Staat eine Zweigniederlassung, Agentur oder sonstige Niederlassung, so wird er für Streitigkeiten aus ihrem Betrieb so behandelt, wie wenn er seinen Wohnsitz im Hoheitsgebiet dieses Staates hätte.

Art. 9

1. L'assureur domicilié sur le territoire d'un État lié par la présente Convention peut être attrait:

a) devant les tribunaux de l'État où il a son domicile; ou

b) dans un autre État lié par la présente Convention, en cas d'actions intentées par le preneur d'assurance, l'assuré ou un bénéficiaire, devant le tribunal du lieu où le demandeur a son domicile; ou

c) s'il s'agit d'un coassureur, devant le tribunal d'un État lié par la présente Convention saisi de l'action formée contre l'apériteur de la coassurance.

2. Lorsque l'assureur n'est pas domicilié sur le territoire d'un État lié par la présente Convention, mais possède une succursale, une agence ou tout autre établissement dans un État lié par la présente Convention, il est considéré pour les contestations relatives à leur exploitation comme ayant son domicile sur le territoire de cet État.

Art. 9

1. L'assicuratore domiciliato nel territorio di uno Stato vincolato dalla presente convenzione può essere convenuto:

a) davanti al giudice dello Stato in cui è domiciliato; o

b) in un altro Stato vincolato dalla presente convenzione, davanti al giudice del luogo in cui è domiciliato l'attore qualora l'azione sia proposta dal contraente dell'assicurazione, dall'assicurato o da un beneficiario; o

c) se si tratta di un coassicuratore, davanti al giudice di uno Stato vincolato dalla presente convenzione presso il quale sia stata proposta l'azione contro l'assicuratore al quale è affidata la delega del contratto di assicurazione.

2. Qualora l'assicuratore non sia domiciliato nel territorio di uno Stato vincolato dalla presente convenzione, ma possieda una succursale, un'agenzia o qualsiasi altra sede d'attività in uno Stato vincolato dalla presente convenzione, egli è considerato, per le contestazioni relative al loro esercizio, come avente domicilio nel territorio di quest'ultimo Stato.

Art. 9

1. An insurer domiciled in a State bound by this Convention may be sued:

a) in the courts of the State where he is domiciled; or

b) in another State bound by this Convention, in the case of actions brought by the policyholder, the insured or a beneficiary, in the courts for the place where the plaintiff is domiciled; or

c) if he is a co-insurer, in the courts of a State bound by this Convention in which proceedings are brought against the leading insurer.

2. An insurer who is not domiciled in a State bound by this Convention but has a branch, agency or other establishment in one of the States bound by this Convention shall, in disputes arising out of the operations of the branch, agency or establishment, be deemed to be domiciled in that State.

Literatur: LOOSCHELDERS, Der Klägergerichtsstand am Wohnsitz des Versicherungsnehmers nach Art. 8 Abs. 1 Nr. 2 EuGVÜ, IPRax 1998, 86; vgl. sodann die Literaturhinweise zu Art. 8.

Übersicht *Seite*

I. Klägergerichtsstand

1. Allgemeines

1 Art. 9 kodifiziert – dem Konzept und der Intention von Abschnitt 3 folgend – den **Klägergerichtsstand** für die *schutzbedürftige Partei* in Versicherungsverträgen. In den Genuss des Art. 9 kommt die Vertragspartei, welche mit einem Versicherungsunternehmen einen Versicherungsvertrag abgeschlossen hat und aus diesem nunmehr Rechte geltend machen will. Vorausgesetzt ist dabei, dass sich die Streitigkeit auf eine **Versicherungssache** i.S.v. Art. 8 bezieht.

Die dem *Kläger* durch Art. 9 gewährten **Wahlrechte** (vgl. sogleich) können den Versicherungsnehmern nicht etwa durch Vereinbarung der ausschliesslichen Zuständigkeit am Sitz eines Versicherungsunternehmens vorenthalten werden. Folgerichtig schränkt nämlich Art. 13 in ganz erheblichem Ausmass die Freiheit der Parteien ein, im Vertrag eine Gerichtsstandsvereinbarung zu treffen (vgl. dort). 2

Wie bereits ausgeführt wurde (vgl. Art. 8 Rz. 8), enthält das *schweizerische IPRG* keine mit Art. 8 ff. LugÜ vergleichbaren und expliziten Gerichtsstände für Versicherungssachen. Immerhin ist es denkbar, dass ein Versicherungsvertrag einen **Verbrauchervertrag** darstellt, was dazu führt, dass in Bezug auf die direkte Zuständigkeit Art. 114 IPRG zum Tragen kommen kann. Die Bestimmung sieht ihrerseits einen *Klägergerichtsstand* für Konsumierende vor – und hält überdies ausdrücklich fest, dass auf den in Art. 114 IPRG gewährten Gerichtsstand **«nicht zum voraus» verzichtet werden kann** (Abs. 2). Im Ergebnis kommt daher – bei sachlicher und persönlicher Anwendbarkeit von Art. 114 IPRG – die schweizerische Regelung dem LugÜ sehr nahe; allerdings ist zu betonen, dass der Schutz der klagenden Partei nach IPRG nur Personen gewährt wird, die als «Konsument» im internationalen Sinn betrachtet werden können (vgl. Art. 120 IPRG). Demgegenüber stellen die Art. 8 ff. (und damit auch Art. 9) nicht darauf ab, ob der Versicherungsnehmer als natürliche Person sowie als Verbraucher auftritt. In den Schutzbereich fallen vielmehr sämtliche Versicherungsnehmer, auch wenn sie als juristische Personen gewerblich tätig sind. Eine Ausnahme besteht, wie auszuführen sein wird, lediglich dort, wo (in wenigen Fällen) eine Gerichtsstandsvereinbarung zulässig ist (vgl. Art. 13) – was bedeutet, dass dann gegebenenfalls die Klagemöglichkeiten nach Art. 9 ausgeschlossen beziehungsweise die ausschliessliche Zuständigkeit am Sitz des Versicherers vereinbart werden können. 3

2. Versicherungsnehmer

Art. 9 will in erster Linie den *Vertragspartner* des Versicherungsunternehmens schützen. Es ist dies die Partei, die den Vertrag mit dem Versicherungsunternehmen abschliesst, also **die Versicherungsnehmerin oder der Versicherungsnehmer** («policyholder»). Dabei kommt es nicht darauf an, ob der Versicherungsnehmer für sich selbst *oder* für einen Drit- 4 ten um Versicherungsschutz nachsucht[1]. Dem Versicherungsnehmer steht es zu, den Versicherer nicht nur an dessen Sitz, sondern an **jedem anderen Forum** zu verklagen, welches in Art. 9 vorgesehen ist[2].

3. Weitere Personen

5 Art. 9 statuiert nicht «direkt» einen Klägergerichtsstand, indem er explizit der klagenden Partei einzelne Wahlrechte, insbesondere mit Bezug auf den eigenen Wohnsitz, einräumen würde. Vielmehr – was aber im Ergebnis auf das Gleiche hinaus läuft – hält Art. 9, ähnlich wie Art. 5, fest, dass ein *Versicherer* ausserhalb seines Sitzstaates an Gerichtsständen verklagt werden kann, die ausdrücklich in Art. 9 vorgesehen sind. Die **Alternativanknüpfung** unterwirft ein Versicherungsunternehmen auswärtigen Gerichtszuständigkeiten, wenn der Kläger davon Gebrauch macht.

6 Vor allem Art. 9 Abs. 1 lit. b sieht das Forum am *Wohnsitz des Versicherungsnehmers* vor. Dabei setzt die Bestimmung aber nicht voraus, dass die Klage auch vom Versicherungsnehmer selbst erhoben wird. Vielmehr muss – nach dem Wortlaut von Art. 9 – der Versicherer damit rechnen, dass irgendeine Person, die aus dem Versicherungsvertrag *Ansprüche* gegen den Versicherer ableitet, diesen **am Wohnsitz des Versicherungsnehmers verklagt.** Das BGer hat in einem Entscheid aus dem Jahr 1998 explizit festgehalten, dass das Forum am Wohnsitz des Versicherungsnehmers nicht nur diesem, sondern *jeder anderen Partei* zur Verfügung steht, die gegen den Versicherer einen **Anspruch geltend** macht; das betrifft insbesondere versicherte und begünstigte Personen[3].

7 Im Unterschied zur früheren Regelung in Art. 8 aLugÜ (sowie Art. 8 EuGVÜ), aber in Übereinstimmung mit der EuGVVO, enthält nunmehr Art. 9 Abs. 1 lit. b eine ***Erweiterung* der Klägergerichtsstände.** Nach Art. 9 Abs. 1 lit. b werden auch *Begünstigte* und *Versicherte* als Personen genannt, die gegen ein auswärtiges Versicherungsunternehmen an ihrem eigenen Wohnsitz, nämlich am klägerischen, klagen dürfen[4]. Diese Erstreckung der Klägergerichtsstände ist nicht unproblematisch, zumal bei Vertragsabschluss häufig noch gar nicht feststeht, wer alles dereinst mögli-

[1] BGE 124 III 382, 399 E. 8c.
[2] MAGNUS/MANKOWSKI-HEISS, Art. 9 Rz. 4; HUB 72 ff.
[3] BGE 124 III 382, 400.
[4] Kritisch dazu GEIMER, Sonderrolle 635; zustimmend HUB 95 f.

cherweise gegen ein Versicherungsunternehmen vorgehen kann[5]. Im Licht des Verbraucherschutzes ist die Neuregelung jedoch zu akzeptieren[6].

Zum Klagerecht der geschädigten Person in der Haftpflichtversicherung vgl. später[7]. 8

II. Versicherer mit Sitz in einem LugÜ-Staat

1. Beklagtenwohnsitz

Die Alternativzuständigkeiten gemäss Art. 9 können nicht darüber hinwegtäuschen, dass ein Kläger das auswärtige Versicherungsunternehmen selbstverständlich auch an *dessen Sitz* belangen kann; so ausdrücklich Art. 9 Abs. 1 lit. a. Im Unterschied etwa zu Art. 5 statuiert damit Art. 9 nicht nur eine «Alternativordnung», sondern hält, in Übereinstimmung mit Art. 2, **ebenfalls den Beklagtenwohnsitz** ausdrücklich fest. 9

Die Bestimmung spricht vom «Wohnsitz» des Versicherers. Dies entspricht der üblichen Wortwahl des Staatsvertrages, wobei für die **Konkretisierung des Sitzes** auf Art. 60 zu verweisen ist (vgl. dort). 10

Art. 9 Abs. 1 lit. a regelt lediglich die *internationale* Zuständigkeit, während es dem jeweiligen Sitzstaat überantwortet ist, die Zuständigkeit **in örtlicher Hinsicht** zu konkretisieren. Dabei wird es sich in der Regel (ebenfalls) um den Ort am Sitz der Gesellschaft handeln (vgl. Art. 112 Abs. 1 IPRG). 11

2. Klägerwohnsitz

Wie bereits dargestellt wurde, sieht Art. 9 Abs. 1 lit. b einen Klägergerichtsstand am Wohnsitz des *Versicherungsnehmers*, des *Versicherten* oder des *Begünstigten* vor. Im Unterschied zu Abs. 1 lit. a regelt die Bestimmung nicht nur die internationale, sondern **auch die örtliche Zuständigkeit** innerhalb des Wohnsitz- beziehungsweise Sitzstaates. Es sind die Gerichte zuständig im *Bezirk*, in welchem der Versicherungsnehmer seinen Wohn- 12

---

5 MAGNUS/MANKOWSKI-HEISS, Art. 9 Rz. 8. Bericht JENARD, a.a.O. (Fn. 5).

6 Zur Interpretation des aLugÜ vgl. insoweit DONZALLAZ Rz. 5780 ff.; Bericht JENARD 31.

7 Bei Art. 11 Rz. 13.

sitz hat. Der Gerichtsstand an diesem Ort steht ebenfalls Begünstigten und Versicherten zur Verfügung (vgl. auch hiervor Rz. 5 ff.).

13 Relevant ist der Wohnsitz der klagenden Person im *Zeitpunkt der Klageerhebung* – nicht zur Zeit des Abschlusses des Versicherungsvertrages[8]. Das bedeutet auch, dass bei **Verlegung des Wohnsitzes** durch den Versicherungsnehmer (in einen anderen Staat) sich die Wahlmöglichkeit in Bezug auf das klägerische Forum ändert; dies hat sich ein Versicherungsunternehmen, auch wenn das unter kalkulatorischen Gesichtspunkten bezüglich Risikoeinschätzung problematisch erscheinen mag, gefallen zu lassen[9].

3. Mitversicherung

14 Bei der «Mitversicherung»[10] handelt es sich um Versicherungsdeckungen, welche durch eine **Mehrheit von Versicherern** gewährt werden – wobei die beteiligten Versicherungsunternehmen nur einen *Anteil* der Deckung übernehmen und keine solidarische Verpflichtung in Bezug auf die gesamte Versicherung eingehen[11]. In der Praxis ist es jedoch üblich, dass eines der Versicherungsunternehmen – naheliegenderweise jener Versicherer, der den grössten Anteil an der Deckung übernimmt – als sogenannter *federführender Versicherer* benannt wird. Dieser ist in der Regel ermächtigt, im Namen sämtlicher Mitversicherer mit dem Versicherungsnehmer Absprachen zu treffen sowie die übrigen Versicherer vor Gericht zu vertreten. Entsprechend sieht Art. 9 Abs. 1 lit. c vor, dass sämtliche Versicherungsunternehmen – die an der Mitversicherung beteiligt und nicht selber federführender Versicherer sind – vor dem **Gericht des Staates** eingeklagt werden können, bei welchem der **federführende Versicherer** verklagt wird.

15 Die Bestimmung ermöglicht eine **Prozessgemeinschaft** (Streitgenossenschaft) auf Seiten der Mitversicherer. Die Vorschrift ist erforderlich, weil Art. 6 Nr. 1 in Versicherungssachen nicht zur Anwendung gelangt[12]. Überdies *erweitert* die Vorschrift die Wahlmöglichkeiten für die klagende Per-

8 GEIMER, Sonderrolle 635 (m.w.N.); Bericht JENARD 31; HUB 89.

9 DONZALLAZ Rz. 5782; GEIMER, Sonderrolle 635.

10 Vgl. auch Richtlinie des Rates vom 30. Mai 1978 (78/473/EWG) zur Koordinierung der Rechts- und Verwaltungsvorschriften auf dem Gebiet der Mitversicherung auf Gemeinschaftsebene, ABl. Nr. L 151/25 vom 7. Juni 1978.

11 Vgl. MAGNUS/MANKOWSKI-HEISS, Art. 9 Rz. 12.

12 Vgl. MAGNUS/MANKOWSKI-HEISS, Art. 9 Rz. 13.

son noch dahingehend, dass ein gemeinsames Einklagen der sämtlichen Mitversicherer nicht nur in dem Staat erfolgen kann, in welchem der federführende Versicherer seinen Sitz hat. Vielmehr folgt die Bestimmung der allgemeinen Konzeption der **Klägerbegünstigung** und erlaubt es einer klagenden Person (Versicherungsnehmer, Begünstigte, Versicherte), die (übrigen) Mitversicherer an *jedem* Ort zu verklagen, an welchem der federführende Versicherer ins Recht gefasst werden kann – also insbesondere am Wohnsitz des Versicherungsnehmers.

Dem Kläger steht es allerdings frei, die einzelnen **Mitversicherer je individuell einzuklagen;** die Bestimmung zwingt «nicht zur Konzentration der Verfahren»[13]. Der Versicherungsnehmer kann die verschiedenen Mitversicherer bei unterschiedlichen Gerichten belangen. Dabei kann ein Kläger entweder gestützt auf lit. a oder lit. b von Art. 9 Abs. 1 gegen einen einzelnen Mitversicherer vorgehen; denn die *ratio* von lit. c ist es nicht, die Klagemöglichkeiten gegen Mitversicherer zu verkürzen, sondern vielmehr zu erstrecken. Die nicht-federführenden Versicherer können also nicht geltend machen, sie seien (alternativ) lediglich am Ort zu verklagen, wo gegen den federführenden Versicherer eine Klage erhoben wird. Damit steht das Forum am Wohnsitz des Klägers auch bei einer Klage gegen einen *einzelnen* Mitversicherer zur Verfügung[14]. 16

Nicht anwendbar sind die Art. 9 ff. auf Auseinandersetzungen *zwischen den Mitversicherern, ohne dass dabei ein Versicherungsnehmer involviert wäre.* Dabei handelt es sich **nicht mehr um eine Versicherungssache,** sondern um eine Auseinandersetzung zwischen zwei oder mehreren Versicherern, die ihrerseits nicht Versicherungsnehmer sind[15]. Wird ein Mitversicherer von einem Versicherungsnehmer eingeklagt und will er in demselben Verfahren die übrigen Mitversicherer verklagen, so kann er dies **gestützt auf Art. 6 Nr. 2** tun. Will sich ein Mitversicherer bei einem oder mehreren anderen Mitversicherern schadlos halten – ohne Involvierung 17

13 Bericht SCHLOSSER, 116 Rz. 149: «Allerdings zwingt die Bestimmung nicht zur Konzentration der Verfahren. Nichts hindert den Versicherungsnehmer, die verschiedenen Mitversicherer bei verschiedenen Gerichten zu belangen. Er muss sie dann an einem der in Artikel 8 Absatz 1 Nrn. 1 und 2 n.F. vorgesehenen Gerichtsstände verklagen, wenn der federführende Versicherer freiwillig geleistet hat.»

14 Bericht SCHLOSSER, a.a.O. (Fn. 13). Vgl. insgesamt HUB 99 ff.

15 Vgl. vorne Art. 8 Rz. 9 ff.

des Versicherungsnehmers –, so kann er eine Zuständigkeit gegen die Mitversicherer auf Art. 6 Nr. 1 abstützen[16].

III. Versicherer mit Sitz in einem Drittstaat

1. Anwendbarkeit des LugÜ

18 Hat ein Versicherungsunternehmen nicht Sitz in einem LugÜ-Staat, so kommt das Übereinkommen grundsätzlich *nicht zur Anwendung*, und es ist die Zuständigkeit der Gerichte **nach autonomem (schweizerischen) Recht,** d.h. nach IPRG, zu beurteilen (vgl. Art. 4 Abs. 1 LugÜ)[17].

19 Art. 9 Abs. 2 schafft mit Blick auf Art. 4 Abs. 1 eine *Ausnahme- oder Sonderregelung*. Danach fällt ein drittstaatliches Versicherungsunternehmen in den Anwendungsbereich der Art. 8 ff., wenn es innerhalb des Geltungsbereichs des LugÜ zwar **keinen Sitz, jedoch eine *Zweigniederlassung, Agentur oder sonstige Niederlassung*** hat. In einem solchen Fall wird die Niederlassung als «Sitz» in einem LugÜ-Staat betrachtet. Dies führt dann, wie die Bestimmung ausdrücklich festhält, dazu, dass einem Kläger die gleichen **Wahlmöglichkeiten** eröffnet werden, wie sie ihm gegenüber Versicherungsunternehmen gegeben sind, die Sitz im räumlichen Geltungsbereich des Staatsvertrages haben.

20 Der Wortlaut von Art. 9 Abs. 2 stimmt überein mit den Anknüpfungspunkten (Zweigniederlassung, Agentur oder sonstige Niederlassung), wie sie in **Art. 5 Nr. 5** LugÜ statuiert werden. Insoweit ist es sinnvoll, eine gegenüber Art. 5 LugÜ übereinstimmende *Auslegung* anzustreben. Gegebenenfalls können sich im Rahmen von Art. 9 Abs. 2 Interpretationsergebnisse einstellen, die mit Rücksicht auf das europäische Versicherungsaufsichtsrecht zu treffen sind. Dies bedeutet etwa, dass als *sonstige* Niederlassung u.U. bereits ein einzelnes Büro zu betrachten ist. Hingegen ist anerkannt, dass das Einschalten von **Versicherungsvermittlern** durch ein Versicherungsunternehmen, namentlich auf dem Weg des (zulässigen) Dienstleistungsverkehrs,

[16] Magnus/Mankowski-Heiss, Art. 9 Rz. 16.

[17] Vorbehalten bleiben die ausschliesslichen Zuständigkeiten gemäss Art. 22. Eine Anwendbarkeit des LugÜ kann sich auch bei einer Gerichtsstandsvereinbarung gestützt auf Art. 23 ergeben.

noch nicht den Anknüpfungspunkt schafft, welcher von Art. 9 Abs. 2 vorausgesetzt ist[18].

Wie Art. 5 Nr. 5 beschränkt Art. 9 Abs. 2 die Sonderzuständigkeit auf **«Streitigkeiten aus ihrem Betrieb»,** d.h. Auseinandersetzungen in Bezug auf Versicherungen, die mit der betreffenden Niederlassung abgeschlossen worden sind beziehungsweise bestehen. Dabei sollte richtiger Auffassung nach das *Einschalten* der Niederlassung (also insbesondere einer Agentur) beim *Abschluss eines Vertrages* ausreichen, um die inländische Anknüpfung herzustellen, während lediglich die Hilfestellung bei der Schadenserledigung wohl nicht eine inländische Niederlassung vermitteln dürfte[19]. Sollte sich aber eine «Streitigkeit» gerade im Verhältnis zur betreffenden Niederlassung – etwa im Zusammenhang mit der Bearbeitung eines Schadensfalles – ergeben, muss die Anknüpfung nach Art. 9 Abs. 2 bejaht werden. 21

Art. 9 Abs. 2 sieht grundsätzlich eine internationale Zuständigkeit vor. Welche Gerichte *örtlich* kompetent sind, hat in den Fällen, in denen das LugÜ nicht auch die örtliche Zuständigkeit festlegt (vgl. Art. 9 Abs. 1 lit. b), das **nationale Recht** zu bestimmen. In der Schweiz ist Art. 112 IPRG einschlägig – entweder Abs. 2 direkt oder (i.V.m. Art. 9 Abs. 2 LugÜ) «über» Abs. 1. 22

2. Gerichtsstände nach Art. 9 Abs. 2 LugÜ

Dem Kläger stehen im Fall von Art. 9 Abs. 2 **sämtliche Gerichtsstände** – *mutatis mutandis* – zur Verfügung, wie er sie beanspruchen könnte, wenn der Versicherer Sitz *innerhalb* des Geltungsbereichs des LugÜ hätte. Das gilt insbesondere für seinen Wohnsitzgerichtsstand nach Art. 9 Abs. 1 lit. b. 23

3. Verhältnis zu Art. 8 LugÜ

Wie dargelegt wurde, behält Art. 8 u.a. die besondere *Niederlassungszuständigkeit* nach Art. 5 Nr. 5 vor. Es kann sich daher die Frage ergeben, welches das **Verhältnis** von Art. 8 und Art. 9 Abs. 2 ist, zumal in der letzteren Bestimmung dieselben Anknüpfungspunkte wie in Art. 5 Nr. 5 verwendet werden. Allerdings drängt sich aus systematischen und sachlogischen 24

[18] Vgl. MAGNUS/MANKOWSKI-HEISS, Art. 9 Rz. 20.

[19] MAGNUS/MANKOWSKI-HEISS, Art. 9 Rz. 23.

Gründen der Schluss auf, dass Art. 5 Nr. 5 *nicht* lex specialis gegenüber Art. 9 Abs. 2 sein kann[20]. Damit stehen im Rahmen von Art. 9 Abs. 2 dem Kläger – ohne Rücksicht auf Art. 8 – sämtliche Gerichtsstände zur Verfügung, wie sie in Art. 9 Abs. 1 vorgesehen sind.

[20] Vgl. Urteil des LG Stuttgart vom 9. Februar 1996, IPRax 1998, 100: «Damit gelten für die Streitigkeiten aus dem Betrieb der Niederlassungen alle im Rahmen des dritten Abschnitts gegen den Versicherer eröffneten Zuständigkeiten. Der Versicherer, der seinen Sitz im Hoheitsgebiet eines der Vertragsstaaten des EuGVÜ hat, kann somit sowohl in einem anderen Vertragsstaat gemäss Art. 5 Nr. 5 EuGVÜ am Sitz der dortigen Niederlassung als auch gemäss Art. 8 Abs. 1 Nr. 2 EuGVÜ am Wohnsitz des Versicherungsnehmers verklagt werden».

Art. 10

Bei der Haftpflichtversicherung oder bei der Versicherung von unbeweglichen Sachen kann der Versicherer ausserdem vor dem Gericht des Ortes, an dem das schädigende Ereignis eingetreten ist, verklagt werden. Das Gleiche gilt, wenn sowohl bewegliche als auch unbewegliche Sachen in ein und demselben Versicherungsvertrag versichert und von demselben Schadensfall betroffen sind.

Art. 10

L'assureur peut, en outre, être attrait devant le tribunal du lieu où le fait dommageable s'est produit s'il s'agit d'assurance de responsabilité ou d'assurance portant sur des immeubles. Il en est de même si l'assurance porte à la fois sur des immeubles et des meubles couverts par une même police et atteints par le même sinistre.

Art. 10

L'assicuratore può essere altresì convenuto davanti al giudice del luogo in cui si è verificato l'evento dannoso, qualora si tratti di assicurazione della responsabilità civile o di assicurazione sugli immobili. Lo stesso dicasi nel caso in cui l'assicurazione riguardi contemporaneamente beni immobili e beni mobili coperti dalla stessa polizza e colpiti dallo stesso sinistro.

Art. 10

In respect of liability insurance or insurance of immovable property, the insurer may in addition be sued in the courts for the place where the harmful event occurred. The same applies if movable and immovable property are covered by the same insurance policy and both are adversely affected by the same contingency.

Literatur: Vgl. die Literaturhinweise zu Art. 8.

Übersicht *Seite*

I. Betroffene Versicherungen

1. Haftpflichtversicherung

Art. 10 erweitert die Zuständigkeitspalette von Art. 9, indem ein Versicherer im Rahmen einzelner Versicherungsdeckungen «ausserdem» (vgl. Wortlaut von Art. 10) am **Gerichtsstand des Deliktsortes** (*forum delicti*) eingeklagt werden kann. Dies betrifft zunächst die Haftpflichtversicherung, 1 d.h. die Fälle, in denen ein Versicherungsunternehmen für die versicherte Haftpflicht des Versicherungsnehmers – oder einer Person, für welche der Versicherungsnehmer einzustehen hat – Leistung verspricht. Der *Begriff der Haftpflichtversicherung* stimmt mit dem Anknüpfungspunkt gemäss Art. 11 überein und ist **vertragsautonom auszulegen**[1] – also grundsätzlich danach, wie sich die Versicherung im Rahmen des europäischen Binnenmarktrechtes etabliert hat. Haftpflichtversicherung umfasst, im gegebenen Fall, auch das Einstehenmüssen eines Versicherers für eine vertragliche Haftpflicht des Versicherungsnehmers[2].

2. Versicherung von unbeweglichen Sachen

2 Art. 10 erweitert die Zuständigkeiten ebenfalls mit Bezug auf Versicherungen betreffend **Immobilien.** Der Begriff der «unbeweglichen Sachen» stimmt mit jenem überein, welcher in Art. 22 Nr. 1 verwendet wird. Es geht dabei in erster Linie um **Feuer- und sonstige Sachversicherungen,** welche Risiken *im Zusammenhang mit Immobilien* abdecken[3].

3. Versicherung von beweglichen Sachen

3 Auch in Bezug auf Versicherungen über *Mobilien* wird die erweiterte Zuständigkeit nach Art. 10 eröffnet, *sofern* sich ein **Schadensfall sowohl auf bewegliche als auch auf unbewegliche Sachen** erstreckt, welche «in ein und demselben Versicherungsvertrag versichert» sind. Bei Mobilien wird also nicht ein selbständiger Gerichtsstand am Deliktsort zugestanden, sondern nur (wenn auch immerhin) dann, wenn *Konnexität* der Versicherung sowohl für Mobilien als auch für Immobilien gegeben ist. Da in einem Schadensfall häufig sowohl bewegliche als auch unbewegliche Sachen betroffen sind (etwa im Fall eines Feuers), wäre es wenig sinnvoll, die erweiterte Zuständigkeit nur bezüglich Immobilien zu eröffnen, es für die Mobilien aber bei den Zuständigkeiten nach Art. 9 bewenden zu lassen.

4 Voraussetzung für die erweiterte Zuständigkeit ist immerhin, dass bewegliche und unbewegliche Sachen **von *demselben* Schadensfall** betroffen sind und dass die Sachen durch *denselben* Versicherungsvertrag gedeckt sind.

---

[1] Donzallaz Rz. 5860.

[2] Magnus/Mankowski-Heiss, Art. 10 Rz. 1.

[3] Vgl. Donzallaz Rz. 5861; eingehend auch Hub 107 f.

Das bedeutet, dass in der Regel sowohl für bewegliche als auch für unbewegliche Sachen dieselbe Police ausgestellt worden ist[4]; immerhin mag eine solche Police aus mehreren Bestandteilen bestehen.

II. Erweiterung der Zuständigkeiten um den Deliktsort

Art. 10 eröffnet die Zuständigkeit am Deliktsort gegen das durch den Versicherungsvertrag gebundene *Versicherungsunternehmen*. Der *Deliktsort* bestimmt sich in gleicher Weise wie im Rahmen von Art. 5 Nr. 3 (vgl. dort). Danach können als **Deliktsort** sowohl der *Handlungsort* als auch der *Erfolgsort* in Betracht kommen. 5

Obwohl betreffend den **Begriff des Deliktsortes** grundsätzlich Übereinstimmung gegenüber Art. 5 Nr. 3 anzustreben ist, stellt sich im Rahmen von Art. 10 doch die Frage, ob der Deliktsort lediglich in jenen Fällen zur Verfügung stehen soll, wo er sich *am Ort der Belegenheit der Immobilie* befindet. Entsprechend müsste Art. 10 *eng* interpretiert werden[5]. Auch wenn diese Einschränkung des Deliktsortes aus Sicht der jeweiligen Versicherung sinnvoll erscheinen mag, ist andererseits *fraglich*, ob für die Zwecke des Art. 10 der Begriff des Deliktsortes eine abweichende Auslegung erfahren soll. Es mag (ausnahmesweise?) Fälle geben, in denen auch eine Anknüpfung an den Handlungsort sinnvoll sein kann. 6

Versicherungsnehmer und Versicherer können die Zuständigkeit nach Art. 10 **wegbedingen,** *sofern* die Voraussetzungen von Art. 13 Nr. 3 gegeben sind – wenn also die beiden Parteien zum Zeitpunkt des Vertragsabschlusses ihren Wohnsitz (Sitz) oder gewöhnlichen Aufenthalt in *demselben Vertragsstaat* haben und die Zuständigkeit auch für den Fall vereinbart wird, dass das schädigende Ereignis im Ausland eintritt (vgl. Art. 13 Rz. 15). 7

---

4 Vgl. ausführlich DONZALLAZ Rz. 5866 ff.

5 So MAGNUS/MANKOWSKI-HEISS, Art. 10 Rz. 3; auch HUB 109 f.

Art. 11

1. Bei der Haftpflichtversicherung kann der Versicherer auch vor das Gericht, bei dem die Klage des Geschädigten gegen den Versicherten anhängig ist, geladen werden, sofern dies nach dem Recht des angerufenen Gerichts zulässig ist.

2. Auf eine Klage, die der Geschädigte unmittelbar gegen den Versicherer erhebt, sind die Artikel 8, 9 und 10 anzuwenden, sofern eine solche unmittelbare Klage zulässig ist.

3. Sieht das für die unmittelbare Klage massgebliche Recht die Streitverkündung gegen den Versicherungsnehmer oder den Versicherten vor, so ist dasselbe Gericht auch für diese Personen zuständig.

Art. 11

1. En matière d'assurance de responsabilité, l'assureur peut également être appelé devant le tribunal saisi de l'action de la personne lésée contre l'assuré, si la loi de ce tribunal le permet.

2. Les dispositions des art. 8, 9 et 10 sont applicables en cas d'action directe intentée par la victime contre l'assureur, lorsque l'action directe est possible.

3. Si la loi relative à cette action directe prévoit la mise en cause du preneur d'assurance ou de l'assuré, le même tribunal sera aussi compétent à leur égard.

Art. 11

1. In materia di assicurazione della responsabilità civile, l'assicuratore può altresì essere chiamato in causa davanti al giudice presso il quale è stata proposta l'azione esercitata dalla persona lesa contro l'assicurato, qualora la legge di tale giudice lo consenta.

2. Le disposizioni di cui agli articoli 8, 9 e 10 sono applicabili all'azione diretta proposta dalla persona lesa contro l'assicuratore, sempre che tale azione sia possibile.

3. Se la legge relativa all'azione diretta prevede la chiamata in causa del contraente dell'assicurazione o dell'assicurato, lo stesso giudice è competente anche nei loro confronti.

Art. 11

1. In respect of liability insurance, the insurer may also, if the law of the court permits it, be joined in proceedings which the injured party has brought against the insured.

2. Articles 8, 9 and 10 shall apply to actions brought by the injured party directly against the insurer, where such direct actions are permitted.

3. If the law governing such direct actions provides that the policyholder or the insured may be joined as a party to the action, the same court shall have jurisdiction over them.

Literatur: FUCHS, Gerichtsstand für die Direktklage am Wohnsitz des Verkehrsunfallopfers?, IPRax 2007, 302; HEISS/KOSMA, Die Direktklage des Geschädigten im Europäischen Versicherungsrecht, FS Wansink, Deventer 2006, 279; HEISS, Die Direktklage vor dem EuGH, VersR 2007, 327; MANSEL, Direktansprüche gegen den Haftpflichtversicherer: Anwendbares Recht und internationale Zuständigkeit, Heidelberg 1986; RODRIGUEZ, Direktklage gegen den Haftpflichtversicherer unter dem revidierten Lugano-Übereinkommen, HAVE 2011, 12; STAUDINGER/

CZAPLINSKI, Verkehrsopferschutz im Lichte der Rom I-, Rom II- sowie Brüssel I-Verordnung, NJW 2009, 2249.

Übersicht

I. Allgemeines

1. Normzweck

Art. 11 *erweitert* die versicherungsrechtlichen Zuständigkeiten, insbesondere gegenüber den *Versicherungsunternehmen*. Die Bestimmung gilt für Klagen im Rahmen einer *Haftpflichtversicherung* und will sicherstellen, dass auch **geschädigte Personen,** die zunächst in keiner Beziehung zum Versicherer stehen, in den Genuss der durch das LugÜ eröffneten besonderen Gerichtszuständigkeiten gelangen können. Der primären Zielsetzung von Art. 11 dienen der Abs. 1 (Interventionsklage) und der Abs. 2 (Direktklage; unmittelbares Forderungsrecht). Art. 11 Abs. 3 erweitert sodann die Gerichtspflichtigkeit von *Versicherungsnehmern und Versicherten*: Das in der Hauptsache kompetente Gericht ist ebenfalls gegenüber diesen Personen zuständig, wenn das massgebliche Recht die **Streitverkündung** gegen sie vorsieht. 1

Der Gedanke des *Geschädigtenschutzes* findet sich ausserhalb des LugÜ auch in *Art. 131 IPRG.* Die Bestimmung eröffnet eine schweizerische Zuständigkeit für die *action directe* am Ort der betroffenen Niederlassung eines Versicherungsunternehmens oder (alternativ) am Deliktsort. **Art. 131 IPRG** ist dort zu beachten, wo ein Versicherungsunternehmen weder seinen Sitz noch eine (anknüpfungsrelevante) Niederlassung oder 2

Agentur im *räumlichen Anwendungsbereich* des LugÜ hat[1]. Das gilt etwa im Verhältnis zu US-amerikanischen Versicherern. *Verweisungsrechtliches* Pendant zu Art. 131 IPRG ist Art. 141 IPRG. Diese Kollisionsnorm bestimmt die auf das **unmittelbare Forderungsrecht** anwendbare Rechtsordnung: Die geschädigte Person kann ihren Anspruch direkt gegen den Versicherer des Haftpflichtigen geltend machen, «wenn das auf die unerlaubte Handlung oder auf den Versicherungsvertrag anwendbare Recht es vorsieht». Eine *action directe* ist also möglich, wenn sie (alternativ) entweder vom Deliktsstatut oder vom Versicherungsvertragsstatut vorgesehen wird. Eine im Ergebnis gleichlautende Regelung enthält Art. 9 des Haager Strassenverkehrsübereinkommens[2].

2. Verweisung auf nationales Recht

3 Art. 11 schafft nur *beschränkt staatsvertragliches Einheitsrecht.* Sämtliche drei Absätze von Art. 11 verweisen für die Gerichtspflichtigkeit einer Person in der einen oder anderen Form auf **Zuständigkeits- oder Verweisungsregelungen der nationalen Rechte.** Bei der Interventionsklage nach Art. 11 Abs. 1 kommt es auf das Recht des angerufenen Gerichts an, ob ein Versicherungsunternehmen auch vor das Gericht geladen werden kann, bei dem die Klage des Geschädigten gegen den Versicherten anhängig ist. Gemäss Art. 11 Abs. 2 ist eine Direktklage des Geschädigten (unmittelbares Forderungsrecht) bei den gemäss Art. 8 ff. zuständigen Gerichten zulässig, sofern das Recht des angerufenen Gerichts eine solche unmittelbare Klage kennt. Schliesslich lässt Art. 11 Abs. 3 eine **Streitverkündung** gegen Versicherungsnehmer oder Versicherte zu, wenn das für die unmittelbare Klage massgebliche Recht diese vorsieht; in einem solchen Fall ist das für die Direktklage zuständige Gericht ebenfalls – gestützt auf die Streitverkündung – gegenüber diesen Personen zuständig. Insgesamt wird also ersichtlich, dass im Rahmen von Art. 11 verschiedentlich *nationale* Zuständigkeits- und Verweisungsregeln zu beachten sind.

---

1 Geimer/Schütze, Art. 11 Rz. 1.

2 SR 0.741.31.

II. Interventionsklage (Art. 11 Abs. 1)

1. Bezug zu Art. 6 Nr. 2

Art. 11 Abs. 1 eröffnet in der *Haftpflichtversicherung* die sogenannte Interventionsklage, wie sie allgemein in Art. 6 Nr. 2 vorgesehen ist. Danach kann eine Drittperson **vor das Gericht des Hauptprozesses** geladen werden, was eine zusammenhängende Beurteilung der geltend gemachten Ansprüche erlaubt. Vor Augen hat Art. 11 Abs. 1 insbesondere Versicherungssachen **im Zusammenhang mit Strassenverkehrsunfällen.** Daneben sind aber weitere Streitigkeiten im Rahmen von Haftpflichtversicherungen denkbar; beispielsweise kann es sich handeln um Streitigkeiten aus einer Familien-Haftpflichtversicherung, einer Berufshaftpflichtversicherung oder einer D&O-Deckung («Directors and Officers»; Organhaftpflichtversicherung). 4

Beim *Hauptprozess* geht es um die *Klage des Geschädigten* gegen den *Versicherten.* **Versicherte Person** wird häufig der Versicherungsnehmer aus dem relevanten Haftpflichtversicherungsvertrag sein; zwingend ist das jedoch nicht. So schliesst beispielsweise ein Unternehmen eine Berufshaftpflichtversicherung für seine Angestellten ab: Das Unternehmen (z.B. eine AG) ist Versicherungsnehmerin, während die Angestellten als Versicherte bezeichnet sind. Sofern Versicherungsnehmer und Versicherter nicht identisch sind, kommt es, wie aus dem Wortlaut der Bestimmung ersichtlich wird, ausschliesslich auf *die versicherte Person* an[3]. Sind in einem Schadenfall *mehrere versicherte Personen* vor Gerichten *verschiedener* LugÜ-Staaten verklagt worden, so kann jeder Versicherte das Versicherungsunternehmen an *sein* Forum laden lassen. 5

Art. 11 Abs. 1 **umschreibt nicht selbst den Kreis der Zuständigkeiten,** gestützt auf welche eine geschädigte Person gegen einen Versicherten vorgehen kann. Diese Zuständigkeit beurteilt sich anhand des *Hauptprozesses*; im Vordergrund dürfte im Zusammenhang mit einer Haftpflichtversicherung der Gerichtsstand am Deliktsort stehen (Art. 5 Nr. 3). 6

Nicht Art. 11 (oder Art. 12), sondern *Art. 6 Nr. 2* gelangt im Hinblick auf eine ***Klage auf Gewährleistung*** *zwischen mehreren Versicherern*, die auf eine Mehrfachversicherung gestützt wird, zur Anwendung. Im Rahmen einer Gewährleistungsklage bedürfen Versicherungsunternehmen *nicht* des 7

[3] Geimer/Schütze, Art. 11 Rz. 8; zum Problem auch Hub 120 ff.

besonderen Schutzes der Art. 8 ff., der für wirtschaftlich schwächere und rechtlich weniger erfahrene Personen vorgesehen wird[4].

2. Interventionsklage oder Streitverkündung

8 Art. 11 Abs. 1 lässt die Interventionsklage insoweit zu, als sie nach dem Recht des *angerufenen Gerichts* zulässig ist. Damit ist nach dem **Prozessrecht des Hauptforums** zu entscheiden, ob der Versicherer im Weg der Interventionsklage ins Recht gefasst werden kann. Das ist namentlich in **Deutschland, Österreich und Ungarn** nicht der Fall[5]. In diesen Staaten tritt gemäss Art. II des Protokolls 1 i.V.m. Anhang IX zum LugÜ an die Stelle einer Interventions- oder Gewährleistungsklage die Möglichkeit der *Streitverkündung*, wie sie in den nationalen Zivilprozessordnungen vorgesehen ist. In Art. II Abs. 3 des Protokolls 1 wird sodann ausdrücklich festgelegt, dass in anderen Vertragsstaaten gestützt auf Art. 11 ergangene Entscheidungen in Deutschland, Österreich und Ungarn ebenfalls *anerkannt und vollstreckt* werden (müssen). Umgekehrt werden die Wirkungen, welche die in diesen Staaten ergangenen Entscheide gegenüber Dritten haben, in den anderen Vertragsstaaten ebenfalls anerkannt (Art. II Abs. 3 Protokoll 1 zum LugÜ a.E.).

9 Von Bedeutung ist in diesem Zusammenhang auch die Rechtslage in der *Schweiz*. Die Zuständigkeit nach Art. 11 beziehungsweise Art. 10 aLugÜ konnte auch *in jenen Kantonen* geltend gemacht werden, deren ZPO eine solche Zuständigkeit vorsah – und dazu innerstaatlich gemäss Art. 8 GestG legitimiert waren. Die Zuständigkeit beim Gericht des Hauptprozesses wurde in den Kantonen Waadt und Genf sowie möglicherweise auch Wallis (Art. 53 ff. ZPO) eröffnet. Entsprechend ist von der Schweiz bei Abschluss des LugÜ (am 30. Oktober 2007) auch eine Erklärung zu Anhang IX abgegeben worden. Diese Erklärung ist anlässlich der Ratifikation wieder gestrichen worden, da nunmehr die **ZPO** gesamtschweizerisch die *Interventionsklage* vorsieht: **Art. 73.**

3. Zuständigkeit gegenüber dem Versicherten

10 Die Zuständigkeitserweiterung gemäss Art. 11 Abs. 1 setzt voraus, dass der geschädigten Person gegen die versicherte ein Gerichtsstand gemäss LugÜ

---

[4] EuGH Rs. C-77/04, *Groupement d'intérêt/Zurich España*, Slg. 2005 I 4509.

[5] GEIMER/SCHÜTZE, Art. 11 Rz. 4; KROPHOLLER, Art. 11 Rz. 1; HUB 118, 122 ff.

zur Verfügung steht[6]. Sinn der Bestimmung ist es nicht, Versicherer auch bei Gerichten in einen Prozess zu verwickeln, die an sich nicht zuständig wären. Zu betonen ist aber nochmals, dass es für die Frage der Zuständigkeit darauf ankommt, ob ein **Gerichtsstand gegenüber *der versicherten Person* eröffnet** wird. Um welche Zuständigkeiten gemäss LugÜ es sich dabei handeln muss, schreibt Art. 11 Abs. 1 nicht vor. Folgerichtig kommt *jede* Zuständigkeit in Frage, die vom LugÜ eröffnet wird. Entsprechend muss sich der Versicherer gegebenenfalls auch vor ein Forum ziehen lassen, wenn sich der Versicherte auf den Prozess einlässt (vgl. Art. 24) oder wenn die geschädigte und die versicherte Person sich durch Gerichtsstandsvereinbarung auf ein Forum geeinigt haben (Art. 23).

Art. 11 Abs. 1 kann dahingehend eine *Relativierung* erfahren, als Art. 13 Nr. 3 bei **Wohnsitz beziehungsweise Sitz** von Versicherungsnehmer und Versicherer im selben Staat die Möglichkeit eröffnet, die Zuständigkeit der Gerichte dieses Staates zu vereinbaren. Der – ansonsten eher restriktive – Art. 13 ermöglicht es hier den Versicherungsunternehmen, in ihren Verträgen eine solche Gerichtsstandsvereinbarung vorzusehen – mit der Folge, dass ausländische Zuständigkeiten abgeschnitten werden, auch für den Fall, dass das schädigende Ereignis im Ausland eintritt. Wie im Rahmen von Art. 13 auszuführen sein wird, steht die Zulässigkeit einer solchen Gerichtsstandsvereinbarung allerdings unter dem Vorbehalt, dass sie ebenfalls nach dem Recht des Staates, in welchem das schädigende Ereignis eintritt, *zulässig* ist.

III. Direktklage; unmittelbares Forderungsrecht (Art. 11 Abs. 2)

1. Anwendbarkeit von Art. 8, 9 und 10

Art. 11 Abs. 2 erlaubt es auch der geschädigten Person, *unmittelbar* **gegen** 11
einen Versicherer vorzugehen. Voraussetzung dafür ist allerdings, dass eine *action directe* **zulässig** ist und dass sich eine Zuständigkeit aus den besonderen Vorschriften der Artikel 8, 9 oder 10 ableiten lässt. Ist dies aber der Fall, so braucht eine geschädigte Person im Rahmen eines Haftpflicht-

[6] Kropholler, Art. 11 Rz. 3; Geimer/Schütze, Art. 11 Rz. 9; zur Thematik umfassend Hub 125 ff.

prozesses nicht zunächst gegen den Schädiger beziehungsweise Versicherten vorzugehen; sie kann sich *direkt* an das Versicherungsunternehmen wenden[7].

12 Die Verweisung in Art. 11 Abs. 2 auf die nach dem besonderen Abschnitt betreffend Versicherungssachen eröffneten Zuständigkeiten setzt nach dem Wortlaut der Bestimmung an sich voraus, dass ein **Gerichtsstand gestützt auf Art. 8 bis Art. 10** gegeben ist. Mit anderen Worten kann der **Geschädigte** nur – aber immerhin – dann gegen den (auswärtigen) Versicherer vorgehen, wenn diesem gegenüber in einem anderen LugÜ-Staat eine Zuständigkeit besteht. Die Frage ist deswegen von Bedeutung, weil *die geschädigte Person* **als zuständigkeitsrelevante Anknüpfungsperson** weder in Art. 9 noch in Art. 10 explizit erwähnt wird. Insbesondere sieht Art. 9 Abs. 1 lit. b einen *Klägergerichtsstand* für «Geschädigte» nicht vor. Dies führt bei wörtlicher Auslegung der Bestimmung dazu, dass für den Geschädigten ein *eigenständiger* Gerichtsstand an seinem Wohnsitz nicht zur Verfügung stünde. Im Schrifttum gehen beziehungsweise gingen die Meinungen auseinander, ob und inwieweit hier eine wörtliche oder allenfalls eine teleologische Auslegung (zu Gunsten geschädigter Personen) zu erfolgen habe[8]. Der EuGH hat mit **Urteil vom 13. Dezember 2007** der Kontroverse ein Ende gesetzt[9]. Danach steht dem Geschädigten im Rahmen von Art. 9 Abs. 1 lit. b i.V.m. Art. 11 Abs. 2 ein *eigenständiger* Gerichtsstand an seinem Wohnsitz gegenüber dem Haftpflichtversicherer zu. Die geschädigte Person sei ebenso wie Versicherte und Begünstigte **schutzbedürftig;** die in Art. 9 Abs. 1 lit. b vorgenommene Erstreckung auf Personen *ausserhalb* der durch den Vertrag gebundenen Parteien müsse auch dem Geschädigten zugute kommen. Das Urteil wird für die Praxis erhebliche Auswirkungen haben.

2. Zulässigkeit der Direktklage

13 Selbst wenn eine geschädigte Person den Versicherer an einem *zuständigen Forum* einklagen kann, ist die Direktklage nur zulässig, wenn sie *nach dem anwendbaren materiellen Recht* (lex causae) vorgesehen wird.

---

[7] Vgl. z.B. Art. 65 SVG.

[8] Vgl. (m.w.H.) KROPHOLLER, Art. 11 Rz. 4; MAGNUS/MANKOWSKI-HEISS, Art. 11 Rz. 7: mit umfassenden Überlegungen im Licht der EG-rechtlichen Motorfahrzeug-Haftpflicht-Richtlinien.

[9] EuGH Rs. C-463/06, *FBTO Schadeverzekeringen NV/Jack Odenbreit*; vgl. dazu u.a. die ausführliche Besprechung von KILLIAS, SZIER 2010, 82 ff.; auch die Abhandlung von RODRIGUEZ.

Damit wird das angerufene und an sich zuständige Gericht verpflichtet, nach *seinen* IPR-Normen **das anwendbare Recht zu bestimmen,** welches dann im Hinblick auf die Frage zu konsultieren ist, ob es ein unmittelbares Forderungsrecht gegen den Versicherer vorsieht oder nicht. Das IPR des Forumstaates hat darüber zu entscheiden, **ob das Deliktsstatut, das Versicherungsstatut, die lex fori oder eine andere Rechtsordnung** zu berufen ist. Denkbar sind auch *alternative* Anknüpfungen, wie das insbesondere in Art. 141 IPRG vorgesehen ist. Wird im Rahmen von Art. 11 Abs. 2 LugÜ ein schweizerisches Gericht angerufen, welches an sich zuständig ist, so hat es Art. 141 IPRG zu konsultieren, um festzustellen, ob ein unmittelbares Forderungsrecht *besteht* oder nicht. **Art. 141 IPRG** knüpft alternativ an das Deliktsstatut und das Versicherungsvertragsstatut an: Die Direktklage ist demzufolge zulässig, wenn entweder das auf die unerlaubte Handlung anwendbare Recht oder das Versicherungsvertragsstatut (Recht zwischen Versicherer und Versicherungsnehmer) das unmittelbare Forderungsrecht zulassen. Eine gleich lautende Regelung enthält im Ergebnis – für *Strassenverkehrsunfälle* – Art. 9 des Haager Strassenverkehrsübereinkommens[10].

IV. Streitverkündung (Art. 11 Abs. 3)

Art. 11 Abs. 3 knüpft an die **Zuständigkeitserweiterung** von Art. 11 Abs. 2 an. Wird ein Versicherer durch die geschädigte Person gestützt auf Art. 11 Abs. 2 im Ausland verklagt, so hat er die Möglichkeit, dem Versicherungsnehmer (seinem Vertragspartner) oder dem Versicherten den *Streit zu verkünden*, wenn das für die unmittelbare Klage massgebliche Recht die Streitverkündung vorsieht. Das **Forderungsstatut** (häufig das Deliktsstatut) hat also auch darüber zu befinden, ob eine Streitverkündung in einem solchen Fall zulässig ist. Wird ein schweizerisches Gericht angerufen, so prüft es unter Beachtung von Art. 141 IPRG, ob das Deliktsstatut oder das Versicherungsvertragsstatut beziehungsweise dessen Prozessrechte die Streitverkündung vorsehen. Soweit eine der in Art. 141 IPRG vorgesehenen Rechtsordnungen das *schweizerische Recht* ist, beurteilt sich nach der ZPO, ob eine Streitverkündung zulässig ist; vgl. deren Art. 78 ff. 14

[10] SR 0.741.31; auf den *erga omnes* geltenden Staatsvertrag (vgl. dessen Art. 11) verweist (deklaratorisch) Art. 134 IPRG.

Art. 12

1. Vorbehaltlich der Bestimmungen des Artikels 11 Absatz 3 kann der Versicherer nur vor den Gerichten des durch dieses Übereinkommen gebundenen Staates klagen, in dessen Hoheitsgebiet der Beklagte seinen Wohnsitz hat, ohne Rücksicht darauf, ob dieser Versicherungsnehmer, Versicherter oder Begünstigter ist.

2. Die Vorschriften dieses Abschnitts lassen das Recht unberührt, eine Widerklage vor dem Gericht zu erheben, bei dem die Klage selbst gemäss den Bestimmungen dieses Abschnitts anhängig ist.

Art. 12

1. Sous réserve des dispositions de l'art. 11, par. 3, l'action de l'assureur ne peut être portée que devant les tribunaux de l'État lié par la présente Convention sur le territoire duquel est domicilié le défendeur, qu'il soit preneur d'assurance, assuré ou bénéficiaire.

2. Les dispositions de la présente section ne portent pas atteinte au droit d'introduire une demande reConventionnelle devant le tribunal saisi de la demande originaire conformément à la présente section.

Art. 12

1. Salve le disposizioni dell'articolo 11, paragrafo 3, l'azione dell'assicuratore può essere proposta solo davanti ai giudici dello Stato vincolato dalla presente convenzione nel cui territorio è domiciliato il convenuto, sia egli contraente dell'assicurazione, assicurato o beneficiario.

2. Le disposizioni della presente sezione non pregiudicano il diritto di proporre una domanda riconvenzionale davanti al giudice investito della domanda principale a norma della presente sezione.

Art. 12

1. Without prejudice to Article 11(3), an insurer may bring proceedings only in the courts of the State bound by this Convention in which the defendant is domiciled, irrespective of whether he is the policyholder, the insured or a beneficiary.

2. The provisions of this Section shall not affect the right to bring a counter-claim in the court in which, in accordance with this Section, the original claim is pending.

Literatur: Vgl. die Literaturhinweise zu Art. 8.

Übersicht *Seite*

I. Allgemeines

1. Normzweck

Die Vorschrift strebt den Schutz *schwächerer Parteien* an. Im Unterschied zu den alternativen Gerichtsständen, die klagenden Versicherungsnehmern zur Verfügung stehen, will Art. 12 die Möglichkeiten einschränken, die einem Versicherungsunternehmen bei *Klagen gegen Versicherungsnehmer, Versicherte* oder *Begünstigte* offen stehen. Daher **kann ein Versicherer grundsätzlich nur vor den Gerichten des Staates klagen,** in welchem der Beklagte seinen *Wohnsitz* hat. Wie sich aus dem Wortlaut von Art. 12 Abs. 1 ergibt, wird dieser Schutz nicht nur dem Versicherungsnehmer zuteil, sondern in den Schutzbereich der Bestimmung werden **auch versicherte und begünstigte Personen** mit einbezogen. 1

Im Allgemeinen – wenn auch nicht spezifisch für Versicherungssachen – zeigt sich der Schutzgedanke von Art. 12 *auch im IPRG*: Sofern Versicherungsverträge **als Verträge mit Konsumenten** qualifiziert werden können, sieht Art. 114 IPRG ebenfalls nur für die Versicherungsnehmer – und nicht auch für die Versicherer – ein Forum am Wohnsitz (oder am gewöhnlichen Aufenthalt) des «Konsumenten» vor. Die autonome Regelung des IPRG ist insoweit von Bedeutung, als das LugÜ nicht zur Anwendung gegenüber Personen mit Wohnsitz in einem Drittstaat kommt. In solchen Fällen bleiben dann – im Unterschied zu Art. 12 – die allgemeinen Gerichtsstände nach IPRG erhalten, was u.a. bedeutet, dass gegenüber ausländischen Versicherungsnehmern ebenfalls beispielsweise ein inländischer Erfüllungsort (vgl. Art. 113 IPRG) in Frage kommen kann. 2

2. Verweisung auf nationales Recht

Wie bereits hiervor festgehalten, gelangt einzelstaatliches (autonomes) Recht zur Anwendung, wenn und insoweit sich die Klage eines Versicherers gegen Personen mit *Wohnsitz ausserhalb der LugÜ-Staaten* richtet. Diese Folgerung ist **keine Besonderheit** von Art. 12; sie ergibt sich vielmehr durch den auch für Versicherungssachen geltenden Art. 4. 3

II. Gerichtsstand für Klagen eines Versicherers

4 Vorbehaltlich der Bestimmung des Art. 11 Abs. 3 kann ein Versicherer Personen mit Wohnsitz in einem LugÜ-Staat nur vor den Gerichten des Staates einklagen, in dessen Hoheitsgebiet *der Beklagte seinen Wohnsitz* hat. Die Vorschrift regelt ihrem Wortlaut nach lediglich die **internationale Zuständigkeit;** für die örtliche Zuständigkeit sind – wie üblich in solchen Fällen – die nationalen Bestimmungen zu konsultieren; Art. 112 Abs. 1 IPRG «verlängert» die Norm insoweit, als er ebenfalls den Wohnsitz als relevanten Anknüpfungspunkt, auch innerhalb der Schweiz, festlegt.

5 Die Bestimmung ist gegenüber *allen Versicherungsunternehmen* anzuwenden – unabhängig davon, ob sie ihren Sitz innerhalb oder ausserhalb eines LugÜ-Staates haben. Es kommt insoweit, wie bei Art. 2 Abs. 1, ausschliesslich auf den Wohnsitz der *beklagten* Partei an[1]. Art. 12 Abs. 1 erlangt daher auch Bedeutung im **Verhältnis zu Drittstaaten.**

6 Der explizite *Vorbehalt von Art. 11 Abs. 3* bedeutet, dass die durch Art. 12 formulierte Grundregel dann nicht zur Anwendung gelangt, wenn ein **Fall der Streitverkündung,** vorliegt. Damit steht es dem Versicherer frei, bei einer durch den Geschädigten erhobenen Direktklage auf dem Weg der Streitverkündung gegen den Versicherungsnehmer oder den Versicherten vorzugehen[2].

III. Klage gegen eine Niederlassung des Versicherungsnehmers

7 Ebenso wie Art. 4 durch Art. 8 vorbehalten wird, bezieht sich der in dieser Bestimmung formulierte Vorbehalt auch auf Art. 5 Nr. 5, d.h. auf den Vorbehalt zu Gunsten eines Gerichtsstands am **Ort der Niederlassung der beklagten Person.** Dies bedeutet, dass eine **Klage des Versicherers** im Zusammenhang mit einer *Streitigkeit aus dem Betrieb* einer Zweigniederlassung, einer Agentur oder einer sonstigen Niederlassung auch in dem Staat und vor den Gerichten jenes Ortes angehoben werden kann, an welchem sich die *betreffende Niederlassung* befindet. Insoweit relativiert

1 Vgl. *Baltic Insurance Group*, [1999] 1 All E.R. 289, 293 (H.L.).
2 Vgl. auch Kropholler, Art. 12 Rz. 1.

sich der Gedanke von Art. 12 wiederum, was indessen von der Sache her einleuchtet und auch geboten ist. So kann sich etwa eine Streitigkeit zwischen einem Versicherer und einem versicherten Unternehmen durchaus lediglich auf eine (ausländische) Niederlassung des Versicherungsnehmers erstrecken. Da Art. 8 in Bezug auf Art. 5 Nr. 5 nicht zwischen Klagen eines Versicherers und solchen eines Versicherungsnehmers unterscheidet, steht Art. 5 Nr. 5 auch für *Klagen eines Versicherers* zur Verfügung[3].

IV. Klage gegen mehrere Versicherungsnehmer

8 Stehen einem Versicherer *mehrere Personen als Vertragspartner* gegenüber, so ergibt sich aus Art. 12 Abs. 1, dass eine Klage gegen *jeden* Versicherungsnehmer **individuell** an dessen durch Art. 12 vorgesehenen Gerichtsstand zu erheben ist. Die Verpflichtung zur individuellen Klageerhebung im *jeweiligen* Wohnsitzstaat der einzelnen Versicherungsnehmer gilt auch für den Fall, dass die Beklagten dem Versicherer gegenüber solidarisch haftbar sind (beispielsweise für die Prämien)[4].

9 Die vorgenannte Einschränkung schliesst andererseits nicht aus, dass ein einzelner *Versicherungsnehmer* gegen die übrigen Versicherungsnehmer an demselben Ort vorgeht. Der Versicherungsnehmer kann insoweit **Art. 6 Nr. 2** anrufen; auch die **anderen allgemeinen Gerichtsstände** stehen ihm zur Verfügung, so insbesondere Art. 2, 5 und 6, wenn und soweit anwendbar. Denn dieser (Rückgriffs-)Prozess wird nicht als Versicherungssache qualifiziert[5].

V. Widerklage

10 Wie sich schliesslich aus Art. 12 Abs. 2 ergibt, bleibt auch im Rahmen der Klage eines Versicherers das Recht unberührt, eine Widerklage vor dem Gericht zu erheben, bei dem *die Klage selber* **gemäss den besonderen Bestimmungen zu den Versicherungssachen** anhängig ist. Dabei gelten für das Erheben einer Widerklage die gleichen Zulässigkeitsvoraussetzun-

---

[3] Kropholler, Art. 12 Rz. 2; Magnus/Mankowski-Heiss, Art. 12 Rz. 7.

[4] Magnus/Mankowski-Heiss, Art. 12 Rz. 3; Hub 114 ff.

[5] Vgl. Magnus/Mankowski-Heiss, Art. 12 Rz. 4.

gen, wie sie in Art. 6 Nr. 3 niedergelegt sind[6]. Auch schafft Art. 12 Abs. 2 keine besondere Zuständigkeit für eine Widerklage gegen bisher *nicht am Rechtsstreit beteiligte Personen*[7].

---

6 Vgl. KROPHOLLER, Art. 12 Rz. 3.

7 Insgesamt zur Widerklagezuständigkeit HUB 137 ff.

Art. 13

Von den Vorschriften dieses Abschnitts kann im Wege der Vereinbarung nur abgewichen werden:

1. wenn die Vereinbarung nach der Entstehung der Streitigkeit getroffen wird;

2. wenn sie dem Versicherungsnehmer, Versicherten oder Begünstigten die Befugnis einräumt, andere als die in diesem Abschnitt angeführten Gerichte anzurufen;

3. wenn sie zwischen einem Versicherungsnehmer und einem Versicherer, die zum Zeitpunkt des Vertragsabschlusses ihren Wohnsitz oder gewöhnlichen Aufenthalt in demselben durch dieses Übereinkommen gebundenen Staat haben, getroffen ist, um die Zuständigkeit der Gerichte dieses Staates auch für den Fall zu begründen, dass das schädigende Ereignis im Ausland eintritt, es sei denn, dass eine solche Vereinbarung nach dem Recht dieses Staates nicht zulässig ist;

4. wenn sie von einem Versicherungsnehmer geschlossen ist, der seinen Wohnsitz nicht in einem durch dieses Übereinkommen gebundenen Staat hat, ausgenommen soweit sie eine Versicherung, zu deren Abschluss eine gesetzliche Verpflichtung besteht, oder die Versicherung von unbeweglichen Sachen in einem durch dieses Übereinkommen gebundenen Staat betrifft, oder

5. wenn sie einen Versicherungsvertrag betrifft, soweit dieser eines oder mehrere der in Artikel 14 aufgeführten Risiken deckt.

Art. 13

Il ne peut être dérogé aux dispositions de la présente section que par des Conventions:

1. postérieures à la naissance du différend; ou

2. qui permettent au preneur d'assurance, à l'assuré ou au bénéficiaire de saisir d'autres tribunaux que ceux indiqués à la présente section; ou

3. qui, passées entre un preneur d'assurance et un assureur ayant, au moment de la conclusion du contrat, leur domicile ou leur résidence habituelle dans un même État lié par la présente Convention, ont pour effet, alors même que le fait dommageable se produirait à l'étranger, d'attribuer compétence aux tribunaux de cet État sauf si la loi de celui-ci interdit de telles Conventions; ou

4. conclues par un preneur d'assurance n'ayant pas son domicile dans un État lié par la présente Convention, sauf s'il s'agit d'une assurance obligatoire ou qui porte sur un immeuble situé dans un État lié par la présente Convention; ou

5. qui concernent un contrat d'assurance en tant que celui-ci couvre un ou plusieurs des risques énumérés à l'art. 14.

Art. 13

Le disposizioni della presente sezione possono essere derogate solo da una convenzione:

1. posteriore al sorgere della controversia; o

2. che consenta al contraente dell'assicurazione, all'assicurato o al beneficiario di adire un giudice diverso da quelli indicati nella presente sezione; o

3. che, stipulata tra un contraente dell'assicurazione e un assicuratore aventi entrambi il domicilio o la residenza abituale nel medesimo Stato vincolato dalla presente conven-

zione al momento della conclusione del contratto, abbia per effetto, anche nel caso in cui l'evento dannoso si produca all'estero, di attribuire la competenza ai giudici di tale Stato, sempre che la legge di quest'ultimo non vieti siffatte convenzioni; o

4. stipulata da un contraente dell'assicurazione che non abbia il domicilio in uno Stato vincolato dalla presente convenzione, salvo che si tratti di assicurazione obbligatoria o relativa ad un immobile situato in uno Stato vincolato dalla presente convenzione; o

5. che riguardi un contratto di assicurazione nella misura in cui esso copre uno o più rischi di cui all'articolo 14.

Art. 13

The provisions of this Section may be departed from only by an agreement:

1. which is entered into after the dispute has arisen; or

2. which allows the policyholder, the insured or a beneficiary to bring proceedings in courts other than those indicated in this Section; or

3. which is concluded between a policyholder and an insurer, both of whom are at the time of conclusion of the contract domiciled or habitually resident in the same State bound by this Convention, and which has the effect of conferring jurisdiction on the courts of that State even if the harmful event were to occur abroad, provided that such an agreement is not contrary to the law of that State; or

4. which is concluded with a policyholder who is not domiciled in a State bound by this Convention, except insofar as the insurance is compulsory or relates to immovable property in a State bound by this Convention; or

5. which relates to a contract of insurance insofar as it covers one or more of the risks set out in Article 14.

Literatur: Fricke, Entscheidanmerkung zu EuGH Rs. C-112/03, VersR 2006, 1283; Geimer, Zuständigkeitsvereinbarungen zugunsten und zu Lasten Dritter, NJW 1985, 533; Heiss, Gerichtsstandsvereinbarungen zulasten Dritter, insbesondere in Versicherungsverträgen zu ihren Gunsten, IPRax 2005, 497; Mankowski, Versicherungsverträge zu Gunsten Dritter, Internationales Privatrecht und Art. 17 EuGVÜ, IPRax 1996, 427.

Übersicht *Seite*

I. Zweck und Tragweite der Bestimmung

1 Art. 13 ist die zentrale Bestimmung für (mögliche) *Gerichtsstandsvereinbarungen* auf dem Gebiet der Versicherungsverträge. Solche Vereinbarungen, namentlich zugunsten der Versicherungsunternehmen, haben eine lange Tradition und sind auch heute noch teilweise routinemässig in Versicherungspolicen vorzufinden. Dabei zeigt sich bei näherer Betrachtung von Art. 13 ohne weiteres, dass solche – *vor* Entstehung einer Streitigkeit geschlossene – Vereinbarungen *nur mehr in einzelnen Fällen zulässig* sind. Art. 13 setzt damit auch den Rahmen, der in der **Praxis bei der Schaffung** von Versicherungsdokumenten zu beachten ist. Wie sich aus Art. 23 Abs. 5 explizit ergibt, sind Gerichtsstandsvereinbarungen *unwirksam*, wenn sie gegen Art. 13 und damit den **Katalog der unzulässigen Vereinbarungen** verstossen.

2 Die Vorschrift bezweckt – ähnlich wie die einschlägigen Bestimmungen zu den Arbeitsverträgen und zu den Verbrauchersachen – den *Schutz der schwächeren Vertragspartei*. Versicherungsnehmer, Versicherte und Begünstigte sollen nicht im Rahmen einer Prorogation sowie Derogation eines Gerichts der **breiten Palette** beraubt werden, die ihnen der besondere Abschnitt über die Zuständigkeit für Versicherungssachen hinsichtlich der möglichen Gerichtsstände zur Verfügung stellt. Entsprechend lautet auch der Ingress der Bestimmung, wonach von den Vorschriften «dieses Abschnitts», d.h. der übrigen Bestimmungen von Art. 8 ff., nur abgewichen werden darf, wenn einer der Fälle von Nr. 1 bis Nr. 5 von Art. 13 gegeben ist. Besonders beachtenswert ist Art. 13 Nr. 5, welche Bestimmung auf **Art. 14 und die dort erwähnten, besonderen Versicherungsverträge** verweist. Wie auszuführen sein wird, nennt Art. 14 die Risiken, in Bezug auf welche eine Gerichtsstandsvereinbarung statthaft ist. Systematisch ist also einerseits die Gruppe der Fälle von Nr. 1 bis Nr. 4 zu beachten, während andererseits der Katalog der einer Gerichtsstandsvereinbarung zugänglichen Risikoverträge nach Art. 14 (i.V.m. Nr. 5 von Art. 13) einschlägig ist.

3 Namentlich für die Praxis ist zu beachten, dass die Regelung der *Zulässigkeit* von Gerichtsstandsvereinbarungen **nicht übereinstimmt** mit der *versicherungskollisionsrechtlichen Parteiautonomie* auf der Ebene der Anwendung des berufenen *materiellen* Rechts (versicherungsrechtliche lex causae). Während die Gerichtszuständigkeit durch Art. 14 europaweit eine weitgehende Harmonisierung erfahren hat, ist das **Versicherungskollisionsrecht,** zumal es auf anderer rechtlicher Grundlage beruht, erst teilweise dieser Harmonisierung zugeführt; auch bestehen in Bezug auf einzelne Fallkonstellationen zwischen dem Zuständigkeitsrecht und der kollisionsrechtlichen Anknüpfung nicht zu unterschätzende Unterschiede[1]. Immerhin hat nunmehr die Rom I-VO eine weitere Etappe versicherungskollisionsrechtlicher Harmonisierung gebracht.

II. Vergleich mit dem IPRG

4 Die LugÜ-Regelung weicht in nicht unerheblicher Weise vom *autonomen Recht der Schweiz* ab. Zunächst ist festzuhalten, dass – wie bereits verschiedentlich ausgeführt – das **IPRG *keine besonderen Regelungen*** für Gerichtszuständigkeiten in Versicherungssachen enthält (Gleiches gilt für das anknüpfungsrechtliche Versicherungskollisionsrecht). Nach schweizerischem autonomen Recht sind daher **Gerichtsstandsvereinbarungen zulässig,** soweit sie nach der allgemeinen Bestimmung von Art. 5 IPRG gültig sind[2]. Allerdings können auch Versicherungsverträge **«Verträge mit Konsumenten»** im Sinne des IPRG sein, wenn es sich um «übliche» Versicherungsverträge handelt – etwa beispielsweise in der Hausratversicherung, in der Familien-Haftpflichtversicherung oder (nicht unbestritten) in der einfachen Lebensversicherung. Ist danach ein Versicherungsvertrag als Verbrauchervertrag i.S.v. Art. 114 i.V.m. Art. 120 IPRG zu qualifizieren, so ergibt sich explizit aus Abs. 2 von Art. 114, dass ein Konsument (also Versicherungsnehmer) «nicht zum voraus [!] auf den Gerichtsstand an seinem Wohnsitz oder seinem gewöhnlichen Aufenthalt verzichten» kann. Insoweit ergibt sich für diese Gruppe von Versicherungsnehmern grundsätzliche Übereinstimmung mit

---

1 Vgl. Hub 214 ff.

2 Vgl. sodann die Missbrauchsbestimmung von Art. 5 Abs. 2 IPRG: «Die Gerichtsstandsvereinbarung ist unwirksam, wenn einer Partei ein Gerichtsstand des schweizerischen Rechts missbräuchlich entzogen wird».

Art. 13 Nr. 1 LugÜ, während im Übrigen keine Ausnahmen im IPRG – im Unterschied zu Art. 13 – vorgesehen sind.

III. Vereinbarung eines Schiedsgerichts

Gemäss Art. 1 Abs. 2 Nr. 4 ist das LugÜ *nicht anwendbar* auf die Schiedsgerichtsbarkeit (vgl. zu Art. 1 Rz. 125 ff.). Daraus ergibt sich, dass Vertragsparteien dem restriktiven Regime von Art. 13 entgehen können, indem sie in einen **Versicherungsvertrag** eine *Schiedsklausel* aufnehmen[3]. Allerdings bleibt es den einzelnen Staaten unbenommen, durch **Aufsichtsrecht** oder im Wege anderer Gesetzgebung Vorschriften zu erlassen, wonach eine Schiedsgerichtsvereinbarung bei Schutzwürdigkeit einer Vertragspartei – ähnlich wie im Rahmen des LugÜ – als unzulässig bezeichnet wird. Alsdann betrifft der Ausschluss der Schiedsgerichtsbarkeit nach LugÜ grundsätzlich nur Vereinbarungen eines Schiedsgerichts, um die staatliche Gerichtsbarkeit wegzubedingen. Folgerichtig sind Gerichte, die ihre Zuständigkeit gestützt auf das LugÜ bejahen, beispielsweise nicht an Schlussfolgerungen eines **Schiedsgutachters** gebunden, da dessen Einsetzung keine Schiedsvereinbarung im Sinne des LugÜ darstellt[4]. 5

IV. Wirkungen einer Gerichtsstandsvereinbarung gegenüber Dritten

1. Gerichtsstandsvereinbarung zu Gunsten eines Dritten

Es ist seit längerer Zeit anerkannt, «dass sich Dritte auf eine Gerichtsstandsklausel berufen dürfen, die zu ihren Gunsten ausschlägt»[5]. Dies sieht Art. 13 Nr. 2 ausdrücklich **mit Bezug auf Versicherte und Begünstigte** vor, wenn ihnen die Befugnis eingeräumt wird, «andere als die in diesem Abschnitt angeführten Gerichte anzurufen». Die Bestimmung bezieht sich also nicht nur auf den Vertragspartner des Versicherungsunternehmens. 6

Bereits im Jahr 1983 hat der EuGH sodann entschieden, dass eine Drittperson (Versicherter, Begünstigter) sich auch dann auf die Gerichtsstandsver- 7

[3] Vgl. Magnus/Mankowski-Heiss, Art. 13 Rz. 5 (m.w.H.).
[4] Magnus/Mankowski-Heiss, Art. 13 Rz. 6.
[5] Heiss, IPRax 2005, 497.

einbarung *berufen* kann, wenn sie ihr – was der Regelfall sein wird – *nicht ausdrücklich zugestimmt* hat[6]. Dritte sollen nicht durch ein Zustimmungserfordernis des Schutzes beraubt werden, den ihnen das LugÜ insoweit eröffnet. «Praktische Bedeutung erlangt dieser Grundsatz zuallererst bei Verträgen zugunsten Dritter, mustergültig damit bei Versicherungsverträgen für fremde Rechnung»[7].

2. Gerichtsstandsvereinbarung zu Lasten eines Dritten

8 Anderer Art – als in der vorherigen Rz. 7 – ist die Fallkonstellation, in welcher eine Gerichtsstandsvereinbarung – namentlich gestützt auf Art. 13 Nr. 3 – einer Drittperson (vor allem dem begünstigten Versicherten) *entgegengehalten* werden soll. Dies ist «jedenfalls nur dann» zulässig, wenn eine Gerichtsstandsvereinbarung «das Ziel, den wirtschaftlich Schwächeren zu schützen, nicht beeinträchtigt»[8]. Letzteres wäre *häufig* nicht der Fall, vor allem dann nicht, wenn die Drittperson in einem anderen Staat (als Versicherer und Versicherungsnehmer) Wohnsitz hat. Demzufolge kann eine diesbezügliche Vereinbarung i.d.R. einem Dritten **nur entgegengehalten** werden, wenn er einer solchen Klausel *ausdrücklich zustimmt*[9].

9 Die rigorose und weitreichende Rechtsprechung des EuGH ist verschiedentlich kritisiert worden. Namentlich wird geltend gemacht, die Drittperson sei *nicht Vertragspartner* des Versicherers, und materiellrechtlich komme dem Versicherungsnehmer die Befugnis zu, durch Vereinbarung mit einem Versicherungsunternehmen die Rechtsstellung des Versicherten zu

---

[6] EuGH Rs. 201/82, *Gerling Konzern/Amministrazione del tesoro dello Stato*, Slg. 1983 I 2503 Rz. 18: Es steht «eindeutig fest, dass das Übereinkommen ausdrücklich die Möglichkeit vorsieht, Gerichtsstandsvereinbarungen nicht nur zugunsten des Versicherungsnehmers, der Vertragspartei ist, sondern auch zugunsten des Versicherten und des Begünstigten zu treffen, die dann nicht Vertragsparteien sind, wenn sie, wie im vorliegenden Fall, nicht mit dem Versicherungsnehmer identisch sind, und die sogar bei Vertragsabschluss unbekannt sein können».

[7] Heiss, IPRax 2005, 497.

[8] EuGH Rs. C-112/03, *Société financière et industrielle du Peloux/Axa Belgium u.a.*, Slg. 2005 I 3707 Rz. 38.

[9] EuGH Rs. C-112/03 (a.a.O.); Heiss, IPRax 2005, 497 f.; vgl. bereits Tribunal de grande instance de Paris (v. 10. Mai 1985), Rev. crit. 1987, 415. Zur Thematik auch die eingangs aufgeführten Abhandlungen von Geimer und Mankowski sowie Hub 144 ff.

bestimmen – auch zu dessen *Lasten*[10]. Ob der EuGH insoweit Korrekturen an seiner Rechtsprechung vornehmen wird, bleibt abzuwarten.

V. Zustandekommen und Wirkungen einer Gerichtsstandsvereinbarung

Das Zustandekommen einer Gerichtsstandsvereinbarung – insbesondere hinsichtlich der Formerfordernisse – unterliegt **den allgemeinen Bestimmungen von Art. 23**[11]. Auch ihre Wirkungen sind, im Rahmen der durch Art. 8 ff. gezogenen Grenzen, nach Art. 23 zu bemessen. Daraus folgt namentlich, dass Gerichtsstandsvereinbarungen im Zweifel einen *ausschliesslichen* Gerichtsstand schaffen (Art. 23 Abs. 1 Satz 2). 10

Nach Art. 13 i.V.m. Art. 14 wirken zulässige Gerichtsstandsvereinbarungen für und gegen die *Vertragsparteien*, also gegen die Versicherungsunternehmen und die **Versicherungsnehmer.** Gegenüber dem **Versicherten** und dem **Begünstigten** wirken nach der EuGH-Rechtsprechung jedenfalls *begünstigende* Abreden; fraglich ist dies, soweit es um für eine Drittperson belastende Vereinbarungen geht[12]. Keine Wirkung zu Lasten Drittgeschädigter hat eine Gerichtsstandsvereinbarung in der *Haftpflichtversicherung*[13]. 11

---

[10] Vgl. HEISS, Gerichtsstandsfragen in Versicherungssachen, 141 f.; FRICKE 1285: «Aus dem Gesagten ersieht man, dass die vom EuGH für die fragliche Entscheidung herangezogene Begründung des Schutzes der schwächeren Partei nicht nur sehr einseitig ist, sondern auch viel zu kurz greift. Vielmehr wird man aus den dargelegten Gründen annehmen müssen, dass ein vom VN verschiedener Versicherter oder Begünstigter durch die Gerichtsstandsabrede zwischen dem Versicherer und dem VN ebenfalls gebunden ist, da diese Personen ihre (Rechts-)Stellung regelmässig nicht nur aus der vertraglichen Abrede der Hauptparteien des Vertrags ableiten, sondern auch gewichtige Gründe dafür sprechen, diese so, wie von den Hauptparteien intendiert, zu realisieren und vor einer durch Interpretation der normativen Grundlagen getragenen Ausweitung zu schützen. Dem Gesichtspunkt, dass der Versicherte seine Stellung letztlich aus der vertraglichen Abrede zwischen Versicherer und VN ableitet, kann man zuständigkeitsrechtlich nur dadurch genügend Rechnung tragen, dass man ihn im Hinblick auf die Gerichtsstandsabrede nicht besser stellt als den VN, der den Vertrag ausgehandelt hat, selbst. Dem widmet der EuGH genauso wenig seine Aufmerksamkeit wie den praktischen Schwierigkeiten, gegebenenfalls von einer Vielzahl von Versicherten eine Zustimmung zu der Gerichtsstandsklausel einzuholen, obwohl man sie ansonsten beim Vertragsschluss nicht konsultieren müsste.»

[11] HUB 176 ff.

[12] Vgl. hiervor Rz. 8.

[13] KROPHOLLER, Art. 13 Rz. 4; a.A. HEISS, Gerichtsstandsfragen in Versicherungssachen 142 ff.; umfassend zu den diversen Argumenten HUB 144 ff.

VI. Einzelfälle

1. Gerichtsstandsvereinbarung nach Entstehung einer Streitigkeit (Art. 13 Nr. 1)

12 Die Zulässigkeit einer Gerichtsstandsvereinbarung *nach Entstehen einer Streitigkeit* wird damit begründet, dass auch **unerfahrene Personen** sich in einem solchen Fall ein Bild darüber zu machen vermögen, was es heisst, sich einem bestimmten Gericht zu unterwerfen. Diese grundsätzliche Motivation ist an sich unbestritten, allerdings wird sie nicht in jedem Fall der Realität entsprechen[14]. Auch kann es sein, dass im Zuge einer Schadenerledigung Versicherungsnehmer oder Versicherte dazu gedrängt werden, ein bestimmtes Forum zu vereinbaren. Gestützt auf den Wortlaut von Art. 13 sind für solche (hypothetischen) Fälle keine Rechtsbehelfe vorgesehen, die zum Wegfall der Gültigkeit der Vereinbarung führen könnten. Es bleibt damit *offen*, ob gegebenenfalls die Ungültigkeit gestützt auf ähnliche Überlegungen, wie sie der autonomen Bestimmung von **Art. 5 Abs. 2 IPRG** zugrunde liegen, resultieren könnte.

13 *Umstritten* war bisher die Frage, ob sich Versicherungsnehmer, Versicherte oder Begünstigte auf ein nach Art. 8 ff. an sich unzuständiges Gericht *einlassen* können (vgl. Art. 24). Nunmehr (am 20. Mai 2010) hat der EuGH entschieden, «ein Gericht, das angerufen worden ist, ohne dass die Bestimmungen in Abschnitt 3 des Kapitels III dieser Verordnung beachtet worden sind, sich für zuständig erklären muss, wenn der Beklagte sich auf das Verfahren einlässt und keine Einrede der Unzuständigkeit erhebt, da eine solche Einlassung eine stillschweigende Zuständigkeitsvereinbarung [!] darstellt.»[15] Zur Begründung führte der EuGH namentlich aus, die Zuständigkeitsregeln in Abschnitt 3 des Kapitels III begründeten **keine ausschliessliche** Zuständigkeit; eine beklagte Person könne sich daher auf das Verfahren einlassen. Und wegen der Zuständigkeit gestützt auf Art. 24 stehe Art. 35 der Anerkennung eines vom betreffenden Gericht erlassenen Entscheidung nicht entgegen.

---

[14] Vgl. z.B. HGer ZH (v. 2. März 1998), ZR 97 (1998) Nr. 34 E. 5.

[15] EuGH Rs. C-111/09, *Česká podnikatelská pojišťovna as, Vienna Insurance Group/Michael Bilas;* zur Thematik auch HUB 182 ff.

2. Erweiterung der Gerichtszuständigkeit (Art. 13 Nr. 2)

Eine Gerichtsstandsvereinbarung ist – aus naheliegenden Gründen – zulässig, wenn sie Versicherungsnehmern, Versicherten oder Begünstigten weitere Gerichtszuständigkeiten eröffnet, **als sie ohnehin** im besonderen Abschnitt betreffend Versicherungssachen (Art. 9 ff.) vorgesehen sind. 14

3. Vereinbarung der Zuständigkeit der Gerichte des gemeinsamen Wohnsitz- oder Aufenthaltsstaates (Art. 13 Nr. 3)

Die Bestimmung erlaubt, dass Versicherer und Versicherungsnehmer eine Vereinbarung dahingehend treffen, dass die Zuständigkeit ihres gemeinsamen Wohnsitz- oder Aufenthaltsstaates auch in *jenen Fällen begründet sei*, in denen das *schädigende Ereignis im Ausland eintritt*. Die Bestimmung wurde namentlich mit Rücksicht auf das deutsche Recht erlassen[16]. Einem Versicherungsunternehmen wird daher die Möglichkeit eröffnet, mittels Gerichtsstandsvereinbarung die *im Ausland zur Verfügung stehenden* (hypothetischen) Zuständigkeiten, insbesondere gestützt auf Art. 10 und Art. 11 Abs. 1, zu **beschränken.** Zur möglichen *Drittwirkung* vgl. hiervor Rz. 6 ff. 15

Eine Vereinbarung nach Art. 13 Nr. 3 muss **nach dem Recht des gemeinsamen Wohnsitz- beziehungsweise Aufenthaltsstaates zulässig sein.** Die Zulässigkeit ist etwa gegeben nach deutschem, jedoch wohl nicht nach französischem oder nach belgischem Recht[17]. Für das *schweizerische Recht* stellen sich ähnliche Fragen wie mit Bezug auf Art. 17 Nr. 3 (Verbrauchersachen; vgl. Art. 17 Rz. 5 ff.). Allerdings geht es vorliegend nicht darum, dem Versicherungsnehmer seinen Wohnsitzgerichtsstand zu entziehen – dieser wird für die angesprochenen Fälle vielmehr «petrifiziert». Freilich wird gegebenenfalls der Gerichtsstand des schädigenden Ereignisses (im Ausland) wegbedungen. Im **schweizerischen Recht** findet sich – im Unterschied zu den Verbrauchersachen (a.a.O.) – keine Norm, aus welcher (zumindest indirekt) auf die Unzulässigkeit einer Gerichtsstandsvereinbarung nach Art. 13 Nr. 3 geschlossen werden könnte. Namentlich bildet Art. 5 Abs. 2 IPRG dafür keine Grundlage, denn diese Vorschrift 16

[16] Kropholler, Art. 13 Rz. 4.

[17] Kropholler, Art. 13 Rz. 4 f.

sanktioniert höchstens den missbräuchlichen Entzug eines schweizerischen (!) Gerichtsstandes. Man kann daher der (ursprünglichen) *Intention des LugÜ* folgen – **Zulässigkeit einer Vereinbarung** in den in Art. 13 Nr. 3 genannten Fällen –, da sich aus dem schweizerischen autonomen Recht nichts Gegenteiliges ergibt.

4. Vereinbarung mit Versicherungsnehmern aus Nicht-LugÜ-Staaten (Art. 13 Nr. 4)

17 Hat ein Versicherungsnehmer nicht in einem LugÜ-Staat Wohnsitz, so gewährt ihm das Übereinkommen den zuständigkeitsrechtlichen *besonderen Schutz nicht*. Demzufolge steht es den in einem LugÜ-Staat befindlichen Versicherungsunternehmen frei, mit solchen Versicherungsnehmern eine Gerichtsstandsvereinbarung zu treffen. Dabei ist nicht zu übersehen, dass auch solche Versicherungsnehmer des **zuständigkeitsrechtlichen Schutzes** bedürfen können. Andererseits führt die Bestimmung dazu, dass möglichen ausländischen zwingenden Gerichtsstandsvorschriften von *Nicht-LugÜ-Staaten* Rechnung getragen werden kann. Wird in einem solchen Fall ein auswärtiges Gericht vereinbart, so richtet sich die Wirksamkeit der Vereinbarung nicht nach Art. 23 Abs. 1[18]. Zu beachten sind dann vielmehr das – u.U. Restriktionen aufweisende – **Drittstaatrecht** und das autonome (schweizerische) Recht. Befinden sich *sowohl* Versicherungsnehmer *als auch* Versicherungsunternehmen ausserhalb des LugÜ-Geltungsbereichs, so findet das LugÜ keine Anwendung, so dass die autonomen Regeln (in casu das IPRG) zur Anwendung gelangen.

18 Art. 13 Nr. 4 enthält *zwei Ausnahmeregelungen*. Die Zulässigkeit einer Gerichtsstandsvereinbarung mit Versicherungsnehmern aus Drittstaaten ist dann nicht (mehr) gegeben, soweit sie eine Versicherung betrifft, zu deren Abschluss **eine gesetzliche Verpflichtung besteht (Pflichtversicherung)** – oder wenn die Versicherung **Grundstücke** in einem LugÜ-Staat zum Gegenstand hat. Aus der Vorschrift ergibt sich – zumindest der *ratio* nach –, dass es sich um *Pflichtversicherungen* handeln muss, die von einem LugÜ-Staat statuiert werden. Des Weiteren enthält Nr. 4 eine Ausnahme für *Grundstücksversicherungen*. Diese Ausnahme soll sicherstellen, dass Art. 10 auch dann Genüge getan werden kann, wenn der Versicherungsnehmer seinen Wohnsitz ausserhalb des Geltungsbereichs des LugÜ hat.

---

[18] KROPHOLLER, Art. 13 Rz. 6.

Gerichtsstandsvereinbarungen sind im Rahmen der Ausnahmeregelung ebenfalls dann unwirksam, wenn das *autonome* Recht eines Staates, in welchem sich das Grundstück befindet, eine Prorogation an sich für zulässig erachten würde[19].

5. Ausnahmekatalog (Art. 13 Nr. 5)

Unabhängig vom *Zeitpunkt* des Abschlusses einer Gerichtsstandsvereinbarung sind solche Absprachen und Klauseln *zulässig*, soweit sie sich auf eines oder mehrere der **in Art. 14 aufgeführten Risiken** beziehen (vgl. dort). 19

[19] Bericht SCHLOSSER Rz. 139: «Die [...] erwähnte Ausnahme soll vor allen Dingen die Anwendbarkeit von *Artikel 9* auch dann sicherstellen, wenn der Versicherungsnehmer seinen Wohnsitz ausserhalb der Gemeinschaft hat. Jedoch wirkt die Ausnahmebestimmung weiter. Sie verbietet auch eine Gerichtsstandsvereinbarung, der zufolge ausschliesslich die in Artikel 9 genannten Gerichte zuständig sein sollen. Gerichtsstandsvereinbarungen sind im übrigen im Bereich dieser Ausnahmeregelung auch dann unwirksam, wenn das nationale Recht des Staates, in welchem das Grundstück liegt, eine Prorogation gar nicht für unzulässig erklärt.»

Art. 14

Die in Artikel 13 Nummer 5 erwähnten Risiken sind die folgenden:

1. sämtliche Schäden:
a) an Seeschiffen, Anlagen vor der Küste und auf hoher See oder Luftfahrzeugen aus Gefahren, die mit ihrer Verwendung zu gewerblichen Zwecken verbunden sind,
b) an Transportgütern, ausgenommen Reisegepäck der Passagiere, wenn diese Güter ausschliesslich oder zum Teil mit diesen Schiffen oder Luftfahrzeugen befördert werden;

2. Haftpflicht aller Art, mit Ausnahme der Haftung für Personenschäden an Passagieren oder Schäden an deren Reisegepäck:
a) aus der Verwendung oder dem Betrieb von Seeschiffen, Anlagen oder Luftfahrzeugen gemäss Nummer 1 Buchstabe a, es sei denn, dass – was die letztgenannten betrifft – nach den Rechtsvorschriften des durch dieses Übereinkommen gebundenen Staates, in dem das Luftfahrzeug eingetragen ist, Gerichtsstandsvereinbarungen für die Versicherung solcher Risiken untersagt sind,
b) für Schäden, die durch Transportgüter während einer Beförderung im Sinne von Nummer 1 Buchstabe b verursacht werden;

3. finanzielle Verluste im Zusammenhang mit der Verwendung oder dem Betrieb von Seeschiffen, Anlagen oder Luftfahrzeugen gemäss Nummer 1 Buchstabe a, insbesondere Fracht- oder Charterverlust;

4. irgendein zusätzliches Risiko, das mit einem der unter den Nummern 1–3 genannten Risiken in Zusammenhang steht;

5. unbeschadet der Nummern 1–4 alle Grossrisiken.

Art. 14

Les risques visés à l'art. 13, par. 5, sont les suivants:

1. tout dommage:
a) aux navires de mer, aux installations au large des côtes et en haute mer ou aux aéronefs, causé par des événements survenant en relation avec leur utilisation à des fins commerciales,
b) aux marchandises autres que les bagages des passagers, durant un transport réalisé par ces navires ou aéronefs soit en totalité, soit en combinaison avec d'autres modes de transport;

2. toute responsabilité, à l'exception de celle des dommages corporels aux passagers ou des dommages à leurs bagages:
a) résultant de l'utilisation ou de l'exploitation des navires, installations ou aéronefs, visés au par. 1, point a), visé ci-dessus, pour autant que, en ce qui concerne les derniers, la loi de l'État lié par la présente Convention où l'aéronef a été immatriculé n'interdise pas les clauses attributives de juridiction dans l'assurance de tels risques,
b) du fait de marchandises durant un transport visé au par. 1, point b);

3. toute perte pécuniaire liée à l'utilisation ou à l'exploitation des navires, installations ou aéronefs conformément au par. 1, point a), visé ci-dessus, notamment celle du fret ou du bénéfice d'affrètement;

4. tout risque lié accessoirement à l'un de ceux visés aux par. 1 à 3 énoncés ci-dessus;

5. sans préjudice des par. 1 à 4, tous les «grands risques».

Art. 14

I rischi di cui all'articolo 13, paragrafo 5, sono i seguenti:

1. ogni danno,
a) subito dalle navi, dagli impianti offshore e d'alto mare o dagli aeromobili, causato da un avvenimento in relazione alla loro utilizzazione a fini commerciali;
b) subito dalle merci diverse dai bagagli dei passeggeri, durante un trasporto effettuato totalmente da tali navi o aeromobili oppure effettuato da questi ultimi in combinazione con altri mezzi di trasporto;

2. ogni responsabilità, salvo per lesioni personali dei passeggeri o danni ai loro bagagli:
a) risultante dall'impiego o dall'esercizio delle navi, degli impianti o degli aeromobili di cui al paragrafo 1, lettera a), sempre che, per quanto riguarda questi ultimi, la legge dello Stato vincolato dalla presente convenzione in cui l'aeromobile è immatricolato non vieti le clausole attributive di competenza nell'assicurazione di tali rischi,
b) derivante dalle merci durante un trasporto ai sensi del paragrafo 1, lettera b);

3. ogni perdita pecuniaria connessa con l'impiego e l'esercizio delle navi, degli impianti o degli aeromobili di cui al paragrafo 1, lettera a), in particolare quella del nolo o del corrispettivo del noleggio;

4. ogni rischio connesso con uno dei rischi di cui ai precedenti paragrafi 1 a 3;

5. fatti salvi i paragrafi da 1 a 4, tutti i grandi rischi.

Art. 14

The following are the risks referred to in Article 13(5):

1. any loss of or damage to:
a) seagoing ships, installations situated offshore or on the high seas, or aircraft, arising from perils which relate to their use for commercial purposes;
b) goods in transit, other than passengers' baggage, where the transit consists of or includes carriage by such ships or aircraft;

2. any liability, other than for bodily injury to passengers or loss of or damage to their baggage:
a) arising out of the use or operation of ships, installations or aircraft as referred to in point 1(a) insofar as, in respect of the latter, the law of the State bound by this Convention in which such aircraft are registered does not prohibit agreements on jurisdiction regarding insurance of such risks;
b) for loss or damage caused by goods in transit as described in point 1(b);

3. any financial loss connected with the use or operation of ships, installations or aircraft as referred to in point 1(a), in particular loss of freight or charter-hire;

4. any risk or interest connected with any of those referred to in points 1 to 3;

5. notwithstanding points 1 to 4, all large risks.

Literatur: Vgl. die Literaturhinweise zu Art. 13.

Übersicht *Seite*

I. Funktion und Tragweite der Bestimmung

1 Art. 14 bezweckt eine Entlastung von Art. 13, indem in der Vorschrift die Risiken beziehungsweise Versicherungsverträge *spezifiziert werden*, mit Bezug auf welche eine Gerichtsstandsvereinbarung nach Art. 13 zulässig ist. In Art. 13 Nr. 5 wird auf den **entsprechenden Katalog** von Art. 14 verwiesen.

2 Im Unterschied zum aLugÜ erstreckt Art. 14 die Zulässigkeit von Gerichtsstandsvereinbarungen auf die sogenannten *Grossrisiken*, wie sie im EG-Richtlinienrecht formuliert worden sind (vgl. im schweizerischen Recht nunmehr Art. 101b Abs. 6 VVG). Zumindest mit Bezug auf diese Risiken relativieren sich daher die – früher erheblichen und häufig nicht bedachten – **Unterschiede,** die sich zwischen verweisungsrechtlicher Parteiautonomie (Zulässigkeit einer Rechtswahl hinsichtlich des Versicherungsvertragsstatuts) und erlaubten Gerichtsstandsvereinbarungen auf dem Gebiet der Industrieversicherungen einstellen konnten beziehungsweise – in anderen Fällen – können[1].

II. Spezielle Risiken

3 Nr. 1 von Art. 14 bezieht sich auf *See- und Luftfahrtversicherungen*, d.h. Versicherungen mit Bezug auf **Schäden an Seeschiffen, Meeresanlagen, Luftfahrzeugen sowie mit Schiffen und Flugzeugen beförderten Transportgütern.** Die Bestimmung nimmt explizit das *Reisegepäck von Passagieren* aus; auch gilt sie nicht für die Haftpflichtversicherung mit Bezug auf diese Fahrzeuge und Anlagen[2].

[1] Vgl. u.a. Hub 170 ff.

[2] Zu den Anknüpfungsgegenständen «Seeschiff» und «Luftfahrzeug» vgl. Bericht Schlosser insb. Rz. 141 ff.

Art. 14 Nr. 2 bezieht sich auf die *Haftpflichtversicherung* im Zusammenhang mit der Verwendung oder dem Betrieb von *Schiffen, Anlagen oder Luftfahrzeugen*, wie sie in Nr. 1 lit. a genannt sind. Des Weiteren ist erfasst die Haftpflicht für Schäden, die durch *Transportgüter* während einer Beförderung im Sinne von Nr. 1 lit. b verursacht werden. Nach dem ausdrücklichen Wortlaut von Nr. 2 steht es sodann den LugÜ-Staaten frei, hinsichtlich der Luftfahrzeug-Haftpflichtversicherung Gerichtsstandsvereinbarungen für die Versicherung solcher Risiken zu untersagen, sofern das Luftfahrzeug in dem betreffenden Vertragsstaat *eingetragen* ist. 4

Art. 14 Nr. 3 befasst sich mit *finanziellen Verlusten* im Zusammenhang mit der **Verwendung oder dem Betrieb** von *Seeschiffen, Anlagen oder Luftfahrzeugen*. Insbesondere erwähnt die Vorschrift Versicherungsdeckungen für Fracht- oder Charterverlust[3]. Der Begriff **«finanzielle Verluste»** folgt seinerseits dem Konzept, wie es durch die EWG-Richtlinie vom 24. Juli 1973 verwendet wird; er hat ebenfalls Eingang in das schweizerische Versicherungsrecht gefunden[4]. Zu beachten ist allerdings, dass sich Art. 14 Nr. 3 nicht auf sämtliche finanziellen Verluste bezieht, wie sie dem Richtlinienrecht und der schweizerischen Aufsichtsverordnung zugrunde liegen: Die finanziellen Verluste müssen im Zusammenhang mit der Verwendung oder dem Betrieb von Seeschiffen, Anlagen oder Luftfahrzeugen gemäss Nr. 1 lit. a stehen. Damit ergibt sich, dass Gerichtsstandsvereinbarungen im Zusammenhang mit der Deckung finanzieller Verluste **nur sehr restriktiv** zulässig sind. 5

Nr. 4 von Art. 14 erstreckt die Freiheit zu Gerichtsstandsvereinbarungen im Zusammenhang mit den in der Bestimmung genannten **Transportfahrzeugen und Anlagen** auf *Zusatzversicherungen*, die in *diesem* Zusammenhang abgeschlossen werden. Dabei kann sich eine solche Versicherung auf «irgendein zusätzliches Risiko» beziehen, ohne dass hierbei durch Nr. 4 eine Einschränkung erfolgt. Auch verlangt die Bestimmung nicht, dass das Zusatzrisiko in der gleichen Police wie das Hauptrisiko versichert wird[5]. 6

---

[3] Vgl. Bericht SCHLOSSER Rz. 146; KROPHOLLER, Art. 14 Rz. 10.

[4] Vgl. Anhang 1 zur Verordnung über die Beaufsichtigung von privaten Versicherungsunternehmen (Aufsichtsverordnung; SR 961.011): Versicherungszweig B16 «Verschiedene finanzielle Verluste».

[5] KROPHOLLER, Art. 14 Rz. 11.

7 Wie bereits ausgeführt wurde (Rz. 2), lässt das LugÜ neu in Art. 14 Nr. 5 Gerichtsstandsvereinbarungen zu, wenn sie sich auf «*Grossrisiken*» beziehen. Der Begriff orientiert sich an den einschlägigen EWG- beziehungsweise EG/EU-Richtlinien. Er ist auch dem schweizerischen Versicherungsrecht bekannt[6]. Im Unterschied zu Art. 14 Nr. 5 EuGVVO verweist aber Art. 14 Nr. 5 LugÜ **nicht explizit auf Richtlinienrecht** oder dessen Umsetzung in nationales Recht. Entsprechend dem Protokoll 2 – über die einheitliche Auslegung des Übereinkommens – sollte aber der Begriff «Grossrisiken» so gehandhabt werden, wie er jeweils in der EU – und damit auch bei Anwendung der EuGVVO – gilt.

8 Festzuhalten bleibt, dass das ***autonome*** **Zuständigkeitsrecht der Schweiz** bezüglich *Industrie- und KMU-Risiken* keine differenzierende Regelung kennt, wie sie in Art. 14 Nr. 5 enthalten ist. Ausserhalb von Verbraucherverträgen (Art. 114 IPRG) gilt daher für Sachverhalte, die *nicht* in den Geltungsbereich des LugÜ fallen, die allgemeine Vorschrift betreffend Gerichtsstandsvereinbarungen: **Art. 5 IPRG** (vgl. auch Art. 13 Rz. 4). Versicherungsunternehmen und Broker sind daher gehalten, bei der Gestaltung von Versicherungsbedingungen und Einzelverträgen die diesbezüglichen **Unterschiede** zwischen LugÜ und IPRG zu beachten.

III. Ausschluss der Lebensversicherung

9 Bemerkenswert bleibt bei Art. 14, dass er sich lediglich auf ausgewählte Risiken der *Schadensversicherung*, **nicht aber auf die Lebensversicherung** bezieht; damit sind etwaige Gerichtsstandsvereinbarungen in Lebensversicherungsverträgen im Licht von Art. 13 zu prüfen.

---

6 Art. 101b Abs. 6 VVG.

Abschnitt 4: Zuständigkeit bei Verbrauchersachen

Art. 15

1. Bilden ein Vertrag oder Ansprüche aus einem Vertrag, den eine Person, der Verbraucher, zu einem Zweck geschlossen hat, der nicht der beruflichen oder gewerblichen Tätigkeit dieser Person zugerechnet werden kann, den Gegenstand des Verfahrens, so bestimmt sich die Zuständigkeit unbeschadet des Artikels 4 und des Artikels 5 Nummer 5 nach diesem Abschnitt:
a) wenn es sich um den Kauf beweglicher Sachen auf Teilzahlung handelt;
b) wenn es sich um ein in Raten zurückzuzahlendes Darlehen oder ein anderes Kreditgeschäft handelt, das zur Finanzierung eines Kaufs derartiger Sachen bestimmt ist; oder
c) in allen anderen Fällen, wenn der andere Vertragspartner in dem durch dieses Übereinkommen gebundenen Staat, in dessen Hoheitsgebiet der Verbraucher seinen Wohnsitz hat, eine berufliche oder gewerbliche Tätigkeit ausübt oder eine solche auf irgendeinem Wege auf diesen Staat oder auf mehrere Staaten, einschliesslich dieses Staates, ausrichtet und der Vertrag in den Bereich dieser Tätigkeit fällt.

2. Hat der Vertragspartner des Verbrauchers im Hoheitsgebiet eines durch dieses Übereinkommen gebundenen Staates keinen Wohnsitz, besitzt er aber in einem durch dieses Übereinkommen gebundenen Staat eine Zweigniederlassung, Agentur oder sonstige Niederlassung, so wird er für Streitigkeiten aus ihrem Betrieb so behandelt, wie wenn er seinen Wohnsitz im Hoheitsgebiet dieses Staates hätte.

3. Dieser Abschnitt ist nicht auf Beförderungsverträge mit Ausnahme von Reiseverträgen, die für einen Pauschalpreis kombinierte Beförderungs- und Unterbringungsleistungen vorsehen, anzuwenden.

Art. 15

1. En matière de contrat conclu par une personne, le consommateur, pour un usage pouvant être considéré comme étranger à son activité professionnelle, la compétence est déterminée par la présente section, sans préjudice des dispositions de l'art. 4 et de l'art. 5, par. 5:
a) lorsqu'il s'agit d'une vente à tempérament d'objets mobiliers corporels;
b) lorsqu'il s'agit d'un prêt à tempérament ou d'une autre opération de crédit liés au financement d'une vente de tels objets;
c) lorsque, dans tous les autres cas, le contrat a été conclu avec une personne qui exerce des activités commerciales ou professionnelles dans l'État lié par la présente Convention sur le territoire duquel le consommateur a son domicile ou qui, par tout moyen, dirige ces activités vers cet État ou vers plusieurs États, dont cet État, et que le contrat entre dans le cadre de ces activités.

2. Lorsque le cocontractant du consommateur n'est pas domicilié sur le territoire d'un État lié par la présente Convention, mais possède une succursale, une agence ou tout autre établissement dans un État lié par la présente Convention, il est considéré pour les contestations relatives à leur exploitation comme ayant son domicile sur le territoire de cet État.

3. La présente section ne s'applique pas aux contrats de transport autres que ceux qui, pour un prix forfaitaire, combinent voyage et hébergement.

Art. 15

1. Salve le disposizioni dell'articolo 4 e dell'articolo 5, paragrafo 5, la competenza in materia di contratti conclusi da una persona, il consumatore, per un uso che possa essere considerato estraneo alla sua attività professionale è regolata dalla presente sezione:
a) qualora si tratti di una vendita a rate di beni mobili materiali; o
b) qualora si tratti di un prestito con rimborso rateizzato o di un'altra operazione di credito, connessi con il finanziamento di una vendita di tali beni; o
c) in tutti gli altri casi, qualora il contratto sia stato concluso con una persona le cui attività commerciali o professionali si svolgono nello Stato vincolato dalla presente convenzione in cui è domiciliato il consumatore o sono dirette, con qualsiasi mezzo, verso tale Stato o verso una pluralità di Stati comprendente tale Stato, purché il contratto rientri nell'ambito di dette attività.

2. Qualora la controparte del consumatore non abbia il domicilio nel territorio di uno Stato vincolato dalla presente convenzione, ma possieda una succursale, un'agenzia o qualsiasi altra sede d'attività in uno Stato vincolato dalla presente convenzione, essa è considerata, per le controversie relative al loro esercizio, come avente domicilio nel territorio di quest'ultimo Stato.

3. La presente sezione non si applica ai contratti di trasporto che non prevedono prestazioni combinate di trasporto e di alloggio per un prezzo globale.

Art. 15

1. In matters relating to a contract concluded by a person, the consumer, for a purpose which can be regarded as being outside his trade or profession, jurisdiction shall be determined by this Section, without prejudice to Articles 4 and 5 (5), if:
a) it is a contract for the sale of goods on instalment credit terms; or
b) it is a contract for a loan repayable by instalments, or for any other form of credit, made to finance the sale of goods; or
c) in all other cases, the contract has been concluded with a person who pursues commercial or professional activities in the State bound by this Convention of the consumer's domicile or, by any means, directs such activities to that State or to several States including that State, and the contract falls within the scope of such activities.

2. Where a consumer enters into a contract with a party who is not domiciled in the State bound by this Convention but has a branch, agency or other establishment in one of the States bound by this Convention, that party shall, in disputes arising out of the operations of the branch, agency or establishment, be deemed to be domiciled in that State.

3. This section shall not apply to a contract of transport other than a contract which, for an inclusive price, provides for a combination of travel and accommodation.

Literatur: ALONSO/RIZVI, Das revidierte Lugano-Übereinkommen, recht 2010, 48; CALLIESS, Grenzüberschreitende Verbraucherverträge, Tübingen 2006; KLEINKNECHT, Die verbraucherschützenden Gerichtsstände im deutschen und europäischen Zivilprozessrecht, Berlin 2007; LANGER, Verträge mit Privatkunden im Internet, Wien u.a. 2003; LOACKER, .Der Verbrauchervertrag im internationalen Privatrecht, München 2006; MANKOWSKI, Die Darlegungs- und Beweislast für die Tatbestände des Internationalen Verbraucherprozess- und Verbrauchervertragsrechts, IPRax 2009, 474 (zit. MANKOWSKI, Darlegungs- und Beweislast); DERS., Neues zum «Ausrichten» unternehmerischer Tätigkeit unter Art. 15 Abs. 1 lit. c EuGVVO, IPRax 2009, 238 (zit. MANKOWSKI, Neues zum «Ausrichten»); DERS., Muss zwischen ausgerichteter Tätigkeit und konkretem Vertrag bei Art. 15 Abs. 1 lit. c EuGVVO ein Zusammenhang bestehen?, IPRax 2008, 333 (zit. MANKOWSKI, Ausgerichtete Tätigkeit); DERS., Deutsches Recht im türkischen Basar? – Oder: Grundsatzfragen des internationalen Verbraucherschutzes in der Bewährung am konkreten Fall, in: FS Tugrul Ansay, 2006, 189 (zit. MANKOWSKI, Grundsatzfragen); PICHLER, Internationale Zuständigkeit im Zeitalter globaler Vernetzung, München 2008; RAUSCHER, Prozessualer Verbraucherschutz im EuGVÜ?, IPRax 1995, 289; RÖSLER/SIEPMANN, Der Beitrag des EuGH zur Präzisierung von Art. 15 I EuGVO, EuZW 2006, 76; SCHMELZER, Der Konsumentenvertrag, Chur u.a. 1995; SCHNYDER, Internationalprivatrechtliche Aspekte des E-Commerce, in: Trüeb (Hrsg.), Aktuelle Rechtsfragen des E-Commerce, Zürich 2001, 103; Schnyder/Heiss/Rudisch (Hrsg.), Internationales Verbraucherschutzrecht, Tübingen 1995; SLONINA, Haftung aus Gewinnzusagen in IPR und IZPR zwischen Verbraucherschutz und Lauterkeitsrecht, RdW 2006, 748; STAUDINGER, Reichweite des Verbraucherschutzgerichtsstandes nach Art. 15 Abs. 2 EuGVVO, IPRax 2008, 107; ULTSCH, Der einheitliche Verbraucherbegriff, Baden-Baden 2006; VON HEIN, Kapitalanlegerschutz im Verbrauchergerichtsstand zwischen Fernabsatz und konventionellem Vertrieb: Zur Konkretisierung der «Ausrichtung» in Art. 15 Abs. 1 lit. c EuGVO, IPRax 2006, 16; WAGNER, Internationale und örtliche Zuständigkeit in Verbrauchersachen im Rahmen des Brüsseler Übereinkommens und der Brüssel I-Verordnung, WM 2003, 116; WEBER-STECHER, Internationales Konsumvertragsrecht, Zürich 1997.

Übersicht *Seite*

I. Verbrauchersachen

1. Allgemeines

Abschnitt 4 von Titel II über die Zuständigkeit folgt vom Konzept her weitgehend dem diesbezüglichen Abschnitt im aLugÜ (Art. 13 bis Art. 15). Eine ähnliche – wenn auch nicht identische – Regelung enthält Art. 114 1

IPRG. Gegenüber der früheren Fassung erweitert das revidierte LugÜ den Anwendungsbereich des besonderen Abschnitts. Andererseits sollen Anbieterunternehmen davor geschützt werden, vor Gerichten eingeklagt zu werden, mit deren Zuständigkeit sie überhaupt nicht rechnen müssen.

2 Der Abschnitt dient – ebenso wie die Bestimmungen über Versicherungssachen (Art. 8 ff.) – der Verwirklichung zuständigkeitsrechtlichen Konsumentenschutzes.

2. Verbrauchervertrag

3 Art. 15 Abs. 1 verlangt für die Anwendbarkeit des besonderen Abschnitts – wie schon Art. 13 Abs. 1 aLugÜ –, dass Gegenstand eines Verfahrens **Ansprüche aus einem Verbrauchervertrag** (Art. 114 IPRG: «Verträge mit Konsumenten») sein müssen. Der Vertragspartner der anbietenden Person, der «Verbraucher», muss den Vertrag zu einem Zweck geschlossen haben, «der nicht der beruflichen oder gewerblichen Tätigkeit dieser Person zugerechnet werden kann». Eine (mögliche) weitere Einschränkung des Verbraucherbegriffs, wie sie etwa Art. 114 i.V.m. Art. 120 Abs. 1 IPRG mit dem Kriterium der «Üblichkeit» eines Verbrauchergeschäfts kennt, sieht das LugÜ nicht vor. Auch kommt es im Einzelfall nicht darauf an, ob der betroffene Verbraucher (eine natürliche Person) schutzbedürftig ist oder nicht[1].

4 Der Vertrag darf vom Konsumenten *nicht* im Zusammenhang mit seiner *beruflich-gewerblichen Tätigkeit* geschlossen worden sein. Das Verbraucherprivileg muss auch entfallen, «wenn ein Kauf zum Zwecke des Weiterverkaufs an eine nicht zur Familie gehörige Person getätigt wird»[2]. «Die Frage, ob eine Person die **Verbrauchereigenschaft** besitzt, muss nach der Stellung dieser Person innerhalb des konkreten Vertrags in Verbindung mit dessen Natur und Zielsetzung und nicht nach der subjektiven Stellung dieser Person beantwortet werden. Deshalb kann ein und dieselbe Person im Rahmen bestimmter Vorgänge als Verbraucher und im Rahmen anderer Vorgänge als Unternehmer angesehen werden»[3]. Es obliegt dem angerufenen Gericht, anhand der ihm vorgelegten Beweismittel zu entscheiden, ob mit dem betreffenden Vertrag persönlich-familiäre oder beruflich-gewerb-

[1] Schlosser, Art. 15 Rz. 3, mit Hinweis auf BGE 121 III 336.
[2] Schlosser, Art. 15 Rz. 3.
[3] BGE 133 III 295, 300.

liche Bedürfnisse beziehungsweise Zielsetzungen gedeckt und angestrebt werden sollen. Dabei sind neben Inhalt, Art und Zweck eines Vertrages auch die objektiven *Umstände des Vertragsabschlusses* zu berücksichtigen[4].

Bei *gemischten Geschäften*, bei denen eine Person einerseits in Ausübung ihrer beruflichen oder gewerblichen Tätigkeit, andererseits zu persönlichem Zweck handelt, sind die Art. 15 ff. nur anwendbar, wenn der **beruflich-gewerbliche Zweck so nebensächlich** ist, dass er lediglich eine völlig untergeordnete Rolle spielt[5]. Letzterer Umstand ist von jener Person zu beweisen, die sich auf Art. 15 beruft, wobei die Gegenpartei berechtigt ist, den Gegenbeweis zu erbringen[6]. 5

Art. 15 bildet eine zuständigkeitsrechtliche Grundlage für Klagen *aus Vertrag*. Da der Begriff autonom auszulegen ist, rechtfertigt sich insoweit eine Orientierung an Art. 5 Nr. 1[7]. In erster Linie steht Art. 15 für Streitigkeiten betreffend **vertragliche Haupt- und Nebenleistungspflichten sowie Folgeansprüche** zur Verfügung. Erfasst werden aber auch Auseinandersetzungen über das Zustandekommen und die Gültigkeit eines Vertrages, Ansprüche aus Rückabwicklung – einschliesslich damit zusammenhängender Bereicherungsfragen – sowie Ansprüche aus vorvertraglicher *culpa in contrahendo*[8]. Was Letztere betrifft, können sich jedoch gestützt auf die neuere Rechtsprechung des EuGH zum Vertragsbegriff nach Art. 5 Nr. 1 Zweifel ergeben[9]. 6

3. Konkretisierung des Vertragstyps

a) Kauf beweglicher Sachen auf Teilzahlung

Art. 15 steht als Grundlage *nicht* für sämtliche Verbraucherklagen zur Verfügung. Vielmehr muss es sich um einen Vertrag handeln, wie er in den lit. a bis c von Art. 15 Abs. 1 **spezifiziert** wird. Dabei haben lit. a und lit. b 7

[4] BGE 133 III 295, 300. Vgl. dazu eingehend MANKOWSKI, Darlegungs- und Beweislast.

[5] EuGH 20.01.2005, Rs. C-464/01, *Johann Gruber/Bay Wa AG*, Slg. 2005 I 439 Rz. 32 ff., 54.

[6] EuGH i.S. *Gruber* (Fn. 5), Rz. 46.

[7] CZERNICH/TIEFENTHALER/KODEK-TIEFENTHALER, Art. 15 Rz. 14; KROPHOLLER, Art. 15 Rz. 4.

[8] Keine verbraucherrechtliche Zuständigkeit begründet die Garantie eines Herstellers; zwischen diesem und irgendeinem Erwerber eines Fahrzeugs entstehen keine gegenseitigen Verpflichtungen: BGE 134 III 218.

[9] Vgl. zu Art. 5 Nr. 1.

konkrete Vertragstypen vor Augen, während die Generalisierung in lit. c gleichsam einen Auffangtatbestand bildet.

8 Die besondere Zuständigkeit kommt nach lit. a von Art. 15 Abs. 1 zunächst dann zum Tragen, wenn Gegenstand eines Vertrages ein Kauf *beweglicher Sachen* auf *Teilzahlung* ist. Nach der Rechtsprechung des EuGH ist darunter ein **Kaufgeschäft** zu verstehen, «bei welchem der Kaufpreis in mehreren Teilzahlungen geleistet wird oder das mit einem Finanzierungsvertrag verbunden ist»[10]. Während die Leistung einer *Anzahlung* den Tatbestand von Art. 15 Abs. 1 lit. a noch nicht erfüllt[11], reichen jedenfalls drei **Teilleistungen** dafür aus[12].

9 Beim Kaufgegenstand muss es sich um eine ***bewegliche Sache*** handeln, die bereits vorhanden ist. Wird sie erst hergestellt, kann der Vertrag gegebenenfalls unter lit. c von Art. 15 Abs. 1 fallen. Nicht erfasst werden durch lit. a Verträge, bei denen die letzte Teilzahlung erfolgen soll, *bevor* die Kaufsache geliefert wird (Übertragung des Besitzes)[13]. Nach Ansicht des EuGH fehlt es in solchen Fällen an einem Schutzinteresse des Verbrauchers. *Wertpapiere* sind keine beweglichen Sachen im Sinn von Art. 15 (anders Art. 5 Rz. 95), so dass deren Kauf nicht unter die spezielle Bestimmung fällt. Gleiches muss gelten für Termingeschäfte an der Börse und den Devisenhandel, «da insoweit der Spekulationscharakter der Geschäfte im Vordergrund steht»[14].

10 Nicht restlos geklärt ist die Anwendbarkeit auf einen *Kauf von Software*. Nach wohl überwiegender Ansicht fallen solche Verträge bei Vereinbarung von Teilzahlungen unter lit. a. Es soll nämlich insoweit nicht darauf ankommen, wie die zum Herunterladen über das Internet **angebotene Software** schliesslich übertragen wird (Datenträger oder online)[15]. Demgegenüber liegt bei einer individuellen Programmierung kein Kauf, sondern ein

---

[10] EuGH 21.06.1978, Rs. 150/77, *Bertrand/Paul Ott KG*, Slg. 1978, 1431 Rz. 20.

[11] Nachweise bei SCHLOSSER, Art. 15 Rz. 5; CZERNICH/TIEFENTHALER/KODEK-TIEFENTHALER, Art. 15 Rz. 17.

[12] SCHLOSSER, Art. 15 Rz. 5 Fn. 9.

[13] EuGH 29.04.1999, Rs. C-99/96, *Hans-Hermann Mietz/Intership Yachting Sneek BV*, Slg. 1999 I 2277 Rz. 33.

[14] SCHLOSSER, Art. 15 Rz. 5; KROPHOLLER, Art. 15 Rz. 17.

[15] DASSER/OBERHAMMER-FURRER/SHEIKH, Art. 13 Rz. 23; CZERNICH/TIEFENTHALER/KODEK-TIEFENTHALER, Art. 15 Rz. 15; KROPHOLLER, Art. 15 Rz. 17.

Werkvertrag vor, mit Bezug auf welchen gegebenenfalls der Tatbestand von lit. c erfüllt wird.

Auch der **Mietkauf** sowie «andere Umsatzgeschäfte mit gleicher wirt- 11
schaftlicher Zielrichtung»[16] fallen unter lit. a. Das gilt namentlich für *Leasingverträge*, deren Zweck (in der Regel) die Übertragung des wirtschaftlichen Eigentums an den Leasingnehmer am Ende der Vertragsdauer ist. Nach überzeugender Auffassung ist der **Leasingvertrag** dem Teilzahlungskauf für Zwecke von Art. 15 Abs. 1 lit. a gleichzustellen, da die Schutzbedürftigkeit des Verbrauchers auch hier ausgewiesen ist[17].

b) Kreditgeschäft

Die besondere Zuständigkeitsbestimmung greift nach Art. 15 Abs. 1 lit. b 12
des Weiteren in Fällen, in denen ein Verbraucher zum Zweck der Finanzierung eines Kaufs *beweglicher Sachen* (gemäss lit. a) ein in Raten zurückzuzahlendes *Darlehen* oder ein anderes *Kreditgeschäft* abgeschlossen hat. Entscheidend ist die **Zweckbindung des gewährten Darlehens** – zur Finanzierung «eines Kaufs derartiger Sachen» –, so dass der Kreditnehmer über das Darlehen nicht frei verfügen darf[18].

Wird die Ware selbst («derartige Sachen») mit Mitteln aus dem Darlehen 13
auf einmal bezahlt, so ist Art. 15 zwar anwendbar, aber nur hinsichtlich der Klage aus *Darlehensvertrag*. Der Kaufvertrag wird demgegenüber nicht erfasst, da lit. a für deren Anwendbarkeit den Abschluss eines Teilzahlungskaufes voraussetzt[19]. Möglicherweise wird der Kaufvertrag aber durch lit. c erfasst.

c) «Ausgerichtete» Geschäftstätigkeit des Anbieters

Art. 15 Abs. 1 lit. c enthält einen *Auffangtatbestand*, der «in allen anderen 14
Fällen» (Ingress von lit. c) – als in den Fällen von lit. a und lit. b – die Anwendbarkeit des Abschnittes 4 zum Ergebnis haben kann. Art. 15 ff. sind danach zu beachten, wenn der Anbieter im Wohnsitzstaat des Verbrauchers «*eine berufliche oder gewerbliche Tätigkeit ausübt*» oder eine solche auf

---

16 Schlosser, Art. 15 Rz. 5; Kropholler, Art. 15 Rz. 18.

17 Vgl. (m.w.H., auch auf abweichende Stellungnahmen) Dasser/Oberhammer-Furrer/Sheikh, Art. 13 Rz. 21.

18 Czernich/Tiefenthaler/Kodek-Tiefenthaler, Art. 15 Rz. 18; Schlosser, Art. 15 Rz. 6.

19 Kropholler, Art. 15 Rz. 19; Dasser/Oberhammer-Furrer/Sheikh, Art. 13 Rz. 25.

diesen Staat «*ausrichtet*» – und der Vertrag in den Bereich dieser Tätigkeit fällt. Relevantes und bis heute umstrittenes Anknüpfungskriterium ist das **«Ausrichten» einer Tätigkeit auf den Markt,** in welchem sich der Verbraucher befindet.

15 Das revidierte LugÜ hat in diesem Punkt das aLugÜ ganz erheblich – zumindest dem Wortlaut und der Intention nach – *abgeändert*. Das betrifft insbesondere Art. 13 Abs. 1 Nr. 3 lit. a aLugÜ, wonach eine (jede) *Werbung* im Wohnsitzstaat genügte, die Anbieterin der Zuständigkeit der Gerichte des Wohnsitzstaates von Verbrauchern zu unterwerfen, wenn der Verbraucher in diesem Staat auch die zum Abschluss des Vertrages erforderlichen Rechtshandlungen vorgenommen hatte. Das für das aLugÜ relevante Anbieten eines ausdrücklichen Vertragsangebots oder die **vorausgegangene Werbung** fungieren nicht mehr als Anknüpfungsmerkmale – entscheidend sind jetzt Geschäftstätigkeit beziehungsweise «Ausrichtung» derselben. Das ist aus *schweizerischer Sicht* auch deshalb von Bedeutung, weil das (autonome) IPRG nicht an die Neuformulierung des LugÜ angepasst worden ist und daher weiterhin dem Anknüpfungskonzept des aLugÜ folgt (Art. 114 i.V.m. Art. 120, insbesondere Abs. 1 lit. b). Es bleibt abzuwarten, ob und inwieweit die Gerichtspraxis die *Auslegung* von Art. 120 IPRG zukünftig an die europäische Rechtsprechung zum neuen LugÜ anpassen wird.

16 Als *Auffangtatbestand* «in allen anderen Fällen» ist die Bestimmung von lit. c – im Unterschied zu Art. 13 Abs. 1 Nr. 3 aLugÜ – ***nicht mehr* auf Verträge beschränkt,** die die Erbringung einer Dienstleistung oder die Lieferung beweglicher Sachen zum Gegenstand haben. Insoweit entfällt auch die Notwendigkeit einer (möglichen) Abgrenzung solcher von anderen Verträgen. Erfasst werden neu und unstreitig daher (u.a.) Werkverträge oder Kreditgeschäfte, die nicht zur Finanzierung eines Kaufs von Waren getätigt werden.

17 Sowohl bei einer Anknüpfung an die lokale Geschäftstätigkeit als auch an deren Ausrichtung wird verlangt, dass der konkrete Vertrag «in den *Bereich dieser Tätigkeit* fällt». Es bedarf also eines *Konnexes* zwischen der Tätigkeit des Anbieters und dem Vertrag. **Fehlt dieser Zusammenhang,** entfällt eine Anwendung der Art. 15 ff. Ein Zusammenhang besteht wohl dort, wenn jemand TV-Geräte in der Werbung besonders hervorhebt, der Verbraucher sich dann aber für den Kauf eines Radios entschliesst.

Zentral ist die Frage, wann und in welchen Fällen ein Unternehmen, das an sich *keiner* beruflichen oder gewerblichen Tätigkeit im Wohnsitzstaat des Verbrauchers nachgeht, dennoch diese **auf den betreffenden Staat** (und möglicherweise auf andere LugÜ-Staaten) «*ausrichtet*». Obwohl sich der EuGH zu dieser Anknüpfung jüngst äussern konnte[20], bleibt nach wie vor einiges umstritten. Klärungsbedarf ist ebenfalls deswegen geboten, weil die Ausrichtung auch Aufnahme in die verweisungsrechtliche *Rom I-VO* gefunden hat (Art. 6 Abs. 1 lit. b). 18

Schon dem Wortlaut der Bestimmung nach muss klar werden, dass das «Ausrichten» *nicht in der Tätigkeitsausübung* im Wohnsitzstaat des Verbrauchers aufgeht. Ausrichten bedeutet also nicht (lokales) Tätigsein. Es hat daher – ähnlich wie im Dienstleistungsverkehr – Fälle im Auge, in denen eine **Marktbearbeitung «von aussen her»**, *aus dem Ausland* erfolgt. Transportmittel können namentlich sein Printmedien, TV-Werbung, Websites – sofern sie (auch) auf den *Heimmarkt des Verbrauchers* «ausgerichtet» sind. 19

Schwierig ist die Entscheidung der Frage, (ab) wann eine *Website auf dem Internet* eine Ausrichtung darstellt[21]. Ohne Unterdrückung oder Erklärung der Nichtanwendbarkeit einer Website (dazu hiernach N 27) könnte argumentiert werden, diese sei auf *alle* Märkte und Staaten ausgerichtet, in denen sie *abrufbar* ist. Eine solche Auslegung würde allerdings keine Änderung der früheren Regelung bringen – eine solche ist jedoch bei Schaffung von Art. 15 Abs. 1 lit. c intendiert gewesen. 20

Die *EU-Kommission* unterbreitete bei Erlass der EuGVVO den Vorschlag, bei einer Ausrichtung im Internet **zwischen *aktiven* und *passiven* Websites zu unterscheiden.** Während Erstere zur Anwendung von Art. 15 ff. führen sollen, habe bei Letzteren der besondere zuständigkeitsrechtliche Schutz der Verbraucher zu entfallen[22]. In eine ähnliche Richtung ging eine gemein- 21

[20] Vgl. auch Anfrage eines OLG v. 26.03.2009 und die Schlussanträge der Generalanwältin Verica Trestenjak vom 18.05.2010 in der Rs. C-585/08, *Peter Pammer/Reederei Karl Schlüter GmbH & Co KG*, und Rs. C-144/09, *Hotel Alpenhof GesmbH/Oliver Heller*; Hinweis in IPRax 2010, IX; vgl. zu letzterem Fall hiernach N 26.

[21] Vgl. Loacker 141 ff. (noch zum EVÜ).

[22] Vgl. aus dem Erläuternden Bericht der Kommission, abgedruckt bei Schnyder, Aspekte des E-Commerce, 109: Diese Differenzierung, die «auf die Ausübung der Tätigkeit in dem Staat bzw. ihre Ausrichtung auf den Staat, in dem der Verbraucher seinen Wohnsitz hat, abstellt, soll verdeutlichen, dass Verbraucherverträge, die via eine aktive Website geschlossen wur-

same Erklärung von Rat und Kommission zu Art. 15 der EuGVVO[23], welche sich ihrerseits im Erwägungsgrund (24) zur Rom I-VO wieder findet[24]. Aus den Erklärungen kann abgeleitet werden, dass die ***Zugänglichkeit** einer Website* ***allein nicht*** ausreichen soll, um die Anwendbarkeit von Art. 15 zu begründen; so hat nun auch der EuGH entschieden[25]. Vielmehr bedürfe es – für eine aktive Website – des Anbietens von Vertragsabschlüssen im Fernabsatz – und dass tatsächlich ein Vertragsabschluss im Fernabsatz erfolge. Offen bleibt dabei, ob und inwieweit der konkrete Wohnsitzstaat des Verbrauchers im Angebot erkenntlich sein muss: um daraus ableiten zu können, ob die Website «aktiv» oder «passiv» ist. Bei *strenger* Interpretation einer Website – zumal wenn die Sprache keine Rolle spielen soll – wird man jedenfalls häufig zur *Bejahung* einer Ausrichtung gelangen müssen.

---

den, die im Wohnsitzstaat des Verbrauchers zugänglich ist, unter Artikel 15 Nr. 3 fallen. Die blosse Tatsache, dass sich der Verbraucher einer Dienstleistung oder der Möglichkeit, Waren zu kaufen, via eine, in seinem Wohnsitzstaat zugängliche, passive Website bewusst wurde, wird diese Zuständigkeitsregeln *nicht einsetzen*».

23 Vgl. http://ec.europa.eu/civiljustice/homepage/homepage_ec_de_declaration.pdf, abgedruckt auch in IPRax 2001, 259, 261: «Der Rat und die Kommission sind sich bewusst, dass die Entwicklung des elektronischen Geschäftsverkehrs in der Informationsgesellschaft das wirtschaftliche Wachstum der Unternehmen fördert. Das Gemeinschaftsrecht trägt wesentlich dazu bei, dass die Bürger, die Wirtschaftsteilnehmer und die Verbraucher die Möglichkeiten des elektronischen Geschäftsverkehrs nutzen können. Sie sind der Auffassung, dass die Entwicklung neuer Technologien im Bereich Fernabsatz über Internet zum Teil von dem gegenseitigen Vertrauen getragen wird, das zwischen den Unternehmen und den Verbrauchern entstehen kann. Ein wichtiges Element dieses Vertrauens ist die in Artikel 16 der Verordnung vorgesehene Möglichkeit für die Verbraucher, die Gerichte des Mitgliedstaats, in dem sie ihren Wohnsitz haben, mit etwaigen Streitigkeiten zu befassen, wenn der vom Verbraucher geschlossene Vertrag unter Artikel 15 der Verordnung fällt. Diesbezüglich weisen der Rat und die Kommission darauf hin, dass es für die Anwendung von Artikel 15 Absatz 1 Buchstabe c nicht ausreicht, dass ein Unternehmen seine Tätigkeiten auf den Mitgliedstaat, in dem der Verbraucher seinen Wohnsitz hat, oder auf mehrere Staaten – einschliesslich des betreffenden Mitgliedstaats –, ausrichtet, sondern dass im Rahmen dieser Tätigkeiten auch ein Vertrag geschlossen worden sein muss. Diese Bestimmung betrifft mehrere Absatzformen, darunter Vertragsabschlüsse im Fernabsatz über Internet. In diesem Zusammenhang betonen der Rat und die Kommission, dass die Zugänglichkeit einer Website allein nicht ausreicht, um die Anwendbarkeit von Artikel 15 zu begründen; vielmehr ist erforderlich, dass diese Website auch den Vertragsabschluss im Fernabsatz anbietet und dass tatsächlich ein Vertragsabschluss im Fernabsatz erfolgt ist, mit welchem Mittel auch immer. Dabei sind auf einer Website die benutzte Sprache oder die Währung nicht von Bedeutung.».

24 ABl. EU L 177/6 vom 04.07.2008.

25 EuGH 07.12.2010, Rs. C-585/08 und C-144/09, *Peter Pammer/Reederei Karl Schlüter* und *Hotel Alpenhof/Oliver Heller*.

Eine zuständigkeitsrechtlich relevante Unterscheidung zwischen «aktiver» und «passiver» Website ist **in der Lehre mehrheitlich *kritisiert*** worden. Es wird argumentiert, angesichts der sich rasch verändernden Welt des Internet sei eine solche Kategorisierung grundsätzlich problematisch[26]. Auch privilegiere sie Internet-Angebote gegenüber traditionellen Formen der Werbung, zumal eine passive Website, die nicht auf einen Vertragsabschluss im Fernabsatz abzielt, ein Ausrichten der Tätigkeit auf einen bestimmten Staat darstellen kann[27]. Dieses und weitere Argumente führen schliesslich zu der Einsicht, dass eine Differenzierung verschiedener Arten von Websites äusserst schwierig «und letztlich unüberwindlich» sei[28]. 22

Im Zweifel wird man eine Ausrichtung *bejahen* müssen, wenn der Verbraucher gestützt auf ein Angebot (in seinem Wohnsitzstaat beziehungsweise im Internet) einen **Vertragsschluss realisieren kann** oder sich gestützt darauf für Zwecke der Vertragsschliessung ins Ausland begibt. *Keine Ausrichtung* wird vorliegen, wenn der Anbieter mit einem Vertragsabschluss im betreffenden Staat überhaupt nicht rechnen muss, weil er z.B. seine Angebote nicht auf den europäischen Raum konzipiert hat. Gleiches wird zu gelten haben, wenn jemand im Ergebnis nur einen lokalen Markt vor Augen hat, beispielsweise ein Reinigungsunternehmen oder ein Velokurier in der Stadt Luzern. Komplexer wird die Rechtslage bei anderen Verträgen mit gebundenem Erfüllungsort, namentlich im Bereich des Tourismus. Ausrichtung wird wohl vorliegen, wenn der Verbraucher gerade durch ein Angebot im Internet zu einer Reise ins Ausland animiert werden soll. Für einen Hotelbetrieb am Bodensee sollte es demgegenüber möglich sein, eine Website zu unterhalten – mit Blick auf die Schweizer Kundschaft –, ohne Gefahr zu laufen, gestützt auf Art. 15 ff. verklagt zu werden. Die Situation mag sich ändern – entsprechend dem Ansatz von EU-Rat und Kommission –, wenn ein Hamburger Urlaubsinteressent mittels «Mausklick», d.h. im Fernabsatz, die Ferien am Bodensee buchen kann. 23

Nicht auf die Ausrichtung kann es ankommen, wenn ein Verbraucher *von sich aus* – ohne Motivierung durch den Anbieter – eine Auslandreise antritt und danach im Ausland kontrahiert. In einem solchen Fall *fehlt* es am 24

26 PICHLER, 400 Rz. 595.

27 CZERNICH/TIEFENTHALER/KODEK-TIEFENTHALER, Art. 15 Rz. 25.

28 MANKOWSKI, Neues zum «Ausrichten», 240 (sowie passim: mit Auflistung eines ganzen Katalogs von Argumenten *gegen* die Unterscheidung).

Zusammenhang zwischen Marktausrichtung und Vertragsschluss[29] – wenn auch im Übrigen noch nicht abschliessend geklärt ist, welche Kausalitätserfordernisse mit Bezug auf die Ausrichtung zu gelten haben.

25 Umstritten ist des Weiteren, ob eine *einmalige* oder nur gelegentlich an einzelne Personen gerichtete Werbung bereits eine auf den Wohnsitzstaat ausgerichtete gewerbliche Tätigkeit darstellt[30]. Da Art. 15 Abs. 1 lit. c an sich jede Art von Werbung erfasst, dürfte es nicht auf die Häufigkeit der Ausrichtung ankommen[31]. In einem solchen Fall mag es aber am Zusammenhang zwischen der Werbetätigkeit und dem schliesslichen Vertrag fehlen[32].

26 Nach dem im Dezember 2010 ergangenen **Grundsatzurteil des EuGH**[33] sind folgende *Beurteilungskriterien* relevant, die ein nationales Gericht unter Würdigung aller Umstände des **konkreten Falles** zu prüfen hat, um eine Ausrichtung zu bejahen oder zu verneinen[34]:

- internationaler Charakter der Tätigkeit des Gewerbetreibenden;
- Angabe von Anfahrtsbeschreibungen von anderen Staaten aus zu dem Ort, an dem der Gewerbetreibende niedergelassen ist (sofern relevant);
- Verwendung einer anderen Sprache oder Währung als der im Niederlassungsstaat des Gewerbetreibenden verwendeten mit der Möglichkeit der Buchung in dieser anderen Sprache;
- Angaben von Telefonnummern mit internationaler Vorwahl;
- Tätigung von Ausgaben für einen Internetreferenzierungsdienst, um in anderen Staaten wohnhaften Verbrauchern den Zugang zur Website des Gewerbetreibenden zu erleichtern;
- Verwendung eines anderen Domänennamens oberster Stufe als desjenigen des Niederlassungsstaates des Gewerbetriebenden;
- Erwähnung einer internationalen Kundschaft mit Wohnzitz/Sitz in verschiedenen Staaten.

---

[29] Schlosser, Art. 15 Rz. 8; differenzierend Mankowski, Grundsatzfragen 200.

[30] Verneinend Schlosser, Art. 15 Rz. 8.

[31] Vgl. aber EuGH in seinem Grundsatzurteil (Fn. 25 hiervon): Eine retrospektive Analyse der Websites muss ergeben, dass der Gewerbetreibende Bereitschaft zeigte, mit Verbrauchern im betreffenden Staat zu kontrahieren.

[32] Vgl. dazu auch Mankowski, Neues zum «Ausrichten» 242 f.

[33] Vgl. Fn. 25 hiervor.

[34] Vgl. auch Schlussanträge der Generalanwältin a.a.O. (Fn. 20).

Eine Ausrichtung auf einzelne Länder kann durch einen *ausdrücklichen Hinweis auf der Website (disclaimer)* vermieden werden. Gegebenenfalls kann eine Beschränkung auch *konkludent* – beispielsweise durch die Art des beworbenen Produkts oder durch die Währung – zum Ausdruck kommen[35]. Diesbezüglich ist aber Zurückhaltung geboten[36]. Will jemand in bestimmte Länder nicht liefern, hat er das anzuzeigen und eine Bestellung aus einem unerwünschten Land zu verunmöglichen. Wird trotz eines «disclaimers» kontrahiert, bedeutet das im Ergebnis ein *venire contra factum proprium*, und eine Ausrichtung entfällt nicht. 27

II. Beförderungsverträge

Nach Art. 15 Abs. 3 gelten die Regeln des Abschnitts 4 nicht für (reine) Beförderungsverträge von Personen und Gütern. Es gelangen insoweit die **allgemeinen Bestimmungen** von Art. 2 ff. sowie staatsvertragliche Spezialvorschriften zur Anwendung. – Eine solche Ausnahmeregelung kennen Art. 114 und Art. 120 IPRG nicht. 28

Eine «Ausnahme von der Ausnahme» macht Art. 15 Abs. 3 für *Pauschalreiseverträge*: Reiseverträge, die für einen Pauschalpreis kombinierte [!] Beförderungs- und Unterbringungsleistungen vorsehen». Die Sonderregel soll auch gelten, wenn ein bezüglicher **Reisevertrag** durch ein Reisebüro *vermittelt* beziehungsweise angeboten wird[37]. 29

III. Anbieter mit Sitz in einem Drittstaat

Hat ein Anbieterunternehmen («Vertragspartner des Verbrauchers»: Art. 15 Abs. 2) nicht Sitz (Wohnsitz) in einem LugÜ-Staat, so gelangt das Übereinkommen *an sich nicht zur Anwendung*[38]. Art. 15 Abs. 2 schafft nun insoweit eine *Ausnahme- oder Sonderregelung*. Danach fällt ein drittstaatliches Unternehmen (Vertragspartner) in den Anwendungsbereich der Art. 15 ff., 30

[35] Kropholler, Art. 15 Rz. 24; sehr zurückhaltend EU-Rat/Kommission in ihrer Erklärung (vgl. Fn. 23), a.E. von Nr. 1: «Dabei sind auf einer Website die benutzte Sprache oder die Währung nicht von Bedeutung.».

[36] Vgl. auch EuGH (Fn. 25).

[37] Czernich/Tiefenthaler/Kodek-Tiefenthaler, Art. 15 Rz. 32.

[38] Vorbehalten bleiben einschlägige Fälle im Rahmen von Art. 22 und Art. 23.

wenn es innerhalb des Geltungsbereichs des LugÜ zwar keinen Wohnsitz beziehungsweise Sitz, jedoch eine *Zweigniederlassung, Agentur oder sonstige Niederlassung* hat. In einem solchen Fall wird die **Niederlassung als «Sitz»** in einem LugÜ-Staat betrachtet. Dies führt dazu, dass einem Kläger die gleichen Zuständigkeitsmöglichkeiten eröffnet werden, wie sie ihm gegenüber Anbietern gegeben sind, die im räumlichen Geltungsbereich des Staatsvertrages ihren Sitz haben. Eine gleich lautende Bestimmung enthält Art. 9 Abs. 2 für Versicherungssachen.

31 Der Wortlaut von Art. 15 Abs. 2 stimmt überein mit den Anknüpfungspunkten (Zweigniederlassung, Agentur oder sonstige Niederlassung), wie sie in Art. 5 Nr. 5 statuiert werden. Insoweit ist es angebracht, eine gegenüber Art. 5 übereinstimmende *Auslegung* anzustreben.

32 Wie Art. 5 Nr. 5 *beschränkt* Art. 15 Abs. 2 die Sonderzuständigkeit auf «Streitigkeiten **aus ihrem Betrieb**», d.h. Auseinandersetzungen in Bezug auf Geschäfte, die mit der betreffenden Niederlassung abgeschlossen worden sind beziehungsweise bestehen.

IV. Vorbehaltene Zuständigkeitsbestimmungen

1. Artikel 4 LugÜ

33 Art. 15 Abs. 1 (Ingress) behält Art. 4 vor. Damit stellt das Übereinkommen klar, dass die besonderen Zuständigkeitsbestimmungen der Art. 15 ff. nur zum Tragen kommen, wenn der Beklagte seinen Wohnsitz (Sitz) *in einem LugÜ-Staat* hat. (Eine Ausnahme ergibt sich in Fällen, in denen der hiervor besprochene Art. 15 Abs. 2 zu beachten ist; vgl. Rz. 30). Hat der beklagte Anbieter seinen Sitz ausserhalb der LugÜ-Staaten, so ist die internationale Zuständigkeit grundsätzlich **durch das IPRG** zu bestimmen. Gleiches gilt gegenüber Verbrauchern, die ihren Wohnsitz nicht in einem LugÜ-Staat haben. Für Klagen von Verbrauchern ist insoweit auf Art. 114 (i.V.m. Art. 120) IPRG zu verweisen.

2. Artikel 5 Nr. 5 LugÜ

Vorbehalten wird durch Art. 15 Abs. 1 ebenfalls der Gerichtsstand am Ort 34
einer Niederlassung gemäss Art. 5 Nr. 5. Allerdings bedeutet das nicht, dass dadurch der Klägergerichtsstand nach Art. 16 Abs. 1 relativiert würde. Auch kann es sein, dass sich im Zusammenhang mit der Tätigkeit der Niederlassung eines Drittstaatunternehmens ein Forum an diesem Ort ergibt.

Art. 16

1. Die Klage eines Verbrauchers gegen den anderen Vertragspartner kann entweder vor den Gerichten des durch dieses Übereinkommen gebundenen Staates erhoben werden, in dessen Hoheitsgebiet dieser Vertragspartner seinen Wohnsitz hat, oder vor dem Gericht des Ortes, an dem der Verbraucher seinen Wohnsitz hat.

2. Die Klage des anderen Vertragspartners gegen den Verbraucher kann nur vor den Gerichten des durch dieses Übereinkommen gebundenen Staates erhoben werden, in dessen Hoheitsgebiet der Verbraucher seinen Wohnsitz hat.

3. Die Vorschriften dieses Artikels lassen das Recht unberührt, eine Widerklage vor dem Gericht zu erheben, bei dem die Klage selbst gemäss den Bestimmungen dieses Abschnitts anhängig ist.

Art. 16

1. L'action intentée par un consommateur contre l'autre partie au contrat peut être portée soit devant les tribunaux de l'État lié par la présente Convention sur le territoire duquel est domiciliée cette partie, soit devant le tribunal du lieu où le consommateur est domicilié.

2. L'action intentée contre le consommateur par l'autre partie au contrat ne peut être portée que devant les tribunaux de l'État lié par la présente Convention sur le territoire duquel est domicilié le consommateur.

3. Les dispositions du présent article ne portent pas atteinte au droit d'introduire une demande reconventionnelle devant le tribunal saisi d'une demande originaire conformément à la présente section.

Art. 16

1. L'azione del consumatore avverso la controparte contrattuale può essere proposta o davanti al giudice dello Stato vincolato dalla presente convenzione nel cui territorio è domiciliata tale parte, o davanti al giudice del luogo in cui è domiciliato il consumatore.

2. L'azione della controparte contrattuale avverso il consumatore può essere proposta solo davanti al giudice dello Stato vincolato dalla presente convenzione nel cui territorio è domiciliato il consumatore.

3. Le disposizioni del presente articolo non pregiudicano il diritto di proporre una domanda riconvenzionale davanti al giudice investito della domanda principale in conformità della presente sezione.

Art. 16

1. A consumer may bring proceedings against the other party to a contract either in the courts of the State bound by this Convention in which that party is domiciled or in the courts for the place where the consumer is domiciled.

2. Proceedings may be brought against a consumer by the other party to the contract only in the courts of the State bound by this Convention in which the consumer is domiciled.

3. This Article shall not affect the right to bring a counter-claim in the court in which, in accordance with this Section, the original claim is pending.

Literatur: Vgl. Hinweise zu Art. 15.

Übersicht *Seite*

I. Klage des Verbrauchers

In Art. 16 Abs. 1 findet sich die *besondere schutzrechtliche* Zuständigkeit für Klagen von Verbrauchern. Diesen steht es *frei*, Anbieter an deren Sitz beziehungsweise Wohnsitz oder an *ihrem eigenen Wohnsitz* einzuklagen. Damit ist dieser ***Klägergerichtsstand*** die entscheidende Rechtsfolge der Anwendbarkeit des Abschnittes 4. Ein entsprechendes Forum ist auch in Art. 114 Abs. 1 IPRG für Sachverhalte vorgesehen, die nicht in den Anwendungsbereich des LugÜ fallen. Im Unterschied zu Letzterem gewährt das IPRG die Zuständigkeit nicht nur am Wohnsitz, sondern auch am gewöhnlichen Aufenthalt des Verbrauchers. 1

Massgeblich für den Klägergerichtsstand ist der **Zeitpunkt der Klageerhebung**[1]. Die Bestimmung des Wohnsitzes richtet sich gemäss Art. 59 Abs. 1 nach dem Recht des angerufenen Gerichts, in der Schweiz mithin nach Art. 20 Abs. 1 lit. a IPRG. Hat eine Person nirgends einen Wohnsitz, so tritt (subsidiär) der gewöhnliche Aufenthalt an die Stelle des Wohnsitzes: Art. 20 Abs. 2 Satz 2 IPRG. Allerdings ist in diesem Zusammenhang ebenfalls Art. 59 Abs. 2 LugÜ zu beachten. Danach ist in Fällen, in denen der Verbraucher im Staat des angerufenen Gerichts keinen Wohnsitz hat, gegebenenfalls das Recht eines *anderen* LugÜ-Staates anzuwenden, um zu bestimmen, ob die betreffende Person in jenem Staat Wohnsitz hat. Vgl. die Kommentierung zu Art. 59. 2

Art. 16 Abs. 1 bestimmt – durch die Formulierung «vor dem Gericht des Ortes» – sowohl die internationale als auch die **örtliche (interne) Zuständigkeit.** Dies stellt einen, im Ergebnis nicht entscheidenden Unterschied zu Art. 14 Abs. 1 aLugÜ dar. 3

[1] CZERNICH/TIEFENTHALER/KODEK-TIEFENTHALER, Art. 16 Rz. 2.

II. Klage des Anbieters

4 Klagen des Anbieterunternehmens **gegen den Verbraucher** sind lediglich am *Wohnsitz des Verbrauchers* zulässig: Art. 16 Abs. 2. Relevanter Zeitpunkt für die Bestimmung des Wohnsitzes ist wiederum jener der Klageerhebung. Ausschlaggebend ist also nicht der Zeitpunkt des Vertragsabschlusses, und ein nach Anhebung der Klage erfolgter Wohnsitzwechsel des Verbrauchers tangiert die einmal begründete Zuständigkeit nicht: *perpetuatio fori*[2].

5 «Eine offene Flanke im Verbraucherschutz stellt Art. [24]» dar[3]. Danach geht der Verbraucher des Schutzes von Art. 16 Abs. 2 verlustig, wenn er sich an einem anderen Ort – etwa aus Unachtsamkeit – auf ein Verfahren ***einlässt.*** Art. 16 gehört – im Unterschied zu den ausschliesslichen Zuständigkeiten nach Art. 22 – nicht zu den Bestimmungen, die von Art. 24 vorbehalten werden. Vgl. zu Art. 24.

6 Das *IPRG* enthält *keine* Art. 16 Abs. 2 entsprechende Regelung für den autonomen Bereich, da Art. 114 nur eine Spezialbestimmung für «Klagen eines Konsumenten» darstellt. Im **Rahmen des IPRG** sind daher für Klagen des Anbieters die allgemeinen Vorschriften (Art. 112 f.) zu beachten.

III. Widerklage

7 Vorbehalten bleibt sowohl bei Klagen des Verbrauchers als auch bei jenen des Anbieters das Recht der Gegenpartei, von dem angerufenen Gericht eine *Widerklage* zu erheben: Art. 16 Abs. 3. Das IPRG enthält insoweit keine spezielle Vorschrift, so dass im autonomen Bereich Art. 8 IPRG zu beachten ist.

8 Aus der Formulierung von Art. 16 Abs. 3 ergibt sich, dass **Widerklagen** nur (wenn auch immerhin) **so weit zulässig** sind, als sie sich gegen eine Klage richten, die «gemäss den Bestimmungen dieses Abschnitts anhängig» geworden ist. Demzufolge wäre eine Widerklage an sich unzulässig, wenn die Klage sich zuständigkeitsrechtlich auf eine andere Bestimmung

2 Czernich/Tiefenthaler/Kodek-Tiefenthaler, Art. 16 Rz. 3; Dasser/Oberhammer-Furrer/Sheikh, Art. 14 Rz. 5.

3 Dasser/Oberhammer-Furrer/Sheikh, Art. 14 Rz. 6.

stützte – insbesondere auf Art. 24 (Einlassung)[4]. Klagt jedoch ein Anbieter an seinem eigenen Sitz und lässt sich der Verbraucher auf das Verfahren ein, wäre nicht einzusehen, warum Letzterem eine Widerklage verwehrt sein sollte: Art. 6 Nr. 3 (allenfalls i.V.m. Art. 16 Abs. 1: Forum des beklagten Vertragspartners).

[4] Czernich/Tiefenthaler/Kodek-Tiefenthaler, Art. 16 Rz. 4.

Art. 17

Von den Vorschriften dieses Abschnitts kann im Wege der Vereinbarung nur abgewichen werden:

1. wenn die Vereinbarung nach der Entstehung der Streitigkeit getroffen wird;

2. wenn sie dem Verbraucher die Befugnis einräumt, andere als die in diesem Abschnitt angeführten Gerichte anzurufen; oder

3. wenn sie zwischen einem Verbraucher und seinem Vertragspartner, die zum Zeitpunkt des Vertragsabschlusses ihren Wohnsitz oder gewöhnlichen Aufenthalt in demselben durch dieses Übereinkommen gebundenen Staat haben, getroffen ist und die Zuständigkeit der Gerichte dieses Staates begründet, es sei denn, dass eine solche Vereinbarung nach dem Recht dieses Staates nicht zulässig ist.

Art. 17

Il ne peut être dérogé aux dispositions de la présente section que par des Conventions:

1. postérieures à la naissance du différend; ou

2. qui permettent au consommateur de saisir d'autres tribunaux que ceux indiqués dans la présente section; ou

3. qui, passées entre le consommateur et son cocontractant ayant, au moment de la conclusion du contrat, leur domicile ou leur résidence habituelle dans un même État lié par la présente Convention, attribuent compétence aux tribunaux de cet État sauf si la loi de celui-ci interdit de telles conventions.

Art. 17

Le disposizioni della presente sezione possono essere derogate solo da una convenzione:

1. posteriore al sorgere della controversia; o

2. che consenta al consumatore di adire un giudice diverso da quelli indicati nella presente sezione; o

3. che, stipulata tra il consumatore e la sua controparte aventi entrambi il domicilio o la residenza abituale nel medesimo Stato vincolato dalla presente convenzione al momento della conclusione del contratto, attribuisca la competenza ai giudici di tale Stato, sempre che la legge di quest'ultimo non vieti siffatte convenzioni.

Art. 17

The provisions of this Section may be departed from only by an agreement:

1. which is entered into after the dispute has arisen; or

2. which allows the consumer to bring proceedings in courts other than those indicated in this Section; or

3. which is entered into by the consumer and the other party to the contract, both of whom are at the time of conclusion of the contract domiciled or habitually resident in the same State bound by this Convention, and which confers jurisdiction on the courts of that State, provided that such an agreement is not contrary to the law of that State.

Literatur: Vgl. Hinweise zu Art. 15.

Übersicht *Seite*

I. Nur beschränkt zulässige Gerichtsstandsvereinbarung

Im Unterschied zur allgemeinen Regelung von Art. 23 **schränkt Art. 17 die Zulässigkeit** von Gerichtsstandsvereinbarungen für Verbraucherverträge ganz erheblich ein. Aus Sicht der Schutzbedürftigkeit von Verbrauchern ist das *folgerichtig*, zumal ansonsten der vorgesehene **Klägergerichtsstand** in Art. 16 Abs. 1 in vielen Fällen illusorisch würde. Die Regelung findet sich für Versicherungssachen wieder in Art. 13. Auch das IPRG enthält für seinen Bereich eine Schutzbestimmung: Art. 114 Abs. 2. Diese ist jedoch (noch) *restriktiver* formuliert als Art. 17 LugÜ. Nach Abs. 2 von Art. 114 IPRG ist eine Gerichtsstandsvereinbarung zwischen den Parteien eines Verbrauchervertrages nur zulässig, wenn sie «nicht zum voraus» – mithin erst *nach* Entstehung einer Streitigkeit – getroffen wird. Die Vorschrift entspricht insoweit Art. 17 Nr. 1 LugÜ. 1

II. Die einzelnen Fälle einer zulässigen Gerichtsstandsvereinbarung

1. Vereinbarung nach Entstehung einer Streitigkeit

In Übereinstimmung mit dem aLugÜ wird in Art. 17 Nr. 1 eine Gerichtsstandsvereinbarung zugelassen, die «nach der Entstehung der Streitigkeit getroffen» wird. Wie bei Versicherungssachen (Art. 13 Nr. 1) wird die Zulässigkeit einer solchen Vereinbarung damit begründet, dass auch unerfahrene Personen sich in einem Fall ein Bild darüber zu machen vermögen, was es heisst, sich einem bestimmten Gericht zu unterwerfen. Diese Motivation ist an sich unbestritten, allerdings wird sie nicht in jedem Fall der Realität entsprechen. Auch besteht die Gefahr, dass Verbraucher im Hin- 2 blick auf die Erledigung einer Streitigkeit zum **Akzeptieren eines Forums** ausserhalb ihres Wohnsitzstaates gedrängt werden.

3 *Umstritten* ist die Frage, ob sich Verbraucher auf ein *zum voraus* vereinbartes Gericht nach Anhebung der Klage *einlassen* können. Gemäss dem Wortlaut von Art. 24 müsste das an sich möglich sein (vgl. auch hiervor Art. 16 Rz. 5). Allerdings könnte so der **Schutzgedanke** von Art. 17 Nr. 1 untergraben werden[1]. Eine denkbare Lösung könnte darin bestehen, Art. 24 im Licht von Art. 17 Nr. 1 *teleologisch zu reduzieren*: Keine Zulässigkeit einer Einlassung, wenn sie auf eine *unzulässige* Gerichtsstandsvereinbarung nach Art. 17 Nr. 1 hin erfolgt. Vgl. dazu im Übrigen Kommentierung zu Art. 24.

2. Erweiterung der Gerichtszuständigkeit

4 Eine Gerichtsstandsvereinbarung ist – aus naheliegenden Gründen – zulässig, wenn sie Verbrauchern *zusätzliche* Gerichtszuständigkeiten zu jenen eröffnet, die ohnehin im besonderen Abschnitt betreffend Verbrauchersachen (Art. 15 ff.) vorgesehen sind.

3. Vereinbarung der Zuständigkeit der Gerichte des gemeinsamen Wohnsitz- oder Aufenthaltsstaates

5 Art. 17 Nr. 3 sieht eine wichtige **Ausnahme zu Gunsten des Anbieters** vor[2]. Danach ist eine Gerichtsstandsvereinbarung ebenfalls zulässig, wenn Verbraucher und Vertragspartner zum *Zeitpunkt des Vertragsabschlusses* Wohnsitz/Sitz oder gewöhnlichen Aufenthalt in demselben LugÜ-Staat haben und die Gerichte dieses Staates prorogiert werden. Nach dem Prinzip des engsten Zusammenhangs soll das *forum commune* vereinbart werden können.

6 Die Bestimmung von Art. 17 Nr. 3 ist für den Anbieter dann von Nutzen, wenn der Verbraucher seinen (ursprünglichen) Wohnsitz *ins Ausland verlegt*. In einem solchen Fall soll nach der **Intention des LugÜ** der Anbieter nicht gezwungen werden, sich gegebenenfalls in ein Verfahren vor den Gerichten des neuen Wohnsitzstaates des Verbrauchers (Art. 16 Abs. 1) einlassen zu müssen. Die Bestimmung steht allerdings unter dem *Vorbehalt*,

[1] Vgl. hiervor Rz. 1.

[2] Dasser/Oberhammer-Furrer/Sheikh, Art. 15 Rz. 3.

dass eine solche Vereinbarung nach dem Recht des (ehemaligen) gemeinsamen Wohnsitzstaates **zulässig** ist.

Aus *schweizerischer Sicht* geht es vorliegend um die Frage, ob ein Ver- 7
braucher nach dem Wegzug aus der Schweiz an eine Gerichtsstandsklausel (mit Bezug auf ein Gericht in der Schweiz) gebunden wäre. Oder müsste sich ein **schweizerisches Gericht** auf Vorbringen des beklagten Verbrauchers für unzuständig erklären? Gestützt auf Art. 35 Abs. 1 lit. a ZPO könnte argumentiert werden, die Klausel sei gegebenenfalls unbeachtlich, weil es sich *in casu* nicht um einen internationalen Sachverhalt gehandelt habe und die Vereinbarung nach der ZPO deshalb möglicherweise ungültig sei – dann nämlich, wenn das Wohnsitzforum des Verbrauchers wegbedungen und ein anderer Gerichtsstand (etwa am Sitz des Anbieters, der sich nicht am Wohnsitz des Verbrauchers befinde) vereinbart würde. In einem solchen Fall käme aber auch Art. 17 Nr. 3 zum Vornherein *nicht* zum Tragen.

Schwieriger zu beurteilen ist der Fall, in welchem Verbraucher und An- 8
bieter zur Zeit des Vertragsabschlusses tatsächlich **an *demselben* Ort Wohnsitz beziehungsweise Sitz oder gewöhnlichen Aufenthalt** hatten und die Zuständigkeit der Gerichte dieses Sprengels vereinbart wurde[3]. Die Beantwortung der Zulässigkeit der Gerichtsstandsvereinbarung überlässt das LugÜ, wie erwähnt, dem *innerstaatlichen* Recht des angerufenen Forums[4]. In der Schweiz ist **keine Rechtsgrundlage** vorhanden, die hierauf eine **explizite** Antwort geben würde. Eine solche wäre beispielsweise in einem (nicht vorhandenen) Einführungsgesetz zum LugÜ zu formulieren[5]. Es ist also eine Lösung zu finden, die sich *indirekt* aus Rechtsquellen ableiten lässt, die sich zu Gerichtsstandsvereinbarungen in Verbraucherverträgen äussern. In Betracht kommen die bereits genannten Art. 35 ZPO und Art. 114 Abs. 2 IPRG. Sie stimmen in der Sache insoweit überein, als statuiert wird, dass der Verbraucher «nicht zum voraus» auf seinen Wohnsitz-Gerichtsstand verzichten kann. Kann er ihn aber auch *vereinbaren* – mit der Folge, dass er für Zwecke von Art. 17 Nr. 3 «perpetuiert» würde[6]? Nach der hier vertretenen Auffassung muss die Frage – namentlich unter teleologischen Gesichtspunkten – *verneint* werden. Sowohl die ZPO (für

3 Vgl. eingehend zur Problematik ZK IPRG-KELLER/KREN KOSTKIEWICZ, Art. 114 Rz. 28 ff.

4 Vgl. etwa zu Österreich CZERNICH/TIEFENTHALER/KODEK-TIEFENTHALER, Art. 17 Rz. 2.

5 – wie in anderen Fällen auch, in denen das LugÜ auf nationales Recht der LugÜ-Staaten verweist; zu Art. 13 Nr. 3 (Versicherungssachen) vgl. Art. 13 Rz. 16.

6 Vgl. in diese Richtung ZK IPRG-KELLER/KREN KOSTKIEWICZ, Art. 114 Rz. 33 (am Ende).

nationale Sachverhalte) als auch das IPRG (im internationalen Verhältnis) wollen mit ihren restriktiven Regelungen den Verbraucher schützen – und nicht das Anbieterunternehmen. Das sollte auch gelten, wenn der Verbraucher seinen Wohnsitz vor Klageerhebung ins Ausland verlegt. Ihm ist dann der neue Wohnsitzgerichtsstand zu gewähren. Eine andere Lösung müsste im Gesetz ausdrücklich vorgesehen werden. Auch erscheint es als wenig billig, aus der Vereinbarung eines *ohnehin eröffneten Gerichtsstandes* (Zuständigkeit am Wohnsitz zur Zeit des Vertragsabschlusses) ohne besondere gesetzliche Grundlage auf die für den Verbraucher *nachteilige* Rechtsfolge zu schliessen, die Art. 17 Nr. 3 LugÜ an sich ermöglicht, selbst aber nicht verpflichtend vorschreibt.

9 Vertretbar erscheint aber auch die *gegenteilige Auffassung,* zumal wenn sie sich an der an sich gegebenen **Intention des LugÜ** ausrichtet[7]. Im Unterschied zu den Versicherungssachen, wo dieser Gedanke ebenfalls zum Tragen kommen kann[8], muss allerdings (für das autonome Recht) beachtet werden, dass das IPRG – im Unterschied zu Art. 114 betreffend Verbraucherverträge – *keine* versicherungsrechlichten Spezialbestimmungen enthält.

[7] Vgl. hiervor Rz. 6.
[8] Vgl. Art. 13 Rz. 16.

Abschnitt 5: Zuständigkeit für individuelle Arbeitsverträge

Art. 18

1. Bilden ein individueller Arbeitsvertrag oder Ansprüche aus einem individuellen Arbeitsvertrag den Gegenstand des Verfahrens, so bestimmt sich die Zuständigkeit unbeschadet des Artikels 4 und des Artikels 5 Nummer 5 nach diesem Abschnitt.

2. Hat der Arbeitgeber, mit dem der Arbeitnehmer einen individuellen Arbeitsvertrag geschlossen hat, im Hoheitsgebiet eines durch dieses Übereinkommen gebundenen Staates keinen Wohnsitz, besitzt er aber in einem der durch dieses Übereinkommen gebundenen Staaten eine Zweigniederlassung, Agentur oder sonstige Niederlassung, so wird er für Streitigkeiten aus ihrem Betrieb so behandelt, wie wenn er seinen Wohnsitz im Hoheitsgebiet dieses Staates hätte.

Art. 18

1. En matière de contrat individuel de travail, la compétence est déterminée par la présente section, sans préjudice de l'art. 4 et de l'art. 5, par. 5.

2. Lorsqu'un travailleur conclut un contrat individuel de travail avec un employeur qui n'est pas domicilié dans un État lié par la présente Convention mais possède une succursale, une agence ou tout autre établissement dans un État lié par la présente Convention, l'employeur est considéré, pour les contestations relatives à leur exploitation comme ayant son domicile dans cet État.

Art. 18

1. Salvi l'articolo 4 e l'articolo 5, paragrafo 5, la competenza in materia di contratti individuali di lavoro è disciplinata dalla presente sezione.

2. Qualora un lavoratore concluda un contratto individuale di lavoro con un datore di lavoro che non sia domiciliato in uno Stato vincolato dalla presente convenzione ma possieda una succursale, un'agenzia o qualsiasi altra sede d'attività in uno Stato vincolato dalla presente convenzione, il datore di lavoro è considerato, per le controversie relative al loro esercizio, come avente domicilio nel territorio di quest'ultimo Stato.

Art. 18

1. In matters relating to individual contracts of employment, jurisdiction shall be determined by this Section, without prejudice to Articles 4 and 5 (5).

2. Where an employee enters into an individual contract of employment with an employer who is not domiciled in a State bound by this Convention but has a branch, agency or other establishment in one of the States bound by this Convention, the employer shall, in disputes arising out of the operations of the branch, agency or establishment, be deemed to be domiciled in that State.

Literatur: Beffa, Arbitrabilité des conflits individuels de travail: critique de l'arrêt 4A_71/2010 du 28 juin 2010 et questions ouvertes, AJP 2010, 1433; Behr, Internationale Zuständigkeit in Individualarbeitsrechtsstreitigkeiten im Europäischen Verfahrensrecht, GS Blomeyer, Berlin

2004, 15; BLEFGEN, Die Anknüpfung an die einstellende Niederlassung des Arbeitgebers im internationalen Arbeitsvertragsrecht, Baden-Baden 2006; DÄUBLER, Die internationale Zuständigkeit der deutschen Arbeitsgerichte, NZA 2003, 1297; DONZALLAZ, Le lieu où le travailleur exécute habituellement son travail au sens de l'Art. 5 ch. 1 CB/CL, ZZZ 2004, 57 (zit. DONZALLAZ, Le lieu); GLOOR, Contrat de travail international. Juridictions compétentes, AJP 1996, 1507; HOLL, Der Gerichtsstand des Erfüllungsortes nach Art. 5 Nr. 1 EuGVÜ bei individuellen Arbeitsverträgen, IPRax 1997, 88; JOHNER, Die direkte Zuständigkeit der Schweiz bei internationalen Arbeitsverhältnissen (unter besonderer Berücksichtigung des Lugano-Übereinkommens), Basel/Frankfurt a.M. 1995; JUNKER, Internationale Zuständigkeit und anwendbares Recht in Arbeitssachen, NZA 2005, 199 (zit. JUNKER, Internationale Zuständigkeit und anwendbares Recht); DERS., Internationale Zuständigkeit für Arbeitssachen nach der Brüssel I-Verordnung, FS Schlosser, Tübingen 2007, 299; DERS., Internationalprivat- und prozessrechtliche Fragen von Rumpfarbeitsverhältnissen, FS Kropholler, Tübingen 2008, 481; LEIPOLD, Einige Bemerkungen zur Internationalen Zuständigkeit in Arbeitssachen nach Europäischem Zivilprozessrecht, GS Blomeyer, Berlin 2004, 143; DERS., Gewöhnlicher Arbeitsort und vorübergehende Entsendung im internationalen Privatrecht, FS Heldrich, München 2005, 719; MANKOWSKI, Der gewöhnliche Arbeitsort im internationalen Privat- und Prozessrecht, IPRax 1999, 332 (zit. MANKOWSKI, IPRax 1999); DERS., Europäisches Internationales Arbeitsprozessrecht – Weiteres zum gewöhnlichen Arbeitsort – zu EuGH Rs. C-37/00, Herbert Weber/Universal Odgen Services, Slg. 2002 I 2013, IPRax 2003, 21; DERS., Der gewöhnliche Arbeitsort im Internationalen Privat- und Prozessrecht, IPRax 1999, 332; MOSCONI, La giurisdizione in materia di lavoro nel regolamento (CE) n. 44/2001, FS Sonnenberger, München 2004, 549; MÜLLER, Die internationale Zuständigkeit deutscher Arbeitsgerichte und das auf den Arbeitsvertrag anwendbare Recht, Bielefeld 2004; POLIVKA, Die gerichtliche Zuständigkeit in arbeitsrechtlichen Streitigkeiten nach revidiertem Lugano-Übereinkommen, Zürich 2001; RAUSCHER, Der Arbeitgebergerichtsstand im EuGVÜ, IPRax 1990, 152; STREIFF/VON KAENEL, Arbeitsvertrag, Praxiskommentar zu Art. 319-362 OR, 6. Aufl., Zürich 2006; SUJECKI, Anwendbarkeit der EuGVVO auf Arbeitsverträge, EuZW 2008, 371; TRENNER, Internationale Gerichtsstände in grenzüberschreitenden Arbeitsvertragsstreitigkeiten, Konstanz 2001; TRUNK, Die Erweiterung des EuGVÜ-Systems am Vorabend des Europäischen Binnenmarktes, München 1991; VALLONI, Der Gerichtsstand des Erfüllungsortes nach Lugano- und Brüsseler-Übereinkommen, Zürich 1998; WINTERLING, Die Entscheidungszuständigkeit in Arbeitssachen im europäischen Zivilverfahrensrecht, Frankfurt a.M. 2006.

Übersicht *Seite*

I. Rechtsentwicklung, Normzweck und Regelungsinhalt

Für Individualarbeitsrechtsstreitigkeiten war in der ursprünglichen Fassung des EuGVÜ *keine Sonderbestimmung* vorgesehen. Es galt der allgemeine Gerichtsstand des Erfüllungsortes. Zum *Schutz der Arbeitnehmer* erklärte alsdann der EuGH für Arbeitsverträge an Stelle des Erfüllungsortes der streitgegenständlichen Verpflichtung denjenigen **der charakteristischen Leistung** für massgebend[1]. Das Gericht des Ortes, an dem der Arbeitnehmer die vereinbarte Tätigkeit auszuüben hat, sei am besten zur Entscheidung über Rechtsstreitigkeiten aus dem Arbeitsvertrag in der Lage[2]. Dort könne sich der Arbeitnehmer mit dem geringsten Kostenaufwand an die Gerichte wenden oder sich als Beklagter zur Wehr setzen[3]. 1

In der Folge wurden Art. 5 Nr. 1 aLugÜ und Art. 5 Nr. 1 EuGVÜ um zwei Sätze **ergänzt**. Danach war der Ort massgebend, an dem der Arbeitnehmer gewöhnlich seine Arbeit verrichtet. Für den besonderen Fall, dass der Arbeitnehmer seine Arbeit gewöhnlich nicht in ein und demselben Staat verrichtet, wurde die Zuständigkeit im aLugÜ und im EuGVÜ *unterschiedlich* geregelt. Nach Art. 5 Nr. 1 Satz 3 aLugÜ konnte am Ort der Niederlassung, die den Arbeitnehmer eingestellt hatte, geklagt werden. Dort sowie am Ort der gewöhnlichen Verrichtung der Arbeit konnte insbesondere auch *der Arbeitgeber* klagen. Gestützt auf die Kritik des EuGH an der Regelung des aLugÜ sah man in Art. 5 Nr. 1 Satz 3 EuGVÜ *abweichend* von diesem vor, dass *nur der Arbeitnehmer* am Ort jener Niederlassung klagen konnte, die ihn eingestellt hatte. Diese Regelung übernahmen die EuGVVO und jetzt auch das LugÜ. 2

Der zuständigkeitsrechtliche Arbeitnehmerschutz nach Art. 18 ff. geht im Vergleich zur Rechtslage nach aLugÜ **weiter**. Nicht nur der Gerichtsstand der einstellenden Niederlassung, sondern auch derjenige am gewöhnlichen Arbeitsort steht *nur dem Arbeitnehmer* zur Verfügung. Dieser kann den Arbeitgeber wahlweise vor mehreren Gerichten verklagen, nämlich in dessen Wohnsitzstaat oder am besonderen Gerichtsstand des gewöhnlichen 3

---

[1] EuGH 26.05.1982, Rs. 133/81, *Ivenel/Schwab*, Slg. 1982, 1891; EuGH 15.01.1987, Rs. 266/85, *Shenavai/Kreischer,* Slg. 1987, 239; EuGH 15.02.1989, Rs. 32/88, *Six Constructions/Humbert*, Slg. 1989, 341; RAUSCHER 152 ff.

[2] EuGH 09.01.1997, Rs. C-383/95, *Rutten/Cross Medical*, Slg. 1997 I 57 Rz. 16.

[3] EuGH 09.01.1997, Rs. C-383/95, *Rutten/Cross Medical*, Slg. 1997 I 57 Rz. 16.

Arbeitsortes bzw. bei Fehlen eines solchen in ein und demselben Staat am Gerichtsstand der den Arbeitnehmer einstellenden Niederlassung. Der *Arbeitgeber* hingegen kann grundsätzlich nur *im Wohnsitzstaat des Arbeitnehmers* klagen.

4 In Anlehnung an die EuGVVO wird die Zuständigkeit für individuelle Arbeitsverträge im LugÜ ganz aus Art. 5 Nr. 1 herausgenommen und in Art. 18–21 **selbständig** geregelt. Der neu eingefügte fünfte Abschnitt enthält eine besondere, *abschliessende* Zuständigkeitsordnung für Arbeitssachen analog den bereits bestehenden Regelungen für Verbraucher- und Versicherungssachen[4].

5 Die Zuständigkeiten in Arbeitssachen eröffnen insofern ausschliessliche Gerichtsstände, als sie nicht mit jenem am Wohnsitz des Beklagten nach Art. 2 *konkurrieren*[5]. In praktischer Hinsicht ändert allerdings nichts, da die Zuständigkeit am Beklagtenwohnsitz in Art. 19 Abs. 1 und Art. 20 Abs. 1 **integriert** ist.

6 Die ausschliesslichen Zuständigkeiten **nach Art. 22** gehen den Art. 18–21 vor[6].

7 Aus der Loslösung von der Regelung der Erfüllungsortszuständigkeit ergibt sich, dass *Vereinbarungen über den Erfüllungsort* für die Gerichtsstände in Arbeitssachen **keine Bedeutung** mehr haben[7].

8 Die Zuständigkeitsvorschriften in Arbeitssachen beruhen auf **der gesonderten Regelung** der Klage des Arbeitnehmers gegen den Arbeitgeber und umgekehrt. In systematischer Hinsicht besteht Übereinstimmung mit der Regelung der Zuständigkeit in Verbraucher- und Versicherungssachen. Die *Privilegierung des Arbeitnehmers* ist sozialpolitischer Natur[8].

---

4 EuGH 22.05.2008, Rs. C-462/06, *Glaxosmithkline/Rouard*, Slg. 2008 I 3965 Rz. 18; Keine Anwendung von Art. 6 Nr. 1; a.A. Rauscher-Mankowski, Art. 18 Rz. 2; Sujecki 371 f.

5 Es handelt sich aber nicht um die typischen ausschliesslichen Zuständigkeiten nach Art. 22 LugÜ, EuGH 20.05.2010, Rs. C-111/09, *Česká/Bilas*, Rz. 26.

6 Rauscher-Mankowski, Art. 18 Rz. 2a.

7 Rauscher-Mankowski, Art. 18 Rz. 1; Zur Frage, ob nach aLugÜ eine arbeitsrechtliche Erfüllungsortsvereinbarung überhaupt zulässig war, vgl. Trunk 36 ff.

8 Rauscher-Mankowski, Art. 18 Rz. 2.

II. Sachlicher Anwendungsbereich

Der sachliche Anwendungsbereich hat sich gegenüber dem aLugÜ nicht verändert. Gemäss EuGH gehört das Arbeitsrecht zum sachlichen Anwendungsbereich des Übereinkommens[9]. Der Begriff des Arbeitsvertrages ist **vertragsautonom** zu bestimmen. In der Rechtssache *Shenavai/Kreischer* hat der EuGH den Arbeitsvertrag umschrieben als Vertrag über eine unselbständige Tätigkeit, der bestimmte Besonderheiten insofern aufweist, als er *eine dauerhafte Beziehung* begründet, durch die der Arbeitnehmer in einer bestimmten Weise in den Betrieb des Arbeitgebers *eingegliedert* ist[10]. In der Lehre wird der Arbeitsvertrag definiert als Vertrag zwischen Arbeitgeber und Arbeitnehmer über eine gegen Vergütung erfolgende, *abhängige* und *weisungsgebundene* Tätigkeit, bei der der Arbeitnehmer in den Betrieb des Arbeitgebers *eingegliedert* ist, *kein eigenes unternehmerisches Risiko* trägt und *keine unternehmerische Entscheidungsfreiheit* hat[11]. Dies entspricht der schweizerischen Qualifikation des Arbeitsvertrages[12]. 9

Verträge über Dienstleistungen, die in wirtschaftlicher Selbständigkeit ohne Eingliederung in die Arbeitsorganisation des Auftraggebers erbracht werden, wie etwa **Architektenverträge**, sind keine Arbeitsverträge[13]. 10

Es ist zwischen *Individualarbeitsrecht*, *kollektivem Arbeitsrecht* und dem *öffentlichen Arbeitsrecht* zu unterscheiden[14]. Zudem weist das Arbeitsrecht auch Bezüge zur *sozialen Sicherheit* auf, die vom Anwendungsbereich des LugÜ ausdrücklich ausgenommen ist. Die Zuständigkeit für arbeitsrechtliche Streitigkeiten beschränkt sich wie schon nach aLugÜ auf **Ansprüche aus einem individuellen Arbeitsvertrag**. 11

Streitigkeiten aus **Gesamtarbeitsverträgen** erfasst das LugÜ nicht[15]. Dies bezieht sich auf Streitigkeiten zwischen den Vertragsparteien des Gesamtarbeitsvertrages (sog. Regelungsstreitigkeiten)[16]. Im Rahmen der Strei- 12

---

9 EuGH 13.11.1979, Rs. 25/79, *Sanicentral/Collin*, Slg. 1979, 3423 Rz. 3.
10 EuGH 15.01.1987, Rs. 266/85, *Shenavai/Kreischer,* Slg. 1987, 239 Rz. 16.
11 Rauscher-Mankowski, Art. 18 Rz. 4; Kropholler, Art. 18 Rz. 2.
12 Polivka 27.
13 EuGH 15.01.1987, Rs. 266/85, *Shenavai/Kreischer,* Slg. 1987, 239 Rz. 20.
14 Polivka 21.
15 Dasser/Oberhammer-Oberhammer, Art. 5 Rz. 77; Donzallaz Rz. 4899 f.; Polivka 28.
16 Polivka 27.

tigkeit um einen Einzelarbeitsvertrag sind die Art. 18 ff. hingegen auch dann anwendbar, wenn der Rechtsanspruch aus einer Norm eines Gesamtarbeitsvertrages abgeleitet wird. Dabei spielt es keine Rolle, ob die diesbezügliche Norm *Bestandteil* des individuellen Arbeitsvertrages geworden ist, oder ob sie dem Kläger einen *direkt klagbaren Anspruch* einräumt oder einfach *schuldrechtliche Wirkungen* entfaltet[17].

13 Bei den Normen **des öffentlichen Arbeitsrechts** handelt es sich um Bestimmungen, die zum Schutz des Arbeitsnehmers erlassen und von staatlichen Behörden hoheitlich – mittels Verwaltungsverfügungen und Verwaltungszwang – durchgesetzt werden[18]. Insofern handelt es sich nicht um zivilrechtliche Ansprüche. Soweit hingegen eine Vorschrift des öffentlichen Rechts den Vertragsparteien Verpflichtungen auferlegt, die nach *Art. 342 Abs. 2 OR* oder aufgrund einer sog. *Doppelnorm* auf *zivilrechtlichem* Wege eingeklagt werden können, handelt es sich um eine private Streitigkeit, auf welche das LugÜ anwendbar ist[19].

14 Die **soziale Sicherheit** ist nach Art. 1 Abs. 2 lit. c vom Anwendungsbereich des LugÜ ausgeschlossen. Dies gilt nur für Streitigkeiten, welche die soziale Sicherheit *unmittelbar* betreffen (s. Art. 1 Rz. 124), etwa für Klagen auf Zahlung von Sozialversicherungsbeiträgen oder betreffend Rückforderung von zu Unrecht gewährten Leistungen (s. Art. 1 Rz. 124), nicht aber für Lohnfortzahlungs- und Schadenersatzklagen wegen unterlassenen Abschlusses einer Taggeldversicherung oder für Haftungsklagen aus Arbeitsunfällen gegen den Arbeitgeber (s. Art. 1 Rz. 124).

15 Arbeitsverhältnisse mit **Staatsangestellten und Beamten** sind nicht per se vom Anwendungsbereich des LugÜ ausgeschlossen. Soweit der Beamte *typisch hoheitliche Befugnisse* wahrnimmt, liegt zwischen ihm und dem Staat eine öffentlich-rechtliche Streitigkeit vor[20]. Angestelltenverhältnisse in der klassischen Eingriffsverwaltung wie Polizei, Militär und Justiz sind in der Regel hoheitlich ausgestaltet[21]. Im Übrigen ist nach der Rechtsprechung des EuGH massgebend, ob ein genügender Zusammenhang mit hoheitlichen Befugnissen gegeben ist. Dies ist der Fall, wenn

---

[17] Valloni 304; Dasser/Oberhammer-Oberhammer, Art. 5 Rz. 77; Polivka 28.
[18] Dasser/Oberhammer-Oberhammer, Art. 5 Rz. 77; Donzallaz Rz. 4901; Polivka 28.
[19] BGE 135 III 162 E. 3.2; Streiff/von Kaenel, Art. 342 OR Rz. 6; Polivka 23.
[20] Rauscher-Mankowski, Art. 18 Rz. 8f.
[21] Rauscher-Mankowski, Art. 18 Rz. 8h.

das Gemeinwesen auf das Arbeitsverhältnis aufgrund von *Sonderrechten* einseitig einwirken kann und die Befugnisse des Staates als Arbeitgeber von den im Verhältnis zwischen Privatpersonen geltenden Regeln abweichen. Insbesondere in Bereichen, in denen die Mitwirkung an der Erfüllung öffentlicher Aufgaben nicht im Vordergrund steht, tritt das Gemeinwesen als *Privatrechtssubjekt* auf und geht hier *private Arbeitsverhältnisse* ein, etwa in der *Bedarfs-, Finanz- und Leistungsverwaltung*. Hier besteht eine Gleichordnung der Parteien auf privatrechtlicher Ebene[22]. *Kein* Abgrenzungskriterium ist die Zuweisung der Arbeitsrechtsstreitigkeiten zur Verwaltungsgerichtsbarkeit, weil die Art der Gerichtsbarkeit für die Qualifikation als Zivil- und Handelssache nicht massgebend ist[23].

Der Bereich der arbeitsvertraglichen Ansprüche ist **weit** zu verstehen[24] und umfasst Lohnzahlungs-, Lohnersatz- und Schadenersatzansprüche[25]. Dazu gehören auch Ansprüche aus Verletzung einer Konkurrenzklausel, aus Aktienoptionsprogrammen oder auf Vergütungen für Arbeitnehmererfindungen[26]. 16

Bei **Gesellschaftsorganen** kommt es auf deren *Weisungsgebundenheit* bzw. *Eingliederung* in die Arbeitsorganisation der Gesellschaft an[27]. Die rechtliche Qualifikation wird von den vertraglichen und gesellschaftsrechtlichen Verhältnissen *im Einzelfall* abhängen[28]. 17

Der Begriff der vertraglichen Streitigkeit ist nach den gleichen Kriterien wie bei Art. 5 Nr. 1 zu beurteilen und umfasst auch Streitigkeiten über **das Zustandekommen des Arbeitsvertrages** (s. Art. 5 Rz. 37). Ansprüche aus *faktischem* und *fehlerhaftem* Arbeitsverhältnis fallen ebenfalls unter die Art. 18 ff.[29], wie jene *aus culpa in contrahendo* (z.B. Ersatz von Vorstellungskosten)[30] oder Ansprüche aus einem *bereits aufgelösten Arbeitsverhältnis* (z.B. auf Ausstellung eines Arbeitszeugnisses, Rückab- 18

22 Polivka 22.

23 Rauscher-Mankowski, Art. 18 Rz. 8 f.; s. Art. 1 Rz. 49.

24 Dasser/Oberhammer-Oberhammer, Art. 5 Rz. 77.

25 Rauscher-Mankowski, Art. 18 Rz. 5.

26 Dasser/Oberhammer-Oberhammer, Art. 5 f. Rz. 77; Rauscher-Mankowski, Art. 18 Rz. 5.

27 Dasser/Oberhammer-Oberhammer, Art. 5 f. Rz. 77; Rauscher-Mankowski, Art. 18 Rz. 8a ff.

28 BK-Rehbinder/Stöckli, Art. 319 OR Rz. 52; Rauscher-Mankowski, Art. 18 Rz. 8b.

29 Rauscher-Mankowski, Art. 18 Rz. 6; Donzallaz Rz. 4905.

30 Rauscher-Mankowski, Art. 18 Rz. 5; BK-Rehbinder/Stöckli, Art. 320 OR Rz. 7; Donzallaz Rz. 4905; s. auch Art. 5 Rz. 52 f.

wicklungsansprüche etc.)[31]. Das LugÜ ist auch auf Streitigkeiten im Zusammenhang mit arbeitsrechtlichen *Aufhebungsverträgen* anwendbar[32].

19 Zum Schutz des Arbeitnehmers kann dieser an den arbeitsrechtlichen Vertragsgerichtsständen auch **konkurrierende deliktische Ansprüche** geltend machen[33]. Er hat aber auch die Möglichkeit eine isolierte Deliktsklage am Gerichtsstand nach Art. 5 Nr. 3 einzureichen[34]. Der Arbeitgeber kann ebenfalls deliktische Ansprüche am Gerichtsstand gemäss Art. 5 Nr. 3 geltend machen. Der Arbeitnehmerschutz geht nicht so weit, dass der Arbeitgeber diese nicht auch an den Gerichtsständen gemäss Art. 18 ff. einklagen könnte[35].

III. Erweiterter räumlich-persönlicher Anwendungsbereich der Zuständigkeitsregelung in Individualarbeitsrechtssachen

20 Die Zuständigkeitsregelung in Individualarbeitsrechtssachen wird wie bei Verbraucher- und Versicherungssachen im Interesse des Arbeitnehmers *in räumlich-persönlicher Hinsicht* **erweitert**[36]. Art. 18 Abs. 2 behandelt Arbeitgeber, die ihren Wohnsitz oder Sitz in einem Drittstaat haben, jedoch in einem LugÜ-Staat eine Zweigniederlassung, Agentur oder eine sonstige Niederlassung besitzen, für Streitigkeiten aus dem Betrieb dieser Niederlassung so, wie wenn sie ihren Wohnsitz bzw. Sitz in einem LugÜ-Staat hätten. Art. 18 ff. sind daher für Klagen des Arbeitnehmers *aus dem Betrieb der Niederlassung* auch dann anwendbar, wenn der Arbeitgeber *keinen* Wohnsitz in einem LugÜ-Staat hat[37].

21 Art. 18 Abs. 2 wirkt in erster Linie ***im Interesse des Arbeitnehmers.*** Auf der anderen Seite können in einem solchen Fall *zu Gunsten des Arbeitgebers* auch nicht die exorbitanten Zuständigkeiten des nationalen Rechts in

[31] Rauscher-Mankowski, Art. 18 Rz. 5, 9; Donzallaz Rz. 4905; s. auch Art. 5 Rz. 45.
[32] Rauscher-Mankowski, Art. 18 Rz. 9.
[33] Schlosser, Art. 18 Rz. 3; a.A. Rauscher-Mankowski, Art. 18 Rz. 2a; Geimer/Schütze, Art. 18 Rz. 12.
[34] Geimer/Schütze, Int. Rechtsverkehr-Auer, Art. 18 Rz. 6.
[35] Geimer/Schütze, Int. Rechtsverkehr-Auer, Art. 18 Rz. 6.
[36] Kropholler, Art. 18 Rz. 5.
[37] Kropholler, Art. 18 Rz. 5; Dasser/Oberhammer-Oberhammer, Art. 5 Rz. 85.

Anspruch genommen werden[38]. Es liegt insofern eine Ausnahme von der in Art. 18 Abs. 1 ausdrücklich vorbehaltenen Regelung gemäss Art. 4 vor[39].

Art. 18 Abs. 2 ist auch für die *Gerichtsstandsvereinbarung* sowie für die *vorbehaltlose Einlassung* relevant: der Arbeitnehmer mit Wohnsitz in einem Drittstaat, der für eine in einem LugÜ-Staat befindliche Niederlassung eines seinerseits in **keinem** LugÜ-Staat ansässigen Arbeitgebers tätig ist, kann sich bei Arbeitsstreitigkeiten aus dem Betrieb dieser Niederlassung vor den Gerichten eines LugÜ-Staates auf Art. 21 berufen[40]. 22

Die Begriffe der **Niederlassung** und der «**Streitigkeiten aus ihrem Betrieb**» entsprechen den in Art. 5 Nr. 5 verwendeten Begriffen[41]. Siehe dazu Komm. zu Art. 5 Nr. 5. 23

Für die Zuständigkeit nach Art. 2 wird vorausgesetzt, dass der Wohnsitz des Beklagten bei Klageerhebung noch besteht (s. Art. 2 Rz. 31). Analog dazu ist Art. 18 Abs. 2 nur anwendbar, wenn die Niederlassung **im Zeitpunkt der Klageeinreichung** in einem LugÜ-Staat noch besteht[42]. 24

IV. Vorbehalt zu Gunsten von Art. 4

Mit dem ausdrücklichen Vorbehalt zugunsten von Art. 4 wird klargestellt, dass die Art. 18 ff. nur zur Anwendung kommen, wenn der **Beklagte** seinen Wohnsitz in einem LugÜ-Staat hat. Hat der beklagte Arbeitgeber oder Arbeitnehmer seinen Wohnsitz nicht in einem LugÜ-Staat, so richtet sich die internationale Zuständigkeit, einschliesslich der exorbitanten Zuständigkeit, nach dem nationalen Recht des angerufenen Gerichts; in der Schweiz nach dem IPRG. Hiervon macht Art. 18 Abs. 2 für den Fall, dass der Arbeitgeber seinen Wohnsitz in einem Drittstaat hat, eine Ausnahme, allerdings nur bezogen auf arbeitsrechtlichen Klagen, die *aus dem Betrieb der Niederlassung* in einem LugÜ-Staat herrühren[43]. 25

[38] Polivka 34; Rauscher-Mankowski, Art. 18 Rz. 10; Kropholler, Art. 9 Rz. 5; Geimer/Schütze, Art. 18 Rz. 6.

[39] Polivka 34.

[40] Polivka 35; zum Gerichtsstand der Einlassung vgl. Art. 21 Rz. 21.

[41] Polivka 34; Kropholler, Art. 18 Rz. 5; vgl. Rz. 26; a.A. Rauscher-Mankowski, Art. 18 Rz. 12.

[42] Rauscher-Mankowski, Art. 18 Rz. 12a.

[43] Polivka 31; Rauscher-Mankowski, Art. 18 Rz. 13.

V. Vorbehalt zu Gunsten von Art. 5 Nr. 5

26 Die arbeitsrechtliche Zuständigkeitsregelung wird ergänzt durch die **Niederlassungszuständigkeit** gemäss Art. 5 Nr. 5. Diese kann *zusätzlich* zu den Gerichtsständen von Art. 18–21 in Anspruch genommen werden[44]. Sie setzt voraus, dass der Beklagte Wohnsitz in einem *anderen* LugÜ-Staat hat[45].

27 Es gilt kein **arbeitsvertragsspezifischer** Niederlassungsbegriff, sondern derjenige von Art. 5 Nr. 5 LugÜ[46]. Der EuGH versteht unter einer Niederlassung «den Mittelpunkt geschäftlicher Tätigkeit, der auf Dauer als Aussenstelle eines Stammhauses hervortritt, eine Geschäftsführung hat und sachlich so ausgestaltet ist, dass er in der Weise Geschäfte mit Dritten betreiben kann, dass diese, obgleich sie wissen, dass möglicherweise ein Rechtsverhältnis mit dem im Ausland ansässigen Stammhaus begründet wird, sich nicht unmittelbar an dieses zu wenden brauchen, sondern Geschäfte an dem Mittelpunkt geschäftlicher Tätigkeit abschliessen können, der dessen Aussenstelle ist»[47]. In der Regel ist die Aussenstelle *rechtlich abhängig* und *nicht parteifähig*. Dies schliesst nicht aus, dass ausnahmsweise auch eine *Tochtergesellschaft* als Niederlassung gilt, dann nämlich, wenn sie im Namen der Muttergesellschaft handelt[48]. Es kann auch der umgekehrte Fall eintreten, dass die Muttergesellschaft aufgrund des Rechtsscheins als Niederlassung der Tochtergesellschaft zu gelten hat[49].

28 Art. 5 Nr. 5 setzt voraus, dass das Arbeitsverhältnis **einen Bezug** zur Niederlassung hat, wobei nicht erforderlich ist, dass die betreffende Niederlassung den Arbeitnehmer eingestellt hat[50]. Es genügt vielmehr *eine sonstige Beschäftigung, Einbindung oder Beteiligung* am Vertragsschluss[51]. Zu den Einzelheiten siehe Komm. zu Art. 5 Nr. 5.

---

44 Kropholler, Art. 18 Rz. 4, Art. 8 Rz. 3; Polivka 31; s. auch BGE 129 III 31 E. 3.2.

45 Rauscher-Mankowski, Art. 18 Rz. 14; Polivka 54.

46 Kropholler, Art. 18 Rz. 5; a.A. Rauscher-Mankowski, Art. 18 Rz. 14 f.

47 EuGH 22.11.1978, Rs. 33/78, *Somafer/Saar-Ferngas*, Slg. 1978, 2183 Rz. 12.

48 Kropholler, Art. 5 Rz. 101, 107 f.

49 EuGH 09.12.1987, Rs. 218/86, *SAR Schotte/Rothschild*, Slg. 1987, 4905 Rz. 16 f.; EuGH 27.02.2002, Rs. C-37/00, *Weber/Universal Ogden*, Slg. 2002 I 2013 Rz. 27.

50 Zu diesem für den Gerichtsstand der einstellenden Niederlassung massgebenden Merkmal s. Rz. 35.

51 Rauscher-Mankowski, Art. 18 Rz. 15a.

Der Niederlassungsgerichtsstand nach Art. 5 Nr. 5 steht nur für Klagen **gegen** den Inhaber der Niederlassung, d.h. für Klagen des Arbeitnehmers gegen den Arbeitgeber zur Verfügung[52]. Der Arbeitnehmer hat definitionsgemäss keine Niederlassung[53]. 29

Gelangt Art. 18 Abs. 2 zur Anwendung, so ergibt sich die Zuständigkeit am Ort der Niederlassung aus Art. 19 Nr. 1 und **nicht** aus Art. 5 Nr. 5[54]. 30

Bezüglich **des massgebenden Zeitpunktes** für das Bestehen der Zweigniederlassung gilt der allgemeine Grundsatz, dass diese bei Klageeinreichung in einem LugÜ-Staat bestehen muss[55]. Nach Auflösung der Niederlassung kann der dortige Gerichtsstand nicht mehr beansprucht werden. Anders ist die Rechtslage beim Gerichtsstand am Ort der Niederlassung, die den Arbeitnehmer eingestellt hat[56]. Art. 19 Nr. 2 lit. b erwähnt ausdrücklich den Ort, an dem sich die Niederlassung befindet bzw. *befand*. Zudem bezweckt Art. 19 Nr. 2 lit. b den Arbeitnehmerschutz, was bei der allgemeinen Niederlassungszuständigkeit nach Art. 5 Nr. 5 nicht der Fall ist. 31

VI. Gerichtsstand am Entsendeort nach Art. 115 Abs. 3 IPRG

Der schweizerische Gesetzgeber hat Art. 6 der Entsenderichtlinie[57], der einen Gerichtsstand des Entsendeortes zur Durchsetzung von Arbeits- und Beschäftigungsbedingungen vorsieht, **autonom** nachvollzogen und entsprechend diesen Gerichtsstand in Art. 115 Abs. 3 IPRG vorgesehen. Im Anwendungsbereich des *aLugÜ* wurde allerdings diese Bestimmung verdrängt, da gemäss Art. 57 aLugÜ der Vorrang für freiwillig ins nationale Recht aufgenommene Zuständigkeitsbestimmungen nicht anwendbar war[58]. 32

52 Polivka 3; Rauscher-Mankowski, Art. 18 Rz. 15b; Geimer/Schütze, Art. 18 Rz. 26.

53 Dasser/Oberhammer-Oberhammer, Art. 5 Rz. 86; Rauscher-Mankowski, Art. 18 Rz. 15; Geimer/Schütze, Art. 18 Rz. 26.

54 Rauscher-Mankowski, Art. 18 Rz. 15c; Polivka 34 Fn. 196.

55 Rauscher/Leible, Art. 5 Rz. 109; Schlosser, Art. 5 Rz. 24; Polivka 53.

56 Rauscher-Mankowski, Art. 19 Rz. 20; Polivka 53.

57 Richtlinie 96/71 des Europäischen Parlamentes und des Rates vom 16.12.1996 über die Entsendung von Arbeitnehmern im Rahmen der Erbringung von Dienstleistungen, ABl. EG 1997 L 18/1.

58 Dasser/Oberhammer-Oberhammer, Art. 5 Rz. 97.

33 Gemäss Protokoll 3 Nr. 3 werden neu Bestimmungen, die in den Rechtsakten der EU enthalten sind und von einer Vertragspartei ins innerstaatliche Recht umgesetzt wurden, *gleich* behandelt wie die Übereinkünfte nach Art. 67 Abs. 1 LugÜ. Dies bedeutet, dass dieses innerstaatliche Recht ebenfalls **Vorrang** gegenüber dem LugÜ geniesst[59], soweit es ihn beansprucht[60]. Daraus folgt, dass dem in der Schweiz entsandten Arbeitnehmer der Gerichtsstand am Entsendeort nach Art. 115 Abs. 3 IPRG auch gegenüber dem Arbeitgeber *mit Wohnsitz in einem LugÜ-Staat alternativ* zu Art. 18-21 LugÜ zur Verfügung steht[61].

VII. Anerkennung und Vollstreckung

34 In Bezug auf die Anerkennung und Vollstreckung arbeitsrechtlicher Entscheidungen ist gemäss Art. 35 Abs. 1 anders als bei Entscheidungen in Versicherungs- und Verbrauchersachen[62] **keine Ausnahme** vom *Verbot der Nachprüfung* der Zuständigkeit vorgesehen. Dies wird damit begründet, dass die Nachprüfung nur zu Lasten des Klägers gehen könne, bei dem es sich in den allermeisten Fällen um den Arbeitnehmer handle[63]. Wenn der Arbeitnehmer im Erststaat unterlegen ist, so kann er sich auch nicht auf den Verweigerungsgrund von Art. 35 Abs. 1 berufen. Der Arbeitnehmerschutz wäre hier besser zu erreichen gewesen, wenn man nur dem Vertragspartner der schwächeren Partei, also dem Arbeitgeber, verwehrt hätte, sich auf die Verletzung der arbeitsrechtlichen Zuständigkeitsvorschriften zu berufen[64].

35 Bei der Anerkennung und Vollstreckung von Entscheidungen, die am **Entsendeort** nach Art. 115 Abs. 3 IPRG ergangen sind, in einem Nur-LugÜ-Staat, der Art. 6 Entsenderichtlinie nicht nachvollzogen hat, ist der Versagungsgrund von Art. 67 Abs. 4 LugÜ zu beachten[65].

---

[59] Dasser/Oberhammer-Oberhammer, Art. 5 Rz. 98; ZK IPRG-Keller/Kren Kostkiewicz, Art. 115 Rz. 21.

[60] Rauscher-Mankowski, Art. 18 Rz. 16.

[61] Dasser/Oberhammer-Oberhammer, Art. 5 Rz. 98; Rauscher-Mankowski, Art. 18 Rz. 16.

[62] Kropholler, Art. 35 Rz. 7; Geimer/Schütze, Art. 35 Rz. 14.

[63] KOM 1999, 25.

[64] Geimer/Schütze, Art. 35 Rz. 14. Diese Lösung wird in der Lehre für die Versicherungs- und Verbrauchersachen postuliert (vgl. Kropholler, Art. 35 Rz. 8).

[65] Dasser/Oberhammer-Oberhammer, Art. 5 Rz. 98.

Art. 19

Ein Arbeitgeber, der seinen Wohnsitz im Hoheitsgebiet eines durch dieses Übereinkommen gebundenen Staates hat, kann verklagt werden:

1. vor den Gerichten des Staates, in dem er seinen Wohnsitz hat;

2. in einem anderen durch dieses Übereinkommen gebundenen Staat:
a) vor dem Gericht des Ortes, an dem der Arbeitnehmer gewöhnlich seine Arbeit verrichtet oder zuletzt gewöhnlich verrichtet hat, oder
b) wenn der Arbeitnehmer seine Arbeit gewöhnlich nicht in ein und demselben Staat verrichtet oder verrichtet hat, vor dem Gericht des Ortes, an dem sich die Niederlassung, die den Arbeitnehmer eingestellt hat, befindet bzw. befand.

Art. 19

Un employeur ayant son domicile sur le territoire d'un État lié par la présente Convention peut être attrait:

1. devant les tribunaux de l'État où il a son domicile; ou

2. dans un autre État lié par la présente Convention:
a) devant le tribunal du lieu où le travailleur accomplit habituellement son travail ou devant le tribunal du dernier lieu où il a accompli habituellement son travail, ou
b) lorsque le travailleur n'accomplit pas ou n'a pas accompli habituellement son travail dans un même pays, devant le tribunal du lieu où se trouve ou se trouvait l'établissement qui a embauché le travailleur.

Art. 19

Il datore di lavoro domiciliato nel territorio di uno Stato vincolato dalla presente convenzione può essere convenuto:

1. davanti al giudice dello Stato in cui è domiciliato; o

2. in un altro Stato vincolato dalla presente convenzione:
a) davanti al giudice del luogo in cui il lavoratore svolge abitualmente la propria attività o a quello dell'ultimo luogo in cui la svolgeva abitualmente, o
b) qualora il lavoratore non svolga o non abbia svolto abitualmente la propria attività in un solo paese, davanti al giudice del luogo in cui è o era situata la sede d'attività presso la quale è stato assunto.

Art. 19

An employer domiciled in a State bound by this Convention may be sued:

1. in the courts of the State where he is domiciled; or

2. in another State bound by this Convention:
a) in the courts for the place where the employee habitually carries out his work or in the courts for the last place where he did so; or
b) if the employee does not or did not habitually carry out his work in any one country, in the courts for the place where the business which engaged the employee is or was situated.

Literatur: S. die Hinweise zu Art. 18.

Übersicht *Seite*

I. Normzweck und Regelungsinhalt

1 Art. 19 regelt die Zuständigkeit für Klagen des Arbeitnehmers gegen den Arbeitgeber **getrennt** von jener für Klagen des Arbeitgebers gegen den Arbeitnehmer. Zu den in Art. 19 vorgesehenen Gerichtsständen für Klagen des Arbeitnehmers kommen die Niederlassungszuständigkeit gemäss Art. 5 Nr. 5 (s. Art. 18 Rz. 26) und der Gerichtsstand am Entsendeort nach Art. 115 Abs. 3 IPRG hinzu (s. Art. 18 Rz. 32 f.). Da die Zuständigkeit für arbeitsrechtliche Klagen *abschliessend* in Art. 18–21 geregelt ist, kann sich ein Arbeitnehmer, der *mehrere* Arbeitgeber verklagen will, nicht auf Art. 6 Nr. 1 berufen[1].

2 Das LugÜ übernimmt in Bezug auf Arbeitnehmerklagen die Zuständigkeitsregelung von Art. 5 Nr. 1 2. und 3. Teilsatz aLugÜ, die ihrerseits auf die Rechtsprechung des EuGH zurückgeht[2]. Der Arbeitnehmer kann den Arbeitgeber **wahlweise** vor mehreren Gerichten verklagen, einerseits am Wohnsitz des Arbeitgebers und andererseits am gewöhnlichen Arbeitsort

[1] EuGH 22.05.2008, Rs. C-462/06, *Glaxosmithkline/Rouard*, Slg. 2008 I 3965 Rz. 19 ff.
[2] Kropholler, Art. 19 Rz. 1.

sowie – bei Fehlen eines gewöhnlichen Arbeitsortes in ein und demselben Staat – am Gerichtsstand der den Arbeitnehmer einstellenden Niederlassung.

3 **Tendenziell** wird dem Arbeitnehmer auch ein *Klägergerichtsstand* zur Verfügung gestellt[3]. Durch die Anknüpfung an den gewöhnlichen Arbeits- bzw. Einstellungsort wird ferner eine *Zuständigkeitszersplitterung* vermieden[4]. Zudem wird oft der *Gleichlauf* von *forum* und *ius* erreicht, weil die Kollisionsrechte vielfach auch an den gewöhnlichen Arbeitsort anknüpfen[5].

4 Die Zuständigkeitsanknüpfung erfolgt nicht etwa wie beim Verbraucher an den Wohnsitz der geschützten Person, sondern an den gewöhnlichen Arbeitsort als den Erfüllungsort der charakteristischen Leistung. Die Anknüpfung ist daher nicht **rein personenbezogen**[6]. Zudem enthält Art. 19 eine Einschränkung nur hinsichtlich der Person des Beklagten und nicht hinsichtlich der Person des Klägers[7]. Deshalb können sich im Gegensatz zu den Verbrauchergerichtsständen auch die *Rechtsnachfolger* des Arbeitnehmers auf die Gerichtsstände in Arbeitssachen berufen, wie etwa Zessionare und Sozialversicherungsträger[8].

II. Zuständigkeit der Gerichte im Wohnsitzstaat des Arbeitgebers

5 Nach Art. 19 Nr. 1 kann der Arbeitgeber in seinem Wohnsitzstaat verklagt werden. Weil man die Zuständigkeit in Arbeitsrechtssachen abschliessend in Art. 18 ff. regeln wollte[9], wurde der allgemeine Gerichtsstand am Wohnsitz des Beklagten in Art. 19 Nr. 1 **integriert**. Es kann daher auf die Kommentierung zu Art. 2 verwiesen werden. Hinzu kommt, dass nach Art. 18 Abs. 2 – wie bereits erwähnt – bei einem in einem Drittstaat ansässigen

---

3 Kropholler, Art. 19 Rz. 1; Rauscher-Mankowski, Art. 19 Rz. 1.

4 Kropholler, Art. 19 Rz. 1; Rauscher-Mankowski, Art. 19 Rz. 16.

5 Kropholler, Art. 19 Rz. 1; Rauscher-Mankowski, Art. 19 Rz. 4; Art. 121 Abs. 1 IPRG; Art. 8 Abs. 2 Rom I-VO.

6 Rauscher-Mankowski, Art. 19 Rz. 22 f.; Polivka 36.

7 Trunk 101; Kropholler, Art. 19 Rz. 12.

8 Kropholler, Art. 19 Rz. 12; Rauscher-Mankowski, Art. 19 Rz. 23; a.A. Geimer/Schütze, Art. 19 Rz. 40.

9 EuGH 22.05.2008, Rs. C-462/06, *Glaxosmithkline/Rouard*, Slg. 2008 I 3965 Rz. 18.

Arbeitgeber eine Niederlassung in einem LugÜ-Staat als Wohnsitz fingiert wird[10]. Art. 19 Nr. 1 regelt nur die internationale Zuständigkeit. **Der örtliche Gerichtsstand** beurteilt sich *nach nationalem Recht*. Dies im Gegensatz zu Art. 19 Nr. 2, wo mit der internationalen auch die örtliche Zuständigkeit bestimmt wird[11].

6 Der Arbeitnehmer kann den Gerichtsstand am Wohnsitz des beklagten Arbeitgebers entweder in **Konkurrenz** zur Zuständigkeit nach Art. 19 Nr. 2 lit. a oder nach lit. b in Anspruch nehmen[12].

III. Der Gerichtsstand am gewöhnlichen Arbeitsort

1. Allgemeines

7 Dem Arbeitnehmer als der sozial schwächeren Partei wird ein leicht zugänglicher Gerichtsstand eröffnet. Aufgrund der Sachnähe sind die Gerichte am gewöhnlichen Arbeitsort am besten in der Lage, über den Rechtsstreit zu entscheiden[13]. Nur **der Arbeitnehmer** kann an diesem Ort klagen und nicht wie nach aLugÜ auch der Arbeitgeber (s. Art. 18 Rz. 2).

8 Der Gerichtsstand am gewöhnlichen Arbeitsort steht dem Arbeitnehmer **konkurrierend** zur Zuständigkeit am Wohnsitz des beklagten Arbeitgebers zur Verfügung, soweit der Arbeitgeber nicht seinen Wohnsitz im *Gerichtsstaat* hat. Der Gerichtsstand am gewöhnlichen Arbeitsort ist nur dann anwendbar, wenn der Arbeitgeber seinen Wohnsitz *in einem anderen LugÜ-Staat* hat[14]. Der Wohnsitz des beklagten Arbeitgebers im Gerichtsstaat hat zur Folge, dass sich die internationale Zuständigkeit nach Art. 19 Nr. 1, die *örtliche* Zuständigkeit hingegen *allein nach dem nationalen Recht* richtet. Der Arbeitnehmer kann sich diesbezüglich nicht auf die örtliche Zuständigkeit am gewöhnlichen Arbeitsort berufen. Es gilt das gleiche Verhältnis wie zwischen Art. 2 und Art. 5 (dazu s. Art. 5 Rz. 3).

9 Ob der gewöhnliche Arbeitsort sich auf dem Gebiet eines LugÜ-Staats befindet, bestimmt sich nach Massgabe dessen Verfassungsrechts sowie des

[10] Rauscher-Mankowski, Art. 19 Rz. 2.

[11] Kropholler, Art. 19 Rz. 1; Rauscher-Mankowski, Art. 19 Rz. 2.

[12] Rauscher-Mankowski, Art. 19 Rz. 3.

[13] Kropholler, Art. 19 Rz. 4; Rauscher-Mankowski, Art. 19 Rz. 4.

[14] Rauscher-Mankowski, Art. 19 Rz. 3a .

Völkerrechts (s. Art. 1 Rz. 141). Die Arbeit auf einer *Bohrinsel* über dem niederländischen Festlandsockel ist als eine im Hoheitsgebiet der Niederlande verrichtete Arbeit anzusehen[15]. Bohrinseln auf Hoher See hingegen gelten als **staatsfreies** Gebiet[16].

In Art. 19 Nr. 2 lit. a wird wie bei den besonderen Zuständigkeiten nach Art. 5 ff. neben der internationalen auch **die örtliche Zuständigkeit** festgelegt[17]. 10

2. Der Begriff des gewöhnlichen Arbeitsortes

a) Allgemeines

Art. 19 Nr. 2 lit. a definiert nicht, was unter dem gewöhnlichen Arbeitsort zu verstehen ist. Der Begriff ist **vertragsautonom** auszulegen[18]. Der gewöhnliche Arbeitsort ist ein *faktisch geprägtes Kriterium*[19], dessen Auslegung aufgrund internationalprozessrechtlicher Gesichtspunkte, insbesondere der Sachnähe und des Arbeitnehmerschutzes, zu erfolgen hat. Schwierig zu ermitteln ist der gewöhnliche Arbeitsort, wenn der Arbeitnehmer im Rahmen *des gleichen Arbeitsverhältnisses* an *verschiedenen Orten* arbeitet oder gearbeitet hat. Zudem ist zu unterscheiden, ob er die Arbeit in ein und demselben Staat oder in verschiedenen Staaten an mehreren Arbeitsorten verrichtet oder verrichtet hat[20]. In einem solchen Fall kann der gewöhnliche Arbeitsort **nicht ohne normative Wertung** ermitteln werden und es sind *Kriterien als tatsächliche Gesichtspunkte* auszuarbeiten, anhand derer der gewöhnliche Arbeitsort bestimmt werden kann. 11

Der EuGH hat bereits in seiner Entscheidung in der Rechtssache *Mulox* in Auslegung des Art. 5 Nr. 1 EuGVÜ in der Fassung vor der Ergänzung durch die Spezialregelung für Arbeitsverträge festgehalten, dass *bei Tätigkeit in mehreren Vertragsstaaten* der Ort, an dem die für den Vertrag charakteristische Verpflichtung erfüllt worden ist oder zu erfüllen wäre, dort 12

---

[15] EuGH 27.02.2002, Rs. C-37/00, *Weber/Universal Ogden*, Slg. 2002 I 2013 Rz. 36.

[16] Rauscher-Mankowski, Art. 19 Rz. 16; Trenner 177.

[17] Kropholler, Art. 19 Rz. 10.

[18] EuGH 10.04.2003, Rs. C-437/00, *Pugliese/Finmeccanica*, Slg. 2003 I 3573 Rz. 16; EuGH 13.07.1993, Rs. C-125/92, *Mulox/Geels*, Slg. 1993 I 4075 Rz. 11; Rauscher-Mankowski, Art. 19 Rz. 4.

[19] Schlosser, Art. 5 Rz. 14; Rauscher-Mankowski, Art. 2 Rz. 2, Art. 19 Rz. 4.

[20] Valloni 314; Polivka 43 f.

liegt, von wo aus der Arbeitnehmer die Vertragspflichten gegenüber dem Arbeitgeber **hauptsächlich** erfülle oder zu erfüllen habe[21]. Der EuGH begründet diese Auslegung damit, dass eine Häufung der Gerichtsstände vermieden werden soll, um der Gefahr einander widersprechender Entscheidungen zu begegnen und die Anerkennung und Vollstreckung gerichtlicher Entscheidungen ausserhalb des Urteilsstaats zu erleichtern[22].

13 Im Entscheid des EuGH in der Rechtssache *Rutten* ging es wiederum um einen Fall, in dem der Arbeitnehmer seine Tätigkeit *in mehreren Vertragsstaaten* verrichtet hatte. Der EuGH hatte sich zur Frage zu äussern, wie der Begriff des «Ortes, an dem der Arbeitnehmer gewöhnlich seine Arbeit verrichtet» auszulegen sei. Der Begriff des gewöhnlichen Arbeitsortes war inzwischen in Art. 5 Nr. 1 2. Teilsatz EuGVÜ aufgenommen worden. Der EuGH entschied sich für die **Beibehaltung** der *Mulox-Rechtsprechung*[23], weil der neue Wortlaut jene Auslegung gerade bestätigen wolle[24]. Massgeblich sei weiterhin der Ort, mit dem der Rechtsstreit die engste Verknüpfung aufweise, und dem Schutz des Arbeitnehmers sei gebührend Rechnung zu tragen[25]. Der gewöhnliche Arbeitsort sei jener Ort, den der Arbeitnehmer als *tatsächlichen Mittelpunkt* seiner Berufstätigkeit gewählt hat oder an dem oder von dem aus er den wesentlichen Teil seiner Verpflichtungen gegenüber dem Arbeitgeber tatsächlich erfüllt[26].

14 Der EuGH hat den Begriff des gewöhnlichen Arbeitsortes in der Entscheidung in der Rechtssache *Weber* weiter präzisiert. Anders als die Arbeitnehmer in den Urteilen *Mulox* und *Rutten* verfügte der als Koch angestellte Weber *nicht über ein Büro* in einem Vertragsstaat, das den tatsächlichen Mittelpunkt seiner Berufstätigkeit gebildet und von dem aus er seine Verpflichtungen gegenüber dem Arbeitgeber hauptsächlich erfüllt hätte. In einem solchen Fall ist das massgebliche Kriterium zur Bestimmung des gewöhnlichen Arbeitsortes grundsätzlich der Ort, an dem der Arbeitnehmer **den grössten Teil seiner Arbeitszeit** geleistet hat. Ein *qualitatives* Kriterium, das auf die Natur oder die Bedeutung der an den verschiedenen Orten verrichteten Arbeit abstelle, sei – so der EuGH – ohne jede Rele-

---

21 EuGH 13.07.1993, Rs. C-125/92, *Mulox/Geels*, Slg. 1993 I 4075 Rz. 26.
22 EuGH 13.07.1993, Rs. C-125/92, *Mulox/Geels*, Slg. 1993 I 4075 Rz. 21.
23 EuGH 09.01.1997, Rs. C-383/95, *Rutten/Cross Medical*, Slg. 1997 I 57 Rz. 19.
24 EuGH 09.01.1997, Rs. C-383/95, *Rutten/Cross Medical*, Slg. 1997 I 57 Rz. 21.
25 EuGH 09.01.1997, Rs. C-383/95, *Rutten/Cross Medical*, Slg. 1997 I 57 Rz. 22.
26 EuGH 09.01.1997, Rs. C-383/95, *Rutten/Cross Medical*, Slg. 1997 I 57 Rz. 23.

vanz, wenn der Arbeitnehmer während des gesamten betroffenen Beschäftigungszeitraums durchgehend dieselbe Tätigkeit für seinen Arbeitgeber ausgeübt habe[27]. Dabei setze das herangezogene zeitliche Kriterium klar voraus, dass die gesamte Dauer des Arbeitsverhältnisses bei der Bestimmung des Ortes berücksichtigt wird[28]. Davon sei eine *Ausnahme* zu machen, wenn aufgrund der tatsächlichen Umstände ein Arbeitsort eine engere Verknüpfung mit dem Streitgegenstand aufweise. So wäre *auf den letzten Beschäftigungsabschnitt* abzustellen, wenn der Arbeitnehmer, nachdem er eine gewisse Zeit an einem bestimmten Ort gearbeitet hat, anschliessend dauerhaft an einem anderen Ort bleibe, so dass nach dem klaren Willen der Parteien dieser zu einem neuen gewöhnlichen Arbeitsort werden soll[29].

Die Lehre wirft dieser Rechtsprechung teilweise vor, dass sie den gewöhnlichen Arbeitsort **automatisch** mit *dem hauptsächlichen Tätigkeitsort* gleichsetze[30]. Indessen kann man unter dem der Begriff des gewöhnlichen Arbeitsortes auch den Mittelpunkt der Berufstätigkeit entsprechend *dem Daseinsmittelpunkt als wesentliches Begriffsmerkmal* des *gewöhnlichen Aufenthaltes* nach den Haager Unterhaltsübereinkommen[31] verstehen. Zudem gibt es durchaus Fälle, in denen ein hauptsächlicher Arbeitsort nicht bestimmt werden kann, weil es entweder *mehrere gleich bedeutende Arbeitsorte gibt* oder weil *keiner der verschiedenen Orte* einen hinreichend festen und intensiven Bezug zur geleisteten Arbeit aufweist, um ihn für die Bestimmung des zuständigen Gerichts als Hauptbezugsort anzusehen[32]. In diesen Fällen kommt Art. 19 Nr. 2 lit. b zur Anwendung, dessen Anknüpfung daher nicht sinnlos ist. 15

Die Unterschiede in der **Begriffsbildung** dürften sich m.E. praktisch kaum auswirken, da die Bestimmung des gewöhnlichen Arbeitsortes *anhand der konkreten Umstände des Einzelfalles* vorzunehmen ist[33] und der EuGH auf- 16

27 EuGH 27.02.2002, Rs. C-37/00, *Weber/Universal Ogden*, Slg. 2002 I 2013 Rz. 50 f.

28 EuGH 27.02.2002, Rs. C-37/00, *Weber/Universal Ogden*, Slg. 2002 I 2013 Rz. 52, 58.

29 EuGH 27.02.2002, Rs. C-37/00, *Weber/Universal Ogden*, Slg. 2002 I 2013 Rz. 53 f.

30 Rauscher-Mankowski, Art. 19 Rz. 5 f.

31 Haager Übereinkommen über das auf Unterhaltspflichten anzuwendende Recht vom 2. Oktober 1973 (SR 0.211.213.01); Haager Übereinkommen über die Anerkennung und Vollstreckung von Unterhaltsentscheidungen vom 2. Oktober 1973 (SR 0.211.213.02).

32 EuGH 27.02.2002, Rs. C-37/00, *Weber/Universal Ogden*, Slg. 2002 I 2013 Rz. 55.

33 EuGH 09.01.1997, Rs. C-383/95, *Rutten/Cross Medical*, Slg. 1997 I 57 Rz. 25; EuGH 27.02.2002, Rs. C-37/00, *Weber/Universal Ogden*, Slg. 2002 I 2013 Rz. 43, 44, 51 f., 53; Kropholler, Art. 19 Rz. 5.

grund verschiedener Beurteilungskriterien (zeitlich, qualitativ, tatsächliche Umstände des jeweiligen Falles) zahlreiche Differenzierungen zulässt, die im Einzelfall sachgerechte Lösungen ermöglichen[34]. Dabei kann von einer *Vermutungsregel* ausgegangen werden, wonach im Zweifel der Arbeitnehmer den grössten Teil seiner Arbeitszeit (mindestens 60 %)[35] in dem LugÜ-Staat zubringt, in dem er ein Büro hat, von dem aus er seine Tätigkeit für den Arbeitnehmer organisiert und wohin er nach jedem Auslandeinsatz zurückkehrt[36].

b) Sonderfälle

17 Durch **eine vorübergehende Entsendung** in einen anderen Staat ändert sich der gewöhnliche Arbeitsort nicht. Ist die Entsendung nur für einzelne Arbeitseinsätze im Ausland vorgesehen, zeitlich begrenzt und erreicht der Entsendeort auch aufgrund sonstiger Umstände nicht einen *hinreichend festen und intensiven Bezug* zur geleisteten Arbeit, bleibt es beim *bisherigen* gewöhnlichen Arbeitsort. Fehlt eine Rückkehrmöglichkeit, d.h. die Weiterbeschäftigung am alten Arbeitsort, so bildet der Entsendeort den neuen Mittelpunkt der Berufstätigkeit und daher den neuen gewöhnlichen Arbeitsort[37]. Mit der Differenzierung zwischen *vorübergehender und endgültiger Entsendung*, die auch dem Art. 8 Abs. 2 Rom I-VO zugrunde liegt, soll u.a. verhindert werden, dass der Arbeitgeber mit zeitlich und qualitativ unbedeutenden Aufträgen den Arbeitnehmer ins Ausland schickt, um den Gerichtsstand zu Gunsten der arbeitgebernahen Niederlassungszuständigkeit nach Art. 19 Nr. 2 lit. b zu verschieben[38].

18 Im Rahmen von Entsendungsfällen oder bei Konzernsachverhalten schliesst der entsandte Arbeitnehmer mit dem verbundenen Arbeitgeber am Entsendeort vielfach **einen zweiten Arbeitsvertrag** ab. Im Prinzip ist der gewöhnliche Arbeitsort nach allgemeinen Massstäben zu bestimmen, doch sind *die konkreten Besonderheiten* zu berücksichtigen[39]. Eine solche Besonderheit lag in der Rechtssache *Pugliese* darin, dass die Arbeitnehmerin

---

[34] EuGH 27.02.2002, Rs. C-37/00, *Weber/Universal Ogden*, Slg. 2002 I 2013 Rz. 43, 44, 51 f., 53 f.

[35] Zur 60 %-Faustregel vgl. RAUSCHER-MANKOWSKI, Art. 19 Rz. 6; MANKOWSKI, IPRax 1999, 336.

[36] GEIMER/SCHÜTZE, Art. 19 Rz. 9.

[37] KROPHOLLER, Art. 19 Rz. 7; RAUSCHER-MANKOWSKI, Art. 19 Rz. 7; GEIMER/SCHÜTZE, Art. 19 Rz. 11.

[38] KROPHOLLER, Art. 19 Rz. 7; RAUSCHER-MANKOWSKI, Art. 19 Rz. 7.

[39] RAUSCHER-MANKOWSKI, Art. 19 Rz. 12 ff.

ihre Tätigkeit an einem einzigen Ort ausübte. Dabei handelte es sich jedoch nicht um den Ort, *der im Vertrag mit dem beklagten Arbeitgeber* festgelegt worden war, vielmehr wurde er *von einem anderen, mit dem verbundenen Arbeitgeber* geschlossenen Arbeitsvertrag festgelegt. Die Arbeitnehmerin hatte mit dem beklagten Arbeitgeber den Arbeitsort Turin vereinbart. Dieses erste Arbeitsverhältnis sollte für die Zeit der Entsendung zum verbundenen Arbeitgeber in München ruhen. Die Auseinandersetzung betraf dann nicht das Arbeitsverhältnis mit dem zweiten Arbeitgeber in München, wo sich auch der gewöhnliche Arbeitsort befand, sondern Ansprüche auf Bezahlung von Miet- und Reisekosten *aus dem ersten Arbeitsverhältnis.*

Es stellte sich die Frage, ob der Gerichtsstand am gewöhnlichen Arbeitsort *des zweiten Arbeitsverhältnisses* auch für Ansprüche aus dem ersten Arbeitsverhältnis zur Verfügung stand. Die Antwort darauf hängt davon ab, inwiefern **die beiden Verträge verbunden** sind. Die Voraussetzungen, die diese Verbindung erfüllen muss, sieht der EuGH dann als erfüllt an, «wenn der erste Arbeitgeber zum Zeitpunkt des Abschlusses des zweiten Vertrages selbst *ein Interesse an der Erfüllung der Leistung* hatte, die der Arbeitnehmer für den zweiten Arbeitgeber an einem von diesem bestimmten Ort erbringt»[40]. 19

Das Vorliegen dieses Interesses sei – so der EuGH – nicht anhand von formalen und ausschliesslichen Kriterien zu prüfen, sondern umfassend unter Berücksichtigung **aller Umstände des Einzelfalles,** insbesondere der Tatsachen, dass beim Abschluss des ersten Vertrages der Abschluss des zweiten Vertrages *beabsichtigt* war und, dass der erste Vertrag im Hinblick auf den Abschluss des zweiten geändert wurde; zu fragen ist auch, ob eine *organisatorische oder wirtschaftliche Verbindung* zwischen den beiden Arbeitgebern besteht, ob es eine *Vereinbarung* zwischen den beiden Arbeitgebern gibt, die einen Rahmen für das Nebeneinanderbestehen der beiden Verträge vorsieht, ob der erste Arbeitgeber *weisungsbefugt* gegenüber dem Arbeitnehmer bleibt oder ob der erste Arbeitgeber über *die Dauer der Tätigkeit* des Arbeitnehmers beim zweiten Arbeitsvertrag bestimmen kann[41]. Bei dieser Einzelfallbeurteilung besteht die Gefahr, dass das vom EuGH selbst im fraglichen Entscheid[42] erwähnte internationalprozessrechtliche 20

[40] EuGH 10.04.2003, Rs. C-437/00, *Pugliese/Finmeccanica*, Slg. 2003 I 3573 Rz. 23.
[41] EuGH 10.04.2003, Rs. C-437/00, *Pugliese/Finmeccanica*, Slg. 2003 I 3573 Rz. 24.
[42] EuGH 10.04.2003, Rs. C-437/00, *Pugliese/Finmeccanica*, Slg. 2003 I 3573 Rz. 22.

Kriterium der *Voraussehbarkeit* der Zuständigkeit sich nicht voll verwirklichen lässt[43]. Diese Unsicherheit im Zuständigkeitssystem des LugÜ ist aber bei komplexen Arbeitsverhältnissen kaum zu vermeiden[44].

3. Anknüpfung an den Ort, an dem der Arbeitnehmer seine Arbeit zuletzt gewöhnlich verrichtet hat

21 Nach Art. 19 Nr. 2 lit. a kann der Arbeitnehmer den Arbeitgeber nicht nur vor dem Gericht des Ortes, an dem er gewöhnlich seine Arbeit verrichtet, verklagen, sondern auch vor dem Gericht des Ortes, an dem er gewöhnlich seine Arbeit **verrichtet hat**. Dadurch wird zunächst verdeutlicht, dass der gewöhnliche Arbeitsort über *den Zeitpunkt der Beendigung des Arbeitsverhältnisses* hinaus zuständigkeitsbegründend bleibt[45].

22 Im Übrigen bedeutet die Anknüpfung an den Ort, an dem der Arbeitnehmer seine Arbeit verrichtet hat, jedoch nicht, dass der Arbeitnehmer bei besonders gelagerten Arbeitsverhältnissen, in denen ein Wechsel des gewöhnlichen Arbeitsortes angenommen werden kann, ein *Wahlrecht* zwischen dem gegenwärtigen oder letzten gewöhnlichen Arbeitsort hätte. Der aktuelle gewöhnliche Arbeitsort **verdrängt** den aufgegebenen[46]. Es kommt auch nicht auf den Zeitraum an, innerhalb welchem die eingeklagten Ansprüche *entstanden* sind[47]. Dies widerspräche nicht nur dem Ziel der Vermeidung einer Häufung von Gerichtsständen, sondern auch dem Schutz des Arbeitnehmers. Er müsste die an mehreren Orten entstandenen Ansprüche auch dort einklagen[48].

4. Nichtantritt der Arbeitsstelle und gewöhnlicher Arbeitsort

23 Wenn der Arbeitnehmer die Arbeitsstelle noch gar **nicht angetreten** hat, ist zu untersuchen, ob er trotzdem am Gerichtsstand des vertraglich vorgese-

---

43 KROPHOLLER, Art. 19 Rz. 8.

44 KROPHOLLER, Art. 19 Rz. 5.

45 GEIMER/SCHÜTZE, Art. 19 Rz. 22; POLIVKA 46.

46 EuGH 27.02.2002, Rs. C-37/00, *Weber/Universal Ogden*, Slg. 2002 I 2013 Rz. 54; RAUSCHER-MANKOWSKI, Art. 19 Rz. 14; KROPHOLLER, Art. 19 Rz. 6.

47 JOHNER 89.

48 RAUSCHER-MANKOWSKI, Art. 19 Rz. 15; KROPHOLLER, Art. 19 Rz. 6.

henen gewöhnlichen Arbeitsortes klagen kann. Dies ist m.E. zu bejahen[49]. Beim allgemeinen Vertragsgerichtsstand ist anerkannt, dass er auch dann besteht, wenn gerade das Zustandekommen des Vertrages streitig ist (s. Art. 5 Rz. 37). Der Nichtantritt einer Arbeitsstelle kann darauf beruhen, dass das *Zustandekommen des Vertrages* streitig ist. Ebenso sind andere Streitigkeiten aus einem nicht angetretenen Arbeitsverhältnis, etwa infolge *Vertragsbruches* oder Verletzung einer vereinbarten *Konkurrenzklausel* arbeitsrechtlicher Natur und es ist nicht einzusehen, weshalb hier der Schutz des Arbeitnehmers entfallen sollte[50].

5. Örtliche Zuständigkeit

Art. 19 Nr. 2 lit. a regelt – anders als Art. 19 Nr. 1 – auch die **örtliche** Zuständigkeit. Verrichtet der Arbeitnehmer gewöhnlich seine Arbeit in einem LugÜ-Staat, hier aber an mehreren Orten, so ist die örtliche Zuständigkeit in *autonomer* Auslegung zu ermitteln[51]. Dabei kann die Rechtsprechung des EuGH zur Bestimmung des gewöhnlichen Arbeitsortes im Falle der Tätigkeit in mehreren Staaten herangezogen werden[52]. Kann der hauptsächliche Arbeitsort nicht ermittelt werden, kommt naturgemäss nicht Art. 19 Nr. 1 bzw. 2 lit. b zur Anwendung, sondern es ist auf denjenigen Ort abzustellen, an dem der Arbeitnehmer *zuletzt* gearbeitet hat[53]. Dadurch wird einerseits eine Häufung von Gerichtsständen vermieden und andererseits der Voraussehbarkeit des Gerichtsstandes und dem Bedürfnis nach *Schutz des Arbeitnehmers* Genüge getan. 24

49 *Corte di cassazione* 26.06.2003, RDIPP 2004, 661; RAUSCHER-MANKOWSKI, Art. 19 Rz. 12b; KROPHOLLER, Art. 19 Rz. 9; SCHLOSSER, Art. 5 Rz. 8; a.A. öst.OGH SZ 71/207; CZERNICH/TIEFENTHALER/KODEK-CZERNICH, Art. 18 Rz. 9.

50 RAUSCHER-MANKOWSKI, Art. 19 Rz. 12b.

51 KROPHOLLER, Art. 19 Rz. 10; RAUSCHER-MANKOWSKI, Art. 19 Rz. 8; VALLONI 315; POLIVKA 44; a.A. Bericht JENARD/MÖLLER Rz. 39; JOHNER 90.

52 KROPHOLLER, Art. 19 Rz. 10; VALLONI 315; POLIVKA 44.

53 RAUSCHER-MANKOWSKI, Art. 19 Rz. 8; VALLONI 316; POLIVKA 44.

IV. Der Gerichtsstand am Ort der den Arbeitnehmer einstellenden Niederlassung

1. Allgemeines

25 Nach dem LugÜ (im Gegensatz zum aLugÜ) und in Übereinstimmung mit der EuGVVO kann am Ort der einstellenden Niederlassung **nur** der Arbeitnehmer gegen den Arbeitgeber klagen und nicht auch umgekehrt. Damit sieht Art. 19 Nr. 2 lit. b für den Fall wechselnder Arbeitsorte eine Regelung vor, die einerseits dem Schutz des Arbeitnehmers als schwächere Partei Rechnung trägt und mit welcher andererseits eine Häufung von Gerichtsständen mit der Folge von sich allenfalls widersprechenden Entscheidungen vermieden wird[54].

26 Trotz ausschliesslicher Klagemöglichkeit des Arbeitnehmers am Ort der einstellenden Niederlassung bleibt die Anknüpfung an ein **arbeitgeberbezogenes** Merkmal in einem gewissen Spannungsverhältnis zum Schutzzweck von Art. 19[55]. Dies sollte im Prinzip zu einer *extensiven* Auslegung des gewöhnlichen Arbeitsortes nach Art. 19 Nr. 2 lit. a führen[56].

27 Dem Arbeitnehmer steht der Gerichtsstand der einstellenden Niederlassung **konkurrierend** zum Gerichtsstand am Wohnsitz des beklagten Arbeitgebers, nicht jedoch zum Gerichtsstand des gewöhnlichen Arbeitsortes zur Verfügung[57]. Im Verhältnis zu Letzterem ist der Gerichtsstand der den Arbeitnehmer einstellenden Niederlassung *subsidiär*. Dies ergibt sich aus dem Wortlaut von Art. 19 Nr. 2 lit. b. Damit setzt lit. b gerade voraus, dass das Tatbestandsmerkmal gemäss lit. a (gewöhnlicher Arbeitsort in einem Staat) nicht erfüllt ist.

28 Der Gerichtsstand am Ort der einstellenden Niederlassung ist nur dann anwendbar, wenn der Arbeitgeber seinen Wohnsitz **in einem anderen** LugÜ-Staat hat und nicht in jenem, in dem sich die einstellende Niederlassung befindet (s. Rz. 8).

---

[54] EuGH 13.07.1993, Rs. C-125/92, *Mulox/Geels*, Slg. 1993 I 4075 Rz. 21, 23; EuGH 09.01.1997, Rs. C-383/95, *Rutten/Cross Medical*, Slg. 1997 I 57 Rz. 18; EuGH 27.02.2002, Rs. C-37/00, *Weber/Universal Ogden*, Slg. 2002 I 2013 Rz. 42.

[55] Rauscher-Mankowski, Art. 19 Rz. 18.

[56] Kropholler, Art. 19 Rz. 7; Holl 90; Czernich/Tiefenthaler/Kodek-Czernich, Art. 19 Rz. 6; für eine arbeitnehmerfreundliche Auslegung des Niederlassungsbegriffs Rauscher-Mankowski, Art. 19 Rz. 18.

[57] Kropholler, Art. 19 Rz. 11; Rauscher-Mankowski, Art. 19 Rz. 3; Polivka 46.

In Art. 19 Nr. 2 lit. b wird wie bei den besonderen Zuständigkeiten nach Art. 5 ff. neben der internationalen auch die **örtliche** Zuständigkeit festgelegt (s. Art. 5 Rz. 1). 29

Die Klage am Gerichtsstand der den Arbeitnehmer einstellenden Niederlassung richtet sich nicht gegen die Niederlassung als solche, die in der Regel auch nicht *parteifähig* ist, sondern gegen den **Inhaber** der Niederlassung[58]. 30

2. Anwendungsbereich von Art. 19 Nr. 2 lit. b

Der Gerichtsstand am Ort der den Arbeitnehmer einstellenden Niederlassung kommt nur zur Anwendung, wenn die Voraussetzungen von Art. 19 Nr. 2 lit. a nicht erfüllt sind, d.h. wenn der Arbeitnehmer seine Arbeit gewöhnlich **nicht in ein und demselben Staat** verrichtet oder verrichtet hat. Art. 19 Nr. 2 lit. b greift ein, wenn die Bestimmung des gewöhnlichen Arbeitsortes nicht möglich ist, weil es entweder *mehrere gleich bedeutende Arbeitsorte* gibt oder weil *keiner* der verschiedenen Orte, an denen der Arbeitnehmer seiner Berufstätigkeit nachgegangen ist, *einen hinreichend festen und intensiven Bezug* zu der geleisteten Arbeit aufweist, um für die Bestimmung des zuständigen Gerichts als Hauptbezugsort gelten zu können[59]. Zu letzterer Konstellation werden folgende Beispiele genannt: Journalisten, die sich in dauerhaftem wechselndem Einsatz als Auslandskorrespondenten befinden[60], Troubleshooter, mobile Berater und Montagearbeiter mit ständig wechselnden Einsatzorten ohne Mittelpunkt, zu dem sie immer wieder zurückkehren[61]. 31

Im Fall wechselnder Arbeitsorte hat der EuGH noch unter der Geltung von Art. 5 EuGVÜ wiederholt ausgeführt, dass die arbeitsvertragliche Zuständigkeitsregelung nicht zur Anwendung komme, wenn der Arbeitnehmer alle seine Tätigkeiten in Drittstaaten ausübe[62]. Im *Interesse* des Arbeitnehmers sollte es jedoch nicht darauf ankommen, ob die wechselnden Arbeitsorte ganz oder teilweise in einem **LugÜ- oder Drittstaat** liegen. 32

---

[58] Kropholler, Art. 5 Rz. 101; Polivka 47.

[59] EuGH 27.02.2002, Rs. C-37/00, *Weber/Universal Ogden*, Slg. 2002 I 2013 Rz. 55.

[60] Rauscher-Mankowski, Art. 19 Rz. 16; Trenner 178.

[61] Rauscher-Mankowski, Art. 19 Rz. 16.

[62] EuGH 15.02.1989, Rs. 32/88, *Six Constructions/Humbert*, Slg. 1989, 341 Rz. 22; EuGH 27.02.2002, Rs. C-37/00, *Weber/Universal Ogden*, Slg. 2002 I 2013 Rz. 27.

Massgebend ist einzig, dass sich die *Niederlassung* in einem LugÜ-Staat befindet[63].

33 Für den Fall, in dem sich *der gewöhnliche Arbeitsort* in einem **Drittstaat** befindet, sollte der Arbeitnehmer den Gerichtsstand am Ort der einstellenden Niederlassung ebenfalls beanspruchen können. Art. 19 Nr. 2 lit. b wird nur verdrängt, wenn gemäss Art. 19 Nr. 2 lit. a ein Gericht *in einem LugÜ-Staat* zuständig ist[64].

3. Begriff der Niederlassung

34 Der Begriff der Niederlassung ist **vertragsautonom** und weit auszulegen. In der Lehre wird überwiegend die Auffassung vertreten, dass der Niederlassungsbegriff im Sinne von Art. 19 Nr. 2 lit. b jenem von Art. 5 Nr. 5 *entspricht*[65]; dazu s. Komm. zu Art. 5 Nr. 5.

4. Begriff der Einstellung

35 Den Begriff des Einstellens hat der EuGH noch nicht präzisiert. Er ist **vertragsautonom** auszulegen[66]. Die subsidiäre Anknüpfung an den Ort der den Arbeitnehmer einstellenden Niederlassung dürfte darauf gründen, dass der Einstellungsort zumindest ein Indiz für die örtliche Verwurzelung der Arbeitstätigkeit ist und die Einstellungsniederlassung häufig auch über den weiteren Einsatz des Arbeitnehmers bestimmen wird[67]. Der formelle *Vertragsschluss* vermag die örtliche Verwurzelung noch *nicht rechtsgenüglich* zu begründen. Dieses Erfordernis genügen zu lassen, würde zudem dem Arbeitgeber zu grosse Manipulationsmöglichkeiten eröffnen. Daher sind *zusätzliche* Umstände erforderlich, die darauf schliessen lassen, dass der Arbeitnehmer nach objektiven Kriterien tatsächlich am Ort der Niederlassung eingestellt wurde. Solche Kriterien stellen etwa die organisatorische

---

[63] Bericht De Almeida Cruz/Real/Jenard, Rz. 23d; Kropholler, Art. 19 Rz. 11; Rauscher-Mankowski, Art. 19 Rz. 16; anders EuGH 15.02.1989, Rs. 32/88, *Six Constructions/Humbert,* Slg. 1989, 341 ff., Rz. 22; EuGH 27.02.2002, Rs. C-37/00, *Weber/Universal Ogden*, Slg. 2002 I 2013 Rz. 27.

[64] A. A. Rauscher-Mankowski, Art. 19 Rz. 17.

[65] Kropholler, Art. 19 Rz. 13; a.A. Rauscher-Mankowski, Art. 19 Rz. 17; Johner 96 f.

[66] Valloni 332.

[67] Trunk 35.

Betreuung und Eingliederung während des Arbeitsverhältnisses (z.B. Weisungserteilung durch die Niederlassung) dar[68].

5. Massgebender Zeitpunkt für das Bestehen der Niederlassung

Art. 19 Nr. 2 lit. b sieht vor, dass auch der Ort zuständigkeitsbegründend 36
ist, an dem sich die einstellende Niederlassung **befand**. Auch nach der *Auflösung* einer Niederlassung bleibt das Gericht des Ortes zuständig, an dem sich die Niederlassung befand. Damit sollen Streitigkeiten erfasst werden, die nach Auflösung des Arbeitsverhältnisses entstehen[69]. Zum Schutze des Arbeitnehmers kann dieser im Falle einer Verlegung der Niederlassung *wahlweise* entweder am Ort, wo sich die Niederlassung zum Zeitpunkt der Einstellung befand, oder am Ort, wo sich die Niederlassung im Zeitpunkt der Klageerhebung befindet, klagen[70].

---

68 Rauscher-Mankowski, Art. 19 Rz. 19.

69 Bericht De Almeida Cruz/Real/Jenard, Rz. 23c; Kropholler, Art. 19 Rz. 13; Rauscher-Mankowski, Art. 19 Rz. 20; Trunk 101.

70 Kropholler, Art. 19 Rz. 13; Rauscher-Mankowski, Art. 19 Rz. 20; Polivka 50.

Art. 20

1. Die Klage des Arbeitgebers kann nur vor den Gerichten des durch dieses Übereinkommen gebundenen Staates erhoben werden, in dessen Hoheitsgebiet der Arbeitnehmer seinen Wohnsitz hat.

2. Die Vorschriften dieses Abschnitts lassen das Recht unberührt, eine Widerklage vor dem Gericht zu erheben, bei dem die Klage selbst gemäss den Bestimmungen dieses Abschnitts anhängig ist.

Art. 20

1. L'action de l'employeur ne peut être portée que devant les tribunaux de l'État lié par la présente Convention sur le territoire duquel le travailleur a son domicile.

2. Les dispositions de la présente section ne portent pas atteinte au droit d'introduire une demande reconventionnelle devant le tribunal saisi de la demande originaire conformément à la présente section.

Art. 20

1. L'azione del datore di lavoro può essere proposta solo davanti al giudice dello Stato vincolato dalla presente convenzione nel cui territorio il lavoratore è domiciliato.

2. Le disposizioni della presente sezione non pregiudicano il diritto di proporre una domanda riconvenzionale davanti al giudice investito della domanda principale a norma della presente sezione.

Art. 20

1. An employer may bring proceedings only in the courts of the State bound by this Convention in which the employee is domiciled.

2. The provisions of this Section shall not affect the right to bring a counter-claim in the court in which, in accordance with this Section, the original claim is pending.

Literatur: S. die Hinweise zu Art. 18.

Übersicht *Seite*

I. Ausschliesslicher Gerichtsstand im Wohnsitzstaat des Arbeitnehmers

Art. 20 regelt die Zuständigkeit für Klagen des Arbeitgebers gegen den Arbeitnehmer. Der Arbeitgeber kann grundsätzlich nur vor den Gerichten des LugÜ-Staates klagen, in dem der Arbeitnehmer seinen **Wohnsitz** hat. Vorbehalten sind die Widerklagezuständigkeit nach Art. 20 Abs. 2[1], die Zuständigkeit aufgrund einer Gerichtsstandsvereinbarung nach Art. 21 und 23 sowie die Einlassungszuständigkeit gemäss Art. 24[2]. 1

Gewöhnlicher Arbeitsort und Wohnsitz des Arbeitnehmers fallen häufig zusammen, weshalb sich die Abschaffung der Zuständigkeiten für Klagen des Arbeitgebers am Ort des gewöhnlichen Arbeitsortes vor allem dann auswirkt, wenn der Arbeitnehmer ein **Grenzgänger** ist, oder wenn er nach Beendigung eines Arbeitsverhältnisses in seinen *Heimatstaat* zurückkehrt[3]. 2

Aufgrund der abschliessenden Regelung der Zuständigkeit in Arbeitsrechtssachen[4] in Art. 18 ff. wurde die Zuständigkeit am Beklagtenwohnsitz in Art. 20 Abs. 1 **integriert**. Es kann auf die Kommentierung zu Art. 2 verwiesen werden. 3

Zu beachten ist, dass die Zuständigkeit für Klagen gegen den Arbeitnehmer sich nach Art. 20 Abs. 1 richtet, unabhängig davon, ob der Arbeitgeber oder dessen **Rechtsnachfolger** als Kläger auftritt, andernfalls der Schutzzweck dieser Bestimmung verfehlt würde, da es der Arbeitgeber u.U. in der Hand hätte, seine Forderung gegen den Arbeitnehmer an einen Dritten zu zedieren, der dann nicht an die Schutzzuständigkeiten in Arbeitsrechtssachen gebunden wäre[5]. 4

Gleich wie Art. 2 regelt Art. 20 Abs. 1 nur die internationale Zuständigkeit. Die **örtliche** Zuständigkeit richtet sich nach nationalem Recht[6]. 5

---

1 Nach dem aLugÜ standen alle Gerichtsstände nach Art. 6 aLugÜ zur Verfügung und zwar unabhängig von der Parteirollenverteilung (Dasser/Oberhammer-Oberhammer, Art. 5 Rz. 91).

2 EuGH 20.05.2010, Rs. C-111/09, *Česká/Bilas*, Rz. 26; Geimer/Schütze, Art. 24 Rz. 38; a.A. Rauscher-Mankowski, Art. 18 Rz. 2; zur Einlassungszuständigkeit s. Art. 21 Rz. 21 f.

3 Rauscher-Mankowski, Art. 20 Rz. 2; Schlosser, Art. 20 Rz. 1.

4 EuGH 22.05.2008, Rs. C-462/06, *Glaxosmithkline/Rouard*, Slg. 2008 I 3965 Rz. 18.

5 Polivka 54 f.

6 Rauscher-Mankowski, Art. 20 Rz. 3.

II. Der Widerklagegerichtsstand

6 Art. 20 Abs. 2 sieht als Ausnahme von der Ausschliesslichkeit des Gerichtsstands im Wohnsitzstaat des Arbeitnehmers den **Widerklagegerichtsstand** nach dem Vorbild von Art. 6 Nr. 3 vor[7]. Dies liegt wie bei Art. 6 Nr. 3 im Interesse einer einheitlichen Verhandlung und Entscheidung zusammenhängender Rechtsstreitigkeiten[8].

7 Der Widerklagegerichtsstand steht nicht nur dem Arbeitgeber zur Verfügung. Trotz der systematischen Stellung von Art. 20 Abs. 2 im Zusammenhang mit dem Gerichtsstand für Klagen gegen den Arbeitnehmer, ist die Bestimmung auch auf **Widerklagen des Arbeitnehmers** anwendbar[9]. Dafür spricht der Wortlaut von Art. 20 Abs. 2 («Vorschriften dieses Abschnitts»....«gemäss den Bestimmungen dieses Abschnitts»)[10]. Im Weiteren wäre eine solche Beschränkung kaum mit dem *Zweck des Arbeitnehmerschutzes* zu vereinbaren, da dem Arbeitnehmer die Möglichkeit genommen würde, eine Widerklage zu erheben[11]. Zudem hatte Art. 20 Abs. 2 die Parallelbestimmungen in den Abschnitten über Versicherungs- und Verbrauchersachen (Art. 12 Abs. 2 und 16 Abs. 3) zum Vorbild. Diese gewähren wie Art. 6 Nr. 3 den Widerklagegerichtsstand unabhängig von der Parteirollenverteilung[12]. *Systematisch* korrekt sollte der Vorbehalt von Art. 20 Abs. 2 in Art. 18 erscheinen[13].

8 Wie bei den Parallelbestimmungen von Art. 12 Abs. 2 und Art. 16 Abs. 3 setzt Art. 20 Abs. 2 eine **Konnexität** zwischen Klage und Widerklage i.S.v. Art. 6 Nr. 3 voraus[14].

---

7 Rauscher-Mankowski, Art. 20 Rz. 1.

8 Geimer/Schütze, Art. 6 Rz. 50.

9 Rauscher-Mankowski, Art. 20 Rz. 4; Dasser/Oberhammer-Oberhammer, Art. 5 Rz. 92; Die übrigen Zuständigkeiten von Art. 6 LugÜ gelten in Arbeitssachen nicht (Dasser/Oberhammer-Oberhammer, Art. 5 Rz. 91; Geimer/Schütze, Art. 6 Rz. 10; a.A. Rauscher-Mankowski, Art. 18 Rz. 2.

10 Polivka 31; Rauscher-Mankowski, Art. 20 Rz. 4; Dasser/Oberhammer-Oberhammer, Art. 5 Rz. 92.

11 Polivka 32.

12 Kropholler, Art. 12 Rz. 3; Polivka 32; Rauscher-Mankowski, Art. 20 Rz. 4.

13 Kropholler, Art. 12 Rz. 3; Polivka 32; Rauscher-Mankowski, Art. 20 Rz. 4; Schlosser, Art. 20 Rz. 2.

14 Rauscher-Mankowski, Art. 20 Rz. 5; Dasser/Oberhammer-Oberhammer, Art. 5 Rz. 93.

In der Lehre ist umstritten, ob die Anwendung von Art. 6 Nr. 3 erfordert, dass sich die Zuständigkeit des Gerichts der **Hauptklage** auf das LugÜ stützt, oder ob es bereits genügt, wenn dieses Gericht nach dem nationalen Recht zuständig ist[15]. Art. 20 Abs. 2 sieht jedenfalls *ausdrücklich* vor, dass die Zuständigkeit der Hauptklage sich *aus den Bestimmungen des Abschnitts* über die Arbeitsrechtssachen ergeben muss[16]. 9

15 Dasser/Oberhammer-Oberhammer, Art. 6 Rz. 106 f.

16 Kropholler, Art. 6 Rz. 36.

Art. 21

Von den Vorschriften dieses Abschnitts kann im Wege der Vereinbarung nur abgewichen werden:

1. wenn die Vereinbarung nach der Entstehung der Streitigkeit getroffen wird; oder

2. wenn sie dem Arbeitnehmer die Befugnis einräumt, andere als die in diesem Abschnitt angeführten Gerichte anzurufen.

Art. 21

Il ne peut être dérogé aux dispositions de la présente section que par des conventions attributives de juridiction:

1. postérieures à la naissance du différend; ou

2. qui permettent au travailleur de saisir d'autres tribunaux que ceux indiqués dans la présente section.

Art. 21

Le disposizioni della presente sezione possono essere derogate solo da una convenzione:

1. posteriore al sorgere della controversia; o

2. che consenta al lavoratore di adire un giudice diverso da quelli indicati nella presente sezione.

Art. 21

The provisions of this Section may be departed from only by an agreement on jurisdiction:

1. which is entered into after the dispute has arisen; or

2. which allows the employee to bring proceedings in courts other than those indicated in this Section.

Literatur: S. die Hinweise zu Art. 18.

Übersicht *Seite*

I. Allgemeines

Die Zulässigkeit von Gerichtsstandsvereinbarungen ist in Arbeitsrechtssachen gegenüber der allgemeinen Bestimmung von Art. 23 **eingeschränkt**. Das LugÜ sieht wie in Versicherungs- und Verbrauchersachen im Interesse des Arbeitnehmerschutzes auch in Arbeitsrechtssachen grundsätzlich ausschliessliche und zwingende Gerichtsstände vor[1]. Die Gerichtsstandsvereinbarung ist aber *nicht vollständig* ausgeschlossen, sondern nach Art. 21 ausnahmsweise zulässig, wenn die Vereinbarung nach Entstehung der Streitigkeit getroffen wird (Nr. 1) oder wenn sie dem Arbeitnehmer die Befugnis einräumt, andere als die in Abschnitt 5 angeführten Gerichte anzurufen (Nr. 2). 1

Zu beachten ist, dass diese zweite Ausnahme in Art. 17 Abs. 5 aLugÜ in Abweichung von Art. 17 Abs. 5 EuGVÜ nicht vorgesehen war. Nunmehr besteht **Übereinstimmung** mit der Parallelnormierung in der EuGVVO, die die Regelung des EuGVÜ übernommen hat. Übereinstimmung besteht auch mit der Regelung der Prorogationsbeschränkungen *in Versicherungs- und Verbrauchersachen*, bei welcher die zweite Ausnahme bereits im aLugÜ vorgesehen war[2]. 2

Art. 21 ersetzt Art. 17 Abs. 5 aLugÜ. Im entsprechenden Absatz 5 von Art. 23 wird u.a. auf die Prorogationsbestimmungen in Versicherungs-, Verbraucher- und Arbeitssachen Bezug genommen und angeordnet, dass diesen Bestimmungen zuwiderlaufende Gerichtsstandsvereinbarungen keine rechtliche Wirkung haben. 3

Art. 21 regelt nur den Teilaspekt der **Zulässigkeit** einer Gerichtsstandsvereinbarung. Die übrigen Fragen wie *Anwendungsvoraussetzungen*, *Zustandekommen*, *Form* usw. richten sich nach Art. 23, soweit sich nichts Abweichendes aus der speziellen Zuständigkeitsregelung für Arbeitssachen ergibt[3]. 4

Art. 21 kommt unabhängig davon zur Anwendung, ob die Gerichtsstandsvereinbarung vom Arbeitgeber und vom Arbeitnehmer oder von deren **Rechtsnachfolger** getroffen wird. An eine zwischen dem Arbeitgeber und 5

---

[1] Polivka 56; Rauscher-Mankowski, Art. 21 Rz. 1; Geimer/Schütze, Art. 21 Rz. 2.

[2] Dasser/Oberhammer-Oberhammer, Art. 5 Rz. 94.

[3] Rauscher-Mankowski, Art. 21 Rz. 6; Polivka 57.

Arbeitnehmer gültig abgeschlossene Gerichtsstandsvereinbarung gemäss Art. 21 sind auch deren Rechtsnachfolger gebunden[4].

II. Anwendungsbereich

1. Räumlich-persönlicher Anwendungsbereich

6 Grundsätzlich gilt für den räumlich-persönlichen Anwendungsbereich Art. 23. Die Anwendung von Art. 21 setzt voraus, dass wenigstens **eine Partei** Wohnsitz in einem LugÜ-Staat hat, wobei hier Art. 18 Abs. 2 zu beachten ist[5].

7 Bei Art. 23 ist umstritten, ob für die Bestimmung des Wohnsitzes **der Zeitpunkt des Abschlusses** der Gerichtsstandsvereinbarung oder derjenige der Klageeinreichung massgebend ist[6]. Da die Bestimmung den Arbeitnehmer schützen soll, kommt sie in dessen Interesse jedenfalls dann zur Anwendung, wenn wenigstens eine der Parteien *entweder* zur Zeit des Abschlusses der Gerichtsstandsvereinbarung oder zur Zeit der Klageeinreichung in einem LugÜ-Staat Wohnsitz hatte[7].

2. Übrige Anwendungsvoraussetzungen

8 Art. 23 ist grundsätzlich nicht auf Gerichtsstandsvereinbarungen anwendbar, mit denen die ausschliessliche Zuständigkeit eines Drittstaates vereinbart wird[8]. Dies gilt allerdings **nicht** für Art. 21, übrigens ebenso wie für die entsprechenden Bestimmungen von Art. 13 und 17, denn sonst ergäbe sich ein schwerer Wertungswiderspruch zu dem von diesen Normen bezweckten *Schutz der schwächeren Partei*. Es wäre kaum verständlich, weshalb die Einschränkung der Prorogationsfreiheit in Versicherungs-, Verbraucher- und Arbeitssachen lediglich für Vereinbarungen, mit denen die Gerichte von LugÜ-Staaten prorogiert worden sind, gelten soll, und nicht auch für Vereinbarungen, in denen die «entfernteren» Gerichte eines

4 Polivka 57.
5 Polivka 58; Rauscher-Mankowski, Art. 21 Rz. 6.
6 Dasser/Oberhammer-Killias, Art. 17 Rz. 26 f.
7 Polivka 60.
8 Dasser/Oberhammer-Killias, Art. 17 Rz. 21.

Drittstaates prorogiert worden sind[9]. Wie weit die zwingenden Zuständigkeiten die Zulässigkeit einer Gerichtsstandsvereinbarung einschränken, ergibt sich *aus deren Regelung* selbst und nicht aus Art. 23. Des Weiteren spricht Art. 21 im Gegensatz zu Art. 23 nicht von der Prorogation der «Gerichte eines durch dieses Übereinkommen gebundenen Staates», weshalb auch die grammatikalische Auslegung die hier vertretene Ansicht zu stützen vermag[10].

III. Zulässige Gerichtsstandsvereinbarungen

1. Vereinbarung nach Entstehung der Streitigkeit

9 Der erste Fall zulässiger Gerichtsstandsvereinbarungen betrifft Vereinbarungen, die nach **der Entstehung der Streitigkeit** getroffen werden (Art. 21 Nr. 1). Diese Ausnahme vom Prorogationsverbot war bereits in Art. 17 Abs. 5 aLugÜ vorgesehen. Eine Streitigkeit ist entstanden, «sobald sich die Parteien über einen bestimmten Punkt uneins sind und ein gerichtliches Verfahren unmittelbar oder in Kürze bevorsteht»[11]. In einer solchen Situation besteht die Gefahr nicht bzw. nur in beträchtlich reduzierter Weise, dass der Arbeitnehmer als schwächere Partei überrumpelt wird. Der Arbeitnehmer ist hier in der Lage, die *Tragweite einer Gerichtsstandsvereinbarung* zu erkennen, da er aufgrund des konkreten Streitfalles die *Möglichkeit einer gerichtlichen Auseinandersetzung* in seine Überlegungen einbeziehen wird[12].

10 Wann der Streit entstanden ist, beurteilt sich aufgrund der Umstände des Einzelfalles. Eine *blosse Meinungsverschiedenheit* über die Auslegung, Abwicklung oder Erfüllung des Arbeitsvertrages genügt nicht, um das Vorliegen einer Streitigkeit zu bejahen. Wie bereits ausgeführt, muss der Arbeitnehmer in der Lage sein, aufgrund des **konkreten Streitfalles** die *Möglichkeit eines gerichtlichen Verfahrens* in Betracht zu ziehen, was nur

9 Dasser/Oberhammer-Killias, Art. 17 Rz. 22 f.; Kropholler, Art. 23 Rz. 83; Rauscher-Mankowski, Art. 21 Rz. 7; Polivka 58.

10 Dasser/Oberhammer-Killias, Art. 17 Rz. 22; Kropholler, Art. 23 Rz. 83; Rauscher-Mankowski, Art. 21 Rz. 7; Polivka 58.

11 Bericht Jenard 33.

12 Kropholler, Art. 13 Rz. 2; Rauscher-Mankowski, Art. 21 Rz. 3; Polivka 59; kritisch Dasser/Oberhammer-Killias, Art. 17 Rz. 65, der die Regelung als zu starr ansieht und darauf hinweist, dass sie sich teilweise zu Ungunsten des Arbeitnehmers auswirken könnte.

vorliegt, wenn ein solches *unmittelbar* oder *in Kürze* bevorsteht. Ansonsten könnten dem Arbeitnehmer als schwächere Partei die Schutzzuständigkeiten aufgrund seiner wirtschaftlichen Abhängigkeit und der stärkeren Verhandlungsposition des Arbeitgebers immer noch relativ leicht entzogen werden[13].

11 Gerichtsstandsvereinbarungen im Arbeitsvertrag sind regelmässig unwirksam, weil der Vertrag grundsätzlich **vor dem Entstehen** jeder vertraglichen Streitigkeit geschlossen wird[14]. Anders verhält es sich, wenn eine Streitigkeit *aus vorvertraglichem Verhältnis* schon entstanden ist, bevor der Arbeitsvertrag eingegangen wurde[15].

12 Fraglich ist, ob Art. 21 Nr. 1 auch auf Gerichtsstandsklauseln in arbeitsrechtlichen **Aufhebungsverträgen** anwendbar ist. Der Streit dreht sich diesbezüglich häufig um die Frage, ob auf Rechte des ursprünglichen Arbeitsvertrages verzichtet worden ist oder zwingende Gesetzesbestimmungen umgangen worden sind. Da der Arbeitnehmer sich des Risikos *des Entzugs zwingender Rechtspositionen* nicht immer bewusst ist, rechtfertigt es sich, Art. 21 auf Gerichtsstandsvereinbarungen in Aufhebungsverträgen anzuwenden[16].

13 Die zulässige Gerichtsstandsvereinbarung nach Art. 21 Nr. 1 begründet die **ausschliessliche** Zuständigkeit des prorogierten Gerichts oder der prorogierten Gerichte des LugÜ-Staates, soweit die Parteien nichts anderes vereinbart haben (Art. 23 Abs. 1 Satz 2). Wird nur die internationale Zuständigkeit vereinbart, hat das *nationale* Verfahrensrecht die *örtliche* Zuständigkeit festzulegen[17].

2. Vereinbarung zu Gunsten des Arbeitnehmers

14 Nach Art. 21 Nr. 2 ist eine Gerichtsstandsvereinbarung auch dann zulässig, wenn sie dem Arbeitnehmer die Befugnis einräumt, **andere als die im Abschnitt 5 des LugÜ** angeführten Gerichte *anzurufen*. Damit entspricht Art. 21 den Vorschriften von Art. 13 Nr. 1 und 2 und Art. 17 Nr. 1 und 2.

---

[13] RAUSCHER-MANKOWSKI, Art. 21 Rz. 3; a.A. GEIMER/SCHÜTZE, Art. 13 Rz. 5.
[14] RAUSCHER-MANKOWSKI, Art. 21 Rz. 2.
[15] RAUSCHER-MANKOWSKI, Art. 21 Rz. 2.
[16] JUNKER, Internationale Zuständigkeit und anwendbares Recht 201; a.A. RAUSCHER-MANKOWSKI, Art. 21 Rz. 4.
[17] DASSER/OBERHAMMER-KILLIAS, Art. 17 Rz. 49 ff.; KROPHOLLER, Art. 23 Rz. 76 ff.

Die Regelung von Art. 21 Nr. 2 geht auf Art. 17 Nr. 5 EuGVÜ zurück. Die Bestimmung, wonach die Gerichtsstandsvereinbarung nur nach dem Entstehen der Streitigkeit zulässig ist, wurde als zu starr kritisiert[18]. Deshalb wurde bereits im Art. 17 EuGVÜ in der Fassung von 1989 eine ähnliche Regelung, wie sie heute Art. 21 Nr. 2 EuGVVO und entsprechend auch Art. 21 Nr. 2 kennen, vorgesehen[19]. Dem Arbeitnehmer wird damit die Möglichkeit eröffnet, sich auch auf eine schon vor Ausbruch der Streitigkeit abgeschlossene Zuständigkeitsvereinbarung zu berufen[20].

Soweit die Gerichtsstandsvereinbarung dem Arbeitnehmer zusätzliche Optionen zu den gesetzlichen Gerichtsständen gibt, bedarf er **keines zusätzlichen Schutzes**, da die Gerichtsstandsvereinbarung ihn nur *begünstigt*[21]. 15

Art. 21 Nr. 2 ist nicht anwendbar, wenn die Zuständigkeit des prorogierten Gerichts sich bereits aufgrund der Vorschriften von Art. 18 ff. ergibt. Es muss sich um eine zu den gesetzlich eröffneten Gerichtsständen **zusätzlich** vereinbarte Zuständigkeit handeln[22]. 16

Art. 21 Nr. 2 erfasst auch eine **allgemeine** Gerichtsstandsklausel für Klagen beider Parteien, denn das «wenn» im Wortlaut der Nr. 2 ist als «soweit» zu verstehen. Es ist daher nicht vorausgesetzt, dass die Gerichtsstandsklausel *ausdrücklich* nur dem Arbeitnehmer zusätzliche Gerichtsstände einräumt[23]. Nur der Arbeitnehmer kann sich dann auf Art. 21 Nr. 2 berufen, was in der französischen Fassung besser zum Ausdruck kommt («...qui permettent au travailleur»)[24]. 17

Art. 21 Nr. 2 gilt nur **für Aktivprozesse des Arbeitnehmers.** Wenn der Arbeitgeber z.B. am Gerichtsstand von Art. 20 Nr. 1 klagt, kann sich der Arbeitnehmer nicht darauf berufen, dass dieser Gerichtsstand derogiert sei[25]. 18

---

18 GEIMER/SCHÜTZE, Art. 23 Rz. 54; DASSER/OBERHAMMER-KILLIAS, Art. 17 Rz. 65.

19 GEIMER/SCHÜTZE, Art. 23 Rz. 54.

20 GEIMER/SCHÜTZE, Art. 23 Rz. 54.

21 KROPHOLLER, Art. 13 Rz. 3; RAUSCHER-MANKOWSKI, Art. 21 Rz. 5.

22 RAUSCHER-MANKOWSKI, Art. 21 Rz. 5.

23 DASSER/OBERHAMMER-OBERHAMMER, Art. 5 Rz. 95; SCHLOSSER, Art. 21 Rz. 3; GEIMER/SCHÜTZE, Art. 21 Rz. 4; RAUSCHER-MANKOWSKI, Art. 21 Rz. 5.

24 SCHLOSSER, Art. 21 Rz. 3.

25 GEIMER/SCHÜTZE, Art. 23 Rz. 54; RAUSCHER-MANKOWSKI, Art. 21 Rz. 5a; POLIVKA 59.

19 Die **Rechtsnachfolger** (Zessionar, Versicherung, Sozialversicherungsträger usw.) des Arbeitnehmers können sich nicht auf Art. 21 Nr. 2 berufen, da diese Bestimmung den Arbeitnehmer *persönlich* begünstigen will[26].

20 Die Gerichtsstandsvereinbarung nach Art. 21 Nr. 2 begründet im Gegensatz zu jener nach Art. 21 Nr. 1 keinen ausschliesslichen Gerichtsstand. Insofern hat sie keine derogative, sondern nur eine **prorogative** Wirkung[27].

IV. Vergleich mit weiteren parteiautonom begründeten Zuständigkeiten

1. Vorbehaltlose Einlassung

21 In einem engen Sachzusammenhang mit der vereinbarten Zuständigkeit steht der Gerichtsstand der vorbehaltlosen Einlassung[28]. Sofern die Zuständigkeit des Gerichts eines LugÜ-Staates nicht bereits nach anderen Vorschriften besteht, wird sie nach Art. 24 Satz 1 begründet, wenn sich der Beklagte auf ein eingeleitetes Verfahren vorbehaltlos einlässt. Gemäss Satz 2 werden die ausschliesslichen Zuständigkeiten nach Art. 22 vorbehalten. Dieser Vorbehalt ist **abschliessend**[29]. Einlassung ist auch dort möglich, wo die Zuständigkeit *nicht* durch Vereinbarung begründet werden kann[30], insbesondere in Versicherungs-, Verbraucher- und Arbeitssachen, obwohl die Zuständigkeitsregelung in diesen Bereichen ihrerseits abschliessend ist und keinen ausdrücklichen Vorbehalt zugunsten von Art. 24 enthält[31].

22 Da eine abweichende Gerichtsstandsvereinbarung in Arbeitssachen zwar nach Entstehen der Streitigkeit, aber vor Einleitung eines Gerichtsverfahrens zulässig ist, muss es in der Tat wertungsmässig umso eher möglich sein, in **einem bereits hängigen Gerichtsverfahren** die Zuständigkeit des

---

26 TRUNK 111 f.; GEIMER/SCHÜTZE, Art. 23 Rz. 55.

27 CZERNICH/TIEFENTHALER/KODEK-CZERNICH, Art. 21 Rz. 3; RAUSCHER-MANKOWSKI, Art. 21 Rz. 5a; POLIVKA 59.

28 DASSER/OBERHAMMER-KILLIAS, Art. 18 Rz. 5; KROPHOLLER, Art. 24 Rz. 3.

29 EuGH 20.05.2010, Rs. C-111/09, *Česká/Bilas*, Rz. 24.

30 SCHLOSSER, Art. 24 Rz. 1; KROPHOLLER, Art. 24 Rz. 16.

31 EuGH 20.05.2010, Rs. C-111/09, *Česká/Bilas*, Rz. 26; SCHLOSSER, Art. 24 Rz. 1; KROPHOLLER, Art. 24 Rz. 16; DASSER/OBERHAMMER-KILLIAS, Art. 18 Rz. 12; RAUSCHER/STAUDINGER, Art. 24 Rz. 11; GEIMER/SCHÜTZE, Art. 24 Rz. 38; POLIVKA 62; differenzierend RAUSCHER-MANKOWSKI, Art. 18 Rz. 2a.

Gerichts durch rügelose Einlassung zu begründen[32]. Für Letztere gelten die allgemeinen Anforderungen[33]. Der EuGH hat es *abgelehnt*, direkt aus der EuGVVO (das Gleiche muss aber auch für das LugÜ gelten) eine Pflicht des angerufenen Gerichts abzuleiten, zum Schutz der schwächeren Partei *von Amtes wegen* zu prüfen, ob die Einlassung tatsächlich bewusst erfolge und seine Zuständigkeit begründen solle. Dem angerufenen Gericht stehe es jedoch frei, sich – so der EuGH – im Hinblick auf den Schutz der schwächeren Partei zu vergewissern, dass die beklagte Partei umfassende Kenntnis von den Folgen der Einlassung für das Verfahren habe[34].

2. Schiedsvereinbarung

Die Schiedsgerichtsbarkeit ist nach Art. 1 Abs. 2 lit. d vom Anwendungs- 23
bereich des LugÜ ausgenommen. Unter diese Ausnahmebestimmung fällt auch **die Frage der Zulässigkeit der Schiedsvereinbarung**. Das LugÜ schränkt die Zulässigkeit von Schiedsvereinbarungen daher nicht ein und zwar auch nicht bezüglich der ausschliesslichen Zuständigkeiten nach Art. 22 und der zwingenden Zuständigkeitsvorschriften in Versicherungs-, Verbraucher- und Arbeitssachen (s. Art. 1 Rz. 126). Die Zulässigkeit von Schiedsvereinbarungen in Arbeitssachen richtet sich allein *nach dem nationalen Recht* oder nach *anderen Staatsverträgen*. In der Schweiz sind Schiedsvereinbarungen in internationalen Arbeitsverträgen zulässig[35].

---

[32] Kropholler, Art. 13 Rz. 2; Dasser/Oberhammer-Killias, Art. 18 Rz. 12; Rauscher/Staudinger, Art. 24 Rz. 11.

[33] S. Komm. zu Art. 24.

[34] EuGH 20.05.2010, Rs. C-111/09, *Česká/Bilas,* Rz. 32.

[35] Johner 169; Polivka 62; In einem neueren Entscheid des Bundesgerichts wurde dies bestätigt, jedoch für die Binnenschiedsgerichtsbarkeit aufgrund des unterschiedlichen Wortlautes von Art. 177 Abs. 1 IPRG und Art. 5 aKSG bzw. Art. 354 ZPO die gegenteilige Lösung gewählt (BGE 136 III 467 4.2, 4.5; kritisch dazu Beffa 1438).

Abschnitt 6: Ausschliessliche Zuständigkeiten

Art. 22 – Nr. 1

Ohne Rücksicht auf den Wohnsitz sind ausschliesslich zuständig:

1. für Klagen, welche dingliche Rechte an unbeweglichen Sachen sowie die Miete oder Pacht von unbeweglichen Sachen zum Gegenstand haben, die Gerichte des durch dieses Übereinkommen gebundenen Staates, in dem die unbewegliche Sache belegen ist.

Jedoch sind für Klagen betreffend die Miete oder Pacht unbeweglicher Sachen zum vorübergehenden privaten Gebrauch für höchstens sechs aufeinander folgende Monate auch die Gerichte des durch dieses Übereinkommen gebundenen Staates zuständig, in dem der Beklagte seinen Wohnsitz hat, sofern es sich bei dem Mieter oder Pächter um eine natürliche Person handelt und der Eigentümer sowie der Mieter oder Pächter ihren Wohnsitz in demselben durch dieses Übereinkommen gebundenen Staat haben.

Art. 22 – No. 1

Sont seuls compétents, sans considération de domicile:

1. en matière de droits réels immobiliers et de baux d'immeubles, les tribunaux de l'État lié par la présente Convention où l'immeuble est situé.

Toutefois, en matière de baux d'immeubles conclus en vue d'un usage personnel temporaire pour une période maximale de six mois consécutifs, sont également compétents les tribunaux de l'État lié par la présente Convention dans lequel le défendeur est domicilié, à condition que le locataire soit une personne physique et que le propriétaire et le locataire soient domiciliés dans le même État lié par la présente Convention.

Art. 22 – No. 1

Indipendentemente dal domicilio, hanno competenza esclusiva:

1. in materia di diritti reali immobiliari e di contratti d'affitto di immobili, i giudici dello Stato vincolato dalla presente convenzione in cui l'immobile è situato.

Tuttavia in materia di contratti d'affitto di immobili ad uso privato temporaneo stipulati per un periodo massimo di sei mesi consecutivi, hanno competenza anche i giudici dello Stato vincolato dalla presente convenzione in cui è domiciliato il convenuto, purché l'affittuario sia una persona fisica e il proprietario e l'affittuario siano domiciliati nel medesimo Stato vincolato dalla presente convenzione.

Art. 22 – No. 1

The following courts shall have exclusive jurisdiction, regardless of domicile:

1. in proceedings which have as their object rights in rem in immovable property or tenancies of immovable property, the courts of the State bound by this Convention in which the property is situated.

However, in proceedings which have as their object tenancies of immovable property concluded for temporary private use for a maximum period of six consecutive months, the courts of the State bound by this Convention in which the defendant is domiciled

shall also have jurisdiction, provided that the tenant is a natural person and that the landlord and the tenant are domiciled in the same State bound by this Convention.

Literatur: BASEDOW, Eurupäisches Zivilprozessrecht, Allgemeine Fragen des Europäischen Gerichtsstands- und Vollstreckungsübereinkommens (GVÜ), in: Max-Planck-Institut für Ausländisches und Internationales Privatrecht (Hrsg.), Handbuch des Internationalen Zivilverfahrensrechts, Band 1, Tübingen 1982; BERNASCONI/GERBER, Der räumlich-persönliche Anwendungsbereich des Lugano-Übereinkommens, SZIER 1993, 39; BRIGGS, Trusts of Land and the Brussels Convention, L.Q.Rev. 1994, 526; DESCHENAUX, Das Grundbuch, in: Meier-Hayoz (Hrsg.), Schweizerisches Privatrecht, Band V/3, 2. Abteilung, Basel 1989; DROZ, Compétence judiciaire et effets des jugements dans le Marché Commun, Paris 1972; DROZ, La Convention de Lugano parallèle à la Convention de Bruxelles concernant la competence judiciaire et l'exécution des decisions en matière civile et commercial, Rev. crit. 1989, 1; GEHRI, Gerichtsstandsvereinbarung und Schiedsklauseln bei nationalen und internationalen Grundstückskauf- und Mietverträgen, AJP 2001, 1239; GOTHOT/HOLLEAUX, La Convention de Bruxelles du 27 septembre 1968, Paris 1985; GROLIMUND, Drittstaatenproblematik des europäischen Zivilverfahrensrechts, Diss., Tübingen 2000; GRUNDMANN, Zur internationalen Zuständigkeit der Gerichte von Drittstaaten nach Art. 16 EuGVÜ, IPRax 1985, 249; HIGI, Zürcher Kommentar zum Schweizerischen Zivilgesetzbuch, V. Band, Obligationenrecht, Teilband V 2b, Die Miete (Art. 253–265 OR), Zürich 1994 (zit. ZK-HIGI); HOMBERGER, Zürcher Kommentar zum Schweizerischen Zivilgesetzbuch, IV. Band, Das Sachenrecht, 3. Abteilung, Besitz und Grundbuch (Art. 919–977 ZGB), Zürich 1938 (zit. ZK-HOMBERGER); Honsell/Vogt/Geiser (Hrsg.), Basler Kommentar zum Schweizerischen Privatrecht, Zivilgesetzbuch II, 3. Aufl., Basel 2007 (zit. BSK ZGB II-BEARBEITER); HUET, Chronique de jurisprudence de la Cour de justice des Communautés européennes, J.D.I. 1979, 663; HÜSSTEGE, Clubmitgliedschaften und Teilzeitwohnrechte im Anwendungsbereich des Art. 16 Nr. 1 EuGVÜ/Art. 22 Nr. 1 S. 1 EuGVVO, IPRax 2006, 124; JAYME, Das Europäische Gerichtsstands- und Vollstreckungsübereinkommen und die Drittländer, in: Fritz Schwind (Hrsg.), Veröffentlichung der Kommission für Europarecht, Nr. 6: Europarecht – Internationales Privatrecht – Rechtsvergleichung, Wien 1988, 97 ff. (zit. Das EuGVÜ und Drittländer); JAYME, Prozessuale Hindernisse für Timesharing-Anbieter in Auslandsfällen, IPRax 1996, 87; KAYE, Creation of an English Resulting Trust of Immovables Held to Fall Outside Article 16 (1) of the European Judgments Convention, IPRax 1995, 286; Kellerhals/Von Werdt/Güngerich (Hrsg.), Gerichtsstandsgesetz, 2. Aufl., Bern 2005; KOHLER, Unterlassungs- und Schadenersatzklagen, in: Moltke (Hrsg.), Grenzüberschreitender Umweltschutz in Europa, Heidelberg 1984, 69; KOLLER/MAUERHOFER, Die mietrechtliche Rechtsprechung des Bundesgerichts im Jahr 2008, ZBJV 2010, 57; KREUZER, Zuständigkeitssplitting kraft Richterspruch, IPrax 1986, 75; LOBSIGER, «Time Sharing» von Ferienimmobilien aus schweizerischer internationalprivatrechtlicher und zivilprozessualer Sicht, AJP 1994, 556; MANKOWSKI, Timesharing und internationale Zuständigkeit am Belegenheitsort, EuZW 1996, 177; MEIER-HAYOZ, Berner Kommentar zu Art. 641-654 ZGB, Bd. IV, 1. Abteilung, 1. Teilband, Bern 1981 (zit. BK-MEIER-HAYOZ); MEIER-HAYOZ, Berner Kommentar zu Art. 655–679 ZGB, Bd. IV, 1. Abteilung, 2. Teilband, Bern 1974 (zit. BK-MEIER-HAYOZ); Münchener Kommentar zur Zivilprozessordnung, 3. Aufl., München 2008 (zit. MünchKommZPO-BEARBEITER); PETITPIERRE, Zivilrechtliche Haftpflicht für Umweltschädigungen nach schweizerischem Recht, Diss., Basel 1993; RAUSCHER, Die Ferienhausentscheidung des EuGH – Unbilligkeit oder Konsequenz europäischer Rechtspflege, NJW 1985, 892; SCHACK, Abwehr grenzüberschreitender Immissionen im dinglichen Gerichtsstand, IPRax 2005, 262 ff.; SCHALCH, EG-Gesetzgebung betreffend Time-Sharing an Ferienimmobilien – Die Time-Sharing Richtlinie (Richtlinie 94/47 EG), AJP 1996, 679; SCHALCH, Time-Sharing an Ferienimmobilien, Diss., Schweizer Schriften zum Handels- und Wirtschaftsrecht, Zürich 1990; SCHLOSSER,

Gläubigeranfechtungsklage nach französischem Recht und Art. 16 EuGVÜ, IPRax 1991, 29; SPÜHLER/TENCHIO/INFANGER (Hrsg.), Schweizerische Zivilprozessordnung, Basler Kommentar, Basel 2010 (zit. BSK ZPO-BEARBEITER); SCHLOSSER, Vertragsautonome Auslegung, nationales Recht, Rechtsvergleichung und das EuGVÜ, GS Bruns, München 1980, 45 (zit. SCHLOSSER, GS Bruns); SCHUMACHER, Das Bauhandwerkerpfandrecht, 3. Aufl., Zürich 2008; STARK, Berner Kommentar zu Art. 919–941 ZGB, Bd. IV, 3. Abteilung, 1. Teilband, Bern 2001 (zit. BK-STARK); THOLE, Die internationale Zuständigkeit nach Art. 22 Nr. 1 EU GVVO für Immissionsabwehrklagen, IPRax 2006, 566; TRUNK, Die Erweiterung des EuGVÜ-Systems am Vorabend des europäischen Binnenmarktes: das Lugano-Übereinkommen und das EuGVÜ-Beitrittsübereinkommen von San Sebastian, Diss., München 1991; WAGNER/JANZEN, Das Lugano-Übereinkommen vom 30.10.2007, IPRax 2010, 298.

Übersicht *Seite*

I. Normzweck*

Art. 22 Nr. 1 sieht eine **ausschliessliche Zuständigkeit** vor sowohl für dingliche Klagen an unbeweglichen Sachen als auch für Klagen, welche die Miete oder die Pacht von unbeweglichen Sachen zum Gegenstand haben. Die Begründung für die ausschliessliche Zuständigkeit am Belegenheitsort ist für beide Klagen ähnlich, wenn auch nicht identisch. 1

Die meisten Rechtsordnungen sehen für Auseinandersetzungen über dingliche Rechte an unbeweglichen Sachen eine Zuständigkeit am **Ort der gelegenen Sache** vor[1]. Dies gilt auch für die Schweiz. So sieht Art. 97 IPRG für in der Schweiz gelegene Grundstücke ebenfalls eine ausschliessliche (und zwingende) Zuständigkeit am Lageort vor. Zudem legt auch Art. 29 ZPO für Binnenverhältnisse die Zuständigkeit am Lageort des Grundstücks fest. Die LugÜ-Staaten waren sich deshalb schnell einig, dass für dingliche Klagen die Gerichte des Mitgliedstaates, in welchem das Grundstück belegen ist, ausschliesslich zuständig sein sollten[2]. 2

Für die ausschliessliche Zuständigkeit betreffend dingliche Klagen an unbeweglichen Sachen am Grundstücksort werden in der Regel drei **Gründe** genannt. Zum einen sind für solche Rechtsstreitigkeiten häufig Nachprüfungen, Untersuchungen und Sachverständigengutachten am Lageort erforderlich. Zum zweiten ist für die Regelung dieser Fälle nicht selten auf Gebräuche zurückzugreifen, mit denen im Allgemeinen nur die Gerichte des Ortes, in dem die unbewegliche Sache belegen ist, vertraut sind[3]. Schliesslich soll dadurch dem Umstand Rechnung getragen werden, dass 3

* Ich danke Herrn RA Dr. Matthias Wiget für seine kritische Durchsicht und seine wertvollen Hinweise.

1 Vgl. Bericht Jenard, zu Art. 16 Rz. 107, wonach sämtliche Rechtsordnungen der Gründungsstaaten des EuGVÜ eine solche Zuständigkeit kennen.

2 Botschaft aLugÜ Ziff. 226.2.

3 Vgl. etwa EuGH 14.12.1977, Rs. 73/77, *Sanders/van der Putte*, Slg. 1977, 2390 Rz. 12, 15; EuGH 10.01.1990, Rs. 115/88, *Reichert/Dresdner Bank (I),* Slg. 1990 I 241 Rz. 10; EuGH 18.05.2006, Rs. C-343/04, *Land Oberösterreich/CEZ as,* Slg. 2006 I 4557 Rz. 28 f. m.Anm. Killias, SZIER 2007, 809.

die erfolgreiche Klage über ein dingliches Recht zur Eintragung in dem am Grundstücksort gelegenen Grundbuch oder Register führen kann[4].

4 Im Unterschied zu den dinglichen Klagen liegt es weniger nahe, auch für **Miet- und Pachtstreitigkeiten** an unbeweglichen Sachen eine ausschliessliche Zuständigkeit der Gerichte des Lagestaates vorzusehen. Für die Unterstellung der Miet- und Pachtstreitigkeiten unter Art. 22 Nr. 1 wird einmal auf die enge Verknüpfung von Miete und Pacht mit der rechtlichen Regelung des Eigentums an unbeweglichen Sachen verwiesen. Zudem wird angeführt, dass die Miete und Pacht von Wohn- bzw. Geschäftsräumen in allen Mitgliedstaaten durch zwingende Vorschriften über die Kontrolle von Miet- und Pachtzinsen und Schutzvorschriften für Mieter und Pächter geprägt sei. Nach dem EuGH sollten diese meist komplizierten Vorschriften ausschliesslich von den Gerichten des Landes beurteilt werden, in welchem sie gelten[5]. Die ausschliessliche Zuständigkeit für Miet- und Pachtstreitigkeiten wird vom EuGH schliesslich auch mit der Beweisnähe begründet. Die Gerichte des Belegenheitsstaates seien nämlich am ehesten in der Lage, sich über die tatsächlichen Umstände bei Abschluss und Durchführung von Miet- und Pachtverträgen unmittelbare Kenntnis zu verschaffen[6].

5 Für die von Art. 22 Nr. 1 Abs. 1 erfassten Klagen sind die Gerichte am Lageort **ausschliesslich und zwingend** zuständig. Sowohl die allgemeine Zuständigkeit am Wohnsitz des Beklagten (Art. 2) als auch die besonderen Zuständigkeiten (Art. 5 ff.) werden verdrängt[7]. Es ist den Parteien auch nicht gestattet, durch Prorogation oder Einlassung von der Zuständigkeit nach Art. 22 abzuweichen[8] (Art. 23 Abs. 5 bzw. Art. 24 a.E.). Für die in Abs. 2 erfassten Konstellationen sind neben dem Lageort alternativ die Gerichte im gemeinsamen Wohnsitzstaat von Eigentümer und Mieter zustän-

---

4 Vgl. auch GEIMER/SCHÜTZE, Art. 22 Rz. 38; BSK IPRG-FISCH, Vorbem. zu Art. 97–108 Rz. 3 ff.

5 So etwa EuGH 14.12.1977, Rs. C-73/77, *Sanders/Van der Putte*, Slg. 1977, 2390; EuGH 06.07.1988, Rs. C-158/87, *Scherrens/Maenhout*, Slg. 1988, 3804.

6 EuGH 15.01.1985, Rs. C-241/83, *Rösler/Rottwinkel*, Slg. 1985, 126; KROPHOLLER, Art. 22 Rz. 23; GEIMER/SCHÜTZE, Art. 22 Rz. 105 f.

7 Statt aller: KROPHOLLER, Art. 22 Rz. 2; CZERNICH/TIEFENTHALER/KODEK-TIEFENTHALER, Art. 22 Rz. 1.

8 Vgl. EuGH 20.05.2010, Rs. C-111/09, *Česká/Bilas*, Rz. 22; Appellationsgericht BS 19.07.1994, SZIER 1996, 91; BGer 04.07.2002, 5C.110/2002, E. 2.2; ZR 107 Nr. 11, E. 4.4; Bericht POCAR Rz. 91; KROPHOLLER, Art. 22 Rz. 3; GEIMER/SCHÜTZE, Art. 22 Rz. 30; CZERNICH/TIEFENTHALER/KODEK-TIEFENTHALER, Art. 22 Rz. 1; DASSER/OBERHAMMER-MÜLLER, Art. 16 Nr. 1 Rz. 5.

dig (ausführlicher Rz. 79 ff.). Ein Gericht, das in einer Streitigkeit angerufen wird, für die ein Gericht in einem anderen Vertragsstaat nach Art. 22 ausschliesslich zuständig ist, hat sich von Amtes wegen als unzuständig zu erklären (Art. 25). Entscheidungen, die in Verletzung der ausschliesslichen Zuständigkeit gefällt wurden, werden nicht anerkannt (Art. 35 Abs. 1)[9].

II. Räumlich-persönlicher Anwendungsbereich

1. Grundsatz

Die Anwendbarkeit von Art. 22 Nr. 1 setzt voraus, dass die unbewegliche 6
Sache in **einem LugÜ-Staat** liegt. Der Wohnsitz oder Sitz der Parteien (und nicht bloss des Beklagten) ist nicht entscheidend. Dies wird in Art. 22 (erster Satz) ausdrücklich festgehalten. Folglich ist diese Vorschrift auch dann massgeblich, wenn die Parteien ihren Wohnsitz/Sitz in einem Drittstaat oder im gleichen LugÜ-Staat haben und die unbewegliche Sache in einem anderen LugÜ-Staat liegt (vgl. allerdings für die kurzfristigen Miet- oder Pachtverträge Nr. 1 Abs. 2)[10].

2. Bezug zu mehreren LugÜ-Staaten

Vereinzelt wurde in der älteren Lehre die Ansicht vertreten, dass das Über- 7
einkommen lediglich den Rechtsverkehr zwischen den LugÜ-Staaten regle, weshalb der Rechtsstreit neben der geforderten Beziehung zum Gerichtsstaat **zusätzliche Berührungspunkte** zu anderen LugÜ-Staaten aufweisen müsse. Nach dieser Meinung genügte es für die Zuständigkeit nach Art. 22 Nr. 1 *nicht*, dass die unbewegliche Sache in einem LugÜ-Staat belegen ist. Das angerufene Gericht wäre vielmehr nur dann zuständig,

---

9 Bericht Pocar Rz. 91. Ferner kann sich der Widerkläger nicht auf Art. 6 Nr. 3 LugÜ stützen, falls seine Widerklage in den Anwendungsbereich des Art. 22 fällt; Art. 22 geht mithin Art. 6 Nr. 3 vor, Geimer/Schütze, Art. 22 Rz. 23.

10 Vgl. Bericht Jenard zu Art. 16 Rz. 107. Aus der Rechtsprechung insb. BGer 03.02.2003, 4C.334/2002 E. 4.4, wonach französische Gerichte zuständig sind, wenn Mieter und Vermieter in der Schweiz Wohnsitz haben, das Mietobjekt (ein Hangar im «schweizerischen Sektor» des Flughafens Basel-Mühlhausen) aber auf französischem Staatsgebiet gelegen ist. Aus der Lehre statt vieler Kropholler, Art. 22 Rz. 5; Czernich/Tiefenthaler/Kodek-Tiefenthaler, Art. 22 Rz. 5.

wenn der Rechtsstreit zusätzlich einen Bezug zu einem weiteren LugÜ-Staat aufwiese[11].

8 Diese Ansicht ist **abzulehnen**[12]. Ein solcher Bezug zu einem anderen LugÜ-Staat kann jedenfalls nicht durch den Wohnsitz/Sitz einer der Parteien in einem anderen LugÜ-Staat hergestellt werden. Denn Art. 22 verlangt ausdrücklich nicht, dass die Parteien ihren Wohnsitz oder Sitz in einem LugÜ-Staat haben. Andere Berührungspunkte, auf die es sinnvollerweise ankommen könnte, sind nicht zu erkennen und wären im Übrigen auch nicht zu beachten, weil Art. 22 Nr. 1 allein auf den ausdrücklich erwähnten Anknüpfungspunkt der Belegenheit der unbeweglichen Sache in einem LugÜ-Staat abstellt[13]. Somit wäre Art. 22 Nr. 1 beispielsweise selbst dann anwendbar, wenn sich ein Japaner und ein Mexikaner um ein in Italien gelegenes Grundstück streiten[14].

3. Unbewegliche Sache liegt in Drittstaat

9 Die ausschliessliche Zuständigkeit von Art. 22 Nr. 1 wird allgemein mit der engen Verbindung der unbeweglichen Sache zu den Gerichten des Belegenheitsstaates begründet. Deshalb hat sich das Gericht eines LugÜ-Staates **von Amtes wegen für unzuständig** zu erklären, wenn es wegen einer Streitigkeit angerufen wird, für die das Gericht eines *anderen LugÜ-Staates* nach Art. 22 ausschliesslich zuständig ist (Art. 25)[15].

10 Es stellt sich deshalb die Frage, ob die Bedeutung, welche das Übereinkommen der Zuständigkeit am Lageort der unbeweglichen Sache beimisst, auch dann massgeblich ist, wenn sich die unbewegliche Sache nicht in einem LugÜ-Staat, sondern in einem **Drittstaat** befindet.

---

11 Siehe die Hinweise bei Kropholler, Art. 22 Rz. 6.

12 Auch der EuGH hält die Vorschrift von Art. 22 Nr. 1 für anwendbar, wenn ein Streit zwischen «*Personen mit Wohnsitz in einem Nichtvertragsstaat wegen einer in einem Vertragsstaat belegenen unbeweglichen Sache*» entsteht, EuGH 01.03.2005, Rs. C-281/02, *Owusu*, Slg. 2005 I 1383 Rz. 28. Vgl. auch Geimer/Schütze, Int. Rechtsverkehr-Thiel/Tschauner, Art. 22 Rz. 6; Czernich/Tiefenthaler/Kodek-Tiefenthaler, Art. 22 Rz. 6, verlangen immerhin, dass kein reiner Binnensachverhalt vorliegt, da sonst die EuGVVO nicht anwendbar sei.

13 Vgl. nur Geimer/Schütze, Art. 22 Rz. 41; Gothot/Holleaux Rz. 36; Kropholler, Art. 22 Rz. 6; Bernasconi/Gerber 54; Rauscher, NJW 1985, 893.

14 Vgl. Rauscher/Mankowski, Art. 22 Rz. 2a.

15 Appellationsgericht BS 19.07.1994, SZIER 1996, 91; vgl. Kropholler, Art. 22 Rz. 3; Geimer/Schütze, Art. 22 Rz. 32.

Beispiel: Die Vermieterin mit Wohnsitz in den USA klagt gegen die in der Schweiz wohnhafte Mieterin auf Bezahlung der fälligen Mietzinse für Büroräume in Toronto. Ginge es um Büroräume in Frankreich, müsste sich das angerufene Schweizer Gericht nach Art. 25 i.V.m. Art. 22 Nr. 1 Abs. 1 von Amtes wegen für unzuständig erklären, und zwar ungeachtet der Tatsache, dass die Beklagte ihren Wohnsitz in der Schweiz hat. Gilt dies auch, wenn das Grundstück in Toronto liegt?

Die Problematik stellt sich nur, wenn der Beklagte seinen Wohnsitz in einem LugÜ-Staat hat (Art. 2), die Parteien eine Zuständigkeitsvereinbarung nach Art. 23 trafen oder sich der Beklagte auf die Klage einliess (Art. 24). In diesen Fällen ist zu prüfen, ob die Art. 2, 23 oder 24 vorgehen oder ob Art. 22 Nr. 1 Abs. 1 zumindest analog auch dann anwendbar ist, wenn sich der Anknüpfungspunkt in einem Drittstaat befindet (sog. Theorie vom effet réflexe)[16]. Haben dagegen weder der Beklagte noch, wie im Falle einer Gerichtsstandsvereinbarung (Art. 23) oder der Einlassung (Art. 24), der Kläger Wohnsitz oder Sitz in einem LugÜ-Staat, ist das Übereinkommen nicht anwendbar und beurteilt sich die Zuständigkeit allein nach dem massgeblichen nationalen Recht[17]. 11

Der Wortlaut von Art. 22 Nr. 1 Abs. 1 ist eindeutig. Seine Anwendbarkeit setzt voraus, dass sich die unbewegliche Sache **in einem LugÜ-Staat** befindet[18]. Davon gingen auch die Verfasser des LugÜ aus, die festhielten, dass Art. 16 Nr. 1 aLugÜ – auch analog – nicht anwendbar sei, wenn sich das Grundstück in einem Drittstaat befindet[19]. 12

Für die Frage, ob Art. 22 Nr. 1 Abs. 1 bei Belegenheit der unbeweglichen Sache in einem Drittstaat (analog) anwendbar sei oder nicht, kann es je- 13

[16] Ausführlicher hierzu etwa GROLIMUND Rz. 429; grundlegend DROZ Rz. 164 f.; KROPHOLLER, Art. 22 Rz. 7.

[17] Vgl. CZERNICH/TIEFENTHALER/KODEK-TIEFENTHALER, Art. 22 Rz. 6 f.; ungenau SCHLOSSER, Art. 22 Rz. 15 und BERNASCONI/GERBER 55, die nur vom Wohnsitz des Beklagten sprechen. Das LugÜ ist aber etwa auch dann anwendbar, wenn nur der Kläger in einem Vertragsstaat wohnt und die Parteien die Gerichte eines Vertragsstaates nach Art. 23 vereinbarten.

[18] RAUSCHER/MANKOWSKI, Art. 22 Rz. 2b; GEIMER/SCHÜTZE, Art. 22 Rz. 41; CZERNICH/TIEFENTHALER/KODEK-TIEFENTHALER, Art. 22 Rz. 7. Die Rechtsprechung der Niederlande wandte Art. 16 Abs. 1 EuGVÜ jedoch selbst dann an, wenn sich das Grundstück in einem Drittstaat befindet, vgl. Rb. Rotterdam 20.02.1978, N.J. 1978 Nr. 621, mit Anm. SCHULTZ; so wohl auch GRUNDMANN, IPRax 1985, 249 ff.

[19] Bericht JENARD/MÖLLER, Rz. 54; daran soll nach Bericht POCAR, Rz. 93, ausdrücklich festgehalten werden.

denfalls nicht darauf ankommen, ob das nationale Recht des angerufenen LugÜ-Staates die Zuständigkeit zugunsten der ausschliesslichen Zuständigkeit des Drittstates ablehnt oder nicht[20]. Das kann schon deshalb nicht gelten, weil das Übereinkommen die eigene internationale Zuständigkeit abschliessend regelt (vgl. Vorbem. Art. 2 Rz. 3). Für einen **Rückgriff auf nationales Recht** bleibt somit *kein Raum*.

14 Das angerufene Gericht eines LugÜ-Staates dürfte die Zuständigkeit auch *nicht* deshalb ablehnen, weil das **Recht eines Drittstaates** für die Streitigkeit eine ausschliessliche Zuständigkeit beansprucht, die sich mit Art. 22 Nr. 1 Abs. 1 deckt[21]. Gegen diese Ansicht sprechen neben den erwähnten Gründen auch praktische Überlegungen. Wendet man Art. 22 Nr. 1 (analog) nämlich auch in den Fällen an, in welchen sich der Anküpfungspunkt in einem Drittstaat befindet, so stellt sich die Frage, nach welchem Recht der Anknüpfungspunkt ausgelegt werden soll. Konsequenterweise müsste die Qualifikation nach dem Recht des Drittstaates vorgenommen werden. Diesfalls müsste ein schweizerisches Gericht etwa nach argentinischem Recht entscheiden, ob eine bestimmte Sache Zugehör eines Grundstückes in Argentinien ist oder nicht[22]. Eine solche Prüfung kann dem angerufenen Gericht weder auferlegt noch zugemutet werden.

15 Aufgrund des Gesagten sollte allein auf den Wortlaut von Art. 22 Nr. 1 Abs. 1 abgestellt werden und die Bestimmung nur angewandt werden, wenn sich der Anknüpfungspunkt der unbeweglichen Sache in einem LugÜ-Staat befindet[23]. Befindet sich die unbewegliche Sache in einem Drittstaat, beurteilt sich die Zuständigkeit der Gerichte eines LugÜ-Staates nach den allgemeinen Vorschriften von Art. 2 ff.

---

[20] So aber GRUNDMANN, IPRax 1985, 249 ff.; siehe auch MünchKommZPO-GOTTWALD, Art. 22 Rz. 6, mit Hinweisen auf die niederländische Rechtsprechung.

[21] Dies vertreten aber etwa JAYME 108 ff.; KROPHOLLER, Art. 22 Rz. 7; SCHLOSSER, Art. 16 Rz. 14.

[22] So JAYME 113: «Zwar ist bei der Auslegung eines Staatsvertrages der Wille der vertragsschliessenden Parteien ausschlaggebend; auf Drittstaaten kommt es direkt nicht an. Man könnte aber an eine vom Willen der Vertragsstaaten getragene Qualifikationsverweisung denken, wenigstens solange der EuGH noch keinen europäischen Begriff der Immobilie entwickelt hat.»

[23] RAUSCHER/MANKOWSKI, Art. 22 Rz. 2b; CZERNICH/TIEFENTHALER/KODEK-TIEFENTHALER, Art. 22 Rz. 7; MünchKommZPO-GOTTWALD, Art. 22 Nr. 5 f.; GEIMER/SCHÜTZE, Art. 22 Rz. 7 Rz. 41; GEIMER/SCHÜTZE, Int. Rechtsverkehr-THIEL/TSCHAUNER, Art. 22 Rz. 7; a.A. etwa DROZ Rz. 164 ff.; GOTHOT/HOLLEAUX Rz. 37.

III. Sachlicher Anwendungsbereich

Art. 22 Nr. 1 ist (nur) anwendbar, wenn der geltend gemachte Anspruch in der **Hauptsache**[24] in den sachlichen Anwendungsbereich des Übereinkommens fällt. 16

Vom Anwendungsbereich des LugÜ nicht erfasst sind einmal sämtliche vermögensrechtlichen Ansprüche, die zwischen den Ehegatten bestehen und einen unmittelbaren Zusammenhang mit der Ehe aufweisen (Art. 1 Abs. 2 lit. a). Dreht sich bei der **güterrechtlichen Auseinandersetzung** der Streit etwa um ein Grundstück, so ist das LugÜ und damit Art. 22 Nr. 1 nicht massgeblich[25]. In den sachlichen Anwendungsbereich von Art. 22 Nr. 1 fallen hingegen sämtliche vermögensrechtlichen Beziehungen zwischen Ehegatten, die *keinen (unmittelbaren) Zusammenhang* mit der Ehe aufweisen[26]. Haben die Eheleute etwa eine Gesellschaft gebildet und wird aufgrund dieser Rechtsbeziehung um dingliche Rechte an einer unbeweglichen Sache gestritten, so fällt das Verfahren in den Anwendungsbereich des LugÜ[27]. 17

Vom Übereinkommen *nicht* erfasst sind zudem alle Ansprüche aus dem Nachlass und an ihm, die eine **erbrechtliche Anspruchsgrundlage** haben (vgl. Art. 1 Abs. 2 lit. a). Dabei spielt es keine Rolle, ob die Ansprüche dinglicher oder schuldrechtlicher Natur sind. Die Klage des Vermächtnisnehmers gegen die Erben auf Herausgabe des Grundstückes ist somit von Art. 22 Nr. 1 nicht erfasst. Wurde hingegen der Mietzinsanspruch des Vermieters gegen den Erblasser begründet, so fällt die bezügliche Streitigkeit in den Anwendungsbereich des LugÜ. In einem solchen Fall spielt das Erbrecht nur vorfrageweise eine Rolle. Für die Mietzinsklage des Vermieters gegen den Nachlass ist somit Art. 22 Nr. 1 massgeblich. 18

Das LugÜ ist auch dann nicht anwendbar, wenn etwa die Verwertung eines Grundstückes im Rahmen eines **Konkurses** oder eines ähnlichen Verfahrens (Art. 1 Abs. 2 lit. b) in Frage steht. Ausserhalb eines Konkurses beurteilt sich die Zwangsverwertung eines Grundstückes dagegen nach Art. 22 19

[24] Vgl. nur Bericht Pocar Rz. 14; Geimer/Schütze, Int. Rechtsverkehr-Thiel/Tschauner, Art. 22 Rz. 8.

[25] Vgl. BGer 11.06.2010, 5A_248/2010, E. 4.1.

[26] Kropholler, Art. 1 Rz. 27; Geimer/Schütze, Art. 1 Rz. 94, mit Hinweis auf EuGH 27.03.1979, Rs. 143/78, *de Cavel/de Cavel I,* Slg. 1979, 1055, 1066 Rz. 7.

[27] Basedow Rz. 104; Kropholler, Art. 1 Rz. 27; vgl. dagegen Huet, J.D.I. 1979, 691.

Nr. 5. In einem solchen Fall sind die Gerichte am Ort der Zwangsvollstreckung ausschliesslich zuständig (vgl. Kommentierung zu Art. 22 Nr. 5).

IV. Regelung der internationalen Zuständigkeit

20 Art. 22 Nr. 1 Abs. 1 und 2 regeln lediglich die **internationale Zuständigkeit**. Dies ergibt sich aus dem Wortlaut («... die Gerichte des durch dieses Übereinkommen gebundenen Staates ...»)[28]. Die örtliche Zuständigkeit bestimmt sich somit nach dem massgeblichen *Recht des Staates, in welchem die unbewegliche Sache liegt*[29]. Es ist Aufgabe jedes LugÜ-Staates, für die im Übereinkommen geregelten Verfahren ein örtlich zuständiges Gericht zur Verfügung zu stellen[30].

21 Befindet sich die unbewegliche Sache **in der Schweiz**, so bestimmt sich im Anwendungsbereich von Art. 22 Nr. 1 die innerstaatliche örtliche[31] Zuständigkeit nach dem *IPRG*. Das IPRG regelt die direkte internationale Zuständigkeit der Schweizer Gerichte und Behörden abschliessend[32].

22 Für Klagen betreffend dingliche Rechte an Grundstücken in der Schweiz sind die Gerichte **am Ort der gelegenen Sache** *ausschliesslich* zuständig (Art. 97 IPRG).

23 Art. 97 IPRG ist nur für Klagen über **dingliche Rechte** an Grundstücken massgeblich. Für Klagen betreffend **Miet- oder Pachtrechte** kennt das IPRG keine besonderen Zuständigkeitsvorschriften. Es gelten deshalb die «allgemeinen» Zuständigkeiten nach Art. 112 IPRG[33] (Wohnsitz des Beklagten; Niederlassung des Beklagten), Art. 113 IPRG (Erfüllungsort), Art. 5 IPRG (Gerichtsstandsvereinbarung), Art. 6 IPRG (Einlassung) und

---

[28] Vgl. Bericht Jenard zu Art. 16 Rz. 107; ebenso Geimer/Schütze, Art. 22 Rz. 20; Kropholler, Art. 22 Rz. 1; Dasser/Oberhammer-Müller, Art. 16 Rz. 1; vgl. EuGH 28.04.2009, Rs. C-420/07, *Apostolides/Orams*, Slg. 2009 I 3571, Rz. 50.

[29] Vgl. nur Czernich/Tiefenthaler/Kodek-Tiefenthaler, Art. 22 Rz. 18; Rauscher/Mankowski, Art. 22 Rz. 3.

[30] Droz Rz. 212; Geimer/Schütze, Art. 22 Rz. 21.

[31] Die sachliche und funktionelle Zuständigkeit wird nicht vom IPRG geregelt, sondern bestimmt sich nach der Zivilprozessordnung bzw. den jeweils anwendbaren kantonalen Gerichtsorganisationsgesetzen.

[32] BSK IPRG-Berti, Vorbem. zu Art. 2 Rz. 27; ZK IPRG-Volken, vor Art. 2 Rz. 62.

[33] BGE 134 III 475 E. 4.2.1, worin das Bundesgericht es als unbefriedigend bezeichnet, dass das IPRG keinen Gerichtsstand der gelegenen Sache für Klagen aus Miete von Immobilien vorsieht. Vgl. auch Koller/Mauerhofer, ZBJV 2010, 75.

Art. 3 IPRG (Notzuständigkeit). Diese Vorschriften sind auch mit Bezug auf Miet- und Pachtstreitigkeiten abschliessend anwendbar[34].

Die Massgeblichkeit der Zuständigkeitsvorschriften des IPRG kann zur Folge haben, dass für internationale Streitigkeiten aus Miet- oder Pachtverhältnissen örtlich **andere Gerichte** zuständig sind, als sie die ZPO für Binnensachverhalte vorsieht (vgl. Art. 33 ZPO). 24

V. Unbewegliche Sachen

Art. 22 Nr. 1 erfasst nur Klagen, die Rechte an «unbeweglichen Sachen» zum Gegenstand haben. Dingliche oder persönliche Klagen, die **bewegliche Sachen** betreffen, werden von Art. 22 Nr. 1 nicht erfasst. Für solche Klagen gelten die *allgemeinen Zuständigkeitsnormen* des Übereinkommens. 25

Der EuGH hat bis heute nicht definiert, was unter dem Begriff der **«unbeweglichen Sache»** zu verstehen ist. Zwar hielt er obiter fest, dass der Begriff der «Klagen, die dingliche Rechte (...) an unbeweglichen Sachen» betreffen, «autonom» auszulegen sei[35]. Allerdings hatte der EuGH lediglich über die Abgrenzung zwischen dinglichen und persönlichen Rechten, *nicht* jedoch über die *Abgrenzung zwischen beweglichen und unbeweglichen Sachen* zu entscheiden[36]. 26

Die **nationalen Rechte** der LugÜ-Staaten definieren die Begriffe «unbewegliche Sachen», «Bestandteile» und «Zugehör» zum Teil unterschiedlich[37]. Während die Frage, was etwa als «Grundstück» gilt, von den nationalen Rechtsordnungen in der Regel einheitlich beantwortet wird, bestehen in Randbereichen allerdings erhebliche Unterschiede[38]. Dennoch wird in 27

---

34 Vgl. BSK IPRG-Amstutz/Vogt/Wang, Art. 112 Rz. 2, wonach die Art. 112 ff. IPRG im internationalen Verhältnis auch die örtliche Zuständigkeit regeln, weshalb die Normen der ZPO betreffend den Gerichtsstand nicht anwendbar sind.

35 EuGH 10.01.1990, Rs. C-115/88, *Reichert/Dresdner Bank (I)*, Slg. 1990 I 41; EuGH 18.05.2006, Rs. C-343/04, *Land Oberösterreich/ČEZ*, Slg. 2006 I 4557 Rz. 25; EuGH 05.04.2001, Rs. C-518/99, *Gaillard/Chekili*, Slg. 2001 I 2771 Rz. 13. Ebenso Geimer/Schütze, Art. 22 Rz. 42; Dasser/Oberhammer-Müller, Art. 16 Nr. 1 Rz. 10; Kropholler, Art. 22 Rz. 11.

36 EuGH 10.01.1990, Rs. C-115/88, *Reichert/Dresdner Bank (I)*, Slg. 1990 I 41.

37 Vgl. etwa §§ 97 und 926 (deutsches) BGB; § 294 (österreichisches) ABGB.

38 Nach deutschem Recht gilt etwa ein ins Seeschiffsregister eingetragenes Schiff als unbewegliche Sache, vgl. Geimer/Schütze, Art. 22 Rz. 43 und 47.

der Literatur vereinzelt eine vertragsautonome Auslegung gefordert[39]. Eine autonome Bestimmung wäre sicher wünschenswert. Solange aber nicht einmal in Ansätzen Elemente einer autonomen Begriffsbestimmung vorliegen, erscheint diese Ansicht als unzutreffend[40].

28 Für die Bestimmung des Begriffes der «unbeweglichen Sache» ist somit auf die materielle lex rei sitae abzustellen. Eine Qualifikation nach der lex rei sitae hat zudem den Vorteil, dass der Lageort der Grundstücke und damit das anwendbare Sachrecht leicht bestimmbar ist. Zudem werden in einem solchen Fall die Gerichte des LugÜ-Staates nicht nur über die Hauptsache, sondern auch über deren «Bestandteil» und «Zugehör» entscheiden. Für die Zuständigkeit auf den **aktuellen Lageort** der «Zugehör» abzustellen, ist deshalb *abzulehnen*[41]. Im Übrigen ist darauf hinzuweisen, dass es dem Zweck von Art. 22 Nr. 1 entspricht, den Zusammenhang der Zuständigkeit der Gerichte mit dem auf die Sache anwendbaren Recht zu gewährleisten[42].

29 Für die Frage, ob eine Sache als «unbeweglich» oder «beweglich» gilt, ist deshalb auf das Recht am Lageort des Grundstückes abzustellen[43]. Das angerufene Schweizer Gericht wäre somit dann zuständig, wenn sich das Grundstück i.S.v. Art. 655 Abs. 2 ZGB in der Schweiz befindet.

30 Auf das Recht am Lageort des Grundstückes ist somit auch dann abzustellen, wenn zu entscheiden ist, ob eine Sache als «Bestandteil» oder «Zugehör» eines Grundstückes gilt[44]. Wird etwa die in Rede stehende «bewegliche Sache» nach der lex rei sitae am Lageort des Grundstückes als eine **Zugehör** betrachtet, die das rechtliche Schicksal der Hauptsache teilt, so

[39] Dasser/Oberhammer-Müller, Art. 16 Nr. 1 Rz. 10, die eine autonome Auslegung postuliert, ohne zu erläutern, welche Elemente der autonome Begriff der «unbeweglichen Sache» aufweisen müsste; Geimer/Schütze, Art. 22 Rz. 42; eine vertragsautonome Interpretation als immerhin wünschenswert bezeichnet Walter 235.

[40] So auch Rauscher/Mankowski, Art. 22 Rz. 5; Czernich/Tiefenthaler/Kodek-Tiefenthaler, Art. 22 Rz. 10.

[41] So aber Schlosser, Art. 22 Rz. 2. Ders., GS Bruns 58 f. Dies kann dazu führen, dass nach dem Recht des aktuellen Belegenheitsortes die Sache als beweglich gilt und die Zuständigkeit nach Art. 2 ff. begründet ist, dass aber gleichzeitig das Recht am Ort des Grundstückes die Sache als «unbeweglich» betrachtet und deshalb eine Zuständigkeit nach Art. 22 Nr. 1 in Anspruch nimmt. Wie hier dagegen Kropholler, Art. 22 Rz. 11.

[42] Geimer/Schütze, Int. Rechtsverkehr-Thiel/Tschauner, Art. 22 Rz. 9; MünchKommZPO-Gottwald, Art. 22 Rz. 9; Schlosser, GS Bruns 60 f.

[43] Geimer/Schütze, Int. Rechtsverkehr-Thiel/Tschauner, Art. 22 Rz. 11; ebenso wohl auch Kropholler, Art. 22 Rz. 12.

[44] Rauscher/Mankowski, Art. 22 Rz. 5; Kropholler, Art. 22 Rz. 11.

wären Verfahren, die nur die Grundstückszugehör zum Gegenstand haben, am Ort des Grundstückes zu führen[45].

VI. Klagen über «dingliche Rechte» an unbeweglichen Sachen

1. Autonome Auslegung

Von der ausschliesslichen Zuständigkeit nach Art. 22 Nr. 1 sind einmal die Klagen erfasst, die «dingliche Rechte an unbeweglichen Sachen (...) zum Gegenstand haben». Art. 22 Nr. 1 ist aber nicht schon allein deshalb anwendbar, weil die Klage ein dingliches Recht an einer unbeweglichen Sache betrifft oder mit einer unbeweglichen Sache im Zusammenhang steht. Bei der Auslegung ist nämlich zu berücksichtigen, dass Art. 22 Nr. 1 den Parteien die Prorogationsfreiheit nimmt und sie in gewissen Fällen vor einem Gericht zu verklagen sind, das für keine von beiden das Gericht des Wohnsitzes ist. Daraus folgert der Gerichtshof, dass der Begriff der «dinglichen Klage» eng auszulegen ist[46]. Art. 22 Nr. 1 erfasst somit nur solche Klagen, bei denen es sich in der Hauptsache um einen Rechtsstreit über dingliche Ansprüche handelt[47]. 31

[45] Vgl. Cour de Cassation 15.04.1988 i.S. *Fondation Abegg et ville de Génève c. Mme Ribes et autres,* Rev. crit. 1989, 89 mit Anm. Droz. In diesem Entscheid beurteilte der französische Kassationshof die Zuständigkeit zwar nach dem (inzwischen aufgehobenen) französisch-schweizerischen Staatsvertrag v. 16.07.1869. Im Falle der Massgeblichkeit des LugÜ hätte zwar gleich entschieden werden müssen, vgl. Droz, Rev. crit. 1989, 101. Die in Streit stehende Qualifikation als bewegliche Sache nahm der Kassationshof nach französischem Recht vor, was für ein Schweizer Gericht mit Bezug auf die Zuständigkeit verbindlich gewesen wäre. Schlosser, GS Bruns 58 f., hätte die Qualifikation als bewegliche Sache hingegen nach schweizerischem Recht entschieden.

[46] Das Erfordernis der engen Auslegung wird vom EuGH in ständiger Rechtsprechung mit den Worten umschrieben, dass Art. 22 Nr. 1 nicht weiter ausgelegt werden dürfe, als sein Zweck es erfordere, vgl. etwa EuGH 27.01.2000, Rs. C-8/98, *Dansommer/Götz*, Slg. 2000 I 393, insb. Rz. 21; EuGH 09.06.1994, Rs. C-292/93, *Lieber/Göbel*, Slg. 1994 I 2550. Zustimmend Kropholler, Art. 22 Rz. 2 und 9.

[47] So ausdrücklich GA Darmon, EuGH 17.05.1994, Rs. C-294/92, *Webb/Webb*, Slg. 1994 I 1721 f. Ebenso: Kropholler, Art. 22 Rz. 1; Dasser/Oberhammer-Müller, Art. 16 Nr. 1 Rz. 4; Geimer/Schütze, Art. 22 Rz. 18; Czernich/Tiefenthaler/Kodek-Tiefenthaler, Art. 22 Rz. 13.

32 Der Begriff der «dinglichen Rechte» ist nach dem EuGH im Interesse einer möglichst einheitlichen Anwendung **autonom** zu bestimmen[48]. Für den Gerichtshof sind «dingliche Rechte» dadurch gekennzeichnet, dass sie «zu Lasten von jedermann wirken»[49]. Als «dinglich» gelten für den EuGH solche Klagen, die darauf zielen, den «Umfang oder Bestand einer unbeweglichen Sache, das Eigentum, den Besitz oder das Bestehen anderer dinglicher Recht hieran zu bestimmen und den Inhabern dieser Rechte den Schutz der mit ihrer Rechtsstellung verbundenen Vorrechte zu sichern»[50].

33 Im Gegensatz dazu erfassen die **persönlichen Rechte** Ansprüche, die «nur gegen den Schuldner geltend gemacht werden können»[51]. Damit wendet der Gerichtshof für die Unterscheidung zwischen dinglichen und persönlichen Rechten ein Kriterium an, das auch im schweizerischen Recht massgeblich ist[52]. Deshalb ist Art. 22 Nr. 1 etwa dann nicht anwendbar, wenn sich die Klage «lediglich» auf die Zahlung des Kaufpreises für einen Grundstückskaufvertrag bezieht[53].

34 Diese «autonome» Begriffsbestimmung mag in klaren Fällen weiterhelfen[54]. In zahlreichen, praktisch bedeutsamen Fällen unterscheiden sich die nationalen Rechtsordnungen jedoch so stark, dass das Postulat der autonomen Qualifikation nicht weiter führt. In solchen **Zweifelsfällen** muss für

---

48 Ständige Rechtsprechung, grundlegend: EuGH 10.01.1990, Rs. C-115/88, *Reichert/Dresdner Bank (I),* Slg. 1990 I 41; zuletzt EuGH 18.05.2006, Rs. C-343/04, *Land Oberösterreich/ČEZ as,* Slg. 2006 I 4557 Rz. 25. Ebenso Geimer/Schütze, Art. 22 Rz. 49; Kropholler, Art. 22 Rz. 13; anders aber Schlosser, GS Bruns 63; Ders., IPRax 1991, 29 f. Vgl. auch Czernich/Tiefenthaler/Kodek-Tiefenthaler, Art. 22 Rz. 12, wonach der österreichische OGH den Begriff des dinglichen Rechts in einzelnen Entscheiden nach der lex rei sitae und in anderen Urteilen nach einer autonomen Begriffsbildung auslege.

49 EuGH 17.05.1994, Rs. C-294/92, *Webb/Webb*, Slg. 1994 I 1717 Rz. 15, sowie EuGH 09.06.1994, Rs. C-292/93, *Lieber/Göbel*, Slg. 1994 I 2535 Rz. 14.

50 EuGH 10.01.1990, Rs. C-115/88, *Reichert/Dresdner Bank (I),* Slg. 1990 I 41 f. Rz. 11; vgl. auch EuGH 05.04.2001, Rs. C-518/99, *Gaillard/Chekili*, Slg. 2001 I 2771 Rz. 15; EuGH 18.05.2006, Rs. C-343/04, *Land Oberösterreich/ČEZ as*, Slg. 2006 I 4557 Rz. 30.

51 EuGH 09.06.1994, Rs. C-292/93, *Lieber/Göbel*, Slg. 1994 I 2550. Dabei berief sich der EuGH auf den Bericht Schlosser Rz. 166. Vgl. auch EuGH 17.05.1994, Rs. C-294/92, *Webb/Webb,* Slg. 1994 I 1738 Rz. 15. Gl.M. Kropholler, Art. 22 Rz. 13.

52 Vgl. nur BK-Meier-Hayoz, Syst. Teil, Rz. 129, 132 ff.

53 Bericht Schlosser Rz. 169; öst. OGH RdW 2000/254.

54 Kritisch Schlosser, Art. 22 Rz. 3, für den die Umschreibung sibyllinisch ist und ihr ein greifbarer Sinn nicht abzugewinnen sei.

die Frage, ob der in Rede stehende Anspruch persönlicher oder dinglicher Natur ist, letztlich auf die *materielle lex rei sitae* abgestellt werden[55].

Beispiel:

Für die Frage, mit welcher Rechtshandlung das Eigentum an einem Grundstück auf den Käufer übertragen wird, gehen die nationalen Rechtsordnungen von unterschiedlichen Konzeptionen aus.

Klagt etwa der deutsche Käufer gegen den schweizerischen Verkäufer auf Erfüllung des Kaufvertrages über ein Grundstück in Belgien (Herausgabe des Grundstückes), so hat das angerufene Gericht für die Frage, ob die Klage dinglicher oder persönlicher Natur ist, letztlich belgisches Recht anzuwenden. Nach belgischem Recht ist eine solche Klage dinglicher Natur[56], weshalb Art. 22 Nr. 1 anwendbar wäre[57]. Der Käufer müsste folglich in Belgien klagen.

Läge das Grundstück hingegen in der Schweiz, so beurteilte sich die Frage nach schweizerischem Recht (Art. 112 Abs. 1 IPRG). Danach ist die Klage auf Eigentumsverschaffung schuldrechtlicher Natur[58], weshalb Art. 22 Nr. 1 nicht massgeblich wäre[59].

---

[55] Bericht SCHLOSSER Rz. 168; SCHLOSSER, Art. 22 Rz. 4. DASSER/OBERHAMMER-MÜLLER, Art. 16 Nr. 1 Rz. 11, ist nicht nur für Zweifelsfälle, sondern allgemein der Meinung, das nationale Recht bestimme über die Zugehörigkeit eines in Frage stehenden Rechts zum vertragsautonomen Begriff der «dinglichen Rechte».

[56] SCHLOSSER, GS Bruns 62. Ähnlich wie in Belgien geht auch nach französischem, luxemburgischem und italienischem Recht das Eigentum – jedenfalls inter partes – bereits mit dem Abschluss des Kaufvertrages auf den Käufer über, solange die Parteien diesen Zeitpunkt nicht hinausgeschoben haben. Nach französischem Recht gilt die Klage auf Erfüllung als «matière mixte», die dem Kläger ein Wahlrecht zwischen dem dinglichen Gerichtsstand und dem für persönliche Ansprüche geltenden Gerichtsstand des Beklagten oder des Erfüllungsortes gewährt. Auf solche gemischten Klagen ist Art. 22 Nr. 1 nicht anwendbar, Bericht SCHLOSSER Rz. 171; vgl. auch GAUDEMET-TALLON Rz. 101 sowie GEIMER/SCHÜTZE, Art. 22 Rz. 68 ff.

[57] RAUSCHER/MANKOWSKI, Art. 22 Rz. 8. Auch nach KROPHOLLER, Art. 22 Rz. 21, ist Art. 22 Nr. 1 nur auf rein dingliche Klagen und nicht auf Klagen mit einem gemischt dinglich-persönlichen Charakter anzuwenden.

[58] Art. 665 ZGB; mit Bezug auf beschränkte dingliche Rechte: Art. 731 Abs. 2 ZGB. Auch nach deutschem Recht wird die Eigentumsverschaffungsklage als persönliche Klage aufgefasst, vgl. MünchKommZPO-GOTTWALD, Art. 22 Rz. 12.

[59] EuGH 05.04.2001, Rs. C-518/99, *Gaillard/Chekili*, Slg. 2001 I 2780 Rz. 16; Bericht SCHLOSSER Rz. 169.

35 Diese Differenzierung zwischen dinglichen und schuldrechtlichen Ansprüchen gilt auch bezüglich Klagen auf Übertragung von mit Wohnungseigentum verbundenen Miteigentumsanteilen[60].

36 Als **«dingliche Klagen»** im Sinne von Art. 22 Nr. 1 Abs. 1 gelten somit die Ansprüche, die von der lex rei sitae weder als persönliche noch als gemischte («persönliche und dingliche») Klagen qualifiziert werden. Die Klageart spielt keine Rolle; es kann sich somit um eine Leistungs-, Feststellungs- oder Gestaltungsklage handeln[61].

37 Für die Beurteilung, ob die Klage von Art. 22 Nr. 1 erfasst ist, kommt es allein auf ihren **Inhalt** und nicht auf ihren Zweck an. Somit ist Art. 22 Nr. 1 nicht bloss deshalb anwendbar, weil mit der Klage letztlich die Übertragung des Eigentums an der unbeweglichen Sache bezweckt wird[62].

38 Art. 22 Nr. 1 ist, wie erwähnt, generell dann nicht anwendbar, wenn die Streitigkeit nur einen mittelbaren Bezug zu dinglichen Rechten an einer unbeweglichen Sache aufweist. Dies gilt etwa bei der Veräusserung von Anteilen an einer Immobiliengesellschaft, selbst wenn es wirtschaftlich um den Verkauf von Grundstücken jener Gesellschaft geht[63].

39 Für den Gerichtshof stellt etwa die Klage auf Feststellung, jemand halte im Rahmen eines **trusts** als trustee das Eigentum an einem Grundstück, keine dingliche Klage dar. Daran änderte auch die Tatsache nichts, dass der Beklagte zudem zu verurteilen war, die Schriftstücke auszustellen, denen es bedarf, um die «legal ownership» in der Person des Klägers zu begründen. Für den EuGH war die Klage vielmehr persönlicher Natur, weil der Kläger nicht geltend machte, dass er bereits Inhaber von Rechten sei, die sich unmittelbar auf die unbewegliche Sache beziehen und gegenüber allen wirken würden. Deshalb genügte für den EuGH nicht, dass der Kläger mit seiner Klage letztlich das Eigentum an der Wohnung anstrebte[64].

---

60 RAUSCHER/MANKOWSKI, Art. 22 Rz. 8.

61 GEIMER/SCHÜTZE, Art. 22 Rz. 61; DASSER/OBERHAMMER-MÜLLER, Art. 16 Nr. 1 Rz. 14; CZERNICH/TIEFENTHALER/KODEK-TIEFENTHALER, Art. 22 Rz. 15.

62 Vgl. GA Darmon in EuGH 17.05.1994, Rs. C-294/93, *Webb/Webb*, Slg. 1994 I 1724. Eine Klage aus Vertrag auf Einräumung eines dinglichen Rechts an einem Grundstück ist somit nicht von Art. 22 Nr. 1 erfasst, CZERNICH/TIEFENTHALER/KODEK-TIEFENTHALER, Art. 22 Rz. 17.

63 RAUSCHER/MANKOWSKI, Art. 22 Rz. 11.

64 EuGH 17.05.1994, Rs. C-294/93, *Webb/Webb*, Slg. 1994 I 1738. Vgl. hierzu Anm. BÉRAUDO, Rev. crit. 1995, 134 ff.; Anm. BRIGGS, L.Q.Rev. 1994, 529 f.; kritisch KAYE 288 f.; KROPHOLLER, Art. 22 Rz. 19.

Ebenso wenig ist Art. 22 Nr. 1 anwendbar, wenn ein konkursiter trustee gegen einen Grundstückseigentümer klagt und beantragt, das Grundstück möglichst rentabel zu veräussern oder an ihn zu übertragen; denn auch in einem solchen Fall handelt es sich um einen Anspruch aus dem persönlichen Rechtsverhältnis zwischen den Parteien[65] (vgl. Rz. 33).

Art. 22 Nr. 1 ist für den EuGH auch dann nicht anwendbar, wenn es um die **Entschädigung für die Nutzung** einer Wohnung geht, nachdem festgestellt worden war, dass der frühere Eigentumsübergang der Wohnung auf den Beklagten nichtig war. In einem solchen Fall könne der Anspruch auf Entschädigung für die Nutzung einer unbeweglichen Sache nur gegen den Schuldner geltend gemacht werden. Die Klage war somit persönlicher Natur, zumal der Beklagte nicht bestritt, dass der Kläger Eigentümer der fraglichen Wohnung war. Zwar anerkannte der EuGH, dass sich die Nutzungsentschädigung wohl nach mietrechtlichen Grundsätzen zu richten habe. Diese Informationen könnten aber auch vom Gericht eines anderen Vertragsstaates über einen örtlichen Sachverständigen erlangt werden, weshalb auch aus diesem Grund eine ausschliessliche Zuständigkeit nicht erforderlich sei (vgl. Rz. 4)[66]. 40

Im Fall der **objektiven Klagenhäufung** mit einem vertraglichen Anspruch, wenn also zugleich mit einem dinglichen auch ein vertraglicher Anspruch geltend gemacht wird, ist Art. 6 Nr. 4 zu beachten. Die Gerichte des Belegenheitsstaates der unbeweglichen Sache sind in solchen Fällen unter den Voraussetzungen von Art. 6 Nr. 4 auch zur Beurteilung der vertraglichen Ansprüche zuständig (ausführlicher Kommentierung zu Art. 6 Nr. 4). 41

2. Schweizer Recht

a) Ansprüche aus Eigentum und beschränkten dringlichen Rechten

Sofern der Begriff der «dinglichen Rechte» **nach schweizerischem Recht** zu bestimmen ist, zählen zu den dinglichen Rechten das Eigentum sowie die beschränkten dinglichen Rechte[67]. 42

---

[65] KROPHOLLER, Art. 22 Rz. 19, mit Hinweis auf *Ashurst v. Pollard*, (2001) 2 All E.R. 75, 86 (C.A.).

[66] EuGH 09.06.1994, Rs. C-292/93, *Lieber/Göbel*, Slg. 1994 I 2550 ff.; KROPHOLLER, Art. 22 Rz. 20; DASSER/OBERHAMMER-MÜLLER, Art. 16 Nr. 1 Rz. 16.

[67] BK-MEIER-HAYOZ, Syst. Teil, Rz. 143 ff.

43 Von der ausschliesslichen Zuständigkeit nach Art. 22 Nr. 1 erfasst sind einmal die **Vindikations- und Grundbuchberichtigungsklage** (Art. 641 Abs. 2 ZGB, Art. 975 ZGB), mit welchen der Eigentümer der unbeweglichen Sache die Herausgabe verlangt[68]. Dinglicher Natur ist im Weiteren die Feststellungsklage über das Bestehen oder Nichtbestehen des Eigentums oder eines beschränkten dinglichen Rechts[69].

44 Sofern der Anspruch auf **Beseitigung oder Unterlassung** einer Störung des Grundeigentums geht, stellen grundsätzlich auch die Eigentumsfreiheitsklage (Negatorienklage) nach Art. 641 Abs. 2 ZGB und die Klage des Nachbarn nach Art. 679 ZGB dingliche Klagen im Sinne von Art. 22 Nr. 1 dar[70].

45 Keine dingliche Klagen i.S.v. Art. 22 Nr. 1 bilden Ansprüche auf Eigentumsverschaffung (Rz. 34), auf Schadenersatz wegen Nichterfüllung[71], auf Aufhebung des Vertrages bzw. auf Feststellung seiner Unverbindlichkeit (Art. 665, Art. 731 Abs. 2, Art. 799 ZGB, vgl. Fn. 59)[72]. Solche Klagen sind **persönlicher Natur**[73]. Die Existenz und der Inhalt des Eigentums sind nur inzident von Bedeutung[74].

46 Nicht zu den dinglichen Ansprüchen zählen sodann Ansprüche aus *grenzüberschreitenden Immissionen*, die von Grundstücken ausgehen. Nicht

---

68 DASSER/OBERHAMMER-MÜLLER, Art. 16 Nr. 1 Rz. 14. Ebenso für das deutsche Recht: KROPHOLLER, Art. 22 Rz. 15. A.M. SCHLOSSER, Art. 22 Rz. 5, wonach Herausgabeansprüche am dinglichen Gerichtsstand nicht geltend gemacht werden können.

69 Vgl. BK-MEIER-HAYOZ, Art. 641 Rz. 89; DASSER/OBERHAMMER-MÜLLER, Art. 16 Nr. 1 Rz. 14, m.w.H.; zum internen Schweizer Gerichtsstandsrecht vgl. etwa BSK ZPO-TENCHIO, Art. 29 Rz. 11.

70 Vgl. aber die Rechtsprechung des EuGH zu grenzüberschreitenden Immissionen, Rz. 46. GEIMER/SCHÜTZE, Art. 22 Rz. 80; a.M. wohl DASSER/OBERHAMMER-MÜLLER, Art. 16 Nr. 1 Rz. 17, welche nicht zwischen grenzüberschreitenden und anderen Immissionen unterscheidet.

71 CZERNICH/TIEFENTHALER/KODEK-TIEFENTHALER, Art. 22 Rz. 17.

72 Vgl. EuGH 05.04.2001, Rs. 518/99, *Gaillard/Chekili*, Slg. 2001 I 2771 Rz. 18 ff., wonach die Klage auf Auflösung eines Kaufvertrags über eine unbewegliche Sache und auf Schadenersatz wegen dieser Auflösung nicht unter Art. 16 Nr. 1 aLugÜ zu subsumieren ist; BGE 102 II 146; vgl. auch GEHRI 1240. Für das deutsche Recht vgl. SCHLOSSER, Art. 22 Rz. 5; KROPHOLLER, Art. 22, Rz. 16.

73 BK-MEIER-HAYOZ, Art. 641 Rz. 141.

74 Vgl. auch Bericht SCHLOSSER Rz. 163; KROPHOLLER, Art. 22 Rz. 22; DASSER/OBERHAMMER-MÜLLER, Art. 16 Nr. 1 Rz. 15; GEIMER/SCHÜTZE, Art. 22 Rz. 75.

nur die Schadenersatz-, sondern auch die Abwehr-[75] und Beseitigungsansprüche, die auf eine grenzüberschreitende Immission zurückzuführen sind, sind im Anwendungsbereich des Übereinkommens einheitlich als **deliktsrechtliche Klagen** zu qualifizieren. Dies gilt unabhängig davon, ob die lex rei sitae des gestörten Eigentümers den Abwehr- und Beseitigungsanspruch als dinglich oder als deliktsrechtlich qualifiziert. Bei einer grenzüberschreitenden Schädigung sind die Existenz und der Inhalt eines Grundstückes bloss als Vorfrage von Bedeutung[76]. In solchen Fällen beurteilt sich die Zuständigkeit nach Art. 5 Nr. 3 (vgl. dort, Rz. 212). Nach Art. 5 Nr. 3 kann der gestörte Grundeigentümer somit wählen zwischen den Gerichten am Ort des Grundstückes, von dem die Immission ausgeht, und den Gerichten am Ort des beeinträchtigten Grundstückes.

b) Besitzrechtliche Ansprüche

Die im schweizerischen Recht geführte Kontroverse, ob der Besitz ein dingliches Recht sei oder nicht, kann im Anwendungsbereich des LugÜ offen bleiben. Denn der EuGH erwähnt den «Besitz» ausdrücklich als Gegenstand eines möglichen dinglichen Anspruches[77]. Im Übrigen wird auch im Geltungsbereich des IPRG angenommen, dass die Besitzesschutzklagen nach Art. 927–928 ZGB als dingliche Klagen zu qualifizieren sind[78]. 47

Die Beseitigungs- und Unterlassungsansprüche nach Art. 927 und 928 ZGB sind somit als dingliche Klagen im Sinne von Art. 22 Nr. 1 LugÜ zu qualifizieren[79]. Eine Ausnahme gilt auch hier für den Fall, dass mit diesen Klagen eine grenzüberschreitende Immission aus einem Grundstück abgewehrt werden soll. Insofern sind die Negatorien- und die Besitzesschutzklagen gleich zu behandeln. Schadenersatzklagen aus einer Besit- 48

[75] EuGH 18.05.2006, Rs. C-343/04, *Land Oberösterreich/ČEZ as,* Slg. 2006 I 4557 Rz. 41; mit Anm. Killias, SZIER 2006, 811 f.; vgl. auch Kohler 74; Kropholler, Art. 22 Rz. 22; Petitpierre 164 f.; ausführlich Thole, IPRax 2006, 566 f.

[76] EuGH 18.05.2006, Rs. C-343/04, *Land Oberösterreich/ČEZ as,* Slg. 2006 I 4557 Rz. 34.

[77] EuGH 10.01.1990, Rs. C-115/88, *Reichert/Dresdner Bank (I),* Slg. 1990 I 41 f. Rz. 11.

[78] BSK ZGB II-Stark/Ernst, Vor Art. 926–929 Rz. 42; vgl. BSK IPRG-Fisch, vor Art. 97–108 Rz. 14. Im Geltungsbereich des IPRG sind für die Besitzesschutzklagen die Gerichte am Grundstücksort ausschliesslich zuständig (Art. 97 IPRG), ZK IPRG-Heini, Art. 97 Rz. 2 und 4; dies gilt auch für Binnensachverhalte, vgl. BSK ZPO-Tenchio, Art. 29 Rz. 14 f.

[79] Vgl. Geimer/Schütze, Int. Rechtsverkehr-Thiel/Tschauner, Art. 22 Rz. 12; ebenso für die Besitzesklagen des deutschen Rechts, Geimer/Schütze, Art. 22 Rz. 84.

zesstörung sind dagegen persönlicher Natur[80], weshalb die allgemeinen Vorschriften des LugÜ massgeblich sind.

c) Im Grundbuch vormerkbare Rechte

49 Nach Art. 959 ZGB können das Vor- und Rückkaufsrecht (Art. 712c Abs. 1 ZGB, Art. 216a OR), das Kaufsrecht (Art. 216a Abs. 1 OR) sowie die Pacht und Miete (Art. 261b, 290 OR) im Grundbuch vorgemerkt werden.

50 Die vormerkbaren Rechte werden auch nach deren *Vormerkung im Grundbuch* nicht zu dinglichen Rechten[81]. Dennoch erhalten sie durch die Vormerkung eine Wirkung, wie sie sonst nur dinglichen Rechten zukommt. Wird etwa das Grundstück nach Abgabe der Kaufserklärung an einen Dritten veräussert und auf dessen Namen im Grundbuch eingetragen, so ist dieser Eigentumserwerb nach Art. 959 Abs. 2 ZGB unwirksam. Der Kaufrechtsberechtigte kann gegen den Dritten eine **Grundbuchberichtigungsklage** anstrengen und das Eigentum auf sich übertragen lassen[82]. Für solche Klagen ist Art. 22 Nr. 1 massgeblich[83]. Dagegen ist die Klage des Kaufrechtsberechtigten gegen den Vertragspartner auf Übertragung des vorgemerkten Grundstückes nicht am dinglichen Gerichtsstand zu erheben[84].

d) Bauhandwerkerpfandrecht

51 Bauhandwerker haben für bestimmte Forderungen Anspruch auf Eintragung eines **Bauhandwerkerpfandrechts** im Grundbuch (Art. 839 ZGB). Der Antrag des Unternehmers lautet auf Eintragung eines Bauhandwerkerpfandrechts im Grundbuch für eine bestimmte Pfandsumme. Der Anspruch des Bauhandwerkers richtet sich gegen den jeweiligen Eigentümer des Baugrundstücks, und zwar unabhängig davon, ob zwischen dem Eigentümer und dem pfandberechtigten Unternehmer ein Vertragsverhältnis besteht oder nicht[85]. Deshalb wird der Anspruch auf Eintragung eines Bauhandwerkerpfandrechts als Realobligation qualifiziert[86].

---

80 Vgl. ZK-Homberger, Art. 927 Rz. 23; BSK ZPO-Tenchio, Art. 29 Rz. 18.
81 Deschenaux 655 ff.
82 ZK-Homberger, Art. 959 Rz. 31.
83 Bericht Schlosser Rz. 170; Geimer/Schütze, Art. 22 Rz. 45; Dasser/Oberhammer-Müller, Art. 16 Nr. 1 Rz. 14 a.E.
84 Bericht Schlosser Rz. 170.
85 Schumacher Rz. 1363, passim.
86 Grundlegend BGE 92 II 227, 230.

Das Verfahren auf Eintragung eines Bauhandwerkerpfandrechts fällt damit unter Art. 22 Nr. 1[87]. 52

VII. Klagen betreffend Miet- und Pachtstreitigkeiten an unbeweglichen Sachen

1. Miete und Pacht

Art. 22 Nr. 1 Abs. 1 erfasst nicht nur dingliche Ansprüche, sondern auch Klagen, welche die «Miete oder Pacht von unbeweglichen Sachen zum Gegenstand» haben. Für diese Streitigkeiten besteht eine **ausschliessliche und zwingende Zuständigkeit** in dem Staat, in dem die unbewegliche Sache (hierzu 25 ff.) liegt. Eine *Ausnahme* gilt für die von Nr. 1 Abs. 2 erfassten Miet- und Pachtstreitigkeiten (im Einzelnen, Rz. 79 ff.). 53

Was unter einer Miet- oder Pachtstreitigkeit zu verstehen ist, ist alleine im Lichte des Übereinkommens zu bestimmen[88]. Dies folgt auch aus der Rechtsprechung des EuGH, obwohl dieser bis heute *nicht ausdrücklich* festhielt, dass diese Begriffe **autonom** auszulegen sind[89]. 54

Nach Ansicht des EuGH hat eine Zuständigkeit nach Art. 22 Nr. 1 zur Folge, dass den Parteien die ihnen sonst mögliche Wahl des Gerichtsstandes genommen wird und sie in gewissen Fällen sogar vor einem Gericht zu verklagen sind, das für keine von ihnen das Gericht des Wohnsitzes ist[90]. Daraus folgert der Gerichtshof in ständiger Rechtsprechung, dass Art. 22 Nr. 1 auch im Zusammenhang mit Miet- und Pachtstreitigkeiten **eng auszulegen** sei[91]. 55

---

[87] Im Ergebnis ebenso SCHWANDER, SZIER 2004, 261; DASSER/OBERHAMMER-MÜLLER, Art. 16 Nr. 1 Rz. 14; SCHUMACHER Rz. 38.

[88] Appellationsgericht BS 19.07.1994, BJM 1995, 245 f. = SZIER 1996, 92; CZERNICH/TIEFENTHALER/KODEK-TIEFENTHALER, Art. 22 Rz. 19.

[89] EuGH 14.12.1977, Rs. 73/77, *Sanders/van der Putte,* Slg. 1977, 2383; DASSER/OBERHAMMER-MÜLLER, Art. 16 Nr. 1 Rz. 22. Es ist deshalb nicht ganz korrekt, wenn GA Darmon in seinen Schlussanträgen zu EuGH 26.02.1992, Rs. C-280/90, *Hacker/Euro-Relais*, Slg. 1992 I 1120 ausführt: «Sie haben den Grundsatz aufgestellt, dass dieser Begriff (gemeint ist «Miete oder Pacht von unbeweglichen Sachen») autonom aus dem Brüsseler Übereinkommen selbst auszulegen ist ...».

[90] EuGH 26.02.1992, Rs. C-280/90, *Hacker/Euro-Relais*, Slg. 1992 I 1132; KROPHOLLER, Art. 22 Rz. 24.

[91] Der Gerichtshof verwendet hierfür die wenig aussagekräftige Formulierung, dass Art. 22 Nr. 1 «nicht weiter auszulegen ist, als es dessen Ziel erforderlich macht», vgl. EuGH, vorste-

56 Für den Gerichtshof enthält der **Begriff des Mietvertrages** im Allgemeinen «Vorschriften für die Überlassung der Mietsache an den Mieter, ihre Nutzung, die jeweiligen Verpflichtungen des Vermieters und des Mieters in Bezug auf die Instandhaltung der Mietsache, die Dauer des Mietvertrages und die Wiedereinräumung des Besitzes der Mietsache an den Vermieter, den Mietzins und die vom Mieter zu tragenden Nebenkosten wie Kosten für Wasser-, Gas- und Stromverbrauch»[92].

57 Hingegen hatte der Gerichtshof bis heute keine Gelegenheit, den Begriff des **Pachtvertrages** positiv zu umschreiben. Immerhin hielt er fest, dass die Verpachtung eines ganzen Betriebes nicht unter Art. 22 Nr. 1 falle (vgl. Rz. 64). In der Regel wird die genaue Umschreibung der Pacht entbehrlich sein. Denn die Abgrenzungsschwierigkeiten stellen sich meist im Verhältnis zur Miete; diese ist aber von Art. 22 Nr. 1 ebenso erfasst wie die Pacht.

58 Das **Wohnrecht** nach Art. 776 ZGB ist ein *beschränktes dingliches Recht* (vgl. Rz. 42). Klagen aus dem Wohnrecht sind deshalb von Art. 22 Nr. 1 erfasst[93]. Zum Timesharing von unbeweglichen Sachen, vgl. Rz. 74 ff.

59 Die vom EuGH geforderte enge Auslegung von Art. 22 Nr. 1 setzt voraus, dass es sich beim streitigen Rechtsverhältnis **in der Hauptsache** um eine Miet- oder Pachtstreitigkeit handelt. Für den Gerichtshof fallen deshalb nur «reine» Miet- oder Pachtverträge unter die ausschliessliche Zuständigkeit von Art. 22 Nr. 1[94].

60 Art. 22 Nr. 1 erfasst somit nur solche Rechtsstreitigkeiten, welche die aus dem Miet- oder Pachtvertrag ergebenden **jeweiligen Verpflichtungen** des Vermieters/Verpächters und des Mieters/Pächters betreffen. Neben den Streitigkeiten, die sich auf das Bestehen[95] eines Miet- oder Pachtvertrages stützen, fallen aufgrund der Umschreibung des Gerichtshofs auch die Auslegung von Miet- oder Pachtverträgen, deren Dauer, die Wiedereinräumung des Besitzes der Miet- oder Pachtsache oder der Ersatz für vom

hende Fn. 91, sowie zuletzt EuGH 18.05.2006, Rs. C-343/04, *Land Oberösterreich/ČEZ as*, Slg. 2006 I 4557 Rz. 26.

92 EuGH 15.01.1985, Rs. C-241/83, *Rösler/Rottwinkel*, Slg. 1985, 127.

93 Dasser/Oberhammer-Müller, Art. 16 Nr. 1 Rz. 14. Ist nach schweizerischem Recht der Wohnrechtsvertrag im Grundbuch nicht eingetragen worden, so kann das Verhältnis u.U. als Miete, Pacht oder Gebrauchsleihe bestehen bleiben, vgl. ZK-Higi, Vorbem. zu Art. 253–274g, Rz. 160.

94 EuGH 14.12.1977, Rs. 73/77, *Sanders/van der Putte*, Slg. 1977, 2383 Rz. 19.

95 Gaudemet-Tallon Rz. 103.

Mieter oder Pächter verursachte Schäden darunter[96]. Erfasst sind auch Klagen, mit welchen «lediglich» der fällige Mietzins[97] oder die vom Mieter zu zahlenden Nebenkosten für Wasser-, Gas- und Stromverbrauch geltend gemacht werden. Die Inkassoklagen fallen unter Art. 22 Nr. 1, weil bei solchen Streitigkeiten die korrekte Anwendung der nationalen Vorschriften über die Miet- oder Pachthöhe in Frage stehen kann[98].

Unter der Voraussetzung, dass sich der Streit um einen unmittelbaren Anspruch aus dem Miet- oder Pachtvertrag dreht, kommt es auf die rechtliche Natur der Anspruchsgrundlage *nicht* an[99]. Mit Bezug auf die Zuständigkeit ist für die Klage auf Rückzahlung des Mietzinses[100] nicht entscheidend, ob sich der Anspruch auf Vertrag, Delikt oder ungerechtfertigte Bereicherung stützt. Dasselbe gilt etwa für eine Klage wegen Zerstörung oder Beschädigung der unbeweglichen Sache[101]. 61

Dagegen fallen Rechtsstreitigkeiten, die sich nur **mittelbar** auf die Nutzung der Mietsache beziehen, wie beispielsweise solche, die entgangene Urlaubsfreude[102] oder Reisekosten betreffen, nicht in die ausschliessliche Zuständigkeit von Art. 22 Nr. 1[103]. 62

96 Vgl. Geimer/Schütze, Art. 22 Rz. 119 und 122.

97 So BGE 134 III 475 E. 4.2.1; BGer 03.02.2003, 4C.334/2002, E. 4.2.

98 EuGH 15.01.1985, Rs. C-241/83, *Rösler/Rottwinkel*, Slg. 1985, 127. Reine Miet- oder Pachtzinsklagen verlangen an sich nicht eine ausschliessliche Zuständigkeit am Ort der gelegenen Sache. Deshalb wurde vereinzelt bezweifelt, ob solche Klagen überhaupt von Art. 16 Nr. 1 aLugÜ erfasst seien, Bericht Jenard zu Art. 16 Rz. 109. Vgl. auch Bericht Jenard/Möller Rz. 49 f. Bejahend: Dasser/Oberhammer-Müller, Art. 16 Nr. 1 Rz. 26; Kropholler, Art. 22 Rz. 25; verneinend: Geimer/Schütze, Art. 22 Rz. 120.

99 Kropholler, Art. 22 Rz. 26; Geimer/Schütze, Art. 22 Rz. 118; Dasser/Oberhammer-Müller, Art. 16 Nr. 1 Rz. 25.

100 LG Bochum 17.09.1985, RIW 1986, 135, Anm. Geimer, IPRspr. 1985 Nr. 144.

101 OLG Hamm 24.01.1995, IPRspr. 1995 Nr. 142; Kropholler, Art. 22 Rz. 26.

102 EuGH 15.01.1985, Rs. C-241/83, *Rösler/Rottwinkel*, Slg. 1993, 127 f.; dennoch war GA Darmon in EuGH 26.02.1992, Rs. C-280/90, *Hacker/Euro-Relais*, Slg. 1992 I 1126, der Ansicht, dass Art. 16 Nr. 1 aLugÜ auch den «Schadenersatzanspruch wegen vertanen Urlaubs» erfasse. Da der EuGH die Anwendbarkeit von Art. 16 Nr. 1 aLugÜ ablehnte, musste er hierzu auch nicht Stellung nehmen.

103 EuGH 09.06.1994, Rs. C-292/93, *Lieber/Göbel*, Slg. 1994 I-2551 f.; Kropholler, Art. 22 Rz. 25.

63 Liegt ein Vertrag vor, der neben der entgeltlichen[104] Überlassung einer unbeweglichen Sache auch andere Vertragsleistungen beinhaltet, so liegt für den Gerichtshof ein «gemischter Vertrag» vor. Solche «**gemischte Verträge**» sind als Ganzes von Art. 22 Nr. 1 ausgeschlossen[105]. Für die Bestimmung der Zuständigkeit kommt es somit nicht zu einer Aufspaltung des Vertragsverhältnisses (vgl. dagegen Rz. 68).

64 Die Miete oder Pacht muss, wie erwähnt, Hauptgegenstand des Vertrags bilden. Für den EuGH ist der Begriff «Miete oder Pacht einer unbeweglichen Sache» nicht in dem Sinne zu verstehen, dass er auch die Verpachtung eines **Ladengeschäftes** umfasst, welches in einer vom Verpächter von einem Dritten gemieteten unbeweglichen Sache betrieben wurde. Der zu beurteilende «Pachtvertrag» umfasste nämlich nicht nur die Bezahlung einer Miete für das Ladenlokal, sondern auch einen Betrag für die Pacht des Geschäftes als solches und für den «Goodwill»[106]. Für den Gerichtshof war der «Hauptgegenstand des Vertrages» somit nicht miet- oder pachtrechtlicher Natur und Art. 22 Nr. 1 nicht einschlägig.

65 Ein «gemischter Vertrag» liegt für den Gerichtshof auch dann vor, wenn der Reiseveranstalter gegen einen vom Kunden gezahlten Gesamtpreis eine Gesamtheit von Dienstleistungen zu erbringen hat. In dem vom EuGH beurteilten Fall verpflichtete sich der gewerbliche Reiseveranstalter gegenüber dem Kunden neben der Überlassung des Gebrauchs einer Ferienwohnung zu weiteren Leistungen (wie etwa Auskünfte und Ratschläge, Reservierung der Wohnung und des Transportes sowie Angebot einer

[104] Aufgrund seiner Umschreibung des Mietvertrages im Entscheid *Rösler/Rottwinkel*, Rz. 56, geht der Gerichtshof stillschweigend von der Entgeltlichkeit der Miete und Pacht im Sinne von Art. 22 Nr. 1 aus. Deshalb wäre etwa die (unentgeltliche) Leihe (Art. 305 OR) eines Grundstückes (BGE 75 II 38) von Art. 22 Nr. 1 nicht erfasst.

[105] Vgl. EuGH 26.02.1992, Rs. C-280/90, *Hacker/Euro-Relais*, Slg. 1992 I 1132; zuletzt EuGH 13.10.2005, Rs. C-73/04, *Klein/Rhodos*, Slg. 2005 I 8667 Rz. 27. Ebenso Obergericht BL, als es die Überlassung eines Ferienhauses an einen Ferienveranstalter zwecks Weitervermittlung (mäkler- und kommissionsrechtliche Verpflichtungen) als gemischten Vertrag qualifizierte und nicht unter Art. 16 Nr. 1 lit. a aLugÜ subsumierte, BJM 1998, 209 ff. Als Mietvertrag i.S.v. Art. 16 Nr. 1 aLugÜ wurde dagegen die Überlassung des ausschliesslichen Nutzungsrechts an einer Liegenschaft zur Weitervermietung auf Namen und Rechnung des Mieters qualifiziert, Appellationsgericht BS, BJM 1995, 246 f; vgl. auch Bericht Pocar Rz. 92; Dasser/Oberhammer-Müller, Art. 16 Nr. 1 Rz. 27 m.w.H.; Czernich/Tiefenthaler/Kodek-Tiefenthaler, Art. 22 Rz. 23 (wonach ein gemischter Vertrag vorliege, wenn zu einem Gesamtpreis eine Gesamtheit von Dienstleistungen zu erbringen ist).

[106] EuGH 14.12.1977, Rs. 73/77, *Sanders/van der Putte*, Slg. 1977, 2383.

Reiserücktrittsvereinbarung). Der Umstand, dass die Parteien den Vertrag als «Mietvertrag» bezeichneten, war für den Gerichtshof in diesem Zusammenhang unerheblich[107]. Hingegen stellt eine in den AGB eines Mietvertrages enthaltene Reiserücktrittsversicherung eine blosse Nebenbestimmung dar; dies führt nicht dazu, dass der Mietvertrag insgesamt aus dem Anwendungsbereich von Art. 22 Nr. 1 fällt[108].

Erst recht liegt kein Mietvertrag vor, wenn sich nachträglich herausstellt, 66
dass die **Eigentumsübertragung einer Wohnung** nichtig war und sich die Parteien über die Höhe der Entschädigung für die Nutzung der Wohnung streiten. Eine Miete oder Pacht im Sinne von Art. 22 Nr. 1 setzt für den EuGH eine vertragliche Beziehung voraus. Da die Parteien von der wirksamen Eigentumsübertragung ausgingen, bestand für sie auch keine Veranlassung, eine vertragliche Abrede über die Nutzungsüberlassung zu schliessen. Art. 22 Nr. 1 ist in einem solchen Fall nicht massgeblich, obschon der Gerichtshof nicht ausschloss, dass für die Feststellung der ungerechtfertigten Bereicherung auf den Mietwert der Wohnung abgestellt werden müsse[109] (vgl. Rz. 61).

Aufgrund des Gesagten unterliegt deshalb auch der **Gastaufnahme- oder** 67
Beherbergungsvertrag[110] nicht der ausschliesslichen Zuständigkeit von

---

107 EuGH 26.02.1992, Rs. C-280/90, *Hacker/Euro-Relais*, Slg. 1992 I 1132. Dass es sich im beurteilten Fall um einen Werk- oder Vermittlungsvertrag handelte, wurde vom EuGH zu wenig deutlich gesagt. Zwar wies er auf S. 1129 darauf hin, dass die Beklagte nicht Eigentümerin der Ferienwohnung war. Die Beklagte hätte aber zumindest selbst Mieterin sein und die Parteien einen Untermietvertrag schliessen können. Die Tatsache, dass die beklagte Reiseveranstalterin nicht Vermieterin war, wird nur beiläufig erwähnt und scheint für den EuGH nicht von besonderer Bedeutung gewesen zu sein. Der Gerichtshof stellte vielmehr fest, dass der Fall dem Sachverhalt im Entscheid des EuGH 14.12.1977, Rs. C-73/77, *Sanders/van der Putte*, Slg. 1977, 2383, entspreche. Im Fall *Sanders* war der Beklagte Mieter des Ladenlokals. Für GA Darmon ist die Eigentümerstellung ebenfalls nicht entscheidend, spricht er doch verschiedentlich von der beklagten Reiseveranstalterin als «Vermieterin», Slg. 1992 I 1125. Vgl. auch Kropholler, Art. 22 Rz. 24 und Rz. 30, wonach bei solchen Reiseveranstaltungsverträgen i.d.R. ein Verbrauchervertrag i.S.v. Art. 15 ff. LugÜ vorliege.

108 EuGH 27.01.2000, Rs. C-8/98, *Dansommer/Götz*, Slg. 2000 I 393; Kropholler, Art. 22 Rz. 30; Dasser/Oberhammer-Müller, Art. 16 Nr. 1 Rz. 29.

109 EuGH 09.06.1994, Rs. C-292/93, *Lieber/Göbel*, Slg. 1994 I 2551 f. Vgl. auch Kropholler, Art. 22 Rz. 2.

110 Dasser/Oberhammer-Müller, Art. 16 Nr. 1 Rz. 27 und insb. 30, wonach zwischen «Ferienhausverträgen, Reiseverträgen und Vermittlungsverträgen» zu unterscheiden sei.

Art. 22 Nr. 1. Diese Vorschrift erfasst schliesslich auch nicht Verträge mit Reiseveranstaltern oder Hotels[111].

68 Ansprüche, die sich *unmittelbar* auf das Miet- oder Pachtverhältnis beziehen, sind, wie ausgeführt, zwingend im Staat der gelegenen Sache anzuheben. Dagegen gilt für Klagen, die nur mittelbar das Miet- oder Pachtverhältnis betreffen (Rz. 62), die allgemeine Zuständigkeitsordnung des LugÜ. Solche Ansprüche können nur dann im Staat der gelegenen Sache geltend gemacht werden, wenn sich dort zugleich eine allgemeine Zuständigkeit nach dem Übereinkommen befindet. Diese Zuständigkeitsspaltung führt zu einer unnötigen Verteuerung der Rechtsverfolgung und kann zu widersprüchlichen Entscheidungen führen, da die gleichen Fragen in beiden Verfahren rechtserheblich sein können[112]. Es stellt sich deshalb die Frage, ob Ansprüche, die sich nur mittelbar auf ein Miet- oder Pachtverhältnis stützen, zusammen mit einem unmittelbaren Anspruch aus dem Miet- oder Pachtverhältnis verbunden und gemeinsam im Grundstücksstaat geltend gemacht werden können. Art. 6 Nr. 4 erwähnt zwar nur die «Klage wegen dinglicher Rechte an unbeweglichen Sachen». Wenn aber Art. 22 Nr. 1 die Miete und Pacht derselben Regel wie die dinglichen Rechte unterwirft, sollte dies auch für Art. 6 Nr. 4 gelten.

2. Parteien des Mietvertrages

69 Für die Massgeblichkeit von Art. 22 Nr. 1 Abs. 1 ist die Qualifikation der Vertragsparteien als natürliche oder juristische Personen unerheblich. Demgegenüber ist Art. 22 Nr. 1 Abs. 2 nur dann anwendbar, wenn der Mieter oder Pächter eine **natürliche Person** ist[113]. Art. 22 Nr. 1 erfasst auch Fälle, in welchen ein kommerzieller Vermittler Ferienwohnungen mietet und sie an Dritte weitervermietet[114].

---

111 Vgl. österreichischer OGH, ÖJZ 2004, 390; Rauscher/Mankowski, Art. 22 Rz. 16.

112 Kritisch auch GA Darmon, EuGH 26.02.1992, Rs. C-280/90, *Hacker/Euro-Relais*, Slg. 1992 I 1125; Kreuzer 78 ff.

113 Bei «gemischten Verträgen» ist in der Regel die Tätigkeit des «Anbieters» (Reiseveranstalter, Hotel etc.) gewerblicher Art und ist der Anbieter eine juristische Person, vgl. Rz. 86 ff.

114 Rauscher/Mankowski, Art. 22 Rz. 16.

3. Art des Mietobjektes

Art. 22 Nr. 1 spricht nur von der Miete und Pacht von «**unbeweglichen Sachen**». Für die Massgeblichkeit dieser Bestimmung ist *die Art* des unbeweglichen Miet- oder Pachtobjektes *nicht entscheidend*. Art. 22 Nr. 1 gilt sowohl für Wohn- und Geschäftsräume wie auch für landwirtschaftliche Grundstücke[115]. Bei den Wohnräumen ist unerheblich, ob es sich um eine Familien-, Luxus- oder Ferienwohnung[116] handelt. Dies kann dazu führen, dass für die Streitigkeit über ein bestimmtes Mietobjekt die ausschliessliche Zuständigkeit von Art. 22 Nr. 1 gilt, obschon die lex rei sitae für solche Mietobjekte keine (zwingenden) Schutzvorschriften[117] kennt. 70

4. Einzelfragen

a) Untermiete und Unterpacht

Art. 22 Nr. 1 Abs. 1 setzt voraus, dass ein «reines» Miet- oder Pachtverhältnis besteht oder zumindest behauptet wird (Rz. 59). Deshalb können grundsätzlich auch Untermiet- oder Unterpachtverhältnisse durch Art. 22 Nr. 1 erfasst sein[118]. Diese Bestimmung setzt auch nicht voraus, dass derjenige, welchem die Räume überlassen werden, diese selber nutzt. Folglich fällt auch das (kommerzielle) Anmieten von Räumen, um diese dann vertraglich Dritten zu überlassen, unter den Begriff der «Miete», sofern zwischen dem Vermieter und der Ferienhausorganisation ein Mietvertrag besteht. Das blosse Vermitteln ist hingegen von Art. 22 Nr. 1 nicht erfasst[119]. 71

---

115 Vgl. Bericht Jenard zu Art. 16 Rz. 109.

116 In EuGH 15.01.1985, Rs. C-241/83, *Rösler/Rottwinkel*, Slg. 1985, 127, wurde festgestellt, dass Art. 16 Nr. 1 aLugÜ «unabhängig von ihren besonderen Merkmalen» gelte. Dabei wurde die Ferienwohnung noch ausdrücklich genannt.

117 Nach Art. 253b OR sind die Bestimmungen über den Schutz missbräuchlicher Mietzinsen (Art. 269 ff. OR) nicht auf sog. Luxuswohnungen oder Einfamilienhäuser mit mindestens sechs Wohnräumen anwendbar.

118 Ebenso Schlosser, Art. 22 Rz. 9. Anders Gaudemet-Tallon Rz. 107, für die Art. 16 Nr. 1 aLugÜ nur dann massgeblich sein soll, wenn der Mietvertrag zwischen dem Mieter und dem «Eigentümer der Liegenschaft» geschlossen wird. Zumindest missverständlich Botschaft aLugÜ Ziff. 226.2.

119 Rauscher/Mankowski, Art. 22 Rz. 16.

b) Grundstück in mehreren LugÜ-Staaten

72 Betrifft der Rechtsstreit einen Miet- oder Pachtvertrag über ein Grundstück, das in zwei LugÜ-Staaten liegt, so sind nach dem EuGH grundsätzlich die Gerichte beider Staaten – jeweils für den in ihrem Hoheitsgebiet belegenen Teil des Grundbesitzes – ausschliesslich zuständig[120].

c) Zession der Forderung

73 Anders als bei den Vorschriften über die Zuständigkeit für Verbrauchersachen (Art. 15 ff.) kommt es im Anwendungsbereich von Art. 22 Nr. 1 Abs. 1 auf die **Stellung der Verfahrensbeteiligten** *nicht* an. Art. 22 Nr. 1 Abs. 1 ist somit auch dann massgeblich, wenn der Vermieter oder Mieter (bzw. Verpächter oder Pächter) seine Forderung an einen Dritten zedierte[121]. Bei Massgeblichkeit von Art. 22 Nr. 1 Abs. 2 vgl. Rz. 97 f.

d) Timesharing

74 Timesharing ist ein Tourismus- bzw. Ferienprodukt. Beim Timesharing wirkt eine Vielzahl von Erwerbern im Hinblick auf die **gemeinsame Nutzung** von einer oder mehreren Ferienimmobilien zusammen[122]. Der Erwerber[123] erwirbt neben dem Recht auf Belegung einer Urlaubsimmobilie ein ganzes Bündel von Leistungen (Wartung und Instandhaltung der Immobilie, Reinigung, Betreuung vor Ort, Wäsche etc.)

---

[120] EuGH 06.07.1988, Rs. C-155/87, *Scherrens/Maenhout*, Slg. 1988, 3805. Im beurteilten Fall ging es um einen Pachtvertrag über Grundstücke, die in Belgien und in den Niederlanden lagen. Die in Frage stehenden Grundstücke grenzten aber nicht aneinander. Deshalb stellte der EuGH fest, dass er von seiner Rechtsprechung abweichen könnte, «wenn die in einem Vertragsstaat belegenen Grundstücke an die im anderen Vertragsstaat belegenen angrenzen und der Gesamtbesitz ganz überwiegend in einem der beiden Vertragsstaaten belegen ist». Unter diesen Umständen könne es angemessen sein, den Besitz als eine Einheit und als nur in einem Vertragsstaat belegen zu betrachten, um den Gerichten dieses Staates eine ausschliessliche Zuständigkeit zuzuweisen. Differenzierend, insbesondere wenn die Grundstücke direkt angrenzen, RAUSCHER/MANKOWSKI, Art. 22 Rz. 14; vgl. auch DASSER/OBERHAMMER-MÜLLER, Art. 16 Nr. 1 Rz. 7, m.w.H.; KROPHOLLER, Art. 22 Rz. 28.

[121] EuGH 27.01.2000, Rs. C-8/98, *Dansommer/Götz*, Slg. 2000 I 393 Rz. 36 ff.

[122] Ausführlich hierzu SCHALCH 3 ff.

[123] Als «Erwerber» gilt die Person, die an einem Modell partizipiert. Die Terminologie ist nicht einheitlich. Der Erwerber wird auch Kunde, Anteilseigner, Inhaber etc. genannt; ausführlicher hierzu SCHALCH 4.

und das Recht auf Benutzung der gemeinsamen Infrastruktur (insbesondere Sportanlagen)[124].

In der Praxis sind unzählige Formen und Varianten des Timesharing anzutreffen. In der Regel lassen sich die verschiedenen Modelle **vier Grundtypen** zuordnen, nämlich dem sachenrechtlichen, dem schuldrechtlichen, dem gesellschaftsrechtlichen und dem Trust-Modell[125]. 75

Für Ansprüche aus dem Timesharing ist die ausschliessliche Zuständigkeit nach Art. 22 Nr. 1 nur dann massgeblich, wenn es sich im konkreten Fall um eine **dingliche Klage** bezüglich einer Immobilie[126] oder um ein *Miet- oder Pachtverhältnis* handelt[127]. 76

Gerade wegen der teils sehr unterschiedlich ausgestalteten **schuldrechtlichen Modelle** sind allgemeingültige Aussagen unmöglich[128]. Immerhin lässt sich feststellen, dass bei den schuldrechtlich ausgestalteten Timesharing-Modellen wohl nur in den seltensten Fällen ein «reiner» Mietvertrag im Sinne von Art. 22 Nr. 1 vorliegt. Zwar geht es bei solchen Modellen auch um die Überlassung einer Wohneinheit. Daneben ist der Vertragspartner des Anteilseigners aber zu weiteren Dienstleistungen (wie Wäsche-, Wach-, Reinigungsservice, Benutzung von Restaurants und Sportanlagen) verpflichtet. Solche Dienstleistungen können mit Blick auf die Qualifikation nach Art. 22 Nr. 1 aber nur in den seltensten Fällen als unbedeutende Nebenleistungen eines Mietvertrages bezeichnet werden[129]. 77

---

[124] Vgl. SCHALCH 11 ff.

[125] Vgl. etwa die Schlussanträge GA Geelhoed zu EuGH 13.10.2005, Rs. C-73/04, *Klein/Rhodos,* Slg. 2005 I 8667 Rz. 20.

[126] Nach CZERNICH/TIEFENTHALER/KODEK-TIEFENTHALER, Art. 22 Rz. 33, richtet sich die Zuständigkeit bei einem dinglich ausgestalteten Timesharing dann nach Art. 22 Nr. 1, wenn der Timesharing-Nehmer Miteigentümer des Objekts wird. In der Regel klagt der Timesharing-Anbieter gegen den Vertragspartner auf Bezahlung des Kaufpreises für den Timesharing-Anteil. Ob der Anspruch aus einem solchen Kaufvertrag persönlicher oder dinglicher Natur ist, bestimmt sich nach dem Recht des Belegenheitsstaates, vgl. Rz. 34.

[127] KROPHOLLER, Art. 22 Rz. 17; RAUSCHER/MANKOWSKI, Art. 22 Rz. 18 f.; DASSER/OBERHAMMER-MÜLLER, Art. 16 Nr. 1 Rz. 39.

[128] Für die Anwendbarkeit von Art. 22 Nr. 1 ist nach GEIMER/SCHÜTZE, Art. 22 Rz. 112, entscheidend, dass im Rahmen der Ausgestaltung des konkreten Vertrags die dinglichen oder mietrechtlichen Elemente im Vordergrund stehen.

[129] Unzutreffend deshalb LG Darmstadt 23.08.1995, RIW 1996, 422 ff., welches den Wäsche-, Wach-, Reinigungs- und Essensservice, die medizinische Betreuung, einen Kindergarten sowie die Mitgliedschaft in einem Tauschpool als «Nebenleistungen» bezeichnete. Ebenfalls ablehnend JAYME, IPRax 1996, 88. Zustimmend dagegen MANKOWSKI, EuZW 1996, 177; RAUSCHER/MANKOWSKI, Art. 22 Rz. 17 f.

Es handelt sich regelmässig vielmehr um «gemischte Verträge», die nach der Rechtsprechung des EuGH *nicht* Art. 22 Nr. 1 unterstehen[130]. In der Regel liegt eine «gemischte» Vertragsbeziehung auch dann vor, wenn die Rechte und Pflichten der Vertragsparteien in mehreren Verträgen geregelt werden[131]. Art. 22 Nr. 1 ist zudem auch dann nicht massgeblich, wenn die Timesharing-Nutzer in einem Club organisiert sind, der über die Immobiliennutzung hinaus noch weitere Leistungen bietet und der Wert des Nutzungsrechts im Vergleich zur Mitgliedschaftsgebühr nur eine untergeordnete wirtschaftliche Rolle spielt[132].

78 Selbst wenn es sich ausnahmsweise um einen Mietvetrag im Sinne von Art. 22 Nr. 1 handelt, kann im Einzelfall die alternative Regelung von Abs. 2 greifen. Zwar wird der Timesharing-Vertrag in der Regel für die Dauer von mehreren Jahren geschlossen. Dem Anteilseigner (Mieter) wird das Belegungsrecht aber meist nur für wenige Wochen im Jahr eingeräumt, weshalb von einer «kurzfristigen Gebrauchsüberlassung» auszugehen ist und unter den entsprechenden weiteren Voraussetzungen die Ausnahmeregelung von Abs. 2 massgeblich ist[133] (hierzu Rz. 79 ff.).

VIII. Kurzfristige Gebrauchsüberlassungsverträge

1. Einleitung

79 Im Anwendungsbereich des EuGVÜ i.d.F. v. 1982 hatte der Gerichtshof 1985 entschieden, dass die Gerichte am Ort der gelegenen Sache auch für Streitigkeiten über *kurzfristige Mietverträge* für eine Ferienwohnung ausschliesslich zuständig seien, und zwar unabhängig davon, ob Vermieter und Mieter in einem anderen LugÜ-Staat wohnen[134].

---

[130] Kropholler, Art. 22 Rz. 17; Dasser/Oberhammer-Müller, Art. 16 Nr. 1 Rz. 40 und 41; Hüsstege, IPRax 2006, 126; Jayme, IPRax 1996, 88. Im Ergebnis ebenso Schalch, AJP 1996, 687; unklar Lobsiger 562.

[131] Es kann nicht darauf ankommen, ob gewisse Dienstleistungen im Erwerbspreis inbegriffen sind und für andere Leistungen eine jährlich wiederkehrende Gebühr bezahlt werden muss. Unzutreffend deshalb LG Darmstadt 23.08.1995, RIW 1996, 424.

[132] Im Einzelnen EuGH 13.10.2005, Rs. C-73/04, *Klein/Rhodos,* Slg. 2005 I 8667 insb. Rz. 30; Dasser/Oberhammer-Müller, Art. 16 Nr. 1 Rz. 40.

[133] Donzallaz Rz. 6229; a.A. wohl Rauscher/Mankowksi, Art. 22 Rz. 27a, sowie Dasser/Oberhammer-Müller, Art. 16 Nr. 1 Rz. 41 Fn 127.

[134] EuGH 18.01.1985, Rs. C-241/83, *Rösler/Rottwinkel*, Slg. 1985, 99; vgl. hierzu Kreuzer 75; Rauscher, NJW 1985, 892.

Bei Ausarbeitung des LugÜ wurde dieser Entscheid insbesondere von den damaligen EFTA-Staaten heftig kritisiert. Erst nach langen Verhandlungen konnten sich die LugÜ-Staaten auf einen *Kompromiss* einigen[135]. Danach wurde mit Art. 16 Nr. 1 lit. b aLugÜ für kurzfristige Miet- und Pachtstreitigkeiten über unbewegliche Sachen eine Ausnahmebestimmung zu lit. a geschaffen. Art. 16 Nr. 1 lit. b aLugÜ wurde im Rahmen der Revision des LugÜ materiell geändert. Die neue Regelung in Art. 22 Nr.1 Abs. 2 entspricht Art. 22 Nr.1 Abs. 2 EuGVVO. Die revidierte Bestimmung vereint Elemente des aLugÜ und des EuGVÜ i.d.F. v. 1989[136]. 80

Art. 22 Nr. 1 Abs. 2 begründet für kurzfristige, private Miet- oder Pachtverträge neben der Zuständigkeit am Grundstücksort eine *alternative ausschliessliche* Zuständigkeit am Wohnsitz des Beklagten, sofern Eigentümer und Mieter bzw. Pächter in demselben Vertragsstaat wohnen. Damit soll verhindert werden, dass etwa ein Basler, der die Ferienwohnung eines Genfers auf Mallorca mietet, in Spanien prozessieren muss. Unter den Voraussetzungen von Art. 22 Nr. 1 Abs. 2 kann der Kläger zwischen der ausschliesslichen Zuständigkeit am Lageort im Vertragsstaat A und der ausschliesslichen Zuständigkeit am gemeinsamen Wohnsitz im Vertragsstaat B wählen[137]. 81

2. Voraussetzungen

Abgesehen davon, dass die unbewegliche Sache in einem Vertragsstaat belegen sein muss[138], ist Art. 22 Nr. 1 Abs. 2 anwendbar, wenn die nachfolgenden vier Voraussetzungen kumulativ vorliegen; fehlt es an einer Voraussetzung, beurteilt sich der Miet- oder Pachtvertrag zum vorübergehenden Gebrauch nach Abs. 1[139]: 82

---

135 Die EFTA-Staaten schlugen vor, Miet- und Pachtverträge ganz aus dem Anwendungsbereich des Art. 16 Nr. 1 aLugÜ auszunehmen. Dieser Vorschlag stiess insbesondere bei den Mittelmeerstaaten auf einhellige Ablehnung, vgl. Bericht JENARD/MÖLLER Rz. 51; Botschaft aLugÜ Ziff. 226.2.

136 Bericht POCAR Rz. 94.

137 Vgl. auch Bericht POCAR Rz. 94.

138 RAUSCHER/MANKOWSKI, Art. 22 Rz. 24.

139 DASSER/OBERHAMMER-MÜLLER, Art. 16 Nr. 1 Rz. 31; CZERNICH/TIEFENTHALER/KODEK-TIEFENTHALER, Art. 22 Rz. 26; KROPHOLLER, Art. 22 Rz. 29, wonach dies aber von der ratio legis nicht verlangt wird.

a) Privater Gebrauch

83 Es muss sich um die Miete oder Pacht einer unbeweglichen Sache zum *«privaten Gebrauch»* handeln.

84 Für die Frage, ob überhaupt eine miet- oder pachtrechtliche Streitigkeit an einer unbeweglichen Sache vorliegt, sind die für Art. 22 Nr. 1 Abs. 1 entwickelten Kriterien massgeblich (Rz. 25 ff.). Die Miete von Ferienwohnungen oder -häusern fällt somit dann nicht unter Art. 22 Nr. 1 Abs. 2, wenn diese etwa bei einem Reisearrangement lediglich einen Teil des Leistungsprogramms bildet[140]. Ein Mietvertrag i.S.v. Art. 22 Nr. 1 liegt erst recht nicht vor, wenn im Rahmen einer Pauschalreise nur die Vermittlung eines Ferienhauses erfolgte[141]. Im Unterschied zu Abs. 1 verlangt Abs. 2 jedoch, dass die Miete oder Pacht **zum privaten Gebrauch** erfolgt. Die Frage, ob ein privater Gebrauch vorliegt oder nicht, ist aus der Sicht des Mieters oder Pächters zu beurteilen[142]; ob die Vermietung dagegen für den Vermieter eine kommerzielle Tätigkeit darstellt, ist nicht erheblich[143]. Für die Unterscheidung zwischen privatem und gewerblichen Gebrauch kann somit auf die für Verbraucherstreitigkeiten (Art. 15 ff.) entwickelten Kriterien abgestellt werden (vgl. Art. 15 Rz. 3 ff.)[144].

85 Obschon Art. 22 Nr. 1 Abs. 2 insbesondere Streitigkeiten über Ferienimmobilien erfassen soll, spielt die Art des Miet- oder Pachtobjekts keine Rolle.

b) Natürliche Person

86 Der **Mieter oder Pächter** muss eine *natürliche Person* sein[145]. Bei Ausarbeitung des aLugÜ wurde nämlich angenommen, dass juristische Perso-

---

140 EuGH 26.02.1992, Rs. C-280/90, *Hacker/Euro-Relais*, Slg. 1992 I 1132; BGHZ 119, 157; RAUSCHER/MANKOWSKI, Art. 22 Rz. 22 f.

141 LG Berlin, IPRax 1992, 243; RAUSCHER/MANKOWSKI, Art. 22 Rz. 23.

142 Für GEIMER/SCHÜTZE, Art. 22 Rz. 126, ist der im schriftlichen Mietvertrag vereinbarte Verwendungszweck entscheidend; in Ermangelung einer solchen Vereinbarung kommt es auf den nach aussen erkennbaren Willen des Mieters zur Zeit des Vertragsschlusses an.

143 GEIMER/SCHÜTZE, Art. 22 Rz. 127; TRUNK 43; DASSER/OBERHAMMER-MÜLLER, Art. 16 Nr. 1 Rz. 35.

144 RAUSCHER/MANKOWSKI, Art. 22 Rz. 26.

145 Mit der Beschränkung auf Privatpersonen wollte man den Bedenken der Mittelmeerstaaten Rechnung tragen, die befürchteten, ihre Grundeigentümer könnten durch Gesellschaftsgründungen im Ausland die lokale Mieterschutzgesetzgebung unterlaufen, Botschaft aLugÜ Ziff. 226.2.

nen[146] als Mieter oder Pächter im Allgemeinen geschäftlichen Tätigkeiten nachgehen und deshalb von der Ausnahmebestimmung nicht erfasst sein sollten[147]. Ob der *Vermieter/Verpächter* ebenfalls eine natürliche oder eine juristische Person ist, bleibt unerheblich.

Gemäss dem Wortlaut von Art. 22 Nr. 1 Abs. 2 greift diese Bestimmung nur, wenn der Vertragspartner des Mieters/Pächters der «Eigentümer» der unbeweglichen Sache ist. Art. 22 Nr. 1 erfasst Miet- und Pachtverträge, d.h. Verträge, die zwischen einem Vermieter/Verpächter und einem Mieter bzw. Pächter geschlossen wurden. Abs. 2 von Nr. 1 will den Parteien des Miet- oder Pachtvertrages die Möglichkeit einräumen, eine allfällige Streitigkeit über ein kurzfristiges Vertragsverhältnis am gemeinsamen Wohnsitz auszutragen. Deshalb kann es trotz des Wortlautes nicht darauf ankommen, ob der Vermieter/Verpächter auch der «Eigentümer» des Miet- oder Pachtobjektes ist. 87

Abs. 2 erfasst wie auch Abs. 1 das Rechtsverhältnis zwischen Vermieter/Verpächter und Mieter/Pächter. Unter dieser Voraussetzung ist irrelevant, ob der Miet- oder Pachtvertrag durch ein Reisebüro oder einen Makler vermittelt wurde, sofern diese nicht Vertragspartei wurden[148]. 88

c) Vorübergehender Gebrauch

Die Miete oder Pacht muss zudem *«vorübergehend»* sein und darf die Dauer von **sechs aufeinander folgenden Monaten** nicht übersteigen. Damit werden solche Miet- und Pachtverträge erfasst, deren Dauer von Anfang an auf höchstens sechs Monate beschränkt ist. Unbefristete Mietverträge, die vor Ablauf von sechs Monaten aufgelöst werden, fallen somit nicht unter Abs. 2[149]. 89

Art. 22 Nr. 1 Abs. 2 ist auch dann nicht massgeblich, wenn ein **Kettenmietverhältnis** mit formal selbständigen Verträgen von jeweils sechs Monaten 90

146 Zum Begriff der juristischen Person vgl. Kommentierung zu Art. 22 Nr. 2.

147 Bericht Jenard/Möller Rz. 52; Kropholler, Art. 22 Rz. 31; Czernich/Tiefenthaler/Kodek-Tiefenthaler, Art. 22 Rz. 28.

148 Rauscher/Mankowski, Art. 22 Rz. 24.

149 Donzallaz Rz. 6284.

geschlossen wurde. In diesem Sinne kommt dem Merkmal «vorübergehend» eine eigenständige Bedeutung zu[150].

d) Wohnsitz in demselben LugÜ-Staat

91 Art. 22 Nr. 1 Abs. 2 ist schliesslich nur dann anwendbar, wenn der Vermieter oder Verpächter sowie der Mieter bzw. Pächter[151] ihren **Wohnsitz in demselben LugÜ-Staat** haben[152]. Demgegenüber sah Art. 16 Nr. 1 lit. b aLugÜ vor, dass keine der Vertragsparteien ihren Wohnsitz oder Sitz in dem LugÜ-Staat hat, in welchem die unbewegliche Sache belegen ist. Obwohl Art. 16 Nr. 1 lit. b aLugÜ weniger enge Voraussetzungen hinsichtlich des Wohnsitzes der Parteien kannte, ist die Angleichung an die EuGVVO und damit die Rechtsvereinheitlichung zu begrüssen[153].

92 Treffen Eigentümer- und Vermietereigenschaft nicht in derselben Person zusammen, ist entscheidend, dass der Vermieter – nicht der Eigentümer – im gleichen LugÜ-Staat wie die mietende/pachtende Partei wohnt[154].

93 Haben der Vermieter/Verpächter und der Mieter bzw. Pächter ihren Wohnsitz nicht im selben LugÜ-Staat, gilt die Regelung in Art. 22 Nr. 1 Abs. 1[155], und zwar selbst wenn es sich um eine kurzfristige Miete handelt.

3. Wahlrecht des Klägers

94 Bei Massgeblichkeit von Art. 22 Nr. 1 Abs. 2 bestehen **alternative ausschliessliche** *Zuständigkeiten*[156]. Der Kläger kann wählen, ob er im LugÜ-Staat der gelegenen Sache (Abs. 1) oder am gemeinsamen Wohnsitz der Parteien in einem anderen LugÜ-Staat klagen will (Abs. 2)[157].

---

150 Czernich/Tiefenthaler/Kodek-Tiefenthaler, Art. 22 Rz. 30; Dasser/Oberhammer-Müller, Art. 16 Nr. 1 Rz. 34; Trunk 43.

151 Mit Blick auf die Möglichkeit der Zession (vgl. Rz. 96) kommt es auf die materiellrechtliche, nicht auf die prozessuale Stellung der Parteien an, vgl. Trunk 45 f.

152 Kritisch Rauscher/Mankowski, Art. 22 Rz. 25.

153 Hingegen bedauert Dasser/Oberhammer-Müller, Art. 16 Nr. 1 Rz. 43, die Übernahme dieses Wortlauts.

154 Wohl wie hier Czernich/Tiefenthaler/Kodek-Tiefenthaler, Art. 22 Rz. 29, wonach entscheidend sei, dass die zwei Parteien des Miet- oder Pachtvertrags ihren Wohnsitz in demselben Mitgliedstaat haben. A.A. Dasser/Oberhammer-Müller, Art. 16 Nr. 1 Rz. 44.

155 Geimer/Schütze, Art. 22 Rz. 132.

156 Bericht Jenard/Möller Rz. 52; Kropholler, Art. 22 Rz. 32.

157 Vgl. auch den Wortlaut von Art. 22 Nr. 1 Abs. 2: «(...) sind (…) *auch* die Gerichte des (…) gebundenen Staates zuständig (...)».

Die Zuständigkeit in Abs. 2 bleibt trotz des Wahlrechtes des Klägers ausschliesslich und zwingend[158]. Die Vorschrift geht damit der allgemeinen Zuständigkeitsordnung vor. Somit ist etwa eine Zuständigkeitsvereinbarung nach Art. 23[159] ebenso unmassgeblich wie eine Einlassung nach Art. 24. 95

4. Einzelfragen

a) Zession

Die Zuständigkeit nach Art. 22 Nr. 1 knüpft an die unbewegliche Sache in einem LugÜ-Staat an. Anders als etwa bei den Verbraucherstreitigkeiten kommt es auf die **Verfahrensbeteiligten** grundsätzlich nicht an. Dies gilt im Anwendungsbereich von Art. 22 Nr. 1 aber nicht ausnahmslos. 96

Wie erwähnt, ist Art. 22 Nr. 1 Abs. 2 nur dann massgeblich, wenn der Mieter oder Pächter eine natürliche Person ist. Mit diesem Erfordernis sollte eine Umgehung des Belegenheitsstaates durch zwischengeschaltete «Mietgesellschaften» im Ausland verhindert werden[160]. 97

Die **nachträgliche Zession** der Forderung aus dem Miet- oder Pachtverhältnis ist aber dennoch *ohne Einfluss auf die Zuständigkeit* nach Abs. 2. Selbst wenn der Mieter seine Forderung einer juristischen Person abtritt, hat der Zessionar die Möglichkeit, seine Klage entweder am gemeinsamen Wohnsitz des Vermieters und des Mieters oder am Ort der gelegenen Sache anzuheben. Umgekehrt kann der Zessionar der Vermieterforderung – wie der Vermieter auch – gegen den Mieter gerichtlich am gemeinsamen Wohnsitz (von Vermieter und Mieter) oder am Grundstücksort vorgehen[161]. 98

b) Untermiete/Unterpacht

Sofern die Voraussetzungen von Abs. 2 erfüllt sind, erfasst diese Vorschrift auch Untermiet- oder Unterpachtverhältnisse. 99

---

[158] KROPHOLLER, Art. 22 Rz. 32; DASSER/OBERHAMMER-MÜLLER, Art. 16 Nr. 1 Rz. 33; der Bericht JENARD/MÖLLER Rz. 52, spricht von «alternativer ausschliesslicher Zuständigkeit».

[159] KROPHOLLER, Art. 22 Rz. 32; DASSER/OBERHAMMER-MÜLLER, Art. 16 Nr. 1 Rz. 33 a.E.

[160] DROZ, Rev. crit. 1989, 21 f.; TRUNK 44.

[161] Vgl. EuGH 27.01.2000, Rs. C-8/98, *Dansommer/Götz*, Slg. 2000 I 393 Rz. 36 ff. Anders TRUNK 45 f. Die von diesem Autor angeführten Gründe überzeugen nicht, weil nicht zu sehen ist, weshalb der Schutz des Mieters durch die Zession aufgehoben würde.

Art. 22 – Nr. 2

Ohne Rücksicht auf den Wohnsitz sind ausschliesslich zuständig:

2. für Klagen, welche die Gültigkeit, die Nichtigkeit oder die Auflösung einer Gesellschaft oder juristischen Person oder die Gültigkeit der Beschlüsse ihrer Organe zum Gegenstand haben, die Gerichte des durch dieses Übereinkommen gebundenen Staates, in dessen Hoheitsgebiet die Gesellschaft oder juristische Person ihren Sitz hat. Bei der Entscheidung darüber, wo der Sitz sich befindet, wendet das Gericht die Vorschriften seines Internationalen Privatrechts an;

Art. 22 – No. 2

Sont seuls compétents, sans considération de domicile:

2. en matière de validité, de nullité ou de dissolution des sociétés ou personnes morales ayant leur siège sur le territoire d'un État lié par la présente Convention, ou de validité des décisions de leurs organes, les tribunaux de cet État. Pour déterminer le siège, le juge applique les règles de son droit international privé.

Art. 22 – No. 2

Indipendentemente dal domicilio, hanno competenza esclusiva:

2. in materia di validità, nullità o scioglimento delle società o persone giuridiche, aventi la sede nel territorio di uno Stato vincolato dalla presente convenzione, o riguardo alla validità delle decisioni dei rispettivi organi, i giudici di tale Stato. Per determinare tale sede il giudice applica le norme del proprio diritto internazionale privato.

Art. 22 – No. 2

The following courts shall have exclusive jurisdiction, regardless of domicile:

2. in proceedings which have as their object the validity of the constitution, the nullity or the dissolution of companies or other legal persons or associations of natural or legal persons, or of the validity of the decisions of their organs, the courts of the State bound by this Convention in which the company, legal person or association has its seat. In order to determine that seat, the court shall apply its rules of private international law.

Literatur: Baker & McKenzie (Hrsg.), Fusionsgesetz: Bundesgesetz über Fusion, Spaltung, Umwandlung und Vermögensübertragung sowie die einschlägigen Bestimmungen des IPRG und des Steuerrechts, Bern 2003 (zit. Baker & McKenzie-Bearbeiter); Bauer, Die internationale Zuständigkeit bei gesellschaftsrechtlichen Klagen unter besonderer Berücksichtigung des EuGVÜ, Konstanz 2000; Bertschinger, Die Klagen gemäss Fusionsgesetz – ein Überblick, AJP 2004, 839; Dallafior/Götz Staehelin, Überblick über die wichtigsten Änderungen des Lugano-Übereinkommens, SJZ 2008, 105; Dasser, Gerichtsstand und anwendbares Recht unter dem Fusionsgesetz, FS Forstmoser, Zürich/Basel/Genf 2003, 659; Emch, System des Rechtsschutzes im Fusionsgesetz: Materiell- und prozessrechtliche Überlegungen zu den Klagen des FusG bei Umstrukturierungen unter Beteiligung von Aktiengesellschaften, Diss., Bern 2006; Guillaume/Bétrisey, La qualification des instruments financiers dans le cadre d'émission internationales, GesKR 2010, 492; Handschin/Vonzun, Zürcher Kommentar zum Schweizerischen Zivilrecht, Obligationenrecht, Teilband V/4a, Die einfache Gesellschaft (Art. 530–551 OR), Zürich 2009 (zit. ZK OR-Handschin/Vonzun); Hartmann, Kommentar zum schweizerischen Zivilgesetzbuch (Berner Kommentar), Die Kollektiv- und Kommanditgesellschaft, Art. 552–619, Bd. 7,

1. Abteilung, Bern 1943 (zit. BK-HARTMANN); Honsell/Vogt/Geiser (Hrsg.), Basler Kommentar zum Schweizerischen Privatrecht, Zivilgesetzbuch I, 4. Aufl., Basel 2010 (zit. BSK ZGB I-BEARBEITER); HONSELL/VOGT/WATTER (Hrsg.), Basler Kommentar zum Schweizerischen Privatrecht, Obligationenrecht II, 3. Aufl., Basel 2008 (zit. BSK OR II-BEARBEITER); KILLIAS, Internationale Zuständigkeit für Klagen zwischen Gesellschaftern einer einfachen Gesellschaft, EuZ 2004, 26; MOCK, Spruchverfahren im europäischen Zivilverfahrensrecht, IPRax 2009, 271; RAUSCHER/WAX/WENZEL (Hrsg.) Münchener Kommentar zur Zivilprozessordnung, 3. Aufl., München 2008 (zit. MünchKommZPO-BEARBEITER); RIEMER, Anfechtungs- und Nichtigkeitsklage im schweizerischen Gesellschaftsrecht: eine materiell- und prozessrechtliche Darstellung, Bern 1998 (zit. Anfechtung); DERS., Kommentar zum schweizerischen Zivilgesetzbuch (Berner Kommentar) zu Art. 60–79 ZGB, Bd. 1, 3. Abteilung, 2. Teilband, Bern 1990 (zit. BK-RIEMER); SCHILLIG, Die ausschliessliche internationale Zuständigkeit für gesellschaftsrechtliche Streitigkeiten vor dem Hintergrund der Niederlassungsfreiheit, IPRax 2005, 208; SIEGWART, Kommentar zum Schweizerischen Zivilgesetzbuch, Band 5: Obligationenrecht, Die Personengesellschaften (Art. 530–619), Zürich 1938 (zit. ZK OR-SIEGWART); SCHMITT, Reichweite des ausschliesslichen Gerichtsstandes nach Art. 22 Nr. 2 EuGVVO, IPRax 2010, 310; SPÜHLER/TENCHIO/INFANGER (Hrsg.), Basler Kommentar zur Schweizerischen Zivilprozessordnung, Basel 2010; STEIGER, Handelsrecht, in: Schweizerisches Privatrecht VIII/1, Basel/Stuttgart 1976.

Übersicht *Seite*

I. Normzweck

1 Art. 22 Nr. 2 begründet eine ausschliessliche und zwingende[1] Zuständigkeit für Klagen, welche die Gültigkeit, die Nichtigkeit oder die Auflösung der «Gesellschaft oder juristischen Person» oder die Gültigkeit der Beschlüsse ihrer Organe zum Gegenstand haben. Mit Art. 22 Nr. 2 sollen gerichtliche Verfahren **im Sitzstaat der Gesellschaft** oder juristischen Person konzentriert werden, welche den Status der Gesellschaft oder juristischen Person[2] sowie die Gültigkeit von Organbeschlüssen betreffen.

2 Im Rahmen der **Revision** des LugÜ wurde der Wortlaut von Art. 16 Nr. 2 aLugÜ leicht geändert. Art. 22 Nr. 2 erwähnt zwar neu lediglich die «Gültigkeit von Organbeschlüssen», und nicht mehr deren «Gültigkeit, Nichtigkeit oder Auflösung». Der neue Wortlaut führt jedoch nicht zu einer inhaltlichen Änderung (hierzu Rz. 60 ff.). Sodann wurde ein zweiter Satz hinzugefügt, der für die Bestimmung des Gesellschaftssitzes auf das internationale Privatrecht des Forumsstaates verweist. Für die Bestimmung des Sitzes der Gesellschaft im Anwendungsbereich von Art. 22 Nr. 2 ist demnach nicht die einheitliche Sitzbestimmung von Art. 60 massgeblich, sondern einzig das Kollisionsrecht des angerufenen Forumsstaates[3]. Dies entspricht der bisherigen Praxis (vgl. Rz. 22 f.)[4].

3 Art. 22 Nr. 2 erfasst nicht sämtliche gesellschaftsrechtlichen Verfahren, sondern lediglich die Streitigkeiten, welche den **Status** der Gesellschaft oder juristischen Person sowie die **Gültigkeit von Organbeschlüssen** betreffen. Zudem muss es sich bei den erwähnten Verfahren um kontradikto-

1 Zum Begriff der Ausschliesslichkeit siehe zu Art. 22 Nr. 1 Rz. 3.
2 Art. 22 Nr. 2 bezieht sich auf Statusstreitigkeiten von Gesellschaften und juristischen Personen; die in Art. 1 Nr. 2 erwähnten Statusstreitigkeiten betreffen ausschliesslich natürliche Personen.
3 Bericht Pocar Rz. 96; Dallafior/Götz Staehelin 106; Czernich/Tiefenthaler/Kodek-Tiefenthaler, Art. 22 Rz. 36.
4 Vgl. Botschaft LugÜ Ziff. 2.3.5.

rische Verfahren handeln. Für die übrigen gesellschaftsrechtlichen Klagen gelten die allgemeinen Zuständigkeitsvorschriften des Übereinkommens (vgl. Rz. 77 ff.).

Für die ausschliessliche Zuständigkeit am Sitz der Gesellschaft oder juristischen Person werden verschiedene **Gründe** genannt[5], die allerdings nur teilweise überzeugen: 4

(1) Die von Art. 22 Nr. 2 erfassten Verfahren haben i.d.R. eine erga omnes Wirkung[6]. Mit der Konzentration der in Art. 22 Nr. 2 erwähnten Rechtsstreitigkeiten am Sitz der Gesellschaft soll die Gefahr sich **widersprechender Entscheide** vermindert werden. Diese Absicht wird allerdings durch das LugÜ selbst wieder in Frage gestellt. Denn die Bestimmung des Sitzes einer Gesellschaft oder juristischen Person erfolgt nicht autonom, sondern nach dem Kollisionsrecht am Gerichtsort (Art. 22 Nr. 2, zweiter Satz, vgl. Rz. 22 ff.). Bei der Bestimmung des Sitzes gehen die LugÜ-Staaten jedoch von verschiedenen Konzeptionen aus (sogleich Rz. 9 f.). Diesfalls kann der Fall eintreten, dass sich die Gerichte verschiedener LugÜ-Staaten für ausschliesslich zuständig betrachten. Art. 25 ist diesfalls nicht einschlägig, weil diese Bestimmung voraussetzt, dass aus Sicht des angerufenen Gerichts die Gerichte eines anderen LugÜ-Staates ausschliesslich zuständig sind[7]. Somit kann es im Anwendungsbereich von Art. 22 Nr. 2 zu konkurrierenden Zuständigkeiten und damit zu widersprechenden Urteilen kommen[8]. 5

(2) Als weiterer Grund für die ausschliessliche Zuständigkeit nach Art. 22 Nr. 2 wird angeführt, dass im Sitzstaat auch die **Förmlichkeiten der Publizität** für die Gesellschaft erfüllt werden[9]. Art. 22 Nr. 2 erfasst jedoch nicht nur «Gesellschaften und juristische Personen», die in einem öffentlichen Register eingetragen sind. Deshalb wäre es wohl einfacher gewesen, nur für solche Streitigkeiten, welche unmittelbar eine Änderung eines Handelsregistereintrags zum Gegenstand haben, eine ausschliessliche Zuständigkeit vorzusehen. 6

---

5 Bericht JENARD zu Art. 16 Rz. 110; KROPHOLLER, Art. 22 Rz. 33.

6 Vgl. nur RAUSCHER/MANKOWSKI, Art. 22 Rz. 28.

7 Nach KROPHOLLER, Art. 22 Rz. 41, sind solche positiven Kompetenzkonflikte in Anwendung von Art. 27 ff. zu lösen; ähnlich auch DONZALLAZ Rz. 6306.

8 Vgl. auch KAYE, Rz. 206 f. und 285.

9 KROPHOLLER, Art. 22 Rz. 33; RAUSCHER/MANKOWSKI, Art. 22 Rz. 28; DASSER/OBERHAMMER-RUSCH, Art. 16 Nr. 2 Rz. 2.

7 (3) Die ausschliessliche Zuständigkeit für die von Art. 22 Nr. 2 erfassten Streitigkeiten wird schliesslich damit begründet, dass diese Lösung zur Anwendung des Beklagtenwohnsitzes («actor sequitur forum rei»)[10] und zum **Gleichlauf** zwischen dem Gesellschaftsstatut und der gerichtlichen Zuständigkeit[11] führe. Zudem wären die Gerichte mit komplizierten Fragen des ausländischen Gesellschaftsrechts meist überfordert, zumal allein im Sitzstaat die förmlichen Voraussetzungen für Gründung und Fortbestand der Gesellschaft erfüllt sein müssen[12]. Diese Begründung vermag ebenfalls nicht ganz zu überzeugen. Denn Art. 22 Nr. 2 erfasst nicht sämtliche, sondern nur vereinzelte gesellschaftsrechtliche Streitigkeiten[13]; dies kann zu schwierigen Abgrenzungsfragen führen.

8 Die Begründung für die ausschliessliche Zuständigkeit für die in Art. 22 Nr. 2 erfassten Streitigkeiten ist insgesamt **nicht überzeugend**. Da die ausschliessliche Zuständigkeit zu einem Gerichtsstand am Sitz der beklagten Gesellschaft führt, hätte es genügt, für die von Art. 22 Nr. 2 erfassten Klagen eine konkurrierende, nicht ausschliessliche Zuständigkeit am Sitz der Gesellschaft oder juristischen Person vorzusehen[14].

II. Anwendungsbereich

1. Räumlich-persönlicher Anwendungsbereich

9 Art. 22 Nr. 2 ist nur anwendbar, wenn sich der **«Sitz»** der Gesellschaft oder juristischen Person in einem LugÜ-Staat befindet[15]. Dieser Sitz bestimmt sich nicht autonom, sondern auf Grund des massgeblichen Kollisionsrechts des angerufenen Gerichts (Art. 22 Nr. 2, zweiter Satz).

Da die LugÜ-Staaten für die Bestimmung des Sitzes unterschiedliche Anknüpfungskriterien (tatsächlicher oder statutarischer bzw. vertraglich vorgesehener Sitz) vorsehen, kann es im Einzelfall sowohl zu negativen wie

[10] Bericht Jenard zu Art. 16 Rz. 110; Dasser/Oberhammer-Rusch, Art. 16 Nr. 2 Rz. 2; Kropholler, Art. 22 Rz. 33.

[11] Bericht Pocar Rz. 97; Schlosser, Art. 22 Rz. 16; Rauscher/Mankowski, Art. 22 Rz. 28; Dasser/Oberhammer-Rusch, Art. 16 Nr. 2 Rz. 2.

[12] Schlosser, Art. 22 Rz. 16.

[13] In diesem Sinne auch Donzallaz Rz. 6298 sowie Geimer/Schütze, Art. 22 Rz. 141 f., wonach Art. 22 Nr. 2 zu eng formuliert wurde.

[14] Geimer/Schütze, Art. 22 Rz. 142.

[15] Vgl. BGer 11.10.2010, 4A_167/2010, E. 2.2.

auch zu positiven Kompetenzkonflikten kommen. Hat etwa eine Gesellschaft ihren statutarischen Sitz in einem LugÜ-Staat, dessen Recht an den statutarischen Sitz anknüpft, ihre tatsächliche Verwaltung jedoch in einem LugÜ-Staat, dessen Recht auf den tatsächlichen Sitz abstellt, so besteht in beiden LugÜ-Staaten eine ausschliessliche Zuständigkeit[16].

Im Rahmen der Revision von Art. 22 waren sich die LugÜ-Staaten bewusst, dass aufgrund der Lösung in Nr. 2 Satz 2 der Fall eintreten kann, dass die Gerichte **zweier verschiedener LugÜ-Staaten** zugleich ausschliesslich zuständig sind[17]. Dennoch wurde auf eine einheitliche Anknüpfung des Gesellschaftssitzes verzichtet, weil die Vorschriften des Übereinkommens über die Koordinierung der Zuständigkeiten für ausreichend befunden wurden[18]. 10

Die Gefahr, dass gleichzeitig die Gerichte verschiedener LugÜ-Staaten eine ausschliessliche Zuständigkeit bejahen, dürfte auf Grund der jüngsten Rechtsprechung des EuGH[19] zumindest zwischen den EU-Staaten gemindert sein. Denn der EuGH hat im Rahmen der Niederlassungsfreiheit nach dem EG-Vertrag entschieden, dass für die Bestimmung der Rechts- und Parteifähigkeit auf die Inkorporationstheorie abzustellen sei; die insbesondere in Deutschland geltende Sitztheorie (also das Abstellen auf den faktischen Verwaltungssitz) sei nicht massgeblich, weil sie zu einer Einschränkung der Niederlassungsfreiheit führen könne[20]. Teilweise wendeten deutsche Gerichte diesen Grundsatz auch im Verhältnis zu Gesellschaften mit statutarischem Sitz in der Schweiz (und tatsächlichem Verwaltungssitz in Deutschland) an[21]. Nach einer Lehrmeinung sollte diese Rechtsprechung 11

---

16 GEIMER/SCHÜTZE, Int. Rechtsverkehr-THIEL/TSCHAUNER, Art. 22 Rz. 38; DASSER/OBERHAMMER-RUSCH, Art. 16 Nr. 2 Rz. 3; CZERNICH/TIEFENTHALER/KODEK-TIEFENTHALER, Art. 22 Rz. 36a. Beispiel: Die Gesellschaft X hat ihren statutarischen Sitz im LugÜ-Staat A, ihre tatsächliche Verwaltung befindet sich jedoch im LugÜ-Staat B. Befindet sich für das Gericht im Staat A der Sitz der Gesellschaft X am Ort der tatsächlichen Verwaltung, für das Gericht im Staat B hingegen am statutarisch festgelegten Ort, so besteht ein negativer, im umgekehrten Fall ein positiver Kompetenzkonflikt.

17 Bericht POCAR Rz. 96.

18 Bericht POCAR Rz. 96.

19 EuGH 05.11.2002, Rs. C-208/00, *Überseering/Nordic*, Slg. 2002 I 9919.

20 EuGH 05.11.2002, Rs. C-208/00, *Überseering/Nordic*, Slg. 2002 I 9919 Rz. 82; DASSER/OBERHAMMER-RUSCH, Art. 16 Nr. 2 Rz. 23.

21 OLG Hamm 26.05.2006, ZIP 2006, 1822; DASSER/OBERHAMMER-RUSCH, Art. 16 Nr. 2 Rz. 23. Anderes gilt mit Bezug auf Gesellschaften, die auf der Isle of Man gegründet wurden, da dort die Niederlassungsfreiheit mit der EU nicht gilt, OLG Hamburg 30.03.2007, ZIP 2007, 1609.

auch im Geltungsbereich des LugÜ massgeblich sein[22]. Der deutsche Bundesgerichtshof entschied hingegen, dass betreffend in der Schweiz gegründeter Gesellschaften nach wie vor die Sitztheorie massgeblich ist[23]. Es ist deshalb abzuwarten ob sich (auch) im Geltungsbereich des LugÜ die Fälle von negativen oder positiven Kompetenzkonflikten reduzieren werden.

12 Falls dennoch die Gerichte zweier LugÜ-Staaten eine ausschliessliche Zuständigkeit nach Art. 22 Nr. 2 beanspruchen, ist nach einer Lehrmeinung nach Art. 29 vorzugehen[24]. Danach hat sich das zweitangerufene Gericht in jedem Fall zugunsten des erstangerufenen für unzuständig zu erklären[25]. Dies kann jedoch zu einem **negativen Kompetenzkonflikt** führen, falls sich das erstangerufene Gericht in der Folge für unzuständig erklären sollte. Deshalb wäre es sinnvoller, in einer solchen Konstellation nach Art. 27 vorzugehen. Diesfalls hätte das später angerufene Gericht das Verfahren «lediglich» auszusetzen und sich erst dann für unzuständig zu erklären, nachdem sich das erstangerufene Gericht für zuständig erklärt hatte[26].

13 In diesem Zusammenhang stellt sich die weitere Frage, wie zu entscheiden ist, falls ein Entscheid, der im LugÜ-Staat A gestützt auf die in diesem Staat massgebliche Inkorporationstheorie erging, im LugÜ-Staat B vollstreckt werden soll, dessen Recht auf den tatsächlichen Verwaltungssitz abstellt. Der Zweitrichter kann sich in einem solchen Fall auf den Standpunkt stellen, dass die Gesellschaft ihren tatsächlichen Verwaltungssitz in B habe, weshalb der Entscheidung der Gerichte des LugÜ-Staates A im Staat B die Anerkennung zu versagen sei. Nach einer Lehrmeinung ist auf Grund des **Prioritätsprinzips** gemäss Art. 27 ff. die Entscheidung im LugÜ-Staat B trotz eigener internationaler Zuständigkeit des LugÜ-Staates B zu anerkennen[27].

---

22 Für eine generelle Ausdehnung plädiert etwa SCHILLIG 218; vgl. aber KROPHOLLER, Art. 22 Rz. 41.

23 BGH 27.10.2008, II ZR 158/06 = NJW 5/2009 290, Rz. 19 ff.; BGH 27.10.2008, II ZR 290/07 = EWiR 2009 357.

24 Statt vieler GEIMER/SCHÜTZE, Art. 22 Rz. 213; DASSER/OBERHAMMER-RUSCH, Art. 16 Nr. 2 Rz. 21.

25 GEIMER/SCHÜTZE, Int. Rechtsverkehr-THIEL/TSCHAUNER, Art. 22 Rz. 38; GAUDEMET-TALLON Rz. 110; vgl. DASSER/OBERHAMMER-RUSCH, Art. 16 Nr. 2 Rz. 21.

26 DASSER/OBERHAMMER-DASSER, Art. 23 Rz. 5; vgl. KROPHOLLER, Art. 35 Rz. 13; DONZALLAZ Rz. 6306.

27 KROPHOLLER, Art. 35 Rz. 13.

Sofern die juristische Person oder Gesellschaft ihren Sitz in einem LugÜ-Staat hat, ist die **Staatsangehörigkeit** oder der Wohnsitz der (anderen) Verfahrensbeteiligten für die Anwendbarkeit von Art. 22 Nr. 2 nicht massgeblich. 14

Beispiel: 15

Die GmbH hat ihren Sitz in Zürich; Gesellschafter der GmbH sind ein Franzose mit Wohnsitz in Genf und ein US-Amerikaner mit Wohnsitz in New York. Ein Gesellschafter ficht die Gesellschafterbeschlüsse an. Für die nach Art. 22 Nr. 2 erfassten Klagearten sind die Gerichte der Schweiz ausschliesslich zuständig.

Gelangt das angerufene Gericht eines LugÜ-Staates auf Grund seiner **Kollisionsregeln** (Art. 22 Nr. 2, zweiter Satz) zum Ergebnis, dass sich der Sitz der Gesellschaft oder juristischen Person in einem *Drittstaat* befindet, ist das angerufene Gericht nach dem Übereinkommen nicht zuständig. Diesfalls hat das angerufene Gericht des LugÜ-Staates nach seinem *autonomen Recht* zu bestimmen[28], ob es für die Klage zuständig ist oder nicht[29]. 16

Beispiel:

In der Schweiz wird die Auflösung einer Gesellschaft mit statutarischem und tatsächlichem Sitz in den British Virgin Islands beantragt. Die Parteien haben die Zuständigkeit der Genfer Gerichte vereinbart. Das LugÜ ist nicht anwendbar, weil sich der Sitz der Gesellschaft in einem Drittstaat befindet (Art. 22 Nr. 2, 2. Satz LugÜ i.V.m. Art. 21 Abs. 2 IPRG). Zu prüfen ist somit, ob sich die Zuständigkeit aus dem IPRG ergibt. Art. 151 Abs. 1 IPRG, der die Zuständigkeit für gesellschaftsrechtliche Klagen am schweizerischen Sitz der Gesellschaft festlegt, ist nicht zwingend[30]. Das

---

[28] Eine analoge Anwendung von Art. 22 Nr. 2 auf Gesellschaften, die ihren Sitz in einem Nichtvertragsstaat haben, ist ausgeschlossen. Ein effet réflexe wird für Art. 22 Nr. 1 abgelehnt, was a fortiori für Art. 22 Nr. 2 gelten muss. Denn der Sitz einer Gesellschaft ist nicht so stark mit einem Territorium verbunden wie der Lageort eines Grundstückes. Im Ergebnis ebenso Dasser/Oberhammer-Rusch, Art. 16 Nr. 2 Rz. 12.

[29] Es ist nicht ausgeschlossen, dass die «Gesellschaft oder juristische Person» ihren Sitz in einem Nichtvertragsstaat hat, das angerufene Gericht nach seinem autonomen Recht aber dennoch zuständig ist. Zudem gibt es auch nach dem LugÜ zahlreiche gesellschaftsrechtliche Klagen, deren Zuständigkeit nicht vom Sitz der Gesellschaft in einem LugÜ-Staat abhängt (z.B. die aktienrechtliche Verantwortlichkeitsklage, bei welcher es auf den Wohnsitz des Beklagten, etwa eines Verwaltungsratsmitglieds, in einem LugÜ-Staat ankommt).

[30] ZK IPRG-Vischer, Art. 151 Rz. 1. Vgl. hingegen Art. 151 Abs. 3 IPRG.

vereinbarte Genfer Gericht ist unter den Voraussetzungen von Art. 5 IPRG zuständig. Die Frage, ob der Entscheid eines Schweizer Gerichts in den British Virgin Islands auch anerkenn- und vollstreckbar ist, beurteilt sich selbstverständlich nach dem Recht der British Virgin Islands.

2. Sachlicher Anwendungsbereich

17 Vom LugÜ nicht erfasst sind einmal **öffentlich-rechtliche Streitigkeiten** (Art. 1 Abs. 1). Auseinandersetzungen über Gesellschaften des öffentlichen Rechts fallen demnach nicht unter Art. 22 Nr. 2. Das Übereinkommen ist auch dann nicht massgeblich, wenn die zuständige Behörde die Auflösung einer privatrechtlichen Gesellschaft verlangt[31].

18 Wird eine Gesellschaft als Folge eines **Konkursverfahrens** aufgelöst, ist das Übereinkommen nicht massgeblich, weil Konkurssachen von dessen Anwendungsbereich ausgeschlossen sind (Art. 1 Abs. 2 lit. b)[32]. Sofern konkursrechtliche Fragen hingegen lediglich Vorfragen bilden, kann Art. 22 Nr. 2 anwendbar sein.

19 Alle sonstigen Verfahren, die darauf abzielen, die **Auflösung** einer Gesellschaft oder juristischen Person festzustellen oder herbeizuführen, sind nicht konkursrechtlicher Natur und somit vom Übereinkommen erfasst. Wird etwa darüber gestritten, ob eine Gesellschaft aufzulösen sei, weil ein Gesellschafter in Konkurs gefallen ist, so handelt es sich nicht um eine konkursrechtliche Streitigkeit, weshalb Art. 22 Nr. 2 massgeblich wäre[33].

20 Ebenfalls keine «konkursrechtlichen Streitigkeiten» stellen Verfahren dar, welche die **Liquidation** einer Gesellschaft nach deren Auflösung betreffen[34]. Dies gilt etwa für Klagen nach Art. 742 ff. oder Art. 582 ff. OR sowie Klagen über die Höhe der auszurichtenden Anteile[35].

21 Hat über die in Art. 22 Nr. 2 enthaltenen Streitigkeiten ein **Schiedsgericht** zu entscheiden, ist das Übereinkommen aufgrund von Art. 1 Abs. 2 lit. d nicht anwendbar.

---

31 Vgl. Geimer/Schütze, Art. 22 Rz. 151. Vgl. aus dem schweizerischen Recht etwa Art. 153 Abs. 3 lit. a HRegV.

32 Czernich/Tiefenthaler/Kodek-Tiefenthaler, Art. 22 Rz. 39.

33 Bericht Schlosser Rz. 59; Kropholler, Art. 22 Rz. 38; Gaudemet-Tallon Rz. 111.

34 Schillig 213.

35 Kropholler, Art. 22 Rz. 37 f.; Dasser/Oberhammer-Rusch, Art. 16 Nr. 2 Rz. 15.

III. Regelung der internationalen Zuständigkeit

Art. 22 regelt lediglich die **internationale** Zuständigkeit[36]. Die örtliche Zuständigkeit bestimmt sich somit nach dem Recht des LugÜ-Staates, der die eigene internationale Zuständigkeit in Anspruch nimmt. Nicht erforderlich ist, dass im international zuständigen LugÜ-Staat gleichzeitig eine ausschliessliche örtliche Zuständigkeit am Sitz der Gesellschaft besteht. 22

Falls die Gerichte der Schweiz nach Art. 22 Nr. 2 international zuständig sind, so bestimmt sich die **örtliche** Zuständigkeit nach Art. 151 Abs. 1 i.V.m. Art. 21 Abs. 2 IPRG[37]. Zuständig sind somit die Gerichte an dem in den Statuten oder im Gesellschaftsvertrag bezeichneten Ort in der Schweiz. Fehlt eine solche Bezeichnung, gilt als Sitz der Ort, an welchem die Gesellschaft tatsächlich verwaltet wird (Art. 21 Abs. 2 IPRG). 23

IV. «Gesellschaften und juristische Personen»

Art. 22 Nr. 2 regelt die Zuständigkeit für bestimmte Streitigkeiten, die «Gesellschaften und juristische Personen» betreffen. Das Übereinkommen nennt zwar an verschiedenen Stellen die Begriffe «**Gesellschaft**» und «**juristische Personen**», ohne sie jedoch zu definieren[38]. Der EuGH hat für diese Begriffe noch keine verbindliche Auslegung gegeben. Für die Frage, nach welcher Rechtsordnung zu bestimmen ist, ob die Streitigkeit eine «Gesellschaft oder juristische Person» betrifft, werden denn auch unterschiedliche Ansichten vertreten. 24

Nach einem Teil der Lehre sind die Begriffe «Gesellschaft» und «juristische Person» **vertragsautonom** auszulegen[39]. Dies führe zu einer einheitlichen Anwendung dieser Begriffe in den LugÜ-Staaten[40]. In diesem Zusammenhang werden verschiedene Versuche einer vertragsautonomen Interpretation unternommen. So wird etwa vertreten, das Bestehen einer 25

---

36 Handelsgericht SG 18.01.2010, HG 2008 82, E. 3b.

37 Botschaft aLugÜ Ziff. 226.3; KILLIAS 27; DASSER/OBERHAMMER-RUSCH, Art. 16 Nr. 2 Rz. 20.

38 Vgl. KROPHOLLER, Art. 60 Rz. 1; DASSER/OBERHAMMER-RUSCH, Art. 16 Nr. 2 Rz. 8.

39 DONZALLAZ Rz. 6302, ohne nähere Begründung.

40 DASSER/OBERHAMMER-RUSCH, Art. 16 Nr. 2 Rz. 8, der zwar eine vertragsautonome Auslegung propagiert. Allerdings bleibt unklar, welche Elemente die vertragsautonome Definition enthalten müsste; das Abstellen auf den «Besitz der Rechtspersönlichkeit» wird jedenfalls abgelehnt.

«juristischen Person» hänge vom Besitz der Rechtspersönlichkeit ab, wobei sich nach dem Kollisionsrecht der lex fori bestimme, ob eine Rechtspersönlichkeit vorliege[41]. Nach einer anderen Lehrmeinung liegt eine «Gesellschaft» i.S.v. Art. 22 Nr. 2 immer dann vor, wenn mehrere Personen sich zu einem bestimmten Zweck zusammenschliessen[42]. Ein Teil der Lehre will schliesslich den Begriff der «Gesellschaft» vertragsautonom, denjenigen der «juristischen Person» dagegen nach der lex causae bestimmen[43].

26 Die vertragsautonome Auslegung der Begriffe «Gesellschaft» und «juristische Person» wäre sicher wünschenswert. Solange jedoch überzeugende Definitionen fehlen, ist wie für die Bestimmung des Sitzes einer «Gesellschaft» oder «juristischen Person» (Rz. 22)[44] auch für deren Bestehen auf das Kollisionsrecht des angerufenen Gerichtsstaates abzustellen[45]. Deshalb hat das **IPR der lex fori** mit Bezug auf die Zuständigkeit auch darüber Auskunft zu geben, ob es sich beim in Frage stehenden Gebilde, dessen Sitz zu bestimmen ist, um eine «juristische Person oder Gesellschaft» handelt[46].

27 Nach der **hier vertretenen Ansicht** hat ein Schweizer Gericht, wenn es im Streitfall angerufen wird, zunächst nach Art. 150 IPRG zu bestimmen, ob es sich überhaupt um eine «Gesellschaft» oder «juristische Person» handelt[47]. Art. 150 IPRG enthält eine Qualifikation, die sehr weit gefasst ist. Unter den Begriff der «Gesellschaft» fallen juristische Personen ebenso wie «organisierte Personenzusammenschlüsse», «organisierte Vermögenseinheiten» und einfache Gesellschaften, die über eine gewisse Organisation verfügen[48].

---

41 BAUER 84. Diese Definition wird von DASSER/OBERHAMMER-RUSCH, Art. 16 Nr. 2 Rz. 9, zu Recht kritisiert, weil so der Begriff der juristischen Person wiederum nach der lex fori und gerade nicht vertragsautonom bestimmt wird.

42 DASSER/OBERHAMMER-RUSCH, Art. 16 Nr. 2 Rz. 9.

43 GEIMER/SCHÜTZE, Art. 22 Rz. 143 und 146.

44 KROPHOLLER, Art. 22 Rz. 41; RAUSCHER/MANKOWSKI, Art. 22 Rz. 28a.

45 SCHLOSSER, Art. 22 Rz. 16, wobei für diesen Autor Gesellschaften, die nicht juristische Personen sind, über ein Gesellschaftsvermögen verfügen müssen.

46 KROPHOLLER, Art. 60 Rz. 1, welcher die Anwendbarkeit des LugÜ bzw. der EuGVVO bereits dann bejaht, wenn dem in Frage stehenden Gebilde nach nationalem Recht wenigstens *Parteifähigkeit* zukommt.

47 Vgl. KILLIAS 27 ff.

48 ZK IPRG-VISCHER, Art. 150 Rz. 3; BSK IPRG-VON PLANTA/EBERHARD, Art. 150 Rz. 2 ff.

Sowohl das Übereinkommen[49] wie auch Art. 150 IPRG[50] gehen von einem **weiten Gesellschaftsbegriff** aus. Von Art. 22 Nr. 2 sind deshalb auch Gesellschaften ohne eigene Rechtspersönlichkeit (wie die einfache Gesellschaft nach Art. 530 ff. OR) und juristische Personen, die nicht als Gesellschaften gelten (wie der Verein, Art. 60 ff. ZGB, oder die Stiftung, Art. 80 ff. ZGB) erfasst[51]. 28

Für die Frage der Zuständigkeit nach Art. 22 Nr. 2 spielt es auch keine Rolle, ob die Gesellschaft oder die juristische Person einen **wirtschaftlichen Zweck** verfolgt oder nicht, in einem Handelsregister eingetragen ist oder ein kaufmännisches Gewerbe führt[52]. 29

Art. 22 Nr. 2 erfasst aber nicht sämtliche Gesellschaften ohne eigene Rechtspersönlichkeit. Das entscheidende **Anknüpfungskriterium** stellt der «Sitz» dar. Die «Gesellschaft oder juristische Person» muss also einen Sitz haben. Daraus folgt, dass Art. 22 Nr. 2 nur solche Gesellschaften und juristischen Personen erfasst, die eine gewisse Organisation aufweisen[53]. 30

Wie in Art. 150 IPRG sollte zwischen «Gesellschaften» mit und solchen ohne «Organisation» unterschieden werden. Die von Art. 22 Nr. 2 erfassten Klagearten setzen denn auch eine **Organisation** (Anfechtbarkeit oder Nichtigkeit von Organbeschlüssen) und Verselbständigung voraus (Auflösungsklage). Art. 22 Nr. 2 ist deshalb nur auf solche Gesellschaften anwendbar, die eine gewisse innere Struktur aufweisen[54]. Für rein vertragliche Abreden kennt das LugÜ zahlreiche andere Vorschriften (Art. 5 ff.). 31

Eine «Organisation» i.S.v. Art. 22 Nr. 2 liegt immer dann vor, wenn die «Gesellschaft» über eine gewisse **innere Struktur** verfügt, die auch nach aussen sichtbar wird. Von einer «Gesellschaft» i.S.v. Art. 22 Nr. 2 könnte etwa dann gesprochen werden, wenn eine institutionalisierte Geschäftsführung mit entsprechenden administrativen Einrichtungen vorliegt. Als Indizien für eine «innere Struktur» könnten etwa angeführt werden, dass für Beschlüsse nicht das Einstimmigkeits-, sondern das Mehrheitsprinzip gilt 32

[49] Dasser/Oberhammer-Rusch, Art. 16 Nr. 2 Rz. 10; Donzallaz Rz. 6301.

[50] ZK IPRG-Vischer, Art. 150 Rz. 1; BSK IPRG-von Planta/Eberhard, Art. 150 Rz. 1.

[51] Vgl. zum deutschen Recht: Kropholler, Art. 22 Rz. 35 sowie Geimer/Schütze, Art. 22 Rz. 145 und 149.

[52] Killias 27.

[53] Killias 28.

[54] Killias 28.

oder die Gesellschaft durch das Ausscheiden eines Gesellschafters nicht automatisch aufgelöst wird oder der «Geschäftsführer» mit organtypischen Kompetenzen ausgestattet ist.

33 Unabhängig von der Qualifikation des Kollisionsrechts der lex fori werden **«trusts»** von Art. 22 Nr. 2 *nicht erfasst*[55]. Dies ergibt sich auch aus dem Wortlaut von Art. 60, welcher in Abs. 1 und Abs. 3 zwischen «Gesellschaften und juristischen Personen» einerseits und «trusts» andererseits unterscheidet. Deshalb sieht das Übereinkommen für Klagen, die trusts betreffen, besondere Zuständigkeiten vor (Art. 5 Nr. 6, vgl. auch Art. 60 Abs. 3 LugÜ).

34 Als Gesellschaften und juristische Personen im Sinne von Art. 22 Nr. 2 gelten bei Massgeblichkeit des **Schweizer Rechts** somit Verein, Stiftung, Aktiengesellschaft, Kommanditaktiengesellschaft, GmbH und Genossenschaft sowie die kaufmännische Kollektiv- und Kommanditgesellschaft. Die einfache Gesellschaft ist von Art. 22 Nr. 2 nur erfasst, falls sie über eine gewisse Organisation verfügt[56]. Dasselbe gilt für die nichtkaufmännische Kollektivgesellschaft (Art. 553 OR) und die nichtkaufmännische Kommanditgesellschaft (Art. 595 OR).

Beispiel:

A und B bilden für ein Bauprojekt im Elsass ein Baukonsortium. In ihrer Vereinbarung werden die Anwendbarkeit des französischen Rechts und die ausschliessliche Zuständigkeit der Pariser Gerichte vereinbart. Das Konsortium wird von Basel aus geleitet. B klagt in Basel gestützt auf Art. 545 Abs. 1 Ziff. 7 OR auf Auflösung des Konsortiums. A bestreitet die Zuständigkeit und wendet ein, es handle sich beim Konsortium nicht um eine Gesellschaft, weshalb die vertraglich vorgesehene Zuständigkeit in Paris massgeblich sei. Das Basler Gericht hätte mit Bezug auf die Zuständigkeit zunächst zu bestimmen, ob es sich beim Konsortium um eine Gesellschaft im Sinne von Art. 150 IPRG handelt, die ihren «Sitz» in Basel hat (Art. 22 Nr. 2 LugÜ i.V.m. Art. 21 IPRG).

55 Geimer/Schütze, Art. 22 Rz. 150; Donzallaz Rz. 6301. Seit Inkrafttreten der Art. 149a–149e IPRG fallen trusts auch nicht mehr unter den Begriff der Gesellschaft i.S.v. Art. 150 ff. IPRG. Sollte ein Rechtsgebilde sowohl die Merkmale des trusts i.S.v. Art. 149a IPRG als auch den Gesellschafts- oder Vertragsbegriff des IPRG erfüllen, so gehen Art. 149a–e IPRG als lex specialis vor, BSK IPRG-Vogt, Art. 149a Rz. 4.

56 Killias 27 f.; Dasser/Oberhammer-Rusch, Art. 16 Nr. 2 Rz. 10.

Keine Gesellschaft stellt die **Einzelfirma** dar; öffentlich-rechtliche Gesellschaften sind ebenfalls nicht erfasst[57]. 35

V. Kontradiktorisches Verfahren

Art. 22 Nr. 2 setzt ein **kontradiktorisches Verfahren** voraus, spricht diese Vorschrift doch von «Klagen»[58]. Solange es sich um ein kontradiktorisches Verfahren handelt, spielt es keine Rolle, ob sich die Klage gegen die Gesellschaft selbst oder einen Gesellschafter richtet[59]. Entscheidend ist allerdings, dass die in Art. 22 Nr. 2 erwähnten Streitgegenstände **Hauptfrage** und nicht Vorfrage bilden[60]. Diese Vorschrift ist somit dann nicht massgeblich, wenn etwa die Frage der Gültigkeit eines Beschlusses eines Organs lediglich Vorfrage bildet. 36

Die Zuständigkeitsbestimmung von Art. 22 Nr. 2 gilt deshalb nicht für Löschungsverfahren **von Amtes wegen**[61]. Solche Verfahren sind nicht nur öffentlich-rechtlich und damit vom Anwendungsbereich des LugÜ ausgenommen (Art. 1 Abs. 1), sondern auch einseitig und folglich nicht kontradiktorisch. 37

VI. Gültigkeit, Nichtigkeit oder Auflösung von Gesellschaften oder juristischen Personen

1. Einleitung

Der **Anwendungsbereich** von Art. 22 Nr. 2 ist, wie erwähnt, einmal dadurch begrenzt, dass es sich um ein kontradiktorisches Verfahren handeln muss (Rz. 36 f.). Zusätzlich beschränkt sich die Bestimmung auf bestimmte Streitgegenstände, die in Art. 22 Nr. 2 abschliessend aufgezählt sind, 38

57 Zum LugÜ: DASSER/OBERHAMMER-RUSCH, Art. 16 Nr. 2 Rz. 10; DONZALLAZ Rz. 6301. Zum IPRG: ZK IPRG-VISCHER, Art. 150 Rz. 1; BSK IPRG-VON PLANTA/EBERHARD, Art. 150 Rz. 1.

58 KROPHOLLER, Art. 22 Rz. 34; RAUSCHER/MANKOWSKI, Art. 22 Rz. 34; MünchKommZPO-GOTTWALD, Art. 22 Rz. 24; DASSER/OBERHAMMER-RUSCH, Art. 16 Nr. 2 Rz. 5; WALTER, § 5 C III 3; ebenso DONZALLAZ Rz. 6308 f.

59 Vgl. RAUSCHER/MANKOWSKI, Art. 22 Rz. 31.

60 Ausführlicher SCHMITT 312 f.; DASSER/OBERHAMMER-RUSCH, Art. 16 Nr. 2 Rz. 7; DONZALLAZ Rz. 6312.

61 Vgl. etwa Art. 153 Abs. 3 lit. a oder Art. 155 Abs. 3 HRegV; vgl. auch WALTER, § 5 C III 3 b; DASSER/OBERHAMMER-RUSCH, Art. 16 Nr. 2 Rz. 6.

nämlich einerseits die Wirksamkeit einer Gründung oder die Auflösung einer Gesellschaft oder juristischen Person sowie andererseits die Gültigkeit ihrer Organbeschlüsse. Die erfassten Streitgegenstände dürfen nicht bloss eine Vorfrage oder (mittelbarer) Zweck des Verfahrens bilden[62].

39 Zahlreiche und in der Praxis wichtige Klagen werden damit von Art. 22 Nr. 2 nicht erfasst. Für die von Art. 22 Nr. 2 nicht erfassten gesellschaftsrechtlichen Klagen gelten die allgemeinen Zuständigkeitsvorschriften nach Art. 2 ff.[63].

40 Art. 22 Nr. 2 ist somit **enger** gefasst als Art. 151 IPRG, der alle Ansprüche gesellschaftsrechtlicher Natur erfasst[64].

41 Die **Klageart** bestimmt sich nach dem nationalen Recht. Die Massgeblichkeit von Art. 22 Nr. 2 hängt somit nicht davon ab, ob es sich um eine Leistungs-, Feststellungs- oder Gestaltungsklage handelt.

2. Gültigkeits-, Nichtigkeits- und Auflösungsklagen im Einzelnen

a) Allgemeines

42 Art. 22 Nr. 2 erfasst einmal solche Klagen, bei welchen sich der Streit um die Wirksamkeit bzw. Unwirksamkeit der **Gründung**[65] oder der **Auflösung** der Gesellschaft oder juristischen Person dreht. Art. 22 Nr. 2 erfasst sowohl Gestaltungsklagen auf Auflösung als auch Klagen auf Feststellung des Nicht-Bestehens einer Gesellschaft oder juristischen Person[66].

43 Der Begriff der «Auflösung» ist **weit auszulegen**[67]. Er umfasst nicht nur die Auflösung im engen technischen Sinn, sondern auch die Abwicklung

---

[62] *Newtherapeutics Ltd. v. Katz* (1991) CH 226, 2 All E.R. 151, 163 f (Chancery Division).

[63] Handelsgericht SG 18.01.2010, HG 2008 82, E. 3b; Kropholler, Art. 22 Rz. 40. So fällt z.B. die aktienrechtliche Verantwortlichkeitsklage nicht unter Art. 22 Nr. 2, sondern unter Art. 2, vgl. Rz. 79.

[64] Vgl. ZK IPRG-Vischer, Art. 151 Rz. 1 und 2; BSK IPRG-von Planta/Eberhard, Art. 151 Rz. 7.

[65] Kropholler, Art. 22 Rz. 36; Walter, § 5 C III 3.

[66] Schillig 213; Killias 29.

[67] Schlosser, Art. 22 Rz. 17. Für eine weite Auslegung spricht sich insbes. auch Schillig 216 aus.

und Liquidation selbst, mithin jede Streitigkeit, die einen Schritt auf dem Weg zur endgültigen Beendigung der Gesellschaft darstellt[68].

Auf eine Klage auf **Ausschluss** eines Gesellschafters ist Art. 22 Nr. 2 nur dann anwendbar, wenn mit der Klage gleichzeitig die Gesellschaft selbst aufgelöst wird. Wird hingegen «lediglich» der Ausschluss eines Gesellschafters beantragt und bleibt die Gesellschaft trotz dessen allfälligen Ausschlusses bestehen, ist die Streitigkeit von Art. 22 Nr. 2 nicht erfasst[69]. 44

Falls die Klage die Nichtigkeit der Gründung oder die Auflösung einer Gesellschaft/juristischen Person des **Schweizer Rechts** zum Gegenstand hat, wären etwa folgende Verfahren von Art. 22 Nr. 2 erfasst[70]: 45

b) Verein

Nach Art. 78 ZGB wird ein Verein durch ein richterliches Urteil **aufgelöst**, wenn der Zweck widerrechtlich oder unsittlich (geworden) ist[71]. Art. 22 Nr. 2 ist nur dann massgeblich, wenn die Klage durch Private und nicht durch Behörden[72] angehoben wird. 46

c) Stiftung

Aus dem gleichen Grund kann auch eine Stiftung durch richterliches Urteil aufgelöst werden (Art. 88 Abs. 2 ZGB)[73]. Klagelegitimiert ist neben der Aufsichtsbehörde jedermann, der ein Interesse an deren **Auflösung** hat (Art. 89 Abs. 1 ZGB). Art. 22 Nr. 2 ist nur einschlägig, falls die Klage nicht von einer Aufsichtsbehörde angehoben wird. 47

---

68 Kropholler, Art. 22 Rz. 37; Schillig 213. Nicht erfasst ist dagegen eine Klage, mit der eine Gesellschaft zum Handeln verpflichtet werden soll, Handelsgericht SG 18.01.2010, HG 2008 82, E. 3b.

69 Rauscher/Mankowski, Art. 22 Rz. 36; vgl. auch für die Offene Handelsgesellschaft deutschen Rechts Kropholler, Art. 22 Rz. 37.

70 Vgl. für das deutsche Recht Geimer/Schütze, Art. 22 Rz. 155–165.

71 Walter, § 5 C III 3; Dasser/Oberhammer-Rusch, Art. 16 Nr. 2 Rz. 15.

72 Zur Klageerhebung sind auch diejenigen kantonalen oder eidgenössischen Behörden verpflichtet, die durch die widerrechtliche oder gegen die guten Sitten verstossende Tätigkeit des Vereins berührt sind, BK-Riemer, Art. 76–79 Rz. 52.

73 Walter, § 5 C III 3; Dasser/Oberhammer-Rusch, Art. 16 Nr. 2 Rz. 15.

d) Einfache Gesellschaft

48 Art. 22 Nr. 2 ist auf einfache Gesellschaften nach Art. 530 ff. OR nur anwendbar, wenn die einfache Gesellschaft über eine gewisse **Organisation** verfügt (vgl. Rz. 31 ff.).

49 Eine einfache Gesellschaft kann nach Schweizer Recht aus verschiedenen Gründen aufgelöst werden: Zu unterscheiden ist zwischen objektiven Gründen (Art. 545 Abs. 1 Ziff. 1–3, 5 und 7 OR) und der Auflösung durch Willensäusserung der Gesellschafter (Art. 545 Abs. 1 Ziff. 4 und 6 OR)[74]. Der **Wortlaut** von Art. 22 Nr. 2 spricht zwar nur von «Auflösung» einer Gesellschaft. Daraus könnte abgeleitet werden, dass die Klage auf Ausschliessung eines Gesellschafters von Art. 22 Nr. 2 nicht erfasst ist. Nach Schweizer Recht ist es ohne ausdrückliche vertragliche Abrede jedoch nicht möglich, einen **Gesellschafter auszuschliessen**, ohne dass gleichzeitig die einfache Gesellschaft aufgelöst wird[75]. Wird gestützt auf eine solche Abrede lediglich der Ausschluss eines Gesellschafters beantragt[76], ist Art. 22 Nr. 2 nicht massgeblich (Rz. 44). In einem solchen Fall könnte das angerufene Gericht das Begehren gutheissen und den Gesellschafter ausschliessen oder die Klage abweisen. In beiden Fällen würde die einfache Gesellschaft weiterbestehen. Art. 22 Nr. 2 wäre aber dann anwendbar, wenn mit dem Ausschlussbegehren eventualiter die Auflösung der Gesellschaft verlangt würde. Die Zuständigkeit nach Art. 22 Nr. 2 wäre auch dann zu bejahen, wenn strittig ist, ob überhaupt eine vertragliche Möglichkeit des Ausschlusses besteht. Diese Frage ist nämlich nicht im Rahmen der Zuständigkeitsprüfung zu beantworten[77].

50 Dagegen wird etwa (für die Offene Handelsgesellschaft des deutschen Rechts) vereinzelt vertreten, dass die Klage auf Ausschliessung eines Gesellschafters (ohne gleichzeitige Auflösung der Gesellschaft) oder Strei-

---

[74] Killias 29.

[75] BSK OR II-Staehelin, Art. 545/546 Rz. 6.

[76] Im Unterschied zur Kollektivgesellschaft (Art. 577) kann ohne vertragliche Grundlage kein Gesellschafter einer einfachen Gesellschaft ausgeschlossen werden, und zwar auch nicht aus wichtigen Gründen, BGE 94 II 119 ff.; BSK OR II-Staehelin, Art. 545/546 Rz. 6.; vgl. auch ZK OR-Handschin/Vonzun, Art. 545–547 Rz. 208 ff.

[77] Killias 30.

tigkeiten über die Wirksamkeit des Gesellschaftsvertrages von Art. 22 Nr. 2 erfasst sind[78].

Art. 22 Nr. 2 ist somit immer dann anwendbar, wenn die Klage **letztlich zur Auflösung** der einfachen Gesellschaft führt. Unter dieser Voraussetzung kann es keine Rolle spielen, aus welchen Gründen die Auflösung beantragt wird[79]. So kann etwa nicht entscheidend sein, ob die Auflösung gestützt auf «wichtige Gründe» oder aufgrund einer Kündigung durch einen Gesellschafter verlangt wird. Dafür sprechen neben praktischen[80] auch systematische Gründe[81]. 51

Unter diesen Voraussetzungen sind die Gerichte am Sitz der einfachen Gesellschaft ausschliesslich zuständig bspw. für Klagen nach Art. 545 Ziff. 6 und Art. 546[82] OR, in welchen die Kündigung bestritten wird, sowie nach Art. 545 Abs. 1 Ziff. 2[83] und 7 OR. 52

e) Kollektiv- und Kommanditgesellschaft

Die Ausführungen zur einfachen Gesellschaft gelten entsprechend für die Kollektiv- und Kommanditgesellschaft. So erfasst Art. 22 Nr. 2 beispielsweise solche Klagen, mit welchen die Auflösung aus wichtigen Gründen 53

78 Nach § 140 HGB kann auf Begehren der Kläger der Richter den Gesellschafter ausschliessen, ohne dass die Gesellschaft aufgelöst wird (mit Bezug auf das Schweizer Recht, vgl. Rz. 49). Für solche Klagen wird in der Lehre die Frage der Massgeblichkeit von Art. 22 Nr. 2 unterschiedlich beantwortet. Für die Anwendbarkeit: Geimer/Schütze, Art. 22 Rz. 181; gl.M. Walter, § 5 C III 3, welcher die Subsumtion unter Nr. 2 als sinnvoll bezeichnet. Gegen die Anwendbarkeit: Rauscher/Mankowski, Art. 22 Rz. 36; MünchKommZPO-Gottwald, Art. 22 Rz. 28; Kopholler, Art. 22 Rz. 37, für den die Anwendung von Art. 22 Nr. 2 immerhin erwägenswert ist.

79 Art. 22 Nr. 2 ist etwa massgeblich, wenn auf Feststellung der wirksamen Kündigung (Art. 546 Abs. 1 OR) geklagt oder mit einer Gestaltungsklage die Auflösung aus «wichtigen Gründen» (Art. 545 Abs. 1 Ziff. 7 OR) beantragt wird.

80 Die Klagegründe «wichtiger Grund» und «Kündigung» können unter Umständen kombiniert werden; es erschiene künstlich, diese Klagegründe von verschiedenen Gerichten beurteilen zu lassen.

81 Art. 545 f. OR steht unter der Marginalie «I. Auflösungsgründe».

82 Möglich ist auch die ausserordentliche Kündigung nach Art. 27 Abs. 2 ZGB, vgl. BSK OR II-Staehelin, Art. 545/546 Rz. 29.

83 Passivlegitimiert sind diejenigen Gesellschafter, welche nicht im Voraus erklären, das Urteil gegen sich gelten zu lassen, ZK OR-Handschin/Vonzun, Art. 545–547 Rz. 174. Das Urteil, welches die Gesellschaft auflöst, ist ein Gestaltungsurteil mit Wirkungen ex nunc, BGE 74 II 173; BSK OR II-Staehelin, Art. 545/546 Rz. 34.

(Art. 574 Abs. 1 i.V.m. Art. 545 Abs. 1 Ziff. 7 OR)[84] beantragt wird oder die **Auflösungsklage** der Konkursverwaltung im Falle des Konkurses eines Gesellschafters (vgl. Art. 575 OR)[85].

54 Hingegen fällt die Ausschliessung eines Gesellschafters ohne gleichzeitiges **(Eventual-)Begehren** auf Auflösung der Gesellschaft nicht unter Art. 22 Nr. 2 (vgl. Rz. 49). Art. 22 Nr. 2 gilt somit nicht für Klagen, mit welchen «lediglich» ein Gesellschafter ausgeschlossen und nicht gleichzeitig die Gesellschaft aufgelöst werden soll (vgl. Art. 576, 577[86], 578 OR). Werden solche Klagen hingegen mit dem Begehren verbunden, es sei im Falle der Klageabweisung eventualiter auf Auflösung der Kollektivgesellschaft zu erkennen, ist wiederum Art. 22 Nr. 2 anwendbar[87] (Rz. 49).

55 Betreffend Auflösung einer **Kommanditgesellschaft** kann auf die vorstehenden Ausführungen verwiesen werden (vgl. Art. 619 Abs. 1 OR)[88].

f) Aktiengesellschaft

56 Das Aktienrecht kennt verschiedene **Auflösungsgründe**. Unter die Zuständigkeitsbestimmung von Art. 22 Nr. 2 fallen etwa die Klagen nach Art. 643 Abs. 3 und 4 OR, Art. 731b Abs. 1 Ziff. 3 sowie Art. 736 Ziff. 4[89] OR. Der Umstand, dass im Falle einer Klage nach Art. 736 Ziff. 4 OR der Richter statt auf Auflösung der Gesellschaft auf eine andere sachgemässe und den Beteiligten zumutbare Lösung erkennen kann, ändert nichts an der Anwendbarkeit von Art. 22 Nr. 2. Denn die Zuständigkeit kann aus Gründen der Rechtssicherheit nicht davon abhängen, ob der Richter statt der Auflö-

---

84 Walter, § 5 C III 3. Diese Auflösungsklage muss auch bei der Kollektivgesellschaft gegen die Mitgesellschafter und nicht gegen die Gesellschaft gerichtet werden, BGE 38 II 509 f. Denkbar wäre auch die Klage auf Feststellung, dass der Zweck der Gesellschaft erreicht ist etc.

85 Vgl. Donzallaz Rz. 6317. Zu einer solchen Klage kann es kommen, wenn die Gesellschaft auch nach Ablauf der Kündigung durch die Konkursverwaltung nicht liquidiert wird. Die Tatsache, dass ein Gesellschafter in Konkurs fällt, führt nicht zur Unanwendbarkeit des Übereinkommens nach Art. 1 Abs. 2 Ziff. 4, Donzallaz Rz. 6317 Fn. 40.

86 Beklagte sind der oder die auszuschliessenden Gesellschafter, Kläger alle übrigen Gesellschafter, BSK OR II-Staehelin, Art. 577 Rz. 4.

87 Der Richter kann im Falle der Abweisung des Ausschlussbegehrens nur dann auf Auflösung erkennen, wenn der entsprechende Antrag eventualiter gestellt wurde, BK OR-Hartmann, Art. 577 Rz. 6a; Steiger, SPR VIII/1, 559; a.M. ZK OR-Siegwart, Art. 577 Rz. 6.

88 Donzallaz Rz. 6317.

89 Donzallaz Rz. 6317; Walter, § 5 C III 3; Dasser/Oberhammer-Rusch, Art. 16 Rz. 15.

sung eine andere Lösung anordnet[90]. Hingegen fällt die Auflösung wegen fehlenden Rechtsdomizils nach Art. 153 Abs. 3 lit. a HRegV, die durch den Handelsregisterführer von Amtes wegen erfolgt, nicht in den Geltungsbereich des LugÜ (vgl. Rz. 37)[91].

g) Kommanditaktiengesellschaft

Die Ausführungen zur Aktiengesellschaft gelten **entsprechend**, Art. 770 Abs. 2 i.V.m. Art. 736 OR[92]. 57

h) Gesellschaft mit beschränkter Haftung

Art. 22 Nr. 2 ist anwendbar auf Klagen nach Art. 779 Abs. 3 OR, Art. 819 OR sowie Art. 821 Abs. 3[93] OR. 58

i) Genossenschaft

Klagen nach Art. 831 Abs. 2 i.V.m. Art. 731b Abs. 1 Ziff. 3 OR fallen unter Art. 22 Nr. 2. Weitere **Auflösungsklagen**, die von Art. 22 Nr. 2 erfasst wären, sind im Gesetz nicht vorgesehen[94]. 59

VII. Gültigkeit von Organbeschlüssen

1. Allgemeines

Nach dessen Wortlaut ist Art. 22 Nr. 2 auch für solche Klagen massgeblich, welche die Gültigkeit der **Beschlüsse** der Organe einer Gesellschaft oder juristischen Person zum Gegenstand haben. 60

[90] Im Falle einer Klage nach Art. 736 Ziff. 4 OR richtet sich das Begehren gegen die Gesellschaft. Selbst im Falle der Nichtanwendbarkeit von Art. 22 Nr. 2 wäre das Verfahren in den ganz überwiegenden Fällen am Sitz der Gesellschaft (Art. 2 LugÜ) auszutragen.

[91] Eine Löschung von Amtes durch das Handelsregisteramt findet nach revidierter HRegV auch statt bei Gesellschaften ohne Geschäftstätigkeit und ohne Aktiven, Art. 155 Abs. 3 HRegV.

[92] Donzallaz Rz. 6317. Vgl. allerdings Art. 771 Abs. 2 OR.

[93] Dasser/Oberhammer-Rusch, Art. 16 Rz. 15; Donzallaz Rz. 6317; Walter, § 5 C III 3.

[94] Vgl. Donzallaz Rz. 6317, wonach Streitigkeiten i.S.v. Art. 911 Ziff. 4 OR (Auflösung aus im Gesetz vorgesehenen Gründen) sowie bei Übernahme durch eine öffentlich-rechtliche Körperschaft (Art. 915 OR) ebenfalls nach Art. 22 Nr. 2 zu beurteilen seien. Das Genossenschaftsrecht kennt die Auflösungsklage nicht, BSK OR II-Stäubli, Art. 911 Rz. 14.

61 Die Bestimmung ist zunächst nur dann massgeblich, wenn die **Gültigkeit** des Beschlusses als solcher, also der Beschlussfassung, in Frage steht[95]. Entsprechend bestimmt sich die Zuständigkeit dann nicht nach Art. 22 Nr. 2, wenn die Gültigkeit eines Organbeschlusses lediglich eine Vorfrage hinsichtlich des eingeklagten Anspruchs darstellt[96]. Art. 22 Nr. 2 ist weiter dann nicht einschlägig, wenn eine Partei geltend macht, durch die Entscheidung eines Organs in ihren Rechten aus den Statuten dieser Gesellschaft verletzt worden zu sein[97]. Dasselbe gilt, wenn bloss über die Angemessenheit eines Beschlusses zu entscheiden ist[98]. Hingegen müssen die Beschlüsse der Organe nicht zwangsläufig mit der Auflösung der Gesellschaft oder juristischen Person in Zusammenhang stehen.

62 Grundsätzlich können die Beschlüsse **sämtlicher (auch faktischer) Organe** von Art. 22 Nr. 2 erfasst sein[99]. Die Bestimmung ist nicht auf die Anfechtbarkeit von Beschlüssen der Generalversammlung beschränkt. Sofern nach dem massgeblichen nationalen Recht zulässig, können auch Beschlüsse von anderen Organen (Vorstand, Verwaltungsrat etc.) für ungültig oder nichtig erklärt werden[100].

63 Trotz des revidierten Wortlauts von Art. 22 Nr. 2, welcher lediglich die «Gültigkeit der Beschlüsse» und nicht mehr auch deren **«Nichtigkeit»** erwähnt, ist auch die Nichtigerklärung eines Beschlusses erfasst[101]. Zur Klage auf Feststellung der Nichtigkeit ist jedermann, der ein rechtliches Inte-

---

[95] Bericht Pocar Rz. 97. Aus diesem Grund war Art. 16 Nr. 2 aLugÜ nicht einschlägig betreffend eine Klage auf Rückerstattung i.S.v. Art. 678 Abs. 2 OR, Handelsgericht SG 12.10.1998, SGGVP 1998 Nr. 48, E. 2. Und auch die Klage eines Geschäftsführers gegen die Kündigung seines Vertrages fällt nicht unter Art. 22 Nr. 2, vgl. *Grupo Toras v. Sheikh Fahad Mohammed,* (1996) 1 Lloyd's Rep. 7, CA 16.

[96] Schmitt 312 f.

[97] EuGH 02.10.2008, Rs. C-372/07, *Hassett und Doherty*, Slg. 2008 I 7403, Rz. 32, mit Anm. Killias, SZIER 2010, 93.

[98] Killias 30; *Newtherapeutics Ltd. v. Katz* (1991) 2 All E.R. 151.

[99] Geimer/Schütze, Art. 22 Rz. 185; Dasser/Oberhammer-Rusch, Art. 16 Rz. 16; Donzallaz Rz. 6318.

[100] Geimer/Schütze, Art. 22 Rz. 185; Dasser/Oberhammer-Rusch, Art. 16 Nr. 2 Rz. 16.

[101] Geimer/Schütze, Art. 22 Rz. 186. Für diese Auslegung spricht sich auch die Botschaft zum rev. LugÜ Ziffer 2.3.5 aus, wonach der neue Wortlaut keine Veränderung bewirke.

resse hat, legitimiert[102]. Solche Klagen sind selbst dann von Art. 22 Nr. 2 erfasst, wenn das Urteil lediglich inter-partes wirkt[103]/[104].

Trotz seines Wortlautes beschränkt sich Art. 22 Nr. 2 nicht alleine auf Beschlüsse von **Organen**. Nach schweizerischem Verständnis etwa verfügen lediglich juristische Personen über Organe. Art. 22 Nr. 2 erfasst aber nicht nur juristische Personen, sondern auch Gesellschaften ohne Rechtspersönlichkeit (vgl. Rz. 28), sofern diese über einen gewissen Organisationsgrad verfügen. Unter dieser Voraussetzung gilt Art. 22 Nr. 2 somit auch für Beschlüsse, die nicht von «Organen» gefasst wurden[105]. 64

Im Übrigen beurteilen sich das Anfechtungsobjekt und die **Anfechtungsvoraussetzungen** nach dem massgeblichen *nationalen Recht*[106]. Dasselbe gilt für die Aktiv- bzw. Passivlegitimation, die Klageart (Anfechtungs- oder Nichtigkeitsklage bzw. Gestaltungs- oder Feststellungsklage)[107] sowie die Wirkungen einer Klage. 65

2. Nichtigkeits- und Anfechtungsklagen

Die folgenden Ausführungen beziehen sich auf die Nichtigerklärung bzw. Anfechtung von «Gesellschaftsbeschlüssen» **nach schweizerischem Recht**. 66

a) Verein

Unter der Voraussetzung von Art. 75 ZGB kann ein Vereinsmitglied die Entscheide aller **Vereinsorgane** (insbesondere Beschlüsse der Vereinsver- 67

---

102 BSK OR II-Wernli, Art. 714 Rz. 6, zur Nichtigkeit von Verwaltungsratsbeschlüssen einer Aktiengesellschaft.

103 Czernich/Tiefenthaler/Kodek-Tiefenthaler, Art. 22 Rz. 40. Dabei spielt es keine Rolle, ob als Kläger ein Gesellschafter oder ein Dritter auftritt.

104 Die Klage auf Nichtigerklärung stellt nach schweizerischem Recht eine Feststellungklage dar. Ein Feststellungsurteil hat grundsätzlich lediglich eine inter partes-Wirkung. Riemer, Anfechtung, Rz. 304: «Indessen hat eine derartige Feststellungsklage immer auch eine Gestaltungswirkung (‹Beseitigung eines Scheinbeschlusses› [...]), so dass es sich aufdrängt, ihr ebenfalls erga omnes Wirkung zuzuerkennen.»

105 Killias 30.

106 Es könnte nicht im Wege der autonomen Qualifikation etwa die Anfechtbarkeit von Beschlüssen des Verwaltungsrates einer schweizerischen Aktiengesellschaft eingeführt werden.

107 Kropholler, Art. 22 Rz. 39; vgl. auch Geimer/Schütze, Art. 22 Rz. 186.

sammlung oder des Vorstands) gerichtlich anfechten[108]. Art. 22 Nr. 2 ist einschlägig[109].

b) Stiftung

68 Gegenüber Handlungen und Unterlassungen der **Stiftungsorgane** besteht ein Beschwerderecht an die Aufsichtsbehörde[110]. Diese ist von Amtes wegen verpflichtet, die Beschwerde entgegenzunehmen und die notwendigen Abklärungen und Entscheidungen vorzunehmen (vgl. Art. 84 ZGB)[111]. Das Verfahren ist öffentlich-rechtlicher Natur[112], weshalb das LugÜ nicht anwendbar ist (Art. 1 Abs. 1).

c) Einfache Gesellschaft

69 Nach schweizerischer Lehre und Rechtsprechung sind gesetzes- oder vertragswidrige **Mehrheitsbeschlüsse** der Gesellschaft (vgl. Art. 534 Abs. 2 OR; vgl. auch Rz. 61) anfechtbar[113]. Sofern die einfache Gesellschaft überhaupt als eine Gesellschaft im Sinne von Art. 22 Nr. 2 zu betrachten ist, sind solche Klagen von Art. 22 Nr. 2 erfasst[114].

d) Kollektiv- und Kommanditgesellschaft

70 Es gelten die gleichen Erwägungen wie bei der einfachen Gesellschaft (vgl. Art. 557 Abs. 2, Art. 598 Abs. 2 OR)[115].

---

108 BSK ZGB I-Heini/Scherrer, Art. 75 Rz. 3 ff. m.w.H.; enger BK-Riemer, Art. 75 Rz. 19.

109 Donzallaz Rz. 6318; Walter, § 5 C III 3; Dasser/Oberhammer-Rusch, Art. 16 Rz. 16.

110 BSK ZGB I-Grüninger, Art. 84 Rz. 17; vgl. BGE 112 Ia 190 m.w.H. Allenfalls kann gegen die Stiftungsorgane eine Leistungsklage erhoben werden, vgl. Riemer, Anfechtung Rz. 23. Auch eine solche Klage fiele nicht unter Art. 22 Nr. 2.

111 Ausführlich hierzu BK-Riemer, Art. 84 Rz. 119 ff.

112 BSK ZGB I-Grüninger, Art. 84 Rz. 3.

113 ZK OR-Handschin/Vonzun, Art. 534–535 Rz. 120 und 124. Ausführlicher zur Anfechtbarkeit nach schweizerischem Recht Riemer, Anfechtung Rz. 19 f. m.w.H.

114 Killias 31; Dasser/Oberhammer-Rusch, Art. 16 Nr. 2 Rz. 16. Vgl. auch mit Bezug auf Beschlüsse der Gesellschafter einer Gesellschaft des bürgerlichen (deutschen) Rechts, Geimer/Schütze, Art. 22 Rz. 211.

115 Zur Anfechtbarkeit nach schweizerischem Recht vgl. Riemer, Anfechtung Rz. 19 f. Zur Feststellung der Nichtigkeit der Beschlüsse in einer Offenen Handelsgesellschaft und Kommanditgesellschaft nach deutschem Recht Geimer/Schütze, Art. 22 Rz. 207 und 210.

e) Aktiengesellschaft

Von Art. 22 Nr. 2 erfasst sind Klagen nach Art. 706[116]/Art. 706a OR[117] und Art. 706b OR sowie Art. 714 i.V.m. Art. 706b OR. 71

f) Kommanditaktiengesellschaft

Es gilt das zu Ziff. e) hiervor Gesagte (vgl. Art. 764 Abs. 2 OR). 72

g) Gesellschaft mit beschränkter Haftung

Nach Art. 808 Abs. 6 OR i.V.m. Art. 706 OR, Art. 706a OR können **Gesellschaftsbeschlüsse**[118] angefochten bzw. für nichtig erklärt (Art. 706b OR) werden[119]. Art. 22 Nr. 2 ist auf solche Klagen anwendbar. 73

h) Genossenschaft

Die Beschlüsse der **Generalversammlung** (und Urabstimmung) bzw. Delegiertenversammlung (Art. 892 Abs. 4 OR)[120] können unter den Voraussetzungen von Art. 891 OR angefochten werden[121]. Art. 22 Nr. 2 gilt auch für solche Klagen[122]. 74

i) Fusionsgesetz

Die **Anfechtungsklage** wegen Verletzung der Bestimmungen des Fusionsgesetzes gemäss Art. 106 Abs. 1 FusG betrifft die Gültigkeit von Organbeschlüssen. Solche Klagen unterliegen somit der Zuständigkeitsvor- 75

[116] DONZALLAZ Rz. 6318; WALTER, § 5 C III 3; vgl. für das deutsche Recht etwa RAUSCHER/MANKOWSKI, Art. 22 Rz. 31 f.

[117] Eine Anfechtungsklage hat lediglich kassatorische Wirkung. Sofern nach nationalem Recht die sog. Beschlussfeststellungsklage zugelassen ist, fällt auch eine solche Klage unter Art. 22 Nr. 2, vgl. GEIMER/SCHÜTZE, Art. 22 Rz. 189 ff. Das Bundesgericht nimmt bei solchen Beschlussfeststellungsklagen die Aufhebung des Beschlusses mit anschliessender Neugestaltung seines Inhaltes an. Die Zulässigkeit wurde vom Bundesgericht in BGE 122 III 285 offengelassen; vgl. RIEMER, Anfechtung Rz. 320 m.w.H. Zur Verbindung der Anfechtungsklage mit der Beschlussfeststellungsklage nach dt. Recht vgl. GEIMER/SCHÜTZE, Art. 22 Rz. 190 ff.

[118] Nicht aber Entscheide der Geschäftsführung und der anderen Organe, BSK OR II-TRUFFER/DUBS, Art. 808c Rz. 6.

[119] BSK OR II-TRUFFER/DUBS, Art. 808c Rz. 1 und 3.

[120] Bzw. beim Genossenschaftsverband Art. 924 Abs. 2 OR.

[121] Zur umstrittenen Frage, ob Beschlüsse der Verwaltung angefochten oder für nichtig erklärt werden können, vgl. BSK OR II-MOLL, Art. 891 Rz. 5, 7.

[122] DASSER/OBERHAMMER-RUSCH, Art. 16 Nr. 2 Rz. 16.

schrift von Art. 22 Nr. 2[123]. Es stellt sich die Frage, ob auch die Klage auf Festsetzung einer angemessenen **Ausgleichszahlung** nach Art. 105 FusG in den Anwendungsbereich von Art. 22 Nr. 2 fällt. Obwohl diese Klage auf Zahlung einer Ausgleichssumme gerichtet ist, wird die Geltung von Art. 22 Nr. 2 mit unterschiedlichen Begründungen bejaht[124]. Insbesondere wird vorgebracht, bei der Klage nach Art. 105 FusG gehe es um die Überprüfung oder Anfechtung des Fusionsbeschlusses bezüglich des Umtauschverhältnisses, was analog einer Klage eines Gesellschafters auf Auszahlung[125] einen Zwischenschritt auf dem Weg zur Auflösung der Gesellschaft entspreche; solche Zwischenschritte würden aber ebenfalls vom Anwendungsbereich des Art. 22 Nr. 2 erfasst[126]. Zudem entfalte das Urteil nach Art. 105 Abs. 2 FusG gestaltende Wirkung für alle Gesellschafter in der gleichen Stellung wie der Kläger[127].

76 Sodann fragt sich, ob für die Klage nach Art. 105 FusG auf den **Sitz** der übertragenden oder der übernehmenden Gesellschaft abzustellen ist. Zu dieser Frage besteht Uneinigkeit in der Lehre[128]. Richtig erscheint die Meinung, welche den Sitz derjenigen Gesellschaft für massgeblich erklärt, deren Beschluss angefochten wird[129]. So hängt der Gerichtsstand lediglich vom Sitz der Gesellschaft, der der Kläger angehört, und nicht von einem kaum vorherzusehenden bzw. zu beeinflussenden Sitz der Fusionspartnergesellschaft ab[130].

---

[123] Dasser/Oberhammer-Rusch, Art. 16 Nr. 2 Rz. 17.

[124] Baker&McKenzie-Gassmann, Art. 164a IPRG Rz. 6; Bertschinger 849; ausführlich BSK IPRG-Girsberger/Rodriguez, Art. 164a Rz. 9 ff., 14. A.M. zum deutschen und österreichischen «Spruchverfahren» Mock, IPRax 2009, 273 f.

[125] Ähnlich auch Kropholler, Art. 22 Rz. 37, wonach auch Streitigkeiten über die Höhe der einem Gesellschafter auszuzahlenden Anteile von Art. 22 Nr. 2 erfasst werden.

[126] Dasser/Oberhammer-Rusch, Art. 16 Nr. 2 Rz. 17.

[127] Baker&McKenzie-Gassmann, Art. 164a IPRG Rz. 6.

[128] Vgl. etwa die Hinweise bei Dasser/Oberhammer-Rusch, Art. 16 Nr. 2 Rz. 18.

[129] BSK IPRG-Girsberger/Rodriguez, Art. 164a Rz. 15; Emch 122 Fn. 547; Baker&McKenzie-Gassmann, Art. 164a IPRG Rz. 7. Im Ergebnis ebenso Dasser/Oberhammer-Rusch, Art. 16 Nr. 2 Rz. 18, wonach der Sitz derjenigen Gesellschaft massgeblich ist, welcher der Kläger angehört. A.A. Dasser, FS Forstmoser (2003), 667, wonach in jedem Fall der Sitz der übernehmenden Gesellschaft ausschlaggebend sei.

[130] Dasser/Oberhammer-Rusch, Art. 16 Nr. 2 Rz. 18.

VIII. Sonstige Klagen

Zahlreiche gesellschaftsrechtliche Klagen werden von Art. 22 Nr. 2 **nicht erfasst**. Zu den Verfahren, für die Art. 22 Nr. 2 nicht gilt, zählen etwa die Klagen der Gesellschaft oder juristischen Person gegen die Gesellschafter bzw. Mitglieder[131] oder gegen die Organe. Aber auch zahlreiche Klagen der Gesellschafter gegen die Gesellschaft sind von Art. 22 Nr. 2[132] nicht erfasst. 77

Fällt eine Klage nicht unter Art. 22 Nr. 2, gelten die **allgemeinen Zuständigkeitsvorschriften** nach Art. 2 ff.[133]. Im Vordergrund stehen der Gerichtsstand am Wohnsitz des Beklagten (Art. 2 Abs. 1), des Erfüllungsortes (Art. 5 Nr. 1)[134], der Streitgenossen (Art. 6 Nr. 1) oder die Zuständigkeitsvereinbarung nach Art. 23[135]. Eine wirksame Gerichtsstandsklausel kann auch in den Statuten einer juristischen Person enthalten sei (vgl. Art. 23 Rz. 25). 78

Die in der Praxis wichtige **Verantwortlichkeitsklage** ist am Wohnsitz des Beklagten zu erheben (Art. 2 Abs. 1[136]; allenfalls – gestützt auf Art. 5 Nr. 3 – am Sitz der Gesellschaft[137]), es sei denn, sie werde am Sitz der Gesellschaft angehoben und der Beklagte lasse sich darauf ein (Art. 24). Nationale Vorschriften, die für solche Klagen eine ausschliessliche Zuständigkeit am Sitz der Gesellschaft vorsehen, werden durch die Vorschriften des LugÜ verdrängt. Sie können lediglich Anwendung finden zur Bestimmung der örtlichen Zuständigkeit innerhalb des Staates, dessen Gerichte vom LugÜ als kompetent bezeichnet wurden (vgl. z.B. Art. 2 Abs. 1, welcher nur den Gerichtsstaat, nicht aber den Ort festlegt). Werden zugleich mehrere Organpersonen aus denselben Umständen wegen gesellschaftsrechtlicher Verantwortlichkeit eingeklagt, so ist Art. 6 Nr. 1 (subjektive 79

---

[131] Beispiel: Klage des Vereins gegen ein Mitglied auf Zahlung des Mitgliederbeitrages, EuGH 22.03.1983, Rs. 34/82, *Peters/Zuid Nederlandse*, Slg. 1983, 987 ff.

[132] Z.B. Klage des Aktionärs auf Sonderprüfung, Klage auf Zahlung der Dividende, Klage auf Auskunftserteilung; für weitere Beispiele vgl. RAUSCHER/MANKOWSKI, Art. 22 Rz. 35; DASSER/OBERHAMMER-RUSCH, Art. 16 Nr. 2 Rz. 19.

[133] Statt aller KROPHOLLER, Art. 22 Rz. 40.

[134] Z.B. die Klage der Gesellschaft oder der Gesellschafter auf Leistung der Einlage bzw. des Beitrags, vgl. KROPHOLLER, Art. 22 Rz. 40.

[135] KILLIAS 32.

[136] So auch BSK ZPO-VOCK, Art. 40 Rz. 11; BSK OR II-WIDMER/GERICKE/WALLER, Vor Art. 754–761 Rz. 4a, welche neben Art. 2 auch Art. 5 Nr. 1, Nr. 3 oder Nr. 5 in Betracht ziehen.

[137] Wenn z.B. ein Gläubiger gegen einen Verwaltungsrat aufgrund von Art. 41 OR klagt.

Klagenhäufung) zu beachten. Die Klage kann demnach an jedem Gerichtsstand erhoben werden, an dem einer der Beklagten seinen Wohnsitz hat.

80 Für die Zuständigkeit am schweizerischen Ausgabeort bei **Prospekthaftungsklagen** (Art. 151 Abs. 3 IPRG) besteht bei Massgeblichkeit des Übereinkommens kein Raum, weil die Zuständigkeitsordnung des Übereinkommens abschliessend ist[138].

[138] ZK IPRG-Vischer, Art. 151 Rz. 10; BSK IPRG-Von Planta/Eberhard, Art. 151 Rz. 14; vgl. Guillaume/Bétrisej 494.

Art. 22 – Nr. 3

Ohne Rücksicht auf den Wohnsitz sind ausschliesslich zuständig:

3. für Klagen, welche die Gültigkeit von Eintragungen in öffentliche Register zum Gegenstand haben, die Gerichte des durch dieses Übereinkommen gebundenen Staates, in dessen Hoheitsgebiet die Register geführt werden.

Art. 22 – No. 3

Sont seuls compétents, sans considération de domicile:

3. en matière de validité des inscriptions sur les registres publics, les tribunaux de l'État lié par la présente Convention sur le territoire duquel ces registres sont tenus.

Art. 22 – No. 3

Indipendentemente dal domicilio, hanno competenza esclusiva:

3. in materia di validità delle trascrizioni ed iscrizioni nei pubblici registri, i giudici dello Stato vincolato dalla presente convenzione nel cui territorio sono tenuti i registri.

Art. 22 – No. 3

The following courts shall have exclusive jurisdiction, regardless of domicile:

3. in proceedings which have as their object the validity of entries in public registers, the courts of the State bound by this Convention in which the register is kept.

Übersicht *Seite*

I. Normzweck

Das Übereinkommen sieht für Streitigkeiten über die Gültigkeit von Eintragungen in öffentlichen Registern eine **ausschliessliche und zwingende** Zuständigkeit (hierzu Art. 22 Nr. 1 Rz. 5) in dem Staat vor, in welchem das Register geführt wird. Zur Rechtfertigung der ausschliesslichen Zuständigkeit des registerführenden Staates wird etwa geltend gemacht, dass jeder Staat selbst bestimmt, wie er seine Register führt[1]. Sodann sprechen die 1

[1] DASSER/OBERHAMMER-MÜLLER, Art. 16 Nr. 3 Rz. 1; KROPHOLLER, Art. 22 Rz. 42; SCHLOSSER, Art. 22 Rz. 20.

Sach- und Rechtsnähe für die Zuständigkeit des registerführenden Staates[2]. Zudem sind die Gerichte des Registerstaates am besten in der Lage, die oft besonders förmlichen registerrechtlichen Fragen zu beurteilen[3].

2 Im Rahmen der Revision des LugÜ wurde Art. 16 Nr. 3 aLugÜ inhaltlich nicht geändert[4].

II. Anwendungsbereich

3 Die **räumlich-persönliche Anwendbarkeit** von Art. 22 Nr. 3 LugÜ hängt nicht vom Wohnsitz der Parteien ab. Entscheidend ist allein, dass sich das in Rede stehende Register in einem LugÜ-Staat befindet. Für Klagen, die sich auf die Gültigkeit einer Eintragung in einem Register eines ausserhalb des LugÜ-Raumes gelegenen Staates beziehen, ist Art. 22 Nr. 3 nicht zur anwendbar[5].

4 Das Übereinkommen ist für **Zivil- und Handelssachen** massgeblich, ohne dass es auf die Art der Gerichtsbarkeit ankommt (Art. 1 Abs. 1). Sofern ein Streit um die Gültigkeit von Eintragungen in öffentlichen Registern weder eine Zivil- noch eine Handelssache darstellt, ist Art. 22 Nr. 3 somit nicht massgeblich. Die Abgrenzung der zivil- und handelsrechtlichen Register von den verwaltungsrechtlichen Registern dürfte nicht immer einfach sein[6]. Die Unterscheidung kann sich nach dem Zweck eines Registers richten: Dient die Aufzeichnung in einem Register ausschliesslich der Erfüllung staatlicher Aufgaben, hat dieses als verwaltungsrechtliches Register zu gelten[7]; wird dagegen mindestens auch die Registrierung privatrecht-

---

2 Geimer/Schütze, Art. 22 Rz. 216.

3 Geimer/Schütze, Art. 22 Rz. 216.

4 Botschaft LugÜ Ziff. 2.3.5.

5 Geimer/Schütze, Art. 22 Rz. 217.

6 Nach Schlosser, Art. 22 Rz. 20, ist die Art des Registers in einer ersten Auslegungsstufe nach dem massgeblichen Recht des Mitgliedstaates zu bestimmen; sodann sei aber vertragsautonom zu entscheiden, ob die gefundenen Strukturen dem gemeinschaftsrechtlichen Begriff des «öffentlichen Registers» entsprechen. Siehe hierzu auch Rauscher/Mankowski, Art. 22 Rz. 38.

7 Z.B. sind folgende Register als verwaltungsrechtliche Register zu betrachten: Betriebs- und Unternehmensregister gem. entsprechender Verordnung vom 30. Juni 1993, SR 431.903 (verfolgt statistische Zwecke, vgl. Art. 1); Gebäude- und Wohnungsregister gem. Verordnung vom 31. Mai 2000, SR 431.841 (ebenfalls statistische Zwecke, Art. 1); Kantonale Anwaltsregister gem. Art. 5 ff. BGFA (Aufsichtszwecke).

licher Rechtsverhältnisse bezweckt, so handelt es sich um ein zivil- und handelsrechtliches Register.

Das LugÜ ist auch dann nicht anwendbar, wenn der registerrechtliche 5
Streit den Personenstand[8] betrifft oder im Rahmen eines Konkurses oder Nachlassverfahrens besteht (Art. 1 Abs. 2). Demnach ist Art. 22 Nr. 3 z.B. für Streitigkeiten mit Bezug auf die Gültigkeit von Eintragungen im Zivilstandsregister[9] oder im Konkursprotokoll[10] nicht einschlägig. Ebenfalls nicht unter Nr. 3 zu subsumieren sind Klagen, die bereits von Art. 22 Nr. 4 erfasst sind, also Klagen, «welche die Eintragung oder die Gültigkeit von Patenten, Marken, Mustern und Modellen sowie ähnlicher Rechte, die einer Hinterlegung oder Registrierung bedürfen, zum Gegenstand haben». Schliesslich ist Art. 22 Nr. 3 nicht anwendbar bezüglich solcher Register, welche keinerlei Publizitätswirkung entfalten, denn Art. 22 Nr. 3 bezieht sich nur auf Klagen, welche die Gültigkeit von Eintragungen in *«öffentliche»* Register zum Gegenstand haben[11].

III. Regelung der internationalen Zuständigkeit

Art. 22 Nr. 3 regelt – wie die übrigen Vorschriften des Art. 22 – lediglich 6
die **internationale Zuständigkeit** («die Gerichte des durch dieses Übereinkommen gebundenen Staates»). Die örtliche Zuständigkeit richtet sich nach innerstaatlichem Recht.

IV. Klagen über die Gültigkeit von Eintragungen in öffentliche Register

1. Gültigkeit von Eintragungen

Art. 22 Nr. 3 ist massgeblich für «Klagen, welche die **Gültigkeit** von Ein- 7
tragungen in öffentliche Register zum Gegenstand haben». Die Streitigkeit muss somit die Überprüfung eines Hoheitsaktes zum Inhalt haben[12]. Unter Art. 22 Nr. 3 fallen demnach Rechtsschutzgesuche bezüglich der Führung

[8] Vgl. nur Rauscher/Mankowski, Art. 22 Rz. 38.
[9] Geimer/Schütze, Art. 22 Rz. 215; Rauscher/Mankowski, Art. 22 Rz. 38.
[10] Vgl. Art. 8 ff. KOV.
[11] Vgl. Geimer/Schütze, Int. Rechtsverkehr – Thiel/Tschauner, Art. 22 Rz. 50.
[12] Geimer/Schütze, Art. 22 Rz. 218.

öffentlicher Register[13]. In Betracht fallen insbesondere Klagen auf Feststellung der Gültigkeit einer Eintragung[14]. Klagen, welche nicht zur Hauptsache die Gültigkeit einer Eintragung betreffen, fallen nicht unter Art. 22 Nr. 3. Stützt sich z.B. eine Leistungsklage auf die Gültigkeit eines Registereintrags, so stellt sich die Gültigkeit lediglich als Vorfrage, weshalb Art. 22 Nr. 3 nicht anwendbar ist (vgl. Rz. 9).

8 Gegenstand einer Klage nach Art. 22 Nr. 3 können nicht nur Streitigkeiten über die Gültigkeit einer Eintragung sein; diese Bestimmung erfasst auch Verfahren über die **Rechtmässigkeit** einer Nichteintragung, obschon ein Antrag auf Eintragung gestellt wurde[15].

9 *Nicht erfasst* sind Streitigkeiten über die **Wirkung von Eintragungen**[16]. Da die materiell-rechtlichen Wirkungen einer Eintragung auch von den Gerichten eines anderen Staates sachgerecht beurteilt werden können[17], rechtfertigt sich hier die ausschliessliche Zuständigkeit nicht. Klagen über Bestand oder Gültigkeit eines (einzutragenden oder eingetragenen) *Rechts* begründen ebenfalls nicht die Zuständigkeit nach Art. 22 Nr. 3. Diese Vorschrift regelt nämlich ausschliesslich die Gültigkeit der *Eintragung,* jedoch nicht die Gültigkeit des Rechts selbst[18].

2. Öffentliches Register

10 Der Begriff des öffentlichen Registers ist **autonom** auszulegen[19]. Als öffentliche Register i.S.v. Art. 22 Nr. 3 gelten alle Verzeichnisse von amtlichen Aufzeichnungen, ohne Rücksicht auf ihre Bezeichnung als «Register», «Buch» oder «Protokoll». So fallen in der Schweiz etwa folgende amtliche Verzeichnisse unter den Begriff der öffentlichen Register[20]: Han-

---

13 Schlosser, Art. 22 Rz. 20.

14 Denkbar wäre wohl auch eine Gestaltungsklage auf Gültigerklärung eines Registereintrags.

15 Rauscher/Mankowski, Art. 22 Rz. 39; Czernich/Tiefenthaler/Kodek-Tiefenthaler, Art. 22 Rz. 42; Dasser/Oberhammer-Müller, Art. 16 Nr. 3 Rz. 3.

16 MünchKommZPO-Gottwald, Art. 22 Rz. 31. Gleiches soll auch für die materiell-rechtlichen Voraussetzungen der Eintragungen gelten, Czernich/Tiefenthaler/Kodek-Tiefenthaler, Art. 22 Rz. 42.

17 Dasser/Oberhammer-Müller, Art. 16 Nr. 3 Rz. 4.

18 Dasser/Oberhammer-Müller, Art. 16 Nr. 3 Rz. 5.

19 Schlosser, Art. 22 Rz. 20; Rauscher/Mankowski, Art. 22 Rz. 38.

20 Siehe Dasser/Oberhammer-Müller, Art. 16 Nr. 3 Rz. 2; Donzallaz Rz. 6329.

delsregister, Grundbuch, Eigentumsvorbehaltsregister[21], Schiffsregister[22], Luftfahrzeugbuch[23], Viehverpfändungsprotokoll[24], Betreibungsregister[25], Verlustscheinsregister[26].

3. Gültigkeit der Registereintragung als Einrede oder Widerklage

Wird in einem Verfahren **einredeweise** die Gültigkeit bzw. Ungültigkeit der Eintragung eines in einem andern Vertragsstaat geführten Registers behauptet, scheint eine analoge Vorgehensweise wie im Falle einer Einrede i.S.v. Art. 22 Nr. 4 angezeigt (siehe dort Rz. 40). Das Verfahren ist somit zu sistieren und der Partei, welche die Einrede erhob, Frist zur Erhebung der entsprechenden Klage im Registerstaat anzusetzen. 11

Wird die Frage der Gültigkeit einer Eintragung im Rahmen einer **Widerklage** aufgeworfen, sind ebenfalls ausschliesslich die Gerichte des Registerstaates zur Beurteilung der Widerklage zuständig. 12

---

21 Vgl. Art. 715 ZGB und die Verordnung des Bundesgerichts betreffend die Eintragung der Eigentumsvorbehalte vom 19. Dezember 1910, SR 211.413.1.

22 Bundesgesetz über das Schiffsregister vom 28. September 1923, SR 747.11.

23 Bundesgesetz über das Luftfahrzeugbuch vom 7. Oktober 1959, SR 748.217.1.

24 Verordnung betreffend die Viehverpfändung vom 30. Oktober 1917, SR 211.423.1.

25 Vgl. Art. 8 f. SchKG.

26 Art. 149a Abs. 3 SchKG, wobei hiervon wohl Verfahren auszunehmen sind, welche die Gültigkeit der Eintragung eines *Konkurs*verlustscheins zum Gegenstand haben, Art. 1 Abs. 2 LugÜ.

Art. 22 – Nr. 4

Ohne Rücksicht auf den Wohnsitz sind ausschliesslich zuständig:

4. für Klagen, welche die Eintragung oder die Gültigkeit von Patenten, Marken, Mustern und Modellen sowie ähnlicher Rechte, die einer Hinterlegung oder Registrierung bedürfen, zum Gegenstand haben, unabhängig davon, ob die Frage klageweise oder einredeweise aufgeworfen wird, die Gerichte des durch dieses Übereinkommen gebundenen Staates, in dessen Hoheitsgebiet die Hinterlegung oder Registrierung beantragt oder vorgenommen worden ist oder aufgrund eines Gemeinschaftsrechtsakts oder eines zwischenstaatlichen Übereinkommens als vorgenommen gilt.

Unbeschadet der Zuständigkeit des Europäischen Patentamts nach dem am 5. Oktober 1973 in München unterzeichneten Übereinkommen über die Erteilung europäischer Patente sind die Gerichte eines jeden durch dieses Übereinkommen gebundenen Staates ohne Rücksicht auf den Wohnsitz der Parteien für alle Verfahren ausschliesslich zuständig, welche die Erteilung oder die Gültigkeit eines europäischen Patents zum Gegenstand haben, das für diesen Staat erteilt wurde, unabhängig davon, ob die Frage klageweise oder einredeweise aufgeworfen wird.

Art. 22 – No. 4

Sont seuls compétents, sans considération de domicile:

4. en matière d'inscription ou de validité des brevets, marques, dessins et modèles, et autres droits analogues donnant lieu à dépôt ou à un enregistrement, que la question soit soulevée par voie d'action ou d'exception, les juridictions de l'État lié par la présente Convention sur le territoire duquel le dépôt ou l'enregistrement a été demandé, a été effectué ou est réputé avoir été effectué aux termes d'un instrument communautaire ou d'une convention internationale.

Sans préjudice de la compétence de l'Office européen des brevets selon la convention sur la délivrance des brevets européens, signée à Munich le 5 octobre 1973, les juridictions de chaque État lié par la présente Convention sont seules compétentes, sans considération de domicile, en matière d'inscription ou de validité d'un brevet européen délivré pour cet État, que la question soit soulevée par voie d'action ou d'exception.

Art. 22 – No. 4

Indipendentemente dal domicilio, hanno competenza esclusiva:

4. in materia di registrazione o di validità di brevetti, marchi, disegni e modelli e di altri diritti analoghi per i quali è prescritto il deposito ovvero la registrazione, a prescindere dal fatto che la questione sia sollevata mediante azione o eccezione, i giudici dello Stato vincolato dalla presente convenzione nel cui territorio il deposito o la registrazione sono stati richiesti, sono stati effettuati o sono da considerarsi effettuati a norma di un atto normativo comunitario o di una convenzione internazionale.

Salva la competenza dell'ufficio europeo dei brevetti in base alla convenzione sul rilascio di brevetti europei, firmata a Monaco di Baviera il 5 ottobre 1973, i giudici di ciascuno Stato vincolato dalla presente convenzione hanno competenza esclusiva, a prescindere dal domicilio, in materia di registrazione o di validità di un brevetto europeo

rilasciato per tale Stato, a prescindere dal fatto che la questione sia sollevata mediante azione o eccezione.

Art. 22 – No. 4

The following courts shall have exclusive jurisdiction, regardless of domicile:

4. in proceedings concerned with the registration or validity of patents, trade marks, designs, or other similar rights required to be deposited or registered, irrespective of whether the issue is raised by way of an action or as a defence, the courts of the State bound by this Convention in which the deposit or registration has been applied for, has taken place or is, under the terms of a Community instrument or an international convention, deemed to have taken place.

Without prejudice to the jurisdiction of the European Patent Office under the Convention on the grant of European patents, signed at Munich on 5 October 1973, the courts of each State bound by this Convention shall have exclusive jurisdiction, regardless of domicile, in proceedings concerned with the registration or validity of any European patent granted for that State irrespective of whether the issue is raised by way of an action or as a defence.

Literatur: ADOLPHSEN, Europäisches und internationales Zivilprozessrecht in Patentsachen, 2. Aufl., Köln 2009; DERS., Renationalisierung von Patentstreitigkeiten in Europa, IPRax 2007, 15; COTTIER/GERMANN, Bedeutung und Wirkung der Staatsverträge im Immaterialgüterrecht, in: Von Büren/David, Schweizerisches Immaterialgüter- und Wettbewerbsrecht I/1, 2. Aufl., Basel 2002; DALLAFIOR/GÖTZ STAEHELIN, Überblick über die wichtigsten Änderungen des Lugano-Übereinkommens, SJZ 2008, 105; DAVID, Der Rechtsschutz im Immaterialgüterrecht, in: Von Büren/David, Schweizerisches Immaterialgüter- und Wettbewerbsrecht I/2, 2. Aufl., Basel 1998; GIRSBERGER/HEINI/KELLER/KREN KOSTKIEWICZ/SIEHR/VISCHER/VOLKEN, Zürcher Kommentar zum IPRG, 2. Aufl., Zürich 2004 (zit. ZK IPRG-BEARBEITER); GOTTSCHALK, Zur Auslegung von Artikel 22 Nr. 4 EuGVO, JZ 2007, 300; HEINZ/ROFFAEL, Internationale Zuständigkeit für Entscheidungen über die Gültigkeit ausländischer Immaterialgüterrechte, GRUR Int. 2006, 787; HESS-BLUMER, Crossborder Litigation – und sie lebt doch!, sic! 2006, 882; Honsell/Vogt/David (Hrsg.), Basler Kommentar zum Schweizerischen Privatrecht, Markenschutzgesetz, Muster- und Modellgesetz, 2. Aufl., Basel 1999 (zit. BSK MSchG-DAVID); Honsell/Vogt/Schnyder/Berti (Hrsg.), Basler Kommentar zum Schweizerischen Privatrecht, Internationales Privatrecht, 2. Aufl., Basel 2007 (zit. BSK IPRG-BEARBEITER); HUET, La marque communautaire: la compétence des juridictions des Etats membres pour connaître de sa validité et de sa contrefaçon, J.D.I. 1994, 623; KILLIAS, Rechtsprechung zum Lugano-Übereinkommen (2006), SZIER 2007, 803; KOHLER, Kollisionsrechtliche Anmerkungen zur Verordnung über die Gemeinschaftsmarke, in: Due/Lutter/Schwarze (Hrsg.) Festschrift für Ulrich Everling, Baden-Baden 1995, 651; KUBIS, Patentverletzungen im europäischen Prozessrecht – Ausschliessliche Zuständigkeit kraft Einrede?, Mitt. 2007, 220; KUR, «Eintragungsland» ohne Eintragung, IPRax 2004, 331; LOCHER, Zum Zivilprozess im Immaterialgüterrecht in der Schweiz: Zuständigkeit, Forum Running, Schiedsfähigkeit – zugleich zur geplanten Revision von Art. 109 IPRG, sic! 2006, 242; LUTZ/HEINZELMANN, Staatsverträge im Immaterialgüterrecht, in: von Büren/David, Schweizerisches Immaterialgüter- und Wettbewerbsrecht I/1, Basel 1995, 39; MÄDER, Die Anwendung des Lugano-Übereinkommens im gewerblichen Rechtsschutz, Diss., Bern 1999; Rauscher/Wax/Wenzel (Hrsg.), Münchener Kommentar zur Zivilprozessordnung, Band 3, 3. Aufl., München 2008 (zit. MünchKommZPO-BEARBEITER); REHBINDER, Berner Kommentar zu Art. 331–335 OR, Bd. VI, 2. Abteilung, 2. Teilband, 2. Abschnitt, Bern 1992 (zit. BK-REHBINDER); REHBINDER, Rechtsdurchsetzung im neuen schweizerischen Urheberrechtsgesetz, in: Meier/Riemer/Weimar (Hrsg.), Recht und Rechtsdurchsetzung: Festschrift für Hans Ulrich Walder zum 65. Geburtstag, Zürich 1994, 81 (zit. REHBINDER, FS Walder); REICHARDT, Die Auswirkung des Nichtigkeitseinwands auf die internationale Zuständigkeit in Patentstreitigkeiten, GRUR Int. 2008, 574; SCHAUWECKER, Zur internationalen Zuständigkeit bei Patentverletzungsklagen, GRUR Int. 2008, 96; DERS., Die Entscheidung GAT gegen LuK und drittstaatliche Patente, GRUR Int. 2009, 187; SCORDAMAGLIA, Die Gerichtsstandsregelung im Gemeinschaftspatentübereinkommen und das Vollstreckungsübereinkommen von Lugano, GRUR Int. 1990, 777; SLONINA, Örtliche und internationale Zuständigkeit für Patentverletzungsklagen, SZZP 2005, 313; STAUB/CELLI, Designrecht – Kommentar zum Bundesgesetz über den Schutz von Design, Zürich 2003 (zit. Kommentar DESG-BEARBEITER); STAUDER, Buchbesprechung: Kropholler, Jan: Europäisches Zivilprozessrecht. Kommentar zum EuGVÜ, GRUR Int. 1988, 376; DERS., Die Anwendung des EWG-Gerichtsstands- und Vollstreckungsübereinkommens auf Klagen im gewerblichen Rechtsschutz und Urheberrecht, GRUR Int. 1976, 465; DERS., Die Anwendung des EWG-Gerichtsstands- und Vollstreckungsübereinkommens auf Klagen im gewerblichen Rechtsschutz und Urheberrecht – Zweiter Teil, GRUR Int. 1976, 510; DERS., Die ausschliessliche internationale gerichtliche Zuständigkeit in Patentstreitsachen nach dem Brüsseler Übereinkommen, IPRax 1985, 76; DERS., Protokoll über gerichtliche Zuständigkeit und Anerkennung von Entscheidungen über den Anspruch auf Erteilung eines europäischen Patents, in: Beier/Haertel/Schricker (Hrsg.), Europäisches Patentübereinkommen – Münchner Gemeinschaftskommentar, 6. Lieferung (ohne Jahresangabe); STIEGER, Die Zuständigkeit der Schweizer Gerichte für Prozesse über und im Zusammenhang mit Patenten ab 2011, sic! 1/2010, 3; STRAUS, Die internationalprivatrechtliche Beurteilung der Arbeitnehmererfindung, GRUR Int. 1984, 1; TROLLER, Immaterialgüterrecht Bd. II, 3. Aufl., Basel/Frankfurt a.M. 1985; WAGNER/JANZEN, Das Lugano-Übereinkommen vom 30.10.2007, IPRax 2010, 298.

Übersicht *Seite*

I. Normzweck

Für Verfahren, welche die Eintragung oder die Vernichtung eines gewerblichen Schutzrechtes bezwecken, sieht Art. 22 Nr. 4 grundsätzlich eine **ausschliessliche** und **zwingende** Zuständigkeit (hierzu Art. 22 Nr. 1 Rz. 5) der Gerichte des LugÜ-Staates vor, in dessen Hoheitsgebiet sich das Register befindet[1]. 1

Nach traditioneller Auffassung ist der **Schutz von Immaterialgüterrechten** streng territorial geregelt. Dies hängt damit zusammen, dass die Erteilung eines gewerblichen Schutzrechts, insbesondere eines Patents, für die Wirtschaftspolitik eines Staates besonders wichtig ist. Deshalb will jedes Land selbst entscheiden, unter welchen Voraussetzungen ein Immaterialgüterrecht entsteht und welche Immaterialgüterrechte auf seinem Territorium anerkannt werden[2]. Die Erteilung oder Vernichtung eines Schutzrechtes wird denn auch als «Ausfluss der nationalen Souveränität» betrachtet[3]. Bei den registrierten Schutzrechten wird nämlich die Vorstellung, eine einheimische Registerbehörde könne verpflichtet sein, ein Schutzrecht auf Anweisung eines ausländischen Gerichts oder einer ausländischen Behörde einzutragen oder zu löschen, als verbotener Eingriff in die Souveränität des Registerstaates aufgefasst[4]. 2

Die ausschliessliche Zuständigkeit von Art. 22 Nr. 4 wird jedoch nicht allein mit dem Territorialitätsprinzip begründet. Gerade für die Eintragung eines Schutzrechtes sehen die Mitgliedstaaten in der Regel *besondere Verfahrensarten* vor. Die Behörden des Registerstaates sind grundsätzlich 3

---

1 Statt aller SCHLOSSER, Art. 22 Rz. 21.

2 Vgl. etwa ZK IPRG-VISCHER, Vor Art. 109–111 Rz. 4 f..

3 Bericht JENARD zu Art. 16 Rz. 112; kritisch KROPHOLLER, Art. 22 Rz. 43. Vgl. auch SCHLOSSER, Art. 22 Rz. 21.

4 GEIMER/SCHÜTZE, Art. 22 Rz. 220; vgl. auch DAVID 31 f.

am besten in der Lage, die formellen und materiellen Vorschriften für die Eintragung oder Löschung eines **Registereintrags** anzuwenden[5]. Für den Gerichtshof sind die Gerichte im Registerstaat aufgrund ihrer Nähe am besten geeignet, «über Fälle zu entscheiden, in denen der Rechtsstreit die Gültigkeit eines Patents oder das Bestehen der Hinterlegung selbst zum Gegenstand hat»[6]. Insofern entspricht die Begründung für die ausschliessliche Zuständigkeit von Art. 22 Nr. 4 derjenigen von Art. 22 Nr. 3[7].

4 Die ausschliessliche Zuständigkeit der Gerichte des Registerstaates führt sicher zu einem Gleichlauf zwischen Zuständigkeit und anwendbarem Recht[8]. Dieser Gleichlauf bewirkt zwar eine Erleichterung in der Rechtsanwendung, ist jedoch keine ausreichende Begründung für die ausschliessliche Zuständigkeit von Art. 22 Nr. 4.

II. Revision von Art. 16 Nr. 4 aLugÜ

5 Art. 16 Nr. 4 aLugÜ wurde revidiert und entspricht nunmehr Art. 22 Nr. 4 LugÜ. Die Revision führte zu zwei Änderungen:

In Abs. 1 von Art. 22 Nr. 4 wird nunmehr ausdrücklich festgehalten, dass es mit Bezug auf die Zuständigkeit unerheblich ist, ob die Frage des Bestandes des gewerblichen Schutzechtes «**klageweise oder einredeweise** aufgeworfen wird». Mit dieser Ergänzung wird die *Rechtsprechung des EuGH[9] kodifiziert*[10]. Die Gerichte des Registerstaates sind demnach auch dann ausschliesslich zuständig, wenn die Frage der Gültigkeit eines von Art. 22 Nr. 4 erfassten Schutzrechtes lediglich einredeweise vor einem anderen Gericht vorgebracht wird (ausführlicher Rz. 35 ff.). In der geltenden Fassung der EuGVVO fehlt dieser Hinweis auf die klage- oder einredeweise Geltendmachung der Nichtigkeit. Da die Ergänzung von Abs. 1 le-

---

[5] Kropholler, Art. 22 Rz. 43; Stauder, GRUR Int. 1976, 511 Fn. 164. In diesem Sinne auch BGE 132 III 579 E. 3.5.

[6] EuGH 15.11.1983, Rs. C-288/82, *Duijnstee/Goderbauer*, Slg. 1983, 3676. So auch Geimer/Schütze, Art. 22 Rz. 221 sowie Donzallaz Rz. 6334.

[7] Vgl. Droz Rz. 157; Kropholler, Art. 22 Rz. 43; Schwander 91.

[8] Vgl. für das IPRG: BSK IPRG-Jegher, Art. 109 Rz. 37; kritisch David 32.

[9] EuGH 13.07.2006, Rs. C-4/03, *GAT/LuK*, Slg. 2006, 6501 insb. Rz. 32, m.Anm. Killias SZIER 2007, 813.

[10] Botschaft LugÜ Ziff. 2.3.5; Bericht Pocar Rz. 102; vgl. auch Dallafior/Götz Staehelin 111; Stieger 19.

diglich die Rechtsprechung des EuGH kodifizert, bestehen dennoch keine inhaltlichen Unterschiede zwischen Art. 22 Nr. 4 LugÜ und Art. 22 Nr. 4 EuGVVO. Eine inhaltliche Abweichung würde erst dann entstehen, wenn der EuGH seine Rechtsprechung ändern würde[11]. Die EU hat allerdings bei der Ratifikation des LugÜ erklärt, bei einer Revision der EuGVVO Art. 22 Nr. 4 der LugÜ-Regelung anzupassen[12].

Zudem wurde bei der Revision ein zweiter Absatz hinzugefügt, der einen Vorbehalt für Patentstreitigkeiten nach dem Münchner Übereinkommen (EPÜ) enthält. Eine inhaltliche Änderung wurde damit nicht bezweckt, weil Abs. 2 von Nr. 4 im Wesentlichen dem früheren Art. Vd des Protokolls Nr. 1 zum aLugÜ entspricht[13].

III. Räumlich-persönlicher Anwendungsbereich

6 Art. 22 Nr. 4 ist bei internationalen Streitigkeiten zunächst nur dann anwendbar, wenn sich das **Register**, in welchem ein gewerbliches Schutzrecht eingetragen ist oder eingetragen werden soll, in einem **LugÜ-Staat** befindet («... die Gerichte des durch dieses Übereinkommen gebundenen Staates, in dessen Hoheitsgebiet die Hinterlegung oder Registrierung ...»). Ob die Eintragung in einem solchen Register aufgrund eines nationalen Gesetzes, eines Staatsvertrages (s. Rz. 44 ff.) oder einer EU-Rechtsakte (s. hierzu Rz. 56 ff. und 63 ff.) erfolgt, ist nach dem Wortlaut von Art. 22 Nr. 4 Abs. 1 unerheblich («… in dessen Hoheitsgebiet die Hinterlegung oder Registrierung beantragt oder vorgenommen worden ist oder aufgrund eines Gemeinschaftsrechtsakts oder eines zwischenstaatlichen Übereinkommens als vorgenommen gilt»).

Der Wohnsitz der Parteien ist ebenso unmassgeblich wie ihre Nationalität[14]. Art. 22 Nr. 4 verlangt auch nicht, dass der Rechtsstreit einen Bezug zu mehr als einem LugÜ-Staat aufweisen muss[15] (vgl. Art. 22 Nr. 1 Rz. 7 f.).

---

11 Dasser/Oberhammer-Blumer, Art. 16 Nr. 4 Rz. 35; Stieger 5.

12 Anhang I zum Ratsbeschluss vom 27.11.2008, ABl EU 2009 L 147/1, 3; Wagner/Janzen 304.

13 Botschaft LugÜ Ziff. 2.3.5; Bericht Pocar Rz. 99.

14 Geimer/Schütze, Art. 22 Rz. 219.

15 Ebenso BSK IPRG-Jegher, Art. 109 Rz. 52; anders – aber ohne weitere Begründung – Stauder, GRUR Int. 1976, 468.

7 Art. 22 Nr. 4 ist somit dann nicht massgeblich, wenn Gegenstand der Auseinandersetzung etwa die Nichtigkeit eines in einem Drittstaat eingetragenen Schutzrechtes bildet[16]. Diesfalls hat das angerufene Gericht eines LugÜ-Staats zu prüfen, ob es aufgrund einer anderen Bestimmung des LugÜ zuständig ist (wie etwa Art. 2, Art. 5 Nr. 3). Wird im Rahmen eines Verletzungsverfahrens, für welches eine Zuständigkeit nach den allgemeinen Bestimmungen des LugÜ besteht, widerklage- oder einredeweise die Nichtigkeit des in einem Drittstaat eingetragenen Schutzrechtes geltend gemacht, hat sich das angerufene Gericht – anders als bei einer Nichtigkeitseinrede mit Bezug auf ein in einem LugÜ-Staat eingetragenes Schutzrecht (ausführlich Rz. 35 ff.) – nicht für unzuständig zu erklären[17]. Im Übrigen richtet sich die Zuständigkeit der Schweizer Gerichte für Klagen, welche Schutzrechte in Drittstaaten betreffen, nach Art. 109 IPRG[18].

IV. Sachlicher Anwendungsbereich

8 Nach Art. 1 Abs. 1 ist das Übereinkommen nur auf zivil- und handelsrechtliche und nicht auch auf öffentlich-rechtliche Streitigkeiten anwendbar. Nicht entscheidend ist die Art der Gerichtsbarkeit, die sich nach innerstaatlichem Recht richtet (vgl. Art. 1 Rz. 49).

9 Art. 22 Nr. 4 erfasst unter anderem Verfahren, welche die Eintragung eines gewerblichen Schutzrechtes zum Gegenstand haben (vgl. Rz. 22 f.). Diese Verfahren (einschliesslich der Rechtsmittelverfahren) werden in der Schweiz[19] wie auch in anderen Mitgliedstaaten[20] als **Verwaltungsverfahren** qualifiziert.

In der Lehre wird vereinzelt die Ansicht vertreten, dass Art. 22 Nr. 4 nur auf solche Verfahren anwendbar sei, die von zivilen Gerichten beurteilt

16 Dasser/Oberhammer-Blumer, Art. 16 Nr. 4 Rz. 15; Droz Rz. 164 ff.; Gaudemet-Tallon Rz. 113, 115; kritisch David, 31 f.; vgl. Mäder 88, der (zu Unrecht) darauf abstellen will, ob der Drittstaat eine ausschliessliche Zuständigkeit vorsieht, die Art. 22 Nr. 4 entspricht.

17 A.M. Schauwecker, GRUR Int. 2009, 194.

18 Dasser/Oberhammer-Blumer, Art. 16 Nr. 4 Rz. 15; ZK IPRG-Vischer, Art. 109 Rz. 22.

19 Vgl. David 239 ff.; Dasser/Oberhammer-Blumer, Art. 16 Nr. 4 Rz. 19.

20 Für das deutsche Recht vgl. etwa Geimer/Schütze, Art. 22 Rz. 230 und 233 f., wonach zwar Streitigkeiten während der Zeit des Eintragungsverfahrens von Art. 22 Nr. 4 erfasst sind, nicht aber die Verfahren der Erteilung oder Löschung durch eine Verwaltungsbehörde selbst; Stauder, GRUR Int. 1976, 511 ff.

werden und in denen das Gericht nicht nur als Kontrollinstanz gegenüber der Verwaltungsbehörde entscheidet[21]. Dieser Meinung kann jedoch nicht gefolgt werden. Art. 22 Nr. 3 und Art. 22 Nr. 4 sehen ausdrücklich eine Zuständigkeit für **registerrechtliche Eintragungsverfahren** vor. Bei Ausarbeitung des EuGVÜ (bzw. der EuGVVO) und des LugÜ war den Vertragsstaaten zweifelsohne bewusst, dass die Eintragungen der Schutzrechte in verschiedenen Mitgliedstaaten in einem Verwaltungsverfahren erfolgen. Wollte man diese Verfahren von Art. 22 Nr. 4 ausklammern, führte dies zum sicher nicht gewollten Ergebnis, dass für diese Verfahren das LugÜ überhaupt nicht anwendbar wäre, weil dieses nur die Zuständigkeit für gerichtliche Verfahren regelt.

Art. 22 Nr. 4 ist somit als *lex specialis* zu Art. 1 Abs. 1 zu verstehen. Deshalb ist Art. 22 Nr. 4 auch auf solche Eintragungs- und Löschungsverfahren anwendbar, die im Registerstaat als Verwaltungsverfahren gelten[22].

Keine Zivil- und Handelssache i.S.v. Art. 1 Abs. 1 bilden hingegen 10
Auseinandersetzungen mit Bezug auf die **Erteilung einer Zwangslizenz**[23], weil die Gewährung einer Zwangslizenz einen öffentlich-rechtlichen Eingriff in das Ausschliesslichkeitsrecht des Patentinhabers darstellt[24]. Dasselbe gilt für Enteignungen eines Schutzrechtes[25].

---

21 Geimer/Schütze, Art. 22 Rz. 234.

22 Im Ergebnis ebenso MünchKommZPO-Gottwald, Art. 22 Rz. 34 f.; Kropholler, Art. 22 Rz. 47; Schlosser, Art. 22 Rz. 21; Stauder, GRUR Int. 1976, 466 f.; Rauscher/Mankowski, Art. 22 Rz. 43; Dasser/Oberhammer-Blumer, Art. 16 Nr. 4 Rz. 19; ausführlicher Mäder 27 ff.

23 Vgl. etwa Art. 22 des Sortenschutzgesetzes: «Wenn es das öffentliche Interesse verlangt, kann die Person, deren Lizenzgesuch vom Sortenschutzinhaber ohne ausreichende Gründe abgelehnt wurde, beim Richter auf Erteilung einer nicht ausschliesslichen und nicht übertragbaren Lizenz klagen.». Vgl. auch Art. 40 PatG. Aus der Lehre etwa Rauscher/Mankowski, Art. 22 Rz. 44; Kropholler, Art. 22 Rz. 49 ff.; Schlosser, Art. 22 Rz. 22.

24 Geimer/Schütze, Art. 22 Rz. 235; Kropholler, Art. 22 Rz. 49; unklar – aber im Ergebnis wohl wie hier – Stauder, GRUR Int. 1976, 513. Gl.M. auch Geimer/Schütze, Int. Rechtsverkehr, Thiel/Tschauner, Art. 22 Rz. 61 sowie Adolphsen Rz. 425.

25 Vgl. etwa Art. 32 PatG.

V. Bestimmung der internationalen Zuständigkeit

11 Art. 22 Nr. 4 regelt ausschliesslich die **internationale Zuständigkeit** der Mitgliedstaaten («... die Gerichte des durch dieses Übereinkommen gebundenen Staates ...»). Die örtliche Zuständigkeit bestimmt sich nach dem massgeblichen nationalen Recht des international zuständigen LugÜ-Staats[26].

12 Ist die Schweiz nach Art. 22 Nr. 4 international zuständig, so bestimmt sich die **örtliche Zuständigkeit** nach Art. 109 IPRG[27]. Hat der Beklagte Wohnsitz (oder Sitz, Art. 21 Abs. 1 IPRG) in der Schweiz, so sind auch Klagen betreffend die Gültigkeit oder die Eintragung eines gewerblichen Schutzrechts an dessen Wohnsitz anzuheben (Art. 109 Abs. 1 IPRG)[28]. Falls der Beklagte seinen Wohnsitz nicht in der Schweiz hat, so ist die Bestandesklage am Geschäftssitz des im Register eingetragenen Vertreters in der Schweiz, oder wenn ein solcher fehlt, am Sitz der schweizerischen Registerbehörde anzuheben (Art. 109 Abs. 1 IPRG). Zivilrechtliche Klagen des Patent-, Marken- sowie Designrechts gegen ausländische Inhaber vertreterloser gewerblicher Schutzrechte sind somit am *Handelsgericht des Kantons Bern* anzuheben[29].

VI. Von Art. 22 Nr. 4 erfasste Rechte

1. Ausdrücklich genannte Registerrechte gemäss Art. 22 Nr. 4

13 Art. 22 Nr. 4 regelt die Rechtsstreitigkeiten, welche «Patente, Marken, Muster oder Modelle sowie ähnliche Rechte, die einer Hinterlegung oder

[26] Dasser/Oberhammer-Blumer, Art. 16 Nr. 4 Rz. 38.

[27] Mäder 92 ff.; Kommentar DesG-Jermann, Art. 33 Rz. 47; BGer 24.04.2007, 4C.40/2007, E. 7.2. Dabei liegt ein internationales Verhältnis i.S.v. Art. 1 Abs. 1 IPRG zweifellos dann vor, wenn eine Partei ausländischen (Wohn-)Sitz hat oder wenn das in Frage stehende Schutzrecht für ein Gebiet ausserhalb der Schweiz registriert ist, Dasser/Oberhammer-Blumer, Art. 16 Nr. 4 Rz. 41; BSK IPRG-Jegher, Art. 109 Rz. 7, 53.

[28] Art. 109 Abs. 1 Satz 1 IPRG ist auch für Bestandesklagen massgeblich, BSK IPRG-Jegher, Art. 109 Rz. 1, 33 f.

[29] BSK IPRG-Jegher, Art. 109 Rz. 51. Dies gilt auch für internationale gewerbliche Schutzrechte, und zwar unabhängig davon, ob sie in Genf bei der Weltorganisation für Geistiges Eigentum (internationale Marken, Muster und Modelle) oder in München beim Europäischen Patentamt registriert sind, David 35.

Registrierung bedürfen, zum Gegenstand haben». Die in Art. 22 Nr. 4 ausdrücklich genannten Patente, Marken sowie Designs werden nicht nur in der Schweiz den gewerblichen Schutzrechten zugeordnet[30]; diese Aufzählung ist jedoch lediglich beispielhaft zu verstehen, was sich aus dem Hinweis auf «ähnliche Rechte» (hierzu s. Rz. 15 f.) ergibt.

Zu den erfassten Rechten gehören in der Schweiz somit **Marken,** die auf Grund des Markenschutzgesetzes hinterlegt oder registriert wurden; **Patente,** welche nach dem Patentgesetz angemeldet oder registriert sind sowie nach dem Designgesetz[31] hinterlegte oder eingetragene **Designs** (Muster oder Modelle)[32]. Hingegen fallen Streitigkeiten über nicht eintragungsfähige Herkunftsangaben i.S.v. Art. 47 ff. Markenschutzgesetz nicht unter Art. 22 Nr. 4[33]. Dies gilt auch für Klagen, mit welchen für eine zwar notorische, aber nicht eingetragene Marke Schutz verlangt wird[34]. 14

2. «Ähnliche Rechte»

Art. 22 Nr. 4 ist nicht auf die in dieser Bestimmung beispielhaft aufgezählten Patente, Marken, Muster oder Modelle beschränkt, sondern gilt auch für «ähnliche Rechte». Die Frage, in welchen Fällen ein Schutzobjekt als **«ähnliches Recht»** von Art. 22 Nr. 4 erfasst ist, bestimmt sich allein nach *vertragsautonomen* Auslegungskriterien[35]. Damit ein Schutzrecht unter Art. 22 Nr. 4 fällt, ist zweierlei gefordert: Aufgrund der Aufzählung in Art. 22 Nr. 4 muss es sich einmal um ein (absolutes) Immaterialgüterrecht handeln, das dem gewerblichen Rechtsschutz dient[36]. Bei den von Art. 22 Nr. 4 erfassten Immaterialgüterrechten ist weiter vorausgesetzt, dass ihr 15

[30] In der Literatur werden die in Art. 22 Nr. 4 genannten Schutzrechte, soweit ersichtlich, immer als gewerbliche Schutzrechte bezeichnet, vgl. nur Stauder, GRUR Int. 1976, 510 ff.; Kropholler, Art. 22 Rz. 43, 52.

[31] SR 232.12. Dieses hat am 1. Juli 2002 das Muster- und Modellgesetz ersetzt.

[32] Dasser/Oberhammer-Blumer, Art. 16 Nr. 4 Rz. 7.

[33] Dasser/Oberhammer-Blumer, Art. 16 Nr. 4 Rz. 13.

[34] Mäder 60 ff.; Dasser/Oberhammer-Blumer, Art. 16 Nr. 4 Rz. 12.

[35] Vgl. EuGH 13.07.2006, Rs. C-4/03, *GAT/LuK,* Slg. 2006, 6501 Rz. 14; EuGH 15.11.1983, Rs. C-288/82, *Duijnstee/Goldbauer*, Slg. 1983, 3676. Dasser/Oberhammer-Blumer, Art. 16 Nr. 4 Rz. 7; Geimer/Schütze, Art. 22 Rz. 240.

[36] Art. 109–111 IPRG sprechen von Immaterialgüterrechten. Der Wortlaut des IPRG scheint deshalb weiter zu sein als Art. 22 Nr. 4, vgl. ZK IPRG-Vischer, Art. 109 Rz. 16, für den Art. 109 – im Unterschied zu Art. 22 Nr. 4 LugÜ – auch urheberrechtliche Klagen mit umfasst. Dagegen will BSK IPRG-Jegher, Art. 109 Rz. 33, sich bei der Auslegung von Art. 109 IPRG an Art. 22 Nr. 4 orientieren.

Schutz von einer Eintragung oder Hinterlegung in einem Register abhängt. Denn nur für solche Schutzrechte kann sich überhaupt die Frage nach der Ordnungsmässigkeit oder Gültigkeit eines Registereintrags stellen.

16 Zu den «ähnlichen Rechten» i.S.v. Art. 22 Nr. 4 zählen etwa die nach Schweizer Recht registrierfähigen Schutzrechte für den **Sortenschutz**[37] und den **Topographienschutz** von Halbleitern[38].

3. Von Art. 22 Nr. 4 nicht erfasste Schutzrechte

17 Streitigkeiten, welche nicht eingetragene oder nicht eintragungsfähige Schutzrechte betreffen, sind von Art. 22 Nr. 4 nicht erfasst.

Art. 22 Nr. 4 ist somit nicht anwendbar auf Verfahren betreffend **Urheberrechte**[39]. Die eingetragene **Firma** einer juristischen Person ist von Art. 22 Nr. 4 ebenfalls nicht erfasst[40]. Es ist nämlich davon auszugehen, dass in der Vorschrift die «Firma» ausdrücklich erwähnt worden wäre, wenn die ausschliessliche Zuständigkeit auch für dieses in der Praxis bedeutsame Rechtsobjekt hätte massgeblich sein sollen.

VII. Eintragungs- und Gültigkeitsverfahren

18 Im gewerblichen Rechtsschutz wird gemeinhin zwischen **Bestandesklagen** (Gültigkeits- und Eintragungsklagen) und **Verletzungsklagen** unter-

---

[37] BG über den Schutz von Pflanzenzüchtungen (Sortenschutzgesetz), SR 232.16; KROPHOLLER, Art. 22 Rz. 52; DASSER/OBERHAMMER-BLUMER, Art. 16 Nr. 4 Rz. 11.

[38] BG über den Schutz von Topographien von Halbleitererzeugnissen (ToG), SR 231.2. Art. 22 Nr. 4 gilt nur für einzutragende oder bereits eingetragene Topographien. Eine Nichtigkeitsklage, die sich auf eine nicht eingetragene Topographie bezieht (vgl. Art. 9 Abs. 2 ToG), fällt nicht unter Art. 22 Nr. 4, vgl. Rz. 17.

[39] DASSER/OBERHAMMER-BLUMER, Art. 16 Nr. 4 Rz. 13; CZERNICH/TIEFENTHALER/KODEK-TIEFENTHALER, Art. 22 Rz. 43a. Unzutreffend deshalb REHBINDER, FS Walder 91, der Art. 16 Nr. 4 aLugÜ auch auf urheberrechtliche Streitigkeiten anwenden will.

[40] RAUSCHER/MANKOWKSI, Art. 22 Rz. 45a; KROPHOLLER, Art. 22 Rz. 52; GEIMER/SCHÜTZE, Art. 22 Rz. 241, für die die Anwendbarkeit von Art. 22 Nr. 4 zudem zu einer nicht zu rechtfertigenden Zuständigkeitsspaltung für eingetragene und nicht eingetragene Firmen führte. GEIMER/SCHÜTZE, Int. Rechtsverkehr-THIEL/TSCHAUNER, Art. 22 Rz. 65; a.A. STAUDER, GRUR Int. 1988, 377. Auch Art. 109 IPRG, bei dessen Ausarbeitung Art. 16 Nr. 4 EuGVÜ als Vorbild diente (BSK IPRG-JEGHER, Art. 109 Rz. 33), erfasst die Immaterialgüterrechte, nicht aber die eingetragene Firma.

schieden[41]. Bei den Bestandesverfahren geht es um die Erteilung (Eintragung) oder die Vernichtung (Löschung, einschliesslich Änderung) eines Schutzrechtes. Mit den Verletzungsklagen dagegen sollen die Folgen einer Schutzrechtsverletzung behoben werden. In diesem Zusammenhang sind auch die *Vertragsklagen* zu nennen, bei denen die Anspruchsgrundlage eine vertragliche Abrede bildet, die sich auf ein Schutzrecht bezieht[42].

Von dieser Unterscheidung geht stillschweigend auch das LugÜ aus. 19
Art. 22 Nr. 4 erfasst nämlich nur solche Klagen, welche die «**Eintragung oder die Gültigkeit**» der geschützten Rechte zum Gegenstand haben. Verletzungs- oder Vertragsklagen fallen somit nicht unter Art. 22 Nr. 4[43]. Für solche Klagen ist die allgemeine Zuständigkeitsordnung des LugÜ massgeblich[44] (hierzu Rz. 31 ff.). Allerdings bestehen im gewerblichen Rechtsschutz zahlreiche Staatsverträge, die zum Teil Zuständigkeitsvorschriften enthalten, welche die Bestimmungen des LugÜ verdrängen (vgl. Rz. 44 ff.).

Die Frage, welche Klagearten Art. 22 Nr. 4 unterliegen, ist nach dem EuGH 20
autonom zu bestimmen. Der Rückgriff auf nationales Recht verbietet sich schon deshalb, weil er zu Entscheidungen führen könnte, die sich widersprechen[45]. Dies könnte nämlich die «Gleichheit und Einheitlichkeit der Rechte und Pflichten, die die betroffenen Personen aus dem Übereinkommen ableiten», beeinträchtigen[46].

Bei der autonomen Auslegung von Art. 22 Nr. 4 ist zunächst zu berück- 21
sichtigen, dass sich die Rechtfertigung für die ausschliessliche Zuständigkeit daraus ergibt, dass die Gerichte des Registerstaates am besten in der Lage sind, über Fälle zu entscheiden, in denen es um die Gültigkeit des Schutzrechtes oder das Bestehen der Hinterlegung oder Registrierung selbst geht. Daraus folgert der EuGH, dass der Kreis der von Art. 22 Nr. 4 erfassten **Klagearten** *eng zu ziehen* ist[47]. Dabei können die in den Spe-

---

[41] Art. 109–111 IPRG unterscheiden ebenfalls zwischen Bestandes- und Verletzungsklagen, vgl. nur ZK IPRG-Vischer, Art. 109 Rz. 2.

[42] Vgl. etwa Geimer/Schütze, Art. 22 Rz. 227; David 8 ff.

[43] BGE 132 III 579 E. 3.2; Kropholler, Art. 22 Rz. 50; Dasser/Oberhammer-Blumer, Art. 16 Nr. 4 Rz. 26.

[44] Bericht Jenard zu Art. 16 Rz. 112; Kropholler, Art. 22 Rz. 51; Czernich/Tiefenthaler/Kodek-Tiefenthaler, Art. 22 Rz. 44; vgl. BGE 132 III 579 E. 3.2.

[45] Kropholler, Art. 22 Rz. 44.

[46] EuGH 15.11.1983, Rs. C-288/82, *Duijunstee/Goderbauer*, Slg. 1983, 3676.

[47] EuGH 15.11.1983, Rs. C-288/82, *Duijunstee/Goderbauer*, Slg. 1983, 3677; Geimer/Schütze, Art. 22 Rz. 224.

zialübereinkommen vorgesehenen Zuständigkeitsordnungen eine wichtige Auslegungshilfe bieten[48].

1. Anmelde- und Eintragungsverfahren

22 Von Art. 22 Nr. 4 sind einmal die Anmelde-, Erteilungs- und Hinterlegungsverfahren sowie die Widerspruchs-[49] und Rechtsmittelverfahren erfasst[50], und zwar selbst dann, wenn diese Verfahren im Registerstaat *öffentlich-rechtlicher Natur* sind (vgl. Rz. 9). Bei diesen Verfahren geht es um die Frage, ob und mit welchem Inhalt ein **Registerrecht erteilt oder eingetragen** wird[51]. Hierfür sind die Gerichte des Registerstaates sicher am besten in der Lage, über die Voraussetzungen der Eintragung zu entscheiden.

23 Für die Annahme einer ausschliesslichen Zuständigkeit genügt, dass ein **Antrag** auf Eintragung oder Hinterlegung gestellt ist. Art. 22 Nr. 4 ist somit bereits für solche Streitigkeiten massgeblich, die *zwischen der Anmeldung und der Eintragung* eines Schutzrechtes entstehen[52]. Mit dem Abstellen auf den Zeitpunkt der Anmeldung soll nämlich zum einen den Rechtsordnungen Rechnung getragen werden, die der Eintragung eines Schutzrechtes ein Prüfungsverfahren vorschalten[53]. Zum anderen soll dadurch die Gefahr vermindert werden, dass es zu Schutzrechtsgewährungen kommt, deren Korrektheit hinterher angezweifelt wird[54].

2. Nichtigkeitsverfahren

24 Von der ausschliesslichen Zuständigkeit sind weiter auch die Verfahren erfasst, in welchen es um die **Gültigkeit** (Bestand) eines eingetragenen Schutzrechtes geht. Hauptanwendungsfälle sind die *Nichtigkeitsverfah-*

---

48 Ohne dass der EuGH dies ausdrücklich sagt, will er mit der Berücksichtigung der in den Spezialübereinkommen getroffenen Regelung wohl Friktionen zwischen diesen Übereinkommen und der EuGVVO bzw. dem LugÜ möglichst vermeiden.

49 Vgl. etwa Art. 31–34 MSchG.

50 Botschaft aLugÜ Ziff. 226.5; GEIMER/SCHÜTZE, Art. 22 Rz. 228; CZERNICH/TIEFENTHALER/KODEK-TIEFENTHALER, Art. 22 Rz. 44.

51 Vgl. STAUDER, IPRax 1985, 78; GEIMER/SCHÜTZE, Art. 22 Rz. 225.

52 GEIMER/SCHÜTZE, Int. Rechtsverkehr-THIEL/TSCHAUNER, Art. 22 Rz. 57; GEIMER/SCHÜTZE, Art. 22 Rz. 230; DASSER/OBERHAMMER-BLUMER, Art. 16 Nr. 4 Rz. 20.

53 Vgl. Bericht JENARD, zu Art. 16 Rz. 113.

54 Vgl. Bericht SCHLOSSER Rz. 173.

ren[55], mit welchen etwa die Löschung eines verfallenen Schutzrechtes[56] beantragt oder die Priorität einer früheren Eintragung geltend gemacht wird[57]. Die Feststellung der Nichtigkeit oder die Löschung eines Schutzrechtes kann entweder mit einer selbständigen Klage oder mit einer Widerklage im Rahmen eines Verletzungs- oder Vertragsklageverfahrens geltend gemacht werden (zur einredeweisen Geltendmachung der Nichtigkeit im Rahmen eines Verletzungsprozesses, s. Rz. 35 ff.). Für die von Art. 22 Nr. 4 erfassten Schutzrechte wird im schweizerischen Recht die Möglichkeit der Nichtigkeits(wider-)klage ausdrücklich statuiert[58].

Falls die Nichtigkeit des Schutzrechtes **klage- oder widerklageweise** gel- 25
tend gemacht wird, ist sie nicht blosse Vorfrage (im Gegensatz zur einredeweise Geltendmachung der Nichtigkeit). Art. 22 Nr. 4 ist jedoch auch in solchen Verfahren nur dann massgeblich, wenn das angerufene Gericht über den Bestand des in Frage stehenden Schutzrechtes nicht nur inter partes, sondern vielmehr *erga omnes* entscheidet[59]. Denn unter Art. 22 Nr. 4 fallen nur solche Verfahren, die den Registereintrag selbst zum Gegenstand haben. Ein Entscheid, dessen Rechtskraftwirkung nur zwischen den Parteien gilt, führt hingegen nicht unmittelbar auch zur Vernichtung eines Schutzrechtes[60]; für solche Streitigkeiten ist Art. 22 Nr. 4 nicht anwendbar.

---

[55] Die Klagen auf Nichtigkeit bzw. Teilnichtigkeit eines Patents sind in Art. 26–28 PatG geregelt, vgl. STIEGER 7.

[56] OLG Stuttgart, RIW 2001, 141; Cour d'Appel de Paris 15.04.1992, J.D.I. 1993, 153 mit Anm. HUET, Anm. POULLAUD-DULIAN, J.D.I. 1993, 989. Vgl. auch DONZALLAZ Rz. 6345; HEINZE/ROFFAEL, GRUR Int. 2006, 787, 797.

[57] Vgl. EuGH 15.11.1983, Rs. C-288/82, *Duijnstee/Goderbauer*, Slg. 1983, 3677. In BGE 132 III 579 verlangten die Klägerinnen die Löschung der Marke des Beklagten in Bezug auf bestimmte Waren und Dienstleistungen im schweizerischen Markenregister. Das Bundesgericht führte aus, dass die Klägerinnen die Gültigkeit und damit den Bestand der Marke bestritten, weshalb eine Bestandesklage vorliege, die von Art. 16 Nr. 4 aLugÜ erfasst sei (E. 3.7).

[58] Art. 29 PatG; Art. 33 DesG; Art. 16 Sortenschutzgesetz; Art. 52 MSchG; Art. 10 ToG i.V.m. Art. 61 URG.

[59] Im schweizerischen Recht führen gutgeheissene Nichtigkeitswiderklagen nicht bloss zur Abweisung der Klage, sondern auch zur Löschung des Schutzrechtes, vgl. TROLLER 968; DAVID 40 ff., insb. 41.

[60] STAUDER, GRUR Int. 1976, 514; a.A. GEIMER/SCHÜTZE, Art. 22 Rz. 19, für den Art. 22 Nr. 4 auch dann gilt, wenn die Rechtskraft der Entscheidung nur inter partes wirkt.

26 Art. 22 Nr. 4 erfasst nicht bloss die negativen **Feststellungsklagen,** sondern auch die (positiven) Klagen auf Feststellung der Gültigkeit eines Schutzrechtes[61].

3. Übertragungsklagen (Abtretungs- oder Vindikationsklagen)

27 Vom Anwendungsbereich von Art. 22 Nr. 4 ausgeschlossen sind Streitigkeiten über die Inhaberschaft an einem Immaterialgüterrecht.

28 Dies gilt zunächst einmal für Streitigkeiten zwischen Arbeitgeber und Arbeitnehmer über eine **Arbeitnehmererfindung.** Für den EuGH hängt in einem solchen Fall die Entscheidung des Rechtsstreites nicht von der Ordnungsmässigkeit oder der Gültigkeit eines Registereintrages, sondern bloss von der Frage ab, ob der Arbeitnehmer oder der Arbeitgeber Inhaber des gewerblichen Schutzrechtes ist, was aufgrund der Rechtsbeziehungen, die zwischen den Betroffenen bestanden, festzustellen ist[62].

29 Der Ausschluss von Art. 22 Nr. 4 gilt nicht nur für Streitigkeiten aus Arbeitnehmererfindungen, sondern generell für Klagen, bei denen es primär um die **Inhaberschaft des Schutzrechtes** und nicht um dessen Inhalt geht[63]. Im Unterschied zur Frage, ob eine Erfindung patentiert oder eine Marke eingetragen werden kann, stehen bei der Frage, wer der Erfinder oder wer der Inhaber einer Marke ist, in der Regel keine Souveränitätsinteressen auf dem Spiel. Auch das Gebot der Sachnähe verlangt nicht, dass ein Prätendentenstreit von den Gerichten des Registerstaates beurteilt werden müsste. Für solche Abtretungsklagen gelten somit die allgemeinen

---

[61] RAUSCHER/MANKOWSKI, Art. 22 Rz. 42; DASSER/OBERHAMMER-BLUMER, Art. 16 Nr. 4 Rz. 22; a.M. Kommentar DESG-JERMANN, Art. 33 Rz. 51.

[62] EuGH 15.11.1983, Rs. C-288/82, *Duijnstee/Goderbauer*, Slg. 1983, 3663 Rz. 25 f.; DASSER/OBERHAMMER-BLUMER, Art. 16 Nr. 4 Rz. 24; KROPHOLLER, Art. 22 Rz. 48; DONZALLAZ Rz. 6344. Rechtsvergleichend zu den Arbeitnehmererfindungen STRAUS, GRUR Int. 1984, 1 ff. Im schweizerischen Recht ist die Arbeitnehmererfindung in Art. 332 OR geregelt. Hierzu ausführlich BK-REHBINDER, Art. 332 Rz. 1 ff.

[63] KROPHOLLER, Art. 22 Rz. 48; GEIMER/SCHÜTZE, Art. 22 Rz. 224 und 229; STAUDER, GRUR Int. 1976, 512, der für die Vindikationsklage eine ausschliessliche Zuständigkeit nach Art. 22 Nr. 4 annimmt, weil zwischen der Erteilung des Patents und der Vindikation eine enge Verbindung bestehe und die Frage, wer als Erfinder das Patent erhalten solle, zu den Souveränitätsentscheidungen des Erteilungsstaates gerechnet werden müsse.

Zuständigkeitsvorschriften (etwa Art. 2 oder Art. 5 Nr. 3)[64], und zwar unabhängig davon, ob im Urteil bereits die Änderung des Registereintrags angeordnet oder der Beklagte zur Abgabe einer Willenserklärung verurteilt wird[65]. Für das Bundesgericht fallen «Bestandesklagen, die sich unmittelbar auf die Registerführung auswirken», unter die Zuständigkeit nach Art. 16 Nr. 4 aLugÜ. Wenn aber «in erster Linie nicht die Eintragung, Änderung oder Löschung eines Registereintrags» streitig sei, sondern die «Rechtsbeziehung der Parteien Gegenstand des Rechtsstreits» bilde, erscheine die zwingende Zuständigkeit nach Art. 16 Nr. 4 aLugÜ nicht gerechtfertigt. Art. 16 Nr. 4 aLugÜ finde demnach für Klagen über die Inhaberschaft an einem registrierten Schutzrecht dann keine Anwendung, wenn primär die Rechtsbeziehungen zwischen den Parteien streitig seien[66].

Die Anwendung von Art. 22 Nr. 4 ist aber immer dann *begründet*, wenn 30
die Berechtigung an einem Schutzrecht von einem Umstand abhängt, der einen **engen Zusammenhang** mit dem Register selbst aufweist. Dies ist etwa dann der Fall, wenn der Kläger statt einer Nichtigkeitsklage die Übertragungsklage anstrengen kann, weil er sich auf ein älteres Recht beruft[67]. In einem solchen Fall sind die Gerichte des Registerstaates am besten in der Lage, zu beurteilen, wem das Prioritätsrecht zusteht. Der EuGH hat denn auch ausdrücklich anerkannt, dass die Geltendmachung eines Prioritätsrechts aufgrund einer früheren Hinterlegung zu den von Art. 22 Nr. 4 erfassten Klagen gehört[68].

64 Vgl. Mäder 72; Kropholler, Art. 22 Rz. 48; Stauder, IPRax 1985, 79, für den sämtliche Patent-Abtretungsklagen der allgemeinen Zuständigkeitsordnung unterliegen.

65 A.M. Kommentar DesG-Jermann, Art. 34 Rz. 32, wonach die Abtretungsklage nach Art. 34 DesG unter Art. 16 Nr. 4 aLugÜ zu subsumieren sei, weil deren Gutheissung unmittelbar eine Änderung des Registerinhalts zur Folge habe.

66 BGE 132 III 579 E. 3.5; vgl. auch Mäder 68 f.

67 Vgl. Art. 53 Abs. 2 MSchG. Danach kann eine Übertragungsklage nur dann gutgeheissen werden, wenn die zu übertragende Marke wegen Verletzung älterer Rechte des Klägers nichtig ist und deshalb im Register gelöscht werden muss, BSK MSchG-David, Art. 53 Rz. 4. Beachte aber die Verwirkungsfrist in Art. 53 Abs. 2 MSchG. Weiter Kropholler, Art. 22 Rz. 46, 48, der wohl von einem generellen Ausschluss für Prätendentenstreitigkeiten ausgeht.

68 EuGH 15.11.1983, Rs. C-288/82, *Duijnstee/Goderbauer*, Slg. 1983, 3677.

VIII. Verletzungs- und Vertragsklagen

1. Allgemeines

31 Vertragsklagen und Klagen, die auf Unterlassung, Beseitigung oder Schadenersatz wegen Verletzung eines Schutzrechtes gerichtet sind, fallen nicht unter Art. 22 Nr. 4, weil Gegenstand dieser Klagen weder die Eintragung noch die Gültigkeit des Schutzrechts sind[69].

32 Somit zählen zu den von Art. 22 Nr. 4 nicht erfassten Verfahren etwa die Klage auf Leistung von Schadenersatz, Genugtuung und Gewinnherausgabe, die Unterlassungsklage oder die Klagen auf Beseitigung des rechtswidrigen Zustandes, auf Auskunftserteilung, Rechnungslegung oder Urteilsveröffentlichung[70]. Zu den Klagen, auf welche Art. 22 Nr. 4 nicht anwendbar ist, zählt auch die **(positive oder negative) Feststellungsklage,** mit welcher die Verletzung bzw. Nichtverletzung eines Schutzrechtes festgestellt werden soll[71] (zu den Feststellungsklagen mit Bezug auf die Ungültigkeit oder Nichtigkeit eines Schutzrechtes, s. Rz. 26). Die (positive) Feststellungsklage entspricht zuständigkeitsrechtlich einer Verletzungsklage auf Leistung oder Unterlassung, da sie wie diese vom verletzten Berechtigten ausgeht und sich gegen den Verletzer richtet. In beiden Fällen bezweckt der Berechtigte, sich vor Gefährdungen und Verletzungen zu schützen[72]. Für die positive Feststellungsklage gilt somit die gleiche Zuständigkeitsordnung wie für eine Verletzungsklage. Auch eine negative Feststellungsklage, deren Streitgegenstand im Nichtbestehen einer Verletzung besteht[73], ist diesbezüglich den Verletzungsklagen gleichzusetzen. Da weder die Eintragung noch die Gültigkeit des Schutzrechts streitig ist, ist Art. 22 Nr. 4 nicht anwendbar[74]. Vielmehr gelten auch für eine negative

---

[69] Statt vieler, Kropholler, Art. 22 Rz. 50; Stauder, GRUR Int. 1976, 513 ff.

[70] Betreffend Unterlassung einer Patentverletzung und Schadenersatz: Cour de justice de Genève 19.05.2000, sic! 2000, 652 E. 3; vgl. auch David 9 ff.; Dasser/Oberhammer-Blumer, Art. 16 Nr. 4 Rz. 23.

[71] Vgl. zur negativen Feststellungsklage etwa BGE 132 III 778 E. 2; 129 III 295 E. 2.

[72] Vgl. BGE 117 II 600 f. Dieser Entscheid erging im Geltungsbereich des IPRG. Er dürfte aber auch für das LugÜ massgeblich sein, hielt das BGer doch fest, dass Art. 16 Nr. 4 aLugÜ Art. 109 Abs. 1 IPRG weitgehend entspreche, BGE 117 II 599 f.

[73] David 12.

[74] Vgl. hierzu BGE 129 III 295 E. 2.1.

Feststellungsklage des vermeintlichen Verletzers die allgemeinen Zuständigkeitsbestimmungen des LugÜ[75].

Sofern die entsprechenden Voraussetzungen erfüllt sind, sind für Verletzungs- und Vertragsklagen somit die **allgemeinen Zuständigkeitsvorschriften** des LugÜ massgebend[76]. Neben Art. 5 Nr. 1 und Nr. 3[77] sowie Art. 23 und Art. 24 dürfte der Gerichtsstand am Wohnsitz des Beklagten (Art. 2 Abs. 1) im Vordergrund stehen. In diesen Fällen kann der Kläger auch die Verletzung ausländischer gewerblicher Schutzrechte geltend machen, und zwar unabhängig davon, ob das Schutzrecht in einem LugÜ-Staat oder einem Drittstaat registriert ist[78]. 33

Hat die beklagte Partei eines Verletzungsprozesses ihren Wohnsitz in einem Drittstaat, ist das LugÜ nicht anwendbar (vgl. jedoch Art. 23 und Art. 24). In einem solchen Fall hat das angerufene Gericht nach Art. 109 Abs. 2 IPRG zu prüfen, ob es zuständig ist. 34

2. Einrede der Nichtigkeit im Verletzungsverfahren

In der Praxis wird im Rahmen eines Verletzungsverfahrens vom Beklagten häufig eingewendet, dass das in Rede stehende Schutzrecht nicht bestehe und die Verletzungsklage abzuweisen sei. In diesen Fällen stellt sich die Frage, welches Gericht für die Beurteilung des Bestandes des Schutzrechtes zuständig ist. 35

Diese Frage hatte der Gerichtshof im Geltungsbereich von Art. 16 Nr. 4 EuGVÜ (=Art. 16 Nr. 4 aLugÜ) im Verfahren ***GAT/LuK*** zu beurteilen[79]. Er kam zum Schluss, dass die ausschliessliche Zuständigkeit von Art. 16 Nr. 4 EuGVÜ auch dann massgeblich sei, wenn die Frage der Nichtigkeit 36

75 BGE 132 III 778 E. 2.

76 Vgl. Bericht JENARD zu Art. 16 Rz. 112; KROPHOLLER, Art. 22 Rz. 51; GEIMER/SCHÜTZE, Art. 22 Rz. 228. Vgl. auch BGE 132 III 778 E. 2.

77 GEIMER/SCHÜTZE, Art. 22 Rz. 228, wonach sich bei der Verletzung eines europäischen Patents sowohl der Handlungs- als auch der Erfolgsort i.S.v. Art. 5 Nr. 3 im dem Mitgliedstaat befindet, in welchem der betreffende Schutzrechtsteil liegt. Vgl. auch Kommentar DESG-JERMANN, Art. 35 Rz. 84 ff.; LOCHER, sic! 2006, 245; insbesondere kann infolge des geänderten Wortlauts von Art. 5 Nr. 3 nunmehr auch die Unterlassungsklage am (voraussichtlichen) Deliktsort erhoben werden, LOCHER 247.

78 Vgl. KROPHOLLER, Art. 22 Rz. 50 f.; GEIMER/SCHÜTZE, Art. 22 Rz. 228; vgl. auch BSK IPRG-JEGHER, Art. 109 Rz. 28; in casu offen gelassen: BGE 129 III 295 E. 2.1.

79 EuGH 13.07.2006, Rs. C-4/03, *GAT/LuK,* Slg. 2006, 6501.

des Schutzrechtes «lediglich» als Einrede (oder als Widerklage) erhoben werde[80]. Dieses Ergebnis wurde damit begründet, dass die ausschliessliche Zuständigkeit nach Art. 16 Nr. 4 jenen Gerichten vorbehalten sei, zu denen eine sachliche und rechtliche Nähe bestehe; mit Bezug auf die Eintragung eines Patentes sei dies das Gericht des Registerortes. Zudem weist der Gerichtshof darauf hin, dass die Registrierung der Schutzrechte durch nationale Verwaltungen erfolge; dieser Ausfluss nationaler Souveränität stelle einen weiteren Rechtfertigungsgrund für die ausschliessliche Zuständigkeit nach Art. 16 Nr. 4 dar. Schliesslich sehen einige Mitgliedstaaten bezüglich des Einwands der Nichtigkeit im Verletzungsprozess eine erga-omnes-, andere Vertragsstaaten eine inter-partes-Wirkung vor. Auf Grund dieser unterschiedlichen Rechtslagen käme es zu Ungleichheiten, wenn das Gericht, das in der Hauptsache eine Verletzungsklage zu beurteilen hat, vorfrageweise auch über die Wirksamkeit des Patents entscheiden müsste[81].

37 Für den EuGH erfasst Art. 16 Nr. 4 EuGVÜ somit alle Arten von Rechtsstreitigkeiten, welche die Eintragung oder Gültigkeit eines Schutzrechtes betreffen, und zwar unabhängig davon, ob der Bestand des Schutzrechtes klage- oder einredeweise in Frage gestellt wird. Wird mit anderen Worten im Rahmen eines Verletzungsverfahrens die Einrede der Ungültigkeit des Schutzrechtes erhoben, ist das angerufene Gericht für die Beurteilung des Bestandes des Schutzrechtes unzuständig, falls sich das Register in einem anderen Vertragsstaat befindet.

38 Dieser Entscheid wurde in der Lehre mehrheitlich kritisiert[82]. Diese Rechtsprechung führe zu einer **Verfahrensverzögerung,** weil das mit dem Verletzungsanspruch befasste Gericht auch nicht vorfrageweise (und inter partes) über den Bestand des Schutzrechtes entscheiden könne; dies gelte insbesondere für Nichtigkeitsklagen, die in einem Staat mit bekanntermassen langsam arbeitenden Gerichten zu beurteilen sind[83]. Zudem führe

---

[80] EuGH 13.07.2006, Rs. C-4/03, *GAT/LuK,* Slg. 2006, 6501 Rz. 25.

[81] EuGH 13.07.2006, Rs. C-4/03, *GAT/LuK,* Slg. 2006, 6501 Rz. 20 ff.

[82] Kritisch zu diesem Entscheid etwa Schauwecker, GRUR Int. 2008, 101 f.; Reichhardt, GRUR Int. 2008, 579; Gottschalk, JZ 2007, 303; Kubis, Mitt. 2007, 220 ff.; Adolphsen, IPRax 2007, 16 f.; Heinze/Roffael, GRUR Int. 2006, 795 f.; Zöller/Geimer, Art. 22 EuGVVO Rz. 23.

[83] Vgl. Adolphsen, IPRax 2007, 19; Hess-Blumer 887; vgl. auch Heinze/Roffael, GRUR Int. 2006, 796 ff.

der Entscheid des EuGH dazu, dass die materiellrechtliche Einrede eine zuständigkeitsbegründende Wirkung entfalte, indem der Beklagte in dem Staat, in welchem das Register geführt wird, eine Nichtigkeitsklage anheben muss[84].

39 Dennoch wurde im Rahmen der Revision des LugÜ diese Rechtsprechung kodifiziert und Art. 22 Nr. 4 in dem Sinne ergänzt, dass sich die ausschliessliche Zuständigkeit auch auf Verfahren bezieht, in welchen die Ungültigkeit oder Nichtigkeit des Schutzrechtes lediglich einrede- oder widerklageweise geltend gemacht wird (Rz. 35).

40 In seinem Entscheid *GAT/LuK* liess der EuGH jedoch offen, wie konkret vorzugehen ist, wenn der Beklagte die Nichtigkeit des Schutzrechtes einredeweise geltend macht. Hat sich das angerufene Gericht insgesamt (auch für die Verletzungsklage) für unzuständig zu erklären oder lediglich mit Bezug auf die Nichtigkeitseinrede, oder hat es die Verletzungsklage zu sistieren, bis das zuständige Gericht des Registerstaates über die Gültigkeit des Schutzrechtes entschieden hat?[85]

41 Nach Ansicht des Zürcher Handelsgerichts ist in einem solchen Fall das Verletzungsverfahren **vorläufig zu sistieren** und dem Beklagten Frist einzuräumen, bei der nach Art. 22 Nr. 4 zuständigen Behörde Klage auf Feststellung der Ungültigkeit einzureichen, andernfalls die Nichtigkeitseinrede nicht beachtet werde[86]. Ist über die Gültigkeit rechtskräftig entschieden, wird das sistierte Verfahren wieder aufgenommen[87]. Ein solches Vorgehen ist zwar pragmatisch; es ist allerdings fraglich, ob die Sistierung mit gleichzeitiger Fristansetzung Art. 25 entspricht[88].

42 Für den Fall, dass die **Nichtigkeitseinrede missbräuchlich erhoben** wird, wird die Ansicht vertreten, dass das angerufene Gericht nicht verpflichtet

---

84 Vgl. RAUSCHER/MANKOWSKI, Art. 22 Rz. 47.

85 Vgl. Schlussanträge GA Geelhoed in Rz. 46 zu EuGH 13.07.2006, Rs. C-4/03, *GAT/LuK,* Slg. 2006, 6501.

86 ZR 105 (2006) Nr. 75; vgl. hierzu etwa HESS-BLUMER 882; vgl. auch ADOLPHSEN Rz. 446 sowie DERS., IPRax 2007, 15, 19.

87 Botschaft LugÜ Ziff. 2.3.5; DASSER/OBERHAMMER-BLUMER, Art. 16 Nr. 4 Rz. 33; ZR 105 (2006) Nr. 75, insb. S. 314 = sic! 2006, 854, Anm. HESS-BLUMER, sic! 2006, 882 ff.

88 Vgl. dazu REICHARDT, GRUR Int. 2008, 578 f.

sei, darauf einzutreten[89]. Das ist im Grundsatz zwar zutreffend; in welchen konkreten Fällen das Rechtsmissbrauchsverbot anwendbar sein soll, ist aber noch weitgehend ungeklärt.

43 In diesem Zusammenhang stellt sich die Frage, ob ein um **vorsorgliche Massnahmen** ersuchtes Gericht zur Beurteilung der Nichtigkeitseinwendung zuständig ist. Nach Art. 31 können die Gerichte eines LugÜ-Staates zum Erlass einstweiliger Verfügungen auch dann zuständig sein, wenn sie es in der Hauptsache nicht sind. Da in einem Massnahmeverfahren über eine Nichtigkeitseinrede nicht endgültig entschieden wird (dies erfolgt erst im ordentlichen Prozess), kann der Massnahmerichter trotz erhobener Nichtigkeitseinrede einstweilige Verfügungen erlassen[90]; die Beurteilung der Nichtigkeit bzw. Gültigkeit richtet sich dabei nach dem Recht des jeweiligen Schutzstaates[91].

IX. Vorbehalt multilateraler Spezialübereinkommen und EU-Rechtsakte (Art. 22 Nr. 4 Abs. 2 und Art. 67)

44 Auf dem Gebiet des gewerblichen Rechtsschutzes bestehen zahlreiche **internationale Vereinbarungen** und verschiedene EU-Verordnungen. Zum einen wurden Staatsverträge geschlossen, welche die Erteilung oder Hinterlegung eines Schutzrechtes vereinheitlichen. Diese Übereinkommen verleihen dem Schutzrechtsinhaber ein Bündel nationaler Rechte (z.B. das EPÜ). Das erteilte Schutzrecht wirkt für die benannten Staaten jeweils grundsätzlich mit dem Inhalt, den ein entsprechendes national erteiltes Schutzrecht hätte[92]. Zum anderen hat die EU für bestimmte Rechtsgebiete Schutzrechte geschaffen, die von vornherein für alle Staaten der EU einheitlich und mit einheitlichem Inhalt erteilt und gelöscht werden.

45 Sowohl die multilateralen Übereinkommen wie auch die Rechtsakte der EU enthalten zuweilen für die von ihnen geregelten Rechtsgebiete Vor-

[89] Vgl. Schlussanträge GA Geelhoed in Rz. 46 zu EuGH 13.07.2006, Rs. C-4/03, *GAT/LuK,* Slg. 2006, 6501; Hess-Blumer 887; vgl. Rauscher/Mankowski, Art. 22 Rz. 47 f.; Slonina, SZZP 2005, 319 f.

[90] Stieger 5; Hess-Blumer 887.

[91] Dasser/Oberhammer-Blumer, Art. 16 Nr. 4 Rz. 36 f.

[92] Bericht Schlosser Rz. 173.

schriften über die internationale Zuständigkeit und/oder die Anerkennung sowie Vollstreckung von Entscheidungen.

Art. 67 regelt das Verhältnis zwischen dem LugÜ und den auf «besonderen Rechtsgebieten» geschlossenen Spezialübereinkommen. Nach Art. 67 werden die Rechtsakte der EU den Staatsverträgen gleichgestellt (Protokoll 3 über die Anwendung von Art. 67). Sofern die Sonderkonventionen und Rechtsakte der EU die gerichtliche Zuständigkeit regeln, gehen diese Bestimmungen den Vorschriften des LugÜ vor[93]. Dies gilt nicht nur für bestehende, sondern auch für künftige Übereinkommen und Rechtsakte der EU. Falls das Spezialübereinkommen (oder der Rechtsakt der EU) die direkte Zuständigkeit nicht regelt, sind die Zuständigkeitsvorschriften des LugÜ massgeblich. Regelt das Spezialübereinkommen (bzw. der Rechtsakt der EU) hingegen nur einen Teilbereich, so bleibt das LugÜ für den *Restbereich* einschlägig[94]. Dies führt zuweilen zu einem komplizierten Nebeneinander von Zuständigkeitsvorschriften, das die Rechtsanwendung erschwert. Die Frage des Verhältnisses zwischen den Zuständigkeitsvorschriften des LugÜ und des Spezialübereinkommens stellt sich für das angerufene Gericht aber nur, wenn dessen Staat sowohl der Sonderkonvention wie auch dem LugÜ beigetreten ist. Nicht massgeblich sind die Rechtsakte der EU für Schweizer Gerichte (vgl. Protokoll 3 Rz. 1 ff.). 46

1. Münchner Übereinkommen über die Erteilung europäischer Patente

Mit dem Münchner Übereinkommen über die Erteilung europäischer Patente (**Europäisches Patentübereinkommen**, EPÜ), dem auch die Schweiz angehört[95], haben die Mitgliedstaaten nicht nur die Voraussetzungen der Patentierbarkeit, sondern auch das Verfahrensrecht und gewisse Aspekte des materiellen Patentrechts vereinheitlicht. Die erteilten Patente wirken allerdings nur für die Staaten, für welche ein Schutz beantragt und erteilt wurde (Art. 2 Abs. 2; Art. 3 EPÜ)[96]. Das europäische Patent wirkt somit wie ein Bündel nationaler Patente. 47

[93] Ausführlich MÄDER 168 ff.; vgl. auch Botschaft LugÜ Ziff. 2.3.5; KROPHOLLER, Art. 22 Rz. 56.
[94] Vgl. nur KROPHOLLER, Art. 67 Rz. 2 f. Ausführlicher hierzu, Art. 67 Rz. 5 ff.
[95] Abgeschlossen am 5. Oktober 1973, revidiert am 29. November 2000, für die Schweiz in Kraft getreten am 13. Dezember 2007, SR 0.232.142.2.
[96] Vgl. nur KROPHOLLER, Art. 22 Rz. 55; DASSER/OBERHAMMER-BLUMER, Art. 16 Nr. 4 Rz. 50.

48 Das EPÜ enthält ein Protokoll über die gerichtliche Zuständigkeit und die Anerkennung von Entscheidungen über den Anspruch auf Erteilung eines europäischen Patents («Anerkennungsprotokoll»)[97]. Das Anerkennungsprotokoll regelt unter anderem die Zuständigkeit für Klagen im Zusammenhang mit der Erteilung eines europäischen Patents für einen oder mehrere der in der europäischen Patentanmeldung benannten Staaten.

49 Soweit das Anerkennungsprotokoll die Zuständigkeit des **Europäischen Patentamtes** regelt, geht es den Vorschriften des LugÜ vor (Art. 67; Art. 22 Nr. 4 Abs. 2)[98].

50 Das Europäische Patentamt ist somit für das Eintragungs- (Art. 75 ff. EPÜ), das Einspruchs- (Art. 99 ff. EPÜ) und das Beschwerdeverfahren (Art. 106 ff. EPÜ) ausschliesslich zuständig; für diese Verfahren ist das LugÜ nicht massgeblich.

51 Das Anerkennungsprotokoll zum EPÜ regelt jedoch lediglich die Zuständigkeit für solche Klagen, die **vor der Erteilung** des Patents erhoben werden[99]; für Streitigkeiten nach der Patenterteilung ist das Europäische Patentamt unzuständig.

Nach Abschluss des Einleitungs- und eines allfälligen Einspruchsverfahrens bestimmt sich die Zuständigkeit vielmehr nach dem LugÜ. Deshalb ist eine allfällige Nichtigkeitsklage oder -einrede nicht beim EPA, sondern in dem LugÜ-Staat anzuheben, für welchen das europäische Patent erteilt wurde (Art. 22 Nr. 4 Abs. 2)[100]. Mit Bezug auf die Zuständigkeit für die übrigen Klagen (wie Verletzungs- oder Abtretungsklagen) kann auf die Ausführungen unter Rz. 27 ff. und 31 ff. verwiesen werden.

---

97 SR 0.232.142.22.

98 ZR 107 (2008) Nr. 16, E. 2.2.2; DASSER/OBERHAMMER-BLUMER, Art. 16 Nr. 4 Rz. 53; GEIMER/SCHÜTZE, Art. 22 Rz. 250; CZERNICH/TIEFENTHALER/KODEK-TIEFENTHALER, Art. 22 Rz. 45.

99 Entsprechend regeln Art. 1 ff. des Anerkennungsprotokolls zum EPÜ die Zuständigkeit für «Klagen gegen den Anmelder». Die zeitliche Grenze bestimmt sich nach der Patenterteilung, Art. 97 Abs. 3 EPÜ; STAUDER, in: Beier/Haertel/Schricker, Anerkennungsprotokoll, Art. 1 Rz. 7 f.: Siehe auch ZR 107 (2008) Nr. 16, E. 2.2.1, betreffend ein Begehren auf Abtretung einer europäischen Patentanmeldung.

100 KROPHOLLER, Art. 22 Rz. 56; CZERNICH/TIEFENTHALER/KODEK-TIEFENTHALER, Art. 22 Rz. 45; GEIMER/SCHÜTZE, Int. Rechtsverkehr-THIEL/TSCHAUNER, Art. 22 Rz. 67.

2. Markenrecht

a) Madrider Markenübereinkommen und Protokoll zum Madrider Markenübereinkommen

Das **Madrider Abkommen** über die internationale Registrierung von Marken (MMA)[101] und das Protokoll zum MMA (MMP)[102] ermöglichen die Eintragung einer internationalen Marke (IR-Marke) in einem oder mehreren Verbandsstaaten mittels einer einzigen Hinterlegung. Nach erfolgter Eintragung beim Internationalen Büro der Weltorganisation für geistiges Eigentum (OMPI/WIPO) in Genf ist die Marke grundsätzlich in all jenen Verbandsstaaten der Madrider Union geschützt, die bei der Hinterlegung ausdrücklich als Schutzländer beansprucht worden sind[103]. Mit der Registrierung erwirbt der Markenrechtsinhaber ein Bündel voneinander unabhängiger nationaler Markenrechte, die ein unterschiedliches rechtliches Schicksal haben können[104]. Die durch Vermittlung des Ursprungsstaates vorgenommene Eintragung hat somit die gleiche Wirkung, wie wenn die fragliche Marke unmittelbar in den betreffenden Staaten hinterlegt worden wäre (vgl. Art. 46 MSchG). Die Eintragung, Löschung oder Änderung des Schweizer Teils einer internationalen Marke unterliegt in der Schweiz grundsätzlich den gleichen Voraussetzungen wie eine nationale Marke[105]. 52

Das MMA sieht vor, dass *während fünf Jahren* nach der internationalen Registrierung die im Ursprungsland geschützte «Basis»-Marke durch einen **«zentralen Angriff»** angefochten werden kann, womit die IR-Marke in allen anderen Schutzländern ebenfalls dahinfällt (vgl. Art. 6 Abs. 2 und 3 MMA, Art. 6 Abs. 2 und 3 MMP)[106]. 53

Für Streitigkeiten **nach erfolgter Hinterlegung** (bzw. nach Ablauf der fünfjährigen Frist, s. Rz. 53) der IR-Marke bestimmt sich die Zuständigkeit nach den gleichen Vorschriften, wie wenn eine nationale Marke zu beur- 54

[101] Das MMA wurde mehrfach revidiert; die Schweiz ist der Stockholmer Fassung von 1967 beigetreten, SR 0.232.112.3.

[102] SR 0.232.112.4; das MMP ist für die Schweiz seit dem 01.01.1997 in Kraft.

[103] Vorbehalten bleibt die nachträgliche Schutzverweigerung durch die nationalen Markenbehörden der jeweiligen Schutzländer, vgl. Art. 5 MMA.

[104] Die internationale Marke hat für jedes Schutzland dieselbe Wirkung wie eine im jeweiligen Staat eingetragene nationale Marke, Dasser/Oberhammer-Blumer, Art. 16 Nr. 4 Rz. 60.

[105] Vgl. im Einzelnen BSK MSchG-David, Art. 46 Rz. 3 ff.

[106] Dasser/Oberhammer-Blumer, Art. 16 Nr. 4 Rz. 61.

teilen wäre[107]. Mit Bezug auf die Zuständigkeit für Bestandes- oder Verletzungsklagen kann deshalb auf die vorstehenden Ausführungen verwiesen werden (s. Rz. 18 ff., 31 ff.). Wird etwa im Rahmen eines Verletzungsprozesses vor einem Schweizer Gericht behauptet, der Beklagte verletze die IR-Marke für die Schutzländer Schweiz und Frankreich, und erhebt der Beklagte Widerklage mit dem Antrag, die IR-Marke sei für Frankreich als nichtig zu erklären, so sind für diese Widerklage ausschliesslich die französischen Gerichte zuständig.

55 Eine IR-Marke wird lediglich am OMPI in Genf hinterlegt, obschon sich der Schutz auf mehrere Staaten erstrecken kann. Mit Bezug auf den Rechtsschutz nach Art. 22 Nr. 4 gilt die IR-Marke aber als in dem Staat «hinterlegt», für welchen ein Schutz geltend gemacht wird. Dies wird in Art. 22 Nr. 4 Abs. 1, letzter Satzteil, ausdrücklich festgeschrieben, wenn es heisst, dass die Gerichte des Staates ausschliesslich zuständig sind, «in dessen Hoheitsgebiet die Hinterlegung oder Registrierung (...) aufgrund eines zwischenstaatlichen Übereinkommens als vorgenommen gilt»[108]. Soll etwa die Marke in einem Staat für nichtig erklärt werden, ist die Klage in dem Staat anzustrengen, für welchen bei der Eintragung Schutz beantragt wurde und nicht in dem Staat, in welchem die Anmeldung erfolgte[109].

b) Verordnung über die Gemeinschaftsmarke

56 Nationale Markenrechte können als «Monopolrechte» den freien Warenverkehr und den unverfälschten Wettbewerb gefährden. Deshalb schuf die EU mit der Verordnung (EG) Nr. 40/94 des Rates vom 20. Dezember 1993 die Möglichkeit, eine für die gesamte Gemeinschaft gültige Marke (Gemeinschaftsmarke) zu hinterlegen. Diese Verordnung wurde durch eine neue **Gemeinschaftsmarkenverordnung** (im Folgenden: «GMVO») (Verordnung [EG] Nr. 207/2009 des Rates vom 26. Februar 2009), welche am 13. April 2009 in Kraft getreten ist (vgl. Art. 166 Abs. 1 GMVO)[110], ersetzt.

---

[107] Schlosser, Art. 22 Rz. 23.

[108] Vgl. Dasser/Oberhammer-Blumer, Art. 16 Nr. 4 Rz. 63.

[109] Vgl. BGer 19.08.2005, 4C.159/2005; Kropholler, Art. 22 Rz. 54. Es ist allerdings darauf hinzuweisen, dass die IR-Marke für die ersten fünf Jahre vom Schutz der im Ursprungsland geschützten Marke (Basismarke) abhängt. Während dieser Zeit ist es möglich, durch Nichtigerklärung der Basismarke das gesamte Markenbündel zu vernichten, sog. attaque centrale (zentraler Angriff), Art. 6 Abs. 3 MMA.

[110] Siehe auch die Konkordanztabelle im Anhang II der GMVO.

Die **Gemeinschaftsmarke** tritt nicht an die Stelle, sondern vielmehr *neben* die Markenrechte der Mitgliedstaaten der EU (vgl. Erwägung Nr. 6 GMVO). Inhaber einer solchen Gemeinschaftsmarke können nicht nur die Angehörigen eines EU-Mitgliedstaates, sondern auch natürliche und juristische Personen anderer Vertragsstaaten der Pariser Verbandsübereinkunft (Art. 5 GMVO) sein. Deshalb kann auch ein Schweizer Unternehmen grundsätzlich wählen, ob es seine Marke (i) direkt in einzelnen EU-Staaten oder (ii) aufgrund des Madrider Übereinkommens und des Protokolls zum Madrider Übereinkommen in mehreren Staaten oder (iii) schliesslich für das gesamte Gebiet der EU als Gemeinschaftsmarke beim Harmonisierungsamt für den Binnenmarkt («Amt») in Alicante (Spanien) hinterlegen will. 57

Da die Gemeinschaftsmarke für das gesamte Gebiet der EU wirksam ist, ist das **Eintragungsverfahren** zentralisiert. Aus dem gleichen Grund schreibt die GMVO einheitliche Regeln für Entscheidungen über die Gültigkeit und die Verletzung der Gemeinschaftsmarke vor. Folgerichtig enthält die GMVO zahlreiche Bestimmungen, welche die Zuständigkeit und das Verfahren mit Bezug auf die Eintragung, Löschung und Verletzung einer Gemeinschaftsmarke regeln[111]. Diese Zuständigkeitsvorschriften gehen auch den Bestimmungen des LugÜ bzw. der EuGVVO vor (Art. 67 LugÜ). Zwar sieht die GMVO vor, dass die EuGVVO massgeblich sei, soweit die GMVO keine abweichende Regelung enthalte. Auf Grund der detaillierten Regelung in der GMVO bleibt aber für die EuGVVO praktisch kein Raum[112]. 58

Im Verhältnis zu den EU-Staaten gelten auch die EFTA-Staaten als Drittstaaten. Im Anwendungsbereich der GMVO wird ein EU-Gericht deshalb zunächst die Zuständigkeitsbestimmungen der GMVO beachten müssen[113], und zwar unabhängig davon, ob eine oder beide Parteien ihren Sitz in einem EFTA-Staat haben. Für Drittstaaten wie etwa die Schweiz ist die GMVO nicht massgeblich. 59

[111] Vgl. Art. 36 ff. GMVO für das Eintragungsverfahren, Art. 95 ff. GMVO für das Verfahren betreffend Verletzung. Ausführlich hierzu HUET, J.D.I. 1994, 623 ff.; KOHLER 651 ff.

[112] Vgl. nur KROPHOLLER, Art. 22 Rz. 58; DASSER/OBERHAMMER-BLUMER, Art. 16 Nr. 4 Rz. 66; GEIMER/SCHÜTZE, Int. Rechtsverkehr – THIEL/TSCHAUNER, Art. 22 Rz. 70.

[113] Art. 67 LugÜ und Protokoll Nr. 3 über die Anwendung von Art. 67 LugÜ; DASSER/OBERHAMMER-BLUMER, Art. 16 Nr. 4 Rz. 64.

60 Ein Gericht in einem EFTA-Staat beurteilt seine Zuständigkeit somit nach dem LugÜ, auch wenn Streitgegenstand eine Gemeinschaftsmarke sein sollte[114]. Macht der Kläger vor einem **Schweizer Gericht** die Verletzung einer Gemeinschaftsmarke geltend, so hat das angerufene Gericht in einem ersten Schritt zu prüfen, ob es nach dem LugÜ zuständig ist. Die Zuständigkeitsordnung der GMVO ist für ein Schweizer Gericht nicht massgeblich. Richtet sich etwa die Verletzungsklage gegen einen in der Schweiz wohnhaften Beklagten, wäre das Schweizer Gericht nach Art. 2 LugÜ für die Verletzungsklage zuständig. Macht der Beklagte in einem solchen Verfahren jedoch einredeweise geltend, die Gemeinschaftsmarke sei nichtig, ist das angerufene Schweizer Gericht für die Beurteilung der Nichtigkeit nach Art. 22 Nr. 4 nicht zuständig (s. Rz. 35 ff.)[115]. Für die Beurteilung der Nichtigkeit einer Gemeinschaftmarke sind vielmehr die in der GMVO vorgesehenen Gerichte / Instanzen zuständig[116].

3. Designs (Muster und Modelle)

a) Haager Übereinkommen über die internationale Hinterlegung gewerblicher Muster oder Modelle

61 Wie mit dem MMA für Marken wird mit dem Haager Übereinkommen über die internationale Hinterlegung gewerblicher Designs bzw. Muster und Modelle (HMA)[117] die vereinfachte Hinterlegung solcher Schutzrechte bezweckt.

62 Wer ein gewerbliches Design bzw. Muster oder Modell international hinterlegt, erlangt dadurch den gleichen Schutz, wie wenn er dieses Schutzrecht direkt in einem Verbandsstaat hinterlegt hätte[118]. Der Hinterleger er-

---

114 Dasser/Oberhammer-Blumer, Art. 16 Nr. 4 Rz. 65.

115 Vgl. Dasser/Oberhammer-Blumer, Art. 16 Nr. 4 Rz. 65, für den in einem solchen Fall Art. 16 Nr. 4 aLugÜ lediglich «analog» anwendbar sein soll; das ist nicht zutreffend, weil es um die Beurteilung eines eingetragenen Schutzrechtes in einem anderen LugÜ-Staat geht; Art. 22 Nr. 4 ist somit unmittelbar und nicht bloss analog anwendbar. Für die Anwendbarkeit von Art. 22 Nr. 4 ist unerheblich, ob eine Eintragung aufgrund eines «Übereinkommens» oder eines «Gemeinschaftsrechtsakts» erfolgt.

116 Siehe Art. 92–93 GMVO; Kropholler, Art. 22 Rz. 58.

117 Das Übereinkommen wurde mehrfach revidiert; für die Schweiz gilt die Fassung von 1999 («Genfer Akte»), welche am 23.12.2003 in Kraft getreten ist (SR 0.232.121.2), vgl. Kommentar DesG-Stutz/Beutler/Künzi, Art. 29 Rz. 14.

118 Dasser/Oberhammer-Blumer, Art. 16 Nr. 4 Rz. 62.

wirbt ein **Bündel** nationaler Schutzrechte[119]. Dies gilt selbst dann, wenn die internationale Hinterlegung nicht nur durch Vermittlung der nationalen Behörden, sondern unmittelbar beim Internationalen Büro der Weltorganisation für geistiges Eigentum (OMPI) hinterlegt wurde[120]. Mit Bezug auf die Anwendbarkeit von Art. 22 Nr. 4 gilt das zum MMA Gesagte (s. Rz. 52 ff.)[121].

b) EU-Verordnungen betreffend Geschmacksmuster und Sortenschutz

Neben den Marken (s. Rz. 52 ff.) hat die EU auch die Schutzrechte für Geschmacksmuster (GGMVO)[122] und den Sortenschutz (GSSchVO)[123] geregelt. 63

Die EU-Verordnung über das Gemeinschafts-Geschmackmuster (GGMVO) enthält in Art. 79 ff. Bestimmungen zur Zuständigkeit, welche denjenigen der GMVO entsprechen. Diese Zuständigkeitsbestimmungen der GGMVO gehen der EuGVVO vor[124]. Zur Zuständigkeit von Schweizer Gerichten zur Beurteilung von Gemeinschaftsmarken s. Rz. 59 f. Wird im Rahmen eines Verletzungsprozesses vor einem Schweizer Gericht die Einrede der Nichtigkeit des eingetragenen Gemeinschafts-Geschmackmusters erhoben, ist das Schweizer Gericht für diesen Aspekt nicht zuständig (Art. 22 Nr. 4, s. Rz. 35 ff.). 64

Die EU-Sortenschutzverordnung (GSSchVO) bestimmt in ihrem Art. 20, dass für die Nichtigerklärung des gemeinschaftlichen Sortenschutzes aus- 65

---

119 Kommentar DesG-Stutz/Beutler/Künzi, Art. 29 Rz. 13. Siehe auch Rauscher/Mankowski, Art. 22 Rz. 48a.

120 Die Schweiz hat von der Möglichkeit, internationale Hinterlegungen nur durch Vermittlung der nationalen Behörden vornehmen zu lassen, keinen Gebrauch gemacht, vgl. Art. 4 Abs. 1 Ziff. 2 HMA; hierzu Kommentar DesG-Stutz/Beutler/Künzi, Teil C Rz. 255. Vgl. auch Lutz/Heinzelmann 50.

121 Siehe etwa OLG München 15.05.2003, 29 U 1977/03 = IPRax 2004 346, mit Anm. Kur, IPRax 2004, 331 f.

122 Verordnung (EG) Nr. 6/2002 des Rates vom 12. Dezember 2001 über das Gemeinschaftsgeschmacksmuster, ABl. L 3 vom 05.01.2002, 1.

123 Verordnung (EG) Nr. 2100/94 des Rates vom 27. Juli 1994 über den gemeinschaftlichen Sortenschutz, ABl. L 227 vom 01.09.1994, 1.

124 Art. 79 Abs. 1 GGMVO. Vgl. Dasser/Oberhammer-Blumer, Art. 16 Nr. 4 Rz. 67.

schliesslich das Sortenamt mit Sitz in Angers (Frankreich) zuständig ist[125]. Mit Bezug auf die Zuständigkeit von Schweizer Gerichten wird auf Rz. 59 f. verwiesen.

[125] DASSER/OBERHAMMER-BLUMER, Art. 16 Nr. 4 Rz. 68.

Art. 22 – Nr. 5

Ohne Rücksicht auf den Wohnsitz sind ausschliesslich zuständig:

5. für Verfahren, welche die Zwangsvollstreckung aus Entscheidungen zum Gegenstand haben, die Gerichte des durch dieses Übereinkommen gebundenen Staates, in dessen Hoheitsgebiet die Zwangsvollstreckung durchgeführt werden soll oder durchgeführt worden ist.

Art. 22 – No. 5

Sont seuls compétents, sans considération de domicile:

5. en matière d'exécution des décisions, les tribunaux de l'État lié par la présente Convention du lieu de l'exécution.

Art. 22 – No. 5

Indipendentemente dal domicilio, hanno competenza esclusiva:

5. in materia di esecuzione delle decisioni, i giudici dello Stato vincolato dalla presente convenzione nel cui territorio ha luogo l'esecuzione.

Art. 22 – No. 5

The following courts shall have exclusive jurisdiction, regardless of domicile:

5. in proceedings concerned with the enforcement of judgments, the courts of the State bound by this Convention in which the judgment has been or is to be enforced.

Literatur: AMMON, Zur Frage des Gerichtsstandes für die paulianische Anfechtung, in: Meier/Riemer/Weimar (Hrsg.), Recht und Rechtsdurchsetzung, Festschrift für Hans Ulrich Walder zum 65. Geburtstag, Zürich 1994, 427; BAUR/STÜRNER/BRUNS, Zwangsvollstreckungsrecht, 13. Aufl., Heidelberg 2006; Botschaft über die Änderung des Bundesgesetzes über Schuldbetreibung und Konkurs vom 8. Mai 1999, BBl 1991 III 1 ff. (zit. BOTSCHAFT SCHKG); BRÖNNIMANN, Zur Klage nach Art. 85a SchKG («Negative Feststellungsklage»), AJP 1996, 1394; BRUNNER/REUTTER, Kollokations- undWiderspruchsklagen nach SchKG, 2. Aufl., Bern 2002; CHENAUX, Un survol de l'action révocatoire en droit international privé suisse, SJZ 1996, 232; DOLGE, Internationale Zuständigkeit für zwangsvollstreckungsrechtliche Klagen nach dem revidierten Lugano-Übereinkommen, Zürich 2009; DOMEJ, Der «Lugano-Zahlungsbefehl» – Titellose Schuldbetreibung in der Schweiz nach der LugÜ-Revision, ZZPInt 2008, 167; DROZ, Compétence judiciaire et effets des jugements dans le marché commun, Paris 1972; FRITZSCHE/WALDER, Schuldbetreibung und Konkurs nach schweizerischem Recht, Band 1 und 2, 3. Aufl., Zürich 1984–1993; GEHRI, Wirtschaftsrechtliche Zuständigkeiten im internationalen Zivilprozessrecht der Schweiz, Diss., Zürich 2002; GILLIÉRON, Poursuite pour dette, faillite et concordat, 4. Éd., Basel 2005; GRUNSKY, Das verfahrenseinleitende Schriftstück beim Mahnverfahren, IPRax 1996, 245; GULDENER, Schweizerisches Zivilprozessrecht, 3. Aufl., Zürich 1979; DERS., Zwangsvollstreckung und Zivilprozess, ZSR 1955, 20; HANISCH, Internationalprivatrecht der Gläubigeranfechtung, ZIP 1981, 569; JAMETTI GREINER, Der vorsorgliche Rechtsschutz im internationalen Verhältnis, ZBJV 1994, 649; DIES., Die vollstreckbare öffentliche Urkunde, Der Bernische Notar 1993, 37; JENT-SORENSEN, Die Rechtsdurchsetzung bei der Grundstückverwertung in der Spezialexekution, Zürich 2003; JUCKER, Der internationale Gerichtsstand der schweizerischen paulianischen Anfechtungsklage, Diss., Zürich 2007; KAUFMANN-KOHLER, Commandement de payer, mainlevée provisoire, action en libération de dette et Convention de Lugano, Réflexions à l'occasion d'un arrêt du Tribunal

Fédéral, SemJud 1995, 537; KILLIAS, Internationale Zuständigkeit für Arrest- und Arrestprosequierungsverfahren in der Schweiz, RIW 1996, 1005; KREN KOSTKIEWICZ/RODRIGUEZ, Der unwidersprochene Zahlungsbefehl im revidierten Lugano-Übereinkommen, Jusletter 26. April 2010; KREN, Anerkennbare und vollstreckbare Titel nach IPR-Gesetz und Lugano-Übereinkommen, in: Schwander/Stoffel (Hrsg.), Beiträge zum schweizerischen und internationalen Zivilprozessrecht, FS Vogel, Freiburg 1991, 419; MARKUS, Lugano-Übereinkommen und SchKG-Zuständigkeiten: Provisorische Rechtsöffnung, Aberkennungsklage und Zahlungsbefehl, Diss., Basel/ Frankfurt a.M. 1996; DERS., Provisorische Rechtsöffnung und Zuständigkeit nach dem Lugano-Übereinkommen, ZBJV 1995, 323; MARKUS, Zahlungsbefehl als Mahntitel nach dem revidierten Lugano-Übereinkommen, in: Kren Kostkiewicz/Markus/Rodriguez (Hrsg.), Internationaler Zivilprozess 2011, Bern 2010, 33 (zit. MARKUS, Zahlungsbefehl); MARKUS, Provisorische Rechtsöffnung als Vollstreckungsverfahren nach Art. 22 Nr. 5 LugÜ/EuGVVO, AJP 2011, 850 ff.; MEIER, Besondere Vollstreckungstitel nach dem Lugano-Übereinkommen, in: Schwander, Das Lugano-Übereinkommen, St. Gallen 1990, 157; MEIER/SOGO, Internationale Zuständigkeit für Klagen des Vollstreckungsschuldners im schweizerischen Recht, in: Bachmann et al. (Hrsg.), Grenzüberschreitungen, FS Schlosser, Tübingen 2005, 579; MEIER-DIETERLE, Arrestpraxis ab 1. Januar 2011 AJP 2010, 1211; MERKT, Les mesures provisoires en droit international privé, Diss. Zürich 1993; NELLE, Anspruch, Titel und Vollstreckung im internationalen Rechtsverkehr, Tübingen 2000; ROTH, Die negative Feststellungsklage zur Abwehr drohender Zwangsvollstreckung als Anwendungsfall von Art. 16 Nr. 5 Lugano-Übereinkommen, IPRax 1999, 50; SCHACK, Internationales Zivilverfahrensrecht, 5. Aufl., München 2010; SCHLOSSER, Das anfechtbar verschenkte Ferienhaus in der Provence und die internationale Zuständigkeit der Gerichte, IPRax 1993, 17; SCHLOSSER, Gläubigeranfechtungsklage nach französischem Recht und Art. 16 EuGVÜ, IPRax 1991, 29; SCHMIDT, Note sur la coexistence possible entre la procédure de mainlevée provisoire et l'action en libération de dette selon la Convention de Lugano, SJ 1996, 13; SCHÜPBACH, Des trois dimensions temporelles du droit de révocation (Art. 285 à 292 LP du 11 avril 1889, révisée le 16 décembre 1994), AJP 1996, 1446; SCHWANDER, Gerichtszuständigkeiten im Lugano-Übereinkommen, in: Schwander (Hrsg.), Das Lugano-Übereinkommen, St. Gallen 1990, 61; SCHWANDER, Neuerungen in den Bereichen der Rechtsöffnung sowie der Aufhebung oder Einstellung der Betreibung durch den Richter, in: Das revidierte Schuldbetreibungs- und Konkursgesetz (SchKG), Schriftenreihe SAV, Band 13, Bern 1995, 47; SOGO, Kleine Arrestrevision, grosse Wirkung – zur geplanten Anpassung des Arrestrechts im Rahmen der Revision des Lugano-Übereinkommens, SZZP 2009, 75; SPÜHLER/DOLGE/GEHRI, Schweizerisches Zivilprozessrecht, 9. Aufl., Bern 2010; SPÜHLER/GEHRI, Schuldbetreibungs- und Konkursrecht I, 4. Aufl., Zürich 2008; SPÜHLER/INFANGER, Anwendung des LugÜ, insbesondere von Art. 16 Ziff. 5 LugÜ, auf SchKG-Klagen, in: Spühler (Hrsg.), Aktuelle Probleme des nationalen und internationalen Zivilprozessrechts, Zürich 2000; SPÜHLER/VITELLI-JUCKER, Zentrale Fragen der Aussonderungsklage, AJP 2000, 1463; STAEHELIN, Die Internationale Zuständigkeit der Schweiz im Schuldbetreibungs- und Konkursrecht, AJP 1995, 259; STAEHELIN/BAUER/STAEHELIN (Hrsg.), Basler Kommentar zum Bundesgesetz über Schuldbetreibung und Konkurs, Basel 2010 (zit. BSK SCHKG-BEARBEITER); STOFFEL, Ausschliessliche Gerichtsstände des Lugano-Übereinkommens und SchKG-Verfahren, insbesondere Rechtsöffnung, Widerspruchsklage und Arrest, in: Schwander/Stoffel (Hrsg.), Beiträge zum schweizerischen und internationalen Zivilprozessrecht, FS Vogel, Freiburg 1991, 357; VERSCHRAEGEN, Die internationale Gläubigeranfechtung ausserhalb des Konkurses, ZfRV 1986, 272; VOLKEN, Die örtliche Zuständigkeit gemäss Lugano-Übereinkommen, ZWR 1992, 121; DERS., Rechtsprechung zum Lugano-Übereinkommen (1993), SZIER 1994, 393; VOUILLOZ, La compétence du juge de la mainlevée provisoire selon la Convention de Lugano, SZIER 1995, 51; DERS., Mainlevée provisoire et Convention de Lugano, RVJ 1994, 337; WAGNER, Verfahrensrechtliche Probleme im Auslandsmahnverfahren, RIW 1995, 89; WAGNER/JANZEN, Das Lugano-Übereinkommen vom 30.10.2007, IPRax 2010, 298;

Walder, Einführung in das internationale Zivilprozessrecht der Schweiz, Zürich 1989; Walter, Wechselwirkungen zwischen europäischem und nationalem Zivilprozessrecht: Lugano-Übereinkommen und Schweizer Recht, ZZP 1994, 301; Walther, Paulianische Anfechtungsansprüche im internationalen Verhältnis – ausgewählte Probleme, in: Spühler (Hrsg.), Internationales Zivilprozess- und Verfahrensrecht V, Zürich 2005, 79; Weibel, Aberkennungsklagegerichtsstand am schweizerischen Betreibungsort im euro-internationalen Verhältnis?, BJM 2004, 169.

Übersicht *Seite*

I. Normzweck

1 Art. 22 Nr. 5 regelt die Zuständigkeit für **zwangsvollstreckungsrechtliche Verfahren**. Solche Verfahren sind ausschliesslich und zwingend (vgl. hierzu Art. 22 Nr. 1 Rz. 5) von den Gerichten des LugÜ-Staates zu beurteilen, in dessen Hoheitsgebiet die Zwangsvollstreckung durchgeführt wird oder werden soll.

2 Die **ausschliessliche Zuständigkeit** wird mit dem völkerrechtlichen Territorialitätsprinzip und der Sachnähe begründet. Im Zwangsvollstreckungsverfahren muss hoheitliche Gewalt angewandt werden. Die Anordnung und Überprüfung von Vollstreckungsmassnahmen ist daher den Gerichten des Staates vorbehalten, auf dessen Gebiet die Zwangsvollstreckung durchgeführt wird oder werden soll[1]. In diesem Zusammenhang wird weiter geltend gemacht, dass das Zwangsvollstreckungsrecht komplex sei, weshalb die Gerichte am Ort des Vollstreckungsverfahrens am besten in der Lage seien, damit zusammenhängende Verfahren zu entscheiden[2].

3 Im Rahmen der Revision des LugÜ wurde Art. 16 Nr. 5 aLugÜ inhaltlich nicht geändert[3].

II. Räumlich-persönlicher Anwendungsbereich

4 Die ausschliessliche Zuständigkeit für die von Art. 22 Nr. 5 erfassten Verfahren wird – wie erwähnt – insbesondere mit der Sachnähe und der Ausübung hoheitlicher Gewalt für Zwangsvollstreckungsverfahren begründet. Nach seinem Wortlaut ist Art. 22 Nr. 5 lediglich dann massgeblich, wenn die «Zwangsvollstreckung» in einem Vertragsstaat durchgeführt wird oder werden soll. Für die Anwendbarkeit von Art. 22 Nr. 5 kommt es somit weder auf den Wohnsitz noch auf die Staatsangehörigkeit der Parteien an[4].

---

[1] Vgl. EuGH 26.03.1992, Rs. C-261/90, *Reichert/Dresdner Bank (II),* Slg. 1992 I 2182; Bericht Jenard zu Art. 16 Rz. 114; Geimer/Schütze, Art. 22 Rz. 264; Kropholler, Art. 22 Rz. 59; Schwander 93; Dasser/Oberhammer-Markus, Art. 16 Nr. 5 Rz. 8.

[2] Vgl. GA Lenz, EuGH 04.07.1985, Rs. C-220/84, *AS-Autoteile/Malhé,* Slg. 1985, 2271; Geimer/Schütze, Art. 22 Rz. 265; Gehri 160.

[3] Vgl. Bericht Pocar Rz. 91.

[4] Statt aller Dolge 54.

Ist dagegen die Zuständigkeit eines Gerichtsverfahrens zu bestimmen, das mit einem Zwangsvollstreckungsverfahren in einem **Drittstaat** zusammenhängt, so ist Art. 22 Nr. 5 nicht einschlägig[5]. 5

III. Sachlicher Anwendungsbereich

Das LugÜ ist auf Zivil- und Handelssachen anwendbar, ohne dass es auf die Art der Gerichtsbarkeit ankommt (Art. 1 Abs. 1). 6

Dies gilt auch mit Bezug auf Verfahren im Sinne von Art. 22 Nr. 5. Diese Vorschrift regelt ausdrücklich die Zuständigkeit der «Gerichte des Vertragsstaates». Im Rahmen der Revision des Übereinkommens wurde allerdings Art. 62 neu formuliert. Nach dieser Bestimmung «umfasst die Bezeichnung ‹Gericht› jede Behörde, die von einem durch das LugÜ gebundenen Staat als für die in den Anwendungsbereich dieses Übereinkommens fallenden Rechtsgebiete zuständig bezeichnet worden ist.» Daraus wird in der Lehre vereinzelt gefolgert, dass damit auch die Ausstellung des Zahlungsbefehls durch das Betreibungsamt (einer Verwaltungsbehörde) unter die Zuständigkeitsvorschriften des Übereinkommens fällt. Zudem sei ein daraus hervorgehender, unwidersprochener Zahlungsbefehl gemäss Art. 32 ff. international anzuerkennen und zu vollstrecken[6]. 7

Ob diese Ansicht zutrifft, ist fraglich[7]. Mit Bezug auf das **Zahlungsbefehlsverfahren** kann letztlich offen bleiben, ob das Übereinkommen anwendbar ist oder nicht. Denn die Zuständigkeit für die Ausstellung beurteilt sich in jedem Fall nach dem SchKG (ausführlicher Rz. 32 ff.). 8

Das Übereinkommen schliesst in Art. 1 Abs. 2 lit. b generell alle «Konkurse, Vergleiche und ähnlichen Verfahren» von seinem **Anwendungsbereich** aus. Vom sachlichen Anwendungsbereich ausgeschlossen sind jedoch nur solche Verfahren, die *unmittelbar aus dem Konkurs- oder Vergleichsverfahren hervorgehen und sich eng in dessen Rahmen halten*[8]. Vom Geltungsbereich des LugÜ ausgeschlossen sind damit Verfahren, welche ihren unmittelbaren Ursprung in einem Konkurs haben und nicht auch ausser- 9

5 Vgl. GEIMER/SCHÜTZE, Art. 22 Rz. 263.

6 Ausführlich DOMEJ 167 ff.; siehe auch Kommentierung zu Art. 1 Rz. 62 ff.

7 Vgl. KREN KOSTKIEWICZ/RODRIGUEZ, Jusletter 26. April 2010; MEIER-DIETERLE, AJP 2010, 1224 f.

8 EuGH 22.02.1979, Rs. 133/78, *Gourdain/Nadler,* Slg. 1979, 733.

halb eines Konkursverfahrens hätten durchgeführt werden können[9]. Ist dagegen in einem Verfahren lediglich vorfrageweise über einen Ausschlusstatbestand gemäss Art. 1 zu entscheiden, ist das Übereinkommen für dieses Verfahren dennoch massgeblich[10]. Für die EU-Staaten gilt die Insolvenzverordnung (EG Verordnung Nr. 1346/2000 des Rates vom 29. Mai 2000), welche lückenlos an die EuGVVO anschliesst; der EuGH nimmt bei der Abgrenzung zwischen den Konkurs- und Nachlassverfahren einerseits und den übrigen Verfahren Bezug auf die Insolvenzverordnung und schliesst Verfahren, die von dieser erfasst sind, vom Geltungsbereich des Übereinkommens aus (ausführlicher hierzu Art. 1 Rz. 100).

10 In den Anwendungsbereich des LugÜ fallen hingegen Klagen, die zwar von der Konkursverwaltung oder vom Sachwalter bzw. Liquidator angestrengt werden, aber dennoch **materiell-rechtlicher Natur** sind[11]. Hierzu zählen Prozesse über zivilrechtliche Ansprüche aus *vor* Konkurseröffnung abgeschlossenen Geschäften, welche die Konkursverwaltung anstelle des Schuldners weiterführt oder Masseforderungen bzw. -schulden aus Verträgen, welche die Konkursverwaltung *nach* Konkurseröffnung mit Dritten schliesst[12]. Für solche Verfahren sind die Gerichte nach den allgemeinen Bestimmungen des LugÜ zuständig[13].

11 Mit Blick auf das schweizerische Recht sind vom sachlichen Anwendungsbereich das eigentliche **Konkurs- und Nachlassverfahren** (Art. 159 – 176, 188 – 270; Art. 293 ff. SchKG) ausgeschlossen[14]. Dagegen unterliegt das sog. Einleitungsverfahren auch dann dem LugÜ, wenn es anschliessend in ein Konkurs- oder Nachlassverfahren mündet[15]. Demzufolge sind

---

9 BGE 133 III 386 E. 4.3.1; 129 III 683 E. 3.2; 125 III 108 E. 3d; Kropholler, Art. 1 Rz. 35 f.; Meier, IZPR, 179.

10 Kropholler, Art. 1 Rz. 17; Dolge 33; Gehri 162.

11 Dolge 40; Donzallaz Rz. 965 ff., 967.

12 Dolge 46. Dasselbe gilt für Prozesse des Sachwalters, welche aus der Fortführung des verwalteten Unternehmens entstehen, Dolge 47.

13 Dolge 47.

14 A.M. betreffend Admassierungsklage (Art. 242 SchKG) Meier, IZPR, 179; a.M. für die Kollokationsklage im Konkurs und Nachlassverfahren: Gehri 165, sowie Spühler/Infanger 126, wonach der allgemein gehaltene Wortlaut von Art. 16 Nr. 5 aLugÜ eine Ausnahme zum Ausschluss gem. Art. 1 Abs. 2 lit. b indiziere; a.A. mit Blick auf Aussonderungsklagen in Konkurs- und Nachlassverfahren: Spühler/Vitelli-Jucker 1467.

15 Markus 64. Vgl. auch Kropholler, Art. 1 Rz. 35 f., der für den Ausschluss darauf abstellt, ob das Verfahren im Konkursrecht seinen Ursprung habe und ohne das Konkursverfahren nicht geführt worden wäre. Dagegen ist nach Volken, SZIER 1994, 401, das LugÜ dann

im Rahmen eines Konkurses/Nachlasses sämtliche Verfahren ab dem Zeitpunkt des Fortsetzungsbegehrens vom Anwendungsbereich des LugÜ ausgeschlossen[16].

Neben dem Einleitungsverfahren (für das Zahlungsbefehlsverfahren vgl. allerdings Rz. 34 ff.) ist das LugÜ somit grundsätzlich für sämtliche Verfahren der **Spezialexekution** (Betreibung auf Pfändung und Pfandverwertung, einschliesslich des Arrests und der Anfechtung) sachlich einschlägig[17]. 12

Anders als im schweizerischen Recht unterscheidet Art. 22 Nr. 5 nicht zwischen der Vollstreckung von Geld- oder Sicherheitsleistungen einerseits und den übrigen **Zwangsvollstreckungsverfahren** andererseits. Art. 22 Nr. 5 ist vielmehr auf sämtliche Vollstreckungsverfahren anwendbar[18]. Somit sind etwa auch Klagen auf Vollstreckung von Herausgabeansprüchen, Beseitigungsansprüchen oder Ansprüchen auf Abgabe einer Willenserklärung nach Art. 22 Nr. 5 zu beurteilen[19]. 13

Die Zuständigkeit für konkurs- und nachlassrechtliche Klagen und Begehren, die nach Art. 1 Abs. 2 lit. b LugÜ nicht in dessen sachlichen Anwendungsbereich fallen, richtet sich nach den Vorschriften des **SchKG** und des **IPRG** (Art. 30a SchKG)[20]. 14

IV. Regelung der internationalen Zuständigkeit

Art. 22 Nr. 5 regelt lediglich die **internationale Zuständigkeit** («... die Gerichte des durch dieses Übereinkommen gebundenen Staates, in dessen Hoheitsgebiet ...»). Die *örtliche und sachliche Zuständigkeit* bestimmt 15

nicht anwendbar, wenn das Betreibungsverfahren die «Einleitung» zu einem Konkursverfahren darstellt. Im Zeitpunkt der Einleitung des Betreibungsverfahrens ist aber gar noch nicht absehbar, ob es überhaupt zu einem Konkursverfahren kommen wird. Zudem kann mit Bezug auf die Zuständigkeit für das Einleitungsverfahren nicht zwischen Schuldnern unterschieden werden, die der Konkursbetreibung und solchen, die der Betreibung auf Pfändung unterliegen.

16 Dolge 42.

17 Dolge 40.

18 Dolge 61.

19 Gehri 161.

20 Dolge 24 und 48; vgl. bezüglich Pauliana BGE 131 III 227 E. 5.

sich somit nach dem massgeblichen nationalen Recht des international zuständigen Vertragsstaats[21].

16 Das Übereinkommen bestimmt zwar, dass die Gerichte des Vertragsstaates zuständig sind, in welchem die «Zwangsvollstreckung» durchzuführen ist. In welchem Staat diese «Zwangsvollstreckung» zulässig ist, bestimmt sich nach dem nationalen Recht. Dies ist in der Regel der Vertragsstaat, in welchem der Vollstreckungsbeklagte seinen Wohnsitz/Sitz hat oder die Gegenstände belegen sind, auf die sich die Vollstreckung bezieht[22]. In den Fällen, in welchen die Zwangsvollstreckung in mehreren Vertragsstaaten zulässig ist, steht es im Belieben des Gläubigers, in welchem Staat er die Vollstreckung durchführen lassen will[23].

17 Bezieht sich das Verfahren auf die Vollstreckung einer Geld- oder Sicherheitsleistung, so bestimmt sich die **örtliche Zuständigkeit** in der Schweiz nach dem SchKG, es sei denn, das IPRG enthalte eine Regelung (vgl. Art. 30a SchKG)[24]. In den übrigen Fällen beurteilt sich die örtliche Zuständigkeit nach Massgabe des IPRG und der ZPO.

V. «Verfahren, welche die Zwangsvollstreckung aus Entscheidungen zum Gegenstand haben»

1. Vorbemerkungen

18 Dem Übereinkommen liegt die **klassische Zweiteilung** in Erkenntnis- und Zwangsvollstreckungsverfahren (bzw. «Titelproduktions- und Titelvollstreckungsverfahren») zugrunde[25]. Während der Titel III einen Teil der Zwangsvollstreckung, nämlich die Anerkennung und Vollstreckung von Urteilen (oder öffentlichen Urkunden i.S.v. Art. 57) anderer Mitgliedstaa-

---

21 Statt aller KROPHOLLER, Art. 22 Rz. 1; GEIMER/SCHÜTZE, Art. 22 Rz. 20; CZERNICH/TIEFENTHALER/KODEK-TIEFENTHALER, Art. 22 Rz. 54; DASSER/OBERHAMMER-MARKUS, Art. 16 Nr. 5 Rz. 41.

22 DASSER/OBERHAMMER-MARKUS, Art. 16 Nr. 5 Rz. 41 f.; RAUSCHER/MANKOWSKI, Art. 22 Rz. 61, möchte dagegen nur auf den Lageort der Vollstreckungsgegenstände abstellen.

23 GEIMER/SCHÜTZE, Art. 22 Rz. 275.

24 Zwar enthält Art. 30a SchKG einen Vorbehalt zugunsten des IPRG. Das IPRG regelt aber lediglich die direkte Zuständigkeit der Schweiz für Erkenntnisverfahren. Vollstreckungsrechtliche Klagen i.e.S. sind nicht im IPRG geregelt; für diese Klagen gilt die Zuständigkeitsordnung des SchKG, vgl. hierzu WALDER, § 5 Rz. 77 ff.; STOFFEL 367; STAEHELIN 260.

25 Vgl. etwa MARKUS, ZBJV 131, 326 f.; LGVE 2003 I Nr. 27 E. 4.2.

ten regelt, bestimmt sich die direkte Zuständigkeit für Erkenntnisverfahren nach den allgemeinen Vorschriften des Titels II.

In der Regel endet das **Erkenntnisverfahren** mit einem rechtskräftigen Entscheid, welcher vollstreckt werden kann, wenn der Schuldner nicht freiwillig erfüllt. Dennoch können Gerichte auch im Rahmen eines Zwangsvollstreckungsverfahrens aufgerufen sein, bestimmte (auch materielle) Rechtsfragen zu entscheiden. Für solche Verfahren sieht Art. 22 Nr. 5 eine ausschliessliche Zuständigkeit vor. 19

Die **Abgrenzung** zwischen Zwangsvollstreckungs- und Erkenntnisverfahren ist in der Regel unproblematisch. In Einzelfällen kann die Qualifikation aber schwierig sein, sofern das Vollstreckungsverfahren – wie im schweizerischen SchKG – materielle und formelle Aspekte vereinigt. 20

2. Abgrenzung zwischen Erkenntnis- und Vollstreckungsverfahren

Das LugÜ definiert nicht, was unter einem Erkenntnis- und einem Zwangsvollstreckungsverfahren zu verstehen ist[26]. Für diese Abgrenzung kann es nicht auf die Qualifikation nach dem nationalen Recht ankommen. Ansonsten wäre es ins Ermessen der nationalen Rechtsordnungen gestellt, die mit dem LugÜ angestrebte Vereinheitlichung der Zuständigkeitsordnung wieder aufzuheben. Art. 22 Nr. 5 ist somit nach **autonomen Grundsätzen** auszulegen[27]. Dies setzt aber dennoch voraus, dass in einem ersten Schritt das in Frage stehende nationale Verfahren qualifiziert wird, um es in einem zweiten Schritt nach autonomen Grundsätzen entweder dem Erkenntnis- oder dem Vollstreckungsverfahren zuzuordnen[28]. 21

Für die Abgrenzung zwischen Erkenntnis- und Vollstreckungsverfahren lassen sich auf Grund der (spärlichen) Rechtsprechung des EuGH zwar 22

[26] Erkenntnisverfahren und Vollstreckungsverfahren sind die einzigen Kategorien von Hauptsacheverfahren, für die das LugÜ eine direkte Zuständigkeit bestimmt. Eine dritte Hauptsacheverfahrensart ist nicht vorgesehen, vgl. Markus, ZBJV 131, 327; LGVE 2003 I Nr. 27 E. 4.2; Dasser/Oberhammer-Markus, Art. 16 Nr. 5 Rz. 2.

[27] Vgl. EuGH 26.03.1992, Rs. C-261/90, *Reichert/Dresdner Bank (II),* Slg. 1990 I 2182 f.; Kropholler, Art. 22 Rz. 61; Dasser/Oberhammer-Markus, Art. 16 Nr. 5 Rz. 1; Geimer/Schütze, Art. 22 Rz. 266; Czernich/Tiefenthaler/Kodek-Tiefenthaler, Art. 22 Rz. 49.

[28] Vgl. Schlosser, IPRax 1991, 29 f. Eine andere Frage ist es, unter welchen Umständen eine Zwangsvollstreckung durchgeführt werden kann. Diese regelt das LugÜ nicht, vgl. BGE 124 III 505 E. 3a.

keine allgemeingültigen Abgrenzungskriterien, aber doch gewisse Anhaltspunkte gewinnen. So betont der Gerichtshof, dass Art. 22 Nr. 5 (bzw. Art. 16 Nr. 5 EuGVÜ/aLugÜ) eine Ausnahme von Art. 2 darstelle und deshalb **eng auszulegen** sei, weil den Parteien die ihnen sonst gegebene Möglichkeit der Prorogation (Art. 23) genommen werde und sie in bestimmten Fällen vor einem Gericht zu verklagen seien, das für keine von ihnen das Gericht des Wohnsitzes sei[29]. Der Schutz, den die Zuständigkeitsordnung des Titels II gewährt, ist immer dann zu beachten, wenn sich der Beklagte nicht bloss zu rein vollstreckungsrechtlichen Fragen verteidigen muss.

23 Nach Ansicht des EuGH erfasst Art. 22 Nr. 5 hingegen die Verfahren, die sich aus der «Inanspruchnahme von **Zwangsmitteln**, insbesondere bei der Herausgabe oder Pfändung von beweglichen oder unbeweglichen Sachen im Hinblick auf die Vollstreckung von Entscheidungen oder Urkunden, ergeben.»[30]

24 Im Geltungsbereich des Übereinkommens erfasst Art. 22 Nr. 5 solche Verfahren, in welchen es um die Anordnung oder die Überprüfung **eigentlicher Vollstreckungsmassnahmen** geht[31]. Sobald die Einreden des Beklagten nicht auf rein vollstreckungsrechtliche oder ganz bestimmte materiell-rechtliche Fragen[32] beschränkt sind, verlangt der Grundsatz des Beklagtenschutzes, dass er sich nur vor den Gerichten verteidigen muss, die nach den allgemeinen Bestimmungen des Titel II des LugÜ zuständig sind[33]. Es ist deshalb systematisch nicht richtig, Art. 22 Nr. 5 bei den Zuständigkeiten für Erkenntnisverfahren in Titel II aufzuführen[34].

25 Art. 22 Nr. 5 ist umgekehrt immer dann nicht massgeblich, wenn die Parteien mit Bezug auf die Geltendmachung ihrer materiell-rechtlichen An-

---

[29] Dies entspricht ständiger Rechtsprechung, zuletzt (allgemein zu Art. 22) EuGH 02.10.2008, Rs. C-372/07, *Hassett und Doherty,* Slg. 2008 I 7403 Rz. 17 ff. Vgl. auch Dasser/Oberhammer-Markus, Art. 16 Nr. 5 Rz. 10.

[30] EuGH 26.03.1992, Rs. C-261/90, *Reichert/Dresdner Bank (II),* Slg. 1992 I 2182 f. Vgl. etwa LGVE 2003 I Nr. 27 E. 4.2.; vgl. Bericht Jenard zu Art. 16 Rz. 114; Kropholler, Art. 22 Rz. 61.

[31] Vgl. Schack Rz. 322; Schlosser, Art. 22 Rz. 25; Stoffel 372.

[32] Wie z.B. Tilgung, Stundung, Verjährung, vgl. Art. 81 Abs. 1 SchKG.

[33] Vgl. auch EuGH 04.07.1985, Rs. C-220/84, *AS-Autoteile/Malhé,* Slg. 1985, 2278.

[34] Rauscher/Mankowski, Art. 22 Rz. 53a. Vgl. GA Lenz, EuGH 20.01.1994, Rs. C-129/92, *Owens Bank/Bracco,* Slg. 1994 I 135, der auch darauf hinweist, dass die Vorschrift im Übrigen selbstverständlich sei und nur in Titel II aufgeführt wurde, um abschliessend alle Zuständigkeiten aufzuzählen. Vgl. zudem Droz Rz. 162; Schwander 92.

sprüche oder Einreden nicht eingeschränkt sind[35]. Der Umstand, dass ein bestimmtes Verfahren formell in ein Zwangsvollstreckungsverfahren eingebettet ist, ist hingegen für die Qualifikation nicht entscheidend[36].

Ein Verfahren fällt einmal unter Art. 22 Nr. 5, wenn es unmittelbar um die Vollstreckung einer gerichtlichen Entscheidung geht[37]. Hingegen wäre der Umkehrschluss unzulässig; denn Art. 22 Nr. 5 kann unter Umständen selbst dann einschlägig sein, wenn (noch) keine gerichtliche Entscheidung vorliegt[38]. Diese Ansicht scheint zwar dem Wortlaut von Art. 22 Nr. 5 zu widersprechen, der von Verfahren spricht, die «Entscheidungen zum Gegenstand» haben. Mit dieser Umschreibung sollte jedoch nur der Gegensatz zwischen dem Erkenntnis- und dem Vollstreckungsverfahren festgehalten werden[39]. Zwar stützt sich die Zwangsvollstreckung im Regelfall auf eine gerichtliche Entscheidung oder einen anderen vollstreckbaren Titel. Gerade das SchKG kennt aber rein betreibungsrechtliche Verfahren, die kein gerichtliches Urteil voraussetzen. Wollte man diese Verfahren von Art. 22 Nr. 5 nur deshalb ausnehmen, weil ein gerichtliches Erkenntnis (noch) fehlt, so beurteilte sich die Zuständigkeit für diese Verfahren nach 26

35 Gemeint sind die inhaltlichen Einschränkungen, wie z.B. die Beschränkung auf ganz bestimmte Einreden, vgl. SCHLOSSER, Art. 22 Rz. 25; GEIMER/SCHÜTZE, Art. 22 Rz. 268 ff.; NELLE 370 ff. und 381 ff. Nicht entscheidend ist an sich, ob das Verfahren eine Beschränkung der Beweismittel kennt, vgl. DASSER/OBERHAMMER-MARKUS, Art. 16 Nr. 5 Rz. 26. In diesem Sinne auch LGVE 2003 I Nr. 27 E. 4.2. Vgl. auch öst. OGH mit Beschluss vom 05.01.1998, IPRax 1999, 47 f.; CZERNICH/TIEFENTHALER/KODEK-TIEFENTHALER, Art. 22 Rz. 51.

36 MEIER, Vollstreckungstitel, 203; STOFFEL 371; SCHWANDER 93.

37 Vgl. auch KROPHOLLER, Art. 22 Rz. 61; GEIMER/SCHÜTZE, Art. 22 Rz. 272; CZERNICH/TIEFENTHALER/KODEK-TIEFENTHALER, Art. 22 Rz. 49.

38 Die bisherige Rechtsprechung des EuGH forderte für die Anwendbarkeit von Art. 16 Nr. 5 (=Art. 22 Nr. 5 LugÜ) einen unmittelbaren Bezug des in Frage stehenden Verfahrens zur Zwangsvollstreckung, nicht aber ausdrücklich das Vorliegen eines Gerichtsentscheids, vgl. EuGH 04.07.1985, Rs. C-220/84, *AS-Autoteile/Malhé,* Slg. 1985, 2277. Obschon in EuGH 26.03.1992, Rs. C-261/90, *Reichert/Dresdner Bank (II),* Slg. 1992 I 2149 ff., 2182 f., keine Entscheidung vorlag, wurde dies vom Gerichtshof nicht ausdrücklich erwähnt. Dagegen fordert SCHWANDER 92 f. für die Anwendbarkeit von Art. 22 Nr. 5 das Vorliegen einer «hoheitlichen Entscheidung (Gerichtsurteil usw.)». So auch GA GULMANN, EuGH 26.03.1992, Rs. 261/90, *Reichert/Dresdner Bank (II),* Slg. 1992, 2164; KAUFMANN-KOHLER 548; STAEHELIN, AJP 1995, 275. Nach GEHRI 161 muss in solchen Fällen ein gerichtlicher Entscheid «fingiert» werden.

39 Würde man nur auf den Wortlaut abstellen, wären Verfahren, in welchen eine öffentliche Urkunde nach Art. 57 vollstreckt würde, von Art. 22 Nr. 5 nicht erfasst, was dem Sinn dieser Bestimmung widerspräche. Vgl. auch Bericht JENARD zu Art. 16 aLugÜ Rz. 114.

den übrigen Vorschriften des Titel II, was nicht dem Zweck von Art. 22 Nr. 5 entspräche.

27 Die Qualifikation als Erkenntnisverfahren setzt auch nicht zwangsläufig voraus, dass der Gerichtsentscheid in **materielle Rechtskraft** erwächst[40]. Ein Verfahren fällt somit nicht schon deshalb unter Art. 22 Nr. 5, weil die entsprechende Entscheidung ausserhalb des Zwangsvollstreckungsverfahrens, in welchem sie ergangen ist, keine materielle Rechtskraftwirkung entfaltet.

28 Für die Qualifikation als Erkenntnisverfahren kann auch nicht entscheidend sein, ob das Verfahren zu einer **Entscheidung nach Art. 32 LugÜ** führt, die in den anderen Vertragsstaaten vollstreckbar ist oder nicht[41]. Mit dem LugÜ wollten die Vertragsstaaten die gegenseitige Anerkennung und Vollstreckung gerichtlicher Entscheidungen vereinfachen. Als Ausgleich dafür sollte der Rechtsschutz der in den Mitgliedstaaten ansässigen Personen unter anderem durch Vorschriften über die direkte Zuständigkeit verstärkt werden[42]. In diesem Sinne ergänzen sich die Bestimmungen des Titels II und III. Dennoch werden in den Titeln II und III unterschiedliche Fragen geregelt, was bei der Abgrenzung zwischen Erkenntnis- und Zwangsvollstreckungsverfahren zu beachten ist. So sind die Vorschriften über die direkte Zuständigkeit auch dann massgeblich, wenn nicht sicher ist, ob die Entscheidung in einem anderen Vertragsstaat überhaupt anerkenn- und vollstreckbar ist. Der Richter des Erkenntnisverfahrens kann und muss somit bei der Frage der Zuständigkeit nicht prüfen, ob sein Entscheid in einem anderen Mitgliedstaat auch vollstreckbar ist oder nicht[43]. Umgekehrt werden Entscheidungen eines Vertragsstaates grundsätzlich in

---

[40] Vgl. aber Schlosser, Art. 22 Rz. 25, der für die Abgrenzung darauf abstellen will, ob im Verfahren rechtskräftige Aussagen über den Fortbestand des vollstreckbaren Anspruchs getroffen werden.

[41] Ähnlich Markus 54. A.M. wohl Dasser/Oberhammer-Markus, Art. 16 Nr. 5 Rz. 28, zur Qualifikation der provisorischen Rechtsöffnung. In EuGH 20.01.1994, Rs. C-129/92, *Owens Bank/Bracco,* Slg. 1994 I 153, wurde zwar gesagt, dass Art. 16 Nr. 5 EuGVÜ (=Art. 22 Nr. 5 LugÜ) in Verbindung mit Art. 25 EuGVÜ (= Art. 32 LugÜ) zu lesen sei, der nur für Entscheidungen gilt, die von einem Gericht eines Vertragsstaats erlassen wurden. In diesem Entscheid ging es aber allein um die Frage, ob Entscheide von Vertragsstaaten in anderen Mitgliedstaaten vollstreckbar sind.

[42] Vgl. EuGH 16.06.1981, Rs. C-166/80, *Klomps/Michel,* Slg. 1981, 1593 ff.; vgl. auch EuGH 04.07.1985, Rs. C-220/84, *AS-Autoteile/Malhé,* Slg. 1985, 2277.

[43] Vgl. Art. 35 Rz. 6 ff. Ein Entscheid könnte etwa in einem anderen Vertragsstaat wegen Verletzung des ordre public nicht anerkannt und vollstreckt werden (Art. 34 Nr. 1).

einem anderen Mitgliedstaat auch dann nach dem LugÜ vollstreckt, wenn sich das Gericht des Urteilsstaats nicht auf eine Zuständigkeitsnorm des LugÜ stützte[44].

Vom Anwendungsbereich von Art. 22 Nr. 5 ausgeschlossen sind schliess- 29
lich auch die Verfahren, welche der **Vorbereitung der Zwangsvollstreckung** dienen[45]. Demgemäss sind etwa Verfahren zur Vollstreckbarerklärung von ausländischen Entscheiden nicht Art. 22 Nr. 5 zuzurechnen[46]. Auch kann vor den Gerichten des Vollstreckungsstaates nicht die Einrede der Verrechnung mit einer Forderung vorgetragen werden, für die, wenn sie selbständig eingeklagt würde, dieser Vollstreckungsstaat nicht zuständig wäre[47].

VI. Qualifikation einzelner SchKG-Verfahren

1. Vorbemerkungen

Die zwangsweise Eintreibung von **Geldforderungen und Sicherheits-** 30
leistungen erfolgt in der Schweiz nach Massgabe des SchKG. Die Eigenart des SchKG besteht darin, dass es nicht nur das eigentliche Zwangsvollstreckungsverfahren, sondern auch materiellrechtliche Fragen regelt. Im SchKG sind somit formelle und materielle Aspekte des Schuldbetreibungsverfahrens vereinigt. Dies ist der Grund, weshalb im Geltungsbereich des LugÜ gewisse SchKG-Verfahren trotz der vorhin entwickelten Abgrenzungskriterien (Rz. 18 ff.) dogmatisch nicht ohne weiteres als Erkenntnis- oder Zwangsvollstreckungsverfahren qualifiziert werden können. In Zweifelsfällen ist danach zu fragen, ob das zu beurteilende Gerichtsverfahren letztlich ein Vollstreckungsverfahren i.S.v. Art. 22 Nr. 5 bildet, dessen Ziel ‹die zwangsweise Verwirklichung des rechtsge-

---

44 Nach Art. 35 Abs. 3 Satz 1 kann nämlich die Zuständigkeit des Ursprungsstaats nur in engen Grenzen (Art. 35 Abs. 1) überprüft werden; die Vorschriften über die Zuständigkeit gehören nicht zur öffentlichen Ordnung im Sinne von Art. 34 Nr. 1 (Art. 35 Abs. 3 Satz 2).

45 KGer GR v. 24.06.2005, PKG 2005 Nr. 25 E. 2c; Kropholler, Art. 22 Rz. 61; Geimer/Schütze, Art. 22 Rz. 273. A.M. Rauscher/Mankowski, Art. 22 Rz. 57.

46 Kropholler, Art. 22 Rz. 63; Rauscher/Mankowski, Art. 22 Rz. 59; Czernich/Tiefenthaler/Kodek-Tiefenthaler, Art. 22 Rz. 53.

47 Czernich/Tiefenthaler/Kodek-Tiefenthaler, Art. 22 Rz. 53.

mässen Zustandes› ist, der die Herstellung der ‹Rechtsgewissheit im Einzelfall› betrifft und damit ein Erkenntnisverfahren darstellt[48].

31 Im Folgenden wird für die wichtigsten **SchKG-Verfahren**, die in den sachlichen Geltungsbereich des LugÜ fallen (vgl. Rz. 6 ff.), geprüft, ob sie aufgrund einer autonomen Qualifikation von Art. 22 Nr. 5 erfasst sind oder nicht.

2. Zahlungsbefehlsverfahren (Art. 69 ff. SchKG)

32 In der Schweiz muss jedes Vollstreckungsverfahren nach SchKG, das auf Spezialexekution abzielt, mit einem **Betreibungsbegehren** des Gläubigers eingeleitet werden. Das zuständige Betreibungsamt erlässt ohne jede materielle Prüfung einen Zahlungsbefehl und stellt diesen dem Schuldner zu mit der Aufforderung, den Gläubiger innert Frist zu befriedigen oder die Forderung zu bestreiten (d.h. Rechtsvorschlag zu erheben, Art. 69 Ziff. 2 und 3 SchKG). Wird kein Rechtsvorschlag erhoben, so wird der Zahlungsbefehl zumindest in der Schweiz rechtskräftig und kann der Gläubiger ohne weiteres in das schuldnerische Vermögen in der Schweiz vollstrecken.

33 Zunächst ist umstritten, ob die Ausstellung eines Zahlungsbefehls überhaupt in den Anwendungsbereich des LugÜ fällt[49] (sogleich Rz. 34). Die Autoren, die von der Anwendbarkeit des Übereinkommens ausgehen, sind sich uneins, ob die Zuständigkeit nach Art. 2 ff. oder nach Art. 22 Nr. 5 zu beurteilen ist (Rz. 36 ff.).

34 Für einen Teil der Lehre ist das Zahlungsbefehlsverfahren vom Geltungsbereich des LugÜ gänzlich ausgeschlossen. Denn der Zahlungsbefehl werde vom **Betreibungsamt**, einer Verwaltungsbehörde, und nicht von einer richterlichen Behörde aufgrund eines kontradiktorischen Verfahrens ausgestellt[50]. Das LugÜ sei aber, wie aus seinem Titel zu folgern sei, nur auf gerichtliche Verfahren anwendbar[51].

---

48 Guldener 46; Stoffel 371. Vgl. auch Markus 49 f.; Walter, ZZP 1994, 315; ders., IZPR, § 5 C III 6.

49 Die bundesgerichtliche Rechtsprechung hat diese Frage – soweit ersichtlich – bisher offen gelassen, vgl. BGE 124 III 505 E. 2b. BGE 120 III 92 E. 4c, geht davon aus, dass der Zahlungsbefehl zur Prosequierung eines Arrestes Teil einer vorsorglichen Massnahme nach Art. 24 aLugÜ (Art. 31 LugÜ) darstellt.

50 Kren Kostkiewicz/Rodriguez, Jusletter 26. April 2010, 9 ff. und 15.

51 Vgl. etwa Staehelin, AJP 1995, 260; Markus, 172–175, Donzallaz Rz. 6376, 6381 f.; Kaufmann-Kohler 550.

Nach gegenteiliger Ansicht fällt auch das Zahlungsbefehlsverfahren in den Anwendungsbereich des Übereinkommens. In diesem Zusammenhang wird etwa geltend gemacht, dass auf Grund der Revision von Art. 62 LugÜ auch Verwaltungsbehörden als «Gerichte» gelten, falls sie für Rechtsgebiete des Übereinkommens zuständig sind[52] (vgl. hierzu Art. 62 Rz. 6). 35

Sofern man von der Anwendbarkeit des Übereinkommens für das Zahlungsbefehlsverfahren ausgeht, ist strittig, welche Zuständigkeitsbestimmung massgeblich ist. 36

Für einen Teil der Lehre ist die Ausstellung eines Zahlungsbefehls als **Erkenntnisverfahren** im Sinne des LugÜ einzustufen, sofern damit nicht ein vorbestehender Vollstreckungstitel durchgesetzt werden soll[53]. Für die Qualifikation als Erkenntnisverfahren sei die Möglichkeit eines an den Erlass des Zahlungsbefehls anschliessenden Gerichtsverfahrens ausschlaggebend. Deshalb richte sich die Zuständigkeit für den Erlass des Zahlungsbefehls nach der späteren Zuständigkeit eines im Fall der Opposition des Schuldners anschliessenden Titelproduktionsverfahrens (d.h. des Erkenntnisverfahrens)[54]. In diesem Zusammenhang wird rechtsvergleichend auch darauf hingewiesen, dass etwa das deutsche Mahnverfahren oder das italienische decreto ingiuntivo ebenfalls als Erkenntnisverfahren qualifiziert werden. Auf Grund der Parallelität des Zahlungsbefehlsverfahrens zum deutschen Mahnverfahren oder italienischen decreto ingiuntivo beurteile sich die Zuständigkeit für den Zahlungsbefehl ebenfalls nach Art. 2 ff.[55].

Die gegenteilige Meinung qualifiziert das Zahlungsbefehlsverfahren als zwangsvollstreckungsrechtliches Verfahren i.S.v. Art. 22 Nr. 5[56]. Für einen Teil der Lehre gilt dies jedoch nur für den Fall, dass bereits ein **definitiver Vollstreckungstitel** vorliegt, weil das Zahlungsbefehlsverfahren diesfalls ein Instrument der Zwangsvollstreckung darstelle[57]. 37

---

52 Ausführlich Domej 167 ff.

53 Dasser/Oberhammer-Markus, Art. 16 Nr. 5 Rz. 18. Siehe auch die Kommentierung zu Art. 1 Rz. 62 ff.

54 Dasser/Oberhammer-Markus, Art. 16 Nr. 5 Rz. 14.

55 Vgl. Meier, Vollstreckungstitel 208

56 Stoffel 372 und 386; Schwander 93; Markus, ZBJV 1995, 329; Volken, ZWR 1992, 136; Vouilloz, RVJ 1994, 340; Vgl. auch le cour de cassation (VS), 21.10.1994, RVJ 1994, 312 ff. E. 3b (obiter).

57 Meier, IZPR, 172; Kaufmann-Kohler 539.

38 Das Bundesgericht hat kürzlich entschieden, dass das **provisorische Rechtsöffnungsverfahren** im Geltungsbereich des LugÜ *nicht* als Erkenntnisverfahren zu qualifizieren ist. Denn im provisorischen Rechtsöffnungsverfahren werde nicht über die Existenz der in Betreibung gesetzten Forderung entschieden, sondern einzig über deren Vollstreckbarkeit. Für das Bundesgericht ist das provisorische Rechtsöffnungsverfahren deshalb betreibungsrechtlicher Natur. Die Zuständigkeit des provisorischen Rechtsöffnungsverfahrens beurteilt sich somit nach Art. 22 Nr. 5 und nicht nach den allgemeinen Zuständigkeitsbestimmungen des LugÜ[58] (ausführlicher Rz. 48 ff.).

Bei der Beurteilung, ob ein Verfahren von Art. 22 Nr. 5 erfasst wird, scheint für das Bundesgericht ausschlaggebend zu sein, ob mit diesem Verfahren letztlich über die Existenz der in Betreibung gesetzten Forderung entschieden wird. Das Zahlungsbefehlsverfahren könne schon deshalb kein Erkenntnisverfahren sein, weil der Gläubiger seine Forderung weder begründen noch belegen müsse. Der Zahlungsbefehl werde vom Betreibungsamt **ohne jede materielle Prüfung** des Anspruchs ausgestellt[59]. Zudem könne der Betriebene die Forderung grundsätzlich[60] ohne jede Begründung bestreiten (Art. 75 Abs. 1 SchKG), was zur Einstellung der Betreibung führe (Art. 78 Abs. 1 SchKG). Materiell-rechtliche Ansprüche oder Einreden würden im Zahlungsbefehlsverfahren somit nicht geklärt. Erhebe der Betriebene Rechtsvorschlag, so habe der Gläubiger in jedem Fall ein gerichtliches, kontradiktorisches Verfahren einzuleiten, sei es zur materiellen Prüfung seines Anspruchs oder zur (Anerkennung und) Vollstreckung eines vorbestehenden Urteils. Das Zahlungsbefehlsverfahren stelle somit primär die Einleitung des Vollstreckungsverfahrens dar, selbst wenn zu einem späteren Zeitpunkt ein Erkenntnisverfahren durchgeführt werden sollte.

Auf Grund der bundesgerichtlichen Begründung ist a fortiori davon auszugehen, dass auch für das Zahlungsbefehlsverfahren nicht die allgemeinen Bestimmungen des LugÜ massgeblich sind.

39 Die gegenteilige Ansicht lässt sich auch nicht mit dem Hinweis auf das deutsche Mahnverfahren oder das italienische decreto ingiuntivo begründen. Wie erwähnt, werden sowohl das deutsche Mahnverfahren als auch

---

58 BGE 136 III 566.

59 Vgl. nur BSK SchKG-Wüthrich/Schoch, Art. 69 Rz. 12.

60 Zu den Ausnahmen vgl. Art. 75 Abs. 2 und 3 SchKG.

das italienische decreto ingiuntivo als Erkenntnisverfahren qualifiziert[61]. Das deutsche Mahnverfahren und das italienische decreto ingiuntivo weisen gewisse Parallelen zum schweizerischen Zahlungsbefehlsverfahren auf. Trotz funktioneller Gemeinsamkeiten zwischen den erwähnten Verfahren sind für die Frage der Qualifikation gerade die Unterschiede entscheidend. Zwar ergeht der deutsche Mahnbescheid[62] wie der Zahlungsbefehl auf blosse Behauptung des Gläubigers, eine Forderung gegen den Schuldner zu haben. Eine Prüfung der Behauptung erfolgt ebenso wenig wie im Zahlungsbefehlsverfahren. Im Unterschied zum Zahlungsbefehl wird der deutsche Mahnbescheid jedoch von einer Gerichtsbehörde ausgestellt und wird mit dessen Ausstellung nicht eine Zwangsvollstreckung, sondern ein Zivilverfahren eingeleitet. Erhebt der Schuldner nämlich Widerspruch gegen den deutschen Mahnbescheid, wird das Mahnverfahren in ein gewöhnliches, streitiges Verfahren überführt. Deshalb wurde der deutsche Mahnbescheid als «verfahrenseinleitendes Schriftstück» eines Gerichtsverfahrens i.S.v. von Art. 34 Nr. 2 betrachtet[63]. Vom italienischen Mahnverfahren unterscheidet sich der Zahlungsbefehl schon dadurch, dass das Verfahren in Italien durch eine Antragsschrift eingeleitet wird, welche die Anforderungen einer Klageschrift erfüllen muss. Zudem sind die Urkundenbeweise mit der Antragsschrift vorzulegen (Art. 633 Abs. 1 Codice di procedura civile). Das darauf gestützte decreto ingiuntivo ist ein Gerichtsentscheid, der vom Gericht zu begründen ist. Dem Schuldner sind die Antragsschrift und der Gerichtsbeschluss zuzustellen (Art. 643 Abs. 2 CPC); erst hiergegen muss er Widerspruch erheben (Art. 641 Abs. 1 CPC). Entscheidend ist somit, dass mit dem deutschen Mahnverfahren und dem italienischen procedimento d'ingiunzione ein Zivilverfahren eingeleitet wird[64]. Weder der unwidersprochene Mahnbescheid noch das decreto

---

[61] Siehe EuGH 16.06.1981, Rs. C-166/80, *Klomps/Michel,* Slg. 1981 1593; EuGH 13.07.1999, Rs. C-474/93, *Hengst/Campese,* Slg. 1995 I 2113; Markus, Zahlungsbefehl, 67 ff.

[62] Zum deutschen Mahnverfahren im Geltungsbereich des EuGVÜ/LugÜ ausführlich Wagner, RIW 1995, 89 ff.

[63] Deshalb musste der EuGH entscheiden, ob der (altrechtliche) Zahlungsbefehl nach deutschem Recht, ein «verfahrenseinleitendes Schriftstück» i.S.v. Art. 27 Nr. 2 aLugÜ (heute Art. 34 Nr. 2) darstellt oder nicht. Er hat dies in EuGH 16.06.1981, Rs. C-166/80, *Klomps/Michel,* Slg. 1981 1593, bejaht. Ob der deutsche Mahnbescheid im Lichte des Entscheides des EuGH 13.07.1995, Rs. C-474/93, *Hengst/Campese,* Slg. 1995 2113, nach EuGVVO/LugÜ in den anderen Mitgliedstaaten noch vollstreckbar ist, wird etwa von Grunsky, IPRax 1996, 246, bezweifelt.

[64] Wird gegen das «decreto ingiuntivo» oder den Mahnbescheid Widerspruch erhoben, geht das Verfahren in ein ordentliches Zivilverfahren über, vgl. Art. 645 Abs. 2 CPC; § 700 III

ingiuntivo sind jedoch Vollstreckungstitel. Der Gläubiger muss diese in jedem Fall noch für vollstreckbar erklären. Dagegen wird nach schweizerischem Recht jedes Vollstreckungsverfahren auf eine Geldleistung zwingend mit dem Betreibungsbegehren und der Ausstellung eines Zahlungsbefehls eingeleitet. Schon diese Unterschiede verbieten eine Gleichsetzung des Zahlungsbefehls mit dem deutschen Mahnverfahren[65].

40 Richtiger Ansicht nach stellt der Zahlungsbefehl auch **keine vorsorgliche Massnahme** i.S.v. Art. 31 LugÜ dar, denn es handelt sich – jedenfalls beim rechtskräftigen Zahlungsbefehl – nicht um eine «einstweilige», sondern um eine endgültige Anordnung[66]. Der Zahlungsbefehl soll nicht einen Zustand für die Dauer eines Hauptsacheprozesses vorläufig regeln oder eine im nachfolgenden Prozess noch näher zu beurteilende Leistung erwirken, sondern als Grundlage für die Zwangsverwertung des Schuldnervermögens dienen[67].

41 Nach der hier vertretenen Ansicht ist das **Zahlungsbefehlsverfahren kein Erkenntnisverfahren.** Die Zuständigkeit für die Ausstellung eines Zahlungsbefehls bestimmt sich in jedem Fall allein nach dem SchKG. Deshalb kann offen bleiben, ob das Zahlungsbefehlsverfahren überhaupt in den Anwendungsbereich des LugÜ fällt[68].

ZPO. Nach Art. 643 Abs. 3 CPC begründet die Zustellung des «decreto» zusammen mit der Antragsschrift an den Antragsgegner die Rechtshängigkeit des Verfahrens.

[65] Für Meier, Vollstreckungstitel 208, sind diese Unterschiede letztlich nicht entscheidend. Er fordert, dass wie für das deutsche Mahnverfahren auch für das Zahlungsbefehlsverfahren die (allgemeinen) Zuständigkeitsbestimmungen gelten. Folgte man dieser Ansicht, müsste der Betreibungsbeamte zunächst prüfen, ob mit dem Betreibungsbegehren ein Erkenntnis- oder Vollstreckungsverfahren eingeleitet wird.

[66] Das Bundesgericht beurteilte hingegen die Prosequierung eines Arrestes mittels eines Gesuchs um Erlass eines Zahlungsbefehls als vorsorgliche Massnahme i.S.v. Art. 24 aLugÜ (Art. 31 LugÜ), BGE 120 III 92 E. 4b; anders hingegen BGE 130 III 285, 290 E. 5.1, wonach es «fortement douteux» sei, dass der Zahlungsbefehl in den Anwendungsbereich des LugÜ falle; ebenso: Stoffel 393.

[67] BSK SchKG-Staehelin, Art. 30a Rz. 15; Markus, ZBJV 1995, 333.

[68] Meier, IZPR 172. Dies hindert nicht anzunehmen, dass der einmal erlassene Zahlungsbefehl nach Art. 32 ff. vollstreckt werden kann, siehe dazu Art. 32 Rz. 22.

3. Bewilligung des nachträglichen Rechtsvorschlags (Art. 77 SchKG)

Nach Art. 77 Abs. 1 SchKG kann der Schuldner nachträglich bis zur Verteilung oder Konkurseröffnung **Rechtsvorschlag** erheben, wenn die Person des Gläubigers während des Betreibungsverfahrens wechselt. Der Rechtsvorschlag muss beim Richter des Betreibungsorts schriftlich und begründet angebracht werden (Art. 77 Abs. 2 SchKG). Dieses Verfahren fällt in den Anwendungsbereich von Art. 22 Nr. 5, weil es unmittelbar mit der Zwangsvollstreckung verknüpft ist[69]. 42

4. Rechtsöffnungsverfahren

a) Einleitung

Erhebt der Betriebene gegen den Zahlungsbefehl Rechtsvorschlag, so steht das Betreibungsverfahren vorerst still (Art. 78 Abs. 1 SchKG). Der Gläubiger muss sich den verschlossenen Betreibungsweg durch ein Gericht öffnen lassen. Je nach Forderungstitel stehen ihm **drei Wege** offen: 43

(i) Verfügt der Gläubiger über ein in- oder ausländisches vollstreckbares Urteil oder eine vollstreckbare öffentliche Urkunde[70], kann er die *definitive Rechtsöffnung* verlangen (Art. 80 SchKG, Rz. 45 ff.)[71]. (ii) Der Gläubiger kann die *provisorische Rechtsöffnung* beantragen, falls er seinen Anspruch auf eine öffentliche Urkunde[72] oder auf eine unterschriebene schriftliche Schuldanerkennung stützen kann (Art. 82 SchKG, Rz. 48 ff.). (iii) Verfügt er weder über einen definitiven noch einen provisorischen Rechtsöffnungs- 44

---

[69] Vgl. DASSER/OBERHAMMER-MARKUS, Art. 16 Nr. 5 Rz. 40; SPÜHLER/DOLGE/GEHRI, Kap. 3 Rz. 99. Teilw. a.A. DOLGE 74, wonach das Gesuch um Bewilligung eines nachträglichen Rechtsvorschlags ein Erkenntnisverfahren darstelle, solange kein rechtskräftiger Zahlungsbefehl vorliege.

[70] Den gerichtlichen Urteilen sind gerichtliche Vergleiche und gerichtliche Schuldanerkennungen gleichgestellt, Art. 80 Abs. 2 SchKG. Im schweizerischen Recht wird die vollstreckbare öffentliche Urkunde nunmehr in Art. 347–352 ZPO geregelt.

[71] Ausländische vollstreckbare öffentliche Urkunden sind nach Art. 38 ff. LugÜ zu vollstrecken (Art. 57 Abs. 1 LugÜ). Dies erfolgt im definitiven Rechtsöffnungsverfahren, vgl. nur Einzelrichter Bez.Ger. Zürich, ZR (102) 2003 Nr. 24; OGer Aargau 18.05.2005, AGVE 2005, 35; DASSER/OBERHAMMER-NAEGELI, Art. 50 Rz. 48 ff.; MEIER, Vollstreckungstitel, 193; KREN, FS Vogel 419 ff.; a.M. JAMETTI GREINER, Berner Notar 1993, 42, wonach für die ausländische öffentliche Urkunde lediglich die provorische Rechtsöffnung erteilt werden könne.

[72] Für die Frage, ob für die ausländische öffentliche Urkunde nach Art. 57 in der Schweiz provisorische oder definitive Rechtsöffnung erteilt werden muss, vgl. hinten Art. 57 Rz. 12 ff.

titel, ist er auf den *ordentlichen Prozessweg (Anerkennungsklage)* verbannt (Art. 79 SchKG, Rz. 52).

b) Definitive Rechtsöffnung (Art. 80 SchKG)

45 Der Gläubiger, der eine **gerichtliche Entscheidung oder eine vollstreckbare öffentliche Urkunde** eines Vertragsstaates in Händen hält und in das Vermögen des Schuldners in der Schweiz vollstrecken will, muss nach dem SchKG in jedem Fall zunächst die Betreibung einleiten. Erhebt der Schuldner gegen den Zahlungsbefehl Rechtsvorschlag, so kann der Gläubiger gestützt auf den gerichtlichen Entscheid definitive Rechtsöffnung verlangen (Art. 80 SchKG). Im Rahmen des definitiven Rechtsöffnungsverfahrens wird vorfrageweise auch über die Anerkennbarkeit des ausländischen Urteils oder der vollstreckbaren öffentlichen Urkunde entschieden. Obsiegt der Rechtsöffnungskläger und wird somit definitive Rechtsöffnung erteilt, kann er innert Frist die eigentliche Vollstreckung beantragen (Art. 88 SchKG).

46 Das definitive Rechtsöffnungsbegehren stützt sich auf einen gerichtlichen Entscheid (oder eine vollstreckbare öffentliche Urkunde). Entsprechend sind die **Einreden** des Schuldners **beschränkt**. Es wird nämlich definitive Rechtsöffnung erteilt, sofern der Betriebene nicht die Verjährung anruft oder durch Urkunden beweist, dass die Schuld seit Erlass des gerichtlichen Entscheids getilgt oder gestundet worden ist (Art. 81 Abs. 1 SchKG; mit Bezug auf die vollstreckbare öffentliche Urkunde können gegen die Leistungspflicht zudem «weitere Einwendungen» geltend gemacht werden, «sofern sie sofort beweisbar sind», Art. 81 Abs. 2 SchKG). Zudem kann er die Einwendungen erheben, die einer Anerkennbarkeit des Urteils nach Art. 34 f. LugÜ entgegenstehen (Art. 81 Abs. 3 SchKG).

47 Im Geltungsbereich des LugÜ ist das definitive Rechtsöffnungsverfahren **zwangsvollstreckungsrechtlicher Natur**. Denn es liegt i.d.R. ein gerichtlicher Entscheid vor (Ausnahme: vollstreckbare öffentliche Urkunde), der aus einem ausländischen Erkenntnisverfahren hervorging[73]. Die Zustän-

[73] Die Tatsache, dass der Schuldner über bestimmte materielle Einreden (wie Tilgung, Stundung, Verjährung) verfügt (Art. 81 Abs. 1 SchKG), ändert nichts.

digkeit bestimmt sich somit nach Art. 22 Nr. 5[74]; demnach ist der Richter am Betreibungsort zuständig (Art. 84 Abs. 1 SchKG)[75].

c) Provisorische Rechtsöffnung (Art. 82 SchKG)

Die Frage, ob das provisorische Rechtsöffnungsverfahren im Geltungsbereich des LugÜ ein Erkenntnis- oder ein Vollstreckungsverfahren i.S.v. Art. 22 Nr. 5 ist, wird in der schweizerischen Lehre und Rechtsprechung unterschiedlich beantwortet. 48

Nach einem Teil der Lehre und Rechtsprechung ist das provisorische Rechtsöffnungsverfahren im Anwendungsbereich des Übereinkommens als Erkenntnisverfahren zu qualifzieren[76]. Nach dieser Ansicht kann am Betreibungsort die provisorische Rechtsöffnung nur dann erteilt werden, wenn dort zugleich ein Gerichtsstand nach Art. 2 ff. eröffnet ist. Nach dieser Ansicht ist ausschlaggebend, dass das provisorische Rechtsöffnungsverfahren – wenn auch in summarischer Weise – der umfassenden Anspruchsprüfung der in Betreibung gesetzten Forderung dient[77]. Solange der Beklagte gezwungen sei, sich materiell gegen einen Anspruch zu verteidigen, verlange die Rechtsprechung des EuGH, dass ein Gericht nach Art. 2 ff. zuständig sei. Für die Qualifikation der provisorischen Rechtsöffnung als Erkenntnisverfahren spreche zudem der **enge Zusammenhang** mit der 49

[74] Dies entspricht einhelliger Meinung, vgl. nur OGer ZH, ZR 102 (2003) Nr. 24 E. IV.2; Bez. Ger. Arlesheim, 31.05.1994, BJM 1994, 318 = SZIER 1995, 43 mit Anm. Volken; Stoffel 372; Dasser/Oberhammer-Markus, Art. 16 Nr. 5 Rz. 33; Spühler/Dolge/Gehri, Kap. 3 Rz. 99; Dolge 71. Vgl. auch EuGH 04.07.1985, Rs. C-220/84, *AS Autoteile/Malhé,* Slg. 1985, 2277, wonach das Vollstreckungsgegenklageverfahren nach § 767 dt. ZPO Art. 16 Nr. 5 aLugÜ unterliegt. Dieses Verfahren ist mit dem definitiven Rechtsöffnungsverfahren «funktionell identisch», Walter, ZZP 1994, 313.

[75] ZR 101 (2002) Nr. 46 E. II.2.

[76] Vgl. nur OGer ZH, ZR 102 (2003) Nr. 1; ZR 97 (1998) Nr. 14; OGer TG, RBOG 1999 Nr. 21 E. 2c; ZivilGer BS, 09.06.1997, BJM 1998, 211 ff., 213 f.; KGer GR, 21.05.1997, PKG 1997 Nr. 20 E. 4; OGer SO, 03.06.1996, SOG 1996 Nr. 10 E. b. Im Ergebnis ebenso Cour de Justice civile de Genève, 17.08.1993, SZIER 1994, 395 ff. sowie 406 ff.; Bez.Ger. Arlesheim 31.05.1994, BJM 1994, 318 f. = SZIER 1995, 43 mit Anm. Volken; Ire Cour de cassation (VS), 21.10.1994, RVJ 1994, 312 ff. E. 3b = SZIER 1995, 23 ff. mit Anm. Volken; Dasser/Oberhammer-Markus, Art. 16 Nr. 5, insb. Fn. 55; Stoffel 382; Kaufmann-Kohler, SemJud 1995, 559 ff.; Markus 129 ff.; Meier, Vollstreckungstitel, 203 f.; Meier/Sogo, FS Schlosser 585; Schwander 93; Staehelin, AJP 1995, 274 f.; Walter, ZZP 1994, 313 ff.; Spühler/Dolge/Gehri, Kap. 3 Rz. 99; Bericht Expertengruppe SchKG Ziff. 4.4.2.2.

[77] Walter, ZZP 1994, 315; Dasser/Oberhammer-Markus, Art. 16 Nr. 5 Rz. 24. A.M. Gehri 164, wonach es im provisorischen Rechtsöffnungsverfahren nur um die Frage gehe, ob das Vollstreckungsverfahren weitergeführt werden kann, weshalb Art. 22 Nr. 5 anwendbar sei.

Anerkennungs- bzw. Aberkennungsklage[78]. Der Rechtsöffnungskläger, der mit seinem Begehren durchdringe, könne nämlich nicht sogleich die eigentliche Vollstreckung verlangen. Der Rechtsöffnungsentscheid sei vielmehr «provisorisch» und hänge davon ab, dass der Schuldner die Frage des Bestehens der Schuld nicht dem Richter im ordentlichen Verfahren vorlegt. Die Aberkennungsklage des Schuldners bilde deshalb nicht die blosse Ergänzung des Rechtsöffnungsverfahrens, sondern sei «Bestandteil eines besonderen Erkenntnisverfahrens»[79], das allein aus historischen Gründen im Rahmen eines Vollstreckungsverfahrens stattfinde. Das Verfahren sei lediglich deshalb zweigeteilt, um dem Gläubiger, der einen Rechtsöffnungstitel in Händen halte, eine einfache und rasche erste Überprüfung seines Anspruchs zu ermöglichen. Aufgrund der lediglich summarischen Prüfung müsse aber aus rechtsstaatlichen Gründen die Möglichkeit eines ordentlichen Verfahrens vorgesehen werden[80]. In diesem Zusammenhang werden für die Qualifikation des provisorischen Rechtsöffnungsverfahrens schliesslich auch rechtsvergleichende Überlegungen angestellt. Wenn etwa das deutsche Mahnverfahren[81], das italienische decreto ingiuntivo[82] oder die französische injonction de payer[83] als Erkenntnisverfahren qualifiziert werden, so müsse dies a fortiori auch für das provisorische Rechtsöffnungsverfahren gelten[84].

50 Das **Bundesgericht** hat das provisorische Rechtsöffnungsverfahren in einem neuesten Entscheid als **vollstreckungsrechtliches Verfahren** qualifiziert[85]. Für das Bundesgericht handelt es sich bei der provisorischen

---

78 Nach Dasser/Oberhammer-Markus, Art. 16 Nr. 5 Rz. 21, «strahlt die Aberkennungsklage [...] auf die provisorische Rechtsöffnung zurück».

79 Stoffel 381.

80 Vgl. Stoffel 381.

81 §§ 688 ff. dZPO.

82 Art. 633 ff. CPC.

83 Art. 1405 ff. code de procédure civile.

84 Vgl. Bez.Ger. Arlesheim 31.05.1994, BJM 1994, 318 f. = SZIER 1995, 43 mit Anm. Volken; Stoffel 379; Kaufmann-Kohler 557.

85 BGE 136 III 566 E. 3.3; noch offen gelassen in BGE 130 III 285 E. 5.2. Im Ergebnis ebenso Ire Cour civile (VS) 28.10.1997, RVJ 1998, 140 ff. E. 1a; Ire Cour civile (VS) 04.06.1997, RVJ 1998, 218 ff. E. 3a; SchK-Kommission LU 30.05.1996, LGVE 1996 I Nr. 45; Tribunale d'appello TI 19.02.1996, REP 1996 Nr. 82, 254; Cour de cassation du Canton du Valais, 15.03.1995 (Änderung der Rechtsprechung), RVJ 1995, 183 ff. E. 3b, mit Anm. Vouilloz; aus der Lehre etwa Vouilloz, RVJ 1994, 344; Amonn/Walther § 4 Rz. 52, 56; Fritzsche/Walder, I, 230; Kren, FS Vogel, 419 ff., 462 f.; Volken, SZIER 1994, 398 ff.; Vouilloz, SZIER 1995, 51 ff.; Spühler/Infanger 122.

Rechtsöffnung um ein rein betreibungsrechtliches Verfahren, dessen Ziel nicht ein Entscheid über die betriebene Forderung, sondern über die Existenz eines Vollstreckungstitels sei. Denn der provisorische Rechtsöffnungsrichter entscheide einzig über die Vollstreckbarkeit der in Betreibung gesetzen Forderung[86]. Er habe nämlich nur darüber zu urteilen, ob die Zwangsvollstreckung weitergeführt werden kann, d.h. der Rechtsvorschlag aufzuheben ist oder die Betreibung eingestellt bleibt (Art. 78 Abs. 1 SchKG) und der Gläubiger zur Durchsetzung seines Anspruches auf den ordentlichen Prozessweg verwiesen wird. Dass im Rahmen des Rechtsöffnungsverfahrens vorfrageweise auch gewisse materiellrechtliche Punkte zu berücksichtigen sind, ändere an der Rechtsnatur derselben nichts. Der materielle Forderungsprozess folge erst nach dem Rechtsöffnungsentscheid und auch nur dann, wenn die Parteien die Initiative hierzu ergreifen. Das Urteil im Rechtsöffnungsprozess habe aufgrund des anders gelagerten Streitgegenstandes auch keine Rechtskraftwirkung für den späteren Forderungsprozess. Die Abfolge von provisorischer Rechtsöffnung und Forderungsprozess zeige, dass es sich beim vorausgehenden Rechtsöffnungsverfahren nicht um ein Erkenntnisverfahren handeln könne. Entsprechend sei der Bezug der provisorischen Rechtsöffnung zur Zwangsvollstreckung dermassen eng, dass dieses Verfahren unter Art. 16 Ziff. 5 aLugÜ (=Art. 22 Nr. 5) falle[87].

Die Zuständigkeit für das provisorische Rechtsöffnungsverfahren beurteilt 51
sich somit nach Art. 22 Nr. 5. Deshalb sind für die provisorische Rechtsöffnung die Gerichte am schweizerischen Betreibungsort zuständig.

5. Anerkennungs- und Aberkennungsklage (Art. 79 SchKG; Art. 83 Abs. 2 SchKG)

a) Anerkennungsklage

Der Gläubiger, der über keinen Rechtsöffnungstitel verfügt oder dessen 52
Rechtsöffnungsbegehren abgewiesen wird, hat seinen Anspruch in einem **ordentlichen Forderungsprozess** geltend zu machen (Art. 79 SchKG). Diese «Anerkennungsklage» ist in einem Erkenntnisverfahren zu beurteilen. Art. 22 Nr. 5 ist nicht massgeblich; die Zuständigkeit für Anerken-

[86] So auch BGE 133 III 399 E. 1.5.

[87] BGE 136 III 566 E. 3.3. Kritisch zu dieser Entscheidung Markus, AJP 2011, 850 ff.

nungsklagen bestimmt sich folglich nach den übrigen Vorschriften des II. Titels[88].

b) Aberkennungsklage

53 Falls der Schuldner im provisorischen Rechtsöffnungsverfahren unterliegt, kann er innert Frist den Richter anrufen und die in Betreibung gesetzte Forderung in einem ordentlichen Verfahren überprüfen lassen (sog. **Aberkennungsklage**, Art. 83 Abs. 2 SchKG). Kläger ist der in der Rechtsöffnung unterlegene Beklagte (angeblicher Schuldner); Beklagter ist der Rechtsöffnungskläger (angeblicher Gläubiger). Die Aberkennungsklage führt zwar zu einer Umkehr der Parteirollen, nicht aber zu einer Umkehr der Beweislastverteilung. Die Aberkennungsklage ist eine negative Feststellungsklage und stellt somit das Gegenstück zur Anerkennungsklage dar[89].

54 Das Aberkennungsverfahren ist unbestritten ein **Erkenntnisverfahren**. Die Zuständigkeit bestimmt sich somit nach den allgemeinen Vorschriften des LugÜ; Art. 22 Nr. 5 ist damit nicht einschlägig[90].

55 Dennoch wird die Frage, welcher Gerichtsstand nach Art. 2 ff. für die Aberkennungsklage massgeblich ist, unterschiedlich beantwortet. Die Antwort hängt davon ab, ob man auf die formellen Parteirollen abstellt oder den Zusammenhang mit dem vorgehenden provisorischen Rechtsöffnungsverfahren betont.

56 Die Frage der **Zuständigkeit** für die Aberkennungsklage stellt sich in den Fällen, in welchen in der Schweiz die Betreibung eingeleitet und proviso-

---

88 Dies entspricht h.M., vgl. statt aller STOFFEL 374; VOLKEN, SZIER 1995, 27; DASSER/OBERHAMMER-MARKUS, Art. 16 Nr. 5 Rz. 29; SPÜHLER/DOLGE/GEHRI, Kap. 3 Rz. 100; SPÜHLER/INFANGER 124.

89 Vgl. nur BGE 130 III 285 E. 5.3.1; BGE 112 III 88; BGE 95 11 620; AMONN/WALTHER, § 19 Rz. 95.

90 BGE 130 III 285 E. 3.2.; BGE 136 III 566 E. 3.3, Handelsgericht SG 25.03.2010, HG. 2010.10, E. 3.6. Vgl. Botschaft aLugÜ Ziff. 226.6; STOFFEL 374; VOLKEN, SZIER 1995, 27; Ire Cour civile (VS) 28.10.1997, RVJ 1998, 140 ff. E. 1a; Ire Cour civile (VS) 04.06.1997, RVJ 1998, 218 ff. E. 3a; DASSER/OBERHAMMER-MARKUS, Art. 16 Nr. 5 Rz. 29; SPÜHLER/DOLGE/GEHRI, Kap. 3 Rz. 100; MEIER/SOGO, FS Schlosser 586 und 588, wonach die Aberkennungsklage nach der provisorischen Rechtsöffnung eine zweite Stufe eines einheitlichen Erkenntnisverfahrens darstelle und daher zwingend am Ort der Rechtsöffnung zu erheben sei. A.M. SPÜHLER/INFANGER 123, mit der Begründung, dass die Aberkennungsklage in engem Zusammenhang mit der Zwangsvollstreckung stehe.

rische Rechtsöffnung erteilt wurde und sofern sich der Wohnsitz/Sitz des Gläubigers in einem anderen Vertragsstaat befindet. Im Anwendungsbereich des Übereinkommens wird deshalb in der Mehrzahl der Fälle der Gläubiger im Ausland und der Schuldner im Inland wohnen[91]. Stellte man für die Zuständigkeitsbestimmung auf die **formellen Parteirollen** ab, so wäre der Schuldner (Aberkennungskläger) gezwungen, die Aberkennungsklage – sofern am schweizerischen Betreibungsort nicht zugleich eine besondere Zuständigkeit nach Art. 5 ff. oder nach Art. 23 (Gerichtsstandsvereinbarung) gegeben ist – am ausländischen Wohnsitz des Gläubigers (Aberkennungsbeklagter) anzuheben[92].

Aus diesem Grund betont das Bundesgericht, dass für die Bestimmung der Zuständigkeit für die Aberkennungsklage nicht die (formelle) Parteirollenverteilung ausschlaggebend sei; vielmehr müsse dem Umstand Rechnung getragen werden, dass der Aberkennungskläger (der Schuldner) der **materiell Beklagte** sei. Die Aberkennungsklage führe nur zu einer Parteirollenumkehr, nicht auch zu einer Umkehr der Beweislastverteilung. Vor diesem Hintergrund sei es gerechtfertigt, dass sich der Aberkennungskläger als Schuldner an seinen (schweizerischen) Wohnsitz «verteidigen» könne[93]. 57

Das Abstellen auf die formelle Parteirollenverteilung hätte weiter zur Folge, dass der Schuldner gezwungen wäre, sich vor einem Gericht zu verteidigen, das für den zu beurteilenden Anspruch ausserhalb eines Betreibungsverfahrens in der Regel gar nicht zuständig wäre[94]. Zudem würde 58

---

[91] Denn als ordentlicher Betreibungsort gilt der schweizerische Wohnsitz/Sitz des Schuldners (Art. 46 Abs. 1 und 2 SchKG). Zu den möglichen Ausnahmen vgl. Art. 48 ff. SchKG. Wohnt dagegen der Schuldner im Ausland, kann er die Aberkennungsklage am Betreibungsort erheben oder den Gläubiger zur Anhebung einer materiellen Klage am ausländischen LugÜ-Gerichtsstand auffordern, Schmidt, SJ 1996, 13 f.

[92] So jedoch Weibel 169 ff., 191; Ire Cour Civile VS 04.06.1997, RVJ 1998 218 ff. E. 3a; SchK-Kommission LU 30.05.1996, LGVE 1996 I Nr. 45 E.e, wonach der Schuldner, falls auf seine Aberkennungsklage im Ausland nicht eingetreten werde, auf die Rückforderungsklage nach Art. 86 SchKG zu verweisen sei.

[93] BGE 130 III 285 E. 5.3.3 f. In der Lehre wird vereinzelt auch die Ansicht vertreten, bei der Aberkennungsklage handle es sich um einen (negative Feststellungs-) Widerklage, weshalb für die Aberkennungsklage die Gerichte am schweizerischen Betreibungsort zuständig seien, Staehelin, AJP 1995, 275.

[94] Beispiel: Der Gläubiger wohnt in Italien; der Schuldner in der Schweiz. Annahme: Der Gläubiger kann seine Forderungsklage nur in der Schweiz anheben (Art. 2 Abs. 1). Wäre der Schweizer gezwungen, in Italien die Aberkennungsklage geltend zu machen, so führte dies für den Gläubiger zu einer Art Klägergerichtsstand, denn die Aberkennungsklage bewirkt gerade keine Beweislastumkehr.

eine solche Lösung den in der Schweiz wohnhaften gegenüber dem im Ausland wohnhaften Schuldner ungebührlich **benachteiligen.** Letzterer müsste sich materiell nämlich nur dann vor einem ausländischen Gericht verteidigen, wenn dieses aufgrund von Art. 5 ff. oder Art. 23 zuständig wäre.

59 Würde man auf die formelle Parteirollenverteilung abstellen, würde dies, wie erwähnt, in aller Regel dazu führen, dass der Aberkennungskläger (Schuldner) die Klage vor einem ausländischen Gericht anheben müsste. Dagegen erheben sich auch **praktische Bedenken**. Denn es ist zumindest fraglich, ob das ausländische Gericht auf eine Aberkennungsklage (negative Feststellungsklage) überhaupt eintreten würde, die zwar zu einer Umkehr der Parteirollen, nicht aber auch zu einer Umkehr der Beweislastverteilung führt[95].

60 Es wurde bereits auf den engen Zusammenhang zwischen dem provisorischen Rechtsöffnungs- und dem Aberkennungsverfahren als **Folgeverfahren** hingewiesen. In beiden Verfahren geht es um die Prüfung der in Betreibung gesetzten Forderung. Zudem führt die Umkehr der Parteirollen im Aberkennungsprozess nicht zu einer Umkehr der Beweislastverteilung. Dies spricht für einen einheitlichen Gerichtsstand für das provisorische Rechtsöffnungs- und das Aberkennungsverfahren auch im Geltungsbereich des LugÜ[96]. Für die Bestimmung der Zuständigkeit für das Aberkennungsverfahren kann es deshalb im Anwendungsbereich des LugÜ nicht darauf ankommen, dass es sich beim Rechtsöffnungs- und Aberkennungsprozess formal um zwei verschiedene Verfahren handelt. Vielmehr sind Rechtsöffnung und Aberkennungsklage als zwei Stufen desselben Verfahrens zu betrachten[97].

---

95 Vgl. BGE 130 III 285 E. 5.3.5; BGE 87 III 27. Falls das ausländische Gericht auf die Aberkennungsklage des in der Schweiz wohnhaften Schuldners nicht einträte, bliebe nur der Ausweg, einen Notgerichtsstand am Betreibungsort anzunehmen oder den Schuldner auf die Rückforderungsklage nach Art. 86 SchKG zu verweisen.

96 Dasser/Oberhammer-Markus Art. 16 Nr. 5 Rz. 31; Markus, ZBJV 1995, 337, wonach sich der Schuldner auch im Aberkennungsprozess materiell in der Beklagtenrolle befinde.

97 OGer ZH, ZR 102 (2003) Nr. 1 E. 3c, S. 4; Meier, IZPR, 175; Stoffel 382 f.; BSK SchKG-Staehelin, Art. 30a Rz. 23; Donzallaz Rz. 6387 f.; ähnlich auch ZR 1998 Nr. 14, E. 2f, S. 45. A.M. Weibel 175.

Es wäre deshalb nicht sachgerecht, wenn sich der im Ausland wohnhafte Gläubiger im Falle einer Aberkennungsklage auf seinen Wohnsitzgerichtsstand (Art. 2) berufen könnte[98]. 61

In dem vom Bundesgericht entschiedenen Fall (Rz. 57) hatten die Parteien keine Gerichtsstandsvereinbarung getroffen und befand sich der Gerichtsstand für die Aberkennungsklage am (schweizerischen) Wohnsitz des Schuldners (Aberkennungsklägers). 62

Damit stellt sich die Frage, welches Gericht zuständig ist, wenn die Parteien die ausländischen Gerichte eines anderen LugÜ-Staates prorogiert haben. Sind die schweizerischen Gerichte am Betreibungsort oder die prorogierten Gerichte in einem anderen Vertragsstaat zuständig? 63

Im Gesuch um provisorische Rechtsöffnung am schweizerischen Betreibungsort kann eine **Art Einlassung des Gläubigers** gesehen werden. So liesse sich die Zuständigkeit für die Aberkennungsklage am schweizerischen Gerichtsstand der provisorischen Rechtsöffnung mit der analogen Anwendung von Art. 24 begründen[99]. Denn mit dem Begehren um Durchführung des Rechtsöffnungsverfahrens am schweizerischen Betreibungsort «lässt» sich der Gläubiger auch auf eine mögliche Aberkennungsklage an diesem Gerichtsstand «ein». 64

6. Widerspruchsklagen (Art. 106 – 109 SchKG; Art. 155 Abs. 1 SchKG)

a) Einleitung

Das **Widerspruchsverfahren** in der Betreibung auf Pfändung (Art. 106–109 SchKG) oder Pfandverwertung (Art. 155 Abs. 1 SchKG) stellt ein 65

[98] BGE 130 III 285. A.M. hingegen Ire Cour Civile (VS) 28.10.1997, RVJ 1998, 140 ff. E. 1a, wonach es möglich sei, dass der schweizerische Richter am Betreibungsort provisorische Rechtsöffnung erteile, der Schuldner zur Erhebung der Aberkennungsklage aber an den ausländischen Gerichtsstand des in der Sache zuständigen Gerichts (Art. 2–18 aLugÜ) gelangen müsse; vgl. auch Vouilloz, RVJ 1994 347. Ebenso Ire Cour Civile (VS) 04.06.1997, RVJ 1998, 218 ff. E. 3a, wonach sich der Schuldner für eine Aberkennungsklage dann nicht auf eine schweizerische Notzuständigkeit (Art. 3 IPRG) berufen könne, wenn die nach Art. 2 ff. LugÜ zuständige ausländische Rechtsordnung einen Behelf zur Feststellung des Nichtbestehens der Betreibungsforderung ohne Beschränkung der Verteidigungsmittel und mit materieller Wirkung kenne; dies treffe i.c. auf Italien zu.

[99] Stoffel 382 f.; Meier, IZPR, 175; Markus 146 ff., insb. 148; vgl. auch Bericht Expertengruppe SchKG 4.4.2.2.

betreibungsrechtliches Zwischenverfahren dar. Es ist dann durchzuführen, wenn ein Dritter geltend macht, ihm stehe am gepfändeten Gegenstand (der in der Schweiz belegen ist) das Eigentum, ein Pfandrecht oder ein anderes Recht zu, das der Pfändung entgegensteht oder im weiteren Verlauf des Vollstreckungsverfahrens zu berücksichtigen ist (vgl. Art. 106 Abs. 1 SchKG). Das Widerspruchsverfahren bezweckt, die Begründetheit des Drittanspruches und damit die Pfänd- und Verwertbarkeit eines bestimmten Vermögenswertes für die laufende Vollstreckung zu klären[100].

66 Das Widerspruchsverfahren ist mit dem Zwangsvollstreckungsverfahren schon deshalb **eng verknüpft**, weil es vom Schicksal der Betreibung abhängt[101]. Entsprechend erlangt der Entscheid grundsätzlich nur in der hängigen Betreibung materielle Rechtskraft[102]. Das Widerspruchsverfahren des SchKG gilt als sog. betreibungsrechtliche Streitigkeit mit Reflexwirkung auf das materielle Recht. Eine Ausnahme besteht für den eher seltenen Fall, dass sich der Widerspruchsprozess zwischen dem Drittansprecher und dem Schuldner abspielt; diesfalls gilt das Widerspruchsverfahren als materiell-rechtliche Streitigkeit und kommt dem Entscheid materielle Rechtskraft zu[103]. Für die Frage, ob Art. 22 Nr. 5 auch auf Widerspruchsverfahren anwendbar ist, ist wie im SchKG zu unterscheiden, ob der Dritte klagt (Rz. 76 ff.) oder ob sich die Klage gegen den Dritten richtet (sogleich Rz. 67 ff.)[104].

b) Klage gegen den Dritten (Art. 108 Abs. 1 SchKG)

67 Falls sich die Sache im **Gewahrsam des Dritten** befindet oder seine Berechtigung an der zu pfändenden Forderung wahrscheinlicher ist als diejenige des Schuldners, können der Gläubiger und der Schuldner gegen den Dritten auf Aberkennung seines Anspruches klagen (Art. 108 Abs. 1 SchKG).

68 Die Widerspruchsklage erfolgt zwar im Rahmen einer **laufenden Betreibung**. Für die Qualifikation als Erkenntnis- oder Zwangsvollstreckungs-

---

[100] Amonn/Walther, § 24 Rz. 47 ff.; Gilliéron 210.

[101] Wird die Betreibung etwa aufgehoben, wird auch das Widerspruchsverfahren gegenstandslos, vgl. Amonn/Walther, § 24 Rz. 49.

[102] BGE 116 III 119; 107 III 120 f.; BSK SchKG-Staehelin, Art. 109 Rz. 30.

[103] Amonn/Walther, § 24 Rz. 51; a.M. BSK SchKG-Staehelin, Art. 109 Rz. 30.

[104] Nicht entscheidend ist dieses Kriterium für Dolge 66 f., wonach Widerspruchsklagen in allen Konstellationen nach Art. 22 Nr. 5 zu beurteilen seien; gl.M. Spühler/Infanger 125.

verfahren kommt es aber – wie bereits ausgeführt (Rz. 18 ff.) – nicht primär darauf an, ob ein Verfahren formell im SchKG geregelt ist und ob es nach Anhängigmachung einer Betreibung durchgeführt wird oder nicht. Entscheidend ist vielmehr, ob das Verfahren aufgrund einer autonomen Auslegung letztlich ein Vollstreckungsverfahren nach Art. 22 Nr. 5 ist.

Mit der Widerspruchsklage nach Art. 108 SchKG soll umfassend gerichtlich 69
festgestellt werden, ob der beklagte Dritte Eigentümer, Gläubiger oder Pfandgläubiger des in Frage stehenden Vermögenswertes ist. Es geht mit anderen Worten um die Frage, ob die Rechte des Dritten den **vollstreckungsrechtlichen Zugriff** ganz ausschliessen (z.B. Eigentum) oder zurücktreten lassen (z.B. Pfandrecht). In diesem Verfahren sind weder die materiell-rechtlichen Behauptungen des Klägers noch die materiell-rechtlichen Einreden des Beklagten beschränkt. Obschon das Widerspruchsverfahren – wie das Rechtsöffnungsverfahren – in ein laufendes Betreibungsverfahren integriert ist, dreht sich der Widerspruchsprozess im Kern allein um die Klärung materiell-rechtlicher Rechtsverhältnisse[105].

Sofern die **materielle Rechtslage** aber noch nicht geklärt ist, hat der Be- 70
klagte nach der Rechtsprechung des EuGH Anspruch darauf, sich vor einem Gericht verteidigen zu können, das für Erkenntnisverfahren zuständig ist (vgl. Rz. 22 ff.). Art. 22 Nr. 5 ist für Widerspruchsklagen nach Art. 108 SchKG somit nicht massgeblich[106]. Die Zuständigkeit bestimmt sich vielmehr nach den allgemeinen Vorschriften des LugÜ für Erkenntnisverfahren[107].

Der Umstand, dass das Widerspruchsverfahren enge Bezüge zum 71
Zwangsvollstreckungsverfahren aufweist, ändert an der hier vertretenen Qualifikation nichts. In diesem Zusammenhang ist nämlich zu berücksichtigen, dass sich die Betreibung nicht gegen den Dritten richtet, sondern

105 Vgl. auch Amonn/Walther, § 24 Rz. 49.

106 Im Ergebnis ebenso Stoffel 388 f.; Staehelin, AJP 1995, 277. A.A. BSK SchKG-Staehelin, Art. 109 Rz. 16; Schwander 93; Brunner/Reutter 92; Spühler/Gehri 144, wonach wegen der vollstreckungsrechtlichen Natur der Widerspruchsklagen nur die Gerichte am Betreibungsort zuständig seien. Amonn/Walther, § 4 Rz. 49 f. und 55 f., halten für den Widerspruchsprozess zwischen Schuldner und Drittansprecher die Art. 2 ff. LugÜ, für den Widerspruchsstreit eines Gläubigers mit dem Dritten aber Art. 22 Nr. 5 für anwendbar.

107 Dasser/Oberhammer-Markus, Art. 16 Nr. 5 Rz. 37; Spühler/Dolge/Gehri, Kap. 3 Rz. 100. Das bedeutet, dass etwa für die Eigentumsansprache an einem Grundstück Art. 22 Nr. 1 LugÜ (i.V.m. Art. 109 Abs. 3 SchKG) zu beachten ist. Für Streitigkeiten über gewerbliche Schutzrechte ist Art. 22 Nr. 4 einschlägig.

dieser mit der Widerspruchsklage vielmehr in ein ihm **fremdes Betreibungsverfahren** einbezogen wird. Das Bundesgericht hielt denn auch (ausserhalb des Geltungsbereichs des LugÜ) fest, dass die Rechtsstellung des Dritten nicht deswegen verschlechtert werden kann, weil ein Gläubiger einen Schuldner betrieben hat. Ansonsten würde man den Dritten zwingen, «sein Recht am Orte der Betreibung gegenüber dem Zugriff des Betreibungsgläubigers zu verteidigen»[108].

72 Folgerichtig wird im SchKG ausdrücklich bestimmt, dass in einem **Binnenfall** der Dritte an seinem schweizerischen Wohnsitz zu verklagen ist (Art. 109 Abs. 2 SchKG)[109]. Denn es ist dem Dritten nicht zuzumuten, sich am Betreibungsort (des Schuldners) belangen zu lassen[110]. Der Beklagte ist aber erst recht zu schützen, wenn er im Ausland wohnt. Es ist deshalb inkonsequent, wenn das SchKG für internationale Sachverhalte bestimmt, dass die Klage am Betreibungsort anzuheben ist, wenn der Dritte im Ausland wohnt (Art. 109 Abs. 1 Ziff. 2, 2. Halbsatz SchKG)[111].

73 Nach schweizerischem Recht gilt das **Widerspruchsverfahren** dann als **Erkenntnisverfahren,** wenn sich der Schuldner und der Dritte gegenüberstehen. Deshalb soll nach einer Lehrmeinung im Anwendungsbereich des LugÜ mit Bezug auf die Zuständigkeit offenbar danach unterschieden werden, ob der Widerspruchsprozess zwischen Gläubiger und Drittansprecher oder zwischen Schuldner und Drittansprecher stattfindet[112]. Nach dieser Ansicht ist bei Klagen des Gläubigers Art. 22 Nr. 5 anwendbar, während sich die Klage des Schuldners gegen den Dritten nach den übrigen Zuständigkeitsvorschriften beurteilt. Unter dem Gesichtspunkt des Beklagtenschutzes spielt es für den Dritten aber keine Rolle, ob er vom Gläubiger oder vom Schuldner verklagt wird, weil Prozessthema und Beweislastverteilung in beiden Konstellationen identisch sind.

74 Geht man nach der hier vertretenen Meinung davon aus, dass Art. 22 Nr. 5 auf Klagen nach 108 SchKG nicht anwendbar ist, kann dies im Einzelfall dazu führen, dass das Widerspruchsverfahren in Form eines **Feststellungs-**

[108] BGE 51 I 197; es handelte sich um einen Binnensachverhalt.
[109] Dies wurde in der Lehre schon früh postuliert, vgl. FRITZSCHE/WALDER, § 26 Rz. 26 f.
[110] So Botschaft zur SchKG-Revision 1994 Ziff. 203.14 zu Art. 109.
[111] Die Botschaft zur SchKG-Revision 1994 Ziff. 203.14 zu Art. 109, gibt keine Begründung für die unterschiedliche Zuständigkeitsordnung.
[112] Vgl. AMONN/WALTHER, § 24 Rz. 49 f. und 55 f.

verfahrens vor einem ausländischen Gericht auszutragen ist[113]. Deshalb könnte nicht eingewendet werden, die Widerspruchsklage vor dem ausländischen Richter führe dazu, dass sich ein fremder Richter in ein schweizerisches Zwangsvollstreckungsverfahren einmische[114]. Denn das ausländische Urteil würde nur feststellen, ob der Dritte ein besseres Recht als der Schuldner am fraglichen Vermögenswert hätte. Ein solches Urteil müsste wie jede ausländische Entscheidung in der Schweiz anerkannt werden, um wirksam zu werden. Nur der schweizerische Anerkennungsrichter und nicht etwa das ausländische Gericht könnte den schweizerischen Betreibungsbehörden entsprechende Anweisungen erteilen.

Schliesslich ist darauf hinzuweisen, dass eine Widerspruchsklage mit einer 75 **Anfechtungsklage** nach Art. 285 ff. SchKG verbunden werden kann[115]. Für letztere Klage ist Art. 22 Nr. 5 nicht anwendbar (ausführlich Rz. 110). Es wäre unter diesem Blickwinkel nicht sachgerecht, die allgemeine Zuständigkeitsordnung des LugÜ lediglich für die Anfechtungs- und nicht auch für die Widerspruchsklage nach Art. 108 Abs. 1 SchKG vorzusehen.

c) Klage des Dritten (Art. 107 Abs. 5 SchKG)

Wenn sich die Sache im ausschliesslichen **Gewahrsam des Schuldners** 76 befindet oder seine Berechtigung an der Forderung wahrscheinlicher ist als die des Dritten, hat der Dritte gegen den bestreitenden Gläubiger oder Schuldner auf Feststellung seines Anspruches zu klagen (Art. 107 Abs. 5 SchKG). Die wohl herrschende Lehre betrachtet die Widerspruchsklage des Dritten als vollstreckungsrechtliche Klage i.S.v. Art. 22 Nr. 5[116].

In diesem Zusammenhang ist allerdings zu beachten, dass der einzige Un- 77 terschied zwischen einer Widerspruchsklage nach Art. 107 Abs. 5 SchKG

---

113 Der Kläger wird eine Feststellungsklage erheben; das Betreibungsamt darf nicht darauf abstellen, dass im Rechtsbegehren unter Umständen nicht ausdrücklich auf die laufende Betreibung Bezug genommen wird, vgl. FRITZSCHE/WALDER, § 26 Rz. 34.

114 Vgl. aber BGE 107 III 118, 121 E. 2, wonach zur Beurteilung einer Widerspruchsklage ausschliesslich der schweizerische Richter zuständig sei, weil ein Betreibungsbeamter in der Schweiz keine «Weisungen» ausländischer Richter entgegenzunehmen habe. Zutreffend die Kritik von STOFFEL 388 Fn. 84, wonach es nicht um die Entgegennahme von Weisungen gehe, sondern um die Frage, ob die Feststellungen über ein materielles Rechtsverhältnis zu respektieren seien oder nicht. Vgl. auch STAEHELIN, AJP 1995, 277.

115 BGE 107 III 121.

116 BSK SchKG-STAEHELIN, Art. 109 Rz. 16; SPÜHLER/DOLGE/GEHRI, Kap. 3 Rz. 99.

und Art. 108 Abs. 1 SchKG in der Umkehr der Parteirollen besteht[117]. Im ersten Fall ist der Dritte der Kläger; im zweiten Fall ist er der Beklagte. Diese **Rollenverteilung** wird vom Betreibungsamt im Vorverfahren festgelegt, indem es summarisch prüft, ob der Dritte oder der Schuldner (oder beide gemeinsam oder ein Vierter) am gepfändeten Vermögenswert Gewahrsam hat (Art. 106 ff. SchKG). Dagegen bestehen mit Bezug auf das Prozessthema, die Beweislastverteilung[118] oder die Rechtswirkungen keine Unterschiede zwischen den Klagen nach Art. 107 Abs. 5 SchKG und Art. 108 Abs. 1 SchKG[119]. Es ist deshalb nicht zu erkennen, weshalb die Klage nach Art. 107 Abs. 5 SchKG einen engeren Zusammenhang mit dem Zwangsvollstreckungsverfahren aufweisen soll als die Klage nach Art. 108 Abs. 1 SchKG[120].

78 Aus dogmatischen Gründen müssten deshalb die beiden Klagen im Geltungsbereich des LugÜ **zuständigkeitsrechtlich** gleich behandelt werden. Dies hätte zur Folge, dass Art. 22 Nr. 5 auch auf die Widerspruchsklage des Dritten nicht anwendbar wäre und sich die Zuständigkeit nach den übrigen Vorschriften des LugÜ (insbesondere Art. 2 ff.) beurteilte.

79 Dagegen erheben sich aber **Bedenken praktischer Art**. Zunächst ist darauf hinzuweisen, dass der Drittanspruch sowohl vom Gläubiger als auch vom Schuldner oder von beiden bestritten werden kann. Die Klage des Dritten richtet sich formell gegen den Bestreitenden. Ist dies etwa der Gläubiger, so ist einmal unklar, ob für die Klage des Dritten gegen den Gläubiger auf dessen Wohnsitz als formell Beklagter oder auf den Wohnsitz des Schuldners als materiell Beklagter abzustellen wäre. Falls man nämlich auf die formelle Beklagtenrolle abstellte, so wäre der Dritte unter Umständen gezwungen, den Gläubiger an seinem ausländischen Wohnort (Art. 2) ins Recht zu fassen.

80 Es wäre aber nicht sachgerecht, solche Widerspruchsklagen am Wohnsitz des Gläubigers auszutragen[121]. Aus Gründen des **Beklagtenschutzes** ist

[117] FRITZSCHE/WALDER, § 26 Rz. 35.
[118] BGE 106 III 84.
[119] Vgl. AMONN/WALTHER § 24 Rz. 57 ff.
[120] So STOFFEL 389, wonach der Dritte in einem solchen Fall einen Anspruch auf Herauslösung des Vermögenswertes aus dem Vollstreckungsverfahren geltend mache. Auch im Falle einer Klage nach Art. 108 SchKG wurde der in Rede stehende Vermögenswert gepfändet und geht es letztlich darum, ob der Pfandbeschlag aufgehoben werden soll oder nicht.
[121] Im Ergebnis ebenso DASSER/OBERHAMMER-MARKUS, Art. 16 Nr. 5 Rz. 38.

dieser Gerichtsstand nicht geboten, weil der Gläubiger nur deshalb die Beklagtenrolle einnimmt, weil er den Anspruch eines Dritten bestritten hat. Da sich das Prozessthema aber um ein Rechtsverhältnis zwischen dem Schuldner und dem klagenden Drittansprecher dreht, wird der Gerichtsstand am Wohnsitz des beklagten Gläubigers auch nur in Einzelfällen zufällig eine besondere Nähe zum Streitgegenstand aufweisen.

Hinzu kommt, dass die Zuständigkeit nicht davon abhängen soll, ob der **Drittanspruch** vom Gläubiger oder vom Schuldner bestritten wurde und sich die Klage deshalb gegen den Ersten oder den Letzteren richtet. Denn mit Ausnahme der Beklagtenrolle sind die Verfahren identisch. 81

Daraus folgt, dass für die Klagen nach Art. 107 Abs. 5 SchKG ein **einheitlicher Gerichtsstand** vorzusehen ist. Da sich diese Verfahren um das Rechtsverhältnis zwischen dem Dritten und dem Schuldner drehen, kann es bei der Zuständigkeitsbestimmung sinnvollerweise nur auf die Person des Schuldners ankommen. Die Klagen des Dritten sollten aus Zweckmässigkeitsgründen deshalb einheitlich am Ort der Betreibung des Schuldners im Sinne von Art. 22 Nr. 5 ausgetragen werden[122]. 82

In diesem Zusammenhang ist zu berücksichtigen, dass ausserhalb eines Vollstreckungsverfahrens die Klagen in der Mehrzahl der Fälle ebenfalls an diesem Gerichtsstand ausgetragen würden, weil sich der **ordentliche Betreibungsort** am Wohnsitz des Schuldners befindet (Art. 46 Abs. 1 SchKG)[123]. Es ist somit auch dem im Ausland wohnhaften Dritten zuzumuten, in der Schweiz am Betreibungsort des Schuldners zu klagen, zumal 83

[122] Im Ergebnis ebenso Botschaft aLugÜ Ziff. 226.6; Brunner/Reutter 113; Stoffel 389; Staehelin, AJP 1995, 277; Spühler/Dolge/Gehri, Kap. 3 Rz. 99. Für die Drittwiderspruchsklage nach § 771 dt. ZPO wird ebenfalls angenommen, sie falle unter Art. 22 Nr. 5, vgl. Kropholler, Art. 22 Rz. 61; Schlosser, IPRax 1993, 18. Die Klage nach § 771 dt. ZPO ist immer vom Dritten zu erheben. Teilweise a.M. Dasser/Oberhammer-Markus, Art. 16 Abs. 5 Rz. 37 f., wonach die Klage des Dritten gegen den Schuldner unter Art. 2 ff. falle (weil es sich um ein Erkenntnisverfahren handle), die Klage des Dritten gegen den Gläubiger aber unter Art. 16 (neu 22) Nr. 5.

[123] Dies gilt sicher für die Herausgabeklage für bewegliche Sachen. Für eine rei vindicatio von Grundstücken sind die Gerichte am Ort der gelegenen Sache zuständig. Bei Widerspruchsklagen nach Art. 108 SchKG befindet sich das Grundstück in der Schweiz. Da Art. 22 Abs. 5 nur die internationale Zuständigkeit bestimmt, ist Art. 109 Abs. 2 SchKG anwendbar und die Klage am Lageort anzuheben. Lediglich bei Prätendentenstreitigkeiten um Forderungen wäre es denkbar, dass neben dem Wohnsitz des Beklagten auch Gerichte in anderen Vertragsstaaten zuständig wären.

ihm die Klägerrolle nur dann zugewiesen werden darf, wenn sein behauptetes besseres Recht mit grosser Wahrscheinlichkeit nicht besteht.

7. Aufhebung oder Einstellung der Betreibung (Art. 85 SchKG); Feststellungsklage (Art. 85a SchKG)

a) Vorbemerkungen

84 Der Betriebene kann in die Lage geraten, dass in sein Vermögen vollstreckt wird, obschon keine Schuld (mehr) besteht, sei es, dass er aus Nachlässigkeit eine Unterbrechungshandlung (z.B. Rechtsvorschlag) versäumte oder seit Einleitung der Betreibung neue Tatsachen (wie. z.B. Tilgung der Schuld) eingetreten sind. Nach Abschluss des Vollstreckungsverfahrens kann der Betriebene zwar eine Rückforderungsklage anstrengen (vgl. Rz. 95). In einem solchen Fall trägt der Betriebene jedoch das Risiko, dass der Betreibende zwischenzeitlich zahlungsunfähig wurde. Mit den Klagen nach Art. 85 und 85a SchKG will der Betriebene letztlich vermeiden, dass in sein Vermögen vollstreckt wird, obschon keine Schuld (mehr) besteht. Dennoch sind die beiden Klagen mit Bezug auf die Zuständigkeit nach dem LugÜ unterschiedlich zu beurteilen:

b) Klage nach Art. 85 SchKG

85 Weist der Betriebene durch Urkunden nach, dass die in Betreibung gesetzte Schuld (samt Zinsen und Kosten) **getilgt oder gestundet** ist, so kann er jederzeit gerichtlich die Aufhebung oder Einstellung der Betreibung beantragen (Art. 85 SchKG).

86 Die erfolgreiche Klage des Betriebenen hat nur **Wirkung** für das laufende Betreibungsverfahren; über den Anspruch des Betreibenden wird nicht rechtskräftig entschieden[124]. Die «Einreden» des Betriebenen (Klagegründe) sind im Falle der Klage nach Art. 85 SchKG beschränkt. Nur der urkundliche Nachweis der Tilgung oder Stundung bewirkt die Einstellung oder Aufhebung der Betreibung. Ansonsten wird über das Rechtsverhältnis nicht entschieden. Die «Einreden» des Schuldners gegen die Betreibung sind damit noch beschränkter als bei der definitiven Rechtsöffnung (vgl. Rz. 45 ff.). Wenn sich die Zuständigkeit für das definitive Rechtsöffnungs-

---

[124] Vgl. Botschaft SchKG Ziff. 202.75 zu Art. 85; Amonn/Walther, § 20 Rz. 11; Brönnimann, AJP 1996, 1395.

verfahren nach Art. 22 Nr. 5 bemisst, so muss dies a fortiori auch für eine Klage nach Art. 85 SchKG gelten. Die Klage nach Art. 85 SchKG unterliegt somit Art. 22 Nr. 5[125], weshalb die Gerichte am schweizerischen Betreibungsort zuständig sind (Art. 85 SchKG).

c) Klage nach Art. 85a SchKG

Im Unterschied zur Klage nach Art. 85 SchKG ist Art. 22 Nr. 5 auf die **Feststellungsklage** nach Art. 85a SchKG nicht anwendbar[126]. Mit der Klage nach Art. 85a SchKG kann der Betriebene «jederzeit»[127] gerichtlich feststellen lassen, dass die Schuld nicht oder nicht mehr besteht oder gestundet ist (Art. 85a Abs. 1 SchKG). Diese negative Feststellungsklage[128] hat eine Doppelnatur. Einerseits wird die materiell-rechtliche Frage, ob die in Betreibung gesetzte Schuld nicht oder nicht mehr besteht (oder allenfalls gestundet) ist, rechtskräftig entschieden. Zudem wird, falls die Klage erfolgreich ist, die Betreibung gegen den Kläger aufgehoben oder eingestellt (Art. 85a Abs. 2 SchKG)[129]. 87

Aufgrund der teilweise materiell-rechtlichen Natur[130] der Klage wird der Prozess im **ordentlichen oder vereinfachten Verfahren** durchgeführt (Marginalie zu Art. 85a SchKG)[131]. Der Umstand, dass der Betriebene klagt, ist ohne Einfluss auf die Beweislastverteilung[132]. Im Unterschied zur 88

[125] Stoffel 373; Dasser/Oberhammer-Markus, Art. 16 Nr. 5 Rz. 40; Meier, IZPR, 176; BSK SchKG-Bodmer/Bangert, Art. 85 Rz. 29; Spühler/Dolge/Gehri, Kap. 3 Rz. 99; Meier/Sogo, FS Schlosser, 595; Spühler/Infanger 124 f.; Spühler/Gehri 210. Vgl. auch Dolge 42 f., wonach die Klage nach Art. 85 SchKG nicht in den Anwendungsbereich des LugÜ fällt, wenn sie in einer Konkursbetreibung nach Rechtskraft des Zahlungsbefehls erhoben wird.

[126] Dasser/Oberhammer-Markus, Art. 16 Nr. 5 Rz. 35; Meier/Sogo, FS Schlosser, 594, welche dem Kläger zusätzlich den Gerichtsstand am Betreibungsort eröffnen wollen; vgl. auch Amonn/Walther, § 4 Rz. 49 f. A.M. Dolge 63; Spühler/Infanger 124 f.

[127] Nach BGE 125 III 149 E. 2c kann eine Klage i.S.v. Art. 85a SchKG erst ab der rechtskräftigen Beseitigung des Rechtsvorschlags bis zur Verteilung des Verwertungserlöses bzw. bis zur Konkurseröffnung erhoben werden; der Begriff «jederzeit» ist in diesem Sinne auszulegen.

[128] Botschaft SchKG Ziff. 202.75 zu Art. 85a. Brönnimann, AJP 1996, 1396, weist zu Recht darauf hin, dass auch die Frage der Stundung Prozessthema sein könne, weshalb auch von einer positiven Feststellungsklage gesprochen werden könne.

[129] BGE 125 III 149 E 2c; Botschaft SchKG Ziff. 202.75 zu Art. 85a; BSK SchKG-Bodmer/Bangert, Art. 85a Rz. 3; Amonn/Walther, § 20 Rz. 15.

[130] Brönnimann, AJP 1996, 1396.

[131] Vgl. BSK SchKG-Bodmer/Bangert, Art. 85a Rz. 27. Die Streitwertgrenze liegt bei Fr. 30'000, Art. 243 Abs. 1 ZPO.

[132] Brönnimann, AJP 1996, 1396.

Klage nach Art. 85 SchKG besteht im Falle der Feststellungsklage nach Art. 85a SchKG weder eine Beschränkung der Beweismittel noch – in der Regel – des Prozessthemas[133]. Im Geltungsbereich des LugÜ hängt die Zuständigkeit für die Klage nach Art. 85a SchKG vom Zeitpunkt oder vom Prozessthema ab[134].

89 Hat es der Betriebene versäumt, fristgerecht **Rechtsvorschlag** zu erheben, hat er die Klage nach Art. 85a SchKG an einem allgemeinen Gerichtsstand nach Art. 2 ff. zu erheben. Die Klage ist zuständigkeitsrechtlich wie eine ordentliche (negative) Feststellungsklage zu behandeln. Der Umstand, dass der Schuldner vorgängig betrieben wurde, hat keinen Einfluss auf die Zuständigkeit. Dies kann dazu führen, dass der Betriebene gezwungen ist, die Feststellungsklage vor einem ausländischen Gericht anzuheben.

90 Ein ausländisches Gericht kann jedoch nicht die mit der Klage ebenfalls angestrebte **vorläufige Einstellung** der in der Schweiz laufenden Betreibung beschliessen. Der Schuldner sollte deshalb den Antrag auf Einstellung der Betreibung beim Gericht am schweizerischen Betreibungsort beantragen können. Die vorläufige Einstellung der Betreibung nach Art. 85a Abs. 2 SchKG stellt nämlich eine vorsorgliche Massnahme dar[135], deren Zuständigkeit sich nach Art. 31 beurteilt. Nachdem eine Klage nach Art. 85a SchKG an einem anderen (in- oder ausländischen) Gerichtsstand als dem Betreibungsort anhängig gemacht wurde, ist das Gericht am Betreibungsort nach Massgabe von Art. 85a Abs. 2 SchKG zuständig (Art. 31 i.V.m. Art. 85a Abs. 1 SchKG), über die Einstellung der Betreibung zu entscheiden[136]. Falls das ausländische Gericht die Klage gutheisst, sollte das Gericht am schweizerischen Betreibungsort gestützt auf den ausländischen Entscheid die Betreibung aufheben oder einstellen (Art. 85a Abs. 3 SchKG)[137].

91 Falls der Betriebene die Klage nach Art. 85a SchKG anhebt, nachdem er im Rechtsöffnungsverfahren unterlag und der **Rechtsöffnungstitel defi-**

---

[133] Vgl. AMONN/WALTHER, § 20 Rz. 15.

[134] A.M. SPÜHLER/GEHRI 213, wonach ausschliesslich die Gerichte am Betreibungsort zuständig sind. Für Binnensachverhalte trifft dies zu, Art. 85a Abs. 1 SchKG.

[135] BRÖNNIMANN, AJP 1996, 1398; gl.M. BSK SchKG-BODMER/BANGERT, Art. 85a Rz. 25a.

[136] Vgl. BRÖNNIMANN, AJP 1996, 1398; SCHWANDER, Schriftenreihe SAV, Bd. 13, 47.

[137] Vgl. BSK SchKG-BODMER/BANGERT, Art. 85a Rz. 25.

nitiv wurde[138], ist Art. 22 Nr. 5 einschlägig und sind die Gerichte am Ort der Rechtsöffnung zuständig. Diese Gerichte sind auch zuständig, über die vorläufige Einstellung der Betreibung zu entscheiden.

Stützte sich der Gläubiger auf einen **ausländischen Entscheid**, dann kann der Betriebene mit einer Klage nach Art. 85a SchKG nur noch einwenden, die Schuld sei (zwischenzeitlich) getilgt oder gestundet[139]. Das Prozessthema ist deshalb wie im definitiven Rechtsöffnungsverfahren oder der Klage nach Art. 85 SchKG beschränkt. Im Unterschied zu diesen beiden Verfahren ist der Betriebene im Falle der Klage nach Art. 85a SchKG bezüglich der Beweismittel jedoch nicht eingeschränkt. Dieser Unterschied hat aber keinen Einfluss auf die Zuständigkeit im Geltungsbereich des LugÜ. Es handelt sich in diesem Fall also um eine vollstreckungsrechtliche Klage i.S.v. Art. 22 Nr. 5. 92

Es kann der Fall eintreten, dass der Betriebene im definitiven Rechtsöffnungsverfahren nicht mit Urkunden beweisen kann, dass die Schuld getilgt ist. Falls der Betriebene über **keine Urkunden** verfügt, kann er auch nicht die Klage nach Art. 85 SchKG anheben. Es verbleibt ihm nur noch die Feststellungsklage im ordentlichen Verfahren nach Art. 85a SchKG. In diesem Verfahren kann er aber die Frage, ob der ausländische Entscheid anerkennbar sei, nicht mehr aufwerfen. 93

Ist der Betriebene im provisorischen Rechtsöffnungsverfahren unterlegen, so kann er die Aberkennungsklage anheben. Hat er die **Frist verpasst**, so soll er nach einem Teil der Lehre mit der Klage nach Art. 85a SchKG dennoch nicht ausgeschlossen sein[140]. Wenn dies zutrifft, dann kann mit Bezug auf die Zuständigkeit nichts anderes gelten als bei einer Aberkennungsklage. Trotz verschiedener Unterschiede weist die Klage nach Art. 85a SchKG deshalb starke Parallelen zur Aberkennungsklage auf[141]. 94

---

[138] Nach Ansicht des Bundesgerichts kann die Klage nach Art. 85a SchKG erst nach rechtskräftiger Beseitigung des Rechtsvorschlags angehoben werden, BGE 125 III 149, E. 2.c.

[139] BSK SchKG-SchKG-Bodmer/Bangert, Art. 85a Rz. 11a.

[140] So BSK SchKG-Bodmer/Bangert, Art. 85a Rz. 8.

[141] Im Unterschied zur Klage nach Art. 85a SchKG hindert die Aberkennungsklage die Fortsetzung der Betreibung ohne weiteres; im Falle der Klage nach Art. 85a SchKG wird die Betreibung nur sistiert, wenn die Klage sehr wahrscheinlich als begründet erscheint, ausführlicher zu den Unterschieden Brönnimann, AJP 1996, 1399 f.

8. Rückforderungsklage (Art. 86 SchKG)

95 Die **Rückforderungsklage** nach Art. 86 SchKG ist der Bereicherungsklage nach Art. 63 OR nachgebildet und stellt eine rein materiell-rechtliche Streitigkeit dar, die nach Abschluss des Vollstreckungsverfahrens im ordentlichen Verfahren durchgeführt wird[142]. Art. 22 Nr. 5 ist damit nicht einschlägig[143].

9. Klage auf privilegierten Pfändungsanschluss (Art. 111 Abs. 5 SchKG)

96 Wird der Anspruch des Anschlussgläubigers bestritten, hat dieser innert Frist gegen den Bestreitenden (Schuldner, Gläubiger oder beide) auf Zulassung seines privilegierten Anspruches zu klagen (Art. 111 Abs. 5 SchKG). Gegenstand des **Anschlussprozesses** bildet die Frage, ob die Forderung des Anschlussgläubigers besteht und die Voraussetzungen des Anschlussprivilegs erfüllt sind[144].

97 Die Klage nach Art. 111 Abs. 5 SchKG weist **Ähnlichkeiten mit der Widerspruchsklage** nach Art. 107 SchKG (vgl. Rz. 65 ff.) auf[145]. Die Ausführungen zur Klage nach Art. 107 SchKG gelten für den Anschlussprozess nach Art. 111 Abs. 5 SchKG *analog.* Die Zuständigkeit für die Klage nach Art. 111 Abs. 5 SchKG bestimmt sich somit nach Art. 22 Nr. 5[146], und zwar unabhängig davon, ob sich die Klage des Anschlussgläubigers gegen einen anderen Gläubiger oder gegen den Schuldner richtet[147].

10. Lastenbereinigungsklage in der Betreibung auf Pfändung (Art. 140 SchKG)

98 Das **Lastenbereinigungsverfahren** dient der Klärung der auf dem Grundstück ruhenden *dinglichen und realobligatorischen Lasten.* Dieses Ver-

[142] Vgl. nur Amonn/Walther, § 20 Rz. 28 und 31.

[143] Botschaft aLugÜ Ziff. 226.6; BSK SchKG-Bodmer/Bangert, Art. 86 Rz. 20; Spühler/Dolge/Gehri, Kap. 3 Rz. 100; Schwander 93; Stoffel 375. Teilw. a.A. Meier, IZPR, 177, wonach der Schuldner zusätzlich auch am Betreibungsort klagen könne.

[144] Amonn/Walther, § 25 Rz. 47; Fritzsche/Walder, § 27 Rz. 23.

[145] Vgl. Amonn/Walther, § 25 Rz. 39.

[146] Dasser/Oberhammer-Markus, Art. 16 Nr. 5 Rz. 40; Spühler/Dolge/Gehri, Kap. 3 Rz. 99; Dolge 64; Spühler/Infanger 125 f. Im Ergebnis ebenso BSK SchKG-Jent-Sorensen, Art. 111 Rz. 42; Stoffel 373.

[147] Vgl. demgegenüber Amonn/Walther, § 4 Rz. 49 f., Rz. 55 f.

fahren bestimmt sich nach Massgabe des Widerspruchsverfahrens nach Art. 106–109 SchKG (Art. 140 Abs. 2 Satz 2 SchKG).

Für die Bestimmung der Zuständigkeit im Geltungsbereich des LugÜ kann 99
deshalb auf die Ausführungen zum Widerspruchsverfahren verwiesen werden (Rz. 65 ff.). Im Falle der Klage nach Art. 108 SchKG ist Art. 22 Nr. 5 massgeblich; im Falle der Klage nach Art. 107 Abs. 5 SchKG bestimmt sich die Zuständigkeit nach den übrigen Bestimmungen für Erkenntnisverfahren[148]. Hier sind somit die Gerichte am schweizerischen Lageort zuständig, soweit es sich um dingliche Rechte an Grundstücken handelt (Art. 22 Nr. 1)[149].

11. Kollokationsklage in der Betreibung auf Pfändung (Art. 148 SchKG) und Pfandverwertung (Art. 157 Abs. 4 SchKG)

Mit diesen Klagen werden die **Verhältnisse der Gläubiger** zueinander ge- 100
klärt, für den Fall, dass bei der Verteilung nicht alle Gläubiger befriedigt werden können. Sie betreffen letztlich die Abwicklung der Vollstreckung und stellen somit Klagen nach Art. 22 Nr. 5 dar[150].

Im **Kollokationsprozess** muss zwar *vorfrageweise materielles Recht* an- 101
gewandt werden. Es geht aber nicht um die Klärung des Rechtsverhältnisses zwischen dem klagenden und dem beklagten Gläubiger, sondern um den behaupteten und im Kollokationsplan aufgeführten Anspruch des beklagten Gläubigers gegenüber dem Schuldner[151]. Es wäre nur schon deshalb nicht gerechtfertigt, die Zuständigkeit für Kollokationsklagen nach den Bestimmungen für Erkenntnisverfahren zu beurteilen.

---

148 Teilweise a.M. DOLGE 67, welche für sämtliche Lastenbereinigungsklagen eine Zuständigkeit nach Art. 22 Nr. 5 annimmt; ebenso BSK SchKG-STAEHELIN, Art. 30a Rz. 13 und 16; SPÜHLER/DOLGE/GEHRI, Kap. 3 Rz. 99; SPÜHLER/INFANGER 125.

149 So auch STOFFEL 374; vgl. JENT-SORENSEN, Rechtsdurchsetzung Rz. 423 ff.

150 STOFFEL 373 f.; AMONN/WALTHER, § 4 Rz. 55 f.; DASSER/OBERHAMMER-MARKUS, Art. 16 Nr. 5 Rz. 39; SPÜHLER/DOLGE/GEHRI, Kap. 3 Rz. 99; DOLGE 64; SPÜHLER/INFANGER 126; SPÜHLER/GEHRI 180. Die Kollokationsklage im Konkurs (Art. 250 SchKG) ist gem. BGE 133 III 386 E. 4.3.3 eng verbunden «mit der Struktur des Konkursrechts und seinen Besonderheiten»; die Kollokationsklagen im Konkurs sind deshalb vom LugÜ ausgeschlossen (Art. 1 Abs. 2 lit. b).

151 Mit der Kollokationsklage soll festgestellt werden, dass die vom Betreibungsamt zugelassene Forderung nicht oder nicht in der Höhe besteht und/oder der Rang nicht zu Recht besteht, vgl. Art. 148 Abs. 1 SchKG sowie AMONN/WALTHER, § 30 Rz. 17 f.

12. Klage auf Feststellung neuen Vermögens (Art. 265a SchKG)

102 Bei dieser Klage geht es «lediglich» um die Frage, ob der frühere Konkursit gestützt auf einen **Konkursverlustschein** betrieben werden kann, weil er zwischenzeitlich zu «neuem Vermögen» gelangt ist (vgl. Art. 265a SchKG). Sowohl im summarischen[152] als auch im ordentlichen Feststellungsverfahren ist lediglich zu klären, ob der Schuldner über «neues Vermögen» verfügt oder nicht (vgl. Art. 265a Abs. 1 und 4 SchKG). Es handelt sich in beiden Fällen um ein zwangsvollstreckungsrechtliches Verfahren, weshalb sich die Zuständigkeit nach Art. 22 Nr. 5 bestimmt[153].

13. Arrestbewilligung, Arrestprosequierung und Haftung für Arrestschaden

a) Arrestbewilligung

103 Der Arrest nach Art. 271 ff. SchKG stellt eine **vorsorgliche Massnahme** im Sinne von Art. 31 LugÜ dar[154] (ausführlicher hierzu Art. 31 Rz. 27, 70 f.). Für Arrestverfahren in der Schweiz ist deshalb das Gericht am Betreibungsort oder am Ort der Vermögensgegenstände zuständig (Art. 272 Abs. 1 SchKG)[155]. Nach dem revidierten SchKG kann demnach ein Gläubiger sowohl am Lageort der Arrestgegenstände als auch am Betreibungsort sämtliche in der Schweiz gelegenen Arrestsachen verarrestieren lassen[156]. Das Arrest-

[152] Falls der Schuldner mit seinem Rechtsvorschlag nicht nur das Vorhandensein «neuen Vermögens», sondern auch Bestand und Umfang der Verlustscheinsforderung bestreitet, so muss der ehemalige Konkursgläubiger auch noch die Rechtsöffnung durch den dafür zuständigen Richter verlangen, vgl. Amonn/Walther, § 48 Rz. 45 f.

[153] Man könnte sich sogar fragen, ob die Klage überhaupt in den sachlichen Anwendungsbereich des LugÜ fällt, vgl. Art. 1 Abs. 2 lit. b. So geht Dolge 43 f., davon aus, dass diese Rechtsbehelfe im Rahmen eines Konkursverfahrens nicht unter das LugÜ fallen. Die Frage kann offenbleiben, weil sich die Zuständigkeit in jedem Fall nach dem SchKG bestimmt.

[154] Vgl. BGE 133 III 589; Meier, Vollstreckungstitel, 160; Merkt 55; Jametti Greiner, ZBJV 1994, 667; Spühler/Infanger [in: Spühler, Aktuelle Probleme] 126 f. Nach Dasser/Oberhammer-Markus, Art. 16 Nr. 5 Rz. 40, besteht die Zuständigkeit für vorsorgliche Massnahmen (Art. 31) nur in Fällen der Arrestbewilligung/-einsprache *ohne* Vollstreckungstitel; im Übrigen falle die Arrestbewilligung und -einsprache unter Art. 22 Nr. 5.

[155] Vgl. nur Meier-Dieterle, AJP 2010, 1212 m.w.H.

[156] Art. 272 Abs. 1 revSchKG; Botschaft LugÜ Ziff. 4.1, 1820 ff.

gericht hat auch allfällige Einsprachen gegen den Arrestbefehl (Art. 278 SchKG) zu beurteilen[157].

b) Arrestprosequierung

Der Gläubiger ist gezwungen, den Arrest zu prosequieren; d.h. er muss auf 104
dem Rechtsweg die materielle Berechtigung seiner bei der Arrestbewilligung lediglich glaubhaft gemachten Forderung nachweisen. Diese Prosequierung kann entweder durch Betreibung, provisorische Rechtsöffnung, definitive Rechtsöffnung oder ordentliche (Anerkennungs-) Klage erfolgen (vgl. Art. 279 SchKG).

Die Frage, ob die Arrestprosequierung durch **Betreibung** überhaupt in den 105
Anwendungsbereich des LugÜ fällt, ist umstritten (Rz. 32 ff.). Selbst wenn man von der Massgeblichkeit des LugÜ für die Ausstellung des Zahlungsbefehls ausginge, würde sich die Zuständigkeit nach Art. 22 Nr. 5 beurteilen. Damit bestimmt sich die Zuständigkeit für die Arrestprosequierung mittels Betreibung nach dem SchKG (Rz. 41)[158]. Vor diesem Hintergrund wäre es im Ergebnis auch unerheblich, wenn man die Prosequierung eines Arrestes durch Betreibung als vorsorgliche Massnahmen i.S.v. Art. 31 qualifizieren würde[159]; denn auch in einem solchen Fall würde sich die Zuständigkeit nach dem SchKG richten. Der Arrest kann somit am Ort der Arrestbewilligung (d.h. entweder am Betreibungsort oder am Ort der Vermögensgegenstände) prosequiert werden[160], und zwar mit Wirkung für alle vom Gericht schweizweit ausgestellten Arrestbefehle; dies gilt unab-

---

[157] Dies wurde in der Lehre bereits für die Arrestaufhebungsklage nach Art. 279 Abs. 3 aSchKG angenommen, vgl. STOFFEL 374, gilt aber auch für die im revidierten Recht vorgesehene Einsprache, Botschaft LugÜ Ziff. 4.1, 1823: In Art. 278 Abs. 1 SchKG wurde lediglich der Begriff «Arrestrichter» durch «Gericht» ersetzt. A.M. offenbar SPÜHLER/INFANGER 127, wonach sich die Zuständigkeit für die Einsprache nach den allgemeinen Zuständigkeitsregeln des LugÜ richte.

[158] A.A. Ire Cour de cassation civile (VS) 21.10.1994, RVJ 1994, 312 ff. E. 3b, wonach auch die Prosequierung durch Betreibung nur in der Schweiz geführt werden kann, wenn sich die Zuständigkeit der schweizerischen Gerichtsbarkeit aus Art. 2 ff. LugÜ ergibt.

[159] Nach BGE 120 II 93 ist nicht nur das eigentliche Arrestverfahren, sondern auch die Prosequierung durch Einleitung der Betreibung als Bestandteil des einstweiligen Rechtsschutzes i.S.v. Art. 24 aLugÜ (heute Art. 31 LugÜ) zu verstehen. Dies ist dogmatisch wohl falsch, ist aber letztlich unerheblich.

[160] Vgl. DASSER/OBERHAMMER-MARKUS, Art. 16 Nr. 5 Rz. 19, wonach die Ausstellung des Zahlungsbefehls am Arrestort zwar die Voraussehbarkeit der Gerichtsstände beeinträchtige, die Gerichtsstandsordnung aber nicht schwerwiegend tangiert sei, weil der Schuldner die Betreibung einfach durch Rechtsvorschlag aufhalten könne.

hängig davon, ob die einzelnen Arrestbefehle Forderungen oder Sachwerte betreffen[161].

106 Falls der Arrestgläubiger nach dem Rechtsvorschlag des Arrestschuldners das **provisorische Rechtsöffnungsbegehren** stellt, beurteilt sich die Zuständigkeit aufgrund der bundesgerichtlichen Rechtsprechung nach Art. 22 Nr. 5 (vgl. Rz. 50 f.).

107 Hält der Arrestgläubiger einen **definitiven Rechtsöffnungstitel** in den Händen, bestimmt sich die Zuständigkeit für das definitive Rechtsöffnungsverfahren nach Art. 22 Nr. 5 und damit nach dem SchKG (Rz. 47).

108 Wird der Arrest vor oder nach einem allfälligen Betreibungs- und Rechtsöffnungsverfahren mittels **ordentlicher Klage** prosequiert (Art. 279 Abs. 1 und 2 SchKG), bestimmt sich die Zuständigkeit nach den allgemeinen Vorschriften des Übereinkommens[162] (vgl. Rz. 52).

c) Schadenersatzklage (Art. 273 SchKG)

109 Für eine Schadenersatzklage gegen den Arrestgläubiger wegen eines **ungerechtfertigen Arrestes** nach Art. 273 SchKG sind die Gerichte nach den Vorschriften von Art. 2 ff. zuständig[163]; weder Art. 22 Nr. 5 noch Art. 31 sind einschlägig[164]. Der in Art. 273 Abs. 2 SchKG erwähnte alternative Gerichtsstand des Arrestortes ist im Geltungsbereich des LugÜ somit nur dann massgeblich, wenn sich dort gleichzeitig ein Gerichtsstand nach Art. 2 ff. befindet[165].

14. Gläubigeranfechtungsklage nach Art. 285 ff. SchKG

110 Die **Gläubigeranfechtungsklage** nach Art. 285 ff. SchKG ist sowohl in der Spezialexekution als auch im Rahmen eines Konkurs- oder Nachlass-

---

161 MEIER-DIETERLE, AJP 2010, 1224.

162 Botschaft aLugÜ Ziff. 226.6; Kantonsgericht GR, PKG 1999 Nr. 31 E. 5c; Ire Cour de cassation civile (VS) 21.10.1994, RVJ 1994, 312 ff. E. 3b; SPÜHLER/DOLGE/GEHRI, Kap. 3 Rz. 100; WALTER, IZPR, § 5 C III 6; DASSER/OBERHAMMER-MARKUS, Art. 16 Nr. 5 Rz. 19 und 34; DOLGE 75; SPÜHLER/INFANGER 128.

163 SPÜHLER/DOLGE/GEHRI, Kap. 3 Rz. 100; SPÜHLER/INFANGER 127; SCHWANDER 93.

164 Vgl. auch KROPHOLLER, Art. 22 Rz. 62, zu den Schadenersatzklagen wegen unberechtigter Vollstreckung gem. §§ 717 und 945 dt. ZPO.

165 BSK SchKG-STOFFEL, Art. 273 Rz. 31 f., wonach die Schadenersatzklage auch am Arrestort, als Ort des schädigenden Ereignisses i.S.v. Art. 5 Nr. 3 LugÜ, erhoben werden könne.

verfahrens zulässig. Für Anfechtungsklagen im Konkurs sowie im Nachlassverfahren (Nachlassvertrag mit Vermögensabtretung, Art. 331 Abs. 1 SchKG) ist das LugÜ allerdings sachlich nicht anwendbar (Art. 1 Abs. 2 lit. b)[166]. Ebenso fällt auch der Anspruch auf Anfechtung der Verrechnung im Konkurs (Art. 214 SchKG) nicht in den Anwendungsbereich des LugÜ. Da Art. 1 Abs. 2 lit. b «Konkurse, Vergleiche und ähnliche Verfahren» vom Geltungsbereich des LugÜ ausschliesst, erfasst das Übereinkommen lediglich Anfechtungsklagen aufgrund eines (provisorischen oder definitiven) Pfändungsverlustscheins[167].

Die Gläubigeranfechtungsklage **in der Spezialexekution** ist als Erkennt- 111
nis- und nicht als Zwangsvollstreckungsverfahren zu qualifizieren. Die Zuständigkeit bestimmt sich somit nach der allgemeinen Zuständigkeitsordnung (Art. 2 ff.) und nicht nach Art. 22 Nr. 5[168].

Diese Qualifikation stützt sich auf die tragenden Entscheidungsgründe des 112
EuGH zur Gläubigeranfechtungsklage nach Art. 1167 des französischen Code civil (sog. action paulienne). Nach französischem Recht klagt der Gläubiger gegen den Schuldner und/oder den Dritten[169] auf Feststellung der «inopposabilité» (Unwirksamkeit) der getätigten Transaktionen ihm gegenüber. Die action paulienne wird damit begründet, dass der Schuldner die Rechte des klagenden Gläubigers beeinträchtigen wolle. Sie setzt nicht voraus, dass gegen den Schuldner die Zwangsvollstreckung bereits eingeleitet oder gar abgeschlossen wurde. Die erfolgreiche action paulienne bewirkt, dass die vom Schuldner absichtlich zur Beeinträchtigung der Gläubigerrechte vorgenommene Verfügungshandlung allein gegenüber dem klagenden Gläubiger unwirksam ist[170].

166 Vgl. oben Rz. 6 ff.; Neuerdings BGE 131 III 227 E. 3.3; BGE 129 III 683 E. 3.2; Walther, Anfechtungsansprüche 104; ebenso Schlosser, IPRax 1991, 29; Staehelin, AJP 1995, 282; Jucker 132. A.A. Schüpbach, AJP 1996, 1452.

167 So die fast einhellige Meinung in der Schweiz, Jucker 120 und 124; a.M. wohl nur Volken, SZIER 1993, 363.

168 Spühler/Dolge/Gehri, Kap. 3 Rz. 100; BSK SchKG-Staehelin, Art. 289 Rz. 13; Ebenso Chenaux, SJZ 1996, 235; Meier, IZPR, 181; Staehelin, AJP 1995, 282; ders., BlSchKG, 1997, 88 f.; Stoffel 375; Vgl. auch Jucker 137 ff., 174, 294. A.A. aber Ammon, FS Walder, 432; Amonn/Walther, § 4 Rz. 55, § 52 Rz. 36; Walter, IZPR § 5 C III 6 bb; Dolge 69; Spühler/Infanger 128.

169 GA Gutmann, EuGH 26.03.1992, Rs. C-261/90, *Reichert/Dresdner Bank (II),* Slg. 1992 I 2163.

170 EuGH 26.03.1992, Rs. C-261/90, *Reichert/Dresdner Bank (II),* Slg. 1992 I 2180.

113 Bei der Zuständigkeitsbestimmung stellte der EuGH zunächst fest, dass es sich bei der action paulienne um eine **persönliche Klage** handle, die obligatorischer Natur sei. Im Weiteren betonte der Gerichtshof, dass Art. 16 EuGVÜ (=Art. 22 LugÜ) aus Gründen des Beklagtenschutzes eng auszulegen sei. Er wies zudem darauf hin, dass die action paulienne ausserhalb einer Zwangsvollstreckung erfolge, auch wenn sie dem Schutz des Zugriffs des Gläubigers diene, «da mit ihr begehrt wird, dass das zuständige Gericht die Verfügungshandlung, mit der der Schuldner die Rechte des Gläubigers beeinträchtigen wolle, für diesen rückgängig macht». Damit würden die Interessen des Gläubigers, insbesondere im Hinblick auf eine spätere Zwangsvollstreckung aus dem Schuldverhältnis, gewahrt. Daraus folgerte der EuGH, dass die action paulienne nicht auf die Entscheidung in einem Verfahren gerichtet sei, das die «Inanspruchnahme von Zwangsmitteln, insbesondere bei der Herausgabe oder Pfändung von beweglichen oder unbeweglichen Sachen im Hinblick auf die Vollstreckung von Entscheidungen oder Urkunden zum Gegenstand hat»[171]. Deshalb sei Art. 16 Nr. 5 (=Art. 22 Nr. 5) für die französische action paulienne nicht einschlägig[172]; die Zuständigkeit bestimme sich vielmehr nach den allgemeinen Vorschriften des Übereinkommens[173].

114 Zwischen den Anfechtungsklagen nach schweizerischen und nach französischen Recht bestehen wichtige **Unterschiede**. Ganz generell weist die Pauliana nach schweizerischem Recht engere Bezüge zur Zwangsvollstreckung auf als die französische action pauliennne. Mit Blick auf die Qualifikation der Klage nach Art. 285 ff. SchKG als Erkenntnis- oder als Vollstreckungsverfahren i.S.v. Art. 22 Nr. 5 sind diese Unterschiede aber letztlich nicht entscheidend.

---

[171] EuGH 26.03.1992, Rs. C-261/90, *Reichert/Dresdner Bank (II),* Slg. 1992 I 2183.

[172] EuGH 26.03.1922, Rs. C-261/90, *Reichert/Dresdner Bank (II),* Slg. 1992 I 2183. Dieselbe Qualifikation wird auch für die Gläubigeranfechtung nach deutschem Recht vertreten, vgl. etwa SCHLOSSER, Art. 22 Rz. 26; KROPHOLLER, Art. 22 Rz. 61; GEIMER/SCHÜTZE, Int. Rechtsverkehr-THIEL/TSCHAUNER, Art. 22 Rz. 74.

[173] Für den EuGH 26.03.1992, Rs. C-261/90, *Reichert/Dresdner Bank (II),* Slg. 1992 I 2179 ff., sind auch die Art. 5 Nr. 3 und 24 EuGVÜ (heute Art. 31 LugÜ) nicht massgeblich. Im früheren Entscheid EuGH 10.01.1990, Rs. C-115/88, *Reichert/Dresdner Bank (I),* Slg. 1990 I 41 f., hat er zudem entschieden, dass auch Art. 16 Nr. 1 EuGVÜ nicht einschlägig sei, obschon im zu beurteilenden Fall die Übertragung eines Grundstücks in Frankreich angefochten wurde, vgl. Art. 22 Nr. 1 Rz. 31 ff.

(1) Im Unterschied zur französischen action paulienne setzt die Klage nach Art. 285 ff. SchKG in der Spezialexekution voraus, dass die *Zwangsvollstreckung* gegen den Schuldner bereits durchgeführt und dem Gläubiger ein provisorischer[174] oder definitiver **Verlustschein** ausgestellt wurde (Art. 285 Abs. 2 Ziff. 1 SchKG). Im Verhältnis zum Anfechtungsgegner wird mit dem Verlustschein aber nur bewiesen, dass dem Gläubiger in der Betreibung des Schuldners ein Schaden (Ausfall) entstand. Folglich wird im Anfechtungsverfahren denn auch nicht der Verlustschein «vollstreckt». Zudem kann die Anfechtungsklage nach dem SchKG grundsätzlich erst dann gutgeheissen werden, wenn ein definitiver Verlustschein vorliegt und die Betreibung auf Pfändung (oder Pfandverwertung) gegen den Schuldner somit an sich abgeschlossen ist[175]. 115

(2) Im Weiteren hat der unterlegene Anfechtungsgegner im Falle der erfolgreichen Klage nach Art. 285 ff. SchKG unmittelbar die **Vollstreckung zu dulden**, und zwar in dem Masse, als die Exekutionsrechte des Gläubigers verletzt sind[176]. Die Gutheissung der Klage lässt jedoch die zivilrechtliche Wirksamkeit des anfechtbaren Rechtsverhältnisses unberührt[177]. Demgegenüber führt die erfolgreiche action paulienne des französichen Rechts «lediglich» zur zivilrechtlichen Unwirksamkeit des Rechtsgeschäftes zwischen dem Schuldner und dem Dritten; einen unmittelbaren Einfluss auf den Umfang des Vollstreckungssubstrates hat sie hingegen nicht[178]. 116

Dennoch hat der EuGH festgehalten, dass es auch bei der action paulienne – wie wohl bei jeder Gläubigeranfechtung – letztlich um die Sicherung von Vollstreckungssubstrat für eine mögliche spätere **Zwangsvollstreckung** gehe[179]. Der Umstand, dass bei der action paulienne, im Unterschied zum schweizerischen Recht, ein Vollstreckungsverfahren noch nicht einmal 117

---

174 Die Klagelegitimation aus einen provisorischen Verlustschein fällt nachträglich dahin, wenn die Betreibung aus irgendeinem Grund nicht mehr zu einem endgültigen Verlustschein führt, vgl. BGE 103 III 103 ff.; 96 III 115.

175 Vgl. Stoffel 375. Aufgrund eines provisorischen Verlustscheins kann die Gutheissung lediglich im Sinne eines Feststellungsurteils erfolgen, gemäss welchem das angefochtene Vermögensobjekt erst verwertet werden darf, wenn ein endgültiger Verlustschein in der hängigen Betreibung ausgestellt wird, BGE 115 III 138 E. 2c; BSK SchKG-Staehelin, Art. 285 Rz. 31.

176 Vgl. Staehelin, BlSchK, 1997, 90; Amonn/Walther, § 52 Rz. 43.

177 BGE 115 III 141; 98 III 46; BSK SchKG-Bauer, Art. 291 Rz. 10.

178 Gaudemet-Tallon Rz. 120; vgl. EuGH 26.03.1992, Rs. C-261/90, *Reichert/Dresdner Bank (II),* Slg. 1882 I 2183.

179 Vgl. EuGH 26.03.1992, Rs. C-261/90, *Reichert/Dresdner Bank (II),* Slg. 1992 I 2183; Schlosser, IPRax 1991, 29.

eingeleitet ist, war für den EuGH bei ihrer Qualifikation offenbar nicht ausschlaggebend.

118 Trotz ihrer engen Bezüge zum Zwangsvollstreckungsverfahren handelt es sich bei der Klage nach Art. 285 ff. SchKG dennoch um ein **Erkenntnisverfahren** i.S.v. Art. 2 ff. LugÜ:

119 (1) Für die Qualifikation ist nämlich zunächst der besonderen **Konstellation** einer Anfechtungsklage Rechnung zu tragen. Die Gläubigeranfechtungsklagen sind in den verschiedenen Rechtsordnungen trotz aller Unterschiede von der klassischen Kollision Gläubigerschutz gegen Erwerberschutz geprägt[180]. Diese Konstellation muss nicht nur bei der Bestimmung des anwendbaren Rechts[181], sondern auch bei der Frage der internationalen Zuständigkeit berücksichtigt werden. Wie im Falle der Widerspruchsklage nach Art. 108 Abs. 1 SchKG ist auch bei der Anfechtungsklage nach Art. 285 ff. SchKG dem Umstand Rechnung zu tragen, dass der Anfechtungsgegner mit der Klage des Gläubigers an sich in ein ihm fremdes Verfahren einbezogen wird.

120 (2) Für die Qualifikation als **Erkenntnisverfahren** ist deshalb entscheidend, dass bei einem Anfechtungsprozess nach Art. 285 ff. SchKG trotz des betreibungsrechtlichen Zweckes die umfassende Klärung materiellrechtlicher Fragen im Vordergrund steht[182]. So kann etwa die Frage, ob der Anfechtungsgegner den Gegenstand gutgläubig erworben hat oder nicht (Art. 290 SchKG), einziges Prozessthema sein. Dagegen beziehen sich die allfälligen vollstreckungsrechtlichen Fragen auf das Betreibungsverfahren, welches der klagende Gläubiger gegen den Schuldner angestrengt hat. Im Verhältnis zwischen Anfechtungskläger und -gegner sind keine vollstreckungsrechtlichen Fragen zu entscheiden. Da der Anfechtungsprozess somit nicht im vornherein auf die Entscheidung reiner Vollstreckungsfragen oder

180 HANISCH 570.

181 Zur schwierigen Frage des anwendbaren Rechts und den verschiedenen Lösungsmöglichkeiten, vgl. etwa die Übersicht bei VERSCHRAEGEN, 272 ff.; HANISCH 569 ff. Nach dem seit 01.01.1999 geltenden § 19 des dt. Anfechtungsgesetzes ist das Statut der Wirkungen der Rechtshandlungen massgeblich. Der dt. Richter hätte etwa bei einer anfechtbaren Schenkung über ein in der Schweiz gelegenes Grundstück das schweizerische SchKG anzuwenden, vgl. BAUR/STÜRNER/BRUNS Rz. 57.24.

182 Die schweizerische Anfechtungsklage wird als betreibungsrechtliche Klage mit Reflexwirkung auf das materielle Recht bezeichnet, BSK SchKG-STAEHELIN, Art. 285 Rz. 9; AMONN/WALTHER, § 4 Rz. 55.

bestimmter materieller Fragen beschränkt ist, verlangt der vom EuGH geforderte Beklagtenschutz, dass der Anfechtungsgegner an einem Gerichtsstand zur Rechenschaft gezogen wird, der für Erkenntnisverfahren massgeblich ist (vgl. Rz. 24).

(3) Im Weiteren ist zu berücksichtigen, dass es sich bei der Anfechtungsklage nach Art. 285 ff. SchKG um eine **persönliche Klage** handelt[183]. Kann der Anfechtungsgegner die ursprünglichen Gegenstände aus Verschulden nicht beibringen, so hat er Schadenersatz zu leisten[184] (vgl. Art. 291 Abs. 1 SchKG). Zur Vollstreckung des Anspruchs auf Schadenersatz ist eine Betreibung des Anfechtungsgegners erforderlich[185] und es wird in andere Vermögenswerte des Anfechtungsgegners vollstreckt[186]. Da es sich um eine persönliche Klage handelt, sind nach dem SchKG konsequenterweise die Gerichte am Wohnsitz des beklagten Anfechtungsgegners zuständig (Art. 289 Satz 1 SchKG). Nur wenn der Beklagte im Ausland wohnt, kann die Klage beim Richter am Ort der Pfändung (des Schuldners) eingereicht werden (Art. 289 Satz 2 SchKG). Weshalb aber gerade in internationalen Verhältnissen die Gerichte am Betreibungsort zuständig sein sollen, ist nicht zu erkennen[187]. Die Klage bleibt auch dann «persönlich», wenn der Anfechtungsgegner im Ausland wohnt. 121

(4) Gegen die Zuordnung der Gläubigeranfechtung nach SchKG zum Erkenntnisverfahren kann nicht eingewendet werden, dass die Anfechtungsklage nach Art. 285 ff. SchKG das **Rechtsgeschäft** zwischen dem Schuldner und dem Anfechtungsgegner – rein dogmatisch – zivilrechtlich unberührt lässt. Abgesehen davon, dass der unterlegene Anfechtungsgegner faktisch sein Recht verliert[188], wurde bereits darauf hingewiesen, dass die Frage der materiellen Rechtskraft für die Zuordnung eines Verfahrens als Erkenntnis- oder Zwangsvollstreckungsverfahren nicht entscheidend ist (vgl. Rz. 27). 122

---

183 BSK SchKG-Staehelin, Art. 289 Rz. 11.

184 BSK SchKG-Bauer, Art. 291 Rz. 20; Amonn/Walther, § 52 Rz. 47.

185 Staehelin, BlSchK, 1997, 92.

186 Fritzsche/Walder II, § 67 Rz. 12 Fn. 23.

187 Eine Begründung für die Gerichtsstandsregelung in Art. 289 SchKG wird in der Botschaft zur SchKG-Revision 1994 Ziff. 209.3, nicht gegeben.

188 Vgl. BGE 114 III 113; Amonn/Walther, § 52 Rz. 41. Ein Rückgriff etwa auf den Schuldner ist in der Regel aussichtslos.

123 Wenn man der hier vertretenen Ansicht folgt, gehört die Anfechtungsklage nicht zu den vollstreckungsrechtlichen Verfahren i.S.v. Art. 22 Nr. 5[189]; die Zuständigkeit bestimmt sich vielmehr nach den allgemeinen Vorschriften von Art. 2 ff. Die Anfechtungsklage ist somit in der Regel am Wohnsitz des beklagten Anfechtungsgegners anzuheben (Art. 2)[190]. Dies gilt auch für in der Schweiz gelegene Grundstücke[191].

124 Dies kann dazu führen, dass die Anfechtungsklage unter Umständen von den Gerichten eines ausländischen Vertragsstaates entschieden wird. Ein solcher Entscheid könnte in der Schweiz selbst dann nicht unmittelbar vollstreckt werden, wenn er auf Duldung der Zwangsvollstreckung lautete[192]. Das Urteil eines anderen Mitgliedstaates müsste vorerst wie jeder ausländische Entscheid nach den allgemeinen Regeln des LugÜ anerkannt werden. Ein Schweizer Gericht dürfte aufgrund des Gesagten die Anerkennung aber nicht wegen fehlender Zuständigkeit des ausländischen Gerichts verweigern (vgl. Art. 35 Abs. 1 und 3).

---

[189] BSK SchKG-STAEHELIN, Art. 289 Rz. 13; GEHRI 163; a.A. wohl AMONN/WALTER, § 52 Rz. 36.

[190] Denkbar wäre immerhin, dass die Parteien eine Gerichtsstandsvereinbarung treffen, vgl. BSK SchKG-STAEHELIN, Art. 289 Rz. 15.

[191] Art. 22 Nr. 1 ist nicht massgeblich, EuGH 10.01.1990, Rs. C-115/88, *Reichert/Dresdner Bank (I),* Slg. 1990 I 41 f., ausführlicher Fn. 172.

[192] Deshalb könnte auch nicht eingewendet werden, der ausländische Richter erteile einem schweizerischen Betreibungsamt Anweisungen über ein laufendes Vollstreckungsverfahren, siehe auch Rz. 74.

Abschnitt 7: Vereinbarung über die Zuständigkeit

Art. 23

1. Haben die Parteien, von denen mindestens eine ihren Wohnsitz im Hoheitsgebiet eines durch dieses Übereinkommen gebundenen Staates hat, vereinbart, dass ein Gericht oder die Gerichte eines durch dieses Übereinkommen gebundenen Staates über eine bereits entstandene Rechtsstreitigkeit oder über eine künftige aus einem bestimmten Rechtsverhältnis entspringende Rechtsstreitigkeit entscheiden sollen, so sind dieses Gericht oder die Gerichte dieses Staates zuständig. Dieses Gericht oder die Gerichte dieses Staates sind ausschliesslich zuständig, sofern die Parteien nichts anderes vereinbart haben. Eine solche Gerichtsstandsvereinbarung muss geschlossen werden:
a) schriftlich oder mündlich mit schriftlicher Bestätigung; oder
b) in einer Form, welche den Gepflogenheiten entspricht, die zwischen den Parteien entstanden sind; oder
c) im internationalen Handel in einer Form, die einem Handelsbrauch entspricht, den die Parteien kannten oder kennen mussten und den Parteien von Verträgen dieser Art in dem betreffenden Geschäftszweig allgemein kennen und regelmässig beachten.

2. Elektronische Übermittlungen, die eine dauerhafte Aufzeichnung der Vereinbarung ermöglichen, sind der Schriftform gleichgestellt.

3. Wenn eine solche Vereinbarung von Parteien geschlossen wurde, die beide ihren Wohnsitz nicht im Hoheitsgebiet eines durch dieses Übereinkommen gebundenen Staates haben, so können die Gerichte der anderen durch dieses Übereinkommen gebundenen Staaten nicht entscheiden, es sei denn, das vereinbarte Gericht oder die vereinbarten Gerichte haben sich rechtskräftig für unzuständig erklärt.

4. Ist in schriftlich niedergelegten *trust*-Bedingungen bestimmt, dass über Klagen gegen einen Begründer, *trustee* oder Begünstigten eines *trust* ein Gericht oder die Gerichte eines durch dieses Übereinkommen gebundenen Staates entscheiden sollen, so ist dieses Gericht oder sind diese Gerichte ausschliesslich zuständig, wenn es sich um Beziehungen zwischen diesen Personen oder ihre Rechte oder Pflichten im Rahmen des *trust* handelt.

5. Gerichtsstandsvereinbarungen und entsprechende Bestimmungen in *trust*-Bedingungen haben keine rechtliche Wirkung, wenn sie den Vorschriften der Artikel 13, 17 und 21 zuwiderlaufen oder wenn die Gerichte, deren Zuständigkeit abbedungen wird, aufgrund des Artikels 22 ausschliesslich zuständig sind.

Art. 23

1. Si les parties, dont l'une au moins a son domicile sur le territoire d'un État lié par la présente Convention, sont convenues d'un tribunal ou de tribunaux d'un État lié par la présente Convention pour connaître des différends nés ou à naître à l'occasion d'un rapport de droit déterminé, ce tribunal ou les tribunaux de cet État sont compétents.

Cette compétence est exclusive, sauf convention contraire des parties. Cette convention attributive de juridiction est conclue:
a) par écrit ou verbalement avec confirmation écrite; ou
b) sous une forme qui soit conforme aux habitudes que les parties ont établies entre elles; ou
c) dans le commerce international, sous une forme qui soit conforme à un usage dont les parties avaient connaissance ou étaient censées avoir connaissance et qui est largement connu et régulièrement observé dans ce type de commerce par les parties à des contrats du même type dans la branche commerciale considérée.

2. Toute transmission par voie électronique qui permet de consigner durablement la convention est considérée comme revêtant une forme écrite.

3. Lorsqu'une telle convention est conclue par des parties dont aucune n'a son domicile sur le territoire d'un État lié par la présente Convention, les tribunaux des autres États liés par la présente Convention ne peuvent connaître du différend tant que le tribunal ou les tribunaux désignés n'ont pas décliné leur compétence.

4. Le tribunal ou les tribunaux d'un État lié par la présente Convention auxquels l'acte constitutif d'un trust attribue compétence sont exclusivement compétents pour connaître d'une action contre un fondateur, un trustee ou un bénéficiaire d'un trust, s'il s'agit des relations entre ces personnes ou de leurs droits ou obligations dans le cadre du trust.

5. Les conventions attributives de juridiction ainsi que les stipulations similaires d'actes constitutifs de trust sont sans effet si elles sont contraires aux dispositions des art. 13, 17 et 21 ou si les tribunaux à la compétence desquels elles dérogent sont exclusivement compétents en vertu de l'art. 22.

Art. 23

1. Qualora le parti, di cui almeno una domiciliata nel territorio di uno Stato vincolato dalla presente convenzione, abbiano convenuto la competenza di un giudice o dei giudici di uno Stato vincolato dalla presente convenzione a conoscere delle controversie, presenti o future, nate da un determinato rapporto giuridico, la competenza esclusiva spetta a quel giudice o ai giudici di quello Stato. Detta competenza è esclusiva salvo diverso accordo tra le parti. La clausola attributiva di competenza deve essere conclusa:
a) per iscritto o oralmente con conferma scritta; o
b) in una forma ammessa dalle pratiche che le parti hanno stabilito tra di loro; o
c) nel commercio internazionale, in una forma ammessa da un uso che le parti conoscevano o avrebbero dovuto conoscere e che, in tale campo, è ampiamente conosciuta e regolarmente rispettata dalle parti di contratti dello stesso tipo nel ramo commerciale considerato.

2. La forma scritta comprende qualsiasi comunicazione elettronica che permetta una registrazione durevole della clausola attributiva di competenza.

3. Quando nessuna delle parti che stipulano tale clausola è domiciliata nel territorio di uno Stato vincolato dalla presente convenzione, i giudici degli altri Stati vincolati dalla presente convenzione non possono conoscere della controversia fintantoché il giudice o i giudici la cui competenza è stata convenuta non abbiano declinato la competenza.

4. Il giudice o i giudici di uno Stato vincolato dalla presente convenzione ai quali l'atto costitutivo di un trust ha attribuito competenza a giudicare, hanno competenza esclusi-

va per le azioni contro un fondatore, un trustee o un beneficiario di un trust, ove si tratti di relazioni tra tali persone o di loro diritti od obblighi nell'ambito del trust.

5. Le clausole attributive di competenza e le clausole simili di atti costitutivi di trust non sono valide se in contrasto con le disposizioni degli articoli 13, 17 o 21 o se derogano alle norme sulla competenza esclusiva attribuita ai giudici ai sensi dell'articolo 22.

Art. 23

1. If the parties, one or more of whom is domiciled in a State bound by this Convention, have agreed that a court or the courts of a State bound by this Convention are to have jurisdiction to settle any disputes which have arisen or which may arise in connection with a particular legal relationship, that court or those courts shall have jurisdiction. Such jurisdiction shall be exclusive unless the parties have agreed otherwise. Such an agreement conferring jurisdiction shall be either:

a) in writing or evidenced in writing; or

b) in a form which accords with practices which the parties have established between themselves; or

c) in international trade or commerce, in a form which accords with a usage of which the parties are or ought to have been aware and which in such trade or commerce is widely known to, and regularly observed by, parties to contracts of the type involved in the particular trade or commerce concerned.

2. Any communication by electronic means which provides a durable record of the agreement shall be equivalent to «writing».

3. Where such an agreement is concluded by parties, none of whom is domiciled in a State bound by this Convention, the courts of other States bound by this Convention shall have no jurisdiction over their disputes unless the court or courts chosen have declined jurisdiction.

4. The court or courts of a State bound by this Convention on which a trust instrument has conferred jurisdiction shall have exclusive jurisdiction in any proceedings brought against a settlor, trustee or beneficiary, if relations between these persons or their rights or obligations under the trust are involved.

5. Agreements or provisions of a trust instrument conferring jurisdiction shall have no legal force if they are contrary to the provisions of Articles 13, 17 or 21, or if the courts whose jurisdiction they purport to exclude have exclusive jurisdiction by virtue of Article 22.

Literatur: Baumgartner, The Proposed Hague Convention on Jurisdiction and Foreign Judgments, Tübingen 2003; Graf von Bernstorff, Vertragsgestaltung im Auslandsgeschäft, 5. Aufl., 2002; Dasser, Tücken von Gerichtsstandsklauseln, in: 125 Jahre Kassationsgericht des Kantons Zürich, 2000, 173; Eichel, Das Haager Übereinkommen über Gerichtsstandsvereinbarungen, RIW 2009, 289; Girsberger, Die Bedeutung des Internet für den Vertragsgerichtsstand, in: Jörg/Arter (Hrsg.), Internet-Recht und Electronic Commerce Law, 2003, 73; Girsberger/Schramm, Entwicklungen im schweizerischen internationalen Privatrecht, SJZ 2006, 80; Grolimund, Fallstricke und Stilblüten bei der Zuständigkeit in Zivilsachen, AJP 2009, 961 (zit. Fallstricke); Ders., Vertrauensanknüpfung im Internationalen Privat- und Zivilverfahrensrecht, 2008 (zit. Vertrauensanknüpfung); Ders., Drittstaatenproblematik des europäischen Zivilverfahrensrechts, 2000 (zit. Drittstaatenproblematik); Ders., Geschäftsverkehr im Internet, Aspekte des internationalen Vertragsrechts, ZSR 2000 I 339 (zit. E-Commerce); HEISS, Die Form internationaler Gerichtsstandsvereinbarungen, eine rechtsvergleichende Analyse, ZfRV 2000, 202; HOFSTETTER SCHNELLMANN, Die Gerichtsstandsvereinbarung nach dem Lugano-Übereinkommen, Basel 1992; KAUFMANN-KOHLER, Choice of court and choice of law clauses in electronic contracts, Tagung 2001 für Informatik und Recht, 2002, 159 (zit. Choice of Court); DIES., La clause d'élection de for dans les contrats internationaux, 1980 (zit. La clause d'éléction); KELLERHALS, Gerichtsstandsvereinbarungen nach dem Gerichtsstandsgesetz, Schutz des Schwachen vs. Schutz gegen widersprüchliche Entscheide und ineffiziente Streiterledigung, FS H.P. Walter, 2005, 487; KESSEDJIAN, L'élection de for – vers une nouvelle convention de La Haye, FS Schlosser, 2005, 367; KILLIAS, Internationale Gerichtsstandsvereinbarungen mittels Schweigen auf kaufmännisches Bestätigungsschreiben?, FS Siehr, 2001, 65 (zit. Internationale Gerichtsstandsvereinbarungen); DERS., Die Gerichtsstandsvereinbarung nach dem Lugano-Übereinkommen, 1993 (zit. Gerichtsstandsvereinbarung); KRÖLL, Gerichtsstandsvereinbarungen aufgrund Handelsbrauchs im Rahmen des GVÜ, ZZP 2000, 135; LUSTENBERGER, Die Übereinkommen von Brüssel, Lugano und Rom: Konsequenzen der Rechtsvereinheitlichung für die Vertragsfreiheit im Bereiche der Gerichtsstands- und Rechtswahlvereinbarung, SJZ 1990, 192; MANKOWSKI, Ist eine vertragliche Absicherung von Gerichtsstandsvereinbarungen möglich?, IPRax 2009, 23; MARKUS, Besprechung von BGE 130 III 285, AJP 2006, 366; VON OVERBECK, Les élections de for selon la loi fédérale sur le droit international privé du 18 décembre 1987, FS Keller, 1989, 609; REISER, Gerichtsstandsvereinbarungen nach IPR-Gesetz und Lugano-Übereinkommen, 1995 (zit. Gerichtsstandsvereinbarungen); DERS., Gerichtsstandsvereinbarungen nach dem IPR-Gesetz, 1989 (zit. Gerichtsstandsvereinbarungen IPR); SCHWANDER, Zwei Entscheidungen zur Tragweite und zur intertemporalrechtlichen Behandlung von Zuständigkeitsvereinbarungen, AJP 1993, 1268; SPÜHLER, Gerichtsstandsvereinbarungen überprüfen!?, SZW 2000, 238; STAEHELIN, Gerichtsstandsvereinbarungen im internationalen Handelsverkehr Europas: Form und Willenseinigung nach Art. 17 EuGVÜ/LugÜ, 1994; VISCHER FRANK, Der Einbezug deliktischer Ansprüche in die Gerichtsstandsvereinbarung für den Vertrag, FS Jayme, 2004, 993; VISCHER MARKUS, Bemerkungen zu BGE 119 II 177 (Internationales Zivilprozessrecht, Übergangsrecht, Gerichtsstandsvereinbarung), AJP 1994, 515; VOCK, Art. 9 Abs. 3 GestG, Ablehnungsrecht bei vereinbartem Gerichtsstand, Kriterien für die Ausübung des Ablehnungsrechts am Handelsgericht des Kantons Zürich, ZZZ 2004, 137; WALTER, Zur Bedeutung der Vereinbarung: «Zuständig sind die Gerichte des Kantons X», FS H.P. Walter, 2005, 539; WEIBEL, Aberkennungsklagegerichtsstand am schweizerischen Betreibungsort im euro-internationalen Verhältnis, BJM 2004, 169; WIRTH, Gerichtsstandsvereinbarungen gemäss GestG, umstrittene Fragen, in: Gauch (Hrsg.), Zum Gerichtsstand in Zivilsachen Zürich, 2002, 39.

Übersicht *Seite*

I. Inhalt und Zweck der Regelung

1 Artikel 23 LugÜ enthält die Vorschriften über die Gerichtsstandsvereinbarung. Als solche ist eine Abmachung zu verstehen, in der sich die Parteien darauf einigen, welches Gericht über einen bestimmten bzw. bestimmte Rechtstreitigkeiten zu entscheiden hat. Häufigste Erscheinungsform im internationalen Wirtschaftsverkehr ist die so genannte **Gerichtsstandsklausel:** Bei Vertragsschluss halten die Parteien in einer Klausel des Vertrages fest, welche Gerichte über einen allfälligen künftigen Streit aus diesem Vertrag befinden sollen. Daneben finden sich auch so genannte **Gerichtsstandsvereinbarungen im weiteren Sinn,** in welchen sich die Parteien nach Entstehung des Rechtstreites auf ein bestimmtes Forum festlegen.

2 Gemäss ständiger Rechtsprechung des EuGH ist Art. 23 LugÜ bzw. sind die dort aufgestellten Voraussetzungen für die Wirksamkeit von Gerichtsstandsvereinbarungen **eng auszulegen**[1]. Dies folgt aus dem Gesamtzusam-

[1] Ständige Rechtsprechung des EuGH, zurückreichend auf EuGH 14.12.1976, Rs. 24/76, *Estasis Salotti/Ruewa Polstereimaschinen GmbH,* Slg. 1976, 1831 Rz. 7; vgl. auch BGer

menhang zu Art. 2 ff. LugÜ. Die dort vorgesehene Zuständigkeitsordnung wird in der Regel durch die Gerichtsstandsvereinbarung derogiert. Diese weitreichende Folge soll nur dort zum Tragen kommen, wo eindeutig feststeht, dass die Parteien dies gewollt haben. Gestützt darauf hat der EuGH etwa den Grundsatz entwickelt, wonach die Formerfordernisse von Art. 23 LugÜ zu gewährleisten haben, dass die Einigung zwischen den Parteien tatsächlich feststeht[2]. Daraus wiederum ergibt sich mittelbar die Konsequenz, dass, obwohl nicht explizit geregelt, auch Fragen der Willenseinigung (Konsens) weitgehend autonom nach Art. 23 LugÜ zu bestimmen sind[3].

3 Im Weiteren bezweckt die Gerichtsstandsvereinbarung das Schaffen von **Rechtssicherheit.** Der EuGH nennt die Erkennbarkeit des Gerichtsstands für den Kläger und den Beklagten als wesentliches Interesse des Zuständigkeitsrechts im Allgemeinen und der Gerichtsstandsvereinbarung im Besonderen[4]. Die Rechtssicherheit als Richtschnur für die Auslegung von Art. 23 LugÜ hat den EuGH etwa dazu bewogen, eine allgemeine Angemessenheitskontrolle von Gerichtsstandsvereinbarungen abzulehnen.

II. Anwendungsbereich

1. Räumlich-persönlicher Anwendungsbereich

4 Gemäss dem Wortlaut von Art. 23 LugÜ kommt die Vorschrift zur Anwendung, wenn eine der Parteien der Gerichtsstandsvereinbarung in einem gebundenen Staat wohnt und die Zuständigkeit der Gerichte eines gebundenen Staates vereinbart wird. Damit wird der **räumlich-persönliche Anwendungsbereich** des Übereinkommens gegenüber der allgemeinen Zuständigkeitsordnung von Art. 2 ff. **erweitert.** Die Zuständigkeitsvorschriften des LugÜ finden im Allgemeinen nur Anwendung, wenn der Beklagte in einem gebundenen Staat wohnt (vgl. Art. 2 Abs. 1 LugÜ). Art. 4 Abs. 1 LugÜ hält indes fest, dass die Gerichtsstandsvereinbarung gemäss Art. 23 hiervon eine Ausnahme bildet. Anlass für diese Erweiterung gaben

---

28.01.2000, 4 C 353/99.

[2] Statt vieler EuGH 11.11.1986, Rs. 313/85, *Iveco Fiat SpA/van Hool SA,* Slg. 1986, 3337 Rz. 5.

[3] Vgl. etwa BGer 07.08.2001, 4 C 163/2001; BGer 23.11.2001, 4 C 245/2001.

[4] EuGH 16.03.1999, Rs. C-159/97, *Trasporti Castelletti Spedizioni Internazionali SpA/Hugo Trumpy SpA,* Slg. 1999 I 1597 Rz. 48.

Erwägungen zur **Rechtssicherheit.** In Sachverhalten, in denen eine Partei in einem gebundenen und die andere Partei in einem Drittstaat wohnt, kann es nicht angehen, dass sich die Gültigkeit einer Gerichtsstandsvereinbarung nach unterschiedlichen Rechtsquellen (nationales Recht bzw. LugÜ) richtet, je nachdem, wer später in einem Prozess als Kläger bzw. Beklagter auftritt. Vielmehr ist die Gerichtsstandsvereinbarung unabhängig davon, d.h. von Beginn weg, nach ein und derselben Rechtsquelle zu beurteilen[5].

5 Alsdann erscheint heute nicht länger umstritten, dass Art. 23 LugÜ entsprechend seinem Wortlaut auch dort zur Anwendung kommt, wo der Sachverhalt einzig Bezüge zu einem Drittstaat und keinen Bezug zu einem weiteren gebundenen Staat aufweist[6]. Die so genannte **Reduktionstheorie,** welche in jedem Fall einen Bezug des Rechtsstreits zu mehr als einem gebundenen Staat verlangt hat, gilt als **überholt**[7]. Weiter dürfte es der heute herrschenden Auffassung entsprechen, dass Art. 23 LugÜ in einem **reinen Binnensachverhalt** (weder der Rechtsstreit noch die Gerichtsstandsvereinbarung weisen einen Bezug zum Ausland auf), jedenfalls soweit es die Prorogationswirkung[8] anbelangt, keine Geltung beansprucht[9].

6 In zeitlicher Hinsicht hat der EuGH noch nicht eindeutig entschieden, ob bei Art. 23 LugÜ auf die Verhältnisse (z.B. Wohnsitz der Parteien) im Zeitpunkt des Vertragsschlusses oder der Anhängigmachung der Klage abzustellen sei[10]. Aus Gründen der Rechtssicherheit muss es m.E. auf die **Verhältnisse bei Vertragsabschluss** ankommen[11]. Ein späterer Wohnsitzwechsel einer oder mehrerer Parteien hat keinen Einfluss auf die Anwendung des Übereinkommens. Dies hat insbesondere Bedeutung in Fällen

---

[5] Vgl. Grolimund, Drittstaatenproblematik Rz. 249, mit weiteren Nw. in Fn. 351.

[6] Siehe EuGH 01.03.2005, Rs. C-281/02, *Andrew Owusu,* Slg. 2005 I 1383 Rz. 28; Gutachten 1/03 des Europäischen Gerichtshofes vom 07.02.2006 Rz. 146; so schon das HGer ZH 09.01.1996, SZIER 1997, 373; Arbeitsger. ZH 11.03.1996, ZR 97 Nr. 84; offen gelassen in BGE 119 II 393 und 125 III 108; vgl. jüngst nun aber BGE 134 III 467.

[7] So früher v.a. die deutsche und die österreichische Gerichtspraxis; vgl. etwa OGH 29.01.2002, 1 Ob 4/02y, ZfRV-LS 2002/48.

[8] Geimer/Schütze, EZVR, Art. 23 Rz. 36 ff.

[9] Dasser/Oberhammer-Killias, Art. 17 Rz. 12 ff., m.H. auf die abweichende Lehrmeinung.

[10] Eher für den Zeitpunkt des Vertragsschlusses spricht EuGH 09.11.2000, Rs. C-387/98, *Coreck Maritime GmbH/Handelsveem BV u.a.,* Slg. 2000 I 9337 Rz. 20; eher für jenen der Anhängigmachung der Klage dagegen EuGH 13.11.1979, Rs. 25/79, *Firma Sanicentral GmbH/Rene Collin,* Slg. 1979, 3423 Rz. 6 ff.

[11] Ebenso Geimer/Schütze, EZVR, Art. 23 Rz. 28; Dasser/Oberhammer-Killias, Art. 17 Rz. 24 ff., m.H. auch auf die abweichende Auffassung.

eines Gläubiger- oder Schuldnerwechsels z.B. bei Zession oder Schuldübernahme[12].

7 Im Hinblick auf die ursprünglich an der Gerichtsstandsvereinbarung beteiligten Parteien lassen sich somit folgende **Fallgruppen** bilden[13]:

– beide Parteien wohnen im gleichen gebundenen Staat, die Zuständigkeit eben dieses gebundenen Staates wird vereinbart und der Sachverhalt weist keinen Bezug zum Ausland auf: keine Anwendung von Art. 23 LugÜ (jedenfalls hinsichtlich der Prorogationswirkung der Vereinbarung);
– beide Parteien wohnen im gleichen gebundenen Staat, es wird die Zuständigkeit dieses gebundenen Staates vereinbart, der Sachverhalt weist wesentliche Bezüge zum Ausland auf: Anwendung von Art. 23 LugÜ;
– Parteien mit Wohnsitzen in unterschiedlichen gebundenen Staaten vereinbaren die Zuständigkeit eines gebundenen Staates: Anwendung von Art. 23 LugÜ;
– eine Partei mit Wohnsitz in einem Drittstaat und eine Partei mit Wohnsitz in einem gebundenen Staat vereinbaren die Zuständigkeit der Gerichte eines gebundenen Staates: Art. 23 LugÜ findet Anwendung (dies gilt auch dann, wenn die Gerichte des gebundenen Staates vereinbart werden, in dem die eine Partei wohnt, z.B. eine Partei mit Wohnsitz in den USA und eine Partei mit Wohnsitz in der Schweiz vereinbaren die Zuständigkeit der Schweizer Gerichte);
– zwei Parteien mit Wohnsitz in einem Drittstaat vereinbaren die Zuständigkeit der Gerichte eines gebundenen Staates: Art. 23 LugÜ findet grundsätzlich keine Anwendung. Im Sinne einer Koordinationsregel legt Art. 23 Abs. 3 LugÜ in solchen Fällen indes fest, dass die Gerichte der anderen durch dieses Übereinkommen gebundenen Staaten nicht entscheiden können, es sei denn, das vereinbarte Gericht habe sich rechtskräftig für unzuständig erklärt.

[12] EuGH 09.11.2000, Rs. C-387/98, *Coreck Maritime GmbH/Handelsveem BV u.a.*, Slg. 2000 I 9337 Rz. 20.

[13] Weiterführend Grolimund, Drittstaatenproblematik Rz. 515 ff.; vgl. sodann Dasser/Oberhammer-Killias, Art. 17 Rz. 5 ff.

- Vereinbarung der Zuständigkeit eines Drittstaates: keine Anwendung von Art. 23 LugÜ[14] (unabhängig davon, ob eine oder beide Parteien in einem gebundenen Staat Wohnsitz haben; gemäss Auffassung der norwegischen Gerichte findet das LugÜ selbst dann keine Anwendung, wenn die Parteien alternativ die Zuständigkeit der Gerichte eines gebundenen oder eines Drittstaates vereinbaren[15]; für die Ausnahme mit Blick auf die im Übereinkommen vorgesehenen zwingenden Zuständigkeiten nachfolgend Rz. 50);
- zwei Parteien mit Wohnsitz im gleichen gebundenen Staat vereinbaren die Zuständigkeit der Gerichte eines anderen gebundenen Staates: Art. 23 LugÜ findet Anwendung (unabhängig davon, ob der Sachverhalt anderweitig Bezüge zum Ausland aufweist).

2. Zeitlicher Anwendungsbereich

Nach Art. 63 Abs. 1 LugÜ findet das Lugano-Übereinkommen auf Klagen 8
Anwendung, die nach Inkrafttreten des Übereinkommens im Erkenntnisstaat angehoben wurden. Eine Gerichtsstandsvereinbarung wäre demnach nach Art. 23 LugÜ zu beurteilen, wenn das revidierte LugÜ im Zeitpunkt der Klageeinreichung im Staat des angerufenen Gerichts in Kraft getreten ist. Im Übrigen wäre auf Art. 17 aLugÜ abzustellen. Diese Abgrenzung stimmt mit der Rechtsprechung des EuGH sowie des BGer zur alten Regelung in Art. 54 aLugÜ überein[16]. Sie mag freilich – aus Gründen der Rechtssicherheit – nicht zu überzeugen. Diese legen es vielmehr nahe, auf den **Zeitpunkt des Vertragsschlusses** abzustellen. Dies scheint jedenfalls dort sachgerecht, wo eine ursprünglich rechtsgültige Gerichtsstandsvereinbarung andernfalls nachträglich unwirksam würde. Die anderweitige Auslegung des EuGH, wonach die Gerichtsstandsvereinbarung bis zur Einleitung des Rechtsstreits lediglich eine Zuständigkeitsoption darstelle, die sich erst dann realisiere, weshalb übergangsrechtlich auf den Zeitpunkt der Anhängigmachung der Klage abzustellen sei, vermag nicht zu überzeugen.

---

14 EuGH 09.11.2000, Rs. C-387/98, *Coreck Maritime GmbH/Handelsveem BV u.a.*, Slg. 2000 I 9337 Rz. 19; BGer 01.02.2002, 4 C 189/2001.

15 Norwegischer Høyesterett 29.11.2001, referenziert in den Informationen gemäss Protokoll Nr. 2 zum LugÜ, Nr. 2002/5.

16 EuGH 13.11.1979, Rs. 25/79, *Firma Sanicentral GmbH/Rene Collin*, Slg. 1979, 3423 Rz. 6 ff.; BGE 124 III 436.

3. Abgrenzung zu anderen Rechtsquellen

9 Sofern die vorgenannten Anwendungsvoraussetzungen erfüllt sind, richtet sich die Gerichtsstandsvereinbarung nach Art. 23 LugÜ. Vorbehalten bleibt vorrangiges Staatsvertragsrecht. Diesbezüglich ist namentlich auf die **besonderen Übereinkünfte gemäss Art. 67 LugÜ** hinzuweisen (vgl. die Kommentierung zu dieser Vorschrift). Weiter kann sich gegebenenfalls ein Vorrang des **Haager Übereinkommens über Gerichtsstandsvereinbarungen** vom 30.06.2005[17] ergeben, soweit dieses dereinst in den bzw. in einem gebundenen Staat zur Anwendung gelangt. Die Einzelheiten erscheinen hier freilich noch wenig klar[18].

10 Ausserhalb des räumlich-persönlichen bzw. zeitlichen Anwendungsbereichs von Art. 23 LugÜ sind sodann die einzelstaatlichen Vorschriften über die Gerichtsstandsvereinbarung zu beachten. In der Schweiz gilt insoweit **Art. 5 IPRG.** Auf Seiten der EU ist in der Regel auf das Recht der einzelnen EU-Mitgliedstaaten abzustellen.

III. Willenseinigung (Konsens)

11 Gemäss ständiger Rechtsprechung sowie herrschender Lehre beurteilt sich die Frage, ob die Parteien Konsens über den Gerichtsstand erzielt haben, heute weitgehend nach den Regeln von Art. 23 LugÜ[19]. Die im Übrigen weit verbreitete Auffassung, wonach lediglich die Form von Gerichtsstandsvereinbarungen dem Prozessrecht zu entnehmen sei, währenddem sich der Konsens nach dem auf den Hauptvertrag anwendbaren Recht richte[20], trifft mit Blick auf Art. 23 LugÜ nicht (länger) zu. Hintergrund bildet die eingangs erwähnte Auffassung des EuGH, wonach Art. 23 LugÜ im Hinblick auf die Zuständigkeitsordnung von Art. 2 ff. LugÜ eng auszulegen sei und daher eine tatsächliche Einigung über den Gerichtsstand feststehen müsse[21]. Der EuGH verlangt danach, dass die Gerichtsstandsvereinbarung in einer Form vorliegt, welche diese tatsächliche Willenseinigung

[17] Siehe dazu Eichel 289 ff.

[18] Vgl. die Hinweise in IPRG-Grolimund, Art. 5 Rz. 10 ff.

[19] Vgl. nur BGer 23.11.2001, 4C 245/2001, sowie die nachfolgend in Fn. 21 aufgeführten Entscheide.

[20] Siehe etwa Schnyder/Liatowitsch Rz. 945.

[21] EuGH 14.12.1976, Rs. 24/76, *Estasis Salotti/Ruewa Polstereimaschinen GmbH,* Slg. 1976, 1831 Rz. 7; vgl. auch BGer 28.01.2000, 4 C 353/99.

als klar und eindeutig erstellt erscheinen lässt[22]. Entsprechend **gehen Konsensfragen weitgehend in den Formvorschriften von Art. 23 LugÜ auf:** Ist die Form gegeben, wird der Konsens angenommen[23].

Alsdann wird nur noch ausnahmsweise auf die ***lex causae*** zurückgegriffen, wenn sich aus dem Zusammenspiel von Form und Konsens keine Lösung ergibt. Es betrifft dies namentlich Fragen wie Geschäftsfähigkeit, Stellvertretung[24] oder Vorliegen von Willensmängeln[25]. Aber auch für spezifische Auslegungsfragen kann allenfalls nicht auf die *lex causae* verzichtet werden. So hat das Bundesgericht in einem Sachverhalt, in dem die Parteien ursprünglich eine Schiedsklausel und später eine Gerichtsstandsklausel getroffen hatten, gemäss Auslegung nach der *lex causae* ermittelt, inwieweit die Gerichtsstandsklausel die Abmachung betreffend ein Schiedsgericht aufheben wollte[26]. In diesem Zusammenhang ist aber auf ein anderes Urteil des Bundesgerichtes hinzuweisen, in dem gemäss Sachverhalt unklar blieb, was die Parteien eigentlich genau vereinbaren wollten (die Gerichtsstandsklausel sprach vom Wohnsitz des Käufers, obwohl eher ein Werk- oder Dienstleistungsvertrag vorgelegen hatte). Diesbezüglich stellte das Bundesgericht fest, dass es aufgrund der Unklarheit an einer tatsächlichen Willenseinigung im Sinne von Art. 17 LugÜ bzw. Art. 23 LugÜ fehle[27]. Nach dem Gesagten erscheint heute nicht restlos klar, in welchen Fällen für die Auslegung des Parteienwillens noch auf die *lex causae* zurückgegriffen werden darf bzw. wann autonom gestützt auf das LugÜ entschieden werden muss, dass mangels genügend klarer Verhältnisse keine tatsächliche Willenseinigung im Sinne des Übereinkommens vorliegt. 12

Soweit ein Rückgriff auf die *lex causae* im Einzelfall als zulässig erachtet wird, bestimmt sich diese nach dem IPR des Forumstaats. Dabei ist im Grundsatz jenes **Recht** heranzuziehen, welchem der **Hauptvertrag,** d.h. der Vertrag, auf den sich die Gerichtsstandsvereinbarung bezieht, un- 13

[22] Vgl. dazu auch BGE 131 III 398.

[23] Dasser/Oberhammer-Killias, Art. 17 LugÜ Rz. 79; Geimer/Schütze, EZVR, Art. 23 Rz. 75; vgl. sodann die Hinweise in BGer 07.08.2001, 4 C 163/2001; HGer ZH 23.11.1999, ZR 2000 Nr. 61; Rauscher-Mankowski, Art. 23 N 39; Vischer/Huber/Oser Rz. 1260 ff.; kritisch M. Staehelin 137 ff.

[24] BGer 23.11.2001, 4 C 245/2001.

[25] Siehe OGH 19.08.2000, 1 Ob 149/00v; ebenso OGH 30.03.2001, 7 Ob 320/00k; OGH 12.09.2002, 5 Ob 130/02g.

[26] BGer 07.08.2001, 4 C 163/2001.

[27] BGer 28.01.2000, 4 C 353/99.

terliegt. Gegebenenfalls sind **Sonderanknüpfungen** zu berücksichtigen, etwa in Fragen der Handlungsfähigkeit (Art. 35 f., Art. 154 f. IPRG) oder der Stellvertretung (Art. 126 IPRG).

IV. Form

1. Im Allgemeinen

14 Art. 23 Abs. 1 LugÜ gewährt dem internationalen Wirtschaftsverkehr **vier mögliche Formen,** in denen eine Gerichtsstandsvereinbarung gültig geschlossen werden kann: Schriftlichkeit, Mündlichkeit mit schriftlicher Bestätigung, eine Form gemäss den zwischen den Parteien entstandenen Gepflogenheiten und die Form eines Handelsbrauchs.

a) Schriftlichkeit

15 Gemäss Art. 23 Abs. 1 lit. a LugÜ bedarf die Gerichtsstandsvereinbarung grundsätzlich der Einhaltung der Schriftform. Alsdann sind gemäss Art. 23 Abs. 2 LugÜ elektronische Übermittlungen, die eine dauerhafte Aufzeichnung der Vereinbarung ermöglichen, der Schriftform gleichgestellt. Die Einhaltung der **Schriftform setzt im Kern folgendes voraus:**

- Abfassung des Wortlauts der Gerichtsstandsvereinbarung in Text;
- (Unterschrift der Parteien) sowie
- Austausch der in dieser Form gehaltenen Willenserklärungen.

16 Schriftform im klassischen Sinn liegt vor, wenn eine Gerichtsstandsklausel in den Hauptvertrag selbst aufgenommen wird (z.B. in die Schlussbestimmungen) und beide Parteien den Hauptvertrag eigenhändig unterzeichnen. Im Übrigen hat die Rechtsprechung entschieden, dass die Parteien nicht notwendigerweise auf demselben Dokument unterzeichnen müssen. Auch ein Austausch der Willenserklärungen etwa im Rahmen eines Briefwechsels erfüllt das Formerfordernis gemäss Art. 23 Abs. 1 lit. a LugÜ[28]. Alsdann scheint die Rechtsprechung dahin zu gehen, **auf das Erfordernis der eigenhändigen Unterschrift überhaupt zu verzichten**[29]. Zwar wäre m.E. aus Art. 23 Abs. 2 LugÜ, der elektronische Übermittlungen gegebenenfalls

[28] Vgl. etwa BGH 09.03.1994, VIII ZR 185/92.

[29] Dahingehend wohl BGE 131 III 398; ebenso BGer 21.11.2007, 4 A 272/2007; offen gelassen in BGH 22.02.2001, IX ZR 19/00.

der Schriftform gleich stellt, eher der Umkehrschluss zu ziehen, nämlich, dass auf die Unterschrift zu Gunsten des internationalen Wirtschaftsverkehrs nur dort verzichtet wird, wo ein technisches Hilfsmittel verwendet wird, das den Austausch der eigenhändigen Unterschrift nicht erlaubt (z.B. Fax, E-mail)[30]. Gleichwohl geht die herrschende Lehre davon aus, dass die eigenhändige Unterschrift auch dort nicht vorausgesetzt ist, wo sich keine technischen Schranken ergeben (wie etwa bei einem Briefwechsel)[31]. Entsprechend muss heute davon ausgegangen werden, dass eine Gerichtsstandsvereinbarung gültig vereinbart ist, wenn sie in Text abgefasst und die Willenseinigung ebenfalls in Text nachgewiesen wird.

Im Übrigen erscheint nicht ausreichend, wenn nur eine Partei ihre Zustim- 17
mung zur Gerichtsstandsvereinbarung schriftlich abgegeben hat und die andere Partei sich auf den betreffenden Gerichtsstand berufen will. Der deutsche BGH hat in diesem Zusammenhang das Vorliegen einer gültigen Gerichtsstandsvereinbarung jedenfalls verneint[32], obwohl man in solchen Fällen nach den Regeln von **Treu und Glauben** auch argumentieren könnte, dass die Partei, welche dem Gerichtsstand schriftlich zustimmt hat, sich später nicht auf das Fehlen einer schriftlichen Einigung berufen kann[33].

b) Mündliche Vereinbarung mit schriftlicher Bestätigung

Diese Formvariante wird ebenfalls in Art. 23 Abs. 1 lit. a LugÜ geregelt. 18
Man spricht insoweit auch von **halber Schriftlichkeit.** Der EuGH verlangt hier den Nachweis der mündlichen Vereinbarung über den Gerichtsstand (der Nachweis lediglich der mündlichen Vereinbarung von AGB, welche eine Gerichtsstandsklausel enthalten, genügt demnach nicht) sowie deren einseitige schriftliche Bestätigung[34]. Schriftlichkeit bedeutet hier im Grundsatz ebenfalls schriftliche Abfassung, Unterschrift sowie Übermittlung an die andere Partei, wobei wiederum nicht restlos geklärt ist, inwieweit auf eine eigenhändige Unterschrift verzichtet werden kann. Nicht ausreichend erscheint, wenn lediglich ein Bestätigungsschreiben verfasst wird, ohne dass die mündliche Einigung über den Gerichtsstand tatsäch-

[30] So für Art. 5 IPRG: IPRG-Grolimund, Art. 5 Rz. 23.
[31] Dasser/Oberhammer-Killias, Art. 17 Rz. 91, m.w.N. in Fn. 137.
[32] BGH 22.02.2001, IX ZR 19/00.
[33] Ausführlich Grolimund, Vertrauensanknüpfung 376 ff.
[34] EuGH 14.12.1976, Rs. 25/76, *Galeries Segoura Sprl/Firma Rahin Bonakdarian,* Slg. 1976, 1851 Rz. 8.

lich nachgewiesen werden kann. Hiervon macht die Rechtsprechung indes eine gewichtige Ausnahme: Kann nachgewiesen werden, dass die Parteien eine **laufende Geschäftsbeziehung** unterhalten haben, deren Bestandteil jeweils AGB gebildet haben, die eine Gerichtsstandsklausel vorsehen, und hat sich keine der Parteien je dagegen gewehrt, so wird eine gültige Gerichtsstandsvereinbarung auch dann bejaht, wenn sich die mündliche Einigung auf den Vertrag im Rahmen der Geschäftsbeziehung bezogen hat und sie alsdann schriftlich bestätigt wurde. Insoweit vermischen sich die Grenzen zwischen Art. 23 Abs. 1 lit. a und Art. 23 Abs. 1 lit. b LugÜ (zwischen den Parteien entstandene Gepflogenheiten), wobei die Gerichte eher dazu tendieren, von einer impliziten mündlichen Vereinbarung mit schriftlicher Bestätigung auszugehen[35].

c) Zwischen den Parteien entstandene Gepflogenheiten

19 Gemäss Art. 23 Abs. 1 lit. b LugÜ kann eine Gerichtsstandsvereinbarung gültig auch in einer Form geschlossen werden, die den Gepflogenheiten entspricht, die zwischen den Parteien entstanden sind. Das Bundesgericht verlangt gemäss BGE 131 III 398, dass zwischen den Parteien längere und im Verlauf der Zeit wiederholte Handelsbeziehungen bestehen müssen, die geeignet sind, eine Art **interne Praxis** zu festigen. Die entsprechende Formvariante ist bis heute freilich nur im Zusammenhang mit Sachverhalten in Erscheinung getreten, in denen sich die Parteien im Rahmen einer **laufenden Geschäftsbeziehung** mündlich über die Abwicklung eines neuen Geschäfts geeinigt haben, wobei eine Partei dieses alsdann mit Bezugnahme auf die der Geschäftsbeziehung jeweils unterstehenden AGB bestätigt hat. Insoweit wurde aber, wie dargelegt, überwiegend von der Formvariante des Art. 23 Abs. 1 lit. a LugÜ (mündliche Einigung mit schriftlicher Bestätigung) ausgegangen. Andere Beispiele aus der Praxis sind, soweit ersichtlich, nicht bekannt.

d) Handelsbrauch

20 Art. 23 Abs. 1 lit. c LugÜ erlaubt schliesslich auch den Abschluss einer Gerichtsstandsvereinbarung in der Form, die einem **Handelsbrauch** entspricht, soweit es den internationalen Handel betrifft, die Parteien den Handelsbrauch kannten oder kennen mussten und die Parteien diesen von Ver-

[35] Vgl. etwa BGH 09.03.1994, VIII ZR 185/92; sodann die Nw. nachfolgend Fn. 47.

trägen dieser Art in den betreffenden Geschäftszweigen allgemein kennen und regelmässig beachten. Auch diese Formvariante von Art. 23 LugÜ hat bis heute in der Praxis kaum eine massgebliche Rolle gespielt. Versuche, eine Gerichtsstandsvereinbarung über diese Vorschrift gültig zu begründen, wurden namentlich im Zusammenhang mit AGB, Bestätigungsschreiben sowie bei Konnossementen unternommen. **Gemäss EuGH**[36] liegt ein Handelsbrauch vor, wenn die im betreffenden Bereich tätigen Kaufleute bei Abschluss einer bestimmten Art von Verträgen allgemein und regelmässig ein bestimmtes Verhalten befolgen. Die Kenntnis dieses Handelsbrauchs ist namentlich dort zu vermuten, wo die Parteien schon früher entsprechende Geschäftsbeziehungen und ein entsprechendes Verhalten gezeigt haben bzw. wenn entsprechende Gerichtsstandsvereinbarungen allgemein und regelmässig vorkommen, sodass sie hinreichend bekannt sind, um als ständige Übung angesehen werden zu können. Im Übrigen hat der EuGH darauf hingewiesen, dass insoweit nicht auf eine Willenseinigung im Sinne von Art. 23 LugÜ als solche verzichtet wird, sondern diese beim Vorliegen eines Handelsbrauchs lediglich vermutet wird[37]. Weiter habe das nationale Gericht zu entscheiden, ob ein Vertrag dem internationalen Handelsverkehr zuzurechnen ist und ob im betreffenden Bereich ein entsprechender Handelsbrauch besteht. Dieser habe sich sodann nicht auf einen bestimmten Staat zu beziehen, sondern auf die Tätigkeit in einem bestimmten Geschäftszweig[38].

Nach dem Gesagten fällt auf, dass die Formvariante Handelsbrauch wenig 21
greifbar ist und in einer **Vielzahl an unbestimmten Erfordernissen bzw. Begriffen** aufgeht. Es mag daher nicht erstaunen, dass sie bisher ohne erheblichen Einfluss auf den internationalen Wirtschaftsverkehr geblieben ist. Die Parteien tun jedenfalls gut daran, eine schriftliche Gerichtsstandsklausel im Sinne von Art. 23 Abs. 1 lit. a LugÜ zu vereinbaren und sich nicht auf das Vorliegen eines Handelsbrauchs zu verlassen.

---

36 Der EuGH hat sich namentlich in folgenden Urteilen mit der Formvariante Handelsbrauch befasst: EuGH 20.02.1997, Rs. C-106/95, *Mainschifffahrts-Genossenschaft eG (MSG)/Les Gravières Rhénanes SARL,* Slg. 1997 I 911; EuGH 16.03.1999, Rs. C-159/97, *Trasporti Castelletti Spedizioni Internazionali SpA/Hugo Trumpy SpA,* Slg. 1999 I 1597.

37 EuGH 16.03.1999, Rs. C-159/97, *Trasporti Castelletti Spedizioni Internazionali SpA/Hugo Trumpy SpA,* Slg. 1999 I 1597 Rz. 20.

38 EuGH 16.03.1999, a.a.O., Rz. 23 ff.

2. Einzelfragen

a) Gerichtsstandsvereinbarungen in AGB oder Bestätigungsschreiben

22 Nach geltender Rechtsauffassung ist nicht länger umstritten, dass eine Gerichtsstandsvereinbarung auch gültig **in Allgemeinen Geschäftsbedingungen** und/oder in einem (kaufmännischen) Bestätigungsschreiben getroffen werden kann. **Keine Schwierigkeiten** bestehen in folgenden Sachverhalten:

- Austausch einer schriftlichen Offerte und eines schriftlichen Akzepts[39] (z.B. per Fax) bzw. Abschluss eines Hauptvertrages[40] unter Hinweis jeweils auf die gleichen, den Parteien vorliegenden AGB, welche eine Gerichtsstandsklausel enthalten;
- nachweisbare mündliche Einigung über den Gerichtsstand mit einseitiger schriftlicher Bestätigung[41].

23 In allen **übrigen Fällen** liegt grundsätzlich keine gültige Gerichtsstandsvereinbarung vor. So namentlich wenn:

- lediglich die Offerte[42] oder der Akzept[43] schriftlich und unter Hinweis auf die AGB abgegeben wird;
- die Parteien je auf ihre AGB verweisen[44];
- die Gerichtsstandsklausel lediglich auf der Rechnung angebracht wird[45];

---

39 Cour de Cassation 18.10.1994, referenziert in den Informationen gemäss Protokoll Nr. 2 zum LugÜ, Nr. 1995/22.

40 EuGH 14.12.1976, Rs. 24/76, *Estasis Salotti/Ruewa Polstereimaschinen GmbH*, Slg. 1976, 1831 Rz. 7; vgl. auch BGer 28.01.2000, 4C 353/99 Rz. 9; OGH 30.03.2001, 7 Ob 320/00k.

41 EuGH 11.07.1985, Rs. 221/84, *FA Berghoeffer GmbH und Co. KG/Firma ASA SA.*, Slg. 1985, 2699 Rz. 15.

42 BGE 131 III 398.

43 Corte d'Appello di Milano 25.03.2003, referenziert in den Informationen gemäss Protokoll Nr. 2 zum LugÜ, Nr. 2005/39; Corte di Cassazione 09.06.1995, referenziert in den Informationen gemäss Protokoll Nr. 2 zum LugÜ, Nr. 1997/16; Cour de Cassation 24.03.1998, referenziert in den Informationen gemäss Protokoll Nr. 2 zum LugÜ, Nr. 1998/28; Supremo Tribunal de Justiça (P) 12.06.1997, referenziert in den Informationen gemäss Protokoll Nr. 2 zum LugÜ, Nr. 1998/44.

44 Cour de Cassation 02.12.1997, referenziert in den Informationen gemäss Protokoll Nr. 2 zum LugÜ, Nr. 1998/25; Cour de Cassation 16.07.1998, referenziert in den Informationen gemäss Protokoll Nr. 2 zum LugÜ, Nr. 1999/49.

45 Supreme Court (IRL) 21.12.2000, referenziert in den Informationen gemäss Protokoll Nr. 2 zum LugÜ, Nr. 2001/44.

- kein eindeutiger Hinweis auf die Gerichtsstandsklausel[46] bzw. auf das die Gerichtsstandsklausel enthaltende Dokument erfolgt;
- die AGB nicht tatsächlich übergeben/zugänglich gemacht wurden;
- keine nachweisbare mündliche Einigung über die Gerichtsstandsvereinbarung vorliegt im Fall des einseitigen Bestätigungsschreibens.

Als Ausnahme davon nimmt die Rechtsprechung, wie erwähnt (Rz. 18), in Einzelfällen gleichwohl eine wirksame Gerichtsstandsvereinbarung an. Voraussetzung ist, dass der Mangel im Sinne von Rz. 23 – z.B. Hinweis auf die AGB nur im Akzept oder fehlende nachweisbare mündliche Einigung – im Rahmen einer **laufenden Geschäftsbeziehung** geschieht, so dass nach Treu und Glauben eindeutig erscheint, dass beide Parteien gleichwohl von der Geltung der betreffenden Gerichtsstandsvereinbarung ausgegangen sind[47]. Je nach Betrachtungsweise wird dabei ein Fall von stillschweigender mündlicher Einigung mit schriftlicher Bestätigung (Art. 23 Abs. 1 lit. a LugÜ) oder einer zwischen den Parteien entstandenen Gepflogenheit (Art. 23 Abs. 1 lit. b LugÜ) angenommen. 24

b) Gerichtsstandsklauseln in Statuten

Die Rechtsprechung anerkennt, dass Gerichtsstandsvereinbarungen auch wirksam in den Statuten von Gesellschaften enthalten sein können. Dies gilt jedenfalls für Gesellschaftsformen wie die Aktiengesellschaft, für welche sämtliche gebundenen Staaten des LugÜ die Pflicht zur schriftlichen Abfassung der Statuten vorsehen. Der EuGH geht insoweit von der **Fiktion** aus, dass **jeder Aktionär die Statuten kennen muss,** soweit diese an 25

---

[46] EuGH 14.12.1976, Rs. 24/76, *Estasis Salotti/Ruewa Polstereimaschinen GmbH*, Slg. 1976, 1831 Rz. 7; vgl. auch BGer 28.01.2000, 4 C 353/99 Rz. 9 (Gerichtsstandsklausel in den AGB auf der Rückseite des Vertrages, ohne Hinweis auf die AGB auf der Vorderseite); OGH 30.03.2001, 7 Ob 320/00k (die Gerichtsstandsklausel war in der Fusszeile des Dokuments bei der Adresse angebracht).

[47] Vgl. dazu (wobei im jeweiligen Urteil die Voraussetzungen als gegeben oder als nicht gegeben betrachtet wurden): EuGH 14.12.1976, Rs. 25/76, *Galeries Segoura Sprl/Firma Rahin Bonakdarian,* Slg. 1976, 1851 Rz. 8; OGH 10.03.1998, 7 Ob 336/97f; OGH 30.03.2001, 7 Ob 320/00k; Corte di Cassazione 26.04.1995, referenziert in den Informationen gemäss Protokoll Nr. 2 zum LugÜ, Nr. 1997/12; Cour de Cassation 09.01.1996, referenziert in den Informationen gemäss Protokoll Nr. 2 zum LugÜ, Nr. 1997/17; Cour d'Appel de Luxembourg 16.02.2000, referenziert in den Informationen gemäss Protokoll Nr. 2 zum LugÜ, Nr. 2001/48 (Gerichtsstandsklausel jeweils auf der Rückseite der Rechnung); Corte di Cassazione 05.05.2006, referenziert in den Informationen gemäss Protokoll Nr. 2 zum LugÜ, Nr. 2007/30; BGH 25.02.2004, VIII ZR 119/03; BGH 09.03.1994, VIII ZR 185/92.

einem ihm zugänglichen Ort, z.B. am Sitz der Gesellschaft, hinterlegt oder in einem öffentlichen Register einsehbar sind[48].

26 Betreffende Klauseln halten namentlich fest, dass die Aktionäre allfällige Klagen gegen die Gesellschaft oder deren Organe nur am Sitz der Gesellschaft erheben dürfen. Die Rechtsprechung erachtet eine entsprechende Klausel, was die möglichen Rechtsstreitigkeiten anbelangt, als genügend bestimmt. Weiter wird die personelle Ausweitung auf Klagen gegen die Organe (im Sinne eines Vertrages zu Gunsten Dritter) anerkannt[49]. Schliesslich hält der EuGH fest, dass die Gerichtsstandsvereinbarung **unabhängig von der Art der Entstehung der Aktionärsstellung** Gültigkeit hat. So kann der Aktionär die Aktien im Rahmen der Gründung oder einer Kapitalerhöhung gezeichnet oder sie später von einem anderen Aktionär erworben haben[50].

c) Gerichtsstandsklauseln in Konnossementen

27 Das Dreiecksverhältnis zwischen dem Befrachter (d.h. der den Transport in Auftrag gebenden Person), dem Verfrachter (d.h. der den Transport ausführenden Person) und dem Dritten (d.h. dem Warenempfänger) hat eine sehr reichhaltige Rechtsprechung auch zu Fragen der Gerichtsstandsvereinbarung hervorgebracht[51]. In **Übereinstimmung** mit seiner **sonstigen Rechtsprechung zu Art. 23 hat der EuGH** festgehalten, dass eine in den Geschäftsbedingungen eines Konnossements abgedruckte Gerichtsstandsklausel formgültig ist, wenn sich beide Parteien schriftlich darauf geeinigt haben, wenn die Klausel mündlich vereinbart wurde und das Konnossement lediglich eine schriftliche Bestätigung davon ist, wenn das Konnossement im Rahmen laufender Geschäftsbeziehungen zwischen den Parteien ausgestellt wurde und sich ergibt, dass diesen Geschäftsbeziehungen je-

---

48 EuGH 10.03.1992, Rs. C-214/89, *Powell Duffryn Plc/Wolfgang Petereit,* Slg. 1992 I 1745 Rz. 6 ff., 22 ff.; vgl. auch BGH 11.10.1993, II ZR 155/92.

49 Vgl. die Hw. gerade hiervor in Fn. 48.

50 EuGH 10.03.1992, Rs. C-214/89, *Powell Duffryn Plc/Wolfgang Petereit,* Slg. 1992 I 1745 Rz. 18; ebenso BGH 11.10.1993, II ZR 155/92.

51 EuGH 19.06.1984, Rs. 71/83, *Tilly Russ & Ernest Russ/N.V. Haven en Vervoerbedrijf Nova und N.V. Goeminne Hout,* Slg. 1984, 2417; EuGH 16.03.1999, Rs. C-159/97, *Trasporti Castelletti Spedizioni Internazionali SpA/Hugo Trumpy SpA,* Slg. 1999 I 1597; EuGH 09.11.2000, Rs. C-387/98, *Coreck Maritime GmbH/Handelsveem BV u.a.,* Slg. 2000 I 9337; vgl. sodann die sehr zahlreichen Urteile der nationalen Gerichte, referenziert in den Informationen gemäss Protokoll Nr. 2 zum LugÜ.

weils AGB zu Grunde lagen, welche diese Klausel enthalten[52], oder wenn eine Gerichtsstandsklausel, die einem internationalen Handelsbrauch entspricht, anderweitig in ein Konnossement einbezogen wird[53].

Nach ständiger Rechtsprechung ist die zwischen dem Be- und Verfrachter getroffene Wahl des Gerichtsstands sodann auch im **Verhältnis zwischen dem Verfrachter und dem Dritten** massgeblich, wenn der Dritte a) gemäss anwendbarem nationalem Recht in die Rechtsstellung des Befrachters eingetreten ist oder b) der Gerichtsstandsvereinbarung formgültig im Sinne von Art. 23 zugestimmt hat[54]. In diesen Fällen kann bzw. muss der Verfrachter seine Rechte aus dem Konnossement an dem dort vorgesehenen Gerichtsstand gegen den Dritten geltend machen. 28

d) Sonderfall trust

Nach Art. 23 Abs. 4 LugÜ können Gerichtsstandsklauseln auch wirksam in trust-Bedingungen integriert werden. Danach begründen in schriftlich niedergelegten trust-Bedingungen vorgesehene Klauseln, wonach für Klagen gegen einen Begründer, trustee oder Begünstigten eines trusts die Gerichte eines gebundenen Staates zuständig sind, eine wirksame Gerichtsstandsvereinbarung im Sinne des Übereinkommens, mit der Folge, dass diese Gerichte ausschliesslich zuständig sind für Ansprüche, welche die Beziehungen zwischen diesen Personen oder die Rechte und Pflichten im Rahmen des trusts betreffen. Die Sonderregelung von Art. 23 Abs. 4 LugÜ erscheint notwendig, weil **trusts einseitig begründet werden können.** Eine eigentliche Gerichtsstandsvereinbarung im Sinne von Art. 23 Abs. 1 LugÜ scheidet insoweit begriffsnotwendig aus. 29

[52] EuGH 19.06.1984, Rs. 71/83, *Tilly Russ & Ernest Russ/N.V. Haven en Vervoerbedrijf Nova und N.V. Goeminne Hout,* Slg. 1984, 2417 Rz. 16 ff.

[53] EuGH 16.03.1999, Rs. C-159/97, *Trasporti Castelletti Spedizioni Internazionali SpA/Hugo Trumpy SpA,* Slg. 1999 I 1597.

[54] EuGH 19.06.1984, Rs. 71/83, *Tilly Russ & Ernest Russ/N.V. Haven en Vervoerbedrijf Nova und N.V. Goeminne Hout,* Slg. 1984, 2417 Rz. 24; EuGH 09.11.2000, Rs. C-387/98, *Coreck Maritime GmbH/Handelsveem BV u.a.,* Slg. 2000 I 9337 Rz. 23 und 26.

e) Im elektronischen Geschäftsverkehr getroffene Gerichtsstandsvereinbarungen

30 Die Revision des Lugano-Übereinkommens stellt klar, dass Gerichtsstandsvereinbarungen wirksam auch im elektronischen Geschäftsverkehr geschlossen werden können: **Art. 23 Abs. 2 LugÜ** (elektronische Übermittlungen, die eine dauerhafte Aufzeichnung der Vereinbarung ermöglichen, sind der Schriftform gleichgestellt). Mit Blick auf die Entwicklungen des Handels entspricht dies einem offensichtlichen Bedürfnis. Schon unter altem Recht ging die herrschende Meinung freilich dahin, Gerichtsstandsvereinbarungen im elektronischen Geschäftsverkehr unter gewissen Bedingungen zuzulassen[55]. Die ausdrückliche Klarstellung im revidierten LugÜ ist gleichwohl zu begrüssen.

31 Unabhängig davon ist nicht zu verkennen, dass die neue Bestimmung (auch) einen (gewissen) **Widerspruch** in sich birgt. Die ausdrückliche Gleichstellung mit der Schriftform impliziert, dass elektronische Übermittlungen, die eine entsprechende Aufzeichnung (d.h. insbesondere einen Ausdruck in Papierform) ermöglichen, ohne diese Gleichstellung keine Schriftlichkeit im Sinne von Art. 23 Abs. 1 lit. a LugÜ begründen würden. Dem ist aber nicht so. Was unterscheidet die Willenseinigung per E-mail von einer schriftlichen Vereinbarung? Die Antwort lautet: die Unterschrift. Beim Austausch von Briefen können beide Parteien eigenhändig unterschreiben. Dies ist im elektronischen Geschäftsverkehr, selbst im Zeitalter von elektronischen Signaturen, so nicht möglich. Entsprechend will es (zunächst) einleuchten, weshalb im revidierten Übereinkommen die Gleichstellung erfolgt. Alsdann ist aber festzustellen, dass Rechtsprechung und Lehre bei der Schriftlichkeit gemäss Art. 23 Abs. 1 lit. a LugÜ am Erfordernis der Originalunterschrift nicht (länger) festhalten. Vielmehr reicht der Nachweis, dass der schriftliche Text einer Gerichtsstandsvereinbarung ausgetauscht (zugänglich gemacht) wurde. Dem kann der elektronische Geschäftsverkehr ohne Weiteres genügen. Art. 23 Abs. 2 LugÜ erscheint insoweit also in gewisser Weise **redundant.**

32 Auch im elektronischen Geschäftsverkehr müssen sodann die allgemeinen Anforderungen an eine schriftliche Vereinbarung im Sinne von Art. 23 Abs. 1 lit. a LugÜ erfüllt sein. Es muss der Austausch zweier Willenser-

[55] Vgl. nur IPRG-Grolimund, Art. 5 Rz. 32 f., m.zahlreichen Nw.

klärungen unter Hinweis auf eine in Text zugängliche (d.h. ausdruckbare) Gerichtsstandsabrede nachgewiesen werden. Dem ist etwa Genüge getan, wo sich die Parteien via E-mail vertraglich einigen, soweit die jeweilige E-mail die Gerichtsstandsklausel selbst enthält oder wo, z.B. mit einem link, auf online abrufbare AGB, welche die Gerichtsstandsklauseln enthalten, verwiesen wird. Sodann dürften auch die heute **gebräuchlichen Geschäftsplattformen vielfach LugÜ-tauglich** sein. Insbesondere der häufig anzutreffende Vorgang, bei dem eine Partei eine Website aufruft, sich bis zur Bestellung durchklickt und auf diesem Weg via Ankreuzen bestätigt, von den online abrufbaren AGB Kenntnis genommen zu haben, bei nachfolgender Bestätigung des Angebots durch den Onlineanbieter via E-mail, erfüllt m.E. die Anforderung von Art. 23 Abs. 2 LugÜ[56]. Die in den AGB enthaltene Gerichtsstandsklausel kann von beiden Parteien bei Vertragsschluss ausgedruckt werden. Die Willensübereinkunft mit Bezugnahme auf diese AGB steht sodann fest, da die eine Partei das betreffende Kästchen im Internet angeklickt (was durch Ausdruck eines entsprechenden Protokolls ebenfalls zu Papier gebracht werden kann) und die andere Partei die Bestätigung per E-mail verschickt hat.

f) Strengere Vorschriften nach nationalem Recht?

In der Gerichtspraxis wurde bereits mehrfach entschieden, dass das LugÜ 33
die Formgültigkeit von Gerichtsstandsvereinbarungen **abschliessend** regelt. So hat etwa die Cour de Cassation in einem Urteil aus dem Jahr 1997 dargelegt, dass die Vorschrift des französischen Rechts, gemäss der eine Gerichtsstandsvereinbarung nur zwischen Kaufleuten getroffen werden kann, im Geltungsbereich des europäischen Prozessrechts keine Anwendung finde[57]. Ebenso hat der EuGH in einem Urteil aus dem Jahr 1981 festgehalten, dass das EuGVÜ keinen Raum belasse für eine Vorschrift des

---

56 Ebenso Schmid A./Schmid J.-D., Gerichtsstandsklauseln in allgemeinen Geschäftsbedingungen in über das Internet abgeschlossenen Verträgen im Binnenkontext, in: Jusletter 06.06.2011, 11 ff.; a.A. für das Binnenverhältnis offenbar das KGer GR in einem Urteil vom 18.5.2009, referenziert im vorerwähnten Aufsatz von Schmid/Schmid; a.A. jüngst auch das Amtsgericht Geldern 20.04.2011, Urteil 4 C 33/11.

57 Cour de Cassation 11.02.1997, referenziert in den Informationen gemäss Protokoll Nr. 2 zum LugÜ, Nr. 1998/20.

nationalen Rechts, gemäss der die Gerichtsstandsvereinbarung gültig nur in einer bestimmten Sprache abgeschlossen werden dürfe[58].

g) Sprache als Formerfordernis?

34 Auch in Fremdsprachen abgefasste Gerichtsstandsvereinbarungen haben die Gerichte schon mehrfach beschäftigt. Insoweit ist zur Kenntnis zu nehmen, dass im LugÜ die jeweilige **Sprache kein Formerfordernis** darstellt. Eine Gerichtsstandsvereinbarung kann grundsätzlich in jeder Sprache abgefasst sein, ohne dass dies die (Form-) Wirksamkeit beeinträchtigen würde[59].

35 Bei der Sprache handelt es sich folglich (eher) um ein Konsenserfordernis: Die fremde Sprache birgt die Gefahr, dass eine Partei den Inhalt der Abmachung tatsächlich nicht verstanden hat und keine entsprechende Einigung eingehen wollte. Wie vorstehend dargelegt, vermischen sich im Rahmen des LugÜ indes Form und Konsens weitgehend. Der EuGH verlangt, dass die Formvorschriften des Übereinkommens den Nachweis der tatsächlichen Willenseinigung sicherstellen. Entsprechend ist m.E. durch autonome Auslegung festzustellen, ob und wann die fremde Sprache zur Unwirksamkeit einer Gerichtsstandsvereinbarung führt. Diesbezüglich hat m.E. ein **grosszügiger Massstab** zu gelten. Wer einen in fremder Sprache verfassten Vertrag schliesst, ohne sich um eine Übersetzung zu bemühen, erscheint grundsätzlich nicht schutzwürdig.

h) Sonderfall Luxemburg

36 Der unter altem LugÜ bestehende **Vorbehalt Luxemburgs** gemäss Art. I Protokoll Nr. 1 über bestimmte Zuständigkeits-, Verfahrens- und Vollstreckungsfragen ist im neuen Recht **weggefallen.** Danach waren Gerichtsstandsvereinbarungen für Personen, die ihren Wohnsitz in Luxemburg hatten, nur dann wirksam, wenn sie diesen ausdrücklich und besonders zugestimmt hatten. Gemäss Rechtsprechung des EuGH erschien die blosse Unterzeichnung des Vertrages als solche nicht ausreichend[60]. Demgegen-

---

[58] EuGH 24.06.1981, Rs. 150/80, *Elefanten Schuh GmbH/Pierre Jacqmain,* Slg. 1981, 1671 Rz. 26.

[59] Vgl. etwa OGH 12.09.2002, 5 Ob 130/02g; vgl. auch EuGH 24.06.1981, a.a.O.

[60] EuGH 06.05.1980, Rs. 784/79, *Porta-Leasing GmbH/Prestige International S.A.,* Slg. 1980, 1517; vgl. auch Cour d'Appel de Luxembourg 25.04.2002, referenziert in den Informationen gemäss Protokoll Nr. 2 zum LugÜ, Nr. 2003/40.

über hat eine gesonderte Zeichnung der Klausel (etwa mit den Initialen) den Anforderungen Genüge getan.

Übergangsrechtlich stellt sich die Frage, ob eine unter altem Recht im Verhältnis zu Luxemburg an und für sich ungültige Gerichtsstandsvereinbarung durch das Inkrafttreten des neuen Rechts geheilt wird. Folgt man der (an der betreffenden Stelle bereits kritisierten) Rechtsprechung des EuGH zum zeitlichen Anwendungsbereich des LugÜ (vgl. vorstehend Rz. 8), kann dies nicht ausgeschlossen werden. 37

V. Bestimmtheit der Gerichtsstandsvereinbarung

Gemäss Wortlaut von Art. 23 Abs. 1 LugÜ hat sich die Gerichtsstandsvereinbarung auf eine bereits entstandene Rechtsstreitigkeit oder wenigstens auf künftige aus einem bestimmten Rechtsverhältnis entspringende mögliche Streitigkeiten zu beziehen. Die so umschriebene Anforderung an die Bestimmtheit der Gerichtsstandsvereinbarung dient dem **Persönlichkeitsschutz:** Das LugÜ will verhindern, dass sich eine Person für alle möglichen noch nicht vorhersehbaren Streitigkeiten auf einen Gerichtsstand verpflichtet. Sodann soll vermieden werden, dass eine Partei dadurch überrascht wird, dass die Zuständigkeit eines bestimmten Gerichts auch für solche Rechtsstreitigkeiten begründet wird, die sich eventuell aus den Beziehungen mit ihrem Vertragspartner ergeben, ihren Ursprung aber in einer anderen Beziehung mit dieser Partei haben[61]. Die Anforderung an die Bestimmtheit hat, soweit ersichtlich, in der Praxis noch kaum je zu Problemen Anlass gegeben. 38

Weiter haben die Parteien die zuständigen Gerichte zu bezeichnen. Die Regelung im LugÜ erscheint dabei grosszügiger als diejenige im IPRG. Während in Art. 5 Abs. 1 IPRG nach herrschender Lehre verlangt wird, dass die Parteien das **örtlich zuständige Gericht** festlegen[62], reicht in Art. 23 LugÜ eine **Einigung auf die internationale Zuständigkeit** aus[63]. Eine Klausel, wonach die Schweizer Gerichte zuständig sind, wäre somit wirksam. Alsdann stellt sich die Frage, welche Gerichte in der Schweiz zuständig sein 39

[61] Vgl. EuGH 10.03.1992, Rs. C-214/89, *Powell Duffryn Plc/Wolfgang Petereit,* Slg. 1992 I 1745 Rz. 31.

[62] Dazu ausführlich und m.zahlr.N. IPRG-Grolimund, Art. 5 Rz. 42.

[63] Statt vieler Dasser/Oberhammer-Killias, Art. 17 Rz. 45.

sollen. Hier wird die Auffassung vertreten, es seien jedenfalls die Gerichte kompetent, welche auf Grund einer objektiven Zuständigkeitsanknüpfung zuständig wären[64]. In Deutschland findet sich sodann die Ansicht, dass in einem solchen Fall die Gerichte der Hauptstadt zuständig seien[65]. Schliesslich wird die Ansicht vertreten, der **Kläger habe** hier **die Wahl,** an welchem Ort in der Schweiz er die Klage einreichen will[66]. Letzteres Verständnis will aus Sicht der Privatautonomie am ehesten überzeugen: Einigen sich die Parteien darauf, dass die Gerichte eines bestimmten Staats zuständig sind, ohne das örtlich zuständige Gericht zu benennen, so ist nach Treu und Glauben anzunehmen, sie wollten die Wahl dem jeweiligen Kläger überlassen.

40 Nach ständiger Rechtsprechung ist es schliesslich nicht erforderlich, dass die Parteien die zuständigen Gerichte als solche bezeichnen. Vielmehr reicht die **Nennung von objektiven Kriterien aus, anhand derer sich die (wenigstens internationale) Zuständigkeit festlegen lässt**[67].

VI. Wirkungen der Gerichtsstandsvereinbarung

41 Nach Art. 23 Abs. 1 LugÜ wird **vermutet,** dass die Gerichtsstandsvereinbarung eine **ausschliessliche Zuständigkeit** begründet. Halten die Parteien nichts anderes fest, ist es folglich allein dem gewählten Gericht vorbehalten, über die von der Gerichtsstandsvereinbarung erfassten Streitigkeiten zu befinden. Die Zuständigkeit aller anderen Gerichte wird ausgeschlossen. In diesem Zusammenhang ist auf ein häufig verwendetes Begriffspaar hinzuweisen: Beim gewählten Gericht spricht man vom **prorogierten Gericht.** Die (aufgrund der Vermutung der Ausschliesslichkeit in der Regel) abgewählten Gerichte bezeichnet man als die **derogierten Gerichte.**

42 Der Wortlaut von Art. 23 Abs. 1 LugÜ – die Vorschrift spricht von einer Vermutung – macht deutlich, dass die Parteien auch Abweichendes vereinbaren können. Dies entspricht dem Grundsatz der Parteiautonomie. Das

---

64 Rauscher-Mankowski, Art. 23 Rz. 46, m.w.N.

65 Geimer/Schütze, EZVR, Art. 23 Rz. 146, m.w.N.

66 IPRG-Grolimund, Art. 5 Rz. 42, m.w.N.

67 EuGH 09.11.2000, Rs. C-387/98, *Coreck Maritime GmbH/Handelsveem BV u.a.*, Slg. 2000 I 9337 Rz. 15; Corte di Cassazione 20.02.2007, referenziert in den Informationen gemäss Protokoll Nr. 2 zum LugÜ, Nr. 2007/33; Corte di Cassazione 02.12.1997, referenziert in den Informationen gemäss Protokoll Nr. 2 zum LugÜ, Nr. 1998/38.

alte LugÜ hatte in Art. 17 Abs. 4 einen entsprechenden Anwendungsfall noch ausdrücklich vorgesehen. Wurde eine Gerichtsstandsvereinbarung nur zu Gunsten einer der Parteien getroffen, behielt diese das Recht, jedes andere Gericht anzurufen, das auf Grund des Übereinkommens zuständig war. Man sprach alsdann von einer **einseitig begünstigenden Gerichtsstandsklausel.** Der Wegfall von Art. 17 Abs. 4 LugÜ bedeutet nun freilich nicht, dass entsprechende Vereinbarungen unter neuem Recht nicht mehr zulässig wären. Ganz im Gegenteil sind auch nach revidiertem LugÜ einseitig begünstigende Gerichtsstandsklauseln weiterhin möglich. Die insoweit bestehende Rechtsprechung ist folglich auch weiterhin zu beachten. Danach darf allein aus der Tatsache, dass die Parteien die Zuständigkeit der Gerichte am Wohnsitz einer der Parteien wählen, nicht der Schluss gezogen werden, es handle sich um eine einseitig begünstigende Gerichtsstandsvereinbarung. Vielmehr muss der gemeinsame Wille, eine der Parteien zu begünstigen, klar dem Wortlaut der Vereinbarung oder der Gesamtheit der dem Vertrag zu entnehmenden Anhaltspunkte bzw. der Umstände des Vertragsschlusses entnommen werden können[68].

Unter den erwähnten Bedingungen sind weitere Erscheinungsformen von Gerichtsstandsvereinbarungen zulässig, so insbesondere **alternative Gerichtsstandsklauseln**[69] (die zwei oder mehrere Gerichte für zuständig erklären) oder auch sog. **flip-flop-Klauseln**[70] (mit welchen die Parteien etwa bestimmen, dass der jeweilige Kläger an den Wohnsitz des jeweiligen Beklagten zu gelangen hat). Häufig sind sodann **wandelbare Gerichtsstandsklauseln,** bei denen der Gerichtsstand an ein räumlich veränderbares Merkmal wie Wohnsitz oder Sitz einer der Parteien angeknüpft wird, mit der Folge, dass sich bei einem Wohnsitz bzw. Sitzwechsel der Gerichtsstand ändert. 43

Die mit einer Gerichtsstandsvereinbarung (häufig) verbundene Exklusivität bedeutet nach dem Gesagten namentlich auch, dass die abgewählten Gerichte nicht (länger) zuständig sind, in der Sache zu entscheiden. Wird dennoch vor einem derogierten Gericht geklagt, ist auf die Klage nicht ein- 44

68 Für Anwendungsfälle vgl. etwa EuGH 24.06.1986, Rs. 22/85, *Rudolf Anterist/Credit Lyonnais,* Slg. 1986, 1951; BGH 23.07.1998, II ZR 286/97.

69 Vgl. etwa den Sachverhalt in Norwegischer Høyesterett 29.11.2001, referenziert in den Informationen gemäss Protokoll Nr. 2 zum LugÜ, Nr. 2002/5.

70 Vgl. etwa den Sachverhalt in EuGH 09.11.1978, Rs. 23/78, *Nikolaus Meeth/Firma Glacetal,* Slg. 1978, 2133.

zutreten. Gleichwohl hat das so angerufene Gericht zunächst seine Zuständigkeit zu prüfen. Der Streit gilt alsdann als **rechtshängig** im Sinne von Art. 27 LugÜ. Damit wird ein Vorgehen am eigentlich zuständigen Forum bis auf Weiteres (effektiv) verhindert[71]. Wird der Prozess auf diesem Wege in einen Staat verlagert, der bekannt ist für seine langen Prozessdauern (z.B. Italien oder Belgien), kann dies der anders lautenden Gerichtsstandsvereinbarung praktisch jede Wirkung nehmen. Vor diesem Hintergrund wird in Brüssel darüber nachgedacht, Art. 27 EuGVVO bei Vorliegen einer Gerichtsstandsvereinbarung dahingehend abzuändern, dass künftig allein das vereinbarte Gericht und nicht das zuerst angerufene Gericht über die Zuständigkeit bestimmen soll. Daneben fragt es sich, ob die Regelung in Art. 27 überhaupt als zwingend aufgefasst werden muss. M.E. spricht nichts dagegen, dass die Parteien ausdrücklich eine abweichende Abmachung treffen. So müsste m.E. eine Gerichtsstandsvereinbarung zulässig sein, die etwa vorsieht, dass **ausschliesslich das vereinbarte Gericht über die Zuständigkeit zu befinden** hat, oder die den Parteien ausdrücklich die Pflicht auferlegt, das Einreichen einer Klage an einem anderen Ort zu unterlassen, namentlich unter **Androhung von Schadenersatzansprüchen und/oder einer Konventionalstrafe**[72].

45 Die soeben umschriebene Regelung für den europäischen Rechtsraum gilt nicht, wenn abredewidrig in einem **Drittstaat** Klage eingereicht wird. Eine allfällige Rechtshängigkeitssperre ist diesfalls in erster Linie nach Art. 9 IPRG zu beurteilen. Anders als in Art. 27 LugÜ wird die ausländische Rechtshängigkeit dort insbesondere nur beachtet, wenn zu erwarten ist, dass die im Ausland gefällte Entscheidung in der Schweiz anerkannt werden kann (so genannte **Anerkennungsprognose**). Da ein entsprechendes Urteil indes in Verletzung einer wirksamen Gerichtsstandsvereinbarung nach Art. 23 LugÜ ergangen ist, muss die Anerkennungsprognose infolge fehlender indirekter Zuständigkeit scheitern (Art. 25 lit. a IPRG). Die abredewidrige Klage in einem Drittstaat könnte demnach einen Prozess am eigentlich vereinbarten Schweizer Forum nicht verhindern.

---

[71] Vgl. EuGH 09.12.2003, Rs. C-116/02, *Erich Gasser GmbH/MISAT Srl,* Slg. 2003 I 14693; a.A. Court of Appeal 10.11.1993, referenziert in den Informationen gemäss Protokoll Nr. 2 zum LugÜ, Nr. 1994/18.

[72] Weitergehend dazu Grolimund, Fallstricke 963 ff.; teilweise ablehnend Mankowski 23 ff.

VII. Zwingende Zuständigkeiten

Schranke jeder Gerichtsstandsvereinbarung sind die so genannt zwingenden Zuständigkeiten. Eine Gerichtsstandsvereinbarung kann in einem bestimmten Sach- bzw. Rechtsbereich generell ausgeschlossen oder an zusätzliche Bedingungen geknüpft sein. Im letzteren Fall spricht man auch von teil-zwingender Zuständigkeit. 46

Art. 23 Abs. 5 LugÜ nennt jene Bereiche, in denen sich entsprechende Einschränkungen ergeben: **Versicherungs- und Verbrauchersachen, arbeitsrechtliche Streitigkeiten** (Art. 13, 17 und 21 LugÜ)[73] sowie Streitigkeiten, für welche eine **ausschliessliche (besser zwingende) Zuständigkeit** gemäss Art. 22 LugÜ besteht. 47

In den beiden erstgenannten Fällen (Versicherungs- und Verbrauchersachen, Arbeitsverträge) ist eine Gerichtsstandsvereinbarung nicht vollständig ausgeschlossen. Insbesondere bleiben **Vereinbarungen** zulässig, welche **nach Entstehung der Streitigkeit** getroffen worden sind oder welche die geschützten Personen (Versicherungsnehmer, Versicherte, Begünstigte, Verbraucher sowie Arbeitnehmer) begünstigen. Für Einzelheiten sei auf die Kommentierung zu Art. 13, 17 sowie 21 LugÜ verwiesen. 48

Demgegenüber **scheidet** eine Gerichtsstandsvereinbarung bei den in **Art. 22 LugÜ** geregelten Gerichtsständen (insbesondere Streitigkeiten über Immobilien, gesellschaftsrechtliche Angelegenheiten, registerrechtliche Fragestellungen sowie Verfahren betreffend die Zwangsvollstreckung) **insgesamt aus.** 49

Vom EuGH noch nicht entschieden ist, ob der räumlich-persönliche Anwendungsbereich von Art. 23 Abs. 5 LugÜ erweitert ist, namentlich, ob Gerichtsstandsvereinbarungen auch dort eingeschränkt/ausgeschlossen werden, wo die Zuständigkeit der **Gerichte eines Drittstaats vereinbart** wird[74]. In diesen Fällen kommt Art. 23 LugÜ eigentlich nicht zur Anwendung, sondern gilt das nationale Recht (vgl. vorstehend Rz. 7). Gleichwohl muss hier m.E. das Übereinkommen Anwendung finden. Der zwingende 50

[73] Vgl. etwa Cour de Cassation 07.01.1992, referenziert in den Informationen gemäss Protokoll Nr. 2 zum LugÜ, Nr. 1992/11; Cour de Cassation 17.12.1997, referenziert in den Informationen gemäss Protokoll Nr. 2 zum LugÜ, Nr. 1998/26.

[74] Vgl. nun jüngst das Vorabentscheidungsersuchen des Landesarbeitsgerichts Berlin-Brandenburg Rs. C-154/11, Frage 2.

Charakter eines Gerichtsstands ergibt sich nicht aus Art. 23 LugÜ, sondern aus dem zwingenden Gerichtsstand als solchen. Wenn also die Art. 8 ff., 15 ff, 18 ff. sowie 22 LugÜ zwingend angewendet werden wollen, gilt dies umfassend, d.h. gleichgültig, ob die Zuständigkeit eines anderen gebundenen Staates oder jene eines Drittstaats vereinbart wird[75].

VIII. Beweisfragen

51 In der Praxis noch wenig beleuchtet wurden beweisrechtliche Fragestellungen, die sich im Zusammenhang mit Gerichtsstandsvereinbarungen ergeben können. Hinzuweisen ist zunächst auf ein Urteil des OGH, in dem dieser festgehalten hat, dass die **Beweislast** für die Willenseinigung jene Partei trage, die sich auf die zuständigkeitsbegründende Tatsache berufe[76]. Bezüglich des **Beweismasses** liegt sodann eine Entscheidung des Judicial Committee of the Privy Council[77] vor, in der ausgeführt wird, grundsätzlich sei das Recht des Forumstaates einschlägig. Durch dieses dürfe aber nicht die Effektivität des europäischen Zivilprozessrechts in Frage gestellt werden[78]. Vor diesem Hintergrund hielt das Judicial Committee fest, dass das Beweismass des «good arguable case» auch im Anwendungsbereich der EuGVVO Anwendung finde. Es bejahte daher die Gültigkeit einer Gerichtsstandsvereinbarung, obwohl der Kläger nur einen Entwurf derselben vorweisen konnte.

52 **Beweisfragen** erscheinen mit Blick auf Art. 23 LugÜ namentlich aus **zwei Gründen komplex:** Zum einen steht das **internationale Beweisrecht an der Schwelle zwischen formellem Prozessrecht und materiellem Sachrecht.** Entsprechend wird etwa die Beweislast eher als materiell-rechtliche Frage verstanden, welche der sachrechtlichen *lex causae* folgt, während die zulässigen Beweismittel als rein formeller Aspekt der prozessualen *lex*

[75] Siehe Grolimund, Drittstaatenproblematik Rz. 523 ff., m.w.N.; ebenso Dasser/Oberhammer-Killias, Art. 17 LugÜ Rz. 21 ff.

[76] OGH 19.08.2000, 1 Ob 149/00v; vgl. auch High Court of Justice (IRL) 07.03.2006, referenziert in den Informationen gemäss Protokoll Nr. 2 zum LugÜ, Nr. 2007/34; Cour de Cassation 15.11.1994, referenziert in den Informationen gemäss Protokoll Nr. 2 zum LugÜ, Nr. 1996/16.

[77] Vgl. Näheres zu diesem Rechtsprechungskörper unter http://www.privy-council.org.uk/OutPut/Page5.asp.

[78] Vgl. Judicial Committee of the Privy Council 11.10.2006, referenziert in den Informationen gemäss Protokoll Nr. 2 zum LugÜ, Nr. 2007/28.

fori zugeordnet werden[79]. Zum anderen ist mit Blick auf **Europa** festzustellen, dass das **Zivilprozessrecht** an sich **noch nicht vereinheitlich** wurde und bis auf weiteres durch das nationale Recht jedes EU-Mitgliedstaats geregelt wird. Entsprechend bestimmt das nationale Zivilprozessrecht, wie das Beweisverfahren ausgestaltet ist.

Diese allgemeinen Erwägungen legen m.E. eine **zweistufige Betrachtung** der Beweisthematik nahe: Soweit es im Kern um **materiell-rechtliche Erwägungen** geht, so namentlich beim Beweismass oder bei der Beweislast, ist m.E. (entgegen dem Privy Council) eine autonome Begriffsbildung angezeigt. Davon ausgehend, dass der EuGH in Art. 23 LugÜ kaum mehr auf die *lex causae* zurückgreift, sondern den Konsens weitgehend autonom interpretiert, sollte auch für die damit verbundenen beweisrechtlichen Fragen ein europäischer Standard gelten. Im Übrigen, d.h. soweit es um Fragen geht, die **ausschliesslich einen prozessrechtlichen Hintergrund** haben (z.B. die Arten des Beweises, die Beweismittel, die Mitwirkungs- und Verweigerungsrechte sowie das gesamte Beweisverfahren), findet das jeweilige **nationale Prozessrecht des angerufenen Gerichts** Anwendung. Dabei gilt der allgemeine Grundsatz, dass das nationale Prozessrecht ein Verfahren zur Verfügung stellen muss, das eine **effektive Umsetzung** der europäischen Normen gewährleistet. Es ist grundsätzlich davon auszugehen, dass alle europäischen Staaten Zivilprozessordnungen vorsehen, welche dem genügen dürften. 53

IX. Einzelfragen

1. Persönliche Reichweite von Gerichtsstandsvereinbarungen

Aus der Gerichtsstandsvereinbarung verpflichtet werden zunächst die **(ursprünglichen) Parteien,** welche sie getroffen haben. Alsdann geht die Gerichtsstandsvereinbarung sowohl bei **Gesamt-** als auch bei **Einzelrechtsnachfolge** auf den Rechtsnachfolger über. Die Gültigkeit einer Zession bestimmt sich nach dem gemäss nationalem IPR anwendbaren Recht (Zessionsstatut). Entsprechendes gilt für die Gesamtrechtsnachfolge (z.B. Erbstatut)[80]. 54

[79] Vgl. weiterführend STAEHELIN/STAEHELIN/GROLIMUND, § 18 Rz. 145 ff.

[80] Vgl. OGH 29.01.2002, 1 Ob 4/02y.

55 Zulässig sind sodann **Gerichtsstandsvereinbarungen zu Gunsten Dritter**[81]. So kann sich etwa eine Partei verpflichten, am gewählten Forum nicht nur für Ansprüche des Vertragspartners, sondern auch von Drittpersonen (z.B. Versicherte oder Begünstigte) gerichtspflichtig zu sein. Unzulässig sind demgegenüber **Gerichtsstandsvereinbarungen zu Lasten Dritter,** d.h. insbesondere die Abmachung zwischen zwei Parteien, wonach eine Drittpartei an den Gerichtsstand gebunden sei.

2. Sachliche Reichweite von Gerichtsstandsvereinbarungen

56 Die sachliche Reichweite einer Gerichtsstandsvereinbarung, d.h. mithin die Frage, welche Streitigkeiten unter die Vereinbarung fallen, wird von den Parteien festgelegt. Es gilt der Grundsatz der Parteiautonomie. Entsprechend ist die sachliche Reichweite durch Auslegung der Gerichtsstandsvereinbarung im Einzelfall zu ermitteln. Gleichwohl können diesbezüglich **zwei allgemeine Feststellungen** getroffen werden: Zunächst ist unbestritten, dass auch ein **Streit über das Nichtbestehen eines Vertrages** (namentlich über dessen Nichtigkeit) von der Gerichtsstandsvereinbarung erfasst wird[82]. Letztere gilt als relativ unabhängig vom eigentlichen Hauptvertrag. Die Einrede der Ungültigkeit des Hauptvertrages führt daher nicht zum Wegfall der Gerichtsstandsvereinbarung. Einzig Nichtigkeitsgründe, die sich direkt und unmittelbar auf die Gerichtsstandsvereinbarung beziehen, sind zu beachten. Zu denken ist etwa an den Fall, dass eine Partei einzig unter dem Einfluss einer Drohung spezifisch auch der Gerichtsstandsklausel zugestimmt hat.

57 Weiter wird heute regelmässig davon ausgegangen, dass neben den vertraglichen Ansprüchen auch **andere, insbesondere deliktische, Ansprüche** unter die Gerichtsstandsklausel fallen, soweit sie in einem **engen Zusammenhang** zum Vertrag stehen[83]. Dies bezieht sich insbesondere auf Fälle der **Anspruchskonkurrenz.** Kann eine Forderung sowohl vertrags- als auch

81 Dazu EuGH 14.07.1983, Rs. 201/82, *Gerling Konzern/Amministrazione del Tesoro dello Stato,* Slg. 1983, 2503.

82 EuGH 03.07.1997, Rs. C-269/95, *Francesco Benincasa/Dentalkit Srl,* Slg. 1997 I 3767; ebenso Cour d'Appel d'Orléans 08.06.2000, referenziert in den Informationen gemäss Protokoll Nr. 2 zum LugÜ, Nr. 2001/31.

83 Court of Appeal 28.04.1994, referenziert in den Informationen gemäss Protokoll Nr. 2 zum LugÜ, Nr. 1995/19.

deliktsrechtlich begründet werden, sollte die Gerichtsstandsvereinbarung grundsätzlich beide Anspruchsgrundlagen erfassen.

3. Zeitliche Reichweite von Gerichtsstandsvereinbarungen

Eine Gerichtsstandsvereinbarung gilt grundsätzlich nur für den Vertrag, mit Bezug auf den sie geschlossen wurde. Insbesondere werden zeitlich später zwischen den Parteien eingegangene Vertragsverhältnisse im Prinzip nicht von einer früheren Gerichtsstandsvereinbarung erfasst, soweit sie selbst nicht wiederum eine entsprechende Klausel über den Gerichtsstand wirksam vorsehen. Folgerichtig haben die französischen Gerichte entschieden, dass eine in zahlreichen Kaufverträgen von den Parteien vorgesehene Gerichtsstandsvereinbarung nicht länger herangezogen werden könne, wenn sich eine der Parteien in einem bestimmten Zeitpunkt entscheide, keinen neuen Vertrag mit der anderen Partei abzuschliessen[84]. Zu erwähnen ist weiter ein Urteil des EuGH, dem ein Dauerschuldverhältnis zu Grunde lag, das durch Zeitablauf beendet war, jedoch von den Parteien weitergelebt wurde. Der ursprüngliche Vertrag enthielt eine Gerichtsstandsvereinbarung. Er sah vor, dass eine Vertragsverlängerung schriftlich vereinbart werden musste. Während der nach formellem **Vertragsende** gelebten Beziehung entstand schliesslich ein Rechtsstreit, in dessen Verlauf sich eine Partei auf die ursprünglich getroffene Gerichtsstandsvereinbarung berief. Der EuGH hielt fest, dass von einer Weitergeltung der Gerichtsstandsvereinbarung nur ausgegangen werden dürfe, wenn gemäss dem auf den Vertrag anwendbaren Recht eine Weitergeltung des Vertrages auch ohne schriftliche Vereinbarung möglich war. Andernfalls müsse verlangt werden, dass im Rahmen der nur gelebten Rechtsbeziehung eine formgültige Gerichtsstandsvereinbarung nach Massgabe von Art. 23 LugÜ getroffen wurde[85]. 58

4. Verfahrensrechtliche Reichweite von Gerichtsstandsvereinbarungen

Das Bundesgericht geht davon aus, dass mangels abweichender Parteivereinbarung nicht nur das eigentliche Hauptverfahren von der Gerichtsstandsvereinbarung erfasst wird, sondern auch allfällige vor dem Prozess 59

[84] Cour de Cassation 27.07.1996, referenziert in den Informationen gemäss Protokoll Nr. 2 zum LugÜ, Nr. 1997/22.

[85] Vgl. EuGH 11.11.1986, Rs. 313/85, *Iveco Fiat SpA/van Hool SA.*, Slg. 1986, 3337.

beantragte **vorsorgliche Massnahmen**[86]. Aus dem Anspruch auf effektiven Gerichtszugang leitet das Bundesgericht indes die Ausnahmeregelung ab, dass dann an anderen Orten vorsorglicher Rechtsschutz erwirkt werden kann, wenn das prorogierte Gericht dem Gesuchsteller einen solchen nicht wirksam gewährleisten kann. Dies ist namentlich dort der Fall, wo aus **zeitlichen Gründen** ein Vorgehen nur am Ort in Frage kommt, an dem die Massnahme Wirkungen entfalten soll (z.B. Blockieren von beweglichen Sachen am Lageort). In **verfahrensrechtlicher Hinsicht** kann die **Wirksamkeit** in Frage gestellt sein, wenn die am vereinbarten Gerichtsstand erlassene Massnahme im Ausland nicht anerkannt wird. Innerhalb der LugÜ-Staaten besteht hier freilich kaum mehr ein Hindernis, weil der EuGH die Anerkennung und Vollstreckung von im Ausland getroffenen vorsorglichen Massnahmen grundsätzlich vorschreibt[87].

5. Verhältnis zu anderen Zuständigkeitsvorschriften

60 In der Rechtsprechung wurde entschieden, dass eine Gerichtsstandsvereinbarung den **Streitgenossenschaftsgerichtsstand** von Art. 6 Nr. 1[88] sowie den **Widerklagegerichtsstand** von Art. 6 Nr. 3[89] wirksam derogiert. Gleiches dürfte für die weiteren in Art. 6 vorgesehenen Gerichtsstände des Sachzusammenhangs gelten. Trotz einer vom EuGH wohl zu wenig reflektierten Erwägung im Urteil *Spitzley*[90]schliesst eine Gerichtsstandsvereinbarung demgegenüber die **Verrechnung** von Ansprüchen nicht aus[91]. Bei der Verrechnung handelt es sich um eine Einrede, die dem Kläger am befassten Forum entgegengehalten werden kann, auch wenn sie sich auf einen Anspruch bezieht, der eigentlich einer (anderweitigen) Gerichtsstandsklausel untersteht. Schliesslich schliesst die Gerichtsstandsvereinbarung eine Einlassung nach Art. 24 nicht aus[92].

[86] BGE 125 III 451; BGer 18.12.2002, 5 P 402/2002.
[87] Vgl. die Kommentierung zu Art. 31 LugÜ.
[88] Cour de Cassation 20.06.2006, referenziert in den Informationen gemäss Protokoll Nr. 2 zum LugÜ, Nr. 2007/24.
[89] Cour d'Appel de Versailles 30.11.2000, referenziert in den Informationen gemäss Protokoll Nr. 2 zum LugÜ, Nr. 2001/36.
[90] EuGH 07.03.1985, Rs. 48/84, *Hannelore Spitzley/Sommer Exploitation S.A.*, Slg. 1985, 787.
[91] So auch EuGH 09.11.1978, Rs. 23/78, *Nikolaus Meeth/Firma Glacetal,* Slg. 1978, 2133.
[92] EuGH 24.06.1981, Rs. 150/80, *Elefanten Schuh GmbH/Pierre Jacqmain,* Slg. 1981, 1671.

6. Erfüllungsortsvereinbarung

Nach allgemeiner Auffassung kann mit einer Erfüllungsortsvereinbarung indirekt auf den Gerichtsstand Einfluss genommen werden. Einschlägig ist Art. 5 Nr. 1. Eine Erfüllungsortsvereinbarung kann (gemäss *lex causae*) grundsätzlich formfrei getroffen werden. Dies schafft **Abgrenzungsfragen** zur (formbedürftigen) Gerichtsstandsvereinbarung. In der Praxis wurde diesbezüglich folgende **Regel** entwickelt: Eine Erfüllungsortsvereinbarung, mit der die Parteien einzig bezwecken, den Gerichtsstand festzulegen, ohne dass am betreffenden Ort tatsächlich Erfüllungshandlungen vorzunehmen wären, untersteht den Formvorschriften von Art. 23[93]. 61

Beim Erfüllungsort handelt es sich regelmässig um eine **doppelrelevante Tatsache.** Gemäss BGer trifft dies auf Fragen der Erfüllungsortsvereinbarung indes dann nicht zu, wenn deren Gültigkeit einzig für die Begründung des Gerichtsstands von Interesse ist und im Übrigen keinen Einfluss auf den Ausgang des Hauptverfahrens hat. In solchen Fällen muss bereits bei der Prüfung der Zuständigkeit Beweis über die behauptete Erfüllungsortsvereinbarung abgenommen werden[94]. 62

7. Missbrauchskontrolle / Ablehnungsrecht

Entgegen der Regelung in Art. 5 Abs. 2 IPRG steht Art. 23 LugÜ unter keinem besonderen Missbrauchsvorbehalt. Im Gegenteil hat der EuGH entschieden, dass Art. 23 **keinen objektiven Zusammenhang** zwischen dem vereinbarten Forum und dem streitigen Rechtsverhältnis voraussetzt. Weiter hätten Fragen der Angemessenheit keinen Einfluss auf die Wirksamkeit einer Gerichtsstandsvereinbarung. Insbesondere führt ein durch die Wahl des Gerichtsstands indirekt bewirkter Haftungsausschluss (mit der Wahl des Forums geht die Wahl des betreffenden innerstaatlichen Rechts einher, das einen umfangreicheren Haftungsausschluss zulässt) nicht zur Unwirksamkeit der Gerichtsstandsvereinbarung[95]. Sodann sieht das LugÜ – **entgegen Art. 5 Abs. 3 IPRG** – **kein Recht** des vereinbarten Gerichts vor, seine **Zuständigkeit abzulehnen.** 63

---

[93] BGE 122 II 294; vgl. auch Cour d'Appel de Colmar 24.02.1999, referenziert in den Informationen gemäss Protokoll Nr. 2 zum LugÜ, Nr. 2000/23.

[94] BGE 122 III 294.

[95] EuGH 16.03.1999, Rs. C-159/97, *Trasporti Castelletti Spedizioni Internazionali SpA/Hugo Trumpy SpA,* Slg. 1999 I 1597.

Art. 24

Sofern das Gericht eines durch dieses Übereinkommen gebundenen Staates nicht bereits nach anderen Vorschriften dieses Übereinkommens zuständig ist, wird es zuständig, wenn sich der Beklagte vor ihm auf das Verfahren einlässt. Dies gilt nicht, wenn der Beklagte sich einlässt, um den Mangel der Zuständigkeit geltend zu machen oder wenn ein anderes Gericht aufgrund des Artikels 22 ausschliesslich zuständig ist.

Art. 24

Outre les cas où sa compétence résulte d'autres dispositions de la présente Convention, le juge d'un État lié par la présente Convention devant lequel le défendeur comparaît est compétent. Cette règle n'est pas applicable si la comparution a pour objet de contester la compétence ou s'il existe une autre juridiction exclusivement compétente en vertu de l'article 22.

Art. 24

Oltre che nei casi in cui la sua competenza risulta da altre disposizioni della presente convenzione, è competente il giudice di uno Stato vincolato dalla presente convenzione davanti al quale il convenuto è comparso. Tale norma non è applicabile se la comparizione avviene per eccepire l'incompetenza o se esiste un altro giudice esclusivamente competente ai sensi dell'art. 22.

Art. 24

Apart from jurisdiction derived from other provisions of this Convention, a court of a State bound by this Convention before which a defendant enters an appearance shall have jurisdiction. This rule shall not apply where appearance was entered to contest the jurisdiction, or where another court has exclusive jurisdiction by virtue of Article 22.

Literatur: ANNERL, Die Unzuständigkeitseinrede im Widerspruch gegen ein Versäumungsurteil, ÖJZ 2009, 839; BACHMANN, Internationale Zuständigkeit bei Konzernverhalten, IPRax 2009, 140; BAJONS, Die neue europäische Zuständigkeitsordnung: Grundstruktur und Anwendungsbereich, in: Bajons/Mayr/Zeiler (Hrsg.), Die Übereinkommen von Brüssel und Lugano, Wien 1997, 29; BRIGGS/REES, Civil Jurisdiction and Judgements, Richmond 2005; BRULHART, La Compétence internationale en matière d'assurance dans l'Espace judicaire Européen, St. Gallen 1997; DASSER, Anwendbarkeit des Lugano Übereinkommens – Einlassung unter Art. 18 LugÜ, Jusletter 9. Dezember 2002; DE BOER, Tacit Submission to Jurisdiction. The Scope of Article 18 of the EEC Jurisdiction Convention, FS Voskuil, 1992, 27; GOTHOT/HOLLEAUX, La Convention de Bruxelles du 27 Septembre 1968: Compétence judiciaire et effets des jugements dans la CEE, Paris, 1985; GÖTZ, Der Gerichtsstand der rügelosen Einlassung im Zivilprozessrecht der Schweiz, Basel, 2004; GROLIMUND, Fallstricke und Stilblüten bei der Zuständigkeit in Zivilsachen, AJP 2009, 961 (zit. Fallstricke); DERS., Drittstaatenproblematik des europäischen Zivilverfahrensrechts, 2000 (zit. Drittstaatenproblematik); LEIBLE/SOMMER, Tücken bei der Bestimmung der internationalen Zuständigkeit nach der EuGVVO: Rügelose Einlassung, Gerichtsstands- und Erfüllungsortsvereinbarungen, Vertragsgerichtsstand, IPRax 2006, 568; LEIPOLD, Zuständigkeitsvereinbarung durch rügelose Einlassung nach dem europäischen Gerichtsstands- und Vollstreckungsübereinkommen, IPRax 1982, 222; MANKOWSKI, Gerichtsstand der rügelosen Einlassung in europäischen Verbrauchersachen, IPRax 2001, 310; OBERHAMMER, Group Josi Coreck – Roma locuta, causa non finita? IPRax 2004, 264 (zit. Group Josi Coreck); DERS., Klägergerichtsstand für die Aberkennungsklage nach Art. 83 SchKG und Art. 2 LugÜ: Schweizerische Praxis und europäisches Zivilprozessrecht im Konflikt?, ZZPInt 2004, 219 (zit. Klägergerichtsstand); RICHTER, Die rügelose Einlassung des Verbrauchers im Europäischen Zivilprozessrecht, RIW 2006, 578; SANDROCK, Die Prorogation der internationalen Zuständigkeit eines Gerichts durch hilfsweise Sacheinlassung des Beklagten, Das Mysterium des Artikel 18 Satz 2 EGVÜ, ZvglRWiss 1979, 177; SCHULTE-BECKHAUSEN, Internationale Zuständigkeit durch rügelose Einlassung im Europäischen Zivilprozessrecht, Diss. Bielefeld, 1994; SCHÜTZE, Zur internationalen Zuständigkeit aufgrund rügeloser Einlassung im internationalen Zivilprozessrecht, RIW 1979, 590; SPELLENBERG/LEIBLE, Anmerkung zur Rechtsprechung des EuGH (Rs. C-391/95 und C-99/96), ZZPInt 1999, 221.

Übersicht *Seite*

I. Inhalt und Zweck der Regelung

Artikel 24 LugÜ enthält die Vorschriften über die **rügelose Einlassung.** 1
Das Prinzip der Einlassung ist auch den verschiedenen einzelstaatlichen Rechtsordnungen bekannt. Deren Regelungen stimmen im Grundsatz mit denjenigen des Art. 24 überein[1]. Die Zuständigkeit eines vom Kläger ange-

[1] KROPHOLLER, Art. 24 Rz. 1; SCHULTE-BECKHAUSEN 41 ff.; DONZALLAZ Rz. 7098.

rufenen Gerichts wird dadurch begründet, dass der Beklagte am Verfahren vor diesem Gericht teilnimmt, ohne die Unzuständigkeit zu rügen.

2 Grundsätzlich hat ein angerufenes Gericht seine **Zuständigkeit von Amtes wegen zu prüfen** und sich gegebenenfalls für unzuständig zu erklären. Es darf diese Unzuständigkeit in der Regel jedoch nicht sogleich feststellen und einen Nichteintretensentscheid fällen[2], sondern hat dem Beklagten **Gelegenheit** zu geben, sich durch entsprechendes Verhalten auf das Verfahren einzulassen (vgl. Art. 26 Abs. 2). Erst wenn eine Einlassung des Beklagten ausbleibt, darf und muss sich das (unzuständige) Gericht von Amtes wegen für unzuständig erklären (Art. 26).

3 Lässt sich der Beklagte auf das Verfahren ein, so ist das angerufene Gericht nach Art. 24 **in jedem Fall** verpflichtet, seine Zuständigkeit auszuüben. Insbesondere hat es – anders als nach Art. 6 i.V.m. Art. 5 Abs. 3 IPRG – nicht die Möglichkeit, seine Zuständigkeit mangels Verbundenheit mit der Streitsache abzulehnen[3].

II. Rechtliche Qualifikation der Einlassung

4 Die **Rechtsnatur** der rügelosen Einlassung ist **umstritten.** Die Gerichtsstandsvereinbarung und die Einlassung bilden zusammen den 7. Abschnitt des Übereinkommens, der in der deutschen Sprachfassung den Titel «Vereinbarungen über die Zuständigkeit» trägt[4]. Die überwiegende Meinung in der Literatur bezeichnet die Einlassung denn als **«stillschweigende Zuständigkeitsvereinbarung»** – im Gegensatz zur ausdrücklichen Gerichtsstandsvereinbarung nach Art. 23[5]. Dem wird hier nicht zugestimmt. Zwar trifft es zu, dass beide Parteien das Ihre zu einer Zuständigkeitsbegründung

---

[2] Vgl. aber etwa die Ausnahme in Art. 25 LugÜ.

[3] EuGH 01.03.2005, Rs. C-281/02, *Andrew Owusu/N. B. Jackson et al.*, Slg. 2005 I 1383, Rz. 37 ff.; DASSER/OBERHAMMER-KILLIAS, Art. 18 Rz. 3; NAGEL/GOTTWALD, Internationales Zivilprozessrecht, § 3 Rz. 171; RAUSCHER-STAUDINGER, Art. 24 Rz. 3.

[4] Der 6. Abschnitt des LugÜ wird in verschiedenen anderen Sprachfassungen offener betitelt, im Sinne einer Zuständigkeitsbegründung durch Parteihandlung, so bspw. Prorogation of jurisdiction (EN), Door partijen aangewezen bevoegde rechter (NL), Prorogation de compétence (FR), Proroga di competenza (IT), Prórroga de la competencia (ES), Extensão de competência (PT); in der dänischen Version findet sich hingegen der Begriff der Vereinbarung wieder: «aftaler om kompetence».

[5] Bericht JENARD zu Art. 18 EuGVÜ; Botschaft des Bundesrates BBl 1990 II 309; MAGNUS/MANKOWSKI-CALVO CARAVACA/CARRACOSA GONZÁLEZ, Art. 24 Rz. 1; DASSER Rz. 14; RAUSCHER-

durch Einlassung beizutragen haben. Ein willentliches Zusammenwirken oder gar eine Willenseinigung ist jedoch – anders als bei der Gerichtsstandsvereinbarung – nicht erforderlich[6]. Obgleich es massgeblich auf das Verhalten der beklagten Partei ankommt, wird auch von ihrer Seite **kein entsprechender Wille** vorausgesetzt[7]. Nicht selten wird sich die beklagte Partei vielmehr unabsichtlich auf das Verfahren einlassen. Eine Anfechtung der Einlassung wegen **Willensmangels** ist jedoch nicht möglich[8].

Vertreten wird auch die Auffassung, die rügelose Einlassung stelle eine ausdrückliche oder **stillschweigende Unterwerfung** unter die Jurisdiktion eines Gerichts dar (Submission, Subjektionstheorie)[9]. Auch nach dieser Theorie wird aufgrund des Verhaltens der beklagten Partei ein Unterwerfungswille **unwiderlegbar vermutet.** Die Einlassung wirkt indes unabhängig von einem tatsächlichen Unterwerfungswillen der beklagten Partei und ist weder anfechtbar noch widerrufbar[10]. 5

Überzeugen kann letztlich nur die dritte Auffassung, wonach die rügelose Einlassung auf dem Prinzip der **prozessualen Präklusion** beruht und daher unabhängig vom Willen der Parteien wirkt, insbesondere, ohne dass der Beklagte diese Rechtsfolge gewollt haben muss[11]. Anders als die Gerichtsstandsvereinbarung dient das Instrument der Einlassung in erster Linie nicht der Stärkung der Parteiautonomie, sondern der **Prozessökonomie**[12]. Daher ist ab einem bestimmten Zeitpunkt des Verfahrens die Rüge der Unzuständigkeit nicht mehr zugelassen und das angerufene Gericht wird definitiv zuständig. 6

Staudinger, Art. 24 Fn. 7; vgl. Götz 28; Schütze, RWI 1979, 591; so auch EuGH 20.05.2010, Rs. C-111/09, *Bilas,* Rz. 33.

6 Bericht Pocar 75 Rz. 110.

7 Schulte-Beckhausen 93; Götz 32 f.

8 Schulte-Beckhausen 93 f.

9 Geimer/Schütze, Art. 24 Rz. 19 ff.

10 Geimer ZPR Rz. 1396 f.; eingehend Schulte-Beckhausen 98 f.

11 Schulte-Beckhausen 100 ff. m.w.N.; Götz 30 f. m.w.N.; Nagel/Gottwald, § 3 Rz. 173.

12 Schulte-Beckhausen 101: Beschleunigung und Vereinfachung des Verfahrens, Schutz der Beteiligten vor unnötigem Aufwand.

III. Anwendungsbereich, Schranken und Abgrenzungen

1. Räumlich-persönlicher Anwendungsbereich

7 Nach seinem Wortlaut findet Art. 24 Anwendung, wenn ein Gericht eines gebundenen Staates angerufen wird, ohne dass es auf den Wohnsitz/Sitz der Parteien ankommen würde.

8 Freilich ist der räumlich-persönliche Anwendungsbereich von Art. 24 umstritten. Der EuGH hat sich noch nicht in der erforderlichen Klarheit dazu geäussert[13]. Folgt man dem **Wortlaut** der Bestimmung, könnte Art. 24 selbst dann angewendet werden, wenn **beide Parteien in Drittstaaten** ansässig sind[14], so beispielsweise, wenn ein japanisches Unternehmen in Zürich Klage gegen seinen Geschäftspartner aus Südkorea erheben würde. Das Schweizer Gericht könnte seine Zuständigkeit im Rahmen des Art. 24 nicht ablehnen (vgl. Ziff. 3 hiervor). Dagegen wäre es weder nach Art. 5 f. IPRG noch nach Art. 23 LugÜ an eine entsprechende Gerichtsstandsvereinbarung bzw. Einlassung der Parteien gebunden[15]. Der Anwendungsbereich der Einlassung ginge somit insbesondere weit über den bereits erweiterten Anwendungsbereich des Art. 23 hinaus, ohne dass hierfür eine überzeugende Begründung vorläge. Die überwiegende Meinung spricht sich daher für eine **Einschränkung** des Anwendungsbereichs von Art. 24 aus.

9 Die Zuständigkeitsvorschriften des LugÜ finden grundsätzlich Anwendung, wenn der Beklagte in einem gebundenen Staat ansässig ist (vgl. Art. 2 Abs. 1). Diesem Grundsatz folgend, muss auch bei der Einlassung der Beklagte seinen Wohnsitz/Sitz in einem gebundenen Staat haben[16]. Ausnahmen von dieser Regel enthält Art. 4. Dort wurde im Rahmen der Revision des LugÜ die in der Sache unbestrittene Erweiterung gemäss

---

13 Verschiedentlich wird auf EuGH 13.07.2000, Rs. C-412/98, *Group Josi Reinsurance Company SA/Universal General Insurance Company,* Slg. 2000 I 5925, verwiesen; die Frage des räumlich-persönlichen Anwendungsbereichs wurde dem Gericht aber nicht konkret vorgelegt; der EuGH äusserte sich nur indirekt in einem *obiter* dazu. Offen gelassen auch in BGer 03.09.2002, 4C.52/2002 sowie im Bericht POCAR, 76 Rz. 110.

14 DASSER/OBERHAMMER-KILLIAS, Art. 18 Rz. 5; MAGNUS/MANKOWSKI-CALVO CARAVACA/CARRASCOSA GONZÁLEZ, Art. 24 Rz. 31; SCHLOSSER, Art. 24 Rz. 1; OBERHAMMER, Group Josi Coreck, 264 f., jeweils mit Verweis auf EuGH 13.07.2000, Rs. C-412/98, *Group Josi Reinsurance Company SA/Universal General Insurance Company,* Slg. 2000 I 5925.

15 Vgl. DE BOER 41 f.

16 Der Bericht JENARD zu Art. 18 EuGVÜ geht davon aus, dass der Beklagte Wohnsitz in einem gebundenen Staat hat; GAUDEMET-TALLON, 101 Rz. 144.

Art. 23 aufgenommen. Art. 23 findet Anwendung, wenn eine der Parteien in einem gebundenen Staat wohnt, d.h. insbesondere auch nur der Kläger: Die Wirksamkeit einer Gerichtsstandsvereinbarung soll nicht von der späteren Prozessrollenverteilung abhängen[17]. Aufgrund der Systematik des Übereinkommens und des engen Sachzusammenhangs zwischen den beiden Bestimmungen will ein Teil der Lehre die Anwendungsvoraussetzungen des Art. 23 auch in Art. 24 hineininterpretieren. Nach dieser Auffassung muss **zumindest eine der Parteien,** nicht zwingend die beklagte Partei, ihren Wohnsitz/Sitz in einem gebundenen Staat haben[18].

Dagegen wird eingewendet, dass diese Auslegung zu einer Benachteili- 10
gung der in gebundenen Staaten ansässigen Beklagten gegenüber den Beklagten aus Drittstaaten führe[19]. Die Einlassung ist jedoch ein allgemein bekanntes Institut in den nationalen Rechtsordnungen der gebundenen Staaten[20]. Indes, und das erscheint ausschlaggebend, fehlt es in Art. 24 an der prozessualen Notwendigkeit für eine Erweiterung des räumlich-persönlichen Anwendungsbereichs des Übereinkommens. Anders als bei der Gerichtsstandsvereinbarung sind bei der Einlassung die **Parteirollen bereits verteilt.** Im Gegensatz zur Gerichtsstandsvereinbarung wird die Gültigkeit der Einlassung nicht durch die Abgrenzung LugÜ – nationales Recht unterminiert. Es bleibt daher bei der allgemeinen Regel von **Art. 2 Abs. 1**[21]. Art. 24 findet nach der hier vertretenen Auffassung nur Anwendung, wenn der **Beklagte** in einem gebundenen Staat wohnt[22].

17 Vgl. Art. 23 Fn. 5; Kropholler, Art. 24 Rz. 4; Geimer/Schütze, Art. 24 Rz. 22.

18 Dasser/Oberhammer-Killias, Art. 18 Rz. 5; Nagel/Gottwald, Internationales Zivilprozessrecht, § 3 Rz. 172; Kropholler, Art. 24 Rz. 3; Rauscher-Staudinger, Art. 24 Rz. 2; jeweils mit Hinweis auf EuGH 01.03.2005, Rs. C-281/02, *Andrew Owusu/N. B. Jackson et al.,* Slg. 2005 I 1383; EuGH 13.07.2000, Rs. C-412/98, *Group Josi Reinsurance Company SA/Universal General Insurance Company,* Slg. 2000 I 5925.

19 Kropholler, Art. 24 Rz. 4; vgl. auch De Boer 44; Götz 49 f.

20 Das autonome Recht des Forumstaates ist zudem – anders als das LugÜ – nicht Bestandteil der Rechtsordnung des Wohnsitzstaates des Beklagten.

21 Grolimund, Drittstaatenproblematik Rz. 558.

22 Schulte-Beckhausen 130; Götz 50; aus systematischen Gründen bedenkenswert ist die Auffassung, wonach Art. 24 LugÜ ebenfalls Anwendung finden soll, wenn nur der Kläger Wohnsitz in einem gebundenen Staat hat und mittels Gerichtsstandsvereinbarung nach Art. 23 LugÜ die Zuständigkeit eines Gerichts eines gebundenen Staates begründet wurde, der Kläger aber ein Gericht eines anderen gebundenen Staates anruft; Grolimund, Drittstaatenproblematik Rz. 559; Bajons 44 ff.

11 Ein Bezug des Sachverhalts zu einem weiteren gebundenen Staat ist nicht erforderlich[23]. Jedoch muss ein **internationaler Sachverhalt** vorliegen[24]. Sind Kläger und Beklagter im selben gebundenen Staat ansässig und ruft der Kläger ein Gericht dieses Staates an, so liegt ein internationaler Sachverhalt nur dann vor, wenn der Sachverhalt im Übrigen einen wesentlichen Bezug zum Ausland aufweist[25].

12 Nach dem Wortlaut des Art. 24 («Sofern das Gericht eines durch dieses Übereinkommen gebundenen Staates nicht bereits nach anderen Vorschriften dieses Übereinkommens zuständig ist…») kann die Bestimmung auch **isoliert auf die örtliche Zuständigkeit** angewendet werden: Der Beklagte kann sich vor einem Gericht eines gebundenen Staates einlassen, wenn etwa nach Art. 5 ff. ein anderes Gericht dieses Staates örtlich zuständig wäre. Dies gilt indes dann nicht, wenn das Übereinkommen die Regelung der örtlichen Zuständigkeit bewusst dem nationalen Recht überlässt (z.B. Art. 2)[26].

2. Abgrenzung zu anderen Rechtsquellen

13 Sofern die Anwendungsvoraussetzungen erfüllt sind, richtet sich die Einlassung nach Art. 24. Vorbehalten bleibt vorrangiges Staatsvertragsrecht (vgl. die Kommentierung zu Art. 67). Ausserhalb des Anwendungsbereichs von Art. 24 sind die einzelstaatlichen Vorschriften über die Einlassung zu beachten. In der Schweiz gilt Art. 6 IPRG.

3. Einlassung im Sozialprozess

14 Die rügelose Einlassung ist auch in **Versicherungs- und Verbrauchersachen** sowie bei Streitigkeiten aus individuellen **Arbeitsverträgen** zulässig[27]. Dies ist insofern bedenklich, als eine Einlassung – anders als eine nachträgliche Gerichtsstandsvereinbarung – **versehentlich** erfolgen kann und **irreversibel** ist. Nach autonomem schweizerischen Verfahrensrecht

---

[23] Dasser/Oberhammer-Killias, Art. 18 Rz. 5; Kropholler, Art. 24 Rz. 3; Geimer/Schütze, Art. 24 Rz. 25; Grolimund, Drittstaatenproblematik Rz. 557; kritisch Dasser Rz. 13.

[24] Vgl. Art. 23 Fn. 6 f.

[25] Vgl. Dasser/Oberhammer-Killias, Art. 18 Rz. 6.

[26] Geimer/Schütze, Art. 24 Rz. 32 f.

[27] Dasser/Oberhammer-Killias, Art. 18 Rz. 12; Mankowski 310 f.; Rauscher-Staudinger, Art. 24 Rz. 11; Walter, § 5 C V 2.

(Art. 35 ZPO) ist die Einlassung des beklagten Konsumenten, Mieters, Arbeitnehmers oder Stellensuchenden («Sozialprozess») im Gegensatz zur nachträglichen Gerichtsstandsvereinbarung daher ausdrücklich ausgeschlossen[28].

Art. 24 setzt weiter nicht voraus, dass das Gericht den Beklagten auf die Unzuständigkeit hingewiesen hat. Besteht eine entsprechende **Belehrungspflicht gemäss nationalem Recht,** so soll diese nach in der Lehre vertretener Auffassung durch das LugÜ verdrängt werden[29]. Dies wird hier abgelehnt. Art. 24 verbietet dem Gericht nicht, den Beklagten auf die Möglichkeit der Unzuständigkeitsrüge hinzuweisen[30]. Auch nach der Rechtsprechung des EuGH steht es dem angerufenen Gericht stets frei, sich im Sozialprozess darüber zu vergewissern, dass die als schwächer betrachtete Partei umfassende Kenntnis von den Folgen ihrer Einlassung auf das Verfahren hat[31]. U.E. ist sogar noch weiter zu gehen: Nach Art. 23 Abs. 5 haben Gerichtsstandsvereinbarungen (und entsprechende Bestimmungen in trust-Bedingungen) keine rechtliche Wirkung, wenn sie den Vorschriften der Art. 13, 17 oder 21 zuwiderlaufen. Gerade dort, wo entsprechend **unzulässige Gerichtsstandsklauseln** dennoch abgeschlossen wurden, besteht alsdann eine erhöhte Wahrscheinlichkeit, dass die beklagte Partei die Zuständigkeit in Unkenntnis der Ungültigkeit dieser Klauseln durch rügelose Einlassung begründet. Daher sollte zumindest in diesen Fällen unmittelbar gestützt auf das LugÜ eine **Pflicht des Gerichts** angenommen werden, die beklagte Partei über die Ungültigkeit der Gerichtsstandsvereinbarung zu informieren, noch bevor diese Gelegenheit hat, sich auf das Verfahren einzulassen[32]. 15

[28] Art. 35 ZPO folgt insofern Art. 21 GestG; die Aufhebung des «Einlassungsverbots im Sozialprozess» wurde mit Hinweis auf Art. 18 aLugÜ in Erwägung gezogen, im Vernehmlassungsverfahren zur ZPO jedoch heftig kritisiert und schliesslich verworfen, BBl 2006, 7269.

[29] Zum Verhältnis zwischen Art. 24 EuGVVO und § 504 ZPO DE vgl. Rauscher-Staudinger, Art. 24 Rz. 14 ff.

[30] Rauscher-Staudinger, Art. 24 Rz. 15, Schulte-Beckhausen 229; Geimer/Schütze, Art. 24 Rz. 16 f.

[31] EuGH 20.05.2010, Rs. C-111/09, *Bilas*.

[32] Eine grosse Anzahl insb. deutscher Autoren spricht sich gegen die Anwendung von Art. 24 LugÜ in Verfahren gegen Verbraucher aus, vgl. Richter 578 ff.; Mankowski 315.

4. Gerichtsstandsvereinbarung, Schiedsvereinbarung

16 Gemäss ständiger Rechtsprechung des EuGH **geht die Einlassung** der Gerichtsstandsvereinbarung **vor**[33]. Der Beklagte kann sich auch vor dem durch eine Gerichtsstandsvereinbarung derogierten Gericht auf das Verfahren einlassen[34]. Dasselbe gilt auch, wenn die Parteien eine Schiedsvereinbarung geschlossen haben[35].

5. Widerklage

17 Art. 24 kommt auch bei der rügelosen Einlassung der klagenden Partei auf eine Widerklage zur Anwendung[36].

IV. Tatbestand der Einlassung

1. Definition

18 Der Begriff «Einlassung auf das Verfahren» ist **autonom** auszulegen[37]. Gemeint ist jedes Vorbringen der beklagten Partei, das **unmittelbar auf Klageabweisung** abzielt[38]. Im Unterschied zu Art. 18 ZPO und Art. 6 IPRG wird keine Äusserung zur Hauptsache vorausgesetzt[39]. Es genügt die Einlassung auf «das Verfahren». Somit begründen auch Einwendungen und Einreden **zu formellen Verfahrensvoraussetzungen** (z.B. der Einwand der anderwei-

---

33 EuGH 07.03.1985, Rs. 48/84, *Hannelore Spitzley/Sommer Exploitation S.A.*, Slg. 1985, 787; EuGH 24.06.1981, Rs. 150/80, *Elefanten Schuh GmbH/Pierre Jacqmain,* Slg. 1981, 1671; Geimer, IZPR, Rz. 1418.

34 EuGH 24.06.1981, Rs. 150/80, *Elefanten Schuh GmbH/Pierre Jacqmain,* Slg. 1981, 1671; EuGH 07.03.1985, Rs. 48/84 *Hannelore Spitzley/Sommer Exploitation S.A.*, Slg. 1985, 787; Dasser/Oberhammer-Killias, Art. 18 Rz. 13; Kropholler, Art. 24 Rz. 17; Leipold 222; Rauscher-Staudinger, Art. 24 Rz. 12; eine Gerichtsstandsvereinbarung kann von den Parteien jederzeit geändert werden; es ist darum nicht ersichtlich, weshalb eine Einlassung nicht zulässig sein sollte.

35 Nagel/Gottwald, IZPR, § 3 Rz. 177.

36 Dasser/Oberhammer-Killias, Art. 18 Rz. 33; Kropholler, Art. 24 Rz. 9; Rauscher-Staudinger, Art. 24 Rz. 10; EuGH 07.03.1985, Rs. 48/84, *Hannelore Spitzley/Sommer Exploitation S.A.*, Slg. 1985, 787; Geimer/Schütze, Art. 24 Rz. 11 f.

37 BGE 133 III 295 E. 5.1; Dasser/Oberhammer-Killias, Art. 18 Rz. 15; Dasser Rz. 18; Götz 16; Kropholler, Art. 24 Rz. 7; anders noch BGer 4C.52/2002: Auslegung nach der *lex fori.*

38 BGE 133 III 295 E. 5.1; Kropholler, Art. 24 Rz. 7; Leible/Sommer 568.

39 Nagel/Gottwald, Internationales Zivilprozessrecht, § 3 Rz. 171.

tigen Rechtshängigkeit, der *res iudicata* oder die Rüge der sachlichen Unzuständigkeit) eine Einlassung nach Art. 24 LugÜ[40].

Die Beteiligung am Verfahren muss allerdings **ordnungsgemäss** erfolgen[41]. Die jeweiligen Voraussetzungen (z.B. Anwaltszwang, Postulationsfähigkeit) sind den Verfahrensvorschriften der *lex fori* zu entnehmen[42]. 19

Die Frage, bis zu welchem **Zeitpunkt** die Unzuständigkeitsrüge geltend gemacht werden kann, bestimmt sich nur innerhalb der vom LugÜ vorgegebenen Schranken nach dem nationalen Recht[43]. Die Rüge der fehlenden Zuständigkeit kann wirksam «keinesfalls mehr nach Abgabe derjenigen Stellungsnahme erhoben werden [...], die nach dem innerstaatlichen Prozessrecht als das erste Verteidigungsvorbringen vor dem angerufenen Gericht anzusehen ist»[44]. Massgebend ist somit der Zeitpunkt, in dem **nach nationalem Prozessrecht** eine Prozesshandlung vorgenommen wird, die dem autonom zu qualifizierenden Begriff der «Einlassung auf das Verfahren» entspricht[45]. Eine nach diesem Zeitpunkt vorgebrachte Rüge ist verspätet und unbeachtlich. Wird die Rüge vor diesem Zeitpunkt vorgebracht, ist sie zu beachten[46]. 20

2. Einzelfragen

a) Passivität

Die **umfassende Passivität** des Beklagten begründet **niemals** eine Einlassung[47]. Namentlich kann der Beklagte auch nicht durch nationales Ver- 21

40 DASSER/OBERHAMMER-KILLIAS, Art. 18 Rz. 17; DONZALLAZ Rz. 7098; KROPHOLLER, Art. 24 Rz. 7; RAUSCHER-STAUDINGER, Art. 24 Rz. 4; SANDROCK 178.

41 GEIMER/SCHÜTZE, Art. 24 Rz. 55; SCHNYDER/VASELLA, Art. 6 IPRG Rz. 21; MAGNUS/MANKOWSKI-CALVO CARAVACA/CARRACOSA GONZÁLEZ, Art. 24 Rz. 10.

42 RAUSCHER-STAUDINGER, Art. 24 Rz. 5; DASSER/OBERHAMMER-KILLIAS, Art. 18 Rz. 8; GEIMER/SCHÜTZE, Art. 24 Rz. 8.

43 SCHULTE-BECKHAUSEN 186: Zeitpunkt bestimmt sich autonom; anderer Ansicht NAGEL/GOTTWALD, § 3 Rz. 175; GEIMER, IZPR, Rz. 1398: Zeitpunkt bestimmt sich nach der *lex fori.*

44 EuGH 24.06.1981, Rs. 150/80, *Elefanten Schuh GmbH/Pierre Jacqmain,* Slg. 1981, 1671; dazu LEIPOLD 223 f.

45 BGE 133 II 295 E. 5.1; CZERNICH/TIEFENTHALER/KODEK-TIEFENTHALER, Art. 24 Rz. 8.

46 So auch KROPHOLLER, Art. 24 Rz. 15: Das nationale Verfahrensrecht wird von Art. 24 verdrängt, die Rüge, die vor der ersten Verteidigungshandlung erhoben wurde, wurde somit rechtzeitig erhoben. A.A. Bericht POCAR, 77, Rz. 112, wonach sich die Wirkung einer vor diesem Zeitpunkt vorgebrachten Rüge nach nationalem Verfahrensrecht bestimmen soll.

47 GEIMER/SCHÜTZE, Art. 24 Rz. 28; DONZALLAZ Rz. 7102; RAUSCHER-STAUDINGER, Art. 24 Rz. 4; vgl. OGH 04.04.2006, 1Ob 73/06a, ÖJZ 2006, 724 ff.

fahrensrecht zu aktivem Ergreifen einer Unzuständigkeitsrüge gezwungen werden.

b) Rüge der Unzuständigkeit; Regelfall: Bestreiten der internationalen Zuständigkeit

22 Anstatt untätig zu bleiben und auf die Zuständigkeitsprüfung des Gerichts zu vertrauen, kann der Beklagte die internationale Zuständigkeit des angerufenen Gerichts **ausdrücklich oder konkludent bestreiten.** Die Rüge muss sich nicht auf die internationale Unzuständigkeit sämtlicher Gerichte des Forumstaates beziehen. Es reicht aus, wenn der Beklagte die internationale Zuständigkeit des angerufenen Gerichts bestreitet[48]. Dabei genügt es, wenn sich aus dem Vortrag des Beklagten ergibt, dass er *auch* die internationale Unzuständigkeit rügt[49]. Im Hinweis auf eine Schiedsgerichtsvereinbarung oder in der Einrede, nicht der inländischen Gerichtsbarkeit zu unterfallen, ist die Bestreitung der internationalen Zuständigkeit enthalten[50]. Entsprechende Unzuständigkeitsrügen begründen selbstredend keine Einlassung.

c) Sonderfall: Der Beklagte bestreitet explizit bloss die örtliche Zuständigkeit

23 In der Rüge der örtlichen Unzuständigkeit ist nicht automatisch auch eine Bestreitung der internationalen Zuständigkeit enthalten[51]. Sie kann sich aber unter **Würdigung der gesamten Umstände** ergeben[52]. Aus der Gesamtschau des Beklagtenvortrags muss hervorgehen, dass dieser auch alle anderen Gerichte des Forumstaates für unzuständig erachtet[53]. Im Zweifel sollte bei einem Fall mit Auslandbezug davon ausgegangen werden, dass in der Rüge der örtlichen die Rüge der internationalen Unzuständigkeit enthalten ist[54]. Dies muss insbesondere dort gelten, wo, wenn die Rüge

48 OGH 04.04.2006, 1 Ob 73/06, ÖJZ 2006, 725.

49 Kropholler, Art. 24 Rz. 8; Donzallaz Rz. 7108.

50 Nagel/Gottwald, § 3 Rz. 173; Dasser/Oberhammer-Killias, Art. 18 Rz. 22; Kropholler, Art. 24 Rz. 8.

51 Dasser/Oberhammer-Killias, Art. 18 Rz. 21, Leible/Sommer 569; Rauscher-Staudinger, Art. 24 Rz. 19; a.A. Schulte-Beckhausen 198.

52 Leible/Sommer 569; Kropholler, Art. 24 Rz. 8; Rauscher-Staudinger, Art. 24 Rz. 19.

53 Leible/Sommer 569.

54 Nagel/Gottwald, § 3 Rz. 173; Geimer, IZPR, Rz. 1403; a.A. Magnus/Mankowski-Calvo Caravaca/Carracosa González, Art. 24 Rz. 11; Geimer/Schütze, Art. 24 Rz. 6: Die Rüge nur

der örtlichen Unzuständigkeit durchdringen würde, auch kein anderes Gericht des Forumstaates örtlich zuständig wäre – was gleichsam zu einer inhaltsleeren internationalen Zuständigkeit führte. Vorsichtshalber sollte die internationale Unzuständigkeit gleichwohl immer ausdrücklich gerügt werden[55].

d) Weitere nicht als Einlassung zu wertende Handlungen

Die Einlassung hat im Verfahren vor Gericht zu erfolgen. Handlungen der Parteien **vor dem eigentlichen gerichtlichen Verfahren** begründen keine Einlassung, so etwa die Teilnahme an einem Vermittlungs- oder Sühneverfahren[56] oder an einem vom Hauptprozess abgekoppelten Editionsverfahren[57]. Auch Handlungen im Vorfeld zu eigentlichen Verteidigungshandlungen wie etwa Anträge auf Aussetzung oder Vertagung des Verfahrens, so auch das Einreichen eines Sistierungsbegehrens, dürfen nicht bereits die Zuständigkeit begründen[58]. 24

Die Teilnahme am Verfahren betreffend den Erlass **vorsorglicher Massnahmen** begründet keine Einlassung auf die Hauptsache[59]. Nach einem Teil der Lehre ist Art. 24 LugÜ auf das Verfahren über den Erlass einer einstweiligen Massnahme nicht anwendbar. Die Zuständigkeit sei in Art. 31 LugÜ insoweit abschliessend geregelt[60]. Sachlogisch kann dies freilich nur solange gelten, als die vorsorgliche Massnahme vor Einleitung des Hauptverfahrens beantragt wird. Diesfalls begründet Art. 24 bzw. die Einlassung des Beklagten auf die vorsorgliche Massnahme keine Zuständigkeit des Massnahmegerichts – denn es besteht keine Zuständigkeit in der Hauptsache und auch keine Zuständigkeit nach nationalem Recht infolge Vollstreckungsnähe. Wurde demgegenüber das Hauptverfahren bereits eingeleitet und hat sich der Beklagte nach Art. 24 darauf eingelassen, 25

der örtlichen Zuständigkeit begründet die internationale Zuständigkeit des Forumstaates.

55 LEIBLE/SOMMER 569.

56 DASSER/OBERHAMMER-KILLIAS, Art. 18 Rz. 18; die Einlassung durch Teilnahme an einem Gütetermin nach § 278 Abs. 2 ZPO DE ist umstritten; vgl. NAGEL/GOTTWALD, § 3 Rz. 174; RAUSCHER-STAUDINGER, Art. 24 Rz. 6 ff.

57 BGer 03.09.2002, 4C.52/2002.

58 BGE 133 III 295 E. 5.1 f.; SCHULTE-BECKHAUSEN 169; vgl. NAGEL/GOTTWALD, § 3 Rz. 174.

59 DASSER/OBERHAMMER-KILLIAS, Art. 18 Rz. 20; DONZALLAZ Rz. 7110.

60 Mit Bezug auf EuGH 27.04.1999, Rs. C-99/96, *Mietz/Intership Yachting Sneek B.*, Slg. 1999 I 2277; SPELLENBERG/LEIBLE 231; RAUSCHER-STAUDINGER, Art. 24 Rz. 9; KROPHOLLER, Art. 24 Rz. 7; a.A. GEIMER/SCHÜTZE, Art. 24 Rz. 39; SCHLOSSER, Art. 24 Rz. 1.

besteht infolge Hauptsachezuständigkeit auch eine solche für den Erlass von vorsorglichen Massnahmen. Nach der hier vertretenen Auffassung ist freilich auch eine Einlassung auf eine vorsorgliche Massnahme möglich. Es ist nicht einzusehen, weshalb der Massnahmegegner nicht ebenfalls mit der Obliegenheit belastet werden sollte, die Unzuständigkeit des Massnahmegerichts zu rügen. Aus dem Grundsatz der Dispositionsmaxime folgt sodann, dass sich ein allfälliger Beklagter im Grundsatz auch auf eine Massnahmezuständigkeit einlassen können muss.

e) Hilfsweise Einlassung?

26 Die **hilfsweise Stellungnahme zur Sache** begründet keine Einlassung[61]. Einzelne Sprachfassungen von Art. 18 aLugÜ waren insoweit missverständlich[62]. Der EuGH hat diesbezüglich indes bereits 1981 wie folgt entschieden: «Zwar weichen die verschiedenen sprachlichen Fassungen des Art. 18 in Bezug auf die Frage voneinander ab, ob sich ein Beklagter, der die Zuständigkeit des angerufenen Gerichts ausschliessen will, allein auf die Geltendmachung des Mangels der Zuständigkeit beschränken muss, oder ob er vielmehr dasselbe Ziel erreichen kann, indem er sowohl die Zuständigkeit des angerufenen Gerichts als auch die Begründetheit der Klage bestreitet. Die zweite Lösung entspricht jedoch am ehesten den Zielen und dem Geist des Übereinkommens. Nach dem Zivilprozessrecht einiger gebundenen Staaten könnte nämlich ein Beklagter, der lediglich die Frage der Zuständigkeit aufwerfen würde, mit seinen Vorbringen zur Sache ausgeschlossen sein, wenn das Gericht die Rüge der Unzuständigkeit zurückweisen sollte. Eine Auslegung des Art. 18, die ein solches Ergebnis ermöglichen würde, wäre mit der Wahrung des rechtlichen Gehörs im Erkenntnisverfahren, einem der Ziele des Übereinkommens, nicht vereinbar.»[63]

27 Auch das **hilfsweise Erheben einer Widerklage** für den Fall, dass das Gericht die Zuständigkeit trotz Rüge bejaht, begründet keine Zuständigkeit

---

[61] DASSER/OBERHAMMER-KILLIAS, Art. 18 Rz. 24; NAGEL/GOTTWALD, § 3 Rz. 176; GEIMER/SCHÜTZE, Art. 24 Rz. 46.

[62] «(...) Dies gilt nicht, wenn der Beklagte sich *nur* (*solely, solo*) einlässt, um den Mangel der Zuständigkeit geltend zu machen ...».

[63] EuGH 24.06.1981, Rs. 150/80, *Elefanten Schuh GmbH/Pierre Jacqmain,* Slg. 1981, 1671; EuGH 22.10.1981, Rs. 27/81, *Rohr S.A./Dina Ossberger,* Slg. 1981, 2431; EuGH 31.03.1982, Rs. 25/81, *C.H.W./G.J.H.,* Slg. 1982, 1189; EuGH 14.07.1983, Rs. 201/82, *Gerling Konzern Spezial Versicherungen AG et al./Amministrazione del tesoro dello stato,* Slg. 1983, 2503.

infolge Einlassung[64]. Dasselbe gilt für die hilfsweise geltend gemachte **Verrechnungseinrede**[65].

V. Wirkung der Einlassung

1. Grundsatz

Durch die Einlassung wird das vom Kläger angerufene Gericht **international und örtlich** zuständig[66]. Die sachliche Zuständigkeit fällt nicht in den Regelungsbereich des Art. 24 LugÜ[67]. 28

2. Passive Streitgenossenschaft

Die Einlassung eines von mehreren Beklagten (passive Streitgenossenschaft) hat **keine Auswirkungen** auf die übrigen Beklagten[68].

3. Umfang der Einlassung

Die Einlassung wirkt im Umfang der Klage **zum Zeitpunkt der Einlassung:** Wird die Klage nachträglich geändert oder erweitert, kann der Beklagte die internationale Unzuständigkeit für den geänderten bzw. erweiterten Teil rügen[69]. Auch kann der Beklagte den Umfang seiner Einlassung und damit den Umfang der Zuständigkeit des angerufenen Gerichts **explizit bestimmen:** Bei mehreren Streitgegenständen ist die Einlassung in Bezug auf jeden Streitgegenstand einzeln zu prüfen[70]. Wird ein teilbarer Anspruch 29

[64] KROPHOLLER, Art. 24 Rz. 12; RAUSCHER-STAUDINGER, Art. 24 Rz. 21; GEIMER/SCHÜTZE, Art. 24 Rz. 51; DASSER/OBERHAMMER-KILLIAS, Art. 18 Rz. 32.

[65] DASSER/OBERHAMMER-KILLIAS, Art. 18 Rz. 31.

[66] DASSER/OBERHAMMER-KILLIAS, Art. 18 Rz. 34; SCHNYDER/VASELLA, Art. 6 IPRG Rz. 23; GEIMER/SCHÜTZE, Art. 24 Rz. 31.

[67] GEIMER/SCHÜTZE, Art. 24 Rz. 34.

[68] DASSER/OBERHAMMER-KILLIAS, Art. 18 Rz. 35; RAUSCHER-STAUDINGER, Art. 24 Rz. 10; GEIMER, IZPR, Rz. 1407; GEIMER/SCHÜTZE, Art. 24 Rz. 9.

[69] GEIMER, IZPR, Rz. 1404 f.; so auch DASSER/OBERHAMMER-KILLIAS, Art. 18 Rz. 51; GÖTZ 146; a.A. BACHMANN 142; wohl auch RAUSCHER-STAUDINGER, Art. 24 Rz. 10: Der Beklagte lässt sich «auf das Verfahren» als Ganzes ein.

[70] DASSER/OBERHAMMER-KILLIAS, Art. 18 Rz. 34; GEIMER/SCHÜTZE, Art. 24 Rz. 8; RAUSCHER-STAUDINGER, Art. 24 Rz. 10; in den verschiedenen nationalen Verfahrensrechten ist der Streitgegenstand unter Umständen unterschiedlich abgegrenzt. Die Abgrenzung müsste allenfalls in Anlehnung an Art. 27 LugÜ autonom und somit einheitlich erfolgen.

geltend gemacht, kann sich der Beklagte auch nur für einen Teil desselben einlassen[71].

4. Rechtsmittelverfahren

30 Hat sich der Beklagte vollständig passiv verhalten und hat sich das Gericht aufgrund der ihm vorliegenden Unterlagen für zuständig erklärt, stehen dem **in Abwesenheit verurteilten** Beklagten die nach der *lex fori* eröffneten Rechtsmittel zur Verfügung. Der Beklagte kann dabei die Unzuständigkeit grundsätzlich noch vor der Rechtsmittelinstanz rügen, da er sich nicht auf das Verfahren vor erster Instanz eingelassen hat[72].

31 Auch wenn die erste Instanz die Zuständigkeit **trotz rechtzeitiger Rüge** bejaht und den Beklagten verurteilt hat, kann der Beklagte gegen dieses Urteil die Rechtsmittel des Forumstaates einlegen. Er muss dabei die Rüge der Unzuständigkeit vor der Rechtsmittelinstanz **wiederholen,** andernfalls begründet er deren Zuständigkeit durch Einlassung[73].

---

71 Gemäss GEIMER, IZPR, Rz. 1420, ist sodann unter gewissen Umständen sogar die bedingte Einlassung für den Fall des Obsiegens zulässig.

72 ANNERL, ÖJZ 2009, 839, 844.

73 DASSER/OBERHAMMER-KILLIAS, Art. 18 Rz. 23; KROPHOLLER, Art. 24 Rz. 13; BGH Beschluss 27.06.2007, RWI 2008, 156 ff.

Abschnitt 8: Prüfung der Zuständigkeit und der Zulässigkeit des Verfahrens

Art. 25

Das Gericht eines durch dieses Übereinkommen gebundenen Staates hat sich von Amts wegen für unzuständig zu erklären, wenn es wegen einer Streitigkeit angerufen wird, für die das Gericht eines anderen durch dieses Übereinkommen gebundenen Staates aufgrund des Artikels 22 ausschliesslich zuständig ist.

Art. 25

Le juge d'un État lié par la présente Convention, saisi à titre principal d'un litige pour lequel une juridiction d'un autre État lié par la présente Convention est exclusivement compétente en vertu de l'article 22, se déclare d'office incompétent.

Art. 25

Il giudice di uno Stato vincolato dalla presente convenzione, investito a titolo principale di una controversia per la quale l'articolo 22 stabilisce la competenza esclusiva di un giudice di un altro Stato vincolato dalla presente convenzione, dichiara d'ufficio la propria incompetenza.

Art. 25

Where a court of a State bound by this Convention is seised of a claim which is principally concerned with a matter over which the courts of another State bound by this Convention have exclusive jurisdiction by virtue of Article 22, it shall declare of its own motion that it has no jurisdiction.

Literatur: Baker & McKenzie (Hrsg.), Schweizerische Zivilprozessordnung (ZPO), Bern 2010; BAUMBACH/LAUTERBACH/ALBERS/HARTMANN, Zivilprozessordnung mit Gerichtsverfassungsgesetz und anderen Nebengesetzen, 69. Aufl., Beck'sche Kurz-Kommentare, Bd. 1, München 2011, CZERNICH/TIEFENTHALER/KODEK, Kurzkommentar Europäisches Gerichtsstands- und Vollstreckungsrecht. EuGVO und Lugano-Übereinkommen, 2. Auflage, Wien 2003 (zit. CZERNICH/TIEFENTHALER/KODEK-Bearbeiter); DASSER FELIX/OBERHAMMER PAUL, Kommentar zum Lugano Übereinkommen (LugÜ), Bern 2008 (zit. DASSER/OBERHAMMER-Bearbeiter); DONZALLAZ, La Convention de Lugano du 16 septembre 1998 concernant la compétence judiciaire et l'exécution des decisions en matière civile et commerciale, Volume I: Paragraphes 1-1736, Bern 1996; GEIMER/SCHÜTZE, Europäisches Zivilverfahrensrecht, 3. Aufl., München 2010 (zit. GEIMER/SCHÜTZE, EuZVR; HOFFMANN-NOWOTNY, Doppelrelevante Tatsachen in Zivilprozess und Schiedsverfahren, Diss. Zürich, Zürich/St. Gallen 2010; Kellerhals/von Werdt/Güngerich (Hrsg.), Gerichtsstandsgesetz, Kommentar zum Bundesgesetz über den Gerichtsstand in Zivilsachen, 2. Aufl., Bern 2005; KROPHOLLER, Europäisches Zivilprozessrecht, 8. Aufl., Frankfurt a.M. 2005; MAGNUS/MANKOWSKI, Brussels I Regulation, München 2007 (zit. MAGNUS/MANKOWSKI-Bearbeiter); Müller/Wirth (Hrsg.), Gerichtsstandsgesetz, Kommentar zum Bundesgesetz über den Gerichtsstand in Zivilsachen, Zürich 2001 (zit.); Münchener Kommentar zur Zivilprozessordnung, Band 3, 3. Aufl., München 2008 (zit. MünchKommZPO-Bearbeiter); Rauscher (Hrsg.), Europäisches Zivilprozessrecht, 2. Aufl., München 2006 (zit. RAUSCHER-Bearbeiter); Saenger (Hrsg.), Zivilprozessordnung, Handkommentar, 3. Aufl., Baden-Baden 2009 (zit. Hk-ZPO-Bearbeiter);

SCHLOSSER, EU-Zivilprozessrecht, 3. Aufl., München 2009 (zit. SCHLOSSER, EuGVVO); SPÜHLER/TENCHIO/INFANGER, Basler Kommentar, Schweizerische Zivilprozessordnung, Basel 2010 (zit. BSK ZPO-Bearbeiter); SPÜHLER/TENCHIO/INFANGER, Kommentar zum schweizerischen Zivilprozessrecht, Bundesgesetz über den Gerichtsstand in Zivilsachen (GestG), Basel/Genf/München 2001 (zit. GestG-Spühler/Tenchio/Infanger); SUTTER-SOMM, Die Verfahrensgrundsätze und die Prozessvoraussetzungen, ZZZ 2007, 301 ff.; SUTTER-SOMM/HASENBÖHLER/LEUENBERGER, Kommentar zur Schweizerischen Zivilprozessordnung (ZPO), Zürich/Basel/Genf 2010.

Übersicht *Seite*

Vorbemerkung

Nimmt der Beklagte am erststaatlichen Verfahren teil, ist die internationale Zuständigkeit des angerufenen Gerichts nicht von Amtes wegen, sondern nur auf Rüge des Beklagten hin zu prüfen (Art. 24). Der Richter hat in einem solchen Fall von Amtes wegen lediglich zu prüfen, ob eine ausschliessliche Zuständigkeit eines anderen LugÜ-Staates nach Art. 22 vorliegt (Art. 25; siehe dort). Im Übrigen hat der Richter seine Zuständigkeit nur auf Rüge des am Verfahren teilnehmenden Beklagten zu prüfen; erhebt dieser keine Rüge, wird die Zuständigkeit nach Art. 24 begründet[1]. Nimmt der Beklagte dagegen am ausländischen Verfahren nicht teil oder lässt er sich nicht vorbehaltlos ein, gilt Art. 26 Abs. 1 (siehe dort).

I. Allgemeines / Normzweck

1 Art. 25 statuiert, dass sich ein Gericht **von Amtes wegen für unzuständig** erklären muss, wenn ein anderes Gericht für die Streitsache nach Art. 22 **ausschliesslich** zuständig ist. Inhaltlich ist Art. 25 identisch mit seinem Vorgänger, Art. 19 aLugÜ.

2 Die Norm soll die **Beachtung der ausschliesslichen Zuständigkeiten nach Art. 22** sicherstellen. Die ausschliesslichen Zuständigkeiten sollen

[1] GEIMER/SCHÜTZE, EuZVR Art. 24 Rz. 63.

zwingend eingehalten werden und sind der Parteiautonomie entzogen[2]. Aus verfahrensökonomischen Gründen ist es sinnvoll, die Beachtung schon auf der Ebene der Verfahrenseinleitung sicherzustellen und nicht dem Vollstreckungsstadium zu überlassen[3].

II. Anwendungsbereich

Art. 25 kommt immer dann zur Anwendung, wenn ein Gericht eines LugÜ-Staates angerufen wurde und die Möglichkeit besteht, dass ein Gericht eines anderen LugÜ-Staates nach Art. 22 ausschliesslich zuständig ist[4]. Der **räumlich-persönliche Anwendungsbereich** von Art. 25 ist deckungsgleich mit demjenigen von Art. 22[5]. Wie bei Art. 22 kommt es nicht darauf an, wo die Parteien ihren Wohnsitz beziehungsweise Sitz haben. Die Bestimmung kommt auch dann zur Anwendung, wenn sich der Wohnsitz oder Sitz der Parteien nicht in einem LugÜ-Staat befindet oder beide Parteien im Gerichtsstaat ansässig sind[6]. 3

Das **Verfahrensstadium** ist für die Anwendbarkeit von Art. 25 **nicht entscheidend.** Vielmehr muss – ungeachtet nationalen Prozessrechts – jedes Gericht jeder Instanz von Amtes wegen prüfen, ob nicht ein anderes Gericht nach Art. 22 ausschliesslich zuständig ist[7]. Im Gegensatz zu Art. 26 kommt Art. 25 auch dann zur Anwendung, wenn sich der Beklagte auf das Verfahren einlässt[8]. Lässt sich der Beklagte widerstandslos auf das Verfahren ein, begründet dies nicht die Zuständigkeit des Gerichts, sondern dieses muss das Vorliegen einer ausschliesslichen Zuständigkeit eines Gerichts 4

---

2 Dasser/Oberhammer-Naegeli, Art. 19 Rz. 2; Donzallaz Rz. 1163. Gemäss dem Bericht Jenard, S. 38, haben diese ausschliesslichen Zuständigkeiten *ordre-public*-Charakter.

3 Entscheide in Missachtung der ausschliesslichen Zuständigkeiten sind gemäss Art. 35 Abs. 1 LugÜ nicht vollstreckbar, vgl. nachstehend Rz. 11.

4 Geimer/Schütze, EuZVR Art. 25 Rz. 3; MünchKommZPO-Gottwald, Art. 25 Rz. 2.

5 Czernich/Tiefenthaler/Kodek-Czernich, Art. 26 Rz. 5.

6 Czernich/Tiefenthaler/Kodek-Czernich, Art. 26 Rz. 5; Donzallaz Rz. 1169; Geimer/Schütze, EuZVR Art. 25 Rz. 2; Kropholler, Art. 25 Rz. 1; MünchKommZPO-Gottwald, Art. 25 Rz. 2.

7 Dies hat der EuGH bereits im Entscheid *Duijnstee/Goderbauer* entschieden (EuGH 15.11.1983, Rs. 228/82, Slg. 1983, 3664); siehe auch Baumbach/Lauterbach/Albers/Hartmann, Art. 25 Rz. 2; Czernich/Tiefenthaler/Kodek-Czernich, Art. 26 Rz. 2; Dasser/Oberhammer-Naegeli, Art. 19 Rz. 4; Donzallaz Rz. 1170; Geimer/Schütze, EuZVR Art. 25 Rz. 1; Kropholler, Art. 25 Rz. 1; Schlosser, EuGVVO Art. 25 Rz. 1.

8 Baumbach/Lauterbach/Albers/Hartmann, Art. 25 Rz. 2.

eines anderen LugÜ-Staates trotzdem von Amtes wegen prüfen[9]. Art. 25 **entzieht sich der Parteidisposition**[10].

5 Die bloss **vorfrageweise Prüfung eines Streitpunktes,** der inhaltlich in den Anwendungsbereich von Art. 22 fällt, untersteht nicht Art. 25, obwohl zu seiner hauptklageweisen Beurteilung ein anderes Gericht ausschliesslich zuständig wäre. Dies wird dem Wortlaut von Art. 25 entnommen, gemäss dem die Bestimmung nur Anwendung findet, wenn das Gericht «wegen einer Streitigkeit angerufen wird»[11].

III. Prüfung von Amtes wegen

6 Die von Art. 25 auferlegte Pflicht zur Überprüfung der Zuständigkeit von Amtes wegen bezieht sich auf die **Rechtsfrage,** ob ein anderes Gericht gemäss Art. 22 ausschliesslich zuständig ist. Sie bezieht sich hingegen **nicht** auf die entsprechenden **Tatfragen**[12]. Das LugÜ **postuliert** somit **keine Untersuchungsmaxime** und entscheidet nicht, ob der Richter alle tatsächlichen Fragen von Amtes wegen abklären muss, oder ob es genügt, wenn er die Parteien die nötigen Tatsachen und Beweise vortragen lässt[13]. Inwieweit eine solche Pflicht besteht, bestimmt sich nach **nationalem Recht**[14].

7 Gemäss Art. 59 Abs. 2 lit. b. i.V.m. Art. 60 der Schweizer ZPO ist die örtliche Zuständigkeit als Prozessvoraussetzung von Amtes wegen zu überprüfen[15]. Jedoch sind die **Parteien zur Mitwirkung verpflichtet** und es obliegt grundsätzlich der beweisbelasteten Partei, die relevanten Tatsachen

[9] Bericht Pocar Rz. 113; Kropholler, Art. 25 Rz. 1; Hk-ZPO-Dörner, Art. 25 Rz. 1.

[10] Czernich/Tiefenthaler/Kodek-Czernich, Art. 26 Rz. 1; Geimer/Schütze, EuZVR Art. 25 Rz. 1; Magnus/Mankowski-Queirolo, Art. 25 Rz. 14 f.

[11] Statt vieler Bericht Jenard zu Art. 19, S. 39; Dasser/Oberhammer-Dasser, Art. 19 Rz. 3.

[12] Baumbach/Lauterbach/Albers/Hartmann, Art. 25 Rz. 4; Rauscher-Mankowski, Art. 25 Rz. 5.

[13] Baumbach/Lauterbach/Albers/Hartmann, Art. 25 Rz. 4; Hk-ZPO-Dörner, Art. 25 Rz. 2; Geimer/Schütze, EuZVR Art. 25 Rz. 6; Kropholler, Art. 25 Rz. 3.

[14] Baumbach/Lauterbach/Albers/Hartmann, Art. 25 Rz. 4; Geimer/Schütze, EuZVR Art. 25 Rz. 6; Hk-ZPO-Dörner, Art. 25 Rz. 2; MünchKommZPO-Gottwald, Art. 25 Rz. 3.

[15] Bis zum Inkrafttreten der ZPO hielt Art. 34 Abs. 1 GestG fest, dass das Gericht die örtliche Zuständigkeit von Amtes wegen prüft.

zu unterbreiten und die Beweise zu nennen[16]. Die **Beweislast** hierfür trägt die Partei, die sich auf die Zuständigkeit des Gerichts beruft[17].

Direkt aus Art. 25 LugÜ ergibt sich aber, dass der Richter nicht an die von den Parteien vorgebrachten Tatsachen gebunden ist[18]. Auch wenn der Beklagte es versäumt, zu den von der Klägerin vorgebrachten Tatsachen Stellung zu nehmen, dürfen diese Tatsachen nicht als zugestanden gelten[19]. Vielmehr darf das Gericht seinen Entscheid nur auf solche **zuständigkeitsbegründenden Tatsachen** stützen, die es **als erwiesen erachtet**[20]. 8

IV. Unzuständigerklärung

Kommt das angerufene Gericht zum Schluss, dass ein anderes Gericht nach Art. 22 LugÜ ausschliesslich zuständig ist, hat es sich als Rechtsfolge von Art. 25 LugÜ für **unzuständig zu erklären.** Wie es dies zu tun hat, bestimmt das **nationale Recht**[21]. In der Schweiz erlässt das Gericht dazu einen Prozessentscheid in der Form eines **Nichteintretensentscheids** (Art. 236 Abs. 1 ZPO)[22]. Dem Nichteintretensentscheid kommt materielle Rechtskraft nur bezüglich der beurteilten Eintretensvoraussetzungen zu, die materielle Rechtskraft bezieht sich aber nicht auf den materiellen Anspruch[23]. Das unzuständige Gericht kann die Sache nicht an das zuständige 9

---

16 DASSER/OBERHAMMER-NAEGELI, Art. 19 Rz. 7; SUTTER-SOMM/HASENBÖHLER/LEUENBERGER-ZÜRCHER, Art. 60 Rz. 4 f.; SUTTER-SOMM, S. 316; KELLERHALS/VON WERDT/GÜNGERICH-KELLERHALS/GÜNGERICH, Art. 34 Rz. 2; GestG-SPÜHLER/TENCHIO/INFANGER-INFANGER, Art. 34 Rz. 12.

17 DASSER/OBERHAMMER-NAEGELI, Art. 19 Rz. 9.

18 Hk-ZPO-DÖRNER, Art. 25 Rz. 2

19 KROPHOLLER, Art. 25 Rz. 3, 5; RAUSCHER-MANKOWSKI, Art. 25 Rz. 5a.

20 DASSER/OBERHAMMER-NAEGELI, Art. 19 Rz. 7; GEIMER/SCHÜTZE, EuZVR Art. 25 Rz. 7; MünchKommZPO-GOTTWALD, Art. 25 Rz. 3. Zum Sonderfall der *doppelrelevanten Tatsachen* siehe DASSER/OBERHAMMER-NAEGELI, Art. 19 Rz. 10 f. m.w.H.; KROPHOLLER, Art. 25 Rz. 5; MünchKommZPO-GOTTWALD, Art. 25 Rz. 3; GEIMER/SCHÜTZE, EuZVR Art. 25 Rz. 8; Hk-ZPO-DÖRNER, Art. 25 Rz. 4; zum Schweizer Recht: BGer 25.08.2009, 4A_160/2009, E. 5.2.2; BGE 122 III 249 E. 3b, S. 252; differenziert mit eigener Lösung HOFFMANN-NOWOTNY Rz. 372 ff.

21 BAUMBACH/LAUTERBACH/ALBERS/HARTMANN, Art. 25 Rz. 5; GEIMER/SCHÜTZE, EuZVR Art. 25 Rz. 10; RAUSCHER-MANKOWSKI, Art. 25 Rz. 6.

22 BSK ZPO-GEHRI, Art. 60 Rz. 11; SUTTER-SOMM/HASENBÖHLER/LEUENBERGER-ZÜRCHER, Art. 60 Rz. 29.

23 SUTTER-SOMM/HASENBÖHLER/LEUENBERGER-ZÜRCHER, Art. 60 Rz. 29 m.w.H.

Gericht eines anderen Staates verweisen, sondern muss einen Nichteintretensentscheid fällen[24].

10 Tritt ein Gericht auf eine Klage unter **Missachtung von Art. 25** ein und erlässt es einen Sachentscheid, der die ausschliessliche Zuständigkeit eines anderen Staates nach Art. 22 missachtet, **hindert** dies die Vollstreckung (Art. 35 Abs. 1)[25].

[24] Baumbach/Lauterbach/Albers/Hartmann, Art. 25 Rz. 5; Czernich/Tiefenthaler/Kodek-Czernich, Art. 25 Rz. 4; Geimer/Schütze, EuZVR Art. 25 Rz. 11; Kropholler, Art. 25 Rz. 2; MünchKommZPO-Gottwald, Art. 25 Rz. 5; Rauscher-Mankowski, Art. 25 Rz. 6. Siehe dazu mit Begründung auch Art. 26 Rz. 10.

[25] Czernich/Tiefenthaler/Kodek-Czernich, Art. 25 Rz. 5; Rauscher-Mankowski, Art. 25 Rz. 2; Schlosser, EuGVVO Art. 25 Rz. 3.

Art. 26

1. Lässt sich der Beklagte, der seinen Wohnsitz im Hoheitsgebiet eines durch dieses Übereinkommen gebundenen Staates hat und der vor den Gerichten eines anderen durch dieses Übereinkommen gebundenen Staates verklagt wird, auf das Verfahren nicht ein, so hat sich das Gericht von Amts wegen für unzuständig zu erklären, wenn seine Zuständigkeit nicht nach diesem Übereinkommen begründet ist.

2. Das Gericht hat das Verfahren so lange auszusetzen, bis festgestellt ist, dass es dem Beklagten möglich war, das verfahrenseinleitende Schriftstück oder ein gleichwertiges Schriftstück so rechtzeitig zu empfangen, dass er sich verteidigen konnte oder dass alle hierzu erforderlichen Massnahmen getroffen worden sind.

3. An die Stelle von Absatz 2 tritt Artikel 15 des Haager Übereinkommens vom 15. November 1965 über die Zustellung gerichtlicher und aussergerichtlicher Schriftstücke im Ausland in Zivil- oder Handelssachen, wenn das verfahrenseinleitende Schriftstück oder ein gleichwertiges Schriftstück nach dem genannten Übereinkommen zu übermitteln war.

4. Die Mitgliedstaaten der Europäischen Gemeinschaft, die durch die Verordnung (EG) Nr. 1348/2000 des Rates vom 29. Mai 2000 oder durch das am 19. Oktober 2005 in Brüssel unterzeichnete Abkommen zwischen der Europäischen Gemeinschaft und dem Königreich Dänemark über die Zustellung gerichtlicher und aussergerichtlicher Schriftstücke in Zivil- oder Handelssachen gebunden sind, wenden in ihrem Verhältnis untereinander Artikel 19 der genannten Verordnung an, wenn das verfahrenseinleitende Schriftstück oder ein gleichwertiges Schriftstück nach dieser Verordnung oder nach dem genannten Abkommen zu übermitteln war.

Art. 26

1. Lorsque le défendeur domicilié sur le territoire d'un État lié par la présente Convention est attrait devant une juridiction d'un autre État lié par la présente Convention et ne comparaît pas, le juge se déclare d'office incompétent si sa compétence n'est pas fondée aux termes de la présente Convention.

2. Le juge est tenu de surseoir à statuer aussi longtemps qu'il n'est pas établi que ce défendeur a été mis à même de recevoir l'acte introductif d'instance ou un acte équivalent en temps utile pour se défendre ou que toute diligence a été faite à cette fin.

3. En lieu et place des dispositions du paragraphe 2, l'article 15 de la convention de La Haye du 15 novembre 1965 relative à la signification et à la notification à l'étranger des actes judiciaires et extrajudiciaires en matière civile et commerciale s'applique si l'acte introductif d'instance ou un acte équivalent a dû être transmis en exécution de cette convention.

4. Les États membres de la Communauté européenne liés par le règlement (CE) n° 1348/2000 du Conseil du 29 mai 2000 ou par l'accord entre la Communauté européenne et le Royaume du Danemark relatif à la signification et à la notification des actes judiciaires et extrajudiciaires en matière civile et commerciale, signé à Bruxelles le 19 oc-

tobre 2005, appliquent, dans le cadre de leurs relations mutuelles, les dispositions de l'art. 19 de ce règlement si l'acte introductif d'instance ou un acte équivalent a dû être transmis en exécution de ce règlement ou de cet accord.

Art. 26

1. Se il convenuto domiciliato nel territorio di uno Stato vincolato dalla presente convenzione è citato davanti a un giudice di un altro Stato vincolato dalla presente convenzione e non compare, il giudice, se non è competente in base alla presente convenzione, dichiara d'ufficio la propria incompetenza.

2. Il giudice è tenuto a sospendere il processo fin quando non si sarà accertato che al convenuto è stata data la possibilità di ricevere la domanda giudiziale o atto equivalente in tempo utile per poter presentare le proprie difese, ovvero che è stato fatto tutto il possibile in tal senso.

3. Le disposizioni del paragrafo 2 sono sostituite da quelle dell'articolo 15 della convenzione dell'Aia, del 15 novembre 1965, relativa alla notificazione e alla comunicazione all'estero degli atti giudiziari ed extragiudiziari in materia civile o commerciale, qualora sia stato necessario trasmettere la domanda giudiziale o atto equivalente in esecuzione della richiamata convenzione.

4. Gli Stati membri della Comunità europea vincolati dal regolamento (CE) n. 1348/2000 del Consiglio del 29 maggio 2000, o dall'accordo tra la Comunità europea e il Regno di Danimarca relativo alla notificazione e alla comunicazione degli atti giudiziari ed extragiudiziali in materia civile o commerciale firmato a Bruxelles il 19 ottobre 2005, applicano nell'ambito delle relazioni reciproche le disposizioni dell'articolo 19 del suddetto regolamento, qualora sia stato necessario trasmettere la domanda giudiziale o un atto equivalente in esecuzione di quel regolamento o di quell'accordo.

Art. 26

1. Where a defendant domiciled in one State bound by this Convention is sued in a court of another State bound by this Convention and does not enter an appearance, the court shall declare of its own motion that it has no jurisdiction unless its jurisdiction is derived from the provisions of this Convention.

2. The court shall stay the proceedings so long as it is not shown that the defendant has been able to receive the document instituting the proceedings or an equivalent document in sufficient time to enable him to arrange for his defence, or that all necessary steps have been taken to this end.

3. Instead of the provisions of paragraph 2, Article 15 of the Hague Convention of 15 November 1965 on the Service Abroad of Judicial and Extrajudicial Documents in Civil and Commercial matters shall apply if the document instituting the proceedings or an equivalent document had to be transmitted pursuant to that Convention.

4. Member States of the European Community bound by Council Regulation (EC) No 1348/2000 of 29 May 2000 or by the Agreement between the European Community and the Kingdom of Denmark on the service of judicial and extrajudicial documents in civil or commercial matters, signed at Brussels on 19 October 2005, shall apply in their mutual relations the provision in Article 19 of that Regulation if the document instituting the proceedings or an equivalent document had to be transmitted pursuant to that Regulation or that Agreement.

Literatur: Baumbach/Lauterbach/Albers/Hartmann (Hrsg.), Zivilprozessordnung, 68. Aufl., 2010 (zit. BAUMBACH/LAUTERBACH/ALBERS/HARTMANN-BEARBEITER); Czernich/Tiefenthaler/Kodek (Hrsg.), Kurzkommentar Europäisches Gerichtsstands- und Vollstreckungsrecht. EuGVO und Lugano-Übereinkommen, 2. A., Wien 2003 (zit. CZERNICH/TIEFENTHALER/KODEK-BEARBEITER); DONZALLAZ, La Convention de Lugano du 16 septembre 1988 concernant la compétence judiciaire et l'exécution des décisions en matière civile et commerciale, 3 Bde., Bd. I, Bern 1996; Geimer/Schütze (Hrsg.), Europäisches Zivilverfahrensrecht. Kommentar zur EuGVVO, EuEheVO, EuZustellungsVO, zum Lugano-Übereinkommen und zum nationalen Kompetenz- und Anerkennungsrecht der Mitgliedstaaten, unter Mitarb. von Ewald Geimer et al., 3. Aufl., München 2009 (zit. GEIMER/SCHÜTZE, EuZVR); KROPHOLLER, Europäisches Zivilprozessrecht, Kommentar zu EuGVO, Lugano-Übereinkommen und Europäischem Vollstreckungstitel, 8. Aufl., Frankfurt a.M. 2005; MAGNUS/MANKOWSKI, Brussels I Regulation, München 2007 (zit. MAGNUS/MANKOWSKI-BEARBEITER); MEIER, Internationales Zivilprozessrecht und Zwangsvollstreckungsrecht mit Gerichtsstandsgesetz, 2. Aufl., Zürich 2005 (zit. MEIER, IZPR); Musielak (Hrsg.), Kommentar zur Zivilprozessordnung mit Gerichtsverfassungsgesetz, 5. Aufl., München 2007 (zit. MUSIELAK-BEARBEITER); Rauscher (Hrsg.), Europäisches Zivilprozessrecht, Kommentar, 2 Bde., 2. Aufl., München 2006 (zit. RAUSCHER-BEARBEITER); Rauscher/Wax/Wenzel (Hrsg.), Münchener Kommentar zur Zivilprozessordnung mit Gerichtsverfassungsgesetz und Nebengesetzen, Bd. 3, 3. Aufl., München 2007 (zit: MünchKommZPO-Bearbeiter); Saenger (Hrsg.), Zivilprozessordnung. EGZPO, GVG, EGGVG, EuGVVO, AVAG, EheGVVO, IntFamRVG. Handkommentar, Baden-Baden 2006 (zit. Hk-ZPO-Bearbeiter); SCHLOSSER, EU-Zivilprozessrecht. EuGVVO, EuEheVO, AVAG, HZÜ, EuZVO, HBÜ, EuBVO: Kommentar, 2. Aufl., München 2003 (zit. SCHLOSSER, EuGVVO); Spühler/Tenchio/Infanger (Hrsg.), Basler Kommentar Schweizerische Zivilprozessordnung, Basel 2010 (zit. BSK ZPO-BEARBEITER); Thomas/Putzo/Reichold (Hrsg.), Zivilprozessordnung mit Gerichtsverfassungsgesetz, den Einführungsgesetzen und europarechtlichen Vorschriften, 26. Aufl., München 2004 (zit. THOMAS/PUTZO/REICHOLD-BEARBEITER); WALTER, Internationales Zivilprozessrecht der Schweiz: Ein Lehrbuch, 4. Aufl., Bern/Stuttgart/Wien 2007; (zit. WALTER, Internationales Zivilprozessrecht).

Übersicht *Seite*

I. Allgemeines / Normzweck

1 Art. 26 will dem Beklagten den Aufwand ersparen, sich vor unzuständigen ausländischen Gerichten gegen Klagen verteidigen zu müssen. Er soll **nicht verpflichtet** sein, im Prozess **aktiv** aufzutreten, um einzig die Unzuständigkeit des Gerichts geltend zu machen[1]. Die Bestimmung stellt sicher, dass das Nichteinlassen des Beklagten nicht als eine stillschweigende Zuständigkeitsvereinbarung gewertet wird[2].

2 Abs. 2–4 der Bestimmung dienen ausserdem dem **Schutz des rechtlichen Gehörs** des Beklagten. Sie sollen sicherstellen, dass das Gericht nur über seine Zuständigkeit entscheidet bzw. ein Säumnisurteil fällt, wenn der Beklagte die Möglichkeit hatte, am Verfahren teilzunehmen und sich zu verteidigen, sei es durch Erheben einer Unzuständigkeitseinrede oder in der Sache[3].

II. Unzuständigerklärung bei fehlender Einlassung des Beklagten vor einem unzuständigen Gericht (Abs. 1)

1. Allgemeines

3 Die Unzuständigkeit ist aufgrund von Abs. 1 von Amtes wegen festzustellen, wenn sich der Beklagte, der seinen Wohnsitz in dem Hoheitsgebiet eines LugÜ-Staats hat, auf das Verfahren vor einem unzuständigen Gericht eines anderen LugÜ-Staats nicht einlässt[4]. Gemeint ist der **säumige Beklagte,** der am Rechtsstreit nicht teilnimmt[5]. Typisches Beispiel ist der Beklagte, der die Frist zur Einreichung der Klageantwort ungenutzt verstreichen lässt[6].

---

1 Rauscher-Mankowski, Art. 26 Rz. 1; Kropholler, Art. 26 Rz. 1; MünchKommZPO-Gottwald, Art. 20 Rz. 3.

2 Bericht Jenard 39.

3 Dasser/Oberhammer-Naegeli, Art. 20 Rz. 10; Kropholler, Art. 26 Rz. 4; Rauscher-Mankowski, Art. 26 Rz. 9.

4 Kropholler, Art. 26 Rz. 1.

5 Geimer/Schütze, EuZVR Art. 26 Rz. 1; Kropholler, Art. 26 Rz. 1.

6 Walter, Internationales Zivilprozessrecht 275.

2. Folgen der (Nicht-)Teilnahme

Nimmt der Beklagte am Rechtsstreit teil, so ist es seine Sache, die (internationale) Unzuständigkeit rechtzeitig zu rügen; ansonsten wird die (internationale) Zuständigkeit des Gerichtsstaats und des angerufenen Gerichts durch vorbehaltlose Einlassung (Art. 24) begründet[7]. Dies gilt jedoch gemäss Art. 25 nicht für zwingende Zuständigkeiten nach Art. 22 in einem anderen LugÜ-Staat. 4

Ausserhalb der ausschliesslichen Gerichtsstände des Art. 22 kann der Beklagte aufgrund von Art. 24 durch rügelose Einlassung die ursprünglich fehlende Zuständigkeit heilen. Bei rügeloser Einlassung kommt Art. 26 nicht zur Anwendung[8]. 5

Nimmt der Beklagte am Rechtsstreit nicht teil, muss das Gericht gemäss Art. 26 Abs. 1 von Amtes wegen prüfen, ob es international zuständig ist. Ist ein Anknüpfungspunkt nach Art. 2 ff. nicht gegeben, hat sich das angerufene Gericht von Amtes wegen für unzuständig zu erklären[9]. Bei Unzuständigkeit ergeht in der Schweiz ein Nichteintretensentscheid[10]. 6

3. Anwendungsbereich

Art. 26 Abs. 1 schützt nach seinem Wortlaut **nur Beklagte mit Wohnsitz in einem LugÜ-Staat.** Auf Beklagte mit Wohnsitz in einem Drittstaat (oder ohne Wohnsitz) findet die Bestimmung keine Anwendung;[11] ihr Schutz wird dem nationalen Recht überlassen[12]. Diese Folge wird in der Lehre zu Recht kritisiert, da u.a. Art. 22 und 23 LugÜ-Gerichtsstände zur Verfügung stellen, die nicht an den Wohnsitz des Beklagten anknüpfen. Für diese Fälle versagt der Beklagtenschutz des Art. 26. In der Lehre sowie im offiziellen erläuternden Bericht zum revidierten LugÜ (Bericht Pocar) wird daher verlangt, dass Art. 26 auf alle Fälle anwendbar sein muss, in denen Zuständigkeitsvorschriften des LugÜ zur Anwendung kommen[13]. 7

---

[7] Geimer/Schütze, EuZVR Art. 26 Rz. 1.
[8] Rauscher-Mankowski, Art. 26 Rz. 1a.
[9] Geimer/Schütze, EuZVR Art. 26 Rz. 2.
[10] BSK ZPO-Gehri, Art. 61 Rz. 11.
[11] Geimer/Schütze, EuZVR Art. 26 Rz. 6; Rauscher-Mankowski, Art. 26 Rz. 4.
[12] Geimer/Schütze, EuZVR Art. 26 Rz. 6.
[13] Bericht Pocar Rz. 115; Geimer/Schütze, EuZVR Art. 26 Rz. 4.

Allerdings ist nicht ersichtlich, wie sich diese berechtigte Forderung mit dem jetzigen Wortlaut von Art. 26 vereinbaren lässt.

8 Ebensowenig ist Art. 26 anwendbar, wenn der Beklagte in seinem eigenen Wohnsitzstaat verklagt wird[14]. Art. 26 gewährt dem Beklagten somit **keinen innerstaatlichen Schutz** in seinem Wohnsitzstaat[15].

4. Prüfungsumfang

9 Art. 26 ist **von Amtes wegen** zu beachten; und zwar in allen Instanzen[16]. Entgegenstehende nationale Vorschriften kommen nicht zur Anwendung bzw. werden im Anwendungsbereich des LugÜ verdrängt[17]. Auch wenn das Gericht seine Zuständigkeit von Amtes wegen prüfen muss, gilt deshalb aber noch keine Untersuchungsmaxime. Vielmehr muss der Kläger die zuständigkeitsbegründenden Tatsachen schlüssig darlegen und beibringen[18]. Der Richter darf dabei die Behauptungen des Klägers nicht als richtig unterstellen. Stattdessen muss er vom Kläger den Beweis dafür verlangen, dass die internationale Zuständigkeit begründet ist[19].

5. Prozessverweisung

10 Eine **Verweisung** an das Gericht eines anderen LugÜ-Staates ist im LugÜ **nicht vorgesehen.** Möglichkeiten der *lex fori* zur innerstaatlichen Prozessverweisung werden durch Art. 26 aber nicht ausgeschlossen[20]. Die Schweizer Zivilprozessordnung sieht allerdings eine Prozessüberweisung im Gegensatz zur früheren Regelung mancher kantonaler Verfahrensordnungen nicht vor[21].

---

[14] Geimer/Schütze, EuZVR Art. 26 Rz. 5; Rauscher-Mankowski, Art. 26 Rz. 4 m.w.N.; Kropholler, Art. 26 Rz. 1; MünchKommZPO-Gottwald, Art. 20 Rz. 2.

[15] Rauscher-Mankowski, Art. 26 Rz. 4.

[16] Rauscher-Mankowski, Art. 26 Rz. 1; Geimer/Schütze, EuZVR Art. 26 Rz. 12.

[17] Geimer/Schütze, EuZVR Art. 26 Rz. 12.

[18] Rauscher-Mankowski, Art. 26 Rz. 5 m.w.N.

[19] Bericht Jenard 40; Rauscher-Mankowski, Art. 26 Rz. 6.

[20] Kropholler, Art. 26 Rz. 2; Dasser/Oberhammer-Naegeli, Art. 20 Rz. 7.

[21] BSK ZPO-Infanger, Art. 63 Rz. 4.

6. Keine Überprüfungsmöglichkeit im Anerkennungs- und Vollstreckungsverfahren

Auch wenn der Beklagte sich aufgrund von Art. 26 Abs. 1 nicht am ausländischen Prozess beteiligen muss, nur, um dort die Unzuständigkeit des angerufenen Gerichts zu rügen, trägt er das Risiko, dass sich das Gericht fälschlicherweise für zuständig erklärt oder es versäumt, sich von Amtes wegen für unzuständig zu erklären. Eine **Überprüfung** dieses Entscheids **im Anerkennungs- und Vollstreckungsverfahren** ist im Rahmen des LugÜ grundsätzlich **nicht möglich,** da dem Anerkennungs- und Vollstreckungsrichter die Überprüfung der Zuständigkeit des Erstrichters aufgrund von Art. 35 Abs. 3 im Regelfall untersagt ist[22]. Der Beklagte muss sich stattdessen gegen die Entscheidung des Erstrichters mit den Rechtsmitteln, welche das Prozessrecht des Gerichtsstaates vorsieht, zur Wehr setzen[23]. 11

III. Aussetzung bis zur gehörigen Zustellung des verfahrenseinleitenden Schriftstücks

1. Allgemeines

Während Abs. 1 den Beklagten davor schützt, dass sein Nichttätigwerden als vorbehaltlose Einlassung auf das Verfahren ausgelegt wird, dienen die Absätze 2 bis 4 dem Schutz des rechtlichen Gehörs: Hat der Beklagte am Verfahren nicht teilgenommen, muss das Gericht vor seinem Entscheid über die Zuständigkeit – und bei Bejahung der Zuständigkeit in der Sache – sicherstellen, dass der Beklagte die **Möglichkeit** hatte, am Verfahren **teilzunehmen und sich zu verteidigen**[24]. Das Gericht muss seinen Entscheid deshalb so lange aussetzen, bis feststeht, dass es dem Beklagten möglich war, das den Rechtsstreit einleitende Schriftstück so rechtzeitig zu empfangen, dass er sich verteidigen konnte, oder dass alle hierzu erforderlichen Massnahmen getroffen worden sind[25]. 12

---

[22] KROPHOLLER, Art. 26 Rz. 3; RAUSCHER-MANKOWSKI, Art. 26 Rz. 3 m.w.N.; GEIMER/SCHÜTZE, EuZVR Art. 26 Rz. 13; DASSER/OBERHAMMER-NAEGELI, Art. 20 Rz. 8; WALTER, Internationales Zivilprozessrecht 275.

[23] GEIMER/SCHÜTZE, EuZVR Art. 26 Rz. 13; ebenso RAUSCHER-MANKOWSKI, Art. 26 Rz. 3 m.w.N.

[24] KROPHOLLER, Art. 26 Rz. 4.

[25] GEIMER/SCHÜTZE, EuZVR Art. 26 Rz. 16.

13 Wie Abs. 1 gelten auch die Absätze 2-4 nur in Fällen, in denen der Beklagte Wohnsitz in einem LugÜ-Staat hat. Beklagte aus Drittstaaten werden nicht geschützt[26]. Ausserdem ist auch für die Anwendung der Absätze 2–4, wie für Abs. 1, erforderlich, dass der Beklagte in einem anderen LugÜ-Staat als seinem Wohnsitzstaat verklagt wird[27].

2. Zustellung gemäss Abs. 2

14 Die Zustellungsvorschriften gemäss Abs. 2 kommen nur zur Anwendung, wenn weder das Haager Übereinkommen über die Zustellung gerichtlicher und aussergerichtlicher Schriftstücke im Ausland in Zivil- oder Handelssachen (HZÜ; Abs. 3) noch die Verordnung über die Zustellung gerichtlicher und aussergerichtlicher Schriftstücke in Zivil- oder Handelssachen (EuZustVO; Abs. 4) Anwendung finden[28]. Bei Abs. 2 handelt es sich um eine **Auffangbestimmung** für die wenigen LugÜ-Staaten, die dem HZÜ nicht beigetreten sind[29].

15 Nach Abs. 2 ist es nicht notwendig, dass der Beklagte vom verfahrenseinleitenden Schriftstück auch tatsächlich rechtzeitig Kenntnis erhalten hat. Es genügt, dass es ihm **möglich** war, das Schriftstück rechtzeitig für seine Verteidigung zu empfangen. Alternativ ist es sogar ausreichend, dass alle erforderlichen Massnahmen für einen rechtzeitigen Empfang getroffen wurden[30].

16 Der Beklagte ist für eine durch eigene Fahrlässigkeit oder die Nachlässigkeit seiner Verwandten oder Angestellten verursachte Verzögerung selbst verantwortlich. Relevant ist somit der Zeitpunkt, in dem die Ladung dem Beklagten ordnungsgemäss zugegangen ist. **Nicht entscheidend** ist dagegen, wann er von der Ladung tatsächlich **Kenntnis** erlangt hat[31].

17 Abs. 2 setzt lediglich **Mindestanforderungen** an die Zustellung fest[32]. Bei der Beurteilung, ob die Zustellung rechtzeitig erfolgte, handelt es sich um eine Tatsachenfrage, die das Gericht nach seinem Ermessen zu beurteilen

---

26 KROPHOLLER, Art. 26 Rz. 6; vgl. zur Kritik am eingeschränkten Anwendungsbereich Rz. 7.
27 KROPHOLLER, Art. 26 Rz. 6 m.w.N.
28 KROPHOLLER, Art. 26 Rz. 5, 8; CZERNICH/TIEFENTHALER/KODEK-CZERNICH, Art. 26 Rz. 11.
29 DASSER/OBERHAMMER-NAEGELI, Art. 20 Rz. 14.
30 DASSER/OBERHAMMER-NAEGELI, Art. 20 Rz. 41; GEIMER /SCHÜTZE, EuZVR Art. 26 Rz. 19.
31 GEIMER/SCHÜTZE, EuZVR, Art. 26 Rz. 19; MünchKommZPO-GOTTWALD Rz. 9.
32 KROPHOLLER, Art. 26 Rz. 4.

hat[33]. Grundsätzlich soll dem Beklagten nach der Zustellung genügend Zeit verbleiben, um seine Verteidigung vorzubereiten oder die zur Verhinderung eines Säumnisurteils erforderlichen Massnahmen einzuleiten[34].

Bei einer Verletzung des Abs. 2 droht **Anerkennungsverweigerung** gemäss den Voraussetzungen von Art. 34 Nr. 2[35]. 18

3. Zustellung gemäss Abs. 3 [Art. 15 HZÜ]

Art. 15 HZÜ tritt an die Stelle der Zustellungsvoraussetzungen von Abs. 2, 19
wenn das verfahrensleitende Schriftstück oder ein gleichwertiges Schriftstück nach dem HZÜ zu übermitteln war. Art. 15 HZÜ lautet wie folgt:

Art. 15
War zur Einleitung eines gerichtlichen Verfahrens eine Vorladung oder ein entsprechendes Schriftstück nach diesem Übereinkommen zum Zweck der Zustellung ins Ausland zu übermitteln und hat sich der Beklagte nicht auf das Verfahren eingelassen, so hat der Richter das Verfahren auszusetzen, bis festgestellt ist,
a)
dass das Schriftstück in einer der Formen zugestellt worden ist, die das Recht des ersuchten Staates für die Zustellung der in seinem Hoheitsgebiet ausgestellten Schriftstücke an dort befindliche Personen vorschreibt, oder
b)
dass das Schriftstück entweder dem Beklagten selbst oder aber in seiner Wohnung nach einem anderen in diesem Übereinkommen vorgesehenen Verfahren übergeben worden ist
und dass in jedem dieser Fälle das Schriftstück so rechtzeitig zugestellt oder übergeben worden ist, dass der Beklagte sich hätte verteidigen können.
Jedem Vertragsstaat steht es frei zu erklären, dass seine Richter ungeachtet des Absatzes 1 den Rechtsstreit entscheiden können, auch wenn ein Zeugnis über die Zustellung oder die Übergabe nicht eingegangen ist, vorausgesetzt,

[33] Bericht JENARD 40; GEIMER/SCHÜTZE, EuZVR Art. 26 Rz. 20.

[34] DASSER/OBERHAMMER-NAEGELI, Art. 20 Rz. 31; EuGH Rs. 166/80, *Klomps/Michel*, Slg. 1981, 1595, 1608 Rz. 18.

[35] KROPHOLLER, Art. 26 Rz. 7.

a)
dass das Schriftstück nach einem in diesem Übereinkommen vorgesehenen Verfahren übermittelt worden ist,

b)
dass seit der Absendung des Schriftstücks eine Frist verstrichen ist, die der Richter nach den Umständen des Falles als angemessen erachtet und die mindestens sechs Monate betragen muss, und

c)
dass trotz aller zumutbaren Schritte bei den zuständigen Behörden des ersuchten Staates ein Zeugnis nicht zu erlangen war.

Dieser Artikel hindert nicht, dass der Richter in dringenden Fällen vorläufige Massnahmen, einschliesslich solcher, die auf eine Sicherung gerichtet sind, anordnet.

20 Art. 15 Abs. 1 HZÜ verlangt, dass die Zustellung entweder nach dem Recht des ersuchten Staats erfolgte (lit. a) oder dem Beklagten das verfahrensleitende Schriftstück **persönlich übergeben** oder aber in seiner Wohnung in einer **besonderen Form** des HZÜ (lit. b) zugestellt wurde[36].

21 Art. 15 Abs. 1 HZÜ verlangt zusätzlich wie Art. 26 Abs. 2, dass das verfahrenseinleitende Schriftstück so **rechtzeitig** zugestellt oder übermittelt wurde, dass der Beklagte sich hätte verteidigen können (lit. b)[37].

22 Art. 15 Abs. 2 HZÜ überlässt es den Vertragsstaaten, zu erklären, dass ihre Gerichte unter bestimmten Voraussetzungen den Rechtsstreit auch dann entscheiden können, wenn kein Zeugnis über die Zustellung oder die Übergabe des verfahrenseinleitenden Schriftstücks eingangen ist. Damit soll eine **Verzögerung des Verfahrens auf unabsehbare Zeit** aufgrund des Ausbleibens eines Zustellungsnachweises **verhindert** werden. Die Schweiz hat aber im Gegensatz zu vielen anderen Staaten keine entsprechende Erklärung abgegeben[38].

---

36 Dasser/Oberhammer-Naegeli, Art. 20 Rz. 24.

37 Vgl. zur Rechtzeitigkeit Rz. 17.

38 Walter, Internationales Zivilprozessrecht 278; Dasser/Oberhammer-Naegeli, Art. 20 Rz. 34.

4. Zustellung gemäss Abs. 4 [Art. 19 EuZustVO]

Aufgrund des Erlasses der Verordnung (EG) Nr. 1348/2000 vom 29. Mai 2000 über die Zustellung gerichtlicher und aussergerichtlicher Schriftstücke in Zivil- und Handelssachen (EuZustVO) und des nachfolgenden Abkommens zwischen der Europäischen Gemeinschaft und dem Königreich Dänemark über die Zustellung gerichtlicher und aussergerichtlicher Schriftstücke in Zivil- oder Handelssachen, das am 19. Oktober 2005 in Brüssel unterzeichnet wurde, wurde ein zusätzlicher Absatz im revidierten LugÜ notwendig. Dieser ersetzt im Verhältnis zwischen den durch die Verordnung oder das Abkommen gebundenen Staaten den Bezug auf Art. 15 HZÜ durch einen Bezug auf Art. 19 der Verordnung, sofern das verfahrensleitende Schriftstück nach der Verordnung oder dem Abkommen übermittelt wurde. Abs. 4 revLugÜ stellt somit klar, dass **im Verhältnis zwischen den EG-Mitgliedstaaten** (inklusive Dänemark) grundsätzlich **Art. 19 EuZustVO anzuwenden** ist[39]. 23

Mittlerweile wurde die Verordnung (EG) Nr. 1348/2000 durch die neue Verordnung (EG) Nr. 1393/2007 ersetzt, welche seit dem 13. November 2008 in Kraft ist. Art. 25 Abs. 2 der Verordnung legt aber fest, dass die im LugÜ enthaltene Bezugnahme auf die Verordnung (EG) Nr. 1348/2000 als Bezugnahme auf die Verordnung (EG) Nr. 1393/2007 zu verstehen ist[40]. 24

[39] Bericht Pocar Rz. 116; Kropholler Art. 26 Rz. 12; Dasser/Oberhammer-Naegeli, Art. 20 Rz. 48.

[40] Bericht Pocar Rz. 116.

Abschnitt 9: Rechtshängigkeit und im Zusammenhang stehende Verfahren

Vorbemerkungen zu Art. 27–30

Literatur zu Art. 27–30: Althammer/Löhnig, Zwischen Realität und Utopie: Der Vertrauensgrundsatz in der Rechtsprechung des EuGH zum Europäischen Zivilprozessrecht, ZZPInt 2004, 23; Amonn/Walther, Grundriss des Schuldbetreibungs- und Konkursrechts, 8. Aufl., Bern 2008; Andrews, Abuse of process and obstructive tactics und the Brussels jurisdictional system: Unresolved problems for the European authorities – Erich Gasser GmbH v. MISAT srl Case C-116/02 (9 December 2003) and Turner v. Grovit Case C-159/02 (27 April 2004), GPR 2005, 8; Atali, Beachtung ausländischer Rechtshängigkeit im türkischen Recht, ZZPInt 2005, 417; Barnert, Positive Kompetenzkonflikte im internationalen Zivilprozessrecht – Zum Verhältnis zwischen Art. 21 EuGVÜ und Art. 31 CMR, Anm. zu BGH 20.11.2003 – I ZR 102/02, ZZP 2005, 95 und BGH 20.11.2003 – ZR 294/02, ZZP, 100, ZZP 2005, 81; Baumbach/Lauterbach/Alber/Hartmann, Zivilprozessordnung mit Gerichtsverfassungsgesetz und anderen Nebengesetzen, 68. Aufl., Beck'sche Kurz-Kommentare, Bd. 1, München 2010 (zit. Baumbach/Lauterbach/Albers/Hartmann-Verfasser); Bäumer, Die ausländische Rechtshängigkeit und ihre Auswirkungen auf das internationale Zivilverfahrensrecht, Köln 1999; Bell, Forum Shopping and Venue in Transnational Litigation, Oxford 2003; Bernheim, Rechtshängigkeit und im Zusammenhang stehende Verfahren nach dem Lugano-Übereinkommen, SJZ 1994, 133; Berti, Gedanken zur Klageerhebung vor schweizerischen Gerichten nach Artikel 21-23 des Lugano-Übereinkommens, FS Walder, Zürich 1994, 307; Ders., Englische Anti-suit Injunctions im europäischen Zivilprozessrecht – A Flourishing Species or a Dying Breed, FS Siehr, Zürich 2000, 33; Besson, The Relationship between Court and Arbitral Jurisdiction: the Impact of the New Article 186 (1bis) PILS, in: Müller Christoph (Hrsg.), New Developments in International Commercial Arbitration 2007, Zürich 2007, 57; Bischof, Die Zustellung im internationalen Rechtsverkehr in Zivil- und Handelssachen, Zürich 1997; Cano Bazaga, La litispendencia comunitaria, Madrid 1997; Castelberg, Die identischen und die in Zusammenhang stehenden Klagen im Gerichtsstandsgesetz, Bern 2005; Czernich/Tiefenthaler /Kodek, Kurzkommentar Europäisches Gerichtsstands- und Vollstreckungsrecht. EUGVVO und Lugano-Übereinkommen, 2. Aufl., Wien 2003 (zit. Czernich/Tiefenthaler/Kodek-Verfasser); Dasser, Der Kampf ums Gericht, ZSR 2000 I 253; Ders., Forum shopping, in: Gauch/Thürer (Hrsg.), Zum Gerichtsstand in Zivilsachen, Zürich 2002, 23; Ders., Feststellungsinteresse in internationalen Verhältnissen, Jusletter 29. September 2003; Di Blase, Connessione e litispendenza nella convenzione di Bruxelles, Padua 1993; Dietze/Schnichels, Die aktuelle Rechtsprechung des EuGH zum EuGVÜ. Übersicht über das Jahr 2003, EuZW 2004, 717; Dies., Die aktuelle Rechtsprechung des EuGH zum EuGVÜ und zur EuGVVO im Jahre 2004, EuZW 2005, 552; Dies., Die aktuelle Rechtsprechung des EuGH zum EuGVÜ. Übersicht über das Jahr 2005, EuZHW 2006, 742; Dohm, Die Einrede ausländischer Rechtshängigkeit im deutschen internationalen Zivilprozessrecht, Berlin 1996; Donzallaz, La Convention de Lugano du 16 septembre 1998 concernant la compétence judiciaire et l'exécution des decisions en matière civile et commerciale, 3. Aufl., Bern 1996; Dutoit, Comment articuler l'Art. 21 de la Convention de Lugano et l'Art. 9 al. 2 LDIP en matière de litispendance, Etudes Poudret, Lausanne 1999, 19; Dutta/Heinze, Prozessführungsverbote im englischen und europäischen Zivilverfahrensrecht, Die Zukunft der anti-suit injunction nach der Entscheidung des Europäischen Gerichtshofs vom 27. April 2004 [Turner/Grovit], ZEuP 2005, 428; Ebner, Markenschutz im internationalen Privat- und Zivilprozessrecht, Köln 2004; FASCHING/KONECNY, Kommentar zu den Zivilprozessgesetzen, 5.Bd./1. Teilband, 2. Aufl., Wien 2008; GAEDKE, Konkurrenz inländischer und ausländischer Verfahren – Tatbestand und Rechtsfolge der internationalen Streitanhängigkeit nach dem LGVÜ, ÖJZ 1997, 286; GEIMER, Die Prüfung der internationalen Zuständigkeit, WM 1986, 117; DERS., Kompetenzkonflikte im System des Europäischen Gerichtsstands- und Vollstreckungsübereinkommens, FS Kralik, Wien 1986, 179; GEIMER/SCHÜTZE, Europäisches Zivilverfahrensrecht, 3. Aufl., München 2009; GROLIMUND, Drittstaatenproblematik des europäischen Zivilverfahrensrechts, Diss. Basel, Tübingen 2000; HAU, Durchsetzung von Zuständigkeits- und Schiedsvereinbarungen mittels Prozessführungsverbot im EuGVÜ, IPRax 1996, 44; DERS., Positive Kompetenzkonflikte im Internationalen Zivilprozessrecht, Frankfurt a.M. 1996; DERS., Zum Verhältnis von Art. 21 zu Art. 22 EuGVÜ, IPRax 1996, 177; HEIDERHOFF, Diskussionsbericht zur Streitgegenstandslehre und EuGH, ZZP 1998, 455; HERZOG, Brussels und Lugano, Should You Race to the Courthouse or Race for a Judgement?, Am J. Comp. L. 1995, 379; HESS, Europäisches Zivilprozessrecht, Heidelberg 2010; Honsell/Vogt/Schnyder/Berti (Hrsg.), Internationales Privatrecht, 2. Aufl., Basel 2007 (zit. IPRG-BEARBEITER); HUBER, Fragen zur Rechtshängigkeit im Rahmen des EuGVÜ – Deutliche Worte des EuGH, JZ 1995, 603; ISENBURG-EPPLE, Die Berücksichtigung ausländischer Rechtshängigkeit nach dem Europäischen Gerichtsstands- und Vollstreckungsübereinkommen vom 27.9.1968, Frankfurt a.M. 1992; DIES., Die Berücksichtigung ausländischer Rechtshängigkeit nach dem Europäischen Gerichtsstands- und Vollstreckungsübereinkommen vom 27.9.1968, Untersuchungen zum Anwendungsbereich von Art. 21 EuGVÜ unter schwerpunktmässiger Behandlung der Frage nach der Bestimmung einer europäischen Streitgegenstandsbegriffs, Diss. Heidelberg, Frankfurt a.M./Bern etc. 1992; JAYME/KOHLER, Europäisches Kollisionsrecht 1998: Kulturelle Unterschiede und Parallelaktionen, IPRax 1998, 417; JEGHER, Mit schweizerischer negativer Feststellungsklage ins europäische Forum Running, ZSR 1999 I 31; DERS., Rechtshängigkeit in der Schweiz nach Art. 21 Lugano-Übereinkommen, IPRax 2000, 143; DERS., Abwehrmassnahmen gegen ausländische Prozesse im internationalen Zivilverfahrensrecht der Schweiz, Zürich 2003; KELTIE/SRIVASTAVA, House of Lords lifts fog surrounding conflicting judgements, International Commercial Litigation 1998, 25; KENNETT, Lis alibi pendens – a view from the UK, in: Fentiman et al. (Hrsg.), L'espace judiciaire européen en matières civile et commerciale, Brüssel 1999, 103; KLETT, Die bundesgerichtliche Rechtsprechung zum Lugano-Übereinkommen, in: Cometta et al. (Hrsg.), La convenzione die Lugano nella pratica forense e nel suo divenire, Basel 2005, KNOEPFLER/OTHENIN-GIRARD, Naissance de la litispendance: l'articulation de la Convention de Lugano et du droit fédéral (Art. 21 CL, 9 LDIP et 136nCC), in: Ruedin (Hrsg.), Mélanges en l'honneur de Carlo Augusto Cannata, Basel 1999, 383; KOCH, Unvereinbare Entscheidungen i.S.d. Art. 27 Nr. 3 und 5 EuGVÜ und ihre Vermeidung, Frankfurt a.M. 1993; KRAUSE, Turner/Grovit – Der EuGH erklärt Prozessführungsverbote für unvereinbar mit dem EuGVÜ, Anmerkungen zum Urteil des Europäischen Gerichtshof vom 27.4.2004 in der Rechtssache C-159/02, RIW 2004, 533; KREMSLEHNER, *Lis pendens* and *res judicata* in International Commercial Arbitration, Austrian Arbitration Yearbook, Wien 2007, 127; KREN KOSTKIEWICZ, Rechtshängigkeit und Konnexität, in: Bonomi/Cashin Ritaine/Romano (Hrsg.), Convention de Lugano: passé présent et devenir, Genève 2007, 109; KROPHOLLER, Europäisches Zivilprozessrecht, 8. Aufl., Frankfurt a.M. 2005; LEIPOLD, Internationale Rechtshängigkeit, Streitgegenstand und Rechtschutzinteresse – Europäisches und Deutsches Zivilprozessrecht im Vergleich, GS Arens, München 1993, 227; LEITZEN, Comeback des «Torpedo»?, GRUR Int. 2004, 1010; LIATOWITSCH, Schweizer Schiedsgerichte und Parallelverfahren vor Staatsgerichten im In- und Ausland, Basel 2002; LINKE, Internationales Zivilprozessrecht, 4. Aufl., Köln 2006; LOCHER, Zum Zivilprozess im Immaterialgüterrecht in der Schweiz, sic! 2006, 242; LÜKE, Die Zuständigkeitsprüfung nach dem EuGVÜ, GS Arens, München 1993, 273; LÜPFERT, Konnexität im EuGVÜ, Berlin 1997; LUPOI, The New Lis Pendens Provisions in the Brussels I and II Regulations, ZZPInt 2002, 149; MAGNUS/MANKOWSKI, Brussels I

Regulation, München 2007 (zit. Magnus/Mankowski-Bearbeiter); Mankowski, Entwicklungen im Internationalen Privat- und Prozessrecht 2004/2005, RIW 2005, 481 (Teil 1), 561 (Teil 2); Mansel, Streitverkündung und Interventionsklage im internationalen Zivilprozessrecht (EuGVÜ/Lugano-Übereinkommen), in: Hommelhoff/Jayme/Mangold (Hrsg.), Europäischer Binnenmarkt: Internationales Privatrecht und Rechtsangleichung; Beiträge und Diskussionen des Symposiums 1994 in Heidelberg, Heidelberg 1995, 161; Marengo, La litispendenza internazionale, Turin 2000; Markus, Revidierte Übereinkommen von Brüssel und Lugano: Zu den Hauptpunkten, SZW 1999, 205; McGuire, Verfahrenskoordination und Verjährungsunterbrechung im Europäischen Prozessrecht, Tübingen 2004; dies., Forum Shopping und Verweisung, ZfRV 2005, 83; Meier Andrea, Einbezug Dritter vor internationalen Schiedsgerichten, Zürich 2007; Meier Isaak, Internationales Zivilprozessrecht und Zwangsvollstreckungsrecht mit Gerichtsstandsgesetz, 2. Aufl., Zürich 2005, Meier-Beck, Aktuelle Fragen des Patentverletzungsverfahrens, GRUR 2000, 355; Möller, The Date upon which a Finnish and a Swedish Court Becomes Seised for the Purposes of the European Judgment Conventions, in: E Pluribus Unum. LA Droz, The Hague/Boston/London 1996, 219; Münchener Kommentar zur Zivilprozessordnung, Bd. 3, 3. Aufl., München 2008 (zit. MünchKommZPO-Bearbeiter); Münchener Kommentar zur Zivilprozessordnung, 2. Aufl., Aktualisierungsband, München 2002 (zit. MünchKommZPO/Aktualisierungsband-Bearbeiter); Musielak (Hrsg.), Kommentar zur Zivilprozessordnung, 5. Aufl., München 2007 (zit. Musielak-Bearbeiter); Nieroba, Die europäische Rechtshängigkeit nach der EuGVVO (Verordnung (EG) Nr. 44/2001) an der Schnittstelle zum nationalen Prozessrecht, Frankfurt a.M. 2006; Oberhammer, Internationale Rechtshängigkeit, Aufrechnung und objektive Rechtskraftgrenzen in Europa, IPRax 2002, 424; Otte, Verfahrenskoordination im EuGVÜ: Zur angemessenen Gewichtung von Feststellungs- und Leistungsklage, FS Schütze, München 1999, 619; Ders., Umfassende Streitentscheidung durch Beachtung von Sachzusammenhängen, Tübingen 1998; Prütting, Die Rechtshängigkeit im internationalen Zivilprozess und der Begriff des Streitgegenstandes nach Art. 21 EuGVÜ, GS Lüderitz, München 2000, 623; Rauscher (Hrsg.), Europäisches Zivilprozessrecht, 2. Aufl., München 2006 (zit. Rauscher-Bearbeiter); Rauscher/Gutknecht, Teleologische Grenzen des Art. 21 EuGVÜ?, IPRax 1993, 21; Reymond, For de la connexité au lieu de situation de l'immeuble et exception de litispendance selon la convention de Lugano, JdT 1996 III 42; Rodriguez, Die Revision des Brüsseler und Lugano-Übereinkommens im Kontext der Europäisierung von IPR und IZPR, Jusletter 4. Februar 2002; Roth, Schranken der Aussetzung nach § 148 ZPO und Art. 28 EUGVVO, FS Jayme, Bd. I, München 2004, 747; Rüssmann, Die Streitgegenstandslehre und die Rechtsprechung des EuGH – nationales Recht unter gemeineuropäischem Einfluss?, ZZP 1998, 399; Saenger (Hrsg.), Zivilprozessordnung, 2. Aufl., Baden-Baden 2007; Schilling, Internationale Rechtshängigkeit vs. Entscheidung binnen angemessener Frist, IPRax 2004, 294; Schlosser, EU-Zivilprozessrecht, 3. Aufl., München 2009 (zit. Schlosser, EuGVVO); Schmid, Die Verrechnung vor staatlichen Gerichten, Jusletter 15. September 2008, Schmidt, Anti-suit injunctions im Wettbewerb der Rechtssysteme, RIW 2006, 492; Schnyder/Liatowitsch, Internationales Privat- und Zivilverfahrensrecht, 2. Aufl., Zürich 2006; Schoibl, Die Prüfung der internationalen Zuständigkeit nach Europäischem Verfahrensrecht in Zivil- und Handelssachen. Die international-europäische Zuständigkeitsprüfung aus österreichischer Sicht, ZZPInt 2005, 123; Schulte-Beckhausen, Internationale Zuständigkeit durch rüglose Einlassung im europäischen Zivilprozessrecht, Bielefeld 1994; Schumann, Internationale Rechtshängigkeit (Streitanhängigkeit), FS Kralik, Wien 1986, 301; Schütze, Die Berücksichtigung der Konnexität nach dem EWG-Übereinkommen über die gerichtliche Zuständigkeit und die Vollstreckung gerichtlicher Entscheidungen, RIW 1975, 543; Ders., Die Berücksichtigung der Rechtshängigkeit eines ausländischen Verfahrens nach dem EWG-Übereinkommen über die gerichtliche Zuständigkeit und die Vollstreckung gerichtlicher Entscheidungen, RIW 1975, 78; Ders., *Lis Pendens* and Related Acitons, EuJLRef 4 (2002), 57; Schütze/Kratzsch, Aussetzung des Verfahrens wegen konnexer Verfahren nach Art. 22 EuGVÜ, RIW

2000, 939; SCHWANDER, Ausländische Rechtshängigkeit nach IPR-Gesetz und Lugano-Übereinkommen, FS Vogel, Freiburg 1991, 395; DERS., Bemerkungen zum Urteil vom 9.9.1998 i.S. Dreesmann-Gustafsson c. Retail Holding AG in Liquidation, BGE 124 III 444 ff., AJP 1999, 111 f.; SIEHR, Die Rechtshängigkeit im Europäischen Zivilprozessrecht – Auswirkungen für die Schweiz und Vorschläge zur Reform, ZZZ 2004, 473; SIMONS, Grenzüberschreitende «Torpedoklagen», The European Legal Forum 2003, 289; SOGO Internationale Vollstreckbarkeit provisorischer Rechtsöffnungsentscheide nach LugÜ, AJP 2005, 808–820; SPÜHLER, Art. 21 LugÜ: Zum Beispiel BGE 123 III 414 – und die schweizerischen Interessen?, FS Zäch, Zürich 1999, 847; STACHER, Grenzen des Regelungsbereichs von Art. 186 Abs. 1bis IPRG, ZZZ 2006, 509; DERS., Das Rechtsschutzinteresse im internationalen Verhältnis, AJP 2007, 1124; STAFYLA, Die Rechtshängigkeit des EuGVÜ nach der Rechtsprechung des EuGH und der englischen, französischen und deutschen Gerichte, Sinzheim 1998; STUMPE, Torpedo-Klagen im Gewand obligatorischer Schlichtungsverfahren – Zur Auslegung des Art. 27 EuGVVO, IPRax 2008, 22; THIELE, Anderweitige Rechtshängigkeit im Europäischen Zivilprozessrecht – Rechtssicherheit vor Einzelfallgerechtigkeit, Anmerkungen zu EuGH, Urt. v. 9.12.2003 [GASSER/MISAT], RIW 2004, 285; DERS., Antisuit injunctions im Lichte europäischen Gemeinschaftsrechts, RIW 2002, 383; Thomas/Putzo/Reichhold/Hüsstege (Hrsg.), Zivilprozessordnung, 30. Aufl., München 2009 (zit. THOMAS/PUTZO-Bearbeiter); TIEFENTHALER, Die Streitanhängigkeit nach Art. 21 Lugano-Übereinkommen, ZfRV 1997, 67; VOCK, Fragen aus dem Gerichtsstandsgesetz – hat das Gerichtsstandsgesetz auch internationale Bezüge, in: Spühler (Hrsg.), Internationales Zivilprozess- und Verfahrensrecht, Zürich 2001, 1; VOGEL, Der Eintritt der Rechtshängigkeit nach Art. 21 und 22 des Lugano-Übereinkommens, SJZ 1994, 301; DERS., Wer zuerst kommt, mahlt zuerst, recht 1998, 124; VOGEL/SPÜHLER, Grundriss des Zivilprozessrechts und des internationalen Zivilprozessrechts der Schweiz, 8. Aufl., Bern 2006; VON MEIBOM/PITZ, Belgian Torpedo reaches European Court of Justice, International Business Lawyer 2000, 82; WALKER, Die Streitgegenstandslehre und die Rechtsprechung des EuGH – nationales Recht unter gemeineuropäischem Einfluss, ZZP 1998, 429; WALTER, *Lis Alibi Pendens* and *Forum Non Conveniens:* From Confrontation via Coordination to Collaboration, EuJLRef 4 (2002), 69; DERS., Ausländische Rechtshängigkeit und Konnexität nach altem und neuem Lugano-Übereinkommen, in: Spühler (Hrsg.), Internationales Zivilprozess- und Verfahrensrecht II, Zürich 2003, 127; DERS., Internationales Zivilprozessrecht der Schweiz, 4. Aufl., Bern/Stuttgart/Wien 2007; WIDMER/MAURENBRECHER, What's Negative about Negative Declarations?, in: Vogt u.a. (Hrsg.), The International Practice of Law, LA for Thomas Bär und Robert Karrer, Basel 1997, 263; WIECZOREK/SCHÜTZE, Zivilprozessordnung und Nebengesetze, Grosskommentar, 3. Aufl., Berlin/New York, 1994; WITTIBSCHLAGER, Rechtshängigkeit in internationalen Verhältnissen, Basel/Frankfurt a.M. 1994; WOLF, Rechtshängigkeit und Verfahrenskonnexität nach EuGVÜ, EuZW 1995, 365; ZEUNER, Zum Verhältnis zwischen internationaler Rechtshängigkeit nach Art. 21 EuGVÜ und Rechtshängigkeit nach den Regeln der ZPO, FS LÜKE, München 1997, 1003.

Übersicht *Seite*

I. Zweck der Bestimmungen zur Rechtshängigkeit

1 Die Art. 27–30 regeln die Koordination von Verfahren, die bei Gerichten verschiedener LugÜ-Staaten anhängig gemacht werden und dieselben Ansprüche oder solche, die im Zusammenhang stehen, betreffen. Da für **Klagen wegen desselben Anspruchs** häufig mehrere Gerichtsstände zur Verfügung stehen, kann es vorkommen, dass dieselbe Rechtssache vor Gerichten verschiedener LugÜ-Staaten anhängig gemacht wird[1]. Widersprüchliche Entscheidungen führen jedoch zu Konflikten im Vollstreckungsstadium und stellen gemäss Art. 34 Nr. 3 ein **Anerkennungshindernis** dar. Widersprüchliche Entscheidungen in verschiedenen Staaten sollen daher mittels der von Art. 27 vorgesehenen von Vornherein vermieden werden[2]. Art. 27 übernimmt unverändert die unter dem alten LugÜ bestehende Regelung[3].

2 Im Gegensatz zu den von Art. 27 erfassten identischen Klagen besteht bei bloss **im Zusammenhang stehenden Klagen** nicht die Gefahr sich formell widersprechender Urteile[4]. Da im Zusammenhang stehende Klagen aber sich überschneidende Sach- und Rechtsgrundlagen aufweisen, kann eine Beurteilung durch unterschiedliche Gerichte dazu führen, dass dasselbe Sachverhaltselement unterschiedlich gewürdigt wird. Das Resultat sind **inkonsistente Urteile**[5]. Im Bestreben, innerhalb eines einheitlichen Vollstreckungsraums solche zu verhindern und eine geordnete Rechtspflege zu sichern, wollte man den Gerichten zumindest die Möglichkeit in die Hand geben, für eine Koordination der Verfahren zu sorgen[6]. Eine solche Handhabe bietet Art. 28, welcher das später angerufene Gericht ermächtigt, nach pflichtgemässem Ermessen das Verfahren weiterzuführen, zu sistieren oder die Entscheidung über den konnexen Anspruch dem zuerst angerufenen

---

[1] Bericht Pocar Rz. 118; Geimer/Schütze, EuZVR Art. 27 Rz. 1; Rauscher-Leible, Art. 27 Rz. 5; Donzallaz Rz. 1380.

[2] Kropholler, Vor Art. 27 Rz. 1; Geimer/Schütze, EuZVR Art. 27 Rz. 1; Magnus/Mankowski-Fentiman, Introduction to Arts. 27–30 Rz. 3; Dasser/Oberhammer-Dasser, Art. 21 Rz. 1; Musielak-Weth, Art. 27 Rz. 1; Donzallaz Rz. 1387.

[3] Botschaft LugÜ Ziff. 2.4 1801.

[4] Dasser/Oberhammer-Dasser, Art. 21 Rz. 3; Magnus/Mankowski-Fentimann, Introduction to Arts. 27–30 Rz. 3.

[5] Dasser/Oberhammer-Dasser, Art. 21 Rz. 3; Magnus/Mankowski-Fentimann, Introduction to Arts. 27–30 Rz. 2. Geimer/Schütze, EuZVR Art. 28 Rz. 1 spricht von «inkohärenten» Urteilen.

[6] Dasser/Oberhammer-Dasser, Art. 21 Rz. 3; Geimer/Schütze, EuZVR Art. 28 Rz. 3; Kropholler, Art. 28 Rz. 1; Rauscher-Leible, Art. 27 Rz. 1; Bericht Jenard zu Art. 22 EuGVÜ.

Gericht zu überlassen, sofern dies im konkreten Fall verfahrensrechtlich möglich ist. Auch Art. 28 übernimmt im Wesentlichen die Regelung von Art. 22 aLugÜ, wobei gewisse Fehler korrigiert wurden. Im Vordergrund steht hier vor allem der Verzicht auf die Voraussetzung der Anhängigkeit im ersten Rechtszug gemäss Art. 22 Abs. 1 aLugÜ[7].

II. Grundsatz der zeitlichen Priorität

Die Art. 27–29 basieren allesamt auf dem Grundsatz der **zeitlichen Priorität,** wie dies bereits für die Vorgängerbestimmungen der Fall war. Der Grundsatz entstammt der kontinentaleuropäischen Rechtstradition und entspricht damit dem Konzept derjenigen Staaten, welche das EuGVÜ von 1967 ausgehandelt haben. Auch nachdem dem Übereinkommen später mit Irland und Grossbritannien Common-Law-Staaten beigetreten sind, wurde die Konzeption der zeitlichen Priorität beibehalten. Common-Law-Staaten überlassen es grundsätzlich dem Ermessen der beteiligten Gerichte, ob ein Verfahren wegen eines Parallelverfahrens vor einem anderen Gericht zu sistieren ist, wobei nicht zwingend der Grundsatz der zeitlichen Priorität massgebend ist[8]. Die Regelung von Art. 27–29 LugÜ bleibt daher für diese Staaten ein gewisser Fremdkörper[9]. 3

Bereits unter dem LugÜ in der Fassung vom 16. September 1988 wurde nach einer Lösung unter Bezugnahme auf die Reihenfolge der Klageerhebung gesucht. Die vorrangige Zuständigkeit wurde auch damals dem zuerst angerufenen Gericht zugeschrieben. Ein später angerufenes Gericht musste gemäss Art. 21 aLugÜ das Verfahren aussetzen, bis die Zuständigkeit des zuerst angerufenen Gerichts für einen identischen Anspruch feststand. Ferner verpflichtete Art. 22 aLugÜ das später angerufene Gericht, falls nötig die vorgesehenen Massnahmen zur Verfahrenskoordination zu treffen. Diese Regelungen waren problematisch, da das LugÜ keine autonome und einheitliche Regelung zur Bestimmung der Frage, zu welchem Zeitpunkt 4

7 Botschaft LugÜ Ziff. 2.4 1801; Bericht Pocar Rz. 121 ff.; Kren Kostkiewicz in Bonomi/Cashin Ritaine/Romano, Convention de Lugano 109.
8 Vgl. Ausführungen von Hess, § 6 Rz. 152 zum Common-Law-System.
9 Dasser/Oberhammer-Dasser, Art. 21 Rz. 4; vgl. auch Hess, § 6 Rz. 155.

eine Klage als vor dem Gericht anhängig zu betrachten ist, enthielt[10]. Überlässt man es dem nationalen Recht, den Zeitpunkt der Rechtshängigkeit zu bestimmen, kann aufgrund der bestehenden Unterschiede eine Klage vor einem durch dieses Übereinkommen gebundenen Staat durch Klageerhebung in einem anderen LugÜ-Staat überholt werden. Diesem «Forum running» kann nur Einhalt geboten werden, wenn zur Bestimmung der Priorität auf einen vergleichbaren Verfahrensstand abgestellt wird. Eine **vertragsautonome Begriffsbestimmung des Beginns der Rechtshängigkeit** war daher dringend geboten. Das revidierte LugÜ hat mit Art. 30 eine solche Begriffsbestimmung geschaffen.

[10] Botschaft S. 1802; DASSER/OBERHAMMER-DASSER, Art. 21 Rz. 42; KROPHOLLER, Art. 30 Rz. 1; GEIMER/SCHÜTZE, EuZVR Art. 30 Rz. 2; DONZALLAZ Rz. 1390.

Art. 27

1. Werden bei Gerichten verschiedener durch dieses Übereinkommen gebundener Staaten Klagen wegen desselben Anspruchs zwischen denselben Parteien anhängig gemacht, so setzt das später angerufene Gericht das Verfahren von Amts wegen aus, bis die Zuständigkeit des zuerst angerufenen Gerichts feststeht.

2. Sobald die Zuständigkeit des zuerst angerufenen Gerichts feststeht, erklärt sich das später angerufene Gericht zugunsten dieses Gerichts für unzuständig.

Art. 27

1. Lorsque des demandes ayant le même objet et la même cause sont formées entre les mêmes parties devant des juridictions de différents États liés par la présente Convention, la juridiction saisie en second lieu sursoit d'office à statuer jusqu'à ce que la compétence du tribunal premier saisi soit établie.

2. Lorsque la compétence du tribunal premier saisi est établie, le tribunal saisi en second lieu se dessaisit en faveur de celui-ci.

Art. 27

1. Qualora davanti a giudici di diversi Stati vincolati dalla presente convenzione e tra le stesse parti siano state proposte domande aventi il medesimo oggetto e il medesimo titolo, il giudice successivamente adito sospende d'ufficio il procedimento finché sia stata accertata la competenza del giudice adito in precedenza.

2. Se la competenza del giudice precedentemente adito è accertata, il giudice successivamente adito dichiara la propria incompetenza a favore del primo.

Art. 27

1. Where proceedings involving the same cause of action and between the same parties are brought in the courts of different States bound by this Convention, any court other than the court first seised shall of its own motion stay its proceedings until such time as the jurisdiction of the court first seised is established.

2. Where the jurisdiction of the court first seised is established, any court other than the court first seised shall decline jurisdiction in favour of that court.

Übersicht *Seite*

I. Anwendungsvoraussetzungen

1. Sachlicher Anwendungsbereich des LugÜ

1 Damit Art. 27 überhaupt zur Anwendung gelangen kann, müssen beide Verfahren in den **sachlichen Anwendungsbereich** des LugÜ gemäss Art. 1 fallen[1]. Sind die Verfahren von diesem nur teilweise erfasst, ist Art. 27 nur in diesem Umfang anwendbar[2]. Voraussetzung ist, dass der

[1] Geimer/Schütze, EuZVR Art. 27 Rz. 11; Magnus/Mankowski-Fentiman, Introduction to Arts. 27–30 Rz. 48; Rauscher-Leible, Art. 27 Rz. 3; MünchKommZPO-Gottwald, Art. 27 Rz. 2.

[2] Geimer/Schütze, EuZVR Art. 27 Rz. 11 mit Bsp. (Scheidungs- und Scheidungsfolgenverfahren: keine Anwendung von Art. 27 betr. Scheidung und güterrechtliche Auseinandersetzung,

in den sachlichen Anwendungsbereich fallende Teilbereich des Verfahrens **abtrennbar** ist und damit ein selbständiges Schicksal erleiden kann, wie z.B. bei Unterhaltsforderungen im Rahmen eines Eheschutzbegehrens oder Scheidungsverfahrens[3].

Nicht anwendbar ist Art. 27 somit auf Fragen des Personenstands etc., auf insolvenzrechtliche Verfahren, Streitigkeiten im Bereich der sozialen Sicherheit und die Schiedsgerichtsbarkeit (Art. 1 Abs. 2). Das Bundesgericht hat in einem Entscheid aus dem Jahr 2008 in Sachen *SAirLines in Nachlassliquidation gegen Staat Belgien et al.* bestätigt, dass Kollokationsklagen unter den insolvenzrechtlichen Ausschluss des LugÜ fallen und damit die Bestimmungen des LugÜ zu Parallelverfahren nicht unmittelbar zur Anwendung gelangen. Die Frage einer Sistierung des Zweitverfahrens wurde daher nach kantonalem Prozessrecht beantwortet[4].

2. Keine Anwendung auf Drittstaatverfahren

Ist eine der Klagen in einem **Drittstaat** erhoben worden, ist im Verhältnis 2
zu dieser Klage Art. 27 **nicht anwendbar**[5]. Dies ergibt sich zweifelsfrei daraus, dass Art. 27 von anhängigen Verfahren «bei Gerichten verschiedener durch dieses Übereinkommen gebundener Staaten» spricht.

In der deutschen Lehre wird diskutiert, inwieweit ein nach Art. 2 ff. inter- 3
national zuständiges Zweitgericht aufgrund nationaler oder staatsvertraglicher Regelungen zu einer Sistierung überhaupt befugt ist, wenn das zuerst befasste Gericht einem Drittstaat angehört, da das Zweitgericht unter dem LugÜ grundsätzlich eine Pflicht zur **Justizgewährung** trifft. In der Lehre herrscht grundsätzlich Einigkeit, dass der Justizgewährungsanspruch vor völkerrechtlichen Vereinbarungen des Zweitstaates zurückzutreten hat, welche einem ausländischen identischen Erstverfahren Priorität einräumen[6]. Im Sinne der Verhinderung formell widersprüchlicher Urteile ist es

---

hingegen Anwendung auf Unterhaltsfrage).

3 Dasser/Oberhammer-Dasser, Art. 1 Rz. 55.

4 BGE 135 III 127 E. 2, E. 3.4, BGer 30.09.2008, 5A_20/2008.

5 Kropholler, Vor Art. 27 Rz. 2; Geimer/Schütze, EuZVR Art. 27 Rz. 22; Rauscher-Leible, Art. 27 Rz. 3; Schlosser, EuGVVO Art. 27 Rz. 1; MünchKommZPO-Gottwald, Art. 27 Rz. 2; Donzallaz Rz. 1588.

6 Geimer/Schütze, EuZVR Art. 27 Rz. 23; Kropholler, Vor Art. 27 Rz. 2; Dasser/Oberhammer-Dasser, Art. 22 N16; Donzallaz Rz. 1513.

sodann sachgerecht, auch nationalen Regelungen, welche bei bestehender Rechtshängigkeit eine Sistierung des Zweitprozesses vorsehen, den Vorrang zu lassen. In der Schweiz schreibt **Art. 9 IPRG** explizit die Sistierung des Schweizer Verfahrens bei einem zuerst im Ausland anhängig gemachten identischen Verfahren vor[7]. Die Anwendung dieser Bestimmung ist in der Schweiz unumstritten[8]. Die Sistierung wird bei Art. 9 IPRG allerdings von einer positiven Anerkennungsprognose und einer angemessenen Frist bis zum Ergehen eines Urteils im Ausland abhängig gemacht, so dass sichergestellt wird, dass die durch die Sistierung eintretenden Folgen sich für die damit belastete Partei in Grenzen halten[9].

3. Verhältnis zu Schiedsverfahren

4 **Schiedsverfahren** fallen aufgrund des Vorbehalts von Art. 1 Abs. 2 lit. d grundsätzlich **nicht in den Anwendungsbereich** des LugÜ. Somit ist weder ein später angerufenes Schiedsgericht bei bereits hängigem staatlichem Verfahren noch ein später angerufenes staatliches Gericht bei bereits hängigem Schiedsverfahren gehalten, sein Verfahren zu sistieren[10]. Der Wortlaut von Art. 27 stellt noch einmal klar, dass sich die Bestimmung nur auf Parallelverfahren vor staatlichen Gerichten bezieht, da von Klagen «bei Gerichten verschiedener durch dieses Übereinkommen gebundener Staaten» die Rede ist. Ferner ergibt sich die Nichtanwendbarkeit von Art. 27 auf Schiedsverfahren auch aus dem Zweck der Bestimmung, welche widersprüchliche Urteile im Hinblick auf deren Vollstreckung unter dem LugÜ-Vollstreckungsregime vermeiden will. Da Schiedsentscheide nicht unter dem LugÜ, sondern – so weit anwendbar – unter dem New Yorker Übereinkommen vollstreckt werden, ist ein LugÜ-relevanter Konflikt ausgeschlossen[11].

5 Die Regelung solcher Parallelverfahren bleibt damit der ***lex fori*** vorbehalten[12]. Es besteht allerdings ein Entwurf für eine Regelung dieser Frage

---

[7] IPRG-Berti, Art. 9 Rz. 5; Walter, Internationales Zivilprozessrecht 493.

[8] Vgl. z.B. Kren Kostkiewicz in Bonomi/Cashin Ritaine/Romano, Convention de Lugano 114.

[9] Walter, Internationales Zivilprozessrecht 491 f.

[10] Geimer/Schütze, EuZVR Art. 27 Rz. 21; Liatowitsch 139; Stacher, ZZZ 2006, 525; Dasser/Oberhammer-Dasser, Art. 21 Rz. 27; MünchKommZPO-Gottwald, Art. 28 Rz. 2; Musielak-Weth, Art. 27 Rz. 2.

[11] Dasser/Oberhammer-Dasser, Art. 21 Rz. 28.

[12] Geimer/Schütze, EuZVR Art. 27 Rz. 21; Liatowitsch 139.

durch die EUGVVO, indem die Verordnung auf diesen Punkt ausgedehnt werden soll. Eine nach Art. 73 EUGVVO tätig gewordene Heidelberger Arbeitsgruppe hat vorgeschlagen, neben anderen Massnahmen neu vorzusehen, dass, sobald im Sitzstaat des Schiedsgerichts ein Verfahren über das Vorhandensein, die Wirksamkeit oder die Tragweite der Schiedsvereinbarung eingeleitet worden ist, die Gerichte, die mit der Hauptsache befasst sind, ihr Verfahren nach einem neuen Art. 27a EUGVVO aussetzen müssen[13]. Als Folge des Heidelberger Berichts[14] veröffentlichte die EU-Kommission ein «Green Paper», mit welchem eine Diskussion lanciert werden sollte, wie die EUGVVO in bestimmten Punkten – darunter das Zusammenspiel zwischen Schieds- und Gerichtsverfahren – verbessert werden könnte[15]. Das Schicksal der im Heidelberger Bericht und im «Green Paper» genannten Vorschläge war zum Zeitpunkt des Erscheinens dieses Kommentars weiterhin ungewiss.

Für ein **internationales Schiedsgericht mit Sitz in der Schweiz** ist in Art. 186 Abs. 1bis IPRG geregelt, wie es sich bei Parallelverfahren zu verhalten hat. Das Schiedsgericht entscheidet über seine Zuständigkeit ungeachtet einer bereits vor einem staatlichen Gericht oder einem anderen Schiedsgericht anhängigen identischen Klage zwischen denselben Parteien, es sei denn, dass beachtenswerte Gründe ein Aussetzen des Verfahrens erfordern[16]. Dies bedeutet, dass das Schiedsgericht eine bereits anderweitig eingetretene Rechtshängigkeit ignorieren und **sein Verfahren fortsetzen** kann[17]. Der Grundsatz der Zeitpriorität wurde damit zugunsten des Schiedsgerichts durchbrochen. Es soll verhindert werden, dass den Schiedsvertrag missachtende Parteien einem Schiedsverfahren mit der Einleitung paralleler Verfahren vor (ausländischen) staatlichen Gerichten zuvorkommen[18]. Sofern es sich bei dem zuerst angerufenen staatlichen 6

13 Geimer/Schütze, EuZVR Art. 1 Rz. 167.

14 Hesse/Pfeiffer/Schlosser, The Heidelberg Report on the Application of Regulation Brussels I in 25 member States, Study JLS/C4/2005/03.

15 Green Paper on the Review of Council Regulation (EC) No. 44/2001 on Jurisdiction and the Recognition and Enforcement of Judgments in Civil and Commercial Matters, Brussels, 21 April 2009, COM(2009) 175; Redfern/Hunter Rz. 5.138.

16 Anders demgegenüber die nun in Art. 372 Abs. 2 ZPO festgehaltene Lösung für Binnenschiedsverfahren, gemäss welcher auch das Schiedsgericht, sofern es das zuletzt angerufene Gericht ist, das Verfahren aussetzen muss, bis das zuerst angerufene Gericht über seine Zuständigkeit entschieden hat. Dazu Meier, Schweizerisches Zivilprozessrecht 620 f.

17 IPRG-Wenger/Schott, Art. 186 Rz. 14; Berger/Kellerhals Rz. 647 f.

18 IPRG-Wenger/Schott, Art. 186 Rz. 15.

Gericht um ein schweizerisches Gericht handelt, besteht allerdings in der Regel keine Veranlassung für eine Durchbrechung des Grundsatzes der Zeitpriorität[19].

7 Für ein **staatliches schweizerisches Gericht** besteht unter Schweizer Recht keine explizite Regelung, wie mit paralellen ausländischen Schiedsverfahren zu verfahren ist. Bei **früher eingeleiteten ausländischen Schiedsverfahren** kann das staatliche Gericht nach überwiegender Meinung in der Lehre Art. 9 IPRG zumindest analog anwenden und das Verfahren bei Vorliegen einer positiven Anerkennungsprognose **aussetzen**[20]. Ob es dies auch *muss*, da sich Art. 9 IPRG auch auf ausländische Schiedsentscheide erstreckt, wurde bisher nicht entschieden, ist aber angesichts der bundesgerichtlichen *Fomento*-Rechtsprechung wohl zu bejahen, da der Zweck der Bestimmung darin besteht, sich widersprechende Entscheidungen zu verhindern[21]. Hat das **früher angerufene internationale Schiedsgericht** seinen **Sitz in der Schweiz,** wurde in der Lehre vor Inkrafttreten der eidgenössischen ZPO eine analoge Anwendung von Art. 35 GestG befürwortet, welcher eine Aussetzung des Verfahrens durch das angerufene Zweitgericht vorsah[22]. Unter der Herrschaft der eidgenössischen ZPO gelangt man über eine analoge Anwendung von Art. 372 Abs. 2 ZPO **zum gleichen Resultat**[23].

8 Wurde das **schweizerische staatliche Gericht zuerst angerufen,** wird in der Lehre teilweise verlangt, dass es – mindestens, wenn es sich beim später angerufenen Schiedsgericht um ein internationales Schiedsgericht mit Sitz in der Schweiz handelt – den Wertungsgehalt von Art. 186 Abs. 1bis IRPG beachten und auf den Entscheid des Schiedsgerichts zur Frage der Sistierung abstellen solle[24]. Diese Auffassung ist als zu weitgehend abzulehnen, da die Regelung des Art. 186 Abs. 1bis IRPG eine Reaktion des Gesetzgebers auf den *Fomento*-Entscheid des Bundesgerichts darstellte,

---

19 Vgl. dazu nachstehend Rz. 10.

20 Dasser/Oberhammer-Dasser, Art. 21 Rz. 30; Berger/Kellerhals Rz. 638 m.w.H.

21 Im *Fomento*-Entscheid wurde festgehalten, Schiedssprüche seien in ihrer Wirkung den Urteilen staatlicher Gerichte gleichgestellt und es gelte im Verhältnis zwischen Schiedsrichter und staatlichem Richter in gleichem Masse wie zwischen staatlichen Gerichten unter sich, widersprüchliche Urteile zu verhindern; BGE 127 III 279 E. 2c. Vgl. in diesem Sinne auch Berger/Kellerhals Rz. 642, 646.

22 Berger/Kellerhals Rz. 638; Liatowitsch 130.

23 Meier, Schweizerisches Zivilprozessrecht 248; Botschaft S. 7278.

24 Dasser/Oberhammer-Dasser, Art. 21 Rz. 30.

welcher einen schiedsgerichtlichen Vorentscheid über die Zuständigkeit aufgehoben hatte, weil das Schiedsgericht sich in einer Sache für zuständig erklärt hatte, die vorher vor den Gerichten Panamas anhängig gemacht worden und dort noch hängig war[25]. Mit der neuen Bestimmung wollte man verhindern, dass eine Partei durch schnelle Klageeinleitung vor einem ausländischen staatlichen Gericht das Schiedsverfahren dauerhaft blockieren kann[26].

Art. 186 Abs. 1bis IRPG untersagt aber gleichzeitig dem angerufenen staatlichen Gericht nicht, das Verfahren seinerseits weiterzuführen; vielmehr hat der Schweizer Gesetzgeber bewusst das Risiko von Parallelverfahren in Kauf genommen. Eine Anweisung an das zuerst angerufene Schweizer Gericht, das Verfahren zu sistieren und den Entscheid des Schiedgerichts abzuwarten, ob dieses das Verfahren selber fortsetzen will, würde mit der Befugnis des staatlichen Richters kollidieren, bei der Prüfung der eigenen Zuständigkeit über die Wirksamkeit der Schiedsvereinbarung zu entscheiden. Gemäss Art. 7 IPRG und Art. II Abs. 3 NYÜ muss das schweizerische staatliche Gericht auf erhobene Schiedseinrede hin prüfen, ob die Schiedsvereinbarung die eigene Zuständigkeit ausschliesst. Diese Befugnis besteht parallel zur Befugnis des Schiedsgerichts, über seine Zuständigkeit zu entscheiden. Es gibt **keine** grundsätzliche **Entscheidungspriorität** des Schiedsgerichts oder des staatlichen Richters[27]. Somit ist das zuerst angerufene schweizerische Gericht **nicht gehalten, den Entscheid des Schiedsgerichts** zur Frage der Sistierung **abzuwarten.** 9

Zumindest im Verhältnis zwischen dem zuerst angerufenen schweizerischen staatlichen Gericht und dem später angerufenen internationalen Schiedsgericht mit Sitz in der Schweiz wäre es aber tatsächlich wünschenswert, Parallelprozesse zu verhindern. Da Schweizer Gerichte die Zuständigkeit eines internationalen Schiedsgerichts mit Sitz in der Schweiz nur einer Prima-facie-Prüfung unterziehen[28], droht in diesem Verhältnis in der Regel keine Gefahr, dass Schiedsverfahren durch die Anrufung des staatlichen Richters entscheidend verzögert werden. Weiter droht auch keine Anwendung schiedsrestriktiverer Bestimmungen der ausländischen *lex* 10

[25] BGE 127 III 279 E. 2c.
[26] IPRG-Wenger/Schott, Art. 186 Rz. 14; Berger/Kellerhals Rz. 643.
[27] Liatowitsch 160.
[28] Berger/Kellerhals Rz. 315.

fori[29]. Es wird daher in der Regel angezeigt sein, dass das später angerufene **Schiedsgericht** aufgrund des Vorliegens beachtenswerter Gründe im Sinne von Art. 186 Abs. 1bis IPRG das Verfahren **sistiert,** bis das staatliche Gericht über seine Zuständigkeit entschieden hat[30].

4. Rolle der Zuständigkeit des Zweitgerichts bei der Anwendung von Art. 27

11 In der Lehre wird verschiedentlich angeführt, die Zuständigkeit des Zweitgerichts sei eine Voraussetzung für die Anwendbarkeit des Art. 27. Sei das später angerufene Gericht (international) nicht zuständig, müsse es sich bereits aus diesem Grund für nicht zuständig erklären und die Art. 27-30 kämen gar nicht erst zum Tragen[31]. Gemäss Wortlaut von Art. 27 ist die Zuständigkeit des Zweitgerichts aber keine Voraussetzung für dessen Anwendbarkeit[32]. Das Zweitgericht kann damit auch ohne Prüfung der eigenen Zuständigkeit nach Art. 27 vorgehen und das Verfahren sistieren, bis die Zuständigkeit bzw. Unzuständigkeit des Erstgerichts feststeht. Im Regelfall ist es allerdings **effizienter,** wenn das Zweitgericht **sofort** seine **eigene Zuständigkeit** prüft. Fehlt es an dieser, ist das Zweitgericht in jedem Fall nicht befugt, über den Anspruch zu befinden, so dass sich eine Sistierung erübrigt. Da die Zuständigkeitsprüfung des Erstgerichts keinen Einfluss auf die Zuständigkeit des Zweitgerichts hat, muss der Entscheid des Erstgerichts über seine Zuständigkeit nicht abgewartet werden, wenn sich das Zweitgericht für unzuständig hält[33]. Im ungünstigsten Fall, nämlich wenn sich in der Folge auch das Erstgericht für unzuständig erklärt, kann ein negativer Kompetenzkonflikt entstehen, doch ist ein solcher auch möglich, wenn das Erstgericht als erstes seine Zuständigkeit ablehnt, da Art. 27 keine Prozessüberweisung vorsieht und damit negative Kompetenzkonflikte nicht verhindern kann[34]. Wenn die Prüfung der Zuständigkeit

[29] Zu diesem Schutzzweck von Art. 186 Abs. 1bis IPRG-Wenger/Schott, Art. 186 Rz. 14.

[30] In diesem Sinne auch Berger/Kellerhals Rz. 649. Ebenso die Lösung für Binnenschiedsgerichte gemäss Art. 372 Abs. 2 ZPO.

[31] So Kropholler, Vor Art. 27 Rz. 2; Thomas/Putzo-Hüsstege, Vorbem. Art. 27–30 Rz. 3; Donzallaz Rz. 1406.

[32] Im Ergebnis auch Dasser/Oberhammer-Dasser, Art. 21 Rz. 66.

[33] Dasser/Oberhammer-Dasser, Art. 21 Rz. 66; BGE 123 III 414 ff. E. 7a; Cour civile VD, 21.07.1996, JdT 1996 III 34, 35.

[34] Dasser/Oberhammer-Dasser, Art. 21 Rz. 65; Rauscher-Leible, Art. 27 Rz. 5; Donzallaz Rz. 1392.

des Zweitgerichts als **sehr aufwändig** erscheint, mag es im Ausnahmefall geboten erscheinen, das Zweitverfahren zuerst gestützt auf Art. 27 zu sistieren und den Zuständigkeitsentscheid des Erstgerichts abzuwarten. Ist dieses nämlich zuständig, hat das Zweitgericht gestützt auf Art. 27 Abs. 2 unabhängig von einer bestehenden Zuständigkeit einen Nichteintretensentscheid zu fällen und es braucht daher über seine Zuständigkeit gar nicht mehr zu entscheiden[35].

5. Irrelevanz von Wohnsitz/Sitz der Parteien und des massgeblichen Zuständigkeitsrechts

Für die Anwendung von Art. 27 spielt es keine Rolle, ob die Parteien inner- 12
halb oder ausserhalb des räumlichen Anwendungsbereichs des LugÜ ihren Wohnsitz bzw. Sitz haben[36]. Entscheidend für die Anwendung von Art. 27 ist, dass zwei parallele Gerichtsverfahren in zwei LugÜ-Staaten vorliegen, welche vom sachlichen Anwendungsbereich des LugÜ erfasst sind. Sind diese Voraussetzungen erfüllt, ist Art. 27 LugÜ auch zu beachten, wenn die Parteien **Wohnsitz im gleichen LugÜ-Staat oder ausschliesslich in Drittstaaten** haben. Diese Frage war vor der *Overseas Union*-Entscheidung des EuGH nicht vollständig klar, da Art. 21 aLugÜ (wie auch Art. 27 (rev)LugÜ) systematisch unter Titel II betreffend Zuständigkeit eingeordnet ist und Art. 4 LugÜ vorsieht, dass sich die Zuständigkeit der Gerichte eines jeden LugÜ-Staats (vorbehaltlich des Art. 16 bzw. neu der Art. 22 und 23) nach seinen eigenen Gesetzen bestimmt, wenn der Beklagte keinen Wohnsitz in dem Hoheitsgebiet eines LugÜ-Staats hat[37]. Im betreffenden Entscheid stellte der EuGH jedoch klar, dass Art. 21 EuGVÜ (und damit auch Art. 27 EUGVVO bzw. Art. 27 (rev)LugÜ) sowohl dann, wenn die Zuständigkeit des Gerichts sich aus dem Übereinkommen selbst ergibt, als auch dann, wenn sie nach Massgabe des Art. 4 des Übereinkommens auf den innerstaatlichen Rechtsvorschriften eines LugÜ-Staats beruht, Anwen-

[35] Dasser/Oberhammer-Dasser, Art. 21 Rz. 66; Lüpfert 146.

[36] EuGH Rs. C-351/89, *Overseas Union Insurance Ltd et al./New Hampshire Insurance Company,* Slg. 1991 I 3317 Rz. 18; besprochen von Rauscher/Gutknecht, IPRax 1993, 22 f.; bestätigt u.a. in EuGH Rs. C-39/02, *Maersk Olie & Gas A/S/Firma M. de Haan en W. de Boer,* Slg. 2004 I 9657 Rz. 32; Geimer/Schütze, EuZVR Art. 27 Rz. 14; Dasser/Oberhammer-Dasser, Art. 21 Rz. 41; Rauscher-Leible, Art. 27 Rz. 3; MünchKommZPO-Gottwald, Art. 27 Rz. 2; Musielak-Weth, Art. 27 Rz. 1; Baumbach/Lauterbach/Albers/Hartmann-Albers, Art. 27 Rz. 1; Donzallaz Rz. 1588; Thomas/Putzo-Hüsstege, Art. 27 Rz. 3.

[37] Dasser/Oberhammer-Dasser, Art. 21 Rz. 41.

dung findet. Dieser Entscheid stimmt damit überein, dass Art. 27 keine Zuständigkeitsvorschrift im engeren Sinne ist, sondern die Reihenfolge der bei verschiedenen Gerichten anhängig gemachten Klagen regelt. Der Zweck der Bestimmung besteht darin, widersprüchliche Urteile zu verhindern und Konflikte bei der Vollstreckung im Sinne von Art. 34 Nr. 3 zu vermeiden. Eine solche Situation kann sich auch dann ergeben, wenn ein oder beide Parallelentscheide aufgrund einer Zuständigkeitsvorschrift des innerstaatlichen Rechts ergangen sind[38].

13 Für die Anwendbarkeit von Art. 27 spielt es folglich **keine Rolle,** auf welche Grundlage sich die Zuständigkeit der angerufenen Gerichte stützt, d.h. ob die Zuständigkeit eines oder beider angerufenen Gerichte sich aus dem LugÜ, aus einem Spezialabkommen über die gerichtliche Zuständigkeit (Art. 67) oder – wie bei der *Overseas Union*-Entscheidung – aus dem nationalen Zuständigkeitsrecht ergibt[39].

6. «Klagen» vor Gerichten verschiedener durch das Übereinkommen gebundener Staaten

a. «Klagen» im Sinne von Art. 27

14 Art. 27 setzt nach seinem Wortlaut das **Anhängigmachen von «Klagen»** voraus. Es genügt aber, dass ein *Anspruch* anhängig gemacht wurde; dies kann unter Umständen gemäss nationalem Prozessrecht auch lediglich durch Antrag erfolgen und bedarf nicht zwingend einer «Klage» im förmlichen Sinn[40]. Als genügend erachtet wurde vom EuGH in Sachen *Maersk Olie & Gas A/S* der Antrag auf Errichtung eines Haftungsbeschränkungsfonds, den ein Schiffseigentümer vor Gericht stellte, damit die Gläubiger vom Schiffseigentümer keine anderen Beträge verlangen konnten, als ihnen im Rahmen dieses Verfahrens zugeteilt wurden[41].

---

[38] EuGH Rs. C-351/89 (Fn. 47), Rz. 15 f. DASSER/OBERHAMMER-DASSER, Art. 21 Rz. 41.

[39] GEIMER/SCHÜTZE, EuZVR Art. 27 Rz. 14; DASSER/OBERHAMMER-DASSER, Art. 21 Rz. 41; KROPHOLLER, Vor Art. 27 Rz. 2.

[40] KROPHOLLER, Art. 27 Rz. 2 mit dem Hinweis, dass ein Unterhaltsanspruch nach nationalem Prozessrecht möglicherweise im Verbundverfahren zusammen mit der Scheidung durch Stellung eines Antrags geltend gemacht werden kann (BGH 09.10.1985, NJW 1986, 662, dazu IPRax 1987, 314, 295 Anm. JAYME sowie IPRspr. 1985 Nr. 166; GEIMER/SCHÜTZE, EuZVR Art. 27 Rz. 12; RAUSCHER-LEIBLE, Art. 27 Rz. 4.

[41] EuGH 14.10.2004, Rs. C-39/02 (Fn. 47) Rz. 34. Hierzu JAYME/KOHLER, IPRax 2005, 481, 488. Eine Anwendung von Art. 21 EuGVÜ (heute Art. 27 EUGVVO) scheiterte aber am Fehlen

Ein Anhängigmachen eines Anspruchs liegt auch vor, wenn die Streitverkündung nach dem nationalen Prozessrecht **Rechtshängigkeit begründet,** wie dies für Italien der Fall sein soll[42]. Erst recht gilt dies für die sog. Interventionsklage nach französischem oder englischem Prozessrecht, bei welcher es sich um eine formelle Regressklage für den Fall des Unterliegens im Hauptverfahren handelt[43]. Eine Interventionsklage ist mit der sog. «Streitverkündungsklage» nun auch auch in der Schweizer ZPO vorgesehen, wobei auf das Vorbild des *appel en cause* der Kantone Waadt und Genf zurückgegriffen wurde[44]. Zu einem hängigen Anspruch im Sinne von Art. 27 führt auch die Hauptintervention des französischen Rechts, mittels welcher ein Dritter bei genügendem Zusammenhang einen eigenen Anspruch gegen eine oder beide Parteien des hängigen Prozesses geltend machen kann[45], und die – allerdings seltene – Hauptintervention des Schweizer Rechts, welche einem Dritten offensteht, der auf eine Sache oder ein Recht, welche Gegenstand des hängigen Prozesses bilden, ein besseres Recht zu haben behauptet[46]. 15

Gerichte im Sinne von Art. 27 sind **nicht nur Zivilgerichte.** Es genügt, dass die klageweise geltend gemachten Ansprüche in den Anwendungsbereich des LugÜ fallen, d.h. dass es sich um Zivil- und Handelssachen handelt[47]. Erfasst sind damit insbesondere auch Adhäsionsklagen im Strafverfahren[48]. Der Begriff des «Gerichts» ist im Sinne von Art. 32 zu verstehen, d.h. er bezieht sich auf alle Spruchkörper, die gemäss Art. 32 ff. anerkennungs- und vollstreckungsfähige Entscheide erlassen[49]. Aufgrund der neuen Bestimmung von Art. 62 können dies auch Verwaltungsbehörden sein. 16

---

eines identischen Anspruchs.

42 Geimer/Schütze, EuZVR Art. 27 Rz. 19 m.H. auf LG Frankfurt a.M., IPRax 1990, 234; Rauscher-Leible, Art. 27 Rz. 4.; OLG Frankfurt a.M., IPRspr. 1989 Nr. 210b. Die Streitverkündung vor schweizerischen Gerichten begründet keine Rechtshängigkeit.

43 Zur französischen Interventionsklage (*intervention forcée* mit der Gewährleistungsklage des *appel en garantie simple* als Hauptanwendungsfall) Meier, Einbezug Dritter 23 m.w.H.; zur englischen *third party notice* Mansel 238.

44 Vgl. Art. 81 ZPO; Bericht der Expertenkommission zum VE ZPO 39 f.; Meier, Einbezug Dritter 20.

45 Mansel 180; Meier, Einbezug Dritter 24.

46 Vgl. Art. 73 ZPO.

47 Dasser/Oberhammer-Dasser, Art. 21 Rz. 20; Donzallaz Rz. 1443.

48 Dasser/Oberhammer-Dasser, Art. 21 Rz. 20; Kren Kostkiewicz in Bonomi/Cashin Ritaine/Romano, Convention de Lugano 114; Wittibschlager 78; differenzierend Schlosser, EuGVVO Art. 27 Rz. 8.

49 Dasser/Oberhammer-Dasser, Art. 21 Rz. 20.

b. Keine Anwendung auf Vollstreckungsverfahren

17 Da das LugÜ nur die Vollstreckbarerklärung (Exequatur) ausländischer Entscheide und nicht die eigentlichen Vollstreckungsentscheide und -massnahmen erfasst[50], ist die Frage der Anwendbarkeit von Art. 27 bereits aus diesem Grund auf parallele Vollstreckbarerklärungsverfahren (Exequatur) beschränkt[51].

18 **Parallele Vollstreckbarerklärungsverfahren** bezüglich einer Entscheidung, welche in einem LugÜ-Staat ergangen ist, werden aus zwei Gründen **nicht** von Art. 27 **erfasst.** Das gemäss Art. 27 verlangte «Anhängigmachen einer Klage» ist auf die Erzielung einer Entscheidung in der Sache ausgerichtet und bezieht sich damit auf das **Erkenntnisverfahren.** Nicht erfasst von Art. 27 ist damit das sich an das Erkenntnisverfahren anschliessende Vollstreckungsverfahren[52]. Dies stimmt mit dem Zweck von Art. 27 überein, welcher der Vermeidung sich widersprechender (Sach-)Enscheidungen dient, die zur Nichtanerkennung gemäss Art. 34 Nr. 3 LugÜ führen können. Mit Art. 27 sollen Anerkennungshindernisse beseitigt, nicht aber die verschiedenen Vollstreckungsmöglichkeiten des Gläubigers bezüglich desselben Entscheids eingeschränkt werden. Parallele Vollstreckbarerklärungsverfahren fallen ferner auch deshalb nicht unter Art. 27, weil die Vollstreckbarerklärung im einen Staat **nicht den gleichen Verfahrensgegenstand** bildet wie diejenige im anderen Staat[53].

19 Von Vornherein nicht unter Art. 27 fallen parallele Vollstreckbarerklärungsverfahren, welche einen Titel aus einem nicht an das LugÜ gebundenen Staat zum Gegenstand haben. Gemäss EuGH in der Rechtssache *Owens Bank Ltd.* sind die in Titel III – Anerkennung und Vollstreckung – des Übereinkommens vorgesehenen Verfahren nur im Fall von Entscheidungen des Gerichts eines Vertragsstaats anwendbar. Ausserdem regle

---

50 Dasser/Oberhammer-Walther, Art. 25 Rz. 4; Thomas/Putzo-Hüsstege, Vorbem. Art. 27–30 Rz. 1. Bei der Zwangsvollstreckung gilt in der Regel noch immer das Territorialitätsprinzip, so dass den entsprechenden Vollstreckungsmassnahmen grundsätzlich keine grenzüberschreitende Wirkung zukommen kann. Die Zwangsvollstreckung richtet sich weiterhin nach dem nationalen Recht; in der Schweiz somit für Geldforderungen oder Forderungen auf Sicherheitsleistung nach dem SchKG, für die übrigen Forderungen nach schweizerischem Prozessrecht.

51 MünchKommZPO-Gottwald, Art. 27 Rz. 3; Baumbach/Lauterbach/Albers/Hartmann-Albers, Art. 27 Rz. 1.

52 In diesem Sinne Dasser/Oberhammer-Dasser, Art. 21 Rz. 19.

53 Geimer/Schütze, EuZVR Art. 27 Rz. 48.

Titel II – Zuständigkeit – nicht den Gerichtsstand für Verfahren zur Anerkennung und Vollstreckung in einem Drittstaat ergangener Urteile. Aus diesem Grund sei das Übereinkommen, insbesondere Art. 21, 22 und 23 EuGVÜ (= Art. 27, 28 und 29 EUGVVO) nicht auf Verfahren anwendbar, die die Vollstreckung von in einem Drittstaat erlassenen Urteilen in Zivil- und Handelssachen beträfen[54].

c. Einordnung der provisorischen Rechtsöffnung und anderer Instrumente des schweizerischen SchKG

Das LugÜ geht von der klassischen Zweiteilung des Prozesses aus, wonach jeder Vollstreckung ein Erkenntnisverfahren mit entsprechendem Vollstreckungstitel vorausgeht[55]. In der Schweiz kommt es aufgrund des Einleitungsverfahrens des SchKG aber zu einer Durchmischung dieser Abfolge[56]. Da Art. 27 nur auf Erkenntnis-, nicht aber auf Vollstreckungsverfahren anwendbar ist, ergeben sich entsprechende Abgrenzungsfragen. 20

Was die **provisorische Rechtsöffnung** betrifft, findet Art. 27 nach der hier vertretenen Auffassung keine Anwendung. Die provisorische Rechtsöffnung erwächst über die laufende Betreibung hinaus nicht in materielle Rechtskraft. Ziel des Verfahrens auf provisorische Rechtsöffnung ist nicht, über den Bestand der Forderung, sondern über den Bestand eines Vollstreckungstitels (Schuldanerkennung) zu entscheiden. Erst nach dem Rechtsöffnungsentscheid folgt ein materieller Forderungsprozess, und dies nur, wenn eine Partei diesen veranlasst[57]. Das Rechtsöffnungsverfahren hat insbesondere auch keine Ausschlusswirkung für ausländische Erkenntnisverfahren. Die Voraussetzungen hierzu regelt das dortige Prozessrecht. Aus diesem ergibt sich auch, ob das Verfahren vor oder erst nach Vollstreckbarerklärung des Rechtsöffnungsentscheids möglich ist[58]. 21

Die Qualifizierung des **Anerkennungs-** und des **Aberkennungsverfahrens** gemäss Art. 79 und Art. 83 Abs. 2 SchKG als Erkenntnisverfahren ist 22

[54] EuGH Rs. C-129/92, *Owens Bank Ltd./Fulvio Bracco et al.*, Slg. 1994 I 146, Rz. 9 ff.; Geimer/Schütze, EuZVR Art. 27 Rz. 48.
[55] Walter, Internationales Zivilprozessrecht 247; Dasser/Oberhammer-Markus, Art. 16 Rz. 11; Bericht Jenard 54.
[56] Dasser/Oberhammer-Markus, Art. 16 Rz. 15; Walter, Internationales Zivilprozessrecht 248.
[57] BGE 136 III 566 E. 3.3, S. 569.
[58] Zum Ganzen: Sogo, AJP 2005, 808, 817.

mittlerweile weitgehend unbestritten. In beiden Fällen ist klar, dass dem Urteil volle materielle Rechtskraft mit Wirkung über die hängige Betreibung hinaus zukommt[59]. Damit fallen diese Verfahren unter Art. 27.

d. Keine Anwendung auf Verrechnungsforderungen

23 Die Diskussion, ob die Verrechnung im Prozess von der Sperrwirkung des Art. 27 erfasst wird, wurde durch den EuGH mit der Klarstellung im Entscheid *Gantner* beendet, dass die **Verrechnung** ein **reines Verteidigungsmittel** ist und damit nicht unter Art. 21 EuGVÜ (= Art. 27 EUGVVO) fällt. Der Gerichtshof argumentierte wie folgt: Art. 21 EuGVÜ erfasse seinem Wortlaut nach nur die jeweiligen Klageansprüche in den Rechtsstreitigkeiten und nicht die möglicherweise vom Beklagten vorgebrachten Einwendungen. Rechtshängigkeit liege zudem ab dem Zeitpunkt vor, zu dem vor zwei Gerichten verschiedener Vertragsstaaten endgültig Klage erhoben worden sei, d.h. bevor der Beklagte seinen Standpunkt habe geltend machen können und damit auch vor der Einwendung der Verrechnung durch den Beklagten. Diese Auslegung wird gemäss EuGH durch Art. 30 der neuen EUGVVO bestätigt. Art. 30 regle für den Zweck der Anwendung der Vorschriften über die Rechtshängigkeit, wann ein Gericht als angerufen gelte. Die Anrufung liege zu dem Zeitpunkt vor, in dem das verfahrenseinleitende Schriftstück oder ein gleichwertiges Schriftstück bei Gericht oder der für die Zustellung verantwortlichen Stelle eingereicht worden sei. Die Zielsetzung des Art. 21 EuGVÜ (= Art. 27 EUGVVO) würde verkannt, wenn Inhalt und Art des Klagebegehrens durch die zwangsläufig zu einem späteren Zeitpunkt eingereichten Anträge des Beklagten verändert werden könnten. Neben Verzögerungen und Kosten würde dies dazu führen, dass das nach diesem Artikel zuerst als zuständig bezeichnete Gericht sich in der Folge für unzuständig erklären müsste[60].

24 Art. 27 EUGVVO und damit auch Art. 27 LugÜ verhindern somit nicht, dass für eine Forderung, welche bereits **verrechnungsweise geltend** gemacht wurde, später **auch separat Klage** vor dem Gericht eines anderen LugÜ-Staats erhoben wird bzw. umgekehrt eine Forderung zur Verrech-

[59] Walter, Internationales Zivilprozessrecht 248; Amonn/Walther 142, 161; BGE 130 III 285 E. 3. 2, S. 288 f.

[60] EuGH Rs. C-111/01, *Gantner Electronic GmbH/Basch Exploitatie Maatschappij BV,* Slg. 2003 I 4207 Rz. 26 ff. Zur Vorgeschichte und den Vorlagefragen Oberhammer, IPRax 2002, 424 ff. Vgl. auch Rauscher-Leible Art. 27 Rz. 11.

nung gestellt wird, die bereits separat eingeklagt wurde[61]. Die Rechtsauffassung des EuGH stimmt im Resultat mit dem schweizerischen Verständnis überein, welches die Einwendung bzw. Einrede der Verrechnung als materiellrechtliches Verteidigungsmittel im Prozess betrachtet[62].

Da Fälle der Verrechnung nicht unter Art. 27 fallen, bleibt das Problem bestehen, dass widersprüchliche Urteile bezüglich der (Verrechnungs-)Forderung ergehen können. In der Lehre wird verschiedentlich ausgeführt, eine Koordination könne durch eine Aussetzung des Verfahrens gemäss Art. 28 Abs. 1 durch das später angerufene Gericht erreicht werden[63]. Dies ist aber aufgrund der EuGH-Entscheidung in Sachen *Gantner* zumindest fraglich. Es wird auf die entsprechenden Ausführungen zu Art. 28 verwiesen[64]. 25

e. Keine Anwendung auf vorsorgliche Massnahmen und anti-suit injunctions

Vorsorgliche Massnahmen sind keine Klagen im Sinne von Art. 27[65]. Dort ist die Rede vom Anhängigmachen von Klagen wegen desselben Anspruchs. In einem Verfahren über vorsorgliche Massnahmen wird aber kein Anspruch eingeklagt, sondern ein **Begehren auf das Verhängen von Massnahmen** gestellt. Der Zweck der vorsorglichen Massnahme besteht darin, einer Partei vor Entscheidung über den strittigen Anspruch vorläufigen Rechtsschutz zu gewähren[66]. Vorsorgliche Massnahmen werden damit zusätzlich zum eingeklagten Anspruch verlangt und lassen dessen Rechtshängigkeit unberührt. Hauptsachebegehren und der Antrag auf vorsorgli- 26

[61] Die schweizerischen Gerichte haben gestützt auf Art. 1 des Protokolls Nr. 2 zum LugÜ die Rechtsprechung des EuGH (sowie von Gerichten anderer Vertragsstaaten) zu den parallelen Bestimmungen zu beachten, es sei denn, dass ein Entscheid sich massgeblich auf gemeinschaftsrechtliche Grundsätze stützt, die weder dem revLugÜ noch den Rechtsordnungen der Vertragsstaaten entnommen worden sind, Botschaft S. 1817 unter Hinweis auf BGE 131 III 227 E. 3.1.

[62] Schmid Rz. 21; ZK-Aepli (Fn. 1), Vorbem. zu Art. 120–126 Rz. 119 und Art. 124 Rz. 42; Oberhammer, IPrax 2002, 424 ff.

[63] Vgl. z.B. Rauscher-Leible, Art. 27 Rz. 11; Dasser/Oberhammer-Dasser, Art. 21 Rz. 26; Schmid Rz. 71; Schlosser, EuGVVO Art. 28 Rz. 5; Fasching/Konecny-Mayr, EUGVVO Art. 27 Rz. 13, Art. 28 Rz. 7. Oberhammer, IPRax 2002, 424 ff. äusserte sich zu dieser Frage vor dem Ergehen der EuGH-Entscheidung in Sachen *Gantner.*

[64] Vgl. Art. 28 Rz. 22.

[65] Dasser/Oberhammer-Dasser, Art. 21 Rz. 21; Geimer/Schütze, EuZVR Art. 27 Rz. 46 f.; Kropholler, Art. 27 Rz. 14; MünchKommZPO-Gottwald, Art. 27 Rz. 12.

[66] Vgl. z.B. Vogel/Spühler Rz. 190.

che Massnahmen betreffen damit auch **unterschiedliche Verfahrensgegenstände,** so dass es ausserdem an der von Art. 27 verlangten Identität der Ansprüche fehlt[67].

27 Es folgt daraus, dass eine bereits anhängig gemachte vorsorgliche Massnahme im Sinne des Art. 31 einem späteren **Anhängigmachen des Hauptverfahrens** an einem vom LugÜ vorgesehenen Hauptsachegerichtsstand **nicht im Wege** steht[68]. Umgekehrt können auch nach Anhängigmachen der Hauptsache im einen LugÜ-Staat vorsorgliche Massnahmen in einem anderen aufgrund von Art. 2 ff. oder Art. 31 international zuständigen Staat verlangt werden[69]. Zulässigkeit, Modalitäten und Umfang der vorsorglichen Massnahmen bestimmen sich dabei grundsätzlich nach der jeweiligen *lex fori*[70]. Möglich sind auch mehrere parallele Verfahren auf Erlass vorsorglicher Massnahmen[71].

28 Da die Rechtshängigkeitssperre von Art. 27 bei vorsorglichen Massnahmen nicht greift, wird in der Lehre teilweise angeführt, das Verfahren auf vorsorgliche Massnahmen könne nach Art. 28 ausgesetzt werden, wenn das zuerst angerufene Hauptsachegericht zum Entscheid über die vorsorglichen Massnahmen besser in der Lage scheine[72]. Diese Auffassung lässt allerdings die Tatsache unbeachtet, dass auch Art. 28 LugÜ das Vorliegen von «Klagen» voraussetzt, so dass eine unmittelbare Anwendung von Art. 28 auf vorsorgliche Massnahmen nicht möglich ist.

29 Eine vorsorgliche Massnahme der speziellen Art sind die sogenannten ***anti-suit injunctions***[73]. Mit einer solchen *injunction* sollen die Gerichte des Staates A dazu bewegt werden, einer Partei die Einleitung oder Fortführung eines Prozesses im Staat B zu untersagen[74]. Mit diesem prozessualen Instrument des Common Law sollen (treuwidrig geführte) Parallelprozesse vor einem unzuständigen Gericht verhindert werden. Der EuGH hat *anti-suit injunctions* im Entscheid *Turner/Grovit* aufgrund des dem EuGVÜ

---

67 Vgl. dazu Rz. 58 f.

68 SCHLOSSER, EuGVVO Art. 27 Rz. 5.

69 GEIMER/SCHÜTZE, EuZVR Art. 27 Rz. 46 f.; DASSER/OBERHAMMER-DASSER, Art. 21 Rz. 23; KROPHOLLER, Art. 27 Rz. 14.

70 GEIMER/SCHÜTZE, EuZVR Art. 27 Rz. 47.

71 KROPHOLLER, Art. 27 Rz. 14; GEIMER/SCHÜTZE, EuZVR Art. 27 Rz. 46.

72 GEIMER/SCHÜTZE, EuZVR Art. 27 Rz. 47; SCHLOSSER, EuGVVO Art. 27 Rz. 5.

73 Gegen eine Qualifikation als vorsorgliche Massnahme: KRAUSE, RIW 2004, 539.

74 DASSER/OBERHAMMER-DASSER, Art. 21 Rz. 25.

zugrundeliegenden gegenseitigen Vertrauens der Vertragsstaaten **für unzulässig** erklärt. Das von einem Gericht an eine Partei gerichtete Verbot, eine Klage bei einem ausländischen Gericht zu erheben oder ein dortiges Verfahren weiterzubetreiben, bewirke eine Beeinträchtigung von dessen Zuständigkeit für die Entscheidung des Rechtsstreits[75]. Auf jeden Fall lösen *anti-suit injunctions* **keine Rechtshängigkeitssperre** unter Art. 27 aus, da kein Anspruch im Sinne von Art. 27 eingeklagt wird[76].

7. Identität der Parteien («zwischen denselben Parteien»)

a. Grundlagen

Das Vorliegen der **Parteiidentität** ist **vertragsautonom** zu bestimmen[77]. 30
Die Klagen gemäss Art. 27 müssen «zwischen denselben Parteien» anhängig sein. Dies bedeutet, dass an beiden Verfahren die gleichen Parteien beteiligt sein müssen[78]. Sind nur einige der Parteien des zweiten Verfahrens am ersten beteiligt (Teilidentität), kommt Art. 27 hinsichtlich der nicht betroffenen Parteien nicht zur Anwendung[79]. Dies bedeutet, dass in diesem Umfang keine Rechtshängigkeitssperre eintritt und das Verfahren vor dem später angerufenen Gericht bezüglich dieser Parteien seinen Fortgang nimmt. Sofern die Klagen gegen die neuen Parteien mit den Klagen des Erstverfahrens zusammenhängen, kann allerdings über Art. 28 eine Verfahrenskoordination erzielt werden[80]. Diejenigen Parteien, welche bereits am Erstverfahren beteiligt waren, werden demgegenüber durch Art. 27 von

---

[75] EuGH Rs. C-159/02, *Gregory Paul Turner/Grovit et al.,* Slg. 2004 I 3565 Rz. 24, 27. Für eine kritische Diskussion der Entscheidung: ALTHAMMER/LÖHNIG, ZZPInt 2004, 23 ff.; ANDREWS, GPR 2005, 8 ff. Zur Zukunft der *anti-suit injunction* nach *Turner*: DUTTA/HEINZE, ZEuP 2005, 428 ff.; SCHMIDT, RIW 2006, 492 ff. Vgl. auch KRAUSE, RIW 2004, 541; HESS, § 6 Rz. 176. Detailliert RAUSCHER-LEIBLE, Art. 27 Rz. 17 ff.

[76] DASSER/OBERHAMMER-DASSER, Art. 21 Rz. 25; RAUSCHER-LEIBLE, Art. 27 Rz. 17; MünchKommZPO-GOTTWALD, Art. 27 Rz. 19.

[77] RAUSCHER-LEIBLE, Art. 27 Rz. 6; MünchKommZPO-GOTTWALD, Art. 27 Rz. 13; HESS, § 6 Rz. 158.

[78] DASSER/OBERHAMMER-DASSER, Art. 21 Rz. 7; GEIMER/SCHÜTZE, EuZVR Art. 27 Rz. 12.

[79] GEIMER/SCHÜTZE, EuZVR Art. 27 Rz. 12; RAUSCHER-LEIBLE, Art. 27 Rz. 7; THOMAS/PUTZO-HÜSSTEGE, Art. 27 Rz. 7; DONZALLAZ Rz. 1437; MUSIELAK-WETH, Art. 27 Rz. 5; BAUMBACH/LAUTERBACH/ALBERS/HARTMANN-ALBERS, Art. 27 Rz. 5 mit weiteren Verweisen; EuGH Rs. C-406/92, *The owner of the cargo lately laden on board the ship Tatry/The owners of the ship Maciej rataj,* Slg. 1994 I 5439 Rz. 34.

[80] EuGH Rs. C-406/92 (Fn. 91), Rz. 35; DASSER/OBERHAMMER-DASSER, Art. 21 Rz. 8, KREN KOSTKIEWICZ in Bonomi/Cashin Ritaine/Romano, Convention de Lugano 112; RAUSCHER-LEIBLE, Art. 27 Rz. 7; vgl. auch HESS, § 6 Rz. 159.

der Rechtshängigkeitssperre erfasst. Somit kann die Beklagte des Erstverfahrens das Eintreten der Rechtshängigkeitssperre nicht dadurch verhindern, dass sie im Zweitverfahren neben der Klägerin des Erstverfahrens weitere Parteien einklagt[81].

31 **Keine Bedeutung** für die Bestimmung der Parteiidentität haben die **Parteirollen.** Identität liegt auch dann vor, wenn dieselbe Partei im einen Verfahren als Klägerin und im anderen Verfahren als Beklagte auftritt[82].

b. Interessenidentität

32 Für Identität der Parteien im Sinne von Art. 27 ist gemäss EuGH **nicht zwingend formelle Identität** der Parteien **erforderlich.** Vielmehr sind auch identische Interessen der Parteien in die Überlegungen miteinzubeziehen. In seinem Entscheid in der Sache *Drouot assurances SA/CMI* hielt der EuGH fest, Identität der Parteien im Sinne von Art. 21 EuGVÜ (neu: Art. 27 EUGVVO) liege bereits vor, wenn die **Interessen** der betreffenden Parteien (*in casu* des Schiffsversicherers und seiner Versicherungsnehmer) **«identisch und voneinander untrennbar»** seien, was der Fall sei, wenn das gegen die eine Partei ergehende Urteil Rechtskraft gegenüber der anderen entfalten würde[83]. Dem Entscheid lag der Streit über zu leistende finanzielle Beiträge an eine Schiffshavarie zugrunde. Im Erstverfahren in den Niederlanden erhoben der Eigentümer und der Versicherer der Ladung gegen den Eigentümer des Schiffes und dessen Charterer Klage, dass sie keinen Beitrag zur grossen Havarie zu leisten hätten. Im Zweitprozess in Frankreich klagte der Versicherer des Schiffes, Drouot assurances SA, gegen den Eigentümer der Ladung und dessen Versicherer auf teilweise Erstattung der Kosten für das Wiederflottmachen des Schiffes als Beitrag zur Havarie. Damit war der Versicherer des Schiffes (Drouot) nicht Partei im niederländischen Verfahren und der Eigentümer des Schiffes und sein

---

[81] Dasser/Oberhammer-Dasser, Art. 21 Rz. 8; Kren Kostkiewicz in Bonomi/Cashin Ritaine/Romano, Convention de Lugano 112.

[82] Kropholler, Art. 27 Rz. 4; Donzallaz Rz. 1431; Dasser/Oberhammer-Dasser, Art. 21 Rz. 7; Kren Kostkiewicz in Bonomi/Cashin Ritaine/Romano, Convention de Lugano 111; MünchKommZPO-Gottwald, Art. 27 Rz. 13; Hess, § 6 Rz. 158; Thomas/Putzo-Hüsstege, Art. 27 Rz. 7.

[83] EuGH Rs. C-351/96, *Drouot assurances SA/Consolidated metallurgical industries,* Slg. 1998 I 3075; hierzu Jayme/Kohler, IPRax 1998, 421; Geimer/Schütze, EuZVR Art. 27 Rz. 13; Dasser/Oberhammer-Dasser, Art. 21 Rz. 9; Hess, § 6 Rz. 158; Thomas/Putzo-Hüsstege, Art. 27 Rz. 7; Donzallaz Rz. 1432.

Charterer nicht Partei im französischen Verfahren. Das Pariser *Tribunal de Commerce* wies aus diesem Grund die vom Eigentümer der Ladung und dessen Versicherer erhobene Einrede der Rechtshängigkeit zurück. Diese Parteien legten Berufung ein und machten vor dem Pariser *Cour d'Appel* geltend, Drouot sei nur deshalb nicht Partei des niederländischen Rechtsstreits, weil nach den niederländischen Verfahrensvorschriften der Versicherer nicht in den Prozess einbezogen werden könne.

Der *Cour d'Appel* führte aus, Drouot sei im niederländischen Verfahren indirekt, über den Versicherungsnehmer, Partei. Der Einrede der Rechtshängigkeit wurde daher stattgegeben. Auf die Frage des in der Folge angerufenen *Cour de Cassation*, ob es sich vorliegend um «dieselben Parteien» im Sinne des Art. 21 (neu: Art. 27) des Übereinkommens handle, führte der EuGH aus, dass die Interessen eines Versicherers und seines Versicherungsnehmers hinsichtlich des Gegenstands zweier Rechtsstreitigkeiten gewiss so weit übereinstimmen könnten, dass ein Urteil, das gegen den einen ergehe, Rechtskraft gegenüber dem anderen entfalten würde. Dies wäre insbesondere dann der Fall, wenn statt des Versicherungsnehmers der Versicherer kraft übergegangenen Rechts klagen oder verklagt würde, ohne dass der Versicherungsnehmer in der Lage wäre, auf den Ablauf des Verfahrens Einfluss zu nehmen. In einem solchen Fall seien Versicherer und Versicherungsnehmer für die Anwendung von Art. 21 (neu: Art. 27) des Übereinkommens als ein und dieselbe Partei anzusehen. Dagegen dürfe die Anwendung von Art. 21 (neu: Art. 27) nicht dazu führen, dass dem Versicherer und dem Versicherungsnehmer, falls ihre Interessen voneinander abweichen sollten, die Möglichkeit genommen werde, ihre jeweiligen Interessen gegenüber den anderen betroffenen Parteien gerichtlich geltend zu machen. Im vorliegenden Fall scheine es nicht möglich zu sein, die Interessen des Schiffsversicherers auf der einen und die seiner Versicherungsnehmer – des Eigners und des Charterers des Schiffes – auf der anderen Seite als identisch und voneinander untrennbar anzusehen. Es sei jedoch Sache des vorlegenden Gerichts zu prüfen, ob dies tatsächlich zutreffe. 33

Entgegen anderweitiger Lehrmeinungen liegt hier kein *obiter dictum* des EuGH vor, da dieser vorab die Kriterien für die Annahme der Parteiidentität aufstellte und danach die Prüfung, ob Interessenidentität *in casu* vorlag, 34 dem vorlegenden Gericht überliess[84]. Der Entscheid hat zu einer gewissen Rechtsunsicherheit geführt, da das **klare Kriterium der formellen Parteiidentität** zugunsten der Berücksichtigung identischer und voneinander untrennbarer Interessen **aufgegeben** wurde[85]. Andererseits dient der Entscheid in der Sache dem **Zweck** von Art. 27, sich widersprechende Entscheidungen zu verhindern[86]. Zu einem formellen Konflikt bei der Anerkennung aufgrund von Art. 34 Nr. 3 kommt es aber nur, wenn man auch dort auf denselben Parteiidentitätsbegriff abstellt oder eine formelle Rechtskrafterstreckung auf Dritte vorliegt. Der EuGH stellt bei der Bestimmung der Parteiidentität denn auch wesentlich darauf ab, ob der im Erstverfahren zu fällende Entscheid nach dem Recht des Erststaats Rechtskraftwirkung gegenüber der Partei des Zweitverfahrens entfalten würde. Da der Umfang der Rechtskraft nach wie vor vom nationalen Recht bestimmt wird, hat der Gerichtshof die Frage des Vorliegens einer Parteiidentität und damit der Anwendbarkeit von Art. 27 massgeblich diesem Recht überlassen[87]. Ob auch ohne Vorliegen einer Rechtskrafterstreckung Parteiidentität angenommen werden könnte, bleibt nach *Drouot assurances SA/CMI* unklar. In der Lehre wird kritisiert, es werde unter Berufung auf diese Entscheidung u.a. davon ausgegangen, dass zwischen einer Muttergesellschaft und ihrer hundertprozentigen Tochter sowie dem Zedenten und dem Zessionar Parteiidentität vorliege, ebenso im Fall, in dem eine Partei für eine andere Partei zum Schein auftrete[88]. Dazu ist zu bemerken, dass der EuGH immerhin das Vorliegen nicht nur identischer, sondern voneinander untrennbarer Interessen verlangt, was auch bei den genannten Konstellationen nur auf eng begrenzte Fälle zutreffen würde.

c. Actions in rem

35 Nicht unterschieden wird bei der Anwendung von Art. 27 gemäss EuGH zwischen sog. *actions in rem*, welche sich als **dingliche Klagen des Common Law** formell gegen eine Sache richten, und persönlichen Klagen ge-

[84] So auch Dasser/Oberhammer-Dasser, Art. 21 Rz. 10. A.A.: Kropholler, Art. 27 Rz. 4; Rauscher-Leible, Art. 27 Rz. 6a.

[85] Vgl. die Kritik bei Geimer/Schütze, EuZVR Art. 27 Rz. 13, und Rauscher-Leible, Art. 27 Rz. 6a.

[86] Dasser/Oberhammer-Dasser, Art. 21 Rz. 10; Magnus/Mankowski-Fentimann, Art. 27 Rz. 6.

[87] In diesem Sinne auch Dasser/Oberhammer-Dasser, Art. 21 Rz. 11.

[88] Vgl. zu diesen Fällen Rauscher-Leible, Art. 27 Rz. 6a.

gen den Eigentümer[89]. In der Sache *«Tatry»* gegen *«Maciej Rataj»* wurde dem EuGH die Frage vorgelegt, ob es sich bei einer später erhobenen Klage um eine Klage wegen desselben Anspruchs zwischen denselben Parteien wie eine früher erhobene Klage handle, wenn die erste, von einem Schiffseigner vor einem Gericht eines Vertragsstaats erhobene Klage eine persönliche Klage auf Feststellung sei, dass dieser Schiffseigner für eine angebliche Beschädigung der mit seinem Schiff beförderten Ladung nicht hafte, während die später erhobene Klage vom Eigentümer der Ladung vor einem Gericht eines anderen Vertragsstaats in Form einer dinglichen Klage, die ein mit Arrest belegtes Schiff betreffe, anhängig gemacht und anschliessend gemäss den Unterscheidungen im nationalen Recht dieses anderen Staats entweder sowohl als dingliche wie als persönliche Klage oder ausschliesslich als persönliche Klage weiterverfolgt worden sei. Der EuGH erinnerte in seiner Antwort daran, dass die Begriffe «derselbe Anspruch» und «dieselben Parteien» autonom zu verstehen seien[90]. Sie seien daher unabhängig von den Besonderheiten des in den einzelnen Vertragsstaaten geltenden Rechts auszulegen. Hieraus folge, dass die im Recht eines Vertragsstaats getroffene **Unterscheidung zwischen dinglichen und persönlichen Klagen** für die Auslegung des Art. 21 EuGVÜ (neu: 27 EUGVVO) **unerheblich** sei. Aus diesem Grund höre eine später erhobene Klage nicht auf, eine Klage wegen desselben Anspruchs zwischen denselben Parteien zu sein wie eine früher anhängig gemachte Klage, wenn die erste, von einem Schiffseigner vor einem Gericht eines Vertragsstaats erhobene Klage eine persönliche Klage auf Feststellung sei, dass dieser für eine angebliche Beschädigung der mit seinem Schiff beförderten Ladung nicht hafte, während die später erhobene Klage vom Eigentümer der Ladung vor einem Gericht eines anderen Vertragsstaats in Form einer dinglichen Klage, die ein mit Arrest belegtes Schiff betreffe, anhängig gemacht und anschliessend gemäss den Unterscheidungen im nationalen Recht dieses anderen Vertragsstaats entweder sowohl als dingliche wie auch als persönliche Klage oder ausschliesslich als persönliche Klage weiterverfolgt worden sei[91].

Anzufügen bleibt, dass es sich vorliegend um die klageweise Fortsetzung 36
der *action in rem*, welche vor dem *High Court of Justice* in England anhän-

[89] Dasser/Oberhammer-Dasser, Art. 21 Rz. 12.
[90] Rauscher-Leible, Art. 27 Rz. 12.
[91] EuGH Rs. C-406/92, *Tatry*, a.a.O. (Fn. 91) Rz. 46 ff.

gig gemacht worden war und mit welcher die Verarrestierung des Schiffes beantragt worden war, handelte. Hätte sich das Verfahren noch im Stadium der Arrestlegung befunden, wäre Verfahrensgegenstand eine Sicherungsmassnahme und damit eine vorsorgliche Massnahme gewesen, welche nicht in den Anwendungsbereich von Art. 27 fallen würde[92].

8. Identität des Anspruchs («Klagen wegen desselben Anspruchs»)

a. Kernpunkttheorie

37 Der Begriff «derselbe Anspruch» ist autonom auszulegen; auf den Streitgegenstandsbegriff der jeweiligen *lex fori* bzw. *lex causae* kommt es nicht an[93]. Ob Identität der Ansprüche vorliegt, ist mit Blick auf den Zweck des Art. 27 zu bestimmen, welcher darin besteht, sich widersprechende Urteile zu vermeiden[94]. Gemäss EuGH ist für die Bestimmung der Anspruchsidentität der **Kern** der parallel erhobenen Klagen und nicht allein der Wortlaut der jeweiligen Rechtsbegehren massgeblich. Die sog. **Kernpunkttheorie** stellt darauf ab, ob die beiden Klagen dieselbe **Grundlage** und denselben **Gegenstand** haben[95].

b. Dieselbe Grundlage

38 Dieselbe **Grundlage** liegt vor, wenn die Klage sowohl **denselben Sachverhalt** als auch **dieselbe rechtliche Grundlage** aufweist[96]. An der gleichen rechtlichen Grundlage mangelt es, wenn im einen Verfahren Ansprüche aus

---

[92] Vgl. dazu vorstehend Rz. 32 ff.

[93] Geimer/Schütze, EuZVR Art. 27 Rz. 5 und 29; EuGH Rs. C-406/92, *Tatry*, a.a.O. (Fn. 91) Rz. 30; Magnus/Mankowski-Fentimann, Art. 27 Rz. 19; Rauscher-Leible, Art. 27 Rz. 8; MünchKommZPO/Aktualisierungsbd.-Gottwald, Art. 27 Rz. 1; Meier, Internationales Zivilprozessrecht und Zwangsvollstreckungsrecht 52; Walter, Internationales Zivilprozessrecht 495 f.; Thomas/Putzo, Art. 27 Rz. 5.

[94] Magnus/Mankowski-Fentimann, Art. 27 Rz. 9; Hess, § 6 Rz. 156; Thomas/Putzo, Art. 27 Rz. 5.

[95] EuGH Rs. 144/86, *Gubisch/Palumbo,* Slg. 1987, 4861, Rz. 14 f.; EuGH Rs. C-406/92, *Tatry*, a.a.O. (Fn. 91) Rz. 38 ff.; EuGH Rs. C-39/02, *Maersk Olie*, a.a.O. (Fn. 47) Rz. 34 ff. (mit Anm. Smeele, Frank, IPRax 2006, 229); Geimer/Schütze, EuZVR Art. 27 Rz. 30; Rüssmann 494 ff.; Rauscher-Leible, Art. 27 Rz. 8. Kritisch zur Kernpunkttheorie des EuGH z.B. Leipold 227 ff; Walter, Internationales Zivilprozessrecht 496 ff.; Donzallaz Rz. 1413 ff.

[96] EuGH C-406/02, *Tatry*, a.a.O. (Fn. 91) Rz. 39, Dasser/Oberhammer-Dasser, Art. 21 Rz. 15; Kropholler, Art. 27 Rz. 6 ff.; Geimer/Schütze, EuZVR Art. 27 Rz. 30 f.; Magnus/Mankowski-Fentimann, Art. 27 Rz. 8 ff.

unerlaubter Handlung und im anderen Verfahren Ansprüche aus Vertrag geltend gemacht werden. In der Sache *Maersk Olie & Gas A/S gegen Firma M. de Haan en W. de Boer* hatte der EuGH Gelegenheit, sich zur Frage derselben Rechtsgrundlage zu äussern. Ihm war unter anderem die Frage vorgelegt worden, ob ein Antrag auf Errichtung eines Haftungsbeschränkungsfonds, den ein Schiffseigentümer beim Gericht eines Vertragsstaats stellt, wobei er darin den möglichen Geschädigten benennt, und eine von diesem Geschädigten beim Gericht eines anderen Vertragsstaats erhobene Schadensersatzklage gegen den Schiffseigentümer Klagen wegen desselben Anspruchs zwischen denselben Parteien im Sinne von Art. 21 EuGVÜ (neu: 27 EUGVVO) darstellen[97]. Ein Verfahren zur Errichtung eines Haftungsbeschränkungsfonds, wie es vorliegend vor einem niederländischen Gericht anhängig gemacht wurde, soll es dem Eigentümer eines Schiffes, dessen Haftung durch einen der im Internationalen Übereinkommen über die Beschränkung der Haftung der Eigentümer von Seeschiffen von 1957 genannten Umstände ausgelöst sein könnte, ermöglichen, seine Haftung auf einen gemäss Art. 3 dieses Übereinkommens berechneten Betrag zu beschränken, damit die Gläubiger wegen desselben schädigenden Ereignisses vom Schiffseigentümer keine anderen Beträge verlangen können, als ihnen im Rahmen dieses Verfahrens zugeteilt werden. Der EuGH kam zum Schluss, dass die betreffenden Verfahren nicht dieselbe Grundlage im Sinne von Art. 21 EuGVÜ (neu: Art. 27 EUGVVO) aufwiesen, da diese Grundlage den Sachverhalt und die rechtliche Regelung, die der Klage zugrunde gelegt würden, enthalte. Die rechtlichen Regelungen seien aber vorliegend unterschiedlich, da die Schadensersatzklage auf dem Recht der ausservertraglichen Haftung beruhe, wohingegen der Antrag auf Errichtung eines Haftungsbeschränkungsfonds das Übereinkommen von 1957 und die niederländischen Rechtsvorschriften, mit denen es umgesetzt werde, zur Grundlage habe. Im Übrigen fehlte es nach Ansicht des EuGH auch an demselben *Gegenstand*.

Das Bundesgericht hat sich dieser Rechtsprechung angeschlossen und mit 39
Hinweis auf die Kernpunkttheorie des EuGH die **Identität** bei Parallelklagen verneint, bei welchen sich die eine der Klagen auf einen **vertraglichen Anspruch** und die andere auf **unerlaubte Handlung** stützte[98].

[97] EuGH Rs. C-39/02, *Maersk Olie*, a.a.O. (Fn. 47).

[98] BGer 4C.351/2005. Vgl. MEIER, Internationales Zivilprozessrecht und Zwangsvollstreckungsrecht 52.

c. Derselbe Gegenstand

40 Derselbe **Gegenstand** liegt vor, wenn die Klagen **denselben Zweck** verfolgen[99]. In der Sache *Tatry gegen Maciej Rataj* befasste sich der EuGH mit der Frage, ob zwei Klagen denselben Gegenstand haben, wenn die erste auf die Feststellung gerichtet ist, dass der Kläger für einen vom Beklagten behaupteten Schaden nicht haftet, und die zweite, später vom Beklagten des Erstverfahrens erhobene Klage auf die Feststellung, dass der Kläger des ersten Verfahrens für den Schaden haftet, sowie auf dessen Verurteilung zur Zahlung von Schadenersatz. Der EuGH führte aus, was den Teil betreffe, in dem die Feststellung der Haftung begehrt werde, habe die zweite Klage denselben Gegenstand wie die erste, da die Frage des Bestehens oder des Nichtbestehens einer Haftung im Mittelpunkt beider Verfahren stehe. Der Umstand, dass die Anträge des Klägers im Fall der ersten Klage negativ, aber in der zweiten Klage von dem hier zum Kläger gewordenen Beklagten positiv formuliert seien, bewirke nicht, dass die beiden Rechtsstreitigkeiten unterschiedliche Gegenstände hätten. Hinsichtlich des Teils, der auf Verurteilung zur Zahlung von Schadenersatz gerichtet sei, stelle der Antrag in der zweiten Klage die natürliche Folge des Antrags auf Feststellung der Haftung dar und verändere somit den Hauptgegenstand der Klage nicht. Im Übrigen ergebe sich aus dem Antrag einer Partei auf Feststellung, dass sie für einen Schaden nicht hafte, implizit, dass sie das Bestehen einer Schadenersatzpflicht bestreite[100]. Aus der Entscheidung ergibt sich somit, dass eine früher erhobene negative Feststellungsklage einer späteren Leistungsklage vorgeht, sofern der jeweilige Feststellungsteil deckungsgleich ist[101].

41 Die Schweiz hat die Ansicht übernommen, dass eine frühere **Feststellungsklage** und eine spätere **Leistungsklage** zumindest im Rahmen von Art. 27 LugÜ **identisch** sind, und orientiert sich dabei an der Kernpunkttheorie des EuGH[102].

---

[99] EuGH Rs. C-406/02, *Tatry*, a.a.O. (Fn. 91) Rz. 39 ff.; Dasser/Oberhammer-Dasser, Art. 21 Rz. 14; Kropholler, Art. 27 Rz. 6 ff.; Geimer/Schütze, EuZVR Art. 27 Rz. 30 f.; Magnus/Mankowski-Fentimann, Art. 27 Rz. 8; Hess, § 6 Rz. 156.

[100] EuGH Rs. C-406/02, *Tatry*, a.a.O. (Fn. 91) Rz. 41 ff.

[101] Dasser/Oberhammer-Dasser, Art. 21 Rz. 16; Geimer/Schütze, EuZVR Art. 27 Rz. 33 ff.; Kropholler, Art. 27 Rz. 8; differenzierend Kren Kostkiewicz in Bonomi/Cashin Ritaine/Romano, Convention de Lugano 114. Kritisch: Hess, § 6 Rz. 165.

[102] BGE 123 III 414 E. 5, S. 422; 125 III 346 E. 4 b, S. 349; Dasser/Oberhammer-Dasser, Art. 21 Rz. 17.

Derselbe Gegenstand liegt gemäss EuGH auch bei einer **Klage auf Vertragserfüllung** und einer **Klage auf Feststellung der Unwirksamkeit des Vertrags** vor[103]. In der Sache *Gubisch Maschinenfabrik KG gegen Giulio Palumbo* hatte Giulio Palumbo beim *Tribunale* Rom Klage auf Feststellung der Unwirksamkeit des zwischen den Parteien geschlossenen Kaufvertrags erhoben. Die Firma Gubisch machte geltend, sie habe zuerst beim Landsgericht Flensburg gegen Herrn Palumbo Klage auf Erfüllung dieses Vertrags, d.h. auf Zahlung des Kaufpreises für die Maschine, erhoben. Der EuGH, welchem die Frage der Anwendbarkeit von Art. 21 (neu: 27 EUGVVO) zur Vorabentscheidung vorgelegt wurde, stellte sich die Frage, ob die beiden Rechtsstreitigkeiten denselben «Gegenstand» haben, wenn die Klage im ersten Fall auf die Erfüllung und im zweiten Fall auf die Feststellung der Unwirksamkeit oder die Auflösung ein und desselben Vertrags gerichtet ist. Er hielt fest, Kernpunkt beider Rechtsstreitigkeiten sei die Wirksamkeit dieses Vertrags. Sei die Klage auf Feststellung der Unwirksamkeit oder Auflösung die zuletzt eingereichte Klage, könne in ihr sogar ein blosses Verteidigungsmittel gegen die erste Klage gesehen werden, das in Form einer selbständigen Klage vor dem Gericht eines anderen Vertragsstaats geltend gemacht werde[104]. 42

d. Besondere Fragen betreffend Gleichsetzung von negativer Feststellungsklage und Leistungsklage

(1) Nationales Erfordernis eines besonderen Feststellungsinteresses

Die Gleichsetzung der negativen Feststellungsklage mit der Leistungsklage ermöglicht es dem Schuldner, der Leistungsklage des Gläubigers mit einer vorgängigen negativen Feststellungsklage zuvorzukommen und die Streitigkeit an dem von ihm bevorzugten Gerichtsstand auszutragen («Forum running»). Grundsätzlich dient dies der Chancengleichheit der Parteien bei der Wahl der vom LugÜ zur Verfügung gestellten Gerichtsstände und gewährleistet ausserdem, dass keine sich widersprechenden, nach Art. 34 Nr. 3 nicht anerkennungsfähigen Urteile ergehen[105]. Damit steht die Gleichsetzung im Einklang mit Sinn und Zweck des Übereinkommens. Problematisch wird die «Blockade» der Leistungsklage durch die negati- 43

[103] Kritisch DONZALLAZ Rz. 1454.
[104] EuGH Rs. 144/86, *Gubisch/Palumbo,* Slg. 1987, 4861, Rz. 14 ff.; DASSER/OBERHAMMER-DASSER, Art. 21 Rz. 16; LEIPOLD 228 ff.
[105] RAUSCHER-LEIBLE, Art. 27 Rz. 9.

ve Feststellungsklage dort, wo die nationale Rechtsordnung nicht darauf eingestellt ist. Dies ist dann der Fall, wenn das **nationale Recht** für das Anhängigmachen der negativen Feststellungsklage ein **besonderes Feststellungsinteresse** verlangt, wie dies z.B. in der Schweiz und in Deutschland der Fall ist. Halten die Staaten, welche ein solches besonderes Feststellungsinteresse verlangen, auch im Anwendungsbereich des LugÜ an diesem fest, führt dies zu einer Benachteiligung des (angeblichen) Schuldners gegenüber dem (angeblichen) Gläubiger bezüglich der Wahl des Gerichtsstands. Zusätzlich stellt die Schweiz damit höhere Anforderungen als andere LugÜ-Staaten an Parteien, welche in der Schweiz eine negative Feststellungsklage erheben wollen. Die verschärften Anforderungen gereichen insbesondere Schweizer Parteien zum Nachteil, da ihnen der Zugang zu einem Gerichtsstand im eigenen Land – sofern im betreffenden Fall ein solcher zur Auswahl steht – erschwert wird, während andere LugÜ-Staaten diese Einschränkung nicht kennen.

44 In der Schweiz wird das Erfordernis eines besonderen Feststellungsinteresses mit dem Hinweis auf den Gläubigerschutz gerechtfertigt. Grundsätzlich soll es dem Gläubiger überlassen sein, den Zeitpunkt zu bestimmen, wann er die Klage einreichen möchte. Nach der Rechtsprechung des Bundesgerichts ist die Feststellungsklage zuzulassen, wenn der Kläger an der sofortigen Feststellung ein **erhebliches schutzwürdiges Interesse** hat, welches kein rechtliches zu sein braucht, sondern auch bloss tatsächlicher Natur sein kann. Diese Voraussetzung sei namentlich gegeben, wenn die Rechtsbeziehungen der Parteien ungewiss seien und die Ungewissheit durch die richterliche Feststellung behoben werden könne. Dabei genügt nach Auffassung des Bundesgerichts nicht jede Ungewissheit; erforderlich ist vielmehr, dass ihre Fortdauer dem Kläger nicht mehr zugemutet werden darf, weil sie ihn in seiner Bewegungsfreiheit behindert[106]. Namentlich bei negativen Feststellungsklagen ist gemäss Bundesgericht zudem auf die Interessen des Beklagten Rücksicht zu nehmen. Wer auf Feststellung klage, dass eine Forderung nicht besteht, zwinge damit den beklagten Gläubiger zu vorzeitiger Prozessführung. Damit werde die Regel durchbrochen, dass grundsätzlich der Gläubiger und nicht der Schuldner den Zeitpunkt für die Geltendmachung eines Anspruchs bestimme. Der vorzeitige Prozess kön-

[106] BGE 131 II 319 E. 3.5, S. 324 f.; BGE 120 II 20 E. 3a, S. 22; BGE 123 III 414 E. 7b, S. 429.

ne den Gläubiger benachteiligen, wenn er zur Beweisführung gezwungen werde, bevor er dazu bereit und in der Lage sei[107].

Das **Interesse des Feststellungsklägers,** einer Leistungsklage der Gegenpartei an einem anderen Gerichtsstand zuvorzukommen, ist nach dieser Rechtsprechung unbeachtlich[108]. Der deutsche **Bundesgerichtshof** hat dieses Interesse im Anwendungsbereich des EuGVÜ aber **ausdrücklich anerkannt**[109]. Er führte aus, dass die Nichtbeachtung des sich aus Art. 21 EuGVÜ (neu: 27 EUGVVO) ergebenden Grundsatzes der zeitlichen Priorität unter Rückgriff auf die innerstaatliche prozessuale Regel des Vorrangs der Leistungsklage im Widerspruch zum zwingenden Charakter des Übereinkommens und zu dem dadurch begründeten Justizgewährungsanspruch stehe. In einem Entscheid vom 3. Oktober 1995 verwarf das Zürcher Obergericht das Erfordernis eines besonderen Feststellungsinteresses im Anwendungsbereich von Art. 21 aLugÜ mit Hinweis auf die deutsche Rechtsprechung. Der Entscheid wurde vom Bundesgericht in diesem Punkt aufgehoben, wobei es aber auf die Prüfung des Feststellungsinteresses verzichtete, da die Frage erst zu entscheiden sei, wenn der Londoner Richter, der zunächst über seine Zuständigkeit zu entscheiden habe, diese verneinen würde. Die Vorinstanz habe das Verfahren richtigerweise nach Art. 21 Abs. 1 aLugÜ bis zum Entscheid der prioritären britischen Gerichte über ihre Zuständigkeit ausgesetzt[110]. 45

In BGE 129 III 295 hielt das Bundesgericht fest, mit der negativen Feststellungsklage **erweitere sich** für denselben Gegenstand **die Wahl möglicher Gerichtsstände.** Werde diese Möglichkeit missbraucht, um insbesondere beabsichtigte Leistungsklagen der Gegenpartei zu blockieren, stelle sich die Frage, ob nicht ein schutzwürdiges Feststellungsinteresse an der Befassung eines nach dem Lugano Übereinkommen zur Verfügung stehenden Gerichtsstandes zu verneinen sei[111]. Wie es sich damit verhalte, könne aber 46

[107] BGE 120 II 20 E. 3a, S. 22 f.

[108] BGE 123 III 414 E. 7b, S. 430.

[109] BGH IPRax 1997, 45, 50; JZ 1997 797, 799; DASSER/OBERHAMMER-DASSER, Art. 21 Rz. 74; GEIMER/SCHÜTZE, EuZVR Art. 27 Rz. 35; JEGHER, Abwehrmassnahmen 79 f. Zur abweichenden Auffassung des BGH bei der Auslegung von Art. 31 CMR BARNERT, ZZP 2005, 81 ff.

[110] BGE 123 III 414 E. 7a/b, dazu VOGEL, recht 1998, 129. Vgl. auch DASSER/OBERHAMMER-DASSER Art. 21 Rz. 75.

[111] In diesem Sinne verlangt SIEHR, ZZZ 2004, 485, 487 ein europarechtliches Rechtsschutzinteresse des Schuldners für eine negative Feststellungsklage, das zumindest dann zu verneinen sei, wenn der Gläubiger auf Leistung klage.

vorliegend offengelassen werden, da die Klägerin über ein Feststellungsinteresse nach schweizerischem Verständnis verfüge.

47 Lehre und Rechtsprechung zum EuGVÜ wurden erstmals in BGE 131 III 319 E. 3.5 diskutiert. Das Bundesgericht fasste noch einmal seine Rechtsprechung zu den Anforderungen eines besonderen Feststellungsinteresses zusammen, wonach das **blosse Interesse** einer Partei, **unter mehreren** möglichen **Gerichtsständen** den ihr zusagenden durch schnelleres Einleiten einer Klage **wählen** zu können, für sich allein **kein schutzwürdiges Feststellungsinteresse** zu begründen vermöge. Das Bundesgericht setzte sich mit der in der Literatur für internationale Verhältnisse vertretenen Auffassung auseinander, dass das Vorliegen eines Feststellungsinteresses zur Wahrung der zuständigkeitsrechtlichen Waffengleichheit zu bejahen sei[112]. Es hielt fest, dass diese Auffassung auch der Rechtsprechung des deutschen Bundesgerichtshofs zu Art. 21 EuGVÜ (neu: 27 EUGVVO) entspreche, kam aber dennoch zu folgendem Schluss:

48 «Dieser Meinung kann jedenfalls für das nationale Schweizer Recht nicht gefolgt werden. Ist in kurzer Zeit mit einer Leistungsklage zu rechnen, so ist eine unzumutbare Fortdauer der Rechtsunsicherheit und damit ein hinreichendes Interesse an der Klärung einer umstrittenen Rechtsfrage durch ein Feststellungsurteil grundsätzlich zu verneinen. Da das Feststellungsinteresse unabhängig vom Gerichtsstand vorliegen muss, kann es nicht durch das Interesse an einem bestimmten Gerichtsstand ersetzt werden. Ansonsten würde die vom Gesetzgeber getroffene Regelung der Gerichtsstände umgangen bzw. ausser Kraft gesetzt [...]. Zudem würde die Zulassung des «forum running» dazu führen, dass die Parteien möglichst schnell und ohne vorherige Ankündigung zu den ihnen genehmen Gerichten «rennen» und klagen müssten, um ihren Gerichtsstand zu sichern. Dies wäre nicht sachgerecht, da damit aussergerichtliche Vergleichsverhandlungen oder einvernehmliche Streitlösungsverfahren gefährdet und die Gerichte mit unnötigen parallelen Verfahren belastet würden. Aus diesen Gründen ist an der Rechtsprechung festzuhalten, wonach das Interesse des Schuldners, die Leistungsklage des Gläubigers an einem bestimmten Gerichtsstand durch eine frühere Feststellungsklage an einem anderen Gerichtstand zu verhindern, kein schutzwürdiges Feststellungsinteresse zu begründen vermag.»[113]

[112] Jegher, Abwehrmassnahmen 71 f.; derselbe ZSR 1999 I, 31 ff.
[113] BGE 131 III 319 E. 3.5, S. 326.

Der Entscheid des Bundesgerichts betraf zwar keinen LugÜ-Fall, doch sind die angeführten Argumente auch auf LugÜ-Fälle anwendbar. Das Bundesgericht steht dem **«Forum running»** kritisch gegenüber, da es seiner Ansicht nach zu **übereiltem Prozessieren** verführt. Da die Beweislast sowohl bei der Leistungsklage als auch der negativen Feststellungsklage beim Gläubiger liegt, treffen die Nachteile eines überstürzten Prozessierens mit dem Ziel, sich den gewünschten Gerichtsstand zu sichern, vor allem diesen. Nicht genügend Beachtung schenkt das Bundesgericht aber dem Umstand, dass der **Wahl des Gerichtsstands** in internationalen Verhältnissen regelmässig **grosse Bedeutung** zukommt. Diese Tatsache sollte das Bundesgericht entsprechend anerkennen und in seine Gesamtabwägung der Interessen des Leistungsklägers und des Feststellungsklägers miteinbeziehen. Es ist mit der heutigen Prozessrealität nicht mehr vereinbar, einem Feststellungskläger ein legitimes Interesse an der Wahl eines bestimmten Gerichtsstands abzusprechen. Hinzu kommt, dass die Schweiz damit einseitig Schweizer Feststellungsklägern den Zugang zu einem Schweizer Gerichtsstand erschwert. Diese Überlegungen müssen allerdings gegen das Interesse des Leistungsklägers abgewogen werden, nicht vorzeitig in einen Prozess gezwungen zu werden[114]. 49

(2) Verjährungsrechtliche Fragen

Entgegen Befürchtungen in der Lehre führt die Sperrwirkung der negativen Feststellungsklage nicht zu Problemen in Bezug auf den erforderlichen Verjährungsunterbruch durch den Gläubiger[115]. Die Sperrwirkung hindert den Gläubiger nicht daran, die **zur Unterbrechung der Verjährung erforderlichen Handlungen** vorzunehmen, da er gemäss Art. 6 Nr. 3 am Gerichtsstand der negativen Feststellungsklage widerklageweise eine entsprechende Leistungsklage erheben kann[116]. Alternativ kann er an einem schweizerischen Betreibungsort die Betreibung einleiten, sofern er über einen entsprechenden Betreibungsort verfügt. 50

[114] Vgl. zum Stand der Diskussion in der Schweiz auch DASSER/OBERHAMMER-DASSER, Art. 21 Rz. 77; JEGHER, Abwehrmassnahmen 71 f.; derselbe ZSR 1999 I, 43 ff.; SCHNYDER/LIATOWITSCH Rz. 339.

[115] Vgl. aber die Bedenken bei GEIMER/SCHÜTZE, EuZVR Art. 27 Rz. 32.

[116] RAUSCHER-LEIBLE, Art. 27 Rz. 9.

(3) «Torpedo»-Klagen

51 Die Gleichsetzung von negativer Feststellungklage und Leistungsklage bezweckte eine Herstellung der Waffengleichheit zwischen Feststellungskläger und Leistungskläger bezüglich Wahl des Gerichtsstands, schuf aber gleichzeitig mit den sog. «Torpedo»-Klagen ein neues Problem[117]. Die Rechtshängigkeitssperre von Art. 27 LugÜ führt dazu, dass das Zweitgericht das Verfahren aussetzen muss, bis die Zuständigkeit des zuerst angerufenen Gerichts feststeht. Bei **übermässig langer Verfahrensdauer** des Erstverfahrens kann der dort Beklagte damit über Jahre blockiert sein. Anders als Art. 9 Abs. 1 IPRG macht Art. 27 die Aussetzung des Zweitverfahrens nicht von einer positiven Fristprognose abhängig[118]. Speziell im Hinblick auf italienische, aber auch belgische Verfahren wurde daher vorgebracht, bei übermässig langer Verfahrensdauer im Staat des befassten Gerichts sei die Rechtshängigkeitssperre unzumutbar. Die Rede ist in diesem Zusammenhang auch von **«italienischen (oder belgischen) Torpedos»**. Aufgekommen ist dieser Begriff im Zusammenhang mit negativen Feststellungklagen von Unternehmen, denen vor italienischen Gerichten eine Patentverletzung vorgeworfen wurde. Es war allgemein bekannt, dass sich in Italien technisch schwierige Patentverletzungsverfahren über Jahre dahinzogen. Mit einer negativen Feststellungsklage konnte damit der Produzent den Entscheid über die Patentverletzung über mehrere Jahre hinauszögern und während dieser Zeit unbehelligt weiterproduzieren.

52 In seiner Entscheidung *Gasser/MISAT* stellte der EuGH klar, dass eine Auslegung des Art. 21 EuGVÜ (neu: Art. 27 EUGVVO), wonach dieser Artikel nicht anzuwenden sei, wenn das zuerst angerufene Gericht einem Mitgliedstaat angehöre, vor dessen Gerichten Verfahren im Allgemeinen unvertretbar lange dauerten, offenkundig im Widerspruch zu der Systematik und dem Zweck des Brüsseler Übereinkommens stünde:

53 «Denn zum einen enthält das Übereinkommen keine Bestimmung, aufgrund deren seine Vorschriften, insbesondere Artikel 21, wegen der Länge der Verfahrensdauer vor den Gerichtsstaaten nicht anzuwenden wären.

117 Walter, Internationales Zivilprozessrecht 498 f.

118 Walter, Internationales Zivilprozessrecht 495; Donzallaz Rz. 1510; Thomas/Putzo-Hüßtege, Art. 27 Rz. 2. Gemäss Art. 9 IPRG setzt das Schweizer Gericht das Verfahren nur aus, wenn zu erwarten ist, dass das ausländische Gericht «in angemessener Frist» eine (anerkennungsfähige) Entscheidung fällt.

Zum anderen beruht das Brüsseler Übereinkommen zwangsläufig auf dem Vertrauen, das die Vertragsstaaten gegenseitig ihren Rechtssystemen und Rechtspflegeorganen entgegenbringen. Dieses gegenseitige Vertrauen hat es ermöglicht, im Anwendungsbereich des Übereinkommens ein für die Gerichte verbindliches Zuständigkeitssystem zu schaffen […].»

Der Gerichtshof entschied daher, dass **von den Bestimmungen von Art. 21 (neu: Art. 27) nicht abgewichen werden könne,** wenn allgemein die Dauer der Verfahren vor den Gerichten des Vertragsstaats, dem das zuerst angerufene Gericht angehöre, unvertretbar lang sei[119]. 54

Eine Aufhebung der Rechtshängigkeitssperre in Bezug auf bestimmte Mitgliedstaaten wäre mit Sinn und Zweck des Übereinkommens in der Tat schwer zu vereinbaren gewesen[120]. Zudem kann die Verfahrensdauer innerhalb eines Mitgliedstaates wiederum je nach Gericht und Klagegegenstand variieren, so dass diesbezüglich kaum allgemeingültige Aussagen gemacht werden können[121]. Allenfalls können die Auswirkungen eines «italienischen Torpedos» aber **über vorsorgliche Massnahmen** in einem anderen LugÜ-Staat **gemildert** werden[122]. Das LG Hamburg erliess als Gegenmassnahme zu einem «italienischen Torpedo» ein einstweiliges Verbot des strittigen Produkts in Deutschland für die Dauer des italienischen Verfahrens. Die Dringlichkeit der Massnahme wurde mit der notorisch langen Verfahrensdauer solcher Prozesse in Italien begründet[123]. In ihrer Allgemeinheit dürfte diese Begründung mit dem vom EuGH postulierten Vertrauen in die Rechtssysteme der LugÜ-Staaten allerdings schwer zu vereinbaren sein; eine mehr auf den Einzelfall bezogene Begründung wäre wohl weniger problematisch. 55

Auch wenn Sinn und Zweck des LugÜ die Stigmatisierung des Rechtssystems eines LugÜ-Staats nicht zulassen, fordern viele Stimmen in der Lehre in schwerwiegenden Fällen von bereits eingetretener Verfahrensver- 56

---

[119] EuGH Rs. C-116/02, *Erich Gasser GmbH/MISAT Srl.,* Slg. 2003 I 14693 Rz. 55 ff. Vgl. dazu u.a. Thiele, RIW 2004, 286 ff.; Hess, § 6 Rz. 161; Thomas/Putzo-Hüsstege, Art. 27 Rz. 2. Kritisch u.a. Althammer/Löhnig, ZZPInt 2004, 32 ff.; Andrews, GPR 2005, 12 ff.

[120] Kritisch demgegenüber Geimer/Schütze, EuZVR Art. 27 Rz. 59.

[121] Dasser/Oberhammer-Dasser, Art. 21 Rz. 37.

[122] Geimer/Schütze, EuZVR Art. 27 Rz. 58; Dasser/Oberhammer-Dasser, Art. 21 Rz. 38; Hess, § 6 Rz. 168

[123] LG Hamburg, GRUR Int. 2002, 1025 in Sachen *Unilever/Colgate-Palmolive.* Vgl. auch LG Düsseldorf, GRUR 2000, 682, 697 = IPRax 1999, 461, mit Anm. Otte, 440.

schleppung zu Recht eine Aufhebung der Rechtshängigkeitssperre. In solchen Fällen kann ein V**erstoss gegen Art. 6 EMRK** vorliegen, was wegen der übergeordneten Natur der EMRK grundsätzlich eine Aufhebung der Sperre gebietet[124].

e. Teilweise Identität

57 Liegt eine teilweise Identität der Ansprüche vor, ist wie bei teilweiser Identität der Parteien vorzugehen. Die **identischen Teile** unterliegen der **Rechtshängigkeitssperre** von Art. 27, während für die davon abtrennbaren Teile bei genügendem Zusammenhang ein Vorgehen nach Art. 28 in Erwägung zu ziehen ist[125].

f. Vorsorgliche Massnahmen

58 Das Hauptsachenbegehren und der Antrag auf vorsorgliche Massnahmen betreffen **unterschiedliche Verfahrensgegenstände,** da im einen Fall ein Antrag in der Hauptsache, im anderen Fall lediglich ein Antrag auf vorübergehende Massnahmen zum Schutz der klagenden Partei gestellt wird[126]. Keine Anspruchsidentität besteht somit zwischen einem durch einstweilige Verfügung angeordneten Auszahlungsverbot für eine Bürgschaft auf erstes

[124] So GEIMER/SCHÜTZE, EuZVR Art. 27 Rz. 58; DASSER/OBERHAMMER-DASSER, Art. 21 Rz. 39; SCHLOSSER, EuGVVO Art. 27 Rz. 11; WALTER, Internationales Zivilprozessrecht 499; JEGHER, Abwehrmassnahmen 61; ALTHAMMER/LÖHNIG, ZZPInt 2004, 33; RAUSCHER-LEIBLE, Art. 27 Rz. 18 f.; THOMAS/PUTZO-HÜSSTEGE, Art. 27 Rz. 10; MAGNUS/MANKOWSKI-FENTIMAN, Introduction to Arts. 27–30 Rz. 32 ff. Vgl. auch den Hinweis bei SIEHR, ZZZ 2004, 478, dass die Frage, was zu geschehen hat, wenn das Erstverfahren wegen zu langer Verfahrensdauer die EMRK verletzt und den Kläger im Zweitstaat um ein zügiges Verfahren bringt, noch immer offen ist. Ablehnend gegenüber einer Aufhebung der Rechtshängigkeitssperre in Ausnahmefällen: MUSIELAK-WETH, Art. 27 Rz. 6; MünchKommZPO-GOTTWALD, Art. 27 Rz. 17; HESS, § 6 Rz. 159; THIELE, RIW 2004, 288 mit der Begründung, die vermeintlich benachteiligte Partei könne eine angebliche Prozessverschleppung im Erstverfahren dort mit allen ihr zustehenden prozessualen Mitteln angreifen und gegebenenfalls den Europäischen Gerichtshof für Menschenrechte anrufen. So auch die EU-Kommission in ihrer dem EuGH eingereichten Erklärung im Fall Gasser (EuGH Rs. C-116/02, GASSER, a.a.O. [Fn. 130] Rz. 69).

[125] DASSER/OBERHAMMER-DASSER, Art. 21 Rz. 18; RAUSCHER-LEIBLE, Art. 27 Rz. 10a; DONZALLAZ Rz. 1445.

[126] GEIMER/SCHÜTZE, EuZVR Art. 27 Rz. 47; KROPHOLLER, Art. 27 Rz. 14 m.w.H. zur deutschen Rechtsprechung; KREN KOSTKIEWICZ in Bonomi/Cashin Ritaine/Romano, Convention de Lugano 114; FASCHING/KONECNY-MAYR, EUGVVO Art. 27 Rz. 20; RAUSCHER-LEIBLE, Art. 27 Rz. 13.

Anfordern und der Klage auf Leistung aus der Bürgschaft[127]. Die Anwendung von Art. 27 auf vorsorgliche Massnahmen scheitert zudem auch daran, dass keine «Klage» im Sinne von Art. 27 vorliegt[128].

Damit hindert eine bereits beantragte vorsorgliche Massnahme im Sinne des Art. 31 weder das spätere Anhängigmachen des Hauptverfahrens an einem vom LugÜ vorgesehenen Hauptsachengerichtsstand noch steht das Anhängigmachen der Hauptsache im einen Staat vorsorglichen Massnahmen in einem anderen aufgrund von Art. 2 ff. oder Art. 31 international zuständigen Staat entgegen. Auch parallele Verfahren auf vorsorgliche Massnahmen sind möglich[129]. 59

9. Frühere Rechtshängigkeit in einem anderen durch das Übereinkommen gebundenen Staat / Feststellung des zuerst angerufenen Gerichts

Die Frage, bei welchem Gericht die Rechtshängigkeit zuerst eingetreten ist, bestimmt sich neu (wie unter der EUGVVO) **nach Art. 30**[130]. Es wird für das neue Recht daher auf die dortigen Ausführungen verwiesen. 60

10. Keine weiteren Voraussetzungen

a. Keine Anerkennungsprognose?

Bei Parallelverfahren mit internationalem Sachverhalt ausserhalb des LugÜ sieht Art. 9 IPRG vor, dass das schweizerische Gericht das Verfahren nur aussetzt, wenn zu erwarten ist, dass das ausländische Gericht in angemessener Frist eine Entscheidung fällt, die in der Schweiz *anerkennbar* ist[131]. Die Zulässigkeit einer solchen «Anerkennungsprognose» wird bei Parallelverfahren unter dem LugÜ von der herrschenden Lehre grundsätzlich abgelehnt, da sie dem Anerkennungs- und Vollstreckungsregime des LugÜ sowie Sinn und Zweck von Art. 27, widersprüchliche Urteile zu 61

[127] OLG München, IPRspr. 2000 Nr. 141; OLG Frankfurt a.M., RIW 2001, 615 = IPRspr. 2000 Nr. 142; GEIMER/SCHÜTZE, EuZVR Art. 27 Rz. 36.

[128] Vgl. dazu Rz. 26.

[129] Vgl. zum Ganzen sowie zum Zusammenspiel mit Art. 28 LugÜ bereits Rz. 26 ff. mit dortigen Literaturhinweisen.

[130] Botschaft zu Art. 30, S. 1802; Bericht POCAR Rz. 119.

[131] WALTER, Internationales Zivilprozessrecht 491; DONZALLAZ Rz. 1496.

verhindern, entgegenlaufe[132]. Sofern sich die Anerkennungsprognose auf die *Zuständigkeit* des Erstgerichts bezieht, ist dieser Auffassung – unter Vorbehalt der ausschliesslichen Zuständigkeit – zuzustimmen, wie nachfolgend unter Abschnitt b. auszuführen ist[133]. In diesem Zusammenhang sollte allerdings richtigerweise nicht von einer «Anerkennungsprognose» gesprochen werden, da die Zuständigkeit des Erstgerichts gerade keine Anerkennungsvoraussetzung ist.

62 In Bezug auf diejenigen **Anerkennungsvoraussetzungen,** deren Vorliegen aber **gemäss Art. 34 LugÜ durch den Anerkennungsrichter überprüft** werden kann, darf man sich fragen, ob hier nicht entsprechend eine **Überprüfung durch das Zweitgericht** bei Parallelverfahren erfolgen darf[134]. Der EuGH will bei der Auslegung von Art. 27 EUGVVO hauptsächlich mögliche Probleme bei der Anerkennung und Vollstreckung nach Art. 32 ff. LugÜ verhindern[135]. Ein solcher Konflikt kann aber dadurch verhindert werden, dass der Anerkennungsrichter bei fehlender Anerkennungsfähigkeit des Erstentscheids von seiner Überprüfungsmöglichkeit Gebrauch macht und die Anerkennung des Entscheids verweigert. Ohne drohenden Anerkennungskonflikt besteht auch kein Koordinationsbedarf und damit auch keine Notwendigkeit für eine Sistierung des Zweitverfahrens[136]. Zu Recht wird in der Lehre allerdings darauf hingewiesen, dass sich eine verlässliche Anerkennungsprognose bezüglich der überprüfbaren Punkte häufig als schwierig erweisen kann, da die entscheidenden Argumente sich erst im Verlauf des Verfahrens ergeben können[137]. Dies ist insbesondere bei einem Verstoss gegen die öffentliche Ordnung im Sinne von Art. 34 Nr. 1 und einem Verstoss gegen Vorschriften des internationalen Privatrechts des Anerkennungsstaates im Sinne von Art. 34 Nr. 4 der Fall, zumal der Anerkennungsstaat in diesem Stadium noch gar nicht bekannt

---

132 GEIMER/SCHÜTZE, EuZVR Art. 27 Rz. 16; KROPHOLLER, Art. 27 Rz. 18; RAUSCHER-LEIBLE, Art. 27 Rz. 15; MünchKommZPO-GOTTWALD, Art. 27 Rz. 14; DONZALLAZ Rz. 1498; THOMAS/PUTZO-HÜSSTEGE, Art. 27 Rz. 2; EuGH Rs. C-351/89, *Overseas*, a.a.O. (Fn. 38), Rz. 19 ff.

133 Vgl. Rz. 63.

134 Aufgeworfen wird die Frage u.a. bei DASSER/OBERHAMMER-DASSER, Art. 21 Rz. 34; FASCHING/KONECNY-MAYR, EuGVVO, Art. 27 Rz. 3. Ablehnend GEIMER/SCHÜTZE, EuZVR Art. 27 Rz. 16; KREN KOSTKIEWICZ in Bonomi/Cashin Ritaine/Romano, Convention de Lugano 115; RAUSCHER-LEIBLE, Art. 27 Rz. 16.

135 DASSER/OBERHAMMER-DASSER, Art. 21 Rz. 34.

136 Im Ergebnis ebenso DASSER/OBERHAMMER-DASSER, Art. 21 Rz. 34; vgl. auch LÜKE 278 ff.; JEGHER, Abwehrmassnahmen 60 f.

137 DASSER/OBERHAMMER-DASSER, Art. 21 Rz. 34.

ist. Auch bei Bejahung einer Anerkennungsprognose bleibt diese somit in den meisten Fällen eine bloss theoretische Möglichkeit.

b. Keine Zuständigkeitsprüfung als Regel

(1) Grundsatz

Unter dem LugÜ ist das Anerkennungsgericht mit wenigen Ausnahmen, welche sich auf besondere und ausschliessliche Gerichtsstände beziehen, nicht befugt, die Zuständigkeit des Gerichts des Ursprungsstaats nachzuprüfen (Art. 35 Abs. 3)[138]. Der Entscheid des Erkenntnisgerichts über seine Zuständigkeit ist damit **für das Anerkennungsgericht bindend.** Dieselbe Bindungswirkung muss sich auch **auf das Zweitgericht bei Parallelverfahren** erstrecken. Würde das Zweitgericht eine unabhängige Prüfung der Zuständigkeit des Erstgerichts vornehmen, könnte es zu einer vom Erstgericht abweichenden Beurteilung der Zuständigkeit kommen. Fällt in einem solchen Fall das Erstgericht einen anerkennungsfähigen Entscheid, welcher mit dem mittlerweile ergangenen Entscheid des Zweitgerichts in Widerspruch steht, entstünde ein Anerkennungskonflikt im Sinne von Art. 34 Nr. 3 LugÜ. Folgerichtig wird daher in Rechtsprechung und Lehre verlangt, dass das Zweitgericht den Zuständigkeitsentscheid des Erstgerichts beachten muss und nicht berechtigt ist, diesen vorwegzunehmen[139]. Art. 27 schreibt zudem ausdrücklich vor, dass das später angerufene Gericht das Verfahren von Amts wegen aussetzt, bis die Zuständigkeit des zuerst angerufenen Gerichts feststeht, womit klargestellt wird, dass die Prüfung seiner Zuständigkeit ausschliesslich dem Erstgericht obliegt[140]. 63

Die Beachtung dieser Regel gilt grundsätzlich auch dann, wenn vor einem offensichtlich unzuständigen Erstgericht geklagt wird. Zum einen wäre auch hier eine Einlassung zumindest denkbar, welche nachträglich die Zuständigkeit des Gerichts begründen würde (mit Ausnahme der Fälle von ausschliesslichen Zuständigkeiten)[141], und eine auch vermeintlich eindeutige Zuständigkeitsprognose kann sich als unzutreffend oder nicht 64

---

[138] EuGH Rs. C-351/89, *Overseas*, a.a.O. (Fn. 38), Rz. 24; KROPHOLLER, Art. 27 Rz. 19; DASSER/OBERHAMMER-DASSER, Art. 21 Rz. 33; MUSIELAK-WETH, Art. 27 Rz. 6; DONZALLAZ Rz. 1498.

[139] EuGH Rs. C-351/89, *Overseas*, a.a.O. (Fn. 38), Rz. 19 ff.; EuGH Rs. C-116/02, *Gasser*, a.a.O. (Fn. 130), Rz. 54; GEIMER/SCHÜTZE, EuZVR Art. 27 Rz. 17; KROPHOLLER, Art. 27 Rz. 19.

[140] EuGH Rs. C-116/02, *Gasser*, a.a.O. (Fn. 130), Rz. 51; KROPHOLLER, Art. 27 Rz. 19.

[141] Vgl. EuGH Rs. C-116/02, *Gasser*, a.a.O. (Fn. 130), Rz. 49; DASSER/OBERHAMMER-DASSER, Art. 21 Rz. 34.

deckungsgleich mit der Ansicht des Erstgerichts herausstellen[142], zum andern ist bei offensichtlicher Unzuständigkeit auch davon auszugehen, dass das zuerst angerufene Gericht diese erkennt und sich entsprechend für unzuständig erklärt. Für den Beklagten, welcher vor ein offensichtlich unzuständiges Gericht gerufen wird, kann dies zwar einen Zeitverlust zur Folge haben; andererseits dient die klare Zuständigkeitszuweisung an das Erstgericht aber der **Rechtssicherheit**[143].

(2) Bei Vorliegen einer Gerichtsstandsvereinbarung

65 Auch bei **Vorliegen einer Gerichtsstandsvereinbarung** darf das unter der Vereinbarung angerufene Zweitgericht nicht selbst über die Zuständigkeit des in Missachtung der Gerichtsstandsvereinbarung angerufenen Erstgerichts entscheiden, sondern **muss das Verfahren aussetzen.** Der EuGH klärte diese Frage in der Rechtssache *Erich Gasser GmbH gegen MISAT Srl* (entgegen der Auffassung Grossbritanniens). Erich Gasser GmbH, eine österreichische Gesellschaft, verkaufte Kinderbekleidung an die MISAT Srl in Rom. MISAT erhob Klage in Rom auf Feststellung, dass der zwischen den Parteien bestehende Vertrag aufgelöst sei und damit auf ihrer Seite keine Nichterfüllung vorliege. Gasser erhob in der Folge eine Leistungsklage in Österreich und stützte sich dabei auf eine Gerichtsstandsklausel. Der vom österreichischen Gericht angerufene EuGH entschied unter Hinweis auf *Overseas Union*[144], dass Art. 21 EuGVÜ (neu: 27 EUGVVO) nicht zwischen den verschiedenen Zuständigkeitsgründen des Brüsseler Übereinkommens unterscheide. Der Umstand, dass die Zuständigkeit des später angerufenen Gerichts nach Art. 17 (neu: 23 EUGVVO) geltend gemacht werde, könne der Anwendung des Art. 21 EuGVÜ (neu: Art. 27 EUGVVO) nicht entgegenstehen, da sich dieser klar und ausschliesslich auf die zeitliche Abfolge stütze, in der die Gerichte angerufen worden seien. Im Übrigen sei das später angerufene Gericht in keinem Fall besser als das zuerst angerufene Gericht in der Lage, über dessen Zuständigkeit zu befinden, denn diese Zuständigkeit ergebe sich unmittelbar aus dem Brüsseler Übereinkommen, das für beide Gerichte gleich sei und das sie beide mit der gleichen Sachkenntnis auslegen und anwenden könnten. So könnten die Parteien bei Vorliegen einer Gerichtsstandsvereinbarung im Sinne von

[142] Vgl. dazu allgemein zur Anerkennungsprognose Rz. 61.
[143] So der EuGH in Rs. C-116/02, *Gasser*, a.a.O. (Fn. 130), Rz. 51.
[144] EuGH Rs. C-351/89, *Overseas*, a.a.O. (Fn. 38).

Art. 17 EuGVÜ (neu: 23 EUGVVO) jederzeit darauf verzichten, sich auf diese Vereinbarung zu berufen; namentlich könne der Beklagte sich vor dem Erstgericht auf den Rechtsstreit einlassen. Sei ein solcher Fall nicht gegeben, obliege es dem Erstgericht, das Vorliegen der Vereinbarung zu prüfen und sich für unzuständig zu erkären, sobald im Sinne von Art. 17 (neu: 23 EUGVVO) festgestellt sei, dass die Parteien tatsächlich die ausschliessliche Zuständigkeit des zuletzt angerufenen Gerichts vereinbart hätten. Art. 17 EuGVÜ (neu: 23 EUGVVO) wolle auch sicherstellen, dass eine Willenseinigung der Parteien tatsächlich vorliege. Da bereits über das Vorliegen einer Willenseinigung der Parteien Streitigkeiten enstehen könnten, entspreche es der mit dem Brüsseler Übereinkommen gewollten Rechtssicherheit, dass im Fall der Rechtshängigkeit klar und präzise feststehe, welches der beiden nationalen Gerichte festzustellen habe, ob es nach den Bestimmungen des Übereinkommens zuständig sei[145].

(3) Bei ausschliesslicher Zuständigkeit des Zweitgerichts

Für den Fall, dass sich das **Zweitgericht** aufgrund von Art. 22 LugÜ für **ausschliesslich zuständig** hält, wird in der Lehre teilweise plädiert, dieses dürfe eine Zuständigkeitsprüfung vornehmen. Als Begründung wird angeführt, dass bei ausschliesslicher Zuständigkeit keine Einlassung vor einem anderen Gericht möglich sei, welche die Zuständigkeit des Erstgerichts nachträglich begründen könnte, und dass der EuGH in einem *obiter dictum* in der Sache *Overseas Union* ausgeführt habe, das Zweitgericht müsse seine Entscheidung «vorbehaltlich seiner ausschliesslichen Zuständigkeit nach dem Übereinkommen, insbesondere nach Art. 16 [(neu: 22 EUGVVO)]» aussetzen[146]. Als unklar wird in der Lehre erachtet, ob der EuGH in der Sache *Gasser* dieses *obiter dictum* korrigieren wollte[147]. Tatsächlich wollte der EuGH aber klarstellen, dass er in seiner *Overseas Union*-Entscheidung die Frage, ob in Fällen ausschliesslicher Zuständigkeit eine Überprüfung der Zuständigkeit des Erstgerichts möglich sei, offengelassen hat. Dies ergibt sich aus seinen Ausführungen, dass er in der Sache *Overseas Union* die Auslegung des Art. 21 EuGVÜ (neu: 27 EUGVVO) für 66

[145] EuGH Rs. C-116/02, *Gasser*, a.a.O. (Fn. 130), Rz. 43 ff. Dazu auch Kropholler, Art. 27 Rz. 19; Dasser/Oberhammer-Dasser, Art. 21 Rz. 33.

[146] Rauscher/Gutknecht, IPRax 1993, 24; Czernich/Tiefenthaler/Kodek-Tiefenthaler, Art. 27 Rz. 14; Donzallaz Rz. 1499 ff.; vgl. die Übersicht zum Meinungsstand bei Dasser/Oberhammer-Dasser, Art. 21 Rz. 35.

[147] Vgl. dazu Magnus/Mankowski-Fentiman, Introduction to Arts. 27–30 Fn. 55.

den vorbehaltenen Fall nur habe offen lassen wollen, weil damals eine ausschliessliche Zuständigkeit des später angerufenen Gerichts nicht geltend gemacht worden sei[148].

67 Die Frage nach dem Verhalten des Zweitgerichts bei der Annahme einer ausschliesslichen Zuständigkeit ist somit nach wie vor offen und wird in der Lehre weiterhin kontrovers behandelt[149]. Um sie sinnvoll beantworten zu können, sollte man sich vor Augen führen, warum das LugÜ in den Fällen der ausschliesslichen Zuständigkeiten gestützt auf Art. 35 Abs. 1 eine Überprüfung der Zuständigkeit des Erkenntnisgerichts durch den Anerkennungsrichter gestattet. Die Zulassung der Zuständigkeitsprüfung entspringt dem Gedanken, dass den ausschliesslichen Zuständigkeiten besondere öffentliche Interessen der LugÜ-Staaten zugrundeliegen[150]. Es ist nach der hier vertretenen Auffasssung konsequent, diesen Schutzgedanken auch auf Parallelverfahren auszudehnen und dem **Zweitgericht** ebenfalls **zu gestatten,** die **Frage der ausschliesslichen Zuständigkeit zu prüfen** und das Verfahren fortzusetzen, wenn es sich selber für ausschliesslich zuständig hält. Das LugÜ greift mit seiner grundsätzlichen Anerkennungsvermutung in das ausserhalb des LugÜ geltende Recht eines Schweizer Gerichts ein, die Beachtung der ausländischen Litispendenz von einer Anerkennungsprognose abhängig zu machen[151]. Soweit das LugÜ ausdrücklich die Zuständigkeitsprüfung im Anerkennungsstadium zulässt, ist es auch sachgerecht, die Überprüfung der Zuständigkeit auf der Stufe des Erkenntnisverfahrens zuzulassen, wobei aber Voraussetzung bleibt, dass diesbezüglich eine zuverlässige Prognose getroffen werden kann. Gerade bei der ausschliesslichen Zuständigkeit ist dies möglich, da die entscheidenden Umstände von Anfang an vorliegen und aufgrund von Art. 24 nicht nachträglich durch Einlassung eine Zuständigkeit begründet werden kann.

---

148 EuGH Rs. C-116/02, *Gasser*, a.a.O. (Fn. 130), Rz. 44 f. Ebenso Fasching/Konecny-Mayr, EUGVVO Art. 27 Rz. 24; Rauscher-Leible, Art. 27 Rz. 16b.

149 Gegen die Zulassung einer Zuständigkeitsprüfung auch bei ausschliesslicher Zuständigkeit: Geimer/Schütze, EuZVR Art. 27 Rz. 18; Kropholler, Art. 27 Rz. 19; Rauscher-Leible, Art. 27 Rz. 16b; Fasching/Konecny-Mayr, EUGVVO Art. 27 Rz. 24. A.A.: Rauscher/Gutknecht, IPRax 1993, 24; Czernich/Tiefenthaler/Kodek-Tiefenthaler, Art. 27 Rz. 14; Magnus/Mankowski-Fentiman, Introduction to Arts. 27–30 Rz. 55; Donzallaz Rz. 1503; Lüke 281 f.; offen gelassen bei Dasser/Oberhammer-Dasser, Art. 21 Rz. 35.

150 Dasser/Oberhammer-Walther, Art. 28 Rz. 11.

151 Liatowitsch 54 ff.

Aufgrund der Tatsache, dass eine Überprüfung im Anerkennungsstadium zulässig ist, können Konflikte in diesem Stadium verhindert werden, da einem Entscheid des Erstgerichts, der bezüglich der ausschliesslichen Zuständigkeit zu einem anderen Ergebnis als das Zweitgericht gelangt, die **Anerkennung versagt** werden kann. Damit entsteht auch bei der hier vertretenen Auffassung kein Widerspruch zum Ziel von Art. 27, Anerkennungs- und Vollstreckungskonflikte aufgrund widersprüchlicher Entscheidungen zu verhindern. 68

11. Intertemporale Anwendung

Die intertemporale Anwendung des revidierten LugÜ ist in Art. 63 geregelt. Dieser enthält **keine ausdrückliche Regelung bezüglich** der intertemporalen Anwendung von **Art. 27**[152]. Aktuell wird diese Frage in Fällen, in welchen ein Verfahren vor Inkrafttreten des revidierten LugÜ in einem Staat anhängig gemacht wurde, welcher erst seit dessen Revision an das LugÜ gebunden ist, während das Parallelverfahren nach Inkrafttreten des revidierten LugÜ in einem anderen LugÜ-Staat eingeleitet wurde[153]. 69

Der EuGH hatte sich mit der intertemporalen Anwendung des dem heutigen Art. 27 entsprechenden Art. 21 EuGVÜ im Zusammenhang mit dem Beitritt von Spanien und Portugal zur Europäischen Gemeinschaft auseinanderzusetzen[154]. Art. 29 Abs. 2 des Beitrittsübereinkommens mit Spanien und Portugal von 1989 sah vor, dass bei einer Klage im Ursprungsstaat, welche vor dem Inkrafttreten dieses Übereinkommens erhoben worden war, nach diesem Zeitpunkt erlassene Entscheidungen nach Massgabe des Titels III des Brüsseler Übereinkommens anerkannt und zur Vollstreckung zugelassen würden, wenn das Gericht aufgrund von Vorschriften zuständig war, die mit den Zuständigkeitsvorschriften des Titels II des Brüsseler Übereinkommens oder eines Abkommens übereinstimmten, das im Zeitpunkt der Klageerhebung zwischen dem Ursprungsstaat und dem ersuchten Staat in Kraft war. Für solche Fälle entschied der EuGH, dass das später angerufene Gericht Art. 21 des Brüsseler Übereinkommens (nun Art. 27 EUGVVO) anzuwenden habe, um auf diese Weise den Erlass «paralleler und womöglich einander widersprechender Entscheidungen, die ein Hin- 70

[152] Kropholler, Art. 66 Rz. 8.
[153] In diesem Sinne Dasser/Oberhammer-Dasser, Art. 21 Rz. 78.
[154] EuGH Rs. C-163/95, *Elsbeth Freifrau von Horn/Kevin Cinnamond,* Slg. 1997 I 5451.

dernis für die gegenseitige Anerkennung und Vollstreckung bilden könnten», zu verhindern[155].

71 Art. 29 Abs. 2 des Beitrittsübereinkommens von 1989 stimmt inhaltlich mit Art. 63 Abs. 2 lit. b des revidierten LugÜ überein. Aus der Entscheidung in Sachen *Horn* ergibt sich somit auch für das LugÜ, dass Art. 27 LugÜ dann auf Parallelverfahren, von denen das eine vor und das andere nach Inkrafttreten des revidierten LugÜ eingeleitet wurde, anzuwenden ist, wenn das damals noch nicht an das LugÜ gebundene **Erstgericht** sich aufgrund einer **Vorschrift für zuständig erklärt** hat, die mit **den Zuständigkeitsvorschriften des Titels II des revidierten LugÜ** oder eines **Abkommens übereinstimmt,** das im Zeitpunkt der Klageerhebung zwischen den beiden betroffenen Staaten in Kraft war[156]. Entsprechend kommt Art. 27 LugÜ auch dann zur Anwendung, wenn der Staat des Erstgerichts bereits Vertragsstaat des LugÜ vom 16. September 1988 war. Hier bildet Art. 63 Abs. 2 lit. a LugÜ die Grundlage. Da Art. 27 inhaltlich mit Art. 21 aLugÜ übereinstimmt, ist dieser Fall jedoch nur von theoretischer Bedeutung.

72 Die Erstreckung des Kriteriums der intertemporalen Anerkennungsregel von Art. 63 Abs. 2 lit. b LugÜ auf Art. 27 macht eine Überprüfung der internationalen Zuständigkeit des Erstgerichts durch das Zweitgericht notwendig, welche in diesem Fall ausnahmsweise erlaubt ist. Die Überprüfung ist allerdings auf die Feststellung beschränkt, ob die Zuständigkeit des Erstgerichts mit den Zuständigkeiten des LugÜ oder eines anderen zwischen den betreffenden Staaten bestehenden Abkommens gemäss Art. 63 Abs. 2 lit. b LugÜ übereinstimmt. Die entsprechenden Zuständigkeitsvorschriften lauten für beide betroffenen Staaten gleich, so dass das Zweitgericht ebenso gut wie das Erstgericht in der Lage ist, sie auszulegen[157].

12. Beachtung von Amtes wegen

73 Art. 27 ist **von Amtes wegen** anzuwenden, was bereits aus seinem Wortlaut hervorgeht[158]. Eine **formelle Einrede** des Beklagten ist damit **nicht erfor-**

---

[155] EuGH Rs. C-163/95, a.a.O. (Fn. 168) Rz. 18 f.

[156] Vgl. entsprechend in Bezug auf die EUGVVO Kropholler, Art. 66 Rz. 8; Geimer/Schütze, EuZVR Art. 27 Rz. 26, Art. 66 Rz. 8; im selben Sinn auch Dasser/Oberhammer-Dasser, Art. 21 Rz. 78.

[157] Zum Ganzen Kropholler, Art. 66 Rz. 8.

[158] Geimer/Schütze, EuZVR Art. 27 Rz. 27; Dasser/Oberhammer-Dasser, Art. 21 Rz. 40.

derlich. Es ist aber auch nicht Aufgabe des Gerichts, danach zu forschen, ob vor ausländischen Gerichten Parallelverfahren hängig sind, sofern sich aus den Vorbringen der Parteien keine Anhaltspunkte dafür ergeben[159]. Die Partei, die sich auf die bereits bestehende Rechtshängigkeit beruft, unterliegt damit dem Beibringungsgrundsatz; es trifft sie aber keine Beweispflicht[160].

II. Rechtsfolgen für das später anhängig gemachte Verfahren

1. Sistierung bis zur Feststellung der Zuständigkeit (Abs. 1)

Gemäss Art. 27 Abs. 1 setzt das später angerufene Gericht – ausser im 74
Spezialfall von Art. 29[161] – das Verfahren von Amts wegen aus, bis die Zuständigkeit des zuerst angerufenen Gerichts feststeht. Mit der **Sistierung** wird verhindert, dass das Zweitgericht infolge der anderweitigen Rechtshängigkeit vorzeitig einen Nichteintretensentscheid fällt und die Parteien das Verfahren neu einleiten müssen, falls sich das Erstgericht unerwartet für unzuständig erklärt[162]. Der Zeitpunkt, ab welchem die **Zuständigkeit des Erstgerichts** feststeht, wird in der Lehre nicht einheitlich definiert[163]. Gemeinhin wird angenommen, dass diese erst **feststeht,** wenn nach dem Recht des Erststaates die **Zuständigkeit des angerufenen Gerichtsstaates nicht mehr in Zweifel** gezogen werden kann[164]. Entscheidend ist aber, ab wann diese nicht mehr in Zweifel gezogen werden kann. Hat sich der Beklagte gemäss dem Recht des Erststaats rügelos auf das Verfahren eingelassen, steht die Zuständigkeit des Erstgerichts normalerweise fest[165].

159 DASSER/OBERHAMMER-DASSER, Art. 21 Rz. 40; Bericht JENARD zu Art. 21, S. 41; RAUSCHER-LEIBLE, Art. 27 Rz. 20; GEIMER/SCHÜTZE, EuZVR Art. 27 Rz. 60 ff.; KREN KOSTKIEWICZ in Bonomi/Cashin Ritaine/Romano, Convention de Lugano 118.

160 HGer ZH, ZR 2003, Nr. 42 E. 2d; DASSER/OBERHAMMER-DASSER, Art. 21 Rz. 40.

161 Vgl. dazu nachstehend Art. 29 Rz. 5.

162 DASSER/OBERHAMMER-DASSER, Art. 21 Rz. 65; GEIMER/SCHÜTZE, EuZVR Art. 27 Rz. 54; KROPHOLLER, Art. 27 Rz. 22; RAUSCHER-LEIBLE, Art. 27 Rz. 19; MünchKommZPO-GOTTWALD, Art. 27 Rz. 15; WALTER, Internationales Zivilprozessrecht 494.

163 Vgl. die Übersicht bei FASCHING/KONECNY-MAYR, Art. 27 Rz. 27.

164 So die Definition bei GEIMER/SCHÜTZE, EuZVR Art. 27 Rz. 54.

165 FASCHING/KONECNY-MAYR, Art. 27 Rz. 27. In diesem Sinne auch WALTER, Internationales Zivilprozessrecht 494, welcher auf den Zeitpunkt abstellt, in welchem «das Gericht in eine Begründetheitsprüfung der Klage eintritt», doch kommt es zusätzlich darauf an, ob dieser

Nur wenn der Beklagte rechtzeitig die Unzuständigkeitseinrede erhoben hat oder wenn Verdacht auf das Vorliegen einer durch Einlassung nicht heilbaren ausschliesslichen Zuständigkeit im Sinne von Art. 22 vorliegt, muss die Entscheidung des Erstgerichts abgewartet werden[166]. Auch bei einem die Zuständigkeit bejahenden Entscheid muss abgewartet werden, bis dieser nicht mehr anfechtbar ist bzw. bis die Rechtsmittelinstanz darüber entschieden hat[167].

75 Auch die Sistierung nach Art. 27 Abs. 1 kann einen **negativen Kompetenzkonflikt nicht ausschliessen,** da das Erstgericht und das Zweitgericht unabhängig voneinander über ihre Zuständigkeit befinden können. Es findet keine Bindung des Zweitgerichts an die tatsächlichen Feststellungen und rechtlichen Erwägungen in einem Nichteintretensentscheid des Erstgerichts statt[168]. Möglich ist somit, dass sich sowohl das Erstgericht als auch das Zweitgericht für unzuständig erklären.

76 **Nicht abgewartet** werden muss der Entscheid des Erstgerichts über seine Zuständigkeit, wenn das **Zweitgericht nicht zuständig** ist. In diesem Fall ist das Zweitgericht von Vornherein nicht zur Beurteilung der Sache zuständig und ein Aufschub gemäss Art. 27 Abs. 1 aufgrund anderweitiger Rechtshängigkeit würde die Unsicherheit für die Parteien nur weiter hinauszögern[169]. Ein Zuwarten mit einem Nichteintretensentscheid kann sich ausnahmsweise dort aufdrängen, wo die Prüfung der Zuständigkeit sehr aufwändig ist. Eine Prüfung erübrigt sich nämlich, wenn sich das Erstgericht für zuständig erklärt, da das Zweitgericht in diesem Fall unabhängig

---

Umstand nach dem Recht des Erststaates eine rügelose Einlassung begründet. MAGNUS/MANKOWSKI-FENTIMANN, Art. 27 Rz. 22 weist in diesem Zusammenhang darauf hin, dass das Prozessrecht bestimmter Vertragsstaaten erlaube oder gar verlange, dass die Parteien sich gleichzeitig zur Zuständigkeit und zur Sache äusserten. In diesem Fall könne nicht davon ausgegangen werden, dass das Eintreten auf die Begründetheitsprüfung durch das Gericht dessen Zuständigkeit begründe.

166 CZERNICH/TIEFENTHALER/KODEK-TIEFENTHALER, Art. 28 Rz. 16; FASCHING/KONECNY-MAYR, Art. 27 Rz. 27.

167 GEIMER/SCHÜTZE, EuZVR Art. 27 Rz. 54; RAUSCHER-LEIBLE, Art. 27 Rz. 22; MEIER, Internationales Zivilprozessrecht und Zwangsvollstreckungsrecht 54.

168 DASSER/OBERHAMMER-DASSER, Art. 21 Rz. 65; RAUSCHER-LEIBLE, Art. 27 Rz. 5; GEIMER/SCHÜTZE, EuZVR Art. 27 Rz. 3. LÜKE 287 plädiert für eine «internationale Notzuständigkeit, wenn das zuerst angerufene Gericht seine eigene internationale Zuständigkeit rechtskräftig abgewiesen hat, das später angerufene Gericht diese Entscheidung aber für unzutreffend hält».

169 DASSER/OBERHAMMER-DASSER, Art. 21 Rz. 66; BGE 123 III 414 ff. E. 7a; Cour civile VD, 21.07.1996, JdT 1996 III 34, 35.

von einer bestehenden Zuständigkeit das Verfahren nach Abs. 2 einstellen muss[170].

Die **Modalitäten der Aussetzung** bestimmen sich nach **nationalem Recht**[171]. Unterlässt ein LugÜ-Staat konventionswidrig die aufgrund von Art. 27 gebotene Sistierung und trifft in der Folge ein Sachurteil, kann gegen dessen Vollstreckung nicht eingewendet werden, dass dieses unter Verletzung von Art. 27 ergangen sei[172]. Das LugÜ stellt eine solche Einrede nicht zur Verfügung. Stattdessen wird ebenso wie bei der Zuständigkeit auf die richtige Anwendung der Bestimmung durch die LugÜ-Staaten vertraut. 77

2. Nichteintreten (Abs. 2)

Steht die Zuständigkeit des zuerst angerufenen Gerichts fest, muss das später angerufene Gericht einen **Nichteintretensentscheid** fällen. Die Zuständigkeit des Erstgerichts steht erst fest, wenn unter Berücksichtigung des Rechtsmittelwegs des Erststaates diese nicht mehr in Frage gestellt werden kann[173]. 78

Art. 27 spricht davon, dass das Zweitgericht sich «für unzuständig» zu erklären hat, doch ist diese Beschreibung ungenau, da das Zweitgericht seine Zuständigkeit aufgrund des Parallelprozesses nicht verliert. Vielmehr ist aufgrund der Litispendenz die **eigene Zuständigkeit gar nicht mehr zu prüfen** und auf die Sache nicht einzutreten[174]. Bei Litispendenz ergeht innerhalb der Schweiz ein Nichteintretensentscheid[175]. Es ergeht somit ein Prozessentscheid[176]. 79

---

170 DASSER/OBERHAMMER-DASSER, Art. 21 Rz. 66; LÜPFERT 146. Vgl. zum Ganzen auch vorstehend Rz. 11.

171 GEIMER/SCHÜTZE, EuZVR Art. 27 Rz. 55 m.H. zum deutschen Recht; RAUSCHER-LEIBLE, Art. 27 Rz. 21 m.H. zum deutschen Recht; DASSER/OBERHAMMER-DASSER, Art. 21 Rz. 67; KROPHOLLER, Art. 27 Rz. 24.

172 BGE 124 III 444 ff. E. 1c; dazu SCHWANDER, AJP 1999, 111 ff.; DASSER/OBERHAMMER-DASSER, Art. 21 Rz. 69; THOMAS/PUTZO-HÜSSTEGE, Art. 27 Rz. 9.

173 GEIMER/SCHÜTZE, EuZVR Art. 27 Rz. 54; DASSER/OBERHAMMER-DASSER, Art. 21 Rz. 70; RAUSCHER-LEIBLE, Art. 27 Rz. 22; MünchKommZPO-GOTTWALD, Art. 27 Rz. 16; THOMAS/PUTZO-HÜSSTEGE, Art. 27 Rz. 9.

174 DASSER/OBERHAMMER-DASSER, Art. 21 Rz. 70; GEIMER/SCHÜTZE, EuZVR Art. 27 Rz. 52, WITTIBSCHLAGER 26; RAUSCHER-LIEBLE, Art. 27 Rz. 22.

175 So auch DASSER/OBERHAMMER-DASSER, Art. 21 Rz. 70; LIATOWITSCH 57.

176 Zum Prozessentscheid z.B. VOGEL/SPÜHLER Rz. 98.

80 Stellt das **Erstgericht definitiv seine Unzuständigkeit** fest, entfällt die Ausschlusswirkung der Litispendenz. Damit ist der Weg frei für das Zweitgericht, die Sistierung aufzuheben und über die eigene Zuständigkeit zu befinden sowie bei gegebener Zuständigkeit ein Sachurteil zu fällen[177]. Zu beachten ist, dass der Kläger des Erstverfahrens keine Möglichkeit hat, durch neue Klage vor einem zuständigen Gericht die Rechtshängigkeitssperre des Art. 27 aufrechtzuerhalten. Art. 63 Abs. 1 der Schweizer ZPO sieht ein Fortbestehen der Rechtshängigkeit vor, wenn eine Klage bei fehlender Zuständigkeit innerhalb einer bestimmten Frist beim zuständigen Gericht neu eingereicht wird. Das LugÜ kennt diese Möglichkeit aber nicht und lässt dafür auch keinen Raum. Klagt somit der Kläger nach Ansicht des Beklagten vor einem unzuständigen Gericht, kann der Beklagte seinerseits mit einer Klageeinleitung vor dem zuständigen Gericht bewirken, dass der dortige Prozess aufgenommen wird, sobald das Erstgericht seine Unzuständigkeit festgestellt hat, womit er eine **erneute Klageerhebung des Erstklägers** vor einem anderen, alternativ zuständigen Gericht **verhindern** kann[178].

[177] Dasser/Oberhammer-Dasser, Art. 21 Rz. 71; Kropholler, Art. 28 Rz. 24; Rauscher-Lieble, Art. 27 Rz. 22.

[178] Dasser/Oberhammer-Dasser, Art. 21 Rz. 71.

Art. 28

1. Sind bei Gerichten verschiedener durch dieses Übereinkommen gebundener Staaten Klagen, die im Zusammenhang stehen, anhängig, so kann jedes später angerufene Gericht das Verfahren aussetzen.

2. Sind diese Klagen in erster Instanz anhängig, so kann sich jedes später angerufene Gericht auf Antrag einer Partei auch für unzuständig erklären, wenn das zuerst angerufene Gericht für die betreffenden Klagen zuständig ist und die Verbindung der Klagen nach seinem Recht zulässig ist.

3. Klagen stehen im Sinne dieses Artikels im Zusammenhang, wenn zwischen ihnen eine so enge Beziehung gegeben ist, dass eine gemeinsame Verhandlung und Entscheidung geboten erscheint, um zu vermeiden, dass in getrennten Verfahren widersprechende Entscheidungen ergehen könnten.

Art. 28

1. Lorsque des demandes connexes sont pendantes devant des juridictions de différents États liés par la présente Convention, la juridiction saisie en second lieu peut surseoir à statuer.

2. Lorsque ces demandes sont pendantes au premier degré, la juridiction saisie en second lieu peut également se dessaisir, à la demande de l'une des parties, à condition que le tribunal premier saisi soit compétent pour connaître des demandes en question et que sa loi permette leur jonction.

3. Aux fins du présent article, sont connexes les demandes liées entre elles par un rapport si étroit qu'il y a intérêt à les instruire et à les juger en même temps afin d'éviter des solutions qui pourraient être inconciliables si les causes étaient jugées séparément.

Art. 28

1. Ove più cause connesse siano pendenti davanti a giudici di diversi Stati vincolati dalla presente convenzione, il giudice successivamente adito può sospendere il procedimento.

2. Se tali cause sono pendenti in primo grado, il giudice successivamente adito può inoltre dichiarare la propria incompetenza su richiesta di una delle parti a condizione che il giudice precedentemente adito sia competente a conoscere delle domande proposte e la sua legge consenta la riunione dei procedimenti.

3. Ai sensi del presente articolo sono connesse le cause aventi tra di loro un legame così stretto da rendere opportune una trattazione e decisione uniche per evitare soluzioni tra di loro incompatibili ove le cause fossero trattate separatamente.

Art. 28

1. Where related actions are pending in the courts of different States bound by this Convention, any court other than the court first seised may stay its proceedings.

2. Where these actions are pending at first instance, any court other than the court first seised may also, on the application of one of the parties, decline jurisdiction if the court first seised has jurisdiction over the actions in question and its law permits the consolidation thereof.

3. For the purposes of this Article, actions are deemed to be related where they are so closely connected that it is expedient to hear and determine them together to avoid the risk of irreconcilable judgments resulting from separate proceedings.

Übersicht *Seite*

I. Anwendungsvoraussetzungen

1. Weitgehende Übereinstimmung mit Art. 27 LugÜ

a. Normzweck von Art. 28 im Vergleich zu Art. 27

1 Während Art. 27 formell widersprüchliche Entscheidungen verhindern will, geht es bei Art. 28 darum, widersprüchliche Entscheidungen in einem weiteren Sinn zu vermeiden[1]. Hier handelt es sich nicht um Fälle von Litispendenz, sondern von Verfahren, die einen Zusammenhang aufweisen und

[1] MAGNUS/MANKOWSKI-FENTIMANN, Art. 28 Rz. 5 ff.; MünchKommZPO-GOTTWALD, Art. 28 Rz. 1; WALTER, Internationales Zivilprozessrecht 503; DONZALLAZ Rz. 1542.

damit teilweise dieselben Fragen aufwerfen, die **im Sinne einer einheitlichen Rechtsprechung** gleich beantwortet werden sollten[2]. Entscheidend ist somit für die Anwendung von Art. 28, ob ein solcher Zusammenhang vorliegt[3]. In Bezug auf die Anwendungsvoraussetzungen unterscheidet sich Art. 28 von Art. 27 im Wesentlichen dadurch, dass kein Fall von Anspruchsidentität zwischen denselben Parteien vorliegen muss, sondern ein Zusammenhang zwischen den Klagen genügt. Parteiidentität ist nicht erforderlich[4]. Abgesehen davon müssen wie bei Art. 27 die folgenden Voraussetzungen erfüllt sein:

b. Sachlicher Anwendungsbereich des LugÜ

Damit Art. 28 überhaupt zur Anwendung gelangen kann, müssen beide Verfahren in den sachlichen Anwendungsbereich des Übereinkommens (Art. 1) fallen[5]. 2

c. Keine Anwendung auf Drittstaatverfahren

Art. 28 ist **nicht auf Verfahren in Drittstaaten** anwendbar, was sich bereits aus dem Gesetzestext ergibt, der von Klagen bei Gerichten «verschiedener durch dieses Übereinkommen gebundener Staaten» spricht. Obwohl ein Gericht unter dem LugÜ grundsätzlich eine Pflicht zur Justizgewährung trifft, wenn es nach Art. 2 ff. international zuständig ist, wird bezüglich eines Drittstaatverfahrens in der Lehre die Befugnis zur Sistierung jedenfalls dann bejaht, wenn andere völkerrechtliche Vereinbarungen des Staates dem konnexen ausländischen Verfahren Priorität einräumen. Begründet wird dies damit, dass das LugÜ in diesem Punkt keine neuen völkerrechtlichen Konflikte schaffen und man den völkerrechtlichen Status quo nicht ändern wollte[6]. Nicht einheitlich beantwortet wird die Frage, ob der Justizgewährungsanspruch des LugÜ durch nationales Recht verdrängt werden kann, 3

---

[2] Dasser/Oberhammer-Dasser, Art. 21 Rz. 1; Kropholler, Art. 28 Rz. 1; Geimer/Schütze, EuZVR Art. 28 Rz. 1; Magnus/Mankowski-Fentiman, Introduction to Arts. 27–30 Rz. 2; Rauscher-Leible, Art 28 Rz. 1; Donzallaz Rz. 1586.

[3] Herzog 390.

[4] Kren Kostkiewicz in Bonomi/Cashin Ritaine/Romano, Convention de Lugano 121; Meier, Internationales Zivilprozessrecht und Zwangsvollstreckungsrecht 54; Donzallaz Rz. 1546; Thomas/Putzo-Hüsstege, Art. 28 Rz. 2.

[5] Geimer/Schütze, EuZVR Art. 27 Rz. 11; Rauscher-Leible, Art 28 Rz. 2; MünchKommZPO-Gottwald, Art. 28 Rz. 1. Vgl. Art. 27 Rz. 5 f.

[6] Geimer/Schütze, EuZVR Art. 28 Rz. 7 ff.; Dasser/Oberhammer-Dasser, Art. 22 Rz. 16.

welches bei Konnexität mit einem Drittstaatverfahren Sistierung vorsieht[7]. In der Schweiz enthält das IPRG im Gegensatz zu identischen Verfahren bezüglich konnexer Verfahren keine Bestimmung, gestützt auf welche eine Sistierung angeordnet werden könnte[8]. Eine Grundlage für die Sistierung findet sich aber in Art. 126 ZPO, gemäss welchem das Gericht das Verfahren sistieren *kann,* wenn die Zweckmässigkeit dies verlangt. Namentlich ist dies der Fall, wenn der Entscheid vom Ausgang eines anderen Verfahrens abhängig ist[9]. Art. 127 ZPO sieht bei zusammenhängenden Klagen ausserdem eine Überweisung an das Erstgericht vor, wenn dieses mit der Übernahme einverstanden ist. Eine **Prozessüberweisung** ins Ausland ist aber ohne entsprechende rechtliche Grundlage **nicht möglich**[10].

d. Keine Anwendung auf Schiedsverfahren

4 Art. 28 ist auf **Schiedsverfahren nicht anwendbar,** da diese aufgrund des Vorbehalts von Art. 1 Abs. 2 lit. d LugÜ nicht in den Anwendungsbereich des LugÜ fallen[11]. Bestätigt wird dieser Schluss durch den Wortlaut von Art. 28, welcher sich auf Klagen «bei Gerichten verschiedener durch dieses Übereinkommen gebundener Staaten» bezieht.

5 Die Regelung zusammenhängender Schieds- und Gerichtsverfahren bleibt damit der *lex fori* vorbehalten[12]. Das Schweizer Recht kennt keine Vorschriften, wonach ein später angerufenes Schweizer Gericht sein Verfahren aufgrund eines damit in Zusammenhang stehenden ausländischen oder in der Schweiz anhängigen internationalen Schiedsverfahrens aussetzen muss[13]. Während somit **keine Verpflichtung zur Sistierung** besteht, **kann**

[7] Zum Meinungsstand Dasser/Oberhammer-Dasser, Art. 22 Rz. 16 m.w.H. Für Zulässigkeit: Kropholler, Vor Art. 27 Rz. 2; Geimer/Schütze, EuZVR Art. 28 Rz. 10; Lüpfert 35; Grolimund 205.

[8] IPRG-Berti, Art. 9 Rz. 10.

[9] Meier, Schweizerisches Zivilprozessrecht 249, 391 f. Entsprechende Grundlagen fanden sich bereits zuvor in kantonalen Zivilprozessordnungen, so z.B. in § 53a der Zürcher ZPO.

[10] Zweifel an der Anwendung der Bestimmung im internationalen Verhältnis äussern auch Dasser/Oberhammer-Dasser, Art. 22 Rz. 37, dort allerdings noch im Zusammenhang mit der Vorläuferbestimmung des Art. 36 GestG.

[11] Geimer/Schütze, EuZVR Art. 27 Rz. 21; Liatowitsch 139; Stacher, ZZZ 2006, 525; Dasser/Oberhammer-Dasser, Art. 21 Rz. 27 sowie vorstehend Art. 27 Rz. 9.

[12] Geimer/Schütze, EuZVR Art. 27 Rz. 21; Liatowitsch 139.

[13] Vgl. vorstehend Art. 27 Rz. 12. Auch aus Art. 372 Abs. 2 ZPO, gemäss welchem das zuletzt angerufene Gericht das Verfahren aussetzt, wenn bei einem staatlichen Gericht und einem Schiedsgericht Klagen über denselben Streitgegenstand zwischen denselben Parteien rechts-

das Gericht aber im Rahmen seines Ermessens gestützt auf Art. 126 ZPO das Verfahren sistieren.

Auch ein später angerufenes internationales Schiedsgericht mit Sitz in der Schweiz ist nicht verpflichtet, das Verfahren aufgrund eines Zusammenhangs mit einem bereits hängigen Gerichtsverfahren zu sistieren. Das 12. Kapitel IPRG enthält keine entsprechende Verpflichtung für Schiedsgerichte bei zusammenhängenden Verfahren[14]. Im Rahmen seiner **Kompetenz zur Verfahrensleitung** muss es einem IPRG-Schiedsgericht aber grundsätzlich möglich sein, bei solchen eine **Sistierung anzuordnen,** sofern dies als **geboten** erscheint[15]. Da eine Sistierung zu einer Rechtsverzögerung führt, hat das Bundesgericht aber festgehalten, dass das Schiedsgericht «im Zweifel dem Beschleunigungsgebot Vorrang einzuräumen» hat[16], so dass eine Sistierung wohl nur bei eng zusammenhängenden Verfahren mit auf weite Strecken identischen Sach- und Rechtsfragen in Betracht gezogen werden kann. 6

e. Rolle der Zuständigkeit des Zweitgerichts bei der Anwendung von Art. 28

Teilweise wird in der Lehre angeführt, bei fehlender Zuständigkeit des Zweitgerichts kämen die Art. 27–30 von Vornherein nicht zum Tragen, da das später angerufene Gericht sich bereits aus diesem Grund für nicht zuständig erklären müsse[17]. Art. 28 setzt aber ebenso wie Art. 27 für seine Anwendung nicht voraus, dass das Zweitgericht auch tatsächlich zur Behandlung der Klage zuständig ist[18]. Es ist allerdings **nicht sinnvoll,** dass das Zweitgericht **ohne vorgängige Prüfung der eigenen Zuständigkeit eine Sistierung anordnet,** da diese die Zuständigkeitsprüfung lediglich aufschiebt. Im Gegensatz zu Art. 27 sind das Erst- und das Zweitgericht mit unterschiedlichen Klagen befasst, so dass die Zuständigkeit des Erst- 7

hängig gemacht werden, ergibt sich keine entsprechende Verpflichtung, da dieser lediglich das Verhältnis zwischen nationalen Gerichtsverfahren und Binnenschiedsverfahren regelt und ausserdem auf identische Klagen beschränkt ist. Vgl. Botschaft S. 7391.

14 Art. 186 Abs. 1bis IPRG bezieht sich lediglich auf identische Klagen.

15 Vgl. Berger/Kellerhals Rz. 1071 ff. zur Sistierungskompetenz des Schiedsgerichts.

16 BGer 4P.64/2004, 02.06.2004 E. 3.2.

17 So Kropholler, Vor Art. 27 Rz. 2.

18 Im Ergebnis auch Dasser/Oberhammer-Dasser, Art. 21 Rz. 66. Vgl. auch vorstehend Art. 27 Rz. 16.

gerichts nicht dazu führt, dass das Zweitgericht sich mit der bei ihm anhängigen Klage gar nicht mehr befassen muss[19].

8 Kommt das Zweitgericht allerdings zum Schluss, dass es statt einer Sistierung zweckmässiger ist, die Vorgehensweise nach Art. 28 Abs. 2 zu wählen und das zuerst angerufene Gericht über beide Klagen entscheiden zu lassen, erübrigt sich eine Prüfung der eigenen Zuständigkeit, da das Zweitgericht in diesem Fall einen Nichteintretensentscheid fällt und die Klage nicht weiter behandelt.

f. Irrelevanz von Wohnsitz/Sitz der Parteien und des massgeblichen Zuständigkeitsrechts

9 Der Wohnsitz der Parteien in einem LugÜ-Staat, insbesondere der Wohnsitz des Beklagten, ist keine Voraussetzung einer Anwendung von Art. 28[20]. Für dessen Anwendung spielt es **keine Rolle, auf welche Grundlage** sich die **Zuständigkeit** der angerufenen Gerichte **stützt,** d.h. ob die Zuständigkeit eines oder beider angerufener Gerichte sich aus dem LugÜ, aus einem Spezialabkommen über die gerichtliche Zuständigkeit (Art. 67) oder aus dem nationalen Zuständigkeitsrecht ergibt[21].

g. «Klagen» vor Gerichten verschiedener durch das Übereinkommen gebundener Staaten

10 Art. 28 ist nur auf «Klagen» anwendbar. Es genügt wie bei Art. 27 das «Anhängigmachen eines Anspruchs», was je nach nationalem Prozessrecht **keine Klage im förmlichen Sinn** voraussetzt[22]. Keine Anwendung findet

---

[19] Dasser/Oberhammer-Dasser, Art. 22 Rz. 25; Lüpfert 146.

[20] Dasser/Oberhammer-Dasser, Art. 22 Rz. 3; Donzallaz Rz. 1588; Kropholler, Vor Art. 27 Rz. 2; Geimer/Schütze, EuZVR Art. 28 Rz. 6. Betr. Art. 21 aLugÜ, aber mit Hinweis auf Art. 22 aLugÜ: EuGH Rs. C-351/89, *Overseas Union,* a.a.O. (Fn. 47), Rz. 11 ff.; besprochen von Rauscher/Gutknecht, IPRax 1993, 22 f.; bestätigt u.a. in EuGH Rs. C-39/02, *Maersk Olie*, a.a.O. (Fn. 47), Rz. 32. Vgl. auch Geimer/Schütze, EuZVR Art. 27 Rz. 14 sowie vorstehend Art. 27 Rz. 17.

[21] Entsprechend Geimer/Schütze, EuZVR Art. 28 Rz. 6.

[22] Rauscher-Leible, Art. 28 Rz. 2. Zum Begriff der «Klage» vorstehend Art. 27 Rz. 19 sowie Kropholler, Art. 27 Rz. 2; Geimer/Schütze, EuZVR Art. 27 Rz. 12.

Art. 28 auf Vollstreckungsverfahren[23] und vorsorgliche Massnahmen[24]. Zur Frage der Anwendbarkeit auf Verrechnungsforderungen ist auf die Diskussion unter Rz. 22 zu verweisen.

2. Begriff des Zusammenhangs der Klagen (Abs. 3)

a. Anforderungen an den Zusammenhang

Abs. 3 von Art. 28 beschreibt, wann ein Zusammenhang im Sinne von Art. 28 vorliegt. Dies ist dann der Fall, wenn zwischen den Klagen eine so enge Beziehung vorliegt, dass eine gemeinsame Verhandlung und Entscheidung geboten erscheint, damit nicht in getrennten Verfahren widersprechende Entscheidungen ergehen[25]. Es handelt sich beim «Zusammenhang» um einen **vertragsautonomen Begriff**; für eine Auslegung nach nationalem Prozessrecht bleibt kein Raum[26]. 11

Auch wenn von «widersprechenden» Entscheidungen die Rede ist, sind damit nicht formell widersprüchliche Urteile gemeint, die zu einem Anerkennungshindernis im Sinne von Art. 34 Nr. 3 führen. Solche Fälle fallen unter Art. 27[27]. Gemäss EuGH in *Tatry* sind von Art. 28 alle Fälle erfasst, in denen «die Gefahr einander widersprechender Entscheidungen besteht, selbst wenn die Entscheidungen getrennt vollstreckt werden können und sich ihre Rechtsfolgen nicht gegenseitig ausschliessen». Der Begriff des 12

---

[23] DASSER/OBERHAMMER-DASSER, Art. 22 Rz. 3; GEIMER/SCHÜTZE, EuZVR Art. 27 Rz. 48; sowie vorstehend Art. 27 Rz. 22 f. Für Vollstreckung eines Titels aus einem nicht an das Übereinkommen gebundenen Staat EuGH Rs. C-129/92, *Owens Bank Ltd.*, a.a.O. (Fn. 24), Rz. 9 ff.

[24] DASSER/OBERHAMMER-DASSER, Art. 22 Rz. 3; KROPHOLLER, Art. 28 Rz. 5, sowie vorstehend im Zusammenhang mit Art. 27 Rz. 32 ff.

[25] MUSIELAK-WETH, Art. 28 Rz. 2; WALTER, Internationales Zivilprozessrecht 503; HESS, § 6 Rz. 160; DONZALLAZ Rz. 1549 f.

[26] DASSER/OBERHAMMER-DASSER, Art. 21 Rz. 4; EuGH Rs. C-406/92, *Tatry*, a.a.O. (Fn. 91), Rz. 52; RAUSCHER-LEIBLE, Art. 28 Rz. 3; THOMAS/PUTZO-HÜSSTEGE, Art. 28 Rz. 4.

[27] Zu den Abgrenzungsschwierigkeiten gegenüber Art. 27 aufgrund der weiten Auslegung des Begriffs der Streitgegenstandsidentität durch den EuGH SCHLOSSER, EuGVVO Art. 28 Rz. 1; GEIMER/SCHÜTZE, EuZVR Art. 28 Rz. 1; DASSER/OBERHAMMER-DASSER, Art. 22 Rz. 2; PRÜTTING, GS Lüderitz 628; RAUSCHER-LEIBLE, Art. 28 Rz. 3; THOMAS/PUTZO-HÜSSTEGE, Art. 28 Rz. 5.

Zusammenhangs sei im Interesse einer geordneten Rechtspflege **weit auszulegen**[28].

13 Widersprüche können überall dort entstehen, wo **übereinstimmende Tatsachen und Rechtsgründe unterschiedlich gewürdigt** werden. Das Resultat sind inkonsistente bzw. inkohärente Urteile[29]. Mit Art. 28 wird im Prinzip mit anderen Mitteln derselbe Zweck – das Verhindern inkonsistenter Urteile – verfolgt wie über den Gerichtsstand der Streitgenossenschaft gemäss Art. 6 Nr. 1[30]. Allerdings ist es im Rahmen von Art. 6 Nr. 1 allein dem Kläger überlassen, zusammenhängende Klagen vor demselben Gericht zu bündeln[31], während Art. 28 dem Zweitgericht von Amtes wegen eine Sistierungsbefugnis einräumt[32]. Das LugÜ verwendet im revidierten Art. 6 Nr. 1 dieselbe Definition des Sachzusammenhangs wie Art. 28 Abs. 3[33]. Angesichts des beabsichtigten Ziels, inkonsistente Entscheidungen zu verhindern, genügt für die erforderliche «enge Beziehung» das Vorliegen einer identischen abstrakten Rechtsfrage oder einer für die Entscheidung unbedeutenden gemeinsamen Sachverhaltsfrage nicht[34]. Es fehlt aber an einer abschliessenden Definition durch den EuGH. Auf eine solche kann deshalb verzichtet werden, weil die Nähe des Zusammenhangs vom Gericht bei seiner **Ermessensausübung** berücksichtigt werden kann[35]. Aufgrund der autonomen Auslegung des Begriffs des Zusammenhangs kann ein Schweizer Gericht nicht einfach auf den nationalen Begriff der Streitgenossenschaft abstellen. Die dazu entwickelten Regeln können einem Gericht bei

[28] EuGH Rs. C-406/92, *Tatry*, a.a.O. (Fn. 91), Rz. 53; HESS, § 6 Rz. 160 erachtet die Handhabung von Art. 28 in der Praxis als zu zurückhaltend. Kritisch gegenüber einer zu weiten Auslegung z.B. ROTH, FS Jayme 755; MAGNUS/MANKOWSKI-FENTIMANN, Art. 28 Rz. 17; RAUSCHER-LEIBLE, Art. 28 Rz. 3; MünchKommZPO-GOTTWALD, Art. 28 Rz. 2. DONZALLAZ Rz. 1548 warnt in diesem Zusammenhang vor einer übermässigen Vereinigung von Prozessen, was zu einem «Monsterprozess» führen könne.

[29] DASSER/OBERHAMMER-DASSER, Art. 21 Rz. 3; GEIMER/SCHÜTZE, EuZVR Art. 28 Rz. 1; SCHÜTZE, RIW 1975 544; RAUSCHER-LEIBLE, Art. 28 Rz. 3.

[30] DASSER/OBERHAMMER-MÜLLER, Art. 6 Rz. 1; RAUSCHER-LEIBLE, Art. 6 Rz. 1; KROPHOLLER, Art. 6 Rz. 1.

[31] DASSER/OBERHAMMER-MÜLLER, Art. 6 Rz. 8; SCHLOSSER, EuGVVO Art. 6 Rz. 2.

[32] Für einen Nichteintretensentscheid gemäss Art. 28 Abs. 2 braucht es demgegenüber den Antrag einer Partei.

[33] KREN KOSTKIEWICZ in Bonomi/Cashin Ritaine/Romano, Convention de Lugano 122.

[34] Ebenso DASSER/OBERHAMMER-DASSER, Art. 22 Rz. 8; DONZALLAZ Rz. 1556 fordert, dass beide Streitigkeiten auf demselben Sachverhalt gründen müssen, welcher eine Gesamtwürdigung durch ein einziges Gericht notwendig macht.

[35] GEIMER/SCHÜTZE, EuZVR Art. 28 Rz. 11; DASSER/OBERHAMMER-DASSER, Art. 22 Rz. 8.

der Anwendung von Art. 28 aber gewisse Anhaltspunkte liefern, so weit sie der vertragsautonomen Auslegung nicht widersprechen[36].

b. Fallbeispiele

Lehre und Rechtsprechung lassen sich folgende Fallbeispiele eines genügenden Sachzusammenhangs entnehmen: 14

Ein genügender Zusammenhang liegt vor, wenn in verschiedenen Staaten unterschiedliche Ansprüche eingeklagt werden, die sich auf **denselben Vertrag** stützen, und die Zuständigkeit der beiden angerufenen Gerichte davon abhängt, ob die im Vertrag enthaltene Gerichtsstandsklausel wirksam ist[37]. 15

Ebenfalls bejaht wird der genügende Zusammenhang für eine Klage auf **Zahlung des (Rest-) Kaufpreises** aufgrund mehrerer Warenlieferungen und einer **Wandelungs- bzw. Minderungsklage** wegen einer dieser Lieferungen[38]. Dasselbe muss gelten für eine Klage des Unternehmers auf Bezahlung des Werklohnes und einer Klage des Bestellers aufgrund von Mängeln[39]. 16

Kein genügender Sachzusammenhang liegt bei engen Interessenverflechtungen zwischen den an beiden Streitigkeiten beteiligten Parteien vor, wenn die Streitigkeiten **unterschiedliche Geschäfte** betreffen[40]. 17

Der EuGH bejaht den Sachzusammenhang, «wenn einerseits in einem Vertragsstaat eine Gruppe von Eigentümern einer Schiffsladung gegen einen Schiffseigner Klage erhebt auf Ersatz eines Schadens, der angeblich an einem Teil der aufgrund getrennter, jedoch gleicher Verträge beförderten Bulkladung entstanden ist, und andererseits in einem anderen Vertragsstaat die Eigentümer eines anderen Teils der Ladung, der unter den gleichen Bedingungen und aufgrund von getrennten, jedoch gleichen Verträgen wie den Verträgen zwischen der ersten Gruppe und dem Schiffseigner beför 18

36 Kropholler, Art. 6 Rz. 10. Vgl. Art. 71 Abs. 1 ZPO: «Sollen Rechte und Pflichten beurteilt werden, die auf gleichartigen Tatsachen oder Rechtsgründen beruhen, so können mehrere Personen gemeinsam klagen oder beklagt werden.»

37 LG Frankfurt 23.08.1991, Bericht IPRax1992, 389; Kropholler, Art. 28 Rz. 5.

38 Versailles 19.01.1995, EWS 1996, 366 Anm. Klima; Kropholler, Art. 28 Rz. 5; MünchKommZPO-Gottwald, Art. 28 Rz. 2.

39 Walter, Internationales Zivilprozessrecht 504.

40 Cour sup. (Luxemburg) 14.12.1977, Nachschlagewerk I-22-B 1; Kropholler, Art. 28 Rz. 5.

dert worden ist, gegen denselben Schiffseigner Klage auf Schadenersatz erheben»[41].

19 Der **EuGH** hat demgegenüber in der Sache *Réunion européenne SA* einen **genügenden Sachzusammenhang verneint,** als eine Partei für denselben **Schaden aus Vertrag,** eine andere Partei stattdessen aus **unerlaubter Handlung haften** sollte, dies allerdings im Zusammenhang mit der Anwendung von Art. 6 Nr. 1 EuGVÜ und mit einer **wenig überzeugenden Begründung**[42]. Begründet wurde der fehlende Zusammenhang mit dem Verweis auf die Entscheidung des EuGH in Sachen *Kalfelis,* wonach ein Gericht, das nach Art. 5 Nr. 3 EuGVÜ für eine Klage unter einem auf deliktischer Grundlage beruhenden Gesichtspunkt zuständig sei, nicht auch zuständig sei, darüber unter anderen, nichtdeliktischen Gesichtspunkten zu entscheiden. Bei *Kalfelis* ging es aber nicht um die Frage, ob ein Zusammenhang nach Art. 6 Nr. 1 EuGVÜ vorliege, sondern darum, ob Art. 5 Nr. 3 EuGVÜ eine Annexzuständigkeit kraft Sachzusammenhangs auch für die nichtdeliktischen Klageansprüche begründet, was vom EuGH verneint wurde, gerade auch mit dem Hinweis, dass Art. 22 EuGVÜ (neu: Art. 28 EUGVVO) es bei gegebenen Voraussetzungen dem Erstgericht erlaube, über den gesamten Rechtsstreit zu befinden, wenn ein Zusammenhang bestehe. Die Ausdehnung von *Réunion européenne* auf Art. 22 EuGVÜ (neu: Art. 28 EUGVVO/Art. 28 LugÜ) ist daher abzulehnen.

20 Das Bundesgericht hat den genügenden Sachzusammenhang bei einer Partei **verneint,** welche im Ausland von Gläubigern einer konkursiten Gesellschaft **aus Konkursdelikt auf Schadenersatz** verklagt wurde, während sie selber in der Schweiz gegen eine ihrer Mitbeklagten im ausländischen Verfahren auf Zahlung aus einer Bankgarantie klagte und diese widerklageweise geltend machte, die Klägerin habe durch Verweigerung von Krediten unter Verletzung vertraglicher Pflichten die **Sanierung** der konkursiten Gesellschaft **verhindert**[43]. Nach Auffassung des Bundesgerichts bezogen sich die beiden Verfahren auf unterschiedliche Fakten, rechtliche Grundlagen und Zwecke. Der bloss schwache Zusammenhang rechtfertige eine Anwendung von Art. 22 aLugÜ (neu: Art. 28 LugÜ) nicht. Die in Frank-

[41] EuGH Rs. C-406/92, *Tatry*, a.a.O. (Fn. 91), Rz. 58.

[42] EuGH Rs. C-51/97, *Réunion européenne SA/Spliethoff's Bevrachtingskantoor BV,* Slg. 1998 I 6511 Rz. 50. Vgl. auch die Kritik bei Kropholler, Art. 28 Rz. 5 m.w.H.

[43] BGer 28.02.2004, 4C.351/2005, E. 5. Dazu auch Dasser/Oberhammer-Dasser, Art. 22 Rz. 7.

reich erhobene Klage habe zum Gegenstand, ob das Verhalten der Klägerin den Überlebenskampf der konkursiten Gesellschaft missbräuchlich verlängert habe und den Gläubigern deshalb aufgrund des französischen Rechts eine Entschädigung zustehe, während die Widerklage im Schweizer Verfahren sich damit befasse, ob die Klägerin die Beklagte und Widerklägerin aufgrund des schweizerischen Rechts dafür entschädigen müsse, dass sie durch die Verweigerung von Krediten die Sanierung der Gesellschaft verhindert habe.

Verneint wurde sodann vom Obergericht des Kantons Solothurn ein genügender Zusammenhang zwischen dem **Verfahren betreffend Bewilligung des Rechtsvorschlags in der Wechselbetreibung** und einer vorgängig vor deutschen Gerichten eingereichten **negativen Feststellungsklage** mit dem Begehren, es sei festzustellen, dass X. gegen Y. kein Zahlungsanspruch mehr zustehe und dass X. die avalierten Wechsel herauszugeben habe. Als Begründung wurde angeführt, aufgrund der Grundsätze der formellen und materiellen Wechselstrenge seien dem Schuldner im Verfahren betreffend Bewilligung des Rechtsvorschlags in der Wechselbetreibung die das Grundverhältnis betreffenden Einreden verwehrt. Dem LugÜ könne nicht die Aufgabe zukommen, das Wechselrecht zu relativieren[44]. Während der Schutz der Wechselstrenge, welchen das Solothurner Obergericht im Auge hatte, ein berechtigtes Anliegen darstellt, erscheint es gleichzeitig fragwürdig, einen Zusammenhang zwischen dem Wechselverfahren und dem Verfahren auf Feststellung des Nichtbestehens des Zahlungsanspruchs zu verneinen[45]. Stattdessen dürfte es sachgerechter sein, den Zusammenhang im Sinne von Art. 28 anzuerkennen, das Zweitgericht aber sein Ermessen gemäss Art. 28 Abs. 1 ausüben zu lassen, ob aufgrund des Schutzes der Wechselstrenge im konkreten Fall auf eine Sistierung zu verzichten ist. 21

c. Einreden des Beklagten, insbesondere Verrechnung

Da Fälle der Verrechnung nicht unter Art. 27 fallen, bleibt das Problem bestehen, dass widersprüchliche Urteile bezüglich der (Verrechnungs-) Forderung ergehen können. In der Lehre wird verschiedentlich ausgeführt, 22

---

44 OGer SO 03.06.1996, SOG 1996 Nr. 10.

45 Konnexität zwischen dem Verfahren auf Zahlung aus einem Wechsel und Erfüllung des zugrundeliegenden Darlehensvertrags wurde z.B. in der belgischen Rechtsprechung bejaht, welche dem damaligen Art. 22 EuGVÜ als Vorbild diente; vgl. SCHÜTZE, RIW 1975, 544, mit Hinweis auf Liège, 16.03.1960, J.L. 1959–1960, 249.

dieser Gefahr könne durch eine **Aussetzung des Verfahrens gemäss Art. 28 Abs. 1** durch das später angerufene Gericht begegnet werden[46]. Es fehlt aber regelmässig an einer Auseinandersetzung mit der Frage, ob die Erwägungen des EuGH in der Rechtssache *Gantner* nicht auch auf Art. 28 anzuwenden sind und damit Einwendungen des Beklagten bei der Bestimmung der Konnexität nicht berücksichtigt werden können. Art. 28 findet nur Anwendung, wenn im Zusammenhang stehende «Klagen» vorliegen. In Bezug auf Art. 27 hielt der EuGH fest, dass sich dieser nach seinem Wortlaut nur auf «Klageansprüche» beziehe und damit nicht auf die möglicherweise vom Beklagten vorgebrachten Einreden. Was für «Klageansprüche» gilt, muss konsequenterweise auch für «Klagen, die im Zusammenhang stehen», gelten, da sich der Begriff «Klage» auf die klägerischen Ansprüche bezieht und die Verrechnungseinrede nicht umfasst. Auch die Argumentation des EuGH, dass sich die Rechtshängigkeit gemäss Art. 30 EUGVVO/LugÜ zu einem Zeitpunkt bestimmt, bevor der Beklagte seinen Standpunkt habe geltend machen können, bezieht sich sowohl auf Art. 27 als auch auf Art. 28. Allerdings sind die Folgen nicht derart einschneidend, wenn sich aufgrund einer später erhobenen Verrechnungseinrede nachträglich ein Zusammenhang zwischen den Klagen im Sinne von Art. 28 ergibt. Es liegt in diesem Fall im Ermessen des Zweitgerichts, ob es das Verfahren vorläufig sistieren will. Dabei kann es den Stand der beiden Verfahren und die dadurch entstehende Verzögerungen und Kosten berücksichtigen. Bleibt es aber auch bei Art. 28 beim Abstellen auf den Begriff der «Klage», ist eine Verfahrenskoordination mittels Art. 28 im Verrechnungsfall nur möglich, wenn die **jeweiligen Klageansprüche,** von denen der eine auch verrechnungsweise geltend gemacht wird, **im von Art. 28 verlangten Zusammenhang stehen**[47].

3. Anerkennungsprognose

23 Während im Zusammenhang mit Art. 27 eine Anerkennungsprognose durch das Zweitgericht zumindest nach herrschender Lehre untersagt ist, da das Risiko falscher Anerkennungsprognosen vollumfänglich ausgeschlossen

[46] Vgl. z.B. RAUSCHER-LEIBLE, Art. 27 Rz. 11; DASSER/OBERHAMMER-DASSER, Art. 21 Rz. 26; SCHMID Rz. 71; SCHLOSSER, EuGVVO Art. 28 Rz. 5; FASCHING/KONECNY-MAYR, EUGVVO Art. 27 Rz. 13, Art. 28 Rz. 7. OBERHAMMER, IPrax 2002, 424 ff. äusserte sich zu dieser Frage vor dem Ergehen der EuGH-Entscheidung in Sachen *Gantner*.

[47] In diesem Sinne wohl SCHMID Rz. 71.

werden soll[48], ist die Sachlage bei Art. 28 anders, da hier dem Zweitgericht von Vornherein **Ermessen** zukommt, ob es das Verfahren aussetzen will. Zwar setzt die Anwendung von Art. 28 keine positive Anerkennungsprognose voraus[49], doch ist eine **negative Anerkennungsprognose für die Ermessensausübung des Zweitgerichts relevant.** Das Zweitgericht muss im Rahmen seines Ermessensentscheids den Umstand berücksichtigen können, ob ein Entscheid des Erstgerichts überhaupt anerkennungsfähig wäre. Fehlt es offensichtlich an einer Anerkennungsfähigkeit, ist eine Sistierung wenig sinnvoll[50].

4. Prüfung der Zuständigkeit des Erstgerichts für dort hängigen Anspruch?

Gesondert von der Frage der Anerkennungsprognose zu behandeln ist die Frage der Überprüfungsbefugnis in Bezug auf die **Zuständigkeit des Erstgerichts,** da eine unrichtige Zuständigkeitsprüfung durch das Erstgericht mit wenigen Ausnahmen die Anerkennungsfähigkeit des gestützt darauf ergehenden Entscheids nicht berührt. Unter dem LugÜ ist das Anerkennungsgericht mit Ausnahme der besonderen bzw. ausschliesslichen Zuständigkeiten gemäss Art. 35 Abs. 1 nicht befugt, die Zuständigkeit des Gerichts des Ursprungsstaats nachzuprüfen (Art. 35 Abs. 3)[51]. Überprüft nun das Zweitgericht die Zuständigkeit des Erstgerichts bezüglich des dort hängigen konnexen Anspruchs, kann es zum Schluss gelangen, dass das Erstgericht nicht zuständig ist, weshalb es auf eine Sistierung des Verfahrens verzichtet. Zugleich kann das Erstgericht aber seinerseits zum (gegenteiligen) Schluss kommen, dass es zuständig ist, und über den Anspruch materiell entscheiden. Damit tritt die Situation ein, dass zwei unterschiedliche Gerichte ohne Koordination über zusammenhängende Ansprüche entscheiden, was die Gefahr inkohärenter Entscheidungen birgt und dem Schutzzweck von Art. 28 zuwiderläuft. Im Gegensatz zu Parallelverfahren über identische Ansprüche im Sinne von Art. 27 drohen bei Verzicht auf 24

[48] Vgl. dazu vorstehend Art. 27 Rz. 67.

[49] Rauscher-Leible, Art. 28 Rz. 5; Geimer/Schütze, EuZVR Art. 28 Rz. 16.

[50] Dasser/Oberhammer-Dasser, Art. 22 Rz. 18; Rauscher-Leible, Art. 28 Rz. 5; Kropholler, Art. 28 Rz. 10; Schlosser, EuGVVO Art. 28 Rz. 9; Musielak-Weth, Art. 28 Rz. 4 m.H. auf die Rechtsprechung des OLG Frankfurt.

[51] EuGH Rs. C-351/89, *Overseas*, a.a.O. (Fn. 38), Rz. 24; Kropholler, Art. 27 Rz. 19; Dasser/Oberhammer-Dasser, Art. 21 Rz. 33; Musielak-Weth, Art. 27 Rz. 6; Donzallaz Rz. 1498.

eine Sistierung aber keine *formell* widersprüchlichen Entscheidungen, die zu einem Anerkennungskonflikt aufgrund von Art. 34 Nr. 3 führen. Es ist deshalb gerechtfertigt, im Gegensatz zu Art. 27 bei Art. 28 **die Überprüfung der Zuständigkeit des Erstgerichts als Teil der** in Art. 28 ausdrücklich vorgesehenen **Ermessensprüfung zuzulassen**[52].

25 Fehlt es aus Sicht des Zweitgerichts **offensichtlich** an einer Zuständigkeit des Erstgerichts, ist die Gefahr, dass das Erstgericht seine Zuständigkeit anders als das Zweitgericht beurteilt, gering. Im Rahmen des Ermessensentscheids muss diese geringe Gefahr gegen die durch die Sistierung bewirkten Nachteile der Verfahrensverzögerung abgewogen werden. Diese Interessenabwägung dürfte kaum je zugunsten einer Sistierung ausfallen. Allerdings muss dabei berücksichtigt werden, dass auch bei offensichtlicher Unzuständigkeit des Erstgerichts durch Einlassung nachträglich noch dessen Zuständigkeit begründet werden könnte. Das Zweitgericht kann deshalb gehalten sein, die erste einlässliche Äusserung des Beklagten zur erhobenen Klage abzuwarten. Ist die fehlende Zuständigkeit des Erstgerichts weniger offensichtlich, muss im Einzelfall entschieden werden, ob eine Sistierung angezeigt ist. Hält sich das Zweitgericht bezüglich beider Ansprüche für **ausschliesslich** zuständig, besteht hingegen kein Risiko, dass nachträglich eine Zuständigkeit des Erstgerichts begründet wird, da in Fällen ausschliesslicher Zuständigkeit ein rügeloses Einlassen vor dem Erstgericht nicht möglich ist[53].

26 Falls sich das Zweitgericht aufgrund einer **Gerichtsstandsvereinbarung** für beide Ansprüche als zuständig erachtet, ist eine Sistierung nicht in jedem Fall ausgeschlossen, da eine Einlassung vor dem Erstgericht möglich ist oder die Gültigkeit der Vereinbarung umstritten sein kann. Das Zweitgericht sollte bei seiner **Ermessensausübung dem Interesse der Parteiautonomie aber entsprechend Gewicht verleihen**[54].

---

[52] Ganz allgemein für eine Überprüfung der Zuständigkeit, aber ohne weitere Begründung: Dasser/Oberhammer-Dasser, Art. 22 Rz. 20; Kropholler, Art. 28 Rz. 10; unklar Geimer/Schütze, EuZVR Art. 28 Rz. 17 und 24.

[53] Vgl. Rauscher-Leible, Art. 28 Rz. 5; Kropholler, Art. 28 Rz. 7.

[54] Dasser/Oberhammer-Dasser, Art. 22 Rz. 19 m.H. auf den Fall HGer ZH B2/O/HG990182 E 3 (unveröff.), wo das HGer trotz Vorliegens einer Gerichtsstandsvereinbarung zugunsten eines ausländischen Verfahrens sistiert habe, dessen Zuständigkeit strittig gewesen sei. Es habe darauf verwiesen, dass eine Gerichtsstandsvereinbarung einer Sistierung nicht entgegenstehe. Vgl. auch Kropholler, Art. 28 Rz. 7.

II. Entscheidung des später angerufenen Gerichts

1. Ermessensentscheid des Zweitgerichts

Das später angerufene Gericht hat die Wahl zwischen folgenden Varianten: 27
Es kann entweder das Zweitverfahren **sistieren,** stattdessen auf die Klage **nicht eintreten** oder aber das Verfahren **fortsetzen**[55]. Ein Nichteintretensentscheid verlangt allerdings den Antrag einer Partei[56]. Das Gericht hat bei der Prüfung seines Vorgehens **pflichtgemässes Ermessen** anzuwenden[57]. Es kann dabei alle **Umstände des Einzelfalls** berücksichtigen[58]. Dazu gehören die Art des Zusammenhangs zwischen den Ansprüchen und ihre Nähe sowie die Gefahr widersprüchlicher Entscheidungen, die Interessen der Parteien betreffend einerseits Koordinationsmassnahmen und andererseits effizienter Prozessführung, sowie Stand der beiden Verfahren und noch zu erwartende Verfahrensdauer[59]. Berücksichtigt werden darf auch – im Gegensatz zu Art. 27 – die voraussichtliche Anerkennungsfähigkeit eines Entscheids des Erstgerichts sowie die Zuständigkeit des Erstgerichts[60].

Strittig ist, ob neben den Interessen der Parteien auch **öffentliche Interessen** der Rechtsfindung und der Prozessökonomie berücksichtigt werden 28
können. Gerade im Zusammenhang mit konnexen Ansprüchen besteht ein öffentliches Interesse an einer Verfahrenskoordination, da damit verhindert werden kann, dass sich mehrere Gerichte mit denselben Fragen aufgrund derselben Grundlagen auseinandersetzen müssen. Mit einer Koordination können öffentliche Ressourcen eingespart und kann das öffentliche Interesse an der Rechtssicherheit gefördert werden, da über zusammenhängende Fragen gleich entschieden wird. In der Lehre wird teilweise die Ansicht vertreten, ein solches abstraktes «Ideal des Entscheidungseinklangs» sei nicht mitzuberücksichtigen, da es bei Art. 28 nur um den Schutz von Par-

[55] GEIMER/SCHÜTZE, EuZVR Art. 28 Rz. 18.

[56] RAUSCHER-LEIBLE, Art. 28 Rz. 10.

[57] KROPHOLLER, Art. 28 Rz. 10; DASSER/OBERHAMMER-DASSER, Art. 22 Rz. 20; RAUSCHER-LEIBLE, Art. 28 Rz. 7.

[58] Zur Überprüfung des Ausübens des Ermessens des Zweitgerichts – dort aber im binnenrechtlichen Kontext des Art. 36 GestG – BGE 132 III 178.

[59] KROPHOLLER, Art. 28 Rz. 10; DONZALLAZ Rz. 1567 schlägt als weitere Kriterien die sachliche Nähe zu den Gerichtsständen sowie die Geeignetheit der Gerichte, über bestimmte Punkte zu urteilen, vor. Siehe auch die Kriterien bei RAUSCHER-LEIBLE, Art. 28 Rz. 7.

[60] DASSER/OBERHAMMER-DASSER, Art. 22 Rz. 20; KROPHOLLER, Art. 28 Rz. 10; RAUSCHER-LEIBLE, Art. 28 Rz. 3; WALTER, Internationales Zivilprozessrecht 505; THOMAS/PUTZO-HÜSSTEGE, Art. 28 Rz. 8; vgl. dazu bereits vorstehend Rz. 23 und 24. A.A.: DONZALLAZ Rz. 1567.

teieinteressen gehe[61]. Es ist aber wohl anzunehmen, dass das LugÜ den Gerichten auch die Berücksichtigung öffentlicher Interessen der Rechtspflege ermöglichen wollte[62]. Strittig ist, ob auch eine **überlange Verfahrensdauer** vor dem Erstgericht mitberücksichtigt werden darf. Ein Abstellen auf eine generell lange Verfahrensdauer vor Gerichten bestimmter Staaten, insbesondere Italien, wäre nur schwer mit dem LugÜ zu vereinbaren, da dieses von der Fiktion der Gleichwertigkeit der Justizsysteme ausgeht. Bestehen aber **konkrete Hinweise,** dass im individuellen Fall das Verfahren länger dauern wird, muss dies bei der Ermessensabwägung berücksichtigt werden können[63].

2. Sistierung des Zweitverfahrens (Abs. 1)

29 Die Sistierung ermöglicht, dass das Zweitgericht die Entscheidung des Erstgerichts bezüglich Sachverhalts- oder Rechtsfragen, die sich auch im Zweitverfahren stellen, miteinbeziehen kann. Eine **Sistierung** rechtfertigt sich somit dann, wenn sich das Zweitgericht **wesentliche Erkenntnisse** aus **dem Erstverfahren** erhofft. Speziell sinnvoll ist eine Sistierung bei zahlreichen Parallelverfahren, da dort das Erstverfahren zu einem Pilotprozess ausgestaltet werden kann, in welchem für alle Verfahren relevante Fragen durchprozessiert werden können[64]. An das Urteil des Erstgerichts ist das Zweitgericht nicht gebunden. Das Urteil wird aber zumindest **faktisch eine gewisse präjudizielle Wirkung** haben[65], wobei das Zweitgericht aber im Auge behalten muss, dass nicht alle Parteien des Zweitverfahrens auch am Erstverfahren beteiligt sein müssen und sich deshalb unter Umständen nicht alle Parteien bereits im Erstverfahren äussern konnten. Diesen Parteien muss im Zweitverfahren das rechtliche Gehör zu den bereits im Erstverfahren behandelten Fragen gewährt werden[66].

30 Dem Interesse am Erkenntnisgewinn durch das Erstverfahren steht der Anspruch der Parteien des Zweitverfahrens auf Justizgewährung gegenüber,

---

61 GEIMER/SCHÜTZE, EuZVR Art. 28 Rz. 25.

62 So auch DASSER/OBERHAMMER-DASSER, Art. 22 Rz. 20; KROPHOLLER, Art. 28 Rz. 10.

63 Für die Berücksichtigung der zu erwartenden Dauer des Erstverfahrens: RAUSCHER-LEIBLE, Art. 28 Rz. 7; DASSER/OBERHAMMER-DASSER, Art. 22 Fn. 46 mit Hinweis auf LG Frankfurt IPRax 1992, 389, wo dies abgelehnt worden ist. Vgl. zu diesem Thema auch vorstehend Art. 27 Rz. 56 ff. im Zusammenhang mit den sog. «Torpedo»-Klagen.

64 So DASSER/OBERHAMMER-DASSER, Art. 22 Rz. 21; THOMAS/PUTZO-HÜSSTEGE, Art. 28 Rz. 5.

65 DONZALLAZ Rz. 1569.

66 DASSER/OBERHAMMER-DASSER, Art. 22 Rz. 22 f.; LÜPFERT 168 f.

in welches durch eine Sistierung eingegriffen wird[67]. Je weiter fortgeschritten das Erstverfahren allerdings bereits ist, desto weniger schwer wiegt die durch die Sistierung verursachte Verzögerung[68]. Das Zweitgericht hat somit eine Gesamtabwägung vorzunehmen und dabei die im vorangehenden Abschnitt aufgezählten Kriterien zu berücksichtigen[69].

Sistierung des Verfahrens nach Abs. 1 verlangt keinen Antrag einer Partei. Das Zweitgericht kann deshalb das Verfahren auch ohne Parteiantrag, d.h. von Amtes wegen, aussetzen[70]. Das **Sistierungsverfahren** richtet sich nach **nationalem Prozessrecht**[71]. Nach ihrem Sinn und Zweck kann die Sistierung jederzeit wieder aufgehoben werden. Aufzuheben ist sie spätestens dann, wenn im Erstverfahren ein rechtskräftiger Sachentscheid gefällt worden ist[72]. 31

3. Nichteintreten wegen Unzuständigkeit (Abs. 2)

a. Zweck und Risiken der Bestimmung

Abs. 2 sieht vor, dass das Zweitgericht sich auf Antrag einer Partei für «unzuständig» erklären kann, wenn das Erstgericht für beide Klagen zuständig und die Verbindung der Klagen vor diesem Gericht zulässig ist. Die **«Unzuständigkeitserklärung»** hat weit einschneidendere Folgen als die 32

---

67 Geimer/Schütze, EuZVR Art. 28 Rz. 24. Interessant, wenn auch nicht einschlägig ist in dieser Hinsicht der Entscheid des Bundesgerichts in Sachen SAirLines in Nachlassliquidation gegen Staat Belgien et al. Am 8. August 2006 hatten der Staat Belgien und andere beim Bezirksgericht Zürich Klage gemäss Art. 250 Abs. 1 SchKG gegen die Masse der SAirLines in Nachlassliquidation erhoben und die Kollokation von verschiedenen Forderungen verlangt. Die Kläger stellten u.a. den Antrag, ihre Kollokationsklage sei bis zum Vorliegen eines rechtskräftigen Urteils des Cour d'Appel de Bruxelles, vor welchem in zweiter Instanz ein Zivilprozess hängig war, zu sistieren. Das Bundesgericht kam ausserhalb des Staatsvertragsrechts – die Kollokationsklage fiel sachlich nicht in den Anwendungsbereich des LugÜ – zum Schluss, es sei mit dem Anspruch der SAirLines auf eine Beurteilung der Streitsache innert angemessener Frist (Art. 29 Abs. 1 BV) nicht vereinbar, den Kollokationsprozess für viele Monate, eventuell Jahre einzustellen.

68 Geimer/Schütze, EuZVR Art. 28 Rz. 21.

69 Vgl. Rz. 28.

70 Kropholler, Art. 28 Rz. 7; Dasser/Oberhammer-Dasser, Art. 22 Rz. 24; Rauscher-Leible, Art. 28 Rz. 6; Donzallaz Rz. 1568.

71 Geimer/Schütze, EuZVR Art. 28 Rz. 26; Kropholler, Art. 28 Rz. 7; Dasser/Oberhammer-Dasser, Art. 22 Rz. 24; Rauscher-Leible, Art. 28 Rz. 7

72 Dasser/Oberhammer-Dasser, Art. 22 Rz. 26; Rauscher-Leible, Art. 28 Rz. 7a.

Sistierung nach Abs. 1, weshalb dafür plädiert wird, diese **mit Zurückhaltung** anzuwenden[73].

33 Mit Abs. 2 wird ein anderer Zweck verfolgt als mit Abs. 1. Das Zweitgericht will nicht mit seinem Entscheid zuwarten, um bei seiner Entscheidfindung Erkenntnisse des Erstentscheids einfliessen lassen zu können, sondern es will mit seiner Nichtanhandnahme der Klage dafür sorgen, dass der Zweitkläger seinen Anspruch ebenfalls vor dem Erstgericht einklagt. Der Vorteil dieser Lösung gegenüber der Sistierung liegt darin, dass kein Zeitverlust entsteht, da das Zweitgericht den Entscheid des Erstgerichts nicht abwarten muss. Der Nachteil besteht darin, dass der **Zweitkläger gezwungen** wird, vor einem **Gericht zu klagen,** das zwar (zumindest nach Einschätzung des Zweitgerichts) für seine Klage auch zuständig ist, **nicht** aber **seiner ersten Wahl** entsprochen hat. Zudem erinnert diese Lösung an die an sich unter dem LugÜ verpönte Theorie des *forum non conveniens*, nach welcher ein Gericht die Ausübung seiner Zuständigkeit verweigern darf, wenn es ein anderes Gericht für geeigneter hält, über die konkreten Ansprüche zu urteilen[74].

34 Ein Risiko bei der Anwendung von Abs. 2 besteht ferner darin, dass die Bestimmung **keine Prozessüberweisung** ermöglicht. Die Möglichkeit des Zweitgerichts beschränkt sich darauf, sich als «unzuständig» zu erklären (wobei in Tat und Wahrheit ein Nichteintretensentscheid ergeht). Voraussetzung dafür ist eine Prüfung, ob das Erstgericht zur Behandlung des Erst- und Zweitanspruchs zuständig und ob vor dem Erstgericht eine Verfahrensverbindung gemäss dessen nationalen Recht zulässig ist[75]. Das Erstgericht ist aber an diese Beurteilung nicht gebunden. Somit ist es möglich, dass das Erstgericht seine Zuständigkeit abweichend beurteilt, weil es z.B. ein anderes Zuständigkeitsrecht für anwendbar hält oder dieselbe Zuständigkeitsbestimmung anders auslegt[76]. Letztlich könnte die Gefahr des negativen Kompetenzkonflikts nur durch die Zulassung einer bindenden Verweisung eines LugÜ-Staats an den andern gebannt werden; dafür

---

73 Dasser/Oberhammer-Dasser, Art. 22 Rz. 29, 35; Rauscher-Leible, Art. 28 Rz. 1a.

74 Dasser/Oberhammer-Dasser, Art. 22 Rz. 30 m.w.H.; Donzallaz Rz. 1566; Wittibschlager 27.

75 Walter, Internationales Zivilprozessrecht 505; Donzallaz Rz. 1570 ff.

76 Geimer/Schütze, EuZVR Art. 29 Rz. 31; Dasser/Oberhammer-Dasser, Art. 2 Rz. 27.

bildet aber auch das revidierte LugÜ keine Grundlage (ebensowenig wie die EUGVVO)[77].

Vorgeschlagen wird in der Lehre bisweilen die Lösung, dass das Zweitgericht **das Verfahren über den Zweitanspruch vorläufig sistiert** und erst dann ein Nichteintreten beschliesst, wenn das Erstgericht den Zweitanspruch an die Hand genommen hat[78]. Diese Lösung hätte den Vorteil, dass das Verfahren vor Zweitgericht noch immer hängig wäre und wieder aufgenommen werden könnte, falls sich das Erstgericht zur Behandlung des Zweitanspruchs als unzuständig erkären würde. Das Anhängigmachen eines Anspruchs, welcher bereits vor einem Gericht eines andern LugÜ-Staats anhängig gemacht wurde, führt aber streng genommen eine Situation nach Art. 27 herbei, nach welcher das später angerufene Gericht das Verfahren zu sistieren hätte und somit gerade nicht über seine eigene Zuständigkeit bezüglich des Zweitanspruchs befinden könnte[79]. Diese Kollision zeigt, dass die erwähnte Kompromisslösung von Art. 28 nicht vorgesehen ist. 35

Da Art. 28 keine Prozessüberweisung vorsieht, ist auch die **Frage der Übernahme der Rechtshängigkeitswirkung** durch das Erstgericht nicht geregelt. Dies wirft die Frage auf, ob das Erstgericht aufgrund seines nationalen Rechts die Rechtshängigkeitswirkung des vor dem Zweitgericht anhängig gemachten Verfahrens übernehmen könnte. Art. 28 steht einer Übernahme grundsätzlich nicht entgegen[80]. In der Schweiz sieht Art. 127 ZPO bei sachlichem Zusammenhang eine Überweisung an das zuerst angerufene Gericht vor. Art. 127 ZPO verlangt aber einen Überweisungsentscheid durch das Zweitgericht[81], was unter Art. 28 nicht möglich ist. 36

b. Anhängigkeit im ersten Rechtszug

In der alten Fassung von Art. 22 Abs. 1 LugÜ war eine Sistierung nur möglich, so lange beide Klagen «im ersten Rechtszug» anhängig waren. Im damaligen Abs. 2 fehlte demgegenüber eine solche Einschränkung. Nach 37

[77] KROPHOLLER, Art. 28 Rz. 9; GEIMER/SCHÜTZE, EuZVR Art. 28 Rz. 32; RAUSCHER-LEIBLE, Art. 28 Rz. 1a bezeichnet eine bindende Überweisung de lege ferenda als dringend erforderlich, HESS, § 6 Rz. 153 als wünschenswert.

[78] DONZALLAZ Rz. 1576. Kritisch LÜPFERT S. 199.

[79] In diesem Sinne wohl auch DASSER/OBERHAMMER-DASSER, Art. 22 Rz. 29.

[80] DASSER/OBERHAMMER-DASSER, Art. 22 Rz. 37.

[81] MEIER, Schweizerisches Zivilprozessrecht 249.

überwiegender Meinung handelte es sich dabei um ein Redaktionsversehen im EuGVÜ, da man übersehen hatte, dass sich die Einschränkung betreffend Anhängigkeit im ersten Rechtszug eigentlich auf die in Abs. 2 geregelte Unzuständigkeitserklärung beziehen sollte[82]. Mit der Revision des LugÜ ist dieser Fehler korrigiert und die Einschränkung in Absatz 2 verlegt worden.[83] Als Folge müssen die zusammenhängenden Verfahren **nicht mehr in der ersten Instanz rechtshängig** sein, damit ein Gericht das Verfahren aussetzen darf[84].

38 Aufrecht erhalten wird die **Einschränkung aber für den Fall der Unzuständigkeitserklärung** bzw. – präziser ausgedrückt – des Nichteintretens durch das Zweitgericht. Begründet wird dies mit dem Schutz des Instanzenzugs[85]. Ein erstinstanzliches Zweitgericht soll sich nicht zugunsten einer ausländischen Rechtsmittelinstanz für unzuständig erklären dürfen. Geht das Zweitgericht auf diese Weise vor, muss der dort anhängig gemachte Anspruch neu vor dem Erstgericht anhängig gemacht werden. Befindet sich dort das Verfahren bereits in der zweiten Instanz, wird das Anhängigmachen einer neuen Klage trotz bestehenden Sachzusammenhangs häufig gar nicht mehr möglich sein oder aber es droht ein Instanzenverlust[86].

c. Weitere Voraussetzungen

39 Für ein Vorgehen nach Abs. 2 muss ein entsprechender **Antrag einer Partei** vorliegen. Ferner muss das Zweitgericht vor einem Nichteintretensentscheid **prüfen, ob das Erstgericht für beide Klagen international und örtlich zuständig** ist[87]. Sofern der Beklagte seinen Wohnsitz in einem LugÜ-Staat hat, richtet sich die Zuständigkeit des Erstgerichts grundsätzlich nach den Regeln von Art. 2 ff. Hat der Beklagte seinen Wohnsitz in einem Drittstaat, kommt gemäss Art. 4 Abs. 1 das nationale Zuständigkeitsrecht zur Anwendung. Vorbehalten bleibt Art. 22 (ausschliessliche Zuständigkeiten), der ohne Rücksicht auf den Wohnsitz der Parteien zur Anwendung gelangt,

[82] Kropholler, Art. 28 Rz. 6; Dasser/Oberhammer-Dasser, Art. 22 Rz. 11; Donzallaz Rz. 1561 f.
[83] MünchKommZPO/Aktualisierungsbd.-Gottwald, Art. 28 Rz. 1 f.
[84] Kropholler, Art. 28 Rz. 6.
[85] Botschaft zu Art. 28, S. 1802; Bericht Pocar Rz. 122.
[86] Vgl. den Hinweis bei Geimer/Schütze, EuZVR Art. 28 Fn. 22 auf MünchKommZPO-Gottwald, Art. 28 Rz. 4; Botschaft zu Art. 28, S. 1802; Musielak-Weth, Art. 28 Rz. 5.
[87] Geimer/Schütze, EuZVR Art. 28 Rz. 28; Dasser/Oberhammer-Dasser, Art. 22 Rz. 32; Rauscher-Leible, Art. 28 Rz. 8.

und Art. 23 (Gerichtsstandsvereinbarungen), der auch dann anwendbar ist, wenn nur der Kläger Wohnsitz in einem LugÜ-Staat hat[88].

Als weitere Voraussetzung muss das **nationale Recht des Erstgerichts** eine **Verbindung der** im Zusammenhang stehenden **Klagen zulassen**[89]. In der Schweiz enthält das IPRG keine solche Bestimmung; eine entsprechende Regelung findet sich aber in Art. 127 ZPO. Zulässig ist eine Verbindung zusammenhängender Ansprüche auch in Belgien, Luxemburg und Frankreich, an deren Gesetzen sich der damalige Art. 22 EuGVÜ orientiert hatte[90]. Demgegenüber sieht das deutsche Recht keine solche Möglichkeit vor. Daher scheidet für den Fall, dass vor einem Zweitgericht eine Klage anhängig ist, die mit einer vor einem deutschen Gericht anhängigen Klage im Zusammenhang steht, ein Vorgehen nach Abs. 2 aus und verbleibt nur die Möglichkeit der Aussetzung gemäss Abs. 1[91]. 40

d. Rechtsfolgen

Obwohl Art. 28 Abs. 2 davon spricht, dass sich das Zweitgericht für «unzuständig» erklärt, geht es vielmehr darum, dass das Gericht die Klage nicht an die Hand nimmt, weil bereits ein anderes Gericht mit einem konnexen Anspruch befasst ist und es daher angebracht erscheint, die Entscheidung über beide Ansprüche diesem Gericht zu überlassen. Es **fehlt** damit nicht an der Zuständigkeit des Zweitgerichts, sondern **an einem Rechtsschutzinteresse** des Zweitklägers[92]. 41

Aufgrund des fehlenden Rechtsschutzinteresses fällt das Schweizer Zweitgericht einen Nichteintretensentscheid. Es handelt sich dabei um einen **Prozessentscheid ohne Rechtskraftwirkung,** so dass dem Zweitkläger im unglücklichen Fall, dass sich das Erstgericht als für den konnexen Zweitanspruch unzuständig erklären sollte, die Möglichkeit bleibt, erneut Klage vor dem Zweitgericht zu erheben[93]. Selbst wenn das nationale Recht 42

---

88 Geimer/Schütze, EuZVR Art. 28 Rz. 29.

89 Kropholler, Art. 28 Rz. 8.

90 Dasser/Oberhammer-Dasser, Art. 22 Rz. 33; Czernich/Tiefenthaler/Kodek-Tiefenthaler, Art. 28 Rz. 7; Walter, Internationales Zivilprozessrecht 503; Schütze, RIW 1975, 543, mit dem Hinweis, dass auch dem niederländischen und italienischen Recht das Rechtsinstitut der Konnexität bekannt ist.

91 Geimer/Schütze, EuZVR Art. 28 Rz. 34; Bericht Jenard zu Art. 22 EuGVÜ, 41; Linke Rz. 207.

92 Dasser/Oberhammer-Dasser, Art. 22 Rz. 30; Wittibschlager 26.

93 Vgl. auch Dasser/Oberhammer-Dasser, Art. 22 Rz. 36; Rauscher-Leible, Art. 28 Rz. 1a.

stattdessen eine Prozessabweisung mit Rechtskraftwirkung vorsehen würde, kann dies nach in der Lehre zu Recht vertretener Ansicht nicht die Folge haben, dass vor dem Zweitgericht keine erneute Klage erhoben werden kann, wenn das Erstgericht seine Zuständigkeit verneint. Alles andere käme einer Justizverweigerung und damit einer Verletzung der Verpflichtung des an das Übereinkommen gebundenen Staats gleich[94].

[94] GEIMER/SCHÜTZE, EuZVR Art. 28 Rz. 32; RAUSCHER-LEIBLE, Art. 28 Rz. 1a.

Art. 29

Ist für die Klagen die ausschliessliche Zuständigkeit mehrerer Gerichte gegeben, so hat sich das zuletzt angerufene Gericht zugunsten des zuerst angerufenen Gerichts für unzuständig zu erklären.

Art. 29

Lorsque les demandes relèvent de la compétence exclusive de plusieurs juridictions, le dessaisissement a lieu en faveur de la juridiction première saisie.

Art. 29

Qualora la competenza esclusiva a conoscere delle domande spetti a più giudici, quello successivamente adito deve rimettere la causa al giudice adito in precedenza.

Art. 29

Where actions come within the exclusive jurisdiction of several courts, any court other than the court first seised shall decline jurisdiction in favour of that court.

Art. 29 regelt den Fall, dass mehrere Gerichte «ausschliesslich» zuständig sind; nach allgemeiner Auffassung sind diese Fälle **äusserst selten**[1]. 1

Eine ausschliessliche Zuständigkeit im Sinne von Art. 29 setzt voraus, dass dem jeweiligen Kläger ein einziger Gerichtsstand zur Verfügung steht; eine Beschränkung oder ein Ausschluss von Gerichtsstandsvereinbarungen reicht nicht aus, solange dem Kläger die Wahl zwischen zwei Gerichtsständen verbleibt. Vorschriften der ausschliesslichen Zuständigkeit finden sich damit in Art. 12 Abs. 1, Art. 16 Abs. 2 (nicht aber Abs. 1), Art. 20 Abs. 1, Art. 22 und Art. 23[2]. Art. 29 kommt bei einer Konkurrenz der ausschliesslichen Zuständigkeiten von Art. 12 Abs. 1, Art. 16 Abs. 2, Art. 20 Abs. 1 und Art. 23 allerdings nur zur Anwendung, wenn diese nicht mit einer Zuständigkeit aufgrund von Art. 22 konkurrieren. In diesem Fall gilt Art. 25, gemäss welchem unabhängig von der zeitlichen Reihenfolge die Zuständigkeit aufgrund von Art. 22 vorgeht[3]. Wird die ausschliessliche Zuständigkeit durch eine Gerichtsstandsklausel im Sinne von Art. 23 begründet, gilt Art. 29 folglich dann, wenn die ausschliessliche Zuständigkeit mit 2

1 Czernich/Tiefenthaler/Kodek-Tiefenthaler, Art. 29 Rz. 1; Dasser/Oberhammer-Dasser, Art. 21 Rz. 1; Magnus/Mankowski-Fentimann, Art. 29 Rz. 1; Rauscher-Leible, Art. 29 Rz. 1; MünchKommZPO-Gottwald, Art. 29 Rz. 1; Musielak-Weth, Art. 29 Rz. 1.

2 Vgl. Dasser/Oberhammer-Dasser, Art. 23 Rz. 2, zu Art. 14 Abs. 2, Art. 16 und Art. 17 (ohne Abs. 4) aLugÜ.

3 Vgl. Czernich/Tiefenthaler/Kodek-Tiefenthaler, Art. 29 Rz. 1.

der einem anderen Gericht ebenfalls aufgrund von Art. 23 übertragenen ausschliesslichen Zuständigkeit konkurriert[4]. Zu einer konkurrierenden ausschliesslichen Zuständigkeit aufgrund einer **Gerichtsstandsklausel** kann es kommen, wenn wie in der vom EuGH zu beurteilenden Rechtssache *Meeth gegen Glacetal* vereinbart wird, dass **jede der beiden** in verschiedenen Staaten wohnenden **Parteien nur vor den Gerichten ihres Heimatstaats** verklagt werden kann[5]. Konkurriert hingegen die ausschliessliche Zuständigkeit nach Art. 23 mit einer anderen, auf Art. 22 beruhenden ausschliesslichen Zuständigkeit, so hat die Zuständigkeit nach Art. 22 unabhängig davon, wann das Gericht angerufen wurde, aufgrund von Art. 25 Vorrang[6].

3 Als Anwendungsbeispiel von Art. 29 wird der Fall genannt, dass Gerichte verschiedener LugÜ-Staaten sich aufgrund einer der Fälle von Art. 22 für ausschliesslich zuständig halten. Diese Situation könne entstehen, **wenn das jeweilige nationale Recht über die Auslegung der einzelnen Tatbestandselemente bestimme,** z.B. gemäss Art. 59 für die Bestimmung des Wohnsitzes einer Partei[7]. Weiter wird der Fall genannt, dass ein Grundstück sich über die Grenzen zweier Staaten erstrecken und unteilbar sein könne[8]. In der Rechtssache *Scherrens* betreffend die Verpachtung einer unbeweglichen Sache, die teils in Belgien, teils in den Niederlanden belegen war, hat der EuGH allerdings entschieden, dass nach Art. 16 Nr. 1 EuGVÜ (nun Art. 22 Nr. 1 EUGVVO) jeder der beiden Staaten für den in seinem Hoheitsgebiet belegenen Teil des Grundbesitzes ausschliesslich zuständig ist[9]. Es liegt daher in einem solchen Fall keine ausschliessliche Zuständig-

---

4 Bericht Pocar Rz. 120.

5 EuGH Rs. C-23/78, *Nikolaus Meeth/Firma Glacetal,* Slg. 1978, 2133. Die Gerichtsstandsvereinbarung lautete wie folgt: «Wenn die Firma Meeth die Firma Glacetal verklagt, so muss das vor einer französischen Gerichtsbarkeit geschehen. Falls die Firma Glacetal die Firma Meeth verklagt, muss dies vor einer deutschen Gerichtsbarkeit geschehen.» (Rz. 2).

6 So auch Donzallaz Rz. 1585.

7 Schlosser, EuGVVO Art. 29; Herzog 393.

8 Rauscher-Leible, Art. 29 Rz. 1.

9 EuGH Rs. C-158/87, *R.O.E. Scherrens/M.G. Maenhout, R.A.M. Van Poucke und L.M.L. Van Poucke,* Slg. 1988, 3791; vgl. Bericht Pocar Fn. 150. Ein Vorbehalt wurde für den Fall gemacht, dass die in einem Vertragsstaat belegenen Grundstücke an die im anderen Vertragsstaat belegenen angrenzen und der Gesamtbesitz ganz überwiegend in einem der beiden Vertragsstaaten belegen ist. Unter diesen Umständen könne es angemessen sein, den Besitz als eine Einheit zu betrachten (Rz. 14).

keit mehrerer Gerichte für dieselben Klagen vor, so dass der Anwendungsbereich von Art. 29 noch weiter eingeschränkt wird[10].

Gemäss h.L. stellt Art. 29 eine **Sonderbestimmung zu Art. 27** dar, d.h. er ist lediglich anwendbar, wenn identische Klagen vorliegen[11]. Die systematische Stellung spricht zwar für die Anwendung auf den Fall zusammenhängender Klagen gemäss Art. 28, und auch im Bericht JENARD zu Art. 23 EuGVÜ (neu: Art. 29 EUGVVO) hiess es, «dass sich das zuletzt angerufene Gericht entwender nach Art. 21 oder nach Art. 22 zugunsten des zuerst angerufenen Gerichts für unzuständig erklären muss», doch sprechen überwiegende Gründe gegen eine Anwendung der Bestimmung auf Art. 28. Der Unterschied zwischen Art. 27 und Art. 29 besteht lediglich darin, dass Art. 29 die sofortige Zurückweisung der zweiten Klage ohne den Umweg einer Unterbrechung bestimmt[12]. Art. 27 sieht aber wie Art. 29 letztlich als Folge die Zurückweisung der zweiten Klage vor. Demgegenüber liegt eine Zurückweisung der Klage bei Art. 28 im Ermessen des Zweitgerichts und hängt ausserdem davon ab, dass das Erstgericht für die Klage (ebenso wie für die dort erhobene Erstklage) zuständig und die Verbindung der zusammenhängenden Klagen nach seinem Recht zulässig ist. Erforderlich ist ausserdem ein Antrag einer Partei. Es besteht keine Veranlassung, von diesen zusätzlichen Voraussetzungen abzuweichen, wenn für die zusammenhängenden Klagen die ausschliessliche Zuständigkeit mehrerer Gerichte vorliegt[13]. Entsprechend spricht der Bericht POCAR zum revidierten LugÜ bezüglich des Anwendungsbereichs von Art. 29 nur noch von «Klagen, zwischen denen Rechtshängigkeit besteht»[14]. 4

10 Bericht POCAR Fn. 150.

11 KROPHOLLER, Art. 29 Rz. 1; GEIMER/SCHÜTZE, EuZVR Art. 29 Rz. 2; DASSER/OBERHAMMER-DASSER, Art. 23 Rz. 4; RAUSCHER-LEIBLE, Art. 29 Rz. 2; SCHLOSSER, EuGVVO Art. 29; HESS, § 6 Rz. 159; DONZALLAZ Rz. 1582. A.A.: HERZOG 393; KREN KOSTKIEWICZ in Bonomi/Cashin Ritaine/Romano, Convention de Lugano 126 f.; MünchKommZPO-GOTTWALD, Art. 29 Rz. 2; MUSIELAK-WETH, Art. 29 Rz. 1.

12 CZERNICH/TIEFENTHALER/KODEK-TIEFENTHALER, Art. 29 Rz. 1; MünchKommZPO-GOTTWALD, Art. 29 Rz. 1.

13 Vgl. auch KROPHOLLER, Art. 29 Rz. 1 mit dem Hinweis, dass Art. 28 Abs. 2 zeigt, dass die EUGVVO auf die Rechtsordnungen Rücksicht nehmen will, welche eine Verbindung zusammenhängender, vor verschiedenen Gerichten anhängiger Klagen nicht vorsehen. Im Resultat ebenso: GEIMER/SCHÜTZE, EuZVR Art. 29 Rz. 2; DASSER/OBERHAMMER-DASSER, Art. 23 Rz. 4; RAUSCHER-LEIBLE, Art. 29 Rz. 2; SCHLOSSER, EuGVVO Art. 29.

14 Bericht POCAR Rz. 120.

5 Anders als bei Art. 27, gemäss welchem das später angerufene Gericht das Verfahren vorerst nur auszusetzen hat, verlangt Art. 29 **zwingend die «Unzuständigkeitserklärung»** durch das Zweitgericht[15]. Die gleichlautende Parallelbestimmung des Art. 29 EUGVVO wurde seit den Anfängen des EuGVÜ nicht geändert und unverändert in die EUGVVO und das revidierte LugÜ übernommen. Die sofortige «Unzuständigkeitserklärung» war ursprünglich auch bei Art. 21 EuGVÜ (nun Art. 27 EUGVVO) als Rechtsfolge vorgeschrieben; Art. 21 EuGVÜ wurde aber später revidiert und sieht nun vor, dass das Zweitgericht nicht mehr unverzüglich auf Nichteintreten entscheiden muss, sondern das Verfahren zu sistieren hat, bis die Zuständigkeit des Erstgerichts feststeht. Diese vorläufige Sistierung wäre bei Art. 29 ebenso angezeigt, um negative Kompetenzkonflikte zu verhindern. Die Frage ist daher berechtigt, ob nicht wie bei Art. 27 eine Sistierung statt einer sofortigen «Unzuständigerklärung» erfolgen soll, bis die Zuständigkeit des Erstgerichts feststeht[16]. Die h.L. geht demgegenüber davon aus, dass eine Sistierung bei Art. 29 nicht vorgesehen ist und das Zweitgericht die Zuständigkeitsprüfung des Erstgerichts nicht abwarten kann. Um dennoch negative Kompetenzkonflikte zu vermeiden, wird daher in der Lehre mehrheitlich verlangt, dass das Zweitgericht die (ausschliessliche) Zuständigkeit des Erstgerichts selbst prüft[17].

---

[15] GEIMER/SCHÜTZE, EuZVR Art. 29 Rz. 1; HESS, § 6 Rz. 162.

[16] In diesem Sinne DASSER/OBERHAMMER-DASSER, Art. 23 Rz. 5; DONZALLAZ Rz. 1583.

[17] RAUSCHER-LEIBLE, Art. 29 Rz. 3. A.A. aber GEIMER/SCHÜTZE, EuZVR Art. 29 Rz. 3; KREN KOSTKIEWICZ in Bonomi/Cashin Ritaine/Romano, Convention de Lugano 127.

Art. 30

Für die Zwecke dieses Abschnitts gilt ein Gericht als angerufen:

1. zu dem Zeitpunkt, zu dem das verfahrenseinleitende Schriftstück oder ein gleichwertiges Schriftstück bei Gericht eingereicht worden ist, vorausgesetzt, dass der Kläger es in der Folge nicht versäumt hat, die ihm obliegenden Massnahmen zu treffen, um die Zustellung des Schriftstücks an den Beklagten zu bewirken; oder

2. falls die Zustellung an den Beklagten vor Einreichung des Schriftstücks bei Gericht zu bewirken ist, zu dem Zeitpunkt, zu dem die für die Zustellung verantwortliche Stelle das Schriftstück erhalten hat, vorausgesetzt, dass der Kläger es in der Folge nicht versäumt hat, die ihm obliegenden Massnahmen zu treffen, um das Schriftstück bei Gericht einzureichen.

Art. 30

Aux fins de la présente section, une juridiction est réputée saisie:

1. à la date à laquelle l'acte introductif d'instance ou un acte équivalent est déposé auprès de la juridiction, à condition que le demandeur n'ait pas négligé par la suite de prendre des mesures qu'il était tenu de prendre pour que l'acte soit notifié ou signifié au demandeur; ou

2. si l'acte doit être notifié ou signifié avant d'être déposé auprès de la juridiction, à la date à laquelle il est reçu par l'autorité chargée de la notification ou de la signification, à condition que le demandeur n'ait pas négligé par la suite de prendre les mesures qu'il était tenu de prendre pour que l'acte soit déposé auprès de la juridiction.

Art. 30

Ai fini della presente sezione un giudice è considerato adito:

1. quando la domanda giudiziale o atto equivalente è depositato presso il giudice, purché successivamente l'attore non abbia omesso di prendere tutte le misure che era tenuto a prendere affinché l'atto fosse notificato o comunicato al convenuto; o

2. se l'atto deve essere notificato o comunicato prima di essere depositato presso il giudice, quando l'autorità competente per la notificazione o comunicazione lo riceve, purché successivamente l'attore non abbia omesso di prendere tutte le misure cui era tenuto affinché l'atto fosse depositato presso il giudice.

Art. 30

For the purposes of this Section, a court shall be deemed to be seised:

1. at the time when the document instituting the proceedings or an equivalent document is lodged with the court, provided that the plaintiff has not subsequently failed to take the steps he was required to take to have service effected on the defendant; or

2. if the document has to be served before being lodged with the court at the time when it is received by the authority responsible for service, provided that the plaintiff has not subsequently failed to take the steps he was required to take to have the document lodged with the court.

Übersicht *Seite*

I. Normzweck

1 Art. 30 regelt den Zeitpunkt der Rechtshängigkeit in Bezug auf die Art. 27–29[1]. Diesen Artikeln ist gemeinsam, dass sie auf die Reihenfolge abstellen, in welcher die Gerichte angerufen wurden. Die Art. 21–23 aLugÜ hatten die Frage nach dem Zeitpunkt, zu welchem die Rechtshängigkeit ausgelöst wird, offengelassen. Diese Lücke wird durch den neuen Art. 30 geschlossen, der einen **einheitlichen Beurteilungsmassstab** enthalten soll, mit welchem nationale Unterschiede bei der Verfahrenseröffnung ausgeglichen werden und vermieden werden kann, dass eine früher erhobene Klage durch eine spätere überholt wird[2]. Dabei wird auf einheitliche, leicht identifizierbare prozessuale Handlungen abgestellt[3].

II. Bisherige Rechtsprechung

2 Im bisherigen LugÜ und dem EuGVÜ fehlte eine Bestimmung über den Zeitpunkt der Rechtshängigkeit. Gemäss EuGH-Entscheid in der Rechtssache *Zelger/Salinitri* sollte sich die Rechtshängigkeit nach der *lex fori* des jeweils angerufenen Gerichts bestimmen[4].

Die Rechtsprechung des EuGH hatte zur Folge, dass aufgrund der **bestehenden nationalen Unterschiede** über den Zeitpunkt der Rechtshängig-

---

[1] Botschaft zu Art. 30, S. 1802; Bericht POCAR Rz. 119. Entsprechend zu Art. 30 EUGVVO auch KROPHOLLER, Art. 30 Rz. 1; GEIMER/SCHÜTZE, EuZVR Art. 30 Rz. 1; MAGNUS/MANKOWSKI-FENTIMANN, Art. 30 Rz. 1; RAUSCHER-LEIBLE, Art. 30 Rz. 1.

[2] GEIMER/SCHÜTZE, EuZVR Art. 30 Rz. 4; MünchKommZPO-GOTTWALD, Art. 30 Rz. 1; MUSIELAK-WETH, Art. 30 Rz. 1; THOMAS/PUTZO-HÜSSTEGE, Art. 30 Rz. 1.

[3] Botschaft zu Art. 30, S. 1802; MünchKommZPO-GOTTWALD, Art. 30 Rz. 2; MünchKomm ZPO/Aktualisierungsbd.-GOTTWALD, Art. 30 Rz. 2.

[4] EuGH Rs. 129/83, *Siegfried Zelger/Sebastiano Salinitri,* Slg. 1984, 2397, Rz. 14 ff.; HESS, § 6 Rz. 163; DONZALLAZ Rz. 1471 ff.

keit teilweise die Zustellung des verfahrenseinleitenden Schriftstücks an den Beklagten und teilweise dessen Einreichung bei Gericht massgebend war. Die Verfahrensordnungen der LugÜ-Staaten sehen zwei Grundkonzeptionen vor, wie die Klage zu erheben ist, nämlich entweder durch Einreichung der Klageschrift bei Gericht, welches diese an den Beklagten weiterleitet, oder durch Zustellung des Schriftstücks an den Beklagten über eine zustellende Behörde und erst dann an das Gericht[5].

In der Schweiz bestand die Besonderheit, dass die meisten Kantone ein dem eigentlichen Prozess **vorgelagertes Sühnverfahren** kannten, das nicht notwendig in ein Gerichtsverfahren münden würde, da der Kläger die Weisung verfallen lassen konnte, ohne einen Rechtsnachteil zu erleiden[6]. Das Bundesgericht hatte sich in BGE 123 III 414 eingehend mit der Anwendung von Art. 21 aLugÜ befasst und entschieden, dass die Einreichung eines Sühnbegehrens vor dem Friedensrichter ohne Fortführungslast nicht die Rechtshängigkeit auslöse. Das Bundesgericht stützte diesen Schluss auf seine Auslegung der *Zelger/Salinitri*-Entscheidung. Der EuGH hatte ausgeführt, dass für die Rechtshängigkeit massgebend sei, wann nach der *lex fori* die Klage «endgültig erhoben» («formée définitivement») sei und damit eine «endgültige Anrufung» («saisine définitive») vorliege[7]. Das Bundesgericht verstand dies dahingehend, dass für eine endgültige Rechtshängigkeit i.S.v. *Zelger/Salinitri* eine «gewisse Bindung des Klägers» an die eingeleitete Klage bzw. eine gewisse Fortführungslast vorzuliegen habe[8]. Dies bedeutete, dass in denjenigen Kantonen, in welchen das Sühnverfahren obligatorisch war, aber keine Fortführungslast auslöste, der Beklagte **im Ausland eine überholende Klage** einleiten konnte, nachdem er vom Sühnverfahren Kenntnis erhalten hatte[9]. Im Kanton Zürich führte dieser Umstand zu einer Anpassung der ZPO, indem bei LugÜ-Fällen kein 3

---

5 MAGNUS/MANKOWSKI-FENTIMANN, Art. 30 Rz. 2; KROPHOLLER, Art. 30 Rz. 1; Botschaft zu Art. 30 S. 1802; Bericht POCAR Rz. 118. Das System der Klageerhebung durch Zustellung an den Beklagten findet sich z.B. im angloamerikanischen Rechtsraum; vgl. RODRIGUEZ Rz. 69; MAGNUS/MANKOWSKI-FENTIMANN, Art. 30 Rz. 4 f.

6 DASSER/OBERHAMMER-DASSER, Art. 21 Rz. 52.

7 EuGH Rs. 129/83, *Zelger*, a.a.O. (Fn. 311), Rz. 14 ff.; THOMAS/PUTZO-HÜSSTEGE, Art. 30 Rz. 4 m.H. auf das deutsche Recht.

8 BGE 123 III 414 E. 6c ff. Es stützte sich dabei auf die Lehrmeinung von BERTI: vgl. BERTI, FS WALDER 314 ff.; MEIER, Internationales Zivilprozessrecht und Zwangsvollstreckungsrecht 49 f.

9 DASSER/OBERHAMMER-DASSER, Art. 21 Rz. 56; Botschaft zu Art. 30, S. 1802.

Sühnverfahren mehr eingeleitet werden musste, sondern die Klage direkt beim Gericht anhängig gemacht werden konnte[10].

III. Rechtshängigkeit auslösende Handlung

1. Übersicht über die neue Regelung

4 Art. 30 liefert neu einheitliche **autonome Kriterien zur Bestimmung des Zeitpunkts der Rechtshängigkeit**[11]. Er stellt dabei auf die zwei vorherrschenden Konzepte verfahrenseinleitender Handlungen in den LugÜ-Staaten ab, nämlich einerseits die **Klageeinreichung beim Gericht,** andererseits der **Empfang des verfahrenseinleitenden Schriftstücks** durch die beklagte Partei. Diese beiden Möglichkeiten werden nun einander gleichgestellt. Nach Art. 30 ist entscheidend, wann der Kläger das Schriftstück dem ersten einzubeziehenden Rechtspflegeorgan (Gericht oder zustellende Behörde) übergeben hat, dies allerdings nur unter der Voraussetzung, dass der Kläger in der Folge seine weiteren Mitwirkungspflichten bei der Zustellung an den Beklagten bzw. bei der Einreichung vor Gericht wahrnimmt[12]. Das LugÜ nennt keine Fristen, innert derer allfällige Fortsetzungshandlungen vorgenommen werden müssen. Es überlässt diese Frage der *lex fori*[13]. Die neue Regelung ermöglicht, dass die Vertragsstaaten einerseits auf die ihnen vertrauten Regelungen zur Klageeinreichung abstellen können, und dass andererseits ein möglichst früher Zeitpunkt der Rechtshängigkeit bestimmt wird, was dazu führt, dass die Bestimmungen von Art. 27–29, welche widersprüchliche und inkonsistente Entscheidungen verhindern

---

10 Vgl. Zürcher ZPO § 104 lit. d, in Kraft seit 01.07.2002; DASSER/OBERHAMMER-DASSER, Art. 21 Rz. 57.

11 Eine Vorschrift mit demselben Wortlaut enthält Art. 16 Abs. 1 lit. a und b der Verordnung (EG) Nr. 2201/2003 des Rates vom 27.11.2003 über die Zuständigkeit und die Anerkennung und Vollstreckung von Entscheidungen in Ehesachen und in Verfahren betreffend die elterliche Verantwortung (EheVO); vgl. dazu auch BAUMBACH/LAUTERBACH/ALBERS/HARTMANN-ALBERS, Art. 30 Rz. 1; SIEHR, ZZZ 2004 479.

12 KROPHOLLER, Art. 30 Rz. 2; GEIMER/SCHÜTZE, EuZVR Art. 30 Rz. 11.

13 Botschaft S. 1803. Kritik am Fehlen einer diesbezüglichen Regelung äussern KREN KOSTKIEWICZ in Bonomi/Cashin Ritaine/Romano, Convention de Lugano 127 und HESS, § 6 Rz. 164, NIEROBA S. 285 fordert im Sinne einer teleologischen Interpretation des Art. 27 EUGVVO etwa eine Siebenmonatsfrist, innert welcher es zu einem Verfahrensfortgang kommen müsse. HESS, § 6 Rz. 164, weist darauf hin, dass die nationalen Prozessvorschriften uneingeschränkt dem Effektivitätsgrundsatz zu genügen hätten.

wollen, frühzeitig zur Anwendung kommen[14]. Zudem ist der so bestimmte Zeitpunkt unabhängig von den Unsicherheiten des weiteren Vefahrensablaufs (Dauer der Weiterleitung oder der Behandlung der Klage durch das Gericht etc.)[15].

2. Gemäss Art. 30 Nr. 1

Gemäss Art. 30 Nr. 1 gilt in den Staaten, in welchen eine Klage mittels Einreichung bei Gericht eingeleitet wird, das **Gericht als angerufen,** wenn das **verfahrenseinleitende Schriftstück bei ihm eingereicht** worden ist, sofern der Kläger in der Folge die ihm obliegenden Massnahmen trifft, um die Zustellung des Schriftstücks an den Beklagten zu bewirken. Die verlangten Mitwirkungshandlungen sind in den einzelnen Staaten unterschiedlich ausgestaltet[16]. Während es in bestimmten Staaten genügt, alle für die Zustellung notwendigen Unterlagen zu übermitteln, verlangen andere, dass das Schriftstück zusätzlich zum Gericht noch einer Zustellungsbehörde übergeben wird[17]. 5

In **Bezug auf die Schweiz** besteht weiterhin die Besonderheit, dass dem Verfahren vor Gericht ein Sühn- bzw. Schlichtungsverfahren vorgelagert ist. In der ZPO ist nun vorbehaltlich der Ausnahmen ihrer Art. 198 und 199 ZPO gemäss Art. 197 ZPO generell ein Schlichtungsverfahren bzw. Sühnverfahren vor dem Entscheidverfahren vorgesehen. Obwohl Art. 30 LugÜ von der Einreichung des Schriftstücks «bei Gericht» spricht und das Schlichtungsverfahren nicht ausdrücklich erwähnt, kann gemäss der Botschaft zum revidierten LugÜ das Schlichtungsbegehren ein verfahrenseinleitendes Schriftstück im Sinne des Art. 30 darstellen. Gemäss der Botschaft **löst** daher in allen Fällen, in denen das Schlichtungsverfahren eine obligatorische prozessuale Vorstufe bildet (vgl. Art. 197 ff. ZPO), **das Schlichtungsbegehren die Rechtshängigkeit** nach Art. 30 Nr. 1 **aus**[18]. 6

---

14 Kropholler, Art. 30 Rz. 2; Nieroba 284. Vgl. auch die Begründung des Kommissionsentwurfs, KOM 1999 (348) endg., 22 = BR-Drucks. 534/99, 21.

15 Botschaft zu Art. 30, S. 1803; Lupoi, ZZPInt 2002 169; Nieroba 285.

16 Baumbach/Lauterbach/Albers/Hartmann-Albers, Art. 30 Rz. 4 mit Hinweisen zum deutschen Recht.

17 Kropholler, Art. 30 Rz. 3.

18 Botschaft zu Art. 30, S. 1803. Das Bundesgericht hatte bereits zuvor in einer Entscheidung vom 6. Juli 2007 ausgeführt, dass es den neuen Art. 30 im revidierten LugÜ auf eine Weise interpretieren dürfte, die eine Abkehr von der bestehenden Rechtsprechung ermöglicht (4A_143/2007 E. 3.5: «Die Priorität der Klage dürfte sich danach künftig für die Schweiz im

Diese Wirkung sei allerdings insofern bedingt, als die Gesuchstellerin eventuell notwendige Schritte zur Fortsetzung des Verfahrens innert Frist vorzunehmen habe. Damit stimmt die Bestimmung der Rechtshängigkeit mit dem Konzept der ZPO überein, was zu begrüssen ist. Ebenfalls zu begrüssen ist, dass mit dem Abstellen auf die Einleitung des Schlichtungsverfahrens nun auch in der Schweiz der frühestmögliche Zeitpunkt für das Eintreten der Rechtshängigkeit gewählt wurde, was es fortan einer Partei, welcher das Schlichtungsbegehren zugestellt worden ist, verumöglichen wird, das Schweizer Verfahren in einem anderen LugÜ-Staat noch zu überholen[19].

7 In denjenigen Fällen, in denen kein Schlichtungsverfahren notwendig ist, ist gemäss Botschaft der Zeitpunkt massgebend, zu welchem die Klage anhängig gemacht wird, also typischerweise die Einreichung der Klage bei Gericht. Zu beachten ist, dass unter der ZPO der Kläger bei Wohnsitz des Beklagten im Ausland einseitig auf das Schlichtungsverfahren verzichten kann[20].

3. Gemäss Art. 30 Nr. 2

8 Gemäss Art. 30 Nr. 2 gilt in den Staaten, in welchen eine Klage mittels **Zustellung an den Beklagten** eingeleitet wird, das Gericht als angerufen, wenn die für die Zustellung verantwortliche Stelle das Schriftstück erhalten hat, sofern der Kläger in der Folge die ihm obliegenden Massnahmen

---

Sinne von Art. 9 Abs. 2 IPRG nach der ersten, für die Klageeinleitung massgebenden Verfahrenshandlung bestimmen, wobei die Einleitung des Sühneverfahrens genügt.»). Vgl. auch DASSER/OBERHAMMER-DASSER, Art. 21 Fn. 103 m.w.H.; WALTER, Internationales Zivilprozessrecht 488.

[19] Fast geglückt wäre dies einem Beklagten in einem Zuger Fall. In Zug war ein Sühnverfahren (ohne Bindungswirkung) eingeleitet worden und der Beklagte hatte die von ihm veranlasste Verschiebung der Sühnverhandlung dazu benutzt, einen negative Feststellungsklage in Mailand einzuleiten. Im Streit darüber, welche Klage zuerst rechtshängig geworden war, bestätigte das Bundesgericht die von der Vorinstanz vorgenommene Qualifizierung der Mailänder Klage als rechtsmissbräuchlich (BGer 4A_143/2007 06.07.2007). Der im Resultat richtige Entscheid lässt sich mit den EuGH-Entscheiden in Sachen *Turner* sowie in Sachen Gasser allerdings nur schwer vereinbaren, da der EuGH dort das Rechtsmissbrauchsargument bei parallelen Verfahren grundsätzlich ausschloss; vgl. die weiteren Hinweise bei DASSER/OBERHAMMER-DASSER, Art. 21 Rz. 64.

[20] Art. 199 Abs. 2 lit. a ZPO. Die Bestimmung findet aber keine Anwendung, wenn eine ausländische Partei mit einem Schweizer Verfahren gegen eine Schweizer Beklagte vorgehen will, oder bei zwei Schweizer Parteien in einem unter das LugÜ fallenden Streit; siehe auch DASSER/OBERHAMMER-DASSER, Art. 21 Fn. 104.

trifft, um das Schriftstück bei Gericht einzureichen. Wichtig ist, dass in einem solchen Fall die Rechtshängigkeit nicht erst mit dem Zeitpunkt der Zustellung an den Beklagten, sondern bereits mit dem **Erhalt des Schriftstücks durch die Zustellungsbehörde** eintritt[21].

[21] KROPHOLLER, Art. 30 Rz. 4; Bericht POCAR Rz. 119.

Abschnitt 10: Einstweilige Massnahmen einschliesslich solcher, die auf eine Sicherung gerichtet sind

Art. 31

Die im Recht eines durch dieses Übereinkommen gebundenen Staates vorgesehenen einstweiligen Massnahmen einschliesslich solcher, die auf eine Sicherung gerichtet sind, können bei den Gerichten dieses Staates auch dann beantragt werden, wenn für die Entscheidung in der Hauptsache das Gericht eines anderen durch dieses Übereinkommen gebundenen Staates aufgrund dieses Übereinkommens zuständig ist.

Art. 31

Les mesures provisoires ou conservatoires prévues par la loi d'un État lié par la présente Convention peuvent être demandées aux autorités judiciaires de cet État, même si, en vertu de la présente Convention, une juridiction d'un autre État lié par la présente Convention est compétente pour connaître du fond.

Art. 31

I provvedimenti provvisori o cautelari previsti dalla legge di uno Stato vincolato dalla presente convenzione possono essere richiesti al giudice di detto Stato anche se, in forza della presente convenzione, la competenza a conoscere nel merito è riconosciuta al giudice di un altro Stato vincolato dalla presente convenzione.

Art. 31

Application may be made to the courts of a State bound by this Convention for such provisional, including protective, measures as may be available under the law of that State, even if, under this Convention, the courts of another State bound by this Convention have jurisdiction as to the substance of the matter.

Literatur: ACOCELLA, Internationale Zuständigkeit sowie Anerkennung und Vollstreckung ausländischer Entscheidungen in Zivilsachen im schweizerisch-italienischen Rechtsverkehr, St. Gallen 1989 (zit. ACOCELLA, Internationale Zuständigkeit); DERS., IPRG, LugÜ und die kantonalen Prozessordnungen, MIZV, Nr. 17, Zürich 1993, 1 (zit. ACOCELLA, LugÜ); DERS., Die Qualifikation des Zahlungsbefehls, der provisorischen Rechtsöffnung, der Aberkennungsklage und der Feststellungsklage gemäss Art. 85a SchKG nach dem LugÜ – Bemerkungen aus Anlass von BGE 136 III 566 und der seit dem 1.1.2011 neu eingeführten Gerichtsdefinition nach Art. 62 LugÜ, FS Schwander, (in Erscheinung begriffen) (zit. ACOCELLA, Die Qualifikation); BERNET, Die Vollstreckbarerklärung englischer Freezing Orders in der Schweiz, Jusletter 19. Januar 2004; DERS., Englische Freezing (Mareva) Orders – Praktische Fragen der Anerkennung und Vollstreckung in der Schweiz, in: Spühler (Hrsg.), Internationales Zivilprozess- und Verfahrensrecht, Zürich 2001, 51; BERTI, Translating the Mareva – The Enforcement of an English Freezing Order in Zürich, FS Schnyder, Zürich 2002, 1; CARL, Einstweiliger Rechtsschutz bei Torpedoklagen, Frankfurt a.M. 2007; BLOCH/HESS, Discussion of the protective measures unter Swiss law under particular regard on the recognition and enforcement of an English Mareva («Freezing») Injunction in Switzerland, SZW 1999, 166; CONSOLO, The Subtle Interpretation of the Case Law of the European Court on Provisional Remedies, ZSR 2005 II, 359; DASSER, Englische Freezing Injunction vor dem schweizerischen Vollstreckungsrichter, Jusletter 19. Januar 2004; DONZALLAZ, Les mesures provisoires et conservatoires dans la Convention de Bruxelles et de Lugano: état des lieux après les ACJCE Mund, Mietz et Van Uden, AJP 2000, 956; DERS., Les mesures provisionelles dans la Convention de Lugano (art. 24 CL), in: Cometta et al. (Hrsg.), La Convenzione di Lugano nella pratica forense e nel suo divenire, Basel 2004, 65; DUTTA/HEINZE, Anti-suit injunctions zum Schutz von Schiedsvereinbarungen, RIW 2007, 411; GASSMANN, Arrest im internationalen Rechtsverkehr, Zürich 1998 (zit. GASSMANN); DERS., Die Arrestzuständigkeit, in: Spühler (Hrsg.), Vorsorgliche Massnahmen aus internationaler Sicht, Zürich 2000, 85 (zit. GASSMANN, Die Arrestzuständigkeit); GERHARD, La compétence du juge d'appui pour prononcer des mesures provisoires extraterritoriales, SZIER 1999, 97; DERS., L'exécution forcée transfrontière des injonctions extraterritoriales non pécuniaires en droit privé, Zürich 2000; GRUNDMANN, Anerkennung und Vollstreckung ausländischer einstweiliger Massnahmen nach IPRG und Lugano-Übereinkommen, Basel 1996; HAUENSTEIN, Die Vollstreckbarerklärung der englischen Freezing order unter dem Lugano-Übereinkommen und das rechtliche Gehör, SZZP 2007, 187; HEINZE, Grenzüberschreitende Vollstreckung englischer freezing injunctions. Die Dadourian Guidelines, IPRax 2007, 342; DERS., Beweissicherung im Europäischen Zivilprozessrecht, IPRax 2008, 480; HESS, Konkurrierende Unterlassungsverfügungen im Europäischen Justizraum, IPRax 2005, 23; HESS/VOLLKOMMER, Die begrenzte Freizügigkeit einstweiliger Massnahmen nach Art. 24 EuGVÜ, IPRax 1999, 220; HESS/ZHOU, Beweissicherung und Beweisbeschaffung im Europäischen Justizraum, IPRax 2007, 183; JAMETTI GREINER, Der vorsorgliche Rechtsschutz im internationalen Verhältnis, ZBJV 1994, 649 (zit. JAMETTI GREINER, Der vorsorgliche Rechtsschutz); DIES., Grundsätzliche Probleme des vorsorglichen Rechtsschutzes aus internationaler Sicht, in: Spühler (Hrsg.), Vorsorgliche Massnahmen aus internationaler Sicht, Zürich 2000, 11; KAUFMANN-KOHLER, Titres susceptibles d'exécution, mainlevée definitive, procédure d'exequatur, mesures conservatoire, SJ 1997, 56; KILLIAS, Anmerkung zu BGE 125 III 451, AJP 2001, 716; KOFMEL EHRENZELLER, Der vorläufige Rechtsschutz im internationalen Rechtsverkehr, Tübingen 2005; LINDACHER, Einstweiliger Rechtsschutz in Wettbewerbssachen unter dem Geltungsregime von Brüssel I, FS Leipold, Tübingen 2009, 251; MERKT, Les mesures provisoires en droit international privé, Zürich 1993; MÜLLER BEAT, Anerkennung und Vollstreckung ausländischer Entscheidungen im Bereich des Schuldrechts, St. Gallen 1994; NAEGELI/VETTER, Zur Anerkennung und Vollstreckung euro-internationaler Arrestbefehle in der Schweiz, AJP 2005, 1312; PEDROTTI, Le séquestre international. Fondements, conditions et procédure du séquestre des biens du débiteur qui habite à l'étranger, Zürich 2001; REINER, Schiedsgerichtsbarkeit, Einstweiliger Rechtsschutz und EuGVÜ, IPRax 2003, 74; REISER, Gerichtsstandsvereinbarungen nach dem IPRG-Gesetz, Zürich 1989 (zit. REISER, Gerichtsstandsvereinbarungen); DERS, Zur Zuständigkeit für Massnahmen des einstweiligen Rechtsschutzes im Anwendungsbereich des IPR-Gesetzes, MIZV, Nr. 13, Zürich 1991, 9 (zit. REISER, Zuständigkeit); ROSENOW, Der Ausländerarrest, SZIER 1995, 63; SCHLOSSER, Anerkennung und Vollstreckbarerklärung englischer «freezing injunctions», IPRax 2006, 300; SCHMUTZ, Massnahmen des vorsorglichen Rechtsschutzes im Lugano-Übereinkommen, Bern 1993; SCHULZ, Einstweilige Massnahmen nach dem Brüsseler Gerichtsstands- und Vollstreckungsübereinkommen in der Rechtsprechung des Gerichtshofes der Europäischen Gemeinschaften (EuGH), ZEuP 2001, 805; SCHWANDER, Besprechung neuerer Gerichtsentscheidungen zum internationalen Zivilprozessrecht, in: Spühler (Hrsg.), Internationales Zivil- und Verfahrensrecht V, Zürich 2005, 109 (zit. SCHWANDER, Besprechung); DERS., Ist der «Ausländerarrest» (SchKG 271 Abs. 1 Ziff. 4) gegenüber Personen, die in einem Lugano-Konventionsstaat Wohnsitz bzw. Sitz haben, nicht mehr zulässig?, AJP 1994, 795 (zit. SCHWANDER, AJP 1994); SPRECHER, Praktische Aspekte bei vorsorglichen Massnahmen im internationalen Zivilprozessrecht, in: Spühler (Hrsg.), Internationales Zivilprozess- und Verfahrensrecht IV, Zürich 2005, 1; STOLL, Die britische Mareva Injunction als Gegenstand eines Vollstreckungsbegehrens unter dem Lugano-Übereinkommen, SJZ 1996, 104; STRAUB, Englische Mareva Injunctions and Anton Piller Orders, SZIER 1992, 525; VOLKEN, Der EuGH knackt den Ausländerarrest, SZIER 1994, 1; WALTER, Die internationale Zuständigkeit schweizerischer Gerichte für «vorsorgliche Massnahmen» – oder: Art. 10 IPRG und seine Geheimnisse, AJP 1992, 61 (zit. WALTER, Die internationale Zuständigkeit); DERS., Vorsorgliche Massnahmen bei fehlender Hauptsachezuständigkeit in: Spühler, Vorsorgliche Massnahmen aus internationaler Sicht, Zürich 2000, 121; WANNEMACHER, Einstweilige Massnahmen im Anwendungsbereich von Art. 31 EuGVVO in Frankreich und Deutschland, 2007; WEIBEL, Enforcement of English freezing orders («Mareva injunctions») in Switzerland, Basel 2005; WEINERT, Vollstreckungsbegleitender einstweiliger Rechtsschutz, Tübingen 2007; WOLF, Die Anerkennungsfähigkeit von Entscheidungen im Rahmen eines niederländischen kort geding-Verfahrens nach dem EuGVÜ, EuZW 2000, 11; ZHOU, Einstweiliger Rechtsschutz in China und im Europäischen Justizraum, Baden-Baden 2008.

Übersicht *Seite*

I. Normzweck

Massnahmen des einstweiligen Rechtsschutzes dienen dazu, eine bestimmte Sach- oder Rechtslage bis zum rechtskräftigen Urteil vorläufig zu sichern oder zu regeln. Es soll der **Gefahr** begegnet werden, dass eine Partei aufgrund der Verfahrensdauer ihre Rechte nicht voll verwirklichen kann. Diese Gefahr ist naturgemäss *bei internationalen Rechtsstreitigkeiten* noch grösser, da deren Verfahren im Vergleich zu nationalen Verfahren regelmässig länger dauern. Es besteht damit ein Bedürfnis nach grosszügig eröffneten Gerichtsständen für den Erlass vorsorglicher Massnahmen, um einen *effektiven* Rechtsschutz zu gewährleisten. 1

Die Vorschrift von Art. 31 trägt dem dadurch Rechnung, dass vorsorgliche Massnahmen nicht nur bei den nach Art. 2 ff. in der Hauptsache zuständigen Gerichten, sondern auch beim Gericht eines LugÜ-Staates, das **nach seinem nationalen Recht** für den Erlass vorsorglicher Massnahmen zuständig ist, beantragt werden können. Dieses Gericht darf über Anträge auf Erlass einstweiliger Massnahmen entscheiden, auch wenn es für die Entscheidung in der Hauptsache *nicht* zuständig ist (sondern ein Gericht *eines anderen LugÜ-Staates)*[1]. Art. 31 will mit diesem *Abweichen* vom *einheitlichen Zuständigkeitssystem* verhindern, «dass die Parteien durch die jedem internationalen Verfahren eigene lange Verfahrensdauer einen Schaden erleiden»[2]. Da Art. 31 somit eine Ausnahme von dem durch das LugÜ geregelten Zuständigkeitssystem darstellt, ist er eng auszulegen[3]. 2

Die in Art. 31 enthaltene **Verweisung** auf das nationale Recht bezieht sich nicht nur auf die Begründung der internationalen Zuständigkeit, sondern auch auf *die Art der vorsorglichen Massnahmen* einschliesslich ihrer *Voraussetzungen* und *Wirkungen*[4]. Ebenso beurteilt sich das Verfahren für den Erlass einstweiliger Massnahmen nach dem nationalen Recht. Die Verweisung erstreckt sich schliesslich auch auf Entscheidungen über die Gültigkeit oder Aufhebung solcher Massnahmen[5]. 3

---

1 EuGH 28.04.2005, Rs. C-104/03, *St. Paul Dairy/Unibel Exser*, Slg. 2005 I 3481 Rz. 11.
2 EuGH 28.04.2005, Rs. C-104/03, *St. Paul Dairy/Unibel Exser*, Slg. 2005 I 3481 Rz. 12.
3 EuGH 28.04.2005, Rs. C-104/03, *St. Paul Dairy/Unibel Exser*, Slg. 2005 I 3481 Rz. 11.
4 BGE 126 III 156 E. 2c.
5 Kropholler, Art. 31 Rz. 2.

4 Das **Fehlen** *einer eigenständigen Regelung* der internationalen Zuständigkeit und *das Nebeneinander* von nationalem Recht und LugÜ in Bezug auf Gerichtsstände, Art und Voraussetzungen vorsorglicher Massnahmen, verbunden mit der Pflicht zu deren Anerkennung und Vollstreckung in den anderen LugÜ-Staaten nach Art. 32, haben sich als problematisch erwiesen. Die in den LugÜ-Staaten aufgrund nationalen Rechts grosszügig eröffneten internationalen Gerichtsstände für den Erlass vorsorglicher Massnahmen, inkl. der exorbitanten Zuständigkeiten führen dazu, dass über den Erlass vorsorglicher Massnahmen auch *sachfremde* Gerichte entscheiden.

5 Die Erwirkung vorsorglicher Massnahmen unter weniger strengen Voraussetzungen und mit weitreichenden Wirkungen, wie etwa die englische *freezing injunction,* die französische *référé provision* oder die im Verfahren des niederländischen *kort geding* erlassenen Massnahmen, die den Anspruch selbst ganz oder teilweise (Abschlagszahlung) zusprechen, können zu einer **Vorwegnahme der Hauptsache** und zu **einer Umgehung der einheitlichen Zuständigkeitsordnung des LugÜ** führen[6]. Aus diesen Gründen musste der EuGH die Reichweite der Verweisung auf das nationale Recht *einschränken*[7].

II. Anwendungsbereich

1. Räumlich-persönlicher Anwendungsbereich

6 Art. 31 kommt gemäss Art. 2 und 4 Abs. 1 nur zur Anwendung, wenn der Beklagte seinen Wohnsitz **in einem LugÜ-Staat** hat[8]. Ansonsten gilt allein *nationales* Recht, ohne dass es auf die Verweisung von Art. 31 ankommen würde.

2. Sachlicher Anwendungsbereich

7 Art. 31 erfasst nur einstweilige Massnahmen, wenn für die Entscheidung in der Hauptsache das Gericht eines anderen LugÜ-Staates «aufgrund

[6] EuGH 17.11.1998, Rs. C-391/95, *Van Uden/Deco-Line*, Slg. 1998 I 7091 Rz. 46.

[7] S. dazu Rz. 51 ff. Noch besser wäre es, eine einheitliche Regelung des einstweiligen Rechtsschutzes in der EuGVVO bzw. im LugÜ vorzusehen. Eine solche wurde bei der Überführung des EuGVÜ in die EuGVVO erwogen, dann aber unter Hinweis auf die Korrekturen der EuGH-Rechtsprechung fallen gelassen (s. dazu RAUSCHER-LEIBLE, Art. 31 Rz. 3).

[8] DONZALLAZ Rz. 1654.

dieses Übereinkommens» zuständig ist. Erfasst sind daher nur einstweilige Massnahmen, die in den nach Art. 1 festgelegten **sachlichen Anwendungsbereich des LugÜ** fallen[9]. Art. 31 ist also nicht auf den einstweiligen Rechtsschutz im ehelichen Güterrecht, Erbrecht, Konkursrecht und in der Schiedsgerichtsbarkeit anwendbar (s. Art. 1 Rz. 104).

Für die Frage, ob sich der Anwendungsbereich des LugÜ auf eine einstweilige Massnahme erstreckt, ist das Rechtsgebiet ausschlaggebend, dem sie selbst zuzurechnen ist, und **nicht** das Gebiet, um das es im Antrag in der Hauptsache geht[10]. Vorsorgliche Massnahmen sind geeignet, die verschiedenartigsten Ansprüche zu sichern. Die Anwendbarkeit von Art. 31 richtet sich nicht nach der Rechtsnatur der Massnahme, sondern nach derjenigen *der durch sie gesicherten Ansprüche*[11]. Vorsorgliche Massnahmen betreffend den Unterhalt fallen etwa unter Art. 31 unabhängig davon, ob sie selbständig oder im Rahmen eines Eheschutz- oder Ehescheidungsverfahrens oder eines Vaterschaftsprozesses beantragt werden (s. Art. 1 Rz 78). 8

Eine unabhängige Qualifikation der zu sichernden Ansprüche ohne jegliche Bezugnahme auf den Gegenstand der Hauptsache ist nicht immer leicht vorzunehmen[12]. Geht es um die Blockierung von Vermögenswerten (Sperrung von Konten) kann nur unter **Bezugnahme** *auf den Gegenstand der Hauptsache* geprüft werden, welche Ansprüche gesichert werden sollen. Bei erbrechtlichen oder güterrechtlichen Ansprüchen ist das LugÜ nicht anwendbar[13]. Sind hingegen vertragsrechtliche Ansprüche zu sichern, so fällt die vorsorgliche Massnahme in den Anwendungsbereich des LugÜ[14]. 9

Soweit die Parteien für das Hauptverfahren eine Schiedsklausel getroffen 10
haben und der Antrag auf Erlass einstweiliger Massnahmen **nicht** *auf die*

---

9 EuGH 28.04.2005, Rs. C-104/03, *St. Paul Dairy/Unibel Exser*, Slg. 2005 I 3481 Rz. 14; EuGH 27.03.1979, Rs. 143/78, *de Cavel/de Cavel I*, Slg. 1979, 1055; EuGH 31.03.1982, Rs. 25/81, *W./H*, Slg. 1982, 1189.

10 EuGH 06.03.1980, Rs. 120/79, *de Cavel/de Cavel II*, Slg. 1980, 731 Rz. 9.

11 EuGH 27.03.1979, Rs. 143/78, *de Cavel/de Cavel I*, Slg. 1979, 1055 Rz. 8 ff.; EuGH 17.11.1998, Rs. C-391/95, *Van Uden/Deco-Line*, Slg. 1998 I 7091 Rz. 33; EuGH 10.02.2009, Rs. C-185/07, *Allianz SpA und Generali Assicurazione Generali SpA/West Tankers Inc.*, Slg. 2009 I 663 Rz. 22.

12 Kritisch zur Anwendung im Einzelfall vgl. MERKT 74 ff., DONZALLAZ Rz. 961.; vgl. auch SCHWANDER, Besprechung 111 f.

13 EuGH 27.03.1979, Rs. 143/78, *de Cavel/de Cavel I*, Slg. 1979, 1055 Rz. 8 ff.

14 BGer 24.03.2005, 5C.235/2004: Rechenschaftsablegung als vorsorgliche Massnahmen erbrechtlicher Natur; kritisch zu diesem Entscheid SCHWANDER, Besprechung 111 f.

Durchführung eines Schiedsverfahrens gerichtet ist, sondern eine Frage betrifft, die in den sachlichen Anwendungsbereich des LugÜ fällt, so ist dieses anwendbar. Gegenstand dieser Massnahmen ist nämlich nicht die gemäss Art. 1 Abs. 2 lit. d ausgeschlossene Schiedsgerichtsbarkeit als Rechtsgebiet, sondern die Sicherung von dem LugÜ unterstellten (materiell-rechtlichen) Ansprüchen[15]. Art. 31 ist daher auch anwendbar, wenn das Hauptverfahren vor einem Schiedsgericht stattfindet oder stattfinden wird[16]. In diesem Falle kann sich die Zuständigkeit für den Erlass vorsorglicher Massnahmen aber nach der – m.E. nicht zu billigenden (s. Rz. 46, 48) – Auffassung des EuGH nicht auf die *Hauptsachezuständigkeit* stützen, sondern richtet sich über den Verweis von Art. 31 nach *nationalem* Recht[17].

11 Art. 31 bezieht sich nicht nur auf den Erlass vorsorglicher Massnahmen, sondern ebenfalls auf Verfahren zu deren **Abänderung** und **Aufhebung**[18].

3. Begriff der einstweiligen Massnahme

a) Allgemeines

12 Das LugÜ definiert den Begriff der einstweiligen Massnahme nicht. In Art. 31 ist von einstweiligen Massnahmen, einschliesslich solcher, die auf eine Sicherung gerichtet sind, die Rede. Damit ist klargestellt, dass nicht nur **Sicherungsverfügungen**, sondern entsprechend einer in Deutschland und in der Schweiz üblichen Einteilung auch **Regelungs- und Leistungsverfügungen**[19] vom LugÜ erfasst werden. Mit Rücksicht auf diese weite Begriffsbestimmung sind unter einstweiligen Massnahmen alle richterlichen Anordnungen zu verstehen, die einer Partei zur Abwehr der nachteiligen Folgen der Prozessdauer vorläufigen Rechtsschutz bis zum Vorliegen des definitiven Rechtsschutzes gewähren[20]. Kennzeichnend ist die *Abhängigkeit* des vorläufigen Rechtsschutzes vom Ausgang eines späteren *Hauptsacheverfahrens*[21].

---

[15] EuGH 17.11.1998, Rs. C-391/95, *Van Uden/Deco-Line*, Slg. 1998 I 7091 Rz. 33.

[16] EuGH 17.11.1998, Rs. C-391/95, *Van Uden/Deco-Line*, Slg. 1998 I 7091 Rz. 34.

[17] EuGH 17.11.1998, Rs. C-391/95, *Van Uden/Deco-Line*, Slg. 1998 I 7091 Rz. 34.

[18] GEIMER/SCHÜTZE, Art. 31 Rz. 38; KROPHOLLER, Art. 31 Rz. 2; MEIER, in: SCHWANDER, LugÜ 171.

[19] BGE 136 III 200 E. 2.3.2.

[20] MEIER, in: SCHWANDER, LugÜ 159; KROPHOLLER, Art. 31 Rz. 5; BGE 136 III 200 E. 2.3.2; 135 III 430, 432; BGer 02.03.2010, 4A_640/2010.

[21] KROPHOLLER, Art. 31 Rz. 5.

Dieser Bezug besteht z.B. für die **Eheschutzmassnahmen** nach schweizerischem Recht nicht. Sie ergehen zwar in einem für den Erlass vorsorglicher Massnahmen typischen summarischen Verfahren. Es kommt ihnen auch sonst in mancher Hinsicht provisorischer Charakter zu, weshalb sie von der Rechtsprechung des Bundesgerichts als vorsorgliche Massnahmen i.S.v. Art. 98 BGG betrachtet werden[22]. Diese nationale Qualifikation ist aber für die *autonome Begriffsbestimmung* nicht massgebend[23]. Entscheidend ist, dass der Bestand der Eheschutzmassnahmen *nicht* vom Ausgang eines Hauptverfahrens abhängt[24]. 13

Der EuGH definiert den Begriff der einstweiligen Massnahmen nach Art. 31 **autonom** und versteht darunter Massnahmen, die in den Anwendungsbereich des Übereinkommens fallen und die «eine Veränderung der Sach- und Rechtslage verhindern sollen, um Rechte zu sichern, deren Anerkennung im übrigen bei dem in der Hauptsache zuständigen Gericht beantragt wird»[25]. **Nicht** geklärt ist, ob autonom zu bestimmen ist, inwiefern der *Verfügungsgrund* bzw. *die Dringlichkeit durch Zeitablauf* verwirkt werden kann, oder darüber einzig das nationale Recht entscheidet[26]. 14

Zur Gruppe der **Sicherungsmassnahmen**, dem Kernbereich von Art. 31, gehören der Arrest des schweizerischen und deutschen Rechts, aber auch die englische *freezing injunction.* Zu den **Leistungsmassnahmen**, die über die eigentliche Sicherung hinaus die *vorläufige Vollstreckung* der im Hauptsacheverfahren geltend gemachten Ansprüche anordnen und somit zu einer vorweggenommen Befriedigung führen, zählen etwa die schweizerische Leistungsmassnahme, die deutsche Leistungsverfügung, der englische *interim payment* order, die französische *référé provision* und Massnahmen im Verfahren des niederländischen *kort geding.* 15

[22] BGE 134 III 667 E. 1.1; 133 III 393 E. 5; BGer 03.06.2008, 5A_161/2008; BGer 02.03.2010, 4A_640/2010.

[23] Insbesondere kann nicht darauf abgestellt werden, ob eine vorsorgliche Massnahme als Endentscheid im Sinne von Art. 90 BGG oder als Zwischenentscheid im Sinne von Art. 93 BGG gilt (vgl. BGE 134 III 426 E. 2.2.

[24] Meier in: Schwander, LugÜ 161; Donzallaz Rz. 1626; Acocella, Internationale Zuständigkeit 187 Fn. 68 mit weiteren Nachweisen.

[25] EuGH 17.11.1998, Rs. C-391/95, *Van Uden/Deco-Line*, Slg. 1998 I 7091 Rz. 37.

[26] Autonom: BGer 24.03.2005, 5C.235/2004, E. 2.1; kritisch zu einer solchen Voraussetzung Schwander, Besprechung 114, allerdings bezogen auf das IPRG.

16 Diesbezüglich hat der EuGH erwogen, es könne nicht von vornherein abstrakt und generell ausgeschlossen werden, dass die Anordnung **der vorläufigen Erbringung einer vertraglichen Hauptleistung**, auch wenn ihr Betrag dem des Klageantrags entspreche, zur Sicherstellung der Wirksamkeit des Urteils in der Hauptsache erforderlich sei und gegebenenfalls angesichts der Parteiinteressen gerechtfertigt erscheine.

17 Die Anordnung einer vorläufigen Leistung könne jedoch ihrem Wesen nach **die Entscheidung in der Hauptsache vorwegnehmen.** Ausserdem könnten die Zuständigkeitsvorschriften des Übereinkommens *umgangen* werden, wenn dem Antragsteller das Recht eingeräumt würde, die vorläufige Erbringung der vertraglichen Hauptleistung beim Gericht seines Wohnsitzes zu erwirken und die Anordnung sodann im Staat des Antragsgegners anerkennen und vollstrecken zu lassen. Deshalb stelle eine solche Leistungsmassnahme nur dann *eine einstweilige Massnahme* im Sinne von Art. 31 dar, wenn *die Rückzahlung des zugesprochenen Betrags* an den Antragsgegner für den Fall, dass der Antragsteller in der Hauptsache nicht obsiege, gewährleistet sei und wenn die beantragte Massnahme nur bestimmte Vermögensgegenstände des Antragsgegners betreffe, die sich *im örtlichen Zuständigkeitsbereich* des angerufenen Gerichts befinden oder befinden müssten[27].

18 Das Bundesgericht hat sich bereits unter der Geltung des aLugÜ grundsätzlich dieser Rechtsprechung angeschlossen und ausgeführt, dass die *Anordnung vorläufiger Erfüllung* nur unter **einschränkenden** Voraussetzungen als einstweilige Massnahme im Sinne des Art. 31 anzuerkennen sei[28]. Es macht die Anordnung der Massnahmen von entsprechenden *Sicherheitsleistungen* des Antragstellers abhängig und nennt *als weitere Vorausset-*

[27] EuGH 17.11.1998, Rs. C-391/95, *Van Uden/Deco-Line*, Slg. 1998 I 7091 Rz. 45 ff.; EuGH 27.04.1999, Rs. C-99/96, *Mietz/Intership Yachting Sneek*, Slg. 1999 I 2277. Hinsichtlich der Sicherheitsleistung bei Zahlungsansprüchen, die auf gesetzlichen oder familienrechtlichen Rechtsverhältnissen beruhen, wird postuliert, dass eine solche nicht gefordert werden dürfe, da in diesen Fällen Leistungsverfügungen gerade deshalb beantragt würden, weil der Antragsteller nicht liquide und auf die Zahlung der ihm zustehenden Summe für den Lebensunterhalt usw. dringend angewiesen sei. Bei solchen Konstellationen könne der Antragsteller kaum die erforderlichen Sicherheiten leisten (vgl. RAUSCHER-LEIBLE, Art. 31 Rz. 12). Allerdings ist der Antragsteller in Unterhaltssachen im Hinblick auf die durch das LugÜ gewährten Hauptsachezuständigkeiten (Art. 5 Nr. 3) kaum auf eine Zuständigkeit des einstweiligen Rechtsschutzes aufgrund nationalen Rechts angewiesen.

[28] BGE 125 III 451 E. 3b.

zung, dass die vorgezogene Befriedigung des Gläubigers zur Sicherstellung der Wirksamkeit des Urteils in der Hauptsache *sachlich erforderlich* und *zeitlich dringend* ist. Die Eröffnung einer vom Hauptsachegerichtsstand abweichenden Zuständigkeit rechtfertige sich nur, wenn das in der Hauptsache zuständige Gericht nicht in der Lage sei, rechtzeitig vorsorgliche Massnahmen zu erlassen, die sicherstellten, dass der praktische Wert der im Hauptsacheverfahren geltend zu machenden Ansprüche erhalten bleibe, bis ein rechtskräftiges Hauptsacheurteil vorliege. Der Rechtsuchende müsse mithin darauf angewiesen sein, ein anderes Gericht anrufen zu können, das im Gegensatz zum in der Hauptsache zuständigen Gericht den für einen rechtzeitigen und wirksamen einstweiligen Rechtsschutz nötigen nahen Bezug zum Gegenstand der beantragten Massnahme habe[29].

Es ist nicht ganz klar, ob diese Umschreibung die *von der Rechtsprechung* 19
des EuGH geforderten **Kriterien** erfüllt (reale Verknüpfung zwischen dem Gegenstand der Massnahme und der gebietsbezogenen Zuständigkeit des angerufenen Gerichts bzw. der vom EuGH speziell für Leistungsverfügungen betreffend vertragliche Hauptleistungen vorausgesetzte Umstand, dass die Massnahme nur bestimmte Vermögensgegenstände des Antragsgegners betreffen dürfe, die sich im örtlichen Zuständigkeitsbereich des angerufenen Gerichts befinden oder zu befinden hätten)[30].

Die **Pflicht zur Rechenschaftsablegung** ist grundsätzlich *im Rahmen des* 20
definitiven Rechtsschutzes einzuklagen, allenfalls mittels Stufenklage[31]. Es sind aber auch Fälle denkbar, in denen die Abrechnungspflicht im Rahmen vorsorglicher Massnahmen anbegehrt werden kann, z.B. im Zusammenhang mit der Sperrung von Konten[32].

Eine **Gläubigeranfechtungsklage** des französischen Rechts hat der EuGH 21
in seinem Entscheid in der Rechtssache *Reichert II* nicht als Begehren um

[29] BGE 125 III 451 E. 3b.

[30] KILLIAS 719, der darauf hinweist, dass das Bundesgericht das Kriterium der realen Verknüpfung auf den konkreten Fall gar nicht angewandt habe. Zum Begriff der realen Verknüpfung und zum Verhältnis zwischen diesem allgemeinen Erfordernis und zur weiteren Voraussetzung, dass für das Vorliegen einer einstweiligen Massnahme im Sinne von Art. 31 die Massnahme sich – bei vertraglichen Hauptleistungen – auf Vermögensgegenstände des Antragsgegners im örtlichen Zuständigkeitsbereich des erlassenden Gerichts beziehen müsse s. GEIMER/SCHÜTZE, Art. 31 Rz. 51; HESS/VOLLKOMMER 220 ff. und Rz. 51 f.; Der EuGH verlangt keine Dringlichkeit (SCHLOSSER, Art. 31 Rz. 22).

[31] BGer 24.03.2005, 5C.235/2004, E. 2.1.

[32] SCHWANDER, Besprechung 114.

Erlass einer einstweiligen Massnahme qualifiziert, da sie *nicht* der Erhaltung einer Sach- und Rechtslage für die Zeit bis zum Erlass der Entscheidung des in der Hauptsache zuständigen Gerichts diene, sondern die Veränderung der Rechtslage bezüglich des Vermögens des Schuldners und des Begünstigten – im Sinne einer Rückgängigmachung jener Verfügungshandlung des Schuldners, welche die Gläubigerrechte beeinträchtigt hatte – herbeiführen wolle[33].

22 **Beweissicherungsmassnahmen** wollen ähnlich wie die vorsorglichen Massnahmen verhindern, dass die Parteien durch die lange Verfahrensdauer einen Schaden erleiden, indem sie eines Beweismittels verlustig gehen. Sie dienen ebenfalls der Sicherung der Rechte bzw. derer Beweisbarkeit[34] im Hinblick auf die Durchführung des Hauptsacheverfahrens und fallen daher unter Art. 31[35]. Nicht von dieser Bestimmung werden nach der Rechtsprechung des EuGH hingegen Massnahmen erfasst, deren Erlass nach dem Recht des betroffenen LugÜ-Staats *von keiner besonderen Voraussetzung* abhängig ist und die es dem Antragsteller nur ermöglichen sollen, die Zweckmässigkeit, die Chancen und Risiken einer eventuellen Klage einzuschätzen[36].

23 Eine **vorsorgliche Beweisführung** ist nach *Art. 158 lit. b ZPO* nicht nur bei Gefährdung der Beweismittel, sondern auch dann zulässig, wenn die gesuchstellende Partei *ein schutzwürdiges Interesse* glaubhaft macht. Schutzwürdig kann auch das Interesse sein, durch Prüfung der Beweisaussichten die *Prozesschancen* abzuklären[37]. Eine solche vorsorgliche Beweisführung wird von Art. 31 nicht erfasst. Soweit die vorsorgliche Beweisführung der Sicherung gefährdeter Beweismittel dient, ist es für die Anwendbarkeit von Art. 31 unerheblich, ob Beweissicherungsmassnahmen in einem *selbständigen* Verfahren vor Klageerhebung oder während hängigem Hauptsacheverfahren beantragt werden.

---

33 EuGH 26.03.1992, Rs. C-261/90, *Reichert/Dresdner Bank II*, Slg. 1992 I 2149.

34 Entsprechend ist bei den Beweissicherungsmassnahmen der drohende Verlust der Beweismittel, und nicht die wahrscheinliche Begründetheit des Hauptbegehrens glaubhaft zu machen (BGer 22.01.2007, 5P.496/2006 + 5P.397/2006).

35 Kropholler, Art. 31 Rz. 14; Dasser/Oberhammer-Kofmel Ehrenzeller, Art. 24 Rz. 9.

36 EuGH 28.04.2005, Rs. C-104/03, *St. Paul Dairy/Unibel Exser*, Slg. 2005 I 3481 Rz. 16, 24 und 25.

37 Gasser/Rikli, Art. 158 ZPO Rz. 4.

Keine vorsorgliche Massnahme stellt die **Vollstreckbarerklärung** nach Art. 38 dar[38]. 24

Im Anwendungsbereich des LugÜ sind **Prozessführungsverbote *(anti-suit injunctions)*** unzulässig, weshalb sie auch nicht nach Art. 31 erlassen werden können[39]. 25

b) Schweizerisches Recht

Nach **Inkrafttreten der ZPO** ist die Unterscheidung zwischen vorsorglichen Massnahmen, mit denen für die Prozessdauer subjektive Rechte zu- oder aberkannt werden, die dem ungeschriebenen Bundesrecht zugeordnet waren, und Massnahmen, die lediglich der Aufrechterhaltung des bestehenden Zustandes dienen, für welche das kantonales Recht massgebend war, nicht mehr relevant[40]. Die vorsorglichen Massnahmen der Art. 261 ff. ZPO lassen sich nach wie vor *in Sicherungs-, Regelungs- und Leistungsverfügungen* einteilen und gelten grundsätzlich als einstweilige Massnahmen im Sinne von Art. 31. 26

Der **Arrest** gemäss Art. 271 ff. SchKG[41] und die *Beweissicherungsanordnungen*[42] gelten ebenfalls als vorsorgliche Massnahmen i.S. des schweizerischen Rechts und von Art. 31. 27

Anordnungen des **Besitzesschutzes** (Art. 926 ff. ZGB) und der **Rechtsschutz in klaren Fällen** (Art. 257 ZPO)[43] gehören hingegen nebst den schon genannten Eheschutzmassnahmen *nicht* zum einstweiligen Rechts- 28

[38] BGE 135 III 670 E. 1.3.2.

[39] GEIMER/SCHÜTZE, Art. 31 Rz. 31; DASSER/OBERHAMMER-KOFMEL EHRENZELLER, Art. 24 Rz. 10.

[40] BGE 103 II 1 E. 3b; 104 II 170 E. 6; BSK ZPO-SPRECHER, Vor Art. 261–269 Rz. 5.

[41] BGE 133 III 589 E. 1; 135 III 232, 234; BGer 01.09.2009, 5A_261/2009; 29.12.2009, 5A_723/2009 (auch die Arresteinsprache); BGer 08.11.2006, 5P.355/2006, E. 4.2; BGE 130 III 661 E. 1.3; MEIER, in: SCHWANDER, LugÜ 160; JAMETTI GREINER, Der vorsorgliche Rechtsschutz 669; BSK IPRG-BERTI, Art. 10 Rz. 13. Die Arrestzuständigkeit wird nicht dem Art. 10 IPRG, sondern dem Art. 272 SchKG entnommen, obwohl gesagt wird, man habe «von einem denkbar weiten, funktionell ausgelegten Begriff des einstweiligen Rechtsschutzes auszugehen» SCHWANDER, IPR AT, Rz. 636 Fn. 17; MEIER 154; WALTER, Die internationale Zuständigkeit 62; für Anwendung von Art. 10 IPRG: JAMETTI GREINER, Der vorsorgliche Rechtsschutz 663 ff. und KOFMEL EHRENZELLER 75 f.

[42] MEIER in: SCHWANDER, LugÜ 160; Auch für das IPRG wird die Beweissicherungsanordnung als vorsorgliche Massnahme betrachtet, dies im Gegensatz zum Arrest, SCHWANDER, IPR AT, Rz. 636 Fn. 17; WALTER, Die internationale Zuständigkeit 62 f.

[43] Früher Befehle zur Handhabung klaren Rechts des kantonalen Rechts (z.B. § 222 Ziff. 2 aZPO ZH).

schutz. Beim Besitzesschutz steht nicht der vorläufige Rechtsschutz im Hinblick auf ein Hauptsacheverfahren in Frage, sondern der Schutz einer geübten Rechtsposition *vor verbotener Eigenmacht*[44]. Der Rechtsschutz in klaren Fällen gehört zum definitiven Rechtsschutz[45]. Wird auf das entsprechende Gesuch mangels Liquidität nicht eingetreten, ist *das ordentliche Verfahren* einzuleiten, das nicht als Hauptsacheverfahren betrachtet werden kann[46].

29 Auch die richterliche Bewilligung des **Selbsthilfeverkaufs** nach Art. 93 OR stellt keine vorsorgliche Massnahme dar[47]. Die Anordnung von **Gegendarstellungsmassnahmen** gehört ebenfalls zum definitiven Rechtsschutz[48].

30 Die **definitive** wie auch die **provisorische Rechtsöffnung** sind keine vorsorglichen Massnahmen. Sie bezwecken nicht die Sicherung von Rechten, deren Verwirklichung durch die Dauer des Hauptsacheverfahrens gefährdet ist[49]. Das Bundesgericht geht ebenfalls davon aus, dass die Rechtsöffnung keine vorsorgliche Massnahme ist. Bezogen auf die provisorische Rechtsöffnung ist allerdings die *Begründung* des Bundesgerichts, wonach der Rechtsöffnungsrichter nicht über den Bestand der in Betreibung gesetzten Forderung befinde, auch wenn vorfrageweise materiellrechtliche Gesichtspunkte zu berücksichtigen seien[50], insofern *problematisch,* als im Anwendungsbereich des LugÜ die provisorische Rechtsöffnung als *Erkenntnisverfahren* zu betrachten ist[51].

---

44 Meier, in: Schwander, LugÜ 161; Donzallaz Rz. 1625; BGer 02.03.2010, 4A_640/2009 E. 3. In diesem Entscheid wird aber auch der provisorische Charakter des Besitzesschutzes in einem weiteren Sinne hervorgehoben, vgl. auch BGE 133 III 638 E. 2.

45 BGE 127 III 474 E. 2b/bb; Meier in: Schwander, LugÜ 161. Unter der Herrschaft des durch die eidg. ZPO aufgehobenen kantonalen Zivilprozessrechts kam es vereinzelt vor, dass den Befehlen keine materielle Rechtskraft zukam. Dennoch fehlte schon damals diesen Befehlen die unmittelbare Verbindung zu einem Hauptsacheverfahren (Meier, in: Schwander, LugÜ 161).

46 Gasser/Rikli, Art. 257 ZPO Rz. 8.

47 Sie stellt selbst nach der schweizerischen weiten Einordnung keine vorsorgliche Massnahme dar, BGer 02.03.2010, 4A_640/2009 E. 3 (BGE 136 III 178).

48 BGE 127 III 474 E. 2b/bb.

49 Dasser/Oberhammer-Kofmel Ehrenzeller, Art. 24 Rz. 14.

50 BGE 133 III 399; BGer 07.01.2008, 5A_560/2007; 03.06.2008, 5A_161/2008; 06.08.2008, 5A_79/2008.

51 Dasser/Oberhammer-Markus, Art. 16 Nr. 5 Rz. 20 ff.; Acocella, Die Qualifikation (in Erscheinung begriffen); s. auch Art. 1 Rz. 66 Fn. 108.

31 Die Ausstellung des **Zahlungsbefehls zur Arrestprosequierung** wurde in BGE 120 II 92 als Bestandteil eines Verfahrens um einstweiligen Rechtsschutz, wofür der Vorbehalt von Art. 24 aLugÜ (heute Art. 31) gelte, angesehen. In BGE 130 III 285 wurde bezweifelt, ob der Zahlungsbefehl in den Anwendungsbereich des aLugÜ falle, da er nicht als Akt der Gerichtsbarkeit betrachtet werden könne. Aufgrund von Art. 62 und gestützt auf eine funktionale Einordnung des Zahlungsbefehls ist heute m.E. davon auszugehen, dass das Zahlungsbefehlsverfahren als gerichtliches Erkenntnisverfahren zu betrachten ist und insofern der Zuständigkeitsordnung des LugÜ untersteht (s. dazu Art. 1 Rz. 66 ff.). Dabei ist der Zahlungsbefehl keine vorsorgliche Massnahme i.S.v. Art. 31, da er wiederum nicht die Sicherung von Rechten während der Dauer des Verfahrens bezweckt, sondern auf die *endgültige Befriedigung des Gläubigers* abzielt[52].

c) Rechtsvergleichung

32 In Bezug auf vorsorgliche Massnahmen in den Rechtsordnungen der LugÜ-Staaten ist Folgendes hervorzuheben: Leistungsverfügungen werden zum Teil **grosszügiger** zugelassen als in der Schweiz[53]. Nach der deutschen Rechtsprechung z.B. kann der Beklagte zu **vorläufigen Geldzahlungen** verpflichtet werden, wenn der Kläger *dringend darauf angewiesen* ist. Ähnlich ist es in Frankreich möglich, Anordnungen zu treffen, die auf eine *vorläufige Zahlung von Geldleistungen* gerichtet sind, wenn das Bestehen einer Verbindlichkeit *nicht ernsthaft bestritten* werden kann (Art. 809 Abs. 2 bzw. 849 Abs. 2 *C. proc. civ.: référé provision*). Auch das italienische Recht kennt vorläufige Zahlungsanordnungen (z.B. Art. 186ter *codice di procedura civile: «ordinanza ingiuntiva di pagamento»*). In der Schweiz sind solche Anordnungen nur *in den vom Gesetz bestimmten Fällen* möglich (Art. 262 lit. e ZPO). Beispiele: Unterhaltsbeiträge während des Scheidungsprozesses (Art. 276 ZPO); bei der Unterhalts- und Vaterschaftsklage (Art. 303 ZPO); vorläufige Zahlungen nach Art. 28 KHG[54].

52 Dasser/Oberhammer-Domej, Art. Va Protokoll Nr. 1 Rz. 8. Donzallaz Rz. 1729; BGE 130 III 285 E. 5.1; Liegt ein Vollstreckungstitel bereits vor, ist der Zahlungsbefehl eine Vollstreckungsmassnahme (Dasser/Oberhammer-Domej, Art. Va Protokoll Nr. 1 Rz. 9). Der Arrest stellt keinen Vollstreckungstitel dar (a.A. Kren Kostkiewicz/Rodriguez, Rz. 45).

53 Immerhin BGE 125 III 451 E. 3c; 136 III 200 E. 2.3.2.

54 Gasser/Rikli, Art. 262 ZPO Rz. 4.

33 Bisweilen gehen die vorsorglichen Massnahmen sehr weit, so kann ein englisches Gericht eine ***worldwide freezing injunction*** (grenzüberschreitende Unterlassungsverfügung) erlassen, mit welcher dem Beklagten verboten wird, zur Sicherung der künftigen Vollstreckung eines Urteils nicht nur über sein in England belegenes Vermögen, sondern auch über Vermögen im Ausland zu verfügen[55].

34 Einstweilige Massnahmen, die unter Art. 31 fallen, können nach dem LugÜ auch in jedem anderen LugÜ-Staat unter bestimmten Voraussetzungen für **vollstreckbar** erklärt werden, also auch in der Schweiz[56].

III. Internationale Zuständigkeit

1. Allgemeines

35 Aus Art. 31 ergibt sich zunächst, dass die Zuständigkeit zum Erlass einstweiliger Massnahmen nicht an die internationale Zuständigkeit des Hauptsachegerichts gemäss LugÜ **gebunden** ist. Zuständig für den Erlass vorsorglicher Massnahmen können demnach gestützt auf Art. 31 ebenfalls solche Gerichte sein, die für die Beurteilung der Hauptsache nach den Vorschriften des LugÜ *nicht* zuständig sind. Die Zuständigkeitsprüfung richtet sich nach *nationalem* Recht.

36 Einstweilige Massnahmen können aber auch bei den *gemäss Art. 2 ff. zuständigen* Gerichten beantragt werden. Art. 31 will nicht die Zuständigkeitsbestimmungen des LugÜ für den einstweiligen Rechtsschutz verdrängen, zumal das Hauptsachegericht am besten geeignet ist, die Voraussetzungen für den Erlass vorsorglicher Massnahmen zu beurteilen[57]. Es besteht ein **Wahlrecht** des Antragstellers, ob er die einstweilige Massnahme bei einem Hauptsachegericht nach LugÜ oder bei einem gemäss natio-

[55] Kropholler, Art. 31 Rz. 8.

[56] BGE 129 III 626; s. auch Rz. 72 ff.

[57] Kropholler, Art. 31 Rz. 10; Donzallaz Rz. 1676; Acocella, LugÜ 9.

nalem Recht zuständigen Gericht beantragen will[58]. Das Wahlrecht besteht auch bei Vorliegen einer ausschliesslichen Zuständigkeit nach Art. 22[59].

2. Zuständigkeit nach Art. 2 ff.

a) Allgemeines

Das nach dem LugÜ **in der Hauptsache zuständige Gericht** ist auch für den Erlass einstweiliger Massnahmen zuständig, ohne dass diese Zuständigkeit – im Gegensatz zur Eilzuständigkeit nach dem von Art. 31 verwiesenen nationalen Recht – von weiteren Voraussetzungen abhängt[60]. Das Hauptsachegericht kann daher *Leistungsverfügungen* erlassen, ohne diese *von einer entsprechenden Sicherheitsleistung* abhängig zu machen. Ebenso wenig ist vorausgesetzt, dass die beantragte Massnahme nur solche Vermögenswerte des Antragsgegners betrifft, die sich *im örtlichen Zuständigkeitsbereich* des angerufenen Gerichts befinden oder befinden müssten bzw. dass *eine reale Verknüpfung* zwischen dem Gegenstand der beantragten Massnahmen und der gebietsbezogenen Zuständigkeit des LugÜ-Staates des angerufenen Gerichts besteht. 37

Das Hauptsachegericht kann auch eine **extraterritorial** wirkende einstweilige Massnahme erlassen, z.B. eine grenzüberschreitende Unterlassungsverfügung wie die *worldwide freezing injunction,* die in jedem anderen LugÜ-Staat nach 32 ff. vollstreckbar ist, allerdings unter der Voraussetzung, dass die einstweilige Massnahme in *einem kontradiktorischen Verfahren* erlassen wurde[61]. 38

Ist das mit dem Gesuch um Erlass vorsorglicher Massnahmen befasste Gericht **nach Art. 2 ff.** zuständig, braucht es Art. 31 *nicht* heranzuziehen[62]. 39

---

58 Rauscher-Mankowski, Art. 22 Rz. 14; Auch der schweizerische Arrest kann bei einem Hauptsachegericht nach LugÜ beantragt werden (Gassmann 78 ff.; a.A. Meier 185 unter Berufung auf die unlösbare Verbundenheit des Arrestes mit den Arrestgegenständen und ihrem Lageort; das neue am 01.01.2011 in Kraft getretene Arrestrecht lockert diese Verbundenheit allerdings nunmehr auf, s. Art. 271 Abs. 1 Einleitungssatz SchKG und Art. 272 Abs. 1 Einleitungssatz SchKG).

59 Rauscher-Leible, Art. 31 Rz. 14.

60 EuGH 17.11.1998, Rs. C-391/95, *Van Uden/Deco-Line*, Slg. 1998 I 7091 Rz. 19; EuGH 27.04.1999, Rs. C-99/96, *Mietz/Intership Yachting Sneek*, Slg. 1999 I 2277 Rz. 41; Rauscher-Leible, Art. 31 Rz. 15; Kropholler, Art. 31 Rz. 12; Meier in: Schwander, LugÜ 167; Acocella, LugÜ 9; Jametti Greiner, Der vorsorgliche Rechtsschutz 66.

61 BGE 129 III 626 E. 5.3.2; Geimer/Schütze, Art. 31 Rz. 6; s. auch Rz. 75 ff.

62 Kropholler, Art. 31 Rz. 12.

b) Das Hauptsacheverfahren ist noch nicht rechtshängig

40 Eine einstweilige Massnahme kann, falls die Hauptsache **noch nicht hängig** ist, bei jedem nach Art. 2 ff. potentiell zuständigen Gericht beantragt werden. Es besteht ein *Wahlrecht* des Antragsstellers analog zu jenem des Klägers zur Einleitung der Hauptklage an den verschiedenen konkurrierenden Gerichtsständen des LugÜ[63]. Dieses Wahlrecht ist im Interesse der Gewährung *eines effektiven und rechtzeitigen Rechtsschutzes* geboten[64]. Auch wenn die Massnahme bei einem Hauptsachegericht beantragt wurde, hindert dies den Kläger nicht daran, die *Hauptklage* doch an einem anderen Hauptsachegerichtsstand in einem anderen LugÜ-Staat einzuleiten, wobei diese Hauptklage das vorgängig eingeleitete Massnahmeverfahren unberührt lässt[65].

c) Das Hauptsacheverfahren ist bereits rechtshängig

41 Bei Rechtshängigkeit des Hauptsacheverfahrens übt das Hauptsachegericht die sich aus dem Hauptsachegerichtsstand ergebende Eilzuständigkeit aus, die **nicht von weiteren Voraussetzungen** abhängt. Es braucht Art. 31 nicht heranzuziehen[66].

d) Zuständigkeit an den übrigen Hauptsachegerichtsständen des LugÜ bei eingetretener Rechtshängigkeit an einem Hauptsachegerichtsstand

42 Ist die Klage in der Hauptsache **bereits rechtshängig,** ist zu prüfen, ob nur noch das mit der Hauptsache tatsächlich befasste Gericht oder *auch jedes andere nach Art. 2 ff. potentiell zuständige Gericht* vorsorgliche Massnahmen ohne Rücksicht auf die Einschränkungen gemäss Art. 31 anordnen kann. Dies ist umstritten. M.E. darf das potentiell zuständige Gericht die *voraussetzungslose Eilzuständigkeit* in Anspruch nehmen.

43 Gegen eine Einschränkung der Zuständigkeit zum Erlass vorsorglicher Massnahmen nach Art. 31 spricht, dass das der Rechtsprechung des EuGH zugrunde liegende Motiv zur Einschränkung der Massnahmezuständigkeit auf sachnahe Gerichte auf potentiell nach dem LugÜ zuständige und da-

---

[63] Geimer/Schütze, Art. 31 Rz. 7; BGE 126 III 626 E. 5.3.2.
[64] Dasser/Oberhammer-Kofmel Ehrenzeller, Art. 24 Rz. 17.
[65] Rauscher-Leible, Art. 31 Rz. 18.
[66] EuGH 27.04.1999, Rs. C-99/96, *Mietz/Intership Yachting Sneek*, Slg. 1999 I 2277 Rz. 40.

her gleichsam a priori sachnahe Gerichte nicht greift[67]. Gewiss kann eine einstweilige Massnahme einen schweren Eingriff in die Rechtsstellung des Antragsgegners bedeuten[68]. Da aber vom Zuständigkeitssystem des LugÜ *nicht* abgewichen wird, sind die in Frage kommenden Gerichtsstände und die Anerkennung der dort ergangenen Massnahmeentscheide in anderen LugÜ-Staaten auch zumutbar. Zudem vermag zuweilen nur die Zulassung der voraussetzungslosen Eilzuständigkeit einen effektiven Rechtsschutz zu gewährleisten[69].

e) Gerichtsstandsvereinbarung

Die Gerichtsstandsvereinbarung erfasst grundsätzlich auch die **Massnahmezuständigkeit**. Vorsorgliche Massnahmen können entsprechend den Parteierwartungen – die Parteien können allerdings in der Gerichtsstandsvereinbarung vorsorgliche Massnahmen gesondert regeln – nur am vereinbarten Gerichtsstand, und nicht an einem vom LugÜ sonst gegebenen Hauptsachegerichtsstand beantragt werden[70]. Gemäss Art. 31 kann sich der Gläubiger allerdings ebenfalls *auf nationales Recht* berufen (s. Rz 63). 44

f) Einlassung

Nach der Rechtsprechung des EuGH lässt eine rügelose Einlassung des Antragsgegners auf ein Verfahren betreffend vorsorgliche Massnahmen dem Gericht *nicht die unbeschränkte Zuständigkeit* zuwachsen, alle ihm geeignet erscheinenden einstweiligen und sichernden Massnahmen anzuordnen, als wäre es nach dem Übereinkommen für die Entscheidung in der Hauptsache zuständig[71]. Es fehlt an der notwendigen *Freiwilligkeit* für die **Begründung der Einlassungszuständigkeit** nach Art. 24. Dies bedeutet, dass ein infolge Einlassung nach nationalem Recht zuständiges Massnahmengericht nur einstweilige Massnahmen in den vom EuGH für Art. 31 gezogenen Grenzen erlassen kann[72]. 45

---

[67] Rauscher-Leible, Art. 31 Rz. 17; EuGH 17.11.1998, Rs. C-391/95, *Van Uden/Deco-Line*, Slg. 1998 I 7091 Rz. 19; a.A. Kropholler, Art. 31 Rz. 11.

[68] Dasser/Oberhammer-Kofmel Ehrenzeller, Art. 24 Rz. 18.

[69] Hess/Vollkommer 224.

[70] Meier in: Schwander, LugÜ 170; Kropholler, Art. 23 Rz. 103; a.A. Rauscher-Leible, Art. 31 Rz. 33.

[71] EuGH 27.04.1999, Rs. C-99/96, *Mietz/Intership Yachting Sneek*, Slg. 1999 I 2277.

[72] Kropholler, Art. 24 Rz. 7, Art. 31 Rz. 23; Rauscher-Leible, Art. 31 Rz. 26.

g) Schiedsgerichtsvereinbarung

46 Der EuGH hat in der Entscheidung in der Rechtssache *van Uden* festgehalten, dass es im Falle einer Schiedsgerichtsvereinbarung **kein staatliches Gericht** gibt, das für den Rechtsstreit *in der Hauptsache* zuständig ist. Daraus folge, dass die Vertragsparteien keine Möglichkeit haben, die Anordnung einstweiliger Massnahmen bei einem staatlichen Gericht zu beantragen, das nach dem LugÜ in der Hauptsache zuständig ist. Eine Zuständigkeit zur Anordnung einstweiliger Massnahmen komme nur gemäss 24 EuGVÜ (heute Art. 31 EuGVVO bzw. Art. 31 LugÜ) in Verbindung mit dem nationalen Recht in Betracht[73].

47 Der EuGH hat zunächst zutreffend erkannt, dass die ehemals angeordneten einstweiligen Massnahmen nicht **auf die Durchführung eines Schiedsverfahrens** gerichtet waren und insofern nicht die gemäss Art. 1 Abs. 2 Nr. 4 EuGVÜ (heute Art. 1 Abs. 2 lit. d EuGVVO bzw. Art. 1 Abs. 2 lit. d LugÜ) vom Anwendungsbereich des EuGVÜ ausgeschlossene Schiedsgerichtsbarkeit betrafen. Die einstweiligen Massnahmen dienten – so der EuGH – vielmehr d*er Sicherung verschiedenartigster Ansprüche* und ihre Zugehörigkeit zum Anwendungsbereich des EuGVÜ bestimme sich nach ihrer Rechtsnatur[74]. Insofern und soweit eben Ansprüche betroffen seien, die in den Anwendungsbereich des EuGVÜ fallen würden, sei Art. 24 EuGVÜ (heute Art. 31 EuGVVO bzw. Art. 31 LugÜ) auch bei Vorliegen einer Schiedsvereinbarung anwendbar.

48 Zu präzisieren bleibt hingegen die Aussage des EuGH, wonach die Vertragsparteien keine Möglichkeit hätten, die Anordnung einstweiliger Massnahmen bei einem staatlichen Gericht zu beantragen, das nach dem EuGVÜ (heute EuGVVO bzw. LugÜ) in der Hauptsache zuständig ist. Die **hypothetische Hauptsachezuständigkeit** *bleibt bestehen* und es hängt dann von den im Forumstaat massgeblichen internationalen Übereinkommen über die Schiedsgerichtsbarkeit und vom innerstaatlichen Recht ab, ob entgegen der Schiedsabrede einstweilige Massnahmen staatlicher Gerichte zulässig sind. Nach *schweizerischem Recht* ist anerkannt, dass der staatliche Richter zum Erlass vorsorglicher Massnahmen trotz einer Schiedsvereinbarung *befugt ist* und dies selbst nach der Konstituierung des

[73] EuGH 17.11.1998, Rs. C-391/95, *Van Uden/Deco-Line*, Slg. 1998 I 7091 Rz. 24 f.
[74] EuGH 17.11.1998, Rs. C-391/95, *Van Uden/Deco-Line*, Slg. 1998 I 7091 Rz. 33.

Schiedsgerichts[75]. Dies sollte in analoger Weise auch dann gelten, wenn das Schiedsgericht seinen Sitz nicht in der Schweiz, sondern in einem anderen LugÜ-Staat hat[76].

Die Zuständigkeit zum Erlass vorsorglicher Massnahmen richtet sich nach den allgemeinen Regeln. Dazu zählen auch **die Hauptsachezuständigkeiten** des LugÜ[77]. An diesen Gerichtsständen kann die *voraussetzungslose* Eilzuständigkeit in Anspruch genommen werden. Im Übrigen ergibt sich die Zuständigkeit über den Verweis von Art. 31 auch aus Art. 10 IPRG[78]. Soweit die Zuständigkeit zur Anordnung einstweiliger Massnahmen auf das gemäss Art. 31 berufene nationale Recht abgestützt wird, ist der Massnahmerichter an die von der Rechtsprechung des EuGH *gezogenen Grenzen* gebunden. 49

3. Zuständigkeit nach nationalem Recht

Art. 31 schafft **keine eigenständige Zuständigkeitsnorm** für den einst- 50
weiligen Rechtsschutz, sondern verweist diesbezüglich auf die Zuständigkeiten *des nationalen Rechts* (Rz. 35). Nach Art. 31 ist die Zuständigkeit für den Erlass vorsorglicher Massnahmen unabhängig davon gegeben, ob bei einem Gericht eines LugÜ-Staates ein Hauptsacheverfahren bereits eingeleitet wurde oder eingeleitet werden kann. Der Umstand allein, dass ein in einem anderen LugÜ-Staat durchzuführendes Hauptsacheverfahren *bereits anhängig gemacht ist oder werden kann*, nimmt dem Gericht eines anderen LugÜ-Staates seine Zuständigkeit aus Art. 31 nicht[79].

Für die Annahme einer vorsorglichen Massnahmen im Sinne von Art. 31 51
und für die Bejahung der Zuständigkeit für deren Erlass wird zum Zwecke der Gewährleistung eines sachnahen Gerichts vorausgesetzt, dass die beantragte Massnahme nur bestimmte Vermögenswerte des Antragsgegners betrifft, die sich **im örtlichen Zuständigkeitsbereich** des angerufenen Gerichts befinden oder befinden müssten bzw. dass eine **reale Verknüp-**

[75] WALTER 529 f.; ZK IPRG-VISCHER, Art. 183 Rz. 1 ff.; BSK IPRG-BERTI, Art. 183 Rz. 5; WALTER/BOSCH/BRÖNNIMANN 144; Kantonsgerichtspräsidium Zug, GVP ZG 1989/1990, 107.

[76] DASSER/OBERHAMMER-KOFMEL EHRENZELLER, Art. 24 Rz. 28.

[77] RAUSCHER-LEIBLE, Art. 31 Rz. 20. A.A. KROPHOLLER, Art. 31 Rz. 4.

[78] ZK IPRG-VISCHER, Art. 183 Rz. 3; BSK IPRG-BERTI, Art. 183 Rz. 5; WALTER/BOSCH/BRÖNNIMANN 150; s. Rz. 56 ff.

[79] EuGH 17.11.1998, Rs. C-391/95, *Van Uden/Deco-Line*, Slg. 1998 I 7091 Rz. 29, 34; RAUSCHER-LEIBLE, Art. 31 Rz. 22; DASSER/OBERHAMMER-KOFMEL EHRENZELLER, Art. 24 Rz. 19.

fung zwischen dem Gegenstand der beantragten Massnahmen und der gebietsbezogenen Zuständigkeit des LugÜ-Staates des angerufenen Gerichts besteht. Zudem können **Leistungsverfügungen** zur Verhinderung der Umgehung der Zuständigkeitsordnung des LugÜ *nur unter einschränkenden Voraussetzungen* angeordnet werden.

52 Zur Konkretisierung **des Begriffes der realen Verknüpfung** kann auf die Begründung durch den EuGH abgestellt werden. Der Erlass einstweiliger Massnahmen verlange vom angerufenen Gericht besondere Umsicht und genaue Kenntnis der konkreten Umstände, in deren Rahmen die beantragten Massnahmen wirken sollen[80]. Das Gericht des LugÜ-Staates, in dem sich die von der beantragten Massnahme betroffenen *Vermögensgegenstände* befinden, ist nach dem EuGH am besten in der Lage, die Umstände zu beurteilen, auf die es für den Erlass oder die Versagung der beantragten Massnahme oder für die Bestimmung der vom Antragsteller zu beachtenden Modalitäten und Voraussetzungen ankommt[81].

53 Daraus lässt sich ableiten, dass es für die reale Verknüpfung in erster Linie darauf ankommt, wo die einstweiligen Massnahmen **vollzogen** werden soll. Die Beschlagnahme von Vermögen setzt voraus, dass dieses sich *im Inland* befindet, gegebenenfalls ist der Massnahmeantrag auf das *im Inland belegene Vermögen* zu beschränken[82]. Bei einstweiligen Massnahmen zur Sicherung von Handlungs-, Duldungs- und Unterlassungsansprüchen kommt es auf den *Handlungsort* an[83]. Nach der Rechtsprechung des EuGH genügt es, *glaubhaft zu machen*, dass die einstweilige Massnahme im Inland vollzogen werden kann[84].

54 Wenn Vermögensgegenstände **nachträglich** in *einen anderen* Staat verbracht werden, verliert der Massnahmerichter seine Zuständigkeit nicht. Ebenso wenig steht dieser Umstand einer Anerkennung und Vollstreckung des Massnahmeentscheides in einem anderen LugÜ-Staat entgegen[85].

---

[80] EuGH 17.11.1998, Rs. C-391/95, *Van Uden/Deco-Line*, Slg. 1998 I 7091 Rz. 38; EuGH 28.04.2005, Rs. C-104/03, *St. Paul Dairy/Unibel Exser*, Slg. 2005 I 3481 Rz. 13 f.

[81] EuGH 17.11.1998, Rs. C-391/95, *Van Uden/Deco-Line*, Slg. 1998 I 7091 Rz. 39.

[82] Rauscher-Leible, Art. 31 Rz. 25; zum Begriff der realen Verknüpfung eingehend Hess/Vollkommer 220 ff.

[83] Hess/Vollkommer 224; Rauscher-Leible, Art. 31 Rz. 25.

[84] EuGH 17.11.1998, Rs. C-391/95, *Van Uden/Deco-Line*, Slg. 1998 I 7091 Rz. 47; Hess/Vollkommer 225; Rauscher-Leible, Art. 31 Rz. 25a.

[85] Rauscher-Leible, Art. 31 Rz. 25a; s. Rz. 83.

Wie bereits ausgeführt, kann ein auf Einlassung **nach nationalem Recht** zuständiges Massnahmegericht nur einstweilige Massnahmen in den vom EuGH für die Anwendung von Art. 31 gezogenen Grenzen erlassen (s. Rz. 45). 55

Für den Erlass vorsorglicher Massnahmen in der Schweiz stehen die Gerichtsstände gemäss LugÜ zur Verfügung. Daneben darf sich der Gläubiger (Prozesspartei) auch auf die Zuständigkeiten des nationalen Rechts berufen. Im schweizerischen Recht enthielt das IPRG in Bezug auf den einstweiligen Rechtsschutz – abgesehen von wenigen Sonderbestimmungen – nur eine dem Art. 31 **ähnliche allgemeine Zuständigkeitsregel**, nämlich Art. 10 IPRG. Sie lautete: «Die schweizerischen Gerichte und Behörden können vorsorgliche Massnahmen treffen, auch wenn sie für die Entscheidung in der Sache selbst nicht zuständig sind». 56

Die Auslegung dieser Bestimmung war **umstritten**. Trotz fehlender ausdrücklicher Regelung war die Zuständigkeit zum Erlass vorsorglicher Massnahmen *umfassend aus dem IPRG* abzuleiten[86]. Art. 10 IPRG beschränkte sich nicht darauf, die Einrede der fehlenden Zuständigkeit in der Hauptsache auszuschliessen, sondern regelte auch *positiv* – wenn auch nicht ausdrücklich – die Zuständigkeit zum Erlass vorsorglicher Massnahmen in internationaler und örtlicher Hinsicht. Ebenso galt m.E. die Einschränkung nicht, dass ein schweizerisches Gericht für den Erlass einer vorsorglichen Massnahme – mit Ausnahme des Arrestes – lediglich dann zuständig war, wenn im Ausland eine in der Schweiz vollstreckbare Anordnung nicht oder nicht rechtzeitig erlangt werden konnte[87]. 57

Art. 10 IPRG ist in diesem Sinne geändert worden und in seiner **seit dem 1. Januar 2011 geltenden Fassung** sieht er nunmehr ausdrücklich vor, dass zur Anordnung vorsorglicher Massnahmen die schweizerischen Gerichte oder Behörden, die in der Hauptsache zuständig sind (lit. a) oder die schweizerischen Gerichte oder Behörden am Ort, an dem die Massnahme vollstreckt werden soll (lit. b) zuständig sind. Für letztere Zuständigkeit 58

[86] Kofmel Ehrenzeller 70 ff.; Acocella, LugÜ 7 f.

[87] In diesem Sinne Meier, in: Schwander, LugÜ 169; s. auch die Rechtsprechung des Bundesgerichts im Zusammenhang mit vorsorglichen Massnahmen bei ausländischer Rechtshängigkeit von Scheidungs- und Trennungsverfahren; BGer 05.03.1991, E. 5a und b, SJ 1991, 465 f.; BGer 22.01.2004, 5C.157/2003; BGE 134 III 326 E. 3.5.1. Zur Streitfrage des Ausschlusses der Arrestzuständigkeit aus dem Anwendungsbereich von Art. 10 IPRG s. Kofmel Ehrenzeller 70 ff.

kommen als Anknüpfungspunkte dabei in Frage: Wohnsitz des Adressaten der Massnahmen bzw. eines Dritten, Lageort des Objekts der Sicherungsmassnahme (z.B. Dokumente, Pläne, Streitobjekt, Wertsachen) oder ein Ort, an dem sich aus anderen Gründen das Rechtsschutzinteresse verwirklichen soll[88].

59 Ob für den einstweiligen Rechtsschutz durch den Verweis auf nationales Recht der LugÜ-Staaten nur ein Hauptsachegericht gemäss den Bestimmungen des LugÜ zuständig ist, oder ob **alle Hauptsachegerichtsstände** *des nationalen Rechts*, insbesondere auch die *exorbitanten,* zur Anwendung kommen, war lange umstritten[89]. Der EuGH hat in der Entscheidung in der Rechtssache *van Uden* ausgeführt, dass das Verbot der Geltendmachung von exorbitanten Gerichtsständen für die Sonderregelung von Art. 24 EuGVÜ (heute Art. 31 EuGVVO; Art. 31 LugÜ) *nicht* gelte[90]. Er folgert aus dem Wortlaut von Art. 3 Abs. 1, wonach Personen mit Wohnsitz in einem Vertragsstaat vor den Gerichten eines anderen Vertragsstaates nur gemäss den Vorschriften des 2. bis 7. Abschnitts des Titels II verklagte werden dürfen, dass das Verbot der Geltendmachung der exorbitanten Zuständigkeiten in Art. 3 nicht für die Sonderregelung von Art. 31 gelte.

60 Das überzeugt, denn auch dem **Wortlaut von Art. 31** lässt sich ein solches Verbot nicht entnehmen. Zudem hat Art. 31 den Zweck, dem Gläubiger die Erwirkung vorsorglicher Massnahmen zu erleichtern und Verzögerungen zu vermeiden. Schliesslich sind nach der Rechtsprechung des EuGH die aus Art. 31 abgeleiteten Zuständigkeiten und insoweit auch die nationalen exorbitanten Zuständigkeitsvorschriften durch das *Erfordernis einer realen Verknüpfung* und durch die *besonderen Anforderungen* an Leistungsverfügungen eingeschränkt[91]. Der vollständige Ausschluss exorbitanter Gerichtsstände könnte nur durch *eine einheitliche Regelung* der Zuständigkeit für den Erlass vorsorglicher Massnahmen erreicht werden.

61 Die Zuständigkeit für *den Erlass des Arrestes* als einstweilige Massnahme ergibt sich nicht aus Art. 4 IPRG. Die in dieser Vorschrift geregelte und

---

88 Schwander, IPR AT Rz. 636.

89 Kropholler, Art. 31 Rz. 17 .

90 EuGH 17.11.1998, Rs. C-391/95, *Van Uden/Deco-Line*, Slg. 1998 I 7091 Rz. 42.

91 Kropholler, Art. 31 Rz. 17.

gemäss Art. 3 Abs. 2 LugÜ exorbitante Zuständigkeit gilt für die **Prosequierung eines bereits erfolgten Arrestes**[92].

Art. 27 gilt für den einstweiligen Rechtsschutz nicht (s. Rz. 68). Gleich verhält es sich, wenn die Zuständigkeit für den Erlass vorsorglicher Massnahmen **auf nationales Recht** gestützt wird. Etwas anders würde nur gelten, wenn man der restriktiven Auslegung von Art. 10 IPRG in seiner alten Fassung folgen würde. Danach müsste, soweit kein Hauptsachegerichtsstand nach IPRG vorhanden ist, selbst wenn das ausländische Verfahren betreffend vorsorgliche Massnahmen noch nicht rechtshängig wäre, geprüft werden, ob im Ausland nicht oder nicht rechtzeitig eine in der Schweiz vollstreckbare Anordnung getroffen werden könnte. Wie bereits ausgeführt, hat jedoch diese Auffassung im *revidierten Art. 10 IPRG* zu Recht keinen Niederschlag gefunden. 62

Hinsichtlich der Gerichtsstandsvereinbarung nach Art. 23 ist bereits ausgeführt worden, dass sie grundsätzlich auch die Massnahmezuständigkeit erfasst (Rz. 44). Gemäss Art. 31 kann sich der Gläubiger allerdings auch **auf nationales Recht** berufen[93]. Nach Art. 5 IPRG ist zwar die Massnahmezuständigkeit von der Gerichtsstandsvereinbarung miterfasst[94]. Hingegen ist zu prüfen, ob die gemäss nationalem Recht gegebenen Zuständigkeiten für den Erlass vorsorglicher Massnahmen nicht *zwingenden Charakter* haben, wie z.B. die *schweizerische Arrestzuständigkeit*[95] und die deutsche Arrestzuständigkeit am Ort des belegenen Gegenstandes gemäss § 919 Abs. 2 dZPO[96]. 63

Die Mitprorogation des Gerichtsstandes für den einstweiligen Rechtsschutz gilt nicht für Anordnungen, die das vereinbarte Gericht nicht rechtzeitig und wirksam erlassen kann[97]. Wurde die Eilzuständigkeit der Schweiz, wo der Schuldner vollstreckungsfähiges Vermögen hat, derogiert und könnte z.B. der ausländische Arrest – da er nicht in einem kontradiktorischen 64

---

[92] Dasser/Oberhammer-Kofmel Ehrenzeller, Art. 24 Rz. 21; s. auch BGE 126 III 156 E. 2c.

[93] BGE 125 III 451 E. 3a.

[94] Meier, in: Schwander, LugÜ 170; Reiser, Zuständigkeit 17.

[95] Meier 171 Fn. 53.

[96] Kropholler, Art. 23 Rz. 104.

[97] BGE 125 III 451 E. 3a; Meier, in: Schwander, LugÜ 170 f.; Reiser, Gerichtsstandsvereinbarung 114 f.

Verfahren erlassen wird – in der Schweiz nicht für vollstreckbar erklärt werden, so muss der Kläger hier einen Arrest beantragen können[98].

65 Das Vorliegen einer Schiedsgerichtsvereinbarung hindert ein staatliches Gericht entgegen der Rechtsprechung des EuGH nicht daran, seine Zuständigkeit auf eine **Hauptsachezuständigkeit** nach LugÜ abzustützen (s. Rz. 48). Daneben kann sich seine Zuständigkeit über den Verweis von Art. 31 auch aus dem nationalen Recht ergeben[99]. In diesem Falle ist der Massnahmerichter an die von der Rechtsprechung des EuGH für den Erlass vorsorglicher Massnahmen gezogenen Grenzen gebunden.

66 In Bezug auf das schweizerische IPRG wird die Meinung vertreten, ein schweizerisches Gericht könne seine Zuständigkeit bei Erlass **wirkungsloser** vorsorglicher Massnahmen verneinen, und dies gelte auch dann, wenn das Gericht in der Hauptsache zweifellos zuständig sei[100]. Im Rahmen des LugÜ kann dies lediglich soweit gelten, als *auf das nationale Recht verwiesen* wird. Das bedeutet, dass ein nach dem LugÜ zuständiges Gericht den Erlass vorsorglicher Massnahmen nicht wegen Wirkungslosigkeit der anbegehrten vorsorglichen Massnahmen ablehnen kann.

67 Eine weitere Einschränkung der internationalen Zuständigkeit für den Erlass vorsorglicher Massnahmen – die Problematik besteht aber auch beim definitiven Rechtsschutz[101] – ist darin zu sehen, dass bestimmte Gerichtsstände **eine räumliche Eingrenzung** erfahren. Die schweizerische Arrestzuständigkeit ist auf Vermögenswerte *in der Schweiz* beschränkt[102].

4. Rechtshängigkeit von Massnahmeverfahren in verschiedenen LugÜ-Staaten

68 Art. 27 betrifft nur den definitiven Rechtsschutz und steht der Beantragung einstweiliger Massnahmen in verschiedenen LugÜ-Staaten nicht entgegen[103]. Das Hauptsache- und das Massnahmeverfahren betreffen **nicht**

98 MEIER, in: SCHWANDER, LugÜ 170 f.

99 EuGH 17.11.1998, Rs. C-391/95, *Van Uden/Deco-Line*, Slg. 1998 I 7091 Rz. 24, 34; RAUSCHER-LEIBLE, Art. 1 Rz. 28b.

100 REISER, Zuständigkeit 15 f.

101 Zur ähnlichen Einschränkung des Anwendungsbereiches des Deliktsgerichtsstandes s. Art. 5 Rz. 254 f.

102 MEIER, in: SCHWANDER, LugÜ 174 f.

103 KROPHOLLER, Art. 27 Rz. 14; DONZALLAZ Rz. 1650.

den gleichen Verfahrensgegenstand[104]. Vorsorgliche Massnahmen können nach Rechtshängigkeit eines Hauptsacheverfahrens in einem anderen LugÜ-Staat sowohl beim dort (konkurrierend) zuständigen *Hauptsachegericht* als auch bei einem nach Art. 31 in Verbindung *mit nationalem Recht* zuständigen Gericht anbegehrt werden[105].

Sind vorsorgliche Massnahmen **an verschiedenen Hauptsachegerichtsständen** gemäss LugÜ beantragt worden, hat der später angerufene Richter zwar bezüglich der Entscheidung *in der Hauptsache* nach Art. 27 das Verfahren auszusetzen bzw. sich für unzuständig zu erklären, *nicht* jedoch *bezüglich des Erlasses vorsorglicher Massnahmen*[106]. 69

IV. Ausländerarrest

Art. 271 Ziff. 4 SchKG sieht vor, dass der Gläubiger einen Arrest erlangen kann, wenn der Schuldner nicht in der Schweiz wohnt, kein anderer Arrestgrund gegeben ist, die Forderung aber einen genügenden Bezug zur Schweiz aufweist oder auf einer Schuldanerkennung im Sinne von Art. 82 Abs. 1 SchKG beruht. Art. 31 LugÜ lässt den Erlass des Arrestes nach nationalem Recht **unberührt**. Der EuGH hat aber entschieden, dass die *ähnliche* Bestimmung von Art. 917 Abs. 2 dZPO a.F. als Verstoss gegen das Diskriminierungsverbot von Art. 7 EWG-Vertrag (heute Art. 18 AEUV) aufgrund der Staatsangehörigkeit zu betrachten ist[107]. Daraufhin wurde Art. 917 Abs. 2 dZPO neu gefasst. Der Ausländerarrest ist nunmehr nur zulässig, wenn die Gegenseitigkeit nicht verbürgt ist. Im Verhältnis der Mitgliedstaaten der EuGVVO bzw. der LugÜ-Staaten ist die Gegenseitigkeit gegeben[108]. 70

[104] Kropholler, Art. 27 Rz. 14; Geimer/Schütze, Art. 27 Rz. 47.

[105] Kropholler, Art. 27 Rz. 14. Werden miteinander unvereinbare Entscheidungen in zwei LugÜ-Staaten erlassen gilt im Anerkennungsstadium die Unvereinbarkeitsregel gemäss Art. 34 Nr. 3 s. EuGH 06.06.2002, Rs. C-80/00, *Italian Leather/WECO,* Slg. 2002, I 4995, Rz. 41 ff.

[106] A.A. Kropholler, Art. 31 Rz. 19.

[107] EuGH 10.02.94, Rs. C-398/92, *Mund & Fester/Hatrex International Transport*, Slg. 1994 I 467.

[108] Rauscher-Leible, Art. 31 Rz. 31.

71 In der Schweiz gilt das europarechtliche Diskriminierungsverbot jedoch nicht[109]. Zudem sind die **Vollstreckbarerklärung und Durchführung einer Zwangsvollstreckung** in einem anderen LugÜ-Staat trotz der Vollstreckungserleichterung immer noch *langwieriger* und *komplizierter* als im Inland, weshalb *keine* **teleologische Reduktion** von Art. 271 Abs. 1 Ziff. 4 SchKG gerechtfertigt und der Ausländerarrest auch dann möglich ist, wenn die Vollstreckung am *Wohnsitz* des Schuldners *in einem anderen LugÜ-Staat* zu erfolgen hat[110].

V. Anerkennung und Vollstreckung

1. Allgemeines

72 Massnahmeentscheide sind Entscheidungen im Sinne von Art. 32, weshalb sie grundsätzlich anerkannt und für vollstreckbar erklärt werden können[111]. Allerdings sind gewisse **Einschränkungen** zu berücksichtigen.

2. Extraterritoriale Wirkungen einstweiliger Massnahmen

73 Zunächst gilt es zu beachten, dass vorsorgliche Massnahmen schon aufgrund des auf sie anwendbaren Rechts inhaltlich auf das Gebiet des Forumstaates beschränkt sein können wie z.B. der schweizerische Arrest[112]. Eine grenzüberschreitende Anerkennung und Vollstreckbarerklärung kommt in diesen Fällen aufgrund des Grundsatzes, dass einer Entscheidung im Vollstreckungsstaat *keine weitergehenden Wirkungen* als im Erststaat zukommen sollen, nicht in Betracht[113]. Im Gegensatz dazu sind **extraterritoriale** Anordnungen des einstweiligen Rechtsschutzes, wie z.B. die *worldwide freezing injunction,* aber auch extraterritorial wirkende vorsorgliche Mass-

---

[109] Daher ist der Entscheid des EuGH i.S. *Mund & Fester* für die Schweiz nicht bindend, vgl. Walter 515; Schwander, AJP 1994, 796 f.; Jametti Greiner, Der vorsorgliche Rechtsschutz 665; Donzallaz Rz. 1720 ff.; Rosenow 64; a.A. Volken 1 f.

[110] Dasser/Oberhammer-Kofmel Ehrenzeller, Art. 24 Rz. 12; Walter 515; Meier 186 f.; Schwander, AJP 1994, 797; Rosenow 64 f.; BSK SchKG II-Stoffel, Art. 271 Rz. 135; a.A. Gassmann 235 f.; Jametti Greiner, Der vorsorgliche Rechtsschutz 665.

[111] EuGH 21.05.1980, Rs. 125/79, *Denilauler/Couchet Frères*, Slg. 1980, 1553; BGE 135 III 623 E. 2.1, 670 E. 3.1.2; BGer 24.12.2009, 5A_672/2009; 131 III 660, 661; 129 III 626, 630.

[112] Art. 271 Abs. 1 SchKG; dazu Dasser/Oberhammer-Kofmel Ehrenzeller, Art. 24 Rz. 29 ff.; BSK SchKG II-Reiser, Art. 275 Rz. 25.

[113] Acocella, Internationale Zuständigkeit 144, 150 f.

nahmen des schweizerischen Rechts, wie z.B. Unterlassungsverfügungen, grenzüberschreitend anerkennungs- und vollstreckungsfähig[114].

Aufgrund der besonderen Voraussetzungen für den Erlass von *Leistungsverfügungen* und des Erfordernisses *der realen Verknüpfung* ergibt sich zudem, dass den grundsätzlich extraterritorial wirkenden einstweiligen Massnahmen in der Regel nur Wirkungen für das Gebiet des Forumstaates zukommen, wenn das Massnahmegericht sie **gestützt** auf Art. 31 in Verbindung mit dem nationalen Recht erlassen hat (s. Rz. 83). 74

3. Rechtliches Gehör

Nach der Rechtsprechung des EuGH setzt die Anerkennung und Vollstreckbarerklärung einer Entscheidung voraus, dass sie in einem **kontradiktorischen** Verfahren ergangen ist oder – im Falle der Säumnis des Beklagten – hätte ergehen können[115]. *Ex parte-Verfügungen* oder *superprovisorische Massnahmen*, die auf blossen Antrag einer Partei ergangen sind, ohne dass der Gegenseite rechtliches Gehör gewährt wurde, sind daher keine Entscheidungen im Sinne von Art. 32 und nach dem LugÜ *nicht* anerkennungs- und vollstreckungsfähig. Der mit solchen Massnahmen beabsichtigte Überraschungseffekt lässt sich nur verwirklichen, wenn ihr Erlass im Vollstreckungsstaat selbst beantragt wird[116]. 75

Die neuere Rechtsprechung des EuGH **präzisiert** *das Erfordernis des kontradiktorischen Verfahrens* dahin gehend, dass dieses auch dann gewahrt sei, wenn die anzuerkennende Entscheidung z.B. durch nachträglichen Widerspruch Gegenstand einer kontradiktorischen Erörterung *hätte sein können*, bevor sich die Frage der Anerkennung oder Vollstreckung gemäss LugÜ stellt[117]. Daher können «superprovisorische Massnahmen» immerhin dann für vollstreckbar erklärt werden, wenn sie – nach vorheriger Zustellung – vom Antragsgegner im Wege eines kontradiktorischen Verfahrens angegriffen werden können[118]. 76

---

[114] DASSER/OBERHAMMER-KOFMEL EHRENZELLER, Art. 24 Rz. 33.

[115] EuGH 21.05.1980, Rs. 125/79, *Denilauler/Couchet Frères*, Slg. 1980, 1553 Rz. 17.

[116] BGE 129 III 626, 631; WALTER 431; KROPHOLLER, Art. 32 Rz. 23.

[117] EuGH 16.06.1981, Rs. 166/80, *Klomps/Michel,* Slg. 1981, 1593; EuGH 13.07.1995, Rs. C-474/93, *Hengst Import/Campese*, Slg. 1995 I 2113 Rz. 14; EuGH 14.10.2004, Rs. C-39/02, *Mærsk/de Haan*, Slg. 2004 I 9657 Rz. 50; BSK SchKG II-REISER, Art. 275 Rz. 22.

[118] RAUSCHER-LEIBLE, Art. 31 Rz. 36a.

77 Dem hat sich auch das Bundesgericht **angeschlossen** und in seiner Entscheidung *Uzan/Motorola Credit* festgehalten, dass der Anspruch auf rechtliches Gehör nach Massgabe des LugÜ nicht verletzt sei, wenn einstweilige Massnahmen ohne vorherige Anhörung des Gegners ergehen, vorausgesetzt, dass die Sicherung gefährdeter Interessen dies rechtfertige und der Gegner dadurch gesichert sei, dass er die erlassene Massnahme angreifen könne[119]. Aufgrund der besonderen Fallkonstellation und der Formulierungen wurde in der Lehre zwar angenommen, dass das Bundesgericht das Erfordernis des rechtlichen Gehörs *weitergehend* als der EuGH *relativiert* habe, davon ausgehend, dass das rechtliche Gehör auch dann nicht verletzt sei, wenn der Antragsgegner nachträglich, nämlich nach der Vollstreckbarerklärung der einstweiligen Massnahme in der Schweiz, hätte Einsprache einlegen können[120].

78 In einer **späteren Entscheidung**[121] präzisierte das Bundesgericht allerdings seine Rechtsprechung: Im Fall des BGE 129 III 626 habe die dortige Gesuchstellerin eine *Freezing Injunction* am 30. Mai 2002 erwirkt und das Exequaturverfahren in der Schweiz am 12. November 2002 eingeleitet. Anders als im vorliegenden Entscheid, wo dem Gesuchsgegner zwischen der Zustellung der Anordnung und der Einleitung des Exequaturverfahrens in der Schweiz seitens des Antragstellers nur gerade fünf Arbeitstage verblieben seien, weshalb er sich aus rein praktischen Gründen *vor dem Exequaturverfahren* in einem kontradiktorischen Verfahren gar nicht habe zur Wehr setzen können, habe der dortige Gesuchsbeklagte *von der Anfechtungsmöglichkeit Gebrauch machen können und dies auch getan*. Es wurde ihm mithin das rechtliche Gehör gewährt, als er sich gegen die *Freezing Injunction* vom 30. Mai 2002 in einem kontradiktorischen Verfahren vor dem englischen Gericht zur Wehr gesetzt habe.

79 Daran ändere nichts, dass der dortige Gesuchsbeklagte geltend machte, es sei ihm **das rechtliche Gehör** nicht auch noch bezüglich der Verfügung des *High Court vom 12. November 2002* gewährt worden. Die *Freezing Injunction* vom 30. Mai 2002 habe eine Klausel enthalten, die der Gesuchstellerin verbot, ohne vorgängige Bewilligung des englischen Gerichts die Vollstreckung der *worldwide Freezing Injunction* in einem anderen Staat

[119] BGE 129 III 626, 634; s. auch BGE 135 III 670 E. 3.1.2.
[120] DASSER/OBERHAMMER-KOFMEL EHRENZELLER, Art. 24 Rz. 34.
[121] BGer 01.03.2006, 4P.331/2005.

als England und Wales zu verlangen. Mit der Verfügung vom 12. November 2002 habe der *High Court* dieses Verbot unter anderem für die Schweiz aufgehoben. Die Möglichkeit einer Vollstreckung in der Schweiz sei aber *bereits ausdrücklich in der Freezing Injunction vom 30. Mai 2002* vorgesehen gewesen. Sie sei bloss von einer Bewilligung des *High Court* abhängig gemacht worden. Der Gesuchsbeklagte habe sich mithin im Rahmen der Anfechtung der *Freezing Injunction* vom 30. Mai 2002 dazu äussern können, was zur Wahrung des Gehörsanspruchs genüge.

Die Verfügung vom 12. November 2002 habe *keine neuen Massnahmen oder Massnahmewirkungen* begründet, sondern nur die Bewilligung für eine Vollstreckung in der Schweiz erteilt, wie sie bereits als Möglichkeit in der *Freezing Injunction* vom 30. Mai 2002 vorgesehen gewesen sei, weshalb sich aus diesem Grund die **nochmalige** Gewährung des rechtlichen Gehörs erübrigt habe. Der beantragten Vollstreckbarerklärung der *Freezing Injunction* vom 30. Mai 2002 habe nichts entgegengestanden. 80

4. Massnahmen des Hauptsachegerichts

Einstweilige Massnahmen des nach dem LugÜ in der Hauptsache zuständigen Gerichts können in den anderen LugÜ-Staaten anerkannt und vollstreckt werden. Vorausgesetzt ist, dass sie **extraterritorial** wirken und dass **das rechtliche Gehör** gewahrt wurde[122]. Dank der extraterritorialen Wirkung der Anordnung des Hauptsachegerichts lässt sich durch *ein einziges Massnahmebegehren* das über *mehrere LugÜ-Staaten* verteilte Vermögen des Schuldners beschlagnahmen oder in mehreren LugÜ-Staaten ein bestimmtes Verhalten untersagen, was eine Erleichterung der Rechtsverfolgung darstellt[123]. 81

Dass es sich um eine Massnahme des Hauptsachegerichts handelt, kann der Anerkennungsrichter dann annehmen, wenn das **Erstgericht** seine Zuständigkeit *ausdrücklich* in der Weise begründete, dass es seine Zuständigkeit für die Entscheidung in der Hauptsache nach dem LugÜ bejahte. Eine solche Zuständigkeit kann sich auch schon *aus dem Wortlaut der Entscheidung* des Ursprungsgerichts eindeutig ergeben. Dies ist insbesondere dann der Fall, wenn aus der Entscheidung klar hervorgeht, dass der Antragsgeg- 82

[122] KROPHOLLER, Art. 31 Rz. 21; RAUSCHER-LEIBLE, Art. 31 Rz. 37.
[123] DASSER/OBERHAMMER-KOFMEL EHRENZELLER, Art. 24 Rz. 29; KROPHOLLER, Art. 31 Rz. 21.

ner seinen Wohnsitz im Hoheitsgebiet des LugÜ-Staates des Erstgerichts hatte und keine der in Art. 22 vorgesehenen ausschliesslichen Zuständigkeiten bestand[124].

5. Massnahmen des nach nationalem Recht zuständigen Gerichts (Art. 31)

83 Für den Inhalt und die Reichweite einer einstweiligen Massnahme verweist Art. 31 grundsätzlich auf das nationale Recht. Aufgrund der vom EuGH an die Leistungsverfügungen gestellten Anforderungen und aufgrund des vom ihm aufgestellten Erfordernisses der realen Verknüpfung ergibt sich jedoch, dass trotz grundsätzlich möglicher extraterritorialer Wirkungen einer einstweiligen Massnahme – falls eine solche von einem gestützt auf Art. 31 in Verbindung mit dem nationalen Recht zuständigen Gericht erlassen wird –, ihr – wie bereits ausgeführt – i.d.R. gleichwohl nur Wirkungen für das Gebiet des Forumstaates zukommen (s. Rz. 74), weshalb eine Anerkennung und Vollstreckung in einem anderen Mitgliedstaat normalerweise **nicht in Betracht** kommt[125]. Eine *grenzüberschreitende Vollstreckung* ist aber dann möglich, wenn die Vollstreckungsobjekte *zwischenzeitlich* ins Ausland verbracht worden sind oder wenn sich erst nachträglich herausstellt, dass trotz der Glaubhaftmachung bei Verfahrensbeginn *kein ausreichendes inländisches Vermögen* vorhanden ist[126].

84 Wird eine Leistungsverfügung erlassen, welche die vom EuGH verlangten besonderen Voraussetzungen nicht erfüllt, – welche demnach eine Rückzahlung des zugesprochenen Betrages an einen in der Hauptsache obsiegenden Schuldner nicht gewährleistet und welche sich nicht auf Vermögensgegenstände im Zuständigkeitsbereich des angerufenen Gerichts beschränkt – so liegt schon begrifflich keine einstweilige Massnahme i.S.v. Art. 31 vor. Eine Vollstreckbarerklärung nach dem LugÜ kommt daher nicht in Betracht[127].

---

[124] EuGH 27.04.1999, Rs. C-99/96, *Mietz/Intership Yachting Sneek*, Slg. 1999 I 2277 Rz. 50.

[125] Rauscher-Leible, Art. 31 Rz. 38; Dasser/Oberhammer-Kofmel Ehrenzeller, Art. 24 Rz. 30, 35; Kropholler, Art. 31 Rz. 24.

[126] Rauscher-Leible, Art. 31 Rz. 38.

[127] Kropholler, Art. 31 Rz. 24.

Titel III: Anerkennung und Vollstreckung

Vorbemerkungen zu Art. 32–37

Literatur zu Art. 32 bis Art. 37: Atteslander-Dürrenmatt, Der Prozessvergleich im internationalen Verhältnis, Tübingen 2006; Bariatti, What Are Judgments Under the 1968 Brussels Convention?, Riv. dir. int. priv. proc. 2001, 5; Basedow, Die Verselbständigung des europäischen ordre public, FS Sonnenberger, München 2004, 291; Beaumont/Johnston, Abolition of the Exequatur in Brussels I: Is a Public Policy Defence Necessary for the Protection of Human Rights?, IPRax 2010, 106; Becker U., Grundrechtsschutz bei der Anerkennung und Vollstreckbarerklärung im europäischen Zivilverfahrensrecht, Frankfurt a.M. 2004; Berti, Zum Ausschluss der Schiedsgerichtsbarkeit aus dem sachlichen Anwendungsbereich des Luganer Übereinkommens, FS Vogel, Fribourg 1991, 337 (zit. FS Vogel); Bommer F., Die Zuständigkeit für Widerspruchs- und Anfechtungsklagen im internationalen Verhältnis, Diss. Zürich 2001; Bonomi, Il contributo della Convenzione di Lugano alla libera circolazione delle decisioni, in: Cometta et al., La Convenzione di Lugano nella pratica forense e nel suo divenire, Lugano 2004, 233; Bruns, Der anerkennungsrechtliche ordre public in Europa und den USA, JZ 1999, 278; Coester-Waltjen, Die Bedeutung des EuGVÜ und des Luganer Abkommens für Drittstaaten, FS Nakamura, Tokyo 1996, 89; Cuniberti, Debarment from Defending, Default Judgments and Public Policy, IPRax 2010, 148; Dasser, Englische Freezing Injunction vor dem schweizerischen Vollstreckungsrichter, Jusletter 19. Januar 2004; Dätwyler, Gewährleistungs- und Interventionsklage nach französischem Recht und Streitverkündigung nach schweizerischem und deutschem Recht im internationalen Verhältnis nach IPRG und Lugano-Übereinkommen unter Berücksichtigung des Vorentwurfs zu einer schweizerischen Zivilprozessordnung, Diss. St. Gallen 2005; Domej, Der «Lugano-Zahlungsbefehl» – Titellose Schuldbetreibung in der Schweiz nach der LugÜ-Revision, ZZPInt 2008, 167 (zit. ZZPInt 2008); Droz/Gaudemet-Tallon, La transformation de la Convention de Bruxelles du 27 septembre 1968 en Règlement du Conseil concernant la compétence judiciaire, la réconnaissance et l'exécution des décisions en matière civile et commerciale, Rev. crit. DIP 2001, 601; Edelmann, Neues aus Lugano. Ein Blick auf neuere Entwicklungen in Fragen der Anerkennung und Vollstreckung ausländischer Entscheidungen in der Schweiz gemäss Lugano-Übereinkommen, FS 100 Jahre Aargauischer Anwaltsverband, Zürich 2005, 377; Flauss, L'exequatur des jugements étrangers devant la cour européenne des droits de l'homme, FS Dutoit, Genève 2002, 69; Frank M., Das verfahrenseinleitende Schriftstück in Art. 27 Nr. 2 EuGVÜ, Lugano-Übereinkommen und in Art. 6 Haager Unterhaltsübereinkommen 1973, Berlin 1998; Frauenberger-Pfeiler, Lugano-Abkommen: Anerkennung und Vollstreckung ausländischer Entscheidungen, ecolex 1996, 735; Frische, Verfahrenswirkungen und Rechtskraft gerichtlicher Vergleiche, Heidelberg 2006; Geimer, Anerkennung gerichtlicher Entscheidungen nach dem EWG-Übereinkommen vom 27.9.1968, RIW 1976, 139 (zit. RIW 1976); Ders., Das Anerkennungsverfahren gemäss Art. 26 Abs. 2 des EWG-Übereinkommens vom 27. September 1968, JZ 1977, 145, 213 (zit. JZ 1977); Ders., Die Gerichtspflichtigkeit des Beklagten ausserhalb seines Wohnsitzstaates aus der Sicht des EWG-Übereinkommens vom 27. September 1968/9. Oktober 1978, WM 1980, 1106 (zit. WM 1980); Ders., Über die Kunst der Interessenabwägung auch im internationalen Verfahrensrecht, dargestellt am rechten Mass des Beklagtenschutzes gemäss Art. 27 Nr. 2 EuGVÜ, IPRax 1988, 271 (zit. IPRax 1988); Ders., Gegenseitige Urteilsanerkennung im System der Brüssel-I-Verordnung, FS Beys, Athen 2003, 391; Ders., Anerkennung und Vollstreckung polnischer Vaterschaftsurteile mit Annexentscheidung über den Unterhalt, IPRax 2004, 437 (zit. IPRax 2004); Ders., Internationale Freiwillige Gerichtsbarkeit,

FS Jayme, München 2004, 241 (zit. FS Jayme [2004]); DERS., Einige Facetten des internationalen Zustellungsrechts und anderes mehr im Rückspiegel der neueren Rechtsprechung, IPRax 2010, 224 (zit. IPRax 2010); GROLIMUND, Drittstaatenproblematik des europäischen Zivilverfahrensrechts, Tübingen 2000 (zit. Drittstaatenproblematik); GRUNDMANN, Anerkennung und Vollstreckung ausländischer einstweiliger Massnahmen nach IPRG und Lugano-Übereinkommen, Basel 1996; GRUNSKY, Probleme des EWG-Übereinkommens über die gerichtliche Zuständigkeit und die Vollstreckung gerichtlicher Entscheidungen in Zivil- und Handelssachen, JZ 1973, 641 (zit. JZ 1973); DERS., Das verfahrenseinleitende Schriftstück beim Mahnverfahren, IPRax 1996, 245 (zit. IPRax 1996); HAU, Positive Kompetenzkonflikte im Internationalen Zivilprozessrecht, Frankfurt a.M. 1996; HEINZE, Europäische Urteilsfreizügigkeit von Entscheidungen ohne vorheriges rechtliches Gehör, ZZP 2007, 303 (zit. ZZP 2007); DERS., Beweissicherung im europäischen Zivilprozessrecht, IPRax 2008, 480 (zit. IPRax 2008); DERS., Fiktive Inlandszustellungen und der Vorrang des europäischen Zivilverfahrensrechts, IPRax 2010, 155 (zit. IPRax 2010); HESS, Amtshaftung als «Zivilsache» im Sinne von Art. 1 Abs. 1 EuGVÜ, IPRax 1994, 10 (zit. IPRax 1994); v. HOFFMANN/HAU, Deutscher Prozessvergleich kein Anerkennungshindernis nach Art. 27 Nr. 3 EuGVÜ, IPRax 1995, 217; JAMETTI GREINER, Überblick zum Lugano-Übereinkommen über die gerichtliche Zuständigkeit und die Vollstreckung gerichtlicher Entscheidungen in Zivil- und Handelssachen, ZBJV 1992, 42 (zit. ZBJV 1992); DIES., Der Begriff der Entscheidung im schweizerischen internationalen Zivilverfahrensrecht, Basel 1998 (zit. Entscheidung); JEGHER, Abwehrmassnahmen gegen ausländische Prozesse, Zürich 2002; KAUFMANN-KOHLER, L'exécution des décisions étrangères selon la Convention de Lugano, SJ 1997, 561; KINSCH, The Impact of Human Rights on the Application of Foreign Law and on the Recognition of Foreign Judgments – A Survey of the Cases decided by the European Human Rights Institution, Essays in Memory Nygh, Den Haag 2004, 197; KOCH, HARALD, Anerkennungsfähigkeit ausländischer Prozessvergleiche, FS Schumann, Tübingen 2001, 267; KOCH, MATTHIAS, Unvereinbare Entscheidungen i.S.d. Art. 27 Nr. 3 und 5 EuGVÜ und ihre Vermeidung, Frankfurt a.M. 1993; KODEK, Österreichisches Mahnverfahren, ausländische Beklagte und das EuGVÜ, ZZPInt 1999, 125; DERS., Die Anwendbarkeit von Art 6 EMRK im Provisorialverfahren, Zak 2010, 8; KOFMEL EHRENZELLER, Der vorläufige Rechtsschutz im internationalen Verhältnis, Tübingen 2005; KOHLER, Unterlassungs- und Schadensersatzklagen wegen grenzüberschreitender Umweltbeeinträchtigungen im internationalen Privat- und Verfahrensrecht, in: v. Moltke et al., Grenzüberschreitender Umweltschutz in Europa, Heidelberg 1984, 69 (zit. Unterlassungs- und Schadensersatzklagen); DERS., Das Prinzip der gegenseitigen Anerkennung in Zivilsachen im europäischen Justizraum, ZSR 2005, II 263 (zit. ZSR 2005, II); KOLLER, Schiedsgerichtsbarkeit und EuGVVO – Reformansätze im Kreuzfeuer der Kritik, Jahrbuch Zivilverfahrensrecht 2010, 177; KONDRING, Vom stillen Ende der remise au parquet in Europa, RIW 2007, 330; KREN KOSTKIEWICZ, Anerkennbare und vollstreckbare Titel nach IPR-Gesetz und Lugano-Übereinkommen, FS Vogel, Fribourg 1991, 419 (zit. FS Vogel); DIES., Anerkennung und Vollstreckung von ausländischen Entscheidungen, in: COMETTA et al., La Convenzione di Lugano nella pratica forense e nel suo divenire, Lugano 2004, 121 (zit. Anerkennung); DIES., Unterhaltsverträge als Vollstreckungstitel im schweizerischen nationalen und internationalen Recht, ZBJV 2010, 324; KREN KOSTKIEWICZ/RODRIGUEZ, Der unwidersprochene Zahlungsbefehl im revidierten Lugano-Übereinkommen, Jusletter 26. April 2010; LAKKIS, Gestaltungsakte im internationalen Rechtsverkehr, Tübingen 2007; LEIPOLD, Neuere Erkenntnisse des EuGH und des BGH zum anerkennungsrechtlichen ordre public, FS Stoll, Tübingen 2001, 625; LENENBACH, Die Behandlung von Unvereinbarkeiten zwischen rechtskräftigen Zivilurteilen nach deutschem und europäischem Zivilprozessrecht, Berlin 1997; LINKE, Zur Rechtzeitigkeit fiktiver Zustellungen im Sinne von Art. 27 Nr. 2 EuGVÜ, IPRax 1993, 295 (zit. IPRax 1993); LORETAN, La libre circulation des jugements dix ans après l'entrée en vigueur de la Convention de Lugano, RFJ 2002 I 155; LUGINBÜHL,

Erweiterte Anwendbarkeit von Art. 6 Abs. 1 EMRK auf Zwischenverfügungen aufgrund des EGMR-Urteils Micallef c. Malta, Jusletter 8. März 2010; MANSEL, Streitverkündung und Interventionsklage im Europäischen internationalen Zivilprozessrecht (EuGVÜ/Lugano-Übereinkommen), in: Hommelhoff/Jayme/Mangold (Hrsg.), Europäischer Binnenmarkt, Internationales Privatrecht und Rechtsvergleichung, Heidelberg 1995, 161; MARKUS, Lugano-Übereinkommen und SchKG-Zuständigkeiten: Provisorische Rechtsöffnung, Aberkennungsklage und Zahlungsbefehl, Basel 1996 (zit. LugÜ); DERS., Zahlungsbefehl als Mahntitel nach dem revidierten Lugano-Übereinkommen, in: Kren Kostkiewicz/Markus/Rodriguez (Hrsg.), Internationaler Zivilprozess 2011, Bern 2010 (zit. Zahlungsbefehl); MARKUS/GIROUD, A Swiss Perspective on *West Tankers* and Its Aftermath, ASA Bulletin 28 (2010) 230; MEIER, Besondere Vollstreckungstitel nach dem Lugano-Übereinkommen, in: Schwander (Hrsg.), Das Lugano-Übereinkommen, St. Gallen 1990, 157 (zit. Besondere Vollstreckungstitel); MÜLLER, BEAT, Anerkennung und Vollstreckung ausländischer Entscheidungen im Bereich des Schuldrechts, Diss. St. Gallen 1994; NAEGELI/VETTER, Zur Anerkennung und Vollstreckung euro-internationaler Arrestbefehle in der Schweiz, AJP 2005, 1312; NELLE, Anspruch, Titel und Vollstreckung im internationalen Rechtsverkehr, Tübingen 2000; OBERHAMMER, Der Europäische Vollstreckungstitel: Rechtspolitische Ziele und Methoden, JBl 2006, 477 (zit. JBl 2006); DERS. Zur Abgrenzung von EuGVVO und EuInsVO bei insolvenzbezogenen Erkenntnisverfahren, ZIK 2010, 6 (zit. ZIK 2010); DERS., The Abolition of Exequatur, IPRax 2010, 197 (zit. IPRax 2010); DERS., Im Holz sind Wege: EuGH SCT ./. Alpenblume und der Insolvenztatbestand des Art. 1 Abs. 2 lit. b EuGVVO, IPRax 2010, 317 (zit. IPRax 2010); OTTE, Umfassende Streitentscheidung durch Beachtung von Sachzusammenhängen, Tübingen 1998; PATOCCHI, Il riconoscimento e l'esecuzione delle sentenze straniere secondo la Convenzione di Lugano del 16 settembre 1988, in: BROGGINI et al., La Convenzione di Lugano – temi scelti e prime esperienze, Lugano 1992, 53 (zit. Riconoscimento); DERS., La reconnaissance et l'exécution des jugements étrangers selon la Convention de Lugano du 16 septembre 1988, in: Gillard (Hrsg.), L'Espace judiciaire européen, Lausanne 1992, 91 (zit. Reconnaissance); PFEIFFER, Einheitliche unmittelbare und unbedingte Urteilsgeltung in Europa, FS Jayme, München 2004, 675; RAUSCHER, Keine EuGVÜ-Anerkennung ohne ordnungsgemässe Zustellung, IPRax 1993, 376; DERS., Wie ordnungsgemäss muss die Zustellung für Brüssel I und Brüssel II sein?, FS Beys, Athen 2003, 1285; REGEN, Prozessbetrug als Anerkennungshindernis, Jena 2008; RODRIGUEZ, Die fehlerhafte Zustellung im revidierten Lugano-Übereinkommen, insbesondere der schweizerische Vorbehalt, in: Kren Kostkiewicz/Markus/ Rodriguez (Hrsg.), Internationaler Zivilprozess 2011, Bern 2010, 13; SCHACK, Widersprechende Urteile: Vorbeugen ist besser als Heilen, IPRax 1989, 139 (zit. IPRax 1989); DERS., Zur Anerkennung ausländischer Forderungspfändungen, IPRax 1997, 318 (zit. IPRax 1997); SCHLOSSER, Common Law Undertakings aus deutscher Sicht, RIW 2001, 81 (zit. RIW 2001); DERS., Unzulässige Diskriminierung nach Bestehen oder Fehlen eines EG-Wohnsitzes im europäischen Zivilprozessrecht, FS Heldrich, München 2005, 1007 (zit. FS Heldrich); DERS., «Brüssel I» und Schiedsgerichtsbarkeit, SchiedsVZ 2009, 129 (zit. SchiedsVZ 2009); DERS., Grenzüberschreitende Vollstreckbarkeit von Nicht-Geldleistungsurteilen, FS Leipold, Tübingen 2009, 435 (zit. FS Leipold); DERS., The Abolition of Exequatur Proceedings – Including Public Policy Review?, IPRax 2010, 101 (zit. IPRax 2010); SCHMIDT M. J., Die internationale Durchsetzung von Rechtsanwaltshonoraren, Heidelberg 1991 (zit. Durchsetzung); DERS., Wann sind Anwaltshonorare nach EuGVÜ und Lugano-Übereinkommen vollstreckbar?, RIW 1991, 626 (zit. RIW 1991); SCHMUTZ, Massnahmen des vorläufigen Rechtsschutzes im Lugano-Übereinkommen aus schweizerischer Sicht, Diss. Bern 1993; SCHNYDER, Anerkennung und Vollstreckung ausländischer Entscheidungen, in: Bonomi/Cashin Ritaine/Romano (Hrsg.), La Convention de Lugano – Passé, présent et devenir, Zürich 2007, 131; SCHOIBL, Die Prüfung der internationalen Zuständigkeit nach Europäischem Verfahrensrecht in Zivil- und Handelssachen, ZZPInt 2005, 123; SCHÖLL, Brussels I/Lugano and Arbitration: Problems and Perspectives, in: Müller/Rigozzi (Hrsg.), New Developments in International Commercial Arbitration 2009, 43; SCHWANDER, IVO, Neuerungen im Bereich des prozessualen Ordre public, in: Spühler (Hrsg.), Internationales Zivilprozess- und Verfahrensrecht, Zürich 2001, 153; SOGO, Internationale Vollstreckbarkeit provisorischer Rechtsöffnungsentscheide nach LugÜ, AJP 2005, 808 (zit. AJP 2005); DERS., Internationale Vollstreckung unangefochtener provisorischer Rechtsöffnungsentscheide nach LugÜ, IPRax 2006, 144 (zit. IPRax 2006); DERS., Vollstreckung ausländischer Entscheide über Geldforderungen: Prüfung der internationalen Vollstreckbarkeit im definitiven Rechtsöffnungsverfahren oder im separaten Exequaturverfahren?, ZZZ 2008/09, 29 (zit. ZZZ 2008/09); DERS., Kleine Arrestrevision, grosse Auswirkungen – zur geplanten Anpassung des Arrestrechts im Rahmen der Revision des Lugano-Übereinkommens, SZZP 2009, 75 (zit. SZZP 2009); STADLER, Die Revision des Brüsseler und des Lugano-Übereinkommens über die gerichtliche Zuständigkeit und die Vollstreckung gerichtlicher Entscheidungen in Zivil- und Handelssachen – Vollstreckbarerklärung und internationale Vollstreckung, in: Gottwald (Hrsg.), Revision des EuGVÜ – Neues Schiedsverfahrensrecht, Bielefeld 2000, 37; STAEHELIN D., Das revidierte Schuldbetreibungs- und Konkursgesetz der Schweiz, RIW 1997, 95 (zit. RIW 1997); STOFFEL, Ausschliessliche Gerichtsstände des Lugano-Übereinkommens und SchKG-Verfahren, insbesondere Rechtsöffnung, Widerspruchsklage und Arrest, FS Vogel, Fribourg 1991, 357; STÜRNER, Förmlichkeit und Billigkeit bei der Klagzustellung im Europäischen Zivilprozess, JZ 1992, 325 (zit. JZ 1992); DERS., Das grenzüberschreitende Vollstreckungsverfahren in der Europäischen Union, FS Henckel, Berlin 1995, 863 (zit. FS Henckel); DERS., Anerkennungsrechtlicher und europäischer Ordre Public als Schranke der Vollstreckbarerklärung – der Bundesgerichtshof und die Staatlichkeit der Europäischen Union, FG 50 Jahre BGH III, München 2000, 677 (zit. FG BGH); THOMA, Die Europäisierung und die Vergemeinschaftung des nationalen ordre public, Tübingen 2007; VOLKEN A., Anerkennung und Vollstreckung von Entscheidungen nach dem Lugano-Übereinkommen, ZWR 1992, 421; VOLKEN P., Rechtsprechung zum Lugano-Übereinkommen (1993), SZIER 1994, 393 (zit. SZIER 1994); VOUILLOZ, Mainlevée provisoire et Convention de Lugano, RVJ 1994, 338; WAGNER R., Vom Brüsseler Übereinkommen über die Brüssel-I-Verordnung zum Europäischen Vollstreckungstitel, IPRax 2002, 75; WAGNER R./JANZEN, Das Lugano-Übereinkommen vom 30.10.2007, IPRax 2010, 298; WALDER, Anerkennung und Vollstreckung von Entscheidungen, in: Schwander (Hrsg.), Das Lugano-Übereinkommen, St. Gallen 1990, 135 (zit. Anerkennung).

Übersicht *Seite*

I. Zweck

1 Art. 32 ff. regeln die Voraussetzungen der **Anerkennung** von Entscheidungen aus anderen Vertragsstaaten, d.h. der **Erstreckung** ihrer **Wirkungen auf das Inland**. Diese erfolgt grundsätzlich *ipso iure* und ohne besonderes Verfahren; dem Antragsteller steht allerdings ein *separates Anerkennungsfeststellungsverfahren* offen, in welchem rechtskräftig über die Anerken-

nungsfähigkeit entschieden wird[1]. Die Anerkennung ist zugleich Voraussetzung für die *Vollstreckbarerklärung* (Exequatur) gemäss Art. 38 ff. Die Vollstreckbarkeit wird nach der Konzeption des LugÜ eigentlich nicht ohne weiteres auf den ausländischen Vollstreckungsstaat erstreckt[2]. Das in Art. 38 ff. vorgesehene Exequaturverfahren ist nach in der Schweiz h.M. allerdings insofern nicht zwingend, als das nationale Recht auch eine Vollstreckung auf der Basis einer Inzidentprüfung der Anerkennungsvoraussetzungen im Rahmen des Vollstreckungsverfahrens (in der Schweiz: im Rahmen der definitiven Rechtsöffnung) gestatten kann, zumindest wenn der Schuldner darin nicht schlechter gestellt ist als in einem Exequaturverfahren nach dem LugÜ[3]. Diese Sichtweise steht freilich (zurückhaltend ausgedrückt) mit verschiedenen Vorgaben des LugÜ, insbesondere Art. 46 sowie Art. 47 Abs. 2 und 3, in einem deutlichen Spannungsverhältnis[4]. In jedem Fall hat der Gläubiger Anspruch darauf, dass ihm ein Exequaturverfahren im Sinn der Vorgaben der Art. 38 ff. überhaupt offen steht[5].

Die Regelungen über die Anerkennung sollen die bereits in der Präambel 2
des Übereinkommens angesprochene **Urteilsfreizügigkeit** sicherstellen; sie sind im Licht dieses Zwecks auszulegen[6]. Zugleich dienen die Bestimmungen über die Anerkennung und namentlich über die Anerkennungsversagungsgründe aber auch dem **Schutz des Antragsgegners**. Insofern ist es (zumindest in dieser Allgemeinheit) problematisch, wenn ein Grundsatz angenommen wird, im Zweifel sei die Anerkennung zu bejahen[7], und die Anerkennungsversagungsgründe seien als Ausnahmen vom Grundsatz der Urteilsfreizügigkeit eng auszulegen[8].

---

1 Vgl. dazu näher die Kommentierung zu Art. 33.

2 Geimer/Schütze, EuZVR, Art. 38 EuGVVO Rz. 6.

3 Vgl. Dasser/Oberhammer-Walther, Art. 26 Rz. 12; Dasser/Oberhammer-Staehelin, Art. 31 Rz. 2; Sogo, ZZZ 2008/09, 36 ff. m.w.N.

4 Oberhammer-Oberhammer/Domej, Art. 327a ZPO Rz. 1.

5 BGE 135 III 324 = Pra 98 (2009) Nr. 125; hierzu Schwander, AJP 2009, 655 ff.

6 Bericht Jenard, 42 (vor Art. 26 EuGVÜ); Kropholler, EuZPR, Art. 32 Rz. 1; Czernich/Tiefenthaler/Kodek-Kodek, Art. 32 Rz. 1.

7 In diese Richtung aber etwa Bericht Jenard 43 (zu Art. 26 EuGVÜ); wohl auch Dasser/Oberhammer-Walther, Art. 26 Rz. 1 f.

8 Vgl. etwa EuGH Rs. C-414/92, *Solo Kleinmotoren/Boch,* Slg. 1994 I 2237 Rz. 20; Rs. C-7/98, *Krombach/Bamberski,* Slg. 2000 I 1935 Rz. 21; Rs. C-38/98, *Renault/Maxicar,* Slg. 2000 I 2973 Rz. 26; Rs. C-420/07, *Apostolides/Orams,* Slg. 2009 I 3571 Rz. 55; Kropholler, EuZPR, Art. 34 Rz. 1; Dasser/Oberhammer-Walther, Art. 26 Rz. 1; Czernich/Tiefenthaler/Kodek-Kodek, Art. 34 Rz. 1.

3 Weil die Regelungen über die Anerkennung auch den Rechtsschutz des Antragsgegners gewährleisten sollen, gilt auch **kein Günstigkeitsprinzip** im Verhältnis zum **nationalen Recht**. Soweit das LugÜ inhaltliche Voraussetzungen für die Anerkennung vorgibt, müssen diese vielmehr vorliegen; es kommt insofern keine Anerkennung nach grosszügigeren nationalen Regelungen in Betracht[9]. Wo das LugÜ die Anerkennungsversagung aufgrund des nationalen *ordre public* ermöglicht, steht es dem Zielstaat allerdings frei, auf dessen Geltendmachung zu verzichten bzw. einen grosszügigeren Standard vorzusehen, als er nach dem LugÜ zulässig wäre[10]; zudem ist dem nationalen Gericht in den Fällen des Art. 64 Abs. 3 und Art. 67 Abs. 4 hinsichtlich der Anerkennungsversagung Ermessen eingeräumt[11]. Kein Günstigkeitsprinzip gilt auch im Verhältnis zu **bilateralen Übereinkommen**; solche werden vielmehr im Anwendungsbereich des LugÜ von diesem **verdrängt**[12]. **Übereinkommen auf besonderen Rechtsgebieten** gehen dem LugÜ nach dessen Art. 67 Abs. 1 grundsätzlich vor; mit Blick auf die Anerkennung und Vollstreckung sehen Art. 67 Abs. 3 bis 5 allerdings ein recht komplexes Zusammenspiel zwischen dem LugÜ und den Spezialübereinkommen vor[13]. Nach der jüngsten Rechtsprechung des EuGH darf durch die Anwendung eines Spezialübereinkommens i.Ü. der *effet utile* des europäischen Zivilprozessrechts nicht beeinträchtigt werden; namentlich dürfen Bestimmungen solcher Übereinkommen (zumindest im Verhältnis zwischen den EU-Mitgliedstaaten) nur angewendet werden, wenn sie den freien Urteilsverkehr unter mindestens ebenso günstigen Bedingungen gewährleisten wie das europäische Zivilprozessrecht; insofern gilt demnach ein **favor executionis**[14].

[9] Martiny, Hdb. IZVR III/2, Kap. II, Rz. 198 ff.; Rauscher-Leible, Art. 32 EuGVVO Rz. 3; Geimer/Schütze, EuZVR, Einl. EuGVVO Rz. 47, Art. 32 EuGVVO Rz. 24; Schlosser, Art. 34–36 EuGVVO Rz. 1; Dasser/Oberhammer-Walther, Art. 25 Rz. 3; Rauscher, IPRax 1993, 379; vgl. auch EuGH, Rs. C-80/00, *Italian Leather/WECO,* Slg. 2001 I 4995 Rz. 50 ff. und Tenor 2; a.A. MünchKommZPO-Gottwald, Art. 32 EuGVVO Rz. 7; Thomas/Putzo-Hüsstege, Art. 34 EuGVVO Rz. 1; Geimer, IPRax 2004, 420.

[10] Näher Art. 34 Rz. 6.

[11] Vgl. EuGH, Rs. C-80/00, *Italian Leather/WECO,* Slg. 2001 I 4995 Rz. 50.

[12] Dasser/Oberhammer-Domej, Art. 55 Rz. 1 m.w.N.

[13] Vgl. näher Dasser/Oberhammer-Domej, Art. 57 Rz. 12 ff.

[14] EuGH 04.05.2010, Rs. C-533/08, *TNT/AXA.*

II. Anwendungsbereich

Art. 32 ff. greifen nur ein, soweit der **sachliche Anwendungsbereich** des Übereinkommens gem. Art. 1 eröffnet ist[15]. Der **räumlich-persönliche** Anwendungsbereich der Zuständigkeitsregelungen ist im Bereich der Anerkennung und Vollstreckung dagegen nicht massgeblich. Insbesondere sind auch Entscheidungen aus anderen Vertragsstaaten anzuerkennen, die aufgrund von Art. 4 in *exorbitanten Gerichtsständen* ergangen sind[16], und zwar grundsätzlich auch solche, bei welchen das Gericht zu Unrecht eine (womöglich exorbitante) Zuständigkeitsbestimmung des nationalen Rechts herangezogen hat; eine Nachprüfung der Zuständigkeit des Erstgerichts ist im Rahmen der Anerkennung (und Vollstreckung) nämlich nur in den vom Übereinkommen ausdrücklich geregelten Ausnahmefällen möglich[17]. Ferner fallen auch Entscheidungen, die in ursprünglich *reinen Binnenfällen* ergangen sind[18], in den Anwendungsbereich der Anerkennungsregeln[19]. Notwendig und hinreichend ist demnach, dass die Entscheidung durch das **Gericht eines Vertragsstaates** erlassen wurde und in einem **anderen Vertragsstaat** anerkannt bzw. vollstreckt werden soll. Entscheidungen aus *Drittstaaten* unterliegen dagegen nicht dem Anerkennungs- und Vollstreckungsregime des LugÜ; hier gelten – vorbehaltlich allfälliger (sonstiger) multilateraler oder bilateraler Anerkennungs- und Vollstreckungsübereinkommen – die Regelungen des autonomen Anerkennungs- und Vollstreckungsrechts (in der Schweiz also jene des IPRG)[20]. Zum intertemporalen Anwendungsbereich des Anerkennungs- und Vollstreckungsrechts vgl. Art. 63 Abs. 2. 4

Ist der Entscheidungsgegenstand teilbar, so kommt – obwohl Art. 48 dies nur für die Vollstreckbarerklärung ausdrücklich anordnet – eine **Teilanerkennung** in Betracht[21]. Das gilt sowohl dann, wenn der Anwendungs- 5

15 Kropholler, EuZPR, Art. 32 Rz. 3.
16 Geimer/Schütze, EuZVR, Art. 32 EuGVVO Rz. 5; Kropholler, EuZPR, Art. 32 Rz. 4, Rz. 17.
17 Vgl. Art. 35 Rz. 6 ff.
18 Zur Unanwendbarkeit der Zuständigkeitsregeln des LugÜ in derartigen Fällen vgl. Art. 2 Rz. 8.
19 Kropholler, EuZPR, Art. 32 Rz. 4; Dasser/Oberhammer-Walther, Art. 25 Rz. 6.
20 Kropholler, EuZPR, Art. 32 Rz. 18; Czernich/Tiefenthaler/Kodek-Kodek, Art. 32 Rz. 4; vgl. aber Art. 35 Rz. 5.
21 Dasser/Oberhammer-Walther, Art. 26 Rz. 4.

bereich des Übereinkommens nur mit Blick auf einen Teil der Entscheidung eröffnet ist[22], als auch dann, wenn ein Anerkennungshindernis hinsichtlich eines Teils der Entscheidung besteht[23].

[22] Vgl. EuGH Rs. C-220/95, *van den Boogaard/Laumen,* Slg. 1997 I 1147 Rz. 22; BGer 03.06.2008, 5A_161/2008 E. 2.1; Kropholler, EuZPR, Art. 32 Rz. 3, Vor Art. 33 Rz. 10.

[23] Schlosser, EuZPR, Art. 33 EuGVVO Rz. 2.

Art. 32

Unter «Entscheidung» im Sinne dieses Übereinkommens ist jede Entscheidung zu verstehen, die von einem Gericht eines durch dieses Übereinkommen gebundenen Staates erlassen worden ist, ohne Rücksicht auf ihre Bezeichnung wie Urteil, Beschluss, Zahlungsbefehl oder Vollstreckungsbescheid, einschliesslich des Kostenfestsetzungsbeschlusses eines Gerichtsbediensteten.

Art. 32

Aux fins de la présente Convention, on entend par «décision» toute décision rendue par une juridiction d'un État lié par la présente Convention quelle que soit la dénomination qui lui est donnée, telle qu'arrêt, jugement, ordonnance ou mandat d'exécution, ainsi que la fixation par le greffier du montant des frais du procès.

Art. 32

Ai fini della presente convenzione, con «decisione» si intende, a prescindere dalla denominazione usata, qualsiasi decisione emessa da un giudice di uno Stato vincolato dalla presente convenzione, quale ad esempio decreto, sentenza, ordinanza o mandato di esecuzione, nonché la determinazione delle spese giudiziali da parte del cancelliere.

Art. 32

For the purposes of this Convention, «judgment» means any judgment given by a court or tribunal of a State bound by this Convention, whatever the judgment may be called, including a decree, order, decision or writ of execution, as well as the determination of costs or expenses by an officer of the court.

Literatur: Vgl. die Literaturhinweise vor Art. 32.

Übersicht *Seite*

I. Gericht eines Vertragsstaats

1 Die europäische Urteilsfreizügigkeit erfasst nur Akte, die von einem Gericht im Sinn des Übereinkommens erlassen wurden. Dieser Begriff ist **autonom** auszulegen. Im Unterschied zu aLugÜ, EuGVÜ und auch EuGVVO sind nach dem LugÜ 2007 jedoch (anders als Art. 32 suggeriert) auch Entscheidungen von **Verwaltungsbehörden** nach Art. 32 ff. LugÜ anzuerkennen und zu vollstrecken, soweit der Entscheidungsgegenstand in den Anwendungsbereich des LugÜ fällt und die allgemeinen Kriterien für das Vorliegen einer Entscheidung i.S.v. Art. 32 erfüllt sind[1].

2 Insofern geht das LugÜ seit der Revision über die EuGVVO hinaus, die in Art. 62 (wie das EuGVÜ sowie das aLugÜ) den Gerichtsbegriff nur für einzelne Verfahren auf Verwaltungsbehörden ausweitet. Jene Rechtsprechung und Lehre, welche zur Bestimmung des **Gerichtsbegriffs** an die Kriterien für die institutionelle Unabhängigkeit anknüpft, wie sie im Rahmen von Art. 6 Ziff. 1 EMRK entwickelt wurden[2], ist auf das LugÜ nicht ohne weiteres übertragbar. Auch wenn man in Art. 6 Ziff. 1 EMRK den Ausdruck eines europäischen Rechtsstaatlichkeitsstandards erblickt, der Bestandteil des *ordre public* i.S.v. Art. 34 Nr. 1 LugÜ ist[3], steht dies i.Ü. nicht zwingend der Anerkennung und Vollstreckung von Akten entgegen, welche von Organen stammen, die den Anforderungen des Art. 6 Ziff. 1 EMRK an die institutionelle Unabhängigkeit eines «Gerichts» (*tribunal*) nicht gerecht werden: Aus der Perspektive der EMRK genügt es, dass die Parteien schliesslich (d.h. auf der letzten Stufe eines mehrstufigen Verfahrens) ein Gericht i.S.v. Art. 6 Ziff. 1 EMRK anrufen können, das mit voller Kognition über Tat- und Rechtsfragen entscheidet. Auf tieferen Stufen ist es dagegen mit Art. 6 Ziff. 1 EMRK vereinbar, die Behandlung auch zivilrechtlicher Ansprüche und Verpflichtungen aus Zweckmässigkeits- und Effektivitätsgründen Verwaltungsbehörden zu übertragen[4]. Ein Konflikt mit den Anforderungen des Art. 6 Ziff. 1 EMRK an die institutionelle Unab-

---

[1] Domej, ZZPInt 2008, 157 f.; ebenso Markus, Zahlungsbefehl, 39 ff.; a.A. Kren Kostkiewicz/Rodriguez, Jusletter 26. April 2010 Rz. 47 ff. Anderes gilt unter der EuGVVO, deren Art. 62 weiterhin nur einzelne Verwaltungsbehörden zu Gerichten im Sinn des europäischen Zivilverfahrensrechts erklärt, vgl. etwa Kropholler, EuZPR, Art. 32 Rz. 9.

[2] Schlosser, EuZPR, Art. 32 EuGVVO Rz. 4; Czernich/Tiefenthaler/Kodek-Kodek, Art. 32 Rz. 6; vgl. auch Jametti Greiner, Entscheidung, 85 ff.

[3] Vgl. Art. 34 Rz. 11.

[4] Vgl. EGMR, 23.06.1981, *Le Compte,* EuGRZ 1981, 551 Rz. 51.

hängigkeit ergibt sich deshalb aus der grenzüberschreitenden Anerkennung und Vollstreckung verwaltungsbehördlicher Entscheidungen in Zivil- und Handelssachen allenfalls dann, wenn im Erststaat eine gerichtliche Nachprüfung der verwaltungsbehördlichen Entscheidung im eben erwähnten Sinn nicht vorgesehen ist; in diesem Fall kann deren Anerkennung wegen Verletzung von Art. 6 Ziff. 1 EMRK gegen den *ordre public* verstossen. Zu den Anforderungen an das Verfahren vgl. Rz. 11 f.

Auf die **Bezeichnung** der Behörde[5] kommt es ebenso wenig an wie auf 3 die **Art der Gerichtsbarkeit;** insbesondere sind auch Entscheidungen von *Straf- oder Verwaltungsgerichten* nach dem LugÜ anzuerkennen und zu vollstrecken, soweit der sachliche Anwendungsbereich des Übereinkommens eröffnet ist[6]. Auch Akte der *freiwilligen Gerichtsbarkeit* können unter Art. 32 ff. fallen[7]. Bei Beurkundungen (die z.T. auch unter die freiwillige Gerichtsbarkeit subsumiert werden) sind nicht Art. 32 ff., sondern ist allenfalls Art. 57 einschlägig; in Art. 57 geht es freilich nicht um eine Anerkennung der vollstreckbaren Urkunde, sondern lediglich um deren Vollstreckung.

Die Entscheidung kann auch von einem **nichtrichterlichen Organ** eines 4 Gerichts erlassen worden sein, dem das Recht des Erststaates diese Befugnis einräumt (wie etwa Gerichtsschreiber, Rechtspfleger, Urkundsbeamter udgl.)[8].

In jedem Fall muss es sich freilich um eine **Behörde eines Vertragsstaates** handeln[9]. 5 Keine Gerichte im Sinn des LugÜ sind daher *nichtstaatliche Spruchkörper* wie Schiedsgerichte, Vereinsgerichte, kirchliche Gerichte; ebenso wenig *supra- oder internationale* Gerichte; EU-Behörden können aufgrund von Art. 62 aber neu unter den Gerichtsbegriff des Übereinkommens fallen[10].

---

5 Vgl. Dasser/Oberhammer-Walther, Art. 25 Rz. 18.

6 Kropholler, EuZPR, Art. 32 Rz. 8.

7 Dasser/Oberhammer-Walther, Art. 25 Rz. 23; vgl. dazu auch Geimer, FS Jayme (2004) 257 f.

8 Kropholler, EuZPR, Art. 32 Rz. 9; Schlosser, EuZPR, Art. 32 EuGVVO Rz. 4; Czernich/Tiefenthaler/Kodek-Kodek, Art. 32 Rz. 7; Dasser/Oberhammer-Walther, Art. 25 Rz. 17.

9 Kropholler, EuZPR, Art. 32 Rz. 8.

10 Kropholler, EuZPR, Art. 32 Rz. 12; Dasser/Oberhammer-Walther, Art. 25 Rz. 33; zu Art. 62 vgl. Bericht Pocar Rz. 175.

II. Begriff der Entscheidung

6 Der Entscheidungsbegriff des Art. 32 ist nach h.M. **autonom** zu bestimmen[11]. Art. 32 bietet dafür keine Definition; der EuGH hat jedoch Kriterien für den Entscheidungsbegriff entwickelt. Art. 32 stellt ausdrücklich klar, dass die **Bezeichnung** der Entscheidung für die Möglichkeit ihrer grenzüberschreitenden Anerkennung und Vollstreckung **nicht massgeblich** ist[12]. Ebenso wenig kommt es darauf an, ob es sich um eine Leistungs-, Feststellungs- oder Gestaltungsentscheidung handelt[13]. Hinsichtlich der Erstreckung der verschiedenen **Wirkungen** auf den Zweitstaat ist jedoch zu **differenzieren**: Der ipso-iure-Anerkennung i.S.v. Art. 33 zugänglich sind nach dem Konzept des LugÜ eigentlich nur Rechtskraft und Gestaltungswirkung bzw. ihre funktionellen Entsprechungen in anderen Vertragstaaten[14], nicht aber die Vollstreckbarkeit; diese wird der Entscheidung im Vollstreckungsstaat durch die Vollstreckbarerklärung (Exequatur) verliehen; die h.M. in der Schweiz sieht dies freilich anders[15].

7 Anders als zahlreiche ältere Anerkennungs- und Vollstreckungsverträge (und im Gegensatz zum autonomen schweizerischen Anerkennungs- und Vollstreckungsrecht) verlangt das LugÜ für die Anerkennung und Vollstreckung **nicht**, dass es sich um eine **rechtskräftige** bzw. **«endgültige»** Entscheidung handelt[16]. Insbesondere fallen auch einstweilige Massnahmen in den Anwendungsbereich der Bestimmungen über die Urteilsfreizügigkeit[17]. Entscheidend ist allein, dass der Entscheidung überhaupt Wirkungen

[11] Vgl. für alle KROPHOLLER, EuZPR, Art. 32 Rz. 2; DASSER/OBERHAMMER-WALTHER, Art. 25 Rz. 14.

[12] KROPHOLLER, EuZPR, Art. 32 Rz. 13.

[13] DASSER/OBERHAMMER-WALTHER, Art. 25 Rz. 22.

[14] Vgl. näher Art. 33 Rz. 12.

[15] Vgl. dazu schon vor Art. 32 Rz. 1.

[16] Bericht JENARD 44 (zu Art. 26 EuGVÜ); KROPHOLLER, EuZPR, Art. 32 Rz. 20 f.; ein Akt, der nach dem Recht des Erststaates absolut nichtig ist, kann allerdings nicht nach Art. 32 ff. grenzüberschreitend anerkannt werden, vgl. BGer 24.12.2009, 5A_672/2009, E. 2.2.

[17] BGE 126 III 156, 158 E. 2b; BGE 135 III 670, 675 f. E. 3.1.2 (hierzu SCHWANDER, AJP 2010, 247 ff.); BGer 03.06.2008, 5A_161/2008, E. 2.5; DASSER/OBERHAMMER-KOFMEL/EHRENZELLER, Art. 24 Rz. 33 ff.; GEIMER/SCHÜTZE, EuZVR, Art. 32 EuGVVO Rz. 34; KROPHOLLER, EuZPR, Art. 32 Rz. 21; CZERNICH/TIEFENTHALER/KODEK-KODEK, Art. 32 Rz. 10; näher Art. 31 Rz. 72 ff. sowie unten Rz. 15.

zukommen, die einer Anerkennung (und/oder Vollstreckung) zugänglich sind[18].

Die Anerkennung ist unabhängig von der **Art des Verfahrens**, das dem Erlass der Entscheidung vorangegangen ist. Insbesondere kommt es nicht darauf an, ob ein vergleichbares Verfahren auch der Rechtsordnung des Zweitstaates bekannt ist[19]. Mit Blick auf **Gewährleistungs- und Interventionsklagen** wird dies in Art. II Abs. 3 Protokoll 1 ausdrücklich klargestellt[20]. Anzuerkennen sind insbesondere auch die Wirkungen von Entscheidungen aus **summarischen Verfahren**, selbst wenn diese in einer Weise ausgestaltet sind, die der Rechtsordnung des Zweitstaates fremd ist[21]. Schwierigkeiten kann in diesem Zusammenhang jedoch die Abgrenzung zwischen Provisorial- und Hauptverfahren aufwerfen; dies spielt im Kontext der Urteilsfreizügigkeit namentlich insoweit eine Rolle, als der EuGH für die grenzüberschreitende Vollstreckbarkeit von Provisorialentscheidungen spezifische Voraussetzungen aufstellt[22]. 8

Erforderlich ist nach einer Meinung allerdings, dass die Entscheidung in einem **justizförmigen Verfahren** ergangen ist[23]. Welche Anforderungen sich daraus im Einzelnen ergeben, ist jedoch nicht abschliessend geklärt. Fraglich ist vor allem, inwieweit dem Erlass der Entscheidung eine gerichtliche Sachverhalts- und/oder Rechtsprüfung vorausgegangen sein muss. Im Urteil *Solo Kleinmotoren* hielt der EuGH fest, die Entscheidung müsse von einem Rechtsprechungsorgan eines Vertragsstaates erlassen worden sein, das kraft seines Auftrags selbst über zwischen den Parteien bestehende Streitpunkte entscheidet[24]. Dieses Urteil ist insbesondere mit Blick auf Entscheidungen aufgrund von Parteierklärungen sowie mit Blick auf Säumnis- und Mahnverfahren problematisch[25]. 9

[18] Schlosser, EuZPR, Art. 32 EuGVVO Rz. 3.

[19] Dasser/Oberhammer-Walther, Art. 25 Rz. 26.

[20] Vgl. hierzu etwa OLG Hamburg, IPRax 1995, 391 (Mansel 362) = NJW-RR 1995, 191; Dätwyler 133 ff.; Czernich/Tiefenthaler/Kodek-Kodek, Art. 32 Rz. 8.

[21] Vgl. etwa OLG Hamm, RIW 1985, 973 (Linke) = IPRspr 1985 Nr. 187 (zum italienischen Arrestverfahren).

[22] Vgl. näher Rz. 15.

[23] Vgl. dazu Czernich/Tiefenthaler/Kodek-Kodek, Art. 32 Rz. 7; Jametti Greiner, Entscheidung 91 ff.

[24] EuGH Rs. C-414/92, *Solo Kleinmotoren/Boch,* Slg. 1994 I 2237 Rz. 17 und Tenor 1.

[25] Vgl. in diesem Zusammenhang Domej, ZZPInt 2008, 194 ff. sowie unten Rz. 10.

10 **Gerichtliche Vergleiche** fallen grundsätzlich nicht unter Art. 32 ff. Ihre grenzüberschreitende Vollstreckung richtet sich vielmehr nach Art. 58[26]. Das europäische Zivilprozessrecht orientiert sich hier wohl an der Unterscheidung zwischen Rechtskraft wirkenden Entscheidungen und dem bloss vollstreckbaren, aber nicht rechtskraftfähigen Vergleich, wie sie etwa das deutsche oder österreichische Recht kennen; auf die Rechtslage in jenen Staaten, in welchen der Vergleich selbst oder zumindest ein auf seiner Grundlage erlassener Entscheid Rechtskraft wirkt, wurde hier nicht ausreichend Bedacht genommen. Hieraus ergeben sich **Abgrenzungsprobleme** zwischen Art. 32 ff. und Art. 58[27] bei Vergleichen, welche – wie traditionell z.B. nach schweizerischem Recht – Rechtskraft wirken: Soweit eine solche Rechtskraftwirkung (nicht schon dem Vergleich selbst, sondern) erst einem gerichtlichen (Erledigungs-)Entscheid zukommt, welcher auf Basis des Vergleichs erlassen wurde – wie etwa früher nach manchen kantonalen Prozessrechten[28] –, greift u.E. eindeutig nicht Art. 58, sondern greifen Art. 32 ff.[29] ein. Ebenso nach Art. 32 ff. anzuerkennen sind nach h.M. Entscheidungen auf gemeinsamen Antrag wie das englische *judgment by consent*[30]. Entsprechendes gilt auch für deutsche oder österreichische *Anerkenntnis-* und *Verzichtsurteile*. In diesen Fällen werden anzuerkennende Entscheidwirkungen durch einen gerichtlichen Hoheitsakt bewirkt, so dass nicht mehr von einer «rein vertraglichen Natur» gesprochen werden kann[31]. Ob dagegen die Abschreibung infolge Prozesserledigung durch Vergleich gemäss Art. 241 Abs. 3 ZPO als Entscheidung i.S.v. Art. 32 qualifiziert werden kann, ist zweifelhaft; Rechtskraft wirkt ja hier der Vergleich (bzw. Klagerückzug oder -anerkennung) selbst, während sich die Wirkungen des Erledigungsentscheids eigentlich darauf beschränken, dass die Verfahrensbeendingung ausgesprochen wird[32]. Dies hätte freilich zur Folge, dass die

26 KROPHOLLER, EuZPR, Art. 32 Rz. 16.

27 Vgl. dazu ATTESLANDER-DÜRRENMATT 88 ff.; FRISCHE 130 ff.; ferner KOCH, FS Schumann 269 ff.

28 Vgl. nur VOGEL/SPÜHLER, 9. Kap. Rz. 63 ff.

29 Ähnlich DASSER/OBERHAMMER-NAEGELI, Art. 51 Rz. 42 ff.; wohl auch ATTESLANDER-DÜRRENMATT, 110 f.; FRISCHE 136 ff.; vgl. ferner KGer GR, SKG 08 26 E. 3e (zur Entscheidungsqualität einer Unterhaltsvereinbarung im Rahmen eines deutschen Scheidungsverfahrens).

30 RAUSCHER-A. STAUDINGER, Art. 58 EuGVVO Rz. 5; SCHLOSSER, EuZPR, Art. 32 EuGVVO Rz. 2; DASSER/OBERHAMMER-WALTHER, Art. 25 Rz. 23.

31 Vgl. zu diesem Aspekt EuGH Rs. C-414/92, *Solo Kleinmotoren/Boch,* Slg. 1994 I 2237 Rz. 18.

32 Vgl. BSK ZPO-OBERHAMMER, Art. 241 Rz. 25.

Rechtskraftwirkung eines schweizerischen Vergleichs nach Art. 241 Abs. 2 ZPO nach dem LugÜ nicht im Ausland anerkannt würde, weil sie einerseits nicht von einer Entscheidung i.S.v. Art. 32 ausgeht und andererseits der Vergleich selbst nach Art. 58 nur vollstreckbar, aber nicht anerkennungsfähig ist, d.h keine grenzüberschreitende Rechtskraftwirkung haben kann. Die h.L. hält freilich gerade die **Rechtskraftfähigkeit** für ein zentrales Kriterium bei der Abgrenzung von Vergleichen i.S.v. Art. 58 gegenüber Entscheidungen i.S.v. Art. 32[33]. Dies ist durchaus sinnvoll. Folgt man dieser Auffassung, so wären schweizerische Vergleiche mit Blick auf Art. 241 Abs. 2 ZPO wohl auch künftig unter Art. 32 zu subsumieren. Inwieweit ein solches Abstellen auf die Rechtskraftfähigkeit (zumindest für sich allein) mit der Entscheidung in der Rechtssache *Solo Kleinmotoren/Boch*[34], nach welcher es massgeblich auf die «Entscheidungstätigkeit» des Gerichts ankommt, in Einklang zu bringen wäre, scheint jedoch fraglich. Die Ausführungen in *Solo Kleinmotoren*, der Vergleich sei keine Entscheidung, weil sein Inhalt «vor allem vom Willen der Parteien bestimmt» sei, könnten so verstanden werden, dass die grenzüberschreitende Urteilsfreizügigkeit durch die **richterliche Prüfungstätigkeit** gerechtfertigt werde und eine solche voraussetze. Geht man von einem derartigen Verständnis aus, so wären auch Entscheidungen auf der Basis einer Parteidisposition der grenzüberschreitenden Anerkennung nach Art. 32 ff. nicht zugänglich, soweit nicht mit der richterlichen Entscheidung über die Verfahrensbeendigung auch eine (zumindest grobe) inhaltliche Prüfung verbunden ist. Sobald ein gerichtlicher Hoheitsakt vorliegt, kann von einer bloss «vertraglichen Natur» der Verfahrensbeendigung, auf welche der EuGH in *Solo Kleinmotoren* in erster Linie abstellt, u.E. allerdings nicht mehr die Rede sein. Geltungsgrund der Entscheidungswirkungen ist hier vielmehr ein behördlicher Akt. Dass der EuGH eine solche Prüfung zur Voraussetzung für das Vorliegen einer Entscheidung machen – und damit nicht-kontradiktorisch ergangene Entscheidungen aus dem Geltungsbereich von Art. 32 ff. EuGVVO/LugÜ schlechthin ausschliessen – wollte, lässt sich *Solo Kleinmotoren* u.E. nicht entnehmen[35]. Im Übrigen ist auch nicht zu erkennen, welche Zweckgesichtspunkte für eine solche Beschränkung sprechen sollten. Aus denselben Gründen sind u.E. auch Versuche abzulehnen, aus **Solo Kleinmotoren**

[33] Vgl. v. HOFFMANN/HAU 218; ATTESLANDER-DÜRRENMATT 109 ff.; FRISCHE 141 ff.

[34] EuGH Rs. C-414/92, *Solo Kleinmotoren/Boch,* Slg. 1994 I 2237.

[35] In diese Richtung auch ATTESLANDER-DÜRRENMATT 110.

Mindesterfordernisse für die gerichtliche Tatsachen- und/oder Rechtsprüfung bei Säumnisurteilen abzuleiten[36]. Ob deshalb jedoch ein Rechtskraft wirkender Vergleich selbst Anerkennungsgegenstand nach dem LugÜ sein kann, scheint zweifelhaft – in der blossen Beurkundung des von den Parteien Erklärten liegt ja beim besten Willen keine gerichtliche «Entscheidung» i.S.v. Art. 32. Bei der Anerkennung von Vergleichen nach Art. 241 ZPO im LugÜ-Ausland könnte allenfalls behauptet werden, in Wahrheit liege auch hier eine Entscheidung vor, weil erst mit dem Erledigungsentscheid nach Art. 241 Abs. 3 ZPO feststehe, dass ein rechtskräftiger Vergleich vorliege[37]. Dass man damit ausländische Gerichte überzeugen können wird, ist allerdings zu bezweifeln.

III. Kontradiktorisches Verfahren

11 Vom Anwendungsbereich der Art. 32 ff. sind nach der Rechtsprechung des EuGH nur Akte erfasst, die in einem **kontradiktorischen Verfahren** ergehen[38]. Der EuGH verlangt dabei, dass der Gegner Gehör erhalten hat, **bevor** die Entscheidung (grenzüberschreitend) **vollstreckbar** wird. Nicht zwingend erforderlich ist es dagegen, dass die Anhörung des Gegners bereits vor dem *Erlass* der Entscheidung erfolgt[39]. Die *Zustellung der Entscheidung* ist nicht Anerkennungs- oder Vollstreckbarerklärungsvoraussetzung, sondern kann auch noch im Exequaturverfahren nachgeholt werden (vgl. Art. 42 Abs. 2).

12 Das Erfordernis des kontradiktorischen Verfahrens, wie es in der Rechtsprechung des EuGH verstanden wird, bereitet insbesondere im Rahmen **einstweiliger Massnahmen** Probleme, weil es der grenzüberschreitenden Vollstreckung superprovisorischer Massnahmen entgegensteht. Zwar genügt es, wenn sich der Schuldner nachträglich (d.h. nach Erlass der Massnahme) Gehör verschaffen kann; doch muss er dazu nach der Rechtsprechung des EuGH Gelegenheit gehabt haben, bevor sich die Frage nach der

[36] Vgl. zum Ganzen auch Domej, ZZPInt 2008, 194 ff.
[37] Vgl. dazu näher BSK ZPO-Oberhammer, Art. 241 Rz. 10.
[38] EuGH Rs. 125/79, *Denilauler/Couchet,* Slg. 1980, 1553.
[39] Deutlich EuGH Rs. C-39/02, *Mærsk/de Haan,* Slg. 2004 I 9657 Rz. 50; vgl. auch schon EuGH Rs. C-474/93, *Hengst/Campese,* Slg. 1995 I 2113 Rz. 14.

grenzüberschreitenden Anerkennung und Vollstreckung stellt[40]. Superprovisorische Massnahmen, die vor der Anhörung des Schuldners nicht nur erlassen, sondern insbesondere auch vollzogen werden sollen, können auf dieser Basis nicht grenzüberschreitend anerkannt und vollstreckt werden. Dagegen steht die *Denilauler*-Rechtsprechung der grenzüberschreitenden Vollstreckung von Entscheidungen aus einstufigen Zahlungsbefehlverfahren (wie dem österreichischen Mahnverfahren oder dem schweizerischen SchKG-Einleitungsverfahren)[41] zumindest dann nicht entgegen, wenn der Schuldner vor Eintritt der Vollstreckbarkeit die Möglichkeit hat, einen (mit aufschiebender Wirkung ausgestatteten) Rechtsbehelf zu erheben.

IV. Einzelfragen

1. Territorial beschränkte Entscheidungen

Zum Teil wird vertreten, die Urteilsfreizügigkeit gelte nicht für Entschei- 13
dungen, die auf eine bloss territoriale (d.h. auf das Gebiet des Erststaates beschränkte) Wirksamkeit angelegt seien[42]. Die Bestimmungen über die Urteilsfreizügigkeit stehen allerdings nicht zur Disposition der Vertragsstaaten; eine **territoriale Beschränkung der Entscheidungswirkungen** kraft nationalen Rechts kann deshalb im Grundsatz die Anerkennung und Vollstreckung nach dem LugÜ u.E. nicht ausschliessen[43]. «Territorial beschränkte Entscheidungen» kommen freilich insofern in Betracht, als sich die Beschränkung aus dem Entscheidungsgegenstand selbst ergibt, wie etwa bei Exequaturentscheidungen[44] oder prozessleitenden Entscheiden[45].

[40] EuGH Rs. C-474/93, *Hengst/Campese,* Slg. 1995 I 2113 Rz. 14; Rs. C-39/02, *Mærsk/de Haan,* Slg. 2004 I 9657 Rz. 50; ob diese Vorgabe mit der Entscheidung BGE 126 III 626 tatsächlich (wie beabsichtigt) umgesetzt wurde, ist fraglich; zweifelnd etwa Dasser, Jusletter 19. Januar 2004, Rz. 27 ff.; vgl. ferner BGer 01.03.2006, 4P.331/2005, E. 7.

[41] Vgl. Kodek, ZZPInt 1999, 137 ff.; Domej, ZZPInt 2008, 119 f.

[42] Vgl. etwa Schlosser, EuZPR, Art. 32 EuGVVO Rz. 5; Dasser/Oberhammer-Walther, Art. 25 Rz. 36.

[43] Vgl. näher Domej, ZZPInt 2008, 192 ff.

[44] Vgl. Rz. 20.

[45] Vgl. Rz. 18.

2. Säumnisentscheidungen

14 Von der europäischen Urteilsfreizügigkeit erfasst sind auch Säumnisentscheidungen aller Art[46] einschliesslich solcher, die im Rahmen von Mahnverfahren ergehen, so etwa ein für vorläufig vollstreckbar erklärtes italienisches *decreto ingiuntivo*[47], ein österreichischer Zahlungsbefehl[48] oder ein deutscher Vollstreckungsbescheid[49]. Zur Frage der grenzüberschreitenden Vollstreckbarkeit eines schweizerischen Zahlungsbefehls vgl. Rz. 22.

3. Einstweilige Massnahmen

15 Für die Anerkennung und Vollstreckung einstweiliger Massnahmen[50], welche an einem von Art. 31 vorbehaltenen nationalen **Massnahmegerichtsstand** ergangen sind, hat die Rechtsprechung des EuGH[51] besondere Voraussetzungen entwickelt: Bei derartigen Massnahmen muss (neben dem kontradiktorischen Verfahren, welches allerdings auch bei einstweiligen Massnahmen in Hauptsachegerichtsständen gefordert wird) eine reale Verknüpfung zwischen dem Gegenstand der Massnahme und dem in Anspruch genommenen Gerichtsstand bestehen. Zudem muss bei Massnahmen, die auf die vorläufige Erbringung der geschuldeten Hauptleistung gerichtet sind, der provisorische Charakter dadurch gewährleistet sein, dass die Rückzahlung sichergestellt ist. Systematisch ordnet der EuGH diese Voraussetzungen nicht bei den Anerkennungsversagungsgründen ein, sondern verneint bei ihrem Fehlen überhaupt das Vorliegen einer Entscheidung i.S.d. Titels III des Übereinkommens und damit den Anwendungsbereich der Bestimmungen des Übereinkommens über die Ur-

---

46 Dasser/Oberhammer-Walther, Art. 25 Rz. 21.

47 Vgl. EuGH Rs. C-474/93, *Hengst/Campese,* Slg. 1995 I 2113 Rz. 6; BGer 31.08.2007, 4A_80/2007, E. 4; TC d'Appello Lugano, SZIER 1996, 106 (Volken); Justizkommission ZG, ZGGVP 2007, 213; öOGH 3 Ob 248/98m, SZ 73/74 = RdW 2001/39 = ZfRV 2000/86; 3 Ob 49/06m, ZfRV 2006, 195; OLG Zweibrücken, RIW 2006, 709 = InVo 2006, 363; OLG Düsseldorf, NJOZ 2006, 4250 = IPRspr 2006, Nr. 188; OLG Celle, NJW-RR 2007, 718 = IPRspr 2007, Nr. 192; vgl. ferner zur *ordinanza ingiuntiva di pagamento* (Art. 186ter itCPC) OLG Stuttgart, NJW 1998, 280 = RIW 1997, 684; OLG Zweibrücken, RIW 2006, 863.

48 Kodek, ZZPInt 1999, 137 ff., 166.

49 Czernich/Tiefenthaler/Kodek-Kodek, Art. 32 Rz. 8; vgl. auch BGer 04.12.2009, 5A_689/2009; OGer LU, LGVE 1999 I Nr. 40; KG VS, ZWR 2002, 161; KG GR, PKG 2005, 56; SKG 08 27; KSK 09 46.

50 Vgl. dazu auch Rz. 7 sowie Art. 31 Rz. 72 ff.

51 Vgl. EuGH Rs. C-391/95, *van Uden/Deco-Line,* Slg. 1998 I 7091 Rz. 40 ff.; Rs. C-99/96, *Mietz/Intership Yachting Sneek,* Slg. 1999 I 2277 Rz. 44 ff.

teilsfreizügigkeit. Vor diesem Hintergrund scheint eine Anerkennung und Vollstreckung nach nationalem Anerkennungsrecht nicht ausgeschlossen, soweit dieses eine solche zulässt[52].

4. Kostenentscheidungen

Kostenentscheidungen sind anzuerkennen, soweit die Hauptsache zumindest teilweise[53] in den sachlichen Anwendungsbereich des Übereinkommens fällt[54]. Dies gilt allerdings nur für Entscheidungen, welche Kostenzusprüche an eine Partei[55] oder einen Anwalt[56] betreffen. Entscheidungen, die eine Partei zur Entrichtung von Gerichtskosten an den Fiskus verpflichten, fallen dagegen nicht in den Anwendungsbereich des LugÜ, weil es sich dabei nicht um Zivilsachen handelt[57]. 16

5. Zuständigkeitsentscheidungen

Entscheidungen, mit welchen auf eine Klage mangels **internationaler Zuständigkeit** nicht eingetreten wird, sind für die Gerichte anderer Vertragsstaaten insofern bindend, als diese ihre internationale Zuständigkeit nicht mehr unter Berufung darauf verneinen dürfen, in Wahrheit seien die Gerichte des Erststaates international zuständig[58]. Trat das erststaatliche Gericht dagegen auf die Klage deshalb nicht ein, weil eine Prozessvoraussetzung verneint wurde, welche nur die Zulässigkeit eines Verfahrens nach der lex fori des Erststaates betraf, so ist für eine grenzüberschreitende Anerkennung kein Raum[59]. 17

---

52 Dafür etwa SCHLOSSER, EuZPR, Art. 32 EuGVVO Rz. 6; CZERNICH/TIEFENTHALER/KODEK-KODEK, Art. 32 Rz. 11; zur Anerkennungsfähigkeit superprovisorischer Massnahmen nach dem IPRG vgl. GRUNDMANN 95 f.

53 Corte d'Appello di Trieste, Riv. dir. int. pr. proc. 1976, 559; KROPHOLLER, EuZPR, Art. 32 Rz. 11; SCHLOSSER, EuZPR, Art. 32 EuGVVO Rz. 10; CZERNICH/TIEFENTHALER/KODEK-KODEK, Art. 32 Rz. 14.

54 BGH, EuLF 2009, II-64; DASSER/OBERHAMMER-WALTHER, Art. 25 Rz. 27.

55 OLG Frankfurt, OLGR 2006, 215.

56 SCHLOSSER, EuZPR, Art. 32 EuGVVO Rz. 4.

57 RAUSCHER-LEIBLE, Art. 32 EuGVVO Rz. 9.

58 Bericht SCHLOSSER Rz. 191; KROPHOLLER, EuZPR, vor Art. 33 Rz. 13; SCHLOSSER, EuZPR, Art. 33 EuGVVO Rz. 3; Rauscher-LEIBLE, Art. 32 EuGVVO Rz. 5; MünchKommZPO-GOTTWALD, Art. 33 EuGVVO Rz. 4; WALTER, IZPR, 436; JEGHER 32; a.A. GEIMER/SCHÜTZE, EuZVR, Art. 32 EuGVVO Rz. 20ff.; wohl auch SCHOIBL, ZZPInt 2005, 145; implizit BayObLG, MDR 2003, 1196 = NJOZ 2004, 1704 = IPRspr 2003 Nr. 214.

59 Vgl. JAMETTI GREINER, Entscheidung 302 ff.

6. Prozessleitende Verfügungen

18 Entscheide, die nur **im Rahmen eines bestimmten Verfahrens** zum Tragen kommen und dessen Fortgang gestalten, wie etwa prozessleitende Verfügungen, Beweisbeschlüsse[60] und dgl. sind kein Gegenstand der grenzüberschreitenden Anerkennung und Vollstreckung nach dem LugÜ. Sehr wohl grenzüberschreitend anzuerkennen und zu vollstrecken sind aber Entscheidungen, die den Prozessgegner zur Herausgabe von Informationen aufgrund eines materiellrechtlichen Auskunftsanspruchs verpflichten[61].

7. Entscheidungen im Zusammenhang mit Vollstreckungsverfahren

19 Kein Gegenstand grenzüberschreitender Anerkennung und Vollstreckung nach Art. 32 ff. sind (abgesehen von den Zwangsgeldentscheiden gemäss Art. 49) nach h.M. blosse **Vollstreckungsakte**[62]. Nur Vollstreckungstitel geniessen nach dem LugÜ grenzüberschreitende Freizügigkeit; die eigentliche Vollstreckung bleibt demgegenüber grundsätzlich nationale Angelegenheit.

20 Auch eine grenzüberschreitende Anerkennung und Vollstreckung von **Exequaturentscheidungen** kommt nicht in Betracht. Soweit eine Exequaturentscheidung ein Urteil aus einem Vertragsstaat betrifft, ergibt sich das schon aus der Konzeption der Bestimmungen über die Anerkennung und Vollstreckbarerklärung, die deutlich darauf ausgerichtet sind, dass in jedem Vertragsstaat selbständig zu beurteilen ist, ob die Anerkennungsvoraussetzungen erfüllt sind. Eine «Doppelexequierung» kommt aber nach h.M. namentlich auch dann nicht in Betracht, wenn es um ein drittstaatliches Urteil geht, das von einem Gericht eines (anderen) Vertragsstaates anerkannt wurde[63]. Anderes gilt freilich, wenn eine ausländische Entscheidung einer

---

60 Bericht Schlosser Rz. 187; OLG Hamm, RIW 1989, 566 (krit. Bloch) = IPRspr 1988 Nr. 187; OLG Hamburg, IPRax 2000, 530 (Försterling 499) = IPRspr 1999 Nr. 176; Kropholler, EuZPR, Art. 32 Rz. 24; Schlosser, EuZPR, Art. 32 EuGVVO Rz. 7; Dasser/Oberhammer-Walther, Art. 25 Rz. 35; zu Beweissicherungsmassnahmen vgl. Heinze, IPRax 2008, 482 ff.

61 Schlosser, EuZPR, Art. 32 EuGVVO Rz. 9.

62 Dasser/Oberhammer-Walther, Art. 25 LugÜ Rz. 4; Schack, IPRax 1997, 318; Domej, ZZPInt 2008, 193 m.w.N; a.A. Schlosser, EuZPR Art. 32 EuGVVO Rz. 5.

63 Vgl. für viele Kropholler, EuZPR, Art. 32 Rz. 15; Schlosser, EuZPR, Art. 32 EuGVVO Rz. 5; Geimer/Schütze, EuZVR, Art. 33 EuGVVO Rz. 6, Rz. 84; Dasser/Oberhammer-Walther, Art. 25 Rz. 30; zur Frage der Zulässigkeit eines Doppelexequatur bei Schiedssprü-

anderen Entscheidung in einem Vertragsstaat inhaltlich zugrunde gelegt wurde[64].

Die **Abgrenzung zwischen Vollstreckungsakten und Entscheidungen** i.S.v. Art. 32 ff. wirft gerade aus schweizerischer Perspektive vor dem Hintergrund der Verzahnung von Erkenntnis- und Vollstreckungselementen im Einleitungsverfahren nach dem SchKG erhebliche Schwierigkeiten auf. 21

Der **Zahlungsbefehl** (Art. 69 SchKG) hat insofern eine Doppelfunktion, als er nicht nur die Einleitung des Zwangsvollstreckungsverfahrens darstellt, sondern in diesem Verfahren zugleich auch als Vollstreckungstitel anzusehen sein kann[65]. Insofern stellt sich die Frage, inwiefern der Zahlungsbefehl (als Vollstreckungstitel betrachtet) auch eine Entscheidung i.S.v. Art. 32 sein kann. Unter dem aLugÜ scheiterte dies jedenfalls daran, dass die für den Erlass zuständigen Betreibungsbehörden keine Gerichte im institutionellen Sinn sind[66]; dieses Hindernis ist mit der Neuregelung des Gerichtsbegriffs in Art. 62 LugÜ 2007 jedoch entfallen[67]. Daher dürfte es eher zutreffen, den schweizerischen Zahlungsbefehl als Entscheidung i.S.v. Art. 32 anzusehen[68], auch wenn es sich dabei nach schweizerischer Auffassung nicht um eine Entscheidung über den betriebenen Anspruch 22

---

chen vgl. zuletzt (aus der Perspektive des deutschen nationalen Rechts) generell ablehnend BGH, NJW 2009, 2826 = RIW 2009, 721 = SchiedsVZ 2009, 285; unter Zugrundelegung der früheren gegenteiligen Rechtsprechung des BGH die Zulässigkeit der Vollstreckbarerklärung eines englischen Urteils auf Basis eines Schiedsspruches nach dem EuGVÜ bejahend OLG Hamburg, NJW-RR 1992, 568 = RIW 1992, 939 = IPRspr 1991, Nr. 211; für die Zulässigkeit einer Doppelexequierung bei Schiedssprüchen in Ausnahmefällen zur Vermeidung von Rechtsschutzlücken bei der Durchsetzung von Nebenansprüchen SCHLOSSER, EuZPR, Art. 32 EuGVVO Rz. 5.

64 Dazu genügt es aber nicht schon, dass die erste Entscheidung im Sinn der *merger doctrine* in der zweiten aufgegangen ist, vgl. dazu BGH, NJW 2009, 2826 = RIW 2009, 721 = SchiedsVZ 2009, 285 (zur Unzulässigkeit der Doppelexequierung bei Schiedssprüchen nach deutschem nationalem Recht – Änderung der Rechtsprechung).

65 Dazu DASSER/OBERHAMMER-DOMEJ, Art. Va Protokoll Nr. 1 Rz. 6 ff.; vgl. auch DASSER/OBERHAMMER-MARKUS, Art. 16 Nr. 5 Rz. 18 f.

66 Dies übersieht wohl MEIER, Besondere Vollstreckungstitel 209 f.

67 Vgl. oben Rz. 1 f.

68 Vgl. im Einzelnen DOMEJ, ZZPInt 2008, 194 ff.; dafür auch MARKUS, Zahlungsbefehl 55 ff.; a.A. KREN KOSTKIEWICZ/RODRIGUEZ Rz. 70 ff. Für die grenzüberschreitende Vollstreckbarkeit von Zahlungsbefehlen schon unter dem aLugÜ MEIER, Besondere Vollstreckungstitel 209 f.; dagegen PATOCCHI, Reconnaissance 104 ff. Zur Frage der grenzüberschreitenden Vollstreckbarkeit eines Verlustscheins in den Fällen des Art. 149 Abs. 3 SchKG vgl. DOMEJ, ZZPInt 2008, 205 f.; die grenzüberschreitende Vollstreckbarkeit eines Verlustscheins unter der Geltung des aLugÜ zu Recht verneinend LGZ Graz 12.11.2008, 4 R 268/08y.

handeln mag und er insbesondere keine anerkennungsfähige Rechtskraft wirkt; insofern verhält es sich nicht anders als bei den unstreitig als Entscheidung i.S.v. Art 32 anerkennungsfähigen Massnahmen des einstweiligen Rechtsschutzes. Insbesondere im Zusammenhang mit der Fortsetzungsfrist (Art. 88 Abs. 2 SchKG) ergeben sich im grenzüberschreitenden Verhältnis freilich durchaus diffizile Probleme[69].

23 Zahlreiche Kontroversen ranken sich auch um die Einordnung von gerichtlichen Entscheidungen, die im Zusammenhang mit Vollstreckungsverfahren ergehen. Zum Teil wird dabei versucht, die (schon aus rein schweizerischer Perspektive in mehrfacher Hinsicht problematische) Unterscheidung zwischen «rein betreibungsrechtlichen» Klagen, solchen mit «Reflexwirkung auf das materielle Recht» und schliesslich «materiellrechtlichen» Klagen auch für die Einordnung unter das LugÜ nutzbar zu machen[70]; freilich ist der Entscheidungsbegriff des LugÜ (wie auch der Anwendungsbereich der Gerichtsstandsregelungen, wo z.T. ebenfalls auf die genannte Einteilung verwiesen wird[71]) autonom zu bestimmen, weshalb hier nicht unbesehen auf derartige Kategorisierungen zurückgegriffen werden kann. Richtigerweise ist für jedes einzelne Verfahren unabhängig von solchen Kategorien nationaler Dogmatik zu bestimmen, ob die daraus hervorgehenden Entscheidungen Wirkungen haben können, die einer Anerkennung oder Vollstreckung im Ausland zugänglich sind. Mit Blick auf die **definitive Rechtsöffnung** wird dies zu verneinen sein, weil es sich dabei der Sache nach um ein Exequaturverfahren handelt, weshalb eine grenzüberschreitende Vollstreckung am Ausschluss der Doppelexequierung[72] scheitert[73]. Die **provisorische Rechtsöffnung** ist dagegen aus der Perspektive des europäischen Zivilprozessrechts ein (summarisches) Erkenntnisverfahren, weshalb die grenzüberschreitende Anerkennung und Vollstreckung eines provisorischen Rechtsöffnungsentscheids durchaus nicht ausgeschlossen ist[74]. Auch ein schweizerischer **Arrest** kann u.E. im

---

69 Zu diesen etwa DOMEJ, ZZPInt 2008, 204 ff.; SOGO, AJP 2005, 810 ff.

70 Vgl. etwa DASSER/OBERHAMMER-WALTHER, Art. 25 Rz. 39.

71 So etwa AMONN/WALTHER, § 4 Rz. 56.

72 Vgl. Rz. 20.

73 Ebenso im Ergebnis SCHLOSSER, EuZPR, Art. 32 EuGVVO Rz. 5; DASSER/OBERHAMMER-WALTHER, Art. 25 LugÜ Rz. 36.

74 OLG Düsseldorf, IPRax 2006, 183 (SOGO 144) = IPRspr 2004 Nr. 158; MEIER, Besondere Vollstreckungstitel 205; KREN KOSTKIEWICZ, FS Vogel 460 f.; STOFFEL 380; JAMETTI GREINER, ZBJV 1992, 66 f.; MARKUS, LugÜ 126; SOGO, AJP 2005, 809 f.; DERS., IPRax 2006, 145; a.A.

Grundsatz einer Anerkennung und Vollstreckung im Ausland zugänglich sein[75]; zu bedenken ist dabei jedoch, dass ein solcher nach Art. 272 Abs. 1 SchKG nur Vermögensstücke erfassen darf, die sich (bei Arrestlegung) in der Schweiz befinden, weshalb eine grenzüberschreitende Anerkennung nur (aber immerhin) dann in Betracht kommen wird, wenn Arrestgegenstände in der Folge in das Ausland verbracht werden[76]. Zudem sind hier die besonderen Voraussetzungen für die grenzüberschreitende Freizügigkeit von Massnahmen des einstweiligen Rechtsschutzes zu beachten[77].

Zum Teil wird gesagt, Entscheidungen mit **«Reflexwirkung auf das materielle Recht»** hätten i.d.R. keine Zivil- und Handelssachen i.S. des Übereinkommens zum Gegenstand und seien daher auch nicht nach diesem anzuerkennen und zu vollstrecken[78]. Dem ist jedenfalls in dieser Allgemeinheit nicht zu folgen; schon Art. 22 Nr. 5 zeigt, dass vollstreckungsbezogene Verfahren (soweit sie sich auf eine Einzelzwangsvollstreckung beziehen)[79] sehr wohl in den Anwendungsbereich des Übereinkommens fallen, ansonsten wäre diese Bestimmung überflüssig. Soweit freilich eine Entscheidung ausschliesslich die Wirkungen eines Zwangsvollstreckungsakts zum Gegenstand hat, wird sich die Frage nach ihrer grenzüberschreitenden Anerkennung in der Praxis nur ausnahmsweise stellen[80]. Ob und wann Verfahren, denen gemeinhin eine (blosse) «Reflexwirkung» zugesprochen wird, tatsächlich nur einen vollstreckungsrechtlichen Streitgegenstand haben oder zugleich «gewöhnliche» Erkenntnisverfahren sind, die lediglich in einem prozessualen Zusammenhang mit einem Vollstreckungsverfahren stehen, ist schon auf der Ebene des nationalen Prozess- 24

SCHLOSSER, EuZPR, Art. 32 EuGVVO Rz. 5; DASSER/OBERHAMMER-WALTHER, Art. 25 LugÜ Rz. 36; WALDER, Anerkennung 155; P. VOLKEN, SZIER 1994, 405; D. STAEHELIN, RIW 1997, 97; offen lassend KAUFMANN-KOHLER 567.

75 Vgl. DOMEJ, ZZPInt 2008, 194; a.A. SCHLOSSER, EuZPR, Art. 32 EuGVVO Rz. 5; DASSER/OBERHAMMER-WALTHER, Art. 25 Rz. 36; SOGO, SZZP 2009, 84.

76 Anderes gilt etwa für den deutschen dinglichen Arrest, für welchen keine Beschränkung auf das Inlandsvermögen vorgesehen ist; vgl. nur STEIN/JONAS-GRUNSKY, vor § 916 dZPO Rz. 45.

77 Vgl. Rz. 15.

78 So etwa DASSER/OBERHAMMER-WALTHER, Art. 25 Rz. 39.

79 Zu Annexverfahren im Zusammenhang mit Insolvenzverfahren, die nach Art. 1 Abs. 2 lit. b vom Anwendungsbereich des LugÜ ausgeschlossen sind, sowie zu einschlägigen Abgrenzungsproblemen vgl. zuletzt etwa OBERHAMMER, ZIK 2010, 6 ff.; DENS., IPRax 2010, 317 ff., jeweils m.w.N. zum Meinungsstand.

80 Unzutreffend ist es u.E. allerdings, eine grenzüberschreitende Anerkennung und Vollstreckung von Entscheidungen aus Verfahren i.S.v. Art. 22 Nr. 5 EuGVVO/LugÜ generell auszuschliessen; so aber BOMMER 54 f.; RAUSCHER-MANKOWSKI, Art. 22 EuGVVO Rz. 53a.

rechts in einer Reihe von Fällen zweifelhaft. Die vielfältigen Zweifels- und Streitfragen, die in diesem Zusammenhang auftreten, können im Rahmen der vorliegenden Kommentierung nicht im Einzelnen aufgearbeitet werden. In diesen Fällen geht es jeweils darum, ob und welche (potentiell anerkennungsfähigen) Wirkungen einer Entscheidung zukommen; insofern kann derartigen Entscheidungen die grenzüberschreitende Freizügigkeit zumindest nicht pauschal abgesprochen werden. So ist namentlich eine grenzüberschreitende Anerkennung und Vollstreckung von Entscheidungen, die im Rahmen eines Vollstreckungsverfahrens über **Rechte Dritter** absprechen (etwa Entscheidungen über Widerspruchsklagen und ihre funktionellen Äquivalente nach ausländischem Prozessrecht), durchaus nicht von vornherein ausgeschlossen[81]. Unzweifelhaft unter Art. 32 zu subsumieren sind Entscheidungen, in welchen im Rahmen bzw. anlässlich eines Vollstreckungsverfahrens über den Anspruch entschieden wird, wie es etwa aufgrund einer **Aberkennungsklage** (Art. 83 Abs. 2 SchKG) oder einer **negativen Feststellungsklage nach Art. 85a SchKG** geschieht[82].

8. Entscheidungen im Zusammenhang mit Schiedsverfahren

25 Der **Ausschluss** der **Schiedsgerichtsbarkeit** aus dem Anwendungsbereich des Übereinkommens (Art. 1 Abs. 2 lit. d) bezieht sich nach h.M. nicht nur auf das Schiedsverfahren selbst, sondern auch auf Verfahren vor **staatlichen Gerichten**, die sich auf die Schiedsgerichtsbarkeit beziehen[83]. Entscheidungen aus derartigen Verfahren sind somit auch kein Gegenstand der Anerkennung und Vollstreckung nach Art. 32 ff. Sehr wohl anzuerkennen sind allerdings grundsätzlich **Sachentscheidungen** staatlicher Gerichte, die in Missachtung einer wirksamen Schiedsvereinbarung ergangen sind[84];

---

81 Schlosser, EuZPR, Art. 32 EuGVVO Rz. 5; zur Zuständigkeit für derartige Klagen vgl. Bommer 52 ff.

82 Vgl. in diesem Zusammenhang Schlosser, EuZPR, Art. 32 EuGVVO Rz. 5; Nelle 339 ff.

83 Dasser/Oberhammer-Walther, Art. 25 Rz. 32; zur Diskussion über die Änderung oder Abschaffung des Vorbehalts im Zug der EuGVVO-Revision vgl. etwa Schlosser, SchiedsVZ 2009, 129 ff.; zuletzt Koller, JBZVR 2010, 177 ff. m.N. zum Diskussionsstand; aus der Perspektive des LugÜ vgl. zu dieser Diskussion Markus/Giroud 239 ff.; Schöll 43 ff.

84 BGE 127 III 186, 188 E. 2; Kropholler, EuZPR Art. 1 Rz. 47; Dasser/Oberhammer-Walther, Art. 25 Rz. 32; unzutreffend aber OLG Düsseldorf, NJOZ 2007, 3808 = IPRspr 2007, Nr. 196, wonach eine Entscheidung eines staatlichen Gerichts nach europäischem Zivilprozessrecht anerkennungsfähig sein soll, mit welcher die Wirksamkeit einer Schiedsklausel bejaht und daher die Klage nicht zugelassen wurde. Denkbar ist freilich, dass eine Entscheidung, welche

ebenso gerichtliche Sachentscheidungen, die unter inhaltlicher Zugrundelegung eines Schiedsspruchs erlassen wurden[85] (sofern es sich dabei nicht in Wahrheit um Exequaturentscheidungen handelt)[86], aber auch **einstweilige Massnahmen** staatlicher Gerichte zur Sicherung eines Anspruchs, über den in der Hauptsache ein Schiedsgericht zu entscheiden hat[87]. Im Zusammenhang mit Letzteren ist allerdings zu beachten, dass die Zuständigkeit für solche Massnahmen sich ausschliesslich nach Art. 31 i.V.m. den Massnahmegerichtsständen des nationalen Rechts richtet[88]; hier greifen daher stets die Beschränkungen ein, die der EuGH spezifisch für die Anerkennung und Vollstreckung von Massnahmen aus derartigen Gerichtsständen entwickelt hat[89]. Auf den Ausschluss der Schiedsgerichtsbarkeit aus dem Anwendungsbereich des LugÜ kann auch nicht etwa die Zulässigkeit einer *anti-suit injunction* gestützt werden, mit welcher dem Beklagten verboten wird, entgegen einer Schiedsvereinbarung ein Verfahren vor den Gerichten eines anderen LugÜ-Staates einzuleiten[90].

V. Fehlen von Tatsachenfeststellungen bzw. Entscheidungsgründen

Das Fehlen von Tatsachenfeststellungen oder einer Entscheidungsbegrün- 26
dung steht einer Anerkennung nicht grundsätzlich entgegen[91]; allerdings kann in diesem Fall ein Beweisverfahren über das Vorliegen von Anerken-

sich willkürlich über eine existierende Schiedsklausel hinwegsetzt, gegen den prozessualen ordre public verstösst.

85 Schlosser, EuZPR, Art. 32 EuGVVO Rz. 4.

86 Vgl. dazu BGH, NJW 2009, 2826 = RIW 2009, 721 = SchiedsVZ 2009, 285.

87 Vgl. BGH, NJW-RR 2009, 999 = IPRax 2009, 428 = RIW 2009, 238 = SchiedsVZ 2009, 174; allgemein zur Anwendbarkeit des LugÜ auf derartige Massnahmen vgl. EuGH Rs. C-391/95, *van Uden/Deco-Line,* Slg. 1998 I 7091 Rz. 33 f.; Dasser/Oberhammer-Dasser, Art. 1 Rz. 96.

88 EuGH Rs. C-391/95, *van Uden/Deco-Line,* Slg. 1998 I 7091 Rz. 24 ff.

89 Dazu vgl. oben Rz. 15 sowie Art. 31 Rz. 72 ff.

90 EuGH Rs. C-185/07, Allianz/West Tankers, Slg. 2009 I 663.

91 BGer 23.07.2001, 5P.81/2001 E. 4b; aus der Perspektive des IPRG BGE 116 II 625, 632 ff. E. 4d; BGer 17.02.2006, 5P.351/2005, E. 4.2; zum deutsch-schweizerischen Anerkennungs- und Vollstreckungsvertrag BGE 103 Ia 199 (vgl. aber mit Blick auf Übergangsfälle sowie auf Art. 54b LugÜ 1988 BGE 123 III 374, 384, E. 4; 127 III 186, 190 f. E. 4b; mit Blick auf Art. Ia des Protokolls zum aLugÜ OGer BL, BJM 2001, 15); Dasser/Oberhammer-Naegeli Art. 46 LugÜ Rz. 8; Kropholler, EuZPR Art. 32 Rz. 13; Schlosser, EuZPR Art. 32 EuGVVO Rz. 1; vgl. aber zur französischen Rechtsprechung, wonach das Fehlen einer Begründung eine *ordre-public*-Verletzung darstellen kann, Art. 34 Rz. 25; im Zusammenhang mit einstweili-

nungsversagungsgründen erforderlich werden. Um die Anerkennung von Entscheidungen zu erleichtern, die in abgekürzter Form (d.h. ohne Sachverhalt und Entscheidungsgründe) ausgefertigt werden, sehen daher einige Vertragsstaaten die Möglichkeit einer Vervollständigung vor (vgl. etwa für das deutsche Recht §§ 30 f. AVAG). Auch die ZPO ermöglicht in Art. 239 unter bestimmten Voraussetzungen eine Eröffnung des Entscheids ohne Begründung. In derartigen Fällen kann die Nachlieferung der Begründung nur innert zehn Tagen seit der Entscheideröffnung verlangt werden; eine nachträgliche Ergänzung ist dagegen nicht vorgesehen. Ist denkbar, dass eine spätere Anerkennung bzw. Vollstreckung im Ausland erforderlich sein könnte, sollte die daran interessierte Partei jedenfalls eine Begründung beantragen. Dies ist nicht zuletzt auch vor dem Hintergrund des denkbaren Einwands ratsam, das Fehlen einer Begründung verstosse gegen den prozessualen *ordre public*[92].

gen Massnahmen vgl. EuGH Rs. C-99/96, *Mietz/Intership Yachting Sneek,* Slg. 1999 I 2277 Rz. 50 und Rz. 53.

92 Vgl. etwa zur französischen Praxis bezüglich nicht begründeter Säumnisentscheide KROPHOLLER, EuZPR, Art. 34 Rz. 15; NAGEL/GOTTWALD, § 11 Rz. 31.

Abschnitt 1: Anerkennung

Art. 33

1. Die in einem durch dieses Übereinkommen gebundenen Staat ergangenen Entscheidungen werden in den anderen durch dieses Übereinkommen gebundenen Staaten anerkannt, ohne dass es hierfür eines besonderen Verfahrens bedarf.

2. Bildet die Frage, ob eine Entscheidung anzuerkennen ist, als solche den Gegenstand eines Streites, so kann jede Partei, welche die Anerkennung geltend macht, in dem Verfahren nach den Abschnitten 2 und 3 dieses Titels die Feststellung beantragen, dass die Entscheidung anzuerkennen ist.

3. Wird die Anerkennung in einem Rechtsstreit vor dem Gericht eines durch dieses Übereinkommen gebundenen Staates, dessen Entscheidung von der Anerkennung abhängt, verlangt, so kann dieses Gericht über die Anerkennung entscheiden.

Art. 33

1. Les décisions rendues dans un État lié par la présente Convention sont reconnues dans les autres États liés par la présente Convention, sans qu'il soit nécessaire de recourir à aucune procédure.

2. En cas de contestation, toute partie intéressée qui invoque la reconnaissance à titre principal peut faire constater, selon les procédures prévues aux sections 2 et 3 du présent titre, que la décision doit être reconnue.

3. Si la reconnaissance est invoquée de façon incidente devant une juridiction d'un État lié par la présente Convention, celle-ci est compétente pour en connaître.

Art. 33

1. Le decisioni emesse in uno Stato vincolato dalla presente convenzione sono riconosciute negli altri Stati vincolati dalla presente convenzione senza che sia necessario il ricorso ad alcun procedimento.

2. In caso di contestazione, ogni parte interessata che chieda il riconoscimento in via principale può far constatare, secondo il procedimento di cui alle sezioni 2 e 3 del presente titolo, che la decisione deve essere riconosciuta.

3. Se il riconoscimento è richiesto in via incidentale davanti a un giudice di uno Stato vincolato dalla presente convenzione, tale giudice è competente al riguardo.

Art. 33

1. A judgment given in a State bound by this Convention shall be recognised in the other States bound by this Convention without any special procedure being required.

2. Any interested party who raises the recognition of a judgment as the principal issue in a dispute may, in accordance with the procedures provided for in Sections 2 and 3 of this Title, apply for a decision that the judgment be recognised.

3. If the outcome of proceedings in a court of a State bound by this Convention depends on the determination of an incidental question of recognition that court shall have jurisdiction over that question.

Literatur: Vgl. die Literaturhinweise vor Art. 32.

Übersicht *Seite*

I. Anerkennung ipso iure

1 Die Anerkennung erfolgt **ipso iure**, setzt also kein besonderes Verfahren voraus[1]. Jede Stelle, die mit einer anzuerkennenden Entscheidung konfrontiert ist, hat diese ohne weiteres zu berücksichtigen und prüft das Vorliegen der entsprechenden Voraussetzungen selbständig[2]. Dies kann nach h.M. in der Schweiz insbesondere auch im Rahmen eines definitiven Rechtsöffnungsverfahrens geschehen[3]. Eine derartige vorfrageweise erfolgende Anerkennung entfaltet keine Bindungswirkung für spätere Verfahren, sondern ist nur für das jeweilige Verfahren massgeblich[4].

2 Die Verfahrensbestimmungen der Art. 39 ff. kommen bei einer **vorfrageweisen Anerkennung** nicht zum Tragen; insbesondere muss die Bescheinigung nach Art. 54 dafür nicht vorgelegt werden[5]. Wohl aber muss nach Art. 53 Abs. 1 eine Partei, welche die Anerkennung geltend macht, eine Ausfertigung der Entscheidung vorlegen, welche die für ihre Beweiskraft erforderlichen Voraussetzungen erfüllt, und ggf. gemäss Art. 55 Abs. 2 eine Übersetzung beibringen; diese Bestimmung wird nicht nur im Anerkennungsfeststellungsverfahren, sondern auch bei einer Inzidentanerkennung zum Tragen kommen.

3 Fraglich ist, inwieweit im Rahmen der Inzidentanerkennung auch **Anerkennungsversagungsgründe** von Amtes wegen zu berücksichtigen sind.

---

[1] Vgl. nur Kropholler, EuZPR, Art. 33 Rz. 1.

[2] Kropholler, EuZPR, Art. 33 Rz. 10.

[3] Dasser/Oberhammer-Walther, Art. 26 Rz. 12; vgl. in diesem Zusammenhang auch Art. 38 Rz. 15.

[4] Dasser/Oberhammer-Walther, Art. 26 Rz. 11; Kropholler, EuZPR, Art. 33 Rz. 11; Czernich/Tiefenthaler/Kodek-Kodek, Art. 33 Rz. 14.

[5] Schlosser, EuZPR, Art. 33 EuGVVO Rz. 2; a.A. wohl Kropholler, EuZPR, Art. 33 Rz. 10.

Zum Teil wird angenommen, dies richte sich nach nationalem Recht[6]; andere befürworten eine amtswegige Prüfung[7]. Allein der Umstand, dass der anzuerkennenden Entscheidung für den weiteren Verfahrensverlauf «entscheidende Bedeutung» zukommen kann, rechtfertigt eine amtswegige Wahrnehmung nicht[8]. U.E. wird es dem Gesamtkonzept des Anerkennungsrechts des LugÜ eher gerecht, Anerkennungsversagungsgründe nur dann zu prüfen, wenn sich die Partei, zu deren Nachteil sich die Anerkennung auswirken würde, gegen diese ausspricht[9]. Von Amtes wegen zu prüfen sind demgegenüber die allgemeinen Voraussetzungen der Anerkennung, d.h. insbesondere die Anwendbarkeit des Übereinkommens und das Vorliegen einer Entscheidung i.S.v. Art. 32. Keinesfalls ist anzunehmen, das LugÜ sehe hinsichtlich der relevanten Tatsachen einen Untersuchungsgrundsatz vor; es wird vielmehr davon auszugehen sein, dass für die Beschaffung der Tatsachengrundlagen das Recht zur Anwendung kommt, welches das Verfahren beherrscht, in dem sich die Frage der Anerkennung stellt. Selbst wenn man von einer Pflicht zur amtswegigen Wahrnehmung von Verweigerungsgründen ausginge, rechtfertigt das noch nicht die Annahme, hinsichtlich der relevanten Tatsachen gelte der Untersuchungsgrundsatz. Im Bereich der Zuständigkeitsprüfung ist eine eigenständige Tatsachenermittlung des Zweitgerichts ohnehin schon durch Art. 35 Abs. 2 ausgeschlossen[10].

II. Anerkennungsfeststellungsverfahren

Neben der Inzidentanerkennung eröffnet Abs. 2 ein **«separates» Anerkennungsfeststellungsverfahren.** Es ist nicht Voraussetzung der Anerkennung, ermöglicht jedoch eine bindende Feststellung der Anerkennungs- 4

[6] Vgl. mit Blick auf die Pflicht zur amtswegigen Prüfung im Rechtsbehelfsverfahren im Rahmen eines Exequatur- oder Anerkennungsfeststellungsverfahrens CZERNICH/TIEFENTHALER/KODEK-KODEK, Art. 34 Rz. 3.

[7] SCHLOSSER, EuZPR, Art. 33 EuGVVO Rz. 2; DASSER/OBERHAMMER-WALTHER, Art. 26 Rz. 21; offen lassend KROPHOLLER, EuZPR, vor Art. 33 Rz. 6; differenzierend RAUSCHER-LEIBLE, Art. 32 EuGVVO Rz. 3.

[8] So aber DASSER/OBERHAMMER-WALTHER, Art. 26 Rz. 21.

[9] Zur Frage, ob dann ein Rügeprinzip gilt oder auch nicht angerufene (weitere) Anerkennungsversagungsgründe von Amtes wegen wahrgenommen werden können, vgl. Rz. 7.

[10] KROPHOLLER, EuZPR, vor Art. 33 Rz. 8.

fähigkeit für den fraglichen Zweitstaat[11]. Ein entsprechender Antrag kann auch mit einem Antrag auf Vollstreckbarerklärung verbunden werden. Dies kann insbesondere dann zweckmässig sein, wenn der Antragsteller neben der Vollstreckung auch an einem rechtskräftigen Entscheid über die Anerkennungsfähigkeit anderer Entscheidungswirkungen (Rechtskraft, Gestaltungswirkung) interessiert ist[12]. Ein Antrag auf Vollstreckbarerklärung schliesst einen solchen auf Anerkennungsfeststellung nach Art. 33 Abs. 2 nicht in sich; ohne entsprechenden Antrag darf kein Feststellungsentscheid über die Anerkennung ergehen. Die Auslegung des Antrags kann allerdings ergeben, dass in Wahrheit nicht eine Vollstreckbarerklärung, sondern eine Anerkennung angestrebt wird, so etwa, wenn der Beklagte die «Vollstreckbarerklärung» eines abweisenden Urteils verlangt[13].

5 Ausweislich des Wortlauts von Abs. 2 ist ein Anerkennungsfeststellungsbegehren nur zulässig, wenn die **Anerkennungsfähigkeit streitig** ist[14]. Eine darüber hinausgehende Prüfung, ob der Antragsteller ein Feststellungsinteresse habe[15], kommt dagegen nicht in Betracht[16]. Nicht vorgesehen ist ein negatives Anerkennungsfeststellungsverfahren[17]; auch die Geltendmachung der mangelnden Anerkennungsfähigkeit einer Entscheidung mit einer allgemeinen negativen Feststellungsklage nach nationalem Recht (aus schweizerischer Sicht vgl. Art. 88 ZPO) ist u.E. entgegen der h.L.[18] nicht zulässig.

---

11 Dasser/Oberhammer-Walther, Art. 26 Rz. 15; Schlosser, EuZPR, Art. 33 EuGVVO Rz. 4.

12 Kropholler, EuZPR, Art. 33 Rz. 5.

13 Vgl. für einen derartigen Fall AppG BS, BJM 1996, 142, 143 = SZIER 1996, 119 (Volken).

14 Relativierend Kropholler, EuZPR, Art. 33 Rz. 4; für Zulassung auch bei Unstreitigkeit Schlosser, EuZPR, Art. 33 EuGVVO Rz. 4.

15 Vgl. zu diesem allgemein BSK ZPO-Oberhammer, Art. 88 Rz. 9 ff.

16 Kropholler, EuZPR, Art. 33 Rz. 4; Czernich/Tiefenthaler/Kodek-Kodek, Art. 33 Rz. 9; Dasser/Oberhammer-Walther, Art. 26 Rz. 17.

17 Bericht Jenard 43 (zu Art. 26 EuGVÜ); Kropholler, EuZPR Art. 33 Rz. 7; Czernich/Tiefenthaler/Kodek-Kodek, Art. 33 Rz. 11; a.A. Schlosser, EuZPR Art. 33 EuGVVO Rz. 4; Geimer, JZ 1977, 149; Ders., FS Beys (2003) 395.

18 Vgl. etwa Bericht Jenard 43 (zu Art. 26 EuGVÜ); Kropholler, EuZPR, Art. 33 Rz. 7; Rauscher-Leible, Art. 33 EuGVVO Rz. 13; Czernich/Tiefenthaler/Kodek-Kodek, Art. 33 Rz. 13; Walter, IZPR, 439.

6 Hinsichtlich des **Anerkennungsfeststellungsverfahrens** verweist Abs. 2 auf die Abschnitte 2 und 3 des Titels III, d.h. auf die Art. 38–56[19]. In erster Instanz ist demnach – ohne Anhörung des Antragsgegners – nur zu prüfen, ob der Anwendungsbereich des Übereinkommens eröffnet ist[20] und ob eine «Entscheidung» i.S.v. Art. 32 vorliegt[21]. Ob eine Bescheinigung gemäss Art. 54 auch im Anerkennungsfeststellungsverfahren vorzulegen ist, ist angesichts des Wortlauts von Art. 53 Abs. 2 unklar, weil diese Bestimmung im Unterschied zu Art. 53 Abs. 1 nur von der Vollstreckbarerklärung, nicht auch von der Anerkennung spricht[22].

7 Das **Vorliegen von Anerkennungsversagungsgründen** ist nach Art. 41 erst in zweiter Instanz zu prüfen[23]. Strittig ist dabei, ob vom Antragsgegner nicht geltend gemachte Anerkennungsversagungsgründe im Rechtsbehelfsverfahren von Amtes wegen berücksichtigt werden dürfen[24] oder ob das Gericht auf die vom Antragsgegner geltend gemachten Versagungsgründe beschränkt ist[25]. U.E. ist diesbezüglich zu differenzieren: Soweit mit einem Anerkennungsversagungsgrund Interessen geschützt werden, die nicht der Parteidisposition unterliegen, sind sie – im Rechtsbehelfsverfahren, nicht in erster Instanz! – von Amtes wegen wahrzunehmen. Das gilt u.E. für die Anerkennungsversagungsgründe nach Art. 34 Nr. 1, 3 und 4 sowie Art. 35 Abs. 1 i.V.m. Art. 22. Dagegen ist der Versagungsgrund nach Art. 34 Nr. 2 oder eine Verletzung von in Art. 35 Abs. 1 genannten Zuständigkeitsvorschriften, soweit sie im Erstprozess durch Einlassung geheilt hätte werden können, nur auf Parteiantrag wahrzunehmen[26].

8 Hinsichtlich der **Zuständigkeit** für das Anerkennungsfeststellungsverfahren gilt grundsätzlich Art. 39 i.V.m. Anhang II. Diese Bestimmungen passen allerdings auf die Anerkennungsfeststellung insofern nur bedingt,

---

[19] Vgl. daher zu Einzelfragen des Anerkennungsfeststellungsverfahrens die Kommentierung dieser Bestimmungen.

[20] Kropholler, EuZPR, Art. 32 Rz. 3; Dasser/Oberhammer-Walther, Art. 25 Rz. 2.

[21] Czernich/Tiefenthaler/Kodek-Kodek, Art. 32 Rz. 12.

[22] Dafür wohl Dasser/Oberhammer-Walther, Art. 27 Rz. 82.

[23] Vgl. für alle Kropholler, EuZPR, Art. 33 Rz. 9.

[24] Dafür BGH, NJW-RR 2008, 586 = IPRax 2008, 530 (H. Roth 501) = FamRZ 2008, 586 (Gottwald) = IPRspr 2007 Nr. 204; nach Czernich/Tiefenthaler/Kodek-Kodek soll dies eine Frage des nationalen Rechts sein; offen lassend Kropholler, EuZPR, vor Art. 33 Rz. 6.

[25] So Angst-Schütz, Kommentar zur Exekutionsordnung, 2. Aufl., Wien 2008, § 81 Rz. 6.

[26] Ähnlich Geimer/Schütze, EuZVR, Art. 34 EuGVVO Rz. 101; Rauscher-Leible, Art. 34 EuGVVO Rz. 41.

als eine Zwangsvollstreckung (Art. 39 Abs. 2) in den hier interessierenden Fällen häufig nicht in Betracht kommen wird. Sofern eine örtliche Zuständigkeit weder durch einen inländischen Wohnsitz des Schuldners noch durch einen (potentiellen) Vollstreckungsort begründet wird, will die h.L. auf den Ort des Feststellungsinteresses abstellen[27]; u.E. ist allerdings ein derart diffuses Kriterium abzulehnen; da auch sonst keine Grundlage für eine Zuständigkeitseingrenzung zu sehen ist, ist vielmehr **jedes** zweitstaatliche **Gericht** nach Wahl des Antragstellers örtlich zuständig.

9 **Abs. 3** wird gemeinhin als blosse Klarstellung der Möglichkeit einer Inzidentanerkennung gelesen[28], womit die Bestimmung keine eigenständige normative Bedeutung hätte. Zu erwägen ist allenfalls, ob Abs. 3 nicht darüber hinaus im Sinn einer Festschreibung der Zulässigkeit eines eigenständigen Feststellungsantrags bzw. einer Feststellungswiderklage (unabhängig davon, ob das erkennende Gericht für die Anerkennungsfeststellung isoliert betrachtet zuständig wäre, und unabhängig davon, ob die gleiche Verfahrensart gegeben ist) zu verstehen ist, womit eine rechtskräftige Entscheidung über die (im jeweiligen Verfahren ansonsten nur als Vorfrage und daher nicht rechtskräftig zu entscheidende) Anerkennung erwirkt werden könnte[29].

III. Anzuerkennende Entscheidungswirkungen

1. Grundsatz der Wirkungserstreckung

10 Nach zutreffender h.M. gilt unter dem LugÜ der Grundsatz der Wirkungserstreckung: Sämtliche Wirkungen der anzuerkennenden Entscheidung werden so, **wie sie nach dem Recht des Erststaates bestehen**, auf den Zweitstaat erstreckt[30]. Insbesondere unterstehen die **subjektiven, objek-**

---

[27] Geimer, JZ 1977, 213 (der jedoch dann, wenn sich ein solches nicht lokalisieren lässt, die örtliche Zuständigkeit jedes Gerichts im Anerkennungsstaat bejaht); Kropholler, EuZPR, Art. 33 Rz. 8; Dasser/Oberhammer-Walther, Art. 26 Rz. 20; grosszügiger Schlosser, EuZPR, Art. 33 EuGVVO Rz. 4 («jedes vernünftige Zuständigkeitsinteresse»).

[28] Vgl. etwa Kropholler, EuZPR, Art. 33 Rz. 10 f.; wohl auch Czernich/Tiefenthaler/Kodek-Kodek, Art. 33 Rz. 15 f.

[29] Vgl. in diesem Sinn Schlosser, EuZPR, Art. 33 EuGVVO Rz. 5; dagegen Dasser/Oberhammer-Walther, Art. 26 Rz. 13.

[30] Bericht Jenard 43 (zu Art. 26 EuGVÜ); EuGH Rs. 145/86, *Hoffmann/Krieg,* Slg. 1988, 645 Rz. 9 ff. und Tenor 1; Kropholler, EuZPR, vor Art. 33 Rz. 9 f.; Schlosser, EuZPR, Art. 33 EuGVVO Rz. 2; Dasser/Oberhammer-Walther, Art. 26 Rz. 6 f.

tiven und zeitlichen Grenzen der Entscheidungswirkungen dem Recht des Erststaates[31]. Dies gilt auch dann, wenn die fragliche Wirkung dem zweitstaatlichen Recht nicht bekannt ist[32]. Umgekehrt erhält eine ausländische Entscheidung aufgrund der Anerkennung auch keine umfassenderen Wirkungen, als sie ihr nach dem erststaatlichen Recht zukommen[33]; dies ist nicht zuletzt dadurch gerechtfertigt, dass die Mitwirkungsbefugnisse von Parteien und Dritten, aber auch die Prozessstrategie mit der Reichweite der Entscheidungswirkungen zusammenhängen; insbesondere die Reichweite allfälliger Präklusionen muss für die Parteien berechenbar bleiben, was nur durch ihre Unterstellung unter das Recht des Prozessstaates gewährleistet werden kann. Die Grenze für die Erstreckung von Entscheidungswirkungen liegt im *ordre public;* allein dadurch, dass eine Entscheidungswirkung dem zweitstaatlichen Recht fremd ist, wird dieser freilich durchaus noch nicht verletzt. Umstritten ist, ob auch die Art der **prozessualen Geltendmachung** der Entscheidungswirkungen nach dem Recht des Ursprungsstaates zu bestimmen ist oder ob hier das Recht des Zweitstaates eingreift (insb. hinsichtlich der Frage, ob die Rechtskraft von Amtes wegen oder nur auf Einrede zu berücksichtigen ist, ob sie eine neue Entscheidung über eine identische Klage ganz ausschliesst oder nur ein Abweichungsverbot begründet). Die wohl h.M. will diese Frage der lex fori des Zweitstaates unterstellen[34]; u.E. ist jedoch der Grundsatz der Wirkungserstreckung umfassend zu verstehen und daher auch bei der prozessualen Geltendmachung der Entscheidungswirkungen anzuwenden[35].

---

[31] Sąd Najwyższy (Polen) 19.05.2005, Ninth Report on National Case Law Relating to the Lugano Convention, 6 ff. (abrufbar unter <http://www.bj.admin.ch/content/dam/data/wirtschaft/ipr/lugjurispr-9-e.pdf>, besucht am 13.9.2010); Kropholler, EuZPR, vor Art. 33 Rz. 11; Schlosser, EuZPR, Art. 33 EuGVVO Rz. 3.

[32] Schlosser, EuZPR, Art. 33 EuGVVO Rz. 2; Czernich/Tiefenthaler/Kodek-Kodek, Art. 33 Rz. 5; a.A. Schack, IZVR, Rz. 886; Ders., IPRax 1989, 142, wonach (auch) im europäischen Anerkennungsrecht die Kumulationstheorie gelte, die Wirkungserstreckung also nur bis an die Grenze der Wirkungen eines entsprechenden inländischen Entscheids reiche.

[33] KG SZ, EGVSZ 1999, 88, 91 E. 4b; BGHZ 171, 310 = NJW 2007, 3432 = JZ 2007, 894 (H. Roth) = IPRax 2008, 38 (Hess 25) = FamRZ 2007, 989 (Gottwald) = JR 2008, 108 (Looschelders/Gesing) = IPRspr 2007 Nr. 207; Schlosser, EuZPR, Art. 33 EuGVVO Rz. 2.

[34] MünchKommZPO-Gottwald, Art. 33 EuGVVO Rz. 2; Kropholler, EuZPR, vor Art. 33 Rz. 12; Rauscher-Leible, Art. 33 EuGVVO Rz. 4a; Schlosser, EuZPR, Art. 33 EuGVVO Rz. 3; Czernich/Tiefenthaler/Kodek-Kodek, Art. 33 EuGVVO Rz. 6; ohne Festlegung OLG Frankfurt, RIW 1985, 411.

[35] In diesem Sinn auch Geimer/Schütze, EuZVR, Art. 33 EuGVVO Rdnr. 35; für einheitliche Berücksichtigung von Amts wegen unabhängig von der lex fori des Erst- oder Zweitstaates Hau 81 f.

11 Die Anerkennung und damit die Wirkungserstreckung setzt nicht voraus, dass die Entscheidung **endgültig** bzw. **rechtskräftig** ist, wie schon Art. 37 deutlich zeigt[36]. Aber auch eine (auch nur vorläufige) **Vollstreckbarkeit** ist für eine Anerkennung nach Art. 33 **nicht erforderlich**[37]. Freilich können nur solche Wirkungen anerkannt werden, die nach dem Recht des Erststaates **überhaupt schon eingetreten** sind[38]; bei Entscheidungen, die noch Gegenstand eines Rechtsmittelverfahrens sind, ist dies besonders kritisch zu prüfen.

2. Anerkennungsfähige Wirkungen im Einzelnen

12 Der Grundsatz der Wirkungserstreckung gilt für alle Wirkungen der anzuerkennenden Entscheidung. Im Vordergrund stehen dabei die **materielle Rechtskraft** (und ihre funktionellen Äquivalente), d.h. die Ausschlusswirkung, die Präjudizialitätswirkung, der Ausschluss von Angriffs- und Verteidigungsmitteln (Präklusionswirkung)[39]. Nach dem Grundsatz der Wirkungserstreckung anzuerkennen ist ferner die **Gestaltungswirkung**, unabhängig davon, ob sie aus der Perspektive des nationalen Rechts als prozessuale oder als materiellrechtliche Wirkung zu qualifizieren wäre und unabhängig von der Anerkennung durch die vom IPR des Zweitstaates berufene lex causae[40]. Entsprechendes gilt für die **Streitverkündungs- und Interventionswirkung**[41], deren Anerkennungsfähigkeit wird i.Ü. in Art. II Abs. 3 Protokoll 1 ausdrücklich klargestellt.

13 **Nicht** Gegenstand der Anerkennung nach Art. 33 ist eigentlich die **Vollstreckbarkeit**; sie wird der Entscheidung nach dem Konzept des Übereinkommens für den Vollstreckungsstaat durch die Vollstreckbarerklärung verliehen[42]. Die Abgrenzung zwischen den ipso iure anzuerkennenden Ent-

---

36 Dasser/Oberhammer-Walther, Art. 26 Rz. 3; vgl. etwa auch Justizkommission ZG, ZGGVP 2001, 154, 156 f. E. 2b.

37 Missverständlich insoweit Dasser/Oberhammer-Walther, Art. 25 Rz. 20.

38 Vgl. Schlosser, EuZPR, Art. 34–36 EuGVVO Rz. 1.

39 Kropholler, EuZPR, Vor Art. 33 Rz. 11 ff.; Schlosser, EuZPR, Art. 33 EuGVVO Rz. 3.

40 Martiny, Hdb. IZVR III/2, Kap. II Rz. 79; Geimer/Schütze, EuZVR, Art. 33 EuGVVO Rz. 45 f.; Kropholler, EuZPR, Vor Art. 33 Rz. 15.

41 Kropholler, EuZPR, Vor Art. 33 Rz. 16; Schlosser, EuZPR, Art. 33 EuGVVO Rz. 3.

42 Kropholler, EuZPR, Vor Art. 33 Rz. 18; Dasser/Oberhammer-Walther, Art. 26 Rz. 5; vgl. jedoch zur Möglichkeit einer Vollstreckung ohne (separates) Vollstreckbarerklärungsverfahren, wie sie von der schweizerischen h.M. angenommen wird, Art. 38 Rz. 15 ff.

scheidungswirkungen und der Vollstreckbarkeit kann in bestimmten Konstellationen schwierig sein, so namentlich bei Entscheidungen, mit welchen der Schuldner zur Abgabe einer Willenserklärung verurteilt wird[43].

Ist das Vorliegen einer Entscheidung Tatbestandselement einer materiellrechtlichen Norm (**Tatbestandswirkung**), so greift demgegenüber nicht der Grundsatz der Wirkungserstreckung ein. Vielmehr bestimmt in diesem Fall grundsätzlich die *lex causae,* ob und unter welchen Voraussetzungen auch ausländische Entscheidungen den entsprechenden Tatbestand verwirklichen[44]. Im Anwendungsbereich des europäischen Zivilprozessrechts wird freilich im Zweifel von einer Pflicht auch zur kollisions- und privatrechtlichen Gleichbehandlung von Entscheidungen aus anderen Vertragsstaaten mit inländischen Entscheidungen auszugehen sein[45]. Die Abgrenzung zwischen (nach Art. 33 anzuerkennender) Gestaltungswirkung und (nach der *lex causae* zu beurteilender) Tatbestandswirkung wird nicht nach Kriterien des nationalen Rechts, sondern nach autonomen Massstäben vorzunehmen sein, was im Einzelfall allerdings erhebliche Probleme aufwerfen kann[46]. 14

43 Vgl. hierzu STÜRNER, FS Henckel 873 f.; SCHLOSSER, FS Leipold (2009) 436 f.

44 KROPHOLLER, EuZPR, Vor Art. 33 Rz. 17; wohl auch SCHLOSSER, EuZPR, Art. 33 Rz. 3.

45 Vgl. CZERNICH/TIEFENTHALER/KODEK-KODEK, Art. 33 Rz. 6.

46 Zum Verhältnis zwischen Gestaltungs- und Tatbestandswirkung allgemein vgl. LAKKIS, 69 ff.; vgl. ferner MARTINY, Hdb. IZVR III/1, Kap. I, Rz. 427 ff.; SCHACK, IZVR, Rz. 870 ff.

Art. 34

Eine Entscheidung wird nicht anerkannt, wenn:

1. die Anerkennung der öffentlichen Ordnung *(ordre public)* des Staates, in dem sie geltend gemacht wird, offensichtlich widersprechen würde;

2. dem Beklagten, der sich auf das Verfahren nicht eingelassen hat, das verfahrenseinleitende Schriftstück oder ein gleichwertiges Schriftstück nicht so rechtzeitig und in einer Weise zugestellt worden ist, dass er sich verteidigen konnte, es sei denn, der Beklagte hat gegen die Entscheidung keinen Rechtsbehelf eingelegt, obwohl er die Möglichkeit dazu hatte;

3. sie mit einer Entscheidung unvereinbar ist, die zwischen denselben Parteien in dem Staat, in dem die Anerkennung geltend gemacht wird, ergangen ist;

4. sie mit einer früheren Entscheidung unvereinbar ist, die in einem anderen durch dieses Übereinkommen gebundenen Staat oder in einem Drittstaat zwischen denselben Parteien in einem Rechtsstreit wegen desselben Anspruchs ergangen ist, sofern die frühere Entscheidung die notwendigen Voraussetzungen für ihre Anerkennung in dem Staat erfüllt, in dem die Anerkennung geltend gemacht wird.

Art. 34

Une décision n'est pas reconnue si:

1. la reconnaissance est manifestement contraire à l'ordre public de l'État requis;

2. l'acte introductif d'instance ou un acte équivalent n'a pas été notifié ou signifié au défendeur défaillant en temps utile et de telle manière qu'il puisse se défendre, à moins qu'il n'ait pas exercé de recours à l'encontre de la décision alors qu'il était en mesure de le faire;

3. elle est inconciliable avec une décision rendue entre les mêmes parties dans l'État requis;

4. elle est inconciliable avec une décision rendue antérieurement dans un autre État lié par la présente Convention ou dans un État tiers entre les mêmes parties dans un litige ayant le même objet et la même cause, lorsque la décision rendue antérieurement réunit les conditions nécessaires à sa reconnaissance dans l'État requis.

Art. 34

Le decisioni non sono riconosciute:

1. se il riconoscimento è manifestamente contrario all'ordine pubblico dello Stato richiesto;

2. se la domanda giudiziale o atto equivalente non è stato notificato o comunicato al convenuto contumace in tempo utile e in modo tale da poter presentare le proprie difese eccetto qualora, pur avendone avuto la possibilità, egli non abbia impugnato la decisione;

3. se sono in contrasto con una decisione emessa tra le medesime parti nello Stato richiesto;

4. se sono in contrasto con una decisione emessa precedentemente tra le medesime parti in un altro Stato vincolato dalla presente convenzione o in un paese terzo, in una

controversia avente il medesimo oggetto e il medesimo titolo, allorché tale decisione presenta le condizioni necessarie per essere riconosciuta nello Stato richiesto.

Art. 34

A judgment shall not be recognised:

1. if such recognition is manifestly contrary to public policy in the State in which recognition is sought;

2. where it was given in default of appearance, if the defendant was not served with the document which instituted the proceedings or with an equivalent document in sufficient time and in such a way as to enable him to arrange for his defence, unless the defendant failed to commence proceedings to challenge the judgment when it was possible for him to do so;

3. if it is irreconcilable with a judgment given in a dispute between the same parties in the State in which recognition is sought;

4. if it is irreconcilable with an earlier judgment given in another State bound by this Convention or in a third State involving the same cause of action and between the same parties, provided that the earlier judgment fulfils the conditions necessary for its recognition in the State addressed.

Literatur: Vgl. die Literaturhinweise vor Art. 32.

Übersicht *Seite*

I. Allgemeines

1 Art. 34 und 35 enthalten die wichtigsten **Anerkennungsversagungsgründe;** zu beachten sind darüber hinaus Art. 61, Art. 64 Abs. 3, Art. 67 Abs. 4, Art. 68 Abs. 1 sowie aus schweizerischer Perspektive der Vorbehalt gemäss Art. III Abs. 1 Protokoll 1. Die Anerkennungsversagungsgründe stehen sowohl einer Anerkennung nach Art. 33 als auch einer Vollstreckbarerklärung nach Art. 38 ff. entgegen. Ihr Anwendungsbereich erfasst nur **Entscheidungen i.S.v. Art. 32**[1], nicht dagegen Entscheidungen aus Drittstaaten oder solche ausserhalb des sachlichen Anwendungsbereichs des LugÜ. Nicht erfasst sind auch öffentliche Urkunden und gerichtliche Vergleiche; deren Vollstreckbarerklärung kann nur bei Verstössen gegen den *ordre public* verweigert werden (vgl. Art. 57 Abs. 1, Art. 58).

2 Die Regelung der Anerkennungsversagungsgründe ist grundsätzlich **abschliessend**[2]. Dies ist allerdings insofern zu relativieren, als die Anerkennung nach (im Ergebnis) einhelliger Auffassung unabhängig von Art. 34 f. jedenfalls zu unterbleiben hat, wenn sie **völkerrechtswidrig** wäre (insb. weil sie eine Immunitätsverletzung bewirken würde)[3].

3 Art. 34 Nr. 1 einerseits, Nr. 2 bis 4 (sowie die weiteren Anerkennungsversagungsgründe in anderen Bestimmungen des Übereinkommens) andererseits stehen zueinander im Verhältnis von **lex generalis** und **leges speciales**. Sofern einer der spezielleren Tatbestände verwirklicht ist, hat die Anerkennungsversagung nach diesen Gründen zu erfolgen[4]. Gehörsentzug und Entscheidungskollisionen sind allerdings nicht abschliessend in den Sondertatbeständen abgedeckt. Insoweit kann Nr. 1 als Auffangtatbestand eingreifen. So kann etwa die Anerkennungsversagung in Fällen von Gehörverstössen bei Vorsatzdelikten auf Art. 34 Nr. 1 gestützt werden, während Art. 61 nur Fahrlässigkeitsdelikte erfasst[5]. Dabei darf allerdings die ratio von Einschränkungen der besonderen Versagungsgründe nicht unterlau-

---

1 KROPHOLLER, EuZPR, Art. 34 Rz. 1.

2 CZERNICH/TIEFENTHALER/KODEK-KODEK, Art. 34 Rz. 1.

3 Ohne scharfe Differenzierung KROPHOLLER, EuZPR, vor Art. 33 Rz. 5; MünchKommZPO-GOTTWALD, Art. 34 EuGVVO Rz. 4; DASSER/OBERHAMMER-WALTHER, Art. 27 Rz. 80; CZERNICH/TIEFENTHALER/KODEK-KODEK, Art. 34 Rz. 43.

4 KROPHOLLER, EuZPR, Art. 34 Rz. 12.

5 Vgl. EuGH Rs. C-7/98, *Krombach/Bamberski,* Slg. 2000 I 1935; DASSER/OBERHAMMER-DOMEJ, Art. II Protokoll Nr. 1 Rz. 5 m.w.N.

fen werden. So ist etwa die ordnungsgemässe Zustellung in Nr. 2 bewusst nicht mehr verlangt; es widerspräche dem Sinn und Zweck dieser Regelung, würde man nun etwa eine nicht formgültige Zustellung als *ordre-public*-Verletzung einstufen. In Bezug auf die indirekte Zuständigkeit stellt Art. 35 Abs. 3 ausdrücklich klar, dass Art. 35 Abs. 1 den Bereich zulässiger Nachprüfung abschliessend regelt; eine weitere Zuständigkeitskontrolle auf der Basis des *ordre public* kommt daher nicht in Betracht.

Keine Entsprechung im LugÜ 2007 findet **Art. 27 Nr. 4 aLugÜ,** welcher in gewissem Rahmen eine kollisionsrechtliche Kontrolle der Entscheidung zuliess; die praktische Bedeutung dieser Bestimmung war freilich auch schon unter dem aLugÜ sehr gering. 4

II. Art. 34 Nr. 1

1. Begriff des ordre public

Der in Nr. 1 geregelte **ordre-public-Vorbehalt** gehört zum traditionellen Kernbestand des internationalen Anerkennungs- und Vollstreckungsrechts. Es handelt sich um eine Vorbehaltsklausel, welche die Durchsetzung **tragender Grundsätze der Rechtsordnung des Zweitstaates** ermöglicht und für krasse Verstösse gegen solche Grundsätze ein Notfallkorrektiv gegenüber dem grundsätzlichen Verbot der *révision au fond* schafft. Die Bestimmung erfasst sowohl den **prozessualen** als auch den **materiellen** *ordre public*[6]. 5

Mit Blick darauf, dass der *ordre-public*-Vorbehalt gewährleisten soll, dass der Anerkennungsstaat nicht gezwungen wird, eine Entscheidung auch dann anzuerkennen, wenn sich daraus ein Widerspruch zu tragenden Grundsätzen seines nationalen Rechts ergäbe, ist es grundsätzlich Angelegenheit des **zweitstaatlichen Rechts** zu bestimmen, welche Grundsätze zum *ordre public* gehören[7]. Dabei kann bei der Bestimmung der Reichweite des *ordre-public*-Vorbehalts grundsätzlich auch die Kasuistik fruchtbar gemacht werden, die zu Parallelbestimmungen in anderen bi- und multilateralen Anerkennungs- und Vollstreckungsverträgen sowie im nationalen 6

6 Kropholler, EuZPR, Art. 34 Rz. 12; Dasser/Oberhammer-Walther, Art. 27 Rz. 4.

7 EuGH Rs. C-7/98, *Krombach/Bamberski,* Slg. 2000 I 1935; Kropholler, EuZPR, Art. 34 Rz. 5; Dasser/Oberhammer-Walther, Art. 27 Rz. 3.

Anerkennungs- und Vollstreckungsrecht (in der Schweiz Art. 27 Abs. 1 IPRG) entwickelt wurde[8]. Auf die Kasuistik zum kollisionsrechtlichen *ordre public* (in der Schweiz Art. 17 IPRG) kann demgegenüber bei der Auslegung von Art. 34 Nr. 1 nur mit Vorbehalt zurückgegriffen werden; der anerkennungsrechtliche *ordre public* ist nach h.M. enger zu fassen als der kollisionsrechtliche (sog. *ordre public attenué* im Anerkennungsrecht), da hier nicht die erstmalige Rechtsanwendung in einem Verfahren vor einem inländischen Gericht in Frage steht, sondern die Anerkennung der Entscheidung eines ausländischen Gerichts, dessen rechtsprechende Tätigkeit grundsätzlich respektiert wird[9]. Fraglich ist aus schweizerischer Sicht, inwieweit die Rechtsprechung zu Art. 190 Abs. 2 lit. e IPRG auf Art. 34 Nr. 1 LugÜ übertragbar ist[10]. Für die Aufhebung von Schiedssprüchen genügt es nach der Rechtsprechung des Bundesgerichts noch nicht, dass grundlegende Wertungen der schweizerischen Rechtsordnung verletzt wurden; vielmehr ist erforderlich, dass der Entscheid Wertungen widerspricht, die nach schweizerischer Vorstellung jeder Rechtsordnung zugrunde liegen müssen[11]. Zumindest aus rechtspolitischer Perspektive wäre ein derartiges übernationales oder (gerade im Anwendungsbereich des LugÜ) wenigstens europäisches *ordre-public*-Verständnis u.E. auch bei der Anerkennung ausländischer gerichtlicher Entscheidungen zu befürworten.

7 Wenngleich die Definition des *ordre public* grundsätzlich Sache des nationalen Rechts des Zweitstaates ist, gibt das **europäische Zivilprozessrecht** nach der Rechtsprechung des EuGH die **Grenzen** vor, innerhalb derer sich die Gerichte der Vertragsstaaten auf den *ordre public* stützen dürfen[12]. Innerhalb der EU war überhaupt die gänzliche Abschaffung des *ordre-public*-Vorbehalts im Rahmen der laufenden EuGVVO-Revision in Aussicht genommen; die anhaltende Kritik aus der Wissenschaft[13] hat sich schliesslich

[8] Dasser/Oberhammer-Walther, Art. 27 Rz. 3; vgl. entsprechend zu § 328 Abs. 1 Nr. 4 dZPO etwa Schlosser, EuZPR, Art. 34–36 EuGVVO Rz. 3.

[9] Vgl. etwa BGE 126 III 327, 330 E. 2b; 131 III 182, 185 E. 4.1; 134 III 661, 665 E. 4.1 = Pra 98 (2009) Nr. 54 (jeweils zu Art. 27 Abs. 1 IPRG).

[10] Dagegen Kren Kostkiewicz, Anerkennung 131 f.

[11] Vgl. in diesem Zusammenhang etwa BSK IPRG-Berti/Schnyder, Art. 190 Rz. 72 m.H. auf den Meinungsstand zu dieser Bestimmung.

[12] EuGH Rs. C-7/98, *Krombach/Bamberski,* Slg. 2000 I 1935 Rz. 23; Rs. C-38/98, *Renault/Maxicar,* Slg. 2000 I 2973 Rz. 28; Rs. C-394/07, *Gambazzi/DaimlerChrysler,* Slg. 2009 I 2563 Rz. 26; vgl. in diesem Zusammenhang auch Leipold 630 ff.

[13] Vgl. etwa Kropholler, EuZPR, Art. 34 Rz. 3; Schlosser, EuZPR, Art. 34–36 EuGVVO Rz. 2; Bruns 278 f., 284 ff.; Stadler 43 ff; R. Wagner, IPRax 2002, 89 ff.; Oberhammer,

immerhin insoweit durchgesetzt, als der prozessuale *ordre public* in neuem Gewand fortleben soll (Art. 46 Abs. 1 des Kommissionsentwurfs zur Neufassung der EuGVVO). Einige der neueren EU-Instrumente im Bereich des internationalen Zivilprozessrechts kennen den Vorbehalt bereits heute nicht mehr. Hintergrund all dessen ist eine Ideologie der europäischen Integration, die in diesem Zusammenhang gerne den Grundsatz des gegenseitigen Vertrauens unter den EU-Staaten betont. Dieses gegenseitige Vertrauen ist (gerade im Hinblick auf die Qualität der mitgliedstaatlichen Justizsysteme) faktisch durchaus nicht gerechtfertigt; vielmehr stellt seine Dekretierung ein (legitimes) Instrument der europäischen Integrationspolitik dar. Die Schweiz beteiligt sich an diesem Prozess bis dato bekanntlich nur in sehr beschränkter Weise, weshalb aus schweizerischer Sicht kein Grund dafür besteht, sich ein grenzenloses Vertrauen vorschreiben zu lassen (oder es in Anspruch zu nehmen). Für das LugÜ ist zudem zu bedenken, dass es auch einem grösseren Kreis von Vertragsstaaten offen steht (vgl. Art. 70 und 72), weshalb eine Abschaffung dieses Notbehelfs für krasse Verstösse gegen tragende rechtsstaatliche Grundsätze auch aus diesem Grund abzulehnen wäre.

Anders als nach dem Wortlaut von Art. 27 Nr. 1 aLugÜ ist nach Art. 34 8
Nr. 1 ein **«offensichtlicher» Verstoss** gegen den *ordre public* gefordert. Eine inhaltliche Änderung gegenüber dem aLugÜ war damit freilich nicht bezweckt; vielmehr sollte eine blosse Klarstellung des Ausnahmecharakters[14] des Vorbehalts erfolgen. Bereits in der Rechtsprechung zum EuGVÜ forderte der EuGH einen «offensichtlichen» Verstoss gegen den *ordre public,* um den Anerkennungsversagungsgrund nach Art. 27 Nr. 1 EuGVÜ, der wortgleich mit Art. 27 Nr. 1 aLugÜ war, zu begründen[15]. Die restriktive Handhabung des Vorbehalts soll namentlich sicherstellen, dass das Verbot der *révision au fond* nicht ausgehöhlt wird[16].

JBl 2006, 496 ff.; Schlosser, IPRax 2010, 101 ff.; die Beseitigung befürwortend aber etwa Leipold 644 ff.; differenzierend Beaumont/Johnston, IPRax 2010, 106 ff.; vgl. ferner Oberhammer, IPRax 2010, 201 f.

[14] Kropholler, EuZPR, Art. 34 Rz. 4; Dasser/Oberhammer-Walther, Art. 27 Rz. 81; Czernich/Tiefenthaler/Kodek-Kodek, Art. 34 Rz. 6.

[15] EuGH Rs. C-7/98, *Krombach/Bamberski,* Slg. 2000 I 1935 Rz. 37; Rs. C-38/98, *Renault/Maxicar,* Slg. 2000 I 2973 Rz. 30; Rs. C-394/07, *Gambazzi/DaimlerChrysler,* Slg. 2009 I 2563 Rz. 27.

[16] EuGH Rs. C-7/98, *Krombach/Bamberski,* Slg. 2000 I 1935 Rz. 37; Dasser/Oberhammer-Walther, Art. 27 Rz. 7.

9 Der *ordre public* ist der **Inbegriff der fundamentalen Gerechtigkeitsvorstellungen** einer Rechtsordnung; die Vorstellungen darüber, was dazu gehört, können sich im Lauf der Zeit wandeln[17]. Jedenfalls geht es hier nicht um die Behauptung spezifischer rechtlicher Eigenheiten. Vielmehr liegt dem europäischen Zivilprozessrecht der Gedanke zugrunde, dass die Rechts- und Rechtsschutzsysteme der Vertragsstaaten im Grundsatz gleichwertig sind, selbst wenn sie unterschiedlich ausgestaltet sind[18]. Aufgrund der überaus engen rechtskulturellen und -historischen Verbindung der Schweiz mit ihren europäischen Schwesternationen stellt vielmehr der Umstand, dass Einzelheiten hierzulande anders geregelt sind als dort, ein starkes Indiz dafür dar, dass gerade keine fundamentalen Gerechtigkeitsvorstellungen berührt sind – kann man es «so oder anders» machen, geht es schwerlich um die Essenz. Den staats- und völkerrechtlichen Besonderheiten der Schweiz steht ja durchaus kein entsprechender Sonderweg auf den Gebieten des Privat- und Zivilverfahrensrechts gegenüber.

10 Regelungen darüber, über welche Art der Ausbildung ein Richter zu verfügen hat, bzw. über die Besetzung von Gerichten mit Berufs- oder Laienrichtern sowie über die Richterwahl gehören nicht zum *ordre public*[19]. Ebenso wenig ist der blosse Umstand, dass ein Verfahren oder eine Entscheidungswirkung dem Recht des Zweitstaats unbekannt ist, ein Grund für eine Anerkennungsversagung nach Art. 34 Nr. 1[20]. Vielmehr kommt es darauf an, dass die Anerkennung und Vollstreckung gegen einen **wesentlichen Rechtsgrundsatz** des Zweitstaates verstiesse und deshalb in einem **nicht hinnehmbaren Gegensatz** zur Rechtsordnung des Zweitstaates stünde[21]. Das ist nicht schon dann der Fall, wenn unter Anwendung inländischen zwingenden Rechts ein anderes Ergebnis erzielt worden wäre[22]. Selbst der Umstand, dass die Entscheidung im Widerspruch mit international zwingendem Recht (Eingriffsnormen) des Zweitstaates steht, macht

17 BGE 126 III 534, 538 E. 2c = Pra 90 (2001) Nr. 120.

18 Czernich/Tiefenthaler/Kodek-Kodek, Art. 34 Rz. 8.

19 OLG Saarbrücken NJW 1988, 3100 = IPRax 1989, 37 (H. Roth 14) = IPRspr 1987 Nr. 156.

20 Vgl. auch schon Art. 33 Rz. 10.

21 EuGH Rs. C-7/98, *Krombach/Bamberski,* Slg. 2000 I 1935 Rz. 37; Rs. C-38/98, *Renault/Maxicar,* Slg. 2000 I 2973 Rz. 30; Rs. C-394/07, *Gambazzi/DaimlerChrysler,* Slg. 2009 I 2563 Rz. 27; Rs. C-420/07, *Apostolides/Orams,* Slg. 2009 I 3571 Rz. 59; aus schweizerischer Sicht zuletzt etwa BGE 131 III 182, 185 E. 4.1; 134 III 661, 665 E. 4.1. = Pra 98 (2009) Nr. 54, jeweils m.w.N.

22 BGer 15.06.2004, 4P.12/2004 E. 2.1; Schlosser, EuZPR, Art. 34–36 EuGVVO Rz. 2; Dasser/Oberhammer-Walther, Art. 27 Rz. 25.

sie noch nicht notwendigerweise *ordre-public*-widrig. Kein *ordre-public*-Verstoss wird i.d.R. vorliegen bei einem Ergebnis, das nach inländischem Recht rechtmässig wäre[23], selbst wenn das anwendbare materielle Recht unrichtig angewendet wurde (zumindest, wenn darin nicht zugleich ein Verstoss gegen den prozessualen *ordre public* liegt).

Die elementaren Gerechtigkeitsvorstellungen einer Rechtsordnung sind insbesondere in den Grundrechten verkörpert[24]. Insofern **indiziert** ein **Grundrechtsverstoss** eine *ordre-public*-Verletzung; allerdings muss nicht zwangsläufig jede Entscheidung, die aus Sicht des Zweitstaats einen Grundrechtsverstoss enthält, auch dessen *ordre public* verletzen[25]. Die grundsätzliche Völkerrechtsfreundlichkeit der Bundesverfassung gebietet u.E. vielmehr eine Relativierung des Grundrechtsschutzes bei Sachverhalten mit Auslandsbezug: Ausländischem Recht und ausländischen Rechtsakten darf nicht durch genaue Anlegung der Massstäbe des schweizerischen Verfassungsrechts die Anerkennung versagt werden, vielmehr bedarf es einer völkerrechtlichen Orientierung inländischer Schranken. Daher ist es auch und gerade von Verfassung wegen geboten, dass nicht jeder Widerspruch zu inländischen Grundrechten gleich den Tatbestand eines *ordre-public*-Verstosses erfüllt[26]. Das gilt freilich dort nicht, wo die Vertragsstaaten über denselben Grundrechtsstandard verfügen, und demnach insbesondere für den Grundrechtsstandard nach der EMRK, weil das Ansetzen eines tieferen Standards hier nicht durch den Respekt vor abweichenden ausländischen Ansichten gerechtfertigt werden kann[27]. Verstiess das Verfahren im Erststaat gegen die Garantien des Art. 6 Ziff. 1 EMRK, so ergibt sich im Übrigen aus der EMRK selbst eine Pflicht zur Anerkennungsversagung[28]. 11

---

23 DASSER/OBERHAMMER-WALTHER, Art. 27 Rz. 27; vgl. auch BGE 126 III 534, 538 f. E. 2c = Pra 90 (2001) Nr. 120; Departement für Inneres und Militär SG, SGGVP 1999 Nr. 100.

24 Vgl. EuGH Rs. C-7/98, *Krombach/Bamberski,* Slg. 2000 I 1935 Rz. 38 ff.; Rs. C-394/07, *Gambazzi/DaimlerChrysler,* Slg. 2009 I 2563 Rz. 28 ff.; KROPHOLLER, EuZPR, Art. 34 Rz. 8.

25 SCHLOSSER, EuZPR, Art. 34–36 EuGVVO Rz. 3.

26 Vgl. dazu (aus deutscher Sicht) HOFMANN, Grundrechte bei grenzüberschreitenden Sachverhalten (1994) 115 ff., 169 ff.

27 Ähnlich SCHWANDER 172 ff.; DASSER/OBERHAMMER-WALTHER, Art. 27 Rz. 13; auch in diesen Fällen muss aber ein «offensichtlicher» Verstoss vorliegen, vgl. EuGH Rs. C-7/98, *Krombach/Bamberski,* Slg. 2000 I 1935; Rs. C-394/07, *Gambazzi/DaimlerChrysler,* Slg. 2009 I 2563; FURRER/GIRSBERGER/SIEHR, SPR XI/1, Rz. 853; RAUSCHER-LEIBLE, Art. 34 EuGVVO Rz. 11.

28 EGMR 20.07.2001, Nr. 30882/96, *Pellegrini/Italien;* DASSER/OBERHAMMER-WALTHER, Art. 27 Rz. 12.

12 Umgekehrt muss **nicht notwendigerweise** ein **Grundrechtsverstoss** vorliegen, um eine Anerkennungsversagung wegen Verletzung des *ordre public* zu rechtfertigen[29]; wohl aber ist bei Eingriffen in nicht grundrechtlich geschützte Positionen kritisch zu fragen, inwieweit tatsächlich eine so grundlegende Wertung der zweitstaatlichen Rechtsordnung vorliegt, dass eine Anerkennungsversagung gerechtfertigt wäre. Der Umstand allein, dass das angewendete ausländische Recht vom inländischen abweicht, begründet (wie erwähnt) jedenfalls noch keinen Verstoss gegen den *ordre public*.

13 Ein *ordre-public*-Verstoss kann sich daraus ergeben, dass die Anerkennung eine **Pflichtenkollision** bewirken würde, etwa wenn eine Entscheidung eine Partei zu einem Verhalten verpflichtet, welches nach dem Recht des Zweitstaates verboten wäre[30]. Keine *ordre-public*-Verletzung ist es u.E. allerdings, wenn eine ausländische Entscheidung ein Verhalten untersagt, das nach verwaltungsrechtlichen Regelungen (und insbesondere auch aufgrund einer verwaltungsrechtlichen Entscheidung, etwa einer Anlagengenehmigung) zulässig wäre[31].

14 Auch eine **Verletzung des Völkerrechts** kann einen *ordre-public*-Verstoss begründen, so etwa dann, wenn der Erlass der erststaatlichen Entscheidung völkerrechtswidrig war, weil dem Erststaat die Gerichtsbarkeit fehlte. Fehlt dagegen dem Zweitstaat die Gerichtsbarkeit für das Anerkennungs- bzw. Vollstreckbarerklärungsverfahren, so ist dies kein Problem von Art. 34 Nr. 1; vielmehr ist in diesem Fall das Fehlen der Gerichtsbarkeit unabhängig vom Übereinkommen zu berücksichtigen[32]. Unter Berufung auf staatsvertragliche Bestimmungen kann die Anerkennung nach der Rechtsprechung des Bundesgerichts nur dann verweigert werden, wenn diese *self-executing* sind, da andernfalls von einem enttäuschten Vertrauen in staatsvertragliche Bestimmungen, welche gegebenenfalls eine *ordre-public*-Verletzung begründen könne, nicht die Rede sein könne[33].

---

29 Czernich/Tiefenthaler/Kodek-Kodek, Art. 34 Rz. 7; Pfeiffer 684 f.

30 Kropholler, EuZPR, Art. 34 Rz. 20.

31 A.A. für den Fall einer Anlagengenehmigung mit Sperrwirkung Kohler, Unterlassungs- und Schadensersatzklagen, 86 f.; Kropholler, EuZPR, Art. 34 Rz. 20.

32 Vgl. auch Stein/Jonas-Oberhammer, Art. 34 EuGVVO Rz. 6.

33 BGer 29.12.2008, 4A_440/2008, E. 2.5, 2.6.

Aus der Sicht der EU-Staaten kann insb. auch eine Verletzung von Grundprinzipien des Europarechts eine *ordre-public*-Verletzung darstellen[34]; das gilt auch für die dortige Anerkennung und Vollstreckung von Urteilen aus LugÜ-Staaten, die der EU nicht angehören. Auch hier kann allerdings nur ein klarer und grober Verstoss gegen solche Grundprinzipien zur Anerkennungsversagung führen[35]. 15

Bei der Frage, ob eine *ordre-public*-Verletzung vorliegt, kommt es darauf an, ob die **Anerkennung** gegen die Grundwertungen der zweitstaatlichen Rechtsordnung verstösst. Die h.M. weist in diesem Zusammenhang darauf hin, damit solle deutlich gemacht werden, dass nicht die ausländische Entscheidung als solche Gegenstand der Überprüfung sei[36]. Dies ist nicht nur etwas heuchlerisch, sondern auch insofern missverständlich, als jedenfalls beim verfahrensrechtlichen *ordre public* sehr wohl das ausländische Verfahren als solches Gegenstand der Kontrolle ist. Allein mit Blick auf den materiellen *ordre public* trifft der Hinweis zu, es komme auf das Ergebnis der Anerkennung an[37]; ehrlich betrachtet kommt es aber natürlich auch hier zu einer mittelbaren Bewertung der anzuerkennenden Entscheidung im Zweitstaat. 16

Zumindest für den prozessualen *ordre public* ist anerkannt, dass eine Anerkennungsversagung dann nicht in Betracht kommt, wenn der Antragsgegner es **unterlassen** hat, **im Erststaat** ein ihm offen stehendes **Rechtsmittel** zu ergreifen, das den Mangel hätte beseitigen können[38]. Entsprechendes gilt u.E. auch für den materiellen *ordre public*[39]. 17

34 SCHLOSSER, EuZPR, Art. 34–36 EuGVVO Rz. 4.

35 EuGH Rs. C-38/98, *Renault/Maxicar,* Slg. 2000 I 2973 Rz. 32 ff.; CZERNICH/TIEFENTHALER/KODEK-KODEK, Art. 34 Rz. 6.

36 Bericht JENARD 44 (zu Art. 27 EuGVÜ); KROPHOLLER, EuZPR, Art. 34 Rz. 10; SCHLOSSER, EuZPR, Art. 34–36 EuGVVO Rz. 3; CZERNICH/TIEFENTHALER/KODEK-KODEK, Art. 34 Rz. 11; DASSER/OBERHAMMER-WALTHER, Art. 27 Rz. 34.

37 Vgl. in diesem Zusammenhang auch Rz. 18.

38 AppG BS, 09.06.2008, BE-2007-964, E. 4.4.2; KROPHOLLER, EuZPR, Art. 34 Rz. 14 f.; SCHLOSSER, EuZPR, Art. 34–36 EuGVVO Rz. 3; vgl. auch BGer 05.10.2009, 4A_305/2009 E. 4.2.

39 So auch DASSER/OBERHAMMER-WALTHER, Art. 27 Rz. 35; vgl. ferner STÜRNER, FG BGH, 689 f.

2. Materieller ordre public

18 Ein Verstoss gegen den materiellen *ordre public* liegt vor, wenn der Inhalt der ausländischen **Entscheidung mit den fundamentalen Gerechtigkeitsvorstellungen unvereinbar** ist, die dem Recht des Zweitstaates zugrunde liegen, und ihre **Anerkennung** daher **untragbar** wäre[40]. Häufig wird gesagt, dabei komme es nur auf das Ergebnis, nicht jedoch auf die Begründung der Entscheidung an[41]. U.E. kann ein *ordre-public*-Verstoss jedoch auch darin begründet sein, dass ein Recht aus Gründen, die mit Grundwertungen der zweitstaatlichen Rechtsordnung unvereinbar sind, ab- oder zuerkannt wurde. Nicht entscheidend ist jedenfalls, ob der *ordre-public*-Verstoss aus der (korrekten) Anwendung *ordre-public*-widrigen Rechts oder aus einem Verstoss des Erstgerichts gegen das aus erststaatlicher Sicht anwendbare Recht resultiert.

19 Der Umstand, dass nach erststaatlichem **Kollisionsrecht** ein Sachrecht anwendbar war, auf welches das schweizerische Kollisionsrecht nicht verwiesen hätte, stellt keinen *ordre-public*-Verstoss dar[42]; ebenso wenig wird ein solcher durch die unrichtige Anwendung des erststaatlichen Kollisionsrechts begründet[43]. Nur ganz ausnahmsweise sind Fälle denkbar, in denen eine kollisionsrechtliche Verweisung als solche zu einem *ordre-public*-widrigen Ergebnis führt[44]; nicht ausgeschlossen, jedoch praktisch wenig wahrscheinlich erscheint zudem ein *ordre-public*-Verstoss durch willkürliche Anwendung des Kollisionsrechts[45]; dies ist allenfalls denkbar, wenn ein Recht angewandt wird, das zum Sachverhalt keinerlei Bezug aufweist.

20 Zum Kernbestand des materiellen *ordre public* gehören nach der **Rechtsprechung** des Bundesgerichts die Grundsätze der *Vertragstreue*, der Grundsatz von *Treu und Glauben*, das *Rechtsmissbrauchsverbot*, das *Diskriminierungsverbot* sowie der *Schutz handlungsunfähiger Personen*[46]. Auch bestimmte *Grundwertungen des sozialen Privatrechts* (insb. Konsu-

---

[40] Vgl. KROPHOLLER, EuZPR, Art. 34 Rz. 18; DASSER/OBERHAMMER-WALTHER, Art. 27 Rz. 4.

[41] BGE 116 II 634, 637 E. 4a; vgl. etwa auch MünchKommZPO-GOTTWALD, § 328 dZPO Rz. 101.

[42] Vgl. BGE 116 II 634, 637 E. 4a.

[43] SCHLOSSER, EuZPR, Art. 34–36 EuGVVO Rz. 3.

[44] Vgl. KROPHOLLER, EuZPR, Art. 34 Rz. 17.

[45] A.A. SCHLOSSER, EuZPR, Art. 34–36 EuGVVO Rz. 3.

[46] Vgl. etwa BGE 128 III 191, 197 f. E. 6a; BGE 132 III 389, 392 E. 2.2.1 (jeweils zu Art. 190 Abs. 2 lit. e IPRG).

menten-, Arbeitnehmer- und Mieterschutz) werden hierzu zu zählen sein. Wegen Unvereinbarkeit mit dem *ordre public* abzulehnen wäre auch die Anerkennung einer Entscheidung, mit welcher der Beklagte zur Vornahme einer im Inland strafbaren Handlung verurteilt würde[47]. Umstritten ist die Vereinbarkeit von *punitive-damages*-Urteilen mit dem schweizerischen *ordre public*[48]; u.E. ist diese jedenfalls nicht pauschal zu verneinen. Nicht gegen den *ordre public* verstösst ein Entscheid, der aufgrund von Billigkeitserwägungen statt des vereinbarten Rechts gefällt wurde; nach Auffassung des Bundesgerichts gilt das zumindest dann, wenn das Ergebnis der Billigkeitsentscheidung nicht grundlegend von jenem abweicht, zu dem das vereinbarte Recht geführt hätte[49]. Mit dem schweizerischen *ordre public* vereinbar ist auch die Verurteilung zur Zahlung einer Spielschuld, die bei einer bewilligten Spielbank eingegangen wurde[50] oder (ganz offensichtlich) die Verpflichtung zur Zahlung eines Verzugszinses von 10 % p.a.[51]. Verneint wurde ein *ordre-public*-Verstoss auch für den Fall einer Verletzung der Meistbegünstigungsklausel des GATS[52]. Die Verletzung von Grundsätzen des (europäischen oder nationalen) Wettbewerbsrechts wurde im Rahmen von Art. 190 Abs. 2 lit. e IPRG nicht als *ordre-public*-widrig qualifiziert[53]; ob dies auch für den anerkennungsrechtlichen *ordre public* des Art. 34 Nr. 2 LugÜ gilt, ist allerdings sehr zu bezweifeln[54].

3. Prozessualer ordre public

Die Kontrolle des prozessualen *ordre public* bezieht sich auf die Art und Weise, in welcher das **erstgerichtliche Verfahren** durchgeführt wurde. Er ist verletzt, wenn das ausländische Verfahren von den Grundprinzipien des zweitstaatlichen Verfahrensrechts derart abgewichen ist, dass die Entschei- 21

47 BGer 09.11.2004, 4P.84/2004 = SZZP 2006, 198.

48 Vgl. zum Meinungsstand Walter, IZPR, 399 Fn. 50.

49 BGE 116 II 634, 637 E. 4a.

50 BGE 126 III 534, 538 f. E. 2c = Pra 90 (2001) Nr. 120.

51 KG VS, ZWR 2002, 161, 163 f. E. 2. Die Obergrenze, ab welcher wegen überhöhter Verzugszinsen ein *ordre-public*-Verstoss angenommen werden kann, dürfte vielmehr wesentlich höher liegen.

52 BGer 29.12.2008, 4A_440/2008 E. 2.7.

53 BGE 132 III 389, 397 f. E. 3.2 = Pra 96 (2007) Nr. 20.

54 Vgl. BSK IPRG-Berti/Däppen, Art. 27 Rz. 6.

dung **nicht** als **in einer geordneten, rechtsstaatlichen Weise ergangen** angesehen werden kann[55].

22 Dabei kommen als Verstösse grundsätzlich wohl nur **Verletzungen von Verfahrensgrundrechten** in Betracht. Soweit das betreffende Verfahren oder Urteil einen Verstoss gegen prozessuale Grundrechte (insbesondere gegen Art. 6 EMRK) verwirklicht hat, kann es auch eine Verletzung eben dieser prozessualen Grundrechte begründen, wenn das Urteil dennoch anerkannt wird[56]. Dass das ausländische Verfahren vom inländischen abwich (ohne dass der Vorwurf mangelnder Rechtsstaatlichkeit erhoben werden könnte), begründet demgegenüber keinen *ordre-public*-Verstoss[57], selbst wenn das fragliche Prozessrechtsinstitut dem inländischen Recht gänzlich fremd ist[58]. Umgekehrt spricht es natürlich gegen die *ordre-public*-Widrigkeit, wenn im Inland eine vergleichbare Rechtslage besteht und bisher noch nicht unter dem Gesichtspunkt der Grundrechtskonformität in Frage gestellt wurde[59].

23 Zum prozessualen *ordre public* gehören daher das **rechtliche Gehör**[60] (abgesehen vom Fall der Verfahrenseinleitung, wo Nr. 2 als lex specialis zum Tragen kommt), das Recht auf Zugang zu einem **unabhängigen** und **unparteiischen, auf Gesetz beruhenden Gericht**[61], das Verbot von **Ausnahmegerichten**, das Recht auf ein **faires und kontradiktorisches Verfahren**, auf prozessuale **Waffengleichheit**[62], auf **Akteneinsicht**, das Recht auf **Beweis**, auf Mitwirkung bei Beweiserhebungen, auf **Öffentlichkeit** des Verfahrens sowie auf **angemessene Dauer** des Verfahrens[63] (wobei freilich eine Verletzung des Rechts auf Entscheidung innerhalb angemessener Frist

---

55 BGer 20.11.2002, 5P.304/2002 E. 3.3 (insoweit nicht in BGE 129 I 110); SCHLOSSER, EuZPR, Art. 34–36 EuGVVO Rz. 2; DASSER/OBERHAMMER-WALTHER, Art. 27 Rz. 15.

56 EGMR 20.07.2001, Nr. 30882/96, *Pellegrini/Italien;* DASSER/OBERHAMMER-WALTHER Art. 27 Rz. 12.

57 Vgl. etwa BGer 31.08.2007, 4A_80/2007 (zum italienischen Mahnverfahren); KROPHOLLER, EuZPR, Art. 34 Rz. 13, Rz. 16; SCHLOSSER, EuZPR, Art. 34–36 EuGVVO Rz. 2.

58 A.A. wohl DASSER/OBERHAMMER-WALTHER, Art. 27 Rz. 10.

59 Vgl. KGer-Ausschuss GR, PKG 1999 Nr. 31 E. 5c.

60 DASSER/OBERHAMMER-WALTHER, Art. 27 Rz. 12; vgl. etwa auch KROPHOLLER, EuZPR, Art. 34 Rz. 15; SCHLOSSER, EuZPR Art. 34–36 EuGVVO Rz. 7.

61 BGer 05.10.2009, 4A_305/2009 E. 4.1.

62 Cour d'appel Luxembourg, 13.07.2006, Ninth Report on National Case Law Relating to the Lugano Convention, 9 ff. (abrufbar unter <http://www.bj.admin.ch/content/dam/data/wirtschaft/ipr/lugjurispr-9-e.pdf>, besucht am 13.09.2010).

63 DASSER/OBERHAMMER-WALTHER, Art. 27 Rz. 12.

in aller Regel keine Versagung der Anerkennung der letztlich doch zustande gekommenen Entscheidung rechtfertigen wird).

Abweichende Regelungen über **Richterwahl** und **Gerichtsbesetzung** begründen keinen Verstoss gegen den *ordre public*, solange die Anforderungen des Art. 6 Ziff. 1 EMRK mit Blick auf Unabhängigkeit und Unparteilichkeit gewahrt sind. Kein Verstoss gegen den *ordre public* liegt ferner im **Fehlen einer Rechtsmittelinstanz**[64]. Eine Nachprüfung der **Zuständigkeit** unter *ordre-public*-Gesichtspunkten wird von Art. 35 Abs. 3 explizit untersagt[65]; eine Nachprüfung des Zuständigkeitsprüfungs*verfahrens* ist damit freilich nicht ausgeschlossen. 24

Das **Fehlen einer Entscheidungsbegründung** verstösst für sich allein nicht gegen den *ordre public*[66]; ebenso wenig **Widersprüche** und **Fehler** im Dispositiv oder in der Begründung bzw. die **Unbestimmtheit** des Entscheids[67]. Auch ein sonstiger Anerkennungsversagungsgrund wird durch derartige Mängel nicht verwirklicht. Allerdings können insbesondere Widersprüche im Dispositiv dazu führen, dass die Entscheidung wirkungslos bleibt; zudem kann die Vollstreckbarerklärung versagt werden, wenn aufgrund der Widersprüchlichkeit der Entscheidung ein vollstreckbarer Inhalt nicht festgestellt werden kann. 25

Ein *ordre-public*-Verstoss kann auch in einer Verletzung von **Grundwertungen des europäischen Zivilprozessrechts** liegen. Namentlich ist davon auszugehen, dass die Anerkennung von **anti-suit injunctions**, die nach der Rechtsprechung des EuGH mit dem System der Zuständigkeitsprüfung nach europäischem Zivilprozessrecht unvereinbar und (zumindest) in des- 26

---

64 Vgl. KROPHOLLER, EuZPR, Art. 34 Rz. 15 m.w.N. Allerdings kann der Umstand, dass der Verstoss durch ein Rechtsmittel hätte behoben werden können, dazu führen, dass eine Anerkennungsversagung nicht in Betracht kommt (vgl. Rz. 17).

65 Vgl. näher Art. 35 Rz. 21.

66 Vgl. BGE 103 Ia 199; 116 II 625, 632 ff. E. 4d; BGer 23.07.2001, 5P.81/2001 E. 4b; 17.02.2006, 5P.351/2005 E. 4.2 (vgl. aber mit Blick auf Übergangsfälle sowie auf Art. 54b LugÜ 1988 BGE 123 III 374, 384 E. 4; 127 III 186, 190 f. E. 4b mit Blick auf Art. Ia des Protokolls zum aLugÜ OGer BL, BJM 2001, 15); DASSER/OBERHAMMER-WALTHER, Art. 27 Rz. 17; zur abweichenden französischen Rechtsprechung KROPHOLLER, EuZPR, Art. 34 Rz. 15 m.N. in Fn. 39; vgl. in diesem Zusammenhang auch Art. 32 Rz. 26.

67 A.A. KROPHOLLER, EuZPR, Art. 34 Rz. 15.

sen Anwendungsbereich ausnahmslos unzulässig sind[68], aufgrund von Art. 34 Nr. 1 zu versagen wäre[69].

27 Eine **Anerkennungsversagung nach Art. 34 Nr. 1** kann gerechtfertigt sein, wenn eine Partei als Sanktion für die Missachtung einer gerichtlichen Anordnung vom Verfahren ausgeschlossen wurde und eine Gesamtwürdigung des Verfahrens in Anbetracht sämtlicher Umstände ergibt, dass das rechtliche Gehör dadurch offensichtlich und unverhältnismässig beeinträchtigt wurde[70]. Präklusionsfolgen und *contempt-of-court*-Sanktionen sind freilich nicht schon per se *ordre-public*-widrig[71]. Gegen den prozessualen *ordre public* verstösst es nach der Rechtsprechung des Bundesgerichts, wenn die materielle Rechtskraft eines früheren Entscheids ausser Acht gelassen wird[72] (wobei freilich die Tatbestände nach Nr. 3 und 4 – welche diesen Problemkreis indessen nicht abschliessend erfassen – gegebenenfalls als *leges speciales* vorgehen) oder das Gericht im Endentscheid von einer Auffassung abweicht, die es in einem Vorentscheid mit bindender Wirkung geäussert hat[73]. Der Umstand, dass die ausländische Entscheidung durch Prozessbetrug (oder andere strafrechtswidrige Handlungen, insb. Korruption) zustande gekommen ist, wird i.d.R. einen *ordre-public*-Verstoss begründen[74]. Kein Verstoss gegen den prozessualen *ordre public* liegt z.B. vor, wenn ein Beklagter mit unbekanntem Aufenthalt durch Veröffentlichung in einem Handelsamtsblatt vorgeladen wird[75]; wenn ein Beweismittel nicht zugelassen wird, weil es den Anforderungen des ausländischen Prozessrechts nicht genügt, ohne dass eine Verletzung des Rechts auf Gehör vorläge[76]; wenn in einem ausländischen Verfahren eine Leistungsmass-

---

[68] EuGH Rs. C-159/02, *Turner/Grovit,* Slg. 2004 I 3565; Rs. C-185/07, *Allianz/West Tankers,* Slg. 2009 I 663.

[69] Vgl. SCHLOSSER, EuZPR, Art. 34–36 EuGVVO Rz. 5; CZERNICH/TIEFENTHALER/KODEK-KODEK, Art. 34 Rz. 10.

[70] EuGH Rs. C-394/07, *Gambazzi/DaimlerChrysler,* Slg. 2009 I 2563; eine derartige Beeinträchtigung des rechtlichen Gehörs im konkreten Fall verneinend BGer 09.11.2004, 4P.82/2004.

[71] BGer 9.11.2004, 4P.82/2004 E. 3 = SZZP 2006, 198; OLG Frankfurt, IPRax 2002, 523 = IPRspr 2002 Nr. 187.

[72] BGE 136 III 345, 347 ff. E. 2.

[73] BGE 128 III 191, 194 E. 4a.

[74] Aus schweizerischer Perspektive vgl. DASSER/OBERHAMMER-WALTHER, Art. 27 Rz. 16; zum deutschen Recht BGH, NJW 2004, 2386 = IPRax 2006, 47 (HAU 20) = IPRspr 2004 Nr. 161.

[75] KGer-Ausschuss GR, PKG 1999 Nr. 31 E. 5c; zu den Vorgaben des Art. 34 Nr. 2 in diesem Zusammenhang vgl. Rz. 38.

[76] BGer 05.07.2001, 5P.126/2001 E. 4b.

nahme zur vorläufigen Vollstreckung einer Geldleistung erlangt wurde[77] oder wenn ein Gericht eine Vorfrage, die dem inländischen öffentlichen Recht unterliegt, selbständig beurteilt hat[78]. Eine Anerkennungsversagung wegen Verletzung des prozessualen *ordre public* ist auch nicht gerechtfertigt, wenn im ausländischen Verfahren (anders als nach schweizerischem Recht) Anwaltszwang herrscht[79]. Ob die Missachtung einer eindeutig wirksamen Schiedsklausel einen *ordre-public*-Verstoss begründen kann, wird in den Vertragsstaaten unterschiedlich beurteilt[80]. U.E. kann dies dann bejaht werden, wenn die Missachtung der von den Parteien vereinbarten schiedsgerichtlichen Zuständigkeit geradezu willkürlich erfolgte.

III. Art. 34 Nr. 2

1. Anwendungsbereich

Art. 34 Nr. 2 dient dem Schutz vor dem Entzug des **rechtlichen Gehörs bei Verfahrenseinleitung**; dieser Aspekt der Nachprüfung des erststaatlichen Verfahrens im Anerkennungsstadium ist hier abschliessend erfasst[81]. Verstösse gegen das rechtliche Gehör im weiteren Verfahrensverlauf fallen demgegenüber allenfalls unter Nr. 1[82]. 28

Gegenüber der Vorgängerbestimmung des Art. 27 Nr. 2 aLugÜ wurde Art. 34 Nr. 2 in zwei Punkten **geändert**: Während das aLugÜ noch eine ordnungsgemässe und rechtzeitige Zustellung des verfahrenseinleitenden Schriftstücks verlangte, ist eine **Nachprüfung der Ordnungsmässigkeit** 29

[77] BGer 31.08.2007, 4A_80/2007 E. 5.2 (zum italienischen *decreto ingiuntivo*; vgl. zu dessen Vereinbarkeit mit dem *ordre public* auch – aus deutscher Perspektive – OLG Celle, NJW-RR 2007, 718 = EuLF 2007, II-29 = IPRspr 2007 Nr. 192 sowie – aus österreichischer Perspektive – öOGH 3 Ob 49/06m, ZfRV-LS 2006/25).

[78] Vgl. BGE 124 III 134, 141 ff. E. 2b.aa.ccc. = Pra 87 (1998) Nr. 75 (zur Zulässigkeit einer selbständigen Beurteilung einer Vorfrage, die ausländischem öffentlichem Recht unterliegt, durch schweizerische Gerichte).

[79] Allzu zurückhaltend KGer BL, 25.03.2003, abrufbar unter <http://www.baselland.ch/ktger2003_08-htm.288873.0.html#x27>, besucht am 26.09.2010.

[80] Vgl. zum Meinungsstand SCHLOSSER, EuZPR, Art. 34–36 EuGVVO m.w.N.; gegen die Anerkennungsversagung bei Missachtung einer Schiedsklausel unter Berufung auf Art. 35 DASSER/OBERHAMMER-WALTHER, Art. 28 Rz. 28.

[81] DASSER/OBERHAMMER-WALTHER, Art. 27 Rz. 5.

[82] BGH, NJW 1990, 2201 = IPRax 1992, 33 (GEIMER 5) = IPRspr 1990 Nr. 207; KROPHOLLER, EuZPR, Art. 34 Rz. 22; CZERNICH/TIEFENTHALER/KODEK-KODEK, Art. 34 Rz. 14; a.A. M. FRANK 182 ff.; HESS, IPRax 1994, 16; STÜRNER, JZ 1992, 333.

der Zustellung im LugÜ 2007 **nicht** mehr vorgesehen. Zudem schliesst Art. 34 Nr. 2 neu die Anerkennungsverweigerung aus, wenn der Beklagte gegen die Entscheidung keinen **Rechtsbehelf** eingelegt hat, obwohl er dazu die Möglichkeit hatte; gegen diesen zweiten Teil der Neuregelung hat die Schweiz allerdings einen **Vorbehalt** angebracht (Art. III Abs. 1 Protokoll 1 zum LugÜ 2007). Mit Blick auf den **intertemporalen Anwendungsbereich** der Neuregelung ist Art. 63 Abs. 2 zu beachten; auf Entscheidungen, die nach dem Inkrafttreten des LugÜ 2007 ergehen, kommt die Bestimmung in ihrer neuen Fassung demnach insbesondere bereits dann zur Anwendung, wenn die Klage schon vor dem Inkrafttreten des LugÜ 2007, aber nach Inkrafttreten des aLugÜ in den beteiligten Vertragsstaaten erhoben wurde (Art. 63 Abs. 2 lit. a). Dasselbe gilt, wenn die Voraussetzungen des Art. 63 Abs. 2 lit. b erfüllt sind.

30 Eine Anerkennungsverweigerung nach Art. 34 Nr. 2 kommt nur in Betracht, wenn der Beklagte sich nicht auf das Verfahren einlässt. Die Bestimmung bezieht sich daher grundsätzlich nur auf **Säumnisentscheidungen**. Streitige Entscheidungen können allerdings dann erfasst sein, wenn für den Beklagten ein von ihm nicht beauftragter Rechtsanwalt aufgetreten und aus diesem Grund keine Säumnisentscheidung ergangen ist[83]. Nach der bisherigen Rechtsprechung des EuGH soll schon keine anerkennungsfähige Entscheidung i.S.v. Art. 32 vorliegen, wenn dem Beklagten nicht spätestens vor der Möglichkeit der Anerkennung und Vollstreckung im Ausland rechtliches Gehör gewährt wurde[84]. Nicht erforderlich ist es dagegen, dass der Beklagte bereits vor dem Erlass der Entscheidung Gehör erhielt; insbesondere können daher Entscheidungen aus (einstufigen wie zweistufigen) **Mahnverfahren** und dgl. sehr wohl grenzüberschreitend anerkannt und vollstreckt werden und unterliegen dem Kontrollstandard des Art. 34 Nr. 2.

31 Art. 34 Nr. 2 steht inhaltlich im **Zusammenhang mit Art. 26 Nr. 2**; die dort festgeschriebene Pflicht des Erstgerichts, das Verfahren auszusetzen, bis geklärt ist, ob das verfahrenseinleitende Schriftstück rechtzeitig zugestellt wurde, wird somit durch einen Anerkennungsversagungsgrund verstärkt[85].

---

[83] Vgl. zu einer derartigen Konstellation EuGH Rs. C-78/95, *Hendrikman/Magenta Druck,* Slg. 1996 I 4943; Korkein oikeus (Finnland) 10.05.2002, Sixth Report on National Case Law on the Lugano Convention, 20 ff. (abrufbar unter <http://www.bj.admin.ch/content/dam/data/wirtschaft/ipr/lugjurispr-6-e.pdf>, besucht am 13.09.2010).

[84] Vgl. Art. 32 Rz. 11 f.

[85] Kropholler, EuZPR, Art. 34 Rz. 23.

Anders als Art. 26 Nr. 2 setzt Art. 34 Nr. 2 allerdings nicht voraus, dass der Beklagte seinen Wohnsitz in einem vom Urteilsstaat verschiedenen Vertragsstaat hatte[86]. Der Anerkennungsversagungsgrund kommt somit auch dann zum Tragen, wenn der Beklagte seinen Wohnsitz im Erststaat[87] oder auch in einem Drittstaat hatte. Unabhängig ist die Anwendbarkeit von Art. 34 Nr. 2 auch davon, ob das verfahrenseinleitende Schriftstück im Inland oder im Ausland zuzustellen war[88].

2. Verfahrenseinleitendes Schriftstück

Der Begriff des verfahrenseinleitenden Schriftstücks ist **autonom** auszu- 32
legen. Es handelt sich um das **erste Schriftstück**, durch welches der Beklagte von dem gegen ihn anhängig gemachten Prozess Kenntnis erlangt und in die Lage versetzt wird, seine Rechte vor dem Erlass einer vollstreckbaren Entscheidung geltend zu machen[89]. Entscheidend ist der Zusammenhang mit der Verteidigungsmöglichkeit des Beklagten; es kommt darauf an, durch welches Schriftstück der Beklagte so über die **wesentlichen Elemente des Rechtsstreits** in Kenntnis gesetzt wird, dass er in der Lage ist, seine Verteidigung vorzubereiten bzw. die zur Vermeidung eines Säumnisentscheids erforderlichen Schritte zu setzen[90]. Es muss dem Beklagten aufgrund des fraglichen Schriftstücks möglich sein, die Höhe des voraussichtlichen Anspruchs und die Tragweite des Verfahrens abzuschätzen[91]. Ein verfahrenseinleitendes Schriftstück i.S.v. Art. 34 Nr. 2 ist auch die Widerklage[92]. Nicht unter diese Bestimmung fällt demgegenüber nach h.M. eine Klageänderung[93]; wird dem Beklagten im Zuge einer solchen das rechtliche Gehör entzogen, so kann dies freilich einen *ordre-public*-Verstoss nach Art. 34 Nr. 1 LugÜ begründen[94].

Welchen **Mindestinhalt** das verfahrenseinleitende Schriftstück aufweisen 33
muss, um die Verteidigungsmöglichkeit des Beklagten angemessen zu ge-

86 Kropholler, EuZPR, Art. 34 Rz. 24.
87 EuGH Rs. 49/84, *Debaecker/Bouwman,* Slg. 1985, 1779.
88 Schlosser, EuZPR, Art. 34–36 EuGVVO Rz. 12, Rz. 17a.
89 EuGH Rs. C-474/93, *Hengst/Campese,* Slg. 1995 I 2113.
90 EuGH Rs. C-172/91, *Sonntag/Waidmann,* Slg. 1993 I 1963 Rz. 39.
91 Hess, IPRax 1994, 16 f.; Czernich/Tiefenthaler/Kodek-Kodek, Art. 34 Rz. 17.
92 Czernich/Tiefenthaler/Kodek-Kodek, Art. 34 Rz. 18.
93 BGH, WM 1986, 1370 = IPRax 1987, 236 (Grunsky 219) = IPRspr 1986 Nr. 182; Kropholler, EuZPR, Art. 34 Rz. 31; a.A. Schlosser, EuZPR Art. 34–36 EuGVVO Rz. 9; M. Frank 182 ff.
94 Czernich/Tiefenthaler/Kodek-Kodek, Art. 34 Rz. 8; Stürner, JZ 1992, 332 f.

währleisten, wird u.E. nicht zuletzt davon abhängig zu machen sein, welche Handlung erforderlich ist, um einen Säumnisentscheid auszuschliessen – ob etwa allein eine unsubstantiierte Bestreitung ausreicht oder ein substantiierter Schriftsatz des Beklagten erforderlich ist. In jedem Fall aber muss das Schriftstück so viel an Information enthalten, dass der Beklagte eine sachgerechte Entscheidung darüber treffen kann, ob er sich auf das Verfahren einlassen und den Anspruch bestreiten oder ob er einen Säumnisentscheid hinnehmen will[95]. In jedem Fall muss der Beklagte daher aufgrund des verfahrenseinleitenden Schriftstücks zu einer ersten Prüfung von Zulässigkeit und Begründetheit der Klage in der Lage sein. Namentlich muss ihm das Schriftstück ermöglichen, festzustellen, welcher Anspruch überhaupt geltend gemacht wird.

34 Als verfahrenseinleitendes Schriftstück kommt nicht **nur eine Klageschrift** in Betracht, sondern auch jedes gleichwertige Schriftstück, mit welchem der Beklagte eine in diesem Sinn ausreichende Information über den Gegenstand des Rechtsstreits erhält. Ein solches verfahrenseinleitendes Schriftstück ist etwa auch der *deutsche Mahnbescheid*[96] (nicht dagegen der Vollstreckungsbescheid, bei welchem es sich bereits um die Entscheidung gemäss Art. 32 handelt)[97], der *Zahlungsbefehl des österreichischen Mahnverfahrens*[98] sowie grundsätzlich wohl auch ein *schweizerischer Zahlungsbefehl*[99]. Das *decreto ingiuntivo* des italienischen Rechts wurde vom EuGH nur zusammen mit der verfahrenseinleitenden Antragsschrift als verfahrenseinleitendes Schriftstück qualifiziert, da dem *decreto* allein die wesentlichen Klagegründe nicht zu entnehmen sind[100]. Ein verfahrenseinleitendes Schriftstück ist ferner etwa der (einseitig erlassene) Beschluss,

---

[95] Kropholler, EuZPR, Art. 34 Rz. 30.

[96] Kropholler, EuZPR, Art. 34 Rz. 29; öOGH 3 Ob 287/99y, SZ 73/113 = RdW 2001/176 = ZfRV 2001/19; einschränkend BGE 123 III 374, 379 ff. E. 3 (dies gelte nur mit Blick auf das Mahnverfahren, nicht aber für ein aufgrund des Widerspruchs des Beklagten eingeleitetes streitiges Verfahren); vgl. auch KG GR, SKG 07 13, E. 11; SKG 08 27, E. 4 (unwidersprochener Mahnbescheid); zweifelnd Grunsky, IPRax 1996, 245 f.; zum früheren deutschen Zahlungsbefehl EuGH Rs. 166/80, *Klomps/Michel,* Slg. 1981, 1593.

[97] EuGH Rs. 166/80, *Klomps/Michel,* Slg. 1981, 1593.

[98] OLG Brandenburg, IPRspr 1998, Nr. 186; Kropholler, EuZPR, Art. 34 Rz. 29; Czernich/Tiefenthaler/Kodek-Kodek Art. 34 Rz. 18; Kodek, ZZPInt 1999, 131 ff.

[99] Dazu näher Domej, ZZPInt 2008, 198 ff.

[100] EuGH Rs. C-474/93, *Hengst/Campese,* Slg. 1995 I 2113; vgl. etwa auch BGE 135 III 623 f. E. 2.1 = Pra 99 (2010) Nr. 64 (hierzu Schwander, AJP 2010, 110 ff.); BGH, WM 2010, 865 = RIW 2010, 470 = EuZW 2010, 478.

mit welchem im Zusammenhang mit der Errichtung eines Haftungsbeschränkungsfonds für einen Schiffseigentümer der Haftungshöchstbetrag vorläufig festgesetzt wird[101]. Überdies fallen darunter eine *citation* bzw. ein *dagvaarding* nach französischem oder belgischem Recht[102], eine *claim form* nach englischem Recht[103] oder die *Ladung zu einer Schlichtungsverhandlung* vor dem Gericht, das die spätere Entscheidung erlässt, wenn das Schlichtungsverfahren bereits Teil des Prozesses ist[104]. Fraglich ist dagegen, ob eine Vorladung zu einer Schlichtungsverhandlung vor einer selbständigen Schlichtungsbehörde in Verbindung mit dem Schlichtungsgesuch ein verfahrenseinleitendes Schriftstück i.S.v. Art. 34 Nr. 2 LugÜ ist; u.E. ist dies zu bejahen, wenn der Schlichtungsbehörde selbst Entscheidungskompetenz zukommt. Im Übrigen wird hier grundsätzlich darauf abzustellen sein, ob das mangelnde Zustandekommen einer gütlichen Einigung ohne weiteres die Einleitung des streitigen Verfahrens zur Folge hat. Ist es (wie nach schweizerischem Recht, vgl. Art. 209 Abs. 3 ZPO) Sache der klagenden Partei, mangels Zustandekommens einer gütlichen Einigung das gerichtliche Verfahren einzuleiten, so wird man in der Vorladung zur Schlichtungsverhandlung noch kein verfahrenseinleitendes Schriftstück in Bezug auf das gerichtliche Verfahren sehen können. Dass nach der ZPO die Rechtshängigkeit bereits mit dem Schlichtungsgesuch begründet wird (Art. 62 Abs. 1 ZPO), ändert daran nichts.

Bei reinen **Annexentscheidungen** genügt die rechtzeitige Zustellung des 35
das Hauptsacheverfahren einleitenden Schriftstücks[105]. Dabei wird es bei der Beurteilung der Frage, ob zwischen den betreffenden Verfahren bzw. Verfahrensabschnitten ein hinreichender Konnex besteht, darauf ankommen, ob die Annexentscheidung von demselben Gericht herrührt und ob aufgrund des verfahrenseinleitenden Schriftstücks mit dem Annexverfahren gerechnet werden musste. Das ist i.d.R. insb. bei Kostenentscheidun-

---

101 EuGH Rs. C-39/02, *Mærsk/de Haan,* Slg. 2004 I 9657 Rz. 58 ff. und Tenor 3.

102 OLG Köln, NJW-RR 1995, 446 = IPRax 1995, 256 (Kronke) = IPRspr 1994 Nr. 168; IPRspr 2002 Nr. 185; LG Karlsruhe, RIW 1985, 898 = IPRspr 1984 Nr. 179; Kropholler, EuZPR, Art. 34 Rz. 29.

103 Früher *writ of summons*; vgl. zu diesem Rauscher-Leible, Art. 34 EuGVVO Rz. 29.

104 Vgl. OLG Koblenz IPRax 1992, 35 (Geimer 5) = IPRspr 1990 Nr. 212; vgl. auch (mit Blick auf Art. 30 EuGVVO/LugÜ) ArbG Mannheim, IPRax 2008, 37 (Stumpe 22) = IPRspr 2007, Nr. 181.

105 Kropholler, EuZPR, Art. 34 Rz. 26.

gen der Fall[106]. Ein selbständiges Beweisverfahren, das einen etwaigen Prozess bloss vorbereitet (wie etwa die vorsorgliche Beweisführung gem. Art. 158 ZPO), weist dagegen keinen so engen Zusammenhang mit dem Hauptverfahren auf, dass das Schriftstück, mit welchem das Beweisverfahren eingeleitet wurde, auch mit Blick auf das Hauptsacheverfahren ausreichend wäre[107].

3. Zustellung

36 Die Zustellung des verfahrenseinleitenden Schriftstücks muss **rechtzeitig** und **in einer Weise** erfolgen, dass der Beklagte **sich verteidigen kann. Entfallen** ist dagegen gegenüber dem aLugÜ das Erfordernis einer **«ordnungsgemässen»** Zustellung[108]. Damit sollte dem Beklagten die Möglichkeit genommen werden, sich entgegen Treu und Glauben auf formelle Zustellmängel zu berufen, die ihn im rechtlichen Gehör nicht beschnitten[109]. Angesichts dieses Anliegens sind Bestrebungen in der deutschen Lehre verfehlt, den Begriff der «Zustellung» wiederum mit formellen Erfordernissen aufzuladen und in der Tendenz bei Formfehlern das Vorliegen einer «Zustellung» zu verneinen[110]. Indirekt wurde mit der Neuregelung die Einlassungslast des Beklagten deutlich verschärft, da ihn nun u.U. Nachforschungsobliegenheiten treffen können, wenn er von einer mangelhaften Zustellung erfährt.

---

[106] RAUSCHER-LEIBLE, Art. 34 EuGVVO Rz. 27; fraglich ist dagegen, ob davon auch Vergütungsfestsetzungsbeschlüsse zugunsten eines Anwalts gegen den eigenen Mandanten erfasst sind, wie sie § 11 dRVG (bzw. früher § 19 dBRAGO) vorsieht; vgl. dazu KROPHOLLER, EuZPR, Art. 34 Rz. 26 m.w.N.; dagegen etwa öOGH 3 Ob 179/00w, SZ 73/146 = RdW 2001/177 = ZfRV 2001, 114; OLG Hamm, IPRax 1996, 414 (TEPPER 398) = IPRspr 1994 Nr. 182; SCHLOSSER, EuZPR, Art. 34–36 EuGVVO Rz. 10; vgl. zum Ganzen auch M.J. SCHMIDT, Durchsetzung 44 ff.; DERS., RIW 1991, 626 ff.

[107] SCHLOSSER, EuZPR, Art. 34–36 EuGVVO Rz. 10.

[108] Vgl. auch schon Rz. 29.

[109] Vgl. den Vorschlag für eine Verordnung (EG) des Rates über die gerichtliche Zuständigkeit und die Anerkennung und Vollstreckung von Entscheidungen in Zivil- und Handelssachen, KOM 1999(348) endg., 25 (zu Art. 41 des Entwurfs).

[110] Vgl. etwa KROPHOLLER, EuZPR, Art. 34 Rz. 39 f.; SCHLOSSER, EuZPR, Art. 34–36 EuGVVO Rz. 17; RAUSCHER, FS Beys (2003) 1294 ff.; STADLER 53; vgl. auch BGH NJW-RR 2008, 586 = IPRax 2008, 530 (H. ROTH 501) = FamRZ 2008, 586 (GOTTWALD) = IPRspr 2007 Nr. 204, wonach grobe Zustellmängel das Vorliegen des Anerkennungsversagungsgrundes indizieren. Rein formale Fehler (wie etwa das Fehlen eines ausdrücklichen Ersuchens um Zustellung des verfahrenseinleitenden Schriftstücks an eine Zweigniederlassung, an welche grundsätzlich zulässigerweise zugestellt werden konnte) begründen den Anerkennungsversagungsgrund jedenfalls nicht (öOGH 3 Ob 34/08h, ZfRV-LS 2008/57).

Als Mindesterfordernis einer Zustellung im Rechtssinn ist es freilich anzusehen, dass der eingehaltene **Informationsweg** nach dem Recht des Erststaats überhaupt **für Zustellungen vorgesehen** ist; die Stelle, durch welche das Schriftstück übermittelt wurde, muss für Zustellungen im Allgemeinen zuständig sein. Eine private Verständigung des Beklagten durch den Kläger, die nach dem Recht des Zustellstaates keine rechtsgültige Zustellung ist, kann demnach dem Zustellerfordernis des Art. 34 Nr. 2 nicht genügen[111]. Allerdings ist eine allenfalls erfolgte (Vorab-)Verständigung dieser Art u.E. mit ins Kalkül zu ziehen, wenn die Rechtzeitigkeit einer (schliesslich doch erfolgten) Zustellung zu beurteilen ist. 37

Eine «Zustellung» i.S.v. Art. 34 Nr. 2 kann auch eine (im Recht des Ursprungsstaates vorgesehene) **fiktive Zustellung,** insbesondere eine öffentliche Zustellung oder eine *remise au parquet* sein[112]. In diesen Fällen wird es jedoch vielfach an der (Rechtzeitigkeit der) Kenntnisnahme durch den Beklagten mangeln, so dass der Versagungsgrund dennoch verwirklicht wird; eine Anerkennungsversagung nach Art. 34 Nr. 2 ist aber nicht schon immer dann gerechtfertigt, wenn der Beklagte das verfahrenseinleitende Schriftstück tatsächlich nicht erhalten hat[113]. 38

4. Rechtzeitigkeit der Zustellung

Bei der Prüfung der Rechtzeitigkeit der Zustellung ist nach **autonomen Kriterien**[114] eine Wertung darüber zu treffen, ob der Beklagte in die Lage versetzt wurde, seine **Verteidigung vorzubereiten** bzw. ein **Säumnisurteil zu verhindern**[115]. Dabei ist auf die Umstände des Einzelfalles und die Komplexität der Angelegenheit Bedacht zu nehmen. In der Regel ist insbesondere zu verlangen, dass der Beklagte nach Zustellung des verfahrenseinleitenden Schriftstücks genügend Zeit hatte, einen Anwalt zu finden 39

[111] Schlosser, EuZPR, Art. 34–36 EuGVVO Rz. 17.

[112] Schlosser, EuZPR, Art. 34–36 EuGVVO Rz. 14 f.; zu deren genereller Zurückdrängung im Bereich des europäischen Zivilprozessrechts vgl. aber etwa Kondring, RIW 2007, 330 ff.; Heinze, IPRax 2010, 155 ff.

[113] Vgl. näher Rz. 40.

[114] Vgl. EuGH Rs. 49/84, *Debaecker/Bouwman,* Slg. 1985, 1779 Rz. 27; Rauscher-Leible, Art. 34 EuGVVO Rz. 34; a.A. BGer 07.01.2008, 5A_560/2007 E. 3.3.2; Walter, IZPR, 460; Dasser/Oberhammer-Walther, Art. 27 Rz. 59 (es sei auf das Recht des Vollstreckungsstaates abzustellen).

[115] Kropholler, EuZPR, Art. 34 Rz. 34.

und gehörig zu instruieren[116]. Ferner ist auch die **subjektive Situation** des Beklagten zu berücksichtigen, so etwa, ob er im Erststaat bereits beruflich (insbesondere unternehmerisch) tätig ist oder ob ihm der Bezug zum Gerichtsstaat weitgehend fehlt. Bei alldem sind Umstände zu beachten, welche im Einzelfall der Annahme entgegenstehen, dass der Beklagte ausreichend Zeit für die Vorbereitung seiner Verteidigung hatte[117]; dies gilt auch dann, wenn ausserordentliche Tatsachen und Umstände, die einer derartigen Vorbereitung entgegen standen, erst nach Zustellung eintraten[118]. Auch bei der Frage der Rechtzeitigkeit (wie schon bei der Frage, ob überhaupt ein inhaltlich hinreichend bestimmtes verfahrenseinleitendes Schriftstück vorliegt) wird zudem zu berücksichtigen sein, **welche Reaktion** des Beklagten auf das betreffende Schriftstück erfolgen muss, damit er seine Rechtsposition effektiv wahrnehmen kann[119] – ob also etwa eine unsubstantiierte Bestreitung genügt oder ob eine substantiierte, ausführliche Klagebeantwortung zu erfolgen hat. Ebenso wird ins Kalkül zu ziehen sein, inwieweit der Beklagte nach seiner ersten Einlassung mit weiterem Vorbringen ausgeschlossen ist.

40 **Nicht erforderlich** ist, dass der Beklagte vom verfahrenseinleitenden Schriftstück **tatsächlich Kenntnis** nahm; vielmehr kommt es darauf an, ob er dazu **Gelegenheit** hatte. Dies gilt auch bei **öffentlicher Zustellung** und sonstigen Zustellungssurrogaten; auch hier muss der Beklagte grundsätzlich die Möglichkeit gehabt haben, das Schriftstück tatsächlich rechtzeitig zur Kenntnis zu nehmen. Anderes gilt allenfalls dann, wenn der Umstand, dass der Beklagte etwa einen Wohnsitzwechsel nicht bekannt gab, als Verletzung seiner Obliegenheit zur Förderung rechtzeitiger Zustellung[120] anzusehen ist (insbesondere weil der Beklagte mit einem bevorstehenden Gerichtsverfahren rechnen musste)[121]. Keinesfalls darf man schon aus dem schlichten Umstand, dass die Adresse des Beklagten unbekannt

---

116 DASSER/OBERHAMMER-WALTHER, Art. 27 Rz. 59.

117 EuGH Rs. 166/80, *Klomps/Michel,* Slg. 1981, 1593 Rz. 19 ff.; KROPHOLLER, EuZPR, Art. 34 Rz. 36.

118 EuGH Rs. 49/84, *Debaecker/Bouwman,* Slg. 1985, 1779 Rz. 19 ff.

119 KROPHOLLER, EuZPR, Art. 34 Rz. 36; CZERNICH/TIEFENTHALER/KODEK-KODEK, Art. 34 Rz. 29.

120 Vgl. BGH, NJW 1992, 1239 = IPRax 1993, 324 (LINKE 295) = RIW 1992, 56 = IPRspr 1991, Nr. 210; SCHLOSSER, EuZPR Art. 34–36 EuGVVO Rz. 17e.

121 Ähnlich SCHLOSSER, EuZPR, Art. 34–36 EuGVVO Rz. 17e; LINKE, IPRax 1993, 296; weitergehend KG RIW 1986, 637 = IPRspr 1985 Nr. 176; vgl. auch OLG Zweibrücken IPRax 2006, 487 (H ROTH 466) = RIW 2005, 779 = IPRspr 2005 Nr. 151; öOGH 3 Ob 179/00w, SZ 73/146 = RdW 2001/177 = ZfRV 2001, 114; 3 Ob 106/01m, ZfRV 2002/20.

war, schliessen, dass eine öffentliche Zustellung rechtzeitig war, wenn zwischen ihr und der Verhandlung eine Frist verging, die bei nicht-öffentlicher Zustellung genügen würde[122].

Das Fehlen einer **Übersetzung** eines fremdsprachigen Schriftstücks schliesst eine i.S.v. Art. 34 Nr. 2 wirksame Zustellung nicht aus[123]. Allerdings ist es in solchen Fällen bei der Frage nach der Rechtzeitigkeit der Zustellung zu berücksichtigen, ob der Beklagte ein ihm nicht verständliches fremdsprachiges Schriftstück erhalten hat[124]. Selbst wenn der Beklagte die betreffende **Fremdsprache selbst spricht** oder in ihr unternehmerisch tätig ist, ist zu bedenken, dass die Lektüre fremdsprachiger juristischer Texte auch für einen der betreffenden Sprache an sich Kundigen spezifische Probleme aufwerfen kann. Daher ist jedenfalls ausreichend Zeit einzukalkulieren, damit der Beklagte sich beraten lassen kann. Ob den Beklagten eine **Übersetzungslast** trifft, ist umstritten. Eine solche wird u.E. jedenfalls dann zu verneinen sein, wenn für den Beklagten gar nicht erkennbar war, dass es sich um ein gerichtliches Schriftstück handelt. War für den Beklagten dagegen voraussehbar, dass er ein solches aus dem Erststaat erhalten würde, und war für ihn das fragliche Schriftstück auch als von einem Gericht herrührend erkennbar, so wird man zumindest von einer Erkundigungsobliegenheit auszugehen haben. In derartigen Fällen ist es dem Beklagten durchaus zumutbar, sich mit dem Gericht in Verbindung zu setzen und auf die Nachlieferung einer Übersetzung zu drängen. Zudem wird von einem Beklagten, der bereits Berührungspunkte mit dem Herkunftsstaat hatte, auch zu erwarten sein, dass er Rat bei einer sprachkundigen Person einholt und sich über den wesentlichen Inhalt des Schriftstücks informiert[125]. In jedem Fall wird man allerdings bei einem fremdsprachigen Schriftstück eine angemessene Reaktionsfrist einzukalkulieren haben, vor allem bei Sprachen, bei denen nicht ohne weiteres kurzfristig eine sprach- 41

---

[122] So aber OLG Koblenz, IPRax 1992, 35 (GEIMER 5) = IPRspr 1990 Nr. 212; nach KG RIW 1986, 637 = IPRspr 1985 Nr. 176 soll die Rechtzeitigkeit bei einer zulässigen fiktiven Zustellung gar überhaupt irrelevant sein.

[123] SCHLOSSER, EuZPR, Art. 34–36 EuGVVO Rz. 17; zu Art. 27 Nr. 2 LugÜ 1988 vgl. Corte d'Appello di Milano 14.05.2005, Ninth Report on National Case Law Relating to the Lugano Convention, 13 (abrufbar unter <http://www.bj.admin.ch/content/dam/data/wirtschaft/ipr/lugjurispr-9-e.pdf>, besucht am 13.09.2010).

[124] SCHLOSSER, EuZPR, Art. 34–36 EuGVVO Rz. 18.

[125] Tendenziell zurückhaltender SCHLOSSER, EuZPR, Art. 34–36 EuGVVO Rz. 17b, Rz. 18; RAUSCHER-LEIBLE, Art. 34 EuGVVO Rz. 33; strenger wohl GEIMER/SCHÜTZE, EuZVR, Art. 34 EuGVVO Rz. 100.

kundige Person im Umfeld des Beklagten verfügbar ist. Der Mangel einer Übersetzung kann freilich jedenfalls dann nicht mehr angerufen werden, wenn der Beklagte eine solche (wenngleich nicht auf ordnungsgemässem Weg) nachträglich (aber noch rechtzeitig) erhalten hat.

42 Die Einhaltung allfälliger (Ladungs-, Einlassungs- oder ähnlicher) **Fristen nach dem nationalen Recht** des Erst- oder Zweitstaates ist im Rahmen von Art. 34 Nr. 2 **nicht entscheidend**[126]. Insbesondere ist die Einhaltung solcher Fristen nicht unbedingt ein Indiz dafür, dass die Zustellung auch rechtzeitig i.S.v. Art. 34 Nr. 2 war. Wurden allerdings nicht einmal solche (Minimal-)Fristen eingehalten, so wird man dies umgekehrt – insbesondere in grenzüberschreitenden Rechtsstreitigkeiten – regelmässig als Indiz für die mangelnde Rechtzeitigkeit der Zustellung sehen müssen[127]. Die Praxis lässt teils problematisch kurze Fristen genügen[128].

43 Bei der Frage, ob das verfahrenseinleitende Schriftstück rechtzeitig zugestellt wurde, ist das Gericht des Anerkennungsstaates weder an die tatsächlichen noch an die rechtlichen Feststellungen des erststaatlichen Gerichts gebunden[129].

5. Keine Einlassung des Beklagten

44 Der Anerkennungsversagungsgrund des Art. 34 Nr. 2 setzt voraus, dass sich der Beklagte auf das Verfahren **nicht eingelassen hat.** Ist dies doch geschehen, so kann er sich auf den Versagungsgrund der Nr. 2 auch dann nicht berufen, wenn die Einlassungsfrist an sich zu kurz war[130]. In solchen Fällen kann aber u.U. eine Anerkennungsverweigerung gemäss Art. 34 Nr. 1 in Betracht kommen, wenn das Gericht die zu kurze Einlassungsfrist

---

126 Kropholler, EuZPR, Art. 34 Rz. 35.

127 OLG Köln, NJW-RR 1995, 446 = IPRax 1995, 256 (Kronke) = IPRspr 1994 Nr. 168; Dasser/Oberhammer-Walther Art. 27 Rz. 59; Czernich/Tiefenthaler/Kodek-Kodek Art. 34 Rz. 27; vgl. auch BGH, NJW 1986, 2197 = IPRax 1986, 366 (G. Walter 349) = RIW 1986, 302 = IPRspr 1986, Nr. 171.

128 Vgl. etwa die Beispiele bei Schlosser, EuZPR, Art. 34–36 EuGVVO Rz. 17d; Dasser/Oberhammer-Walther, Art. 27 Rz. 63.

129 EuGH Rs. 166/80, *Klomps/Michel,* Slg. 1981, 1593 Rz. 15 f.; Rs. 228/81, *Pendy Plastic/Pluspunkt,* Slg. 1982, 2723; BGH, NJW 2008, 1531 = IPRax 2010, 360 (Heiderhoff 343) = IPRspr 2007 Nr. 179; Schlosser, EuZPR, Art. 34–36 EuGVVO Rz. 21; Dasser/Oberhammer-Walther, Art. 27 Rz. 40.

130 Vgl. etwa KGP GR, PKG 2001 Nr. 44 E. 4d; Dasser/Oberhammer-Walther, Art. 27 Rz. 65; Rauscher-Leible, Art. 34 EuGVVO Rz. 37.

nicht z.B. dadurch kompensiert hat, dass dem Beklagten die Möglichkeit ergänzenden Vorbringens in der Verhandlung gegeben wurde oder weitere Rechtsschriften zugelassen wurden, und damit dem Beklagten das rechtliche Gehör entzogen wurde.

Der Begriff der Einlassung ist **autonom** auszulegen[131]. Erforderlich ist eine Handlung, die erkennen lässt, dass der Beklagte vom Verfahren Kenntnis hat und sich *zu verteidigen beabsichtigt*[132]. Keine Einlassung i.S.v. Art. 34 Nr. 2 liegt dagegen vor, wenn der Beklagte *lediglich die Verspätung der Zustellung* gerügt hat[133]. Ob eine Zuständigkeitsrüge bereits eine Einlassung i.S.v. Art. 34 Nr. 2 bedeutet, ist fraglich; die Rechtsprechung des EuGH scheint dies zu verneinen[134]. 45

Ist der Verfahrensgegenstand **teilbar**, so begründet bereits eine Stellungnahme zu einem Teil der streitigen Ansprüche die Einlassung auf das gesamte Verfahren, es sei denn, der Beklagte lehnt die Einlassung in Bezug auf einen (trennbaren) Teil des Verfahrens explizit ab. So genügt es im Fall eines Adhäsionsverfahrens, wenn der Beklagte zu den strafrechtlichen Vorwürfen Stellung nimmt, um die Einlassung auch mit Blick auf die Zivilklage zu begründen[135]. 46

Keine Einlassung liegt vor, wenn ein **nicht bevollmächtigter Rechtsanwalt** für den Beklagten (dem das verfahrenseinleitende Schriftstück nicht zugestellt wurde) einschreitet[136]. Dagegen kann die Anerkennung nicht bloss deshalb versagt werden, wenn die Entscheidung gegen einen ge- 47

---

131 Kropholler, EuZPR, Art. 34 Rz. 27; Dasser/Oberhammer-Walther, Art. 27 Rz. 65.

132 Dasser/Oberhammer-Walther, Art. 27 Rz. 65.

133 OLG Stuttgart IPRspr 1983, Nr. 173; OLG Köln, IPRax 1991, 114 (Linke 92) = IPRspr 1989, Nr. 218; Kropholler, EuZPR, Art. 34 Rz. 27; Czernich/Tiefenthaler/Kodek-Kodek, Art. 34 Rz. 22; Dasser/Oberhammer-Walther, Art. 27 Rz. 65; Geimer, IPRax 2010, 225; a.A. Cass. it., Riv. dir. int. priv. proc. 1992, 297; Schlosser, EuZPR, Art. 34–36 EuGVVO Rz. 20; Rauscher-Leible, Art. 34 EuGVVO Rz. 37.

134 Vgl. EuGH, Rs. C-39/02, *Mærsk/de Haan,* Slg. 2004 I 9657 Rz. 57; gegen die Behandlung der Zuständigkeitsrüge als Einlassung i.S.v. Art. 34 Nr. 2 etwa auch Kropholler, EuZPR Art. 34 Rz. 27; Dasser/Oberhammer-Walther, Art. 27 Rz. 65; a.A. OLG Hamm, NJW-RR 1995, 189 = RIW 1994, 243; mit Blick auf Art. 27 Abs. 2 lit. a IPRG OGer AG, AGVE 2002, 41; implizit auch Schlosser, EuZPR, Art. 34–36 EuGVVO Rz. 20; Rauscher-Leible, Art. 34 EuGVVO Rz. 37.

135 EuGH Rs. C-172/91, *Sonntag/Waidmann,* Slg. 1993 I 1963 Rz. 41.

136 EuGH Rs. C-78/95, *Hendrikman/Magenta Druck,* Slg. 1996 I 4943; vgl. auch BGH, NJW 1999, 2372 = JZ 1999, 1117 (H. Roth) = IPRax 1999, 371 (Götz Schulze 342) = JR 1999, 371 (A. Staudinger) = IPRspr 1999 Nr. 154; Geimer, IPRax 2010, 225.

setzlich oder gerichtlich bestimmten Vertreter (Abwesenheitskurator, Beistand) einer Person mit unbekanntem Aufenthalt erwirkt wurde[137].

6. Nichteinlegung eines Rechtsbehelfs und schweizerischer Vorbehalt

48 Nach dem aLugÜ war die Möglichkeit eines **nachträglichen Rechtsbehelfs**, mit welchem die nicht rechtzeitige Zustellung des verfahrenseinleitenden Schriftstücks gerügt werden konnte, nach der Rechtsprechung des EuGH nicht ausreichend, um den Anerkennungsversagungsgrund nach Art. 27 Nr. 2 aLugÜ entfallen zu lassen[138]. Das LugÜ 2007 verweist dagegen den Beklagten primär auf einen Rechtsbehelf, den er im Erststaat zur Wahrung seines rechtlichen Gehörs einlegen kann, wenn ihm der Säumnisentscheid so rechtzeitig zugestellt wurde, dass ihm ausreichend Zeit dafür blieb. Damit wird der Wertungsgleichklang mit Nr. 1 hergestellt[139]. Die Schweiz hat gegen diesen Teilaspekt von Nr. 2 allerdings einen **Vorbehalt** erklärt[140].

49 Vorausgesetzt ist, dass die **Entscheidung** dem Beklagten so **rechtzeitig zugestellt** wurde, dass er in der Lage war, den Rechtsbehelf nach angemessener Vorbereitung zu erheben. Die blosse Kenntnis, dass eine Entscheidung ergangen ist, genügt nicht[141]. Ebenso wenig reicht es aus, wenn dem Beklagten die Existenz eines Säumnisurteils erst durch die Zustellung einer Entscheidung über die Vollstreckbarerklärung bekannt wird[142].

50 Art. 34 Nr. 2 bezieht sich nur auf solche **Rechtsbehelfe**, mit denen gerade die **nicht rechtzeitige Zustellung des verfahrenseinleitenden Schriftstücks gerügt** (oder der Säumnisentscheid sogar ohne weitere Voraussetzungen beseitigt) werden kann[143]. Dabei wird allerdings auch ein solcher

---

[137] OGer LU, LGVE 2005 I Nr. 43; DASSER/OBERHAMMER-WALTHER, Art. 27 Rz. 18; a.A. KGP AR, ARGVP 2003, 114.

[138] EuGH, Rs. C-123/91, *Minalmet/Brandeis,* Slg. 1992 I 5661; a.A. GEIMER, IPRax 1988, 274 m.w.N. zum älteren Meinungsstand.

[139] Vgl. zum dortigen Gebot, zunächst einen Rechtsbehelf im Erststaat einzulegen, Rz. 17.

[140] Vgl. Rz. 51.

[141] EuGH Rs. C-283/05, *ASML/SEMIS,* Slg. 2006 I 12041.

[142] Vgl. OLG Zweibrücken, IPRax 2006, 487 (H. ROTH 466) = RIW 2005, 779 = IPRspr 2005 Nr. 151; SCHLOSSER, EuZPR Art. 34–36 EuGVVO Rz. 19.

[143] KROPHOLLER, EuZPR, Art. 34 Rz. 43.

Rechtsbehelf genügen, mit dem (neben der Rüge der mangelnden Rechtzeitigkeit) auch Einwendungen in der Sache erhoben werden müssen.

Gegen diesen Teil der Neuregelung hat die Schweiz, wie einleitend erwähnt, einen **Vorbehalt** angebracht (Art. III Abs. 1 Protokoll 1). Im Verhältnis zwischen der Schweiz und den anderen Vertragsstaaten gilt somit insoweit nach wie vor die Rechtslage, die unter dem aLugÜ herrschte[144]. Dies gilt sowohl für die Anerkennung von Entscheidungen aus anderen Vertragsstaaten in der Schweiz als auch für die Anerkennung schweizerischer Entscheidungen in anderen Vertragsstaaten. 51

IV. Unvereinbare Entscheidungen (Art. 34 Nr. 3 und 4)

1. Regelungsgegenstand und Zweck

Die Versagungsgründe nach Nr. 3 und 4 betreffen Widersprüche zwischen der Entscheidung, deren Anerkennung geltend gemacht wird, und einer im Inland erlassenen (Nr. 3) bzw. einer ausländischen (aus einem anderen Vertragsstaat[145] oder einem Drittstaat stammenden), im Inland anzuerkennenden[146] (Nr. 4) Entscheidung. Sie greifen insbesondere (aber nicht nur!) dann ein, wenn der Koordinationsmechanismus der Art. 27 und 28 LugÜ (bzw. nach funktionsäquivalenten Regelungen des nationalen Rechts), der das Zustandekommen unvereinbarer Entscheidungen eigentlich vermeiden sollte, wirkungslos geblieben ist (weil z.B. die Gerichte von parallelen Verfahren nicht erfuhren)[147]. Diese Anerkennungsversagungsgründe sollen insbesondere den Schutz der Parteien davor gewährleisten, dass konfligierende Entscheidungen in einem Staat nebeneinander dauerhaft Bestand haben können, wodurch die **Rechtssicherheit** in unerträglicher Weise beeinträchtigt würde[148]; so gesehen handelt es sich dabei um einen Sonderfall 52

[144] Vgl. zu dieser Rz. 48.

[145] Die im LugÜ 1988 bestehende Regelungslücke wurde demnach im LugÜ 2007 geschlossen; vgl. in diesem Zusammenhang den Vorschlag für eine Verordnung (EG) des Rates über die gerichtliche Zuständigkeit und die Anerkennung und Vollstreckung von Entscheidungen in Zivil- und Handelssachen, KOM 1999(348) endg., 25 (zu Art. 41 des Entwurfs).

[146] Ob die Anerkennungsfähigkeit der ausländischen Entscheidung dabei auf dem LugÜ, einem sonstigen Staatsvertrag oder auf autonomem Recht basiert, ist nicht massgeblich; KROPHOLLER, EuZPR, Art. 34 Rz. 59.

[147] KROPHOLLER, EuZPR, Art. 34 Rz. 47.

[148] Vgl. EuGH Rs. C-80/00, *Italian Leather/WECO,* Slg. 2002 I 4995 Rz. 51.

des *ordre-public*-Vorbehalts. Diesem Schutzinteresse kommt derart zentrale Bedeutung zu, dass dieser Anerkennungsversagungsgrund auch noch im Vollstreckungsverfahren berücksichtigt werden kann, selbst wenn seine Geltendmachung im Exequaturverfahren unterlassen wurde[149].

53 Die beiden Anerkennungsversagungsgründe der Nr. 3 und 4 unterscheiden sich hinsichtlich der Relevanz der **zeitlichen Reihenfolge** der fraglichen Entscheidungen: Einer im **Inland** erlassenen Entscheidung kommt ungeachtet der Reihenfolge des Erlasses **Priorität** zu[150], während bei Kollisionen **zwischen ausländischen Entscheidungen** die **ältere** Entscheidung Vorrang hat[151]. Im Übrigen, d.h. bei der Bestimmung der relevanten Entscheidungskollisionen, gelten für beide Versagungsgründe deckungsgleiche Kriterien, wenngleich der Wortlaut von Nr. 3 anders als jener der Nr. 4 nicht verlangt, dass die beiden kollidierenden Entscheidungen «wegen desselben Anspruchs» ergingen, was auf den ersten Blick darauf hinweisen könnte, dass der Anwendungsbereich von Nr. 3 weiter sein könnte als jener der Nr. 4[152]. Auf den Zeitpunkt der Rechtshängigkeit kommt es weder bei Nr. 3 noch bei Nr. 4 an; insbesondere ist die Anerkennung auch dann zu versagen, wenn die prioritäre Entscheidung in Missachtung einer früheren Rechtshängigkeit erlassen wurde[153]. Diese Lösung überzeugt angesichts des erwähnten evidenten Zusammenhangs dieser Bestimmung mit der Prävention gegen Entscheidungskonflikte durch die Sperrwirkung der Rechtshängigkeit durchaus nicht.

---

[149] Vgl. EuGH Rs. 145/86, *Hoffmann/Krieg*, Slg. 1988, 645 Rz. 32 f. und Tenor 4.

[150] Kropholler, EuZPR, Art. 34 Rz. 54; Schlosser, EuZPR, Art. 34–36 EuGVVO Rz. 22; Dasser/Oberhammer-Walther, Art. 27 Rz. 72. Freilich muss überhaupt schon eine inländische Entscheidung vorliegen, vgl. Corte d'Appello di Milano 14.05.2005, Ninth Report on National Case Law Relating to the Lugano Convention, 16 f. (abrufbar unter <http://www.bj.admin.ch/content/dam/data/wirtschaft/ipr/lugjurispr-9-e.pdf>, besucht am 13.09.2010); vgl. in diesem Zusammenhang auch Art. 37 Rz. 4.

[151] Kropholler, EuZPR, Art. 34 Rz. 57.

[152] Vgl. Kropholler, EuZPR, Art. 34 Rz. 58; Geimer/Schütze, EuZVR, Art. 34 EuGVVO Rz. 183; a.A. MünchKommZPO-Gottwald, Art. 34 EuGVVO Rz. 42.

[153] BGE 124 III 444, 447 f. E. 1d; Dasser/Oberhammer-Walther, Art. 27 Rz. 72, Rz. 78; aus rechtspolitischer Perspektive krit. etwa Hau, 104 f. m.w.N. Die Missachtung früherer Rechtshängigkeit bildet auch auf sonstiger Grundlage keinen Anerkennungsversagungsgrund, vgl. Schlosser, EuZPR, Art. 34–36 EuGVVO Rz. 25; anders im schweizerischen autonomen Recht für den Fall der Missachtung früherer inländischer Rechtshängigkeit Art. 27 Abs. 2 lit. c IPRG.

2. Erfasste Entscheidungen

Als Anerkennungshindernisse sind nicht nur Entscheidungen im Anwendungsbereich des LugÜ zu berücksichtigen. Vielmehr fallen darunter nach ausdrücklicher Anordnung der Nr. 4 **auch drittstaatliche** Entscheidungen. Der EuGH hat ferner klargestellt, dass auch Entscheidungen **ausserhalb des sachlichen Anwendungsbereichs** des Übereinkommens den Anerkennungsversagungsgrund begründen können[154]. Ferner kann dieser Versagungsgrund (analog) auch auf Schiedssprüche angewendet werden[155]. Dabei wird wohl davon auszugehen sein dass sowohl in- als auch ausländische Schiedssprüche unter Nr. 4 fallen[156]; das (fragwürdige, aber vom Übereinkommen geschützte) Interesse am Schutz staatlicher Hoheitsinteressen des Zweitstaates, welches der privilegierten Behandlung inländischer Entscheidungen zugrunde liegen dürfte, greift bei Schiedssprüchen nicht durch. 54

Grundsätzlich entspricht der **Entscheidungsbegriff** im Übrigen jenem von Art. 32 LugÜ[157]. Daher fallen darunter **auch** Entscheidungen des **einstweiligen Rechtsschutzes**[158]. Dabei kann jedenfalls die Anerkennung einer Entscheidung des einstweiligen Rechtsschutzes wegen Widerspruchs mit einer Hauptsacheentscheidung versagt werden. Ebenfalls kann der Anerkennungsversagungsgrund durch die Kollision zweier Massnahmeentscheidungen verwirklicht werden. Dagegen kann u.E. eine Entscheidung des vorläufigen Rechtsschutzes eine Versagung der Anerkennung einer Hauptsacheentscheidung nicht rechtfertigen, unabhängig von der zeitlichen Reihenfolge der Entscheidungen[159]. Einen Anhaltspunkt für einen unbedingten Vorrang von Massnahmeentscheidungen des Hauptsachegerichts vor anderen Massnahmeentscheidungen gibt es de lege lata nicht[160]. Ein 55

154 EuGH Rs. 145/86, *Hoffmann/Krieg,* Slg. 1988, 645.

155 Schlosser, EuZPR, Art. 34–36 EuGVVO Rz. 22, Rz. 28; Czernich/Tiefenthaler/Kodek-Kodek, Art. 34 Rz. 41; a.A. Cass., Rev. de l'arbitrage 2007, 805.

156 Kropholler, EuZPR, Art. 34 Rz. 60; a.A. Schlosser, EuZPR, Art. 34–36 EuGVVO Rz. 22, wonach Schiedssprüche unter bestimmten Voraussetzungen unter Art. 34 Nr. 3 fallen; generell für eine Subsumtion inländischer Schiedssprüche unter (den heutigen) Art. 34 Nr. 3 Berti, FS Vogel 349.

157 Kropholler, EuZPR, Art. 34 Rz. 48.

158 EuGH Rs. C-80/00, *Italian Leather/WECO,* Slg. 2002 I 4995.

159 Ebenso Schlosser, EuZPR, Art. 34–36 EuGVVO Rz. 24.

160 Dafür aber Schlosser, EuZPR, Art. 34–36 EuGVVO Rz. 24.

blosser Prozessvergleich begründet das Anerkennungshindernis nicht[161], sofern nicht vom Vorliegen einer Entscheidung i.S.v. Art. 32 ausgegangen werden kann[162].

56 Die Entscheidung, die das Anerkennungshindernis begründet, muss nach dem Wortlaut des Übereinkommens **nicht formell rechtskräftig** sein. Allerdings wäre es nicht gerechtfertigt, die Anerkennung einer ausländischen rechtskräftigen Entscheidung wegen Unvereinbarkeit mit einer inländischen Entscheidung zu versagen, gegen welche ein Rechtsmittel mit aufschiebender Wirkung erhoben wurde. In einem solchen Fall wäre das inländische Rechtsmittelgericht vielmehr verpflichtet, die ausländische Entscheidung anzuerkennen und seinem Entscheid zugrundezulegen. Freilich wird eine Anerkennungsversagung auf der Basis einer noch nicht rechtskräftigen Entscheidung dann als denkbar angesehen, wenn auch die anzuerkennende Entscheidung noch nicht rechtskräftig ist[163]; in solchen Fällen stellt sich indessen die Frage, ob die beiden noch nicht formell rechtskräftigen Entscheidungen überhaupt schon Wirkungen zeitigen, die miteinander unvereinbar sein könnten.

3. Identität der Parteien

57 Art. 34 Nr. 3 und 4 dienen nicht dazu, ein abstraktes Ideal von Entscheidungsharmonie zu verwirklichen; es geht vielmehr um die Verhinderung konkret konfligierender Entscheidungswirkungen. Dementsprechend kommen sie allein dann zur Anwendung, wenn die Entscheidungen zwischen **denselben Parteien** ergangen sind. Der Begriff der Parteienidentität ist autonom auszulegen[164]. Dabei muss es genügen, wenn eine der Parteien von einer **Rechtskrafterstreckung** oder einer sonstigen **Drittwirkung** der fraglichen Entscheidung erfasst wird[165]. Unklar ist demgegenüber, ob es genügt, dass sich die Bindung aus einer Streitverkündungs- oder Interven-

---

[161] EuGH Rs. C-414/92, *Solo Kleinmotoren/Boch,* Slg. 1994 I 2237; KROPHOLLER, EuZPR, Art. 34 Rz. 48; SCHLOSSER, EuZPR, Art. 34–36 EuGVVO Rz. 22.

[162] Vgl. dazu Art. 32 Rz. 10.

[163] So auch KROPHOLLER, EuZPR, Art. 34 Rz. 53; eine Anerkennungsverweigerung auf der Basis nicht rechtskräftiger Entscheidungen wohl generell ablehnend SCHLOSSER, EuZPR, Art. 34–36 EuGVVO Rz. 24; a.A. MünchKommZPO-GOTTWALD, Art. 34 EuGVVO Rz. 35.

[164] KROPHOLLER, EuZPR, Art. 34 Rz. 52; vgl. im Zusammenhang mit Art. 27 EuGH Rs. C-406/92, *Tatry/Maciej Rataj,* Slg. 1994 I 5439 Rz. 30 ff.

[165] öOGH 6.4.2006, 6 Ob 64/06i; KROPHOLLER, EuZPR, Art. 34 Rz. 52; SCHLOSSER, EuZPR, Art. 34–36 EuGVVO Rz. 22 f.; LENENBACH 173 ff.

tionswirkung ergibt[166]. Bei Teilidentität der Parteien ist u.U. eine partielle Anerkennungsversagung geboten[167], wenn dadurch tatsächlich unvereinbaren Entscheidungswirkungen begegnet werden kann.

4. Unvereinbarkeit

Unvereinbar sind Entscheidungen nach Auffassung des EuGH dann, wenn sich ihre **Rechtsfolgen gegenseitig ausschliessen**[168]. Geboten ist eine **enge Auslegung**. Das lässt sich auch entstehungsgeschichtlich belegen; in diesem Anerkennungsversagungsgrund sah man einen Sonderfall des *ordre public*. Separat regelte man ihn, weil man befürchtete, im Rahmen von Nr. 1 würde andernfalls der *ordre public* im Zusammenhang mit Urteilskollisionen zu weit ausgelegt[169]. Es handelt sich somit (wie bereits erwähnt) um einen Notbehelf zur Verhinderung unerträglicher Entscheidungskonflikte, nicht um ein Mittel zur Verwirklichung einer umfassenden Entscheidungsharmonie. Auch die für die Bestimmung der objektiven Grenzen der Rechtshängigkeit entwickelte Kernpunkttheorie kann nicht auf Nr. 3 und 4 übertragen werden, selbst wenn sie zur Vorbeugung gegen Entscheidungskollisionen entwickelt wurde[170]; umso weniger ist der Begriff der unvereinbaren Entscheidungen mit jenem der widersprechenden Entscheidungen nach Art. 28 gleichzusetzen. 58

Der Begriff der **Unvereinbarkeit** ist **autonom auszulegen**; insofern ist nicht nach nationalen Rechtskraftkonzeptionen zu beurteilen, ob eine «Wirkungskollision» vorliegt. Allerdings entscheidet nach h.L. die **lex fori** des jeweiligen Entscheidungsstaates, **welche Rechtsfolgen** überhaupt an die fraglichen Entscheidungen geknüpft sind und daher potentiell ein Anerkennungshindernis begründen können[171]. Die einschlägige Leitentscheidung des EuGH[172] erweckt zwar den Eindruck, hier sei ein autonomes Rechtskraftverständnis massgebend; dies dürfte dort freilich nicht be- 59

[166] Dafür Mansel 220 f.; zweifelnd Otte 214 ff.
[167] Rauscher-Leible, Art. 34 EuGVVO Rz. 47.
[168] EuGH Rs. 145/86, *Hoffmann/Krieg,* Slg. 1988, 645 Rz. 22; vgl. auch Svea hovrätt (Schweden) 27.05.2004, 8th Report on National Case Law Relating to the Lugano Convention, 26 ff. (abrufbar unter <http://www.bj.admin.ch/content/dam/data/wirtschaft/ipr/lugjurispr-8-e.pdf>, besucht am 13.09.2010).
[169] Bericht Jenard 45 (zu Art. 27 EuGVÜ).
[170] Schlosser, EuZPR, Art. 34–36 EuGVVO Rz. 23.
[171] Insoweit gl.M. Schlosser, EuZPR, Art. 34–36 EuGVVO Rz. 22 ff.
[172] EuGH Rs. 145/86, *Hoffmann/Krieg,* Slg. 1988, 645.

absichtigt gewesen sein, sondern eher am geringen Reflexionsniveau der Argumentation liegen. Ob diese Rechtsfolgen unvereinbar sind, ist dann allerdings nach autonomen Kriterien zu entscheiden[173]. Klarheit über den hier anzulegenden Massstab besteht bis dato in Wahrheit nicht, eine ebenso einfache wie praktikable Regel ist angesichts der Vielfalt der in Betracht kommenden Konstellationen auch kaum denkbar.

60 Auf die **Identität des Entscheidungsgegenstandes** der beiden Verfahren kommt es dabei **nicht** an[174]. So soll etwa einer ausländischen Unterhaltsentscheidung, welche auf dem Bestand einer Ehe basiert, die Anerkennung verweigert werden können, wenn diese Ehe aus inländischer Sicht geschieden ist[175]. Eine Unvereinbarkeit soll sich auch daraus ergeben können, dass im Ausland eine Massnahme des einstweiligen Rechtsschutzes erwirkt wurde, die im Inland abgelehnt wurde, weil die dafür geforderten Voraussetzungen fehlten; auch in diesem Fall müssen freilich die *Wirkungen der erlassenen Entscheidungen* (und nicht allein die Verfahrens- und Zulässigkeitsvoraussetzungen) unvereinbar sein[176]. Sind die Rechtsfolgen der Entscheidung, deren Anerkennung in Frage steht, nicht mit den Rechtsfolgen der prioritären Entscheidung unvereinbar, sondern nur mit einer *nicht in Rechtskraft erwachsenen Vorfragebeurteilung*, die dieser Entscheidung zu Grunde liegt, so rechtfertigt dies eine Anerkennungsversagung noch nicht[177]. Umso weniger ergibt sich eine Unvereinbarkeit daraus, dass im Inland die unentgeltliche Rechtspflege mangels Erfolgsaussichten der Klage abgelehnt wurde und in der Folge der Anspruch im Ausland gutgeheissen wurde[178].

---

173 KROPHOLLER, EuZPR, Art. 34 Rz. 49; a.A. SCHLOSSER, EuZPR, Art. 34–36 EuGVVO Rz. 22.

174 KROPHOLLER, EuZPR, Art. 34 Rz. 49; DASSER/OBERHAMMER-WALTHER, Art. 27 Rz. 72.

175 EuGH Rs. 145/86, *Hoffmann/Krieg,* Slg. 1988, 645.

176 EuGH Rs. C-80/00, *Italian Leather/WECO,* Slg. 2002 I 4995 Rz. 44.

177 SCHLOSSER, EuZPR, Art. 34–36 EuGVVO Rz. 23; a.A. offenbar DASSER/OBERHAMMER-WALTHER, Art. 27 Rz. 72.

178 BGHZ 88, 17 = NJW 1984, 568 = JZ 1983, 903 (KROPHOLLER) = IPRax 1984, 202 (G.H. ROTH 183) = IPRspr 1983 Nr. 176; SCHLOSSER, EuZPR Art. 34–36 EuGVVO Rz. 23.

Art. 35

1. Eine Entscheidung wird ferner nicht anerkannt, wenn die Vorschriften der Abschnitte 3, 4 und 6 des Titels II verletzt worden sind oder wenn ein Fall des Artikels 68 vorliegt. Des Weiteren kann die Anerkennung einer Entscheidung versagt werden, wenn ein Fall des Artikels 64 Absatz 3 oder des Artikels 67 Absatz 4 vorliegt.

2. Das Gericht oder die sonst befugte Stelle des Staates, in dem die Anerkennung geltend gemacht wird, ist bei der Prüfung, ob eine der in Absatz 1 angeführten Zuständigkeiten gegeben ist, an die tatsächlichen Feststellungen gebunden, aufgrund deren das Gericht des Ursprungsstaats seine Zuständigkeit angenommen hat.

3. Die Zuständigkeit der Gerichte des Ursprungsstaats darf, unbeschadet der Bestimmungen des Absatzes 1, nicht nachgeprüft werden. Die Vorschriften über die Zuständigkeit gehören nicht zur öffentlichen Ordnung *(ordre public)* im Sinne des Artikels 34 Nummer 1.

Art. 35

1. En outre, les décisions ne sont pas reconnues si les dispositions des sections 3, 4 et 6 du titre II ont été méconnues, ainsi que dans le cas prévu à l'art. 68. Une décision peut en outre faire l'objet d'un refus de reconnaissance dans tous les cas prévus à l'art. 64, par. 3, ou à l'art. 67, par. 4.

2. Lors de l'appréciation des compétences mentionnées au paragraphe précédent, l'autorité requise est liée par les constatations de fait sur lesquelles la juridiction de l'État d'origine a fondé sa compétence.

3. Sans préjudice des dispositions du par. 1, il ne peut être procédé au contrôle de la compétence des juridictions de l'État d'origine. Le critère de l'ordre public visé à l'art. 34, par. 1, ne peut être appliqué aux règles de compétence.

Art. 35

1. Parimenti, le decisioni non sono riconosciute se sono state violate le disposizioni delle sezioni 3, 4, e 6 del titolo II, oltreché nel caso contemplato dall'articolo 68. Il riconoscimento di una decisione può inoltre essere rifiutato nei casi previsti dall'articolo 64, paragrafo 3, o dall'articolo 67, paragrafo 4.

2. Nell'accertamento delle competenze di cui al precedente paragrafo, l'autorità richiesta è vincolata dalle constatazioni di fatto sulle quali il giudice dello Stato d'origine ha fondato la propria competenza.

3. Salva l'applicazione delle disposizioni del paragrafo 1, non si può procedere al controllo della competenza dei giudici dello Stato d'origine. Le norme sulla competenza non riguardano l'ordine pubblico contemplato dall'articolo 34, paragrafo 1.

Art. 35

1. Moreover, a judgment shall not be recognised if it conflicts with Sections 3, 4 or 6 of Title II, or in a case provided for in Article 68. A judgment may furthermore be refused recognition in any case provided for in Article 64 (3) or 67 (4).

2. In its examination of the grounds of jurisdiction referred to in the foregoing paragraph, the court or authority applied to shall be bound by the findings of fact on which the court of the State of origin based its jurisdiction.

3. Subject to the provisions of paragraph 1, the jurisdiction of the court of the State of origin may not be reviewed. The test of public policy referred to in Article 34 (1) may not be applied to the rules relating to jurisdiction.

Literatur: Vgl. die Literaturhinweise vor Art. 32.

Übersicht *Seite*

I. Regelungsgegenstand und Anwendungsbereich

1 Nach Art. 35 darf anlässlich der Anerkennung bzw. Vollstreckbarerklärung grundsätzlich (abgesehen von den in Abs. 1 abschliessend aufgezählten Fällen)[1] **nicht nachgeprüft** werden, **ob das Gericht des Erststaates sich an die Gerichtsstandsbestimmungen des LugÜ gehalten hat.** Diese Bestimmung knüpft daran an, dass das LugÜ die direkte internationale Zuständigkeit im Verhältnis zwischen den Vertragsstaaten vereinheitlicht[2]; sie ist Ausdruck des Grundsatzes des gegenseitigen Vertrauens zwischen den Gerichten der Vertragsstaaten, insbesondere des Vertrauens in die korrekte Anwendung der vereinheitlichten Zuständigkeitsbestimmungen durch das Erstgericht[3]. Eine Nachprüfung der indirekten Zuständigkeit (Anerkennungszuständigkeit) wird daher grundsätzlich ausgeschlossen. Dies ist die bis dato wohl bedeutendste Errungenschaft des auf der Vereinheitlichung des Zuständigkeitsrechts basierenden europäischen Anerkennungsrechts.

---

1 Vgl. dazu Rz. 7 ff.
2 Bericht JENARD 46 (zu Art. 28 EuGVÜ).
3 KROPHOLLER, EuZPR, vor Art. 33 Rz. 3; DASSER/OBERHAMMER-WALTHER, Art. 28 Rz. 2; KOHLER, ZSR 2005 II 287 f.

Daraus ergibt sich zugleich eine erhebliche **Einlassungslast** für den Beklagten auch **vor einem unzuständigen Gericht**: Zwar hat das Gericht bei Ausbleiben des Beklagten seine Unzuständigkeit von Amtes wegen wahrzunehmen (Art. 26 Abs. 1); tut es das aber nicht und fällt es einen Säumnisentscheid zu Lasten des Beklagten, so muss dieser den Entscheid im Ursprungsstaat mit den dort zur Verfügung stehenden Rechtsmitteln bekämpfen; eine Wahrnehmung der Unzuständigkeit im Anerkennungsstadium kommt dagegen auch in diesem Fall (abgesehen von den Fällen des Abs. 1) nicht in Betracht[4]. 2

Der Ausschluss der Zuständigkeitsprüfung wird mit **Abs. 3** abgesichert und bekräftigt, wonach insbesondere auch der *ordre-public*-Vorbehalt nicht als Einfallstor für eine Zuständigkeitsprüfung instrumentalisiert werden darf[5]. 3

Ausgeschlossen ist zunächst die Überprüfung, ob die Gerichte des Erststaates das **LugÜ selbst** zutreffend angewendet haben. Aber auch eine **Anwendung nationalen Zuständigkeitsrechts** darf nicht nachgeprüft werden, und zwar unabhängig davon, ob das erststaatliche Gericht dieses zu Recht oder zu Unrecht angewendet hat[6]. 4

Art. 35 gilt **nur für Urteile aus Vertragsstaaten.** Das LugÜ verpflichtet die Vertragsstaaten nicht, die in Art. 35 Abs. 1 vorgesehene Nachprüfung der Zuständigkeit auch bei Urteilen aus Drittstaaten vorzunehmen[7]. In solchen Fällen kommt eine Anerkennungsversagung nur insoweit in Betracht, als sie im autonomen Anerkennungsrecht (mithin vom IPRG bzw. in allenfalls anwendbaren Staatsverträgen) vorgesehen ist. Eine Ausnahme will die h.L. mit Blick auf die Zuständigkeitsregelungen des Art. 22 machen; erging eine drittstaatliche Entscheidung in einem Fall, in welchem Art. 22 eine ausschliessliche Zuständigkeit eines Vertragsstaats vorgesehen hätte, so soll aufgrund des absoluten Geltungsanspruchs des Art. 22 eine Anerkennungsversagung geboten sein[8]. In keinem Fall ergibt sich aus dem LugÜ ein Anerkennungsversagungsgrund, wenn ein Anknüpfungspunkt gemäss Art. 22 in einem (anderen) Drittstaat verwirklicht war[9]. 5

---

[4] Vgl. auch Dasser/Oberhammer-Walther, Art. 28 Rz. 2.

[5] Vgl. dazu näher Rz. 21.

[6] Dasser/Oberhammer-Walther, Art. 28 Rz. 2.

[7] Kropholler, EuZPR, Art. 32 Rz. 18.

[8] Kropholler, EuZPR, Art. 32 Rz. 19; Dasser/Oberhammer-Walther, Art. 28 Rz. 12; Geimer, WM 1980, 1108; Coester-Waltjen, 98, 103; Grolimund, Drittstaatenproblematik, 183.

[9] Dasser/Oberhammer-Walther, Art. 28 Rz. 12; Patocchi, Riconoscimento 89.

II. Nachprüfung der Zuständigkeit im Anerkennungsstadium

1. Allgemeines

6 Abs. 1 zählt die Fälle **abschliessend**[10] auf, in denen die richtige Anwendung der Bestimmungen über die **internationale Zuständigkeit ausnahmsweise** anlässlich der Anerkennung und Vollstreckbarerklärung **nachzuprüfen** ist. Erfasst sind davon die Zuständigkeitsbestimmungen für Versicherungssachen (Abschnitt 3 des Titels II) und Verbrauchersachen (Abschnitt 4 des Titels II), die ausschliesslichen Zuständigkeiten (Abschnitt 6 des Titels II) sowie Art. 68 (Übereinkünfte mit Drittstaaten). Hinzu kommen die Fälle des Art. 64 Abs. 3 (Abweichungen von EuGVVO und LugÜ) sowie des Art. 67 Abs. 4 (Übereinkünfte über besondere Rechtsgebiete). In jedem Fall darf nur die internationale, *nicht* aber die *örtliche, sachliche oder funktionelle* Zuständigkeit nachgeprüft werden[11], und zwar wohl auch dann, wenn das LugÜ selbst (wie im Fall des Art. 16 Abs. 1)[12] die örtliche Zuständigkeit vorgibt.

7 Soweit eine Zuständigkeitsnachprüfung unzulässig ist, kommt auch eine Prüfung der Zuständigkeit im Rahmen einer **Anerkennungsprognose hinsichtlich eines hängigen ausländischen Verfahrens** (etwa im Zusammenhang mit einer Arrestprosequierung) grundsätzlich nicht in Betracht; hat das ausländische Gericht über seine Zuständigkeit noch nicht entschieden, könnte eine «Vorprüfung» seiner Zuständigkeit allenfalls im Rahmen einer «Entscheidungsprognose» relevant sein[13].

8 Der **Vorbehalt,** welchen die Schweiz sich in *Art. Ia des Protokolls Nr. 1 zum aLugÜ* gegen die Anerkennung von Entscheidungen ausbedungen hatte, die im Gerichtsstand nach Art. 5 Nr. 1 ergangen waren, ist mit 31.12.1999 unwirksam geworden; nach zutreffender h.M. hat er seine Be-

---

10 KROPHOLLER, EuZPR, Art. 35 Rz. 5.

11 Vgl. KROPHOLLER, EuZPR, Art. 35 Rz. 1; GEIMER/SCHÜTZE, EuZVR, Art. 35 EuGVVO Rz. 13; DASSER/OBERHAMMER-WALTHER, Art. 28 Rz. 4.

12 Diese Bestimmung regelt die örtliche Zuständigkeit freilich nur für die Klage des Verbrauchers; nach der hier vertretenen Auffassung kommt in einem derartigen Fall eine Nachprüfung der Zuständigkeit ohnehin schon von vornherein nicht in Betracht (vgl. Rz. 10).

13 In diesem Sinn (aber missverständlich) wohl KGer-Ausschuss GR, PKG 1999 Nr. 31 E. 5c; im Anschluss daran DASSER/OBERHAMMER-WALTHER, Art. 28 Rz. 27.

deutung auch für Altentscheidungen verloren[14]. Keine Entsprechung findet im LugÜ 2007 auch der *Vorbehalt nach Art. Ib des Protokolls Nr. 1 zum aLugÜ*, wonach im Belegenheitsstaat, sofern dieser den Vorbehalt erklärt hatte, die Anerkennung und Vollstreckung einer Entscheidung betreffend eine kurzfristige Gebrauchsüberlassung (Art. 16 Nr. 1 lit. b aLugÜ) versagt werden konnte, wenn die Klage im Wohnsitzstaat des Beklagten erhoben worden war.

2. Verbraucher- und Versicherungssachen

Die Nachprüfung der Zuständigkeit in Verbraucher- und Versicherungssachen **verstärkt den zuständigkeitsrechtlichen Schutz** der benachteiligten Personengruppen, der in den Abschnitten 3 und 4 des Titels II vorgesehen ist. Insbesondere wird die faktische Einlassungslast reduziert, weil der Verbraucher bzw. Versicherungsnehmer nicht befürchten muss, er werde mit einem auch grenzüberschreitend vollstreckbaren Säumnisentscheid konfrontiert, wenn das Gericht des Erststaats im Fall seiner Nichteinlassung der Verpflichtung zur amtswegigen Wahrnehmung der Unzuständigkeit nicht nachkommen sollte[15]. In praxi ist natürlich dennoch die Bekämpfung der Zuständigkeit des Erstgerichts der sicherere Weg als diese von Art. 35 Abs. 1 eröffnete Option einer Nichteinlassung. 9

Weil Art. 35 Abs. 1 insoweit den zuständigkeitsrechtlichen Schutz der schwächeren Partei absichern soll, ist mit der h.L. eine **teleologische Reduktion** dahingehend geboten, dass der Versicherer bzw. der Unternehmer sich darauf nicht berufen kann[16]; entsprechendes gilt für die geschützte Partei, wenn diese Klägerin war. – Relevant ist somit nur eine *Verletzung der einschlägigen Zuständigkeitsnormen zum Nachteil des geschützten Personenkreises*. 10

---

14 Vgl. Dasser/Oberhammer-Domej, Art. Ia Protokoll Nr. 1 Rz. 3 f. m.w.N.

15 Vgl. in diesem Zusammenhang Art. 26 Rz. 3 ff.

16 In diesem Sinn OLG Düsseldorf, NJW-RR 2006, 1079 = IPRspr 2006, Nr. 178; Geimer/Schütze, EuZVR, Art. 35 EuGVVO Rz. 20, Rz. 49; Schlosser, EuZPR, Art. 34–36 EuGVVO Rz. 32; Rauscher-Leible, Art. 35 EuGVVO Rz. 6; Czernich/Tiefenthaler/Kodek-Kodek, Art. 35 Rz. 5; Grunsky, JZ 1973, 646; a.A. BGHZ 74, 248 = NJW 1980, 1223 = IPRspr 1979, Nr. 198; Walter, IZPR, 442 f.; implizit auch Vorschlag für eine Verordnung (EG) des Rates über die gerichtliche Zuständigkeit und die Anerkennung und Vollstreckung von Entscheidungen in Zivil- und Handelssachen, KOM (1999) 348 endg., 25 (zu Art. 42 des Entwurfs); offen lassend BGer 11.05.2010, 4A_184/2010 E. 3.2; Kropholler, EuZPR, Art. 35 Rz. 7 f.; Dasser/Oberhammer-Walther, Art. 28 Rz. 8.

11 **Keinen entsprechenden Schutz** sieht das LugÜ für **Arbeitnehmer** und **Unterhaltsgläubiger** vor, die grundsätzlich ebenfalls in gleicher Weise schutzwürdig sind wie Verbraucher und Versicherungsnehmer. Insoweit besteht ein problematischer Wertungswiderspruch[17]. Auf eine Ausdehnung des zuständigkeitsrechtlichen Schutzes des Art. 35 auf diese Personengruppen wurde bewusst verzichtet. Mit Blick auf Arbeitnehmer wurde sie damit begründet, dass der Arbeitnehmer i.d.R. Kläger sei und die Nachprüfung daher zu seinen Lasten ginge[18]. Das ist allerdings eine fragwürdige Rechtfertigung dafür, den Schutz auch dort zu versagen, wo der Arbeitnehmer Beklagter ist; im Übrigen ist ja ohnehin auch bei Verbraucher- und Versicherungssachen davon auszugehen, dass der Schutz nur zugunsten der sozial schwächeren Partei besteht[19].

12 Auch eine **ausschliessliche Zuständigkeit aufgrund einer Gerichtsstandsvereinbarung** geniesst keinen Schutz, weil Art. 35 Abs. 1 nur auf Abschnitt 6, nicht auch auf Abschnitt 7 des Titels II verweist[20].

3. Ausschliessliche Gerichtsstände

13 Anders als in den Fällen der Verbraucher- und Versicherungssachen zielt die Nachprüfung der Zuständigkeit in Hinblick auf Abschnitt 6 des Titels II (d.h. die **ausschliesslichen Zuständigkeiten des Art. 22**) nicht nur auf den Beklagtenschutz ab, sondern dient auch, nach h.M. sogar vor allem der Wahrung staatlicher Jurisdiktionsinteressen[21]. Eine Rechtfertigung dafür, gerade hier vom Grundsatz des gegenseitigen Vertrauens abzugehen, ist aus heutiger Perspektive schwer zu sehen[22]. Zu bedenken ist allerdings, dass Art. 22 auch anderen Interessen verpflichtet ist, etwa dem Mieterschutz durch Schaffung eines Klägergerichtsstandes für den Immobilienmieter in Art. 22 Nr. 1 oder der Verfahrenskonzentration bei bestimmten gesellschaftsrechtlichen Streitigkeiten am Sitz der Gesellschaft in Art. 22 Nr. 2 und dgl. Verfehlt ist daher vielleicht weniger die Möglichkeit einer

---

[17] Droz/Gaudemet-Tallon 648.

[18] Vorschlag für eine Verordnung (EG) des Rates über die gerichtliche Zuständigkeit und die Anerkennung und Vollstreckung von Entscheidungen in Zivil- und Handelssachen, KOM (1999) 348 endg., 25 (zu Art. 42 des Entwurfs).

[19] Vgl. Rz. 10.

[20] Kropholler, EuZPR, Art. 35 Rz. 14; Dasser/Oberhammer-Walther, Art. 28 Rz. 29.

[21] In diese Richtung etwa Dasser/Oberhammer-Walther, Art. 28 Rz. 11; Kropholler, EuZPR, Art. 35 Rz. 11; MünchKommZPO-Gottwald, Art. 35 EuGVVO Rz. 13.

[22] Vgl. auch Geimer/Schütze, EuZVR, Art. 35 EuGVVO Rz. 9.

Nachprüfung der Zuständigkeit in diesen Fällen als ihre Rechtfertigung mit hohltönender Souveränitätsrhetorik.

Erfasst sind in jedem Fall nur derartige Fälle, in denen **Art. 22 verletzt** wurde. Zwingende Zuständigkeiten nach dem autonomen Recht von Mitgliedstaaten sind dagegen nicht geschützt; ebenso wenig solche von Drittstaaten[23]. Dagegen soll in Fällen, in welchen eine ausschliessliche Zuständigkeit gemäss Art. 22 durch ein drittstaatliches Gericht verletzt wurde, eine Anerkennungsversagung geboten sein[24]. Nicht gerechtfertigt wäre eine Anerkennungsversagung, wenn ein positiver Kompetenzkonflikt zwischen Erst- und Zweitstaat besteht[25]. Auch aus dem Prioritätsprinzip gemäss Art. 27 kann hier keine abweichende Lösung abgeleitet werden[26]; vielmehr liegt in einem solchen Fall schlicht keine Verletzung von Art. 22 vor[27]. 14

4. Intertemporale Fälle

Nach Art. 63 Abs. 2 lit. a sind Entscheidungen, die **nach Inkrafttreten des LugÜ 2007 ergingen,** auch dann nach diesem anzuerkennen, wenn die Klage bereits davor erhoben wurde, sofern bei Klageerhebung das aLugÜ sowohl im Erst- als auch im Zweitstaat in Kraft stand. In diesen Fällen kommt eine Nachprüfung der Zuständigkeit grundsätzlich (abgesehen von den allgemein im LugÜ 2007 vorgesehenen Fällen) nicht in Betracht. Art. 63 Abs. 2 lit. b sieht ferner vor, dass auch in allen anderen Fällen (Erlass der Entscheidung nach dem Inkrafttreten des LugÜ 2007 vorausgesetzt) die Anerkennung und Vollstreckung nach Titel III zu erfolgen hat, wenn das erststaatliche Gericht aufgrund von Vorschriften zuständig war, 15

[23] KROPHOLLER, EuZPR, Art. 35 Rz. 11; RAUSCHER-LEIBLE, Art. 35 EuGVVO Rz. 8; DASSER/OBERHAMMER-WALTHER, Art. 28 Rz. 12; nach GEIMER/SCHÜTZE, EuZVR, Art. 35 EuGVVO Rz. 59 soll der Vertragsstaat, in dessen ausschliessliche Zuständigkeit eingegriffen wurde, die Verletzung «pardonieren» können.

[24] KROPHOLLER, EuZPR, Art. 35 Rz. 12; DASSER/OBERHAMMER-WALTHER, Art. 28 Rz. 12; CZERNICH/TIEFENTHALER/KODEK-KODEK, Art. 35 Rz. 8; unter Bezugnahme auf Art. 10 AEUV MAGNUS/MANKOWSKI-MANKOWSKI, Art. 35 Rz. 28.

[25] KROPHOLLER, EuZPR, Art. 35 Rz. 13; DASSER/OBERHAMMER-WALTHER, Art. 28 Rz. 14; a.A. jedoch Bericht JENARD 57 (zu Art. 53 EuGVÜ).

[26] So aber KROPHOLLER, EuZPR, Art. 35 Rz. 13; vgl. auch DASSER/OBERHAMMER-WALTHER, Art. 28 Rz. 14.

[27] SCHLOSSER, EuZPR, Art. 34–36 EuGVVO Rz. 32; vgl. auch MARTINY, Hdb. IZVR III/2, Kap. II Rz. 183; a.A. Bericht JENARD 57 (zu Art. 53 EuGVÜ).

die mit den Zuständigkeitsvorschriften des Titels II oder eines Abkommens übereinstimmen, das im Zeitpunkt der Klageerhebung zwischen dem Erst- und dem Zweitstaat in Kraft war. In diesen Fällen kommt es somit insofern zu einer Nachprüfung der Zuständigkeit. Diese bezieht sich nicht nur darauf, ob das Erstgericht sich auf eine Zuständigkeitsvorschrift berief, welche die Anforderungen des Art. 63 Abs. 2 lit. b erfüllte, sondern auch darauf, ob es dies zu Recht getan hat. Nach der Rechtsprechung des Bundesgerichts erfolgt dabei allerdings nur eine Rechtskontrolle, während hinsichtlich der tatsächlichen Feststellungen Art. 35 Abs. 3 analog anzuwenden ist[28].

5. Divergenzen zwischen EuGVVO und LugÜ

16 Nach Art. 64 Abs. 3 kann die Anerkennung und Vollstreckung versagt werden, wenn zu **Unrecht die EuGVVO anstelle des LugÜ** angewendet wurde und sich der Zuständigkeitsgrund nach der Verordnung von jenem nach dem Übereinkommen unterscheidet. Die Anerkennungsversagung setzt ferner voraus, dass die Anerkennung und Vollstreckung gegen eine Partei geltend gemacht wird, die ihren Wohnsitz in einem Nur-LugÜ-Staat hat, und dass die Entscheidung auch nach nationalem Recht des ersuchten Staates nicht anerkannt und vollstreckt werden kann[29]. Im Verhältnis von EuGVVO und LugÜ 2007 sind derzeit für diese Bestimmung kaum Anwendungsfälle denkbar; sie könnte allerdings im Gefolge der geplanten Revision der EuGVVO relevant werden[30].

6. Übereinkommen über besondere Rechtsgebiete

17 Nach Art. 67 Abs. 4 kann die Anerkennung und Vollstreckung einer Entscheidung, die aufgrund eines nach Art. 67 Abs. 1 vorbehaltenen **Spezialübereinkommens** erging, versagt werden, wenn der Zweitstaat dem Spezialübereinkommen nicht angehört und der Antragsgegner seinen Wohnsitz im Anerkennungsstaat oder (falls der Zweitstaat ein Mitglied-

[28] Vgl. zu Art. 54 Abs. 2 LugÜ 1988 (der Vorgängerbestimmung von Art. 63 Abs. 2 LugÜ 2007) BGE 123 III 374, 384 = JdT 1999 I 136; ebenso zu Art. 54b LugÜ 1988 (entspricht Art. 67 LugÜ 2007) BGE 127 III 186, 190 f.; zum Ganzen näher Dasser/Oberhammer-Domej, Art. 54 Rz. 17.

[29] Vgl. näher Dasser/Oberhammer-Domej, Art. 54b Rz. 9 ff.; Dasser/Oberhammer-Walther, Art. 28 Rz. 17 ff.; Kropholler, EuZPR, Art. 35 Rz. 18.

[30] Unter anderem im Hinblick darauf wurde sie anlässlich der LugÜ-Revision nicht fallengelassen, vgl. Bericht Pocar Rz. 21.

staat der EU ist und die Übereinkunft heute von der EU geschlossen werden müsste) in einem anderen EU-Mitgliedstaat hat; auch hier scheidet die Anerkennungsversagung aus, wenn die Entscheidung anderweitig nach dem Recht des Zweitstaates anerkannt werden kann[31]. Entsprechendes gilt gemäss Protokoll 3 für Fälle, in denen die Zuständigkeit innerhalb der EU in einem EU-Rechtsakt für ein besonderes Rechtsgebiet geregelt ist[32]. Die EuGVVO kennt einen entsprechenden Versagungsgrund nicht; dieser kann deshalb nur dann zum Tragen kommen, wenn eine Entscheidung aus einem Nur-LugÜ-Staat in einem EU-Staat anerkannt und vollstreckt werden soll oder umgekehrt[33].

7. Drittstaatenverträge

Art. 68 behält Übereinkünfte mit Drittstaaten vor, nach denen die Aner- 18
kennung von Entscheidungen zu verweigern ist, die gegen Personen mit Wohnsitz oder gewöhnlichem Aufenthalt in einem solchen Drittstaat in einem exorbitanten Gerichtsstand ergangen sind[34]. Die Schweiz hat keine solchen Abkommen geschlossen.

III. Bindung an die erstgerichtlichen Tatsachenfeststellungen

Nach Abs. 2 ist das zweitstaatliche Gericht bei der Zuständigkeitsprüfung 19
an die tatsächlichen Feststellungen gebunden, aufgrund derer das Gericht des Erststaates seine Zuständigkeit angenommen hat. Insofern ist der Nachprüfung jener **Sachverhalt** zugrunde zu legen, von welchem das Erstgericht bei seiner Zuständigkeitsentscheidung ausging. Dieser Sachverhalt darf **weder nachgeprüft noch ergänzt**[35] werden; dabei kommt es nicht darauf an, ob der Beklagte in der Lage war, bestimmte Tatsachen schon im Verfahren vor dem Erstgericht vorzubringen. Nach einer Mindermeinung

[31] Vgl. näher DASSER/OBERHAMMER-DOMEJ, Art. 57 Rz. 15.

[32] DASSER/OBERHAMMER-WALTHER, Art. 28 Rz. 22.

[33] DASSER/OBERHAMMER-DOMEJ, Art. 57 Rz. 15; zum rechtspolitischen Hintergrund Bericht JENARD/MÖLLER Rz. 82.

[34] Vgl. dazu näher die Kommentierung zu Art. 68.

[35] Vgl. die SA des GA Léger zu EuGH Rs. C-99/96, *Mietz/Intership Yachting Sneek,* Slg. 1999 I 2277 Rz. 59; KROPHOLLER, EuZPR, Art. 35 Rz. 21; CZERNICH/TIEFENTHALER/KODEK-KODEK, Art. 35 Rz. 11.

soll die Bindung an die erstgerichtlichen Feststellungen nur für anerkennungsfeindliche Tatsachen gelten[36]; eine solche Differenzierung ist u.E. abzulehnen[37]. Die Abgrenzung zwischen Tat- und Rechtsfragen kann in diesem Zusammenhang bisweilen schwierig sein[38]; sie hat nach autonomen Kriterien zu erfolgen, nicht nach dem Recht des Erst- oder Zweitstaates[39].

20 Nach der Rechtsprechung des Bundesgerichts zu Übergangsfällen sowie zum Verhältnis zwischen EuGVÜ und aLugÜ kann **eine Entscheidung, die weder Tatsachenfeststellungen noch eine Urteilsbegründung enthält,** nicht anerkannt werden, soweit die internationale Zuständigkeit umstritten und auch nicht ohne weiteres aus den Akten ersichtlich ist, weil eine solche Entscheidung keine Nachprüfung gestatte, ob die Zuständigkeitsbestimmungen eingehalten wurden. Ein solcher Mangel könne auch nicht durch eine nachträgliche Bestätigung geheilt werden, wonach das Erstgericht seine Zuständigkeit auf der Basis der Zuständigkeitsbestimmungen des Übereinkommens bejaht habe. Möglich sei nur eine nachträgliche Ergänzung des Urteils in einem kontradiktorischen Verfahren vor dem Erstgericht, soweit das nationale Recht des Urteilsstaates eine solche vorsehe[40]. Diese Position steht in einem Spannungsverhältnis zu jener Rechtsprechung, wonach das Fehlen einer Entscheidungsbegründung der Anerkennung einer ausländischen Entscheidung nicht entgegenstehe[41]. Vor allem ist sie unter dem LugÜ 2007 keine denkbare Begründung für eine Anerkennungsverweigerung durch das erstinstanzliche Gericht im Vollstreckbarerklärungs- oder Anerkennungsfeststellungsverfahren, weil dort eine Zuständigkeitsnachprüfung in erster Instanz – wie auch die Prüfung sonstiger Anerkennungsversagungsgründe – in jedem Fall ausscheidet (vgl. Art. 41). Aber auch sonst bietet das LugÜ keine Handhabe dafür, Begründungsmängel der erstgerichtlichen Zuständigkeitsentscheidung mit einer Anerkennungsversagung zu sanktionieren; liegen keine ausreichenden Tatsachenfeststellungen i.S.v. Abs. 2 vor, so hat das mit der Frage der

---

36 Dafür GEIMER, RIW 1976, 147; GEIMER/SCHÜTZE-GEIMER, Art. 35 EuGVVO Rz. 45.

37 So auch die h.M., vgl. KROPHOLLER, EuZPR, Art. 35 Rz. 23; RAUSCHER-LEIBLE, Art. 35 EuGVVO Rz. 15; MünchKommZPO-GOTTWALD, Art. 35 EuGVVO Rz. 21; DASSER/OBERHAMMER-WALTHER, Art. 28 Rz. 33.

38 Vgl. DASSER/OBERHAMMER-WALTHER, Art. 28 Rz. 32 Fn. 45.

39 So wohl auch SCHLOSSER, EuZPR, Art. 34–36 EuGVVO Rz. 33.

40 BGE 123 III 374, 384 E. 4; 127 III 186, 190 f. E. 4b.

41 Vgl. Art. 34 Rz. 25.

Anerkennung konfrontierte Gericht *selbst Beweis zu erheben*, wenn der Anerkennungsversagungsgrund nach Abs. 1 geltend gemacht wird.

IV. Abs. 3

Abs. 3 Satz 1 schärft ein, dass die **Überprüfung der Anerkennungszuständigkeit** abgesehen von den im Übereinkommen ausdrücklich zugelassenen Fällen **ausgeschlossen** ist. Anknüpfend daran sichert Abs. 3 Satz 2 dieses Verbot der Nachprüfung der erstgerichtlichen Zuständigkeit vor einer Aushöhlung durch Berufung auf den *ordre public* ab. Das Ergebnis der ausländischen Zuständigkeitsprüfung darf nach dieser Bestimmung in keinem Fall als *ordre-public*-Verstoss qualifiziert werden. Selbst gravierende Verstösse gegen die Zuständigkeitsordnung des Übereinkommens rechtfertigen eine Anerkennungsversagung nicht[42]. Insbesondere darf aber auch die Vereinbarkeit des in Anspruch genommenen Zuständigkeitstatbestandes mit dem *ordre public* nicht nachgeprüft werden, und zwar auch nicht im Anwendungsbereich von Art. 3 oder in den sonstigen Fällen, in denen das LugÜ auf nationales Zuständigkeitsrecht verweist bzw. daran anknüpft (wie etwa nach Art. 5 Nr. 2, Art. 5 Nr. 4 oder Art. 31)[43]. Denkbar wäre allein eine Anerkennungsversagung aufgrund von *ordre-public*-Verstössen im Zuständigkeitsprüfungsverfahren[44]. Zum Teil wird allerdings angenommen, eine Anerkennungsversagung sei dann möglich, wenn die Anwendung einer exorbitanten Zuständigkeitsbestimmung gegen Art. 6 Ziff. 1 EMRK verstosse[45]. 21

[42] BGer 05.10.2009, 4A_305/2009, E. 3.1.

[43] Vgl. EuGH Rs. C-7/98, *Krombach/Bamberski*, Slg. 2000 I 1935 Rz. 33.

[44] Vgl. Art. 34 Rz. 24.

[45] DASSER/OBERHAMMER-WALTHER, Art. 28 Rz. 3; CZERNICH/TIEFENTHALER/KODEK-KODEK, Art. 34 Rz. 44; SCHLOSSER, FS Heldrich 1010 f.; in diese Richtung auch KROPHOLLER, EuZPR, Art. 35 Rz. 3; de lege ferenda HESS, EuZPR, § 6 Rz. 215.

Art. 36

Die ausländische Entscheidung darf keinesfalls in der Sache selbst nachgeprüft werden.

Art. 36

En aucun cas, la décision étrangère ne peut faire l'objet d'une révision au fond.

Art. 36

In nessun caso la decisione straniera può formare oggetto di un riesame del merito.

Art. 36

Under no circumstances may a foreign judgment be reviewed as to its substance.

Literatur: Vgl. die Literaturhinweise vor Art. 32.

1 Art. 36 schärft ein, dass eine **Nachprüfung** der Entscheidung **in der Sache** *(révision au fond)* **ausgeschlossen** ist; dies ergibt sich schon aus der in Art. 33 Abs. 1 verbürgten Anerkennungspflicht und aus dem abschliessenden Charakter der Anerkennungsversagungsgründe des Übereinkommens. Relativiert wird dieser Grundsatz durch die Zulässigkeit der Anerkennungsversagung aufgrund einer Verletzung des *ordre public*[1].

[1] Vgl. Art. 34 Rz. 18 ff.

Art. 37

1. Das Gericht eines durch dieses Übereinkommen gebundenen Staates, vor dem die Anerkennung einer in einem anderen durch dieses Übereinkommen gebundenen Staat ergangenen Entscheidung geltend gemacht wird, kann das Verfahren aussetzen, wenn gegen die Entscheidung ein ordentlicher Rechtsbehelf eingelegt worden ist.

2. Das Gericht eines durch dieses Übereinkommen gebundenen Staates, vor dem die Anerkennung einer in Irland oder im Vereinigten Königreich ergangenen Entscheidung geltend gemacht wird, kann das Verfahren aussetzen, wenn die Vollstreckung der Entscheidung im Ursprungsstaat wegen der Einlegung eines Rechtsbehelfs einstweilen eingestellt ist.

Art. 37

1. L'autorité judiciaire d'un État lié par la présente Convention devant laquelle est invoquée la reconnaissance d'une décision rendue dans un autre État lié par la présente Convention peut surseoir à statuer si cette décision fait l'objet d'un recours ordinaire.

2. L'autorité judiciaire d'un État lié par la présente Convention devant laquelle est invoquée la reconnaissance d'une décision rendue en Irlande ou au Royaume-Uni et dont l'exécution est suspendue dans l'État d'origine du fait de l'exercice d'un recours, peut surseoir à statuer.

Art. 37

1. Il giudice di uno Stato vincolato dalla presente convenzione, davanti al quale è chiesto il riconoscimento di una decisione emessa in un altro Stato vincolato dalla presente convenzione, può sospendere il procedimento se la decisione in questione è stata impugnata.

2. Il giudice di uno Stato vincolato dalla presente convenzione, davanti al quale è richiesto il riconoscimento di una decisione emessa in Irlanda o nel Regno Unito la cui esecuzione è sospesa nello Stato d'origine per la presentazione di un ricorso, può sospendere il procedimento.

Art. 37

1. A court of a State bound by this Convention in which recognition is sought of a judgment given in another State bound by this Convention may stay the proceedings if an ordinary appeal against the judgment has been lodged.

2. A court of a State bound by this Convention in which recognition is sought of a judgment given in Ireland or the United Kingdom may stay the proceedings if enforcement is suspended in the State of origin, by reason of an appeal.

Literatur: Vgl. die Literaturhinweise vor Art. 32.

Übersicht *Seite*

I. Allgemeines

1 Art. 37 gestattet eine **Aussetzung des Anerkennungsverfahrens**, wenn gegen die anzuerkennende Entscheidung im Erststaat ein **ordentlicher Rechtsbehelf** eingelegt wurde.

2 Das Verhältnis zwischen dieser Bestimmung und der ähnlichen, aber nicht identischen Regelung des **Art. 46** für das Vollstreckbarerklärungsverfahren ist wenig klar. Nach h.M. ist Art. 46 aufgrund der Verweisung in Art. 33 Abs. 2 auch im selbständigen Anerkennungsfeststellungsverfahren anwendbar[1]. Art. 37 käme dann allein in Verfahren zur Anwendung, in denen die Anerkennung der ausländischen Entscheidung nur vorfrageweise geprüft wird. U.E. liegt es jedoch näher, Art. 37 als lex specialis für das Anerkennungsrecht zu qualifizieren und daher auch im selbständigen Anerkennungsfeststellungsverfahren anzuwenden[2].

3 Die Anwendung von Art. 37 setzt voraus, dass das angefochtene Urteil überhaupt **schon Wirkungen hat**, deren Anerkennung in Betracht kommt. Solange das noch nicht der Fall ist, liegt allenfalls ein Anwendungsfall von Art. 27 oder 28 vor[3].

4 Anders als nach Art. 46 genügt es für die Anwendung von Art. 37 nicht, dass die Rechtsbehelfsfrist noch läuft; vielmehr ist eine Aussetzung nur dann möglich, wenn ein Rechtsbehelf gegen die Entscheidung **bereits eingelegt** wurde. Ein weiterer Unterschied ist, dass Art. 37 nur die Entscheidung zwischen der Aussetzung und der Nichtaussetzung des Verfahrens ermöglicht; eine Anerkennung gegen Sicherheitsleistung (analog zur Zulassung der Vollstreckung gegen Sicherheitsleistung nach Art. 46 Abs. 3) kommt dagegen nicht in Betracht. Zudem ist die Aussetzung nach Art. 37 (anders als im Fall des Art. 46) **auch von Amtes wegen** möglich[4]. Vorbehaltlich dieser Unterschiede kann die Rechtsprechung zu Art. 46 grundsätzlich auch zur Auslegung von Art. 37 herangezogen werden. Nicht ohne weiteres auf Art. 37 übertragbar ist jedoch jene zu Art. 46 ergangene Recht-

---

[1] KROPHOLLER, EuZPR, Art. 37 Rz. 2; SCHLOSSER, EuZPR, Art. 37 EuGVVO 1; DASSER/OBERHAMMER-WALTHER, Art. 30 Rz. 3.

[2] So im Ergebnis auch MAGNUS/MANKOWSKI-WAUTELET, Art. 37 Rz. 7.

[3] SCHLOSSER, EuZPR, Art. 37 EuGVVO Rz. 2; vgl. auch CZERNICH/TIEFENTHALER/KODEK-KODEK, Art. 37 Rz. 3 f.

[4] KROPHOLLER, EuZPR, Art. 37 Rz. 5; dies offenbar übersehend AppG BS, BJM 1996, 142, 145 f.

sprechung, wonach die Bestimmung über die Aussetzungsmöglichkeit eng ausgelegt werden müsse[5]. Diese Rechtsprechung stützt sich darauf, dass die Aussetzungsmöglichkeit eine Ausnahme von der europäischen Urteilsfreizügigkeit begründe. Im Fall der Anerkennung trifft das aber allenfalls dann zu, wenn sich die Frage nach der Aussetzung im Rahmen eines selbständigen Anerkennungsverfahrens stellt (sofern man in diesem nicht ohnehin Art. 46 anwenden will)[6]. Im Übrigen beugt die Aussetzung des Verfahrens, in welchem eine Inzidentanerkennung erfolgen soll, (und das Abwarten des endgültigen Ergebnisses des ausländischen Verfahrens) Entscheidungskollisionen vor und fördert so (weil eine Situation nach Art. 34 Nr. 3 verhindert wird) die Urteilsfreizügigkeit. Daher ist das gerichtliche Ermessen[7] bei der Entscheidung über die Aussetzung nach Art. 37 grosszügig zu handhaben[8]. Ins Kalkül zu ziehen sind dabei die Interessen der Parteien, die Prozessökonomie, das Risiko von Entscheidungskollisionen sowie die Gefahr einer Verfahrensverschleppung.

Der Begriff des ordentlichen Rechtsbehelfs ist nach h.M. **autonom**[9] und **weit**[10] auszulegen. Dabei sollen auch mit Blick auf Art. 37 Abs. 1 jene Kriterien massgeblich sein, welche der EuGH in *Industrial Diamond Supplies* für die Definition des ordentlichen Rechtsbehelfs i.S.v. Art. 38 EuGVÜ (jetzt Art. 46 EuGVVO/LugÜ) für den Fall entwickelte, dass die Entscheidung noch nicht angefochten, die Rechtsbehelfsfrist aber noch nicht abgelaufen war[11]. Danach liegt ein ordentlicher Rechtsbehelf dann vor, wenn es sich um einen Teil des gewöhnlichen Verlaufs eines Rechtsstreits handelt, der eine verfahrensrechtliche Entwicklung darstellt, mit deren Eintritt jede Partei vernünftigerweise zu rechnen hat; das ist dann der Fall, wenn der Rechtsbehelf nach dem Gesetz an eine bestimmte Frist gebunden ist, welche durch die Entscheidung selbst in Gang gesetzt wird, nicht dagegen 5

---

[5] Vgl. EuGH Rs. C-183/90, *van Dalfsen/van Loon*, Slg. 1991 I 4743.

[6] Vgl. Rz. 2.

[7] Kropholler, EuZPR, Art. 37 Rz. 5; Schlosser, EuZPR, Art. 34–36 EuGVVO Rz. 1.

[8] In diesem Sinn auch Schlosser, EuZPR, Art. 37 EuGVVO Rz. 1.

[9] Vgl. zu Art. 38 EuGVÜ (der Vorgängerbestimmung von Art. 46 EuGVVO/LugÜ 2007) EuGH Rs. 43/77, *Industrial Diamond Supplies/Riva,* Slg. 1977, 2175; Kropholler, EuZPR, Art. 37 Rz. 3.

[10] Kropholler, EuZPR Art. 37 Rz. 4; Dasser/Oberhammer-Walther, Art. 30 Rz. 4; a.A. Donzallaz Rz. 4051 ff.

[11] Vgl. AppG BS, BJM 1996, 142, 144 f.; Kropholler, EuZPR, Art. 37 Rz. 3; Geimer/Schütze, EuZVR, Art. 37 EuGVVO Rz. 7 f.; Rauscher-Leible, Art. 37 EuGVVO Rz. 3; Dasser/Oberhammer-Walther, Art. 30 Rz. 4 f.; Czernich/Tiefenthaler/Kodek-Kodek, Art. 37 Rz. 2.

bei Rechtsbehelfen, die an ein bei Erlass der Entscheidung unvorhersehbares Ereignis anknüpfen[12]. Dabei wird jedoch vielfach nicht hinreichend gewürdigt, dass der EuGH diese Kriterien nur auf den Fall bezog, dass der Rechtsbehelf noch nicht eingelegt sei. Für den Fall, dass ein Rechtsbehelf bereits erhoben war, führte der EuGH dort dagegen aus, das Gericht könne die Entscheidung über die Anerkennung bzw. Vollstreckung immer dann aussetzen, wenn am endgültigen Schicksal der Entscheidung im Urteilsstaat vernünftige Zweifel bestehen könnten[13]. Dies ist immer dann der Fall, wenn eine Aufhebung der anzuerkennenden Entscheidung überhaupt in Betracht kommt (und nicht z.B. ausgeschlossen scheint, weil eine Frist versäumt wurde, der eingelegte Rechtsbehelf unzulässig ist oder dgl.) – die konkreten Erfolgsaussichten des erststaatlichen Rechtsbehelfs sind erst im Rahmen der Ermessensausübung hinsichtlich der Aussetzung beachtlich, wobei auch hier, wie bereits erwähnt[14], kein zu strenger Massstab anzulegen ist. Nur in diesem Fall schafft Art. 37 aber überhaupt eine Grundlage für eine Aussetzung, weshalb die zusätzlichen, nur für den Fall der noch nicht erfolgten Einlegung des Rechtsbehelfs entwickelten Kriterien für die Aussetzung nach Art. 37 keine Rolle spielen können[15].

6 Das **Aussetzungsverfahren** richtet sich – einschliesslich der Frage der Anfechtbarkeit des Aussetzungsentscheids[16] – nach dem nationalen Recht des Anerkennungsstaates. In der Schweiz kommt darauf demnach (wenn sich die Frage im Rahmen eines Zivilprozesses stellt) Art. 126 ZPO zur Anwendung.

II. Sonderbestimmung in Abs. 2

7 Die Sonderbestimmung des Abs. 2 soll den Besonderheiten der Rechtsbehelfssysteme des **Vereinigten Königreichs** und **Irlands** gegenüber den kontinentaleuropäischen Prozessrechtssystemen Rechnung tragen[17]. Sie

[12] EuGH Rs. 43/77, *Industrial Diamond Supplies/Riva,* Slg. 1977, 2175 Rz. 35 ff.
[13] EuGH Rs. 43/77, *Industrial Diamond Supplies/Riva*, Slg. 1977, 2175 Rz. 32 ff.
[14] Vgl. oben Rz. 4.
[15] A.A. BGE 129 III 574, 576 E. 3 für den Fall, dass eine Nachklage gegen ein Vorbehalts-/Anerkenntnisurteil erst nach fünf Jahren (und einen Tag nach dem Antrag auf Vollstreckbarerklärung) erhoben wurde.
[16] Art. 44 LugÜ ist hier nicht anwendbar, vgl. CZERNICH/TIEFENTHALER/KODEK-KODEK, Art. 37 Rz. 5.
[17] Bericht SCHLOSSER Rz. 204.

unterscheidet mit Blick auf diese Besonderheiten bei Entscheidungen aus diesen Staaten nicht zwischen ordentlichen und ausserordentlichen Rechtsbehelfen, sondern stellt darauf ab, ob die Vollstreckung der Entscheidung wegen der Einlegung des Rechtsbehelfs einstweilen eingestellt ist. Die h.L. will im Interesse einer «gleichwertigen Rechtslage» die Kriterien, die der EuGH in *Industrial Diamond Supplies* anlegte, um den Begriff des «ordentlichen Rechtsbehelfs» zu bestimmen[18], auch auf die Fälle des Abs. 2 übertragen[19]. Dies ist fragwürdig und vor dem Hintergrund der hier vertretenen Auffassung für Art. 37 schon deshalb abzulehnen, weil diese Kriterien auch auf die Fälle nach Abs. 1 nicht anzuwenden sind[20]. Folgt man der hier vertretenen Auffassung, wonach ein ordentlicher Rechtsbehelf immer dann vorliegt, wenn aufgrund der Einlegung des Rechtsbehelfs vernünftige Zweifel am Bestand der anzuerkennenden Entscheidung bestehen[21], so muss das auch für Entscheidungen aus diesen Staaten gelten. Das gilt nicht nur in Fällen, in denen – wie von Abs. 2 verlangt – die Vollstreckung eingestellt ist, weil Abs. 2 gegenüber Abs. 1 keine ausschliessliche Geltung beansprucht[22].

---

18 Vgl. dazu Rz. 5.

19 In diese Richtung Bericht SCHLOSSER Rz. 204; im Anschluss daran KROPHOLLER, EuZPR, Art. 37 Rz. 7; DASSER/OBERHAMMER-WALTHER, Art. 30 Rz. 14; CZERNICH/TIEFENTHALER/KODEK-KODEK, Art. 37 Rz. 6.

20 Vgl. Rz. 5.

21 Vgl. oben Rz. 5.

22 Insoweit gl.M. KROPHOLLER, EuZPR, Art. 37 Rz. 8.

Abschnitt 2: Vollstreckung

Art. 38

1. Die in einem durch dieses Übereinkommen gebundenen Staat ergangenen Entscheidungen, die in diesem Staat vollstreckbar sind, werden in einem anderen durch dieses Übereinkommen gebundenen Staat vollstreckt, wenn sie dort auf Antrag eines Berechtigten für vollstreckbar erklärt worden sind.

2. Im Vereinigten Königreich jedoch wird eine derartige Entscheidung in England und Wales, in Schottland oder in Nordirland vollstreckt, wenn sie auf Antrag eines Berechtigten zur Vollstreckung in dem betreffenden Teil des Vereinigten Königreichs registriert worden ist.

Art. 38

1. Les décisions rendues dans un État lié par la présente Convention et qui y sont exécutoires sont mises à exécution dans un autre État lié par la présente Convention après y avoir été déclarées exécutoires sur requête de toute partie intéressée.

2. Toutefois, au Royaume-Uni, ces décisions sont mises à exécution en Angleterre et au Pays de Galles, en Écosse ou en Irlande du Nord, après avoir été enregistrées en vue de leur exécution, sur requête de toute partie intéressée, dans l'une ou l'autre de ces parties du Royaume-Uni, suivant le cas.

Art. 38

1. Le decisioni emesse in uno Stato vincolato dalla presente convenzione e ivi esecutive sono eseguite in un altro Stato vincolato dalla presente convenzione dopo essere state ivi dichiarate esecutive su istanza della parte interessata.

2. Tuttavia la decisione è eseguita in una delle tre parti del Regno Unito (Inghilterra e Galles, Scozia e Irlanda del Nord) soltanto dopo esservi stata registrata per esecuzione, su istanza di una parte interessata.

Art. 38

1. A judgment given in a State bound by this Convention and enforceable in that State shall be enforced in another State bound by this Convention when, on the application of any interested party, it has been declared enforceable there.

2. However, in the United Kingdom, such a judgment shall be enforced in England and Wales, in Scotland, or in Northern Ireland when, on the application of any interested party, it has been registered for enforcement in that part of the United Kingdom.

Literatur: ACOCELLA, IPRG, Lug-Ü und die kantonalen Prozessordnungen, in: Mitteilungen aus dem Institut für zivilgerichtliches Verfahren in Zürich, Nr. 17, Zürich 1993 (zit. ACOCELLA, Mitteilungen); DERS., Internationale Zuständigkeit sowie Anerkennung und Vollstreckung ausländischer Entscheidungen in Zivilsachen im schweizerisch-italienischen Rechtsverkehr, St. Gallen 1989 (zit. ACOCELLA, Internationale Zuständigkeit und Vollstreckung); ALBRECHT, Artikel 24 EuGVÜ und die Entwicklung des einstweiligen Rechtsschutzes in England seit 1988, IPRax 1992, 184; ATTESLANDER-DÜRRENMATT, Sicherungsmittel «à discrétion»? Zur Umsetzung von Art. 39 LugÜ in der Schweiz, AJP 2001, 180; BERNASCONI, Il riconoscimento di decisioni stranieri e i giudizi a esso correlati nella giurisprudenza della camera di esecuzione e fallimenti del Tribunale d'appello del Cantone Ticino, FS Karl Spühler, Zürich/Basel/Genf 2005, 13; BERNET, Englische Freezing (Mareva) Orders – Praktische Fragen der Anerkennung und Vollstreckung in der Schweiz, in: Spühler (Hrsg.), Internationales Zivilprozess- und Verfahrensrecht, Zürich 2001, 51; BERNET/VOSER, Praktische Fragen im Zusammenhang mit Anerkennung und Vollstreckung ausländischer Urteile nach IPRG, SZIER 2000, 437; BERTI, Translating the »Mareva» – The enforcement of an English Freezing Order in Zurich, FG Schnyder, Zürich 2002, 11 (zit. BERTI, Mareva); DERS., Das Lugano-Übereinkommen und die Ausdehnung des Europäischen Zivilprozessrechts, Der Schweizer Treuhänder 1992, 198 (zit. BERTI, Lugano-Übereinkommen); BERTOSSA/GAILLARD/GUYET/SCHMIDT, Commentaire de la loi de procédure civile du canton de Genève du 10 avril 1987, Chêne-Bourg/Genf 2000; BLOCH/HESS MARTIN, Discussion of the protective measures available under Swiss law (attachment and provisional protective measure) with particular regard to the recognition and enforcement of an English Mareva («freezing») injunction in Switzerland, SZW 1999, 166; BÜHR, Verfahrensfragen der Vollstreckbarerklärung ausländischer Geldleistungs-Entscheidungen in der Schweiz nach dem System des Lugano-Übereinkommens, AJP 1993, 694; CAMBI FAVRE-BULLE, La mise en oeuvre en Suisse de l'Art. 39 al. 2 de la Convention de Lugano, SZIER 1998, 335; DALLAFIOR/GÖTZ STAEHELIN, Überblick über die wichtigsten Änderungen des Lugano-Übereinkommens, SJZ 2008, 105; DASSER, Englische Freezing Injunction vor dem schweizerischen Vollstreckungsrichter, Anmerkungen zu BGE 129 III 626 (4P.86/2003) vom 30. Juli 2003, Jusletter 19. Januar 2004; DOMEJ, Der »Lugano-Zahlungsbefehl« – Titellose Schuldbetreibung in der Schweiz nach der LugÜ-Revision, ZZPInt 13 (2008) 167; DUTOIT, Das Lugano-Übereinkommen vom 16. September 1988 über die gerichtliche Zuständigkeit und die Vollstreckung gerichtlicher Entscheidungen in Zivil- und Handelssachen III, SJK Nr. 158 Ersatzkarte, Stand März 2004, Rz. 222, S. 69 (zit. DUTOIT, Lugano-Übereinkommen); EDELMANN, Neues aus Lugano, FS 100 Jahre Aargauischer Anwaltsverband, Zürich 2005, 377; VON FALCK, Implementierung offener ausländischer Vollstreckungstitel, Bielefeld 1998; FRANK/STRÄULI/MESSMER, Kommentar zur zürcherischen Zivilprozessordnung, 3. Aufl., Zürich 1997; GASSMANN, Arrest im internationalen Rechtsverkehr, Zürich 1998; GEHRI, Worldwide freezing orders – Die Dadourian Richtlinien und ihre Auswirkungen auf das Internationale Vollstreckungsrecht, SZZP 2006, 409; GILLIÉRON, Commentaire de la loi fédérale sur la poursuite pour dettes et la faillite, Lausanne 1999-2003; GRÄMIGER, Zuständigkeit, Anerkennung und Vollstreckung ausländischer Entscheidungen des Schuldrechts in der Schweiz, Zürich 2001; GROZ, Die materielle Rechtskraft von Entscheiden betreffend Vollstreckbarerklärung ausländischer Urteile auf Geldleistung, AJP 2006, 683; HAUENSTEIN, Die Vollstreckbarerklärung der englischen Freezing order unter dem Lugano-Übereinkommen und das rechtliche Gehör, SZZP 2007, 187; HAUSER, Zur Vollstreckbarerklärung ausländischer Leistungsurteile in der Schweiz, FS Max Keller, Zürich 1989, 589; HEINZE, Grenzüberschreitende Vollstreckung englischer freezing injunctions, IPRax 2007, 343; HESS BURKHARD, Die Unzulässigkeit materiellrechtlicher Einwendungen im Beschwerdeverfahren nach Art. 43 ff. EuGVVO, in: IPRax 2008, 25 (zit. HESS, Unzulässigkeit); DERS., Der Binnenmarktprozess, JZ 1998, 1021 (zit. HESS, Binnenmarktprozess); HESS BURKHARD/BITTMANN, Die Effektuierung des Exequaturverfahrens nach der Europäischen Gerichtsstands- und Vollstreckungsverordnung, IPRax 2007, 277 (zit. HESS/BITTMANN, Effektuierung); HESS HANS, Die Fremdwährungsforderung als Objekt der schweizerischen Schuldbetreibung, Diss. Zürich 1944 (zit. HESS, Fremdwährungsforderung); JAEGER/WALDER/KULL/KOTTMANN, Bundesgesetz über Schuldbetreibung und Konkurs, 4. Aufl., Zürich 1997/1999; JAMETTI GREINER, Der Begriff der Entscheidung im schweizerischen internationalen Zivilverfahrensrecht, Basel/Frankfurt a.M. 1998 (zit. JAMETTI GREINER, Entscheidung); DIES., Überblick zum Lugano-Übereinkommen über die gerichtliche Zuständigkeit und die Vollstreckung gerichtlicher Entscheidungen in Zivil- und Handelssachen, ZBJV 1992, 42 (zit. JAMETTI GREINER, Überblick); JERMINI/GAMBA, Exequatur and «Enforcement» of Foreign Protective Measures under Article 39 of the Lugano Convention in

Switzerland – The Alternative of Cantonal Protective Measures, SZZP 2006, 443; KAUFMANN-KOHLER, L'exécution des décisions étrangères selon la Convention de Lugano: titres susceptibles d'exécution, mainlevée définitive, procédure d'exequatur, mesures conservatoires, SJ 1997, 561; KELLERHALS, Neuerungen im Vollstreckungsrecht der bernischen Zivilprozessordnung (ZPO), ZBJV 132bis 1996, 75 (zit. KELLERHALS, Neuerungen); DERS., Umsetzung des Lugano-Übereinkommens ins kantonale Recht, ZBJV 1992, 77 (zit. KELLERHALS, Umsetzung); KOFMEL EHRENZELLER, Die Umsetzung des Lugano-Übereinkommens im Kanton Solothurn, Solothurner Festgabe zum Schweizerischen Juristentag 1998, 555 (zit. KOFMEL EHRENZELLER, Umsetzung); KREN KOSTKIEWICZ, Anerkennbare und vollstreckbare Titel nach IPR-Gesetz und Lugano-Übereinkommen, FS Oscar Vogel, Freiburg 1991, 419 (zit. KREN KOSTKIEWICZ, Titel); KREN KOSTKIEWICZ/RODRIGUEZ, Der unwidersprochene Zahlungsbefehl im revidierten Lugano-Übereinkommen, Jusletter vom 26. April 2010; LEUENBERGER, Lugano-Übereinkommen: Verfahren der Vollstreckbarerklärung ausländischer «Geld»-Urteile, AJP 1992, 965; LINKE, Zur grenzüberschreitenden Wirkung konkursbedingter Vollstreckungsbeschränkungen, insbesondere nach Art. 169 des französischen Insolvenzgesetzes vom 25.1.1985, IPRax 2000, 8 (zit. LINKE, Vollstreckungsbeschränkungen); MANKOWSKI, Verjährungsunterbrechung durch Beweissicherungsverfahren im Ausland, EWiR 1999, 345 (zit. MANKOWSKI, Verjährungsunterbrechung); MANSEL, Vollstreckung eines französischen Garantieurteils bei gesellschaftsrechtlicher Rechtsnachfolge und andere vollstreckungsrechtliche Fragen des EuGVÜ, IPRax 1995, 362; MARKUS, Der schweizerische Vorbehalt nach Protokoll Nr. 1 Lugano-Übereinkommen: Vollstreckungsaufschub oder Vollstreckungshindernis?, ZBJV 1999, 57 (zit. MARKUS, Vorbehalt); DERS., Lugano-Übereinkommen und SchKG-Zuständigkeiten: Provisorische Rechtsöffnung, Aberkennungsklage und Zahlungsbefehl, Basel/Frankfurt am Main 1996 (zit. MARKUS, LugÜ); DERS., Revidierte Übereinkommen von Brüssel und Lugano: zu den Hauptpunkten, SZW 1999, 205 (zit. MARKUS, Revidierte Übereinkommen); MEIER, Vorschlag für ein effizientes Verfahren zur Vollstreckung von Urteilen auf Leistung von Geld oder Sicherheit, SJZ 89 (1993) 282 (zit. MEIER, Effizientes Verfahren); MÜLLER, Anerkennung und Vollstreckung ausländischer Entscheidungen im Bereich des Schuldrechts, Diss. St. Gallen 1994; NAEF, L'exécution des jugements et des titres authentiques sous l'angle du principe d'égalité, SZZP 2006, 329 (zit. NAEF, Egalité); NAEGELI/VETTER, Zur Anerkennung und Vollstreckung euro-internationaler Arrestbefehle in der Schweiz, AJP 2005, 1312; OBERHAMMER, The Abolition of Exequatur, IPRax 2010, 197; PATOCCHI, Il riconoscimento e l'esecuzione delle sentenze straniere secondo la Convenzione di Lugano del 16 settembre 1988, in: Broggini/Gaja/Jametti Greiner/Patocchi (Hrsg.), la convenzione di Lugano – termi scelti e primi esperienze, Lugano 1992, 53; PESTALOZZI/WETTENSCHWILER, Art. 39 des Lugano-Übereinkommens – Ein neuer Arrestgrund?, in: Schluep/Isler (Hrsg.), Neues zum Gesellschafts- und Wirtschaftsrecht, Zum 50. Geburtstag von Peter Forstmoser, Zürich 1993, 327; RODRIGUEZ, Sicherung und Vollstreckung nach revidiertem Lugano Übereinkommen, AJP 2009, 1550 (zit. RODRIGUEZ, Sicherung und Vollstreckung); ROTH, Der Streit um die Schuldneridentität im Verfahren der Vollstreckbarerklärung nach Art. 41, 43 EuGVVO, IPRax 2007, 423 (zit. ROTH, Schuldneridentität); DERS., Systembedingt offene Auslandstitel, IPRax 2006, 22 (zit. ROTH, Auslandstitel); SCHLOSSER, Anerkennung und Vollstreckung englischer «freezing injunctions», IPRax 2006, 300 (zit. SCHLOSSER, Freezing Injunctions); SCHMUTZ, Massnahmen des vorsorglichen Rechtsschutzes im Lugano-Übereinkommen aus schweizerischer Sicht, Aachen 1995; SCHWANDER, Aktuelle Fragen des Exequaturs und des Exequaturverfahrens, ZZZ 2007, 3 (zit. SCHWANDER, Aktuelle Fragen); DERS., Neuerungen in den Bereichen der Rechtsöffnung sowie der Aufhebung oder Einstellung der Betreibung, aber fehlende Regelung von Exequaturverfahren im SchKG, Das revidierte Schuldbetreibungs- und Konkursgesetz (SchKG), SSAV 13, Bern 1995, 35 (zit. SCHWANDER, Neuerungen); DERS., Bemerkungen zum Rundschreiben des Bundesamtes für Justiz vom 18.10.1991 betreffend Lugano-Übereinkommen, AJP 1992, 97 (zit. SCHWANDER, Rundschreiben); SOGO, Kleine Arrestrevision, grosse Auswirkungen – zur geplanten Anpassung des

Arrestrechts im Rahmen der Revision des Lugano-Übereinkommens, SZZP 2009, 75 (zit. SOGO, Arrestrevision); DERS., Vollstreckung ausländischer Entscheide über Geldforderungen: Prüfung der internationalen Vollstreckbarkeit im definitiven Rechtsöffnungsverfahren oder im separaten Exequaturverfahren?, ZZZ 2008/2009, 29 (zit. SOGO, Vollstreckung); STADLER, Erlass und Freizügigkeit einstweiliger Massnahmen im Anwendungsbereich des EuGVÜ, JZ 1999, 1089; STAEHELIN DANIEL, Die internationale Zuständigkeit der Schweiz im Schuldbetreibungs- und Konkursrecht, AJP 1995, 259 (zit. STAEHELIN, Zuständigkeit); STOFFEL, Voies d'exécution, Bern 2002 (zit. STOFFEL, Voies d'exécution); DERS., Das Verfahren zur Anerkennung handelsrechtlicher Entscheide nach dem Lugano-Übereinkommen, SZW 1993, 107 (zit. STOFFEL, Verfahren); STOJAN, Die Anerkennung und Vollstreckung ausländischer Zivilurteile in Handelssachen, Zürich 1986; STOLL, Die britische Mareva-Injunction als Gegenstand eines Vollstreckungsbegehrens unter dem Lugano-Übereinkommen, SJZ 1996, 104; STRAUB, Englische Mareva Injunction und Anton Piller Orders, in: SZIER 1992, 525; STÜCHELI, Die Rechtsöffnung, Zürich 2000; VISINONI-MEYER, Die Vollstreckung einer öffentlichen Urkunde gemäss Art. 50 LugÜ in der Schweiz: Definitiver oder provisorischer Rechtsöffnungstitel?, FS Karl Spühler, Zürich/Basel/Genf 2005, 419; VOLKEN A., Anerkennung und Vollstreckung von Entscheidungen nach dem Lugano-Übereinkommen, in: ZWR 1992, 421 (zit. VOLKEN, Anerkennung und Vollstreckung); VOLKEN P., Rechtsprechung zum Lugano-Übereinkommen (1996), SZIER 1997, 335 (zit. VOLKEN, SZIER 1997); DERS., Rechtsprechung zum Lugano-Übereinkommen (1995), SZIER 1996, 69 (zit. VOLKEN, SZIER 1996); WAGNER/JANZEN, Das Lugano-Übereinkommen vom 30.10.2007, IPRax 2010, 298; WALTER, Wechselwirkungen zwischen europäischem und nationalem Zivilprozessrecht: Lugano-Übereinkommen und Schweizer Recht, in: ZZP 107 (1994) 301 (zit. WALTER, Wechselwirkungen); DERS., Zur Sicherungsvollstreckung gemäss Art. 39 des Lugano-Übereinkommens, ZBJV 1992, 90 (zit. WALTER, Sicherungsvollstreckung); WALTHER, Die neue Schweizer ZPO und das SchKG – Zehn praxisrelevante Neuerungen, SZZP 2008, 417.

Übersicht *Seite*

I. Normzweck

1 Die Art. 38 ff. regeln das Verfahren der *Vollstreckbarerklärung* von ausländischen, in einem LugÜ-Staat ergangenen Entscheidungen. Es geht also nicht, wie der Titel des 2. Abschnitts («Vollstreckung») vermuten liesse,

um die Vollstreckung als solche, sondern einzig um die Vollstreckbarerklärung (das Anbringen der Vollstreckungsklausel)[1]. Dabei handelt es sich um eine der wichtigsten Wirkungen einer solchen ausländischen Entscheidung in einem anderen LugÜ-Staat, nämlich um die **Vollstreckbarkeit** der ausländischen Entscheidung im Inland und damit um die Vorstufe der Vollstreckung als solche. Die Anerkennung einer ausländischen Entscheidung bedeutet, dass die ausländischen Entscheidungswirkungen – insbesondere Rechtskraftwirkung und Gestaltungswirkung – auf das eigene Hoheitsgebiet übernommen werden (vgl. Art. 38 Rz. 38 und 67). Davon zu unterscheiden und separat zu prüfen ist die Frage, ob die ausländische Entscheidung für vollstreckbar erklärt wird, also ob die ausländische Entscheidung im Inland zwangsvollstreckt werden kann. Ist die in einem LugÜ-Staat ergangene Entscheidung vor Ort vollstreckbar, kann sie auf Begehren auch im Inland für *vollstreckbar* erklärt werden (Art. 38). Heute stellt sich die Grundsatzfrage, ob das Vollstreckbarerklärungsverfahren überhaupt noch eine Berechtigung hat, oder nicht – unter Berücksichtigung von Anerkennungs- und Vollstreckungsgründen, allenfalls in modifizierter Form – abgeschafft werden sollte[2]

Das Verfahren der Vollstreckbarerklärung ist durch das LugÜ grundsätzlich als **einseitiges** Antragsverfahren ausgestaltet, indem der Berechtigte einen Antrag auf Vollstreckbarerklärung an den zuständigen Richter stellt, und der Verpflichtete erst gegen den positiven Entscheid einen Rechtsbehelf einlegen kann. Das Schweizer Recht legt neu mehr Wert auf dieses einseitige Exequaturverfahren, indem neu der Vollstreckungsrichter über das Exequatur, eventualiter in Verbindung mit einem Arrestbegehren, entscheidet. Allerdings ist es nach wie vor möglich, das Exequatur vorfrageweise im Rahmen des Rechtsöffnungsverfahrens und damit im kontradiktorischen Verfahren zu verlangen. Der Gesuchsteller verzichtet diesbezüglich allerdings auf die prozessualen Vorteile, welche das LugÜ bietet. Zudem wird 2

[1] EuGH 29.04.1999, Rs. C-267/97, *Eric Coursier/Fortis Bank AG und Martine Bellami*, Slg. 1999 I 2543 Rz. 28 = SZIER 1999, 487 ff. (Anm. Volken); EuGH 02.07.1985, Rs. 148/84, *Deutsche Genossenschaftsbank/Brasserie du Pêcheur*, Slg. 1985, 1981 Rz. 18; EuGH 28.04.2009, Rs. C-420/07, *Meletis Apostolides/David Charles Orams und Linda Elizabeth Orams*, Rz. 69; BGH, Beschluss vom 22.01.2009 – IX ZB 42/06; Dasser/Oberhammer-Staehelin, Art. 31 Rz. 1 m.w.N.; Botschaft aLugÜ Ziff. 237.1; Leuenberger 966; Volken, ZWR 1992, 455; Bucher/Bonomi Rz. 329; Czernich/Tiefenthaler/Kodek-Kodek, Art. 40 Rz. 1.

[2] Vgl. dazu Oberhammer 197 ff.

das Rechtsöffnungsverfahren nicht nach dem LugÜ behandelt, sondern stellt ein reines nationales SchKG-Verfahren dar.

3 Gegenüber dem aLugÜ wurden die Bestimmungen über die Anerkennung und Vollstreckbarerklärung geändert. Das Verfahren sollte **beschleunigt** werden. Dazu sollten der äussere Verfahrensgang gestrafft und die materiellen Gründe zur Verweigerung der Anerkennung schlanker gemacht werden[3]. In verfahrensrechtlicher Hinsicht hat dies zahlreiche Neuerungen im schweizerischen Recht zur Folge. Im Zentrum mit dem Inkrafttreten des LugÜ steht das Inkrafttreten der Schweizer ZPO. Diese bedeutet eine grundsätzliche Abkehr vom föderalistischen Zivilprozessverständnis hin zu einer bundesrechtlich geregelten Zivilprozessordnung, welche auch das Vollstreckungsverfahren neu auf Bundesebene regelt. Die kantonalen Eigenheiten in Bezug auf das Vollstreckbarerklärungsverfahren sind damit weitgehend obsolet. Ausserdem werden die Arrestgründe ausgeweitet, so dass dem Arrest im Zusammenhang mit der Vollstreckbarerklärung ein grösserer Stellenwert zukommen wird. Dies auch deshalb, weil sich der Schweizer Gesetzgeber für den Arrest als Sicherungsmassnahme gemäss dem Übereinkommen entschieden hat.

II. Sachlicher Anwendungsbereich

1. Überblick über die Vollstreckungsbestimmungen

a) Verfahren der Vollstreckbarerklärung vs. Durchführung der Zwangsvollstreckung

4 Die Art. 38–52 enthalten Bestimmungen über das Verfahren der Vollstreckbarerklärung. Sie verdrängen grundsätzlich die diesbezüglichen nationalen Vorschriften. Insbesondere die **Zulassung der Zwangsvollstreckung** und die entsprechenden Rechtsbehelfe werden *ausschliesslich* durch das LugÜ geregelt. Die Regelung der *Durchführung* der Zwangsvollstreckung bleibt Sache des Rechts eines jeden durch das LugÜ gebundenen Vollstreckungsstaates[4]. Einzelne Punkte der Durchführung regelt das LugÜ jedoch autonom: Art. 46 (Aussetzung des Verfahrens nach Einlegung eines Rechtsbe-

---

[3] Markus, Revidierte Übereinkommen 218; Dallafior/Götz Staehelin 113.

[4] BGE 124 III 505 E. 2b und 3a; Kropholler, Art. 38 Rz. 1; Geimer/Schütze, Art. 38 Rz. 62 und 86 f.; Czernich/Tiefenthaler/Kodek-Kodek, Art. 38 Rz. 1 f.; Jametti Greiner, Entscheidung 285; dies., ZBJV 1992, 72; Leuenberger 966; Schlosser, Art. 38 EuGVVO Rz. 16; Das-

helfs im Erststaat) und Art. 47 (einzig Sicherungsmassnahmen, aber keine Befriedigung während der Rechtsbehelfsfrist).

b) Aufbau der Vollstreckungsbestimmungen

Zunächst (Art. 38-42) regelt das LugÜ das **Vollstreckbarerklärungsverfahren** einheitlich. Es ist grundsätzlich ein *einseitiges Antragsverfahren*, das vom Gläubiger eingeleitet wird. Die *Rechtsbehelfe* gegen das Exequaturverfahren sind für Gläubiger und Schuldner grundsätzlich gleich geregelt (Art. 43-45). Das Exequaturverfahren wird durch Erhebung einer Beschwerde kontradiktorisch. Schliesslich (Art. 48-52) werden im Rahmen der Vollstreckungsbestimmungen *Einzelfragen* geregelt: teilweise Vollstreckung von Entscheidungen; Vollstreckung von Entscheidungen, die auf Zahlung von Zwangsgeld lauten; Prozesskostenhilfe; Sicherheitsleistung und zu erhebende Abgaben[5]. 5

2. Vollstreckbarerklärung und Vollstreckung in der Schweiz

a) Grundlegende Unterscheidung – Übersicht

Das nationale Recht des Vollstreckungsstaates bestimmt über die Vollstreckung, soweit nicht das LugÜ in Einzelfragen eine Regelung enthält. Das Schweizer Recht unterscheidet in Bezug auf die Durchführung der Vollstreckung zwischen einem auf **Geld oder Sicherheitsleistung** lautenden Urteil einerseits sowie einem auf eine *andere Leistung* (wie etwa Herausgabe von Sachen bzw. Tun, Dulden oder Unterlassung) lautenden Titel andererseits. Das LugÜ sieht demgegenüber ein *einheitliches* Verfahren zur Vollstreckbarerklärung vor, unabhängig davon, ob eine Entscheidung oder eine öffentliche Urkunde auf Geldzahlung oder auf eine andere Leistung für vollstreckbar zu erklären ist. Entsprechend bestand die Absicht des Schweizer Gesetzgebers, die Schweizer ZPO und das SchKG in Einklang mit dem LugÜ zu bringen. Durch die entsprechende Abstimmung soll die Wirksamkeit des LugÜ sichergestellt werden[6]. Für die Vollstreckung von 6

SER/OBERHAMMER-STAEHELIN, Art. 31 Rz. 1; BONOMI/CASHIN RITAINE/ROMANO-SCHNYDER 138; SOGO, Vollstreckung 30; vgl. auch BOTSCHAFT LUGÜ Ziff. 2.7.1.1.

5 KROPHOLLER, Art. 38 Rz. 3; BONOMI/CASHIN RITAINE/ROMANO-SCHNYDER 138.

6 BOTSCHAFT LUGÜ Ziff. 2.7.1.1; RODRIGUEZ, Sicherung und Vollstreckung 1554.

öffentlichen Urkunden und von Entscheidungen ist neu denn auch der Vollstreckungsrichter zuständig (Art. 335 ff. und 347 ff. ZPO).

7 Unter dem aLugÜ war der Rechtsöffnungsrichter zuständig für die Vollstreckbarerklärung einer auf Geld oder Sicherheitsleistung lautenden Entscheidung. Zusammengefasst gab es drei Möglichkeiten, um die Vollstreckbarerklärung zu erwirken: (i) separates Vollstreckbarerklärungsverfahren, (ii) Rechtsöffnung mit expliziter Vollstreckbarerklärung und (iii) Rechtsöffnung mit vorfrageweiser Vollstreckbarerklärung. Nach der neuen Fassung des LugÜ gibt es noch **zwei Möglichkeiten**, die Vollstreckbarerklärung zu verlangen: entweder vorfrageweise bei der Rechtsöffnung als reines SchKG-Verfahren oder explizit als Vollstreckbarerklärungsverfahren, das ein reines LugÜ-Verfahren ist (in der Regel verbunden mit einem Arrestbegehren als Sicherungsmassnahme).

8 Für die Vollstreckbarerklärung einer ausländischen Entscheidung, die nicht auf Geld oder Sicherheitsleistung lautet, hatte der Antragsteller unter dem aLugÜ einen Antrag an den kantonalen Vollstreckungsrichter zu richten (Art. 32 aLugÜ). Die Vollstreckung wurde durch das kantonale Recht geregelt. Mit Inkrafttreten der ZPO regelt neu das Bundesrecht das Vollstreckungsverfahren (Art. 335 ff. ZPO). Die entsprechenden kantonalen Bestimmungen sind obsolet, soweit neu das Bundesrecht eine Regelung enthält. Der kantonale Vollstreckungsrichter entscheidet neu nach der ZPO. Soweit das LugÜ das Vollstreckbarerklärungsverfahren autonom regelt, gehen die betreffenden LugÜ-Bestimmungen der ZPO vor (Art. 335 Abs. 3 ZPO)[7]. Es handelt sich hier um ein reines **LugÜ-Verfahren**, ohne dass die Vollstreckbarerklärung vorfrageweise in einem anderen Verfahren oder Verfahrensstadium geprüft werden kann (vgl. dazu Rz. 12 ff.).

b) Vollstreckung einer auf Geld- oder Sicherheitsleistung lautenden Entscheidung im Besonderen

aa) Grundsätzliches zum Vollstreckbarerklärungsverfahren

9 Ist eine ausländische Entscheidung hinsichtlich einer Leistung auf **Geld oder Sicherheitsleistung** zu vollstrecken, müssen das *SchKG* und das von diesem vorgezeichnete Verfahren beachtet bzw. durchlaufen werden. Das aLugÜ sah vor, dass grundsätzlich der Rechtsöffnungsrichter im Rahmen

[7] Botschaft LugÜ Ziff. 2.7.2.

des definitiven Rechtsöffnungsverfahrens (nach Art. 80 und 81 SchKG) für die Vollstreckbarkeitserklärung zuständig war (Art. 32 aLugÜ), so dass das LugÜ damit auch das zu durchlaufende Verfahren bezeichnete. Gemäss Wortlaut des aLugÜ war daher die Vollstreckbarerklärung eigentlich in einem kontradiktorischen Verfahren, nämlich dem Rechtsöffnungsverfahren, zu beantragen (vgl. Art. 84 Abs. 2 SchKG). Es stand nach herrschender Lehre und Praxis jedoch fest, dass der Gläubiger für Forderungen auf Geld und Sicherheitsleistungen in der Schweiz nicht nur im Rahmen des (definitiven) Rechtsöffnungsverfahrens um Vollstreckbarerklärung nachsuchen konnte, sondern auch ein gesondertes (Exequatur-)Verfahren einleiten durfte[8]. Es war dem Gläubiger also unbenommen, unter (allenfalls vorläufigem) Verzicht auf ein Betreibungsverfahren gesondert um Vollstreckbarerklärung nachzusuchen (auch wenn dies im LugÜ so nicht ausdrücklich vorgesehen war)[9]. Entschied sich der Gläubiger für dieses Vorgehen,

---

[8] BGE 135 III 324 E. 3.3 = Pra 98 (2009) Nr. 125; BGer 5A_162/2009 E. 6.1; 5A_79/2008 E. 4.1; KGer GR vom 07.05.2004, PZ 04 51 E. 1; KGer GR vom 23.11.2005, SKG 05 41 E. 1; LGVE 1991 I Nr. 34 E. 3; OGer TG, RBOG 1996 Nr. 29 E. 4; OGer TG, RBOG 2008 Nr. 29 E. 2; ZGGVP 2001, 154 ff. E. 2b; SZIER 1997, 387 ff. (KGer VS vom 22.06.1996, Anm. Volken); SZIER 1997, 396 ff. (KGer SG vom 25.06.1996, Anm. Volken); BJM 1999, 105 ff. (AppG BS vom 12.02.1997); PKG 1997 Nr. 21 (KGer GR); weitere Entscheide zit. bei Atteslander-Dürrenmatt 182 Fn. 21; BlSchK 1997, 62 ff. (AppG TI vom 04.05.1995); AbR 2004/05 Nr. 19 E. 2 (OGer OW); Kreisschreiben der Verwaltungskommission vom 13. November 1991 zur Anwendung des Titels III des Lugano-Übereinkommens (Anerkennung und Vollstreckung) an die Kammern des Obergerichts, die dem Obergericht angegliederten Gerichte und die Bezirksgerichte = ZR 90 Nr. 35; Acocella, Mitteilungen 24 f.; Amonn/Walther, § 19 Rz. 29; Atteslander-Dürrenmatt 182; Berti, Lugano-Übereinkommen 199; Bucher/Bonomi Rz. 322; Bühr 705; Cambi Favre-Bulle 347 und 357 ff.; Donzallaz Rz. 1924 ff.; Dutoit, Guide pratique 84 ff. Rz. 268 ff. m.w.N.; Edelmann 392 f.; Frank/Sträuli/Messmer, § 302 Rz. 7; Furrer/Girsberger/Guillaume/Schramm 64; Grämiger 37 f.; Gassmann 155 f.; Jaeger/Walder/Kull/Kottmann, Art. 81 Rz. 15; Jametti Greiner, Überblick 75; Kaufmann-Kohler 574 ff.; Kellerhals, Umsetzung 79, 80 ff., 86; Kofmel Ehrenzeller, Umsetzung 559 f.; Leuenberger 968; Meier 38 ff.; Müller 356; Oberhammer 198; Rodriguez, Sicherung und Vollstreckung 1552 f.; Schwander, Rundschreiben 97 f.; ders., Neuerungen 54 f.; Sogo, Vollstreckung 36; Dasser/Oberhammer-Staehelin, Art. 31 Rz. 7; SchKG-Staehelin, Art. 80 Rz. 68 und Art. 30a Rz. 27 ff.; Schmutz 116 f.; Stoffel, Verfahren 111; ders., Voies d'exécution, § 4 Rz. 172 ff., insb. Rz. 190 ff.; Stücheli 120, 269 f.; Volken, Anerkennung und Vollstreckung 470; Volken, SZIER 1996, 118 f. (Anm. zu einem gegenteilig lautenden Entscheid des KGer VD vom 09.03.1995); Walter, § 10 VII 2; ders., Wechselwirkungen 322 f.; a.A. Gilliéron, Art. 30a Rz. 62 ff.; Bertossa/Gaillard/Guyet/Schmidt, Art. 472B Rz. 2.

[9] So ausdrücklich etwa Art. 321b ZPO BE; Art. 3 Ordonnance portant introduction de la Convention de Lugano JU; § 305 ZPO LU; § 12 der Einführungsverordnung zum SchKG SZ; Art. 287bis ZPO AR *e contrario*; ebenso Art. 427B Abs. 3 ZPO GE und § 8 Einführungsverordnung zum LugÜ NW.

so fand auch in der Schweiz ein einseitiges Antragsverfahren statt[10]. Dies konnte allenfalls dann sinnvoll sein, wenn zwischen Antragsteller und Antragsgegner einzig die Vollstreckbarkeit einer ausländischen Entscheidung in der Schweiz strittig war[11]. Die Fälle waren eher selten.

10 Mit Inkrafttreten der neuen Fassung des LugÜ ändert sich dieses System, indem einerseits (bezüglich auf Geld oder Sicherheitsleistung lautenden Entscheidungen) nicht mehr der Rechtsöffnungsrichter im Rechtsöffnungsverfahren für die Vollstreckbarerklärung zuständig ist, sondern der **Vollstreckungsrichter**; andererseits ist das Vollstreckungsverfahren selbst in diverser Hinsicht verändert worden. Auch wenn die Bestimmungen des LugÜ dem SchKG vorgehen (Art. 30a SchKG), liessen sich unter der Herrschaft des aLugÜ diverse SchKG-Bestimmungen nicht mit dem LugÜ vereinbaren[12]. Neu sollte mehr Gewicht auf die Einseitigkeit des Verfahrens und den damit verbundenen *Überraschungseffekt* gelegt werden. Nunmehr sind grundsätzlich zwei Verfahrensarten zu unterscheiden: (i) ein LugÜ-Verfahren und (ii) ein SchKG-Verfahren. Das *LugÜ-Verfahren* ist das Vollstreckbarerklärungsverfahren vor dem Vollstreckungsrichter, das sich grundsätzlich nach der ZPO richtet (Art. 335 Abs. 3 ZPO), soweit das LugÜ nicht direkt anwendbar ist. Häufig dürfte das Verfahren mit einem Arrest (neu die Sicherungsmassnahme gemäss LugÜ; vgl. Art. 47 Rz. 17) verbunden werden, welcher in Zukunft für weitere Arrestgründe zur Verfügung steht. Das *SchKG-Verfahren* stellt die vorfrageweise Vollstreckbarerklärung im Rahmen eines Rechtsöffnungsverfahrens dar. Dieses ist weiterhin möglich, allerdings kann vor dem Rechtsöffnungsrichter nicht mehr explizit die Vollstreckbarerklärung verlangt werden, weil der Rechtsöffnungsrichter nicht mehr dafür zuständig ist. In diesem (reinen)

---

[10] Vgl. etwa Art. 321b i.V.m. Art. 400a ZPO BE; Art. 2 Abs. 2 Ordonnance portant introduction de la Convention de Lugano JU; § 305 ZPO LU; § 12 Abs. 2 der Einführungsverordnung zum SchKG SZ; vgl. auch § 226bis Abs. 3 ZPO ZG. In Genf wurde grundsätzlich ein einseitiges Verfahren eingeleitet. Der Richter entschied umgehend provisorisch über die Anerkennung und Vollstreckung und begrüsste dann beide Parteien, um im summarischen Verfahren über die Vollstreckung zu entscheiden. War gleichzeitig ein Rechtsöffnungsbegehren gestellt worden, entschied das Gericht gleichzeitig über die Rechtsöffnung (Art. 472B ZPO GE).

[11] Vgl. dazu etwa BGE 116 Ia 394 E. 2c.

[12] BGE 126 III 438 E. 4a; Botschaft LugÜ Ziff. 2.7.1.1; Rodriguez, Sicherung und Vollstreckung 1552.

SchKG-Verfahren sind im Übrigen die Bestimmungen des LugÜ nur teilweise anwendbar[13].

11 Die Anerkennung und Vollstreckbarerklärung ausländischer Entscheide richten sich in der Schweiz nach der **ZPO**, soweit nicht ein Staatsvertrag oder das IPRG etwas anderes bestimmen (vgl. Art. 335 Abs. 3 ZPO). Auf Geld und Sicherheitsleistung lautende Entscheide werden gemäss SchKG vollstreckt, die übrigen Entscheidungen gemäss ZPO.

ab) Selbständige Vollstreckbarerklärung (LugÜ-Verfahren)

12 Verlangt der Antragsteller das *Exequatur*, d.h. das Versehen mit der Vollstreckungsklausel, die Vollstreckbarerklärung, einer ausländischen Entscheidung unabhängig von bzw. vor einer Betreibung, so finden die Regeln des LugÜ Anwendung. Es wird also ein einseitiges Antragsverfahren durchgeführt, so dass ohne Anhörung des Antragsgegners über die Vollstreckbarkeit der ausländischen Entscheidung befunden wird. Die Einwendungen werden erst im Rechtsbehelfsverfahren geprüft. Zuständig ist neu ausnahmslos der **Vollstreckungsrichter**, und nicht mehr der Rechtsöffnungsrichter, für auf Geld und Sicherheitsleistung lautende Entscheide wie unter bisherigem Recht[14]. Auch die Fristen und weiteren Verfahrensbestimmungen richten sich nach dem LugÜ. Soweit dieses keine Regelung enthält, sind allfällige Staatsverträge, das IPRG bzw. die ZPO anwendbar (Art. 335 Abs. 3 ZPO). Nach Erteilung des Exequaturs hat der Gläubiger gegen den nicht leistenden Schuldner ein Betreibungsverfahren einzuleiten[15], um den Anspruch zwangsweise durchzusetzen.

---

[13] BGE 125 III 386 E. 3a; BGer 5P.275/2002 E. 2.3; DASSER/OBERHAMMER-STAEHELIN, Art. 34 Rz. 15; SchKG-STAEHELIN, Art. 80 Rz. 68; AMONN/WALTHER, § 19 Rz. 29. Sofern im Rechtsöffnungsverfahren die Verfahrensgarantien, welche das LugÜ dem Antragsgegner gewährleistet, dennoch zu beachten sein sollten, werden diese bei der impliziten Vollstreckbarerklärung eingehalten; vgl. SOGO, Vollstreckung 36 ff.; vgl. im Übrigen Rz. 18.

[14] RODRIGUEZ, Sicherung und Vollstreckung 1551 f. und 1554; vgl. zum alten Recht etwa auch STOFFEL, Verfahren 113.

[15] Nach herrschender Ansicht ist das Betreibungsverfahren normal einzuleiten: ATTESLANDER-DÜRRENMATT 183 f.; BERNASCONI 26; DONZALLAZ Rz. 2092; DUTOIT, Lugano-Übereinkommen Rz. 275; FURRER/GIRSBERGER/GUILLAUME/SCHRAMM 64; JAMETTI GREINER, Überblick 76; JERMINI/GAMBA 451; KELLERHALS, Umsetzung 85; DERS., Neuerungen 107; LEUENBERGER 970; MEIER 41; DERS., Effizientes Verfahren 282; RODRIGUEZ, Sicherung und Vollstreckung 1555; SCHMUTZ 121; SOGO, Vollstreckung 30, 42; DASSER/OBERHAMMER-STAEHELIN, Art. 31 Rz. 9; STOFFEL, Verfahren 114 f.; KGer BL, BlSchK vom 16.09.2002; a.A. (d.h. die Betreibung könne direkt mit Pfändung fortgesetzt werden) WALTER, § 10 VII 3; DERS., Wechselwirkungen 323 ff.; DERS., Sicherungsvollstreckung 99; VISINONI-MEYER 424.

13 In Bezug auf Entscheidungen, welche auf Geld oder Sicherheitsleistung lauten, steht es dem Gesuchsteller frei, das Exequatur unabhängig von einem Arrest oder in Verbindung mit einem solchen als Sicherungsmassnahme zu verlangen. In der Regel dürfte das Gesuch um Vollstreckbarerklärung mit einem **Arrestgesuch** verbunden werden. Für die Vollstreckbarerklärung und den Arrest ist derselbe Richter im gleichen, einseitigen Verfahren zuständig (Art. 39 i.V.m. Anhang II LugÜ, Art. 335 ZPO, Art. 272 SchKG)[16]. Die örtliche Zuständigkeit wurde diesbezüglich harmonisiert (vgl. Art. 39 Abs. 2 LugÜ, Art. 339 Abs. 1 ZPO und Art. 272 Abs. 1 SchKG). So ist neu der Vollstreckungsrichter am Wohnsitz oder Sitz der unterlegenen Partei, sprich des Schuldners, oder am Ort, wo die Massnahme zu treffen ist, für das Exequatur örtlich zuständig (Art. 339 Abs. 1 ZPO). Für den Arrestbefehl ist neu der Richter am *Betreibungsort*, d.h. in der Regel am Wohnsitz des Schuldners, oder am Ort, wo die Vermögensgegenstände sich befinden, d.h. am *Vollstreckungsort*, örtlich zuständig (Art. 272 Abs. 1 SchKG). Die Personalunion des Richters musste auch deshalb sichergestellt werden, weil es das LugÜ untersagt, eine gestützt auf eine Vollstreckbarerklärung verlangte Sicherungsmassnahme durch einen separaten Gerichtsentscheid erwirken zu lassen[17]. Der für die Vollstreckbarerklärung zuständige Richter, d.h. der Vollstreckungsrichter gemäss ZPO, muss daher auch den Arrest bewilligen können (Art. 271 Abs. 3 SchKG).

14 Die Vollstreckbarerklärung bedarf eines **Antrages** (Art. 338 Abs. 1 ZPO, vgl. Art. 38 Rz. 40). Damit scheidet die inzidente Vollstreckbarerklärung im Rahmen eines Arrestes (als Sicherungsmassnahme gemäss LugÜ), der auf eine Entscheidung aus einem anderen LugÜ-Staat gestützt wird, aus. Vielmehr ist das Exequatur *explizit* auszusprechen. In diesem reinen LugÜ-Verfahren ist die explizite Vollstreckbarerklärung unumgänglich[18]. Verlangt der Gesuchsteller einzig einen Arrest gestützt auf eine ausländische Entscheidung und beantragt er nicht zugleich explizit das Exequa-

---

[16] Botschaft LugÜ Ziff. 2.7.1.2 und 2.7.2, die festhält, dass der Vollstreckungsrichter neu für sämtliche Vollstreckungsmassnahmen (inklusive Erteilung des Exequaturs und der Sicherungsmassnahmen) zuständig ist und dass der Arrest ein Sicherungsmittel für Geldschulden gemäss LugÜ ist; vgl. auch Sogo, Arrestrevision 91. Zum Arrest vgl. im Übrigen die Ausführungen zu Art. 47.

[17] EuGH 03.10.1985, Rs. 119/84, *P. Capelloni und F. Aquilini/J. C. J. Pelkmans*, Slg. 1985, 1951 Rz. 24 ff. Vgl. auch Art. 47 Rz. 8 und 11.

[18] Dies im Gegensatz zum Rechtsöffnungsverfahren, das als rein inländisches (SchKG-)Verfahren einem expliziten Exequatur nicht zugänglich ist (vgl. Rz. 15).

tur, so kommt es zu folgender Kaskadenprüfung. Zunächst hat der Vollstreckungsrichter zu prüfen, ob ein Antrag auf Vollstreckbarerklärung im Arrestbegehren enthalten ist. Ist ein solcher Antrag enthalten, so hat der Vollstreckungsrichter (bei Vorliegen der Voraussetzungen) das Exequatur neben dem Arrest auszusprechen. Ist kein Antrag enthalten, so ist zu prüfen, ob ein Arrestbegehren gemäss Art. 47 Abs. 1 vorliegt. In einem solchen Fall würde sich der Arrest ausschliesslich nach Schweizer Recht beurteilen (Art. 47 Rz. 5). Sofern nicht ein solcher Arrest beantragt ist, dennoch aber der Antrag auf Vollstreckbarerklärung oder weitere Voraussetzungen zur Vollstreckbarerklärung fehlen, hat der Vollstreckungsrichter dem Antragsteller eine Frist anzusetzen, um die Mängel zu beheben (Art. 40 Rz. 7)[19].

ac) Vorfrageweise Vollstreckbarerklärung im Zusammenhang mit einem Rechtsöffnungsverfahren (SchKG-Verfahren)

Nach der neuen Fassung des LugÜ kann der Antragsteller weiterhin ein *ordentliches Betreibungsverfahren* einleiten und die Vollstreckbarerklärung vorfrageweise im Rechtsöffnungsverfahren verlangen[20]. Nachdem der Rechtsöffnungsrichter aber nicht mehr zuständig ist für die Vollstreckbarerklärung, kann das Exequatur im Rechtsöffnungsverfahren nicht mehr explizit ausgesprochen werden. Das inzidente Exequatur wird diesbezüglich in einem reinen **SchKG-Verfahren** ausgesprochen. Der Antragsteller verzichtet auf die prozessualen Vorzüge des LugÜ[21]. Dies betrifft neben dem Verzicht auf die einfache Vollstreckbarerklärung mit einseitigem Antragsverfahren insbesondere auch den Verzicht auf Sicherungsmassnahmen (soweit nicht die allgemeinen Voraussetzungen für solche vorliegen) und den Überraschungseffekt. Dafür kann der Rechtsöffnungsentscheid einzig mit Beschwerde ohne aufschiebende Wirkung angefochten werden. Wurde die Rechtsöffnung erteilt, kann damit der Gläubiger unmittelbar nach Ablauf 15

[19] A.A. offenbar Botschaft LugÜ Ziff. 4.1, wonach das Exequatur auszusprechen sei, selbst wenn diesbezüglich kein selbständiges Begehren gestellt worden sei.

[20] Botschaft LugÜ Ziff. 2.7.1.3; Rodriguez, Sicherung und Vollstreckung 1561; Sogo, Vollstreckung 40, 41 f.; Staehelin/Staehelin/Grolimund, § 28 Rz. 39. Zur diesbezüglichen Möglichkeit unter dem aLugÜ, vgl. Dasser/Oberhammer-Staehelin, Art. 34 Rz. 14 ff.; Naef, Egalité 330 ff. Zum Konzept des SchKG, vgl. Sogo, Vollstreckung 31.

[21] Bühr 705; Edelmann 393; Grämiger 37 f.; Kellerhals, Umsetzung 86; Leuenberger 970; Rodriguez, Sicherung und Vollstreckung 1561; Schwander, Rundschreiben 97 f.; Sogo, Vollstreckung 37 (der zudem darauf hinweist, dass die Verfahrensgarantien des Antragsgegners gemäss LugÜ einzuhalten sind, 37 f.); Walter, § 10 VII 2c; Ders., Wechselwirkungen 323.

der Zahlungsfrist die definitive Pfändung verlangen. Ausserdem ist die Beschwerdefrist (Art. 321 Abs. 2 ZPO) kürzer[22].

16 Entscheidet sich der Antragsteller für das inzidente Exequatur im Rahmen des Rechtsöffnungsverfahrens, so ist der Antragsgegner anzuhören, weil das Rechtsöffnungsverfahren **kontradiktorisch** ausgestaltet ist (Art. 84 Abs. 2 SchKG). Der Schuldner erfährt damit bereits mit der Zustellung des Zahlungsbefehls von den Zwangsmassnahmen. Bei diesem Vorgehen ist im Rechtsöffnungsverfahren sowohl über die Beseitigung des Rechtsvorschlages als auch vorfrageweise über die *Vollstreckbarerklärung* der ausländischen Entscheidung zu befinden. Die bisherige Diskussion darüber, ob und unter welchen Voraussetzungen im Dispositiv über die Vollstreckbarerklärung zu entscheiden ist, ist obsolet geworden[23]. Der Rechtsöffnungsrichter darf das Exequatur nicht mehr explizit aussprechen.

17 Fraglich ist, ob der Rechtsöffnungsrichter die Einwendungen in Bezug auf die Vollstreckbarerklärung gemäss LugÜ im Rechtsöffnungsverfahren prüfen muss oder nicht. Nach der Revision des LugÜ kann das Exequatur nur noch vorfrageweise geprüft werden und ist der Rechtsöffnungsrichter nicht mehr zuständig zur Erteilung des Exequaturs. In diesem reinen SchKG-Verfahren besteht demnach auch keine Rechtfertigung, gemäss den LugÜ-Bestimmungen die Einwendungen erst im Rechtsbehelf, den es im reinen SchKG-Verfahren auch nicht gibt, zu prüfen. Folglich ist der Rechtsöffnungsrichter im kontradiktorischen Verfahren verpflichtet, **sämtliche Einwendungen** gemäss LugÜ, welche gegen die (vorfrageweise) Vollstreckbarerklärung der ausländischen Entscheidung sprechen, zu prüfen (Art. 81 Abs. 3 SchKG)[24], und er hat sich in den Erwägungen damit auseinanderzusetzen.

18 Bei der inzidenten Vollstreckbarerklärung im Rechtsöffnungsverfahren sind die verfahrensrechtlichen Bestimmungen des LugÜ grösstenteils *nicht*

---

[22] BOTSCHAFT LUGÜ Ziff. 2.7.1.3; RODRIGUEZ, Sicherung und Vollstreckung 1562.

[23] In Zürich kam es auf den entsprechenden Antrag des Antragstellers an. Beantragte dieser explizit im Rechtsbegehren das Exequatur, war es auch explizit im Dispositiv aufzuführen; vgl. dazu ZR 106 Nr. 18; SOGO, Vollstreckung 53 ff.; DASSER/OBERHAMMER-STAEHELIN, Art. 31 Rz. 7 und Art. 34 Rz. 18 ff. Unvollständig WALTER, § 10 VII 1 (S. 470) Fn. 152. STOJAN 205 f., spricht sich für eine grundsätzliche Vollstreckbarerklärung im Dispositiv aus.

[24] BOTSCHAFT LUGÜ Ziff. 2.7.1.3; RODRIGUEZ, Sicherung und Vollstreckung 1561; DASSER/OBERHAMMER-STAEHELIN, Art. 34 Rz. 15.

anwendbar[25]. Eine Ausnahme ist in Bezug auf Art. 46 zu machen, wenn eine vollstreckbare, aber noch nicht rechtskräftige ausländische Entscheidung im Rechtsöffnungsverfahren für vollstreckbar zu erklären ist. Bei einem entsprechenden Begehren muss das Rechtsöffnungsverfahren **sistiert** bzw. von einer Sicherheitsleistung abhängig gemacht werden können[26]. Der Grund liegt darin, dass gemäss bundesgerichtlicher Rechtsprechung im Zusammenhang mit dem LugÜ die definitive Rechtsöffnung schon bisher für eine solche Entscheidung zu erteilen war[27]. Fortan berechtigen vorzeitig vollstreckbar erklärte Entscheidungen ebenfalls zur definitiven Rechtsöffnung[28].

Zuständig für den Entscheid über die vorfrageweise Vollstreckbarerklä- 19
rung ist der **Rechtsöffnungsrichter**, was sich einzig aus dem SchKG (Art. 80 SchKG) ergibt. Örtlich zuständig ist der Richter des Betreibungsortes (Art. 84 Abs. 1 SchKG). Er entscheidet im *summarischen Verfahren* (Art. 25 Ziff. 2 lit. a i.V.m. Art. 80 SchKG). Der Entscheid des Rechtsöffnungsrichters ist mit den gemäss nationalem Recht zur Verfügung stehenden Rechtsmitteln anzufechten, in der Schweiz mit Beschwerde (Art. 309 lit. b Ziff. 3 ZPO). Die LugÜ-Rechtsbehelfe stehen nicht zur Verfügung[29].

Denkbar ist, dass der Gesuchsteller ein Betreibungsverfahren einleitet, der 20
Schuldner aber gegen den Zahlungsbefehl keinen Rechtsvorschlag erhebt. In diesem Fall kann der Gläubiger direkt das **Fortsetzungsbegehren** stellen (vgl. Art. 88 SchKG) und der Rechtsöffnungsrichter hat nicht über die Vollstreckbarkeit der ausländischen Entscheidung in der Schweiz zu befinden. Es können auf diese Weise ausländische Entscheidungen u.U. vollstreckt werden, ohne dass je die Vollstreckbarerklärung erteilt wird.

Schliesslich ist festzuhalten, dass das LugÜ nicht regelt, auf welchem Weg 21
(Einzelvollstreckung/Pfändung oder Generalexekution/Konkurs) die Vollstreckung durchzuführen ist. Insbesondere besteht *kein Anspruch*, dass

---

[25] BGE 125 III 386 E. 3a; BGer 5P.275/2002 E. 2.3; RODRIGUEZ, Sicherung und Vollstreckung 1561; DASSER/OBERHAMMER-STAEHELIN, Art. 34 Rz. 15; SchKG-STAEHELIN, Art. 80 Rz. 68; AMONN/WALTHER, § 19 Rz. 29. Vgl. im Übrigen Rz. 10 und Fn. 13.

[26] DASSER/OBERHAMMER-STAEHELIN, Art. 34 Rz. 15 und 25 sowie Art. 38 Rz. 17. Vgl. auch Art. 46 Rz. 15 f.

[27] BGer 5P.253/2001 E. 2.

[28] BOTSCHAFT ZPO Ziff. 3.4.1 und 5.23.1 zu Art. 312 E-ZPO; SOGO, Arrestrevision 85 f.; AMONN/WALTHER, § 19 Rz. 33, 35; STAEHELIN/STAEHELIN/GROLIMUND, § 28 Rz. 6; WALTHER 422.

[29] DASSER/OBERHAMMER-STAEHELIN, Art. 34 Rz. 15.

sämtliche Entscheidungen von durch das LugÜ gebundenen Staaten durch **Pfändung** vollstreckt werden[30].

ad) Exequaturverfahren und Betreibungsverfahren parallel

22 Denkbar ist, dass der Gläubiger beim Vollstreckungsgericht einen Antrag auf Vollstreckbarerklärung stellt und parallel ein Betreibungsverfahren einleitet. Bei dieser Konstellation sind die beiden Verfahren voneinander zu **trennen**. Das Exequaturverfahren erfolgt entsprechend dem LugÜ-Verfahren mit all seinen Fristen und Rechtsbehelfen. Das Betreibungsverfahren bestimmt sich ausschliesslich nach dem SchKG. Dies betrifft auch das allenfalls notwendige Rechtsöffnungsverfahren.

23 Sobald das Exequatur rechtskräftig ist, ist es für den Rechtsöffnungsrichter **bindend** (Art. 81 Abs. 3 SchKG; vgl. Rz. 69 f.). Ist das Exequatur noch nicht in Rechtskraft erwachsen, hat der Rechtsöffnungsrichter die Vollstreckbarerklärung vorfrageweise zu prüfen. Diesbezüglich finden parallel zwei Verfahren statt, bei denen die Vollstreckbarkeit geprüft wird. Der Schuldner ist im Rechtsöffnungsverfahren zu sämtlichen Voraussetzungen der Vollstreckbarerklärung anzuhören[31]. Nachdem unterschiedliche Richter für die explizite Vollstreckbarerklärung und für die Rechtsöffnung zuständig sind, können die Verfahren vereinigt werden, sofern die Richter in Personalunion amten. Zu berücksichtigen ist, dass die Kognition und der Rechtsbehelfsweg in diesen Verfahren unterschiedlich sind. Dies führt allenfalls dazu, dass der Rechtsöffnungsrichter aufgrund einer Tilgung die Rechtsöffnung verweigert, demgegenüber aber der Vollstreckungsrichter das Exequatur gewährt, was wenig prozessökonomisch erscheint. Denkbar ist es, das Rechtsöffnungsverfahren zu sistieren, bis über das Exequatur entschieden ist (vgl. Art. 126 Abs. 1 ZPO). Allerdings kann die Tilgung durch den Gläubiger erst im Vollstreckungsverfahren geltend gemacht werden (vgl. Art. 45 Rz. 8 ff.). Jedenfalls darf die Rechtsöffnung mit anschliessender Pfändung erst nach Abweisung eines Rechtsbehelfs erfolgen, zumal bis zu diesem Zeitpunkt die Zwangsvollstreckung nicht über Sicherungsmassnahmen hinaus gehen darf (vgl. Art. 43 Rz. 13).

---

30 Dasser/Oberhammer-Staehelin, Art. 31 Rz. 11; Staehelin, Zuständigkeit 277 f.; Gassmann 194 f.; a.A. Walter, Sicherungsvollstreckung 98 f.; Pestalozzi/Wettenschwiler 335.

31 Dasser/Oberhammer-Staehelin, Art. 34 Rz. 20 f.; vgl. Rz. 17.

d) Vollstreckung eines auf eine andere Leistung lautenden Titels im Besonderen

Geht der Anspruch nicht auf Geld oder Sicherheitsleistung, so richtet sich das Verfahren der Vollstreckung neu mit Inkrafttreten des revidierten LugÜ und der ZPO weitgehend nach der *ZPO* (vgl. Art. 335 ff. ZPO). Die entsprechenden Bestimmungen werden punktuell, wie z.B. in Bezug auf die Einseitigkeit des Verfahrens, von den Bestimmungen des LugÜ überlagert[32]. Es ist ein Vollstreckungsantrag an den kantonalen **Vollstreckungsrichter** zu richten (vgl. Art. 39), der ohne Anhörung des Schuldners (Antragsgegners) entscheidet. Die Einwendungen des Schuldners sind erst im *Rechtsbehelfsverfahren* zu hören. Der Vollstreckungsrichter entscheidet im summarischen Verfahren (Art. 339 Abs. 2 ZPO). Auch die Sicherungsmittel (nicht aber deren Voraussetzungen) richten sich nach der ZPO (vgl. Art. 340 ff. ZPO)[33]. Der Exequaturrichter ist kompetent zum Erlass sichernder Massnahmen (Art. 340 ZPO). Die ZPO erklärt die Art. 335 ff. ZPO für anwendbar in Bezug auf die Vollstreckbarerklärung (Art. 335 Abs. 3 ZPO). Die entsprechenden Bestimmungen äussern sich nicht explizit zur Frage, ob die Vollstreckbarerklärung im Dispositiv ausgesprochen werden muss oder ob sie auch implizit erfolgen kann. Eine vorfrageweise Vollstreckbarerklärung ist damit auch nicht ausdrücklich ausgeschlossen. Nachdem die Vollstreckbarerklärung einer auf Geld- oder Sicherheitsleistung lautenden Entscheidung im Rechtsöffnungsverfahren vorfrageweise erfolgen kann, muss es konsequenterweise dem Vollstreckungsrichter möglich sein, das Exequatur einer nicht auf Geld- oder Sicherheitsleistung lautenden Entscheidung ebenfalls vorfrageweise zu prüfen (was ein rein innerstaatliches Verfahren darstellt), *sofern* der Antragsteller die Möglichkeit hat, im Rahmen eines LugÜ-Verfahrens die Vollstreckbarerklärung explizit zu verlangen. Dies bedeutet, dass die Vollstreckungsrichter nur dann die Vollstreckbarerklärung vorfrageweise prüfen dürfen, wenn sie dem Antragsgegner die Möglichkeit geben, die Vollstreckbarerklärung auch explizit zu verlangen. In dieser Hinsicht wird es auf den Antrag des Antragstellers ankommen. Verlangt er explizit das Exequatur, hat der Vollstreckungsrichter im Rahmen eines LugÜ-Verfahrens explizit über die Vollstreckbarerklärung zu entscheiden, wobei der Entscheid über die Voll- 24

[32] BOTSCHAFT LUGÜ Ziff. 2.7.1.2.
[33] BOTSCHAFT LUGÜ Ziff. 2.7.1.1; RODRIGUEZ, Sicherung und Vollstreckung 1554.

streckbarerklärung in Rechtskraft erwächst. Verlangt der Antragsteller die Vollstreckbarerklärung nicht explizit, ist über die Vollstreckbarerklärung vorfrageweise zu befinden[34].

3. Voraussetzungen der Vollstreckbarerklärung

a) Übersicht über die einzelnen Voraussetzungen

25 Folgende Voraussetzungen müssen für die Vollstreckbarerklärung erfüllt sein:

- Entscheidung im sachlichen Anwendungsbereich des LugÜ
- Vollstreckbarkeit der Entscheidung im Erlassstaat
- Einreichung von Dokumenten

b) Entscheidungen im sachlichen Anwendungsbereich des LugÜ

26 Zunächst muss eine Entscheidung vorliegen, die vollstreckbar erklärt werden kann. Dazu gehören einzig **Entscheidungen im sachlichen Anwendungsbereich des LugÜ**. Als solche gelten nur zivilrechtliche Vollstreckungstitel aus einem anderen LugÜ-Staat, wobei die in Art. 1 Abs. 2 und Art. 67 sowie im Protokoll 3 über die Anwendung von Art. 67 genannten Materien ausgeschlossen sind. Die vollstreckbaren Urkunden und Prozessvergleiche nach Art. 57 und 58 sind durch Art. 1 Abs. 2 lit. a jedoch nicht eingeschränkt[35]. So wird beispielsweise ein in einem LugÜ-Staat ergangener Prozessvergleich in einem Erbstreit gemäss dem LugÜ vollstreckt.

27 Vollstreckbar erklärt werden können sowohl Entscheidungen, die auf Zahlung einer bestimmten **Geldsumme** lauten, als auch Entscheidungen zur Erwirkung der *Herausgabe von Sachen* bzw. zur Erwirkung von *Handlungen, Duldungen und Unterlassungen*[36].

---

[34] Die vorfrageweise Vollstreckbarerklärung war auch unter dem aLugÜ, zumindest sofern sie im kantonalen Recht vorgesehen war und der Antragsteller die Möglichkeit hatte, ein Exequaturverfahren nach Art. 38 ff. zu verlangen, zulässig: DASSER/OBERHAMMER-STAEHELIN, Art. 34 Rz. 13; STOFFEL, Verfahren 115; ACOCELLA, Mitteilungen 27. Die Möglichkeit der impliziten Vollstreckbarerklärung gab es unter der Herrschaft des aLugÜ etwa im Kanton Bern nicht; vgl. LEUCH/MARBACH/KELLERHALS/STERCHI, Art. 400d Rz. 3; KELLERHALS, Neuerungen 104 f.

[35] GEIMER/SCHÜTZE, Art. 38 Rz. 35.

[36] GEIMER/SCHÜTZE, Art. 38 Rz. 48 f.

c) Vollstreckbarkeit im Erlassstaat

Damit eine ausländische Entscheidung für vollstreckbar erklärt werden kann, muss die Entscheidung **nach dem Recht des die Entscheidung erlassenden Staates vollstreckbar** sein (Art. 38 Abs. 1). Die Vollstreckbarkeit der Entscheidung im Erlassstaat ist eine Voraussetzung für die Vollstreckung der Entscheidung im Vollstreckungsstaat[37]. Vor Inkrafttreten der ZPO waren in der Schweiz Entscheidungen erst vollstreckbar, nachdem sie rechtskräftig geworden waren. Die Rechtslage ist im Ausland in der Regel anders, indem Entscheidungen vollstreckt werden können, die noch nicht rechtskräftig sind. Solche Entscheidungen sind zumindest vorläufig vollstreckbar, auch wenn noch Rechtsmittelfristen laufen. Auf Bewilligung hin ist dies neu auch in der Schweiz möglich (Art. 336 Abs. 1 lit. b ZPO). Eine solche vorläufige Vollstreckbarkeit der Entscheidung im Erlassstaat ist ausreichend, damit aufgrund des LugÜ die Entscheidung in einem anderen LugÜ-Staat vollstreckbar erklärt werden kann[38]. Vorbehalten sind bei Entscheidungen des einstweiligen Rechtsschutzes diejenigen Fälle, in denen die Gegenpartei *nicht geladen* worden ist, oder wenn die Entscheidung vollstreckt werden soll, ohne dass sie an die Gegenpartei zugestellt wird[39]. 28

---

[37] EuGH 29.04.1999, Rs. C-267/97, *Eric Coursier/Fortis Bank AG und Martine Bellami*, Slg. 1999 I 2543 Rz. 23; EuGH 28.04.2009, Rs. C-420/07, *Meletis Apostolides/David Charles Orams und Linda Elizabeth Orams*, Rz. 66.

[38] BGer 5P.253/2001 E. 2a; BJM 1999, 106 (AppG BS vom 12.02.1997); BJM 2002, 316 (OGer BL vom 13.08.2001); Kropholler, Art. 38 Rz. 10 und Art. 32 Rz. 20 ff.; Geimer/Schütze, Art. 38 Rz. 47, die darauf hinweisen, dass die Vollstreckbarkeit im Erlassstaat (noch) gegeben sein muss im Zeitpunkt der Vollstreckbarerklärung; Magnus/Mankowski-Kerameus, Art. 38 Rz. 12; Czernich/Tiefenthaler/Kodek-Kodek, Art. 38 Rz. 5; Schnyder/Liatowitsch Rz. 330; Dasser/Oberhammer-Staehelin, Art. 31 Rz. 15 und 17; Walter, § 10 II 3. Auch gestützt auf eine vorläufig vollstreckbare ausländische Entscheidung ist definitive Rechtsöffnung zu gewähren: BGer 5P.253/2001 E. 2b. Vgl. dazu Rz. 18.

[39] EuGH 21.05.1980, Rs. 125/79, *Bernard Denilauler/S.N.C. Couchet Frères*, Slg. 1980, 1553; BGE 129 III 626 E. 5.2.1, einschliesslich Darlegung der Kritik an der entsprechenden Rechtsprechung des EuGH. Die Gewährung des rechtlichen Gehörs vor Erlass der einstweiligen Verfügung ist nicht notwendig, vorausgesetzt, dass die Sicherung gefährdeter Interessen dies rechtfertigt und der Gegner dadurch gesichert ist, dass er die erlassene Massnahme angreifen kann: BGE 129 III 626 E. 5.2.2. BGer 4P.331/2005 E. 7: *ex-parte* Verfügungen sind grundsätzlich nicht anerkennungs- und vollstreckungsfähig, sofern nicht vor der Vollstreckbarerklärung das *rechtliche Gehör* gewährt wurde, d.h. die entsprechende Verfügung zugestellt wurde und vom Gesuchsgegner hätte angefochten werden können. Vgl. auch Dasser Rz. 8 ff. und 27 ff.; Meier, in: Schwander, LugÜ 177; Walter, § 10 II 4 (S. 430 f.): «Dies bedeutet für die praktische Anwendung: Der **Überraschungseffekt** eines **Superprovisoriums**, d.h. einer Massnahme des einstweiligen Rechtsschutzes ohne vorheriges Gehör der Gegenseite, kann nur erreicht bzw. erhalten werden, wenn der Erlass der Massnahme in dem jeweiligen Voll-

Für die Vollstreckbarerklärung genügt die rechtliche Vollstreckbarkeit im Erlassstaat, d.h. die Entscheidung muss hypothetisch vollstreckbar sein. Irrelevant ist, ob tatsächliche Gründe der Vollstreckung entgegenstehen[40].

29 Der Antragsgegner kann die fehlende, auch nachträglich weggefallene Vollstreckbarkeit im Rechtsbehelfsverfahren geltend machen. Ist die Frist zur Erhebung des Rechtsbehelfs abgelaufen, so muss nach STAEHELIN der Antragsgegner ein Revisionsbegehren stellen können, um in der Folge die Einstellung der Betreibung gemäss Art. 85 SchKG zu verlangen[41]. Eine Revision ist jedoch nach der ZPO nicht möglich (vgl. Art. 43 Rz. 11). Folglich wird der Antragsgegner einen **Rechtsbehelf gemäss SchKG** einlegen müssen, sollte der Antragsteller trotz mangelnder Vollstreckbarkeit ein Betreibungsverfahren einleiten[42].

d) Einzureichende Dokumente

30 Eine weitere Voraussetzung für die Vollstreckbarerklärung ist die Einreichung der *notwendigen Urkunden und sonstigen Beweismittel* (Art. 40 Abs. 3 sowie Art. 41 i.V.m. Art. 53 ff.). Gegenüber dem aLugÜ ist insbesondere zu erwähnen, dass neu ein **Formular** zur Vereinfachung des Verfahrens eingeführt wurde, welches im Erlassstaat auszustellen und dem Antrag auf Vollstreckbarerklärung beizulegen ist (vgl. Art. 54 i.V.m. Anhang V). Dieses Formular füllt das Gericht im Erlassstaat auf einfache Weise aus[43]. Der Vollstreckungsrichter soll dadurch die formelle Prüfung erleichtert vornehmen können, indem der Ursprungsstaat, das die Bescheinigung ausstellende Gericht und das Gericht, welches die für vollstreckbar zu erklärende Entscheidung erlassen hat bzw. vor dem der für vollstreckbar zu erklärende Vergleich geschlossen wurde, anzugeben sind. Zudem

---

streckungsstaat oder auch in mehreren gleichzeitig beantragt wird. Ein superprovisorischer Entscheid eines schweizerischen Gerichts hat also für die Partei, die ihn erwirkt hat, nur einen Sinn, wenn der Entscheid selbst in der Schweiz zu vollstrecken ist – er ist jedenfalls nicht gemäss Art. 32 LugÜ in anderen LugÜ-Vertragsstaaten anerkennungspflichtig.» (S. 431); vgl. auch KROPHOLLER, Art. 32 Rz. 22; SCHLOSSER, Freezing Injunctions 305; SchKG-STAEHELIN, Art. 80 Rz. 67; DASSER/OBERHAMMER-STAEHELIN, Art. 31 Rz. 16; HAUENSTEIN 191 ff.; NAEGELI/VETTER 1312 ff., insb. 1315 f.; MAGNUS/MANKOWSKI-KERAMEUS, Art. 38 Rz. 17.

[40] GASSMANN 125.

[41] DASSER/OBERHAMMER-STAEHELIN, Art. 31 Rz. 18.

[42] Ein *ipso-iure*-Wegfall der Vollstreckbarkeit in der Schweiz, wenn die Vollstreckbarkeit im Erlassstaat wegfällt, ist zu verneinen (vgl. Rz. 52 ff.).

[43] Vgl. für weitere Einzelheiten: RAUSCHER-MANKOWSKI, Art. 38 Rz. 19 f.; HESS/BITTMANN, Effektuierung 277 f.

soll das Formular die Vollständigkeit des Antrages auf Vollstreckbarerklärung gewissermassen garantieren[44]. Im Unterschied zum aLugÜ bedarf es zudem keiner zusätzlichen Urkunde bei Versäumnisverfahren mehr (vgl. Art. 46 Ziff. 2 aLugÜ und Art. 53). So sind nunmehr insbesondere eine Ausfertigung der zu anerkennenden Entscheidung sowie die genannte Bescheinigung vorzulegen (vgl. Art. 53 f.). Werden diese Unterlagen im Original eingereicht, bedarf es weder einer Beglaubigung noch einer Apostille (Art. 56). Das Gericht kann verlangen, dass die einzureichenden Dokumente übersetzt werden (Art. 55 Abs. 2).

e) Vollstreckbare Entscheidungen

Art. 38 ist auf folgende Entscheidungen anwendbar[45]: 31

- Leistungsurteile (einschliesslich Versäumnisurteile)[46] bzw. Urteilssurrogate wie etwa Abschreibungsentscheide zufolge Anerkennung der Klage[47];
- Zahlungsbefehle, Rechtsöffnungsentscheide und Vollstreckungsbescheide[48];

---

44 DALLAFIOR/GÖTZ STAEHELIN 114; vgl. auch RODRIGUEZ, Sicherung und Vollstreckung 1555.

45 Vgl. im Einzelnen dazu: GEIMER/SCHÜTZE, Art. 38 Rz. 38 ff.; WALTER, § 10 II.

46 Erfasst sind sowohl Urteile, die zu einer Geldleistung verpflichten, wie auch Urteile, die nicht auf Zahlung einer Geldleistung lauten (vgl. Anhang II). Bei Feststellungs- und Gestaltungsurteilen kann nur die Kostenverteilung für vollstreckbar erklärt werden (DASSER/OBERHAMMER-STAEHELIN, Art. 31 Rz. 15).
Für vollstreckbar zu erklären sind auch auf Geldleistung lautende Entscheidungen, selbst wenn die Forderung im Erlassstaat gegen den Antragsgegner nicht mehr geltend gemacht werden kann, weil dort über ihn der Konkurs eröffnet wurde (EuGH 29.04.1999, Rs. C-267/97, *Eric Coursier/Fortis Bank AG und Martine Bellami*, Slg. 1999 I 2543 = SZIER 1999, 487 ff., Anm. VOLKEN). Der Grund liegt darin, dass das LugÜ nur die Vollstreckbarerklärung (und nicht die Vollstreckung) regelt und Vollstreckungshindernisse gemäss Vollstreckungsrecht nur im territorialen Hoheitsgebiet des betreffenden Vollstreckungsrechts Geltung haben (DASSER/OBERHAMMER-STAEHELIN, Art. 31 Rz. 20).

47 Eine solche Verfügung aus der Schweiz ist etwa in Deutschland für vollstreckbar zu erklären, ohne dass zuvor in der Schweiz ein Rechtsöffnungsverfahren durchgeführt werden muss (BGH, Beschluss vom 22.01.2009 – IX ZB 42/06).

48 Vgl. Art. 32. Der unwidersprochene Zahlungsbefehl gemäss SchKG ist jedoch keine Entscheidung, welche im Ausland vollstreckt werden kann; vgl. KREN KOSTKIEWICZ/RODRIGUEZ; VOLKEN, SZIER 1996, 110 f. (Anm. zu Entscheid des AppG TI vom 17.05.1995); KREN KOSTKIEWICZ, Titel 441 f.; PATOCCHI 66; a.A. DOMEJ 172 f.; MEIER, in: SCHWANDER, LugÜ 157-211, insb. 209 f.; MARKUS, LugÜ 155 f.
Zum deutschen Vollstreckungsbescheid vgl. BGE 86 I 33 E. 2; OGer TG, RBOG 2005 Nr. 35 E. 3; PKG 2005 Nr. 25 (KGer GR); LGVE 1999 I Nr. 40 E. 5.3. Auch der italienische Mahnbescheid, *decreto ingiuntivo*, ist als vollstreckbar zu erklären, wenn das rechtliche Gehör

– Arreste[49] und einstweilige Verfügungen bzw. Anordnungen[50], einschliesslich *world-wide freezing orders*[51];

gewahrt wurde: SZIER 1996, 106 ff. (AppG TI vom 17.05.1995), Anm. VOLKEN; SZIER 1997, 393 ff. (AppG TI vom 13.05.1996, Anm. VOLKEN); Pfälzisches OLG Zweibrücken, Beschluss vom 25.01.2006 – 3 W 239/05 = RWI 9/2006, 709.

49 Gemeint sind ausländische Arreste, die in das ganze Vermögen des Schuldners gehen, unabhängig davon, ob es pfändbare Vermögenswerte gibt und wo sie sich befinden. Dazu gehört etwa der *sequestro conservativo* aus dem italienischen Recht (BGE 135 III 670) oder ein deutsches (dingliches) Arresturteil (OGer ZH, NL040132 vom 08.02.2005, einsehbar unter http://entscheide.gerichte-zh.ch; NAEGELI/VETTER 1312 ff.; MEIER, in: SCHWANDER, LugÜ 180 f., 182). Demgegenüber ist der Schweizer Arrest, der sich auf bestimmte Gegenstände an einem bestimmten Ort in der Schweiz beschränkt, im Ausland nicht vollstreckbar; vgl. dazu SOGO, Arrestrevision 84; MEIER, in: SCHWANDER, LugÜ 179 f.

50 BGE 129 III 626 E. 5; BGer 4A_80/2007 E. 4.1; BGer 5P.402/2002; OGer ZH, NL020147 vom 31.03.2003 E. 4.2, einsehbar unter http://entscheide.gerichte-zh.ch; WALTER, § 10 II 4; KROPHOLLER, Art. 32 Rz. 20 f. Zum Vorbehalt in Bezug auf das rechtliche Gehör vgl. Rz. 28 und Fn. 39.

51 Vgl. BGE 129 III 626, insb. E. 5; OGer ZH, NL020147 vom 31.03.2003 E. 4, einsehbar unter http://entscheide.gerichte-zh.ch; DASSER; BGer 4P.331/2005 E. 5.1; HAUENSTEIN 187 ff.; GEHRI 409 ff.; DONZALLAZ Rz. 2448 ff.; MEIER, in: SCHWANDER, LugÜ 181; STOLL 104 ff.; STRAUB 543; BLOCH/M. HESS 177 f.; BERNET 65; BERTI, Mareva 11; DASSER/OBERHAMMER-STAEHELIN, Art. 31 Rz. 16; VON FALCK 33; HEINZE 343 ff.; SCHLOSSER, Freezing Injunctions 301. Vorausgesetzt ist, dass das rechtliche Gehör gewahrt wird; vgl. Fn. 39. Die Anerkennung und Vollstreckung von *Freezing Injunctions* kann dazu führen, dass in einem amerikanischen Prozess über den Umweg der *Freezing Injunction* in England Sicherungsmassnahmen in der Schweiz anerkannt werden: DASSER Rz. 20. Bei der *Freezing Injunction* bzw. *Freezing Order* (früher *Mareva Injunction* bzw. *Mareva Order*) handelt es sich um eine vorsorgliche Sicherungsmassnahme des englischen Rechts, deren Hauptinhalt ein persönliches Verfügungsverbot über Vermögenswerte in einem bestimmten Umfang ist (BGE 129 III 626 E. 1; BGer 4P.331/2005 E. 3; HAUENSTEIN 188; WALTER, § 10 II 4; BLOCH/M. HESS 171; STRAUB 525 ff.; BERNET 51 ff.; BERTI, Mareva 11 ff.; VON FALCK 30 ff.). Dem Antragsgegner kann dabei untersagt werden, über sein weltweites Vermögen zu verfügen (BGE 129 III 626 E. 1; BGer 4P.331/2005 E. 3; HAUENSTEIN 188; WALTER, § 10 II 4; ALBRECHT 184 ff.; STADLER 1090). Die *Freezing Injunction* wirkt gegenüber Dritten ausserhalb des Vereinigten Königreiches nur dann, wenn sie im betreffenden Vollstreckungsstaat für vollstreckbar erklärt worden ist (HAUENSTEIN 189). Nicht restlos geklärt scheint die Frage, welche Folge die Vollstreckbarerklärung einer *Freezing Injunction* hat bzw. haben kann oder wie die Vollstreckbarerklärung auszusprechen ist (vgl. etwa BERNET 70 ff.; GEHRI 414 ff.). Die Arrestlegung kommt schon deshalb nicht in Frage, weil die *Freezing Injunction* nicht unmittelbar auf Geldleistung gerichtet ist (vgl. STOLL 108). Kommt hinzu, dass auch keine hinreichende Bestimmung für einen Arrest vorliegen dürfte und die *Freezing Order* weniger weit geht als der Arrest. Allerdings genügt in der Regel die Notifizierung (der Vollstreckbarerklärung) der *Freezing Injunction* an den Drittschuldner, in der Regel eine Bank, um die Disposition über die Vermögenswerte zu verhindern (vgl. dazu auch STOLL 108 f.; HAUENSTEIN 190). Sofern die Androhung in der *Freezing Order* hinreichend bestimmt ist, besteht auch die Möglichkeit, die Vollstreckung mit Strafandrohung gemäss Art. 292 StGB zu verbinden; BERNET 76 f.; HAUENSTEIN 190; DASSER/OBERHAMMER-STAEHELIN, Art. 31 Rz. 16; GEHRI 414 f.); vgl. auch Fn. 97. Dieses Verbot kann auch gegenüber

- Zwischenentscheidungen im gerichtlichen Verfahren, inklusive Beweisbeschlüsse und Beweissicherungsmassnahmen[52], [53];
- Im Erlassstaat vollstreckbare Prozessvergleiche (Art. 58);
- Im Erlassstaat vollstreckbare, öffentliche Urkunden (Art. 57)[54];
- Zwangsgelder[55];

---

am Verfahren nicht beteiligte Dritte, wie Banken, ausgesprochen werden (BERNET 78 f., mit Hinweis auf die Rechtsprechung des OGer ZH; OGer ZH, NL020147 vom 31.03.2003 E. 7.1, einsehbar unter http://entscheide.gerichte-zh.ch). Teilweise verbietet eine *Freezing Injunction* auch selber direkt einer bestimmten Bank die Disposition über einen gewissen Vermögensbetrag.

52 WALTER, § 10 II 5: «Die Voraussetzung ist nur, dass es sich bei der Entscheidung um eine solche handelt, die einen verbindlichen Ausspruch für die Parteien über eine Rechtsfolge enthält». Zu denken ist etwa an ein Zwischenurteil über den Grund eines Schadenersatzanspruchs gemäss § 304 Abs. 2 ZPO Deutschland, d.h. es wird verbindlich darüber entschieden, ob ein Schadenersatzanspruch besteht, wobei die Festsetzung der Höhe des Schadens noch vorbehalten wird. In Frage kommt auch die Vollstreckbarerklärung einer französischen *ordonnance de référé expertise,* mit welcher ein Sachverständiger ermächtigt wird, Gegenstände zu besichtigen und sich Beweisunterlagen vorlegen zu lassen (auch wenn es sich um eine prozessuale Frage handelt, wird vorläufig oder rechtskräftig über Ansprüche zwischen den Parteien entschieden, die je nach anwendbarem Recht auch selbständig eingeklagt werden können). Auch weitere, dem schweizerischen Recht nicht bekannte Zwischenentscheidungen können vollstreckbar erklärt werden, wie etwa ein niederländischer Beschluss zur Errichtung eines Haftungsbeschränkungsfonds, in welchem der Betrag vorläufig festgelegt wird, auf den die Haftung des Schiffseigentümers beschränkt wird oder eine italienische *ordinanza ingiuntiva di pagamento* (vgl. dazu auch BGer 4A_80/2007 E. 4; Pfälzisches OLG Zweibrücken, Beschluss vom 20.01.2006 – 3 W 244/05 = RIW 11/2006, 863), mit welcher der Beklagte vom Richter bereits während des Verfahrens dazu verpflichtet werden kann, die Klagesumme an den Beklagten zu bezahlen. Vgl. zu den Beweisbeschlüssen und Beweissicherungsmassnahmen auch HESS, Binnenmarktprozess 1021, 1030 (auch Anerkennung der Ergebnisse eines selbständigen Beweisverfahrens); MANKOWSKI, Verjährungsunterbrechung 345; a.A. KROPHOLLER, Art. 32 Rz. 24; OLG Hamm, Beschluss vom 14.06.1988, RIW 1989, 566; OLG Hamburg, Beschluss vom 29.09.1999, IPRax 2000, 530 (Anm. FÖRSTERLING 499), gemäss welchen keine Vollstreckbarerklärung von Beweisbeschlüssen und Beweissicherungsmassnahmen in Frage kommt.

53 Das LugÜ bezweckt, die Anerkennung von Entscheidungen zu erleichtern und ein beschleunigtes Verfahren einzuführen, um die Vollstreckung von Entscheidungen sicherzustellen (vgl. Präambel). Der Wortlaut von Art. 32 umfasst auch Zwischenentscheidungen. Diese können teilweise selbständig angefochten werden und werden damit entweder mangels Anfechtung oder nach Durchführung des Rechtsmittelverfahrens vollstreckbar. Es ist nicht einzusehen, weshalb solche Entscheidungen nicht auch in einem LugÜ-Staat für vollstreckbar erklärt werden können, sofern die Voraussetzungen dafür erfüllt sind.

54 Gestützt auf solche Urkunden wird definitive Rechtsöffnung erteilt (ZR 102 Nr. 24).

55 Vgl. dazu Art. 49.

- Kostentitel[56];
- Anwaltsgebührenfestsetzungen bzw. Prozessentschädigungen.

f) Nicht vollstreckbare Entscheidungen

32 Die folgenden Entscheidungen kommen für eine Vollstreckbarerklärung nicht in Betracht[57]:

- Exequaturentscheidungen aus anderen durch das LugÜ gebundenen Staaten[58];
- Leistungsurteile, welche gestützt auf eine *actio iudicati* ergangen sind[59];
- Schiedssprüche (Art. 1 Abs. 2 lit. d)[60];
- Ladungen an Parteien, Zeugen und Sachverständige.

g) Zustellung der ausländischen Entscheidung

33 Die ausländische Entscheidung muss dem Schuldner vor der Vollstreckbarerklärung *nicht* zugestellt worden sein[61]. Eine Entscheidung kann also – entgegen den allgemeinen vollstreckungsrechtlichen Regeln und dem aLugÜ (Art. 47 Ziff. 1 aLugÜ) – vollstreckbar erklärt werden, bevor sie überhaupt zugestellt wurde. Es liegt am Schuldner, sich im **Rechtsbehelfsverfahren** gegen die Vollstreckbarerklärung zu wehren und die fehlende Rechtskraft zu behaupten, um zumindest eine Sistierung des Vollstreckbarerklärungsverfahrens zu erreichen (Art. 46 Abs. 1). Denkbar ist auch, dass

---

56 WALTER, § 10 II 2; ACOCELLA, Internationale Zuständigkeit und Vollstreckung 186.

57 Vgl. im Einzelnen dazu: GEIMER/SCHÜTZE, Art. 38 Rz. 53 ff.

58 Es greift das Verbot des Doppelexequaturs; vgl. WALTER, § 10 II 1c. Die Vollstreckbarerklärung hat nur Wirkung im betreffenden Staat. Jedoch kann in jedem durch das LugÜ gebundenen Staat die Entscheidung aus dem Erlassstaat für vollstreckbar erklärt werden.

59 Vgl. dazu GEIMER/SCHÜTZE, Art. 38 Rz. 55 f. Es handelt sich um Leistungsurteile, die beispielsweise im *common law*-Bereich üblich sind. Diese Entscheide basieren auf der *action upon the foreign judgment*. Das Gericht erlässt ein **Leistungsurteil** (und nicht etwa eine Vollstreckbarerklärung) einzig gestützt auf die Rechtskraft eines Entscheids aus einem anderen Staat. Eine eigene Sachprüfung nimmt das Gericht nicht vor.

60 WALTER, § 10 II 1b; es können ebenso wenig Entscheidungen staatlicher Gerichte für vollstreckbar erklärt werden, durch die der Schiedsspruch für vollstreckbar erklärt wird. Dies betrifft auch den Fall, in dem der Schiedsspruch in das staatliche Urteil inkorporiert wird: GEIMER/SCHÜTZE, Art. 38 Rz. 58. Demgegenüber werden (vor den staatlichen Gerichten erwirkte) *Freezing Injunctions* in der Praxis für vollstreckbar erklärt, selbst wenn sie im Zusammenhang mit einem Schiedsverfahren ergangen sind.

61 Art. 42 Abs. 2 LugÜ *e contrario* (vgl. auch Art. 53 Abs. 2 und Art. 54 i.V.m. Anhang V); vgl. KROPHOLLER, Art. 38 Rz. 8; GEIMER/SCHÜTZE, Art. 41 Rz. 32 ff.; DASSER/OBERHAMMER-STAEHELIN, Art. 35 Rz. 3.

die ausländische Entscheidung erst im Rechtsmittelverfahren zugestellt wird[62].

h) Ausschliesslich formelle Prüfung im Vollstreckbarerklärungsverfahren

Die *formelle Vollstreckbarkeit* einer ausländischen Entscheidung, d.h. das Vorliegen der vorstehend dargestellten Voraussetzungen, ist ausreichend, damit diese im Inland für vollstreckbar erklärt werden kann. Die offizielle Bescheinigung gemäss Art. 53 Abs. 2 und Art. 54 i.V.m. Anhang V entscheidet im einseitigen Vollstreckbarerklärungsverfahren ausschliesslich über die Vollstreckbarkeit[63]. Der Vollstreckungsrichter erklärt die Entscheidung unverzüglich für vollstreckbar, sobald die in Art. 53 vorgesehenen Förmlichkeiten erfüllt sind (Art. 41). Er muss diese Voraussetzungen der Vollstreckbarerklärung **von Amtes wegen** prüfen[64], und zwar ohne Prüfung der Versagungsgründe gemäss Art. 34 und 35 (Art. 41). Der Richter hat nicht zu untersuchen, ob das ausländische Urteil aus Gründen, die sich nicht aus der Urkunde ergeben, nur beschränkt oder gar nicht (mehr) vollstreckbar ist[65]. Eine materielle Prüfung findet somit im einseitigen Verfahren grundsätzlich *nicht* statt, weshalb etwa auch die Vollstreckbarkeit einer Entscheidung erklärt werden kann, obwohl diese bereits erfüllt oder (noch) nicht zugestellt ist[66]. Lässt ein Gläubiger die Vollstreckbarkeit einer solchen Entscheidung erklären, so stellt sich allenfalls die Frage nach *Schadenersatz* (vgl. auch Rz. 66, 78 und 81). Dabei entscheidet das Recht des Vollstreckungsstaates, ob bzw. unter welchen Voraussetzungen ein Schadenersatzanspruch wegen ungerechtfertigter Vollstreckung besteht, weil dort die internationale Zuständigkeit gegeben ist (Art. 5 Nr. 3)[67]. 34

62 Geimer/Schütze, Art. 41 Rz. 36.

63 Kropholler, Art. 38 Rz. 9; Dallafior/Götz Staehelin 114; Czernich/Tiefenthaler/Kodek-Kodek, Art. 38 Rz. 8; Rodriguez, Sicherung und Vollstreckung 1554; Wagner/Janzen 306.

64 Kropholler, Art. 38 Rz. 7; Leuenberger 969; Kellerhals, Neuerungen 90; Rodriguez, Sicherung und Vollstreckung 1554; Dasser/Oberhammer-Staehelin, Art. 31 Rz. 14.

65 Linke, Vollstreckungsbeschränkungen 8.

66 Erstinstanzlich ist die Vollstreckbarerklärung zu erteilen, selbst wenn materielle Verweigerungsgründe offensichtlich vorliegen. Dies betrifft auch eine Verletzung des *ordre public*: Kropholler, Art. 41 Rz. 5; Rodriguez, Sicherung und Vollstreckung 1553 und 1554. Wird die Vollstreckbarerklärung nur vorfrageweise im Rechtsöffnungsverfahren geprüft, so sind die Einwendungen vor dem Rechtsöffnungsrichter vorzubringen und dieser hat darüber zu entscheiden (vgl. Rz. 17).

67 Kropholler, Art. 38 Rz. 4; Geimer/Schütze, Art. 38 Rz. 94.

35 Der Vollstreckungsrichter prüft im Einparteienverfahren jedoch, ob die für vollstreckbar zu erklärende Entscheidung überhaupt unter das LugÜ fällt. Der Entscheid ist beispielsweise dann negativ, wenn eine Entscheidung aus einem nicht durch das LugÜ gebundenen Staat stammt[68]. Zudem prüft der Vollstreckungsrichter, ob die Entscheidung im Erlassstaat vollstreckbar ist und ob alle notwendigen Dokumente vorliegen (vgl. Rz. 25 ff.).

4. Verfahren

a) Gegenstand des Vollstreckbarerklärungsverfahrens

36 In der Schweiz ist das Exequaturverfahren unterschiedlich ausgestaltet, je nachdem, welches Vorgehen der **Gläubiger** wählt.

37 Die Vollstreckbarkeit einer auf *Geld oder Sicherheitsleistung* lautenden Entscheidung kann zusammen mit der Rechtsöffnung verlangt werden (reines SchKG-Verfahren). Dies bedeutet, dass der Gläubiger unabhängig von einem Exequatur- und/oder Arrestbegehren ein Betreibungsverfahren gegen den Schuldner einleitet[69] und einen Zahlungsbefehl erwirkt[70]. Erhebt der Schuldner Rechtsvorschlag[71], so verlangt der Gläubiger die definitive Rechtsöffnung[72] gestützt auf die ausländische Entscheidung. Der Gläubiger hat nur die Möglichkeit, die Rechtsöffnung zu verlangen, so dass die Vollstreckbarerklärung **vorfrageweise** erfolgt und damit nicht in Rechtskraft erwachsen kann.

38 In den übrigen Fällen, d.h. in denjenigen, in welchen die Vollstreckbarkeit nicht zusammen mit einem Rechtsöffnungsbegehren verlangt wird, erschöpft sich das Vollstreckbarerklärungsverfahren in der Schweiz darin, dass die **Vollstreckungsklausel**, d.h. das Exequatur, erteilt wird (reines LugÜ-Verfahren). Der Vollstreckungsrichter hat das Exequatur explizit zu erteilen (bzw. zu verweigern). Ist das Exequatur erteilt, kommen der ausländischen Entscheidung dieselben Wirkungen zu wie einem inländischen Vollstreckungstitel[73].

---

[68] DALLAFIOR/GÖTZ STAEHELIN 114.
[69] Vgl. Art. 67 ff. SchKG.
[70] Vgl. Art. 69 ff. SchKG.
[71] Vgl. Art. 74 ff. SchKG.
[72] Art. 80 SchKG.
[73] EuGH 04.02.1988, Rs. 145/86, *Hoffmann/Krieg*, Slg. 1988, 645 Rz. 11; BGE 135 III 670 E. 1.3.1; KROPHOLLER, Art. 38 Rz. 14. Zur Frage, welche Entscheidung den Vollstreckungstitel

Das Vollstreckbarerklärungsverfahren wird grundsätzlich als *ex-parte*-Verfahren durchgeführt, weil Schnelligkeit und Effizienz beabsichtigt sind (vgl. zur Ausnahme in der Schweiz betreffend Vollstreckbarerklärung im Rechtsöffnungsverfahren Rz. 15 ff.). Die Vollstreckbarerklärung erfolgt gestützt auf den **Antrag** des Gläubigers oder seines Rechtsnachfolgers. Mangels Beteiligung des *Schuldners* im ersten Verfahrensabschnitt sorgt es bei diesem für einen Überraschungseffekt[74]. 39

b) Antrag

Der Berechtigte hat einen **Antrag** zu stellen auf Vollstreckbarerklärung (Art. 38 Abs. 1); diese erfolgt nicht von Amtes wegen[75]. Ist eine auf Geld- oder Sicherheitsleistung lautende Entscheidung für vollstreckbar zu erklären, so kann der Gläubiger den Antrag entweder separat im LugÜ-Verfahren oder, sofern er ein Betreibungsverfahren eingeleitet hat, vorfrageweise im *Rechtsöffnungsverfahren* stellen. Im Falle der expliziten Vollstreckbarerklärung kann das Exequatur unabhängig von bzw. vor einem Betreibungsverfahren begehrt werden. 40

c) Anforderungen an die Bestimmtheit – Recht/Pflicht zur Konkretisierung

aa) Grundsatz

Die Kompetenz des Vollstreckungsrichters erschöpft sich in der Vollstreckbarerklärung der ausländischen Entscheidung, d.h. der Erteilung des Exequaturs. Der Vollstreckungsrichter darf die Entscheidung inhaltlich nicht anpassen, ergänzen oder abändern. Dies käme einer sachlichen Nachprü- 41

---

bildet, vgl. Rz. 52 ff.

74 BGE 135 III 324 E. 3.3 = Pra 98 (2009) Nr. 125; Geimer/Schütze, Art. 38 Rz. 65; Kropholler, Art. 38 Rz. 3.

75 BGH, Beschluss vom 14.03.2007 – XII ZB 174/04 E. III/3a = IPRax 2008, 38, 40; Geimer/Schütze, Art. 38 Rz. 30; Magnus/Mankowski-Kerameus, Art. 38 Rz. 11; Czernich/Tiefenthaler/Kodek-Kodek, Art. 38 Rz. 12; a.A. offenbar Botschaft LugÜ Ziff. 4.1, wonach das Exequatur auch ohne ausdrücklichen Antrag auszusprechen sei; ebenso Rodriguez, Sicherung und Vollstreckung 1558, sofern ein Arrestbegehren ohne expliziten Exequaturantrag gestellt wird. Die Vollstreckbarkeit eines Urteils im Erlassstaat wird aber nicht automatisch auf die Schweiz erstreckt (BGE 135 III 670 E. 1.3.1). Zur Antragsberechtigung vgl. Rz. 72 f.

fung der Entscheidung gleich, welche unzulässig ist (vgl. Art. 45 Abs. 2)[76]. Die ausländische Entscheidung muss gemäss den Anforderungen im Anerkennungsstaat **hinreichend bestimmt** sein. Genügt die Entscheidung diesem Bestimmtheitserfordernis nicht, so darf der Vollstreckungsrichter die Entscheidung *konkretisieren*, vorausgesetzt ein Mindestmass an Bestimmtheit ist eingehalten. Sofern die Präzisierung durch zweifelsfreie Auslegung möglich ist, kann sie gar notwendig sein bzw. darf sie nicht verweigert werden[77]. Ist die Entscheidung nicht hinreichend bestimmt für eine Konkretisierung (z.B. wenn sich die für vollstreckbar zu erklärende Entscheidung über die Höhe der zu tragenden Kosten überhaupt nicht äussert), darf die Entscheidung nicht vollstreckbar erklärt werden[78].

ab) Einzelne Konkretisierungen

aaa) Parteibezeichnung

42 Besteht Sicherheit in Bezug auf die Identität einer Person, so darf die **Parteibezeichnung** vom Vollstreckungsrichter präzisiert werden. Ist die Personenidentität zweifelhaft, so scheidet eine Klarstellung und damit die Vollstreckbarerklärung aus[79].

aab) Höhe der Forderung

43 Die für vollstreckbar zu erklärende Entscheidung muss zahlenmässig bestimmt sein bzw. der Betrag muss sich nach **objektiv feststellbaren und sich aus der Entscheidung selbst ergebenden Kriterien** ermitteln lassen. Diesen Anforderungen genügt eine Entscheidung nicht, die einen Rückzahlungsanspruch begründet, der daraus entsteht, dass ein oberes Gericht einen Entscheid aufhebt. Diesbezüglich müsste die Bestimmung einer konkreten Zahlungsverpflichtung anhand von Feststellungen, insb. des Nachweises der Zahlung, ausgesprochen werden, die ausserhalb der aus-

---

76 KROPHOLLER, Art. 38 Rz. 16 i.V.m. Rz. 12; GEIMER/SCHÜTZE, Art. 38 Rz. 19. Vgl. auch BGH, Beschluss vom 14.03.2007 – XII ZB 174/04 E. III/4a = IPRax 2008 38, 40 in Bezug auf eine Abänderung; OLG Düsseldorf, Beschluss vom 20.01.2004 – I-3 W 3/04 = RIW 5/2004, 391, 392. Vgl. Art. 45 Rz. 2.

77 KROPHOLLER, Art. 38 Rz. 16; GEIMER/SCHÜTZE, Art. 38 Rz. 19 und 27; RAUSCHER-MANKOWSKI, Art. 38 Rz. 26; DASSER/OBERHAMMER-STAEHELIN, Art. 31 Rz. 23; CZERNICH/TIEFENTHALER/KODEK-KODEK, Art. 38 Rz. 7.

78 KROPHOLLER, Art. 38 Rz. 13; DASSER/OBERHAMMER-STAEHELIN, Art. 31 Rz. 23.

79 KROPHOLLER, Art. 38 Rz. 16; weitergehend ROTH, Schuldneridentität 424 f., insofern, als er im Rechtsbehelfsverfahren auch eine Identitätsprüfung zulassen will.

ländischen Entscheidung liegen. Dazu ist das Vollstreckungsgericht nicht zuständig[80]. Ausländische Entscheidungen sehen demgegenüber gelegentlich Zuschläge für einen Währungsverfall vor und verweisen zu deren Berechnung auf ausländische Gesetze oder statistische Unterlagen. In diesen Fällen hat der Vollstreckungsrichter nach Möglichkeit eine Konkretisierung vorzunehmen[81]. Vorausgesetzt für die Gewährung solcher *Zuschläge* ist, dass die zu vollstreckende Entscheidung diese zugesprochen hat[82].

In Bezug auf **Zinsen und Nebenkosten** hat der Vollstreckungsrichter eine Konkretisierung vorzunehmen[83]. Noch unklar scheint, ob die Konkretisierung vom Vollstreckungsrichter (und nicht vom Vollstreckungsorgan) nur auf Antrag des Gläubigers hin oder von Amtes wegen vorzunehmen ist[84]. Das LugÜ spricht sich nicht explizit zu dieser Frage aus und das Verfahren der Vollstreckbarerklärung obliegt weitestgehend dem Vollstreckungsstaat. Geht aus der für vollstreckbar zu erklärenden Entscheidung nicht klar hervor, welches Recht auf den Zinsanspruch anwendbar ist, so scheidet eine Konkretisierung aus[85]. Der *Libor-Satz* wird vom Bundesgericht nicht als 44

[80] LG Stuttgart, Beschluss vom 27.10.2004 – 17 O 547/04 = RIW 9/2005, 709.

[81] Kann eine Berechnung (*in concreto* ein Wechselkurs) aufgrund allgemein zugänglicher Daten wie dem Internet erfolgen, so gelten die entsprechenden Daten bzw. Berechnungsgrundlagen gemäss höchstrichterlicher Rechtsprechung als notorisch und sind vom Gericht von Amtes wegen zu berücksichtigen, selbst wenn die Grundlagen der Berechnung von den Parteien nicht geltend gemacht wurden (BGer 5A_559/2008 = Pra 98 [2009] Nr. 89). Sofern sich die Berechnung etwa auch von Zuschlägen aus allgemein zugänglichen Quellen ergibt, hat das Gericht in der Schweiz die Konkretisierung vorzunehmen. Die begehrende Partei hat aber die Höhe des Anspruchs zu beziffern.

[82] Kropholler, Art. 38 Rz. 16.

[83] BGHZ 122, 16, 20; IPRax 1994, 367 (Anm. Roth 350); BGH, Urteil vom 06.11.1985 – IVb ZR 73/84 = RIW 1986, 554 (Anm. Wolff 728); OLG Stuttgart, Beschluss vom 10.11.1986 = RIW 1988, 302; OLG Zweibrücken, Beschluss vom 15.12.2004 – 3 W 207/04 E. II/2 = IPRax 2006, 49, 50, wonach das Vollstreckungsgericht in Bezug auf die Höhe der Zinsen das ausländische Recht festzustellen und anzuwenden hat (und die ausländische Entscheidung nicht vorbehaltlos für vollstreckbar erklären darf, so dass die Vollstreckungsbehörden im Vollstreckungsverfahren die Höhe zu ermitteln hätten); Kropholler, Art. 38 Rz. 16 und Geimer/Schütze, Art. 38 Rz. 21 mit Nachweisen aus der deutschen Rechtsprechung (auch zum Recht aus anderen EU-Mitgliedstaaten wie Niederlande und Griechenland); Roth, Auslandstitel 23; Dasser/Oberhammer-Staehelin, Art. 31 Rz. 23; Czernich/Tiefenthaler/Kodek-Kodek, Art. 38 Rz. 7.

[84] Dasser/Oberhammer-Staehelin, Art. 31 Rz. 23 lässt die Frage offen. Geimer/Schütze, Art. 38 Rz. 21 sprechen sich für eine Anwendung nur auf Antrag aus.

[85] Kropholler, Art. 38 Rz. 16. Eine Konkretisierung darf der Vollstreckungsrichter aber nur vornehmen, wenn aus der für vollstreckbar zu erklärenden Entscheidung hervorgeht, welche nationale Rechtsordnung der rechtlichen Beurteilung des Zinsanspruchs zugrunde gelegt

allgemein bekannt angesehen. Er sei auch nicht sofort zugänglich, indem Dokumente konsultiert werden könnten[86], obwohl der jeweilige konkrete Satz auf der Homepage der British Banker Association über mehrere Jahre zurückverfolgt werden kann[87]. Gemäss der hier vertretenen Auffassung muss der Libor-Satz deshalb heute als notorische Tatsache angesehen werden. Aufgrund der aktuellen höchstrichterlichen Rechtsprechung tut der Gläubiger *de lege lata* aber gut daran, den konkreten Libor-Satz zu beziffern. Ist daher eine ausländische, einen Libor-Satz enthaltende Entscheidung zu vollstrecken, so sollte der Gläubiger noch darum bemüht sein, dass der konkrete Zinssatz in die Entscheidung Eingang findet. Wird nur der Libor (in einer bestimmten Währung für eine bestimmte Zeitspanne) ohne Bestimmung des konkreten Zinssatzes genannt, so wird der Zins in der Schweiz bisweilen kaum für vollstreckbar erklärt werden, obwohl sich dies nicht mehr rechtfertigen lässt. Eine Konkretisierung scheidet diesbezüglich wohl einstweilen (noch) aus. Im Übrigen scheint ein Antrag zur Konkretisierung notwendig zu sein. Vom Vollstreckungsrichter zu konkretisieren und damit der Höhe nach festzusetzen ist auf Antrag hin auch die nicht näher bezifferte *Mehrwertsteuer*[88]. Deren Ermittlung ist für die durch das LugÜ gebundenen Staaten ohne weiteres mit einfacher Abklärung möglich.

aac) Unterhaltsbeiträge

45 Mit der Rechtslage in Deutschland ist auch für die Schweiz zu fordern, dass eine ziffernmässig nicht bestimmte Unterhaltsentscheidung (wenn beispielsweise **Sonderbeträge** zum Regelunterhalt hinzuzurechnen sind) auf Antrag des Gläubigers vom Vollstreckungsrichter konkretisiert wird[89]. Der Vollstreckungsrichter hat sodann auf Antrag hin Unterhaltserhöhungen

---

wurde: OLG Köln, Beschluss vom 15.09.2004 – 16 W 27/04 E. II/1 = IPRax 2006, 51; kritisch dazu Roth, Auslandstitel 24, der die Zinssätze der in Frage kommenden Rechtsordnungen verglichen und das Exequatur für den tieferen Zinssatz erteilt bzw. eine entsprechende Konkretisierung vorgenommen hätte.

[86] BGE 134 III 224 E. 5.2.

[87] Vgl. unter www.bbalibor.com.

[88] OLG Zweibrücken, Beschluss vom 15.12.2004 – 3 W 207/04 E. II/2 = IPRax 2006, 49, 50; Geimer/Schütze, Art. 38 Rz. 22; Kropholler, Art. 38 Rz. 12; Dasser/Oberhammer-Staehelin, Art. 31 Rz. 23.

[89] Geimer/Schütze, Art. 38 Rz. 23.

gestützt auf das Gesetz bzw. gestützt auf eine Indexierung vorzunehmen[90]. Die ausländischen gesetzlichen Bestimmungen bzw. *Indexierungen* sind heute grundsätzlich allgemein zugänglich.

aad) Zwangsgeld

Wurde in der zu vollstreckenden Entscheidung ein Zwangsgeld zugunsten des Gläubigers festgesetzt, um eine Handlung oder Unterlassung durch den Schuldner zu erzwingen, ohne dass das Zwangsgeld der Höhe nach beziffert wurde, so darf der Vollstreckungsrichter die Höhe des Zwangsgeldes **nicht** festsetzen[91]. 46

aae) Fremdwährung / Umrechnung

Lautet eine für vollstreckbar zu erklärende Entscheidung auf eine ausländische Währung, so lässt das LugÜ eine Umrechnung in die Währung im Vollstreckungsstaat grundsätzlich zu[92]. Darüber, ob eine Umrechnung stattfinden kann, entscheiden die für den Vollstreckungsrichter geltenden Bestimmungen[93]. Soll eine ausländische Entscheidung in der Schweiz vollstreckt werden, so ist die **Umrechnung** in Schweizer Franken vorzunehmen, zumindest sofern die Vollstreckbarerklärung vor dem Rechtsöffnungsrichter verlangt wird oder ein Arrestbegehren gestellt wird oder der Schuldner nach dem Exequatur nicht freiwillig bezahlt. Im Schweizer Schuldbetreibungsverfahren ist die Forderung auf Geldleistung vom Gläubiger *zwingend* in Schweizer Franken umzurechnen[94]. Bereits im Betreibungsbegehren muss daher die Forderung auf Schweizer Franken lauten, sofern nicht ein Fall wie nachfolgend beschrieben vorliegt. In den Verfahren in der Schweiz muss der Wechselkurs nicht explizit genannt werden. Vielmehr ist es ausreichend, wenn der Kläger den Fremdwährungsbetrag nennt. Gemäss höchstrichterlicher Rechtsprechung ist der Wechselkurs ein 47

---

90 GEIMER/SCHÜTZE, Art. 38 Rz. 23. DASSER/OBERHAMMER-STAEHELIN, Art. 31 Rz. 23 lässt die Frage offen, ob die Erhöhung nur auf Antrag hin zu erfolgen hat.

91 Vgl. dazu Art. 49. Vgl. auch die Ausführungen zum Grundsatz der Konkretisierung sowie GEIMER/SCHÜTZE, Art. 38 Rz. 20 und Art. 49 Rz. 1; VON FALCK 179 ff.

92 KROPHOLLER, Art. 38 Rz. 16.

93 KROPHOLLER, Art. 38 Rz. 16.

94 Art. 67 Abs. 1 Ziff. 3 SchKG; BGE 94 III 76; BGer 112 III 87. Für den Zeitpunkt der Umrechnung vgl. AMONN/WALTHER, § 16 Rz. 14 ff.

notorische Tatsache, weil die entsprechenden Daten allgemein zugänglich sind[95].

48 Falls der Gläubiger in der Schweiz eine Leistung in Fremdwährung erzwingen will, so muss die Schuld *effektiv* in Fremdwährung geschuldet sein (Art. 84 Abs. 2 OR). Dementsprechend muss für eine Vollstreckbarerklärung auch die ausländische Entscheidung die Fremdwährungsschuld effektiv zusprechen. Die Zwangsvollstreckung selber ist diesbezüglich aber nicht im Schuldbetreibungsverfahren, sondern auf dem Weg der Sachvollstreckung vorzunehmen[96], weil es sich aufgrund der Effektivklausel nicht um eine auf Geld oder Sicherheitsleistung lautende Entscheidung handelt.

aaf) World-wide freezing order

49 In der Schweiz gibt es in Bezug auf die Konkretisierung von allgemeinen Verfügungsverboten durch *world-wide freezing orders* soweit ersichtlich keine höchstrichterliche Rechtsprechung. Gemäss deutscher Rechtsprechung ist eine solche Konkretisierung zulässig. So habe der Vollstrekkungsrichter die Ordnungsmittel anzudrohen und zu verhängen, sofern dies beantragt werde[97]. Jeder durch das LugÜ gebundene Staat kennt Ordnungsmittel, um die Vollstreckbarkeit sicherzustellen. Zweck des LugÜ ist es, die Anerkennung von Entscheidungen zu erleichtern und ein beschleunigtes Verfahren einzuführen, um die Vollstreckung von Entscheiden zu sichern (vgl. Präambel). Unbestritten ist, dass *freezing injunctions* ohne weiteres für **vollstreckbar** erklärt werden gestützt auf das LugÜ. Um dessen Zweck zu erreichen, ist der deutschen Rechtsprechung zu folgen, wonach Ordnungsmittel vom Vollstreckungsrichter anzudrohen und zu verhängen sind, auch wenn diejenigen des Vollstreckungsstaates in der für vollstreckbar zu erklärenden Entscheidung nicht explizit genannt werden. Voraus-

[95] BGer 5A_559/2008 = Pra 98 (2009) Nr. 89.

[96] H. Hess, Fremdwährungsforderung 51.

[97] Vgl. Geimer/Schütze, Art. 38 Rz. 28. Das OGer ZH erachtete im konkreten Fall die *Freezing Injunction* als nicht hinreichend bestimmt (unklar blieb, ob dem Schuldner monatlich weltweit bei allen Banken, welche eine Kontobeziehung zu ihm aufwiesen, ein bestimmter Betrag zur Verfügung stehe; zudem waren Begriffe wie «angemessen» bzw. «im normalen und ordnungsgemässen Geschäftsgang» interpretationsbedürftig), um sichernde Massnahmen unter Strafandrohung nach Art. 292 StGB (Art. 47 Abs. 2) zu erlassen (vgl. OGer ZH, NL020147 vom 31.03.2003 E.7, einsehbar unter http://entscheide.gerichte-zh.ch). Das Bundesgericht bestätigte diese Ansicht (BGE 129 III 626 E. 5.4). Vgl. dazu Dasser Rz. 16 sowie vorne Fn. 51.

gesetzt ist aber auch hier ein Mindestmass an Bestimmtheit. Dazu gehört, dass im Erlassstaat überhaupt Ordnungsmittel angedroht wurden. Denn eine im Ausland ergangene Entscheidung kann in der Schweiz grundsätzlich keine weitergehende Wirkung entfalten als im Erlassstaat[98]. Ein Arrest in der Schweiz gestützt auf eine *freezing injunction* scheidet jedoch aus. In Zürich etwa wurde bislang die *freezing injunction* für vollstreckbar erklärt, wobei einem allfälligen Rechtsmittel die aufschiebende Wirkung entzogen wurde, und mit einem separaten Entscheid erliess das Gericht ein Verfügungsverbot über die Vermögenswerte bis zum massgeblichen Betrag.

d) Keine Leistungsklage aus ausländischem Urteil

Der Grundsatz *ne bis in idem* gilt auch im Rahmen des LugÜ. Deshalb kann grundsätzlich der im Erlassstaat obsiegende Kläger in einem anderen LugÜ-Staat nicht (noch einmal) auf Leistung betreffend denselben Anspruch klagen. Es ist im Vollstreckungsstaat nicht erlaubt, eine neue Sachentscheidung betreffend denselben Anspruch zu fällen, selbst wenn der Entscheid gleich lauten würde wie im Erlassstaat[99]. Es kann jedoch vorkommen, dass im Vollstreckungsstaat eine Vollstreckbarerklärung nach Art. 38 ff. nicht möglich ist. In diesem Fall muss im Zweitstaat unter Umständen erneut auf Leistung geklagt werden können. Im Zweifel hat dieser Staat eine **Notzuständigkeit** zu eröffnen, um zu vermeiden, dass der Anspruch überhaupt nicht vollstreckt werden kann[100]. 50

5. Konsequenzen der Vollstreckbarerklärung

Wird der im Erlassstaat ergangene Titel im Vollstreckungsstaat für vollstreckbar erklärt, so wird ein Vollstreckungstitel im Vollstreckungsstaat, auch **zweitstaatlicher Vollstreckungstitel** genannt, erstellt[101]. Dies führt zu mehreren Konsequenzen: 51

[98] BGE 129 III 626 E. 5.2.3 m.w.N.

[99] EuGH 30.11.1976, Rs. 42/76, *Jozef de Wolf/Harry Cox B.V.*, Slg. 1976, 1759; GEIMER/SCHÜTZE, Art. 38 Rz. 63.

[100] GEIMER/SCHÜTZE, Art. 38 Rz. 64; KROPHOLLER, Art. 32 Rz. 7.

[101] GEIMER/SCHÜTZE, Art. 38 Rz. 5.

a) Nur inländische Vollstreckbarerklärung ist Vollstreckungstitel im Inland

aa) Grundsätzliches

52 Es stellt sich die Frage, welche Entscheidung, d.h. die zu anerkennende ausländische Entscheidung oder die Vollstreckbarerklärung im Inland oder die Kombination dieser beiden Entscheidungen, die **Grundlage** der Zwangsvollstreckung bildet. Das LugÜ gibt keine Antwort auf diese Frage. Nicht durchgesetzt hat sich die Ansicht in der Literatur, beide Titel zusammen würden die Basis bilden[102].

53 Die deutschen Kommentatoren sind sich in Bezug auf das deutsche Recht einig: Im Vollstreckungsstaat ist einzig die in diesem Staat erlassene Vollstreckbarerklärung vollstreckbar und damit Vollstreckungstitel für das Inland, nicht aber das im Erlassstaat oder in einem Drittstaat ergangene Exequatur. Der Grund ist, dass die Aufhebung des Vollstreckungstitels einer neuen richterlichen Entscheidung bedarf[103]. Daraus folgt, dass nicht etwa die Vollstreckbarkeit der ausländischen Entscheidung nach dessen Recht oder diejenige eines Dritt- oder Viertstaates anerkannt bzw. auf das Inland erstreckt wird. Die inländische Vollstreckbarerklärung ist vielmehr eine prozessuale **Gestaltungsentscheidung**[104]. Der Richter im Vollstreckungsstaat entscheidet, ob er der Entscheidung aus dem Erlassstaat im Inland dieselben Wirkungen in Bezug auf die Vollstreckbarkeit zukommen lässt. Aus Gründen der Rechtssicherheit geht die nach Art. 38 ff. dem ausländischen Titel im Inland verliehene Vollstreckbarkeit auch nach Beseitigung der Vollstreckbarkeit im Erlassstaat nicht automatisch unter[105]. Die Frage, ob die Vollstreckbarkeit im Inland gegeben ist, bestimmt sich ausschliesslich nach dem Recht des jeweiligen Vollstreckungsstaates[106]. Ist also die Vollstreckbarkeit im Erlassstaat nicht mehr gegeben, so hat der Schuldner

[102] Vgl. dazu GEIMER/SCHÜTZE, Art. 38 Rz. 6.

[103] KROPHOLLER, Art. 38 Rz. 14; vgl. auch GEIMER/SCHÜTZE, Art. 38 Rz. 6 und 53; HESS/BITTMANN, Effektuierung 278.

[104] GEIMER/SCHÜTZE, Art. 38 Rz. 1; HAUSER 605; STOJAN 177 f.; SCHWANDER, IPR AT Rz. 697; WALTER, Wechselwirkungen 318; KELLERHALS, Neuerungen 87; DASSER/OBERHAMMER-STAEHELIN, Art. 37 Rz. 6; vgl. auch ACOCELLA, Internationale Zuständigkeit und Vollstreckung 147; a.M. VOLKEN, Anerkennung und Vollstreckung 474; MÜLLER 236. Teilweise sieht die Literatur Gestaltungs- und Feststellungselemente in der Vollstreckbarerklärung: GAUDEMET-TALLON Rz. 451; MAGNUS/MANKOWSKI-KERAMEUS, Art. 41 Rz. 10.

[105] Vgl. zum Ganzen GEIMER/SCHÜTZE, Art. 38 Rz. 1 ff. m.w.N.

[106] GEIMER/SCHÜTZE, Art. 38 Rz. 4.

ein Rechtsmittel oder einen Rechtsbehelf zu ergreifen, um die Vollstreckbarkeit im Vollstreckungsstaat zu beseitigen.

ab) Rechtslage in der Schweiz

aaa) Grundsätzliche Unterscheidung

Auch in der Schweiz ist zur Aufhebung der Vollstreckbarkeit ein neuer 54
Entscheid des Richters notwendig. Diesbezüglich ist zu unterscheiden: (i) Es gibt einen Rechtsöffnungsentscheid, in dem die Vollstreckbarerklärung nur vorfrageweise geprüft wurde; (ii) es gibt eine explizite Vollstreckbarerklärung, allenfalls verbunden mit einem Arrest und/oder Befehl.

aab) Vorfrageweise Vollstreckbarerklärung

Gibt es lediglich einen Rechtsöffnungsentscheid (bei dem im Dispositiv 55
nicht über die Vollstreckbarkeit entschieden werden kann), so ist dieser Entscheid mit Beschwerde an das obere kantonale Gericht anfechtbar (vgl. Art. 319 ff. ZPO). Zu beachten ist, dass mit der Beschwerde grundsätzlich keine Noven vorgebracht werden können, unter Vorbehalt besonderer Bestimmungen des Gesetzes (Art. 326 ZPO). Soweit die Vollstreckbarkeit der Entscheidung zu prüfen ist, ist Art. 341 Abs. 3 ZPO zu berücksichtigen. Danach kann im Vollstreckungsverfahren die unterlegene Partei einwenden, dass seit Eröffnung des Entscheids Tatsachen eingetreten sind, die der Vollstreckung entgegenstehen, wie insbesondere Tilgung, Stundung, Verjährung oder Verwirkung der geschuldeten Leistung, wobei Tilgung und Stundung mit Urkunden zu beweisen sind. Folglich kann im Rahmen des Rechtsöffnungsverfahrens vor der oberen Gerichtsinstanz geltend gemacht werden, die Vollstreckbarkeit sei nach dem erstinstanzlichen Entscheid aus einem dieser Gründe **dahingefallen**. Auch eine Stundung oder Tilgung nach dem erstinstanzlichen Entscheid kann die Rechtsmittelinstanz somit berücksichtigen[107].

Das SchKG bietet zudem bei Vorliegen eines Rechtsöffnungsentscheides 56
Möglichkeiten, um diesen Entscheid zu beseitigen und damit die im Erlassstaat **weggefallene Vollstreckbarerklärung** zu berücksichtigen. Dies gilt

[107] Vgl. ZR 106 Nr. 18, mit welchem Entscheid das OGer ZH zu aLugÜ und zu den damals geltenden kantonalen Rechtsmitteln festhielt, dass im Rahmen des Rekurses gegen einen Rechtsöffnungsentscheid mit vorfrageweiser Vollstreckbarerklärung sämtliche Fragen der Vollstreckbarkeit und der Rechtsöffnung überprüft werden können.

insbesondere für den Fall, dass die Schuld getilgt oder gestundet ist (Art. 85 SchKG) oder dass die Schuld nicht oder nicht mehr besteht (Art. 85a SchKG). Falls die Rechtsöffnung gewährt oder überhaupt kein Rechtsvorschlag erhoben wurde, so ist der Schuldner auf die Rückforderungsklage gemäss Art. 86 SchKG angewiesen, falls er eine Nichtschuld bezahlt hat. Wurde also kein Rechtsvorschlag erhoben oder dieser durch den Rechtsöffnungsentscheid beseitigt, so nimmt das Betreibungsverfahren seinen Lauf. Der Gläubiger kann das Fortsetzungsbegehren stellen. Der Schuldner ist diesbezüglich auf die genannten Rechtsbehelfe angewiesen. Der Betreibungsbeamte wird damit die Betreibung nicht stoppen, auch wenn die ausländische Vollstreckbarkeit im Nachhinein dahinfällt oder (teilweise) aufgehoben wird. Es bedarf dafür eines Entscheides durch den Richter. Es handelt sich um ein reines Vollstreckungsverfahren nach SchKG, losgelöst vom LugÜ. Als Vollstreckungstitel ist der Rechtsöffnungsentscheid zu betrachten, welcher implizit das Exequatur enthält[108].

aac) Explizite Vollstreckbarerklärung

57 Verlangt der Gläubiger einzig die Vollstreckbarerklärung einer ausländischen Entscheidung – sei es für eine solche, die zu einer Geldleistung verpflichtet, sei es für eines solche, die nicht auf Zahlung eines Geldbetrages lautet – so entscheidet der Vollstreckungsrichter gemäss LugÜ, allenfalls nach ZPO oder SchKG. Gegen das Exequatur kann der Schuldner einen Rechtsbehelf gemäss Art. 43 einlegen und sich auch damit wehren, dass die zu anerkennende Entscheidung im Erlassstaat nicht (mehr) vollstreckbar ist. Zuständig für den Rechtsbehelf ist das obere kantonale Gericht (Art. 43 i.V.m. Anhang III). Diese zweite Instanz prüft die im LugÜ vorgesehenen Verweigerungsgründe mit **voller Kognition** (Art. 325a Abs. 1 ZPO)[109]. Das mit dem Rechtsbehelf befasste Gericht kann das Verfahren aussetzen, wenn gegen die Entscheidung im Ursprungsstaat ein ordentlicher Rechtsbehelf eingelegt oder die Frist für einen solchen Rechtsbehelf noch nicht verstrichen ist (Art. 46 Abs. 1). Demgemäss bedarf es auch in Bezug auf das Exequatur eines richterlichen Entscheides, um die Voll-

[108] Vgl. zum LugÜ von 1988 DASSER/OBERHAMMER-STAEHELIN, Art. 31 Rz. 31, der ebenfalls davon ausgeht, dass nach erteilter definitiver Rechtsöffnung nur der Richter die Vollstreckung aufheben kann.

[109] Unter dem Vorbehalt sichernder Massnahmen hat die Beschwerde aufschiebende Wirkung (Art. 327a Abs. 2 ZPO); vgl. Art. 43 Rz. 13.

streckbarerklärung aufzuheben. Aufgrund der Möglichkeit zur Sistierung hat der Schuldner die Möglichkeit, die notwendigen Schritte einzuleiten.

Ist eine auf Geld lautende Entscheidung für vollstreckbar zu erklären, kann das Exequaturbegehren mit einem **Arrestbegehren** verbunden werden. Wer einen definitiven Rechtsöffnungstitel, also vorliegend eine gemäss LugÜ für vollstreckbar zu erklärende ausländische Entscheidung, besitzt und keine Pfanddeckung beanspruchen kann, kann ein Arrestbegehren stellen (Art. 271 Abs. 1 Ziff. 6 SchKG). Der Schuldner hat die Möglichkeit, gegen einen Arrestbefehl Einsprache zu erheben (Art. 278 Abs. 1 SchKG). Der Arresteinspracheentscheid kann mit Beschwerde an die nächst höhere kantonale Instanz weitergezogen werden (Art. 278 Abs. 3 SchKG i.V.m. Art. 305 lit. b Ziff. 6 und Art. 319 ZPO). Deren Entscheid ist mit Beschwerde in Zivilsachen beim Bundesgericht anfechtbar (Art. 72 Abs. 2 lit. a BGG). Noven sind im kantonalen Verfahren grundsätzlich (Art. 278 Abs. 3 SchKG) und vor Bundesgericht beschränkt (Art. 99 BGG) zulässig. Dennoch kann der Arrestgrund nicht in der Beschwerde gegen den Arresteinspracheentscheid vorgebracht werden. Die Arresteinsprache ist nur zulässig für arrestbezogene Einwände (Art. 47 Rz. 25). Der Arrestgrund wird demgegenüber in der Beschwerde gemäss LugÜ überprüft[110]. Ist die ausländische Entscheidung nachträglich im Ausland nicht mehr vollstreckbar, so fällt zwar der Arrestgrund dahin, doch ist dies im Exequaturverfahren zu rügen. Diesbezüglich hat ein Richter darüber zu entscheiden, ob die Vollstreckbarkeit in der Schweiz nach wie vor gegeben ist. 58

Falls eine ausländische Entscheidung für vollstreckbar zu erklären ist, die **nicht** auf Geld lautet, so hat der Antragsgegner die Möglichkeit der Anfechtung nach Art. 43, allenfalls verbunden mit einem Sistierungsgesuch nach Art. 46 Abs. 1. Damit hat er die Möglichkeit, die fehlende Vollstreckbarkeit im Ausland geltend zu machen. Entschieden wird durch den Vollstreckungsrichter. Ein Untergehen der Schweizer Vollstreckbarerklärung *ipso iure* oder *ex lege* ist nicht vorgesehen. 59

aad) Zusammenfassung

Zusammenfassend ist festzuhalten, dass ein Wegfall der Vollstreckbarkeit *ipso iure* oder *ex lege* im Falle, dass die ausländische Vollstreckbarkeit nicht (mehr) gegeben wäre, weder gemäss LugÜ noch gemäss Bundes- 60

[110] Botschaft LugÜ Ziff. 2.7.3.2; Rodriguez, Sicherung und Vollstreckung 1560.

gesetz vorgesehen ist. Dasselbe gilt für die weiteren Voraussetzungen der Vollstreckbarerklärung. Die Vollstreckungsbehörden haben daher einen solchen Wegfall einer Vollstreckbarerklärungsvoraussetzung im Erlassstaat auch nicht zu beachten. Vielmehr liegt es am Schuldner, beim **Richter** die notwendigen Schritte einzuleiten, um die Schweizer Vollstreckbarerklärung zu beseitigen.

61 Die Rechtslage in Bezug auf die Aufhebung des Vollstreckungstitels korreliert somit mit der deutschen Rechtlage, welche ebenfalls eine richterliche Entscheidung verlangt. Wie dort ist auch für die Schweiz deshalb und aufgrund der Rechtssicherheit zu fordern, dass **nur die schweizerische Vollstreckbarerklärung bzw. der Rechtsöffnungsentscheid den Vollstreckungstitel** bildet[111]. Es kann somit in der Schweiz die Zwangsvollstreckung weiter betrieben werden, auch wenn im Erlassstaat die Vollstreckbarkeit nicht mehr gegeben ist. Vorausgesetzt ist natürlich, dass nicht der Schuldner in der Schweiz die Vollstreckbarerklärung erfolgreich beseitigen konnte.

aae) Höchstrichterliche Rechtsprechung

62 Dieser Auffassung widerspricht – zumindest in Bezug auf **einstweilige Anordnungen**, *in concreto* eine *Freezing Injunction* – ein höchstrichterlicher Entscheid[112]. Das Bundesgericht hält in Bezug auf einstweilige Anordnungen fest, dass die ausländische Entscheidung im Vollstreckungsstaat keine weitergehende Wirkung entfalte als im Urteilsstaat. Vorsorgliche Massnahmen seien befristet und bereinigten eine Rechtslage nicht endgültig. Sie würden mit der Rechtskraft des Endentscheides dahinfallen und könnten jederzeit aufgehoben oder abgeändert werden. «Diese besondere Rechtsnatur der einstweiligen Anordnung aber erfasst auch die dazu bewirkte Vollstreckbarerklärung. Die mit ihr verliehenen Wirkungen sind in dem Sinne akzessorisch, als sie auch zeitlich nicht über die im Urteilsstaat angeordneten Sicherungsmassnahmen hinausreichen können, andernfalls ihr vorsorglicher Charakter verloren ginge. Mit Hinfall der Massnahme verlieren daher die Vollstreckbarerklärung und die allenfalls im Inland bewirk-

[111] So auch BGE 118 Ia 118 = Pra 82 (1993) Nr. 229; Grämiger 4; Hauser 605; Schwander, IPR AT Rz. 697; Dasser/Oberhammer-Staehelin, Art. 31 Rz. 31; Stojan 177; Walter, § 8 I 3, einschränkend § 9 III 3a und 10 VII 1 Fn. 152; unklar Sogo, Vollstreckung 43 f.

[112] BGE 129 III 626.

ten Sicherungsmassnahmen Rechtfertigung und Bestand.»[113]. Daraus wird geschlossen, dass, falls einem Aufhebungsbegehren im Erlassstaat stattgegeben wird, die Wirkungen der Vollstreckbarerklärung in der Schweiz *ipso iure* dahinfallen[114].

Dieser Entscheid hat folgende Konsequenzen, welche gerade anhand des Beispiels der *Freezing Injunction* zu verdeutlichen sind: In England wurde eine entsprechende Entscheidung gefällt. Richtig ist, dass diese Entscheidung, wie auch andere Sicherungsmassnahmen, abgeändert oder aufgehoben werden kann. Zudem fallen vorsorgliche Massnahmen mit dem Fällen des Entscheids in der Sache dahin. Will man der Ansicht des Bundesgerichts folgen, so fallen die Wirkungen der Vollstreckbarerklärung von ausländischen einstweiligen Anordnungen *ipso iure* dahin, sobald die ausländische Anordnung im Erlassstaat aufgehoben ist bzw. sobald die *Freezing Injunction* insofern abgeändert wird, als die territoriale Wirkung beschränkt und die Schweiz davon ausgenommen wird. Auch mit dem Erlass der Entscheidung in der Sache ist die einstweilige Anordnung aufgehoben und fallen gemäss Bundesgericht die Wirkungen der Vollstreckbarerklärung in der Schweiz dahin. Die Entscheidung in der Sache wird jedoch nicht automatisch für vollstreckbar erklärt. Diesbezüglich bedarf es einer neuen Vollstreckbarerklärung. Zwischen dem Erlass der Entscheidung in der Sache und deren Vollstreckbarerklärung in der Schweiz entsteht damit ein **zeitliches Vakuum**, in welchem weder die einstweilige Anordnung noch die Entscheidung in der Sache selbst für vollstreckbar erklärt sind. Wird der Beklagte in der Hauptentscheidung zur selben Leistung verpflichtet wie in der einstweiligen Anordnung, so ist gemäss Rechtsprechung des Bundesgerichts in der Zeit zwischen dem Erlass der ausländischen Entscheidung und deren Vollstreckbarerklärung in der Schweiz keine der ausländischen Entscheidungen in der Schweiz vollstreckbar. Dies bedeutet, dass der Schuldner in dieser Zeit über sein Vermögen verfügen kann. Dies entspricht jedoch weder dem Zweck des LugÜ (vgl. Präambel), noch dient dies der Rechtssicherheit. Ausserdem ist es rechtsstaatlich fragwürdig, die Vollstreckbarkeit automatisch aufheben zu lassen, ohne dass ein unabhängiger Richter dies überprüft; ein solches Vorgehen findet auch keine Grundlage im Schweizer Recht. Zu unterscheiden davon ist die Frage, ob 63

[113] BGE 129 III 626 E. 5.2.3.
[114] BGE 129 III 626 E. 5.2.3; Dasser Rz. 23.

die einstweilige Anordnung zeitlich limitiert war und diese Limitierung für vollstreckbar erklärt wurde. Dabei ergeben sich keine Probleme in Bezug auf die Rechtssicherheit. Geschieht die Aufhebung der ausländischen Entscheidung jedoch durch eine neue Entscheidung, so bedarf diese aus Gründen der Rechtsstaatlichkeit und Rechtssicherheit einer neuen Vollstreckbarerklärung, indem ein unabhängiger Richter überprüft, ob die Aufhebung ebenfalls vollstreckbar erklärt werden kann.

64 Betrachtet man die Folgen des Bundesgerichtsentscheids in Bezug auf eine Abänderung der einstweiligen Anordnung, so bedeutet dies, dass in der Schweiz die im Ausland ausgesprochene Abänderung ohne weiteres für vollstreckbar erklärt ist, zumindest die bisherige Anordnung keine Wirkung mehr entfaltet und zwar ohne dass ein unabhängiger Richter darüber befunden hätte. Aber gerade bei den **Abänderungen** ist zu fordern, dass der Richter erneut überprüft, ob die neue Anordnung vollstreckbar erklärt werden kann. Etwas anderes ist dem LugÜ auch nicht zu entnehmen. Bis dies geschehen ist, haben die Wirkungen der bisherigen Anordnung fortzudauern, ansonsten wiederum ein zeitliches Vakuum entsteht, während dessen der Schuldner über die Gelder verfügen kann. Rechtsstaatlich bedenklich wäre es, wenn eine ausführende Vollstreckungsbehörde die Aufhebung oder Änderung der ausländischen einstweiligen Anordnung selber beachten und entsprechend handeln müsste, ohne dass der ausländische richterliche Entscheid von einer richterlichen Behörde im Inland aufgehoben wäre[115]. Auch die Rechtsmittel gegen ein solches Vorgehen der Vollstreckungsbehörden wären dürftig, zumal in SchKG-Angelegenheiten einzig die Beschwerde gemäss Art. 17 ff. SchKG zur Verfügung stünde. Ausserdem enthält das LugÜ keine Bestimmung, wonach die Aufhebung oder Abänderung von einstweiligen Anordnungen automatisch vollstreckbar (erklärt) wären. Aus all diesen Gründen ist die Begründung des Bundesgerichts abzulehnen. Dies jedenfalls, sofern der Antragsteller nicht begehrt, die *Freezing Injunction* für die Dauer der Wirkung im Erlassstaat für vollstreckbar zu erklären, und das Gericht einen entsprechenden Entscheid fällt.

65 Das Bundesgericht scheint von dieser Rechtsprechung wieder Abstand genommen zu haben. In einem neueren Entscheid ging es um die Vollstreck-

[115] Der Richter stellt denn auch die Vollstreckbarerklärungsvoraussetzungen für alle Organe bindend fest; vgl. dazu Rz. 69 ff.

barkeit von deutschen Entscheidungen. Das Exequatur (im selbständigen Exequaturverfahren) wurde in der Schweiz erteilt und war vor Bundesgericht nicht mehr strittig. Gestützt auf das Exequatur wurden mehrere Arrestbefehle als Sicherungsvollstreckung erlassen, wogegen der Schuldner Arresteinsprache erhob. Diese wurde in der Folge gutgeheissen und das Rechtsöffnungsbegehren abgewiesen. Das obere kantonale Gericht trat auf Beschwerden gegen diese Entscheide nicht ein. Dagegen erhob der Gläubiger Beschwerde in Zivilsachen am Bundesgericht. Das Bundesgericht erwog, dass der Gläubiger das Exequatur eines im Erlassstaat vorläufig vollstreckbaren Urteils und insoweit die Vollstreckbarerklärung auf eigene Gefahr verlange. Werde die ausländische Entscheidung aufgehoben oder abgeändert, so sei dies sowohl während des Rechtsbehelfsverfahrens als auch danach beachtlich. Folglich war es nicht zu beanstanden, dass die Vorinstanz annahm, der Schuldner könne im Rechtsöffnungsverfahren vorbringen, die Vollstreckbarkeit des betreffenden Entscheides sei im Erlassstaat wieder aufgehoben worden[116]. Dieser Entscheid zeigt, dass ein Richter, wenn auch in einem nationalen Vollstreckungsverfahren, über die Aufhebung der Vollstreckbarkeit entscheidet bzw. diese berücksichtigt. Von einem *ipso iure* Wegfall der Vollstreckbarkeit in der Schweiz war nicht die Rede.

Verlangt ein Gläubiger die Rechtsöffnung aufgrund einer selbständigen 66
Vollstreckbarerklärung, nachdem im Erlassstaat der Entscheidung die Vollstreckbarkeit entzogen wurde, so kann dies rechtsmissbräuchlich sein[117] und Schadenersatzansprüche auslösen.

b) Gleichstellung der Vollstreckbarerklärung mit inländischen Vollstreckungstiteln

Mit Vollstreckbarerklärung der ausländischen Entscheidung kommen dem 67
Vollstreckungstitel **sämtliche Wirkungen** eines inländischen Vollstreckungstitels zu[118]. Dementsprechend richtet sich die *Durchführung der Zwangsvollstreckung* auch nach dem Recht des Vollstreckungsstaates[119]. Die Gleichstellung der Vollstreckungstitel hat auch zur Folge, dass der

[116] BGer 5A_79/2008 E. 4.2.2; STÜCHELI 271.

[117] DASSER/OBERHAMMER-STAEHELIN, Art. 31 Rz. 31 mit Verweis auf einen unpublizierten Entscheid des KGer SZ.

[118] KROPHOLLER, Art. 38 Rz. 14; GEIMER/SCHÜTZE, Art. 38 Rz. 8 und 86.

[119] KROPHOLLER, Art. 38 Rz. 3; GEIMER/SCHÜTZE, Art. 38 Rz. 8 und 86 f.

Gläubiger der ausländischen Entscheidung nicht mehr prozessuale Möglichkeiten hat als der Gläubiger einer inländischen Entscheidung und deshalb nicht etwa Zwangsmittel aus dem Erlassstaat anrufen kann[120].

c) Streitgegenstand des Vollstreckbarerklärungsverfahrens

68 Im Vollstreckbarerklärungsverfahren wird nicht der materiellrechtliche Anspruch, welcher der ausländischen Entscheidung zugrunde liegt, geprüft, sondern nur der Anspruch des Gläubigers auf **Verleihung der Vollstreckbarkeit** im durch das LugÜ gebundenen Vollstreckungsstaat. Gemäss Art. 41 Abs. 1 ist dieser Anspruch im einseitigen Antragsverfahren immer begründet, selbst wenn die Voraussetzungen der Vollstreckbarerklärung nicht vorliegen[121]. Dies ist eine Neuerung gegenüber dem aLugÜ, wo die Voraussetzungen schon zu Beginn des Verfahrens zu prüfen waren (vgl. Art. 34 aLugÜ). Diesbezüglich schafft die neue Fassung des LugÜ eine wesentliche Erleichterung.

d) Bindende Wirkung der Vollstreckbarerklärung

69 Der Vollstreckungsrichter stellt mit dem Verfahren gemäss Art. 38 ff. die Vollstreckbarerklärungsvoraussetzungen für sämtliche Organe im Vollstreckungsstaat **bindend** fest, sofern diese nicht nur vorfrageweise im Rechtsöffnungsverfahren geprüft werden. Die selbständige Vollstreckbarerklärung (wie auch ein Entscheid, mit welchem diese abgelehnt wird) erwächst in materielle Rechtskraft und ist vollstreckbar, sobald die Rechtsbehelfsfrist ungenutzt verstrichen ist oder eine obere Gerichtsinstanz ein rechtskräftiges Exequatur erlassen hat[122]. Fällt die Vollstreckbarkeit einer

[120] Geimer/Schütze, Art. 38 Rz. 9; a.A. Mansel 363 f.

[121] Vgl. dazu und in Bezug auf die Prüfung des Richters im Rechtsbehelfsverfahren Rz. 25 ff. und 34 f.

[122] ZR 106 Nr. 18; ZR 96 Nr. 110 (in Bezug auf ein selbständiges Exequatur gemäss IPRG); Entscheid des KassG ZH, AA040185 vom 31.05.2005 (abrufbar unter http://entscheide.gerichte-zh.ch); OGer ZG, Entscheid vom 18.04.2002 (ZGGVP 2002, 179 ff.); OGer ZH 02.11.2004 in Bezug auf einen negativen Exequaturentscheid (zit. bei Groz 686 Fn. 24); Acocella, Mitteilungen 25 f.; Bernet/Voser 469; BSK IPRG-Berti/Däppen, Art. 29 Rz. 6; Geimer/Schütze, Art. 41 Rz. 1 und 49; Groz 685 f.; Hauser 600; Kellerhals, Umsetzung 85; Kropholler, Art. 41 Rz. 4; Leuenberger 970; Markus, Vorbehalt 66 Fn. 45; Meier 41; Oberhammer 198; Schwander, Aktuelle Fragen 14; Sogo, Vollstreckung 43 f.; Dasser/Oberhammer-Staehelin, Art. 34 Rz. 20, 23 und 26 sowie Art. 40 Rz. 1; SchKG-Staehelin, Art. 80 Rz. 60; Staehelin/Staehelin/Grolimund, § 28 Rz. 40; Stoffel, Verfahren 111 f.; Stücheli 270; Walter, § 9 III 2b und 10 III 3a; a.A. OGer ZH 18.06.2002 in Bezug auf einen negativen Exequaturentscheid

im Erlassstaat vorläufig vollstreckbaren Entscheidung nach dem Exequatur weg, darf der Rechtsöffnungsrichter den Wegfall berücksichtigen[123]. Im Unterschied zum Vollstreckbarerklärungsentscheid in der Sache wird ein Prozessentscheid (etwa Nichteintreten mangels Prozessvoraussetzungen) nicht materiell rechtkräftig[124]. Auch der Rückzug des Vollstreckungsbegehrens wird nicht materiell rechtskräftig, sofern kein Entscheid ergangen ist und der Antragsgegner damit keine Kenntnis vom Antrag erhält (Art. 65 ZPO)[125].

Der Rechtsöffnungsrichter ist in einem späteren Rechtsöffnungsverfahren 70
an den Exequaturentscheid gebunden[126]. Auch dürfen die Vollstreckungsorgane die Zwangsvollstreckung nicht etwa mit der Begründung ablehnen, es liege ein Versagungsgrund vor[127]. Vielmehr sind diese Organe an den Vollstreckbarerklärungsentscheid des Richters im Vollstreckungsstaat gebunden. Der Betreibungsbeamte darf also **keine Nachprüfung** in Bezug auf die Vollstreckbarerklärung bzw. deren Voraussetzungen vornehmen. Demgegenüber hat jedoch der Betreibungsbeamte den LugÜ bezogenen Arrestvollzug zu verweigern, wenn dadurch gegen gesetzliche Vorschriften zum Arrest verstossen würde. Dies trifft etwa zu, wenn Vermögenswerte mit Arrest belegt werden sollen, die nicht im Amtskreis des mit dem Vollzug beauftragten Betreibungsamtes liegen[128].

Wird die Vollstreckbarerklärung vorfrageweise im Rechtsöffnungsverfah- 71
ren geprüft, so entfaltet sie **keine Rechtskraft**. Der Rechtsöffnungsent-

(zit. bei Groz 686 Fn. 23); Donzallaz Rz. 3450. Art. 81 Abs. 3 SchKG wurde zur Klärung dahingehend ergänzt, dass ein Exequaturentscheid auch im Rahmen der Rechtsöffnung zu beachten ist (*res iudicata*); vgl. Botschaft LugÜ Ziff. 4.1; Rodriguez, Sicherung und Vollstreckung 1555 und 1558.

[123] BGer 5A_79/2008 E. 4.2.2.

[124] Dasser/Oberhammer-Staehelin, Art. 40 Rz. 1.

[125] Dasser/Oberhammer-Staehelin, Art. 33 Rz. 5 und Art. 40 Rz. 1.

[126] Sogo, Vollstreckung 43; Rodriguez, Sicherung und Vollstreckung 1555; Dasser/Oberhammer-Staehelin, Art. 34 Rz. 26 und Art. 31 Rz. 30, der auch darauf hinweist, dass nach Ablauf der Rechtsbehelfsfrist der Vollstreckbarerklärung (bzw. deren Ablehnung) diese nur durch Revision aufgehoben werden kann. Eine Revision ist neu nach ZPO nicht mehr möglich, zumal Art. 328 ZPO nur unechte Noven zulässt (vgl. Rz. 29). Geimer/Schütze, Art. 41 Rz. 48 ff. weisen darauf hin, dass sich die Rechtskraft aus dem Übereinkommen ergibt. Setzt sich ein (zweiter) Vollstreckungsrichter über die *res iudicata* Wirkung hinweg, so ist seine Entscheidung nicht nichtig, sondern nur anfechtbar.

[127] Geimer/Schütze, Art. 38 Rz. 18.

[128] BGE 116 III 107 E. 5a.

scheid selber wird nur in der betreffenden Betreibung materiell rechtskräftig[129].

III. Persönlicher Anwendungsbereich

1. Antragsberechtigung

72 Die Vollstreckbarerklärung erfolgt «auf Antrag eines Berechtigten» (Art. 38 Abs. 1). Dies bedeutet, dass jeder berechtigt ist zur Antragstellung, der sich im Erlassstaat auf die Entscheidung berufen kann[130]. Es handelt sich dabei regelmässig um den **Gläubiger**, der in der für vollstreckbar zu erklärenden Entscheidung genannt wird; es kann aber auch sein *Rechtsnachfolger* sein[131].

73 Der Schuldner ist grundsätzlich **nicht** berechtigt, die Vollstreckbarerklärung zu beantragen; dies gilt selbst für den Fall, dass er unter besonderen Umständen ein schlüssiges Interesse an der Vollstreckbarerklärung haben könnte[132]. Er kann auch keine negative Feststellung beantragen in dem Sinne, dass kein vollstreckbarer Entscheid vorliegt[133].

2. Antragsgegner

74 Antragsgegner ist entweder der in der für vollstreckbar zu erklärenden Entscheidung genannte **Schuldner** oder dessen *Rechtsnachfolger*[134]. Rich-

[129] Acocella, Mitteilungen 19, 26; Dasser/Oberhammer-Staehelin, Art. 34 Rz. 17 und 23; SchKG-Staehelin, Art. 80 Rz. 60 und Art. 84 Rz. 80; Markus, Vorbehalt 66 Fn. 45; Groz 685; Meier, in: Schwander, LugÜ 205; a.A. Stojan 196.

[130] Bericht Jenard zu Art. 31; Kropholler, Art. 38 Rz. 15; Dasser/Oberhammer-Staehelin, Art. 31 Rz. 26; Czernich/Tiefenthaler/Kodek-Kodek, Art. 38 Rz. 12.

[131] Kropholler, Art. 38 Rz. 15; Geimer/Schütze, Art. 38 Rz. 30; Dasser/Oberhammer-Staehelin, Art. 31 Rz. 26; Magnus/Mankowski-Kerameus, Art. 38 Rz. 11; Gaudemet-Tallon Rz. 387; Czernich/Tiefenthaler/Kodek-Kodek, Art. 38 Rz. 12.

[132] Geimer/Schütze, Art. 38 Rz. 32; Dasser/Oberhammer-Staehelin, Art. 31 Rz. 28; Czernich/Tiefenthaler/Kodek-Kodek, Art. 38 Rz. 12.

[133] Geimer/Schütze, Art. 38 Rz. 33; Dasser/Oberhammer-Staehelin, Art. 31 Rz. 28, der zudem die Ansicht vertritt, dass bei Vorliegen der entsprechenden Voraussetzungen eine negative Feststellungsklage nach Schweizer Recht eingereicht werden kann.

[134] Kropholler, Art. 38 Rz. 15; Czernich/Tiefenthaler/Kodek-Kodek, Art. 38 Rz. 12; Geimer/Schütze, Art. 40 Rz. 21: «So kann z.B. ein gegen einen Schiffsagenten («raccomandatario») in Italien ergangenes Urteil in Deutschland nicht gegen den hinter dem Agenten stehenden Reeder, Verfrachter oder Charterer für vollstreckbar erklärt werden, wenn es nach italienischem Recht insoweit nicht vollstreckbar ist».

tet sich die für vollstreckbar zu erklärende Entscheidung gegen mehrere Schuldner, so ist der Antragsteller nicht verpflichtet, einen Antrag gegen jeden Schuldner bzw. Rechtsnachfolger zu stellen. Der Antragsteller hat die Wahl, gegen welchen bzw. welche Schuldner bzw. welche Rechtsnachfolger er vollstrecken lassen will[135].

Die Bestimmung der Antragsberechtigung und des Antragsgegners erfolgt gemäss dem Recht des Erlassstaates, einschliesslich dessen Kollisionsrechts[136]. Liegt etwa eine Einzelrechtsnachfolge des Gläubigers vor, so bestimmt das **Recht des Erlassstaates**, inklusive dessen internationalen Privatrechts, ob die Singularsukzession gültig ist[137]. 75

IV. Räumlicher Anwendungsbereich

1. Vollstreckbarerklärung für das gesamte Hoheitsgebiet

Die Vollstreckbarerklärung bildet den Vollstreckungstitel im Vollstreckungsstaat. Mit der Vollstreckbarerklärung wird der Vollstreckungstitel grundsätzlich im **gesamten Hoheitsgebiet** des Vollstreckungsstaates vollstreckbar[138]; die Rechtskraft des Entscheides erstreckt sich auf das gesamte Hoheitsgebiet. Mit Einführung der ZPO hat die Schweiz auch einen einheitlichen, nationalen Vollstreckungsraum geschaffen. Gemäss Art. 38 Abs. 2 wird die ausländische Entscheidung im Vereinigten Königreich jeweils nur in einem der drei Teilrechtsgebiete vollstreckbar. 76

Die Vollstreckbarerklärung hat im Übrigen stets nur Wirkung für das Gebiet des Staates, in dem sich das Gericht, das über die Vollstreckbarkeit entscheidet, befindet[139]. Aufgrund einer Schweizer Vollstreckbarerklärung kann daher nur in der **Schweiz** vollstreckt werden, nicht aber in einem anderen LugÜ-Staat. 77

---

135 Geimer/Schütze, Art. 40 Rz. 22; vgl. auch Art. 39 Rz. 14.

136 Geimer/Schütze, Art. 38 Rz. 31 und Art. 40 Rz. 10 ff.; vgl. auch Kropholler, Art. 38 Rz. 15.

137 A.A. Dasser/Oberhammer-Staehelin, Art. 31 Rz. 26, der sich für die Anwendung des gemäss Schweizer IPRG massgebenden Rechts ausspricht.

138 BGE 115 III 31; Donzallaz Rz. 3549; Dasser/Oberhammer-Staehelin, Art. 31 Rz. 30 und Art. 34 Rz. 23; SchKG-Staehelin, Art. 80 Rz. 60; Stoffel, Verfahren 111; Markus, Vorbehalt 66 Fn. 45; Groz 685; Kropholler, Art. 38 Rz. 4; Geimer/Schütze, Art. 38 Rz. 14; BSK IPRG-Berti/Däppen, Art. 29 Rz. 6.

139 Geimer/Schütze, Art. 38 Rz. 17.

2. Anspruch auf Vollstreckung in jedem LugÜ-Staat

78 Der Gläubiger hat Anspruch auf Vollstreckbarerklärung in jedem LugÜ-Staat, sofern die Voraussetzungen dafür gegeben sind. Er hat die freie Wahl, in welchem LugÜ-Staat er das Exequatur begehrt. Ob die Wahl zweckmässig ist, ist irrelevant; der Vollstreckungsrichter darf diesbezüglich keine Prüfung vornehmen. Er darf vom Antragsteller auch nicht verlangen, nachzuweisen, dass der Vollstreckung im Erlassstaat kein Erfolg beschieden war[140]. Der Gläubiger kann den Titel in mehreren oder sämtlichen Vertragsstaaten gleichzeitig für vollstreckbar erklären lassen, was zu einer **Vervielfältigung von Vollstreckungstiteln** führen kann. Die Entscheidung betreffend Vollstreckbarerklärung in einem LugÜ-Staat ist für die anderen LugÜ-Staaten nicht verbindlich[141], zumal die Vollstreckbarerklärung nur im jeweiligen Vollstreckungsstaat Wirkungen entfaltet. Die Gerichte der LugÜ-Staaten dürfen die Vollstreckbarkeit auch nicht mit der Begründung verweigern, dass die Vollstreckbarerklärung in einem anderen LugÜ-Staat leichter, vorteilhafter ist oder sonstwie mehr Aussicht auf Erfolg hat[142]. Irrelevant in Bezug auf die Vollstreckbarerklärung ist auch, ob der Schuldner den Nachweis erbringt, dass er im Vollstreckungsstaat kein Einkommen und kein Vermögen hat[143]. Der Entscheid bezüglich des Orts der Vollstreckbarerklärung und damit auch das Risiko in Bezug auf eine erfolgreiche Vollstreckung obliegt dem Antragsteller. Gegen eine Doppelvollstreckung ist der Schuldner geschützt, weil das Vollstreckungsrecht eines jeden Staates einen Rechtsbehelf vorsieht, falls der Gläubiger seinen Titel missbraucht[144]. In der Schweiz hat der Schuldner jedoch erst dann einen Anspruch auf Einstellung der Zwangsvollstreckung, wenn die Forderung im ausländischen Verfahren getilgt ist[145]. Das Recht des Vollstrekkungsstaates entscheidet, welche Voraussetzungen für die Zusprechung von Schadenersatz wegen ungerechtfertigter Vollstreckung erfüllt sein

---

140 GEIMER/SCHÜTZE, Art. 38 Rz. 80.

141 KROPHOLLER, Art. 38 Rz. 4; GEIMER/SCHÜTZE, Art. 38 Rz. 17 und 75 ff.; DASSER/OBERHAMMER-STAEHELIN, Art. 31 Rz. 4.

142 KROPHOLLER, Art. 38 Rz. 4; GEIMER/SCHÜTZE, Art. 38 Rz. 79.

143 KROPHOLLER, Art. 38 Rz. 4.

144 GEIMER/SCHÜTZE, Art. 38 Rz. 75; KROPHOLLER, Art. 38 Rz. 4.

145 DASSER/OBERHAMMER-STAEHELIN, Art. 31 Rz. 4 (vgl. Art. 81 Abs. 1, 85 und 85a Abs. 1 SchKG).

müssen, wobei die dortigen Gerichte bei Vorliegen der Voraussetzungen auch international zuständig sind (Art. 5 Nr. 3)[146].

3. Pfändung internationaler Forderungen im Besonderen

Vom LugÜ nicht geregelt und damit ausserhalb dessen sachlichen Anwendungsbereichs ist die Pfändung internationaler Forderungen[147]. Es ist nach nationalem Recht zu bestimmen, wo internationale Forderungen des Schuldners im Rahmen des Vollstreckungsrechts belegen sind und ob sie im Inland gepfändet und verwertet werden dürfen. Eine Praxis dazu in der Schweiz hat sich insbesondere im Rahmen von Arrestverfahren herausgebildet, bei welchen *Bankguthaben des Schuldners* verarrestiert wurden. Als Grundsatz ist festzuhalten, dass Forderungen als am **Sitz oder Wohnsitz des Schuldners belegen** gelten. Befindet sich der Sitz oder Wohnsitz des Schuldners im Ausland, so sind die Forderungen am Sitz oder Wohnsitz des Drittschuldners in der Schweiz (in der Regel am Sitz der Bank) belegen[148]. Es wurde auch die schweizerische Zuständigkeit am Hauptsitz der Bank bejaht für Forderungen gegenüber der sich im Ausland befindenden Filiale der Bank[149]. Soweit ersichtlich, ist bislang die Konstellation noch nicht entschieden worden, in welcher der inländische oder ausländische Arrestgläubiger gegen einen Arrestschuldner mit Wohnsitz im Ausland eine Forderung des Schuldners gegen die sich in der Schweiz befindliche Filiale einer Bank mit Hauptsitz im Ausland verarrestieren möchte. 79

4. Spezialregelung für das Vereinigte Königreich

Die Vollstreckung einer ausländischen Entscheidung im Rahmen des LugÜ erfolgt im Vereinigten Königreich nicht aufgrund einer Vollstreckbarerklärung, sondern aufgrund einer Registrierung der ausländischen Entschei- 80

[146] KROPHOLLER, Art. 38 Rz. 4; CZERNICH/TIEFENTHALER/KODEK-KODEK, Art. 38 Rz. 4; GEIMER/SCHÜTZE, Art. 38 Rz. 94: Das Recht des Vollstreckungsstaates bestimmt insbesondere auch, ob eine verschuldensunabhängige Haftung besteht.

[147] Vgl. zu den Problemen und Möglichkeiten: Bericht SCHLOSSER Rz. 207; KROPHOLLER, Art. 38 Rz. 5; GEIMER/SCHÜTZE, Art. 38 Rz. 87.

[148] BGE 128 III 473; 116 III 107 E. 5b; 114 III 31; 109 III 90 E. 1; 107 III 147; NAEGELI/VETTER 1318. In Bezug auf Fragen im Zusammenhang mit der Verarrestierung von Forderungen am Sitz der Zweigniederlassung bzw. in Bezug auf Fragen zur örtlichen Zuständigkeit, vgl. insbesondere BGE 128 III 473; 107 III 147; BGer 7B.314/1998; ZR 104 Nr. 39.

[149] BGE 128 III 473; NAEGELI/VETTER 1319.

dung[150]. England und Wales, Schottland sowie Nordirland sind jeweils **eigene Gerichtsbezirke** mit unterschiedlichen Rechtsordnungen. Deshalb gilt die Registrierung nur im jeweiligen Teil des Vereinigten Königreichs. Es bedarf somit mehrerer Registrierungen, sofern die Entscheidung in mehreren Teilen des Vereinigten Königreichs vollstreckt werden soll. Aufgrund der Registrierung bestehen dieselben Vollstreckungsmöglichkeiten wie bei der Vollstreckbarerklärung in der Schweiz und in den anderen kontinentaleuropäischen Staaten[151].

V. Zeitlicher Anwendungsbereich

81 Ein Gesuch um Anerkennung kann **jederzeit** eingereicht werden. Im einseitigen Anerkennungsverfahren findet keine materielle Prüfung der Vollstreckbarerklärungsvoraussetzungen statt. Folglich kann auch um die Vollstreckbarerklärung von Entscheidungen nachgesucht werden, deren Voraussetzungen für die Vollstreckbarerklärung nicht vorliegen. Der Schuldner hat jedoch die Möglichkeit, einen solchen Mangel im Rechtsbehelfsverfahren geltend zu machen. Dabei kann sich die Frage stellen, ob der Gläubiger einer solchen Forderung schadenersatzpflichtig wird, weil er um die Vollstreckbarkeit nachsuchte, obwohl die Voraussetzungen dazu nicht erfüllt waren[152].

---

150 Vgl. zum Registrierungssystem Bericht SCHLOSSER Rz. 208.

151 KROPHOLLER, Art. 38 Rz. 18; MANSEL 364. Vgl. auch DASSER/OBERHAMMER-STAEHELIN, Art. 31 Rz. 32; DONZALLAZ Rz. 3540; MAGNUS/MANKOWSKI-KERAMEUS, Art. 38 Rz. 2.

152 Vgl. DASSER/OBERHAMMER-STAEHELIN, Art. 31 Rz. 31.

Art. 39

1. Der Antrag ist an das Gericht oder die sonst befugte Stelle zu richten, die in Anhang II aufgeführt ist.

2. Die örtliche Zuständigkeit wird durch den Wohnsitz des Schuldners oder durch den Ort, an dem die Zwangsvollstreckung durchgeführt werden soll, bestimmt.

Art. 39

1. La requête est présentée à la juridiction ou à l'autorité compétente indiquée sur la liste figurant à l'annexe II.

2. La compétence territoriale est déterminée par le domicile de la partie contre laquelle l'exécution est demandée, ou par le lieu de l'exécution.

Art. 39

1. L'istanza deve essere proposta al giudice o all'autorità competente di cui all'allegato II.

2. La competenza territoriale è determinata dal domicilio della parte contro cui viene chiesta l'esecuzione, o dal luogo dell'esecuzione.

Art. 39

1. The application shall be submitted to the court or competent authority indicated in the list in Annex II.

2. The local jurisdiction shall be determined by reference to the place of domicile of the party against whom enforcement is sought, or to the place of enforcement.

Literatur: Bernet, Englische Freezing (Mareva) Orders – Praktische Fragen der Anerkennung und Vollstreckung in der Schweiz, in: Spühler (Hrsg.), Internationales Zivilprozess- und Verfahrensrecht, Zürich 2001, 51; Dutoit, Das Lugano-Übereinkommen vom 16. September 1988 über die gerichtliche Zuständigkeit und die Vollstreckung gerichtlicher Entscheidungen in Zivil- und Handelssachen III, SJK Nr. 158 Ersatzkarte, Stand März 2004, Rz. 222, S. 69 (zit. Dutoit, Lugano-Übereinkommen); Gassmann, Arrest im internationalen Rechtsverkehr, Zürich 1998; Kellerhals, Neuerungen im Vollstreckungsrecht der bernischen Zivilprozessordnung (ZPO), ZBJV 132bis 1996, 75 (zit. Kellerhals, Neuerungen); Rodriguez, Sicherung und Vollstreckung nach revidiertem Lugano Übereinkommen, AJP 2009, 1550 (zit. Rodriguez, Sicherung und Vollstreckung); Ders., Kommentierte Konkordanztabelle zum revidierten Übereinkommen von Lugano vom 30. Oktober 2007 und zum geltenden Lugano-Übereinkommen, SZIER 2007, 531 (zit. Rodriguez, zu Art.); Sogo, Kleine Arrestrevision, grosse Auswirkungen – zur geplanten Anpassung des Arrestrechts im Rahmen der Revision des Lugano-Übereinkommens, SZZP 2009, 75 (zit. Sogo, Arrestrevision); Staehelin Daniel, Die internationale Zuständigkeit der Schweiz im Schuldbetreibungs- und Konkursrecht, AJP 1995, 259 (zit. Staehelin, Zuständigkeit).

Übersicht *Seite*

I. Normzweck

1 Art. 39 bestimmt sowohl die sachliche als auch die örtliche Zuständigkeit des Vollstreckungsrichters, an welchen der Antrag auf Vollstreckbarerklärung zu richten ist. In Abs. 1 wird die **sachliche** und in Abs. 2 die *örtliche* Zuständigkeit geregelt, so dass das LugÜ in dieser Bestimmung nicht nur die internationale, sondern auch die innerstaatliche Zuständigkeit festgelegt[1].

II. Sachlicher Anwendungsbereich

2 Art. 39 Abs. 1 regelt die sachliche Zuständigkeit des Vollstreckungsrichters. Für die sachliche Zuständigkeit der Gerichte bzw. sonst befugter Stellen (Behörde) verweist die Bestimmung auf die Liste im Anhang II zum LugÜ. Die Wahl eines **Anhangs** macht das LugÜ im Gegensatz zum aLugÜ besser lesbar. Zudem erlaubt dieses System eine Erleichterung von allfälligen Änderungen der innerstaatlichen Zuständigkeiten[2]. Es ist diesbezüglich das Verfahren gemäss Art. 77 möglich, wonach die Vertragsstaaten dem Depositarstaat den Text der Gesetzesbestimmungen mitteilen, welche die Liste in den Anhängen I-IV ändern. Der Depositarstaat passt die Anhänge nach Konsultation des Ausschusses gemäss Art. 4 des Protokolls Nr. 2 entsprechend an.

3 Die Liste im Anhang II korrespondiert mit der Auflistung der zuständigen Stellen in Art. 32 aLugÜ. Die *Behörden bzw. die sonst befugten Stellen* wurden in den Text von Art. 39 Abs. 1 aufgenommen für den Fall, dass ein Vertragsstaat nach seinem Recht die oder gewisse Entscheide betreffend Vollstreckbarerklärung in die Hände einer Behörde legt[3]. Davon macht beispielsweise Deutschland Gebrauch, indem der Notar für die Vollstreckbarerklärung einer öffentlichen Urkunde zuständig ist. In der Schweiz obliegt die Vollstreckbarerklärung sämtlicher Entscheidungen den **gerichtlichen Instanzen** (vgl. Art. 335 ff. und 347 ff. ZPO).

---

1 DASSER/OBERHAMMER-STAEHELIN, Art. 32 Rz. 3; DONZALLAZ Rz. 3610.

2 KROPHOLLER, Art. 39 Rz 1; CZERNICH/TIEFENTHALER/KODEK-KODEK, Art. 39 Rz. 1; vgl. auch MAGNUS/MANKOWSKI-KERAMEUS, Art. 44 Rz. 1.

3 KROPHOLLER, Art. 39 Rz. 2.

In der Schweiz war unter dem aLugÜ für die sachliche Zuständigkeit zu unterscheiden, auf welche Leistung die für vollstreckbar zu erklärende Entscheidung lautete. Für die Vollstreckbarerklärung von Entscheidungen, die zu einer Geldleistung verpflichten, war der Rechtsöffnungsrichter im Rahmen des Rechtsöffnungsverfahrens nach Art. 80 und 81 SchKG zuständig; für Entscheidungen, die nicht auf Zahlung eines Geldbetrages lauten, war es der zuständige kantonale Vollstreckungsrichter (vgl. Art. 32 aLugÜ). Neu ist in allen Fällen das **kantonale Vollstreckungsgericht** sachlich für die Erteilung des Exequaturs zuständig[4]. Häufig wird der Antrag auf Vollstreckbarerklärung mit einer Sicherungsmassnahme gemäss Art. 31 verbunden[5]. Die Praxis in Bezug auf die möglichen Sicherungsmassnahmen war in der Schweiz nicht einheitlich; diesbezüglich bestand Rechtsunsicherheit. Neu hat der Gesetzgeber mit diversen Änderungen der ZPO und des SchKG den Arrest als Sicherungsmassnahme bestimmt[6]. Der Vollstreckungsrichter kann sowohl das Exequatur als auch den gemäss Art. 271 Abs. 1 Ziff. 6 SchKG darauf gestützten Arrestbefehl erlassen (Art. 271 Abs. 3 SchKG). 4

Es ist nach wie vor zulässig, die **vorfrageweise** bzw. inzidente Vollstreckbarerklärung der ausländischen Entscheidung im Rechtsöffnungsverfahren zu verlangen (Art. 38 Rz. 10). Diesbezüglich handelt es sich aber um ein reines SchKG-Verfahren. Der Gesuchsteller verzichtet dabei auf die prozessualen Vorteile, welche das LugÜ bietet. 5

III. Persönlicher Anwendungsbereich

Für die Antragsberechtigung wird auf Art. 38 Rz. 72 f. verwiesen, in Bezug auf den sachlich zuständigen Richter auf Art. 38 Rz. 12. 6

IV. Räumlicher Anwendungsbereich

Das aLugÜ sah in Art. 32 Abs. 2 in Bezug auf die örtliche Zuständigkeit eine Kaskade vor. So bestimmte sich die örtliche Zuständigkeit grundsätz- 7

---

[4] Vgl. die Ausführungen zu Art. 38 Rz. 12.

[5] Solche sind im Übrigen auch vor Erteilung des Exequaturs zulässig, sofern die innerstaatlichen Voraussetzungen erfüllt sind (vgl. Art. 47).

[6] Botschaft LugÜ Ziff. 2.7.1.2; Sogo, Arrestrevision 75; vgl. Art. 47 Rz. 17.

lich durch den Wohnsitz des Schuldners. Nur wenn dieser keinen Wohnsitz im Hoheitsgebiet des Vollstreckungsstaates hatte, war dasjenige Gericht zuständig, in dessen Bezirk die Zwangsvollstreckung durchgeführt werden sollte. Neu gibt es keine solche Kaskadenanknüpfung mehr. Vielmehr stehen nun die genannten Zuständigkeiten **zur Wahl** nebeneinander[7]. Die örtliche Zuständigkeit ergibt sich direkt aus Art. 39 Abs. 2. Entsprechend wurde das nationale Recht angepasst (vgl. Art. 339 ZPO und Art. 272 SchKG). Der Antragsteller darf wählen, ob er den Antragsgegner an dessen Wohnsitz bzw. Sitz oder am Ort der Vollstreckung belangen will. Der letztgenannte Ort ist in der Regel der Belegenheitsort des Vermögens des Antragsgegners. Ist dieses in verschiedenen Gerichtsbezirken belegen, so hat der Antragsteller noch ein weitergehendes Wahlrecht, indem er in jedem Gerichtsbezirk, im welchem Vermögen des Schuldners belegen ist, die Vollstreckbarerklärung verlangen kann[8]. Dabei genügt die Behauptung des Antragstellers, im Vollstreckungsstaat die ausländische Entscheidung für vollstreckbar erklären zu lassen. Irrelevant ist, ob die Vollstreckung Aussicht auf Erfolg hat[9]. Entscheidend ist einzig die Absicht der Zwangsvollstreckung im betreffenden Gerichtsbezirk. Es ist zwar eine Voraussetzung für eine erfolgreiche Zwangsvollstreckung, dass Vermögen des Antragsgegners im Inland vorhanden ist, doch ist die Entscheidung unabhängig davon für vollstreckbar zu erklären. So besteht auch die Möglichkeit, einen Antrag auf Vollstreckbarerklärung im Hinblick auf zukünftiges Vermögen des Antragsgegners im Inland zu stellen[10].

8 Der Vollstreckungsort für Geldforderungen bestimmt sich in der Schweiz nach Art. 46-52 SchKG. Hauptanwendungsfall bei Antragsgegnern mit

[7] Botschaft LugÜ Ziff. 2.7.2; Rodriguez, zu Art. 39; ders., Sicherung und Vollstreckung 1552, 1553 und 1554; Dasser/Oberhammer-Staehelin, Art. 32 Rz. 12; Magnus/Mankowski-Kerameus, Art. 39 Rz. 9; Czernich/Tiefenthaler/Kodek-Kodek, Art. 39 Rz. 4.

[8] Dasser/Oberhammer-Staehelin, Art. 32 Rz. 5; Donzallaz Rz. 3619; Gassmann 119; Kropholler, Art. 39 Rz. 6; Geimer/Schütze, Art. 39 Rz. 4. Zum Belegenheitsort von Forderungen, vgl. Art. 38 Rz. 79. Für den Gerichtsstand in Bezug auf einen Arrest, vgl. Rz. 8.

[9] Kropholler, Art. 39 Rz. 8; Geimer/Schütze, Art. 39 Rz. 1; Kellerhals, Neuerungen 88; SZIER 1997, 411 (AppG TI vom 13.11.1996, Anm. Volken); vgl. auch Art. 38 Rz. 78 und Art. 47 Rz. 17. Nach anderer Auffassung muss zumindest glaubhaft gemacht werden, dass eine Vollstreckung am betreffenden Ort möglich ist: Dasser/Oberhammer-Staehelin, Art. 32 Rz. 6; Donzallaz Rz. 3617; Dutoit, Lugano-Übereinkommen Rz. 265. Diese Ansicht ist jedoch abzulehnen, weil sie nicht dem Zweck und Geist des LugÜ entspricht.

[10] Geimer/Schütze, Art 39 Rz. 2; Dasser/Oberhammer-Staehelin, Art. 32 Rz. 6; Bernet 83; Gaudemet-Tallon Rz. 440.

Wohnsitz im Ausland ist der Arrestort (Art. 271 Abs. 1 Ziff. 4 und 6 und Art. 52 SchKG). Dieser bestimmt sich gemäss Art. 272 Abs. 1 SchKG nach der **Belegenheit der Arrestgegenstände**[11]. Neu und in Abstimmung mit Art. 39 Abs. 2 kann der Arrest aber auch am *Betreibungsort*, welcher in der Regel am Wohnsitz des Antragsgegners ist, beantragt werden. Die diesbezüglichen Änderungen des SchKG führen dazu, dass der Gläubiger, der im Besitz eines definitiven Rechtsöffnungstitels ist, stets einen Arrestgrund besitzt und ein Arrestbegehren selbst im LugÜ-freien Raum am Beklagtenwohnsitz begehren kann. Das zuerst angerufene und nach Art. 272 SchKG kompetente Gericht hat neu die Möglichkeit, den Arrest über sämtliche sich in der Schweiz befindende Vermögensgegenstände des Schuldners auszusprechen, unabhängig davon, wo sie sich befinden[12].

Wird ein Arrest beantragt, so ist explizit auch das Exequatur durch den Vollstreckungsrichter auszusprechen, sofern ein Antrag und die notwendigen Angaben und Unterlagen vorliegen bzw. nachgereicht werden. Das Exequatur ist ohne weiteres vom Vollstreckungsrichter zu erteilen. Dabei hat dieser gestützt auf das LugÜ kaum Ermessensspielraum. Anders sieht dies in Bezug auf die Gewährung des Arrestes aus. Die Kantone sind **unterschiedlich** streng hinsichtlich der Gewährung des Arrests. Halten die kantonalen Gerichte an ihrer Praxis fest, so dürfte es im Hinblick auf die Arrestgesuche zu einem *forum shopping* kommen, eben deshalb, weil in der Zwischenzeit mehrere Foren für Arrestgesuche zur Verfügung stehen und ein Arrestbefehl in gewissen Kantonen freizügiger erlassen wird (vgl. Art. 47 Rz. 21). 9

Wird bezüglich einer Geldforderung einzig separat um Vollstreckbarerklärung nachgesucht, so kann dies am Ort, wo sich Vermögen befindet und wo ein Arrest gelegt werden kann, vorgenommen werden, selbst wenn kein Arrest beantragt wird. Auch an den übrigen **Betreibungsorten** kann selbständig um Vollstreckbarerklärung nachgesucht werden[13]. 10

Ist in einem Rechtsöffnungsverfahren die Vollstreckbarerklärung nur vorfrageweise zu prüfen, so bestimmt sich die Zuständigkeit ausschliesslich 11

---

[11] Vgl. dazu und zu den einzelnen Belegenheitsorten DASSER/OBERHAMMER-STAEHELIN, Art. 32 Rz. 8; STAEHELIN, Zuständigkeit 262 ff.

[12] BOTSCHAFT LUGÜ Ziff. 2.7.2. und Ziff. 4.1.

[13] DASSER/OBERHAMMER-STAEHELIN, Art. 32 Rz. 9.

nach SchKG. Es ist der Rechtsöffnungsrichter am **Betreibungsort** (Art. 84 Abs. 1 SchKG) zuständig[14].

12 Ist eine Forderung, die nicht auf Geld oder Sicherheitsleistung lautet, zu vollstrecken, so richtet sich die Vollstreckung nach der ZPO. Zuständig ist entweder das Gericht am **Wohnsitz oder Sitz der unterlegenen Partei**, sprich des Antragsgegners, oder am Ort, wo die Massnahmen zu treffen sind, also am *Ort der Vollstreckung* (Art. 339 Abs. 1 lit. a und b ZPO), wie vom LugÜ unmittelbar vorgegeben (Art. 39 Abs. 2).

13 Mit Stellung des Antrags auf Vollstreckbarerklärung am zuständigen Gericht wird der Gerichtsstand grundsätzlich **fixiert**. Der Antragsteller muss auf die tatsächlichen Verhältnisse zum Zeitpunkt der Stellung des Antrags vertrauen dürfen. Wird der Antrag am Wohnsitz des Schuldners gestellt, so ändert ein Wegzug des Schuldners während des Verfahrens nichts an der Zuständigkeit desjenigen Gerichts, bei welchem der Antrag gestellt worden ist. Ändert der Antragsgegner während des laufenden Verfahrens seinen Wohnsitz, so kann dies eine Zuständigkeit am neuen Wohnsitz begründen, die im Zeitpunkt der Antragstellung nicht gegeben war[15]. So kann etwa auch die Zuständigkeit des Gerichts herbeigeführt werden, indem der Schuldner nach Antragstellung seinen Wohnsitz in den Bezirk des angerufenen Gerichts verlegt. Soll die Zwangsvollstreckung am Lageort des Gegenstandes oder der Forderung durchgeführt werden, so bleibt die Zuständigkeit des angerufenen Gerichts auch dann bestehen, wenn der Gegenstand in der Folge an einen anderen Ort verbracht wird bzw. eine Forderung erfüllt wird. Allerdings ist diesbezüglich der Erfolg der Zwangsvollstreckung in Frage gestellt. Es sind daher Sicherungsmassnamen zu treffen, sodass der Lageort des Gegenstandes oder der Forderung nicht mehr verändert werden kann. Bei Forderungen ist insbesondere ein Arrestbefehl zu beantragen.

14 Das LugÜ bestimmt die *örtliche (innerstaatliche) Zuständigkeit* des Vollstreckungsrichters selber. Der Antragsteller kann seinen Antrag auf Vollstreckbarerklärung gegen mehrere Antragsgegner richten, etwa wenn die für vollstreckbar zu erklärende Entscheidung gegen **mehrere Schuldner**

[14] Dasser/Oberhammer-Staehelin, Art. 32 Rz. 10 mit Nennung der einzelnen Betreibungsorte.

[15] Kropholler, Art. 39 Rz. 9 mit Nachweisen zur deutschen Rechtsprechung. Vgl. zur Fixierung des Gerichtsstandes am Wohnsitz des Schuldners auch Magnus/Mankowski-Kerameus, Art. 39 Rz. 8.

lautet. Haben diese ihren Wohnsitz nicht im selben Gerichtsbezirk, so besteht analog zu Art. 6 Nr. 1 ein Gerichtsstand am Wohnsitz eines jeden Schuldners. Der Antragsteller kann wählen, an welchem Gericht er die Entscheidung für vollstreckbar erklären lassen will. Die Unzuständigkeit des angerufenen Gerichts kann vom Antragsgegner im Beschwerdeverfahren gerügt werden[16].

15 Ist der Vollstreckungsrichter nicht zuständig, weil der Antrag nicht am Wohnsitz des Schuldners und nicht am Ort, an dem die Zwangsvollstrekkung durchgeführt werden soll, gestellt wurde, so bestimmt das nationale Recht des Vollstreckungsstaates, ob der Antrag an das zuständige Gericht in diesem Vollstreckungsstaat weitergeleitet wird. In der Schweiz ist dies nicht der Fall (Art. 63 ZPO *e contrario*). Befindet sich das zuständige Gericht in einem anderen LugÜ-Staat, so wird der zuerst angerufene Vollstreckungsrichter auf den Antrag nicht eintreten, wobei der Gläubiger ein neues Begehren im zuständigen Staat stellen kann[17].

V. Zeitlicher Anwendungsbereich

16 In Bezug auf den Zeitpunkt, in welchem der Antrag zu stellen ist, wird auf Art. 38 Rz. 81 verwiesen.

17 Der Vollstreckungsrichter hat die örtliche und sachliche Zuständigkeit von Amtes wegen zu prüfen. Die fehlende örtliche Zuständigkeit kann der Antragsgegner auch im **Beschwerdeverfahren** geltend machen, soweit davor keine Möglichkeit dazu bestand[18]. Wird die Vollstreckbarkeit im Rechtsöffnungsverfahren geprüft, muss sich der Schuldner bereits in diesem Verfahren gegen die Zuständigkeit wehren, zumal ein kontradiktorisches Verfahren vorliegt. Sämtliche Einwände sind diesbezüglich im Rechtsöffnungsverfahren vorzutragen und zu behandeln.

---

[16] Kropholler, Art. 39 Rz. 11; Geimer/Schütze, Art. 39 Rz. 5.

[17] Magnus/Mankowski-Kerameus, Art. 39 Rz. 10.

[18] Kropholler, Art. 39 Rz. 10; Gaudemet-Tallon Rz. 386.

Art. 40

1. Für die Stellung des Antrags ist das Recht des Vollstreckungsstaats massgebend.

2. Der Antragsteller hat im Bezirk des angerufenen Gerichts ein Wahldomizil zu begründen. Ist das Wahldomizil im Recht des Vollstreckungsstaats nicht vorgesehen, so hat der Antragsteller einen Zustellungsbevollmächtigten zu benennen.

3. Dem Antrag sind die in Artikel 53 angeführten Urkunden beizufügen.

Art. 40

1. Les modalités du dépôt de la requête sont déterminées par la loi de l'État requis.

2. Le requérant doit faire élection de domicile dans le ressort de la juridiction saisie. Toutefois, si la loi de l'État requis ne connaît pas l'élection de domicile, le requérant désigne un mandataire *ad litem*.

3. Les documents visés à l'art. 53 sont joints à la requête.

Art. 40

1. Le modalità del deposito dell'istanza sono determinate in base alla legge dello Stato richiesto.

2. L'istante deve eleggere il proprio domicilio nella circoscrizione del giudice adito. Tuttavia, se la legge dello Stato richiesto non prevede l'elezione del domicilio, l'istante designa un procuratore alla lite.

3. All'istanza devono essere allegati i documenti di cui all'articolo 53.

Art. 40

1. The procedure for making the application shall be governed by the law of the State in which enforcement is sought.

2. The applicant must give an address for service of process within the area of jurisdiction of the court applied to. However, if the law of the State in which enforcement is sought does not provide for the furnishing of such an address, the applicant shall appoint a representative ad litem.

3. The documents referred to in Article 53 shall be attached to the application.

Literatur: WAGNER/JANZEN, Das Lugano-Übereinkommen vom 30.10.2007, IPRax 2010, 298.

Übersicht *Seite*

I. Normzweck

Absatz 1 hält fest, dass das Recht des Vollstreckungsstaates für die Stellung des Antrags massgebend ist. Es gibt diesbezüglich **kein autonomes Recht** des LugÜ. Zwei Punkte (vgl. Art. 40 Abs. 2 und 3) werden jedoch vom Übereinkommen selbst bestimmt. 1

Absatz 1 regelt für sämtliche LugÜ-Staaten verbindlich, dass das Verfahren zur Vollstreckbarerklärung einer ausländischen Entscheidung durch einen schlichten **Antrag** und nicht etwa eine Klage eingeleitet wird[1]. Wird die Vollstreckbarerklärung vorfrageweise im Rechtsöffnungsverfahren verlangt, so ist der Antrag jedoch in das Rechtsöffnungsbegehren eingebunden; es handelt sich dabei um ein reines SchKG-Verfahren (Art. 38 Rz. 15 ff.). 2

Der Antragsteller ist verpflichtet, ein Wahldomizil zu begründen bzw. einen Zustellungsbevollmächtigten im Vollstreckungsstaat zu benennen. Hintergrund dieser Bestimmung ist die **Erleichterung der Zustellung und Mitteilung** von Schriftstücken an den Antragsteller im Ausland, indem die Dokumente nicht an dessen ausländischen Wohnsitz oder Sitz zugestellt werden müssen. Dies beschleunigt die Durchführung des Vollstreckbarerklärungsverfahrens. Zudem erleichtert das Wahldomizil bzw. die Existenz eines Zustellbevollmächtigten dem Antragsgegner die Einlegung eines Rechtsmittels, sofern die ausländische Entscheidung für vollstreckbar erklärt wird[2]. 3

Sodann ist vom LugÜ explizit und autonom geregelt, dass der Antrag auf Vollstreckbarerklärung durch die in Art. 53 genannten **Urkunden** begleitet sein muss. Die Abs. 2 und 3 legen einen Minimalstandard fest in Bezug auf die Stellung des Antrags. Die weiteren Fragen regelt das Recht des Vollstreckungsstaates. 4

II. Sachlicher Anwendungsbereich

1. Antragstellung

Mit Ausnahme von Abs. 3 äussert sich das LugÜ nicht zu Form und Inhalt des Antrages auf Vollstreckbarerklärung. Diese *förmlichen Punkte* wie 5

---

[1] Geimer/Schütze, Art. 40 Rz. 1.

[2] Kropholler, Art. 40 Rz. 5; Geimer/Schütze, Art. 40 Rz. 13.

etwa die Anzahl der dem Gericht vorzulegenden Ausfertigungen, die Art der Einreichung (mündlich oder schriftlich), die Bestimmung der zur Entgegennahme des Antrags zuständigen Gerichtsstelle, allenfalls die Sprache, in der der Antrag abzufassen ist, allfällige Übersetzungen von einzureichenden Dokumenten und die Notwendigkeit der Mitwirkung eines Anwalts oder von anderen Sachvertretern bestimmt sich nach dem **Recht des Vollstreckungsstaates**[3]. In der Schweiz ist die ZPO massgebend und subsidiär das kantonale Recht. Der Antrag kann elektronisch gestellt werden (Art. 130 ZPO).

6 Der Antrag auf Vollstreckbarerklärung muss jedoch aufgrund der Natur der Sache zumindest folgenden **Inhalt** aufweisen[4]:

- exakte Bezeichnung des Antragstellers, des Antragsgegners, des angerufenen Gerichts sowie der für vollstreckbar zu erklärenden ausländischen Entscheidung;
- Angabe, ob die ausländische Entscheidung zur Gänze oder nur teilweise für vollstreckbar zu erklären sei[5];
- Antrag auf Erteilung der Vollstreckungsklausel;
- Angabe des Wahldomizils bzw. des Zustellungsbevollmächtigten, sofern die entsprechenden Voraussetzungen gemäss Art. 40 Abs. 2 erfüllt sind;
- Beilage der Ausfertigung der für vollstreckbar zu erklärenden ausländischen Entscheidung gemäss Art. 53 (vgl. Art. 40 Abs. 3) sowie der Bescheinigung gemäss Art. 54[6];

---

[3] Kropholler, Art. 40 Rz. 1; Geimer/Schütze, Art. 40 Rz. 2 und 8 f.; Bonomi/Cashin Ritaine/Romano-Schnyder 139; Dasser/Oberhammer-Staehelin, Art. 33 Rz. 1; Magnus/Mankowski-Kerameus, Art. 40 Rz. 8.

[4] Kropholler, Art. 40 Rz. 1; Geimer/Schütze, Art. 40 Rz. 2 ff.

[5] Es ist davon auszugehen, dass die Vollstreckbarerklärung für die gesamte ausländische Entscheidung beantragt wird, sofern nicht ausdrücklich nur teilweise Vollstreckbarerklärung im Sinne von Art. 48 Abs. 2 beantragt ist (Geimer/Schütze, Art. 40 Rz. 5).

[6] Liegen diese Dokumente nicht bei, so kommt Art. 55 zur Anwendung (vgl. Kropholler, Art. 40 Rz. 9 und Art. 41 Rz. 6; Geimer/Schütze, Art. 40 Rz. 6 und Art. 41 Rz. 41 f.; Dasser/Oberhammer-Staehelin, Art. 34 Rz. 5; vgl. auch Art. 41 Rz. 9 sowie Art. 41 Fn. 16). Gemäss dessen Abs. 1 kann das Gericht eine Nachfrist zur Einreichung und/oder Übersetzung von Urkunden ansetzen oder auf die Vorlage der Bescheinigung verzichten. Unzulässig wäre es, den Antrag ohne weiteres abzulehnen (ZR 109 Nr. 22). Die Nachweise können im Übrigen auch noch im Rechtsmittelverfahren nachgereicht werden. Ist ein Säumnisurteil für vollstreckbar zu erklären, so ist auf der Bescheinigung das Datum der Zustellung des verfahrenseinleitenden Schriftstücks anzugeben. Entgegen der alten Fassung des LugÜ (vgl. Art. 46

– Angabe, dass die Zwangsvollstreckung am Ort des angerufenen Gerichts durchgeführt werden soll, sofern sich der Wohnsitz des Antragsgegners nicht im Vollstreckungsstaat befindet.

Entspricht ein Gesuch diesen Erfordernissen nicht, so hat der Vollstreckungsrichter dem Gesuchsteller **Frist** zur Ergänzung bzw. Klarstellung anzusetzen[7]. 7

Das Rechtsbegehren im Antrag muss einzig dahin gehend lauten, dass die ausländische Entscheidung für **vollstreckbar** zu erklären sei. Das Dispositiv der für vollstreckbar zu erklärenden Entscheidung muss nicht wiederholt werden im Rechtsbegehren[8]. 8

In einem Vollstreckbarerklärungsverfahren können **mehrere** Entscheidungen gleichzeitig für vollstreckbar erklärt werden. Die ausländischen Entscheidungen können aus verschiedenen LugÜ-Staaten stammen[9]. 9

Der Antrag auf Vollstreckbarerklärung kann zurückgenommen werden, ohne dass es dafür der Einwilligung des Antragsgegners bedarf[10]. In zeitlicher Hinsicht ist der **Rückzug** möglich, solange über die Vollstreckbarerklärung durch das Gericht noch nicht entschieden wurde. Der Antragsgegner erhält im Falle eines rechtzeitigen Rückzugs keine Kenntnis vom Verfahren. Der Rückzug entfaltet dann keine Rechtskraft[11]. 10

2. Wahldomizil und Zustellungsbevollmächtigter

Gemäss Art. 40 Abs. 2 hat der Antragsteller im Bezirk des angerufenen Gerichts ein Wahldomizil zu begründen bzw., sollte der Anerkennungsstaat das Institut des Wahldomizils nicht kennen, einen Zustellungsbevollmächtigten zu ernennen. Ein **Wahldomizil** im Vollstreckungsstaat begründen 11

Nr. 2 aLugÜ) bedarf es nicht mehr der Vorlage der Urschrift oder einer beglaubigten Abschrift der Urkunde, welcher zu entnehmen ist, dass das den Rechtsstreit einleitende Schriftstück der säumigen Partei zugestellt wurde (Geimer/Schütze, Art. 40 Rz. 2). Allerdings ist die Zustellung des verfahrenseinleitenden Schriftstücks nach wie vor eine Voraussetzung (Wagner/Janzen 306). Vgl. zum Zweck der Urkunden: Magnus/Mankowski-Kerameus, Art. 40 Rz. 1 und 10.

7 Geimer/Schütze, Art. 40 Rz. 6; vgl. auch Czernich/Tiefenthaler/Kodek-Kodek, Art. 40 Rz. 5 und 8.

8 Dasser/Oberhammer-Staehelin, Art. 33 Rz. 4.

9 Geimer/Schütze, Art. 40 Rz. 7.

10 Kropholler, Art. 40 Rz. 2; Geimer/Schütze, Art. 40 Rz. 23.

11 Art. 65 ZPO; Dasser/Oberhammer-Staehelin, Art. 33 Rz. 5.

bedeutet, dass der Antragsteller im Vollstreckungsstaat einen Briefkasten anschreibt oder ein Postfach eröffnet, so dass er selbst postalisch Gerichtsurkunden im Vollstreckungsstaat empfangen kann. An den *Zustellungsbevollmächtigten* können Gerichtsurkunden für den Antragsteller zugestellt werden[12].

12 Die Begründung eines Wahldomizils bzw. deren Einzelheiten haben nach den Vorschriften des **Vollstreckungsstaates** zu erfolgen[13]. Auch die *Folgen* einer Verletzung der Pflichten gemäss Art. 40 Abs. 2, einschliesslich der Nichtbenennung eines Zustellungsbevollmächtigten, bestimmen sich nach dem Recht des Vollstreckungsstaates, wobei aber die Ziele des LugÜ zu beachten sind[14]. Die Schweiz kennt nun bundesweit das Zustellungsdomizil und den Vertreter. Das Vollstreckungsgericht kann den Antragsteller mit Sitz oder Wohnsitz im Ausland anweisen, ein Zustellungsdomizil in der Schweiz zu bezeichnen (Art. 140 ZPO). Dies wird das Gericht nur tun, wenn die Partei nicht durch einen Anwalt vertreten ist (vgl. Art. 137 ZPO). Denn das Domizil eines Anwalts mit Sitz in der Schweiz wird automatisch als Zustellungsdomizil betrachtet[15].

13 Die Pflicht zur Begründung eines Wahldomizils bzw. zur Benennung eines Zustellungsbevollmächtigten besteht nur, wenn **selbständig** im Rahmen eines Exequaturverfahrens (allenfalls verbunden mit einem Arrestbegehren) um Vollstreckbarkeit nachgesucht wird, nicht aber, wenn im Rechtsöffnungsverfahren nur vorfrageweise über die Vollstreckbarerklärung zu entscheiden ist[16], zumal es sich dabei um ein reines SchKG-Verfahren handelt. Im Rechtsöffnungsverfahren wird nicht selbständig über die Voll-

12 Dasser/Oberhammer-Staehelin, Art. 33 Rz. 7.

13 EuGH 10.7.1986, Rs. 198/85, *Fernand Carron/Bundesrepublik Deutschland*, Slg. 1986, 2437 Rz. 10 f.; Kropholler, Art. 40 Rz. 6; Geimer/Schütze, Art. 40 Rz. 18; Magnus/Mankowski-Kerameus, Art. 40 Rz. 9. Für weitere Details vgl. auch die Ausführungen zum räumlichen und zeitlichen Anwendungsbereich.

14 EuGH 10.07.1986, Rs. 198/85, *Fernand Carron/Bundesrepublik Deutschland*, Slg. 1986, 2437 Rz. 14; Kropholler, Art. 40 Rz. 7; Dasser/Oberhammer-Staehelin, Art. 33 Rz. 10; Magnus/Mankowski-Kerameus, Art. 40 Rz. 9. Bezeichnet der Gläubiger entgegen der Anweisung des Gerichts kein Zustellungsdomizil in der Schweiz, so erfolgt die Zustellung durch Publikation im kantonalen Amtsblatt oder im Schweizerischen Handelsamtsblatt (Art. 141 Abs. 1 lit. c ZPO). Es muss dem Antragsteller jedoch eine Nachfrist angesetzt werden, um den Pflichten gemäss Art. 40 Abs. 2 nachzukommen (Dasser/Oberhammer-Staehelin, Art. 33 Rz. 10), wohl unter Androhung der Säumnisfolgen.

15 Dasser/Oberhammer-Staehelin, Art. 33 Rz. 10.

16 Dasser/Oberhammer-Staehelin, Art. 33 Rz. 11.

streckbarkeit entschieden, so dass insofern das LugÜ weitgehend keine Anwendung findet. Das Gericht kann jedoch eine Partei mit Wohnsitz oder Sitz im Ausland anweisen, ein Zustellungsdomizil in der Schweiz zu bezeichnen (Art. 140 ZPO).

III. Persönlicher Anwendungsbereich

Für die Antragsberechtigung wie auch für die Passivlegitimation wird auf Art. 38 Rz. 72 ff. verwiesen. 14

IV. Räumlicher Anwendungsbereich

Gemäss Wortlaut von Art. 40 Abs. 2 muss ein *Wahldomizil* im *Bezirk des angerufenen Gerichts* begründet werden, d.h. dass grundsätzlich auch der Antragsteller, der in einem anderen Gerichtsbezirk in der Schweiz wohnt, ein Wahldomizil begründen müsste. Allerdings widerspricht dies dem Normzweck von Art. 40, so dass mit STAEHELIN davon auszugehen ist, dass der *Antragsteller mit Wohnsitz in der Schweiz* **kein Wahldomizil** zu begründen hat[17]. 15

V. Zeitlicher Anwendungsbereich

Die Einzelheiten über die Begründung des *Wahldomizils* regelt das Recht des Vollstreckungsstaates (vgl. Rz. 12). Bestimmt dieses nationale Recht nicht, wann das Wahldomizil zu begründen ist (vgl. Art. 140 ZPO), so muss es allerspätestens bei der **Zustellung** der Entscheidung, mit der die Zwangsvollstreckung zugelassen wird, d.h. mit der die Entscheidung für vollstreckbar erklärt wird, begründet sein[18]. 16

---

[17] DASSER/OBERHAMMER-STAEHELIN, Art. 33 Rz. 6; ebenso für Österreich: CZERNICH/TIEFENTHALER/KODEK-KODEK, Art. 40 Rz. 3.

[18] EuGH 10.07.1986, Rs. 198/85, *Fernand Carron/Bundesrepublik Deutschland*, Slg. 1986, 2437 Rz. 10 f.; KROPHOLLER, Art. 40 Rz. 6; GEIMER/SCHÜTZE, Art. 40 Rz. 17; DONZALLAZ Rz. 3691; MAGNUS/MANKOWSKI-KERAMEUS, Art. 40 Rz. 9.

Art. 41

Sobald die in Artikel 53 vorgesehenen Förmlichkeiten erfüllt sind, wird die Entscheidung unverzüglich für vollstreckbar erklärt, ohne dass eine Prüfung nach den Artikeln 34 und 35 erfolgt. Der Schuldner erhält in diesem Abschnitt des Verfahrens keine Gelegenheit, eine Erklärung abzugeben.

Art. 41

La décision est déclarée exécutoire dès l'achèvement des formalités prévues à l'art. 53, sans examen au titre des art. 34 et 35. La partie contre laquelle l'exécution est demandée ne peut, en cet état de la procédure, présenter d'observations.

Art. 41

La decisione è dichiarata esecutiva immediatamente dopo l'espletamento delle formalità di cui all'articolo 53, senza alcun esame ai sensi degli articoli 34 e 35. La parte contro cui l'esecuzione viene chiesta non può, in tale fase del procedimento, presentare osservazioni.

Art. 41

The judgment shall be declared enforceable immediately on completion of the formalities in Article 53 without any review under Articles 34 and 35. The party against whom enforcement is sought shall not at this stage of the proceedings be entitled to make any submissions on the application.

Literatur: Boller, Der neue Arrestgrund von Art. 271 Abs. 1 Ziff. 6 revSchKG, AJP 2010, 187; Hess Burkhard/Bittmann, Die Effektuierung des Exequaturverfahrens nach der Europäischen Gerichtsstands- und Vollstreckungsverordnung, IPRax 2007, 277 (zit. Hess/Bittmann, Effektuierung); Mankowski, Gläubigerinteressen und Grundsatz des kontradiktorischen Verfahrens im Zielkonflikt bei der Beschwerde im Vollstreckbarerklärungsverfahren, IPRax 2004, 220 (zit. Mankowski, Zielkonflikt); Rodriguez, Sicherung und Vollstreckung nach revidiertem Lugano Übereinkommen, AJP 2009, 1550 (zit. Rodriguez, Sicherung und Vollstreckung); Ders., Kommentierte Konkordanztabelle zum revidierten Übereinkommen von Lugano vom 30. Oktober 2007 und zum geltenden Lugano-Übereinkommen, SZIER 2007, 531 (zit. Rodriguez, zu Art.); Sogo, Kleine Arrestrevision, grosse Auswirkungen – zur geplanten Anpassung des Arrestrechts im Rahmen der Revision des Lugano-Übereinkommens, SZZP 2009, 75 (zit. Sogo, Arrestrevision); Volken Alfons, Anerkennung und Vollstreckung von Entscheidungen nach dem Lugano-Übereinkommen, ZWR 1992, 421 (zit. Volken, Anerkennung und Vollstreckung).

Übersicht *Seite*

I. Normzweck

Diese Bestimmung dient der **Beschleunigung des Verfahrens**. Die ausländische Entscheidung soll so rasch als möglich für vollstreckbar erklärt werden, ohne dass im einseitigen Verfahren eine Überprüfung von Versagungsgründen durchgeführt wird; dies im Gegensatz zum aLugÜ. Der Antragsgegner soll keine Kenntnis von der Einleitung des Verfahrens erhalten und durch das Exequatur überrascht werden. Die Einwendungen und deren Behandlung sind auf das Rechtsbehelfsverfahren beschränkt. Durch den Systemwechsel in der Zuständigkeit (vom Rechtsöffnungsrichter zum Vollstreckungsrichter) wird in der Schweiz nun das einseitige Verfahren stärker in den Vordergrund gestellt. Wie beim Arrest wird der Antragsgegner vor dem Exequatur nicht angehört. Soweit die Vollstreckbarerklärung jedoch vorfrageweise im kontradiktorischen Rechtsöffnungsverfahren verlangt wird, was nach wie vor möglich ist, sind die Einwendungen in diesem Verfahren zu prüfen. 1

II. Sachlicher Anwendungsbereich

1. Unverzügliche Vollstreckbarerklärung

Das Vollstreckungsgericht (Art. 39 Abs. 1 i.V.m. Anhang II) hat die ausländische Entscheidung *unverzüglich* für vollstreckbar zu erklären. Eine Frist ist im LugÜ nicht vorgesehen, jedoch hat der Vollstreckungsrichter **so rasch als möglich** seinen Entscheid zu fällen[1]. Als blosse Ordnungsvorschrift bleibt eine Verletzung der unverzüglichen Entscheidung *ohne Sanktionen*[2]. 2

---

1 KROPHOLLER, Art. 41 Rz. 2; CZERNICH/TIEFENTHALER/KODEK-KODEK, Art. 41 Rz. 1.
2 DASSER/OBERHAMMER-STAEHELIN, Art. 34 Rz. 4; GAUDEMET-TALLON Rz. 448.

2. Einseitiges Verfahren

3 Der *Antragsgegner* (Schuldner) wird im ersten Abschnitt des Vollstreckbarerklärungsverfahrens **nicht angehört**[3]. Das Exequaturverfahren wird durch das LugÜ bestimmt und, soweit dieses keine Regelung enthält, insbesondere durch die ZPO. Das erstinstanzliche Verfahren wird wohl auch in Zukunft in der Regel schriftlich durchgeführt werden[4]. Das LugÜ verbietet jedoch die Durchführung eines *mündlichen Verfahrens* nicht[5]. Auch der Antragsgegner kann in einem mündlichen Verfahren angehört werden, zumal ein kontradiktorisches Verfahren vom LugÜ nicht explizit untersagt ist[6]. Wird ein solches streitiges Verfahren durchgeführt, sind jedoch schon in *erster Instanz die Versagungsgründe* zu prüfen[7].

4 Das einseitige Verfahren stellt keine Verletzung des Anspruchs des Antragsgegners auf rechtliches Gehör im Sinne von Art. 6 EMRK und Art. 29 Abs. 2 BV dar. Der Grund liegt darin, dass der Antragsgegner die Möglichkeit hat, einen **Rechtsbehelf** einzulegen und seine Argumente in einem *kontradiktorischen Verfahren* vorzutragen. Kommt hinzu, dass nach Erteilung des Exequaturs nur eine Sicherungsvollstreckung beantragt werden kann bis zum Entscheid der Rechtsbehelfsinstanz bzw. bis zum Verstreichen der Rechtsbehelfsfrist (Art. 47 Abs. 3)[8].

5 Das obere kantonale Gericht darf im Rechtsmittelverfahren betreffend Vollstreckbarerklärung eine **Sicherheitsleistung** verlangen (Art. 46 Abs. 3). Im einseitigen Verfahren erster Instanz ist dies unzulässig[9].

---

[3] BGer 4P.48/2002 E. 2d; BGE 135 III 324 E. 3.3 = Pra 98 (2009) Nr. 125; HESS/BITTMANN, Effektuierung 278; CZERNICH/TIEFENTHALER/KODEK-KODEK, Art. 41 Rz. 1.

[4] Dies entspricht der bisherigen Rechtslage (DASSER/OBERHAMMER-STAEHELIN, Art. 34 Rz. 3). Der Vollstreckungsrichter entscheidet im summarischen Verfahren (Art. 339 Abs. 2 ZPO). Das summarische Verfahren kann mündlich oder schriftlich durchgeführt werden (vgl. Art. 253 ZPO).

[5] KROPHOLLER, Art. 41 Rz. 8; GEIMER/SCHÜTZE, Art. 41 Rz. 3; DASSER/OBERHAMMER-STAEHELIN, Art. 34 Rz. 3; VOLKEN, Anerkennung und Vollstreckung 463.

[6] KROPHOLLER, Art. 41 Rz. 7; GEIMER/SCHÜTZE, Art. 41 Rz. 4 f. mit der Erwägung, dass ein mündliches Verfahren erwägenswert ist in rechtlich komplizierten Fällen, in denen mit Sicherheit eine Beschwerde erhoben werden wird; a.A. offenbar BOTSCHAFT LUGÜ Ziff. 2.7.2.

[7] GEIMER/SCHÜTZE, Art. 41 Rz. 5 und 29; vgl. Art. 38 Rz. 17; a.A. offenbar BOTSCHAFT LUGÜ Ziff. 2.7.2.

[8] BGer 4P.48/2002 E. 2d; KROPHOLLER, Art. 41 Rz. 7; GEIMER/SCHÜTZE, Art. 41 Rz. 2; MAGNUS/MANKOWSKI-KERAMEUS, Art. 41 Rz. 9.

[9] KROPHOLLER, Art. 41 Rz. 4; GEIMER/SCHÜTZE, Art. 42 Rz. 4.

Wird das Exequatur gewährt, werden die Kosten dem Antragsgegner auferlegt, im Übrigen dem Antragsteller. Bei Gutheissung der Vollstreckbarerklärung kann der Antragsgegner auch zur Bezahlung einer Prozessentschädigung an den Antragsteller verpflichtet werden. Der **Kostenentscheid** sollte jedoch provisorischer Natur sein für den Fall, dass der Antragsgegner einen Rechtsbehelf einlegt[10]. 6

3. Prüfungsumfang

Das Vollstreckungsgericht nimmt im einseitigen Verfahren einzig eine **formale Prüfung** der gemäss Art. 53 vorgelegten Urkunden vor (Art. 38 Rz. 34). Anders als nach dem aLugÜ dürfen die Versagungsgründe gemäss Art. 34 und 35 nicht mehr (von Amtes wegen) von der Erstinstanz geprüft werden[11]. Diese dürfen und werden neu erst im Rechtsbehelfsverfahren beurteilt werden (vgl. Art. 45). 7

Der Vollstreckungsrichter hat demgegenüber zu prüfen, ob 8

- das LugÜ anwendbar ist, d.h. ob die ausländische Entscheidung in den sachlichen und zeitlichen Anwendungsbereich des LugÜ fällt[12];
- er zuständig ist für die Erteilung des Exequaturs[13];
- die ausländische Entscheidung im Erlassstaat (noch) wirksam und vollstreckbar ist[14];

---

10 DASSER/OBERHAMMER-STAEHELIN, Art. 34 Rz. 7.

11 BOTSCHAFT LUGÜ Ziff. 2.7.2.; KROPHOLLER, Art. 41 Rz. 5; GEIMER/SCHÜTZE, Art. 41 Rz. 1 und 27; RODRIGUEZ, zu Art. 41; DERS., Sicherung und Vollstreckung 1553; CZERNICH/TIEFENTHALER/KODEK-KODEK, Art. 41 Rz. 2; MAGNUS/MANKOWSKI-KERAMEUS, Art. 41 Rz. 1 ff., der auf den Zweck der Beschleunigung des Verfahrens hinweist; kritisch: BONOMI/CASHIN RITAINE/ROMANO-SCHNYDER 139. Vgl. in Bezug auf Entscheidungen, die in einem beitretenden Staat gemäss Art. 70 Abs. 1 Bst. c ergangen sind, den Vorbehalt der Schweiz zum Protokoll Nr. 1 Art. III Abs. 2.

12 GEIMER/SCHÜTZE, Art. 41 Rz. 16; MAGNUS/MANKOWSKI-KERAMEUS, Art. 41 Rz. 11; vgl. auch Art. 38 Rz. 26 f.

13 GEIMER/SCHÜTZE, Art. 41 Rz. 21; MAGNUS/MANKOWSKI-KERAMEUS, Art. 41 Rz. 11; vgl. auch die Ausführungen zu Art. 39.

14 GEIMER/SCHÜTZE, Art. 41 Rz. 13, 22 und 44; KROPHOLLER, Art. 41 Rz. 6; DASSER/OBERHAMMER-STAEHELIN, Art. 34 Rz. 9 und 11; MAGNUS/MANKOWSKI-KERAMEUS, Art. 41 Rz. 11; vgl. auch Art. 38 Rz. 28 f. Das Exequatur kann nicht mehr erteilt werden, wenn die ausländische Entscheidung im Erlassstaat in der Zwischenzeit aufgehoben worden ist. Erfolgt die Aufhebung der Vollstreckbarerklärung im Erlassstaat während des Exequaturverfahrens im Zweitstaat, so hat der Antragsgegner die Möglichkeit, dies im Rechtsbehelfsverfahren vorzutragen.

- die Gerichtsbarkeit des Erlass- und des Vollstreckungsstaates gegeben ist[15];
- der Nachweis der Vollstreckbarkeit vorliegt[16].

9 Ist eine Prozessvoraussetzung nicht gegeben, so **tritt** der Vollstreckungsrichter auf den Antrag **nicht ein**. Fehlen notwendige Unterlagen, so setzt er dem Antragsteller Frist zur *Nachreichung*. Ist der Antrag unzulässig oder unbegründet, so erlässt der Vollstreckungsrichter einen *ablehnenden Sachentscheid*[17]. Ist der Antrag zulässig und begründet, so wird das *Exequatur erteilt*[18].

4. Wirkung und Rechtskraft des Exequaturs

10 Das Exequatur bewirkt einen Vollstreckungstitel, der zwar nicht sofort rechtskräftig ist (aufgrund der Rechtsbehelfsmöglichkeit), aber zur Sicherungsvollstreckung gemäss Art. 47 Abs. 3 berechtigt. Die Vollstreckbarerklärung ist **materiell rechtskräftig und unbeschränkt vollstreckbar**, sobald die Rechtsbehelfsfrist ungenutzt verstrichen ist oder eine obere Gerichtsinstanz ein rechtskräftiges Exequatur erlassen hat[19]. In Bezug auf die Rechtskraft wird auf Art. 38 Rz. 69 verwiesen.

5. Schutzschrift

11 In Art. 266 E-ZPO war vorgesehen, dass derjenige, der Grund zur Annahme hatte, dass gegen ihn ohne vorherige Anhörung die Anordnung einer

---

15 Vgl. dazu Geimer/Schütze, Art. 41 Rz. 23 ff.

16 Kropholler, Art. 41 Rz. 6; Dasser/Oberhammer-Staehelin, Art. 34 Rz. 11; Geimer/Schütze, Art. 41 Rz. 30 f.: Urkunden sind erforderlich. Die Art der Urkunde(n) bestimmt sich nach dem Recht des Erlassstaates. Sofern die Dokumente gemäss Art. 53 und 54 nicht eingereicht wurden, hat das Gericht dem Antragsteller eine Frist zur Nachlieferung anzusetzen (vgl. Art. 40 Rz. 6 Fn. 6). Im Übrigen steht es dem Antragsteller frei, andere Beweismittel anzubieten (Geimer/Schütze, Art. 41 Rz. 41 f.).
Die ausländische Entscheidung muss – im Gegensatz zum aLugÜ – vor Erteilung des Exequaturs nicht zugestellt werden (vgl. Art. 38 Rz. 33). Ist eine *ex parte* Entscheidung für vollstreckbar zu erklären, so muss – im Gegensatz zum aLugÜ – die ordnungsgemässe Zustellung des verfahrenseinleitenden Schriftstückes nicht mehr nachgewiesen werden. Die Bescheinigung gemäss Art. 54 ist nunmehr ausreichend (Geimer/Schütze, Art. 41 Rz. 43).

17 Geimer/Schütze, Art. 42 Rz. 3; betreffend Nachfristansetzung vgl. ZR 109 Nr. 22; Mankowski, Zielkonflikt 221; vgl. auch Art. 40 Rz. 6 Fn. 6.

18 Geimer/Schütze, Art. 42 Rz. 1.

19 Geimer/Schütze, Art. 41 Rz. 1; Kropholler, Art. 41 Rz. 4; Dasser/Oberhammer-Staehelin, Art. 34 Rz. 23 und Art. 40 Rz. 1.

Vollstreckbarerklärung beantragt wird, eine **Schutzschrift** einreichen kann. In der endgültigen Fassung der ZPO wurde diese Möglichkeit gestrichen (vgl. Art. 270 ZPO). Im Rahmen des LugÜ sind die Einwendungen gemäss Art. 34 f. erst im Rechtsbehelfsverfahren zu prüfen, so dass sie erstinstanzlich keine Beachtung finden dürfen. Enthält die Schutzschrift Einwendungen gegen die Vollstreckbarerklärung, so dürfen diese vom Vollstreckungsrichter im *ex parte*-Verfahren nicht beachtet werden[20].

Der Antrag auf Vollstreckbarerklärung kann mit einem Arrestbegehren ver- 12
bunden werden (vgl. Art. 38 Rz. 10 und Art. 47 Rz. 17). Eine Schutzschrift kann einreichen, wer befürchtet, dass ein Arrest gegen ihn beantragt werden wird (Art. 270 Abs. 1 ZPO). Es können aber nur Einwände vorgebracht werden, die sich auf den **Arrest** beziehen[21].

6. Vorfrageweise Vollstreckbarerklärung im Rechtsöffnungsverfahren im Besonderen

Entscheidet sich der Antragsteller, das Exequatur im Rechtsöffnungsver- 13
fahren zu verlangen, so kann der Rechtsöffnungsrichter die Vollstreckbarerklärung nur **vorfrageweise** im summarischen, kontradiktorischen Verfahren prüfen. Ein explizites Exequatur im Rechtsöffnungsverfahren ist nicht mehr möglich (vgl. Art. 38 Rz. 15).

III. Persönlicher Anwendungsbereich

Vgl. Art. 38 Rz. 72 ff. 14

[20] Botschaft LugÜ Ziff. 2.7.2 und 4.2; Kropholler, Art. 41 Rz. 10; Geimer/Schütze, Art. 41 Rz. 7; vgl. auch Dasser/Oberhammer-Staehelin, Art. 34 Rz. 2; Czernich/Tiefenthaler/Kodek-Kodek, Art. 41 Rz. 1. Differenzierend: Schlosser, Art. 41 EuGVVO Rz. 2. Kritisch ist Sogo, Arrestrevision 94, weil die übrigen Voraussetzungen (Vorliegen eines vollstreckbaren Titels, Anwendungsbereich des LugÜ, Zuständigkeit des Vollstreckungsgerichts) auch im einseitigen Verfahren geprüft werden müssen und deshalb auch Raum für eine Schutzschrift bestehe. Zu beachten ist aber, dass das erstinstanzliche Verfahren einseitig ist und der Schuldner grundsätzlich nicht angehört wird. Damit ist fraglich, ob überhaupt Raum für eine Schutzschrift bleibt, ohne dass die Einseitigkeit zumindest teilweise aufgegeben wird.

[21] Botschaft LugÜ Ziff. 4.2; Boller 196 f.; Sogo, Arrestrevision 94.

IV. Räumlicher Anwendungsbereich

15 Vgl. Art. 38 Rz. 76 ff. und Art. 39 Rz. 7 ff.

V. Zeitlicher Anwendungsbereich

16 Zur **Unverzüglichkeit** der Entscheidung durch das Vollstreckungsgericht vgl. Rz. 2.

Art. 42

1. Die Entscheidung über den Antrag auf Vollstreckbarerklärung wird dem Antragsteller unverzüglich in der Form mitgeteilt, die das Recht des Vollstreckungsstaats vorsieht.

2. Die Vollstreckbarerklärung und, soweit dies noch nicht geschehen ist, die Entscheidung werden dem Schuldner zugestellt.

Art. 42

1. La décision relative à la demande de déclaration constatant la force exécutoire est aussitôt portée à la connaissance du requérant suivant les modalités déterminées par la loi de l'État requis.

2. La déclaration constatant la force exécutoire est signifiée ou notifiée à la partie contre laquelle l'exécution est demandée, accompagnée de la décision si celle-ci n'a pas encore été signifiée ou notifiée à cette partie.

Art. 42

1. La decisione relativa all'istanza intesa a ottenere una dichiarazione di esecutività è immediatamente comunicata al richiedente secondo le modalità previste dalla legge dello Stato richiesto.

2. La dichiarazione di esecutività è notificata o comunicata alla parte contro la quale è chiesta l'esecuzione, corredata della decisione qualora quest'ultima non sia già stata notificata o comunicata a tale parte.

Art. 42

1. The decision on the application for a declaration of enforceability shall forthwith be brought to the notice of the applicant in accordance with the procedure laid down by the law of the State in which enforcement is sought.

2. The declaration of enforceability shall be served on the party against whom enforcement is sought, accompanied by the judgment, if not already served on that party.

Literatur: Bittmann, Die Voraussetzungen der Zwangsvollstreckung eines Europäischen Vollstreckungstitels, IPRax 2008, 445; Fogt/Schack, Keine Urteilszustellung im deutsch-dänischen Rechtsverkehr?, IPRax 2005, 118; Heiderhoff, Kenntnisnahme ersetzt nicht die Zustellung im Vollstreckbarerklärungsverfahren, IPRax 2007, 202 (zit.: Heiderhoff, Zustellung); Levante, Wohnsitz und gewöhnlicher Aufenthalt im internationalen Privat- und Zivilprozessrecht der Schweiz, St. Gallen/Lachen 1998.

Übersicht *Seite*

I. Normzweck

1 Die Entscheidung über die Vollstreckbarerklärung ist dem Antragsteller unverzüglich zuzustellen und zwar in der Form, wie am Forum des Exequaturs vorgesehen. Die Vollstreckbarerklärung und, falls noch nicht geschehen, die für vollstreckbar erklärte Entscheidung werden dem Schuldner zugestellt. Diese Bestimmung bezweckt die **Beschleunigung** des Verfahrens, indem der Antragsteller möglichst rasch Klarheit erhalten soll über die Erteilung des Exequaturs. Ausserdem bedarf die Klauselerteilung keiner vorgängigen Zustellung der für vollstreckbar zu erklärenden Entscheidung an den Schuldner.

II. Sachlicher Anwendungsbereich

1. Zustellung an den Antragsteller

2 Das Vollstreckungsgericht muss den Entscheid über die Vollstreckbarerklärung **unverzüglich** dem Antragsteller zustellen. Hat der Antragsteller seinen Sitz oder Wohnsitz nicht in der Schweiz[1], so ist die Zustellung am *Wahldomizil* oder beim *Zustellungsbevollmächtigten*, zu deren Bezeichnung der Antragsteller verpflichtet ist, vorzunehmen (vgl. Art. 40 Abs. 2).

3 Die Mitteilung erfolgt nach der **Form** des Staates, in dem die ausländische Entscheidung für vollstreckbar erklärt wird. Irrelevant ist dabei, ob das Exequatur erteilt oder verneint wird[2]. Dem Antragsteller ist die Entscheidung unabhängig vom Ausgang zuzustellen. Die Zustellung richtet sich in der Schweiz neu nach der ZPO (vgl. Art. 136 ff. ZPO), wobei auch eine elektronische Zustellung möglich ist (Art. 139 ZPO).

2. Zustellung an den Antragsgegner

4 Wurde die für vollstreckbar zu erklärende Entscheidung dem Schuldner noch nicht zugestellt, so hat die Zustellung **zusammen** mit der Zustellung

[1] Vgl. dazu Art. 40 Rz. 15.

[2] Bericht Jenard zu Art. 35 EuGVÜ; Kropholler, Art. 42 Rz. 1; vgl. auch Geimer/Schütze, Art. 42 Rz. 6; Czernich/Tiefenthaler/Kodek-Kodek, Art. 42 Rz. 1 f.; Magnus/Mankowski-Kerameus, Art. 42 Rz. 1.

des Exequaturentscheids zu erfolgen (Abs. 2)[3]. In der Folge kann der Antragsgegner einen Rechtsbehelf einlegen (vgl. Art. 43).

Hat der Antragsgegner Wohnsitz oder Sitz im Vollstreckungsstaat[4], so erfolgt die Zustellung nach dem **Recht des Vollstreckungsstaates**[5], in der Schweiz nach der ZPO[6]. 5

Einem Antragsgegner mit Wohnsitz oder Sitz im **Ausland** wird gemäss den anwendbaren staatsvertraglichen Vereinbarungen zugestellt, hilfsweise nach den autonomen Vorschriften des Vollstreckungsstaates für Auslandszustellungen, in der Schweiz – vorbehältlich gegenteiliger Praxis – auf dem diplomatischen Weg[7]. Ist der Sitz des Antragsgegners in einem LugÜ-Staat, so schreibt das LugÜ (Art. 43 Abs. 5 Satz 2) vor, dass die Mitteilung entweder in Person oder in der Wohnung des Antragsgegners zugestellt wird (vgl. Rz. 11). 6

Dem Antragsgegner werden nur **positive** Entscheidungen betreffend Vollstreckbarerklärung zugestellt. Weder das LugÜ noch die ZPO äussern sich zur Frage, ob eine negative Entscheidung dem Antragsgegner auszuhändigen ist. Eine solche Zustellung ist aber nicht geboten, weil der Antragsgegner gemäss Art. 41 Satz 2 am Vollstreckbarerklärungsverfahren nicht beteiligt ist[8]. 7

Dem Antragsgegner wird einzig die **Entscheidung** zugestellt. Diese Zustellung löst die Frist aus in Bezug auf den Rechtsbehelf. Der Anspruch 8

---

3 Die Zustellung der Entscheidung und der Vollstreckbarerklärung hat bis zum Abschluss des Verfahrens zu erfolgen (Bittmann 447). In Bezug auf die Zustellung an den Schuldner vgl. die Ausführungen zu Art. 43 Abs. 5.

4 Ist umstritten, wo sich der Wohnsitz (vgl. Art. 59) des Antragsgegners befindet, so bestimmt sich dieser nicht autonom nach LugÜ, sondern nach dem nationalen Recht, grundsätzlich demjenigen des Gerichtsstandes, so dass der Wohnsitzbegriff nach Art. 20 IPRG massgebend ist (BGE 133 III 252 E. 4; Meier 97; Schnyder/Liatowitsch Rz. 555; Levante 29 f.; Dasser/Oberhammer-Furrer/Sheikh, Art. 52 Rz. 9).

5 Dasser/Oberhammer-Staehelin, Art. 36 Rz. 5; Kropholler, Art. 43 Rz. 14; Geimer/Schütze, Art. 43 Rz. 32; Magnus/Mankowski-Kerameus, Art. 42 Rz. 5.

6 Botschaft LugÜ Ziff. 2.7.2.

7 Dasser/Oberhammer-Staehelin, Art. 36 Rz. 6; Kropholler, Art. 43 Rz. 14; Botschaft LugÜ Ziff. 2.7.2.

8 Kropholler, Art. 43 Rz. 17; Dasser/Oberhammer-Staehelin, Art. 36 Rz. 10; Czernich/Tiefenthaler/Kodek-Kodek, Art. 42 Rz. 1; a.A. Magnus/Mankowski-Kerameus, Art. 42 Rz. 2, weil der Schuldner allenfalls sein Vermögen oder den Streitgegenstand als solchen reorganisieren wolle.

des Antragsgegners auf rechtliches Gehör gibt ihm ein Einsichtsrecht in die weiteren Akten wie Antrag und Beilagen[9].

III. Persönlicher Anwendungsbereich

9 Vgl. grundsätzlich Art. 38 Rz. 72 f.

10 Die Zustellung in der Schweiz erfolgt im Falle einer vertretenen Partei an den **Vertreter** (Art. 137 ZPO). Im Übrigen erfolgt sie grundsätzlich durch eingeschriebene Postsendung oder auf andere Weise gegen Empfangsbestätigung, wobei die Zustellung als erfolgt gilt, wenn die Sendung vom Adressaten selbst oder von einer angestellten oder im gleichen Haushalt lebenden, mindestens 16 Jahre alten Person entgegengenommen wurde, wobei eine persönliche Zustellung vom Gericht angeordnet werden kann (Art. 138 Abs. 1 und 2 ZPO). Allenfalls gilt die Zustellung durch Fiktion (vgl. dazu Art. 138 Abs. 3) oder öffentliche Bekanntmachung (vgl. Art. 141 ZPO) oder durch elektronische Übermittlung (Art. 139 ZPO), wobei jedoch nicht jede Zustellungsart im Bereich des LugÜ die Frist auslöst (vgl. dazu Rz. 11).

11 Die Zustellung an einen Antragsgegner mit Sitz oder Wohnsitz in einem LugÜ-Staat hat **in Person oder in der Wohnung des Antragsgegners** zu erfolgen (Art. 43 Abs. 5 Satz 2). Dies bedeutet, dass die Entscheidung über die Vollstreckbarerklärung einer dort angetroffenen Person, die nach Gesetz zur Entgegennahme der Entscheidung befugt ist, oder, mangels einer solchen Person, an eine zuständige Behörde ausgehändigt werden muss[10]. Mit dieser Regelung soll der Schuldner geschützt werden. Er soll nicht infolge Versäumung der Frist mit seinen Einwendungen ausgeschlossen sein, wenn er nicht rechtzeitig von der Entscheidung Kenntnis erhalten hat und die Möglichkeit zur Verteidigung hatte[11]. Massgebend für die Zustellung ist das Recht am Wohnsitz bzw. Sitz des Schuldners, wobei *öffentliche Zustellungen* und *Aushang am Gericht* («*remise au parquet*») **nicht fristauslösend** sind[12]. Eine ausländische Partei, die ihren Wohnsitz nicht in einem

---

[9] DASSER/OBERHAMMER-STAEHELIN, Art. 36 Rz. 9.

[10] Bericht JENARD zu Art. 36 Fn. 1.

[11] KROPHOLLER, Art. 43 Rz. 15.

[12] KROPHOLLER, Art. 43 Rz. 15; GEIMER/SCHÜTZE, Art. 43 Rz. 35 (auch zu allfälligen Konsequenzen dieser Bestimmung); HEIDERHOFF, Zustellung 202; FOGT/SCHACK 121; DASSER/OBER-

LugÜ-Staat hat, kann sich *nicht* auf diese Schutzbestimmung berufen. Die Zustellung (und damit Fristauslösung) erfolgt gemäss Staatsvertrag, hilfsweise durch die autonomen Vorschriften des Vollstreckungsstaates über Auslandszustellungen[13]. Die ausländische Partei kann verpflichtet werden, in der Schweiz ein Zustellungsdomizil zu bezeichnen (Art. 140 ZPO).

Dem Antragsgegner ist nur eine **positive** Entscheidung betreffend Exequatur mitzuteilen (vgl. Rz. 7). 12

IV. Räumlicher Anwendungsbereich

Vgl. grundsätzlich die Ausführungen zum persönlichen Anwendungsbereich. 13

Der **Antragsteller** hat entweder den Sitz bzw. Wohnsitz im Staat des Exequaturgerichts oder er hat ein Wahldomizil am Forum zu begründen bzw. einen Zustellungsempfänger am Gerichtsort zu bezeichnen (Art. 40 Abs. 2). 14

Die Zustellung (der gutheissenden Vollstreckbarentscheidung) an den *Antragsgegner* erfolgt gemäss staatsvertraglicher Vereinbarung. Das Exequaturgericht kann den Antragsgegner dabei anweisen, ein **Zustellungsdomizil** in der Schweiz zu bezeichnen (Art. 140 ZPO). 15

V. Zeitlicher Anwendungsbereich

Art. 42 gebietet «ohne Wenn und Aber»[14] eine **unverzügliche** Zustellung. 16

Die ZPO sieht nicht vor, dass die Entscheidung über das Exequatur dem *Antragsgegner* später als dem Antragsteller ausgehändigt wird. Die Entscheidung sollte daher den Parteien **gleichzeitig** zugestellt werden. Einem *Antragsgegner in der Schweiz* wird gemäss ZPO übermittelt. Damit könnte der Überraschungseffekt verloren gehen, zumal der Antragsgegner u.U. früher Kenntnis von der Klauselerteilung erhält als der Antragsteller. Um diesen prozessualen Nachteil zu vermeiden, hat der Antragsteller die Mög- 17

HAMMER-STAEHELIN, Art. 36 Rz. 7.

[13] KROPHOLLER, Art. 43 Rz. 15; DASSER/OBERHAMMER-STAEHELIN, Art. 36 Rz. 8.

[14] GEIMER/SCHÜTZE, Art. 42 Rz. 10.

lichkeit, einen Arrest zu beantragen, so dass die Vermögenswerte rechtzeitig blockiert sein sollten[15].

[15] Vgl. auch DASSER/OBERHAMMER-STAEHELIN, Art. 35 Rz. 2; DONZALLAZ Rz. 4141.

Art. 43

1. Gegen die Entscheidung über den Antrag auf Vollstreckbarerklärung kann jede Partei einen Rechtsbehelf einlegen.

2. Der Rechtsbehelf wird bei dem in Anhang III aufgeführten Gericht eingelegt.

3. Über den Rechtsbehelf wird nach den Vorschriften entschieden, die für Verfahren mit beiderseitigem rechtlichen Gehör massgebend sind.

4. Lässt sich der Schuldner auf das Verfahren vor dem mit dem Rechtsbehelf des Antragstellers befassten Gericht nicht ein, so ist Artikel 26 Absätze 2–4 auch dann anzuwenden, wenn der Schuldner seinen Wohnsitz nicht im Hoheitsgebiet eines durch dieses Übereinkommen gebundenen Staates hat.

5. Der Rechtsbehelf gegen die Vollstreckbarerklärung ist innerhalb eines Monats nach ihrer Zustellung einzulegen. Hat der Schuldner seinen Wohnsitz im Hoheitsgebiet eines anderen durch dieses Übereinkommen gebundenen Staates als dem, in dem die Vollstreckbarerklärung ergangen ist, so beträgt die Frist für den Rechtsbehelf zwei Monate und beginnt von dem Tage an zu laufen, an dem die Vollstreckbarerklärung ihm entweder in Person oder in seiner Wohnung zugestellt worden ist. Eine Verlängerung dieser Frist wegen weiter Entfernung ist ausgeschlossen.

Art. 43

1. L'une ou l'autre partie peut former un recours contre la décision relative à la demande de déclaration constatant la force exécutoire.

2. Le recours doit être porté devant la juridiction indiquée sur la liste figurant à l'annexe III.

3. Le recours est examiné selon les règles de la procédure contradictoire.

4. Si la partie contre laquelle l'exécution est demandée ne comparaît pas devant la juridiction saisie du recours formé par le requérant, les dispositions de l'art. 26, par. 2 à 4, sont d'application, même si la partie contre laquelle l'exécution est demandée n'est pas domiciliée sur le territoire de l'un des États liés par la présente Convention.

5. Le recours contre la déclaration constatant la force exécutoire doit être formé dans un délai d'un mois à compter de sa signification. Si la partie contre laquelle l'exécution est demandée est domiciliée sur le territoire d'un autre État lié par la présente Convention que celui dans lequel la déclaration constatant la force exécutoire a été délivrée, le délai est de deux mois et court à compter du jour où la signification a été faite à personne ou à domicile. Ce délai ne comporte pas de prorogation à raison de la distance.

Art. 43

1. Ciascuna delle parti può proporre ricorso contro la decisione relativa all'istanza intesa a ottenere una dichiarazione di esecutività.

2. Il ricorso è proposto dinanzi al giudice di cui all'allegato III.

3. Il ricorso è esaminato secondo le norme sul procedimento in contraddittorio.

4. Se la parte contro la quale è chiesta l'esecuzione non compare davanti al giudice investito del ricorso in un procedimento riguardante un'azione proposta dall'istante, si applicano le disposizioni dell'articolo 26, paragrafi da 2 a 4 anche se la parte contro la

quale è chiesta l'esecuzione non è domiciliata nel territorio di uno degli Stati vincolati dalla presente convenzione.

5. Il ricorso contro la dichiarazione di esecutività viene proposto nel termine di un mese dalla notificazione della stessa. Se la parte contro la quale è chiesta l'esecuzione è domiciliata in uno Stato vincolato dalla presente convenzione diverso da quello in cui è rilasciata la dichiarazione di esecutività, il termine è di due mesi a decorrere dalla data della notificazione in mani proprie o nella residenza. Detto termine non è prorogabile per ragioni inerenti alla distanza.

Art. 43

1. The decision on the application for a declaration of enforceability may be appealed against by either party.

2. The appeal is to be lodged with the court indicated in the list in Annex III.

3. The appeal shall be dealt with in accordance with the rules governing procedure in contradictory matters.

4. If the party against whom enforcement is sought fails to appear before the appellate court in proceedings concerning an appeal brought by the applicant, Article 26 (2) to (4) shall apply even where the party against whom enforcement is sought is not domiciled in any of the States bound by this Convention.

5. An appeal against the declaration of enforceability is to be lodged within one month of service thereof. If the party against whom enforcement is sought is domiciled in a State bound by this Convention other than that in which the declaration of enforceability was given, the time for appealing shall be two months and shall run from the date of service, either on him in person or at his residence. No extension of time may be granted on account of distance.

Literatur: Atteslander-Dürrenmatt, Sicherungsmittel «à discrétion»? Zur Umsetzung von Art. 39 LugÜ in der Schweiz, AJP 2001, 180; Besson, A propos de deux arrêts du tribunal cantonal: exequatur d'un jugement comportant une condamnation pécuniaire selon la convention de Lugano, JdT 1996 III, 6; Cambi Favre-Bulle, La mise en oeuvre en Suisse de l'Art. 39 al. 2 de la Convention de Lugano, SZIER 1998, 335; Gassmann, Arrest im internationalen Rechtsverkehr, Zürich 1998; Heiderhoff, Kenntnisnahme ersetzt nicht die Zustellung im Vollstreckbarerklärungsverfahren, IPRax 2007, 202 (zit. Heiderhoff, Zustellung); Hungerbühler, Rechtsmittel und Rechtsbehelfe beim Arrest unter besonderer Berücksichtigung des Steuerarrestes und des Arrestes nach Art. 39 Abs. 1 LugÜ, ZZZ 2005, 199; Jametti Greiner, Überblick zum Lugano-Übereinkommen über die gerichtliche Zuständigkeit und die Vollstreckung gerichtlicher Entscheidungen in Zivil- und Handelssachen, ZBJV 1992, 42 (zit. Jametti Greiner, Überblick); Killias, Rechtsprechung zum Lugano-Übereinkommen (2006), SZIER 2007, 803; Kofmel Ehrenzeller, Die Umsetzung des Lugano-Übereinkommens im Kanton Solothurn, in: Solothurner Festgabe zum Schweizerischen Juristentag 1998, 555 (zit. Kofmel Ehrenzeller, Umsetzung); Leuenberger, Lugano-Übereinkommen: Verfahren der Vollstreckbarerklärung ausländischer «Geld»-Urteile, AJP 1992, 965; Mankowski, Gläubigerinteressen und Grundsatz des kontradiktorischen Verfahrens im Zielkonflikt bei der Beschwerde im Vollstreckbarerklärungsverfahren, IPRax 2004, 220 (zit. Mankowski, Zielkonflikt); Meier, Arrest im internationalen Recht, SZZP 2005, 417 (zit. Meier, Arrest); Müller, Anerkennung und Vollstreckung ausländischer Entscheidungen im Bereich des Schuldrechts, Diss. St. Gallen 1994; Rodriguez, Sicherung und Vollstreckung nach revidiertem Lugano Übereinkommen, AJP 2009, 1550 (zit. Rodriguez, Sicherung und Vollstreckung); DERS., Kommentierte Konkordanztabelle zum revidierten Übereinkommen von Lugano vom 30. Oktober 2007 und zum geltenden Lugano-Übereinkommen, SZIER 2007, 531 (zit. RODRIGUEZ, zu Art.); ROTH, Das Verfahren über die Zulassung der Zwangsvollstreckung nach Art. 38 ff. EuGVVO als geschlossenes System, IPRax 2010, 154 (zit. ROTH, Geschlossenes System); DERS., Der Streit um die Schuldneridentität im Verfahren der Vollstreckbarerklärung nach Art. 41, 43 EuGVVO, IPRax 2007, 423 (zit. ROTH, Schuldneridentität); SCHWANDER, Aktuelle Fragen des Exequaturs und des Exequaturverfahrens, ZZZ 2007, 3 (zit. SCHWANDER, Aktuelle Fragen); SOGO, Kleine Arrestrevision, grosse Auswirkungen – zur geplanten Anpassung des Arrestrechts im Rahmen der Revision des Lugano-Übereinkommens, SZZP 2009, 75 (zit. SOGO, Arrestrevision); DERS., Vollstreckung ausländischer Entscheide über Geldforderungen: Prüfung der internationalen Vollstreckbarkeit im definitiven Rechtsöffnungsverfahren oder im separaten Exequaturverfahren?, ZZZ 2008/2009, 29 (zit. SOGO, Vollstreckung); STOFFEL, Das Verfahren zur Anerkennung handelsrechtlicher Entscheide nach dem Lugano-Übereinkommen, in: SZW 1993, 107 (zit. STOFFEL, Verfahren); VOLKEN ALFONS, Anerkennung und Vollstreckung von Entscheidungen nach dem Lugano-Übereinkommen, ZWR 1992, 421 (zit. VOLKEN, Anerkennung und Vollstreckung).

Übersicht *Seite*

I. Normzweck

Die Art. 43–46 regeln die rechtlichen Anfechtungsmöglichkeiten gegen die Exequaturentscheidung. Die Bestimmungen bezwecken die Sicherstellung des Rechtsschutzes gegen eine richterliche Vollstreckbarerklärung. Das LugÜ hat im Bereich der Rechtsschutzmöglichkeiten ein **eigenständiges und geschlossenes System** geschaffen[1]. Es verdrängt die Rechtsmittel im 1

[1] EuGH 11.08.1995, Rs. C-432/95, *SISRO/Ampersand*, Slg. 1995 I 2269 Rz. 39 = SZIER 1996, 150 ff., 156 (Anm. VOLKEN).

Vollstreckungsstaat gegen die Zulassung oder Ablehnung der Vollstreckbarerklärung[2]. Der Schuldner darf über keine zusätzlichen prozessualen Rechtsbehelfe verfügen, um die Vollstreckung einer im Erlassstaat für vollstreckbar erklärten Entscheidung zu verzögern[3]. Soweit die Regelung im LugÜ nicht vollständig ist, kommen die nationalen Bestimmungen zur Anwendung, in der Schweiz die ZPO und das BGG.

2 Art. 43 umfasst die Art. 36 und 40 aLugÜ und regelt den Rechtsbehelf des Antragstellers und des Antragsgegners neu **einheitlich**. Inhaltlich entspricht die Regelung in etwa dem *status quo ante*. Doch soll sie eine Vereinfachung darstellen[4].

II. Sachlicher Anwendungsbereich

1. Zuständigkeit

3 Der Rechtsbehelf ist bei dem in Anhang III aufgeführten Gericht einzulegen (Art. 43 Abs. 2). Für die Schweiz ist dies das **obere kantonale Gericht**[5]. Der Rechtsbehelf ist die Beschwerde i.S.v. Art. 319 ff. ZPO[6].

2. Kontradiktorisches Verfahren

4 Reicht der Schuldner einen Rechtsbehelf ein, erhält er zum ersten Mal dafür *zwingend* Gelegenheit zur Äusserung, um die Zulässigkeit bzw. Be-

[2] EuGH 04.02.1988, Rs. 145/86, *Hoffmann/Krieg*, Slg. 1988, 645 Rz. 30 und 34; KROPHOLLER, Art. 43 Rz. 2; GEIMER/SCHÜTZE, Art. 43 Rz. 1; DASSER/OBERHAMMER-STAEHELIN, Art. 36 Rz. 2; DONZALLAZ Rz. 3972 ff.; CZERNICH/TIEFENTHALER/KODEK-KODEK, Art. 43 Rz. 1.

[3] EuGH 11.08.1995, Rs. C-432/95, *SISRO/Ampersand*, Slg. 1995 I 2269 Rz. 41.

[4] BOTSCHAFT LUGÜ Ziff. 2.7.3.1; RODRIGUEZ, zu Art. 43.

[5] Vgl. Anhang III. Ursprünglich war vorgesehen, dass der Rechtsbehelf beim KGer einzulegen sei. Im Zusammenhang mit der Ratifikation wurde der Text jedoch angepasst. Auch nach Inkrafttreten der ZPO heissen die oberen kantonalen Instanzen unterschiedlich: so gibt es etwa das OGer, das KGer, das AppG. Die redaktionelle Änderung widerspiegelt damit den in der Schweiz weiterhin geltenden Föderalismus in der Gerichtsorganisation.
Die blosse Einsprache an die erste Instanz ist nicht LugÜ konform: BGE 125 I 412 E. 1b; LEUENBERGER 969; WALDER, in: SCHWANDER, LugÜ 152; SchKG-STAEHELIN, Art. 30a Rz. 33; DASSER/OBERHAMMER-STAEHELIN, Art. 37 Rz. 1; a.M. ERLÄUTERUNGEN BAJ Ziff. 3.3; OGer TG, RBOG 1996 Nr. 29 E. 2/a.

[6] Der Entscheid über die Vollstreckbarerklärung ist ein Endentscheid. Entscheide des Vollstreckungsrichters sind nicht berufungsfähig (Art. 309 lit. a ZPO). Unter Vorbehalt der Arresteinsprache untersteht folglich der Arrest demselben Rechtsmittel wie die übrigen Sicherungsmassnahmen (vgl. Art. 309 lit. b ZPO; BOTSCHAFT LUGÜ Ziff. 2.7.3.2).

gründetheit des Antrags auf Vollstreckbarerklärung zu bestreiten[7]. Das Verfahren findet mit Gewährung des beiderseitigen rechtlichen Gehörs statt (Art. 43 Abs. 3). Insbesondere der Schuldner, der bisher nicht gehört wurde, hat Anspruch auf *umfassendes* rechtliches Gehör[8]. Das Rechtsbehelfsverfahren ist, soweit das LugÜ keine Vorschriften enthält, gemäss den Vorschriften des Vollstreckungsstaates für ein **kontradiktorisches Verfahren** durchzuführen; dies betrifft insbesondere die Einzelheiten des Verfahrens[9]. Vorgegeben ist grundsätzlich die kontradiktorische Natur des Rechtsbehelfs. Dieser ist ein Rechtsmittel *sui generis*[10].

Auch wenn der Gläubiger einen Rechtsbehelf gegen die das Exequatur nicht gewährende Entscheidung einlegt, ist das Verfahren **kontradiktorisch**. Dies gilt selbst dann, wenn der Erstrichter die ausländische Entscheidung hätte für vollstreckbar erklären müssen[11] und auch dann, wenn der Gläubiger einen Rechtsbehelf einlegt in einem Fall, bei dem der Antrag erstinstanzlich abgelehnt wurde wegen nicht rechtzeitig vorgelegter Urkunden, und die Erteilung für einen Staat begehrt wird, der nicht Aufenthaltsstaat des Schuldners ist[12]. Das Verfahren ist auch kontradiktorisch, wenn die Erstinstanz auf das Vollstreckbarerklärungsgesuch nicht eintritt[13]. 5

[7] KROPHOLLER, Art. 43 Rz. 8 f. (Ausnahmen von der kontradiktorischen Ausgestaltung sind nicht zulässig); GEIMER/SCHÜTZE, Art. 43 Rz. 46 und 48 f.; DASSER/OBERHAMMER-STAEHELIN, Art. 36 Rz. 2; BOTSCHAFT LUGÜ Ziff. 2.7.3.1; vgl. auch MAGNUS/MANKOWSKI-KERAMEUS, Art. 43 Rz. 6 und 12.

[8] BOTSCHAFT LUGÜ Ziff. 2.7.3.1; KROPHOLLER, Art. 43 Rz. 1; GEIMER/SCHÜTZE, Art. 43 Rz. 49; RODRIGUEZ, zu Art. 43; DERS., Sicherung und Vollstreckung 1559 Fn. 36; vgl. auch CZERNICH/TIEFENTHALER/KODEK-KODEK, Art. 43 Rz. 5 und 9.

[9] BOTSCHAFT LUGÜ Ziff. 2.7.3.1; KROPHOLLER, Art. 43 Rz. 1 und 10.

[10] DASSER/OBERHAMMER-STAEHELIN, Art. 36 Rz. 15.

[11] GEIMER/SCHÜTZE, Art. 43 Rz. 47 und 52; Bericht JENARD zu Art. 40 und 41; DASSER/OBERHAMMER-STAEHELIN, Art. 40 Rz. 6.

[12] EuGH 12.07.1984, Rs. 178/83, *Firma P./Firma K.*, Slg. 1984, 3033 Rz. 12; MAGNUS/MANKOWSKI-KERAMEUS, Art. 43 Rz. 6. Das OLG Düsseldorf hat eine Sache ohne Anhörung des Schuldners zurückgewiesen, weil der erstinstanzliche Vollstreckungsrichter zu Unrecht wegen fehlenden Nachweises über eine ordnungsgemässe Zustellung des verfahrenseinleitenden Schriftstücks das Exequatur nicht erteilt hatte (OLG Düsseldorf, Beschluss vom 07.04.2003 – 3 W 91/03 = IPRax 2004, 251). Zu Recht wird dieser Entscheid von MANKOWSKI, Zielkonflikt 220 ff., kritisiert.

[13] ZR 101 Nr. 90; a.A. OGer TG, RBOG 1996 Nr. 29 E. 3/b/aa; AbR 2004/05 Nr. 19 E. 1 (OGer OW).

3. Kognition/Prüfungsumfang

6 Das Gericht, das über den Rechtsbehelf entscheidet, darf **keine Kognitionsbeschränkung** haben, weil der Schuldner sich zuvor nicht äussern konnte und nun Anspruch auf *umfassendes rechtliches Gehör* hat[14]. Diesen Vorgaben trägt Art. 327a ZPO insofern Rechnung, als das Gericht die im LugÜ vorgesehenen Verweigerungsgründe mit *voller Kognition* zu prüfen hat (Abs. 1). Die Vollstreckbarkeit ist von Amtes wegen zu prüfen (Art. 341 Abs. 1 ZPO)[15].

7 Mit dem Rechtsbehelf kann der Schuldner insbesondere geltend machen, die Voraussetzungen der Vollstreckbarerklärung lägen nicht vor[16]. Das mit dem Rechtsbehelf befasste Gericht ist beim **Prüfungsumfang** insofern eingeschränkt, als die Vollstreckbarerklärung grundsätzlich aus den in Art. 34 und 35 genannten Gründen versagt oder aufgehoben werden darf[17]. Diese Versagungsgründe können im Stadium des Rechtsbehelfs erstmals geprüft werden (vgl. Art. 41 Satz 1 und Art. 45 Abs. 1). So kann der Schuldner etwa vorbringen, dass ein Säumnisurteil für vollstreckbar erklärt worden sei, bei dem die Verteidigungsrechte nicht eingehalten worden seien[18].

8 Der Schuldner kann **keine Einwendungen** im Vollstreckungsverfahren vorbringen, welche vor Erlass der für vollstreckbar zu erklärenden Entscheidung entstanden sind. Diese Einwendungen muss der Schuldner mit Rechtsmitteln im Erlassstaat gegen die ausländische Entscheidung geltend machen[19]. Im Vollstreckungsstaat kann der Schuldner im Rechtsbehelfs-

[14] Botschaft LugÜ Ziff. 2.7.3.1; Dasser/Oberhammer-Staehelin, Art. 36 Rz. 16; Sogo, Vollstreckung 52; Rodriguez, Sicherung und Vollstreckung 1559 und Fn. 36; vgl. auch Magnus/Mankowski-Kerameus, Art. 43 Rz. 11.

[15] So hat auch der BGH entschieden, dass der Versagungsgrund von Art. 34 Nr. 2 EuGVVO im Rechtsbehelfsverfahren nach Art. 43 EuGVVO von Amtes wegen auch ohne eine entsprechende Rüge des Antragsgegners zu prüfen ist (BGH, Beschluss vom 12.12.2007 – XII ZB 240/05 E. II/3a und 3b). Es besteht aber **keine Pflicht** des Rechtsbehelfsgerichts, die für die Entscheidung erheblichen Tatsachen von Amtes wegen zu ermitteln (BGH, Beschluss vom 12.12.2007 – XII ZB 240/05 E. II/3c). A.A. wohl Rodriguez, Sicherung und Vollstreckung 1559.

[16] Kropholler, Art. 43 Rz. 24; Dasser/Oberhammer-Staehelin, Art. 36 Rz. 21; Czernich/Tiefenthaler/Kodek-Kodek, Art. 43 Rz. 11.

[17] Kropholler, Art. 43 Rz. 1 und 25; Dasser/Oberhammer-Staehelin, Art. 36 Rz. 21. Vgl. dazu Art. 45 Rz. 6 ff.

[18] Kropholler, Art. 43 Rz. 25.

[19] Kropholler, Art. 43 Rz. 26; Czernich/Tiefenthaler/Kodek-Kodek, Art. 43 Rz. 15; Dasser/Oberhammer-Staehelin, Art. 36 Rz. 22. Sofern der Schuldner im Erlassstaat kein Rechtsmit-

verfahren die Aussetzung des Verfahrens gemäss Art. 46 verlangen, wobei er sich nicht auf Gründe stützen kann, die er am Forum der zu anerkennenden Entscheidung vorgebracht hat oder hätte vorbringen können[20].

Der Anspruch des Gläubigers auf rechtliches Gehör gewährt diesem das Recht auf **Stellungnahme** zu den Ausführungen des Schuldners. Diese Anhörung kann mündlich oder schriftlich erfolgen[21], wobei in der Schweiz im summarischen Verfahren beide Arten angeordnet werden können (Art. 253 ZPO). 9

Demgegenüber stellt sich die Frage, ob der Schuldner die Möglichkeit oder gar die Pflicht hat, sämtliche (materiellrechtlichen) Einwände vorzutragen, welche **nach Erlass** der für vollstreckbar zu erklärenden Entscheidung entstanden sind. Solche Einwände sind grundsätzlich im Rechtsbehelfsverfahren nicht zulässig bzw. es können einzig rechtskräftig festgestellte bzw. vom Gläubiger anerkannte Einwände berücksichtigt werden (vgl. dazu Art. 45 Rz. 8 ff.). 10

STAEHELIN vertritt die Ansicht, dass der selbständige Exequaturentscheid mit Revision aufgehoben werden könne, wenn die Tilgung, Stundung oder Verjährung nach Ablauf der Rechtsbehelfsfrist erfolgte oder wenn zwischenzeitlich die Vollstreckbarkeit der Entscheidung im Erlassstaat aufgehoben wurde[22]. Die Revision ist jedoch ausgeschlossen für Tatsachen und Beweismittel, die erst nach dem Entscheid entstanden sind (Art. 328 Abs. 1 lit. a ZPO). Einen Vorbehalt für im Gesetz vorgesehene Fälle gibt es nicht. Damit dürfte die **Revision ausgeschlossen** sein (vgl. auch Art. 38 Rz. 29). Sollte der Gläubiger daher eine Zwangsvollstreckung weiterbetreiben, wäre der Schuldner auf die Rechtsbehelfe im SchKG (im reinen Vollstreckungsverfahren), insbesondere auf Art. 85 und 85a SchKG, sowie auf Schadenersatzansprüche angewiesen. Im Rahmen einer Zwangsvollstreckung einer nicht auf Geld oder Sicherheitsleistung lautenden Forderung ist die Frage kaum von praktischer Bedeutung. Die Vollstreckungsmittel könnten aber kaum umgesetzt werden. 11

tel einlegt, so sind die Einwendungen aufgrund der rechtskräftigen ausländischen Entscheidung, die anerkannt wird, ausgeschlossen.

[20] KROPHOLLER, Art. 43 Rz. 26; Bericht JENARD zu Art. 37 EuGVÜ.

[21] DASSER/OBERHAMMER-STAEHELIN, Art. 36 Rz. 18.

[22] DASSER/OBERHAMMER-STAEHELIN, Art. 36 Rz. 23.

4. Fehlende Einlassung des Schuldners

12 Legt der Gläubiger einen Rechtsbehelf ein und lässt sich der Schuldner nicht darauf ein, so hat das Gericht Art. 26 Abs. 2 und 4 anzuwenden und zwar unabhängig vom Wohnsitz bzw. Sitz des Schuldners (Art. 43 Abs. 4). Das Gericht hat damit das Verfahren **auszusetzen**, bis festgestellt ist, dass die Verteidigungsrechte des Schuldners eingehalten sind. Dieses Vorgehen bezweckt die Einhaltung des Anspruchs des Schuldners auf rechtliches Gehör. Es ist angezeigt, zumal der Schuldner nur den Rechtsbehelf der auf Rechtsverletzungen beschränkten Beschwerde an das Bundesgericht gemäss Art. 44 i.V.m. Anhang IV erheben kann, sollte er nicht rechtzeitig genug geladen worden sein, um sich verteidigen zu können[23].

5. Aufschiebende Wirkung

13 Der Rechtsbehelf hat insofern aufschiebende Wirkung, als die Zwangsvollstreckung in das Vermögen des Schuldners nicht über Massnahmen zur **Sicherung** hinausgehen darf (Art. 47 Abs. 3)[24]. Dementsprechend hält Art. 327a Abs. 2 ZPO fest, dass die Beschwerde aufschiebende Wirkung hat, aber sichernde Massnahmen, insbesondere der Arrest, vorbehalten sind.

14 Das Rechtsbehelfsverfahren ist ebenfalls **kontradiktorisch**, wenn es vom Gläubiger eingeleitet wird (vgl. Rz. 5). Bei dieser Konstellation wurde der Antrag des Gläubigers erstinstanzlich abgewiesen. Wenn der Gläubiger befürchtet, dass der Schuldner Vermögen im Vollstreckungsstaat beseitigt, kann er Sicherungsmassnahmen ohne Anhörung des Schuldners nach dem Recht des Vollstreckungsstaates beantragen[25].

---

[23] Kropholler, Art. 43 Rz. 12; Geimer/Schütze, Art. 43 Rz. 48 f. und 53 ff.; Czernich/Tiefenthaler/Kodek-Kodek, Art. 43 Rz. 10; vgl. auch Magnus/Mankowski-Kerameus, Art. 43 Rz. 13 f.

[24] Botschaft LugÜ Ziff. 2.7.3.1; Dasser/Oberhammer-Staehelin, Art. 36 Rz. 4, der darauf hinweist, dass die Zwangsvollstreckung nicht fortgeführt werden darf; Stoffel, Verfahren 114; Besson 15; Donzallaz Rz. 4109; Kofmel Ehrenzeller, Umsetzung 562; Cambi Favre-Bulle 340; Bucher/Bonomi Rz. 325; für das deutsche Recht vgl. Geimer/Schütze, Art. 43 Rz. 67.

[25] Geimer/Schütze, Art. 43 Rz. 57; Dasser/Oberhammer-Staehelin, Art. 40 Rz. 3: Sicherungsmassnahmen gemäss LugÜ stehen bei einem abgewiesenen Antrag nicht zur Verfügung.

6. Rechtsbehelfe während der Zwangsvollstreckung

Der Gläubiger kann auch während des Rechtsbehelfsverfahrens ein Betreibungsverfahren einleiten. Die **Durchführung der Zwangsvollstreckung** erfolgt nach den nationalen Verfahrensvorschriften, in der Schweiz nach SchKG und ZPO. Während der Vollstreckung können daher die entsprechenden Rechtsbehelfe ergriffen werden. Diese Anfechtungsmöglichkeiten sind aber *ausgeschlossen*, wenn das Rechtsmittel gegen die Vollstreckung einer mit dem Exequatur versehenen ausländischen Entscheidung von der Person eingelegt wird, die auch gegen die Vollstreckbarerklärung einen Rechtsbehelf hätte einlegen können, und auf einen Grund gestützt wird, der im Rahmen des letztgenannten Rechtsbehelfs hätte vorgebracht werden können. Andernfalls könnte die Zulassung der Zwangsvollstreckung nach Ablauf der strikt einzuhaltenden Frist gemäss Art. 43 Abs. 5 in Frage gestellt und dieser Vorschrift die praktische Wirksamkeit entzogen werden. Weil die letztgenannte Bestimmung zwingend ist, muss das inländische Gericht die Einhaltung der Frist überwachen. Würde diese Frist durch das Rechtsmittel in Frage gestellt, müsste dieses für unzulässig erklärt werden[26]. Einwendungen, welche im Rechtsbehelfsverfahren nicht vorgebracht wurden, aber hätten vorgebracht werden können, können daher im späteren Rechtsöffnungsverfahren nicht mehr geltend gemacht werden. Der Rechtsöffnungsrichter darf aufgrund der *res iudicata* Wirkung die Einreden gegen die (inzidente) Vollstreckbarerklärung nicht prüfen[27]. Eine Ausnahme liegt vor, wenn der Schuldner bei einer Geldforderung eine Sicherheitsleistung zu bezahlen hat. Diesbezüglich kann die Zwangsvollstreckung zugunsten der Gerichtskasse durchgeführt werden, um die Sicherheit zu leisten (vgl. Art. 46 Rz. 11). 15

7. Kosten des Rechtsbehelfsverfahrens

Im Vollstreckbarerklärungsverfahren dürfen **keine nach dem Streitwert abgestuften Stempelabgaben und Gebühren** erhoben werden (Art. 52). Die Verteilung der Prozesskosten ist in Art. 104 ff. ZPO geregelt. Über die Höhe der Prozesskosten bestimmen nach wie vor die Kantone (Art. 96 16

[26] EuGH 04.02.1988, Rs. 145/86, *Hoffmann/Krieg*, Slg. 1988, 645 Rz. 30 f.; vgl. auch KROPHOLLER, Art. 43 Rz. 4 und 29; GEIMER/SCHÜTZE, Art. 43 Rz. 13; DASSER/OBERHAMMER-STAEHELIN, Art. 36 Rz. 22.

[27] BOTSCHAFT LUGÜ Ziff. 2.7.3.2; RODRIGUEZ, Sicherung und Vollstreckung 1555 und 1558; SOGO, Vollstreckung 43; DASSER/OBERHAMMER-STAEHELIN, Art. 34 Rz. 27.

ZPO). Demgegenüber werden ein allfälliger Kostenvorschuss und eine allfällige Sicherstellung der Parteientschädigung vom Bundesrecht bestimmt (Art. 98 ff. ZPO). Ein Kostenvorschuss kann grundsätzlich verlangt werden (Art. 51 sowie Art. 98 ZPO), wobei Staatsverträge zu beachten sind. Weil die Vollstreckbarerklärung im summarischen Verfahren entschieden wird, ist grundsätzlich keine Sicherheit für die Parteientschädigung zu leisten (Art. 99 Abs. 3 lit. c ZPO). Im Übrigen ist Art. 51 zu beachten. Im Falle der Gutheissung des Rechtsbehelfs kann das Gericht die in der Vollstreckbarerklärung dem Schuldner auferlegten Kosten neu verteilen[28].

8. Rechtskraft

17 Der Entscheid des über den Rechtsbehelf befindenden Gerichts erwächst in **Rechtskraft**[29].

9. Rechtslage bei vorfrageweiser Vollstreckbarerklärung

18 Wird die ausländische Entscheidung nur vorfrageweise im Rahmen eines Rechtsöffnungsverfahrens für vollstreckbar erklärt, so geschieht dies in einem **reinen SchKG-Verfahren** (Art. 38 Rz. 15 ff.). Es ergeht kein Entscheid im Sinne des LugÜ. Infolgedessen kann auch kein Rechtsbehelf nach Art. 43 erhoben werden[30]. Vielmehr kann aber der Schuldner im Rahmen des kontradiktorischen Rechtsöffnungsverfahren die Vollstreckbarkeit bestreiten (vgl. Art. 38 Rz. 17). Die Zustellung erfolgt neu nach der ZPO (Art. 136 ff.); auch die weiteren verfahrenrechtlichen Bestimmungen wie etwa die Frist[31] richten sich rein nach nationalem Recht. Gegen den Rechtsöffnungsentscheid kann eine Beschwerde eingereicht werden (Art. 319 lit. a i.V.m. Art. 309 lit. b Ziff. 3 ZPO). Gegen den Beschwerdeentscheid kann eine Beschwerde in Zivilsachen an das Bundesgericht erhoben werden (Art. 72 Abs. 2 lit. a BGG)[32]. Nachdem es sich beim kantonalen Rechts-

---

[28] Dasser/Oberhammer-Staehelin, Art. 36 Rz. 19.

[29] Dasser/Oberhammer-Staehelin, Art. 36 Rz. 20.

[30] BGE 125 III 386 E. 3a; Erläuterungen BAJ Ziff. 3.2; Amonn/Walther, § 19 Rz. 29; Jametti Greiner, Überblick 75; Stoffel, Verfahren 115; Volken, Anerkennung und Vollstreckung 471 f.; Donzallaz Rz. 3988 f.; Kofmel Ehrenzeller, Umsetzung 567; SchKG-Staehelin, Art. 80 Rz. 68; Dasser/Oberhammer-Staehelin, Art. 36 Rz. 24 und Art. 40 Rz. 12; a.A. Leuenberger 970; Müller 256.

[31] BGE 125 III 386 = Pra 89 (2000) Nr. 13.

[32] Dasser/Oberhammer-Staehelin, Art. 36 Rz. 24; Sogo, Vollstreckung 56.

mittel ebenfalls um ein Vollstreckungsverfahren handelt, sind Noven im Rahmen von Art. 326 Abs. 2 i.V.m. Art. 341 Abs. 3 ZPO zulässig.

Der Gläubiger hat gegen einen ablehnenden Rechtsöffnungsentscheid die Möglichkeit, ein neues Betreibungsverfahren einzuleiten und erneut ein Rechtsöffnungsbegehren mit vorfrageweiser Vollstreckbarerklärung zu stellen. Der Rechtsöffnungsentscheid ist nur in der **jeweiligen Betreibung materiell rechtskräftig**[33]. 19

III. Persönlicher Anwendungsbereich

Jede Partei (bzw. deren Rechtsnachfolger) kann gegen die Entscheidung betreffend Vollstreckbarerklärung einen Rechtsbehelf einlegen (Art. 43 Abs. 1). Sowohl der Antragsteller wie auch der Antragsgegner haben somit (im Rahmen der Beschwer) die Möglichkeit zur Anfechtung der Exequaturentscheidung[34]. 20

Wurde die Vollstreckbarerklärung erstinstanzlich abgelehnt, war jedoch der Gläubiger zweitinstanzlich mit dem Rechtsbehelf erfolgreich, so kann der Schuldner nicht einen Rechtsbehelf nach Art. 43 einlegen, sondern nur den **zweitinstanzlichen** Entscheid gemäss Art. 44 an das Bundesgericht weiterziehen[35]. 21

Demgegenüber sind **Dritte** nicht legitimiert, einen Rechtsbehelf einzulegen. Das einfache Verfahren zur Vollstreckbarerklärung und das autonome und abschliessende System im LugÜ schliessen eine Anfechtung der Zulassung der Zwangsvollstreckung durch Dritte auch nach nationalem Recht aus[36]. Das LugÜ behandelt aber die Zwangsvollstreckung als solche 22

---

33 Dasser/Oberhammer-Staehelin, Art. 40 Rz. 12; vgl. Art. 38 Rz. 71.

34 Kropholler, Art. 43 Rz. 6; Geimer/Schütze, Art. 43 Rz. 3 und 14 f.; Bonomi/Cashin Ritaine/Romano-Schnyder 140; Dasser/Oberhammer-Staehelin, Art. 40 Rz. 2; Czernich/Tiefenthaler/Kodek-Kodek, Art. 43 Rz. 4.

35 Geimer/Schütze, Art. 43 Rz. 63; Dasser/Oberhammer-Staehelin, Art. 40 Rz. 9.

36 EuGH 23.04.2009, Rs. C-167/08, *Draka NK Cables Ltd et al./Omipol Ltd* = IPRax 2010 167, 154 Anm. Roth, wonach ein Gläubiger des Schuldners keinen Rechtsbehelf einlegen kann und sich die Rechtslage gegenüber dem aLugÜ materiell nicht verändert hat; EuGH 02.07.1985, Rs. 148/84, *Deutsche Genossenschaftsbank/SA Brasserie du Pêcheur*, Slg. 1985, 1981 Rz. 16 ff.; Kropholler, Art. 43 Rz. 5 und 6; Geimer/Schütze, Art. 43 Rz. 16 f.; Hungerbühler 216 f.; Roth, Geschlossenes System 154 f.; Dasser/Oberhammer-Staehelin, Art. 36 Rz. 3; Magnus/Mankowski-Kerameus, Art. 43 Rz. 5; Czernich/Tiefenthaler/Kodek-Kodek, Art. 43 Rz. 4; Donzallaz Rz. 3984 f. Regressansprüche des Beklagten befürchtende Dritte

nicht. Damit können Dritte Rechtsbehelfe gegen Zwangsvollstreckungsmassnahmen nach dem Recht des Vollstreckungsortes einlegen. In der Schweiz können Dritte in der Spezialexekution ein Widerspruchsverfahren (Art. 106 ff. SchKG) einleiten und im Rahmen eines Konkursverfahrens ein Aussonderungsverfahren (Art. 242 SchKG)[37]. In der Realvollstreckung können Dritte den Vollstreckungsentscheid mit Beschwerde anfechten (Art. 346 ZPO).

23 Hat der Schuldner seinen Wohnsitz oder Sitz in einem anderen LugÜ-Staat als im Vollstreckungsstaat, so beginnt die Frist für den Rechtsbehelf gemäss Art. 43 Abs. 5 erst von dem Tage an zu laufen, an dem ihm die Entscheidung entweder **in Person oder in seiner Wohnung** zugestellt worden ist (vgl. dazu Art. 42 Rz. 11).

IV. Räumlicher Anwendungsbereich

24 Der Rechtsbehelf ist an das obere kantonale Gericht desjenigen **Kantons** zu richten, dessen erstinstanzliches Gericht über die Vollstreckbarkeit entschieden hat.

---

müssen sich deshalb bereits am Verfahren im Erlassstaat beteiligen, um ihrem Rechtsstandpunkt Wirkung zu verleihen (GEIMER/SCHÜTZE, Art. 43 Rz. 18). Das OLG Düsseldorf hat entschieden, dass es sich auch bei einer Gesellschaft, gegen die der Gläubiger ein Arresturteil erwirken konnte, weil der Gläubiger argumentierte, diese Gesellschaft sei in Wirklichkeit die Schuldnerin (mit leicht verändertem Namen) gemäss dem (für vollstreckbar zu erklärenden) Urteil bzw. deren Rechtsnachfolgerin, um eine nicht legitimierte Dritte handle (OLG Düsseldorf, Beschluss vom 26.09.2006 – I-3 W 132/06 E. II = IPRax 2007, 453). Diese Gesellschaft, gegen welche Zwangsmassnahmen zugelassen (später aber aufgehoben) wurden, war nach Auffassung des Gerichts gemäss Art. 43 nicht legitimiert, einen Rechtsbehelf zu erheben. ROTH, Schuldneridentität 423 ff., kritisiert diesen Entscheid. Eine Konkretisierung der Partei darf/soll das Vollstreckungsgericht vornehmen, wenn Sicherheit in Bezug auf die Identität zwischen zwei Parteien besteht (vgl. Art. 38 Rz. 42). Vorliegend stellt sich aber doch die Frage, ob die Partei, welche der *Gläubiger* als identisch mit der Schuldnerin bzw. als deren Rechtsnachfolgerin und damit eben gerade als Schuldnerin bezeichnet, nicht doch legitimiert sein sollte, einen Rechtsbehelf einlegen zu dürfen, auch wenn sie nicht als Schuldnerin im Urteil aufgeführt wird, welches für vollstreckbar erklärt werden soll. Immerhin betrachtete der Gläubiger diese «Dritte» als Partei und auch die Vollstreckungsgerichte liessen einen Arrest gegen diese «Dritte» zu.

[37] DASSER/OBERHAMMER-STAEHELIN, Art. 36 Rz. 3. Vgl. auch OLG Düsseldorf, Beschluss vom 26.09.2006 – I-3 W 132/06 E. II = IPRax 2007, 453; KROPHOLLER, Art. 43 Rz. 5; ROTH, Schuldneridentität 423 f.; GEIMER/SCHÜTZE, Art. 43 Rz. 20 ff.

V. Zeitlicher Anwendungsbereich

25 Die Frist wird mit Zustellung der **begründeten Entscheidung** betreffend Vollstreckbarerklärung ausgelöst (Art. 321 Abs. 1 ZPO)[38]. Die Einzelheiten der Zustellung sind im LugÜ nicht geregelt[39]. Die in Art. 43 Abs. 5 aufgestellten Fristen beginnen grundsätzlich durch jede **ordnungsmässige Zustellung**, wobei Satz 2 zum Schutz des Schuldners eine *Beschränkung* auf einzelne Zustellungsarten enthält[40]. Die Fristen werden nach dem Recht des Vollstreckungsstaates berechnet[41], in der Schweiz gemäss Art. 142 ff. ZPO. Das Gericht kann auf Gesuch eine Frist wiederherstellen (Art. 148 ZPO)[42].

26 Der Rechtsbehelf muss vom *Schuldner* innerhalb einer bestimmten Frist eingelegt werden[43]. Der Rechtsbehelf ist innerhalb **eines Monats** nach Zustellung der Vollstreckbarerklärung einzulegen, sofern der Wohnsitz oder Sitz des Schuldners sich im Vollstreckungsstaat oder in einem nicht durch

---

38 Botschaft LugÜ Ziff. 2.7.3.2; Schwander, Aktuelle Fragen 17; Sogo, Vollstreckung 52 f.; Dasser/Oberhammer-Staehelin, Art. 36 Rz. 9. Es müssen für die Fristauslösung keine weiteren Unterlagen mit der Entscheidung zugestellt werden (vgl. Art. 42 Rz. 8). In der Schweiz kann der Entscheid ohne Begründung erfolgen. Jede Partei kann jedoch eine Begründung innert 10 Tagen verlangen (Art. 239 ZPO). Ein Verzicht auf Begründung durch die unterlegene Partei wird als Verzicht auf das Rechtsmittel gewertet. Dieser Verzicht wirkt ab dem Ablauf der Frist gemäss Art. 239 ZPO (Botschaft LugÜ Ziff. 2.7.3.2; Rodriguez, Sicherung und Vollstreckung 1559 f.; kritisch Sogo, Vollstreckung 53).

39 Kropholler, Art. 43 Rz. 14. Vgl. zur Zustellung Art. 42 Rz. 2 ff.

40 Kropholler, Art. 43 Rz. 18. Unter dem EuGVÜ bzw. dem aLugÜ (Art. 36) hatte der EuGH entschieden, dass eine fiktive Zustellung in Italien unwirksam ist und dass eine tatsächliche Kenntnisnahme die förmliche Zustellung der Vollstreckbarerklärung auch nicht ersetzt (EuGH 16.02.2006, Rs. C-3/05, *Gaetano Verdoliva/J.M. Van der Hoeven GV et al.*, Slg. 2006 I 1579 Rz. 38 = IPRax 2007, 215 ff.; Killias 805 ff.). Kritisch zu diesem Entscheid Heiderhoff, Zustellung 202 ff., insb. 203, welche die Ansicht vertritt, dass der Nachweis der Zustellung auch auf andere Weise sollte erbracht werden können und dass eine Heilung von Zustellungsmängeln möglich sein sollte. Fraglich ist, ob die Auslegung von Art. 36 Abs. 1 aLugÜ im Anwendungsbereich der EuGVVO/des LugÜ Bestand hat (Killias 809). Die Einhaltung der Frist gemäss Art. 43 Abs. 5 Satz 2 ist nur eine Voraussetzung für den Lauf der Beschwerdefrist (Schlosser, Art. 43 EuGVVO Rz. 5).

41 Kropholler, Art. 43 Rz. 18; Geimer/Schütze, Art. 43 Rz. 29; Dasser/Oberhammer-Staehelin, Art. 36 Rz. 13; Bericht Jenard zu Art. 36 EuGVÜ.

42 Geimer/Schütze, Art. 43 Rz. 30; Dasser/Oberhammer-Staehelin, Art. 36 Rz. 13.

43 Botschaft LugÜ Ziff. 2.7.3.2; Geimer/Schütze, Art. 43 Rz. 23; Kropholler, Art. 43 Rz. 13; Sogo, Vollstreckung 51; a.A. Dasser/Oberhammer-Staehelin, Art. 40 Rz. 13, wonach die Frist auch für den Gläubiger gelte.
Die Frist zur Einreichung der Beschwerde von 10 Tagen (Art. 321 Abs. 2 ZPO) gilt nicht im LugÜ-Verfahren, zumal das LugÜ die Fristen autonom bestimmt.

das LugÜ gebundenen Staat befindet. Während bei Wohnsitz des Schuldners im Vollstreckungsstaat keine Verlängerung der Frist möglich ist, ist eine solche bei einem Schuldner mit Wohnsitz in einem nicht durch das LugÜ gebundenen Staat *möglich*[44]. Unklar ist, ob die Frist einzig wegen weiter Entfernung[45] oder auch aus anderen Gründen wie Zeitbedarf für das Beschaffen von Unterlagen oder Überlastung des Anwalts[46] erstreckt werden darf. Zuständig für die Fristerstreckung ist das *erstinstanzliche* Exequaturgericht[47].

27 Sofern der *Schuldner* seinen Sitz oder Wohnsitz im Hoheitsgebiet eines *anderen* LugÜ-Staates hat als jenem, in welchem die Vollstreckbarerklärung ergangen ist, so beträgt die Frist **zwei Monate** von dem Tag an, an dem die Vollstreckbarerklärung in Person oder in seiner Wohnung zugestellt worden ist (Art. 43 Abs. 5)[48]. Die Frist kann wegen weiter Entfernung nicht verlängert werden (Art. 43 Abs. 5 Satz 3). Die Frist ist *unabänderlich*[49]. Fristwahrung setzt aber die geschilderte Zustellweise voraus.

28 Das LugÜ sieht **keine Frist** vor in Bezug auf die Einlegung eines Rechtsbehelfs durch den Gläubiger[50]. Die Frist bestimmt sich deshalb nach der ZPO[51]. Erfährt der Schuldner von einer negativen Vollstreckbarentschei-

---

44 KROPHOLLER, Art. 43 Rz. 20 f.; Bericht JENARD zu Art. 36 EuGVÜ; DASSER/OBERHAMMER-STAEHELIN, Art. 36 Rz. 11 f.; DONZALLAZ Rz. 3913 ff.; MAGNUS/MANKOWSKI-KERAMEUS, Art. 43 Rz. 15. Gemäss GEIMER/SCHÜTZE, Art. 43 Rz. 24 f., und CZERNICH/TIEFENTHALER/KODEK-KODEK, Art. 43 Rz. 19, soll die Frist des Schuldners mit Wohnsitz im Vollstreckungsstaat ebenfalls verlängert werden können.

45 So VOLKEN, Anerkennung und Vollstreckung 467.

46 So WALDER, in: SCHWANDER, LugÜ 152. DASSER/OBERHAMMER-STAEHELIN, Art. 36 Rz. 12, vertritt die Auffassung, dass dem Gesuch stattgegeben werden sollte, wenn die weite Entfernung gegeben ist, aber andere Gründe genannt werden. Für die Berücksichtigung weiterer Gründe tritt CZERNICH/TIEFENTHALER/KODEK-KODEK, Art. 43 Rz. 21, ein.

47 DASSER/OBERHAMMER-STAEHELIN, Art. 36 Rz. 12.

48 Vgl. dazu Art. 42 Rz. 11. Für eine Kritik zur zeitlichen Differenzierung, vgl. GEIMER/SCHÜTZE, Art. 43 Rz. 27. Die Frist beginnt erst zu laufen, wenn die besondere Form der Zustellung erfolgt ist: HEIDERHOFF, Zustellung 202.

49 KROPHOLLER, Art. 43 Rz. 23; GEIMER/SCHÜTZE, Art. 43 Rz. 26; DASSER/OBERHAMMER-STAEHELIN, Art. 36 Rz. 11; MAGNUS/MANKOWSKI-KERAMEUS, Art. 43 Rz. 15; a.A. CZERNICH/TIEFENTHALER/KODEK-KODEK, Art. 43 Rz. 20.

50 KROPHOLLER, Art. 43 Rz. 1 und 13; GEIMER/SCHÜTZE, Art. 43 Rz. 4, 15 und 23; SOGO, Vollstreckung 51 Fn. 148; CZERNICH/TIEFENTHALER/KODEK-KODEK, Art. 43 Rz. 6; a.A. DASSER/OBERHAMMER-STAEHELIN, Art. 40 Rz. 13.

51 BOTSCHAFT LUGÜ Ziff. 2.7.3.2; RODRIGUEZ, Sicherung und Vollstreckung 1559; vgl. zu aLugÜ: WALDER, in: SCHWANDER, LugÜ 153; a.A. KROPHOLLER, Art. 43 Rz. 13; Bericht JENARD zu Art. 40 und 41 EuGVÜ; CZERNICH/TIEFENTHALER/KODEK-KODEK, Art. 43 Rz. 6; danach

dung, kann er sich in Staaten, welche keine Frist für die Einlegung des Rechtsbehelfs durch den Gläubiger vorsehen, von der zeitlichen Ungewissheit befreien, indem er eine negative Feststellungsklage nach nationalem Recht erhebt[52].

Der Rechtsbehelf muss **begründet** werden, um *fristwahrend* zu sein[53]. Er muss bei der oberen kantonalen Instanz eingereicht werden. Wird er bei der Erstinstanz eingereicht, so ist die Frist nur gewahrt, wenn das nationale Recht eine Prozessüberweisung vorsieht. Die ZPO sieht eine solche Weiterleitung nicht vor. Es dürfte aber eine Nachfrist analog zu Art. 63 Abs. 1 ZPO bzw. Art. 139 OR zur Einreichung bei der zuständigen Instanz bestehen[54]. 29

Ein Begehren um Vollstreckbarerklärung wird häufig mit einem Arrestbegehren verbunden werden. Mit Zustellung der entsprechenden Entscheide beginnt sowohl die Frist für den Rechtsbehelf gegen das Exequatur als auch die 10-tägige Frist für die Einreichung der Arresteinsprache (Art. 278 Abs. 1 SchKG). Stützt sich der Arrest auf ein LugÜ-Exequatur, so können in der Arresteinsprache ausschliesslich **arrestbezogene Einwände** (Bestreitung des Arrestobjekts, Auferlegung einer Arrestkaution, Einrede der Pfandsicherheit) geltend gemacht bzw. geprüft werden. Der Arrestgrund kann demgegenüber nur im Rahmen des Rechtsbehelfs gemäss LugÜ geprüft werden[55]. 30

---

kann der Gläubiger den Rechtsbehelf innerhalb der Frist einlegen, die ihm zweckdienlich erscheint und die er etwa für die Beschaffung der erforderlichen Unterlagen benötigt. Zu berücksichtigen ist, dass das AVAG, anders als die ZPO, keine Frist vorsieht.

Das OGer TG griff zu aLugÜ auf die kantonale Bestimmung zur Rechtsmittelfrist zurück. Der Rekurs war innert 20 Tagen zu erheben. Allerdings erachtete die betreffende Instanz diese Frist als wenig sinnvoll und dem Gebot der Rechtssicherheit widersprechend, so dass es analog die Frist von Art. 36 Abs. 1 aLugÜ anwendete (OGer TG, RBOG 1996 Nr. 29 E. 2/b).

52 Kropholler, Art. 43 Rz. 13; Geimer/Schütze, Art. 43 Rz. 5. Der Gläubiger kann geltend machen, dass die Voraussetzungen für die Vollstreckung oder für die Anerkennung nicht gegeben seien.

53 Dasser/Oberhammer-Staehelin, Art. 36 Rz. 14.

54 Vgl. Dasser/Oberhammer-Staehelin, Art. 37 Rz. 2.

55 Botschaft LugÜ Ziff. 2.7.3.2; Sogo, Arrestrevision 95; Dasser/Oberhammer-Staehelin, Art. 39 Rz. 42; Atteslander-Dürrenmatt 189; Cambi Favre-Bulle 366; Gassmann 203; Meier, Arrest 433; vgl. Art. 47 Rz. 24 ff.

31 Der Entscheid über die Arresteinsprache kann mit **Beschwerde** angefochten werden (Art. 278 Abs. 3 SchKG). Wird sowohl dieser Entscheid wie auch der Exequaturentscheid angefochten, so drängt es sich auf, die beiden Verfahren zu vereinigen (Art. 125 lit. c ZPO)[56].

[56] Botschaft LugÜ Ziff. 2.7.3.2.

Art. 44

Gegen die Entscheidung, die über den Rechtsbehelf ergangen ist, kann nur ein Rechtsbehelf nach Anhang IV eingelegt werden.

Art. 44

La décision rendue sur le recours ne peut faire l'objet que du recours visé à l'annexe IV.

Art. 44

La decisione emessa sul ricorso può costituire unicamente oggetto del ricorso di cui all'allegato IV.

Art. 44

The judgment given on the appeal may be contested only by the appeal referred to in Annex IV.

Literatur: ACOCELLA, IPRG, Lug-Ü und die kantonalen Prozessordnungen, in: Mitteilungen aus dem Institut für zivilgerichtliches Verfahren in Zürich, Nr. 17, Zürich 1993 (zit. ACOCELLA, Mitteilungen); KELLERHALS, Neuerungen im Vollstreckungsrecht der bernischen Zivilprozessordnung (ZPO), ZBJV 132bis 1996, 75 (zit. KELLERHALS, Neuerungen); MÜLLER, Anerkennung und Vollstreckung ausländischer Entscheidungen im Bereich des Schuldrechts, Diss. St. Gallen 1994; REETZ, Das neue Bundesgerichtsgesetz unter besonderer Berücksichtigung der Beschwerde in Zivilsachen, SJZ 103 (2007) 29; RODRIGUEZ, Sicherung und Vollstreckung nach revidiertem Lugano Übereinkommen, AJP 2009, 1550 (zit. RODRIGUEZ, Sicherung und Vollstreckung); DERS., Kommentierte Konkordanztabelle zum revidierten Übereinkommen von Lugano vom 30. Oktober 2007 und zum geltenden Lugano-Übereinkommen, SZIER 2007, 531 (zit. RODRIGUEZ, zu Art.); SOGO, Vollstreckung ausländischer Entscheide über Geldforderungen: Prüfung der internationalen Vollstreckbarkeit im definitiven Rechtsöffnungsverfahren oder im separaten Exequaturverfahren?, ZZZ 2008/2009, 29 (zit. SOGO, Vollstreckung); STOJAN, Die Anerkennung und Vollstreckung ausländischer Zivilurteile in Handelssachen, Zürich 1986; VOLKEN ALFONS, Anerkennung und Vollstreckung von Entscheidungen nach dem Lugano-Übereinkommen, ZWR 1992, 421 (zit. VOLKEN, Anerkennung und Vollstreckung); WALTER, Wechselwirkungen zwischen europäischem und nationalem Zivilprozessrecht: Lugano-Übereinkommen und Schweizer Recht, ZZP 107 (1994) 301 (zit. WALTER, Wechselwirkungen).

Übersicht *Seite*

I. Normzweck

1 Die Bestimmung bezweckt das Angebot einer **dritten Instanz**, um die Voraussetzungen der Vollstreckbarerklärung zu prüfen. Im Sinne einer beförderlichen Erledigung und der vom LugÜ angestrebten Freizügigkeit von Entscheidungen ist der Rechtsbehelf auf *Rechtsverletzungen* beschränkt.

II. Sachlicher Anwendungsbereich

1. Zuständigkeit

2 Art. 44 bezeichnet die dritte und letzte Instanz, die in einem LugÜ-Staat über die Frage der Vollstreckbarerklärung zu befinden hat[1]. Für die Bestimmung des betreffenden Rechtsbehelfs verweist die Norm auf Anhang IV. In Bezug auf die Schweiz wird darin nicht nur der konkrete Rechtsbehelf, die *Beschwerde*, genannt, sondern auch die sachliche und funktionelle **Zuständigkeit des Bundesgerichts** festgelegt. Es steht bei Vorliegen der Voraussetzungen die Beschwerde in Zivilsachen offen (Art. 72 Abs. 2 lit. Ziff. 1 BGG)[2]. Sollte sie im Einzelfall nicht gegeben sein, kann bei Vorliegen der Voraussetzungen die subsidiäre Verfassungsbeschwerde nach Art. 113 ff. BGG erhoben werden[3].

2. Angriffsobjekt

3 Letztinstanzlich ist einzig die **Entscheidung über den Rechtsbehelf selbst** überprüfbar. Demgegenüber können andere Entscheidungen, wie vorberei-

---

1 KROPHOLLER, Art. 44 Rz. 1.

2 BGer 4A_8/2008 E. 1.1; 4A_298/2007 E. 3.1; 4A_137/2007 E. 3; BOTSCHAFT LUGÜ Ziff. 2.7.3.3; BSK IPRG-BERTI/DÄPPEN, Art. 27 Rz. 31; GÜNGERICH, in: SEILER/VON WERDT/GÜNGERICH, Art. 72 Rz. 22; BSK BBG-KLETT/EICHER, Art. 72 Rz. 9; REETZ 29; RODRIGUEZ, zu Art. 44; DERS., Sicherung und Vollstreckung 1561; BONOMI/CASHIN RITAINE/ROMANO-SCHNYDER 141; SPÜHLER/DOLGE/VOCK, Art. 72 Rz. 5; DASSER/OBERHAMMER-STAEHELIN, Art. 37 Rz. 3; WALTER, § 9 III 2c/ee. Vorausgesetzt für die Beschwerde in Zivilsachen sind ein Streitwert in Höhe von CHF 15 000 bzw. CHF 30 000 (Art. 74 Abs. 1 BGG) oder eine Rechtsfrage von grundsätzlicher Bedeutung (Art. 74 Abs. 2 lit. a BGG).

3 BOTSCHAFT LUGÜ Ziff. 2.7.3.3; RODRIGUEZ, zu Art. 44; DERS., Sicherung und Vollstreckung 1561; SOGO, Vollstreckung 51; DASSER/OBERHAMMER-STAEHELIN, Art. 37 Rz. 3.

tende Entscheidungen, Zwischenentscheidungen oder eine Entscheidung nach Art. 46, nicht angefochten werden, selbst wenn sie *uno actu* mit der Entscheidung erlassen werden[4].

3. Kognition/Prüfungsumfang

Die gemäss Art. 44 bezeichnete Instanz ist auf die Überprüfung von Rechtsverletzungen beschränkt. Tatsachenfeststellungen können nicht gerügt werden[5]. Die Beschränkung auf **Rechtsverletzungen** entspricht grundsätzlich dem Schweizer Recht (Art. 105 Abs. 1 BGG)[6]. Im LugÜ ist die Beschränkung mehrfach begründet. So sind schon die Gründe, welche die Zulassung der Zwangsvollstreckung untersagen, eng begrenzt. Im Erlassstaat ist in der Sache selbst ein Erkenntnisverfahren vorausgegangen. Es ist zu verhindern, dass Rechtsbehelfe zur Verschleppung der Verfahren missbraucht werden, zumal dies der vom LugÜ angestrebten Freizügigkeit der Urteile widersprechen würde. Die Zwangsvollstreckung soll zügig durchgeführt werden[7]. 4

Entsprechend dieser Zielsetzung soll Art. 44 **eng** ausgelegt werden. Damit soll das Ziel, die Verfahren im Exequaturstaat zu vereinfachen und zu beschleunigen, zusätzlich gefördert werden[8]. 5

---

4 In Bezug auf Beweiserhebungen, vgl. EuGH 27.11.1984, Rs. 258/83, *Brennero/Wendel*, Slg. 1984, 3971 Rz. 15 sowie EuGH 11.08.1995, Rs. 432/93, *SISRO/Ampersand*, Slg. 1995 I 2269 Rz. 30, und in Bezug auf Massnahmen nach Art. 46 vgl. EuGH 04.10.1991, Rs. C-183/90, *van Dalfsen u.a./Van Loon und Berendsen*, Slg. 1991 I 4743 Rz. 21 = SZIER 1992, 241 ff. (Anm. VOLKEN); EuGH 11.08.1995, Rs. 432/93, *SISRO/Ampersand*, Slg. 1995 I 2269 Rz. 31; DONZALLAZ Rz. 3965 ff.; KROPHOLLER, Art. 44 Rz. 5; GEIMER/SCHÜTZE, Art. 44 Rz. 2 f.; DASSER/OBERHAMMER-STAEHELIN, Art. 37 Rz. 8; CZERNICH/TIEFENTHALER/KODEK-KODEK, Art. 44 Rz. 2.

5 KROPHOLLER, Art. 44 Rz. 2; GEIMER/SCHÜTZE, Art. 44 Rz. 8; Bericht SCHLOSSER Rz. 217; DASSER/OBERHAMMER-STAEHELIN, Art. 37 Rz. 7; MAGNUS/MANKOWSKI-KERAMEUS, Art. 44 Rz. 4.

6 BGer 4A_298/2007 E. 3.2. Eine Sachverhaltsfeststellung der Vorinstanz kann das Bundesgericht nur berichtigen oder ergänzen, wenn sie offensichtlich unrichtig ist oder auf einer Rechtsverletzung im Sinne von Art. 95 BGG beruht (Art. 105 Abs. 2 BGG). Zudem muss die Behebung des Mangels für den Ausgang des Verfahrens entscheidend sein (Art. 97 Abs. 1 BGG). Diese Regelung dürfte LugÜ-konform sein (DASSER/OBERHAMMER-STAEHELIN, Art. 37 Rz. 7).

7 Bericht SCHLOSSER Rz. 217; Bericht JENARD zu Art. 37 EuGVÜ; KROPHOLLER, Art. 44 Rz. 2 f.; GEIMER/SCHÜTZE, Art. 44 Rz. 1 und 8.

8 EuGH 11.08.1995, Rs. C-432/93, *SISRO/Ampersand*, Slg. 1995 I 2269 Rz. 28 f.; KROPHOLLER, Art. 44 Rz. 4; GEIMER/SCHÜTZE, Art. 44 Rz. 1.

6 Das Bundesgericht lässt gegen einen selbständigen Exequaturentscheid – wie bei der Rechtsöffnung – die **allgemeinen Beschwerdegründe** gemäss Art. 95–97 BGG zu, unabhängig davon, ob der ausländische Entscheid einstweiligen Charakter hat oder nicht[9]. Mit der Beschwerde in Zivilsachen kann die Verletzung u.a. von Bundesrecht, einschliesslich Bundesverfassungsrecht, und von Völkerrecht gerügt werden (Art. 95 lit. a und b BGG). Dass das nach dem schweizerischen internationalen Privatrecht massgebende ausländische Recht nicht richtig angewendet worden sei, kann nur gerügt werden, wenn es sich um eine nicht vermögensrechtliche Streitsache handelt (Art. 96 lit. b BGG). Andernfalls ist nur die Rüge der Verletzung des Willkürverbots (Art. 9 BV) möglich[10]. Die Begründung der Beschwerde muss in gedrängter Form aufzeigen, inwiefern der angefochtene Entscheid Recht verletzt (Art. 42 Abs. 2 BGG)[11].

7 Das Recht ist **von Amtes wegen** zu prüfen (Art. 106 Abs. 1 BGG)[12]. Eine Verletzung von Grundrechten und von kantonalem und interkantonalem Recht prüft das Bundesgericht aber nur insofern, als eine solche Rüge in der Beschwerde vorgebracht und begründet worden ist (Art. 106 Abs. 2 BGG)[13].

4. Aufschiebende Wirkung

8 Der (positive) Entscheid über die Vollstreckbarerklärung ist ein **Gestaltungsurteil**[14]. Dennoch hat die Beschwerde in Zivilsachen an das Bundesgericht (trotz Art. 103 Abs. 2 lit. a BGG) *keine* aufschiebende Wirkung[15]. Der Entscheid des oberen kantonalen Gerichts über die Vollstreckbarerklä-

---

9 BGE 135 III 670 E. 1.3.2.

10 BGE 135 III 670 E. 1.4.

11 BGer 4A_80/2007 E. 2; DASSER/OBERHAMMER-STAEHELIN, Art. 37 Rz. 5.

12 BGer 4A_80/2007 E. 2.

13 BGer 4A_298/2007 E. 3.1; BGE 133 II 249 E. 1.4.2; 133 III 393 E. 6; 133 III 439 E. 3.2; DASSER/OBERHAMMER-STAEHELIN, Art. 37 Rz. 5.

14 ACOCELLA, Mitteilungen 18 f.; STOJAN 177 f.; SCHWANDER, IPR AT Rz. 697; WALTER, Wechselwirkungen 318; KELLERHALS, Neuerungen 87; DASSER/OBERHAMMER-STAEHELIN, Art. 37 Rz. 6; a.M. VOLKEN, Anerkennung und Vollstreckung 474; MÜLLER 236. Gestaltungs- und Feststellungselemente erkennen GAUDEMET-TALLON Rz. 451; MAGNUS/MANKOWSKI-KERAMEUS, Art. 41 Rz. 10. Vgl. auch Art. 38 Rz. 53.

15 BOTSCHAFT LUGÜ Ziff. 2.7.3.3, wonach die genannte BGG-Bestimmung auf Exequaturentscheide nicht zugeschnitten und auch nicht anwendbar ist, zumindest sofern diese die Vollstreckung von Leistungsurteilen betreffen; RODRIGUEZ, Sicherung und Vollstreckung 1561; vgl. auch CZERNICH/TIEFENTHALER/KODEK-KODEK, Art. 43 Rz. 1, Art. 44 Rz. 2 und Art. 47

rung kann damit sofort vollstreckt werden, sofern nicht einer Beschwerde in Zivilsachen an das Bundesgericht die aufschiebende Wirkung erteilt wird. Schützt das obere kantonale Gericht den Rechtsbehelf des Schuldners und hebt die Vollstreckbarerklärung auf, so handelt es sich nicht um ein Gestaltungsurteil. Deshalb mangelt es in diesem Fall der Beschwerde an das Bundesgericht ebenfalls an der aufschiebenden Wirkung (Art. 103 Abs. 1 BGG)[16].

5. Kosten des Rechtsbehelfsverfahrens

Im Vollstreckbarerklärungsverfahren dürfen keine nach dem Streitwert abgestufte Stempelabgaben und Gebühren erhoben werden (Art. 52)[17]. Dies ist bei der Erhebung von **Gerichtskosten** gemäss Art. 65 BGG zu berücksichtigen. 9

Hinsichtlich der **Parteientschädigung** ist Art. 68 BGG anwendbar[18]. Die Höhe bestimmt sich nach dem Reglement über die Parteientschädigung und die Entschädigung für die amtliche Vertretung im Verfahren vor dem Bundesgericht vom 31. März 2006 (SR 173.110.210.3). 10

6. Vorfrageweise Vollstreckbarerklärung im Rechtsöffnungsverfahren

Art. 44 hat keine Geltung für die **vorfrageweise** Vollstreckbarerklärung im Rechtsöffnungsverfahren[19]. 11

III. Persönlicher Anwendungsbereich

Der Rechtsbehelf kann **vom Gläubiger und vom Schuldner** – je nach Beschwer – eingereicht werden. Das Verfahren ist einheitlich ausgestaltet, unabhängig davon, welche Partei den Rechtsbehelf einlegt[20]. 12

Rz. 4 ff., wonach sich die fehlende aufschiebende Wirkung aus dem LugÜ bzw. der EuGVÜ ergebe; a.A. Dasser/Oberhammer-Staehelin, Art. 37 Rz. 6.

16 Dasser/Oberhammer-Staehelin, Art. 37 Rz. 6.

17 Dasser/Oberhammer-Staehelin, Art. 37 Rz. 9; Donzallaz Rz. 3848.

18 Dasser/Oberhammer-Staehelin, Art. 37 Rz. 9.

19 Dasser/Oberhammer-Staehelin, Art. 41 Rz. 3; vgl. Art. 43 Rz. 18.

20 Kropholler, Art. 44 Rz. 1; Geimer/Schütze, Art. 44 Rz. 6; Dasser/Oberhammer-Staehelin, Art. 37 Rz. 4.

13 **Dritte** sind zur Erhebung des Rechtsbehelfs nicht legitimiert, selbst wenn ihnen nach dem nationalen Recht des Vollstreckungsstaates ein Rechtsbehelf zustehen würde[21]. Begründet wird dies damit, dass der Schuldner einen Rechtsbehelf einlegen kann, dass das Ziel des LugÜ die Vereinfachung der Verfahren im Vollstreckungsstaat ist und dass das LugÜ auch bei den Rechtsschutzmöglichkeiten ein eigenständiges und geschlossenes System darstellt[22].

IV. Räumlicher Anwendungsbereich

14 Dieser Rechtsbehelf wird vom **Bundesgericht** für die ganze Schweiz entschieden. Sämtliche Entscheide werden daher in Lausanne gefällt.

V. Zeitlicher Anwendungsbereich

15 Die Bestimmung sieht keine Frist zur Einreichung des Rechtsbehelfs vor. Anwendbar sind die **nationalen Bestimmungen** in den LugÜ-Staaten. In der Schweiz beträgt die Frist 30 Tage (Art. 100 Abs. 1 BGG)[23]. Die Fristen in den einzelnen Staaten dürfen geändert werden, allerdings ist zu beachten, dass im Hinblick auf Sinn und Zweck des Vollstreckbarerklärungsverfahrens und des Rechts des Gläubigers auf effizienten Rechtsschutz der Rechtsbehelf *nicht unbefristet* zugelassen werden darf[24].

---

[21] EuGH 21.04.1993, Rs. C-172/91, *Sonntag/Waidmann*, Slg. 1993 I 1963 Rz. 35; KROPHOLLER, Art. 44 Rz. 6; GEIMER/SCHÜTZE, Art. 44 Rz. 6; DASSER/OBERHAMMER-STAEHELIN, Art. 37 Rz. 4; MAGNUS/MANKOWSKI-KERAMEUS, Art. 43 Rz. 5; CZERNICH/TIEFENTHALER/KODEK-KODEK, Art. 44 Rz. 3.

[22] EuGH 21.04.1993, Rs. C-172/91, *Sonntag/Waidmann*, Slg. 1993 I 1963 Rz. 31 ff.

[23] BGE 129 I 110 E. 1.2; DASSER/OBERHAMMER-STAEHELIN, Art. 37 Rz. 5.

[24] GEIMER/SCHÜTZE, Art. 44 Rz. 7.

Art. 45

1. Die Vollstreckbarerklärung darf von dem mit einem Rechtsbehelf nach Artikel 43 oder Artikel 44 befassten Gericht nur aus einem der in den Artikeln 34 und 35 aufgeführten Gründe versagt oder aufgehoben werden. Das Gericht erlässt seine Entscheidung unverzüglich.

2. Die ausländische Entscheidung darf keinesfalls in der Sache selbst nachgeprüft werden.

Art. 45

1. La juridiction saisie d'un recours prévu à l'art. 43 ou 44 ne peut refuser ou révoquer une déclaration constatant la force exécutoire que pour l'un des motifs prévus aux art. 34 et 35. Elle statue à bref délai.

2. En aucun cas la décision étrangère ne peut faire l'objet d'une révision au fond.

Art. 45

1. Il giudice davanti al quale è stato proposto un ricorso ai sensi degli articoli 43 o 44 rigetta o revoca la dichiarazione di esecutività solo per uno dei motivi contemplati dagli articoli 34 e 35. Il giudice si pronuncia senza indugio.

2. In nessun caso la decisione straniera può formare oggetto di un riesame del merito.

Art. 45

1. The court with which an appeal is lodged under Article 43 or Article 44 shall refuse or revoke a declaration of enforceability only on one of the grounds specified in Articles 34 and 35. It shall give its decision without delay.

2. Under no circumstances may the foreign judgment be reviewed as to its substance.

Literatur: GEBAUER/WIEDMANN (Hrsg.), Zivilrecht unter europäischem Einfluss, Stuttgart/München/Hannover/Berlin/Weimar/Dresden 2005 (zit. BEARBEITER, in: GEBAUER/WIEDMANN); HALFMEIER, Die Vollstreckungsgegenklage im Recht der internationalen Zuständigkeit, IPRax 2007, 381; HEIDERHOFF, Vollstreckbarerklärung von Titeln auf Kindesunterhalt im Verhältnis zwischen Deutschland und Österreich, IPRax 2004, 99 (zit. HEIDERHOFF, Vollstreckbarerklärung); HESS BURKHARD, Die Unzulässigkeit materiellrechtlicher Einwendungen im Beschwerdeverfahren nach Art. 43 ff. EuGVVO, IPRax 2008, 25 (zit. HESS, Unzulässigkeit); HESS BURKHARD/BITTMANN, Die Verordnung zur Einführung eines Europäischen Mahnverfahrens und eines Europäischen Verfahrens für geringfügige Forderungen – ein substantieller Integrationsschritt im Europäischen Zivilprozessrecht, IPRax 2008, 305 (zit. HESS/BITTMANN, Mahnverfahren); HUB, Die Neuregelung der Anerkennung und Vollstreckung in Zivil- und Handelssachen und das familienrechtliche Anerkennungs- und Vollstreckungsverfahren, NJW 2001, 3145; KELLERHALS, Neuerungen im Vollstreckungsrecht der bernischen Zivilprozessordnung (ZPO), ZBJV 132bis 1996, 75 (zit. KELLERHALS, Neuerungen); KOFMEL EHRENZELLER, Die Umsetzung des Lugano-Übereinkommens im Kanton Solothurn, in: Solothurner Festgabe zum Schweizerischen Juristentag 1998, 555 (zit. KOFMEL EHRENZELLER, Umsetzung); KREN KOSTKIEWICZ/MARKUS, Internationales Zivilprozessrecht, Bern 2010; LEUENBERGER, Lugano-Übereinkommen: Verfahren der Vollstreckbarerklärung ausländischer «Geld»-Urteile, AJP 1992, 965; MEIER, Vorschlag für ein effizientes Verfahren zur Vollstreckung von Urteilen auf Leistung von Geld oder Sicherheit, SJZ 89 (1993) 282 (zit. MEIER, Effizientes Verfahren); MÜNZBERG, Berücksichtigung oder Präklusion sachlicher Einwendungen im Exequaturverfahren trotz Art. 45 Abs. 1 VO (EG) Nr. 44/2001?,

FS Geimer, München 2002, 745; NELLE, Anspruch, Titel und Vollstreckung im internationalen Rechtsverkehr, Tübingen 2000; OBERHAMMER, The Abolition of Exequatur, IPRax 2010, 197; RODRIGUEZ, Sicherung und Vollstreckung nach revidiertem Lugano Übereinkommen, AJP 2009, 1550 (zit. RODRIGUEZ, Sicherung und Vollstreckung); WAGNER, Das Gesetz zur Durchführung der Verordnung (EG) Nr. 805/2004 zum Europäischen Vollstreckungstitel – unter besonderer Berücksichtigung der Vollstreckungsabwehrklage, IPRax 2005, 401; WALTER, Wechselwirkungen zwischen europäischem und nationalem Zivilprozessrecht: Lugano-Übereinkommen und Schweizer Recht, ZZP 107 (1994) 301 (zit. WALTER, Wechselwirkungen).

Übersicht *Seite*

I. Normzweck

1 Die Bestimmung bezweckt im Rahmen der Regelung einen **einheitlichen Rechtsschutz** in materieller Hinsicht in *beiden* Rechtsbehelfsinstanzen gemäss Art. 43 und 44. So darf eine Vollstreckbarerklärung nur aus den im LugÜ genannten Gründen versagt oder aufgehoben werden. Zudem darf das für vollstreckbar zu erklärende Erkenntnis in der Sache selbst nicht nachgeprüft werden. Ausserdem will die Bestimmung die beförderliche Behandlung in den Rechtsmittelinstanzen sicherstellen.

II. Sachlicher Anwendungsbereich

1. Verbot der Nachprüfung in der Sache

2 Art. 45 Abs. 2 enthält die Selbstverständlichkeit, dass die Rechtsmittelinstanzen bei der Vollstreckbarerklärung die für vollstreckbar zu erklärende Entscheidung in der Sache selbst **nicht nachprüfen** dürfen[1].

[1] OLG Düsseldorf, Beschluss vom 20.01.2004 – I-3 W 3/04 = RIW 5/2004, 391, 329; GEIMER/SCHÜTZE, Art. 45 Rz. 5; KROPHOLLER, Art. 45 Rz. 2 und 8; MAGNUS/MANKOWSKI-KERAMEUS, Art. 45 Rz. 4.

2. Versagungs- und Aufhebungsgründe

Die Versagungsgründe gemäss Art. 34 und 35 dürfen im erstinstanzlichen Verfahren betreffend Vollstreckbarerklärung nicht geprüft werden (Art. 41 Satz 1). Demgegenüber sind diese Gründe gerade der **Massstab der Überprüfung** der erstinstanzlichen Entscheidung in den Rechtsbehelfsverfahren (Art. 45 Abs. 1 Satz 1). So soll die Vollstreckbarerklärung nur aus diesen Gründen versagt oder aufgehoben werden können. Die Formulierung ist zu eng, steckt aber den Rahmen für die Nachprüfung der ausländischen Entscheidung ab. Die Vollstreckbarerklärung darf nicht unterbleiben, weil die ausländische Entscheidung nicht rechtskräftig ist[2]. 3

Die Begriffe «*versagt*» und «*aufgehoben*» beziehen sich auf den Ausgang des erstinstanzlichen Vollstreckbarerklärungsverfahrens. Wurde erstinstanzlich die ausländische Entscheidung für vollstreckbar erklärt, so **hebt** die zweite bzw. dritte Instanz die Vollstreckbarerklärung (aus einem der in Art. 34 oder 35 genannten Gründen) **auf**. Hat schon die Erstinstanz die Vollstreckbarkeit nicht gewährt, so *versagt* auch die Zweit- bzw. Drittinstanz das Exequatur aus einem der in Art. 34 oder 35 genannten Gründe[3]. 4

3. Einwendungen des Gläubigers

Wird die Vollstreckbarerklärung erstinstanzlich nicht gewährt, so hat der Gläubiger die Möglichkeit, einen Rechtsbehelf einzulegen. Die *Einwendungen des Gläubigers* sind in Art. 45 *nicht geregelt.* Er wird weder die Versagung noch die Aufhebung einer positiven Vollstreckbarerklärung anstreben, zumal es ihm dafür auch am Rechtsschutzinteresse mangelt. Vielmehr richtet sich sein Rechtsbehelf gegen die Abweisung seines Antrages. Die erstinstanzliche Vollstreckbarerklärung ist eine rein formale Prüfung. Der Gläubiger kann daher geltend machen, dass die **Formalien erfüllt** waren. So kann er etwa vortragen, dass die ausländische Entscheidung vollstreckbar ist und dass die notwendigen Unterlagen (jetzt) vorliegen. Vor dritter Instanz kann er geltend machen, dass unzutreffenderweise ein Versagungsgrund von der Vorinstanz angenommen wurde[4]. 5

---

2 KROPHOLLER, Art. 45 Rz. 2.

3 KROPHOLLER, Art. 45 Rz. 3; MAGNUS/MANKOWSKI-KERAMEUS, Art. 45 Rz. 7.

4 KROPHOLLER, Art. 45 Rz. 5.

4. Einwendungen des Schuldners

6 Der Schuldner kann grundsätzlich die **Einwendungen** gemäss Art. 34 und 35 einwenden. Er ist aber nicht darauf beschränkt[5].

7 Der Schuldner kann etwa vortragen, dass es der Vollstreckbarkeit an den **Voraussetzungen** mangelt, etwa dass das LugÜ nicht anwendbar ist, dass keine gerichtliche Entscheidung vorliegt, dass die ausländische Entscheidung im Erlassstaat nicht vollstreckbar ist bzw. die Vollstreckbarkeit verloren hat, dass die Gerichtsbarkeit des Zweitstaates fehlt, dass ein Verweigerungsgrund nach Art. 34 oder 35 vorliegt[6]. Demgegenüber kann er nicht geltend machen, das erkennende Gericht habe eine unzutreffende rechtliche Würdigung des Sachverhalts vorgenommen[7].

8 Es stellt sich die Frage, ob der Schuldner im Rechtsbehelfsverfahren (materiellrechtliche) Einwände erheben kann, wonach der Anspruch *nach Erlass* der Entscheidung **entfallen** ist. Die Frage ist in der Schweiz (etwa im Unterschied zu Deutschland) nicht von grosser Tragweite (und so weit ersichtlich bislang auch nicht höchstrichterlich entschieden), weil die Vollstreckbarerklärung in der Regel implizit im Rechtsöffnungsverfahren gestellt wird, in dem sämtliche Einwände geprüft werden können. Art. 45 besagt, dass die Vollstreckbarerklärung *nur* aus einem der in Art. 34 und 35 genannten Gründen aufgehoben werden darf. Dennoch sieht das deutsche Recht vor, dass der Schuldner Einwände gegen den materiellrechtlichen Anspruch selbst, die erst nach Erlass des für vollstreckbar zu erklärenden Entscheids entstanden sind (wie etwa Tilgung, Stundung oder Erlass), im Rechtsbehelfsverfahren geltend machen muss, will er mit den Einwänden nicht präkludiert sein (§§ 12 , 55 und 14 AVAG).

9 Es ist nun umstritten, ob im Rechtsbehelfsverfahren aufgrund von Art. 45 sämtliche (materiellrechtlichen) Einwände (welche nach Erlass der für vollstreckbar zu erklärenden Entscheidung entstanden sind) ausser den in

---

[5] Kropholler, Art. 45 Rz. 6; Geimer/Schütze, Art. 45 Rz. 3 f.; Kofmel Ehrenzeller, Umsetzung 561 f.; Leuenberger 970; a.A. Hess, Unzulässigkeit 25 ff.; Halfmeier 385 f.; Magnus/Mankowski-Kerameus, Art. 45 Rz. 2 f.

[6] Kropholler, Art. 45 Rz. 6; Geimer/Schütze, Art. 45 Rz. 7; Czernich/Tiefenthaler/Kodek-Kodek, Art. 45 Rz. 1; vgl. auch Rodriguez, Sicherung und Vollstreckung 1559.

[7] OLG Düsseldorf, Beschluss vom 20.01.2004 – I-3 W 3/04 = RIW 5/2004, 391.

Art. 34 und 35 genannten Gründen ungeprüft bleiben müssen[8] oder ob das Rechtsbehelfsgericht diese Einwände vollumfänglich[9] oder allenfalls beschränkt auf liquide bzw. auf die **rechtskräftig festgestellten und/oder vom Gläubiger anerkannten Einwände**[10] prüfen darf.

In der Schweiz wurde unter dem aLugÜ gefordert, dass materiellrechtliche Einwände, welche nach Erlass der für vollstreckbar zu erklärenden Entscheidung entstanden sind, im Rechtsbehelfsverfahren *geprüft* werden dürfen[11], zumindest die liquiden Einwände[12], obschon deren Prüfung eigentlich einem nachgeschalteten **Betreibungs- bzw. Rechtsöffnungsverfahren** vorbehalten war. 10

Die Schweiz kennt keine analogen Bestimmungen zu §§ 12, 55 und 14 AVAG. Grundsätzlich ist davon auszugehen, dass die materiellrechtlichen Einwände, welche nach der für vollstreckbar zu erklärenden Entscheidung entstanden sind, vom Rechtsbehelfsrichter **nicht überprüft werden dürfen**. Dafür sprechen (i) der Wortlaut von Art. 45, (ii) die Tatsache, dass der Rechtsbehelfsrichter zum ersten Mal (bei streitigen bzw. nicht rechtskräftig festgestellten Einwänden) eine materielle Prüfung vornehmen müsste, was wenig ökonomisch erscheint, (iii) der Umstand, dass die Einwände keine Versagungsgründe für die Vollstreckbarerklärung darstellen und damit der Gegenstand des Verfahrens verändert würde, (iv) der Umstand, dass nicht in einem Rechtsmittelverfahren zum ersten Mal über streitige 11

8 So etwa Rauscher-Staudinger, Art. 58 Rz. 16; Hess, Unzulässigkeit 25 ff.; Hess/Bittmann, Mahnverfahren 310 f.; Hub 3147; weitere Nachweise bei: Geimer/Schütze, Art. 43 Fn. 13 und Art. 45 Fn. 19.

9 So etwa Kropholler, Art. 43 Rz. 27 und Art. 45 Rz. 6; Wagner 406; Bericht Jenard zu Art. 37 EuGVÜ; Bericht Schlosser Rz. 220; Czernich/Tiefenthaler/Kodek-Kodek, Art. 38 Rz. 4 und Art. 43 Rz. 13.

10 Geimer/Schütze, Art. 43 Rz. 11 und Art. 45 Rz. 3 f., 9 ff. und 14 ff. m.w.N. insb. auch zur Judikatur; Gebauer, in: Gebauer/Wiedmann Kap. 26 Rz. 222; Halfmeier 385 f.; Münzberg 748 ff.; Nelle 434 ff.; Schlosser, Art. 43 EuGVVO Rz. 14; Rauscher-Mankowski, Art. 45 Rz. 4 ff.; offen gelassen, ob weitere Einwände vorgebracht werden könnten: BGH, Beschluss vom 14.03.2007 – XII ZB 174/04 E. III/4b/bb = IPRax 2008, 38, 41 f. = JZ 2007, 894 (Anm. Roth 898 ff.); BGH, Beschluss vom 12.12.2007 – XII ZB 240/05 E. II/4b; unklar, ob mit einschränkender Zulassung von materiellrechtlichen Einwänden oder ob gänzliche Verweigerung von Einwänden: Heiderhoff, Vollstreckbarerklärung 101.

11 Walter, Wechselwirkungen 325 und 340; Meier, Effizientes Verfahren 283 f.; Kofmel Ehrenzeller, Umsetzung 561 f.; Leuenberger 970; Kellerhals, Neuerungen 93; Dasser/Oberhammer-Staehelin, Art. 36 Rz. 22; a.A. SZIER 1997, 398 E. 3 (KGer SG vom 25.06.1996), wonach die Einwände nicht geprüft werden dürfen.

12 Donzallaz Rz. 3362 ff.

materiellrechtliche Gründe befunden werden sollte, weil diesbezüglich ein Instanzverlust verbunden wäre und (v) auch der Zweck des LugÜ, die Vollstreckbarerklärung zügig durchzuführen, beeinträchtigt wäre[13]. OBERHAMMER führt diesbezüglich zu Recht aus, das Exequaturverfahren stehe nicht für «*litigation objections against the enforcement of a claim under the applicable national substantive law*»[14] zur Verfügung.

12 Demgegenüber müssen vom Gläubiger *anerkannte und rechtskräftig festgestellte Einwände* (und nur diese) im Exequaturverfahren nicht materiell von einer oberen Instanz geprüft werden, und sie führen auch zu keinem Instanzverlust. Vielmehr wird das Verfahren beförderlich erledigt, werden solche feststehenden Einwände im Rechtsbehelfsverfahren beachtet. Die Berücksichtigung dieser Einwände entspricht somit Sinn und Geist des LugÜ. Es sollte daher dem Rechtsbehelfsgericht nicht verwehrt sein, diese Einwände zu prüfen. Explizites nationales Recht steht in der Schweiz dieser Regelung nicht entgegen. Damit kann der Schuldner **rechtskräftig festgestellte und/oder vom Gläubiger anerkannte materiellrechtliche Einwände**, welche nach Erlass der für vollstreckbar zu erklärenden Entscheidung entstanden sind, vorbringen und dürfen diese im Rahmen des Rechtsbehelfs berücksichtigt werden.

III. Persönlicher Anwendungsbereich

13 Je nach **Beschwer** ist der Rechtsbehelf vom Gläubiger oder vom Schuldner einzulegen.

---

[13] Vgl. zu den Gründen insbesondere etwa: NELLE 434 ff.; MÜNZBERG 749 ff. (auch in Bezug auf die Änderung der Bestimmung in der EuGVVO gegenüber dem EuGVÜ; vgl. insb. 749 f.); GEBAUER, in: GEBAUER/WIEDMANN Kap. 26 Rz. 222; RAUSCHER-MANKOWSKI, Art. 45 Rz. 6.

[14] OBERHAMMER 198. Das Bundesgericht hat entschieden, dass das Exequatur nur versagt werden dürfe bei Vorliegen eines Anerkennungsverweigerungsgrundes. Dazu gehörten materiellrechtliche Gründe, die dem anzuerkennenden Urteil zugrunde liegen, nicht. Konkret ging es um die Anerkennung und Vollstreckung eines spanischen Urteils, in dessen Dispositiv nicht genannt war, **an wen** die Rückerstattung zu leisten sei. In einem späteren Klarstellungsurteil führte das betreffende Gericht aus, der Begünstigte müsse nicht explizit bezeichnet werden, weil es nur einen einzigen Geschädigten gebe, nämlich eine bestimmte Gesellschaft mit ihrer Aktionärsstruktur am Tag der Schädigung. Das Bundesgericht hielt fest, dass im Exequaturverfahren nicht darüber befunden werden dürfe, ob das spanische Gericht den genauen Betrag für jeden einzelnen Aktionär der Gesellschaft hätte angeben müssen. Das Urteil war daher für vollstreckbar zu erklären (BGer 5A_162/2009, insb. E. 6.2 und 6.3; KREN KOSTKIEWICZ/MARKUS 49 f.).

IV. Räumlicher Anwendungsbereich

Zuständig sind die jeweiligen **oberen kantonalen Gerichte** bzw. das *Bundesgericht* in Lausanne. 14

V. Zeitlicher Anwendungsbereich

Die Rechtsmittelinstanzen haben **unverzüglich** zu entscheiden[15]. 15

[15] Vgl. dazu Art. 41 Rz. 2; BONOMI/CASHIN RITAINE/ROMANO-SCHNYDER 140.

Art. 46

1. Das nach Artikel 43 oder Artikel 44 mit dem Rechtsbehelf befasste Gericht kann auf Antrag des Schuldners das Verfahren aussetzen, wenn gegen die Entscheidung im Ursprungsstaat ein ordentlicher Rechtsbehelf eingelegt oder die Frist für einen solchen Rechtsbehelf noch nicht verstrichen ist; in letzterem Fall kann das Gericht eine Frist bestimmen, innerhalb deren der Rechtsbehelf einzulegen ist.

2. Ist die Entscheidung in Irland oder im Vereinigten Königreich ergangen, so gilt jeder im Ursprungsstaat statthafte Rechtsbehelf als ordentlicher Rechtsbehelf im Sinne von Absatz 1.

3. Das Gericht kann auch die Zwangsvollstreckung von der Leistung einer Sicherheit, die es bestimmt, abhängig machen.

Art. 46

1. La juridiction saisie du recours prévu à l'art. 43 ou 44 peut, à la requête de la partie contre laquelle l'exécution est demandée, surseoir à statuer, si la décision étrangère fait, dans l'État d'origine, l'objet d'un recours ordinaire ou si le délai pour le former n'est pas expiré; dans ce dernier cas, la juridiction peut impartir un délai pour former ce recours.

2. Lorsque la décision a été rendue en Irlande ou au Royaume-Uni, toute voie de recours prévue dans l'État d'origine est considérée comme un recours ordinaire pour l'application du par. 1.

3. Cette juridiction peut également subordonner l'exécution à la constitution d'une garantie qu'elle détermine.

Art. 46

1. Il giudice davanti al quale è proposto un ricorso ai sensi dell'articolo 43 o dell'articolo 44 può, su istanza della parte contro la quale è chiesta l'esecuzione, sospendere il procedimento se la decisione straniera è stata impugnata, nello Stato d'origine, con un mezzo ordinario o se il termine per proporre l'impugnazione non è scaduto; in quest'ultimo caso il giudice può fissare un termine per proporre tale impugnazione.

2. Qualora la decisione sia stata emessa in Irlanda o nel Regno Unito, qualsiasi mezzo di impugnazione esperibile nello Stato d'origine è considerato «impugnazione ordinaria» ai sensi del paragrafo 1.

3. Il giudice può inoltre subordinare l'esecuzione alla costituzione di una garanzia che provvede a determinare.

Art. 46

1. The court with which an appeal is lodged under Article 43 or Article 44 may, on the application of the party against whom enforcement is sought, stay the proceedings if an ordinary appeal has been lodged against the judgment in the State of origin or if the time for such an appeal has not yet expired; in the latter case, the court may specify the time within which such an appeal is to be lodged.

2. Where the judgment was given in Ireland or the United Kingdom, any form of appeal available in the State of origin shall be treated as an ordinary appeal for the purposes of paragraph 1.

3. The court may also make enforcement conditional on the provision of such security as it shall determine.

Literatur: Dutoit, Das Lugano-Übereinkommen vom 16. September 1988 über die gerichtliche Zuständigkeit und die Vollstreckung gerichtlicher Entscheidungen in Zivil- und Handelssachen III, SJK Nr. 158 Ersatzkarte, Stand März 2004, Rz. 222, S. 69 (zit. Dutoit, Lugano-Übereinkommen); Grunsky, Voraussetzungen für die Anordnung von Massnahmen des Beschwerdegerichts nach Art. 38 EuGVÜ, IPRax 1995, 218; Schlosser, Balance zwischen Effizienz und Schuldnerschutz in der Zwangsvollstreckung aus Titeln anderer EG-Mitgliedsstaaten, IPRax 2007, 239 (zit. Schlosser, Balance); Siegenthaler, Für eine vorläufige Vollstreckung nicht rechtskräftiger Urteile betreffend Geldforderungen – ein Diskussionsbeitrag, AJP 2000, 172.

Übersicht *Seite*

I. Normzweck

Der Gläubiger kann **vorläufig vollstreckbare Entscheidungen** im Vollstreckungsstaat vollstreckbar erklären lassen. Art. 46 bezweckt, den Schuldner dabei vor möglichen Nachteilen zu schützen und widersprüchliche Entscheidungen in den LugÜ-Staaten zu vermeiden, zumal die für vollstreckbar erklärte Entscheidung im Erlassstaat aufgehoben oder abgeändert werden kann. Dem mit dem Rechtsbehelf befassten Gericht steht *Ermessensspielraum* in Bezug auf die Möglichkeiten zu: (i) Zulassung der Zwangsvollstreckung, (ii) Aussetzung der Zwangsvollstreckung auf Antrag des Schuldners, (iii) Zulassung der Zwangsvollstreckung gegen Si- 1 cherheitsleistung[1]. Mit der *Sicherheitsleistung* kann der Schuldner verhindern, dass er das Geleistete bzw. durch Zwangsvollstreckung Beigebrachte im Falle der Aufhebung der Entscheidung im Erlassstaat vom Gläubiger nicht mehr zurückerhält. Die Sicherheitsleistung soll die für den Schuldner mit der Zwangsvollstreckung eines ausländischen Titels verbundene Gefahr ausgleichen[2].

II. Sachlicher Anwendungsbereich

1. Sachliche Zuständigkeit

2 Sowohl dem Gericht zweiter Instanz wie auch dem Gericht dritter Instanz, d.h. den **beiden** möglichen, mit einem Rechtsbehelf befassten Gerichten, stehen die Möglichkeiten gemäss Art. 46 zu[3].

2. Grundsätzliche Voraussetzungen für die Aussetzung/ Sicherheitsleistung

3 Das Gericht zweiter bzw. dritter Instanz hat die Möglichkeit, das Rechtsbehelfsverfahren[4] auszusetzen oder von einer Sicherheitsleistung abhängig zu machen, sofern im Erlassstaat ein **ordentlicher Rechtsbehelf** eingelegt wurde oder die Frist für den Rechtsbehelf noch nicht verstrichen ist. Vorausgesetzt ist, dass der ordentliche Rechtsbehelf *zulässig* ist[5]. Der Begriff

---

[1] KROPHOLLER, Art. 46 Rz. 1; GEIMER/SCHÜTZE, Art. 46 Rz. 1 f. und 5; DASSER/OBERHAMMER-STAEHELIN, Art. 38 Rz. 5; CZERNICH/TIEFENTHALER/KODEK-KODEK, Art. 46 Rz. 1 f.; vgl. auch MAGNUS/MANKOWSKI-PALSSON, Art. 46 Rz. 1 und 20.

[2] OGH, Beschluss vom 24.11.2005 – 3 Ob 209/05i = IPRax 2007, 227, 229; GEIMER/SCHÜTZE, Art. 46 Rz. 5.

[3] KROPHOLLER, Art. 46 Rz. 2, der sich auch zur Problematik äussert im Zusammenhang mit der auf Rechtsprüfung beschränkten dritten Instanz. GEIMER/SCHÜTZE, Art. 46 Rz. 2; BOTSCHAFT LugÜ Ziff. 2.7.4.

[4] Es kann das Rechtsbehelfsverfahren, nicht etwa das (erstinstanzliche) Vollstreckbarerklärungsverfahren überhaupt ausgesetzt werden; RAUSCHER-MANKOWSKI, Art. 46 Rz. 1; SCHLOSSER, Balance 239; GEIMER/SCHÜTZE, Art. 46 Rz. 32.

[5] KROPHOLLER, Art. 46 Rz. 3.

des ordentlichen Rechtsbehelfs ist *weit* auszulegen[6]. Irrelevant ist, ob dem Rechtsmittel von Gesetzes wegen aufschiebende Wirkung zukommt[7].

Wurde der für vollstreckbar zu erklärenden Entscheidung im Erlassstaat die Vollstreckbarkeit entzogen, so findet Art. 46 **keine Anwendung**. Mangels einer Voraussetzung für die Vollstreckbarerklärung ist ein auf Art. 46 gestützter Antrag abzuweisen. Sobald im Erlassstaat die Vollstreckbarkeit wiederhergestellt ist, kann ein neues Exequaturbegehren gestellt werden[8]. 4

In Bezug auf Entscheidungen, die in **Irland** oder im **Vereinigten Königreich** ergangen sind, gilt jeder im Ursprungsstaat statthafte Rechtsbehelf als ordentlicher Rechtsbehelf (Abs. 2). Diese Staaten unterscheiden nicht zwischen ordentlichen und ausserordentlichen Rechtbehelfen. Folglich war eine Sonderregelung notwendig[9]. Innerhalb der LugÜ-Staaten sollte jedoch ein *Ausgleich* stattfinden. Deshalb sollten die Richter in den übrigen LugÜ-Staaten die Möglichkeiten von Art. 46 zurückhaltend anwenden, wenn es ein Rechtsbehelf ist, der in Irland und im Vereinigten Königreich nur *spezielle Mängelrügen* zulässt oder der auch noch *nach langer Zeit* eingelegt werden kann[10]. 5

---

[6] BJM 2002, 316 (OGer BL vom 13.08.2001); OLG Düsseldorf, Beschluss vom 21.02.2001 – 3 W 429/00 = RIW 8/2001, 620, 621; KROPHOLLER, Art. 46 Rz. 3. Was ein *ordentlicher Rechtsbehelf* ist, bestimmt das LugÜ autonom (BGE 129 III 574 E. 3). Als solcher gilt jeder Rechtsbehelf, der gegen eine Entscheidung im Erlassstaat eingelegt ist oder eingelegt werden kann, der zur *Aufhebung oder Abänderung* der dem Anerkennungs- oder Klauselerteilungsverfahren nach dem Übereinkommen zugrunde liegenden Entscheidung führen kann und für dessen Einlegung im Erlassstaat eine *gesetzliche Frist* bestimmt ist, die durch die Entscheidung selbst ausgelöst wird: EuGH 22.11.1977, Rs. 43/77, *Industrial Diamond Supplies/ Luigi Riva*, Slg. 1977, 2175; vgl. auch GEIMER/SCHÜTZE, Art. 46 Rz. 13 ff.; DASSER/OBERHAMMER-STAEHELIN, Art. 38 Rz. 4; MAGNUS/MANKOWSKI-PALSSON, Art. 46 Rz. 9. *Kein* ordentlicher Rechtsbehelf ist das deutsche Vorbehalts-/Anerkenntnisurteil, so dass das Schweizer Vollstreckungsverfahren deshalb nicht sistiert werden darf (BGE 129 III 574 E. 3).

[7] SZIER 1996, 119 ff., 120 f. (AppG BS vom 22.12.1994, Anm. VOLKEN); DASSER/OBERHAMMER-STAEHELIN, Art. 38 Rz. 4.

[8] DASSER/OBERHAMMER-STAEHELIN, Art. 38 Rz. 2.

[9] KROPHOLLER, Art. 46 Rz. 4; MAGNUS/MANKOWSKI-PALSSON, Art. 46 Rz. 17.

[10] Bericht SCHLOSSER Rz. 204; KROPHOLLER, Art. 46 Rz. 4; MAGNUS/MANKOWSKI-PALSSON, Art. 46 Rz. 17.

3. Aussetzung des Verfahrens gemäss Abs. 1

6 Der *Schuldner* kann beantragen, dass das Verfahren **ausgesetzt** wird, zumal er am erstinstanzlichen Verfahren nicht beteiligt war und nicht aufgefordert werden konnte, die Einwendungen zu erheben[11].

7 Vorläufig vollstreckbare Entscheidungen sollten grundsätzlich in anderen LugÜ-Staaten vollstreckbar erklärt werden können. Das Exequaturverfahren soll deshalb vom Gericht nur in **Ausnahmefällen** im Rahmen einer *Interessenabwägung* ausgesetzt werden, wobei der *Prognose der Erfolgsaussichten* der im Erlassstaat eingelegten Rechtsbehelfe entscheidende Bedeutung zukommt[12].

8 Im Rahmen der Prüfung der Aussetzung des Verfahrens (bzw. der Prognose über die Erfolgsaussichten des Rechtsmittels im Erlassstaat) darf das Vollstreckungsgericht nur *Gründe* berücksichtigen, **welche der Schuldner vor dem Gericht im Erlassstaat nicht vorbringen konnte**. Auf der anderen Seite dürfen die am Erlassgericht vorgebrachten Gründe nicht mehr berücksichtigt werden (Art. 45 Abs. 2). Dasselbe gilt gemäss dem EuGH für diejenigen Gründe, welche der Schuldner am Erlassgericht nicht vorgebracht hat, aber hätte vorbringen können[13]. Diese Einschränkung ist nicht

[11] Bericht JENARD zu Art. 38; KROPHOLLER, Art. 46 Rz. 5; MAGNUS/MANKOWSKI-PALSSON, Art. 46 Rz. 4 f.

[12] KGer GR vom 23.11.2005, SKG 05 41 E. 4; OLG Düsseldorf, Beschluss vom 20.01.2004 – I-3 W 3/04 = RIW 5/2004, 391 f.; OLG Düsseldorf, Beschluss vom 21.02.2001 – 3 W 429/00 = RIW 8/2001, 620, 621; KROPHOLLER, Art. 46 Rz. 5; GEIMER/SCHÜTZE, Art. 46 Rz. 6, 17 ff. und 25 für weitere Gründe bei der Ermessensabwägung; RAUSCHER-MANKOWSKI, Art. 46 Rz. 12; SIEGENTHALER 174; vgl. auch CZERNICH/TIEFENTHALER/KODEK-KODEK, Art. 46 Rz. 6; MAGNUS/MANKOWSKI-PALSSON, Art. 46 Rz. 10. Demgegenüber ist STAEHELIN der Auffassung, dass kein Grund bestehe für den zurückhaltenden Gebrauch der Sistierung, weil die Interessen des Gläubigers durch die Möglichkeit, Sicherungsmassnahmen nach Art. 47 Abs. 2 zu verlangen, ausreichend gewahrt seien: DASSER/OBERHAMMER-STAEHELIN, Art. 38 Rz. 10. SCHLOSSER, Balance 239, 240, vertritt die Ansicht, dass die Sicherheitsleistung für den Gläubiger nachteiliger ist als die Verfahrensaussetzung, weshalb Letzterer der Vorzug gegeben werden sollte. Teilweise scheint in der Schweiz die Sistierung unter erleichterten Bedingungen gewährt zu werden (vgl. etwa BJM 2002, 317 [OGer BL vom 13.08.2001]; BJM 1999, 106 f. [AppG BS vom 12.02.1997]).

[13] EuGH 04.10.1991, Rs. C-183/90, *van Dalfsen u.a./Van Loon und Berendsen*, Slg. 1991 I 4743 Rz. 27 ff.; so auch OLG Köln, Beschluss vom 15.09.2004 – 16 W 27/04 E. II/2 = IPRax 2006, 51, 52; OLG Düsseldorf, Beschluss vom 20.01.2004 – I-3 W 3/04 = RIW 5/2004 391, 392; KROPHOLLER, Art. 46 Rz. 5; DUTOIT, Lugano-Übereinkommen Rz. 288; SIEGENTHALER 174 f.; CZERNICH/TIEFENTHALER/KODEK-KODEK, Art. 46 Rz. 7; vgl. auch BGer 5A_79/2008 E. 4.2; MAGNUS/MANKOWSKI-PALSSON, Art. 46 Rz. 10.

nachvollziehbar. Entscheidend ist, ob das Rechtsmittel im Erlassstaat *erfolgversprechend* ist. Irrelevant ist, ob die Erfolgsaussichten auf Gründen basieren, die der Schuldner vor Erlass der Entscheidung vorbringen konnte und allenfalls auch vorgebracht hat[14].

Lässt das Vollstreckungsgericht eine Aussetzung des Verfahrens zu, so ist einzig eine **Sicherungsvollstreckung** im Sinne von Art. 47 Abs. 3 zulässig[15]. Obwohl nicht im LugÜ erwähnt, kann es angemessen sein, die Aussetzung des Verfahrens von einer Sicherheitsleistung durch den Schuldner abhängig zu machen[16]. 9

4. Sicherheitsleistung gemäss Abs. 3

Das mit dem Rechtsbehelf befasste Gericht kann die Zwangsvollstreckung von einer Sicherheitsleistung des Gläubigers abhängig machen. Eine entsprechende Anordnung auf Leistung einer Sicherheit lässt die Vollstreckbarkeit weiterhin zu. Deshalb ist das Vollstreckungsgericht in der **Prüfungsbefugnis nicht so stark eingeschränkt** wie bei der Aussetzung des Verfahrens. Es sind insbesondere nicht nur die Erfolgsaussichten des Rechtsbehelfs im Erlassstaat massgebend, sondern *sämtliche Umstände des Einzelfalles* zu berücksichtigen. So ist insbesondere auch zu berücksichtigen, wenn der Schuldner vorbringt, dass ihm bei einer Zwangsvollstreckung ein *nicht wieder gutzumachender Nachteil* drohe, weil es dem Gläubiger an Liquidität mangle oder mangeln werde[17]. 10

---

14 GRUNSKY 220; GEIMER/SCHÜTZE, Art. 46 Rz. 18 ff., DONZALLAZ Rz. 4069 und DASSER/OBERHAMMER-STAEHELIN, Art. 38 Rz. 8. So wohl implizit auch BJM 2002, 317 (OGer BL vom 13.08.2001); BJM 1999, 106 f. (AppG BS vom 12.02.1997).

15 EuGH 03.10.1985, Rs. 119/84, *Capelloni und Aquilini/Pelkmans*, Slg. 1985, 3147 Rz. 30; OGH, Beschluss vom 24.11.2005 – 3 Ob 209/05i = IPRax 2007, 227, 229; CZERNICH/TIEFENTHALER/KODEK-KODEK, Art. 46 Rz. 8; KROPHOLLER, Art. 46 Rz. 6; GEIMER/SCHÜTZE, Art. 46 Rz. 27; SCHLOSSER, Balance 239; SIEGENTHALER 175; DASSER/OBERHAMMER-STAEHELIN, Art. 38 Rz. 9; MAGNUS/MANKOWSKI-PALSSON, Art. 46 Rz. 15.

16 KGer GR vom 23.11.2005, SKG 05 41 E. 5b; KROPHOLLER, Art. 46 Rz. 6; GEIMER/SCHÜTZE, Art. 46 Rz. 26; SIEGENTHALER 174; DASSER/OBERHAMMER-STAEHELIN, Art. 38 Rz. 8; CZERNICH/TIEFENTHALER/KODEK-KODEK, Art. 46 Rz. 9; MAGNUS/MANKOWSKI-PALSSON, Art. 46 Rz. 11.

17 BGH, Beschluss vom 21.04.1994 = IPRax 1995, 243; OLG Köln, Beschluss vom 15.09.2004 – 16 W 27/04 E. II/2 = IPRax 2006, 51, 52; KROPHOLLER, Art. 46 Rz. 7; eingehend GEIMER/SCHÜTZE, Art. 46 Rz. 34 ff.; MAGNUS/MANKOWSKI-PALSSON, Art. 46 Rz. 19.

11 Das Recht des Vollstreckungsstaates bestimmt über die **Art und Höhe** der Sicherheitsleistung[18]. Ist eine Geldforderung zu vollstrecken, so werden Sinn und Zweck von Art. 46 Abs. 3 nur erfüllt, wenn die Sicherheitsleistung *exakt dem Betrag entspricht, den der Gläubiger vom Schuldner erhältlich machen kann*. Die Sicherheitsleistung entspricht damit dem Verwertungserlös. Folglich setzte namentlich das Obergericht des Kantons Zürich – trotz Art. 47 Abs. 3 – den Verwertungserlös als Sicherheitsleistung fest und liess die Zwangsvollstreckung durchführen und wies das zuständige Betreibungsamt an, den Verwertungserlös an die Gerichtskasse zu bezahlen[19].

12 Hängt die Vollstreckung schon nach dem Inhalt der für vollstreckbar zu erklärenden Entscheidung von einer ausreichenden *Sicherheitsleistung* ab, hat der Gläubiger eine solche also bereits im **Erlassstaat bezahlt**, kommt eine (weitere) Sicherheitsleistung im Vollstreckungsstaat *nicht* mehr in Frage. Die Interessen des Schuldners sind diesbezüglich bereits gewahrt. Damit ist im Vollstreckungsstaat nur eine Sicherheitsleistung anzuordnen, wenn im Erlassstaat keine (voraussichtlich ausreichende) Sicherheit geleistet worden ist, um allfällige Schadenersatzansprüche des Schuldners aus der Zwangsvollstreckung zu befriedigen[20].

13 Auferlegt das Rechtsbehelfsgericht dem Gläubiger eine Sicherheitsleistung, welche dieser *nicht bezahlt*, so führt dies zum **Unterbleiben weiterer Vollstreckungsmassnahmen**, nicht aber zur Verfahrenseinstellung unter Aufhebung der *Bewilligung der Zwangsvollstreckung*[21]. Bei vorläufig vollstreckbaren Entscheiden entsteht bei dieser Konstellation ein Schwebezustand, wenn über den weiteren Fortgang des Verfahrens im Erlassstaat nichts bekannt wird. Dieser Schwebezustand dauert so lange, bis die ausländische Entscheidung aufgehoben oder rechtskräftig wird[22]. Wurde die Sistierung erfolgreich angeordnet, so entfällt die Beschränkung auf Sicherungsmassnahmen und der Gläubiger kann die Zwangsvollstreckung vollumfänglich durchführen[23].

---

[18] ZR 107 Nr. 52; GEIMER/SCHÜTZE, Art. 46 Rz. 42; CZERNICH/TIEFENTHALER/KODEK-KODEK, Art. 46 Rz. 11; MAGNUS/MANKOWSKI-PALSSON, Art. 46 Rz. 18.

[19] ZR 107 Nr. 52.

[20] KROPHOLLER, Art. 46 Rz. 7; GEIMER/SCHÜTZE, Art. 46 Rz. 39; DASSER/OBERHAMMER-STAEHELIN, Art. 38 Rz. 12; MAGNUS/MANKOWSKI-PALSSON, Art. 46 Rz. 21.

[21] OGH, Beschluss vom 24.11.2005 – 3 Ob 209/05i = IPRax 2007, 227, 229.

[22] SCHLOSSER, Balance 239.

[23] GEIMER/SCHÜTZE, Art. 46 Rz. 44; KROPHOLLER, Art. 46 Rz. 9.

5. Rechtsbehelf gegen Entscheid über Aussetzung und Sicherheitsleistung?

Gegen eine Entscheidung gemäss Art. 46 (Aussetzung, Sicherheitsleistung) ist **keine Rechtsbeschwerde** an die nächste Instanz (in der Schweiz an das Bundesgericht) möglich, weil die Rechtsbeschwerde nur die Entscheide über die Begründetheit des Rechtsbehelfs gegen die *Zulassung oder Versagung der Vollstreckbarerklärung* zum Gegenstand hat[24]. 14

6. Vorfrageweise Vollstreckbarerklärung im Rechtsöffnungsverfahren

Wird die ausländische Entscheidung nur vorfrageweise im Rechtsöffnungsverfahren für vollstreckbar erklärt, so findet ein reines SchKG-Verfahren statt. Der Schuldner kann keinen LugÜ-Rechtsbehelf einlegen. Allerdings hat der Rechtsöffnungsrichter Art. 46 zu beachten und kann daher das Rechtsöffnungsverfahren sistieren oder von einer Sicherheitsleistung abhängig machen bzw. auf Auflagen verzichten. Die *Möglichkeiten gemäss Art. 46* sind damit schon im **erstinstanzlichen, kontradiktorischen Verfahren** gegeben[25]. 15

Leitet der Gläubiger ein Exequaturverfahren und ein Rechtsöffnungsverfahren ein, so haben das obere kantonale Gericht im Exequaturverfahren und der Rechtsöffnungsrichter im Rechtsöffnungsverfahren Art. 46 zu beachten. Der Rechtsöffnungsrichter, der im Rahmen des Rechtsöffnungsverfahrens vom Einwand gemäss Art. 46 Kenntnis erlangt, darf das (erstinstanzliche) Exequaturverfahren **nicht sistieren**. Der Gläubiger hat nämlich Anspruch auf den Exequaturentscheid und gestützt darauf Sicherungsmassnahmen gemäss Art. 47 zu verlangen[26]. 16

---

24 KROPHOLLER, Art. 46 Rz. 10; GEIMER/SCHÜTZE, Art. 46 Rz. 48 f.; DASSER/OBERHAMMER-STAEHELIN, Art. 38 Rz. 7; MAGNUS/MANKOWSKI-KERAMEUS, Art. 44 Rz. 5; MAGNUS/MANKOWSKI-PALSSON, Art. 46 Rz. 16; a.A. CZERNICH/TIEFENTHALER/KODEK-KODEK, Art. 46 Rz. 16. Das Bundesgericht musste die Frage, ob der Sistierungsentscheid selbständig angefochten werden kann, offen lassen, wobei es eine solche Anfechtung nicht *a priori* für ausgeschlossen hielt (BGer 4A_455/2009 E. 3.1).

25 DASSER/OBERHAMMER-STAEHELIN, Art. 38 Rz. 17.

26 DASSER/OBERHAMMER-STAEHELIN, Art. 38 Rz. 18.

III. Persönlicher Anwendungsbereich

17 Die Aussetzung des Verfahrens erfolgt auf **Antrag des Schuldners**[27].

IV. Räumlicher Anwendungsbereich

18 Zuständig sind die **oberen kantonalen Gerichte** bzw. das *Bundesgericht* in Lausanne.

V. Zeitlicher Anwendungsbereich

19 Das mit dem Rechtsbehelf befasste Gericht kann das Verfahren **aussetzen**, wenn gegen die Entscheidung im Erlassstaat ein ordentlicher Rechtsbehelf eingelegt oder die Frist für einen solchen Rechtsbehelf noch nicht verstrichen ist. Im zuletzt genannten Fall kann das Rechtsbehelfsgericht eine *Frist* bestimmen, innerhalb derer der Rechtsbehelf *einzulegen* ist (Art. 46 Abs. 1). Wird diese Frist versäumt, hebt das Vollstreckungsgericht die Sistierung auf[28].

20 Das Rechtsbehelfsgericht kann die Zwangsvollstreckung erst dann von einer **Sicherheitsleistung** abhängig machen, wenn es über den Rechtsbehelf entscheidet[29]. Das obere kantonale Gericht kann damit die Sicherheitsleistung nur als *Teil des abschliessenden Entscheids* über den Rechtsbehelf anordnen, nicht dagegen als vorläufige Massnahme während des Rechtsbehelfsverfahrens[30]. In dieser Zeit steht die Möglichkeit offen, zwangsrecht-

---

[27] Bericht Jenard zu Art. 38; Geimer/Schütze, Art. 46 Rz. 23 und 33; Dasser/Oberhammer-Staehelin, Art. 38 Rz. 8; Czernich/Tiefenthaler/Kodek-Kodek, Art. 46 Rz. 15; Magnus/Mankowski-Palsson, Art. 46 Rz. 5.

[28] Dasser/Oberhammer-Staehelin, Art. 38 Rz. 11; Donzallaz Rz. 4077.

[29] EuGH 27.11.1984, Rs. 258/83, *Brennero/Wendel*, Slg. 1984, 3971 Rz. 13; OGH, Beschluss vom 24.11.2005 – 3 Ob 209/05i = IPRax 2007, 227, 229; Schlosser, Balance 239.

[30] Kropholler, Art. 46 Rz. 8; Geimer/Schütze, Art. 46 Rz. 46; Dasser/Oberhammer-Staehelin, Art. 38 Rz. 13; Czernich/Tiefenthaler/Kodek-Kodek, Art. 46 Rz. 10; Magnus/Mankowski-Palsson, Art. 46 Rz. 22.
Trifft das obere kantonale Gericht dennoch eine Zwischenentscheidung, so ist diese *von Amtes wegen aufzuheben* (Geimer/Schütze, Art. 46 Rz. 47).

liche Massnahmen zur Sicherung zu erlassen (Art. 47 Abs. 3), nicht aber, die Zwangsvollstreckung endgültig durchzuführen[31].

Sofern der Schuldner während des Rechtsbehelfsverfahrens eine Sicherheitsleistung anordnen lassen möchte, so hat er einen entsprechenden Antrag an das **Gericht im Erlassstaat** zu richten; im Vollstreckungsstaat ist dies nicht möglich. Das obere kantonale Gericht im Vollstreckungsstaat kann demgegenüber erst *mit dem Entscheid über den Rechtsbehelf* entscheiden. Dann ändert sich die Rechtslage, weil zu diesem Zeitpunkt die zum Schutze des Schuldners vorgesehenen Beschränkungen gemäss Art. 47 Abs. 3 entfallen[32]. Ab diesem Zeitpunkt sind Vollstreckungsmassnahmen gegen den Schuldner möglich, obwohl ein Rechtsmittel gegen den Rechtsbehelfsentscheid und eine Anfechtungsmöglichkeit im Erlassstaat möglich bzw. denkbar sind. Ab diesem Zeitpunkt ist es zum Schutz der Interessen des Schuldners deshalb möglich, die Zwangsvollstreckung von einer Sicherheitsleistung abhängig zu machen[33]. 21

[31] Kropholler, Art. 46 Rz. 8 samt Nennung der möglichen wirtschaftlichen Folgen. Vgl. auch Dasser/Oberhammer-Staehelin, Art. 38 Rz. 13.

[32] Kropholler, Art. 46 Rz. 8; Dasser/Oberhammer-Staehelin, Art. 38 Rz. 9; Geimer/Schütze, Art. 46 Rz. 51.

[33] Kropholler, Art. 46 Rz. 8.

Art. 47

1. Ist eine Entscheidung nach diesem Übereinkommen anzuerkennen, so ist der Antragsteller nicht daran gehindert, einstweilige Massnahmen einschliesslich solcher, die auf eine Sicherung gerichtet sind, nach dem Recht des Vollstreckungsstaats in Anspruch zu nehmen, ohne dass es einer Vollstreckbarerklärung nach Artikel 41 bedarf.

2. Die Vollstreckbarerklärung gibt die Befugnis, Massnahmen, die auf eine Sicherung gerichtet sind, zu veranlassen.

3. Solange die in Artikel 43 Absatz 5 vorgesehene Frist für den Rechtsbehelf gegen die Vollstreckbarerklärung läuft und solange über den Rechtsbehelf nicht entschieden ist, darf die Zwangsvollstreckung in das Vermögen des Schuldners nicht über Massnahmen zur Sicherung hinausgehen.

Art. 47

1. Lorsqu'une décision doit être reconnue en application de la présente Convention, rien n'empêche le requérant de demander qu'il soit procédé à des mesures provisoires, ou conservatoires, prévues par la loi de l'État requis, sans qu'il soit nécessaire que cette décision soit déclarée exécutoire au sens de l'art. 41.

2. La déclaration constatant la force exécutoire emporte l'autorisation de procéder à des mesures conservatoires.

3. Pendant le délai du recours prévu à l'art. 43, par. 5, contre la déclaration constatant la force exécutoire et jusqu'à ce qu'il ait été statué sur celui-ci, il ne peut être procédé qu'à des mesures conservatoires sur les biens de la partie contre laquelle l'exécution est demandée.

Art. 47

1. Qualora una decisione debba essere riconosciuta in conformità della presente convenzione, nulla osta a che l'istante chieda provvedimenti provvisori o cautelari in conformità della legge dello Stato richiesto, senza che sia necessaria una dichiarazione di esecutività ai sensi dell'articolo 41.

2. La dichiarazione di esecutività implica l'autorizzazione a procedere a provvedimenti cautelari.

3. In pendenza del termine di cui all'articolo 43, paragrafo 5, per proporre il ricorso contro la dichiarazione di esecutività e fino a quando non sia stata presa una decisione in materia, può procedersi solo a provvedimenti conservativi sui beni della parte contro cui è chiesta l'esecuzione.

Art. 47

1. When a judgment must be recognised in accordance with this Convention, nothing shall prevent the applicant from availing himself of provisional, including protective, measures in accordance with the law of the State requested without a declaration of enforceability under Article 41 being required.

2. The declaration of enforceability shall carry with it the power to proceed to any protective measures.

3. During the time specified for an appeal pursuant to Article 43 (5) against the declaration of enforceability and until any such appeal has been determined, no measures of enforcement may be taken other than protective measures against the property of the party against whom enforcement is sought.

Literatur: ATTESLANDER-DÜRRENMATT, Sicherungsmittel «à discrétion»? Zur Umsetzung von Art. 39 LugÜ in der Schweiz, AJP 2001, 180; BERNASCONI, Il riconoscimento di decisioni stranieri e i giudizi a esso correlati nella giurisprudenza della camera di esecuzione e fallimenti del Tribunale d'appello del Cantone Ticino, FS Spühler, Zürich/Basel/Genf 2005, 13; BOLLER, Der neue Arrestgrund von Art. 271 Abs. 1 Ziff. 6 revSchKG, AJP 2010, 187; CAMBI FAVRE-BULLE, La mise en oeuvre en Suisse de l'Art. 39 al. 2 de la Convention de Lugano, SZIER 1998, 335; GASSMANN, Arrest im internationalen Rechtsverkehr, Zürich 1998; HAAS, Beginn der Sicherungs(zwangs) vollstreckung nach Art. 39 Abs. 1 EuGVÜ, IPRax 1995, 223; HESS BURKHARD/HUB, Die vorläufige Vollstreckbarkeit ausländischer Urteile im Binnenmarktprozess, IPRax 2003, 93; HUNGERBÜHLER, Rechtsmittel und Rechtsbehelfe beim Arrest unter besonderer Berücksichtigung des Steuerarrestes und des Arrestes nach Art. 39 Abs. 1 LugÜ, ZZZ 2005, 199; HUNKELER, SchKG, Kurzkommentar, Basel 2009 (zit. KUKO SchKG-BEARBEITER); JERMINI/GAMBA, Exequatur and «Enforcement» of Foreign Protective Measures under Article 39 of the Lugano Convention in Switzerland – The Alternative of Cantonal Protective Measures, SZZP 2006, 443; KAUFMANN-KOHLER, L'exécution des décisions étrangères selon la Convention de Lugano: titres susceptibles d'exécution, mainlevée définitive, procédure d'exequatur, mesures conservatoires, SJ 1997, 561; KELLERHALS, Neuerungen im Vollstreckungsrecht der bernischen Zivilprozessordnung (ZPO), ZBJV 132bis 1996, 75 (zit. KELLERHALS, Neuerungen); DERS., Umsetzung des Lugano-Übereinkommens ins kantonale Recht, ZBJV 1992, 77 (zit. KELLERHALS, Umsetzung); LEUENBERGER, Lugano-Übereinkommen: Verfahren der Vollstreckbarerklärung ausländischer «Geld»-Urteile, AJP 1992, 965; LORANDI/SCHALLER, Art. 1 ZGB im Bereich des SchKG. Fristenlauf in der Arrestprosequierung gestützt auf einen (vollstreckbaren) «LugÜ»-Entscheid, in: AJP 2010, 793; MEIER, Arrest im internationalen Recht, SZZP 2005, 417 (zit. MEIER, Arrest); MERKT, Les mesures provisoires en droit international privé, Zürich 1993; NAEF, SchKG und LugÜ: «Candide» im Bundeshaus?, Anwaltsrevue 2009, 553 (zit. NAEF, Candide); DERS., Die Anpassung des SchKG an das revidierte LugÜ, Jusletter 27. Oktober 2008 (zit. NAEF, Anpassung); DERS., L'exécution des jugements et des titres authentiques sous l'angle du principe d'égalité, SZZP 2006, 329 (zit. NAEF, Egalité); NAEGELI/VETTER, Zur Anerkennung und Vollstreckung euro-internationaler Arrestbefehle in der Schweiz, AJP 2005, 1312; OTTOMANN, Der Arrest, ZSR 1996 I 241; PESTALOZZI/WETTENSCHWILER, Art. 39 des Lugano-Übereinkommens – Ein neuer Arrestgrund?, in: SCHLUEP/ISLER (Hrsg.), Neues zum Gesellschafts- und Wirtschaftsrecht, Zum 50. Geburtstag von Peter Forstmoser, Zürich 1993, 327; RODRIGUEZ, Sicherung und Vollstreckung nach revidiertem Lugano Übereinkommen, AJP 2009, 1550 (zit. RODRIGUEZ, Sicherung und Vollstreckung); DERS., Kommentierte Konkordanztabelle zum revidierten Übereinkommen von Lugano vom 30. Oktober 2007 und zum geltenden Lugano-Übereinkommen, SZIER 2007, 531 (zit. RODRIGUEZ, zu Art.); SCHLOSSER, Balance zwischen Effizienz und Schuldnerschutz in der Zwangsvollstreckung aus Titeln anderer EG-Mitgliedsstaaten, IPRax 2007, 239 (zit. SCHLOSSER, Balance); SCHMUTZ, Massnahmen des vorsorglichen Rechtsschutzes im Lugano-Übereinkommen aus schweizerischer Sicht, Aachen 1995; SCHWANDER, Neuerungen in den Bereichen der Rechtsöffnung sowie der Aufhebung oder Einstellung der Betreibung, aber fehlende Regelung von Exequaturverfahren im SchKG, in: Das revidierte Schuldbetreibungs- und Konkursgesetz (SchKG), SSAV 13, Bern 1995, 35 (zit. SCHWANDER, Neuerungen); DERS., Bemerkungen zum Rundschreiben des Budesamtes für Justiz vom 18.10.1991 betreffend Lugano-Übereinkommen, AJP 1992, 97 (zit. SCHWANDER, Rundschreiben); SOGO, Kleine Arrestrevision, grosse Auswirkungen – zur geplanten Anpassung des Arrestrechts im Rahmen der Revision des Lugano-Übereinkommens, SZZP 2009, 75 (zit. SOGO, Arrestrevision); DERS., Vollstreckung ausländischer Entscheide über Geldforderungen: Prüfung der internationalen Vollstreckbarkeit im definitiven Rechtsöffnungsverfahren oder im separaten Exequaturverfahren?, ZZZ 2008/2009, 29 (zit. SOGO, Vollstreckung); STAEHELIN DANIEL, Die internationale Zuständigkeit der Schweiz im Schuldbetreibungs- und Konkursrecht, AJP 1995, 259 (zit. STAEHELIN, Zuständigkeit); STOFFEL, Das Verfahren zur Anerkennung handelsrechtlicher Entscheide nach dem Lugano-Übereinkommen, SZW 1993, 107 (zit. STOFFEL, Verfahren); VOLKEN ALFONS, Anerkennung und Vollstreckung von Entscheidungen nach dem Lugano-Übereinkommen, ZWR 1992, 421 (zit. VOLKEN, Anerkennung und Vollstreckung); WALTER, Wechselwirkungen zwischen europäischem und nationalem Zivilprozessrecht: Lugano-Übereinkommen und Schweizer Recht, ZZP 107 (1994) 301 (zit. WALTER, Wechselwirkungen); DERS., Zur Sicherungsvollstreckung gemäss Art. 39 des Lugano-Übereinkommens, ZBJV 1992, 90 (zit. WALTER, Sicherungsvollstreckung).

Übersicht *Seite*

I. Normzweck

1 Diese Bestimmung beschäftigt sich mit den **Massnahmen des einstweiligen Rechtsschutzes**, insbesondere mit *Sicherungsmassnahmen*. Gegenüber Art. 39 aLugÜ wurde die Bestimmung um den ersten Absatz ergänzt. Geregelt wird der Fall vor (falls die ausländische Entscheidung vollstreckt werden muss; Abs. 1) und nach Erteilung des Exequaturs (Abs. 2 und 3).

Es soll mit den einstweiligen Massnahmen der **Ausgleich zwischen den Interessen** des Schuldners und des Gläubigers gewahrt bleiben[1]. Das Exequatur wird erteilt, ohne dass der Schuldner Gelegenheit zur Äusserung erhält. Damit muss sichergestellt werden, dass der Gläubiger dieses Verfahren nicht missbraucht oder dem Schuldner anderweitige irreparable Schäden zufügt gestützt auf ein Exequatur, über dessen Berechtigung und Bestand erst im kontradiktorischen Rechtsbehelfsverfahren entschieden wird[2]. Bevor das Exequaturverfahren abgeschlossen ist (d.h. vor Ablauf der Frist für die Einlegung des Rechtsbehelfs bzw. vor Entscheid über den Rechtsbehelf), darf daher der Gläubiger die *Zwangsvollstreckung nicht vollständig durchführen*. Immerhin gibt ihm Art. 47 mit den Sicherungsmassnahmen die Möglichkeit zu verhindern, dass der Schuldner in der Zwischenzeit über sein Vermögen verfügt und damit die spätere Zwangsvollstreckung nutzlos oder unmöglich macht[3]. 2

II. Sachlicher Anwendungsbereich

1. Allgemeine Bemerkungen

Die einstweiligen Massnahmen vor Erteilung des Exequaturs (Abs. 1) richten sich nach dem **nationalen Recht**. Nachdem die Vollstreckbarerklärung erteilt wurde (Abs. 2 und 3), werden die einstweiligen Massnahmen unmittelbar auf das *LugÜ* gestützt[4]. 3

Einstweilige Massnahmen gemäss Art. 47 können angeordnet werden, auch wenn die Entscheidung im Erlassstaat noch **anfechtbar** ist[5]. Dies ist eine Folge des Umstandes, dass auch vorläufig vollstreckbare Entscheidungen für vollstreckbar erklärt werden können und vor und nach Erteilung des Exequaturs Massnahmen des einstweiligen Rechtsschutzes zulässig sind. 4

1 KGer AI, Bescheid KE 17/97 vom 10.10.1997; Bericht JENARD zu Art. 39; KROPHOLLER, Art. 47 Rz. 2; CZERNICH/TIEFENTHALER/KODEK-KODEK, Art. 47 Rz. 1; MAGNUS/MANKOWSKI-PALSSON, Art. 47 Rz. 2.

2 GEIMER/SCHÜTZE, Art. 47 Rz. 11.

3 EuGH 03.10.1985, Rs. 119/84, *Capelloni und Aquilini/Pelkmans*, Slg. 1985, 3147 Rz. 19; KGer AI, Bescheid KE 17/97 vom 10.10.1997; KROPHOLLER, Art. 47 Rz. 2; GEIMER/SCHÜTZE, Art. 47 Rz. 12; DASSER/OBERHAMMER-STAEHELIN, Art. 39 Rz. 1; MAGNUS/MANKOWSKI-PALSSON, Art. 47 Rz. 2, 7 und 12.

4 KROPHOLLER, Art. 47 Rz. 2 und 4; GEIMER/SCHÜTZE, Art. 47 Rz. 1; RODRIGUEZ, zu Art. 47.

5 EuGH 27.11.1984, Rs. 258/83, *Brennero/Wendel*, Slg. 1984, 3971 Rz. 12; KROPHOLLER, Art. 47 Rz. 3; GEIMER/SCHÜTZE, Art. 47 Rz. 1; CZERNICH/TIEFENTHALER/KODEK-KODEK, Art. 47 Rz. 1.

2. Einstweilige Massnahmen vor Vollstreckbarerklärung

5 Gemäss Abs. 1 kann der Gläubiger, der eine Entscheidung erwirkt hat, welche im Vollstreckungsstaat anzuerkennen ist, einstweilige Massnahmen im Vollstreckungsstaat nach dem **Recht dieses Staates** verlangen, *ohne dass die Entscheidung für vollstreckbar erklärt wird*. Der Gläubiger kann damit unter den Voraussetzungen des Rechts des Vollstreckungsstaates in demselben einstweilige Massnahmen beantragen, bevor das Exequatur erteilt ist und bevor die für vollstreckbar zu erklärende Entscheidung dem Schuldner zugestellt wird[6]. Die *Voraussetzungen* der einstweiligen Massnahmen bestimmen sich nach dem *Recht des Vollstreckungsstaates*. Dieses muss die Massnahmen zulassen[7]. In der Schweiz konnten schon bisher sichernde Massnahmen verlangt werden, sofern die Voraussetzungen dazu gegeben sind[8]. Art. 271 Abs. 1 Ziff. 6 SchKG sieht neu einen *allgemeingültigen Arrestgrund* vor, wenn der Gläubiger gegen den Schuldner einen definitiven Rechtsöffnungstitel besitzt. Somit wird in Zukunft auch bei der direkten Betreibungseinleitung und Prüfung der Vollstreckbarkeit im definitiven Rechtsöffnungsverfahren ein überraschender Vermögenszugriff möglich sein. Sofern der Gläubiger über einen Titel gemäss Art. 271 Abs. 1 Ziff. 6 SchKG verfügt, kann er bei Vorliegen der übrigen Voraussetzungen schon vor Anhebung der Betreibung einen Arrest beantragen[9].

6 Die Bestimmung setzt voraus, dass eine Entscheidung nach dem LugÜ **anzuerkennen** ist. Folglich hat das Vollstreckungsorgan zu prüfen, (i) ob das LugÜ anwendbar ist, (ii) ob eine Entscheidung im Sinne von Art. 32 gegeben ist und (iii) ob diese gemäss Art. 33 ff. anzuerkennen ist. Dabei ist zu prüfen, ob Versagungsgründe im Sinne von Art. 34 f. vorhanden sind[10].

---

[6] Kropholler, Art. 47 Rz. 4; Geimer/Schütze, Art. 47 Rz. 21; Sogo, Arrestrevision 96; Magnus/Mankowski-Palsson, Art. 47 Rz. 4 f.; Rodriguez, Sicherung und Vollstreckung 1556.

[7] Kropholler, Art. 47 Rz. 4; Geimer/Schütze, Art. 47 Rz. 21; Botschaft LugÜ Ziff. 2.7.5.1.

[8] Botschaft LugÜ Ziff. 2.7.5.1; Rodriguez, zu Art. 47; ders., Sicherung und Vollstreckung 1556.

[9] Sogo, Vollstreckung 42.

[10] Kropholler, Art. 47 Rz. 5 m.w.N.; Sogo, Arrestrevision 97 f.; Rauscher-Mankowski, Art. 47 Rz. 7; a.A. Hess/Hub 94; Geimer/Schütze, Art. 47 Rz. 3 f.; Magnus/Mankowski-Palsson, Art. 47 Rz. 4.

3. Einstweilige Massnahmen mit oder nach Vollstreckbarerklärung

Die Vollstreckbarerklärung gibt dem Gläubiger die Befugnis, einstweilige Massnahmen zu verlangen (Abs. 2). Die Zwangsvollstreckung in das Vermögen des Schuldners darf aber nicht über Sicherungsmassnahmen hinausgehen, solange die Rechtsbehelfsfrist gegen die Vollstreckbarerklärung läuft und solange über den Rechtsbehelf nicht entschieden ist (Abs. 3). Mit dieser Bestimmung soll dem Gläubiger das Mittel in die Hand gegeben werden um zu verhindern, dass der Schuldner pfändbare Gegenstände der Zwangsvollstreckung entzieht. Allerdings soll der Gläubiger nicht Massnahmen treffen können, die nicht rückgängig gemacht werden können. Die nicht **vollständig durchführbare Zwangsvollstreckung** bis zum definitiven Entscheid über den Rechtsbehelf ist insofern das *Gegenstück zum einseitigen Antragsverfahren*[11]. 7

Anders als im Falle von Abs. 1 ergibt sich das Recht auf Sicherungsmassnahmen gemäss Abs. 2 *unmittelbar aus dem LugÜ*. Dieses Recht tritt **automatisch** ein, ohne dass der Gläubiger nachweisen muss, dass Dringlichkeit geboten oder Gefahr in Verzug ist, selbst wenn das Recht des Vollstreckungsstaates solches vorschreiben sollte. Das Recht, Sicherungsmassnahmen vorzunehmen bzw. zu erwirken, bedarf auch keiner Genehmigung des Vollstreckungsrichters[12]. Der Gläubiger erhält *unmittelbar* das Recht, Sicherungsmassnahmen vorzunehmen, ohne ein Sicherheitsbedürfnis geltend zu machen und ohne eine gerichtliche Ermächtigung einzuholen. Ein Entscheid des Gerichts ist auch dann entbehrlich, wenn ein solcher im nationalen Recht des Vollstreckungsstaates vorgeschrieben ist[13]. 8

---

[11] Bericht JENARD zu Art. 39; KROPHOLLER, Art. 47 Rz. 7; GEIMER/SCHÜTZE, Art. 47 Rz. 11 f.; vgl. auch Rz. 2.

[12] EuGH 03.10.1985, Rs. 119/84, *Capelloni und Aquilini/Pelkmans*, Slg. 1985, 3147 Rz. 23 ff. und 31 ff.; KGer AI vom 10.10.1997, KE 17/97; BJM 2002, 317 f. (OGer BL vom 13.08.2001).

[13] KGer AI vom 10.10.1997, KE 17/97; Bericht JENARD zu Art. 39; KROPHOLLER, Art. 47 Rz. 9; GEIMER/SCHÜTZE, Art. 47 Rz. 14 f. und 18 f.; DASSER/OBERHAMMER-STAEHELIN, Art. 39 Rz. 5; DONZALLAZ Rz. 4124; GASSMANN 186; HUNGERBÜHLER 202, 203; LEUENBERGER 971; MEIER, Arrest 431; RAUSCHER-MANKOWSKI, Art. 47 Rz. 12; RODRIGUEZ, Sicherung und Vollstreckung 1556; SchKG-STAEHELIN, Art. 30a Rz. 34; STOFFEL, Verfahren 116; WALTER, § 10 VIII 1; DERS., Sicherungsvollstreckung 93, 98; MAGNUS/MANKOWSKI-KERAMEUS, Art. 43 Rz. 9; MAGNUS/MANKOWSKI-PALSSON, Art. 47 Rz. 8; kritisch, dass keine Gefährdung dargelegt werden muss, SOGO, Arrestrevision 92, 96.

9 Das Recht zu Sicherungsmassnahmen ergibt sich zwar *ipso iure* aus dem Übereinkommen, doch regelt das Übereinkommen die Sicherungsmassnahmen *nicht umfassend*. Vielmehr enthält Art. 47 den Grundsatz, dass die das Exequatur beantragende Partei innerhalb bestimmter Zeitfenster Sicherungsmassnahmen vornehmen darf. Die Regelung sämtlicher Fragen, welche nicht im Übereinkommen behandelt werden, ist jedoch dem **Verfahrensrecht des Vollstreckungsstaates** überlassen. Dieses darf aber die im Übereinkommen aufgestellten Grundsätze nicht in Frage stellen bzw. deren Anwendung verhindern. Die Anwendbarkeit von Verfahrensbestimmungen des Vollstreckungsstaates hängt damit vom Inhalt dieser Bestimmungen und ihrer Vereinbarkeit mit den Grundsätzen von Art. 47 ab[14].

10 Mit dem Übereinkommen ist eine **Ausschlussfrist** für die Durchführung von Sicherungsmassnahmen *nicht vereinbar*. Der Wortlaut von Abs. 3 schliesst die Anwendung nationaler Vorschriften, die eine kürzere Frist vorsehen als im Übereinkommen gewährt, aus[15].

11 Nicht vereinbar mit Art. 47 ist es sodann, für die Sicherungsmassnahme von der ersuchenden Partei eine besondere, zusätzliche gerichtliche Ermächtigung zu verlangen, auch wenn eine solche normalerweise nach dem innerstaatlichen Verfahrensrecht des Vollstreckungsstaates erforderlich ist. Die Befugnis zur Vornahme von Sicherungsmassnahmen hat ihre Grundlage im Entscheid, mit dem die Zwangsvollstreckung zugelassen wird. Damit wäre eine **zweite Entscheidung**, die das Bestehen dieser Befugnis in keinem Falle in Frage stellen könnte, *nicht gerechtfertigt*[16]. Die Zulässigkeit der Sicherungsmassnahmen ergibt sich aus dem LugÜ selbst. Die Entscheidung über die Zulassung der Zwangsvollstreckung kann ausschliesslich mit dem Rechtsbehelf gemäss Art. 43 angefochten werden. Ein anderer Rechtsbehelf des nationalen Rechts steht nicht zur Verfügung, selbst wenn nur derjenige Teil der Entscheidung angefochten wird, durch den die Si-

---

[14] EuGH 03.10.1985, Rs. 119/84, *Capelloni und Aquilini/Pelkmans*, Slg. 1985, 3147 Rz. 11 ff.; EuGH 28.04.2009, Rs. C-420/07, *Meletis Apostolides/David Charles Orams und Linda Elizabeth Orams*, Rz. 69; BGE 126 III 438 E. 3; 131 III 660 E. 4.1 und 4.3 = Pra 95 (2006) Nr. 120; Kropholler, Art. 47 Rz. 10; Geimer/Schütze, Art. 47 Rz. 26; Botschaft LugÜ Ziff. 2.7.5.1; Hungerbühler 200; Naegeli/Vetter 1317; Rodriguez, Sicherung und Vollstreckung 1556; Dasser/Oberhammer-Staehelin, Art. 39 Rz. 11; Cambi Favre-Bulle 335 ff.; Donzallaz Rz. 4119; Magnus/Mankowski-Palsson, Art. 47 Rz. 10 f.

[15] EuGH 03.10.1985, Rs. 119/84, *Capelloni und Aquilini/Pelkmans*, Slg. 1985, 3147 Rz. 27 ff.; Magnus/Mankowski-Palsson, Art. 47 Rz. 13.

[16] EuGH 03.10.1985, Rs. 119/84, *Capelloni und Aquilini/Pelkmans*, Slg. 1985, 3147 Rz. 24 f.

cherungsmassnahme stillschweigend zugelassen wird. Der Schuldner kann sich aber gegen Unregelmässigkeiten und Missbräuche bei der Durchführung der Sicherungsmassnahmen wehren, indem er die Rechtsmittel des nationalen Rechts gegen die Rechtsverletzung in Anspruch nehmen kann[17].

Sodann ist zu beachten, dass das Recht des jeweiligen **Vollstreckungsstaates** bestimmt, *welche Sicherungsmassnahmen* angeordnet werden können[18] und ob zu deren Durchführung das *Gericht* eingeschaltet werden muss[19]. Konkrete Sicherungsmassnahmen werden daher vom LugÜ keine garantiert. Das nationale Recht (unter Beachtung der Einschränkungen von Art. 47) bestimmt auch, ob und unter welchen *Voraussetzungen* Sicherungsmassnahmen gegen eine andere als die in der für vollstreckbar zu erklärenden Entscheidung unterlegene Partei erlassen werden können[20]. So entscheidet etwa auch das Recht des Vollstreckungsstaates, ob eine *Freezing Injunction*, welche die Bank nicht als Partei aufführt, Grundlage ist für einen Befehl gegen die Bank. In der Schweiz ist es möglich, der Bank zu verbieten, über einen gewissen Betrag zu verfügen. 12

Für den Erlass von Sicherungsmassnahmen darf vom Gläubiger **keine Sicherheitsleistung** verlangt werden[21]. Allerdings darf vom Gläubiger ein *Vorschuss* für die *Kosten des Vollzugs* bezogen werden[22]. Das LugÜ untersagt die Aufhebung der Sicherungsmassnahme gegen Leistung einer Sicherheit durch den Schuldner nicht[23]. 13

---

17 BGE 131 III 660 E. 4.3 = Pra 95 (2006) Nr. 120; Kropholler, Art. 47 Rz. 11.

18 OGer ZH, NL020147 vom 31.03.2003 E. 7, einsehbar unter http://entscheide.gerichte-zh.ch; Geimer/Schütze, Art. 47 Rz. 26; Botschaft LugÜ Ziff. 2.7.5.1; Rodriguez, Sicherung und Vollstreckung 1556; Sogo, Arrestrevision 76; Lorandi/Schaller 795; Magnus/Mankowski-Palsson, Art. 47 Rz. 10.

19 Bericht Schlosser Rz. 221; Bericht Jenard zu Art. 39; Kropholler, Art. 47 Rz. 12; Dasser/Oberhammer-Staehelin, Art. 39 Rz. 24; Magnus/Mankowski-Palsson, Art. 47 Rz. 10 f.

20 Bericht Schlosser Rz. 221; Kropholler, Art. 47 Rz. 12; Dasser/Oberhammer-Staehelin, Art. 39 Rz. 12; Sogo, Arrestrevision 76; vgl. auch Magnus/Mankowski-Palsson, Art. 47 Rz. 10 f.

21 Dasser/Oberhammer-Staehelin, Art. 39 Rz. 7 (vgl. dazu hinten Rz. 17); Rodriguez, Sicherung und Vollstreckung 1557; Czernich/Tiefenthaler/Kodek-Kodek, Art. 47 Rz. 3. Demgegenüber können weitere Vollstreckungshandlungen von einer Sicherheitsleistung abhängig gemacht werden (vgl. dazu Art. 46 Rz. 21).

22 Dasser/Oberhammer-Staehelin, Art. 39 Rz. 7; Kellerhals, Neuerungen 99.

23 Dasser/Oberhammer-Staehelin, Art. 39 Rz. 9; Sogo, Arrestrevision 93 Fn. 66; Donzallaz Rz. 4148; Magnus/Mankowski-Palsson, Art. 47 Rz. 9; ebenso zur Abwendungsbefugnis nach § 20 AVAG: Geimer/Schütze, Art. 47 Rz. 13; Kropholler, Art. 47 Rz. 13; Rauscher-Mankowski, Art. 47 Rz. 12a.

14 Werden die Sicherungsmassnahmen erst nach Erteilung des Exequaturs verlangt, so bleibt hierfür das **erstinstanzliche Gericht** zuständig, selbst wenn ein Rechtsbehelf erhoben wurde[24].

4. Massnahmen nach Schweizer Recht im Zusammenhang mit Abs. 2 und 3

a) Grundsatz

15 Ausländische Entscheide werden in der Schweiz grundsätzlich nach **Art. 335 ff. ZPO** vollstreckt. Die Vollstreckbarerklärung und Vollstrekkung richtet sich nach diesen Bestimmungen (Art. 335 Abs. 3 ZPO). Lautet der Entscheid auf eine Geldzahlung oder Sicherheitsleistung, so wird nach *SchKG* vollstreckt (Art. 335 Abs. 2 ZPO).

b) Nicht auf Geld und Sicherheitsleistung lautende Entscheide

16 Lautet die für vollstreckbar zu erklärende Entscheidung nicht auf eine Geldzahlung oder Sicherheitsleistung, so kann das Vollstreckungsgericht sichernde Massnahmen anordnen. Um dem LugÜ gerecht zu werden und um schweizerische Urteile nicht zu benachteiligen, wurde die ZPO gegenüber dem Entwurf dahingehend angepasst, dass die Sicherungsmassnahmen allgemein **unabhängig von weiteren Bedingungen** angeordnet werden können (Art. 340 ZPO). Liegt somit ein vollstreckbarer Entscheid vor, können Sicherungsmassnahmen angeordnet werden[25]. Diese Massnahmen können für das *gesamte Gebiet der Schweiz* angeordnet werden und sind in der gesamten Schweiz zu vollstrecken[26].

c) Auf Geld und Sicherheitsleistung lautende Entscheide

aa) Arrest als Sicherungsmassnahme

17 Lautet die für vollstreckbar zu erklärende Entscheidung (bzw. Urkunde) auf Geldzahlung oder Sicherheitsleistung, so hat sich die Schweiz für den **Arrest** gemäss Art. 271 ff. SchKG als Sicherungsmassnahme entschie-

---

[24] DASSER/OBERHAMMER-STAEHELIN, Art. 39 Rz. 8 und 43; PESTALOZZI/WETTENSCHWILER 335; a.A. DONZALLAZ Rz. 4122.

[25] BOTSCHAFT LUGÜ Ziff. 2.7.5.2 und 4.2; RODRIGUEZ, Sicherung und Vollstreckung 1558.

[26] DASSER/OBERHAMMER-STAEHELIN, Art. 39 Rz. 37; KELLERHALS, Neuerungen 101 f.

den[27]. Gewisse Bestimmungen wurden an das LugÜ angepasst[28]. So ist neu der definitive Rechtsöffnungstitel ein Arrestgrund (Art. 271 Abs. 1 Ziff. 6 SchKG). Weil *kein separater Entscheid* über das Sicherungsmittel ergehen darf, hat nun auch der Vollstreckungsrichter über den Arrest zu entscheiden (Art. 271 Abs. 3 SchKG). Zur Anpassung an die Vorgaben des LugÜ (örtliche Zuständigkeit ergibt sich aus Art. 39) wurde auch die *örtliche Zuständigkeit* des für den Arrest zuständigen Richters um den Wohnsitz des Schuldners bzw. den Betreibungsort ausgeweitet (Art. 272 Abs. 1 SchKG)[29]. Irrelevant ist, ob sich dort Vermögenswerte des Schuldners be-

27 BOTSCHAFT LUGÜ Ziff. 2.7.1.2; SOGO, Arrestrevision 75, 78 und 91; RODRIGUEZ, Sicherung und Vollstreckung 1556. Die provisorische Pfändung ist damit nicht Sicherungsmittel gemäss LugÜ. Auch wenn sie gegenüber dem Arrest gewisse Vorteile hätte, hätte dieses Sicherungsmittel doch nur mit drastischen Massnahmen im SchKG umgesetzt werden können; vgl. dazu BOTSCHAFT LUGÜ Ziff. 2.7.5.2.
Die bisherige Diskussion sowie die unterschiedliche kantonale Praxis in Bezug auf den Erlass der Sicherungsmassnahme (Arrest, provisorische Pfändung, Güterverzeichnis) ist damit *de lege ferenda* obsolet (vgl. zum Ganzen: HUNGERBÜHLER 200 ff.; DASSER/OBERHAMMER-STAEHELIN, Art. 39 Rz. 16 ff.; SOGO, Arrestrevision 76; RODRIGUEZ, Sicherung und Vollstreckung 1552; vgl. etwa auch BGE 131 III 660 E. 4.1 = Pra 95 (2006) Nr. 120; PKG 2001 Nr. 44 E. 5 [KGer GR]). Kritisch zum Arrest als LugÜ-Sicherungsmittel etwa NAEF, Anpassung; DERS., Candide 553 ff.; BOLLER 189.

28 Wobei der Gesetzgeber im SchKG nicht danach unterscheidet, ob der Arrest vor, während oder nach dem Hauptsacheverfahren begehrt wird, so dass die geänderten Bestimmungen im SchKG auch auf den Arrest vor und während dem Hauptsacheverfahren anwendbar sind; SOGO, Arrestrevision 78.

29 BOTSCHAFT LUGÜ Ziff. 2.7.5.2 und 4.1; RODRIGUEZ, Sicherung und Vollstreckung 1557; SOGO, Arrestrevision 75, 79 und 80, an welcher Stelle er darauf hinweist, dass dies zu einem Bruch mit dem bisherigen Prinzip führt, dass nur Vermögenswerte verarrestiert werden können, die sich im Sprengel des angerufenen Gerichts befinden. Entsprechend wurde die Modifizierung des Arrestes schon unter aLugÜ verlangt: DASSER/OBERHAMMER-STAEHELIN, Art. 39 Rz. 20; LEUENBERGER 971; VOLKEN, Anerkennung und Vollstreckung 476; STOFFEL, Verfahren 118; KELLERHALS, Neuerungen 110; ATTESLANDER-DÜRRENMATT 189; NAEGELI/VETTER 1319; a.A. OGer AG, BlSchK 2004, 200; OTTOMANN 275; PESTALOZZI/WETTENSCHWILER 332 ff.; GASSMANN 202.
Das Übereinkommen schliesst die Anordnung des Arrests durch ein Gericht nicht aus (vgl. Rz. 11). Es handelt sich nicht um eine weitere richterliche Ermächtigung, wenn der Vollstreckungsrichter mit dem Exequatur entscheidet. Vgl. zur entsprechenden Diskussion unter aLugÜ: DASSER/OBERHAMMER-STAEHELIN, Art. 39 Rz. 24; HUNGERBÜHLER 205. NAEF, Anpassung Rz. 7, vertritt die Ansicht, dass die Anordnung des Arrests durch ein Gericht nicht LugÜ-konform ist.

finden[30]. Im Anwendungsbereich des LugÜ darf der Arrest nicht von einer Sicherheitsleistung nach Art. 273 SchKG abhängig gemacht werden[31].

ab) Einheitlicher Vollstreckungsraum

18 Nach Vorgabe des LugÜ muss der Arrestbefehl *zusammen* mit dem Exequatur erlassen werden. Die ZPO hat einen einheitlichen Vollstreckungsraum geschaffen (Art. 339 Abs. 1 ZPO). Dieser wurde ausgedehnt, so dass neu der Vollstreckungsrichter auch **schweizweit** Vermögenswerte verarrestieren kann (Art. 272 Abs. 1 SchKG)[32]. Nur so liess sich bewerkstelligen, dass die Vollstreckbarerklärung und ein darauf gestützter Arrestbefehl *gleichzeitig* ergehen. Ohne diese Ausdehnung hätten entweder mehrere (allenfalls widersprüchliche) Vollstreckbarerklärungen ausgesprochen oder gesonderte Arrestbefehle erfolgen müssen, wenn mehrere Vermögenswerte in unterschiedlichen Gerichtskreisen gestützt auf dieselbe ausländische Entscheidung mit Arrest hätten belegt werden sollen[33].

19 Diese Nationalisierung des Arrests ist zu begrüssen, bringt aber auch Konsequenzen mit sich. Insbesondere ist die Arrestlegung in mehreren Gerichtskreisen oder Kantonen zu koordinieren. Erlässt beispielsweise der Zürcher Vollstreckungsrichter einen Arrestbefehl über Vermögenswerte in Zürich, Bellinzona und Lausanne, so hat die Arrestlegung erstens **umgehend** und zweitens *gleichzeitig* zu erfolgen[34]. Es ist insbesondere zu verhindern, dass der Arrestschuldner Vermögenswerte an einem Ort noch behändigen kann, weil er von der Arrestlegung an einem anderen Ort erfährt.

---

[30] SOGO, Arrestrevision 80 f., der darauf hinweist, dass sich als logische Konsequenz davon die Arrestkompetenz nicht auf Vermögenswerte beschränkt, die am Betreibungsort gelegen sind. Vgl. in Bezug auf die Irrelevanz in Bezug auf eine tatsächlich erfolgreiche Vollstreckung auch Art. 38 Rz. 78 und Art. 39 Rz. 7.

[31] BOTSCHAFT LUGÜ Ziff. 2.7.5.2; ATTESLANDER-DÜRRENMATT 189; BOLLER 194; CAMBI FAVRE-BULLE 366; DONZALLAZ Rz. 4129; GASSMANN 202; HUNGERBÜHLER 205; KAUFMANN-KOHLER 579; LEUENBERGER 971 f.; NAEF, Anpassung Rz. 7; DERS., Egalité 332; PESTALOZZI/WETTENSCHWILER 334; DASSER/OBERHAMMER-STAEHELIN, Art. 39 Rz. 7; a.A. MEIER, Arrest 433 f.; WALTER, Sicherungsvollstreckung 95; DERS., Wechselwirkungen 330.

[32] Teilweise wird die Ansicht vertreten, dass sich die schweizweite Verarrestierbarkeit aus dem LugÜ ergebe: ATTESLANDER-DÜRRENMATT 189; CAMBI FAVRE-BULLE 365 f.; LEUENBERGER 971; KUKO SchKG-MEIER-DIETERLE, Art. 271 Rz. 38; PESTALOZZI/WETTENSCHWILER 334; RODRIGUEZ, Sicherung und Vollstreckung 1558; DASSER/OBERHAMMER-STAEHELIN, Art. 39 Rz. 20; KELLERHALS, Neuerungen 110; NAEGELI/VETTER 1319; JERMINI/GAMBA 450; a.A. GASSMANN 202; MEIER, Arrest 433; OTTOMANN 275; WALTER, Wechselwirkungen 330.

[33] BOTSCHAFT LUGÜ Ziff. 2.7.1.2 und 4.1; vgl. auch SOGO, Arrestrevision 80 f.

[34] Andernfalls ist der schweizweite Arrest nicht wirkungsvoll: SOGO, Arrestrevision 81.

Wird also beispielsweise der Arrestbefehl in Zürich sofort bei einer Bank vollstreckt, die ihren Kunden darüber informiert, so dürfen nicht Übersetzungen oder andere Hürden (auch im Rahmen der rechtshilfeweisen Vollstreckung des schweizweiten Arrests) dazu führen, dass die Arrestvollstreckung in Bellinzona und/oder Lausanne zeitlich verzögert erfolgt, so dass der Arrestschuldner seine Vermögenswerte noch entziehen kann. Die Arrestlegung ist insofern zu *koordinieren*, was eine gewisse Flexibilität der Behörden erfordert. Unklar ist, ob der für den Arrest zuständige Vollstreckungsrichter den Arrestbefehl nur in der Landessprache seines Kantons erlässt oder in jeder Landessprache, welche am jeweiligen Ort gesprochen wird, an dem der Arrestbefehl zu vollstrecken ist. Jedenfalls darf eine allfällige Übersetzung des Arrestbefehls (weil dieser wohl nur in der Sprache des den Befehl erlassenden Gerichts ausgestellt wird) oder sonst die rechtshilfeweise Vollziehung nicht dazu führen, dass der Arrestvollzug verzögert oder unkoordiniert durchgeführt wird. Ansonsten sind der Sicherungscharakter und der Überraschungseffekt dieser Massnahme nicht gewährleistet[35]. Wünschenswert ist eine Vereinheitlichung des Arrestbefehls, der alle Landessprachen enthält, sowie eine Klärung des genauen Vollzugs. Wünschenswert ist ebenso die Koordination der Behörden, so dass ein solcher Arrestbefehl umgehend gleichzeitig zugestellt werden kann.

ac) Verbot von Sucharresten / Substanziierung

Die *Voraussetzungen* des Arrests richten sich grundsätzlich nach Schweizer Recht. Der Gläubiger muss nach wie vor den Arrestgegenstand substanziiert bezeichnen. Dem Gericht, welches für die schweizweite Verarrestierung zuständig ist, muss konkret dargelegt werden, welche Vermögenswerte sich an welchem Ort befinden. Auch unter dem revidierten LugÜ sind **Sucharreste** nicht zulässig[36]. Der Gläubiger muss glaubhaft machen, dass der Schuldner Vermögenswerte in der Schweiz hat und dass sie dem Schuldner gehören (Art. 272 Abs. 1 Ziff. 3). An den Nachweis sind keine überhöhten Anforderungen zu stellen[37]. «Erst begründete Zweifel an der 20

[35] Vgl. dazu auch Sogo, Arrestrevision 81 f.

[36] Botschaft LugÜ Ziff. 4.1; Sogo, Arrestrevision 81.

[37] Botschaft LugÜ Ziff. 4.1; Dasser/Oberhammer-Staehelin, Art. 39 Rz. 23. Es ist jedoch umstritten, ob und inwieweit im LugÜ-Arrest auf das Glaubhaftmachen von schuldnerischen Vermögenswerten zu verzichten ist: (i) Für eine Unvereinbarkeit der Glaubhaftmachung von Vermögenswerten mit dem LugÜ sprechen sich aus: Cambi Favre-Bulle 365 f.; Naef, Anpassung Rz. 7; ders., Egalité 332; Pestalozzi/Wettenschwiler 334; Stoffel, Verfahren 116

substanziierten Behauptung des Gesuchstellers, wonach ein Gegenstand dem Schuldner gehört, dürfen aus der Substanziierungspflicht eine Obliegenheit des Glaubhaftmachens machen. Anhaltspunkte für einen Sucharrest können sich aus der Unbestimmtheit des Gesuchs oder aus dem Umstand ergeben, dass ein- und derselbe – wenig spezifizierte – Gegenstand (allenfalls ein Konto) an verschiedenen «Orten» behauptet wird.»[38].

21 Eine Problematik liegt darin, dass bislang in den einzelnen Kantonen mit unterschiedlicher Strenge ein Arrestbefehl erlassen wird. So wird beispielsweise in Zürich ein Arrest in Bezug auf Vermögenswerte bei einer Bank nur hinsichtlich der im Arrestgesuch genannten Kontonummer gewährt, sofern kein Beleg über das Konto eingereicht wird[39]. Demgegenüber würde etwa in Genf unter denselben Bedingungen ein Arrestbefehl über sämtliche Vermögenswerte des Schuldners bei der betreffenden Bank erlassen. Sofern diese **unterschiedlichen Praxen** weitergeführt werden, wird es im Rahmen der Möglichkeiten zu einem *forum running* kommen.

---

f.; (ii) für eine Herabsetzung auf eine blosse Spezifizierungspflicht treten ein: Atteslander-Dürrenmatt 188 f.; Gassmann 192 f., 201 f.; Hungerbühler 205; Naegeli/Vetter 1317; (iii) für die Vereinbarkeit mit der bisherigen Regel sind: Meier, Arrest 433 f.; Ottomann 275; Dasser/Oberhammer-Staehelin, Art. 39 Rz. 23; Walter, Sicherungsvollstreckung 94; ders., Wechselwirkungen 330.

38 Rodriguez, Sicherung und Vollstreckung 1558.

39 Unpublizierter Beschluss des OGer ZH vom 24. September 2004, Geschäfts-Nr. NN040105 (S. 6): «Die Klägerin bezeichnet vorliegend zunächst ein Bankkonto des Beklagten bei der U in D als Arrestgegenstand. Sie macht hierzu geltend, dass die Lohnzahlungen des F auf dieses Konto entrichtet worden seien. Belege hierzu hat sie nicht eingereicht (...). Diesbezüglich liegt kein Sucharrest liegt vor, da die Klägerin ein konkretes Bankkonto bezeichnet hat. Insoweit aber die Klägerin darüber hinaus die Verarrestierung sämtlicher Ansprüche des Beklagten gegenüber der U, D verlangt, liegt ein unzulässiger Ausforschungsarrest vor, da die Existenz des bezeichneten Kontos nicht belegt ist und damit auch die Vermutung, der Beklagte besitze weitere Vermögenswerte bei dieser Bank, nicht greifen kann. Dem Arrestbegehren ist deshalb nur insoweit stattzugeben, als die Verarrestierung des genau bezeichneten Bankkontos verlangt wird. Ansonsten hätte es jeder Gläubiger in der Hand, durch Bezeichnung eines allenfalls fiktiven Kontos bei einer Grossbank allfällige Ansprüche des Schuldners gegenüber der Bank – von denen der Gläubiger nicht weiss, ob sie existieren – mit Arrest belegen und damit die Vermögensverhältnisse des Schuldners ausforschen zu lassen.»

ad) Grenzen der Verarrestierung

Es ist in der Schweiz gestützt auf den Grundsatz von **Treu und Glauben** nicht zulässig, durch mehrere Arreste einen viel höheren Betrag einzufrieren als die Höhe der Forderung (Art. 275 i.V.m. Art. 97 Abs. 2 SchKG)[40]. 22

Ist die Forderung in der Schweiz durch ein Pfand gesichert, so kann der Schuldner die Vorausverwertung des Pfandes verlangen (Art. 41 Abs. 1bis SchKG). Im Umfang der Pfanddeckung sind keine Sicherungsmassnahmen gemäss Art. 47 Abs. 3 möglich, weil der Gläubiger durch das **Pfand** bereits Sicherheit hat (vgl. Art. 271 Abs. 1 SchKG)[41]. Bei einem im Ausland gelegenen Pfand bestimmt das nach Art. 99 ff. IPRG anwendbare Recht, ob der Schuldner erfolgreich die Einrede der Vorausverwertung (entsprechend Art. 41 SchKG) gegen die Sicherungsmassnahmen gemäss Art. 47 Abs. 3 erheben kann[42]. 23

ae) Rechtsmittel

Gegen den Arrestbefehl kann der Schuldner innert 10 Tagen Einsprache beim Vollstreckungsrichter erheben (Art. 278 Abs. 1 SchKG). Gegen den Einspracheentscheid kann – wie gegen alle Entscheide des Vollstreckungsrichters – die **Beschwerde** erhoben werden (Art. 278 Abs. 3 SchKG)[43]. Die Berufung ist ausgeschlossen (Art. 309 Bst. b Ziff. 6 ZPO). Gegen sämtliche Entscheide des *Vollstreckungsrichters*[44], einschliesslich gegen Arresteinspracheentscheide, steht damit ausschliesslich die *Beschwerde* zur Verfügung. 24

In Bezug auf die Rechtsbehelfe ist zu unterscheiden: Gegen die **Anordnung** des Arrests bzw. der Sicherungsmassnahme ist nur der *LugÜ-Rechtsbehelf* zulässig. Wird das Exequatur aufgehoben, enden auch die Sicherungsmassnahmen; wird das Exequatur bestätigt, kann definitiv vollstreckt werden. Das obere kantonale Gericht kann nur selbständig über Siche- 25

---

40 BGE 120 III 49 E. 2a; BGer 4C.75/2006 E. 2.3; Dasser/Oberhammer-Staehelin, Art. 39 Rz. 14.

41 Dasser/Oberhammer-Staehelin, Art. 39 Rz. 15; Boller 195; Gassmann 198.

42 BGE 36 I 337 E. 1; BGE 65 III 92 E. 2; BGE 68 III 131, 134; Staehelin, Zuständigkeit 274; Dasser/Oberhammer-Staehelin, Art. 39 Rz. 15.

43 Botschaft LugÜ Ziff. 4.1; Rodriguez, Sicherung und Vollstreckung 1560; Sogo, Arrestrevision 89, 95; vgl. Art. 38 Rz. 58.

44 Vgl. dazu Sogo, Arrestrevision 89.

rungsmassnahmen entscheiden, wenn es das Verfahren sistiert[45]. Gegen den *Vollzug* des Arrests bzw. der Sicherungsmassnahme können Rechtsmittel eingereicht werden, beim Arrest etwa die betreibungsrechtliche Beschwerde an die Aufsichtsbehörde, wobei die *Anordnung* des Arrests nicht überprüft werden kann[46]. Zudem ist die Arresteinsprache möglich, wobei diese nicht in Bezug auf die Anordnung des Arrests aufgrund eines vollstreckbaren ausländischen Urteils zur Verfügung steht, sondern nur gegen *übrige Arrestvoraussetzungen*, wie die Spezifizierung der zu verarrestierenden Vermögenswerte, die Pfanddeckung oder die Überdeckung durch andere Sicherungsmassnahmen[47].

26 Gemäss Art. 43 Abs. 3 muss das Rechtsbehelfsverfahren *kontradiktorisch* durchgeführt werden. Auch wenn das obere kantonale Gericht nur die Versagungsgründe gemäss Art. 34 f. zu prüfen hat, so muss es diese mit voller Kognition prüfen können. Die ZPO schreibt daher vor, dass das obere kantonale Gericht die im Übereinkommen vorgesehenen Verweigerungsgründe mit **voller Kognition** prüft (Art. 327a Abs. 1 ZPO)[48]. Auch wenn die Beschwerde *aufschiebende Wirkung* hat, können Sicherungsmassnahmen eingeleitet werden (Art. 327a Abs. 2 ZPO). Weil gemäss Art. 47 Abs. 3 bis zum Ablauf der Rechtsbehelfsfrist bzw. bis zum Entscheid über den Rechtsbehelf nur Sicherungsmassnahmen zulässig sind, laufen auch die Fristen zur Prosequierung des Arrests nicht (Art. 279 Abs. 5 SchKG)[49]. Es steht dem Gläubiger aber frei, den Arrest auf dem Wege der Betreibung vorher zu prosequieren[50].

---

45 Dasser/Oberhammer-Staehelin, Art. 39 Rz. 40; BJM 1999, 105 ff. (AppG BS vom 12.02.1997).

46 BGE 131 III 660 E. 4.1; Dasser/Oberhammer-Staehelin, Art. 39 Rz. 42; Hungerbühler 217; vgl. auch Art. 38 Rz. 58 und Art. 43 Rz. 30.

47 Dasser/Oberhammer-Staehelin, Art. 39 Rz. 42; Rodriguez, Sicherung und Vollstreckung 1560; Sogo, Arrestrevision 95; OGer AG, BlSchK 2004, 199; Gassmann 203; Cambi Favre-Bulle 366; Atteslander-Dürrenmatt 189; a.A. Kellerhals, Neuerungen 111; Walter, § 10 VIII, 2b; Donzallaz Rz. 4156; Hungerbühler 216; Jermini/Gamba 450; Naef, Anpassung Rz. 7. Vgl. zu den Rechtsmitteln auch Art. 38 Rz. 58 und Art. 43 Rz. 30.

48 Botschaft LugÜ Ziff. 4.1; Rodriguez, Sicherung und Vollstreckung 1559; vgl. Art. 43 Rz. 6 ff.

49 Sogo, Arrestrevision 95; Lorandi/Schaller 798; vgl. zur entsprechenden Rechtslage unter aLugÜ: ZR 109 Nr. 16; Lorandi/Schaller 793 ff.; Dasser/Oberhammer-Staehelin, Art. 39 Rz. 25; Walter, Sicherungsvollstreckung 94; Leuenberger 971; Schmutz 119 f.; Merkt 200; Ottomann 275; Donzallaz Rz. 4127; Gassmann 204 f.; Atteslander-Dürrenmatt 189; Naegeli/Vetter 1321; Jermini/Gamba 450.

50 Botschaft LugÜ Ziff. 4.1.

Zu beachten ist, dass die Beschwerde über die (gewährte) Vollstreckbarerklärung an das Bundesgericht **keine aufschiebende Wirkung** hat (vgl. Art. 44 Rz. 8). Die Begrenzung der Zwangsvollstreckung auf Sicherungsmassnahmen endet damit nicht erst, wenn die Frist zur Beschwerde an das Bundesgericht unbenützt verstrichen ist oder wenn der Beschwerde die aufschiebende Wirkung entzogen wurde (Art. 103 Abs. 3 BGG) oder nach Abweisung der Beschwerde[51]. Hebt das obere kantonale Gericht die Vollstreckbarerklärung auf, so ist dies kein Gestaltungsurteil und die Beschwerde an das Bundesgericht hat ohnehin keine aufschiebende Wirkung. Folglich endet das Recht des Gläubigers auf Sicherungsmassnahmen mit dem *Entscheid des oberen kantonalen Gerichts*, es sei denn, das Bundesgericht erteilt der Beschwerde aufschiebende Wirkung[52]. 27

Ein Arrest ist gegen jeden Schuldner möglich. Unterliegt der Schuldner jedoch der Konkursbetreibung, so führt die Prosequierung des Arrestes nicht zur Pfändung der verarrestierten Vermögenswerte, sondern zur **Konkurseröffnung**, selbst im Anwendungsbereich von Art. 47[53]. 28

Wird das Exequatur nur *vorfrageweise* im Rahmen eines Rechtsöffnungsverfahrens verlangt, kommt Art. 47 **nicht** zur Anwendung, weil es sich um ein reines SchKG-Verfahren handelt. Es können daher keine Sicherungsmassnahmen gemäss Art. 47 angeordnet werden[54], wohl aber Sicherungsmassnahmen nach *nationalem Recht*[55] (wie gemäss Abs. 1). Wird Rechtsöffnung erteilt, kann der Gläubiger die Vollstreckung fortführen[56]. Es stehen dem Schuldner einzig die Rechtsmittel gegen den Rechtsöffnungsentscheid zur Verfügung. Die Beschwerde gegen den Rechtsöffnungsentscheid hat keine aufschiebende Wirkung (Art. 325 Abs. 1 ZPO) und ist innerhalb von 10 Tagen einzureichen (Art. 321 Abs. 2 ZPO). 29

---

51 A.A. Dasser/Oberhammer-Staehelin, Art. 39 Rz. 2.

52 Dasser/Oberhammer-Staehelin, Art. 39 Rz. 4.

53 Dasser/Oberhammer-Staehelin, Art. 39 Rz. 18; Gassmann 194 f.

54 Dasser/Oberhammer-Staehelin, Art. 39 Rz. 3 und 13; Stoffel, Verfahren 116; Cambi Favre-Bulle 347; Atteslander-Dürrenmatt 194; Bernasconi 26; Naegeli/Vetter 1321; a.A. OGer AG, BlSchK 2004, 194 ff. E. 3 und 4 = ZBJV 2004, 783 ff.; Schwander, Rundschreiben 98; Leuenberger 972; Kellerhals, Umsetzung 86.

55 Dasser/Oberhammer-Staehelin, Art. 39 Rz. 13; Stoffel, Verfahren 118.

56 Dasser/Oberhammer-Staehelin, Art. 39 Rz. 3. Der Schuldner muss nicht befürchten, dass die Vollstreckung über blosse Sicherungsmassnahmen hinausgeht, bevor er sich zur Vollstreckbarkeit äussern konnte, zumal die Betreibung erst nach formell rechtskräftigem Rechtsöffnungsentscheid fortgesetzt werden kann: Sogo, Vollstreckung 38.

III. Persönlicher Anwendungsbereich

30 Die Sicherungsmassnahmen kann der **Gläubiger** verlangen.

IV. Räumlicher Anwendungsbereich

31 Abs. 1 ermöglicht es dem Gläubiger, Sicherungsmassnahmen **in mehreren LugÜ-Staaten**, in denen Vermögenswerte des Schuldners liegen, nach dem Recht des jeweiligen Staates zu verlangen. Je nach Vermögen, das gesichert wurde, kann der Gläubiger in der Folge entscheiden, in welchem Staat er die Zwangsvollstreckung *vollständig* durchführen lassen will. Dieses Vorgehen bietet sich an, wenn zunächst unklar ist, in welchem Staat der Schuldner Vermögen in welcher Höhe hat[57].

V. Zeitlicher Anwendungsbereich

32 Abs. 1 beschäftigt sich mit einstweiligen Massnahmen **vor** Erteilung des Exequaturs, und die Abs. 2 und 3 betreffen den einstweiligen Rechtsschutz *nach* der Vollstreckbarerklärung.

33 Der Gläubiger kann **Sicherungsmassnahmen** verlangen, bis er entweder die definitive Vollstreckung durchführen kann oder bis die Vollstreckbarerklärung aufgehoben wird[58].

34 Sicherungsmassnahmen beinhalten einen *Überraschungseffekt*[59]. Folglich dürfen sie angeordnet und ausgeführt werden, **bevor** der Schuldner den

---

[57] KROPHOLLER, Art. 47 Rz. 6; MAGNUS/MANKOWSKI-PALSSON, Art. 47 Rz. 6; RAUSCHER-MANKOWSKI, Art. 47 Rz. 11. Eine im Ausland angeordnete Sicherungsmassnahme sollte im Umfang ihrer Deckung einer Sicherungsmassnahme in der Schweiz entgegenstehen, andernfalls sich der Gläubiger rechtsmissbräuchlich verhalten würde. Eine Überdeckung hat jedoch offensichtlich zu sein und ist vom Schuldner liquide nachzuweisen; vgl. DASSER/OBERHAMMER-STAEHELIN, Art. 39 Rz. 14.

[58] DASSER/OBERHAMMER-STAEHELIN, Art. 39 Rz. 4. Gemäss SCHLOSSER, Balance 239, 240 f., stehen die Möglichkeiten nicht mehr zur Verfügung, sobald der Schuldner Beschwerde gegen die Vollstreckbarerklärung eingelegt hat.

[59] BGE 135 III 324 E. 3.3 = Pra 98 (2009) Nr. 125; DASSER/OBERHAMMER-STAEHELIN, Art. 39 Rz. 6; SCHWANDER, Neuerungen 56 f.; DONZALLAZ Rz. 4131 ff.; CAMBI FAVRE-BULLE 341.

Exequaturentscheid erhält[60]. Es empfiehlt sich daher, die Sicherungsmassnahme gleichzeitig mit dem Exequatur zu verlangen[61].

Die Sicherungsmassnahmen fallen mit Rechtskraft der Vollstreckbarerklärung **nicht automatisch** dahin. Sie müssen entweder durch den Richter aufgehoben werden oder sie fallen weg, wenn die Frist zur Einleitung der definitiven Vollstreckung unbenützt abgelaufen ist. Zuständig zur Aufhebung der Sicherungsmassnahmen ist das Gericht, welches die Massnahmen angeordnet hat[62]. 35

60 GEIMER/SCHÜTZE, Art. 47 Rz. 30; DASSER/OBERHAMMER-STAEHELIN, Art. 39 Rz. 6; HAAS 224 ff.; DONZALLAZ Rz. 4141; GASSMANN 121.

61 DASSER/OBERHAMMER-STAEHELIN, Art. 39 Rz. 6; KELLERHALS, Neuerungen 98; NAEGELI/VETTER 1320.

62 DASSER/OBERHAMMER-STAEHELIN, Art. 39 Rz. 10.

Art. 48

1. Ist durch die ausländische Entscheidung über mehrere mit der Klage geltend gemachte Ansprüche erkannt und kann die Vollstreckbarerklärung nicht für alle Ansprüche erteilt werden, so erteilt das Gericht oder die sonst befugte Stelle sie für einen oder mehrere dieser Ansprüche.

2. Der Antragsteller kann beantragen, dass die Vollstreckbarerklärung nur für einen Teil des Gegenstands der Verurteilung erteilt wird.

Art. 48

1. Lorsque la décision étrangère a statué sur plusieurs chefs de la demande et que la déclaration constatant la force exécutoire ne peut être délivrée pour le tout, la juridiction ou l'autorité compétente la délivre pour un ou plusieurs d'entre eux.

2. Le requérant peut demander que la déclaration constatant la force exécutoire soit limitée à certaines parties d'une décision.

Art. 48

1. Se la decisione straniera ha statuito su vari capi della domanda e la dichiarazione di esecutività non può essere rilasciata per tutti i capi, il giudice o l'autorità competente rilascia la dichiarazione di esecutività solo per uno o più di essi.

2. L'istante può richiedere una dichiarazione di esecutività parziale.

Art. 48

1. Where a foreign judgment has been given in respect of several matters and the declaration of enforceability cannot be given for all of them, the court or competent authority shall give it for one or more of them.

2. An applicant may request a declaration of enforceability limited to parts of a judgment.

Übersicht

I. Teilexequatur nach Abs. 1

1 Wurde in der für vollstreckbar zu erklärenden Entscheidung über mehrere mit der Klage geltend gemachte Ansprüche erkannt und kann die Vollstreckbarerklärung nicht für sämtliche Ansprüche erteilt werden, so erteilt das Gericht oder die sonst befugte Stelle die Vollstreckbarerklärung für **einen oder mehrere dieser Ansprüche** (Art. 48 Abs. 1).

2 Vorausgesetzt ist, dass in der für vollstreckbar zu erklärenden Entscheidung über mehrere selbständige Ansprüche entschieden wurde, so dass

eine **Klagenhäufung** gegeben ist. Zudem muss die Vollstreckbarerklärung für einen oder mehrere dieser Ansprüche *zulässig* sein. Das Exequatur für einen oder mehrere dieser Ansprüche hat *von Amtes wegen* zu erfolgen[1].

Art. 48 hat keine Geltung für die **vorfrageweise Vollstreckbarerklärung** im Rechtsöffnungsverfahren[2]. 3

II. Teilexequatur nach Abs. 2

Der Antragsteller kann beantragen, dass die Vollstreckbarerklärung nur für einen **Teil** des Gegenstands der Verurteilung erteilt wird (Art. 48 Abs. 2). 4

Im Rahmen von Abs. 2 ist nicht vorausgesetzt, dass es sich um eine Klagenhäufung handelt, sondern der Antragsteller kann auch eine teilweise Vollstreckbarerklärung *eines* Klageanspruchs verlangen. Vorausgesetzt ist, dass der Anspruch **teilbar** ist, so dass etwa bei einer Geldforderung die Vollstreckbarerklärung nicht nur für die Gesamtforderung beantragt werden kann[3]. 5

Das Teilexequatur nach Abs. 2 ist **auf Antrag des Gläubigers** zu erteilen. Von Amtes wegen wird das Teilexequatur nur unter den Voraussetzungen von Abs. 1 erteilt, d.h. die zuständige Stelle erteilt von Amtes wegen die Vollstreckbarerklärung für einen oder mehrere Ansprüche bei Klagenhäufung. Demgegenüber wird die Vollstreckbarerklärung nicht von Amtes wegen für einen Teil eines Anspruchs erteilt. Ist daher unsicher, ob das Exequatur für einen einzelnen Anspruch in vollem Umfang erteilt werden kann, sollte eventualiter ein Teilexequatur beantragt werden[4]. STAEHELIN[5] weist aber zu Recht darauf hin, dass das LugÜ dem Gericht nicht verbietet, das Exequatur nur für einen Teil des Anspruchs zu erteilen (auch wenn kein Eventualantrag auf ein Teilexequatur vorliegt). Zweck des LugÜ ist es, 6

1 KROPHOLLER, Art. 48 Rz. 1; GEIMER/SCHÜTZE, Art. 48 Rz. 1 f. und Art. 33 Rz. 66 f.; DASSER/OBERHAMMER-STAEHELIN, Art. 42 Rz. 1. Ist ein einzelner Anspruch teilweise nicht vollstreckbar, so ist der Antrag auf Vollstreckbarerklärung des betreffenden Anspruchs zur Gänze abzuweisen: CZERNICH/TIEFENTHALER/KODEK-KODEK, Art. 48 Rz. 1. Für Beispiele von Klagenhäufungen, vgl. MAGNUS/MANKOWSKI-PALSSON, Art. 48 Rz. 2 f.

2 DASSER/OBERHAMMER-STAEHELIN, Art. 42 Rz. 2.

3 KROPHOLLER, Art. 48 Rz. 2; DASSER/OBERHAMMER-STAEHELIN, Art. 42 Rz. 3; CZERNICH/TIEFENTHALER/KODEK-KODEK, Art. 48 Rz. 2; MAGNUS/MANKOWSKI-PALSSON, Art. 48 Rz. 4.

4 KROPHOLLER, Art. 48 Rz. 2.

5 DASSER/OBERHAMMER-STAEHELIN, Art. 42 Rz. 4.

ausländische Entscheide in einem anderen LugÜ-Staat **möglichst einfach und rasch** zu vollstrecken. Damit sollten die Gerichte auch eine Teilvollstreckung eines Anspruchs ohne expliziten Antrag erteilen. Im Übrigen ist zu ermitteln, ob ein (Eventual-)Antrag auf ein Teilexequatur gemäss Abs. 2 vorliegt[6]. Nach dem Grundsatz *in maiore minus* sollte im Antrag auf Vollstreckbarerklärung eines Anspruchs implizit auch das Begehren um partielles Exequatur des Anspruchs erkannt werden, ansonsten der gesamte Anspruch mangels Antrag auf Teilexequatur abzuweisen wäre[7].

6 GEIMER/SCHÜTZE, Art. 48 Rz. 4; DASSER/OBERHAMMER-STAEHELIN, Art. 42 Rz. 4.
7 DASSER/OBERHAMMER-STAEHELIN, Art. 42 Rz. 4.

Art. 49

Ausländische Entscheidungen, die auf Zahlung eines Zwangsgelds lauten, sind im Vollstreckungsstaat nur vollstreckbar, wenn die Höhe des Zwangsgelds durch die Gerichte des Ursprungsstaats endgültig festgesetzt ist.

Art. 49

Les décisions étrangères condamnant à une astreinte ne sont exécutoires dans l'État requis que si le montant en a été définitivement fixé par les tribunaux de l'État d'origine.

Art. 49

Le decisioni straniere che applicano una penalità sono esecutive nello Stato richiesto solo se la misura di quest'ultima è stata definitivamente fissata dai giudici dello Stato d'origine.

Art. 49

A foreign judgment which orders a periodic payment by way of a penalty shall be enforceable in the State in which enforcement is sought only if the amount of the payment has been finally determined by the courts of the State of origin.

Übersicht *Seite*

I. Zwangsgelder und deren Vollstreckung

1 Zwangsgelder sind diejenigen gerichtlich zugesprochenen Gelder, welche der Schuldner zu bezahlen hat, falls er die Handlung bzw. Unterlassung, zu welcher er verurteilt wurde, nicht vornimmt bzw. nicht einhält. Wird also der Schuldner vom Gericht zu einer Handlung oder Unterlassung verurteilt und für den Fall der Nichtvornahme bzw. Nichteinhaltung verpflichtet, einen Geldbetrag zu bezahlen, so ist dieser Geldbetrag das **Zwangsgeld**[1].

2 Ein ausländischer Entscheid, welcher ein Zwangsgeld enthält, ist in den anderen LugÜ-Staaten in Bezug auf das Zwangsgeld nur vollstreckbar, wenn das Gericht im Erlassstaat dessen (Gesamt-)Höhe **endgültig festgesetzt** hat[2]. Es reicht nicht aus, wenn sich der Betrag anhand der vom

[1] Kropholler, Art. 49 Rz. 1; Dasser/Oberhammer-Staehelin, Art. 43 Rz. 1. Für die verschiedenen Arten der Festsetzung des Zwangsgeldes vgl. etwa Magnus/Mankowski-Palsson, Art. 49 Rz. 1.

[2] BGE 5P.252/2003 E. 6; Bericht Jenard zu Art. 43; Kropholler, Art. 49 Rz. 1; Geimer/Schütze, Art. 49 Rz. 1; Dasser/Oberhammer-Staehelin, Art. 43 Rz. 1; Czernich/Tiefenthaler/

Gläubiger behaupteten Anzahl Zuwiderhandlungen aus der Entscheidung errechnen lässt, weil in gewissen Staaten auch ein zusätzlicher Entscheid nach der Zuwiderhandlung zu erfolgen hat[3].

3 Es ist umstritten, ob das Zwangsgeld in einem LugÜ-Staat vollstreckt wird, wenn dieses nicht dem Gläubiger, sondern **dem Staat zufliesst**[4]. Auch wenn das Zwangsgeld dem Staat zusteht, so hat der Gläubiger eine Anzeige zu erheben oder ein Gesuch zu stellen, damit das Zwangsgeld überhaupt eingefordert wird. Es ist auch im Erlassstaat nicht der Staat Partei im Verfahren, in welchem das Zwangsgeld angeordnet wurde. Der Gläubiger sollte auch im Ausland verlangen können, dass das Zwangsgeld an den Erlassstaat bezahlt wird. Dementsprechend dürfte es auch Sinn und Geist des LugÜ (einfache Vollstreckbarkeit und gegenseitige Unterstützung der LugÜ-Staaten) entsprechen, dass der Gläubiger die Vollstreckung des Zwangsgeldes verlangen kann, auch wenn dieses an den Staat fliesst.

4 Der Vollstreckungsrichter im Vollstreckungsstaat kann nach der Vollstreckbarerklärung zusätzlich ein Zwangsgeld verhängen oder eine Busse aussprechen[5]. Allerdings sollte der Vollstreckungsrichter im Zweitstaat bei der Ausübung des ihm zustehenden Ermessens berücksichtigen, dass es nicht zu einer **unzumutbaren Häufung von Zwangsmitteln** kommt[6]. Zwangsgelder, welche ein dritter LugÜ-Staat zur Durchsetzung der Entscheidung aus dem Erlassstaat angeordnet hat, sind nicht vollstreckbar, weil diese Kumulation unzumutbar wäre für den Schuldner[7].

5 Irrelevant ist die **Zuständigkeit** für die Festsetzung des Zwangsgeldes im Erlassstaat. Unabhängig davon, ob im Erlassstaat das Prozess- oder das Vollstreckungsgericht kompetent ist, liegt eine Zivilsache vor[8].

Kodek-Kodek, Art. 49 Rz. 1; Magnus/Mankowski-Palsson, Art. 49 Rz. 2 und 5. Vgl. auch oben Art. 38 Rz. 46.

[3] Kropholler, Art. 49 Rz. 1; Bericht Schlosser Rz. 213; Magnus/Mankowski-Palsson, Art. 49 Rz. 2.

[4] Bejahend: Kropholler, Art. 49 Rz. 1; Geimer/Schütze, Art. 38 Rz. 36 und 89 sowie Art. 49 Rz. 2; Magnus/Mankowski-Palsson, Art. 49 Rz. 6; Rauscher-Mankowski, Art. 49 Rz. 3; a.A., d.h. verneinend: Donzallaz Rz. 2221; Dasser/Oberhammer-Staehelin, Art. 43 Rz. 3; Czernich/Tiefenthaler/Kodek-Kodek, Art. 49 Rz. 2.

[5] Geimer/Schütze, Art. 49 Rz. 4; Dasser/Oberhammer-Staehelin, Art. 43 Rz. 3; Magnus/Mankowski-Palsson, Art. 49 Rz. 7.

[6] Kropholler, Art. 49 Rz. 3; Czernich/Tiefenthaler/Kodek-Kodek, Art. 49 Rz. 3.

[7] Geimer/Schütze, Art. 49 Rz. 3; Rauscher-Mankowski, Art. 49 Rz. 4b.

[8] Geimer/Schütze, Art. 38 Rz. 36 und Art. 49 Rz. 2.

II. Berücksichtigung bei der vorfrageweisen Vollstreckbarerklärung

Art. 49 kommt auch bei der **vorfrageweisen Vollstreckbarerklärung** im Rechtsöffnungsverfahren zur Anwendung. Die Rechtsöffnung darf nicht erteilt werden, wenn die Höhe des Zwangsgeldes nicht festgelegt ist[9]. 6

[9] DASSER/OBERHAMMER-STAEHELIN, Art. 43 Rz. 2.

Art. 50

1. Ist dem Antragsteller im Ursprungsstaat ganz oder teilweise Prozesskostenhilfe oder Kosten- und Gebührenbefreiung gewährt worden, so geniesst er in dem Verfahren nach diesem Abschnitt hinsichtlich der Prozesskostenhilfe oder der Kosten- und Gebührenbefreiung die günstigste Behandlung, die das Recht des Vollstreckungsstaats vorsieht.

2. Der Antragsteller, der die Vollstreckung einer Entscheidung einer Verwaltungsbehörde begehrt, die in Dänemark, Island oder Norwegen in Unterhaltssachen ergangen ist, kann im Vollstreckungsstaat Anspruch auf die in Absatz 1 genannten Vorteile erheben, wenn er eine Erklärung des dänischen, isländischen oder norwegischen Justizministeriums darüber vorlegt, dass er die wirtschaftlichen Voraussetzungen für die vollständige oder teilweise Bewilligung der Prozesskostenhilfe oder für die Kosten- und Gebührenbefreiung erfüllt.

Art. 50

1. Le requérant qui, dans l'État d'origine, a bénéficié en tout ou en partie de l'assistance judiciaire ou d'une exemption de frais et dépens bénéficie, dans la procédure prévue à la présente section, de l'assistance la plus favorable ou de l'exemption la plus large prévue par le droit de l'État requis.

2. Cependant, le requérant qui demande l'exécution d'une décision rendue par une autorité administrative au Danemark, en Islande ou en Norvège en matière d'obligations alimentaires peut, dans l'État requis, prétendre aux avantages visés au par. 1 s'il produit un document établi par le ministère danois, islandais ou norvégien de la justice attestant qu'il remplit les critères économiques pour pouvoir bénéficier en tout ou en partie de l'assistance judiciaire ou d'une exemption de frais et dépens.

Art. 50

1. L'istante che, nello Stato d'origine, ha beneficiato in tutto o in parte del gratuito patrocinio o di un'esenzione dalle spese, beneficia, nel procedimento di cui alla presente sezione, dell'assistenza più favorevole o dell'esenzione dalle spese più ampia prevista nel diritto dello Stato richiesto.

2. L'istante che chiede l'esecuzione di una decisione in materia di obbligazioni alimentari emessa da un'autorità amministrativa in Danimarca, in Islanda o in Norvegia può invocare, nello Stato richiesto, i benefici di cui al paragrafo 1 se presenta un attestato del ministero della giustizia danese, islandese o norvegese comprovante che soddisfa le condizioni economiche richieste per beneficiare in tutto o in parte del gratuito patrocinio o dell'esenzione dalle spese.

Art. 50

1. An applicant who in the State of origin has benefited from complete or partial legal aid or exemption from costs or expenses shall be entitled, in the procedure provided for in this Section, to benefit from the most favourable legal aid or the most extensive exemption from costs or expenses provided for by the law of the State addressed.

2. However, an applicant who requests the enforcement of a decision given by an administrative authority in Denmark, in Iceland or in Norway in respect of maintenance

may, in the State addressed, claim the benefits referred to in paragraph 1 if he presents a statement from the Danish, Icelandic, or Norwegian Ministry of Justice to the effect that he fulfils the economic requirements to qualify for the grant of complete or partial legal aid or exemption from costs or expenses.

Übersicht

I. Normzweck

Art. 50 beruht auf sozialen Gründen und dient insbesondere Unterhaltsgläubigern. Die Bestimmung bezweckt, dass der **bedürftige Gläubiger** nicht zunächst den Entscheid, mit welchem ihm Prozesskostenhilfe gewährt wurde, anerkennen lassen muss, bevor er das Exequatur verlangen kann. Der Gläubiger ginge ansonsten der Vorteile des raschen Vollstreckbarerklärungsverfahrens mit Überraschungseffekt verlustig[1]. 1

II. Sachlicher Anwendungsbereich

Geniesst der Antragsteller im Erlassstaat ganz oder teilweise Prozesskostenhilfe oder Kosten- und Gebührenbefreiung, so kommt er im Vollstreckbarerklärungsverfahren in den Genuss der **günstigsten Behandlung von Prozesskostenhilfe oder von Kosten- und Gebührenbefreiung** des Vollstreckungsstaates. Erhält der Antragsteller im Erlassstaat nur teilweise Prozesskostenhilfe, so ist die Prozesskostenhilfe im Vollstreckungsstaat vollumfänglich zu gewähren[2]. 2

Die Begünstigung des Antragstellers (*günstigste Behandlung*) im Vollstreckungsstaat steht dem Antragsteller *ipso iure* zu. Ein Bewilligungsverfah- 3

1 Bericht Jenard zu Art. 44; Kropholler, Art. 50 Rz. 1; Czernich/Tiefenthaler/Kodek-Kodek, Art. 50 Rz. 1.

2 Bericht Schlosser Rz. 223; Kropholler, Art. 50 Rz. 3; Geimer/Schütze, Art. 50 Rz. 3; Dasser/Oberhammer-Staehelin, Art. 44 Rz. 2; Schlosser, Art. 50 EuGVVO Rz. 1; Czernich/Tiefenthaler/Kodek-Kodek, Art. 50 Rz. 5; Magnus/Mankowski-Palsson, Art. 50 Rz. 4.

ren im Vollstreckungsstaat dafür ist nicht zulässig[3]. Im Vollstreckungsstaat darf nicht überprüft werden, ob die Prozesskostenhilfe im Erlassstaat zu Recht gewährt wurde oder die Gründe dafür nach wie vor vorliegen[4]. Der Gläubiger hat einzig die erforderliche **Bescheinigung** (Art. 40 Abs. 3, Art. 54 i.V.m. Anhang V) vorzulegen, dass er Prozesskostenhilfe erhalten hat, sofern das Vollstreckungsgericht nicht nach Massgabe von Art. 55 davon absieht[5].

4 Im Vollstreckungsstaat ist einzig die Prozesskostenhilfe oder die Befreiung von Kosten und Gebühren zu gewähren[6]. Dies bedeutet für die Schweiz, dass der Antragsteller nicht mit **Vorschüssen** und mit **Gerichtsgebühren** belastet werden darf[7].

5 Nach dem Recht des Vollstreckungsstaates richten sich **Umfang und Ausgestaltung** der Prozesskostenhilfe. So entscheidet etwa das Recht des Vollstreckungsstaates über die Beiordnung eines Rechtsanwalts oder über die Gebührensätze[8].

6 Neu erstreckt sich die Prozesskostenhilfe bzw. die Kosten- und Gebührenbefreiung auf die «Verfahren nach diesem Abschnitt», d.h. nach Abschnitt 2 («Vollstreckung»). Die Bestimmung gilt nun auch in den **Rechtsbehelfsverfahren**[9].

7 Die Gewährung von Prozesskostenhilfe nach dem **Recht des Vollstreckungsstaates** ist zulässig. Diese Konstellation tritt etwa dann ein, wenn der Antragsteller nach Erlass des für vollstreckbar zu erklärenden Entscheides bedürftig wurde oder wenn die Prozesskostenhilfe im Vollstre-

---

[3] Kropholler, Art. 50 Rz. 4; Geimer/Schütze, Art. 50 Rz. 3; Dasser/Oberhammer-Staehelin, Art. 44 Rz. 1; Czernich/Tiefenthaler/Kodek-Kodek, Art. 50 Rz. 4; Magnus/Mankowski-Palsson, Art. 50 Rz. 3.

[4] Kropholler, Art. 50 Rz. 2 und 4; Geimer/Schütze, Art. 50 Rz. 3; Schlosser, Art. 50 EuGVVO Rz. 1; Czernich/Tiefenthaler/Kodek-Kodek, Art. 50 Rz. 4.

[5] Kropholler, Art. 50 Rz. 4; Geimer/Schütze, Art. 50 Rz. 4; Dasser/Oberhammer-Staehelin, Art. 44 Rz. 1; Czernich/Tiefenthaler/Kodek-Kodek, Art. 50 Rz. 2.

[6] Kropholler, Art. 50 Rz. 2; Dasser/Oberhammer-Staehelin, Art. 44 Rz. 1.

[7] Dasser/Oberhammer-Staehelin, Art. 44 Rz. 1.

[8] Kropholler, Art. 50 Rz. 2; Geimer/Schütze, Art. 50 Rz. 5; Dasser/Oberhammer-Staehelin, Art. 44 Rz. 4; vgl. auch Magnus/Mankowski-Palsson, Art. 50 Rz. 4.

[9] Kropholler, Art. 50 Rz. 5; Geimer/Schütze, Art. 50 Rz. 1; Czernich/Tiefenthaler/Kodek-Kodek, Art. 50 Rz. 5; Magnus/Mankowski-Palsson, Art. 50 Rz. 1.

ckungsstaat grosszügiger gewährt wird[10]. Der Antragsteller kann sich auch auf Vergünstigungen nach dem Recht des Exequaturstaates berufen[11].

Die Prozesskostenhilfe gilt nicht für das **eigentliche Vollstreckungsverfahren**. Insofern gilt einzig das autonome Recht des Vollstreckungsstaates[12]. Im Rahmen der vorfrageweisen Vollstreckbarerklärung im Rechtsöffnungsverfahren (als reines Vollstreckungsverfahren) kann die Prozesskostenhilfe nach Art. 50 ebenfalls nicht in Anspruch genommen werden[13]. Auch hier gilt das autonome Recht. 8

III. Persönlicher Anwendungsbereich

Die Prozesskostenhilfe nach Art. 50 steht dem (bedürftigen) **Gläubiger** zu. Der Antragsgegner kann Prozesskostenhilfe einzig nach dem Recht des Vollstreckungsstaates verlangen[14]. 9

IV. Räumlicher Anwendungsbereich

Eine Spezialregelung hat das Übereinkommen für **Dänemark, Island und Norwegen** getroffen, weil in diesen Staaten die Tätigkeit der in Unterhaltssachen zuständigen Verwaltungsbehörden immer kostenlos ist und deshalb keine Prozesskostenhilfe bzw. Kosten- und Gebührenbefreiung gewährt wird[15]. Der Antragsteller hat deshalb eine *Erklärung* des dänischen, isländischen oder norwegischen Justizministeriums vorzulegen, wonach er die wirtschaftlichen Voraussetzungen für die vollständige oder teilweise Bewilligung der Prozesskostenhilfe oder für die Kosten- und Gebührenbefreiung erfüllt. Dies erlaubt ebenfalls eine rasche und unkomplizierte Vollstreckbarerklärung im Exequaturstaat. 10

---

[10] Kropholler, Art. 50 Rz. 6; Dasser/Oberhammer-Staehelin, Art. 44 Rz. 5; Czernich/Tiefenthaler/Kodek-Kodek, Art. 50 Rz. 4; Magnus/Mankowski-Palsson, Art. 50 Rz. 6.

[11] Geimer/Schütze, Art. 50 Rz. 6; Dasser/Oberhammer-Staehelin, Art. 44 Rz. 5.

[12] Geimer/Schütze, Art. 50 Rz. 1; Dasser/Oberhammer-Staehelin, Art. 44 Rz. 3; Czernich/Tiefenthaler/Kodek-Kodek, Art. 50 Rz. 5; Magnus/Mankowski-Palsson, Art. 50 Rz. 1.

[13] Dasser/Oberhammer-Staehelin, Art. 44 Rz. 3.

[14] Geimer/Schütze, Art. 50 Rz. 2; Dasser/Oberhammer-Staehelin, Art. 44 Rz. 6.

[15] Dasser/Oberhammer-Staehelin, Art. 44 Rz. 7; Czernich/Tiefenthaler/Kodek-Kodek, Art. 50 Rz. 3.

V. Zeitlicher Anwendungsbereich

11 Die Prozesskostenhilfe bzw. die Kosten- und Gebührenbefreiung wird dem Antragsteller *ipso iure* zuteil, weshalb er den Anspruch **sofort** mit Erlass des für vollstreckbar zu erklärenden Entscheids erhält.

Art. 51

Der Partei, die in einem durch dieses Übereinkommen gebundenen Staat eine in einem anderen durch dieses Übereinkommen gebundenen Staat ergangene Entscheidung vollstrecken will, darf wegen ihrer Eigenschaft als Ausländer oder wegen Fehlens eines inländischen Wohnsitzes oder Aufenthalts eine Sicherheitsleistung oder Hinterlegung, unter welcher Bezeichnung es auch sei, nicht auferlegt werden.

Art. 51

Aucune caution ni aucun dépôt, sous quelque dénomination que ce soit, ne peuvent être imposés en raison, soit de la qualité d'étranger, soit du défaut de domicile ou de résidence dans le pays, à la partie qui demande l'exécution dans un État lié par la présente convention d'une décision rendue dans un autre État lié par la présente convention.

Art. 51

Alla parte che chiede l'esecuzione in uno Stato vincolato dalla presente convenzione di una decisione emessa in un altro Stato vincolato dalla presente convenzione non può essere imposta alcuna cauzione o deposito, indipendentemente dalla relativa denominazione, a causa della qualità di straniero o per difetto di domicilio o residenza nel paese.

Art. 51

No security, bond or deposit, however described, shall be required of a party who in one State bound by this Convention, applies for enforcement of a judgment given in another State bound by this Convention on the ground that he is a foreign national or that he is not domiciled or resident in the State in which enforcement is sought.

Literatur: KELLERHALS, Neuerungen im Vollstreckungsrecht der bernischen Zivilprozessordnung (ZPO), ZBJV 132bis 1996, 75 (zit. KELLERHALS, Neuerungen).

Wegen der **Eigenschaft als Ausländer oder wegen Fehlens eines inländischen Wohnsitzes** oder Aufenthalts darf keiner Partei, welche eine Entscheidung aus einem LugÜ-Staat in einem anderen LugÜ-Staat vollstrecken lassen will, irgendeine *Sicherheitsleistung oder Hinterlegung* auferlegt werden. 1

Die Bestimmung untersagt damit dem (LugÜ-)Vollstreckungsstaat, vom Antragsteller eine *Sicherheitsleistung oder Hinterlegung* für das Vollstreckbarerklärungsverfahren zu verlangen, weil der Antragsteller ein Ausländer ist oder weil er keinen Wohnsitz oder Aufenthalt im Exequaturstaat hat. Es kann sich damit auch ein Antragsteller mit Sitz in einem Drittstaat 2 auf diese Bestimmung berufen[1]. Zulässig sind jedoch Vorschüsse und Kautionen, die auch von *Inländern* bezahlt werden müssen[2].

3 Art. 50 umfasst nicht nur einen Vorschuss für die Gerichtskosten, sondern auch eine Sicherheitsleistung für eine im Falle des Unterliegens zu bezahlende **Parteientschädigung**[3].

4 Das Verbot der Ausländerdiskriminierung gilt für **sämtliche Instanzen**[4]. In der Schweiz ist dieses Verbot berücksichtigt, indem ein *Kostenvorschuss* von jeder Partei verlangt werden kann (Art. 98 ZPO) und eine *Sicherheit für die Parteientschädigung* im summarischen Verfahren betreffend Vollstreckung ausgeschlossen ist (Art. 99 Abs. 3 lit. c ZPO).

5 Art. 51 enthält **Nachteile** für den Antragsgegner, der im Vollstreckungsstaat obsiegt, insbesondere dann, wenn er seine Kosten von einem Gegner erstattet haben will, der seinen Wohnsitz nicht in einem LugÜ-Staat hat[5].

---

1 Kropholler, Art. 51 Rz. 2; Geimer/Schütze, Art. 51 Rz. 1; Dasser/Oberhammer-Staehelin, Art. 45 Rz. 1; Donzallaz Rz. 3837; Czernich/Tiefenthaler/Kodek-Kodek, Art. 51 Rz. 1; Magnus/Mankowski-Palsson, Art. 51 Rz. 3.

2 Kropholler, Art. 51 Rz. 3; Geimer/Schütze, Art. 51 Rz. 3; Dasser/Oberhammer-Staehelin, Art. 45 Rz. 2; Kellerhals, Neuerungen 103; Donzallaz Rz. 3847; Czernich/Tiefenthaler/Kodek-Kodek, Art. 51 Rz. 3; Magnus/Mankowski-Palsson, Art. 51 Rz. 2.

3 Dasser/Oberhammer-Staehelin, Art. 45 Rz. 2.

4 Geimer/Schütze, Art. 51 Rz. 2; Dasser/Oberhammer-Staehelin, Art. 45 Rz. 1; Donzallaz Rz. 3836.

5 Geimer/Schütze, Art. 51 Rz. 5; Kropholler, Art. 51 Rz. 2; Magnus/Mankowski-Palsson, Art. 51 Rz. 3.

Art. 52

Im Vollstreckungsstaat dürfen im Vollstreckbarerklärungsverfahren keine nach dem Streitwert abgestuften Stempelabgaben oder Gebühren erhoben werden.

Art. 52

Aucun impôt, droit ou taxe proportionnel à la valeur du litige n'est perçu dans l'État requis à l'occasion de la procédure tendant à la délivrance d'une déclaration constatant la force exécutoire.

Art. 52

Nei procedimenti relativi al rilascio di una dichiarazione di esecutività non vengono riscossi, nello Stato richiesto, imposte, diritti o tasse proporzionali al valore della controversia.

Art. 52

In proceedings for the issue of a declaration of enforceability, no charge, duty or fee calculated by reference to the value of the matter at issue may be levied in the State in which enforcement is sought.

Literatur: BERNET/VOSER, Praktische Fragen im Zusammenhang mit Anerkennung und Vollstreckung ausländischer Urteile nach IPRG, SZIER 2000, 437; KELLERHALS, Umsetzung des Lugano-Übereinkommens ins kantonale Recht, ZBJV 1992, 77 (zit. KELLERHALS, Umsetzung); SOGO, Vollstreckung ausländischer Entscheide über Geldforderungen: Prüfung der internationalen Vollstreckbarkeit im definitiven Rechtsöffnungsverfahren oder im separaten Exequaturverfahren?, ZZZ 2008/2009, 29 (zit. SOGO, Vollstreckung).

Übersicht *Seite*

I. Streitwertunabhängige Gebühren im Vollstreckbarerklärungsverfahren

1 Im Vollstreckbarerklärungsverfahren dürfen **keine nach dem Streitwert abgestuften Stempelabgaben und Gebühren** verlangt werden. Mit dieser Regelung wird bezweckt, die mit dem Exequatur verbundenen Verfahrenskosten zu reduzieren und Ungleichheiten, die in den verschiedenen

Gebührenregelungen in den LugÜ-Staaten enthalten sind, zu vermeiden[1]. *Pauschalgebühren* sind jedoch zulässig[2].

2 Die Bestimmung bezieht sich *nicht* auf die **Honorare der Rechtsanwälte**. Diese dürfen nach dem Streitwert zugesprochen werden[3]. Die *Prozessentschädigungen* werden nämlich mangels Regelung im LugÜ gemäss dem *Recht des Vollstreckungsstaates* zugesprochen[4].

II. Rechtslage in der Schweiz

1. Vollstreckbarerklärungsverfahren

3 Die Gerichtsgebühren für die Erteilung des Exequaturs sind nicht auf Ebene des Bundesrechts geregelt. Zuständig für die Festsetzung der Tarife für die Prozesskosten sind vielmehr die **Kantone** (Art. 96 ZPO). Es kommen daher die kantonalen Bestimmungen zum Zug, unabhängig davon, ob die für vollstreckbar zu erklärende Entscheidung auf Geld- oder Sicherheitsleistung lautet oder nicht. Die *Höhe der Gebühren* variiert beträchtlich in den verschiedenen Kantonen[5].

4 Die Kantone haben das Verbot streitwertabhängiger Gerichtsgebühren in ihren Bestimmungen nicht explizit festgehalten. Weil das **Übereinkommen dem kantonalen Recht vorgeht**, werden jedoch anders lautende kantonale Bestimmungen verdrängt, so dass die Gerichte *direkt* Art. 52 anwenden müssen und keine streitwertabhängigen Gebühren verlangen dürfen[6].

---

1 Bericht JENARD zu Art. III des Protokolls zum EuGVÜ; KROPHOLLER, Art. 52 Rz. 1; MAGNUS/MANKOWSKI-PALSSON, Art. 52 Rz. 1.

2 Bericht JENARD zu Art. III des Protokolls zum EuGVÜ; CZERNICH/TIEFENTHALER/KODEK-KODEK, Art. 52 Rz. 1; DONZALLAZ Rz. 3848; RAUSCHER-MANKOWSKI, Art. 52 Rz. 2; DASSER/OBERHAMMER-DOMEJ, Art. III Protokoll Nr. 1 Rz. 1, die darauf hinweist, dass auch nach Aufwand festgesetzte Gebühren zulässig sind.

3 KROPHOLLER, Art. 52 Rz. 1; GEIMER/SCHÜTZE, Art. 38 Rz. 98; RAUSCHER-MANKOWSKI, Art. 52 Rz. 3; DASSER/OBERHAMMER-DOMEJ, Art. III Protokoll Nr. 1 Rz. 1; DASSER/OBERHAMMER-STAEHELIN, Art. 31 Rz. 24; MAGNUS/MANKOWSKI-PALSSON, Art. 52 Rz. 2.

4 GEIMER/SCHÜTZE, Art. 38 Rz. 99.

5 DASSER/OBERHAMMER-DOMEJ, Art. III Protokoll Nr. 1 Rz. 3; vgl. auch BERNET/VOSER 466 f.

6 KELLERHALS, Umsetzung 86 f.; DASSER/OBERHAMMER-DOMEJ, Art. III Protokoll Nr. 1 Rz. 4.

Die Höhe der Gebühren für die Erteilung des Exequaturs in den verschiedenen Kantonen ist kaum bekannt bzw. zugänglich. Die Gebühren sind für den Antragsteller **kaum vorhersehbar**. Bis zur gesetzlichen Umsetzung von Art. 52 schlägt DOMEJ[7] vor, nur die Mindestgebühr für das summarische Verfahren zu erheben. Dies ist jedoch abzulehnen, weil auch die Gebühren für das summarische Verfahren in der Regel vom Streitwert abhängen. Abzulehnen ist auch die Ansicht, wonach das Verfahren mangels gesetzlicher Grundlage für pauschal (oder aufwandsabhängig) festgesetzte Gebühren kostenlos durchzuführen sei. Sämtliche Kantone haben Gebühren gesetzlich festgesetzt, das LugÜ gewährt das Recht, Gebühren zu erheben, und pauschale bzw. aufwandsabhängige Gebühren lassen sich anhand der Verwaltungsgrundsätze ohne weiteres überprüfen und eingrenzen. Eine *gesetzliche Umsetzung* des Verbots streitwertabhängiger Gerichtsgebühren ist jedoch fürwahr geboten[8]. 5

Auch wenn Zürich in der Zwischenzeit in der Verordnung des Obergerichts über die Gerichtsgebühren vom 4. April 2007 Pauschalgebühren (vgl. § 2 Abs. 3 GerGebV) eingeführt hat[9], so bemessen sich die Gerichtsgebühren weiterhin nach dem **Streitwert** (vgl. § 4 GerGebV). Im summarischen Verfahren können sodann die Gebühren nur noch um einen Drittel reduziert werden (§ 7 GerGebV). Das Ziel des LugÜ, *Verfahrenskosten zu reduzieren* und *Ungleichheiten zu vermeiden*, lässt sich mit der GerGebV nicht umsetzen. Die Verordnung ist damit nicht LugÜ-konform und die Gerichtsgebühren dürfen daher nicht nach der GerGebV berechnet werden. Die Gebühren sind daher nach den allgemeinen verwaltungsrechtlichen Grundsätzen zu berechnen[10]. 6

2. Vorfrageweise Vollstreckbarerklärung im Rechtsöffnungsverfahren

Art. 52 betrifft nur das *Exequaturverfahren*, nicht aber das Vollstreckungsverfahren als solches. Wird das Exequatur nur vorfrageweise im Rahmen 7

---

[7] DASSER/OBERHAMMER-DOMEJ, Art. III Protokoll Nr. 1 Rz. 4.

[8] DASSER/OBERHAMMER-DOMEJ, Art. III Protokoll Nr. 1 Rz. 4.

[9] Vgl. dazu SOGO, Vollstreckung 46.

[10] SOGO, Vollstreckung 48 f. Die Verwaltungskommission des OGer ZH hat entschieden, dass sich Gebühren nach dem Schwierigkeitsgrad, dem sich daraus ergebenden Zeitaufwand sowie der Verantwortung bei der Entscheidfällung bestimmen (Entscheid VB080017 vom 10. Juli 2008, abrufbar unter http://entscheide.gerichte-zh.ch).

des Rechtsöffnungsverfahrens erteilt, liegt ein reines SchKG-Verfahren vor. Unzulässig wäre es dabei, zusätzliche streitwertabhängige Gebühren gemäss kantonalem Tarif für die Vollstreckbarerklärung zu verlangen. Grundsätzlich kommen jedoch die vom Streitwert abhängigen Gebühren gemäss Art. 48 GebV SchKG zur Anwendung. Die GebV SchKG sieht für die vorfrageweise Vollstreckbarerklärung auch keine zusätzlichen Kosten zum Rechtsöffnungsentscheid vor, so dass dieser Erlass in Einklang mit dem LugÜ steht[11]. Die Prüfung der Vollstreckbarerklärung dürfte weder für den Gläubiger noch für den Schuldner Kosten verursachen, die höher wären als im reinen LugÜ-Verfahren[12].

8 Eine **Parteientschädigung** darf gemäss GebV SchKG zugesprochen werden[13].

---

[11] DASSER/OBERHAMMER-DOMEJ, Art. III Protokoll Nr. 1 Rz. 2; SOGO, Vollstreckung 47 f. mit einlässlicher Begründung; DASSER/OBERHAMMER-STAEHELIN, Art. 34 Rz. 16 und 22; Entscheid des OGer ZH, NL060078 vom 30. November 2006 (nicht publizierter Kostenentscheid von ZR 106 Nr. 18, einsehbar unter http://entscheide.gerichte-zh.ch); Entscheid des KassG ZH, AA070154 vom 9. Juli 2008 (einsehbar unter http://entscheide.gerichte-zh.ch).

[12] SOGO, Vollstreckung 49.

[13] DASSER/OBERHAMMER-STAEHELIN, Art. 34 Rz. 16.

Abschnitt 3: Gemeinsame Vorschriften

Vorbemerkungen zu Art. 53–56

Literatur: RODRIGUEZ, Sicherung und Vollstreckung nach revidiertem Lugano Übereinkommen, AJP 2009, 1550.

Übersicht *Seite*

I. Allgemeines

1 Die Art. 53–56 (3. Abschnitt des Titels III) betreffen die Urkunden, die von der Partei vorzulegen sind, welche die Anerkennung oder die Vollstreckbarerklärung (Exequatur) einer Entscheidung i.S.v. Art. 32 betreiben will.

2 Art. 53 Nr. 1 gilt unabhängig davon, ob sich der Antrag auf die **Anerkennung** oder die **Vollstreckbarerklärung** der Entscheidung bezieht[1]. In den Fällen, in welchen die Vollstreckbarerklärung verlangt wird, ist zusätzlich eine Bescheinigung im Sinne von Art. 53 Nr. 2 i.V.m. Art. 54 (Formblatt gemäss Anhang V) vorzulegen. Mit Art. 55 soll einem übertriebenen Formalismus entgegengewirkt werden, indem das ersuchte Gericht in bestimmten Fällen ermächtigt wird, auf eine Bescheinigung nach Art. 54 zu verzichten. Die Anforderungen an die Übersetzung der Dokumente sind in Art. 55 Nr. 2 geregelt.

3 Die Vorschriften des 3. Abschnittes gelten sinngemäss auch für die **öffentliche Urkunde**[2] i.S.v. Art. 57 (Art. 57 Nr. 4) sowie für den **Prozessvergleich** i.S.v. Art. 58 (Art. 58 i.V.m. Art. 57 Nr. 4).

4 Das Übereinkommen regelt in Teilbereichen das sog. selbständige Anerkennungs- und Exequaturverfahren. Sofern das LugÜ keine Regelung vorsieht, bestimmt sich das Verfahren nach dem massgeblichen nationalen Recht (vgl. Art. 38 Rz. 4 ff.). Mit Bezug auf die Dokumente, die im Zusam-

[1] RAUSCHER/STAUDINGER, Art. 53 Rz. 1.
[2] Siehe z.B. ZGGVP 2008 270.

menhang mit der Anerkennung oder Vollstreckbarerklärung einer Entscheidung nach Art. 32 vorzulegen sind, gelten die Vorschriften von **Art. 53–56** jedoch **abschliessend**. Strengere Vorschriften des nationalen Rechts sind unbeachtlich.

5 Das LugÜ erfasst lediglich das Anerkennungs- und Exequaturverfahren. Das eigentliche Zwangsvollstreckungsverfahren richtet sich dagegen nach dem nationalen Recht. Für Entscheidungen, die den Schuldner zu einer **Geld- oder Sicherheitsleistung** verurteilen und in der Schweiz zu vollstrecken sind, ist somit das SchKG massgeblich; in den übrigen Fällen bestimmt sich das Zwangsvollstreckungsverfahren nach Art. 335 ff. ZPO[3].

6 Will der Gläubiger etwa ein Urteil, das auf Zahlung eines Geldbetrages lautet, in der Schweiz vollstrecken lassen, stehen ihm zwei Wege offen[4]:

7 (1) Er kann zunächst das **selbständige Exequaturverfahren** nach Art. 38 ff. durchführen. Im Rahmen dieses Verfahrens hat er die Urkunden nach Art. 53 ff. vorzulegen. Will der Gläubiger das für vollstreckbar erklärte Urteil vollstrecken lassen, muss er in jedem Fall anschliessend die eigentliche Zwangsvollstreckung mittels Betreibung einleiten. Kommt es zu einem Rechtsöffnungsverfahren, ist der Rechtsöffnungsrichter an den Entscheid über die Vollstreckbarkeit gebunden und kann der Gläubiger nicht mehr verpflichtet werden, die Urkunden nach Art. 53 ff. vorzulegen[5].

8 (2) Stattdessen kann der Gläubiger den Schuldner betreiben (sofern ein Betreibungsort besteht) und die Vollstreckbarkeit allenfalls vorfrageweise im Rechtsöffnungsverfahren beurteilen lassen (vgl. Art. 38 Rz. 9 ff.). In diesem Fall bestimmt sich das sog. **inzidente Anerkennungs- und Vollstreckbarkeitsverfahren** nach dem für die Hauptfrage geltenden Verfahren und wird im LugÜ an sich nicht geregelt. Obschon sich die Art. 53–56 auf das selbständige Anerkennungs- und Exequaturverfahren nach Art. 38 ff. beziehen, sind jene Bestimmungen auch im inzidenten Anerkennungs- oder Vollstreckbarkeitsverfahren zu beachten[6]. Mit Bezug auf die Anerken-

---

[3] Rodriguez, AJP 2009 1555.

[4] Vgl. Schnyder/Liatowitsch Rz. 407 ff.; zur vollstreckbaren Urkunde: PKG 2001 Nr. 44; zum gerichtlichen Vergleich: RBOG 2001 Nr. 29.

[5] Im Anwendungsbereich des IPRG besteht für den Rechtsöffnungsrichter eine Bindungswirkung, wenn vorher ein selbständiges Vollstreckbarkeitsverfahren durchgeführt wurde, vgl. BSK IPRG-Berti, Art. 29 Rz. 7; ZR 96 (1997) Nr. 110. Dies muss auch im Geltungsbereich des LugÜ gelten.

[6] Vgl. Kropholler, Art. 33 Rz. 10; Dasser/Oberhammer-Staehelin, Art. 31 Rz. 5 ff.

nungsvoraussetzungen und die vorzulegenden Dokumente kann es nämlich nicht darauf ankommen, ob die Entscheidung in einem selbständigen oder inzidenten Anerkennungs- oder Vollstreckbarkeitsverfahren beurteilt wird. Ansonsten könnte die vom Übereinkommen bezweckte Vereinheitlichung durch das nationale Recht wieder aufgehoben werden.

Zu beachten ist, dass die Art. 53–56 für das selbständige Anerkennungs- und Exequaturverfahren nach Art. 38 ff. konzipiert sind, das **zunächst einseitig** und erst auf Beschwerde hin kontradiktorisch durchgeführt wird. Dagegen wird das Rechtsöffnungsverfahren, in welchem die Vollstreckbarkeit der Entscheidung vorfrageweise zu beurteilen ist, in jedem Fall kontradiktorisch durchgeführt. 9

Die Bestimmungen der Art. 53–56 können selbst dann anwendbar sein, wenn sowohl der Urteils- als auch der Vollstreckungsstaat einem Übereinkommen für besondere Rechtsgebiete i.S.v. Art. 67 angehören und dieses **Spezialabkommen** vorschreibt, welche Unterlagen im Anerkennungs- und Exequaturverfahren vorzulegen sind[7]. Denn nach Art. 67 Nr. 5 bestimmen sich zwar die *Voraussetzungen* der Anerkennung und des Exequaturs nach den Vorschriften des Spezialabkommens; das *Verfahren* hingegen *kann* nach den Bestimmungen des LugÜ (also insb. Art. 38–56) durchgeführt werden[8]. 10

II. Neuerungen gegenüber Art. 46–49 aLugÜ

Die mit der Revision des LugÜ vorgenommenen Änderungen des 3. Abschnitts bezwecken eine **Vereinfachung der Formalitäten** des Anerken- 11

7 Vgl. etwa Art. 17 des Haager Übereinkommens über die Anerkennung und Vollstreckung von Unterhaltsentscheidungen vom 02.10.1973 (SR 0.211.213.02). Diese Bestimmung nennt die Unterlagen, die im Anerkennungs- und Vollstreckungsverfahren vorzulegen sind. Das Haager Übereinkommen regelt nicht nur die Voraussetzungen, sondern auch das Verfahren der Anerkennung und Vollstreckung.

8 Die Lehre räumt dem Gläubiger in einem solchen Fall aufgrund der «*kann*»-Bestimmung in Art. 67 Nr. 5 ein Wahlrecht hinsichtlich des Verfahrens ein, DASSER/OBERHAMMER-DOMEJ Art. 57 Rz. 17; THOMAS/PUTZO-HÜSSTEGE, Art. 71 Rz. 5. Ähnlich SCHLOSSER, Art. 71 Rz. 3, wonach der Antragsteller statt der EuGVVO auch das autonome Verfahrensrecht des Vollstreckungsstaates wählen könne. A.A. scheint der EuGH zu sein, welcher in EuGH 27.02.1997, Rs. C-220/95, *Van den Boogaard/Laumen*, Slg. 1997 I 1147, den Vorrang des EuGVÜ vor dem Haager Übereinkommen über die Anerkennung und Vollstreckung von Unterhaltsentscheidungen (SR 0.211.213.02) feststellte; hierzu auch VOLKEN, SZIER 1998, 97 ff.

nungs- und Vollstreckungsverfahrens[9]. Mussten nach Art. 46–47 aLugÜ in bestimmten Fällen nebst einer Ausfertigung der Entscheidung zudem Urkunden zum Nachweis der Zustellung des verfahrenseinleitenden Schriftstücks (Art. 46 Nr. 2 aLugÜ), zum Nachweis der Vollstreckbarkeit und Zustellung der Entscheidung selbst (Art. 47 Nr. 1 aLugÜ), sowie gegebenenfalls Urkunden betreffend Gewährung von Prozesskostenhilfe (Art. 47 Nr. 2 aLugÜ) vorgelegt werden, verlangt die neue Regelung lediglich eine Ausfertigung der Entscheidung und gegebenenfalls eine Bescheinigung nach Art. 54 LugÜ.

---

[9] Bericht POCAR Rz. 147; CZERNICH/TIEFENTHALER/KODEK-KODEK, Art. 53 Rz. 1.

Art. 53

1. Die Partei, die die Anerkennung einer Entscheidung geltend macht oder eine Vollstreckbarerklärung beantragt, hat eine Ausfertigung der Entscheidung vorzulegen, die die für ihre Beweiskraft erforderlichen Voraussetzungen erfüllt.

2. Unbeschadet des Artikels 55 hat die Partei, die eine Vollstreckbarerklärung beantragt, ferner die Bescheinigung nach Artikel 54 vorzulegen.

Art. 53

1. La partie qui invoque la reconnaissance d'une décision ou sollicite la délivrance d'une déclaration constatant sa force exécutoire doit produire une expédition de celle-ci réunissant les conditions nécessaires à son authenticité.

2. La partie qui sollicite la délivrance d'une déclaration constatant la force exécutoire d'une décision doit aussi produire le certificat visé à l'art. 54, sans préjudice de l'art. 55.

Art. 53

1. La parte che chiede il riconoscimento di una decisione o il rilascio di una dichiarazione di esecutività deve produrre una copia della decisione che presenti tutte le condizioni di autenticità.

2. Salvo l'articolo 55, la parte che chiede una dichiarazione di esecutività deve inoltre produrre l'attestato di cui all'articolo 54.

Art. 53

1. A party seeking recognition or applying for a declaration of enforceability shall produce a copy of the judgment which satisfies the conditions necessary to establish its authenticity.

2. A party applying for a declaration of enforceability shall also produce the certificate referred to in Article 54, without prejudice to Article 55.

Literatur: RAUSCHER/WAX/WENZEL (Hrsg.), Münchner Kommentar zur Zivilprozessordnung, 3. Aufl., München 2008 (zit. MünchKommZPO-BEARBEITER); RODRIGUEZ, Sicherung und Vollstreckung nach revidiertem Lugano Übereinkommen, AJP 2009, 1550.

Übersicht *Seite*

I. Normzweck

1 Mit Bezug auf die vorzulegenden Dokumente stellt die Vorschrift von Art. 53 unterschiedliche Anforderungen auf, je nachdem ob die Anerkennung oder die Vollstreckbarerklärung einer Entscheidung verlangt wird. Art. 53 Nr. 1 bestimmt als **gemeinsames Erfordernis** für beide Verfahrensarten, dass eine beweiskräftige Ausfertigung der Entscheidung vorzulegen ist. Für das selbständige Anerkennungsverfahren reicht dies bereits aus (Art. 53 Nr. 1)[1]; verlangt der Antragsteller hingegen die Vollstreckbarerklärung, hat er zusätzlich eine Bescheinigung nach Art. 54 vorzulegen (Art. 53 Nr. 1)[2].

2 Die Regelung des Sonderfalls einer in einem **«Versäumnisverfahren»** ergangenen Entscheidung (Art. 46 Nr. 2 aLugÜ) wurde mit der Revision zum Zweck der Vereinfachung des Verfahrens aufgehoben. Soll ein Entscheid vollstreckt werden, der in einem Verfahren ergangen ist, auf das sich der Beklagte nicht eingelassen hat, so ist gemäss Formularblatt in Anhang V LugÜ immerhin das Datum der Zustellung des verfahrenseinleitenden Schriftstücks anzugeben (vgl. Kommentierung zu Art. 54).

3 Die Vorlage der in Art. 53 und 54 erwähnten Dokumente soll dem Zweitrichter ermöglichen, die wichtigsten **Formalien** für eine Vollstreckung zu prüfen[3]. Die Versagungsgründe nach Art. 34/35 werden hingegen erst in einem allfälligen Rechtsmittelverfahren i.S.v. Art. 43 ff. und nicht bereits im erstinstanzlichen Anerkennungs- oder Vollstreckbarerklärungsverfahren geprüft (Art. 41 i.V.m. Art. 33 Nr. 2)[4].

4 Im (erstinstanzlichen) einseitigen Anerkennungs- oder Vollstreckbarerklärungsverfahren hat das Gericht **von Amtes wegen** neben der eigenen Zu-

---

[1] Schlosser, Vorbemerkungen zu Art. 53 Rz. 1; vgl. Kropholler, Art. 53 Rz. 2; Geimer/Schütze, Art. 53 Rz. 2.

[2] Schlosser, Art. 53 Rz. 3, vertritt die Auffassung, dass im Falle der inzident in einem Vollstreckungsverfahren verlangten Anerkennung eine (beweiskräftige) Entscheidausfertigung nicht unbedingt vorgelegt werden müsse, weil ein solches Vollstreckungsverfahren im Gegensatz zum selbständigen Anerkennungsverfahren kontradiktorisch verlaufe; es könne demnach abgewartet werden, ob der Gegner die Authentizität des Schriftstücks bestreite.

[3] Botschaft LugÜ Ziff. 2.7.4; Rauscher/Staudinger, Art. 53 Rz. 3.

[4] Kropholler, Art. 33 Rz. 9; Thomas/Putzo-Hüsstege, Art. 41 Rz. 3; Rauscher/Staudinger, Art. 53 Rz. 3; vgl. Schnyder/Liatowitsch Rz. 412.

ständigkeit und der Anwendbarkeit des LugÜ lediglich zu prüfen, ob die Urkunden nach Art. 53 und 54 vorliegen[5].

Ob *im Rechtsmittelverfahren* (Art. 43 ff.) die **Versagungsgründe** nach Art. 34 f. von Amtes wegen geprüft werden (vgl. Art. 34 Einleitungssatz und Art. 45 Nr. 1), ist umstritten[6]. Legt ein Antragsteller etwa eine Entscheidung ohne Begründung vor, ist selbst bei einer Prüfung ex officio kaum je ein Versagungsgrund ersichtlich (mit Ausnahme bestimmter Fälle der ordre public-Widrigkeit)[7]. Der Antragsgegner ist dementsprechend gehalten, die Einreden, welche gegen die Anerkennung oder Vollstreckbarkeit sprechen, zu erheben und zu belegen[8]. Dieser Nachweis kann durch Vorlage einer vom Erkenntnisgericht verfassten nachträglichen Begründung über dessen Zuständigkeit erfolgen[9]. Da dies wohl nicht in allen Fällen möglich sein wird, sollte die Zuständigkeit auch mit Vorlage der Rechtsschriften, die im Erstverfahren eingereicht wurden, nachgewiesen werden können[10]. Zu den Folgen, falls die vom Antragsteller vorgelegten Urkunden nicht Art. 53 entsprechen, vgl. Art. 55. 5

II. Ausfertigung der Entscheidung (Art. 53 Nr. 1)

Der Antragsteller hat zunächst eine «Ausfertigung der Entscheidung» nach Art. 32 vorzulegen. Unter **«Ausfertigung»** ist das Original oder eine beglaubigte Abschrift oder Photokopie zu verstehen[11]. Diese Ausfertigung der Entscheidung muss den Nachweis der Authentizität oder Echtheit er- 6

[5] Thomas/Putzo-Hüsstege, Art. 41 Rz. 2; Schlosser, Art. 41 Rz. 4.

[6] Siehe Kropholler, vor Art. 33 Rz. 6. Für eine Prüfung nur auf Einrede Rodriguez, AJP 2009 1559. Differenzierend Geimer/Schütze, Art. 34 Rz. 62 ff.

[7] Vgl. Kropholler Art. 34 Rz. 15, wonach eine nicht begründete Entscheidung nach französischem Recht dem ordre public widerspricht, sofern nicht Unterlagen vorgelegt werden, welche die fehlende Begründung ersetzen und die Feststellung zulassen, dass die Anerkennungsvoraussetzungen erfüllt sind.

[8] Für die der Anerkennung entgegenstehenden Tatsachen trägt der Anerkennungsbeklagte die Beweislast, Kropholler, vor Art. 33 Rz. 7.

[9] Vgl. BGE 127 III 186, E. 4b. Vgl. § 30 ff. dt. AVAG, wonach bestimmte, in verkürzter Form erlassene Entscheidungen, die im Ausland vollstreckt werden sollen, auf Antrag einer Partei mit einer Begründung zu ergänzen sind.

[10] Dasser/Oberhammer-Naegeli, Art. 46 Rz. 12.

[11] Kropholler, Art. 53 Rz. 3.

bringen[12]. Eine einfache Abschrift oder Photokopie genügt somit nicht[13]. Dies wird in der deutschen Fassung umständlich gesagt, wenn gefordert wird, die Ausfertigung müsse die für ihre Beweiskraft erforderlichen Voraussetzungen erfüllen. Die Beweiskraft einer Entscheidung beurteilt sich dabei nach dem innerstaatlichen Recht des Gerichts, welches die Entscheidung erlassen hat («locus regit actum»)[14]. Diese Ausfertigung kann dem Antragsteller nach Abschluss des Anerkennungs- oder Vollstreckbarkeitsverfahren zurückgegeben werden[15]. Vorzulegen ist allerdings lediglich die Entscheidung, aus der vollstreckt werden soll, und nicht auch die allfälligen Entscheidungen unterer oder oberer Instanzen[16].

7 Im Falle von schweizerischen Entscheidungen beurteilen sich die Anforderungen an die Echtheit nach ZPO sowie für kantonale Entscheidungen nach den kantonalen Gerichtsorganisationsgesetzen[17].

III. Bescheinigung nach Art. 54 (Art. 53 Nr. 2)

8 Beantragt der Antragsteller nicht (nur) die Anerkennung, sondern auch die Vollstreckbarerklärung i.S.v. Art. 38, so hat er zusätzlich zur beglaubigten Ausfertigung der Entscheidung eine **Bescheinigung nach Art. 54** vorzulegen (Art. 53 Nr. 2). Das Formular einer Bescheinigung nach Art. 54 ist

---

12 Schlosser, Art. 53 Rz. 1; Thomas/Putzo-Hüßtege, Art. 54 Rz. 2; Rauscher/Staudinger, Art. 53 Rz. 2.

13 Thomas/Putzo-Hüßtege, Art. 54 Rz. 2; Geimer/Schütze, Art. 53 Rz. 3; MünchKommZPO-Gottwald, Art. 53 Rz. 2.

14 Aus der Lehre vgl. nur Kropholler, Art. 53 Rz. 2; Dasser/Oberhammer-Naegeli, Art. 46 Rz. 6; Czernich/Tiefenthaler/Kodek-Kodek, Art. 53 Rz. 2; MünchKommZPO-Gottwald, Art. 53 Rz. 2.

15 BGH 26.09.1979, BGHZ 75, 167 = RIW 1979, 861 = NJW 1980, 527; Geimer/Schütze, Art. 53 Rz. 5; MünchKommZPO-Gottwald, Art. 53 Rz. 2.

16 BGH 26.09.1979, RIW 1979, 863.

17 Nach Art. 238 lit. h ZPO i.V.m. § 136 GOG ZH sind Sachendentscheide im ordentlichen und vereinfachten Verfahren von einem Gerichtsmitglied sowie vom Gerichtsschreiber, alle übrigen Entscheide entweder von einem Gerichtsmitglied oder vom Gerichtsschreiber allein zu unterzeichnen.
Nach deutschem Recht ist die Ausfertigung vom Urkundsbeamten der Geschäftsstelle zu unterzeichnen und mit dem Gerichtssiegel zu versehen (§ 317 Abs. 3 ZPO), Kropholler, Art. 53 Rz. 3; Schlosser, Art. 53 Rz. 1. Bei österreichischen Entscheidungen ist die Richtigkeit der Ausfertigung vom Leiter der Geschäftsabteilung zu beglaubigen (§ 79 Abs. 2 österreichisches GOG), Czernich/Tiefenthaler/Kodek-Kodek, Art. 53 Rz. 3. Für Entscheidungen des Vereinigten Königreichs gilt section 11 des Civil Jurisdiction and Judgments Act 1982.

in Anhang V LugÜ enthalten. Wer die Anerkennung oder Vollstreckbarerklärung beantragt, muss demnach insbesondere weder einen formellen Nachweis der Zustellung des verfahrenseinleitenden Schriftstücks noch einen Nachweis der Vollstreckbarkeit im Ursprungsstaat einreichen (so noch Art. 46 Nr. 2 aLugÜ)[18].

---

18 Kropholler, Art. 53 Rz. 4; Schlosser, Vorbemerkungen zu Art. 53 Rz. 3; Czernich/Tiefenthaler/Kodek-Kodek, Art. 53 Rz. 1.

Art. 54

Das Gericht oder die sonst befugte Stelle des durch dieses Übereinkommen gebundenen Staates, in dem die Entscheidung ergangen ist, stellt auf Antrag die Bescheinigung unter Verwendung des Formblatts in Anhang V dieses Übereinkommens aus.

Art. 54

La juridiction ou l'autorité compétente d'un État lié par la présente Convention dans lequel une décision a été rendue délivre, à la requête de toute partie intéressée, un certificat en utilisant le formulaire dont le modèle figure à l'annexe V de la présente Convention.

Art. 54

Il giudice o l'autorità competente dello Stato vincolato dalla presente convenzione nel quale è stata emessa la decisione rilascia, su richiesta di qualsiasi parte interessata, un attestato utilizzando il formulario riportato nell'allegato V della presente convenzione.

Art. 54

The court or competent authority of a State bound by this Convention where a judgment was given shall issue, at the request of any interested party, a certificate using the standard form in Annex V to this Convention.

Literatur: Rodriguez, Sicherung und Vollstreckung nach revidiertem Lugano-Übereinkommen, AJP 2009, 1550; Volken, Anerkennung und Vollstreckung von Entscheidungen nach dem Lugano-Übereinkommen, ZWR 1992, 421; Wolff, Vollstreckbarerklärung, in: Max-Planck-Institut für Ausländisches und Internationales Privatrecht (Hrsg.), Handbuch des Internationalen Zivilverfahrensrechts, Band III, Tübingen 1984.

Übersicht *Seite*

I. Einleitung

1 Art. 54 bezieht sich grundsätzlich sowohl auf das selbständige als auch auf das inzidente Vollstreckbarerklärungsverfahren. Die Vorschrift ist hingegen nicht anwendbar, wenn einzig die Anerkennung einer Entscheidung beantragt wird[1] (vgl. Art. 53 Rz. 1).

[1] Schlosser Vorbemerkungen zu Art. 53 Rz. 1; Czernich/Tiefenthaler/Kodek-Kodek, Art. 53 Rz. 5.

Mit der Revision des LugÜ wurde eine **Vereinfachung und Vereinheitlichung** der Formalitäten des Anerkennungs- und Vollstreckbarerklärungsverfahrens bezweckt[2]. Die neuen Regelungen von Art. 53 Nr. 2 und Art. 54 verlangen (neben einer Entscheidausfertigung nach Art. 53 Nr. 1) für die Vollstreckbarerklärung (anstelle von bis zu vier verschiedenen Urkunden unter Art. 46–47 aLugÜ) nurmehr eine Bescheinigung gemäss Formblatt in Anhang V LugÜ. Dem Exequaturgericht soll die Überprüfung der wichtigsten Formalien durch gezielte Hinweise erleichtert werden, indem hierfür ein für alle LugÜ-Staaten einheitliches Formular geschaffen wurde[3]. 2

Die Bescheinigung nach Art. 54 wird **nur auf Antrag** des Vollstreckungsklägers ausgestellt[4]. Dieser Antrag ist an keine Frist gebunden[5]. An welche Behörde der Antrag zu richten ist, bestimmt sich nach nationalem Recht[6]. Nach Art. 55 Abs. 1 kann das Gericht auf die Vorlage einer Bescheinigung i.S.v. Art. 54 im Einzelfall verzichten (vgl. Kommentierung zu Art. 55). 3

II. Inhalt der Bescheinigung nach Formblatt Anhang V LugÜ

Das Formblatt gemäss Anhang V verlangt zunächst die Bezeichnung sowohl des **Gerichts** (oder der «sonst befugten Stelle»), welches die Bescheinigung ausstellt, als auch des Gerichts, das die zu vollstreckende Entscheidung erlassen hat (Nr. 2 und 3 des Formblattes). Daraus ist zu schliessen, dass auch ein anderes als das urteilende Gericht oder eine an- 4

---

2 Bericht POCAR Rz. 147; KROPHOLLER, Art. 54 Rz. 1; GEIMER/SCHÜTZE, Art. 54 Rz. 1; CZERNICH/TIEFENTHALER/KODEK-KODEK, Art. 54 Rz. 1.

3 Bericht POCAR Rz. 146. Das in allen Sprachen einheitliche Formular bezweckt, die Übersetzung überflüssig zu machen, RAUSCHER/STAUDINGER, Art. 54 Rz. 3.

4 CZERNICH/TIEFENTHALER/KODEK-KODEK, Art. 54 Rz. 4; RAUSCHER/STAUDINGER, Art. 54 Rz. 2. Insbesondere hat das für die Vollstreckbarerklärung angerufene Gericht kein Antragsrecht, THOMAS/PUTZO-HÜSSTEGE, Art. 54 Rz. 1. Die Ausstellung einer Bescheinigung nach Art. 54 darf nicht vom Vorliegen der tatsächlichen Voraussetzungen der Vollstreckung im Urteilsstaat abhängig gemacht werden, vgl. EuGH vom 18.12.2008, Rs. C-420/07, *Apostolides/Orams*, Slg. 2009 I, Rz. 98.

5 KROPHOLLER, Art. 54 Rz. 3; CZERNICH/TIEFENTHALER/KODEK-KODEK, Art. 54 Rz. 4.

6 In der Schweiz dürfte für das Ausstellen der Bescheinigung i.S.v. Art. 54 in analoger Anwendung von Art. 336 Abs. 2 ZPO das ursprünglich urteilende Gericht zuständig sein, vgl. auch RODRIGUEZ, AJP 2009 1555. Nach österreichischem Recht ist das ursprünglich urteilende Gericht zuständig, CZERNICH/TIEFENTHALER/KODEK-KODEK, Art. 54 Rz. 4. In Deutschland richtet sich die Zuständigkeit nach § 56 dt. AVAG, KROPHOLLER, Art. 54 Rz. 3.

dere Amtsstelle die Bescheinigung erstellen kann[7]. Die Zuständigkeit zur Ausstellung der Bescheinigung regelt das nationale Recht[8].

5 Hat sich der Beklagte auf das Verfahren im Urteilsstaat nicht eingelassen, so ist nach Nr. 4.4 des Formblattes das **Datum der Zustellung** des verfahrenseinleitenden Schriftstücks anzugeben[9]. Diese Angabe soll es dem Gericht, das über die Vollstreckbarerklärung zu entscheiden hat, (in einem allfälligen Beschwerdeverfahren nach Art 43 ff.) ermöglichen, die Rechtzeitigkeit der Zustellung i.S.v. Art. 34 Nr. 2 zu beurteilen[10]. Die Frage, ob das verfahrenseinleitende Schriftstück so rechtzeitig zugestellt worden war, dass der Beklagte seine Verteidigung vorbereiten konnte, ist allein nach tatsächlichen Wertungen zu prüfen. Auf die Prozessvorschriften des Urteils- oder Zweitstaats kommt es nicht an[11] (ausführlicher Art. 34 Rz. 39 ff.). Eine besondere Urkunde, die den Nachweis der Zustellung des verfahrenseinleitenden Schriftstücks erbringt (Art. 46 Nr. 2 aLugÜ), ist nicht mehr erforderlich.

6 Nr. 5 des Formblattes fordert zudem die Angabe der Parteien, denen **Prozesskostenhilfe** gewährt wurde[12]. Dies führt zu einer Vereinfachung der Förmlichkeiten, musste doch nach Art. 47 Nr. 2 aLugÜ gegebenenfalls eine separate Urkunde zum Nachweis der Prozesskostenhilfe eingereicht werden.

7 Schliesslich ist in der Bescheinigung aufzuführen, gegen welche Personen die Entscheidung im Ursprungsstaat **vollstreckbar** ist (Nr. 5 des Formblattes). Dabei ist zu berücksichtigen, dass der Begriff der «Vollstreckbarkeit» nicht mit dem im schweizerischen Recht verwendeten Begriff der «Rechtskraft» gleichzusetzen ist[13]. Auch eine vorläufige Vollstreckbarkeit der Entscheidung genügt[14] (vgl. Art. 38 Rz. 28). Art. 47 Nr. 1 aLugÜ verlangte demgegenüber die Vorlage von Urkunden, welche die Vollstreckbarkeit der Entscheidung sowie deren Zustellung belegten.

---

[7] Bericht Pocar Rz. 146; Kropholler, Art. 54 Rz. 2.

[8] Kropholler, Art. 54 Rz. 2.

[9] Kropholler, Art. 54 Rz. 1. Mit der Angabe des Datums soll bescheinigt werden, dass die Zustellung erfolgt ist, vgl. Thomas/Putzo-Hüsstege, Art. 54 Rz. 4.

[10] Thomas/Putzo-Hüsstege, Art. 54 Rz. 4; Wolff Rz. 278.

[11] Kropholler, Art. 34 Rz. 35; Schlosser, Art. 34–36 Rz. 17c ff.

[12] Vgl. Kropholler, Art. 54 Rz. 1.

[13] Dasser/Oberhammer-Naegeli, Art. 47 Rz. 6.

[14] Thomas/Putzo-Hüsstege, Art. 54 Rz. 5; Dasser/Oberhammer-Naegeli, Art. 47 Rz. 7.

Die Frage der (vorläufigen) Vollstreckbarkeit einer in der Schweiz gefällten Entscheidung bestimmt sich für kantonale Entscheidungen nach Art. 336 Abs. 1 ZPO; Urteile des Bundesgerichts werden mit ihrer Ausfällung rechtskräftig und damit vollstreckbar (Art. 61 BGG). 8

Ein **Nachweis der Zustellung** der zu vollstreckenden Entscheidung ist nicht mehr erforderlich (vgl. demgegenüber Art. 47 Nr. 1 aLugÜ). Diese Erleichterung ist zu begrüssen, denn das Erfordernis der Zustellung der zu vollstreckenden Entscheidung *vor* der Einleitung von Vollstreckungsmassnahmen konnte unter aLugÜ dazu führen, dass der beabsichtigte Überraschungseffekt des einseitigen Vollstreckbarerklärungsverfahrens nach Art. 38 ff. LugÜ (Art. 31 ff. aLugÜ) zunichte gemacht wurde. 9

Art. 55

1. Wird die Bescheinigung nach Artikel 54 nicht vorgelegt, so kann das Gericht oder die sonst befugte Stelle eine Frist bestimmen, innerhalb deren die Bescheinigung vorzulegen ist, oder sich mit einer gleichwertigen Urkunde begnügen oder von der Vorlage der Bescheinigung befreien, wenn es oder sie eine weitere Klärung nicht für erforderlich hält.

2. Auf Verlangen des Gerichts oder der sonst befugten Stelle ist eine Übersetzung der Urkunden vorzulegen. Die Übersetzung ist von einer hierzu in einem der durch dieses Übereinkommen gebundenen Staaten befugten Person zu beglaubigen.

Art. 55

1. A défaut de production du certificat visé à l'art. 54, la juridiction ou l'autorité compétente peut impartir un délai pour le produire ou accepter un document équivalent ou, si elle s'estime suffisamment éclairée, en dispenser.

2. Il est produit une traduction des documents si la juridiction ou l'autorité compétente l'exige. La traduction est certifiée conforme par une personne habilitée à cet effet dans l'un des États liés par la présente Convention.

Art. 55

1. Qualora l'attestato di cui all'articolo 54 non venga prodotto, il giudice o l'autorità competente può fissare un termine per la sua presentazione o accettare un documento equivalente ovvero, se ritiene di essere informato a sufficienza, disporne la dispensa.

2. Qualora il giudice o l'autorità competente lo richieda, deve essere presentata una traduzione dei documenti richiesti. La traduzione è autenticata da una persona a tal fine abilitata in uno degli Stati vincolati dalla presente convenzione.

Art. 55

1. If the certificate referred to in Article 54 is not produced, the court or competent authority may specify a time for its production or accept an equivalent document or, if it considers that it has sufficient information before it, dispense with its production.

2. If the court or competent authority so requires, a translation of the documents shall be produced. The translation shall be certified by a person qualified to do so in one of the States bound by this Convention.

Literatur: GEHRI/KRAMER, ZPO Kommentar, Schweizerische Zivilprozessordnung, Zürich 2010 (zit. GEHRI/KRAMER-BEARBEITER); VOLKEN, Anerkennung und Vollstreckung von Entscheidungen nach dem Lugano-Übereinkommen, ZWR 1992, 421.

Übersicht

I. Einleitung

1 Art. 55 regelt zwei unterschiedliche Gegenstände. Während Art. 55 Nr. 1 eine **Ausnahmevorschrift** zu Art. 53 Nr. 2 und Art. 54 darstellt, regelt Art. 55 Nr. 2 die Übersetzungen der Urkunden, die nach Art. 53 und Art. 54 vorzulegen sind.

II. Nachweiserleichterung (Art. 55 Nr. 1)

2 Art. 55 Nr. 1 stellt eine Ausnahmeregelung zum Erfordernis des Vorlegens einer Bescheinigung nach Art. 54 dar. Mit Art. 55 Nr. 1 soll einem übertriebenen Formalismus entgegengewirkt werden[1].

3 Die Erleichterung nach Art. 55 Nr. 1 bezieht sich aufgrund ihres Wortlauts ausschliesslich auf die Bescheinigung nach Art. 54, nicht auch auf die beweiskräftige Ausfertigung der Entscheidung i.S.v. Art. 53 Nr. 1. Dennoch geht die Lehre davon aus, dass auch die **Entscheidausfertigung** i.S.v. Art. 53 Nr. 1 in Anwendung entsprechender nationaler Verfahrensvorschriften[2] oder unmittelbar aufgrund von Art. 55 Nr. 1[3] nachgereicht werden kann[4]. Dieser Ansicht ist im Sinne der Freizügigkeit der Vollstreckungstitel in Europa zuzustimmen[5], zumal das Erfordernis der Urkunden-

1 Schlosser, Art. 55 Rz. 1; Rauscher/Staudinger, Art. 55 Rz. 1.

2 Kropholler, Art. 55 Rz. 1; Czernich/Tiefenthaler/Kodek-Kodek, Art. 55 Rz. 1 f., wonach österreichische Gerichte *zwingend* eine Frist zur Nachreichung der fehlenden Urkunden anzusetzen haben. Betreffend Nachweis der Urteilszustellung nach Art. 47 Nr. 1 EuGVÜ vgl. EuGH 14.03.1996, Rs. C-275/94, *Van der Linden/BG Feinmechanik und Elektrotechnik,* Slg. 1996 I 1393 = IPRax 1997 186 f.; BGer 18.03.2004, 5P.252/2003. Unter neuer ZPO kann sich das Gericht auf Art. 132 Abs. 1 ZPO stützen, siehe Gehri/Kramer-Jenny, Art. 132 Rz. 1.

3 Geimer/Schütze, Art. 55 Rz. 5 und 8; Volken, ZWR 1992, 462.

4 Schlosser, Art. 55 Rz. 2; Donzallaz Rz. 3777. Vgl. PKG 2001 Nr. 44, 180.

5 Geimer/Schütze, Art. 55 Rz. 3.

vorlage dadurch nicht aufgehoben wird. Wird das Vollstreckungsgesuch dennoch wegen fehlender Urkunden abgewiesen, kann es vom Gesuchsteller beliebig oft wiederholt werden[6].

4 Kann die Bescheinigung nach Art. 54 nicht vorgelegt werden, so soll der Antrag auf Anerkennung oder Vollstreckbarerklärung nicht ohne weiteres abgewiesen werden[7]. Eine **sofortige Abweisung** kommt lediglich dann in Frage, wenn feststeht, dass die Bescheinigung nach Art. 54 nicht vorgelegt werden kann und die Beweisführung durch andere Beweismittel ausgeschlossen ist[8]. Art. 55 Nr. 1 eröffnet dem Exequaturrichter vielmehr drei Möglichkeiten, die nicht nur alternativ, sondern auch kumulativ bestehen[9]:

1. Fristansetzung

5 Das Gericht kann dem Gesuchsteller Frist ansetzen, um die fehlende Bescheinigung **nachzureichen**. Im Rahmen des selbständigen Anerkennungs- und Exequaturverfahrens nach Art. 38 ff. steht es im Ermessen des Zweitrichters, die Dauer der angemessenen Nachfrist[10] festzulegen und gegebenenfalls, auch nach unbenütztem Ablauf der Frist, weitere Nachfristen zu gewähren[11].

2. Vorlage «gleichwertiger Urkunden»

6 Mit Bezug auf die Entscheidausfertigung nach Art. 53 Nr. 1 und die Bescheinigung nach Art. 54 ist davon auszugehen, dass der Gesuchsteller sich von diesen Dokumenten in der Regel im Ursprungsstaat jederzeit ein zusätzliches Exemplar ausstellen lassen kann[12]. Sollte der Gesuchsteller nicht in der Lage sein, eine Bescheinigung nach Art. 54 einzureichen, kann das

---

[6] Donzallaz Rz. 3780; Czernich/Tiefenthaler/Kodek-Kodek, Art. 55 Rz. 2; Kropholler, Art. 55 Rz. 2; Schlosser, Art. 55 Rz. 2; Thomas/Putzo-Hüsstege, Art. 55 Rz. 3. A.M. wohl Geimer/Schütze, Art. 55 Rz. 17 sowie Art. 33 Rz. 86.

[7] Siehe ZR 109 (2010) Nr. 22, wonach dies aus der richterlichen Fragepflicht folgt.

[8] Geimer/Schütze, Art. 55 Rz. 5, welche dies zu Recht auch im Fall einer fehlenden Entscheidausfertigung postulieren. Vgl. auch ZR 109 (2010) Nr. 22; MünchKommZPO-Gottwald, Art. 55 Rz. 2.

[9] MünchKommZPO-Gottwald, Art. 55 Rz. 2. Vgl. auch Dasser/Oberhammer-Naegeli, Art. 48 Rz. 14.

[10] Die Frist ist grosszügig zu bemessen und hat keine Präklusivwirkung, sodass auch verspätet eingereichte Urkunden zu berücksichtigen sind, Schlosser, Art. 55 Rz. 2.

[11] MünchKommZPO-Gottwald, Art. 55 Rz. 2.

[12] Kropholler, Art. 55 Rz. 1; Schlosser, Art. 55 Rz. 5.

Gericht von deren Vorlage absehen und sich stattdessen mit **gleichwertigen Urkunden** – wie etwa Privaturkunden – begnügen, sofern diese nach dem (nationalen) Recht des Anerkennungs- und Vollstreckungsstaats als Beweismittel zugelassen sind[13].

3. Verzicht auf Urkundenvorlage bei Nachweis auf andere Weise

Das Gericht kann von der Pflicht zur Vorlage der Bescheinigung nach Art. 54 ganz befreien, wenn es eine weitere Klärung für nicht erforderlich hält, weil **andere Beweismittel** hinreichenden Aufschluss bieten[14]. Wie erwähnt, kann für eine verlorene oder vernichtete Bescheinigung im Ursprungsstaat in der Regel ein Ersatzdokument beschafft werden. Das Gericht ist deshalb nicht verpflichtet, andere Beweismittel zu akzeptieren, sofern die fehlende Bescheinigung ohne unzumutbaren Aufwand beigebracht werden kann[15]. Kann weder eine Bescheinigung (z.B. aufgrund Vernichtung[16]) noch eine «gleichwertige Urkunde» vorgelegt werden, sind zur Beschaffung der notwendigen Angaben auch andere Mittel zuzulassen (z.B. Zeugenaussage oder Parteibefragung)[17]. Ferner kann das Gericht eine unvollständige Bescheinigung auch ohne weitere Abklärungen akzeptieren[18]. 7

III. Beglaubigte Übersetzungen (Art. 55 Nr. 2)

Art. 55 Nr. 2 betrifft die Übersetzung der vorzulegenden Dokumente. Die Vorschrift bezieht sich sowohl auf die Entscheidausfertigung i.S.v. Art. 53 8

[13] OLG Frankfurt 29.05.1978, RIW 1978, 620; MünchKommZPO-GOTTWALD, Art. 55 Rz. 1; KROPHOLLER, Art. 55 Rz. 2; GEIMER/SCHÜTZE, Art. 55 Rz. 9; CZERNICH/TIEFENTHALER/KODEK-KODEK, Art. 55 Rz. 4.

[14] KROPHOLLER, Art. 55 Rz. 2. Nach GEIMER/SCHÜTZE, Art. 55 Rz. 10, ist eine Befreiung von der Vorlagepflicht zudem zulässig, wenn der Sachverhalt unstreitig ist. Siehe auch BGer 03.06.2008, 5A_161/2008, E. 2.2.

[15] SCHLOSSER, Art. 55 Rz. 5.

[16] Bericht JENARD zu Art. 48 Rz. 181; KROPHOLLER, Art. 55 Rz. 2.

[17] SCHLOSSER, Art. 55 Rz. 5; GEIMER/SCHÜTZE, Art. 53 Rz. 2 und Art. 55 Rz. 11; CZERNICH/TIEFENTHALER/KODEK-KODEK, Art. 55 Rz. 5.

[18] Bericht POCAR Rz. 147. Dieses Vorgehen dürfte insbesondere zulässig sein, wenn sich die Angaben gemäss Anhang V bereits ohne Weiteres aus dem Entscheid selbst ergeben, vgl. CZERNICH/TIEFENTHALER/KODEK-KODEK, Art. 55 Rz. 5.

Nr. 1 als auch auf die Bescheinigung nach Art. 54. Zur Zulässigkeit eines fremdsprachigen Antrags, vgl. Kommentierung zu Art. 40 Rz. 5.

9 Das Erfordernis der **Übersetzung** ist gemäss LugÜ **nicht zwingend**. Die Frage, ob eine Übersetzung vorzulegen ist, überlässt das Übereinkommen vielmehr dem nationalen Verfahrensrecht. Das zuständige Gericht kann von der Übersetzung auch ganz absehen[19] und a fortiori sich auch mit einer nicht beglaubigten Übersetzung begnügen[20].

10 Wird auf Anordnung des Gerichts eine Übersetzung verlangt, so bringt das Abkommen für den Gesuchsteller eine Erleichterung: Das Anerkennungs- und Vollstreckungsgericht kann nämlich nicht verlangen, dass die Dokumente von einer Person im *Anerkennungs*staat übersetzt wurden[21]. Wohnt der Gesuchsteller in einem LugÜ-Staat, kann er die Dokumente auch **in seinem Wohnsitzstaat übersetzen** und beglaubigen lassen und anschliessend in allen anderen Vertragsstaaten für die Anerkennung und Vollstreckung benützen (z.B. kann eine französische Übersetzung sowohl in Frankreich als auch in Belgien oder in der Schweiz benutzt werden)[22]. Ist die Übersetzung un- oder missverständlich, kann das Gericht selbst eine beglaubigte Übersetzung (allenfalls zur Verbesserung[23]) zurückweisen[24].

11 Wer die **Kosten** für die Übersetzung zu tragen hat, entscheidet sich nach dem nationalen Recht[25].

---

[19] Geimer/Schütze, Art. 55 Rz. 14; Kropholler, Art. 55 Rz. 3; Czernich/Tiefenthaler/Kodek-Kodek, Art. 55 Rz. 6.

[20] BGH 26.09.1979, BGHZ 75, 167 = NJW 1980, 527; Geimer/Schütze, Art. 55 Rz. 14; Kropholler, Art. 55 Rz. 3; Schlosser, Art. 55 Rz. 7; MünchKommZPO-Gottwald, Art. 55 Rz. 4; Rauscher/Staudinger, Art. 55 Rz. 3; A.M. Czernich/Tiefenthaler/Kodek-Kodek, Art. 55 Rz. 7.

[21] Czernich/Tiefenthaler/Kodek-Kodek, Art. 55 Rz. 8.

[22] Kropholler, Art. 55 Rz. 3; MünchKommZPO-Gottwald, Art. 55 Rz. 4.

[23] Czernich/Tiefenthaler/Kodek-Kodek, Art. 55 Rz. 6.

[24] Geimer/Schütze, Art. 55 Rz. 15.

[25] Geimer/Schütze, Art. 55 Rz. 16; MünchKommZPO-Gottwald, Art. 55 Rz. 5; vgl. auch Schlosser, Art. 55 Rz. 7.

Art. 56

Die in Artikel 53 und in Artikel 55 Absatz 2 angeführten Urkunden sowie die Urkunde über die Prozessvollmacht, falls eine solche erteilt wird, bedürfen weder der Legalisation noch einer ähnlichen Förmlichkeit.

Art. 56

Aucune légalisation ni formalité analogue n'est exigée en ce qui concerne les documents visés à l'art. 53, ou à l'article 55, par. 2, ou, le cas échéant, la procuration ad litem.

Art. 56

Non è richiesta legalizzazione o formalità analoga per i documenti indicati all'articolo 53 o all'articolo 55, paragrafo 2, come anche, ove occorra, per la procura alle liti.

Art. 56

No legalisation or other similar formality shall be required in respect of the documents referred to in Article 53 or Article 55 (2), or in respect of a document appointing a representative ad litem.

1 Der Gesuchsteller kann in einem Anerkennungs- und Vollstreckungsverfahren nicht verpflichtet werden, für die in den Art. 53 und Art. 55 Nr. 2 genannten Urkunden eine **Beglaubigung (Legalisation) oder andere Förmlichkeit** – wie eine Oberbeglaubigung (Apostille) – vorzuweisen[1]. Dies gilt, selbst wenn der Anerkennungs- und Vollstreckungsstaat bi- oder multilaterale Staatsverträge, welche eine Legalisation oder Apostille vorsehen[2], ratifiziert hat.

2 Art. 56 bezieht sich primär auf die Befreiung von Förmlichkeiten für die **Prozessvollmacht** im Anerkennungs- und Vollstreckbarkeitsverfahren, muss aber ebenso für die Vollmacht im Vollstreckungsverfahren und den Nachweis der gesetzlichen sowie organschaftlichen Vertretungsmacht gelten[3]. Betreffend die Prozessvollmacht für das Erkenntnisverfahren im Urteilsstaat ist Art. 56 nicht massgeblich; diesbezüglich ist das autonome Recht des jeweiligen Mitgliedstaats anwendbar[4].

---

1 CZERNICH/TIEFENTHALER/KODEK-KODEK, Art. 56 Rz. 1.

2 Die Befreiung bezieht sich auf die Apostille nach dem Haager Übereinkommen zur Befreiung ausländischer öffentlicher Urkunden von der Legalisation vom 5. Oktober 1961; KROPHOLLER, Art. 56 Rz. 1.

3 GEIMER/SCHÜTZE, Art. 56 Rz. 2; SCHLOSSER, Art. 56 Rz. 2; MünchKommZPO-GOTTWALD, Art. 56 Rz. 3; vgl. KROPHOLLER, Art. 56 Rz. 2. A.M. RAUSCHER/STAUDINGER, Art. 56 Rz. 1.

4 KROPHOLLER, Art. 56 Rz. 2; CZERNICH/TIEFENTHALER/KODEK-KODEK, Art. 56 Rz. 2.

Titel IV: Öffentliche Urkunden und Prozessvergleiche

Art. 57

1. Öffentliche Urkunden, die in einem durch dieses Übereinkommen gebundenen Staat aufgenommen und vollstreckbar sind, werden in einem anderen durch dieses Übereinkommen gebundenen Staat auf Antrag in dem Verfahren nach den Artikeln 38 ff. für vollstreckbar erklärt. Die Vollstreckbarerklärung ist von dem mit einem Rechtsbehelf nach Artikel 43 oder Artikel 44 befassten Gericht nur zu versagen oder aufzuheben, wenn die Zwangsvollstreckung aus der Urkunde der öffentlichen Ordnung *(ordre public)* des Vollstreckungsstaats offensichtlich widersprechen würde.

2. Als öffentliche Urkunden im Sinne von Absatz 1 werden auch vor Verwaltungsbehörden geschlossene oder von ihnen beurkundete Unterhaltsvereinbarungen oder -verpflichtungen angesehen.

3. Die vorgelegte Urkunde muss die Voraussetzungen für ihre Beweiskraft erfüllen, die in dem Staat, in dem sie aufgenommen wurde, erforderlich sind.

4. Die Vorschriften des Abschnitts 3 des Titels III sind sinngemäss anzuwenden. Die befugte Stelle des durch dieses Übereinkommen gebundenen Staates, in dem eine öffentliche Urkunde aufgenommen worden ist, stellt auf Antrag die Bescheinigung unter Verwendung des Formblatts in Anhang VI dieses Übereinkommens aus.

Art. 57

1. Les actes authentiques reçus et exécutoires dans un État lié par la présente Convention sont, sur requête, déclarés exécutoires dans un autre État lié par la présente Convention, conformément à la procédure prévue aux art. 38 et suivants. La juridiction auprès de laquelle un recours est formé en vertu des art. 43 ou 44 ne refuse ou révoque une déclaration constatant la force exécutoire que si l'exécution de l'acte authentique est manifestement contraire à l'ordre public de l'État requis.

2. Sont également considérées comme des actes authentiques au sens du par. 1, les conventions en matière d'obligations alimentaires conclues devant des autorités administratives ou authentifiées par elles.

3. L'acte produit doit réunir les conditions nécessaires à son authenticité dans l'État d'origine.

4. Les dispositions de la section 3 du titre III sont applicables, en tant que de besoin. L'autorité compétente de l'État lié par la présente Convention dans lequel un acte authentique a été reçu établit, à la requête de toute partie intéressée, un certificat en utilisant le formulaire dont le modèle figure à l'annexe VI de la présente Convention.

Art. 57

1. Gli atti pubblici formati ed aventi efficacia esecutiva in uno Stato vincolato dalla presente convenzione sono, su istanza di parte, dichiarati esecutivi in un altro Stato vincolato dalla presente convenzione conformemente alla procedura contemplata

dall'articolo 38 e seguenti. Il giudice al quale l'istanza è proposta ai sensi dell'articolo 43 o dell'articolo 44 rigetta o revoca la dichiarazione di esecutività solo se l'esecuzione dell'atto pubblico è manifestamente contraria all'ordine pubblico dello Stato richiesto.

2. Sono parimenti considerati atti pubblici ai sensi del paragrafo 1 le convenzioni in materia di obbligazioni alimentari concluse davanti alle autorità amministrative o da esse autenticate.

3. L'atto prodotto deve presentare tutte le condizioni di autenticità previste nello Stato d'origine.

4. Si applicano, per quanto occorra, le disposizioni della sezione 3 del titolo III. L'autorità competente di uno Stato vincolato dalla presente convenzione presso la quale è stato formato o registrato un atto pubblico rilascia, su richiesta di qualsiasi parte interessata, un attestato utilizzando il formulario riportato nell'allegato VI della presente convenzione.

Art. 57

1. A document which has been formally drawn up or registered as an authentic instrument and is enforceable in one State bound by this Convention shall, in another State bound by this Convention, be declared enforceable there, on application made in accordance with the procedures provided for in Article 38, et seq. The court with which an appeal is lodged under Article 43 or Article 44 shall refuse or revoke a declaration of enforceability only if enforcement of the instrument is manifestly contrary to public policy in the State addressed.

2. Arrangements relating to maintenance obligations concluded with administrative authorities or authenticated by them shall also be regarded as authentic instruments within the meaning of paragraph 1.

3. The instrument produced must satisfy the conditions necessary to establish its authenticity in the State of origin.

4. Section 3 of Title III shall apply as appropriate. The competent authority of a State bound by this Convention where an authentic instrument was drawn up or registered shall issue, at the request of any interested party, a certificate using the standard form in Annex VI to this Convention.

Literatur: Acocella, Internationale Zuständigkeit sowie Anerkennung und Vollstreckung ausländischer Entscheidungen in Zivilsachen im schweizerisch-italienischen Rechtsverkehr, St. Gallen 1989 (zit. Acocella, Internationale Zuständigkeit); Ders., IPRG, LugÜ und die kantonalen Prozessordnungen, MIZV, Nr. 17, Zürich 1993, 1 (zit. Acocella, LugÜ); Ders., Die Qualifikation des Zahlungsbefehls, der provisorischen Rechtsöffnung, der Aberkennungsklage und der Feststellungsklage gemäss Art. 85a SchKG nach dem LugÜ – Bemerkungen aus Anlass von BGE 136 III 566 und der seit dem 01.01.2011 neu eingeführten Gerichtsdefinition nach Art. 62 LugÜ, FS Schwander, (in Erscheinung begriffen) (zit. Acocella, Die Qualifikation); Boller, Der neue Arrestgrund von Art. 271 Abs. 1 Ziff. 6 revSchKG, AJP 2010, 187; Füllemann, Selbständiges und LugÜ-konformes Exequaturverfahren mit anschliessender Einleitung eines ordentlichen Betreibungsverfahrens. Bindungswirkungen des Exequaturentscheides im Rechtsöffnungsverfahren. Sicherungsmassnahmen nach Art. 39 Abs. 2 LugÜ. Rechtsbehelf nach Art. 36 LugÜ und die schweizerische Arresteinsprache, AJP 2009, 660; Guillaume/Schwitter, Europäische und schweizerische öffentliche Urkunden als Vollstreckungstitel, AJP 2006, 660;

von Hoffmann/Hau, Deutscher Prozessvergleich kein Anerkennungshindernis nach Art. 27 Nr. 3 EuGVÜ, IPRax 1995, 217; Jametti Greiner, Der Begriff der Entscheidung im schweizerischen internationalen Zivilverfahrensrecht, Basel 1998; dies., Die vollstreckbare öffentliche Urkunde, BN 1993, 37; Jeandin, L'exécution des titres authentiques en Suisse: Vers la fin d'une autodiscrimination?, FS Spühler, Zürich 2005, 135; Kaufmann-Kohler, Titres susceptibles d'exécution, mainlevée définitive, procédure d'exequatur, mesures conservatoires, SJ 1997, 56; Kellerhals, Umsetzung des Lugano-Übereinkommens ins kantonale Recht, ZBJV 1992, 77 (zit. Kellerhals, Umsetzung); Ders., Vollstreckbare öffentliche Urkunden aus Schweizer Sicht – Bemerkungen zur Ausgangslage, BN 1993, 1; Kren Kostkiewicz, Unterhaltsverträge als Vollstreckungstitel im schweizerischen nationalen und internationalen Recht, ZBJV 2010, 324 (zit. Kren Kostkiewicz, Unterhaltsverträge); Kren, Anerkennbare und vollstreckbare Titel nach IPRG-Gesetz und Lugano-Übereinkommen, FS Vogel, Freiburg 1991, 419 (zit. Kren, Anerkennbare und vollstreckbare Titel); Lazopoulos, Arrestrecht – die wesentlichen Änderungen im Zusammenhang mit dem revidierten LugÜ und der Schweizerischen ZPO, AJP 2011, 608; Leuenberger, Lugano-Übereinkommen: Verfahren der Vollstreckbarerklärung ausländischer «Geld»-Urteile, AJP 1992, 965 (zit. Leuenberger, Lugano-Übereinkommen); Ders., Die neue schweizerische ZPO – Die Rechtsmittel, Anwaltsrevue 2008, 332 (zit. Leuenberger, Die neue schweizerische ZPO); Leutner, Die vollstreckbare Urkunde im europäischen Rechtsverkehr, Berlin 1997; Lobsiger, Vollstreckbare öffentliche Urkunden im schweizerisch-deutschen Rechtsverkehr, BN 1995, 1; Markus, Lugano-Übereinkommen und SchKG-Zuständigkeiten: Provisorische Rechtsöffnung, Aberkennungsklage und Zahlungsbefehl, Basel 1996; Meier, Besondere Vollstreckungstitel nach dem Lugano-Übereinkommen, in: Schwander, LugÜ, 157; Meier/Sogo, Internationale Zuständigkeit für Klagen des Vollstreckungsschuldners im schweizerischen Recht – zugleich ein Beitrag zur Zuständigkeit für zweistufige Erkenntnisverfahren, FS Schlosser, Tübingen 2005, 590; Meier-Dieterle, Arrestpraxis ab 1. Januar 2011, AJP 2010, 1211; Müller Beat, Anerkennung und Vollstreckung ausländischer Entscheidungen im Bereich des Schuldrechts, St. Gallen 1994; Müller H.A., Neuere Zürcher Praxis zum Arrestrecht, in: Spühler (Hrsg.), Vorsorgliche Massnahmen aus internationaler Sicht, Zürich 2000, 47; Nelle, Anspruch, Titel und Vollstreckung im internationalen Rechtsverkehr, Tübingen 2000; Notter, Vollstreckbare öffentliche Urkunden, ZBGR 1993, 84; Oberhammer, The Abolition of Exequatur, IPRax 2010, 197 (zit. Oberhammer, The Abolition); Ders., Die vollstreckbare öffentliche Urkunde im Vorentwurf einer eidgenössischen ZPO, FS Spühler, Zürich 2005, 262; Peter, Ausländische Urkunden als Titel für die provisorische Rechtsöffnung, in: Spühler (Hrsg.), Vorsorgliche Massnahmen aus internationaler Sicht, Zürich 2000, 141; Reinmüller, Die «Urkunde» eines französischen Gerichtsvollzieher («huissier») und ihre Vollstreckung nach dem EuGVÜ, IPRax 2001, 207; Reiser, Überblick über die Arrestrevision 2009, SJZ 2010, 333; Rodriguez, Sicherung und Vollstreckung nach revidiertem Lugano Übereinkommen, AJP 2009, 1550; Romano, Riconoscimento ed esecuzione delle decisioni nel Regolamento «Bruxelles I», in: Bonomi (Hrsg.), Diritto internazionale privato e cooperazione giudiziaria in materia civile, Turin 2009, 149; Schmid, Negative Feststellungsklagen, AJP 2002, 774; Schwander D., Arrestrechtliche Neuerungen im Zuge der Umsetzung des revidierten Lugano-Übereinkommens, ZBJV 2010, 641; Schwander I., Probleme der grenzüberschreitenden Vollstreckung von Entscheidungen: Begriff der Zivil- und Handelssachen, Vollstreckung aus öffentlichen Urkunden und Nicht-Geldurteilen sowie Aspekte der Vertragsgestaltung, in: Spühler (Hrsg.), Internationales Zivilprozess- und Verfahrensrecht II, Zürich 2003, 93; Ders., Bemerkungen zum Rundschreiben des Bundesamtes für Justiz vom 18.10.1991 betreffend Lugano-Übereinkommen, AJP 1992, 97 (zit. Schwander, Bemerkungen); Ders., Vollstreckbare öffentliche Urkunden – Rechtsnatur, Verfahren der Erstellung und der Vollstreckung, AJP 2006, 667 (zit. Schwander, Vollstreckbare öffentliche Urkunden); Ders., Exequatur für Entscheidungen nach Lugano-Übereinkommen; Wahlrecht des

Gläubigers zwischen separatem Exequaturverfahren und vorfraglichem Exequaturentscheid im Verfahren der definitiven Rechtsöffnung. Lugano-Übereinkommen Art. 31 ff., AJP 2009, 655 (zit. SCHWANDER, Exequatur); SOGO, Vollstreckung ausländischer Entscheide über Geldforderungen: Prüfung der internationalen Vollstreckbarkeit im definitiven Rechtsöffnungsverfahren oder im separaten Exequaturverfahren?, ZZZ 2008/2009, 29 (zit. SOGO, Vollstreckung); DERS., Kleine Arrestrevision, grosse Auswirkungen – zur geplanten Anpassung des Arrestrechts im Rahmen der Revision des Lugano-Übereinkommens, SZZP 2009, 75 (zit. SOGO, Kleine Arrestrevision); SPÜHLER, LugÜ 50 – wichtige Neuheit: Vollstreckbare öffentliche Urkunde ohne SchKG-Einleitungsverfahren, in: Spühler (Hrsg.), Die neue schweizerische Zivilprozessordnung, Basel 2003, 75; STAEHELIN, Die vollstreckbare öffentliche Urkunde – eine Ausländerin vor der Einbürgerung, FS Kellerhals, Bern 2005, 205 (zit. STAEHELIN, Die vollstreckbare öffentliche Urkunde); DERS., Neues Arrestrecht ab 2011, Jusletter 11. Oktober 2010 (zit. STAEHELIN, Neues Arrestrecht); STOFFEL, Ausschliessliche Gerichtsstände des Lugano-Übereinkommens und SchKG-Verfahren, insbesondere Rechtsöffnung, Widerspruchsklage und Arrest, FS Vogel, Freiburg 1991, 357; TENCHIO, Feststellungsklagen und Feststellungsprozess nach Art. 85a SchKG, Zürich 1999; TRITTMANN/MERZ, Die Durchsetzung des Anwaltsvergleiches gemäss §§ 796 a ff. ZPO im Rahmen des EuGVÜ/LugÜ, IPRax 2001, 178; VISINONI-MEYER, Die vollstreckbare öffentliche Urkunde im internationalen und nationalen Bereich, Zürich 2004; DIES., Die Vollstreckung einer öffentlichen Urkunde gemäss Art. 50 LugÜ in der Schweiz: Definitiver oder provisorischer Rechtsöffnungstitel?, FS Spühler, Zürich 2005, 419; VOLKEN, Anerkennung und Vollstreckung von Entscheiden nach dem Lugano-Übereinkommen, ZWR 1992, 42; WALTER, Wechselwirkungen zwischen europäischem und nationalem Zivilprozessrecht: Lugano-Übereinkommen und Schweizer Recht, ZZP 1994, 303; WITSCHI, Die vollstreckbare öffentliche Urkunde nach Art. 50 Lugano-Übereinkommen, Bern 2000; WOLFSTEINER, Die vollstreckbare Urkunde, München 1978.

Übersicht *Seite*

I. Allgemeines

1 Privatrechtliche Leistungspflichten (auf Geld- und Nichtgeldleistungen) können in der Weise eingegangen werden, dass sich der Schuldner zu deren Erfüllung in einer **öffentlichen Urkunde** verpflichtet und sich für den Fall der Nichterfüllung der *sofortigen Zwangsvollstreckung* unterwirft[1]. Dies geschieht durch ausdrückliche Unterwerfungserklärung oder durch eine von der Urkundsperson angefügte Vollstreckungsklausel. Solche Urkunden bilden in den meisten europäischen Staaten *Vollstreckungstitel* wie Urteile, gegen deren Vollstreckung der Schuldner sich im Rahmen des Vollstreckungsverfahrens mit einer Vollstreckungsabwehrklage oder einem ähnlichen Rechtsbehelf zur Wehr setzen kann.

2 Art. 57 sieht die internationale Vollstreckbarerklärung solcher öffentlicher Urkunden vor. Bezweckt wird deren **Gleichstellung** mit den klassischen Entscheidungen. Damit sollen die für die Gerichtsentscheide vorgesehene Vollstreckungserleichterung und Verfahrensbeschleunigung grundsätzlich auch für die öffentlichen Urkunden gelten[2].

3 Die Schweiz kannte *bis zum Inkrafttreten der ZPO* das Institut der öffentlichen Urkunde nicht. Zwar kennt das schweizerische Recht seit jeher ebenfalls eine erleichterte Rechtsverfolgung, sowohl für eine in einer privaten Urkunde als auch für eine in einer öffentlichen Urkunde anerkannte Schuld. Doch war dies zum einen nur für Geldleistungen vorgesehen und zum anderen war der auf der Schuldanerkennung beruhende provisorische Rechtsöffnungstitel nicht als solcher ein **Vollstreckungstitel** und damit aus sich selbst heraus vollstreckbar. Die nach Art. 57 für vollstreckbar erklärte

1 Meier 33.

2 EuGH 17.06.1999, Rs. C-260/97, *Unibank/Christensen*, Slg. 1999 I 3715 Rz. 14; KOM (2000) 689; Präambel LugÜ, Satz 2; Oberhammer/Dasser-Naegeli, Art. 50 Rz. 49; Markus 86; Staehelin, Die vollstreckbare öffentliche Urkunde 207.

öffentliche Urkunde berechtigt hingegen in der anschliessenden Vollstreckung *zur definitiven Rechtsöffnung*[3].

Diese **Ungleichbehandlung** *inländischer* Gläubiger hat dazu geführt, dass mit der ZPO die vollstreckbare öffentliche Urkunde eingeführt wurde. Somit steht auch in der Schweiz ein erleichtertes Vollstreckungsverfahren zur Verfügung und entsprechende schweizerische öffentliche Urkunden können in den LugÜ-Staaten nach Art. 57 für vollstreckbar erklärt werden. 4

II. Anwendungsbereich

1. Sachlicher Anwendungsbereich

Nach Art. 57 können nur öffentliche Urkunden für vollstreckbar erklärt werden, welche Verpflichtungen betreffen, die in den von Art. 1 bestimmten **Anwendungsbereich** fallen[4]. Es handelt sich demnach um öffentliche Urkunden über Ansprüche auf dem Gebiet des *Zivil- und Handelsrechts*. Die Vollstreckbarerklärung nach Art. 57 kommt für Urkunden über *öffentlichrechtliche* Verpflichtungen nicht in Betracht. Das Gleiche gilt für Urkunden, die eine nach Art. 1 Abs. 2 ausgeschlossene Rechtsmaterie betreffen, wie etwa für öffentliche Urkunden auf dem Gebiet des *Erbrechts*[5]. 5

Da das LugÜ hingegen die **Unterhaltssachen** erfasst, können in einem LugÜ-Staat aufgenommene öffentliche Urkunden über Unterhaltsverpflichtungen in den anderen LugÜ-Staaten nach Art. 57 für vollstreckbar erklärt werden. Art. 57 Abs. 2 stellt klar, dass auch vor *Verwaltungsbehörden* geschlossene oder von ihnen beurkundete Unterhaltsvereinbarungen oder -verpflichtungen als öffentliche Urkunden angesehen werden. Nach dem EuGVÜ – nicht aber nach aLugÜ – galt dies bereits aufgrund von Art. Ve des Protokolls zum EuGVÜ. Diese Regelung ist in die EuGVVO überführt und nunmehr auch in das LugÜ aufgenommen worden[6]. Durch die *Vormundschaftsbehörde* genehmigte Unterhaltsverträge nach Art. 287 6

---

3 MEIER, in: SCHWANDER, LugÜ 191; SCHWANDER, Vollstreckbare öffentliche Urkunden 668; OBERHAMMER/DASSER-NAEGELI, Art. 50 Rz. 32; DONZALLAZ Rz. 4215; s. auch Rz. 38.

4 DONZALLAZ Rz. 2519; a.A. GEIMER/SCHÜTZE, Art. 57 Rz. 24; SCHLOSSER, Art. 57 Rz. 5.

5 A.A. GEIMER/SCHÜTZE, Art. 57 Rz. 24; SCHLOSSER, Art. 57 Rz. 5.

6 OBERHAMMER/DASSER-NAEGELI, Art. 50 Rz. 91; KROPHOLLER, Art. 57 Rz. 4; RAUSCHER-STAUDINGER, Art. 57 Rz. 4.

ZGB stellen öffentliche Urkunden im Sinne von Art. 57 Abs. 2 dar, und können in einem anderen LugÜ-Staat für vollstreckbar erklärt werden[7].

7 Welche Ansprüche überhaupt Gegenstand einer vollstreckbaren Urkunde sein können, richtet sich *nach dem Recht des Errichtungsstaates*[8]. Soweit die öffentliche Urkunde eine vom LugÜ erfasst Materie betrifft, können sowohl *Geld- als auch Sachleistungen* Gegenstand einer vollstreckbaren öffentlichen Urkunde bilden. Denkbar sind auch Urkunden über *Dienstleistungen*, soweit sie ihrer Natur nach überhaupt Gegenstand einer Zwangsvollstreckung sein können, wobei bezüglich Sach- und Dienstleistungen in der Praxis *Sekundäransprüche auf Schadenersatzzahlung* im Vordergrund stehen[9].

8 Art. 57 sieht für öffentliche Urkunden ausdrücklich nur die **Vollstreckbarerklärung** vor. Eine *Anerkennung* und damit eine Erstreckung von Urteilswirkungen, die den öffentlichen Urkunden regelmässig abgehen, kommt nicht in Betracht[10].

2. Räumlicher Anwendungsbereich

9 In räumlicher Hinsicht ist Art. 57 auf Urkunden anzuwenden, die **in einem LugÜ-Staat** aufgenommen worden sind. Auf den Wohnsitz oder die Staatsangehörigkeit der Parteien kommt es nicht an[11]. Die Zuständigkeit zur Errichtung öffentlicher Urkunden wird im LugÜ nicht geregelt. Diese richtet sich nach *nationalem* Recht. Die Zuständigkeitsbestimmungen nach dem LugÜ sind nicht anwendbar[12].

10 Abgesehen von allfälligen nationalen Zuständigkeitsbestimmungen sind **die völkerrechtlichen Grenzen** der Befugnis zur Errichtung solcher Urkunden zu beachten[13]. Ausländische Notare dürfen in der Schweiz keine öffentlichen Urkunden ausstellen. Konsularische Urkunden werden dem

---

7 Sie gelten als definitive Rechtsöffnungstitel, s. KREN KOSTKIEWICZ, Unterhaltsverträge 333 ff., 345 ff.; BK-HEGNAUER, Art. 289 ZGB Rz. 107; s. auch die neue Fassung von Art. 80 Abs. 2 Ziff. 2 SchKG.

8 GEIMER/SCHÜTZE, Art. 57 Rz. 21; KROPHOLLER, Art. 57 Rz. 6.

9 SCHWANDER, Vollstreckbare öffentliche Urkunden 670.

10 DASSER/OBERHAMMER-NAEGELI, Art. 50 Rz. 27; GEIMER/SCHÜTZE, Art. 57 Rz. 27; KROPHOLLER, Art. 57 Rz. 7: VISINONI-MEYER 17 ; ROMANO 188 f.; BGE 137 III 87 E. 3.

11 KROPHOLLER, Art. 57 Rz. 5.

12 MEIER, in: SCHWANDER, LugÜ 197; GEIMER/SCHÜTZE, Art. 57 Rz. 28; DONZALLAZ Rz. 4263.

13 MEIER, in: SCHWANDER, LugÜ 197; GEIMER/SCHÜTZE, Art. 57 Rz. 31 ff.

Entsendestaat zugerechnet. Die Konsule müssen allerdings staatsvertraglich oder innerstaatlich ermächtigt sein, solche Urkunden aufzunehmen[14]. In der Schweiz besteht *keine* solche Ermächtigung[15]. Die Vollstreckbarerklärung kann bei Überschreitung der Befugnisse *abgelehnt* werden (s. Rz. 30). Darüber hinaus wird nicht vorausgesetzt, dass für die Errichtung eine irgendwie geartete *indirekte Zuständigkeit* gegeben sein müsse (s. Rz. 30).

3. Zeitlicher Anwendungsbereich

Die Errichtung der Urkunde muss in den zeitlichen Anwendungsbereich 11
von Art. 57 fallen. Die Urkunde wird nach dem LugÜ vollstreckt, wenn sie nach dessen Inkrafttreten im **Ursprungs- und Vollstreckungsstaat** aufgenommen worden ist (Art. 63 Abs. 1). Auf den Zeitpunkt der Verleihung der Vollstreckbarkeit im Ursprungsstaat kommt es nicht an[16].

4. Begriff der öffentlichen Urkunde

Die öffentliche Urkunde wird im LugÜ wie im Vorgängerübereinkommen 12
nicht näher umschrieben. Obwohl das EuGVÜ in seiner ursprünglichen Fassung von der in der Praxis im Vordergrund stehenden notariellen Urkunde ausging, wurde der diesbezügliche Anwendungsbereich *weiter* gefasst. Ein Bedürfnis nach Klarstellung bestand lange nicht. Erst in den Verhandlungen zum aLugÜ wurde von den EFTA-Staaten eine Präzisierung verlangt. Entsprechend finden sich im Bericht JENARD/MÖLLER Hinweise für eine **autonome** Begriffsbestimmung. Die Voraussetzungen, die eine öffentliche Urkunde im Sinne von Art. 57 erfüllen muss, werden im Bericht JENARD/MÖLLER in dem Sinne präzisiert, dass die Beurkundung von einer *Behörde* vorgenommen werden muss, und dass sie sich auf den *Inhalt,* nicht nur z.B. auf die Unterschrift beziehen muss. Zudem muss die Urkunde im Errichtungsstaat als *solche* vollstreckbar sein[17].

---

14 MEIER, in: SCHWANDER, LugÜ 197; KROPHOLLER, Art. 57 EuGVVO Rz. 5; GEIMER/SCHÜTZE, Art. 57 Rz. 36.

15 Es sollen in der Praxis dennoch solche öffentliche Beurkundungen vorkommen, vgl. MEIER, in: SCHWANDER, LugÜ 197 Fn. 139.

16 KROPHOLLER, Art. 66 Rz. 2; RAUSCHER-STAUDINGER, Art. 66 Rz. 5; DASSER/OBERHAMMER-DOMEJ, Art. 54 Rz. 20; a.A. SCHLOSSER, Art. 66 Rz. 15.

17 Bericht JENARD/MÖLLER Rz. 72.

13 Der EuGH interpretiert den Begriff der öffentlichen Urkunde ebenfalls unter ausdrücklicher Bezugnahme auf den Bericht JENARD/MÖLLER zu Recht **autonom**. Da die vom LugÜ erfassten Urkunden unter den gleichen Voraussetzungen wie gerichtliche Entscheidungen vollstreckt werden, müsse – so der EuGH – die Beweiskraft dieser Urkunden so unbestreitbar sein, dass sich die Gerichte des Vollstreckungsstaates hierauf verlassen können. *Privaturkunden* komme als solchen keine derartige Beweiskraft zu, so dass sie erst durch *Beteiligung* einer Behörde oder einer anderen vom Ursprungsstaat ermächtigen Stelle zu öffentlichen Urkunden werden könnten[18]. Der EuGH hat daher den ohne Beteiligung einer öffentlich bestellten Urkundsperson unterzeichneten Schuldschein *dänischen* Rechts nicht als öffentliche Urkunde qualifiziert, obwohl aus diesem Schuldschein sich ausdrücklich ergibt, dass er als Grundlage der Zwangsvollstreckung dienen kann, und er nach dem Recht des Errichtungsstaates die Grundlage für eine solche sein kann[19].

14 Das Erfordernis **der Beteiligung einer Behörde** ist m.E. auch dann erfüllt, wenn zunächst eine Privaturkunde aufgenommen wird und diese nach Massgabe des Rechts des Ausstellungsstaates in einem *anschliessenden* Akt durch die Beteiligung einer dazu ermächtigten Stelle zu einer öffentlichen Urkunde umgewandelt wird[20]. Dem *deutschen Anwaltsvergleich*, der als solcher zunächst nur eine nicht vollstreckbare Privaturkunde darstellt, wird aufgrund der anschliessenden Vollstreckbarerklärung durch das Gericht oder durch den Notar die Vollstreckbarkeit verliehen. Aus autonomer Sicht sind die Privaturkunde und die Vollstreckbarerklärung als *ein Ganzes* anzusehen, weshalb auch das Kriterium erfüllt ist, dass die Urkunde als solche vollstreckbar sein muss[21]. Im Übrigen richtet sich die nach Art. 57 Abs. 1 vorausgesetzte Vollstreckbarkeit nach dem Recht des Errichtungsstaates[22]. Das Anfügen der Vollstreckungsklausel gleicht

---

[18] EuGH 17.06.1999, Rs. C-260/97, *Unibank/Christensen*, Slg. 1999 I 3715 Rz. 15.

[19] EuGH 17.06.1999, Rs. C-260/97, *Unibank/Christensen*, Slg. 1999 I 3715 Rz. 11.

[20] S. die Formulierung des EuGH in der Rechtssache *Unibank* (EuGH 17.06.1999, Rs. C-260/97, *Unibank/Christensen*, Slg. 1999 I 3715 Rz.15); WITSCHI 20.

[21] RAUSCHER-STAUDINGER, Art. 57 Rz. 5; a.M. DASSER/OBERHAMMER-NAEGELI, Art. 50 Rz. 36; In der schweizerischen ZPO wurde auf die im Vorentwurf zur ZPO vorgesehene Erteilung der Vollstreckungsklausel verzichtet (Botschaft ZPO, 7387).

[22] DASSER/OBERHAMMER-NAEGELI, Art. 50 Rz. 22; GEIMER/SCHÜTZE, Art. 57 Rz. 21; KROPHOLLER, Art. 57 Rz. 6.

im Weiteren keinesfalls einer Unterschriftsbeglaubigung, sondern kommt *einer inhaltlichen Beurkundung* gleich[23].

Bezüglich der Anforderungen an eine inhaltliche Beurkundung stellt das LugÜ **keine besonderen Voraussetzungen** auf, sondern verweist in Art. 57 Abs. 3 darauf, dass die Urkunde die Voraussetzungen für ihre Beweiskraft erfüllen müsse, die im Einrichtungsstaat erforderlich sind. Somit wird trotz autonomer Qualifikation dem nationalen Recht viel Raum belassen. Nach dem EuGH ist entscheidend, dass die öffentliche Urkunde die Beweiskraft *durch Beteiligung einer Behörde* erhält. Es bleibt unerheblich, ob dies durch *direkte*, wenn auch nachträgliche Beurkundung geschieht, wie beim deutschen Anwaltsvergleich, oder durch *indirekte* Beurkundung, wie beim von einem französischen Gerichtsvollzieher («huissier) ausgestellten Vollstreckungstitel («titre exécutoire») aufgrund eines nicht eingelösten Checks[24] oder sonst wie z.B. durch *Siegelung* des Vertrages durch den spanischen «corredor colegiado de comercio»[25] oder endlich durch *öffentliche Registrierung* wie in Schottland[26]. 15

Aus der Urkunde muss die Verpflichtung des Schuldners **unbestreitbar ersichtlich** sein, so dass ein gerichtliches Verfahren entbehrlich erscheint[27]. Dass die Mitwirkung des Schuldners bei der Errichtung des Vollstreckungstitels aber ein Tatbestandsmerkmal des Art. 57 sei, ist m.E. in dieser absoluten Form – wie sich aus dem bereits Ausgeführten ergibt – nicht anzunehmen[28]. *Wechsel und Check* als solche stellen keine öffentlichen Urkunden im Sinne von Art. 57 dar[29], ebenso wenig *der aussergerichtliche Vergleich*[30]. 16

---

23 TRITTMANN/MERZ 182.

24 OLG Saarbrücken 06.07.1988, IPRax 2001, 238 ff.; KROPHOLLER, Art. 57 Rz. 3; SCHLOSSER, Art. 57 Rz. 1, meint, dass der ausgestellte «titre exécutoire» den Check doch funktional zu einer öffentlichen Urkunde macht, obwohl keine unmittelbare Beurkundung der Erklärung des Ausstellers des Checks vorliegt; a.A. GEIMER/SCHÜTZE, Art. 57 Rz. 13; DASSER/OBERHAMMER-NAEGELI, Art. 50 Rz. 38.

25 *Aix-en-Provence* 02.03.2000, Rev. crit. 2001, 163; SCHLOSSER, Art. 57 Rz. 1; KROPHOLLER, Art. 57 Rz. 3.

26 Bericht SCHLOSSER Rz. 226.

27 LEUTNER 132, 198; DASSER/OBERHAMMER-NAEGELI, Art. 50 Rz. 18; GEIMER/SCHÜTZE, Art. 57 Rz. 10.

28 A.A. DASSER/OBERHAMMER-NAEGELI, Art. 50 Rz. 21; GEIMER/SCHÜTZE, Art. 57 Rz. 12.

29 Bericht JENARD/MÖLLER Rz. 72; DASSER/OBERHAMMER-NAEGELI, Art. 50 Rz. 40.

30 Bericht JENARD/MÖLLER Rz. 72.

17 Im schweizerischen Recht können gewisse Institute als öffentliche Urkunden i.S.v. Art. 57 betrachtet werden. So stellt der durch die **Vormundschaftsbehörde** genehmigte Unterhaltsvertrag nach Art. 287 ZGB eine öffentliche Urkunde im Sinne von Art. 57 Abs. 2 dar (s. Rz. 6).

18 Bis zum Inkrafttreten der ZPO waren dem schweizerischen Recht jedoch die bei Art. 57 im Vordergrund stehenden vollstreckbaren **notariellen** Urkunden im klassischen Sinne unbekannt. Der *Zahlungsbefehl* bildet keine öffentliche Urkunde i.S.v. Art. 57[31]. Im Falle des Nichterhebens des Rechtsvorschlages bringt der Betreibungsbeamte lediglich einen entsprechenden Vermerk auf dem Zahlungsbefehl an und beurkundet damit keineswegs, dass der Schuldner deswegen die Forderung anerkannt hätte. Unter dem revidierten LugÜ liegt m.E. eine nach Art. 32 ff. für vollstreckbar zu erklärende *Entscheidung* vor (s. Art. 1 Rz. 66 ff.).

19 Die **unterschriftliche Schuldanerkennung** *in einer Privaturkunde* oder *in einer öffentlichen Urkunde*, die zu einer provisorischen Rechtsöffnung berechtigt, stellt ebenfalls keine öffentliche Urkunden dar (s. Rz. 3). Betreibungsrechtliche Ausfallbescheinigungen wie *Pfändungs- oder Konkursverlustscheine* und *Pfandausfallscheine* fallen schon deshalb nicht als vollstreckbare öffentliche Urkunden in Betracht, da sie ebenfalls nur zu einer provisorischen Rechtsöffnung berechtigen[32]. Als definitive Rechtsöffnungstitel kamen bis anhin nur Urteile oder Urteilssurrogate in Frage. Diese werden nicht nach Art. 57, sondern nach Art. 32 ff. anerkannt und für vollstreckbar erklärt[33].

20 Art. 347 ZPO sieht vor, dass öffentliche Urkunden *über Leistungen jeder Art* **wie Entscheide** vollstreckt werden, wenn a) die verpflichtete Partei in der Urkunde ausdrücklich erklärt hat, dass sie die direkte Vollstreckung anerkennt; b) der Rechtsgrund der geschuldeten Leistung in der Urkunde erwähnt ist; und c) die geschuldete Leistung: 1. in der Urkunde genügend bestimmt ist, 2. in der Urkunde von der verpflichteten Partei anerkannt ist und 3. fällig ist. Dies *entspricht* den Anforderungen, die von Lehre und Rechtsprechung an eine öffentliche Urkunde im Sinne von Art. 57 gestellt werden.

---

[31] STOFFEL 385; VISINONI-MEYER 35.

[32] DASSER/OBERHAMMER-NAEGELI, Art. 50 Rz. 33.

[33] DASSER/OBERHAMMER-NAEGELI, Art. 50 Rz. 29.

Wie bei einem gewöhnlichen vollstreckbaren gerichtlichen Entscheid ist **die direkte Vollstreckbarkeit** nicht etwa dadurch in Frage gestellt, dass die definitive Rechtsöffnung verlangt werden muss. Das definitive Rechtsöffnungsverfahren stellt ein reines Zwangsvollstreckungsverfahren dar[34]. Als reines Zwangsvollstreckungsverfahren ist auch *das Verfahren vor dem Vollstreckungsgericht* zu betrachten, denn es werden – nebst der Prüfung der materiellen Einreden gegen die Leistungspflicht – die Vollstreckungsmassnahmen angeordnet[35]. Die fehlende Möglichkeit *der direkten Vollstreckung nach Art. 337 ZPO* ist nicht mit der direkten Vollstreckbarkeit i.S.v. Art. 57 zu verwechseln. Bei einem gerichtlichen Urteil ist die direkte Vollstreckung ebenfalls nicht möglich, wenn es nicht bereits die Anordnung von konkreten Vollstreckungsmassnahmen vorsieht. Auch *die Zustellung und Fristansetzung* nach Art. 350 ZPO stellen keine Voraussetzungen für die Vollstreckbarkeit der öffentlichen Urkunde dar[36]. 21

Soweit die Anforderungen von Art. 347 ZPO oder jene nach Art. 57 LugÜ nicht erfüllt sind, können die schweizerischen und ausländischen Urkunden allenfalls **einen provisorischen Rechtsöffnungstitel** darstellen[37]. 22

In der Schweiz kann, im Gegensatz zu Italien und Deutschland, aber wie in Österreich und Frankreich, jede Art von Ansprüchen Gegenstand einer öffentlichen Urkunde sein[38]. Allerdings sind *aufgrund des Sozialschutzgedankens* Urkunden über Leistungen nach dem Gleichstellungsgesetz, aus Miete und Pacht von Wohn- und Geschäftsräumen sowie aus landwirtschaftlicher Pacht, nach dem Mitwirkungsgesetz, aus dem Arbeitsverhältnis und nach dem Arbeitsvermittlungsgesetz sowie aus Konsumentenverträgen nicht direkt vollstreckbar (Art. 348 ZPO). Schweizerische öffentliche Urkunden in diesen Bereichen werden auch im europäischen Ausland *nicht* für vollstreckbar erklärt werden können, da es an der Vollstreckbarkeit **nach dem Recht des Errichtungsstaates** fehlt (s. dazu Rz. 14). Umgekehrt sind ausländische öffentliche Urkunden über derartige 23

34 Kren Kostkiewicz, Unterhaltsverträge 347; Markus 67.
35 Guillaume/Schwitter 665.
36 A.A. Guillaume/Schwitter 665.
37 Amonn/Walther, § 19 Rz. 73.
38 Dasser/Oberhammer-Naegeli, Art. 50 Rz. 20.

Ansprüche in der Schweiz hingegen für vollstreckbar zu erklären, falls sie nach dem Recht des ausländischen Errichtungsstaates zulässig sind[39].

24 Ein LugÜ-Staat ist nicht verpflichtet, die öffentliche Urkunden in seinem nationalen Recht einzuführen. Er ist aber verpflichtet, eine in einem anderen LugÜ-Staat errichtete Urkunde auch dann für vollstreckbar zu erklärten, wenn er das Institut der vollstreckbaren Urkunde *nicht* kennt[40].

III. Voraussetzungen der Vollstreckbarerklärung, Versagungsgründe und Einwendungsmöglichkeiten des Schuldners

1. Vollstreckbarkeit im Errichtungsstaat

25 Die Vollstreckbarerklärung einer öffentlichen Urkunde nach Art. 57 setzt voraus, dass sie im Errichtungsstaat vollstreckbar ist. Letzteres wird angenommen, wenn aus der Urkunde im Erststaat **ohne weiteres vollstreckt** werden könnte[41]. Die Vollstreckbarkeit beurteilt sich *nach dem Recht des Errichtungsstaates* (s. Rz. 14). Dieses entscheidet darüber, welche Ansprüche überhaupt in einer Urkunde aufgenommen werden können und welche Voraussetzungen für die Vollstreckbarkeit vorliegen müssen[42]. Hier gibt es zahlreiche Unterschiede in den einzelnen Rechtsordnungen[43]. Kommt einer Urkunde im Errichtungsstaat keine Vollstreckungswirkung zu, so entfällt ihre Vollstreckbarkeit auch im Vollstreckungsstaat[44].

26 Sowohl das schweizerische wie das deutsche Recht verlangen im Gegensatz zu den romanischen Rechten, dass der Schuldner in der öffentlichen Urkunde ausdrücklich die direkte Vollstreckung anerkennt bzw. dass er sich dieser ausdrücklich unterwirft[45]. Fehlt daher **die Anerkennungs- oder Unterwerfungserklärung**, so ist die Urkunde im Errichtungsstaat nicht vollstreckbar und kann daher auch nicht nach Art. 57 im *Zweitstaat* für

[39] DASSER/OBERHAMMER-NAEGELI, Art. 50 Rz. 66; a.A. SCHWANDER, Vollstreckbare öffentliche Urkunden 677.

[40] DASSER/OBERHAMMER-NAEGELI, Art. 50 Rz. 26; KROPHOLLER, Art. 57 Rz. 6.

[41] KROPHOLLER, Art. 57 Rz. 6; vgl. im Übrigen Rz. 12, 27.

[42] RAUSCHER-STAUDINGER, Art. 57 Rz. 4; s. auch Rz. 7.

[43] KROPHOLLER, Art. 57 Rz. 6; s. auch Rz. 23.

[44] KROPHOLLER, Art. 57 Rz. 6; DASSER/OBERHAMMER-NAEGELI, Art. 50 Rz. 23.

[45] Art. 347 lit. a ZPO; § 794 Abs. 1 Ziff. 5 dZPO; KROPHOLLER, Art. 57 Rz. 6.

vollstreckbar erklärt werden[46]. Keiner Unterwerfungserklärung bedarf es im schweizerischen Recht bei Beurkundungen, die **ausserhalb der ZPO** als öffentliche Urkunden qualifiziert werden. Deren Vollstreckbarkeit ergibt sich daraus, dass sie zur *definitiven Rechtsöffnung* berechtigen, wie dies bei vormundschaftlich genehmigten Unterhaltsverträgen zutrifft[47].

27 Nach *italienischem* Recht ist die Errichtung einer vollstreckbaren Urkunde **nur für Geldleistungen** möglich. Eine in der Schweiz ausgestellte vollstreckbare Urkunde über eine Sachleistung ist in Italien für vollstreckbar zu erklären. Umgekehrt kann eine in Italien ausgestellte Urkunde dieses Inhalts in der Schweiz nicht für vollstreckbar erklärt werden, da hinsichtlich der Vollstreckbarkeit *nicht* schweizerisches Recht, sondern das Recht des italienischem Errichtungsstaates gilt, nach welchem eine öffentliche Urkunde über eine Sachleistung nicht vollstreckbar ist[48].

28 Nach dem klaren Wortlaut von Art. 57 kommt eine Vollstreckbarerklärung auch dann nicht in Betracht, wenn die Urkunde ihrem Inhalt nach auf den Zweitstaat **zugeschnitten** und nach dessen Recht zwar zulässig ist, ihr nach *dem Recht des Erststaates* jedoch keine Vollstreckbarkeit zukommt[49].

2. Vereinbarkeit mit dem ordre public des Vollstreckungsstaates

29 Nach Art. 57 Abs. 1 Satz 2 ist die Vollstreckbarerklärung nur zu versagen oder aufzuheben, wenn die Zwangsvollstreckung aus der Urkunde der öffentlichen Ordnung (ordre public) des Vollstreckungsstaates offensichtlich widersprechen würde. Im Vergleich zu Art. 50 Abs. 1 Satz 2 aLugÜ wird nunmehr **ein offensichtlicher Widerspruch** zum **ordre public** verlangt. Allerdings haben Lehre und Rechtsprechung seit jeher betont, dass dieser nur *in Ausnahmefällen* geltend gemacht werden kann[50]. Mit der Formulierung von Art. 57 Abs. 1 Satz 2 liegt eine *Verdeutlichung* dieser restriktiven Auslegung vor[51]. Massgebend ist der ordre public des *Vollstreckungsstaa-*

---

46 Dasser/Oberhammer-Naegeli, Art. 50 Rz. 24.

47 Kren Kostkiewicz, Unterhaltsverträge 347; Markus 67; s. auch Rz. 6.

48 Kropholler, Art. 57 Rz. 6.

49 Dasser/Oberhammer-Naegeli, Art. 50 Rz. 25; Kropholler, Art. 57 Rz. 7; Visinoni-Meyer 33.

50 EuGH 11.05.2000, Rs. C-38/98, *Renault/Maxicar*, Slg. 2000 I 2973 Rz. 26.

51 Kropholler, Art. 34 Rz. 4, Art. 57 Rz. 13.

tes. Art. 57 umfasst wie Art. 34 Nr. 1 sowohl den *materiellrechtlichen* als auch den *verfahrensrechtlichen* ordre public[52].

30 Gegenüber den weiter gefassten Versagungsgründen, die gemäss Art. 34 f. der Anerkennung und Vollstreckung gerichtlicher Entscheide entgegen stehen können, ist hier die Prüfung auf die Vereinbarkeit mit dem ordre public **beschränkt**. Diese kann z.B. fraglich sein, wenn die Urkunde für eine unsittliche Forderung ausgestellt wurde[53]. *Nicht* geprüft werden darf *die internationale Zuständigkeit* der Urkundsperson, denn die Einhaltung der Bestimmungen über die internationale Zuständigkeit gehört nicht zum ordre public[54]. Zudem sind die Art. 2 ff. gar nicht auf die internationale Beurkundungszuständigkeit anwendbar[55]. Dies gilt auch in Bezug auf Ansprüche, deren Vollstreckbarkeit – wenn sie Gegenstand einer gerichtlichen Entscheidung wären – die ausschliessliche Zuständigkeit eines LugÜ-Staates gemäss Art. 22 entgegenstehen würde oder wenn eine exorbitante Beurkundungszuständigkeit in Anspruch genommen wird[56]. Der Anerkennungsrichter kann aber auf jeden Fall überprüfen, ob bei der Aufnahme der Urkunde *völkerrechtliche Schranken* überschritten wurden[57].

3. Materiellrechtliche Einwendungen des Schuldners

31 Wie bei den gerichtlichen Entscheidungen[58] kann der Schuldner materielle Einwendungen erheben, die der Vollstreckung entgegenstehen, und welche **seit Errichtung der Urkunde entstanden** sind, wie insbesondere nachträgliche Tilgung, Stundung, Verjährung oder Verwirkung der geschuldeten Leistungen. Aufgrund des Umstandes, dass der vollstreckbaren Urkunde *keine Rechtskraftwirkung* zukommt, können darüber hinaus **sämtliche materiellrechtliche Einwendungen** gegen den Bestand der beurkundeten Forderung erhoben werden und zwar *gleichgültig*, wann diese Einwendun-

[52] Kropholler, Art. 57 Rz. 13; EuGH 28.03.2000, Rs. C-7/98, *Krombach/Bamberski*, Slg. 2000 I 1935.

[53] Meier, in: Schwander, LugÜ 194.

[54] Kropholler, Art. 57 Rz. 12.

[55] Rauscher-Staudinger, Art. 57 Rz. 16.

[56] Meier, in: Schwander, LugÜ 197 Rauscher-Staudinger, Art. 57 Rz. 16.

[57] Meier, in: Schwander, LugÜ 197; Rauscher-Staudinger, Art. 57 Rz. 16; Geimer/Schütze, Art. 57 Rz. 31; s. auch Rz. 10.

[58] Dasser/Oberhammer-Staehelin, Art. 34 Rz. 27, Art. 36 Rz. 22; Acocella, Die Qualifikation (in Erscheinung begriffen).

gen entstanden sind[59]. Dies verstösst nicht gegen das Verbot der *révision au fond,* da bei der Errichtung der Urkunde keine Rechtsprüfung erfolgte[60]. Da der beurkundete Anspruch in den Genuss der Vollstreckbarerklärung und Vollstreckung wie für gerichtliche Entscheidungen kommt, obwohl er nicht gerichtlich beurteilt wurde, muss im Gegenzug der Schuldner alle materiellrechtlichen Einwendungen erheben können. Der Schuldner kann diese Einwendungen entsprechend der Rechtslage bei der Vollstreckbarerklärung von Gerichtsentscheidungen[61] aus prozessökonomischen Gründen bereits im Vollstreckbarerklärungsverfahren erheben (dazu vgl. Rz. 66).

Im schweizerischen Recht gelten öffentliche Urkunden über eine **Geldleistung** gemäss Art. 349 ZPO als definitive Rechtsöffnungstitel i.S.v. Art. 80 f. SchKG (Art. 80 Abs. 2 Ziff. 1bis SchKG). Nebst den Einreden der Tilgung, Stundung und des Erlasses, deren Nachweis durch Urkunden geführt werden muss, sowie der Verjährung kann der Schuldner gemäss Art. 81 Abs. 2 SchKG **weitere Einwendungen** gegen die Leistungspflicht erheben, allerdings nur sofern sie *sofort beweisbar* sind. Ebenfalls verbleibt dem Schuldner *die negative Feststellungsklage* nach Art. 85a SchKG, vor allem, wenn ihm der sofortige Beweis nicht gelingt[62]. Andererseits steht auch dem *Gläubiger* die Möglichkeit offen, die gerichtliche Beurteilung zu verlangen, insbesondere dann, wenn die definitive oder allenfalls die provisorische[63] Rechtsöffnung verweigert wird. Der Gläubiger kann *von allem Anfang* an den Prozessweg beschreiten und erst danach vollstrecken[64]. Im 32

[59] Rauscher-Staudinger, Art. 57 Rz. 18; Acocella, Die Qualifikation (in Erscheinung begriffen).

[60] Geimer/Schütze, Art. 57 Rz. 58. Das LugÜ regelt nur das Exequaturverfahren, nicht auch das im Anschluss durchzuführende Vollstreckungsverfahren.

[61] Jenard Bericht zu Art. 37 EuGVÜ; EuGH 29.04.1999, Rs. C-267/97, *Coursier/Fortis Bank,* Slg. 1999, I 2543, Rz. 24 ff.; Dasser/Oberhammer-Staehelin, Art. 34 Rz. 27, Art. 36 Rz. 22; Donzallaz Rz. 3376 f.; Walter 477; Leuenberger, Lugano-Übereinkommen 970; Kellerhals, Umsetzung 84; Kropholler, Art. 43 Rz. 27; Romano 184; Acocella, Die Qualifikation (in Erscheinung begriffen); a.A. Oberhammer, The Abolition 198; Rauscher-Mankowski, Art. 45 Rz. 6; Hess, § 6 N 229 ff.; die Frage wurde neuestens mit einem Vorabentscheidungsersuchen vom Hoge Raad der Nederlanden vom 17.03.2010 (Rs. C-139/10, *Prism Investments B.V./Jaap Anne Van der Meer*) dem EuGH vorgelegt (ABl. C 134 vom 22.05.2010, 28).

[62] Gasser/Rikli, Art. 349 Rz. 3.

[63] Falls die Voraussetzungen einer vollstreckbaren öffentlichen Urkunde nicht erfüllt sind, aber immerhin jene einer Schuldanerkennung (Gasser/Rikli, Art. 349 Rz. 7).

[64] Gasser/Rikli, Art. 352 Rz. 2.

Anwendungsbereich des LugÜ ist aber *vorrangig* das Vollstreckbarerklärungsverfahren durchzuführen (s. Rz. 39).

33 Urkunden über **Nichtgeldleistungen** werden im Verfahren nach Art. 350 f. ZPO vollstreckt. Vor dem Vollstreckungsgericht kann die verpflichtete Partei wiederum **Einwendungen gegen die Leistungspflicht** geltend machen, allerdings nur, soweit sie *sofort beweisbar* sind (Art. 351 Abs. 1 ZPO). Die *gerichtliche Beurteilung* der Leistungspflicht bleibt nach Art. 352 ZPO in jeden Fall vorbehalten. Insbesondere kann *die verpflichtete Partei* jederzeit auf Feststellung klagen, dass der Anspruch nicht oder nicht mehr besteht oder gestundet ist. Wie bei den Urkunden über Geldleistungen kann der *Gläubiger* jederzeit die gerichtliche Beurteilung verlangen, insbesondere wenn das Vollstreckungsgericht das Vollstreckungsgesuch abgelehnt hat, oder, von allem Anfang an, den Prozessweg beschreiten und erst danach vollstrecken[65]. Im Anwendungsbereich des LugÜ ist aber – wie bereits ausgeführt – vorrangig das Vollstreckbarerklärungsverfahren durchzuführen (s. Rz. 39).

IV. Verfahren der Vollstreckbarerklärung

1. Allgemeines

34 Öffentliche Urkunden werden in anderen LugÜ-Staaten auf Antrag im Verfahren gemäss Art. 38 ff. für vollstreckbar erklärt. Anwendbar sind daher das **einseitige Verfahren der Vollstreckbarerklärung** und das **Rechtsbehelfsverfahren.**

35 Nach aLugÜ war für die Vollstreckbarerklärung in Art. 32 Abs. 1 vorgesehen, dass dafür der Rechtsöffnungsrichter im Rahmen des Rechtsöffnungsverfahrens zuständig sei, soweit es sich um Entscheidungen handelt, die zu einer Geldleistung verpflichten. Für Entscheidungen, die nicht auf Geld- oder Sicherheitsleistung lauten, war die Vollstreckbarerklärung nach dem deutschen Wortlaut von Art. 32 Abs. 1 aLugÜ vom zuständigen kantonalen Vollstreckungsrichter auszusprechen. Aufgrund **des Verweises auf den Rechtsöffnungsrichter und das Rechtsöffnungsverfahren** ergaben sich zahlreiche *Unvereinbarkeiten* zwischen dem schweizerischen Recht und dem aLugÜ. Insbesondere war weder die Einseitigkeit des Verfah-

65 GASSER/RIKLI, Art. 352 Rz. 2.

rens noch der Überraschungseffekt gewährleistet, da das Rechtsöffnungsverfahren kontradiktorisch ausgestaltet ist und dem Schuldner vor dem Rechtsöffnungsverfahren der Zahlungsbefehl zugestellt wird, wodurch er über die bevorstehende Vollstreckung informiert ist. Die herrschende Lehre und Rechtsprechung hat diesen Widerspruch dadurch gelöst, dass der Gläubiger neben der *vorfrageweisen*[66] *Vollstreckbarerklärung im Rahmen des Rechtsöffnungsverfahrens* die Vollstreckbarerklärung auch in einem *selbständigen Exequaturverfahren* verlangen konnte[67]. Das Bundesgericht hat noch vor Inkrafttreten des revidierten LugÜ diese Wahlmöglichkeit des Gläubigers grundsätzlich bestätigt[68].

Im Gegensatz zum aLugÜ hat der schweizerische Gesetzgeber anlässlich der Ratifikation des LugÜ punktuelle **Anpassungen des SchKG und der ZPO** vorgesehen. Dabei ist einerseits die *Wahlmöglichkeit* des Gläubigers zwischen der Vollstreckbarerklärung im Rahmen des Rechtsöffnungsverfahrens und der selbständigen Vollstreckbarerklärung beibehalten worden und sind andererseits Anpassungen des SchKG und der ZPO an das LugÜ unter *Aufhebung unterschiedlicher kantonaler Regelungen* vorgenommen worden, damit sichergestellt ist, dass das selbständige Exequaturverfahren nach LugÜ konventionskonform durchgeführt werden kann[69]. Zudem sind diverse *Ungleichbehandlungen* zwischen den Gläubigern, die ausländische Urteile nach LugÜ für vollstreckbar erklären lassen können, und den Gläubigern mit schweizerischen Urteilen beseitigt worden. 36

Die **Wahlmöglichkeit** des Gläubigers, für einen vollstreckbaren Titel aus einem LugÜ-Staat in der Schweiz die Vollstreckbarerklärung entweder – unabhängig von einem Betreibungsverfahrens – in einem selbständigen Exequaturverfahren gemäss Art. 38 ff. oder aber, nach Zustellung des Zahlungsbefehls und nach erhobenem Rechtsvorschlag, im Rahmen des Ver- 37

66 Zur Problematik der vorfrageweisen Vollstreckbarerklärung und zur Ausgestaltung der Vollstreckbarerklärung im Rahmen des Rechtsöffnungsverfahrens s. im Einzelnen Rz. 44 ff.

67 DASSER/OBERHAMMER-STAEHELIN, Art. 31 Rz. 7; SCHWANDER, Exequatur 655 ff.; DONZALLAZ Rz. 2084 ff.; FÜLLEMANN 660 ff.; ACOCELLA, LugÜ 24 f.

68 BGE 135 III 324; BGer 15.05.2009, 5A_162/2009 E. 6.1; vgl. auch BGE 137 III 87 E. 3. In BGE 125 III 366, 368 wurde festgehalten, dass die Bestimmungen des LugÜ auf die Vollstreckbarerklärung im Rahmen des Rechtsöffnungsverfahrens nicht anwendbar seien. Das Bundesgericht musste sich allerdings m.E. nicht mit der näheren Ausgestaltung der Vollstreckbarerklärung und der Problematik der inzidenten Vollstreckbarerklärung im Rahmen des Rechtsöffnungsverfahrens auseinandersetzen (s. auch SCHWANDER D. 698 Fn. 228).

69 Botschaft LugÜ 1807 ff.

fahrens auf definitive Rechtsöffnung zu verlangen, wird damit gerechtfertigt, dass der Gläubiger auf die *Vorteile des LugÜ-Verfahrens* (Einseitigkeit und Kognitionsbeschränkung des erstinstanzlichen Exequaturverfahrens; Anspruch auf Sicherungsmassnahmen nach erstinstanzlicher Vollstreckbarerklärung) *verzichten* könne. Entscheidend sei, dass dem Gläubiger jederzeit ein konventionskonformes Verfahren gewährleistet sei. Allerdings wird in der Lehre zu Recht betont, dass die Konventionskonformität erst dann gegeben ist, wenn auch dem Vollstreckungsbeklagten in einem alternativen nationalen Verfahren die durch das LugÜ gewährten Parteirechte gewahrt sind. Die *Verfahrensgarantien zu Gunsten des Beklagten* müssen *in einem nationalen Verfahren* eingehalten werden, ansonsten der Kläger durch seine Verfahrenswahl sie *unterlaufen* könnte[70]. Daran ändert sich nichts mit der Erklärung der Schweiz im Anhang III des LugÜ, welche nunmehr **das kantonale Vollstreckungsgericht** und nicht mehr den Rechtsöffnungsrichter (unter Bezugnahme auch auf das Rechtsöffnungsverfahren) als Exequaturgericht bezeichnet. Ebenso wenig kann **der Wille des Gesetzgebers**, das Exequatur im Rahmen des Rechtsöffnungsverfahrens zuzulassen und zugleich das entsprechende Verfahren von den Verfahrensbestimmungen des LugÜ auszunehmen, etwas daran ändern[71].

38 Unter **vorstehenden Bedingungen** hat der Gläubiger auch hinsichtlich der Vollstreckbarerklärung von öffentlichen Urkunden **die Wahl**, das selbständige Exequaturverfahren einzuleiten oder bei Geldforderungen zuerst die Betreibung anzuheben und die Vollstreckbarklärung im nunmehr in der ZPO ausdrücklich als massgeblich bezeichneten Verfahren auf definitive Rechtsöffnung[72], bzw. bei *Nichtgeldforderungen* die Vollstreckbarerklärung im Rahmen des Vollstreckungsverfahrens gemäss Art. 350 f. ZPO zu verlangen[73]. Zu den Einzelheiten, insbesondere hinsichtlich eines LugÜ-

---

70 Schwander, Exequatur 658 f.; Sogo, Vollstreckung 37. Zur Problematik der materiellen Rechtskraft vgl. Acocella, LugÜ 26. A. A. Amonn/Walther, § 19 Rz. 29; BGE 125 III 386.

71 A.A. Rodriguez 1561.

72 Die Streitfrage unter altem Recht, ob die definitive oder die provisorische Rechtsöffnung zur Anwendung kam, ist somit obsolet geworden; s. dazu Dasser/Oberhammer-Naegeli, Art. 50 Rz. 48; bereits unter altem Recht für die Anwendung der definitiven Rechtsöffnung BGE 137 III 87 E. 3; OGer LU 27.10.2005, LGVE 2005 I Nr. 44; OGer AG 18.05.2005, AGVE 2005, 35 ff.; ER BezGer ZH 04.09.2002, ZR 2003, N. 24; Präsident BezGer. Kreuzlingen 24.01.1996, BlSchK 1996, 103; anders Kreisgericht Alttoggenburg-Wil, erwähnt in BGer 21.06.2007, 4P.261/2006.

73 Dasser/Oberhammer-Naegeli, Art. 50 Rz. 47.

konformen Rechtsöffnungsverfahrens und kantonalen Vollstreckungsverfahrens s. Rz. 44 ff., 55.

Entsprechend der Rechtslage bei der Vollstreckbarerklärung gerichtlicher Entscheidungen besteht grundsätzlich kein Rechtsschutzinteresse für eine **Leistungsklage** aufgrund des der Urkunde zugrunde liegenden materiellrechtlichen Anspruchs, falls für die öffentliche Urkunde eine Vollstreckbarerklärung möglich ist, d.h. die dazu erforderlichen Voraussetzungen erfüllt sind und keine Versagungsgründe vorliegen[74]. 39

2. Vollstreckbarerklärung im Rahmen des Rechtsöffnungsverfahrens und des Vollstreckungsverfahrens nach ZPO

a) Rechtsöffnungsverfahren

Die Vollstreckbarerklärung im Rahmen des Rechtsöffnungsverfahrens kann im Einzelfall analog zur Vollstreckbarerklärung von Entscheidungen durchaus Vorteile für den Gläubiger bringen, wenn er sich von der Einseitigkeit und der Kognitionsbeschränkung des erstinstanzlichen Exequaturverfahrens und vom Anspruch auf Sicherungsmassnahmen nach erstinstanzlicher Vollstreckbarerklärung wenig verspricht[75]. Er kommt i.d.R. in den Genuss eines **rascheren Verfahrens** (die Dauer des selbständigen Verfahrens entfällt), da er nach dem selbständigen Exequaturverfahren die Betreibung (mit anschliessendem Rechtsöffnungsverfahren im Falle eines Rechtsvorschlages)[76] einleiten muss. 40

Der Rechtsöffnungsrichter hat wie der Exequaturrichter zunächst **die tatbestandlichen Voraussetzungen** von Art. 57 Abs. 1 Satz 1 zu prüfen (dazu näher Rz. 57). Im Weiteren muss er die Versagungsgründe gegen die Vollstreckbarerklärung *bereits im Rechtsöffnungsverfahren* prüfen, während dies im selbständigen Exequaturverfahren erst nach dem Ergreifen eines Rechtsbehelfs gemäss Art. 43 ff. geschieht (hierzu näher Rz. 61 ff.). 41

---

[74] GEIMER/SCHÜTZE, Art. 57 Rz. 53; RAUSCHER-STAUDINGER, Art. 57 Rz. 11; a.A. SCHLOSSER, Art. 57 Rz. 7.

[75] Etwa im Falle eines klarerweise solventen Schuldners, vgl. SCHWANDER, Bemerkungen 97 f.

[76] BGer 06.08.2008, 5A_79/2008 E. 4.1; DONZALLAZ Rz. 2092; a.A. WALTER 476 f.; VISINONI-MEYER 42; auch in der Umsetzungsgesetzgebung zum rev. LugÜ wurde daran nichts geändert, vgl. RODRIGUEZ 1555 ff.

42 Darüber hinaus kann der Schuldner aber auch **materiellrechtliche Einwendungen** gegen die beurkundete Forderung geltend machen und zwar unabhängig davon, wann sie entstanden sind (näher dazu Rz. 31). Dabei sind sowohl im Rechtsbehelfsverfahren gemäss LugÜ als auch im Rechtsöffnungsverfahren nur solche Einwendungen gegen die Leistungspflicht zuzulassen, die **sofort beweisbar** sind (s. Rz. 67). Dies entspricht der ausdrücklichen Regelung von Art. 81 Abs. 2 SchKG[77].

43 Das selbständige Exequaturverfahren nach LugÜ kann gemäss Art. 46 im Stadium des Rechtsbehelfsverfahrens auf Antrag des Schuldners sistiert werden, wenn er die Einwendungen gegen den beurkundeten Anspruch nicht sofort beweisen kann oder sonst eine materiell rechtskräftige Klärung des Bestandes des Anspruchs erreichen will und daher ausserhalb des Exequaturverfahrens eine Vollstreckungsabwehrklage oder eine negative Feststellungsklage erhoben hat oder erheben will bzw. muss (näher dazu Rz. 68 f.). Die **Sistierungsmöglichkeit** muss dem Schuldner auch dann gewährt werden, wenn der Gläubiger die Vollstreckbarerklärung *im Rahmen des Rechtsöffnungsverfahrens* geltend macht[78]. Wie bereits ausgeführt, müssen die Verfahrensgarantien zu Gunsten des Beklagten auch im Rechtsöffnungsverfahren eingehalten werden, ansonsten der Kläger sie durch seine Verfahrenswahl unterlaufen könnte (s. Rz. 37).

44 In Bezug auf die Sistierungsmöglichkeit nach Art. 46 LugÜ besteht weitgehend Einigkeit in der Lehre, dass sie auch im Rahmen des Rechtsöffnungsverfahrens zu gewähren ist. In Bezug auf die weiteren sich aus dem LugÜ ergebenden **Verfahrensrechte** ist nach herrschender Lehre zwar anerkannt, dass z.B. der Rechtsbehelf nach Art. 43 und die Sicherungsmassnahme nach Art. 47 Abs. 2 nicht anwendbar sind. Doch ist dies nicht *unumstritten*[79]. Es bleibt dabei, dass die Vollstreckbarerklärung im Rahmen des Rechtsöffnungsverfahrens **konkret und in jedem Punkt** mit dem LugÜ (und auch mit der EMRK) konform sein muss[80].

---

77 Unter der Herrschaft des aLugÜ wurde vorgeschlagen, die Regeln über die definitive Rechtsöffnung nur analog anzuwenden, um die erweiterte Rechtsprüfung zu ermöglichen, vgl. Schwander, Vollstreckbare öffentliche Urkunden 675; a.A. noch zum alten Recht Dasser/Oberhammer-Naegeli, Art. 50 Rz. 54. Zur Rechtsprüfung nach neuem Recht vgl. Rz. 32.

78 Dasser/Oberhammer-Staehelin, Art. 34 Rz. 15; OGer LU 27.10.2005, LGVE 2005 I Nr. 44.

79 Leuenberger, Lugano-Übereinkommen 970, 972.

80 Schwander, Exequatur 660.

M.E. muss auch die Verfahrensgarantie der **rechtskräftigen Vollstreckbarerklärung** gemäss LugÜ im Rahmen des Rechtsöffnungsverfahrens gewährt werden, denn der Anspruch des Vollstreckungsbeklagten auf rechtskräftige Abweisung der Vollstreckbarerklärung nach dem LugÜ[81] kann ihm nicht durch *die Verfahrenswahl des Gläubigers* entzogen werden. Insofern liegt gar keine vorfrageweise Vollstreckbarerklärung, sondern eine im Rechtsöffnungsverfahren **integrierte Vollstreckbarerklärung** vor[82]. Gemäss der Rechtsprechung des EuGH stellt das Verfahren über die Zulassung zur Zwangsvollstreckung ein eigenständiges und geschlossenes System dar und der Grundsatz der Rechtssicherheit erfordert eine einheitliche Anwendung der Vorschriften des Übereinkommens in allen Mitgliedstaaten[83]. Mit einer integrierten Vollstreckbarerklärung lässt sich m.E. den Vorgaben des LugÜ besser Rechnung tragen und **die schweizerische Sonderregelung** erscheint so auch im Lichte der Rechtsprechung des EuGH eher *vertretbar*[84]. 45

Aufgrund der *Anpassungsgesetzgebung* und der *Erklärung der Schweiz* zu Art. 39 scheint dieser Weg nun versperrt (zuständig für die Vollstreckbarerklärung ist nicht mehr der Rechtsöffnungsrichter, sondern das kantonale Vollstreckungsgericht), weshalb eine **richterrechtlich fundierte** integrierte Vollstreckbarerklärung im Rechtsöffnungsverfahren in Betracht zu ziehen ist[85]. 46

---

[81] Geimer/Schütze, Art. 41 Rz. 48; Rauscher-Mankowski, Art. 38 Rz. 4b; a.A. Donzallaz Rz. 3450.

[82] Vgl. dazu Acocella, LugÜ 26. Ausserhalb des Anwendungsbereichs des LugÜ ist die vorfrageweise Vollstreckbarerklärung zulässig (Acocella, LugÜ 20; BSK IPRG-Berti/Däppen, Art. 29 Rz. 5; Walter 419 f.); Sie ist aus zulässig bei einer Arrestlegung aufgrund eines LugÜ-Urteils gemäss Art. 47 Abs. 1 LugÜ i.V.m. Art. 271 Abs. 1 Ziff. 6 SchKG, s. dazu Rz. 50 f.

[83] EuGH 11.08.1995, Rs. C-432/93, *SISRO/Ampersand Software*, Slg. 1995 I 2269 Rz. 39; s. auch EuGH 29.04.1999, Rs. C-267/97, *Coursier/Fortis Bank*, Slg. 1999 I 2543 Rz. 25 ff.; EuGH 02.07.1985, Rs. 148/84, *Deutsche Genossenschaftsbank/Brasserie du Pêcheur*, Slg. 1985, 1981, Rz. 16 ff.; EuGH 03.10.1985, Rs. 119/84, *Capelloni/Pelkmans*, Slg. 1985, 3147 Rz. 15 ff.; Kropholler, Art. 38 Rz. 2., spricht ausdrücklich davon, dass das Verfahren einen Ausgleich zwischen Gläubiger- und Schuldnerbelangen bezweckt.

[84] A.A. Schwander D. 699 Fn. 233.

[85] Gegen eine solche Lösung tendenziell BGE 125 III 366, 388. Das Bundesgericht musste sich m.E. nicht eingehend mit der Konformität der inzidenten Vollstreckbarerklärung mit dem LugÜ auseinander setzen (s. auch Rz. 35). Soweit an der vorfrageweisen Vollstreckbarerklärung festgehalten wird, sollte man bei erneutem Antrag auf Vollstreckbarerklärung nach einer vorfrageweisen Ablehnung der Vollstreckbarerklärung im Rahmen des Rechtsöffnungsverfahrens Antragsverwirkung annehmen müssen, denn es ist mit dem System des

47 Eine integrierte Vollstreckbarerklärung scheint sich neu aus **Art. 271 Abs. 3 SchKG** zu ergeben. Bei der Bewilligung eines LugÜ-Arrestes gemäss *Art. 271 Abs. 1 Ziff. 6 SchKG* entscheidet das Gericht auch über die Vollstreckbarkeit[86]. Problematisch an dieser Regelung ist allerdings, dass ein selbständiges Exequatur auch dann auszusprechen ist, wenn der Gläubiger nur einen Arrestantrag stellt. Die Regelung gerät in Konflikt mit der **Dispositionsmaxime gemäss Art. 58 ZPO** und geht über die Vorgaben des LugÜ hinaus bzw. ist mit dem LugÜ **unvereinbar**[87].

48 Art. 47 Abs. 1 verlangt nämlich für den Fall eines beantragten Arrestes nach nationalem Recht nicht einen selbständigen Exequaturentscheid, sondern lässt ausdrücklich die **vorfrageweise Prüfung** der Anerkennungsvoraussetzungen (besser der Vollstreckbarerklärungsvoraussetzungen)[88] und Versagungsgründe[89] genügen. Ist eine Entscheidung nach dem LugÜ anzuerkennen, so ist nach Art. 47 Abs. 1 der Antragsteller nicht daran gehindert, einstweilige Massnahmen nach dem nationalen Recht des Vollstreckungsstaates in Anspruch zu nehmen, **ohne** dass es einer Vollstreckbarerklärung nach Art. 41 bedarf. Der Erlass eines ausländischen Urteils ist kein Hindernis für einstweiligen Rechtsschutz, wenn im Übrigen die Voraussetzungen dafür vorliegen[90]. Deshalb muss es dem Gläubiger aus einem vollstreckbaren[91] LugÜ-Urteil erlaubt sein, nach Art. 47 Abs. 1 gestützt auf Art. 271 Abs. 1 Ziff. 6 SchKG nur einen Arrest zu beantragen. Art. 271 Abs. 3 führt eine Differenzierung zwischen inländischen und LugÜ-Titeln – und auch zwischen LugÜ-Titeln und anderen ausländischen Entscheidungen (dazu Rz. 50 f.) – ein, die Art. 47 Abs. 1 gerade ausschliessen will[92].

LugÜ unvereinbar, dass der Gläubiger den Schuldner mit bisher abgelehnten Anträgen auf Vollstreckbarerklärung überziehen kann (Geimer/Schütze, Art. 43 Rz. 4).

86 Botschaft LugÜ 1821; Rodriguez 1558.

87 A.A. Schwander D. 654 ff.; Staehelin, Neues Arrestrecht Rz. 40.

88 S. Acocella, LugÜ 22; Geimer/Schütze, Art. 47 Rz. 1.

89 Zur Kontroverse, ob die Versagungsgründe überhaupt zu prüfen sind s. Kropholler, Art. 47 Rz. 5.

90 Schlosser, Art. 47 Rz. 2.

91 Art. 47 Abs. 1 ist auch anwendbar, wenn die Entscheidung, um deren Vollstreckung es geht, im Urteilsstaat noch nicht rechtskräftig ist (Kropholler, Art. 47 Rz. 3). Nach anderer Auffassung kommt es auch nicht auf die Vollstreckbarkeit im Erststaat an (Rauscher-Mankowski, Art. 47 Rz. 6). In einem solchen Fall wäre der Arrestgrund von Art. 271 Abs. 1 Ziff. 6 SchKG nicht anwendbar. Allenfalls käme ein Arrestgrund nach Art. 271 Abs. 1 Ziff. 1–5 SchKG in Frage.

92 Czernich/Tiefenthaler/Kodek-Kodek, Art. 47 Rz. 2.

49 Ein solches Vorgehen kann sich etwa dann als zweckmässig erweisen, wenn der Gläubiger in **mehreren** LugÜ-Staaten, in denen sich Vermögensgegenstände des Schuldners befinden, nach Massgabe des dortigen Rechts Sicherungsmassnahmen beantragt, deren Ergebnis abwartet und erst nach erfolgtem Sicherungszugriff entscheidet, in welchem Staat er *ein vollständiges Exequaturverfahren und die anschliessende Zwangsvollstreckung* durchführen will[93].

50 Eine vorfrageweise Vollstreckbarerklärung war bis anhin bei einer Arrestlegung gemäss Art. 271 Abs. 1 Ziff. 4 SchKG *in der Fassung bis zum 31.12.2010* sowohl aufgrund eines LugÜ-Urteils als auch eines ausländischen Nicht-LugÜ-Urteils möglich[94]. Die vorfrageweise Vollstreckbarerklärung im Rahmen des Arrestverfahrens wird m.E. weiterhin **für ausländische Nicht-LugÜ-Urteile** in Frage kommen[95]. Es ergeben sich keine klaren Anhaltspunkte, dass der Gesetzgeber dies ändern wollte. Im Gegenteil, es wurde die Regelung von Art. 271 Abs. 1 Ziff. 4 SchKG in Art. 271 Abs. 1 Ziff. 6 SchKG *übertragen*, sodass der Hinweis auf vollstreckbare gerichtliche Urteile in Ziff. 4 als überflüssig erschien und daher gestrichen werden konnte[96]. Auch der Hinweis in der Botschaft zum LugÜ, wonach der neue Arrestgrund von Art. 271 Abs. 1 Ziff. 6 auch *für Berechtigte aus ausländischen Nicht-LugÜ-Urteilen* zur Verfügung stehe, spricht für die hier vertretene Auslegung. Die gegenteilige Auffassung, wonach ein IPRG-Urteil zuerst in einem *selbständigen* Entscheid für vollstreckbar erklärt werden müsste und nur der Exequaturentscheid Titel für den Arrest sei, lässt sich m.E. weder auf den Wortlaut noch auf die historische Auslegung stützen[97]. Letztere kommt ohnehin nur in Betracht, wenn die Auffassung des Gesetzgebers sich aus den Gesetzesmaterialien zweifelsfrei ergibt[98]. Nach dem Gesagten trifft dies aber gerade nicht zu.

93 Kropholler, Art. 47 Rz. 6.

94 KUKO SchKG-Meier-Dieterle, Art. 271 Rz. 11; Müller H.A. 57.

95 Schwander D. 657; Boller 190; Meier-Dieterle 1213, Rz. 11, 14; Lazopoulos 610; Sogo, Kleine Arrestrevision 97; a. a.A. Rodriguez 1557; Staehelin Rz. 40; BSK SchKG II-Stoffel, Art. 271 Rz. 109; Reiser 335, erscheint der neue Arrestgrund von Ziff. 6 ausserhalb des Anwendungsbereichs von Art. 47 Abs. 2 bedenklich.

96 Botschaft LugÜ 1821.

97 A.A. Staehelin Rz. 40.

98 BGE 122 III 469, 474; BSK ZGB-Honsell, Art. 1 Rz. 9.

51 Wegen des **Vorranges** von Art. 47 Abs. 1 LugÜ muss die vorfrageweise Vollstreckbarerklärung m.E. auch *für LugÜ-Urteile* gelten[99]. Art. 271 Abs. 3 SchKG kann im Übrigen LugÜ-konform ausgelegt werden, wenn man ihn auf die Regelung der sachlichen Zuständigkeit beschränkt[100]. Es wäre im Übrigen nicht einzusehen, weshalb Gläubiger aus LugÜ-Urteilen gegenüber Gläubigern aus Schweizer Urteilen und aus solchen von Nicht-LugÜ-Staaten benachteiligt werden sollten. Aus Art. 47 Abs. 1 LugÜ lässt sich im Weiteren nichts zu Gunsten der Zulässigkeit einer vorfrageweisen Vollstreckbarerklärung im Rahmen des Rechtsöffnungsverfahrens ableiten. M.E. ist eher *im Umkehrschluss* zu folgern, dass die vorfrageweise Vollstreckbarerklärung *nur* im Falle des Erlasses einstweiliger Massnahmen nach dem Recht des Vollstreckungsstaates zugelassen ist[101].

b) Vollstreckungsverfahren nach ZPO

52 Bei öffentlichen Urkunden über **Nichtgeldleistungen** hat der Gläubiger ebenfalls die *Wahl*, das selbständige Exequaturverfahren einzuleiten oder die *integrierte* Vollstreckbarerklärung im Rahmen des kantonalen Vollstreckungsverfahrens nach der ZPO zu verlangen[102]. Letzteres Vorgehen kann wie beim Rechtsöffnungsverfahren dem Gläubiger den Vorteil des rascheren Verfahrens bringen (s. Rz. 40).

53 Das Vollstreckungsgericht hat wie der Exequaturrichter zunächst **die tatbestandlichen Voraussetzungen** von Art. 57 Abs. 1 Satz 1 zu prüfen (näher dazu Rz. 57). Im Weiteren hat es die Versagungsgründe gegen die Vollstreckbarerklärung, die im selbständigen Exequaturverfahren erst im Rechtsbehelfsverfahren nach Art. 43 ff. geprüft werden können, hier be-

---

[99] A.A. Botschaft LugÜ 1821; Rodriguez 1558; Staehelin Rz. 40; Schwander D. 654 ff.; BSK SchKG II-Stoffel, Art. 271 Rz. 105; Boller 190; Meier-Dieterle 1213, Rz. 34; Lazapoulos 616; Zu den Vorteilen dieses Vorgehens nach Art. 47 Abs. 1 s. Rz. 49. sowie Schwander D. 655.

[100] Zur dieser Zuständigkeit s. Botschaft LugÜ 1822; Schwander D. 660 f.

[101] A.A. Dasser/Oberhammer-Staehelin, Art. 31 Rz. 7.

[102] Acocella, LugÜ 27; Dasser/Oberhammer-Staehelin, Art. 34 Rz. 13 (wo Acocella versehentlich als Vertreter der gegenteiligen Auffassung zitiert wird); Dasser/Oberhammer-Naegeli, Art. 50 Rz. 47; Staehelin A./Staehelin D./Grolimund, 500; a.A. Walter 420; Witschi 145. Ausserhalb des Anwendungsbereichs des LugÜ ist die vorfrageweise Vollstreckbarerklärung aufgrund von Art. 29 Abs. 3 IPRG, der auch auf die Vollstreckbarerklärung zu beziehen ist, zulässig (Acocella, LugÜ 23; Dasser/Oberhammer-Staehelin, Art. 34 Rz. 13, hatte die Zulässigkeit vor Inkrafttreten der ZPO vom kantonalen Recht abhängig gemacht).

reits *in erster Instanz* im Vollstreckungsverfahren zu prüfen (dazu näher Rz. 61 ff.).

Darüber hinaus kann der Schuldner aber auch **materiellrechtliche Einwendungen** gegen die beurkundete Forderung geltend machen, und zwar unabhängig davon, wann sie entstanden sind (s. Rz. 31). Dabei sind sowohl im Rechtsbehelfsverfahren gemäss LugÜ als auch im Vollstreckungsverfahren nur solche Einwendungen gegen die Leistungspflicht zuzulassen, die *sofort beweisbar* sind (s. Rz. 67). Dies entspricht der ausdrücklichen Regelung von Art. 351 Abs. 1 ZPO. 54

Die Verfahrensgarantien zu Gunsten des Beklagten müssen wie im Rechtsöffnungsverfahren auch im kantonalen Vollstreckungsverfahren eingehalten werden, andernfalls der Kläger durch seine Verfahrenswahl sie unterlaufen könnte (s. dazu Rz. 37). 55

3. Erstinstanzliches Vollstreckbarerklärungsverfahren

Für das erstinstanzliche Verfahren wird auf Art. 38 ff. verwiesen (s. Rz. 34). 56
Dies bedeutet, dass es **ohne Anhörung des Schuldners** durchgeführt wird. Anders als nach aLugÜ werden auch die Versagungsgründe nur noch im *Rechtsbehelfsverfahren* geprüft (Art. 57 Abs. 1 Satz 2). Der erstinstanzliche Exequaturrichter erteilt also die Vollstreckbarklärung ungeachtet der Verweigerungsgründe, selbst wenn diese offensichtlich gegeben sein sollten[103]. Er prüft allfällige Verweigerungsgründe *nicht von Amtes* wegen. Entsprechend der Regelung für die gerichtlichen Entscheidungen dient dies der Beschleunigung des Exequaturverfahrens[104].

Der Exequaturrichter hat aber die *tatbestandlichen Voraussetzungen* von 57
Art. 57 Abs. 1 Satz 1 zu prüfen, wobei diese Prüfung weitgehend **formeller Natur** ist und im Wesentlichen anhand einer einheitlichen Bescheinigung gemäss Art. 57 Abs. 4 i.V.m. Anhang VI erfolgt (s. dazu Rz. 59). Der Exequaturrichter hat zu untersuchen, ob es sich um eine öffentliche Urkunde handelt, die aus einem anderen LugÜ-Staat stammt und ob sie vom sachlichen Anwendungsbereich des LugÜ erfasst wird. Im Weiteren hat er zu prüfen, ob die Vollstreckbarkeit nach dem Recht des Errichtungsstaates gegeben ist. Da das Exequaturverfahren – wie jedes andere Verfah-

[103] Rodriguez 1553.
[104] Kropholler, Art. 57 Rz. 11.

ren auch – nur möglich ist, wenn der LugÜ-Staat Gerichtsbarkeit über den Schuldner besitzt, ist bereits hier die völkerrechtliche Frage der Immunität zu prüfen[105].

58 Nach Art. 57 Abs. 4 Satz 1 sind die Vorschriften des Abschnitts 3 des Titels III über die vorzulegenden Urkunden sinngemäss anzuwenden. Der Gläubiger hat eine **Ausfertigung** *der vollstreckbaren öffentlichen Urkunde*, welche die für ihre Beweiskraft nach dem Recht des Errichtungsstaates erforderlichen Voraussetzungen erfüllt, beizubringen (Art. 53 Abs. 1 und 3). Dies bedeutet, dass die Echtheit nachzuweisen ist. Welche Voraussetzungen die Urkunde für ihre Beweiskraft bzw. Echtheit erfüllen muss, bestimmt das Recht des Errichtungsstaates[106].

59 Ferner hat der Gläubiger eine bestimmte **Bescheinigung** in der vom Anhang VI vorgeschriebenen Form vorzulegen (Art. 53 Abs. 2, Art. 57 Abs. 4 Satz 2). Diese enthält alle für die Vollstreckbarerklärung *erforderlichen Angaben* und dient *der Vereinfachung der Verfahrensförmlichkeiten* für den Antragsteller[107]. Insbesondere enthält die Bescheinigung die Bestätigung, gegen wen die öffentliche Urkunde nach dem Recht des Errichtungsstaates *vollstreckbar* ist (Art. 57 Nr. 1). Naturgemäss entfallen hier im Vergleich zur Bescheinigung betreffend Entscheidungen nach Art. 54 LugÜ i.V.m. Anhang V Angaben über die Zustellung des verfahrenseinleitenden Schriftstückes und über eine allfällige Prozesskostenhilfe. Es sind auch keine Angaben über die *Zustellung* der Urkunde an den Schuldner enthalten, da eine solche anders als noch nach aLugÜ nicht mehr Voraussetzung der Vollstreckbarerklärung ist[108]. Aus Ziff. 2 und 3 der Bescheinigung ergibt sich, dass die Behörde, die sie ausstellt, und diejenige, welche die öffentliche Urkunde erstellt oder registriert, nicht *identisch* sein müssen[109]. Die Zuständigkeit zur Ausstellung der Bescheinigung ergibt sich aus dem nationalen Recht der LugÜ-Staaten. Wird die Bescheinigung nicht vorgelegt, so gilt sinngemäss Art. 55. Die vorzulegenden Urkunden bedürfen weder der Legalisation noch einer ähnlichen Förmlichkeit (Art. 56).

---

105 KROPHOLLER, Art. 57 Rz. 9.

106 DASSER/OBERHAMMER-NAEGELI, Art. 46 Rz. 6; KROPHOLLER, Art. 53 Rz. 2.

107 KROPHOLLER, Art. 54 Rz. 1.

108 GEIMER/SCHÜTZE, Art. 57 Rz. 50; zum aLugÜ s. DASSER/OBERHAMMER-NAEGELI, Art. 50 Rz. 56.

109 KROPHOLLER, Art. 57 Rz. 10.

Hat der Antragsteller eine Ausfertigung der Urkunde nach Art. 53 Abs. 1 und die Bescheinigung nach Art. 53 Abs. 2 in Verbindung mit Art. 57 Abs. 4 **vorgelegt** und sind die erwähnten Voraussetzungen, die der Exequaturrichter im erstinstanzlichen Verfahren zu prüfen hat, *erfüllt*, erklärt dieser die öffentliche Urkunde *ohne Weiteres* für vollstreckbar. 60

4. Rechtsbehelfsverfahren

a) Prüfungsumfang

Art. 57 Abs. 1 Satz 2 sieht vor, dass die **Versagungsgründe** gegen die Vollstreckbarerklärung *erst im Rechtsbehelfsverfahren* nach Art. 43 ff. geprüft werden können. Die Vollstreckbarerklärung ist nur zu versagen oder aufzuheben, wenn die Zwangsvollstreckung aus der Urkunde der öffentlichen Ordnung (ordre public) des Vollstreckungsstaates offensichtlich widersprechen würde[110]. 61

Diese Formulierung von Art. 57 Abs. 1 Satz 2, dass die Vollstreckbarerklärung zu versagen *oder* **aufzuheben** ist, stellt auf die *prozessuale Behandlung* des Antrages der Vollstreckbarerklärung ab. Ist die Vollstreckbarerklärung erstinstanzlich abgelehnt worden und kommt das Rechtsbehelfsgericht ebenfalls zum Schluss, dass sie verweigert werden muss, so *versagt* das Gericht die Vollstreckbarerklärung auch zweitinstanzlich. Hat das Exequaturgericht diese zu Unrecht ausgesprochen, so wird sie im Rechtsbefehlsverfahren *aufgehoben*[111]. 62

Im Gegensatz zur Regelung für gerichtliche Entscheidungen lässt Art. 57 *nur* den Versagungsgrund **des offensichtlichen Verstosses gegen den ordre public** zu, dessen Prüfung *von Amtes wegen* erfolgt[112]. Art. 57 umfasst wie Art. 34 Nr. 1 sowohl den materiellrechtlichen als auch den verfahrensrechtlichen ordre public[113]. Der Exequaturrichter hat daher zu prüfen, ob der vollstreckbare Anspruch oder das ihm zugrunde liegende Rechtsverhältnis der öffentlichen Ordnung widerspricht oder ob das erststaatliche Beurkundungsverfahren mit dem verfahrensrechtlichen ordre public des 63

---

[110] KROPHOLLER, Art. 57 Rz. 13.
[111] KROPHOLLER, Art. 45 Rz. 3.
[112] KROPHOLLER, Art. 57 Rz. 13.
[113] KROPHOLLER, Art. 57 Rz. 13; EuGH 28.03.2000, Rs. C-7/98, *Krombach/Bamberski*, Slg. 2000 I 1935.

Vollstreckungsstaates vereinbar ist[114]. Wie bereits ausgeführt, entfällt aber die Nachprüfung der internationalen Zuständigkeit der Urkundsperson, welche die Urkunde errichtet hat (s. Rz. 30). Zur Nachprüfung der Einhaltung der *völkerrechtlichen Grenzen* für die Errichtung vollstreckbarer Titel im Erststaat s. Rz. 30.

64 Abgesehen davon ist Art. 57 Abs. 2 Satz 2 wie die entsprechende Bestimmung von Art. 45 Abs. 1 Satz 1 in zweifacher Hinsicht *zu eng* formuliert. Er ist einerseits nicht auf **die Einwendungen des Gläubigers** *gegen die Verweigerung* der Vollstreckbarerklärung zugeschnitten[115]. Der Antragsteller kann aber gegen die Ablehnung der Vollstreckbarerklärung in zweiter Instanz geltend machen, dass die dafür erforderlichen Formalien erfüllt seien, z.B. dass die Urkunde entgegen der Auffassung des erstinstanzlichen Exequaturrichters vollstreckbar sei und dass die erforderlichen Urkunden vorgelegt worden seien[116]. Andererseits erfasst Art. 57 Abs. 1 Satz 2 dem Wortlaut nach auch **nicht alle Einwendungen des Schuldners**. Dieser kann im Rechtsbehelfsverfahren auch geltend machen, dass die bereits vom erstinstanzlichen Gericht zu prüfenden Voraussetzungen der Vollstreckbarerklärung nicht gegeben seien. Er kann also einwenden, dass keine öffentliche Urkunde vorliege, dass sie im Errichtungsstaat nicht vollstreckbar sei oder dass die erforderlichen Dokumente nicht vorgelegt worden seien[117].

b) Materiellrechtliche Einwendungen gegen den beurkundeten Anspruch

(1) Allgemeines

65 Nebst den erwähnten *spezifischen* Einwendungen gegen die Vollstreckbarerklärung kann der Schuldner aber auch **materiellrechtliche Einwendungen** gegen die beurkundete Forderung geltend machen und zwar *unabhängig* davon, wann sie entstanden sind. Der Schuldner kann daher nicht nur Einwendungen gegen den Bestand des Anspruchs erheben, die nach der Errichtung der Urkunde entstanden sind (wie dies bei der Vollstreckbarerklärung von Entscheidungen der Fall ist), sondern er kann auch bei oder

[114] Kropholler, Art. 57 Rz. 13; Geimer/Schütze, Art. 57 Rz. 46 ff.; Dasser/Oberhammer-Naegeli, 50 Rz. 61; Schwander, Vollstreckbare öffentliche Urkunden 676; Witschi 102.
[115] Geimer/Schütze, Art. 45 Rz. 6; Kropholler, Art. 45 Rz. 5.
[116] Kropholler, Art. 57 Rz. 15.
[117] Rauscher-Staudinger, Art. 57 Rz. 17; Kropholler, Art. 57 Rz. 16.

vor Errichtung der Urkunde entstandene Einwendungen erheben (dazu s. Rz. 31).

Neben *prozessökonomischen Gründen*, die für eine Zulassung materiellrechtlicher Einwendungen schon im Exequaturverfahren entsprechend der Rechtslage bei der Vollstreckbarerklärung von Gerichtsentscheidungen sprechen[118], lässt sich hier die erweiterte Zulassung materiellrechtlicher Einwendungen – wie bereits erwähnt – mit dem **Schuldnerschutz** rechtfertigen, da der beurkundete Anspruch in den Genuss der Vollstreckbarerklärung wie für gerichtliche Entscheidungen kommt, obwohl er nicht gerichtlich beurteilt wurde (s. dazu Rz. 31). 66

Um jedoch auch dem **Beschleunigungsgebot** des Exequaturverfahrens[119] Rechnung zu tragen, sind nur *unbestrittene bzw. rechtskräftig beurteilte* Einwendungen zuzulassen sowie solche, die *mit liquiden Beweismitteln sofort beweisbar* sind[120]. Im schweizerischen Recht können bei der Vollstrekkung öffentlicher Urkunden im Vollstreckungsverfahren Einwendungen gegen die Leistungspflicht ebenfalls nur geltend gemacht werden, sofern sie sofort beweisbar sind[121]. 67

(2) Sistierung des Rechtsbehelfsverfahrens

Das mit dem Rechtsbehelf befassten Gericht kann gemäss Art. 46 Abs. 1 auf Antrag des Schuldners das Verfahren *auszusetzen*, wenn gegen die Ent- 68

[118] DASSER/OBERHAMMER-NAEGELI, Art. 50 Rz. 82; WALTER, Wechselwirkungen 340; STAEHELIN, Die vollstreckbare öffentliche Urkunde 206 f.; WITSCHI 117 ff., 124; KROPHOLLER, Art. 57 Rz. 16; ACOCELLA, Die Qualifikation (in Erscheinung begriffen); a.A. VISINONI-MEYER 28 f.; RAUSCHER-STAUDINGER, Art. 57 Rz. 18; HESS § 6 N 230 f.; CZERNICH/TIEFENTHALER/KODEK-KODEK, Art. 57 Rz. 8.

[119] RAUSCHER-MANKOWSKI, Art. 45 Rz. 6.

[120] DASSER/OBERHAMMER-STAEHELIN, Art. 36 Rz. 22; ACOCELLA, Die Qualifikation (in Erscheinung begriffen); DONZALLAZ Rz. 3365; LEUENBERGER, Lugano-Übereinkommen 970; GEIMER/SCHÜTZE, Art. 57 Rz. 56 f.

[121] Vgl. Art. 81 Abs. 2 SchKG und Art. 351 Abs. 1 ZPO; Das nationale Recht ist grundsätzlich massgebend für die Zulassung materiellrechtlicher Einreden im Vollstreckungsverfahren (s. EuGH 29.04.1999, Rs. C-267/97, *Coursier/Fortis Bank*, Slg. 1999 I 2543 Rz. 32). Ist nach nationalem Recht eine weitergehende Prüfung zugelassen (keine Beschränkung auf sofort beweisbare Einwendungen), so ist die weitergehende Zulassung im Rechtsbehelfsverfahren mit dem Beschleunigungsgebot des Exequaturverfahrens nicht vereinbar bzw. mit der praktischen Wirksamkeit der Regelung des LugÜ (vgl. dazu EuGH 04.02.1988, Rs. 145/86, *Hoffmann/Krieg*, Slg. 1988, 645 Rz. 29) nicht gewährleistet. Zu dieser Frage wird auch die Antwort des EuGH im Rahmen eines Vorabentscheidungsersuchens vom Hoge Raad der Nederlanden vom 17.03. 2010 (Rs. 139/10, *Prism Investments B.V.*) erwartet (s. dazu Rz. 31).

scheidung im Ursprungs-LugÜ-Staat *ein ordentlicher Rechtsbehelf* eingelegt oder die Frist für einen solchen Rechtsbehelf noch nicht verstrichen ist. Eine **Sistierung** kommt für den Schuldner namentlich dann in Betracht, wenn er die Einwendungen gegen den beurkundeten Anspruch *nicht sofort beweisen* kann oder wenn er *eine materiell rechtskräftige Klärung* des Bestandes des Anspruchs erreichen will und daher *ausserhalb* des Exequaturverfahrens eine Vollstreckungsabwehrklage oder eine negative Feststellungsklage erhebt oder erheben will.

69 Es stellt sich die Frage, ob die **Vollstreckungsabwehrklage** und die **negative Feststellungsklage** als *ordentliche Rechtsbehelfe* angesehen werden können. Der Begriff des ordentlichen Rechtsbehelfs ist dem Normzweck von Art. 46 Abs. 1 entsprechend weit auszulegen, um den Schuldner davor zu schützen, die Zwangsvollstreckung ohne Rücksicht darauf erdulden zu müssen, ob die vollstreckbare Entscheidung im Ursprungsstaat wieder aufgehoben werden kann[122]. Der EuGH hat den Begriff autonom ausgelegt und ausgeführt, ein ordentlicher Rechtsbehelf liege dann vor, wenn er zur *Aufhebung oder Änderung* der dem Anerkennungs- oder Klauselerteilungsverfahren nach dem EuGVÜ zugrunde liegenden Entscheidung führen könne und für dessen Einlegung im Urteilsstaat *eine gesetzliche Frist* bestimmt sei, die durch *die Entscheidung* selbst ausgelöst werde[123]. Dies trifft m.E. auf eine Vollstreckungsabwehrklage oder eine negative Feststellungsklage gegen den beurkundeten Anspruch zu[124]. Auf das Fristerfordernis kann es im Falle der öffentlichen Urkunde nicht ankommen, denn es ergibt sich *aus deren Natur*, dass gar keine solche Frist läuft[125]. Hingegen kann das nach Art. 46 Abs. 1 Satz 1 mit dem Rechtsbehelf gegen den Exequaturentscheid befasste Gericht eine Frist bestimmen, innerhalb derer die Vollstreckungsabwehrklage bzw. die negative Feststellungsklage einzureichen ist (Art. 46 Abs. 1 Satz 2).

---

[122] Schlosser, Art. 46 Rz.1.

[123] EuGH 22.11.1977, Rs. 43/77, *Industrial Diamond Supplies/Riva*, Slg. 1977, 2175 Rz. 28, 42.

[124] OGer LU 27.10.2005, LGVE 2005 I Nr. 44; Bei bereits erhobenem Rechtsbehelf: Kropholler, Art. 46 Rz. 3; Visinoni-Meyer 25; Keine Aussetzungsmöglichkeit: Czernich/Tiefenthaler/Kodek-Kodek, Art. 57 Rz. 8.

[125] OGer LU 27.10.2005, LGVE 2005 I Nr. 44; Donzallaz Rz. 4227. Bei einem anfechtbaren Entscheid ist das Kriterium der Fristgebundenheit nur dann irrelevant, wenn ein Rechtsbehelf bereits eingelegt wurde (Kropholler, Art. 37 Rz. 4).

(3) Zuständigkeitsfragen

Funktional handelt es sich bei der Geltendmachung der materiellen Einwendungen gegen den beurkundeten Anspruch *im Vollstreckungsverfahren* nach Art. 81 Abs. 2 SchKG bzw. Art. 351 Abs. 1 ZPO gleich wie bei der Vollstreckung von Gerichtsentscheidungen[126] um einen Rechtsbehelf ***zur Abwehr der Vollstreckung***[127]. Der Rechtsöffnungsrichter ist zur Beurteilung aller Einwendungen gemäss Art. 81 Abs. 2 SchKG befugt[128]. Es liegt ein unmittelbarer Bezug zur Zwangsvollstreckung vor, sodass Art. 22 Nr. 5 anwendbar und entsprechend die Zuständigkeit des Vollstreckungsstaates eröffnet ist[129]. Dieser ist auch dann zuständig, wenn die materiellen Einwendungen gegen den beurkundeten Anspruch – was aus prozessökonomischen Gründen zulässig ist – bereits im Rahmen der *Vollstreckbarerklärung* erhoben werden. 70

M.E. ist der unmittelbare Bezug zur Zwangsvollstreckung entsprechend der Rechtslage bei der Vollstreckung gerichtlicher Entscheidungen[130] auch bei einer nach dem nationalen Recht verselbständigten Vollstreckungsabwehr- bzw. negativen Feststellungsklage gegeben, welche – wie die Feststellungsklage nach Art. 85a SchKG – auch die **rechtskräftige Feststellung** des Nichtbestandes des materiellen Anspruchs bezweckt[131]. Die Klage behält ihren Charakter als Rechtsbehelf zur Abwehr der Vollstreckung und den funktionellen Zusammenhang mit der Zwangsvollstreckung, auch wenn der Nichtbestand des Anspruchs nicht nur als Vorfrage zu beurteilen ist. Die nationale Ausgestaltung des Rechtsbehelfs ändert an der konven- 71

[126] EuGH 04.02.1988, Rs. 145/86, *Hoffmann/Krieg,* Slg. 1988, 645, Rz. 28; EuGH 04.07.1985, Rs. 220/84, *AS-Autoteile/Malhé,* Slg. 1985, 2267, Rz. 12; BGH 22.01.2009, IX ZB 42/6 E. 2c; Rauscher-Mankowski, Art. 45 Rz. 7, Art. 22 Rz. 55 ff.; Acocella, Die Qualifikation (in Erscheinung begriffen).

[127] EuGH 04.02.1988, Rs. 145/86, Hoffmann/Krieg, Slg. 1988, 645, Rz. 28; EuGH 04.07.1985, Rs. 220/84, AS-Autoteile/Malhé, Slg. 1985, 2267, Rz. 12; BGH 22.01.2009, IX ZB 42/6 E. 2c; Rauscher-Staudinger, Art. 57 Rz. 18; Acocella, Die Qualifikation (in Erscheinung begriffen).

[128] Acocella, Die Qualifikation (in Erscheinung begriffen); offen gelassen in BGE 137 III 87 E. 3; vgl. auch BSK SchKG I-Staehelin Daniel, Art. 81 Rz. 28.

[129] EuGH 04.07.1985, Rs. 220/84, *AS-Autoteile/Malhé,* Slg. 1985, 2267, Rz. 12.

[130] Acocella, Die Qualifikation (in Erscheinung begriffen); in diese Richtung auch Meier/Sogo 593 Fn. 39; a.A. Hess § 6 Rz. 127; Nelle 377 ff.; Schlosser, Art. 22 Rz. 25, die massgeblich auf die nationale Ausgestaltung des Rechtsbehelfs abstellen. Am System des LugÜ ändert die Ausnahme betreffend die Geltendmachung der Verrechnung (vgl. dazu EuGH 04.07.1985, Rs. 220/84, *AS-Autoteile/Malhé,* Slg. 1985, 2267, Rz. 12) nichts.

[131] Acocella, Die Qualifikation (in Erscheinung begriffen); a.A. Hess § 6 Rz. 127.

tionskonformen Interessenlage nichts. Gleich wie beim vollstreckbaren Gerichtsurteil rechnet der Vollstreckungsgläubiger, oder er hat zumindest damit zu rechnen, dass er auf dem Wege zur effektiven Durchsetzung der vollstreckbaren Urkunde mit den im Vollstreckungsstaat vorgesehenen und – angesichts deren fehlenden Rechtskraft – erweiterte Einwendungsmöglichkeiten (über welche möglicherweise rechtskräftig entschieden wird) gestattenden Rechtsbehelfen gegen die Vollstreckung der öffentlichen Urkunde konfrontiert wird[132]. Der Vollstreckungsgläubiger kann sich daher nicht auf die Gerichtsstände nach Art. 2 ff. berufen. Zu den Rechtsbehelfen des Errichtungsstaates und zu ihrem Verhältnis zu jenen des Vollstreckungsstaates s. Rz. 72 f.

5. Weiterer Rechtsschutz des Schuldners ausserhalb des Rechtsbehelfsverfahrens

72 Aufgrund der Besonderheit, dass die öffentliche Urkunde ohne jegliche Rechtsprüfung zur Entstehung gelangt, kann der Schuldner die materiellrechtlichen Einwendungen gegen den beurkundeten Anspruch regelmässig auch mit **im Errichtungsstaat** eigens dafür vorgesehenen *Rechtsbehelfen verschiedenster* Art geltend machen, vor allem mit Vollstreckungsabwehrklagen oder negativen Feststellungsklagen. Diese Rechtsbehelfe bleiben von Art. 57 Abs. 1 Satz 2 *unberührt*[133]. Je nach deren *Ausgestaltung* kann der Schuldner die Vollstreckbarkeit der öffentlichen Urkunde beseitigen lassen[134] oder eine umfassende materiell- und verfahrensrechtliche Überprüfung der öffentlichen Urkunde samt der materiell rechtskräftigen Klä-

[132] Rauscher-Mankowski, Art. 45 Rz. 7; Acocella, Die Qualifikation (in Erscheinung begriffen); Schwander, Vollstreckbare öffentliche Urkunden 680 postuliert zumindest für die vollstreckungsrechtlichen Wirkungen des Art. 85a SchKG (Aufhebung bzw. Einstellung des Betreibungsverfahrens in der Schweiz) eine schweizerische Gerichtszuständigkeit gemäss Art. 22 Nr. 5, bzw. einen Notgerichtsstand, falls eine negative Feststellungsklage im Errichtungsstaat nicht möglich oder unzumutbar ist.

[133] Kropholler, Art. 57 Rz. 14.

[134] Kropholler, Art. 57 Rz. 14; Es kann sich allerdings nicht um die Beseitigung der Vollstreckbarkeit in unmittelbarem Zusammenhang mit einem Vollstreckungsverfahren handeln. Einer solchen Klage, mit welcher auf das in einem anderen LugÜ-Staat hängige oder anstehende Vollstreckungsverfahren direkt eingewirkt werden soll, stünde die ausschliessliche Zuständigkeit des Vollstreckungsstaates nach Art. 22 Nr. 5 entgegen.

rung des Bestandes des entsprechenden Anspruchs durch ein Gericht im Errichtungsstaat verlangen[135].

Der Schuldner kann eine Vollstreckungsabwehr- oder eine negative Feststellungsklage und **gleichzeitig die Sistierung** eines in der Schweiz *hängigen Exequaturverfahrens* beantragen, insbesondere, wenn er die Einwendungen gegen den beurkundeten Anspruch nicht sofort beweisen kann oder wenn er eine materiell rechtskräftige Klärung des Bestandes des Anspruchs im Errichtungsstaat erreichen will. Der Schuldner kann eine solche Klage aber auch vor Einleitung eines Exequaturverfahrens und unabhängig davon einreichen. Diese Klagen stehen nicht in einem unmittelbaren Zusammenhang mit der Zwangsvollstreckung *in einem anderen LugÜ-Staat* und sind als Erkenntnisverfahren zu qualifizieren, für welche die Gerichtsstände gemäss Art. 2 ff. gelten[136]. Im Ergebnis kann der Schuldner materiellrechtliche Einwendungen unter den vorstehend erörterten Bedingungen sowohl im Vollstreckungs- als auch im Errichtungsstaat erheben[137]. 73

135 DASSER/OBERHAMMER-NAEGELI, Art. 50 Rz. 84 ff.; SCHWANDER, Vollstreckbare öffentliche Urkunden 679; MEIER, in: SCHWANDER, LugÜ 194 f.

136 Selbst wenn die Klage nach autonomem Recht vollstreckungsrechtlich konzipiert ist; s. auch Fn. 134.

137 ACOCELLA, Die Qualifikation (in Erscheinung begriffen); Ähnlich LEUTNER 255 ff., der dem Schuldner in Anlehnung an die Gerichtsstände in Versicherungs- und Verbrauchersachen die Möglichkeit gewähren will, wahlweise auch im Vollstreckungsstaat zu klagen.

Art. 58

Vergleiche, die vor einem Gericht im Laufe eines Verfahrens geschlossen und in dem durch dieses Übereinkommen gebundenen Staat, in dem sie errichtet wurden, vollstreckbar sind, werden in dem Vollstreckungsstaat unter denselben Bedingungen wie öffentliche Urkunden vollstreckt. Das Gericht oder die sonst befugte Stelle des durch dieses Übereinkommen gebundenen Staates, in dem ein Prozessvergleich geschlossen worden ist, stellt auf Antrag die Bescheinigung unter Verwendung des Formblatts in Anhang V dieses Übereinkommens aus.

Art. 58

Les transactions conclues devant le juge au cours d'un procès et exécutoires dans l'État d'origine lié par la présente Convention sont exécutoires dans l'État requis aux mêmes conditions que les actes authentiques. La juridiction ou l'autorité compétente d'un État lié par la présente Convention dans lequel une transaction a été conclue délivre, à la requête de toute partie intéressée, un certificat en utilisant le formulaire dont le modèle figure à l'annexe V de la présente Convention.

Art. 58

Le transazioni concluse davanti al giudice nel corso di un processo ed aventi efficacia esecutiva nello Stato d'origine vincolato dalla presente convenzione hanno efficacia esecutiva nello Stato richiesto alle stesse condizioni previste per gli atti pubblici. Il giudice o l'autorità competente dello Stato vincolato dalla presente convenzione presso cui è stata conclusa una transazione rilascia, su richiesta di qualsiasi parte interessata, un attestato utilizzando il formulario riportato nell'allegato V della presente convenzione.

Art. 58

A settlement which has been approved by a court in the course of proceedings and is enforceable in the State bound by this Convention in which it was concluded shall be enforceable in the State addressed under the same conditions as authentic instruments. The court or competent authority of a State bound by this Convention where a court settlement was approved shall issue, at the request of any interested party, a certificate using the standard form in Annex V to this Convention.

Literatur: ACOCELLA, Internationale Zuständigkeit sowie Anerkennung und Vollstreckung ausländischer Entscheidungen in Zivilsachen im schweizerisch-italienischen Rechtsverkehr, St. Gallen 1989 (zit. ACOCELLA, Internationale Zuständigkeit); DERS., IPRG, LugÜ und die kantonalen Prozessordnungen, MIZV, Nr. 17, Zürich 1993, 1 (zit. ACOCELLA, IPRG); ATTESLANDER-DÜRRENMATT, Der Prozessvergleich im internationalen Verhältnis, Tübingen 2006; BASEDOW, Europäisches Zivilprozessrecht – Generalia, in: Max-Planck-Institut für ausländisches und internationales Privatrecht (Hrsg.), Handbuch des Internationalen Zivilverfahrensrechts, Bd. I/2, Tübingen 1982, 101 (zit. BASEDOW, Hdb. IZVR); DROZ, La compétence judiciare et l'effet des jugements dans la communauté économique européenne selon la Convention de Bruxelles du 27 septembre 1968, Paris 1972; FRISCHE, Verfahrenswirkungen und Rechtskraft gerichtlicher Vergleiche: nationale Formen und ihre Anerkennung im internationalen Rechtsverkehr, Heidelberg 2006; GEIMER, Anerkennung ausländischer Entscheidungen in Deutschland, München 1995 (zit. GEIMER, Anerkennung); v. HOFFMANN/HAU, Deutscher Prozessvergleich kein Anerkennnungshindernis nach Art. 27 Nr. 3 EuGVÜ, IPRax 1995, 217; JAMETTI GREINER, Der Begriff der Entscheidung im schweizerischen internationalen Zivilverfahrensrecht, Basel 1998; KOCH, Anerkennungsfähigkeit ausländischer Prozessvergleiche, FS Schumann, Tübingen 2001, 267; KREN KOSTKIEWICZ, Unterhaltsverträge als Vollstreckungstitel im schweizerischen nationalen und internationalen Recht, ZBJV 2010, 324; KREN, Anerkennbare und vollstreckbare Titel nach IPRG-Gesetz und Lugano-Übereinkommen, FS Vogel, Freiburg 1991, 419; LEUENBERGER, Lugano-Übereinkommen: Verfahren der Vollstreckbarerklärung ausländischer «Geld»-Urteile, AJP 1992, 965 (zit. LEUENBERGER, Lugano-Übereinkommen); DERS., Die neue schweizerische ZPO – Die Rechtsmittel, Anwaltsrevue 2008, 332 (zit. LEUENBERGER, Die neue schweizerische ZPO); MARKUS, Bemerkungen zu BGE 130 III 285, AJP 2006, 366; MEIER, Besondere Vollstreckungstitel nach dem Lugano-Übereinkommen, in: Schwander, LugÜ, 157; MÜLLER BEAT, Anerkennung und Vollstreckung ausländischer Entscheidungen im Bereich des Schuldrechts, St. Gallen 1994; NELLE, Anspruch, Titel und Vollstreckung im internationalen Rechtsverkehr, Tübingen 2000; VOLKEN, Anerkennung und Vollstreckung von Entscheiden nach dem Lugano-Übereinkommen, ZWR 1992, 421; WOLF, Vollstreckbarerklärung, in: Max-Planck-Institut für ausländisches und internationales Privatrecht (Hrsg.), Handbuch des Internationalen Zivilverfahrensrechts, Bd. III/2, Tübingen 1984, 307 (zit. WOLF, Hdb. IZVR).

Übersicht *Seite*

I. Allgemeines

1 Der gerichtliche Vergleich ist in der Schweiz nach allgemeiner Auffassung im Wesentlichen ein **Vertrag**, durch welchen die Parteien mittels gegenseitigen Nachgebens einen Streit beseitigen. Daneben entfaltet er aber auch *prozessuale Wirkungen*. Er beendigt den Prozess und führt zu einem rechtskräftigen oder mindestens vollstreckbaren Rechtstitel. Vor Inkrafttreten der ZPO war es eine Frage des kantonalen Prozessrechts, ob die Prozessbeendigung unmittelbar mit Vergleichsabschluss oder mittelbar gestützt auf einen Erledigungsbeschluss erfolgte und ob dem Vergleich nebst der Vollstreckbarkeit auch materielle Rechtskraft zukam[1]. Nach Art. 241 Abs. 2 ZPO kommt dem gerichtlichen Vergleich nunmehr in der ganzen Schweiz die Wirkung *eines rechtskräftigen Entscheides* zu. Das Gericht schreibt gemäss Art. 241 Abs. 3 ZPO das Verfahren infolge des Vergleichs ab.

2 Im **europäischen Ausland** führt der gerichtliche Vergleich meistens zu einem vollstreckbaren, jedoch *nicht rechtskräftigen* Rechtstitel[2]. Es war daher im EuGVÜ und später in der EuGVVO und entsprechend im LugÜ eine *Sonderregelung* erforderlich, um die Vollstreckbarerklärung dieser Prozessvergleiche, die infolge der fehlenden materiellen Rechtskraft nicht als Gerichtsentscheidungen anerkennungsfähig sind, in einem anderen LugÜ-Staat zu ermöglichen. Gemäss Art. 58 werden gerichtliche Vergleiche in einem anderen LugÜ-Staat unter denselben Bedingungen wie öffentliche Urkunden vollstreckt. Auch hier ist der Normzweck – wie bei den öffentlichen Urkunden – die *Gleichstellung* der gerichtlichen Vergleiche mit den klassischen Entscheidungen. Grundsätzlich sollten die für die Gerichtsentscheidungen vorgesehene Vollstreckungserleichterung und Verfahrensbeschleunigung auch für die gerichtlichen Vergleiche Platz greifen. Angesichts der Einschätzung der Rechtsnatur des Vergleichs als Vertrag gilt die gleiche Regelung wie für öffentliche Urkunden[3].

---

1 Meier, in: Schwander, LugÜ 185.

2 Meier, in: Schwander, LugÜ 187. Zum italienischen Recht etwa vgl. Acocella, Internationale Zuständigkeit 180. Zum deutschen Recht vgl. BGer 29.12.2008, 5A_759/2008 E. 4.2.

3 Bericht Jenard 6. Kap.; Die Vollstreckbarerklärung von öffentlichen Urkunden und Prozessvergleichen wird in einem gemeinsamen Titel IV geregelt.

II. Anwendungsbereich

1. Sachlicher Anwendungsbereich

Gemäss Art. 58 können nur gerichtliche Vergleiche über Forderungen, die in den von Art. 1 bestimmten **Anwendungsbereich** fallen, für vollstreckbar erklärt werden. Es handelt sich also um gerichtliche Vergleiche über zivil- und handelsrechtliche Ansprüche. Eine Vollstreckbarerklärung nach Art. 58 kommt für gerichtliche Vergleiche über öffentlich-rechtliche Verpflichtungen nicht in Betracht, ebenso wenig für gerichtliche Vergleiche, die eine nach Art. 1 Abs. 2 *ausgeschlossene* Materie betreffen. Art. 58 ist daher nicht auf gerichtliche Vergleiche über *erbrechtliche* Ansprüche anwendbar[4]. Die gegenteilige Auffassung überzeugt nicht. Der Wortlaut von Art. 1 ist klar und legt den Anwendungsbereich für das ganze LugÜ fest, es sei denn, aus einer anderen Vorschrift des LugÜ ergebe sich nach ihrer Auslegung Abweichendes. Art. 58 enthält aber keine Anhaltspunkte für eine Ausdehnung des Anwendungsbereichs gerade für gerichtliche Vergleiche. 3

Art. 58 ist auch nicht auf Vergleiche, die im Rahmen eines *Insolvenzverfahrens* gerichtlich bestätigt werden, anwendbar[5]. Da das LugÜ hingegen die **Unterhaltssachen** erfasst, können in einem LugÜ-Staat geschlossene Vergleiche über Unterhaltsansprüche in den anderen LugÜ-Staaten nach Art. 58 für vollstreckbar erklärt werden[6]. Der in der Schweiz *gerichtlich genehmigte* Unterhaltsvertrag nach Art. 287 Abs. 3 ZGB gilt als *Urteilsurrogat* und ist in den anderen LugÜ-Staaten nach den Regeln über die Anerkennung von Gerichtsentscheidungen anzuerkennen und für vollstreckbar zu erklären[7]. Keinen Prozessvergleich i.S.v. Art. 58 stellt der *vormundschaftlich genehmigte* Unterhaltsvertrag dar, da er keinen Prozess beendigt[8]. Er bildet jedoch eine *öffentliche Urkunde* und kann nach Art. 57 Abs. 2 in einem anderen LugÜ-Staat für vollstreckbar erklärt werden. Wenn vor einer ausländischen Verwaltungsbehörde der Unterhaltsprozess 4

---

4 MüKoZPO-Gottwald, Art. 51 EuGVÜ Rz. 2; a.A. Geimer/Schütze, Art. 58 Rz. 9; Schlosser, Art.58 Rz. 1. Ebenso Kropholler, Art. 58 Rz. 2; Meier, in: Schwander, LugÜ 200 f.; Basedow, Hdb. IZVR, I Kap. II Rz. 89; Oberhammer/Dasser-Naegeli, Art. 51 Rz. 8.

5 Oberhammer/Dasser-Naegeli, Art. 51 Rz. 9; Rauscher-Staudinger, Art. 58 Rz. 4.

6 Oberhammer/Dasser-Naegeli, Art. 51 Rz. 9; Kropholler, Art. 58 Rz. 2.

7 Anders BK-Hegnauer, Art. 289 ZGB Rz. 107.

8 Kren Kostkiewicz 347.

durchgeführt und mit einem Vergleich beendet wird, und diesem nicht die Qualität eines Urteilssurrogats zukommt, dann kann der Vergleich in der Schweiz nach Art. 58 i.V.m. Art. 62 für vollstreckbar erklärt werden (s. Rz. 19).

5 Aufgrund des **Günstigkeitsprinzips** können gerichtliche Vergleiche über *ausgeschlossene* Materien, insb. über erbrechtliche Ansprüche, aufgrund des IPRG für vollstreckbar erklärt werden[9]. Vorbehalten sind auch bi- und multilaterale Staatsverträge in Rechtsgebieten, auf die das LugÜ nicht anzuwenden ist (Art. 66)[10]. Nach Art. 67 sind weiter Übereinkünfte vorbehalten, die für *besondere Gebiete* die gerichtliche Zuständigkeit und die Anerkennung und Vollstreckung von gerichtlichen Entscheidungen regeln.

6 Art. 58 sieht für gerichtliche Vergleiche ausdrücklich nur die **Vollstreckbarerklärung** vor. Eine *Anerkennung* und damit eine Erstreckung von Urteilswirkungen kommt in Betracht, soweit eine Gerichtsentscheidung gemäss Art. 32 vorliegt, wobei dann auch die Vollstreckbarklärung nach den für Gerichtsentscheidungen massgebenden Vorschriften von Art. 33 ff. zu erfolgen hat[11].

2. Räumlicher Anwendungsbereich

7 In räumlicher Hinsicht ist die Bestimmung von Art. 58 nur auf gerichtliche Vergleiche anzuwenden, die vor dem Gericht eines *LugÜ-Staates* geschlossen worden sind. Auf den Wohnsitz oder auf die Staatsangehörigkeit der Parteien kommt es – wie bei der öffentlichen Urkunde – nicht an[12]. Anders als bei den öffentlichen Urkunden sind die **Zuständigkeitsbestimmungen** des LugÜ auch auf Gerichtsverfahren anzuwenden, die mit einem Prozessvergleich enden[13]. Da in der Regel im Vergleichsabschluss *eine rügelose Einlassung* gesehen werden kann[14], stellt sich die Frage der Zuständigkeit nur im Zusammenhang mit Art. 22. Zur Bedeutung der Zuständigkeit im Verfahren der Vollstreckbarerklärung s. Rz. 24.

---

[9] ACOCELLA, Internationale Zuständigkeit 168; OBERHAMMER/DASSER-NAEGELI, Art. 51 Rz. 5.

[10] KROPHOLLER, Art. 70 Rz. 1; OBERHAMMER/DASSER-DOMEJ, Art. 56 Rz. 2.

[11] DASSER/OBERHAMMER-NAEGELI, Art. 51 Rz. 5.

[12] OBERHAMMER/DASSER-NAEGELI, Art. 51 Rz. 10; RAUSCHER-STAUDINGER, Art. 58 Rz. 7.

[13] RAUSCHER-STAUDINGER, Art. 58 Rz. 5 ; a.A. GEIMER/SCHÜTZE, Art. 58 Rz. 1.

[14] RAUSCHER-STAUDINGER, Art. 24 Rz. 7.

3. Zeitlicher Anwendungsbereich

In zeitlicher Hinsicht ist Art. 58 auf Vergleiche anwendbar, die abgeschlossen worden sind, nachdem das revidierte LugÜ zwischen **dem Ursprungs- und dem Vollstreckungsstaat** in Kraft getreten ist (Art. 63 Abs. 1)[15]. 8

4. Begriff des gerichtlichen Vergleichs

Der gerichtliche Vergleich wird im LugÜ nach wie vor nicht näher definiert. 9 Art. 58 erfasst nach seinem Wortlaut Vergleiche, die vor einem Gericht im Laufe des Verfahrens geschlossen und im LugÜ-Staat, in dem sie errichtet wurden, vollstreckbar sind. Die Sonderregelung für die Vollstreckbarerklärung von Prozessvergleichen beruht darauf, dass der gerichtliche Vergleich meistens zu einem vollstreckbaren, nicht jedoch rechtskräftigen Rechtstitel führt (s. Rz. 2). Angesichts der Betonung der **Vertragsnatur** des Vergleichs[16] ist es folgerichtig, dass gerichtliche Vergleiche in einem anderen LugÜ-Staat unter denselben Bedingungen *wie öffentliche Urkunden* vollstreckt werden.

Darüber hinaus rechtfertigt es sich, den gerichtlichen Vergleich in erster 10 Linie anhand der **Abgrenzung zu den Gerichtsentscheidungen**, denen nebst der Vollstreckbarkeit weitere prozessuale Wirkungen, insbesondere die materielle Rechtskraft zukommen, zu umschreiben. Im Ansatz ist auch der EuGH nach dieser Methode vorgegangen. Die Begriffsumschreibung hat wie jene der gerichtlichen Entscheidung und der öffentlichen Urkunde **autonomrechtlich** zu erfolgen. Der EuGH hält fest, dass eine Entscheidung dann vorliegt, wenn sie von einem Rechtsprechungsorgan eines Vertragsstaats erlassen wird, das kraft seines Auftrages selbst über zwischen den Parteien bestehende Streitpunkte entscheidet und dass diese Voraussetzung im Falle eines Vergleichs nicht erfüllt sei, selbst wenn er vor einem Gericht eines Vertragsstaates geschlossen worden sei und einen Rechtsstreit beendet habe[17]. Der EuGH weist ausdrücklich darauf hin, dass Prozessvergleiche, wie im Bericht JENARD ausgeführt, im Wesentlichen *vertraglichen* Natur seien, da ihr Inhalt vor allem vom Willen der Parteien bestimmt

---

[15] ATTESLANDER-DÜRRENMATT 100; OBERHAMMER/DASSER-NAEGELI, Art. 51 Rz. 9; OBERHAMMER/DASSER-DOMEJ, Art. 54 Rz. 21; CZERNICH/TIEFENTHALER/KODEK-KODEK, Art. 58 Rz. 1.

[16] Bericht JENARD 6. Kap.; Die Vollstreckbarerklärung von öffentlichen Urkunden und Prozessvergleichen werden in einem gemeinsamen Titel IV geregelt.

[17] EuGH 02.06.1994, Rs C-414/92, *Solo Kleinmotoren/Boch*, Slg. 1994 I 2237 Rz. 17 f.

werde[18]. Hierfür sei eine ausdrückliche Sonderregelung in Art. 51 EuGVÜ (heute Art. 58 EuGVVO bzw. Art. 58 LugÜ) vorgesehen. Damit hat der EuGH den Fall vor Augen, wo der Vergleich lediglich als privatrechtlicher Vertrag gilt und das Gericht sich auf eine **Beurkundungstätigkeit** beschränkt. Dies erklärt die Regelung der Vollstreckbarerklärung von Prozessvergleichen und öffentlichen Urkunden in einem gemeinsamen Titel unter der Überschrift «öffentliche Urkunden und Prozessvergleiche»[19].

11 Andere Prozessvergleiche werden vom Gericht mit **konstitutiver** Wirkung bestätigt oder in das richterliche Urteil **aufgenommen** bzw. zu **Urteilssurrogaten** erklärt. Sie entfalten nach dem Recht des Erststaates *prozessrechtliche* Wirkungen gleich einer gerichtlichen Entscheidung. Zu diesen Vergleichen hat sich der EuGH *nicht* geäussert und es besteht denn auch kein Grund, sie nicht nach den Regeln für Gerichtsentscheidungen anzuerkennen und für vollstreckbar zu erklären.

12 *Anerkenntnisurteile* des deutschen Rechts[20], englische *consent judgements*[21] und französische *jugements d'expédient*[22] werden als Gerichtsentscheidungen betrachtet. Auch der **protokollierte Vergleich** nach Art. 241 Abs. 1 und 2 ZPO erhält die Qualitäten eines Urteilssurrogates also Rechtskraft und Vollstreckbarkeit, und ist m.E. insofern wie eine Gerichtsentscheidung zu behandeln und in den anderen LugÜ-Staaten anerkennungs- und vollstreckbarerklärungsfähig[23]. Die Protokollierung erschöpft sich **nicht** in einer *reinen Beurkundungstätigkeit*. Die Beurkundung ist ein Justizakt, mit welchem dem Vergleich die *prozessualen Wirkungen* zugewiesen werden. Das Urteilssurrogat bewirkt die Gegenstandslosigkeit des Prozesses und es ergeht gestützt darauf ein Abschreibungsbeschluss. Darauf ist im Gegensatz zur alten Rechtslage nach dem Recht gewisser Kantone nicht mehr abzustellen. Weder wird der Abschreibungsbeschluss rechtskräftig, noch hat dessen Nichterlass irgendwelche Auswirkungen auf die Existenz

---

[18] EuGH 02.06.1994, Rs C-414/92, *Solo Kleinmotoren/Boch*, Slg. 1994 I 2237 Rz. 18.

[19] EuGH 02.06.1994, Rs C-414/92, *Solo Kleinmotoren/Boch*, Slg. 1994 I 2237 Rz. 22.

[20] Dasser/Oberhammer-Naegeli, Art. 51 Rz. 54; Kropholler, Art. 32 Rz. 13.

[21] Dasser/Oberhammer-Naegeli, Art. 51 Rz. 54; Rauscher-Staudinger, Art. 58 Rz. 5, 9.

[22] Dasser/Oberhammer-Naegeli, Art. 51 Rz. 54.

[23] S. Geimer, IZPR, 95; Geimer, Anerkennung 99; Geimer/Schütze, Art. 32 Rz. 42; a.A. Dasser/Oberhammer-Naegeli, Art. 51 Rz. 54; Atteslander-Dürrenmatt 113, 140.

des Urteilssurrogates[24]. Art. 241 Abs. 3 ZPO ist eine reine Ordnungsvorschrift[25].

13 Bleibt der vor einem Gericht abgeschlossene Vergleich ein **gewöhnlicher privatrechtlicher Vertrag** und wird ihm nach dem Recht des Erststaates die Vollstreckbarkeit verliehen, so liegt keine Gerichtsentscheidung vor, sondern ein nach Art. 58 vollstreckbarer Prozessvergleich. Zudem müssen auch die wesentlichen Voraussetzungen *für eine öffentliche Urkunde* vorhanden sein. Fehlt eine irgendwie geartete *Urkundstätigkeit* des Gerichts, kann der Vergleich nicht nach Art. 58 für vollstreckbar erklärt werden. Das LugÜ stellt keine besonderen Anforderungen an die Beurkundung, sodass trotz autonomer Qualifikation dem nationalen Recht viel Raum eingeräumt wird (s. Art. 57 Rz. 15). Aufgrund des Prinzips *locus regit actum* ist auf die Form des Vergleichs im Übrigen das Recht des Erststaates anwendbar[26].

14 Soweit die Anforderungen von Art. 241 Abs. 1 und 2 ZPO oder jene von Art. 58 LugÜ nicht erfüllt sind, kann der ausländische Vergleich einen **provisorischen Rechtsöffnungstitel** darstellen[27].

15 Der Prozessvergleich wird in der Schweiz dadurch charakterisiert, dass die Parteien mittels gegenseitigen Nachgebens einen Streit beseitigen. Zwar legt das nationale Recht des Erststaates fest, welche Arten von vollstreckbaren Vergleichen es gibt. Für die Anwendung des LugÜ ist indessen – wie bereits ausgeführt – ein **autonomer** Begriff des gerichtlichen Vergleichs massgebend[28]. Dieser setzt zwar eine Vereinbarung der Prozessparteien über die Beendigung des Prozesses voraus. *Nicht essentiell* für das Vorliegen eines gerichtlichen Vergleichs ist hingegen *das beidseitige Nachge-*

---

24 Die Unwirksamkeit des Vergleichs ist nicht etwa mit Anfechtung des Abschreibungsbeschlusses, sondern ausschliesslich mittels Revision nach Art. 328 Abs. 1 lit. c ZPO geltend zu machen, GASSER/RIKLI, Art. 241 ZPO Rz. 5.

25 Botschaft ZPO Ziff. 5.15 zu Art. 237 und 238 ZPO; GASSER/RIKLI, Art. 241 ZPO Rz. 4; anders BSK ZPO-OBERHAMMER, Art. 241 Rz. 18 ff. und LEUENBERGER, Die neue Schweizerische ZPO 338, die den Vergleich zusammen mit dem entsprechenden Abschreibungsbeschluss als Entscheidsurrogat betrachten. Diese Auffassung erleichtert die Qualifikation des schweizerischen Vergleichs als Entscheidung im Sinne von Art. 32, wenn man davon ausgeht, dass der unmittelbar zur Beendigung des Prozesses führende Vergleich nicht als Entscheidung zu qualifizieren ist (DASSER/OBERHAMMER-NAEGELI, Art. 51 Rz. 53 f.).

26 DASSER/OBERHAMMER-NAEGELI, Art. 51 Rz. 30; CZERNICH/TIEFENTHALER/KODEK-KODEK, Art. 58 Rz. 3.

27 GASSER/RIKLI, Art. 217 ZPO Rz. 4.

28 DASSER/OBERHAMMER-NAEGELI, Art. 51 Rz. 12.

ben. Soweit daher Klageanerkennung und -rückzug im Rahmen eines vor einem Gericht aufgenommenen Vergleichs erklärt werden, fallen sie unter Art. 58, denn hier steht nicht die Streiterledigung durch gegenseitige Zugeständnisse im Vordergrund, sondern die *Vollstreckbarkeit* eines durch eine prozesserledigende Einigung festgestellten Anspruchs[29].

16 Wie der gerichtliche Vergleich erhalten auch die **Klageanerkennung** und der **Klagerückzug** als einseitige Parteierklärungen nach schweizerischem Recht durch Protokollierung vor Gericht nach Art. 241 Abs. 1 und 2 ZPO die Qualitäten eines *Urteilssurrogates*. Klageanerkennung und -rückzug können daher wie Gerichtsentscheidungen in den anderen LugÜ-Staaten anerkannt und für vollstreckbar erklärt werden[30]. Entsprechendes gilt für Klageanerkennung und Klagerückzug in den anderen LugÜ-Staaten, soweit sie vom Gericht mit *konstitutiver* Wirkung bestätigt oder in das richterliche Urteil *aufgenommen* bzw. zu *Urteilssurrogaten* erklärt werden und ihnen nach dem Recht des Erststaates *prozessrechtliche* Wirkungen wie einer gerichtlichen Entscheidung zukommen. Dies gilt bspw. für die deutschen und österreichischen Anerkenntnis- und Verzichtsurteile[31], nicht jedoch für Klageanerkennung und Klagerückzug des italienischen Rechts[32].

17 Bleibt die vor einem Gericht erklärte Klageanerkennung bzw. der erklärte Klagerückzug ein **gewöhnliches materielles Rechtsgeschäft** und wird es nach dem Recht des Erststaates als solches behandelt, so liegt keine Gerichtsentscheidung vor. Die Klageanerkennung kann – wenn sie im Rahmen eines *Prozessvergleichs* oder in Form einer *öffentlichen Urkunde* erfolgt, allenfalls nach Art. 58 bzw. 57 für vollstreckbar erklärt werden[33]. Ein Klagerückzug kommt als Gegenstand einer Vollstreckbarerklärung nach Art. 58 mangels *vollstreckungsfähigen Inhalts* ohnehin nicht in Betracht[34].

18 Der Vergleich muss nach dem Wortlaut von Art. 58 vor einem **Gericht** im Laufe eines Verfahrens geschlossen werden. Wie bei Art. 32 ist der Begriff

---

[29] Dasser/Oberhammer-Naegeli, Art. 51 Rz. 18; Rauscher-Staudinger, Art. 58 Rz. 6; Czernich/Tiefenthaler/Kodek-Kodek, Art. 58 Rz. 2.

[30] Gasser/Rikli, Art. 241 ZPO Rz. 3.

[31] Dasser/Oberhammer-Naegeli, Art. 51 Rz. 58 f.; Rauscher-Staudinger, Art. 58 Rz. 5.

[32] Acocella, Internationale Zuständigkeit 182.

[33] Dasser/Oberhammer-Naegeli, Art. 51 Rz. 60; Acocella, Internationale Zuständigkeit 182.

[34] Dasser/Oberhammer-Naegeli, Art. 51 Rz. 57; Eine Anerkennung ist aber möglich, wenn eine Entscheidung im Sinne von Art. 32 LugÜ vorliegt, s. Rz. 11; Dasser/Oberhammer-Naegeli, Art. 51 Rz. 58.

«Gericht» autonom auszulegen[35]. Auf die Art der Gerichtsbarkeit kommt es – wie Art. 1 Abs. 1 ausdrücklich bestimmt – nicht an (s. Art. 1 Rz. 49). Erfasst sind sowohl Vergleiche vor einem Einzelrichter als auch solche vor einem Richterkollegium[36]. Auch jene, die vor einem anderen Organ der Rechtspflege, wie Urkundsbeamten, Rechtspfleger oder Gerichtsschreiber, denen richterliche Befugnisse verliehen sind, geschlossen werden, können nach Art. 58 für vollstreckbar erklärt werden[37]. Art. 32 spricht ausdrücklich von «Gerichtsbediensteten». Es handelt sich daher in erster Linie um ein Organ, das an einem Gericht beschäftigt ist. Es muss sich um ein staatliches Gericht handeln (s. Art. 1 Rz. 56).

Nach Art. Va des Protokolls Nr. 1 zum aLugÜ fand das Übereinkommen in Erweiterung des Gerichtsbegriffes in besonderen Fällen auch auf Verwaltungsbehörden Anwendung. Art. 62 sieht demgegenüber neu allgemein vor, dass die Bezeichnung «Gericht» jede Behörde umfasst, die von einem LugÜ-Staat als für die in den Anwendungsbereich des LugÜ fallenden Rechtsgebiete zuständig bezeichnet worden ist. Somit sind **alle Verwaltungsbehörden** und Rechtspflegestellen, denen *richterliche* Befugnisse verliehen sind, erfasst (siehe Art. 62 Rz. 1). Dies gilt in allen vom LugÜ erfassten Materien und nicht mehr nur in Unterhaltssachen. Vor diesen Verwaltungsbehörden abgeschlossene Vergleiche können daher neu nach Art. 58 für vollstreckbar erklärt werden. 19

Den **Schlichtungsbehörden** werden nach der ZPO *richterliche* Befugnisse verliehen und sie gelten – auch wenn sie nach kantonalem Recht keine eigentlichen Gerichtsbehörden sind – daher als Gerichte im Sinne des LugÜ (s. Art. 1 Rz. 58 f.). Nicht erfasst werden vom LugÜ hingegen *Alternative Dispute Resolution(ADR)-Verfahren* (siehe Art. 1 Rz. 57). Eine in diesen Verfahren erzielte Einigung wird von Art. 58 nicht erfasst, da darunter nur vollstreckbare *gerichtliche* Vergleiche fallen. Allenfalls kann der *Mediationsvergleich* nach ausländischem Recht nach der Wiederaufnahme des Gerichtsverfahrens vom Richter protokolliert werden und als gerichtlicher 20

[35] Rauscher-Leible, Art. 32 Rz. 17.

[36] Dasser/Oberhammer-Naegeli, Art. 51 Rz. 21.

[37] Dasser/Oberhammer-Naegeli, Art. 51 Rz. 22. Wie bereits ausgeführt, entscheidet das nationale Recht über die Verleihung richterlicher Befugnisse an andere Organe der Rechtspflege, vgl. BGE 134 I 184, wo eine eigenständige Rechtsprechungsbefugnis parallel zu derjenigen des Bezirksrichters in Auslegung des Gerichtsorganisationsgesetzes des Kantons Tessin als unzulässig betrachtet wurde.

Vergleich nach Art. 58 für vollstreckbar erklärt werden[38]. In der Schweiz kann nach Art. 217 ZPO auf Antrag aller Parteien die Schlichtungsbehörde oder das Gericht den Mediationsvergleich *genehmigen*. In diesem Fall erhält er wie der gerichtliche Vergleich die Qualitäten eines *Urteilssurrogates*[39] und kann auch hier wie eine Gerichtsentscheidung in den anderen LugÜ-Staaten anerkannt und für vollstreckbar erklärt werden[40].

21 Wird die Einigung in einer von einem Schlichtungs- und Gerichtsverfahren *losgelösten* Mediation erzielt, kann darüber eine **vollstreckbare öffentliche Urkunde** errichtet werden, wodurch eine Vollstreckbarerklärung nach Art. 57 möglich wird[41].

22 Nach Art. 58 werden Vergleiche für vollstreckbar erklärt, die *vor einem Gericht im Laufe eines Verfahrens* geschlossen wurden. Hinsichtlich des massgebenden Beginns des Verfahrens wurde zum aLugÜ vertreten, dass nicht auf den Eintritt der Rechtshängigkeit abzustellen sei. Unter das LugÜ würden auch Vergleiche fallen, die vor Eintritt der Rechtshängigkeit in einem vorgelagerten Schlichtungsverfahren abgeschlossen werden[42]. In der Schweiz wird die Rechtshängigkeit nach dem neuen Art. 30 nach hier vertretener Ansicht bereits mit der **Einreichung des Schlichtungsgesuchs** begründet. Ebenso wird das Schlichtungs- und Gerichtsverfahren für die Begründung der Rechtshängigkeit als *einheitliches gerichtliches Verfahren* betrachtet (siehe Art. 1 Rz. 60). Insofern können Vergleiche, die vor den schweizerischen Schlichtungsbehörden abgeschlossen wurden, in den anderen LugÜ-Staaten – da ihnen Urteilswirkungen zukommen – als Entscheidungen im Sinne von Art. 32 ff. anerkannt und für vollstreckbar erklärt werden. Dies gilt aber nur soweit, als der Schlichtungsbehörde *richterliche Funktionen* zugewiesen sind. Ausserhalb dieses Bereichs kann der vor der schweizerischen Schlichtungsbehörde abgeschlossene Vergleich in einem anderen LugÜ-Staat nur – aber immerhin – als *öffentliche Urkunde* gemäss Art. 57 für vollstreckbar erklärt werden.

---

38 Rauscher-Staudinger, Art. 58 Rz. 7.

39 Gasser/Rikli, Art. 218 ZPO Rz. 4.

40 A.M. Dasser/Oberhammer-Naegeli, Art. 51 Rz. 54.

41 Gasser/Rikli, Art. 218 ZPO Rz. 5; Rauscher-Mankowski, Art. 1 Rz. 31h.

42 Atteslander-Dürrenmatt 105, 112 f.; Dasser/Oberhammer-Naegeli, Art. 51 Rz. 29; Czernich/Tiefenthaler/Kodek-Kodek, Art. 58 Rz. 2.

III. Voraussetzungen der Vollstreckbarerklärung, Versagungsgründe und Einwendungsmöglichkeiten des Schuldners

1. Vollstreckbarkeit im Erststaat

Die Vollstreckbarerklärung eines gerichtlichen Vergleichs nach Art. 58 setzt – wie bereits erwähnt – voraus, dass er nach dem Recht des Erststaates **vollstreckbar** ist[43]. 23

2. Vereinbarkeit mit dem ordre public des Vollstreckungsstaates

Gemäss Art. 58 werden gerichtliche Vergleiche unter denselben Bedingungen wie öffentliche Urkunden vollstreckt. Der Verweis auf Art. 57 bezieht sich nebst den Verfahrensvorschriften auf die Voraussetzung und Versagungsgründe der Vollstreckbarerklärung. In Anlehnung an die Regelung für gerichtliche Entscheidungen ist daher in entsprechender Anwendung von Art. 57 Abs. 1 Satz 2 nur der Versagungsgrund des offensichtlichen Verstosses gegen den **ordre public** zugelassen. Insbesondere entfällt die Nachprüfung der *internationalen Zuständigkeit* des Gerichts, vor welchem der Vergleich geschlossen wurde. Zwar hat das Gericht, vor welchem der Vergleich geschlossen wurde, seine internationale Zuständigkeit nach den Regeln des LugÜ zu prüfen (s. Rz. 7). Die Vollstreckbarerklärung kann aber bei Verstoss gegen die Zuständigkeitsregeln des LugÜ dennoch nicht abgelehnt werden. Denn die Einhaltung der Bestimmungen über die internationale Zuständigkeit gehört nicht zum ordre public[44]. Eine entsprechende Rüge ist im *Erststaat* zu erheben[45]. 24

3. Materiellrechtliche Einwendungen des Schuldners

Beim gerichtlichen Vergleich kann der Schuldner materiellrechtliche Einwendungen erheben, die der Vollstreckung entgegenstehen, und welche seit Abschluss des Vergleichs entstanden sind, wie insbesondere nachträgliche Tilgung, Stundung, Verjährung oder Verwirkung der geschuldeten 25

[43] Dasser/Oberhammer-Naegeli, Art. 51 Rz. 32; Rauscher-Staudinger, Art. 58 Rz. 10.

[44] A.M. Meier, in: Schwander, LugÜ 200.

[45] Rauscher-Staudinger, Art. 58 Rz. 14.

Leistungen (s. Art. 57 Rz. 31). Es stellt sich die Frage, ob im Vollstreckbarerklärungs- oder im Vollstreckungsverfahren auch materiellrechtliche Einwendungen gegen die *Gültigkeit* des gerichtlichen Vergleichs, wie z.B. Willensmängel, erhoben werden können. Soweit dem gerichtlichen Vergleich *keine Rechtskraftwirkung* zukommt und er – obwohl der betreffende Anspruch gerichtlich nicht beurteilt wurde – zur Vollstreckung zugelassen wird, können gleich wie bei der öffentlichen Urkunde **sämtliche materiellrechtliche Einwendungen** gegen den Bestand des Anspruchs erhoben werden, und zwar gleichgültig, wann sie entstanden sind[46].

26 Die Frage der Anfechtung des gerichtlichen Vergleichs richtet sich in erster Linie nach der Prozessordnung, unter welcher der Vergleich abgeschlossen worden ist[47]. Im schweizerischen Recht ist der gerichtliche Vergleich ein **Urteilssurrogat**, dessen Unwirksamkeit mittels *Revision* gemäss Art. 328 Abs. 1 lit. c ZPO geltend zu machen ist[48]. Damit ist er in den anderen LugÜ-Staaten als Entscheidung nach Art. 32 ff. anzuerkennen und für vollstreckbar zu erklären (dazu näher Rz. 11 f.). Ausländische gerichtliche Vergleiche, welche die Merkmale einer Entscheidung im Sinne von Art. 32 *nicht* erfüllen, können sofern sie die Merkmale eines gerichtlichen Vergleichs im Sinne von Art. 58 erfüllen, nach dieser Bestimmung für vollstreckbar erklärt werden.

27 Der nach Art. 58 vollstreckbare gerichtliche Vergleich über eine **Geldleistung** gilt als *definitiver Rechtsöffnungstitel* nach Art. 80 f. SchKG[49]. Im Übrigen kann ein ausländischer gerichtlicher Vergleich *nicht wie ein schweizerischer* behandelt werden. Letzterer hat, wie bereits ausgeführt die Wirkungen eines Urteilssurrogats. Im Vollstreckungsverfahren sind nur die Einwendungen nach Art. 81 Abs. 1 SchKG bzw. Art. 341 Abs. 3 ZPO zulässig. Der ausländische gerichtliche Vergleich, der gemäss Art. 58 für vollstreckbar erklärt wird, hat diese Wirkungen nicht. Da durch die Vollstreckbarerklärung einem ausländischen gerichtlichen Vergleich *nicht mehr Wirkungen* zukommen können, als er im Erststaat hat[50], kann er in der Schweiz nicht als Urteilssurrogat behandelt werden[51]. M.E. ist **die analoge**

---

46 A.A. Atteslander-Dürrenmatt 201.

47 Jametti Greiner 355; Dasser/Oberhammer-Naegeli, Art. 51 Rz. 3.

48 Gasser/Rikli, Art. 241 ZPO Rz. 5.

49 OGer TG 02.11.2001, RBOG 2001, Nr. 29.

50 Acocella, Internationale Zuständigkeit 144, 150 f.; s. auch Art. 30 IPRG, § 84b öst. EO.

51 A.A. Amonn/Walther, § 19 Rz. 42, 58.

Anwendung der Vollstreckungsregelung für öffentliche Urkunden gerechtfertigt[52]. Deshalb kann der Schuldner nebst den Einreden der Tilgung, der Stundung und des Erlasses, deren Nachweis durch Urkunden geführt werden muss, sowie der Verjährung (Art. 81 Abs. 1 SchKG), in analoger Anwendung von Art. 81 Abs. 2 SchKG, *weitere Einwendungen* gegen die Leistungspflicht erheben, sofern sie sofort beweisbar sind. Dem Schuldner verbleibt im Weiteren **die negative Feststellungsklage** nach Art. 85a SchKG, insbesondere dann, wenn ihm der sofortige Beweis nicht gelingt[53]. Zu den Rechtsbehelfen des Gläubigers und zum Vorrang der Vollstreckbarerklärung gemäss LugÜ s. Art. 57 Rz. 39.

Ausländische gerichtliche Vergleiche über **Nichtgeldleistungen** werden *analog* im Verfahren nach Art. 350 f. ZPO vollstreckt. Vor dem Vollstreckungsgericht kann die verpflichtete Partei in analoger Anwendung von Art. 351 Abs. 1 ZPO wiederum *Einwendungen gegen die Leistungspflicht* geltend machen, soweit sie sofort beweisbar sind. In analoger Anwendung von Art. 352 ZPO bleibt *die gerichtliche Beurteilung* der Leistungspflicht in jedem Fall vorbehalten. Insbesondere kann die verpflichtete Partei jederzeit auf Feststellung klagen, dass der Anspruch nicht oder nicht mehr besteht oder gestundet ist, dies vor allem dann, wenn sie den sofortigen Beweis nicht erbringen kann[54]. Zu den Rechtsbehelfen des *Gläubigers* und zum Vorrang der Vollstreckbarerklärung nach dem LugÜ s. Art. 57 Rz. 39. 28

IV. Verfahren der Vollstreckbarerklärung

1. Allgemeines

Prozessvergleiche werden in anderen LugÜ-Staaten wie öffentliche Urkunden im Verfahren gemäss Art. 38 ff. für vollstreckbar erklärt. Anwendbar ist daher das **einseitige Verfahren der Vollstreckbarerklärung** und allenfalls das **Rechtsbehelfsverfahren.** Es kann daher diesbezüglich auf die entsprechende Kommentierung zu Art. 57 verwiesen werden (s. Rz. 34 ff.). Unter den dort erläuterten Bedingungen hat der Gläubiger auch 29

52 A.A. ATTESLANDER-DÜRRENMATT 197.

53 GASSER/RIKLI, Art. 349 ZPO Rz. 3; AMONN/WALTHER § 20 Rz. 20.

54 Eine analoge Anwendung von Art. 352 ZPO kommt auch in Betracht, wenn bei Art. 341 Abs. 3 ZPO (d.h. bei der Urteilsvollstreckung) der Urkundenbeweis nicht erbracht werden kann (STAEHELIN A./STAEHELIN D./GROLIMUND, § 28 Rz. 68.

hinsichtlich der Vollstreckbarerklärung von gerichtlichen Vergleichen die *Wahl*, das selbständige Exequaturverfahren einzuleiten oder bei Geldforderungen zuerst die Betreibung einzuleiten und die integrierte Vollstreckbarerklärung im Rahmen des Verfahrens auf definitive Rechtsöffnung, bzw. bei anderen Forderungen, die integrierte Vollstreckbarerklärung im Rahmen des Vollstreckungsverfahrens gemäss Art. 350 f. ZPO zu verlangen (s. Art. 57 Rz. 40 ff., 52 ff.). Zur Unzulässigkeit einer *Leistungsklage* aufgrund des materiellrechtlichen Vergleichsanspruchs s. Art. 57 Rz. 39).

2. Vollstreckbarerklärung im Rahmen des Rechtsöffnungsverfahrens und des Vollstreckungsverfahrens nach ZPO

a) Rechtsöffnungsverfahren

30 Für Einzelheiten, insbesondere hinsichtlich des Verfahrens, wird auf die Kommentierung zu Art. 57 verwiesen (s. Rz. 40 ff.); zu den Einwendungsmöglichkeiten s. Rz. 41 f.

b) Vollstreckungsverfahren nach ZPO

31 Zur LugÜ-konformen Ausgestaltung des kantonalen Vollstreckungsverfahrens s. Art. 57 Rz. 55; zu den möglichen Einwendungen des Schuldners s. Rz. 53 f.

3. Erstinstanzliches Vollstreckbarerklärungsverfahren

32 Das erstinstanzliche Verfahren wird nach Art. 38 ff. ohne Anhörung des Schuldners durchgeführt. Die Prüfung der Versagungs- und Aufhebungsgründe erfolgt in entsprechender Anwendung von Art. 57 Abs. 1 Satz 2 nur noch im Rechtsbehelfsverfahren. Für weitere Einzelheiten siehe Art. 57 Rz. 56 ff.; zur Bescheinigung nach Anhang V s. Art. 58 Satz 2 und Komm. zu Art. 54.

4. Rechtsbehelfsverfahren

a) Prüfungsumfang

33 In entsprechender Anwendung von Art. 57 Abs. 1 Satz 2 ist die Vollstreckbarerklärung nach Art. 58 nur zu versagen oder aufzuheben, wenn die

Zwangsvollstreckung aus dem gerichtlichen Vergleich der öffentlichen Ordnung (ordre public) des Vollstreckungsstaates offensichtlich widersprechen würde. Für weitere Einzelheiten s. Art. 57 Rz. 61 ff.

b) Materiellrechtliche Einwendungen gegen den Vergleichsanspruch

(1) Allgemeines

Der Schuldner kann gegen die Vergleichsforderung *materiellrechtliche Einwendungen* geltend machen, und zwar unabhängig davon, wann sie *entstanden* sind (s. Rz. 25). Neben prozessökonomischen Gründen, die schon für eine Zulassung materiellrechtlicher Einwendungen im Rahmen des Exequaturverfahrens für gerichtliche Entscheidungen sprechen, rechtfertigt der **Schuldnerschutz** auch für die gerichtlichen Vergleiche – wie bei den öffentlichen Urkunden – die erweiterte Zulassung materiellrechtlicher Einwendungen. Der Vergleichsanspruch, obwohl nicht gerichtlich beurteilt, kommt ebenfalls in den Genuss der Vollstreckbarerklärung für gerichtliche Entscheidungen[55]. Nach Art. 58 Satz 1 soll der gerichtliche Vergleich unter denselben Bedingungen wie öffentliche Urkunden vollstreckt werden. Zur Zulässigkeit von nur unbestrittenen bzw. rechtskräftig beurteilten sowie von solchen Einwendungen, die mit liquiden Beweismitteln sofort beweisbar sind (s. Art. 57 Rz. 67). 34

(2) Sistierung des Rechtsbehelfsverfahrens

Der Schuldner kann eine Vollstreckungsabwehrklage oder eine negative Feststellungsklage während eines hängigen Exequaturverfahrens und unter **Sistierung** desselben einleiten, insbesondere, wenn er die Einwendungen gegen den Vergleichsanspruch nicht sofort beweisen kann oder wenn er eine materiell rechtskräftige Klärung des Bestandes des Anspruchs erreichen will und daher ausserhalb eines Exequaturverfahrens eine Vollstreckungsabwehrklage bzw. eine negative Feststellungsklage erhebt oder erheben will bzw. muss[56]. Näher dazu s. Art. 57 Rz. 68 ff. 35

---

[55] Dasser/Oberhammer-Staehelin, Art. 51 Rz. 64; a.A. Atteslander-Dürrenmatt 200 ff.; Meier, in: Schwander, LugÜ 199; Müller 113 f.; Rauscher-Mankowski, Art. 58 Rz. 16.

[56] Droz Rz. 622; Wolf, Hdb. IZVR Rz. 107; a.A. Atteslander-Dürrenmatt 203.

(3) Zuständigkeitsfragen

36 Funktional handelt es sich bei der Geltendmachung der materiellen Einwendungen gegen den Vergleichsanspruch im Vollstreckungsverfahren in analoger Anwendung von Art. 81 Abs. 2 SchKG bzw. Art. 351 Abs. 1 ZPO wie bei der öffentlichen Urkunde um einen Rechtsbehelf **zur Abwehr der Vollstreckung** (s. Art. 57 Rz. 70). Für weitere Einzelheiten zu den Zuständigkeitsfragen, vor allem hinsichtlich des Vollstreckbarerklärungsverfahrens und der Feststellungsklage gemäss Art. 85a SchKG (siehe Rz. 27 und Art. 57 Rz. 71).

5. Weiterer Rechtsschutz des Schuldners ausserhalb des Rechtsbehelfsverfahrens

37 Da die Gültigkeit des Prozessvergleichs vom Gericht, vor welchem der Vergleich abgeschlossen wurde, grundsätzlich nicht überprüft wird, kann der Schuldner die materiellrechtlichen Einwendungen gegen den Vergleichsanspruch regelmässig auch mit **im Staat des Vergleichsabschlusses** eigens dafür vorgesehenen Rechtsbehelfen verschiedenster Art, insbesondere mit Vollstreckungsabwehrklage oder negativer Feststellungsklage geltend machen. Für weitere Einzelheiten zu diesen Klagen siehe Art. 57 Rz. 72 f.

Titel V: Allgemeine Vorschriften

Art. 59

1. Ist zu entscheiden, ob eine Partei im Hoheitsgebiet des durch dieses Übereinkommen gebundenen Staates, dessen Gerichte angerufen sind, einen Wohnsitz hat, so wendet das Gericht sein Recht an.

2. Hat eine Partei keinen Wohnsitz in dem durch dieses Übereinkommen gebundenen Staat, dessen Gerichte angerufen sind, so wendet das Gericht, wenn es zu entscheiden hat, ob die Partei einen Wohnsitz in einem anderen durch dieses Übereinkommen gebundenen Staat hat, das Recht dieses Staates an.

Art. 59

1. Pour déterminer si une partie a un domicile sur le territoire de l'État lié par la présente Convention dont les tribunaux sont saisis, le juge applique sa loi interne.

2. Lorsqu'une partie n'a pas de domicile dans l'État dont les tribunaux sont saisis, le juge, pour déterminer si elle a un domicile dans un autre État lié par la présente Convention, applique la loi de cet État.

Art. 59

1. Per determinare se una parte ha il domicilio nel territorio dello Stato vincolato dalla presente convenzione in cui è pendente il procedimento, il giudice applica la legge nazionale.

2. Qualora una parte non sia domiciliata nello Stato i cui giudici sono aditi, il giudice, per stabilire se essa ha il domicilio in un altro Stato vincolato dalla presente convenzione, applica la legge di quest'ultimo Stato.

Art. 59

1. In order to determine whether a party is domiciled in the State bound by this Convention whose courts are seised of a matter, the court shall apply its internal law.

2. If a party is not domiciled in the State whose courts are seised of the matter, then, in order to determine whether the party is domiciled in another State bound by this Convention, the court shall apply the law of that State.

Literaturverzeichnis zu Art. 59 und 60: Baumbach/Lauterbach/Albers/Hartmann (Hrsg.), Zivilprozessordnung, 68. Aufl., München 2010 (zit. BAUMBACH/LAUTERBACH/ALBERS/HARTMANN-BEARBEITER); BUCHER, Iurisprudence suisse en matière de droit international privé des personnes et de la famille, SZIER 1994, 285 f.; Czernich/Tiefenthaler/Kodek (Hrsg.), Kurzkommentar Europäisches Gerichtsstands- und Vollstreckungsrecht. EuGVO und Lugano-Übereinkommen, 2. Aufl., Wien 2003 (zit. CZERNICH/TIEFENTHALER/KODEK-BEARBEITER); DASSER/OBERHAMMER, Kommentar zum Lugano Übereinkommen (LugÜ), Bern 2008; DONZALLAZ, La Convention de Lugano du 16 septembre 1988 concernant la compétence judiciaire et l'exécution des décisions en matière civile et commerciale, 3 Bde., Bd. I, Bern 1996; DUTOIT, Kommentar zum IPRG, 4. Aufl., Basel 2004; Geimer/Schütze (Hrsg.), Europäisches Zivilverfahrensrecht. Kommentar zur EuGVVO, EuEheVO, EuZustellungsVO, zum Lugano-Übereinkommen und zum nationalen Kompetenz- und Anerkennungsrecht der Mitgliedstaaten, unter Mitarb. von Ewald Geimer et al., 3. Aufl., München 2009 (zit. GEIMER/SCHÜTZE, EuZVR); GIRSBERGER/HEINI/KELLER/KREN KOSTKIEWICZ/SIEHR/VISCHER/VOLKEN, Zürcher Kommentar zum IPRG, 2.Aufl., Zürich 2004 (zit. ZK IPRG-BEARBEITER); Honsell/Vogt/Schnyder/Berti (Hrsg.), Internationales Privatrecht, 2. Aufl., Basel 2007 (zit. IPRG-Bearbeiter); KROPHOLLER, Europäisches Zivilprozessrecht, Kommentar zu EuGVO, Lugano-Übereinkommen und Europäischem Vollstreckungstitel, 8. Aufl., Frankfurt a. M. 2005; LEVANTE, Wohnsitz und gewöhnlicher Aufenthalt im internationalen Privat- und Zivilprozessrecht der Schweiz, Diss. St. Gallen 1998; MAGNUS/MANKOWSKI, Brussels I Regulation, München 2007 (zit. Magnus/Mankowski-Bearbeiter); MEIER, Internationales Zivilprozessrecht und Zwangsvollstreckungsrecht mit Gerichtsstandsgesetz, 2. Aufl., Zürich 2005 (zit. MEIER, IZPR); Münchener Kommentar zur Zivilprozessordnung, Band 3, 3. Aufl., München 2008 (zit. MünchKommZPO-BEARBEITER); POCAR, Erläuternder Bericht zum Übereinkommen über die gerichtliche Zuständigkeit und die Vollstreckung gerichtlicher Entscheidungen in Zivil- und Handelssachen (unterzeichnet am 30. Oktober 2007 in Lugano), Amtsblatt der Europäischen Union, 23.12.09, 2009/C 319/01; Musielak (Hrsg.), Kommentar zur Zivilprozessordnung mit Gerichtsverfassungsgesetz, 5. Aufl., München 2007 (zit. Musielak-BEARBEITER); Rauscher (Hrsg.), Europäisches Zivilprozessrecht, Kommentar, 2 Bde., 2. Aufl., München 2006 (zit. Rauscher-BEARBEITER); Rauscher/Wax/Wenzel (Hrsg.), Münchener Kommentar zur Zivilprozessordnung mit Gerichtsverfassungsgesetz und Nebengesetzen, Bd. 3, 3. Aufl., München 2007 (zit: MünchKommZPO-BEARBEITER); Saenger (Hrsg.), Zivilprozessordnung. EGZPO, GVG, EGGVG, EuGVVO, AVAG, EheGVVO, IntFamRVG. Handkommentar, Baden-Baden 2006 (zit. Hk-ZPO-Bearbeiter); SCHLOSSER, EU-Zivilprozessrecht. EuGVVO, EuEheVO, AVAG, HZÜ, EuZVO, HBÜ, EuBVO: Kommentar, 2. Aufl., München 2003 (zit. SCHLOSSER, EuGVVO); SCHNYDER/LIATOWITSCH, Internationales Privat- und Zivilverfahrensrecht, 2. Aufl., Zürich 2006; SCHWANDER, Internationale Zuständigkeit in Scheidungssachen. Wohnsitzbegriff. Besprechung des Bundesgerichtsentscheids vom 09.02.1993, AJP 1993, 740.; Thomas/Putzo/Reichold (Hrsg.), Zivilprozessordnung mit Gerichtsverfassungsgesetz, den Einführungsgesetzen und europarechtlichen Vorschriften, 26. Aufl., München 2004 (zit. THOMAS/PUTZO/REICHOLD-BEARBEITER); WALTER, Internationales Zivilprozessrecht der Schweiz: Ein Lehrbuch, 4. Aufl., Bern/Stuttgart/Wien 2007; (zit. WALTER, Internationales Zivilprozessrecht).

Übersicht *Seite*

I. Anwendungsbereich

Art. 59 übernimmt inhaltlich unverändert den früheren Art. 52 aLugÜ/EuGVÜ. 1

Art. 59 und 60 bestimmen, wie der **Wohnsitz von natürlichen und juristischen Personen sowie Gesellschaften zu ermitteln** ist. Diese Vorschriften gelten für das gesamte LugÜ, d.h. sowohl für den Zuständigkeitskatalog in den Art. 2 ff. als auch für das Anerkennungs- und Exequaturverfahren (z.B. Art. 35 Abs. 1, Art. 39 Abs. 2, Art. 43 Abs. 5)[1]. 2

1. Ermittlung des Wohnsitzes im Rahmen der direkten Zuständigkeit

Der **Hauptanwendungsfall** von Art. 59 liegt in der **Bestimmung der Zuständigkeit**[2]. Der Wohnsitz nimmt für den Anwendungsbereich der Zuständigkeitsvorschriften des LugÜ eine zentrale Bedeutung ein[3]. Er ist **Hauptanknüpfungspunkt** für die internationale Zuständigkeit der Gerichte (vgl. Art. 2, Art. 3 Abs. 1, Art. 4 Abs. 1, Art. 23)[4]. 3

Art. 59 ist sowohl auf den Wohnsitz des Beklagten wie auch des Klägers anwendbar[5]. Im Vordergrund steht dabei der Wohnsitz des Beklagten; teilweise ist aber auch der Wohnsitz des Klägers massgebend (insbes. Art. 5 Nr. 2, Art. 9 Abs. 1 lit. b)[6]. 4

2. Ermittlung des Wohnsitzes im Rahmen von Anerkennung und Vollstreckung

Art. 59 kann auch **im Rahmen der Anerkennung und Vollstreckung** von Bedeutung sein[7]. 5

Ausnahmsweise ist im Anerkennungs- bzw. Vollstreckbarerklärungsstadium die internationale Zuständigkeit des Erststaates nachzuprüfen (vgl. 6

1 Rauscher-Staudinger, Vorbem. zu Kap. V Rz. 1 f.
2 Kropholler, Art. 59 Rz. 4.
3 Donzallaz Rz. 1013.
4 Rauscher-Staudinger, Art. 59 Rz. 1.
5 Kropholler, Art. 59 Rz. 4.
6 Kropholler, Art. 59 Rz. 4; Dasser/Oberhammer-Furrer/Sheikh, Art. 52 Rz. 2.
7 Geimer/Schütze, EuZVR Art. 59 Rz. 39–41; Rauscher-Staudinger, Art. 59 Rz. 4; Donzallaz N 1014 f.

insbesondere Art. 35 Abs. 1 sowie Art. 63 Abs. 2 und Art. 68). Hier kann Art. 59 eine Rolle spielen, wenn die internationale Zuständigkeit auf den Wohnsitz des Beklagten im Gerichtsstaat gestützt wird. Im Interesse einer einheitlichen Entscheidfindung sollte die Rechtsmittelinstanz den Wohnsitz nach dem Recht des Erststaates bestimmen[8].

7 Im Vollstreckungsverfahren kann der Wohnsitz für die **örtliche Zuständigkeit zur Stellung des Antrags auf Vollstreckbarerklärung** sowie die Bestimmung der Frist des Rechtsbehelfs gegen die Vollstreckbarerklärung relevant sein (Art. 39 Abs. 2, Art. 43 Abs. 5).

II. Keine autonome Wohnsitzdefinition

1. Verweisung auf das nationale Recht

8 Art. 59 sieht (nun im Gegensatz zur revidierten Bestimmung des Sitzes von Gesellschaften und juristischen Personen, Art. 60 Abs. 1 und 2) keine autonome materiellrechtliche Definition des Wohnsitzes vor, sondern beschränkt sich auf **Kollisionsnormen** zur Bestimmung des auf die Feststellung des Wohnsitzes anwendbaren Rechts[9].

9 Die kollisionsrechtliche Lösung wird in der Lehre häufig als kompliziert und schwerfällig bezeichnet[10]. In der Tat bleiben durch das Festhalten an nationalen Regelungen zur Wohnsitzfrage anstelle einer vertragsautonomen Lösung unterschiedliche Auffassungen zur Wohnsitzfrage möglich, so dass sowohl positive als auch negative Kompetenzkonflikte nicht völlig ausgeschlossen werden können[11]. In der Lehre wird teilweise dafür plädiert, auf den Wohnsitz und die komplizierte zweistufige Prüfungsmethode

---

[8] Geimer/Schütze, EuZVR Art. 59 Rz. 41; a.M. Rauscher-Staudinger, Art. 59 Rz. 4, gemäss welchem die Rechtsmittelinstanz nach Art. 45 Abs. 1, Art. 35 Abs. 1 den Wohnsitz nicht nach dem Recht des Erststaates bestimmen muss: «Eine Bindung ergibt sich für das Rechtsmittelgericht nach Art. 35 Abs. 2 allein im Hinblick auf die tatsächlichen Feststellungen, nicht aber bezüglich der rechtlichen Würdigung des Sachverhaltes. Dies gilt ebenso für den Wohnsitz. Damit verbleibt es bei der kollisionsrechtlichen Lösung des Art. 59.»

[9] Geimer/Schütze, EuZVR, Art. 59 Rz. 1; Kropholler, Art. 59 Rz. 1; Rauscher-Staudinger Art. 59 Rz. 1.

[10] Kropholler, Art. 59 Rz. 3, Geimer/Schütze, EuZVR Art. 59 Rz. 1.

[11] Magnus/Mankowski/Vlas, Art. 59 Rz. 2.

zu verzichten und stattdessen auf den gewöhnlichen Aufenthaltsort abzustellen[12].

Die Verweisung auf nationales Recht darf **nicht dazu benutzt** werden, **ex- 10
orbitante Zuständigkeiten zu schaffen**[13]. Der gewählte Wohnsitz, den die Rechtsordnungen mancher Mitgliedstaaten kennen (so Frankreich, Italien und die Beneluxstaaten)[14] bzw. das Wahldomizil i.S.v. Art. 40 Abs. 2 oder eine blosse Zustelladresse begründen keinen Wohnsitz i.S.v. Art. 59[15].

2. Massgebliches Recht

Massgeblich sind die in den LugÜ-Staaten anwendbaren Bestimmungen 11
über die Begründung und Aufhebung des Wohnsitzes. Die LugÜ-Staaten können einen besonderen Wohnsitzbegriff für die Zwecke des LugÜ vorsehen[16] (so z.B. Vereinigtes Königreich und Irland[17]). Falls ein prozessualer Wohnsitzbegriff besteht, geht dieser dem zivilrechtlichen vor[18].

Bei Art. 59 handelt es sich um eine **dynamische Verweisung;** verwiesen 12
wird auf das jeweils geltende nationale Recht[19]. Durch Änderung ihres Wohnsitzrechts können LugÜ-Staaten grundsätzlich ihre internationale Entscheidzuständigkeit verändern[20]; sie dürfen aber keine neuen exorbitanten Zuständigkeiten schaffen[21].

3. Massgeblicher Zeitpunkt (perpetuatio fori)

Der Grundsatz der ***perpetuatio fori*** wird zwar weder im Abkommen noch 13
in den Materialien angesprochen, doch geht die Lehre allgemein von seiner Anwendbarkeit aus. Massgeblich ist somit der **Wohnsitz bei Klageerhe-**

---

12 RAUSCHER-STAUDINGER, Art. 59 Rz. 9.

13 Vgl. die Beispiele bei GEIMER/SCHÜTZE, EuZVR Art. 59 Rz. 7.

14 GEIMER/SCHÜTZE, EuZVR Art. 59 Rz. 11.

15 KROPHOLLER, Art. 59 Rz. 1; MünchKommZPO-GOTTWALD, Art. 52 Rz. 2; RAUSCHER-STAUDINGER, Vorbem. zu Kap. V Rz. 1 Fn. 1; DONZALLAZ Rz. 1054 ff.

16 RAUSCHER-STAUDINGER, Art. 59 Rz. 6; SCHLOSSER, EuGVVO Art. 59 Rz. 5 (beide für die EU-Mitgliedsstaaten in Bezug auf Art. 59 EuGVVO).

17 Dazu GEIMER/SCHÜTZE, EuZVR Art. 59 Rz. 13 f.; SCHLOSSER, EuGVVO Art. 59 Rz. 5.

18 DONZALLAZ Rz. 1038 f.; KROPHOLLER Rz. 1; BGE 133 III 252, 253 E. 4.

19 GEIMER/SCHÜTZE, EuZVR Art. 59 Rz. 6; RAUSCHER-STAUDINGER, Art. 59 Rz. 1.

20 GEIMER/SCHÜTZE, EuZVR Art. 59 Rz. 6.

21 GEIMER/SCHÜTZE, EuZVR Art. 59 Rz. 7; RAUSCHER-STAUDINGER, Art. 59 Rz. 1.

bung; eine spätere Verlegung des Wohnsitzes bleibt für die Zuständigkeit der Gerichte ohne Bedeutung[22].

14 Zur Bestimmung des Wohnsitzes nach Art. 39 Abs. 2 im Zusammenhang mit dem Vollstreckungsantrag wird auf den Zeitpunkt der Antragstellung abgestellt. Es gilt auch hier der Grundsatz der *perpetuatio fori*[23].

III. Wohnsitz im Gerichtsstaat (Abs. 1)

15 Abs. 1 regelt, wie vorzugehen ist, wenn entschieden werden muss, ob eine Partei ihren Wohnsitz im Gerichtsstaat hat. In diesem Fall **hat das Gericht sein eigenes Recht anzuwenden**[24].

16 Ist ein Schweizer Gericht angerufen und ist das Vorliegen eines Wohnsitzes in der Schweiz zu prüfen, ist **Art. 20 IPRG** massgebend[25]. Dieser enthält eine autonome Definition des Wohnsitzes für internationale Sachverhalte; der Wohnsitzbegriff des ZGB ist nicht anwendbar (Art. 20 Abs. 2 Satz 3 IPRG)[26]. Ausgeschlossen sind somit der fortgesetzte Wohnsitzes bis zum Erwerb eines neuen Wohnsitzes (Art. 24 ZGB)[27], der abgeleitete Wohnsitz des Art. 25 und der Aufenthalt in einer Anstalt (Art. 26 ZGB)[28].

17 Gemäss Art. 20 Abs. 1 lit. a IPRG hat eine natürliche Person ihren Wohnsitz in dem Staat, in dem sie sich mit der Absicht dauernden Verbleibens aufhält. Auch wenn die entsprechende Bestimmung in Art. 23 Abs. 1 ZGB im internationalen Verhältnis nicht anwendbar ist, kann für die Auslegung dennoch auf die dazugehörige zivilrechtliche Lehre und Rechtsprechung zurückgegriffen werden[29].

---

22 Hk-ZPO-Dörner, Art. 59 Rz. 5; Rauscher-Staudinger, Art. 59 Rz. 3, 4.

23 Rauscher-Staudinger, Art. 59 Rz. 4.

24 Kropholler, Art. 59 Rz. 6; Dasser/Oberhammer-Furrer/Sheikh, Art. 52 Rz. 8.

25 Dazu Walter, Internationales Zivilprozessrecht S. 114-116; Donzallaz Rz. 1074 ff.; Dasser/Oberhammer-Furrer/Sheikh, Art. 52 Rz. 10.

26 Meier, IZPR 97; Schnyder/Liatowitsch Rz. 544; BGE 133 III 252, 254 E. 4.

27 BGE 133 III 252, 254 f. E. 4; 119 II 64 E. 2a/aa; 119 II 167, 169 E. 2b; ZK IPRG-Keller/Kren Kostkiewicz, Art. 20 Rz. 70; Dutoit, Art. 20 Rz. 11.

28 IPRG-Westenberg Art. 20 Rz. 8; Schnyder/Liatowitsch Rz. 373, Walter, Internationales Zivilprozessrecht 115.

29 Schnyder/Liatowitsch Rz. 545 ff.; Walter, Internationales Zivilprozessrecht S. 115 m.H. auf BGE 120 III 8: «La notion de domicile prévue par cette disposition étant la même que celle prévue à l'Art. 23 al. 1 CC, son interprétation doit s'inspirer très étroitement de celle du

Erforderlich für das Vorliegen eines Wohnsitzes ist einerseits der physische Aufenthalt als objektives Element sowie eine auch für Dritte erkennbare Absicht dauernden Verbleibens als subjektives Element[30]. Massgeblich ist der Ort, wo sich im massgeblichen Zeitpunkt der tatsächliche Lebensmittelpunkt befindet[31]. Der Lebensmittelpunkt liegt dort, wo der Schwerpunkt der familiären und sozialen Interessen einer Person liegt[32]. Weitere Anhaltspunkte sind berufliche sowie finanzielle Interessen[33]. Was die Dauer des Aufenthalts betrifft, ist zwar kein bestimmtes Mindestmass erforderlich, doch muss sich aus dem Verhalten der Person ergeben, dass sie eine gewisse Zeit an diesem Ort zu verbleiben beabsichtigt[34]. 18

Gemäss Art. 20 Abs. 2 IPRG ist ein Wohnsitz an mehreren Orten zugleich ausgeschlossen. 19

Hat eine Person nirgends Wohnsitz, tritt nach der Regelung des IPRG an dessen Stelle der gewöhnliche Aufenthalt (Art. 20 Abs. 2 Satz 2 IPRG). Der Aufenthaltsort dient aber nicht generell als Auffanggerichtsstand. Er ersetzt nur dann den Wohnsitz, wenn die betreffende Person über gar keinen, d.h. auch über keinen ausländischen Wohnsitz, verfügt[35]. Liegt ein ausländischer Wohnsitz vor, kann in der Schweiz nur am Aufenthaltsort geklagt werden, wenn dies im IPRG vorgesehen ist[36]. Im Vertrags- und Gesellschaftsrecht dient der gewöhnliche Aufenthalt regelmässig neben dem Wohnsitz als alternativer oder subsidiärer Anknüpfungspunkt für die direkte Zuständigkeit (z.B. Art. 114 Abs. 1 lit. a, Art. 112 Abs. 1, Art. 127). In Bezug auf die indirekte Zuständigkeit tritt er als alternativer Gerichtsstand auf (Art. 149 Abs. 1 lit. b und Art. 165 Abs. 1 lit. b)[37]. 20

Es stellt sich die Frage, **welche Rolle der Auffangtatbestand des Aufenthaltsortes gemäss IPRG im Anwendungsbereich des LugÜ spie-** 21

droit civile»; gemäss Regeste von BGE 119 II 167 deckt sich der «Wohnsitzbegriff in Art. 20 Abs. 1 Bst. a IPRG […] mit jenem nach Art. 23 Abs. 1 ZGB».

30 WALTER, Internationales Zivilprozessrecht 115; ausführlich dazu BGer 30.04.2003, 4C.298/2002; DONZALLAZ Rz. 1093.

31 BGE 133 III 252, 255 E. 4 m.w.N.; BGE 127 V 237, 238 E. 1; 125 III 100, 102 E. 3; 119 II 64 E. 2a/bb; 119 II 167, 169 E. 2b; ZK IPRG-KELLER/KREN KOSTKIEWICZ, Art. 20 Rz. 16 ff.

32 LEVANTE 50 ff.; SCHWANDER, AJP 1993, 739 f. zu BGE 119 II 65 ff.

33 BUCHER Rz. 117; IPRG-WESTENBERG, Art. 20 Rz. 14.

34 BGE 119 II 65; IPRG-WESTENBERG Rz. 15.

35 ZK IPRG-KELLER/KREN KOSTKIEWICZ, Art. 20 Rz. 68.

36 IPRG-WESTENBERG, Art. 20 Rz. 19.

37 IPRG-WESTENBERG, Art. 20 Rz. 21.

len kann. Wie gezeigt wurde, braucht es im IPRG eine explizite Gesetzesgrundlage, damit subsidiär am Aufenthaltsort geklagt werden kann, wenn ein ausländischer Wohnsitz besteht. Dasselbe gilt für das Abstellen auf den Aufenthaltsort bei der Überprüfung der indirekten Zuständigkeit. Das **LugÜ sieht eine solche subsidiäre Zuständigkeit am Aufenthaltsort nicht vor.** Daraus folgt, dass der Aufenthaltsort nicht als Ersatz für den Wohnsitz herbeigezogen werden kann, wenn ein Wohnsitz in einem anderen LugÜ-Staat besteht[38]. Hat der Beklagte seinen Wohnsitz in einem dritten Staat oder überhaupt keinen Wohnsitz, kommt Art. 59 von Vornherein nicht zur Anwendung und die Zuständigkeit richtet sich nach dem autonomen Recht des angerufenen Gerichts[39].

IV. Wohnsitz in einem anderen LugÜ-Staat (Abs. 2)

22 Hat eine Partei nach dem anwendbaren Wohnsitzrecht der *lex fori* keinen Wohnsitz im Gerichtsstaat und ist zu entscheiden, ob sie einen Wohnsitz in einem anderen LugÜ-Staat hat, so hat das Gericht gemäss Abs. 2 das Wohnsitzrecht dieses anderen Staats anzuwenden[40]. Voraussetzung für die Anwendung von Abs. 2 ist stets, dass das angerufene Gericht keinen Wohnsitz im Inland feststellen konnte[41].

23 Verwendet das Prozessrecht des anderen LugÜ-Staates eine prozessrechtliche Regelung des Wohnsitzbegriffs, ist auf diese abzustellen, ansonsten auf das anwendbare Sachrecht[42].

V. Wohnsitz in einem Drittstaat (= Nicht-LugÜ-Staat)

24 In denjenigen Fällen, in denen das LugÜ seine Anwendbarkeit an den Wohnsitz anknüpft, ist allein entscheidend, ob der Beklagte (Art. 4 Abs. 1) bzw. eine Partei (Art. 23) Wohnsitz in einem LugÜ-Staat hat oder nicht; ist

---

[38] Im Ergebnis ebenso DONZALLAZ Rz. 1084-1086; a.A. DASSER/OBERHAMMER-FURRER/SHEIKH, Art. 59 Rz. 10.

[39] KROPHOLLER, Art. 59 Rz. 4 f.

[40] KROPHOLLER, Art. 59 Rz. 7.

[41] GEIMER/SCHÜTZE EuZVR, Art. 59 Rz. 18 m.w.H.

[42] KROPHOLLER, Art. 59 Rz. 7; RAUSCHER-STAUDINGER, Art. 59 Rz. 2; CZERNICH/TIEFENTHALER/KODEK-CZERNICH, Art. 59 Rz. 1; MünchKommZPO-GOTTWALD, Art. 52 Rz. 9.

dies nicht der Fall, ist die Zuständigkeitsordnung des LugÜ, mit Ausnahme der Fälle des Art. 9 Abs. 2, Art. 15 Abs. 2 bzw. des Art. 18 Abs. 2, nicht anwendbar. Dabei spielt es keine Rolle, ob der Beklagte seinen Wohnsitz in einem Drittstaat oder überhaupt keinen Wohnsitz/Sitz hat[43]. Entsprechend **müssen das LugÜ bzw. die EuGVVO auch keine Bestimmung zum Wohnsitz/Sitz in einem Drittstaat enthalten**[44]. Diesfalls bestimmt sich gemäss Art. 4 die Zuständigkeit des Gerichts eines LugÜ-Staats nach dessen eigenen Gesetzen. Die Zuständigkeit ist somit nach autonomem IPR zu bestimmen[45]. In der Schweiz ist es bei Wohnsitz des Beklagten in einem Drittstaat im Vertrags- und Gesellschaftsrecht regelmässig möglich, am Aufenthaltsort in der Schweiz zu klagen[46]; liegt überhaupt kein Wohnsitz vor, gilt der Aufenthaltsort generell als Auffanggerichtsstand (Art. 20 Abs. 2 IPRG).

Eine eventuelle Wohnsitzrückverweisung des Rechts eines Drittstaats auf einen LugÜ-Staat ist nicht zu beachten. Die Anwendbarkeit der Zuständigkeitsordnung des LugÜ darf nicht vom Wohnsitzrecht eines Drittstaats abhängig gemacht werden[47]. 25

VI. Zuständigkeitskonflikte

1. Positive Kompetenzkonflikte

Da Art. 59 keinen einheitlichen Wohnsitzbegriff bestimmt, sind **positive Kompetenzkonflikte nicht ausgeschlossen.** Sie können entstehen, wenn eine Partei (i.d.R. der Beklagte) aufgrund des unterschiedlichen Wohnsitzrechts verschiedener LugÜ-Staaten über mehrere Wohnsitze verfügt[48]. Werden gestützt auf diese Mehrfachzuständigkeiten identische Klagen vor 26

[43] Geimer/Schütze, EuZVR Art. 59 Rz. 19. Gelangt das LugÜ aufgrund eines anderen Anknüpfungspunktes als des Wohnsitzes, z.B. aufgrund der Belegenheit der unbeweglichen Sache, zur Anwendung, muss das angerufene Gericht gar nicht erst den Wohnsitz des Beklagten ermitteln.

[44] MünchKommZPO-Gottwald, Art. 52 Rz. 10; Geimer/Schütze, EuZVR Art. 59 Rz. 19.

[45] MünchKommZPO-Gottwald, Art. 52 Rz. 10; Czernich/Tiefenthaler/Kodek-Czernich, Art. 59 N 7; Donzallaz Rz. 1049.

[46] Voraussetzung ist aber eine ausdrückliche gesetzliche Bestimmung im IPRG; vgl. dazu vorstehend Rz. 20.

[47] Geimer/Schütze, EuZVR Art. 59 Rz. 22.

[48] Zu positiven Kompetenzkonflikten vgl. Rauscher-Staudinger, Art. 59 Rz. 7; Kropholler, Art. 59 Rz. 6.

Gerichten verschiedener LugÜ-Staaten anhhängig gemacht, kann dieser Konflikt aber über die Regeln zu Rechtshängigkeit und Konnexität der Art. 27–30 gelöst werden[49].

27 Kommt das angerufene Gericht zum Schluss, dass eine Person Wohnsitz in zwei anderen LugÜ-Staaten gleichzeitig oder in einem LugÜ-Staat und einem Drittstaat hat, so kann es sich nach dem System des LugÜ damit begnügen, das Bestehen eines Wohnsitzes in einem der in Frage stehenden LugÜ-Staaten festzustellen. Zur Feststellung seiner eigenen Zuständigkeit hat das Gericht danach auf die in Art. 3 und in den Abschnitten 2 bis 6 vorgesehenen Zuständigkeiten abzustellen[50].

2. Negative Kompetenzkonflikte

28 Ein **negativer Kompetenzkonflikt** entsteht, wenn der Wohnsitz nach dem Recht des angerufenen Gerichts in einem anderen LugÜ-Staat liegt, das Recht dieses Staates aber wiederum auf den Gerichtsstaat verweist[51]. Genannt wird in der Lehre der Fall, dass eine Person unter der Woche im einen und am Wochenende im andern Staat lebt[52].

29 Die Behandlung negativer Kompetenzkonflikte ist in der Literatur umstritten; es werden vor allem drei Lösungen vorgeschlagen[53].

30 (1) Nach der wohl überwiegenden Meinung ist bei negativen Kompetenzkonflikten **hilfsweise auf den gewöhnlichen Aufenthalt** abzustellen[54]. Die EuGVVO bzw. das LugÜ hätten zwar bewusst nicht den Aufenthaltsort als Regelanknüpfung gewählt, doch habe sie/es in Ausnahmefällen trotzdem auf ihn abgestellt (z.B. in Art. 5 Nr. 2, Art. 17 Nr. 3). In der EheGVO diene der Aufenthaltsort sodann als zentraler Anknüpfungspunkt für die Zuständigkeit. Das Gemeinschaftsrecht scheine somit in den seltenen Fällen, in

49 Kropholler, Art. 59 Rz. 6; Musielak-Lackmann, Art. 59 Rz. 2; Thomas/Putzo/Reichold-Hüsstege, Art. 59 Rz. 4; Rauscher-Staudinger, Art. 59 Rz. 7.

50 Bericht Jenard 16.

51 Rauscher-Staudinger, Art. 59 Rz. 8.

52 Kropholler, Art. 59 Rz. 9.

53 Zu den verschiedenen Lösungsansätzen vgl. Rauscher-Staudinger, Art. 59 Rz. 8; Münch-KommZPO-Gottwald, Art. 52 Rz. 7.

54 Kropholler, Art. 59 Rz. 9; Czernich/Tiefenthaler/Kodek-Czernich, Art. 59 Rz. 5; Thomas/Putzo/Reichold-Hüsstege, Art. 59 Rz. 3; so auch Frz. Cour de cassation 04.01.1984, RCDIP 1986, 123, erwähnt bei Donzallaz Rz. 1042 in einem Zitat aus Gaudemet-Tallon, Commentaire, ch. 71, p. 50.

denen die Anknüpfung über den Wohnsitz versage, das Abstellen auf den gewöhnlichen Aufenthalt zuzulassen.

(2) Nach anderer Auffassung ist im Fall eines negativen Kompetenzkonflikts eine **Wohnsitzrückverweisung** (*renvoi*) innerhalb des geographischen Anwendungsbereichs der Konvention anzunehmen. Verweise das nach Art. 59 Abs. 2 massgebliche Recht eines anderen Mitgliedstaates zur Bestimmung des Wohnsitzes auf das Recht des Gerichtsstaates zurück, so habe das angerufene Gericht – trotz Art. 59 Abs. 1 – die Verweisung anzunehmen und sich für international zuständig zu erklären[55]. An dieser Auffassung wird kritisiert, dass sie in Widerspruch zu Art. 59 stehe, der eine Rückverweisung nicht zulasse, und dass sie zu positiven Kompetenzkonflikten führen könne, wenn jeder der beiden Staaten auf diese Weise vorgehe[56]. 31

(3) Nach nochmals anderer Auffassung soll bei einem negativen Kompetenzkonflikt in jedem der beteiligten Mitgliedstaaten eine **Notzuständigkeit** bestehen[57]. 32

Letztlich lässt sich **keine Auffassung methodisch zweifelsfrei begründen.** Die Tatsache, dass Art. 59 auf eine einheitliche Begriffsbestimmung des Wohnsitzes verzichtet hat, lässt negative Kompetenzkonflikte zu, wenn sie auch in der Realität äusserst selten sein dürften. Es müsste aber im Sinne der Konvention sein, solche Konflikte mittels einer konventionskonformen Lösung und nicht über das nationale Zuständigkeitsrecht gemäss Art. 4 Abs. 1 LugÜ zu regeln, da ja feststeht, dass der Beklagte im räumlichen Anwendungsbereich der Konvention wohnt[58]. Hier ist dem **Abstellen auf den gewöhnlichen Aufenthaltsort** aufgrund seiner Einfachheit in der Anwendung und des Umstands, dass auch das LugÜ bzw. die EuGVVO in Ausnahmefällen auf diesen zurückgreift, der Vorzug zu geben. 33

---

55 So GEIMER/SCHÜTZE, EuZVR Art. 59 Rz. 20 m.w.H.; zustimmend SCHLOSSER, EuGVVO Art. 59 Rz. 3.

56 KROPHOLLER, Art. 59 Rz. 9.

57 DONZALLAZ Rz. 1045.

58 GEIMER/SCHÜTZE, EuZVR Art. 59 Rz. 20.

Art. 60

1. Gesellschaften und juristische Personen haben für die Anwendung dieses Übereinkommens ihren Wohnsitz an dem Ort, an dem sich:

a) ihr satzungsmässiger Sitz,

b) ihre Hauptverwaltung, oder

c) ihre Hauptniederlassung

befindet.

2. Im Falle des Vereinigten Königreichs und Irlands ist unter dem Ausdruck «satzungsmässiger Sitz» das *registered office* oder, wenn ein solches nirgendwo besteht, der *place of incorporation* (Ort der Erlangung der Rechtsfähigkeit) oder, wenn ein solcher nirgendwo besteht, der Ort, nach dessen Recht die *formation* (Gründung) erfolgt ist, zu verstehen.

3. Um zu bestimmen, ob ein *trust* seinen Sitz in dem durch dieses Übereinkommen gebundenen Staat hat, bei dessen Gerichten die Klage anhängig ist, wendet das Gericht sein Internationales Privatrecht an.

Art. 60

1. Pour l'application de la présente Convention, les sociétés et les personnes morales sont domiciliées là ou est situé:

a) leur siège statutaire;

b) leur administration centrale; ou

c) leur principal établissement.

2. Pour le Royaume-Uni et l'Irlande, on entend par «siège statutaire» le registered office ou, s'il n'existe nulle part de registered office, le place of incorporation (le lieu d'acquisition de la personnalité morale) ou, s'il n'existe nulle part de lieu d'acquisition de la personnalité morale, le lieu selon la loi duquel la formation (la constitution) a été effectuée.

3. Pour déterminer si un trust a son domicile sur le territoire d'un État lié par la présente Convention dont les tribunaux sont saisis, le juge applique les règles de son droit international privé.

Art. 60

1. Ai fini dell'applicazione della presente convenzione una società o altra persona giuridica è domiciliata nel luogo in cui si trova:

a) la sua sede statutaria; o

b) la sua amministrazione centrale; oppure

c) il suo centro d'attività principale.

2. Per quanto riguarda il Regno Unito e l'Irlanda, per «sede statutaria» si intende il «registered office» o, se non esiste alcun «registered office», il «place of incorporation» (luogo di acquisizione della personalità giuridica), ovvero, se nemmeno siffatto luogo esiste, il luogo in conformità della cui legge è avvenuta la «formation» (costituzione).

3. Per definire se un trust ha domicilio nel territorio di uno Stato vincolato dalla presente convenzione i cui giudici siano stati aditi, il giudice applica le norme del proprio diritto internazionale privato.

Art. 60

1. For the purposes of this Convention, a company or other legal person or association of natural or legal persons is domiciled at the place where it has its:

a) statutory seat; or

b) central administration; or

c) principal place of business.

2. For the purposes of the United Kingdom and Ireland «statutory seat» means the registered office or, where there is no such office anywhere, the place of incorporation or, where there is no such place anywhere, the place under the law of which the formation took place.

3. In order to determine whether a trust is domiciled in the State bound by this Convention whose courts are seised of the matter, the court shall apply its rules of private international law.

Übersicht *Seite*

I. Wohnsitz von Gesellschaften und juristischen Personen (Abs. 1)

1 Wie schon Art. 53 aLugÜ enthält auch der neue Art. 60 keine Definition der von ihm erfassten Gesellschaften und juristischen Personen. Somit entscheidet Art. 60 **nicht über die Vorfragen der Parteifähigkeit und der Anerkennung von Gesellschaften oder juristischen Personen** im Gerichtsstaat. Diese Fragen werden durch das Recht des Forumstaates beantwortet[1]. Die Begriffe Gesellschaft und juristische Person sind **weit auszulegen,** damit alle in einem Verfahren involvierten Prozesssubjekte einen Gerichtsstand nach Art. 2 Abs. 1 haben, die nicht schon als natürliche Personen erfasst werden[2].

2 Während Art. 53 aLugÜ für die Bestimmung des Sitzes einer Gesellschaft oder einer juristischen Person auf das internationale Privatrecht des Fo-

[1] Czernich/Tiefenthaler/Kodek-Czernich, Art. 60 Rz. 2; Dasser/Oberhammer-Furrer/Sheikh, Art. 53 Rz. 1; Kropholler, Art. 60 Rz. 1; MünchKommZPO-Gottwald, Art. 60 Rz. 3; Rauscher-Staudinger, Art. 60 Rz. 3 f.; Schlosser, EuGVVO Art. 60 Rz. 3.

[2] Dasser/Oberhammer-Furrer/Sheikh, Art. 53 Rz. 3; Kropholler, Art. 60 Rz. 1; Geimer/Schütze, EuGVVO Art. 60 Rz. 1; Rauscher-Staudinger, Art. 60 Rz. 3. Zur Anerkennung von EU-Gesellschaften innerhalb der EU siehe z.B. MünchKommZPO-Gottwald, Art. 60 Rz. 6.

rumstaates verwies, enthält Art. 60 nun eine **eigenständige Definition** des Begriffes, mit dem Ziel, negative und positive Kompetenzkonflikte zu verhindern[3]. Für die Bestimmung des Sitzes einer Gesellschaft nennt Art. 60 Abs. 1 drei *alternative* Anknüpfungspunkte[4], nämlich den **satzungsmässigen Sitz,** die **Hauptverwaltung** und die **Hauptniederlassung.**

3 Die drei Anknüpfungspunkte stimmen mit denjenigen von Art. 48 Abs. 1 EG-Vertrag überein, welcher das Niederlassungsrecht von Gesellschaften innerhalb der EG regelt[5]. Der **satzungsmässige Sitz** bestimmt sich je nach Gesellschaft oder juristischer Person nach Massgabe der Statuten oder des Gesellschaftsvertrags. Die **Hauptverwaltung** ist dort, wo die geschäftsleitenden Entscheidungen getroffen werden, sich also die Willensbildung der Gesellschaft oder der juristischen Person abspielt. Sie wird vor allem bei Domizilgesellschaften vom satzungsmässigen Sitz abweichen. Die **Hauptniederlassung** schlussendlich ist dort, wo das hauptsächliche Geschäft der Gesellschaft oder der juristischen Person abgewickelt wird und sich damit die wesentlichen Personal- und Sachmittel befinden (z.B. der Hauptproduktionsstandort). Man spricht dabei auch vom **tatsächlichen Sitz** der Gesellschaft[6]. Eine Zweigniederlassung erfüllt in der Regel keine dieser Kriterien und stellt damit keinen Sitz i.S.v. Art. 60 Abs. 1 dar[7]. Sie kann allerdings im beschränkten Rahmen von Art. 5 Nr. 5 (Streitigkeiten aus dem Betrieb von Zweig- bzw. anderen Niederlassungen oder Agenturen) trotzdem einen Gerichtsstand begründen.

4 Die **drei Anknüpfungspunkte** von Art. 60 Abs. 1 sind grundsätzlich **gleichwertig.** Da die Kriterien Hauptverwaltung und Hauptniederlassung jedoch schwieriger zu erkennen und lokalisieren sein mögen als der

---

[3] KOM 1999 (348) endg., 27 = BR-Drucks. 534/99, 26 (zu Art. 57 des Entwurfs); KROPHOLLER, Art. 60 Rz. 2; GEIMER/SCHÜTZE, EuGVVO Art. 60 Rz. 3; MünchKommZPO-GOTTWALD, Art. 60 Rz. 9.

[4] CZERNICH/TIEFENTHALER/KODEK-CZERNICH, Art. 60 Rz. 3; POCAR Rz. 28; GEIMER/SCHÜTZE, EuGVVO Art. 60 Rz. 4; MAGNUS/MANKOWSKI-VLAS, Art. 60 Rz. 3; RAUSCHER-STAUDINGER, Art. 60 Rz. 1.

[5] CZERNICH/TIEFENTHALER/KODEK-CZERNICH, Art. 60 Rz. 3; POCAR Rz. 31; GEIMER/SCHÜTZE, EuGVVO Art. 60 Rz. 4; KROPHOLLER, Art. 60 Rz. 2; MAGNUS/MANKOWSKI-VLAS, Art. 60 Rz. 2; MünchKommZPO-GOTTWALD, Art. 60 Rz. 9; RAUSCHER-STAUDINGER, Art. 60 Rz. 1; SCHLOSSER, EuGVVO Art. 60 Rz. 2.

[6] Zum Ganzen: CZERNICH/TIEFENTHALER/KODEK-CZERNICH Art. 60 Rz. 3; GEIMER/SCHÜTZE, EuGVVO Art. 60 Rz. 5 ff.; KROPHOLLER Art. 60 Rz. 2; MAGNUS/MANKOWSKI-VLAS Art. 60 Rz. 4 ff.; RAUSCHER-STAUDINGER Art. 60 Rz. 1.

[7] MünchKommZPO-GOTTWALD Art. 60 Rz. 11.

satzungsmässige Sitz, könnte letzteres Kriterium in der Praxis vorrangige Bedeutung erlangen[8].

5 Die alternative Anknüpfung an verschiedene Kriterien in Art. 60 bedeutet, dass eine Gesellschaft in einem LugÜ-Staat eingeklagt werden kann, **sobald sie eines der Kriterien** in diesem Staat **erfüllt.** Dies gilt auch dann, wenn eines oder beide der anderen relevanten Kriterien in einem Nicht-LugÜ-Staat zu lokalisieren sind[9]. Befinden sich die nach Art. 60 Abs. 1 relevanten Orte in verschiedenen LugÜ-Staaten, hat der Kläger die Wahl, wo er klagen will[10]. Art. 60 Abs. 1 ermöglicht somit in diesem Rahmen ein «forum shopping»[11]. Positive Kompetenzkonflikte sind damit auch unter dem neuen Art. 60 Abs. 1 möglich und sind nach den Art. 27 ff. zu lösen[12].

6 Die Definition des Sitzes von Art. 60 Abs. 1 ist der zentrale Anknüpfungspunkt für die Gerichtsstands-Lokalisierung von Gesellschaften. Dies **gilt aber nicht ausnahmslos** für alle Streitigkeiten im Zusammenhang mit Gesellschaften oder juristischen Personen. Geht es um Streitigkeiten über deren Gültigkeit, Nichtigkeit oder Auflösung oder um die Gültigkeit der Beschlüsse ihrer Organe, kommt der **ausschliessliche Gerichtsstand** des Art. 22 Nr. 2 LugÜ zur Anwendung. Gemäss diesem bestimmt sich der Sitz – wie dies unter dem alten LugÜ allgemein der Fall war – nach dem internationalen Privatrecht des Forumstaates[13]. Im Übrigen stellt Art. 5 Nr. 5 bei Streitigkeiten aus dem Betrieb von Zweig- bzw. anderen Niederlassungen oder Agenturen von Art. 60 Abs. 1 abweichende Gerichtsstände zur Verfügung[14].

7 Bezüglich der **Anerkennung und Vollstreckung** sei anzumerken, dass Art. 60 LugÜ auch zur Anwendung kommt, wenn die Zuständigkeit des Erstrichters ausnahmsweise (z.B. aufgrund von Art. 35 Abs. 1) geprüft

---

[8] Schlosser, EuGVVO Art. 60 Rz. 2.

[9] Pocar Rz. 28; Magnus/Mankowski-Vlas, Art. 60 Rz. 3.

[10] Czernich/Tiefenthaler/Kodek-Czernich, Art. 60 Rz. 4; Pocar Rz. 28; MünchKommZPO-Gottwald, Art. 60 Rz. 11; Rauscher-Staudinger, Art. 60 Rz. 1; Magnus/Mankowski-Vlas, Art. 60 Rz. 3.

[11] Pocar Rz. 28.

[12] Kropholler, Art. 60 Rz. 2 ; Magnus/Mankowski-Vlas, Art. 60 Rz. 3; MünchKommZPO-Gottwald, Art. 60 Rz. 11; Rauscher-Staudinger, Art. 60 Rz. 1.

[13] Pocar Rz. 32; Geimer/Schütze, EuGVVO Art. 60 Rz. 2, 18; Magnus/Mankowski-Vlas, Art. 60 Rz. 1; MünchKommZPO-Gottwald, Art. 60 Rz. 12; Rauscher-Staudinger, Art. 60 Rz. 1.

[14] Pocar Rz. 32; Magnus/Mankowski-Vlas, Art. 60 Rz. 7.

werden muss[15]. Dabei genügt es, wenn einer der Anknüpfungspunkte von Art. 60 Abs. 1 vom Zweitrichter bejaht wird, auch wenn der Erstrichter seine Zuständigkeit aufgrund eines anderen Anknüpfungspunktes angenommen hat[16].

II. Sonderregelung für das Vereinigte Königreich und Irland (Abs. 2)

8 Art. 60 Abs. 2 präzisiert für das **Vereinigte Königreich** und **Irland,** was unter dem satzungsmässigen Sitz i.S.v. Art. 60 Abs. 1 lit. a zu verstehen ist[17]. Dies ist nötig, weil das Common Law das Konzept des Gesellschaftssitzes nicht kennt[18]. Satzungsmässiger Sitz ist für Gesellschaften und juristische Personen des Vereinigten Königreichs und Irlands primär das *registered office*. Dies ist die Adresse der Gesellschaft, welche im staatlichen Register aufgenommen wird[19]. Subsidiär gelten als satzungsmässiger Sitz der *place of incorporation*, d.h. der Ort, an dem die Rechtsfähigkeit erlangt wurde, oder, falls es auch einen solchen nicht gibt, wiederum subsidiär der Ort, nach dessen Recht die *formation*, d.h. die Gründung, erfolgt ist[20].

III. Trusts (Abs. 3)

9 Die Regelung über den Sitz von Trusts in Art. 60 Abs. 3 entspricht inhaltlich der Regelung von Art. 53 aLugÜ. Bei einem Trust handelt es sich um ein Rechtsverhältnis, bei dem bestimmte Vermögenswerte von einem Treugeber (*Settlor*) treuhänderisch auf eine oder mehrere Personen (*Trustees*) übertragen werden, welche diese zu verwalten und für einen vom Settlor vorgegebenen Zweck für Begünstigten (*Beneficiaries*) zu verwen-

---

15 Geimer/Schütze, EuGVVO Art. 60 Rz. 15; MünchKommZPO-Gottwald, Art. 60 Rz. 2; Rauscher-Staudinger, Art. 60 Rz. 5.

16 Geimer/Schütze, EuGVVO Art. 60 Rz. 15.

17 MünchKommZPO-Gottwald, Art. 60 Rz. 10; Kropholler, Art. 60 Rz. 3; Magnus/Mankowski-Vlas, Art. 60 Rz. 9; Schlosser, EuGVVO Art. 60 Rz. 4.

18 Dasser/Oberhammer-Furrer/Sheikh, Art. 53 Rz. 7; Kropholler, Art. 60 Rz. 3; Magnus/Mankowski-Vlas, Art. 60 Rz. 9; Rauscher-Staudinger, Art. 60 Rz. 6; Schlosser, EuGVVO Art. 60 Rz. 4.

19 Kropholler, Art. 60 Rz. 3; Rauscher-Staudinger, Art. 60 Rz. 6.

20 Pocar Rz. 30; Kropholler, Art. 60 Rz. 3; Magnus/Mankowski-Vlas, Art. 60 Rz. 9; Rauscher-Staudinger, Art. 60 Rz. 6.

den haben[21]. Mangels Rechtsfähigkeit hat der Trust **keinen allgemeinen Gerichtsstand** nach Art. 2 Abs. 1 und der Sitz von Trusts kann nicht nach Art. 60 Abs. 1 bestimmt werden[22]. Die Bestimmung des Sitzes ist jedoch nötig, weil Art. 5 Nr. 6 für gewisse trustrechtliche Klagen auf den Sitz des Trusts abstellt[23]. Deshalb verweist Art. 60 Abs. 3 für die Entscheidung, ob ein Trust seinen Sitz im Forumstaat hat, auf das **internationale Privatrecht des Forumstaates**[24].

Im schweizerischen IPRG ist der Trust in den **Art. 149a–149e IPRG** und in **Art. 21 IPRG** geregelt[25]. Der Sitz von Trusts bestimmt sich für Schweizer Gerichte nach Art. 21 IPRG[26]. Als **Sitz** eines Trusts gilt gemäss Art. 21 Abs. 3 IPRG **primär** der in den Bestimmungen des Trusts schriftlich oder in anderer Form durch Text nachweisbar bezeichnete **Ort seiner Verwaltung.** Existiert keine solche Bezeichnung, gilt als Sitz **sekundär der Ort der tatsächlichen Verwaltung** des Trusts[27]. 10

[21] Statt vieler SCHNYDER/LIATOWITSCH, 848.

[22] KROPHOLLER, Art. 60 Rz. 4; GEIMER/SCHÜTZE, EuGVVO Art. 60 Rz. 12; RAUSCHER-STAUDINGER, Art. 60 Rz. 7.

[23] DASSER/OBERHAMMER-FURRER/SHEIKH, Art. 53 Rz. 9; MAGNUS/MANKOWSKI-VLAS, Art. 60 Rz. 7; MünchKommZPO-GOTTWALD, Art. 60 Rz. 14 und die in Fn. 22 genannten.

[24] KROPHOLLER, Art. 60 Rz. 4; GEIMER/SCHÜTZE, EuGVVO Art. 60 Rz. 12; RAUSCHER-STAUDINGER, Art. 60 Rz. 7.

[25] Die Art. 149a-e IPRG wurden aufgrund des Haager Trust Übereinkommens in das IPRG eingefügt (siehe Bundesbeschluss über die Genehmigung und Umsetzung des Haager Übereinkommens über das auf Trusts anzuwendende Recht und über ihre Anerkennung vom 20. Dezember 2006, BBl 2007 41). Siehe dazu IPRG-VOGT, Vor Art. 149a-e Rz. 1 ff.

[26] DASSER/OBERHAMMER-FURRER/SHEIKH, Art. 53 Rz. 11.

[27] IPRG-VOGT, Art. 149b Rz. 1 ff.

Art. 61

Unbeschadet günstigerer innerstaatlicher Vorschriften können Personen, die ihren Wohnsitz im Hoheitsgebiet eines durch dieses Übereinkommen gebundenen Staates haben und die vor den Strafgerichten eines anderen durch dieses Übereinkommen gebundenen Staates, dessen Staatsangehörigkeit sie nicht besitzen, wegen einer fahrlässig begangenen Straftat verfolgt werden, sich von hierzu befugten Personen vertreten lassen, selbst wenn sie persönlich nicht erscheinen. Das Gericht kann jedoch das persönliche Erscheinen anordnen; wird diese Anordnung nicht befolgt, so braucht die Entscheidung, die über den Anspruch aus einem Rechtsverhältnis des Zivilrechts ergangen ist, ohne dass sich der Angeklagte verteidigen konnte, in den anderen durch dieses Übereinkommen gebundenen Staaten weder anerkannt noch vollstreckt zu werden.

Art. 61

Sans préjudice de dispositions nationales plus favorables, les personnes domiciliées sur le territoire d'un État lié par la présente Convention et poursuivies pour une infraction involontaire devant les juridictions répressives d'un autre État lié par la présente Convention dont elles ne sont pas les nationaux peuvent se faire défendre par les personnes habilitées à cette fin, même si elles ne comparaissent pas personnellement. Toutefois, la juridiction saisie peut ordonner la comparution personnelle; si celle-ci n'a pas eu lieu, la décision rendue sur l'action civile sans que la personne en cause ait eu la possibilité de se défendre pourra ne pas être reconnue ni exécutée dans les autres États liés par la présente Convention.

Art. 61

Salvo disposizioni nazionali più favorevoli, le persone domiciliate nel territorio di uno Stato vincolato dalla presente convenzione alle quali venga contestata una violazione non dolosa davanti ai giudici penali di un altro Stato vincolato dalla presente convenzione di cui non sono cittadini possono, anche se non compaiono personalmente, farsi difendere da persone a tal fine abilitate. Tuttavia, il giudice adito può ordinare la comparizione personale. Se la comparizione non ha luogo, la decisione emessa nell'azione civile senza che la persona in causa abbia avuto la possibilità di difendersi potrà non essere riconosciuta né eseguita negli altri Stati vincolati dalla presente convenzione.

Art. 61

Without prejudice to any more favourable provisions of national laws, persons domiciled in a State bound by this Convention who are being prosecuted in the criminal courts of another State bound by this Convention of which they are not nationals for an offence which was not intentionally committed may be defended by persons qualified to do so, even if they do not appear in person. However, the court seised of the matter may order appearance in person; in the case of failure to appear, a judgment given in the civil action without the person concerned having had the opportunity to arrange for his defence need not be recognised or enforced in the other States bound by this Convention.

Literatur: HABSCHEID, Zur Auslegung von Art. II des Protokolls zum EuGVÜ, IPRax 1982, 173–174.

Übersicht

I. Sinn und Funktion der Norm

Art. 61 (vormals: Art. II Protokoll Nr. 1 zu aLugÜ) behandelt eine Spezialfrage eines ausländischen Adhäsionsverfahrens und die Anerkennung eines ausländischen Adhäsionsurteils in einem anderen gebundenen Staat. In manchen Staaten nämlich kann das Strafgericht das persönliche Erscheinen des Angeklagten anordnen und, wenn dieses Gebot nicht beachtet wird, den Angeklagten zur Strafe vom Verfahren ausschliessen (vgl. z.B. Art. 627 ff. franz. Code de procédure penale) . In diesem Fall soll ein gebundener Staat – abweichend vom Grundsatz – nicht verpflichtet sein, das ausländische Urteil anzuerkennen, wenn der Angeklagte keine Möglichkeit hatte, sich zu verteidigen. 1

II. Adhäsionsverfahren

In einem Adhäsionsverfahren wird zugleich mit einem Strafverfahren über die zivilrechtliche Haftung entschieden. Nur für diesen zivilrechtlichen Teil des Urteils gilt das LugÜ. Nicht Voraussetzung ist, dass im Fall des Art. 61 der entscheidende Staat die Zuständigkeit gemäss Art. 5 Nr. 4 in Anspruch genommen hat. Art. 61 gilt für jedes Adhäsionsverfahren, das die Voraussetzungen dieses Artikels erfüllt. 2

1. Fahrlässige Straftat

3 Im ausländischen Adhäsionsverfahren muss der Angeklagte wegen einer *fahrlässig* begangenen Straftat, also einer Straftat, die weder ausdrücklich noch nach der Natur des Delikts einen Vorsatz voraussetzt[1], verfolgt werden. Es kommt auf die *Anklage*, nicht auf das Urteil an. Wird er wegen einer *vorsätzlich* begangenen Straftat (vorsätzliche Körperverletzung mit Todesfolge) verfolgt wie im Fall Krombach[2], so gelten die allgemeinen Vorschriften, d.h. dass ein Urteil wegen Verletzung des Art. 34 Nr. 1 nicht anerkannt zu werden braucht. Dies hat der EuGH im Verfahren gegen Krombach bestätigt[3].

2. Verfahren nicht im Heimatstaat des Angeklagten

4 Das Adhäsionsverfahren muss in einem LugÜStaat stattgefunden haben, der nicht Heimatstaat des Angeklagten ist. Findet das Verfahren dagegen in dessen Heimatstaat statt (z.B. Krombach wäre Franzose gewesen), so gilt Art. 61 nicht, aber der Entscheid des EuGH vom 28.03.2000[4].

3. Vertretung des Angeklagten

5 In diesem Adhäsionsverfahren kann sich der Angeklagte vertreten lassen, und zwar durch einen bei Gericht zugelassenen Rechtsbeistand.

4. Anordnung persönlichen Erscheinens

6 Das Gericht des Adhäsionsverfahrens ist frei, sein Verfahrensrecht anzuwenden und das persönliche Erscheinen des Angeklagten zu verlangen.

---

1 EuGH 26.05.1981, Rs. 157/80, *Rinkau,* Slg. 1981, 1391 = IPRax 1982, 185 mit Bespr. Habscheid 173.

2 EuGH 28.03.2000, Rs. C-7/98 *Krombach/Bamberski,* Slg. 2000, I – 1956 = IPRax 2000, 406; BGH 29.06.2000, IPRax 2001, 50 (LS) mit Anm. Mansel. Hierzu Donzallaz, Le renouveau de l'ordre public dans la CB/CL au regard des ACJCE Krombach et Renault et de la révision de ces traités, AJP 2001, 160–179; Matscher, Der verfahrensrechtliche ordre public im Spannungsfeld von EMRK und Gemeinschaftsrecht, IPRax 2001, 428–436.

3 EuGH (Fn. 2), Nr. 41–44 (IPRax 2000, 409).

4 EuGH (Fn. 2), Nr. 2.

5. Keine ausreichende Verteidigung

Trotz der Weigerung des Angeklagten, persönlich zu erscheinen, muss ihm hinreichend Gelegenheit geboten werden, sich zu verteidigen. Dies ist z.B. dann nicht der Fall, wenn – gleichsam als Strafe für seinen Ungehorsam – die Vorbringen seines Anwalts nicht beachtet wird. 7

6. Vorbehalt nationalen Rechts

All dies steht unter dem Vorbehalt «günstigerer innerstaatlicher Vorschriften». Das wäre z.B. der Fall, wenn das Verfahrensrecht im Urteilsstaat vorsähe, dass das Abwesenheitsverfahren nicht für Personen gilt, die im Ausland wohnen. 8

III. Nichtanerkennung

Folge ist, dass ein Urteil über die privatrechtliche Haftung des Angeklagten in anderen LugÜ-Staaten nicht anerkannt zu werden braucht. Diese Rechtsfolge hat viel von ihrer Bedeutung verloren, seitdem der EuGH anerkannt hat, dass ein Abwesenheitsverfahren mit Ausschlussfolgen für den Angeklagten gegen den ordre public verstösst und deswegen das Urteil über die zivilrechtliche Haftung nach Art. 34 Nr. 1 nicht anerkannt zu werden braucht[5]. 9

[5] EuGH (Fn. 2).

Art. 62

Im Sinne dieses Übereinkommens umfasst die Bezeichnung «Gericht» jede Behörde, die von einem durch dieses Übereinkommen gebundenen Staat als für die in den Anwendungsbereich dieses Übereinkommens fallenden Rechtsgebiete zuständig bezeichnet worden ist.

Art. 62

Aux fins de la présente Convention, l'expression «juridiction» inclut toute autorité désignée par un État lié par la présente Convention comme étant compétente dans les matières relevant du champ d'application de celle-ci.

Art. 62

Ai fini della presente convenzione, con «giudice» si intende l'autorità designata da uno Stato vincolato dalla presente convenzione come competente per le materie rientranti nel campo di applicazione della presente convenzione.

Art. 62

For the purposes of this Convention, the expression «court» shall include any authorities designated by a State bound by this Convention as having jurisdiction in the matters falling within the scope of this Convention.

Literatur: Acocella, Die Qualifikation des Zahlungsbefehls, der provisorischen Rechtsöffnung, der Aberkennungsklage und der Feststellungsklage gemäss Art. 85a SchKG nach dem LugÜ – Bemerkungen aus Anlass von BGE 136 III 566 und der seit dem 1.1.2011 neu eingeführten Gerichtsdefinition nach Art. 62 LugÜ, FS Schwander, (in Erscheinung begriffen) (zit. Acocella, Die Qualifikation); Domej, «Der Lugano-Zahlungsbefehl» – Titellose Schuldbetreibung in der Schweiz nach der LugÜ-Revision, ZZPInt 2008, 167; Kren Kostkiewicz/Rodriguez, Der unwidersprochene Zahlungsbefehl im revidierten Lugano-Übereinkommen, Jusletter 26. April 2010; Markus, Zahlungsbefehl als Mahntitel nach dem revidierten Lugano-Übereinkommen, in: Kren Kostkiewicz/Rodriguez (Hrsg.), Internationaler Zivilprozess 2011, Bern 2010; Rodriguez, Kommentierte Konkordanztabelle zum revidierten Übereinkommen von Lugano vom 30. Oktober 2007 und zum geltenden Lugano-Übereinkommen, SZIER 2007, 531.

1 Art. 62 sieht *allgemein* vor, dass die Bezeichnung «Gericht» jede Behörde umfasst, die von einem LugÜ-Staat als für die in den Anwendungsbereich des LugÜ fallenden Rechtsgebiete zuständig bezeichnet worden ist. Bereits Art. Va Abs. 1 des Protokolls Nr. 1 zum aLugÜ erweiterte in Unterhaltssachen dessen Anwendungsbereich für Dänemark, Island und Norwegen über die eigentliche Gerichtsbarkeit auf Verfahren vor Verwaltungsbehörden. Im Bereich der Zivil- und Handelssachen war in aArt. Va Abs. 2 des Protokolls Nr. 1 festgelegt, dass auch das finnische «ulosotonhaltija/överexekutor» vom Gerichtsbegriff erfasst werde. Nebst den in aArt. Va des Protokolls Nr. 1 erwähnten Verwaltungsbehörden sind somit neu ***alle***

Verfahren vor Verwaltungsbehörden und Rechtspflegeorganen, soweit diesen ***richterliche Befugnisse*** verliehen sind[1], in allen vom LugÜ erfassten Materien eingeschlossen, nicht nur jene betreffend Unterhaltssachen.

Die Parallelvorschrift von **Art. 62 EuGVVO** erweitert hingegen den Anwendungsbereich der EuGVVO nur *punktuell* auf Erkenntnisverfahren vor Verwaltungsbehörden bezüglich der summarischen Verfahren «betalningföreläggande» (Mahnverfahren) und «handräckning» (Beistandsverfahren) in Schweden. Bis zum Inkrafttreten am 1. Juli 2007 des Abkommens zwischen der EG und Dänemark[2], das den Geltungsbereich der EuGVVO auch auf Dänemark erstreckt hat, war im Verhältnis zwischen den übrigen EU-Mitgliedstaaten und Dänemark noch das EuGVÜ und dessen Protokoll massgebend. Nach Art. Va des Protokolls erfasste der Begriff «Gericht» in Unterhaltssachen auch die dänischen Verwaltungsbehörden. Diese Regelung wurde in das erwähnte Übereinkommen überführt, indem Art. 62 EuGVVO um einen entsprechenden Absatz 2 ergänzt wurde. Art. Va Protokoll Nr. 1 zum aLugÜ sah vor, dass auch das finnische «ulosotonhalhaltjia/ överexekutor» unter den Gerichtsbegriff falle. Obwohl Art. 62 EuGVVO diese Erweiterung des Gerichtsbegriffs nicht ausdrücklich vorsieht, wird eine analoge Anwendung dieser Bestimmung befürwortet[3]. 2

Die allgemeine Regelung von Art. 62 vermeidet solche Lücken. Gründe für eine teleologische Reduktion dieser Bestimmung sind nicht gegeben[4]. Zwar bringt Art. 62 eine nicht zu unterschätzende *Ausweitung des Anwendungsbereichs* des LugÜ (zur Anwendbarkeit des LugÜ etwa auf den Zahlungsbefehl vgl. Art. 1 Rz. 66 ff.). Indessen rechtfertigt es sich beim heutigen Stand der Rechtsvereinheitlichung auf dem Gebiet des internationalen Zivilprozessrechts nicht, Zivilrechtsansprüche vom Anwendungsbereich des LugÜ auszunehmen, nur weil deren Beurteilung nach nationalem Recht den Verwaltungsbehörden übertragen ist. Soweit die Verwaltungsbehörden Aufgaben übernehmen, die in anderen Vertragsstaaten den Gerichten zugewiesen sind, ist die Gleichstellung geboten und sinnvoll[5]. Auch aus 3

1 Geimer/Schütze, Art. 62 Rz 1.

2 ABl. EU 2005, L 299/62.

3 Magnus/Mankowski-Mankowski, Art. 62 Rz. 2.

4 Acocella, Die Qualifikation (in Erscheinung begriffen); a.A. Kren Kostkiewicz/Rodriguez Rz. 50 ff.

5 Geimer/Schütze, Art. 62 Rz. 1; Dasser/Oberhammer-Domej, Art. Va Protokoll Nr. 1 Rz. 2; Domej 168; Markus 49 f.; Botschaft zum Bundesbeschluss über die Genehmigung und die

dem POCAR-Bericht ergibt sich, dass eine ***funktionale Betrachtungsweise*** massgebend sein soll. Die «Gerichte», die das Übereinkommen anwenden müssten, werden nach den von ihnen *ausgeübten Funktionen* und *nicht nach ihrer förmlichen Einordnung* im nationalen Recht bestimmt. Es wird ausdrücklich betont, dass Art. 62 im Gegensatz zur analogen Bestimmung von Art. 62 EuGVVO allgemeinen Charakter habe. Zudem werden die Befugnisse in Bezug auf Unterhaltsverpflichtungen, die nach norwegischem und isländischem Recht den Verwaltungsbehörden in Unterhaltssachen zukommen, sowie die Befugnisse, die nach schwedischem Recht die Verwaltungsbehörden in Mahnverfahren ausüben, ausdrücklich nur als Beispiele genannt[6].

4 Die ***erweiterte Gerichtsdefinition*** gilt überall, wo das LugÜ den Begriff «Gericht» oder «Gerichte» verwendet, also sowohl hinsichtlich der *Zuständigkeitsvorschriften* als auch hinsichtlich der *Bestimmungen über die Anerkennung und Vollstreckung*. Art. 62 gilt ebenfalls für den in den *Vorschriften über die Rechtshängigkeit* verwendeten Begriff «Gericht» (s. Art. 1 Rz. 60).

5 Art. 62 bezweckt, auch jene Behörden zu erfassen, die nach nationalem Recht formell nicht als Gerichtsbehörden gelten, aber doch Funktionen ausüben, die im Übereinkommen in einem in seinen Anwendungsbereich fallenden Rechtsgebiet einem «Gericht» zugewiesen werden[7]. Dabei bestimmt sich *autonom*, ob es sich bei den übertragenen Befugnissen um ***richterliche Befugnisse in einer zivilrechtlichen Angelegenheit*** handelt. Welche Verwaltungsbehörden oder anderen Behörden, welche die (formellen) Merkmale einer Gerichtsbehörde nicht erfüllen, mit diesen Befugnissen ausgestattet sind, ergibt sich hingegen aus dem nationalen Recht[8]. Aus dem Erfordernis der Übertragung richterlicher Befugnisse ergibt sich, dass

---

Umsetzung des revidierten Übereinkommens von Lugano über die gerichtliche Zuständigkeit, die Anerkennung und die Vollstreckung gerichtlicher Entscheidungen in Zivil- und Handelssachen vom 18. Februar 2009, BBl 2009, 1800 f.; ACOCELLA, Die Qualifikation (in Erscheinung begriffen); a.A. KREN KOSTKIEWICZ/RODRIGUEZ Rz. 47 ff.

6 Bericht POCAR Rz. 175.

7 Bericht POCAR Rz. 175.

8 S. BGE 134 I 184, in dem eine eigenständige Rechtsprechungsbefugnis parallel zu derjenigen des Bezirksrichters in Auslegung des Gerichtsorganisationsgesetzes des Kantons Tessin als unzulässig betrachtet wurde.

das Verfahren vor Verwaltungsbehörden einem *justizförmigen* entsprechen muss (rechtlich verfasstes Verfahren, Wahrung des rechtlichen Gehörs)[9].

Gestützt auf Art. 62 können in der Schweiz als **Gerichte** i.S. des LugÜ die *Betreibungsämter* betrachtet werden, soweit sie richterliche Befugnisse ausüben, was bei der Ausstellung eines *untitulierten* Zahlungsbefehls der Fall ist (dazu Art. 1 Rz. 66 ff.). Vom LugÜ werden auch die *kantonalen Schlichtungsbehörden* (Vermittleramt, Mietamt usw.), die nach dem massgebenden kantonalen Organisationsrecht keine gerichtlichen Behörden sind, erfasst, soweit ihnen richterliche Befugnisse zugewiesen sind (s. Art. 1 Rz. 59). Ebenfalls ist das LugÜ gestützt auf Art. 62 auf Verwaltungsbehörden anwendbar, die nach einzelnen *kantonalen Einführungsgesetzen zum ZGB und OR* zur Beurteilung zivilrechtlicher Angelegenheiten zuständig sind (dazu siehe Art. 1 Rz. 70). 6

[9] KROPHOLLER, Art. 32 Rz. 9; RAUSCHER-LEIBLE, Art. 32 Rz. 18.

Titel VI: Übergangsvorschriften

Art. 63

1. Die Vorschriften dieses Übereinkommens sind nur auf solche Klagen und öffentliche Urkunden anzuwenden, die erhoben oder aufgenommen worden sind, nachdem dieses Übereinkommen im Ursprungsstaat und, sofern die Anerkennung oder Vollstreckung einer Entscheidung oder einer öffentlichen Urkunde geltend gemacht wird, im ersuchten Staat in Kraft getreten ist.

2. Ist die Klage im Ursprungsstaat vor dem Inkrafttreten dieses Übereinkommens erhoben worden, so werden nach diesem Zeitpunkt erlassene Entscheidungen nach Massgabe des Titels III anerkannt und zur Vollstreckung zugelassen:

a) wenn die Klage im Ursprungsstaat erhoben wurde, nachdem das Übereinkommen von Lugano vom 16. September 1988 sowohl im Ursprungsstaat als auch in dem ersuchten Staat in Kraft getreten war;

b) in allen anderen Fällen, wenn das Gericht aufgrund von Vorschriften zuständig war, die mit den Zuständigkeitsvorschriften des Titels II oder eines Abkommens übereinstimmen, das im Zeitpunkt der Klageerhebung zwischen dem Ursprungsstaat und dem ersuchten Staat in Kraft war.

Art. 63

1. Les dispositions de la présente Convention ne sont applicables qu'aux actions judiciaires intentées et aux actes authentiques reçus postérieurement à son entrée en vigueur dans l'État d'origine et, s'il s'agit d'une requête en reconnaissance ou en exécution d'une décision ou d'un acte authentique, dans l'État requis.

2. Toutefois, si l'action dans l'État d'origine a été intentée avant la date d'entrée en vigueur de la présente Convention, les décisions rendues après cette date sont reconnues et exécutées conformément aux dispositions du titre III:

a) dès lors que l'action dans l'État d'origine a été intentée après l'entrée en vigueur de la convention de Lugano du 16 septembre 1988 à la fois dans l'État d'origine et dans l'État requis;

b) dans tous les autres cas, dès lors que les règles de compétence appliquées sont conformes à celles prévues soit par le titre II, soit par une convention qui était en vigueur entre l'État d'origine et l'État requis au moment où l'action a été intentée.

Art. 63

1. Le disposizioni della presente convenzione si applicano solo alle azioni proposte ed agli atti pubblici formati posteriormente alla sua entrata in vigore nello Stato d'origine, ovvero nello Stato richiesto per i casi in cui sia chiesto il riconoscimento o l'esecuzione di una decisione o di un atto pubblico.

2. Tuttavia, nel caso in cui un'azione sia stata proposta nello Stato d'origine prima dell'entrata in vigore della presente convenzione, la decisione emessa dopo tale data è riconosciuta ed eseguita secondo le disposizioni del titolo III:

a) se nello Stato d'origine l'azione è stata proposta posteriormente all'entrata in vigore, sia in quest'ultimo Stato che nello Stato richiesto, della convenzione di Lugano del 16 settembre 1988;

b) in tutti gli altri casi, se le norme sulla competenza applicate sono conformi a quelle stabilite dal titolo II o da una convenzione tra lo Stato d'origine e lo Stato richiesto, in vigore al momento in cui l'azione è stata proposta.

Art. 63

1. This Convention shall apply only to legal proceedings instituted and to documents formally drawn up or registered as authentic instruments after its entry into force in the State of origin and, where recognition or enforcement of a judgment or authentic instruments is sought, in the State addressed.

2. However, if the proceedings in the State of origin were instituted before the entry into force of this Convention, judgments given after that date shall be recognised and enforced in accordance with Title III:

a) if the proceedings in the State of origin were instituted after the entry into force of the Lugano Convention of 16 September 1988 both in the State of origin and in the State addressed;

b) in all other cases, if jurisdiction was founded upon rules which accorded with those provided for either in Title II or in a convention concluded between the State of origin and the State addressed which was in force when the proceedings were instituted.

Übersicht *Seite*

I. Sinn der Vorschrift: Intertemporales Recht

Diese intertemporale Vorschrift legt den **zeitlichen** Anwendungsbereich des neuen LugÜ fest. Sie entspricht dem Art. 54 aLugÜ und passt das LugÜ der neuen Situation an. Die entsprechende Vorschrift der EuGVVO ist deren Art. 66. Das neue LugÜ ist in der Schweiz am 01.01.2011 in Kraft getreten. Der Geltungsbereich des neuen LugÜ ist für die Zuständigkeit und die Anerkennung von Urteilen unterschiedlich geregelt. 1

II. Zuständigkeit

2 Das LugÜ wirkt **nicht zurück**. Es gilt nur für Verfahren in Zivil- und Handelssachen, die nach dem 01.01.2011 anhängig gemacht worden sind. Bis dahin gilt nach Art. 69 Abs. 6 LugÜ das LugÜ. Erst für die nach dem 01.01.2011 erhobenen Klagen sind die Art. 15 ff. massgebend. Vorher galt nur Art. 5 Nr. 1 aLugÜ. Wo in aLugÜ und im neuen LugÜ die Gerichtsstände dieselben geblieben sind, entstehen keine Probleme.

III. Anerkennung und Vollstreckung

3 Das Übereinkommen unterscheidet danach, ob eine Klage *nach* oder *vor* dem Inkrafttreten des neuen LugÜ **erhoben** worden ist.

1. Klage nach Inkrafttreten

4 Ist die Klage **nach** Inkrafttreten des Übereinkommens im Ursprungsstaat erhoben worden, so hängt die Anerkennung des in diesem Verfahren ergangenen Urteils davon ab, ob das Übereinkommen schon im ersuchten Staat gilt.

a) Geltung des neuen LugÜ im ersuchten Staat

5 Gilt das neue LugÜ im Zeitpunkt der Anerkennung bereits im **ersuchten** Staat, so gilt dieses auch für die Anerkennung und Vollstreckung dieses Urteils. Dies sagt Art. 63 Abs. 1.

b) Neues LugÜ gilt noch nicht im ersuchten Staat

6 Wenn im Zeitpunkt der Anerkennung das neue LugÜ **noch nicht im ersuchten Staat** gilt, ist für die Anerkennung das neue Übereinkommen noch nicht anwendbar. Es gilt demnach noch das aLugÜ.

2. Klage vor Inkrafttreten

7 Für den Fall, dass die Klage, auf die das anzuerkennende Urteil ergangen ist, **vor** dem Inkrafttreten des neuen LugÜ anhängig gemacht worden ist, sieht Art. 63 Abs. 2 zwei Sonderregelungen für Entscheidungen vor, die nach dem Inkrafttreten im ersuchten Staat gefällt worden sind.

a) Verfahren unter dem aLugÜ

Ist das gesamte ausländische Verfahren unter Geltung des **aLugÜ** abgewickelt worden, also unter Geltung des aLugÜ sowohl im Ursprungsstaat als auch im ersuchten Staat, so wird das ausländische Urteil nach den Art. 32 ff. des neuen LugÜ anerkannt und vollstreckt (Art. 63 Abs. 2 lit. a aLugÜ). Praktisch bedeutet dies, dass das neue LugÜ an die Stelle des aLugÜ tritt. 8

b) Andere Fälle

Ist das ausländische Verfahren **nicht unter dem aLugÜ** abgelaufen, sondern nach nationalen IZVR entschieden worden (z.B. in Deutschland ist eine amerikanische Firma ohne Niederlassung in Europa am Gerichtsstand des Erfolgsortes zu Schadenersatz aus Produktehaftung verurteilt worden), so wird das in diesem Prozess ergangene Urteil nach dem neuen LugÜ anerkannt, wenn das erkennende ausländische Gericht aufgrund von Vorschriften zuständig war, die mit den Zuständigkeitsvorschriften des neuen LugÜ (Art. 2 ff.) übereinstimmen. Das ist in dem genannten Beispiel wohl der Fall; denn auch Art. 5 Nr. 3 LugÜ gibt einen Gerichtsstand am Erfolgsort, allerdings nur gegenüber einem Beklagten, der in einem *LugÜ-Staat* seinen Wohnsitz hat. Da die Anerkennung und Vollstreckung nach Titel III des LugÜ nicht davon abhängt, auf welche Zuständigkeitsvorschriften das ausländische Gericht seine Entscheidung gestützt hat[1], dürfte auch diese Entscheidung nach Art. 63 Abs. 2 lit. b LugÜ anzuerkennen sein. 9

[1] Vgl. Geimer/Schütze, Art. 32 EuGVVO Rz. 5.

Titel VII: Verhältnis zu der Verordnung (EG) Nr. 44/2001 des Rates und zu anderen Rechtsinstrumenten

Art. 64

1. Dieses Übereinkommen lässt die Anwendung folgender Rechtsakte durch die Mitgliedstaaten der Europäischen Gemeinschaft unberührt: der Verordnung (EG) Nr. 44/2001 des Rates über die gerichtliche Zuständigkeit und die Anerkennung und Vollstreckung von Entscheidungen in Zivil-und Handelssachen einschliesslich deren Änderungen, des am 27. September 1968 in Brüssel unterzeichneten Übereinkommens über die gerichtliche Zuständigkeit und die Vollstreckung gerichtlicher Entscheidungen in Zivil- und Handelssachen und des am 3. Juni 1971 in Luxemburg unterzeichneten Protokolls über die Auslegung des genannten Übereinkommens durch den Gerichtshof der Europäischen Gemeinschaften in der Fassung der Übereinkommen, mit denen die neuen Mitgliedstaaten der Europäischen Gemeinschaften jenem Übereinkommen und dessen Protokoll beigetreten sind, sowie des am 19. Oktober 2005 in Brüssel unterzeichneten Abkommens zwischen der Europäischen Gemeinschaft und dem Königreich Dänemark über die gerichtliche Zuständigkeit und die Anerkennung und Vollstreckung von Entscheidungen in Zivil- und Handelssachen.

2. Dieses Übereinkommen wird jedoch in jedem Fall angewandt:

a) in Fragen der gerichtlichen Zuständigkeit, wenn der Beklagte seinen Wohnsitz im Hoheitsgebiet eines Staates hat, in dem dieses Übereinkommen, aber keines der in Absatz 1 aufgeführten Rechtsinstrumente gilt, oder wenn die Gerichte eines solchen Staates nach Artikel 22 oder 23 dieses Übereinkommens zuständig sind;

b) bei Rechtshängigkeit oder im Zusammenhang stehenden Verfahren im Sinne der Artikel 27 und 28, wenn Verfahren in einem Staat anhängig gemacht werden, in dem dieses Übereinkommen, aber keines der in Absatz 1 aufgeführten Rechtsinstrumente gilt, und in einem Staat, in dem sowohl dieses Übereinkommen als auch eines der in Absatz 1 aufgeführten Rechtsinstrumente gilt;

c) in Fragen der Anerkennung und Vollstreckung, wenn entweder der Ursprungsstaat oder der ersuchte Staat keines der in Absatz 1 aufgeführten Rechtsinstrumente anwendet.

3. Ausser aus den in Titel III vorgesehenen Gründen kann die Anerkennung oder Vollstreckung versagt werden, wenn sich der der Entscheidung zugrunde liegende Zuständigkeitsgrund von demjenigen unterscheidet, der sich aus diesem Übereinkommen ergibt, und wenn die Anerkennung oder Vollstreckung gegen eine Partei geltend gemacht wird, die ihren Wohnsitz in einem Staat hat, in dem dieses Übereinkommen, aber keines der in Absatz 1 aufgeführten Rechtsinstrumente gilt, es sei denn, dass die Entscheidung anderweitig nach dem Recht des ersuchten Staates anerkannt oder vollstreckt werden kann.

Art. 64

1. La présente Convention ne préjuge pas de l'application par les États membres de la Communauté européenne du règlement (CE) n° 44/2001 du Conseil concernant la compétence judiciaire, la reconnaissance et l'exécution des décisions en matière civile et commerciale, et de toute modification apportée à celui-ci, de la convention concernant la compétence judiciaire et l'exécution des décisions en matière civile et commerciale, signée à Bruxelles le 27 septembre 1968, et du protocole concernant l'interprétation de cette convention par la Cour de justice des Communautés européennes, signé à Luxembourg le 3 juin 1971, tels qu'ils ont été modifiés par les conventions d'adhésion à ladite convention et audit protocole par les États adhérant aux Communautés européennes, ainsi que de l'accord entre la Communauté européenne et le Royaume du Danemark sur la compétence judiciaire, la reconnaissance et l'exécution des décisions en matière civile et commerciale, signé à Bruxelles le 19 octobre 2005.

2. Toutefois, la présente Convention s'applique en tout état de cause:

a) en matière de compétence, lorsque le défendeur est domicilié sur le territoire d'un État où s'applique la présente Convention, à l'exclusion des instruments visés au par. 1, ou lorsque les art. 22 ou 23 de la présente Convention confèrent une compétence aux tribunaux d'un tel État;

b) en matière de litispendance ou de connexité telles que prévues aux art. 27 et 28 de la présente Convention, lorsque les demandes sont formées dans un État où s'applique la présente Convention, à l'exclusion des instruments visés au par. 1, et dans un État où s'appliquent la présente Convention ainsi que l'un des instruments visés au par. 1;

c) en matière de reconnaissance et d'exécution, lorsque soit l'État d'origine, soit l'État requis, n'applique aucun des instruments visés au par. 1.

3. Outre les motifs faisant l'objet du titre III, la reconnaissance ou l'exécution peut être refusée si la règle de compétence sur la base de laquelle la décision a été rendue diffère de celle résultant de la présente Convention et si la reconnaissance ou l'exécution est demandée contre une partie qui est domiciliée sur le territoire d'un État où s'applique la présente Convention, à l'exclusion des instruments visés au par. 1, à moins que la décision puisse par ailleurs être reconnue ou exécutée selon le droit de l'État requis.

Art. 64

1. La presente convenzione non pregiudica l'applicazione da parte degli Stati membri della Comunità europea: del regolamento (CE) n. 44/2001 del Consiglio concernente la competenza giurisdizionale, il riconoscimento e l'esecuzione delle decisioni in materia civile e commerciale, e successive modifiche; della convenzione concernente la competenza giurisdizionale e l'esecuzione delle decisioni in materia civile e commerciale, firmata a Bruxelles il 27 settembre 1968, e del protocollo relativo all'interpretazione di detta convenzione da parte della Corte di giustizia delle Comunità europee, firmato a Lussemburgo il 3 giugno 1971, modificati dalle convenzioni di adesione a detta convenzione e a detto protocollo da parte degli Stati aderenti alle Comunità europee; dell'accordo tra la Comunità europea e il Regno di Danimarca concernente la competenza giurisdizionale, il riconoscimento e l'esecuzione delle decisioni in materia civile e commerciale, firmato a Bruxelles il 19 ottobre 2005.

2. Tuttavia, la presente convenzione si applica comunque:

a) in materia di competenza giurisdizionale, qualora il convenuto sia domiciliato nel

territorio di uno Stato in cui si applica la presente convenzione ma non un atto normativo di cui al paragrafo 1, ovvero qualora gli articoli 22 o 23 della presente convenzione attribuiscano la competenza ai giudici di quello Stato;

b) in materia di litispendenza o di connessione contemplate dagli articoli 27 e 28, ove siano state proposte azioni in uno Stato in cui si applica la presente convenzione ma non un atto normativo di cui al paragrafo 1, e in uno Stato in cui si applicano sia la presente convenzione che un atto normativo di cui al paragrafo 1;

c) in materia di riconoscimento e di esecuzione, qualora lo Stato d'origine o lo Stato richiesto non applichi alcun atto normativo di cui al paragrafo 1.

3. Oltre ai casi previsti nel titolo III, il riconoscimento o l'esecuzione può essere rifiutato se la competenza sulla quale si fonda la decisione differisce da quella che deriva dalla presente convenzione e il riconoscimento o l'esecuzione è richiesto contro una parte che abbia il domicilio nel territorio di uno Stato in cui si applica la presente convenzione ma non un atto normativo di cui al paragrafo 1, a meno che il riconoscimento o l'esecuzione della decisione sia possibile altrimenti in base alla legislazione dello Stato richiesto.

Art. 64

1. This Convention shall not prejudice the application by the Member States of the European Community of the Council Regulation (EC) No 44/2001 on jurisdiction and the recognition and enforcement of judgments in civil and commercial matters, as well as any amendments thereof, of the Convention on Jurisdiction and the Enforcement of Judgments in Civil and Commercial Matters, signed at Brussels on 27 September 1968, and of the Protocol on interpretation of that Convention by the Court of Justice of the European Communities, signed at Luxembourg on 3 June 1971, as amended by the Conventions of Accession to the said Convention and the said Protocol by the States acceding to the European Communities, as well as of the Agreement between the European Community and the Kingdom of Denmark on jurisdiction and the recognition and enforcement of judgments in civil and commercial matters, signed at Brussels on 19 October 2005.

2. However, this Convention shall in any event be applied:

a) in matters of jurisdiction, where the defendant is domiciled in the territory of a State where this Convention but not an instrument referred to in paragraph 1 of this Article applies, or where Articles 22 or 23 of this Convention confer jurisdiction on the courts of such a State;

b) in relation to lis pendens or to related actions as provided for in Articles 27 and 28, when proceedings are instituted in a State where the Convention but not an instrument referred to in paragraph 1 of this Article applies and in a State where this Convention as well as an instrument referred to in paragraph 1 of this Article apply;

c) in matters of recognition and enforcement, where either the State of origin or the State addressed is not applying an instrument referred to in paragraph 1 of this Article.

3. In addition to the grounds provided for in Title III, recognition or enforcement may be refused if the ground of jurisdiction on which the judgment has been based differs from that resulting from this Convention and recognition or enforcement is sought against a party who is domiciled in a State where this Convention but not an instrument referred to in paragraph 1 of this Article applies, unless the judgment may otherwise be recognised or enforced under any rule of law in the State addressed.

Übersicht

I. Sinn der Vorschrift

1 Art. 64 will die **Instrumente**, die innerhalb der **EU** und im Verhältnis zu **Dänemark** gelten, vom LugÜ abgrenzen. Das geschieht in dreifacher Weise: (1) Innerhalb der EU gelten weiter die in Absatz 1 genannten vier Instrumente. (2) Gemäss Absatz 2 haben auch die EU-Staaten in den dort genannten drei Fällen das LugÜ anzuwenden. (3) Die indirekte Zuständigkeit ist normalerweise kein Anerkennungshindernis (Art. 34, 35). Ausnahmsweise kann jedoch die Anerkennung und Vollstreckung abgelehnt werden, wenn die Zuständigkeit des Gerichts des Ursprungsstaates auf Vorschriften beruht, die dem LugÜ fremd sind, und der ausländische Entscheid in der Schweiz (wo die in Absatz 1 genannten Instrumente nicht gelten) vollstreckt werden soll.

II. Weitergeltung von Instrumenten in der EU (Abs. 1)

2 Art. 64 Abs. 1 nennt **vier Instrumente**, die vom LugÜ grundsätzlich unberührt bleiben. Es sind dies folgende Instrumente:

1. die EuGVVO Nr. 44/2001 vom 22.12.2000[1],

[1] ABl. EU 2001 Nr. L 12/1.

2. das Brüsseler GVÜ vom 27.09.1968 mit seinen Änderungen[2],

3. das Luxemburger Protokoll vom 03.06.1971 über die Auslegung des GVÜ durch den EuGH mit allen Änderungen,[3]

4. das Abkommen zwischen EU und Dänemark von 19.10.2005 über die Zuständigkeit und die Anerkennung und Vollstreckung[4].

3 Die EuGVVO gilt auch im Vereinigten Königreich, jedoch **nicht direkt in Dänemark**, das deshalb mit der EU ein separates Abkommen von 2005 abgeschlossen hat (Rz. 2 Nr. 4) und das in Art. 1 Abs. 1 die Brüssel I – VO (EuGVVO) zwischen der Gemeinschaft und Dänemark für anwendbar erklärt. Das Brüsseler GVÜ mit dem Auslegungsprotokoll ist durch die EuGVVO ersetzt worden und gilt nur noch für Altfälle. Für die Schweiz hat der Absatz 1 nur insofern Bedeutung als die Absätze 2 und 3 auf ihn verweisen.

III. Geltung des LugÜ (Absatz 2)

4 Art. 64 Abs. 2 nennt mehrere Fallsituationen, in denen auch ein EU-Mitgliedstaat das LugÜ und nicht die EuGVVO anzuwenden hat. Die Schweiz wendet sowieso nur das LugÜ an.

1. Beklagter wohnt ausserhalb der EU in LugÜ-Staat

5 Wenn der Beklagte in einem **LugÜ-Staat** wohnt, in dem **keines** der in Abs. 1 genannten Rechtsinstrumente gilt, also z.B. in der Schweiz, haben auch die EU-Mitgliedstaaten das LugÜ anzuwenden. Wohnt der Beklagte in Dänemark, so wenden die EU-Mitgliedstaaten das Abkommen von 2005 (oben Rz. 2 Nr. 4) an, die Schweiz dagegen das LugÜ.

---

2 Letzte Fassung bei JAYME/HAUSMANN, 9. Aufl. 1998, Nr. 72.
3 Letzte Fassung bei JAYME/HAUSMANN, 9 Aufl. 1998, Nr. 73.
4 ABl. EU 2005 Nr. L 299/62.

2. Ausschliessliche Zuständigkeit (Art. 22)

Art. 22 formuliert **ausschliessliche** Zuständigkeiten, die auch die EU-Mitgliedstaaten zu beachten haben. Tun sie dies nicht, so braucht das ausländische Urteil von der Schweiz nicht anerkannt zu werden (Art. 35 Abs. 1, Art. 64 Abs. 3). 6

a) Art. 22 Nr. 1

Bei Klagen, welche **dingliche Rechte** an einem **schweizerischen** Grundstück sowie die nicht nur vorübergehende Miete oder Pacht (über sechs Monate) durch Privatpersonen zum Gegenstand haben, muss in der Schweiz geklagt werden, es sei denn, bei nur vorübergehender Miete haben Mieter und Eigentümer ihren Wohnsitz in demselben LugÜ-Staat. Mietet also eine deutsche Familie für drei Monate ein Chalet im Wallis, das einem Deutschen gehört, so kann der Vermieter in Deutschland den Mietzins einklagen. Wird dagegen für ein Jahr gemietet oder von einem Eigentümer, der in Frankreich oder der Schweiz (Zürich) wohnt, so kann der Vermieter *nur* in der Schweiz klagen (Art. 22 Nr. 1 Abs. 1), und zwar in Zürich (Art. 113 IPRG, Art. 74 Abs. 2 Ziff. 1 OR). Das gilt auch für Klagen des Mieters (Art. 112 Abs. 1 IPRG). 7

b) Art. 22 Nr. 2

Für Klagen, welche die Gültigkeit, die Nichtigkeit oder die Auflösung einer **Gesellschaft** oder **juristischen Person** oder die Gültigkeit der Beschlüsse ihrer Organe zum Gegenstand haben, sind die Gerichte desjenigen LugÜ-Staates zuständig, in dem die Gesellschaft oder juristische Person ihren Sitz hat. Da jeder Staat den Sitz nach seinem IPR bestimmt (Art. 22 Nr. 2 Satz 2 LugÜ), können sich hier Konflikte ergeben. Wird ein Verwaltungsratsbeschluss einer juristischen Person mit Satzungssitz in der Schweiz und Hauptverwaltung in Deutschland angefochten, so sind in Deutschland die deutschen Gerichte ausschliesslich zuständig, wenn man auch gegenüber der Schweiz noch die alte Sitztheorie anwendet[5]. Aus schweizerischer Sicht sind dagegen nach Art. 21 Abs. 1 und 2 IPRG die schweizerischen Gerichte ausschliesslich kompetent. Eine deutsche Entscheidung muss aber trotzdem in der Schweiz nach Art. 64 Abs. 3 anerkannt werden; denn 8

---

[5] BGH 27.10.2008, NJW 2009, 289 = DNotZ 2009, 385.

die Entscheidung ist gegen eine Partei ergangen, die ihren Wohnsitz (vgl. Art. 60 Abs. 1: Satzungssitz, Sitz der Hauptverwaltung *oder* der Hauptniederlassung) in einem Staat hat, in dem auch die in Art. 64 Abs. 1 genannten Instrumente gelten. Dasselbe gilt übrigens auch für einen Entscheid einer schweizerischen Instanz. Er muss ebenfalls in Deutschland und in allen anderen EU-Mitgliedstaaten nach denselben Vorschriften anerkannt werden.

c) Art. 22 Nr. 3

9 Für Klagen, welche die Gültigkeit von **Eintragungen in öffentliche Register** zum Gegenstand haben, sind die Gerichte des LugÜ-Staates ausschliesslich zuständig, in dem das Register geführt wird. Wird also auf Löschung einer Eintragung im schweizerischen Grundbuch geklagt, so sind die schweizerischen Gerichte ausschliesslich zuständig.

d) Art. 22 Nr. 4

10 Für Klagen, welche die Eintragung oder die Gültigkeit von **Immaterialgüterrechten**, die einer Hinterlegung oder Registrierung bedürfen, zum Gegenstand haben, sind die Gerichte in dem LugÜ-Staat ausschliesslich zuständig, in dem die Hinterlegung oder Registrierung beantragt oder vorgenommen wird oder aufgrund eines Gemeinschaftsaktes (z.B. MarkenVO von 2009[6] und VO über das Gemeinschaftsgeschmacksmuster von 2001[7]) oder eines zwischenstaatlichen Übereinkommens (z.B. Europäisches Patentübereinkommen von 2000[8]) vorgenommen wird. Für ein registrierungspflichtiges Immaterialgüterrecht, das für die Schweiz gelten oder für ungültig erklärt werden soll, sind die schweizerischen Gerichte ausschliesslich zuständig, für eine Gemeinschaftsmarke oder ein Gemeinschaftsgeschmacksmuster das Harmonisierungsamt für den Binnenmarkt in Alicante/Spanien und der EuGH.

11 Ist ein **europäisches Patent** beim Europäischen Patentamt in München für einen LugÜ-Staat erteilt worden, z.B. auch für die Schweiz, so sind die schweizerischen Gerichte für solche Verfahren ausschliesslich zuständig,

---

[6] Verordnung (EG) Nr. 207/2009 des Rates vom 26.02.2009 über die Gemeinschaftsmarke, ABl. EU 2009 Nr. L 78/1.

[7] Verordnung (EG) Nr. 6/2001 des Rates vom 12.12.2001 über das Gemeinschaftsgeschmacksmuster, ABl. EG 2002 Nr. L 3/1.

[8] Europäisches Patentübereinkommen, revidiert in München am 29.11.2000 (EPÜ 2000), SR 0.232.142.2.

welche die Erteilung oder die Gültigkeit des europäischen Patents für die Schweiz zum Gegenstand hat (Art. 22 Nr. 4 Satz 2).

e) Art. 22 Nr. 5

Hat ein gebundener Staat ein **vollstreckbares Urteil** erlassen, so sind für die Zwangsvollstreckung aus diesem Urteil die Gerichte des Staates ausschliesslich zuständig, in dessen Hoheitsgebiet die Zwangsvollstreckung durchgeführt werden soll. Für die Vollstreckung in der Schweiz sind also schweizerische Gerichte ausschliesslich zuständig. 12

3. Vereinbarung der Zuständigkeit: Art. 23

Haben die Parteien die Gerichte eines Staates **vereinbart**, in dem nicht die in Art. 64 Abs. 1 genannten Instrumente gelten, so haben auch EU-Mitgliedstaaten diese Vereinbarung zu respektieren und lediglich das LugÜ anzuwenden. Wer also die Zuständigkeit schweizerischer Gerichte vereinbart, hat diese Vereinbarung an Art. 23 LugÜ zu messen. 13

4. Rechtshängigkeit und in Zusammenhang stehende Verfahren: Art. 64 Abs. 2 lit. b

Art. 64 Abs. 2 lit. b besagt, dass immer dann, wenn in einem Staat, der durch das LugÜ, aber nicht durch eines der in Art. 64 Abs. 1 genannten Instrumente gebunden ist, ein Verfahren **anhängig** gemacht wird, dies nach Art. 27 und 28 LugÜ zu beachten ist. Hat das Verfahren zuerst in der Schweiz begonnen, so ist ein späteres Verfahren in einem anderen LugÜ-Staat zu beenden oder auszusetzen, wie auch die Schweiz eine frühere Rechtshängigkeit in einem anderen LugÜ-Staat zu beachten hat. 14

5. Anerkennung und Vollstreckung: Art. 64 Abs. 2 lit. c

Nach Art. 64 Abs. 2 lit c werden in der Schweiz Urteile aus anderen LugÜ-Staaten anerkannt und vollstreckt, und schweizerische Urteile werden in diesen Staaten ebenfalls honoriert. 15

IV. Versagung der Anerkennung und Vollstreckung (Abs. 3)

16 Urteile aus Vertragsstaaten sind nach Titel III des Übereinkommens selbst dann anzuerkennen, wenn sie nicht auf der Grundlage des Übereinkommens oder einer parallelen Vorschrift ergangen sind[9]. Das kann dazu führen, dass englische Gerichte gegen einen Amerikanern ein Urteil auf der Durchreise fällen[10] oder ein französisches Gericht am Wohnsitz eines Franzosen gegen einen Japaner eine Klage zulässt[11]. Lassen sich die Beklagten dieser Fälle, also der Amerikaner und der Japaner, später in der Schweiz nieder und sollen die englischen bzw. französischen Urteile gegen sie in der Schweiz vollstreckt werden, so brauchen diese Urteile in der Schweiz nicht anerkannt zu werden (Art. 35 Abs. 1).

---

9 Geimer/Schütze, Art. 32 EuGVVO Rz. 5.

10 Art. 3 und 4 LugÜ i. V. mit Anhang I: Vereinigtes Königreich.

11 Art. 3 und 4 LugÜ i. V. mit Art. 14 f. Code civil (Anhang I: Frankreich).

Art. 65

Dieses Übereinkommen ersetzt unbeschadet des Artikels 63 Absatz 2 und der Artikel 66 und 67 im Verhältnis zwischen den durch dieses Übereinkommen gebundenen Staaten die zwischen zwei oder mehr dieser Staaten bestehenden Übereinkünfte, die sich auf dieselben Rechtsgebiete erstrecken wie dieses Übereinkommen. Durch dieses Übereinkommen werden insbesondere die in Anhang VII aufgeführten Übereinkünfte ersetzt.

Art. 65

Sans préjudice des dispositions de l'art. 63, par. 2, et des art. 66 et 67, la présente Convention remplace, entre les États qui sont liés par elle, les conventions conclues, dans ces mêmes matières, entre plusieurs d'entre eux. Elle remplace, en particulier, les conventions énumérées à l'annexe VII.

Art. 65

Fatte salve le disposizioni dell'articolo 63, paragrafo 2, dell'articolo 66 e dell'articolo 67, la presente convenzione sostituisce, tra gli Stati vincolati dalla medesima, le convenzioni concluse tra due o più di essi relative alle stesse materie soggette alla presente convenzione. In particolare, sono sostituite le convenzioni menzionate nell'allegato VII.

Art. 65

Subject to the provisions of Articles 63 (2), 66 and 67, this Convention shall, as between the States bound by this Convention, supersede the conventions concluded between two or more of them that cover the same matters as those to which this Convention applies. In particular, the conventions mentioned in Annex VII shall be superseded.

Übersicht *Seite*

I. Vertrag mit Belgien von 1959

Das Abkommen zwischen der Schweiz und **Belgien** vom 29.04.1959 über die Anerkennung und Vollstreckung von gerichtlichen Entscheidungen und Schiedssprüchen[1] wird vom LugÜ insoweit verdrängt, als das LugÜ sachlich und zeitlich anwendbar ist. 1

1 SR 0.276.191.721. Kurz kommentiert bei DUTOIT/KNOEPFLER/LALIVE/MERCIER, Répertoire de droit international privé, vol. 2, Bern 1983, 265–281.

1. Sachliche Divergenzen und Übereinstimmungen

2 Obwohl Art. 1 Abs. 1 des Abkommens wie das LugÜ von «gerichtlichen Entscheidungen in Zivil- und Handelssachen» spricht, versteht das Abkommen diesen Begriff **sehr viel weiter**, wie sich aus dessen Art. 2 Abs. 1 lit. i und j ergibt.

a) Divergenzen: Abkommen bleibt anwendbar (Art. 66 Abs. 1)

3 Das Abkommen bleibt auf die Anerkennung und Vollstreckung von Entscheidungen in **Personenstands-, Handlungsfähigkeits- und Familienrechtssachen** sowie solchen in **Erbschaftsstreitigkeiten** anwendbar, weil solche Entscheidungen nach Art. 1 Abs. 2 lit. a LugÜ nicht vom LugÜ erfasst werden.

4 Ebenfalls gilt das Abkommen weiter für die **Anerkennung und Vollstreckung von Schiedssprüchen**, deren Anerkennung in Art. 1 Abs. 2 lit. d LugÜ ausgeschlossen ist.

5 Nicht anwendbar ist das Abkommen dagegen auf **Arrest und andere vorläufige oder sichernde Massnahmen** (Art. 1 Abs. 2), während das LugÜ im Rahmen seines sachlichen Anwendungsbereichs auch für solche Entscheidungen gilt (Art. 31, 47).

b) Übereinstimmungen: ausschliessliche Anwendung des LugÜ (Art. 65)

6 Ergehen Entscheidungen in Belgien oder der Schweiz in **Zivil- und Handelssachen** im Sinne des LugÜ, so ist ausschliesslich das LugÜ anwendbar und nicht mehr das Abkommen. Das Abkommen wird somit ersetzt (Art. 65) und kommt nicht etwa nach dem Günstigkeitsprinzip subsidiär zur Anwendung.

2. Zeitliche Abgrenzung (Art. 66 Abs. 2)

7 Das Abkommen war, soweit es mit dem LugÜ und dem aLugÜ übereinstimmt, bereits seit dem 01.01.1992 durch Art. 55 ist aLugÜ ersetzt worden. Seit also fast 20 Jahren gilt das Abkommen insoweit nicht mehr. Auf die vor dem 01.01.1992 gefällten Entscheidungen jedoch ist das Abkommen anwendbar.

II. Übrige Staatsverträge

8 Für die übrigen Anerkennungsverträge mit Deutschland, Italien, Norwegen, Österreich, Schweden, den skandinavischen Staaten, Spanien und der Tschechoslowakei, die in Anhang VII erwähnt sind, gilt das Gleiche wie für den Vertrag mit Belgien.

Art. 66

1. Die in Artikel 65 angeführten Übereinkünfte behalten ihre Wirksamkeit für die Rechtsgebiete, auf die dieses Übereinkommen nicht anzuwenden ist.

2. Sie bleiben auch weiterhin für die Entscheidungen und die öffentlichen Urkunden wirksam, die vor Inkrafttreten dieses Übereinkommens ergangen sind oder aufgenommen worden sind.

Art. 66

1. Les conventions visées à l'art. 65 continuent à produire leurs effets dans les matières auxquelles la présente Convention n'est pas applicable.

2. Elles continuent à produire leurs effets en ce qui concerne les décisions rendues et les actes authentiques reçus avant l'entrée en vigueur de la présente Convention.

Art. 66

1. Le convenzioni di cui all'art. 65 continuano a produrre i loro effetti nelle materie non soggette alla presente convenzione.

2. Esse continuano a produrre i loro effetti per le decisioni emesse e per gli atti pubblici formati prima dell'entrata in vigore della presente convenzione.

Art. 66

1. The conventions referred to in Article 65 shall continue to have effect in relation to matters to which this Convention does not apply.

2. They shall continue to have effect in respect of judgments given and documents formally drawn up or registered as authentic instruments before the entry into force of this Convention.

Übersicht *Seite*

I. Vertrag mit Belgien von 1959

Das Abkommen zwischen der Schweiz und **Belgien** vom 29.04.1959 über die Anerkennung und Vollstreckung von gerichtlichen Entscheidungen und Schiedssprüchen[1] wird vom LugÜ insoweit verdrängt, als das LugÜ sachlich und zeitlich anwendbar ist. 1

[1] SR 0.276.191.721.Kurz kommentiert bei DUTOIT/KNOEPFLER/LALIVE/MERCIER, Répertoire de droit international privé, vol. 2, Bern 1983, 265–281.

II. Sachliche Divergenzen und Übereinstimmungen

2 Obwohl Art. 1 Abs. 1 des Abkommens wie das LugÜ von «gerichtlichen Entscheidungen in Zivil- und Handelssachen» spricht, versteht das Abkommen diesen Begriff **sehr viel weiter**, wie sich aus dessen Art. 2 Abs. 1 lit. i und j ergibt.

1. Divergenzen: Abkommen bleibt anwendbar (Art. 66 Abs. 1)

3 Das Abkommen bleibt auf die Anerkennung und Vollstreckung von Entscheidungen in **Personenstands-, Handlungsfähigkeits- und Familienrechtssachen** sowie solchen in **Erbschaftsstreitigkeiten** anwendbar, weil solche Entscheidungen nach Art. 1 Abs. 2 lit. a LugÜ nicht vom LugÜ erfasst werden.

4 Ebenfalls gilt das Abkommen weiter für die **Anerkennung und Vollstreckung von Schiedssprüchen**, deren Anerkennung in Art. 1 Abs. 2 lit. d LugÜ ausgeschlossen ist.

5 Nicht anwendbar ist das Abkommen dagegen auf **Arrest und andere vorläufige oder sichernde Massnahmen** (Art. 1 Abs. 2), während das LugÜ im Rahmen seines sachlichen Anwendungsbereichs auch für solche Entscheidungen gilt (Art. 31, 47).

2. Übereinstimmungen: ausschliessliche Anwendung des LugÜ (Art. 65)

6 Ergehen Entscheidungen in Belgien oder der Schweiz in **Zivil- und Handelssachen** im Sinne des LugÜ, so ist ausschliesslich das LugÜ anwendbar und nicht mehr das Abkommen. Das Abkommen wird somit ersetzt (Art. 65) und kommt nicht etwa nach dem Günstigkeitsprinzip subsidiär zur Anwendung.

III. Zeitliche Abgrenzung (Art. 66 Abs. 2)

Das Abkommen war, soweit es mit dem LugÜ und dem aLugÜ übereinstimmt, bereits seit dem 01.01.1992 durch Art. 55 ist aLugÜ ersetzt worden. Seit also fast 20 Jahren gilt das Abkommen insoweit nicht mehr. Auf die vor dem 01.01.1992 gefällten Entscheidungen jedoch ist das Abkommen anwendbar. 7

IV. Übrige Übereinkünfte

Für die übrigen Anerkennungsverträge mit Deutschland, Italien, Norwegen, Österreich, Schweden, den skandinavischen Staaten, Spanien und der Tschechoslowakei, die in Anhang VII erwähnt sind, gilt das Gleiche wie für den Vertrag mit Belgien, soweit sie für Rechtsgebiete gelten, die nicht vom LugÜ erfasst werden. 8

Art. 67

1. Dieses Übereinkommen lässt Übereinkünfte unberührt, denen die Vertragsparteien und/oder die durch dieses Übereinkommen gebundenen Staaten angehören und die für besondere Rechtsgebiete die gerichtliche Zuständigkeit, die Anerkennung oder die Vollstreckung von Entscheidungen regeln. Unbeschadet der Verpflichtungen aus anderen Übereinkünften, denen manche Vertragsparteien angehören, schliesst dieses Übereinkommen nicht aus, dass die Vertragsparteien solche Übereinkünfte schliessen.

2. Dieses Übereinkommen schliesst nicht aus, dass ein Gericht eines durch dieses Übereinkommen gebundenen Staates, der Vertragspartei einer Übereinkunft über ein besonderes Rechtsgebiet ist, seine Zuständigkeit auf eine solche Übereinkunft stützt, und zwar auch dann, wenn der Beklagte seinen Wohnsitz in einem anderen durch dieses Übereinkommen gebundenen Staat hat, der nicht Vertragspartei der betreffenden Übereinkunft ist. In jedem Fall wendet dieses Gericht Artikel 26 dieses Übereinkommens an.

3. Entscheidungen, die in einem durch dieses Übereinkommen gebundenen Staat von einem Gericht erlassen worden sind, das seine Zuständigkeit auf eine Übereinkunft über ein besonderes Rechtsgebiet gestützt hat, werden in den anderen durch dieses Übereinkommen gebundenen Staaten nach Titel III dieses Übereinkommens anerkannt und vollstreckt.

4. Neben den in Titel III vorgesehenen Gründen kann die Anerkennung oder Vollstreckung versagt werden, wenn der ersuchte Staat nicht durch die Übereinkunft über ein besonderes Rechtsgebiet gebunden ist und die Person, gegen die die Anerkennung oder Vollstreckung geltend gemacht wird, ihren Wohnsitz in diesem Staat hat oder wenn der ersuchte Staat ein Mitgliedstaat der Europäischen Gemeinschaft ist und die Übereinkunft von der Europäischen Gemeinschaft geschlossen werden müsste, in einem ihrer Mitgliedstaaten, es sei denn, die Entscheidung kann anderweitig nach dem Recht des ersuchten Staates anerkannt oder vollstreckt werden.

5. Sind der Ursprungsstaat und der ersuchte Staat Vertragsparteien einer Übereinkunft über ein besonderes Rechtsgebiet, welche die Voraussetzungen für die Anerkennung und Vollstreckung von Entscheidungen regelt, so gelten diese Voraussetzungen. In jedem Fall können die Bestimmungen dieses Übereinkommens über das Verfahren zur Anerkennung und Vollstreckung von Entscheidungen angewandt werden.

Art. 67

1. La présente Convention n'affecte pas les conventions qui lient les Parties contractantes et/ou les États liés par la présente Convention et qui, dans des matières particulières, règlent la compétence judiciaire, la reconnaissance ou l'exécution des décisions. Sans préjudice des obligations découlant d'autres accords conclus entre certaines Parties contractantes, la présente Convention ne fait pas obstacle à ce que des Parties contractantes puissent conclure de telles conventions.

2. La présente Convention ne fait pas obstacle à ce que le tribunal d'un État lié par la présente Convention et par une convention relative à une matière particulière, puisse fonder sa compétence sur cette autre convention, même si le défendeur est domicilié sur le territoire d'un autre État lié par la présente Convention qui n'est pas partie à cette autre convention. Le tribunal saisi applique, en tout cas, l'art. 26 de la présente Convention.

3. Les décisions rendues dans un État lié par la présente Convention par un tribunal ayant fondé sa compétence sur une convention relative à une matière particulière sont reconnues et exécutées dans les autres États liés par la présente Convention conformément à son titre III.

4. Outre les motifs prévus au titre III, la reconnaissance ou l'exécution peut être refusée si l'État requis n'est pas lié par la convention relative à une matière particulière et si la personne contre laquelle la reconnaissance ou l'exécution est demandée est domiciliée dans cet État, ou, si l'État requis est un État membre de la Communauté européenne et s'il s'agit de conventions à conclure par la Communauté européenne, dans chacun ses États membres, sauf si la décision peut être reconnue ou exécutée au titre de toute autre règle de droit de l'État requis.

5. Si une convention relative à une matière particulière et à laquelle sont parties l'État d'origine et l'État requis détermine les conditions de reconnaissance et d'exécution des décisions, il est fait application de ces conditions. Il peut, en tout cas, être fait application des dispositions de la présente Convention qui concernent les procédures relatives à la reconnaissance et à l'exécution des décisions.

Art. 67

1. La presente convenzione non pregiudica convenzioni da cui sono vincolate le parti contraenti o gli Stati vincolati dalla presente convenzione che, in materie particolari, disciplinano la competenza giurisdizionale, il riconoscimento e l'esecuzione delle decisioni. Fatti salvi gli obblighi derivanti da altri accordi fra alcune parti contraenti, la presente convenzione non osta a che le parti contraenti concludano siffatte convenzioni.

2. La presente convenzione non osta a che il giudice di uno Stato vincolato dalla presente convenzione e da una convenzione relativa a una materia particolare possa fondare la propria competenza su quest'ultima anche se il convenuto è domiciliato nel territorio di un altro Stato vincolato dalla presente convenzione che non è parte di quella convenzione. Il giudice adito applica in ogni caso l'articolo 26 della presente convenzione.

3. Le decisioni emesse in uno Stato vincolato dalla presente convenzione da un giudice che abbia fondato la propria competenza su una convenzione relativa a una materia particolare sono riconosciute ed eseguite negli altri Stati vincolati dalla presente convenzione a norma del titolo III della presente convenzione.

4. Oltre ai casi previsti nel titolo III il riconoscimento o l'esecuzione può essere rifiutato se lo Stato richiesto non è vincolato dalla convenzione relativa a una materia particolare e la parte contro la quale è chiesto il riconoscimento o l'esecuzione ha il domicilio nel territorio di tale Stato, ovvero in uno Stato membro della Comunità europea se lo Stato richiesto è uno Stato membro della Comunità europea e nel caso di convenzioni che dovrebbero essere concluse dalla Comunità europea, a meno che il riconoscimento o l'esecuzione della decisione sia possibile altrimenti in base alla legislazione dello Stato richiesto.

5. Se una convenzione relativa a una materia particolare di cui sono parti lo Stato d'origine e lo Stato richiesto determina le condizioni del riconoscimento e dell'esecuzione delle decisioni, si applicano tali condizioni. È comunque possibile applicare le disposizioni della presente convenzione concernenti le procedure relative al riconoscimento e all'esecuzione delle decisioni.

Art. 67

1. This Convention shall not affect any conventions by which the Contracting Parties and/or the States bound by this Convention are bound and which in relation to particular matters, govern jurisdiction or the recognition or enforcement of judgments. Without prejudice to obligations resulting from other agreements between certain Contracting Parties, this Convention shall not prevent Contracting Parties from entering into such conventions.

2. This Convention shall not prevent a court of a State bound by this Convention and by a convention on a particular matter from assuming jurisdiction in accordance with that convention, even where the defendant is domiciled in another State bound by this Convention which is not a party to that convention. The court hearing the action shall, in any event, apply Article 26 of this Convention.

3. Judgments given in a State bound by this Convention by a court in the exercise of jurisdiction provided for in a convention on a particular matter shall be recognised and enforced in the other States bound by this Convention in accordance with Title III of this Convention.

4. In addition to the grounds provided for in Title III, recognition or enforcement may be refused if the State addressed is not bound by the convention on a particular matter and the person against whom recognition or enforcement is sought is domiciled in that State, or, if the State addressed is a Member State of the European Community and in respect of conventions which would have to be concluded by the European Community, in any of its Member States, unless the judgment may otherwise be recognised or enforced under any rule of law in the State addressed.

5. Where a convention on a particular matter to which both the State of origin and the State addressed are parties lays down conditions for the recognition or enforcement of judgments, those conditions shall apply. In any event, the provisions of this Convention which concern the procedures for recognition and enforcement of judgments may be applied.

Literatur: BARNERT, Positive Kompetenzkonflikte im internationalen Zivilprozessrecht – Zum Verhältnis zwischen Art. 21 EuGVÜ und Art. 31 CMR, ZZP 2005, 81 ff.; DONZALLAS, Interactions de la directive européenne 93/13 sur les clauses abusives avec la procédure civile interne ainsi qu'avec les CB/CL et le règlement CE 44/2001, AJP 2004, 1193 ff.; GEIMER, Anerkennung und Vollstreckung polnischer Vaterschaftsurteile mit Annex-Zuständigkeit über den Unterhalt etc., IPRax 2004, 419 ff.; HAUBOLD, Internationale Zuständigkeit nach CMR und EuGVÜ/LugÜ, IPRax 2000, 91 ff.; DERS., CMR und Europäisches Zivilverfahrensrecht – Klarstellungen zu internationaler Zuständigkeit und Rechtshängigkeit, IPRax 2006, 224 ff.; JAMETTI GREINER, Überblick zum Lugano-Übereinkommen über die gerichtliche Zuständigkeit und die Vollstreckung gerichtlicher Entscheidungen in Zivil- und Handelssachen, ZBJV 1992, 42 ff.; KLABBERS, Treaty Conflict and the European Union, Cambridge 2009; KROPHOLLER/BLOBEL, Unübersichtliche Gemengelagen im IPR durch EG-Verordnungen und Staatsverträge, FS Sonnenberger, München

2004, 453 ff.; Majoros, Konflikte zwischen Staatsverträgen auf dem Gebiet des Privatrechts, RabelsZ 1982, 84 ff.; Mankowski, Spezialabkommen und EuGVÜ, EWS 1996, 301 ff.; ders., Im Dschungel der für die Vollstreckbarerklärung ausländischer Unterhaltsentscheidungen einschlägigen Übereinkommen und ihrer Ausführungsgesetze, IPRax 2000, 188 ff.; Müller, Holger/Hök, Die Zuständigkeit deutscher Gerichte und die Vollstreckbarkeit inländischer Urteile im Ausland nach der CMR, RIW 1988, 773 ff.; Patocchi, La reconnaissance et l'exécution des jugements étrangers selon la Convention de Lugano du 16 septembre 1988, in: Gillard (Hrsg.), L'espace judiciaire européen, Lausanne 1992, 91 ff.; Philip, The Brussels Convention and Arrest of Ships, in: Études de droit international en l'honneur de Pierre Lalive, Basel 1993, 151 ff.; Rüfner, Lis alibi pendens under the CMR, LMCLQ 2001, 460 ff.; Saggio, Perspektiven des Systems der Freizügigkeit für Gerichtsentscheidungen auf der Grundlage des Brüsseler Übereinkommens, in: Gerichtshof der Europäischen Gemeinschaften/Duintjer Tebbens (Hrsg.), Internationale Zuständigkeit und Urteilsanerkennung in Europa, Köln u.a. 1993, 177 ff.; Schinkels, Verhältnis von Art. 31 CMR und EuGVÜ sowie Einbeziehung des ADSp gegenüber einer italienischen AG, IPRax 2003, 517 ff.; SIIG, Maritime Jurisdiction Agreement in the EU, LMCLQ 1997, 362 ff.; Volken, Anerkennung und Vollstreckung von Entscheidungen nach dem Lugano-Übereinkommen, ZWR 1992, 421 ff.; Volken, La Convention de Lugano dans ses rapports avec la loi de LDIP et avec d'autres conventions internationales, in: Gillard (Hrsg.), L'espace judiciaire européen, Lausanne 1992, 153 ff.

Übersicht *Seite*

I. Sinn der Vorschrift

Diese Vorschrift entspricht dem Art. 57 aLugÜ und regelt gewisse Konflikte zwischen **bereits bestehenden Verträgen** und noch zu schliessenden Abkommen. Nach Art. 67 Abs. 1 ist jeder LugÜ-Staat frei, «für besondere Rechtsgebiete» Übereinkommen neben dem LugÜ anzuwenden 1

(Art. 67 Abs. 1 Satz 1) oder abzuschliessen (Art. 67 Abs. 1 Satz 2). Mit «besonderen Rechtsgebieten» sind solche Instrumente gemeint, die für einen bestimmten Typus von Zivil- und Handelssachen Regelungen treffen, die auch das LugÜ vorsieht. Die anderen Absätze regeln verschiedene Fragen, wann und unter welchen Bedingungen diese Spezialinstrumente angewandt werden können und wann nicht.

II. Übereinkünfte über «besondere Rechtsgebiete» (Abs. 1)

1. Besondere Übereinkünfte

a) Schweiz

2 In der **Schweiz** gelten auf dem Gebiet des LugÜ insbesondere folgende multilateralen Übereinkommen:

- Übereinkommen vom 02.10.1973 über die Anerkennung und Vollstreckung von Unterhaltsentscheidungen[1],
- Übereinkommen vom 01.03.1954 betreffend Zivilprozessrecht[2], nämlich hinsichtlich der Vollstreckung von Kostenentscheidungen (Art. 18 f.),
- Übereinkommen vom 25.10.1980 über den internationalen Zugang zur Rechtspflege[3], nämlich hinsichtlich der Vollstreckung von Kostenentscheidungen (Art. 15 ff.),
- Übereinkommen vom 19.05.1956 über den Beförderungsvertrag im internationalen Strassengüterverkehr (CMR)[4], nämlich hinsichtlich des Art. 31 über den Gerichtsstand,
- Einheitliche Rechtsvorschriften für den Vertrag über die internationale Eisenbahnbeförderung von Personen und Gepäck (CIV), Anlage A zum Übereinkommen vom 09.05.1980 über den internatonalen Eisenbahnverkehr (COTIF)[5], nämlich hinsichtlich des Art. 52 CIV über die Zuständigkeit,

[1] SR 0.211.213.02.
[2] SR 0.274.12.
[3] SR 0.274.133.
[4] SR 0.741.611.
[5] SR 0.742.403.1.

- Einheitliche Rechtsvorschriften für den Vertrag über die internationale Eisenbahnbeförderung von Gütern (CIM), Anlage B zum Übereinkommen vom 09.05.1980 über den internationalen Eisenbahnverkehr (COTIF)[6], nämlich hinsichtlich des Art. 56 CIM über die Zuständigkeit,
- Revidierte Rheinschiffahrts-Akte vom 17.10.1868 zwischen Baden, Bayern, Frankreich, Hessen, den Niederlanden und Preussen[7], nämlich hinsichtlich der Art. 34 ff. über die Zuständigkeit der Rheinschiffahrts-Gerichte,
- Übereinkommen vom 28.05.1999 zur Vereinheitlichung bestimmter Vorschriften über die Beförderung im internationalen Luftverkehr[8], nämlich hinsichtlich der Art. 33 ff. über die Zuständigkeit.

Auch in Zukunft wird die Schweiz nicht daran gehindert, ähnliche Übereinkommen über besondere Rechtsgebiete abzuschliessen. 3

b) Ausland

Auch im Ausland gelten dieselben und andere Staatsverträge über besondere Rechtsgebiete. Sie werden beispielhaft vom Bericht Schlosser aufgezählt[9]. 4

2. Unberührt-sein-lassen von Übereinkünften

Nach Abs. 1 lässt das LugÜ die Übereinkünfte über besondere Rechtsgebiete unberührt. Was das bedeutet, kann nur auf Grund der einzelnen Übereinkünfte beantwortet werden. Hierbei ist zwischen Übereinkünften über die Zuständigkeit, die Rechtshängigkeit und die Anerkennung zu unterscheiden. 5

a) Zuständigkeit

Wo eine Übereinkunft die Zuständigkeit als **ausschliessliche** regelt, wie z.B. in Art. 31 Abs. 1 Satz 2 CMR («Andere Gerichte können nicht angerufen werden.»), geht diese Zuständigkeit dem LugÜ vor. Und zwar selbst dann, wenn sich der Beklagte nicht auf diese Vorschrift beruft, sondern 6

6 SR 0.742.403.1.
7 SR 0.747.224.101.
8 SR 0.748.411.
9 Bericht SCHLOSSER, Fn. 59.

dem Verfahren fern bleibt[10]. Nach Art. 33 CMR dürfen die Parteien ein Schiedsgericht vereinbaren, das jedoch das CMR anwenden muss.

7 Ist die gerichtliche Zuständigkeit **zwingend** geregelt, aber nicht ausschliesslich, können also die Parteien andere Gerichte oder Schiedsgerichte vereinbaren, so gilt die Regelung der Übereinkünfte, sofern die Parteien keine Gerichtsstands- oder Schiedsklausel vereinbart haben. So z.B. bei der Rheinschiffahrts-Akte. Die Rheinschiffahrts-Gerichte sind als Sondergerichte nach Art. 34 Abs. 2, Art. 35 Rheinschiffahrts-Akte zuständig, sofern die Parteien sich nicht auf eine anderes Gericht nach Art. 35ter Rheinschiffahrts-Akte geeinigt haben. Dann muss der Rechtsstreit von einem Rheinschifffahrts-Gericht entschieden werden. Auch nach dem Luftverkehr-Übereinkommen von 1999 sind gewisse Gerichte zuständig, es sei denn, die Parteien hätten ein Schiedsgericht vereinbart (Art. 24).

8 Schliesslich gibt es Übereinkünfte, welche die Zuständigkeit nur für den Fall regeln, dass «in Staatsverträgen oder Konzessionen **nichts anderes** bestimmt» ist (Art. 52 § 1 CIV, Art. 56 Abs. 1 CIM). Bei einer solchen Vorschrift fragt sich, ob hiermit ein *subsidiärer* oder ob *konkurrierende* Gerichtsstände gemeint sind. Diese Frage ist für die genannten Fälle unproblematisch, weil dort der Gerichtsstand am Sitz/Niederlassung der beklagten Eisenbahn vorgesehen ist. Jeder andere Gerichtsstand nach LugÜ ist deshalb auch anwendbar.

b) Rechtshängigkeit

9 Soweit besondere Übereinkünfte Regelungen über die **Rechtshängigkeit** enthalten, fragt sich ob diese Übereinkünfte oder die Art. 27–30 LugÜ anzuwenden sind. Das CMR Übereinkommen enthält in seinem Art. 31 Abs. 2 eine Vorschrift über die Rechtshängigkeit in derselben Sache und nicht – wie in Art. 28 LugÜ – für «Klagen, die im Zusammenhang stehen». Diese Vorschrift ist im Prinzip anzuwenden, wenn es um eine CMR-Sache geht[11]. Kann jedoch der neue Art. 30 LugÜ angewandt werden, wenn es um

[10] EuGH 28.10.2004, Rs. C-148/03, *Nürnberger Allgemeine Versicherungs AG/Portbridge Transport International BV*, Slg. 2004, I -10327 = IPRax 2006, 256 mit Bespr. Haubold auf S. 224–229; *Harrison & Sons Ltd v. R.T. Stewart Transport Ltd*, European Transport Law 1993, 747 (Comm. Ct. 1992); OLG Hamm 25.06.2001, Transportrecht 2001, 397 = IPRspr. 2001 Nr. 145; Clarke, International Carriage of Goods by Road: CMR, 5. Aufl., London 2009, 153 (sect. 46), Fn. 343.

[11] Rüfner, Lis alibi pendens under the CMR, LMCLQ 2001, 460-465.

die Frage geht, wann ein Gericht als angerufen gilt? Das sollte bejaht werden, so dass heute der Fall *Merzario v. Leitner* anders, d.h. zugunsten des Beklagten entschieden werden sollte, der zuerst in Österreich eine negative Feststellungsklage eingereicht hatte, die aber erst nach Zustellung der später anhängig gemachten englischen Leistungsklage zugestellt wurde[12].

c) Anerkennung und Vollstreckung

Während die allgemeinen Übereinkünfte über die Anerkennung und Vollstreckung nach Art. 65 verdrängt und auf Zivil- und Handelssachen nicht mehr angewandt werden, bleiben die *besonderen* Übereinkünfte nach Art. 67 Abs. 1 unberührt und gelten weiter. Für diese besonderen Übereinkünfte gilt das Günstigkeitsprinzip, wonach das für den Vollstreckungsgläubiger günstigste Recht zur Anwendung kommt[13]. 10

III. Zuständigkeit nach besonderen Übereinkünften (Abs. 2)

1. Fallsituation

Abs. 2 hat eine Fallsituation im Auge, die nur schwer zu beschreiben ist. Deshalb jetzt ein **Beispiel**. Es geht um die Zuständigkeit. Der Kläger K klagt auf Grund des Art. 31 Abs. 1 lit. a CMR (Zuständigkeit bei Geschäftsstelle, durch deren Vermittlung der Beförderungsvertrag geschlossen worden ist)[14] in der Schweiz aus einem Frachtvertrag, der für eine Fracht von der Schweiz nach Italien in der Schweiz bei der Geschäftsstelle des Beklagten geschlossen worden ist, gegen den auf Malta ansässigen Frachtführer. Die Schweiz ist Vertragspartei der CMR, Malta dagegen nicht. 11

2. Ausnahme von Abs. 1

Wie die Fallsituation zeigt, soll dem Kläger der **Gerichtsstand des LugÜ** auch dann erhalten bleiben, wenn nach der Übereinkunft (CMR) eine Zu- 12

---

[12] *Andrea Merzario Ltd. v. Internationale Spedition Leitner Gesellschaft mbH*, [2001] 1 Lloyd's Law Reports 490 (C.A.), mit Anm. RÜFNER, s. Fn. 11.

[13] SIEHR, Günstigkeits- und Garantieprinzip. Zur Rechtsdurchsetzung im internationalen Rechtsverkehr, FS Walder, Zürich 1994, 409–423.

[14] Vgl. Fn. 4.

ständigkeit nicht bestünde, was in der obigen Fallsituation allerdings gerade nicht der Fall ist (vgl. Art. 1 Abs. 1 CMR). Ist dagegen eine Zuständigkeit nach LugÜ nicht gegeben und lässt sich der Beklagte auf einen Prozess nicht ein, so ist nach Art. 26 zu verfahren. Das angerufene Gericht muss sich also nach Art. 26 Abs. 1 für unzuständig erklären (Art. 67 Abs. 2 Satz 2).

IV. Anerkennung und Vollstreckung (Abs. 3 – 5)

1. Zuständigkeit auf Grund von Übereinkunft über besondere Rechtsgebiete (Abs. 3)

13 Abs. 3 stellt klar, dass Entscheidungen, die auf Grund von Übereinkünften über besondere Rechtsgebiete ergangen sind, in den LugÜ-Staaten nach Titel III (Art. 32 ff.) des LugÜ **anzuerkennen** und zu **vollstrecken** sind. Diese Vorschrift bestätigt somit das Günstigkeitsprinzip (s. vorne Rz. 10).

2. Versagung der Anerkennung und Vollstreckung (Abs. 4)

14 Diese Vorschrift betrifft zwei verschiedene Fälle, nämlich wenn der ersuchte Staat die Übereinkunft über besondere Rechtsgebiete nicht ratifiziert hat (Rz. 15) bzw. wenn der ersuchte Staat ein LugÜ-Staat ist (Rz. 16).

15 Soll in der beschriebenen Fallsituation (Rz. 11) die Entscheidung in **Malta vollstreckt** werden, also in einem Staat, der nicht durch das CMR gebunden ist und in dem die Person ihren Wohnsitz hat, gegen die der Entscheid vollstreckt werden soll, so kann die Anerkennung und Vollstreckung zusätzlich zu den Gründen des Titel III LugÜ nach Art. 35 Abs. 1 versagt werden, «es sei denn, die Entscheidung kann anderweitig nach dem Recht des ersuchten Staates anerkannt und vollstreckt werden». Die letzte Voraussetzung ist hier gegeben; denn auch in Malta gilt das LugÜ und nach diesem sind Entscheidungen selbst dann anzuerkennen, wenn sie nicht nach dem LugÜ zustande gekommen sind[15].

16 Der zweite Fall des Abs. 4 ist rein **hypothetisch** und behandelt einen Konflikt zwischen dem LugÜ und einer **Übereinkunft**, die von der Europäischen Gemeinschaft hätte geschlossen oder genehmigt werden müssen.

---

[15] GEIMER/SCHÜTZE, Art. 32 Rz. 5.

Bislang besteht eine solche Übereinkunft noch nicht. Nehmen wir jedoch an, ein Mitgliedstaat schlösse eine solche Übereinkunft mit der Schweiz, und ein Gläubiger versuchte, den schweizerischen Entscheid in einem Mitgliedstaat der EU durchzusetzen. Diese Anerkennung könnte nach Art. 67 Abs. 4 und Art. 35 Abs. 1 abgelehnt werden, «es sei denn, die Entscheidung kann anderweitig nach dem Recht des ersuchten Staates anerkannt und vollstreckt werden». Auch hier ist diese letzte Voraussetzung gegeben; denn nach LugÜ werden Entscheide in Zivil- und Handelssachen selbst dann anerkannt, wenn sie nicht nach dem LugÜ zustande gekommen sind[16].

3. Günstigkeitsprinzip (Abs. 5)

Art. 67 Abs. 5 schliesslich bestätigt das **Günstigkeitsprinzip** (vorne Rz. 10). Sind sowohl der Ursprungsstaat als auch der ersuchte Staat Vertragsparteien einer Übereinkunft über besondere Rechtsgebiete, so erfolgt die Anerkennung und Vollstreckung nach der Übereinkunft, z.B. nach dem Haager Unterhaltsvollstreckungs-Übereinkommen[17], es kann aber auch nach dem LugÜ anerkannt und vollstreckt werden (Art. 67 Abs. 5 Satz 2). 17

[16] GEIMER/SCHÜTZE, Art. 32 Rz. 5.
[17] Fn. 1.

Art. 68

1. Dieses Übereinkommen lässt Übereinkünfte unberührt, durch die sich die durch dieses Übereinkommen gebundenen Staaten vor Inkrafttreten dieses Übereinkommens verpflichtet haben, Entscheidungen der Gerichte anderer durch dieses Übereinkommen gebundener Staaten gegen Beklagte, die ihren Wohnsitz oder gewöhnlichen Aufenthalt im Hoheitsgebiet eines Drittstaats haben, nicht anzuerkennen, wenn die Entscheidungen in den Fällen des Artikels 4 nur auf einen der in Artikel 3 Absatz 2 angeführten Zuständigkeitsgründe gestützt werden könnten. Unbeschadet der Verpflichtungen aus anderen Übereinkünften, denen manche Vertragsparteien angehören, schliesst dieses Übereinkommen nicht aus, dass die Vertragsparteien solche Übereinkünfte treffen.

2. Keine Vertragspartei kann sich jedoch gegenüber einem Drittstaat verpflichten, eine Entscheidung nicht anzuerkennen, die in einem anderen durch dieses Übereinkommen gebundenen Staat durch ein Gericht gefällt wurde, dessen Zuständigkeit auf das Vorhandensein von Vermögenswerten des Beklagten in diesem Staat oder die Beschlagnahme von dort vorhandenem Vermögen durch den Kläger gegründet ist:

a) wenn die Klage erhoben wird, um Eigentums- oder Inhaberrechte hinsichtlich dieses Vermögens festzustellen oder anzumelden oder um Verfügungsgewalt darüber zu erhalten, oder wenn die Klage sich aus einer anderen Streitsache im Zusammenhang mit diesem Vermögen ergibt; oder

b) wenn das Vermögen die Sicherheit für einen Anspruch darstellt, der Gegenstand des Verfahrens ist.

Art. 68

1. La présente Convention n'affecte pas les accords par lesquels les États liés par la présente Convention se sont engagés, avant l'entrée en vigueur de celle-ci, à ne pas reconnaître une décision rendue dans un autre État lié par la présente Convention contre un défendeur qui a son domicile ou sa résidence habituelle dans un pays tiers lorsque, dans un cas prévu à l'article 4, la décision n'a pu être fondée que sur une compétence visée à l'art. 3, par. 2. Sans préjudice des obligations découlant d'autres accords conclus entre certaines Parties contractantes, la présente Convention ne fait pas obstacle à ce que des Parties contractantes puissent conclure de telles conventions.

2. Toutefois, aucune Partie contractante ne peut s'engager envers un État tiers à ne pas reconnaître une décision rendue dans un autre État lié par la présente Convention par une juridiction dont la compétence est fondée sur l'existence dans cet État de biens appartenant au défendeur ou sur la saisie par le demandeur de biens qui y existent:

a) si la demande porte sur la propriété ou la possession desdits biens, vise à obtenir l'autorisation d'en disposer ou est relative à un autre litige les concernant; ou

b) si les biens constituent la garantie d'une créance qui fait l'objet de la demande.

Art. 68

1. La presente convenzione non pregiudica gli accordi anteriori alla sua entrata in vigore con i quali gli Stati vincolati dalla presente convenzione si siano impegnati a non riconoscere una decisione emessa in un altro Stato vincolato dalla presente convenzione contro un convenuto che aveva il domicilio o la residenza abituale in uno Stato terzo, qualora la decisione sia stata fondata, in un caso previsto all'articolo 4, soltanto sulle norme in materia di competenza di cui all'articolo 3, paragrafo 2. Fatti salvi gli obblighi derivanti da altri accordi fra alcune parti contraenti, la presente convenzione non osta a che le parti contraenti concludano siffatte convenzioni.

2. Tuttavia, nessuna parte contraente può impegnarsi nei confronti di uno Stato terzo a non riconoscere una decisione resa in un altro Stato vincolato dalla presente convenzione da un giudice la cui competenza si basi sul fatto che in tale Stato si trovano beni appartenenti al convenuto o sul sequestro, da parte dell'attore, di beni ivi esistenti:

a) se la domanda verte sulla proprietà o il possesso di tali beni, è volta ad ottenere l'autorizzazione di disporne o è relativa ad un'altra causa che li riguarda, ovvero

b) se i beni costituiscono la garanzia di un credito che è l'oggetto della domanda.

Art. 68

1. This Convention shall not affect agreements by which States bound by this Convention undertook, prior to the entry into force of this Convention, not to recognise judgments given in other States bound by this Convention against defendants domiciled or habitually resident in a third State where, in cases provided for in Article 4, the judgment could only be founded on a ground of jurisdiction as specified in Article 3(2). Without prejudice to obligations resulting from other agreements between certain Contracting Parties, this Convention shall not prevent Contracting Parties from entering into such conventions.

2. However, a Contracting Party may not assume an obligation towards a third State not to recognise a judgment given in another State bound by this Convention by a court basing its jurisdiction on the presence within that State of property belonging to the defendant, or the seizure by the plaintiff of property situated there:

a) if the action is brought to assert or declare proprietary or possessory rights in that property, seeks to obtain authority to dispose of it, or arises from another issue relating to such property; or

b) if the property constitutes the security for a debt which is the subject-matter of the action.

Literatur: Mennie,, The Brussels Convention and Third States: A British Perspective, in: Jayme (Hrsg.), Ein internationales Zivilverfahrensrecht für Gesamteuropa, Heidelberg 1992, 173 ff.

Übersicht *Seite*

I. Sinn der Vorschrift

1 Art. 68 behandelt ein Problem, das mit der **exorbitanten Zuständigkeit** gegenüber Personen zu tun hat, die ihren Wohnsitz oder gewöhnlichen Aufenthalt in einem Drittstaat haben, also nicht in einem LugÜ-Staat. Solchen Personen gegenüber kann nach Art. 4 Abs. 2 in jedem Vertragsstaat auf Grund von Zuständigkeitsvorschriften geklagt werden, die nach Art. 3 Abs. 2 und Anhang I als exorbitant gelten. Hiergegen haben Drittstaaten protestiert und darauf gedrungen, diese Ausnahme zulasten ihrer Mitbürger zu begrenzen. Art. 68 behandelt die Frage, ob und inwieweit die LugÜ-Staaten sich gegenüber Drittstaaten verpflichten können, Urteile, die auf Grund von exorbitanten Gerichtsständen zustande gekommen sind, nicht anzuerkennen. Absatz 1 handelt von solchen Abkommen im Allgemeinen und schränkt in Absatz 2 diese Regel für Vermögensgerichtsstände ein.

II. Allgemeine Zulässigkeit von Übereinkünften (Abs. 1)

1. Bestehende Übereinkünfte (Art. 68 Abs. 1 Satz 1)

2 Soweit ersichtlich, gibt es einige **Übereinkünfte** von Vertragsstaaten zu den hier interessierenden Fragen mit folgenden Drittstaaten:

- Australien: Agreement between the Government of the United Kingdom of Great Britain and Northern Ireland and the Government of Australia providing for the Reciprocal Recognition and Enforcement of Judgments in Civil and Commercial Matters of 1994 (sect. 8)[1],
- Kanada: Convention between Canada and the United Kingdom of Great Britain and Northern Ireland providing for the Reciprocal Recognition

[1] Schedule to Statutory Instrument 1994, No. 1901, The Reciprocal Enforcement of Foreign Judgments (Australia) Order 1994.

and Enforcement of Judgments in Civil and Commercial Matters of 1984 (Art. IX)[2],

Convention entre le gouvernement du Canada et le gouvernement de la République Française relative à la reconnaissance et à l'exécution des décisions judiciaires en matière civile et commerciale du 1996 (Art. 8)[3].

Das Abkommen zwischen dem **Vereinigten Königreich** und den USA ist über den Entwurf von 1976[4], der allerdings noch vor der Geltung des GVÜ im Vereinigten Königreich zustande gekommen ist, nicht hinausgekommen[5]. 3

2. Bedeutung

Diese **Übereinkünfte** sehen in den bei Rz. 2 genannten Artikeln vor, dass solche ausländischen Entscheidungen eines Vertragsstaates im Sinne des Art. 59 des Brüsseler Übereinkommens im Vereinigten Königreich oder Frankreich nicht anerkannt werden, wenn diese Urteile gegen eine Person, die im Drittstaat (Australien oder Kanada) wohnt oder sich gewöhnlich aufhält (Art. 35 Abs. 1). 4

Diese Anordnung des Art. 68 Abs. 1 Satz 1 ist für die **Schweiz** unerheblich, da sie keine Übereinkünfte, die denen unter II 1 genannten entsprechen, abgeschlossen hat. 5

3. Zukünftige Übereinkünfte (Art. 68 Abs. 1 Satz 2)

Die **Schweiz** kann sich jedoch – ohne gegen das LugÜ zu verstossen – Übereinkünften der besagten Art abschliessen. Dies erlaubt Art. 68 Abs. 1 Satz 2. 6

III. Ausnahmen (Abs. 2)

Art. 68 Abs. 2 formuliert – anders als Art. 72 EuGVVO – eine Ausnahme von Abs. 1 für Entscheidungen eines ***forum rei sitae***. Hat ein Vertragsstaat 7

[2] Revised Statutes of Canada 1984 c. 32, Schedule.

[3] Diese Konvention ist von Kanada nicht ratifiziert worden.

[4] International Legal Materials 16 (1977) 71-87.

[5] Hay/Walker, The Proposed U.S. – U.K. Recognition –of –Judgments Convention: Another Perspective, Virginia Journal of International Law 18 (1977/78) 753–768.

als *forum rei sitae* seine Zuständigkeit in Anspruch genommen (z.B. auf Grund des Art. 4 IPRG oder des § 23 dt. ZPO), so kann die Anerkennung der Entscheidungen des *forum rei sitae* in zwei Fällen nicht vertraglich ausgeschlossen werden.

1. Klagen aus Eigentum

8 Wird auf Grund des § 23 dt. ZPO eine Klage erhoben, so ist einerseits zwischen sachenrechtlichen Klagen und solchen Klagen zu **unterscheiden**, die mit der Streitsache in Zusammenhang stehen, und andererseits Klagen, die rein vermögensrechtlicher Art sind, z.B. eine Zahlungsklage am Ort eines Bankkontos.

a) Sachenrechtliche Klage und Klagen mit Zusammenhang (Art. 68 Abs. 2 lit. a)

9 Bei **rein sachenrechtlichen Klagen** (z.B. Klagen auf Feststellung, Anmeldung und Geltendmachung des Eigentums) und solchen Klagen, die mit dem Eigentum im Zusammenhang stehen (z.B. Klage auf Übereignung einer Sache), die auch am Gerichtsstand der belegenen Sache erhoben werden könnten (vgl. Art. 97-96a IPRG), darf die deutsche Entscheidung gegen einen Beklagten mit Wohnsitz in einem Drittstaat durch Übereinkunft nicht ausgeschlossen werden. Dies sagt Art. 68 Abs. 2 lit. a.

b) Rein vermögensrechtliche Streitigkeiten

10 Wird jedoch – was nach § 23 dt. ZPO zulässig ist – ein **vermögensrechtlicher Anspruch** (Zahlung von Schadensersatz wegen Nichtlieferung) am Ort eines deutschen Bankkontos geltend gemacht, so ist dieser Gerichtsstand exorbitant und die Anerkennung kann in der Schweiz ausgeschlossen werden, und auf Grund dieses Titels darf in schweizerisches Vermögen des Dritten mit Wohnsitz in einem Drittstaat nicht vollstreckt werden. Das könnte die Schweiz einem Drittstaat zusichern (vorne Rz. 6).

2. Klagen aus Sicherheit (Art. 68 Abs. 2 lit. b)

11 Auch wenn Vermögensgegenstände als **Sicherheit** für einen Anspruch (z.B. Pfand, Sicherungseigentum) gegeben worden sind, darf die Anerkennung eines Urteils über den Anspruch nicht ausgeschlossen werden.

Titel VIII: Schlussvorschriften

Art. 69

1. Dieses Übereinkommen liegt für die Europäische Gemeinschaft, Dänemark und die Staaten, die Mitglieder der Europäischen Freihandelsassoziation sind, zur Unterzeichnung auf.

2. Dieses Übereinkommen bedarf der Ratifikation durch die Unterzeichnerstaaten. Die Ratifikationsurkunden werden beim Schweizerischen Bundesrat hinterlegt, der der Verwahrer dieses Übereinkommens ist.

3. Zum Zeitpunkt der Ratifizierung kann jede Vertragspartei Erklärungen gemäss den Artikeln I, II und III des Protokolls 1 abgeben.

4. Dieses Übereinkommen tritt am ersten Tag des sechsten Monats in Kraft, der auf den Tag folgt, an dem die Europäische Gemeinschaft und ein Mitglied der Europäischen Freihandelsassoziation ihre Ratifikationsurkunden hinterlegt haben.

5. Für jede andere Vertragspartei tritt dieses Übereinkommen am ersten Tag des dritten Monats in Kraft, der auf die Hinterlegung ihrer Ratifikationsurkunde folgt.

6. Unbeschadet des Artikels 3 Absatz 3 des Protokolls 2 ersetzt dieses Übereinkommen ab dem Tag seines Inkrafttretens gemäss den Absätzen 4 und 5 das am 16. September 1988 in Lugano geschlossene Übereinkommen über die gerichtliche Zuständigkeit und die Vollstreckung gerichtlicher Entscheidungen in Zivil- und Handelssachen. Jede Bezugnahme auf das Lugano-Übereinkommen von 1988 in anderen Rechtsinstrumenten gilt als Bezugnahme auf dieses Übereinkommen.

7. Im Verhältnis zwischen den Mitgliedstaaten der Europäischen Gemeinschaft und den aussereuropäischen Gebieten im Sinne von Artikel 70 Absatz 1 Buchstabe b ersetzt dieses Übereinkommen ab dem Tag seines Inkrafttretens für diese Gebiete gemäss Artikel 73 Absatz 2 das am 27. September 1968 in Brüssel unterzeichnete Übereinkommen über die gerichtliche Zuständigkeit und die Vollstreckung gerichtlicher Entscheidungen in Zivil- und Handelssachen und das am 3. Juni 1971 in Luxemburg unterzeichnete Protokoll über die Auslegung des genannten Übereinkommens durch den Gerichtshof der Europäischen Gemeinschaften in der Fassung der Übereinkommen, mit denen die neuen Mitgliedstaaten der Europäischen Gemeinschaften jenem Übereinkommen und dessen Protokoll beigetreten sind.

Art. 69

1. La convention est ouverte à la signature de la Communauté européenne, du Danemark et des États qui, à la date de l'ouverture à la signature, sont membres de l'Association européenne de libre-échange.

2. La présente Convention sera soumise à la ratification des signataires. Les instruments de ratification seront déposés auprès du Conseil fédéral suisse, qui fera office de dépositaire de la présente Convention.

3. À la date de la ratification, les Parties contractantes peuvent présenter des déclarations conformément aux art. I, II et III du protocole n° 1.

4. La convention entrera en vigueur le premier jour du sixième mois après la date à laquelle la Communauté européenne et un membre de l'Association européenne de libre-échange auront déposé leurs instruments de ratification.

5. A l'égard de toute autre partie, la convention entrera en vigueur le premier jour du troisième mois qui suivra le dépôt de son instrument de ratification.

6. Sans préjudice de l'art. 3, par. 3, du protocole n° 2, la présente Convention remplace, à la date de son entrée en vigueur conformément aux par. 4 et 5, la convention concernant la compétence judiciaire et l'exécution des décisions en matière civile et commerciale, faite à Lugano le 16 septembre 1988. Toute référence, dans d'autres instruments, à la convention de Lugano de 1988 s'entend comme une référence à la présente Convention.

7. Dans la mesure où les relations entre les États membres de la Communauté européenne et les territoires non européens visés à l'art. 70, par. 1, point b), sont concernées, la présente Convention remplace la convention concernant la compétence judiciaire et l'exécution des décisions en matière civile et commerciale, signée à Bruxelles le 27 septembre 1968, et le protocole concernant l'interprétation de cette convention par la Cour de justice des Communautés européennes, signé à Luxembourg le 3 juin 1971, tels qu'ils ont été modifiés par les conventions d'adhésion à ladite convention et audit protocole par les États adhérant aux Communautés européennes, à la date de l'entrée en vigueur de la présente Convention à l'égard de ces territoires conformément à l'art. 73, par. 2.

Art. 69

1. La presente convenzione è aperta alla firma della Comunità europea, della Danimarca e degli Stati che, alla data di apertura alla firma, sono membri dell'Associazione europea di libero scambio.

2. La presente convenzione è sottoposta alla ratifica dei firmatari. Gli strumenti di ratifica sono depositati presso il Consiglio federale svizzero, che funge da depositario della presente convenzione.

3. Alla momento della ratifica le parti contraenti possono presentare dichiarazioni a norma degli articoli I, II e III del protocollo n. 1.

4. La convenzione entra in vigore il primo giorno del sesto mese successivo alla data in cui la Comunità europea e un membro dell'Associazione europea di libero scambio avranno depositato gli strumenti di ratifica.

5. Nei confronti di ogni altra parte la convenzione entra in vigore il primo giorno del terzo mese successivo al deposito del rispettivo strumento di ratifica.

6. Fatto salvo l'articolo 3, paragrafo 3, del protocollo n. 2, la presente convenzione sostituisce la convenzione concernente la competenza giurisdizionale e l'esecuzione delle decisioni in materia civile e commerciale, fatta a Lugano il 16 settembre 1988, a decorrere dalla data della sua entrata in vigore a norma dei paragrafi 4 e 5. Ogni riferimento alla convenzione di Lugano del 1988 contenuto in altri atti normativi si intende fatto alla presente convenzione.

7. Per quanto riguarda le relazioni tra gli Stati membri della Comunità europea e i territori non europei di cui all'articolo 70, paragrafo 1, lettera b), la presente convenzione

sostituisce la convenzione concernente la competenza giurisdizionale e l'esecuzione delle decisioni in materia civile e commerciale, firmata a Bruxelles il 27 settembre 1968, e il protocollo relativo all'interpretazione di detta convenzione da parte della Corte di giustizia delle Comunità europee, firmato a Lussemburgo il 3 giugno 1971, modificati dalle convenzioni di adesione a detta convenzione e a detto protocollo da parte degli Stati aderenti alle Comunità europee, a decorrere dalla data di entrata in vigore della presente convenzione nei confronti di quei territori a norma dell'articolo 73, paragrafo 2.

Art. 69

1. The Convention shall be open for signature by the European Community, Denmark, and States which, at the time of the opening for signature, are Members of the European Free Trade Association.

2. This Convention shall be subject to ratification by the Signatories. The instruments of ratification shall be deposited with the Swiss Federal Council, which shall act as Depositary of this Convention.

3. At the time of the ratification, the Contracting Parties may submit declarations in accordance with Articles I, II and III of Protocol 1.

4. The Convention shall enter into force on the first day of the sixth month following the date on which the European Community and a Member of the European Free Trade Association deposit their instruments of ratification.

5. The Convention shall enter into force in relation to any other Party on the first day of the third month following the deposit of its instrument of ratification.

6. Without prejudice to Article 3 (3) of Protocol 2, this Convention shall replace the Convention on jurisdiction and the enforcement of judgments in civil and commercial matters done at Lugano on 16 September 1988 as of the date of its entry into force in accordance with paragraphs 4 and 5 above. Any reference to the 1988 Lugano Convention in other instruments shall be understood as a reference to this Convention.

7. Insofar as the relations between the Member States of the European Community and the non-European territories referred to in Article 70 (1) (b) are concerned, this Convention shall replace the Convention on Jurisdiction and the Enforcement of Judgments in Civil and Commercial Matters, signed at Brussels on 27 September 1968, and of the Protocol on interpretation of that Convention by the Court of Justice of the European Communities, signed at Luxembourg on 3 June 1971, as amended by the Conventions of Accession to the said Convention and the said Protocol by the States acceding to the European Communities, as of the date of the entry into force of this Convention with respect to these territories in accordance with Article 73 (2).

Übersicht *Seite*

I. Sinn der Vorschrift

1 Art. 69 regelt in seinen sieben Absätzen drei vorwiegend formale Fragen, nämlich die Zeichnung und Ratifikation (hinten II), das Inkrafttreten des neuen LugÜ (hinten III) und die Ersetzung alter Übereinkommen durch das neue LugÜ (IV und V).

II. Zeichnung und Ratifikation (Abs. 1 – 3)

2 Das LugÜ liegt zur **Zeichnung** durch die Vertragsparteien auf, nämlich durch die EG, Dänemark und die drei Mitgliedstaaten der EFTA, Island, Norwegen und die Schweiz (Abs. 1). Der Rat der EG hat durch Beschluss vom 27.11.2008 das LugÜ im Namen der Gemeinschaft genehmigt[1]. Das Fürstentum Liechtenstein, obwohl Mitglied der EFTA, ist nicht Vertragsstaat, kann aber nach Art. 70 Abs. 1 lit. c dem Übereinkommen beitreten.

3 Das LugÜ bedarf – wie jedes Übereinkommen – der **Ratifikation** durch die Unterzeichnerstaaten. Die Ratifikationsurkunden sind beim Schweizerischen Bundesrat als Verwahrer oder Depositar zu hinterlegen (Abs. 2).

4 Bei der Ratifizierung kann jede Vertragspartei **Erklärungen** gemäss den Art. I (Vorbehalt gegen unmittelbare Zustellung von Schriftstücken), II (Vorbehalt betreffend Art. 6 Nr. 2 und Art. 11) und III (schweizerischer Vorbehalt bezüglich Art. 34 Abs. 2 und Vorbehalt gegenüber beigetretenen Staaten) des Protokolls 1 abgeben. Vgl. zu diesen Vorbehalten Protokoll 1.

III. Inkrafttreten (Abs. 4–5)

5 Die Schweiz hat am 20.10.2010 ihre Ratifikationsurkunden in Bern hinterlegt, so dass das LugÜ am 1.1.2011 nach Abs. 4 in Kraft getreten ist. Für alle anderen Staaten gilt Abs. 5. Danach tritt für sie das LugÜ am ersten

1 ABl..EU 2009, Nr. L 147/1.,

Tag des dritten Monats in Kraft, der auf die Hinterlegung ihrer Ratifikationsurkunde folgt.

IV. Ersetzung des aLugÜ von 1988 (Abs. 6)

1. Ersetzung

Ab dem **Inkrafttreten** ersetzt das neue LugÜ das aLugÜ zwischen den Staaten, für die das neue LugÜ in Kraft getreten ist. Dies ergibt sich aus Art. 69 Abs. 6 Satz 1. 6

2. Vorbehalt des Art. 3 Abs. 3 Protokoll 2

Art. 3 des Protokolls 2 sieht zur Garantie der **einheitlichen Auslegung** des Übereinkommens ein System für den Austausch von Informationen über Entscheidungen zum LugÜ vor (Abs. 1). Bis dieses System eingerichtet ist, behält nach Abs. 3 der EuGH das System bei, das auch für das aLugÜ galt. Dieses System gilt solange, bis das neue Informationssystem eingerichtet ist. 7

3. Bezugnahmen auf das aLugÜ

Wenn andere Rechtsquellen auf das aLugÜ **Bezug** nehmen, gilt ab dem Inkrafttreten des neuen LugÜ diese Bezugnahme für das neue LugÜ. Dies ist z.B. der Fall bei den Verträgen mit Drittstaaten (Art. 68 Rz. 2). 8

V. Ersetzung des EuGVÜ von 1968 (Abs. 7)

1. Hintergrund

Zwischen verschiedenen **Mitgliedstaaten der EU** und aussereuropäischen Gebieten i.S. des Art 70 Abs. 1 lit. b gilt nicht das LugÜ, das z.B. nicht auf Aruba oder Martinique erstreckt wurde, sondern das EuGVÜ von 1968, dessen Wirkung nach Art. 299 aEGV (heute Art. 355 AEUV) auch auf diese Gebiete erstreckt wurde. Da das EuGVÜ für diese Gebiete nicht durch die EuGVVO ersetzt worden ist[2], musste eine Regelung für die Erneuerung gefunden werden. 9

---

[2] KROPHOLLER/VON HEIN, Einl. Rz. 23 ff.

2. Ersetzung

10 Abs. 7 **ersetzt** nun das EuGVÜ von 1968 und das Auslegungsprotokoll von 1971 durch das neue LugÜ im Verhältnis zu diesen aussereuropäischen Gebieten. Für die Schweiz bedeutet dies, dass auch Personen, die in einem solchen Gebiet wohnen, nach LugÜ in der Schweiz verklagt werden können.

Art. 70

1. Dem Übereinkommen können nach seinem Inkrafttreten beitreten:

a) die Staaten, die nach Auflage dieses Übereinkommens zur Unterzeichnung Mitglieder der Europäischen Freihandelsassoziation werden, unter den Voraussetzungen des Artikels 71;

b) ein Mitgliedstaat der Europäischen Gemeinschaft im Namen bestimmter aussereuropäischer Gebiete, die Teil seines Hoheitsgebiets sind oder für deren Aussenbeziehungen dieser Mitgliedstaat zuständig ist, unter den Voraussetzungen des Artikels 71;

c) jeder andere Staat unter den Voraussetzungen des Artikels 72.

2. Die in Absatz 1 genannten Staaten, die diesem Übereinkommen beitreten wollen, richten ein entsprechendes Ersuchen an den Verwahrer. Dem Beitrittsersuchen und den Angaben nach den Artikeln 71 und 72 ist eine englische und französische Übersetzung beizufügen.

Art. 70

1. Peuvent adhérer à la présente Convention, après son entrée en vigueur:

a) les États qui, après l'ouverture de la présente Convention à la signature, deviennent membres de l'Association européenne de libre-échange, dans les conditions fixées à l'art. 71;

b) les États membres de la Communauté européenne agissant pour le compte de certains territoires non européens faisant partie de leur territoire ou dont les relations extérieures relèvent de leur responsabilité, dans les conditions fixées à l'art. 71;

c) tout autre État, dans les conditions fixées à l'art. 72.

2. Les États visés au par. 1 souhaitant devenir Partie contractante à la présente Convention adressent leur demande au dépositaire. La demande, y compris les informations visées aux art. 71 et 72, est accompagnée d'une traduction en anglais et en français.

Art. 70

1. Possono aderire alla presente convenzione, dopo la sua entrata in vigore:

a) gli Stati che, dopo l'apertura alla firma della presente convenzione, diventano membri dell'Associazione europea di libero scambio, alle condizioni previste dall'articolo 71;

b) gli Stati membri della Comunità europea a nome e per conto di certi territori non europei parte del loro territorio nazionale o delle cui relazioni esterne sono responsabili, alle condizioni previste dall'articolo 71;

c) qualsiasi altro Stato, alle condizioni previste dall'articolo 72.

2. Gli Stati di cui al paragrafo 1 che vogliano diventare parti contraenti della presente convenzione presentano domanda al depositario. La domanda, completa delle informazioni previste agli articoli 71 e 72, è corredata di una traduzione in lingua inglese e francese.

Art. 70

1. After entering into force this Convention shall be open for accession by:

a) the States which, after the opening of this Convention for signature, become Members of the European Free Trade Association, under the conditions laid down in Article 71;

b) Member States of the European Community acting on behalf of certain non-European territories that are part of the territory of that Member State or for whose external relations that Member State is responsible, under the conditions laid down in Article 71;

c) any other State, under the conditions laid down in Article 72.

2. States referred to in paragraph 1, which wish to become a Contracting Party to this Convention, shall address their application to the Depositary. The application, including the information referred to in Articles 71 and 72 shall be accompanied by a translation into English and French.

Übersicht *Seite*

I. Sinn der Vorschrift

1 Das LugÜ ist **keine geschlossene** Konvention. Ihr kann beigetreten werden, und zwar durch drei Kategorien von Staaten, die in Abs. 1 genannt sind. Das Beitrittsgesuch ist an den Verwahrer (Schweizerischer Bundesrat) zu richten (Abs. 2), der dann das Gesuch den anderen Vertragsparteien übermittelt (Art. 71 Abs. 2, Art. 72 Abs. 2).

II. Beitritt (Abs. 1)

1. EFTA-Staaten (lit. a)

2 Nach lit. a kann jeder Staat, der **nach** Auflage des neuen LugÜ zur Unterzeichnung Mitglied der EFTA wird, das Übereinkommen zeichnen. Das Fürstentum Liechtenstein war schon vorher Mitglied des EFTA, fällt daher nicht unter diese Vorschrift. Es kann nach Art. 69 Abs. 1 das LugÜ zeichnen und damit Vertragspartei werden. Neue EFTA-Staaten können dem LugÜ unter den erleichterten Voraussetzungen des Art. 71 beitreten.

2. Aussereuropäische Gebiete von EU-Staaten (lit. b)

Verschiedene **EU-Staaten** haben aussereuropäische Gebiete, die Teil ihres Hoheitsgebietes sind oder für deren Aussenbeziehungen dieser Mitgliedstaat zuständig ist. Es handelt sich um Gebiete der folgenden LugÜ-Staaten: 3

a) **Dänemark**: Grönland

b) **Frankreich**: Französisch Polynesien, Französische Süd- und Antarktisgebiete, Mayotte, Neukaledonien und Nebengebiete, St. Pierre und Miquelon, Wallis und Futuna

[Für das Département d'outre-mer, bestehend aus La Guadeloupe mit Saint-Barthélemy und Saint-Martin, La Martinique, La Guyane, und La Réunion, gilt das neue LugÜ.]

c) **Niederlande**: Aruba, Niederländische Antillen

d) **Portugal**: [Für die Azoren und Madeira gilt das neue LugÜ]

e) **Spanien**: [Für die Kanarischen Inseln gilt das neue LugÜ].

f) **Vereinigtes Königreich**: Anguilla, Bermuda, British Antarctic Territory, British Indian Ocean Territory, British Virgin Islands, Cayman Islands, Falkland Islands, Montserrat, Pitcairn Islands, St. Helena mit Ascension und Tristan da Cunha, South Georgia und Sandwich Islands, Turks- und Caicos-Islands. Auch in den Crown Dependencies (Jersey, Guernsey, Isle of Man) gilt das neue LugÜ nicht. [Für Gibraltar und die Basen auf Zypern jedoch gilt das neue LugÜ.]

3. Andere Staaten (lit. c)

Alle **anderen Staaten**, die weder der EFTA noch der EU angehören, können dem LugÜ beitreten. Dies ist eine Änderung gegenüber Art. 60 Abs. 1 lit. c aLugÜ, wonach diese Staaten nur auf Einladung beitreten konnten. 4

III. Form des Beitritts (Abs. 2)

Wer dem LugÜ beitreten möchte, richtet sein Ersuchen an den **Verwahrer** (Schweizerischer Bundesrat) und fügt die nach Art. 71 bzw. 72 erforderlichen Angaben sowie eine englische und französische Übersetzung des Gesuches bei. 5

Art. 71

1. Jeder in Artikel 70 Absatz 1 Buchstaben a und b genannte Staat, der diesem Übereinkommen beitreten will:

a) teilt die zur Anwendung dieses Übereinkommens erforderlichen Angaben mit;

b) kann Erklärungen nach Massgabe der Artikel I und III des Protokolls 1 abgeben.

2. Der Verwahrer übermittelt den anderen Vertragsparteien vor der Hinterlegung der Beitrittsurkunde des betreffenden Staates die Angaben, die ihm nach Absatz 1 mitgeteilt wurden.

Art. 71

1. Tout État visé à l'art. 70, par. 1, points a) et b), souhaitant devenir Partie contractante à la présente Convention:

a) communique les informations requises pour l'application de la présente Convention;

b) peut présenter des déclarations conformément aux art. I et III du protocole n° 1.

2. Le dépositaire transmet toutes les informations reçues en application du par. 1 aux autres Parties contractantes, préalablement au dépôt de son instrument d'adhésion par l'État concerné.

Art. 71

1. Ogni Stato di cui all'articolo 70, paragrafo 1, lettere a) e b) che voglia diventare parte contraente della presente convenzione:

a) fa le comunicazioni richieste per l'applicazione della presente convenzione;

b) può presentare dichiarazioni a norma degli articoli I e III del protocollo n. 1.

2. Il depositario trasmette le informazioni ricevute conformemente al paragrafo 1 alle altre parti contraenti prima del deposito dello strumento di adesione da parte dello Stato interessato.

Art. 71

1. Any State referred to in Article 70 (1) (a) and (b) wishing to become a Contracting Party to this Convention:

a) shall communicate the information required for the application of this Convention;

b) may submit declarations in accordance with Articles I and III of Protocol 1.

2. The Depositary shall transmit any information received pursuant to paragraph 1 to the other Contracting Parties prior to the deposit of the instrument of accession by the State concerned.

Übersicht *Seite*

I. Sinn der Vorschrift

Art. 71 regelt die Modalitäten des Beitritts eines neuen EFTA-Staates oder eines EU-Mitgliedstaates für sein abhängiges aussereuropäisches Gebiet. Bestimmt werden die einzureichenden Unterlagen und die Stelle, bei welcher das Gesuch um Beitritt zu deponieren ist. 1

II. Beitrittsunterlagen (Abs. 1)

Folgende **Unterlagen** sind dem Beitrittsgesuch beizufügen: 2

1. Angaben, die zur **Anwendung** des Übereinkommens erforderlich sind (lit. a), nämlich die Angaben, welche die Anhänge I – IV betreffen (exorbitante Gerichtsstände; zuständige Gerichte nach Art. 39; zuständige Gerichte, bei denen ein Rechtsbehelf gemäss Art. 43 Abs. 2 einzulegen ist; und der Rechtsbehelf nach Art. 44), ersetzte Instrumente gemäss Anhang VII (wenn das Fürstentum Liechtenstein dem LugÜ beitritt, wäre das Schweizerisch-Liechtensteinische Anerkennungs-Abkommen vom 1968[1] in die Liste des Anhangs VII aufzunehmen) sowie eventuelle Angaben zu Anhang IX (Vorbehalte für Gewährleistungs- und Interventionsklagen).

2. Erklärungen über **Vorbehalte** gemäss Art. I und III des Protokolls 1, nämlich über die Zustellung gerichtlicher und aussergerichtlicher Schriftstücke (Art. I) und Vorbehalte nach Art. 34 Abs. 2 sowie Vorbehalte gegenüber beitretenden Drittstaaten (Art. III Abs. 2).

III. Verwahrer (Abs. 2)

Aufgabe des **Verwahrers** (Schweizerischer Bundesrat) ist es, die Angaben, die nach Abs. 1 mitgeteilt wurden, den anderen Vertragsparteien vor der Hinterlegung der Beitrittsurkunde zu übermitteln. 3

Die **Zustimmung** anderer Vertragsstaaten zum Beitritt ist – anders als nach Art. 72 Abs. 3 – nicht notwendig, und auch ein Einspruch gegen den Beitritt ist – anders als nach Art. 72 Abs. 4 – nicht möglich. 4

[1] SR 0.276.195.141.

Art. 72

1. Jeder in Artikel 70 Absatz 1 Buchstabe c genannte Staat, der diesem Übereinkommen beitreten will:

a) teilt die zur Anwendung dieses Übereinkommens erforderlichen Angaben mit;

b) kann Erklärungen nach Massgabe der Artikel I und III des Protokolls 1 abgeben;

c) erteilt dem Verwahrer Auskünfte insbesondere über:

1) sein Justizsystem mit Angaben zur Ernennung der Richter und zu deren Unabhängigkeit,

2) sein innerstaatliches Zivilprozess- und Vollstreckungsrecht,

3) sein Internationales Zivilprozessrecht.

2. Der Verwahrer übermittelt den anderen Vertragsparteien die Angaben, die ihm nach Absatz 1 mitgeteilt worden sind, bevor er den betreffenden Staat gemäss Absatz 3 zum Beitritt einlädt.

3. Unbeschadet des Absatzes 4 lädt der Verwahrer den betreffenden Staat nur dann zum Beitritt ein, wenn die Zustimmung aller Vertragsparteien vorliegt. Die Vertragsparteien sind bestrebt, ihre Zustimmung spätestens innerhalb eines Jahres nach der Aufforderung durch den Verwahrer zu erteilen.

4. Für den beitretenden Staat tritt dieses Übereinkommen nur im Verhältnis zu den Vertragsparteien in Kraft, die vor dem ersten Tag des dritten Monats, der auf die Hinterlegung der Beitrittsurkunde folgt, keine Einwände gegen den Beitritt erhoben haben.

Art. 72

1. Tout État visé à l'art. 70, par. 1, point c), souhaitant devenir partie contractante à la présente Convention:

a) communique les informations requises pour l'application de la présente Convention;

b) peut présenter des déclarations conformément aux art. I et III du protocole n° 1; et

c) fournit au dépositaire des informations concernant notamment:

1) son système judiciaire, y compris les informations relatives à la nomination et à l'indépendance des juges,

2) les dispositions de son droit interne relatives à la procédure civile et à l'exécution des décisions, et

3) ses dispositions de droit international privé relatives à la procédure civile.

2. Le dépositaire transmet toutes les informations reçues en application du par. 1 aux autres Parties contractantes, avant d'inviter l'État concerné à adhérer à la présente Convention conformément au par. 3.

3. Sans préjudice du par. 4, le dépositaire n'invite l'État concerné à adhérer à la présente Convention qu'à la condition d'avoir obtenu l'accord unanime des Parties contractantes. Les parties contractantes font en sorte de donner leur accord au plus tard dans un délai d'un an à compter de l'invitation adressée par le dépositaire.

4. La présente Convention n'entre en vigueur qu'entre l'État adhérent et les Parties contractantes qui ne se sont pas opposées à son adhésion avant le premier jour du troisième mois suivant le dépôt de son instrument d'adhésion.

Art. 72

1. Ogni Stato di cui all'articolo 70, paragrafo 1, lettera c) che voglia diventare parte contraente della presente convenzione:

a) fa le comunicazioni richieste per l'applicazione della presente convenzione;

b) può presentare dichiarazioni a norma degli articoli I e III del protocollo n. 1;

c) fornisce al depositario informazioni riguardanti, in particolare:

1) il suo ordinamento giudiziario, segnatamente sulla nomina e l'indipendenza dei giudici,

2) le sue norme di diritto interno di procedura civile e sull'esecuzione delle decisioni,

3) le sue norme di diritto internazionale privato e processuale civile.

2. Il depositario trasmette le informazioni ricevute conformemente al paragrafo 1 alle altre parti contraenti prima di invitare lo Stato interessato ad aderire a norma del paragrafo 3.

3. Salvo il paragrafo 4, il depositario invita lo Stato interessato ad aderire solo previo consenso unanime delle parti contraenti. Le parti contraenti fanno in modo di acconsentire entro un anno dall'invito del depositario.

4. La convenzione entra in vigore solo nelle relazioni tra lo Stato aderente e le parti contraenti che non hanno sollevato obiezioni all'adesione prima del primo giorno del terzo mese successivo al deposito dello strumento di adesione.

Art. 72

1. Any State referred to in Article 70 (1) (c) wishing to become a Contracting Party to this Convention:

a) shall communicate the information required for the application of this Convention;

b) may submit declarations in accordance with Articles I and III of Protocol 1; and

c) shall provide the Depositary with information on, in particular:

1) their judicial system, including information on the appointment and independence of judges;

2) their internal law concerning civil procedure and enforcement of judgments; and

3) their private international law relating to civil procedure.

2. The Depositary shall transmit any information received pursuant to paragraph 1 to the other Contracting Parties prior to inviting the State concerned to accede in accordance with paragraph 3 of this Article.

3. Without prejudice to paragraph 4, the Depositary shall invite the State concerned to accede only if it has obtained the unanimous agreement of the Contracting Parties. The Contracting Parties shall endeavour to give their consent at the latest within one year after the invitation by the Depositary.

4. The Convention shall enter into force only in relations between the acceding State and the Contracting Parties which have not made any objections to the accession before the first day of the third month following the deposit of the instrument of accession.

Übersicht *Seite*

I. Sinn der Vorschrift

1 Wenn ein Staat, der weder Mitglied der EFTA noch der EU ist, dem Übereinkommen beitritt, ist statt des Art. 71 der **Art. 72** anzuwenden. Diese Vorschrift regelt die Modalitäten eines solchen Beitritts (Abs. 1 und 2), die Einladung zum Beitritt (Abs. 3) und die Geltung des LugÜ gegenüber den Vertragsstaaten (Abs. 4).

2 Aus diesen Regelungen ergibt sich, dass ein Beitritt eines Drittstaates in **vier Schritten** erfolgt:

1. **Antrag** auf Beitritt mit Einreichung der Unterlagen nach Art. 72 Abs. 1,
2. **Übermittlung** der Unterlagen durch Verwahrer an Vertragsparteien (Abs. 2),
3. Einladung zum Beitritt auf Grund von Zustimmung durch **alle** Vertragsparteien (Abs. 3),
4. selbst wenn diese Einstimmigkeit vorliegt, kann jede Vertragspartei dem Beitritt **widersprechen** und braucht damit das LugÜ im Verhältnis zum beigetretenen Staat nicht anzuwenden (Abs. 4).

3 Diese Regelung erschien erforderlich, denn das LugÜ basiert auf einem **Vertrauen**, dass das Übereinkommen von den Gerichten korrekt und unparteiisch angewandt wird.

II. Unterlagen (Abs. 1)

4 Neben den Unterlagen und Erklärungen, die auch Mitgliedstaaten nach Art. 71 Abs. 1 einzureichen haben, muss ein Drittstaat **zusätzlich** die Angaben gemäss Art. 72 Abs. 1 lit. c seinem Beitrittsgesuch beifügen, nämlich (1) über sein Justizsystem mit Angaben zur Ernennung der Richter und deren Unabhängigkeit, (2) zum innerstaatlichen Zivilprozess- und

Vollstreckungsrecht sowie (3) zum Internationalen Zivilprozessrecht. Auf Grund dieser Angaben und anderer Auskünfte sollen sich die Vertragsparteien, repräsentiert durch den Ständigen Ausschuss (Art. 4 Abs. 2 des Protokolls 2), ein Bild über die Gerichte des Drittstaates machen können.

III. Verwahrer (Abs. 2)

Der **Verwahrer** (Schweizerischer Bundesrat) hat zu prüfen, ob die eingereichten Unterlagen vollständig sind und hat sie dann den Vertragstaaten vor deren Einladung zum Beitritt zu übermitteln. 5

IV. Zustimmung zum Beitritt (Abs. 3)

Ein Vertragsstaat, der zum Beitrittsgesuch Stellung zu nehmen hat, kann **drei Haltungen** einnehmen: 6

1. Er kann dem Beitritt **nicht zustimmen** und damit den Beitritt gänzlich vereiteln; denn nach Art. 72 Abs. 3 ist die Zustimmung **aller** Vertragsstaaten zum Beitritt notwendig,
2. er kann dem Beitritt **zustimmen** und später **keinen** Einspruch nach Abs. 4 erheben;
3. er kann dem Beitritt **zustimmen** und «unbeschadet des Abs. 4» dem Beitritt später **widersprechen.**

Welche Haltung ein Vertragsstaat einnimmt, muss er entscheiden. Er sollte es nach Art. 72 Abs. 3 Satz 2 spätestens **ein Jahr** nach Aufforderung durch den Verwahrer tun. 7

V. Einspruch gegen Beitritt (Abs. 4)

Obwohl ein Drittstaat beigetreten ist, darf jeder Vertragsstaat noch nachträglich binnen zwei Monaten seit Hinterlegung der Beitrittsurkunde (Art. 73) einen **Einspruch** gegen den Beitritt einlegen. Tut er das nicht, tritt das LugÜ im Verhältnis zu ihm in Kraft (Abs. 4). 8

Art. 73

1. Die Beitrittsurkunden werden beim Verwahrer hinterlegt.

2. Für einen in Artikel 70 genannten beitretenden Staat tritt dieses Übereinkommen am ersten Tag des dritten Monats, der auf die Hinterlegung seiner Beitrittsurkunde folgt, in Kraft. Ab diesem Zeitpunkt gilt der beitretende Staat als Vertragspartei dieses Übereinkommens.

3. Jede Vertragspartei kann dem Verwahrer den Wortlaut dieses Übereinkommens in ihrer oder ihren Sprachen übermitteln, der, sofern die Vertragsparteien nach Artikel 4 des Protokolls 2 zugestimmt haben, ebenfalls als verbindlich gilt.

Art. 73

1. Les instruments d'adhésion sont déposés auprès du dépositaire.

2. A l'égard d'un État adhérent visé à l'art. 70, la présente convention entre en vigueur le premier jour du troisième mois suivant le dépôt de son instrument d'adhésion. L'État adhérent est dès lors considéré comme Partie contractante à la présente Convention.

3. Toute Partie contractante peut présenter au dépositaire un texte de la présente convention établi dans sa ou ses langues, qui ne fait foi qu'après accord des Parties contractantes conformément à l'art. 4 du protocole n° 2.

Art. 73

1. Gli strumenti di adesione sono depositati presso il depositario.

2. Nei confronti di uno Stato aderente di cui all'articolo 70, la convenzione entra in vigore il primo giorno del terzo mese successivo al deposito del suo strumento di adesione. A partire da quel momento lo Stato aderente è considerato parte contraente della convenzione.

3. Ogni parte contraente può presentare al depositario un testo della presente convenzione nella o nelle rispettive lingue, che farà fede se convenuto dalle parti contraenti a norma dell'articolo 4 del protocollo n. 2.

Art. 73

1. The instruments of accession shall be deposited with the Depositary.

2. In respect of an acceding State referred to in Article 70, the Convention shall enter into force on the first day of the third month following the deposit of its instrument of accession. As of that moment, the acceding State shall be considered a Contracting Party to the Convention.

3. Any Contracting Party may submit to the Depositary a text of this Convention in the language or languages of the Contracting Party concerned, which shall be authentic if so agreed by the Contracting Parties in accordance with Article 4 of Protocol 2.

Übersicht *Seite*

I. Sinn der Vorschrift

Art. 73 regelt die Formalien eines Beitritts (Abs. 1), das Inkrafttreten des LugÜ für den beigetretenen Staat (Abs. 2) und die eventuell neue Vertragssprache (Abs. 3). 1

II. Hinterlegung (Abs. 2)

Ist ein Beitritt entweder nach Art. 70, 71 oder nach Art. 70, 72 erfolgt, ist die Beitrittsurkunde beim **Verwahrer** (Schweizerischer Bundesrat) zu hinterlegen. 2

III. Inkrafttreten des Beitritts (Abs. 2)

Art. 73 Abs. 2 entspricht dem Art. 69 Abs. 5 und fixiert das **Inkrafttreten** ebenfalls auf den ersten Tag des dritten Monats, der auf die Hinterlegung der Beitrittsurkunde folgt. Wer also die Beitrittsurkunde am 28.07. hinterlegt, für den tritt das Übereinkommen am 01.10. in Kraft. Von da an wird der beigetretene Staat Vertragspartei des Übereinkommens mit allen Rechten und Pflichten aus diesem. 3

IV. Mitteilung über Sprache (Abs. 3)

Wenn ein Staat dem Übereinkommen beitritt, der eine andere Sprache als **Amtssprache** hat als die schon bisherigen Vertragssprachen (s. Anhang VIII), so kann er dem Verwahrer den Text des Übereinkommens in seiner Amtssprache oder seinen Amtsprachen übermitteln. Wenn der Ständige Ausschuss nach Art. 4 Abs. 2 des Protokolls 2 dem zustimmt, gilt das Übereinkommen auch in der neuen Sprache als verbindlich und Anhang VIII wird ergänzt. Wenn also die Türkei dem LugÜ beitritt, kann sie den türkischen Text des Übereinkommens dem Verwahrer einreichen, damit der Ständige Ausschuss darüber entscheidet, ob der Text richtig ist und Türkisch als Vertragssprache in Anhang VIII aufgenommen wird. 4

Art. 74

1. Dieses Übereinkommen wird auf unbegrenzte Zeit geschlossen.

2. Jede Vertragspartei kann dieses Übereinkommen jederzeit durch eine an den Verwahrer gerichtete Notifikation kündigen.

3. Die Kündigung wird am Ende des Kalenderjahres wirksam, das auf einen Zeitraum von sechs Monaten folgt, gerechnet vom Eingang ihrer Notifikation beim Verwahrer.

Art. 74

1. La présente Convention est conclue pour une durée illimitée.

2. Toute Partie contractante peut, à tout moment, dénoncer la présente Convention en adressant une notification au dépositaire.

3. La dénonciation prend effet à la fin de l'année civile qui suit l'expiration d'une période de six mois à compter de la date de réception de la notification de la dénonciation par le dépositaire.

Art. 74

1. La presente convenzione è conclusa per un periodo illimitato.

2. Ogni parte contraente può, in qualsiasi momento, denunciare la convenzione inoltrando una notifica al depositario.

3. La denuncia acquista efficacia decorso un anno civile dalla scadenza di un periodo di sei mesi dalla data di ricevimento della notifica della denuncia da parte del depositario.

Art. 74

1. This Convention is concluded for an unlimited period.

2. Any Contracting Party may, at any time, denounce the Convention by sending a notification to the Depositary.

3. The denunciation shall take effect at the end of the calendar year following the expiry of a period of six months from the date of receipt by the Depositary of the notification of denunciation.

Übersicht

I. Sinn der Vorschrift

Art. 74 behandelt die **Vertragsdauer** und die Modalitäten einer **Kündigung** des Übereinkommens. In Abs. 1 ist die Vertragsdauer geregelt, in Abs. 2 die Kündigung und in Abs. 3 ist bestimmt, ab wann die Kündigung wirksam wird. 1

II. Dauer des Übereinkommens (Abs. 1)

Das neue LugÜ wird auf **unbegrenzte Zeit** geschlossen. Anders also als beim aLugÜ wird das neue Übereinkommen nicht zeitlich begrenzt mit einer automatischen Verlängerung um weitere fünf Jahre (Art. 64 Abs. 1 und 2 aLugÜ). Diese zeitliche Limitierung, die früher auch bei Haager Übereinkommen kodifiziert wurde, hat man zu Recht aufgegeben. 2

III. Kündigung (Abs. 2)

Jede Vertragspartei kann das Übereinkommen jederzeit durch Notifikation an den Verwahrer (Schweizerischer Bundesrat) **kündigen**. Mit einer solchen Kündigung scheidet die kündigende Partei als Vertragspartei aus, nicht etwa das Übereinkommen selbst wird hinfällig. 3

IV. Zeitpunkt des Ausscheidens (Abs. 3)

Abs. 3 bestimmt den **Zeitpunkt**, zu dem der kündigende Staat ausscheidet. Dieser Zeitpunkt ist immer – d.h. wann immer auch die Kündigung dem Verwahrer notifiziert wird – das Ende eines Kalenderjahres. Wer also erst in der zweiten Jahreshälfte kündigt und notifiziert, scheidet erst zum 31.12. des nächsten Jahres als Vertragspartei aus. 4

Art. 75

Diesem Übereinkommen sind beigefügt:

– ein Protokoll 1 über bestimmte Zuständigkeits-, Verfahrens- und Vollstreckungsfragen;

– ein Protokoll 2 über die einheitliche Auslegung des Übereinkommens und den Ständigen Ausschuss;

– ein Protokoll 3 über die Anwendung von Artikel 67;

– die Anhänge I bis IV und Anhang VII mit Angaben zur Anwendung des Übereinkommens;

– die Anhänge V und VI mit den Formblättern für die Bescheinigungen im Sinne der Artikel 54, 57 und 58;

– Anhang VIII mit der Angabe der verbindlichen Sprachfassungen des Übereinkommens gemäss Artikel 79;

– Anhang IX mit den Angaben gemäss Artikel II des Protokolls 1.

Die Protokolle und Anhänge sind Bestandteil des Übereinkommens.

Art. 75

Sont annexés à la présente Convention:

– le protocole n° 1 relatif à certains problèmes de compétence, de procédure et d'exécution;

– le protocole n° 2 sur l'interprétation uniforme de la convention et sur le comité permanent;

– le protocole n° 3 relatif à l'application de l'art. 67 de la convention;

– les annexes I à IV et l'annexe VII, contenant des informations relatives à l'application de la présente Convention;

– les annexes V et VI, contenant les certificats visés aux art. 54, 57 et 58 de la présente Convention;

– l'annexe VIII, énumérant les langues faisant foi visées à l'art. 79 de la présente Convention; et

– l'annexe IX, concernant l'application de l'art. II du protocole n° 1.

Ces protocoles et annexes font partie intégrante de la présente Convention.

Art. 75

Sono allegati alla presente convenzione:

– un protocollo n. 1 relativo ad alcuni problemi di competenza, procedura ed esecuzione;

– un protocollo n. 2 relativo all'interpretazione uniforme della convenzione e al comitato permanente;

– un protocollo n. 3 relativo all'applicazione dell'articolo 67 della convenzione;

– gli allegati da I a IV e l'allegato VII recanti informazioni sull'applicazione della convenzione;

– gli allegati V e VI contenenti gli attestati di cui agli articoli 54, 57 e 58 della convenzione;

– l'allegato VIII indicante le lingue facenti fede di cui all'articolo 79 della convenzione;
– l'allegato IX relativo all'applicazione dell'articolo II del protocollo n. 1.
Tali protocolli e allegati sono parte integrante della presente convenzione.

Art. 75
The following are annexed to this Convention:
– a Protocol 1, on certain questions of jurisdiction, procedure and enforcement;
– a Protocol 2, on the uniform interpretation of this Convention and on the Standing Committee;
– a Protocol 3, on the application of Article 67 of this Convention;
– Annexes I through IV and Annex VII, with information related to the application of this Convention;
– Annexes V and VI, containing the certificates referred to in Articles 54, 57 and 58 of this Convention;
– Annex VIII, containing the authentic languages referred to in Article 79 of this Convention, and
– Annex IX, concerning the application of Article II of Protocol 1.
These Protocols and Annexes shall form an integral part of this Convention.

Art. 75 bestimmt lediglich, dass die Protokolle und Anhänge des Übereinkommens Bestandteil des Übereinkommens sind und deshalb ebenso verpflichten und berechtigen wie das Übereinkommen selbst. 1

Art. 76

Unbeschadet des Artikels 77 kann jede Vertragspartei eine Revision dieses Übereinkommens beantragen. Zu diesem Zweck beruft der Verwahrer den Ständigen Ausschuss nach Artikel 4 des Protokolls 2 ein.

Art. 76

Sans préjudice de l'art. 77, toute partie contractante peut demander la révision de la présente Convention. A cette fin, le dépositaire convoque le comité permanent, tel que prévu à l'art. 4 du protocole n° 2.

Art. 76

Salvo l'articolo 77, ogni parte contraente può chiedere la revisione della presente convenzione. A tal fine, il depositario convoca il comitato permanente di cui all'articolo 4 del protocollo n. 2.

Art. 76

Without prejudice to Article 77, any Contracting Party may request the revision of this Convention. To that end, the Depositary shall convene the Standing Committee as laid down in Article 4 of Protocol 2.

1 Jede Vertragspartei kann eine Revision des LugÜ beantragen. Diese Situation könnte sich ergeben, wenn sich die EuGVVO entwickelt und das Bedürfnis besteht, diese Entwicklung im Text des LugÜ zu verankern. Dann wird der Ständige Ausschuss nach Art. 4 des Protokolls 2 einberufen, der über das Bedürfnis zu beraten hat und, falls eine Revision befürwortet wird, eine solche anregen muss.

Art. 77

1. Die Vertragsparteien teilen dem Verwahrer den Wortlaut aller Rechtsvorschriften mit, durch den die Listen in den Anhängen I bis IV geändert werden, sowie alle Streichungen oder Zusätze in der Liste des Anhangs VII und den Zeitpunkt ihres Inkrafttretens. Diese Mitteilung erfolgt rechtzeitig vor Inkrafttreten; ihr ist eine englische und französische Übersetzung beizufügen. Der Verwahrer passt die betreffenden Anhänge nach Anhörung des Ständigen Ausschusses gemäss Artikel 4 des Protokolls 2 entsprechend an. Zu diesem Zweck erstellen die Vertragsparteien eine Übersetzung der Anpassungen in ihren Sprachen.

2. Jede Änderung der Anhänge V und VI sowie VIII und IX wird vom Ständigen Ausschuss gemäss Artikel 4 des Protokolls 2 angenommen.

Art. 77

1. Les Parties contractantes communiquent au dépositaire le texte de toute disposition légale modifiant les listes qui figurent aux annexes I à IV de même que toute suppression de la liste figurant à l'annexe VII ou tout ajout à cette dernière ainsi que la date de leur entrée en vigueur. Cette communication est effectuée dans un délai raisonnable avant l'entrée en vigueur de la modification et est accompagnée d'une traduction en anglais et en français. Le dépositaire adapte les annexes concernées en conséquence, après avoir consulté le comité permanent conformément à l'art. 4 du protocole n° 2. A cette fin, les Parties contractantes fournissent une traduction des adaptations dans leurs langues respectives.

2. Toute modification des annexes V, VI, VIII et IX de la présente Convention est adoptée par le comité permanent conformément à l'art. 4 du protocole n° 2.

Art. 77

1. Le parti contraenti comunicano al depositario il testo di ogni disposizione di legge che modifica gli elenchi di cui agli allegati da I a IV e le eventuali soppressioni o aggiunte all'elenco di cui all'allegato VII, indicandone la data di entrata in vigore. Tali comunicazioni sono effettuate entro un termine ragionevole prima dell'entrata in vigore e sono corredate di una traduzione in lingua inglese e francese. Il depositario adegua gli allegati di conseguenza, previa consultazione del comitato permanente a norma dell'articolo 4 del protocollo 2. A tal fine, le parti contraenti forniscono una traduzione degli adeguamenti nelle rispettive lingue.

2. Ogni modifica degli allegati da V a VI, e da VIII a IX della presente convenzione è adottata dal comitato permanente a norma dell'articolo 4 del protocollo n. 2.

Art. 77

1. The Contracting Parties shall communicate to the Depositary the text of any provisions of the laws which amend the lists set out in Annexes I through IV as well as any deletions in or additions to the list set out in Annex VII and the date of their entry into force. Such communication shall be made within reasonable time before the entry into force and be accompanied by a translation into English and French. The Depositary shall adapt the Annexes concerned accordingly, after having consulted the Standing

Committee in accordance with Article 4 of Protocol 2. For that purpose, the Contracting Parties shall provide a translation of the adaptations into their languages.
2. Any amendment of Annexes V through VI and VIII through IX to this Convention shall be adopted by the Standing Committee in accordance with Article 4 of Protocol 2.

Übersicht *Seite*

I. Sinn der Vorschrift

1 Art. 77 legt **Verpflichtungen** der Vertragsparteien fest (Abs. 1 Satz 1, 2 und 4), verpflichtet den Verwahrer zu bestimmten Handlungen (Abs. 1 Satz 3) und formuliert gewisse Aufgaben des Ständigen Ausschusses (Abs. 2).

II. Vertragsparteien (Abs. 1 Satz 1, 2 und 4)

2 Die Vertragsparteien haben **Folgendes** zu tun:

- Mitteilung des Wortlauts aller Rechtsvorschriften, durch den die Listen in den Anhängen I – IV geändert werden,
- Mitteilung aller Streichungen oder Zusätze in der Liste des Anhangs VII,
- Zeitpunkt des Inkrafttretens dieser Änderungen,
- Mitteilung rechtzeitig vor Inkrafttreten dieser Änderungen,
- Beifügung einer englischen und französischen Übersetzung dieser Mitteilungen,
- Erstellung einer Übersetzung der Anpassungen von Vertragsparteien in ihren Sprachen.

III. Verwahrer (Abs. 1 Satz 3)

3 Der **Verwahrer** hat die betreffenden Anhänge nach Anhörung des Ständigen Ausschusses gemäss Art. 4 des Protokolls entsprechend anzupassen und die Notifizierungen nach Art. 78 vorzunehmen.

IV. Ständiger Ausschuss (Abs. 2)

Der Ständige Ausschuss nimmt nach Art. 4 des Protokolls 2 die Änderungen der Anhänge V und VI (Formblätter) sowie VIII (Sprachen) und IX (Staaten und Vorschriften gemäss Art. II des Protokolls 1) an. 4

Art. 78

1. Der Verwahrer notifiziert den Vertragsparteien:

a) die Hinterlegung jeder Ratifikations- oder Beitrittsurkunde;

b) den Tag, an dem dieses Übereinkommen für die Vertragsparteien in Kraft tritt;

c) die nach den Artikeln I bis IV des Protokolls 1 eingegangenen Erklärungen;

d) die Mitteilungen nach Artikel 74 Absatz 2, Artikel 77 Absatz 1 sowie Absatz 4 des Protokolls 3.

2. Den Notifikationen ist eine englische und französische Übersetzung beizufügen.

Art. 78

1. Le dépositaire notifie aux Parties contractantes:

a) le dépôt de tout instrument de ratification ou d'adhésion;

b) les dates d'entrée en vigueur de la présente Convention à l'égard des Parties contractantes;

c) toute déclaration reçue en application des art. I à IV du protocole n° 1;

d) toute communication effectuée en application de l'art. 74, par. 2, de l'art. 77, par. 1, et du point 4 du protocole n° 3.

2. Ces notifications seront accompagnées d'une traduction en anglais et en français.

Art. 78

1. Il depositario notifica alle parti contraenti:

a) il deposito di ogni strumento di ratifica o di adesione;

b) le date di entrata in vigore della presente convenzione nei confronti delle parti contraenti;

c) le dichiarazioni ricevute ai sensi degli articoli da I a IV del protocollo n. 1;

d) le comunicazioni fatte ai sensi dell'articolo 74, paragrafo 2, dell'articolo 77, paragrafo 1, e del paragrafo 4 del protocollo n. 3.

2. Le notificazioni saranno corredate di una traduzione in lingua inglese e francese.

Art. 78

1. The Depositary shall notify the Contracting Parties of:

a) the deposit of each instrument of ratification or accession;

b) the dates of entry into force of this Convention in respect of the Contracting Parties;

c) any declaration received pursuant to Articles I to IV of Protocol 1;

d) any communication made pursuant to Article 74(2), Article 77(1) and paragraph 4 of Protocol 3.

2. The notifications will be accompanied by translations into English and French.

1 Diese Vorschrift betrifft nur den Verwahrer (Schweizerischer Bundesrat) und legt fest, was er den Vertragsparteien zu notifizieren und welche Übersetzungen er beizufügen hat.

Art. 79

Dieses Übereinkommen ist in einer Urschrift in den in Anhang VIII aufgeführten Sprachen abgefasst, wobei jeder Wortlaut gleichermassen verbindlich ist; es wird im Schweizerischen Bundesarchiv hinterlegt. Der Schweizerische Bundesrat übermittelt jeder Vertragspartei eine beglaubigte Abschrift.

Art. 79

La présente Convention, rédigée en un exemplaire unique dans les langues énumérées à l'annexe VIII, tous les textes faisant également foi, est déposée dans les Archives fédérales suisses. Le Conseil fédéral suisse en remet une copie certifiée conforme à chaque Partie contractante.

Art. 79

La presente convenzione, redatta in un unico esemplare nelle lingue indicate nell'allegato VIII, tutte facenti ugualmente fede, è depositata nell'Archivio federale svizzero. Il Consiglio federale svizzero provvede a trasmettere copia certificata conforme a ciascuna parte contraente.

Art. 79

This Convention, drawn up in a single original in the languages listed in Annex VIII, all texts being equally authentic, shall be deposited in the Swiss Federal Archives. The Swiss Federal Council shall transmit a certified copy to each Contracting Party.

Art. 79, die Schlussklausel, sagt, dass das Übereinkommen in den im Anhang VIII genannten 25 Sprachen (23 Amtssprachen der EU-Mitgliedstaaten und Isländisch sowie Norwegisch) gleichermassen verbindlich ist, im Schweizerischen Bundesarchiv hinterlegt wird und jede Vertragspartei eine beglaubigte Abschrift erhält. 1

Protokoll 1
über bestimmte Zuständigkeits-, Verfahrens- und Vollstreckungsfragen
Protocole no 1
realtiv a certains problèmes de compétence, de procédure et d'exécution
Protocollo N. 1
relativo ad alcuni problemi di competenza, procedura ed esecuzione
Protocol 1
on certain questions of jurisdiction, procedure and enforcement

Die hohen Vertragsparteien sind wie folgt übereingekommen:

Artikel I

1. Gerichtliche und aussergerichtliche Schriftstücke, die in einem durch dieses Übereinkommen gebundenen Staat ausgefertigt worden sind und einer Person zugestellt werden sollen, die sich im Hoheitsgebiet eines anderen durch dieses Übereinkommen gebundenen Staates befindet, werden nach den zwischen diesen Staaten geltenden Übereinkünften übermittelt.

2. Sofern die Vertragspartei, in deren Hoheitsgebiet die Zustellung bewirkt werden soll, nicht durch eine an den Verwahrer gerichtete Erklärung widersprochen hat, können diese Schriftstücke auch von den gerichtlichen Amtspersonen des Staates, in dem sie ausgefertigt worden sind, unmittelbar den gerichtlichen Amtspersonen des Staates übersandt werden, in dessen Hoheitsgebiet sich die Person befindet, für welche das Schriftstück bestimmt ist. In diesem Fall übersendet die gerichtliche Amtsperson des Ursprungsstaats der gerichtlichen Amtsperson des ersuchten Staates, die für die Übermittlung an den Empfänger zuständig ist, eine Abschrift des Schriftstücks. Diese Übermittlung wird in den Formen vorgenommen, die das Recht des ersuchten Staates vorsieht. Sie wird durch eine Bescheinigung festgestellt, die der gerichtlichen Amtsperson des Ursprungsstaats unmittelbar zugesandt wird.

3. Die Mitgliedstaaten der Europäischen Gemeinschaft, die durch die Verordnung (EG) Nr. 1348/2000 des Rates vom 29. Mai 2000 oder durch das am 19. Oktober 2005 in Brüssel unterzeichnete Abkommen zwischen der Europäischen Gemeinschaft und dem Königreich Dänemark über die Zustellung gerichtlicher und aussergerichtlicher Schriftstücke in Zivil-oder Handelssachen gebunden sind, wenden diese Verordnung und dieses Abkommen in ihrem Verhältnis untereinander an.

Artikel II

1. Die in Artikel 6 Nr. 2 und Artikel 11 für eine Gewährleistungs-oder Interventionsklage vorgesehene Zuständigkeit kann in den in Anhang IX genannten Staaten, die durch dieses Übereinkommen gebunden sind, nicht in vollem Umfang geltend gemacht werden. Jede Person, die ihren Wohnsitz in einem anderen durch dieses

Übereinkommen gebundenen Staat hat, kann vor den Gerichten dieser Staaten nach Massgabe der in Anhang IX genannten Vorschriften verklagt werden.

2. Die Europäische Gemeinschaft kann zum Zeitpunkt der Ratifizierung erklären, dass die in Artikel 6 Nummer 2 und Artikel 11 genannten Verfahren in bestimmten anderen Mitgliedstaaten nicht in Anspruch genommen werden können, und Angaben zu den geltenden Vorschriften mitteilen.

3. Entscheidungen, die in den anderen durch dieses Übereinkommen gebundenen Staaten aufgrund des Artikels 6 Nr. 2 und des Artikels 11 ergangen sind, werden in den in den Absätzen 1 und 2 genannten Staaten nach Titel III anerkannt und vollstreckt. Die Wirkungen, welche die in diesen Staaten ergangenen Entscheidungen gemäss den Absätzen 1 und 2 gegenüber Dritten haben, werden auch in den anderen durch dieses Übereinkommen gebundenen Staaten anerkannt.

Artikel III

1. Die Schweizerische Eidgenossenschaft behält sich das Recht vor, bei der Hinterlegung der Ratifikationsurkunde zu erklären, dass sie den folgenden Teil der Bestimmung in Artikel 34 Absatz 2 nicht anwenden wird:

«es sei denn, der Beklagte hat gegen die Entscheidung keinen Rechtsbehelf eingelegt, obwohl er die Möglichkeit dazu hatte».

Falls die Schweizerische Eidgenossenschaft diese Erklärung abgibt, wenden die anderen Vertragsparteien denselben Vorbehalt gegenüber Entscheidungen der schweizerischen Gerichte an.

2. Die Vertragsparteien können sich in Bezug auf Entscheidungen, die in einem beitretenden Staat gemäss Artikel 70 Absatz 1 Buchstabe c ergangen sind, durch Erklärung folgende Rechte vorbehalten:

a) das in Absatz 1erwähnte Recht und

b) das Recht einer Behörde im Sinne von Artikel 39, unbeschadet der Vorschriften des Artikels 41 von Amts wegen zu prüfen, ob Gründe für die Versagung der Anerkennung oder Vollstreckung einer Entscheidung vorliegen.

3. Hat eine Vertragspartei einen solchen Vorbehalt gegenüber einem beitretenden Staat nach Absatz 2 erklärt, kann dieser beitretende Staat sich durch Erklärung dasselbe Recht in Bezug auf Entscheidungen vorbehalten, die von Gerichten dieser Vertragspartei erlassen worden sind.

4. Mit Ausnahme des Vorbehalts gemäss Absatz 1 gelten die Erklärungen für einen Zeitraum von fünf Jahren und können für jeweils weitere fünf Jahre verlängert werden. Die Vertragspartei notifiziert die Verlängerung einer Erklärung gemäss Absatz 2 spätestens sechs Monate vor Ablauf des betreffenden Zeitraums. Ein beitretender Staat kann seine Erklärung gemäss Absatz 3 erst nach Verlängerung der betreffenden Erklärung gemäss Absatz 2 verlängern.

Artikel IV

Die Erklärungen nach diesem Protokoll können jederzeit durch Notifikation an den Verwahrer zurückgenommen werden. Der Notifikation ist eine englische und französische Übersetzung beizufügen. Die Vertragsparteien erstellen eine Übersetzung in ihren Sprachen. Die Rücknahme wird am ersten Tag des dritten Monats nach der Notifikation wirksam.

Les hautes parties contractantes sont convenues de ce qui suit:

Article I

1. Les actes judiciaires et extrajudiciaires dressés sur le territoire d'un État lié par la présente Convention et qui doivent être notifiés ou signifiés à des personnes se trouvant sur le territoire d'un autre État lié par la présente Convention sont transmis conformément aux procédures prévues dans les conventions et accords applicables entre ces États.

2. Sauf si la partie contractante de destination s'y oppose par déclaration faite au dépositaire, ces actes peuvent aussi être envoyés directement par les officiers ministériels de l'État où les actes sont dressés aux officiers ministériels de l'État sur le territoire duquel se trouve le destinataire de l'acte. Dans ce cas, l'officier ministériel de l'État d'origine transmet une copie de l'acte à l'officier ministériel de l'État requis, qui est compétent pour la remettre au destinataire. Cette remise est faite dans les formes prévues par la loi de l'État requis. Elle est constatée par une attestation envoyée directement à l'officier ministériel de l'État d'origine.

3. Les États membres de la Communauté européenne liés par le règlement (CE) n° 1348/2000 du Conseil du 29 mai 2000 ou par l'accord entre la Communauté européenne et le Royaume du Danemark relatif à la signification et à la notification des actes judiciaires et extrajudiciaires en matière civile et commerciale, signé à Bruxelles le 19 octobre 2005, appliquent, dans le cadre de leurs relations mutuelles, les dispositions de ce règlement et de cet accord.

Article II

1. La compétence judiciaire prévue à l'article 6, paragraphe 2, et à l'article 11 pour la demande en garantie ou la demande en intervention ne peut pleinement être invoquée dans les États liés par la présente Convention énumérés à l'annexe IX. Toute personne domiciliée sur le territoire d'un autre État lié par la présente Convention peut être attraite devant les tribunaux de ces États en application des règles visées à l'annexe IX.

2. À la date de la ratification, la Communauté européenne peut déclarer que les demandes visées à l'article 6, paragraphe 2, et à l'article 11 ne peuvent être formées dans certains autres États membres et fournir des informations sur les règles applicables.

3. Les décisions rendues dans les autres États liés par la présente Convention en vertu de l'article 6, paragraphe 2, et de l'article 11 sont reconnues et exécutées dans les États mentionnés aux paragraphes 1 et 2 conformément au titre III. Les effets produits à l'égard des tiers, en application des paragraphes 1 et 2, par des décisions rendues dans ces États sont également reconnus dans les autres États liés par la présente Convention.

Article III

1. La Suisse se réserve le droit de déclarer à la date de la ratification qu'elle n'appliquera pas le passage suivant de l'article 34, paragraphe 2:
«à moins qu'il n'ait pas exercé de recours à l'encontre de la décision alors qu'il était en mesure de le faire».

Si la Suisse fait cette déclaration, les autres parties contractantes appliquent la même réserve à l'égard des décisions rendues par les tribunaux suisses.

2. À l'égard des décisions rendues dans un État adhérent visé à l'article 70, paragraphe 1, point c), les parties contractantes peuvent, par déclaration, se réserver:
a) le droit visé au paragraphe 1, et
b) le droit conféré à une autorité visée à l'article 39, sans préjudice des dispositions de l'article 41, d'examiner d'office s'il existe un motif de refus de reconnaissance et d'exécution de la décision considérée.

3. Si une partie contractante a émis une réserve visée au paragraphe 2 à l'égard d'un État adhérent, cet État adhérent peut, par déclaration, se réserver le même droit à l'égard des décisions rendues par les tribunaux de cette partie contractante.

4. À l'exception de la réserve visée au paragraphe 1, les déclarations sont valables pour une durée de cinq ans et sont renouvelables à la fin de cette période. La partie contractante notifie le renouvellement d'une déclaration visée au paragraphe 2 au plus tard six mois avant l'expiration des cinq ans. Un État adhérent ne peut renouveler sa déclaration faite en application du paragraphe 3 qu'après le renouvellement de la déclaration correspondante visée au paragraphe 2.

Article IV

Les déclarations visées dans le présent protocole peuvent, à tout moment, être retirées par notification au dépositaire. Les notifications sont accompagnées d'une traduction en anglais et en français. Les parties contractantes fournissent une traduction dans leurs langues respectives. Ces retraits prennent effet à compter du premier jour du troisième mois suivant la notification.

Le altre parti contraenti hanno convenuto quanto segue:

Articolo I

1. Gli atti giudiziari ed extragiudiziari formati in uno Stato vincolato dalla presente convenzione che devono essere comunicati o notificati a persone in un altro Stato vincolato dalla presente convenzione sono trasmessi secondo le modalità previste dalle convenzioni o dagli accordi conclusi tra tali Stati.

2. Sempreché lo Stato di destinazione non si opponga con dichiarazione trasmessa al depositario, i suddetti atti possono essere trasmessi direttamente dai pubblici ufficiali dello Stato in cui gli atti sono formati a quelli dello Stato nel cui territorio si trova il destinatario. In tal caso, il pubblico ufficiale dello Stato d'origine trasmette copia dell'atto al pubblico ufficiale dello Stato richiesto, competente a trasmetterlo al destinatario. La trasmissione ha luogo secondo le modalità contemplate dalla legge dello Stato richiesto ed è attestata da un certificato inviato direttamente al pubblico ufficiale dello Stato d'origine.

3. Gli Stati membri della Comunità europea vincolati dal regolamento (CE) n. 1348/2000 del Consiglio del 29 maggio 2000 o dall'accordo tra la Comunità europea e il

Regno di Danimarca relativo alla notificazione e alla comunicazione degli atti giudiziari ed extragiudiziali in materia civile o commerciale, firmato a Bruxelles il 19 ottobre 2005, applicano nelle loro relazioni reciproche le disposizioni di quel regolamento o di quell'accordo.

Acrticolo II

1. La competenza giurisdizionale di cui all'articolo 6, paragrafo 2, e all'articolo 11 concernente la chiamata in garanzia o altra chiamata di terzo, non può essere invocata pienamente negli Stati vincolati dalla presente convenzione menzionati all'allegato IX. Ogni persona domiciliata nel territorio di un altro Stato vincolato dalla presente convenzione può essere chiamata a comparire dinanzi ai giudici di tali Stati in applicazione delle norme di cui all'allegato IX.

2. Al momento della ratifica, la Comunità europea può dichiarare che le azioni di cui all'articolo 6, paragrafo 2, e all'articolo 11 non possono essere richieste in alcuni Stati membri, e indicare le norme applicabili.

3. Le decisioni emesse in altri Stati vincolati dalla presente convenzione in virtù dell'articolo 6, paragrafo 2, o dell'articolo 11 sono riconosciute ed eseguite negli Stati menzionati ai paragrafi 1 e 2 conformemente al titolo III. Gli effetti nei confronti dei terzi prodotti dalle sentenze rese in tali Stati, in applicazione delle disposizioni dei paragrafi 1 e 2, sono parimenti riconosciuti negli altri Stati vincolati dalla presente convenzione.

Articolo III

1. La Svizzera si riserva il diritto di dichiarare, all'atto della ratifica, che non applicherà la seguente parte dell'articolo 34, paragrafo 2:

«eccetto qualora, pur avendone avuto la possibilità, egli non abbia impugnato la decisione».

Qualora la Svizzera formuli tale dichiarazione, le altre parti contraenti applicano la stessa riserva alle decisioni emesse dai giudici svizzeri.

2. Le parti contraenti possono, nei confronti delle decisioni emesse in uno Stato aderente di cui all'articolo 70, paragrafo 1, lettera c), riservarsi, con dichiarazione:

a) il diritto di cui al paragrafo 1 e

b) il diritto che, salve le disposizioni dell'articolo 41, un'autorità indicata all'articolo 39 esamini d'ufficio se sussista un motivo di diniego del riconoscimento o dell'esecuzione di una decisione.

3. Qualora una parte contraente esprima nei confronti di uno Stato aderente la riserva di cui al paragrafo 2, lo Stato aderente interessato può riservarsi, con dichiarazione, lo stesso diritto nei confronti delle decisioni dei giudici di quella parte contraente.

4. Fatta eccezione per la riserva contemplata dal paragrafo 1, le dichiarazioni sono valide per periodi di cinque anni e rinnovabili alla scadenza di ciascun periodo. La parte contraente notifica il rinnovo della dichiarazione di cui al paragrafo 2 al più tardi sei mesi prima di tale scadenza. Uno Stato aderente può rinnovare la dichiarazione di cui al paragrafo 3 solo previo rinnovo della corrispondente dichiarazione di cui al paragrafo 2.

Articolo IV

Le dichiarazioni contemplate dal presente protocollo possono essere revocate in qualsiasi momento mediante notifica al depositario. La notifica deve essere corredata di una traduzione in lingua inglese e francese. Le parti contraenti provvedono alla traduzione nelle rispettive lingue. La revoca acquista efficacia il primo giorno del terzo mese successivo alla notifica.

The high contracting parties have agreed follows:

Article I

1. Judicial and extrajudicial documents drawn up in one State bound by this Convention which have to be served on persons in another State bound by this Convention shall be transmitted in accordance with the procedures laid down in the conventions and agreements applicable between these States.

2. Unless the Contracting Party on whose territory service is to take place objects by declaration to the Depositary, such documents may also be sent by the appropriate public officers of the State in which the document has been drawn up directly to the appropriate public officers of the State in which the addressee is to be found. In this case the officer of the State of origin shall send a copy of the document to the officer of the State applied to who is competent to forward it to the addressee. The document shall be forwarded in the manner specified by the law of the State applied to. The forwarding shall be recorded by a certificate sent directly to the officer of the State of origin.

3. Member States of the European Community bound by Council Regulation (EC) No 1348/2000 of 29 May 2000 or by the Agreement between the European Community and the Kingdom of Denmark on the service of judicial and extrajudicial documents in civil or commercial matters, signed at Brussels on 19 October 2005, shall apply in their mutual relations that Regulation and that Agreement.

Article II

1. The jurisdiction specified in Articles 6 (2) and 11 in actions on a warranty or guarantee or in any other third party proceedings may not be fully resorted to in the States bound by this Convention referred to in Annex IX. Any person domiciled in another State bound by this Convention may be sued in the courts of these States pursuant to the rules referred to in Annex IX.

2. At the time of ratification the European Community may declare that proceedings referred to in Articles 6 (2) and 11 may not be resorted to in some other Member States and provide information on the rules that shall apply.

3. Judgments given in the other States bound by this Convention by virtue of Article 6(2) or Article 11 shall be recognised and enforced in the States mentioned in paragraphs 1 and 2 in accordance with Title III. Any effects which judgments given in these States may have on third parties by application of the provisions in paragraphs 1 and 2 shall also be recognised in the other States bound by this Convention.

Article III

1. Switzerland reserves the right to declare upon ratification that it will not apply the following part of the provision in Article 34(2):

«unless the defendant failed to commence proceedings to challenge the judgment when it was possible for him to do so».

If Switzerland makes such declaration, the other Contracting Parties shall apply the same reservation in respect of judgments rendered by the courts of Switzerland.

2. Contracting Parties may, in respect of judgments rendered in an acceding State referred to in Article 70(1)(c), by declaration reserve:

a) the right mentioned in paragraph 1; and

b) the right of an authority mentioned in Article 39, notwithstanding the provisions of Article 41, to examine of its own motion whether any of the grounds for refusal of recognition and enforcement of a judgment is present or not.

3. If a Contracting Party has made such a reservation towards an acceding State as referred to in paragraph 2, this acceding State may by declaration reserve the same right in respect of judgments rendered by the courts of that Contracting Party.

4. Except for the reservation mentioned in paragraph 1, the declarations are valid for periods of five years and are renewable at the end of such periods. The Contracting Party shall notify a renewal of a declaration referred to under paragraph 2 not later than six months prior to the end of such period. An acceding State may only renew its declaration made under paragraph 3 after renewal of the respective declaration under paragraph 2.

Article IV

The declarations referred to in this Protocol may be withdrawn at any time by notification to the Depositary. The notification shall be accompanied by a translation into English and French. The Contracting Parties provide for translations into their languages. Any such withdrawal shall take effect as of the first day of the third month following that notification.

Literatur: Heiderhoff, Rechtsprechung des EuGH zum Europäischen Prozessrecht, ZZPInt 2005, 290; Stadler, Ordnungsgemässe Zustellung im Wege der remise au parquet und Heilung von Zustellungsfehlern nach der Europäischen Zustellungsverordnung, IPRax 2006, 116; Volken, Die internationale Rechtshilfe in Zivilsachen, Zürich 1996.

Übersicht zu Art. I und II *Seite*

Übersicht zu Art. III *Seite*

I. Normzweck

1 Art. I Prot. Nr. 1 enthält eine abschliessende Regelung der grenzüberschreitenden Zustellung von gerichtlichen und aussergerichtlichen Schriftstücken im Geltungsbereich des LugÜ. Den Behörden werden alternativ **zwei mögliche Zustellungsarten** eröffnet[1]:

1) Zustellung nach den bi- und multilaterlaten Abkommen, die zwischen den beteiligten Staaten gelten (Nr. 1) oder

2) Zustellung im direkten Behördenverkehr (Nr. 2).

2 Mit diesen zwei Zustellungsmöglichkeiten regelt das LugÜ die Übermittlung **abschliessend**[2]. Solange also einer der beiden Zustellungswege zur Verfügung steht, darf nicht auf eine Zustellungsart des autonomen nationalen Rechts zurückgegriffen werden. Jede Zustellungsart, die nicht in Art. I Prot. Nr. 1 vorgesehen ist, ist unzulässig. Dies gilt insbesondere für die fiktive Zustellung an Personen mit Wohnsitz im Ausland[3]; eine solche fiktive Zustellung verstösst gegen das Erfordernis der ordnungsgemässen Zustellung i.S.v. Art. 34 Nr. 2 LugÜ[4].

3 Die Regelung in Art. I des Prot. Nr. 1 wurde inhaltlich unverändert aus Art. IV des Protokoll Nr. 1 aLugÜ übernommen. Die Vorschrift wurde lediglich durch Art. I Nr. 3 ergänzt, welcher aus Gründen der Klarheit festhält, dass sich die Zustellung von gerichtlichen und aussergerichtlichen Schriftstükken zwischen den EU-Staaten nach der **EuZVO** bzw. nach dem EuZVO-Parallelübereinkommen mit Dänemark richtet[5].

---

1 Vgl. EuGH 13.10.2005 Rs. C-522/03, *Scania Finance/Rockinger*, Slg. 2005 8639, Rz. 22 m. Anm. Killias, SZIER 2006, 690.

2 EuGH 13.10.2005 Rs. C-522/03, *Scania Finance/Rockinger*, Slg. 2005 8639, Rz. 22; zustimmend Stadler, IPRax 2006, 118. Kritisch hierzu Heiderhoff, ZZPInt 2005, 301 ff.

3 Dasser/Oberhammer-Domej, Art. IV Prot. Nr. 1 Rz. 4.

4 So für Art. 27 Nr. 2 EuGVÜ (= Art. 27 Nr. 2 aLugÜ): EuGH 13.10.2005 Rs. C-522/03, *Scania Finance/Rockinger*, Slg. 2005 8639, Rz. 30. Im revLugÜ wurde das Erfordernis der «ordnungsgemässen Zustellung» aufgehoben. Nach Art. 34 Nr. 2 LugÜ wird lediglich gefordert, dass die Zustellung *«in einer Weise»* erfolgte, dass sich der Beklagte verteidigen konnte. Dies dürfte bei einer fiktiven Zustellung in aller Regel nicht der Fall sein. Im Übrigen können gravierende Zustellungsfehler auch weiterhin eine Verletzung von Art. 34 Nr. 2 LugÜ darstellen, vgl. Kropholler, Art. 34 Rz. 38 f.; Killias, SZIER 2006, 693. Die Schweiz hat mit Bezug auf Art. 34 Nr. 2 einen Vorbehalt erklärt, vgl. Prot. Nr. 1 Art. III.

5 Vgl. hierzu Kropholler, Einl. Rz. 4.

II. Zustellung gemäss bilateralen oder multilateralen Abkommen (Nr. 1)

Nach Art. I Nr. 1 kann die Zustellung einmal nach den Vorschriften der massgeblichen bi- oder multilateralen Abkommen zwischen den beteiligten Staaten erfolgen. Die Zustellung gerichtlicher und aussergerichtlicher Schriftstücke richtet sich im Verkehr zwischen der Schweiz und den übrigen LugÜ-Staaten daher zunächst nach dem Haager Zustellungsübereinkommen (HZÜ; eine Ausnahme gilt mit Bezug auf Malta)[6]. Im Verhältnis zu Österreich ist hingegen das HPÜ 54 sowie das bilaterale Abkommen betreffend Zivilprozess[7] anwendbar. 4

Bei Massgeblichkeit des HZÜ ist in Art. 10 lit. a HZÜ die **direkte Postzustellung** an Personen, die sich im Ausland befinden, vorgesehen. Eine solche Postzustellung ist zulässig, sofern der Bestimmungsstaat keinen Widerspruch erklärt hat. Gegen diese Art der Zustellung haben insbesondere die Schweiz sowie Deutschland Widerspruch erhoben. Eine direkte Postzustellung *in die Schweiz* ist daher grundsätzlich nicht zulässig (eine Ausnahme besteht betreffend Zustellungen aus Österreich in die Schweiz aufgrund des bilateralen Übereinkommens mit Österreich[8]). Die direkte Postzustellung *aus der Schweiz* ist in folgende LugÜ-Staaten zulässig: Belgien, Finnland, Frankreich, Grossbritannien, Irland, Italien, Luxembourg, die Niederlande, Österreich, Portugal, Schweden und Spanien[9]. 5

Zusätzlich zu den vorerwähnten multilateralen Zustellungsübereinkommen bestehen mit verschiedenen Vertragsstaaten **bilaterale Rechtshilfeabkommen**, welche den **direkten Behördenverkehr** erlauben[10]. Dies gilt 6

6 Vgl. DASSER/OBERHAMMER-DOMEJ, Art. IV Prot. Nr. 1 Rz. 2. Ein Säumnisurteil, welches unter Missachtung der Vorschriften des HZÜ erging, wird daher in der Schweiz nicht anerkannt (es sei denn es bestünden bilaterale Abkommen), KILLIAS, SZIER 2006, 693.

7 Vertrag vom 26. August 1968 zwischen der Schweizerischen Eidgenossenschaft und der Republik Österreich zur Ergänzung des Haager Übereinkommens vom 1. März 1954 betreffend Zivilprozessrecht, SR 0.274.181.631.

8 SR 0.274.181.631. Siehe VOLKEN, Kap. 2 Rz. 33.

9 Vgl. DASSER/OBERHAMMER-DOMEJ, Art. IV Prot. Nr. 1 Rz. 3.

10 Siehe VOLKEN, Kap. 2 Rz. 31.

etwa im Verhältnis zu Belgien[11], Deutschland[12], Frankreich[13], Italien[14], Luxembourg[15] sowie Österreich[16]. Das bilaterale Abkommen mit Österreich[17] sieht zudem die **direkte Postzustellung** zwischen beiden Staaten vor.

III. Zustellung im direkten Behördenverkehr (Nr. 2)

7 Zusätzlich zu den in den bi- und multilateralen Übereinkommen vorgesehenen Zustellungsarten eröffnet Nr. 2 die Möglichkeit, die Zustellung alternativ im **direkten Behördenverkehr** vorzunehmen. Für diese Zustellungsart ist somit keine gesonderte staatsvertragliche Übereinkunft erforderlich. Die Übersendung von Schriftstücken kann somit direkt von der Behörde des ersuchenden an die Behörde des ersuchten Staates erfolgen. Die Übermittlung ist in derjenigen Form vorzunehmen, die das Recht des ersuchten Staates vorschreibt (Art. I Nr. 2 Satz 3). Die Zustellung wird gegenüber den Behörden des Ursprungsstaats entsprechend bescheinigt (Art. I Nr. 2 Satz 4).

8 Die direkte Zustellung zwischen den Behörden gemäss Art. I Nr. 2 ist jedoch nur zulässig, sofern der LugÜ-Staat, in dessen Hoheitsgebiet die Zustellung erfolgen soll, keinen **Vorbehalt** bezüglich dieser Zustellungsart erklärt. Wie bereits unter aLugÜ[18] hat die Schweiz den entsprechenden Vorbehalt auch für das revidierte LugÜ erklärt, sodass ein *direkter Behördenverkehr mit der Schweiz auf Grund von Art. I Nr. 2 ausgeschlossen*

---

11 Erklärung zwischen der Schweiz und Belgien betreffend den direkten gerichtlichen Verkehr vom 29. November 1900, SR 0.274.181.721.

12 Erklärung vom 1./13. Dezember 1878 zwischen der Schweiz und dem Deutschen Reiche betreffend den unmittelbaren Geschäftsverkehr zwischen den beiderseitigen Gerichtsbehörden, SR 0.274.181.361; Erklärung vom 30. April 1910 zwischen der Schweiz und Deutschland betreffend Vereinfachung des Rechtshilfeverkehrs, SR 0.274.181.362.

13 Erklärung vom 1. Februar 1913 zwischen der Schweiz und Frankreich betreffend die Übermittlung von gerichtlichen und aussergerichtlichen Aktenstücken sowie von Requisitorien in Zivil- und Handelssachen, SR 0.274.183.491.

14 Briefwechsel vom 2. Juni 1988 zwischen der Schweiz und Italien betreffend die Übermittlung von gerichtlichen und aussergerichtlichen Urkunden sowie von Ersuchungsschreiben in Zivil- und Handelssachen, SR 0.274.184.542.

15 Briefwechsel vom 12./15. Februar 1979 zwischen der Schweiz und dem Grossherzogtum Luxemburg betreffend die Übermittlung von gerichtlichen und aussergerichtlichen Urkunden sowie von Ersuchungsschreiben, SR 0.274.185.181.

16 SR 0.274.181.631.

17 SR 0.274.181.631.

18 DONZALLAZ Rz. 1264.

ist[19]. Dies bedeutet jedoch nicht, dass der unmittelbare Behördenverkehr generell ausgeschlossen wäre. Er ist immer dann zulässig, wenn die von der Schweiz geschlossenen bi- und multilateralen Übereinkommen eine solche Zustellung vorsehen. Unter den in diesen Abkommen vorgesehenen Voraussetzungen ist der direkte Behördenverkehr deshalb mit sämtlichen Nachbarstaaten ausser Liechtenstein zulässig (vorstehend Rz. 5); im Verhältnis zu Österreich ist sogar die unmittelbare postalische Zustellung möglich[20].

IV. Sinn der Norm

Art. III behandelt gewisse Fragen, die bei der Einlegung bestimmter Vorbehalte auftreten. 9

Diese Vorbehalte beziehen sich auf gewisse Anerkennungshindernisse (Abs. 1 und 2 lit. a) und auf die Abschaffung des Exequatur (Abs. 2 lit. b sowie 3 und 4).

V. Vorbehalt nach Art. 34 Abs. 2

Nach Art. 34 Nr. 2 wird eine ausländische Entscheidung nicht anerkannt, 10
wenn der Beklagte, der sich auf das Verfahren nicht eingelassen hat, das verfahrenseinleitende Schriftstück nicht rechtzeitig erhalten hat, wenn «der Beklagte … gegen die Entscheidung kein Rechtsmittel eingelegt (hat), obwohl er die Möglichkeit dazu hatte». Nach Protokoll 1 Art. III Abs. 1 kann sich jeder Vertragsstaat vorbehalten, den in Anführungsstrichen genannten Nachsatz nicht anzuwenden, also das fehlende rechtliche Gehör schon dann als Anerkennungshindernis zu werten, selbst wenn der Beklagte ein Rechtsmittel gegen die nicht rechtzeitige Zustellung des verfahrenseinleitenden Schriftstückes hatte und dieses nicht geltend gemacht wurde. Die Schweiz hat diesen Vorbehalt erklärt.

---

[19] Art. 1 Abs. 3 des BB vom 11.12.2009, AS 2010 5601; vgl. Botschaft LugÜ Ziff. 3.

[20] Botschaft LugÜ Ziff. 3; VOLKEN, Kap. 2 Rz. 33.

VI. Vorbehalt beim Exequatur

1. Abschaffung des Exequatur

11 Nach Art. 41 bedarf – nach Erfüllung der Förmlichkeiten des Art. 53 – eine Entscheidung eines ausländischen gebundenen Staates keiner offiziellen inländischen Vollstreckbarerklärung von Amts wegen. Der Urteilsschuldner hat vielmehr das Recht, ein Rechtsmittel gegen die Entscheidung über den Antrag auf Vollstreckbarerklärung einzulegen und Anerkennungshindernisse geltend zu machen (Art. 43 ff.).

2. Vorbehalt gegenüber «anderen Beitrittsstaaten»

12 Dem LugÜ kann nach Art. 70 Abs. 1 lit. c jeder andere Staat beitreten, der weder Mitglied der EFTA (heute: Island, Liechtenstein, Norwegen, Schweiz) werden wird, noch zu den ausländischen Gebieten zählt, für deren Aussenbeziehungen ein Mitgliedstaat der EG zuständig ist.

13 Bei Entscheidungen aus solchen anderen Staaten kann sich jeder gebundene Staat nach Art. III Abs. 2 lit. b vorbehalten, durch ein Exequatur von Amts wegen zu prüfen, ob Anerkennungs- und Vollstreckungshindernisse vorliegen.

3. Gegenseitigkeit

14 Hat eine Vertragspartei einen Vorbehalt nach Art. III Abs. 2 gegenüber einem beitretenden Staat erklärt, kann dieser beitretende Staat sich durch Erklärung nach Art. III Abs. 3 dasselbe Recht in Bezug auf Entscheidungen vorbehalten, die von Gerichten dieser Vertragspartei erlassen worden sind.

4. Befristung des Vorbehalts und der Gegenseitigkeitserklärung

15 Der Vorbehalt bezüglich des Exequatur nach Art. III Abs. 2 lit. b ist befristet, um nach einer gewissen Zeit zu prüfen, ob der Vorbehalt noch nötig ist. Der Vorbehalt gilt nach Art. III Abs. 4 S. 1 für fünf Jahre und kann für jeweils weitere fünf Jahre verlängert werden. Eine solche Verlängerung ist nach Abs. 4 S. 2 spätestens sechs Monate vor Ablauf des betreffenden Zeitraums formgerecht zu notifizieren.

Eine Gegenseitigkeitserklärung gemäss Art. III Abs. 3 dagegen kann ein beitretender Staat erst dann abgeben, wenn eine Vertragspartei eine Verlängerung ihres Vorbehalts erklärt hat (Art. III Abs. 4 S. 3). 16

Art. IV

Die Bestimmung sieht den Mechanismus vor, welcher beim Rückzug von Erklärungen durch eine Vertragspartei zu beachten ist. Bereits anlässlich der Ratifikation hat die Schweiz ihre Erklärung zu Art. II des Protokolls 1 zurückgenommen. «Verwahrer» ist die Schweizerische Eidgenossenschaft; vgl. auch Art. 79 LugÜ. 17

Protokoll 2
über die einheitliche Auslegung des Übereinkommens und den Ständigen Ausschuss

Procotole no 2
sur l'interprétation uniforme de la convention et sur le comité permanent
les hautes parties contractantes vo l'article 75 de la présente Convention

Protocollo N. 2
relativo all'interpretazione uniforme della convenzione e al comitato permanente
preambolo le altre parti contraenti

Protocol 2
on the uniform interpretation of the convention and on the standing committee
the high contracting parties, having regard to Article 75 of this Convention

In Anbetracht der sachlichen Verknüpfung zwischen diesem Übereinkommen, dem Lugano-Übereinkommen von 1988 und den in Artikel 64 Absatz 1 dieses Übereinkommens genannten Rechtsinstrumenten,

in der Erwägung, dass der Gerichtshof der Europäischen Gemeinschaften für Entscheidungen über die Auslegung der in Artikel 64 Absatz 1 dieses Übereinkommens genannten Rechtsinstrumente zuständig ist,

in der Erwägung, dass dieses Übereinkommen Teil des Gemeinschaftsrechts wird und der Gerichtshof der Europäischen Gemeinschaften deshalb für Entscheidungen über die Auslegung dieses Übereinkommens in Bezug auf dessen Anwendung durch die Gerichte der Mitgliedstaaten der Europäischen Gemeinschaft zuständig ist,

in Kenntnis der bis zur Unterzeichnung dieses Übereinkommens ergangenen Entscheidungen des Gerichtshofs der Europäischen Gemeinschaften über die Auslegung der in Artikel 64 Absatz 1 dieses Übereinkommens genannten Rechtsinstrumente und der bis zur Unterzeichnung dieses Übereinkommens ergangenen Entscheidungen der Gerichte der Vertragsparteien des Lugano-Übereinkommens von 1988 über die Auslegung des letzteren Übereinkommens,

in der Erwägung, dass sich die gleichzeitige Revision des Lugano-Übereinkommens von 1988 und des Brüsseler Übereinkommens von 1968, die zum Abschluss eines revidierten Texts dieser Übereinkommen geführt hat, sachlich auf die vorgenannten Entscheidungen zu dem Brüsseler Übereinkommen und dem Lugano-Übereinkommen stützte,

in der Erwägung, dass der revidierte Text des Brüsseler Übereinkommens nach Inkrafttreten des Vertrags von Amsterdam in die Verordnung (EG) Nr. 44/2001 Eingang gefunden hat,

in der Erwägung, dass dieser revidierte Text auch die Grundlage für den Text dieses Übereinkommens war,

in dem Bestreben, bei voller Wahrung der Unabhängigkeit der Gerichte voneinander abweichende Auslegungen zu vermeiden und zu einer möglichst einheitlichen Auslegung der Bestimmungen dieses Übereinkommens und der Bestimmungen der Verordnung (EG) Nr. 44/2001, die in ihrem wesentlichen Gehalt in das vorliegende Übereinkommen übernommen worden sind, sowie der anderen in Artikel 64 Absatz 1 dieses Übereinkommens genannten Rechtsinstrumente zu gelangen – sind wie folgt übereinkommen:

Artikel 1

1. Jedes Gericht, das dieses Übereinkommen anwendet und auslegt, trägt den Grundsätzen gebührend Rechnung, die in massgeblichen Entscheidungen von Gerichten der durch dieses Übereinkommen gebundenen Staaten sowie in Entscheidungen des Gerichtshofs der Europäischen Gemeinschaften zu den Bestimmungen dieses Übereinkommens oder zu ähnlichen Bestimmungen des Lugano-Übereinkommens von 1988 und der in Artikel 64 Absatz 1 dieses Übereinkommens genannten Rechtsinstrumente entwickelt worden sind.

2. Für die Gerichte der Mitgliedstaaten der Europäischen Gemeinschaft gilt die Verpflichtung in Absatz 1 unbeschadet ihrer Verpflichtungen gegenüber dem Gerichtshof der Europäischen Gemeinschaften, wie sie sich aus dem Vertrag zur Gründung der Europäischen Gemeinschaft oder aus dem am 19. Oktober 2005 in Brüssel unterzeichneten Abkommen zwischen der Europäischen Gemeinschaft und dem Königreich Dänemark über die gerichtliche Zuständigkeit und die Anerkennung und Vollstreckung von Entscheidungen in Zivil-und Handelssachen ergeben.

Artikel 2

Jeder durch dieses Übereinkommen gebundene Staat, der kein Mitgliedstaat der Europäischen Gemeinschaft ist, hat das Recht, gemäss Artikel 23 des Protokolls über die Satzung des Gerichtshofs der Europäischen Gemeinschaften Schriftsätze einzureichen oder schriftliche Erklärungen abzugeben, wenn ein Gericht eines Mitgliedstaats der Europäischen Gemeinschaft dem Gerichtshof eine Frage über die Auslegung dieses Übereinkommens oder der in Artikel 64 Absatz 1 dieses Übereinkommens genannten Rechtsinstrumente zur Vorabentscheidung vorlegt.

Artikel 3

1. Die Kommission der Europäischen Gemeinschaften richtet ein System für den Austausch von Informationen über die Entscheidungen ein, die in Anwendung dieses Übereinkommens sowie des Lugano-Übereinkommens von 1988 und der in Artikel 64 Absatz 1 dieses Übereinkommens genannten Rechtsinstrumente ergangen sind. Dieses System ist öffentlich zugänglich und enthält Entscheidungen letztinstanzlicher Gerichte sowie des Gerichtshofs der Europäischen Gemeinschaften und andere besonders wichtige, rechtskräftig gewordene Entscheidungen, die in Anwendung dieses Übereinkommens, des Lugano-Übereinkommens von 1988 und

der in Artikel 64 Absatz 1 dieses Übereinkommens genannten Rechtsinstrumente ergangen sind. Die Entscheidungen werden klassifiziert und mit einer Zusammenfassung versehen. Die zuständigen Behörden der durch dieses Übereinkommen gebundenen Staaten übermitteln der Kommission auf der Grundlage dieses Systems die von den Gerichten dieser Staaten erlassenen vorgenannten Entscheidungen.

2. Der Kanzler des Gerichtshofs der Europäischen Gemeinschaften wählt die für die Anwendung des Übereinkommens besonders interessanten Fälle aus und legt diese gemäss Artikel 5 auf einer Sitzung der Sachverständigen vor.

3. Bis die Europäischen Gemeinschaften das System im Sinne von Absatz 1 eingerichtet haben, behält der Gerichtshof der Europäischen Gemeinschaften das System für den Austausch von Informationen über die in Anwendung dieses Übereinkommens sowie des Lugano-Übereinkommens von 1988 ergangenen Entscheidungen bei.

Artikel 4

1. Es wird ein Ständiger Ausschuss eingesetzt, der aus den Vertretern der Vertragsparteien besteht.

2. Auf Antrag einer Vertragspartei beruft der Verwahrer des Übereinkommens Sitzungen des Ausschusses ein zu

– einer Konsultation über das Verhältnis zwischen diesem Übereinkommen und anderen internationalen Rechtsinstrumenten;
– einer Konsultation über die Anwendung des Artikels 67 einschliesslich des beabsichtigten Beitritts zu Rechtsinstrumenten über ein besonderes Rechtsgebiet im Sinne von Artikel 67 Absatz 1 und Rechtsetzungsvorschlägen gemäss dem Protokoll 3;
– der Erwägung des Beitritts neuer Staaten. Der Ausschuss kann an beitretende Staaten im Sinne von Artikel 70 Absatz 1 Buchstabe c insbesondere Fragen über ihr Justizsystem und die Umsetzung dieses Übereinkommens richten. Der Ausschuss kann auch Anpassungen dieses Übereinkommens in Betracht ziehen, die für dessen Anwendung in den beitretenden Staaten notwendig sind;
– der Aufnahme neuer verbindlicher Sprachfassungen nach Artikel 73 Absatz 3 des Übereinkommens und den notwendigen Änderungen des Anhangs VIII;
– einer Konsultation über eine Revision des Übereinkommens gemäss Artikel 76;
– einer Konsultation über Änderungen der Anhänge I bis IV und des Anhangs VII gemäss Artikel 77 Absatz 1;
– der Annahme von Änderungen der Anhänge V und VI gemäss Artikel 77 Absatz 2;
– der Rücknahme von Vorbehalten und Erklärungen der Vertragsparteien nach Protokoll 1 und notwendigen Änderungen des Anhangs IX.

3. Der Ausschuss gibt sich eine Geschäftsordnung mit Regeln für seine Arbeitsweise und Beschlussfassung. Darin ist auch die Möglichkeit vorzusehen, dass Konsultation und Beschlussfassung im schriftlichen Verfahren erfolgen.

Artikel 5

1. Der Verwahrer kann im Bedarfsfall eine Sitzung der Sachverständigen zu einem Meinungsaustausch über die Wirkungsweise des Übereinkommens einberufen, insbesondere über die Entwicklung der Rechtsprechung und neue Rechtsvorschriften, die die Anwendung des Übereinkommens beeinflussen können.

2. An der Sitzung nehmen Sachverständige der Vertragsparteien, der durch dieses Übereinkommen gebundenen Staaten, des Gerichtshofs der Europäischen Gemeinschaften und der Europäischen Freihandelsassoziation teil. Die Sitzung steht weiteren Sachverständigen offen, deren Anwesenheit zweckdienlich erscheint.

3. Probleme, die sich bei der Anwendung des Übereinkommens stellen, können dem Ständigen Ausschuss gemäss Artikel 4 zur weiteren Behandlung vorgelegt werden.

Considérant le lien substantiel qui existe entre la présente Convention, la convention de Lugano de 1988 et les instruments visés à l'article 64, paragraphe 1, de la présente Convention,

considérant que la Cour de justice des Communautés européennes est compétente pour statuer sur l'interprétation des dispositions des instruments visés à l'article 64, paragraphe 1, de la présente Convention,

considérant que la présente Convention fait partie intégrante du droit communautaire et que la Cour de justice des Communautés européennes est par conséquent compétente pour statuer sur l'interprétation de ses dispositions quant à leur application par les tribunaux des États membres de la Communauté européenne,

en pleine conaissance des décisions rendues par la Cour de justice des Communautés européennes sur l'interprétation des instruments visés à l'article 64, paragraphe 1, de la présente Convention jusqu'à la date de sa signature, et des décisions rendues par les tribunaux des parties contractantes à la convention de Lugano de 1988 relative à cette dernière jusqu'à la signature de la présente Convention,

considérant que la révision en parallèle de la convention de Bruxelles de 1968 et de celle de Lugano de 1988, qui a abouti à l'adoption d'un texte révisé de ces conventions, a essentiellement été fondée sur les décisions susmentionnées relatives à ces conventions,

considérant que le texte révisé de la convention de Bruxelles a, après l'entrée en vigueur du traité d'Amsterdam, été intégré dans le règlement (CE) n° 44/2001,

Considérant que ce texte révisé a également servi de base au texte de la présente Convention,

soucieuses, dans le plein respect de l'indépendance des tribunaux, d'empêcher des interprétations divergentes et de parvenir à une interprétation aussi uniforme que possible des dispositions de la présente Convention, de celles du règlement (CE) n° 44/2001 qui sont reproduites en substance dans la présente Convention et de celles des autres

instruments visés à l'article 64, paragraphe 1, de la présente Convention, sont convenues de ce qui suit:

Article 1

1. Tout tribunal appliquant et interprétant la présente Convention tient dûment compte des principes définis par toute décision pertinente rendue par les tribunaux des États liés par la présente Convention et par la Cour de justice des Communautés européennes concernant la ou les dispositions en cause ou toute disposition similaire de la convention de Lugano de 1988 et des instruments visés à l'article 64, paragraphe 1, de la présente Convention.

2. Pour les tribunaux des États membres de la Communauté européenne, l'obligation énoncée au paragraphe 1 s'applique sans préjudice des obligations qui leur incombent à l'égard de la Cour de justice des Communautés européennes en vertu du traité instituant la Communauté européenne ou de l'accord entre la Communauté européenne et le Royaume du Danemark sur la compétence judiciaire, la reconnaissance et l'exécution des décisions en matière civile et commerciale, signé à Bruxelles le 19 octobre 2005.

Article 2

Tout État lié par la présente Convention qui n'est pas un État membre de la Communauté européenne a le droit de déposer devant la Cour des mémoires ou des observations écrites, conformément à l'article 23 du protocole sur le statut de la Cour de justice des Communautés européennes, lorsqu'une juridiction d'un État membre de la Communauté européenne demande à la Cour de justice de statuer à titre préjudiciel sur une question portant sur l'interprétation de la présente Convention ou des instruments visés à son article 64, paragraphe 1.

Article 3

1. La Commission des Communautés européennes met en place un système d'échange d'informations concernant les décisions pertinentes rendues en application de la présente Convention ainsi que celles rendues en application de la convention de Lugano de 1988 et des instruments visés à l'article 64, paragraphe 1, de la présente Convention. Ce système est accessible au public et contient les décisions rendues par les tribunaux de dernière instance et par la Cour de justice des Communautés européennes ainsi que les décisions particulièrement importantes passées en force de chose jugée et rendues en application de la présente Convention, de la convention de Lugano de 1988 et des instruments visés à l'article 64, paragraphe 1, de la présente Convention. Ces décisions sont classées et accompagnées d'un résumé.

Ce système prévoit la transmission à la Commission par les autorités compétentes des États liés par la présente Convention des décisions précitées rendues par les tribunaux de ces États.

2. Une sélection des affaires revêtant un intérêt particulier pour le bon fonctionnement de la présente Convention est effectuée par le greffier de la Cour de justice des Communautés européennes, qui présente la jurisprudence sélectionnée à la réunion des experts conformément à l'article 5 du présent protocole.

3. Jusqu'à ce que le système prévu au paragraphe 1 soit mis en place par la Commission des Communautés européennes, la Cour de justice des Communautés européennes maintient le système d'échange d'informations établi par le protocole n° 2 de la

convention de Lugano de 1988, pour les décisions rendues en application de la présente Convention et de la convention de Lugano de 1988.

Article 4

1. Il est institué un comité permanent, composé des représentants des parties contractantes.

2. À la demande d'une partie contractante, le dépositaire de la convention convoque des réunions du comité dans les cas suivants:

- **la consultation sur les relations entre la présente Convention et d'autres instruments internationaux;**
- **la consultation sur l'application de l'article 67, y compris les projets d'adhésion à des instruments concernant des matières particulières conformément à l'article 67, paragraphe 1, et les propositions législatives conformément au protocole n° 3;**
- **l'examen des demandes d'adhésion de nouveaux États. En particulier, le comité peut poser aux États adhérents visés à l'article 70, paragraphe 1, point c), des questions sur leur système judiciaire et la mise en œuvre de la convention. Le comité peut également examiner les éventuelles adaptations à apporter à la présente Convention pour permettre son application dans les États adhérents;**
- **l'acceptation de nouvelles versions linguistiques faisant foi conformément à l'article 73, paragraphe 3, de la présente Convention et des modifications à apporter en conséquence à l'annexe VIII;**
- **la consultation sur une révision de la convention en application de l'article 76;**
- **la consultation sur les modifications à apporter aux annexes I à IV et à l'annexe VII en application de l'article 77, paragraphe 1;**
- **l'adoption des modifications à apporter aux annexes V et VI en application de l'article 77, paragraphe 2;**
- **le retrait des réserves et déclarations des parties contractantes en application du protocole n° 1 et des modifications nécessaires de l'annexe IX.**

3. Le comité définit son fonctionnement et son processus de prise de décision dans un règlement intérieur. Ce dernier prévoit la possibilité de mener des consultations et de prendre des décisions par procédure écrite.

Article 5

1. Le dépositaire peut, au besoin, convoquer une réunion d'experts pour procéder à un échange de vues sur le fonctionnement de la convention, en particulier sur l'évolution de la jurisprudence et les nouvelles dispositions législatives pouvant influer sur l'application de la présente Convention.

2. Cette réunion rassemble des experts des parties contractantes, des États liés par la présente Convention, de la Cour de justice des Communautés européennes et de l'Association européenne de libre-échange. Elle est ouverte à tout autre expert dont la présence est jugée utile.

3. Tout problème lié au fonctionnement de la convention peut être soumis au comité permanent visé à l'article 4 du présent protocole en vue d'y remédier.

Visto l'articolo 75 della presente convenzione,

considerando il legame sostanziale tra la presente convenzione, la convenzione di Lugano del 1988 e gli atti normativi di cui all'articolo 64, paragrafo 1, della presente convenzione,

considerando che la Corte di giustizia delle Comunità europee è competente a pronunciarsi sull'interpretazione delle disposizioni degli atti normativi di cui all'articolo 64, paragrafo 1, della presente convenzione,

considerando che la presente convenzione diventa parte integrante del diritto comunitario e che pertanto la Corte di giustizia delle Comunità europee è competente a pronunciarsi sull'interpretazione delle disposizioni della presente convenzione per quanto riguarda la loro applicazione da parte dei giudici degli Stati membri della Comunità europea,

avendo piena conoscenza delle decisioni emesse dalla Corte di giustizia delle Comunità europee sull'interpretazione degli atti normativi di cui all'articolo 64, paragrafo 1, della presente convenzione fino al momento della sua firma, e delle decisioni emesse dai giudici delle parti contraenti della convenzione di Lugano del 1988 su quest'ultima convenzione fino al momento della firma della presente convenzione,

considerando che la revisione parallela della convenzione di Bruxelles del 1968 e di quella di Lugano del 1988, che ha portato all'adozione di un testo riveduto di entrambe le convenzioni, è stata essenzialmente fondata sulle suddette decisioni relative a tali convenzioni,

considerando che il testo riveduto della convenzione di Bruxelles è stato incorporato, dopo l'entrata in vigore del trattato di Amsterdam, nel regolamento (CE) n. 44/2001,

Considerando che tale testo riveduto costituisce altresì la base del testo della presente convenzione,

desiderose, nella piena osservanza dell'indipendenza dei giudici, di impedire interpretazioni divergenti e di conseguire un'interpretazione quanto più uniforme delle disposizioni della presente convenzione e di quelle del regolamento (CE) n. 44/2201, la cui sostanza è recepita nella presente convenzione, e degli altri atti normativi di cui all'articolo 64, paragrafo 1, della presente convenzione, Hanno convenuto quanto segue:

Articolo 1

1. Nell'applicare e interpretare le disposizioni della presente convenzione, i giudici tengono debitamente conto dei principi definiti dalle pertinenti decisioni dei giudici degli Stati vincolati dalla convenzione e della Corte di giustizia delle Comunità europee in relazione a dette disposizioni

o a disposizioni analoghe della convenzione di Lugano del 1988 o degli atti normativi di cui all'articolo 64, paragrafo 1, della presente convenzione.

2. L'obbligo di cui al paragrafo 1 si applica, per i giudici degli Stati membri della Comunità europea, senza pregiudizio dei loro obblighi nei confronti della Corte di giustizia delle Comunità europee derivanti dal trattato che istituisce la Comunità europea o Accordo tra la Comunità europea e il Regno di Danimarca concernente la competenza giurisdizionale, il riconoscimento e l'esecuzione delle decisioni in materia civile e commerciale, firmato a Bruxelles il 19 ottobre 2005.

Articolo 2

Ogni Stato vincolato dalla presente convenzione che non è uno Stato membro della Comunità europea ha la facoltà di presentare memorie od osservazioni scritte, in conformità dell'articolo 23 del protocollo sullo statuto della Corte di giustizia delle Comunità europee, nel caso in cui la Corte di giustizia sia stata adita da un giudice di uno Stato membro della Comunità europea perché si pronunci in via pregiudiziale su una questione concernente l'interpretazione della presente convenzione o degli atti normativi di cui all'articolo 64, paragrafo 1, della presente convenzione.

Articolo 3

1. La Commissione delle Comunità europee istituisce un sistema di scambio di informazioni sulle decisioni pertinenti emesse in applicazione della presente convenzione, della convenzione di Lugano del 1988 e degli atti normativi di cui all'articolo 64, paragrafo 1, della presente convenzione. Il sistema deve essere accessibile al pubblico e contenere le decisioni dei giudici di ultimo grado e della Corte di giustizia delle Comunità europee, nonché le decisioni particolarmente importanti passate in giudicato ed emesse in applicazione della convenzione, della convenzione di Lugano del 1988 e degli atti normativi di cui all'articolo 64, paragrafo 1, della presente convenzione. Le decisioni sono classificate e corredate di un riassunto. Il sistema comporta la trasmissione alla Commissione da parte delle autorità competenti degli Stati vincolati dalla presente convenzione delle decisioni di cui sopra emesse dai giudici di tali Stati.

2. Il Cancelliere della Corte di giustizia delle Comunità europee effettuerà una selezione delle cause di particolare interesse per il corretto funzionamento della convenzione e presenterà tale giurisprudenza selezionata alla riunione di esperti, in conformità dell'articolo 5 del presente protocollo.

3. Fino a che la Commissione delle Comunità europee non avrà istituito il sistema di cui al paragrafo 1, la Corte di giustizia delle Comunità europee mantiene il sistema di scambio di informazioni previsto dal protocollo n. 2 della convenzione di Lugano del 1988 per le decisioni emesse in applicazione di quest'ultima e della presente convenzione.

Articolo 4

1. È istituito un comitato permanente composto dai rappresentanti delle parti contraenti.

2. Su richiesta di una parte contraente, il depositario della convenzione convoca il comitato allo scopo di:

- **procedere a consultazioni sulle relazioni tra la presente convenzione e altri atti normativi internazionali;**
- **procedere a consultazioni sull'applicazione dell'articolo 67, compresi i progetti di adesione ad atti normativi relativi a materie particolari ai sensi dell'articolo 67, paragrafo 1, della stessa e le proposte normative ai sensi del protocollo n. 3;**
- **esaminare l'adesione di nuovi Stati. In particolare, il comitato può porre, agli Stati aderenti di cui all'articolo 70, paragrafo 1, lettera c), domande sui rispettivi ordinamenti e sull'attuazione della convenzione. Il comitato può inoltre esaminare gli eventuali adeguamenti da apportare alla convenzione per la sua applicazione negli Stati aderenti;**

– accettare nuove versioni linguistiche facenti fede ai sensi dell'articolo 73, paragrafo 3, della presente convenzione ed effettuare le opportune modifiche all'allegato VIII;
– procedere a consultazioni su una revisione della convenzione ai sensi dell'articolo 76;
– procedere a consultazioni sulle modifiche degli allegati da I a IV e dell'allegato VII ai sensi dell'articolo 77, paragrafo 1;
– adottare modifiche degli allegati V e VI ai sensi dell'articolo 77, paragrafo 2;
– revocare le riserve e le dichiarazioni delle parti contraenti, ai sensi del protocollo n. 1, ed effettuare le opportune modifiche all'allegato IX.

3. Il comitato stabilisce il proprio regolamento interno, che ne definisce il funzionamento e il processo decisionale e prevede la possibilità di procedere a consultazioni e prendere decisioni con procedura scritta.

Articolo 5

1. Il depositario può, all'occorrenza, convocare una riunione di esperti per scambiare pareri sul funzionamento della convenzione, specie sullo sviluppo della giurisprudenza e di nuovi atti normativi che possono influire sull'applicazione della convenzione.

2. A tali riunioni partecipano esperti delle parti contraenti, degli Stati vincolati dalla convenzione, della Corte di giustizia delle Comunità europee e dell'Associazione europea di libero scambio. Possono parteciparvi altri esperti la cui presenza sia giudicata opportuna.

3. I problemi inerenti al funzionamento della convenzione possono essere sottoposti al comitato permanente di cui all'articolo 4 del presente protocollo, per il seguito necessario.

Considering the substantial link between this Convention, the 1988 Lugano Convention, and the instruments referred to in Article 64(1) of this Convention,

Considering that the Court of Justice of the European Communities has jurisdiction to give rulings on the interpretation of the provisions of the instruments referred to in Article 64 (1) of this Convention,

considering that this Convention becomes part of Community rules and that therefore the Court of Justice of the European Communities has jurisdiction to give rulings on the interpretation of the provisions of this Convention as regards the application by the courts of the Member States of the European Community,

being aware of the rulings delivered by the Court of Justice of the European Communities on the interpretation of the instruments referred to in Article 64(1) of this Convention up to the time of signature of this Convention, and of the rulings delivered by the courts of the Contracting Parties to the 1988 Lugano Convention on the latter Convention up to the time of signature of this Convention,

considering that the parallel revision of both the 1988 Lugano and Brussels Conventions, which led to the conclusion of a revised text for these Conventions, was substantially based on the above mentioned rulings on the 1968 Brussels and the 1988 Lugano Conventions,

considering that the revised text of the Brussels Convention has been incorporated, after the entry into force of the Amsterdam Treaty, into Regulation (EC) No 44/2001,

Considering that this revised text also constituted the basis for the text of this Convention,

desiring prevent, in full deference to the independence of the courts, divergent interpretations and to arrive at an interpretation as uniform as possible of the provisions of this Convention and of those of the Regulation (EC) No 44/2001 which are substantially reproduced in this Convention and of other instruments referred to in Article 64(1) of this Convention, Have agreed as follows:

Article 1

1. Any court applying and interpreting this Convention shall pay due account to the principles laid down by any relevant decision concerning the provision(s) concerned or any similar provision(s) of the 1988 Lugano Convention and the instruments referred to in Article 64(1) of the Convention rendered by the courts of the States bound by this Convention and by the Court of Justice of the European Communities.

2. For the courts of Member States of the European Community, the obligation laid down in paragraph 1 shall apply without prejudice to their obligations in relation to the Court of Justice of the European Communities resulting from the Treaty establishing the European Community or from the Agreement between the European Community and the Kingdom of Denmark on jurisdiction and the recognition and enforcement of judgments in civil and commercial matters, signed at Brussels on 19 October 2005.

Article 2

Any State bound by this Convention and which is not a Member State of the European Community is entitled to submit statements of case or written observations, in accordance with Article 23 of the Protocol on the Statute of the Court of Justice of the European Communities, where a court or tribunal of a Member State of the European Community refers to the Court of Justice for a preliminary ruling a question on the interpretation of this Convention or of the instruments referred to in Article 64(1) of this Convention.

1. The Commission of the European Communities shall set up a system of exchange of information concerning relevant judgments delivered pursuant to this Convention as well as relevant judgments under the 1988 Lugano Convention and the instruments referred to in Article 64 (1) of this Convention. This system shall be accessible to the public and contain judgments delivered by the courts of last instance and of the Court of Justice of the European Communities as well as judgments of particular importance which have become final and have been delivered pursuant to this Convention, the 1988 Lugano Convention, and the instruments referred to in Article 64(1) of this Convention. The judgments shall be classified and provided with an abstract. The system shall comprise the transmission to the Commission by the competent authorities of the States bound by this Convention of judgments as referred to above delivered by the courts of these States.

2. A selection of cases of particular interest for the proper functioning of the Convention will be made by the Registrar of the Court of Justice of the European Communities, who shall present the selected case law at the meeting of experts in accordance with Article 5 of this Protocol.

3. Until the European Communities have set up the system pursuant to paragraph 1, the Court of Justice of the European Communities shall maintain the system for the

exchange of information established by Protocol 2 of the 1988 Lugano Convention for judgments delivered under this Convention and the 1988 Lugano Convention.

Article 3

1. A Standing Committee shall be set up, composed of the representatives of the Contracting Parties.

2. At the request of a Contracting Party, the Depositary of the Convention shall convene meetings of the Committee for the purpose of:

- **a consultation on the relationship between this Convention and other international instruments,**
- **a consultation on the application of Article 67, including intended accessions to instruments on particular matters according to Article 67(1), and proposed legislation according to Protocol 3,**
- **the consideration of the accession of new States. In particular, the Committee may ask acceding States referred to in Article 70(1)(c) questions about its judicial system and the implementation of the Convention. The Committee may also consider possible adaptations to the Convention necessary for its application in the acceding States,**
- **the acceptance of new authentic language versions pursuant to Article 73 (3) of this Convention and the necessary amendments to Annex VIII,**
- **a consultation on a revision of the Convention pursuant to Article 76,**
- **a consultation on amendments to Annexes I through IV and Annex VII pursuant to Article 77(1),**
- **the adoption of amendments to Annexes V and VI pursuant to Article 77 (2),**
- **a withdrawal of the reservations and declarations made by the Contracting Parties pursuant to Protocol 1 and necessary amendments to Annex IX.**

3. The Committee shall establish the procedural rules concerning its functioning and decisionmaking. These rules shall provide for the possibility to consult and decide by written procedure.

Article 4

1. The Depositary may convene, whenever necessary, a meeting of experts to exchange views on the functioning of the Convention, in particular on the development of the case-law and new legislation that may influence the application of the Convention.

2. This meeting shall be composed of experts of the Contracting Parties, of the States bound by this Convention, of the Court of Justice of the European Communities, and of the European Free Trade Association. It shall be open to any other experts whose presence is deemed appropriate.

3. Any problems arising on the functioning of the Convention may be referred to the Standing Committee referred to in Article 4 of this Protocol for further action.

Literatur: Berti/Furrer/Girsberger/Buhr, Stellungnahme zur Revision des Lugano-Übereinkommens, 2008; Buhr, Europäischer Justizraum und revidiertes Lugano-Übereinkommen: zum räumlich-persönlichen Anwendungsbereich des europäischen Rechts über die internationale Zuständigkeit in Zivil- und Handelssachen, Diss. Bern, 2010; Dobler, Legitimation und Grenzen der Rechtsfortbildung durch den EuGH, in: Roth/Hilpold (Hrsg.), Der EuGH und die

Souveränität der Mitgliedstaaten, Bern 2008, 509; DONZALLAZ, L'interprétation de la Convention de Lugano (CL) par le Tribunal fédéral: étude de jurisprudence, ZSR 1999, 11; DUINTJER TEBBENS, Judicial Interpretation of the 1988 Lugano Convention on Jurisdiction and Judgements in the light of its Brussels Matrix: The Convergence Confirmed, in: Sarcevic Volken P., Yearbook of Private Internationale Law, Vol. 3, The Hague 2001, 1 (zit. DUINTJER TEBBENS, Judicial Interpretation); DERS., Die einheitliche Auslegung des Lugano-Übereinkommens, in: Reichelt (Hrsg.), Europäisches Kollisionsrecht, die Konventionen von Brüssel, Lugano und Rom, Frankfurt a.M. 1993, 49 (zit. DUINTJER TEBBENS, Einheitliche Auslegung); FURRER, Der Einfluss der EuGH Rechtsprechung auf das schweizerische Wirtschaftsprivatrecht, SZIER 2006, 311; HACKSPIEL, Der Weg zum Europäischen Gerichtshof: das Vorabentscheidungsverfahren nach dem Auslegungsprotokoll zum EuGVÜ, in: Bajons Mayr/Zeiler (Hrsg.), Die Übereinkommen von Brüssel und Lugano, 211 ff.; HENNINGER, Europäisches Privatrecht und Methode, Diss. Genf, Tübingen 2009; HESS, Abgestufte Integration im Europäischen Zivilprozessrecht, FS Leipold, Tübingen 2009, 237 (zit. HESS, Abgestufte Interpretation); DERS., Methoden der Rechtsfindung im Europäischen Zivilprozessrecht, IPRax 2006, 348 (zit. HESS, IPRax 2006); JAMETTI GREINER, Die Revision des Brüsseler und des Lugano-Übereinkommens, AJP 1999, 1135; KLETT, Die bundesgerichtliche Rechtsprechung zum Lugano-Übereinkommen, in: Cometta/Bernasconi/Giudicelli (Hrsg.), La Convenzione di Lugano nella pratica forense e nel suo divenire, Basel/Genf/München 2004, 159; KOHLER, Dialog der Gerichte im Europäischen Justizraum, Zur Rolle des EuGH bei der Auslegung des neuen Übereinkommens von Lugano, FS Baudenbacher, Baden-Baden/Wien/Bern 2007, 141 (zit. KOHLER, Dialog der Gerichte); DERS., Vom EuGVÜ zur EuGVVO: Grenzen und Konsequenzen der Vergemeinschaftung, FS Geimer, München 2002, 461 (zit. KOHLER, Vom EuGVÜ zur EuGVVO); DERS., Integration und Auslegung – Zur Doppelfunktion des Europäischen Gerichtshofes, in: Jayme (Hrsg.), Ein internationales Zivilverfahrensrecht für Gesamteuropa: EuGVÜ, Lugano-Übereinkommen und die Entwicklungen in Mittel- und Osteuropa, Heidelberg 1992 (zit. KOHLER, Integration und Auslegung); KROPHOLLER, Die Auslegung von EG Verordnungen zum Internationalen Privat- und Verfahrensrecht, FS 75 Jahre Max-Planck-Institut für Privatrecht, Tübingen 2001, 583 (zit. KROPHOLLER, EG Verordnungen); DERS., Internationales Einheitsrecht, Tübingen 1975 (zit. KROPHOLLER, Einheitsrecht); KRAMER, Juristische Methodenlehre, 3. Aufl., Bern 2010; LINHART, Internationales Einheitsrecht und einheitliche Auslegung, Diss., Tübingen 2006; MAEDER, Zur Auslegung des Lugano-Übereinkommens in der Schweiz im Lichte der Rechtsprechung des EuGH, in: Cometta/Bernasconi/Giudicelli (Hrsg.), La Convenzione di Lugano nella pratica forense e nel suo divenire, Basel/Genf/München 2004, 41; MÄNHARDT, Das Lugano-Übereinkommen und Österreich, in: Reichelt (Hrsg.), Europäisches Kollisionsrecht, die Konventionen von Brüssel, Lugano und Rom, Frankfurt a.M. 1993, 81; MARKUS, Revidierte Übereinkommen von Brüssel und Lugano: Zu den Hauptpunkten, SZW 1999, 205; MAVROMATI/RODRIGUEZ, The Revised Lugano Convention from a Swiss Perspective, European Business Law Review 2009, 579; NEWTON, The Uniform Interpretation of the Brussels and Lugano Conventions, Oxford/Portland 2002; PROBST, Die Rechtsprechung des Europäischen Gerichtshofes als neue Herausforderung für die Praxis und die Wissenschaft im schweizerischen Privatrecht, BJM 2004, 225 = La jurisprudence de la Cour de justice des Communautés européennes: un nouveau défi pour la pratique juridique en droit privé suisse, RJN 2004, 13; SCHMIDT-PARZEFALL, Die Auslegung des Parallelübereinkommens von Lugano, Tübingen 1995; SEYR, Der effet utile in der Rechtsprechung des EuGH, Berlin 2008; VOLKEN, Von Brüssel nach Lugano und zurück, in: Cottier/Kopše (Hrsg.), Der Beitritt der Schweiz zur Europäischen Union, Zürich 1998, 1177; WALTER, Das rechtsvergleichende Element – Zur Auslegung vereinheitlichten, harmonisierten und rezipierten Rechts, ZSR 2007, 259; WALTHER, Die Schweiz und das europäische Zivilprozessrecht – quo vadis?, ZSR 2005 II 301 ff.

Übersicht *Seite*

I. Ausgangslage

1 Um das dem Lugano-Übereinkommen immanente Ziel eines einheitlichen Rechtsraums in Europa erreichen zu können, muss das LugÜ von den Gerichten der gebundenen Staaten möglichst einheitlich angewendet werden. Dieses Streben nach Uniformität wird schon in der Präambel des Übereinkommens festgehalten. Im Protokoll 2 werden die Vorgaben nunmehr präzisiert bzw. werden die Instrumente genannt, mit denen die **Einheitlichkeit** hergestellt werden soll.

II. Grundlagen

2 In der Präambel zum Protokoll 2 wird einleitend auf die **historisch gewachsenen Grundlagen des Lugano-Übereinkommens** hingewiesen: Ausgangspunkt bildet das EuGVÜ von 1968, mit dem wesentliche Bereiche des internationalen Zivilprozessrechts innerhalb der damaligen EWG vereinheitlicht wurden. Da das EuGVÜ nach allgemeinem Verständnis

eine geschlossene Konvention ist, der nur die EU-Mitgliedstaaten beitreten durften (bzw. mussten), wurde auf Initiative der Schweiz hin das aLugÜ von 1988 als Parallelübereinkommen zum EuGVÜ ins Leben gerufen. Es erlaubte die Ausweitung des EuGVÜ-Systems namentlich auf die EFTA-Staaten. Die beiden Staatsverträge – EuGVÜ und LugÜ – haben sich in der Folge wechselseitig beeinflusst[1]. Gegen Ende der 90er Jahre war ein Grossteil der Staaten in Westeuropa durch das EuGVÜ und/oder das LugÜ verbunden. Zu dieser Zeit, d.h. im Jahr 1999, wurde ein Entwurf für eine gemeinsame Revision von EuGVÜ und LugÜ vorgelegt. Dieser trat im Jahr 2002 für die EU-Mitgliedstaaten im Kleid einer EU-Verordnung (EuGVVO) in Kraft. Seither bildet die EuGVVO die «Schwester»-Rechtsquelle zum LugÜ. Die EuGVVO weist inhaltlich und formal zahlreiche Unterschiede zum aLugÜ auf. Um hier die **Parallelität** wieder herzustellen, bedurfte es einer Revision des aLugÜ. Die diesbezüglichen Bemühungen konnten im Jahr 2007 erfolgreich abgeschlossen werden. Das revidierte LugÜ trat für die Schweiz am 1. Januar 2011 in Kraft. Zusammen mit der EuGVVO bildet das LugÜ einen wesentlichen Eckpfeiler des Europäischen Zivilprozessrechts.

Der gewachsenen und stets gepflegten Konnexität/Parallelität im Europäischen Zivilprozessrecht ist bei der Auslegung in besonderem Masse Beachtung zu schenken. Gerade dort, wo die EuGVVO, das EuGVÜ und das LugÜ wörtlich übereinstimmende Regelungen vorsehen, sollte eine möglichst identische Interpretation gewährleistet sein.

III. Neuerungen im Protokoll 2

Im Vergleich zum Protokoll Nr. 2 aLugÜ sieht das Protokoll 2 in seiner 3
revidierten Fassung einige wesentliche Neuerungen vor. Diese sind vor allem darauf zurückzuführen, dass neu die **EU** anstelle ihrer Mitgliedstaaten dem LugÜ **als Vertragspartei** beigetreten ist. Die Zahl der Vertragsparteien wurde dadurch auf fünf reduziert. Indes sind 27 der derzeit 30 Staaten, in denen das LugÜ Anwendung findet, Mitgliedstaaten der EU. Nicht nur

[1] So hat das aLugÜ etwa die Revision des EuGVÜ anlässlich des dritten Beitrittsübereinkommens vom 26.05.1989 beeinflusst; vgl. dazu SCHMIDT-PARZEFALL 21.

die EuGVVO hat in diesen Staaten[2] als Unionsrecht unmittelbare Geltung[3]. Gleiches trifft vielmehr (neu) auch für das LugÜ zu[4]. Dadurch wird insbesondere die Stellung des EuGH im System der Auslegung des Europäischen Zivilprozessrechts nochmals akzentuiert. Der EuGH ist gegenüber den EU-Mitgliedstaaten nicht mehr nur zuständig für die Auslegung der EuGVVO (und des EuGVÜ), sondern gestützt auf Art. 267 AEUV[5] auch für jene des LugÜ. Damit ist das LugÜ neu in weiten Teilen Europas der Justizhoheit des EuGH unterstellt.

4 Aus der Sicht der verbleibenden Gebiete bzw. Vertragsparteien – Schweiz, Norwegen, Island und Dänemark – bleibt das LugÜ ein gewöhnlicher **Staatsvertrag.** Insoweit fehlt es weiterhin an einer übergeordneten Gerichtsinstanz, welche für die Wahrung der einheitlichen Auslegung zuständig wäre. Eine formelle Unterwerfung aller Vertragsparteien unter die Justizhoheit des EuGH stand und steht ausser Frage. Die Präambel zu Protokoll 2 hält denn unverändert fest, dass die einheitliche Auslegung «bei voller Wahrung der Unabhängigkeit der Gerichte» angestrebt werden soll. Die Verbindlichkeit der Rechtsprechung des EuGH für die EU-Mitgliedstaaten bleibt davon freilich unberührt (vgl. Art. 1 Abs. 2 Protokoll 2).

IV. Wesentliche Auslegungsgrundsätze

5 Die Präambel des Protokolls 2 gibt (weiterhin) **drei zentrale Auslegungsgrundsätze** vor:

1. Einheitliche Auslegung des LugÜ in allen LugÜ-Staaten.
2. Wahrung der Parallelität von LugÜ, EuGVVO und EuGVÜ.
3. Beachtung der Unabhängigkeit der Gerichte.

6 Die beiden erstgenannten Grundsätze dienen der einheitlichen Auslegung des Europäischen Zivilprozessrechts. Das Prinzip der **Unabhängigkeit** der Gerichte dürfte dieser **Einheitlichkeit** nur ausnahmsweise entgegenstehen. Nicht zuletzt aufgrund der Auslegungszuständigkeit des EuGH ist

---

[2] Mit Ausnahme Dänemarks; zwischen Dänemark und den restlichen EU-Mitgliedsstaaten gilt aufgrund eines Vorbehalts Dänemarks zu Titel V AEUV weiterhin das EuGVÜ (in einer revidierten Fassung); vgl. ABl. Nr. L 299 vom 16.11.2005, S. 62.

[3] Art. 288 AEUV.

[4] Art. 216 Abs. 2 AEUV.

[5] Früher Art. 234 und Art. 68 EGV.

zu erwarten, dass die Gerichte der EU-Mitgliedstaaten wörtlich identische Vorschriften der EuGVVO, des EuGVÜ und des LugÜ in aller Regel übereinstimmend auslegen werden. Die Berücksichtigung der Rechtsprechung zur EuGVVO und zum EuGVÜ im Rahmen des LugÜ namentlich durch die Gerichte der «Nur-LugÜ-Staaten» ist daher im Sinne der Wahrung der Einheitlichkeit nicht nur geboten, sondern letztlich Voraussetzung für die Einheitlichkeit überhaupt.

V. Austausch von Informationen über die Rechtsprechung

Das Fehlen einer übergeordneten Auslegungsinstanz im LugÜ wird – wie bis anhin – durch eine Vielzahl von Einzelmassnahmen auszugleichen versucht. Zuständig für die Wahrung der Einheitlichkeit sind die Gerichte der LugÜ-Staaten insgesamt. Diese sind u.a. angehalten, Urteile ausländischer Gerichte im Rahmen ihrer Entscheidfindung zu berücksichtigen. Dies setzt freilich den **Zugang zur ausländischen Rechtsprechung** voraus. Schon unter dem aLugÜ wurde aus diesem Grund ein System zum Austausch von Urteilen eingerichtet. Dieses System wird im revidierten LugÜ fortgesetzt und weiter ausgebaut. Für die Einzelheiten vgl. nachfolgend Rz. 27 ff. 7

VI. Auslegungsmethoden

1. Grundsätze

a) Autonome Auslegung

Die Bestimmungen des LugÜ sind grundsätzlich **autonom,** d.h. «aus sich selbst heraus» und damit unabhängig von Begriffsauffassungen des nationalen Rechts **auszulegen**[6]. Dadurch wird die einheitliche Anwendung 8

[6] DASSER/OBERHAMMER-DOMEJ, Präambel Protokoll Nr. 2 Rz. 12 m.w.N.; KROPHOLLER, Einl. Rz. 41; GEIMER/SCHÜTZE, Europäisches Zivilverfahrensrecht, Einl. A. 1 Rz. 132 f.; RAUSCHER-STAUDINGER, Einl. Brüssel I-VO Rz. 85; BGE 124 III 436 E. 2 c; zur EuGVVO zuletzt EuGH 16.06.2009, Rs. C-189/08, *Zuid Chemie/Philippo's,* Rz. 17; EuGH 23.04.2009, Rs. C-167/08, *Draka/Omnipol,* Rz. 19; EuGH 02.10.2008, Rs. C-372/07, *Hassett /South Eastern Health Board,* Rz. 17; EuGH 13.07.2006, Rs. C-103/05, *Reisch Montage AG/Kiesel Baumaschinen Handels GmbH,* Slg. 2006 I 6827 Rz. 29 ff.; zur Entwicklung der autonomen Auslegung in der Rechtsprechung des EuGH zum EuGVÜ HESS, IPRax 2006, 348, 352; EuGH 06.10.1976,

des Übereinkommens gewährleistet[7]. Selbst die Frage, ob ein Begriff autonom ausgelegt werden muss oder nicht, ist im Zweifel durch autonome Auslegung zu beantworten[8]. Diese Art der Auslegung wird daher auch als Erscheinungsform der teleologischen Interpretation verstanden, da sie der dem Übereinkommen zugrunde liegenden Zielsetzung der Rechtsvereinheitlichung am besten entspricht[9].

9 Die Gerichte der LugÜ-Staaten dürfen daher in der Regel nicht auf das Begriffsverständnis des nationalen Rechts zurückgreifen. Dies gilt selbst dort, wo das Übereinkommen auf Institute des **nationalen Rechts** zurückgeht[10]. Vielmehr ist ein Rückgriff auf die *lex fori* oder die *lex causae* nur ganz **ausnahmsweise** gestattet, wenn das Übereinkommen ihn selbst anordnet, so **insbesondere** bei:

- Art. 5 Abs. 2 lit. b und c: Zuständigkeit gemäss *lex fori* für die Beurteilung von Unterhaltssachen im Zusammenhang mit einem Verfahren in Bezug auf den Personenstand oder die elterliche Verantwortung;
- Art. 5 Abs. 4: Zuständigkeit des *nach seinem Recht* für Entscheide über zivilrechtliche Ansprüche kompetenten Strafgerichts;
- Art. 11 Abs. 1, 2 und 3: Zuständigkeit für (direkte) Klagen des Geschädigten gegen den Haftpflichtversicherer;
- Art. 22 Ziff. 2: Ermittlung des Sitzes einer Gesellschaft oder der juristischen Person nach der *lex fori*;
- Art. 40 Abs. 1: das auf die Stellung des Antrages auf Vollstreckung anwendbare Recht;
- Art. 42 Abs. 1: Form der Mitteilung der Entscheidung über den Antrag auf Vollstreckbarerklärung nach der *lex fori*;
- Art. 50 Abs. 1: Prozesskostenhilfe/Kosten- und Gebührenbefreiung gemäss der *lex fori*;

Rs. 12/76, *Tessili/Dunlop,* Slg. 1976, 1473 Rz. 10 f.; EuGH 13.07.1993, Rs. C-125/92, *Mulox IBC/Hendrick Geels,* Slg. 1993 I 4075 Rz. 10 f.; EuGH 28.09.1999, Rs. C-440/97, *CIE Groupe Concorde u.a./Kapitän des Schiffes «Suhadiwarno Panjan» u.a.,* Slg. 1999 I 6307.

[7] Vgl. BGE 124 III 382 E. 5e; zum EuGVÜ vgl. EuGH 13.07.1993, Rs. C-125/92, *Mulox IBC/Hendrick Geels,* Slg. 1993 I 4075; zur EuGVVO vgl. EuGH 23.04.2009, Rs. C-167/08, *Draka LK Cables Ltd et al./Omnipol Ltd.*

[8] Vgl. Geimer/Schütze, Europäisches Zivilverfahrensrecht, Einl. A.1 Rz. 130 f.

[9] Linhart 37.

[10] Dasser/Oberhammer-Domej, Präambel Protokoll Nr. 2 Rz. 15; Hess, IPRax 2006, 348, 353 f.

- Art. 59: Ermittlung des Wohnsitzes nach der *lex fori*;
- Art. 60 Abs. 3: Ermittlung des Sitzes eines trusts nach der *lex fori*;

Daneben enthält das **LugÜ** – wenngleich nur vereinzelt – **eigentliche Be- 10
griffsdefinitionen.** Sie erscheinen gleichsam als Prototyp der autonomen Auslegung. Es sind dies:

- Art. 5 Abs. 1 lit. b: Erfüllungsort;
- Art. 15 Abs. 1: Verbraucher;
- Art. 28 Abs. 3: zusammenhängende Klagen;
- Art. 30: Zeitpunkt, zu dem ein Gericht als angerufen gilt;
- Art. 32: Entscheidung;
- Art. 60: Sitz von Gesellschaften oder juristischen Personen.

b) Klassische Auslegungsmethoden

Bei der Auslegung des LugÜ folgt das BGer den Grundsätzen über die 11
Auslegung von internationalen Verträgen, wie sie in Art. 31 bis 33 WVK festgeschrieben sind[11]. Danach ist das LugÜ gemäss Treu und Glauben und in Übereinstimmung mit der gewöhnlichen Bedeutung, die den Vorschriften in ihrem Kontext zukommt, sowie im Lichte seiner Ziele auszulegen (Art. 31 Abs. 1 WVK). Der allseits[12] verbreitete[13] Kanon von Auslegungsmethoden – grammatikalische (Art. 33 Abs. 1 WVK), systematische (Art. 31 Abs. 1 und 2 WVK), historische (Art. 32 WVK) und teleologische Interpretation (Art. 31 Abs. 1, Art. 33 Abs. 3 WVK) – ist auch für die Auslegung des LugÜ massgebend. Dabei gilt **Methodenpluralismus:** Keiner der aufgeführten Auslegungsmethoden kommt *per se* mehr Gewicht zu als den anderen. Dabei ist freilich nicht zu verkennen, dass der teleologischen Auslegung in modernen Rechtsordnungen praxisgemäss im Zweifel (etwas) grösseres Gewicht beigemessen wird. Im Hinblick auf das Europäische Zivilprozessrecht gilt es dabei aber zugleich zu beachten, dass der EuGH sich tendenziell schwer tut mit allzu kreativer Auslegung. Der Erfolg des mit dem EuGVÜ begründeten Systems des Europäischen Zivilprozessrechts ist nicht zuletzt darauf zurückzuführen, dass der EuGH in

---

[11] BGE 131 III 227 = Pra 95 (2006) Nr. 57 E. 3.1; BGE 131 II 76 E. 3.3., m.H. auf BGE 126 III 540 E. 2a/aa.

[12] LINHART 34.

[13] LINHART 33 f., m.w.N.; zu den Unterschieden in der Auslegung in den europäischen Staaten im Allgemeinen vgl. HENNINGER 45 ff.

seiner Rechtsprechung oftmals nach einfachen, pragmatischen und wortnahen Lösungen gesucht hat und (hoffentlich) auch weiterhin sucht.

2. Einzelne Auslegungsmethoden

a) Grammatikalische Auslegung

12 Ausgangspunkt jeder Auslegung bildet der **Wortlaut** einer Norm. Dem Wortlaut ist namentlich (zunächst) auch zu entnehmen, ob LugÜ, EuGVVO und/oder EuGVÜ in einer bestimmten Frage eine übereinstimmende Regelung treffen.

13 Das LugÜ kennt keinen verbindlichen Urtext. Es ist derzeit in **25 gleich verbindlichen[14] (authentischen) Sprachen** abgefasst[15]. Es wird vermutet, dass den Begriffen des LugÜ in jeder Sprachfassung dieselbe Bedeutung zukommt[16]. Die Gerichte sollen sich aber (in der Idealvorstellung der gebundenen Staaten) nicht auf ihre Amtssprache verlassen, sondern bei Unklarheiten auch andere Sprachfassungen beiziehen[17]. Durch die Vielzahl an Sprachen wird die Auslegung freilich nicht nur vereinfacht[18]. Vielmehr kann gerade die Sprachenvielfalt Quelle von Mehrdeutigkeiten und Missverständnissen sein; unter Umständen begründet erst der Textvergleich Zweifel an einer scheinbar klaren Interpretation[19].

b) Systematische Auslegung

14 Bei der systematischen Auslegung wird der Zusammenhang beleuchtet, in dem eine Vorschrift steht. Zum einen ist die **innere Systematik des Übereinkommens** selbst zu beachten («kleines Rechtssystem für sich»[20]). Zum anderen gilt es, die **Bedeutung des Übereinkommens im grösseren Sys-**

[14] Art. 33 Abs. 1 WVK.

[15] Art. 79 i.V.m. Anhang VIII: bulgarisch, tschechisch, dänisch, niederländisch, englisch, estnisch, finnisch, französisch, deutsch, griechisch, ungarisch, isländisch, irisch, italienisch, lettisch, litauisch, maltesisch, norwegisch, polnisch, portugiesisch, rumänisch, slowakisch, slowenisch, spanisch und schwedisch; die Aufnahme neuer verbindlicher Sprachfassungen ist möglich nach Art. 73 Abs. 3 LugÜ; vgl. auch Art. 4 Abs. 2 Strich 4 Protokoll 2.

[16] Art. 33 Abs. 3 WVK.

[17] Den Gerichten in der Schweiz dürfte dieses Vorgehen vor dem Hintergrund des nationalen Rechts durchaus vertraut sein; der EuGH bedient sich nur selten des Textvergleiches; hierzu Hess, IPRax 2006, 348, 353, m. Bsp.

[18] Vgl. Volken 1189 ff.

[19] Kropholler, Einl. Rz. 43.

[20] Kropholler, Einl. Rz. 44.

tem zu berücksichtigen, hier allen voran das System des **Europäischen Zivilprozessrechts,** aber auch das System des Unionsrechts an sich. Daneben bilden auch Übereinkommen, die in allen oder in einer Vielzahl von LugÜ-Staaten Geltung haben (bspw. EMRK, CISG), Teil der Systematik.

Im Zentrum der systematischen Auslegung stehen weiter die **Parallelität** 15
und die Konnexität von LugÜ, EuGVVO[21] und EuGVÜ[22]. Dabei ist freilich auch immer zu beachten, dass das **Unionsrecht in den «Nicht-EU-Staaten» keine Geltung** beanspruchen kann: EU-Recht sollte daher in erster Linie dort beigezogen werden, wo es von einem «Nicht-EU-Staat» autonom nachvollzogen wurde[23]. Das Bundesgericht hat wiederholt festgehalten, dass es der Rechtsprechung des EuGH zur EuGVVO nicht zu folgen bereit ist, wenn sich der EuGH bei seiner Entscheidung von Gemeinschaftsregeln leiten liess bzw. sich «an Zielen orientiert [hat], welche die Schweiz nicht mitträgt.»[24] Weitergehend dazu nachfolgend Rz. 43.

c) Historische Auslegung

Weiter sind bei der Auslegung auch historische Elemente zu berücksich- 16
tigen, so namentlich die vorbereitenden Arbeiten sowie die Umstände des Konventionsschlusses[25]. Freilich ist dies nur möglich, wo entsprechende **Materialien** öffentlich zugänglich sind. Zum **aLugÜ** sind insbesondere

---

21 So bereits BGE 129 III 626 E. 5.2.1.

22 BGE 131 III 227 = Pra 95 (2006) Nr. 57 E. 3.1.

23 So soll man etwa für die Definition des «Grossrisikos» nach Art. 14 Nr. 5 LugÜ auf die entsprechenden EU-Richtlinien zurückgreifen dürfen, da die Schweiz die entsprechende Definition im Anschluss an das Abkommen mit der EWG betreffend die Direktversicherung (SR 0.961.1) ins VVG übernommen hat; vgl. den erläuternden Begleitbericht zum Vernehmlassungsverfahren, 13.

24 BGE 134 III 185 E. 3.2 *in fine*; vgl. auch BGE 125 III 108 E. 3c; BGE 124 III 382 E. 6c = Pra 88 (1999) Nr. 24; BGE 124 III 188 E. 4 b; 123 III 414 E. 4; 121 III 336 E. 5c = Pra 85 (1996) Nr. 130; BGE 131 III 227 E. 4.3 = Pra 95 (2006) Nr. 57: «[...] die Auslegung des Lugano-Übereinkommens kann nicht, und zwar auch nicht mittelbar, von der Bedeutung abhängig sein, die die Rechtsprechung und die europäische Lehre der Verordnung Nr. 1346/2000 beimessen. Denn die Schweiz ist an diesen Vertragstext nicht gebunden, der Fragen behandelt, welche die Schweiz gerade nicht im Lugano-Übereinkommen geregelt haben wollte. Selbst wenn die Anfechtungsklagen [...] inskünftig nicht mehr vom Anwendungsbereich der Verordnung Nr. 44 /2001 ausgeschlossen sein sollten, bleibt diese Änderung ohne Einfluss auf die Auslegung von Art. 1 Abs. 2 Ziff. 2 LugÜ . Denn diese Änderungen entspringen der Sorge um abschliessende Regelung und interne Kohärenz der Europäischen Union.»; vgl. auch Rauscher-STAUDINGER, Einl. Brüssel I-VO Rz. 89.

25 Art. 32 WVK.

der Bericht von JENARD/MÖLLER und die Botschaft des Bundesrates[26] zu nennen. Zudem hat das Schweizerische Institut für Rechtsvergleichung 1991 eine Zusammenstellung von Materialien zum aLugÜ herausgegeben[27]. Für das **revidierte LugÜ** existiert ein erläuternder Begleitbericht von POCAR[28]. Ergänzend kann auch hier auf die Botschaft des Bundesrates[29] und den erläuternden Begleitbericht zur Vernehmlassungsvorlage vom 30. Mai 2008 verwiesen werden.

17 Zudem sind die **Materialien** zu den **Parallelrechtsquellen** zu konsultieren. Von wesentlicher Bedeutung sind die vier Berichte zum EuGVÜ: Der Bericht JENARD (1968)[30], der Bericht SCHLOSSER[31] (Beitrittsübereinkommen 1978)[32], der EVRIGENIS/KERAMUS Bericht[33] (Beitrittsübereinkommen 1982)[34] sowie der ALMEIDA CRUZ/DESANTES REAL/JENARD Bericht[35] (Beitrittsübereinkommen 1989[36], Anpassung des EuGVÜ an das aLugÜ). Mit Blick auf die EuGVVO kann auf die Erläuterungen der EU-Kommission zum Verordnungsvorschlag verwiesen werden[37]. Ausführungen zur Entstehungsgeschichte und zu den Grundsätzen der Verordnung finden sich schliesslich in den Erwägungsgründen der EuGVVO[38].

18 Den aufgeführten **Berichten** kommt bei der Auslegung **erhebliche Bedeutung** zu. Sie enthalten eine kurze Kommentierung der jeweiligen Bestimmungen und werden sowohl vom EuGH[39] als auch vom BGer häufig

---

26 BBl 1990 II 265 ff.

27 Veröffentlichungen des Schweizerischen Instituts für Rechtsvergleichung, Übereinkommen von Lugano, Bd. 2 Materialien, Zürich 1991.

28 ABl. EG v. 23.12.2009 C 319, 1 ff.

29 BBl 2009, 1777.

30 ABl. EG v. 05.03.1979 C 59, 1 ff.

31 ABl. EG v. 05.03.1979 C 59, 71 ff.

32 Beitritt Dänemarks, Grossbritanniens und Irlands.

33 ABl. EG v. 24.11.1986 C 296, 1 ff.

34 Beitritt Griechenlands.

35 ABl. EG v. 28.07.1990 C 189, 35 ff.

36 Beitritt Spaniens und Portugals.

37 KOM (1999) 348; vgl. auch KOM (2000) 689.

38 HESS, IPRax 2006, 348, 354; DASSER/OBERHAMMER-DOMEJ, Präambel Protokoll Nr. 2 Rz. 27.

39 Zur EuGVVO EuGH 02.10.2008, Rs. C-372/07, *Hassett /South Eastern Health Board*, Rz. 20 f.; EuGH 15.02.2007, Rs. C-292/0, *Lechouritou u.a*, Slg. 2007 I 1519 Rz. 44; EuGH 18.05.2006, Rs. C-343/04, *Land Oberösterreich/CEZ.*, Slg. 2006 I 4557 Rz. 28 ff.; auch in den Schlussanträgen des Generalanwalts wird häufig Bezug auf die erläuternden Berichte genommen; dazu HESS, IPRax 2006, 348, 354.

zitiert[40]. Indes sind die erläuternden Berichte nicht etwa verbindlich. Die Bedeutung des statischen historischen Elementes (Momentaufnahme) im dynamischen, sich immer schneller entwickelnden Umfeld des Europäischen Zivilverfahrensrechts darf nicht über Gebühr gewichtet werden[41].

Die **Rechtsprechung des EuGH zum EuGVÜ** vor Unterzeichnung des 19
aLugÜ bildet Teil des aLugÜ-«Acquis». Es betrifft dies insgesamt 56 Urteile. Diesen kommt nach verbreiteter Ansicht ein höherer Stellenwert zu als den sonstigen historischen Materialien; ihr Inhalt scheint quasi verbindlich. Weitergehend dazu Rz. 33.

d) Teleologische Auslegung

Die teleologische Auslegung bezieht sich auf die Zielsetzung des Überein- 20
kommens im Allgemeinen sowie auf Sinn und Zweck der konkret in Frage stehenden Norm im Besonderen. Trotz Methodenpluralismus ist nicht zu verkennen, dass der teleologischen Auslegung im Ergebnis doch (etwas) **vorrangige Bedeutung** zukommt[42].

Die grundlegenden Ziele des LugÜ finden sich in der **Präambel des Über-** 21
einkommens. Weitere Ziele folgen aus den **Materialien.** Zudem hat der **EuGH** in seiner **Rechtsprechung** zum EuGVÜ (zusätzliche) Ziele entwickelt. Mit einer gewissen Vorsicht dürfen auch die Erwägungsgründe zur EuGVVO beigezogen werden[43]. Aufgrund der Integrationszielsetzung der EuGVVO sind sie aber nicht unbesehen auf das LugÜ zu übertragen.

Von besonderer Bedeutung ist das Ziel der **Verwirklichung eines ein-** 22
heitlichen Rechtsraums in Europa[44]. Das Übereinkommen will sodann der **Stärkung des Rechtsschutzes** der in den **LugÜ-Staaten ansässigen Personen** dienen, insbesondere durch Verbesserung von Rechtssicherheit, Vorhersehbarkeit und Rechtsklarheit sowie durch Sicherstellung von Titelfreizügigkeit. Letzteres wird durch ein einfaches und rasches Anerkennungs- und Vollstreckungsverfahren gewährleistet, das ganz massgeblich

[40] BGE 135 III 185 E. 3.4.1; 124 III 436 E. 4.
[41] Vgl. Kropholler, Einl. Rz. 45; BGE 133 III 295 E. 8.1.
[42] Art. 31 WVK; Dasser/Oberhammer-Domej, Präambel Protokoll Nr. 2 Rz. 29; Maeder 43.
[43] Hess, IPRax 2006, 348, 357.
[44] Vgl. BGE 135 III 185 E. 3.2: « […] das mit dem Lugano-Übereinkommen angestrebte Ziel, die Schweiz in einen europäischen Raum vereinheitlichter Gerichtszuständigkeiten in Zivil- und Handelssachen einzubinden.»

auf dem gegenseitigen Vertrauen der LugÜ-Staaten in die nachbarlichen Rechtssysteme beruht.

23 Zu den Zielen des LugÜ gehören weiter der **Beklagtenschutz** und die **Wahrung der Verteidigungsrechte des Schuldners** – insbesondere des rechtlichen Gehörs[45]. Naturgemäss steht Letzteres in einem Spannungsverhältnis zur Vereinfachung der Regeln über die Anerkennung und Vollstreckung von Urteilen. Dies manifestiert sich etwa bei den Verweigerungsgründen. Dabei ist nicht zu verkennen, dass – vor dem Hintergrund der Titelfreizügigkeit – die Anerkennungshindernisse zunehmend eng(er) gefasst werden.

24 Im Bereich der Verbraucher-, Arbeits- und Versicherungsverträge will das LugÜ die **schwächere Vertragspartei schützen**[46]. Dies wurde im Rahmen der Revision des LugÜ nochmals verdeutlicht[47]. Ergebnis dieser Zielsetzung sind Gerichtsstände zugunsten der schwächeren Partei in Vereinigung mit der Einschränkung der Prorogationsfreiheit[48].

25 Ebenfalls der teleologischen Auslegung gehört das **Prinzip des «effet utile»**[49] an. Die Vorschriften des Europäischen Zivilverfahrensrechts sollen nach Möglichkeit ihren Zweck erreichen und praktische Wirksamkeit entfalten[50]. Dem effet utile kommt bei der Auslegung von Unionsrecht wesentliche Bedeutung zu: Um diesem zum Durchbruch zu verhelfen, sind die Gerichte angehalten, Bestimmungen des nationalen Rechts, welche die Wirksamkeit von Unionsrecht in Frage stellen könnten, nicht zu beachten[51]. Das LugÜ gilt in den EU-Mitgliedstaaten als Gemeinschaftsrecht (Unionsrecht). Gleichwohl kommt es im rein internen EU-Verhältnis nicht

---

45 Botschaft LugÜ 1777, 1806; vgl. auch HESS, IPRax 2006, 348, 357; vgl. DASSER/OBERHAMMER-DOMEJ, Präambel Protokoll Nr. 2 Rz. 36.

46 Neu auch für den Versicherten und den Begünstigten; bei Versicherungsverträgen über Grossrisiken wird angenommen, dass keine spezifischen Schutzbedürfnisse bestehen; Botschaft LugÜ 1777, 1792; vgl. auch Bericht POCAR Rz. 75.

47 Erweiterung des Anwendungsbereiches in Verbrauchersachen gemäss Art. 15 Abs. 1 lit. c; Erweiterung des Anwendungsbereichs in Versicherungssachen auf Versicherte und Begünstigte; eigener Abschnitt für Einzelarbeitsverträge; Erweiterung des Anwendungsbereichs gemäss Art. 18 Abs. 2; vgl. Bericht POCAR Rz. 73 ff.

48 Art. 13, 17 und 21.

49 SEYR 103 ff. m.w.N.

50 KROPHOLLER, Einl. Rz. 47, m.H. auf EuGH 08.04.1976, Rs. 48-75, *Royer,* Slg. 1976, 497; EuGH 13.07.1993, *Mulox,* Slg. 1993 I 4075; EuGH 09.01.1997, *Rutten,* Slg. 1997 I 57 und EuGH 20.03.1997, *Farell,* Slg. 1997 I 1683.

51 SEYR 118 f.

zur Anwendung, sondern nur, wenn massgebliche Bezüge zu einem «Nur-LugÜ-Staat» vorliegen. Vor diesem Hintergrund bleibt abzuwarten, ob der EuGH und die Gerichte der EU-Mitgliedstaaten bei der Auslegung des LugÜ auf den «effet utile» zurückgreifen. Eine entsprechende Verpflichtung der «Nicht-EU-Mitgliedstaaten» ist in jedem Fall abzulehnen[52].

e) Rechtsvergleichende Elemente

Das vom EuGH hochgehaltene Prinzip der autonomen Auslegung steht dem Rückgriff auf nationales Recht grundsätzlich entgegen. Nicht im Widerspruch dazu steht die vom LugÜ explizit geforderte Berücksichtigung der internationalen Recht*sprechung*[53]. Auch eine zurückhaltende und ergänzende Auseinandersetzung mit den **gemeinsamen Grundsätzen** («allgemeinen Rechtsgrundsätze») **der verschiedenen mitgliedstaatlichen Rechtsordnungen** muss jedoch möglich sein. Die Urteile des EuGH enthalten nur sehr selten eigentliche rechtsvergleichende Elemente, wohingegen sie in den Schlussanträgen der Generalanwälte häufiger zu finden sind[54]. Inwieweit sich der EuGH mit diesen Überlegungen und allfälligen diesbezüglichen Vorbringen der Parteien bei der Urteilsfindung tatsächlich auseinandersetzt, muss offen bleiben[55]. Rechtsvergleichende Überlegungen dürften allerdings nicht zuletzt im Hinblick auf eine alternative Begründungsmöglichkeit für einen der Rechtsprechung des EuGH folgenden Entscheid insbesondere für «Nur-LugÜ-Staaten» interessant sein. 26

VII. Beachtung der Rechtsprechung anderer Gerichte

Im LugÜ haben alle Gerichte gemeinsam für eine einheitliche Auslegung des Übereinkommens zu sorgen. Eine übergeordnete Gerichtsinstanz fehlt. Daher sind die Gerichte angehalten, ihre **Rechtsprechung über die Landesgrenzen hinweg zu koordinieren**[56]. Art. 1 Protokoll 2 verpflichtet jedes Gericht, den Grundsätzen *gebührend Rechnung* zu tragen, die in den *massgeblichen Entscheidungen* der Gerichte der übrigen LugÜ-Staaten 27

[52] Vgl. Buhr Rz. 584 ff.; a.A. Dasser/Oberhammer-Domej, Präambel Protokoll Nr. 2 Rz. 38.
[53] Vgl. Linhart 38 f.: rechtsvergleichende Auslegung durch Berücksichtigung der Rechtsprechung und Literatur der beteiligten Staaten.
[54] Hess, § 4 Rz. 49 f. m.H.; Ders., IPrax 2006, 352 f.
[55] Vgl. Dasser/Oberhammer-Domej, Präambel Protokoll Nr. 2 Rz. 37 m.H.
[56] Kohler spricht von einem «Dialog der Gerichte».

sowie des EuGH zum LugÜ, zum aLugÜ, zur EuGVVO und zum EuGVÜ entwickelt wurden. Diese Verpflichtung gilt für alle Gerichte, d.h. sowohl für die einzelstaatlichen Gerichte als auch für den EuGH. Im Einzelnen vgl. nachfolgend Rz. 37 ff.

VIII. Die Stellung des EuGH im Besonderen

1. Unter dem aLugÜ

28 Nach dem **Luxemburger Protokoll vom 3. Juni 1971** kam dem EuGH die Kompetenz zu, im Rahmen von Vorabentscheidungsverfahren über Fragen zur Auslegung des EuGVÜ zu entscheiden[57]. Für die Auslegung des aLugÜ war der EuGH hingegen nicht zuständig. Es fehlte insoweit an einer übergeordneten Auslegungsinstanz[58].

29 In **zwei Erklärungen zum aLugÜ** äusserten sich die Vertreter der EFTA- und der EU-Staaten zur Tragweite der Rechtsprechung des EuGH: So erachteten es die Regierungen der EFTA-Staaten für angezeigt, dass ihre Gerichte bei der Auslegung des aLugÜ den Grundsätzen gebührend Rechnung tragen, die sich aus der Rechtsprechung des EuGH (und der Gerichte der EU-Mitgliedstaaten) zum EuGVÜ ergeben[59]. Die Regierungen der EU-Mitgliedstaaten wiederum hielten fest, dass der EuGH bei der Auslegung des EuGVÜ der Rechtsprechung zum aLugÜ gebührend Rechnung tragen soll[60].

---

[57] Luxemburger Protokoll vom 3. Juni 1971 betreffend die Auslegung des Übereinkommens vom 27. September 1968 über die gerichtliche Zuständigkeit und die Vollstreckung gerichtlicher Entscheidungen in Zivil- und Handelssachen durch den Gerichtshof.

[58] Vgl. Schmidt-Parzefall 57; zu den weiteren Möglichkeiten, die anlässlich der Ausarbeitung des aLugÜ diskutiert wurden (Zuständigkeit des EuGH, des EFTA-Gerichtshofs oder eines anderen, allenfalls neu geschaffenen internationalen Gerichts) vgl. Linhart 84 ff.

[59] Vgl. die Erklärung der Vertreter der Regierungen der Unterzeichnerstaaten des Luganer Übereinkommens, die Mitglieder der Europäischen Freihandelsassoziation sind: «Bei der Unterzeichnung des [aLugÜ] erklären die Vertreter der Regierungen der Mitgliedstaaten der Europäischen Freihandelsassoziation, dass sie es für angezeigt halten, dass ihre Gerichte bei der Auslegung des Luganer Übereinkommens den Grundsätzen gebührend Rechnung tragen, die sich aus der Rechtsprechung des Gerichtshofes der Europäischen Gemeinschaften und der Gerichte der Mitgliedstaaten der Europäischen Gemeinschaften zu denjenigen Bestimmungen des Brüsseler Übereinkommens ergeben, die in ihrem wesentlichen Gehalt in das Luganer Übereinkommen übernommen worden sind.»

[60] Vgl. die Erklärung der Vertreter der Regierungen der Unterzeichnerstaaten des Luganer Übereinkommens, die Mitglieder der Europäischen Gemeinschaften sind: «Bei der Unter-

Das Bundesgericht nimmt in seiner Rechtsprechung zum aLugÜ denn auch regelmässig Bezug auf Urteile des EuGH zum EuGVÜ bzw. zur EuGVVO[61]. Der EuGH setzt sich demgegenüber kaum je mit Judikaten der Gerichte der aLugÜ-Staaten auseinander. Als (löbliche) Ausnahme dazu hat der EuGH jüngst in einem Urteil vom 2. April 2009 mit Hinweis auf die erwähnte Regierungserklärung ein (von den Parteien vorgebrachtes) Urteil des Schweizerischen Bundesgerichts zum LugÜ zitiert[62]. 30

2. Unter dem revidierten LugÜ

Sowohl die **EuGVVO** als auch das **LugÜ** bilden Teil des Unionsrechts und fallen automatisch unter das **Auslegungsmonopol des EuGH**[63]. Die Gerichte der EU-Mitgliedstaaten können bzw. müssen (letztinstanzliche Gerichte) dem EuGH im Rahmen von Vorabentscheidungsverfahren gemäss Art. 267 AEUV (ehemals Art. 234 EGV) allfällige Fragen zur Auslegung des LugÜ vorlegen. Obschon die Urteile des EuGH eine eigentliche Bindungswirkung nur gegenüber dem vorlegenden Gericht und in der vorgelegten Sache entfalten[64], ist die jeweilige Rechtsprechung des EuGH *de facto* für alle EU-Mitgliedstaaten verbindlich[65]. Die Gerichte der EU-Mitgliedstaaten sind angehalten, dem EuGH eine Frage erneut vorzulegen, wenn sie der Ansicht sind, die geltende Rechtsprechung sei überholt. 31

Die **Gerichte der «Nur-LugÜ-Staaten»** sind demgegenüber zur **Vorlage an den EuGH weder berechtigt noch verpflichtet.** Formell stehen die obersten Gerichte der «Nur-LugÜ-Staaten» so betrachtet auf einer Stufe mit dem EuGH. In Anbetracht der numerischen Überzahl der EU-Mitglied- 32

zeichnung des [aLugÜ] erklären die Vertreter der Regierungen der Mitgliedstaaten der Europäischen Gemeinschaften, dass sie es für angezeigt halten, dass der Gerichtshof der Europäischen Gemeinschaften bei der Auslegung des Brüsseler Übereinkommens den Grundsätzen gebührend Rechnung trägt, die sich aus der Rechtsprechung zum Luganer Übereinkommen ergeben.»; weder im Protokoll Nr. 2 noch in der Erklärung wird demgegenüber festgehalten, dass die Gerichte der EU-Mitgliedstaaten bei der Auslegung des EuGVÜ den Grundsätzen der Rechtsprechung zum LugÜ gebührend Rechnung tragen sollen; vgl. SCHMIDT-PARZEFALL 79 f.

61 BGE 131 III 227 = Pra 95 (2006) Nr. 57 E. 3.1.

62 EuGH 02.04.2009, Rs. C-394/07, *Gambazzi/Daimler Chrysler et al.*

63 Vgl. Präambel Abs. 2 und 3, Art. 1 Abs. 2 Protokoll Nr. 2.

64 GEIMER/SCHÜTZE, Einl. A.1 Rz. 174.

65 Vgl. GEIMER/SCHÜTZE, Einl. A.1 Rz. 163.

staaten kommt der Rechtsprechung des EuGH indes faktisch viel grösseres Gewicht zu.

3. EuGH Rechtsprechung vor Unterzeichnung des revidierten LugÜ

33 Unter dem aLugÜ galt die vor Abschluss des Übereinkommens, d.h. die vor dem Jahr 1988 ergangene Rechtsprechung des EuGH zum EuGVÜ als für die Auslegung verbindlich. **Gemäss Protokoll Nr. 2 aLugÜ** hatten die gebundenen Staaten das aLugÜ auf der Grundlage des EuGVÜ und der dazu gehörigen Rechtsprechung des EuGH ausgearbeitet und das aLugÜ in voller Kenntnis dieser Rechtsprechung unterzeichnet. Die diesbezüglichen Urteile des EuGH – 56 an der Zahl – sind im Bericht von JENARD/MÖLLER aufgelistet und mit einer kurzen Zusammenfassung versehen. Ihre Verbindlichkeit hat freilich im Laufe der Zeit an Bedeutung verloren: Insbesondere Änderungen der Rechtsprechung des EuGH zum EuGVÜ durften (und sollten) von den Gerichten der aLugÜ-Staaten nachvollzogen werden[66].

34 Die Präambel zum **Protokoll 2 des revidierten LugÜ** enthält mit Bezug auf die bestehende Rechtsprechung eine weitgehend identische Formulierung: Bei der Ausarbeitung des revidierten LugÜ hat man sich namentlich auf das aLugÜ, das EuGVÜ und die EuGVVO bzw. auf die insoweit ergangene Rechtsprechung abgestützt. Das revidierte LugÜ wurde in Kenntnis dieser Rechtsprechung unterzeichnet. In der Lehre wird daher die Auffassung vertreten, damit sei der Stichtag für die Festlegung der verbindlichen Urteile vom 16. September 1988 auf den 30. Oktober 2007 verschoben worden[67].

35 Diese Auffassung ist u.E. abzulehnen. Gegen sie sprechen allein schon praktische Erwägungen. Waren es unter dem aLugÜ bloss 56 Urteile des EuGH, die als verbindlich anzusehen waren, müsste neu auf die gesamte vor dem 30. Oktober 2007 ergangene Rechtsprechung des EuGH und der nationalen Gerichte zum EuGVÜ, zum aLugÜ und zur EuGVVO abgestellt werden. Insoweit fragt es sich, wie die Vertragsparteien des revidierten LugÜ von dieser Rechtsprechung überhaupt hätten Kenntnis nehmen

---

66 KROPHOLLER, Einl. Rz. 75; DASSER/OBERHAMMER-DOMEJ, Präambel Protokoll Nr. 2 Rz. 8; LINHART 91; a.A. SCHMIDT-PARZEFALL 68 f.

67 BERTI/FURRER/GIRSBERGER/BUHR 12 f.; HESS, Abgestufte Integration, 248.

sollen[68]. Eine entsprechende Kenntnisnahme wäre, wenn überhaupt, nur mit Blick auf die in Erfüllung von Art. 2 Protokoll Nr. 2 zum aLugÜ eingerichtete Sammlung von Urteilen der nationalen Gerichte zum aLugÜ möglich gewesen[69]. Eine irgendwie geartete Beschränkung genau auf diese Urteile – 158 an der Zahl – ist indes im Wortlaut der Präambel des Protokolls 2 zum revidierten LugÜ nicht erkennbar; sie wäre auch arbiträr. Weitergehend bliebe unklar, was im Fall von sich widersprechenden Urteilen der nationalen Gerichte zu geschehen hätte. Während die insoweit relevanten Urteile des EuGH unter dem aLugÜ eine gewisse inhaltliche Konsistenz aufwiesen, erscheint die Rechtsprechung der nationalen Gerichte zum aLugÜ durchaus heterogen und steht teilweise gar in (offenem) Widerspruch zur Rechtsprechung des EuGH[70]. Schliesslich geht es nicht an, den EuGH über Abs. 5 der Präambel zu Protokoll 2 zum revidierten LugÜ seinerseits an die Auslegung der nationalen Gerichte zum aLugÜ zu binden. Dies würde zu kaum lösbaren Konflikten insbesondere bei der Auslegung der EuGVVO führen[71]. **Eine Bindungswirkung der vor dem 30. Oktober 2007 ergangenen Urteile ist nach alledem abzulehnen**[72]. Analog zu Art. 1 Abs. 2 Protokoll 2 ist den betreffenden Urteilen (bloss) gebührend Rechnung zu tragen.

4. EuGH Rechtsprechung nach Unterzeichnung des revidierten LugÜ

Vgl. die Kommentierung zu Art. 1 Abs. 2 Protokoll 2 nachfolgend Rz. 44 ff. 36

[68] Vgl. DASSER/OBERHAMMER-DOMEJ, Präambel Protokoll Nr. 2 Rz. 41; vgl. auch BUHR Rz. 609, wonach die effektive Kenntnis der Vertragsparteien von der diesbezüglichen Rechtsprechung doch eher theoretisch sei.

[69] http://curia.europa.eu/common/recdoc/convention/en/index.htm (zuletzt besucht am 31.05. 2010); vgl. auch die insgesamt 11 Berichte des Ständigen Ausschusses über die nationale Rechtsprechung zum LugÜ.

[70] DASSER/OBERHAMMER-DOMEJ, Präambel Protokoll Nr. 2 Rz. 41.

[71] Vgl. BUHR Rz. 611.

[72] Im Ergebnis auch DASSER/OBERHAMMER-DOMEJ, Präambel Protokoll Nr. 2 Rz. 41; BUHR Rz. 613.

Art. 1 und 2 Berücksichtigung der Rechtsprechung anderer Gerichte

Übersicht *Seite*

I. Grundsatz

37 **Nach Art. 1 Abs. 1** haben die Gerichte bei der **Auslegung des LugÜ** den Grundsätzen gebührend Rechnung zu tragen, die in **massgeblichen Entscheidungen** von Gerichten anderer LugÜ-Staaten und des EuGH zu den Vorschriften des **LugÜ** oder ähnlichen Vorschriften des **aLugÜ,** der **EuGVVO** oder des **EuGVÜ** entwickelt worden sind. Die Verpflichtung richtet sich sowohl an die nationalen Gerichte als auch an den EuGH.

38 Demgegenüber enthält das Protokoll 2 keine Hinweise zur Auslegung der EuGVVO[73]. Eine Verpflichtung der Gerichte der EU-Mitgliedstaaten oder des EuGH, bei der **Auslegung der EuGVVO** (oder des EuGVÜ) ihrerseits auf die Rechtsprechung zum LugÜ Rücksicht zu nehmen, folgt, wenn überhaupt, nur mittelbar aus dem Gebot der einheitlichen Auslegung des Unionsrechts, dem sowohl die EuGVVO als auch das LugÜ angehören.

II. Massgebliche Entscheidungen

39 Wie schon unter der Herrschaft des aLugÜ sind als «massgebliche Entscheidungen» in erster Linie die **Urteile der letztinstanzlichen Gerichte, die Urteile des EuGH** sowie **andere «besonders wichtige, rechtskräftig gewordene Entscheidungen»** zu LugÜ, EuGVVO und EuGVÜ zu betrachten[74].

---

[73] Anders die Erklärung der Regierungen der EU-Mitgliedstaaten zum aLugÜ, wonach zumindest der EuGH bei der Auslegung des EuGVÜ den Grundsätzen gebührend Rechnung tragen sollte, die sich aus der Rechtsprechung zum aLugÜ ergeben.

[74] Vgl. Art. 2 Abs. 1 Protokoll Nr. 2 aLugÜ.

Ungeklärt ist die Frage, ob lediglich solche Urteile in Frage kommen, die der EU-Kommission nach Art. 3 Abs. 1 Protokoll 2 übermittelt wurden. Dafür spricht die Überlegung, dass die Entscheidung, ob ein Urteil «wichtig» sei, der zuständigen Behörde des Herkunftslands überlassen bleibt[75]. Hat das angerufene Gericht indes auch Kenntnis von anderen Urteilen, so sind diese u.E. gleichermassen zu berücksichtigen. 40

III. Gebührend Rechnung tragen

Es ist Aufgabe des angerufenen Gerichts, sich Kenntnis von der bereits bestehenden Rechtsprechung zu verschaffen[76]. Die Gerichte sind insbesondere angehalten, das **Informationssystem nach Art. 3 Protokoll 2** zu nutzen. Zusätzlich können andere Quellen (z.B. Entscheidsammlungen in der Literatur) konsultiert werden. Auch die von den Parteien vorgebrachte Rechtsprechung ist zu beachten. 41

Das Gericht muss sich alsdann mit den massgeblichen Judikaten auseinandersetzen. Dabei ist nicht nur auf die Urteilsdispositive, sondern auch auf die Urteilsbegründungen abzustellen. Eine eigentliche Bindungswirkung besteht nicht[77]. Jedes **Abweichen von bestehender Rechtsprechung** verlangt jedoch eine **sorgfältige Begründung**[78]. Je gefestigter die Rechtsprechung in einem bestimmten Punkt ist, desto weniger rechtfertigt sich ein Abweichen davon[79]. Es ist mit aller Sorgfalt abzuwägen, ob «eine Störung der internationalen Einheit» unerlässlich ist. Was nur der Fall sein sollte, wenn die Praxis im vorliegenden Fall als «geradezu unvertretbar erscheint»[80]. Dies gilt nicht zuletzt mit Blick auf Urteile des EuGH. Seine Rechtsprechung repräsentiert jene von 27 LugÜ-Staaten. Davon abweichende, autonome Lösungen unterstehen einem ganz erheblichen Rechtfertigungsdruck. 42

Nach dem Dafürhalten des Schweizerischen Bundesgerichts ist der Rechtsprechung des EuGH bei der Auslegung des LugÜ denn grundsätzlich auch 43

75 Vgl. Dasser/Oberhammer-Domej, Art. 1 Protokoll Nr. 2 Rz. 4.
76 Dasser/Oberhammer-Domej, Art. 1 Protokoll Nr. 2 Rz. 6, Schmidt-Parzefall 77.
77 Schmidt-Parzefall 76; Linhart 39.
78 Schmidt-Parzefall 77 f.; Linhart 38 f.
79 Vgl. Dasser/Oberhammer-Domej, Art. 1 Protokoll Nr. 2 Rz. 7; Linhart 93 f.
80 Walter 275.

Folge zu leisten[81]. Indes hat das Bundesgericht in einer Reihe von jüngeren Urteilen ebenso festgehalten, dass eine parallele Auslegung gegebenenfalls dort nicht angezeigt erscheint, wo die Rechtsprechung des EuGH «eindeutig an den Zielen der Europäischen Union orientiert ist, welche die Schweiz nicht mitträgt.»[82] Eine an den **Integrationszielen der EU** orientierte Auslegung ist indes u.E. nicht unbesehen abzulehnen. Im Sinne der angestrebten Einheitlichkeit und angesichts der praktischen Bedeutung der Rechtsprechung des EuGH sind die Schweizer Gerichte angehalten, Begründungsalternativen zu prüfen (z.B. durch rechtsvergleichende Analyse). Erst wenn sich auch auf diese Weise keine einheitliche Lösung herbeiführen lässt, sollte eine abweichende Auslegung zulässig sein.

IV. Rechtsprechungskompetenzen des EuGH

44 **Art. 1 Abs. 2 Protokoll 2** bezieht sich auf das **Vorabentscheidungsverfahren** nach Art. 267 AEUV (vormals Art. 234 und Art. 68 EGV) und Art. 6 des Abkommens zwischen der EU und Dänemark vom 19. Oktober 2006[83].

45 Die Gerichte der EU-Mitgliedstaaten, deren Urteil nicht mehr mit einem ordentlichen Rechtsmittel angefochten werden kann, sind verpflichtet, dem EuGH allfällige Fragen zur **Auslegung des LugÜ,** der EuGVVO oder des EuGVÜ zur Vorabentscheidung vorzulegen. Alle anderen Gerichte der EU-Mitgliedstaaten haben das Recht, nicht aber die Pflicht zur Vorlage an den EuGH.

46 Im Vorabentscheidungsverfahren haben die **«Nur-LugÜ-Staaten»** nach **Art. 2 des Protokolls 2** das **Recht,** dem EuGH eine **Stellungnahme** zu unterbreiten (in Form von Schriftsätzen oder schriftlichen Erklärungen[84]), damit der EuGH ihre Standpunkte mitberücksichtigen kann[85]. Da ein Urteil

---

[81] Zuletzt BGE 135 II 185 E. 3.2.

[82] BGE 135 II 185 E. 3.2; 131 III 227 E. 3.1.; vgl. Kohler, Dialog der Gerichte 149.

[83] Womit die dänischen Gerichte demnach über Fragen betreffend die Auslegung des EuGVÜ eine inhaltlich übereinstimmende Vorlagepflicht wie jene der Gerichte der übrigen EU-Mitgliedstaaten hinsichtlich der EuGVVO trifft; aus diesem Abkommen ergibt sich für die dänischen Gerichte keine Pflicht (und kein Recht), dem EuGH Auslegungsfragen zum LugÜ vorzulegen.

[84] Art. 23 des Protokolls über die Satzung des Gerichtshofes; Protokoll (Nr. 6) zum Vertrag zur Gründung der Europäischen Gemeinschaft und zum Vertrag zur Gründung der Europäischen Atomgesellschaft.

[85] So der Bericht Pocar Rz. 198.

des EuGH zur EuGVVO oder zum EuGVÜ auch Auswirkungen auf die Auslegung des LugÜ haben kann, sind die LugÜ-Staaten auch insoweit zur Stellungnahme berechtigt.

Art. 3 Austausch von Informationen über die Rechtsprechung

Die Pflicht zur Rücksichtnahme auf fremde Urteile setzt die Möglichkeit voraus, von diesen Kenntnis nehmen zu können. Art. 3 Protokoll 2 soll dies gewährleisten. Er sieht ein System zum Austausch von Informationen über die Rechtsprechung vor. Dieses wurde im Vergleich zum aLugÜ wesentlich **ausgebaut.** Es umfasst: 47

- Urteile des EuGH;
- Urteile der letztinstanzlichen Gerichte der gebundenen Staaten;
- (andere) besonders wichtige, rechtskräftig gewordene Urteile, die zu LugÜ, aLugÜ, EuGVÜ und EuGVVO ergangen sind.

Bisher war der **Kanzler des EuGH** für die Aufbereitung der diesbezüglichen Urteilssammlung zuständig. Er klassifizierte die Urteile, liess sie, wo erforderlich, übersetzen, versah sie mit einer kurzen Zusammenfassung und übermittelte sie an die zuständigen nationalen Behörden und an die EU-Kommission. Obgleich eine Veröffentlichung gemäss Art. 2 Protokoll Nr. 2 aLugÜ nicht vorgesehen war[86], wurde die Urteilssammlung auf der Internetseite des EuGH zugänglich gemacht[87]. Sie umfasst für die Zeit nach 1992 Urteile zu aLugÜ, EuGVÜ und EuGVVO (im Originaltext, versehen mit einer kurzen Inhaltsangabe in englischer und französischer Sprache). Zudem hat der Ständige Ausschuss seit 1999 jährlich Berichte über die 48

[86] Die Informationen wurden vom Kanzler gewöhnlich einem breiten Kreis von Interessenten zur Verfügung gestellt; vgl. Bericht Pocar Rz. 200.

[87] http://curia.europa.eu/common/recdoc/convention/en/index.htm; die Sammlung der Rechtsprechung der obersten Gerichte für die Jahre 1992 bis 1997 wurde sodann auch vom Schweizerischen Institut für Rechtsvergleichung publiziert; vgl. die Sammlung von Entscheidungen des Europäischen Gerichtshofes und der Obersten Gerichte der Mitgliedstaaten betreffend das Lugano Übereinkommen, Band I – VI (Jahrgänge 1992 bis 1997), Zürich 1996-2002.

nationale Rechtsprechung zum LugÜ vorgelegt. Die Berichte sind abrufbar auf der Internetseite des Bundesamtes für Justiz (Schweiz)[88].

49 Neu fällt der Austausch der Informationen über die Rechtsprechung in die Zuständigkeit der **EU-Kommission.** Die diesbezügliche Urteilssammlung wird öffentlich zugänglich sein. Die Urteile werden klassifiziert, mit einer Zusammenfassung versehen und (teilweise) in die gängigsten Sprachen übersetzt[89]. Der Kanzler des EuGH trifft eine Auswahl an besonders wichtigen Urteilen, die er an der Sitzung der Sachverständigen vorlegt.

Art. 4

50 Wie schon unter dem aLugÜ besteht ein Ständiger Ausschuss aus Vertretern der Vertragsparteien. Dessen Aufgaben wurden aber wesentlich verändert. Die Zahl seiner Mitglieder hat sich **auf fünf reduziert.**

51 Unter altem Recht war der Ständige Ausschuss als **Expertenforum** konzipiert, das insbesondere die Entwicklung der Rechtsprechung in den einzelnen Mitgliedstaaten beobachten sollte. Einmal jährlich fand auf Einladung des Schweizerischen Bundesrats ein förmlicher Meinungsaustausch statt. Seit 1999 hat der Ständige Ausschuss sodann **jährlich einen Bericht** zur Rechtsprechung der nationalen Gerichte zum LugÜ vorgelegt[90]. Der Ständige Ausschuss hatte sodann das Recht, Empfehlungen für die Revision des LugÜ auszusprechen. Ihm kamen diesbezüglich aber keine weitergehenden Kompetenzen zu[91].

52 Neu werden dem Ständigen Ausschuss demgegenüber **eigentliche Konsultations- und Revisionsaufgaben** übertragen[92]. Dabei hat er stets die Wirkungsweise des Übereinkommens im Auge zu behalten. Beantragt eine Vertragspartei eine Revision des Übereinkommens, so lädt der Depositär-

---

88 www.ejpd.admin.ch/content/ejpd/de/home/themen/wirtschaft/ref_internationales_privatrecht/ref_lugue2007/ref_lugue1988.html; zudem wurden diese Berichte jeweils in der SZIER publiziert.

89 Bericht Pocar Rz. 199.

90 Siehe oben FN 89.

91 Vgl. Bericht Jenard/Möller Rz. 110; Linhart 97.

92 Bericht Pocar Rz. 203.

staat (d.h. die Schweiz) den Ständigen Ausschuss zur Vernehmlassung ein. Der Ausschuss trifft alsdann Vorbereitungen für eine Konferenz zur Revision des Übereinkommens[93].

Der Ausschuss wird vom Depositärstaat weiter **konsultiert,** bevor **Änderungen an den Anhängen I-IV und VII** vorgenommen werden. Die Anhänge I-IV betreffen die Angaben der einzelnen Staaten über die Anwendung des Übereinkommens (nationale Zuständigkeitsvorschriften gemäss Art. 3 Abs. 2 und Art. 4 Abs. 2; zuständige Stellen für die Entgegennahme von Vollstreckungsanträgen oder Rechtsbehelfen gegen Vollstreckbarerklärungen sowie Rechtsbehelfen nach Art. 44). Die LugÜ-Staaten müssen diesbezügliche Änderungen dem Depositärstaat mitteilen, der alsdann nach Anhörung des Ständigen Ausschusses die entsprechenden Anpassungen vornimmt. Analoges gilt hinsichtlich Anhang VII betreffend die Liste der durch das LugÜ ersetzten Übereinkünfte. 53

Über Anträge zu Änderungen der **Anhänge V, VI und VIII** entscheidet der Ständige Ausschuss in eigener Kompetenz. Anhang V enthält das Formblatt zur Bescheinigung von Urteilen und gerichtlichen Vergleichen, Anhang VI das Formblatt zur Bescheinigung von öffentlichen Urkunden. Der Ausschuss entscheidet weiter über die Aufnahme neuer verbindlicher Sprachfassungen und passt gegebenenfalls die Liste in Anhang VIII an. Vorbehalte und Erklärungen nach Protokoll 1 werden gemäss Art. IV des Protokolls 1 dem Depositärstaat angezeigt. Dieser beruft den Ständigen Ausschuss ein, um die entsprechenden Änderung im Anhang IX vorzunehmen. 54

Schliesslich wird der Ständige Ausschuss in das **Verfahren zur Aufnahme neuer gebundener Staaten** einbezogen. Er kann Bewerberstaaten, die zum Zeitpunkt des Ersuchens weder Mitglied der EFTA noch der EU sind, insbesondere über ihr Justizsystem befragen und Anpassungen erörtern, die für eine Umsetzung des LugÜ im betreffenden Staat notwendig sind (vgl. Art. 72). Die diesbezügliche Analyse fliesst ein in den Entscheid der gebundenen Staaten über das Beitrittsgesuch. 55

Die **Auswahl der Vertreter** des Ständigen Ausschusses bleibt wie bis anhin den Vertragsparteien überlassen. Der Ständige Ausschuss gibt sich eine Geschäftsordnung über Arbeitsweise und Beschlussfassung. Beschlussfas- 56

[93] Bericht POCAR Rz. 203.

sung und Konsultation auf dem Zirkularweg müssen aber möglich sein (Abs. 3).

57 Die **Entwicklungen der Rechtsprechung** in den LugÜ-Staaten zu beobachten, obliegt neu im Wesentlichen der sogenannten **Sitzung der Sachverständigen**[94]. Aufgrund der Reduktion auf 5 Mitglieder erschien der Ständige Ausschuss nicht länger das passende Gremium[95]. Zwischen der Sitzung der Sachverständigen und dem Ständigen Ausschuss besteht aber eine **organisatorische Verbindung:** Stösst die Sitzung der Sachverständigen auf Fragen, die Anlass zu einer Revision des LugÜ geben könnten oder die aus anderen Gründen nach einer Prüfung durch die Vertragsparteien verlangen, so kann sie diese dem Ständigen Ausschuss zur weiteren Behandlung vorlegen[96].

Art. 5

58 Die neu geschaffene Sitzung der Sachverständigen übernimmt die bisherige Funktion des Ständigen Ausschusses. Sie bildet ein **breites Expertenforum,** das die Wirkungsweise des LugÜ in den einzelnen Staaten beobachtet und den diesbezüglichen Meinungsaustausch führt. Die Sitzung der Sachverständigen wacht weiter über die **Entwicklungen in der Rechtsetzung** (europäisch, national), soweit diese die Anwendung des Übereinkommens beeinflussen können[97].

59 Ihrer Aufgabe entsprechend weist die Sitzung der Sachverständigen einen **weiten Teilnehmerkreis** auf. Sie umfasst Sachverständige der Vertragsparteien und der einzelnen Staaten sowie Experten, die durch den EuGH und die EFTA gestellt werden. Sodann können weitere Sachverständige zu den Sitzungen eingeladen werden, wenn ihre Anwesenheit zweckdienlich

94 Art. 5 Protokoll 2.
95 Vgl. Bericht Pocar Rz. 202.
96 Art. 5 Abs. 3 Protokoll 2; Bericht Pocar Rz. 205.
97 Bericht Pocar Rz. 205.

erscheint. Die Auswahl der Sachverständigen bleibt den Vertragsparteien bzw. den LugÜ-Staaten, dem EuGH und der EFTA überlassen.

Der Depositärstaat kann die Sitzung der Sachverständigen **nach Bedarf** 60
und auch ohne Antrag einer (anderen) Vertragspartei einberufen. Er soll dies dann tun, wenn es notwendig und zweckdienlich erscheint[98]. Der Kanzler des EuGH legt der Sitzung ausgewählte Urteile der nationalen Gerichte und des EuGH vor[99].

[98] Bericht Pocar Rz. 205.

[99] Art. 3 Abs. 2 Protokoll 2.

Protokoll 3
über die Anwendung von Artikel 67 des Übereinkommens
Protocole no 3
relativ a l'application de l'article 67 de la convention
Protocollo N. 3
Relativo all'applicazione dell'articolo 67 della convenzione
Protocol 3
on the application of article 67 of the convention

Die hohen Vertragsparteien sind wie folgt übereingekommen:

1. Für die Zwecke dieses Übereinkommens werden die Bestimmungen, die für besondere Rechtsgebiete die gerichtliche Zuständigkeit, die Anerkennung oder die Vollstreckung von Entscheidungen regeln und in Rechtsakten der Organe der Europäischen Gemeinschaften enthalten sind oder künftig darin enthalten sein werden, ebenso behandelt wie die in Artikel 67 Absatz 1 bezeichneten Übereinkünfte.

2. Ist eine Vertragspartei der Auffassung, dass eine Bestimmung eines vorgeschlagenen Rechtsakts der Organe der Europäischen Gemeinschaften mit dem Übereinkommen nicht vereinbar ist, so fassen die Vertragsparteien unbeschadet der Anwendung des in Protokoll 2 vorgesehenen Verfahrens unverzüglich eine Änderung nach Artikel 76 ins Auge.

3. Werden einige oder alle Bestimmungen, die in Rechtsakten der Organe der Europäischen Gemeinschaften im Sinne von Absatz 1 enthalten sind, von einer Vertragspartei oder mehreren Vertragsparteien gemeinsam in innerstaatliches Recht umgesetzt, werden diese Bestimmungen des innerstaatlichen Rechts in gleicher Weise behandelt wie die Übereinkünfte im Sinne von Artikel 67 Absatz 1 des Übereinkommens.

4. Die Vertragsparteien teilen dem Verwahrer den Wortlaut der in Absatz 3 genannten Bestimmungen mit. Dieser Mitteilung ist eine englische und französische Übersetzung beizufügen.

Les hautes parties contractantes sont convenues de ce qui suit:

1. Aux fins de la convention, les dispositions qui dans des matières particulières régissent la compétence judiciaire, la reconnaissance ou l'exécution des décisions et qui sont ou seront contenues dans des actes des institutions des Communautés européennes sont traitées de la même manière que les conventions visées à l'article 67, paragraphe 1.

2. Si, de l'avis d'une partie contractante, une disposition contenue dans une proposition d'acte des institutions des Communautés européennes n'est pas compatible avec la convention, les parties contractantes envisagent sans délai d'amender celle-ci conformément à l'article 76, sans préjudice de l'application de la procédure prévue par le protocole n° 2.

3. Lorsqu'une ou plusieurs parties contractantes reprennent, en tout ou partie, dans leur droit national des dispositions contenues dans des actes des institutions des Communautés européennes visés au paragraphe 1, ces dispositions de droit national sont traitées de la même manière que les conventions visées à l'article 67, paragraphe 1.

4. Les parties contractantes communiquent au dépositaire le texte des dispositions visées au paragraphe 3. Ces communications sont accompagnées d'une traduction en anglais et en français.

Le altre parti contraenti hanno convenuto quanto segue:

1. Ai fini della convenzione le disposizioni che, in materie particolari, disciplinano la competenza giurisdizionale, il riconoscimento o l'esecuzione delle decisioni e che sono o saranno contenute in atti delle istituzioni delle Comunità europee sono trattate alla stessa stregua delle convenzioni di cui all'articolo 67, paragrafo 1.

2. Se una parte contraente ritiene che una disposizione contenuta in una proposta di atto delle istituzioni delle Comunità europee sia incompatibile con la convenzione, le parti contraenti prendono senza indugio in considerazione la possibilità di modificare la convenzione in conformità dell'articolo 76, fatta salva l'applicazione della procedura prevista dal protocollo

n. 2.

3. Qualora una o più parti contraenti incorporino in tutto o in parte, nel diritto nazionale, le disposizioni contenute in atti delle istituzioni della Comunità europea di cui al paragrafo 1, tali disposizioni di diritto interno sono trattate alla stregua delle convenzioni contemplate dall'articolo 67, paragrafo 1.

4. Le parti contraenti comunicano al depositario il testo delle disposizioni menzionate al paragrafo 3. La comunicazione è corredata di una traduzione in lingua inglese e francese.

The high contracting parties have agreed as follows:

1. For the purposes of the Convention, provisions which, in relation to particular matters, govern jurisdiction or the recognition or enforcement of judgments and which are or will be contained in acts of the institutions of the European Communities shall be treated in the same way as the conventions referred to in Article 67(1).

2. If one of the Contracting Parties is of the opinion that a provision contained in a proposed act of the institutions of the European Communities is incompatible with the Convention, the Contracting Parties shall promptly consider amending the Convention pursuant to Article 76, without prejudice to the procedure established by Protocol 2.

3. Where a Contracting Party or several Parties together incorporate some or all of the provisions contained in acts of the institutions of the European Community referred to in paragraph 1 into national law, then these provisions of national law shall be treated in the same way as the conventions referred to in Article 67(1).

4. The Contracting Parties shall communicate to the Depositary the text of the provisions mentioned in paragraph 3. Such communication shall be accompanied by a translation into English and French.

Literatur: FURRER, Das Lugano-Übereinkommen als europäisches Instrument, AJP 1997, 486 ff.; DERS., Internationales Zivilprozessrecht im Wandel – Quo vadis? SJZ 2002, 141 ff.; FURRER, ANDREAS/SCHRAMM, Die Auswirkungen des neuen Entsendegesetzes auf das schweizerische IZPR, SZIER 2003, 37 ff.; DIES., Zuständigkeitsprobleme im europäischen Vertragsrecht, SJZ 2003, 105 ff.; TRUNK, Die Erweiterung des EuGVÜ-Systems am Vorabend des Europäischen Binnenmarktes, München 1991.

Übersicht *Seite*

I. Sinn des Protokolls Nr. 3

1 Das Protokoll füllt insofern eine **Lücke**, als in Art. 67 nur von **Übereinkünften** die Rede ist und nicht von solchen **Rechtsakten** der Organe der EG, die sich für besondere Rechtsgebiete mit denselben Fragen befassen wie das LugÜ. Auch diese gegenwärtigen und zukünftigen Rechtsakte bleiben – wie die Übereinkünfte nach Art. 67 Abs. 1 – neben dem LugÜ bestehen und werden von diesem nicht verdrängt.

II. Rechtsakte der EG (Nr. 1)

2 Mitgliedstaaten der EU dürfen – ohne Mitwirkung oder Zustimmung der EU – nicht solche Übereinkünfte abschliessen, die irgendwelche Materien betreffen, welche die EU bereits geregelt hat. Die Rechtsakte der EG haben Vorrang. Ein solcher Rechtsakt für besondere Rechtsgebiete ist die **Verordnung** (RG) Nr. 4/2009 des Rates vom 18.12.2008 über die Zuständigkeit, das anwendbare Recht, die Anerkennung und Vollstreckung von Entscheidungen und die Zusammenarbeit in Unterhaltssachen (EuUnthVO)[1], die am 18.06.2011 in Kraft getreten ist. Die EuUnthVO regelt die Zuständigkeit der Gerichte der Mitgliedstaaten abschliessend, so dass kein Raum mehr für nationales IZVR bleibt. Zusätzlich zu den Gerichtsständen nach Art. 2 und Art. 5 Nr. 2 LugÜ wird in der EuUnthVO der Art. 5 Nr. 2

[1] ABl. EU 2009 Nr. L 7/1.

LugÜ erweitert auf alle Beklagte (und nicht nur die Beklagten, die in einem LugÜ-Staat wohnen), die Gerichtsstandsvereinbarung eingeschränkt (Art. 4), und eine Auffangzuständigkeit (Art. 6) sowie Notzuständigkeit (Art. 7) geregelt. Diese Regelung bleibt unberührt und wird vom LugÜ nicht ausgeschlossen. Ein Unterhaltsurteil, das auf Grund des Art. 3 lit. b EuUnthVO gegen einen in New York lebenden Unterhaltsschuldner in einem Mitgliedstaat ergangen ist, muss also in der Schweiz anerkannt werden; denn es ist in einem LugÜ-Staat in einer Zivil- und Handelssache ergangen

Ob zu den «Rechtsakten der Organe der Europäischen Gemeinschaften» auch **Richtlinien** und deren nationale Umsetzungen gehören, ist lange kontrovers erörtert worden[2]. Diese Frage ist nach dem Sinn und Zweck des Protokolls zu bejahen, sofern eine Richtlinie ein Problem, das im LugÜ geregelt ist, für die Mitgliedstaaten bindend regelt und nur Details den nationalen Gesetzgeber überlässt. 3

III. Unvereinbarkeit des Rechtsaktes mit dem LugÜ (Nr. 2)

Nach Nr. 2 kann jeder LugÜ-Staat, der die **Unvereinbarkeit** eines Rechtsaktes der EG mit dem LugÜ rügt, den Ständigen Ausschuss (vgl. Art. 76 und Protokoll 2 Art. 4) anrufen, um zu beraten, ob das LugÜ zu ändern ist. 4

IV. Behandlung von nationalen Umsetzungen von Rechtsakten der EG (Nr. 3)

In Nr. 3 werden diejenigen Vorschriften, die in Rechtsakten der EG enthalten und dann von einer Vertragspartei oder mehreren Parteien in nationales Recht umgesetzt worden sind, den Rechtsakten der EG und den Übereinkünften i.S. des Art. 67 Abs. 1 gleichgestellt. Hierbei geht es vor allem um Richtlinien der EU, die in nationales Recht umzusetzen sind. EG-Verordnungen gelten in allen EU-Mitgliedstaaten unmittelbar ohne Umsetzung. EU-Übereinkommen dagegen fallen bereits unter Art. 67 Abs. 1, und deren 5

[2] Vgl. DASSER/OBERHAMMER – DOMEJ, Protokoll 3 zum LugÜ Rz. 2 ff.

vielleicht notwendige Umsetzung (z.B. im Vereinigten Königreich) bedarf nicht des Protokolls Nr. 3.

V. Mitteilung der Umsetzungen i.S. des Abs. 3 (Nr. 4)

6 Die Vertragsparteien müssen die in Abs. 3 genannten Umsetzungen dem Verwahrer (Schweizerischer Bundesrat) mitteilen und eine englische und französische Übersetzung der Vorschriften beifügen.

Anhang I

Die innerstaatlichen Zuständigkeitsvorschriften im Sinne von Artikel 3 Absatz 2 und Artikel 4 Absatz 2 des Übereinkommens sind folgende:

- **in Belgien: Artikel 5 bis 14 des Gesetzes vom 16. Juli 2004 über Internationales Privatrecht,**
- **in Bulgarien: Artikel 4 Absatz 1 des Gesetzbuches über Internationales Privatrecht,**
- **in der Tschechischen Republik: Artikel 86 des Gesetzes Nr. 99/1963 Slg., Zivilprozessordnung *(občanský soudní řád),* in geänderter Fassung,**
- **in Dänemark: Artikel 246 Absätze 2 und 3 der Prozessordnung *(Lov om rettens pleje),***
- **in Deutschland: § 23 der Zivilprozessordnung,**
- **in Estland: Artikel 86 der Zivilprozessordnung *(tsiviilkohtumenetluse seadustik),***
- **in Griechenland: Artikel 40 der Zivilprozessordnung *(Κώδικας Πολιτικής Δικονομίας),***
- **in Frankreich: Artikel 14 und 15 des Zivilgesetzbuches *(Code civil),***
- **in Island: Artikel 32 Absatz 4 der Zivilprozessordnung *(Lög um meðferð einkamála nr. 91/1991),***
- **in Irland: Vorschriften, nach denen die Zuständigkeit durch Zustellung eines verfahrenseinleitenden Schriftstücks an den Beklagten während dessen vorübergehender Anwesenheit in Irland begründet wird,**
- **in Italien: Artikel 3 und 4 des Gesetzes Nr. 218 vom 31. Mai 1995,**
- **in Zypern: Abschnitt 21 Absatz 2 des Gerichtsgesetzes Nr. 14 von 1960 in geänderter Fassung,**
- **in Lettland: Abschnitt 27 und Abschnitt 28 Absätze 3, 5, 6 und 9 der Zivilprozessordnung *(Civilprocesa likums),***
- **in Litauen: Artikel 31 der Zivilprozessordnung *(Civilinio proceso kodeksas),***
- **in Luxemburg: Artikel 14 und 15 des Zivilgesetzbuches *(Code civil),***
- **in Ungarn: Artikel 57 der Gesetzesverordnung Nr. 13 von 1979 über Internationales Privatrecht *(a nemzetközi magánjogról szóló 1979. évi 13. törvényerejű rendelet),***
- **in Malta: Artikel 742, 743 und 744 der Gerichtsverfassungs-und Zivilprozessordnung – Kap. 12 *(Kodiċi ta' Organizzazzjoni u Proċedura Ċivili – Kap. 12)* und Artikel 549 des Handelsgesetzbuches – Kap. 13 *(Kodiċi tal-kummerċ – Kap. 13),***
- **in Norwegen: Abschnitt 4-3 Absatz 2 Satz 2 der Prozessordnung *(tvisteloven),***
- **in Österreich: § 99 der Jurisdiktionsnorm,**
- **in Polen: Artikel 1103 und 1110 der Zivilprozessordnung *(Kodeks postępowania cywilnego),* insofern als die Zuständigkeit nach diesen Artikeln begründet wird aufgrund des Wohnsitzes des Beklagten in Polen, des Vorhandenseins von Ver-**

mögenswerten oder vermögensrechtlichen Ansprüchen des Beklagten in Polen, des Umstands, dass sich der Streitgegenstand in Polen befindet oder aufgrund des Umstands, dass eine Partei die polnische Staatsangehörigkeit besitzt,

– in Portugal: Artikel 65 und Artikel 65 A der Zivilprozessordnung *(Código de Processo Civil)* und Artikel 11 der Arbeitsprozessordnung *(Código de Processo de Trabalho),*
– in Rumänien: die Artikel 148 bis 157 des Gesetzes Nr. 105/1992 über Beziehungen, die dem Internationalen Privatrecht unterfallen,
– in Slowenien: Artikel 48 Absatz 2 des Gesetzes über Internationales Privat-und Zivilprozessrecht *(Zakon o mednarodnem zasebnem pravu in postopku)* in Bezug auf Artikel 47 Absatz 2 der Zivilprozessordnung *(Zakon o pravdnem postopku)* und Artikel 58 des Gesetzes über Internationales Privat-und Zivilprozessrecht *(Zakon o mednarodnem zasebnem pravu in postopku)* in Bezug auf Artikel 59 der Zivilprozessordnung *(Zakon o pravdnem postopku),*
– in der Slowakei: die Artikel 37 bis 37e des Gesetzes Nr. 97/1963 über Internationales Privatrecht und die entsprechenden Verfahrensvorschriften,
– in der Schweiz: der Gerichtsstand des Arrestortes/le for du lieu du séquestre/foro del luogo del sequestro im Sinne von Artikel 4 des Bundesgesetzes über das internationale Privatrecht/loi fédérale sur le droit international privé/legge federale sul diritto internazionale privato,
– in Finnland: Kapitel 10 § 1 Absatz 1 Sätze 2, 3 und 4 der Prozessordnung *(oikeudenkäymiskaari/rättegångsbalken),*
– in Schweden: Kapitel 10 § 3 Absatz 1 Satz 1 der Prozessordnung *(rättegångsbalken),*
– im Vereinigten Königreich: Vorschriften, nach denen die Zuständigkeit begründet wird durch:
  a) die Zustellung eines verfahrenseinleitenden Schriftstücks an den Beklagten während dessen vorübergehender Anwesenheit im Vereinigten Königreich,
  b) das Vorhandensein von Vermögenswerten des Beklagten im Vereinigten Königreich oder
  c) die Beschlagnahme von Vermögenswerten im Vereinigten Königreich durch den Kläger.

Anhang II

Anträge nach Artikel 39 des Übereinkommens sind bei folgenden Gerichten oder zuständigen Behörden einzureichen:

– in Belgien beim *tribunal de première instance* oder bei der *rechtbank van eerste aanleg* oder beim *erstinstanzlichen Gericht,*
– in Bulgarien beim *Софийски градски съд,*
– in der Tschechischen Republik beim Okresní soud oder *soudní exekutor,*
– in Dänemark beim *Byret,*

– in Deutschland:

a) beim Vorsitzenden einer Kammer des *Landgerichts,*

b) bei einem Notar für die Vollstreckbarerklärung einer öffentlichen Urkunde,

– in Estland beim Maakohus,

– in Griechenland beim Μονομελές Πρωτοδικείο,

– in Spanien beim *Juzgado de Primera Instancia,*

– in Frankreich:

a) beim *greffier en chef du tribunal de grande instance,*

b) beim *président de la chambre départementale des notaires* im Falle eines Antrags auf Vollstreckbarerklärung einer notariellen öffentlichen Urkunde,

– in Irland beim *High Court,*

– in Island beim *héraðsdómur,*

– in Italien bei der *Corte d'appello,*

– in Zypern beim *Επαρχιακό Δικαστήριο* oder für Entscheidungen in Unterhaltssachen beim *Οικογενειακό Δικαστήριο,*

– in Lettland beim *Rajona (pilsētas) tiesa,*

– in Litauen beim *Lietuvos apeliacinis teismas,*

– in Luxemburg beim Präsidenten des *tribunal d'arrondissement,*

– in Ungarn beim *megyei bíróság székhelyén működő helyi bíróság* und in Budapest *beim Budai Központi Kerületi Bíróság,*

– in Malta beim *Prim' Awla tal-Qorti Ċivili oder Qorti tal-Maġistrati ta' Għawdex fil-ġurisdizzjoni superjuri tagħha,* oder für Entscheidungen in Unterhaltssachen beim *Reġistratur tal-Qorti* auf Befassung durch den *Ministru responsabbli għall-Ġustizzja,*

– in den Niederlanden beim *voorzieningenrechter van de rechtbank,*

– in Norwegen beim *Tingrett,*

– in Österreich beim Bezirksgericht,

– in Polen beim *Sąd Okręgowy,*

– in Portugal beim *Tribunal de Comarca,*

– in Rumänien beim *Tribunal,*

– in Slowenien beim *Okrožno sodišče,*

– in der Slowakei beim *okresný súd,*

– in der Schweiz

a) für Entscheidungen, die zu einer Geldleistung verpflichten, beim *Rechtsöffnungsrichter/juge de la mainlevée/giudice competente a pronunciare sul rigetto dell'opposizione* im Rahmen des Rechtsöffnungsverfahrens nach den Artikeln 80 und 81 des *Bundesgesetzes über Schuldbetreibung und Konkurs/loi fédérale sur la poursuite pour dettes et la faillite legge federale sulla esecuzione e sul fallimento,*

b) **für Entscheidungen, die nicht auf Zahlung eines Geldbetrags lauten, beim zuständigen *kantonalen Vollstreckungsrichter/juge cantonal d'exequatur compétent/giudice cantonale competente a pronunciare l'exequatur,***

– **in Finnland beim *Käräjäoikeus/tingsrätt,***

– **in Schweden beim *Svea hovrätt,***

– **im Vereinigten Königreich:**

a) **in England und Wales beim *High Court of Justice* oder für Entscheidungen in Unterhaltssachen beim *Magistrates' Court* über den *Secretary of State,***

b) **in Schottland beim *Court of Session* oder für Entscheidungen in Unterhaltssachen beim *Sheriff Court* über den *Secretary of State,***

c) **in Nordirland beim *High Court of Justice* oder für Entscheidungen in Unterhaltssachen beim *Magistrates' Court* über den *Secretary of State,***

d) **in Gibraltar beim *Supreme Court of Gibraltar* oder für Entscheidungen in Unterhaltssachen beim *Magistrates' Court* über den *Attorney General of Gibraltar.***

Anhang III

Die Rechtsbehelfe nach Artikel 43 Absatz 2 des Übereinkommens sind bei folgenden Gerichten einzulegen:

– **in Belgien:**

a) **im Falle des Schuldners beim *tribunal de première instance* oder bei der *rechtbank van eerste aanleg* oder beim *erstinstanzlichen Gericht,***

b) **im Falle des Antragstellers bei der *cour d'appel* oder beim *hof van beroep,***

– **in Bulgarien beim Апелативен съд – София,**

– **in der Tschechischen Republik beim *Odvolací soud* (Berufungsgericht) über das *Okresní soud* (Bezirksgericht),**

– **in Dänemark beim *landsret,***

– **in Deutschland beim *Oberlandesgericht,***

– **in Estland beim *Ringkonnakohus,***

– **in Griechenland beim Εφετείο,**

– **in Spanien bei der *Audiencia Provincial* über das *Juzgado de Primera Instancia,* das die Entscheidung erlassen hat,**

– **in Frankreich:**

a) **bei der *Cour d'appel* in Bezug auf Entscheidungen zur Genehmigung des Antrags,**

b) **beim vorsitzenden Richter des *Tribunal de grande instance* in Bezug auf Entscheidungen zur Ablehnung des Antrags,**

– **in Irland beim *High Court,***

– **in Island beim *héraðsdómur,***

– **in Italien bei der *Corte d'appello,***

- **in Zypern beim *Επαρχιακό Δικαστήριο* oder für Entscheidungen in Unterhaltssachen beim *Οικογενειακό Δικαστήριο,***
- **in Lettland beim *Apgabaltiesa* über das *rajona (pilsētas) tiesa,***
- **in Litauen beim *Lietuvos apeliacinis teismas,***
- **in Luxemburg bei der *Cour supérieure de Justice* als Berufungsinstanz für Zivilsachen**
- **in Ungarn bei dem Amtsgericht am Sitz des Landgerichts (in Budapest bei dem *Budai Központi Kerületi Bíróság,* dem zentralen Bezirksgericht von Buda); über den Rechtsbehelf entscheidet das Landgericht (in Budapest der *Fővárosi Bíróság,* das Hauptstadtgericht)**
- **in Malta beim *Qorti ta' l-Appell* nach dem in der Zivilprozessordnung *(Kodiċi ta' Organizzazzjoni u Proċedura Ċivili – Kap. 12)* festgelegten Verfahren oder für Entscheidungen in Unterhaltssachen durch ċitazzjoni vor dem *Prim' Awla tal-Qorti ivili jew il-Qorti tal-Maġistrati ta' Għawdex fil-ġurisdizzjoni superjuri tagħha',***
- **in den Niederlanden: die *rechtbank,***
- **in Norwegen beim *lagmannsrett,***
- **in Österreich beim Landesgericht über das Bezirksgericht,**
- **in Polen beim *Sąd Apelacyjny* über das *Sąd Okręgowy,***
- **in Portugal beim *Tribunal da Relação* über das Gericht, das die Entscheidung erlassen hat,**
- **in Rumänien bei der *Curte de Apel,***
- **in Slowenien beim *okrožno sodišče,***
- **in der Slowakei beim Berufungsgericht, über das Bezirksgericht, gegen dessen Entscheidung Berufung eingelegt wird,**
- **in der Schweiz beim *Kantonsgericht/tribunal cantonal/tribunale cantonale,***
- **in Finnland beim *hovioikeus/hovrätt,***
- **in Schweden beim *Svea hovrätt,***
- **im Vereinigten Königreich:**
  - **a) in England und Wales beim *High Court of Justice* oder für Entscheidungen in Unterhaltssachen beim *Magistrates' Court,***
  - **b) in Schottland beim *Court of Session* oder für Entscheidungen in Unterhaltssachen beim *Sheriff Court,***
  - **c) in Nordirland beim *High Court of Justice* oder für Entscheidungen in Unterhaltssachen beim *Magistrates' Court,***
  - **d) in Gibraltar beim *Supreme Court of Gibraltar* oder für Entscheidungen in Unterhaltssachen beim *Magistrates' Court.***

Anhang IV

Nach Artikel 44 des Übereinkommens können folgende Rechtsbehelfe eingelegt werden:

- **in Belgien, Griechenland, Spanien, Frankreich, Italien, Luxemburg und den Niederlanden: Kassationsbeschwerde,**
- **in Bulgarien: *обжалване пред Върховния касационен съд,***
- **in der Tschechischen Republik: *dovolání und žaloba pro zmatečnost,***
- **in Dänemark: ein Rechtsbehelf beim *højesteret* nach Genehmigung des *Procesbevillingsnævnet,***
- **in Deutschland: Rechtsbeschwerde,**
- **in Estland: *kassatsioonikaebus,***
- **in Irland: ein auf Rechtsfragen beschränkter Rechtsbehelf beim *Supreme Court,***
- **in Island: ein Rechtsbehelf beim *Hæstiréttur,***
- **in Zypern: ein Rechtsbehelf beim obersten Gericht,**
- **in Lettland: ein Rechtsbehelf beim *Augstākās tiesas Senāts* über das *Apgabaltiesa,***
- **in Litauen: ein Rechtsbehelf beim *Lietuvos Aukščiausiasis Teismas,***
- **in Ungarn: *felülvizsgálati kérelem,***
- **in Malta: Es können keine weiteren Rechtsbehelfe eingelegt werden; bei Entscheidungen in Unterhaltssachen *Qorti ta' l-Appell* nach dem in der Gerichtsverfassungs- und Zivilprozessordnung (kodiċi ta' Organizzazzjoni u Procedura Ċivili – Kap. 12) für Rechtsbehelfe festgelegten Verfahren,**
- **in Norwegen: ein Rechtsbehelf beim *Høyesteretts Ankeutvalg* oder *Høyesterett,***
- **in Österreich: *Revisionsrekurs,***
- **in Polen: *skarga kasacyjna,***
- **in Portugal: ein auf Rechtsfragen beschränkter Rechtsbehelf,**
- **in Rumänien: *contestatie in anulare* oder *revizuire,***
- **in Slowenien: ein Rechtsbehelf beim *Vrhovno sodišče Republike Slovenije,***
- **in der Slowakei: *dovolanie,***
- **in der Schweiz: *Beschwerde beim Bundesgericht/recours devant le Tribunal fédéral/ricorso davanti al Tribunale federale,***
- **in Finnland: ein Rechtsbehelf beim *korkein oikeus/högsta domstolen,***
- **in Schweden: ein Rechtsbehelf beim *Högsta domstolen,***
- **im Vereinigten Königreich: ein einziger auf Rechtsfragen beschränkter Rechtsbehelf.**

Anhang V

Bescheinigung über Urteile und gerichtliche Vergleiche im Sinne der Artikel 54 und 58 des Übereinkommens über die gerichtliche Zuständigkeit und die Anerkennung und Vollstreckung von Entscheidungen in Zivil-und Handelssachen

1. Ursprungsstaat
2. Gericht oder sonst befugte Stelle, das/die die vorliegende Bescheinigung ausgestellt hat
   - 2.1. Name ....
   - 2.2. Anschrift ....
   - 2.3. Tel./Fax/E-Mail ....
3. Gericht, das die Entscheidung erlassen hat/vor dem der Prozessvergleich geschlossen wurde*
   - 3.1. Bezeichnung des Gerichts ....
   - 3.2. Gerichtsort ....
4. Entscheidung/Prozessvergleich*
   - 4.1. Datum ....
   - 4.2. Aktenzeichen ....
   - 4.3. Die Parteien der Entscheidung/des Prozessvergleichs*
     - 4.3.1. Name(n) des (der) Kläger(s) ....
     - 4.3.2. Name(n) des (der) Beklagten ....
     - 4.3.3. gegebenenfalls Name(n) der anderen Partei(en) ....
   - 4.4. Datum der Zustellung des verfahrenseinleitenden Schriftstücks, wenn die Entscheidung in einem Verfahren ergangen ist, auf das sich der Beklagte nicht eingelassen hat
   - 4.5. Wortlaut des Urteilsspruchs/des Prozessvergleichs* in der Anlage zu dieser Bescheinigung
5. Name/n der Partei/en, der/denen Prozesskostenhilfe gewährt wurde: ....

....

Die Entscheidung/der Prozessvergleich* ist im Ursprungsstaat vollstreckbar (Artikel 38 und 58 des Übereinkommens) gegen:

Name: ....

....

Geschehen zu ...., am ....
Unterschrift und/oder Dienstsiegel

....

* Nichtzutreffendes streichen.

Anhang VI

Bescheinigung über öffentliche Urkunden im Sinne des Artikels 57 Absatz 4 des Übereinkommens über die gerichtliche Zuständigkeit und die Anerkennung und Vollstreckung von Entscheidungen in Zivil-und Handelssachen

1. Ursprungsstaat ....
2. Gericht oder sonst befugte Stelle, das/die die vorliegende Bescheinigung ausgestellt hat
   2.1. Name ....
   2.2. Anschrift ....
   2.3. Tel./Fax/E-Mail ....
3. Befugte Stelle, aufgrund deren Mitwirkung eine öffentliche Urkunde vorliegt
   3.1. Stelle, die an der Aufnahme der öffentlichen Urkunde beteiligt war (falls zutreffend)
      3.1.1. Name und Bezeichnung dieser Stelle ....
      3.1.2. Sitz dieser Stelle ....
   3.2. Stelle, die die öffentliche Urkunde registriert hat (falls zutreffend)
      3.2.1. Art der Stelle ....
      3.2.2. Sitz dieser Stelle ....
4. Öffentliche Urkunde
   4.1. Bezeichnung der Urkunde ....
   4.2. Datum ....
      4.2.1. an dem die Urkunde aufgenommen wurde
      4.2.2. falls abweichend: an dem die Urkunde registriert wurde
   4.3. Aktenzeichen ....
   4.4. Die Parteien der Urkunde
      4.4.1. Name des Gläubigers ....
      4.4.2. Name des Schuldners ....
5. Wortlaut der vollstreckbaren Verpflichtung in der Anlage zu dieser Bescheinigung

Die öffentliche Urkunde ist im Ursprungsstaat gegen den Schuldner vollstreckbar (Artikel 57 Absatz 1 des Übereinkommens)

Geschehen zu………, am……………….

Unterschrift und/oder Dienstsiegel

....

Anhang VII

Die nachstehenden Übereinkünfte werden gemäss Artikel 65 des Übereinkommens durch das Übereinkommen ersetzt:

- der am 19. November 1896 in Madrid unterzeichnete spanisch-schweizerische Vertrag über die gegenseitige Vollstreckung gerichtlicher Urteile und Entscheidungen in Zivil-und Handelssachen,
- der am 21. Dezember 1926 in Bern unterzeichnete Vertrag zwischen der Schweiz und der Tschechoslowakischen Republik über die Anerkennung und Vollstreckung gerichtlicher Entscheidungen mit Zusatzprotokoll,
- das am 2. November 1929 in Bern unterzeichnete deutsch-schweizerische Abkommen über die gegenseitige Anerkennung und Vollstreckung von gerichtlichen Entscheidungen und Schiedssprüchen,
- das am 16. März 1932 in Kopenhagen unterzeichnete Übereinkommen zwischen Dänemark, Finnland, Island, Norwegen und Schweden über die Anerkennung und Vollstreckung gerichtlicher Entscheidungen,
- das am 3. Januar 1933 in Rom unterzeichnete italienisch-schweizerische Abkommen über die Anerkennung und Vollstreckung gerichtlicher Entscheidungen,
- das am 15. Januar 1936 in Stockholm unterzeichnete schwedisch-schweizerische Abkommen über die Anerkennung und Vollstreckung von gerichtlichen Entscheidungen und Schiedssprüchen,
- das am 29. April 1959 in Bern unterzeichnete belgisch-schweizerische Abkommen über die Anerkennung und Vollstreckung von gerichtlichen Entscheidungen und Schiedssprüchen,
- der am 16. Dezember 1960 in Bern unterzeichnete österreichisch-schweizerische Vertrag über die Anerkennung und Vollstreckung gerichtlicher Entscheidungen,
- das am 12. Juni 1961 in London unterzeichnete britisch-norwegische Abkommen über die gegenseitige Anerkennung und Vollstreckung gerichtlicher Entscheidungen in Zivilsachen,
- der am 17. Juni 1977 in Oslo unterzeichnete deutsch-norwegische Vertrag über die gegenseitige Anerkennung und Vollstreckung gerichtlicher Entscheidungen und anderer Schuldtitel in Zivil-und Handelssachen,
- das am 11. Oktober 1977 in Kopenhagen unterzeichnete Übereinkommen zwischen Dänemark, Finnland, Island, Norwegen und Schweden über die Anerkennung und Vollstreckung gerichtlicher Entscheidungen in Zivilsachen,
- das am 21. Mai 1984 in Wien unterzeichnete norwegisch-österreichische Abkommen über die Anerkennung und die Vollstreckung von Entscheidungen in Zivilsachen.

Anhang VIII

Sprachen im Sinne des Artikels 79 des Übereinkommens sind: Bulgarisch, Tschechisch, Dänisch, Niederländisch, Englisch, Estnisch, Finnisch, Französisch, Deutsch, Griechisch, Ungarisch, Isländisch, Irisch, Italienisch, Lettisch, Litauisch, Maltesisch, Norwegisch, Polnisch, Portugiesisch, Rumänisch, Slowakisch, Slowenisch, Spanisch und Schwedisch.

Anhang IX

Die Staaten und Vorschriften im Sinne des Artikels II des Protokolls 1 sind folgende:

- **Deutschland: §§ 68, 72, 73 und 74 der Zivilprozessordnung, die für die Streitverkündung gelten,**
- **Österreich: § 21 der Zivilprozessordnung, der für die Streitverkündung gilt,**
- **Ungarn: Artikel 58 bis 60 der Zivilprozessordnung *(Polgári perrendtartás),* die für die Streitverkündung gelten,**
- **Schweiz (in Bezug auf jene Kantone, deren Zivilprozessordnung keine Zuständigkeit im Sinne von Artikel 6 Nummer 2 und Artikel 11 des Übereinkommens vorsieht): die einschlägigen Vorschriften der anwendbaren Zivilprozessordnung über die Streitverkündung *(litis denuntiatio).***

Annexe I

Les règles de compétence nationales visées à l'article 3, paragraphe 2, et à l'article 4, paragraphe 2, de la présente Convention sont les suivantes:

- **en Belgique: les articles 5 à 14 de la Loi du 16 juillet 2004 portant le code de droit international privé,**
- **en Bulgarie: l'article 4, paragraphe 1, du code de droit international privé,**
- **en République tchèque: l'article 86 de la loi n° 99/1963 Coll. portant code de procédure civile *(občanský soudní řád)*, telle que modifiée,**
- **au Danemark: l'article 246, paragraphes 2 et 3, de la loi relative à l'administration judiciaire *(Lov om rettens pleje)*,**
- **en Allemagne: l'article 23 du code de procédure civile *(Zivilprozessordnung)*,**
- **en Estonie: le paragraphe 86 du code de procédure civile *(tsiviilkohtumenetluse seadustik)*,**
- **en Grèce: l'article 40 du code de procédure civile *(Κώδικας Πολιτικής Δικονομίας)*,**
- **en France: les articles 14 et 15 du *Code civil*,**
- **en Islande: l'article 32, paragraphe 4, de la loi sur la procédure civile *(Lög um meðferð einkamála nr. 91/1991)*,**
- **en Irlande: les dispositions relatives à la compétence fondée sur un acte introductif d'instance signifié ou notifié au défendeur qui se trouve temporairement en Irlande,**
- **en Italie: les articles 3 et 4 de la loi n° 218 du 31 mai 1995,**
- **à Chypre: la section 21, paragraphe 2, de la loi n° 14 de 1960 modifiée relative aux cours de justice,**
- **en Lettonie: l'article 27 et l'article 28, paragraphes 3, 5, 6 et 9, du code de procédure civile *(Civilprocesa likums)*,**
- **en Lituanie: l'article 31 du code de procédure civile *(Civilinio proceso kodeksas)*,**
- **au Luxembourg: les articles 14 et 15 du *Code civil*,**
- **en Hongrie: l'article 57 du décret-loi n° 13 de 1979 sur le droit international privé *(a nemzetközi magánjogról szóló 1979. évi 13. törvényerejű rendelet)*,**
- **à Malte: les articles 742, 743 et 744 du code d'organisation et de procédure civile – chap. 12 *(Kodiċi ta' Organizzazzjoni u Proċedura Ċivili -Kap. 12)* et l'article 549 du code de commerce – chap. 13 *(Kodiċi tal-kummerċ – Kap. 13)*,**
- **en Norvège: la section 4-3, paragraphe 2, deuxième phrase, de la loi sur les litiges *(tvisteloven)*,**
- **en Autriche: l'article 99 de la loi sur la compétence judiciaire (Jurisdiktionsnorm),**
- **en Pologne: les articles 1103 et 1110 du code de procédure civile *(Kodeks postępowania cywilnego)*, dans la mesure où ils fondent la compétence sur la résidence du défendeur en Pologne, sur la possession par ce dernier d'un bien sis en Pologne ou sur la détention de droits de propriété en Pologne, sur le fait que l'objet du litige est situé en Pologne et sur le fait que l'une des parties est un citoyen polonais,**
- **au Portugal: les articles 65 et 65 A du code de procédure civile *(Código de Processo Civil)* et l'article 11 du code de procédure du travail *(Código de Processo de Trabalho)*,**
- **en Roumanie: les articles 148 à 157 de la loi n° 105/1992 sur les relations de droit international privé,**

- en Slovénie: l'article 48, paragraphe 2, de la loi relative au droit international privé et à la procédure y afférente *(Zakon o mednarodnem zasebnem pravu in postopku)* en combinaison avec l'article 47, paragraphe 2, du code de procédure civile *(Zakon o pravdnem postopku)*, et l'article 58 de la loi relative au droit international privé et à la procédure y afférente *(Zakon o mednarodnem zasebnem pravu in postopku)* en combinaison avec l'article 59 du code de procédure civile *(Zakon o pravdnem postopku)*,
- en Slovaquie: les articles 37 à 37e de la loi n° 97/1963 sur le droit international privé et les règles de procédure y afférentes,
- en Suisse: le for du lieu du séquestre/Gerichtsstand des Arrestortes/foro del luogo del sequestro au sens de l'article 4 de la Loi fédérale sur le droit international privé/ Bundesgesetz über das internationale Privatrecht/legge federale sul diritto internazionale privato,
- en Finlande: le chapitre 10, article 1er, premier alinéa, deuxième, troisième et quatrième phrases, du code de procédure judiciaire *(oikeudenkäymiskaari/rättegångsbalken)*,
- en Suède: le chapitre 10, article 3, premier alinéa, première phrase, du code de procédure judiciaire *(rättegångsbalken)*,
- au Royaume-Uni: les dispositions relatives à la compétence fondée sur:
  a) un acte introductif d'instance signifié ou notifié au défendeur qui se trouve temporairement au Royaume-Uni,
  b) l'existence au Royaume-Uni de biens appartenant au défendeur, ou
  c) la saisie par le demandeur de biens situés au Royaume-Uni.

Annexe II

Les juridictions ou autorités compétentes auprès desquelles la requête visée à l'article 39 de la présente Convention est présentée sont les suivantes:
- en Belgique: le tribunal de première instance ou *rechtbank van eerste aanleg* ou *erstinstanzliches Gericht*,
- en Bulgarie: le *Софийски градски съд*,
- en République tchèque: le *okresní soud* ou *soudní exekutor*,
- au Danemark: le *byret*,
- en Allemagne:
  a) le président d'une chambre du *Landgericht*,
  b) un notaire, dans le cadre d'une procédure de déclaration constatant la force exécutoire d'un acte authentique,
- en Estonie: *le maakohus*,
- en Grèce: le *Μονομελές Πρωτοδικείο*,
- en Espagne: le *Juzgado de Primera Instancia*,
- en France:
  a) le *greffier en chef du tribunal de grande instance*,
  b) le *président de la chambre départementale des notaires, en cas de demande de déclaration constatant la force exécutoire d'un acte authentique notarié*,
- en Irlande: la *High Court*,
- en Islande: le *héraðsdómur*,
- en Italie: la *corte d'appello*,

- à Chypre: le *Επαρχιακό Δικαστήριο* ou, s'il s'agit d'une décision en matière d'obligation alimentaire, le *Οικογενειακό Δικαστήριο,*
- en Lettonie: la *rajona (pilsētas) tiesa,*
- en Lituanie: la *Lietuvos apeliacinis teismas,*
- au Luxembourg: le *président du tribunal d'arrondissement,*
- en Hongrie: *le megyei bíróság székhelyén működő helyi bíróság* et, à Budapest, le *Budai Központi Kerületi Bíróság,*
- à Malte: le *Prim' Awla tal-Qorti Ċivili* ou *Qorti tal-Maġistrati ta' Għawdex fil-ġurisdizzjoni superjuri tagħha* ou, s'il s'agit d'une décision en matière d'obligation alimentaire, le *Reġistratur tal-Qorti saisi par le Ministru responsabbli għall-Ġustizzja,*
- aux Pays-Bas: le *voorzieningenrechter van de rechtbank,*
- en Norvège: le *tingrett,*
- en Autriche: le *Bezirksgericht,*
- en Pologne: le *sąd okręgowy,*
- au Portugal: le *Tribunal de Comarca,*
- en Roumanie: le *Tribunal,*
- en Slovénie: le *okrožno sodišče,*
- en Slovaquie: *le okresný súd,*
- en Suisse:
  a) pour les décisions ordonnant le paiement d'une somme d'argent, le *juge de la mainlevée/Rechtsöffnungsrichter/giudice competente a pronunciare sul rigetto dell'opposizione,* dans le cadre de la procédure régie par les articles 80 et 81 de la *Loi fédérale sur la poursuite pour dettes et la faillite/Bundesgesetz über Schuldbetreibung und Konkurs/legge federale sulla esecuzione e sul fallimento,*
  b) pour les décisions ordonnant une autre mesure, le juge cantonal d'exequatur *compétent/zuständiger kantonaler Vollstreckungsrichter/giudice cantonalecompetente a pronunciare l'exequatur,*
- en Finlande: le *käräjäoikeus/tingsrätt,*
- en Suède: le *Svea hovrätt,*
- au Royaume-Uni:
  a) en Angleterre et au Pays de Galles, la *High Court of Justice* ou, s'il s'agit d'une décision en matière d'obligation alimentaire, la *Magistrates' Court saisie par le Secretary of State,*
  b) en Écosse, la *Court of Session* ou, s'il s'agit d'une décision en matière d'obligation alimentaire, la *Sheriff Court,* saisie par le *Secretary of State,*
  c) en Irlande du Nord, la *High Court of Justice* ou, s'il s'agit d'une décision en matière d'obligation alimentaire, la *Magistrates' Court* saisie par le *Secretary of State,*
  d) à Gibraltar, la *Supreme Court de Gibraltar* ou, s'il s'agit d'une décision en matière d'obligation alimentaire, la *Magistrates' Court saisie par l'Attorney General de Gibraltar.*

Annexe III

Les juridictions devant lesquelles les recours visés à l'article 43, paragraphe 2, de la présente Convention sont portés sont les suivantes:

- **en Belgique:**
  - **a) en ce qui concerne le recours du défendeur: le *tribunal de première instance* ou *rechtbank van eerste aanleg* ou *erstinstanzliches Gericht,***
  - **b) en ce qui concerne le recours du demandeur: la *cour d'appel* ou *hof van beroep,***
- **en Bulgarie: le Апелативен съд -София,**
- **en République tchèque: la *cour d'appel* par l'intermédiaire du *tribunal local,***
- **au Danemark: le *landsret,***
- **en République fédérale d'Allemagne: le *Oberlandesgericht,***
- **en Estonie: le *ringkonnakohus,***
- **en Grèce: le *Εφετείο,***
- **en Espagne: le *Juzgado de Primera Instancia* qui a rendu la décision contestée, pour que la *Audiencia Provincial* se prononce sur le recours,**
- **en France:**
  - **a) la *cour d'appel,* pour les décisions admettant la requête,**
  - **b) le président du *tribunal de grande instance,* pour les décisions rejetant la requête,**
- **en Irlande: *la High Court,***
- **en Islande: le *héraðsdómur,***
- **en Italie: la *corte d'appello,***
- **à Chypre: le *Επαρχιακό Δικαστήριο* ou, s'il s'agit d'une décision en matière d'obligation alimentaire, le *Οικογενειακό Δικαστήριο,***
- **en Lettonie: la *Apgabaltiesa* par l'intermédiaire de la *rajona (pilsētas) tiesa,***
- **en Lituanie: la *Lietuvos apeliacinis teismas,***
- **au Luxembourg: la *Cour supérieure de justice siégeant* en matière d'appel civil,**
- **en Hongrie: le tribunal local situé au siège de la juridiction supérieure (à Budapest, le *Budai Központi Kerületi Bíróság*); la décision sur le recours est prise par la juridiction supérieure (à Budapest, *le Fővárosi Bíróság*),**
- **à Malte: la *Qorti ta' l-Appell,* conformément à la procédure fixée pour les recours dans le *Kodiċi ta' Organizzazzjoni u Proċedura Ċivili* – Kap.12 ou, s'il s'agit d'une décision en matière d'obligation alimentaire, par *ċitazzjoni* devant la *Prim' Awla tal-Qorti ivili jew il-Qorti tal-Maġistrati ta' Għawdex fil-ġurisdizzjoni superjuri tagħha',***
- **aux Pays-Bas: le *rechtbank,***
- **en Norvège: le *lagmannsrett,***
- **en Autriche: le Landesgericht par l'intermédiaire du Bezirksgericht,**
- **en Pologne: le *sąd apelacyjny* par l'intermédiaire du *sąd okręgowy,***
- **au Portugal: le *Tribunal da Relação* est compétent. Les recours sont formés, conformément à la législation nationale en vigueur, par requête adressée à la juridiction qui a rendu la décision contestée,**
- **en Roumanie: la *Curte de Apel,***
- **en Slovénie: le *okrožno sodišče,***
- **en Slovaquie: la cour d'appel, par l'intermédiaire du tribunal local dont la décision fait l'objet du recours,**

– en Suisse: le tribunal *cantonal/Kantonsgericht/tribunale cantonale,*
– en Finlande: le *hovioikeus/hovrätt,*
– en Suède: le *Svea hovrätt,*
– au Royaume-Uni:
  a) en Angleterre et au Pays de Galles, la *High Court of Justice* ou, s'il s'agit d'une décision en matière d'obligation alimentaire, la *Magistrates' Court,*
  b) en Écosse, la *Court of Session* ou, s'il s'agit d'une décision en matière d'obligation alimentaire, la *Sheriff Court,*
  c) en Irlande du Nord, la *High Court of Justice* ou, s'il s'agit d'une décision en matière d'obligation alimentaire, la *Magistrates' Court;*
  d) à Gibraltar, la *Supreme Court de Gibraltar* ou, s'il s'agit d'une décision en matière d'obligation alimentaire, la *Magistrates' Court.*

Annexe IV

Les recours qui peuvent être formés en vertu de l'article 44 de la présente Convention sont les suivants:
– en Belgique, en Grèce, en Espagne, en France, en Italie, au Luxembourg et aux Pays-Bas, le pourvoi en cassation,
– en Bulgarie: le *обжалване пред Върховния касационен съд,*
– en République tchèque: le *dovolání et le žaloba pro zmatečnost,*
– au Danemark: un recours devant le *højesteret,* après autorisation du *Procesbevillingsnævnet,*
– en République fédérale d'Allemagne: le *Rechtsbeschwerde,*
– en Estonie: le *kassatsioonikaebus,*
– en Irlande: le recours sur un point de droit devant la *Supreme Court,*
– en Islande: un recours devant le *Hæstiréttur,*
– à Chypre: un recours devant la Supreme Court,
– en Lettonie: un recours devant le *Augstākās tiesas Senāts,* par l'intermédiaire de la Apgabaltiesa,
– en Lituanie: un recours devant la *Lietuvos Aukščiausiasis Teismas,*
– en Hongrie: le *felülvizsgálati kérelem,*
– à Malte: il n'existe pas d'autre recours; s'il s'agit d'une décision en matière d'obligation alimentaire, le *Qorti ta' l-Appellconformément* à la procédure prévue pour les recours dans le *kodiċi ta' Organizzazzjoni u Procedura Ċivili* – Kap. 12,
– en Norvège: un recours devant la *Høyesteretts Ankeutvalg ou la Høyesterett,*
– en Autriche: le *Revisionsrekurs,*
– en Pologne: le *skarga kasacyjna,*
– au Portugal: le recours sur un point de droit,
– en Roumanie: le *contestatie in anulare ou le revizuire,*
– en Slovénie: un recours devant le *Vrhovno sodišče Republike Slovenije,*
– en Slovaquie: le *dovolanie,*
– en Suisse: un recours devant le *Tribunal fédéral/Beschwerde beim Bundesgericht/ricorso davanti al Tribunale federale,*
– en Finlande: un recours devant le *korkein oikeus/högsta domstolen,*
– en Suède: un recours devant le *Högsta domstolen,*
– au Royaume-Uni: un seul recours sur un point de droit.

Annexe V

Certificat concernant les décisions et transactions judiciaires visé aux articles 54 et 58 de la convention concernant la compétence judiciaire, la reconnaissance et l'exécution des décisions en matière civile et commerciale

1. État d'origine ....
2. Juridiction ou autorité compétente délivrant le certificat
   - 2.1. Nom: ....
   - 2.2. Adresse: ....
   - 2.3. Tél./fax/e-mail ....
3. Juridiction ayant prononcé la décision/approuvé la transaction judiciaire*
   - 3.1. Type de juridiction: ....
   - 3.2. Lieu de la juridiction: ....
4. Décision/transaction judiciaire*
   - 4.1. Date ....
   - 4.2. Numéro de référence: ....
   - 4.3. Les parties en cause
     - 4.3.1. Nom(s) du (des) demandeur(s): ....
     - 4.3.2. Nom(s) du (des) défendeur(s): ....
     - 4.3.3. Nom(s) de l'autre (des autres) partie(s), le cas échéant: ....
   - 4.4. Date de la signification ou notification de l'acte introductif d'instance au cas où la décision a été rendue par défaut:
   - 4.5. Texte de la décision/transaction judiciaire* annexé au présent certificat
5. Nom des parties ayant bénéficié de l'assistance judiciaire.

....

La décision/transaction judiciaire* est exécutoire dans l'Etat d'origine (article 38 ou 58 de la convention) contre:

Nom: ....

....

Fait à ...., le ....

Signature et/ou cachet

....

* Biffer les mentions inutiles.

Annexe VI

Certificat concernant les actes authentiques visé à l'article 57, paragraphe 4, de la convention concernant la compétence judiciaire, la reconnaissance et l'exécution des décisions en matière civile et commerciale

1. État d'origine ....
2. Juridiction ou autorité compétente délivrant le certificat
   2.1. Nom: ....
   2.2. Adresse: ....
   2.3. Tél./fax/e-mail ....
3. Autorité ayant conféré à l'acte son authenticité
   3.1. Autorité intervenue dans l'établissement de l'acte authentique (s'il y a lieu):
      3.1.1. Nom et désignation de l'autorité: ....
      3.1.2. Lieu de l'autorité: ....
   3.2. Autorité ayant enregistré l'acte authentique (s'il y a lieu):
      3.2.1. Type d'autorité: ....
      3.2.2. Lieu de l'autorité: ....
4. Acte authentique
   4.1. Description de l'acte: ....
   4.2. Date ....
      4.2.1. à laquelle l'acte a été établi
      4.2.2. si différente : à laquelle l'acte a été enregistré
   4.3. Numéro de référence: ....
   4.4. Les parties en cause:
      4.4.1. Nom du créancier: ....
      4.4.2. Nom du débiteur: ....
5. Texte de l'obligation exécutoire annexé au présent certificat. ....

L'acte authentique est exécutoire contre le débiteur dans l'État d'origine (article 57, paragraphe 1, de la convention).

Fait à ...., le ....

Signature et/ou cachet

....

Annexe VII

Les conventions remplacées conformément à l'article 65 de la convention sont notamment les suivantes:

- **le traité entre la Confédération suisse et l'Espagne sur l'exécution réciproque des jugements ou arrêts en matière civile et commerciale, signé à Madrid le 19 novembre 1896,**
- **la convention entre la République tchécoslovaque et la Confédération suisse relative à la reconnaissance et à l'exécution de décisions judiciaires (avec protocole additionnel), signée à Berne le 21 décembre 1926,**
- **la convention entre la Confédération suisse et le Reich allemand relative à la reconnaissance et à l'exécution de décisions judiciaires et de sentences arbitrales, signée à Berne le 2 novembre 1929,**

– la convention entre le Danemark, la Finlande, l'Islande, la Norvège et la Suède sur la reconnaissance et l'exécution des jugements, signée à Copenhague le 16 mars 1932,
– la convention entre la Confédération suisse et l'Italie sur la reconnaissance et l'exécution de décisions judiciaires, signée à Rome le 3 janvier 1933,
– la convention entre la Suède et la Confédération suisse sur la reconnaissance et l'exécution des décisions judiciaires et sentences arbitrales, signée à Stockholm le 15 janvier 1936,
– la convention entre la Confédération suisse et la Belgique sur la reconnaissance et l'exécution
– de décisions judiciaires et de sentences arbitrales, signée à Berne le 29 avril 1959,
– la convention entre l'Autriche et la Confédération suisse sur la reconnaissance et l'exécution de décisions judiciaires, signée à Berne le 16 décembre 1960,
– la convention entre la Norvège et le Royaume-Uni sur la reconnaissance réciproque et l'exécution de jugements en matière civile, signée à Londres le 12 juin 1961,
– la convention entre la Norvège et la république fédérale d'Allemagne sur la reconnaissance et l'exécution de jugements et de documents exécutoires en matières civile et commerciale, signée à Oslo le 17 juin 1977,
– la convention entre le Danemark, la Finlande, l'Islande, la Norvège et la Suède sur la reconnaissance et l'exécution de jugements en matière civile, signée à Copenhague le 11 octobre 1977,
– la convention entre la Norvège et l'Autriche sur la reconnaissance et l'exécution des jugements en matière civile, signée à Vienne le 21 mai 1984.

Annexe VIII

Les langues visées à l'article 79 de la convention sont l'allemand, l'anglais, le bulgare, le danois, l'espagnol, l'estonien, le finnois, le français, le grec, le hongrois, l'irlandais, l'islandais, l'italien, le letton, le lituanien, le maltais, le néerlandais, le norvégien, le polonais, le portugais, le roumain, le slovaque, le slovène, le suédois et le tchèque.

Annexe IX

Les États et les règles visés à l'article II du protocole n°1 sont les suivants:

Allemagne: les articles 68, 72, 73 et 74 du code de procédure civile (Zivilprozessordnung) concernant la litis denuntiatio,
– Autriche: l'article 21 du code de procédure civile (Zivilprozessordnung) concernant la litis denuntiatio,
– Hongrie: les articles 58 à 60 du code de procédure civile (Polgári perrendtartás) concernant la litis denuntiatio,
– Suisse, pour les cantons dont le code de procédure civile ne prévoit pas la compétence visée à l'article 6, paragraphe 2, et à l'article 11 de la convention: les dispositions relatives à la litis denuntiatio du code de procédure civile applicable.

Allegato I

Le norme nazionali sulla competenza di cui all'articolo 3, paragrafo 2, e all'articolo 4, paragrafo 2, della convenzione sono le seguenti:

- **in Belgio: gli articoli da 5 a 14 della legge del 16 luglio 2004 sul diritto internazionale privato,**
- **in Bulgaria: l'articolo 4, primo comma, del codice di diritto internazionale privato,**
- **nella Repubblica ceca: l'articolo 86 della legge n. 99/1963 Racc., codice di procedura civile *(občanský soudní řád),* e successive modifiche,**
- **in Danimarca: l'articolo 246, secondo e terzo comma, del codice di procedura civile *(lov om rettens pleje),***
- **in Germania: l'articolo 23 del codice di procedura civile *(Zivilprozessordnung),***
- **in Estonia: l'articolo 86 del codice di procedura civile *(tsiviilkohtumenetluse seadustik),***
- **in Grecia: l'articolo 40 del codice di procedura civile *(Κώδικας Πολιτικής Δικονομίας),***
- **in Francia: gli articoli 14 e 15 del codice civile *(Code civil),***
- **in Islanda: l'articolo 32, quarto comma, del codice di procedura civile *(Lög um meðferð einkamála nr. 91/1991),***
- **in Irlanda: le disposizioni relative alla competenza basata su un atto di citazione notificato o comunicato al convenuto durante il suo temporaneo soggiorno in Irlanda,**
- **in Italia: gli articoli 3 e 4 della legge 31 maggio 1995, n. 218,**
- **a Cipro: l'articolo 21, secondo comma, della legge n. 14 del 1960 sulle corti di giustizia, e successive modifiche,**
- **in Lettonia: l'articolo 27 e l'articolo 28, terzo, quinto, sesto e nono comma, del codice di procedura civile (Civilprocesa likums),**
- **in Lituania: l'articolo 31 del codice di procedura civile *(Civilinio proceso kodeksas),***
- **in Lussemburgo: gli articoli 14 e 15 del codice civile *(Code civil),***
- **in Ungheria: l'articolo 57 del decreto legge n. 13 del 1979 sul diritto internazionale privato *(a nemzetközi magánjogról szóló 1979. évi 13. törvényerejű rendelet),***
- **a Malta: gli articoli 742, 743 e 744 del codice di procedura civile – Cap. 12 *(Kodiċi ta' Organizzazzjoni u Proċedura Ċivili* – Kap. 12) e l'articolo 549 del codice di commercio -Cap. 13 *(Kodiċi tal-kummerċ* – Kap. 13),**
- **in Norvegia: l'articolo 4-3, secondo comma, seconda frase, della legge sul contenzioso *(tvisteloven),***
- **in Austria: l'articolo 99 della legge sulla competenza giurisdizionale *(Jurisdiktionsnorm),***
- **in Polonia: gli articoli 1103 e 1110 del codice di procedura civile *(Kodeks postępowania cywilnego),* nella parte in cui fondano la competenza sulla circostanza che il convenuto risiede in Polonia, possiede beni in Polonia o è titolare di diritti di proprietà in Polonia oppure che l'oggetto della causa si trova in Polonia o che una delle parti è cittadina polacca,**
- **in Portogallo: l'articolo 65 e l'articolo 65 A del codice di procedura civile *(Código de Processo Civil)* e l'articolo 11 del codice di procedura del lavoro *(Código de Processo de Trabalho),***
- **in Romania: gli articoli da 148 a 157 della legge n. 105/1992 sulle relazioni di diritto internazionale privato,**

- in Slovenia: l'articolo 48, secondo comma, della legge sul diritto internazionale privato e processuale *(Zakon o mednarodnem zasebnem pravu in postopku)* in combinato disposto con l'articolo 47, secondo comma, della legge sulla procedura civile *(Zakon o pravdnem postopku)* e l'articolo 58 della legge sul diritto internazionale privato e processuale *(Zakon o mednarodnem zasebnem pravu in postopku)* in combinato disposto con l'articolo 59 della legge sulla procedura civile *(Zakon o pravdnem postopku),*
- in Slovacchia: gli articoli da 37 a 37e della legge n. 97/1963 sul diritto internazionale privato e processuale,
- in Svizzera: il foro del luogo del sequestro/for du lieu du *séquestre/Gerichtsstand des Arrestortes* ai sensi dell'articolo 4 della legge federale sul diritto internazionale privato/Loi fédérale sur le droit *international privé/Bundesgesetz über das internationale Privatrecht,*
- in Finlandia: il capo 10, articolo 1, primo comma, seconda, terza e quarta frase del codice di procedura civile *(oikeudenkäymiskaari/rättegångsbalken),*
- in Svezia: il capo 10, articolo 3, primo comma, prima frase del codice di procedura civile *(rättegångsbalken),*
- nel Regno Unito: le disposizioni relative alla competenza basata:
  a) su un atto di citazione notificato o comunicato al convenuto durante il suo temporaneo soggiorno nel Regno Unito, o
  b) sull'esistenza nel Regno Unito di beni appartenenti al convenuto, o
  c) sul sequestro, ottenuto dall'attore, di beni situati nel Regno Unito.

Allegato II

I giudici o le autorità competenti dinanzi ai quali deve essere proposta l'istanza di cui all'articolo 39 della convenzione sono i seguenti:

- in Belgio: *tribunal de première instanceo rechtbank van eerste aanlego erstinstanzliches Gericht,*
- in Bulgaria: *Софийски градски съд,*
- nella Repubblica ceca: *okresní soudo soudní exekutor,*
- in Danimarca: *byret,*
- in Germania:
  a) presidente di una sezione del *Landgericht,*
  b) un notaio, in caso di istanza per la dichiarazione di esecutività di un atto pubblico,
- in Estonia: *maakohus,*
- in Grecia: *Μονομελές Πρωτοδικείο,*
- in Spagna: *Juzgado de Primera Instancia,*
- in Francia:
  a) greffier en chef du tribunal de grande instance,
  b) président de la chambre départementale des notaires, in caso di istanza per la dichiarazione di esecutività di un atto pubblico notarile,
- in Irlanda: *High Court,*
- in Islanda: héraðsdómur,
- in Italia: Corte d'appello,
- a Cipro: *Επαρχιακό Δικαστήριο* o, nel caso di procedimenti in materia di obbligazioni alimentari, *Οικογενειακό Δικαστήριο,*

- in Lettonia: *rajona (pilsētas) tiesa,*
- in Lituania: *Lietuvos apeliacinis teismas,*
- in Lussemburgo: presidente del *tribunal d'arrondissement,*
- in Ungheria: *megyei bíróság székhelyén működő helyi bíróság* e a Budapest *Budai Központi Kerületi Bíróság,*
- a Malta: *Prim' Awla tal-Qorti Ċivilio Qorti tal-Maġistrati ta' Għawdex fil-ġurisdizzjoni superjuri tagħha* ovvero, nel caso di procedimenti in materia di obbligazioni alimentari, *Reġistratur tal-Qorti, cui l'istanza è trasmessa dal Ministru responsabbli għall-Ġustizzja,*
- nei Paesi Bassi: *voorzieningenrechter van de rechtbank,*
- in Norvegia: *tingrett,*
- in Austria: *Bezirksgericht,*
- in Polonia: *sąd okręgowy,*
- in Portogallo: *Tribunal de comarca,*
- in Romania: *Tribunal,*
- in Slovenia: *okrožno sodišče,*
- in Slovacchia: *okresný súd,*
- in Svizzera:
  a) per le decisioni di condanna al pagamento di una somma di denaro, giudice competente a pronunciare sul rigetto dell'opposizione/Juge de la *mainlevée/Rechtsöffnungsrichter,* nel quadro della procedura disciplinata dagli articoli 80 e 81 della legge federale sull'esecuzione e sul fallimento/loi fédérale sur la poursuite pour dettes et la faillite/*Bundesgesetz über Schuldbetreibung und Konkurs,*
  b) per le decisioni che non condannano al pagamento di una somma di denaro, giudice cantonale competente a pronunciare l'exequatur/juge cantonal d'exequatur compétent/*zuständiger kantonaler Vollstreckungsrichter,*
- in Finlandia: *käräjäoikeus/tingsrätt,*
- in Svezia: *Svea hovrätt,*
- nel Regno Unito:
  a) in Inghilterra e nel Galles, *High Court of Justice* ovvero, nel caso di procedimenti in materia di obbligazioni alimentari, *Magistrates' Court,* cui l'istanza è trasmessa dal *Secretary of State,*
  b) in Scozia, *Court of Session* ovvero, nel caso di procedimenti in materia di obbligazioni alimentari, *Sheriff Court,* cui l'istanza è trasmessa dal *Secretary of State,*
  c) nell'Irlanda del Nord, *High Court of Justice* ovvero, nel caso di procedimenti in materia di obbligazioni alimentari, *Magistrates' Court,* cui l'istanza è trasmessa dal *Secretary of State,*
  d) a Gibilterra, *Supreme Court of Gibraltar* ovvero, nel caso di procedimenti in materia di obbligazioni alimentari, *Magistrates' Court,* cui l'istanza è trasmessa dall'*Attorney General of Gibraltar.*

Allegato III

I giudici dinanzi ai quali deve essere proposto il ricorso di cui all'articolo 43, paragrafo 2, della convenzione sono i seguenti:

- **in Belgio:**
  - **a) per quanto riguarda il ricorso del convenuto: tribunal de première instanceo rechtbank van eerste aanlego erstinstanzliches Gericht,**
  - **b) per quanto riguarda il ricorso dell'istante: cour d'appel o hof van beroep,**
- **in Bulgaria: Апелативен съд -София,**
- **nella Repubblica ceca: giudice dell'impugnazione tramite il giudice di primo grado,**
- **in Danimarca: *landsret,***
- **in Germania: *Oberlandesgericht,***
- **in Estonia: *ringkonnakohus,***
- **in Grecia: *Εφετείο,***
- **in Spagna: *Juzgado de Primera Instancia* che ha reso la decisione contestata, affinché l'*Audiencia Provincial* si pronunci sul ricorso,**
- **in Francia:**
  - **a) cour d'appel per le decisioni che accolgono l'istanza,**
  - **b) presidente del tribunal de grande instance per le decisioni che respingono l'istanza,**
- **in Irlanda: *High Court,***
- **in Islanda: *héraðsdómur,***
- **in Italia: Corte d'appello,**
- **a Cipro: *Επαρχιακό Δικαστήριο* ovvero, nel caso di procedimenti in materia di obbligazioni alimentari, *Οικογενειακό Δικαστήριο,***
- **in Lettonia: *Apgabaltiesa tramite il rajona (pilsētas) tiesa,***
- **in Lituania: *Lietuvos apeliacinis teismas,***
- **in Lussemburgo: *Cour supérieure de justice* giudicante in appello in materia civile,**
- **in Ungheria: giudice locale con sede presso il tribunale distrettuale *(a Budapest, tribunale distrettuale centrale di Buda);* il ricorso è assegnato dal tribunale distrettuale *(a Budapest, il tribunale della capitale),***
- **a Malta: *Qorti ta' l-Appell* conformemente alla procedura stabilita per i ricorsi nel *Kodiċi ta' Organizzazzjoni u Proċedura Ċivili* – Kap.12 ovvero, nel caso di procedimenti in materia di obbligazioni alimentari, *tramite ċitazzjoni dinanzi al Prim' Awla tal-Qorti ivili jew il-Qorti tal-Maġistrati ta' Għawdex fil-ġurisdizzjoni superjuri tagħha',***
- **nei Paesi Bassi: il *rechtbank,***
- **in Norvegia: *lagmannsrett,***
- **in Austria: *Landesgericht tramite* il *Bezirksgericht,***
- **in Polonia: *sąd apelacyjny* tramite il *sąd okręgowy,***
- **in Portogallo: *Tribunal da Relação.* I ricorsi si propongono, ai sensi della legislazione nazionale vigente, presentando domanda al tribunale che ha pronunciato la decisione contestata,**
- **in Romania: *Curte de Apel,***
- **in Slovenia: *okrožno sodišče,***

- in Slovacchia: giudice dell'impugnazione tramite il giudice di primo grado di cui si impugna la decisione,
- in Svizzera: tribunale cantonale/tribunal cantonal/*Kantonsgericht,*
- vin Finlandia: *hovioikeus/hovrätt,*
- in Svezia: *Svea hovrätt,*
- nel Regno Unito:
  a) in Inghilterra e nel Galles, *High Court of Justice* ovvero, nel caso di procedimenti in materia di obbligazioni alimentari, *Magistrates' Court,*
  b) in Scozia, *Court of Session* ovvero, nel caso di procedimenti in materia di obbligazioni alimentari, *Sheriff Court,*
  c) nell'Irlanda del Nord, *High Court of Justice* ovvero, nel caso di procedimenti in materia di obbligazioni alimentari, *Magistrates' Court,*
  d) a Gibilterra, *Supreme Court of Gibraltar* ovvero, nel caso di procedimenti in materia di obbligazioni alimentari, *Magistrates' Court.*

Allegato IV

I ricorsi proponibili in forza dell'articolo 44 della convenzione sono i seguenti:

- in Belgio, Grecia, Spagna, Francia, Italia, Lussemburgo e nei Paesi Bassi: ricorso in cassazione,
- in Bulgaria: *обжалване пред Върховния касационен съд,*
- nella Repubblica ceca: *dovolánie žaloba pro zmatečnost,*
- in Danimarca: ricorso all'*højesteret, previa autorizzazione del Procesbevillingsnævnet,*
- in Germania: *Rechtsbeschwerde,*
- in Estonia: *kassatsioonikaebus,*
- in Irlanda: ricorso alla *Supreme Court* per motivi di diritto,
- in Islanda: ricorso all'*Hæstiréttur,*
- a Cipro: ricorso alla *Supreme Court,*
- in Lettonia: ricorso all'*Augstākās tiesas Senāts tramite l'Apgabaltiesa,*
- in Lituania: ricorso al *Lietuvos Aukščiausiasis Teismas,*
- in Ungheria: *felülvizsgálati kérelem,*
- a Malta: non esistono ulteriori mezzi di ricorso a un altro giudice; nel caso di procedimenti in materia di obbligazioni alimentari, *Qorti ta' l-Appell* conformemente alla procedura stabilita per i ricorsi nel *Kodiċi ta' Organizzazzjoni u Proċedura Ċivili* – Kap.12,
- in Norvegia: ricorso all'*Høyesterett Ankeutvalg* o *Høyesterett*,
- in Austria: *Revisionsrekurs,*
- in Polonia: *skarga kasacyjna,*
- in Portogallo: ricorso per motivi di diritto,
- in Romania: contestatie in anulare o *revizuire,*
- in Slovenia: ricorso al *Vrhovno sodišče Republike Slovenije,*
- in Slovacchia: *dovolanie,*
- in Svizzera: ricorso davanti al Tribunale federale/recours devant le Tribunal fédéral/ *Beschwerde beim Bundesgericht*
- in Finlandia: ricorso al *korkein oikeus/högsta domstolen,*

– **in Svezia: ricorso all'*Högsta domstolen*,**
– **nel Regno Unito: ulteriore ricorso unico per motivi di diritto.**

Allegato V

Attestato relativo alle decisioni e alle transazioni giudiziarie di cui agli articoli 54 e 58 della convenzione concernente la competenza giurisdizionale, il riconoscimento e l'esecuzione delle decisioni in materia civile e commerciale

1. Stato d'origine ....
2. Giudice o autorità competente che rilascia l'attestato
   2.1. Nome ....
   2.2. Indirizzo ....
   2.3. Tel./fax/posta elettronica ....
3. Giudice che ha emesso la decisione / approvato la transazione giudiziaria*
   3.1. Tipo di giudice ....
   3.2. Sede del giudice ....
4. Decisione/transazione giudiziaria*
   4.1. Data ....
   4.2. Numero di riferimento ....
   4.3. Parti in causa*
      4.3.1. Nome(i) dell'attore (degli attori) ....
      4.3.2. Nome(i) del convenuto (dei convenuti) ....
      4.3.3. Nome delle eventuali altre parti ....
   4.4. Data di notificazione o comunicazione della domanda giudiziale in caso di decisioni contumaciali
   4.5. Testo della decisione/transazione giudiziaria* allegato al presente attestato
5. Nomi delle parti alle quali è concesso il gratuito patrocinio ....

....

La decisione/transazione giudiziaria* è esecutiva nello Stato d'origine (articoli 38 e 58 della convenzione) contro:

Nome: ....

Fatto a ...., data ....

Firma e/o timbro

....

* Cancellare la dicitura inutile.

Allegato VI

Attestato relativo agli atti pubblici di cui all'articolo 57, paragrafo 4 della convenzione concernente la competenza giurisdizionale, il riconoscimento e l'esecuzione delle decisioni in materia civile e commerciale

1. Stato d'origine ....
2. Giudice o autorità competente che rilascia l'attestato
   2.1. Nome ....
   2.2. Indirizzo ....
   2.3. Tel./fax/posta elettronica ....
3. Autorità che ha autenticato l'atto
   3.1. Autorità intervenuta nella formazione dell'atto pubblico (se del caso)
      3.1.1. Nome e titolo dell'autorità ....
      3.1.2. Sede dell'autorità ....
   3.2. Autorità che ha registrato l'atto pubblico (se del caso)
      3.2.1. Tipo di autorità ....
      3.2.2. Sede dell'autorità ....
4. Atto pubblico
   4.1. Descrizione dell'atto ....
   4.2. Data ....
      4.2.1. alla quale l'atto è stato formato
      4.2.2. se diversa: alla quale l'atto è stato registrato
   4.3. Numero di riferimento ....
   4.4. Parti in causa
      4.4.1. Nome del creditore ....
      4.4.2. Nome del debitore ....
5. Testo dell'obbligazione da eseguire allegato al presente attestato.

L'atto pubblico ha efficacia esecutiva nei confronti del debitore nello Stato d'origine (articolo 57, paragrafo 1, della convenzione)

Fatto a ...., data ....

Firma e/o timbro

....

Allegato VII

Le convenzioni sostituite ai sensi dell'articolo 65 della convenzione sono, in particolare:

- **il trattato tra la Confederazione svizzera e la Spagna sull'esecuzione reciproca delle decisioni in materia civile e commerciale, firmato a Madrid il 19 novembre 1896;**
- **la convenzione tra la Repubblica cecoslovacca e la Confederazione svizzera relativa al riconoscimento e all'esecuzione delle decisioni giudiziarie, e protocollo addizionale, firmata a Berna il 21 dicembre 1926;**
- **la convenzione tra la Confederazione svizzera ed il Reich tedesco relativa al riconoscimento e all'esecuzione delle decisioni giudiziarie e delle sentenze arbitrali, firmata a Berna il 2 novembre 1929;**

- la convenzione tra la Danimarca, la Finlandia, l'Islanda, la Norvegia e la Svezia per il riconoscimento e l'esecuzione di sentenze, firmata a Copenaghen il 16 marzo 1932;
- la convenzione tra la Confederazione svizzera e l'Italia sul riconoscimento e l'esecuzione delle decisioni giudiziarie, firmata a Roma il 3 gennaio 1933;
- la convenzione tra la Svezia e la Confederazione svizzera sul riconoscimento e l'esecuzione delle decisioni giudiziarie e delle sentenze arbitrali, firmata a Stoccolma il 15 gennaio 1936;
- la convenzione tra la Confederazione svizzera e il Belgio sul riconoscimento e l'esecuzione delle decisioni giudiziarie e delle sentenze arbitrali, firmata a Berna il 29 aprile 1959;
- la convenzione tra la Repubblica d'Austria e la Confederazione svizzera sul riconoscimento e l'esecuzione delle decisioni giudiziarie, firmata a Berna il 16 dicembre 1960;
- la convenzione tra la Norvegia e il Regno Unito per il riconoscimento reciproco e l'esecuzione delle sentenze in materia civile, firmata a Londra il 12 giugno 1961;
- la convenzione tra la Norvegia e la Repubblica federale di Germania per il riconoscimento e l'esecuzione di sentenze e documenti esecutivi in materia civile e commerciale, firmata a Oslo il 17 giugno 1977;
- la convenzione tra la Danimarca, la Finlandia, l'Islanda, la Norvegia e la Svezia per il riconoscimento e l'esecuzione di sentenze in materia civile, firmata a Copenaghen l'11 ottobre 1977;
- la convenzione tra il Regno di Norvegia e la Repubblica d'Austria sul riconoscimento e l'esecuzione delle sentenze in materia civile, firmata a Vienna il 21 maggio 1984.

Allegato VIII

Le lingue di cui all'articolo 79 della convenzione sono: bulgaro, ceco, danese, estone, finlandese, francese, greco, inglese, islandese, irlandese, italiano, lettone, lituano, maltese, norvegese, olandese, polacco, portoghese, rumeno, slovacco, sloveno, spagnolo, svedese, tedesco e ungherese.

Allegato IX

Gli Stati e le norme di cui all'articolo II del protocollo n. 1 sono:
- Germania: articoli 68, 72, 73 e 74 del codice di procedura civile (Zivilprozessordnung) concernenti la litis denuntiatio;
- Austria: articolo 21 del codice di procedura civile (Zivilprozessordnung) concernente la litis denuntiatio;
- Ungheria: articoli da 58 a 60 del codice di procedura civile (Polgári perrendtartás) concernenti la litis denuntiatio;
- Svizzera, limitatamente ai cantoni il cui codice di procedura civile non prevede la competenza di cui all'articolo 6, paragrafo 2, e all'articolo 11 della convenzione: le pertinenti disposizioni del codice di procedura civile concernenti la litis denuntiatio.

Annex I

The rules of jurisdiction referred to in Article 3(2) and 4(2) of the Convention are the following:

- **in Belgium: Articles 5 through 14 of the Law of 16 July 2004 on private international law,**
- **in Bulgaria: Article 4(1) of the International Private Law Code,**
- **in the Czech Republic: Article 86 of Act No 99/1963 Coll., the Code of Civil Procedure *(občanský soudní řád),* as amended,**
- **in Denmark: Article 246(2) and (3) of the Administration of Justice Act *(Lov om rettens pleje),***
- **in Germany: Article 23 of the code of civil procedure *(Zivilprozessordnung),***
- **in Estonia: Paragraph 86 of the Code of Civil Procedure *(tsiviilkohtumenetluse seadustik),***
- **in Greece: Article 40 of the code of civil procedure *(Κώδικας Πολιτικής Δικονομίας),***
- **in France: Articles 14 and 15 of the civil code *(Code civil),***
- **in Iceland: Article 32 paragraph 4 of the Civil Proceedings Act *(Lög um meðferð einkamála nr. 91/1991),***
- **in Ireland: the rules which enable jurisdiction to be founded on the document instituting the proceedings having been served on the defendant during his temporary presence in Ireland,**
- **in Italy: Articles 3 and 4 of Act 218 of 31 May 1995,**
- **in Cyprus: section 21(2) of the Courts of Justice Law No 14 of 1960, as amended,**
- **in Latvia: section 27 and paragraphs 3, 5, 6 and 9 of section 28 of the Civil Procedure Law *(Civilprocesa likums),***
- **in Lithuania: Article 31 of the Code of Civil Procedure *(Civilinio proceso kodeksas),***
- **in Luxembourg: Articles 14 and 15 of the civil code *(Code civil),***
- **in Hungary: Article 57 of Law Decree No. 13 of 1979 on International Private Law *(a nemzetközi magánjogról szóló 1979. évi 13. törvényerejű rendelet),***
- **in Malta: Articles 742, 743 and 744 of the Code of Organisation and Civil Procedure – Cap. 12 *(Kodiċi ta' Organizzazzjoni u Proċedura Ċivili* – Kap. 12) and Article 549 of the Commercial Code – Cap. 13 *(Kodiċi tal-kummerċ* – Kap. 13),**
- **in Norway: Section 4-3(2) second sentence of the Dispute Act *(tvisteloven),***
- **in Austria: Article 99 of the Law on court Jurisdiction *(Jurisdiktionsnorm),***
- **in Poland: Articles 1103 and 1110 of the Code of Civil Procedure *(Kodeks postępowania cywilnego),* insofar as they establish jurisdiction on the basis of the defendant's residence in Poland, the possession by the defendant of property in Poland or his entitlement to property rights in Poland, the fact that the object of the dispute is located in Poland and the fact that one of the parties is a Polish citizen,**
- **in Portugal: Article 65 and Article 65A of the code of civil procedure *(Código de Processo Civil)* and Article 11 of the code of labour procedure *(Código de Processo de Trabalho),***
- **in Romania: Articles 148-157 of Law No. 105/1992 on Private International Law Relations,**
- **in Slovenia: Article 48(2) of the Private International Law and Procedure Act *(Zakon o mednarodnem zasebnem pravu in postopku)* in relation to Article 47(2) of Civil**

Procedure Act *(Zakon o pravdnem postopku)* and Article 58 of the Private International Law and Procedure Act *(Zakon o mednarodnem zasebnem pravu in postopku)* in relation to Article 59 of Civil Procedure Act *(Zakon o pravdnem postopku),*
- in Slovakia: Articles 37 to 37e of Act No 97/1963 on Private International Law and the Rules of Procedure relating thereto,
- in Switzerland: le for *du lieu du séquestre/Gerichtsstand des Arrestortes/foro del luogo del sequestro* within the meaning of Article 4 of the *loi fédérale sur le droit international privé/Bundesgesetz über das internationale Privatrecht/legge federale sul diritto internazionale privato,*
- in Finland: the second, third and fourth sentences of the first paragraph of Section 1 of Chapter 10 of the Code of Judicial Procedure *(oikeudenkäymiskaari/rättegångsbalken),*
- in Sweden: the first sentence of the first paragraph of Section 3 of Chapter 10 of the Code of Judicial Procedure *(rättegångsbalken),*
- in the United Kingdom: the rules which enable jurisdiction to be founded on:
  a) the document instituting the proceedings having been served on the defendant during his temporary presence in the United Kingdom, or
  b) the presence within the United Kingdom of property belonging to the defendant, or
  c) the seizure by the plaintiff of property situated in the United Kingdom.

Annex II

The courts or competent authorities to which the application referred to in Article 39 of the Convention may be submitted are the following:
- in Belgium: the «tribunal de première instance» or «rechtbank van eerste aanleg» or «erstinstanzliches Gericht»,
- in Bulgaria: the *Софийски градски съд,*
- in the Czech Republic: the *okresní soud or soudní exekutor,*
- in Denmark: the *byret,*
- in Germany:
  a) the presiding judge of a chamber of the Landgericht;
  b) a notary in a procedure of declaration of enforceability of an authentic instrument,
- in Estonia: the maakohus *(county court),*
- in Greece: the *Μονομελές Πρωτοδικείο,*
- in Spain: the *Juzgado de Primera Instancia,*
- in France:
  a) the greffier en chef du tribunal de grande instance;
  b) the président de la chambre départementale des notaires in the case of application for a declaration of enforceability of a notarial authentic instrument,
- in Ireland: the *High Court,*
- in Iceland:the *héraðsdómur,*
- in Italy: the *corte d'appello,*
- in Cyprus: the *Επαρχιακό Δικαστήριο* or in the case of a maintenance judgment the *Οικογενειακό Δικαστήριο,*

- **in Latvia: the *rajona (pilsētas) tiesa,***
- **in Lithuania: the *Lietuvos apeliacinis teismas,***
- **in Luxembourg: the *presiding judge of the tribunal d'arrondissement,***
- **in Hungary: the *megyei bíróság székhelyén működő helyi bíróság,* and in Budapest the *Budai Központi Kerületi Bíróság,***
- **in Malta: the *Prim' Awla tal-Qorti Ċivili* or *Qorti tal-Maġistrati ta' Għawdex fil-ġurisdizzjoni superjuri tagħha,* or, in the case of a maintenance judgment, the *Reġistratur tal-Qorti on transmission* by the *Ministru responsabbli għall-Ġustizzja,***
- **in the Netherlands: the *voorzieningenrechter van de rechtbank,***
- **in Norway: the *tingrett,***
- **in Austria: the *Bezirksgericht,***
- **in Poland: the *sąd okręgowy,***
- **in Portugal: the *Tribunal de Comarca,***
- **in Romania: the *Tribunal,***
- **in Slovenia: the *okrožno sodišče,***
- **in Slovakia: the *okresný súd,***
- **in Switzerland:**
  - **a) in respect of judgments ordering the payment of a sum of money, the juge *de la mainlevée/Rechtsöffnungsrichter/giudice competente a pronunciare sul rigetto dell'opposizione,* within the framework of the procedure governed by Articles 80 and 81 of the *loi fédérale sur la poursuite pour dettes et la faillite/Bundesgesetz über Schuldbetreibung und Konkurs/legge federale sulla esecuzione e sul fallimento;***
  - **b) in respect of judgments ordering a performance other than the payment of a sum of money, the juge *cantonal d'exequatur compétent/zuständiger kantonaler Vollstreckungsrichter/giudice cantonale competente a pronunciare l'exequatur,***
- **in Finland: the *käräjäoikeus/tingsrätt,***
- **in Sweden: the *Svea hovrätt,***
- **in the United Kingdom:**
  - **a) in England and Wales, the *High Court of Justice,* or in the case of a maintenance judgment, the *Magistrates' Court* on transmission by the *Secretary of State;***
  - **b) in Scotland, the *Court of Session,* or in the case of a maintenance judgment, the *Sheriff Court* on transmission by the *Secretary of State;***
  - **c) in Northern Ireland, the *High Court of Justice,* or in the case of a maintenance judgment, *the Magistrates' Court* on transmission by the *Secretary of State;***
  - **d) in Gibraltar, *the Supreme Court of Gibraltar,* or in the case of a maintenance judgment, the *Magistrates' Court* on transmission by the *Attorney General of Gibraltar.***

Annex III

The courts with which appeals referred to in Article 43(2) of the Convention may be lodged are the following:

- **in Belgium:**
  - **a) as regards appeal by the defendant, the tribunal de première instance or rechtbank van eerste aanleg or erstinstanzliche Gericht;**
  - **b) as regards appeal by the applicant: the cour d'appel or hof van beroep,**
- **in Bulgaria: the *Апелативен съд – София,***
- **in the Czech Republic: the court of appeal through the district court,**
- **in Denmark: the *landsret,***
- **in the Federal Republic of Germany: the *Oberlandesgericht,***
- **in Estonia: the *ringkonnakohus,***
- **in Greece: *the Εφετείο,***
- **in Spain: *el Juzgado de Primera Instancia que dictó la resolución recurrida para ser resuelto el recurso por la Audiencia Provincial,***
- **in France:**
  - **a) the cour d'appel on decisions allowing the application;**
  - **b) the presiding judge of the tribunal de grande instance, on decisions rejecting the application,**
- **in Ireland: the *High Court,***
- **in Iceland: the *héraðsdómur,***
- **in Italy: the *corte d'appello,***
- **in Cyprus: the *Επαρχιακό Δικαστήριο* or in the case of a maintenance judgment the *Οικογενειακό Δικαστήριο,***
- **in Latvia: the *Apgabaltiesa via the rajona (pilsētas) tiesa,***
- **in Lithuania: the *Lietuvos apeliacinis teismas,***
- **in Luxembourg: the *Cour supérieure de justice sitting as a court of civil appeal,***
- **in Hungary: the local court situated at the seat of the county court (in Budapest, the Central District Court of Buda); the appeal is adjudicated by the county court (in Budapest, the Capital Court),**
- **in Malta: the *Qorti ta' l-Appell* in accordance with the procedure laid down for appeals in the *Kodiċi ta' Organizzazzjoni u Proċedura Ċivili* – Kap.12 or in the case of a maintenance judgment by *ċitazzjoni before the Prim' Awla tal-Qorti ivili jew il-Qorti tal-Maġistrati ta' Għawdex fil-ġurisdizzjoni superjuri tagħha',***
- **in the Netherlands: the *rechtbank,***
- **in Norway: the *lagmannsrett,***
- **in Austria: the *Landesgericht via the Bezirksgericht,***
- **in Poland: the *sąd apelacyjny via the sąd okręgowy,***
- **in Portugal: the *Tribunal da Relação* is the competent court. The appeals are launched, in accordance with the national law in force, by way of a request addressed to the court which issued the contested decision,**
- **in Romania: the *Curte de Apel,***
- **in Slovenia: the *okrožno sodišče,***
- **in Slovakia: the court of appeal through the district court whose decision is being appealed,**

- **in Switzerland: the tribunal *cantonal/Kantonsgericht/tribunale cantonale,***
- **in Finland: the *hovioikeus/hovrätt,***
- **in Sweden: the *Svea hovrätt,***
- **in the United Kingdom:**
  - **a) in England and Wales, the *High Court of Justice,* or in the case of a maintenance judgment, the *Magistrates' Court;***
  - **b) in Scotland, the *Court of Session,* or in the case of a maintenance judgment, the *Sheriff Court;***
  - **c) in Northern Ireland, the *Hight Cour of Justice,* or in the case of a maintenance judgment, the *Magistrates' Court;***
  - **d) in Gibraltar, the *Supreme Court of Gibraltar,* or in the case of a maintenance judgment, the *Magistrates' Court.***

Annex IV

The appeals which may be lodged pursuant to Article 44 of the Convention are the following:

- **in Belgium: Greece, Spain, France, Italy, Luxembourg and in the Netherlands, an appeal in cassation,**
- **in Bulgaria: *обжалване пред Върховния касационен съд,***
- **in the Czech Republic: a *dovolání and a žaloba pro zmatečnost,***
- **in Denmark: an appeal to the *højesteret,* with the leave of the *Procesbevillingsnævnet,***
- **in the Federal Republic of Germany: a *Rechtsbeschwerde,***
- **in Estonia: a *kassatsioonikaebus,***
- **in Ireland: an appeal on a point of law to the *Supreme Court,***
- **in Iceland: an appeal to the *Hæstiréttur,***
- **in Cyprus: an appeal to the *Supreme Court,***
- **in Latvia: an appeal to the *Augstākās tiesas Senāts via the Apgabaltiesa,***
- **in Lithuania: an appeal to the *Lietuvos Aukščiausiasis Teismas,***
- **in Hungary: *felülvizsgálati kérelem,***
- **in Malta: no further appeal lies to any other court; in the case of a maintenance judgment the *Qorti ta' l-Appell* in accordance with the procedure laid down for appeal in the *kodiċi ta' Organizzazzjoni u Procedura Ċivili* – Kap. 12,**
- **in Norway: an appeal to the *Høyesteretts Ankeutvalg or Høyesterett,***
- **in Austria: a *Revisionsrekurs,***
- **in Poland: *skarga kasacyjna,***
- **in Portugal: an appeal on a point of law,**
- **in Romania: a contestatie in anulare or a *revizuire,***
- **in Slovenia: an appeal to the *Vrhovno sodišče Republike Slovenije,***
- **in Slovakia: the *dovolanie,***
- **in Switzerland: a recours devant le *Tribunal fédéral/Beschwerde beim Bundesgericht/ ricorso davanti al Tribunale federale,***
- **in Finland: an appeal to the *korkein oikeus/högsta domstolen,***
- **in Sweden: an appeal to the *Högsta domstolen,***
- **in the United Kingdom: a single further appeal on a point of law.**

Annex V

Certificate on judgments and court settlements referred to in Articles 54 and 58 of the Convention on jurisdiction and the recognition and enforcement of judgments in civil and commercial matters

1. State of origin ....
2. Court or competent authority issuing the certificate
   2.1. Name ....
   2.2. Address ....
   2.3. Tel/Fax/E-mail ....
3. Court which delivered the judgment/approved the court settlement*
   3.1. Type of court ....
   3.2. Place of court ....
4. Judgment/court settlement*
   4.1. Date ....
   4.2. Reference number ....
   4.3. The parties to the judgment/court settlement*
      4.3.1. Name(s) of plaintiff(s) ....
      4.3.2. Name(s) of defendant(s ....
      4.3.3. Name(s) of other party(ies), if any ....
   4.4. Date of service of the document instituting the proceedings where judgment was given in default of appearance
   4.5. Text of the judgment/court settlement* as annexed to this certificate
5. Names of parties to whom legal aid has been granted ....

....

The judgment/court settlement* is enforceable in the State of origin (Article 38/58 of the Convention) against:

Name: ....

Done at ...., date ....

Signature and/or stamp ....

* Delete as appropriate

Annex VI

Certificate on authentic instruments referred to in Article 57(4) of the Convention on jurisdiction and the recognition and enforcement of judgments in civil and commercial matters

1. State of origin ....
2. Court or competent authority issuing the certificate
   2.1. Name ....
   2.2. Address ....
   2.3. Tel/Fax/E-mail ....
3. Authority which has given authenticity to the instrument
   3.1. Authority involved in the drawing up of the authentic instrument (if applicable)
      3.1.1. Name and designation of authority ....
      3.1.2. Place of authority ....
   3.2. Authority which has registered the authentic instrument (if applicable)
      3.2.1. Type of authority ....
      3.2.2. Place of authority ....
4. Authentic instrument
   4.1. Description of the instrument ....
   4.2. Date ....
      4.2.1. on which the instrument was drawn up
      4.2.2. if different: on which the instrument was registered
   4.3. Reference number ....
   4.4. Parties to the instrument
      4.4.1. Name of the creditor ....
      4.4.2. Name of the debtor ....
5. Text of the enforceable obligation as annexed to this certificate.

The authentic instrument is enforceable against the debtor in the State of origin (Article 57(1) of the Convention).

Done at ...., date ....

Signature and/or stamp ....

Annex VII

The conventions superseded pursuant to Article 65 of the Convention are, in particular, the following:

- **the Treaty between the Swiss Confederation and Spain on the mutual enforcement of judgments in civil or commercial matters, signed at Madrid on 19 November 1896,**
- **the Convention between the Czechoslovak Republic and the Swiss Confederation on the recognition and enforcement of judgments with additional protocol, signed at Bern on 21 December 1926,**
- **the Convention between the Swiss Confederation and the German Reich on the recognition and enforcement of judgments and arbitration awards, signed at Berne on 2 November 1929,**

- the Convention between Denmark, Finland, Iceland, Norway and Sweden on the recognition and enforcement of judgments, signed at Copenhagen on 16 March 1932,
- the Convention between the Swiss Confederation and Italy on the recognition and enforcement of judgments, signed at Rome on 3 January 1933,
- the Convention between Sweden and the Swiss Confederation on the recognition and enforcement of judgments and arbitral awards signed at Stockholm on 15 January 1936,
- the Convention between the Swiss Confederation and Belgium on the recognition and enforcement of judgments and arbitration awards, signed at Berne on 29 April 1959,
- the Convention between Austria and the Swiss Confederation on the recognition and enforcement of judgments, signed at Berne on 16 December 1960,
- the Convention between Norway and the United Kingdom providing for the reciprocal recognition and enforcement of judgments in civil matters, signed at London on 12 June 1961,
- the Convention between Norway and the Federal Republic of Germany on the recognition and enforcement of judgments and enforceable documents, in civil and commercial matters, signed at Oslo on 17 June 1977,
- the Convention between Denmark, Finland, Iceland, Norway and Sweden on the recognition and enforcement of judgments in civil matters, signed at Copenhagen on 11 October 1977, and
- the Convention between Norway and Austria on the recognition and enforcement of judgments in civil matters, signed at Vienna on 21 May 1984.

Annex VIII

The languages referred to in Article 79 of the Convention are Bulgarian, Czech, Danish, Dutch, English, Estonian, Finnish, French, German, Greek, Hungarian, Icelandic, Irish, Italian, Latvian, Lithuanian, Maltese, Norwegian, Polish, Portuguese, Romanian, Slovak, Slovenian, Spanish and Swedish.

Annex IX

The States and the rules referred to in Article II of Protocol 1 are the following:
- Germany: Articles 68, 72, 73 and 74 of the code of civil procedure (Zivilprozessordnung) concerning third-party notices,
- Austria: Article 21 of the code of civil procedure (Zivilprozessordnung) concerning third-party notices,
- Hungary: Articles 58 to 60 of the Code of Civil Procedure (Polgári perrendtartás) concerning third-party notices,
- Switzerland, with respect to those cantons whose applicable code of civil procedure does not provide for the jurisdiction referred to in Articles 6(2) and 11 of the Convention: the appropriate provisions concerning third-party notices (litis denuntiatio) of the applicable code of civil procedure.

Sachregister

Das Sachregister ist alphabetisch geordnet. Die Artikel werden **fett** gedruckt, ebenso Hinweise auf Einleitung **(E),** Vorbemerkungen **(V)** und Protokolle **(P).** Die Randziffernummer folgt jeweils in Normalschrift.

A

F

G

H

M

N

O

Q

R

S

U

V

W

Z